U0907044

YUNNANGUOSHUINIANJIAN
·2010·

雲南國稅年鑒

YUNNANGUOSHUINIANJIAN

2010

云南国税年鉴编辑委员会　编

云南人民出版社

图书在版编目（CIP）数据核字

云南国税年鉴．2010/《云南国税年鉴》编辑委员会编．--昆明:云南人民出版社,2011.11
ISBN 978-7-222-08530-5

Ⅰ．①云… Ⅱ．①云… Ⅲ．①国家税收-税收管理-云南省-2010-年鉴 Ⅳ．①F812.774.42-54

中国版本图书馆CIP数据核字(2011)第233060号

责任编辑 赵石定 陈粤梅 王 韬 桂 瑗
责任校对 刀保厚 陈定萍
装帧设计 杨晓东
责任印制 洪中丽

书 名	云南国税年鉴2010
作 者	云南国税年鉴编辑委员会 编
出 版	云南出版集团公司 云南人民出版社
发 行	云南人民出版社
社 址	昆明市环城西路609号
邮 编	650034
网 址	www.ynpph.com.cn
E-mail	rmszbs@public.km.yn.cn
开 本	889×1194 1/16
印 张	59.375
字 数	2300千字
版 次	2011年12月第1版第1次印刷
印 数	1-3500
制 版	昆明凡影图文艺术有限公司
印 刷	昆明富新春彩色印务有限公司
书 号	ISBN 978-7-222-08530-5
定 价	280.00元

编辑委员会

编辑工作人员

主　　编： 李　杰

副 主 编： 鄢登麒　谢云丹　沈　琪

责任编辑： 辛　红　王重斌

编　　辑： （按姓氏笔画排列）

尹少荣　田江华　华　艳　李　策　陈敬琨

佟万奇　罗正艳　和忠义　杨家勇　郑碧锋

赵　平　徐　霞　席　文　康家潮　梁晓松

谭颖瑜

特约审稿人

（按姓氏笔画排列）

于智广　王天达　王映祥　王　镶　龙　晖

卢国孝　太家林　毕昆林　伍正良　朵志红

许赞霖　苏大荣　杨云飞　杨边边　杨丽君

杨春天　杨家正　杨银波　杨毅力　杨毅玲

李　杰　李　洁　李鸿文　阮志强　谷　鸣

张炳华　张　霞　陈志平　陈家谷　沈　琪

赵　明　赵金友　赵学周　洪　泉　钟　明

聂华强　徐　翔　席世宏　唐明山　资宗宁

梁汝俗　梁丽明　梁建安　谢云丹　鄢登麒

雷　波　阙　雄　蔡　杰　墨玉章　魏贵和

2009年1月14日至15日，云南省国税工作会议在昆明召开。会议认真学习贯彻了党的十七届三中全会、中央经济工作会议、全国税务工作会议和省委八届六次全会精神，总结了2008年全省国税工作，部署了2009年国税工作任务。云南省国家税务局党组书记、局长李鸿文在会上作了题为《坚定信心　迎接挑战　谱写云南国税创新发展新篇章》的工作报告

2009年1月14日，云南省人民政府召开全省财税工作会议，中共云南省委常委、常务副省长罗正富在会上作了《应对挑战 创新跨越 齐心协力再创全省财税科学发展新局面》的主题报告。罗副省长充分肯定了全省各级财税部门紧紧抓住经济快速发展的有利时机，正确处理税收收入增长与经济发展、加强税收征管与涵养税源的关系，积极培植税源，严格依法治税，强化税收征管，充分挖掘非税收入增收潜力，努力争取中央支持，财政收支取得了重大突破，为建设富裕民主文明开放和谐云南作出了重要贡献。罗副省长要求全省财税部门坚持以党的十七大和十七届三中全会精神为指导，深入实践科学发展观，全面贯彻落实中央经济工作会议和省委八届六次全委会精神，按照“保增长、抓管理、重民生、促发展”的思路，一要努力拓宽增收渠道。全面加强税源分析、税收预测预警分析、税收管理风险分析和政策效应分析，强化对重点税源地区、行业和企业的分析，密切跟踪宏观经济和企业经营形势变化，全面掌握影响税收收入变化的因素，牢牢把握组织收入的主动权。二要不断巩固增收基础。紧密结合云南在扩大内需中的产业结构调整取向，着力夯实财税增收的产业基础。同时，要求各级财税部门要把学习实践科学发展观激发出来的强烈的政治热情转化为推动工作的强大动力，紧密结合实际，密切关注全省经济社会发展中出现的新变化、新动态，密切关注群众在生产生活方面遇到的新困难、新问题，切实增强工作的主动性、预见性，及时提出财税部门应对当前经济形势、解决突出问题、保持经济平稳较快增长的具体措施

2009年1月14日至15日，云南省国税工作会议在昆明召开。会议认真学习贯彻了党的十七届三中全会、中央经济工作会议、全国税务工作会议和省委八届六次全会精神，总结了2008年全省国税工作，部署了2009年国税工作任务。云南省国家税务局党组书记、局长李鸿文在会上作了题为《坚定信心　迎接挑战　谱写云南国税创新发展新篇章》的工作报告

2009年3月12日至13日，云南省国税系统党风廉政建设工作会议在昆明召开。云南省国家税务局领导、云南省国家税务局党风廉政建设领导小组成员，各州、市国家税务局局长、纪检组长、监察室主任以及云南省国家税务局特邀监察员出席了会议，云南省纪委常委、省监察厅副厅长和正兴、中共云南省委省直机关纪工委书记罗正元亲临大会指导。云南省国家税务局党组书记、局长李鸿文作了题为《增强党性修养　严格作风纪律　深入推进云南国税党风廉政建设和反腐败工作》的重要讲话，云南省国家税务局党组成员、总会计师魏贵和作了工作报告

2009年8月31日晚，由云南省文明办主办的全省精神文明建设精品文艺汇演颁奖晚会“献给母亲的歌——爱国歌曲大家唱”在云南电视台演播中心举行。云南省国家税务局参赛的合唱节目《怒吼吧，黄河》征服了评委和观众，在48个参演节目中脱颖而出，荣获一等奖，充分展示了云南国税精神文明建设、干部队伍建设和国税文化建设的成果，展现了云南国税儿女热爱祖国、热爱人民、团结进取、追求美好幸福生活和美好未来的精神风貌。中共云南省委副书记、省文明委主任李纪恒为云南省国家税务局颁发一等奖的奖杯和证书

2009年10月10日，中共云南省委常委、常务副省长罗正富率省政府副秘书长黄立新、省财政厅厅长陈秋生等一行到云南省国家税务局进行工作调研，听取云南省国家税务局党组书记、局长李鸿文关于2009年前三季度全省国税收入及后三个月全省组织税收收入工作情况汇报

2009年10月13日，云南省人民政府副省长曹建方出席了云南省国税系统书法美术摄影协会主办的庆祝新中国成立60周年“[illegible]瑞之魂——书法美术摄影展”开幕式并观看了展览

2009年12月3日至7日，国家税务总局党组成员、中纪委驻总局纪检组组长冯惠敏率总局人事司、监察局、办公厅等部门相关同志到云南省国税系统检查指导工作

2009年春节前夕，云南省国家税务局党组书记、局长李鸿文带队赴昆明市宜良县国家税务局、石林县国家税务局以及临沧市双江县国家税务局、沧源县国家税务局亲切慰问基层一线干部职工及离退休老同志，向他们致以新春的问候和美好的祝愿

2009年春节前夕，云南省国家税务局党组成员、副局长蔡杰带队赴德宏州瑞丽市国家税务局、畹町区国家税务局以及保山市腾冲县国家税务局、龙陵县国家税务局慰问基层一线干部职工及离退休老同志

2009年春节前夕，云南省国家税务局党组成员、副局长于智广带队赴丽江市古城区国家税务局、玉龙县国家税务局以及迪庆州各县国家税务局慰问基层一线干部职工及离退休老同志

2009年春节前夕，云南省国家税务局党组成员、副局长李杰带队赴红河州石屏县国家税务局、元阳县国家税务局以及文山州文山县国家税务局、砚山县国家税务局慰问基层一线干部职工及离退休老同志

2009年春节前夕，云南省国家税务局党组成员、副局长许赞霖带队赴楚雄州双柏县国家税务局、开发区国家税务局以及玉溪市红塔区国家税务局、澄江县国家税务局慰问基层一线干部职工及离退休老同志

2009年春节前夕，云南省国家税务局党组成员、总经济师朵志红带队赴大理州洱源县国家税务局、鹤庆县国家税务局以及怒江州各县国家税务局慰问基层一线干部职工及离退休老同志

2009年春节前夕，云南省国家税务局党组成员、总会计师魏贵和带队赴昭通市巧家县国家税务局、永善县国家税务局以及曲靖市会泽县国家税务局、麒麟区国家税务局、宣威市国家税务局慰问基层一线干部职工及离退休老同志

2009年1月16日，云南省国家税务局召开省局领导班子成员及州、市局局长述职述廉会议。省局领导班子成员及各州、市局局长围绕“作风建设年”工作主题、执行民主集中制、个人履职、学习情况、执行廉洁自律相关规定、“创新发展年”工作打算等内容分别进行了述职述廉，参会人员对省局领导班子成员2008年度公务员考核进行了民主测评

2009年2月4日，云南省国家税务局召开党组扩大会议，传达学习省纪委八届四次全会精神。云南省国家税务局党组成员、总会计师魏贵和传达了中共云南省委书记白恩培、云南省纪委书记李汉柏在省纪委八届四次全会上的讲话精神，云南省国家税务局党组书记、局长李鸿文就学习贯彻省纪委八届四次全会精神及有关事项作了具体要求和部署

2009年2月16日至20日，中共云南省委党风廉政建设责任制考核小组对云南省国家税务局2008年度执行党风廉政建设责任制情况进行考核。这是省委、省政府第一次将云南省国家税务局列为考核对象，经民主测评，云南省国家税务局领导班子满意率为100%，考核得分为99分

2009年2月26日，云南省国家税务局召开深入学习实践科学发展观活动总结大会。云南省国家税务局党组书记、局长李鸿文作主题报告，中共云南省委第十七指导检查组组长谢承彧作重要讲话

2009年5月11日，云南省国家税务局召开机关机构改革动员大会，对机构改革工作进行动员和部署。云南省国家税务局党组书记、局长李鸿文作动员和部署报告，云南省国家税务局机关全体干部职工参加会议，云南省国家税务局机关机构改革进入实施阶段

2009年8月5日，云南省国家税务局召开党组中心组学习胡锦涛总书记在云南考察工作的重要讲话精神专题会议。会议由云南省国家税务局党组书记、局长李鸿文主持，省局党组成员及省局机关副处级以上干部参加了会议

2009年12月4日，云南省国家税务局党组召开2009年度民主生活会。国家税务总局党组成员、中纪委驻总局纪检组组长冯惠敏率总局人事司刘树奇、监察局方圆、办公厅吴晓丹出席指导本次党组民主生活会，同时，省纪委常委王云山、党风办副主任柯顺昌、省直机关纪工委书记罗正元、省委组织部一处处长徐卫民、省政府办公厅秘书二处副处长刘福也到会指导。云南省国家税务局党组书记、局长李鸿文代表省局领导班子发言，省局党组成员、副局长于智广，省局党组成员、副局长李杰，省局党组成员、副局长许赞霖，省局党组成员、总经济师朵志红，省局党组成员、总会计师魏贵和分别就分管工作和个人情况作了发言

2009年7月16日，云南省国家税务局召开全省国税系统纳税服务工作会议，云南省国家税务局党组书记、局长李鸿文作了《优化纳税服务 共建和谐国税 努力实现纳税服务工作的创新发展》的主题报告

2009年7月30日，国家税务总局货物和劳务税司消费税处林玲处长一行到云南就卷烟消费税政策调整后的贯彻执行情况进行调研。云南省国家税务局召开了由省中烟公司、省烟草公司和昆明市国税局流转税处、直属分局及红云红河集团管理分局相关人员参加的卷烟消费税政策调研座谈会

2009年8月27日，云南省国家税务局召开全省国税系统强化企业所得税收入管理会议，云南省国家税务局党组成员、副局长李杰到会作重要讲话，各州、市所得税科（处）长、省局办公室、省局所得税处相关人员参加会议

2009年9月5日至6日，云南省国家税务局组织开展成品油税费改革国税系统接收人员面试工作，82名应试人员在昆明参加了集中面试

2009年12月14至16日，云南省国家税务局召开全省国税系统大企业和国际税收管理工作会议。云南省国家税务局党组成员、总经济师朵志红作了题为《打牢基础　探索发展　努力做好大企业税收和国际税收管理工作》的讲话

2009年12月15日，国家税务总局在昆明召开企业所得税政策座谈会，国家税务总局所得税司卢云副司长等领导及17个省（市、区）国家税务局和地方税务局所得税处负责人共40余人参加了会议

2009年3月28日，云南省国家税务局和昆明市国家税务局联合开展以“税收促进发展，发展为了民生”为主题的广场纳税宣传活动，拉开全省国税系统2009年税收宣传月活动暨综治维稳宣传月活动的序幕。云南省国家税务局党组书记、局长李鸿文，党组成员、总经济师朵志红，昆明市国家税务局局长王镶及省、市国家税务局相关人员参加了税收宣传活动，向纳税人发放宣传资料，现场解答纳税人的咨询，并开展了纳税服务满意度调查

2009年9月26日，云南省国家税务局党组书记、局长李鸿文，党组成员、副局长许赞霖看望慰问老干部

2009年9月28日，云南省国税系统庆祝新中国成立60周年文艺汇演专场演出在昆明剧院隆重举行。中国文联副主席、中国作家协会副主席丹增，省人大常委会党组副书记、常务副主任晏友琼，省人大常委会副主任杨建甲，省政协副主席陈勋儒等领导，以及省纪委、省委宣传部、省政府办公厅、省文明办、省直机关工委、省财政厅、省地税局等23个有关单位领导和省行（企）业汇演组委会文艺专家指导组、省市10余家新闻媒体记者莅临现场观看了演出

2009年10月13日，云南省国税系统书法美术摄影协会主办的庆祝新中国成立60周年“暎瑞之魂——书法美术摄影展” 在云南省博物馆开展。云南省委常委、常务副省长罗正富，副省长曹建方，省政协副主席陈勋儒，有关省级部门负责人及云南省和昆明市两级书法家协会、美术家协会、摄影家协会的专家和艺术家出席了开幕式并观看了展览

2009年10月19日，由云南省国家税务局党组书记、局长李鸿文，省局党组成员、副局长蔡杰，省局党组成员、总经济师朵志红，省局党组成员、总会计师魏贵和带队，云南省国家税务局机关130余名干部职工到“云南省反腐倡廉警示教育基地”参观

2009年11月10日，云南省庆祝新中国成立60周年行（企）业文艺汇演圆满结束并举行颁奖晚会。云南省国家税务局荣获优秀组织工作奖，《祖国在我心中》国税系统专场文艺演出荣获优秀晚会奖

编辑说明

盛世修史、垂鉴后世、以史为鉴、鉴往知来。为真实记载云南国税事业的发展历程，系统总结云南国税工作取得的成就，宣传云南国税系统在经济建设和社会发展中的地位和作用，展现当代云南国税人解放思想、与时俱进、开拓创新、求真务实、奋力拼搏、乐于奉献的优秀品质和精神风貌，云南省国家税务局决定编辑出版发行《云南国税年鉴》。

《云南国税年鉴》是由云南省国家税务局主管和主办、云南人民出版社出版发行的地区性国税专业年鉴，是综合介绍云南省国税系统基本情况的大型文献资料，是云南国税广大干部职工深化税情认识、探索发展规律的有力工具，是机关、团体、学校、研究部门、企事业单位及社会各界人士了解、研究云南国税工作的有益参考。

《云南国税年鉴》的宗旨是：通过严谨的文字、记实的语言、生动的图片，全面、系统、真实记述云南省国税系统工作的基本情况，刊载云南国税税收政策、信息资料、统计数据，为云南经济社会发展服务，为云南国税事业发展服务，为广大读者服务。

《云南国税年鉴》2010 刊，主要反映 2009 年云南省国税工作的基本情况。共分八篇：

第一篇　重要文献。主要收集云南省委、省政府领导关于税收工作的重要讲话，云南省国家税务局领导的重要讲话。

第二篇　全省国税工作概述。本篇主要由云南省国家税务局机关各处室供稿，按类别综述全年各项工作开展基本情况。内容包括：全省国税工作综述、政务建设、税收法制建设、货物和劳务税管理、进出口税收管理、所得税管理、税收会计统计、纳税服务、征管和科技发展工作、财务管理、督察内审工作、人事管理、巡视工作、教育培训、思想政治工作和精神文明建设、纪检监察工作、大企业和国际税收管理、党的建设、工会工作、离退休干部管理、税务稽查、信息化建设、后勤建设、税收科研、注册税务师管理、税务干部学校、云南省税务学会、云南省国际税收研究会、云南省注册税务师协会、《中国税务报》驻云南记者站等。

第三篇　各地国税工作概述。本篇由各州、市、县国家税务局共 153 个单位供稿，按行政区划规定统一排列。内容包括：经济概况、税收概况、各项工作、队伍建设等。

第四篇　税收法律法规目录及选编。本篇主要由云南省国家税务局政策法规处供稿，税收法律法规目录按照云南省国家税务局征收管理的税种及发布时间排列，税收法律法规选编是对 2009 年发布的主要税收法律、法规、政策进行选编。

第五篇　税收统计资料。本篇由云南省国家税务局收入规划核算处、征管和科技发展处、稽查局供稿，主要内容包括：全省各级国税机关分地区、分税种、分类型税收收入综合统计资料，征管综合统计资料，稽查综合统计资料，重点税源综合统计资料等。

第六篇　机构和人员。本篇由云南省国家税务局人事处供稿，内容包括：云南省国家税务局领导名单，省局机关及局属各单位处级机构和领导名单（包括起止期），各州、市级国家税务局处级干部名单（包括起止期），省局及州、市局处级干部任免名单，各县（区）国家税务局领导名单，国税系统机构设置情况表，国税系统从业人员基本情况表等。

第七篇　税收文选。本篇由 16 个州、市国家税务局及云南省国家税务局科研所供稿。主要内容包括：16 个州、市国家税务局主要领导撰写的局长专文，2009 年全省国税系统税务理论、税收科研的研究成果及优秀论文。

第八篇　附录。本篇主要由云南省国家税务局办公室、教育处、稽查局、机关党办、信息中心以及部分州、市、县国家税务局供稿，内容包括：全年云南国税大事记，中央精神文明建设指导委员会、中央精神文明建设指导委员会办公室、人力资源和社会保障部、国家税务总局、中共云南省委办公厅、云南省人民政府办公厅、云南省妇女联合会、云南省国家税务局党组、云南省国家税务局的各项表彰决定，重大涉税案件，云南省国家税务局局机关获奖项目及名单，信息化建设与应用情况统计表，网络情况表，全年获得中央精神文明建设指导委员会、中共云南省委办公厅、云南省人民政府办公厅、云南省国家税务局党组、云南省国家税务局表彰的“全国文明单位”、“云南省文明单位”、“全省国税系统文明单位”的先进材料等。

本年鉴在编辑出版过程中得到了云南省国家税务局系统各级领导、广大国税干部职工以及云南人民出版社的大力支持，在此表示衷心的感谢！为提高本年鉴的质量，殷切希望广大读者提出宝贵意见。

前言

2009年，是进入新世纪以来全省国税工作发展受到冲击最大、面临困难最多的一年。全省国税系统面对困难多、压力大的复杂局面，紧紧依靠国家税务总局及地方各级党委政府的坚强领导，紧扣“创新发展年”工作主题，读书学习增才干，尽心竭力抓工作，迎难而上谋发展，机构改革增活力，繁荣文化建和谐，科学创新上水平，强化管理保收入，国税事业创新发展势头良好，各项工作取得显著成效。全省国税系统共组织税收收入900.08亿元，同比增长4.44%，圆满完成省政府收入目标任务，首次登上900亿台阶，为国家和云南经济社会发展提供了坚实的财力保障。

把握重点，增强工作的主动性和自觉性，推进观念创新。全省国税系统以开展第一、二批深入学习实践科学发展观活动为契机，始终保持了自强不息、锐意进取的精神状态，呈现出积极转变观念、大胆突破陈规、勇于探索创新的良好局面，运用科学思维，创新工作思路，以极大的工作热情自觉投入到国税工作创新改革的过程中去，蕴含于国税工作中的有利于改革创新的巨大潜能不断地释放出来，成为推动国税事业科学发展的不竭动力，有效推动了国税中心工作的深入开展。

突出亮点，发挥税收职能作用服务大局，推进管理创新。认真宣传和落实国家各项税收宏观调控措施。加强增值税转型后的税收管理，全省共抵扣固定资产进项税额19.56亿元。落实卷烟消费税政策的调整，全省政策性增收消费税26.56亿元。认真贯彻落实各项税收优惠政策，全省共办理减免税36.45亿元。全年共办理出口退（免）税17.01亿元，其中边境小额贸易人民币结算退税3.77亿元。继续推行分级分类稽查，深入开展税收专项检查和区域税收专项整治，全省共查补税款13.32亿元。积极探索大企业税收管理服务工作途径，初步建立总局定点联系企业数据采集上报制度，开展实施了部分总局定点联系企业的税收自查和复核督导工作。从数量型评估向质量型评估转变，实现省、市、县三级国税机关联动开展纳税评估工作。坚持标本兼治，综合治理，建立打击和整治发票违法犯罪活动的长效机制。

克服弱点，以信息技术手段为支撑，推进服务创新。以数据监控分析为手段，实现固定资产抵扣电子清单管理和卷烟消费税最低计税价格比对管理，加强所得税零申报管理、过渡优惠政策管理、增值税与所得税营业收入比对管理。强化税收户籍管理，营造公平竞争的税收环境。启动财税库银税收收入电子缴库横向联网试点工作，在全省应用自主开发的自动记账软件，大幅提高税收核算效率。成功开发重点税源网上直报系统。以昆明市为重点推行网络申报，积极探索建立纳税人足不出户、即时互动、全时段、多功能的“网上办税服务厅”。对网络申报系统进行强化和升级，通过业务和技术创新实现操作流程紧密衔接和数据高度共享，网络申报、实时扣税等税收征缴方式已全面覆盖国税征管的三大主体税种。积极打造“阳光国税”服务品牌，切实贯彻落实省政府阳光政府“四项制度”，明确并细化各项制度的责任和要求。与省内主流媒体密切合作，加强对纳税人关心的有关税收决策部署、税制改革、税收调控措施等税收工作的热点、难点进行宣传，推进税收法规政策公开，不断提高税收执法透明度和信访举报工作透明度，取得了良好的社会效应。

突破难点，内部统筹协调资源整合，推进机制创新。顺利完成机构改革，强化了纳税服务职责，整合了税收管理信息化建设职责，加强了以大型企业为重点的税源监控，细化了内部监督管理职责，强化了内控机制，对税收执法权和行政管理权的监督制约进一步加强，从整体上优化了组织机构和职能资源。完成云南省国家税务局数据处理中心、高清视频会议系统、全省广域网扩容改建和网络教育培训系统等项目的建设应用，为全面提高机关工作效能提供了有力保障。完善公平、透明、规范、高效的财务管理和监督机制，有效压缩出国费、招待费、会议费、车辆购置及运行费，严格控制一般性费用支出，努力降低行政运行成本。在政府采购工作中坚持程序规范和廉政监察规定，讲求资金使用效益，及时解决基层国税机关特别是边疆贫困地区国税机关的实际困难和问题。

开展“小金库”专项治理工作，坚决查处和纠正各种形式的“小金库”，建立和完善防治“小金库”的长效机制。强化反腐倡廉宣传教育工作，制定了《云南省国家税务局系统党风廉政建设责任制考核办法》，切实将全省国税系统党风廉政建设责任制工作落到实处。

与此同时，全省国税系统在当前新的利益分配机制尚未完全到位、考核激励机制尚未完全形成，社会各种思潮和现实形成的冲击的复杂情况下，始终坚持在克服困难的工作实践中提高领导水平，增强干部素质，在坚定自身发展战略的同时，审时度势创新队伍建设思路，既谨慎稳健，又不失时机地敢于突破，不断强化自身的发展能力。全省各级国税机关讲政治、顾大局、守原则、讲纪律，责任意识进一步强化，能力素养进一步提升，全局意识进一步增强，人本精神进一步体现。国税文化建设成果丰硕，庆祝新中国成立60周年文艺汇演、书法美术摄影展等文化活动向社会各界展示了新时期国税人的良好精神风貌。尊重为本、平等相待、积极沟通、健康生活、快乐工作的氛围正在形成，团结和谐、共克时艰、风清气正、情趣高雅、昂扬向上、乐于奉献的团队精神正在聚集。

2009年，全省国税系统面对困难和压力，紧紧围绕“创新发展年”工作主题，以求实的态度，创新的精神，扎实的作风，变压力为动力，全面推进各项工作任务，圆满完成各项工作目标，取得了显著成效，有力推进了云南国税事业创新发展，为国家和云南经济社会发展作出了积极贡献。

目 录

第一篇 重要文献

第二篇 全省国税工作概述

第三篇 各地国税工作概述

第四篇　税收法律法规目录及选编

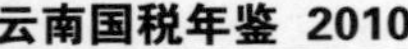

第五篇　税收统计资料

第六篇　机构和人员

第七篇　税收文选

第八篇 附 录

第一篇

重要文献

YUNNANGUOSHUINIANJIAN

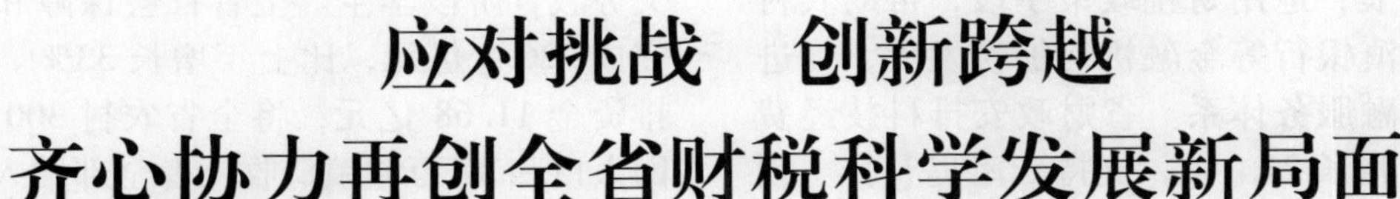

应对挑战 创新跨越
齐心协力再创全省财税科学发展新局面

——在全省财税工作会议上的讲话

省委常委、常务副省长 罗正富

（2009 年 1 月 14 日）

这次全省财税工作会议是在全国上下齐心应对国际金融危机，促进经济平稳较快发展的形势下，召开的一次十分重要的会议。会议的主要任务是：坚持以党的十七大和十七届三中全会精神为指导，深入实践科学发展观，全面贯彻落实中央经济工作会议、全国财政工作会议、全国税务工作会议和省委八届六次全委会精神，总结成绩，分析形势，应对挑战，研究部署当前和今后一个时期全省财税工作的主要任务。下面，我讲四点意见。

一、团结拼搏、扎实工作，2008 年全省财税工作取得显著成绩

2008 年是我省发展进程中很不寻常、很不平凡的一年。面对经济社会发展的严峻形势，在党中央、国务院的正确领导下，省委、省政府团结全省各族干部群众，解放思想、顽强拼搏、真抓实干，着力解决经济社会发展的难点热点问题，克服了特大雨雪冰冻灾害、四次较大地震及 3·14 事件的不利影响，经济社会继续保持了又好又快发展的势头，呈现出经济发展、社会进步、民族团结、边境安宁的良好局面。预计全省生产总值可增长 11% 以上。这些成绩的取得，是省委、省政府正确领导的结果，是全省各族干部群众共同努力的结果，凝聚着财税系统广大干部职工的聪明才智和辛勤劳动。一年来，各级财税部门认真按照省委、省政府的决策部署，牢牢把握机遇，团结奋进，科学发展，财税工作再上新台阶，为建设富裕民主文明开放和谐云南作出了重要贡献。

（一）全省财税收支继续保持快速增长。2008 年，全省各级财税部门紧紧抓住经济快速发展的有利时机，正确处理税收收入增长与经济发展、加强税收征管与涵养税源的关系，积极培植税源，严格依法治税，强化税收征管，充分挖掘非税收入增收潜力，努力争取中央支持，财政收支取得了重大突破。全省财政总收入完成 1360.2 亿元，其中地方财政一般预算收入完成 613.6 亿元，比上年增长 26.1%。税收收入完成 482.3 亿元，比上年增长 27.4%；非税收入完成 131.3 亿元，比上年增长 21.5%。全省国税系统共组织收入 861.8 亿元，比上年增长 18.04%；地税系统税费收入突破 600 亿元大关，达到 618.4 亿元，比上年增长 28.9%。全省地方财政一般预算支出完成 1470.7 亿元，比上年增长 29.6%，财政支出年度增加额首次突破 300 亿元，支出增幅再创分税制改革以来最好水平。在财税收支实现较快增长的同时，增收基础更加稳固，支出效益不断提高，财政保障能力进一步增强。

（二）有效推动经济实现又好又快发展。2008 年，全省经济建设支出完成 257.5 亿元，比上年增长 27%；特别是中央扩大内需政策出台后，省财政千方百计筹措 10 亿元资金，并在最短时间内将争取到的 56 亿元中央扩大内需资金、10 亿元省级扩大内需资金全部拨付到位，有力地支持了交通、民生工程等重大项目建设。省财政安排资金 14.7 亿元，积极支持企业进行技术改造，加快发展中小企业，实施企业“走出去”发展战略，妥善解决关闭破产企业职工安置等问题。积极兑现落实2007年县域经济发展试点县奖励资金和相关优惠政策，促进了县域经济的发展；运用财税政策手段，帮助农村信用社、富滇银行等金融机构加快发展，促进完善地方金融服务体系。省财政安排科技经费6.07亿元，增长21.1%，支持云南提升自主创新能力；安排资金7.3亿元，扎实推进生态文明建设。同时，充分发挥税收对经济发展的促进作用，全省国税系统共办理减免税收68.45亿元，办理出口退税19.97亿元，其中边境小额贸易人民币结算退税3.2亿元。继续加强和规范民族贸易企业税收优惠管理，在全省69个民族贸易县中，对符合条件的88户民族贸易企业销售收入2.58亿元免征增值税。

（三）扎实推进社会主义新农村建设。2008年，全省共投入财政支农资金160亿元，比上年增长26.5%，着力解决了一批农业最关键、农村最薄弱、农民最急需的问题。财政涉农补贴大幅增加，全省对农业、农民和农村低收入人群的直接补贴资金达106.4亿元，比上年增长107%。省财政安排资金96亿元，重点支持农村沼气池、村容村貌整治等农村基础设施建设；安排扶贫资金19.3亿元。扎实开展了整村推进、易地搬迁等项目，加大对人口较少民族、革命老区和边境地区的扶持力度，解决了近60万农村贫困人口的温饱问题；安排资金10亿元，支持提高农业综合生产能力，全省新增农业综合开发县4个；安排农村税费改革转移支付资金28.5亿元、农村义务教育债务化解资金5亿元，开展农村义务教育债务清理化解工作，实施村级公益事业建设一事一议财政奖补试点。大力推进新三年“兴边富民工程”行动计划的实施，从2008年至2010年，财政部每年安排我省专项资金5亿元，重点解决边境县边民安居等较为突出的民生问题。

（四）积极促进社会和谐稳定。2008年，全省共安排教育经费241.3亿元，比上年增长26.7%。全省农村小学和初中的公共经费补助标准分别比上年提高了75元和125元，农村中小学校舍维修改造标准每平方米比上年提高了100元。完善家庭经济困难学生资助政策，全省普通高校受到奖励和资助的学生占全省在校学生的30%，比全国平均23%的覆盖面高出7个百分点。从2008年春季学期开始，我省在西部地区率先免除城市公办学校义务教育阶段36.4万名学生学杂费，并从2008年秋季学期起，将免费教科书范围由农村扩大到城市公办义务教育阶段学生。全省社会保障和就业支出完成226.5亿元，比上年增长33%。省财政安排资金11.68亿元，将全省农村300万绝对贫困人口和87万城镇低收入者全部纳入最低生活保障；筹措资金11.27亿元，使城市和农村低保补助标准分别比上年提高了30元、20元；筹集新型农村合作医疗补助经费22.69亿元，“新农合”地方财政补助标准提高到40元，并对贫困户参加“新农合”给予全额补助。积极在全省10个州、市开展城镇居民基本医疗保险制度试点。全省医疗卫生支出完成了104.4亿元，比上年增长35.4%，城乡医疗卫生服务体系进一步完善。省财政安排资金25亿元，积极支持抗灾救灾和灾后恢复重建。积极安排资金，扎实推进边疆“解五难”，以及支持禁毒、防治艾滋病等事关民生的热点难点重点问题。

（五）继续深化财税改革。全面推进乡镇财政预算管理方式改革，不断完善转移支付制度，去年共安排省对下一般性转移支付资金51.2亿元，比上年增长46.1%，基本公共服务均等化的工作稳步推进。全年省财政共安排缓解县乡财政困难奖补资金14.7亿元，比上年增长49.7%，缓解县乡财政困难工作取得实质性进展。继续推进部门预算、国库集中支付、政府采购和“收支两条线”管理等方面的改革。积极加强税收的科学化、精细化、专业化、信息化管理，税收征管措施不断完善，征管质量和效率明显提升。全面整顿和规范税收秩序。全省国税系统共查补税款2.8亿元。全省地税稽查机构检查户数共2040户，查补收入2.02亿元，查补税款入库率达到了99%。全省国税、地税系统联合查获56起制售假发票、非法出售发票和非法代开发票案件。涉案发票138万多份，可开填金额达到5430多亿元，抓获涉案犯罪嫌疑人77人。认真开展了“税款过渡账户”和“税收欲储账户”清理，及时做好账户注销和税款入库工作。继续推进地税事业的“二次创业”。新企业所得税及其配套政策得到全面贯彻落实，新、老税法平稳衔接过渡。

（六）清查“小金库”工作成效明显。去年，省委、省政府在全省范围内开展清查“小金库”工作。共清查出“小金库”资金1.6亿元，其他违规资金12.9亿元，违规发放津补贴103.01万元。通过清查处理，已收缴“小金库”资金2910万元、其他违规资金6940万元；共取消“小金库”账户数227个，取消其他银行账户数6251个；82个单位受到经济处罚，16人受到党政纪处分，1人移送司法机关处理。通过开展“小金库”清查，为进一步加强和规范预算资金以及非税收入管理，深入推进财政管理体制改革奠定了良好基础。

从总体上看，在去年宏观环境变化较大、自然灾害频繁、减收因素较多、支出压力加大的情况下，财税工作能够取得这样好的成绩已实属不易。这充分说明了省委、省政府领导有力、措施得当，也充分说明了全省财税系统领导班子是一个政治可靠、团结干事、工作得力、作风扎实的领导集体，全体财税干部和职工是一支团结向上、乐于奉献、业务过硬的队伍。省委、省政府对财税工作是满意的。在此，我代表省委、省政府向全省财税系统广大干部职工表示衷心的感谢和诚挚的问候！

二、把握形势，统一思想，坚定做好今年财税工作的信心和决心

从宏观环境看，当前由美国次贷危机引发的金融危机正从局部发展到全球，从发达经济体传导到新兴市场经济体，从虚拟经济扩散到实体经济。波及范围之广、影响程度之深、冲击强度之大超出人们预料。从目前情况看，这场国际金融危机何时见底，还很难预料。这场国际金融危机，致使全球经济增长速度放缓，对我省的影响也不断加深、加剧。全省矿业支柱受到严重打击、工业经济增速减缓、企业经营困难增大、出口下滑明显、外出务工农民大量返乡、就业形势严峻，宏观环境的重大变化对我省今年的财税工作提出了新的挑战。从财税自身情况看，自去年9月份以后，全省财税收入呈现逐月回落的态势，特别是10月份以后，财税收入加速下滑的趋势更为明显。与去年相比，今年全省财税发展形势将更加严峻、收支矛盾将异常尖锐。一方面中央为了刺激经济增长，实施结构性减税，如全面实施增值税转型、对地方产业实施税收优惠、取消或停收100项行政事业性收费等。据初步测算，现已明确的各项税费减免政策预计将影响全省地方财政收入13.6亿元，相应降低全省地方财政收入增长2.2个百分点。而且受今年经济运行中不确定性因素较多的影响，与经济增长直接相关联的各个税种的收入面临下滑风险。另一方面在财力增长受限的同时，有关民生的各项刚性支出增势强劲，启动中小学教师绩效工资改革和配套落实中央实施扩大内需项目资金、增加公共投资等。这些使财政支出压力空前增加。

但是，越是在形势严峻的时候，越要看到我们的优势；越是困难的时候，越要增强我们的信心。这一信心来自于中央“保增长、扩内需、调结构”的果断措施，来自于改革开放30年来我省经济社会快速发展积累的物质基础和全省较大的需求潜力，来自于省委、省政府的果断决策，来自于省内更加良好的干事创业环境。一是中央为应对金融危机、确保经济平稳较快增长，决定实施积极的财政政策和适度宽松的货币政策，并进一步采取扩大内需、增加投资等措施。这对于缓解国际金融危机带来的压力，弥补我省基础设施建设历史欠账以及宽松企业发展环境都将起到积极的作用。同时，受金融危机的影响。“东企西移”的趋势明显增强，为我省充分发挥独特的区位优势承接沿海地区产业转移提供了难得的机遇。二是我省综合实力明显增强，经济发展的回旋余地加大。从1978年到2007年，全省GDP年均增长9.7%，财政收入从11.76亿元增长到1111.3亿元。特别是去年在面临各种严峻的形势下，生产总值仍然可增长11%以上，高于改革开放30年的平均增长水平；财政总收入将达到1360.2亿元。这充分说明全省经济发展具有较强的内在动力和活力，抵御各种风险的能力明显提高。同时，我省又是欠发达的人口大省，投资、消费旺盛的状况将保持相当长的一段时间。中央出台的一系列增加收入、促进消费的政策，必将把我省潜在的消费需求转化为现实消费能力，拉动经济社会进一步发展。三是省委、省政府决策果断，应对措施有力。中央扩大内需的政策出台后，省委、省政府迅速作出了“增投资、稳工业、促消费、保民生”的4项重要部署、出台了20条政策措施。省委八届六次全会提出要千方百计保持全省经济平稳较快增长，为全省经济社会实现更长时间、更高水平、更好质量的发展打下坚实基础。四是全省干事创业的环境更加良好。全省解放思想大讨论活动和学习实践科学发展观活动取得明显成效，省政府“四项制度”得到深入贯彻落实，各级干部抢抓机遇、推进科学发展的责任感明显增强，办事质量和效率明显提高，为我省加快发展创造了极为有利的环境和条件。

省委、省政府在综合考虑各种因素的情况下，提出了全省今年生产总值要保9%增10%以上的目标，这为做好各项财税工作奠定了良好的基础。因此，只要我们切实把思想和行动统一到中央对当前经济形势的判断上来，统一到中央和省委、省政府的各项决策部署上来，牢固树立抢抓机遇的意识，坚定加快发展的信心不动摇，积极应对国际金融危机带来的经济形势新变化，研究制订新举措，充分发挥自身优势，及时、妥善地解决好经济社会发展中遇到的突出问题，就一定能够在应对挑战中把握机遇，在战胜困难中赢得主动，就一定能够实现今年财税工作的各项目标任务。

三、突出重点，创新举措，全面做好今年的财税工作

今年是实现“十一五”规划目标任务的关键一年。今年全省财税工作总的要求是：坚持以党的十七大和十七届三中全会精神为指导，深入实践科学发展观，全面贯彻落实中央经济工作会议和省委八届六次全委会精神，按照“保增长、抓管理、重民生、促发展”的思路，抓住国家实施积极财政政策和适度宽松货币政策的重大机遇，培植税源、挖掘潜力、争取国家支持，千方百计确保财税收入稳定增长；着力在平衡财政预算、整合财政资金、优化支出结构方面创新思路和举措，千方百计提高财政资金使用效益；重点支持以促进就业和社会事业发展为重点的民生工程建设，千方百计确保社会和谐稳定；凝聚力量培育产业、推动结构优化升级，千方百计确保重点工作和重大项目建设，使财税对经济社会发展的保障能力提高到一个新的水平。各级财税部门一定要紧紧抓住扩大内需的重大机遇，更加坚定地抓住经济建设这个中心不动摇，更加坚定地推动科学发展不放松，千方百计地保持全省经济社会平稳较快发展。

（一）抓政策落实，确保全省经济平稳较快增长。要坚决贯彻落实好中央出台的积极财政政策，正确处理好总量扩张与结构调整、扩大内需与稳定外需、减税增支与增收节支、财政宏观调控与市场机制之间的关系。不断增强财税保障能力，促进全省经济社会平稳较快发展。要加强财政政策与货币政策的协调配合，充分发挥市场机制在资源配置中的基础性作用。要积极运用税收、国债、贴息等政策工具，发挥积极财政政策在扩大投资、增加消费、促进出口方面的重要作用。要集中财力，加快建设一批带动力强、事关云南长远发展的大项目、好项目。积极推进大项目带动大发展。要调整优化收入分配结构，增加财政补助规模，提高低收入群体收入水平和消费能力，加快形成主要依靠内需特别是依靠消费拉动经济增长的新格局。

（二）抓增收节支，推进财税可持续发展。增收节支是财税工作的永恒主题。在财税发展形势严峻、财政收支矛盾突出的情况下，更要注重抓好增收节支。收入方面：一要努力拓宽增收渠道。越是收入形势严峻，越要旗帜鲜明地贯彻落实好依法征税的组织收入原则。要坚持把可用财力的增长作为最主要的财税收入考核指标，尽量减少列收列支的收入而导致的财政收入虚增，坚决杜绝财政虚收、空转现象。要全面加强税源分析、税收预测预警分析、税收管理风险分析和政策效应分析，强化对重点税源地区、行业和企业的分析，密切跟踪宏观经济和企业经营形势变化，全面掌握影响税收收入变化的因素，牢牢把握组织收入的主动权。要着力强化非税收入管理，按照“统一、高效、务实”的原则，进一步理顺关系，整合职能，明确职责，逐步把非税收入管理职能整合到政府非税收入管理部门，尽快完善各类政府非税收入管理规章制度。继续深化收支“两条线”管理改革，加快建立征收、安排、使用三分离的收缴管理新模式，积极推进省级行政事业单位经营性国有资产管理改革，盘活专户沉淀资金，认真做好矿产资源有偿使用工作，不断提高非税收入征管水平。二要不断巩固增收基础。要紧密结合云南在扩大内需中的产业结构调整取向，着力夯实财税增收的产业基础，推进实现“三个转变、五个提高”：由注重发展大企业向发展大、中、小企业并重转变，增加中小企业对财税收入增长的贡献；由注重发展国有企业向发展国有企业、民营企业和外资企业并举转变，增加民营企业、外资企业对财税收入增长的贡献；由注重依靠第二产业带动发展向依靠第一、二、三产业协同带动发展转变，增加第三产业对财税收入增长的贡献。要提高一般预算收入占财政总收入的比重，提高税收收入占一般预算收入的比重，提高主体税种占税收收入的比重，提高单位 GDP 对财税收入增长的贡献，提高科技进步对财税收入增长的贡献，提高单位能耗对财税收入增长的贡献。

在支出方面：要按照“广覆盖、保基本、多层次、可持续”的要求，努力做好财政支出中的“加减乘除”法，有效破解财政支出“越位”、“缺位”与“错位”难题。一是做好加法。要紧紧围绕扩大内需和实施积极财政政策的要求，增加政府公共投资。当前重点要增加对民生工程、基础设施、生态环境、灾后恢复重建等项目的资金投入，迅速拉动经济增长。增加对低收入群体的财政补助规模，有效刺激和扩大消费需求。二是做好减法。要正确处理扩大内需与过“紧日子”的关系，严格实行“四个零增长”，即对公务购车用车、会议经费、公务接待费用、出国出境经费等实行零增长；严格控制一般性行政支出和部门一般性项目支出，降低行政成本；严格控制党政机关楼堂馆所建设，积极推进节约型机关建设。三是做好乘法。要积极采取财政贴息、以奖代补、充实政府专业投资公司资本金等方式，最大限度地发挥政府增加投资、刺激消费的“乘数效应”和“扩大效应”，尽可能防止政府投资对私人投资和个人消费的“挤出效应”，努力争做民间资金的“撬动杆”。四是做好除法。要合理界定政府和市场的边界，积极推进政企、政资、政事分开，把不该由政府管的事从财政预算安排中剥离出来，交给社会和市场，确保有限的财政资金真正用在关键处。

（三）抓“三农”，统筹城乡协调发展。农业是安天下、稳民心的基础产业。一要建立健全农业投入保障制度。要全面贯彻落实党的十七届三中全会精神，加快推进社会主义新农村建设，大幅度增加对农村基础设施建设和社会事业发展的投入，大幅度提高政府土地出让收益、耕地占用税新增收入用于农业的比例，大幅度增加对农村公益性建设项目的投入，切实保障财政支农资金稳定投入。继续实施良种补贴、家电下乡等补贴政策，扩大补贴范围、增加补贴规模。综合运用贴息、保费补贴、税收优惠等政策，积极引导社会资金投入，形成多元化的支农投入格局。支持建立健全农村金融服务体系，加快建立财政与金融的协调配合投入机制，引导金融资金加大对新农村建设的投入。建立完善财政资金对农民的引导激励机制，有效调动农民投资投劳的积极性。二要突出财政支农重点。重点加大对现代农业、传统优势生物产业、农村基础设施建设、农村扶贫开发、农村劳动力转移培训和农民专业合作组织等方面的支持力度，提高农业综合生产能力，努力繁荣农村经济。统筹安排城乡发展财政投入，加快构建城乡统一的基础设施、公共服务和社会保障体系，扩大公共财政覆盖农村的范围。三要深化农村综合改革。全面推进以乡镇机构、农村义务教育和县乡财政管理体制为主的农村综合配套改革。探索建立农村公共服务新机制，变“以钱养人”为“以钱养事”。深化集体林权制度改革。建立健全村级组织运转经费保障机制。扩大村级公益事业建设一事一议财政奖补试点范围，全面清理化解农村义务教育“普九”债务。

（四）抓民生，努力巩固和维护社会和谐稳定。科学发展观的核心是以人为本。发展的根本目的是为了满足人民群众不断增长的物质文化需要，发展的成果要由全体人民共同分享。越是困难时候，越需要关注民生，把群众的冷暖放在心上。要始终坚持把改善民生作为财税工作的出发点与落脚点，重点解决好涉及群众利益的热点难点问题，切实维护社会稳定。要全面实施农村义务教育经费保障机制改革的各项政策，支持解决好进城务工人员特别是农民工子女的就学问题，加大农村中小学校舍危房改造工程投入力度；按照“兴边富民工程”的要求，以“国门”学校建设为重点，财政教育支出要更加向边疆民族贫困地区倾斜。要加大对高等教育和职业教育投入力度，健全完善困难家庭学生资助政策体系。强化公益性文化事业，支持经营性文化产业的发展。提高“新农合”筹资和补助标准，建立健全公共医疗卫生和药品流通体系，加大支持食品药品监督体系建设。大力实施创业促进就业民生工程，对返乡创业的农民工给予政策扶持。完善临时困难救助制度。建立新型农村社会养老保险制度。全面推进城镇居民基本医疗保险。注意做好与新型农村合作医疗的政策衔接，避免重复参保、待遇重复享受以及套取资金等现象发生。进一步调整完善社会保险缴费政策，切实减轻单位及个人缴费负担，提高企业退休人员基本养老金水平。加大保障性住房特别是廉租住房的投资建设力度。扎实推进灾区恢复重建和新三年“兴边富民工程”行动计划的实施工作，支持禁毒、防艾新三年人民战争，实行政法经费保障方案。

（五）抓产业，积极促进经济结构优化升级。产业振兴是化解金融危机的根本办法、提高经济增长质量的根本途径、增强发展后劲的主要力量、增加收入的主要来源。要切实将产业发展摆在财税工作中的重要位置，巩固支柱产业、培育新兴产业，促进三次产业协同带动经济发展。要继续采取资金引导和政策扶持等方式，按照新型工业化的要求，采取集约化、信息化、生态化的发展方式，全面提升支柱产业发展质量。重点是要继续调整提升冶金及化工产业。提高精细产品比重和产品附加值；支持装备制造业、建材产业、光电子产业、糖茶胶深加工等轻工业加快发展；支持新能源、新材料等新兴产业发展，积极筹划发展油气化工下游产业，推动能源、烟草、生物、矿业、化工、旅游文化、装备制造、光电子、物流、建材十大产业加快发展。要继续实施大企业、大集团发展战略，积极推进战略重组，不断提高产业集中度。要充分发挥好国家级和省级开发区的聚集和引领作用，切实抓好工业园区和特色产业园区建设，加快打造一批在国际国内有较大影响力的特色产业集群。要深入研究财税支持产业发展的新途径、新办法。针对当前产业扶持专项资金使用分散、重点不突出和效益不高的现状，进一步加大对产业扶持资金的整合力度，充分发挥财政资金的整体效益，切实加强对特色支柱产业的重点扶持；要及时了解掌握全省特色支柱产业发展的融资需求，充分发挥信用担保机构的作用，主动牵头与金融部门落实对特色支柱产业重点项目的贷款，积极为特色支柱产业发展提供融资担保、安排贴息。要正确处理好直接融资和间接融资的关系，充分利用云南丰富的资源优势和存量资产，积极创造有利于直接融资的财税政策环境，不断拓展直接融资渠道，统筹好国内外资金，积极引进世行和亚行项目贷款，统筹好政府投资和民间投资，带动社会投资，加快推进“资源转化为资产、资产转化为资本、资本转化为资金”的三个转变，进一步增强支柱产业发展的投融资能力。要坚持把产业结构调整和财源建设结合起来，通过调整结构，促进全省的资源优势加快转变为经济优势和财政优势。

（六）抓改革，着力构建充满活力、富有效率、有利于科学发展的财税体制机制。深化改革，是我们30年来总结出来的重要经验，也是新形势下推动财税工作持续健康发展必须坚持的重要原则。一要深入推进预算管理改革。规范财政资金审批和预算追加制度，推行预算公开制。完善省以下财政体制，逐步使各级政府的财力与事权相匹配。强化省级政府对义务教育、医疗卫生、社会保障等基本公共服务的统筹责任，均衡省以下财力分配。建立符合科学发展的财政利益分配机制，支持不同类型的主体功能区加快发展。逐步建立县级基本财力保障机制，启动省直管县财政改革试点，全面推进乡镇财政预算管理体制改革，增强基层政府提供公共服务的能力，促进基本公共服务均等化。继续扩大国库集中收付范围，切实加强防范和化解地方政府债务风险，进一步加快财政支出进度，加大公务卡应用推广力度，加快推进财税库银横向联网。完善财政监督和村级会计委托代理服务等监管制度，扩大政府采购范围和规模。二要积极推进税收制度改革。全面推进增值税转型和成品油税费改革，贯彻实施好结构性减税政策，认真落实农副产品加工增值税政策，积极研究实施扶持中小企业发展、扩大消费需求等税收政策。完善总分支机构企业所得税管理办法，防止税收不合理外流。三要着力推动财政资金整合。省委、省政府对“整合财政资金、提高资金使用效益”的问题高度重视，并专门听取了汇报，提出要进一步加快推动财政资金的整合。要按照“性质不变、渠道不变、统筹投入、各司其职、形成合力、各计其功”的原则，以规划为龙头，以项目为纽带，把预算内资金、预算外资金和政府性基金整合起来，把分散在不同地区、不同行业、不同部门的相似资金整合起来，把同一单位内不同部门管理的相近资金整合起来，把财政资金、金融资金和民间资金整合起来，努力扩大财政资金使用的倍增效应，集中财力办大事。当前要重点围绕农业、新型工业化、节能减排、产业发展，以及重大项目等进行资金整合，有计划、有目的、有步骤地解决一批事关全省经济社会发展全局的重大事项。推进财政资金整合，涉及各方利益格局的重新调整，政策性强、矛盾多、协调难度大，各级、各部门要讲政治、顾大局，做到态度要坚决、措施要过硬、行动要迅速，建立由政府领导亲自挂帅、财政牵头、部门协同的整体联动机制，确保财政资金整合工作顺利推进。四要加快建立有利于生态文明建设的财税制度。推动科学发展，经济繁荣是关键，人民富足是根本，生态良好是保障。要加快建立生态环境补偿机制，按照“环境优先、生态立省”的战略要求，抓紧制定有利于环境保护的财税政策，加快建立健全覆盖全省的生态环境补偿制度，不断拓展资金渠道，逐步扩大补偿范围，提高补偿标准。要加快建立排污权交易制度，采取公开竞价拍卖、定价出售等方式分配污染排放权，利用市场机制实现排污权的交易，将企业排污社会成本内部化，鼓励企业开展节能减排。要加快建立资源性产品收费制度，鼓励企业合理开采、生态开采，不断提高资源的节约化和规模化利用水平，逐步解决资源利益外部化、责任区内化的问题。推进城市供水价格改革，将原来由政府部门承担的水资源保护和建设成本，部分转移给自来水供应企业和直接受益的城市居民用户，充分发挥市场优化配置水资源的基础性作用。

四、创新方法，强化责任，真正把各项财税政策转化为推动经济社会平稳较快发展的强大动力

在国际金融危机对我省经济社会发展影响不断加深、加剧的情况下，做好今年的财税工作对于促进全省经济社会平稳较快发展具有特别重要的意义。各级财税部门要坚决按照省委、省政府的决策部署，坚定信心，抢抓机遇，创新方法，强化责任，全面做好今年的各项财税工作，推动经济社会平稳较快发展。

一要抢抓机遇。历史经验表明，每一次危机，都孕育着新一轮经济的扩张；每一轮经济收缩，都是后发地区实现赶超发展、缩小与发达地区发展差距的重大机遇。各级财税部门要牢固树立“办法总比困难多”的理念，以更加敏捷的眼光，在危机中捕捉机遇，变压力为动力，化挑战为机遇，牢牢把握工作的主动权。当前中央确定的扩大内需的十项措施，如重大基础设施、生态环境、灾区恢复重建等，都是近年来我们一直在着力推进的重点工作。但受资金紧张等因素的影响，这方面的工作力度还不够、发展速度也不快，各级财税部门一直以来都承受着较大政策和资金支持的压力。因此，要牢牢抓住这一难得机遇，积极争取中央财政和金融部门的支持，把一批多年想办而没有能力办的大事办成、办好，着力夯实全省经济社会发展基础。要抓住金融危机后全球资源格局重新配置、产业空间重新布局的重大机遇，充分发挥我省的资源优势、区位优势，加快推出更有吸引力的财税政策和措施，更好地承接国外和东部地区的产业转移，吸引更多的国内外资金来云南投资，推动我省发展方式的转变和产业结构优化升级，进一步夯实全省财税经济发展基础、优化财税收入结构，推动财税可持续发展。

二要科学决策。财税工作是落实党和政府方针政策的物质基础、政策工具、体制保障和监管手段，在促进经济社会发展方面担负着十分重要的职责。必须紧紧围绕省委、省政府的决策部署，深入基层、深入群众，问政于民、问策于民、问计于民、问需于民，集思广益努力使财税部门在扩大内需、促进经济平稳较快增长的过程中提出的具体思路，出台的政策措施，做出的工作部署更加符合实际，更加符合人民群众的愿望和经济社会发展的规律。要切实增强财政投资决策的科学性、投资项目的可行性。在投资项目的选择上，既要有利于促进经济增长又要有利于推动经济结构优化升级；既要有利于拉动当前经济增长又要有利于增强经济发展后劲，既要有利于扩大投资又要有利于拉动消费，决不允许打着扩大内需的旗号，继续为不科学发展的模式买单；决不允许以扩大内需为借口，为了短期利益而牺牲长远利益，用新问题掩盖老问题。要真正把资金用在刀刃上，扎扎实实用好每一分“惠民”资金，确保每一个项目都经得起实践、群众和历史的检验，让人民的钱更好地为人民谋利益。

三要真抓实干。真抓实干是应对危机、解决困难、推动发展的最好方法。各级财税部门要把学习实践科学发展观激发出来的强烈的政治热情转化为推动工作的强大动力，紧密结合实际，密切关注全省经济社会发展中出现的新变化、新动态，密切关注群众在生产生活方面遇到的新困难、新问题，切实增强工作的主动性、预见性，及时提出财税部门应对当前经济形势、解决突出问题、保持经济平稳较快增长的具体措施。要妥善处理好局部利益和整体利益、当前利益和长远利益的关系，坚决防止本位主义和部门利益抬头，统筹安排和使用好财政资金。

四要强化监管。财政资金取之于民，用之于民，必须切实使用好每一分钱。要强化对财政资金的监督检查，进一步建立健全财政资金管理使用制度，对财政资金的安排和实施进行全过程监督，让每一笔财政资金都在监控范围之内，确保财政资金使用科学合理、规范有效、公开透明，严防滞留、挤占、截留和挪用项目资金。要加强对民生工程、基础设施、生态环境建设和灾后恢复重建等重大投资项目的监督检查，防止在时间紧、任务重的情况下发生盲目投资、随意增加建设成本的现象。要严格杜绝“豆腐渣”工程，有效防止“工程上马、干部下马”现象发生。要严格按照省政府“四项制度”的要求，对贯彻落实中央和省委、省政府扩大内需政策措施不力的地方和部门，特别是因失职渎职造成扩大内需政策得不到落实，造成严重后果的领导干部，要综合运用组织处理、纪律处分等手段，严肃追究相关责任人或领导干部的责任，构成犯罪的应移送司法机关依法追究刑事责任。要充分发挥和积极整合纪检监察、重大项目稽查、财政监督、审计监督、新闻媒体、社会监督等各个方面的监管力量，形成监管合力，切实保证扩大内需的各项政策措施不折不扣地贯彻执行。

做好今年的财税工作，任务艰巨，责任重大。让我们在省委、省政府的坚强领导下，进一步解放思想，开拓创新，迎接挑战，再创佳绩，全面实现今年财税工作的各项目标任务，为建设富裕民主文明开放和谐云南作出新的更大的贡献！

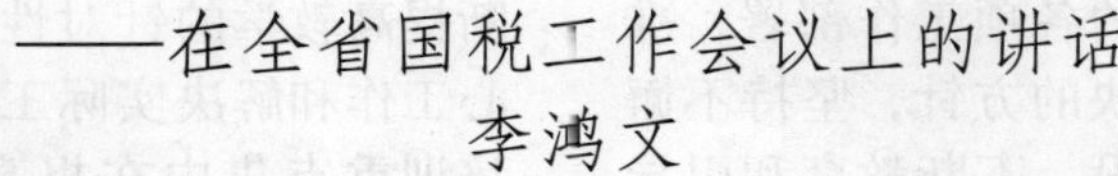

坚定信心 迎接挑战 谱写云南国税创新发展的新篇章

——在全省国税工作会议上的讲话

李鸿文

（2009年1月14日）

同志们：

全省国税工作会议今天召开。会议的主要任务是：认真学习贯彻党的十七大和十七届三中全会、中央经济工作会议、全国税务工作会议和省委八届六次全会精神，总结去年工作，部署今年任务。2008年12月25日至26日，全国税务工作会议在北京召开，肖捷局长作了题为《围绕中心 服务大局 为保持经济平稳较快发展作出积极贡献》的重要讲话，全省国税系统认真组织了视频会议的收听收看，会议的主要精神已印发与会代表。会前，省委常委、常务副省长罗正富同志对税收工作专门作出重要批示，罗副省长指出："过去的一年是我省发展中极不平凡的一年，全省税务部门坚决贯彻省委、省政府和国家税务总局的部署，以组织税收收入工作为中心，坚持依法治税，切实加强税收征管，为全省财政总收入超额完成1360亿元作出极大贡献。我谨向全省国税、地税部门的广大干部职工表示衷心的感谢和崇高的敬意！2009年将是新世纪以来我省经济发展最为困难的一年，全省各级税务机关要深入学习实践科学发展观，全面贯彻中央经济工作会议、省委八届六次全会和全国税务工作会议精神，坚定信心，真抓实干，更加自觉地服务于全省经济发展大局，大力组织税收收入，认真落实各项税收政策，着力强化科学管理、纳税服务和政风行风建设，全面推进依法治税、税收信息化、干部队伍建设和反腐倡廉各项工作，为促进我省经济保持平稳较快增长和社会和谐稳定，实现'扩内需、保增长、调结构、重民生'的发展目标作出新的贡献。"这是对我们的极大鼓舞和鞭策，我们要认真学习领会，深入贯彻落实。今天下午，省政府还要召开全省财税工作会议，罗副省长将对去年我省财税工作进行回顾总结，并深入分析当前我省的经济形势和财税工作形势，围绕今年我省经济发展目标和财政总收支目标，提出全年财税工作的明确要求和任务。全省国税系统要认真学习领会全国税务工作会议和全省财税工作会议精神，并结合本次会议的部署，全面抓好贯彻落实。下面，我代表省局作工作报告。

一、国税新风正气得到大力弘扬，圆满完成"作风建设年"目标任务

2008年是我国经济社会发展进程中很不寻常、很不平凡的一年，我们迎来了举世瞩目的奥运盛会，目睹了"神州七号"载人航天任务的顺利完成。同时，我们也遭遇了雨雪冰冻、特大地震、洪涝泥石流等自然灾害的侵袭，并正经受着国际金融危机和国内经济增长放缓的冲击。面对诸多挑战和严峻考验，在国家税务总局和省委、省政府的坚强领导下，通过各方面共同努力，全省国税系统干部职工以振奋的精神和良好的作风，不畏艰难，勤奋工作，克服了经济增速下滑、自然灾害和政策性减收因素的影响，切实加强征管，坚持应收尽收，继续保持了税收收入平稳较快增长。2008年，全省国税系统共组织税收收入861.84亿元（不含

海关代征），同比增收 131.68 亿元，增长 18.04%，圆满完成了总局和省政府确定的全省国税收入目标，为国家和云南经济社会发展提供了不可或缺的财力保证。

回顾一年的工作，全省国税系统紧紧围绕党的十七大报告中对税收工作提出的新要求、新任务，进一步解放思想，深入学习实践科学发展观，在继续巩固“文明服务年”、“管理基础年”、“质量效率年”成果的基础上，紧扣“作风建设年”工作主题，认真贯彻落实国家税务总局和省委、省政府的各项工作部署，准确把握好字优先、好中求快的方针，坚持不懈地抓好国税系统的作风建设，不断教育和引导广大国税干部按照科学发展观的要求树立和发扬优良的作风，扎实工作，团结奋进，圆满完成了年初确定的各项任务，全面实现了“提升六个度、做到六个好”的年度工作目标，谱写了云南国税科学发展、和谐发展进程中的重要篇章。

一是树立实事求是的思想新风，形成了解放思想、与时俱进的发展思路。目标明确、方向清晰的工作思路是国税事业科学发展的关键所在。一年来的实践证明，我们工作中所取得的每一项成绩，都是根据形势发展的迫切要求，坚持近年来的基本思路、基本经验、基本理念不动摇，解放思想、实事求是、狠抓落实的结果。我们以落实省政府“四项制度”开展明察暗访为手段，查实情、访常态、重实据、严问责、动真格，使广大干部从思想观念上、从作风细节上受到震动和教育。同时，按照省委统一部署，以深入开展解放思想大讨论活动和学习实践科学发展观活动为有利契机，广泛征求了基层、纳税人和社会各界对国税工作的意见和建议，分析查找了影响和制约国税事业科学发展的障碍和困难，认真整改了不适应形势发展要求的思想观念和做法，始终站在服从服务于云南经济社会发展的全局角度，突出国税行业特色，在严格依法治税的原则下，在构建和谐征纳关系的良好氛围中，谋划了国税系统协调发展的思路和方向，明确了国税事业长远发展的办法和措施，有力地推动了国税工作科学发展的进程。

二是树立学以致用的学习新风，营造了勤奋好学、提升素质的浓厚氛围。引导干部职工树立终身学习、团队学习、自主学习、超前学习的理念，注重提高干部的理论思维和学习创新能力，推动学习型国税机关的建设。省局组织全省正处级以上领导干部，到中国浦东干部学院举办了为期 10 天的执政能力培训班，进一步开阔了眼界，为谋划国税工作创新发展奠定了坚实的思想认识基础。在干部教育培训的思路和导向上，确立了从学历教育向素质教育的转变；在培训方式上，采取了从以省局集中培训为主向送教下基层为主的转变。结合岗位特点和职责要求开展分类分层次的教育培训，不断提高教学的针对性和实效性，把围绕税收中心工作和解决实际工作中的问题结合起来，将培训重点集中在提高基层“六员”的实际查账、税收经济分析和纳税评估等各项能力上。全系统全年共组织各类培训 758 期，参训人数达 30883 人次。

三是树立真抓实干的工作新风，体现了敢为人先、攻坚克难的开拓精神。一年来，我们在云南经济发展不平衡、不充分、发展质量不高的客观环境中，依靠总局和省委、省政府支持，凭借自身力量和勇于探索，有效实现了以科技支撑提升税收管理水平的新突破。我们依靠自身技术力量自主开发网络申报系统，并在全国率先推行了公路内河货物运输业发票抵扣联网上认证，合理分流了大厅办税压力，极大降低了纳税人办税成本，彻底打破了纳税申报的时空局限；以“部门协作，上下联动”工作模式对数据监控系统进行拓展升级，实现了税收收入的实时监控，为省、市、县三级税收管理打造了全国国税系统较为先进快捷的决策支持平台；以征纳和谐为重点，找准了严格执法和诚信服务的最佳结合点，运用税企互动协调机制，创新税务稽查和税政管理方式；在全省范围内深入开展了声势浩大的打击制售假发票和非法代开发票专项整治行动，进一步完善了警税协作、国地税联动、联防共治的成功经验；全面贯彻落实了新企业所得税法及其实施条例和残疾人就业、废旧物资、资源综合利用等税收政策调整，创造性地做好政策执行和征管衔接的各项工作；妥善解决了跨区税收收入分配和预征结算等特殊业务问题，服务云南区域协调发展大局；在我省出口企业遭遇外需萎缩出口困难的情况下，及时建立了分层次的出口退税重点联系企业制度，为外向型和“走出去”企业提供有力的税收服务支持；由总局指定牵头编写了《烟草工业企业所得税管理操作指南》，为实施烟草企业所得税专业化管理奠定了坚实基础；《云南国税》杂志被省新闻出版局在498种省内刊物中评为金奖，刊物质量和影响力进一步提升。

四是树立心系基层的领导新风，构建了心齐气顺、凝心聚力的和谐环境。围绕建设和谐国税的目标，高度重视机关与基层的联动，充分考虑工作部署的兼容性、互补性和协同性，致力打造团结协作、上下和谐的工作环境。注重公平公正，逐步建立完善了对各级各类人才的选拔任用、考核评价、流动配置、激励监督机制。充分尊重和鼓励基层首创精神和有益探索，大大激发和调动了基层在纳税评估、税基管理、税源监控和管理员实务等方面的积极性和创造性，使基层在实际工作中涌现出的好经验、好办法、好典型，成为省局科学决策、民主决策的实践依据；使大量有价值、有水平、有影响的创新项目在取得成功试点经验的基础上，成为在全省推广的范本。探索建立了基层领导干部管户工作制度和基层执法人员的税收执法绩效考核制度，增强了一线征管工作的活力与动力。深入基层了解实际情况，坚持人力、财力、物力向基层、边疆、艰苦地区倾斜，开展了领导干部大接访大下访，妥善解决了基层关心的一批热点、焦点、难点问题。在2008年多次遭遇的自然灾害和特殊困难发生之时，各级领导干部的身影、上级国税部门的关心支持和国税大家庭“一方有难、八方支援”的爱心援助都在第一时间涌现。

五是树立健康向上的行业新风，塑造了勤业敬业、乐于奉献的良好形象。围绕社会主义核心价值体系，通过加强系统机关党建和思想政治工作，着力加强党的先进性建设。积极倡导“肃如秋霜，和如春风”的理念，丰富了国税文化载体和行风建设内容。引导干部包括离退休干部以开阔的心胸和积极的心态，正确对待荣誉和暂时的困难、挫折，正确看待自己、他人和社会，正确看待职级调整、岗位变换、福利待遇，保持了干部职工心理的合理调适，培养了健康的生活情趣，共同维护了国税的和谐稳定。积极开展廉政文化活动，“以廉为荣”深入人心，全面提升了国税部门廉洁勤政的队伍形象。一年来，云南国税系统以良好形象和优质服务赢得了各级党政及社会各界对国税工作的重视、认可、关心和支持，形成了推动国税事业又好又快发展的强大合力。2008年4月全省国税系统被省委省政府授予“全省文明行业”称号，9月省局机关和临沧市局被省委表彰为“全省解放思想大讨论活动先进集体”。

以上从“作风建设年”的新成效、新特点、新气象上简要总结了一年的主要工作和经验，全省2008年国税工作情况的全面总结作为会议文件已印发与会代表，既充分肯定了工作成绩、总结了经验，也实事求是地指出了存在的问题和不足，需要我们在今后的工作中，再接再厉，以更高的标准、更严的要求，坚持不懈地改进和加强。一年来取得的各项成绩来之不易，离不开总局和省委、省政府的正确领导，离不开社会各界和广大纳税人的大力支持，更饱含了广大国税干部职工的智慧与汗水、付出与奉献。在此，我代表省局党组向全省广大国税干部职工表示崇高的敬意和衷心的感谢！

二、准确把握“创新发展年”工作着力点，担负起国税部门服务大局的历史责任

省局党组在广泛深入听取基层意见和建议的基础上，确定2009年国税工作主题为“创新发展年”。作为全省一万二千多人的国税系统，创新是国税工作开拓前进的灵魂，是国税事业兴旺发达的不竭动力，是国税干部队伍永葆生机和活力的源泉。发展是国税机关聚财为国、执法为民的第一要务，是国税部门最大的政治、最硬的道理、最根本的任务。我们要更加自觉坚定地围绕“创新发展年”工作主题，深入研判形势变化，准确把握机遇挑战，聚精会神抓创新，全心全力求发展。

（一）正确判断和把握当前云南国税发展面临的形势

当前，国际金融危机继续扩散和蔓延，世界经济增速明显减缓，我国经济运行困难急剧增加，经济增长下滑过快已经成为当前经济运行中的突出问题。去年12月召开的中央经济工作会议提出今年经济工作的关键和重点，即：“必须把保持经济平稳较快发展作为明年经济工作的首要任务，着力在保增长上下功夫，把扩大内需作为保增长的根本途径，把加快发展方式转变和结构调整作为保增长的主攻方向，把深化重点领域和关键环节改革、提高对外开放水平作为保增长的强大动力，把改善民生作为保增长的出发点和落脚点”。对发挥税收职能作用提出了新的更高的要求，主要有三个方面：一是实行结构性减税保增长。用减税、退税或抵免等方式减轻税收负担，促进企业投资和居民消费，增强微观经济主体活力，促进经济平稳较快增长。二是深化税制改革调结构。推进增值税、资源税等税制改革，实施支持“三农”、节能减排、自主创新、区域协调发展等方面税收政策调整，加快发展方式转变，促进经济结构战略性调整。三是加强征管保收入。依法加强税收征管，做到应收尽收，确保税收收入实现平稳增长，为经济社会发展提供必要的财力保证。按照服从服务于党和国家工作大局的要求，全国税务工作会议提出税务部门要围绕服务科学发展、共建和谐税收，着力抓好税制改革、科学管理、纳税服务和行风建设，全面推进依法治税、税收管理信息化、队伍建设、反腐倡廉等各项工作的要求，并进行了具体的部署，为我们做好今年和今后一个时期的税收工作指明了方向。

就云南省的情况来看，受国际金融危机影响，经济下行压力加大，不确定因素明显增多，矿产品价格大幅回落，工业经济增速减缓、效益下滑，企业经营困难增大，消费需求减弱，经济发展面临的困难和挑战明显加剧。反映在国税收入上，自去年下半年以来，我省税收收入增幅总体呈回落态势，一些资源型的重点企业连续几个月进大于销。但同时我们也必须看到，经过改革开放30年的持续快速发展，我省积累了比较坚实的物质基础，形成了有一定规模且受经济危机冲击较小的支柱税源，基础设施建设、产业发展、居民消费等方面发展空间广阔，扩大内需潜力巨大，体制保障进一步增强，抵御风险能力明显提高。特别是中央采取扩大内需、促进经济平稳较快发展的一系列重大决策，为我省强基础、调结构、增后劲提供了空前的重大机遇，也为我省基础税源迎难而上、新增税源不断涌现创造了条件。总体上看，我们遇到的困难和挑战是前进中的问题，全省经济发展的基本态势没有改变，重要战略机遇期没有逆转，机遇大于挑战，前景仍然看好。我们要进一步坚定信心，迎接挑战，在省委省政府的正确领导下，变压力为动力、化挑战为机遇，做好今年的经济税收工作，实现新的跨越。

从云南国税当前所面临的形势来看，经过几年来开展国税工作主题年实践活动，我们始终坚持以组织收入为中心，以信息化建设为依托，以创新征管措施为途径，严格依法治税，强化税收征管，优化纳税服务，加强作风建设，各项工作取得了长足进步，国税工作正逐步实现从量的积累向质的提升转变。随着解放思想大讨论和学习实践科学发展观活动的深入展开，通过自身查找和开门纳谏，我们也清醒地看到云南国税的工作水平离总局、省委省政府的要求还有差距，提高税收工作质量和效率仍有空间和潜力，在实际工作中还存在着与经济社会发展形势不相适应的税收管理观念，与建设服务型、责任型国税机关要求不相适应的税收服务意识，与信息化建设发展趋势不相适应的人才培养模式，与提升领导干部执政能力要求不相适应的干部管理方式，与科学化、专业化、精细化要求不相适应的税收征管手段。针对这些突出问题，如何在更高层次上，以科学发展观的内涵为标尺，创新我们的发展思路、提升我们的发展质量、提高我们的发展水平，实现全面、协调、可持续发展，已成为摆在全系统各级领导干部、全系统干部职工面前一个十分重要而紧迫的任务。在当前国际国内经济形势复杂多变的情况下，省局党组不断提高贯彻科学发展观的能力、驾驭全局的能力和务实创新的能力，顺应国税工作发展要求，把握方向，谋划长远，确定了“创新发展年”的工作主题定位，强调在今年乃至今后更长一段时间，把解放思想、开拓创新作为国税事业不断发展的思想动力和智慧源泉，紧跟时代发展的潮流，以改革创新的精神和加快发展的实效，解决前进中遇到的问题，按照科学发展观的要求来谋划国税事业的创新发展。

（二）2009年云南国税工作的总体思路和目标要求

依据对形势的分析和判断，特别是我们对成绩与问题的总结和把握，结合我省国税工作实际，2009年全省国税工作的总体思路是：坚持以科学发展观为统领，全面贯彻中央一系列重大决策和省委八届六次全会及全国税务工作会议精神，强信心，迎挑战，重民生，保增长，促发展，突出抓好组织收入和税收服务，大力提升队伍素质，进一步推进依法治税、管理强税、人才兴税战略，为保持全省经济平稳较快增长和社会和谐稳定作出国税部门应有的贡献。

根据这一总体思路，围绕“创新发展年”工作主题，全省国税工作要按照“领导坚强，队伍整齐，素质过硬，服务优良，绩效明显，形象良好”的总体要求，努力实现以下目标：

把握重点，坚持促进发展为己任，建立收入增长与经济发展协调推进的新机制。保持经济平稳较快发展，是当前党和国家工作的大局。税收是国家财政收入的主要来源和实施宏观调控的重要杠杆，在保持经济平稳较快发展中责任重大、使命光荣。我们必须坚持促进发展是国税工作的第一要务，正确认识今年的宏观经济形势，坚决贯彻中央决策部署，不断提高服从服务于党和国家工作大局的意识和能力。要主动将国税工作融入云南发展大局，着眼于既促进经济增长又推动结构调整，既拉动当前经济增长又增强经济长期发展后劲，既有效扩大内需又积极扩大外需，充分发挥税收职能作用，建立良性互动稳定的税收收入增长机制，促进我省经济实现更长时间、更高水平、更好质量的发展，努力实现税收收入增长与经济发展相协调。

实现亮点，保障公平竞争大环境，开创规范执法与优质服务税企双赢的新局面。在和谐税收的要求下，统筹好规范税收执法与优化纳税服务关系是国税部门创新发展的能力体现。我们要紧紧围绕服务科学发展、共建和谐税收的主题，按照“法治公平、规范高效、文明和谐、勤政廉洁”的要求，大力推进依法治税，强化对税收执法权的监督，尊重和保护纳税人的合法权益，营造公平、法治的税收环境，使公正执法、依法治税成为更为全面、更高层次和更精细化的服务，进一步提高征纳双方可持续发展的承载力和驱动力，实现法治文明下的互利双赢；要牢固树立征纳双方法律地位平等的理念，不断丰富纳税服务内容，改进纳税服务方式，规范税收管理运行机制，多渠道、多形式地加大税收宣传和辅导力度，进一步减轻纳税人办税负担，提高纳税人税法遵从度，共建和谐的税收征纳关系。

克服弱点，协调税收管理各环节，形成质量增税与效率兴税统筹兼顾的新动力。在信息科技的支撑下落实税收管理科学化、专业化、精细化是国税工作创新发展的突破方向。我们要强化对税收管理薄弱环节的改进和完善，努力克服由于税收管理各要素发展水平参差不齐、局部不足影响整体工作呈现出的“木桶效应”，靠“内力”、激“活力”、借“外力”、聚“合力”，不断创新管理手段，建立科学的内部要素协调机制，促进国税工作全面发展。进一步深化税源税种税政管理，优化工作流程，建立有效的信息共享和双向反馈机制，健全完善管理的基础制度，掌握管理的重点环节，强化税源管理手段，改革税源管理方式，培养一支结构合理、能够熟练掌握纳税评估、税收分析、稽查与反避税业务的专业干部队伍，强力推进税收管理的科学化、专业化和精细化进程。

突破难点，强调以人为本带队伍，探索竞争激励与人文关怀平衡并举的新思路。在以人为本的核心下提高广大国税干部的素质水平是国税事业创新发展的组织保证。我们要始终以干部职工为中心，把推进人的全面发展放在突出位置，着力加强思想文化、道德品质、综合素质培养，巩固和提升“省级文明行业”建设成果，用人本理念和先进文化感召激励干部职工，努力为干部职工搭建想干事、能干事、干成事的工作平台，把干部职工的追求凝聚到国税事业创新发展的共同愿景上来，塑造国税干部健康向上的“精、气、神”。同时，把以人为本与严格管理相结合，以加强制度建设引导干部职工的发展，建立健全以培养、教育、使用、激励、监督为主要内容的机制和措施，形成人才辈出、人尽其才的良好局面。

三、科学谋划，务实创新，推进国税事业又好又快发展

今年，我们即将迎来新中国成立60周年，做好各项工作具有十分重要的意义。全省国税系统要紧紧围绕“创新发展年”工作主题，进一步坚定信心，振奋精神，开拓进取，按照今年工作的总体思路和基本要求，扎扎实实抓好以下工作：

（一）以税收分析方法的创新，促进组织收入工作的发展

今年全国税收收入计划增长9.2％，按照总局下达的增长系数计算，我省国税系统收入计划为930亿元（不含海关代征），比去年实际完成数增加69亿元，增长8%。省政府根据我省经济社会发展目标，确定今年全省国税收入必须确保900亿元，奋斗目标为930亿元。当

前的宏观经济形势和国家出台的减税政策以及去年我省国税收入中的一次性因素较多等情况，将给我们的组织收入工作带来更多的挑战和压力。困难面前，信心比什么都重要。我们既要看到挑战的严峻，又要看到我们战胜困难的有利条件，中央和省委部署的一系列宏观调控措施，为全国和我省经济实现平稳较快发展奠定了坚实基础，我们一定要坚定信心，采取切实有效的措施，做好今年的组织收入工作。遵循经济税收发展的客观规律，认真贯彻组织收入原则，主动加强向地方各级政府的汇报和沟通。深化税收收入预测，正确判断收入形势，提高税收预测的准确性和科学性。密切跟踪宏观经济和企业经营形势变化，全面掌握影响税收收入变化的因素，及时跟踪了解政策效果，针对执行中存在的问题提出完善政策建议。创新税收分析方法，开展经济税源分析、政策效应分析、税收风险管理分析、税收预测预警和微观税收分析，充分运用税收弹性分析、税负分析、税源分析和税收关联分析等方法，构建多元化的科学分析方法体系，逐步实现组织收入工作由计划管理向质量管理转变。

（二）以税收执法机制的创新，促进依法治税工作的发展

坚持依法治税，努力创新税收执法与管理的理念和机制，认真贯彻执行《全面推进依法行政实施纲要》，将税收工作的重心转向法治导向型，严格执行税收法律法规，以建立健全内部执法监督机制为突破口，努力实现税收法制基本完备、执法行为全面规范、执法监督严密有力的目标。按照权力制衡、防范风险、信息共享的原则，建立税收执法的内控机制，深入推行税收执法责任制，严格执法过错追究，对税收执法权力运行实施过程监控，规范自由裁量权，减少执法随意性，最大限度地压缩不作为、乱作为的弹性空间。建立税收规范性文件定期清理制度，加强对税务行政审批事项的管理监督。确保重大案件审理质量和执法检查质量，落实法律救济制度，完善行政复议、行政诉讼、税务听证、行政赔偿工作方法，保护纳税人合法权益。整顿和规范税收秩序，对偷税、骗税等涉税违法行为施以重拳打击，继续保持打击制售假发票专项整治的高压态势，营造有利于纳税人公平竞争的良好税收环境。合理配置稽查资源，在继续巩固政策辅导、查前告知等有益经验的基础上做好第二轮分级分类稽查，深入开展税收专项检查。加大税收宣传力度，做好“五五”普法工作，认真开展税收宣传月活动，进一步提升全社会的税法遵从意识。

（三）以税源管理模式的创新，促进税收征管工作的发展

夯实税源管理基础。进一步强化户籍管理，完善日常巡查管理制度；按照总局发票管理的工作要求，逐步建立和完善普通发票管理长效机制，扩大印制企业冠名发票范围，实行发票版面金额限制，增加手写发票百元版、千元版，建立普通发票采集比对核查制度和协查处理制度。加强货物劳务税管理。全面贯彻执行新增值税、消费税暂行条例及实施细则；做好增值税转型改革各项工作，确保政策落实到位；创新出口退税审批模式，简化审核流程；继续做好出口退税预警评估工作，严防和杜绝骗取出口退税违法活动的发生；配合有关部门做好边境一般贸易人民币结算退税扩大试点工作。加大所得税管理力度。抓好所得税法配套政策措施的贯彻落实；与地税部门加强沟通协调，做好新办企业所得税征管范围调整工作；在实施分类管理的基础上，进一步强化重点税源企业所得税管理和服务工作，逐步实现专业化管理的要求；做好新所得税介质申报软件的推广应用，确保新税法实施后第一次汇算清缴工作顺利完成。强化国际税源监控。建立“走出去”企业税收户籍管理档案，认真开展税收情报交换，积极探索企业境外投资税务登记备案制和跨国反避税调查，促进我省外向型经济发展。

（四）以科技支撑手段的创新，促进信息化建设工作的发展

进一步巩固网络申报开发应用成果，在试点取得成绩的基础上，在全省推广应用；按照增值税转型改革和税收调控政策变化的要求，对原网络申报软件进行修改和完善；研究和解决好网络申报工作中金税 IC 卡网上抄报税和清零解锁问题，优化拓展系统功能；积极探索网上发售发票、网上办理税务登记和出口退税网上申报等网上办税功能的开发测试和试点工作，逐步完善并建设“网上办税服务厅”。强化发票管理信息化手段，推行普通发票监管信息系统，建立普通发票语音、短信、网络等公众查询系统；利用公安部门信息系统适时对纳税人身份信息进行比对。在全省稳步推行税收管理

员辅助信息系统，为税收管理员管住、管好税源提供有效工具。在全省上线个体电子定税系统的基础上，加强系统的运维及数据分析，推进个体税收公平管理，逐步提升定期定额纳税人征收率。加大数据资源应用整合力度，充分运用升级后的数据监控系统进行税收管理数据分析，指导税源管理工作。加强部门协调配合，适时启动财税库银横向联网工作，实现我省国税系统税款缴库电子化。

（五）以和谐征纳关系的创新，促进纳税服务工作的发展

不折不扣贯彻落实国家惠及民生的税收政策，充分体现政府关注民生的政策导向和意图，完成好税收反哺社会、改善民生、促进和谐的重要使命。一切从纳税人角度出发，对现有的各类服务资源进行整合利用，提高服务档次和深度。深入基层、企业开展服务性调研和政策辅导宣传，通过典型范例解决政策落实上的难点、盲点问题。不断改进服务方式方法，推进税收服务工作的深入开展。按照总局的统一部署，结合我省实际，稳步试点、推行12366纳税服务平台建设，进一步规范对纳税人的咨询答复。打牢多元化纳税申报方式的基础，积极推进无纸化申报和无纸化审批，做好跟踪问效及服务运维工作。推进网上办税，为纳税人提供简便、高效的办税方式。探索建立涉税报表设立、审核机制，防止任意设立要求纳税人报送的报表。坚持和推广绿色通道、预约服务等个性化办税服务制度，积极探索涉税事宜同城通办项目，不断提升服务层次。开展办税服务厅标准化建设试点工作，形成分类范本，明确办税服务厅的软、硬件建设标准。

（六）以行政效能建设的创新，促进内部管理工作的发展

切实增强依法实施政府采购的能力，推进监管方式创新，实现集中采购“四公开”，即：公开详细采购目录、采购计划、采购方式、供应商资格，并邀请审计、监察、技术监督等外部门参与监督，降低集中采购的行政风险。积极探索建立征税成本核算指标考核体系，实行预算精细化管理，提高资金使用效益。规范基本建设，健全固定资产内控制度。强化内部审计监管，不断规范经济责任审计。尝试将质量管理、绩效管理等先进的现代企业管理理念和模式引入国税机关管理过程，进一步提升行政管理效能和规范程度。进一步改进工作作风，大力提倡“情况到一线了解，问题到一线解决，干部到一线考核，人才到一线培养，工作到一线落实”的一线工作法。充分尊重基层干部的首创精神，鼓励基层的探索，支持基层的创新，发动广大国税干部为国税事业的创新发展献计献策，建立创新项目重点立项制度，及时总结实践经验，探索创新工作的途径和方法。推进制度创新，改革管理方式，优化工作流程，简并报表资料，切实减轻基层机关和基层干部的负担，提高部署工作的计划性和协调性。以转变职能为核心，完成省以下国税系统机构改革工作任务，从整体上优化组织机构。积极做好机关后勤保障工作，努力建设节约型机关。

（七）以干部管理制度的创新，促进队伍建设工作的发展

以优化班子结构、提高班子整体素质为重点，加强领导班子组织建设。进一步完善干部考核、考察相关制度规定，坚持正确的用人导向，建立健全良性的干部任用机制，按照德才兼备、注重实绩、群众公认原则选拔干部，提高选人用人公信度。认真落实和完善后备干部的管理培养机制，努力建立一支政治成熟、业务精通、充满生机和活力的国税系统处级后备干部队伍。以机构改革为契机，对省局机关及各州、市局缺额的副处级领导干部，通过竞争上岗等各种方式适时进行调整和补充，进一步优化班子结构，提高整体素质。今年上半年将组织开展县（区）局局长计算机操作应用及新企业所得税法、增值税等业务考试，强化县（区）局“一把手”带头落实“学会应用、学会操作、学会分析”要求及掌握税收业务的示范和表率作用。切实开展好干部交流工作，对任职时间较长的县（区）局局长，以及长期在同一个岗位任职的干部，通过交流的形式激发工作积极性和创造力。同时，贯彻尊重劳动、尊重历史、尊重创造的方针，大张旗鼓地表彰一批在基层一线、条件艰苦、困难较多的地方辛勤工作、默默奉献、人到中年的国税干部职工；继续推进干部上挂下派，建立健全干部在上下级单位之间的交流机制。认真组织好全省国税系统第八届业务能手竞赛，创新岗位练兵组织模式，加大教育培训力度，有效解决人员梯度不合理问题，为专业化人才成长搭建更广阔的平台。深入探索新形势下国税文化建设的

特点和规律，不断挖掘和丰富国税文化内涵，以载体建设的持续创新，推动国税文化大发展大繁荣，提升云南国税文化软实力，使广大国税干部职工的精神风貌更加昂扬向上。注重思想政治工作和精神文明建设的时代效应，有效增强思想政治工作的鲜活力、感召力和影响力，对于苗头性、倾向性问题，坚持早发现、早提醒、早解决，有的放矢地做好思想教育工作。加强机关党建工作，落实党员联系和服务群众、党员党性定期分析制度。大力倡导忠诚事业、奉献税收、开拓创新、爱岗敬业的国税精神，继续弘扬“和如春风、肃如秋霜”的人本理念，体现人文关怀，关心干部成长，支持帮助老干部和工青妇工作，致力于实现国税干部职工自身价值与国税事业的共同发展，巩固和发展上下和顺、左右和睦、全体和谐的良好局面。

（八）以监督教育体系的创新，促进反腐倡廉工作的发展

扎实推进惩治和预防腐败体系建设，抓好《云南省国税系统惩治和预防腐败体系2008～2012年工作规划》实施意见和分工方案的落实。强化对《税务系统领导班子和领导干部监督管理办法》执行情况的监督；加强“两权”监督，拓展事前监督和事中监督，强化对人财物管理以及行政决策、大宗物品采购、基本建设等行政管理权运行情况的监督检查，形成全系统的监督制约体系。加大反腐倡廉宣教力度，积极构建以思想道德和职业道德为基础，以勤政廉政为基本内容，以正确行使权力、远离违法犯罪为重点，以建设和谐国税为目标的廉政文化建设新格局。加大案件查处力度，保持惩治腐败的强劲势头。深化政务公开工作，认真受理群众来信来访，坚持特邀监察员联系制度，继续坚持《廉政公约》的签订及回访调查，创新回访方式，拓宽监督渠道。加强信访举报查办工作，加大对各级领导干部信访件的查处力度。严格落实党风廉政建设责任制，进一步健全和完善“一把手”负总责、各部门齐抓共管、纪检监察组织协调、依靠群众参与的领导体制和工作机制。加大“四项制度”执行力度，完善明察暗访实施办法，对明察暗访的手段、内容、反馈、通报的标准进行制度化和规范化。

同志们，新的一年税收工作任务艰巨，责任重大。让我们以贯彻落实中央和总局、省委省政府一系列重大决策部署为契机，始终保持敢想敢干、敢为人先的气魄，始终保持自我加压、持之以恒的韧劲，始终保持艰苦创业、奋发图强的精神，理清发展之路，创新发展之策，激活发展之力，推动云南国税事业实现创新发展新跨越！

在云南省国家税务局深入学习实践科学发展观活动总结大会上的讲话

李鸿文

（2009 年 2 月 26 日）

同志们：

按照中央、省委和国家税务总局的统一部署，根据《中共云南省委关于开展深入学习实践科学发展观活动的实施意见》安排，作为第一批参加学习实践科学发展观活动的单位，从 2008 年 9 月 28 日开始到今天，云南省国家税务局机关在省委深入学习实践科学发展观活动领导小组和国家税务总局的领导下，在省委第十七指导检查组的指导帮助下，精心组织，有效推进，党组成员率先垂范，机关干部职工积极参与，全系统密切配合，圆满完成了学习实践科学发展观活动各项任务，达到了预期目的，收到了良好的效果。在省局机关学习实践活动群众满意度测评中，满意度达到 98.43%，学习实践活动得到了广大干部群众的认可。在即将完成学习实践活动之际，今天我们召开总结会议，主要任务是，总结回顾省局机关开展学习实践科学发展观活动取得的成效和得到的收获，进一步贯彻落实科学发展观，推进国税工作不断创新发展。同时，对全省国税系统参加第二批学习实践活动进行动员和指导部署。这次会议既是一个总结会，又是一个动员会。之后，省委第十七指导检查组谢承彧组长还将对我局学习实践活动情况作重要讲话，我们一定要学习好、领会好、落实好。下面我讲三个问题：

一、特色鲜明，工作扎实，学习实践活动成效显著

根据省委的统一部署，结合国税工作实际，在近 5 个月的时间里，经过学习调研、分析检查、整改落实三个阶段的工作，我们进一步提高了对科学发展观的思想认识，深入查找了影响和制约国税工作科学发展的问题和不足，深刻剖析了产生问题的原因，针对存在的问题制订了明确具体的整改提高措施，扎实认真地抓好整改落实，确保了学习实践活动动真格、出实招、见实效，使整个学习实践科学发展观活动的过程成为了推动云南国税事业又好又快发展的过程。

（一）着力提高落实科学发展观的自觉性和坚定性，坚持把学用结合贯穿学习实践活动始终

学习是实践的基础。在活动过程中我们十分注重加强学习，把学习作为提高落实科学发展观自觉性和坚定性的有力手段贯穿始终。采取集中学习与个人自学相结合，走出去与请进来相结合，面上学习与专题辅导、培训相结合，以及支部学习、小组讨论、专题报告等多种形式，切实加强学习。省局领导班子带头抓好学习，组织了 5 次党组理论中心组科学发展观专题学习，扩大到省局机关副处级以上干部参加，省局班子成员就学习体会作了专题发言。举办了 4 期学习实践科学发展观培训报告会，邀请了省委党校副校长黄顺和李卫宁教授，以及云南大学金子强教授作专题讲座，同时云南省纪委副书记、省监察厅厅长郭永东同志莅临省局，对孟连县 7·19 事件作了典型案例分析报告，并按省委要求对阳宗海砷污染事件典型案例进行了专题学习讨论。充分发挥处室和党支部对

学习的促进作用，省局活动领导小组明确规定每星期二下午作为党支部专题学习时间，对每周学习内容进行明确要求，做到人员到位、时间到位、内容到位，确保了学习的质量。组织以处室为单位专题学习了《毛泽东邓小平江泽民论科学发展》、《科学发展观重要论述摘编》、《深入学习实践科学发展观活动领导干部学习文件选编》、胡锦涛等中央领导同志有关重要讲话等。统一购买了中央党校8位教授学者“深入学习实践科学发展观”的专题讲座DVD，于11月12日至23日之间每晚8：00在省局机关自办有线电视台上播放，丰富学习渠道和载体，促进职工积极自学。充分运用网络宣传平台，以云南国税电子政务网站为学习宣传的载体，开辟了3个学习专栏，连续刊载《科学发展观学习读本》7期、深入学习实践科学发展观活动简报59期、专报32篇、领导干部学习心得9期。深入学习实践科学发展观活动开展以来，全局参加学习人数达到15534人次。通过学习使广大干部职工在准确把握科学发展观的重大意义、科学内涵、精神实质和根本要求上有了新提高，在吃透精神、提高认识、统一思想上上了新水平，在武装头脑、指导实践、推动工作上有了新加强，为推动国税事业科学发展打下坚实的思想基础。

（二）着力突出国税实践特色，坚持把学习实践成果转化为推动工作的强大动力

在学习实践活动各项工作的开展过程中，我们紧扣国税中心工作，突出国税实践特色，将学习实践活动作为解放思想、统一思想的过程，作为解决问题、促进工作的过程，有力地推动了国税工作向前发展。2008年10月29日至11月15日，省局党组确定了贯彻落实科学发展观情况、解放思想大讨论活动整改措施的落实情况、全年组织收入的情况、税源管理情况、依法治税情况和队伍建设情况以及2009年的工作思路等8个调研课题，由9位局领导带领分管处室人员深入基层一线进行调研。同时，各调研组结合各自工作重点，着重在和谐国税建设、党风廉政建设、税收职能发挥、税收信息化建设、干部队伍激励机制建立、境外投资企业的税收管理与服务、强化做好组织收入工作、国税文化建设等方面进行了深入调研。调研对象涉及44个基层单位，形成有价值、有指导作用的综合调研报告9篇和《实践科学发展观　促进我省采矿冶炼行业发展》等11篇专题调研报告，取得了显著成果。通过调研，进一步查找了在加快发展、政策落实、制度建设、工作作风中存在的影响和制约科学发展的问题，也深入挖掘了基层工作中一些创新举措和工作亮点，清楚地看到了发展的后劲和发展的前景。同时，结合学习实践活动的安排认真开展了典型案例分析工作，各单位负责人带头选案例、作分析，对日常税收管理、行业管理、行政管理等方面符合科学发展要求、适应科学发展形势、遵循科学发展内涵的典型经验进行了深刻分析，并召开案例分析专题会议，对“水泥行业纳税评估管理”、“优化烟草行业纳税辅导”、“借助信息化提高税收科学管理水平”、“科学发展观下强化税收执法监督”等8个典型案例进行专题分析和会议交流。其中“服务科学发展，构建和谐税收”案例作为云南省百个优秀案例被重点宣传报道，编写的云南国税学习实践科学发展观活动调研报告和科学发展典型案例受到各方面的一致好评。

（三）着力解决问题务求实效，坚持把破解发展难题作为学习实践活动的出发点和落脚点

在学习实践活动过程中，我们始终坚持重在实践、重在解决突出问题、重在促进科学发展的原则，真抓实干，务求实效，以解决问题的实际成效体现学习实践活动的成果。一是在民主、团结、和谐、务实的氛围下召开了一次高质量的专题民主生活会。会上，省局领导班子成员分别结合深入基层调研和征求群众意见情况，对照科学发展观要求，不仅从思想观念、工作思路、工作方法、工作作风、工作绩效等方面查找了自身存在与科学发展观要求不相适应的问题，还从发展理念、发展定位、发展机制等方面查找了存在的突出问题和主要障碍，认真分析了单位和个人在服务大局、服务发展、服务基层等方面存在的主要差距和不足。同时，还对国税工作发展中存在不平衡、不全面、不协调问题的原因进行了深刻解剖和分析，研究提出加强和改进的方向、措施和办法。二是高标准、高质量地撰写了领导班子分析检查报告，并接受了群众广泛的评议。分析检查报告系统地回顾了2005年以来云南国税工作又好又快发展的成功经验，全面总结分析了影响和制约云南国税工作科学发展的主要问题和原因，进一

步明确了今后的努力方向、工作思路和主要措施。认真组织了群众对领导班子分析检查报告的评议工作，向总局相关司局、省政府办公厅、有关厅级部门、各州市局、部分纳税人等发出《云南省国家税务局领导班子分析检查报告群众评议表》，广泛接受评议，通过测评，对云南省国税局党组班子分析检查报告满意度为100%，收到了良好的效果。三是强化整改落实措施，确保学习实践取得成效。在对“解放思想大讨论”活动中查摆的58个问题整改落实情况进行“回头看”的基础上，我们对省局贯彻落实科学发展观的情况，进一步广泛征求意见建议，疏理、归纳了思想障碍、体制机制、工作作风、队伍建设、税收管理、纳税服务等6个方面存在的25个主要问题，并制订下发了《云南省国家税务局深入学习实践科学发展观活动查摆问题整改方案》，对每一个问题提出了具体的整改落实措施，明确了问题整改落实的主办单位、协办单位和督办领导，承诺反馈，跟踪问效，强化督办，对能够及时解决的问题及时进行解决，对短期不能解决的问题制定措施逐步加以解决，对需要上级机关帮助解决的问题加强请示汇报争取上级机关协助解决，切实做到“事事有回应，件件有落实”。

（四）着力依靠群众广泛参与，坚持把群众满意作为学习实践活动的工作目标

在学习实践活动中我们特别注重各个方面、各个层面的广泛参与，让广大党员和群众都来参与、评价、监督省局机关的学习实践活动，努力做到听取民意找问题，顺应民意抓改进，依据民意看效果，充分发扬民主，让群众参与，请群众评判，让群众满意，使学习实践活动真正成为人民满意工程。通过发放征求意见表、召开座谈会、到企业走访等形式广泛征求各方意见和建议，共征集意见建议1656条，其中：各州、市、县（市、区）局干部职工1472条，相关厅局单位14条，省局领导深入基层调研梳理58条，纳税人35条，省局机关青年干部代表24条，离退休老干部3条，各州市局党组17条，省局机关33条。召开了由省内大中型企业、个体工商业户等纳税人参加的纳税服务座谈会、大中型企业流转税政策座谈会和所得税政策座谈会，同时还召开了省局机关青年干部座谈会和离退休干部座谈会，进一步倾听了来自基层一线国税干部职工、老干部和纳税人的呼声，听取各行各业对国税工作的意见和建议，找准影响和制约本系统本部门科学发展、和谐稳定、党性党风党纪方面群众反映强烈的突出问题。对座谈会上提出的可行性强的建议，如调整省局机关公务员年度考核优秀等次评选办法的建议，与会领导当即表态吸收采纳；对纳税人反映的税收政策和纳税服务问题需要进一步调查核实的，会后逐一挂牌督办，并将办理结果及时反馈纳税人。结合国税行业特点，在全系统开展了“我为创新发展献一计”活动，问计于纳税人、求智于一线干部职工，共谋云南国税创新发展的良策，有力地推动了工作。

（五）着力科学谋划和周密组织，坚持把加强领导作为学习实践活动的重要保障

省局党组对学习实践活动高度重视，不仅把活动的开展作为一项重大政治任务来认真落实，更作为推动云南国税事业又好又快发展的重大机遇来把握。中央和省委学习实践活动会议结束后，省局及时传达贯彻落实中央和省委领导同志的重要讲话精神，确保工作顺利推进。为加强领导，成立了由党组书记、局长担任组长的学习实践活动领导小组，组建了领导小组办公室和综合、材料、宣传、指导检查等四个工作组，迅速地开展工作。省局党组既坚持总揽全局，统筹推进，又注重作出表率，多次召开领导小组会议，研究讨论工作方案，认真听取阶段工作汇报，研究确定每个阶段的主要任务。省局领导班子成员坚持做到带头深入学习，带头专题调研，带头分析检查，带头谋划思路，带头解决问题、完善制度，做学习实践活动的排头兵、领头羊。为做好各个阶段的学习实践工作，每一个阶段省局学习实践活动领导小组都以通知形式下发本阶段的具体方法步骤，对每一阶段活动的时间安排、工作内容、进度要求、方式方法等进行明确的要求，确保高质、高效地推进各阶段工作。同时，充分发挥机关各党支部的堡垒作用，以支部学习、主题实践、支部活动等形式丰富学习实践活动内容，以党支部为抓手，形成了一环扣一环，环环推进，一级抓一级，层层落实的工作格局。

省局机关学习实践科学发展观活动开展良好，措施有力，氛围浓厚，成效显著。在云南省第一批学习实践活动分析检查阶段工作部署会议上，省局与人事厅、宗教事务管理局、省委第三指导检查组、楚雄州委等5家单位，就

学习实践活动的工作进行了书面经验交流。省局领导的学习实践科学发展观专题调研报告被省委领导小组选送汇编。省局学习实践工作得到了省委、省政府以及有关部门、社会各界的普遍认可。国家税务总局党组成员、总经济师董树奎同志和国家税务总局学习实践科学发展观活动第五指导检查组，在云南工作调研和检查指导时，对我局学习实践活动也给予了充分的肯定。

二、累积经验，理清思路，学习实践活动为国税事业又好又快发展注入新动力

开展深入学习实践科学发展观活动，是党中央作出的一项重大决策，是用中国特色社会主义理论体系武装党员干部头脑的重大举措，是提高各级党员干部领导水平和执政能力的必然要求，是建设富裕民主文明开放和谐云南的迫切需要，也是实现云南国税事业科学发展的根本保障。通过学习和实践的紧密结合，我们在学习实践活动中取得成效的同时，还为云南国税又好又快发展的实践积累了新的经验，注入了新的动力，增添了新的活力。

（一）进一步深化了对科学发展观的认识，在事关云南国税事业发展的重大问题上形成了共识

通过学习，我们深刻地认识到：科学发展观顺应了广大人民心声，符合时代发展潮流，是马克思主义关于社会主义发展的最新理论创新成果，是我国经济社会发展的重要指导方针，是发展中国特色社会主义必须坚持和贯彻的重大战略思想，是推进国税事业又好又快发展的强大思想武器，科学发展观的要义、核心、基本要求、根本方法与云南国税实现又好又快发展的内在需求完全契合。我们坚持把学习实践活动的深入开展作为在新形势下实现云南国税科学发展、和谐发展、创新发展的难得机遇，紧紧围绕总局学习实践科学发展观活动确定的“服务科学发展，共建和谐税收”主题，结合云南国税工作实际，在依法治税、应收尽收、优化服务、管理创新、队伍建设等方面，思想进一步统一，认识进一步提高，为推进国税工作更好地为云南社会经济发展服务，提供了强有力的思想认识保障，实现了思想上再深化，认识上再提高，行动上再统一，效率上再提升。通过学习实践我们形成了统一的共识：发展是云南国税工作的第一要义，全省国税系统从2005年组织税收收入512.41亿元到2008年完成861.84亿元，四年累计组织收入2696.82亿元，年均增幅达到18.93%，圆满完成了国家税务总局和省委、省政府各年度下达的收入任务，国税收入占全省财政总收入的比重多年来均在65%以上，为全省经济社会发展提供了重要的财力保障。我们决不能满足于近年来税收收入持续较快增长的好形势，更要进一步解放思想、开拓前进，主动适应形势发展变化，深入研究国税工作深层次的矛盾和问题，把思想认识从那些不符合科学发展观要求的观念、做法和体制机制的束缚中真正解放出来，发展是国税机关聚财为国、执法为民的第一要务，是国税部门最大的政治、最硬的道理、最根本的任务，必须要大胆探索国税工作发展理念、发展思路、发展方式、发展机制的创新；核心是以人为本，一方面紧紧抓住广大纳税人和系统上下干部职工对国税部门、国税工作的所想、所盼、所需，以此作为我们工作的着力点，解民忧、释民惑、达民愿，另一方面，建立一支素质过硬、业务精良、积极向上、团结协作的干部队伍，为实现国税干部职工的全面发展提供有力的保障；基本要求是全面、协调、可持续，针对国税工作点多面广、情况复杂，国税系统人员庞大、遍及城乡的特点，必须正确处理好国税工作中点的突破与线的推进以及线的推进与面的提高的关系，发现和挖掘税收征管工作中的弱点、难点、盲点，敢于较真，勇于挑战，找“短板”、补“短腿”，真正实现全面协调可持续发展；根本方法是统筹兼顾，准确把握好国民经济与税收、收入总量与结构、税收成本与效益、税收服务与管理，以及税收征管与税制建设和队伍建设等方面的关系，实现税收管理制度措施进一步完善和优化、税收收入持续平稳较快增长、税收执法更加规范、纳税服务水平显著提升、征管质量和效率明显提高、国税干部的综合素质普遍增强的目标，促进国税事业科学发展、和谐发展、创新发展。

（二）进一步理清了发展思路，明确了云南国税事业创新发展的方向

在学习实践活动中，我们采取深入基层搞调研、广泛征求意见、召开座谈会、组织群众评议等形式，广开言路找差距，汇聚民智谋发展，通过全面的分析检查，发现了差距，查找

了不足，清醒地看到了发展中存在的问题和困难，梳理了影响和制约国税事业科学发展的七个方面的问题。并认真分析了解放思想不够，改革创新意识还不强；税收管理观念与经济社会形势的发展要求不相适应；税收服务意识与建设服务型、责任型政府的目标要求不相适应；人才培养模式与信息化建设水平突飞猛进的现实要求不相适应；领导干部执政能力与形势发展变化的要求不相适应；税收征管手段与科学化、专业化、精细化的管理要求不相适应等产生问题的六个方面原因。基于对国税事业发展现状的认识、对面临形势的判断，我们进一步理清了发展的思路，看到了发展的空间和后劲，对照科学发展观的要求，省局党组确定了2009"创新发展年"的工作主题定位，力求实现"领导坚强，队伍整齐，素质过硬，服务优良，绩效明显，形象良好"的总体目标。明确了在推进工作中把握重点，实现亮点，克服弱点，突破难点的要求，提出了以税收分析方法的创新，促进组织收入工作的发展。以税收执法机制的创新，促进依法治税工作的发展；以税源管理模式的创新，促进税收征管工作的发展；以科技支撑手段的创新，促进信息化建设工作的发展；以和谐征纳关系的创新，促进纳税服务工作的发展；以行政效能建设的创新，促进内部管理工作的发展；以干部管理制度的创新，促进队伍建设工作的发展；以监督教育体系的创新，促进反腐倡廉工作的发展等八个方面的工作任务。"创新发展年"的工作主题，集中体现了深入学习实践科学发展观活动推动省局党组从全局和战略高度谋划国税工作的新思路、新机制、新方法，为做好当前和今后一段时期的国税工作在观念、体制、机制、科技、执法、服务、队伍等方面明确了方向，树立了目标，用创新发展的方法解决前进中遇到的问题，拓宽了发展思路，创新了发展模式，提高了发展质量，为事业继续又好又快发展打下了坚实的基础。

（三）进一步破解了发展的难题和瓶颈，为国税事业的又好又快发展扫清了障碍

在学习实践活动中，我们注重边学边查边改，按照近期、中期、远期三个阶段性的整改思路，着力解决与群众密切相关的实际问题，着力解决影响和制约科学发展的突出问题。按照"问题不解决不放过、群众不满意不通过"的要求，制订了详细的整改落实措施，明确了机关各单位的责任，明确实施步骤，强调落实措施，切实让干部群众感受到学习实践活动带来的新变化，确保学习实践活动取得看得见、摸得着的成效。我们深入贯彻落实省政府"四项制度"，向社会公开了16项服务承诺，自觉接受群众监督，并对各单位落实首问责任、服务承诺、限时办结等制度情况进行明察暗访，针对发现的作风拖拉、纪律松弛、效率低下，以及群众反映突出的"爱岗不敬业，爱权不珍惜，爱事不干事"等问题坚决启动问责程序，5轮明察暗访，受到问责376人次，从制度建设和执行上加强有效监督，使各级机关的工作作风和工作纪律得到进一步好转，国税部门软环境建设成果得到进一步巩固，国税工作的社会评价得到明显提高。同时，针对纳税人反映税收宣传力度还需加强，对税收优惠政策等了解不够的问题，我们及时将《税收优惠政策选编》一书增印10万册，免费赠送广大纳税人和各级党委、政府及有关部门，并在今年的全省"两会"期间向代表委员们发放。重新整理和修订了《增值税优惠政策及一般纳税人管理指南》，并已经编印出版，受到社会各界和纳税人的广泛好评。找准以人为本和依法治税的最佳结合点，以提高纳税人税法遵从度为目标，创新税务稽查和税政管理方式，通过税收宣传、纳税辅导、查前告知、税务稽查等一系列的部门联动，运用税企互动协调机制，在促进企业自查补税的同时，帮助企业进一步规范了财务管理，切实维护了纳税人合法权益，税企双方的关系在交流互动中更趋于和谐。针对纳税人反映缺少与国税机关互动交流平台的问题，我们及时对省局门户网站进行了改版升级，进一步完善提升了纳税人网上咨询答复、涉税违法举报平台，机关各单位负责纳税咨询的回复工作，及时处理和答复纳税人的相关咨询，建立了与纳税人的互动机制。针对机关与基层工作联动制度需要进一步建立和完善，加强工作指导，推动基层工作开展的工作力度还需进一步增强的问题，要求相关部门及时建立和完善简便易行而又符合基层实际的机关基层工作联系机制，对各单位下基层的工作要求进行细化，并把深入基层工作情况纳入目标考核，切实转变工作作风，全面、及时、真实地了解和掌握基层的实际情况和真实面貌，及时研究解决基

层反映的问题和困难，做到“下基层有准备，回机关有报告，调研问题有着落”，形成有效的上下级沟通渠道，加大联系信息反馈力度的措施等。

（四）进一步转变领导干部观念，科学发展观已经逐渐成为广大干部的行动指南

按照中央、省委和总局对学习实践科学发展观活动的统一部署和安排，我们提出学习实践活动以处级以上党员领导干部为重点，机关全体干部参加，全系统积极参与的工作思路。省局机关作为带领全省一万多国税干部干事创业的“指挥部”，承担着国税系统管宏观、管制度、管方向、管落实的责任，省局机关学习实践科学发展观效果如何，直接关系着全省国税系统工作的好坏，因此我们始终将处以上领导干部作为重点，在真学、真懂、真用上下工夫，着力增强执政能力和领导科学发展的本领，不仅强化对领导干部学习的要求，提高对科学发展观的认识和理解，使科学发展观真正入脑入心，还特别注重增强将学习实践成果转化为指导工作实践的本领，用科学发展的方法解决工作中的问题。省局领导班子和局内各单位主要负责人发挥示范带头作用，在加强对基层业务培训上，把以省局集中培训为主的培训方式改为送教下基层面对面培训为主的方式，各处室主要负责人带头编写教案、课件，带头深入基层一线，面对面、手把手地教。省局机关发挥对系统的引导和服务作用，在工作中对照科学发展观的要求，勤奋工作，埋头苦干。为确保增值税转型改革的第一个征期完成多元化申报和新企业所得税年度纳税（A类）介质申报，省局有关处室克服时间紧、任务重的困难，在春节期间加班加点，放弃节假，圆满完成了相关系统软件的开发、修改和升级工作，保证了基层国税部门和广大纳税人工作的顺利开展。学习实践活动，为国税事业全面发展、协调发展、系统发展增添动力，科学发展观的要义、核心、基本要求和根本方法已经逐渐成为了云南国税人思想的纲领、行动的指南、实践的方法、努力的方向。

近期，按照省委学习实践科学发展观活动领导小组《关于做好第一批深入学习实践科学发展观活动群众满意度测评工作的通知》要求，我们分别向11个相关厅局、6户纳税人、2名特邀监察员、全省国税系统16个州市局的83名领导班子成员、省局机关216名干部职工进行了学习实践活动的满意度测评。经过测评，11个相关厅局、6户纳税人、2名特邀监察员全部投满意票，满意度全部为100%；全省国税系统16个州市局的83名领导班子成员中，“满意”82票，“比较满意”1票，满意度为100%；省局机关干部职工“满意”197票，“比较满意”14票，“不太满意”及“废票”5票，“满意度”为97.68%。综合测评的结果，省局机关学习实践科学发展观活动的群众满意度达到了98.43%，实现了党员干部受教育、科学发展上水平、人民群众得实惠的目标。

在过去的2008年，我们克服了年初雨雪冰冻灾害、“5·12”汶川大地震、年末全球金融危机以及我省各种自然灾害频发等种种困难，坚定信心，迎难而上，锐意进取，真抓实干，全省共组织国税收入（不含海关代征）861.84亿元，比2007年增收131.68亿元，增长18.04%，超额完成国家税务总局和省政府下达我省的国税收入任务，为全省财政收入达到1360亿元作出了突出的贡献。同时，去年6月我们在昆明市开发成功小规模纳税人网上申报，9月开发成功烟、酒类消费税网上申报，10月开发成功增值税一般纳税人网上申报纳税，解决了征税期纳税人排队拥挤问题，将纳税服务时间由8小时延伸为24小时，打破了纳税人办税的时间、空间局限，降低纳税人办税成本。我省独立自主开发的“云南国税数据监控分析系统”首次实现了对税收收入的实时监控，等等。以上成绩的取得，都是学习实践科学发展观活动对国税工作推动效果的力证，都是学习实践科学发展观取得的实实在在的成果，真正实现了学习实践活动与税收工作两手抓、两不误、两提高、两促进。

三、巩固成果，再接再厉，深入扎实地开展好第二批学习实践活动

学习实践科学发展观既是当前一项重大政治任务，也是一项需要常抓不懈的工作。省局机关集中学习实践活动即将告一段落，按照《中共云南省委关于开展深入学习实践科学发展观活动的实施意见》安排，从3月开始全省州市及县区级国税机关将参加第二批学习实践活动。因此，我们在巩固和扩大学习实践活动成果的基础上，还要加强对第二批学习实践活动

的指导，促使各级国税机关开展好学习实践活动，保持和发扬已经形成的良好势头，进一步推进国税事业的创新与发展。

（一）建立健全学习实践科学发展观的长效机制

科学发展观是重大的理论创新，内涵丰富，博大精深。只有坚持不懈地学习和领会，并与国税工作实际相结合，做到学习与实践相互促进，才能把科学发展观转化为谋划发展的正确思路、促进发展的有力措施和推动发展的实际能力。要牢固树立终身学习的观念，坚持用科学发展观武装干部头脑，不断增强学习实践科学发展观的自觉性和坚定性。建立健全长效的学习机制，完善中心组学习、干部培训、党员轮训、自学等制度，把学习科学发展观融入到干部职工的日常工作之中，做到长期化、经常化。要坚持理论联系实际的学风，深入实际，深入群众，努力做到学以致用，用以促学，学用相长，切实用科学发展观指导工作，努力把学习成果转化为推动国税事业科学发展的实际行动。同时，还要认真总结，客观分析，深入提炼，把学习实践活动中的有效做法和成功经验，以制度规范形式固定下来，坚持下去，使之制度化、常态化，为巩固和发展学习实践活动成果提供制度保障。加强领导干部党性修养，树立和弘扬良好作风，是党的执政能力建设和先进性建设的重要内容，是建立健全学习实践科学发展观的长效机制的重要保证。各级国税机关领导班子和广大国税干部要切实加强党性锻炼和作风养成，强化聚财为国、执法为民的宗旨意识，不断提高理论修养和实践能力，围绕服务科学发展、共建和谐税收的要求，真抓实干，勤政廉洁，使国税系统领导干部、广大党员的党性修养和作风建设有新提高，为国税事业科学发展提供可靠保证。

（二）切实抓好整改落实方案的实施

《云南省国家税务局深入学习实践科学发展观整改落实方案》已经党组讨论通过印发各单位，整改方案和措施也已经确定，关键在于狠抓贯彻落实。巩固和扩大学习实践活动成果，重要措施之一就是要把整改落实方案落到实处。要高度重视，明确责任，省局党组对整改落实工作负总责，各单位主要负责人要亲自抓，在主管局领导的指导下，牵头单位要切实负起牵头责任，进一步细化并实施整改落实方案，配合单位要根据职责分工，抓好相关工作的整改落实。机关党办、教育处要加强督促检查，整改落实进展情况要及时反馈。要加强协调，密切配合，整改落实工作涉及方方面面，各单位都要牢固树立系统工程的思想，讲政治，顾大局，主动沟通协调，上下联动、左右互动，加强与有关部门的协调配合，形成工作合力，共同努力，抓好落实。要统筹兼顾，突出重点，积极发挥主观能动性，不等不靠，加大整改落实工作力度。对于近期能解决的问题，要抓紧解决，对于暂不具备条件解决的问题，也要进一步完善相关措施，争取尽快解决，对于已经解决的问题要做好巩固和完善工作，防止出现反复。当前，要紧紧围绕党和国家中心工作，切实抓好中央出台的扩大内需、保持经济平稳较快发展的各项税收政策的落实，按照实行结构性减税保发展、深化税制改革调结构、加强税收征管保收入的要求，结合云南国税工作的实际，进一步推进依法治税、全面实行科学化、专业化、精细化管理，大力组织国税收入，积极促进经济平稳较快发展和全省财政增收，立足当前、着眼长远，努力做出经得起实践、人民、历史检验的实绩。

（三）务实创新地开展好第二批学习实践活动

全省国税系统各级党组织和广大干部要进一步提高思想认识，充分认识搞好第二批学习实践活动，是进一步深化对科学发展观的认识、增强落实科学发展观的自觉性和坚定性的需要，是应对国际金融危机、实现国税事业创新发展的需要，是巩固和扩大第一批学习实践活动成果的需要。在省局机关参加第一批学习实践活动的过程中，我们充分考虑了指导帮助州市县级开展学习实践活动的需求，从动员大会、分析检查工作部署、整改落实安排等会议都通过视频会议系统对下进行了同步转播，省局机关各阶段的工作安排部署也同时下发各地，省局机关的学习实践动态、做法、经验也通过简报、信息、网站等方式对下进行了传达。这样做不仅是为第二批开展学习实践活动作指导、借鉴，也是对各级国税机关参加第二批学习实践活动进行部署和安排，各地要认真学习领会省局的各项要求，充分借鉴省局机关和楚雄州局学习实践的成功经验，乘势推进，保证质量，提高效率。各级国税机关要按照当地党委的统一安排和部署，开展好学习实践活动，服从当地党委领导，接受当地指导检查组的指导、检查和帮助。各地在开展学习实践活动的过程中，要紧密结合工作实际，充分发挥自身积极性和主动性，创造性地开展好活动各项工作，鼓励各地在活动过程中的新举措、新方法、新形式，不断实践和探索符合各地实际的科学发展路子。

（四）加强对参加第二批学习实践活动单位的指导

各级国税机关必须加强组织领导，层层分工负责。各级国税机关的党组对本单位的学习实践活动负总责，“一把手”是第一责任人，班子成员是分管工作的直接责任人，各地要按照当地党委的统一要求，参照省局的模式成立相应的组织领导机构加强对学习实践活动的领导。同时，为确保学习实践活动有序开展，省局将成立8个第二批深入学习实践科学发展观活动指导检查组，由各位局领导分片负责，抽调8位处级领导任组长，配合地方党委对参加第二批学习实践活动的单位进行指导检查。各级国税机关领导班子要带好头，做好表率，要带头学习理论、带头转变观念、带头开展批评和自我批评、带头制定和落实整改措施。特别是“一把手”要亲自带头、亲自过问、亲自督促，抓每个环节具体措施的落实，真正把干部职工的热情调动起来，广泛参与到学习实践的活动中去，掀起学习实践科学发展观的热潮。

同志们，省局机关深入学习实践科学发展观活动就要结束了，但是学习实践科学发展观，实现国税工作的科学发展是一个长期过程，巩固和扩大学习实践活动成果的任务仍然十分艰巨。在今后的工作中我们要真正把学习实践科学发展观与完成税收工作任务结合起来，以科学发展观为指导，在省委的统一领导下，指导帮助好全系统的学习实践工作，坚定信心，振奋精神，开拓进取，扎实工作，推动国税工作再上新台阶。

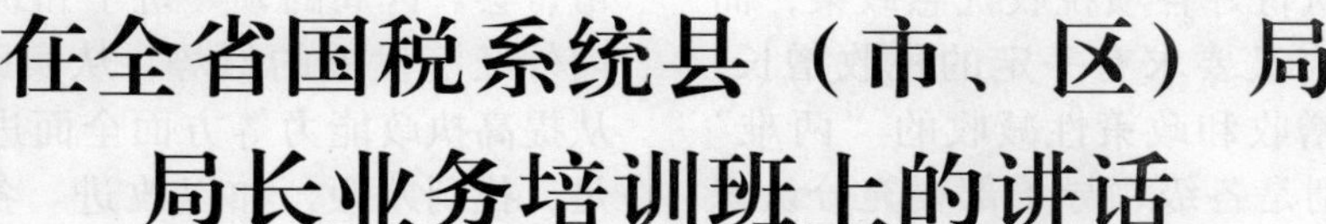

在全省国税系统县（市、区）局局长业务培训班上的讲话

李鸿文

（2009 年 4 月 23 日　根据录音整理）

同志们：

按照省局党组年初安排，为进一步增强云南国税系统县（市、区）局局长的执政能力，提高新时期、新形势下领导国税事业科学发展的能力和水平，省局决定举办这一期县（市、区）局局长业务培训班，专题就增值税转型有关政策、新企业所得税法、计算机应用操作、数据监控系统的应用分析等内容进行培训，使各位县（市、区）局长学会操作、学会应用、学会分析，成为单位里学习的带头人、应用的带头人、分析的带头人。结合当前国际金融危机冲击，国内和全省经济形势比较严峻的现状，联系云南国税系统工作实际，我与大家交流五个问题，旨在联系实际，查找不足，以创新发展为目标，进一步推进云南国税事业的发展。

一、扎实工作，将学习实践科学发展观活动引向深入

按照中央精神和省委部署，省局机关参加了第一批学习实践活动，各州（市）、县（区）局参加第二批学习实践活动，而在座的各位是参加第二批学习实践活动的县（市、区）局的主要负责人和“第一责任人”。科学发展观，第一要义是发展，核心是以人为本，基本要求是全面协调可持续，根本方法是统筹兼顾。我们要紧紧抓住以人为本的核心来思考、来部署、来落实各项工作，确保深入学习实践科学发展观活动取得成果，体现到党员领导干部受教育、科学发展上水平、人民群众得实惠上的目标上来。各县（市、区）局长要把科学发展观作为工作的基本要求，将所在单位的基本情况摸清、搞准。从当前的情况看，我省国税系统中还存在很多困难，比如有机制、体制不顺同时政策没到位问题，有基层工作做得不实、不细的问题，有省局工作没有和基层面对面、心连心的问题，等等。在学习实践过程中，各州（市）、县（区）局要将存在困难、问题、矛盾一一理清，分门别类向干部职工提出整改意见和措施。要结合省委的要求，按照当地党委的统一部署，把工作做得扎实一些、细致一些、认真一些。通过学习实践活动，一定要把全系统干部职工的认识进一步提高，把思想统一到中央的政策、省委的要求、省局的制度上来，把握中央精神、吃透省情　强调实践，突出学习实践活动的重点、难点，加强调研，制定措施，加强整改，分类推进，务求实效，用学习实践的成果推动国税工作又好又快发展。

二、加强征管，努力完成全年国税收入任务目标

今年是我们国家自新世纪以来经济发展最为困难的一年，也是国税收入任务完成最为困难的一年。按照年初全国税务工作会议的要求，今年税收收入目标为“保八争十”，即：确保税收收入比去年同期增长 8%，力争增长 10%。最近，我在扬州国家税务总局党校参加了司局长领导干部培训班学习，培训期间总局党组副书记、副局长钱冠林到会讲话并听取各地的意见，充分反映出税收收入形势的艰巨性、复杂性、困难性。从云南国税的情况来看，截至

2009年4月22日止，全系统共组织收入265.3亿，比去年同期减收36.76亿，收入下降了12.17%，收入形势比较艰巨。一方面我们要贯彻落实好中央“扩内需、保稳定、重民生、促发展”的方针，要执行好各项税收优惠政策，而国家、省委省政府又要求有一定的税收增长，我们处在发展性增收和政策性减收的“两难”之中。全系统特别是各级领导干部要充分认识到当前组织收入的艰巨性和复杂性，保持清醒的头脑，认真挖掘税收潜力，强化征管，落实政策，堵漏增收。另一方面，当前企业要求减税的呼声比较大，各级国税机关一定要搞好纳税辅导，认真依法落实好各项税收减免政策。各位县（市、区）局长回去后，一定要把工作重心移到组织收入工作上来，要加强调研，走进企业，搞准税源的底数，真抓实干地履行好职责，将化解困难时刻作为“一把手”工作能力的“试金石”。同时，在组织收入过程中，要注重严格执法和纳税服务两手抓，两手都要硬。依法治税是税收工作的灵魂，任何时候，包括企业出现困难的时候，严格执法这根弦不能放松。在依法治税、严格执法的基础上，纳税服务工作也一刻不能放松。去年，省局和基层开展了对部分企业的纳税评估工作，通过宣传政策，评估检查，被评估企业均不同程度地存在着一些税收问题，所以在日常税收征管过程中要提高企业的税收遵从度，一要靠严格执法，二要靠纳税服务，两者不能偏废其一，只有把两方面抓好，收入任务的完成才能得到有效保障。

各级国税机关要以数据监控分析作为强化税源管理的切入点。这次举办县（市、区）局长业务培训班，并将计算机操作和数据监控分析系统应用作为培训重点，初衷是我们发现部分基层一线领导在计算机、数据分析系统应用等方面存在缺陷，离学会操作、学会应用、学会分析的“三会”要求有一定差距。在信息化支撑下的税收征管过程中，只有把各个应用系统搞懂、弄通，真正做到“三会”，才有指挥权、领导权。总体来讲，基层各位县（市、区）局长的工作是认真、负责和辛劳的，但工作中也存在不到位的地方，如有的领导对基层的要求有不符合当前实际的做法，有的基层一线领导动手能力不足，布局谋篇思维还不广，指导基层税源分析、纳税评估的办法还不多；极少数同志工作忙于应付，协调无重点，带队能力不够；极少数基层领导学习力、执行力、落实力不强，创新发展思路不多，带队收税能力还有待提高等等。因此，从省局开始到各州、市、县、区局的领导班子和班子成员，应从国内外经济发展的形势，从实践与认识的能力，从提高执政能力等方面全面进行审视，发现不足，找到差距，加以改进。各位县（市、区）局长要以此次培训为契机，培训结束后对各县的收入形势及税源结构进行认真的分析、把握和判断，将税收发展形势及工作中存在的问题认真理一理、抓一抓，把组织收入工作抓好抓实，力争实现“保八争十”目标。同时，要认真开展好税务稽查工作，充分利用这把“利剑”，有力打击偷、逃、骗税等涉税违法行为，要集中优势“兵力”，突出稽查重点，分级分类检查，要做到税源分析、纳税评估、税收检查有机联动，重点开展对平时纳税遵从度不高、屡查屡犯、进销项税明显差异、所得税零空申报、同一税负水平明显偏低企业的评估检查，确保各项稽查任务指标完成，进一步提升纳税人的税法遵从度。

三、确保稳定，切实加强干部队伍思想政治建设

在当前金融危机深不见底，国内经济形势比较严峻，全省国税收入连续4个月走低的情况下，进一步发挥干部队伍思想政治优势至关重要。对于思想认识不端正、政策原则不掌握、国家大政方针不清楚的极个别干部职工，各级领导班子特别是主要领导怎么对其从政治上把握、从纪律上要求、从作风上转变、从行动上落实，切实解决这一部分人存在的问题，是检验我们137个县（市、区）局长领导能力、执政能力、工作能力的一个关键。切实加强整个系统特别是基层广大干部职工的思想政治工作，是实现“保稳定、保发展、保民生”目标的重要保障，各位县（市、区）局长要以工作纪律严格要求自己，多说鼓人心、鼓干劲的话，不能迎合极少数人的不健康心理 。“一把手”天天和基层干部打交道，对个别干部的反映要关注，要面对面地把问题讲清楚、说明白；对错误的言论要坚决抵制、批评纠正，对诬告、陷害的言论要严肃查处。没有严格的纪律、严格的要求、热情的关心，县（市、区）局长是当不好的，今后也肯定是要出问题的。在经济形势严峻、收入任务艰巨的时刻，特别需要“一把手”要有政治大局、纪律观念和“一盘棋”的意识，要敢抓、敢管、敢干，对干部职工不良情绪要多化解、多说服，少处理，对干部职工的言论要加强教育，多沟通，少问责。要牢固树立忧患意识，把困难估计得多一些，把工作做得实一些，把干部职工思想脉搏把握得准一些，把应对措施做得全一些，这些都是领导执政能力和执政水平的具体体现，收税、带队既是一种责任又是一门学问。同时，要树立“严是爱，宽是害”的意识。对干部职工严格要求是最好的爱护，做到从严要求、热情关心、真心爱护。在日常工作中要注意为干部职工规避执法风险，要切实做到“四个要”，即：一要依法治税；二要应收尽收；三要廉洁自律；四要择良友而交，教育好职工算好人生“七笔账”。

四、厉行节约，继续发扬艰苦奋斗的优良传统

今天大家学习了《中共中央办公厅　国务院办公厅关于党政机关厉行节约若干问题的通知》、《中共中央办公厅　国务院办公厅关于坚决制止公款出国（境）旅游的通知》和国家税务总局有关通知精神，全系统特别是各位“一把手”要深刻认识当前形势下艰苦奋斗、厉行节约的重大意义，自觉抵制铺张浪费和奢靡之风。各级国税机关要切实加强预算管理，严格控制经费支出，切实降低行政成本，电、油、水的消耗指标要在 2008 年基础上降低 5%，车辆购置及运行费用支出要在近 3 年平均数基础上降低 15%，因公出国（境）经费支出在近 3 年平均数基础上压缩 20%，公务接待费用支出在 2008 年基础上削减 10%，要大力压缩会议、文件、通信等方面的费用支出。省局机关从领导班子成员开始率先垂范，自觉厉行节约，省局领导下基层调研，一律住内部招待所，确实无招待所的，在外住宿坚持住标准间，不住套房。2009 年省局一律停止新购置车辆，油料费削减 15%，并按月通报车辆运行费用。严格控制会议、培训支出，压缩参会人数，尽量应用视频会议系统代替集中会议和培训，会议、培训一律实行工作餐。公务接待本着勤俭节约的原则，严格成本管理。号召全省国税系统广大干部职工从我做起，从现在做起，从点滴做起，增强节能降耗的意识，自觉养成节约用水、用电、用油的良好习惯。

五、加强自身修养，认真落实省委“三个一”的要求

近期，省委在学习实践科学发展观活动中对党员领导干部提出了“三个一”的要求，即：个人形象一面旗，工作热情一团火，谋事布局一盘棋，我们要用实际行动认真加以落实。一是个人形象一面旗。作为一名国税部门的领导干部，要真正成为干部群众和纳税人心目中的一面旗帜，就必须做到：正确对待干部职工和纳税人，做到立党为公、执政为民；正确对待组织，做到坚决服从组织决定、坚决执行组织纪律；正确对待自己，做到学习创新；正确对待名利，做到廉洁自律；正确对待同志，做到团结干事。在党性党风锻炼和执政能力、执政水平方面要率先垂范，作出表率。在领导系统工作和个人的廉洁从政方面为职工树立榜样、起到一面旗的作用。二是工作热情一团火。结合国税工作实际，就是要做到收税带队“一团火”。要求我们必须保持强烈的事业心和责任感；要求我们必须增强加快发展的责任感；要求我们必须拥有求真务实的拼搏精神；要求我们必须具备临危不惧的胆识和勇气。要始终保持一股饱满向上、与时俱进、不甘落后的创业热情，为税收事业发展尽心尽力，用心工作。要按照对工作“肃如秋霜”，对职工“和如春风”的要求，把收税带队、执法服务做得让上级满意，让领导放心，让左邻右舍称赞，让干部职工满意。三是谋事布局一盘棋。对于国税部门的“一把手”来说处于承上启下、协调左右、驾驭一方的关键位置，必须努力提高胸怀全局促发展、统筹兼顾抓协调、突出重点谋大事、善抓班子带队伍的领导能力。国税工作连着经济社会的方方面面，联系着广大纳税企业和个人，联系着上下左右、四面八方，所以基层“一把手”的工作是十分繁重的，要把全盘工作做到有条不紊、稳扎稳打、超前谋划、兼顾八方、能够使干部职工环境和谐、心情舒畅工作很不容易。这就要求我们基层的“一把手”们必须提高执政能力水平，勤思考、勤学习、勤实践，多干打基础、利长远的事，运筹帷幄，决胜千里。昨天要用恢弘灿烂篇章写好，今天要用棋高一着来谋划，明天方可心安理得地共享生活。同时，要学会调整好自己的心态，无论在工作取得成绩，受到表扬的时候，还是在遇到挫折，遭批评的时候，都要以良好的心态处理好纷繁复杂的工作。各位县（市、区）局长要切实谋划好创新发展这篇文章，实践好国税工作在基层一面旗、一团火、一盘棋的要求，同时也希望同志们珍惜机会、珍惜岗位、珍惜环境、珍惜今天。

这次培训同志们认真学习，刻苦努力，普遍感到时间紧、内容多、压力大，但没压力就没进步，没辛劳就没有提高，今天的压力将会变成你们今后指挥、协调工作的动力和能力，也将变成你们提高领导能力和领导水平的基石。最后，希望同志们在今后的工作中好好学一学、悟一悟、勤思考、多实践，将学习和实践作为提高执政能力的重要手段，进一步提升领导国税事业又好又快发展的本领和能力。

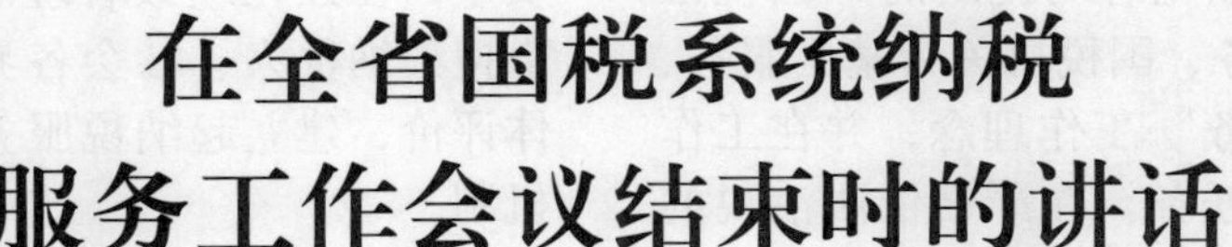

在全省国税系统纳税服务工作会议结束时的讲话

李鸿文

（2009 年 7 月 16 日）

同志们：

全省国税系统纳税服务工作会议今天下午就要结束了。这次会上，我们学习领会了中央政治局常委、国务院副总理李克强同志对税收工作特别是纳税服务工作的重要指示精神，认真学习了全国税务系统纳税服务工作会议精神，全面总结了近年来我省纳税服务工作经验，安排部署了全省国税系统进一步优化和创新纳税服务工作的主要任务。下午，大家围绕工作报告展开讨论，集思广益，畅所欲言，会议取得了良好的效果，达到了预期目的，开得圆满成功。下面，我就贯彻落实好本次会议精神和做好今年下半年工作，强调三个方面的问题。

一、充分认识做好纳税服务工作的重大现实意义，认真贯彻落实会议精神

总局于 7 月 9 日至 10 日召开的全国税务系统纳税服务工作会议，是总局实施机构改革成立专门的纳税服务管理部门后召开的一次综合性会议，也是税务系统多年来首次专题研究纳税服务工作的重要会议，对加强和改进新时期纳税服务工作具有长远的指导意义。省局党组高度重视，就如何全面贯彻落实好全国税务系统纳税服务工作会议精神、推进全省国税系统纳税服务工作，召开省局党组会议专题研究贯彻意见。上午我代表省局所作的会议主题报告是经过长时间调研、酝酿，并根据总局会议精神和征询多方面意见后进行多次修改，最终经省局集体审定通过的。报告实事求是地总结了我省纳税服务工作近年来取得的成效和经验，全面分析了当前纳税服务工作面临的发展机遇和存在的矛盾问题，对今后一段时期加强全省国税系统纳税服务工作提出了明确的要求和任务。希望大家认真领会，深入思考，结合各地实际抓好贯彻落实，以这次会议为契机，按照总局提出的纳税服务总体要求，紧紧围绕“服务科学发展，共建和谐税收”工作主题，正确把握“以法律法规为依据、以纳税人合理需求为导向、以信息化为依托、以提高税法遵从度为目的”的纳税服务工作基本原则，进一步认清形势，增强信心，开拓进取，主动创新，不断开创云南国税纳税服务工作的新局面。

一是进一步提高思想认识，不断适应新形势对纳税服务工作提出的新要求。全省各级国税机关一定要牢固树立纳税服务是转变职能、建设服务型国税机关和践行“服务科学发展、共建和谐税收”根本要求的新观念，正确处理好执法与服务的关系，统筹依法治税与优质服务的协调全面发展，从思想理念、制度体系、管理方式、工作举措等各个方面把纳税服务作为税收工作的重点，服务与执法并举、文明与效率并重，国税工作才能真正实现科学发展、和谐发展和创新发展，为服务经济社会发展大局作出更大的贡献。长期以来，由于受各种条件的制约，我省国税部门的一些单位和干部在纳税服务观念上还存在着一定的差距，一些同志对新的服务理念理解不全面，纳税服务的思想和做法还停留在的表象上，服务作风与纳税人的实际要求存在差距，对征纳双方法律地位平等概念大于实际作为，衙门作风、“管、卡、

压”的行为在一些同志的脑子里根深蒂固。对此，全省国税系统要始终把全国纳税服务工作会议上总局领导的要求与纳税服务工作规划的各项措施作为统一思想、提高认识的先导，认真学习，吃透精神，强化省局提出的“国税工作为经济社会发展服务、国税机关为基层服务、国税干部为纳税人服务”工作理念，并在工作实践中作为一项长期任务。在严格依法治税的原则下，在构建和谐征纳关系的良好氛围中，积极转变观念，增强服务意识，不断优化和改进纳税服务，减轻纳税人办税负担，促进纳税人依法诚信纳税水平的稳步提高，有力地推动国税工作更好地适应、促进、服务于云南经济社会的发展。

二是坚持以纳税人合理需求为导向，持续改进纳税服务工作。优化纳税服务，构建和谐税收是国税机关最大的惠民工程，因此必须坚持以人为本，走“群众路线”。多年来，全省国税系统坚持认真倾听纳税人的呼声，尊重纳税人的合理意愿，更加主动地站在纳税人的角度来考虑纳税服务工作的思路和措施。从保持共产党员先进性教育活动中广泛开展纳税人满意度调查，到“云岭先锋”工程活动中认真听取纳税人意见；从参加各级党委、政府组织的社会评议行风活动中对反馈的投诉意见“有则改之、无则加勉”的态度，到解放思想大讨论、深入学习实践科学发展观活动中原汁原味地梳理社会各界对国税工作的意见建议，都体现了全省国税系统以纳税人的合理需求为导向，持续改进纳税服务工作的努力实践与探索。经过多年的不懈努力，国税系统的信息化建设水平有了很大提高，信息处理范围基本涵盖了所有税收业务。各类软件初步满足了内部管理需要，但为纳税人服务、保障纳税人权益的应用系统还没有完全建立起来。加之由于业务的复杂多样，内部对纳税服务工作考核难以设计出科学易行的量化指标，服务质量也因为缺乏有效的方法而难以考核评价。因此，全省各级国税机关一定要从纳税人对国税部门的期待和要求出发，进一步改革和优化工作业务流程，既要基于税收执法权“征、管、查”合理分解、相互制约监督的要求，又要尽可能减少影响纳税人办税效率的审批环节和负担，有效降低纳税人的遵从成本。同时，要针对我省国税系统内部机构设置战线长、人员多，点多面广，管理和服务对象数量大、种类多、遍布城乡、信息化应用水平参差不齐等特点，全方位满足各类地区纳税人需要，拓展办税大厅服务窗口设置与服务功能，进一步优化人力资源配置的数量和质量，在强化绩效管理的基础上，通过各种渠道搜集纳税人、社会各界对纳税服务工作的整体评价，建立起纳税服务工作持续改进的长效机制。

三是加强各方面的协调配合，认真抓好会议精神的贯彻落实。纳税服务是一项全局性工作，贯穿于税政业务、税款征收、税源管理和税务稽查等税收工作各个环节，绝不只是纳税服务部门的任务，各税收业务管理和内部行政管理部门都负有做好纳税服务工作的责任。各地在按照省局统一部署做好纳税服务工作的同时，应注意结合本地区、本单位的实际情况，准确把握协调发展、税企和谐的要求，按照逐步提升纳税遵从度和纳税人满意度的服务工作思路，将纳税服务的职责和要求嵌入到税收工作的各个环节。要加强系统内部各管理职能部门间的配合，牢固树立大局意识、责任意识、配合意识、协调意识，各司其职，通力配合，推进纳税服务工作总体思路的贯彻落实。对这次会议确定的各项目标和任务，各地要进一步细化、分解，层层落实到各个具体单位、具体岗位，逐项制订落实方案。在具体工作中，要强化协作机制，形成纳税服务工作合力。各级局“一把手”要负总责，对纳税服务重要工作要亲自部署；其他班子成员要根据工作分工，抓好职责范围内的纳税服务工作。州市级国税机关和省局相关处室要切实负起责任，加强对基层工作的指导和管理，对基层工作中存在的困难和问题，要及时靠前指导，帮助尽快解决。

在省以下国税机关机构改革中，各地将组建专门的纳税服务管理部门。纳税服务部门要抓好纳税服务工作的具体组织、协调和督查，统一负责管理和落实纳税服务各项工作任务。要进一步加强国税干部的职业道德教育，使爱岗敬业、公正执法、诚信服务、清正廉洁、尊重和保护纳税人合法权益的要求变成干部的自觉行动。要大力抓好纳税服务专业培训，增强培训的针对性，坚持学用结合、以考促学，着力提高国税干部解决实际问题和为纳税人服务的能力。通过理论培训和实践锻炼，培养一批懂业务、肯钻研、善管理的高素质纳税服务人才，为新时期纳税服务工作的顺利开展提供有力的人才保障。

二、围绕组织收入工作，全力以赴实现全年收入任务目标

今年上半年，全省国税系统围绕“创新发展年”工作主题，在全球金融危机影响日益蔓延，经济形势持续下滑，组织税收收入工作面临严峻形势的条件下，始终保持了共克时艰的信心和良好的精神状态，依法千方百计组织收入，强化税收预测分析，加强税源专业化管理，推进创新发展项目实施，提高干部培训实效，顺利完成省局机关机构改革，大力规范内部管理，有效落实党风廉政建设责任制，为国税工作的创新发展打下良好基础。一是认真宣传、落实增值税转型改革、消费税政策调整。通过在省“两会”期间向代表、委员赠阅新版《税收优惠政策选编》和开展第18个税收宣传月活动，集中宣讲中央有关税收决策部署、税收调控措施和优惠政策对云南经济建设的推动作用以及国家结构性减税政策，得到社会各界的广泛认可。加强增值税转型后企业固定资产的税收管理，有效防范虚假抵扣造成税收流失，上半年全省共抵扣固定资产进项税额7.57亿元。深化全省重点出口企业联系制度，办理出口货物退（免）税7.66亿元（含边贸人民币结算退税1.79亿元），完成总局下达我省出口货物退（免）税计划指标10.9亿元的70%。落实卷烟消费税政策的调整，首月我省增收消费税2.78亿元；二是树立评估服务的理念，从数量型评估向质量型评估转变，1～6月通过纳税评估共查补税款3.25亿元。继续推广应用“送政策到企业”纳税辅导工作方式，深入云南电网公司等大型企业，共自查补税4559万元；三是拓宽稽查案源渠道，注重数据分析，提高选案准确率，健全稽查考核机制，挂钩督促指导专项稽查，确保稽查目标任务完成。全面推行查前告知制度和交叉检查制度，加强案件复查复审，促进稽查工作质量全面提升。上半年全省共计检查（含自查）8312户，查补合计3.96亿元；四是继续推进信息化建设，网络申报系统全面覆盖了增值税、消费税、企业所得税三大税种。成功实现网上认证、报税、申报、一窗式比对、扣税“一体化”，纳税人无须再往返办税大厅实地办理。自主开发的企业所得税介质及网络申报系统率先满足了新企业所得税法的政策规定和2008版企业所得税年度申报表填报的要求，极大降低了纳税人在填写报表时的工作量和误差率。五是根据总局机构改革的工作部署，稳步实施了省局机关的机构改革。适应现代税收管理工作的要求，通过对内部职能部门的重新设置和安排，强化了纳税服务职责，整合了税收管理信息化建设职责，加强了以大型企业为重点的税源监控，强化了内部监督管理职责，加强了对税收执法权和内部行政管理权的监督制约。同时，以机构改革为契机，认真贯彻中央、省委干部工作座谈会精神，严格执行《干部任用条例》规定，树立德才兼备、以德为先的用人导向，合理选用处级领导干部和非领导职务，并加强教育培养。按照省委提出的“个人形象一面旗、工作热情一团火、谋事布局一盘棋”目标要求，积极探索提高领导干部素质能力的有效途径，组织了全省国税系统137个县（市、区）局局长业务培训，使县（市、区）局长成为单位里学习的带头人、应用的带头人、分析的带头人。举办了副处级后备干部培训，提高后备干部的理论素养，增强领导决策的能力和工作水平。六是强化内部管理，深入开展“小金库”专项治理，积极配合审计署税收征管审计调查。继续开展第6轮明察暗访，针对作风拖拉、纪律松弛、效率低下和群众反映突出的问题坚决启动问责程序，积极贯彻落实我省“阳光政府”四项制度，明确并细化各项制度的责任和要求，积极落实社会治安综合治理、维护稳定工作责任，认真总结国税系统反腐倡廉的特点和经验，在全省2008年度党风廉政建设责任制考核中被评为优秀单位。云南国税“创新发展年”的各项工作任务正稳步推进，成效初显。

但是，全省国税系统上下必须清醒地认识到，今年是我们国家自新世纪以来经济发展最为困难的一年，也是我省国税收入任务完成最为困难的一年。按照年初全国税务工作会议的要求，今年税收收入目标为“保八争十”，即：确保税收收入比去年同期增长8%，力争增长10%。受当前国际金融危机加剧、全球经济增长明显放缓的影响，加之国内税收政策调整及深层次的经济结构性矛盾等诸多不利因素，国税部门组织税收收入工作的艰巨性、复杂性、困难性正逐步显现。我省除烟草外的其他几大

支柱产业，如钢材、有色金属、电力等重点行业企业效益下滑、税收减少。今年1至6月，全省国税系统共组织税收收入422.97亿元，比去年同期减收35.05亿元，同比下降7.65%，慢900亿元任务目标进度3个百分点，慢930亿元奋斗目标进度4.5个百分点。除玉溪市外，上半年全省各州、市国税收入同比都出现下降，且没有实现时间过半、任务（930亿元）过半的进度，收入形势非常严峻。同时我们也看到，随着中央出台的刺激投资和促进内需的措施陆续到位，国家宏观调控政策效果日益显现，通过政府和企业的共同努力，以及后续强有力的应对措施，我省经济发展呈现企稳回暖迹象，各项经济指标止跌回稳趋势明显，反映在组织税收收入上呈现出降幅趋缓的态势，加之国税部门不断采取有力措施，加强征管，优化服务，国税收入减幅逐月收窄，今年1月份同比下降17.48%、2月份同比下降2.17%、3月份同比下降20.53%、4月份同比下降11.21%、5月份同比下降4.71%，至6月份，首次扭转了今年以来收入增速下滑势头，同比增长7.97%，为实现“保八争十”的全年组织收入目标奠定了一定的基础。预计今年我省国税收入将呈现“前低后高”的态势，因此，下半年全省国税系统一定要抓住经济发展逐步趋向好转的有利时机，集中精力、突出重点、统筹兼顾，把系统上下的工作重心全力转到组织收入工作上来，严格落实组织收入的领导责任制。各级领导班子要把抓收入作为日常工作的首要任务，“一把手”要密切关注收入进展情况，各个部门都要围绕促进组织收入来开展工作，充分发挥上下联动、齐抓共管的税源专业化管理机制作用，勇于迎接挑战，化压力为动力，确保各项税收政策落实到位，服务扩内需保增长的发展大局，努力完成2009年全省国税收入增长的目标。

（一）坚持依法治税，进一步增强做好组织收入工作的主动性

依法治税始终是税收工作的灵魂。越是收入形势严峻，越要旗帜鲜明地贯彻落实“依法征税，应收尽收，坚决不收过头税，坚决防止和制止越权减免税”的组织收入原则。正确处理组织收入与规范执法、优化服务和支持发展的关系，在发展性增收和政策性减收的“两难”之中保持清醒的头脑，谋求国税工作的协调持续发展。要坚决贯彻落实好中央“扩内需、保稳定、重民生、促发展”的方针，从经济发展全局出发，深入研究国家调整税收政策的意图及对本地税源的影响，制定和完善符合本地实际的贯彻措施，把落实税收政策转化为促进地方经济发展的动力和条件，在推动企业做大做强、促进技术创新、扶持民营经济发展、保障和改善民生上搞好税收服务，努力培植税源，壮大税基。加强对税收优惠政策跟踪问效，确保国家结构性减税政策落实到位，把成效体现到促进地方经济平稳较快增长上来。要与地方政府多协调、多沟通，宣传加强税收征管、尽最大努力完成地方财政预算目标的做法和成果，营造依法治税的良好舆论环境，积极争取社会各界对国税工作的理解与支持。

（二）强化税源分析，进一步增强做好组织收入工作的预见性

凡事预则立。经济是税源的根基，管理是税源的保障，分析是收入的桥梁。要切实开展税收与经济的适应性分析、主导税源变化情况专题分析、税收政策效应分析，分税种、分行业、分企业类型开展税负分析、弹性分析，加强对重点行业和重点企业的收入分析监控，动态掌握存量税源，准确预测分析税源增减变动因素。省局要加快重点税源网上直报系统、税收会计自动记账系统的项目开发工作，强化税收分析的时效性。各级局领导和收入规划核算部门要有针对性地深入企业调研，详细掌握各重点企业、行业当前生产经营情况和预测发展情况，算清算准本地税收收入账；机关各职能部门和税源管理部门要共同参与，加强经济税源、政策效应和税收管理风险等数据分析，进一步深化税源分级分类管理、纳税评估分析、税务稽查对象筛选联动的税源管理模式，加强收入与相关经济指标之间的比较分析和税收预警分析，及时解决影响收入进度的关键问题，增强税源分析的针对性和准确性，只有对税源变化情况心中有数，才能对全年收入盘子胸有成竹。

（三）加大征管力度，进一步增强做好组织收入工作的实效性

及时研究部署加强征管、堵塞漏洞的各项措施，突出重点，抓大不放小，在优化纳税服务的同时，严格税收征管，做到应收尽收。结合各地实际，贯彻总局关于加强各税种管理、促进增收堵漏的若干意见，抓紧落实各项管理

措施，有效挖掘增收潜力。加强增值税抵扣管理和烟酒行业的增值税、消费税管理工作。通过与工商、地税部门之间数据信息交换，加强纳税征管户籍的管理，彻查漏征漏管户，打击假停业、假注销、假非正常户。整顿和规范税收秩序，集中力量抓好税务稽查、纳税评估和欠税清理，多措并举、多管齐下，发挥税收征管工作整体效能，减少税收流失。创新纳税评估和税务稽查手段，开展分级分类检查，对平时纳税遵从度不高、屡查屡犯、进销项税明显差异、所得税零空申报、税负率偏低或纳税异常的企业深入开展专项评估和稽查，以评促收、以查促收。

（四）依托科技手段，进一步增强做好组织收入工作的科学性

充分应用数据监控分析系统的信息资源，为组织收入、税源管理、税政管理、税种管理提供准确、高效的决策信息，有效找准征管薄弱环节，提高软件利用率和应用效果。要认真做好征管数据的录入、维护、修改工作，建立征期过后数据真实性、准确性复查制度，进一步提高征管数据质量。积极推进涉税事宜“同城通办”试点工作，完善综合服务平台功能，推动我省国税系统的“网上办税服务厅”建设。切实加强安全防护体系管理，做好核心数据的备份和计算机机房实时监控管理，提高信息安全，提升应对紧急情况的能力。

（五）打牢思想基础，进一步增强做好组织收入工作的坚定性

在当前收入任务形势严峻，各种矛盾相互交织，各种现象错综复杂的情况下，特别需要切实加强思想政治工作，使全省上下围绕税收中心工作达成共识、形成合力。各级领导班子特别是“一把手”要树立人正、身正、影子正的良好个人形象，在践行省委提出的“一面旗、一团火、一盘棋”的要求中强班子、抓管理、保收入、促发展。要多说凝心聚力的话，多做团结和谐、化解矛盾的事，以“和如春风、肃如秋霜”的精神，提高构建和谐环境的能力，鼓励创业者，褒奖实干者，抵制空谈者。要增强忧患意识，把困难估计得多一些，把工作做得实一些，把干部职工思想脉搏把握得准一些，把应对措施考虑得全一些。对个别干部反映的问题要特别关注，面对面地把问题讲清楚、说明白；对错误的言论要坚决抵制、批评纠正，对诬告、陷害的言论要严肃查处。在收入任务艰巨、工作压力加大的关头，更要发挥出国税系统思想政治工作和干部教育监督的优势，把广大干部职工的思想行动统一到国税工作的大局之中，落实在组织收入的关键之时，为完成税收收入目标任务提供和谐环境和思想保证。

三、统筹推进，以扎实的工作迎接国庆60周年

（一）抓紧实施各州市县区局的机构改革

按照中央关于加快行政管理体制改革的要求，总局机关于去年8月底完成了机构改革工作。省局机关机构改革已按总局批准的方案实施，目前已人员到位，衔接顺利，各项工作已按新的机构职能全面展开。8月份，州（市）、县（区）国家税务局机构改革将全面铺开。此次机构改革时间紧、任务重、要求高，需要做大量艰苦细致的工作，全系统各级国税机关要以大局为重，以税收事业为重，充分认识机构改革的重要性和必要性，正确理解、热情支持改革，同心同德，齐心协力，确保改革的顺利实施。要把思想政治工作贯穿始终，有的放矢开展思想政治工作，教育和引导干部职工积极参与机构改革，确保思想不散、秩序不乱，确保干部队伍的稳定和各项工作的正常运转。要进一步健全和完善部门协作机制，一如既往地履行好目前的岗位职责，不放松工作要求，不降低工作标准，确保工作的连续性。同时，要以此次机构改革为契机，加大优秀年轻干部的培养选拔力度，并正确处理好培养年轻干部与用好各个年龄段干部之间的关系。

（二）努力营造和谐稳定税收环境

今年是新中国成立60周年，重要活动多，发生各种风险的可能性增大，维护社会稳定面临着严峻形势。特别是近期发生在新疆乌鲁木齐的“7·5”打砸抢烧暴力犯罪事件，严重干扰和影响了民族团结和社会稳定的大好形势，引起了全国各族人民的极大震动和愤慨。全省各级国税机关一定要把思想、认识、行动统一到中央的一系列方针政策上来，牢固树立纪律观念，识大体，明大理，顾大局，珍惜民族团结，维护社会稳定。云南是一个多民族杂居，多宗教并存的边疆省份，维护社会治安和社会稳定的任务十分繁重。国税部门作为各级党委综治维稳成员单位，要站在政治的、全局的、

战略的高度，从关系国家形象、民族声望、国际地位的角度出发，充分认识做好当前维稳、信访等工作的重要性，切实增强责任感、紧迫感和使命感，确保年内各敏感时期全省社会稳定、系统平安和谐。要积极预防和妥善处理信访突出问题及群体性事件，高度关注来信来访动态，抓紧督办，决不能拖压，确保本地区本单位不出现影响社会大局稳定的问题。要高度关注平安国税建设，严防交通事故发生。要加强对本单位互联网站、内部办公网及其他电子网络的安全保密管理，确保网络信息安全。对突发地震、洪涝、疫情等灾害要迅速反应、及时组织防灾抗灾。当前，由于垂直管理部门体制的原因，国税系统三、四级预算单位规范津补贴工作尚未到位，各州市、县区局要继续做好宣传解释工作，争取干部职工的理解。同时，要认真落实好我省国税系统职工住房补贴的发放工作，把实事办好、好事快办。目前，还有少数单位尚未落实住房补贴政策，或虽已落实政策但还未开始发放，导致我省国税系统“购房补贴”资金结余过大。为保证住房补贴预算执行的准确性和及时性，各地必须积极争取地方政府支持和帮助，尽快落实政策。住房补贴的发放必须严格执行单位所在地政府规定的住房改革政策，不得弄虚作假，同时，在严格履行内部公示等程序的基础上，实事求是地做好2010年住房补贴预算资金申请和发放计划。

各级各单位要围绕新中国成立60周年主题，紧密结合当前形势、任务和要求，积极开展和参与庆祝新中国成立60周年系列主题活动，在统筹考虑各项群众性爱国主义教育活动的同时，广泛动员、组织广大国税干部职工开展好“100位为新中国成立作出突出贡献的英雄模范人物和100位新中国成立以来感动中国人物”评选和“爱国歌曲大家唱”等活动，精心组织准备参加全省国税系统“祖国在我心中”文艺汇演，以形式多样的书法美术摄影展览和健康向上的文体活动，丰富和繁荣国税文化载体。同时，采取上门看望、邀请参加纪念活动、座谈会等形式，开展走访慰问老干部、老职工和老党员活动，大力弘扬国税系统尊老、敬老的优良传统。

（三）扎实推进第二批深入学习实践科学发展观活动

自第二批深入学习实践科学发展观活动开展以来，全省各级国税机关紧紧围绕“创新发展年”工作主题，坚持“学用结合，重在实践”原则，以学习活动为导向，以深入调研为抓手，在今年税收工作任务紧迫的情况下，统筹安排，协调配合，坚持任务不减、标准不降、要求不变，以务实的态度扎实推进学习实践活动，目前已按质按量完成学习调研和分析检查环节的各项任务，进入整改落实阶段。整改落实阶段是确保学习实践活动取得实效的关键阶段，各单位要认真总结前两个阶段的经验做法，全面分析群众提出的意见建议和当前税收工作中的重点、难点和弱点问题，结合税收工作实际，认真制定整改方案，提出整改措施，坚持以实际行动说话，以实际行动解决问题，以实际行动赢得实效，以实效赢得群众满意，努力在抓整改、办实事、解难题、建制度、促发展上有新的突破，确保整个学习实践活动成为群众满意工程。

（四）进一步规范财务管理和资金核算

认真贯彻落实中央关于厉行节约、坚决制止公款出国（境）旅游、改进领导干部考察调研接待工作等一系列文件精神，进一步规范财务管理，提高资金使用效益，是全省各级国税机关领导班子加强党性修养，养成良好作风，发扬艰苦奋斗优良传统的迫切要求，也是国税系统执行大力压缩“四项经费”，深入开展“小金库”治理的客观需要。当前，全省国税系统“小金库”专项治理自查自纠已经顺利完成，自查情况表明，我省国税系统未发现设有“小金库”情况。各级、各部门必须与本级治理“小金库”工作领导小组签订“责任承诺书”，以确保清理结果真实、有效和责任到人。各级财务管理部门要结合“小金库”专项治理，加强会计核算基础工作。进一步规范实有资金账户“暂存款”和“其他收入”科目使用，各种应缴款和暂存款项要及时清理并按规定办理结算，不得长期挂账，同时还要建立“暂存款”明细科目备查账。对取得的地方财政补助收入、固定资产处置收入、租赁收入、利息收入、住房基金收入等“其他收入”要及时全额入账，防止形成“小金库”。要在严格执行《行政事业单位会计制度》，全面强化本单位零余额账户管理的基础上，切实规范实有资金账户和往来科目的会计核算。按照中央治理工作安排，从9月份开始对垂直部门京外单位开展检查，对中央检查组进驻后查出问题的，按被查从严处理，并追究有关人员责任。各地要高度重视，深入自查，采取“回头看”等措施，确保整改到位。

同志们，这次会议虽然会程短，但是通过大家的广泛讨论和各种思想的相互启发，互补互融，我们在进一步做好纳税服务工作，推进云南国税创新发展上取得了良好的共识，并回顾总结了上半年国税工作中勇于创新、推动发展的实践，全面分析了当前税收收入形势，发出了下半年打好组织收入攻坚战的冲锋号和做好有关重点工作的动员令，让我们同心同德，群策群力，狠抓落实，把云南国税事业发展推向新的阶段！

在红河州、文山州国税系统调研时的讲话

李鸿文

（2010 年 9 月 9 日　根据录音整理）

为了圆满完成“创新发展年”的各项工作任务，根据当前的各项工作部署和组织收入工作面临的严峻形势，省局党组决定由局领导带队组成 6 个督导组，分赴 16 个州市局对今年各项重点工作的落实情况，特别是组织收入工作进行检查督导。同时，看望奋战在基层一线的干部职工。今年以来，由于金融危机影响，带来的落实政策、组织收入等各方面工作压力很大，加上由于体制、机制的原因，我省国税系统和全国国税系统一样，面临诸多困难和矛盾，省局党组一直惦记着奋战在税收工作第一线的基层干部职工。因此，这次工作组，一项重要工作就是看望基层的同志们，转达省局党组、省局领导对基层干部职工的关心和问候。

我率第一组负责调研红河州、文山州国税系统的情况。通过深入各基层单位实地了解，我感到很欣慰。各级国税机关紧紧围绕“创新发展年”的工作主题和目标要求，以深入学习实践科学发展观活动为契机，努力克服金融危机对组织收入工作的不利影响，始终保持共克时艰的信心和良好的精神状态，勤奋工作，积极创新，真抓实干。省局年初安排部署的各项工作在基层得到了很好的贯彻落实，特别是省局发出组织收入大会战的动员令后，各地思想统一、认识到位、行动迅速，立即掀起了组织收入攻坚战，形成了会战的氛围。到目前为止，“创新发展年”的各方面工作进展顺利，成效明显。一是组织收入工作实现了应收尽收。虽然受金融危机的影响，税收收入的进度不容乐观，但是，全省国税系统干部职工认真贯彻组织收入原则，以税收分析、纳税评估、纳税服务、税源管理等方式的创新，促进组织收入工作的发展，实现了税收收入应收尽收；二是干部队伍建设进一步加强。各地以学习实践科学发展观活动为契机，把干部队伍建设与税收工作紧密结合，积极组织干部职工参与地方党委政府组织的迎接新中国成立 60 周年庆祝活动，充分展示云南国税的良好形象。我这次所到的各市县局干部职工精神面貌好、和谐气氛浓、工作热情高，充分展示了云南国税人的“精、气、神”；三是依法治税工作进一步深化。去年以来，国家出台了一系列应对金融危机影响的税收政策措施，各地都结合实际，不折不扣地贯彻执行。同时，加大了对涉税违法行为的打击力度。从现在的情况看，各项税收政策对于促进经济发展和保障税收收入都发挥了积极的作用；四是科学发展观学习实践活动取得成效。从各地上报的信息和我这次调查了解的情况看，整个学习实践活动领导重视、干部热情参与、过程严肃认真、实践特色突出、学习效果明显、地方党委和干部职工满意，切实做到了税收工作与学习实践活动两不误、两促进；五是各项税收管理工作得到有效加强。各地认真落实年初的各项工作要求，积极创新工作方式方法，税收征管基础工作进一步深化。认真做好保障税收工作正常运转和促进干部职工平安、系统和谐、社会稳定的各项工作，税收行政管理工作得到有效加强。

这些成绩的取得来之不易，是全省国税系统特别是基层一线的广大干部顾全大局、顽强

拼搏、辛勤工作的结果。我代表省局党组，在这里向全省国税系统基层广大干部职工表示衷心的感谢和诚挚的问候！

根据当前的形势和要求，各地要进一步抓紧抓好以下几个方面的工作：

一、进一步统一思想认识、坚定信心决心，切实采取有效措施确保完成900亿元的收入任务

今年以来，由于受金融危机的影响，税收收入形势一直不容乐观。1至8月，全省国税系统共组织国税收入576.31亿元，同比减收26.49亿元，下降4.40%，完成确保目标的64.03%，塌进度2.64个百分点，收入形势非常严峻。各地既要看到组织收入工作面临的严峻挑战，增强危机感、紧迫感、责任感，又要看到经济运行中企稳回暖的积极变化，坚定完成收入目标的必胜信心，正确处理好“政策性减收”和“发展性增收”的“两难”问题，积极采取有效措施，全力以赴抓收入，力争第三季税收收入止跌回升同比增长，第四季度圆满完成收入任务，确保取得执行政策与完成任务的双丰收。

（一）统一思想坚定信心。要完成今年的任务，确实面临不少的困难，但也要看到经济企稳回暖的积极变化。越是在困难的时候，越是要统一思想、坚定信心。信心比什么都重要，要针对困难分析有利形势，找出应对的办法措施，树立信心，集中力量解决问题。要切实把思想统一到组织收入工作上来，齐心协力做好工作。要鼓舞广大干部职工的士气，积极乐观地看待工作中的困难，满怀信心，充满热情地投入到组织收入工作中。

（二）依法治税应收尽收。依法治税是税收工作的灵魂，越是在组织收入任务紧的时候，越是要特别注重严格依法治税，保持灵魂不变，千万不能为了完成任务而征过头税，切忌为完成收入任务搞“寅吃卯粮”。要旗帜鲜明地贯彻落实“依法征税，应收尽收，坚决不收过头税，坚决防止和制止越权减免税”的组织收入原则，正确处理组织收入与规范执法、优化服务和支持发展的关系，进一步规范税收征管行为。税收收入是经济发展的客观反映，要树立税收经济观，紧紧依靠经济的发展组织税收收入。要树立应收尽收的组织收入工作理念，把应收尽收作为衡量税收征管质量的根本标准，通过提高工作质量，最大限度地实现应收尽收，不产生新增欠税。

（三）形成合力抓好收入。一是要实行领导班子分片联系制，各级领导班子成员要定点联系一至两个地区或重点税源企业，深入基层和征管一线，靠前指挥、及时解决组织收入工作中出现的困难和问题；二是要实行机关部门挂钩联系制，加强对组织收入工作的协调，切实为基层一线提供政策服务，做好组织收入的后勤保障工作；三是要取消一切与税收工作无关的外出活动和不必要的大型活动，集中全部时间、集中全部精力抓税源管理、税务稽查、纳税评估、纳税服务，确保组织收入工作不留死角。各州市县要积极向当地党委政府请示汇报，争取支持，形成上下联动、左右支持的整体合力，抓紧每一天，不放松每个月，以决战的状态抓好组织收入工作。

（四）加强管理增加收入。在金融危机对良好经济运行不利的影响下，要增加税收收入，最关键是要通过加强管理，向管理要收入。客观地讲，在管理过程中仍然有很多薄弱环节和不少的税收漏洞，税收增长仍然有一定的潜力可挖，关键是我们要能够发现薄弱环节在哪里、增收潜力在哪里。各地务必要过细分析研究当地的实际情况，采取有效措施加强征收管理。当前，最关键的就是要做好以下几方面的管理工作：一是要强化纳税评估工作。纳税评估是对企业进行政策辅导和发现税务机关管理漏洞的一种有效方式，也是融洽税企关系最好的桥梁和纽带，各地一定要采取有效措施继续加大纳税评估的力度和范围，对辖区内的企业进行认真分析筛查，把长期零负申报、长亏不倒、税负异常的企业作为评估重点，做到有的放矢；二是要加强政策落实强化税源管理。各地要针对当地税源实际和征管难点，进一步加强户籍管理，及时发现漏征漏管户。由于一般纳税人认定条件的变化，很可能会出现有的纳税人通过注册登记多家公司分解和转移收入的手段，逃避一般纳税人管理，因此，要特别加强对关联企业交易的监管，坚决打击偷逃税行为。另外，由于增值税转型改革，有的纳税人打转型的“时间差”，将转型前发生的业务，在转型后取得税款抵扣凭证进行抵扣。有的纳税人混淆购进固定资产的来源和用途，将非抵扣范围的固定资产进行申报抵扣。这些都给税源管理增加了难度，各地要密切关注政策执行中的新问题新情况，及时发现税源管理中的漏洞，切实强化征管，落实政策，堵漏增收；三是要强化税务稽查。今年，总局对稽查工作高度重视，特别强调要充分发挥税务稽查对促进组织收入工作的作用，对稽查收入任务提出了明确的要求。各地要高度重视，以稽查机构的升格为契机和动力，充分利用税务稽查这把“利剑”，集中优势“兵力”，突出稽查重点，严厉打击涉税违法行为，圆满完成全年稽查任务，为规范税收管理、堵塞税收漏洞，增加税收收入提供强有力的保障。

（五）优化服务促进收入。各地要认真贯彻落实好全省纳税服务工作会议精神，拓宽渠道进一步优化纳税服务工作。金融危机确实给企业经营带来了不少的困难，国家出台了不少扶持企业走出困境的各项政策措施，其中包括税收政策。我们要在认真落实好税收政策的同时，充分利用税务机关掌握的相关信息资源，在依法治税的前提下和政策允许的范围内多为企业经营出谋划策，多为企业营销提供帮助，以优质的服务促进企业发展、税收增收。

（六）统筹兼顾保证收入。各地都要注重统筹兼顾抓收入，既抱好西瓜，又捡好芝麻，抓大不放小，尽最大的努力做好工作，确保应收尽收。前不久，省局连续召开了两个“抓管理、促收入”的会议，还专门发出了进一步加强组织收入工作的通知，对加强政策管理、强化组织收入工作提出了具体要求，希望各地统筹抓好落实。这里我需要特别强调的是：大税源地区、重点税源地区税收收入的总量相对较大，要为全省收入任务的完成承担更多的责任；税源总量较小的地区要切实通过加强管理，确保实现应收尽收。希望各州市局一定要牢固树立大局意识和全局观念，千方百计加强管理，依法大力组织收入。

二、进一步理清工作思路、强化服务意识，努力做好当前和今后一段时期的纳税服务工作

纳税服务是税收职能作用得以充分发挥的一项重要工作。今年，国家税务总局专门召开了纳税服务工作会议，明确提出了当前和今后一段时期纳税服务工作的指导思想、目标要求和工作措施。省局、州市局也专门召开会议对我省当前和今后一段时期的纳税服务工作进行了安排部署。在今年的机构改革中，从总局到州市局还成立了专司纳税服务职能的机构，进一步理顺了纳税服务的职责分工。可见，纳税服务已成为税收工作的重要内容之一，做好纳税服务工作已经提上了一个重要议事日程。我们要充分认识做好纳税服务工作的重要意义，进一步提高思想认识、理清工作思路、强化服务意识，认真分析纳税服务工作面临的形势任务和困难问题，找到做好纳税服务工作的突破口和关键点。在今年7月份的全省纳税服务工作会议上，关于如何做好纳税服务工作，已经强调了很多。在这里，我想就自己的学习思考和这次调研的情况谈几点体会：

（一）纳税服务和依法治税一样，是税收工作的灵魂。“服务科学发展、共建和谐税收”是税收工作的主题，这意味着把纳税服务工作提高到了“服务科学发展”的层次，其含义也就更为广泛。我理解，纳税服务至少包括三个方面的层次。即：全体税务干部为纳税人服务、各级税务机关为基层一线服务、整个税收工作为经济社会发展服务。基于这样的理解，纳税服务已贯穿税收工作的始终，是税务机关和税务干部的一项重要职能和任务，纳税服务已经成为严格依法治税与强化科学管理之间的桥梁和纽带，纳税服务的优劣成为了检验税收工作好坏的重要指标。所以说，纳税服务也是税收工作的灵魂，我们应准确定位，从不同的角度和层次做好纳税服务工作。

（二）纳税服务必须以提高干部队伍素质为前提。纳税服务已经由过去的“笑脸相迎、热情周到”上升到今天依托信息化的各种征收方式上，扩大了纳税服务的时间、空间和地域。网络申报、网络咨询、网络管理已成为纳税服务的方向。同时，纳税服务的质量也已提高到了规范执法、提高效率、共建和谐、促进发展上。这就要求税务干部必须具备相应的素质和能力，税务机关必须具备相应的基础和条件。我们必须在进一步改善税收硬件环境建设的同时，进一步提高干部队伍的素质，改善税收软环境，才能适应纳税服务工作的发展需要。各级国税机关和全体国税干部要进一步增强紧迫感和责任感，积极行动起来，通过加强学习、加强教育培训，提高学习力、执行力、落实力、创新力和发展力，不断增强业务水平和实践能力。

（三）纳税服务必须坚持“以法为本”和“以人为本”的统一。“以法为本”就是要坚持依法治税，严格按照税收法定程序和要求，认真落实好各项税收政策法规，坚持对“法”不对“人”，坚持“税法面前人人平等”，努力营造公平、公正的税收环境；“以人为本”就是要坚持以纳税人为中心，以纳税人合理需求为导向，在依法的前提下，积极开展个性化的服务，以满足不同层次纳税人的需求。我们要正确处理好共性与个性的关系，多角度做好纳税服务工作。特别是在当前金融危机对企业造成严重冲击的情况下，要针对不同企业的不同情况，开展送税法上门活动，及时让企业了解国家的各项税收政策措施，把送政策、开展纳税辅导作为培育税源、构建税企和谐的有效措施，充分体现税收服务科学发展的要求。

（四）融洽税企关系必须强调“法”字、“和”字。开展纳税服务工作中，必须把落实税收政策、发挥税收职能作用，促进企业科学发展，实现税收应收尽收为重要的出发点和归宿点。为此，融洽税企关系，实现税企和谐发展，是做好纳税服务工作的关键。如何做好“融洽税企关系”这一关键工作，我认为，最主要的是两个字。即：“法”字、“和”字。“法”是税企关系的纽带，有了“法”税企才建立了征纳关系，因此，融洽税企关系，必须以“法”为基础。要把税企关系建立在法律的框架之内，税务机关要坚持依法治税、依法服务，纳税人要坚持依法经营、依法纳税；“和”是税企关系的目标，有了“和”税企才会实现“双赢”，税收才能发挥职能作用，因此，融洽税企关系，必须以“和”为目标。要把建立和谐税企关系作为纳税服务的重要工作，在依法的前提下，急纳税人所急、想纳税人所想，积极开展税企沟通，从满足纳税人合法合理的正当需要出发，在支持企业发展的同时，培育税源，增加税收，实现税企和谐发展。

三、进一步强化人本理念、注重素质提高，切实加大干部队伍建设的力度

建设一支团结和谐，业务精湛，富有活力，勇于创新，爱岗敬业，乐于奉献的干部队伍，是保证国税事业不断创新发展、蒸蒸日上的关键。邓小平说过：“人是生产力中最活跃的因素”。我们从事的任何一项工作，安排部署的任何一项任务，最终都要落到每个人身上，都要靠干部职工去实施、去完成。在当前各种利益格局深刻调整、社会意识形态多样化的背景下，人的思想观念和行为意识呈现多元化，如果不加以正确引导，将会对事业的发展产生消极影响。同时，随着国税系统信息化程度越来越高和科学化、专业化、精细化的实施，对干部队伍素质的要求就越来越高，如果不提高素质，就很难适应工作的需要。各州市县要提高对加强干部队伍建设重要性的认识，特别是各级一把手，要充分认识到带队治税是我们的主要内容，带好队、收好税是我们的最终目标，务必进一步强化“人本理念”，带队收税并举，并把带好队作为治好税、收好税的前提。领导干部强化“人本理念”带好队，最重要的就是要善于管理。管理是一个活动过程，“管”就是将对象限制在一定的范围之内，带有刚性，是基础；“理”就是进行整理或治理，最终达到一个使大家满意的理想状态，带有柔性，是方法。强化“人本理念”带好队很重要的一条就是要理顺干部的情绪，形成和谐的人际关系，激发队伍的活力，鼓舞团队的士气，推动各项工作的积极开展。

（一）切实加强思想政治工作。要在国税系统积极倡导“尊重为本、平等相待、积极沟通、健康生活、快乐工作”的理念。做好思想政治工作“尊重是前提、平等是基础、沟通是关键”，各级领导干部要充分尊重干部职工，积极主动与干部职工进行沟通，经常开展交心谈心活动，用尊重拉近距离、用沟通消除误解。同时，多用高尚的人格魅力，感染和影响干部队伍的价值追求和人生导向。对于思想认识不端正、政策规定不熟悉、国家大政方针不清楚的极个别干部职工，要面对面地把问题讲清楚、说明白，对错误的言论要坚决抵制、批评纠正，对诬告、陷害的言论要严肃查处。各级国税机关要充分发挥党组织的战斗堡垒作用和共产党员先锋模范作用，通过典型的正面的教育引导，提高干部职工的思想政治素质。广大干部职工要坚定理想信念，培养高尚情操，进一步树立全局观念和大局意识，站在全局的高度，充分尊重和理解各级组织作出的正确决策，坚决服从和服务于所从事的税收工作，一丝不苟地履行好岗位职责。

（二）高度重视团结和谐建设。团结和谐的干事氛围、心齐气顺的创业环境、积极融洽的人际关系，是健康生活、快乐工作的前提和基础。现代管理理论认为，一个表现优秀的团队，就是由扮演不同角色的成员按照确定的奋斗方向始终协同一致，形成最大的合力。这就充分说明，一支队伍能否团结协作关键在班子，一个班子是否团结协作，核心在班长。只有领导指挥若定，才能奏响和美乐章，只有上下一心，才能实现美好目标。希望各级局党组特别是"一把手"把团结和谐建设作为加强干部队伍建设和做好税收工作的前提和基础，切实抓好本地区本部门的团结和谐建设，尽最大努力创造团结和谐的生活工作氛围。希望全省国税系统广大干部职工要充分认识团结凝聚力量、和谐促进发展的深刻含义。我们之所以生活在国税系统这个大家庭，是税收事业把我们聚到了一起，我们要十分珍视一起共事的缘分，工作生活中应相互尊重、相互理解、相互支持，通过积极沟通增进了解，用善意的包容、真诚的理解增进友谊。对待工作、对待生活尽量做到积极乐观、心态平和，共同努力创建全系统心齐气顺的良好氛围。

（三）高度重视队伍素质的提高。提高干部队伍的素质，是税收工作不断发展的需要。各地要高度重视队伍素质的提高，要根据当前队伍结构的现状，立足现有的队伍和人才资源，通过开展"一对一"、"互帮互学"、"以老带新"、"以熟带生"的全员互动教育培训模式，每月一讲、每周一练、每日一题等学习形式，大力实施"教育培训工程"，不断提高干部队伍的业务能力和综合素质。加强教育培训关键是要注意正确引导和建立激励机制，树立"为干部职工释放压力，干部职工才有学习动力"的理念，多支持、多鼓励、少责备、少处罚。特别是对于年龄偏大的老同志要特别关心和关注，这些同志虽然年龄偏大、学习能力有可能赶不上年轻同志，但这些同志工作经验丰富、家庭负担相对较小，正是干事创业、发挥作用的好时机，各级局党组要多为他们创造更多学习的机会、提供更多展示才华的平台，给予更多的支持帮助和指导，在国税事业的发展上不能让任何一个干部职工掉队。同时倡导尊重人才、尊重知识、尊重能力的选人用人导向，积极营造自觉学习的良好氛围，把学习变为干部职工的自觉行动和取得进步的重要阶梯。

四、进一步树立"和如春风、肃如秋霜"的管理理念，切实做好关心干部职工的各项工作

各级局党组和各级领导干部要树立"和如春风、肃如秋霜"和"治税以法为本、带队以人为本"的理念，把关心干部职工作为开展各项工作的前提和基础。当前，由于垂直管理体制的原因，国税系统三、四级预算单位规范津补贴工作尚未到位，离退休干部的津补贴文件已下达，从今年一月一日起执行，省局正积极抓紧测算部署。干部职工对此有意见，省局党组很理解，一直在积极向国家税务总局汇报和反映，并与各省市区国税局和其他中央垂管单位一样，通过多种方式请求主管部门向国务院和中央六部委反映。国家税务总局对此也高度重视，积极努力向中央六部委反映，但由于垂直管理等体制的原因，目前尚未得到很好的解决。这个问题的存在虽然是客观原因产生的，但各级局党组主观上一直积极主动，多方想办法以求尽早解决或通过其他方式解决，到目前为止，省局一直在积极向总局反映，总局也一直在积极努力。在这里，我想提几点希望和要求：一是希望全省国税系统广大干部职工正确理解和以良好的心态理性面对暂时存在的客观困难，把精力集中到做好税收工作上来，省局党组会带着全省广大干部职工的心声，积极主动地向总局汇报争取早日解决。此问题不仅涉及国税部门还涉及所有垂直管理的单位，我们相信一定会得到很好的解决，我们也相信全省国税系统干部职工一定能够认清形势、顾全大局，正确面对当前的困难和问题。二是要求各级国税机关要耐心细致地做好宣传解释工作，把政策讲明、把问题讲透，让每个干部职工正确理解存在问题的客观原因，争取干部职工的理解，从而把干部职工的心态调整到身心健康、系统和谐上来。三是要求各级国税机关局党组特别是"一把手"要把关心干部职工作为一项重要工作，急干部职工所急、想干部职工所想，积极向当地党委政府请示汇报，争取地方的支持，千方百计想办法，通过各种方式，在原则范围内努力把干部职工的切身利益解决好。各级局党组要经常开展走访慰问干部职工及其家庭活动，及时了解干部职工及其家庭存在的困难，努力想办法帮助解决。同时，要在敬老节、中秋节和新中国成立 60 周年之际采取上门看望、邀请参加纪念活动、座谈会等形式，开展走访慰问老干部、老职工和老党员活动，大力弘扬国税系统尊老、敬老的优良传统。四是要求各级国税机关认真落实好职工住房补贴的发放工作。目前，还有少数单位尚未落实住房补贴政策，或虽已落实政策但还未开始发放，希望还没有落实政策或还未兑现住房补贴的地区，必须加快进度，积极争取地方政府支持和帮助，尽快落实政策，尽早把住房补贴按政策规定兑现给干部职工。

另外，我还想特别强调：全省国税系统各级领导干部一定要牢固树立“和如春风、肃如秋霜”的管理理念。一个合格的领导干部，既要是群众的好领导，更要是群众的好同事。孔子说过“色难”，意思就是说一个人的角色转换很难、面色改变很难。我们在工作中往往会忽视这一点，不会换位思考，不注意角色的转换，工作中“肃如秋霜”的形象也会带到生活中，这是很不好的。有的领导干部甚至高高在上、唯我独尊，这是很危险的。我经常强调，对待职工要“和如春风”，对待工作要“肃如秋霜”，说的就是要注意角色转换，学会换位思考，工作上严格要求，认真负责，生活上关心职工，善待职工。领导干部一是要学会做人，和如春风对待职工。“人”字两笔，一撇一捺，结构简单，却是合理的支撑。做人就是要在简简单单、朴朴实实中，把“人”字撑起来。要树立“尊重为本、平等相待、积极沟通”的理念，人与人的交往尊重是前提，平等是基础，沟通是关键。我们不能高高在上，摆架子，让人不敢接近。要建立真诚心态、包容心态、理解心态，有一个海纳百川的宽广胸怀，对职工的缺点和错误，要多一些理解，少一些埋怨，多一些鼓励，少一些指责。对干部职工不良情绪要多化解、多说服，少处理，对干部职工的言论要加强教育，多沟通，少问责，真正做到“和如春风”温暖人心。二是学会做事，“肃如秋霜”对待工作。人的能力有大小之别，事有大事小事之分，但关键是要尽心尽力，从小事做起，严格要求、严格标准、严格执行，对事不对人，一以贯之，一视同仁，做到“肃如秋霜”善待工作。只有这样，才能得到支持，建立威信，树立形象。三是要学会做官，践行好“个人形象一面旗、工作热情一团火、谋事布局一盘棋”的要求。要以“三个一”的标准衡量和要求自己一言一行，始终做“个人形象一面旗”的示范者、“工作热情一团火”的力行者、“谋事布局一盘棋”的引领者，做一名引领云南国税事业创新发展的优秀领导干部。

五、进一步提高认识、统筹兼顾，切实加强云南国税文化建设

文化铸就灵魂、和谐凝聚力量、文明促进发展。有了灵魂才会有力量，有了力量才会有发展。这就是文化的重要意义。一个人也好一个单位也好，是需要有点文化的。一个有文化的人精神气质就好、道德情操就高、价值取向就正，一个有文化的单位品牌形象就好、队伍凝聚力就强、团队向心力就大。加强国税文化建设就是要通过充分运用文化的力量，净化干部职工的心灵，培养干部职工的情操，以正确的价值观念、先进的管理理念、共同的发展愿景凝聚精神力量，打牢共同思想基础，培育良好道德风尚，激发干部职工的积极性、主动性、创造性，使广大干部职工精神风貌更加昂扬向上，共同价值取向充分展现，进而形成推动税收事业发展的巨大内在动力。

云南国税以 2003 年在红河召开国税文化建设研讨会为标志，掀起了文化建设的高潮，从此全省国税系统文化建设方兴未艾。经过几年的努力，已经编辑出版了国税文化系列丛书，多年来在实践中发展和丰富的云南国税十种精神已经成为国税干部共同的价值追求，集全省国税干部职工智慧自编自创的云南国税之歌《乐于奉献在高原》成为了大家的心声，“以国为根、以税为业、以人为本、以学为乐、以绩为真、以廉为荣”为取向的和谐国税文化理念深入人心。总之，国税文化对团结国税干部、凝聚发展力量、激发干事热情、完成税收任务、促进事业发展发挥了极大的作用。已经成为干部职工陶冶情操、充分展示良好形象的重要阵地，已经成为云南国税的一张重要名片，也成为云南国税人“精、气、神”的集中表现。但是，云南国税文化离党的十七大提出的文化大发展大繁荣的要求，离创建和谐云南国税、文化云南国税的要求还有差距，突出表现在：国税文化建设缺少统一的规划、内容和标准，发展程度参差不齐，少数地方对国税文化建设重视不够；缺少新形势下国税文化建设的研究和创新等等。在当前税收事业不断发展的形势下，迫切需要深入推进国税文化建设，满足广大干部工对进一步加强国税文化建设的强烈要求，创建具有鲜明时代特征和丰富实践内涵的国税文化体系。这就需要我们要进一步深入探索新形势下国税文化建设的特点和规律，不断挖掘和丰富国税文化内涵，以载体建设的持续创新，提升云南国税文化软实力，进一步提振云南国税人的“精、气、神”。当前，各地要紧密结合当前形势、任务和要求，统筹处理好开展新中国成立60周年主题活动与加强组织收入等各项重点工作的关系，本着厉行节约的原则，积极参与地方党委政府开展的60周年系列主题活动。同时，要精心组织准备参加全省国税系统“祖国在我心中”文艺汇演，充分展示云南国税人的“精、气、神”，充分展示云南国税系统的良好形象。

在这里，需要特别强调的是：云南国税文化建设要注重突出四个重点、处理好四个关系。突出四个重点：一是培育文化素养。要运用文化激励手段，充分调动干部职工的积极性、主动性和创造性，发挥国税文化的沟通引导作用，在系统内部确立尊重为本、平等相待、积极沟通、健康生活、快乐工作的理念，把关心人、帮助人、理解人、尊重人作为人文关怀的精髓落实到日常工作中；二是培育文化载体。要把创建学习型组织作为国税文化建设的载体，以国税文化建设为导向，以共同愿景为目标，积极推进学习型国税机关建设；三是培育文化内容。国税文化建设要贴近实际、贴近生活、贴近职工，创作出更多反映国税工作实践和干部职工喜闻乐见的优秀文化产品，给干部职工带来更多思想上的启迪、身心上的愉悦、审美上的享受；四是培育文化精品。要结合纳税服务工作，根据纳税服务工作发展需要，创新纳税服务品牌建设，打造一批具有社会影响力和知名度的服务品牌，如12366服务热线、国税网站等，使纳税人和全体国税干部职工分享国税文化建设成果。处理好四个关系：一是处理好国税文化与社会主义文化的关系。国税文化是社会主义文化的重要组成部分，国税文化建设必须紧紧围绕社会主义文化来开展。二要处理好国税文化建设的目的与成果的关系。文化建设的目的是铸就灵魂、凝聚力量，其成果就是要通过国税文化推动国税事业的发展，用国税事业的发展成果体现国税文化建设的成果。三要处理好文化建设与业务工作的关系。业务工作是根，文化建设是魂，两者是一个有机统一的整体，绝不能割裂开来。要把业务工作作为文化建设的基础，把文化建设作为推动业务发展的精神动力，文化建设工作绝不能以牺牲正常税收征管工作为代价，而是要相互促进、实现“双赢”。四要处理好国税文化形式与内容的关系。文化建设不能搞形式主义，绝不仅只是出书、唱歌、摄影等，这些只是文化的载体，要通过这些必要的载体和精神内涵，真正塑造国税人的灵魂，使国税文化成为凝心聚力、团结奋进动力。

六、进一步统一思想、形成合力，切实搞好机构改革工作

目前，省局已批复了各州市局的机构改革方案，各地正在着手实施这项工作。这次机构改革时间紧、任务重、要求高。从时间上看，正是完成年度各项工作任务特别是组织收入任务的关键时期。从内容上看，涉及机构合并、分设，领导职数的增加和岗位、人员配置等，广大干部职工比较关注。从历次机构改革的情况看，虽然都很顺利，但由于机构的变动、人员的调整都会涉及干部职工岗位的重新分配调整甚至进退流转等切身利益问题，客观上不可能做到人人都心满意足，改革中难免会出现消极思想甚至消极言论，这些都是改革中可能出现的正常情况。希望各州市县局对此要有清醒的认识，务必高度重视，以对组织高度负责、对国税事业高度负责和对干部职工高度负责的态度，切实加强组织领导，做到领导班子思想统一、认识到位，形成机构改革的工作合力。要严格按照批准的改革方案，坚持从实际出发，坚持以大局为重，严格组织纪律，坚持客观、公正、公平、择优、合理的原则，有效配置资源。要做好思想政治工作，正确引导广大干部职工正确理解、热情支持改革，确保队伍思想稳定，工作顺利推进，做到机构改革与日常工作两不误。要坚持党组统一领导，一把手负总责，人事部门组织协调，相关部门各负其责，形成合力，严肃认真，周密组织，确保机构改革工作和其他税收工作顺利开展，有效完成。全体干部职工要以大局为重、以税收事业为重，正确理解支持改革，一如既往地履行好岗位职责，不因机构改革、岗位变动放松工作要求、降低工作标准，确保工作的连续性。

七、进一步分析形势、把握主题，积极开展项目创新工作

近年来，随着一年一个工作主题的深入开展，云南国税工作在拾遗补短中不断前进，各方面工作都得到了长足发展。可以说，我们已经具备了进一步创新发展的良好基础和平台。各级领导干部一定要提高对创新发展的认识，高度重视创新工作，把创新作为工作取得突破、再上台阶的重要抓手，作为推进国税事业不断开拓前进的重要动力，亲自带头想办法、带头作部署、带头抓落实。创新是发现问题、解决问题的过程，各州市和省局机关各部门要善于发现问题和工作中的薄弱环节，并结合实际，从解决问题、促进落实、推动发展的角度确定行之有效的创新项目；创新是学习知识、积累经验的过程，全省国税系统干部职工要努力学习，勤于思考，善于总结，把工作中的好办法、好措施经过分析、研究、开发，转化为推动发展的创新项目。创新是需要长期实践、付出汗水的过程，要从事业长远发展的角度，多鼓励创新行为，多培养创新人才，多支持创新项目。创新是一个艰难的过程，要允许失败，切忌急于求成、好高骛远、求全责备。

从目前的情况看，全省国税系统按照创新发展年的要求，积极开展创新工作，有的基层非常重视也搞得很好，不仅确定了创新项目，而且明确一个局领导负责一个项目，但也有的地区创新力度不大，效果不明显。我们搞创新就是要从解决实际问题出发，建立“项目制”，把创新作为一个项目来抓，通过一个又一个创新项目的推广运用，带动全盘工作的有效开展。今后，要逐步建立健全创新的体制机制，特别是可以考虑建立创新激励机制，对各地的创新项目进行评估，对切实有利于推动工作、具有推广价值的项目可对单位、个人和项目组进行适当奖励，在全省国税系统形成领导重视创新、干部积极创新、大家支持创新的良好创新发展氛围。

八、进一步提高认识、积极行动，切实做好维护社会稳定工作

今年是新中国成立60周年，各项重要庆祝活动多。同时，由于经济危机影响、各种反华思潮不断，各种社会矛盾叠加，发生各种风险的可能性增大，维护社会稳定面临着严峻形势，中央对稳定问题、和谐问题已经提到了很高的高度。各级国税机关一定要把思想、认识、行动统一到中央一系列方针政策上来，站在政治的、全局的、战略的高度，充分认识做好当前维护稳定工作的重要性，以高度的政治敏锐性，牢固树立纪律观念，识大体，明大理，顾大局，切实增强责任感、紧迫感和使命感，慎之又慎、细之又细、实之又实地做好综治维稳的各项工作。加强组织收入工作过程中，要注重方式方法，要牢固树立大局意识和服务意识，要正确处理组织收入与优化服务的关系，加强税企双方的沟通协调，和谐税企关系，决不允许出现因税收问题引发的群众性事件；要高度重视来信来访工作，积极预防妥善处理各种来访事项，把问题化解在萌芽状态；要高度关注平安国税建设，切实加强本单位互联网站、内部办公网及其他电子网络的安全保密管理，确保网络信息安全。切实加强车辆管理，特别是严防酒后驾车，杜绝各类交通事故的发生。切实加强值班工作，严防系统内发生各种安全事故。切实教育和引导干部职工理性面对各种影响和谐稳定的言论和行为，及时提醒干部职工随时注意驾车、出行等各方面的安全事宜。总之，要通过过细的工作措施，切实加强和谐国税、平安国税建设，确保国税干部职工身心健康、家庭幸福，确保国税系统平安和谐、全省社会稳定。

统一思想明确任务　强化管理增加收入

——在货物和劳务税抓管理促收入工作会上的讲话

蔡　杰

（2009 年 8 月 20 日）

同志们：

这是省局今年 5 月份机构调整后，货物和劳务税处召开的首次全省会议。这次会议有三个背景。一是税收收入形势严峻。受金融危机影响，全省 1 至 7 月国税收入只完成确保目标 56.41% 的进度，比去年同期减收 32.49 亿元。李鸿文局长在昨天的局长办公会上指出："全省要掀起组织收入攻坚战，统一思想、明确思路、攻坚克难、确保收入。后几个月，各业务部门要理清思路、加强管理、堵漏增收，紧紧围绕国税组织收入中心工作，各业务部门协同作战、各级国税机关上下齐心协力，奋战五个月确保实现 900 亿元收入目标。"二是税收政策变化大、改革力度大。今年实施新修订的三个暂行条例、增值税转型、消费税政策重大调整、小排量乘用车车购税减半，并调整了其他若干有关政策，贯彻落实任务重。三是内部机构改革。货物劳务税部门在原来流转税业务的基础上，增加了出口退税业务，涵盖了除企业所得税外的国税多个税种业务管理工作，点多面广、职责压力加大。为此，这次会议的主要任务是：进一步统一思想，分析形势，明确任务，采取措施，确保实现全年 900 亿元的收入确保目标。下面，我讲四个问题。

一、全国货物劳务税工作会议的主要精神

2009 年 4 月 28 至 29 日全国货物劳务税工作会议在深圳召开，总局解学智副局长到会作重要讲话，主要包含三个方面的内容。

（一）总结 2008 年货物劳务税工作成绩

——税制建设迈出新步伐。根据经济变化，推进增值税转型和成品油税费改革，修订增值税、消费税、营业税条例及细则。

——在宏观调控中发挥积极作用。及时调整出口退税率和汽车消费税政策。

——税种管理取得新进展。根据税种管理特点，有针对性地采取措施，税种管理水平不断提高。

——税收收入及出口退税稳步增长。2008 年，全国增值税、消费税、营业税和车购税"四税"（含海关代征）收入完成 36730.76 亿元，占税收总收入 63.48%，比上年增收 5309.9 亿元，占全部税收增收额的 63.11%，同比增长 16.9%；办理出口货物退（免）税 5866 亿元，同比增长 11.2%。

（二）阐明货物劳务税工作总体思路

当前和今后一段时期货物劳务税工作的总体思路为：深入贯彻落实科学发展观，积极推进税制改革，落实宏观调控要求，充分发挥货物劳务税职能作用，加强科学管理，堵塞税收漏洞，优化纳税服务，扎实有效地做好促进经济社会发展和改善民生的各项工作，进一步提升货物劳务税工作质量和效率。

一是必须服务科学发展，充分发挥货物劳务税的职能作用；二是必须抓住时机，积极推进货物劳务税改革；三是必须多管齐下，不断强化货物劳务税管理；四是必须坚持法治原则，不断提高货物劳务税依法行政水平。

（三）布置 2009 年货物劳务税各项工作

1. 确保完成货物劳务税收入任务。

2. 及时准确办理出口退税。

3. 全面落实税制改革的各项工作：全面落实增值税转型改革，加强成品油消费税管理，做好修订后的增值税、消费税、营业税条例和细则的实施。

4. 做好货物劳务税各税种的政策完善和加强管理工作。

在增值税方面：

——研究完善农产品加工业政策。实行按核定的扣除率计算抵扣增值税额，以规范农产品进项税额抵扣，堵塞税收漏洞，降低管理风险。

——研究完善海关监管特殊区域政策。研究整合当前特殊监管区域和进料加工、来料加工政策的可行性，改变当前凭监管手册保税的简单做法，以规范和统一税制。

——进一步完善海关缴款书的抵扣管理制度。今年将实施“先比对后抵扣”管理办法。4月已开始在河北、河南、广东、深圳四地试点，待时机成熟时全国实施。

——修订一般纳税人认定管理办法。缩小小规模纳税人范围，规范认定工作，增加一般纳税人比重，延长抵扣链条。

——加强专用发票管理。针对红字发票通知单管理系统正式运行以后各地反映的问题，研究提出系统修改完善的意见，明确有关政策规定。

——进一步规范纳税申报“一窗式”管理。在顺利实现“税库银”联网的基础上，积极推行纳税申报“票表税”比对。

——建立专用发票存根联滞留票核查的长效机制。总局将改进滞留票的筛选方式，定期发布异常企业名单和发票明细，各地结合实际确定核查对象，认真核查。

——进一步推进征退税衔接。不断拓宽征退税衔接的内容与范围，逐步实现出口企业基本信息共享、纳税和退税信息共享、征退税日常管理联动、纳税评估与退税评估联动。

在消费税方面：

——研究完善消费税政策。加大对高污染、高排放、高耗能产品的调节力度。根据国务院要求，认真研究成品油消费税纳税环节后移到批发环节的问题。

——加强白酒、卷烟消费税管理。针对白酒企业存在的通过设立销售公司、降低产品出厂价格、侵蚀消费税税基等问题，按条例规定要求制定白酒消费税计税价格核定办法，规范白酒消费税税基的管理。完善卷烟消费税政策。

在车购税方面：

——完善车购税政策。为体现税收惠农政策，进一步加强与公安、农业等部门的配合，研究调整农用运输车、摩托车的车购税政策。

——加强车购税征收管理。积极与公安车辆管理部门协调，畅通信息沟通渠道，建立资源共享机制，尽早实现信息共享。积极推进电子档案管理试点，逐步解决车购税纸质档案储量大、保管难的问题。

8月12日李鸿文局长批示：总局机构改革完成之后，连续召开了若干个重要会议，省局机改已顺利完成，处室职责已经划分清晰，总局相关会议精神如何结合实际贯彻落实好，职能处室要有清晰的思路，扎实的作风，过硬的措施，一抓到底的勇气和毅力，务求成效。总局计划开展的工作，有一部分已经在1至7月实行。我省的货物和劳务税工作要继续贯彻落实好总局的各项部署，按照李局长批示结合我省实际特点抓落实、求实效。

二、货物和劳务税政策变化和收入情况

（一）货物和劳务税政策的调整变化

今年是1994年以来，货物和劳务税政策调整最大的一年，各税种都进行了重大调整，也是货物和劳务税工作“闯关”的一年。自1月1日起实施新修订的增值税、消费税暂行条例及实施细则，实施增值税转型改革，相关的再生资源、资源综合利用优惠政策进行调整，新华书店和农村供销社销售出版物免税、电影制片企业销售电影拷贝免税、民族贸易企业和供销社免税、边销茶免税、三剩物产品即征即退、高校后勤免税等一批优惠政策到期停止执行。1月份省局流转税处在信息中心的大力帮助下，及时对网络申报和介质申报系统进行升级，确保了新政策顺利执行，闯过政策调整第一关。为增加财政收入，5月1日起全国实施卷烟消费税改革，上调工业卷烟税率并在商业批发环节加征一道消费税。此次调整对我省消费税影响很大，省局与昆明市局一起及时开发新的网络申报卷烟消费税模块，创新了计税价格管理方法，确保消费税调整执行到位，得到总局肯定，闯过政策调整的第二关。车购税政策方面，

1月20日至12月31日，国家对1.6升及以下排量乘用车减按5%税率征收车购税。出口退税政策方面，去年7月以来国家连续7次提高部分产品的出口退税率，其中今年提高4次。为使各地准确掌握政策变化，省局已对1994年以来的800余个政策文件重新梳理，废止失效文件一半，在此次会议上已经把详细说明清单提供各地。

对收入影响较大的几个政策性因素增减相抵后，初步预计减收约3.86至6.42亿元。其中增收因素大约26.58至29.14亿元，减收因素大约33亿元。

增值税转型全年预计固定资产抵扣税额约30亿元，小规模纳税人征收率下调预计全年减收约2.98亿元。取消废旧物资免税政策预计全年将增收约4.28亿元，调整卷烟消费税预计增加消费税20.64至23.20亿元，烟叶收购不得抵扣价外补贴预计减少进项税约1.66亿元。

（二）1至7月货物和劳务税收入情况

今年在全球金融危机逐步加剧的背景下，制约经济发展的不确定性因素不断增加，国家实施税收政策调整，1至7月云南国税收入完成507.67亿元，同比减收32.49亿元，下降6.01%，较全年900亿元确保目标塌进度1.93个百分点，除消费税增收外，其余税种均减收。其中，增值税、消费税、车辆购置税"三税"入库431.48亿元，比上年同期减收13.74亿元，"三税"总体降幅为3.09%。按照全年收入确保目标，"三税"塌进度36.30亿元，收入形势严峻。

1. 增值税和车购税减收、消费税增收，"三税"均塌进度。

1至7月增值税216.43亿元，减收29.40亿元，下降11.96%，完成确保任务的50.36%，塌进度7.97个百分点。消费税199.20亿元，增收15.67亿元，增长8.54%，完成确保任务的57.96%，塌进度0.37个百分点。车辆购置税15.85亿元，减收128万元，下降0.08%，完成确保任务的55.61%，塌进度2.72个百分点。

2. 分州市增值税和消费税"两税"，七个州市完成确保目标进度，其余州市塌进度。

增值税和消费税"两税"完成确保目标进度的七个州市是：曲靖、玉溪、丽江、昭通、楚雄、文山、大理，其中玉溪超进度2.21个百分点。其余九个州市塌进度，税源最大的昆明和红河分别塌进度1.44和1.03个百分点。

从全部国税收入看，超进度1%以上的只有玉溪，超进度1.33个百分点。

3. 增值税同比降幅逐渐收窄，国税收入环比开始扭负为正。

今年以来，国家宏观调控政策效果逐渐显现，经济有回暖企稳迹象。从同比看，降幅逐月收窄。增值税1月同比下降18.93%，2月同比下降18.47%，3月同比下降15.25%，4月同比下降8.11%，5月同比下降8.15%，6月同比下降11.67%，7月同比下降1.72%。

从同比看，我省月度国税收入自6月份止跌回升后，7月份继续保持正增长。

4. 工业卷烟"两税"，增值税减收，消费税增收。

卷烟增值税收入61.19亿元，减收3.20亿元，下降4.97%。原因是受工业烟草"3变2"影响，所属期为2008年12月的税款比2007年同期减少3.85亿元，红河烟厂和昭通烟厂2008年12月所属期期末留抵税额1.33亿元，而2007年12月无期末留抵税额，两项共计形成减收因素5.18亿元。

卷烟消费税收入197.79亿元，增收15.65亿元，增长8.59%。一是上半年烟草工业运行平稳，卷烟产销增长，结构稳定提高。上半年全省销售310.11万箱，同比增长2.2%。一类和二类烟比重分别上升2.01和2.84个百分点。玉溪烟厂完成全年生产计划进度较快。二是国家自2009年5月1日起上调工业企业卷烟、雪茄烟消费税税率，并在卷烟批发环节加征一道消费税。云南国税认真把政策落实到位，6月和7月政策调整增收消费税5.81亿元，其中工业卷烟税率调整增收近4.2亿元，卷烟批发净增消费税1.61亿元。

5. 其他品目增值税收入与经济情况大体一致。

除工业卷烟外，增值税减收集中在有色金属、钢坯钢材、化工产品、批发业，均为我省支柱产业，五个行业1至7月减收19.25亿元占增值税减收额的65.48%。有色金属增值税减收10.45亿元，下降56.79%；钢坯钢材减收4.03亿元，下降49.92%；化工产品减收1.11亿元，下降15.82%。原因一是产量下降，上半年全省十种有色金属产量同比下降13.9%，生铁产量下降3.3%，化肥产量下降5.2%。二是价格同比下跌，上半年全省有色金属价格同比下跌38.5%，钢铁价格同比下跌39.2%，环比价格已大幅上涨。三是增加值下降，上半年全省有色金属采选业增加值下降19.8%，有色冶炼及压延加工业增加值下降16.5%，黑色金属采选业增加值下降7.8%，黑色金属冶炼及压延加工业增加值下降11.2%，化工行业增加值下降14%。

增收较大的是电力、煤炭、建材和零售业。能源是经济状况的先行指标，电力和煤炭的增长是国家宏观调控政策显效的体现，一定程度上预示了未来的经济走向。1至6月全省发电量增长16.9%，送广东电增长1.05倍，省局对电网公司上门辅导增加税款4559万元，1至7月电力增值税增收2.22亿元，增长9.04%。今年起煤矿的税率由13%调高至17%，煤炭开采和洗选业一般纳税人1至7月增值税税负（剔除即征即退）达到9.50%，较去年同期提高1.16个百分点，带动1至7月煤炭增值税增收1.83亿元，增长16.47%。此外，1至7月建材、零售业增值税分别增收1.25亿元、7229万元，分别增长15.10%、5.84%。

6.2009年增值税转型改革，1至7月一般纳税人申报抵扣固定资产进项税8.54亿元，占增值税减收额29.40亿元的29.05%。小规模纳税人征收率下调至3%减收1.58亿元。

7.1.6升及以下排量乘用车减征2.76亿元，车购税减收。

1至7月征收车辆数虽增长25.41%，但减征1.6升及以下排量乘用车9.87万辆，占征收汽车总数的48.28%。

8.出口下降，出口退（免）税减少。

1至7月，我省审核审批办理出口退（免）税9.28亿元，比去年同期减少1.86亿元，下降16.7%。其中：退税办理8.45亿元，略减0.53亿元，而免抵税仅办理0.83亿元，比去年同期的2.16亿元减少1.33亿元，下降61.57%。截至目前完成总局今年下达我省出口退（免）税计划指标17.09亿元的54.3%。我省1至6月审核审批出口货物的平均退税率为13%，较2008年同期提高了近1个百分点。从目前情况看，退税额基本保持稳定，但免抵税额大幅下降，这与我省上半年出口仅16.9亿美元，同比下降34.4%有必然联系。

同志们，从上述情况看，我们面临的国税收入形势十分严峻。各级国税机关必须抓住下半年经济回暖的机遇，抓紧剩余四个月的有效工作时间，掀起组织收入攻坚战，追赶1至7月“三税”所塌进度36.30亿元。

三、统一思想、共同行动，切实加强货物和劳务税管理

目前，各级国税机关要努力把税收收入的压力转变为提高征管水平的动力，全省货物和劳务税部门和干部统一思想，齐心协力，找准工作突破点狠抓落实执行，在今年剩余四个月有效工作时间里抓征管促收入。

一是全省要统一思想、坚定信心，共同努力完成国税部门组织收入的根本任务。税收工作的核心是组织收入，这在任何时候都不能动摇。货物劳务税“三税”收入占全省国税收入的近85%，“三税”管理水平和收入完成情况，对能否实现全年组织收入目标至关重要。在当前形势下，省局、州市局、区县局都要把组织收入作为第一中心工作。各级领导、税政部门要敢于带头，鼓舞广大税务干部的工作士气，积极乐观地看待工作中暂时的困难，满怀信心、充满热情地投入工作。

二是全面、正确地看待抓管理促收入的各项工作。不能把抓管理促收入片面地看作税收任务加码，被动地完成任务。组织收入是中心，抓管理是手段，提高征管质效是长期的过程。抓管理促收入就是通过进一步落实税收政策和管理措施，提升纳税遵从度，向依法征税、应收尽收、提高征收率的目标再靠近一步。

三是要有的放矢，找准工作着力点，向更高的标准迈进。目前税收管理中还存在一些问题，抓管理促收入就是要找准这些问题并认真解决，堵漏增收。上半年省局货物和劳务税处精心选户，直接深入17户企业进行上门评估，17户企业均有补税，共补缴7133万元，占全省纳税评估税款2.19亿元的三分之一。省局对有的企业评估前，有的州市局曾提出对该企业已进行过稽查、评估，省局是否要再进行的疑问。但从省局评估结果来看，税收管理还有漏洞死角，加强政策落实仍有余地，工作中政策和管理落实不到位的地方，正是下步抓管理促收入的着力点。

四是要突出重点，提高效率，以收入大的

纳税人为征管和服务重点对象。全省3.1万余户一般纳税人占27.8万户有税纳税户税款的近95%；省局筛选的1108户重点一般纳税人，增值税和消费税“两税”占全省“两税”的近90%。可见，1108户重点一般纳税人是我们管理的重点，工作的主要精力要投入到对1108户重点一般纳税人的政策执行和落实、税收辅导和评估、日常管理和服务中。

五是要提高落实力和执行力，省局和州市局相互协同作战，把各项工作落实到位。任何政策和管理措施，都需要税务干部具体落实到每户纳税人，才能发挥效果。省局带头狠抓落实，各州市局抓本地重点工作的执行，省局将注意加强州市间的协调统一和协作，最终实现税源大的州市和税源小的州市经验互补、各州市齐头并肩工作、成效各有特色的结果。前几天，省局组织部分州市局交叉评估，版纳州局主动到景洪水电厂总部——昆明征管的华能澜沧江水电有限公司，发现总部存在延迟取得固定资产抵扣凭证的问题，2008年11月已投产发电的机组，今年才开具发票并抵扣税额1600多万元。这个例子生动地说明，州市间税源大小的差别不等于管理水平的差距。税源大的州市基础好，管理落实仍不能放松，税源小的州市管理更要精细化，出特色。只要各地认真落实，就一定会出实效。

下面，安排抓管理促收入的重点工作，请各地认真落实。

四、齐心协力落实抓管理促收入的重点工作

时间已到8月，我们只有四个月有效时间组织今年税收收入。为实现全年900亿元的收入确保目标，省局针对今年政策落实、纳税评估和日常管理中暴露的问题，进一步明确任务，请各地严格执行、抓好落实。省局对政策管理执行不到位，组织收入不力的单位将进行考核评价。

（一）加强对1108户重点纳税人固定资产抵扣的管理，严格控制固定资产抵扣的完整性和真实性

1. 各基层主管税务机关必须督促1108户重点纳税人准确申报《固定资产抵扣清单》。目前，不少纳税人虽发生固定资产进项抵扣，但在纳税申报时没有报送《固定资产进项税额抵扣情况表》及《固定资产进项税额抵扣清单》。这样使得税务机关不能及时掌握抵扣状况，进一步管理无从下手。主管税务机关要加强对纳税申报表的规范，特别是对本地的主要纳税人和固定资产抵扣多的工业纳税人做好辅导。

2. 省局、州市局和主管税务机关使用监控系统对抵扣信息逐条筛查，对不属于抵扣范围的及时发现并处理。省局已对1至7月的3.6万条抵扣信息逐条清理，有疑点的下发主管税务机关核实，涉及税额2400多万元。此项工作自8月起，每月征期结束后省局将分州市下发《固定资产抵扣清单》，由各地逐条核实清理后把结果上报省局，省局跟踪问效。

3. 各基层主管税务机关应对2007年度、2008年度1108户重点纳税人购进的低值易耗品、备品备件进行全面核查，防止企业化整为零，分解购进的固定资产，骗抵增值税。

4. 主管税务机关对本地2008年末、2009年初在建和建成投产的大工程、大项目，逐一核实固定资产抵扣是否符合抵扣条件、是否在2009年1月1日后实际发生并开具抵扣凭证。州市局进行督办检查，不满足条件的一律不予抵扣。

5. 各州市局应每月对各区县固定资产抵扣情况进行监控和通报，督促和帮助基层税务机关做好固定资产抵扣的管理。

（二）加强对重点税源企业的管理，组织州市间交叉评估，对重点税源企业的评估情况进行适时跟踪，对评估中发现的问题逐户落实

1. 确保评估进度。截至6月底，全省1108户重点税源企业完成评估315户，仅完成28.44%（部分州市重点税源评估还不到1%），评估补缴增值税2.19亿元。后四个月，各地对重点税源企业的评估户每月要达到17%以上，确保对重点税源企业的增值税专项评估在年内完成。对重点税源企业的评估情况由原每季报改为按月上报省局货物劳务税处。

2. 采取柔性化评估方式，送政策上门和辅导企业。先组织重点税源自查评估和税务机关辅导，再根据实际情况进行州市间交叉评估。在全省重点税源1108户企业中，省局将确定一定户数作为督办户，9月中旬前主管税务机关辅导企业自查，9月下旬至10月31日期间进行州市间交叉评估，省局巡查落实。

3. 全省1108户重点税源企业全部纳入账表票比对和重点监控管理。各地要提高账表票比对和重点监控管理情况的重视程度，尽量将小问题解决在日常税收管理工作中，避免问题日积月累后增加处理难度和压力。

4. 对大型零售超市、加油站开具的增值税专用发票进行评估检查。要求开票方提供开具增值税专用发票凭据及明细，如加油站加油登记簿应包括油品种类、加油数量、金额、提油人员姓名、车牌号等要素。严格控制大型零售超市、加油站协助虚开增值税专用发票的行为。

5. 严格执行增值税纳税义务发生时间与专用发票开具时限的规定，防止企业延迟缴税占压税款。

（三）加强货物和劳务税难点、弱点管理，强化各项政策的贯彻力度

1. 严格执行财政部、国家税务总局关于购进或销售货物取得运费结算单据抵扣增值税的相关政策规定。严禁放松政策执行尺度，开政策口子。

2. 追踪落实再生资源相关政策，加强废旧物资收购发票的管理。一是再生资源经营单位收购的城乡居民个人（不包括个体经营者）的再生资源，可自行开具收购发票，除此外都必须由销售方开具发票。否则，主管税务机关不得在下一年度再生资源经营单位享受优惠政策认定签字时确认其税收缴纳的真实、准确性。二是对再生资源经营单位发出货物的纳税义务发生时间进行严格监控，对已发生纳税义务但未缴纳税款的进行追缴。

3. 加强资源综合利用政策的落实。主管税务机关对享受优惠政策的资源综合利用产品要严格审核把关，严禁扩大资源综合利用产品增值税优惠范围，混淆资源综合利用产品名称，为不符合享受优惠政策的企业打政策“擦边球”。

4. 加强消费税调整及白酒消费税管理。认真贯彻《国家税务总局关于加强白酒消费税征收管理的通知》（国税函〔2009〕380号），对白酒生产企业上报的白酒计税价定期进行采集，凡消费税计税价格低于销售单位对外销售价格70%的，由税务机关按规定核定消费税最低计税价格。

5. 对2009年以前边境小额贸易进口农产品的企业，进口环节享受减半征收增值税政策，进口后又自行开具农产品收购发票抵扣13%税款的要严加审核和评估，严格处理。

（四）以信息化为支撑，利用各个信息系统，分析近年来增值税管理漏洞，直接筛选疑点数据全省统一进行核实

以下工作由省局进行数据抽取和分析筛选，名单和数据由省局下发，各地逐户落实并上报结果。

1. 省局利用防伪税控系统数据对大型百货公司、超市开具的增值税专用发票进行筛查，下发购买方主管税务机关对是否符合抵扣条件进行核实。如用于个人消费和集体福利的不予抵扣，如用于无偿赠送他人的货物和礼品卡等应视同销售。

2. 省局通过监控系统筛选运费进项税抵扣占比较大的企业，下发州市局或主管税务机关评估，凡不符合抵扣条件的一律作进项税转出。

3. 省局筛选税负较低、长亏不倒的企业进行分析，疑点企业移交各州市主管税务机关评估。

4. 省局筛选享受增值税免税政策的典型企业，主管税务机关对其进项税额、销项税额、应税收入和免税收入划分等情况进行检查。

5. 省局认真研究纳税评估软件的运用后，根据实际情况适时在全省推广。省局将抽取不少于5户企业的财务数据，对照增值税政策并结合财务制度、会计准则要求，对该软件各项指标的设置、使用方法、常见的企业疑点问题进行剖析。

（五）加强出口退（免）税管理

一是继续及时落实各项出口货物退（免）税政策，为符合条件的及时、准确办理。各地要切实改变工作作风，变被动等人上门申报为主动督促出口企业及时申报，缓解出口企业资金压力，支持企业摆脱金融危机影响。二是加强退（免）税审批、审核，防范和打击骗税。

1. 对出口应征税货物计提销项税额进行监控，加强对代理出口业务的管理。

今年1至6月我省共核查视同内销计提销项税报关单2726项次，涉及FOB价（离岸价）2.22亿美元，计提销项税额2.07亿元。清理违规代理证明131条次，涉及FOB价2721.8万美元，计提销项税额（或补税）2604.5万元。各地应进一步加强对出口应征税货物计提销项税额的监控，加强对代理出口业务的管理。近期

昆明市局对2009年以来没有申报的生产企业进行了清理，并督促其及时申报，清理结果显示，大部分企业今年已无出口业务，但仍有部分出口企业存在超期没有申报、基层审核不及时等情况。省局清理了全省2009年以来没有再申报、审核，以及没有登记的出口企业两份名单，近日将下发通知，请涉及州市国家税务局及时调查列明出口企业没有申报原因，没有登记的出口企业请及时与海关联系查明企业名称，对超期未申报的严格按照有关规定处理，对申报期内未申报的及时提供服务。

2. 督促检查企业对出口货物征退税率差作进项转出。

省局7月下发了《云南省国家税务局出口货物退（免）税分类管理办法（试行）》（云国税发〔2009〕169号），文件对全省所有出口企业视同内销出口货物计提销项税额以及出口货物征退税率差作进项转出进行了明确要求，请各地按时反馈落实情况。

同志们，组织收入攻坚战已经拉开序幕。一方面，我们强化征管的效果已经开始显现，全省1至7月一般纳税人增值税税负达到4.16%，较去年同期上升0.16个百分点，增值税纳税评估查补税款2.19亿元。另一方面，国家宏观经济已经逐步向好。因此，我们坚信，在省局党组的正确领导下，全省国税系统上下齐心、依法治税、强化管理、攻坚克难，通过后几个月的组织收入攻坚战，必将提高货物和劳务税政策执行质量和征管效率，确保实现全年900亿元的税收收入目标，为我省保增长、保民生、保稳定作出应有的贡献！

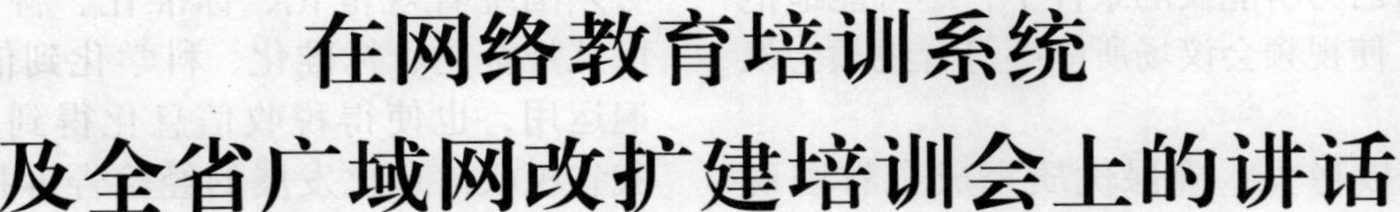

在网络教育培训系统及全省广域网改扩建培训会上的讲话

于智广

（2009 年 10 月 14 日　根据录音整理）

同志们：

下午好。这次会议是综合征管软件上线以来，第一次由各州、市、县、区参加的信息化工作会议。它不仅是广域网改造和网络视频会议系统的动员会，也是今年机构改革之后，我们进一步统一认识，转变思想，在贯彻总局“信息管税”这个基本的指导思想的基础上，谋划当前和今后一个时期全省税收信息化建设工作，制定信息化发展框架的工作部署会。会议期间大家围绕税收信息化建设工作展开了交流和讨论，参会人员就加强以“信息化管税”为指导的新时期税收管理，进一步加强信息化人才队伍建设，以及提高技术与业务合作的能力，加强信息化建设的步伐等重大问题达成了广泛的共识，会议开得很好，很有成效。受省局李鸿文局长的委托，下面我就当前的税收信息化工作提四方面的要求：

一、统一思想，提高认识，深刻把握这两个项目在税收信息化建设中的重要作用和深远意义

（一）保质保量，确保网络教育培训系统按时上线

网络教育培训系统，从 2007 年省局项目确定以后，我们用了近两年半的时间进行精心的前期准备，现在即将在全省实施建设。由于云南地处边疆，面积将近 40 万平方公里，93% 是山区，有 16 个州、市，137 个县、区（市）局，5 个直属单位，点多、面广、战线长，特别是在信息化建设步伐加快的现在，每年各种的培训、会议较多，如果没有一个快速、便捷和高效的培训网络，不仅培训成本提高，还将影响整个系统干部的培训、教育的质量和效率。针对这种情况，省局党组积极地向省委、省政府反映，争取地方党委、政府的支持，把这个项目列到了云南省 2007 年信息化建设的重要项目。但是我们在这个项目的推进过程中，遇到了思想、硬件以及技术条件等方面的难题，省局信息中心在有关部门的配合下，做了大量的准备工作和调研工作，开展了专家咨询论证，最终确定了高清“网络教育培训系统”的方案。该系统要求具备多维性、快捷性、平等性、互动性的特点。培训系统建成后，将有可能成为目前省内行政部门最好的网络教育培训系统，它将会为云南国税系统今后的教育培训发挥很大的作用。因为这个系统不仅仅是一个简单的教育和会议系统，该系统多点互动的特点，还将成为今后工作中上下交流、沟通、互动的纽带。多点的互动在维护上技术要求很高，所以要运用好这个系统，要充分发挥它的作用，关键在于在座的同志们必须要学会操作、学会应用、学会维护，这样才能达到我们开发应用这个项目的真正的目的。希望这次会议以后，各单位要成立相应的“项目建设办公室”，要有组织机构、领导分工和明确的工作责任，参训人员要尽快向各级党组汇报，认真抓好这个项目的实施，只有把这个项目具体实施好，把这个系统充分运用好，才能使这个系统的会议、培训、视频三大功能得到真正的实现，才能使全省国税系统的会议、培训质量得到提高，也才能使大家能够上下联动、左右互动、相互交流、共同提高的互动交流平台

得以形成。在这个项目的建设实施过程中，最基础性的工作是视频系统场所的建立，因为各地的基础设施情况不同，因而在全省建立一个统一的标准很难，所以希望各州、市、县、区能结合自身实际，在自己力所能及的条件下，尽可能地把环境建设好，使视频会议场所能够符合视频会议的要求。

（二）积极稳妥，确保优质完成全省国税系统广域网的扩容改建

从 2005 年以来，全省建立了向上连接总局，向下覆盖州、市、县、区、分局的五级广域网络，各应用软件如综合征管软件、防伪税控、出口退税等系统均利用该广域网络实现应用，原广域网络得到了中国电信昆明分公司的大力支持和优质服务。由于市场和现代管理的发展，这次全省国税系统广域网的扩容改建通过竞争性的谈判，选择了新的公司和新的运营商，我希望新的公司，新的运营商能够为我们整个税收信息化提供更好、更优质的服务。各级国税部门在广域网络改造工作中，一定要加强与运营商的合作，加强沟通，强化配合，确保高效优质地完成广域网的扩容改建工作，建好这两条网，给税收管理工作搭建一条畅通的高速公路。

这两个项目的建设工作，是我省国税系统继综合征管软件上线以后，一次较大的信息化建设工程，各地要按照这次会议的主题，统一思想、统一步调，严格按照省局的统一部署，争取党组、领导班子和各个部门的支持，配合好运营商和供应商，确保按时按质按量完成好两个项目的建设工作。首先，各地必须通盘考虑，主动积极地协调各有关部门，充分做好前期的准备工作。其次，在这两个项目的实施过程中，必须要加强配合、部门联动，技术部门、财务管理部门一定要做好产品设备的验收工作，严格按照合同、技术标准进行验收安装，要结合这次培训的内容，尽快熟悉设备的性能和操作，扎实认真地开展好演练，为下一步的使用打好重要的基础。各地在应用过程中，遇到什么困难和问题要及时与省局进行交流，省局信息中心，包括运营商、供应商将会通过各种渠道给予解决。

二、明确目标、转变观念，抓住机遇、树立信心，加快云南国税信息化建设

从税收信息化发展的演进过程我们可以看到，在手工操作阶段的税收征管是不考虑标准化和规范化的，而更多的是考虑如何减少手工劳动、减轻工作量。到税收工作开始以信息化来支撑以后，我们全部的税收执法和管理，都必须围绕着规范化、标准化、科学化来进行，而从规范化、标准化、科学化到信息技术的普遍运用，也使得税收信息化得到不断地发展。我省税收信息化发展的经验告诉我们，信息化建设不可能单靠信息中心一个部门来完成，而必须要攥成拳头、形成合力，纵向联动、横向配合、齐心协力，各部门、全系统紧密配合才能共同完成。税收信息化建设是一个长期的、复杂的系统工程，不可能一蹴而就，因此，我们特别是信息技术部门必须摆正位置，认真思考，转变观念，抓住机遇，树立信心，真抓实干，迎接挑战，进一步加快云南国税系统信息化建设步伐。

（一）抓住重点，以信息化管税为目标

税收管理是税收信息化建设服务对象，而在当今信息时代税收管理体制机制的健全和完善离不开信息化的支撑，税收信息化的发展和提高、技术的培训、人才的培养和装备等，这些都与税收紧密相连，无法分割，没有信息化那是简单、粗放的税收管理，离开税收管理需求本身的信息化是无本之木、无水之源。在税收信息化发展中，当信息技术与税收管理需求真正做到推广、运用、支持和服务，彼此互为需要的时候，这才叫发展的推进。税收信息化是税收事业发展的助推器，信息中心作为税收信息化建设的主要力量之一，必须摆正自己的位置，正确认识当前面对的机遇和挑战，把握税收信息化建设发展的脉络，为云南国税的税收信息化建设贡献力量。

这次机构改革，国家税务总局明确了总局和省局信息中心的职责，机构职能也发生了一些变化，但州、市及县、区的机构没变，只在职能上发生了一些变化，总的来说是“两个组织，两个承担、两个参与”，简单地来说，信息中心的主要职责就是组织、承担、参与等具体性的工作。结合当前信息中心工作的主要目标和任务，我们必须要立足于国家税务总局确定的信息化发展的主要目标上来找出路。总局目前已经确定了今后的税收管理是以信息化管税为主，那信息化的建设肯定将成为主导，今后包括政策的制定、税制的调整和税收的管理、

执法都要以信息化管税为主，信息化建设在今后的推进、管理过程当中主要作用应在四个层面上体现。第一，国家级从宏观的税制管理到信息系统的统一开发，系统的统一部署，进行长远的建设和规划；第二，省级由于各地区的经济结构不一致，全国31个省市，各地的税源结构都不一样，税源结构的差别带来管理手段的多元性，需要细分国家税务总局的规划项目来实施，在某一区域进行特定的信息化管理；第三，州、市级，就是一个局部区域数据运用维护的重点，而这个重点就在于把税收执法和行政管理相结合，在运维上下工夫，这不是简单地保管设备、维修设备、保证网络畅通，而是要把总局和省局传下来的各种数据，在税源管理、税收执法、组织收入、纳税服务，以及征收和管理中，及时地提供给政策部门和管理部门有效的税收风险管理程序；第四，县、区级信息化主要的任务就是在数据的运用，延伸到企业的综合数据运用。信息化建设在当前这样的条件下，谈目标、谈任务，一定要把思想认识进行统一，要统一到信息化管税这个层面上来，坚定以信息化管税为目标，树立全局和大局意识，加快推进税收信息化建设。

（二）转变观念，树立技术与业务相结合的观念

从金税一期、二期的推广，到税制不断的完善，我们总结了成功的经验和存在的问题，使得税收信息化的发展有了比较明显的分级管理的特征。金税三期提出来的整合平台，建立统一的系统，实施数据更大范围的集中，就是为广大的基层管理税务机关提供更加快捷、综合和系统的数据。但如何把这些数据结合到我们各局的实际情况来更好地运用，这就需要在税务机关从事信息化的同志们，利用自己的专业技术和相关部门的业务知识相结合，综合地发挥数据的效用，这就要求我们必须懂税收、懂政策、懂税制以及懂得税收管理。因此，从事税收信息化工作的同志一定要牢固树立自己是税收人这个理念，要想当好税收信息化的工程师，就必须要懂税收，因为技术里面的文化思想、科学思想和管理思想，最后是通过税收业务的发展来体现，通过税收信息化的发展来升华。我跑过几个县，对我省税收信息化发展感到欣慰，尤其是我们县一级的信息中心的同志，成为了数据监控的解说员、操作员、技术的辅导员，帮助各个部门充分运用好数据，有的还开发了一些小的系统、小的软件，帮助税收部门、征管部门进行风险预警。还有的县还开发了政策咨询系统，这些都是技术与业务紧密结合的产物。在这个结合中，信息中心不仅很好地发挥了自己的主观能动性，同时也得到了政策部门和管理部门的认可和接受。也有很多信息中心从事技术方面的同志通过参加省局的项目，在开发、测试、推广过程当中，加强了业务的学习，变成了复合型人才，变成了政策和管理部门的朋友，在这些部门进行工作部署，研究政策问题，解决征收环节等各方面工作时，提供了有益建议和有效协助。因此，同志们，时不我待！在现在非常好的信息化条件下，我们的信息技术至少比搞其他业务的同志要领先，在今后的日常工作当中，除了巩固自己的专业技术之外，一定要加强税收业务的学习，一定要把专业技术与税收业务相结合，使得技术和业务能在一个互相配合、互相支持、互相协作的和谐氛围中，来共同推进税收事业的发展。

（三）抓住机遇，加快信息化建设步伐

自1994年机构分设以来，云南国税立足实际，放眼未来，紧紧把握信息技术对推进税收征管的重要作用。在保证金税工程一期、二期各个系统平稳、顺畅运行的同时，确立了“自力更生，自主开发，自我维护，统筹协调，上下联动，部门配合”的发展模式，大大地加快了云南国税信息化的建设。特别是2005年综合征管软件上线以后，全省信息化的水平有了一次大的飞跃。随着2006年、2007年到2008年和2009年这四年的时间，我们又在数据的运用、维护和数据使用等方面形成了云南国税独有的数据监控、分析、运用管理。像我们这样能够比较完整、系统、全面反映税收执法和管理的综合决策系统，在全国也属领先，仅从这一点来讲，它充分展示了云南国税信息化建设的成果。还有网络申报，在全国增值税调整政策出台不到两个月的时间，我们就完成了增值税小规模纳税人、消费税网络申报的开发，到今年6月，我们又完成了增值税一般纳税人的清零解锁、远程抄报税开发，实现了跨区分配的网上申报，同时，所得税的介质申报、网络申报、大厅的自主申报，再到管理员平台的试点推进等等，应该说云南国税系统的信息化建

设水平在全国来说不是低的，有的甚至已经走在了全国的前列。我只说两个数字，一是全国网络申报解决了清零解锁的只有四个省，二是在网络申报中实现跨区分配的，全国只有云南国税一家。这些都是我省国税系统多年来信息化建设打下来的基础，这个基础为我们培养了人才，锻炼了队伍。通过这些年各个系统的开发，包括各个专业部门的支持，税收管理信息化系统已经覆盖了税政、稽查、财务、办公、人事、监察到执法监督等等，为我们完善税收执法和税收行政管理，建起了一个全方位的税收管理系统。这些成果的取得是应该为之振奋的，是应该为之自豪的，这些系统在我们工作当中的运用，为执法、管理和服务提供了强有力的信息化支撑，这些都是所有在座税收信息化建设者们倍感荣耀的事情。我们已经走过金税一期、二期，形成了现在云南税收信息化建设的基本思想、系统和基础，为今后金税三期打下了硬件和软件的坚实基础，我相信，只要我们有信心，加倍努力，云南国税的信息化建设将努力走进全国的前列。

机构改革以后，我们到基层调研，也听到一些意见，有的同志甚至怀疑这一次机构改革弱化了我们的信息化建设力量。有一些过去从事信息中心工作的同志到了新的岗位，有一些走上了其他的领导岗位，也有些是不愿意在信息中心干下去了，这都可以理解。铁打的营盘，流水的兵，信息化建设是铁打的营盘，而要信息化发展需要人，我们要动起来，才会有发展。从2006年数据集中到现在，有的县区通过信息中心和业务部门配合，开发了一些很好的小的系统，发挥了作用以后，在这次机构改革过程当中，都没有被拆并。而信息中心的同志到其他部门担任领导，这也是好事，能够使得其他部门的领导更理解我们信息中心的工作的艰难。一定要看到总局此次的机构改革不是弱化而是强化了信息化工作，总局实施统一规划、统一开发，降低了系统开发的风险，也是国务院推行行政效能改革的必然要求。大家不能把机构的责任和事业的发展混同起来，不要把这次机构的调整和税收信息化简单、笼统地看待，这次机构调整，从总局到省局党组，都是强化信息化建设的，总的来看，我们信息化的建设与发展前景非常好，在座各位一定要抓住机遇，树立信心，积极投身到税收信息化的建设当中来。

在机构改革过程当中，省局党组决定，信息中心和征管科技处两个处的干部相互兼任，就是发挥部门合作，把管理和信息化的开发、维护紧密地结合起来。实践证明，征管科技和信息中心两个部门从设备的采购，系统的管理，到新的项目开发，配合默契，成效明显。这些年来，省局党组把有限的资金大量地用到信息化建设上，软硬件速度和质量各个方面都比以前大幅提升，为从事信息化建设提供了良好的工作环境。这一点希望省局以及各州、市、县、区的信息中心主任们思考，怎么为全省从事信息化工作的同志们引一条大家愿意干、喜欢干，干得又出色的路，这个问题关键就在于我们必须要提高思想认识水平、转变观念。过去一谈到信息化，就是装备问题，就是人的问题，要不就是和其他业务部门进行比较，但是打铁还需自身硬，只有自己干出成绩、干出名堂来，你才有地位，才有位置，所谓的“有为才有位”，就是这个道理。信息中心没有具体的行政权力这是信息中心的一个特点，如果不及时地转变观念，不和税收业务相结合，信息中心就是一个无本之木，只有走和业务相结合的路，使得政策、管理、业务等部门需要并且离不开信息中心的时候，信息中心的地位和作用才能体现出来。现在的计算机技术和汽车的普及一样，已经不再神秘，因为它越来越普及，越来越便于操作，你不做，别人可以做，自己不做，可以到外面去买，希望大家在思想上，一定要牢固树立业务与技术的结合观念，目标上一定要立足于信息化管税，方法上一定要发挥各个群体以及信息工作者在推进税收信息化建设当中起的作用。

加快和推进云南国税税收信息化建设，需要从事信息化工作的同志把它当成一种使命，要具备充分的责任感和使命感，在工作中，去享受学习税收业务的过程，去感受税收业务的提高，同时用自身的技术把运用和维护做得更好，成果被政策部门、管理部门、执法部门和服务部门广泛运用的时候，我相信，信息中心的地位是会大幅提升的，而作为信息中心的一员，也会是充满成就感的，只有这样，大家才能有一颗平常心，才能充满信心地去面对各种变化，我相信通过这些工作，我们能走出一条路来，更好地为税收信息化的建设服务。

我们在今后的工作当中，要在运行和维护这两个方面下工夫。去年在曲靖搞发票调查，信息中心的同志搞了一个很简单的发票比对软件，最近有很多地区都在用，效果非常好，这就发挥了信息化的作用。玉溪市局开发了一百多个风险预警管理指标，效果非常好，对我们管理员管好税、控制税收风险，提供了很多很好的模块。昆明市局最近正在开发网上发票的认证，网上发票的预售。昭通市局开发的政策咨询查询软件，就被法规处采用了。还有临沧、文山等州市，不管州市的收入结构大小不同，大家都能结合自己的实际，开发一些小的系统，小的工具软件，小的辅助软件等，非常有效地解决了业务部门和管理部门的一些实际问题。开发说白了就是个运用问题，我们叫开发项目实际上就是把各个数据拿出来，通过运算提供给有关的部门。包括我们现在搞的数据监控、管理员管理平台，都是我们系统里的数据通过加减乘除的四则运算处理后，提供给我们有关部门，实际就是个运用和维护的问题。因此我们的信息化建设的主要精力一定要放在运用维护上，要从过去简单的运维转变到综合的运用与维护上来，不仅仅要保证系统运行的畅通，保障设备的完好，提高设备的使用寿命，更重要的是把信息化的各方面的数据灵活、适时、及时地运用，只有这样才能真正为税收信息化建设发挥效用。

因此，希望同志们要抓住当前总局确定的信息化管税这个有利时机，牢固树立信息化服务于税收管理和税收工作理念，在具体的实践工作当中，要把思想转变到业务和技术相结合的道路上，不断地学习业务，巩固技术，加强和各个部门的配合，努力提高运用和维护的水平。要把管理部门和服务部门的工作经验，通过技术手段和运维手段，运用到我们固定的、标准的管理系统和运用系统中，同时，为管理和服务提供高质量的技术保障。那么我相信在推进税收信息化的过程中，只要我们大家心往一处想，劲往一处使，在省局党组、州市党组和县局党组的领导下，在上级专业部门的指导下，大家共同努力，云南国税信息化的工作就一定能搞好。

（四）物尽其用，切实提高计算机设备的管理和利用效能

2006 年的时候我就曾提出来，能不能省州县三级联动，把我们的计算机设备情况调查清楚，把家底搞清楚。特别是今年机构改革以后，希望各地要进一步加强对计算机设备的管理，当前每年采购设备时，对于该配什么设备，该调换哪些设备以及现在这些设备在哪些岗位，都没有一个清晰、完整的统计和管理。尽管大家提意见说，现在设备的多头配不好管理，对此，我不这样认为，多头配备，配的是各部门所需要的计算机设备，是能够解决大家实际需要的，只要把所配备计算机的型号、标准等参数统计好、管理好，做到每一个设备在某一个岗位上，日常运行情况、是否需要调整、怎么调整、是否有故障、是否排除等等都一清二楚，否则就会出现设备的管理混乱，设备配备不平衡，设备的利用效能低下以及设备的浪费等问题。在基层调研的时候发现，很多设备还具备可持续使用的能力，却没有得到恰当的使用，很多设备还可以根据不同业务对计算机要求的不同，来进行适当的调配，还有的甚至被闲置了下来。我作为省局党组成员，分管信息化工作，每年省局都将大量的经费用来购置、更新信息化设备，搞项目开发，但是如果大家对计算机设备不加强管理，只是一味伸手向上要，那不仅严重地造成了设备资源和资金的浪费，更重要的是间接造成了培训干部经费的紧张、时间精力的浪费以及技术知识得不到及时的更新等问题。省局机构改革以后，信息中心的副主任同时也是征管科技发展处的副处长，目的就是充分地重视计算机设备管理的重要性。两个部门积极配合行动起来，从 2010 年开始做一次全省计算机设备的清理、登记、检查，在此基础上，认真研究后制定出一套系统、规范的设备管理实施办法，对所配备的计算机设备的出处、去处、运行情况和故障问题等细节，真正要做到心中有数，家底清楚。这样就能把时间、精力、经费节约出来，投入到干部培训、运维技术的提高和知识的更新等更需要的地方。一定要从简单的采购或是只注重采购，转移到设备的管理上来，要把设备使用的效能发挥到最大，尽可能地延长设备的使用寿命，对于个别地区的特殊问题以及部分已经拆并信息中心的地区，希望大家要尽快想办法，和有关单位加强协调，把问题解决好。

同志们，我们通过综合征管软件上线，使得云南国税的信息化，树立了一个标牌。今年

是2009年，又是我们机构改革的一年，当前对信息化的工作来讲是个大好的时机。我再强调一个问题，省局已经成立了信息化工作领导小组，而且信息化领导小组的工作已经在正常的运转。这个信息化领导小组它更注重于信息化管理的一些具体的问题，希望我们各个州、市、县、区，按照机构改革以后信息化管理的新形势、新任务，认真落实信息化管税的要求，建立相应的组织机构。信息化工作领导小组就是各级国税机关贯彻总局信息化管税基本的一个架构，希望同志们回去后，能够尽快和各级领导班子汇报，加快建设。当前，抓好信息化这个工作的时机和条件越来越成熟，网络教育培训系统和广域网扩容改造，为整个全省干部的培训，创造一个非常好的学习、交流和互动平台，这两个项目的落实，将会全面提升云南国税信息化建设的基础条件，这个条件涵盖税收管理、教育、培训一系列信息化基础性的元素。

同志们，信息化建设快速发展的时机已经到来，各地一定要围绕信息化管税这个目标，走业务与技术相结合的道路，抓住机遇，在机构改革之后，坚定信心、步调一致、恪尽职守、努力工作，为云南国税信息化的建设，做出专业技术部门和专业技术人员应有的贡献，取得更好更大的成绩。我们要通过这次会议，把精神鼓起来，树立信心，通过我们自己的努力，在思想、作风、耐力和科学精神等方面的共同提高下，成为全省加快税收信息化建设的生力军，成为运用数据、提高税源管理，提高税收执法水平的数据支持和维护的主导。最后我希望通过这次会议，信息中心一方面一定要把这两个项目建设好，另一方面，一定要尽快地完善机构改革之后从省到州、市到县、区各项内部工作制度的建设。我相信，通过大家的共同努力，信息化工作一定能有一个崭新的理念、思路和工作方法，来树立新的工作面貌，使得云南国税信息化的发展更快，拜托大家了，谢谢同志们！

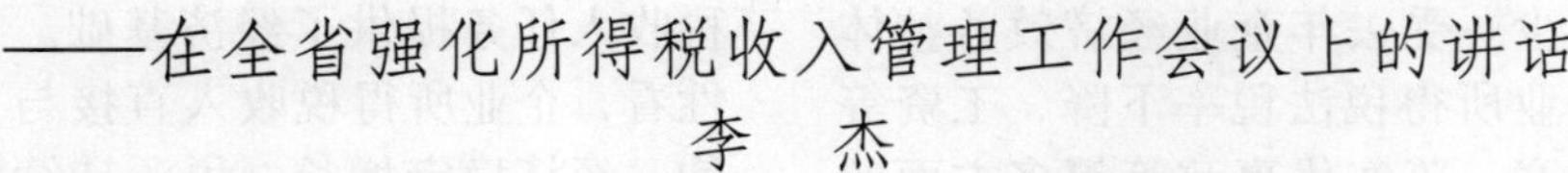

坚定信心　明确任务 确保所得税收入目标实现

——在全省强化所得税收入管理工作会议上的讲话

李　杰

（2009 年 8 月 27 日）

同志们：

在当前我省国税系统收入任务形势空前严峻的情况下，为确保 2009 年全省组织国税收入 900 亿元的目标，省局党组近期向全省国税系统发出了："依法征税，强化征管，加强稽查，攻坚克难，应收尽收，奋战五个月，确保九百亿，打响组织收入攻坚战"的动员令，号召全省国税系统各级、各部门积极行动起来，把组织税收收入作为当前国税工作的重中之重，全力以赴，确保组织收入攻坚战取得最后的胜利。今天召开这次会议的主要任务是，积极响应省局党组和李鸿文局长发出的组织收入动员令号召，研究部署后四个月企业所得税组织收入工作，全力以赴，确保完成企业所得税收入 100 亿元，为完成全省 900 亿元的收入目标作出企业所得税应有的贡献。下面我讲四个方面的问题。

一、1 ~ 7 月企业所得税组织收入情况

（一）完成收入情况

1 ~ 7 月，我省国税系统共计征收企业所得税 746270 万元，较上年同期的 916065 万元，减少 169795 万元，降幅 18.54%，完成省局奋斗目标的 77.74%。从各州（市）完成年度计划情况看，除保山、文山、迪庆、怒江、昭通、版纳等六个州（市）局已提前完成年度收入任务外，其余州（市）局均尚未完成，其中普洱、红河、丽江、大理、楚雄等 5 个州（市）局完成年度计划均在 70% 以下。

（二）收入的主要特点

一是企业所得税收入减收较多，单月税收收入跌幅逐渐收窄。受金融危机和实施新企业所得税法的影响，1 ~ 7 月全省企业所得税收入同比下降 18.54%，减收较多，降幅较大，与我省上半年经济减速，企业利润普遍下滑的现状相吻合。同时随着下半年以来我省经济运行的企稳回升，以及全省各级国税机关进一步加大组织收入工作力度，企业所得税收入减收势头有所缓解，今年 1 ~ 7 月，除 2 月份、6 月份由于部分重点税源企业预缴方式由季改为月，同比实现增长外，其余单月税收收入均出现不同程度下降，但降幅已经从 3 月份的 85.65% 减少为 7 月份的 14.86%，跌幅逐渐收窄。

二是除个别行业外，重点税源行业企业所得税整体减收。1 ~ 7 月，我省重点税源行业中，除电力、电信业、房地产入库企业所得税同比增长 221.45%、12.7%、27.51% 外，其他行业均出现整体下降，其中卷烟工业降幅 37.15%、商业降幅 17.69%、金融保险业降幅 23.02%。

三是地区收入增幅差距较大。1 ~ 7 月，全省 16 个州（市）所得税收入增幅差距较大，仅有两个州（市）实现正增长，其余均为负增长，收入增幅最高的版纳州为 18.04%，而收入增幅最小的临沧市为 -44.25%，收入增幅差距为 62.29%。

（三）收入减幅较大原因分析

一是经济减速，企业利润普遍下滑。当前，

我省经济运行虽出现底部企稳回升态势，但较上年相比仍大幅下滑，上半年我省GDP同比增长7.7%，与去年同期GDP增速11.1%相比，经济增长下降3.4个百分点；全省规模以上工业企业增加值增幅为2.1%，比上年同期回落11.1个百分点。由于经济增长放缓、企业经济效益下降影响，致使企业所得税预缴税款减少35439万元，下降6.37%，占总减收额169795万元的20.87%。

二是全面落实新企业所得税法，汇算清缴入库税款大幅减少。受去年企业经济效益整体下滑，实施新企业所得税法税率下降、工资等税前扣除项目放宽、落实优惠政策等多方面的影响，2008年度企业所得税汇缴入库税款同比减收88660万元，下降26.3%，占总减收额169795万元的52.22%。

三是纳税评估补缴税款大幅下降。1～7月，我省国税系统通过纳税评估共补缴税款16247万元，与去年同期的61943万元相比，减少45696万元，降幅73.77%，占总减收额169795万元的26.91%。

二、统一思想，坚定信心，打胜组织所得税收入攻坚战

通过对我省国税系统1～7月所得税收入情况分析，当前我省企业所得税组织收入工作形势十分严峻，要完成全年100亿元的所得税收入任务，在后四个月中我们必须组织完成25.4亿元的所得税收入，从目前的情况来看存在着不少困难和阻碍。一是时间紧。虽然从时间上看，我们尚有四个月的奋斗时间，但由于目前我省国税系统征管的60141户企业所得税管户中，仅有2141户实行按月预缴，且大部分属核定定额征收企业，税源规模较小，其余58000户均实行按季预缴方式，因此，实际上我们组织企业所得税收入的有效时间只剩10月份最后一个征期，时间紧迫。二是任务重。剔除2008年度汇算清缴跨期数，1～7月，我省国税系统共计征收企业所得税59.95亿元，按三个征期计算，平均每个征期入库税款19.98亿元，但实现企业所得税收入100亿元目标，我们必须在最后一个征期组织收入25.4亿元，因此我们面临的挑战很大、任务艰巨。三是优惠政策减免效应开始集中体现。今年以来，总局制定下发了一批与企业所得税法及其实施条例相配套的具体优惠政策，企业应在2008、2009年享受的优惠减免集中在今年享受，减免税甚至退税集中在今年体现，政策减收因素影响较大。

在组织企业所得税收入攻坚战中存在着一些困难和阻碍，但是我们应该清醒地意识到完成全年企业所得税收入任务也有一些有利因素，我们必须坚定信心，冷静分析，把握机遇，迎难而上，努力工作，积极将有利因素转化为税收收入。

一是我省经济企稳回升，为完成企业所得税收入任务提供了经济基础。从企业所得税特性看，企业所得税收入直接与企业经济效益挂钩，经济稳定增长、税源持续增长是企业所得税收入增长的可靠保障。从目前我省经济运行态势看，随着国家宏观经济调控和大规模基础产业投资效应逐渐显现，经济运行表现持续向好，1～6月，我省GDP增长7.7%，高出全国平均增长率（7.1%）0.6个百分点，社会消费品零售总额882.10亿元，同比增长18.80%，经济运行表现良好，企稳回升势头正不断增强，为我们完成企业所得税收入任务提供了可靠的经济基础，增加了我们为完成收入任务奋斗的信心和动力。

二是烟草行业产销持续增长、结构优化，为完成企业所得税收入任务提供了可靠的税源保障。烟草行业作为我省企业所得税的主体税源，直接影响我省企业所得税收入规模。2009年，我省烟草行业顺应消费需求，通过加强管理、优化结构、开拓市场等有效手段，实现了产销持续增长。1～7月，我省卷烟工业企业共计生产卷烟415万箱，同比增加4万箱，增长0.97%，实现销售422万箱，同比增加6万箱，增幅1.44%，实现利润79亿元，同比减少7亿元，降幅8.14%；烟草商业企业共计销售卷烟98.23万箱，同比增加6.3万箱，增长6.85%，实现利润98亿元，同比增加32.77亿元，增幅50.20%。同时我省卷烟产品结构不断提升，带来了卷烟单箱税利上升，1～7月我省卷烟工业实现单箱税利9903元，同比增加439元，增幅4.69%。烟草行业的稳定发展为我省完成企业所得税收入任务奠定了坚实基础。

三是烟草外行业实现税款有增有减，在一定程度上弥补了减收因素影响。1～7月，我省烟草外27行业实现税款在总体形势减收情况下，酒、电力、煤炭、房地产、交通运输等10

个行业出现了一定程度增长，其中，电力、煤炭行业、房地产行业入库税款增加额及增幅均较大，电力行业累计入库企业所得税 3.1 亿元，同比增加 2.14 亿元，增幅达 221.45%，房地产入库税款 3.38 亿元，同比增加 7290 万元，增幅 27.51%。以上行业的复苏和增长，在一定程度上抵消了减收因素影响，为我省完成企业所得税收入任务提供了保障和信心。

四是总局出台的一系列强化征管、堵塞漏洞的措施和政策，为完成企业所得税收入任务提供了有力支持。今年 2 月份以来，总局连续下发了《国家税务总局关于进一步做好税收征管工作的通知》（国税发〔2009〕16 号）、《国家税务总局关于加强企业所得税预缴工作的通知》（国税函〔2009〕34 号）、《国家税务总局关于加强税种征管促进堵漏增收的若干意见》（国税发〔2009〕85 号）、《国家税务总局关于印发〈进一步加强税收征管若干具体措施〉的通知》（国税发〔2009〕114 号）等一系列强化征管、堵塞税收漏洞的政策措施，为我们规范预缴、依法征税、强化管理、保证税款及时足额入库提供了强有力的手段。

五是我们有一支能力强、素质高、能攻坚克难的所得税干部队伍，为完成收入任务目标提供了组织保障。过去的实践证明，我省国税系统所得税干部队伍是一支讲政治、顾大局、素质高的队伍，是一个能力强、战斗力强、凝聚力强的团队。这支队伍是我们完成企业所得税收入任务的有力组织保障，我始终坚信我们干部队伍的战斗力和创造力，只要充分发挥我们国税干部的主观能动性，集思广益、群策群力，就一定能够取得组织企业所得税收入 100 亿元的攻坚战胜利。

三、明确任务，强化管理，确保所得税收入目标实现

当前，要完成企业所得税收入任务，我们必须正视组织企业所得税收入面临的严峻形势，积极认识和把握有利因素，树立信心和勇气。但更关键的是要将信心和勇气转化为动力和智慧，认真分析研究，找准当前组织企业所得税收入的切入点和突破点，有的放矢、因地制宜积极运用各种有效措施将有利因素转化为税收收入。在今后 4 个月工作中，我们要着重抓好以下工作。

（一）依法征税，加强税收政策管理，确保各项税收政策落实到位

“依法征税，应收尽收，不收过头税，坚决防止和制止越权减免税”是组织企业所得税收入必须坚持的原则，在当前收入形势异常严峻的情况下，更需要我们在工作中予以不折不扣贯彻落实好组织收入原则。当前，各级所得税管理部门要站在讲政治、顾大局的高度，切实开展好组织收入工作，严格贯彻执行国家各项结构性减税政策，正确处理好组织收入与规范执法、优化服务与支持发展、发展性增收和政策性减收三方面关系，扎扎实实将各项税收政策、管理要求落到实处，谋求国税工作的协调持续发展。严格执行各项税收政策和管理规定，在执行中各地一律不得乱开口子，擅自更改、调整、变通企业所得税政策，确保税收政策的严肃性、权威性和执行的准确性。进一步加强对税收优惠政策管理。一是要加强减免税管理，严格优惠资格认定。一方面对符合优惠条件的企业，要及时予以审批或备案登记，充分保障纳税人合法权益；另一方面，必须加强对企业优惠资格认定的核实、核查工作，对不符合优惠条件的企业一律不予审批、备案登记，坚决防止和制止企业骗取减免税优惠情况发生。二是要加强优惠政策执行情况的监督、检查工作。企业所得税法下的优惠项目中大部分均以项目所得减免为主，减免项目所得核算是否准确直接关系到减免税款的真实性和准确性。因此，我们必须加强对目前享受税收优惠政策的企业定期回访工作，对条件发生变化已不符合享受减免优惠条件的企业，对不符合审批、备案登记的企业，要及时停止执行相关优惠政策，对已减免的税款，要及时追回。三是要做好减免税到期恢复征税企业的管理工作，有效防止、制止恢复征税后申报不实行为发生，对恢复征税后应纳税额大幅下降的企业要纳入重点评估、重点监管范围。

（二）有的放矢、突出重点，强化对重点税源的管理和评估工作

纳税评估是企业所得税管理的主要方法，是提高所得税征收率和纳税遵从度的重要手段。各级税务机关要树立向管理要收入的理念和意识，不断强化纳税评估工作，“以评促管、以评促收”，切实提高我省企业所得税评估和管理的质量和效率。

一是开展对重点行业及重点企业的评估。从近两年对烟草行业的纳税辅导评估以及稽查部门对电信、电力等行业检查情况看，重点行业、重点企业的税收流失率问题仍然突出。但从目前纳税评估工作开展情况看，今年1～7月，仅评估企业955户、补缴税款1.6亿元，评估面和评估成效均不理想，并且各地评估工作开展不均衡。因此，对重点行业和重点企业的评估工作还有很多潜力可挖，还有很大文章可作。今年后4个月，各级所得税管理部门要将工作重心转向纳税评估，树立纳税评估"一盘棋"观念，上下联动，各司其职，选准对象，重点突破。各州（市）局要结合本地税源特点，选择1～2个重点行业、3～5户重点企业开展纳税评估，并组织好各县（区）的纳税评估工作，通过纳税评估，发现、总结、规范行业存在的主要问题和管理的薄弱环节，及时研究强化行业管理的措施和办法，实现评估一户企业，规范一个行业管理的工作目标。

二是加强对重点税源企业的监控和管理。加强对重点税源企业管理是企业所得税管理科学化、精细化、专业化的必然要求。据统计，从实际应纳税所得额看，2008年全省实际应纳所得税额100万元以上的企业393户，仅占全省企业所得税纳税人55305户的0.71％，但其应纳所得税却占全部实际应纳所得税额的95.78％；实际应纳所得税额500万元以上的企业127户，占全省企业所得税纳税人的0.23％，其实际应纳所得税却占全部实际应纳所得税额的89.46％。从企业资产规模看，2008年全省资产总额规模在1000万元以上的7380户企业（占实际参加汇算清缴户数的15.11％），实现所得税90.33亿元，占全省的97.66％，其中资产总额规模在10亿元以上的187户企业，实现所得税70.70亿元，占全省的76.44％。统计结果显示，税源高度集中是我省企业所得税税源的突出特点，管好这些企业就保证了企业所得税收入来源。对重点税源企业，要以管户为主，切实强化税源监控分析、日常管理、台账建立、纳税辅导等各项工作。

同时，根据2008年度汇算清缴情况统计，2007年度全省应纳所得税额100万元以上的308户企业中，138户企业应纳税所得额降幅达30％以上，这其中固然有部分企业是受金融危机影响所致，但也不排除有一些企业存在隐瞒收入、多列成本费用问题。会后，省局将尽快下发这138户企业名单，各地要积极采取措施，对涉及本地的管户逐户进行核查分析。对经营情况发生变化、效益下降的企业要加强后续跟踪监管，及时掌握税源变化情况；对申报不实、虚假申报的企业要组织力量加大评估检查力度，及时调整其应纳税所得额，追缴税款，并将其列入重点监管范围，实时监控。检查工作结束后，要将企业应纳税所得额大幅下降的原因作详细分析并上报省局。

三是积极组织开展对亏损和零申报企业的专项评估工作。2008年汇算清缴后，我省亏损企业占查账征收企业的比例较2007年上升了1.41个百分点，2006～2008年连续三年亏损面均在60％以上，亏损面居高不下、稽查发现问题不断涌现表明当前企业所得税管理问题突出，管理水平亟待提高。如不果断采取措施加以解决，任其发展蔓延，将积重难返，不能实现李鸿文局长在国税工作会议上提出的用三年时间实现所得税管理工作迈上新台阶的目标任务。各地务必要加强对亏损企业的分析研究，目前我省国税系统共有209户注册资本500万元的企业连续三年亏损或零申报，这种状况明显有悖于企业经营常规。会后，省局将尽快下发209户企业名单，各地要认真研究制定评估方案，组织力量对209户申报异常企业实施专项评估，对这部分企业的评估要注重深度、保证质量，要对申报不实、虚假申报企业起到警醒、威慑作用，同时评估过程中要注意总结经验，归纳该类型企业存在问题，以纳税评估为手段，认真查明亏损原因，为下一步降低我省汇算清缴亏损面提供经验借鉴和参考。

（三）提高核定征收比例，切实降低汇算清缴亏损面

核定征收面较低和汇算清缴亏损面居高不下一直是我省企业所得税管理的突出问题和矛盾。从2008年度汇算清缴情况看，参加汇算清缴企业48835户，其中亏损企业29753户，占查账征收企业的63.81％，较上年增加1.41个百分点；核定征收企业6165户，核定征收面14.48％，较上年上升了0.79个百分点，但相较全国平均水平，仍存在较大差距。我省汇算清缴亏损面不降反升，其原因一方面是受国际、国内金融危机影响，企业盈利能力下降、利润减少所致，但更重要的是由于企业申报不实、

虚假申报情况大量存在以及核定征收面较低所致。对此，我们必须应时而动、顺势而谋，积极采取措施加以解决。

积极转变观念，树立正确的核定征收理念和意识。核定征收作为企业所得税征收的一种手段和方式，在我省国税系统一直没有得到正确的对待和认识，部分领导和干部甚至认为实行核定征收是疏于管理、淡化责任的表现。对此，我们要从根本上转变思想观念，树立正确的企业所得税核定征收观。一是核定征收是税收法规规定的一种有效征收方式，对不符合查账征收企业实行核定征收方式不是疏于管理、淡化责任，更不是放之任之，而是严格执行《企业所得税核定征收办法》规定，保证国家税收收入，督促企业完善核算、健全账证的重要手段和方法。二是核定征收方式是分类管理的必然要求，有利于合理配置征管资源。近年来，随着我省国税系统企业所得税管户急剧增加，征管力量与管理要求的矛盾日益突出，在权衡轻重的情况下，按照“缓急有序、抓大不放小”的征管原则，对企业规模小、核算水平低、账证不健全的企业实行核定征收，进一步提高我省企业所得税核定征收面有利于集中有限征管力量对重点税源企业实施科学化、精细化、专业化管理，进一步提高我省企业所得税管理质量和效率。

积极采取有效措施，提高我省企业所得税核定征收面。下一步，各地要根据2008年度汇算清缴相关数据统计情况，充分利用数据监控系统相关数据的整合、筛选功能，对2008年度汇算清缴亏损企业、零申报企业，尤其是连续两年、三年亏损和零申报户进行评估检查，对不符合查账征收条件的一律实行核定征收，逐步提高核定征收面，切实降低汇算清缴企业亏损面。

认真研究，实施行之有效的核定征收方法。在提高企业所得税核定征收面时，各地要综合考虑本地税源特点和企业规模等因素，认真研究，采取切实可行、行之有效的方法循序渐进、逐步推进。一是要严格执行总局《企业所得税核定征收办法》的相关规定，对企业实行核定征收要有理有据；二是核定征收不能搞“一刀切”，而要根据企业经营规模、行业利润水平、地区差异等因素核定适度的核定应税所得率或定额；三是不能纯粹为降低亏损面而实行核定征收，目前部分核定征收企业核定额、核定应税所得率过低，容易使企业产生核定征收比查账征收方式更有利于避税的错觉，从而通过核定征收方式达到少缴税款目的，核定过低不利于督促企业完善核算和健全账证，不利于提高纳税人税法遵从度，不利于保证国家税款应收尽收，各地要树立核定征收是保证国家税收重要手段的意识，严格按照相关税收政策规定，对企业正确实施核定。

（四）加强企业所得税预缴管理，保证企业所得税收入及时足额入库

为保证税款及时足额入库，总局先后制定下发了《国家税务总局关于加强企业所得税预缴工作地通知》（国税函〔2009〕34号）、《国家税务总局关于加强税种征管促进堵漏增收的若干意见》（国税发〔2009〕85号）、《国家税务总局关于印发〈进一步加强税收征管若干具体措施〉的通知》（国税发〔2009〕114号）等文件，对有关加强企业所得税预缴工作作出了明确规定，提出了据实预缴、预缴比例不得低于70%的明确要求。各地要按照总局的要求，认真进行清理，对不符合规定要及时采取措施加以整改。

（五）以信息化为支撑，充分利用数据监控系统加强税源监控和分析预测

数据监控系统中所得税管理部分内容已基本开发完成，实现了征管系统、介质（网络）申报系统的衔接，将分散于各系统、各模块的海量数据进行了整合、关联，根据所得税工作需要，客观展示了所得税税源在行业、地区、企业的分布情况，完整统计了优惠政策执行情况，根据预缴、查补等税款属性对入库税款进行了归总，为各级税务机关进行税源增减变动分析提供了基础和条件。同时根据当前企业所得税管理重点和管理需要，设置了重点税源监控、亏损和零申报监控、行业指标管理、专项监控分析等模块，直观展示了行业指标、异常纳税人等信息，为各级税务机关实施税源管理、纳税评估等工作提供信息参考。下一步各级所得税管理部门要充分利用监控系统的数据资源优势，加强运用，提升税源监控和分析预测水平。

随着所得税调控经济、组织收入作用的不断加强，对企业所得税管理工作省局党组高度重视，此次机构改革，16个州（市）局均设置

所得税管理科，州（市）局所在县（区）局和职工人数100人以上的县（区）局均设置所得税股，希望各地以此为契机，把年轻肯干、业务素质高、具备较强计算机操作能力的干部充实到所得税工作岗位，进一步加大所得税管理力度，提高所得税数据筛选、分析运用水平，不辜负省局党组对所得税工作的关心和支持。

四、团结协作，务求实效，不断提高所得税管理的质量和效率

组织企业所得税收入攻坚战的任务已经明确，各项工作目标和措施已经下达，各地要按照“省局带头，上下联动，州市交叉，经验互补”的工作方针，团结一致，狠抓落实，确保组织收入攻坚战取得实效。

（一）省局带头

打好企业所得税收入攻坚战，省局所得税处要率先垂范，为全省国税干部投入组织收入攻坚战树立榜样、提供借鉴。一是要及时提供相关信息，尽快将2007年度应纳税所得额100万元以上的308户企业中2008年度应纳税所得额降幅超过30%的企业名单，注册资本500万元以上、连续三年亏损和零申报的209户企业名单进行整理下发各地。二是要加强对基层税务机关的指导工作，及时跟踪了解各地开展纳税评估情况，注重加强各州、市间的协调，在评估方法、政策解释等方面适时提供指导和帮助。三是要组织力量，选准对象，带头实施评估，及时总结评估经验和方法，为各地起好带头示范作用。

（二）上下联动

省局、各州（市）局要充分认识到打好企业所得税收入攻坚战不是省局或某个州（市）局的责任，而是全省国税系统的统一战略部署，要树立组织收入是大局、组织收入一盘棋的观念，尤其是企业所得税收入任务已经提前完成的州（市）局，要充分认识到云南国税荣辱一体的本质，不能因已完成任务而放松压力、敷衍了事，要精诚协作、上下联动，把各项工作任务和措施切实贯彻到位。在具体实施评估中，可以采取省局与州（市）局、州（市）局与县（区）局共同参与的联合评估方式，对跨州（市）总分机构甚至可以尝试采取州（市）局联动评估方式，以上带下，以下促上，进一步加强企业所得税纳税评估的深度，真正达到以评促管、以评促收的目的。

（三）州市交叉

省局将在各州、市局评估基础上，适时组织各州、市局开展交叉复查工作，一方面有利于集思广益、取长补短，促进评估经验的交流和学习，另一方面有利于督促各地端正态度、深入评估、提升评估质量，保证评估效果。

（四）经验互补

在实践中，企业在所得税方面存在的问题，特别是同一行业企业存在问题往往具有一定共性和规律，为评估经验和管理经验的相互借鉴奠定了基础。因此，在评估结束后，省局将适时召开纳税评估工作经验交流会，及时总结评估经验，归纳行业评估存在问题，发现行业管理重点和方向，并对好的评估经验和管理方法加以推广，以加强各地之间的学习、借鉴和交流，为完善我省纳税评估机制、提高评估质量提供有益参考。

同志们，组织企业所得税收入攻坚战的号角已经吹响，我们坚信，在省局党组的正确领导下，在全省1万余名国税干部的努力奋斗下，通过全省所得税干部齐心协力、团结协作、迎难而上、攻坚克难，必将圆满完成组织企业所得税收入100亿的奋斗目标，为实现全年900亿元的国税收入目标作出应有的贡献！

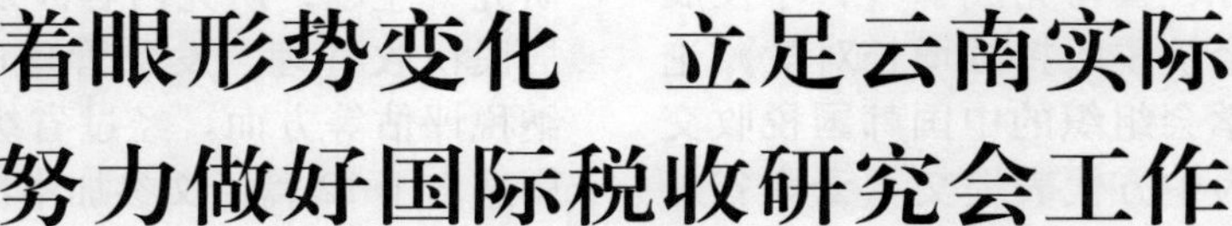

着眼形势变化　立足云南实际
努力做好国际税收研究会工作

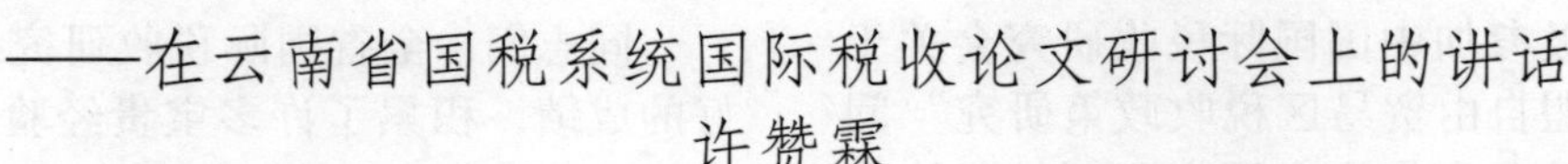

——在云南省国税系统国际税收论文研讨会上的讲话

许赞霖

（2009 年 4 月 15 日）

同志们：

踏着春天的脚步，今天，全省 16 个州市国际税收管理部门的负责人、论文作者以及省局国际税收研究会部分成员在这里共聚一堂，召开云南省国税系统 2008 年国际税收论文研讨会。这次会议的主要任务是：回顾 2008 年全省国税系统国际税收研究会的工作；开展 2008 年国际税收研究论文的交流与讨论；布置 2009 年国际税收研究会工作任务；会议还将进行优秀论文的评比与表彰。借此机会，我代表省局领导，说一说我省国际税收研究会的有关工作情况和下一步的工作及要求。

一、云南省国际税收研究会近年工作基本情况

近年来，云南省国际税收研究会立足云南实际，依托省国税局国际处，开展了以理论研究为主要内容的各项工作。

（一）研究会组织机构建设和工作运行基本情况。云南省国际税收研究会是由我省国地税人员、有关企事业单位和个人会员自愿组成的全省性、学术性、非营利性社会组织，属于中国国际税收研究会的单位会员，成立于 2005 年 1 月 25 日，首任会长为段捷庆，2008 年变更为我。单位会员中有国税、地税、大专院校、科研机构等，主管单位是云南省国家税务局，研究会秘书处设在省国税局国际处，负责组织和办理国际税收研究会的日常工作。由于会员单位涉及较多的系统和部门，不容易集中统一地开展工作，因此四年来，国际税收研究会的工作主要由省国税局国际处组织完成基本的研究任务。按照章程规定，四年为一届，因特殊情况可延期换届。因此，今年本应举行换届选举，但由于受全球金融危机的影响，我国经济形势严峻，税收工作任务艰巨，我会单位会员主要又是各州、市国家税务局和地方税务局，经第一届理事会会议审议通过，报经云南省国家税务局审查同意，将换届工作延期进行。

四年来省国税局国际处认真履行研究会秘书处工作职责：一是省国际税收研究会积极参加总局国际税收研究会的安排的重点课题研究。二是针对税收工作中出现的新情况、新问题，结合云南经济社会发展，围绕国税中心工作，针对税收热点和难点问题，认真组织、安排各种形式的调研活动。三是根据地方党委和政府的要求，承担与当地经济发展和税收工作紧密相关的课题。通过课题调研，提出具有参考价值的意见和建议，逐步聚集了一批国际税收研究的骨干力量，拓宽了学术交流渠道，为实施总局领导提出的“精品战略”创造了良好的条件。同时还把工作安排内容通知研究会的各常务理事单位和个人以及一些发起单位的联系人。对系统内 16 个州市的参加单位及时将报名及课题分组情况通报各地，对重点课题的研究提出要求，并在国税系统内网上的“处室在线”栏目进行说明，将论文发布浏览交流。

（二）积极组织和参与学术研究与交流活动。2005 年以来，为了更好地宣传和介绍云南省国际税收研究情况，研究会开展了形式多样的国际税收学术和实务交流。例如，参加中国国际税收研究会组织的重点课题“科学发展观背景下的中国税收发展”问题研究。从云南省经济税收发展的实际，撰写完成了《科学发展观背景下探析云南经济税收持续增长对策》论文。在由中国税务学会组织的中国韩国税收交流论坛会议上，作为中方代表提交《云南省外商投资企业课税能力及影响因素分析》、《反避税管理实践及启示》2 篇论文参加了大会的问答及交流。积极参加中国国际税收研究会关于对“中国—东盟自由贸易区税收政策研究”问题的调研，立足我省作为中国东盟区域经济合作前沿的区位特点，开展对影响云南经济税收发展相关税收政策问题的调研活动。组织召开了“实现东盟区域经济合作与云南经济税收协调发展”为主题的专题论坛会，完成并提交《中国—东盟自由贸易区建设与云南边贸税收政策运用探析》、《东盟区域经济合作前提下云南省企业境外投资税收情况调研》；对区域合作与国际税收协调问题与云南实施“走出去”发展战略和“富民兴边”工程建设，组织搜集整理针对云南省周边国家的税收政策信息，为我省“走出去”企业提供国际税收信息服务，从而为政府和企业决策提供重要的信息依据，为构建云南周边国家的国际税收信息交流平台打下了基础；结合我省国际（涉外）税收管理工作实践还提出了开展“关于反避税问题的国际借鉴研究”。完成了《对关联企业转让定价反避税调查实例浅析》、《比较内外资企业所得税政策优惠差异对“两法合并”后云南选择优惠导向的思考》、《我国铜工业的循环经济及云南铜业资源利用税收实例——资源可持续发展的必由之路》、《税基控管实施发票监管的启示—借鉴外国税源控管中普遍发票管理的思路》等一批优秀论文，并通过在云南省国家税务局门户网站开设“国际税收研究”专栏，适时刊载相关研究成果，介绍国际税收研究动态，取得了较好的成效，促进了云南省国税系统的国际税收工作。

（三）国税系统开展理论研究的总体成效。自云南省国际税收研究会创办以来，国税系统的国际税收理论研究取得了较好的成果，全省 16 个州市国税局共组织撰写国际税收理论研究文章 74 篇，提交中国国际税收研究会调研论文 9 篇，形成了一批有价值的税收理论调研成果，上述科学研究活动使会员们开阔了视野、激活了思维，提升了理论研究水平。2008 年征集的 27 篇文章，围绕着“完善税源管理的国际借鉴研究”主题，研究内容涉及国际税源管理、非居民税收管理、发票管理的国际经验与借鉴、纳税评估等方面。经过省级认真筛选初审，从中选出了 12 篇论文参加本次会议交流发言；在后面的作者论文交流之后，我们还将对入选文章进行评比。

同志们，全省国际税收研究工作取得了较好的成绩，积累了许多宝贵经验。这些成绩的取得，离不开各级领导的支持和重视，同时，也是全省国际税收研究人员努力学习和勤奋工作的结果，在此，我代表省局向所有关心和支持国际税收研究工作的同志，向在国际税收理论研究中辛勤耕耘的同志们表示衷心地感谢！

总结我省国际税收研究会工作，成绩可喜，但还存在许多不足，主要表现在：

一是宣传还不到位。对国际税收研究的范围、方法、运用价值等缺乏有力的宣传和拉动。存在理论研究与己无关、理论研究高不可攀、理论研究是务虚等认识上的误区。

二是课题研究成果质量有待提高。目前，本省本系统内有影响的税收研究骨干较少；缺乏观点精辟、研究深入、有较高理论水平和指导意义的成果。

三是研究能力不足，研究视角不够广泛，研究方法相对落后，理论研究与实际工作结合不够。

二、对今后做好国际税收研究工作的几点意见

2009 年，国际税收研究会要把深入贯彻落实科学发展观作为重要任务，把握正确的理论与实证研究方式与方法。只有深入研究党的理论创新成果中所包含的社会经济政策，深入学习与研究国际税收业务发展变化，找准活动规律，才能站在理论创新的最前沿，做好国际税收研究工作。下面根据国际税收理论与实践中面临的问题、形势和任务，结合云南国税实际，对今后如何进一步做好国际税收研究工作谈几点看法，供大家共同思考。

（一）及时掌握国际经济发展变化趋势，适时调整国际税收研究会的工作方向。当前，

全球性金融危机使得国际经济形势日趋复杂，面对不断变化的社会、经济形势，国际税收竞争也日益加剧。各国运用税收政策的能力遇到新的挑战，尤其是在全球资本市场已基本形成，国际热钱流动加剧，各国货币政策运行受损的情况下，税收政策更是成为各国实现短期稳定和长期结构调整的重要工具。我国作为经济高速发展、在全球金融危机中抗风险能力较强的国家，随着外向型经济的发展，跨国交易日趋频繁，国际税收工作面临着新的机遇和挑战，跨国税源的监控、管理、方法、手段都必须进行深入分析研究，才能适应新形势的变化要求。

增值税转型、新企业所得税法实施后，国际税收实际工作内容发生了较大变化，省局国际处的工作职责调整为：非居民税收管理、企业境外投资税收服务与管理、税收协定执行、跨国反避税调查、情报交换等，也就是以跨国税收管理为主。

面对这种变化了的情况，我们国际税收研究会需要研究什么？我们有能力研究什么？怎样去搞研究？成为我们必须研究解决的问题。今年以来，在新企业所得税法框架下，国家税务总局密集出台了一批国际税收管理的政策措施，目的就是要强化对国际税收的管理，这也为开展国际税收研究提供了广阔的背景，云南省国际税收研究应立足省情，围绕省局“创新发展年”的工作部署，结合本单位的实际情况，以课题研究为主线，坚持理论研究为税收工作实践服务，为领导决策服务的指导思想，大力推出能够切实解决实际问题的研究成果，鼓励专题性研究和实证性研究。

（二）贴近实际、业研结合，努力实现国际税收研究与国际税收业务的兼容共赢

去年，企业所得税“两法合并”后，国际税收工作的理论与实践层面都出现了许多新情况、新问题和新矛盾，需要我们去研究、去解决。然而，面对我省国际税收研究会没有配备专职研究人员，国际税收研究会秘书处的工作由省局国际税务管理处的同志们兼任，全省会员单位研究力量松散的现实状况，我们只有以科学发展观为指导，按照总局“相对前瞻、贴近实际”的科研要求，转变观念，充分利用现有资源，化劣势为优势，把组织广泛性群众性的国际税收研究学术活动与工作业务相结合，鼓励广大国际税务干部在管理工作中搞调研，通过调研促进管理工作，将国际税收研究与国际税收管理工作有机结合起来，使理论研究植根于日常国际税收管理工作中，在日常国际税收管理工作中发现问题、深入研究，超前突破，实现国际税收管理工作与国际税收研究工作统筹兼顾、信息共享、成果共享。所以，从省局国际处到各州市国税局的相关资料，在研究部署开展业务工作时，都应该同时考虑怎样一并推动和落实研究会的工作，调研要有一盘棋的思想，力求事半功倍之效。我想，在开展新的研究之前，研究会应该先做好基础性、服务性的工作，比如，各种资料、信息的收集整理，上周参加总局的国际税收工作视频会议，听了王力副局长和王小平司长的讲话，很有感想，去年以来，总局围绕着建立完善国际税源监控、跨国反避税、非居民税收管理、居民企业境外投资税收服务与管理、外事管理和国际交流合作等五个机制，做了大量工作，出台下发了一系列政策文件，我们可以尽快把这些材料汇集成国际税收的专题资料，可按五个机制分门别类，以为研究会开展研究，国际税收部门开展工作，乃至为领导和有关部门提供查询利用之便，放到网上，服务面就更广了，以后可定期补充、修订。总之，研究会应在开展研究的同时，多做些基础性、服务性工作。

（三）突出重点，科学选题，组织开展好2009年度课题调研

好的研究报告不仅要有前瞻性，有针对性和可操作性，而且要分析透彻，观点明确，语言流畅，研究的问题还应该是对税收工作实践有指导意义的问题；发挥理论来自实践、又指导实践的作用。因此，按照中国国际税收研究会《关于2009年国际税收调研课题安排意见的通知》，云南省国际税收研究会确定2009年的调研课题为“跨国税源监控管理”研究，要求各州市国税局认真组织调研工作；省局自选课题为“构建云南省非居民企业所得税税源管理体系研究”。

各州市局在课题调研中要以科学发展观为统领，立足国际税收工作实际，从实际工作的需要中发现并确定研究课题，将课题调研与国际税收管理工作的实际紧密结合，不搞大而全的花样文章；要创新思维，勇于探索，实实在在地用微观的素材说明宏观问题，增强研究的针对性、应用性；研究成果尽量有深度、有分

量、有价值；成果形式可以为综合研究报告，也可以是专题研究报告；为加强云南国际税收管理工作提供有力的理论支撑。根据国际税收工作当前的职能框架，结合我们云南外向型经济的状况和省以下国税机关的工作实际，我以为我们开展研究的着力点主要是非居民税收管理和“走出去”企业服务，各地如有些个性化的个案也可以做专题性调研等。

（四）整合力量，创新思路，努力提高国际税收研究工作水平。税收理论研究工作是一个系统工程，靠单打一往往难以完成高质量的课题。因此，要树立学术精品意识，对一些深层次的、比较超前的税收问题，组织精兵强将，集中优势兵力，组成优势科研团队，进行研究攻坚，增强重大课题的攻关能力。具体操作上，可以打破省、市界限，整合省、市两级研究力量，所谓“联横合纵”，开展合作研究，国际处要牵好这个头。省局国际税收研究会针对国际税收管理的实际情况，确定了“构建云南省非居民企业所得税税源管理体系研究”作为重点研究课题，围绕这一课题，将根据各地外向型经济情况的不同特点，分层次进行任务分解，各地要发扬主动参与、团结协作、乐于奉献的精神，信息上相互沟通，工作中互相支持，研究中各抒己见，发挥团队的整体优势，努力形成一批具有国际税收特色、质量较高的研究成果。

（五）加大宣传，营造氛围，培养和使用好国际税收研究骨干。一方面，要加大对国际税收研究工作的宣传力度，通过课题调研、论文研讨、云南国税网站，搭建学习研究交流互动平台，充分调动研究人员的积极性、主动性。努力形成勤奋好学、热心参与，人人动笔的良好风气。要进一步发挥网络平台的学习交流作用，办好省局处室在线的国际处栏目，大家要积极参与。从事国际税收管理工作的部门领导要身体力行，率先垂范，带头参与调研，发挥示范作用，努力营造有利于理论创新的良好氛围。另一方面，要做好国际税收研究人才的培养和使用工作，注意在课题研究中培养和锻炼科研骨干，充分发挥富有实际工作经验的国际税务干部的优势，坚持在工作的同时开展调研，通过调研进一步促进工作，让研究成为每位国际税收干部的工作习惯。不断提高研究人员自身素质、理论水平和研究能力。不要好大喜功，贪大求洋，着眼于理论研究，着手于信息、简报，着手于点滴资料的收集整理、综合处理，在日常工作中做有心人，注意收集和保管资料，善于发现和研究问题，为税收研究打下良好的基础。同时，还要克服浮躁作风，培养甘于寂寞、潜心研究，严谨细致、求真务实的精神，打造符合时代和实践要求，能够经得起实践和历史检验的国际税收研究成果。

同志们，经过长期努力，我省国际税收研究工作已经打下了一定的基础，但国际税收研究工作任重道远，希望全省国际税收管理干部要开拓进取，扎实工作，提升理论研究层次，抓住国际税收工作中的一些区域性问题和规律，抓住税收政策、税收征管中的一些具体问题，在调查研究基础上，争取完成或取得更多、更优秀的研究成果，为促进云南省国际税收研究迈上新的台阶，取得新的、更大的发展贡献力量！

统一思想　树立信心
努力实现税收持续平稳增长

——在全省国税收入规划核算工作会议上的讲话

朵志红

（2009 年 5 月 14 日）

同志们：

经省局局长办公议研究，决定召开全省国税收入规划核算工作会议。这次会议的主要任务是：传达贯彻落实 2009 年 4 月及 2008 年 10 月国家税务总局收入规划核算司分别在安徽合肥和广西桂林召开的两次全国税收收入规划核算工作会议精神；分析当前我省经济税收形势，按照总局的有关要求研究部署我省今年组织收入任务的各项措施，统一思想、树立信心，努力实现全年税收收入持续平稳增长；同时根据省局年初全省国税工作会议要求，提出当前和今后一段时期的收入规划核算工作思路与工作任务，充分发挥好收入规划核算工作“一个中心、四个体系、四个服务”的职能要求，促进税收事业又好又快发展。受省局李鸿文局长的委托，我讲三个方面的内容。

一、全国税收收入规划核算工作会议精神

（一）收入规划核算司在安徽召开工作会议的主要精神

针对金融危机对全国经济及 2009 年组织税收收入的影响，2009 年 4 月 21 日至 22 日，国家税务总局在合肥召开了 2009 年全国税务系统收入规划核算工作会议。参加会议的有国家税务总局钱冠林副局长、规划核算司舒启明司长、王道树副司长，以及各省、直辖市、计划单列市国、地税分管收入规划核算工作的局领导、收入规划核算处处长，共 137 人。这是在国际金融危机和世界经济衰退对我国经济的影响逐步加深，我国经济增速逐季回落，企业效益明显下滑，外贸进出口出现近年来少有的负增长以及受结构性减税政策影响，全国一季度税收出现了自 1994 年以来的负增长，组织收入工作面临十分严峻的形势下，为及早谋划 2009 年组织收入工作总局决定召开的一次重要会议。

钱冠林副局长作了《认清形势 坚定信心 为完成全年税收收入任务而努力奋斗》的工作报告。报告回顾了 2008 年税收工作所取得的成绩，深入分析了金融危机影响下 2009 年组织税收收入工作面临的机遇和挑战，总局根据中央的要求提出了全国实现税收比上年增长 10% 的目标，要求我们要坚定信心、振奋精神，扎实工作，努力完成全年税收收入任务。钱副局长从两个方面提出了工作措施：一方面要求各级税务机关要进一步研究部署加强征管、堵塞漏洞的政策措施，切实抓好组织收入工作，从大力加强企业所得税管理、货物与劳务税管理、切实做好免抵调库工作、大企业税收管理、加大税务稽查力度等五个方面提出了加强收入工作的措施；另一方面从收入规划核算部门的职能要求上提出在组织收入工作中要进一步发挥职能作用，要求收入规划核算部门在组织收入中要做好坚决贯彻组织收入原则、加强经济税收分析、税收预测和预警、重点税源分析监控、发挥“四联动”机制作用、强化数据应用等六个方面的工作。

（二）收入规划核算司在广西召开工作会议的主要精神

2008年10月21日至23日，全国税收收入规划核算工作会议在广西桂林召开。这是国家税务总局“计划统计司”更名为“收入规划核算司”后，第一次全国性的重要会议。全国国、地税收入规划核算处处长以及18个省、自治区、直辖市、计划单列市国、地税局分管收入规划核算工作的局领导参加了会议。国家税务总局副局长钱冠林同志作了《明确任务 开拓创新 全面发挥税收收入规划核算职能作用》的报告。

钱冠林副局长在桂林会议上充分肯定了2006年以来税收计统工作取得的成效，同时指出存在的问题和不足。明确了收入规划核算部门的职能，对收入规划核算部门的职责进行了充实和加强。

一是形成了新时期税收收入规划核算工作的发展思路。即：认真贯彻新时期税收工作指导思想，以税收分析为重点，以数据管理为基础，以制度建设为保障，以队伍建设为根本，全面发挥收入规划核算工作为组织收入服务、为加强征管服务、为税制改革服务、为宏观调控服务的职能作用，促进税收事业又好又快发展。

二是提出了去年四季度以后税收收入规划核算工作的主要任务：深化税收分析，全面发挥“四个服务”职能作用；强化数据管理，切实提高收入规划核算工作水平；推进制度改革，努力实现收入规划核算工作规范化。

钱冠林副局长在收入规划核算工作会议上的两次讲话材料，已印发各位参会代表，请大家认真学习并贯彻落实。

二、完成今年组织收入目标的形势分析以及工作要求

2008年是极不平凡的一年。这一年，是我国经济波动异常激烈、经济形势骤然大幅变化的一年，通胀与通缩一线、过热与过冷相随。全省国税系统全面贯彻党的十七大精神，深入学习实践科学发展观，在继续巩固“文明服务年”、“管理基础年”、“质量效率年”成果的基础上，紧扣“作风建设年”工作主题，以振奋的精神和良好的作风，不畏艰难，勤奋工作，努力克服年初雨雪冰冻灾害、“5·12”汶川大地震、洪涝泥石流、全球金融危机和政策性减收因素的影响，切实加强税收征管，开展纳税评估，加大稽查力度，认真抓好组织收入工作。全年完成国税收入（不含海关代征）861.84亿元，比2007年增收131.68亿元，增长18.04%，圆满完成了国家税务总局和省委省政府确定的2008年全省国税收入目标，为国家和云南经济社会发展提供了财力保证。收入规划核算部门加强税收分析的横向联动和系统内部的纵向推动，认真开展税收分析预测，把握经济社会发展趋势，认真贯彻落实组织收入原则，较好地发挥了收入规划核算部门的职能作用，为2008年税收任务的圆满完成付出了辛勤的劳动。在此，我代表省局党组向收入规划核算部门的全体干部表示衷心的感谢！

今年年初，国家税务总局按照全国税收比上年增长8.2%的目标，分配云南国税收入任务930亿元，比上年增长8%，省政府按照财政预算收入增长8%的目标，确定云南国税收入目标为900亿元，同比增长4.43%。从1至4月份收入情况分析，完成总局和省政府的收入任务，形势异常严峻。省局办公会议决定召开这次由分管收入规划核算工作的领导和收入规划核算科（处）长参加的专题会议，目的是要求我们一方面要充分认识完成全年收入任务面临的挑战，把各项措施落实得更扎实一些，另一方面要统一思想，树立信心，挖掘税收增收潜力，堵塞税收漏洞，努力完成2009年国税收入预期增长的目标。现结合总局的有关部署提出以下要求：

（一）认清经济形势、把握发展趋势、增强完成今年国税收入任务的信念

1. 金融危机挑战我省经济和税收收入组织工作

经济形势严峻。自2008年三季度以来，国际金融危机对作为资源型工业经济的云南所产生的影响开始日趋显现，经济运行的困难急剧增加，工业经济增速下滑，出口增幅大幅下降，电力、铁路运力等生产要素出现暂时过剩，截至3月末全省规模以上工业停产半停产企业487户，企业开工不足。一季度，全省GDP实现1219.44亿元，同比增长7.3%（按不变价计算），增幅同比回落2.3个百分点，其中，第一产业增长4.1%，第二产业增长4.5%，第三产业增长11.0%。全省规模以上工业共完成工业增加值405.27亿元，同比增长1.1%，远远低于去年同期增长13.1%的水平。进出口总额

13.4亿美元，同比下降49.1%。全省工业品出厂价格指数同比下降8.2%，比去年同期下降16.7个百分点。我省经济外向度比较低，但受国际矿产品价格振荡下跌的影响，有色金属、钢坯钢材等增值税重点税源税收持续下滑，导致税收收入持续下滑。

全省1~4月完成国税收入不达进度。我省1~4月国税税收收入完成280.17亿元，完成确保目标900亿元的31.13%，完成奋斗目标930亿元的30.13%，比2008年同期减收36.33亿元，下降11.48%。

月度税收收入持续下滑：1月、2月、3月国税收入同比分别下降17.48%、2.17%和20.53%，4月份延续了一季度收入下滑态势，同比下降11.21%。

主体税种“四减一增”：1至4月份，国税部门负责征收的五个税种除国内消费税与2008年同期基本持平外，其他四个税种收入均呈现下降，且国内增值税、企业所得税和储蓄存款利息所得个人所得税收入下降幅度均在两位数以上。

16个州市全面减收：16个州市收入全为负增长，其中临沧下降幅度最大，超过50%，主要税源地区昆明、曲靖和玉溪收入也分别下降13.89%、10.25%和4.72%。完成收入进度的只有丽江和玉溪两个州市，并超进度完成奋斗目标，分别超了1.14和0.08个百分点，进度最慢的怒江州仅为14.83%，塌进度18.5个百分点。

重点行业税收增多减少。煤炭、电力、建材、化工、专用设备和电气器材增值税增收，其中煤炭增长25.33%，电力增长17.70%，建材增长11.69%；其他行业均减收，其中卷烟下降13.82%，钢材下降51.38%，有色金属下降62.02%。

完成收入目标任务艰巨。目前国税税收收入完成全省确保任务的31.13%，塌时间进度2.2个百分点，完成全省奋斗目标的30.13%，塌时间进度3.2个百分点；至6月底，税收收入预计可入库430亿元左右，完成确保任务的47.78%，下半年，若完成900亿确保目标要入库470亿元，同比增长达16.39%才能完成全年确保收入任务，若完成930亿元奋斗目标，同比增长要达到23.82%，任务相当艰巨。

2. 全国上下攻坚克难经济复苏已成趋势

为应对前所未有的金融危机的冲击，中央、云南省委省政府出台了包括结构性减税政策在内的刺激经济增长、扩大内需、调整结构的各项政策措施，为确保经济平稳增长创造了有利经济环境和税源基础；国家税务总局也对如何加强税收征管、优化纳税服务提出了一系列政策措施和工作要求，为堵塞税收漏洞、挖掘税收增收潜力提供有力保障。

从抵御金融风险的举措看：我国仍处于战略机遇期，经济社会发展的基本面和长期向好的趋势没有改变，历经30年改革开放的持续快速发展，我国积累了雄厚的物质基础，经济实力、综合国力、抵御风险的能力显著加强；两年内中央政府共计4万亿元投资以及十大行业的调整振兴的逐步落实将扩大内需带动重点建设行业走出低谷。云南省委省政府出台的重要商品储备制度、特殊电价制度、对规模以上工业企业实行重点帮扶制度、1731亿元投资30个重大工业项目等“黄金”举措，有效应对了金融危机对工业经济的影响。

从税收政策出台的效应看：企业所得税因提高工资薪金费用扣除标准等政策性翘尾减收的因素将在4月份以后陆续结束，增值税转型所带来的税收减收数比去年理论测算的少，一季度我省应抵扣1.28亿元，实际抵扣5800万元，约减收了增值税5800万元。今年国家税务总局已经或将出台的税收政策，如调高烟酒消费税税率的政策和完善增值税的抵扣等，都将是今年的增收因素。

从加强税收征管的措施看：国家税务总局今年2月份至4月份两个月的时间，先后下发了《国家税务总局关于进一步做好税收征管工作的通知》（国税发〔2009〕16号）和《国家税务总局关于加强税种征管促进堵漏增收的若干意见》（国税发〔2009〕85号），这在近些年的组织收入工作中是前所未有的，对当前做好税收征管加强税种管理提出了新的要求，只要全省国税系统各部门联动，结合各地税源特点，联系实际，认真贯彻落实各项措施，必将为税收增收提供征管保障。

从我省经济回暖的预期看：随着各项政策措施的逐步到位，我省工业经济运行中的一些先行指标出现了一些积极的迹象，税收收入减幅逐步趋缓。一季度，全省规模以上工业增加值同比增长1.1%，尽管仍低于去年同期增长

13.1%的水平，但从环比看，已经扭转了2月末负增长的严峻局面。全省规模以上工业产销率为96.2%，比去年同期上升了1.0个百分点。目前大部分有色金属价格不同程度继续回升，截至3月底，铜均价34575元/吨，比2月末上涨5450元；铝14015元/吨，比2月末上涨1925元。工业经济的复苏及有色金属价格的回升，带动了税收收入减幅的趋缓。4月，税收收入减幅11.21%，比上月回升了9.32个百分点。

从目前的形势分析，随着国家宏观调控及各项措施效果的逐步显现，我省税收收入将呈现“前低后高”的态势。我们要坚定信心，振奋精神，齐心聚力，踏实工作，创新发展，努力完成2009年国税收入增长预期目标。

（二）加强部门协作、增强上下联动，形成合力加强征管确保收入应收尽收

各级国税机关按照“统一领导，分工负责，部门联动”的思路，理顺职责分工，争取外部支持和配合，围绕中心工作，纵横联动，形成加强征管的整体合力，做好组织收入工作。

1. 加强纵横联动，形成组织收入的合力

经济决定税收，加强外部联系，掌握经济脉络，把握税源信息。一方面，加强同财政、发改委、统计、工信委、烟草工商业公司、电力等部门的联系沟通，关注国家和省委省政府宏观调控、新近出台的各项措施等在各个行业产生的效果，对税收收入的拉动作用，分析行业的税收收入趋势。另一方面，我们要积极主动向当地政府作专题报告，及时上报税收收入的动态、重点税源行业税收的趋势以及国税系统应对的措施。

做好同级各部门的协调联动。一方面利用税收分析例会制度，同税种管理部门、各业务处室共同分析税收收入中出现的新问题、新矛盾、新趋势，及时梳理、研究对策共同解决。对影响收入的政策、行业、征管环节等变动因素与情况进行综合分析，深入查找问题，对具有代表性的异常问题，落实管理责任，研究部署解决措施。另一方面收入规划核算部门对大量的经济税收数据要进行深入分析，将分析成果及时传递给税收管理部门；税收管理部门对这些成果要用足用好，深入排查征管问题和疑点，督促纳税人针对问题补缴税款，对发现的稽查案件及时移交稽查部门；稽查部门接收案件后实施税务稽查，严厉打击偷逃骗税行为，实现分析、评估、稽查各工作环节的紧密结合、良性互动。

2. 加强税收与经济分析、税收与政策贯彻、税收与纳税服务的有效协调

强化分析抓主动。加强经济税源分析，对重点税源企业生产经营、销售纳税、发票使用等情况要及时跟踪，发现有异常情况的，及时采取措施，堵塞收入漏洞。要把税收分析预测融入到税收征管工作之中，及时掌握动态税源情况，及时解决政策落实与征管衔接的矛盾和问题，努力把政策性减收因素的影响降低到最小程度，牢牢把握组织税收收入工作的主动权。

落实政策促发展。认真落实中央为促进经济平稳较快增长出台的各项税收政策措施，努力把发挥税收职能与服务科学发展统一起来。充分运用国家产业税收政策，促进产业结构优化升级。积极运用税收优惠政策支持化解金融危机，大力扶持中小企业发展、扩大消费需求和促进消费升级，帮助企业渡过难关。

优化服务促征管。加强税收法律法规政策的宣传和咨询辅导，帮助纳税人更好地了解税收政策规定，用好政策，熟悉办税规程。加强和规范法律援助及救济服务，切实维护纳税人合法权益。优化纳税服务手段，提高办税效率和质量，推广多元化纳税申报方式，进一步扩大网上办税业务应用范围，想方设法减轻纳税人负担。

3. 加强税种管理的措施

强化增值税、消费税管理。一是加强一系列新政策执行情况的调研，结合实际制定实施办法，严格审批，防止增值税转型后部分企业将以前年度固定资产列入当期抵扣等骗税行为，确保新政策贯彻落实到位。二是增值税一般纳税人进口货物取得属于增值税扣税范围的海关专用缴款书，必须经稽核比对相符后方可申报抵扣税款，即将“先抵扣、后比对”调整为“先比对、后抵扣”。三是加强一般纳税人重点户管理。主管税务机关对所辖区域的重点企业纳入重点管理，州、市局要纳入重点监控管理，省局将按月对重点企业进行抽查监控。

加强所得税管理。一是积极推行按行业分类和企业规模分类相结合的分类管理模式。各地要研究采取对不同行业、不同规模、不同类型企业的分类管理办法，积极探索行业分类管

理办法，制定相关行业的企业所得税管理操作规程，做好分行业信息采集、预缴分析、纳税评估和日常核查等工作。二是对重点税源企业，在属地管理基础上，实行分层次管理，进一步细化重点税源企业管理和服务的具体措施和办法，细化省、州（市）、县（市、区）税务局的工作职责、管理内容和管理规程。三是着力提高预缴税款比例。确保年度预缴税款占当年企业所得税入库税款不少于70%，防止税款入库滞后。四是要加强对享受税收优惠企业的审核认定，做好动态管理，对不再符合条件的，一律停止其享受税收优惠。

切实做好免抵调库工作。要密切关注企业生产和出口形势，加强对生产企业自营出口情况和免、抵、退税的审核、统计和分析，统筹考虑，合理安排和使用免抵调库指标，促进国内增值税收入的均衡稳定增长。

（三）增强职能意识，加强主动协调，为努力实现税收收入任务作出贡献

各地收入规划核算部门要认真履行在组织收入中的职责，充分发挥职能作用，促进税收收入稳定增长。

坚持组织收入原则。严格遵循“依法征税，应收尽收，坚决不收过头税，坚决防止和制止越权减免税”的组织收入原则，正确处理组织收入与经济发展、规范执法与优化服务的关系，使税收收入的质量与数量同步协调发展。认真落实欠税管理的各项规定，充分利用信息化手段，实现对欠税的及时、全面、自动监控。在大力清缴陈欠的基础上，严格缓税审批，坚决制止企业以生产经营困难为理由故意拖欠国家税款，确保税款及时足额入库，最大限度地控制新欠发生。

加强税源预测。强化对重点税源地区、行业和企业的分析。继续深化税收收入预测，提高税收预测的科学性，及时发现税收与相关经济指标变化不一致、不协调的苗头，预见可能变化，增强组织收入工作的预见性。各地要密切关注全国及我省采取各项经济刺激措施对本地区重点税源行业的拉动作用，深入企业开展调查研究，对本地区税源变化情况进行较为准确的预测。我省将改变过去只进行4次全年预测的制度，将根据税源变化的动态分析，对全年收入税源进行实时预测。

加强收入分析。各地要按照《云南省国家税务局转发国家税务总局关于印发〈税收分析工作制度〉的通知》（云国税发〔2007〕140号）要求，一方面要通过省、市（州）、县分层级的税收分析机制，为加强税种和税收征管提供决策依据；另一方面在分析方法上要宏观分析与微观分析相结合，按照“宏观分析找面、行业分析找线、微观分析找点”的思路，在宏观分析查找问题的基础上，开展税收征管不同部门、不同环节之间的数据对比分析，逐步细化、准确定位，查找问题共性和发展趋势，并通过典型案例解剖予以验证，为基层加强征管提供可靠的线索和依据；再一方面要将横向分析与纵向分析相结合，从时间序列看其发展趋势，从自身构成观察其内在结构规律，从与经济指标的相关性看其外在联系，从外部因素看其影响程度；理论分析与实地调研相结合，运用理论分析的成果指导税收征管和实地调研，通过实地调研来优化和调整理论分析模型。

三、规范管理，提升质量，充分发挥收入规划核算部门的职能作用

近三年来，全省各级国税机关计统部门，按照2006年全省国税系统计统工作会议的安排和部署，开拓进取，扎实工作，以强化基础工作为突破口，以税收分析为重点，稳步推进“四个体系”建设，努力发挥“四个服务”职能作用，取得明显成效，为加强税收管理提供了更加有效的服务，促进了税收收入的持续较快增长。

一是坚持组织收入原则，组织收入工作质量进一步提升。认真贯彻落实“依法征税，应收尽收，坚决不收过头税，坚决防止和制止越权减免税”的组织收入原则。进一步加强减免税、欠税、缓税核算管理，确保税收收入及时安全入库。

二是建立税收分析长效机制，税收分析工作取得新进展。三年来，全省各级税务机关转变观念，完善制度，积极建立健全加强税收分析工作的长效机制，提高分析水平。

首先在工作机制上，各级国税机关认真贯彻落实国家税务总局制定的《税收分析工作制度》，加强国税部门税收分析的横向联动和系统内的纵向推动，认真落实税收分析、纳税评估、税源监控、税务稽查的良性互动机制，促进税收管理质量的进一步提升。省局收入规划核算

部门专门成立税收收入分析项目组，整合计会统税收数据、重点税源数据、征管信息及相关经济信息资源，提炼分析，最终形成有价值的分析报告，按月召开税收分析会议，按季以局长办公会形式召开税收分析预测的税收综合分析会，建立了税收分析的定期汇报制度，强化了税收分析在整个税收管理工作中的作用。各级收入规划核算部门切实加强税收收入常规性分析，充分利用税收会计统计数据、重点税源监控数据、税收分析档案资料和外部门经济信息，强化各税种、各地区税收与相关经济指标的弹性和税负分析，加强特殊因素的连续性分析，揭示组织收入中存在的问题，大部分州市建立了税收分析的定期汇报制度。

其次在分析方法上，认真开展税收分析预测工作，通过对比分析法、时间序列趋势法、建立回归模型等方法，构建多元的科学分析方法体系，做好月度、年度的税收分析预测工作，正确判断收入形势，提高税收预测的准确性，改变了过去“重税收进度分析，轻税源分析”的状况，提高了税收分析预测水平。

再次在分析重点上，按照国家税务总局提出的深化税收分析的四种主要分析形式，全省国税系统充分运用税收弹性分析、税负分析、税源分析和税收关联分析等方法，认真分析各税种与相关经济指标的关系，税收分析工作进一步深化。

三是狠抓数据质量，夯实收入规划核算基础工作。首先在提升数据质量上，开展综合征管软件数据清理检查，监控异常数据，税收计会统报表质量有所提升。定期或不定期检查征管软件数据，纠正了发现的税种鉴定、行业鉴定等登记认定信息错误。其次完成税收业务报表的清理和整合工作，对省局要求州、市上报省局的税收业务报表共128张进行清理，取消了16张税收业务报表，减轻基层负担。严格报表报送口径，严把税收计会统各类报表的数据收集、上报质量关，认真做好报表的收集、整理、汇总、上报等工作，健全税收快报、统计报表、重点税源数据的审核系统，报表质量稳步提升。我省税收快报、税收分析档案、增减因素的分析、重点税源等报表工作连续三年受到国家税务总局的通报表扬。

四是完善税收会计制度，加强税款征收缴库工作。为适应税收工作变化，规范自收现金票款管理，严防税收票款发生损失，保证税款及时、足额入库，省局在2007年11月、12月充分听取基层意见的基础上，对自收现金税款票款结报制度进行了修改。企业所得税两法合并后，明确总分机构企业所得税、车辆购置税征缴和核算制度。为规范税款缴库秩序，全省各级国税部门，加强组织领导，采取行之有效的工作措施，于2008年5月份开展了税款过渡账户的清理工作。按照国家税务总局的总体部署，加强与财政、国库、商业银行等的协调配合，做好财税库银横向联网的准备工作。许多单位结合本地实际，积极探索，大胆创新，在税款缴库改革方面取得初步成效。

在肯定成绩的同时，我们也要清醒地认识到，当前税收收入规划核算工作还存在一些问题和不足：有的地区对税收分析工作重要性认识不够，税收分析制度的落实还不到位；数据口径不够规范，数据质量还有待提高，税收分析数据量少，不能满足税收分析工作的需要；税收会计统计核算等现行制度滞后于信息化建设和税收发展改革的步伐；重点税源工作开展数据质量和利用率不高，形成基层和企业的负担；部分地区收入规划核算部门人员过少，干部队伍的稳定性与素质还有待于进一步提高等。对于这些问题，我们必须高度重视，积极采取措施，认真加以解决。

按照国家税务总局的要求和部署，结合我省工作实际，当前和今后一段时期我省收入规划核算工作的总体要求是：认真贯彻落实科学发展观，按照国家税务总局收入规划核算工作思路，夯实数据管理基础，深化税收分析，加强制度建设，充分发挥收入规划核算工作为组织收入服务、为加强征管服务、为税制改革服务、为宏观调控服务的职能作用，促进税收事业又好又快发展。主要工作目标是：“两个规范、两个提高”，“两个规范”即数据管理规范，税款核算规范，“两个提高”即税收会统信息化提高，税收分析质量提高。落实上述总体要求实现主要工作目标，要重点做好以下几项工作：

（一）深化税收分析，切实提高税收分析质量

做好税收分析工作，是发挥收入规划核算部门“四个服务”职能最为集中的体现，全省各级国税机关领导要充分认识税收分析在税收

工作中的重要作用，各地收入规划核算部门要把税收分析作为工作的重中之重，切实提高税收分析质量，通过加强税收分析带动和促进整体工作水平的提高。

一是深化税收分析要紧紧围绕提高税收分析质量来开展。

税收分析是准确判断税收经济形势，正确指导组织收入工作、客观把握税收经济政策效应、切实提高税收征管质量与效率的重要手段。税收分析具有重要的“反映”功能，即反映税收经济状况、税收经济形势、税收经济政策效应等功能，“反映”结果的准确性，是实现收入规划核算部门“四个服务”的关键。因此，深化税收分析要紧紧围绕提高税收分析质量来开展，提高“反映”结果的准确性和及时性，充分发挥收入规划核算部门“四个服务”的职能。

二是深化税收分析要着力构建多元的科学分析方法体系。

按照国家税务总局提出的深化税收分析的四种主要分析形式，要充分运用税收弹性分析、税负分析、税源分析和税收关联分析等方法，在认真分析各税种与相关经济指标的基础上，通过对比分析法、时间序列趋势法、建立回归模型等方法，构建多元的科学分析方法体系，做好月度、年度的税收分析预测工作，正确判断收入形势，提高税收预测的准确性，进一步提高税收分析预测水平。

宏观上要从分析税收收入总量、结构与GDP关系入手，从产业、区域、行业、企业类型、规模结构等方面进行分析，判断收入形势是否正常、税收增长与经济发展是否协调、税收政策执行是否到位，从而实现税收分析由税收进度增减情况等简单的对比分析向宏观税负、税收弹性等分析的转变，正确反映税收的成果及其所发挥的调节作用。

微观上从税务登记信息和税款申报征收情况入手，分析纳税人结构、分布、异常变化、销售收入等情况，比较不同时期分行业、分税收规模、分登记注册类型等企业实现税款是否正常入库，并将分析结果，追踪到税源和税种，落实到企业，使税收分析和管理工作有效衔接起来。

通过宏观和微观上的分析查找基本问题后，从税款的应征、征前减免、提退、在途、入库等资金形态入手，进一步作深入分析，分析实现税款是否及时足额入库、企业是否正确执行税收优惠政策、行业税负是否异常等情况，从而将宏观和微观分析结果结合起来，查找征收中可能存在的薄弱环节，为加强税收征管服务。

各地要充分利用“云南省国家税务局数据监控分析系统”，认真测算本地区各行业税负情况，对行业税负情况进行深入分析，筛选出低于全国和全省平均行业税负的企业名单，再进行具体分析，若有异常则可作为纳税评估或税务稽查的重点企业，努力形成税收分析、纳税评估、税源监控、税务稽查的良性互动机制，切实提升税源管理的水平。

要充分应用数理统计等现代科学方法，广泛收集各类税收与相关经济数据，扩展数据源，结合本地区实际，构建分税种、分重点行业的税收收入预测模型，测算和掌握税收收入能力，提高税收预测的科学性。

三是深化税收分析要着重围绕四个方面来开展。

税收分析内容包括：经济税源分析、政策效应分析、税收风险管理分析和税收预测预警分析等四个方面。

加强经济税源分析，要从经济入手，分析对国税收入有影响的税源，再通过税源变化分析实际税收，按照这一思路开展经济税源分析，要开展相关税种与对应税基的对比分析，重点加强税收与GDP、增值税与增加值、企业所得税与企业利润的相关关系，建立税源分析的数学模型，全面反映经济税源状况及其发展趋势。

加强经济政策和税收政策的效应分析，反映宏观调控效果、把握税收收入影响、及时发现经济和税收运行中的问题，是税收分析的一项重要任务。

开展税收管理风险分析是全国收入规划核算工作会议提出的新内容，是否“依法征税，应收尽收”，是税务部门最大的风险，开展税收管理风险分析的目的是最大限度减少税收流失，各地要按照总局提出的分析内容开展税收管理风险分析，推进税收管理效能不断提高。

开展税收预测预警分析，一方面要继续深化税收收入预测，提高税收预测的科学性，另一方面要开展税收经济预警，及时发现税收与相关经济指标变化不一致、不协调的苗头，预见可能变化，增强组织收入工作的预见性。

（二）加快会统信息化进程，提高税收核算的应用水平

结合我省实际和总局的工作要求，为了进一步加强会计结算的横向联网、减轻基层和纳税人负担以及提高会统业务的应用水平，省局与信息中心、征管处多次商议决定加快会统业务的信息化进程，拟在今年内实现以下工作目标：

一是认真做好财税库银横向联网工作，实现税款缴库电子化。做好财税库银横向联网工作，实现税款缴库电子化是税款缴库方式的革命性变革。我省财税库银横向联网实施方案已报经财政部、中国人民银行和国家税务总局批准，成立了以省委常委、常务副省长罗正富为组长的省财税库银横向联网工作领导小组，根据各部门系统建设情况和资金到位情况，按照“条件成熟一家上线一家”的思路，省局将逐步实现财税库银之间横向联网。财税库银横向联网工作是一个比较庞大的系统工程，外部涉及财政、国税、地税、海关、人行和各商业银行等部门以及广大纳税人，内部涉及征管、信息中心和计征部门，各地要按照省局的工作部署，从软硬件各个方面精心准备，尤其是列为试点的州市局，要积极配合总结经验，为全省全面推广创造条件。

二是进一步整合重点税源上报制度，提高重点税源对税收分析的有效性。省局正在开发重点税源网上直报软件，减少中间环节，缩短上报的时间，简化上报的程序，提高数据的质量，便于运用重点税源数据对我省大中型企业进行跟踪分析。

三是提高会计结账的信息化程度，减轻基层工作负担。省局已在开发会计结账的自动化生成系统，拟在试点基础上向全省推开，以减轻基层会计核算上的手工劳动负担。

（三）规范数据管理，切实提高税收报表质量

税收数据管理是税收工作的基础，更是收入规划核算工作的关键，也是目前制约税收分析工作的瓶颈。目前，由于缺乏有效的数据管理机制、数据标准不统一、采集不规范、共享度低、软件频繁升级等原因，在CTAIS系统中还存在行业鉴定、税种鉴定不准、基本信息不完整等现象；由于数据审核把关不严，上报报表还存在数据不完整、逻辑关系错误等情况，制约了税收分析质量的提高。

全省数据集中到省局后，对县（区）级税务机关数据采集的质量要求越来越高；同时，省、州（市）局数据归类、处理、分析的工作量也越来越大，数据的规范化管理迫在眉睫。全省各级国税机关要牢固树立信息资源意识和数据质量意识，规范数据管理，切实提高税收报表质量。要通过建立数据监控管理和质量评价机制、数据质量预防机制，数据审核机制和管理考核机制，降低数据差错率，确保数据的及时性、完整性、准确性和规范性。

根据总局规范数据指标的有关要求，下一步一方面省局将结合总局下一步的规范，完善税收收入指标体系，及时对数据口径进行规范。另一方面各地要注重收集和整理日常税收经济分析工作中已经采用的各种分析指标，根据各类基础指标之间的内在关系，合理进行排列组合，注重基础类指标与分析类指标之间的对应关系，做到前后呼应，上下衔接，从而形成一个科学、严密的逻辑体系。

（四）完善税收会计统计制度，实现税款核算规范

随着我省国税系统信息化快速发展、征管改革不断深化，原来针对手工条件下建立的税款征缴程序、税收会计统计核算制度、税收票证管理制度有待进一步实现税款核算的信息化和规范化。

一是完善税收会计核算制度。省局将按照总局制定的税收会计核算程序和方法，规范电子数据档案管理，确认电子数据更正方法，在充分调研的基础上，规范各类账表册的装订、档案管理。各地下一步要结合财税库银横向联网工作，提出目前税收会计核算制度存在的缺陷和不足，以便省局及时向总局反映进一步完善。

二是完善税收票证管理制度。税收票证是税务征收人员执行税收政策的依据，是纳税人履行纳税义务的完税证明。目前一方面要规范税收票证的领、用、存、销各环节行为，各地要切实加强税收票证管理环节、填用环节、缴销环节的管理，强化内部监督，加大票证检查力度，杜绝不廉行为的发生。另一方面总局将制定电子缴税凭证规范，加强电子缴税凭证的管理，各地要做好信息提高的有关准备工作。

三是完善税收统计制度。完善税收统计制度

度将从统计内容和统计方式上深入进行，从统计的内容上进一步完善现有指标体系，使之全面反映分行业、企业类型、品目等的税收应交、入库、欠税等情况；在统计方式上要发挥信息技术优势，使统计核算更加方便快捷，积极开展典型调查、抽样调查和专项普查等多种形式的统计调查，满足多样化统计数据的要求。我们拟在总局的统一部署和金税三期的逐步完善下实施推进。

同志们，今年组织收入工作任务艰巨，责任重大，我们要在党的十七大精神指引下，认真贯彻落实全国收入规划核算工作会议和年初全省国税工作会议的精神，开拓创新，抓住机遇、迎接挑战，全力以赴，抓好组织收入工作，确保2009年国税收入增长预期目标的实现，为云南经济建设提供财力保障。与此同时，各级收入规划核算部门要按照“创新发展年”各项要求，解放思想，真抓实干，规范计划统计管理，提升工作质量，充分发挥收入规划核算工作职能作用，为推动税收事业发展作出新的更大贡献！

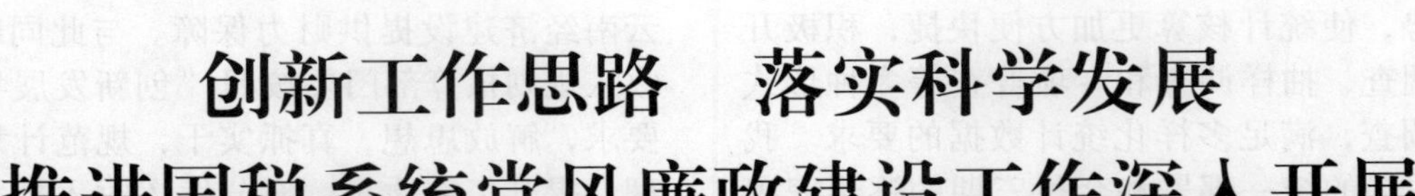

创新工作思路　落实科学发展
推进国税系统党风廉政建设工作深入开展

——在全省国税系统党风廉政建设工作会议上的讲话

魏贵和

（2009 年 3 月 12 日）

同志们：

按照会议安排，我受省局党组和省局党组书记、局长李鸿文同志委托，就 2009 年全省国税系统党风廉政建设工作作一个发言。

省局党组对党风廉政建设高度重视。先后召开党组会、党组扩大会，学习、传达、贯彻、落实十七届中央纪委三次全会、云南省纪委八届四次全会、全国税务系统党风廉政建设工作会议精神，研究贯彻落实意见，部署 2009 年的纪检监察工作；省局党组专门审议了我在今天会议上的发言提纲，省局党组书记、局长李鸿文同志审定了我今天的发言稿，并将作重要讲话。各级国税机关要认真学习李局长的重要讲话，深刻领会精神实质，竭尽全力抓好落实。

我今天的发言分为三个部分：一是 2009 年全省国税系统党风廉政建设工作主要任务；二是完善党风廉政建设工作措施；三是加强纪检监察干部队伍建设。

一、2009 年全省国税系统党风廉政建设工作主要任务

2008 年全省国税系统党风廉政建设，伴随着云南国税事业又好又快发展，走过了不同寻常的一年（总结材料已单独印发）。2009 年全省国税系统党风廉政建设工作，要坚持以科学发展观为统领，自觉把“创新发展年”的要求融入到纪检监察工作之中，不断创新工作思路，努力找准纪检监察工作的切入点和着力点，以党风廉政建设的实际成效为云南国税事业科学发展、和谐发展、可持续发展服务。总的指导思想是：按照十七届中央纪委三次全会、全国税务系统党风廉政建设工作会议、省纪委八届四次全会的精神，按照全省国税工作会议对党风廉政建设的部署，按照全面、深入、持久开展“创新发展年”的要求，围绕服务科学发展，共建和谐税收，严格落实党风廉政建设责任制，坚持标本兼治、综合治理、惩防并举、注重预防的方针，以改革创新精神抓好建立健全惩治和预防腐败体系《工作规划》、《实施意见》和《分工方案》的落实，更加注重对领导干部的监督，更加注重党性修养和作风养成，更加注重案件查处，更加注重政风行风建设，为云南国税事业又好又快发展提供坚强有力的纪律保证。

各级国税机关要深刻认识到新形势、新任务，对国税系统党风廉政建设提出的新要求；牢牢把握新情况、新问题，对国税系统党风廉政建设提出的新挑战。在经济形势十分严峻、组织国税收入任务十分繁重、服务发展要求十分紧迫、维护稳定十分重要的关键时刻，纪检监察工作要始终围绕中心，全力服务大局，善于突出重点，牢牢把握关键，统筹部署工作，整体推进 2009 年全系统党风廉政建设。重点抓好以下六个方面工作：

（一）抓惩治和预防腐败体系建设，构建大宣教大预防工作格局

去年底，我们根据中共中央《建立健全惩治和预防腐败体系 2008～2012 年工作规划》以

及国家税务总局、云南省委省政府的《实施办法》和《分工方案》，结合云南国税实际，制定了全省国税系统的《实施意见》和《分工方案》，提交本次会议讨论修改后正式印发，从战略高度谋划布局5年反腐倡廉工作。今后4年，各级国税机关在全力推进惩防体系建设中，要坚持做到：要层层抓。上级机关要抓好下级机关，分管领导要抓好分管部门，部门领导要抓好部门工作人员，确保各项职责完全落实。要分段抓。就是把5年的工作任务，按年度分解，从保证阶段性任务的完成、阶段性目标的实现入手，进而确保总体任务的顺利完成和总体目标的圆满实现。要协调抓。一把手、分管领导、纪检监察部门要积极协调国税机关的各个职能部门以及下级国税机关忠实履行反腐倡廉职责，确保不缺位、不越位、不错位。要均衡抓。教育、制度、监督、改革、纠风、惩治等六个方面的工作要统筹兼顾，持之以恒，不可偏废。经过我们的不懈努力，把全系统的惩防体系按时间、按质量要求建立起来。

今年是落实《工作规划》、开展惩防体系建设的开局之年，必须打牢基础，突破难题，搭建框架，为实现5年工作目标起好步、开好头。我们要求各地：要抓宣传教育。就是抓好《工作规划》、《实施意见》和《分工方案》的宣传教育，调集一切可以调集的资源，动用一切可以动用的手段，大张旗鼓而又深入细致地宣传惩防体系建设的重要意义、主要内容和基本措施。要抓分解。就是按照机构改革后的职能、部门和人员配置，逐项分解任务，既要抓好本系统任务的分解，又要抓好本单位任务的分解；既要抓好对职能部门任务的分解，又要抓好对领导、班子、国税干部的任务分解；既要抓好5年任务的分解，又要抓好当年任务的分解。要抓督导。就是开展任务落实情况的检查督导，确保年初有分解、年中有督查、年末有检查总结，并将检查结果向全省国税系统通报。要抓评估。我们将根据全省国税系统惩防体系建设的进展情况，适时组织专项或综合评估，提出加强和改进惩防体系建设的意见。要抓典型。精心培养正面典型，以点带面，加速推进惩防体系建设；认真剖析反面典型，鞭策后进，确保全省国税系统惩防体系建设的协调推进。

（二）抓党风廉政建设责任制，严格履行“一岗双责”

党风廉政建设责任制是深入推进党风廉政工作和反腐败斗争的一项基础性制度安排。进一步落实党风廉政建设责任制，能够有效促进各级国税机关领导班子、领导干部坚持“一岗双责”，切实做到“两手抓，两手都要硬”。我们要制定考核办法。省纪委今年第一次将全省国税系统纳入2008年度党风廉政建设责任制检查考核范围，重点检查考核履行“一岗双责”情况。我们将根据省纪委和国家税务总局的规定，结合云南国税工作实际，研究制定全系统党风廉政建设责任制检查考核办法，并从今年开始对全系统进行检查考核。要规范责任分解。各地要根据省局和当地纪委的部署，结合实际研究制定本单位、本系统反腐倡廉工作的重点任务，合理分解工作责任，明确完成时限和保障措施，明确每一项工作任务的牵头部门和协办部门，层层签订党风廉政建设责任书。要严格责任落实。从今年起，我们采取行之有效的方法，检查考核各地贯彻落实党风廉政建设责任制情况，重点检查考核履行“一岗双责”的成效，各州市局在抓好对下一级国税局责任制的检查考核的同时，又要认真配合省局做好自身的检查考核工作。对检查考核结果实行“三挂钩”，就是与国税干部的管理使用挂钩，与工作绩效的评价挂钩，与责任追究挂钩。要严肃责任追究。在党风廉政建设中，凡是不认真履行职责、失职渎职的领导班子和领导干部，都要追究相应责任。同时，综合运用纪律处分和组织处理手段，该调整的要及时调整，该查处的要坚决查处，确保权力运行不出轨，干部队伍不出事。

（三）抓监督检查，保障重大工作部署的贯彻落实

各级国税机关要高度重视政治纪律，认真抓好各项重大工作部署的贯彻落实，确保政令畅通。要确保中央、总局、省委省政府的重大部署在全省国税系统的贯彻落实。要保发展。加强对中央、总局、省委省政府关于促进经济平稳较快发展的各项重大决策在国税系统落实情况的检查，确保税收宏观调控措施落实到位。要保改革。确保税制改革的重要举措，如增值税全面转型、出口退税政策调整、成品油税费改革的落实。要保收入。加强对依法组织国税收入的监督检查，确保应收尽收，坚决防止

“寅吃卯粮”、收过头税和越权减免税等问题。要保“四个零增长”。严格控制会议费、接待费、出国费、车辆经费，确保四项经费的零增长。

要确保省局创新发展年各项工作部署的贯彻落实。要认真落实“创新发展年”的要求，确保组织收入、执行税法、纳税服务和队伍建设各项目标的实现。要认真落实党性修养和作风养成的要求，开展对加强党性修养和作风养成的检查，不断增强党的先进性，提高党的执政能力。要认真落实税收政策调整的要求，监督税收政策的调整落实到位，确保不走样、不变形。要认真落实领导干部监督管理的要求，加强对领导班子和领导干部执行《税务系统领导班子和领导干部监督管理办法》的监督检查，拓展事前监督和事中监督，重点是对税收执法中的减、免、缓、退、查和行政管理中的人、财、物、大宗物品采购、基本建设的监督。继续坚持和完善基建廉政谈话制度，继续坚持和完善签订《廉政公约》及回访调查制度，不断创新回访方式，努力拓宽监督渠道。加强对领导班子、领导干部特别是各级国税机关一把手的监督。要认真执行民主集中制，加强对民主生活会、述职述廉、个人有关事项报告、诫勉谈话和函询等制度执行情况的监督检查，严格落实“三谈两述”制度，进一步规范领导干部从政行为，保障权力正确行使。要认真落实执法监察的要求，积极开展日常执法监察和重点执法监察，与职能部门密切配合，开展联合检查，实施同步监督，最大限度降低税收执法风险。总局今年将重点对省以下国税机关机构改革中干部任用条例执行情况、信息化建设、金税工程项目管理以及政府采购等重点项目开展专项执法监察。我们将按照总局的要求，从中选取1~2项开展执法监察。要依托税收征管系统、税收执法管理信息系统以及执法监察子系统开展执法监察，提高应用水平，有效监控疑点数据，不断规范执法行为。

（四）抓惩处，加大案件查处力度，保持惩治腐败的强劲势头

按照中纪委要求，认真执行廉洁自律各项规定。一是严禁领导干部违反规定收送现金、有价证券、支付凭证和收受干股等行为。二是落实领导干部配偶和子女从业、投资入股、到国（境）外定居等规定和有关事项报告登记制度，严禁发生与公共利益冲突的行为。三是治理违规组织集资合作建房、超标准建房等问题；纠正领导干部违反规定发放住房补贴、多占住房、以明显低于市场价格购置住房或以劣换优、以借为名占用住房等问题。四是严禁领导干部利用和操纵招商引资项目、资产重组项目，为本人或特定关系人谋取私利。五是严禁领导干部相互请托，违反规定为对方的特定关系人在就业、投资入股、经商办企业等方面提供便利，谋取不正当利益。六是进一步巩固和深化清查“小金库”工作成果，纠正超预算、超标准新建和装修办公用房，以及领导干部超标准超编制配备使用公务用车，党员干部利用婚丧嫁娶等事宜借机敛财等问题。

按照国家税务总局要求，继续加大查办案件力度。要严格按照《中共中央纪委关于进一步加强和规范办案工作的意见》和总局即将推出的《税收违纪违法行为处分规定》，严格查办案件，提高办案质量，把案件都办成铁案。以查处发生在领导机关和领导干部中滥用职权、贪污贿赂、腐化堕落、失职渎职的案件为重点，严肃查办国税干部利用税收执法、行政审批不征少征税款、违规抵扣税款、越权减免缓征税款和违规办理出口退税等索贿受贿、徇私舞弊的案件；严肃查办利用中介机构以税谋私，造成国家税款重大损失的案件，严重损害纳税人利益，造成恶劣影响的案件；严肃查办在信息化建设中利用设备购置、软件开发等谋取私利的案件，在政府采购中干预招标投标、违规操作、内外串通获取非法利益的案件；严肃查办违反政治纪律的案件，借机构改革之机弄虚作假、买官卖官及利用岗位调整权力寻租等违反组织人事纪律的案件。

从近年来全省国税系统违法违纪案件构成情况看，大多数发生在行政管理权方面。随着税收信息化程度越来越高，税收执法行为也越来越规范，税收执法权运行过程中的违法违纪行为相对减少。应当清醒地看到，税收行政管理中的基本建设、大宗物品采购以及少数领导干部利用职权采取各种手法变相谋取私利等，依然是违纪违法案件的高发领域，依然是各级国税机关监督和惩处的重点。同时，少数领导干部和国税干部利用税收执法权谋取私利、索贿受贿、徇私舞弊的案件，仍然时有发生，其危害切切不可低估。总之，对中纪委、国家税

务总局、省纪委要求查办的重点案件，对“两权”运行过程中发生的违法违纪案件，各级国税机关要严加防范、严厉查处、严肃通报，绝不姑息迁就。

（五）抓“四项制度”落实，进一步转变工作作风

落实四项制度，加强作风建设，既是一个提高工作效率问题，提升服务质量问题，又是一个服务科学发展问题，还是一个树立国税部门、国税工作、国税干部良好的社会形象问题。我们要在2008年落实四项制度成效的基础上，常抓不懈，毫不放松，一抓到底。要完善明察暗访办法。着重规范明察暗访的手段、内容、反馈、通报等标准和程序，以及保障国税干部有效行使申辩权，尽量减少非客观因素影响和制约明察暗访结果的公正性。要规范行政问责程序。对一般问题，如服务态度、工作纪律等，适用简易程序问责；对严重问题，如违反承诺时限、吃拿卡要报等，适用一般程序问责。要规范问责标准。对行政问责的事项，给出一个指导性的问责标准，提供各地参照执行。要深入开展明察暗访。针对四项制度贯彻落实情况，启动专项或综合的明察暗访，重点解决纳税人和社会各界反映强烈的问题。同时提高明察暗访的质量。要开展专题研究。针对落实四项制度中出现的新情况新问题，如爱岗不敬业、爱事不干事、爱权不珍惜及其新的表现形式，要及时采取措施加快解决。加强对税务师事务所的行政监管。严禁损害纳税人合法利益的行为。继续纠正和治理向纳税人乱摊派、拉赞助、推销商品和“吃、拿、卡、要、报、借、占、赊”等不正之风。充分发挥外部监督作用，积极参加当地党委政府组织的民主评议政风行风活动；认真参与各地举办的政风行风热线；组织特邀监察员开展明察暗访、走访座谈等活动。

（六）抓廉政文化精品工程，营造风清气正的氛围

巩固国税廉政文化建设成果，深入推进廉政文化进基层、进机关、进家庭，不断增强廉政文化的导向力、辐射力和渗透力。要按照“以国为根，以税为业，以人为本，以学为乐，以绩为真，以廉为荣”的云南国税文化核心价值理念，推出廉政文化精品工程，大力营造以廉为荣、以贪为耻、风清气正的良好氛围。立意要高远。把廉政文化与廉政宣传教育有机结合起来，达到以文化人、以德育人、以法治人的境界，实现教育干部、预防腐败、推进工作、服务发展的目的。规划要周密。各地要从实际出发，制订切实可行的国税廉政文化精品工程规划，每年有计划、分步骤地推出一、二项精品项目，积小成大，积少成多。对象要准确。针对一般干部，以正反典型的对比教育为重点，重在灌输廉政思想，引导树立正确的人生观、利益观、价值观；对中层以上领导干部，要组织观看反腐倡廉电教片、举办廉政培训学习班，参加重要的廉政教育活动，签订廉政责任书、承诺书等，同时运用情感交流方式，不断提醒和引导学廉、崇廉、守廉；对轻微违纪的党员干部，开展诫勉谈话，早打预防针，先敲警示钟，做到防患于未然。方式要创新。要充分发挥廉政文化主阵地作用，善于运用广播、电视、报刊等媒体，扩大廉政文化的覆盖面；善于运用互联网、手机短信、电子政务网等，着力构建新型平台，快速传播廉政文化，增强廉政宣传教育的直观性、灵活性、全面性。要办好省局内外网站的党风廉政栏目，内网上的“廉政之窗”、“廉政大家谈”两个栏目应当成为全系统上下互动、切磋学习的园地。各级国税局都要办好自己的网络廉政文化栏目。要进一步唱响云南国税之歌——《乐于奉献在高原》。同时，各地要开设廉政宣传墙，悬挂廉政格言警句，领导宣讲廉政课，建立警示教育基地，编发廉政宣传信息，开展雅俗共赏的群众文艺演出，组织贴近国税工作实际的主题教育活动，努力营造浓厚的国税廉政文化氛围。

二、完善党风廉政建设工作措施

（一）加强制度建设。制度带有方向性和根本性的作用，而制度的生命力在于落实。应当说，现有的制度已经基本完备，关键是认真执行，尤其是在执行过程中，要善于发现制度的漏洞或薄弱环节，有针对性地加以完善。要严格执行制度。对惩防体系建设工作规划、党风廉政建设责任制、查办案件等制度，要不折不扣地落实，不得以任何借口、任何方式拖延或变通。要认真研究制度。对“两权”监督方面，重点研究如何保证监督落实到位；对纪检监察专项业务，重点研究如何不断创新；对纪检监察内部管理，如信访结果上报、上情下传、下情上报、材料格式等基础性工作，重点研究

如何进一步规范。要及时完善制度。纪检监察工作服务的对象是国税干部，要始终贯彻“以人为本”的理念，对不符合云南国税改革与发展要求的制度，要积极建言；对制度体系中存在的缺陷甚至漏洞，要大胆建言；要按照权限修订制度、出台制度或向上级反映情况。总之，让制度在管理国税干部的同时，更好地服务国税干部。

（二）强化规范管理。纪检监察是国税工作的重要组成部分，我们要努力把握规律性，富于创造性。要推行科学化管理。按照国税干部的成长规律、思维趋势、心理定势以及时代发展变化，及时掌握国税干部想什么、干什么、求什么；各级国税机关领导班子应当引导什么、如何引导以及引导到什么程度。要推行专业化管理。针对国税部门的业务实际，研究符合国税工作规律及发展趋势的对策，最大限度地减少“两权”运行过程中的失误和漏洞，最大限度地降低税收执法风险，最大限度地保障国税干部的工作安全。要推行精细化管理。突出早、细、实，对国税部门、国税工作、国税干部中出现的一些苗头性、倾向性问题，要早发现、早化解、早纠正、早解决，切实把矛盾化解在萌芽状态，把问题解决在基层，真正做到矛盾不积压、问题不上交。对“两权”运行的监督管理，要细心、细致，务求取得实实在在的成效。

（三）加大案件查处力度。查办案件是反腐倡廉工作的一项重要内容和一种重要手段，要充分发挥威慑作用。要严格规范办案。按照《中共中央纪委关于进一步加强和规范办案工作的意见》，规范办案程序，提高办案质量。要认真开展“一案双查”。对税收违法案件中存在的失职渎职或贪污受贿问题，各级稽查部门要将案件涉及的违纪线索，移交同级纪检监察部门；要贯彻落实《云南省纪检监察机关“一案双查”暂行办法》，务必查清案件责任。要查办典型案件。对反复强调、反复要求、反复查处仍然顶风违纪的典型案件，要坚决查办。要通报典型案件。对国税系统案情典型、危害严重、教育意义普遍的案件，查处结案后要向全系统通报，教育广大国税干部吸取教训，引以为鉴。

（四）搞好信访督办。今年是进入新世纪以来我国经济发展最为困难的一年，也是我国大事集中的一年。要把握新特点。我们要密切关注金融危机继续蔓延对各类纳税人可能产生的各种冲击，密切关注由于体制机制的影响，对国税干部可能造成的工作上、生活上以及生理上、心理上的负面影响，密切关注来自纳税人、国税干部和社会各界的各种涉税信访举报。要满足新期待。在维护稳定的前提下，以高度的政治责任感和庄严的工作使命感认真做好信访督办工作，对来信来访中提出的合乎实际的问题要及时解决，举报的案件线索要及时查处。同时勤学苦练沟通艺术，善于做好心理调适，加强心理疏导，帮助舒缓纳税人和国税干部工作、生活和心理压力。要落实新要求。我们将加大对反映县（市、区）国税局“一把手”信访件的查处力度；各级纪检监察部门对群众反映的违法违纪和不廉问题，要加大直接查办和初核力度，切实提高初核质量；要严格按照规定时间上报核查结果。必须做到事事有回音、件件有落实。

（五）完善检查考核办法。考核是监督落实的一种重要手段，是改进工作的一种重要方法。要出台考核办法。我们将根据总局、省纪委的相关规定，制订《云南省国家税务局系统党风廉政建设责任制考核办法》，尽可能量化标准，细化项目，简化程序，进一步增强考核的客观性、公正性。要完善考核内容。对临时性、专项性工作，视其需要与可能纳入考核范围，让考核更加符合国税工作实际，更加有利于国税工作的发展，更加有助于国税干部的成长。要用好考核结果。对考核评定为优秀、合格等次的单位，要给予表扬奖励；对评定为基本合格和不合格等次的单位，要给予通报批评，限期整改；对其中履行“一岗双责”职能较差以及出现苗头性、倾向性问题的单位，要对领导班子及主要负责人进行问责。

（六）大兴调查研究之风。调查研究是一个方法问题、态度问题，也是一个作风问题。今年各级纪检监察部门要集中力量抓好三个方面问题的调查研究：要开展惩防体系建设的调查研究。要着重调查研究在贯彻落实惩防体系建设《实施意见》、《分工方案》过程中取得什么成效、存在什么问题、提出什么建议。要开展落实四项制度的调查研究。着重调查研究如何建立落实四项制度的长效机制，怎样解决执行四项制度中存在的老、大、难问题。要开展党风廉政建设责任制及纪检监察基础性工作的调查研究。着重调查研究在贯彻党风廉政建设责任制及其检查考核中存在的问题和建议，纪检监察基础性工作方面存在哪些薄弱环节、怎样推进规范管理等问题。

三、加强纪检监察干部队伍建设

全省国税系统纪检监察部门和纪检监察干部要深入贯彻落实科学发展观，严格按照“创新发展年”的要求，创造性开展工作，保证省局党组在全省国税工作会议和本次会议上提出的党风廉政建设任务得到圆满完成。

（一）推进观念创新。要以科学发展观为统领，推进国税系统党风廉政建设工作观念的创新。我们要牢固树立和落实党风廉政建设的第一要义是服务发展。要始终围绕中心，服务大局，自觉把纪检监察工作放在落实科学发展观的大背景下去把握，放在国税工作又好又快发展的大格局中去推进，放在促进国税干部素质建设的大事业中去加强。党风廉政建设的核心是以人为本。把以人为本的理念始终作为纪检监察工作的出发点和落脚点，做到想问题、办事情、作决定，都要从有利于教育、关心、帮助、爱护、挽救国税干部出发，坚持预防在先、关口前移、着眼防范，帮助国税干部特别是领导干部不犯或少犯错误。要牢固树立和落实查清问题、惩治腐败是成绩，澄清事实，挽救、教育、保护国税干部同样是成绩的理念。党风廉政建设的要求是全面协调可持续。要继续坚持和落实标本兼治、综合治理、惩防并举、注重预防的方针，整体推进教育、制度、监督、改革、纠风、惩处等各个方面的工作。党风廉政建设的根本方法是统筹兼顾。党风廉政建设贯穿于税收工作大局之中，贯穿于税收政策法规的制定、税收征管体制机制建设与改革的总体设计之中，贯穿于“两权”运行的全过程之中。因此，必须统筹兼顾，注重协调配合。要充分发挥纪检组、监察室协助各级国税局党组加强党风廉政建设的职能作用，统筹对上汇报与对下指导，统筹从严治标与着力治本，统筹严格惩处与严密预防。

（二）推进思路创新。要统一思路。就是纪检监察部门要把反腐倡廉工作的思路统一到创新发展年上来。要充实思路。就是不断充实工作思路的内涵，落实“领导坚强，队伍整齐，素质过硬，服务优良，绩效明显，形象良好”的总体要求。要大力推进依法治税，强化对税收执法权的监督，尊重和保护纳税人的合法权益，营造公平、法治的税收环境。要把大胆改革、勇于开拓与官僚主义失职、渎职区分开来，敢于为真抓实干、干事创业的国税干部撑腰壮胆，维护他们的合法权益和声誉，营造支持改革者、鼓励实干者、批评空谈者、教育失误者、追究诬告者、惩治腐败者的良好氛围，为国税干部搭建想干事、能干事、干成事的工作平台。要规范思路。就是大力规范工作思路的外延，以落实惩防体系建设、党风廉政建设责任制和《税务系统领导班子和领导干部监督管理办法》为重点，编织一张保障国税干部人身安全、管理安全、执法安全的安全网。

（三）推进工作方法创新。要创新工作手段。要充分利用信息化建设的强大优势，加强网上宣传教育，办好网上信访举报；要充分运用综合征管软件和执法监察系统，进一步规范税收执法；要改进调查研究方法，既要深入基层一线摸情况、找问题、查矛盾、理思路，又要开展网上问卷调查，办好“廉政之窗”和“廉政大家谈”，疏通和拓展搜集民情民意的渠道；要创新落实方式。各级纪检监察部门部署工作任务务求明确，落实工作措施务求准确，检查工作方法务求精确。要创新督导方式。要强化检查督导，采取各种切实可行的方式检查、督促、指导、推动党风廉政建设，以督导促进落实，以落实赢得成效，以成效服务大局。

（四）推进管理基础创新。管理基础既有硬件，也有软件，是一个有机整体。强化管理基础是规范纪检监察工作的治本之策。要推进管理基础的硬件建设。要加强纪检监察信访管理、文件收发、资料报送、案件管理、信息工作、网络运用、档案管理等基础性工作，在规范的基础上落实创新措施，在落实创新措施的基础上推进管理的规范，从而做到标准要高、管理要严、工作要细、措施要实。要推进管理基础的软件建设。在纪检监察部门大力倡导并努力形成严谨、求真、务实的管理风格，对人一律实事求是，对事一律一丝不苟，对利一律公私分明，始终追求“零差错”的管理目标。

（五）推进人员素质创新。要学习工作。纪检监察干部要加强税收理论、经济管理、科技知识、法律法规等方面知识的学习，特别要加强对税收执法和行政管理知识的学习。鼓励自学，适当集中培训，适时举办视频讲座，坚持带着问题学、结合实际学，不断提高纪检监察工作的服务能力、监督能力、查办案件能力、协助各级党组领导党风廉政建设的统筹能力。要研究工作。善于运用辩证的观点、联系的观点、发展的观点、创新的观点看待党风廉政建设中的新情况，不断观察反腐倡廉工作中亟待解决的新问题，系统调查，深入研究，及时提出加强和改进的措施。要落实工作。对各级党组作出的党风廉政建设工作决策和部署，要开拓视野，开动脑筋，确保高效率、高质量完成。要总结工作。党风廉政建设的单项工作要及时小结，总体工作要及时总结，善于从中归纳出成功的做法和经验，以期更好地指导全系统的纪检监察工作。要提升工作。纪检监察干部要用心思考、用心工作、用心做事，确保各项工作上档次、上水平。

（六）推进工作作风的加强和改进。胡锦涛总书记在中纪委三次全会上强调要加强党性修养和作风养成，不但对各级国税部门领导干部具有十分重要意义，而且对纪检监察干部忠实履行工作职责具有十分重要的现实意义。纪检监察干部要围绕“做党的忠诚卫士，当群众的贴心人”主题实践活动，在改造客观世界的同时，积极、主动、自觉地改造自己的主观世界，深入推进自身素质建设。要以身作则。带头遵守各项规章制度，带头遵守政治纪律、组织纪律、经济工作纪律、群众工作纪律。要忠于职守。旗帜鲜明地抓党风廉政建设，该打招呼的要打招呼，该教育的要教育，该处理的要坚决处理，不要怕得罪人。否则，如果由于反腐倡廉工作没有做好而导致国税干部队伍中出现违法违纪问题，就是我们工作失职的一种表现。要严于律己。耐得住寂寞，守得住清贫，顶得住诱惑，抗得住干扰，要时时处处以大局为重，以云南国税事业的发展为重，无私无畏，不徇私情。要注重作风养成。就是养成良好的作风，包括求真务实的作风、虚心好学的作风、开拓创新的作风、勤政为民的作风、廉洁自律的作风，以过硬的作风保证纪检监察工作的健康发展。

同志们，全省国税系统党风廉政建设和反腐败斗争任重而道远。我们要以科学发展观为统领，深入学习宣传贯彻落实中央建设惩防体系《工作规划》，竭尽全力落实省局《实施意见》和《分工方案》，竭尽全力落实党风廉政建设责任制，竭尽全力落实创新发展年的要求，在建设惩防体系上下工夫，在探索反腐倡廉长效机制上下功夫，在转变作风、务求实效上下功夫，全面推进党风廉政建设，为云南国税事业又好又快发展服务。

第二篇

全省国税工作概述

Y U N N A N G U O S H U I N I A N J I A N

全省国税工作综述

综　述

2009年是贯彻落实党的十七大精神的第二年，是实施《云南省国税工作“十一五”时期发展与改革的基本思路》的第四年。云南省国家税务局在国家税务总局和省委、省政府的正确领导下，全面贯彻党的十七大、中央经济工作会议、全国税务工作会议和全省财税工作会议精神，以邓小平理论和“三个代表”重要思想为指导，深入贯彻落实科学发展观，坚持依法治税，不断加强税收科学管理，在巩固“文明服务年”、“管理基础年”、“质量效率年”、“作风建设年”成果的基础上，云南国税系统围绕“创新发展年”工作主题，在全球金融危机影响日益蔓延，经济形势持续下滑，组织税收收入工作面临严峻形势的条件下，始终保持了共克时艰的信心和良好的精神状态，依法组织收入，强化税收预测分析，加强税源专业化管理，推进创新发展项目实施，提高干部培训实效，顺利完成全省各级国税机关机构改革，大力规范内部管理，有效落实党风廉政建设责任制，强化国税文化建设，为国税工作的创新发展打下良好基础，为国家和云南经济社会发展作出了积极贡献。

业务概述

【税收收入】　2009年，全省国税系统在全球金融危机影响日益蔓延，经济形势持续下滑，组织税收收入工作异常艰难的条件下，经过全体国税干部的努力，共计完成税收收入900.08亿元（不含海关代征），比上年增长4.44%，增收38.25亿元，较好地完成省政府下达的900亿元国税收入目标。其中：国内增值税完成393.81亿元，比上年减收8.06亿元，下降2.01%；国内消费税完成363.54亿元，比上年增收49.73亿万元，增长15.85%；企业所得税完成109.60亿元，比上年减收6.76亿元，下降5.81%，其中：内资企业所得税完成88.49亿元，比上年减收13.47亿元，下降13.21%；外资企业所得税完成21.11亿元，比上年增收6.72亿元，增长46.66%；储蓄存款利息所得个人所得税完成2.09亿元，比上年减收2.90亿元，下降58.13%；车辆购置税完成31.05亿元，比上年增收6.24亿元，增长25.15%。

2009年云南国税税收收入在全国排名第11位，比2008年前进1位；增量在全国排名第17位，比2008年后退6位；增幅比全国平均增幅9.1%低4.7个百分点，在全国排名第22位，比2008年后退3位。增值税总量排名第19位；增量排名第22位；增幅低于全国平均水平5.8%，排名第21位。消费税总量排名第2位；增量排名第15位；增幅低于全国平均水平69.6个百分点，排名第29位。企业所得税排名第18位；增量排名第19位；增幅低于全国平均水平8.4个百分点，排名第20位。

【税收收入特点】　2009年全省国税在经济形势持续下滑，组织税收收入工作异常艰难的条件下，顺利完成了组织税收收入任务。税收收入主要呈现五个特点：一是税收收入总体呈现前低后高态势，并顺利突破900亿元大关。二是因国家刺激内需出台汽车下乡和小排量车购税减税等优惠政策，车购税呈现持续快速增长态势，突破30亿元。三是由于国家政策调整，国税征收的五个税种出现消费税、车购税快速增长，增值税、所得税、储蓄存款利息所得个人所得税同比下降的“两增三减”态势。四是16个州市除保山市、文山州、怒江州和临沧市国税收入下降外，其余12个州市均为增长，呈现税收收入普遍增收态势。五是国税收入占财政收入比重呈下降态势。2009年税收收入占财政收入比重为60.38%，比2008年下降6.41个百分点。

【税收收入分析】　（一）国内经济探底回升带动税收走出低谷。2009年受国际国内经济持续低迷影响，1～5月我省国税税收一直下降。6月份起，国家出台的4万亿刺激内需政策开始发挥作用，云南省委、省政府沉着应对金融危机保持工业经济平稳较快发展的一系列政策措施作用得到有效发挥，全省经济开始企稳回升。6月份开始，国税税收收入单月持续保持增长，累计收入的减幅自1月最大值17.48%逐步收窄，11月首次实现年内正增长，12月增幅扩大至本年最高4.44%。（二）经济增长为税收任务完成奠定了坚实的基础。2009年，全省工业增加值完成2088.3亿元，增长11.2%，全省工业经济运行基本达到预期目标，为完成税收任务奠定了基础。一是国内增值税完成393.81亿元，比上年减收8.06亿元，下降2.01%。从主要行业看，卷烟总量占增值税总量的26.12%；收入达到10亿元以上的行业是电力、煤炭、有色金属、建材产品、钢坯钢材、化工产品、商业批零7个行业，收入占增值税总量的54.88%。电力、煤炭、建材产品、钢坯钢材、商业批零等行业增值税保持增长，而卷烟、有色金属、化工产品等增值税减收。二是国内消费税完成363.54亿元，比上年增收49.73亿元，增长15.85%。其中，卷烟消费税完成361.17亿元，占消费税总量的99.35%。卷烟消费税增收原因：1. 卷烟累计产销量同比增长；一、三类烟比重提高；重点骨干品牌集中度进一步提高；实现利税同比增长。2. 上年结转税款入库18.2亿元。3. 消费税政策调整，全年增收26.56亿元，占卷烟消费税增收额49.87亿元的53.25%。其中工业卷烟税率调整增收20.30亿元，卷烟批发净增消费税6.26亿元。三是企业所得税完成109.60亿元，比上年减收6.76亿元，其中：内资企业所得税完成88.49亿元，比上年减收13.47亿元，下降13.21%；外资企业所得税完成21.11亿元，比上年增收6.71亿元，增长46.66%。四是储蓄存款利息所得个人所得税完成2.09亿元，比上年减收2.90亿元，下降58.13%。个人所得税收入大幅度下滑的主要原因是受政策性因素影响。五是车辆购置税完成31.05亿元，比上年增收6.24亿元，增长25.15%，创历史新高。（三）加强征管，严格税收执法，为税收增长提供重要保障。全省国税系统坚持“依法征税，应收尽收，坚决不收过头税，坚决防止和制止越权减免税”的组织收入原则，大力推进依法治税，严格税收执法，全年全省国税实现查补收入13.32亿元，有效地打击了涉税领域的违法犯罪活动，进一步提高了税收征管质量和效率，保证了税款及时足额入库。

各项工作

【税收征收管理】 2009年全省国税在收入形势十分严峻的情况下，化压力为动力，找准工作突破点，采取加强征管的有效措施堵漏增收，向管理要收入。加强增值税转型固定资产抵扣管理，有效防范虚假抵扣造成税收流失；加强对占全省国税收入90%的1108户重点纳税人的监控管理和税收辅导；以数据监控分析为手段，强化运输发票抵扣管理、滞留票管理、预征—结算管理；追踪落实调整后的资源综合利用、再生资源相关政策，对政策落实中出现的新问题和新情况，及时向总局进行反馈；认真落实总局新办企业所得税征管范围调整工作，及时与省地税局协调处理存在问题，确保新增户征管范围准确实施；推广运用企业所得税汇总纳税管理信息交换平台，全面掌握汇总纳税企业税源变化情况。进一步加大了纳税评估的力度和范围，认真分析筛查，重点对长期零负申报、长亏不倒、税负异常的企业进行评估，做到有的放矢。加强固定资产抵扣管理，密切关注政策执行中的新问题新情况，强化监控，全面掌握纳税人固定资产的种类，确认纳税人购进和自制固定资产的实际发生，界定允许抵扣的范围，最大限度地减少税款流失。进一步强化税务稽查，充分利用税务稽查这把“利剑”，集中优势兵力，突出稽查重点，严厉打击涉税违法行为，圆满完成全年稽查任务，为规范税收管理、堵塞税收漏洞，增加税收收入提供强有力的保障。加强户籍信息管理。充分利用现代信息技术，加强与工商登记信息交换，加强漏征漏管户日常清理工作，在玉溪市国税局试点“云南省企业基础信息共享应用推广项目”，提高了信息交换的针对性和适用性，降低了部门间信息交换成本，提升了管理水平和服务质量。建立发票管理长效机制，提高控管税源的能力。完成了在曲靖试点的发票综合管理工作。研究制定普通发票内部管理制度、普通发票纸质和电子防伪技术。对机动车维修发票、加工修理修配发票进行了发票版面金额限制，机动车维修发票由原来的十万元版改为万元版，加工修理修配发票由原来的万元版改为千元版。积极推进冠名发票的印制。积极推广普通发票监管信息系统，协同稽查部门联合开展普通发票检查，有效开展防范打击利用普通发票进行涉税违法犯罪的活动。强化系统应用水平。应用综合征管软件延期申报的功能模块，及时监控延期申报管理。应用NTDS全程跟踪延期缴纳税款管理。应用网上申报系统，积极稳妥推行网上申报。应用综合征管软件、监控系统加强欠税管理。应用综合征管软件的电子定税子系统，规范定额核定管理，进一步巩固全省个体电子定税成果。积极推进信息管税。在做好传统征管工作的基础上，用新的理念和方法提高税收征管质量和效率。成立税收征管现状分析领导小组及办公室，以税收征管数据为基础开展税收征管现状分析，查找税收管理中的不足，提高税收管理质量。完成数据监控系统（征管部分）升级工作。开发了户籍管理、欠税管理、发票管理、申报管理、个体管理和风险管理六大功能模块、68个子模块，为各级国税机关提供了强化税源监控、加强风险管理的有效工具，进一步提高了“信息管税”的效能。切实做好数据运行维护工作，在省局内部政务网站“业务请示与回复”、“处室在线”、“问答交流”等栏目，分业务归属对口回复运维问题，保障了征管软件顺利运行。积极推行财税库银横向联网试点工作。2009年7月，财政部、国家税务总局、中国人民银行确定我省国税系统作为2009年财税库银税收收入电子缴库横向联网第二批新增试点单位。在省财政厅、中国人民银行云南省分行、省地税局的大力配合和支持下，通过省局收入规划、信息中心等部门以及昆明、曲靖的共同努力，财税库银横向联网系统于11月23日在昆明市国家税务局直属分局、五华区国家税务局、曲靖市麒麟区国家税务局和曲靖市经济开发区国家税务局正式上线运行。开展重点税源纳税评估工作。截至12月15日，通过对全省筛选确定的37户重点税源企业2008年度及2009年上半年的纳税情况进行综合评估，共确认查补税款9939.63万元，其中已入库3856.79万元，评估工作取得明显成效。

【税收政策管理】 （一）流转税及车购税管理。一是重大政策执行。2009年全省较好地落实了国家出台的增值税转型、卷烟消费税调整、小排量乘用车车辆购置税减半征收三项重大政策调整。其中实施增值税转型，全年纳税人共申报抵扣固定资产进项税额19.56亿元，对不符合抵扣范围的固定资产转出进项税4002万元。

落实卷烟消费税政策调整，全年政策性增收消费税26.56亿元，分别为工业卷烟税率调整增收20.30亿元，卷烟批发净增消费税6.26亿元。贯彻国家汽车产业振兴规划，促进节能减排，实施小排量乘用车车购税减征，1～12月全省减征车辆21.73万辆，占汽车征收车辆数的50%。减征税款5.9亿元。二是实施纳税评估。在总结上年好的做法和经验的基础上，继续深化纳税评估工作，促进企业提高纳税遵从度。2009年全省评估企业1856户次，查补增值税3.53亿元，滞纳金及罚款357万元，少免增值税286万元，移送稽查31户。其中省局直接评估25户，应补缴增值税9150万元，滞纳金137万元；“回头看”交叉评估应补增值税为前期各地评估应补税款的1.75倍。三是加强“四小票”管理。加大增值税其他抵扣凭证管理和核查力度，2009年共核查比对异常海关缴款书和税控货运发票1028份，查补税款、滞纳金和罚款362万元，海关缴款书和税控货运发票比对相符率分别保持96.08%、99.83%。完成总局2008年下半年稽核异常的399份海关缴款书的专项清查，补缴税款和滞纳金43万元，移交稽查3份。

（二）企业所得税管理。面对国际金融危机冲击，政策性减收等诸多不利因素，坚持强化税源监控、堵塞征管漏洞，努力将税源转化为税收，保证了所得税税款及时、足额入库。2009年，云南国税认真落实国家税务总局出台的资产损失税前扣除、房地产业务处理、各项准备金扣除、广告费业务宣传费扣除、优惠政策管理、重组业务处理、企业所得税清算等所得税政策，保证政策落实到位。严格执行国家税务总局调整新增企业所得税征管范围政策，加强与地税部门的协调，研究和解决实施过程中出现的问题，确保征管范围调整政策落实到位。2009年度，云南国税企业所得税征管企业66189户，较上年同口径新增企业6516户，增长11.8%。认真贯彻落实公益性捐赠税前扣除政策，积极会同省财政、民政、地税部门，对我省公益性捐赠税前扣除政策的实施及管理制定操作规范，规范和促进云南省社会公益性事业的健康发展。明确了全省公益性社会团体税前扣除资格的申请、认定及审批程序；县级以上人民政府及其部门、公益性社会团体在接受捐赠时，必须向捐赠人开具由省财政厅统一印制的公益性捐赠票据；纳税人发生的公益性捐赠，必须取得具有税前扣除资格的公益性社会团体或县级以上人民政府及其部门按规定开具的公益性捐赠票据；纳税人在申报年度所得税时须向主管税务机关附送捐赠票据复印件，经其审核符合上述规定条件的准予税前扣除。通过公益性捐赠税前扣除政策及管理措施的实施，为进一步调动和促进全民参与社会公益事业发展发挥了积极引导作用。认真贯彻落实烟草企业的烟草广告费和业务宣传费支出，一律不得在计算应纳税所得税额时扣除的政策。2009年度，云南国税通过开展政策辅导，组织督促相关烟草企业自查补税，全省烟草工商企业自查补税9570余万元。

（三）出口退税管理。一是规范岗责体系。编制了《生产企业免、抵（退）税办理流程》、《边贸人民币结算办理退税流程》、《外贸企业进料加工办理流程》、《生产企业进料加工办理流程》、《代理出口货物证明办理流程》等五项办理出口货物退（免）税的常规管理流程，规范出口退税管理岗责体系。二是简化办税程序。制定并实施《出口货物退免税分类管理办法》，通过将出口企业分为A、B两类进行管理。加强征、退税衔接工作，解决征税与退税机关重复审核、职责交叉问题。明确审核重点，简化原始单证保管和报送审核方式，减少企业单证的往返报送，实现了“出口退税征退合一”管理方式上的突破。三是落实部分商品出口退税率上调。为应对金融危机出口下滑，2009年国家4次调高部分出口货物退税率，涉及我省出口的货物按照商品代码统计有965种，主要涉及电机（电器）及零配件、纺织品、部分有机化学品等，我省审核、审批出口货物的平均退税率为13.85%，比去年提高1.74个百分点。四是完成代理出口货物证明和出口应征税货物核查工作。按总局要求，3月起开展代理出口货物证明开具、传输和使用情况的核查，21户企业补缴增值税286万元，移交稽查5户。落实国家税务总局对视同内销出口货物计提销项税额的政策，对全国2008年1月至2009年3月出口报关单电子信息，开展专项核查工作。全省核查出口企业共计567户，核查后补缴税款为480.8万元，涉及企业28户，移交稽查处理的企业共6户，涉及待补税款179.98万元。五是积极推进边贸出口货物人民币结算退税试点。2009年为153户边贸企业办理边境小额贸易以人民币结算退税3.77亿元。

（四）国际（涉外）税收管理。准确把握大企业和国际税收工作的重点、特点和难点，抓落实、重质量、求实效，全面完成了各项工作任务。一是开展大企业自查补税专项工作。根据国家税务总局布置，对我省开展了11户大集团企业的税收自查工作，共涉及银行业、电力业、电信业、保险业、石油石化业五个行业124户企业，分布在全省16个地、州、市，全省共补缴入库各税种税款及滞纳金共计1.29亿元。二是加强非居民企业税收管理。通过规范非居民企业所得税管理流程，推进信息化管理，加强政策辅导，组织汇算清缴，2009年全省非居民企业所得税共实现9206万元，比上年同期的3362万元增长了5844万元，增幅为173.83%。三是采取措施做好税收协定执行工作，提升国际税收管理质量和效率。四是认真落实国家税务总局组织的反避税工作安排，积极组织全省反避税干部开展业务知识培训，提高了反避税工作人员的业务素质。

（五）积极落实税收优惠政策，发挥税收对经济的调控作用。落实增值税税收优惠政策。2009年贯彻新的《增值税暂行条例》，小规模纳税人征收率由工业6%和商业4%统一下调为3%，减收增值税3.41亿元。办理增值税征前减免销售额914.88亿元，减免增值税0.18亿元，其中：资源综合利用征前减免销售额3.67亿元，涉及农业生产的税收优惠如用于农业生产的农膜、农药、种子、种苗、饲料等免税项目减免增值税销售额560.79亿元，初级农业产品减免销售额60.68亿元，居民用粮油产品减免销售额38.19亿元。办理即征即退增值税5.96亿元，其中：资源综合利用即征即退5446.69万元，安置残疾人税收优惠政策退还增值税4.91亿元。落实企业所得税优惠政策。贯彻落实资源综合利用企业所得税优惠政策。根据《国家税务总局关于资源综合利用企业所得税优惠管理问题的通知》（国税函〔2009〕185号）要求，2009年度全省享受资源综合利用企业所得税优惠政策的企业18户，实际减免企业所得税1525万元，为鼓励引导企业实施资源综合利用发挥了积极作用。认真落实安置残疾人员就业的有关企业所得税优惠政策。根据《财政部国家税务总局关于安置残疾人员就业有关企业所得税优惠政策问题的通知》（财税〔2009〕70号）规定，2009年度，全省享受安置残疾人员就业工资加计扣除优惠政策的企业141户，加计扣除工资额1.02亿元，享受减免税2550余万元，对促进残疾人员就业发挥了积极的作用。

【**税收执法管理**】 大力推进依法治税，积极开展“依法治省示范单位”试点和“五五”普法工作。重视税收执法资格，2009年度组织税务人员执法资格统一考试，参加考试人员309人，及格282人，及格率为91.26%。积极贯彻实施省政府阳光政府四项制度，实行重大决策听证、重大事项公示、重点工作通报及政务信息查询制度。全年公示重大事项24项，通报重点工作43项，编发《实施阳光政府四项制度工作简报》44期。坚持重大税务案件集体审理制度，2009年全省共审理重大税务案件254件，其中维持初审意见222件、发回复查6件、改变调查部门拟处理意见26件，审理率为13.04%，其中省局审理案件5件，均已移送司法机关处理。认真做好行政复议工作，全省全年共受理复议案件3件，分别为对税务机关征税行为及税务行政处罚不服申请复议，其中1件复议案件在受理后，由行政相对人要求撤回申请，2件复议案件经审查作出了撤销原具体行政行为的决定。全面落实税收执法责任制考核和过错责任追究。截至2009年12月底，共对执法人员513人次的633项执法过错进行了自动考核追究，其中给予执法过错人员经济惩戒495人次，惩戒金额13543元；给予批评教育452人次、取消执法资格1人次。

【**税务稽查管理**】 2009年稽查工作按照“服务科学发展、共建和谐税收”主题，围绕“保增长、保民生、保稳定”的战略方针，以整顿和规范税收秩序为目标，采用分级分类稽查与专项检查相结合的方式抓好涉税违法行为，特别是重大税收违法案件查处，以第二轮分级分类稽查、专项检查和打击发票违法犯罪活动专项整治为重点，以组织查补收入为中心，大力推进依法稽查，创新稽查管理体制，创新稽查方式方法，强化稽查基础管理，不断提高稽查工作质量和效率，全面提升稽查队伍素质，发挥税务稽查职能作用。全省国税实现查补收入133186万元，其中重点稽查检查2373户，有问题户数2178户，查补收入36502万元；自查户数18983户，查补收入96684万元。比上年同期（不含自查数）增收104698万元，增长367.52%。实际入库131998万元，入库率99.11%，选案准确率91.78%，查补率1.48%，平均处罚率13.17%，偷税处罚率60.53%。加大大案要案的查处力度，震慑涉税领域违法犯罪活动。2009年达到省局大案要案上报标准的案件共63件，已结案30户，涉案税额1.4亿元，已入库税额8277万元、罚款166万元、滞纳金1230万元，合计入库9673万元。做好涉税违法举报案件查处，全省全年共受理涉税违法举报案件1070件，较上年增加369件，已查处807件，查补收入合计2537.41万元，已入库2495.8万元。较好地维护了税收秩序。

【**征纳和谐**】 积极贯彻全国税务系统纳税服务工作会议精神，认真总结分析当前纳税服务工作经验和面临的新形势，切实采取措施，全面推进纳税服务工作的创新与发展。构筑立体税法宣传平台，发挥办税服务厅窗口优势，加大送税法进企业力度，以国税门户网站为有效载体，同时充分利用报纸、广播、电视等传统媒体在纳税人中的认知优势，全方位做好涉税信息服务；高度重视“96128”政务信息查询专线服务工作。按照省政府及相关责任部门的要求，建立政务信息查询工作机制，指定专人负责，设立专用电话，并按规定和要求上报了“96128”政务查询专线相关信息资料，接受公众和政府部门的监督检查。进一步优化办税流程，精简涉税资料报送，大力推进办税服务厅标准化建设，进一步拓展办税服务厅功能；在昆明市以网上申报为突破，积极探索建立纳税人足不出户、即时互动，全时段、多功能的“网上办税服务厅”。昆明市2.6万户纳税人采用了网上申报方式，查账征收纳税人中，近60%的纳税人可以通过网络申报系统自主完成相关的各类申报，昆明主城区高达85%的纳税人实现了网络申报。从2009年6月1日开始，开始对43户一般纳税人防伪税控IC卡网络报税进行试点，防伪税控纳税人通过网络申报系统可以在几分钟内自主完成报税、申报、扣税、IC卡解锁等一系列操作。在盘龙区国税局试点的网上发售发票、网上办理税务登记功能已开发完成并投入试运行。自主开发的企业所得税介质及网络申报系统率先满足了新《企业所得税法》的政策规定和2008版《企业所得税年度申报表》填报的要求，极大降低了纳税人在填写报表时的工作量和误差率。

【**税收宣传**】 紧紧围绕国家税务总局和省委、省政府部署的中心工作，紧扣“创新发展年”工作主题，跟踪挖掘全省国税系统在有效应对国际金融危机，大力加强税收分析、税源监控、纳税评估、税务稽查，全力以赴组织税收收入，圆满完成全年各项工作任务中的措施、亮点、经验，积极做好税收政务信息工作，报送和编发了大量的税务信息，为上级领导了解全省国税工作情况，实施科学决策提供了较好的信息服务 。全年省局共编报《税收专报》308期，编发《税务简报》30期512条，被国家税务总局办公厅采用27条；被省委办公厅采用38条，被省政府办公厅采用45条。荣获全省政府系统信息工作二等奖。全省国税系统累计在州、市级以上各种新闻媒体发表税收宣传文章（报道）1100余篇（条），其中在省级和中央级新闻媒体发表各类税收宣传文章（报道）110多篇（条），较好地营造了良好的税收工作舆论环境。

【信息化建设】 以促进税收决策、税收管理、税收执法、内部管理为重点，坚持自主创新，不断推动“科技兴税”，保障“信息管税”。一是改造中心机房。按照总局下发的《金税三期建设规划》的相关规范和要求，对中心机房进行设备改造和技术更新。把盘龙区国家税务局四楼办税服务厅约1400平方米改造成云南省国家税务局数据处理中心，把省局六楼建成小型机房，把昆明市局机房建成省局备份中心，同时对省局六楼机房的UPS电源、电源插座、电源线路进行全面更新。二是完成监控系统升级。按照业务部门的需求，总计开发了482个全新模块，完善了40个模块。新的系统为税源管理、税种管理、税政管理、风险管理和收入分析提供了丰富、准确和高效的决策信息。三是完成了广域网扩容改建项目。我省国税系统与原网络提供商中国电信的合作协议到期后，经邀请中国电信、中国联通和云南广电参与竞争性谈判，最终确定中国联通云南分公司和云南广电网络公司分别作为全省国税广域网线路A和线路B的中标人，参与全省广域网建设和提供三年的租赁服务。扩容改建工程从10月13日开始，经过精心组织、稳步推进，截至12月25日，全省广域网改造项目取得圆满成功。四是开通了云南国税网络教育培训系统。全省国税网络教育培训系统自2007年立项以来，经过广泛的市场调研和技术咨询研究，于2009年3月形成较为详细的《云南国税视频会议系统需求方案》。通过邀请专家和产品代表等对视讯产品的发展和技术特点进行进一步的调查和了解，确定了中标供应商为深圳金正科技股份有限公司。2009年10月13日，项目正式启动。经过紧张施工，测试，12月9日，一个覆盖省、州（市）和区（县）三级节点的高清教育培训系统通过初检正式投入使用。五是完善网上办税功能。为了提高纳税服务质量和效率，信息中心密切配合货物劳务税处，与航天信息工程师共同完成了远程报税系统的开发调试，在网络申报中实现了网络抄报税、IC卡清零解锁。根据增值税、消费税和所得税政策的变动，先后完成了网上申报软件的6次修改升级工作。开发所得税核定类季度申报，完善所得税网络申报。密切跟踪和指导昆明市局网上税务登记、网上发票发售项目建设，为把网上申报拓展为网上办税服务厅做好了前期的准备工作。六是做好60多个应用系统的维护和计算机硬件、网络和安全维护工作，为全省国税系统“信息管税”提供设备、网络、软件支撑。

队伍建设

【学习实践科学发展观活动】 按照中央的统一部署，在省委第十七指导检查组和总局第五指导检查组的指导帮助下，省局机关深入学习实践科学发展观活动通过精心组织，有效推进，党组成员率先垂范，机关干部职工积极参与，全系统密切配合，圆满完成了第一批学习实践科学发展观活动各项任务。在对省局机关干部以及全省国税系统16个州、市国税局、相关厅局、纳税人、特邀监察员参加的群众满意度测评中，满意率达98.43%。2009年3月16日起，全省16个州、市所属县、市（区）局均开展了第二批学习实践科学发展观活动，参加人数共计11243人。为加强对参加第二批学习实践活动单位的指导，省局下发了《中共云南省国家税务局党组关于开展全省国税系统第二批深入学习实践科学发展观活动的指导意见》，对第二批学习实践活动的重大意义、指导思想、目标任务、基本原则、方法步骤和措施要求作了具体明确，各州市均按照当地党委的统一要求，成立相应的组织领导机构加强对学习实践活动的领导，保证第二批学习实践活动的顺利开展。省局成立8个指导检查组负责对全省16个州、市局第二批深入学习实践活动进行指导。2009年1月1日至2009年7月14日，省局共编学习实践活动简报20期，专报11期。积极开展学习实践整改落实工作“回头看”活动，把落脚点放在解决制约省局科学发展的在思想障碍、队伍建设两方面的突出问题上，采取有效措施认真落实整改“销号”制度。通过认真组织开展“回头看”活动，进一步促进了全系统的科学发展、和谐发展、创新发展。

【学习十七届四中全会精神】 按照《中共国家税务总局党组关于在全国税务系统认真贯彻党的十七届四中全会精神的通知》（国税党字〔2009〕58号）要求，9月27日，云南省国家税务局召开党组中心组学习贯彻十七届四中全会精神专题会议，全文学习传达胡锦涛总书记在党的十七届四中全会上作的报告和重要讲话，会议从全省国税工作实际出发，提出要进一步深入学习贯彻落实党的十七届四中全会精神。要求全省国税系统深入学习领会十七届四中全会精神，充分认识学习贯彻全会精神的重大意义，切实增强做好新形势下全省国税系统党建工作的责任感、紧迫感，采取措施扎实抓好十七届四中全会精神的贯彻落实。要求各州市局党组要按照全会精神，结合国税工作实际，找准当前和今后一个时期云南国税系统党的建设的着力点，突出重点、整体推进，全面落实好全会提出的各项任务，

【领导班子建设】 全省各级国税机关坚持党管干部原则，以提高领导干部执政能力和领导水平为重点，全面加强领导班子建设，促进了各级领导班子全面建设。一是结合深入抓好各级领导班子党组民主生活会和中心组

理论学习，使各级领导干部把学习作为一种政治责任、变成内在需求，增强责任感和紧迫感，自觉加强学习，提高领导干部分析形势、把握大局、服务全局的能力。二是完善干部管理规章制度。按照中央、省委和国家税务总局关于大力培养和选拔年轻干部工作的有关要求和精神，省局拟定了《云南省国家税务局机关公开选调公务员试行办法》和《云南省国家税务局系统副处级领导干部破格、越级提拔任用办法（试行）》，进一步完善了干部管理制度，为优秀年轻干部脱颖而出提供了制度保障。三是注重干部培养选拔工作。坚持干部上挂下派制度，鼓励机关年轻干部到基层和艰苦地区锻炼成长，注重从基层选拔优秀年轻干部到领导机关学习提高。2009 年，省局机关先后选派了 2 名同志为新农村建设指导员到艰苦地区锻炼，选派 3 名优秀年轻干部到基层挂职锻炼，选拔 12 名干部到省局机关进行工作锻炼。积极推进年轻干部的培养选拔工作，创新年轻干部选拔任用机制，形成有利于优秀年轻干部脱颖而出的条件和环境。四是优化调整各级领导班子。按照《党政领导干部选拔任用工作条例》规定，年内共考察任命副处级领导干部试用期满转正 7 人、州、市局稽查局局长试用期满转正 14 人，考察任命州、市局正处级领导干部 1 人，调整任命副处级领导干部 15 人、稽查局局长 1 人，考察任命处级非领导职务 3 人；省局机关机构改革期间，提拔任用正处级领导干部 4 人、副处级领导干部 9 人、处级非领导职务 16 人，调整任命处级领导干部 8 人、副处级领导干部 12 人、处级非领导职务 9 人、科级以下干部 43 人，晋升科级非领导职务 3 人。五是加强对领导干部的管理监督。严格执行《党内监督条例》和《纪律处分条例》，认真落实领导干部廉洁从政的若干准则以及廉洁自律的各项规定，坚持领导干部重大事项报告和收入申报制度，不断强化领导班子的内部监督。六是贯彻民主集中制原则。各级“一把手”充分发扬民主，发挥集体智慧，正确实行集中。领导班子成员之间既有明确分工，又协调配合，加强沟通交流，增强团结和谐，增强凝聚力、战斗力、向心力、决策力和执行力。

【干部培训】 一是按照《云南省国税系统“十一五”干部教育培训规划》、《云南省国税系统 2008 ~ 2012 年大规模培训干部工作实施意见》的要求，下发《云南省国家税务局关于 2009 年培训计划安排的通知》，明确加强分级分类指导并组织实施新一轮大规模培训干部的各项任务。二是狠抓了干部大规模教育培训工作。根据总局要求组织全省国税系统 1822 人报名参加稽查人员业务考试，其中稽查人员 1267 人，非稽查系列人员 555 人，稽查人员及格率为 60.75%，非稽查人员及格率为 50.64%。为切实提高企业所得税管理水平和能力，改变企业所得税管理存在的“短板”状况，2009 年 7 月 6 日至 8 月 4 日，我省国税系统委托云南财经大学举办企业会计核算及所得税培训班。全省 100 名所得税业务骨干参加了培训。实施“智力援西”培训项目。国家税务总局以援西项目的方式，委托河南省税务干部学校于 8 月 25 日至 9 月 23 日在河南举办所得税业务骨干培训班，全省 50 名所得税业务骨干参加培训。认真做好总局委培硕士研究生的选派报名工作，推荐 4 名同志报考总局委培硕士研究生。组织 140 名新录用公务员进行了初任培训，提高了新录用公务员的政治思想素质、理论水平和税收业务知识。三是组织各级领导干部开展教育培训，不断提高领导管理水平。2009 年 4 月 20 日至 26 日，组织了全省国税系统县（市、区）局长业务培训班。培训应参训人数 137 人，实际参训人数 135 人（2 人病假），经考试，平均分 81.66 分，及格率 97.78%。2009 年 6 月 16 日至 6 月 25 日，通过委托省委党校代培的形式组织了全省国税系统副处级后备干部培训班，122 名副处级后备干部参加了培训。经闭卷考试，平均成绩 86.91 分，及格率 100%，优秀率 32%。7 月 19 日至 28 日，在中国延安干部学院举办主题为“加强党性修养、坚定理想信念、保持优良作风”的第四期处级领导干部执政能力培训班，全省国税系统 42 名正处级以上领导干部参加培训。2009 年全省国税系统共组织 120 人参加总局举办的各类培训，1926 人次参加了省局组织的各类培训，为提升队伍素质，进一步推进依法治税、管理强税、人才兴税战略打下了坚实的基础。

【党风廉政建设】 一是坚持以完善惩治和预防腐败体系为重点，深入贯彻学习中央《建立健全惩治和预防腐败体系 2008 ~ 2012 年工作规划》、《云南省国税系统贯彻落实〈建立健全惩治和预防腐败体系 2008 ~ 2012 年工作规划〉实施意见和分工方案》。坚持以党风廉政建设责任制为抓手，推进内控机制建设，落实责任，强化考核。坚持认真履行监督检查职责，保障重大工作部署的贯彻落实。坚持以树立和弘扬优良作风为根本，持之以恒抓好行政问责，着力加强全系统政风行风建设，为云南国税事业科学发展提供了坚强的政治保证和纪律保证。一年来，全系统开展廉政谈话 2029 人（次），其中：上级领导同下级班子主要负责人谈话 561 人（次）；领导干部任前廉政谈话 424 人（次），诫勉谈话 69 人（次）；领导干部述职述廉 975 人（次）。各级国税机关继续与纳税人签订《廉政公约》。截至 2009 年底，全省国税系统共与 277937 户纳税人签订了《廉政公约》，聘请特邀监察员 1242 名。实施行政问责 561 人次，其中：诫勉谈话或批评教育 190 人次，取消当年评优评先资格 35 人次，责令作出书面检查 53 人次，通报批评 62 人次，经济惩戒 218 人次，调整工作岗位 1 人次，停职检查 1 人次，劝其引咎辞职 1 人次。在受问责的 561 人次中，县处级 8 人次，科级 43 人次，一般干部 510 人次。按照“两权”监督确定的重点环节和重点人员开展执法监察，全年共开展执法监察 1012 项，其中，州市国税局立项 21 项，县（市、区）国税局立项 991 项，办结项目 1012 项，提出监察建议 85 条，建章立制 15 项，责任追究 6 人。二是按照全省国税工作会议的部署和省局党组的工作要求，加大对州市局领导班子的巡视力度，健全工作机制，强化内部管理，提高巡视工作质量和水平，增强巡视监督的作用和效果，促进州市局领导班子和领导干部的作风建设。一年来，依照《云南省国家税务局巡视工作规程》的规定程序，分别对怒江、楚雄、迪庆、玉溪4个州市局和省局税务干部学校进行了巡视检查。巡视检查中，共列席被巡视单位党组（支部）会议5次，召开不同类型、不同层次座谈会4次，组织民主测评13次，与干部群众个别谈话207人次，收集群众意见、建议222条，深入8个县区局进行了实地调研，走访了4个州市的政府、组织、纪检监察部门领导，对被巡视单位提出整改建议43条，向省局党组提出工作建议11条。对2007年巡视检查的临沧、德宏、文山、红河、西双版纳5个州市国税局进行了整改检查。三是深入开展督察审计和小金库治理。根据《国家税务总局2009年督察内审工作要点》和《国家税务总局关于开展2009年专项督察审计有关事项的通知》精神，制定下发了《云南省国家税务局系统领导干部任期经济责任审计办法》，组织开展了对丽江市国税局、楚雄州国税局及所属部分单位的预算执行、基本建设管理、固定资产、政府采购、代征代扣手续费、稽查办案经费等专项审计以及税收执法情况重点检查及调研工作。积极推行领导干部任中经济责任审计。先后开展了对丽江市国家税务局局长伍正良及楚雄州国家税务局局长张炳华的任中经济责任审计工作。深入开展治理“小金库”专项工作，组织全省国税系统155户党政机关和1户事业单位共156户预算单位，按照国家税务总局要求的七种“小金库”的主要表现形式和七项重点检查对象，以及云南省国税局提出的检查重点进行了全面对照检查，自查面达100%。

【文明创建】 全省国税系统继续巩固文明创建成果，深化文明创建工作，以提高依法行政、依法办事能力和增强纳税服务功能为重点，深入开展形式多样的文明创建活动，推动文明创建向更高层次迈进 。一是大力表彰先进，树立典型。2009年1月，在全省国税工作会议上，省局对一批被中央精神文明建设指导委员会表彰成绩突出、影响广泛的先进典型，以及2008年度省局“文明单位”和省级“巾帼文明岗”的单位和个人进行了表彰，营造“树先进、比先进、超先进”的良好氛围 。二是建立精神文明建设工作报告制度。要求各级国税机关凡参加当地县（区）以上党委、政府和有关部门组织的精神文明建设方面的相关活动，要及时逐级由州、市局汇总上报省局。通过制度的落实，及时了解掌握了各级国税机关参加当地精神文明建设方面的相关活动情况，使省局更好地统筹指导全省国税系统精神文明建设工作。三是文明单位创建成绩突出。全省国税系统114个单位被省委、省政府授予“文明单位”称号，数量较第十一批国税系统受表彰的87个省级文明单位增长了40.23%。四是文明创建载体进一步丰富。组织参加省文明办主办的全省精神文明建设精品文艺汇演。昆明市国税局合唱队节目《怒吼吧，黄河》在“献给母亲的歌——爱国歌曲大家唱”汇演颁奖晚会荣获一等奖。组织全省国税系统在昆明举办了“祖国在我心中”——云南省庆祝新中国成立60周年行（企）业文艺汇演（国税专场），在社会上引起了强烈反响。制作设计了云南省国税系统“文明行业”图片资料展板，参加省文明办主办的全省精神文明建设成就展。制作“窗口行业文明单位网上行”网页，在云南省国税局政务网站正式发布。为在全系统深入开展革命历史和革命传统教育，进行爱国主义教育、理想信念教育和改革开放教育，组织干部职工积极参加第七届云南省“红土地之歌”演讲大赛。各局在参加本地区举办的地区比赛中均获得了较好成绩。

【国税文化】 云南国税系统积极探索新形势下国税文化建设的特点和规律，不断挖掘和丰富国税文化内涵，以载体建设的持续创新，推动国税文化大发展大繁荣，提升云南国税文化软实力。按照党的十七大《关于推动社会主义文化大发展大繁荣的要求》和《国家税务总局关于加强税务文化建设的指导意见》精神，紧紧围绕“创新发展年”的工作主题，大力弘扬云南国税“十种精神”，进一步丰富国税文化建设的载体，加强领导、健全机制、营造氛围，开展丰富多彩、健康向上的文化活动，干部职工的科学素养和人文素养不断提高，有力地推动了云南国税文化建设大繁荣大发展。以开展新中国成立60周年庆祝活动为重要契机，举办的“祖国在我心中”文艺汇演和“瞙瑞之魂——书法美术摄影展”以及参加全省“为了母亲的微笑”的优秀节目展演活动获得圆满成功，充分展示了云南国税文化建设成果，在提高国税部门社会认可度的同时，激发了广大干部职工的自豪感、荣誉感。同时，云南国税文化系列丛书之六——《瞙瑞之魂》出版，并向各级党政机关进行了赠阅，受到了广泛的好评。

内部管理

【政务管理】 围绕“创新发展年”工作思路和全省国税工作会议部署的工作任务，坚持政务为领导服务、为机关服务、为基层服务的原则。一是搞好工作调研。省局办公室组织对楚雄州局进行了专题工作调研，并组织召开了全省各地州（市）办公室主任和部分县、市（区）局长参加的政务调研座谈会，为领导科学决策提供了依据。二是坚持从大局出发，统筹安排各项工作，协调机关各处室高效运转，充分发挥承上启下、联系左右、协调各方的枢纽作用。三是开展日常性政务工作。认真撰写各类文件材料，组织会务服务，通过公文点评的形式，不断提高公文写作质量，高效优质办理日常事务。以新《保密法》学习贯彻为契机，扎实开展防密保密教育工作。切实抓好到期档案清理移交和档案管理日常工作。建立健全信访工作制度，妥善处理来信来访。狠抓社会治安综合治理，加大综合治理力度，加强政务值班和安全保卫工作，增强应急事件的处置能力，有效化解矛盾冲突。强化督查督办工作，确保工作有安排、有检查、抓落实。重视人大建议、政协提案的办理，不断改进提高国税工作质量，进一步树立良好形象。

【财务管理】 进一步提高依法理财、依法采购、科学管理、服务全局、服务基层的意识，建立和完善各项财务制度，积极采取有力措施，强化预算分配和执行管理，规范财务收支核算，为全省国税系统正常运行提供保障。一是严格按照国家相关规定履行招、投标程序，认真做好政府采购。2009 年，实际采购项目完成 106 批次，金额 1.52 亿元，节约资金近 3200 万元，节约率为 17.39%。二是严格按照制度规定办理资产调拨和处置审批。2009 年，省局根据现行制度规定，以下发调拨单的方式，共办理固定资产调拨业务 450 批次，合计 4740 万元。通过严格审核，以正式文件形式，上报国家税务总局房屋及建筑物处置请示 13 个，批复州（市）、县（市、区）国家税务局处置房屋及建筑物 3 个、公务用车辆 141 辆。认真组织开展全系统资产清理工作。三是抓好基建管理。认真开展基建项目清理，督促项目实施进度。积极做好新增基建项目的批复立项和申报入库工作。及时办理基建项目开工审批。组织专业审计机构对基建项目施工阶段进行事前、事中、事后全过程跟踪审计，以确保基建工程质量及工程进度，提高基建资金使用效益。四是办理银行账户年检。邀请财政部驻云南省财政监察专员办事处对全省国税系统 2008 年末保留的 754 个银行账户进行了年检。按照中央和国家税务总局清理“小金库”工作要求，省局财务处与督查内审处积极配合，组织开展了全省国税系统银行账户清理工作。五是抓好预算管理，提高资金使用效益，保证正常工作开展。加大资金向边远贫困基层单位、向基层征管一线倾斜的力度。积极开展兑现离退休人员新增加津贴补贴工作。有效压缩出国经费、车辆购置及运行、会议费等“三项”经费。

【事务管理】 一是加强思想建设，牢固树立“服务、大局、奉献、自律”四个意识。二是严格加强物业和内部管理，认真落实各项安全责任，做好社会治安综合治理和维护社会稳定工作，维护机关正常秩序。三是坚持以人为本，积极推行信息化管理，切实做好机关后勤服务保障工作，职工食住行、资产管理、财产安全、车辆安全等工作井然有序。四是强化举措，确保厉行节约三个目标实现。2009 年 2 月中央出台了压缩行政支出、厉行节约的八条规定后，省局党组高度重视，将厉行节约工作纳入重要议事日程，以打造“廉洁型、效能型、节约型机关”为目标，从源头和过程上制止各种铺张浪费行为的发生，努力提高公用经费的使用效能，省局机关采取有效措施，确保了“压缩办公经费、车辆购置维护费、机关节电、节油、节水”3 个目标实现。五是坚持“管理科学化、制度规范化、服务社会化”的工作思路，将让局领导放心、基层满意、干部职工满意作为检验工作的标准，使事务工作“为税收工作服务、为机关服务、为基层服务、为社会服务”的作用得到进一步体现。六是坚持接待无小事原则，认真做好政务接待，为上级领导到云南检查工作，为同级单位到我省学习交流，为系统干部职工到昆明出差培训提供了良好服务。七是不断提高会务管理水平，为我省国税系统上情下传、教育培训提供了会务保障。

【依法行政】（一）认真贯彻国务院《全面推进依法行政实施纲要》，落实“聚财为国，执法为民”的税收工作宗旨，进一步推进依法行政工作。（二）认真贯彻落实《行政许可法》，严格按照《行政许可法》及国务院有关规定履行税务行政许可职责。组织开展 2007 年下半年至 2008 年度税务行政许可实施情况的调研检查工作。从优化纳税服务的角度出发，简化办事程序，压缩审批时限，实行许可事项公告制度，保证办税窗口的办事效率和办事质量。（三）按照省人民政府推行“阳光政府”四项制度的要求，把贯彻落实“阳光政府”四项制度作为推进国税工作、提高社会满意度、规范执法行为、提高纳税服务质量的有力契机。（四）按照《国家税务总局办公厅关于开展全国税务行政审批自查自纠工作的通知》要求，开展行政审批项目清理，对现有审批项目，特别是审批项目法律依据及审批程序进行逐项认真清理，共清理出 6 项失效及法律依据不足的审批项目报总局。（五）坚持规范性文件的合法性审查和备案备查工作。全省全年共报备、审查规范性文件 17 件。（六）适时开展规范性文件清理，确保税收政策法规的执行效力。经清理未发现问题。

【税收科研】 坚持精品战略和税收科研为税收中心工作服务的指导思想，围绕税制改革和税收工作中出现的新情况、新问题，抓住重点、热点问题，积极探索，深入研究，在认真总结多年科研工作经验的基础上，创新思路，首次在全省国税系统试行课题申报制，按照科学性、规范性、实效性的标准，切实把科研工作落实到提升领导决策层面。经过课题申报、评审立项、开展研究、结题评审等环节，圆满完成了 2009 年度云南省国税系统 6 项重点课题，20 项个性化课题的研究工作及总局布置的 1 项重点课题的研究任务。认真办好《云南国税》内刊，以新颖的版面、丰富的内容和过硬的质量，实现服务税收征管的目标，已成为广大国税干部认可的内部刊物。认真组织开展书法、美术、摄影协会“庆祝新中国成立 60 周年”系列庆祝活动。2009 年 10 月 13 日在云南省博物馆隆重开展“暵瑞之魂——书法美术摄影展”。做好“迎祖国华诞，展国税风采——庆祝新中国成立 60 周年”征文活动，共收集稿件 300 余篇，共评出 53 篇获奖征文，并给予表彰奖励。认真组织《云南省志·财税志》编纂工作，编纂工作进展顺利。

（朱　伟）

政务建设

综 述

2009 年，按照云南省国家税务局“创新发展年”的工作要求，办公室在省局党组的正确领导下，在省局机关各部门和各州市局的大力支持下，紧紧围绕税收工作大局，抓住“以创新促进发展”的工作主线，积极创新工作方法，打牢各项工作基础，切实加强统筹协调发挥职能作用，大力加强自身建设提升工作水平，充分发挥上传下达、协调左右、沟通内外的中心枢纽作用，努力提升办公室工作的质量和效率，有效地保障了机关工作的正常运转。

各项工作

【政务服务】 办公室紧紧围绕全省国税工作会议部署的工作任务，发挥主观能动性，为省局领导、省局机关当好参谋助手，认真完成各项工作任务。（一）为领导科学决策服务。紧紧围绕领导关注的重点、工作中的难点、群众反映的热点，以发挥辅助决策职能为核心，抓住决策前的调查研究，决策中的对策建议，决策后的宣传、督查、反馈等主要环节，充分发挥参谋助手作用，做到“参谋于决策前，服务于决策中，反馈于决策后”。2009 年 10 月底，办公室深入楚雄各县就 2009 年的工作情况和 2010 年的工作建议进行了调研。2009 年 12 月 18 日，又专题召开全省各地州（市）办公室主任和部分县、市（区）局长参加的政务调研座谈会，认真听取了各地对 2010 年工作主题的建议。通过调研，就重大问题的处理向省局党组和省局领导提出对策性建议，为领导科学决策提供了有价值的参考资料。（二）为机关高效运转服务。坚持从税收工作的全局去思考、筹划、安排和处理问题，充分发挥承上启下、联系左右、协调各方的枢纽作用。在机关工作中主动配合，理顺关系，建立情况通报制度，拓宽了为机关各部门服务的领域，做好各部门间的横向协调。同时，发挥办公室对外窗口作用，采取灵活有效的手段，处理好国税机关与政府其他部门和社会组织之间的关系，进一步推动工作，增进和谐。（三）为基层干事创业服务。积极做好省局机关与基层单位之间的协调工作，对基层提出的困难和问题，耐心指导，依照程序，主动协调上下左右，促进问题的解决，并将办理结果及时以不同方式予以回复，切实起到了指导基层、服务基层的作用，树立了省局机关良好的窗口形象。

【公文处理】 认真撰写审核各种材料。完成了全省国税工作、教育培训工作、党风廉政建设等会议材料以及各类汇报材料的撰写审核工作。认真贯彻落实《全国税务机关公文处理实施办法》和《云南省国家税务局工作规则》有关公文审批管理和办理程序的规定，按照制度化、规范化、科学化的要求，进一步加大公文处理工作的力度。在加强管理上，继 2008 年开展公文培训之后，2009 年又进一步加大了跟踪检查考核的力度，实施了全省国税系统公文点评通报制度。认真查找梳理了全省国税系公文处理工作中存在的 14 类共性问题和个性问题，针对问题对负责公文处理工作的州、市局办公室主任进行面对面的培训，强化了公文处理工作；在办文质量上，通过完善制度建设、加强业务指导，严把公文审核关、时效关、格式关、文字关、校对关和封发关，认真落实收发文各环节工作，强化责任、狠抓规范、精心制文，确保公文有效、快速、有序流转，提高了文件质量，精简了文件数量，规范了办文程序。机关和基层公文差错率比上年有了明显下降，质量效率有了明显提高。一是完成了全局 1314 份文件的审核、排版、校对、封发工作，其中：云国税发 296 份，云国税函 635 份，云国税办发 22 份，专报 308 期，简报 30 期 512 条，国税情况通报 10 期，税收经济调研 13 期。二是处理外收文 2289 份，其中：国务院 25 份、国税函 177 份，国税发 37 份，总局各部门各种文件 164 份，税务简报、财政简报 27 份，云政发 120 份，云政办发 174 份，云南政务信息、政务情况通报 237 份，省府明电 64 份，各厅局 373 份，各厅局联合发文 75 份，各厅局会签发文 11 份（国税主办），征求意见 74 份，会议通知 129 份，会签文件 109 份（国税协办），文件审批单 19 份。处理党内文件 421 份，其中：中发 7 份，中办发 55 份，云发 39 份，云办发 82 份，滇情通报 52 份，密码电报 17 份，国税党字 9 份，云保发 34 份，中纪委、省纪委 70 份，省委组织部 10 份，省委宣传部 6 份，云国税党字 40 份。

【电子政务】 认真贯彻执行加强电子政务建设的各项规定。按照《国家税务总局办公厅关于对政府信息公开工作进行督查自查的通知》（国税办发〔2009〕79 号）要求，组织开展政府信息公开自查工作，查找不足和差距，制定相关制度，明确改进的办法措施，使政府信息公开工作得到了进一步加强。出台了《云南省国家税务局办理网上纳税咨询管理办法（试行）》、《云南省国家税务局互联网站信息维护考核办法（试行）》等网站管理使用的相关办法措施，进一步加强了网站管理和纳税人网上政策咨询管理。2009 年通过云南省国家税务局电子政务网共办理局长信箱信件62件，稽查案件举报信箱信件104件，税务干部违法违纪投诉信箱信件25件，咨询答复信件280件，办理云南省“两办”信访局的网上信访系统转办信件21件，办理国家税务总局纳税咨询系统转办信件645件。2009年全省国税系统通过互联网发布信息2321条，通过内部电子政务网发布信息3415条。电子政务在加强税务干部与纳税人互动、打造税务干部学习交流平台、提高国税机关工作效率上的优势进一步显现。

【保密与档案管理】 进一步强化保密纪律和保密意识，严格执行保密规定，为各处室配发了专用于处理涉密文件的计算机和移动存储介质，界定了网络和计算机涉密使用情况，对办公计算机作“涉密”和“非涉密”区分，明确了保密管理的相关规定。购买了保密检查专用设备，认真组织开展了计算机、移动存储介质的保密工作自检自查和涉密文件的清理工作。加强对涉密文件的登记、传递、保管工作，加强对机要密码电报的学习与管理，严格密码电报传阅制度，确保了全年无失密、泄密事件发生。认真做好档案管理管理工作。按照《国家税务总局关于印发〈全国税务机关文件材料归档范围和文书档案保管期限规定〉的通知》和《云南省档案局关于于开展机关文件材料归档范围和文书档案保管期限规定贯彻情况检查工作的通知》要求，认真组织开展了相关贯彻落实情况的自查工作，从制度建设、硬件配备到软件管理、文件归档等方面入手加强文档归档管理，不断强化档案管理业务，提高档案管理水平和利用价值。同时，按照云南省档案局关于清理移交到期档案工作的要求，制定工作方案、细化工作措施，认真组织开展了1982年以来的到期档案清理、整理工作。12月23日，省局办公室主持交接仪式，按时向云南省档案局移交了1982～1993年永久类到期文书档案278卷，1981～1993年长期类到期文书档案533卷。因工作突出，省局获得了云南省到期档案清理移交工作“先进单位”称号。谢云丹、罗继富、曾芳三名同志被评为云南省到期档案清理移交工作“先进个人”。

【税收宣传与政务信息】 针对税收工作面临的新形势、新任务、新问题，及时调整政务信息工作思路，紧紧围绕“创新发展年”的工作主题，主动把握上级部门工作重点和关注要点，及时做好重点信息报送工作，及时反映云南国税部门贯彻落实国家税务总局和省委、省政府的重要决策部署和有关精神的情况，及时上报常规工作的阶段性情况、重点工作的进展情况，及时总结、分析、提炼、上报反映本部门的工作思路和政策建议，以及全省国税系统贯彻落实上级工作部署的各项措施、成效等具有全局性、政策性的情况，为领导决策和指导工作提供信息和可靠依据。同时，紧密结合税收工作形势，全年下发2期信息报送要点，及时指导各地的信息采编工作，使税务信息采写、报送工作有的放矢，提高了政务信息工作的质量和效率。全年共采编专报308篇，简报30期512条，其中，国家税务总局采用27条，省委采用38条，省政府采用45条。荣获全省政府系统信息工作二等奖。积极探索和创新宣传形式，认真开展了第十八个全国“税收宣传月”活动，充分利用报刊、广播、电视、网络等大众媒体，突出地域和民族文化特色，积极宣传税收法律法规和政策。抓好对中央有关税收决策部署、税制改革、税收调控措施等当前税收工作的热点、难点的宣传，在《云南日报》和《云南经济日报》开辟专栏，连续刊载了相关税收政策介绍，同时，与省广播电台联办“国税政策介绍”税收宣传节目，使税收宣传切实惠民利民。一年来，省局在《中国税务报》、《香港文汇报》、《云南日报》、《春城晚报》、《云南经济日报》等报刊刊登税收宣传专版、专题、新闻稿件50余篇，约十多万字。由省局办公室主创的电视公益广告片《共和国60年》，在参加由国家税务总局办公厅、《中国税务》杂志社主办的第三届全国税收公益广告大赛中，从100多部参赛作品中进入前17名，荣获第三届全国税收公益广告作品大赛电视公益广告类优秀奖。

【机关财务】 坚持依法理财、科学管理、降低成本、提高效益、服务全局的工作理念，严格财经纪律，强化服务意识，认真执行经费预算和管理制度，认真负责地执行局机关政府采购制度，努力降低行政运行成本，有力地保障了机关各项工作的高效运转。按照中央关于有关费用零增长的要求，及时测算全年支出控制指标，将出国费、招待费、会议费、车辆购置及运行费等费用支出严格压缩在控制线之内。按照清理“小金库”的工作要求，及时制定工作方案，认真组织开展清查工作，圆满完成了清理任务。科学合理执行预算安排，合理压缩年末结余资金，提高资金管理使用效益。按期编制各类财务报表，提高财务数据质量，规范财务管理。强化办公用品的购买、入库、领用管理，最大限度地发挥办公用品的使用效益。指导服务中心加大固定资产管理力度，按照固定资产管理规定对省局机关的固定资产进行了全面盘点，清理了盘盈、盘亏资产。强化服务意识，保障机关正常运转，及时审核办理各项业务，全年共审核报销凭证5240多份。加强与相关部门的沟通协调，认真办理医保缴存和住房公积金管理工作，及时为干部职工办理新的住房公积金卡。

【信访与综治维稳】 认真贯彻《关于认真贯彻全国和全省维护稳定暨信访工作第二次电视电话会议精神的通知》精神，全面落实信访工作责任制，坚持实事求是、突出重点、源头控管、及时化解的工作思路，切实将维护稳定与抓好信访工作当成国税工作的一件大事，摆在突出位置，抓好责任落实。落实领导干部接访下访制度，进一步做好国税系统信访工作，积极反映和推动解决纳税人和干部群众的合理诉求。2009年，省局机关共接到群众来信262封，其中初信200封，重复信62封；接待来访群众157批297人次，其中初访139批274人次，重复访18批23人次，集体访3批42人次。省局信访问题主要涉及咨询税收政策、偷税举报、税务干部违纪举报、意见建议、反映人事问题和其他问题等六个方面。其中在职干部和离退休干部反映人事问题、非领导职务晋升、津贴补贴、落实待遇解决家庭困难39起，偷税举报191起，干部违法违纪57起，意见建议2起，咨询税收政策业务130起，干部集体访3批42人均为离退休干部反映津贴补贴。经过相关部门协同配合，依信访条例和政策法规努力工作，实名信访件均做到了件件有回复，来访接待均做到事事有回音，其中2009年内首次出现的3件集体访事件事态均得到有效控制、疏导化解，全省国税系统年内无越级进京上访、缠访事件，确保了将信访事件控制在萌芽状态，将矛盾隐患化解在事发之初。以化解社会矛盾纠纷确保新中国成立60周年庆祝活动顺利开展为主线，认真开展综治维稳工作。调整充实了综治维稳工作机构。省局党组与各州市国税局和局内各处室签订了《维护稳定责任书》，进一步细化综治工作办法措施。制定了综治工作的考核办法，进一步完善综治维稳文书档案管理，顺利通过了省综治维稳工作目标责任考核。为了确保国庆60周年期间我省国税系统平安稳定，9月份组织全系统开展了一次排查影响社会稳定的矛盾纠纷专项工作。按照省综治维稳委《关于实行综治维稳领导及成员单位挂钩联系基层综治维稳工作制度》的要求，建立健全与施甸的挂钩联系工作机制，支持挂钩联系资金20万元帮助施甸县解决实际困难。加强同省局机关所在派出所、办事处、居委会的协调联系，形成内外齐抓共管的态势。认真落实24小时政务值班和领导带班制度，周密安排好节日值班工作，确保各项业务正常运转，全年无刑事案件、无重大治安案件、无参与社会丑恶现象活动、无重大交通事故，确保了系统平安和谐。

【年鉴编撰】 认真开展《云南国税年鉴（2008刊）》的撰写、编辑、审核工作，召开了专题会议，对初稿进行了三审三校和全体编辑集中审校，基本完成了编撰工作。在编撰中，一是坚持实事求是、认真负责的态度，反复多次地与撰写人就文稿中出现的问题进行沟通，确保编辑质量。二是及时督促、指导全省各地及省局机关各单位开展年鉴编撰工作，认真开展咨询辅导，尽力帮助解决编撰过程中遇到的问题。三是认真总结分析编撰中的不足和经验，制定完善了《云南国税年鉴》单年刊编辑大纲，对《云南国税年鉴》编撰工作提出了系统的、明确的要求，确保体例严谨统一、逻辑清晰缜密、资料翔实准确、内容新颖多样、表述规范流畅，为编撰高质量的《云南国税年鉴》打下了坚实的基础。

【内部管理】 针对办公室工作的特点和要求，切实加强内部管理，不断提升办公室办文、办会、办事的水平，进一步提高为机关服务、为基层服务的“两个服务”能力。一是着力规范工作流程和制度。根据机关和系统改革后办公室的职能定位和人员调整情况，明确了文件流转程序和办理要求等办文办事程序，规范了各项办事规则和工作程序，形成职责范围、工作流程和工作标准“三位一体”的工作机制，二是着力营造优质服务环境。围绕税收中心工作和办公室工作重点，规范和维护机关工作的运行规则和工作秩序，严格按照文明高效的服务理念，以积极的心态，健康的心理，现代化的手段，规范化的程序，扎扎实实做好服务工作，做到了政务服务参谋到位，事务服务配合到位，财务服务保障到位，努力在规范中实现高效，在高效中体现质量，在质量中提升素质，在素质中展现形象，真正使落实力和执行力在工作中得以体现。三是着力创新工作思路和方法。按照“创新发展年”的要求，办公室人员进一步树立和服从服务于全局“一盘棋”思想，在创新工作运转高效的制度机制方面下功夫，立足服务大局，提高创新能力，对每项工作做到超前谋划、提前准备，努力把工作定位放在更长远的角度，把工作视线放到更广阔的空间，把工作触角延伸到更广阔的领域，改进服务方法，主动为领导服务、为基层服务，发挥好办公室职能作用。积极协调内外关系，提高政务、会务、事务服务水平，实现了被动服务向主动服务转变。四是着力提高办公室人员综合素质。以强化岗位业务学习为基础，通过办公室的政治学习与个人自学相结合的方式，强化一岗多能，确保人人都熟悉和掌握其他岗位人员的工作流程，做到接到任务、遇到问题都能主动办理，积极协调，尽力解决，积极服务。积极组织开展各种形式的组织生活和积极健康的文化娱乐活动，释放大家的压力，激发全员活力，为做好中心工作提供有力保障。

【协调督办】 通过建立健全督查督办工作制度，规范了督办程序，明确了督办范围。制定了《云南省国家税务局督查工作暂行办法》，将全局中心工作和局党组会议、局务会、局长办公会确定的主要工作任务，上级党政机关和局领导交办的重要事项等列入督办范围，随时掌握工作进展情况。按照局党组的要求，对2009年各项重点工作进行了任务分解，制定了任务分解方案，明确了职责分工、办理时限，并按照季度进行跟踪督办，确保了各项重点工作的落实。在督办过程中，坚持“交必办、办必果、果必报”的原则，除了发出督办通知、简报反馈外，还积极采取联合督办、跟踪督办、实地督查、催报检查、督查调研等方式，狠抓督查效果，进一步提高督查工作的针对性和有效性，真正发挥了办公室落实与执行决策的作用。认真办理人大建议、政协议案。2009年，省局共收到省十一届人大二次会议代表建议2件，省政协十届二次会议提案6件。其中，列入《云南省人民政府办公厅关于督办十一届人大二次会议代表建议和省政协十届二次会议提案的通知》（云政办发〔2009〕69号）督办的人大代表建议2件，政协提案5件。省局以解决实际问题为出发点和落脚点，根据“分级负责，归口办理”的原则，由分管局领导牵头，分别落实到5个业务处室具体负责办理，经各承办部门的积极努力，建议和提案办理做到了“件件有答复，事事有回音”，全部在规定时限内办复。所办建议提案办复情况为A类的2件；B类的5件；C类的1件，办复率100%。

（朱　伟）

税收法制建设

综 述

2009年，政策法规部门认真贯彻落实全省国税工作会议和全国政策法规工作会议精神，按照“创新发展年”的各项要求，以“立基础、思创新”为工作思路，坚持解放思想，实践科学发展，勇于创新探索，努力开展工作，深入贯彻《全面推进依法行政实施纲要》，大力推进依法治税，积极开展“依法治省示范单位”试点和“五五”普法工作，编印《涉农税收优惠政策选编》共1万册，免费向全省各级各部门领导及相关纳税人赠阅，加大税收宣传力度；组织2009年度税务人员执法资格统一考试，参加考试人员309人，及格282人，及格率为91.26%，平均分67.9分；积极贯彻实施省政府“阳光政府”四项制度，实行重大决策听证、重大事项公示、重点工作通报及政务信息查询制度，促进科学决策、民主决策、依法决策，全年公示重大事项24项，通报重点工作43项，编发《实施阳光政府四项制度工作简报》44期；坚持重大税务案件集体审理制度，认真做好行政复议工作，全省国税系统的法治意识不断增强，执法行为不断规范，各项工作取得较好成效。

各项工作

【依法行政和依法治税】 （一）认真贯彻国务院《全面推进依法行政实施纲要》，落实“聚财为国，执法为民”的税收工作宗旨，进一步推进依法行政工作。一是对《全面推进依法行政实施纲要》颁布实施5年来的依法行政工作进行全面、系统的总结和分析，深入查找国税部门依法行政工作中存在的主要问题和薄弱环节，明确新形势下推进依法治税的指导思想、目标要求和工作措施，确定加大税收法律法规宣传力度、加强执法人员法律业务知识培训和思想作风教育、完善监督制度和机制等5个后期工作方向，为进一步强化依法行政工作奠定坚实的基础；二是认真调查、综合分析、填报《〈全面推进依法行政实施纲要〉贯彻落实情况统计表》，对全省制度建设、信息公开、执法监督、执法主体及人员等情况进行摸底调查，对依法行政实施情况做到心中有数，推动《纲要》持续、深入地贯彻执行。（二）认真贯彻落实《行政许可法》，严格按照《行政许可法》及国务院有关规定履行税务行政许可职责。一是强化对行政许可审批事项的监督，组织开展了2007年下半年至2008年度税务行政许可实施情况的调研检查工作。经统计分析，2008年度全省全年共收到税务行政许可申请5221件，受理5221件，受理率为100%，审批许可5130件，其中：审批许可发票使用和管理事项1503件，增值税防伪税控系统最高开票限额事项3627件，基本实现了税务行政许可的制度化、法律化；二是从保障行政当事人的利益出发，从优化纳税服务的角度出发，简化办事程序，压缩审批时限，实行许可事项公告制度，保证办税窗口的办事效率和办事质量，努力给申请人提供更多的方便。

【“五五”普法】 将“五五”普法和“依法治省示范单位”试点工作相结合，以学法、用法、守法为税收工作的基础，深入开展法制宣传教育。一是加强与政府部门间的外部工作联系，做好税收政策调研反馈工作，积极为地方党委政府提供政策意见，为促进云南经济和谐发展贡献力量。2009年2月，在省政协十届二次会议及十一届人大二次会议召开之际，提前准备了《税收优惠政策选编》2600册向与会代表赠阅，分别赠阅政协代表1000册、人大代表和参会领导1600册，赠阅活动得到了与会代表的肯定和好评，纷纷表示该书对改善云南招商引资环境，促进经济又快又好发展很有作用，是税务机关切实履行“聚财为国，执法为民”税收工作宗旨的具体体现；二是充分利用行政执法“窗口”工作优势，搞好系统学法用法，积极开展社会普法，建立宣传教育工作报告制度、公务员法律讲座制度、干部任前法律知识考试制度等制度，2009年以来共编发《“依法治省示范单位”试点和“五五”普法工作简报》77期，被中共云南省委依法治省领导小组《依法治省工作通讯》选用12期向全省推广介绍，起到了较好的宣传效果；三是做好省局门户网站“税收法规库”的完善、应用和维护工作，通过“税收法规库”发布历年以来的各类法规832条，广泛开展税收宣传；四是有选择地开展重点领域税收宣传，收集整理了国家和省制定的、至今仍有效的、属国税部门征管的涉农税收优惠政策，包括增值税、车辆购置税、出口退（免）税、企业所得税4个部分的相关政策，编印了《涉农税收优惠政策选编》共1万册，通过直接送达、交换、邮寄等方式免费向全省各级各部门领导及相关纳税人赠阅，同时，将该书的电子版刊登在省局门户网站上，便于纳税人及税务干部查阅，以加大重点领域的税收宣传力度；五是紧紧抓好内部人员学习、培训。举办80人的全省国税系统税收法制培训，通过培训，丰富业务知识、提高履职能力，为税收法制工作的开展打下基础；六是认真组织税收执法资格考试，为全面实行税收执法资格制度奠定基础。11月27日组织全省国税系统309名执法人员参加了税收执法资格统一考试，与省局有关处室密切配合，通力协作，较好地完成了各项考务工作。通过考试促进广大税务干部学法用法，提高税务人员执法水平。

【阳光政府“四项制度”】 按照《省人民政府推行阳光政府“四项制度”的通知》要求，把贯彻落实阳光政府“四项制度”作为推进国税工作、提高社会满意度、规范执法行为、提高纳税服务质量的有力契机。

（一）加强学习，提高认识，做好贯彻落实阳光政府“四项制度”的思想发动。通过局务会议、机关干部职工大会、处室政治学习等形式，把自学与统一学习相结合，深刻领会省政府相关文件精神，紧扣“聚财为国，执法为民”的税收工作宗旨，围绕“创新发展年”的工作主题，结合“依法治省示范单位”和行政问责等“四项制度”的工作要求，进一步增强国税干部的责任意识、大局意识、服务意识和法治意识，进一步推进依法决策、民主决策、科学决策，使税务行政工作更加广泛地接受人民群众监督，及时高效地满足社会公众的政务信息多样化要求。

（二）周密部署，狠抓落实，确保阳光政府“四项制度”的实施落到实处。一是明确阳光政府“四项制度”贯彻落实“一把手”负责制，省局率先成立了以党组书记、局长李鸿文为组长，各位党组成员为副组长，各部门主要负责人为成员的实施阳光政府“四项制度”领导小组，下设办公室，明确了领导小组办公室及具体负责人和相关制度的责任人员，确保工作得到全面落实。各州、市、县国税局相应成立了以一把手为组长的贯彻阳光政府“四项制度”领导小组和办公室，明确工作职责、办事机构和工作人员，切实加强组织领导，形成一把手负总责，分管领导具体抓，各部门全面配合落实的齐抓共管的局面。二是4月2日召开了各部门负责人参加的局长办公会议，认真研究分析贯彻落实阳光政府“四项制度”的具体细则，确定了基本贯彻原则，明确了具体贯彻要求。以《云南省国家税务局关于贯彻实施省政府阳光政府四项制度的通知》转发了《云南省人民政府关于在全省县级以上行政机关推行重大决策听证　重要事项公示　重点工作通报　政务信息查询四项制度的决定》、《云南省人民政府办公厅关于印发重大决策听证　重要事项公示　重点工作通报　政务信息查询四项制度实施办法的通知》、《云南省人民政府办公厅关于切实做好阳光政府“四项制度”有关工作的通知》等文件，同时对全省国税系统贯彻落实四项制度的工作做出安排和布置；以云国税发〔2009〕88号印发了《云南省国家税务局贯彻重大决策听证制度实施意见》、《云南省国家税务局贯彻重大事项公示制度实施意见》、《云南省国家税务局贯彻重点工作通报制度实施意见》、《云南省国家税务局贯彻政务信息查询制度实施意见》等具体规定和办法，对每项制度的实施落实都作出明确规定，增强开展工作的指导性、针对性、操作性；在制定贯彻意见和国税系统具体实施意见的基础上，制定了《云南省国家税务局关于贯彻阳光政府四项制度任务分解落实的意见》，进一步明确并细化各项制度的责任和要求，进行任务分解，在明确总牵头责任部门的情况下，涉及到的具体业务部门，按照各自责任内容和要求细化任务，分工到位，确保推行工作扎实有效；落实工作报告制度，省局相关业务部门每个季度向省局贯彻阳光政府“四项制度”领导小组办公室报送实施的具体情况，同时，各州、市局将贯彻落实阳光政府“四项制度”的组织、实施情况及工作进展情况以及好的经验、做法通过专题报告、简报和总结等方式及时上报省局。

（三）明确职责，强化监督。一是按照省局制定的阳光政府“四项制度”的实施意见内容和要求以及任务分解方案明确的各部门职责，进一步明确了各项制度落实的责任人员，做到层层有人管，件件有落实。二是强化纳税服务职责，把“对纳税人的评比表彰、纳税信誉等级评定等事项”、“向社会公布的服务承诺事项和落实情况”、“国税服务承诺事项及其办理情况”、“政务信息查询专线电话96128的接听、转接及协调办理安排”等工作内容的责任确定为纳税服务部门，以切实推进阳光政府“四项制度”的实施工作。三是把阳光政府“四项制度”的贯彻执行情况纳入年度目标管理考核内容进行考核，把全省国税政务信息查询制度的实施情况纳入绩效考评范围，邀请社会监督员进行监督，形成政府考核与社会评议相结合的考核评议机制。

（四）整体推进，稳步实施。我省国税系统贯彻实施阳光政府“四项制度”工作步骤清晰，责任明确，整体推进，稳步实施，提高了税收行政决策的科学性、民主性和法制性，保障了广大纳税人的知情权、参与权和表达权，推进了税收权力的公开透明运行，促进了各项税收工作的落实。2009年度，省局机关按时向省政府督查室报送《实施阳光政府四项制度的情况报告》9期、《半年自查报告》1期，接受政务信息查询16080人次，接听96128热线电话70余次，公示公务员招考等重大事项29项，通报税收收入进度等重点工作48项，编发《实施阳光政府四项制度工作简报》44期，贯彻落实阳光政府四项制度工作成效显著。

【重大税务案件审理】 认真贯彻《重大税务案件审理办法》，坚持重大税务案件的集体审理制度，努力提高审理质量和效率。在案件审理过程中，坚持本着实事求是的态度，重事实、讲证据，重点关注案件的法律适用和处理程序规范问题。通过案件审理，一方面发现内部执法管理中的问题，促进税收执法规范；另一方面通过对纳税人违法行为的处理，加强政策的宣传，增强纳税人对税法的遵从度，维护税法的严肃性和纳税人的权益。2009年全省共审理重大税务案件254件，其中维持初审意见222件、发回复查6件、改变调查部门拟处理意见26件，审理率为13.04%，其中省局审理案件5件，均已移送司法机关处理。同时，为提高全省重大案件审理工作的水平和质量，加强工作交流，总结工作经验，分析案件审理及由此反映出的执法问题，各州市开展了典型案例分析并上报省局，全省共上报典型案例63个。

【执法资格考试】 按照总局统一安排，于11月27日组织全省国税系统309名执法人员参加了税收执法资格统一考试。为确保考试公平公正、公开透明，考务工作组织有序、周密严谨，制订了《2009年税务人员执法资格统一考试实施方案》，下发了《云南省国家税务局关于举办2009年新录用公务员初任培训班的通知》及《关于2009年度执法资格统一考试有关事项的通知》，成立了执法资格统一考试领导小组，对试卷的领取和保管、考场设置、考场纪律、阅卷登分、违纪处理等重要环节均进行细致安排。与省局教育处、人事处、监察室等各有关处室密切配合，通力协作，较好地完成了报名登记、资格确认、考场安排、试卷抽取、监考巡考、阅卷登分等工作。此次考试，全省报名人员316人，其中上年度未通过考试人员6人，本年度新录用人员139人，其他应考试人员171人；另有免试人员3人，均为符合年龄条件人员。实际参加考试309人，考试及格人数282人，及格率91.26%，平均分67.9分。通过考试，促进广大税务干部学法用法，提高税务人员执法水平，推进了依法行政的实施，为全面实行税收执法资格制度奠定基础。

【行政审批项目清理】 按照《国家税务总局办公厅关于开展全国税务行政审批自查自纠工作的通知》要求，在省政府第四轮行政审批项目清理工作基础上，对现有审批项目，特别是审批项目法律依据及审批程序进行逐项认真清理。一是为加强对行政审批自查自纠工作的组织和领导，确保行政审批制度改革工作的延续性，决定成立由局领导为组长，相关业务处室领导为成员的深化行政审批制度改革领导小组负责自查自纠工作，由政策法规处负责牵头，各业务部门协助、配合。制定了《云南省国家税务局行政审批自查自纠工作实施意见》，就组织机构、工作方法及步骤、工作要求进行了明确，落实了责任。二是列明项目，自查自纠。清理出6项失效及法律依据不足的审批项目报总局，并提出统一、规范行政审批项目，完善行政审批项目法律依据，加强规范性文件备案审查制度执行的工作建议。三是确定现有审批项目实施程序完善、规范。依据《行政许可法》及有关法律规定的程序实施行政许可，在电子政务网站、办税服务厅等公共场所依法公示行政许可事项、条件、程序、期限以及需要提交的材料目录和申请书示范文本；制定有关规范性文件，规范行政审批事项；依法受理、审查、作出许可及审批决定，现有审批项目实施程序完善、规范。四是已取消审批项目后续监管到位，不存在变相审批问题。对已取消和调整的税务行政审批项目，不以任何形式变相保留。强化已取消和调整项目的事后监管，充分发挥纳税评估、日常检查、重点稽查等事后监管手段的作用，定期采用书面评查、实地核查等方式，对纳税人遵从税法的情况进行监督检查，后续监管到位。

【税收规范性文件制定和备案】 坚持规范性文件的合法性审查和备案备查工作。严格执行《税收规范性文件制定管理办法（试行）》和云南省人民政府有关规范性文件制定管理办法。坚持规范性文件的审查、会签、登记、公告、备案制度，提高规范性文件的质量，全省全年共报备、审查规范性文件17件。经省局审查，对州市局5个税收规范性文件存在的与上位法规定不一致、可行性和合理性欠缺、条文表述不恰当的问题进行了反馈，从规范性文件制定的源头入手，切实提高规范性文件制作质量，规范税收法律法规体系。

【税收规范性文件清理】 适时开展规范性文件清理，确保税收政策法规的执行效率。按照省政府法制办公室开展地方性法规清理工作的要求，着重开展了地方性法规清理工作，对1979年以来云南省国税局（税务局）起草、以省政府议案报省人大及其常委会制定和批准的地方性法规（包括具有地方性法规性质的决议、决定）进行了清理，按照与上位法不抵触、与经济社会发展相适应、保持法规之间统一协调的原则，查找有无“不合法（与上位法相抵触）、不适应（应予废止或修改）、不一致（引用及描述错误）、不具体（缺乏操作规范）”问题，经清理未发现问题，按要求提交了清理报告。

【税收宣传】 一是有选择地开展重点领域税收宣传，收集整理了现行有效的涉农税收优惠政策，编印了《涉农税收优惠政策选编》1万册，免费向全省各级各部门领导及相关纳税人赠阅，加大重点领域的税收宣传力度。二是及时做好“税收法规库”的完善、应用和维护工作，及时更新发布各类政策法规。三是按照“阳光政府”四项制度的要求，与有关处室配合，及时发布最新法规、通报重点工作、发布国税工作动态，便于纳税人及社会公众、广大税务工作者了解学习和了解掌握国税工作动态及工作进展。四是完成《税收政策法规汇编》（第十二册）的编印发放工作，印制1.4万册发放全省国税干部人手1册，便于广大税务干部查阅学习。五是认真做好“金色热线”的问题准备、答复反馈，将涉及政策法规部门的纳税人和社会公众关心的再就业、创业、税务行政复议等8个方面问题整理并通过一定途径对外公布，保证纳税人及时了解国税系统依法治税及依法行政工作情况，增强工作透明度；六是认真配合做好“税收宣传月”等各项工作。

【政策调研】 一是全面开展了《全面推进依法行政实施纲要》贯彻落实情况调研，认真总结了贯彻落实《纲要》情况及取得成效，分析了贯彻《纲要》中存在的问题，提出了下步工作的意见和建议，形成《云南省国家税务局关于〈全面推进依法行政实施纲要〉贯彻落实情况的报告》上报总局；二是针对西部大开发税收优惠政策即将执行到期，西部地区的发展还需要税收政策给予扶持的实际，按照国家税务总局的要求认真开展调研分析，并形成调研报告和政策建议上报总局，参加了总局在西安召开的西部大开发税收政策座谈会；三是全面跟踪应对金融危机税收政策执行情况，按照总局要求开展了政策执行效果调研和实施效果评估，形成了《关于应对金融危机税收政策执行情况及实施效果的调研报告》上报总局，并参加了总局在广州召开的相关座谈会；四是配合其他业务部门完成了相关政策的调研和省委、省政府出台有关政策的调研，提出政策法规部门的意见和建议。

【政策执行情况反馈】 认真落实政策执行情况反馈制度，收集整理政策执行中发现和存在的各种问题，开展宏观课题和综合税收政策调研。按照总局政策反馈及调研要求，结合本地区工作实际，统计收集相关数据、评估政策执行效果、上报政策建议。以政策执行实际为依据，结合增值税转型改革的实施、应对金融危机税收政策的出台，完成了以增值税转型改革、应对金融危机税收政策执行情况为主的实施情况反馈，及时报告政策贯彻执行中存在的问题。

【税收法制培训】 为深入贯彻落实国务院《全面推进依法行政实施纲要》，切实做好省政府提出的法治政府、责任政府和阳光政府各项工作，不断提高云南国税依法治税和依法行政水平，按照培训计划，于10月20日至21日在安宁举行了全省国税系统税收法制培训。参加此次培训的人员为各州、市局政策法规科科长及部分县、区局政策法规部门工作人员共计80名，培训内容涵盖了新流转税政策、税收征管——数据监控系统、税务稽查、案例分析、税务听证等。在培训开班时，省局蔡杰副局长代表省局作了《转变作风 提高素质 努力开创政策法规工作新局面》的讲话，回顾了近年来政策法规工作取得的成效，强调了税收法制工作以及法制培训的重要性和必要性，并对今后法规工作的开展提出了要求。通过培训，丰富了业务知识、创新了工作思维、提高了履职能力、增强了工作信心，为税收法制工作的开展打下基础。

【税务行政复议】 本着公平、公正的原则开展行政复议，充分听取纳税人意见，按照规定和程序及时处理，确保纳税人权益不受侵犯。在省局门户网站“办税指南”模块中增设“税务行政救济”栏目，为纳税人提供税务行政处罚听证、税务行政复议、行政赔偿等行政救济办税指南。全省全年共受理复议案件3件，分别为对税务机关征税行为及税务行政处罚不服申请复议，其中1件复议案件在受理后，由行政相对人要求撤回申请，2件复议案件经审查作出了撤销原具体行政行为的决定。省局受理了昆明铁路局客运旅行服务公司对省局稽查局《税务处理决定书》对其作出的处理决定不服提出的税务行政复议申请。在收到复议申请和稽查局的答辩书后，认真对案件进行了分析研究，对企业提供的证据材料进行了审核。按照《税务行政复议规则》的规定，在对具体行政行为的合法性、合理性、适当性及相关证据材料进行审查后，提出了初审意见，经有关处室审核，局领导批准，作出了撤销原《税务处理决定书》，要求重新作出税务处理决定的复议决定。

（赵 敏）

货物和劳务税管理

综 述

2009年是云南国税系统的“创新发展年”，也是货物和劳务税工作的闯关年，在省局党组的正确领导下，货物和劳务税处经历了组织收入、政策改革、信息管税、强化评估、机构调整的考验。面对多年来前所未有的政策改革挑战、组织收入困难的严峻形势，我处工作重点放在抓好“两个落实”，实现“四个突破”，即：抓好增值税转型的各项工作落实，抓好数据监控分析系统的流转税功能的落实，实现运输发票抵扣管理、滞留票与账表票管理、预征结算管理、车辆购置税代征和车辆税收“一条龙”管理四个突破。通过全省货物和劳务税处干部的共同努力，顺利实施了增值税转型和消费税调整等重大政策改革，重点工作实现了创新，其他工作得到加强。

业务概述

【税收收入】 2009年，全省增值税、消费税、车购税“三税”收入788.40亿元，比上年增收47.91亿元，增长6.47%，占国税总收入的86.19%。其中，增值税入库393.81亿元，同比减收8.06亿元，减少2%；消费税入库363.54亿元，同比增收49.73亿元，增长15.85%；车辆购置税入库31.05亿元，同比增收6.24亿元，增长25.15%。增值税收入下降的原因，主要是经济增速下降和增值税转型等政策性减收的双重压力形成的。

【分税种税收管理】 2009年是自1994年税制改革后政策调整力度最大的一年。省局货物和劳务税处通过加强以下管理措施，在全省较好地落实了三项重大政策调整：增值税转型、卷烟消费税调整、小排量乘用车车购税减半征收，闯过了政策改革关。一是在全国率先实现固定资产抵扣清单管理；二是率先对卷烟工业企业最低计税价格及商业企业批发价格纳入电子清单比对管理；三是与省地税局共同研究出台加强运输发票抵扣管理的措施；四是加强对存根联滞留票的核查，进一步提高账、表、票的增值税管理质量；五是实现在代征点推广委托代征软件，积极推行POS机刷卡缴纳车辆购置税工作，降低了税务机关的征收成本和纳税人的缴税成本；六是在全省实现了“预征结算”企业的网络化管理。

【税源管理】 （一）2009年11月召开了由省财政厅、省国税局、省地税局、卷烟生产企业参加的烟草集团“三变二”税收分配清算会议。对涉及9个州市的财政、国税、地税部门2009年预分配税款进行清算，确认了按正式比例应调整的税款。12月纳税申报期，按正式分配比例完成入库税款的调整，既支持了我省烟草集团改革的同时，又保证了地方税收的公平分配。12月征期，白酒消费税核定计税价格通过网络申报系统实施信息化管理。我省核定的4户企业共20个品牌的白酒生产消费税计税价格通过网络申报系统采集销售明细，并与实际销售价格进行比对，由系统自动计算应纳税款，实现了白酒消费税计税价格和纳税申报的信息化管理。（二）落实监控系统模块的运用，促进政策平稳过渡。2009年1月1日起，废旧物资回收经营企业增值税政策由原直接免税改为先征后退，取消利废企业购进废旧物资按购进凭证计算抵扣增值税10%的政策。在数据监控分析系统的日常分析中发现，2008年底全省废旧物资专票开具金额较同期有大幅提高，增长幅度达到173.47%。为规范税法执行，查找增幅异常原因，货物和劳务税处布置开展了对废旧物资回收经营单位及利废企业销售废旧物资及抵扣增值税款情况的核查工作，全省各州市共选取省局下发的168户企业中的94户进行了重点核查，核查覆盖面达到55.95%。通过核查，有12户企业不同程度存在账务核算、发票开具、纳税申报、未付款抵扣废旧物资专票等问题，截至2009年4月30日，涉及利废企业已做进项税转出301.46万元，罚款0.1万元。移交稽查查处涉嫌虚开废旧物资销售发票的经营单位1户。通过核查，帮助企业规范了财务账务核算，宣传了税收法规，为新老政策的顺利衔接发挥了纽带作用。（三）抓好“一窗式”管理，从源头控制确保纳税申报真实性。通过监控系统发现有部分企业增值税纳税申报“一窗式”比对出现不符。对此，组织了增值税专用发票“一窗式”比对不符的核查工作，各基层税务机关按照省局下发的名单，深入企业核查账簿、凭证、发票，查清了“一窗式”不符的原因，共核查出存在问题的不符情况220条，涉及企业173户，无问题的275条，涉及企业178户，共转出进项税、补缴滞纳金、罚款等处理共计60.54万元，从申报源头抓管理初见成效。通过此次核查，货物和劳务税处总结分析增值税纳税申报“一窗式”比对不符的主要原因和存在问题，并制定了相应的措施抓好增值税纳税申报“一窗式”比对工作。一是加强对纳税人的宣传教育，督促纳税人熟悉业务，减少差错；二是增强税务干部的责任意识，提高纳税申报“一窗式”比对通过率；三是强化目标考核，要求主管税务机关严格执行政策规定，提高源头管理的质量和效率。（四）加强固定资产抵扣管理。2009年是增值税转型改革实施的第一年，固定资产纳入抵扣范围，我省采取固定资产明细申报抵扣制度，由纳税人通过电子申报系统申报固定资产抵扣明细，税务机关利用监控系统对固定资产抵扣明细进行监控，对不符合抵扣条件的转出进项税额4002万元，并对纳税人进行了辅导，有效防止了税款流失。

【税收分析】 2009年度，认真从政策方面入手，加强政策对税收的效应预测和分析，完成了增值税转型抵扣测算和抵扣统计、消费税政策调整测算与政策效果追踪等工作；从重点税源与重点行业入手，加强烟草、电力、石油石化行业的税收预测与分析，对全省货物和劳务税收入定期深入分析和预测。

【税收特点】 2009年是新世纪以来经济社会发展最为困难的一年。面对罕见的国际金融危机，全省货物劳务税相关部门响应省局党组发出的“组织收入攻坚战”号召，攻坚克难、加强管理、堵漏增收，创新纳税评估工作方式，自主开发和推行增值税和网络抄报税申报，并将出口退税业务纳入数据监控分析系统。

各项工作

【税务管理】 （一）落实小规模纳税人征收率下调。认真贯彻新的《增值税暂行条例》，小规模纳税人征收率由工业6%和商业4%统一下调为3%。2009年小规模纳税人征收率下调使增值税减收3.41亿元。小规模纳税人数量多、分布广，规模虽小却承担着重要的社会服务职能。征收率下调的落实，对保障民生，减轻社会纳税负担，刺激消费应对国际金融危机起到推动作用。（二）落实资源综合利用产品增值税政策调整。规范认证程序，统一产品标准和环保要求，有效控制了骗取优惠政策的现象。2009年31户享受资源综合利用即征即退企业退还增值税5446.69万元，比上年下降66.03%，享受资源综合利用免征增值税政策75户企业免征销售额3.67亿元，比上年下降35.12%。（三）落实促进残疾人就业税收优惠政策。扶持弱势群体，对残疾人的福利保障必须与企业享受税收优惠挂钩。各级税务机关严格监督企业为残疾人缴纳的基本医疗保险、基本养老保险等四个险种，督促企业按时发放残疾人不低于当地最低标准的工资，签订至少一年有效的聘用合同，使残疾人及其家庭生活得到基本保障。到2009年底，我省555户社会福利企业共安置残疾人28739人，其中有367户企业达到退税要求，退还增值税4.91亿元，下降33.94%。（四）加强白酒消费税征收管理，及时核定白酒消费税最低计税价格。2009年7至8月按总局要求对

我省16个州市1336户白酒生产企业销售状况进行核实，对存在销售给销售单位的消费税计税价格低于销售单位对外销售价格70%以下情况的4户白酒生产企业，20个品牌规格白酒消费税最低计税价格进行核定，4户企业2009年增加消费税18.33万元。（五）顺利实施成品油税费改革。2009年全国实施成品油价格和交通税费改革，提高现行成品油消费税单位税额，2009年我省5户企业增收润滑油消费税3万元。

【税收科学化精细化管理】（一）在工作中学习，在学习中提高。2009年，应对组织收入、政策改革、强化评估、优化服务、机构调整的考验，货物和劳务税处从人的问题入手，狠抓学习型组织建设。在新政策研究中学习，在政策改革的考验中实践，在实践中得到历练。一方面，每当迎来新的政策，我们自己先学习、先思考，在政策下发前就预见可能产生的问题，提前谋划。把学习和研究新政策的成果，编写成《政策解读》12期下发全省；另一方面，对1994年以来的增值税、消费税、出口退（免）税的1223个政策文件逐个对照研究，清理废止和失效文件一半多，保留有效文件597个，为税收管理提供准确依据。经过每个文件4次以上的研究，掌握了政策沿革变迁和准确把握文件精髓。为使各级税务人员准确掌握政策变化，将历年15册《法规汇编》及2009年新政策中的有效文件浓缩编辑成一册《现行增值税消费税政策汇编》。（二）强化培训，发挥领头羊作用，带领全省货物和劳务税系列的干部共同提高。2009年2月底到3月中旬举办3期、每期5天的业务与管理技能培训班。培训前，省局人员利用业余时间对新的《增值税暂行条例》及《实施细则》、相关政策调整进行了深入研究，对平时积累的纳税评估经验方法、信息数据分析运用方法、纳税申报管理方法、“三小票”管理方法，进行了系统的总结，制作成形象生动、文字简练的幻灯片后对基层进行培训，培训辐射到所有区县局，培训人数达到410人，内容涵盖增值税转型改革后所有新旧政策解读和税收征管。每期培训，由处领导带队，处内人员分别授课，培训结束后闭卷考试，分别针对不同层级税收工作者的工作要求分类出题，如基层税务管理人员以税收政策业务为主，州市局流转税管理人员以监控系统运用、分析、创新为主，县区局领导以开展本地工作思路方法为主的三类试题，考试成绩通报全省。通过每年必训，每训必考强化提高全省货物劳务税干部对相关政策业务的理解掌握能力，形成了学习政策、研究政策的良好氛围。（三）加强对内、对外的政策宣传、解释工作，和谐征纳关系。分别对国税系统内的法规、监察部门，系统外的烟草、电力、国资委等部门进行授课5期，人数超过500人；通过要求处内干部深入政策研究，提高自身政策水平的同时，及时、准确地为纳税人和基层税务人员答复网络咨询586条。其中，总局网站纳税咨询271条、省局外网办税指南《货物和劳务税常见问题》132条，办公内网《请示与回复》及《咨询与答复》183条。（四）在落实各项政策改革中，通过咨询反馈、政策落实、调研分析、纳税评估、增值税税负分析等途径寻找基层管理的薄弱环节，再与企业一同研究政策执行的难点，对下进行有效指导，对上寻求解决问题的答案，帮助基层和企业解决实际问题。通过以上措施，2009年货物和劳务税队伍经历了考验，在考验中成长，在实践中增长才能，全省一支学习型货物和劳务税队伍雏形已形成，税收科学化精细化管理的步伐向前推进。（五）车辆购置税档案管理实现科学化管理，省局对车辆购置税征收档案管理方式及管理方法进行调整，大幅减轻了基层税务机关工作压力和档案保管压力，降低了征管成本，提高了纳税服务水平及档案管理效率，是我省对车辆购置税管理方法的重大创新。完成车辆购置税代征软件开发测试并在曲靖、楚雄试点，在文山、保山等州、市局已经实行委托代征的县（区、市）局推广使用。实现在部分有条件的县（区、市）局，县城摩托车、农用车车辆购置税征收委托给交警部门代征。落实《云南省机动车销售统一发票异常发票清分核查操作规程（试行）》，指导各州、市局通过进行异常发票数据分析，对存在问题的企业进行规范。

【纳税服务】（一）致力于解决橡胶增值税难题。1994年以来增值税政策一直把橡胶列为农产品，橡胶产业的发展没有为产地和人民产生增值税收入，反而形成增值税“倒挂”，农垦橡胶、民营橡胶、进口橡胶处于不公平竞争的地位，不利于边境民族地区的稳定和发展。近年来货物和劳务税处致力于妥善解决橡胶增值税难题，多次向总局请示要求将橡胶列为工业品。经多年努力后，总局2009年8月批复，橡胶产品按工业品依17%税率征收增值税。该政策得到民营橡胶企业、橡胶产品经销企业以及版纳州党委和政府的欢迎，虽因种种原因在年内未能得以施行，但已迎来解决橡胶增值税难题的希望。（二）加强“预征结算”管理，促进税收与税源公平。为促进跨地区总分支机构企业发展，实现规范经营，增值税合理分配，要求“预征结算”企业必须实现网络化管理。全省进行“预征结算”管理清理，对未实现网络化管理的，省局取消5户企业“预征结算”资格，州市局取消25户企业“预征结算”资格。既促进了税收的公平分配，又提升了企业的网络化管理水平。（三）适时调整云南电网增值税预征率，合理解决供电企业增值税分配。增值税转型使云南电网公司进项税逐步增加，所属供电企业执行4%的预征率产生总部大量留抵税款，2009年度留抵将达到3.4亿元。多次深入云南电网公司调研，经反复测算，决定2010年1月起，将云南电网公司所属供电局电力产品增值税预征率由4%调至2%，既保证税收合理分配，又减少企业资金占压，支持企业发展。（四）完成卷烟生产企业重组“三变二”税收分配，支持烟草产业发展。2008年末原红云集团、红塔集团、红河集团实施“三变二”重组，整合为新的红云红河集团、红塔集团，2009年省局积极做好全方位工作。一是年初制定征收管理和税款缴库办法，实现“集团总部集中申报、统一纳税、跨区分配”。二是1~11月做好分配入库，顺利将税收按预分配比例划分给7个州市。三是正式确定分配比例后，与相关部门共同清算预分配税款，并在12月调整入库，办理退库3489万元，为烟草改革提供了财税支持。（五）解决云南盐化股份公司改制带来的增值税分配不公问题。公司改制后，盐矿地区只有生产环节较少的增值税，增值税大部分集中在昆明总部。为保证资源地的税收公平，多次深入企业调研，以创新的思路明确了在最终销售价格不变的前提下，总部留2%增值税税负，超过2%的部分，60%通过提高总部与盐矿的结算价格分配给生产企业，40%通过降低与营销公司的结算价格分配给各州（市）县的16个营销分公司。调整后预计2010年4个盐矿增加增值税700万元，16个营销分公司增加400万元，确保了云南盐业经营的稳定，较好地解决了税收与税源相悖问题。（六）规范二手车发票管理，促进二手车市场发展。为促进二手车交易发展，解决二手车交易中管理及发票开具问题，多次深入二手车交易市场及红河调研。明确了二手车经销企业、二手车经纪机构在二手车交易活动中，应如何使用发票和缴纳增值税，解决了长期困扰我省二手车交易的发票开具不规范、管理界定不明确的问题。

【政策调研】 2009年，在贯彻落实增值税转型的实践经验的基础上，通过调研，撰写完成了云南国税重点税收科研论文《增值税转型改革过程中出现的问题与对策研究》、《增值税转型改革对云南面向西南桥头堡的影响及对策》等论文。

【信息化建设】 2009年，实现了货物和劳务税信息管税的“四个率先”。一是率先实现固定资产抵扣的电子清单管理。为确保增值税转型改革实施，在全国率先对固定资产抵扣清单进行管理。1月底新的增值税申报表样确定后，省局流转税处和信息中心成立纳税申报攻坚组，争分夺秒赶在2月1日零点前，对介质申报、网络申报系统成功升级。由纳税人通过介质申报或网络申报系统填报抵扣清单，税务机关进行核查管理。二是率先对卷烟工业企业最低计税价格及商业企业批发价格纳入电子清单比对管理。为落实卷烟消费税政策调整，我省认真对两大集团生产的所有卷烟牌号及价格进行核实，省局与昆明市局仅用20多天即开发了新的网络申报卷烟消费税模块，在全国率先对卷烟工业企业的110个最低计税价格（调拨价格）及商业企业的911个批发价格纳入电子清单比对管理，借助信息化实现税源控管。三是开发并推行增值税网络抄报税，率先实现网络纳税申报一体化。在自主开发的网络申报系统基础上，与信息中心合作，开发增值税网络抄报税并整合在网络申报系统中，经过3个月反复测试修改，至8月实现网上认证、报税、申报、“一窗式”比对、扣税“一体化”，免费提供纳税人自愿使用。8月起至年末昆明推行3700余户，9月起楚雄、曲靖、玉溪试点，全省16个州市烟草等184户企业已陆续使用。

【重大政策执行情况】 2009年，全省较好地落实了流转税三项重大政策调整：增值税转型、卷烟消费税调整、小排量乘用车车辆购置税减半征收，闯过了政策改革关。（一）实施增值税转型，全年纳税人共申报抵扣固定资产进项税额19.56亿元。一是在政策调整正式公布前，提早进行收入测算、“三步走”操作办法调研，做好了充分准备。二是政策公布后立即下发政策解读，对红云红河集团等10户重点企业政策辅导，135个县级征收单位3月份前对1108户重点企业辅导上门。三是辅导企业做好了每月的纳税申报工作，并使用监控系统逐票核实纳税人申报抵扣信息，对不符合抵扣范围的固定资产已转出进项税4002万元。（二）落实卷烟消费税政策调整，全年政策性增收消费税26.56亿元。为增加财政收入，2009年5月1日起全国实施卷烟消费税改革，上调工业卷烟税率并在商业批发环节加征一道消费税，涉及调整我省两大卷烟生产企业106个牌号消费税计税价格。据测算，6~12月政策调整增加消费税26.56亿元，占消费税增收额的一半多。其中工业卷烟税率调整增收20.30亿元，卷烟批发净增消费税6.26亿元。（三）小排量乘用车车购税减征，贯彻国家汽车产业振兴规划，促进节能减排。年初国家将1.6升及以下排量乘用车车辆购置税税率由10%减至5%。减征政策刺激了汽车消费，1至12月征收车辆87.95万辆。引导新增高耗油大排量车减少，而小排量车大幅增加，1至12月全省减征车辆21.73万辆，占汽车征收车辆数的50%，减征税款5.9亿元。同时征收工作量增加了60%，征收车辆数较上年增加38万辆。

【纳税评估】 2009年，着力于不断提高纳税评估落实力，完善评估措施。一是按照年初评估计划和重点税源评估部署，各州市局拟定各自评估计划，省局按季小结和通报，解决共性问题，并对评估力度好和较慢的地区点名通报；二是在评估实施中，省局适时评估“回头看”、组织州市局之间交叉评估，促进评估进度；三是在评估结果落实中，对重点疑难企业一户一报告，对基层单项评估工作一项一通报，省局直接评估和组织交叉评估工作中要求核查落实的问题对主管税务机关一户一便函，工作有始有终，事事有反馈，件件有结果。（一）在评估工作中实现“六个”有机结合，即：将对税务人员培训与对企业评估结合，省局直接评估和各地自选评估结合、省局“回头看”评估与州市交叉评估结合、税务机关评估与企业自查结合、重点税源评估与专项评估结合、定期通报与考核激励结合。通过实行评估“回头看”，省局采取直接评估和州市局之间交叉评估的创新工作方式，抓住前三季度各地评估中发现的细节问题，举一反三，促进企业的纳税遵从度。同时通过交叉评估的开展促进了大、小州市之间经验互补，实现了各地提高评估工作效率的目的。（二）2009年全省评估企业1856户次，查补增值税3.53亿元，滞纳金及罚款357万元，少免增值税286万元，移送稽查31户。其中省局直接评估25户，应补缴增值税9150万元，滞纳金137万元；“回头看”交叉评估应补增值税为前期各地评估应补税款的1.75倍。（三）一年来完成了以下重点税源评估和各类专项评估：一是对1108户重点税源采取省局评估、自选评估、省局督办、自查评估、交叉评估等多种方式，提高重点税源税收管理质量。评估应补增值税2.64亿元，滞纳金249万元。二是运输发票抵扣开展专项评估。补税（做进项税转出）3787万元，并与省地税局共同出台加强运输发票管理的措施。三是废旧物资购销情况专项核查，确保新老政策顺利衔接。评估24户，查补增值税548万元。四是先评估后免税，加强农村电网维护费免征增值税管理。创新性地采取“先评估后免税”的方法，全面清理云南电网农村电网维护费的免税情况，并明确了维护费的使用范围。评估发现未按规定列支12项，转出不应免税的收入1682.72万元，少免增值税286万元。五是对存根联滞留票的核查。核查5户存根联滞留票商贸企业，以滞留票信息为线索，与销货方税务机构联合调查，查补增值税27万元。（四）圆满完成总局组织的水泥生产企业专项评估。为追踪2009年国家取消立窑法水泥即征即退政策的落实，纠正部分不再享受退税企业的隐瞒销售问题，评估237户，发现问题150户，应补缴增值税4186万元，罚款50万元，总局将我省评估经验作为案例发给全国。（五）完成总局组织的商贸企业增值税专项评估，补税16户，交稽查2户，应补缴增值税148.32万元，滞纳金8.9万元。

【增值税优惠政策贯彻落实】 2009年，在组织收入同时，积极落实优惠政策，充分发挥了税收对经济的调控作用。办理增值税征前减免销售额914.88亿元，减免增值税0.18亿元，其中：资源综合利用征前减免销售额3.67亿元，涉及农业生产的税收优惠如用于农业生产的农膜、农药、种子、种苗、饲料等免税项目减免增值税销售额560.79亿元，初级农业产品减免销售额60.68亿元，居民用粮油产品减免销售额38.19亿元。办理即征即退增值税5.96亿元，其中：资源综合利用即征即退5446.69万元，安置残疾人税收优惠政策退还增值税4.91亿元。

【“四小票”管理】 加强增值税其他抵扣凭证管理和核查。海关缴款书和税控货运发票比对相符率分别保持96.08%、99.83%，共核查比对异常海关缴款书和税控货运发票1028份，查补税款、滞纳金和罚款362万元。认真完成总局2008年下半年稽核异常的399份海关缴款书的专项清查，补缴税款和滞纳金43万元，移交稽查3份。

【机动车辆税收“一条龙”管理】 贯彻落实《云南省机动车销售统一发票异常发票清分核查操作规程（试行）》，指导各州、市局通过进行异常发票数据分析，对存在问题的企业进行规范。达到查补税款较上年有突破。至2009年12月，查补增值税72.20万元，较上年的36.82万元增长96.08%，处以罚款5.64万元，作增值税进项转出23.46元。对514户纳税人进行了重点核查。

（李　洁）

进出口税收管理

综　述

2009年，全省各级进出口税收管理部门在省局党组和分管领导的正确领导下，出口退税闯过了因机构改革带来的重大业务和人员调整困难关。按照省局“创新发展年”的工作主题要求，创新出口退税审批模式、简化审核流程、成功开发出口退税网络报税系统、出口退税预警评估系统和网络申报系统并投入使用，对严防和杜绝骗取出口退税违法活动的发生起到了积极作用，为实现出口退税工作的科学化、精细化、信息化管理奠定了坚实基础，进一步做好边贸出口货物人民币结算退税试点工作的调研工作，为促进云南省外向型经济健康稳定发展作出了积极贡献。

业务概述

【退（免）税情况】 2009年受出口状况影响，出口退税额与上年基本持平，完成总局下达的退税指标15.15亿元，但免抵税额仅办理1.86亿元，完成计划指标的1/3。

【退税分析】 2009年，全省进出口总额为80.2亿美元，同比下降16.5%（全国22072.7亿美元，下降13.9%）。其中：出口45.1亿美元，同比下降9.7%（全国12016.6亿美元，下降16%），全省边境小额贸易出口7.07亿美元，同比上升23.6%。由于云南省磷化工、有色金属等传统出口商品，处于产业链的上游，金融危机的影响对我省外贸出口远未消除，受国际市场的影响出口持续大幅下降，但由于中缅输油管道的开工建设，带动相关建材、设备出口，我省边境小额贸易出口额的逆势增长成为了2009年我省对外贸易的亮点。

总局2009年下达我省退免税计划指标19.34亿元，其中：退税15.15亿元，免抵4.19亿元。全年退税15.15亿元，其中以人民币结算边境小额贸易退税3.77亿元。截至12月31日，全省共办理免抵1.86亿元。全省2009年退税完成总局任务并与上年基本持平，但免抵税额仅能完成总局指标的1/3强。

【退税管理特点】 实现了一批出口退税创新项目的投入使用。一是创新出口退税审批模式；二是简化了审核流程；三是出台了出口货物退（免）税分类管理办法；四是与技术部门通力协作，完成了出口货物退（免）税数据监控系统的开发运用工作。

各项工作

【规范机构改革后岗责业务流程】 省局机构改革于2009年5月完成，原省局进出口税收管理处的全部业务归并到货物和劳务税处。州市机构改革也于10月完成：9个州市局成立进出口税收管理科，其余7个州市出口退税业务并入货物和劳务税科。面对变化，省局对各地出口货物退免税方面的申报、审核、审批流程，内部管理机制，征退税衔接，防范和打击骗税，退免税单证等工作选取保山、德宏、红河、昆明进行摸底调查和实地调研，梳理了职责、优化了流程，在机构人员变动大调整的情况下实现了各项工作稳步开展。结合调研情况，省局规范了出口退税部门各个岗位的具体职责，编制了《生产企业免、抵（退）税办理流程》、《边贸人民币结算办理退税流程》、《外贸企业进料加工办理流程》、《生产企业进料加工办理流程》、《代理出口货物证明办理流程》等五项办理出口货物退（免）税的常规管理流程，既规范了税务人员工作制度，又明确了纳税人办理步骤。

【创新出口退税审批模式，简化审核流程】 （一）制定下发并实施《出口货物退免税分类管理办法》，通过将出口企业分为A、B两类进行管理。A类出口企业出口货物退（免）税已审批退免税原始单证由企业自行保管，B类出口企业退（免）税原始单证仍采用办法管理。即：退（免）税单证仍由审批税务机关保管。（二）省局明确了：1.申报、审核、审批流程以及视同内销出口货物计提销项税额和征退税率之差计入成本税额由基层征收机关负责检查统计的模式；2.县区局出口企业管理岗位的重点是对所有A、B类出口企业出口货物视同内销征税和征退税率差转入成本的相关账务进一步规范；3.州市局出口退税管理部门重点负责出口货物退免税单证的审核、审批。该办法的实施，加强了征、退税衔接工作，解决了征税与退税机关重复审核、职责交叉的问题，明确了审核重点。有效地减轻退税干部负担，简化了原始单证保管和报送审核方式，减少了企业单证的往返报送，实现了“出口退税征退合一”管理方式上的突破。

【落实2009年4次部分商品出口退税率上调】 为应对金融危机出口下滑，国家2008年下半年以来7次调高部分出口货物退税率，其中2009年4次，涉及全省出口的货物按照商品代码统计有965种，主要涉及电机（电器）及零配件、纺织品、部分有机化学品等。退税率的大范围上调，将在一定程度上缓解全省出口企业的压力，降低出口成本，提升企业扩大出口的信心和国际竞争力，由于出口退税率的调整，2009年全省审核、审批出口货物的平均退税率为13.85%，比去年提高1.74个百分点。

【完成代理出口货物证明核查工作】 按总局要求，3月起开展代理出口货物证明开具、传输和使用情况的核查，历时3个月，21户企业补缴增值税286万元，移交稽查5户。总局评价“检查方案具体明确、工作措施得力，成效明显”。

【落实出口应征税货物的核查工作】 为进一步落实国家税务总局对视同内销出口货物计提销项税额的政策，国家税务总局2009年5月至7月梳理了全国2008年1月至2009年3月出口报关单电子信息，对有问题的数据下发各地要求开展专项核查工作。全省核查出口企业共计567户，在核查前已按照国家政策规定计提的销项税额为10.75亿元，已计提销项的数据占总核查数据的99.7%，核查后补缴税款为480.8万元，涉及企业28户，移交稽查处理的企业共6户，涉及待补税款179.98万元，这充分体现了云南国税切实加强出口应征税货物的管理，严把“三关”即：政策落实关、信息管理关、核查结果反馈关，取得了显著成绩。

【税收科学化精细化管理】 为提高代理出口货物证明信息开具和传输质量，及时准确办理出口退税，防范和打击利用虚假代理证明逃避税收监管等行为，我处按照国家税务总局工作布置，采取有效措施圆满完成代理出口货物证明核查工作。结合国家税务总局有关出口退税工作的要求，编制了我省《外贸企业退税办理流程》、《外贸企业进料加工办理流程》、《生产企业免、抵、退税办理流程》、《生产企业进料加工办理流程》、《代理出口货物证明办理流程》等办理出口货物退（免）税最常见业务的规范流程。

【纳税服务】 （一）深化全省重点出口企业联系制度，加强对重点企业的管理和服务。在省局2008年实行全省重点出口企业联系制度的基础上，2009年上半年，新确定了30户重点联系出口企业，改变了2008年以出口额为主要依据选取重点出口企业的方法。2009年兼顾了我省行业、出口企业类型等方面，使30户重点联系出口企业更具有代表性，联系的内容包括：一是直接听取出口企业对出口退税工作的意见和建议；了解基层退税机关的工作作风和状态，查找工作中的不足，不断改进工作方法提高服务质量；二是向出口企业宣传出口退税政策和国家关于出口退（免）税政策调整的方向，为出口企业提供政策咨询服务；三是了解出口企业生产经营情况及时发现和解决出口企业生产经营过程中出现的问题，规范企业的出口行为。（二）针对保税区、出口加工区、区港联动的保税物流园区、保税物流中心、保税港区、出口监管库等6种海关特殊监管区域现行出口税收政策，编印成《海关特殊监管区域现行进出口税收政策简介》免费发放给相关部门和有关出口企业进行政策宣传。

【边贸出口货物人民币结算退税试点】 2009年为153户边贸企业办理边境小额贸易以人民币结算退税3.77亿元。自2004年1月1日起，财政部、国家税务总局对边境小额贸易出口货物以人民币结算办理退税在云南进行了试点已有6年，6年来，我省积极与各部门配合，向国务院争取将试点扩大到边境地区所有出口和生产型企业，有力地支持了边境地区健康、和谐发展和我省边境小额贸易的健康、稳定、持续发展，对云南边疆经济发展、社会稳定起到了十分重要的作用。人民币在周边国家乃至亚洲更多国家的存量和流通规模不断扩大，人民币在东南亚国家的地位得到进一步巩固和提升，以人民币结算的边贸出口货物退税在我省试点的成功经验，为人民币跨境贸易在上海、广东的开展提供了有利的借鉴，为全国的推广积累了宝贵经验，同时也为进一步推广以人民币结算边境小额贸易出口货物退税范围的扩大奠定了基础，6年的实践证明，该政策在我省试点效果是显著的，风险是可控的，经验是成功的。

【信息化建设】 （一）开发数据监控分析系统出口退税模块，率先实现出口退税信息监控。省局业务与技术人员历时1月共同努力开发完成数据监控系统出口退税模块。此次上线8个部分16个子模块，涉及出口退税户籍管理、退免税审批情况、数据预警分析、申报进度监控、报表统计等重要功能，解决了出口退税省局数据集中后各管理层次的需要，为提高退税管理质量和效率搭建了信息化管理平台。为加强出口货物退（免）税管理，打击和防范骗取出口退税的违法行为提供了有力的数据采集工具，大大提高了工作效率。（二）依托电子数据信息化，加强征退税工作衔接，强化出口应征税货物的管理，成绩显著。依托出口退税审核数据省级集中系统以及出口退税数据监控系统，省局按月对出口应征税货物电子数据进行清分，共清分出口货物报关单电子信息3954条，代理出口证明信息177条，各地逐户逐条清理，共落实计提销项税额3.14亿元。圆满完成总局组织的出口应征税货物的核查，核查出口企业567户。在核查前已按照规定计提销项的占总局核查数据的99.7%，其余28户核查后补税481万元，移交稽查6户。（三）依托出口退税预警评估系统，积极做好出口退税预警评估工作，严防和杜绝骗取出口退税违法活动的发生。2009年，按季度分4期对全省办理出口货物退（免）税的业务进行了预警评估，向国家税务总局上报了4份预警评估数据分析报告，向各州市局下发了4份提出预警评估的数据分析情况。经全省主管出口退税部门的努力，针对预警评估数据进行了认真的调查，2009年全年全省未发现骗取出口退税违法行为。

【政策调研】 完成《对2004年至2008年云南边境小额贸易出口货物以人民币结算办理退税试点工作的调研报告》，为进一步推广以人民币结算边境小额贸易出口货物退税范围的扩大提供了宝贵的经验。

（钱　瑜）

所得税管理

综　述

2009年，云南国税所得税工作围绕“创新发展年”工作主题要求，全面贯彻落实《企业所得税法》及《实施条例》，认真执行各项所得税政策，贯彻总局“分类管理，优化服务，核实税基，完善汇缴，强化评估，防范避税”所得税管理工作要求，创新所得税管理工作思路和服务方法，强化工作措施，突破难点、把握重点、补足弱点，打造所得税管理工作亮点，推进和完善所得税科学化、专业化和精细化管理。在夯实所得税管理基础、强化税源监控、收入分析、提高得税管理质量效率等方面取得了进步。各项工作任务得到有效落实，企业所得税管理水平有了新的突破，为推进云南国税事业又好又快发展作出了积极贡献。

业务概述

【组织收入】 2009年，面对国际金融危机冲击，企业生产困难，盈利水平下降的严峻形势，以及新《企业所得税法》实施，企业所得税法定税率下调、税前扣除放宽、免征利息税、调整烟草消费税等诸多减收因素的影响，云南国税坚持按照组织收入原则，正确处理好组织收入与依法治税的关系，切实加强税收征管，及时了解税源增减变化情况，强化税源监控、报告，及时发现和堵塞征管漏洞，切实将税源转化为收入，保证了所得税税款及时、足额入库，全年组织企业所得税收入109.6亿元，同比仅下降5.81%，减收6.76亿元，完成年度计划的114.17%。其中：内资企业所得税收入88.49亿元，较上年减少13.47亿元，减幅13.21%；外资企业所得税收入21.11亿元，较上年增加6.71亿元，增幅达46.66%。储蓄存款利息所得个人所得税收入2.09亿元，同比下降58.1%，减收2.9亿元，完成年度计划104.54%。全部所得税收入占全省国税系统税收收入比重达到12.4%，为全省税收任务完成作出积极贡献。

【税源管理】 2009年，云南国税所得税管理继续坚持科学化、专业化和精细化管理，依照国家税务总局“分类管理，优化服务，核实税基，完善汇缴，强化评估，防范避税”的所得税管理要求，进一步深化分类管理，推行按行业分类和企业规模分类相结合的分类管理模式，探索分层级的管理方法，夯实税源管理、税基管理，细分管理对象，区别管理方式，明确管理内容，突出管理重点，强化企业所得税监控管理，增强企业所得税管理的针对性和实效性。规范、强化涉税事项审批管理，加强税源监控和分析，加大对重点纳税人的辅导、评估，认真落实企业所得税预缴管理政策，以纳税评估为抓手，提高税源管理的质量和水平。

【税收特点】 （一）企业所得税。2009年，全省国税组织企业所得税收入109.6亿元，企业所得税收入主要呈现如下特点：一是受金融危机、经济下滑，企业盈利水平下降，以及企业所得税制改革、税率下调的影响，企业所得税收入占全省国税税收比重12.18%，比上年同口径下降1.32%。二是税源高度集中于少数行业和企业，如：烟草工商业、电信、金融保险、房地产等4个行业入库所得税80.64亿元，占到全省企业所得税收入的73.58%。红云红河集团、红塔集团等排名前50位企业入库的企业所得税81.63亿元，占到全省企业所得税收入的74.49%。三是企业所得税收入的地域差异明显。据2009年入库企业所得税统计，在全省16个州、市，企业所得税收入最多的昆明国税入库企业所得税60.37亿元，占全省所得税收入的55.09%，收入最少的怒江国税仅入库企业所得税698万元。企业所得税收入排名前5位的昆明、玉溪、曲靖、红河、大理等州、市国税局入库企业所得税95.48亿元，占全省企业所得税收入的87.12%。四是烟草工商企业所得税收入比例下降。由于受消费税政策调整等因素影响，烟草工商企业入库所得税52.55亿元，同比减少13.61亿元，占全省国税企业所得税收入比重47.95%，较上年下降11.7个百分点。五是外资企业收入比重明显增加，全省外资企业入库所得税21.11亿元，同比增加4.28亿元，占全省国税企业所得税收入比重19.26%，较上年上升6.89个百分点。（二）储蓄存款利息所得个人所得税。2009年，全省国税系统组织储蓄存款利息所得个人所得税收入2.09亿元，主要呈以下特点：一是收入具有明显的地域经济特征，昆明市国税部门征收的储蓄存款利息所得个人所得税占全省收入的39.5%。二是国家对储蓄存款利息所得税收政策的政策调整，对储蓄存款利息所得个人所得税收入影响较大。

【税收分析】 （一）2009年，企业所得税收入109.6亿元，同比减收6.76亿元，下滑5.81%。影响税收增减的主要原因：一是受《企业所得税法》定税率下调8个百分点，企业税前扣除项目放宽，以及国家调整烟草产品消费税政策，致使企业所得税正常跨期收入和预缴收入在当期呈现明显下降。二是我省国民经济的平稳增长，为稳定企业所得税收入奠定了坚实基础，有效抵减了税制改革对收入的影响。2009年，云南省工业经济总体保持相对平稳发展态势，全省国民生产总值实现增长12.1%，全省规模以上工业企业增加值增长了11.2%，对稳定企业所得税收入打下基础。三是在主体税源烟草企业产销量基本不变的情况下，烟草工商企业所得税收入成为稳定我省企业所得税收入的重要因素。2009年，全省烟草企业缴纳企业所得税52.55亿元，占全省国税企业所得税收入的47.95%。四是加强所得税管理，认真做好税基核实、税源监控、纳税评估、分类管理等工作，提高企业所得税征收效率，有效避免税款流失；通过加强企业所得税预缴管理，督促企业及时足额预缴所得税，通过加大评估、稽查力度，减缓了所得税收入下降幅度。五是以信息化建设为依托，为实现税款应收尽收提供有力的技术支持和保障。通过企业所得税申报管理软件的推广运用，进一步提高了企业所得税管理的质量和效率，保障了税款的应收尽收。（二）2009年，云南国税征收储蓄存款利息所得个人所得税2.09亿元，较上年减收2.9亿元，同比下降58.1 %。主要原因是国家实施降低储蓄存款利息所得个人所得税税率和对储蓄存款在2008年10月9日后（含10月9日）孳生的利息所得暂免征收个人所得税政策，带来储蓄存款利息所得税收入明显下降。

各项工作

【税务管理】 2009年，面对严峻经济形势带来的不利影响，云南国税全面贯彻落实《企业所得税法》及其《实施条例》，按照国家税务总局加强企业所得税管理的“24字”工作要求，创新所得税管理与服务工作思路和方法，着力突破所得税工作难点、把握工作重点、补足工作弱点，打造所得税工作亮点，提升所得税管理管理服务工作水平，推进和完善所得税科学化、专业化和精细化管理，做到税源监控到位，税基核实准确，汇算清缴完善，纳税评估科学，分类管理有序，纳税服务优化。

（一）强化企业所得税征收管理。为应对2009年经济形势对组织税收收入带来的不利影响，省国税局党组提出了“依法征税，强化征管，加强稽查，攻坚克难，应收尽收，奋战五个月，确保九百亿，打响组织收入攻坚战”的动员令。2009年8月27日省局召开了全系统强化所得税收入管理工作会议，会上，李杰副局长作了题为《坚定信心，明确任务，确保所得税收入目标实现》的重要讲话，会议分析了1~7月企业所得税收入情况，及后5个月组织收入面临的形势和任务，研究部署了加强所得税征管的具体措施。2009年11月25日，总局又召开了全国税务系统所得税工作视频会议，省局组织了州、市、县国税局分管所得税工作的局领导及所得税等相关部门的干部1658人参加视频会议。总局视频会议后，李杰副局长结合总局会议精神对我省国税系统贯彻落实总局会议精神，不断推进我省国税系统企业所得税科学化、专业化、精细化管理，以及抓好组织收入，深入开展纳税评估，认真贯彻落实各项税收政策等重点工作进行了安排部署。

（二）全面实施企业所得税专业化的分类管理。2009年，全省国税部门积极推行分类管理，强化对重点税源企业的监控。一是推行按行业分类和企业规模分类相结合的分类管理模式，按照纳税人的生产经营规模或税源规模，实行分类和分层级的管理。细化对重点税源管理的方法和内容，由省、州（市）、县（区）各级国税局根据辖区内税源情况，确定各级的重点管理行业和企业，制定管理程序和方法，明确管理内容。省局对收入排名前20名的企业按季进行分析，对收入排名前100名和增减额前20名的企业按年进行分析，全面掌握和监控税源情况；二是加强对问题企业的管理。如：针对新办企业核算不规范，连续3年以上亏损的企业，按照“缓急有序”的征管原则，对企业规模小、核算水平低、账证不健全的企业实行核定征收，将有限的征管力量用于重点税源的管理。全省国税核定征收企业所得税的企业比重，由2008年的10.33%，提高到2009年的15.73%；三是加强对特殊纳税人和特殊事项的管理，根据所得税税种特点，对诸如企业合并、分立、改组改制、股权转让、债务重组、资产评估以及接受非货币性资产捐赠等特殊事项加强管理，实行企业事先报告和税务机关跟踪管理制度，对特殊纳税人实行有针对性的管理；四是加强对减免税企业的管理。按照《税收减免管理办法》规定，在规定的时限内做好各环节的工作，加强审批、备案管理和督促检查，实行企业减免税台账跟踪管理。通过全面实施企业所得税专业化的分类管理，为推进所得税税源的精细化管理奠定了良好的基础。

（三）坚持“以评促管、以评促收”做好所得税纳税评估工作。2009年，云南国税以纳税评估为抓手，强化所得税征管，在总结完善以往企业所得税纳税评估工作的基础上，开展对全省国税征管范围内重点税源行业企业的纳税评估。一是开展对重占税源企业的评估。在全省层面，抓住应纳税所得额降幅在30%以上的138户重点税源企业开展评估，在各州市局层面选取本辖区内的重点行业、企业展开评估。二是开展专项评估。针对企业出现经营及纳税异常情况，进行专项评估，如：通过核对企业申报“优惠项目”的逻辑关系，对注册资本500万元以上且连续3年所得税申报为零的209户企业，以及减免税到期后经营情况急剧变动企业开展专项评估，有效防止了企业自行、随意填报优惠金额，骗取减免税和恢复征税后申报不实的行为。三是省、州、市国税局所得税业务部门积极带头直接参与评估，2009年，由省局直接评估的企业有2户，评估后补缴税款1485万元。四是积极探索评估方法，采取纳税评估“回头看”。如：玉溪市国税局对红塔集团进行评估辅导“回头看”补缴所得税200万余元。2009年，全省共对2491户企业实施了纳税评估，补缴企业所得税11303万元，调整减少亏损26362万元，通过积极探索实施纳税评估工作，发现了一些企业行业存在的问题和管理的薄弱环节，为加强行业管理，引导纳税人对照存在问题进行整改奠定了扎实基础，同时，也有效提升了企业所得税征管的质量和效率。

（四）规范涉税事项审批管理，强化税源税基监控管理。根据《国家税务总局关于企业所得税税收优惠管理问题的补充通知》要求，云南国税与省地税局共同对我省企业所得税备案类优惠项目管理问题制定了补充规定，明确划分企业所得税备案类优惠项目管理方式，事后报送相关资料等优惠项目管理的要求。结合贯彻落实总局《企业资产损失税前扣除管理办法》，与云南省地税局联合制定了云南省企业资产损失税前扣除管理办法，对企业资产损失税前扣除管理进行了统一和规范，包括：对企业发生须经税务机关审批后才能税前扣除的资产损失申报内容、申报时限和申报程序；对各级税务机关审批资产损失税前扣除的受理程序、审批权限、审批流程、审批形式和审批时限；对跨区分支机构资产损失税前扣除的管理要求等进行了规范。

（五）加强企业所得税税源分析管理。一是加强对企业所得税税收收入与经济发展相关性的分析，提高企业所得税税源及收入变化预测分析的准确性；二是建立所得税税收收入分析工作制度，实行按月定期分析，采取综合分析与重点行业企业分析相结合的方式，分析所得税收入与经济、政策、征管等因素的相关关系，掌握税源总量、构成、分布和发展变化情况；三是建立征管质量预警机制，通过应用综合征管信息系统及数据监控分析系统平台，加强企业所得税征管质量监控，发现有质量问题的数据、有疑问的业务及其他需注意事项，及时对相关地区发布预警提示或整改要求，强化了税收征收管理。2009年云南国税企业所得税年度税收分析报告和季度税源分析预测报告工作均受到总局通报表扬。

（六）加强企业所得税预缴管理，保证税款及时入库。2009年，云南国税认真贯彻落实总局《关于加强企业所得税预缴工作的通知》，根据总局加强企业所得税预缴工作的要求，对重点税源企业原则上按照实际利润额预征企业所得税，通过征管系统对重点税源企业预缴情况进行跟踪，严禁人为调节税收进度、防止发生寅吃卯粮或寅粮卯吃情况，同时，对按月预缴所得税的部分烟草工商企业等重点税源企业，及时分析研究税源变化情况，保证了国家税款的及时入库。2009年度，全省国税企业所得税预缴率达82.56%。

（七）认真做好跨地区经营总分机构企业所得税征

收管理。2009年，云南国税认真贯彻执行跨地区经营总分机构管理办法，全省306户跨省市分支机构在我省国税共入库企业所得税86372万元。同时，通过深入企业调查辅导、召开税企座谈会等方式，规范并理顺了省内跨州市县经营的红云红河集团、红塔集团以及各烟草商业企业的所得税征收管理，为规范全省总分机构所得税管理奠定了坚实的基础。

【宏观调控】 2009年面对异常严峻的收入形势，云南国税紧密结合经济发展实际，正确处理好组织收入与规范执法、优化服务与支持发展、发展性增收与政策性减收三方面的关系，认真贯彻落实《企业所得税法》及其《实施条例》规定的各项税收优惠政策和过渡期优惠政策，贯彻落实国家关于坚决制止越权减免税加强依法治税的工作要求，在维护企业所得税法权威性和严肃性的同时，强化政策效用，用足、用活、用好税收优惠政策，充分发挥了所得税调节经济的职能作用，为支持企业发展壮大、积极应对金融危机，促进产业结构调整及云南经济社会的全面、协调、可持续发展提供了积极支持。2009年度，我省国税系统共有4252户企业享受各类优惠政策，减免企业所得税76.33亿元，其中：直接减免税28.97亿元，税基优惠折算为减免税47.36亿元。

【税收政策执行】 （一）认真贯彻落实《企业所得税法》及其《实施条例》规定的各项税收政策。2009年，根据《企业所得税法》及《实施条例》的相关规定，国家税务总局陆续出台了资产损失税前扣除、房地产业务处理、各项准备金扣除、广告费业务宣传费扣除、优惠政策管理、重组业务处理、企业所得税清算等一系列所得税政策，云南国税在准确把握政策精神的基础上，结合实际研究具体的实施办法，深入开展政策宣传辅导，做好政策执行中的调研和反馈，保证政策落实到位。

（二）认真执行企业所得税征管范围调整政策。根据总局《关于调整新增企业所得税征管范围问题的通知》，对2008年底前国、地税局各自管理的企业所得税纳税人不作调整，2009年起新增的企业所得税纳税人，属应缴纳增值税的企业，企业所得税由国税局管理，属应缴纳营业税的企业，企业所得税由地税局管理。同时，企业所得税全额为中央收入的企业和在国家税务局缴纳营业税的企业，企业所得税由国家税务局管理；银行（信用社）、保险公司的企业所得税由国家税务局管理；外商投资企业和外国企业常驻代表机构的企业所得税仍由国家税务局管理，以及对企业所得税征管的若干具体问题进行了规定。2009年云南国税认真执行总局调整新增企业所得税征管范围政策，加强与地税部门的沟通协调，及时研究和解决实施过程中出现的问题，确保征管范围调整政策落实到位。2009年度，云南国税企业所得税征管企业66189户，较上年同口径新增企业6516户，增长11.8%，增幅较上年回落5.43个百分点。

（三）贯彻落实公益性捐赠税前扣除政策。为有效贯彻落实公益性捐赠税前扣除政策，规范和引导公益性捐赠活动，根据《财政部　国家税务总局　民政部关于公益性捐赠税前扣除有关问题的通知》，云南省国税局积极会同省财政、民政、地税部门，在转发上级通知的基础上，对我省公益性捐赠税前扣除政策的实施及管理制定操作规范。一是明确了全省公益性社会团体税前扣除资格的申请、认定及审批程序。即我省民政部门批准成立的基金会、慈善组织等公益性社会团体税前扣除资格，经其申请后由省财政厅、省民政厅、省国税局、省地税局负责联合审核认定并发文公布。二是明确了县级以上人民政府及其部门、公益性社会团体在接受捐赠时，必须向捐赠人开具由省财政厅统一印制的公益性捐赠票据。三是明确了纳税人发生的公益性捐赠，必须取得具有税前扣除资格的公益性社会团体或县级以上人民政府及其部门按规定开具的公益性捐赠票据。四是明确了纳税人在申报年度所得税时须向主管税务机关附送捐赠票据复印件，经其审核符合上述规定条件的准予税前扣除。通过公益性捐赠税前扣除政策及管理措施的实施，为进一步调动和促进全民参与社会公益事业发展发挥了积极引导作用，同时，也有利于规范和促进云南省社会公益性事业的健康发展。

（四）贯彻落实资源综合利用企业所得税优惠政策。根据《国家税务总局关于资源综合利用企业所得税优惠管理问题的通知》要求，云南国税对贯彻落实资源综合利用企业所得税优惠政策，明确规定申请享受资源综合利用企业所得税优惠政策的企业是指按《国家发展改革委　财政部　国家税务总局关于印发〈国家鼓励的资源综合利用认定管理办法〉的通知》和原云南省经委等五部门《关于印发〈云南省资源综合利用认定管理实施细则（暂行）〉的通知》等相关规定程序认定，取得了《资源综合利用认定证书》的企业，并明确对2008年1月1日起生产的符合条件的产品予以登记备案，由县级主管国税机关进行审核。2009年度全省享受资源综合利用企业所得税优惠政策的企业18户，实际减免企业所得税1525万元，资源综合利用企业所得税优惠政策的执行，为鼓励引导企业实施资源综合利用发挥了积极作用。

（五）认真落实安置残疾人员就业的有关企业所得税优惠政策。根据《财政部国家税务总局关于安置残疾人员就业有关企业所得税优惠政策问题的通知》规定，认真贯彻落实了企业安置残疾人员，在按照支付给残疾职工工资据实扣除的基础上，可以在计算应纳税所得额时按照支付给残疾职工工资的100%加计扣除。2009年度，全省享受安置残疾人员就业工资加计扣除优惠政策的企业141户，加计扣除工资额1.02亿元，享受减免税2550余万元，对促进残疾人员就业发挥了积极的作用。

（六）认真落实广告费和业务宣传费税前扣除政策。根据《财政部　国家税务总局关于部分行业广告费和业务宣传费税前扣除政策的通知》规定，认真贯彻落实烟草企业的烟草广告费和业务宣传费支出，一律不得在计算应纳税所得税额时扣除的政策。2009年度，云南省国税局及时将政策送达相关烟草企业，积极开展政策宣传辅导，组织督促相关烟草企业自查补税，全省烟草工商企业自查补税9570余万元，确保了该项税收政策的贯彻落实。

【信息化建设】 （一）结合2008年版企业所得税申报表启用，做好介质（网络）申报系统的推广和升级。2009年，云南国税在全省征管范围推广应用了自主开发的介质申报软件，在昆明市全区域和曲靖、玉溪、楚雄州市的部分纳税人中试行了网络申报软件。企业所得税网络及介质申报软件的推行，为纳税人提供了便捷的申报途径，减轻了基层税务机关和纳税人的负担，而且，信息化应用技术的提高，为税收信息化管理打下了良好的基础，提升了企业所得税管理的效率和纳税服务水平，保障了2009年汇算清缴工作的顺利完成。（二）开发企业所得税数据监控系统模块。根据企业所得税管理工作需要，按企业所得税的地区、行业等进行分类，按企业所得税优惠政策执行情况进行统计，按税款的预缴、查补、汇算清缴等属性进行分类汇总管理，同时根据企业所得税管理重点及需要，设置重点税源、亏损和零申报企业的监控管理项目、行业管理指标和专项监控分析等模块，为企业所得税管理搭建起高效的应用平台。

【教育培训】 2009年，云南国税结合《企业所得税法》实施后政策业务变动的需要，把课堂与实践结合起来，将中长期培训与专题、短期集训方式结合，培养了一批既懂所得税政策业务又熟练掌握财务会计知识的业务骨干，为所得税管理提供了重要的人才保障。（一）结合推广应用省局开发的企业所得税介质、网络申报系统，先后分两批组织对州市级国税局征管、信息、所得税管理人员和县区级国税局税政管理人员的培训，并以其作为师资承担起对基层税务干部和纳税人的培训，有效保障了企业所得税介质、网络申报系统在全省的上线运行。（二）组织所得税管理骨干的专题业务培训。2009年，云南国税委托云南财经大学举办了为期1个月，共100人参加的以会计核算及所得税政策业务为主题的专题培训班，通过对会计学基础、企业会计核算、《企业会计准则》以及《企业所得税法》等方面知识的培训，提高了全省国税系统所得税干部的业务技能和政策水平。结合总局安排我省的“援西”培训计划，组织50余人到河南省参加了财务会计基础知识和所得税政策业务培训。同时，全省各地结合《企业所得税法》实施后政策业务变动的需要，以不同的专题和不同的培训方式，组织了基层税务干部和纳税人的培训。据统计，2009年，云南省国税局组织省内或参加总局的培训4期，共有350余人直接参加了省局或总局组织的企业所得税政策业务培训。同时，由各州、市、县（区）局组织开展的基层税务干部和纳税人培训人次达2万余人。

【政策调研】 （一）认真做好《企业所得税法》实施后政策执行情况的调查研究。2009年，云南国税结合企业所得税优惠政策调整变化情况，以研究企业所得税优惠政策对促进区域经济协调发展的政策作用为主题，在大量实证性问题研究的基础上，对云南这类经济欠发达区域实施税收优惠扶持的必要性等问题，开展企业所得税政策运行情况的调查研究。结合我省国税部门贯彻落实税收政策的工作实务，通过对新旧所得税法框架下企业所得税优惠政策实施，以及政策运行管理情况的调研，对2008年《企业所得税法》实施后，优惠政策执行一年来出现的情况和问题，进行实证性的分析，为政策的完善和政府决策提出有针对性的意见和建议。在昆明、临沧市国税局的配合下，完成了近5万字的课题调研报告，包括咨询报告、总报告和2个专题研究报告，《企业所得税优惠政策问题研究报告》受到云南省国税局组织的，有总局及我省社科研究专家为评审委员的好评，调研报告被刊载于《涉外税务》2010年第5期。（二）积极做好《企业所得税法》实施有关税收政策执行及管理工作情况的调查研究。2009年，总局所得税司马林司长及其一行6人来到云南，对《企业所得税法》实施一年来各相关政策的贯彻落实和所得税管理工作情况开展了调研活动。通过组织召开云南国、地税部门的所得税业务座谈会和召集我省企业代表的座谈，就新《企业所得税法》贯彻落实、2008年度汇算清缴工作和企业所得税征管范围调整政策执行等情况开展调研，同时，认真听取纳税人对《企业所得税法》实施及相关政策执行和企业所得税管理工作的意见建议。2009年，云南国税通过调研，对《企业所得税法》及相关政策执行及存在问题情况，分别向总局所得税司上报了9篇《问题跟踪问效报告》。

【纳税服务】 2009年云南国税所得税管理部门，结合《企业所得税法》的贯彻落实，做好税法的宣传及管理服务。（一）做好企业所得税政策的宣传、辅导和咨询答复。《企业所得税法》实施后，税法优惠政策与原规定发生较大的变化，云南国税为帮助各级政府及其相关部门、社会各界和广大纳税人掌握企业所得税优惠政策规定，组织编印了《企业所得税业务手册》（第八册）和《企业所得税优惠政策汇编》，及时发放至基层税务机关、政府相关部门及重点税源企业。同时，将《企业所得税法》及与政策实施相配套税收管理规定向社会做出宣传，提供各级政府及其相关部门、社会各界、广大纳税人和税务干部使用、参阅。（二）充分利用电视、广播、报刊等媒体，借“税收宣传月”契机开展《企业所得税法》宣传。诸如：结合《企业所得税法》实施，有关公益性捐赠税前扣除政策的调整，云南国税会同省财政、民政、地税部门，对我省公益性捐赠税前扣除政策的实施及管理作出了明确规范，同时就相关所得税政策作出宣传。（三）对重点税源企业开展“送政策上门”活动，探索个性化辅导服务方式。2009年，云南国税所得税管理从规范管理维护纳税人权益出发，帮助如华能澜沧江水电有限公司等企业做好税收政策执行情况的自查辅导工作，通过辅导，华能澜沧江水电有限公司自查补缴企业所得税1000余万元。通过召开纳税人座谈会，认真听取纳税人的意见、建议和需求，对由于纳税人不理解的税收政策问题给予耐心细致的解释，对纳税人提出的合理要求及时在工作中给予落实。（四）针对企业所得税实施后，税收优惠政策调整较大的实际，利用云南国税的网络资源优势，借云南国税内外网平台，向社会及时公布《企业所得税法》及其相关政策信息。同时，结合落实“四项制度”，推进阳光政府、阳光税务进程，耐心细致地答复纳税人咨询的问题，及时认真答复纳税人在总局和省局网络咨询的所得税政策问题。通过认真宣传贯彻税法，积极做好税收的管理服务。

【汇算清缴】 2009年组织开展的2008年度企业所得税汇算清缴，是《企业所得税法》实施后的第一次汇算清缴，是对《企业所得税法》贯彻落实情况的一次检验。各级国税机关高度重视汇算工作，经过各级国税部门的精心组织、周密计划、统筹安排、积极行动，措施落实到位确保了汇算工作的圆满完成。一是积极推广运用我省国税系统自行开发的企业所得税介质（网络）申报系统进行年度企业所得税申报，充分发挥系统的计算和校验功能，减少和降低了填报、计算的工作量和差错，进一步降低政策理解的风险，对提高申报质量发挥了积极作用。二是全面加强年度汇算清缴的政策宣传、辅导和培训工作，提高了纳税人自行申报的质量。三是认真研究总局下发的汇算清缴软件，制定我省的操作规范，及时清理有问题数据，保证了汇算报表的质量，为2008年度汇算清缴工作顺利进行提供了有力的保障。通过努力圆满完成了新税法实施后首次汇算清缴工作，汇算清缴工作得到国家税务总局的通报表扬。（一）2008年度汇算清缴基本情况。全省参加汇算清缴企业48835户，其中：盈利企业12948户，比上年增加1538户，增长13.48%，盈利面为26.51%，较上年下降1.33个百分点；亏损企业29753户，比上年增加5382户，增长22.08%，亏损企业占查账征收企业的63.81%，较上年增加1.41个百分点；零申报企业6134户，比上年增加930户，增长17.87%，零申报面12.56%，较上年下降了0.51个百分点。汇算清缴盈利企业实现销售（营业）收入5089.64亿元，同比增加32.31亿元，增长6.39%；实现利润总额468.73亿元，同比减少116.66亿元，下降19.93%；实现应纳所得税额127.69亿元，同比减少41.42亿元，下降24.49%；减免所得税35.20亿元，同比减少24.32亿元，下降40.86%；实现实际应纳所得税92.49亿元，同比减少17.32亿元，下降15.77%；实际税收负担率18.11%，比上年下降2.45个百分点，还原税率下降8%因素，实际上升2.53个百分点。（二）企业所得税税源及收入特点。1. 企业所得税收入受国际金融危机冲击企业效益下降和所得税税率下降8个百分点等因素影响，所得税收入同比降幅达15.77%。2. 企业所得税收入仍集中于以烟草行业为主的重点税源企业，但多元化的税源结构正在形成。2008年作为重点税源的烟草工商企业，共实现实际应纳所得税52.11亿元，较上年减少15.89亿元，占全省实际应纳所得税比重56.34%，比上年下降了12.3个百分点。与此同时，我省“非烟”企业所得税收入比重进一步上升达43.66%，较上年上升了12.3个百分点。3. 减免税结构发生较大变化。2008年《企业所得税法》实施后，减免税统计范围既包括直接让渡性减免，也包括符合条件的居民企业之间的股息、红利等权益性投资收益等税基优惠减免税，按此口径，2008年度我省国税系统共计减免企业所得税55.86亿元，其中：直接减免企业所得税35.2亿元，按税基优惠折算减免税20.66亿元。

（裴晓梅）

税收会计统计

综　述

2009年，省局收入规划处在省局党组及分管局领导的正确领导下，在各处室的大力配合支持下，按照全国收入规划核算会议及全省国税工作会议的部署，紧紧围绕“创新发展年”及省局“任务分解”的工作要求，努力克服由于国际金融危机影响，实体经济遭受重创，产量与价格均大幅下降，税源急剧萎缩等不利因素，以组织收入为中心，以信息化建设为依托，全处同志团结协作，努力工作，圆满完成了各项工作任务。国家税务总局下发了《国家税务总局关于2009年一季度重点税源监控情况的通报》、《国家税务总局关于2009年上半年重点税源监控情况的通报》、《国家税务总局关于2008年全国税收会计统计年报会审工作情况的通报》和《国家税务总局关于2008年税收会计统计报表编报质量的通报》等文件，对云南国税的重点税源监控管理、税收统计报表编报情况和税收收入分析预测等项工作给予了通报表扬，云南国税的会计统计报表被云南省国民经济核算领导小组、云南省统计局以《关于表彰报送会计、统计报表先进单位的通知》文件通报表彰，评为“先进单位”，圆满完成了“创新发展年”各项工作任务。

业务概述

【税收收入】 2009年云南省国税税收收入完成900.08亿元，比上年增长4.44%，增收38.25亿元。圆满完成省政府下达的900亿元收入目标。2009年云南国税税收收入在全国排名第11位，比上年跃进1位；增量在全国排名第17位，比2008年退步了6位；增幅比全国平均增幅9.1%低4.7个百分点，在全国排名第22位，比2008年退步了3位。增值税总量排名第19位；增量排名第22位；增幅低于全国平均水平5.8个百分点，排名第21位。消费税总量排名第2位，第1位是广东；增量排名第15位；增幅低于全国平均水平69.6个百分点，排名第29位。企业所得税排名第18位；增量排名第19位；增幅低于全国平均水平8.4个百分点，排名第20位。

【税收特点】 （一）税收收入突破900亿元大关。1994～2009年，云南国税收入总量从233.22亿元增加到900.08亿元，年均增长10.13%，税收收入连续突破几个大关。2009年税收收入又突破900亿元大关，比2004年接近翻了一番。

（二）车辆购置税突破30亿元。车辆购置税2001年由费改税正式开征。2002～2008年间，全省车辆购置税增速在12%以上。2009年以来，国家出台的汽车下乡和小排量车购税减税等相关政策再次拉动了国内汽车销量的大幅增长，车辆购置税由2001年的6.34亿元上升到2009年的31.05亿元，2009年收入突破30亿元，是2003年车辆购置税收入的3倍。

（三）国税收入占GDP和财政收入的比重略为下降。2009年税收收入占GDP的比重预计达到14.29%，比2008年下降约0.83个百分点；中央税收占全部税收的比重为84.50%，比2008年提高1.42个百分点。国税收入占财政收入比重最高年份是1995年达到87.12%；从2005年起所占比重逐年下降。2009年税收收入占财政收入比重为60.38%，比2008年下降6.41个百分点。

（四）税收呈“前低后高”态势。1～5月税收下降，自6月份起，国税税收收入单月持续保持增长，累计收入的减幅自1月最大值17.48%逐步收窄，11月首次实现年内正增长，12月增幅扩大至本年最高4.44%。

（五）国税负责征收的五个税种“两增三减”，消费税和车辆购置税的增收带动整体税收增长。2009年增值税入库393.81亿元，同比下降2.01%；消费税入库363.54亿元，同比增长15.85%；所得税入库109.60亿元，同比下降5.81%；储蓄存款利息所得个人所得税入库2.09亿元，同比下降58.13%；车辆购置税入库31.05亿元，同比增长25.15%。

（六）绝大部分州市税收收入实现增长。2009年16个州市除保山市、文山州、怒江州和临沧市国税收入下降外，其余12个州市均为增长。增幅较高的是丽江市19.92%，迪庆州15.15%和德宏州14.39%。保山市下降4.41%，文山州下降2.10%，怒江州下降5.55%，临沧市下降12.14%。

【税收收入增长原因分析】 （一）全省经济整体运行呈现企稳回升的发展态势，为税收增长提供了税源保障。2009年，面临严峻复杂的国际、国内经济形势，全省认真贯彻落实省委、省政府应对金融危机，保持工业经济平稳较快发展的一系列政策措施，2009年，全省全部工业增加值完成2088.3亿元，增长11.2%，全省工业经济运行基本达到预期目标。

主要税种与相关经济指标分析：

1. 国内增值税完成393.81亿元，比上年减收8.06亿元，下降2.01%。从主要行业看，卷烟总量占增值税总量的26.12%；收入达到10亿元以上的行业是电力、煤炭、有色金属、建材产品、钢坯钢材、化工产品、商业批零7个行业收入占增值税总量的54.88%。2009年，电力、煤炭、建材产品、钢坯钢材、商业批零等行业增值税保持增长，而卷烟、有色金属、化工产品等增值税减收。

（1）卷烟增值税完成102.86亿元，比上年减收8415万元，下降0.81%。从2009年烟草工业经济运行情况看，卷烟累计产销量同比增长。1～11月份，我省省内生产卷烟完成656.44万箱，同比增加12.81万箱，增长1.99%；省内销量累计完成652.54万箱，同比增加16.95万箱，增长2.67%。一、三类烟比重提高。2009年省内企业卷烟累计销量中，一类烟比重同比上升2.28个百分点；三类烟比重同比上升3.54个百分。2009年卷烟增值税减收的主要原因是由于卷烟生产企业的改革，2009年1月跨期结转增值税比2008年减少3.85亿元，红云红河烟草（集团）有限责任公司红河卷烟厂及昭通卷烟厂2008年12月所属期（2009年1月申报期）期末留抵税额共计1.33亿元。

（2）电力增值税完成49.06亿元，比上年增收1.29亿元，增长2.71%。从经济因素看，1～12月，全省共完成发电量1173.82亿千瓦时，增长12.9%。其中，火电548.07亿千瓦时，增长31.2%；水电625.75亿千瓦时，增长0.6%。电力行业完成增加值242.36亿元，增长16.6%。电力增值税增幅低于经济增长的主要原因：一是从2009年1月1日实施增值税转型政策。二是主要体现在对火电的影响。煤炭产品受增值税税率调整影响，价格有所上涨，火电企业进项抵扣加大。

（3）煤炭增值税完成23.56亿元，比上年增收4.76亿元，增长25.29%。从经济主要指标看，煤炭平稳增长。1～12月，全省生产原煤8921.02万吨，增长3%。煤炭行业累计完成工业增加值93.39亿元，增长

3.1%。煤炭增值税增幅高于经济增长的主要原因：一是延期税款增加。如：曲靖市2009年煤炭行业入库2008年延期税款9250万元，而2008年入库延期税款1083万元，增收8167万元；二是政策因素影响。非金属矿采选产品增值税税率由13%恢复到17%。

（4）建材产品增值税完成17.73亿元，比上年增收3.62亿元，增长25.66%。1～12月，全省生产水泥5046.45万吨，增长25.8%。非金属矿物制品业完成增加值52.51亿元，增长20.7%。

（5）钢坯钢材增值税完成11.16亿元，比上年增收3872万元，增长3.6%。1～12月，全省生产粗钢1049.05万吨，增长16.4%；钢材973.3万吨，增长16.3%；生铁1294.3万吨，增长9.7%；铁合金73.02万吨，增长15.7%。黑色金属采选业完成增加值32.5亿元，增长10.5%；黑色金属冶炼及压延加工业完成增加值97.8亿元，同比增长9.1%。12月末，Φ6.5高线价格4020元/吨，比11月末下降10元/吨；螺纹钢Φ12－14价格4330元/吨，比11月末增长10元/吨；1.0毫米冷板价格5050元/吨，与上月末持平。

（6）有色金属产品增值税完成20.62亿元，比上年减收9.50亿元，下降31.54%。全年全省生产10种有色金属215.8万吨，下降0.4%，降幅比11月收缩1.6个百分点。其中铜29.85万吨，下降4.8%；锌79.06万吨，下降2.1%；铅36.08万吨，下降10%；锡7.47万吨，增长1.1%；原铝60.75万吨，增长14.4%。有色金属采选业完成增加值49.9亿元，增长7.4%；有色冶炼及压延加工业完成增加值152.74亿元，增长3.6%。有色金属价格继续上涨。12月末，铜均价51890元/吨，比11月末上涨9110元/吨；铝17400元/吨，比11月末上涨2410元/吨；铅16650元/吨，比11月末下降810元/吨；锌20700元/吨，比11月末上涨3860元/吨；锡133000元/吨，比11月末上涨16180元/吨。

（7）化工产品增值税完成10.23亿元，比上年减收2.91亿元，下降22.16%。从生产和市场价格情况看，生产止跌回升，价格上扬。1～12月，全省生产化肥356.73万吨（折纯），增长5.5%。其中，氮肥生产147.55万吨，增长2.8%；磷肥生产209.18万吨，增长7.4%。黄磷43.28万吨，增长22.8%。化工行业完成增加值114.86亿元，增长5.4%。化肥价格逐月上扬，12月末，尿素2050元/吨，比11月末上涨110元/吨；磷酸二铵2650元/吨，比11月末上涨300元/吨。化工产品增值税收入下降的主要原因是受增值税转型的影响。

（8）商业批发零售增值税完成83.77亿元，比上年增收6.28亿元，增长8.1%。一方面得益于全省消费需求的稳步扩大，另一方面也是由于国家调整再生资源回收和利用的增值税政策所带来的政策性增收较多。1～12月份全省社会消费品零售总额完成2051.06亿元，同比增长19.30%。其中，批发业和零售业销售额同比增长9.1%和20.0%。

2. 国内消费税完成363.54亿元，比上年增收49.73亿元，增长15.85%。

卷烟消费税完成361.17亿元，总量占消费税总量的99.35%；增收49.87亿元，增收额占消费税增收额的100.28%；增长16.02%，增幅高于消费税增幅0.17个点。2009年卷烟消费税增收原因：一是卷烟产销量同比增长；一、三类烟比重提高；重点骨干品牌集中度进一步提高；实现利税同比增长。二是上年结转税款入库18.2亿元。三是消费税政策调整，全年增收26.56亿元，占卷烟消费税增收额49.87亿元的53.25%。其中工业卷烟税率调整增收20.30亿元，卷烟批发净增消费税6.26亿元。

3. 企业所得税完成109.60亿元，比上年减收6.76亿元，其中：内资企业所得税完成88.49亿元，比上年减收13.47亿元，下降13.21%；外资企业所得税完成21.11亿元，比上年增收6.71亿元，增长46.66%。内资企业所得税减收主要原因：一是受金融危机、税率下调及烟草消费税政策调整，烟草工商企业上年基数较高等不利因素影响。二是上年度正常跨期所得税和查补以前年度所得税同比大幅减收。外资企业所得税增收主要原因是受企业盈利上升等有利因素影响。如中国移动通信集团云南有限公司企业所得税入库21.11亿元，同比增加4.28亿元，增幅达47.96%；占全省企业所得税收入的比重达19.26%。

4. 储蓄存款利息所得个人所得税完成2.09亿元，比上年减收2.90亿元，下降58.13%。利息税收入大幅度下滑的主要原因是政策性因素，一是由于2007年8月15日利息税税率由20%降至5%，税率调整的滞后效应逐渐显现，并越加明显。二是2008年10月9日起实行的暂免征收储蓄存款利息所得个人所得税政策的影响也是储蓄存款利息所得个人所得税收入下降的主要因素，并将对今后一段时期内的收入造成越来越明显的影响。

5. 车辆购置税完成31.05亿元，比上年增收6.24亿元，增长25.15%。截至12月31日，全省征税车辆数量达到101.26万辆，同比增长60.54%。车辆购置税优惠税率的实施、成品油消费税改革等因素有效地激活了市场需求，造成汽车销量增幅较高。2002～2008年间，我省车辆购置税增速在12%以上。2009年以来，国家出台的汽车下乡和小排量车辆购置税减免相关政策再次拉动了国内汽车销量的增长，2009年车辆购置税增速达到25.15%，创历史新高。

（二）国税系统进一步加强征管，为税收增长提供了重要保障。2009年全省国税系统和广大税务干部按照国家税务总局和省委、省政府对税收工作的总体要求，坚持“依法征税，应收尽收，坚决不收过头税，坚决防止和制止越权减免税”的组织收入原则，大力推进依法治税，加强税源管理，不断提供税收征管的质量和效率，保障了实现税款的及时足额入库。

1. 加强各税种管理的措施成效显著。在增值税的征管方面，实施增值税转型，全年纳税人共申报抵扣固定资产进项税额19.56亿元。落实卷烟消费税政策调整，全年政策性增收消费税26.56亿元。小排量乘用车的车辆购置税减征，贯彻国家汽车产业振兴规划，促进节能减排。

2. 充分发挥信息化建设对收入的保障作用。2009年全省国税系统进一步加快信息化建设的步伐，积极运用信息化手段，加强纳税评估和税源监控。在增值税方面，截至12月全省评估企业1856户次，查补增值税3.53亿元，滞纳金及罚款357万元，少免增值税286万元，移送稽查31户。在所得税方面，继续对减免税期满恢复征税后的应纳税所得额降幅超过30%的企业开展评估，有效防止恢复征税后申报不实行为。共对2491户企业进行了纳税评估，补缴入库企业所得税1.13亿元，调整减少亏损2.64亿元。

3. 加强税务稽查和专项检查。2009年，总局下达云南国税稽查查补收入任务须达到本局实现税收收入的1.5%。面对2009年稽查形势严峻、任务繁重的实际，全省国税稽查部门紧紧抓住服务科学发展、共建和谐税收主题，结合“创新发展年”要求，按照科学化、规范化、精细化管理的目标，全面实施税务稽查查前告知办法，扎实推进税收专项检查和分级分类稽查工作，多措并举开展打击发票违法犯罪活动，加大对大案要案的查处力度，深入开展区域税收专项整治工作，规范稽查执法行为，全面提升稽查工作质量，全面提高稽查干部队伍素质，各项工作都取得了新突破。在全省国税税政、征管各部门的共同支持下，全省国税稽查实现查补收入13.32亿元，其中：重点稽查检查2373户，有问题户数2178户，查补收入3.65亿元；自查户数18983户，查补收入9.67亿元。比上年同期（不含自查数）增收10.47亿元，增长367.52%。实际入库13.2亿元，入库率99.11%，选案准确率91.78%，查补率1.49%。

【税收减免】 2009年云南省国税系统办理减免税38.34亿元。分税种情况看，减免增值税6.58亿元；减免企业所得税30.85亿元；减免消费税16万元；减免车辆购置税0.91亿元。分减免项目情况看，高新技术企业减免0.39亿元；民政福利企业减免5.28亿元；再就业扶持减免1.45亿元；其他减免31.22亿元。

【宏观税负及税收弹性】 2009年云南省国税税收收入完成900.08亿元（包含车辆购置税，不含海关代征），比上年增长4.44%，增收38.25亿元。全省GDP完成6168.23亿元，可比价增长12.1%，现价增长8.21%。2009年我省国税宏观税负为14.59%，比上年的15.12%下降0.53个百分点，较全国同口径的国税收入宏观税负高1.93个百分点。税收弹性为0.54，比上年下降0.35，较全国同口径的国税收入弹性低0.02。

【税收资料调查】 全省国税系统纳入2008年度税收资料调查的户数共6833户，全部调查户“两税”共入库650.48亿元，占全省2008年度“两税”收入715.79亿元的90.88%。全部调查户中有5678户为增值税一般纳税人，占2008年末我省增值税一般纳税人31941户的17.78%；全省共有19户上市公司被纳入税收资料调查范围，该19户上市公司2008年缴纳增值税15.23亿元，占全省入库增值税397.27亿元的3.83%，同比下降18.56%。

各项工作

【“创新发展年”重点创新项目】 为了更好地贯彻“创新发展年”工作主题，落实“两个减负”的重要精神，以创新的思维解决基层会计人员长期加班以及重点税源管理工作中的问题，2009年我处与省局信息中心联合，依靠自身力量，科技创新，开展了两个重点创新项目：一是开发了税收会计自动记账软件；二是开发了重点税源网上直报系统。另外，配合省局征管科技发展处，进行了财税库银横向联网电子缴税试点工作。

（一）税收会计自动结账软件。税收会计自动结账软件项目组于6月成立，8月，在昆明、曲靖各县区局试运行成功，9月全省顺利运行。该核算方式既保留了基层核算利于管理的优点，又解决了基层核算效率低、工作量大的问题，为基层解决了工作难题。一是切实做到了为基层减负。综合征管软件在我省上线运行以来，为保证前台对纳税人业务顺利开展，避免后台业务占用系统资源，我省采取了前后台业务分时段进行的措施，以减轻征管系统压力：即每个征期的正常工作时间段内不得进行后台会计业务处理，所有会计核算操作延后至下班时间进行，以避开申报征收业务高峰时段。多年来，全省国税会计人员占用休息时间，加班加点完成会计核算工作。税收会计自动记账软件的运用，充分利用系统现有主机资源，在前台申报征收业务空闲时段（当月1日20：00至次日8：00）由计算机自动完成全省141个会计核算单位的会计记账工作，记账过程不需人工干预。这样，既能使会计核算避开前台业务高峰时段，保证面向纳税人业务的顺利开展，又节省了大量的人力，使税收会计人员常年加班的工作状况得以改变，切实减轻了基层税收会计人员的工作负担。二是大幅提升了核算效率。人工方式记账时，视主机系统工作负荷情况，每个基层核算单位完成一次会计记账需耗时10多分钟至数小时不等，由于是顺序进行记账，全省141个核算单位完成一次会计记账平均需2天左右，采用自动记账方式后，系统可同时对多个单位记账，全省完成一次会计记账的运行时间缩短至2个多小时，工作效率明显提高。

（二）重点税源网上直报系统。2009年6月，根据局长办公会精神，省局收入规划核算处和信息中心正式组建重点税源网上直报系统开发项目组，于年内完成软件的开发，并进行了实验室模拟测试，以及在昆明和红河两个州市的三个基层县（区）局进行了试运行，得到了纳税人和基层税务机关的好评。重点税源网上直报系统，从层级看涵盖了从企业到税务系统分局、县区局、州市局和省局五个层级。从功能看包括数据的采集、审核、取数、计算、汇总、上报、回退、导出、分析和考核监控等十大功能。从系统的复杂性看，凡是税收政策、征管行为等变化，企业纳税方式的改变、重组和信息变化等，都涉及系统的调整和维护，还涉及企业数据安全性、税务内网安全性，重点税源报表口径与申报表口径差异所导致的取数复杂性等，此外按总局要求重点税源报表要填报地税数据等，使重点税源网上直报系统成为我省目前为止自主开发的所有系统中，要求最高、开发难度最大的系统之一。

重点税源网上直报系统的开发成功，首先为企业减轻了负担，系统简单方便，无需安装升级，无需通过介质读取企业数据，既安全又快捷，无需网络传输数据，无需逐一通知企业到税务局拷贝软件和任务，领取报表等，大大节省工作时间和工作量，同时也减少企业数据填报工作量。二是解决企业为重点税源报表要多次往返税务局的矛盾，从源头提高数据质量。三是为基层税务机关减负，减轻了基层税务机关的数据采集、审核、上报等工作量，提高效率，进一步确保数据的质量；实现了数据的共享，提高数据的分析应用，从而全面提高重点税源管理监控的水平。

（三）财税库银横向联网电子缴税试点工作。按照《财政部　国家税务总局　中国人民银行关于2009年财税库银税收收入电子缴库横向联网试点工作的通知》的安排和部署，我省为2009年第二批财税库银横向联网系统试点单位。自2009年10月9日起，云南国税横向联网试点项目正式启动，根据“统筹规划，科学组织，精密实施，稳健有序，一次部署，分步实施”的实施原则，结合我省国税工作实际情况，我处与相关职能部门配合加强与财政、国库、商业银行等外部单位的协调，业务上全力配合相关部门积极稳妥做好试点各项准备工作，及时制定了横向联网试点工作方案，研究拟定了配套的工作流程、业务流程和岗责体系，完成了系统参数、人员授权、三方协议、运维应急、宣传报道、培训教材、操作手册等文档的编写，以保证昆明市直属税务分局、昆明市五华区国税局、曲靖市经济技术开发区国税局、曲靖市麒麟区国税局4个县区局试点单位上线工作的顺利实施。11月23日，系统正式上线并成功实现税款扣缴，12月征期顺利运行，各项业务成功率100%。财税库银税收收入电子缴库横向联网实现了财税库信息共享，简化了纳税缴库程序，方便了纳税人缴税，提高了税款征缴工作效率和财政资金运转效率，保证了税款及时足额入库。

【税收计划】　（一）做好2009年计划任务的分配下达工作。2009年初，国家税务总局下达了我省税收收入计划，省政府也下达了我省国税系统的确保任务和奋斗目标，为此：一是在年初全省国税工作会议上，按各地税源实际，分别将确保任务和奋斗目标进行认真分解，下达了各州市2009年收入任务，并由省局领导与各州市国税局签订了《2009年国税收入目标责任书》，要求各地尽快、及早将税收计划任务落实到基层国税机关，并将落实情况上报我处，据此进行考核。二是狠抓税收收入进度，并对税收计划执行情况及时进行分析通报。三是进一步加强与各州市局的联系，随时掌握、落实税收收入中的情况和问题。

（二）测算我省宏观税负、税收弹性与企业类纳税人增值税销售额税负情况。一是测算我省分州市宏观税负与税收弹性情况，要求税负低于全省平均水平，以及相关经济指标增长而税收收入下降的州、市局，在深入分析税负较低原因的基础上，有针对性地查找问题，制定和落实切实可行的征管措施，使实际税负逐步接近法定税负，实现税收与经济协调增长，全面发挥税收经济分析、企业纳税评估、税源监控和税务稽查良性互动机制的作用，进一步提高税收征收管理的质量和效率。二是为全面了解2008年增值税纳税人税负情况，更好地开展税收分析、纳税评估和税务稽查工作，我省根据国家税务总局的标准、方法和公式，根据综合征管信息系统中抽取的企业类增值税纳税人数据，结合我省烟草、电力和成品油销售等税款缴纳特点，测算出云南省增值税销售额总体税负、剔除商业烟草税负、剔除预征结算税负和剔除跨区分配税负按应缴增值税与计征增值税销售额的比值，对缴纳增值税行业的5个门类、46个大类、226个中类、655个小类的28957户重大26212户企业销售额税负及预警标准进行了测算，并以《云南省国家税务局关于下发2008年企业类纳税人增值税销售额税负及预警标准的通知》文件下发了测算结果，要求各地对税负异常企业进行深入的分析。

（三）针对今年收入形势严峻的情况，一是不定期进行税收分析预测，收入规划核算处于5月、8月、9月、10月、11月共计预测了5次税收收入，旬报每月两次预测，11月改为每5日预测一次税收收入，围绕经济发展、税收政策、征管措施、物价升降、税负变化、非正常因素等方面进行了分税种、分行业、分品目和重点纳税企业的深度分析。二是全面把握税收政策调整的收入效应，做好增值税转型、小规模纳税人征收率下调等税收政策调整对税收收入影响的预测，以及政策执行结果的反馈。密切关注国内外宏观经济形势，跟踪分析宏观经济税源和微观税源变化，从总量与结构等不同层面、不同视角对税源变化进行分析预测。我处多次按省政府要求汇报分析收入完成情况，通过对税收数据的分析折射经济运行发展情况，为各级党委、政府和经济决策部门建言献策。

（四）认真落实《税收分析工作制度》，保证税收分析工作常态化、制度化。按月召开了8次税收分析月度分析会议，按季以局长办公会形式（或送达分析材料的形式）召开4次税收分析预测的综合分析会。同时，按月度上（中）旬完成了32次旬报预测分析，通过月度旬报、月度计统和税政等部门、季度办公会议和召开重点地区收入分析预测会议的工作方式，云南国税建立了税收分析的定期汇报制度，强化了税收分析在整个税收管理工作中的作用，做好税收收入完成情况分析、经济税收关联分析、税收统计和各项专题调研分析工作。

（五）为保证税收分析工作的顺利实施，积极向省财政厅申请经费支持，于2009年7月经省财政厅报经省政府批准同意，一次性下达我省税收收入分析工作补助专项经费59万元，推动了我省税收分析工作不断向信息化、科学化迈进。

【重点税源管理】 今年国税部门纳入监控重点税源户数达到1695户，比上年增加45户，增长2.7%。为确保数据质量，收入规划核算处提出了“加强分析应用，通过应用查找数据存在问题，促进数据质量的提高”的思路。第一，加强监控成果的运用，各地将税源监控中发现的问题通过定期或不定期召开协调会的方式及时通报征管、稽查部门，对加强征管、堵塞漏洞、增加收入起到了促进作用。第二，建立重点税源税负的预警机制。2009年下拟发《云南省国家税务局关于2009年1~9月重点税源监控情况的通报》，通报了我省税源和重点行业税负情况，要求各地要对税负低于平均水平的重点税源企业进行筛查，查找异常税负企业进行分析评估。第三，开展重点税源数据质量检查工作。按照总局的要求，省局以《云南省国家税务局转发国家税务总局关于开展重点税源数据质量检查工作的通知》，要求各州市对2009年1~8月重点税源数据进行检查，采取集中审核、交叉检查、专题调研等方式检查各个报表数据的连续性、检查各项数据的准确性，检查监控范围完整性。通过自查自纠、提高分析应用等一系列强化重点税源数据质量管理的措施，我省重点税源数据有了大幅的提高，总局以《国家税务总局关于2009年一季度重点税源监控情况的通报》和《国家税务总局关于2009年上半年重点税源监控情况的通报》文件通报表扬了我省重点税源管理工作。

【税收会计】 以信息化为支撑，完善制度，做好税款的会计核算工作，保障税款及时安全入库；提高数据质量，确保会统报表及时上报。一是对综合征管软件系统升级业务测试以及日常对征管软件进行维护。由于税收业务的不断更新变化，综合征管软件也在不断地进行更新和升级。每次征管软件升级，及时对增加、修改的业务进行了批量数据的测试，确保正式运行时能准确进行会计处理和核算。二是狠抓数据质量，确保了2008年全省年报和今年税收会统月报表的编制和上报工作质量。同时加大了对各地会统票报表质量的审核、考核力度，有力地促进了报表质量的提高。

【税收统计】 认真完成各类会统报表的收集、整理、审核、上报等工作，完成了历史数据的整理。及时完成每月会计结账及报表汇总审核、上报工作。克服了税收会计统计报表模板不一致的困难，认真指导各县、区局税收会计主体核算单位完成了税收会计账、表处理，对税收会计核算流程进一步规范，每月对全省国税系统税收会计结账进行情况通报。

【税收票证】 认真做好税收票证及税收会计核算账表印制发放工作 。一是完成了2009年度各类税收票证的印制和发放工作，保证了基层单位税款征收的票证及时供应。二是完成2009年度税收会统核算有关账、表、册和凭证的印制和分发工作，确保了基层税收会计核算顺利进行。三是结合工作实际，对车辆购置税缴税凭证、车辆购置税退税凭证、手工转账完税证、手工罚款收据和手工税收收入退还书等票证开展了清理销毁工作。四是对全省税收票证工作进行检查，及时发现和解决税收票证和税款缴库工作中存在的问题。

【税收资料调查】 税收调查工作是为研究财税改革方案、制定财税政策服务的重要工作，其中对税收调查数据资料的分析和应用成为了税收调查工作的核心。我们坚持以数据分析为重点，通过提高对数据的分析应用水平，帮助查找税收征管中的问题，采取更有力的措施组织税收收入，做到应收尽收，同时也加强和改进了税收征管中的薄弱环节，真正做到依法治税。2009年，收入规划核算处加强培训，精心布置，于2009年4月召开了全省国税系统税收资料调查工作会议，7月末全省税收资料调查工作圆满完成，顺利通过财政部和国家税务总局对数据的审核。

（王总国）

纳税服务

综　述

2009年是纳税服务处的组建之年。面对新机构、新人员、新要求，纳税服务处在省局党组的正确领导下，在总局纳税服务司的指导下，服从大局，以邓小平理论和“三个代表”重要思想为指导，深入学习贯彻落实科学发展观，认真贯彻落实全国税务系统纳税服务工作会议精神，努力学习新政策业务知识，积极分组开展调研，摸清全省纳税服务工作现状，在认真总结多年来云南省国税系统在纳税服务方面取得的成绩和经验、全面分析纳税服务面临的新形势和新任务的基础上，理顺工作思路，健全工作机制，谋划工作部署，为今后一段时期进一步优化纳税服务流程、丰富纳税服务内容、创新纳税服务方式、提升纳税服务质效奠定了良好的基础。

各项工作

【认真学习，切实把握新形势下纳税服务工作的新要求】 以组织政治业务学习为契机，充分认识做好纳税服务工作对国税部门深入学习实践科学发展观、构建和谐税收征纳关系的重要意义。纳税服务处的设立标志着税务机关管理理念从传统的“监督型”向现代的“服务型”的巨大转变，优化和改进纳税服务工作，是实现政府管理职能转型的重要组成部分，是国税机关实践全心全意为人民服务宗旨的具体体现，也是推动建设公共服务型政府的重要措施，作为具体负责和落实纳税服务工作的处室，更应转变观念，提高认识，加强对纳税服务的领导和管理工作，坚持把纳税服务工作贯穿于整个税收征管执法工作中，在原有纳税服务工作良好的基础上，进一步提升纳税服务质量，为纳税人提供优质服务，不断提高税收遵从度和社会满意度。纳税服务处成立后，组成人员来自多个处室，大多都没有具体从事过纳税服务工作，全处认真组织全处人员开展业务学习，将总局纳税服务司相关纳税服务工作思路、规划、制度等整理为电子文档，包括总局纳税服务工作会议上的领导讲话、总局发布的《全国税务系统2010～2012年纳税服务工作规划》、《办税服务厅管理办法（试行）》、《纳税人权利与义务的公告》等文件以及公文处理系统中涉及纳税服务工作的各项业务，分发全处人员进行学习，使全处同志尽快熟悉纳税服务相关工作要求、工作思路、业务流程、工作机制和制度等，并总结全省多年来在纳税服务工作方面取得的经验和好的做法，为做好纳税服务工作打好业务基础。

【加快职能转变，明确纳税服务各项岗位职责】 为切实履行好省局党组赋予纳税服务处的工作职责和职能，做好机构改革后的各项工作衔接，为开展纳税服务工作提供组织保障，我处认真做好以下相关工作。（一）做好与相关处室的工作交接。认真与相关处室做好工作的交接，掌握全省纳税服务工作开展情况，总结各地做好纳税服务工作的经验和做法，把握工作任务、工作动态、近期工作重点等情况。（二）按照纳税服务处工作职能职责、主要工作任务、人员构成以及总局纳税服务司机构组建情况，根据岗位职责在处内设置了综合、宣传咨询和办税服务3个组，明确了各岗位的职责和联系总局的对口处室。同时，为保证工作的顺利开展，明确了工作机制以及A－B角制度。（三）掌握全省机构改革进度，建立健全全省纳税服务机构和体系，明确和强化责任，完善机制体制。积极召集全省纳税服务人员参与讨论交流，共同分析纳税服务工作中存在困难和问题，谋划今后纳税服务工作的关键点和切入点。

【组织召开全省纳税服务工作会议】 2009年7月14日，省局召开党组会议，学习贯彻李克强副总理对纳税服务工作的重要指示精神和7月9日国家税务总局在杭州召开的全国纳税服务工作会议精神，专题研究部署落实措施。7月16日组织召开了全省国税系统纳税服务工作会议，省局党组书记、局长李鸿文作了主题报告。在全省国税系统纳税服务工作会议上，李局长全面总结了多年来纳税服务工作取得的成绩和经验，客观地指出了纳税服务工作中存在的问题和不足，安排部署了全省国税系统进一步优化和创新纳税服务工作的主要任务，提出了今后一个时期全面推进云南国税纳税服务工作创新发展的措施。会后，我处组织各州市会议代表召开座谈会，进一步学习会议精神，结合各地实际，分析各地纳税服务方面存在的困难和问题，针对性地提出今后工作的思路、工作重点和措施，进一步统一了思想，强化了责任，提高了认识。

【开展分组调研，掌握全省纳税服务工作现状】 2009年8月份以来，纳税服务处分组在大理、文山、昭通、曲靖、西双版纳和昆明6个州市的26个县（区）局开展了调研，调研方式以座谈和实地走访为主，重点走访了办税服务厅。调研的内容包括对以上州市2009年的收入任务完成情况、贯彻落实省局关于省政府行政问责等“四项制度”、“阳光政府”四项制度情况，进一步完善办税公开、限时服务、首问责任等制度的情况以及税法宣传、纳税咨询、办税服务、权益保护、信用管理、社会协作6个方面的工作内容开展，全面了解掌握基层纳税服务工作现状，搜集各地改进和优化纳税服务工作中好的做法和意见建议，理顺目前纳税服务工作的重点、难点，明确今后的工作任务和措施，并力所能及地解决基层反应强烈的影响纳税服务质量提升的一些问题。通过调研，存在以下问题：一是税法宣传形式多样，但宣传内容、方式等需进一步常态化、规范化；二是纳税咨询回复意愿较强，但咨询回复职能分散、各项管理制度缺失；三是办税服务厅实现了纳税申报、认证、税款征收、发票发售、代开、缴销等重要职能，但规范化建设还有待进一步加强。具体为：办税窗口设置不统一；服务形式和内容有待进一步完善；基本设施、资料提供不齐全；四是纳税信用等级评定工作按有关要求开展，但纳税信用等级评定应用效果不理想；五是纳税人权益保护工作取得一定成效，但相关制度需逐步建立；六是纳税服务工作质量地区之间参差不齐，并呈现一定的规律性。纳税服务工作开展的广度和深度经济较发达区好于较不发达区，州市政府所在地的县区好于其他边远县份。

【专人专机，做好“96128”政务查询专线工作】 按照省政府实施“阳光政府”四项制度的要求，省局被列入全省“96128”政务信息查询专线服务单位，主要由纳税服务处负责承担主要咨询回复工作。全处高度重视此项工作，按照省政府及相关责任部门的要求，建立政务信息查询工作机制，指定专人负责，设立专用电话，并按规定和要求上报了“96128”政务查询专线相关信息资料，接受公众和政府部门的监督检查。专线开通以来，参加了两次由云南省工业与信息化委员会组织的云南省政务信息查询工作培训视频会议，学习掌握了基本的接线回复礼仪知识和规定要求，实行岗位AB角制度，做到每个工作日正常上班时间都有人接听电话，来电咨询的时间、咨询人、咨询内容、转办处室、回复时间等相关信息均进行登记备案，积极学习业务知识，确保服务质量，严格按照省政府及相关部门的时限要求，做到能直接答复的直接答复纳税人，不能直接答复的在1个工作日内转交相关业务处室并实现答复。

（刘　娴）

征管和科技发展工作

综　述

2009年全省征管和科技发展工作，以邓小平理论和“三个代表”为指导，全面贯彻落实科学发展观，紧紧围绕总局的工作部署和省局“创新发展年”的各项工作要求，全面落实国家税务总局关于加强税收征管工作的精神，以进一步提高税收征管质量和效率为目标，全面加强税收征管工作，促进堵漏增收，确保税收收入任务的全面完成。一是强化基础管理，提高了控管税源的水平。强化信息交换，提高了户籍管理水平，强化管理措施，提高了普通发票管理水平，强化系统应用，搞高了申报征收的管理水平；二是以数据为着力点，创新税源管理新机制。按照总局要求，完成了征管现状分析工作，按省局要求，完成了数据监控系统（征管部分）的升级工作，按工作职责要求，做好数据运行维护工作；三是统调协调，切实履行综合征管职责。开展了财税库银横向联网试点工作，初战告捷。重点税源纳税评估工作，圆满完成。贯彻综合征管措施的整合工作，成效明显；四是按新的职责要求，做好税收信息化管理工作。调整了全省国税系统税收信息化工作领导小组及其办公室成员，制定全省国税信息系统建设规划及实施指导意见。全省国税系统税收征管和科技发展工作在2009年迈上了一个新的台阶，税收管理理念和管理手段都有了很大提高，引入信息管税工作思路和风险管理理念，标志着云南国税税收征管和科技管理工作从传统管理方式向现代管理、信息管理转变的新的起点。

业务概述

【税务登记情况】　2009年度全省处于正常状态的纳税人有52.09万户，与上年47.09万户相比，增加5万户，增长10.61%；新设登记10.47万户，与上年8.53万户相比，增加1.94户，增幅22.74%；处于非正常户状态的纳税人2918户，与上年2373户相比，增加545户，增幅为22.97%；2009年度年累计认定非正常8840户，与上年6974户相比，增加1866户，增幅为26.76%；处于注销状态的纳税人有23.54万户，与上年18.09万户相比，增加5.45万户，增幅为30.13%；2009年度注销登记累计5.36万户，与上年5.06万户相比，增加0.3万户，增幅为5.93%。

【普通发票管理情况】　2009年印制发票72125576份，比2008年度的74553008份减少2427432份，降低3.26%。2009年度使用发票69679979份，比2008年度的72210716份减少2530737份，降低3.50%；2009年度共处罚使用发票违章8251户次，比2008年度的4337户次增加3914户次，增长90.25%；对发票使用违章户罚款619.26万元，比2008年度的321.52万元增加303.74万元，增长94.47%。

【税收保全、税收强制执行情况】　2009年度提供纳税担保17户，比2008年的12户增加5户，增长41.67%；提供纳税担保84.2万元，比2008年度247.5万元减少163.3万元，降低65.98%；2009年度对8户纳税人采取了冻结存款，比2008年度的5户增加了3户，增长60.00%；2009年度对1户纳税人采取了扣押查封财产措施，比2008年度的11户减少了10户，降低了90.91%；2009年度对24户纳税人解除了税收保全，比2008年度的6户增加了18户，增长75.00%；2009年度对37户纳税人采取扣缴税款措施，比2008年度的25户增加了12户，增长48.00%；2009年度扣缴税款383.85万元，比2008年度的1211.59万元减少了827.74万元，降低了68.32%。

【纳税服务情况】　2009年度全省办税服务厅188个，比2008年度的189个减少1个，降低0.05%；申报税款9000927万元，比2008年度的8618366万元增加382534万元，增长4.44%。

【个体私营经济税收征管情况】　2009年私营经济纳税57323户，比2008年的57536户减少213户，降低0.04%；2009年度个体工商户179407户，比2008年的124047户增加55360户，增长44.63%；2009年私营经济纳税88.86亿元，比2008年的92.83元减少3.97亿元，降低4.3%；2009年个体工商户纳税163298万元，比2008年的100720万元增加62578万元，增长62.13%。

【集体市场管理情况】 2009年全省集贸市场939个，比2008年的907个增加32个，增长3.53%；2009年集贸市场纳税20135万元，比2008年的30478.07万元减少10343.07万元，降低33.94%；2009年集贸市场工商登记户数95508户，比2008年的99167户减少3659户，降低3.68%；2008年集贸市场税务登记户数85597户，比2008年的85573户增加24户；2009年集贸市场纳税户52151户，比2008年的46836户增加5315户，增长11.35%。

各项工作

【强化户籍基础管理，提高了控管税源的水平】 2009年度全面加强户籍管理，提高税源控管能力。一是强化信息交换，提高户籍管理水平。应用现代信息技术，加强登记信息交换，提高了户籍管理工作的针对性和时效性，进一步强化了税源基础管理。加强与工商登记信息交换，及时把工商部门登记信息进行清分，并分发到每一个税收管理员，督促办理税务登记；在玉溪市国税局试点“云南省企业基础信息共享应用推广项目”，提升了管理质量和服务质量，降低了有关部门间的信息交换成本；加强漏征漏管户日常清理工作，特别是昆明市开展了全方位的漏征漏管户的清理。二是强化管理措施，提高了普通发票管理水平。切实采取措施，全面贯彻落实建立发票管理长效机制的工作要求，提高了应用普通发票控管税源的能力。完成了在曲靖试点的发票综合管理工作。研究制定普通发票内部管理制度。研究普通发票纸质和电子防技术。限制发票版面金额。对机动车维修发票、加工修理修配发票进行了发票版面金额限制，机动车维修发票由原来的十万元版改为万元版，加工修理修配发票由原来的万元版改为千元版。提积极推进冠名发票的印制。2009年共印制企业冠名发票（电脑票）1105万份占印制电脑票3359.56万份的32.89%。企业冠名发票户数由去年的1009户，扩大到今年的3120户，增加了3倍。强化发票管理信息化手段，积极推广使用普通发票监管信息系统，在各地逐步推广使用。如保山市国税局利用普通发票监管信息系统共查处有问题发票212800份，移交稽查536份，共查补税款、罚款、滞纳金46417.29元。查出骗购发票案1件，骗购发票18875份，拘捕犯罪涉嫌人11人。协同稽查局联合开展普通发票检查。2009年度对纳税企业累计检查6131户；个体累计完成检查39415户，检查完成率为109.83%。共检查发票份数7162838份，其中检查有问题的发票66105份，企业占509份，个体4764份。共补缴税款4308260.58元，滞纳金202970.12元，罚款总数为2358252元。移交稽查处理企业45户，个体423户，发票9508份，通过稽查检查有问题发票共计4184份，最终查补税款1599295.53元，滞纳金288140.81元，共计罚款991717.36元。三是强化系统应用，提高了申报征收的管理水平。2009年延期缴纳税款审批90户，税额2.90亿元。2009年死欠核销15户，金额2996.14万元，其中增值税2473.20万元，消费税121.48万元，滞纳金401.46万元。应用综合征管软件延期申报的功能模块，及时监控延期申报管理。应用NTDS全程跟踪延期缴纳税款管理。应用网上申报系统，推行小规模纳税人网上申报。应用综合征管软件、监控系统加强欠税管理。应用综合征管软件的电子定税子系，规范定额核定管理。进一步巩固全省个体电子定税成果。在2008年全省上线运行电子定税后，及时了解和指导基层开展电子定税工作，确保了电子定税工作稳步实施。全省处于正常状态的个体户有41.47万户，与上年37.21万户相比，增加4.26万户，增长11.45%。其中：定期定额征收户有38.76万户，与上年35.95万户相比，增加2.81万户，增幅为7.82%；定额达起征点10.17万户，占26.24%，与上年9.09万户相比，增加1.08万户，增幅为11.88%，不达起征点28.59万户，占73.76%，与上年26.86万户相比，增加1.73万户，增幅为6.44%；定期定额征收户中占比最高的是批发和零售业，共有32.49万户，占83.82%。定额调整累计20.76万户次，与上年7.74万户次相比，增加13.02万户次，增幅为168%；累计调增税款2.86亿元，与上年1.75亿元相比，增加1.11亿，增幅为63%。定额未达起征点累计332.62万户次，与上年280.81万户次相比，增加51.81万户次，增幅为18.45%；累计免征税款2.81亿元，与上年3.24亿元相比，减少0.43亿元，减幅为13.27%。

【以数据为着力点，创新税源管理新机制】 2009年是国家税务总局提出信息管税的第一年，全省税收征管工作在认真做好传统管理的基础上，进一步更新观念，用新的理念和工作提高税收征管质量和效率。一是认真开展税收征管现状分析工作，以税收征管数据分析查找税收管理中的不足，提高税收管理质量。建立运维组织体系，认真贯彻落实了国家税务总局关于加强税收征管现状分析的要求，结合云南国税征管工作实际，提出了全省开展税收征管现状分析和开展重点税源评估的意见和措施，省局成立了税收征管现状分析领导小组及办公室，并积极开展了开展2008年度和2009年1～3季度的税收征管现状分析，指导各基层单位开展了相应的税收征管现状分析。开展第一期分析工作。针对云南国税征管状况中较为异常的指标进行了分析。个体未达起征点比率高、入库税款户比率低、企业所得税营业收入低于同期增值税销售收入、税款集中程度高、低于全国行业（中类）税负预警下限的比例高。入库税款户比率低；企业所得税营业收入低于同期增值税销售收入；低于全国行业（中类）税负预警下限的比例高。通过分析提出了整改措施。明确信息管税是税源管理工作的指导思想；以风险管理的理念合理配置税源管理力量；建立制度和机制；加强落实整改检查。在第一期税收征管现状分析取得成绩的基础，开展了第二期分析工作。认真组织开展分析工作，学习研究了通报的内容，拟定了分析工作意见，各相关部门密切配合，着重对风险程度较高的指标开展分析。从总局通报的情况看，云南国税被总局标注为红色预警指标、要求重点落实的问题主要是：1. 增值税全部销售收入与所得税营业收入差异率，全国平均差异率为 18.61%，云南差异率为 -34.41%（第二季度数据），为全国最高；2. 企业所得税平均税负率，全国为 20.15%，云南为 18.11%。通过分析提出了整改措施。参照总局取数口径进一步抽取数据清册下发各州市局，安排各州、市局对监控指标和数据进行自查，提高分析水平，从源头解决问题。对于同一纳税人存在同一属期内申报的增值税销售人与所得税营业收入存在差异的企业，要求各州、市局及时查明原因，申报表列填不规范的辅导纳税人填列规范，隐匿收入的，及时安排纳税评估或稽查，切实规范申报，堵塞漏洞。二是完成了数据监控系统（征管部分）的升级工作。完成了户籍管理、欠税管理、发票管理、申报管理、个体管理和风险管理 6 大功能模块的开发工作，共计 68 个子模块，从而为各级税务机关提供了一个强化税源监控、加强风险管理的有效工具，进一步提高了"信息管税"的效能。为了保障取数的准确性，组织曲靖市国家税务局对 68 个功能模块进行了为期 1 个月的测试，同时积极收集基层税务人员意见，并实时对功能模块进行修改和完善。积极深入基层，送教上门。按照"学会操作、学会应用、学会分析"的要求，认真制作课件，采取具体操作和实际案例相结合，帮助基层提高获取信息和利用信息的能力。先后到昆明市、曲靖市、楚雄州和保山市等地区授课，培训基层业务骨干 400 余人。得到了基层的一致好评。同时在各地讲课的基础，认真总结经验，并于 12 月举办了全省数据监控系统（征管部分）培训班。另外，为法规部门、监审部门和全省县局长等 200 多人详细讲解了数据监控（征管部分）的使用和操作。实现数据监控（征管部分）不仅为省局、州市局领导管理决策服务，同时，也为基层管理服务。三是认真做好数据运行维护工作。为保证综合征管软件的正常运转，在省局内部政务网站"业务请示与回复"、"处室在线"、"问答交流"等栏目，分业务归属对口回复运维问题。通过网站、FTP、电话等方式共计对下回复 6 千多个（次），通过总局应用支持网站咨询问题 2 个（次），全省国税系统使用总局运维技术支持热线 14 次。为保证税收政策调整后各项业务的平衡运行，配合有关处室完成了 11 个补丁升级测试工作，保障了平稳实施和执行。通过网站、电话等方式，共计解答运行维护问题 1300 余个。面向全省收集整理运行过程中的问题，共计 253 个，以全国运维会议为契机，提请总局解决。综合征管软件上线运行以来，由于国家各项税收政策和制度发生了重大变化和调整，为满足税收征管工作的需要，总局先后对税收综合征管软件制作了 30 多个补丁并进行了多次业务升级。为确保基层操作人员正确应用税收综合征管软件，使其适应不断发展变化的业务带来的操作变化，提升税收综合征管软件操作技能和水平，提高业务办理效率，举办了全省国税系统税收综合征管软件业务升级培训班。

【统调协调，切实履行综合征管职责】 税务征管工作在完成其工作职责，还负有协调统筹开展相关工作的职责，2009 年征管和科技发展处统筹协调完成全省的几项综合工作。一是财税库银横向联网试点工作，初战告捷。2009 年 5 月全省国税系统机构改革以后，经过多方争取，2009 年 7 月财政部、国家税务总局、中国人民银行确定我省国税系统作为 2009 年财税库银税收收入电子缴库横向联网第二批新增试点单位。在省财政厅、中国人民银行云南省分行、省地税局的大力帮助和支持下，通过省局收入规划、信息中心等部门以及昆明、曲靖的共同努力，财税库银横向联网系统于 2009 年 11 月 23 日在昆明市国家税务局直属分局、五华区国家税务局、曲靖市麒麟区国家税务局和曲靖市经济开发区国家税务局正式上线运行。在财税库银横向联网工作中，领导重视，部门配合，确保了组织工作到位。成立了由李鸿文局长任组长、于智广副局长、朵志红总经济师任副组长，征管与科技发展处、收入规划核算处、信息中心、财务处、监察室等部门负责人组成的横向联网推行领导小组，统一部署、统一指挥、统一协调全省国税系统试点工作。同时抽调昆明、曲靖与省局业务和技术骨干人员共 21 人组成我省国税系统财税库银横向联网工作项目组具体负责试点的各项工作。措施有力，工作有序，确保了任务落实。迅速搭建模拟环境，设置横向联网前置系统，做好与国库的系统联调测试工作。按照云南省财税库银横向联网领导小组的总体工作安排，认真分解任务，责任到人，并以时间进度表控制整个工作流程。结合我省实际认真编写测试方案、测试案例、操作人员授权方案、系统参数设置方案。认真做好连通性测试和两轮业务测试工作。按照人行安排，认真组织人员修改三方协议条款，并向云南省财税库银横向联网领导小组提交试点文本；加强电子缴税宣传工作，争取纳税人的广泛支持。加强培训，确保试点单位前台人员熟悉业务流程、掌握操作步骤。结合征管业务流程制订我省财税库银横向联网岗责体系和简易操作手册，同时认真做好运维应急预案。认真组织试点单位做好"三方协议"签署工作，并及时录入相关协议信息，为系统顺利上线运行奠定了坚实的基础。横向协作，上下联动，确保了统一协调性。积极与人行云南省分行、合作商业银行、财政、地税等单位沟通协商，按时参加人行云南省分行组织的每周联席会议，及时向其反馈存在的问题，并根据国税实际提出工作建议。在项目组采用"业务技术集中办公"的方式，确保业务方面的岗责组、申报征收组、税收会统组与技术组信息沟通的及时和顺畅，发现问题共同分析研究，做到业务与技术无缝连接。项目组设置专线和专人，及时与人行国库、合作商业银行相关人员进行沟通，查找问题存在的环节及原因，提高解决问题的针对性和时效性。项目组每周一、周五上午定期召开工作通报会，通报各个小组本周的工作情况和存在的问题，并集思广益，制定解决方案，保证各小组工作协调共进。2009 年 10 月 22 日至 11 月 6 日，按照全省统一的联网工作计划成功完成了两轮系统联调测试。共选取了 85 户纳税人参与测试，其中一般纳税人 117 户、小规模纳税人 157 户，测试业务涵盖三方协议验证、实时扣款、自缴核销、批量扣款等十一项内容，共计 1181 笔业务；需求覆盖率为 86.21%，测试覆盖率为 100%，实时扣税成功率 94.29%，批量扣税成功率 57.04%；参加测试的 18 家商业银行均成功完成三方协议验证和实时扣税业务，6 家商业银行成功完成包括批量扣税业务的所有日常业务测试，试点的 4 家国库均成功实现下载流水、报表和退库业务。除完成标准的测试内容外，项目组还结合我省特殊业务，对汇总缴款书实时扣税、乡镇街道办事处三方协议签署及实时扣税、企业所得税总分机构相关预算科目和分配比例等特殊业务进行了测试。2009 年 11 月 23 日上午 9：02 分，随着昆明市直属税务分局试点企业云南文物总店的 1000 元税款顺利入库，我省国税系统成功实现了财税库银横向联网电子缴库第一笔扣税业务。2009 年 12 月 10 日下午，财政部国库司、国家税务总局征管科技司和中国人民银行国库局领导及相关人员，云南省国家税务局李鸿文局长和其他班子成员，对我省国税系统试点单位昆明市五华区国家税务局财税库银横向联网系统运行情况进行了实地调研考察。对云南省国税局财税库银横向联网工作给予了高度赞扬和充分肯定，并认真询问了系统目前运行中存在的问题和需求，表示对工作中遇到的问题和困难将积极给予帮助和支持。截至 2009 年 12 月 10 日，云南省国税系统 4 家试点单位共实时扣税 55 户，税款 798.33 万元，扣税成功率达到 100%。二是重点税源纳税评估工作，圆满完成。按照国税函〔2009〕547 号文件关于开展重点税源专项评估工作的要求，从 2009 年 10 月 10 日起至 2009 年 12 月 10 日止，对全省筛选确定的 37 户重点税源企业 2008 年度及 2009 年上半年的纳税情况进行综合评估。截至 12 月 15 日，通过评估共确认查补税款 9939.63 万元，其中已入库 3856.79 万元，评估工作取得明显成效。

【按新的职责要求，做好税收信息化管理工作】 在机构调整后，按照新的工作职责进行分工，把税收征管日常工作、税务登记、发票管理、运维工作、数据分析、信息管税、信息化建设的规划、立项、实施和经费管理明确到个人，全处团结协作，既有分工又有合作，实现既保证工作的正常运行，又能及时指导基层开展工作，确保了税收征管工作任务的全面落实。按照新的工作职责，开展税收信息化管理工作。一是调整了全省国税系统税收信息化工作领导小组及其办公室成员。成立了由李鸿文局长任组长，各位局领导任副组长，各处室主要负责人为成员的领导小组。明确了领导小组的工作职责是负责审定我省国税系统信息化建设总体规划和实施方案，负责审定税收管理信息化建设资金的预算安排，研究解决信息化建设中的重大问题。设立了云南省国税系统税收信息化工作领导小组办公室，与各处室协商明确了办公室组成人员，拟定了办公室工作职责。二是制定《全省国税信息系统建设规划及实施指导意见》。按照《国家税务总局关于印发云南省国家税务局主要职责机构设置和人员编制规定的通知》精神，结合我省国税系统税收管理信息化建设的实际情况，为充分发挥税收管理信息技术对我省国税业务的支撑作用，更好地服务广大纳税人和基层国税机关，全面规范和统一我省税收管理信息化建设的规划、方案、制度，做好税收管理信息化建设项目立项、技术标准、业务需求、资金使用等方面的管理工作，加强税收管理信息技术体系、信息化制度建设、监督、验收、检查，特制定了《云南省国家税务局信息系统建设规划及实施指导意见》。

（岳照清）

财务管理

综　述

2009 年，云南省国家税务局财务处在省局党组的正确领导下，认真贯彻落实科学发展观，紧紧围绕省局“创新发展年”工作主题，按照全省国税工作会议部署和国家税务总局财务管理工作总体要求，进一步提高依法理财、依法采购、科学管理、服务全局、服务基层意识，建立和完善各项财务制度，积极采取有力措施，强化预算分配和执行管理，规范财务收支核算，大力压缩公用经费支出，各项财务工作取得了新成效。

各项工作

【职责调整】 2009 年 5 月，按照国家税务总局批复云南省国家税务局的机构改革方案，省局机关进行了机构改革。自6月1日起，省局财务处的工作职责作了如下调整：一是将系统内部审计职责，由财务处调整到新增设的督查内审处。二是将系统税务工作人员制式服装管理职责，由原来的税收征收管理处调整到财务处。

【预算管理】 2009年，省局除严格按照财政部和国家税务总局要求，及时批复州（市）国家税务局2009年部门预算，布置编报2010年全省国税系统"一上"和"二上"部门预算外，主要做了以下工作：

（一）加大资金分配直接向边远贫困基层预算单位倾斜的力度。2009年，省局在批复年度部门预算的基础上，根据各地年内的业务开展、支出水平及特殊困难等实际情况，从省局预留备用金中追加基层县（市、区）国家税务局一次性经费1.37亿元。为确保每项追加款能够真正用于基层预算单位，省局在批复州（市）国家税务局文件时对具体补助单位、金额及其用途实行"戴帽"，并将文件抄送给相关基层县（市、区）国家税务局。

（二）测算兑现离退休人员新增加津贴补贴。根据财政部、国家税务总局要求，省局于7月和12月，分别完成了全省国税系统离退休人员调整待遇后新增加津贴补贴经费及资金来源缺口数的测算和核实上报工作。同时，在国家税务总局尚未追加中财拨款离退休经费之前，暂从省局实有资金户中调剂出部分资金，对先自筹资金兑现离退休人员新增加津贴补贴确有困难的大部分基层预算单位，给予了适当补助。

（三）督促基层预算单位及时执行已批复的部门预算，提高资金使用效率。2009年上半年，全省国税系统少数单位存在一方面各项中央财政拨款额度支出较慢、其他资金结存过多，另一方面许多属于正常支出的费用没有及时支付，能够自行解决的办公家具购置、职工特殊医疗费等没有得到解决的不正常现象。对此，省局多次下发通知对各单位的预算执行及资金结存情况进行了调查统计，并对结存资金的原因进行了分析，提出了在合法、合规、合理的前提下，必须加快各项资金使用进度，对无故拖延支付应付职工购房补贴、基建费、"三代"手续费等各项费用的，省局将调减其部门预算和不予补助其他资金等措施。12月1日，针对全省国税系统财务管理中存在的问题，以及国家税务总局对加快部门预算执行进度、压缩年末结余资金的要求，省局在昆明祥瑞宾馆召开了由各州（市）国家税务局分管财务的局领导和财务科科长参加的财务工作专题会议。省局李鸿文局长在大会上作了《认清形势 转变观念 努力提高财务管理工作水平》的重要讲话，强调了财务工作的重要性和严肃性，分析总结了当前全省国税系统财务管理工作中存在的主要问题，提出了进一步加强财务管理工作的具体目标和措施。通过采取以上一系列措施，根据部门决算反映，2009年全省国税系统部门预算执行情况较好。其中，各项资金结余基本达到了国家税务总局提出的压缩目标要求。

（四）大力压缩出国费等三项经费。2009年，为贯彻落实《中央办公厅 国务院办公厅关于党政机关厉行节约若干问题的通知》和《财政部 审计署关于压缩2009年出国费等三项经费预算支出的通知》精神，省局在按照国家税务总局规定及时调减各基层预算单位已批复2009年度中央财政拨款三项费用（出国费、车辆购置及运行费、业务招待费）预算的基础上，连续3次下发文件，采取强调重要性和必要性，逐级下达全年支出控制指标，分月上报实际支出情况，按季通报、预警提示，将执行结果纳入目标管理考核范围等措施，大力压缩全省国税系统三项费用支出，严格控制一般性费用支出，努力降低税收成本。执行结果，除车辆购置及运行费由于2008年采购车辆货款延期至2009年支付，致使2009年支出超出规定控制指标外，其他两项费用支出都严格压缩在财政部和国家税务总局规定的控制指标内。

【会计核算】 （一）统一规范其他收入核算。针对省局巡视办和督查内审处专项检查和内审中发现的其他收入未严格按照财务制度规定进行规范核算等问题，省局及时下发通知，要求各级国家税务局对取得的各项其他收入，包括地方财政补助收入、固定资产处置收入、房屋租赁收入、利息收入、住房基金收入等，必须纳入本单位财务部门的行政账套"其他收入"科目核算，支出列为"税务经费支出"的相关明细科目，并如实反映到本单位编报的年度部门预决算中。该通知同时强调，今后如发现不按照省局规定进行规范核算的，将严肃追究单位主要负责人和有关人员的责任。至此，上述地方财政补助收入等其他收入，有的放在单位行政账套"其他收入"或"暂存款"等往来科目核算，支出时直接冲销"其他收入"或"暂存款"等往来科目余额；有的直接进行坐支；有的将其放在单位工会账套进行收支，规避上级部门正常监督检查和进行资金结存情况统计分析的不规范行为，得到了有效遏制。（二）根据国家税务总局规定，省局及时下发文件，对全省国税系统金税运行专项经费收支核算进行了统一规范。

【银行账户管理】 （一）办理银行账户年检。2009年2月，省局在江川瑞文培训中心召开2008年度财务决算会审会议。期间，邀请了财政部驻云南省财政监察专员办事处（以下简称省财监办）到会对全省国税系统2008年末保留的754个银行账户进行了年检。通过由过去州（市）、县（市、区）国家税务局逐级上报资料到省局，省局初审后再集中报送到省财监办"背对背"办理年检的传统模式，改变为"面对面"进行年检的新模式后，国税部门与省财监办相互之间加深了了解，过去产生的许多误解，或资料不齐全、手续不完备等问题得到了及时解决，年检工作效率极大提高，基层国税部门对此普遍反映较好。（二）组织开展银行账户清理工作。2009年，按照中央和国家税务总局清理"小金库"工作要求，省局财务处与督查内审处积极配合，认真拟定方案，组织开展了全省国税系统银行账户清理工作。各基层预算单位严格按照省局规定，认真开展自查自纠，确保了全省国税系统“小金库”清理工作“不走过场”。（三）积极与省财监办协调，将全省国税系统155个预算单位推行国库集中支付改革前开设的原基本存款账户（即实有资金基本存款账户），变更登记为允许提取现金的专用存款账户。

【基建管理】 （一）开展基建项目清理，督促项目实施进度。2009年初，针对部分单位基建项目工期过长，或未及时办理开工，或工程进度缓慢，或未及时申请进行竣工财务决算审核，或未及时办理移交固定资产手续，从而长年向国家税务总局和财政部编报基建财务决算报表的问题，省局对全省国税系统编报2008年度决算报表的94个基建项目进行了认真梳理、分析，下发了《云南省国家税务局关于全省国税系统基本建设项目基本情况及有关事项的通知》，对上述每一个基建项目，分别提出了存在问题及处理方式方法意见或建议、进度要求等措施，并随时跟踪问效和通报进展状况。同时，及时委托中介机构进行竣工财务决算审核，并对其提出进度要求。通过以上举措，许多基建项目加快了工程施工等进度。与2008年末相比，截至2009年12月31日，前期准备项目由23个减少到13个，在建项目由40个减少到18个，竣工项目由31个增加到63个。

（二）积极做好新增基建项目的批复立项和申报入库工作。2009年度，省局按照由州（市）、县（市、区）国家税务局逐级上报立项申请，省局赴部分地区实地调研后提出初步意见，提交局长办公会议研究决定，委托中介机构进行前期评审，根据复核认可的中介机构出具前期评审报告进行立项批复，向国家税务总局申报进入项目库等程序，共批复德钦县国家税务局综合业务用房等26个新增基建项目立项，总建筑面积6.27万平方米，总投资额6567.51万元（全部要求中央财政拨款）。经过多方面努力，国家税务总局最终批准进入基建项目库，并由相关基层预算单位编入2010年“二上”部门预算22个，总建筑面积5.51万平方米，控制总投资额4788.51万元（全部为中央财政拨款）。

（三）积极配合国家税务总局委托的北京中天恒会计师事务所，圆满完成云南省税务干部学校改造项目的开工评审工作。

（四）及时办理基建项目开工审批。2009年，省局经过对建设方案是否合理、设计效果图是否满意、报批相关部门手续是否齐全等条件进行严格审核后，共批复开工云南省税务干部学校改造等基建项目17个。

（五）基建项目竣工财务决算审核工作成效显著。2009年，省局在抓好基建项目工程进度等日常工作的同时，主动加强与中介机构的沟通协调，共完成基建竣工财务决算审核项目16个（含国家税务总局委托的大理、玉溪、曲靖等3个州市国家税务局的办公业务用房项目），送审总投资1.89亿元，审定总投资1.79亿元，审减总投资989万元，资金节约率为5.23%。

（六）认真做好基建竣工财务决算审核批复工作。2009年，省局根据中介机构审核结果，通过认真复核，共批复澄江县国家税务局综合业务办公用房等23个基建项目的竣工财务决算。相关州（市）、县（市、区）国家税务局根据省局批复及时办理了结转固定资产手续。

（七）开展基建项目全程跟踪审计试点工作。针对省局对各基建项目管理滞后，不能及时发现项目前期管理、施工管理等方面存在的问题，以及一些项目建设单位“重要轻管”现象较为突出的情况，省局财务处制定了《云南省国税系统基建项目全过程跟踪审计办法（试行）》。经请示局领导同意，按该办法先选择云南省税务干部学校改造项目作为试点，对其基建项目施工阶段进行事前、事中、事后全过程跟踪审计，以确保基建工程质量及工程进度，提高基建资金使用效益。

【资产管理】 （一）狠抓资产配置、处置季度报表质量。2009年，按照《国家税务总局关于国家税务局系统固定资产配置、处置有关问题的通知》要求，省局及时向国家税务总局编报了全省国税系统资产配置处置季度报表。根据各州（市）国家税务局第1季度报表编制中存在的诸多不规范问题，省局经过认真研究，下发了《云南省国家税务局关于2009年第一季度资产配置和处置备案工作有关情况的通报》。通报指出第1季度报表中存在主要问题的同时，对报表填报范围、各项指标填报口径等进行了统一。之后，各地区编报的报表质量有了较大提高。

（二）严格按照制度规定办理资产调拨和处置审批。2009年，省局根据现行制度规定，以下发调拨单的方式，共办理固定资产调拨业务450批次，原值合计4740万元；通过严格审核，以正式文件形式，上报国家税务总局房屋及建筑物处置请示13个，批复州（市）、县（市、区）国家税务局处置房屋及建筑物3个、公务用车141辆。这些资产的及时处置，为全省国税系统完成2009年公用经费支出压缩目标作出了积极贡献。

（三）实行年度固定资产清理制度。为切实提高固定资产使用效率，确保固定资产安全完整，做到固定资产账账、账实、账卡三相符，省局研究下发了《云南省国家税务局关于开展固定资产清理工作的通知》。要求全省国税系统各预算单位自2009年起，于每年度部门决算编报前自行组织开展一次固定资产清理工作，及时发现和处理盘盈、盘亏、毁损及报废固定资产问题。

（四）统计分析全省国税系统公务用车辆保险及理赔办理情况，及时做好相关问题的协调工作。

（五）完成197名新增人员及1万余名基层一线人员税务制式服装的型号统计和制作、发放工作。

（六）2009年3月，省局根据《云南省国家税务局系统公务用车辆配备管理暂行办法（试行）》，重新核定了各州（市）国税局机关及其所属县（市、区）国家税务局公务用车辆编制，并将情况上报国家税务总局备案。

【政府采购】 （一）依法采购取得实效。据政府采购信息统计报表反映，2009年，全省国税系统共完成政府采购预算金额1.84亿元，实际采购金额1.52亿元，节约资金近3200万元，节约率为17.39%。其中，省局机关共完成106批次的货物、服务和工程项目采购，采购预算金额9555.68万元，实际采购金额7309.72万元，节约资金2245.96万元，节约率为24%。在上述省局机关完成采购项目中，通过委托云南省招标采购局和社会中介机构，以公开招标方式采购的项目有“云南省国家税务局网络教育培训系统”、“云南省国家税务局中心机房电源设备采购服务首期改造工程”、“昆明市国税局机房扩容改造项目”、“云南省国家税务局机房承重、装修、消防改造项目”和“云南省国家税务局‘网上办税服务厅’设备采购”等13个大宗项目。这些大宗采购项目的完成，为进一步提升全省国税系统数据处理能力和信息化水平，提高税收工作效率，实现财政部、国家税务总局规定2009年部门决算经费结余比上年降低的奋斗目标作出了积极努力。

（二）认真开展政府采购执行情况专项检查“回头看”活动。2009年9月，根据国家税务总局要求，全省国税系统开展了为期近3个月的政府采购执行情况专项检查“回头看”活动。其主要任务是，由各预算单位对2006年和2007年的政府采购执行情况，以及2008年专项检查时发现存在问题和整改落实情况等进行“回头看”。12月，省局向国家税务总局上报了“回头看”工作总结报告。

（三）根据省局领导分工和机构改革人员变动情况，2009年12月，省局对云南省国家税务局机关政府采购领导小组成员及其职责进行了调整。

（毕 仁）

督察内审工作

综 述

2009年5月，按照总局的部署，云南省国税局成立了督察内审处。从成立之日起，督察内审处认真贯彻落实总局督察内审的工作安排，紧紧围绕“创新发展年”工作主题，全面落实科学发展观，认真贯彻全国税务工作会议和全省国税工作会议精神，明确新处室工作职责，结合实际、开拓创新，坚持解放思想，实践科学发展，加强学习，以科学发展观统领督察内审工作，围绕工作中心、明确工作思路，积极认真地开展督察内审各项工作。

各项工作

【围绕工作中心、明确工作目标】 作为新成立的处室，紧紧围绕《国家税务总局2009年督察内审工作要点》和《国家税务总局关于开展2009年专项督察审计有关事项的通知》精神，在省局党组和分管局领导的带领和指导下，认真研究拟定下发了《云南省国家税务局关于开展2009年专项督察审计有关事项的通知》，明确了全省2009年督察内审工作思路、具体任务及要求，为全省国税系统开展督察内审各项工作明确了工作目标。

【积极开展全省国税系统“小金库”专项治理工作】 根据《中共中央办公厅 国务院办公厅印发〈关于深入开展“小金库”治理工作的意见〉的通知》、《中共中央纪委 监察部 财政部 审计署关于印发〈关于在党政机关和事业单位开展“小金库”专项治理工作的实施办法〉的通知》、《国家税务总局关于印发〈国家税务局系统开展“小金库”专项治理工作的实施方案〉的通知》要求，以及国家税务局系统“小金库”治理工作视频会议精神，在省局党组的高度重视和领导下，积极开展了全省国税系统“小金库”专项治理工作。制定了我省国税系统“小金库”专项治理工作方案并及时部署到了各州（市）、县（区）国税局。在全省各级国税部门的协同努力下，圆满完成了全年“小金库”专项治理各阶段的工作。全省国税系统155户党政机关和1户事业单位共156户预算单位，按照国家税务总局要求的7种“小金库”的主要表现形式和7项重点检查对象，以及云南省国税局提出的检查重点进行了全面对照检查。自查面达100%。全省国税系统在认真开展“小金库”专项治理自查自纠、重点检查工作的基础上，按照《国家税务总局关于做好国家税务局系统“小金库”治理整改落实工作的通知》（国税函〔2009〕647号）要求，及时组织开展了“小金库”专项治理“回头看”工作。通过“小金库”专项治理工作的开展，对全省国税系统进一步加强银行账户管理、强化财经纪律、根治不廉行为起到了积极作用。

【全面落实税收执法责任制考核和过错责任追究】 以强化执法监督管理为手段，以提高税收执法质量和减少执法过错为目标，进一步规范了执法行为，提高了执法质量与效率，执法责任考核和过错追究工作取得明显成效。截至2009年12月底，税收执法管理信息系统在全省共对执法人员513人次的633项执法过错进行了自动考核追究，其中给予执法过错人员经济惩戒495人次，惩戒金额1.35元；给予批评教育452人次、取消执法资格1人次，未发生责令做出书面检查、通报批评和责令待岗的情况。通过落实考核追究机制，多层次、多方面、多环节调动了执法人员的工作积极性和主动性，有效提升了执法人员的执法能力和水平。

【完善督察内审制度，规范督察内审工作】 根据国家税务总局的有关规定，结合我省工作实际，制定下发了《云南省国家税务局系统领导干部任期经济责任审计办法》，为全省国税系统规范开展领导干部经济责任审计工作奠定了制度基础。

【圆满完成税收执法管理信息系统的测试、升级工作】

圆满完成了总局在我省进行的税收执法管理信息系统软件测试和试运行及本系统的全面升级工作。2009年6月和7月在总局督察内审司的组织下，我省抽调人员，提供环境，积极配合，较好地完成了执法管理信息系统V1.1版修改指标在云南的测试及试运行工作，为全国国税系统的系统升级作出了积极贡献。

【认真完成税收执法管理信息系统的运维及相关考核工作】 （一）坚持日常管理工作机制。应用税收执法管理信息系统预警监控功能，加强执法考核子系统监控管理和综合征管软件业务操作管理，及时发现和纠正业务操作中存在的问题，不断规范业务操作和执法行为。（二）坚持执法通报工作制度。坚持对税收执法管理信息系统运行情况进行定期通报，总结考核和申辩调整情况、公布各州市过错率考核排名、分析执法过错指标、通报申辩调整复查情况、明确操作问题和业务规范，规范系统运用。截至2009年12月，共下发季度运行通报4期，有效地提高了执法管理系统运行效率。（三）强化申辩调整管理。严把调查审核关，规范申辩资料的收集、整理和归档，确保申辩调整真实、有效。2009年1月至12月，执法人员对系统自动考核产生的部分执法过错进行了申辩调整处理，共有1452人次提出申辩调整申请1689份、申辩调整请求3798条，经审核同意给予调整3488条，其中：无过错责任调整3430条、调整过错责任人55条、追加过错责任人3条，申辩调整率为83.23%。（四）坚持申辩调整复查制度。为确保执法考核结果的准确性，坚持按月开展申辩调整复查，以《中华人民共和国税收征收管理法》及其《实施细则》、《行政处罚法》、国家税务总局《全国国税系统税收执法责任制岗位职责和工作规程范本》以及相关法律、法规的规定为依据，结合执法考核子系统考核指标设置及综合征管软件业务数据对无过错调整事项进行分析判定。2009年1月至12月，共复查了全省进行无过错调整的申辩申请1668份，复查面为100%。五是坚持执法过错分析制度。加强业务部门合作，做好执法分析和调研，及时向相关业务部门反馈执法责任制考核中反映出的业务系统应用问题、政策执行问题，综合各部门力量促进整体执法质量和效率的提高。

【全面部署、重点突出，充分发挥督察内审的监督作用】 在全面部署全省督察审计工作的基础上，抽调州县人员组织两个督察审计组开展了对丽江市国税局、楚雄州国税局及所属部分单位的预算执行、基本建设管理、固定资产、政府采购、代征代扣手续费、稽查办案经费等专项审计以及税收执法情况重点检查及调研工作，提交了工作报告。

【积极做好经济责任审计工作】 根据《国家税务局系统领导干部任期经济责任审计工作办法》的有关规定，2009年将税收管理责任纳入领导干部经济责任审计范围，积极推行任中经济责任审计。并先后开展了对丽江市国家税务局局长伍正良及楚雄州国家税务局局长张炳华的任中经济责任审计工作，向局领导提交了审计报告。

【认真开展了全省国税局系统基本建设审计调查工作】

根据《国家税务总局关于开展国家税务局系统基本建设审计调查的通知》文件精神，结合本系统基本建设实际，与相关处室协调配合，圆满完成了2007年至2008年度全省各级国家税务局的基本建设管理情况审计调查工作。

【配合财政部云南财监办完成其对我省通信行业税收政策执行及税收征管情况的检查工作】 2009年8月至10财政部驻云南省财政监察专员办事处对云南省国税局及下属昆明市、曲靖市、红河州、楚雄州、西双版纳州等6个州市的分支机构2007年至2008年度通信行业税收政策执行情况及税收征管质量进行专项检查，省局积极配合，及时提供了情况反馈，圆满完成该项检查工作。

（廖晓丽）

人事管理

综　述

2009年，人事处在总局人事司和省局党组的领导下，以深入贯彻落实科学发展观为主线，围绕“创新发展年”工作主题，服务大局，锐意进取，改革创新，坚定不移地推进干部人事制度改革，加快人事工作机制和制度创新，进一步加强领导班子建设和干部队伍建设，促进国税干部队伍整体素质不断提高，为中心工作服务、为干部职工服务，努力做到让组织满意、让群众满意，为构建和谐云南国税以及做好各项税收工作提供了坚强的组织保证和人才支持。

各项工作

【机构人员情况】　截至2009年12月31日，云南省国家税务局内设14个行政机构、1个直属机构、5个事业单位，下辖16个州、市局，137个县（市、区）局，全省国税系统共设置215个税务分局。全省国税系统在职人员11846人，其中：研究生学历162人、本科学历4476人、专科学历5644人、中专学历800人、高中以下学历764人，中共党员6727人、共青团员252人、民主党派43人，35岁以下1870人、36～45岁6106人、46～54岁3504人，55岁以上366人。

【领导班子建设】　一年来，全省国税系统各级税务机关以提高领导干部执政能力为着力点，坚持党管干部的原则，按照政治坚定、求真务实、开拓创新、勤政廉政、团结协作的要求，全面加强领导班子建设，班子结构得到优化，整体素质进一步提高。

（一）按照“政治坚定、勇于创新、勤政廉政、求真务实、奋发有为”的要求，结合深入学习实践科学发展观活动，重点抓好各级领导班子党组民主生活会和中心组理论学习。要求各级领导干部要把学习作为一种政治责任、变成内在需求，增强责任感和紧迫感，自觉加强学习，坚持学以致用、学用结合，着力提高领导干部分析形势、把握大局、服务大局的能力，依法治税、规范行政的能力，科学化、精细化管理的能力，求真务实、开拓创新的能力，做思想政治工作、群众工作、带好队伍的能力，拒腐防变、经得起各种诱惑和考验的能力，增强领导干部的政治意识、大局意识和执政为民的意识，努力把各级领导班子建设成为学习型组织、创新型团队、实干型集体、廉洁型班子。2009年各州、市局党组民主生活会能够按上级要求和规定程序认真组织召开，会议质量有很大提高。

（二）完善干部管理制度建设，建立健全干部管理规章制度。继2008年制定下发了后备干部、职务任期、干部交流、竞争上岗、非领导职务等5个方面的管理办法之后，2009年，按照中央、省委和国家税务总局关于大力培养和选拔年轻干部工作的有关要求和精神，又拟定了《云南省国家税务局机关公开选调公务员试行办法》和《云南省国家税务局系统副处级领导干部破格、越级提拔任用办法（试行）》，为优秀年轻干部脱颖而出提供了制度保障，大大地激发了年轻干部的工作积极性。

（三）坚持党管干部原则，全面贯彻干部队伍革命化、年轻化、知识化、专业化方针。一是继续坚持干部上挂下派制度，鼓励机关年轻干部到基层和艰苦地区锻炼成长，注重从基层选拔优秀年轻干部到领导机关学习提高。2009年，省局机关先后选派了2位同志为新农村建设指导员到艰苦地区锻炼，选派3名优秀年轻干部到基层挂职锻炼，选拔12名干部到省局机关进行工作锻炼，全体上挂下派干部按照省局党组的要求，在新的工作岗位上加强自身锻炼，提高自身素质，力求通过上挂下派这一形式，在做人、学习、自律、团结等方面有所收获、有所提高。二是大力推进年轻干部的培养选拔工作。年轻干部的培养选拔是当前中央、省委和总局在深化干部人事制度改革过程中的重点工作，是加强领导班子建设的战略任务，是保证国税事业后继有人的根本大计。2009年初，中央、省委、国家税务总局对年轻干部的培养选拔作出了重要指示，要求各级党组进一步提高认识，增强责任感和紧迫感，把培养选拔年轻干部工作作为一项战略任务抓实抓好；进一步解放思想、更新观念，以改革创新精神抓好培养选拔年轻干部工作；进一步完善选拔方式，加大选拔力度，努力形成有利于优秀年轻干部脱颖而出的机制，为培养选拔年轻干部营造良好的氛围，让年轻干部在实践中锻炼成长。为了进一步改革创新年轻干部选拔任用机制，形成有利于优秀年轻干部脱颖而出的条件和环境，人事处结合国税系统实际，经省局党组研究，并以省局机关机构改革为契机，制定了《云南省国家税务局系统副处级领导干部破格、越级提拔任用办法（试行）》，加大优秀年轻干部的培养选拔力度，对德才兼备、实绩突出、群众公认、特别优秀的年轻干部进行破格或越级提拔使用，为选人用人树起高标杆，形成好导向。此次破格、越级提拔优秀年轻干部，严格按照规定程序进行选拔：第一，召开省局机关干部大会，对符合任职资格条件的35名年轻干部进行民主推荐，按照推荐结果从高到低的顺序确定6位同志进入面试。第二，抽调具有丰富经验的考官，严格按照相关规定对6位同志进行面试。面试由现场演讲和结构化答辩两部分组成，主要测评年轻干部的政治思想素质、业务素质和领导艺术等能力，包括相关的综合分析能力、对税收专业知识的掌握程度、应变判断、语言表达、仪表气质等。同时在面试考场内设置旁听席，省局机关各处室派代表旁听了面试，保证了面试工作的公开、公平、公正。第三，根据面试成绩从高到低的顺序确定4位同志为考察对象，分别与省局机关各处室主要负责人、考察对象所在处室全体干部进行谈话，全面了解和掌握考察对象德、勤、勤、绩、廉各方面的情况。此项工作的开展，在年轻干部中引起了较大的反响，激发了年轻干部奋勇争先、积极进取的工作活力。

（四）严格执行《党政领导干部选拔任用工作条例》规定，认真做好各级领导班子充实和调整工作，优化班子结构，增强整体功能。年内共考察任命副处级领导干部试用期满转正7人、州市局稽查局局长试用期满转正14人，考察任命州市局正处级领导干部1人，调整任命副处级领导干部15人、稽查局局长1人，考察任命处级非领导职务3人；省局机关机构改革期间，提拔任用正处级领导干部4人、副处级领导干部9人、处级非领导职务16人，调整任命处级领导干部8人、副处级领导干部12人、处级非领导职务9人、科级以下干部43人，晋升科级非领导职务3人。

（五）强化对领导干部的管理监督。严格执行党内监督条例和纪律处分条例，认真落实领导干部廉洁从政的若干准则以及廉洁自律的各项规定，坚持领导干部重大事项报告和收入申报制度，不断强化领导班子的内部监督。

【机构改革】 按照国税系统机构改革的工作要求，认真拟定省局机关及16个州市局机构改革方案，结合我省国税系统实际确定了机构设置、职责分工、领导职数和人员编制，报总局审批同意后，认真组织实施全省国税系统机构改革工作。省局机关于2009年5月按新的机构设置做到了机构到位、人员到位、职责到位；2009年8月全省国税系统机构改革工作进入实施阶段，9月底，全省国税系统定岗、定员、定编全面到位，机构改革工作圆满结束。此次机构改革时间紧、任务重、要求高，需要做大量艰苦细致的工作。在各级党组的领导下，全体干部职工以大局为重，以税收事业为重，同心同德，齐心协力，确保了改革的顺利实施。一是明确了职能分工。根据总局批复，及时印发了《云南省国家税务局主要职责和机关机构设置规定》以及各州市局《机构改革方案的批复》，按照各职能部门负责的原则，明确职能分工，理顺职责关系；对确需多个部门办理的事项，明确牵头部门，分清主次责任，建立健全协调配合机制。按照权责一致的原则，在赋予处室职能的同时，明确应承担的责任，做到有权必有责、权责对等。二是核定了人员编制。根据职能分工和工作任务，重新核定了省局机关各处室和各州市局人员编制，并明确了相关部门内设机构职能。三是人员按时到位。按照“人员随职能划转”的原则，及时确定各部门领导和人员名单，尽快到位，进入角色，开展工作。在改革实施过程中，一方面注重年轻干部的选拔使用，在省局机关组织开展优秀年轻干部破格、越级提拔工作的同时，各州市局相继开展了竞争上岗工作，一批优秀年轻干部走上了领导岗位；另一方面注意解决好其他年龄段干部的待遇问题，做好不同年龄段干部的有机组合和梯次配备，既激励年轻干部奋发进取，又让其他年龄段的干部都有前途、有奔头。四是工作顺利交接。按照调整后的职能分工，认真做好业务划转和文件资料、档案等交接工作，交接过程中，注意处理好机构改革与日常工作的关系，一如既往地履行好岗位职责，不放松工作要求，不降低工作标准，确保工作的连续性；强化安全保密观念，切实做好各类资料、文件、档案的保管、封存、移交工作，确保不泄密、不丢失。

【人才引进和培养】 实施“人才兴税”战略既是国税事业发展的重要内容，也是推进国税事业发展的重要保证。2009年，一是按照国家公务员局的要求，在国家公务员局、总局人事司相关领导的指导下，对2008年公务员招录中的6个职位共20名考生重新组织面试，圆满完成了2008年公务招录的收尾工作。二是按照“凡进必考”和“公开、平等、竞争、择优”的原则，认真做好2009年度公务员招录工作，经公务员录用各项规定程序，录用公务员139人，对改善人员结构，推进信息化建设起到了积极作用。三是认真组织实施成品油税费改革税务部门接收人员工作。经笔试、面试、体检、考察等各项规定程序，拟录用公务员39人、事业单位工作人员16人。同时，认真做好人才流动的管理工作，合理配置人力资源。年内共办理调动手续26人，其中：调出外系统16人、跨省系统内调入2人、州市系统内相互调动7人。

【人事基础工作】 2009年，全省国税系统各级人事部门围绕“创新发展年”工作主题，广大人事干部要带头讲党性、重品行、作表率，努力建设模范部门，打造过硬队伍，进一步提高人事工作水平，不断提高人事工作满意度。

（一）规范有序地完成目标管理考核及公务员年度考核。按照《云南省国家税务局系统公务员考核办法（试行）》，考评委员会于3月份对省局机关及各州市副处以上干部2008年度公务员考核等次进行评议，报经省局党组审定，评定省局机关43名干部职工及各州市18名副处以上干部为优秀等次，并予以嘉奖；同时评定16个州市局均为一级局。6月，在广泛征求省局机关各处室和各州市局意见的基础上，修改完善了《云南省国家税务局对州市国家税务局目标管理责任制考核办法》、《云南省国家税务局机关目标管理考核办法》，使考核工作更加科学规范，有效地促进了税收各项工作管理。

（二）干部管理工作更加规范和完善。年内批复任免县区局局长22人次，办理系统内借调手续284人，办理机关及系统副处以上干部退休手续14人；协调省人民政府退伍安置办公室，对计划安置到云南省国税系统的退役士兵48人，实行了有偿转移安置，退役士兵安置工作受到省政府表彰。

（三）各项工资及津补贴政策执行到位。一是对全省国税系统公务员、提前退休人员级别工资晋级、晋档进行认真审核、批复，共晋升级别工资2755人，月增资6.10万元；晋升级别工资档次159人，月增资0.48万元。二是及时计算和发放省局机关在职公务员、工人、提前退休人员2008年公务员考核一次性奖金共128人，发放金额29.16万元。三是对全省国税系统离退休人员4000余人的工资情况进行了为期3个月的清理摸底，在各州、市上报的基本资料的基础上，进行逐一的计算、比对、核查，为下一步的离退休人员工资测算和规范奠定了基础。11月，对全省国税系统离退休人员规范津贴补贴兑现工作进行了安排和部署，自2009年1月1日起兑现全省国税系统3951名离退休干部规范津补贴增资3595.33万元。四是做好职务晋升、人员调动、转正定级、晋升技术等级、离休退休干部待遇等日常工资管理工作。

（四）人事统计工作质量和效率不断提高。按照及时报送、保质保量、数据准确、资料完整的要求，准确、全面、及时掌握全省国税系统人员、工资变化情况，为领导提供决策依据。一是对各州市局、国税印刷厂、省局招待所、税务干部学校等19个单位上报的工资月报按统计法的规定进行数据把关、审核，随时掌握各单位工资、人员变动情况；二是根据昆明市统计局的要求做好劳动工资季报工作，审核、汇总我省国税系统13个在昆单位上报的基础数据，并撰写情况分析报告；三是根据昆明市统计局的工作要求，参与市统计局开展的关于劳动就业和工资统计的调研活动，所撰写的调研报告在评比中荣获优秀奖，并被邀请参加研讨会。

（五）工人技术等级梯次发展、结构合理。组织全省国税系统做好2009年技术工人职业资格晋升等级培训申报工作，对各州、市局上报的培训申报材料严格把关、查遗补漏，经审核，共批复79人参加培训，其中高级工31人，中级工45人，初级工3人，经培训全部获得资格晋升证书。另外，组织安排好我省国税系统驾驶员技师培训、考评、聘任、续聘等工作，2009年全省国税系统参加技师培训考评共6人，聘用6人、续聘8人。

（六）按省委要求继续开展好新农村建设工作。2月，省委召开“全省下派新农村建设工作队总结表彰大会暨欢送新农村建设指导员电视电话大会”，省局2008年选派第一批参加新农村建设工作的徐睿、王曦两位同志较好地完成了各项工作任务，其中徐睿同志被表彰为“新农村建设先进个人”。同时，省局继续选派王曦、郑捷两位同志为省局第三批新农村建设指导员，按照省委的工作要求，深入持久地开展好新农村建设工作。

（七）慰问基层干部职工。春节前夕，省局领导带领相关处室人员，组成8个慰问组分别对16个州市40个县区局2819名干部职工进行了走访慰问。省局各慰问组每到一个地方，首先察看干部职工的工作和生活环境，并与一线干部职工亲切交谈，然后系统听取工作情况汇报，在肯定成绩的同时，对下步工作提出希望和要求。慰问组所到之处，干部职工备受鼓舞，纷纷表示要加倍努力，勤奋工作，争取各项工作再上新台阶。

（八）积极做好行政执法类公务员试点工作。根据国税系统行政执法类公务员管理试点会议精神，经国家税务总局党组研究并报经国家公务员局同意，决定在国税系统9省市国税局的44个基层单位开展行政执法类公务员管理试点工作。其中，我省德宏州瑞丽市国税局、陇川县国税局，丽江市古城区国税局、玉龙县国税局被总局列为试点单位。3月24日，省局在德宏州瑞丽市召开“行政执法类公务员管理试点调研工作布置会”，对试点工作进行动员和部署。在充分调研和摸底的基础上，撰写试点工作调研报告上报总局，为总局决策提供意见参考。5月20日，总局党组成员、人事司司长董志林、副司长黄旭、事业处处长高存玉等一行4人专程到瑞丽市国家税务局调研，召开座谈会广泛听取基层干部意见，并对云南国税行政执法类公务员管理试点工作给予了充分肯定。

（九）认真做好人事管理信息化工作。一是做好人事管理系统人员信息的日常维护工作，为日常的人事管理工作提供便捷的查询、统计服务。二是按照云南国税门户网站建设的要求，及时做好机构设置、领导信息、人事任免、公务员招考等内容的更新和维护工作，确保了网站信息的及时性和实用性。三是做好全省国税系统工考信息库更新、维护工作，确定专人负责工人数据采集、更新和维护，确保我省国税系统工考信息在2008年采集的基础上及时更新、维护。

（十）加强业务培训，提高业务素质。9月组织各州、市局工资管理人员参加省人力资源和社会保障厅举办的省直机关事业单位工资管理软件的培训，逐步实现工资管理自动化、程序化，进一步推进省政府无纸化办公的要求；12月组织系统工资管理人员参加省人力资源和社会保障厅在海口市举办的财政统发工资及工资福利、工资基金管理政策业务知识培训，进一步提高了全省国税系统工资管理人员专业素质和业务水平，了解掌握了地方财政工资统发情况，为做好国税系统工资管理工作提供了保障。

（十一）顺利完成人员登记工作。按照国家税务总局关于对《公务员登记表》进行集中审核的通知要求，省局对2007年全员登记时暂缓登记的公务员和2007年以来通过招录公务员、接收安置转业军人等方式新增的人员，按照全员登记的规定和要求进行了认真审查，确定人员身份后，随即填写了《公务员登记表》和《工人登记表》，在12月总局召开的国税系统人员登记审批会议期间，顺利通过了审核和登记。共登记公务员309

人，其中：2007 年暂缓登记 120 人、新录用 162 人、接收安置军队转业干部 22 人、参照当地政策进行公务员登记 5 人；登记工勤人员 3 人。

（十二）做好出国出境人员的政审和日常管理工作。一是认真做好因私出国出境人员的政审工作；二是选派 1 人参加总局境外高级研修班赴澳大利亚参加培训，选派 4 人赴美国、英国、法国、德国参与省人事厅组织的国外人才招聘工作，其间认真做好因公出国人员出国手续的办理和服务工作。

（十三）积极配合总局开展好干部考察工作。2009 年 1 月和 7 月，总局党组派出考察组先后对我局空缺的厅级非领导职务进行考察；11 月，总局又派出考察组对厅局级后备干部进行集中调整补充。在各项考察工作中，我处积极协调和配合考察组圆满完成考察任务，共 3 人晋升厅级非领导职务，8 位同志被列为云南省国税系统厅（局）级后备干部，进一步加强了我省国税系统的领导班子建设。

（唐云英　荀　萍　曹志刚）

巡视工作

综　述

2009 年，省局巡视工作办公室在省局党组的正确领导和总局巡视办的正确指导下，以科学发展观为统领，以贯彻落实《中国共产党巡视工作条例（试行）》为主线，以加强对领导班子及领导干部的党内监督为重点，以促进国税事业发展为目标，以“创新发展”为动力，按照总局和省局党组的总体部署，结合机构改革后巡视工作职责变动的实际，适时调整工作重心，积极努力开展巡视工作，较好地完成了年初确定的各项目标任务。

各项工作

【机构改革后，工作职责相应调整】 依据《云南省国家税务局关于印发〈云南省国家税务局主要职责和机关机构设置规定〉的通知》精神，巡视办工作职责调整为：组织落实巡视工作制度，制定具体实施办法；拟订年度巡视工作计划，组织开展巡视工作；监督检查下一级领导班子及领导干部执行政治纪律、组织纪律、群众工作纪律和党风廉政建设等方面的情况；落实、协调、督办干部监督工作联席会议领导小组议定、决定事项。

【州市局巡视工作职能部门调整】 机构改革后，州市局巡视工作职能由人事教育科调整到监察室。

【调整工作重心，积极实施巡视检查】 机构改革后，巡视办按照省局 2009 年任务分解方案确定的“进一步加大对州市局领导班子和县区局领导班子的巡视力度，不断增强巡视监督的作用和效果，完善工作方法，提高工作质量”的巡视工作目标，结合云南国税巡视工作发展的现状及特点，从自身实际出发，量力而行，及时调整工作思路和工作重点，创新巡视工作方法，积极有效地开展巡视工作。分别对普洱、昆明、大理 3 个州市国税局领导班子及其成员进行了巡视检查。巡视中，列席州市局党组会议 3 次，召开不同类型、不同层次的座谈会 6 次，组织民主测评 8 次，与干部群众个别谈话 195 人次，收集到群众意见建议 398 条，深入 6 个县区局进行了实地调研，分别走访了 3 个州市的地方政府、纪委和组织部。巡视后，及时与省局巡视工作联席会议成员单位以及相关部门联系沟通，商请相关部门对被巡单位存在问题进行核实认定，经认真梳理、分析、归类整理后，向省局党组提交巡视工作报告，提出工作建议 13 条，并及时将省局党组会议审定的整改意见反馈到被巡单位，督促被巡单位认真整改，有效促进了各项工作的科学发展。

【严格整改检查，巩固巡视工作成果】 年内，组织工作组分别对 2008 年巡视检查的楚雄、怒江国税局进行了整改检查。具体做法：一是整改检查前发布预告，通知被巡视单位做好整改情况汇报准备工作；二是由巡视办组织检查组进行整改检查。制定详细的整改检查方案，明确检查人员、检查时间、检查内容、检查方法和程序，保证整改检查规范开展；三是通过听取汇报、个别谈话、查阅会议记录和相关部门资料，全面掌握整改情况，督促存在的问题得到有效解决。

【加强指导，有效推动州市局开展巡视工作】 县区局是国税工作的基层和基础，是税收两权集中运行的载体，是加强党风廉政建设的重要环节。因此，开展对县区局领导班子的巡视监督十分必要。巡视办按照分级管理的原则，有效指导州市局开展对县区局的巡视工作。一是明确责任。要求各州市局巡视工作领导有分工、部门有分管、人员有专职、年初有计划、年中有情况统计、年终有总结、工作有落实。二是布置任务具体。年初下发巡视工作要点，明确开展巡视工作的指导思想、具体工作任务和目标要求。三是指导有方法。通过简报交流、电话联系、面对面指导等工作方式认真指导州市局的巡视工作。四是专人负责抓。巡视办在人少事多的情况下，始终坚持确定专人负责抓州市局的巡视工作，定期下发指导性工作意见，随时了解各地工作动态，收集情况信息，解答基层咨询问题等，有效推动了各州市局巡视工作深入开展。2009 年，全省 13 个州市局共对 31 个县市区局领导班子开展了巡视检查，组织 1538 人参加民主测评，与干部群众谈话 913 人次，接待来访 11 人次，向被巡视单位提出整改建议 174 条，向派出巡视组的州市局党组提出工作建议 35 条。对 2008 年巡视检查的 39 个县区局进行了整改检查。

【确立工作思路，突出巡视监督重点】 按照总局巡视工作要点和省局 2009 年任务分解方案，确定了“进一步加强对领导班子及领导干部的监督，紧紧围绕税收中心工作，突出巡视监督重点，健全巡视工作机制，创新巡视工作方法，切实加强自身建设，实现巡视工作创新发展”的工作思路，结合中央宏观调控对税收工作的要求和省局工作安排，提出巡视检查要注重“五个围绕”。一是围绕省局党组重大工作部署的贯彻落实情况开展巡视检查，确保政令畅通；二是围绕宏观调控税收政策执行情况开展巡视检查，确保政策落实到位；三是围绕第二批学习实践科学发展观活动情况开展巡视检查，促进领导班子用科学发展观统领思想，指导实践；四是围绕组织收入工作开展巡视检查，积极促进税收任务的完成；五是围绕省局党组贯彻落实《建立健全惩治和预防腐败体系 2008 ~ 2012 年工作规划》实施意见的分工方案，以及全省国税系统党风廉政建设工作会议提出的目标任务开展巡视工作，促进各项反腐倡廉制度得以贯彻落实。由于思路清晰，重点突出，收效极为明显。

【适应形势发展，探索新路子，发挥职能作用】 机构改革前，按照总局巡视工作模式，巡视办立足“五查五看”开展巡视工作。即：一查增值税转型政策、再生资源循环利用和资源综合利用税收政策调整的落实情况，看中央宏观调控税收政策是否贯彻落实到位；二查落实省局党组年度总体部署和税收收入任务的措施，看省局党组的重大工作部署是否落实到位；三查反腐倡廉教育、制度、监督、纠风等工作制度的落实情况，看党风廉政建设工作是否明显加强；四查行政管理权的行使情况，看财务收支、政府采购、基建管理、干部选拔任用等是否符合现行政策和制度规定；五查税收执法权的运行情况，看“征、减、免、缓、退、核”等执法行为是否严格按照现行税法规定执行。机构改革后，巡视办根据新的职责范围，及时调整工作重心，以贯彻落实《中国共产党巡视工作条例（试行）》精神为主线，围绕领导班子建设主题，本着“深入了解情况，实事求是反映问题，支持、帮助、促进工作”的原则。对州市局领导班子及其成员贯彻执行党的路线方针政策和决议、决定的情况，特别是贯彻落实邓小平理论、“三个代表”重要思想以及科学发展观的情况；落实上级工作部署的情况；执行民主集中制情况；落实党风廉政建设责任制和自身廉政勤政情况；开展作风建设情况；选拔任用干部情况等 6 个方面实施巡视检查，积极探索了一条新形势下有效开展巡视工作的新路子，为新一轮巡视工作的顺利实施打下了很好的工作基础。

【认真审核认定，严把质量关】 为保证巡视报告反映的情况真实可靠，巡视办对提交给省局党组的巡视报告所列问题实行“三关审核法”严把质量关。一是审核关。通过召开巡视组碰头会，由承担各分项检查任务的人员在碰头会上汇报检查情况，对发现的问题要求结合被巡视单位工作实际和现行政策规定进行分析说明，同时由其他成员进行质疑论证，从而确定是否列入巡视报告初稿的内容。二是交换意见关。被巡视单位召开有各相关科室负责人列席的党组会，听取巡视组的巡视意见和基本看法，对存在的问题及其原因，由被巡视单位在会上充分陈述，对有质疑的问题，由巡视组与被巡视单位双方进行答辩，求得共识。三是处室认定关。巡视工作结束后，对巡视发现问题，分门别类提交有关职能处室进行政策认定，根据各有关处室认定意见，据以完成巡视报告的修改工作，形成正式报告后，提请省局党组听取巡视工作汇报。

【加强工作研究和自身建设】 巡视工作是一项政治性、政策性很强的工作，巡视干部良好的政治业务素质是做好巡视工作的重要保障。为了提高巡视干部掌握政策、组织协调、调查研究、发现问题等方面的工作能力，巡视办采取多种方式加强工作研究和自身建设。一是按照机构改革明确的工作职责要求，及时研究调整巡视监督检查范围和重点，使巡视监督更具有针对性。二是根据新形势、新任务的要求，积极探索新形势下开展巡视工作的思路和方法，组织撰写了《在新形势下如何做好国税巡视工作》、《做好省级国税部门巡视工作之管见》、《坚持科学发展、创新工作方法、发挥监督职能作用》、《加强巡视工作的实践与思考》等一批理论研究文章，并上报总局参加了中央巡视办理论文章征集活动。三是加强政治理论学习，用中国特色社会主义理论体系武装巡视干部。按照省局机关党委的要求，结合自身工作需要，在确保人员、时间、内容、考勤“四落实”的基础上，全员积极参加省局机关统一组织的政治学习，同时，按照机关党委的学习安排，在处内认真组织学习《科学发展观重要论述摘编》、《中国共产党巡视工作条例（试行）》、《中共中央关于加强和改进新形势下党的建设若干重大问题的决定》等文件，并采取重点篇章反复学，学习中，力求联系巡视工作实际，学议结合，集体讨论，以期提高学习效果。通过学习，进一步坚定了共产主义的理想信念，加深了对加强和改进党的建设重大意义的理解和认识，加强了党性修养，牢固树立了坚持用科学发展观指导巡视工作的观念和意识，进一步增强了履行党内监督职责，做好巡视工作的使命感、责任感和紧迫感。四是积极开展业务培训。通过参加总局在扬州举办的全国税务系统巡视办主任培训班和巡视办自行组织的业务学习，不断增强巡视人员的政策理论水平和业务素质。五是加强党风廉政建设和纪律教育，严格管理巡视干部队伍。通过理论武装、实践锻炼等方式，巡视干部队伍政治业务素质有了明显提高，有效保证了巡视工作的顺利开展。

（赵成斌）

教育培训

综　述

2009年，云南省国税系统的干部教育培训工作在总局教育中心和省局党组的正确领导下，以邓小平理论和“三个代表”重要思想为指导，认真贯彻党的十七届四中全会精神，深入学习实践科学发展观，以加强干部的素质建设、提升干部的岗位技能、推进“学习型”党组织建设为主要目标，坚持以人为本，努力提高培训质量，较好地完成了全年教育培训工作任务，促进了全省国税系统干部队伍整体素质的提高，保证了各项国税工作的完成。

各项工作

【落实大规模培训干部规划，全面提升干部队伍素质】 2009年，按照“大力提升队伍素质，进一步推进依法治税、管理强税、人才兴税战略”的要求，下发《云南省国家税务局关于2009年培训计划安排的通知》，教育培训工作以学习实践科学发展观为主题，以政治理论培训、法律法规培训、税收业务专业技能培训、文化素养提升培训为主要内容，以坚定理想信念、增强执政本领、提高科学发展的能力为重点，以促进税收工作科学化、专业化和精细化发展为主线，按照《云南省国税系统“十一五”干部教育培训规划》、《云南省国税系统2008～2012年大规模培训干部工作实施意见》的要求，加强分级分类指导并组织实施新一轮大规模培训干部各项任务。2009年共组织120人参加总局举办的各类培训，1926人次参加了省局组织的各类培训。

【抓重点，组织好各级领导干部培训班】 一是举办县（区）局局长“三会”培训班。为了提高全省国税系统县（市、区）局局长计算机和数据监控分析系统的操作、应用、分析水平，掌握增值税转型有关新政策和新《企业所得税法》，推动“创新发展年”各项工作任务的完成，教育处与流转税处、征管处、所得税处、计划统计处、信息中心、监察室、后勤服务中心等部门通力协作、密切配合，于2009年4月20日至26日组织了全省国税系统县（市、区）局局长业务培训班，培训范围涉及增值税转型有关政策、新《企业所得税法》、计算机操作、云南省国税局数据监控系统的应用分析、落实“四项制度”加强作风建设等。培训应参训人数137人，实际参训人数135人（2人病假），经考试，平均分81.66分，及格率97.78%，培训取得了良好效果。二是举办副处级后备干部培训班。为切实加强全省国税系统副处级后备干部的理论武装、实践锻炼和党性修养，提高副处级后备干部思想政治水平、理论水平、领导艺术、管理能力，提高党性修养，树立正确的人生观、价值观、政绩观、权力观和良好的作风，教育处与人事处密切配合，委托省委党校于2009年6月16日至6月25日组织了副处级后备干部培训班，全省122名副处级后备干部参加了培训。培训期间进行了当前国际国内形势、贯彻科学发展观、提升领导力、学习力、执行力、创新力及公务员形象与政务礼仪等13个专题讲座，并组织了严格的闭卷考试，平均成绩86.91分，及格率100%，优秀率32%，培训取得了良好效果。三是举办处级领导干部执政能力培训班。为进一步加强处级领导干部党性修养，坚定理想信念，保持优良作风，提高学习力、执行力、落实力、创新力、发展力、和谐力，推动云南国税事业又好又快发展，7月19日至28日在中国延安干部学院举办主题为“加强党性修养、坚定理想信念、保持优良作风”的第四期处级领导干部执政能力培训班，全省国税系统42名正处级以上领导干部参加培训。

【强素质，认真组织开展大规模教育培训】 一是组织好全国税务系统稽查人员业务考试。根据《国家税务总局办公厅关于全国税务系统稽查人员业务考试的通知》、《国家税务总局办公厅关于全国税务系统稽查人员业务考试考务工作安排的通知》的安排和要求，下发《云南省国家税务局转发国家税务总局关于全国税务系统稽查人员业务考试考务工作安排的通知》，制订《云南省国税系统稽查人员业务考试工作方案》以及昆明、玉溪和大理3个考点的《工作手册》，周密部署，认真细致做好考试报名、资格审核、试卷领取、试卷印制保管、组织考试、考场巡视、违纪处理以及阅卷登分等各环节工作。全省国税系统共有1822人报名参加考试，其中稽查人员1267人，非稽查系列人员555人。2009年3

月28日上午省局统一组织的全国税务系统稽查人员业务考试分别在3个考点同时举行。全省系统参加考试的稽查人员及格率为60.75%，非稽查人员及格率为50.64%。考试结束后，结合工作实际和干部队伍现状，进一步进行认真分析，总结经验，找出差距，积极研究和探索提高国税干部综合素质的方法和途径。二是举办全省国税系统所得税业务培训班。为切实提高全省系统企业所得税的管理水平和能力，适应新形势下所得税工作发展的需要，尽快改变企业所得税管理存在的“短板”状况，教育处和所得税处协调配合，委托云南财经大学于2009年7月6日至8月4日举办一期企业会计核算及所得税培训班。培训采取全脱产集中培训，教学以集中授课和专题讲座为主。全省100名所得税业务骨干参加了培训。通过培训，使培训对象进一步加深对会计学基础、企业会计核算、2006年企业会计准则以及企业所得税法等方面的理解和认识，从事所得税工作的干部的业务技能和政策水平得到全面提升。三是组织实施2009年“智力援西”培训项目。为进一步提升基层税务干部，尤其是一线税收管理员的综合业务素质和岗位工作技能，教育处于2009年1月向总局提交《云南省国家税务局关于申请2009年“智力援西”培训项目的请示》，申请在2009年的“智力援西”培训项目中为我省举办一期所得税业务骨干培训班。国家税务总局以援西项目的方式，委托河南省税务干部学校于8月25日至9月23日在河南省税务干部学校举办所得税业务骨干培训班，全省50名所得税业务骨干参加培训。四是做好总局委培硕士研究生的选派报名工作。为适应21世纪税收事业发展的需要，加快我省国税系统高层次应用型人才的培养，按照《国家税务总局办公厅关于做好2009年全国税务系统委托培养公共管理硕士招生工作的通知》（国税办函〔2009〕457号）要求，认真做好选派报名工作，推荐余娇等4名同志报考总局委培硕士研究生。五是认真组织好公务员初任培训。为提高新录用公务员的政治思想素质、理论水平和税收业务知识，11月9日至11月28日在江川瑞文酒店对2009年新录用140名公务员进行了初任培训。培训考试与全国执法资格考试相结合，通过国家税务总局的全国执法资格统一考试，检验了初任培训效果。六是深入开展教育培训课题调研。认真做好提高大规模培训质量和效益的课题研究，积极研究制约干部教育培训工作发展的重点、难点问题，努力把新一轮的大规模培训干部和大幅度提高干部素质任务落实得更好，更有成效，为推动云南国税事业科学发展、和谐发展、创新发展作出新贡献。教育处申报题为“提升云南省国税系统大规模教育培训质量的思考及路径选择”的云南省国税系统科研课题，已于10月8日结题。

（籍晋江）

思想政治工作和精神文明建设

综　述

2009年，全省国税系统以邓小平理论和“三个代表”重要思想为指导，深入贯彻党的十七大和十七届三中、四中全会精神，紧紧围绕“创新发展年”工作主题，深入开展学习实践科学发展观活动，积极创新思想政治工作和精神文明建设，突出抓好教育培训工作，落实税务基层建设纲要，深入开展系统党建工作，大力推进国税文化建设，为云南国税事业科学发展、和谐发展、创新发展提供强有力的思想政治保证、人才保证和智力支持。

各项工作

【科学发展观学习实践活动成效突出】 从2008年9月28日起至2009年2月26日，云南省国家税务局机关在省委深入学习实践科学发展观活动领导小组和国家税务总局的领导下，在省委第十七指导检查组和总局第五指导检查组的指导帮助下，精心组织，有效推进，党组成员率先垂范，机关干部职工积极参与，全系统密切配合，圆满完成了第一批学习实践科学发展观活动各项任务，学习实践活动得到了省委、省政府和国家税务总局的充分肯定，同时也受到了群众的好评。在对省局机关干部以及全省国税系统16个州市国税局、相关厅局、纳税人、特邀监察员参加的群众满意度测评中，满意率达98.43%。在第一批学习实践科学发展观活动中教育处主要承担对外宣传、简报编辑以及与省委、总局的信息联络传递等工作。自2009年3月16日起，全省16个州市所属县市区局均开展了第二批学习实践科学发展观活动，参加人数共计11243人。为加强对参加第二批学习实践活动单位的指导，按照省局党组把深入学习实践科学发展观领导小组办公室设在教育处的工作安排，认真做好学习实践活动各项工作，下发了《中共云南省国家税务局党组关于开展全省国税系统第二批深入学习实践科学发展观的指导意见》，对第二批学习实践活动的重大意义、指导思想、目标任务、基本原则、方法步骤和措施要求都作了具体明确，各州市均按照当地党委的统一要求，成立相应的组织领导机构加强对学习实践活动的领导，保证第二批学习实践活动的顺利开展。省局成立8个指导检查组负责对全省16个州市局第二批深入学习实践活动进行指导。2009年1月1日至2009年7月14日，我处共编学习实践活动简报20期，专报11期。

为进一步深化科学发展观的认识，根据中共云南省委深入学习实践科学发展观活动领导小组《关于做好全省第一批学习实践活动整改落实后续工作的通知》、省直机关工委书记杨应楠、主持工作的副书记董志红在全省群众评议省直机关作风活动动员大会上的讲话精神和云南省国家税务局深入学习实践科学发展观活动领导小组决定，不断增强做好整改落实工作的自觉性和责任感，积极开展学习实践整改落实工作“回头看”活动，严格按照《中共云南省国家税务局党组关于印发深入学习实践科学发展观活动整改方案的通知》要求，把落脚点放在解决制约我省国税系统科学发展的思想障碍、队伍建设两方面的突出问题上，积极采取有效措施认真落实整改“销号”制度，对已经解决的问题“整改销号”，整改一件，销号一件，对需要一段时间内才能解决的问题提出解决的意见和计划，待条件成熟时解决，以切实巩固和扩大学习实践活动的成果。11月，严格按照云南省委深入学习实践科学发展观活动领导小组要求，在全省国税系统开展学习实践科学发展观“回头看”活动，各州市局根据整改落实方案提出的目标任务、时间进度、责任人，认真组织自查。并将“回头看”的情况以适当的方式向广大党员群众通报，听取了群众意见。通过开展“回头看”活动进一步促进了全省系统科学发展、和谐发展、创新发展。

【思想政治工作有效开展】 一是普遍性思想教育全面加强。结合开展学习实践科学发展观活动深入开展党的基本理论、基本路线、基本纲领、基本经验教育以及爱国主义、集体主义、社会主义教育，牢固树立爱国、爱党、爱国税事业的思想。认真贯彻公民道德建设实施纲要，深入开展思想道德教育、职业道德教育、社会公德教育和家庭美德教育，自觉遵守道德规范，进行道德自律。开展法制纪律教育，掌握运用法律法规，掌握各项税收纪律和规章制度，不断增强依法治国、依法行政、依法治税的意识，增强遵章守纪意识，做到纪律严明，行为规范。开展文明服务教育，树立“聚财为国，执法为民”的国税工作宗旨，不断增强为经济社会服务、为纳税人服务、为基层服务的意识，大力提升全省国税系统的文明服务水平。于2009年1月5日特邀中共云南省委党校党委书记、常务副校长黄顺作当前经济形势报告，省局机关全体干部职工现场听取了报告。二是党员教育得到加强。以开展深入学习实践科学发展观活动为契机，组织开展党章、党性、党风、党纪等内容学习教育，充分发挥党员的先锋模范作用。三是领导干部勤政廉政教育深入持久。结合开展深入学习实践科学发展观活动和落实教育、制度、监督并重的惩治和预防腐败体系深入开展廉政教育，领导干部抵制腐败行为的自觉性得到提高。各级领导干部积极带头做自觉学习、联系实际、学以致用的模范；做自觉贯彻民主集中制、胸襟开阔、公道正派、互相尊重、互相理解、加强团结的模范；做谦虚谨慎、艰苦奋斗、淡泊名利、加强修养的模范；做励精图治、尽职尽责、永不懈怠、敢抓敢管、勤政为民的模范；注重党性锻炼，把党风廉政建设贯穿于“两权”运行的全过程之中，严格落实“四大纪律、八项要求”，坚持“五个不许”和不碰“四条高压线”，不谋取法律和政策规定范围之外的私利和特权，做廉洁从政的模范；注重实际、说实话、办实事、求实效，反对形式主义、官僚主义和弄虚作假，做牢固树立和落实正确政绩观的模范。领导干部身体力行，率先垂范，做到慎独、慎权、慎欲、慎微，塑造了依法执政、廉洁从政的良好形象。

【领导班子思想政治建设进一步加强】 一是政治理论学习得到加强。坚持以党组中心组学习与专题讨论、调查研究解决实际问题相结合的方式，深入学习邓小平理论和“三个代表”重要思想，全面落实科学发展观，认真学习构建社会主义和谐社会理论，不断增强政治敏锐性和辨别力，在思想上、政治上、行动上和党中央保持高度一致，认真贯彻落实党的路线方针政策和上级党组织的指示、命令、决议，保证政令畅通，坚定正确的政治方向。二是思想政治工作和理论学习得到加强。不断创新拓展思想政治工作的内容、方法，探索和总结思想政治工作规律，驾驭思想政治工作全局，思想政治工作的能力不断提高。三是民主集中制原则得到有效贯彻。各级“一把手”充分发扬民主，发挥集体智慧，正确实行集中。领导班子成员之间既有明确分工，又协调配合，加强沟通交流，增强团结和谐，增强凝聚力、战斗力、向心力、决策力和执行力。四是作风建设更加强化。全省系统认真贯彻“两个务必”、“八个坚持，八个反对”，牢固树立解放思想，实事求是，与时俱进的思想作风；进一步转变联系群众、发扬民主、依法行政、科学决策的领导作风；树立求真务实、雷厉风行、脚踏实地的工作作风；树立谦虚谨慎、戒骄戒躁、艰苦朴素、勤俭节约、洁身自好的生活作风。

【基层思想政治工作得到加强】 一是坚持贴近基层工作实际。各级在做思想政治工作中，立足不同基层单位的实际，了解基层干部职工思想状况，及时发现和掌握思想动态、问题苗头。坚持因地制宜，具体问题具体分析，实事求是地解决干部职工最为关心的利益问题，同时，做好宣传疏导工作，宣扬主流思想，搞好正面教育，唱响主旋律，打好主动仗。引导广大基层国税干部职工树立大局观念、集体观念和无私奉献精神，不断提高在各种压力、困难和考验面前自我调适能力，始终做到坚定执着、乐观自信、沉稳平和、心胸开阔、奋发有为。二是坚持贴近基层国税干部职工。各级领导坚持以人为本，零距离、心连心地深入基层干部职工之中，想基层干部职工所想，急基层干部职工所急，办基层干部职工所盼之事，充分体现基层干部职工的意愿，在政策条件允许范围内，尽量满足基层国税干部职工物质文化需求和全面发展需要，确保思想政治工作落实到每一个人，取得实实在在的效果。

【社会主义核心价值体系建设深入推进】 切实加强社会主义核心价值体系建设，将其渗透到国税干部职工的日常生活之中，转化为自觉追求。认真抓好国税干部职工的政治思想灌输，坚持不懈地用马克思主义中国化最新成果武装和教育国税干部职工，用中国特色社会主义共同理想凝聚力量，用民族精神和时代精神鼓舞斗志，用社会主义荣辱观引领风尚，积极创新理论学习形式、转变思想教育观念、改进思想工作方法，全面系统地开展社会主义核心价值体系教育，使之成为全体干部职工普遍理解接受、自觉遵守奉行的价值理念，成为全体干部职工奋发向上的精神力量和团结和睦的精神纽带。定期为干部职工作辅导、上党课，聘请专家学者作专题报告，引导干部职工正确认识形势，牢固树立服从大局、服务大局的意识。

【经常性思想政治工作相关制度得到有效落实】 认真贯彻《全国税务系统思想政治工作条例》，坚持党组中心组学习制度，干部职工政治学习制度，做到有计划、有实施、有检查，确保"人员、时间、内容、效果"四落实；落实谈心制度，通过经常性的双向交流，沟通思想，加强理解，化解矛盾，增进感情、互相学习、共同进步；落实走访慰问制度，为国税干部职工送温暖；落实干部体检休假制度，保证干部身体健康；落实信息沟通制度，广泛听取各方面意见；落实领导干部接待日和与基层建立联系点制度，了解和掌握情况，加强工作指导的针对性；落实思想政治工作联系点制度，召开有关负责人参加的思想政治工作联席会议，分析思想动态，协调各方关系，研究工作对策，抓好工作落实。结合全省国税工作会议精神，下发了《云南省国家税务局关于印发〈2009年思想政治工作和教育培训工作要点〉的通知》，细化工作职责，明确工作要点，确保抓好、抓实思想政治工作。

【创新国税文化建设，推动云南国税文化建设发展】 按照党的十七大关于推动社主义文化大发展大繁荣的要求和《国家税务总局关于加强税务文化建设的指导意见》精神，紧紧围绕"创新发展年"的工作主题，大力弘扬云南国税"十种精神"，进一步丰富国税文化建设的载体，加强领导，进一步健全机制、营造氛围，开展丰富多彩、健康向上的文化活动，干部职工的科学素养和人文素养不断提高，有力地推动了云南国税文化建设大繁荣大发展。

【组织开展全省国税系统文艺汇演成绩突出】 为庆祝新中国成立60周年，根据中央部署和省委、省政府（云发〔2009〕7号）文件的有关安排以及中共云南省委宣传部等6委、会、厅、局《关于举办"祖国在我心中"——云南省庆祝新中国成立60周年行（企）业文艺汇演的通知》要求，省局党组高度重视，把开展好、组织好此项活动作为深入贯彻党的十七大精神，全面落实科学发展观，积极开展群众性和爱国主义教育活动，展示云南国税坚持"聚财为国，执法为民"税收工作宗旨，凸显科学发展、创新发展的成果，弘扬云南国税"十种精神"，构建特色鲜明的国税文化，凝聚保增长、促稳定，团结拼搏、共克时艰的信心和意志，彰显国税良好的社会形象的良好契机，切实抓好落实。为保证汇演质量，制发了《云南省国家税务局关于举办"祖国在我心中"——庆祝新中国成立60周年文艺汇演的通知》，成立了组织领导机构，由省局党组书记、局长李鸿文担任组委会主任，其他局领导担任副主任，下设评审委员会和办公室。教育处作为组委会办公室所在部门，制定了周密详尽的工作方案，并组织开展了文艺汇演活动。在省局汇演组委会的领导下，在广大国税干部的参与下，汇演活动取得了较好成绩。云南省国税局以突出的组织工作受到了云南省庆祝新中国成立60周年行（企）业文艺汇演组委会的肯定，荣获"优秀组织工作奖"。同时，省局组织的《祖国在我心中》国税系统专场文艺演出，荣获"优秀晚会奖"。省局机关、昆明市局、保山市局的节目获得了四个单项奖。经过云南省国税系统文艺汇演组委会对参演的17个节目进行评选，共评出"最佳演艺奖"9个，"最佳风采奖"8个。

【认真组织参加云南省"红土地之歌"演讲大赛】 为在全系统深入开展革命历史和革命传统教育，进行爱国主义教育、理想信念教育和改革开放教育，根据《关于举办云南省第七届"红土地之歌"演讲大赛的通知》要求，全省国税系统积极参加第七届云南省"红土地之歌"演讲大赛。各局在参加本地区举办的地区比赛中均获得了较好成绩。通过活动，统一思想、鼓舞士气、增强信心，营造文明和谐向上的良好环境，引导和动员广大干部职工把力量凝聚到推进云南国税事业又好又快发展上来，为云南经济社会发展作出新贡献。

【严格做好党组抓基层党建工作责任制的检查】 按照总局党建工作指导意见的有关要求，认真履行省局党组党建工作指导小组办公室的工作职责，贯彻落实党组抓基层党建工作责任制，加强与各州、市局的沟通联系，加大对基层党建工作的指导力度，逐步建立和完善基层党建工作考核指标体系，从国税系统实际出发，设计《云南省国税系统党建工作考核评分表》，先由各州市局机关进行自评，再由当地直属机关工委提出意见，进一步建立基层党建工作考核制度。党建工作责任制已在全省系统内试行，我处在12月开始的全省国税系统文明创建工作综合检查中，对党建工作责任制的实行情况进行了检查，总体情况良好。党建工作责任制的实施促进了党建工作质量的提高。

【继续抓好党组中心组学习制度的落实】 根据《中共云南省国家税务局党组关于2009年中心组理论学习的安排意见》要求，全年各级国税局党组中心组学习的主要内容、时间安排、目的要求都作了具体明确规定，要求各级局党组做到年初有计划、半年有小结、年终有总结，并及时将党组中心组学习情况向省局进行反馈，落实情况纳入目标管理考核。各级国税局在学习过程中，积极转变学风，在真学、真懂、真信上下功夫，在解决实际问题上下功夫，在不断提高学习的质量和效率上下功夫。通过抓好政治理论学习，干部职工思想统一，认识提高，为推动国税事业发展奠定了良好的思想基础。

【坚持“五个结合”，开展十七届四中全会精神的学习】 按照《中共国家税务总局党组关于在全国税务系统认真贯彻党的十七届四中全会精神的通知》要求，紧密结合云南国税工作实际，要求全省国税系统深入学习领会十七届四中全会精神，充分认识学习贯彻全会精神的重大意义，切实增强搞好新形势下全省国税系统党建工作的责任感、紧迫感，采取措施扎实抓好十七届四中全会精神的贯彻落实。要求各州市局党组要按照全会精神，结合国税工作实际，找准当前和今后一个时期云南国税系统党的建设的着力点，突出重点、整体推进，全面落实好全会提出的各项任务，做到“五个结合”：一是要把学习贯彻全会精神与巩固和扩大全省国税系统深入学习实践科学发展观活动成果相结合，不断提高全省国税系统领导班子和领导干部推动科学发展、促进社会和谐的能力。二是要把学习贯彻全会精神与贯彻落实税务总局党组《关于加强和改进税务系统党建工作的指导意见》以及省局党组的相关要求相结合，以改革创新精神进一步探索加强和改进全省国税系统党建工作的方法和途径。三是要把贯彻落实全会精神与贯彻落实中纪委四次会议精神相结合，不断取得党风廉政建设和反腐败工作的新成效。四是将贯彻十七届四中全会精神与落实学习实践科学发展观活动整改方案相结合，全面对照检查，抓紧工作落实。五是要把贯彻落实全会精神与做好2009年后两个月及明年工作相结合。要求各州市局党组以学习十七届四中全会精神为契机，进一步依托全省经济发展态势，坚定信心，迎难而上，抓紧落实各项工作任务，确保完成全年组织国税收入任务目标。

【扩大文明创建成果，推动精神文明建设深入发展】 云南省国税局被省委、省政府命名为“文明行业”以来，全省国税系统进一步巩固文明创建成果，深化文明创建工作，加强和改进党建思想政治工作，以提高依法行政、依法办事能力和增强纳税服务功能为重点，深入开展多种形式的文明创建活动，取得了新成绩，推动文明创建向更高层次迈进。一是全省国税系统涌现出一批成绩突出、影响广泛的先进典型，被中央精神文明建设指导委员会表彰。2009年1月，玉溪市国家税务局（机关）、澜沧拉祜族自治县国家税务局被中央文明委授予“全国文明单位”称号；云南省国家税务局（机关）、文山县国家税务局、施甸县国家税务局、兰坪白族普米族自治县国家税务局、昭通市国家税务局（机关）、凤庆县国家税务局、弥渡县国家税务局、昭阳区国家税务局等8个单位被中央文明办授予“全国精神文明建设工作先进单位”称号；昆明市西山区国家税务局梁兴涛同志被中央文明委授予“全国精神文明建设先进工作者”称号。二是为积极营造学习先进、崇尚先进、赶超先进的良好气氛，在2009年1月召开的全省国税工作会议上，对2008年度省局“文明单位”和“巾帼文明岗”进行了表彰，授予昆明市经济技术开发区国家税务局等28个县（市、区）国税局“文明单位”称号，云南省国家税务局、云南省妇女联合会授予昆明滇池旅游度假区国税局计划征收科等30个单位“巾帼文明岗”称号。三是全省国税系统“巾帼建功”活动取得显著成效。云南省国家税务局被全国妇联授予全国“争创巾帼文明岗、优质服务迎奥运”活动优秀组织奖，成为全国税务系统唯一获得此奖项的国税单位；云南省国家税务局招待所（祥瑞宾馆）、保山市隆阳区国税局计划征收科、玉溪市新平县国税局计划征收科被全国妇联授予全国“巾帼文明岗”荣誉称号。四是9月11日，云南省精神文明建设指导委员会对2009年推荐考评的第十二批省级文明单位进行公示，全省国税系统114个单位进入省委、省政府拟授予“文明单位”称号行列，数量较第十一批国税系统受表彰的87个省级文明单位增长了40.23%。在拟受表彰的省级“文明单位”中，玉溪市国家税务局、保山市国家税务局、丽江市国家税务局、怒江州国家税务局、临沧市国家税务局实现了“满堂红”。

【扎实做好全省国税系统表彰先进的评选工作】 一是下发《云南省国家税务局　云南省妇女联合会关于评选表彰2009年度全省国税系统“巾帼文明岗”、“巾帼建功标兵”的通知》，安排布置2009年度全省国税系统的“巾帼文明岗”、“巾帼建功标兵”创建和评选表彰工作。二是根据人力资源和社会保障部、国家税务总局《关于评选全国税务系统先进集体和先进工作者的通知》，积极做好全系统的评选申报工作。经云南省国家税务局会同云南省人力资源和社会保障厅综合评审，经公示，决定推荐昆明市盘龙区国家税务局、曲靖市师宗县国家税务局、迪庆州德钦县国家税务局为全国税务系统先进集体，推荐杨丽君、王元富同志为全国税务系统先进工作者。三是根据《云南省国税系统文明创建管理办法（修订稿）》精神，为做好评选表彰2009年度“文明单位”和“精神文明建设先进工作者”，以及届满重新申报和复查工作，于2009年5月下发《云南省国家税务局关于申报（复查）2009年度文明单位和评选精神文明建设先进工作者的通知》，对申报2009年度“文明单位”和“精神文明建设先进工作者”，以及届满重新申报和复查工作作了安排部署。并于12月组织7个工作组对全省16个州市的34个县区局申报“文明单位”，29个县区局窗口部门申报“巾帼文明岗”进行了检查考评。

【建立精神文明建设工作报告制度】 要求各级国税机关凡参加当地县（区）以上党委、政府和有关部门组织的精神文明建设方面的相关活动，要及时逐级由州、市局汇总上报省局。制度明确了参加活动的范围、报告的内容，以及报告的时间。通过制度的落实，及时了解掌握了各级国税机关参加当地精神文明建设方面的相关活动情况，为省局更好的统筹指导全省国税系统精神文明建设工作奠定了基础。

【文明建设工作再添佳绩】 一是组织协调参加省文明办主办的全省精神文明建设精品文艺汇演。在8月31日“献给母亲的歌——爱国歌曲大家唱”汇演颁奖晚会上，代表省国税系统参赛的昆明市国税局合唱队节目《怒吼吧，黄河》荣获一等奖。二是积极参加省文明办主办的全省精神文明建设成就展，制作设计的云南省国税系统“文明行业”图片资料展板在显著位置展出。三是牵头制作的“窗口行业文明单位网上行”网页，9月底在云南省国税局政务网站正式发布，为宣传我省国税系统精神文明建设增添了一个新的平台。

（籍晋江）

纪检监察

综　述

2009年，云南省国税系统党风廉政建设工作在驻国家税务总局纪检组监察局、省纪委和省局党组的正确领导下，坚持以邓小平理论和“三个代表”重要思想为指导，以科学发展观为统领，全面贯彻落实党的十七大精神、中纪委十七届三次全会、省纪委八届四次全会和全国税务系统党风廉政建设工作会议精神，围绕“创新发展年”工作主题，坚持以完善惩治和预防腐败体系为重点，深入学习中央《建立健全惩治和预防腐败体系2008～2012年工作规划》、《云南省国税系统贯彻落实〈建立健全惩治和预防腐败体系2008～2012年工作规划〉实施意见和分工方案》；坚持以党风廉政建设责任制为抓手，推进内控机制建设，落实责任，强化考核；坚持认真履行监督检查职责，保障重大工作部署的贯彻落实；坚持以树立和弘扬优良作风为根本，持之以恒抓好行政问责，着力加强全系统政风行风建设，为云南国税事业科学发展提供了坚强的政治保证和纪律保证。

各项工作

【领导班子建设】 （一）加强领导干部廉洁自律。全省国税系统认真执行中央纪委《关于严格禁止利用职务上的便利谋取不正当利益的若干规定》，深入贯彻落实《税务系统领导班子和领导干部监督管理办法（试行）》。严禁领导干部违反规定收送现金、有价证券、支付凭证和收受干股等行为；落实领导干部配偶和子女从业、投资入股、到国（境）外定居等规定和有关事项报告登记制度，严禁发生与公共利益冲突的行为；治理违规组织集资合作建房、超标准建房等问题，纠正领导干部违反规定发放住房补贴、多占住房、以明显低于市场价格购置住房或以劣换优、以借为名占用住房等问题；严禁领导干部利用和操纵招商引资项目、资产重组项目，为本人或特定关系人谋取私利；严禁领导干部相互请托，违反规定为对方的特定关系人在就业、投资入股、经商办企业等方面提供便利，谋取不正当利益。2009年全系统有795名领导干部执行了重大事项报告，参加民主生活会人2627人（其中厅级8人，县处级159人，科级1010人，科级以下1450人），自查自纠问题1935条，拒收礼金8人（次），计人民币4.92万元。（二）加大廉政提醒谈话的力度。省局机关带头开展廉政谈话，2009年省局对机构改革过程中新任的4名正处级领导干部、9名副处级领导干部进行了任职谈话。据统计，2009年全系统开展廉政谈话2029人（次），其中：上级领导同下级班子主要负责人谈话561人（次）；领导干部任前廉政谈话424人（次），诫勉谈话69人（次）；领导干部述职述廉975人（次）。

【党风廉政建设】 （一）召开党风廉政建设工作会议。云南省国家税务局于2009年3月12日至13日在昆明召开了全省国税系统党风廉政建设工作会议，省纪委常委、监察厅副厅长和正兴、省局党风廉政建设领导小组成员、省局特邀监察员、各州市国税局局长、纪检组组长、监察室主任参加了会议。省局党组书记、局长李鸿文作了题为《增强党性修养　严格作风纪律　深入推进云南国税党风廉政建设和反腐败工作》的重要讲话，党组成员、总会计师魏贵和代表省局党组作了题为《创新工作思路　落实科学发展　推进国税系统党风廉政建设工作深入开展》的工作报告，省纪委常委、监察厅副厅长和正兴作了重要讲话。李鸿文局长与16个州市国税局局长签订了《党风廉政建设责任书》，5个州市国税局作了书面经验交流。会上，16个州市国税局纪检组组长进行了述职述廉。

（二）确保中央和总局重大决策部署的贯彻落实。

认真贯彻厉行节约通知精神。省局认真传达学习《中共中央办公厅　国务院办公厅关于党政机关厉行节约若干问题的通知》和国家税务总局有关通知精神，要求全系统切实加强预算管理，严格控制经费支出，切实降低行政成本。纪检监察部门把厉行节约、反对奢侈浪费作为对州、市局党风廉政建设责任制考核的重要内容，纳入对州、市局领导班子和领导干部的考核，强化责任追究，推动厉行节约要求落到实处。经检查，全系统未发现有不执行厉行节约若干规定的问题。

2009年，全省国税系统共发生公款出国（境）支出25.18万元，比上年降低23.13万元，降低92%，减少因公出国组团2个，人数7人；车辆购置及运行费用支出2536.51万元，比上年降低587.9万元，降低23%；用电、用油、用水支出1555.3万元，比上年降低197.62万元，降低13%；会议费用支出940.41万元，比上年降低270.47万元，降低28%；文件费用支出9.12万元，比去年降低3.77万元，降低41%；通信费用支出905.61万元，比上年降低190.34万元，降低21%。

开展工程建设领域突出问题专项治理。为贯彻落实《中共中央办公厅　国务院办公厅关于开展工程建设领域突出问题专项治理工作的意见》、《国家税务总局关于开展工程建设领域突出问题专项治理工作方案》，云南省国家税务局制定了《云南省国税系统开展工程建设领域突出问题专项治理工作方案》，成立了领导小组，划分了工作阶段，要求各级国税机关抓住重点环节，找准突出问题，用2年左右的时间，对2008年以来全系统规模以上基本建设投资项目和金税工程等信息化建设投资项目进行全面排查。明确开展自查、重点检查、整改落实阶段的时间进度和要求，专项治理工作中的有效措施和经验转化为法规制度，建立健全工程领域专项治理的长效机制。

（三）深入落实党风廉政建设责任制。1. 制订方案。一是下发《云南省国家税务局关于贯彻全国税务系统党风廉政建设责任制实施办法的通知》，从统一认识、组织领导、责任考核、监督检查、责任追究等方面提出了明确要求；二是为促进全省国税系统党风廉政建设责任制考核工作系统化、制度化、规范化，结合云南国税特点，省局党组制定下发了《云南省国家税务局系统党风廉政建设责任制考核办法》（简称《考核办法》）。《考核办法》从领导班子及其成员执行党风廉政建设责任制及履行"一岗双责"、贯彻落实反腐倡廉重点工作、遵守执行廉洁自律规定、加强对查办案件工作领导、执行责任追究等5个方面23项具体内容进行考核。《考核办法》明确规定将考核结果与年度全省国税系统目标管理考核相挂钩，并作为各州、市国税机关领导班子及其成员业绩评定、奖励惩处、选拔任用的重要依据。2. 组织落实。一是在《云南省国家税务局对州市国家税务局目标管理责任制考核办法》中拿出120分，作为对州市国税局贯彻落实党风廉政建设责任制及责任追究和考核；二是不定期对州市国税局党风廉政建设责任制落实情况进行抽查，发现问题，及时整改；三是对违反党风廉政建设责任制的，严格追究责任。如曲靖市国税局对2名在税务稽查案件中负有责任的局领导进行了责任追究，并在系统内进行了通报。3. 接受考核。2009年，省委、省政府首次将驻滇中央垂直管理单位纳入党风廉政建设责任制考核范围，省委第十七考核组对云南省国家税务局贯彻落实2008年度党风廉政建设工作进行全面检查考核。考核组经过动员、汇报、测评、个别谈话、召开座谈会、查阅相关痕迹资料等程序，对全系统2008年度落实党风廉政建设责任制情况进行了全面考核，测评结果，省局机关干部对省局领导班子抓党风廉政建设工作和廉洁自律满意率为100%。省委考核组对省局党风廉政建设工作给予了充分的肯定和高度的评价，总的认为国税系统落实党风廉政建设责任制工作认识到位、思路清晰、措施有力、敢抓善管、富有创新、成效明显，考核结果得分为99分。中共云南省委办公厅下发了《关于云南省2008年度党风廉政建设责任制考核情况的通报》，在全省被考核的158个单位中，云南省国家税务局被评为25个优秀单位之一，位列中央驻滇单位第一名。

（四）全面推进国税系统政风行风建设。一是参与政风行风热线节目。2009年4月，于智广副局长参加了云南人民广播电台的《政风行风热线》（金色热线）节目，局领导和部分处室负责人在直播间接受电台主持人访谈和听众热线电话、手机短信的咨询与投诉，全省16个州、市局主要领导均参加了当地广播电台举办的政风行风热线节目，咨询、投诉的纳税人均对国税部门的认真负责、优质高效、求真务实的工作作风表示钦佩和感谢。通过政风行风热线，改进了广大国税干部的工作作风，提高了服务意识和服务水平。二是抓好基层单位行风建设。各级纪检监察部门继续重点加强了对办税大厅、稽查、管理人员等基层一线人员的管理教育，对有吃、拿、卡、要、报、借、占、赊及利用职权谋取私利影响国税机关形象的，一经发现，进行严肃处理，切实保障纳税人合法权益。认真做好治理商业贿赂自查自纠的检查评估。围绕基建工程、政府采购、干部选拔录用和公务员招录、税收政策执行、税收减免、税务稽查等项目进行自查自纠，针对存在问题进行了认真整改。三是共筑征纳双方廉政防线。各级国税机关继续与纳税人签订《廉政公约》。截至2009年底，全省国税系统共与277937户纳税人签订了《廉政公约》，昆明市研究开发了《廉政公约》系统软件。四是强化社会监督。进一步完善聘请特邀监察员制度，全系统共聘请特邀监察员1242名；拓宽监督形式，通过设置行风意见箱、投诉电话、受理群众信访等多形式、多途径倾听群众的呼声，使国税工作人员的行政行为始终处于全社会的监督之下运行。

持之以恒开展明察暗访，落实行政问责，切实转变工作作风。2009年6月省局对玉溪、曲靖、楚雄、大理、文山、普洱等6个州市国税局开展了第六轮明察暗访。从反映的情况来看，省局组织的前五轮明察暗访及各州市局结合自身实际开展的督查已经取得明显的效果，国税干部的精神风貌和工作状态都呈现出一种积极向上的态势。各级国税机关对违反行政问责“四项制度”的，进行严格问责。2009年，全省国税系统共实施行政问责561人次，其中：诫勉谈话或者批评教育190人次，取消当年评优评先资格35人次，责令作出书面检查53人次，通报批评62人次，经济惩戒218人次，调整工作岗位1人次，停职检查1人次，劝其引咎辞职1人次。在受问责的561人次中，其中县处级8人次，科级43人次，一般干部510人次。通过贯彻“四项制度”，狠抓作风建设，全省国税系统实现了“五个明显”，即：干部的思想观念和服务理念明显转变，工作作风和工作纪律明显增强，服务质量和工作效率明显提高，国税形象明显改善，社会满意度明显提升。省局将把明察暗访作为一项长期性的工作坚持下去，确保作风建设得到持续改进。

（五）信访举报案件查办。2009年，全省各级国税机关纪检监察部门按照《中共中央纪委关于进一步加强和规范办案工作的意见》，以查处发生在领导机关和领导干部中滥用职权、贪污贿赂、腐化堕落、失职渎职的案件为重点，严肃查办国税干部利用税收执法、行政审批不征少征税款、违规抵扣税款、越权减免缓征税款和违规办理出口退税等索贿受贿、徇私舞弊的案件；严肃查办利用中介机构以税谋私，造成国家税款重大损失的案件，严重损害纳税人利益，造成恶劣影响的案件；严肃查办在信息化建设中利用设备购置、软件开发等谋取私利的案件，在政府采购中干预招标投标、违规操作、内外串通获取非法利益的案件；严肃查办违反政治纪律的案件，借机构改革之机弄虚作假、买官卖官及利用岗位调整权力寻租等违反组织人事纪律的案件。2009年，全省各级国税机关纪检监察部门共收到来信来访电话举报51件（次），初核线索7件，比上年同期减少73.08%。其中，乡科级干部4件，一般干部3件；涉及监察对象7人，6人为党员。按违纪行为分类，违反廉洁自律规定行为3件，贪污贿赂行为2件，其他违纪行为2件。立案4件，其中，按立案对象职级分，乡科级干部2件，一般干部2件；涉及监察对象4件，2件为党员干部；按违纪行为类别分，贪污贿赂行为3人，其他违纪行为1人。结案4件，挽回经济损失35万元。处分4人，其中给予警告1人，记过1人，降级1人，开除1人。受党纪、政纪双重处分1人。2009年全省国税系统干部违法违纪率为0.34‰。

（六）执法监察和“两权”监督。深入开展监督检查，促进权力的正确行使。在税收执法方面，重点加强对税收优惠政策落实情况的监督和“征、管、查”重点环节的监督，防止违反规定批准企业缓税、欠税，少征不征税款及滞纳金等损害国家利益问题的发生。推动稽查“首查责任制”落实，建立和完善“一案双查”制度。行政管理方面，重点加强对基本建设、大宗物品采购、财务列支、人事任用及公务员录用等方面的监督，促进人、财、物管理等重点岗位定期轮岗制度的落实。

认真开展执法监察。一是做好“规定动作”的执法监察。依托执法监察子系统、综合征管软件开展执法监察。自2008年7月1日V1.1升级版上线以来，疑点数量明显减少，疑点准确率大幅提高，共立项核查108个疑点，比2008年同期减少1558个。二是抓好“自选动作”的执法监察。各州市局根据省局年初下发的纪检监察要点，针对各自区域的实际情况开展执法监察。从检查结果来看，既反映出被检查单位“合法行政、合理行政”整体全貌，也反映出在程序方面还存在一定的问题。各级纪检监察部门已督促被检查单位认真整改，对发生的过错行为，各单位已纳入责任制进行考核追究。2009年，各级国税机关按照“两权”监督确定的重点环节和重点人员开展执法监察，全年共开展执法监察1012项，其中，州市国税局立项21项，县（市、区）国税局立项991项，办结项目1012项，提出监察建议85条，建章立制15项，责任追究6人。

（七）廉政文化建设。全省国税系统按照“以国为根，以税为业，以人为本，以学为乐，以绩为真，以廉为荣”的云南国税文化核心价值理念，把廉政文化建设贯穿于国税工作的始终，巩固国税廉政文化建设成果，深入推进廉政文化进基层、进机关、进家庭，不断增强廉政文化的导向力、辐射力和渗透力，切实推进云南国税事业全面协调可持续发展，从而起到文化铸就灵魂、和谐凝聚力量、文明促进发展的目的。一是在省局内网上开设“廉政之窗”、“廉政大家谈”两个栏目拓展廉政文化的信息交流互动平台，使之成为全系统上下互动、切磋学习的园地；二是在全省141个征收单位的征税大厅、办公场所悬挂“文明办税八公开”、廉政格言警句等宣传牌，以廉政景观为载体“环境塑廉”；三是广泛组织开展领导宣讲廉政课，参观警示教育基地，编发廉政宣传信息，开展雅俗共赏的群众文艺演出，组织贴近国税工作实际的主题教育“活动兴廉”。2009年，省局组织省局机关130余名干部职工赴“云南省反腐倡廉警示教育基地”，参观了由全省36个典型腐败案例组成的“警示厅”和展示云南省第八次党代会以来党风廉政建设和反腐败工作所取得的成果的“阳光厅”的大型图片展。通过具体、生动的警示教育活动，进一步增强了各级领导干部的廉洁从政意识和政治立场的坚定性，引导大家自觉用科学发展观指导实践，筑牢拒腐防变的思想道德防线，做到警钟长鸣，不断提高拒腐防变的能力，努力树立党员干部为民、务实、清廉的良好形象。各州市国税局领导班子也分别组织了到警示教育基地进行警示教育。

（八）纪检监察干部队伍建设。纪检监察干部通过加强税收理论、经济管理、科技知识、法律法规等方面知识的学习，进一步提高了纪检监察工作的服务能力、监督能力、查办案件能力、协助各级党组领导党风廉政建设的统筹能力。2009年，为加强纪检监察干部教育培训的针对性和实效性，省局采取点对点、面对面的培训模式，本着“缺什么、补什么”的原则，主要由省局监察室人员根据工作实际需要授课，并邀请检察机关结合落实《建立健全惩治和预防腐败体系2008~2012年工作规划》与预防职务犯罪进行实际讲授，真正起到补短板、查缺补漏的培训效果，进一步提高了纪检监察干部的综合素质。2009年，全系统共举办培训班15期，培训纪检监察干部427人次。16个州市局纪检监察部门也结合工作实际，开展形式多样、内容丰富的业务培训，不断提高纪检监察干部的工作能力和岗位技能。

【税务系统惩治和预防腐败体系建设】 结合云南国税系统实际，省局党组制定下发了《贯彻落实〈建立健全惩治和预防腐败体系2008~2012年工作规划〉实施意见和分工方案》（以下简称《实施意见》）。《实施意见》把惩治和预防腐败的思路、方法和举措有机融合到依法治税、税收管理、纳税服务以及干部队伍建设等各项工作部署中，落实到“两权”运行的各个环节，充分发挥惩防体系在服务税收中心工作、保障税收事业科学发展中的重要作用。《实施意见》将89项任务分解到各职能处室，明确了牵头部门和协办部门，做到了任务明确、分工明确、职责明确，全省各州、市、县国税机关也都制定了相应的实施意见和分工方案，为全系统国税系统惩防体系建设奠定了坚实的基础。在2009年初全省国税工作会议和全省党风廉政建设工作会议上，省局对全省国税系统落实《税务系统建立健全惩治和预防腐败体系2008~2012年工作规划实施意见和分工方案》作了专门部署，提出了明确要求，要求把此项工作作为近几年党风廉政建设工作重点任务来抓，实现促进国税事业健康可持续发展、促进国税部门树立良好形象、促进国税干部队伍建设、党委政府、社会各界及纳税人满意度明显提高的目标。

省局通过多种方式督促各级国税机关切实把惩防体系建设落到实处，一是日常督导。省局领导、省局监察、巡视、督查内审等部门到州市检查指导工作时，都要求州市国税局汇惩防体系建设情况，并给予指导。二是抽查评估。2009年11月，省局组成2个检查组对楚雄、临沧、普洱、西双版纳4个州市国税局惩防体系落实情况进行了检查，并对检查情况进行了反馈，对社会生活的问题要求所在州市国税局加强整改。三是专题研究。省局专门召开了5个州市和5个县区国税局纪检组长座谈会，听取惩防体系建设开展情况，研究进一步做好落实的措施。四是年终考核。把惩防体系落实情况纳入年终省局对州市局目标管理统一考核，统一奖惩。

（董 恒）

大企业和国际税收管理

综 述

2009年是大企业和国际税收工作承前启后的重要一年，全省国税系统大企业和国际税收工作以科学发展观为统领，坚持“聚财为国，执法为民”的宗旨，认真贯彻落实全国大企业工作会议和全国国际税收工作会议以及全省国税工作会议精神，确定了2009年乃至以后一段时期全省国际税收工作的总体要求和工作任务是：以邓小平理论，“三个代表”重要思想和党的十七大精神为指导，认真贯彻落实科学发展观，完善工作机制，强化基础管理，全面充实和加强大企业和国际税收工作，不断提升大企业和国际税收工作能力和管理服务水平。全省国税系统大企业和国际税收部门在国家税务总局和省局党组的坚强领导下，结合我省大企业和国际税收工作的实际以及云南国税“创新发展年”工作主题，准确把握大企业和国际税收工作的重点、特点和难点，不断抓落实、重质量、求实效，全面完成了各项工作任务，为云南国税事业的发展和促进云南经济社会的和谐健康发展作出了积极贡献。

业务概述

【大企业自查补税情况】 2009年5月，国家税务总局布置了对11户大集团企业的税收自查工作，涉及全省共124户企业，行业涉及银行业、电力业、电信业、保险业、石油石化业5个行业，分布在全省16个地、州、市。此次税收检查，全省共补缴入库各税种税款及滞纳金共计1.29亿元。一是实际补缴入库各税种税款共计1.13亿元，其中：增值税466万元、企业所得税4866.97万元、营业税276.68万元、个人所得税3677.43万元、城市维护建设税38.63万元、资源税1.56万元、土地增值税144.19万元，房产税569.18万元，车船税6.1万元、城镇土地使用税614.17万元，印花税610.20万元，其他税费29.58万元等。二是全省补缴的各税滞纳金共计1616.06万元，其中：增值税滞纳金60.87万元、企业所得税滞纳金1164.44万元、营业税滞纳金83.67万元、个人所得税滞纳金1.97万元、城市维护建设税滞纳金8.63万元、资源税滞纳金0.51万元、土地增值税滞纳金16.6万元，房产税滞纳金163.59万元，车船税滞纳金0.09万元、城镇土地使用税滞纳金11.06万元，印花税滞纳金104.11万元，其他税费滞纳金0.52万元等。

【非居民企业所得税收入情况】 2009年全省非居民企业所得税共实现9206万元，比上年的3362万元增长了5844万元，增幅为173.83%，实现了较大幅度的飞跃。其中，非居民企业预提所得税增幅较大，2009年共实现8983万元，占比97.58%，比上年的2470万元增长了6513万元，增幅为263.68%。

【非居民企业所得税收入特点】 由于非居民税收具有纳税人分散、支付人相对集中，纳税人在境内短暂存在停留或无物理存在，净所得难以认定，境外纳税人申报困难，非居民纳税义务判定难度大等特点，导致非居民企业所得税收入具有以下特点：一是税源零散，税源大小不均衡；二是地域分布零散；三是绝大部分税款需要支付人代扣代缴；四是绝大多数非居民企业都属于临时纳税人，组织入库的税款为一次性收入，税收收入不具有很强的持续性、稳定性，不易于分析、预测；五是具体业务发生时间、空间不固定，突发性、偶然性强，税源监控和征管难度大。

【非居民企业所得税收入分析】 非居民企业所得税虽然在我省国税系统组织的收入中所占比重较小，但近几年来却呈现持续快速增长态势。收入增长的原因主要是：一是经济全球化在世界范围内的兴起和不断加深，资本、技术、人员等诸多要素在全球范围内进行大规模的配置和流动，频繁的跨国经济活动创造了大量的非居民税源；二是新《企业所得税法》对外商投资企业向外方股东分配利润进行征税，而老税法是不征税的。非居民企业所得税收入中，以按照10%的税率或低于10%的协定税率征收的非居民企业所得税（即：预提所得税）为主，比重超过90%，按照25%的税率征收的非居民企业所得税所占比重不足10%。这种收入构成，与全国非居民企业所得税收入的总体形势相一致，原因主要是境外来华提供劳务和承包工程作业等积极所得的规模远低于股息红利等消极所得的规模。非居民企业所得税地域集中度较高，收入主要集中在对外经济活动较多的省会城市昆明，其他州、市每年只有零星几笔税源。非居民企业所得税地区差异性较大，昆明市的收入相对持续、稳定增长，而其他州、市则时有时无不稳定，收入变化起伏较大。

各项工作

【大企业税收服务与管理】 （一）建立了总局定点联系企业的税收征管信息上报制度，并开展积极研究和探索利用信息加强大企业税收管理的途径。按照总局要求及时建立全省列入总局定点联系企业的89户（有具体信息和数据的73户）纳税人的税收征管信息上报制度，做到定时录入、及时采集和上报定点联系企业的税收征管动态数据信息。并结合省局正在开发的重点税源直报系统以及重点税源调查和分析系统（即TRANS软件）、监控系统等多个系统，提出搭建大企业税收管理信息分析平台业务需求，积极探索建立我省对定点联系企业实行税收分析、动态监控、纳税评估、日常检查“四位一体”的管理模式和管理机制。（二）组织实施了对部分总局定点联系企业的税收自查和复核工作，并认真进行自查督导工作，作风扎实，成效显著。作为2009年大企业税收管理的工作重点，总局自5月份起布置了对11户大集团企业的税收检查第一阶段——企业自查工作，涉及我省共124户企业，行业涉及银行业、电力业、电信业、保险业、石油石化业5个行业，分布在全省16个地、州、市。在及时摸清家底基础上，按照总局要求积极布置抓落实。一是统一部署，与云南省地方税务局迅速成立相关联合组织机构，明确了州（市）、县局负责管理的部门和职责，将工作落实到实处。二是制订详细、合理的工作方案，详细布置自查督导和复核工作。三是在税收自查阶段和复核阶段，两次召开税企座谈会，传达布置企业自查督导和复核工作。四是认真组织召开了全省国税系统部分涉滇定点联系企业税收自查督导工作会议，并对自查软件的使用和督导要点进行了专门培训。五是按层次划分督导职责范围。保证督导工作不遗漏、不留死角，督导检查面达到100%。六是采用多种督导复核方法，确保自查和复核效果。对每一户企业建立一份督导档案，包括企业基本信息、行业信息、督导评价、督导结果等。工作不符合要求的企业还实行了“回头看”、蹲点督导的方法。（三）召开了全省大企业和国际税收管理工作会议。随着全省机构改革的全面完成，各州、市局大企业税收管理部门相继建立，12月15日首次召开了全省大企业税收管理与服务工作专题会议，及时传达和贯彻落实了全国大企业工作会议精神，结合我省实际研究部署了近期和现阶段大企业税收管理与服务工作的意见。会议期间还对全省各州、市局参会代表组织开展了《非居民享受税收协定待遇管理办法（试行）》国际税收业务培训。通过会议，进一步统一了全省国税系统做好大企业税收管理与服务工作的理念和工作思路，坚定了做好大企业和国际税收管理工作的信心和决心。

【非居民企业所得税管理】 一是规范了非居民企业所得税管理流程。及时转发了总局下发的《非居民承包工程作业和提供劳务税收管理暂行办法》、《国家税务总局关于印发〈服务贸易等项目对外支付出具税务证明管理办法〉的通知》、《国家税务总局关于印发〈非居民企业所得税源泉扣缴管理暂行办法〉的通知》、《国家税务总局关于进一步加强非居民税收管理工作的通知》、《国家税务总局关于印发〈非居民企业所得税汇算清缴管理办法〉的通知》、《国家税务总局关于印发〈非居民企业所得税汇算清缴工作规程〉的通知》等一系列文件并结合工作实际提出切实可行的贯彻实施意见。特别是在规范税务证明的开具上，与省地税局联合转发了《国家税务总局关于印发〈服务贸易等项目对外支付出具税务证明管理办法〉的通知》，对税务证明的开具和管理等相关工作作了统一规范，真正实现源泉扣缴，使非居民企业所得税管理工作逐步走向制度化、规范化。二是推进非居民企业所得税信息化管理，改变手工操作的落后管理模式。长期以来，非居民企业所得税管理工作一直没有纳入综合征管软件。2009 年，总局下发了一系列 CTAIS 补丁，省局组织昆明市局业务骨干进行测试，并根据基层反映的问题及时在征管软件后台进行维护调整，8 月份后，全省国税系统非居民企业所得税从税务登记、税种鉴定、征收方式、纳税申报到税款征收和税票开具等环节全部上线运行，实现了信息化管理，使非居民企业所得税征管各环节纳入到执法责任追究体系的监督之下。三是以基础管理和涉税信息收集为重点，做好项目的跟踪管理。通过积极与省商务厅、省外汇管理局等有关部门的沟通与联系，加强与相关处室的密切配合，获取和收集相关信息，主动寻找税源，加大对项目的涉税服务和管理。重点是对涉及支付金额较大、支付方较多、支付时间跨度较长的项目，省局直接参与进行全程跟踪管理。四是加强政策宣传和政策辅导力度，通过在门户网站开设“非居民企业税收服务”专栏等形式，收集发布政策及相关信息 27 条，加强了对扣缴义务人的政策宣传，强化居民企业的代扣代缴意识。五是加强非居民企业税收管理情况统计，建立更为完善的指标、口径，完整全面地反映我省非居民税收管理情况。同时，按照国家税务总局国际司的要求，按时按质统计上报了 2009 年 4 个季度的《非居民企业所得税收入统计分析表》。六是按照《云南省国家税务局关于召开全省计统工作会议的通知》的要求，对今年非居民企业所得税收入及全年收入形势进行了分析预测，研究了组织收入过程中应采取的措施，分析整理了遇到的问题和困难，按时向收入规划核算处报出书面材料。七是加大业务培训指导的力度，积极为基层排忧解难。非居民税收业务具有较强的专业性，为此，省局广泛收集各省市的案例，整理昆明市局办理完并抄报省局的业务文件，并组织部分州、市业务骨干对 20 世纪 80 年代以来下发的规范性文件进行了收集、整理和分类，放在省局 FTP 上供各基层局下载、学习和参考。针对非居民企业所得税在 CTAIS 中的操作问题，省局专门请信息中心搭建了 CTAIS 测试平台，在模拟环境中逐一解决软件运行中的问题，使大家掌握了软件的操作方法。2009 年 12 月 16 日在全省大企业和国际税收工作会议上对非居民税收有关知识进行了专题培训。通过培训，从制度、机制和征管基础上对非居民企业所得税征管工作进行规范，提高了干部的非居民税收业务能力。八是完成了 2008 年度非居民企业所得税汇算清缴工作，并将汇算清缴报告按时上报国家税务总局。通过强化征管，严格依法治税，促进了堵漏征收，实现了非居民企业所得税的跨越式发展。国家税务总局在《税务简报》第 122 期头条对云南省非居民税收管理工作成效作了报道。

【税收协定执行】 税收协定作为我国所得税法国际方面的核心部分，主要协调国家与国家之间的税收关系，其工作质量关乎中国税务部门的国际形象。对此，全省国税系统高度重视，并积极采取措施做好税收协定执行工作。一是在转发《国家税务总局国际税务司关于做好 2009 年税收协定执行工作的通知》时要求各地要加强对税收协定和《税收协定执行手册》的学习和理解，确保税收协定各项待遇的正确执行，防范协定的滥用；要求建立本地区非居民享受税收协定待遇管理台账，对享受税收协定待遇等情况要分类认真进行统计分析；并要注意收集典型案例，半年进行一次整理自查，年终对全年的税收协定执行情况进行汇总分析和总结，并写出协定案例。二是认真贯彻落实《国家税务总局关于执行税收协定股息条款有关问题的通知》、《国家税务总局关于印发部分国家（地区）税收居民证明样式的通知》、《国家税务总局关于执行税收协定特许权使用费条款有关问题的通知》协定等一系列规定。三是做好综合征管软件非居民企业所得税征管模块各环节和协定税率的维护，及时收集基层反映的各种操作问题，与信息中心研究解决，将无法处理的问题迅速报告总局国际司非居民税收管理处。四是收集、整理总局历年所下发协定文本和协定解释文件，并放在省局 FTP 上方便各地遇到问题时能够快速下载和查询。五是省局将所有生效和未生效协定及其议定书的签订时间、生效时间、执行时间、文号等信息制作成税收协定一览表，并根据云南的地域特点制作了东南亚和南亚次大陆国家协定信息一览表，并下发基层。六是加强学习，并做好对基层的业务指导工作。《税收协定执行手册》是协定执行的重要工具，对具体工作有很强的指导性，对此，省局除加强自身学习外，2009 年 4 月份派专人参加了总局举办的 OECD 税收协定培训，并按总局要求及时安排各州、市局对近年来的税收协定执行情况进行了认真的总结和回顾，从中筛选出 4 个典型的税收协定执行案例上报总局国际司。七是组织全省国际税收干部和分管局领导收看《非居民享受税收协定待遇管理办法》视频培训会议，并结合云南实际转发了《国家税务总局关于印发〈非居民享受税收协定待遇管理办法（试行）〉的通知》，明确了我省的审批机关，提出了明确的管理要求。同时，按照视频会议的要求，积极开展业务培训。

【反避税】 为了适应形势变化带来的新要求，认真落实国家税务总局组织的反避税工作安排，全省积极开展对全省反避税干部的业务知识培训，提高反避税工作人员的业务素质。一是以云国税发〔2009〕47 号转发了《国家税务总局关于印发〈特别纳税调整实施办法（试行）〉的通知》，并提出了全省国税系统贯彻落实的意见；二是以云国税发〔2009〕39 号转发了《国家税务总局关于印发〈中华人民共和国企业年度关联业务往来报告表〉的通知》，并于3月底完成了对据实申报的居民企业填报《中华人民共和国关联交易往来报告表》的培训，安排部署税务机关将报告表数据录入CTAIS；三是印发总局《2008年版企业年度关联业务往来报告表业务需求》，对基层人员操作综合征管软件“关联业务往来”功能模块起到了及时的指导和帮助作用；四是安排部署全省国税系统参与国家税务总局牵头组织的好又多超市有限公司和高速公路经营企业关联交易全国联查工作，经汇总整理，于2009年7月15日前按时向总局上报了书面材料；五是对《特别纳税调整实施办法（试行）》实施以来发现的问题进行收集，提出解决问题的意见和建议，并向总局国际司报送了书面报告。

【税收情报交换】 税收情报交换是税收协定缔约国承担的一项国际义务，是国家之间开展税收征管合作的主要方式。按照总局要求，我处积极开展税收情报交换工作。一方面通过加强对税收情报的基本规则、类型、执行程序和保密规定的学习，了解情报工作的基本知识；另一方面通过学习《国际税收情报交换工作规程》，为规范开展情报交换工作打好基础。工作中要求各地主动与外汇、商务、海关等部门交流，收集美、日、韩、加、澳5国居民取得的由中国境内单位和个人支付收入的情况。通过居民身份认定、开具售付汇证明等项工作，收集和了解辖区内企业支付各种劳务费、服务费等信息。在日常税收征管工作中增强敏锐性，提高通过税收情报交换加强税收管理的意识和能力，打击国际偷逃税行为。同时按照《税收情报管理规程》的保密规定，对税收情报的传递、披露和使用进行严格规定，设置专门机构、专人负责、层层加密，确保税收情报不被泄露。

（晏　斌）

党的建设

综　述

2009年，中共云南省国家税务局直属机关委员会全面落实党的十七大、十七届三中、四中全会和省委八届六次、七次全会精神，紧紧围绕全省国税工作会议精神，服务大局，突出“创新发展年”的工作主题，以加强党的执政能力和先进性建设为主线，以深化学习实践科学发展观为重点，以党建带工建、党建带团建为机制，进一步用科学发展观谋划省局直属机关党的建设，全面加强党的思想、组织、作风、制度和反腐倡廉建设。

各项工作

【深入贯彻落实科学发展观，促进机关党建工作】

（一）强化整改落实措施，确保学习实践活动取得成效。

省局机关是第一批开展学习实践科学发展观活动的单位，第三阶段整改方案已责任到各个处室、各党支部，围绕省局党组提出的“三个服务”和“八个方面创新”这一根本要求，认真做好服务和保障工作。

1. 认真开展理论学习、理论培训和知识讲座，例如：特邀中共云南省委党校常务副校长黄顺讲授学习实践科学发展观专题。在云南国税网站上刊登了《科学发展观学习读本连载》共七期，《理论热点面对面2009连载》共21期，受到了全省国税系统广大干部职工的好评。推动机关干部认真学习中国特色社会主义理论体系和党的路线、方针、政策，进一步树立贯彻落实科学发展观的理念，坚持改革开放方向，坚定攻坚克难信心，增强开拓创新本领；通过学习，不断完善知识结构，努力成为推动科学发展的行家里手；通过学习，继续巩固深化解放思想大讨论和深入学习实践科学发展观活动成果，进一步推动机关党员干部解放思想，更新观念，形成带头求真务实，带头开拓创新；通过学习，使广大干部进一步增强党性观念，不断提升道德水平和思想境界，树立正确的事业观、政绩观、权力观，讲党性、重品行、作表率，真正做到为民、务实、清廉。通过学习，每一名党员从自己做起，不断提高理论素质和用理论指导实践、推动工作的能力，着力转变不适应、不符合科学发展观要求的思想观念，着力解决影响和制约科学发展的突出问题，努力把学习实践活动成果转化为推动科学发展的正确思路、有效措施和实际行动，不断增强党的执政能力和应对复杂形势的能力，不断增强党员干部贯彻落实科学发展观的自觉性和坚定性。

2. 在对“解放思想大讨论”活动中查摆的58个问题整改落实情况进行“回头看”的基础上，对省局贯彻落实科学发展观的情况，进一步广泛征求意见建议，疏理、归纳了思想障碍、体制机制、工作作风、队伍建设、税收管理、纳税服务等6个方面存在的25个主要问题，制订下发了《云南省国家税务局深入学习实践科学发展观活动查摆问题整改方案》，对每一个问题提出了具体的整改落实措施，明确了问题整改落实的主办单位、协办单位和督办领导，对能够及时解决的问题及时进行解决，对短期不能解决的问题制定措施逐步加以解决，对需要上级机关帮助解决的问题加强请示汇报争取上级机关协助解决，切实做到“事事有回应，件件有落实”。

3.《服务科学发展 构建和谐税收》案例作为云南省百个优秀案例被重点宣传报道，编写的《云南国税学习实践科学发展观活动调研报告》和《科学发展典型案例》受到各方面的一致好评。在综合测评中，省局机关学习实践科学发展观活动的群众满意度达到了98.43%，实现了党员干部受教育、科学发展上水平、人民群众得实惠的目标。省局学习实践工作得到了省委、省政府以及有关部门、社会各界的普遍认可。国家税务总局党组成员、总经济师董树奎和国家税务总局学习实践科学发展观活动第五指导检查组，在云南工作调研和检查指导时，对省局机关学习实践活动也给予了充分的肯定。

（二）深入开展学习实践科学发展观“回头看”活动。

省局机关注重抓好“四个结合”，实现“五个突破”。抓好“四个结合”：一是深化学习与深入实践相结合；二是“规定动作”和“自选动作”相结合；三是当前工作和长远目标相结合；四是学习实践活动与推动国税工作相结合。实现“五个突破”：一是在实践科学发展观上取得新突破；二是在克服组织国税收入困难上取得新突破；三是在规范执法上取得新突破；四是在纳税服务上取得新突破；五是在转变工作作风上取得新突破。深入学习实践科学发展观“回头看”活动，进一步提高了机关干部对科学发展观的认识，理清了发展思路，明确了发展方向，破解了发展的难题，积累了新经验，注入了新动力，增添了新活力。

【加强干部作风建设，推动机关创新发展】 省局机关的作风建设问题不仅事关省局机关的形象，而且事关全省国税工作的科学发展和创新。把领导干部的思想作风建设作为作风建设的重点，切实抓紧抓好。认真贯彻落实《云南省国家税务局贯彻落实省政府重大决策听证制度“阳光政府”四项制度的意见》；继续毫不松懈地实行“行政问责制、服务承诺制、首问责任制、限时办结制”等四项制度，有针对性地出台具体规定，做到目标任务明确、责任主体明确、工作标准明确、操作流程明确、完成时限明确、奖惩措施明确，切实把履职行为纳入制度化、规范化轨道，使各级领导干部牢固树立“权为民所用、情为民所系、利为民所谋”的思想和全心全意为人民服务的宗旨。积极参与省直机关工委组织的“云南省群众评议机关作风活动”，抽调机关干部20人配合云南省调查总队进行问卷调查，为“云南省群众评议机关作风活动”指标体系的确定提供了重要的样本数据。坚持把作风建设与具体工作有机融合、相互促进，在转变作风中推进工作，在推进工作中转变作风，确保作风建设取得实效。狠抓机关作风，对机关干部纪律做了通报。

【落实机关党建工作责任制】 （一）加强思想建设，完善学习制度。省局党组非常重视学习，分别以党组中心组、扩大会议、职工大会等形式认真学习党的十七届四中全会精神、学习省委八届七次会议精神，学习胡锦涛总书记视察云南的重要讲话精神，举行报告会，聘请省委宣传部张瑞才副部长进行学习辅导，收到了很好的学习效果，加强了理论武装。

（二）加强党风廉政建设，扎实推进反腐倡廉建设。认真学习贯彻落实党的十七届中央纪委三次全会和省纪委八届四次全会精神，深刻认识新形势下加强党风廉政建设和反腐败斗争的极端重要性和紧迫性；扎扎实实抓好中共中央《建立健全惩治和预防腐败体系2008~2012年工作规划》以及国家税务总局、云南省委省政府的《实施办法》和《分工方案》的贯彻落实，结合机关实际，坚持标本兼治、综合治理、惩防并举、注重预防的方针更加注重治本、更加注重预防，突出抓好制度建设，扎实推进惩治和预防腐败体系建设；坚持不懈地抓好党性党风党纪和反腐倡廉教育，引导机关党员干部特别是领导干部带头讲党性、重品行、作表率；组织广大党员干部认真学习反腐倡廉理论和法律法规，开展示范教育、警示教育、岗位廉政教育，提高党员干部拒腐防变的意识和能力；认真贯彻中纪委、总局纪检组、省纪委和省局党组关于厉行节约的各项经费开支压缩的指标，每个党员不仅从思想上与中央、总局、省委和党组保持一致，而且行动上要保持一致，克服困难，完成好全年的各项工作任务；组织观看廉政影视片，推进具有机关特色的廉政文化建设。认真落实党风廉政建设责任制，严格责任分解、责任考核和责任追究，促进党风廉政建设责任制和领导干部廉洁自律规定的落实；强化机关党内监督，以及对处级党员领导干部、人财物管理使用关键岗位的监督，畅通信访监督渠道，切实做好信访工作，严肃查处各类违纪违法案件，坚决惩治和纠正不正之风，保证中央和省委重大决策和部署的贯彻落实。组织省局机关干部参观“云南省反腐倡廉教育基地”，通过具体、生动的警示教育活动，进一步增强了各级领导干部的廉洁从政意识和政治立场的坚定性，筑牢了拒腐防变的思想道德防线，提高了廉洁自律的能力。

（三）抓好组织建设。认真开展“三个一”主题实践活动，充分发挥了党委的核心作用、党支部的战斗堡垒作用、党员的先锋模范作用。切实加强党员的发展工作，全年共转正9人，列为发展对象10人，培养入党积极分子3人。扎实开展党建基础工作，较好地完成了党内统计报表工作，被评为“全优单位”；同时，建立了党组织和党员数据库，夯实了党的建设的基础。

（四）认真开展党建调研活动。机关党委的调研文章《创建学习型机关 打造服务型团队》，在省直机关工委课题研究评比中荣获三等奖；《我国经济发展阶段特征与云南发展思考》一文在云南省委宣传部组织的“庆祝新中国成立60周年征文活动”中入选优秀论文，获得好评；《落实党建责任制促进税收发展的探讨》成功申报为云南省国税系统2009年科研课题，在课题组人员的齐心努力下，较好地完成了科研任务，被评为“良好课题”。

（五）开展云南国税系统评选“巾帼建功标兵”、“精神文明建设先进工作者”活动，经过评选，李莉同志被评选为“巾帼建功标兵”，邹荣华、杨边边同志被评为“精神文明建设先进工作者”。

（六）抓好扶贫工作。随着机构改革，一是向扶贫点和负责扶贫工作的科技副镇长了解情况，做到心中有数，同时，派人深入到扶贫第一线，走村串户，掌握了第一手资料；二是尽快落实扶贫项目，拨付扶贫专项资金；三是注意扶贫资金的使用情况，加强监督，确保扶贫资金使用在具体项目中。经过半年的工作，共完成两个村的乡村文明路、种牛养殖基地、农村科技培训，红土地村的村委会办公用房的改造等扶贫项目5个，拨付资金29.23万元，用实际行动做到了扶真贫、真扶贫。经云南省扶贫办考核，省局2009年度的扶贫工作，得分129.23分，被评为“扶贫工作先进单位”。

（七）积极支持社区的工作。参与昆明市创建“全国文明城市”、“全国卫生城市”等活动；出资1万元建设“马溺河文明单位林”；为社区贫困老党员订阅《云南日报》5份、《昆明日报》5份、《精神文明报》3份，有力地支持了社区的工作。

（八）在省直机关工委2008年的党建责任制考核中，被评为“优秀单位”。2009年按照省直机关工委的要求，经过自评自查，较好地完成了各项工作，自评为98分，被评为“优秀单位”。

【围绕主题，认真开展各项庆祝活动】 2009年是纪念改革开放30周年、庆祝新中国成立60周年、庆祝建党88周年，省局机关党委围绕这三个主题，开展了一系列丰富多彩的活动，取得了较好的效果。

（一）举办“学习实践科学发展观，纪念改革开放30周年，迎新春硬笔书法比赛”。全局干部职工参加了比赛，参赛率达到了100%。经过评委认真评选，共评选出60名人员获奖，其中：特别奖10名、一等奖3名、二等奖6名、三等奖10名、进步奖30名。该项活动陶冶了干部职工的情操，有力地提升了云南国税文化建设。

（二）认真组织“祖国在我心中”文艺汇演。局领导高度重视，一是在组委会的统一领导下，配合相关部门做好云南省国税系统文艺汇演的组织和指导工作，保障了系统文艺汇演圆满成功；二是与机关工会共同组织省局机关参加省直机关工委的文艺汇演，克服困难，做了大量细致的思想政治工作，最终获得了优秀节目奖；三是积极协调与省级文艺汇演领导小组办公室的关系，提供了热情和周到细致的服务。在大家的共同努力下，云南省国税局以优异的组织工作获得了“优秀组织工作奖”、“优秀晚会奖”、省局机关、昆明市局、保山市局的节目获得了四个单项奖。在整个文艺汇演过程中，展现出了云南国税人乐于奉献的昂扬斗志和高尚情操，体现了云南国税人的“精”、“气”、“神”。

（三）积极参加盘龙区、昆明市、省直机关工委组织的“迎国庆、讲文明、树新风”暨“第七届红土地之歌”演讲比赛，经过认真组织、精心准备，省局机关的选手在强手如林的比赛中，以一个云南国税人的精神风貌和过硬本领，力克众多选手，分别在盘龙区、昆明市、省直机关工委等组织的演讲比赛中获得一等奖、二等奖和优秀选手奖，省局机关获得省直机关工委颁发的“优秀组织奖”，为云南国税增添了荣誉。

（四）组织机关干部参观了由省委组织部等部门举办的“云南60年成就展”，作为云南省庆祝新中国成立60周年的重大活动，展览展现了云南60年的主要变化，激发了国税人热爱家乡、建设家乡的热情。

（五）组织开展“第二届全国道德模范”投票活动，使投票评选过程成为学习模范、崇尚模范、争当模范的过程，进一步弘扬了机关的优良作风。

（六）认真开展以“100位为新中国成立作出突出贡献的英雄模范人物和100位新中国成立以来感动中国人物”为内容的“双百人物”评选活动和开展评选全国税务系统先进工作者活动。

（七）党支部开展了纪念建党88周年活动。各支部开展了内容丰富、形式多样的活动。如教育处、党办、工会党支部与曲靖市国税局机关党办共同开展了以参观曲靖市三元宫爱国主义教育基地接受爱国主义教育为内容的支部活动；信息中心党支部到新农村建设的第一线东川区红土地村，在深刻感受到新农村发生的重大变化的同时，也看到了扶贫攻坚的艰巨性和长期性，为红土地村党建活动室捐赠电脑5台。各项活动达到了教育党员干部、坚定理想信念、增强党性原则、无私奉献云南国税事业的目的。

【开展“党建带工建、党建带团建”工作，进一步发挥群团组织的桥梁和纽带作用】 （一）积极开展“送温暖、献爱心”社会捐助活动，局领导带头，机关干部踊跃参与，共捐款2万元，衣物937件。（二）发挥党建带团建的作用，争做青年的知心人。组织青年志愿者支持昆明市的“四创”工作，机关共创办墙报5期，有效地发挥了青年在机关工作中的作用。（三）在纪念四川汶川特大地震一周年之际，组织全体机关干部观看抗震救灾主题片《五月的声音》。（四）在云南省妇联组织开展的“千万妇女学科技、千万妇女创新绩、千万妇女促和谐”活动中，杨丽君同志由于事迹先进、表现突出，被授予“云南省百户促和谐家庭”荣誉称号。（五）配合“禁毒活动”，组织机关干部职工观看电影《禁毒警》；配合省法制办的法制宣传教育，在省局自办有线电视节目中分两次播放《为了人民的安宁——云南省政法综治维稳先进事迹报告集》，群众反响很好；开展防范“法轮功”邪教组织利用人民币进行反动宣传的警示教育宣传活动；为配合春季防火，邀请昆明市火灾防治中心的专家开展了春季防火公益宣传教育活动。

（阮志强）

工会工作

综　述

2009年，省局直属机关工会在省局党组的正确领导下，在省直机关工会和省局机关党委的正确指导下，在局机关各处室的大力支持和各工会小组、基层工会的积极配合下，坚持以邓小平理论和“三个代表”重要思想为指导，认真贯彻落实科学发展观，学习贯彻党的十七届四中全会和省委八届七次全委会精神，紧紧围绕云南国税“创新发展年”中心工作，依法履行维护职工合法权益的基本职责，努力保护和调动职工的积极性和创造性，把职工的智慧和力量凝聚到云南国税的发展目标和工作任务上，圆满完成了各项工作任务。

各项工作

【工会组织体系建设不断完善，工作基础扎实稳定】

（一）工会组织建设不断加强，职责履行踏实认真。建立健全有力的工会组织、勤奋敬业的工会干部队伍以及求真务实的工作作风，是做好工会工作的重要前提。机关工会始终坚持党对工会的领导，以党建带工建，确保了工会工作有正确的政治方向和严密的组织保障。工会委员、经审委员、女工委员和工会小组长以高度的政治责任感和强烈的使命感，牢固树立全心全意为职工服务的思想，认真履行工会各项工作职责，积极探索工会工作的新思路、新举措、新办法，严格执行《工会法》、《工会章程》和各项工作制度，并注重检查落实和跟踪问效，确保了各项工作任务落到实处。8月份组织实施了机关工会换届工作，召开全体会员大会，选举产生云南省国家税务局直属机关工会第四届委员会、经审委员会和女职工委员会，召开了第四届工会委员会第一次会议，选举产生了工会主席、副主席和经费审查委员会主任委员，并对新当选的工会委员进行了细化分工。

（二）全局文化建设积极推进，干部职工队伍素质全面提升。机关工会积极探索寓教于乐、潜移默化、细致入微的干部职工思想政治工作新方法和新途径，坚持把学习教育作为提高干部职工思想道德素质、科学文化素质和业务素质的重要手段，充分发挥工会组织宣传教育职工的职能作用。一年来，组织了各类讲座、培训、报告会，举办了书法、家庭教育和女性心理健康保健知识讲座，丰富和完善职工知识结构，适应时代和发展的要求；积极开展“千万妇女学科技、千万妇女创新绩、千万妇女促和谐”活动，局机关杨丽君同志在活动中事迹先进，表现突出，被省妇联授予“云南省百户促和谐家庭”；大力弘扬中华民族团结和睦、尊老爱幼、勤俭持家、艰苦奋斗的传统美德，在省局机关开展了“和谐家庭”评选活动，李鸿文、鄢登麒两个家庭被省总工会授予“和谐家庭”；在局机关及所属基层单位女职工中广泛开展了“争创五一巾帼标兵岗、争创五一巾帼标兵”活动，省国税印刷厂财务科全体女职工政治素质高、业务能力强，工作扎实，在多次审计中受到好评，被省总工会授予“五一巾帼标兵岗”。

（三）机关民主建设不断加强，职工民主权益得到充分保障。工会注重加强对机关内部事务的民主参与和民主监督，通过列席局务会、党组民主生活会、理论中心组学习等方式代表干部职工参与对机关干部的考核、民主评议和测评，参与研定涉及干部职工切身利益的重大事项。经常向局党组、机关党委汇报工会工作情况和职工的思想状况，适时召开工会委员及小组长会议研究具体工作，广泛收集和听取职工的意见和建议，向职工及时转达和贯彻党组的决议和要求，切实维护了职工的知情权、参与权、表达权和监督权，充分发挥了党联系职工的“桥梁纽带”作用。

（四）思想政治工作扎实，干部职工队伍思想稳定。工会十分注意观察、了解和掌握职工的思想动态，经常与职工交心谈心，做耐心细致的思想工作，使职工消除思想顾虑，丢掉思想包袱，以良好的精神面貌勤奋工作，促进了机关良好人际关系的形成。职工有困难，工会会主动关心帮助，特别是对下基层锻炼和上挂省局工作的干部，工会从思想、生活等方面给予了关心、帮助和照顾，解除其后顾之忧，确保了职工队伍的思想稳定，也使工会真正成为干部职工可信赖的家。

【积极为职工办实事、做好事、解难事，机关氛围稳定和谐】 始终坚持工会工作必须服务于税收，服务于职工的思想，坚持“六必访”和“为机关职工做十件好事”制度，充分发挥工会联系职工、服务职工的作用，积极为职工办实事、做好事、解难事，改善职工福利，使干部职工在勤奋工作中感受到了组织的关怀，大家庭的温暖，激发了干部职工团结进取、奋发向上的工作积极性，营造了和谐、稳定的机关氛围。

（一）关心职工生活，营造互敬互爱的和谐氛围。从职工最关心、最现实、最直接的点滴、细微之事做起、做好，使干部职工时时刻刻都能感受到组织的关心和大家庭的温暖以及和谐的存在。职工生病住院、生育，职工直系亲属亡故等，工会都要上门看望、祝贺、慰问。一年来共看望慰问住院、生育、直系亲属亡故职工75人（次）。

（二）坚持以职工为本，尽心竭力地为职工办实事、做好事。定点联系了职工宿舍附近的小学和中学，方便职工子女就近上学，有效解决职工子女上学难的问题。2009年共有3个职工子女上明通小学，3个职工子女上昆十中。

（三）注重职工健康、保健工作。组织全局干部职工（包括离退休干部职工和上挂干部）269人进行了体检，并对体检结果有疑义的人员安排复检。针对2009年爆发的甲型H1N1流感，工会于9月份组织干部职工、家属共333人接种了普通流感疫苗，12月初组织干部职工117人接种甲型H1N1流感疫苗。继续办好机关医疗诊所方便职工、家属就诊及健康咨询，诊所全年共为2231人（次）提供了医疗服务。做好第六期职工医疗互助活动宣传咨询和医疗补助工作，动员全局干部职工407人（含税务学校、祥瑞宾馆、温泉培训中心、江川瑞文酒店职工）参加了云南省第六期职工医疗互助活动，共缴纳活动费21032元，全年共对18人（次）实施了医疗互助补助，补助金额为15679元。

（四）积极倡导科学、健康、文明的生活方式，丰富职工业余文化生活，为职工营造轻松、和谐的生活环境。坚持每天中午、晚上及双休节假日机关羽毛球室、乒乓球室、壁球室、台球室、健身房向职工及家属开放，为职工和家属强身健体创造良好的硬件环境。坚持周末及节假日为职工及家属放映电影，做好职工宿舍增开卫星电视频道的日常维护工作，丰富职工的文化娱乐生活。一年来，共为机关职工及家属放映电影48场（次），到活动室参加活动的职工及家属共计7520人（次）。

【文体活动丰富多彩、健康向上，精神文明建设水平不断提升】 组织开展群众性文化体育娱乐活动，是工会促进机关国税文化建设、精神文明建设以及“职工之家”建设的一项重要内容，也是陶冶职工情操，凝聚职工力量，增强机关活力，构建和谐机关的重要途径。一年来，工会围绕机关中心工作，积极开展丰富多彩、健康向上的文体活动，增强了职工的凝聚力和向心力，营造了生机勃勃的机关氛围。

（一）组织参加“祖国在我心中”——庆祝新中国成立60周年文艺汇演。在机关各处室、国税印刷厂、祥瑞宾馆共抽调24人，利用业余时间刻苦排练舞蹈《祝福祖国》，用舞蹈的形式歌颂党、歌颂祖国、歌颂和谐云南，充分展示了云南国税人团结和谐、干事创业、奋发向上的精神风貌和时代风采。在省直机关、云南国税系统庆祝新中国成立60周年文艺汇演中均获得优秀节目奖，并在被省直机关工委推荐参加全省省级汇演中获得表演二等奖，同时参加省级汇演现场直播的颁奖晚会演出，为云南国税赢得了荣誉。

（二）开展丰富多彩的文体活动，增强机关的活力。把组织开展各项活动作为展示国税精神和时代风采的良好契机，并注重活动的经常化、广泛化、特色化，营造了良好的活动氛围。凡属国家法定节日及传统节日，工会都以各种活动、联欢等形式向全体会员表示祝贺或慰问。一是组织筹办了2009年春节团拜会和丰富多彩的趣味游园活动，机关及所属基层单位的干部职工欢聚一堂共庆新春佳节。二是组织参加云南省“滇能杯”乒乓球比赛，取得领导干部组男子单打第五名的好成绩。三是继续抓好局机关足球队、网球队、游泳队、羽毛球队、篮球队、健身操队每周的活动。

【机关工会自身建设不断加强，工会工作再上新台阶】

（一）工会财务管理不断加强，制度办法进一步完善。地税代收工会经费和工会筹备金是全省工会财务管理工作的重大改革，工会按照省直机关工会的部署和要求，真实、准确和完整的填报汇总本级工会和下属5个基层工会的信息采集和统计，按时缴纳工会经费。按照《国家税务局系统开展“小金库”专项治理工作的实施方案》、《国家税务总局关于做好国家税务局系统“小金库”治理整改落实工作的通知》的要求，认真开展了“小金库”自查和“回头看”工作。机关工会根据经费独立原则，建立经费核算账套、经费审查监督制度，确保工会经费开支符合《中华人民共和国工会法》，会计核算符合《工会会计制度》，不存在设“小金库”和侵占、挪用、截留工会经费情况。依法收好、管好、用好工会经费，按时收缴工会会费，管好工会财产。

（二）计划生育工作完善细致，机关育龄妇女遵守基本国策的自觉性增强。组织宣传《中华人民共和国人口与计划生育法》，做好计划生育咨询、保健服务，对机关育龄妇女的计生用品使用情况进行随访，按时、准确报送计生月、季、年度报表，按时参加地区、社区组织的计划生育学习、培训、讲座，及时为机关职工办理《生育证》、《独生子女父母光荣证》，本年共办6份生育申请表、3本《生育证》和1本《独生子女父母光荣证》。被鼓楼办事处授予“2007～2008年人口与计划生育工作先进集体”。

（三）女职工身心健康得到关心，特殊权益得以维护。工会女工委员会注重关心机关女职工的工作和生活，为女职工订阅了《中国妇女报》、《健康报》、《女性大世界》、《中国妇女》、《时代风采》等报刊杂志丰富机关女职工的文化生活。组织机关女职工开展了以“和谐、健康”为主题的纪念“三八”妇女节活动，机关老中青三代女职工欢聚一堂畅所欲言，积极表达了对美好生活的珍视之情。组织51名女职工和家属参加安康保险，在今年体检中特别安排94名女职工做了三项妇科检查，解除了女职工的后顾之忧。

（四）上级工会工作完成认真及时，本级工作平稳有序。按时参加省直机关工会、街道办事处、社区居委会组织召开的各类会议、培训，组织第三片区的工作考核、财务互审、工作交流等活动。及时、准确、完整地报送各种统计报表资料，编报工会工作信息、通报等。

（王　焱）

离退休干部管理

综　述

2009年，全省国税系统离退休干部管理工作以邓小平理论和“三个代表”重要思想为指导，坚持以人为本，开拓创新，努力践行科学发展观，认真落实国家税务总局和省委、省政府对老干部工作的要求，按照“创新发展年”工作思路，切实履行好离退休干部工作的职责和职能，不断加强和改进离退休干部思想政治工作和党支部建设，认真落实离退休干部政治、生活待遇，充分发挥离退休干部的作用，积极做好离退休干部管理和服务工作。

各项工作

【基本情况】 截至2009年12月底止，全省国税系统共有离退休干部职工3894人，占在职国税干部职工总人数11846人的32.88%。省局机关共有离退休干部职工65人，占机关总人数188人的35%，其中：离休干部7人，退休干部52人，退休工人6人，党员48人，副厅以上离退休干部13人。

【机构设置及工作职责】 按照省局机关内设机构改革方案，省局离退休干部处于2009年5月正式成立，人员编制4人。工作主要职责：根据党和国家关于离退休干部的方针政策，拟定离退休干部管理办法和各项规章制度；承担机关离退休干部的服务和管理工作；负责落实好离退休干部的政治和生活待遇；督促、检查、指导本系统离退休干部的管理和服务工作；组织离退休干部工作经验交流，协调本系统离退休干部活动。2009年下半年，全省各州市国家税务局也相继成立了离退休干部科（处），专门负责本地的离退休干部工作。

【领导重视，措施得力】 首先，省局党组把离退休干部工作列入重要议事日程，专门研究、规划和指导离退休干部工作。主要领导及分管领导经常过问离退休干部工作情况，看望老干部，深入调查研究，定期或不定期地听取汇报，及时解决离退休干部工作中的重点难点和老干部普遍关心的问题。其次，切实加强对系统离退休干部工作的组织领导和督促指导，把系统离退休干部工作纳入工作总体规划，与省局机关离退休干部工作同步推进，并结合形势任务需要和离退休干部工作的实际情况，有针对性地开展系统离退休干部工作的指导和监督。第三，不断提高离退休干部工作部门在组织、协调等方面的作用。一是加强部门自身的建设，按照上级部门的工作部署和省局党组的工作要求，省局离退休干部处结合实际情况，安排好全年和阶段性工作任务，认真把握政策，落实老干部各项待遇，强化管理和服务；二是积极主动地加强与人事、办公室和机关服务中心等部门的协调配合，保证各项工作的顺利开展；三是积极抓好离退休干部党支部建设，积极配合机关党委认真抓好老干部的学习、活动等各项工作。

【认真落实离退休干部各项政策规定】 在落实政治待遇方面，坚持离退休干部情况通报会制度，形势报告会制度，阅读文件制度和生病住院及节日走访慰问制度，做到重要文件及时组织老干部传达学习，重要会议请老干部参加，重大决策出台前听取老干部的意见和建议。在生活待遇方面，全面贯彻落实中央、总局、省委和省政府关于离退休干部生活待遇方面的各项政策，按照生活待遇略为从优的原则，做到了“两费”的有效落实和保障：一是离退休干部工资得到了按时足额发放，并按政策规定解决了离退休干部的津补贴问题；二是保证了离退休干部的住院、治病医疗费用问题，做到不拖不欠。

【积极开展离退休干部思想政治建设】 省局机关认真组织离退休干部开展深入学习实践科学发展观活动，结合离退休干部实际，采取会议传达、情况通报、个人自学等多种形式深入学习党的十七大、十七届三中、四中全会和全省国税工作会议精神，进一步加深了老干部们对科学发展观的认识和理解，切实把离退休干部的思想统一到中央、总局和省局的战略思想和工作部署上来。及时了解离退休干部思想状况，加强离退休干部思想政治工作，化解矛盾，维护稳定。

【认真做好离退休干部服务管理工作】 坚持以制度化管理，规范化服务的工作方法，主动、热情、周到地做好离退休干部日常管理和服务工作，并在工作中注重做深、做细、做实。一是确保生病得到及时医治。省局机关一直坚持副厅以上离退休干部住院，省局领导看望，其他离退休干部住院，离退休干部处领导及离退休干部支部看望的制度。二是急老干部所急，想老干部所想，做到细微应急服务。省局离退休干部处工作人员以热忱服务为己任，对离退休干部的日常生活难题及时给予帮助和想办法解决，包括及时协调为老干部住宅管道疏通、办理杂志征订、协助老同志体检等，并做到工作积极，毫无怨言。

【贯彻中央精神，广泛开展走访慰问活动】 根据国家税务总局党组转发中组部《关于在中华人民共和国成立60周年之际开展走访慰问老干部、老工人、老党员活动的通知》精神和要求，省局精心组织，具体部署落实全省国税系统开展走访慰问工作，及时向各州市国税局党组转发了《通知》，并提出了具体落实意见。2009年8~9月份，全省国税系统普遍开展了形式多样、内容丰富的走访慰问活动。省局机关组织召开了离退休干部座谈会，省局党组成员、副局长许赞霖代表省局党组在座谈会上表达了省局党组对离退休干部工作的重视和对老干部的关心，听取了离退休干部的意见和建议，并对离退休干部工作提出具体要求。党组书记、局长李鸿文和党组成员、副局长许赞霖还分别带队逐户走访慰问了机关离休干部，褒扬他们为税收事业和机关建设作出的重要贡献，听取他们对离退休干部工作的意见和建议。通过开展走访慰问活动，使老干部感受到党的关怀、组织的温暖。

【组织召开了中国人民解放军原西南服务团财税队南下60周年老干部座谈会】 2009年5月，省局牵头组织召开了由省财政厅、省国税局、省地税局联合举办的中国人民解放军原西南服务团财税队南下60周年老干部座谈会，省财政厅厅长陈秋生，副厅长刘德强、赵新黔、张云松、杨利邦、刘野樵；省国税局副局长蔡杰、于智广、李杰；省地税局局长王南昆，副局长张美琼、纪检组长郭振兴、副局长张红霞等领导出席了会议，同24名共和国第一代云南财税老干部欢聚一堂，共同庆贺中国人民解放军西南服务团财税队南下60周年，云南省组建财税机构59周年。座谈会上新老财税干部共叙友情、回忆云南财税的历程，畅谈云南财税事业的发展，都为共和国云南财税工作的每一个进步而欢欣鼓舞，都为云南财税工作的每一项成绩而深感自豪。老同志们热情赞扬改革开放的伟大成就，真心实意支持云南财税继续创新发展。

【召开省局机关离退休干部情况通报会】 2009年8月7日，省局在老干部活动室召开了省局机关离退休干部情况通报会。省局党组成员、副局长许赞霖向离退休干部通报了云南国税的主要工作情况（包括税收收入计划完成情况、机构改革、人事变动以及省局重大事项和有关情况）；省局党组成员、副局长李杰向离退休干部介绍了国家有关离退休干部的津贴、补贴政策和相关文件精神。此次通报会还传达贯彻落实了全省老干部工作会议暨老有所为“双先”表彰会议精神和全国税务系统老干部工作会议精神，充分听取了离退休干部的意见和建议，并对离退休干部所反映出来的问题作了认真耐心细致的回答和解释。省局办公室、机关党委、机关服务中心、工会和离退休干部处负责人及相关人员参加会议并就所涉及的工作业务和主要情况分别向离退休干部作了介绍。

【加强离退休干部党支部建设，充分发挥老同志作用】

省局机关离退休干部党支部按照机关党委的学习安排和要求，针对离退休干部党支部的特点，及时认真研究离退休干部党支部建设中的新情况新问题，积极采取切合实际的措施，不断推动和发挥离退休干部党支部、支部委员和党员的作用。同时，采取多种形式和内容、集中与分散相结合的学习方法，组织开展离退休干部党员学习实践科学发展观、十七届四中全会精神等活动。支部还不定期组织召开支委会，研究和改进离退休干部工作，听取支委的意见，解决老同志普遍关心的问题。

【认真做好来信来访工作】 省局离退休干部处积极做好离退休干部来信来访和咨询工作，从构建和谐社会、和谐国税的高度，怀着对离退休干部的真挚感情，耐心细致地解释和答复提出的问题。做到来信有回音、来访有答复、件件有落实。2009年省局离退休干部处共接待来访人员29人次。

【奉献爱心，开展募捐活动】 为帮助全省灾区人民和困难群众度过严冬、缓解生活困难，奉献爱心，2009年12月省局机关开展了“送温暖、献爱心”捐助活动，省局机关离退休干部积极踊跃参加，积极捐款捐物，共捐款4850元，衣物142件。

（太家林）

税务稽查

综　述

2009年，云南省国家税务局稽查局在省局党组和总局稽查局的领导下，以党的十七大精神为指引，全面落实科学发展观，认真贯彻全国税务工作会议和全省国税工作会议精神，紧扣云南国税“创新发展年”工作主题，面对2009年稽查任务“形势严峻、任务繁重”的实际，我省国税稽查部门树立超前谋划意识，紧紧抓住“服务科学发展、共建和谐税收”主题，围绕“保增长、保民生、保稳定”的战略方针，坚持以整顿和规范税收秩序为目标，抓好涉税违法行为特别是重大税收违法案件查处，以第二轮分级分类稽查、专项检查和打击发票违法犯罪活动专项整治为重点，以组织查补收入为中心，大力推进依法稽查，创新稽查管理体制，创新稽查方式方法，强化稽查基础管理，不断提高稽查工作质量和效率，全面提升稽查队伍素质和廉政水平，充分发挥税务稽查职能作用，服务科学发展，为构建和谐社会作出更大贡献。全年稽查工作得到总局稽查局、省局党组的肯定，综合管理及大要案查处工作受到总局稽查局的通报表扬。

业务概述

【稽查查补收入】 2009年，在税政、征管等部门的共同支持下，全省国税实现查补收入13.32亿元，其中重点稽查检查2373户，有问题户数2178户，查补收入3.65亿元；自查户数18983户，查补收入9.67亿元。比上年（不含自查数）增收10.47亿元，增长367.52%。实际入库13.20亿元，入库率99.11%，选案准确率91.78%，查补率1.48%，平均处罚率13.17%，偷税处罚率60.53%。

【查补收入特点分析】 一是查补收入总额创历史新高，全省查补收入总额稳步增长的同时也呈现出以下三方面的特点：第一，各州市查补收入较上年全面增长，全省16个州市查补收入均有不同程度的上升，除5个州市外，其余11个州市查补率均超过1.5%。第二，省局自身实现查补收入占全省重点稽查收入总额的比重与上年基本持平，2008年省局查补1.05亿元，占全省重点稽查收入的37.01%；2009年省局查补9496万元，占全省重点稽查收入的26.02%，比上年下降10.99个百分点。第三，全省推行和谐稽查，全面推广税企座谈、查前告知、查前辅导，纳税人自查补缴税款取得显著成效。二是选案准确率大幅提升。2009年全省国税稽查部门检查企业2373户，有问题户2178户，选案准确率为91.78%，比上年提高31.44个百分点。三是加大稽查力度后，平均处罚率上升。2009年全省稽查平均处罚率为13.17%，比上年上升4.27个百分点。四是查补收入入库率上升。2009年全省稽查查补收入入库率为99.11%，比上年增长0.68%，若剔除增值税留抵税额（2009年全省增值税留抵税额326万元）无法入库的因素，入库率可达99.35%。

各项工作

【制定工作要点】 根据总局下发的2009年工作要点和省局对全年各项工作的安排，省局稽查局及时制定下发了工作要点，以确保完成稽查收入任务为目标，突出以下五方面的工作：一是努力推进稽查执法服务工作，构建和谐税务稽查关系；二是创新稽查体制，提高稽查效能；三是履行稽查工作职责，服务科学发展；四是加强稽查系统管理，强化稽查基础工作；五是全面加强稽查队伍建设。围绕上述目标，全省各级国税稽查局结合实际，扎实有效、有条不紊地展开了各项工作。

【稽查工作会议】 云南省国税稽查工作会议于2009年3月3日至4日在昆明召开，参加会议的有云南省国税局分管稽查的局领导，全省16个州、市国税局分管稽查工作的局领导、稽查局长，省局稽查局全体人员，省局有关处室负责人，并邀请省公安厅经侦总队派人到会指导。省局李杰副局长出席会议，并作了题为《科学谋划 务实创新 努力开创新形式下国税稽查工作新局面》的报告。会议在认真学习总局肖捷局长的批示、董树奎总经济师的主题报告、稽查局马毅民局长结束时的讲话内容和省局李鸿文局长批示的同时，总结回顾了2008年云南国税稽查的主要工作，并指出工作中存在的不足，提出了2009年全省国税稽查要重点抓好以下三个方面的工作：一是深入学习实践科学发展观，进一步更新稽查工作理念。具体来说，第一是进一步树立公平执法是构建和谐税收基础的稽查工作理念；第二是进一步树立征纳双方法律地位平等是公平执法基础的稽查工作理念；第三是进一步树立寓服务于执法之中是维护征纳双方法律地位平等基础的稽查工作理念；第四是进一步树立不断创新行政执法手段是税务机关优化服务基础的稽查工作理念。二是坚定信心，狠抓落实，全面完成2009年各项稽查工作。具体来说，第一是依法稽查，措施到位，确保税收任务的完成；第二是进一步创新稽查体制，合理配置资源，提高稽查效能；第三是履行稽查工作职责，服务科学发展，认真开展第二轮分级分类稽查，全面实施税务稽查查前告知制度，严格依程序办事，做好宣传工作，创造和谐的稽查环境。继续深入开展税收专项检查和专项整治工作，严厉打击发票违法犯罪活动，认真组织实施案件协查工作，强化案件审理，突出合法和规范，严把案件审理质量关；第四是加强稽查系统管理，强化稽查基础工作，进一步提高稽查执法质量，防范稽查执法风险，健全、完善稽查工作制度，建立稽查设备管理制度，完善部门协作制度，严格大要案报告制度，严禁有案不查，瞒案不报，积极探索建立税政、征收、管理、稽查“四位一体”互动机制；第五是依托信息化平台，提高稽查科技手段，进一步优化综合征管软件稽查模块的使用，深化监控系统数据应用，尤其是在报表生成、预警监控、科学选案等方面的运用，加大稽查查账软件的推广运用力度。三是全面加强稽查队伍建设。具体来说，第一是强化稽查队伍政治思想、作风、党风廉政建设；第二是遵守“一条纪律”，树立“四种意识”，健全“一项制度”；第三是提高稽查干部综合素质，着力打造稽查“高、精、专”人才；第四是积极探索激励机制，激发稽查队伍活力。

【全省稽查局局长座谈会】 省局于4月28日召开全省稽查局局长座谈会，会议进一步认清当前严峻的收入形势，统一思想认识，加强组织领导，坚定完成任务的信心，通过逐级分解总局下达任务，层层落实奖惩机制，确定2009年对各州市的考核目标为：查补率由1%调整为1.5%，选案准确率80%以上，入库率95%以上；明确稽查办案经费与1.5%的查补率指标挂钩，把稽查经费中基数部分（以2006年为标准）拿出一半与1.5%挂钩考核。会后，针对查补收入任务与全省实际情况差距较大的现实困难，形成《关于调减稽查查补率计算基数的请示》上报总局稽查局，希望总局考核我省查补率时剔除烟草行业“三税”所占的比重。通过采取系列措施调整工作方案，大家提高了认识，统一了思想，增强了信心，明确了努力的方向和工作的奋斗目标。全省各级国税稽查局严格按照总局的要求，迅速行动起来，围绕完成查补收入目标任务努力开展好各项稽查工作。

【税务稽查查前告知】 在总结前几年稽查查前告知办法的基础上，2009年进一步扩大实施范围，在税收专项检查和分级分类稽查工作中继续实行税务稽查查前告知。省局通过召开税企座谈会，布置了60户骨干企业、纳税大户的分级分类稽查企业自查工作；通过与地税联合召开总局第一批24户（我省涉及18户）大型企业集团和第二批36户（我省涉及11户）大型企业集团的成员企业或分支机构的税企座谈会，按总局要求对这些企业2005年至2007年3个年度的税款缴纳情况进行了自查安排和部署；从昆明选择6户房地产企业召开税企座谈会布置自查工作；对我省中国铝业控股的28户企业组织召开了税企座谈会，全面布置自查工作。在自查中多措并举，加强对纳税人的业务指导：一是补充完善了总局稽查局下发的五大行业《自查提纲》与《企业自查告知书》；二是加强与企业的沟通联系，及时解答企业反映的问题，促使纳税人积极配合自查工作；三是及时明确企业自查出的应缴未缴税款及其所属期间，下文规范企业自查补税数额入库口径；四是强化服务，走访企业，及时跟踪了解企业自查工作情况，确保执法到位，服务到位。上述措施的实施，赢得了纳税人的认同和理解，绝大多数企业认真开展自查，取得了很好的效果，2009年全省企业自查查补总额9.67亿元。

【税收专项检查和分级分类稽查】 全省采用分级分类稽查与专项检查相结合的方式开展检查。一是按总局要求开展南方电网、5户国家开发投资公司下设企业及中外运云南公司等大型企业集团税收专项检查工作，省局稽查局与省地税稽查局联合对南方电网云南公司、云南大朝山水电有限公司、中国外运云南公司直接进行检查。检查中，省局稽查局领导亲自至企业就复印件做账等问题进行了调研并提出了处理改进意见，让企业心服口服，取得了实效。二是将大型连锁超市及电视购物企业、办理出口货物退（免）税业务（包括“免、抵、退”税业务）的重点企业、3年以上未实施稽查的重点税源企业确定为指令性专项检查。省局稽查局负责组织对昆明百货大楼（集团）家电有限公司、云南天达光伏科技股份有限公司进行检查。三是在开展对银行、保险、通信、发电和石油化工等大型企业集团2005年至2007年3个年度的税款申报和缴纳情况自查的基础上，按总局要求对交通银行股份有限公司云南省分行、中国民生银行股份有限公司昆明分行进行重点检查。四是按总局要求对限售股持有企业减持限售股纳税申报情况进行税收专项检查。全省各级国税稽查局成立“大小非减持”专项检查小组，对属于全省国税管辖企业所得税的正常户共36户展开检查，经核实，对2户减持未缴纳企业所得税的行为查补企业所得税1850.72万元。2009年，全省国税稽查部门布置税收专项检查和分级分类稽查自查3135户，自查补税4.61亿元；重点稽查2373户，查补收入2.91亿元。特别是充分利用省局稽查局掌握的资源，集中优势兵力，查大企业、啃硬骨头，为全省检查起到了示范作用。2009年省局稽查局从3月到12月先后抽调70人，直接对127户开展了专项检查和分级分类稽查，查补收入3.21亿元（含企业自查1.9亿元），占全省稽查机构查补收入8.26亿元（同口径）的38.9%。尤其是统一执行的查前告知制度、分类的必查项目书制度、检查项目分析负责制度、查账软件取数分析制度、个人工作报告制度、综合组集体分析定案制度等创新的稽查手段的运用，规范了执法的程序，提高了稽查的质量和效率，增进了税务执法的公平、公开、公正，促进了稽查执法内部控制，并为州市稽查提供了规范和借鉴，促进了全省稽查执法水平的提升。

【案件查处】 对大要案的查处，各级税务机关高度重视，充分发挥稽查人才库的作用，抽调稽查业务骨干力量，周密部署，认真研究，查深查透，加强与公安机关的联系配合，使案件查处做到稳、准、狠，打击了税收违法行为。除继续配合公安机关开展“黄龙”案件侦办工作，协助做好“4·09”专案的审理、移送及协调等工作外，一是集中精力开展了对部分出口企业未按规定计提销项税额的重点检查工作。根据纳税人书面反映，认真分析出口报关信息、企业纳税申报信息后，有针对性地对昆明铁路局进出口公司等4户企业进行重点调查。对2006年以来的出口报关数据40余万条进行清分，并与征管系统数据进行比对发现：部分出口企业在计提销项税额时，存在出口货物离岸价格中扣除出口关税等问题，检查应补增值税4980.90万元，入库1170万元。二是组织好出口CPU办理退（免）税重点检查工作。按总局部署将昆明市、临沧市、德宏州2006年1月1日以来在全省征管范围内出口CPU涉及的14户企业，全部纳入此次检查，并要求其余州、市对开具与出口CPU及其他与CPU类似的电子产品的增值税专用发票进行协查。通过对德宏州出口企业的其他货物出口报关初步核实、13个银行账户往来的查询、增值税进项发票取得的调查等工作，初步发现德宏州的部分出口企业有骗税嫌疑。省局成立了专案组对德宏1户企业进行重点解剖式检查。2009年底该案已完成调账、银行查询、发票协查和部分外调工作。三是做好个体户举报案件检查工作。通过查询相关开户银行的业务往来情况，到外地协查收货、付款、运输、销售网络等情况后，及时开展外调协查工作，检查补税140万元，加收滞纳金22.25万元。2009年达到省局大要案上报标准的案件共63件，已结案30户，涉案税额1.4亿元，已入库税额

8277万元、罚款166万元、滞纳金1230万元，合计入库9673万元。

【区域税收专项整治】 省局要求各地要选择利用“四小票”进行偷、骗税及制售假发票、非法代开发票等税收违法行为比较集中的地区开展区域税收专项整治，并对问题较多、影响面较广且处理难度较大的重点地区进行督办。同时，根据总局稽查局通知，要求各地国税稽查部门加强对“家电汽车下乡”经销户的税务检查，检查面不得低于10%。强化税源监控，及时查处“家电汽车下乡”销售网点不按规定开具发票或开具假发票等涉税违法行为；做好宣传服务工作，要求经销网点及时开具发票，做到逐笔开具、内容真实、栏目齐全。通过深入开展重点地区税收专项整治工作，促使行业和地区税收秩序持续好转，2009年，我省国税系统在整顿和规范税收秩序中共检查纳税人90357户，发现有问题48082户，查补总额11.97亿元。移送公安机关案件33件，曝光案件127件。

【打击发票违法犯罪活动】 按照总局《关于贯彻落实国务院印发的全国打击发票违法犯罪活动工作方案的通知》，成立了由省政府副秘书长为组长，省公安厅、财政厅、国税局、地税局领导为副组长，各有关部门领导为成员的协调小组，负责全省打击发票违法犯罪活动工作的组织协调。协调小组办公室设在省国税局（稽查局），具体负责协调小组的日常工作。协调小组办公室全年共上报月报表11期，工作简报14期及相关半年、年度工作总结，并组成督导检查组，对全省各州市开展工作情况进行了巡查督导，有效推动了全省打击发票违法犯罪活动工作的全面深入开展。一是“以查促管”强化了税源管理。与征管部门密切配合，在全省范围内针对批发业、零售业等对虚、假发票有需求的重点行业，开展发票受票情况重点检查，严把发票入账关，加大发票入账合法性的检查和处罚力度，堵截假发票列支的后路。对普通发票用户进行筛选、比较分析后，确定5户受票企业作为典型户，对其2007年度涉及的问题发票进行检查，并延伸对问题发票涉及的领票方115户和开票方123户进行协查调查。通过以上检查进一步强化税源管理，探索建立发票管理长效机制的思路和方法。二是警税密切协作，开展打击非法制售假发票活动。按照“端窝点、打团伙、摧网络”的工作要求，会同公安等相关部门，采取分散行动和集中行动相结合、日常监管和专项行动相结合的方式，于2009年6月至8月，在全省范围内组织开展打击发票违法犯罪“端点”集中行动，严查利用手机短信、互联网、街头发放名片等交易方式倒卖和非法代开发票等发票违法犯罪活动。对不法分子兜售假发票较为集中的车站、码头、广场、商场等区域进行重点整治，共出动公安、税务等部门执法人员30998人次，出动车辆11371台次。通过“端点”集中行动，破获德宏“12·15”、保山“4·30”、朱亚军出售非法制造发票案、昆明西山售买假发票案、昆明官渡非法制售假发票案等一批大要案件。据统计，全省共立案发票犯罪案件44起，抓获涉案人员81名，捣毁制贩发票窝点20个，打掉犯罪团伙12个，查获违法发票1202937份。全省国税系统有6个单位和150人被评为全省打击非法制售假发票专项行动的“先进单位”和“先进个人”。三是完善发票管理监控机制，切实落实普通发票管理制度。全省各级国税机关采取有效措施，进一步完善发票管理监督机制。严格按照《国家税务总局关于加强普通发票集中印制管理的通知》要求，加强发票印制管理，强化发票票种核定，按照不同行业，根据纳税人经营规模、经营项目合理确定发票票种、数量。加强发票票种的动态管理，对纳税人实际经营项目、经营规模发生变化的，及时进行发票票种调整。加强日常监督，加大检查和处罚力度，加强数据分析，强化采集比对，采取有效措施，追缴流失发票，多管齐下，使全省发票管理制度进一步得到落实，发票违法违章行为进一步得到扼制。四是加强和省级有关部门的联络协调工作。加强和省财政厅非税收入局的联系，及时上报云南省财政票据检查工作情况；与省公安厅、省通信管理局联合部署开展发票违法信息治理工作；加强和省公安厅经侦总队的工作联系，紧密协作，联合安排部署公安部经侦局、国家税务总局稽查局部署的有关发票专案协查工作，以及有关省市公安经侦总队、省国税稽查局来函要求的发票案件协查工作。包括长沙“5·13”虚开运输发票案，上海圣凯商务有限公司虚开增值税专用发票案，上海张杰明团伙骗税案等发票案件的协查取证工作。五是多渠道开展发票使用、鉴别和打击发票违法犯罪宣传活动。充分利用报刊、广播、电视、互联网等平台及发放宣传资料的方式，开展打击发票违法犯罪宣传活动，全省共印制、发放各种宣传材料69588份；广泛宣传发票使用、鉴别、发票违法犯罪的法律后果等知识，共对48813名群众提供了发票知识咨询服务；加大发票违法犯罪曝光力度，通过省局外网“曝光台”专栏不定期公告涉税违法案件，以案说法，多渠道进行宣传、教育。

【税务违法案件举报】 2009年以来，各级受理的举报案件比例呈上升趋势，认真抓好各级举报工作越显重要。一是坚持原则，认真接待来信、来访人员。注重引导公民合理举报涉税违法行为，重视涉税举报“缠诉”案件的处理，妥善处理和化解各类矛盾，促进社会和谐；二是完善举报信函呈报、转办、跟踪、归档机制，确保举报事实得到查处；三是提高举报受理工作的准确度，从中发现涉税案件，为打击涉税犯罪做好前期工作，维护税法尊严；四是要求对举报案件进行精细化检查，对举报的涉税问题查深、查细、查透，对每一个问题都有核实结果，确保稽查质量；五是及时兑现举报奖励。在案件检查结束后，及时与举报人取得联系，通报举报案件查处结果，宣传举报奖励政策，及时办理举报奖励兑现。全省全年共受理涉税违法举报案件1070件，较上年增加369件，已经查处807件，查补收入合计2537.41万元，已入库2495.8万元。

【金税协查】 全省各级稽查局以提高金税工程协查系统的运行质量，拓展协查功能为重点，认真做好金税协查工作。2009 年 1～12 月，全省共发起委托协查 191 起，委托协查发票 1436 份，涉及金额 2.79 亿元，涉及税额 4656.78 万元，统计期内收到回复发票 1453 份，协查结果为正常 1092 份，有问题发票 82 份、无法核实 279 份。全省共收到受托协查的发票 165 起，涉及发票 653 份，涉及金额 1.03 亿元，涉及税额 1672.36 万元，统计期内共累计回复发票 656 份，协查结果为正常 592 份，有问题的发票 62 份、无法核实发票 2 份，累计按期回复率为 99.54%，累计回复率为 100%。

在做好金税协查系统管理工作的同时，全省加强协查案件的案源管理，以协查信息为线索，树立“全国一盘棋”的意识，做好每个协查案件的布置查处、催办、督办、复函工作，力争使每个协查案件都做到查深、查细、查实。同时加强和省公安厅经侦总队和省地税稽查局的工作联系，紧密协作，联合安排部署有关专案协查工作。接待北京市国税稽查和公安专案人员，在昆抓获在逃的犯罪嫌疑人 1 名，押送回京；配合天津凯斯特专案人员到安宁、盘龙、官渡对昆明深惠经贸公司等 20 余家钢材经销企业销售钢材到天津凯斯特的情况进行协查取证；接待海南协查人员到“云南丰裕投资公司”（属营业税、企业所得税免税企业）就开具其他服务业发票到海南洋浦实业公司的情况进行协查，涉及金额 2 亿多元；根据上海市国家税务局协查通报，安排对我省昆明和展兴机械配件公司等 6 户企业进行立案检查。

【稽查信息化建设】 一是继续深化电算化查账软件的推广运用工作。在上年推广运用电算化查账软件的基础上，2009 年以来，加强与无锡查账软件公司技术人员的沟通，及时将软件升级到新版本，保证新企业所得税、增值税等税收政策的更新，并确定由公司派员到云南负责现场运维工作。4 月份以来，与技术人员协调配合，先后完成了省局、昆明、保山、曲靖、红河、普洱等州市的重点企业数据采集工作和现场培训、答疑工作。改变原来大规模的培训模式，采取以州市或县区为单位开展实战培训工作，力求使每一位稽查干部都能了解电算化查账软件的主要功能及模块操作，针对稽查人员运用中的弱点进行强化训练，如数据采集的特殊处理方法、如何使用查账软件的查询模块、建模工具的使用及系统维护等内容开展探讨式的讲解；培训的重点从理论讲解转变为结合案件检查讲解，使稽查人员能较熟练运用查账软件基本功能，取得了良好的效果。2009 年，全省国税稽查局共对 304 户电算化核算企业的电子账套进行数据采集，采集成功 271 户，采集不成功 33 户，采集成功率达到 89.14%。对采集成功 271 户企业使用查账软件进行电子查账，已查结 252 户，有问题户数为 171 户，筛选出疑点数 406 个，实现查补总额 4177.01 万元，其中查补税款 2756.09 万元、滞纳金 827.3 万元、罚款 593.62 万元。二是拓展监控系统数据应用，完善系统功能。紧扣总局考核指标重点，及时修改业务需求，在信息中心的大力协作下，完成数据监控系统中稽查部分“日常管理”的完善及“报表管理”的开发工作。使稽查报表相关数据通过监控系统平台自动取数，按稽查机构直接生成新稽查报表，自 4 月 1 日起基层停止报送报表，彻底减轻基层工作负担。4 月份起月报已顺利通过监控系统自动生成上报。按照总局近期下发的报表管理相关文件，在开发中及时调整需求，如季报改月报、查补税款统计口径的延伸等，实现了稽查查补统计数据与计统部门相关数据一致。组织各州市稽查局办公室相关人员参加数据监控系统稽查模块培训，保证每一位参训人员做到熟练运用、准确操作，确保高质量完成稽查报表工作。及时测试、跟踪系统中各数据指标，确保数据准确。通过设计既定的指标，对 CTAIS 系统中的纳税海量信息进行处理、分析，按月查询监控分析增值税一般纳税人税务登记、发票购买使用情况、纳税情况，由系统对指标自动分析，对出现异常指标的企业，生成重点疑点纳税人清单表，探索建立稽查预警监控机制，拓展案件选案渠道，加强对纳税异常户的管理。目前相关业务需求已编写完毕并提交信息中心开发。

【案件审理】 2009 年以来，圆满完成省局自办案件 20 户企业的审理工作。在案件审理过程中，省局稽查局通过细化审理工作制度、规范审理流程，实施“一人主审”、“民主讨论”、“互审把关”、“集体定案”的审理制度，对案件进行全面详细的审核把关；加强与检查人员的沟通，完善案件审理汇报制度，提高审理的质量和效率；按照“无错推定、疑案从无”、“重事实重证据”的原则进行审理，细化审理工作流程，每个案件都认真做好案件接收、登记台账、审理记录、审理工作底稿、审理意见、制作审理报告、制作处理处罚文书、录入 CTAIS 系统、移交执行、案卷归档等环节。同时，对全省 2008 年度房地产企业稽查案件通过随机抽样，确定对红河州和昆明市的 2 件案件进行复查。在案件复查工作中创新方法，改变以往传统的案卷审查方式，抽调各州市稽查审理人员组成复查组，明确了复查工作的重点和要点，提出本次复查的具体要求，采用案卷审查和实地调查相结合的“内审外查”方式开展复查工作，对复查出的问题及时反馈，注重与被查单位的沟通；各复查组分户整理问题形成《复查报告》，并统一下发《复查通报》，规范了执法行为，通过工作的开展，提高了复查人员“找错纠错”的能力，提高了审理人员“既懂政策，也会查账”的综合素质。

【稽查资源配置】 按照总局稽查体制改革思路，稽查机构逐渐向扁平化发展，稽查干部逐步向省、州市稽查局集中。省局确定在玉溪市推行一级稽查的改革试点，打破按行政区划设置稽查机构的格局，撤并玉溪市下辖 8 县稽查局，统一在市局设立玉溪市国家税务局稽查局，负责全市范围内的稽查工作。根据省局安排，玉溪市国税局于 4 月 1 日设立完整一级稽查体制的玉溪市国家税务局稽查局，从而全面推开一级稽查改革试点的启动工作。各州市局也充分利用机构改革的契机，创新稽查体制，合理配置资源，提高稽查效能，一是探索按经济区划设置稽查机构，加强省、州市和经济发达县区稽查机构设置，适当简并不发达县区稽查机构。二是进一步加大省、州市局和经济发达县区局稽查人员的配备，逐步减少经济欠发达县区的稽查人员。三是改变以往按机构分配办案经费、办案设备的办法，优先满足州市局和经济发达区县局。

【稽查装备配置】 改变往年稽查办案经费分配办法，按照人员补助、机构补助、一级稽查、2009 年大要案补助、协查接待补助、其他（如考试）等内容对今年稽查办案经费进行了分配，同时针对分配给各地的数额及时下发便函，并注意跟踪各州市稽查经费的使用情况。同时根据工作需要，为基层集中采购了一批办案设备，一是针对各州市台式电脑老化问题，继续分批为各地配置台式电脑；二是继续购置笔记本电脑下发各州、市局稽查局使用，以缓解设备不足的现状；三是为 16 个州市局购置照相设备和复印机，以强化案件取证工作；四是为全省稽查考试前 150 名稽查人员配置移动硬盘。

【稽查队伍建设】 通过上年“作风建设年”对稽查工作作风的狠抓落实，稽查工作作风有了切实转变，但稽查队伍政治思想建设、作风建设、党风廉政建设工作仍然是一项长期系统性工作。稽查局以开展深入学习实践科学发展观活动为契机，以完善惩治和预防腐败体系为重点，加强稽查队伍政治思想建设、作风建设、反腐倡廉建设，运用正反两方面典型，教育和警示广大稽查干部特别是领导干部筑牢反腐败的思想防线。不断加强稽查领导班子建设，认真落实“一岗两责”，把各级领导班子建设成为善于领导，科学发展的坚强集体。加强稽查系统建设，激发系统上下活力，增强系统的凝聚力和战斗力，促进广大稽查干部爱岗敬业、勤奋工作。恪守“聚财为国，执法为民”的税务工作宗旨，切实改进稽查工作作风。

【稽查业务考试】 2009 年 3 月 28 日上午，云南省国税局统一组织全省国税系统稽查人员分别在昆明、玉溪、大理 3 个考点参加全国税务系统稽查业务考试。全省共有 1822 人报名参加考试，其中稽查人员 1267 人，非稽查系列人员 555 人。为了积极备战考试，全省在统筹安排稽查工作的同时，做到工作、学习两不误，一是举办稽查业务培训。于 2 月 5～10 日举办全省稽查业务考试培训，通过外聘师资、省局设主会场，各州市和具备视频条件的县区设分会场进行视频教学。参训人员多达 1998 人。省局李杰副局长亲临培训主会场对考试和培训做了安排部署，要求各级国税机关要创造条件，认真组织好培训，激励稽查干部爱岗位、勤学习、长技能、迎考试的热情。整个培训组织严密、要求严格，听课认真、效果良好。二是通过模拟考试，选拔成绩优异的稽查人员集中封闭培训。3 月 7 日，全体参训人员参加省局统一组织的模拟考试，从中选拔 165 名成绩优异的稽查人员集中在省局瑞文培训中心封闭训练。三是省局各有关处室协同配合，考试严格规范、周密有序进行。为了确保考试的公平、公正，考务工作一律委托第三方组织，严肃考试纪律和考场守则，确保考试公平、公正，保证了考试的顺利进行。通过考试，对提升稽查系列人员的业务素质，掀起学习、钻研税收业务热潮起到积极的促进作用。四是通过考试，涌现出一大批勤学习、钻业务的稽查干部，省局对考试前 150 名人员进行了表彰，同时以总局稽查人员考试为契机，综合建立科学的省级稽查人才评定体系，选拔 150 名作为省局稽查人才库人员，创新稽查干部培养机制，着力打造稽查“高、精、专”人才。

【稽查宣传】 一是积极参与税收宣传月活动，宣传税收法律法规。二是以分级分类稽查工作为载体，通过召开税企座谈会、开展查前告知、进行纳税辅导等形式，主动送税法上企业。三是加强信息简报及综合材料工作，及时宣传云南国税稽查工作。一年来共向省局办公室提供各类信息简报、稽查动态 35 篇，并及时向总局上报，其中省局采用 31 篇，总局采用 5 篇，《中国税务报》刊登 2 篇。信息报道及时全面地反映了稽查工作动态，展示了稽查工作成果；收集各州市税务案件公告并及时向总局上报。四是在《云南国税》建立稽查主页，通过稽查亮点宣传全省稽查工作。

【稽查调研】 一是充分调动基层积极性，发挥集体团队优势，顺利完成课题工作。按照总局稽查局 2009 年的工作部署和省局科研所课题安排，围绕“健全税务稽查工作长效机制研究”这一主题，认真组织开展课题科研工作。一是按期完成课题的申报及相应的课题工作方案，并初步拟定了“健全税务稽查工作长效机制研究”课题提纲；二是为了确保稽查科研成果的质量和水平，增强科研课题研究指导稽查工作的现实针对性，召开了各州市稽查局局长、课题执笔人员参加的稽查科研课题座谈会；三是经过长达 5 个月的调研、分析和资料信息收集，完成了课题的初稿、修改工作后，请云南财大教授对修改稿进行把关审核，按照教授提出的修改建议进行再修改，并将初稿、修改稿、再修改稿以“三上三下”方式下发州市征求意见，最终定稿形成课题的咨询报告和总报告。同时，广泛收集各州市的课题成果，从上报的 16 篇相关课题成果中选定了昆明、普洱、大理的课题纳入成果汇编。二是积极开展稽查调研工作。按照省局党组“奋战五个月，确保九百亿”和省局许赞霖副局长提出对各地稽查查补收入完成情况和稽查机构改革情况进行调研的要求，由稽查局 3 位领导分别带队于 8 月 25 日至 9 月 3 日期间深入昭通、玉溪、红河、楚雄、大理、文山、保山、德宏等地州开展调研、督导工作。调研组对当地的税收收入和稽查查补收入完成情况、稽查机构情况进行详细调研，并听取了基层对省局稽查局的工作建议。调研后形成《关于对玉溪、红河等 8 个州市稽查工作督导调研报告》交局领导决策。

【日常性工作】 加强报表分析管理，全面、准确反映

稽查工作成果；做好检查证制作及检查证系统的维护管理工作；完成总局对相关法律、法规、制度的征求意见上报工作；认真做好各处室征求意见的回复工作；完成办公室布置的保密检查相关工作；完成云南国税主要工作任务分解细化表及进展情况报送工作；将对州市目标管理考核具体内容分解到科室，贯彻局领导“考核不是橡皮筋，各科要严格考核”的要求，确保对州市目标管理考核真实、公平、公正；完成2008年、2009年《云南国税年鉴》稽查局部分的撰写、图片收集及上报工作；完成稽查部分《每日一题》的收集整理工作；完成稽查局季度“大事记”的编写、上报工作；四是强化服务意识，构建和谐稽查。优化对下的服务意识，及时答复基层咨询的问题；在对外严格执法的同时，做好各项对纳税人的文明服务工作。

（梁　琼）

信息化建设

综　述

2009年，是云南国税“创新发展年”，在省局党组及分管局领导的带领下，在各部门的有力协助配合下，信息中心全体干部深入贯彻落实党的十七大精神，努力学习实践科学发展观，认真贯彻执行党的路线、方针、政策，严格按照总局、省局党组的要求：“以邓小平理论和‘三个代表’重要思想为指导，深入贯彻落实科学发展观，紧紧围绕税收工作大局，优化系统支持，深化数据应用，完善运维体系，强化信息安全，推进能力建设，开展工作创新，不断提高信息化日常管理水平，有效发挥职能作用，为促进税收事业科学发展提供强有力的支持保障。”紧密围绕国税工作和信息化建设的总体思路和部署，团结一致，扎实有效地推进“以科技支撑手段的创新，促进信息化建设工作的发展”工作目标的实现，围绕促进税收决策、税收管理、税收执法、内部管理质量和效率提升来谋划创新，在提高信息化人才队伍素质建设、以信息技术促进税收征管效率提升、整合信息化资源等方面取得了新的成绩，较好地完成了2009年的各项工作任务，为全省国税系统信息化建设迈上新的台阶作出了积极的贡献。

各项工作

【信息化建设总体情况】 一年来，全省税收信息化建设在省局党组和分管局领导的高度重视和带领下，始终紧扣“以科技支撑手段的创新，促进信息化建设工作的发展”这一主旨，紧紧围绕“创新发展年”的各项工作目标，牢牢把握总局提出的税收信息化建设必须坚持“统筹规划、统一标准、突出重点、分步实施、整合资源、讲究实效、加强管理、保证安全”的原则和“一体化”要求，坚持立足实际，不断更新观念，开拓创新，以科学发展观为统领，认真总结经验和查找不足，通过认真做好运维工作、着力解决信息化建设中存在的问题、自主研发各类税收业务辅助系统和软件、不断满足税收业务和纳税人的需求，在以信息化手段来提高税收业务管理和行政管理效能、降低税收成本、优化纳税服务等方面迈上了一个新台阶，进一步理顺了信息化建设的各项工作机制，全省税收信息化建设实现了新的飞跃，取得了新的重大的成绩。

【立足整体、稳扎稳打，信息化重大项目稳步推进】

（一）整体规划、分步实施，机房改造项目进展顺利。随着信息化的发展，省局六楼中心机房内的PC服务器数量由2005年的30多台增加到现在的130余台，小型机由2台增加到10台，路由器由原来的3台增加到现在的10台，网络安全设备由原来的1台增加到现在的15台。随着各类设备的不断增加和持续投入使用，省局六楼机房的面积、供电系统、空调温湿度控制系统等环境条件都已不能适应现有设备的运行需要，由此产生了一系列的安全隐患。按照总局下发的《金税三期建设规划》的相关规范和要求，省局六楼中心机房远远达不到金税三期建设规划中的相关要求。根据局长办公会议通过的决议：把盘龙区国家税务局原四楼办税服务厅约1400平方米改造成云南省国家税务局数据处理中心，把省局六楼建成小型机房，把昆明市局机房建成省局备份中心。1. 整体规划、局部推进。省局数据处理中心建设顺利通过初验。按照把盘龙国税四楼建成省局数据处理中心的决定，省局信息中心积极组织，立足当前，放眼长远，从整体上考虑，从局部上分步实施，稳步推进省局数据处理中心的各项建设工作。项目共分5个标段进行施工：一是承重、装修、消防改造项目；二是强电系统建设；三是弱电系统建设；四是空调与新风系统建设；五是综合辅助系统建设。2. 放眼长远、保障安全。省局六楼中心机房电源改造项目顺利完成。随着云南国税信息化的不断发展，服务器、网络设备、安全产品的不断增加，省局原使用的1台40KVA、1台60KVA和2台80KVA的UPS的负载均在85%以上，已是满载运行，省局中心机房的供电系统已不能保障现有设备正常运行。为保障设备的安全正常运行，省局决定对6楼机房供电系统进行改造：一是选用4台120KVA UPS替换原有的4台UPS；二是把机柜内原有的电源插座更换为32A专业PDU；三是对原机房的电源回路进行理清，把原有的电线全部替换为电缆。在整个项目施工中，信息中心监督有力，全局控制得当，各应用系统平稳运行。改造供电系统后的六楼机房，已能够满足未来一段时期的供电需求。

（二）省市联动、密切合作，监控系统升级项目圆满完成。截至2009年10月31日，监控系统在曲靖的升级工作圆满完成。按照业务部门的需求，总计开发了482个全新模块，完善了40个模块。新的系统为税源管理、税种管理、税政管理、风险管理和收入分析提供了丰富、准确和高效的决策信息。项目体现了三个特点：一是与时俱进，及时服务。为从技术手段上确保增值税转型改革的顺利进行，项目组及时开发了“固定资产抵扣分析”模块，为固定资产的抵扣提供了按税务机关、行业、专管员、货物名称等的分析途径，使业务部门能及时掌握增值税转型的新情况并发现新问题。二是想业务所想，急业务所急。在所得税模块开发中，紧扣所得税管理的重点、亮点、难点和弱点，积极参与所得税业务需求的探讨和修订，在领悟业务部门所思所想所急过程中也为系统人性化设计提供了诸多建议。在稽查局模块开发中，按照“两个减负”的要求，新的稽查模块可以实现报表自动生成，进一步减轻了基层的工作量。三是在实践中检验，在检验中完善。在江川全省县（区）局长培训班上，项目组在做好服务、做好支撑、做好辅导的基础上，采集了县局领导对系统的各种想法和意见，为以后系统的进一步切入实际做了前期调研工作，并对一些迫切需要的模块进行了及时的开发。

（三）组织有力、机制保障，广域网扩容改建项目取得圆满成功。我省国税系统与原网络提供商中国电信的合作协议已于2008年6月到期，经请示局领导同意，于2009年9月份邀请了中国电信、中国联通和云南广电对我省国税系统的221条广域网电路进行了竞争性谈判。最终，经谈判小组评定，中国联通云南分公司和云南广电网络公司分别作为全省国税广域网线路A和线路B的中标人，参与全省广域网建设并提供3年的租赁服务。1. 深入研究、确定方案。信息中心组织联通和广电公司对我省国税原有的网络结构体系进行了深入探讨和研究，对新的广域网建设方案中可能涉及的需求说明、设备供应、集成施工和建设保障等各方面进行了较为全面的分析和讨论。考虑到本次广域网建设涉及工作面较大，全省各州（市）、区（县）和分局都会涉及其中，因此，为保证施工质量和及时发现实施过程中可能存在的风险和隐患，经过详细的论证后我们采取了由点及面，先试点后稳步推进的总体推进策略，实现了全省国税系统广域网络由电信单一线路逐步向广电、联通和电信线路的稳步过渡。2. 一般号召、个别指导。10月13日，全省国税系统广域网建设工作启动会议在江川培训中心如期举行，会上，省局对项目建设工作进行了详细的部署和要求。从10月13日开始，正式启动了全省国税系统的广域网改建项目。在项目实施中，领导带头深入玉溪市、大理市国税、联通和广电机房现场进行调研和指导，对前期的方案进行调整和优化，用于指导全省的网络改造，最终全省采取以点带面、逐步推进的工程实施模式，取得了良好的效果。3.“四项制度”、稳步推进。为确保项目能按计划、按步骤、有质量的开展，项目实施多措并举：一是实行实时通报制。在政务网站上开通网络教育培训系统及广域网改造进度通报窗口，以柱状统计图的方式实时了解各州市进度情况；二是实行每周报告制。并以跟踪了解项目进度方式，按州市统计成图。在政务网上可直观地对比查看各州市每个项目每个步骤的时间安排、具体要求以及已完成工程进度占总工程量的百分比，加强了对项目建设全局的掌控；三是实行专人负责制。各州市紧随其后成立了项目办，落实人员负责协调、汇报和实施工作，并由专人配合集成商开箱验收、工程实施和项目验收；四是实行每周例会制。由于本次网络改建扩容有新的运营商加入，为更好地加强沟通协调、密切配合，每周一下午3点，省局项目办公室工作人员都与参与网络教育培训系统及广域网扩容改建项目的广电、联通和电信公司人员进行信息交换和沟通协调，实时解决工程实施中遇到的问题，三方互动确保项目有序推进。4. 夜以继日、确保成功。为尽可能降低对日常税收业务的影响，在组织开展本项工作的过程中，大部分的工作安排在下班时间进行，经过加班加点和夜以继日的奋战，11月7日，云南国税广域网改建项目试点工作在玉溪市国税取得圆满成功；12月20日，云南国税广域网实现了电路双链路畅通；12月28日，完成电路间策略路由的制定和冗余电路建设工作；12月25日，实现了电路间负载均衡分配和不同的运营商间电路的互备工作。至此，全省广域网改造项目取得圆满成功。

（四）广泛调研、深入研究，云南国税网络教育培训系统项目顺利通过初验。1. 立项。全省国税网络教育培训系统自2007年立项以来，省局信息中心经过广泛的市场调研和技术咨询研究，于2009年3月向局长办公会提交了较为详细的《云南国税视频会议系统需求方案》。局长办公会对提交的方案进行了肯定，并提出了将项目名称定为“云南国税网络教育培训系统”意见。2. 招标。按照局长办公会的要求，信息中心邀请了部分专家、产品代表等对视讯产品的发展和技术特点进行了进一步的调查和了解，在充分掌握了大量的原始数据和技术特点之后，2009年5月，编写了近3万字的《云南国税网络教育培训系统产品采购及项目集成招标书》（初稿）。之后邀请了部分专家和招标采购局的负责同志对标书初稿进行了反复的讨论和修改。经过8个版本的修改，标书于2009年7月15日最终定稿。2009年8月8日，在省招标采购局的组织下，信息中心全体配合，在省局、昆明市、呈贡县的真实环境中对产品进行了演示。采购到了物美价廉的产品。3. 实施。在项目实施前，信息中心同中标供应商——深圳金正科技股份有限公司的工程师编写了项目实施方案。10月13日，在江川瑞文培训中心召开了云南国税网络教育培训系统项目启动会。省局于智广副局长亲自与会，对项目实施提出了具体要求和指示。在项目实施中，和广域网扩容改建项目一样，信息中心创新地以“四项制度”确保项目按时、按质和按量地实施。4. 初验。12月9日，经请示局领导同意，信息中心组织有关专家对项目进行了初验。通过对省、州市和区县三级节点系统的现场评审，与会专家对项目的建设情况提出了具体的整改意见并同意项目通过初验。

（五）突破增值税申报难点、完善所得税年度申报，网上办税服务厅建设取得新进展。1. 实现网络抄报税、IC卡清零解锁，突破了增值税申报的难点。网络申报上线后，为了提高纳税服务质量和效率，信息中心密切配合货劳处，与航天信息工程师共同完成了远程报税系统的开发调试，在网络申报中实现了网络抄报税、IC卡清零解锁，截至12月征期，已经上线运行3775户远程抄报税一般纳税人。2. 密切配合、优质服务，顺利完成系统升级。紧随增值税、消费税和所得税政策的变动，为提供更优质的服务给纳税人，信息中心、货物和劳务税处和所得税处密切合作，先后完成了网上申报软件的6次修改升级工作。3. 开发所得税核定类季度申报，完善所得税网络申报。在网络申报系统中完成了2008企业所得税月（季）度纳税申报（A类）表软件开发工作，完成了所得税网络申报核定类（B表）月季报的程序编写、调试、上线运行等工作，经测试后于2009年7月1日全省正式推广运行；并于年底启动了2009年度企业所得税网络、介质申报软件升级开发工作，为以后年度企业所得税申报做好充分准备。4. 扩大推广面，为2010年网络申报全省推广打下了坚实的基础。网络申报系统前期试点主要以昆明市为主，为使网络申报系统适应全省推广，使其他州市的纳税人能登陆部署在昆明市局的网络申报系统完成申报征收工作，信息中心协同货劳处完成了楚雄和曲靖一般纳税人网络申报的初步试点工作，在系统初始化、税务机关差数设置、技术问题解答和后台数据处理等方面积累了丰富的试点经验。另外，协同货劳处完成了全省各州市烟草公司网络申报的推广工作。5. 完善系统，做好全省推广的准备工作。为完善网络申报，为纳税人提供更优质、更便捷的服务，信息中心密切跟踪和指导昆明市局网上税务登记、网上发票发售项目建设，为把网上申报拓展为网上办税服务厅做好了前期的准备工作。

【60个应用系统的维护工作】 （一）各系统的升级工作。根据增值税征收率调整的要求，完成网络版防伪税控系统4.36版的9号补丁以及税务代开票系统6.13.20.05版本的补丁程序和升级工作；出口退税审核系统进行了4次后端数据库升级工作；针对海关扩大出口报关单应用、小规模纳税人征收率调整、增值税核查信息及协查信息的接收与应用等各类相关需求，系统进行了相应调整；完成了核查系统从V1.0版到V1.2版的数据库及应用服务器升级工作，解决了报表查询、前端操作等相关问题；对稽核系统进行了数据库及应用服务器升级，部署完成了机动车发票稽核子系统模块，新系统上线后，从货运发票税控收款机管理系统中进行机动车发票数据采集及传输的工作由省局统一完成；对货运发票、机动车销售发票税控系统进行了8号补丁和9号补丁的代理及应用服务器升级工作，解决了涉及计划单列市货运发票无法认证等问题；完成1次财务软件数据库和应用服务器升级工作；综合征管软件先后完成了37L01号补丁、37号正式补丁、38号补丁、39L01号补丁、39L04号补丁和39号正式补丁升级工作；车购税系统先后进行了6次车价信息升级工作，完成车购税系统功能4号补丁、5号补丁和6号补丁升级工作，同时完成了3次车购税软件应用服务器升级；税收执法系统在云南试运行成功的基础上进行了3号补丁升级及初始化工作，年底还进行了4号补丁升级工作；配合督察内审处为总局在云南进行的执法系统升级试运行项目组搭建了相关模拟环境。（二）各系统数据修改工作。认真负责地做好各系统数据维护，及时回复和办结基层局的各类业务咨询与请示。2009年度通过省局内网网站“应用支持”、FTP及电话方式共受理各类相关请示1432份，处理更正各类错误数据34000多条，确保了基层单位对各系统的正常应用。其中综合征管软件请示950份，处理更正错误数据18000多条；车购税系统请求450份，处理更正错误数据12000多条；执法系统为实现软件考核准确性，每月均受理督察内审处数据调整需求，处理请示32笔，累计处理更正错误数据4000多笔次（条）；监控系统处理授权请求67份，修改数据170笔；储蓄扣税处理请求30份，修改数据200笔；内网网站处理请求61份，修改数据212笔。（三）健康检查工作。配合总局技术支持中心工程师完成了防伪税控系统的健康检查工作；认真做好综合征管软件每月健康检查的信息采集和报告编写工作。（四）按时完成数据上传工作。每月按照总局规定，定时完成上传稽核数据，货运发票数据，成品油以进控销，海关完税凭证，全省失控发票等相关系统数据的采集，汇总统计报送总局以及接收下发州市等日常性事务工作。（五）认真做好税务发行、密钥发放工作。认真做好税务发行，网上认证的密钥发放等相关工作。指导下级做好税务发行，以及面向纳税人的防伪税控系统企业发行和机动车税控收款机管理企业的税控盘发行工作。（六）其他工作。对财务软件，防伪税控系统进行了新的分区准备。

【硬件、网络和安全维护工作】 （一）硬件维护。认真做好局内PC机的维护工作；做好机房、空调、UPS的日常维护工作，定期检查，定时维护；认真做好综合征管软件后台HP小型机、存储设备的运行维护管理工作；认真做好金税IBM小型机的每日监控，系统备份，微码升级，故障保修处理，EMC 存储空间分配使用，数据库裸设备管理，NFS、HA 集群，数据库 RAC，设备巡检等维护工作，保证各相关应用系统数据库的正常运行；认真做好 EMC、NAS 和磁带库的运行维护、设备巡检等工作，同时做好 TSM 备份软件和 TSM 服务器的监控管理、运行维护和软硬件巡检等工作；认真做好防伪税控系统、稽核系统、协查系统，货运税控系统、核查系统等应用系统的数据库逻辑备份，RMAN 磁盘备份和 RMAN 磁带备份工作。

（二）设备清查。为进一步夯实基础设施管理，开展了机房硬件设备的调查工作，对服务器资源进行信息采集、整理归档和设备标记，共整理归档 PC 服务器 94 台，存储设备 13 台，小型机 7 台，安全设备 15 台，网络设备 8 台。

（三）网络维护。继续做好全省广域网网络系统和省局机关网络系统的维护工作，为确保全省税收业务的正常开展提供有力的基础保障。全省国税系统在今年的广域网网络改造之前共有 400 多条广域网电路，为确保全省国税生命线的畅通、稳定和安全运行，安全与网络管理组采用自行搭建的网管平台加强对全省国税广域网络的监控和管理，及时纠正和处理可能存在的安全隐患和运行风险，尽量将网络故障的处理时间安排在深夜和节假日，保障网络的顺利运行。2009 年在全组同志加班加点和夜以继日的努力下，全省国税系统广域网在工作日内未出现由于国税系统网络设备故障而引发的网络中断事件。

组织参与省局与昆明市局机房、省局与省局招待所、省局与盘龙数据机房和省局招待所互联网专线等 5 条线路的设计、规划、标准制定和相关招投标工作。这些线路建成之后将实现省局现有机房与规划中的盘龙机房、省局机房与昆明市局机房以及省局网络与招待所网络的互联互通工作，大大提升数据利用率和税收征管的信息化水平。另外，完成财税库银联网项目的网络构建、安全架构建设和路由策略规划工作；完成省局盘龙 PC 服务器机房网络结构设计；完成省局机关外网防病毒软件建设工作；完成省局机关外网网络行为管理建设项目；完成省局机关 FTP 应用加固建设项目；组织北京太极华清公司完成全省网络及主机监控平台建设项目；完成省局祥瑞宾馆、瑞文培训中心和昆明市局机房广域网建设项目。

（四）做好省局机关 PC 维护管理工作。省局机关计算机类设备的维护是一项较为繁杂的工作，计算机软硬件故障和计算机应用问题是信息中心日常运维的一大块工作，省局信息中心全体干部兢兢业业为机关每位干部职工排忧解难，让大家用好计算机、用活计算机，尽量满足各种维护需求，其中包括计算机硬件问题、软件应用问题、系统维护问题、计算机配件更换、设备更新等问题。一是做好省局机关计算机更换工作。2008 年 12 月底，省局购买了一批新的台式计算机用于更换使用了 8 年的老办公计算机，此次更换涉及老计算机的回收、新计算机的更换和新计算机上软件的安装调试修改等工作，工作量较大。此项工作从开始到基本结束历时一个多月，更换了 170 多台新计算机，为满足办公应用提供了良好的硬件平台。二是做好省局机关计算机操作系统更换工作。在更换完省局机关的新计算机后，考虑到计算机发展的趋势和必然，新计算机预装了 WINDOWE VISTA 系统，让全体干部职工走在信息发展的前沿，跟上发展的步伐，也让职工熟悉新一代系统的操作。但由于总局升级 OA 系统，且没有经过各种严格的测试，导致全国税务系统省级及以下单位不能正常阅读公文文件，因此将新计算机上的 VISTA 系统又换回了 WINDOWS XP 系统。此项工作涉及计算机操作系统的重装及软件环境的设置，经过两周的奋战圆满完成了此项工作。三是做好省局机关保密检查前计算机安全加固工作。在信息中心领导和省局办公室的要求指导下，编写了《关于进一步加强信息安全保密工作的请示》、《云南省国家税务局机关加强安全保密工作的注意事项和工作流程》和《云南省国家税务局机关进一步加强安全保密工作的职责分工》等相关请示和报告。随后，按照局领导的要求，根据既定的工作流程和方法，信息中心完成了对全局机关计算机设备的保密加固工作。另外，根据省局办公室的安排，我们依据《保密法》等有关文件的要求安装了 10 台保密处理用计算机交付办公室。最后，按照工作计划，利用扫描工具对全局机关的计算机设备进行了扫描并编写了工作总结报告。

（五）安全维护工作。为进一步明确税务系统信息安全风险评估的需求和重点、提高风险计算和评价的合理性与准确性，按照《国家税务总局信息中心关于启动税务系统信息安全风险评估工作的通知》的工作安排，我省国税作为试点单位在 2009 年 4 月 20 日至 5 月 7 日间积极配合总参三部完成了信息安全风险评估相关工作，工作内容主要包括应用系统调研、现场评估、报告编制等。

（六）做好移动办公项目的升级工作。2007 年 12 月 20 日，我局与中国联通有限公司云南分公司签订了《云南省国家税务局“税务移动办公”合作协议》（以下简称《协议》），《协议》有效期为 5 年。按照《协议》规定联通公司为我局提供 CDMA 1X 无线数据专网传输线路传输业务数据及相关的增值服务。2009 年以来根据原有电信运营商所有业务的调整和现有技术的升级改造，积极配合中国电信完成了对原有系统的调研和业务切割工作，并与中国电信达成了在原有资费不变的情况下完成了对原有系统的升级工作。

【服务业务、服务基层、服务政府、服务纳税人】

（一）服务业务。在做好相关税收管理信息系统运维工作的同时，按照局领导、各处室提出的数据分析、数据处理需求进行处理分析工作。2009 年多次为货物和劳务税处、所得税处、征管科技发展处、收入规划核算处等部门进行过数据处理分析工作。为由于总局申报外部接口不完善造成的会计减免核算虚增进行了数据分析清理；为配合相关业务部门做好加强征管税收状况分析提供了大量的征管状况分析数据表；在配合省局相关处室在外单位对我省的审计工作中，提供了部分关于税收综合征管系统的查询数据；为省局各处室做好计算机应用方面的技术支持工作，保障相关处室的计算机等信息化设备的正常运转，提供信息技术咨询服务等。

（二）服务基层。税收管理员辅助信息系统继续扩大试运行，在做好该系统运维支持工作的同时，到基层对税收管理员辅助信息系统的运用现状进行了调研，听取了基层税务干部的意见和建议，并完成了相关设备的采购工作，为 2010 年的系统升级开发做好积极准备。同时，为减轻基层税收会统人员的工作量，结合我省会计核算较多及主机系统资源有限的实际情况，在充分听取国税基层干部的意见后，在省局领导的重视下开发了税收会计自动记账系统项目。该项目在不改变现有记账方式的前提下，实现税收会计自动记账，为基层减负。

（三）服务地方政府。2009 年为省政府信息办提供了 6 次综合征管登记及登记违章相关数据信息，大力支持了工业信息发展委员会“企业共享平台”的建设工作。参加了云南省监察厅举办的“网络监察”系统培训，为“四项制度”省国税局涉及行政审批的监察工作做好准备。

（四）服务纳税人。在做好网上办税服务厅建设的同时，积极推进好财税库银试点前期准备工作，成立项目技术组，带领项目技术组完成系统安装配置、财税库银系统业务和技术学习。并协同业务组完成系统业务和技术测试工作，以及对试点单位操作人员的系统操作培训。完成了《推广应急方案》、《系统安装部署方案》、《财税库银系统数据流程》、《财税库银系统上线准备工作》等文档的编写。为更加便于财税库银系统后续推广工作，实现与我省现有税银库系统无缝连接，完成了税库银模式下的税银库方式 DLL 库程序的开发和测试工作。

信息中心一如既往地按照相关规程和管理职能，做好相关技术支持工作，并对全省信息中心系列的相关专用设备，如解密机、金税卡、扫描仪等专用设备做好管理工作，按照分管的应用系统对各州市提交的各类系统应用及数据维护请求及时做出解答和支持。在后台数据修改等方面尽量从方便基层和纳税人的角度按照专人电话受理的办法，从快进行处理，最大限度提高应用系统的维护效率，进一步提高服务质量。

【预算采购及预算编制工作】 （一）预算采购。按照年初制定的工作任务和经局长办公会确定的 2009 年预算规划，信息中心积极配合财务处等相关处室完成了项目类 18 个，运维类 12 个，其他 16 个，合计预算 6718 万元的采购。其中，信息中心编写标书 40 份。在 2009 年的整个采购中做到了零投诉、零举报。（二）2010 金税运行费预算编制。信息中心配合财务处，汇总了省局各处室 2010 年计算机设备类采购需求，完成了 2010 年金税运行费预算编制。

【参加各类培训】 信息中心工作人员先后参加了总局举办的 J2EE 应用架构与设计、IT 服务管理应维认证培训、数据仓库和挖掘技术培训、纳税评估、WEBLOGIC 培训以及 MQ 中间件培训等共计 30 余次培训，进一步充实了技术知识，提高了运维工作能力。

【立足税收实际、服务纳税人需求，创新项目层出不穷】 （一）以技术的创新，推动应用系统的人性化设计。在重点税源网上直报项目建设中，克服重重难关，采取了最新的技术组件 ExtJS，攻克了报表自动变长技术，为系统的人性化打下了坚实的基础。在系统的推广使用过程中，纳税人纷纷赞扬系统的人性化。

（二）以税收收入方式的创新，提高组织收入的效率。面对“创新发展年”组织收入的压力，省局提前 5 个月发出了“组织收入动员令”，信息中心群策群力，与收入规划处协同开发了“税收收入进度短信息日报系统”，系统在设定的时间自动从综合征管软件生产机计算出实时税收收入以短信息方式发送到各级领导手机，使各级领导即使不在办公室也能“运筹帷幄，决胜千里”，这个创新项目在全国税务系统尚属首例。2009 年 12 月 31 日充分见证了这个创新项目的功能，云南国税组织收入 900.09 亿元，圆满完成省政府下达的收入任务。

（三）以机房报警方式的创新，提高机房管理的智能化水平。随着我省信息化建设的推进，越来越多的服务器集中到省局，省局中心机房现有 150 多台各类服务器设备在运行，机房中现有空调已处于满负荷运转状态，一旦发生停机故障，将造成不可估计的损失，为在今后的机房维护工作中能及时发现并处理此类险情，及时采取有效措施，信息中心自行开发了机房温湿度报警系统，顺利完成了机房温湿度监控系统的软件开发、硬件部署等工作，目前，该系统已经与短信平台实现对接并投入使用。当机房温度或湿度超过预警值时，系统自动以短信发送到机房管理员手机。该系统为确保省局中心机房安全提供了时间保证。

（四）以会计记账方式的创新，着实减轻基层负担。为贯彻落实省局“创新发展年”和总局“两个减负”的要求，省局自主开发了云南省税收会计自动记账系统。收入规划核算处与信息中心密切配合，充分利用综合征管软件上线以来积累的技术、业务优势，结合我省实际，在不改变现有会计记账核算方式的基础上，项目组经过 3 个多月的努力，大胆创新、勇于实践，顺利完成了所有开发、测试和部署工作，并于 9 月初对全省国税系统 8 月份税收会计记账进行成功运用，取得较好效果。2009 年 9 月 24 日省局于智广副局长、朵志红总经济师和相关部门领导亲临项目开发组，对项目进行了验收。自动记账系统实现了在指定时间自动完成全省税收会计记账工作，不需人工干预，彻底改变了 141 个基层税收会计人员每月记账期间“白加黑”的工作现状，是我省税收会计记账的一次革新。全省各基层税收会计记账单位手工模式下需 2 ~ 3 天完成的工作，在该系统部署运行后，仅用2~3小时就能完成，按照试运行的数据测算，为基层会计记账核算工作提高效率22.5倍。

（五）以网站栏目的创新，进一步宣传国税形象。信息中心与教育处密切配合，顺利完成了云南国税“网上行”栏目的开发工作。

（六）以技术业务合作方式的创新，有效提高系统开发效率。在监控系统升级的过程中，业务与技术紧密合作，业务人员在监控系统业务需求中写下计算机的实现语言，同时技术人员参与修订业务需求。事实证明，这种业务和技术创新的合作方式，极大地提高了系统开发的效率，开发出来的系统数据准确率非常高，后续的升级工作量非常小，系统也更加适用。

（七）以人才方式的创新，打开队伍建设新局面。为进一步加强税收信息化建设，贯彻落实“信息管税”指导思想，实施“科技强税，人才兴税”的战略，以信息化带动税收各项工作向科学化、专业化、精细化发展，省局组建了全省税收信息化人才库并同步制定了《税收信息化人才库管理暂行办法》和《税收信息化人才库积分暂行办法》，配套开发了《税收信息化人才库管理软件》，对入选税收信息化的人才实行积分管理，人才库人员根据积分进行动态调整，积分进行实时公布。对提高税收信息化人才工作积极性、促进人才库人员知识结构合理化起到了一定的作用，为信息化队伍建设打开了新的局面。

【学习实践科学发展观，破解信息化发展的难题】 在深入学习实践科学发展观活动中，信息中心立足信息化的发展实际，深刻剖析制约信息化发展的难题，深刻思考如何实现信息化人才的全面发展，深刻思考如何让信息化全面、协调可持续地发展。在学习中，找到了制约信息化发展的难题：一是硬件资源分散问题；二是信息化人员老化问题；三是业务技术合作问题；四是信息化发展步伐与人才知识更新失衡的问题。要破解这些难题，首先要解决人的问题，要组件税收信息化人才库，通过人才库管理来带动全省信息化人才的发展；其次是要进行硬件资源整合，提高系统的效率；第三是要通过各种方式加强与业务部门的紧密合作，以信息化推动税收工作的大力发展；最后信息化的发展要坚持信息化“24字方针”和“一体化”的原则开展。

【创新党支部活动方式，提高党员凝聚力和战斗力】 2009年12月4日至5日，省国税局信息中心支部一行19人到东川区红土地镇花沟村开展党支部活动。活动的主要内容有：一是代表省局向花沟村赠送了6台电脑和2台打印机。赠送仪式上红土地镇党委副书记蒋明代表镇党委和花沟村委感谢省国税局对红土地新农村建设的支持，并表示一定充分利用好这批计算机设备宣传好红土地，宣传好花沟村。二是省国税局信息中心党支部全体党员参观了花沟村党建工作室，深入了解花沟村近年来新农村建设的新成绩。三是省国税局信息中心党支部在花沟村党建工作室召开了一次特殊的支部会议。会议之所以特殊，是因为会议地点召开在远离省国税局250余公里海拔2400米的红土地上，会议讨论的内容是2名中共预备党员转正事宜。会上每位党员都畅所欲言，各抒己见，特别2位预备党员作了深刻感动的发言，表示在今后的工作生活中将严格按党员的标准履行自己的职责，像东川红土地的色彩一样壮丽。省国税局信息中心党支部在花沟村开展的这次党支部活动，创新了党支部活动形式，丰富了党支部活动的内容。是深入实践科学发展观的具体体现，也进一步提高了党员干部的凝聚力和战斗力。

【深入挂钩点调研，指导挂钩点信息化发展】 省局信息中心的挂钩点为玉溪市。2009年，信息中心领导多次深入玉溪市进行调研，调研玉溪的信息化建设、税源管理、组织收入情况、执法情况、稽查情况等，并编写了调研报告。对玉溪信息化建设所取得的成绩，省局信息中心充分肯定，并打算召开全省视频会议，让其他15个州市学习和观摩玉溪的信息化建设思路，并进一步思考在数据集中的背景下州市局和县区局如何开展信息化建设，如何进行信息管税。

（李依蔓）

后勤建设

综　述

2009年，是机关服务中心面临压力和困难的一年，也是对服务中心干部职工充满挑战和考验的一年。年初，根据省局党组工作安排，中心干部职工发扬团结协作精神，勇于创新、真抓实干、团结拼搏、默默奉献，克服了人员少、工作任务繁重的困难，紧紧围绕税收中心工作和省局党组提出的“创新发展年”目标开展工作，以贯彻落实中央厉行节约通知要求为工作重点，以提升工作质量和服务水平为主线，不断提高科学化、精细化管理水平。2009年，实现了“打造一个优质后勤服务团队、推行两套管理系统、实现三个厉行节约目标和做好四项服务”的工作目标，为构建和谐向上的云南国税做出了应有的努力。

各项工作

【团队建设】 机关服务工作既零散又系统、既复杂又专业、既是服务工作又是管理工作，只有努力提高干部职工素质，才能实现机关服务工作科学化、精细化管理，有效提高服务保障水平。

（一）强化学习培训，提高干部职工综合素质。在工作中，一是按照省局党组和机关党委的要求，认真学习邓小平理论、“三个代表”重要思想、科学发展观及中央领导的重要讲话，提高对党和国家大政方针的把握能力和政治敏锐性。二是采取请进来、走出去的方式积极开展专业培训。2009 年组织 49 名省局及基层服务中心干部职工参加了总局在北戴河培训中心举办的“全国税务系统节能减排培训班”，并在省局服务中心内部及下属企业开展了膳食制作、接待服务、电路维修、机动车驾驶等专业培训工作，进一步提高了干部职工的业务技能。

（二）加强思想教育，牢固树立“四个意识”。根据不同的岗位要求和人员素质情况，以充分调动、发挥干部职工工作积极性、自觉性、主动性和创造性为重点，广泛开展“爱岗敬业、乐于奉献”活动，着重强化“四个意识”的树立。一是树立干部职工的“服务意识”，摆正自己的位子。使干部职工做到不卑不亢，爱岗敬业，甘做无名小卒、甘当绿叶衬红花，用心服务、用心做好每一件事情。二是树立干部职工的“大局意识”。要求中心干部职工想事、做事必须站在全局的高度来考虑，坚决克服服务工作“出力不讨好”的模糊观念，始终把大局、服务放在第一位。三是树立干部职工的“奉献意识”。2009 年，在人员减少、工作量增加的情况下，中心干部职工不分早晚、加班加点，任劳任怨，圆满完成了各项工作任务。四是树立干部职工的“自律意识”。中心工作涉及钱财物，这就要求中心干部在管理、使用国家的钱财物要视同管理使用自己的钱财物一样，坚持厉行节约、杜绝浪费、廉洁自律，按照工作程序严把每一个环节。

【打牢服务基础，推行两套管理系统】 在做好省局机关后勤服务工作的同时，注重完善内部管理、加强制度建设，努力提高自身的管理水平。

（一）加强内部管理，促进规范运转。2009 年，加强了中心内部的基础管理，从文件资料、办公用具，到物业管理的耗品耗材，再到局内的固定资产，指定专人进行管理、进行登记。在报表统计上，对处室内部的接待及会议培训统计表进行了完善，丰富了统计信息，为领导提供信息参考。在物业管理过程中，对物业合同进行了细化，对服务要求和服务标准进行了明确，对电梯、消防、监控等物业支出按服务标准与内容付费，对于达不到服务标准的提出了整改和处罚措施。

（二）建立健全制度，狠抓贯彻落实。2009 年，建立了《国税办公大楼低耗品管理办法》，制定了《云南省国家税务局关于对省局安排基层公务接待支出经费的管理办法（暂行）》，并针对原有制度执行过程中出现的新问题和新情况，补充完善了相关规章制度。同时，进一步明确岗位职责、优化工作流程和办事程序，真正做到了按规章办事、按工作程序办事、按职责要求办事。

（三）加强后勤服务工作的信息化管理，发挥好两个系统的作用。2009 年，为推广使用总局要求的能耗统计软件和用于建立职工住房档案、统计发放住房补贴的住房补贴软件，开展了软件使用培训，建立了系统管理 AB 角制，人员做到相互补位，确保了工作的落实和开展。在开展住房补贴工作中，在没有培训和辅导的情况下，摸着石头过河，多次到省房改办、其他部门了解政策、咨询业务流程。在吃透政策的情况下，下发通知，收集干部职工的基本资料，录入住房补贴软件，建立了省局机关干部职工（含离退休人员）282 人的住房档案，并对职工提出的无房、不达标申请进行审核把关，计算出相应的补贴金额，并多次到省房改进行沟通协调、办理审核报批手续。经过认真细致的工作，2009 年 12 月 31 日顺利完成了省局机关干部职工住房档案的建立，为 14 名无房户及 35 名不达标户进行住房补贴的申报，发放住房补贴金额近 87 万元。

（四）开展调查研究，加强上下联系沟通。在接待工作中，注重加强与重点州、市、县国税局的联系，做到上下联动、和衷共济、同心协力，共同为树立良好的云南国税形象而努力。2009 年上半年，到丽江、大理开展公务接待费用支出调研，从接待流程、景点安排、用餐和住宿安排几个方面认真听取了当地税务机关对当前接待工作的建议和意见，为 2010 年工作的顺利开展打下基础。

【强化举措，确保厉行节约三个目标的实现】 近年来，省局党组始终将建设节约型国税机关作为提高行政效能、转变工作作风和塑造良好形象的有力抓手，尤其是 2009 年 2 月中央出台了压缩行政支出、厉行节约的“八条规定”后，省局党组高度重视，将厉行节约工作纳入重要议事日程，两次召开局党组会进行专题研究，以打造“廉洁型、效能型、节约型机关”为目标，从源头和过程上制止各种铺张浪费行为的发生，努力提高公用经费的使用效能。

（一）领导重视，明确责任，形成创建节约型机关工作格局。为切实加强厉行节约工作的领导，一是及时把厉行节约工作列入对省局相关职能部门的目标考核。二是把厉行节约的工作要求分解到省局有关职能部门，责成各部门提出贯彻落实的具体措施。三是建立一把手为第一责任人的厉行节约工作机制，按照分类管理、层层负责的原则，将目标细化到省局各部门的主要负责人，要求干部做到既干事创业、又厉行节约。四是加强宣传，提高干部职工的思想认识，结合国际、国内经济形势，充分利用机关内网等平台，加大落实厉行节约“八条规定”的宣传力度，营造厉行节约、反对浪费的浓厚氛围，增强干部职工的节约意识。

（二）突出重点、强化举措，务求厉行节约工作取得实效。在中央提出的“八条规定”中，机关服务中心主要涉及公务接待费用、机关车辆运行费用和机关一般性支出三个方面，一是2009年各级党政机关公务接待费用支出要在2008年基础上削减10%，国内公务接待严格按标准实行工作餐；二是2009年各级党政机关车辆购置及运行费用支出要在近3年平均支出的基础上降低15%，严格执行公务用车编制管理规定和配备使用标准；三是2009年各级党政机关节电、节油、节水指标要在2008年基础上降低5%。根据中央提出的目标，对以前年度的费用支出进行了认真分析，从工作细节入手，在确保工作质量的前提下，采取措施、降低费用。一是规范公务接待审批流程，控制接待规模，严格按程序进行审批。二是规范公务接待标准，禁止超规格、超标准接待。三是加强车辆管理，完善内部机制。车辆管理实行集中管理、定点停放、定点加油、定点维修、定点购买保险和定期公布里程和油耗，严格交接车制度。四是建立每车每季核算机制，对每辆车的油料、过路过桥费按季度实行单车核算。五是合理调配车辆，统筹安排出车，公务活动尽量集中派车，降低运行费用。六是认真贯彻落实节假日封停制度，坚决制止公车私用。七是处室车辆的油料在原来基础上减少15%。八是成立车辆维修保养检查小组，对需要修理和保养的车辆进行把关认定，对于不在车辆保险范围内，需由省局机关支付修理费用的车辆，根据修理金额的不同，分别由车辆维修保养检查小组、服务中心主任和省局领导审批。九是将机关公共区域的照明灯全部换成节能灯，走廊处使用感应灯；要求办公室、会议室尽量使用自然光，午休、下班时及时关灯、关闭计算机、打印机等办公设备。十是组织物业管理部门对机关办公大楼的用水设施进行检查，加强日常维护管理，严防跑、冒、滴、漏。同时，在卫生间张贴宣传、提示标志，提醒职工节约用水。

（三）健全机制，狠抓落实。一是建立案头分析机制。根据厉行节约的工作目标，对2005年至2008年的公务接待、车辆运行及一般性支出的费用情况开展自查摸底，对数据资料进行了整理和统计分析，提出各项经费支出压缩、降低、削减的具体指标，做到心中有数，并按月对各种费用的支出进行分摊，确定了每个月的控制数和控制比例，设定预警线。二是建立健全管理制度，完善了《车辆管理办法》、《接待管理办法》，将厉行节约的各项措施文字化、制度化，更加细化、具体，以制度管人管事。三是建立内部岗位责任制。在机关服务中心内部，建立分级管理、分工负责的岗位责任制。四是建立内部跟踪问效机制。利用服务中心政治学习和工作例会时机，对公务接待费、车辆运行费和一般性支出三项指标的落实情况进行跟踪，对管控不力造成费用超标的指标，要说明原因、分析整改，并在下月对指标进行重点跟踪。通过抓落实，三项指标均未超过年初控制数，达到了厉行节约、压缩行政开支的目标。

【提高保障能力，做好四项服务】 服务是机关后勤工作的落脚点和出发点，服务水平的高低，最终是通过服务的效果和质量来体现。2009年，机关服务中心坚持服务工作“管理科学化、制度规范化、服务社会化”的工作思路，把让局领导放心、基层满意、干部职工满意作为检验工作的标准，认真地履行了“为税收工作服务、为机关服务、为基层服务、为社会服务”的工作宗旨。

（一）胸怀大局，全力服务省局重点工作，为税收工作服务。

一是负责全省国税系统“祖国在我心中”文艺汇演的后勤保障工作。针对此次活动人员多、规模大、覆盖面广的特点，在后勤保障工作中，按照局领导提出的对外体现国税形象、对内树立机关形象的要求，采取了大集中、小分散的原则，充分发挥省局各直属宾馆的优势，努力做好服务保障。在用餐安排上，除正常的自助餐外，还增加了小火锅、铜锅鱼、铜锅饭、牛羊肉等特色餐饮，以体现省局党组“面向基层、服务基层”的工作理念。在车辆安排上，积极与交警部门联系，主动为各参演单位的大车办理通行证。在安全保障上，制定了《云南省国家税务局文艺汇演突发事件应急措施》，以防突发事件发生。在食品安全方面，督促检查餐厅切实做好食品卫生、餐具消毒工作，确保食品安全。二是积极协助做好云南省国税系统庆祝建国60周年书画展开幕式庆典及后勤服务工作。三是协助办公室完成了2009年“税收宣传月”、综治维稳活动的后勤服务及保障工作。四是转变接待观念，打造云南国税对外接待的优质品牌。随着云南国税工作的快速发展，总局和有关部门对云南国税的工作给予了极大关心和支持，各级领导多次到云南国税检查指导工作，与外省国税部门的交流日趋增多，跨部门的往来日益频繁。接待工作已经成为一个连接内外宾朋的桥梁纽带，塑造公共形象的窗口平台和宣传国税文化的特殊资源，从一定意义上讲，接待工作事关全局。因此，在接待工作中，机关服务中心把服务国税大局作为接待工作的重要原则，不断丰富服务内容，以规范的流程、严格的程序、统一的标准和科学的方法统筹开展工作。在服务中实施规范管理。做到既心系全局、统筹规划，又做到抓住核心，把握原则，使接待工作在宣传云南国税的文化成就、展现国税干部职工的精神风貌的基础上，发挥了广交朋友、争取上级领导对云南国税的关注、了解和支持的重要作用。2009年共接待上级领导及省外来宾4913人次，占全年接待总人数19430人的25.28%。四是认真做好固定资产管理工作。固定资产是国家财产的重要组成部分，管好用好固定资产是做好服务与保障工作的基础。因此，管好用好固定资产，对促进各项税收工作的开展，保障国有资产保值增值具有十分重要意义。在管理工作中，配备专人，定岗定责。在日常管理工作中，建章立制，严格按照省局对固定资产统计口径进行分类，按照类别进行定位管理。通过规范化管理，有效杜绝了资产流失等问题的发生。2009年3月，在办公室的指导下、在各处室的积极支持配合下，经过服务中心和信息中心的共同努力，完成了2008年局机关固定资产的清理工作。从根本上解决一些固定资产账物不符、账卡不符等问题。

（二）立足本职，为机关服务。1. 严格车辆管理，保障行车安全 。一是开展安全教育，建立行车安全责任制，层层签订《责任书》，加强安全行车管理。二是完善管理措施，健全规章制度，落实车辆统一管理、集中存放、节假日封车的管理办法，规范用车审批制度，完备车辆交接手续，推行定点加油统一结算。三是推行“一账一定一核算”的管理办法，建立车辆管理台账，实行单车核算制。四是通过合理调配车辆、控制油料、招标购买保险等措施，降低运行成本。五是建立激励机制，充分调动驾驶人员的积极性。通过抓落实，车辆肇事率和违章行为大幅下降，全年未出现重大事故，保障了机关各项运输任务的顺利完成。2009年，共出车1440多台次，安全行车696805公里。

2. 加强物业管理，提供优质的服务保障。为给全局干部职工创造良好的工作环境，一方面加强自身对物管知识的学习，提高物业管理水平；另一方面，结合省局特点，完善了符合云南国税需求的管理措施。一是制定严密的保安规章制度，加强保安措施与治安防范，建立来访人员、车辆的登记制度，大宗物品出入登记制度、安保巡视制度，配备了专业的保安人员和安保设施，保障办公环境的安全有序。二是建立工作绩效抽查制度，督促物管公司严格履行物管合同，提高工作质量。三是加强对物业公司物资采购和领用的管理监督，将过去由物业公司自购、自用、自管低值易耗品的管理方式，改为购进审批、入库验收、领用登记的管理模式，有效规范了物业公司的领购行为，使库存家底清楚，做到了规范管理。四是为维护本单位利益，中心干部多次到省委办公厅、省地税局等单位学习物业管理经验，补充完善了物业管理合同。2009年，物业公司共提供便民服务5792次、送水6240次、协助停放指挥车辆1078次、收发报刊10956次、巡逻2375次。

3. 加强会议管理，优化会务保障。在会议、培训的服务中，坚持优化服务与强化管理同行。从强化细节管理和完善保障措施入手，建立了会议、培训管理办法和管理流程，突出抓好会务安排、流程实施和全程监控，实现了会议、培训的统一管理、统一流程、统一安排和统一实施。以全面的服务和优质的保障先后组织完成了总局在我省召开的各类专业性会议、省局的全省性会议和各部门专业会议的保障工作。2009年，共安排组织各类会议、培训95个，接待参会参训人员6413人次，通过加强管理，节余会议培训经费48.39万元，占实际发生费用的11.12%。

4. 加强食堂管理，提高工作餐质量。一是推陈出新，探索特色服务。在对餐厅的日常管理中，根据干部职工口味需求，增加家常菜肴，更新品种，不断推陈出新，做到了粗菜细做，老菜新做，丰富了干部职工的餐桌。二是温馨服务，贴近干部需求。除正常提供工作餐外，在一楼餐厅设置外卖窗口，为干部职工及家属子女提供炒菜、熟食、点心等外卖服务。三是严把采购和验收关，建立定点采购食品制，严格按照食品卫生法的要求，与供货商签订服务及质量保证合同，杜绝腐败、变质、有害、超期食品及“三无”产品进入食堂，确保食品质量和安全。四是加强对厨师技能的培训，提高厨艺水平。

5. 抓好小区服务，打造职工舒心家园。在对省局宿舍一、二号院的管理中，一是认真做好服务保障工作，不断完善设备设施，小区内新增了休息椅、垃圾箱、信件书报架。二是增加小区保洁人员，继续加强小区安保工作，努力为干部职工创造一个整洁安全的生活环境。

（三）贴近基层，为基层服务。

在对省内国税系统基层干部职工的接待中，始终落实省局党组“面向基层、服务基层”的指导思想，贯穿“以人为本”、“和谐接待”的理念，热情周到、真心诚意地把基层干部职工服务好。指导宾馆营造热情得体、方便舒适、安全卫生的环境和氛围，让基层同志感到省局领导对基层的关心和温暖。2009年，共接待基层干部职工14517人次，占全年接待总人数19430人的74.72%。

（四）提高企业经营水平，为社会服务。

在对下属企业的指导中，本着“积极协调、分类指导、推动企业积极拓展市场，发展和壮大”的思路，鼓励企业在服务云南国税系统的同时，服务社会，争取更大的效益。一是加强指导，促进管理正规化。作为主管部门，经常听取企业经营情况反映，共同探寻建立有特点的经营模式和思路；加强对企业资产的管理和监督，确保国有资产保值增值；协助3个宾馆开展宣传推介工作，帮助宾馆开拓市场、扩大客源。二是强化内部管理，提高经营水平。企业建立了有效的用人机制，形成了稳定的管理人员队伍；开展了多层次多形式的人员培训，学习岗位技能，稳步提高员工的综合素质和业务水平。三是推进文化建设，打造精品企业。2009年，直属企业硕果累累，祥瑞招待所荣获国家级“巾帼文明岗”称号，国税印刷厂获得了中国印钞造币总公司授予的“税票、普通发票精品评比第一名”、“年度纳税超五百万大户”等荣誉称号。

（王淑敏）

税收科研

综　述

2009年，云南省国家税务局税收科研工作在总局税收科学研究所和省局党组的指导和领导下，认真贯彻党的十七大精神，深入学习实践科学发展观，严格按照全国税务系统税收科研工作会议及全省国税工作会议的要求，坚持精品战略，坚持税收科研为税收中心工作服务的指导思想，围绕税制改革和税收工作中出现的新情况、新问题，抓住重点、热点问题，积极探索，深入研究，以创新发展为目标，质量务实为基础开展各项工作，圆满完成了各项工作任务。

各项工作

【税收科研工作】 首次试行课题申报制。探析税收科研管理模式，实施“精品”战略，注重科研成果的转化和运用。为规范科研管理，提升科研层次和水平，在认真总结多年科研工作经验的基础上，创新思路，首次在全省国税系统试行课题申报制，按照科学性、规范性、实效性的标准，切实把科研工作提升到服务领导决策层面。经过课题申报、评审立项、开展研究、结题评审等环节，圆满完成了2009年度云南省国税系统6项重点课题，20项个性化课题的研究工作及总局布置的1项重点课题的研究任务。

（一）创新选题、申报踊跃，课题立项工作顺利完成。2009年省局税收科学研究所首次试行科研课题申报制，提高了各课题研究单位的主动性，并完善了科研工作的管理制度，使得科研工作顺利开展。一是制定了《云南省国家税务局税收科研工作管理办法（暂行）》，拟定了课题申报的相关程序，制定课题申报的相关文书，完成了大量的基础性工作，填补了原来科研管理方面的制度空白，并于2009年2月开始在全省国税系统试行税收科研课题申报制。截至2009年2月22日，共收到省局各处室和各州、市局申报课题43项，涉及创新发展、税收征管、税收政策、信息化建设、队伍建设等方面的内容，大大提高了各单位参与科研的积极性与主动性，促进税收科研工作迈向科学化、规范化、制度化管理的轨道。二是为进一步保证税收科研课题各项研究工作的顺利实施，通过全省视频讲座、组织外出培训、派出人员到州市辅导等方式，不断提升全省国税干部的科研能力和水平。三是2009年3月19日，云南省国家税务局召开了2009年度课题申报立项评审会，由省局领导、省政府政研室和省社科规划办以及高校等方面专家学者组成的课题评审委员会对省局各处室和各州、市国税局申报的43项课题进行了立项评审。李鸿文局长作为评审委员会主任主持了这次评审会。本着客观公正、严谨立项的评审标准最终确定26项课题通过立项评审，其中，重点课题6项、个性化课题20项。

（二）领导重视、精心组织，课题研究保质保量进行。2009年4月2日，李鸿文局长亲自主持召开了“2009年度省局整合重点课题牵头单位负责人会议”，部署安排整合课题研究工作，被整合的6个重点课题的牵头单位负责人以及税收科学研究所相关人员参加了会议。同时指定涉及课题研究的各州、市局成员单位领导均为课题组负责人，为课题研究的顺利开展提供了组织保障。为准确掌握各个课题组研究情况，于2009年4月19日至5月13日，税收科学研究所组成3个检查组，分别到省局7个处室和10个州、市局，对课题开题和落实情况展开检查工作，并作出《关于2009年科研课题开题工作检查情况的通报》。

（三）规范评审方式，注重科研成果的转化，进一步提升科研工作的科学性、规范性、实效性。

1. 以科学性、规范性为指导的课题结题评审方式。税收科学研究所严格按照《云南省国家税务局税收科研工作管理办法（暂行）》的相关规定，在多种课题评审方式中进行比较，征求专家意见的基础上，结合国税工作实际情况，本着理论联系实际和科学严谨、公平、公正、公开的原则，确定了课题结题评审方式，即重点课题实行主任负责制下的评委评审制，采用由省局领导和系统外专家组成的评审委员会当场鉴定评审的方式进行；个性化课题实行评审组长负责下的专家评审制，采用专家通信评审的方式进行。

2. 主要研究成果和多渠道课题成果转化。一是由云南省国家税务局税收科学研究所牵头，省局所得税处、国际税务管理处、政策法规处等部门及高校相互配合，完成的2008年国家税务总局重点科研课题《云南国税企业所得税征收管理研究》所形成的课题报告，被总局税收科学研究所评为“2007年至2008年全国税务系统优秀税收科研成果”（论文篇）三等奖，并刊登发表在总局科研所《研究报告》2008年第22期上。二是由云南省昆明市国家税务局王镶局长研究完成的论文《金融危机对昆明市冶金行业税收影响及思考》获得了省局领导及总局税收科学研究所的好评，并在由总局科研所主办的《税收研究资料》2009年第7期上刊登发表。三是云南省国税系统2009年最终确定研究的27项课题，其中，省局税收科学研究所负责承担由总局布置的1项重点课题的研究任务，被评为优秀课题。6项重点课题在评审中3项被评为优秀课题；3项被评为良好课题。20项个性化课题，5项被评为优秀课题；10项被评为良好课题；4项合格；1项不合格。并于2009年12月22日召开了“2009年度云南国税科研课题成果交流会”，汇总系统内外30名专家对26项研究课题的意见及建议，进行了总体的情况反馈。同时，为更好地利用税收科研成果，充分发挥税收科研为领导决策服务、为国税事业发展服务的职能作用，省局税收科学研究所按照李鸿文局长的指示，将全省国税系统2009年度26个申报课题中创新性较强、具有一定参考价值的成果进行摘编整理成《云南省国税局2009年度税收科研课题成果摘编》，并且就7项重点课题制作成《国税调研专报》分期上报云南省委、省政府。

【办好《云南国税》内刊】 《云南国税》内刊以新颖的版面、丰富的内容和过硬的质量，推动了云南国税文化建设，实现了服务税收征管的目标，已成为广大国税干部满意、认可的内部刊物。《云南国税》在2008年度荣获云南省优秀连续性的内部出版物“金奖”的基础上，创新发展，适时增开栏目专版进一步提高了内刊的实效性及可读性。一是深入各级国税系统，审时度势增设栏目专题，提高杂志可读性和创新性。汲取过往经验，严格遵循栏目编辑负责制，不断创新发展各栏目专题，深入到第一线了解基层干部职工的需求，做到真实体现基层工作状况，切实反映干部心声，确实满足干部精神需求，充实干部业务知识目标。并不定期增开《特别报道》专栏，及时反映云南国税在各个时期取得的文化、教育方面的业绩，提高了杂志的实用性与时效性。二是重新确定了杂志编辑的工作流程、人员分工。从制度上完善了《云南国税》杂志的编、排、校、印工作，强化责任意识，并形成了责任编辑制度，加强对稿源的掌控力度，从根本上把住质量关，即每一期设1名责任编辑，全面负责杂志的质量问题。三是强化杂志的渗透性，最大限度地扩大《云南国税》的影响力。自2009年第一期《云南国税》增设以精美的版面、高质量的文章突出反映本州、市特色的《地州专版》栏目以来，得到了全省国税系统的一致好评。税收科学研究所不仅积极为各期承办《地州专版》的州、市局提供符合当地文化特色的设计参考，还提供了专版设计方面的技术建议，使得《地州专版》栏目不断增强了其生命力与张力，更为广泛地扩大了《云南国税》的影响力。四是加强内刊编辑部、排版公司、印刷厂相互之间的联系与交流，缩短新上任的编辑、新合作的排版公司与老编辑、印刷厂的磨合时间，力争在较短的时间内，提升内刊管理的熟练度，完善内刊的编、排、校、印工作。

【云南国税书法、美术、摄影协会组织“庆祝新中国成立60周年”系列庆祝活动】 按照省局党组的统一部署，围绕新中国成立60周年、改革开放30年以来云南国税的新发展、新成就，以及“税收、发展、民生”三者之间的密切联系，省局税收科学研究所牵头云南省国税书法、美术、摄影协会精心筹划、组织了“庆祝新中国成立60周年”系列庆祝活动。

（一）“[illegible]瑞之魂——书法美术摄影展”成功举办。由云南省国家税务局主办、云南国税书法美术摄影协会承办的为期6天的庆祝新中国成立60周年“暎瑞之魂——书法美术摄影展”于2009年10月13日在云南省博物馆隆重开展，首次面向社会公众展现云南国税的精、气、神，为祖国60华诞献上了一份厚礼。一是领导重视，通力合作。为保证展览活动的顺利有序进行，2009年4月初，省局领导和省局书美摄协会秘书处为展览活动积极策划，专门成立了由李鸿文局长为主任委员、省局其他局领导为副主任委员、各州市局局长为委员的展出委员会，就收集作品、评选作品、组织展览等问题多次召开展出委员会工作会议，研究制订方案。二是精心组织，积极参与。为了涌现出更多更好的作品，首先，各州、市局专门安排时间和人员，组织书法、美术、摄影爱好者进行实地采风创作；其次，省局税收科学研究所从各地选调了17名摄影爱好代表，组成5个摄影小组，分别深入到昆明、昭通、红河、文山、保山等地进行专题摄影创作，取得了较好的成效。三是专家评选，公平公正。为保证作品评选活动的公平、公正，省局邀请了我省书法、美术、摄影界的数名专家，坚持独立评审和公开、公平、公正的原则，采用投票的方式，从投稿的2000余件作品中精心评选出优秀书法作品60幅、摄影作品100幅、美术作品40幅。

（二）精心编制国税文化系列丛书之六——《暎瑞之魂》。省局评选展出的200件作品中，精选出优秀作品148幅，组织人员为图片配诗，仅用1个月的时间，出版了高标准、高文化内涵、高印刷质量的国税文化系列丛书之六——《暎瑞之魂》。

（三）认真做好“迎祖国华诞，展国税风采——庆祝新中国成立六十周年”征文活动。举办“迎祖国华诞，展国税风采——庆祝新中国成立六十周年”征文活动，采用网络和《云南国税》杂志两种方式面向社会和国税系统同步发布征文启事，截止2009年8月31日，共收集稿件300余篇。为保证评选活动的公平、公正，成立了由省局李鸿文局长担任评委会主任，外聘省作家协会副主任、作家等22人组成的评选委员会，共评出53篇获奖征文，并给予表彰奖励。

【组织《云南省志·财税志》编纂工作】 税收科学研究所积极按照相关要求进行《云南志·财税志》国税部分的编校工作，共分为三个阶段：一是安排人员参与了2009年4月由省财政厅主持的编修工作会议，通报了财税志的编撰进度；二是于2009年6月组织了由云南国税牵头、省财政厅和省地税局参加的合编会，各单位针对修志工作中出现的问题展开了讨论，规范了合编的内容格式，明确了合编的下一步工作；三是安排专人于2009年10月在安宁参加了由省地税牵头举办的编撰进度交流会，通报了《财税志》编撰进度，并就遇到的问题开展编撰人员写作经验交流。截至2009年底，正在对国税部分内容进行校对、合编。

（刘 玥）

注册税务师管理

综 述

在省局党组的领导下，注册税务师管理中心以坚持服务云南国税工作大局为原则，以抓规范管理为基础，提升执业质量为切入点，推动行业健康发展为目标，在严格审核税务师事务所执业资质的基础上，加强行业监管，规范执业行为，引导全省注册税务师行业健康发展。在“创新发展年”中，如何使注册税务师管理中心的工作在建设服务型国税机关中发挥应有的作用，管理中心在客观分析云南注册税务师行业发展现状和面临的形势任务的基础上，进一步拓宽思路，增强工作的预见性、主动性，着眼于工作中存在的问题和不足，完成了2009年的工作任务。

各项工作

【制度建设】 继续贯彻落实《注册税务师管理暂行办法》，开展调查研究，分析行业发展和行业管理存在的突出矛盾和主要问题，结合云南实际，制定促进行业规范发展的具体措施，为行业健康创造了良好的外部环境。根据《国家税务总局关于报送注册税务师行业年度报表有关问题的通知》，于2009年3月完成了《2008年度税务师事务所基本情况统计表》等5个报表及统计分析报告。7月完成《注册税务师行业鉴证业务情况统计表》的上报统计工作。

【年检工作】 加强与地税局的沟通，相互配合，顺利完成了2009年年检工作。全省2009年度参加年检的税务师事务所共62家，分支机构22家，整改的事务所1家。全省注税行业从业人员1096人，其中：执业注册税务师523人，其他从业人员573人。对年检中发现的问题，及时纠正，妥善处理和解决，年检工作落实到位，取得了实效。在分析各地年检情况的基础上，管理中心抽调人员与昆明市国税、地税局组成检查组，确定10家事务所为今年的重点检查对象进行了重点抽查，主要检查了事务所的执业资质、执业规范、财务管理、分支机构、涉税鉴证业务、脱钩改制等方面情况，从重点抽查的情况看，绝大多数事务所及注册税务师的执业行为逐步规范，涉税服务质量和水平有所提高，在维护纳税人合法权益、提高税收征管质量上发挥了积极的作用。

【制定颁布服务收费办法】 为了规范税务师事务所服务收费行为，维护委托人和税务师事务所的合法权益，促进注册税务师行业的健康发展，根据国家发改委、国家税务总局印发的《税务师事务所服务收费管理办法》的规定，结合云南实际，云南省发改委、云南省注册税务师管理中心经过多次征求税务师事务所和企业意见，于2009年11月完成制定了《云南省税务师事务所服务收费管理实施办法》。此《办法》规定云南省行政区域内经省及省以上税务部门批准设立的税务师事务所，提供涉税鉴证和涉税业务服务的收费行为，应当遵循独立、客观、公正、诚实信用和自愿委托、有偿服务的原则，提供的服务必须符合国家相关质量标准，并按本实施办法收取服务费。采取有效措施，防止和纠正压价竞争、降低质量等行为。

【评定等级事务所】 2009年12月8日，云南省注册税务师管理中心、省注册税务师协会主持召开了全省税务师事务所等级认定工作会议。税务师事务所信誉等级认定的目的是为促进税务师行业依法经营、规范发展。事务所信誉等级认定是由税务师事务所自愿申请，信誉等级定名为A级税务师事务所。A级事务所分为A级、AA级、AAA级、AAAA级、AAAAA级。根据云南实际情况，云南省有A级、AA级、AAA级。

【执业资格考试】 与省人事厅考试中心共同组织2009年全省注册税务师执业资格考试考务工作的同时，配合云南国税系统干部职工的业务素质教育，为系统内干部职工注册税务师资格考试提供支持和帮助。

【后续教育培训】 处理好监管与服务的关系。免费为全省注册税务师提供《新企业所得税税前扣除政策与纳税申报实务》、《云南注册税务师行业政策法规汇编》、《纳税咨询》等书籍。同时，以网站为平台，抓好网络教育的组织管理工作，抓好执业注册税务师的后续教育培训工作。

【全国考务工作会议】 圆满完成了2009年3月总局教育中心在云南省召开的全国注册税务师执业资格考试考务工作会议；圆满完成了2009年4月总局纳税服务司在云南省召开的全国注册税务师管理工作会议。

【巩固成果】 积极开展课题调研工作。围绕省局“创新发展年”的主题，结合云南税收环境和实际情况，对云南注册税务师行业管理的工作重点要从行政审批、组织考试等工作，转移到对税务师事务所的执业规范和监督管理上来。按照“依法监管、支持发展、规范行为、利于脱钩”的要求，进一步思考在强化纳税服务的工作中，如何将税务中介提供的有偿涉税服务作为税务机关提供必要无偿纳税服务的重要和有效的补充，如何克服对注册税务师行业从过去强制代理、指定代理到现在“不敢管、不想管、不愿管”的思想，探索出一种税务机关提供无偿纳税服务和鼓励税务中介提供有偿服务相结合的纳税服务方式。

【2009 年审批事务所】 严格按照《国家税务总局办公厅关于调整税务师事务所设立审批管理方式的通知》的有关规定，全年已审批、办理新设立税务师事务所 13 家、分所 2 家，同时将有关资料复印件报国家税务总局（纳税服务司）备案。

（杨 雨）

云南省税务干部学校

综 述

2009 年是中华人民共和国成立 60 周年华诞，是全国人民应对国内外复杂环境的挑战，推动党和国家事业实现科学发展的一年，是云南省国税系统的“创新发展年”。云南省税务干部学校全体干部职工转变观念，统一认识，团结协作，认真扎实较好地完成了各项工作。

各项工作

【加强学习 提高素质 迎接新的任务和挑战】 云南省税务干部学校始终把提高全体干部职工素质作为推进工作的强劲动力，保持常抓不懈。一是保持日常学习不放松，保持每周二政治理论学习不动摇。及时深入学习党的方针、政策、目标，学习马克思主义基本理论和各级领导重要讲话。税干校重点组织干部职工学习《六个为什么》、“胡锦涛总书记考察云南时的重要讲话”、“习近平校长在中央党校春季开班典礼上的讲话——领导干部要爱读书”。参加了省局组织的各种学习和讲座，包括参加“云南省优秀县乡村党组织书记先进事迹报告会”，聆听昆明市委书记仇和关于新昆明建设的报告，以及省委组织部副部长做的“学习贯彻十七届四中全会精神”的辅导讲座。通过一系列政治学习，全体干部职工的政治素质得到明显提高，同志之间更加团结和谐。同时非常注重干部职工业务能力、工作技能的提高，以便提高服务水平和服务能力。尽量为职工创造学习条件和改善学习环境，购置了一些办公用电脑和设备，解决了原来不能上外网的问题。从 2009 年 12 月起，根据广大职工愿望，聘请了书法老师为职工每周开设一次书法课，反映很好。二是积极争取干部职工外出学习，开拓视野，增强敬业意识。通过考察学习，使大家开阔了眼界，增长了见识，增强了责任意识、危机意识、忧患意识。2009 年 12 月国家税务总局教育中心组织了全国税务施教机构负责人培训班，两位副校长参加了此次培训，收获很大，感受很多，回来后向全体职工做了汇报交流，取得很好效果。

【尽职尽责 扎实认真 完成各项工作】 （一）基建工作。保证做到整个基建工作程序合法规范，尽力实现资金效益最大化，工程质量最优化。2009 年基建项目的进展情况：一是年初顺利完成危房拆除工作；二是基建项目昆明市规划局已批准，已按规定进行了公示；三是 4 月底将基建项目设计资料（含工程项目概算）上报总局；四是 9 月 1～14 日，国家税务总局委托“北京中天恒达造价咨询公司”对校干校基建项目进行了开工前评审，在省局领导的直接关心和财务处的大力帮助下，全力以赴，积极配合评审组工作，评审工作顺利完成，及时上报总局；五是 2009 年 11 月初与昆明天赢工程造价咨询公司签订了《全程审计协议》，作为全省国税系统基建项目工程管理方式改革的第一家试点，由专业公司对基建全过程进行跟踪审计；六是 2009 年 12 月 15 日收到《国家税务总局关于云南省税务干部学校改造项目开工的批复》，省局于 12 月 16 日以云国税函（2009）590 号文件批复，准予开工；七是接到通知后，税干校立即两次召集招标中介公司、设计单位、监理公司、造价咨询公司开会，讨论研究最佳招标方案，并及时向省局有关领导汇报招标方案，经局领导同意，按程序进入下一阶段工作，截至 2009 年 12 月 28 日，已进入土建标段资格预审阶段。

（二）培训准备工作。开展有效的培训，为云南国税事业发展贡献力量是我们的立业之本。“特色立校，发展兴校，创新强校”是我们的共识和努力方向。税干校从实际出发，分析当前全国税务施教机构的形势，找准位置和定位，实事求是地“做好眼前的事”：一是用科学发展观武装头脑，更新观念；二是完善“师资库”的相关信息资料；三是 5 月份与总局教育中心建立了信息报送渠道；四是积极安排有关老师和人员参加学习培训，7 月赴长沙税务专科学校观摩教学培训，11 月参加了由湖北财税职业学院主办的“中西南校际协作会”，12月参加了在扬州举办的“全国税务施教机构负责人培训班”的学习。

（三）网球场馆服务工作。继续加强网球馆领班人员和服务人员的管理。强化服务意识，规范服务行为，提高服务质量。截至2009年底，网球馆共提供场地活动时间9100小时。其中为省局机关提供活动时间840小时，为系统内提供活动时间1800小时，为一些协作单位和贵宾会员提供活动场地822小时，为社会各界网球爱好者提供场地5676小时，取得营业收入27万元，都已按时足额缴纳有关税款。

（四）财务管理工作。坚持“厉行节约，强化管理”的原则，严格遵守各项财经纪律，强化管理，厉行节约不折不扣，按质按量完成各项工作。一是准确编制预算、强化预算管理；二是准确编制决算报表，真实反映单位财务状况；三是认真做好清理“小金库”回头看工作；四是严密监控省局财务处下达的“四项”经费指标；五是在经费管理，固定资产管理上，严格执行国家《会计法》、《会计准则》等法律法规及《云南省国家税务局机关财务管理实施细则》、《云南省国家税务局机关固定资产管理实施细则》等相关细则，本着勤俭节约原则，用好管好国家的每一分资金，确保每一分资产的安全和完整。

（五）退休老干部管理工作。政治上组织学习，生活上倍加关心。充分利用党支部和工会等党群组织，加强与老同志的联系和交流，及时组织学习和活动，及时通报工作情况，学校的工作打算、工作目标、得到了广大老干部的理解，支持和认可，同时也推进工作的顺利进行。

（六）人事管理工作。根据人事厅和省局有关工资的文件规定，及时对单位的干部职工进行了晋级进档，按时报送各种人事工资报表。

（七）安全保卫工作。一方面随时强调安全问题，引起大家高度重视，防患于未然。另一方面，加强安全方面的管理：一是加强车辆管理，制定了车辆管理办法并严格执行。二是加强了税干校工作区及宿舍区的保卫工作。

（八）后勤保障工作。做好房屋维护和租赁管理工作，保证水电供给的安全畅通，做好园区内绿化工作，为大家提供一个优美的办公环境。

（黄千红）

云南省税务学会

综　述

2009年云南省税务学会工作在各级领导关心支持下，坚持以科学发展观为指导，紧紧依靠全体理事和广大会员，按照学会宗旨，围绕税收工作主题，充分发挥好税务学会作为研究税收科学的群众性学术团体，广泛联系税务干部及各方热心税收理论研究人员的“服务”作用，以税收课题调研为主线开展好群众性学术研究活动，进一步加强学会自身建设，推进学会工作的开展。

各项工作

【组织学会税收课题调研活动】　按照中国税务学会税收调研计划，围绕全省经济税务中心工作，组织开展好学会课题调研活动。组织开展了“全省学会三个群众性税收调研”课题活动。重点组织参加了中国税务学会课题组研讨的“促进节能减排、环境保护税收政策研究”课题调研。于3季度组织召开了“科学发展观相关税收政策研究”、“强化税收征管”和“优化纳税服务构建和谐征纳关系”等3个税收调研课题研讨交流会，共收到参加交流的税收调研报告和论文53篇，经各课题组交流评选出17篇优秀论文，于年终编辑成集，进行了表彰。

【加强学会自身建设】　为充分发挥税务学会的职能作用，2008年6月，经省国税、省地税局同意，下发了云南省税务学会《关于筹备成立各州、市税务学会的通知》，省税务学会积极做好协调工作。按照民政部门社团管理的有关规定，经审核报批，全省各州、市税务学会召开了会员代表大会，于2009年完成了各州、市税务学会换届、成立工作。为进一步推进全省税务学会工作的开展奠定了坚实的基础。

【召开全省税务学会秘书长会议】　4月28日，全省税务学会秘书长会议在昆明召开，省税务学会常务理事，各州、市税务学会秘书长及分管学会工作的领导参加了会议。云南省税务学会会长段捷庆在会议上作了题为《学习实践科学发展观　努力开创税务学会工作新局面》的讲话，会议还讨论了《云南省税务学会与各会员单位工作联系办法》。

【对外学术交流活动】　2009年，云南省税务学会与广西、浙江、青海、安徽等省区学会进行了交流活动，对学会工作、税收调研等方面进行了广泛交流，学会省际间的联系有了进一步加强。

【落实好中国税务学会布置的各项活动】 参加了中国税务学会组织召开的税收理论交流研讨会，云南省交流了“促进节能减排环境保护税收政策的实践与思考”课题报告。6月15日，参与承办了中国税务学会在昆明召开的9省、市税务学会会长、秘书长会议。中国税务学会会长崔俊慧、副会长张英惠、副会长兼秘书长董志林等位领导及全国9省区市税务学会的会长、秘书长参加了会议。李鸿文局长致了欢迎辞，云南省税务学会作了发言。为提高学会秘书处工作人员业务素质，5月20日，参加了中国税务学会在国家税务总局扬州税务进修学院举办的学会骨干培训班。按照中国税务学会、中国国际税收研究会、中国税务出版社《关于开展新中国成立60周年来最具影响力的60件税收大事评选活动的通知》要求，积极参与认真组织推荐上报了60件税收大事。

（高加堂）

云南省国际税收研究会

综述

2009年，在各级领导的关心支持下，按照与时俱进、理论联系实际的要求，国际税收研究会认真组织安排税收研究和调研活动，不仅为管理决策提供了参考，同时也提高了税务干部对税收工作形势和任务的认识，激发了调研热情，提升了税务干部发现问题、提出问题和解决问题的能力，使研究会的工作更好地服务于税收工作，促进了全省经济和税收事业的发展，为实现科学化、精细化的税收管理奠定了良好的理论基础。

各项工作

【贯彻落实科学发展观】 积极参加省委安排的第三批深入学习实践科学发展观活动，制作了《云南省国际税收研究会深入学习实践科学发展观活动工作方案》、《云南省国际税收研究会学习实践科学发展观分析检查报告》、《云南省国际税收研究会深入学习实践科学发展观活动整改方案》、《云南省国际税收研究会开展深入学习实践科学发展观活动总结》。通过开展学习实践活动，提高了认识，促进了云南省国际税收研究会的健康发展。

【税收研究】 安排部署了2009年国际税收研究会的各项工作，将总局国际税收研究会安排的“跨国税源监控管理”课题和省局自选课题“构建云南省非居民企业所得税税源管理体系研究”确定为2009年度的两个课题研究任务。各地立足本地外向型经济实际，组织精干力量，针对国际税收实际工作中的热点、难点问题，以贴近实际、业研结合的方式，对课题进行了深入研究，形成了24篇高质量的课题论文。

【研究成果】 云南省国际税收研究会立足云南国际税收工作实际，按照云南省国家税务局“创新发展年”的要求，拓宽视角，继续推进国际税收理论研究精品战略。2009年4月，在江川瑞文培训中心召开了2008年论文研讨暨2009年度国际税收研究工作安排会议。会议对2008年的“完善税源管理的国际借鉴研究”调研课题进行交流和总结，从提交的27篇论文中选取了12篇优秀论文进行评比和表彰。“跨国税源监控管理初探”一文还参加了中国国际税收研究会在江苏连云港组织的论文研讨会议。

（晏　斌）

云南省注册税务师协会

综　述

2009年，云南省注册税务师协会以坚持以抓规范管理为基础，提升执业质量为切入点，推动行业健康发展为目标，加强行业监管，规范执业行为，引导我省注册税务师行业健康发展。

各项工作

【监督管理】　认真贯彻落实《注册税务师管理暂行办法》，开展调查研究，分析行业发展和行业管理存在的突出矛盾和主要问题，结合云南实际，制定促进行业规范发展的具体措施，为行业健康创造了良好的外部环境；认真努力完成协会秘书处的日常工作；与管理中心一起，配合云南省发改委，经过多次征求税务师事务所和企业意见，于2009年11月完成制定了《云南省税务师事务所服务收费管理实施办法》，采取有效措施，防止和纠正压价竞争、降低质量等行为。

【评定事务所等级】　2009年12月，税协与管理中心召开了云南省税务师事务所等级评定工作会议，云南暂设A、AA、AAA级，按中税协的工作安排进度完成工作。

【党建工作】　2009年8月26日向全省事务所发出通知，对我省注册税务师行业党员基本情况进行调查统计，填报《党员卡片》表。

【年检工作】　加强年度检查工作，开展对协会会员的日常检查，引导和促进注册税务师行业健康有序地发展。

【教育培训】　加强对会员继续教育业务培训，要求注册税务师参加中税协举办的各期培训班以及中税网校远程继续教育业务培训。

【宣传政策】　继续免费发放《税收政策法规选编》400册及各种有关业务书刊，对注册税务师行业发展和执业情况进行宣传。

【网站建设】　通过网站信息平台，为税务师事务所提供专业信息服务，扩大注册税务师行业的宣传，提高行业的社会认知度和影响力。传达贯彻有关注册税务师行业的各项方针政策及法律、法规。

【行业交流】　积极开展行业交流活动，加强与外省同行业组织之间的协作和联系。向相关政府部门反映会员的意见和要求。

【大赛工作】　积极宣传和组织第二届“注税杯”全国注册税务师知识大赛。进一步宣传注册税务师行业在现阶段社会主义市场经济建设中的作用和地位，促进行业人员钻研业务，不断提高专业素质，构建和谐纳税环境，推动行业加速发展。

（杨　雨）

《中国税务报》驻云南记者站

综　述

2009年，记者站继续积极参加深入开展学习实践科学发展观活动，认真贯彻落实党的十七大精神，按照省局党组“创新发展年”的要求，端正记者意识，不断提升记者站的报道水平。

各项工作

【按时完成宣传报道各项任务】　据报社统计，全年刊发稿件75篇，图片16幅，超额完成报社全年发稿任务。

【对重点税源、重点事件进行重点报道】　（一）对重点税源、重点事件进行重点报道。分别是：《云南国税系统打造“阳光国税”品牌》（2009.05.11）、《云南推进企业所得税分类管理》（2009.01.14）、《云南对非公有制企业实行税收优惠》（2009.06.22）、《高效退税缓解企业资金压力》（2009.06.01）、《云南国税局建立打击发票违法活动长效机制》（2009.05.25）、《云南震区国税部门紧急有序组织救灾》（2009.07.17）

（二）刊发了《以作风建设为抓手推动各项工作》、《云南国税局落实四项制度》、《云南国税系统掀起解放思想讨论热潮》、《红云烟草集团1月创税利40亿元》、《红河“非烟”税收增长近五成》、《经济较快发展企业所得税增收》、《云南国税局严把财产损失税前扣除关》、《岗位练兵提高税收管理员素质》等文章。

【做好纳税服务的报道】　《云南国税局服务重点出口企业》（2009.04.29）、《网上申报减轻税企工作负担》（2009.07.08）、《高效退税缓解企业资金压力》（2009.06.01）、《云南对非公有制企业实行税收优惠》（2009.06.22）、《云南奖补结合扶持工业产品销售》（2009.07.20）、《卷烟仍是云南国税支柱税源》（2009.10.28）、《红塔集团上半年入库“三税”增2成》（2009.07.24）、《曲靖查补税款近400万元》（2009.07.31）。

【对信息化建投入更多关注】　先后刊登了：《监控系统：让税务人员从手工操作中解脱出来》（2009.05.27）、《昆明进行增值税网络申报试点》（2009.07.08）、《云南启动财税库银横向联网试点》（2009.10.28）、《云南国税局网上办理税务登记》（2009.11.25）、《云南国税局创建文明单位“网上行”

》（2009.11.18）、《云南国税稳步推进财税库银联网》（2009.12.23）。

【专题宣传】 对工作有特点成效显著的单位组织材料，在报社的支持下进行了专题宣传。先后刊发了：《共有蓝天同呼吸真诚永谱和谐曲》（2009.08.26）、《精神文明之花傲然绽放》（2009.09.11）、《风雨兼程聚财路 励精图治谱华章》（2009.09.02）、《昆明国税因势而立创新之舟乘风起航》（2009.06.10）、《勇立潮头唱大风》（2009.10.14）等专题宣传。

【参与省局大事宣传】 （一）延安学习。与科研所策划编辑了一个专题报道。（二）为喜迎新中国60华诞，充分展示云南国税文化建设成果，由云南省国税系统书法美术摄影协会主办的庆祝新中国成立60周年“暎瑞之魂——书法美术摄影展”上，与办公室一同策划庆祖国华诞 展国税风采——云南省国税系统庆祝建国60周年书法美术摄影作品集萃在税务上专题宣传，受到各地好评。（三）4月份带领一组摄影小组赴保山等地进行摄影创作。创作了《远征军老兵讲述抗战史》的报道。同时，对腾冲县重点税源企业之一的云南省腾冲制药厂进行了图片报道。提高了通讯员的写作能力和摄影能力。

【表彰】 2009年，由于各项工作成绩突出，记者站荣获2009年7月17日《中国税务报》第四届“金嗓子税收新闻摄影比赛”二等奖，李洁被《中国税务报》社评为“2009年度先进记者”。

（李　洁）

云南省国家税务局办公室

2009年12月24日，省综治办考核组对省局开展综治维稳工作进行专项考核

2009年10月21日至23日，《云南国税年鉴》编辑部在祥瑞宾馆召开《云南国税年鉴》(2008刊) 编辑集中审校会议

2009年，办公室在省局党组的正确领导下，按照“创新发展年”的工作要求，坚持围绕税收中心工作抓服务，促发展，有力地保障了机关工作的正常运转。

统一思想，提高认识。按照“创新发展年”工作要求，进一步统一思想，充分认清面临全球经济危机条件下做好税收工作的复杂性、艰巨性，做到思路超前谋划，措施超前制定。

围绕中心，服务大局。紧紧围绕工作主题，坚持把提高税收政务工作水平作为全年工作重心，一切工作服从服务于税收中心工作大局，把做好政务、事务、服务工作摆在更加突出的位置，保证办公室工作与全局中心工作同步推进。

突出重点，兼顾一般。不断增强工作的前瞻性和主动性，进一步改进工作方法，提高工作质效，细化工作目标，突出工作重点，统筹兼顾，形成工作合力。

强化责任，狠抓落实。强化各级各类人员责任意识，加强岗位能力培养，提高履职尽责能力，狠抓工作落实，实现工作思路创新、工作方法创新，推动工作落实。

2009年12月18日，省局办公室专题召开全省各地州（市）办公室主任和部分县、市（区）局长参加的政务调研座谈会，认真听取了各地对2010年工作主题的建议

2009年12月23日，省局办公室主持交接仪式，按时向云南省档案局移交了1982～1993年永久类到期文书档案278卷，1981～1993年长期类到期文书档案533卷

云南省国家税务局政策法规处

2009年，政策法规部门认真贯彻落实全省国税工作会议和全国政策法规工作会议精神，以“立基础、思创新”为工作思路，坚持解放思想，实践科学发展，勇于创新探索，深入贯彻《全面推进依法行政实施纲要》，大力推进依法治税，积极开展“依法治省示范单位”试点和“五五”普法，贯彻实施省政府“阳光政府”四项制度，坚持重大税务案件集体审理制度，认真做好行政复议工作，全省国税系统的法治意识不断增强，执法行为不断规范，各项工作取得较好成效。

一、组织税收法制培训。10月20日至21日在安宁举行全省国税系统税收法制培训。参加培训人员为各州、县局政策法规工作人员共计80名，培训内容包括新流转税政策、税收征管数据监控系统、税务稽查、案例分析、税务听证等内容。培训会上，副局长蔡杰作了《转变作风 提高素质 努力开创政策法规工作新局面》的讲话。

二、组织参加全国税务人员执法资格统一考试。11月27日组织全省国税系统309名执法人员参加了税收执法资格统一考试。考试及格率91.26%，平均分67.9分。

三、开展重点领域税收宣传。编印《涉农税收优惠政策选编》1万册，免费向省、州、县各级领导和纳税人发放，加大重点领域的税收宣传力度。

执法资格考试

法制培训

涉农税收优惠政策

第三篇

各地国税工作概述

YUNNANGUOSHUINIANJIAN

昆明市国家税务局

经济概况

2009年，昆明市实现生产总值（GDP）1808.65亿元，同比增长12.8%，全市三次产业结构比例为6.3:45.6:48.1，分别实现增加值114.09亿元、824.59亿元和869.97亿元。其中，二、三产业对昆明经济发展的贡献率分别达到12.9%和13.7%，成为推动经济发展的主要力量。全市地方财政一般预算收入201.61亿元，呈上升逐渐增强趋势，增长15.2%。全市地方财政一般预算支出270.45亿元，比上年增长15.7%，其中增长较快的交通运输、环境保护、医疗卫生、教育，分别同比增118.7%、64.1%、34.5%、31.1%。全市固定资产投资完成1600.66亿元，比上年增长51.9%。全市金融机构人民币存款余额5849.43亿元，比年初增加1585.23亿元，增长37.2%。全市金融机构人民币贷款余额5450.79亿元，比年初增加1440.48亿元，增长35.9%，其中短期贷款余额增长16.4%，中长期贷款余额增长50.3%。全市城镇居民人均可支配收入达到1.65万元，比上年增加2013.68元，增长13.9%，扣除物价因素，实际增长13.0%；人均消费支出1.14万元，比上年增加1442.33元，增长14.5%，扣除物价因素实际增长13.6%。农民人均纯收入5080元，比上年增加470元，增长10.2%，扣除物价因素，实际增长9.7%。另外，全年全市居民消费价格总水平为100.8%，比上年上涨0.8%，涨幅比上年回落5个百分点。

税收概况

【收入完成情况】 2009年，昆明市国税系统完成税收收入289.41亿元，增长1.45%，计划口径完成280.92亿元，增长1.57%，增收4.35亿元，完成省局下达调整目标的100.01%，超目标任务0.01个百分点。其中：增值税完成126.50亿元，同比下降5.01 %，减收6.67亿元；消费税完成80.80亿元，同比增长7.89 %，增收5.91亿元；企业所得税完成60.38亿元，同比增长5.96 %，增收3.39亿元，储蓄存款利息所得个人所得税完成8264万元，同比下降59.52%，减收1.22亿元；车辆购置税完成12.43亿元，同比增长30.82%，增收2.93亿元。海关代征两税完成8.48亿元，下降2.48%，减收2156万元。全市地方一般预算收入完成38.13亿元，同比下降5.06 %，减收2.03亿元，完成年初下达目标任务的90.42%，差进度9.58个百分点。市级地方收入24.54亿元，同比下降2.68%，减收6759万元。市本级地方收入19.46亿元，同比下降3.22%，减收6469万元。

【收入特点】 （一）税收政策大幅变动，国税征收5个税种的税收政策均有所调整。一是增值税转型，新增固定资产进项税额抵扣9.3亿元；二是小规模纳税人征收率降为3%，税款减收2亿元。所得税两法合并，税率降低导致全市企业所得税汇算清缴入库14亿元，减收5.2亿元。受消费税政策调整影响，烟草行业消费税税收增加，挤占了企业的利润空间，造成全市烟草行业企业所得税减少2.86亿。（二）全年税收呈现先减后增的局面。2009年，受经济下行和结构性减税政策等影响，昆明市的实体经济如冶金等资源型行业发生超预期的重大影响，上半年昆明市税收收入大幅下降，同比减收额最高达20亿（1～5月份），从6月份开始总体减收额逐月减少，到12月份累计收入也由负增长转为正增长，与此相适应，单月收入也从6月开始出现正增长，且增长比逐渐增加，总体趋势向好，总体收入由负转正。（三）2009年税收收入合计同比略增，而地方一般预算收入同比下降。2009年国税收入同比增长了1.45%，而地方一般预算收入则下降了5.06%，这主要是由于地方一般预算收入占国税收入比重下降至6年来最低。原因一是税收收入构成的5个税种中增值税和个人所得税同比下降，分别减收6.8亿元和1.21亿元；消费税、企业所得税和车辆购置税同比增长，分别增收5.91亿元、3.39亿元和2.43亿元，因此税收合计同比增收3.71亿元，增长1.35%。二是地方一般预算收入主要受增值税影响，2009年增值税同比下降5.11%，减收6.8亿元，造成地方一般预算收入同比减收1.7亿元。三是企业所得税同比增长，而其中昆明可分享企业所得税同比下降6.40%，减收2.92亿元，造成地方一般预算收入同比减收0.46亿元。（四）昆明市工业经济严重下滑，第三产业迅猛增长。从2008年下半年开始，受全球经济的影响，昆明市工业经济出现回落，2009年这一情况更加显著，1～11月份全部工业总产值下降1.7个百分点，而规模以上工业企业总产值下降了2.9个百分点，与此相适应，工业税收收入下降了4.36个百分点，减收8.37亿元，工业税收占国税收入比重下降了3.85个百分点，其增长贡献率达到了负202.42%，严重的抑制了税收的增长。而另一方面由于国家先后出台了多项刺激经济增长的措施，率先在第三产业得以体现，昆明市社会消费品零售总额同比增长了24.9%，而全市国税第三产业收入同比增长了15.05%，增收13.63亿元，第三产业占国税收入比重上升了4.26个百分点，其增长贡献率也达到了329.83%，在一定程度上弥补了由工业带来的减收。（五）产品进出口受阻，相关税收指标下降。2009年昆明市进出口贸易总额为80.2亿美元，负增长16.5%；其中：出口45.1亿美元，负增长9.7%，进口35.1亿美元，负增长23.8%；与此相适应海关代征两税完成8.48亿元，同比减少2156万元，负增长2.48%，办理退税8.34亿元，同比减少3246.4万元，负增长4%，办理免抵调库1.33亿元，同比减少1.16亿元，负增长46.69%。国际经济环境恶化使外部需求萎缩，出口下降，而国家为限制"两高一资"等商品的出口，在2008年下半年2次调高出口退税率的基础上，2009年又4次出台了提高部分商品的出口退税率，并取消了部分商品的出口退税。（六）总体税负和税收弹性大幅下降。2009年昆明市税收收入总体税负为16.08%，比上年降低了1.15个百分点，税收弹性系数为0.11，比上年降低了0.87个百分点。总体税负和弹性系数均大幅下降。（七）采取征管措施有效促进税款增收。2009年，由于充分认识到组织收入工作的严峻形势，昆明市国税局从年初就提出：要强化税源管理，挖掘征管潜力，采取有效措施，提高征管质效以促进税收收入。通过开展纳税评估、组织漏征漏管户专项清查、加大清欠力度、进行所得税和增值税减免税政策清理、加强发票比对及检查和个体户核定管理，以及实行税源分类管理等各项措施，共促进增值税增收近10亿元、企业所得税增收7.21亿元。

【税源分析】 2009年昆明市税收增长1.57%，增值税和个人所得税分别下降了5.01%和59.52%，其余各税种均有不同程度增长。一是卷烟"两税"：红云红河卷烟"两税"全年入库105.54亿元，增长5.8%，增收5.79亿元。红云红河烟草（集团）有限责任公司自2009年1月进行重组，在消化上年企业自查补税3113万元以及红河集团上期1.02亿元的抵扣的同时，由于增值税转型，企业的进项税额抵扣大幅增加，1～11月该企业已抵扣固定资产进项税额就达8503万元；针对以上不利因素，企业对卷烟品牌进行了整合，加大了对畅销品牌的产销力度，卷烟结构的提升和消费税政策的变动带动了税收的增加。二是其他"两税"：2009年受经济下行影响，昆明市重点行业税收除商业、建材和电气器材略有增长外，其余行业均同比下降。其他"两税"全年入库100.55亿元，下降7.16%，减收7.76亿元。其中：有色金属增值税全年入库3.91亿元，下降67.40%，减收8.08亿元；钢坯钢材增值税全年入库3.75亿元，同比下降32.91%，减收1.84亿元；电力行业增值税全年入库11.49亿元，同比下降10.39%，减收1.33亿元；商业增值税全年入库38.24亿元，同比增长8.89%，增收3.12亿元。

各项工作

【税收征管】 （一）各税管理。增值税方面：一是积极贯彻落实增值税转型政策。组织各层次的培训，确保新旧政策的顺利过渡，昆明市国税系统1160人参加培训，保证了税收政策在基层的正确贯彻；配合云南省国税局，提前做好政策调整后相关应用系统的业务需求和测试工作，保证了增值税政策转型涉及业务变更内容在系统中的正常运行。二是开展多层次、创新型的纳税评估工作，保证评估工作质量。2009年共计评估1139户，评估应补缴增值税3.00亿元（包括企业所得税），消费税1223万元。三是成功推行一般纳税人增值税网络报税和消费税网络申报。截至2009年12月18日，昆明市国税系统全部1.62万户增值税一般纳税人中有3775户使用网络报税，占昆明市增值税一般纳税人总数的23%；网络抄报税12月份抄报的专票税额为145.58亿元，自开通以来抄报的专用发票总税额约297.59亿元。消费税共计开户116户，共计申报1161户次，应征税款55.7亿。其中12月份共计应征税1761万。消费税方面：认真做好消费税政策调整的落实工作。一是组织昆明市国税系统涉及业务的税务机关人员学习相关文件，理解掌握政策，准确执行贯彻落实。二是针对昆明市卷烟工商企业业务复杂，送政策到企业，做好政策辅导，并针对具体情况做好解答。三是在云南省国税局确定的涉及政策调整的卷烟批发企业基础上，进一步对卷烟商业企业进行摸底，落实卷烟批发企业户籍。车辆购置税方面：一是于2009年1月1日起正式使用机动车销售统一发票税控系统，随着该系统的顺利运行和逐步完善，使得增值税转型改革后，纳税人购进的除应征消费税的汽车、摩托车以外的汽车可以抵扣进项税额的工作顺利实现。二是2009年1月20日至2009年12月31日期间，严格贯彻执行经国务院批准，对纳税人购买的排气量在1.6升（含）以下的小排量乘用车，暂减按5%的税率征收车辆购置税的政策，逐步完成车辆购置税政策调整的各项工作。共办理减征车辆购置税车辆7.90万辆，减征税额2.21亿元。三是2009年6月份，积极贯彻落实云南省国税局制定印发的《云南省机动车销售统一发票异常发票清分核查操作规程（试行）》文件规定，严格遵照操作规程要求，进行异常发票的清分核查，确保政策执行到位，完善了《机动车销售统一发票》异常发票数据核查管理工作。四是2009年10月份，根据云南省国税局《关于对我省车辆购置税征收档案管理情况进行调查及清理车购税档案的通知》有关要求，认真贯彻和落实档案清理的具体工作，达到预期效果。五是2009年12月，在昆明市机动车第七安全检测站、云南虹桥汽车市场有限公司分别设置了车辆购置税征收点，建立了购车、登记落牌现场办理的快捷服务体系，进一步给纳税人提供了一个便捷、高效、优质的服务环境。所得税管理方面：一是为落实国家税务总局、云南省国税局"两个减负"工作要求，昆明市国税局采取切实措施确保昆明市2008年度企业所得税网络暨介质申报推行工作顺利进行。在2008年度申报工作中，通过网络申报户数2.56万户，按应汇算户数3.38万户，网络申报比率达75.55%，超过昆明市国税局要求的50%及目督办所定35%的工作目标。二是积极探索分类管理。本着积极试点、逐步推行的精神，充分考虑税源规模和结构，结合昆明市企业所得税征管实际，科学选定行业，选择税源规模大、相对集中度高、行业特点鲜明的烟草工业和房地产业（不包括房地产中介机构及物管企业）在全市范围进行分类管理试点。通过分类、分行业的管理工作，有效堵塞征管漏洞，并取得了实效。三是全面开展2009年度企业所得税纳税评估工作。评估增加应纳税所得额1.77亿元；补缴税款3439.38万元；调减弥补亏损8636.98万元。四是企业所得税定率定额核定征税面达到15%以上，截至2009年12月31日，企业所得税定率定额征税户为5919户，占2008年管户3.12万户的18.96%。五是2009年外商投资企业联合年检工作。截至2009年7月31日，昆明市共计773户外资企业参加年检，初审通过773户，初审通过率100%，与上年联合年检情况相比较（参加年检683户，初审通过681户），参加并通过年检的外商投资企业增加了90户，增长13.17%；复核通过、签章730户，复审率94.44%，与上年复检情况（复审637户）相比较，增加93户，增长14.6%。另有43户企业仍未来进行复审。六是为了进一步提高税务干部的业务素质，打牢所得税管理的业务基础，于2009年8月16日至28日对各县（区）局所得税税政管理人员及2008年、2009年纳税交叉评估骨干、稽查骨干近300人在云南财经大学进行两期《会计报表数据来源及分析应用》专题培训。

（二）出口退税管理。一是自2009年7月1日起，由昆明市国税局进出口税收管理处直接负责昆明市外贸企业出口货物退（免）税申报的受理、审核和审批工作。取消了外贸企业出口退税申报由主管税务机关受理审核的环节，提高了审核效率，加快了审核进度。同时，充实了人工审核岗位，切实解决企业出口退税申报排队等候的现象并且将昆明市国税局受理审核出口货物退（免）税申报时间，调整为每周一至周四，方便了企业进行出口退税申报。二是市局于2009年9月，在昆明市范围内对已办理出口退税登记的出口企业开展出口货物退（免）税分类管理类别的评定工作。经各级税务机关认真、严格地评议并报云南省国家税务局审定，33户出口企业被评定为A类企业，其余评定为B类企业。对A、B类出口企业将实行相应的出口货物退（免）税分类管理措施。三是为进一步加强出口退税管理，优化退税服务，市局于2009年7月23日开通出口退税短信提醒业务，截至2009年12月31日，已发送短信2856条。

（三）发票管理。一是初步建立大额普通发票报备制度，防止纳税人利用发票存根联遗失等手段逃避税务机关检查。组织开展对8个重点行业即房地产、建筑、工业制造、印刷、医药、五金电器、汽车修理、大型商贸企业中规模较大的770户纳税人取得发票联金额在1万元以上的发票联数据进行采集，共采集发票1.14万份，涉及开票方纳税人3222户；对纳税人开具存根联金额在100元以下的存根联数据进行采集，共采集发票460份。通过比对检查，发现违法违章发票2157份，处理处罚纳税人707户，补税罚款1052.95万元，调减亏损97.6万元，冲抵多缴税款19.72万元，785份发票移交稽查在查或移交公安部门查处。二是专用发票及其他抵扣凭证审核检查信息系统平稳运行、异常海关增值税专用缴款书的清查工作顺利完成。经核查系统流程核查的专用发票共查补税款42.30万元，调减留抵18.60万元，罚款0.93万元。三是2009年7月1日起，昆明市国税系统销售的增值税专用发票销售价格下调，分别为：三联票由0.70元/份降低为0.55元/份，六联票由1.00元/份降低为0.90元/份。四是2009年10月，增加电脑版《云南省二手车收购统一发票》票种，销售价格为0.84元/套。

【税收执法】（一）税法宣传。2009年，市局加强税收日常宣传工作，与云南省国家税务局和省市有关部门联合开展了以“税收·发展·民生”为主题，“税收促进发展，发展为了民生”为主要内容的全国第18个税收宣传月活动，围绕“创新发展年”的中心工作，服务“保增长、扩内需、调结构、促改革、惠民生”的发展大局，紧密结合“行政效能提升年”、“干部作风改进年”活动要求，以开展深入学习实践科学发展观活动为契机，把集中重点宣传与日常宣传结合起来，针对纳税人和社会各界关心关注的重点、热点问题，创新形式，丰富内容，进一步扩大税收宣传的影响力，现场发放并收回调查问卷400余份，发放材料册2000余份，发放《税收优惠政策选编》书籍200余本。昆明市国家税务局机关组织开展的纪念“五四”运动九十周年宣传项目，被云南省国家税务局评为2009年云南省税收宣传月活动优秀创新项目。在税收宣传月期间，昆明市国家税务局结合自身情况，统筹现有资源，创新方式方法，发挥网络信息传递优势，最快的速度，最优的质量，最全的信息，向社会展示新时代国税工作方方面面，做到税收宣传“短、频、快”。积极编写手机短信和绘制漫画，报送了“滇池湖畔话发展，山川秀美新昆明，基础建设靠税收，感谢光荣纳税人”、“民生税收，在科学的琴键上舞蹈和谐”、“当您向国家缴纳一分一毫的税款的那一刻，社会就此嬗变，家乡因而美丽，祖国更加繁荣——税收与您密切相关”等短小、精致、诙谐的手机短信作品。漫画作品皆为原创，且形式多样，先后报送了《税收促进发展·发展改善民生》、《税收优惠暖中华》、《纳税e时代》等作品。共征集短信作品54条，漫画作品19幅。

（二）税务稽查。2009年昆明市国家税务局深入开展打击发票违法犯罪活动，依法开展昆明市税收检查，大力整顿和规范税收秩序，推行稽查查前告知制度，全面开展交叉稽查、重点稽查，加强分类稽查与专项检查，强化举报与协查管理，动员企业开展纳税自查，稽查检查户数1.17万户，有问题户1.16万户，查补合计6.69亿元，入库合计6.71亿元，完成稽查任务4.43亿元的151%，超进度51%。重点稽查平均处罚率

37.69%，入库率101.73%，选案准确率84.95%。联合昆明市公安局、昆明市地方税务局开展了打击制售假发票和代开发票的"端点"专项行动，共收缴各类假发票54万份，超额完成了公安部、国家税务总局下达全省的45万份工作任务。对收缴的近0.50吨53.60万份假发票进行公开销毁，销毁的假发票可填开金额达200余亿元，涉及近20多种发票。

（三）执法检查。昆明市国家税务局认真贯彻落实好昆明市政府第十二届六次全会会议对税收工作提出的"开展税收大检查，严查偷漏税，杜绝税收跑冒滴漏，保证应收尽收。防止收过头税，加重企业负担。"的工作要求，2009年10月27日和10月29日，市局分别召开局长专题办公会和全市国税系统加强组织收入工作专题会议，贯彻落实昆明市委主要领导在财政要情上的批示，认真分析研究组织收入工作形势和税源变化情况，继续保持"百日会战"态势，全员动员，采取有力措施，依法开展昆明市税收大检查，组成8个"组织收入工作督查指导组"分赴昆明市各分、区、县（市）国家税务局开展工作，努力实现应收尽收。按照云南省国家税务局关于开展2009年税收执法检查和执法监察工作要求，在昆明市各分、区、县（市）国家税务局自查基础上，2009年10月16日至12月15日，市局对5个区（县）国家税务局的税收执法工作开展检查。

（四）依法治税。市局全面贯彻落实税制改革措施和结构性减税政策，2009年全市国税系统共办理减免税18.42亿元，办理固定资产抵扣进项税额9.30亿元，办理出口货物退（免）税9.70亿元，小规模纳税人征收率下调减征1亿元，减征车辆购置税2.50亿元，税收政策有效落实，有力促进了昆明市经济平稳较快增长。严格规范执法，率先在全省国税系统开展规范细化税务行政处罚自由裁量权工作，受到了省市相关部门和纳税人的好评，制定的《昆明市国家税务局税务行政处罚自由裁量适用规则（试行）》及《昆明市国家税务局税务行政处罚自由裁量执行标准（试行）》自2009年11月1日实施。贯彻落实依法行政实施纲要，严格规范文明执法，深入推进文明办税"八公开"，全面落实政务信息公开，2009年在外部网站发布相关政务信息1517条，接听并答复96128咨询电话190个。清理现行有效税收规范性文件990件，部分条款、内容废止或失效税收规范性文件38件，党政部门涉税规范性文件5件。认真贯彻落实税收执法责任制，在2009年税收执法信息系统考核期内，全市国税系统执法业务量159.40万项次，平均过错率为0.04‰，完成了低于0.50‰的目标。

【信息化建设】（一）应用系统推行情况、数据分析利用情况。1. 网络申报推广运用。2009年，全市国税系统49146户查账征收纳税人中，已有37568户、76.44%的查账征收纳税人在征期内通过网络申报系统自主完成相关的各类申报，昆明主城区有35178户、高达82.75%的纳税人都已实现了网络申报。自网络申报上线运行以来，网络申报系统共成功受理各类申报588636户次，征收税款193.76亿元。2. 推行网络增值税专用发票认证和运输发票认证。全市国税系统2009年16451户增值税一般纳税人中已有11300户使用专票网上认证，占全市增值税一般纳税人总数的68.69%；网上认证发票份数207.88万份，占专票实际认证总数的77.26%，认证金额3398亿元，占总金额的79.55%，认证税额569亿元，占总税额的79.57%。网上货运发票认证系统运行以来，通过网上认证货运发票83521份，运费总计51.78亿元。截至2009年12月31日网上认证货运发票10024份，运费小计约6.01亿元。3. 推行网络抄报税。增值税一般纳税人网络抄报税系统于2009年6月研发完成并在昆明市范围内上线运行。截至2009年12月31日，系统已开户4516户，占全市一般纳税人总数的27.45%，通过网上报税金额136.38亿元，占报税总金额的35.81%，网上报税税额23.06亿元，占总税额的36.03%。

（二）税收电子信息化基础设施建设及税收信息化管理维护工作。1. 昆明市国税、地税、工商、质监四部门数据共享交换机制正式启动。昆明市国税、地税、工商、质监四部门间数据信息共享交换长效机制基本建立，交换数据深层次运用逐步开展。2009年7月14日，昆明市国税局与昆明市工商局已率先实现网络互联和数据自动交换。按照双方商定的"按日增量、自动更新"的数据交换原则，市局首批共取得昆明市工商系统（含省工商局）上载的工商登记数据890514条次，其中新增工商登记数据15874条。自数据交换平台建成，市局与昆明市工商局实现每天交换一次数据，从连接的工商交换数据库中提取到纳税人的相关开业基础信息（工商）并实时回写CTAIS系统，"一键"完成CTAIS中税务登记受理模块全部19项指标的录入。2. 成品油、卷烟（工业生产）、卷烟（商业批发）、白酒类消费税改革网络申报相关开发工作顺利完成。经过省、市国税局上下联动，业务部门和技术部门协调合作，成功完成了该项目。2009年6月11日至15日，全省16个地州共16家烟草商业公司、红塔集团、红云红河集团登录网络申报正式系统进行网络申报，成功申报税额21.59亿元，其中红塔集团、红云红河集团共申报消费税税额15.2亿元，增值税税额4.04亿元，16家烟草商业公司共申报消费税税额7847.74万元，增值税税额1.56亿元，同时上报卷烟销售明细信息1218条。红塔集团、红云红河集团及其分布在各地州的下属烟草商业公司全面实现了网络申报，为其会计核算的便捷、统一奠定了基础，同时也标志着网络申报系统在全省范围内推广使用的良好开端。全省四家规模较大的白酒生产企业使用销售明细表进行网络申报，进一步完善了白酒类消费税的税收管理。

（三）网络化建设。1. 试点网络发售发票和网络税务登记。发票网络申购系统就是纳税人通过国际互联网到税务机关提供的专门网站上，运用综合征管软件提供的纳税人领用信息、票种鉴定信息填写相关的表格，进行发票申购、发票验旧业务。当纳税人申购发票得到税务局机关认可后，纸质发票通过第三方同城快递公司送达纳税人手中。网上办理税务登记就是涉及税务登记表类型为《税务登记表（适用单位纳税人）》和《税务登记表（适用个体纳税人）》的所有纳税人均可采用网上税务登记的方式。自推行以来，业务人员办理税务登记证时间从7分钟缩减为1分钟，纳税人普通发票验旧等候时间消除，申购时间缩减为2分钟。截至2009年12月份，全市网上办证户数达1066户，网上申购、验旧普通发票笔数达289笔。2. 开发第一期的税负预警系统。昆明市国家税务局税负预警系统项目在云南省国家税务局的大力支持下，于2009年9月底基本完成一期开发，项目共编写数据库后台23个存储过程、103个表、52个视图；前台60个页面、近100个程序文件，全面实现了业务组提出的项目预期目标，并于2009年10月22日对全市进行了系统培训。税负预警系统在2009年9月开发完成后，通过反向验证，准确率达95%以上。税负预警系统的推广运行必将对加强全市的一般纳税人管理，提高全省监控系统的数据运用水平起到良好的推动作用。3. 建设网络教育培训系统。市局作为全省网络教育系统的试点单位，配合金证公司完成了服务器、MCU、视频终端、话筒、摄像头、会议电视、加码、解码设备、录播系统的安装、调试、配置工作，各系统运行正常；全市18个基层单位的视频终端、话筒、摄像头、会议电视、全部安装完成并进行了全省联调。4. 完成市局机房的改扩建工作。根据省局的信息化建设方案，在对省局机房进行改造、新增PC服务器机房的情况下，对市局机房进行改造和扩建，将市局机房作为省局的备份机房来进行建设。在省局的大力支持下，在市局机房中增加了二十个标准机柜、两台机房专用精密空调、由省局调拨一台80KVA UPS，并配置了部分机房辅助设备，此项工作已于2009年9月完成工程施工和验收，系统运行良好，为省局的下一步机房搬迁、昆明市局网上业务进一步扩展做好了硬件和环境准备工作。

【创新发展】 创新发展是国税工作开拓前进的灵魂，是国税事业兴旺发达的不竭动力。市局高度重视创新发展年工作安排，专题研究，认真谋划，深入研判形势变化，准确把握机遇挑战，凝心聚力抓创新，齐心协力谋发展，各项工作有序平稳展开。（一）财税库银横向联网电子缴税。实施财税库银税收收入电子缴库横向联网，简化业务操作，方便纳税人缴税，提高税款入库速度，实现财政、税务、国库间信息共享，为相关部门加强税收征缴管理和进行统计分析及预测提供有力支持。2009年11月成功上线，纳税人通过财税库银横向联网电子缴税系统顺利完成了申报及缴款业务。（二）网上办税服务厅。为进一步优化纳税服务手段，提升纳税服务水平，积极开发网上办税服务厅，逐步实现网上申购发票、网上办理税务登记，并做好与网络申报系统的整合。2009年11月试点成功，办理税务登记证时间从7分钟缩减为1分钟，消除了普通发票验旧等候时间，申购时间缩减为2分钟，全面推进纳税服务再上新台阶。（三）异地同城申报。以方便纳税人就近办税，规范办税程序为宗旨，打破办税服务厅行政区划办税地域界限，逐步推行办税服务厅涉税事项即登记、申报、缴税、购票“同城通办”，将“管理有界、服务无界”的理念与纳税服务实际工作有机结合。（四）税负预警系统。建立以“预防为主、过程监控”为目标的税负预警机制，通过开发一般纳税人增值税税负预警系统，实现对一般纳税人重点税源增值税税负预警功能，满足对一般纳税人重点税源增值税日常监控和管理的需要，加强监管纳税评估工作，提高税源管理质量和效率。（五）纳税服务“三零”目标。组织开展以征纳零距离、办税零差错、服务零缺陷为目标的纳税服务“三零”创新项目，建立目标管理考核制度，量化监控指标，按季对监控情况进行通报，以通报排名的方式，达到横向比较、引起重视、促进整改、提升质量，实现“三零”纳税服务目标效果。（六）企业所得税分类管理。积极探索企业所得税按行业分类管理，对房地产开发企业、建筑安装企业、金融保险企业等重点税源进行分行业管理，合理配置资源、提升税收政策辅导，提高纳税评估效能，强化税收管理质量。（七）普通发票交叉采集比对核查。在全市范围内开展普通发票交叉采集比对核查工作，采集存根联9936份，查实有问题发票2157份，查补合计1052.94万元，并初步建立大额普通发票报备制度。（八）一对一教育培训。创新教育培训方式，全面开展“一对一”教育培训，确定受训人员416名，师资人员356名，抽取147名干部参加抽查考试，平均分86分，及格率100%，培训工作取得显著成效。

队伍建设

【机构人员情况】 （一）机构设置情况。市局机关设有职能处室16个：办公室、政策法规处、货物和劳务税处、所得税处、收入核算处、纳税服务处、征收管理处、财务管理处、人事处、教育处、监察室、进出口税收管理处、大企业和国际税务管理处、机关党委办公室、机关工会、离退休干部处；直属机构3个：稽查局，直属税务分局、车辆购置税征收管理分局；事业单位3个：信息中心，票证中心，机关服务中心。下设14个区、县（市）国家税务局和3个开发（度假）区国家税务局。（二）人员配备。全市国税系统实有干部职工2321人，其中，在职干部2216人，工勤人员105人。离退休人员631人。在职干部学历结构：研究生26人，占1.17%；大专以上2014人，占90.89%；大专以下176人，占7.94%。在职干部年龄结构：50～59岁355人，占16.02%；40～49岁1153人，占52.03%；30～39岁581人，占26.22%；30岁以下127人，占5.73%。

【廉政建设】 2009年，市局不断加强党风廉政建设和反腐败工作，进一步提升行政效能，改进干部作风，优化发展软环境，促进干部队伍建设，形成了各级领导率先垂范、各部门齐抓共管、纪检监察部门综合协调，认真履行职责的党风廉政建设格局，为昆明国税科学发展提供了坚强保障和有力支持。（一）加强领导干部监督管理。认真执行《领导干部监督管理办法》各项规定。全系统党员领导干部报告个人有关事项104人（次）；开展任期廉政谈话96人（次）；任前廉政谈话66人（次）；诫勉谈话39人（次）；发出函询3件。组织开展各级班子“述职述廉”及民主测评91人（次），对全系统196名实职副科以上领导干部廉政档案进行了补充完善，实行信息化管理，进一步强化对领导班子和党员干部的监督管理。（二）推行“四项制度”，强化“两权”监督。认真贯彻执行重大决策听证、重大事项公示、重点工作通报和政务信息查询阳光政府“四项制度”。2009年无重大决策听证项目，重要事项公示了纳税信用等级评定和税务行政处罚自由裁量适用规则及执行标准等6项，指导对基层局权限的重要事项发布2项；重要工作通报了组织税收收入进度、重大税收优惠政策、向社会公布的服务承诺事项落实情况5条；在市局内网上发布局长办公会议纪要11期；设立政务信息查询“96128”专线，接听咨询电话126个，给予了咨询人满意的答复。税收执法监察子系统疑点信息16条，监察部门立项监察了全部疑点信息，对存在执法过错的2名干部进行了责任追究。（三）层层签订廉政责任书。与18个基层局局长及市局班子成员签订2009年度《党风廉政建设责任书》25份；与内设各部门签订《党风廉政建设责任书》16份。全系统共签订《廉政纠风目标管理责任书》2314份，其中：集体部分195份、个人部分2119份。切实履行“一岗双责”工作职责，做到“看好自己的门、管好自己的人”，形成“一把手”亲自抓，分管领导具体抓，层层抓落实的工作格局。（四）税企双方继续签订《廉政公约》。全市国税系统新增应签订《廉政公约》纳税户20943户，已签订《廉政公约》20515户，占应签订户数的97.96%，回访2731户，回访面占已签订户数的13.3%，发放调查问卷6989份，收回6758份，未发现不廉洁问题，纳税人满意率为98.51%。自行研发了廉政公约管理信息系统，大大提高了《廉政公约》后续管理水平。（五）加强监督检查，严格实行问责制度。以开展“行政效能提升年”和“干部作风改进年”为抓手，着力治拖、严肃查推。通过实地检查、实地走访纳税人和地方纪检监察机关，以及召开座谈会、发放调查问卷、查阅相关台账、资料等方式对各基层局进行3轮明察暗访，各基层局自行开展内部督察441次，问责31人，7名领导干部主动上缴礼金及有价证券43200元。（六）重视信访举报，严肃查处违纪违规案件。全年共收到群众来信及来电举报件10件次，其中来信9件，来电1次，均为检举控告类，已办结9件，留档备查1件。

【提效能　优作风】　2009年，按照《中共昆明市委昆明市人民政府关于在全市开展“行政效能提升年”和“干部作风改进年”活动的实施意见》要求以及仇和书记和张祖林市长在全市开展“行政效能提升年”和“干部作风改进年”活动动员大会上的重要讲话精神，结合全省国税系统“创新发展年”工作主题，市局深入有序地开展了“行政效能提升年”和“干部作风改进年”活动。一是局党组召开专题会议进行研究部署；二是制定了《昆明市国家税务局关于开展“行政效能提升年”和“干部作风改进年”活动的实施意见》；三是层层建立了活动组织机构。通过开展活动，全市国税系统行政效能明显提升，干部作风明显改进，行业风气明显改观。在全市2009年度民主评议中，得分91.77分，比上年提高5.17分，排名较上年提高6个位次。

【学习实践科学发展观活动】　市局自2009年3月至8月参加了全市第二批深入学习实践科学发展观活动。参加活动的市局机关和直属单位共有414人，其中党员315名。根据昆明市委学习实践活动领导小组的统一部署安排和要求，在市局党组的领导下，在市委第十八指导检查组的指导帮助下，统筹安排，精心组织，完成了有关各项内容，学习实践活动取得了显著成效，达到了有关要求。市局的学习实践活动紧扣跨越式发展主题，紧密结合国税工作实际，“规定动作”与“自选动作”相结合，务求实效。通过学习实践活动的开展，广大国税干部进一步形成了昆明国税事业科学发展的共识，坚定了科学发展的信心，理清了发展思路，明确了发展的目标和方向，学习实践活动成果得到了广大干部群众的认可。全局在科学发展、组织收入、规范执法、优化服务、转变作风五个方面实现了新的突破。建立健全科学发展长效机制，对现有制度进行清理，共清理制度100项，其中修改完善4项，新建立制度12项。群众测评综合满意率达到99.03%，得到了市委第18指导检查组的充分肯定和较高评价。并将相关材料及时归档整理成册，编印了《昆明市国家税务局深入学习实践科学发展观文件汇编》。

【精神文明建设】　（一）按照昆明市开展“细节文明推进年”活动要求，结合国税机关特点，评选、命名表彰了“昆明市国税系统2008年度十佳征收员”。（二）大力开展文明创建活动。以提高文明程度为目标，坚持贴近实际、贴近群众、贴近生活，广泛深入地开展文明创建活动，取得了新的成绩。2009年，全市国税系统有11家单位被省委、省政府命名为“文明单位”；6家单位被市委、市政府命名为“文明单位”；1个基层局荣获全国税务系统先进集体荣誉称号；4个基层局窗口部门被云南省国家税务局和云南省妇联命名为“巾帼文明岗”。2个区（市）局被命名为云南省国税系统“文明单位”；4个县局被命名为昆明市国税系统“文明单位”。（三）按照《云南省国家税务局关于认真组织好全国道德模范群众投票有关工作的通知》要求，积极组织全市国税系统干部职工参与投票工作，全市国税系统有2261名税务干部通过网络投票、手机投票、邮寄投票等方式参与了云南省五类10名道德模范候选人的投票选举，投票比例为97%。（四）大力开展国税文化建设。为庆祝新中国成立60周年组织的合唱获得全省精神文明单位精品汇演一等奖，舞蹈获得全省行业汇演优秀节目创作三等奖。

【教育培训】 根据全市国税工作会议提出的培训目标以及大力提升全市国税系统干部队伍素质的要求，结合《云南省国家税务局关于2009年培训计划安排的通知》精神，认真组织开展了市局机关和各分、区、县（市）局计划的各项业务培训、专业培训，全年全系统共组织各类业务培训233期，9514人次。组织参加全省国税系统处级领导干部培训班1人，副处级后备干部培训班8人，参加全省国税系统县（市、区）局长业务培训班18人。

【党建工作】 2009年，坚持以邓小平理论和“三个代表”重要思想为指导，深入贯彻落实科学发展观，全面推进党的思想、组织、作风和制度建设。组织开展纪念“七一”建党88周年活动，组织了新党员入党宣誓，捐助“关爱党员资金”9369元，表彰了7个先进党组织、3个党员示范窗口、25个党员先锋岗、54名优秀共产党员和25名优秀党务工作者。按照深入学习实践科学发展观活动要求，开展“加强作风建设，促进科学发展”主题教育活动和“五个一活动”。认真开展最佳党日活动，深入两个挂钩扶贫点禄劝县中屏乡拖井村和汤郎乡普模村，召开党员特困户和特困学生代表座谈会并进行家庭访问，向19名党员特困户和18名特困学生发放困难补助金18500元。顺利完成昆明市党建示范点创建验收考核，在昆明市基层党建工作现场观摩暨经验交流会上作为党建示范点进行了交流，受到昆明市市委组织部的表彰。2009年，市局被省委省政府命名为省级“文明单位”。

【平安创建】 认真做好社会治安综合治理各项工作，积极开展“平安国税”建设活动。（一）重点部署安排。局党组对搞好社会治安综合治理工作，创建“平安国税”活动高度重视，专门研究贯彻落实意见，督促各基层局严格签订履行社会治安综合治理责任书，并与目标管理考核挂钩，对责任单位和部门实行“一票否决”。（二）明确创建目标。按照昆明市创建“国家园林城市、国家卫生城市、国家环保模范城市、全国模范城市、全国文明城市，联合国人居奖、国家生态城市”标准的要求，明确创建目标，制定有力措施，着力把国税机关建成思想解放、道德进步、文明礼貌、局容整洁、环境优美、交通有序、治安良好、政治稳定、经济繁荣、社会和谐的新型区域。（三）坚持规划立项。对办公区、住宅区进行科学、合理、高标准规划，建设了昆明市国税局办公大楼绿化系统和昆明市新闻路延长线卢家营住宅区绿化系统，被昆明市政府授予园林绿化先进单位。（四）广泛开展文明宣传教育活动。在办公地点和住宅区张贴昆明市民“十不”公约，在机关、住宅区和物业管理人员中开展“昆明市民十不准”教育活动，通过宣传让干部提高“小细节体现大文明”的认识。（五）抓好内部管理工作。制订了办公大楼管理办法和各项应急处理预案以及防范措施，定期对设备、设施进行检查、维修、保养，确保重点目标无死角、无盲区。同时，做好监督、检查、考核，对在办公大楼管理中存在的各类问题进行及时反馈，提出整改意见，切实做好安全防范工作。（六）认真抓好社会治安综合治理工作。做到各住宅小区、车辆、食堂、招待所无发生影响社会治安综合治理、维护稳定的问题，单位未出现重大交通、消防、安全等责任事故、无邪教活动，各项考核指标合格。2009年，市局被市委、市政府命名为昆明市“平安建设先进单位”。

（席　文）

昆明市国家税务局直属税务分局

税收概况

【收入完成情况】 2009年，昆明市国家税务局直属税务分局组织税收收入173.27亿元，同比增收7.52亿元，增长4.54%，完成全年税收任务的96.82%。国内“两税”（增值税、消费税）收入完成131.42亿元，同比增收6.35亿元，增长5.08%。其中：增值税入库57.2亿元，同比增收8378万元，增长1.49%；消费税入库74.22亿元，同比增收5.51亿元，增长8.02%。企业所得税入库41.5亿元，同比增收1.75亿元，增长4.4%。储蓄存款利息所得个人所得税入库3430万元，同比减收5765万元，下降62.7%。

【收入特点】 2009年，昆明市国家税务局直属税务分局组织的税收收入中卷烟增值税和其他增值税减收；卷烟消费税、其他消费税和企业所得税增收。（一）卷烟“两税”入库97.35亿元，同比增收5.33亿元，增长5.79%，其中：增值税24.43亿元，同比增收1.02亿元，增长4.36%；消费税72.91亿元，同比增收4.31亿元，增长6.28%。（二）剔除卷烟的其他两税：增值税入库32.77亿元，同比减收1831万元，下降0.56%，其中“免、抵、调”库3588万元，同比减收2004万元，下降35.83%，剔除“免、抵、调”库后其他增值税入库32.41亿元，同比增收173万元，增长0.05%。增收因素主要是石油、医药、制造等行业14户重点税源企业同比增收2.56亿元。消费税入库1.31亿元，同比增收1.2亿元，增长1175.01%。增收原因主要是国家从2009年5月1日起，对卷烟批发环节计征消费税，卷烟批发企业同比增收1.2亿元。（三）企业所得税入库41.5亿元，同比增收1.75亿元，增长4.4%。增收原因主要是电力、烟草、金融保险、电信等行业 11 户重点税源企业同比增收 9.06 亿元。

【税源分析】 红云烟草（集团）有限责任公司 2009 年实现国税收入 239.85 亿元，同比增收 1.59 亿元，增长 0.67%。其中：增值税 52.76 亿元，同比减少 3595 万元，下降 0.68%；消费税 173.63 亿元，同比增加 11.51 亿元，增长 7.1%；企业所得税 13.46 亿元，同比减收 10.35 亿元，下降 43.46%。集团卷烟“三税”按比例划分到市本级 105.37 亿元，同比减少 0.67 亿元，下降 1%；划分到五华区、曲靖和红河合计 134.48 亿元。影响税收的主要原因：一是卷烟品牌结构和回购烟销量变化较大。二是消化原红河集团进项税和增值税转型政策因素使进项税抵扣同比增加。三是两税跨期税款减少和自查补税因素。四是企业所得税汇算清缴跨期数减少，使企业所得税大幅减少。五是消费税政策调整带动税款增长。

各项工作

【依法治税】 （一）税法宣传。创新税法宣传和纳税服务方式，召开税企座谈交流会，面对面地倾听纳税企业需求。按月收集最新税收政策，2009 年编辑 7 期《直属分局税收政策选编》电子政策集，及时发送到企业，切实满足纳税人的需求。采取发放调查问卷、召开税企座谈会、走访纳税户等方式，深入查找全局在行政效能和干部作风方面存在的突出问题。对新开业的纳税人实行“1 对 1”的全程跟踪服务。向所有出口企业发出《直属分局出口退免税业务服务承诺告知书》，明确税企双方的办理事宜、资料要件、办理时限、办理程序。在办税服务厅建立电子屏幕形式公示制，公布有关税务登记、纳税申报、发票购买等服务项目和标准，发放《直属分局办税指南》，在电子显示屏上滚动播出税收政策和宣传标语。认真开展纳税企业政策培训，组织 812 户一般纳税人进行增值税转型培训，确保新老政策平稳过渡；结合行业特点、性质就企业所得税政策、新申报表填报操作等内容，组织 960 户企业进行企业所得税专题培训；组织 1083 户企业进行网络申报培训；组织 82 户金融、保险、证券企业，62 户房地产企业，42 户出口退税企业，63 户重点企业，37 户稽查点名自查企业进行专题辅导和培训。（二）执法检查。1. 创新纳税评估方法，积极开展纳税评估工作。实行“专项评估、交叉评估、税源管理分局自行评估”等多层次、多形式的评估方法，纳税评估取得成效，2009 年共查补税款及滞纳金 1.24 亿元，其中：分局评估 139 户查补 1.04 亿元，分局辅导企业自查 121 户查补 1981 万元，注销检查补税 2.43 万元，超过历年评估补税额的总和。(1) 分步开展纳税评估工作。评估前，一是制定《直属分局关于纳税评估工作的安排意见》，成立以局长牵头的分局纳税评估领导小组，组成 18 个自评互评小组，明确职责分工、评估方法、工作纪律等，将纳税评估工作切实纳入目标管理考核之中；二是对全局一线评估人员进行了系统培训，并整理评估结果，发布三期《直属分局评估情况预警》供内、外部共同参考；三是组织了重点税源企业 69 户、出口免（退）税企业 212 户、房地产企业 63 户进行自查政策辅导，帮助企业解决涉税疑难问题，促进纳税人正确执行税收政策，规避纳税风险。评估中实行自评互查。根据纳税人有关纳税申报资料、财务报表及内部电子信息，通过指标测算、对比分析、摸底调查，筛选出存在涉税疑点的企业，除各税源管理分局自行组织人员对所管企业评估外，全局组成 6 个评估小组分别对 6 个税源管理分局的征管企业进行交叉评估。评估后组织人员复查。采取复查的办法对前期纳税评估工作进行跟踪，进一步规范企业财务管理和账务核算，帮助纳税人做好评估补税账务处理及其他后续工作，消除评估“后遗症”，纠正了前期纳税评估工作中存在的重视评估数量忽视评估质量的个别现象，复查 12 户，补税 8028 万元。(2) 认真开展纳税评估总结表彰。评估结束后，一是召开纳税评估经验交流会议，认真总结纳税评估工作情况、交流评估经验、统一政策口径、针对评估中发现的日常管理漏洞和不足，提出管理方法和管理建议，归集整理形成文字，达到举一反三的效果。二是大力表彰先进集体和个人，除了按月对评估质量优良及完成评估数量及时间进度的给予加分外，年终还根据排名情况表彰先进集体和个人，并给以物质及精神奖励。通过评估，达到了以评估促管理、提质量、增收入，有效带动了干部学习业务的积极性，促进了管理人员业务素质的提高。2. 开展日常检查，对增值税连续 3 个月零负申报，以及一、二季度企业所得税连续零负申报的 1003 户企业进行日常检查，对长期亏损的 37 户企业进行企业所得税的核定征收，季度核定税款 7.78 万元。

【税收征管】 （一）各税管理。1. 创新税源管理模式，提升税收征管质量。针对 198 户重点税源户收入占全局收入的 97% 以上的实际，创新税源管理模式，由全局三分之一的税收管理员对 198 户重点税源户实施集中式管理并提供更具专业化和针对性的纳税服务，强化了重点税源日常监控，提高了重点企业的税收遵从度，提升了税收征管质量。2009 年，重点税源企业在通过稽查查前辅导、聘请中介机构评估、各业务部门及税收管理员辅导等方式自查后，共计补缴税款 1.16 亿元，其自查补税收入占全局查补收入 2.02 亿元的 57.42%。2. 户籍管理。征管纳税企业 3221 户。其中：独立核算（进办税服务厅申报）1811 户，非独立核算 1410 户；内资企业 2055 户，外资企业 1166 户。适时监控并做到区域户籍清楚和准确。对 118 户点名征管企业户籍案头分析与实地调查，发现问题及时上报。3. 欠税管理。采取有效措施加大欠税控管力度，全年追缴欠税 3408 万元，其中新欠 3305 万元，实现新增欠税“年税年清”；陈欠入库 103 万元，陈欠回收率达到 24.6%，顺利完成市局全年 15% 的清欠目标。4. 增值税、消费税管理。（1）创新固定资产进项税抵扣管理。根据年初征管企业预计抵扣固定资产进项税22.15亿元，抵扣金额较大的实际，采取措施加强管理。第一，制定《直属分局贯彻增值税转型工作意见》、《直属分局固定资产进项税抵扣管理办法（试行）》等，切实将增值税转型工作纳入目标管理考核。第二，率先建立并推行直属分局可抵扣固定资产进项税监控系统，形成以抵扣预测为先导、以固定资产抵扣前置管理和抵扣后强化管理为核心、以抵扣数据平台打基础，集成抵扣政策提示、抵扣管理技巧，纳税评估相结合的完善的固定资产抵扣管理办法。2009年征管企业申报抵扣固定资产进项税4.97亿元，经控管后实际抵扣4.88亿元，剔除不符合抵扣规定固定资产进项税816万元，并作了补税处理。（2）加强增值税优惠政策的审批，审核办理退税31户次，退税141万元。（3）加强增值税一般纳税人认定管理，审核认定一般纳税人102户，办理取消一般纳税人资格34户，审核办理发行防伪税控系统32户，审批处置防伪税控系统故障59户。（4）组织完成1083户网络申报及119户网上报税及226户网上认证的培训和推行工作。5. 企业所得税管理。（1）顺利完成2008年度汇算清缴工作。严格进行资产损失税前扣除事项的审批，共审批44件，批准税前扣除金额2593万元，剔除不符合条件的资产损失361万元。办理外资企业的资产损失税前扣除备案37件，备案扣除金额1.88亿元。办理审批类减免税5件，优惠金额2210万元。全年汇算企业926户，实际应纳企业所得税36.6亿元，已预缴28亿元，汇算补缴8.6亿元。（2）组织开展备案及审批事项后续管理工作。对减免税备案事项进行清理核实，发现问题14户，剔除不符合规定的免税收入1.1亿元，加计扣除4875万元，补缴税款915万元。（3）重点开展烟草生产企业和房地产企业的行业管理。审核企业研发费加计扣除中不符合政策规定加计扣除金额1972万元，补缴税款493万元；不允许在税前扣除的烟草产品广告费及业务宣传费1.1亿元，补缴税款2766万元。经辅导房地产企业自查补税1511万元。（4）加强对零负申报企业的税基核实。逐户到494户亏损企业、66户弥补以前年度亏损企业和113户零申报企业深入调查，调增应纳税所得额、减少亏损1.1亿元。对132户账务核算不健全、长亏不倒企业进行核定征收，有效减小了零负申报面。（5）加强对跨省市二级分支机构分配税款的监督管理，入库税款同比增长1277万元。（6）加强企业所得税预缴管理。逐户对年应缴税款50万元以上的123户企业调查核实，对35户企业少缴企业所得税8900万元限期入库。（7）加强非居民企业所得税管理。进行扣缴非居民企业所得税专项评估，完成评估25户，补缴税款268万元。（二）出口退税管理。完成出口企业申报系统、税务机关审核系统的升级工作，做好7次出口退税率调整系统的准备工作。核实不予退免税转销项收入4.84亿元，缴纳增值税1047万元；审核54户、648次出口退免税企业资料，出口退税申报率达100%，接受出口协查函53份，复函51份；发出41份核实函，4份催办函；办理19份增值税协查函件。（三）发票管理。做好发票发售及领、用、存、销等工作，全年销售发票765户，专用发票355835份，普通发票5914605份。认真开展普通发票交叉采集比对核查工作，采集109户发票联信息614份、存根联信息1062份，比对不符的发票174份，其中受票方已换取真实发票的163份，受票方无法换取真实发票的7户11份，作调减亏损或调增所得额处理金额45万元，补税罚款21万元。制定《直属分局大额普通发票报备推行计划（试行）》，完成34户企业817张发票的报备工作。

【信息化建设】 （一）自主开发解决具体问题的程序和实用软件，为税收征管工作提供技术支持。1. 搭建重点税源分析监控平台，对重点税源直观分析、对比、监控和预测。2. 建立可抵扣固定资产进项税监控平台，实现对固定资产进项税抵扣的预测与实际抵扣的有效监控。3. 建立分出分入税款监控数据平台，做好汇总纳税总分支机构税收管理。（二）完善分局网站建设，增设信息化传输手段，提高工作效率和质量。（三）认真做好财税库银横向联网系统建设、扩大网络申报应用面、部门信箱等推行和日常维护，确保系统的正常运行。

队伍建设

【机构人员情况】 （一）机构设置。直属税务分局共有机构16个，其中，内设机构9个：办公室、人事教育科、监察室、征收管理科、纳税服务科、货物和劳务税科、企业所得税科、收入核算科、办税服务厅；事业单位1个：信息中心；派出机构6个：第一税务分局、第二税务分局、第三税务分局、第四税务分局、第五税务分局、第六税务分局。（二）人员配置。人员编制为164人，行政编制数159人、事业编制5人。实有人数160人，其中，男职工72人，占职工总数的45%；女职工88人，占职工总数的55%。年龄结构为：35岁以下27人，占职工总数的17%。平均年龄46岁。学历结构为：大专以上学历150人，占职工总数的94%。离退休干部42人，其中离休干部5人、退休干部37人。

【廉政建设】 （一）积极开展“行政效能提升年”和“干部作风改进年”活动。1. 对内召开党组专题民主生活会，对外采取邮递的方式，向企业发出1749份《宣传最新税收政策评价意见调查表》，对收集到的意见和建议逐条对照检查，细化工作措施。2. 坚持抓日常工作纪律。对外出工作时间、人员等情况严格登记。督察劳动纪律76次，对违反人员给予行政问责、批评教育和经济处罚，全年考核30人次，累计扣分77分。（二）认真落实党风廉政责任制。1. 签订《廉政纠风目标管理责任书》责任书316份，14个部门签订《优化国税软环境建设责任书》。2. 签订1811户企业《廉政公约》并发放《实施文明办税和廉政公约征求评价意见调查表》1849户次。3. 召开特邀监察员座谈会，对纳税人提出税收日常管理等方面的20条建议，积极制定改进措施。4. 认真落实《税收减免管理办法》，严格审批程序，认真开展执法监察工作。5. 深化“纪检日”活动，把“纪检日”的内容要求贯彻在日常工作中。6. 认真贯彻阳光政府“四项制度”，努力防止权力和决策失误。

【精神文明建设】（一）抓好领导班子建设，努力营造班子成员谋事成事、中层干部想事干事、一般干部争着做事的良好氛围。1. 召开班子民主生活会和党员组织生活会，积极开展批评和自我批评。2. 局领导班子成员针对所管辖的业务积极开展调研，撰写专题调研报告5篇。3. 班子成员在组织收入困难之际，深入30多户重点企业进行收入分析调查，帮助企业解决实际问题，带队参与纳税评估，帮助指导评估工作。（二）大力表彰先进，弘扬正气，调动干部工作积极性。

【教育培训】创新干部培训及考核方法，全面提升干部综合素质。遵循缺什么、补什么的原则，不仅解决干部应“知”的问题，而且解决干部应“会”的问题；创新考评机制，做到培训考评与干部任用相结合，培训考评与年终考核相结合，培训考评与奖罚相结合。全年参加省局和市局及本局组织的各类业务培训58期，人数478人（次），培训天数174天，使全局学习培训规范化、制度化、常态化。2. 通过网站“学习园地”专栏，于每周发布一期“综合业务知识题”，共发布了38期供干部自学。3. 进行流转税业务与管理技能、新企业所得税法业务、综合业务知识全员闭卷考试，对取得好成绩的单位和个人进行表扬和奖励。

（李　琴）

昆明高新技术产业开发区国家税务局

经济概况

2009年昆明国家级高新技术产业开发区实现总收入702亿元，较上年增长106亿元，规模以上工业利税总额17.9亿元，规模以上工业增加值78.23亿元，高新技术产业产值308亿元，地方财政一般预算收入9.33亿元，每平方公里单位面积产出由2008年的119亿元提高到140.4亿元，居全国高新区前列、西部高新区首位。规模以上工业企业万元增加值能耗同比下降8%。全区申报国家火炬计划项目7个、国家重点新产品3个、国家创新基金13个、省级项目73个、实际项目46个；3件商标获“中国驰名商标”称号；6件商标获“云南省著名商标”称号；全年共申请企业专利92件，获得授权32件。新增留学人员、博士人员和科技型创新企业25家，新毕业孵化企业10家，昆明国家稀贵金属新材料产业化基地被国家科技部批准为云南省第一个国家级特色产业化基地。

税收概况

【收入完成情况】2009年，昆明高新技术产业开发区国家税务局共计组织税收收入11.24亿元，较上年下降20.85%，税款减收2.96亿元，其中：国内增值税收入完成8.82亿元，国内消费税收入4.14万元，企业所得税收入2.41亿元，储蓄存款利息所得个人所得税收入30.85万元。

【收入特点】受全球经济危机影响，一是占高新区国税收入主导地位的有色金属行业增值税同比下降23.10%，减收4.4亿元，导致增值税收入整体下滑。云南铜业股份公司2009年缴纳增值税1.34亿元，同比减收3.90亿元，下降74.41%。但是，除有色金属行业外，其他行业增值税增长1.12亿元，增长幅度为19.58%。2009年高新区国税税收增长部分主要是除有色金属行业以外的其他行业增值税以及企业所得税。二是政策因素影响税收收入。增值税转型是影响2009年国税税收的重大税收政策，1至12月共抵扣固定资产进项税1337.35万元；小规模纳税人工业企业增值税税率由6%降低为3%，商业企业由4%降低为3%后，共减少增值税447.02万元；新的企业所得税法实施，税率调减，取消计税工资标准，减少计税所得额，影响所得税收入5000万元，三项共减收税款6784.37万元。

【税源分析】一是2009年国内消费税、企业所得税增长，增值税、个人所得税下降，其中：国内消费税收入4.14万元，较上年同比增收4.14万元；企业所得税收入2.41亿元，较上年同比增长15.96%，增收3318.08万元。国内增值税收入8.82亿元，较上年同比下降27.08%，减收3.28亿元；个人所得税收入31万元，较上年同比下降83.51%，减收158.01万元。二是重点税源税收回落明显。高新区国税局重点监控的66户重点税源企业2009年入库税收7.27亿元，减收2.76亿元，下降27.52%。三是从行业看，增值税减收主要是有色金属行业减收4.40亿元。虽然电气机械行业、医药制造业、商业行业税收分别同比增长202.22%、1.28%、29.47%，税款分别增收4645.58万元、125.64万元、5954.22万元，但增长数仍小于下滑数。

各项工作

【依法治税】（一）税收法规宣传。结合实际大力开展税收宣传。通过办税服务厅以及各窗口部门、昆明高新区门户网站等广泛做好日常税收宣传工作，并以税收宣传月活动为契机，突出重点、注重特色，结合增值税转型、新的企业所得税政策等组织开展所得税汇算、增值税政策、一般纳税人网络抄报税等大型培训4场，培训企业2500户3200人（次）；结合纳税评估工作，组织开展房地产企业、汽车销售企业、非居民企业、税负预警企业等专项培训；结合高新区科技型企业特点，对大学科技园、留学人员创业园和软件园的400户企业开展专题税收政策讲解；对新接收的马金铺乡纳税户开展税收宣传辅导；对高新区即将投产或项目在建的新办企业开展送政策上门活动，共发放政策读本2000册，政策宣传光盘3000张。大力宣传增值税转型政策及新的《企业所得税法》，帮助纳税人正确掌握运用税收政策，确保各项政策贯彻落实到位，受到纳税人的一致好评。（二）税收执法。一是贯彻落实好税收制度改革和结构性减税政策。准确把握增值税转型的政策原则，及时掌握已明确停止执行的增值税政策，不折不扣地将各项政策落实到企业。2009年根据税收法律、法规要求，共减免税收1.51亿元，其中：减免增值税1758.15万元，减免企业所得税1.33亿元。共办理退税2572.65万元，其中：办理福利企业增值税退税296.62万元，软件集成电路企业增值税退税1387.88万元，减免退税43.03万元，汇算清缴结算退所得税845.11万元。二是纳税评估效果显著。纳税评估查补收入5004.94万元，其中：查补增值税3135.47万元，企业所得税1662.97万元，消费税8.35万元，罚款10.5万元，加收滞纳金188万元。三是认真开展打击发票违法犯罪清理工作。共协查核查销货方存根联1765份，购货方发票1787份，涉及企业521户；核查完成机动车异常发票2679份，涉及96户纳税人；依托税收征管信息平台开展“四小票”核查，经过对存根联、发票联数据的比对，对涉及问题发票的企业共补税234.33万元，罚款8.68万元，加收滞纳金10.99万元。

【税收征管】 一是各项征管指标均达标。2009年申报率达99.6%，系统申报率99.45%，剔除在查案件6户等特殊原因，申报率99.67%，达到昆明市国税局要求和高新区国税局目标；入库率达到100%，滞纳金加收率100%；有效监控税款入库，2009年实现零欠税。二是进一步强化户籍管理，夯实税源管理基础。高新区国税局分别于2009年5月、11月两次认真清理高新区建成区户籍，将199户漏管户全部纳入征管，并进行了税收核定。2009年3月4日正式接受呈贡县国家税务局马金铺乡划转企业221户，其中：增值税一般纳税人19户，小规模企业62户，个体工商户140户。截至2009年12月31日止，高新区国税局征管户达4340户，同比增长20.56%。一般纳税人户达1010户，同比增长46.59%。三是认真开展新的个体户电子核定系统的落实工作，严格执行5000元起征点和征收率调整到3%的政策，对未达起征点纳税人进行税负测算和调整，月均核定税额达228元。四是圆满完成2008年度企业所得税汇算清缴。共有2490户企业（含50户核定征收企业）进行了2008年度申报，其中：盈利企业678户，较2007年增加147户。2008年度汇算清缴结束后，针对长亏不倒企业逐年增加，高新区国税局加强管理，开展核定征收工作，零负申报企业由二季度的2673户降为三季度的2371户，三季度核定企业所得税税收入库65.19万元，较上一季度增加62.64万元。五是开展税收信用等级评定，评出28家纳税信誉A级企业，肯定了这些企业诚信纳税的态度以及对税收的贡献。

【信息化建设】 进一步扩大和完善网上认证、网络申报等多元化申报方式，高新区国税局995户增值税一般纳税人全部实现网上认证，2800户纳税户实行了网络申报，同时大力推行所得税网络申报及一般纳税人网络抄报税工作。通过专项上机操作培训以及各项数据准备，共有2381户企业通过网络进行2008年所得税年度申报，推行率达94%，高于昆明市平均推行率12个百分点。

队伍建设

【机构人员情况】 机构设置：根据上级部署，结合本局实际，完成了机构改革工作，局领导设1正2副1名纪检组长，内设机构由原来的6个增设为7个，具体为：办公室、人事教育科、税政科、征管科、办税服务厅、税务管理一分局、税务管理二分局。截至2009年12月31日，全局在职干部职工51人，退休干部5人，在职人员中：党员24人，占总人数的47%；团员4人，占总人数的8%。男干部为23人、女干部为28人，男、女干部比例为45:55。学历结构：大专以上49人，占96%。年龄结构：50岁以上10人，占总人数的19.6%；40～49岁23人，占总人数的45%；30～39岁12人，占总人数的23.53%；29岁以下6人，占总人数的11.76%。全局平均年龄42岁。

【廉政建设】 以开展“创新发展年”和昆明市“行政效能提升年”和“干部作风改进年”活动为契机，认真贯彻落实“四项制度”，把工作执法行为与行政问责制度紧密结合起来，开展思想、作风、纪律整顿，切实解决行政效能和干部作风方面存在的突出问题。一是强化责任。高新区国税局分别与昆明市国税局和高新区管委会签订了《2009年度党风廉政建设责任书》。全局层层签订了《党风廉政建设责任书》，使党风廉政建设贯穿于税收工作的全过程，渗透到工作的各个环节中，从思想上筑牢拒腐防变的防线。二是教育为先。坚持正面引导教育与反面警示教育相结合，经常性教育与重点教育相结合，做到反腐倡廉逢会必讲，让干部职工算清政治账、经济账、家庭账，提高干部队伍政治思想素质，筑牢思想道德防线，增强抵御能力。三是强化监督。认真贯彻落实税务人员廉洁自律若干规定、领导班子和领导干部监督管理办法等规章制度，积极推行局务公开、政务公开制度，通过拓宽渠道“群众提”、座谈走访“当面问”、问卷调查“多方求”、总结正反经验“对比找”等方法，广泛征求群众意见，针对全局干部职工提出的5个方面共计20条意见和建议，召开了民主生活会，按照加强领导班子思想政治建设的要求，紧扣党的十七大以来高新区和国税工作的发展，对照省委“一面旗、一团火、一盘棋”的要求，深入查找班子和个人在贯彻落实科学发展观方面存在的突出问题，制订了整改方案并加以落实。2009年与957户新办企业签订了《廉政公约》，同时向纳税人发放问卷调查表500份，收回450份，针对纳税人提出的意见和建议，及时进行整改，解决社会关注和群众反映强烈、干部职工关注的热点和难点的问题，有效地维护了稳定，促进高新区国税局税收服务水平和依法行政能力的提高。

【教育培训】 结合税收征管的工作实际，组织开展了4次增值税、所得税及相关政策全员业务培训，并组织开展“1对1”学习活动，努力提高干部的综合素质和实际操作能力。

【精神文明建设】 高新区局获“云南省国税系统文明单位”称号于2008年已届满，2009年经重新申报，获昆明市国家税务局第七批“文明单位”称号。

（张 虹）

昆明滇池国家旅游度假区国家税务局

经济概况

2009年，度假区国民经济在全球金融危机影响下，仍然继续保持平稳快速增长。全区实现第三产业增加值58.81亿元，与上年相比，同比增长75.08%。完成财政总收入6.61亿元，同比增长41.14%，其中：地方财政收入4.49亿元，同比增长69.73%；固定资产及基础设施投入39.01亿元，同比增长45.17%。招商引资实际到位资金（内资）31.10亿元，同比增长3.17%；（外资）4545.7万美元，同比增长809.14%；实现旅游服务业收入133.29亿元，同比增长93.77%。旅游接待人次670.80万人次，同比增长6.95%。

税收概况

【收入完成情况】 2009年，昆明滇池国家旅游度假区国家税务局共计组织税收收入1.94亿元，比2008年增长74.78%，增收8300万元，完成昆明市国家税务局调整下达的奋斗目标1.63亿元的119.02%。其中：中央级税收收入完成1.26亿元，省级税收收入完成0.31亿元，区级税收收入完成3700万元。

【收入特点】 一是2009年度假区生产总值增长75.07%，度假区国税税收收入增长74.78%。近年来由于区域调整以及部分品牌汽车销售企业的入驻和总部经济的崛起，逐渐使国税税收收入与经济增长的相关性得到提升。二是2009年各项税收收入1.94亿元，较2008年增长74.78%，其中：增值税收入6469.66万元，同比增长490.29%，增收5373.66万元；企业所得税收入1.29亿元，同比增长32.86%，增收3190.15万元；储蓄存款利息所得个人所得税收入51.44万元，同比减少80.67%，减收214.73万元；消费税收入1.34万元。三是所得税收入占税收总收入的比重较大。2009年，所得税（包括企业所得税、个人所得税）收入为1.30亿元，占税收收入的比重为67.01%；增值税收入6469.66万元，占税收收入的比重为33.24%。

【税源分析】 一是重点税源的主导作用明显。100万元以上重点税源监控企业9户，缴纳各项税收1.81亿元，占税收收入的比重为93.3%。其中5户增值税重点税源企业（100万以上），缴纳增值税5497.84万元，占增值税收入的比重为85%。7户企业所得税重点税源企业（100万以上），缴纳企业所得税1.26亿元，占企业所得税收入的比重为97.67%。二是汽车批发和零售业增值税税收近年增长迅速，2户汽车批发和零售企业2009年增值税共计完成1353.48万元，同比增收186.75%，增收881.48万元。三是房地产行业税收收入8819.49万元，同比增长184.58%，增收5720.38万元。四是骨干税源作用凸显。随着近年来总部经济的逐渐发展，云南云天化集团经过旗下业务整合以经营和代理进出口贸易为主的“云南云天化联合商务有限公司”已逐渐成为度假区国税收入的骨干税源。2009年缴纳增值税2824.13万元，占增值税收入的比重为43.65%；同比增长5839.29%，增收2776.58万元；缴纳企业所得税3466.94万元，占企业所得税收入的比重为26.88，同比减少39.96%，减收2307.41万元。五是批发和零售行业所得税税收收入3773.65万元，同比减少39.92%，减收2507.35万元；增值税税收收入6139.28万元，同比增长507.25%，增收5128.28万元。

各项工作

【依法治税】 2009年，度假区国税局在组织收入任务十分严峻的形势下，严格遵循“依法征税，应收尽收，坚决不收过头税的政策原则和坚决防止和制止越权减免税”的组织收入原则，依法加强征管，认真落实各项减免税政策，努力推进税收法制建设。开展了对越权减免税的清理自查工作。从2008年昆明市国税局下发委托审批权限以来，在企业所得税减免税审批、企业财产损失税前扣除审批、延期缴纳税款审批以及出口免、抵、退税审批等方面，均严格按照法定权限和程序办理税收减免。2009年度预审核出口退税5户元/次，审核免、抵、退税额3838.48元，较上年下降47.46%。圆满完成2008年度企业所得税汇算清缴工作。继续推行电子网络申报。认真开展“2009年度的税收执法检查自查”

工作。顺利完成2008年度纳税信用等级评定专项工作。完成2009年度全局纳税评估2户重点企业的相关评估和稽查移交工作。

【税务管理】 一是强化重点税源管理。将年增值税额在10万元以上的26户企业以及年所得税额在10万以上的14户企业纳入区局监控范围。二是完善税源监管机制，坚持度假区国税、地税、工商、质监、经济发展局等单位之间的信息传递和工作联席会议制度。三是深入开展纳税培训和辅导，召开了152户企业参加的企业所得税汇算培训；组织了对新转入企业的增值税专用发票抵扣联网上认证培训和网络申报及认证培训；对117户一般纳税人进行了政策集中宣传培训。四是强化个体税收管理，对“双定户”全面清理，提高核定征税户户均月核定税额和征税面，加强对未达起征点和超定额户的管理，及时调整纳税定额。核定征税户208户，征税136户，征税面65.4%，户均月核定税额239元。五是加强纳税评估，建立纳税评估体指标档案，全年共进行增值税纳税评估12户次。六是联手地税局于4月11日以云南民族村“傣历1371新年泼水狂欢节”为契机，开展了以“税收·发展·民生”为主题的第18个全国税收宣传月活动。利用办税大厅电子显示屏宣传标语口号30条，告示税收政策法规20多项，提供其他税务服务20多次。召开了有9户重点纳税企业的法人和财务负责人参加的软环境建设暨税收宣传座谈会，帮助纳税人解决工作中的实际困难。

【税收征管】 (一) 加强各税管理。完成增值税专用发票抵扣联网上认证推行工作，85户纳税人进行了网上认证开户。对152户所管企业年度所得税进行汇算清缴。继续做好所得税纳税评估及核定征收工作，对4户企业进行了企业所得税评估，26户企业改按核定征收管理。(二) 加强出口退税管理。2009年，共有11户出口企业，预审核出口退税5户次，审核免抵退税额3838.48元。全年没有出口退税。(三) 加强发票管理。严格执行发票发售管理制度和验旧购新制度。2009年用票户305户，进行企业发票日常检查70户；处理违法违章行为4户次，罚款金额为7000元。补税11.67万元，收取滞纳金1.03万元。检查个体36户，处理发票违规5户，罚款1700元，责令限期改正2户。开展增值税滞留票专项检查，检查企业14户次，涉及金额495万元，补税84万元。认证增值税专用发票1.18万份，金额36.88亿元，税额6.26亿元。检查不符合抵扣的进项税转出税额计1.3万元。严格发票代开，2009年共代开普票157份，金额833.19万元，税额24.99万元；代开增值税专票62份，金额62.98万元，税额1.87万元。

【信息化建设】 明确职能职责，严格内外网分离，加强计算机网络管理，和安全防护体系建设。安装32台次一键恢复系统；安装升级杀毒软件32台次，按日检查网络设备运行情况。升级区局客户端180台次；维护计算机设备各种硬件和软件问题42台次，确保计算机应用系统的正常运行。2009年对计算机中心网络机房的服务器及设备进行了更换和升级改造。狠抓“网上办税服务厅”、“同城通办”、“税负预警”等工作的保障落实。多元化申报工作继续稳步开展，储蓄扣税全年应扣税1444户次，扣税金额31.55万元。顺利完成防伪税控“一机多票”系统日常工作，发行发票发售卡96张。

【创新发展】 2009年是创新发展，拼搏奋进，实现跨越式发展的关键之年。按照云南省国家税务局“创新发展年”的工作要求，以创新为动力，以发展为目标，紧紧围绕各项工作目标和任务，坚持依法行政，认真贯彻执行税收政策法规，进一步转变观念，增强服务意识，抓好廉政勤政。在创新发展工作中实现了八个新突破：一是实践科学发展有新突破；二是应收尽收有新突破；三是规范税收执法有新突破；四是优化纳税服务有新突破；五是转变工作作风有新突破；六是在发票管理上有新突破；七是在漏征漏管户清查工作上有新突破；八是在招商引资工作上有新突破。

队伍建设

【机构人员情况】 2009年，度假区国税局由机构改革前的4个内设机构（办公室、综合业务科、税源管理科、计征科）增设为6个内设机构：办公室、人教科、税政科、征管科、税务分局、办税服务厅。在职干部职工22人，男13人，占在职人数的59.1%，女9人，占在职人数的40.9%，党员13人，占在职人数的59.1%，公务员20人，占在职人数的90.9%，工勤人员2人，占在职人数的9.1%。在职干部职工学历结构：研究生1人，占4.5%；大学本科7人，占31.9%，大专13人，占59.1%，大专以下学历1人，占4.5%。在职干部年龄结构：平均年龄45.32岁，55~59岁3人，占13.6%；50~54岁2人，占9%；45~49岁8人，占36.4%；40~45岁4人，占18%；30~39岁5人，占23%。

【领导班子建设】 加强作风建设，健全完善党组中心组学习制度，组织8次中心组学习，认真学习贯彻党的十七大精神，学习实践科学发展观，领导带头树立良好的学习风气并撰写了领导班子分析报告，促进全体干部树立危机意识、责任意识。完善决策机制，完善和明确人员管理、财物管理、车辆管理的职责和权限。

【廉政建设】 围绕“行政效能提升年”和“干部作风转变年”以及“创新发展年”的工作思路，抓好廉政纠风，适时开展警示教育。写心得体会文章22篇，干部职工从中得到了深刻教育。继续落实廉政纠风目标管理责任制。推行《廉政公约》，与纳税人新签订《廉政公约》46份，回访纳税人125户，满意率达100%。签订了《党风廉政建设责任书》和《软环境建设责任书》26份，年终对贯彻落实《党风廉政建设责任书》的情况进行了分别检查和考核，考核分均在96分以上。

【提效能 优作风】 大力推行“五办”作风和“一线工作法”以及“工作成果倒逼法”。积极贯彻落实阳光政府“四项制度”。认真落实一岗两责，提升服务水平，提高工作效率。认真做好督查督办工作和招商引资以及重点项目落地保障措施。努力创新管理机制和体制，做到业务审批无阻力、办税程序无障碍、征纳协调无投诉，处理好执法与服务的关系，促进全面建设再上新台阶。

【学习实践科学发展观活动】 按照昆明市国税局和度假区管委会的工作要求，以科学发展、和谐发展、创新发展为重点，注重部门特点，突出实践特色，认真扎实有效地开展深入学习实践科学发展观活动。做到国税工作和学习实践活动两手抓、两不误、两促进。切实做到在实践科学发展上有新突破；在优化纳税服务上有新突破；在转变工作作风上有新突破。在整个活动中，共召开动员大会及转段大会3次，党组专题民主生活会1次，活动分析会、研讨会6次。

【精神文明建设】 （一）积极参与创建国家卫生城市活动。成立区局“四创两争”工作领导小组，签订《创建国家卫生城市目标责任书》，积极参与管委会组织的环境整治督导小组的系列工作并取得阶段性成果。参与社会治安综合治理工作，与度假区管委会签订《社会治安综合治理目标责任书》，明确目标，落实责任。加强内部人员思想政治工作，加强内部安全管理，加强职工社会治安教育，警钟长鸣，全年无违法违纪案件发生。（二）深入持久开展文明创建活动。健全精神文明建设工作机制，确保精神文明建设工作的持续开展。（三）加强税务文化建设，定期开展文体活动；关心职工身体健康，建立每两年一次的职工身体健康定期体检制度；参加并组织职工健康讲座3次，组织摄影协会会员活动，举办和参加摄影展览各一次。（四）积极参与社会公益活动，2009年全局9位女职工积极向“春蕾少儿基金会”捐款500元并获证书。2009年2月度假区国税局计划征收科顺利通过云南省国税局和省妇联“巾帼文明岗”的验收和表彰；办公室被批准申报“昆明市巾帼文明岗”；办公室主任余泽瑶的家庭被评为“昆明市和谐家庭”。档案管理保持为五星级。

【教育培训】 2009年区局共举办各类教育培训共24期，培训职工79人（次），由于2009年上级压缩四项费用支出，一切从简，因此2009年全局没有外出培训，培训经费支出仅3800元。通过因地制宜的培训，提高了干部职工的整体业务及工作素质。

【党建工作】 以“云岭先锋工程”为主线，充分发挥党组织凝心聚力的优势，与每一名党员签订了《“云岭先锋”工程党员个人目标责任书》，更加明确地规范了党员同志在实施本工程活动中的言行举止，更好地发挥了党员的先锋模范带头作用。积极响应昆明市国税局组织的多捐一个月党费的献爱心活动，全局15名共产党员为国税系统困难家庭献爱心225元。

【平安创建】 以构建“和谐国税”、“平安国税”为目标，加强全局社会治安综合治理工作，建立长效机制。开展经常性的法制教育，积极预防和减少职工及家属违法犯罪的发生。坚决杜绝重、特大恶性事故和一般性火灾事故的发生。

（余泽瑶）

昆明经济技术开发区国家税务局

经济概况

2009年是昆明经济技术开发区提出实现“两年大跨越”的起始之年，始终坚持以科学发展观为指导，加强政策引导，调整产业结构，搭建创新平台，加快产业配套设施建设和城市功能建设，全面推进经济社会健康稳定发展。2009年规模以上工业企业主营业务收入143.57亿元，同比增长22.71%，实现增加值46.08亿元，在2008年基础上增长25.90%，利税总额达到11.20亿元，在2008年基础上增长36%，全年规模以上工业万元增加值能耗同比下降7.74%。地方财政一般预算收入完成6.39亿元，同比增长32.60%；完成全社会固定资产投资60.06亿元，增长54.40%；完成市属进出口总额3.54亿美元，同比增长97.03%。新注册内资企业数2249家，同比增长97.45%；新增注册资本110.90亿元，同比增长137.17%；实际利用外资1.52亿美元，新设立外商投资企业30家，同比增长200%。

税收概况

【收入完成情况】 2009年，昆明经济技术开发区国家税务局共组织税收8.38亿元，同比增长31.60%，增收2.01亿元，圆满完成昆明市国家税务局计划确保数8.19亿元，其中“两税”完成6.28亿元，同比增长23.34%，企业所得税完成2.10亿元，同比增长64.64%。

【收入特点】 一是制造业依然成为经济技术开发区产业链的主导。2009年制造业税收5.88亿元，占全年税收合计的70.17%，其中：增值税4.91亿元、消费税2.57万元、企业所得税9668.97万元，分别占该税种收入合计的78.31%、4.51%、46.07%。二是随着开发区主行政区的建立和三大园区建设不断推进，第三产业在税收中的作用凸显。2009年第三产业完成税收收入2.43亿元，占税收合计的29.03%，其中，增值税1.35亿元、企业所得税1.07亿元，分别占该税种收入合计的21.53%、51.20%。

【税源分析】 增值税方面：一是剔除非即期因素税收

增长。2008年翘尾因素导致2009年税收增收3517万元，托管乡镇2009年4至11月共入库4787万元，剔除以上因素应征税收7.43亿元，整体税收同比增收1.38亿元，增长21.60%；二是经济复苏，部分企业加大投入，效益显现。仅2009年11月份税收同比增加200万元以上的企业就有5家，分别为：云南昆船二机 同比增加483万元，昆明国美物流同比增加285万元，云南易初明通同比增加284万元，云南CY集团同比增加277万元，昆明顶益同比增加230万元；三是新增税源、新划入开发区两个乡镇因素。以云南大西洋焊接、昆明七彩云南等为代表企业仅2009年11月贡献税收360万元，托管乡镇仅2009年11月入库664万元。企业所得税方面：一是税收减免到期导致税源增加。国美物流完成所得税1735万元，同比增长187.25%；二是房地产企业所得税增长迅猛。新广丰商铺和商务楼的建设和销售，企业所得税入库合计2354万元，由于没有新的项目，属于一次性税收收入；三是征管力度加大，导致税源增加。2009年针对收入大、所得税贡献率低的企业，加大纳税评估力度，针对长亏不倒、账务核算不规范的企业，加大了核定征收力度，导致税收增加。

各项工作

【依法治税】 （一）税务管理方面。一是加强税法宣传。以增值税新申报表和年度企业所得税申报表的填报为工作主线，将各项新政策法规贯穿其中，对税务干部及纳税人开展各项业务培训，共组织内部培训3次，涉及人员97人次，考试1次，涉及26人次，外部培训4次共9场，涉及企业1875户、2095人次，重点答复纳税人在政策方面提出的现场咨询264人次。二是印制涉税宣传资料。《涉税事项申办指南》两册共4800份，发放纳税人2300份。三是规范欠税管理。做到年初制定清欠计划，季度进行欠税公告，建立欠税台账，全年清缴昆明烟机设备有限公司陈欠税款3.60万元。四是逐步规范个体管理。完成昆明市国家税务局下达起征点核定面和核定税额的指标，对调整定额和新核定定额的个体户每月进行公示。五是继续开展整顿和规范税收秩序。依法打击税收违法行为，加大纳税评估力度，对云南省、昆明市国家税务局点名和安排、税负预警系统提示及自选重点评估116户进行认真评估，累计补税138万元。六是加快建立大额普通发票报备制度。自2009年9月1日起，对所有使用手工版普通发票的纳税人，开具票面金额超过10万元发票的，次月内将发票开具情况进行报备。（二）执法检查方面。一是加强执法监督和执法检查力度。更好地建立行为规范，公正透明，权责明确，高效运行的税收执法机制。二是落实各项税收优惠政策。在充分领会税收政策和三个开发区审批权限下放的前提下，做好税收减免和税前扣除项目审批，2009年受理增值税征前减免税备案24户，审批备案24户，共受理所得税审批类纳税人22户，无违反税收政策审批和超过时限办理的现象，年度减免所得税1.26亿元，增值税征前减免收入0.12亿元。三是继续全面推行政务公开和文明办税“八公开”制度。自觉接受社会各界的监督，达到了公正执法，公平合理，增强了国税工作的透明度。四是推进税收执法责任制管理。落实岗位责任制，借助税收执法管理信息系统的监督和考核功能，严格税收管理。五是认真贯彻国务院《全面推进依法行政实施纲要》。正确处理依法行政与组织收入和支持经济发展的关系，增强和提高了国税依法行政的观念和能力。

【税收征管】 一是加强户籍管理。完成对26户已达标但未认定的小规模纳税人的强行认定工作。二是提高申报率、入库率、处罚率。2009年平均申报率99.53%，平均入库率100%，平均行政处罚100%。三是提高纳税申报质量，强化数据分析。落实一般纳税人认定的各项措施和申报纳税“一窗式”管理操作规程，完善对“四小票”和税务机关代开增值税专用发票抵扣的清单管理，强化稽核比对和数据分析，并认真做好对异常票的审核检查工作。四是加强一般纳税人后续管理。做到系统数据监控，定时税源分析，合理纳税评估，“一户式”资料存储，健全服务体系，实现以管促收。五是强化企业所得税管理。完善户籍、政策、纳税申报、税前扣除审批、减免税审批、税前弥补亏损台账登记、征收信息、监督管理等“八项制度”，对170户纳税人进行所得税核定征收，所得税核定征收面占2008年所得税管户的8.60%，超昆明市国家税务局要求1.60%，比2008年核定户增长307%。六是认真落实“一窗式”管理规范，实现了征收大厅窗口综合服务功能的整合。七是加强对出口退税的管理。2009年全局所辖138户出口退税企业，其中审核生产企业28户，涉及免、抵退税3538万元，均在规定时限内完成单证备案。八是加强发票管理。坚持节假日库房检查和封存制度，库存发票按时盘点，做到月结、月报、月清，全年共领发票24.71万本（份）：其中增值税专用发票13.80万份，普通发票10.91万本（份）。销售发票21.20万本（份）：其中增值税专用发票11.30万份，普通发票9.9万本（份）。年末发票结存13.42万本（份）：其中增值税专用发票6.59万份，普通发票6.83万本（份）。

【信息化建设】 一是全力确保税收征管信息、防伪税控、出口退税审核等系统的运行。二是积极推行“网络申报”、“储蓄扣税”和“网络认证”，查账征收纳税人已推行“网络申报”2756户，占总管户的57%，核定征收纳税人已推行“储蓄扣税”594户，占起征点以上总管户的100%，增值税一般纳税人推行“网络认证”，累计推行户数846户，达到增值税一般纳税人总户数1269户的66.70%。三是做好信息应用、网络维护及各系统监控工作。其中：防伪税控累计报税9256（户）次、增值税专用发票共认证15.37万份、货运发票共认证7859份，共代开增值税专用发票210（户）次，税额30万元；开展计算机类设备固定资产检查工作；对征收厅计算机形成按月备份的制度；对综合征管软件和执法管理系统进行认真监控，全年共对3015项系统数据进行实时监控，发现问题112户次，及时纠正，降低税收执法管理信息出错率；搞好信息化基础和视频会议系统建设。四是加强安全防护体系建设。维护计算机设备各种硬件和软件问题12台次，及时解决和上报系统运行中出现的问题，确保系统正常运行。五是继续推行税收电子化。多元化申报工作继续稳步开展，储蓄扣税应扣税0.62万笔，应扣税金额1.14万元，实际扣税成功0.62万笔，扣税成功金额1.12万元。

【创新发展】 认真抓好八项创新发展重点项目的推进落实。一是“1对1”干部教育培训工作项目。区局按要求比例确定了5对“1对1”人员，形成全员互动、结对互助、互帮互学、共同促进的帮扶模式，3名同志在昆明市国家税务局组织的考试中取得良好成绩。二是树立征纳零距离、办税零差错、服务零缺陷的“三零”目标理念。实行延时服务制度，直到最后一位纳税人满意离开；全面实行AB角制度，保证每一个岗位均有后备人员；在办税服务厅设立“自助办税、绿色通道”区域；对办税服务厅组织业务培训，力争做到人人都是“多面手”。三是网上办税大厅工作项目。2009年底开始实施网络办理税务登记证，已办理60户次。四是切实抓好普通发票交叉采集比对核查工作，对65户企业的普通发票510份进行交叉采集比对，对违反发票管理规定的纳税人进行补税及处罚共计7.20万元。五是自一般纳税人增值税税负预警系统上线以来，对每月预警的企业进行纳税评估，并按要求在每月底以前将评估情况录入系统。六是综合纳税人所属行业和实际情况，建立房地产企业分户台账和汇总台账，完善出口企业汇总台账，通过数据监控等多种形式提高监管力度。七是做好招商引资工作。树立“人人是招商窗口”的理念，全年独立招商112户、注册资金6.01亿元，其中：省外4.82亿元，省内1.19亿元。八是ISO9001、14001质量及环境管理体系贯标工作按要求达标，2009年顺利通过了经开区和北京认证机构达标验收的内审和外审，使经开区管委会顺利完成了贯标工作。

队伍建设

【机构人员情况】 区局严格按照云南省、昆明市国家税务局关于机构改革的部署安排，认真研究，精心组织，切实保证机构改革顺利进行。一是统一思想、高度重视、严密组织、有序实施，确保机构改革平稳过渡、顺利进行。二是严格按照昆明市国家税务局批准的机构设置个数，进行机构设置。内设机构6个：办公室、税政科、征收管理科、人事教育科、监察室、办税服务厅，派出机构2个：第一税务分局、第二税务分局。三是在人员安排上，遵循大稳定、小调整的原则，除新设置的科室按其职能及岗位设置需要，从原有科室进行分流和安排外，其余科、室、分局保持人员基本稳定。2009年在编40人，其中在职39人，占在编人数98%，退休1人，占在编人数2%。年龄结构：在职男职工24人，占62%，女职工15人，占38%；30岁以下8人，占21%；31~35岁6人，占15%；36~40岁8人，占21%；41~45岁6人，占15%；46~50岁6人，占15%；51~54岁4人，占10%；55~59岁1人，占2%。学历结构：本科25人，占64%，专科12人，占30%，中专1人，占3%，高中1人，占3%。

【廉政建设】 加强干部队伍的勤政廉政建设，突出抓好廉政预警工作和教育监督管理，坚持以党风廉政建设责任制为抓手，突出抓好责任制落实。分层级认真签订责任书，全局共签订《廉政纠风目标管理单位和个人责任书》38份，继续做好《廉政公约》的签订和回访工作。共签订《廉政公约》1796户，发放回访调查表300份，收回270份。通过回访调查，纳税人对国税干部遵守公约的满意率达100%。通过责任书的层层签订，形成了党风廉政建设责任制部门有任务，人人有指标，一级抓一级，一级对一级负责，层层抓落实的格局。按照“三最四低”的要求，实行最严厉的问责制、最严格的限时办结制和最严肃的服务承诺制度，使全局形成凭制度用权、靠制度办事、以制度管人的从政规范，强化“两权”监督，落实好预防职务犯罪的规定，有效防止不廉行为发生。从严治队落实到行动上，对发生的问题敢管敢办，只要遇到投诉，就列入目标管理考核，一经查实，从严处理。

【提效能 优作风】 大力推行“五办”作风、“一线工作法”、“工作成果倒逼法”。积极贯彻落实阳光政府“四项制度”。认真做好督查督办工作，努力制定和完善了“治庸计划”、“干部能力提升计划”、审批管理“零收费”制度、重点项目审批快速通道实施细则、行政审批日常督查抽查制度、招商引资和重点项目落地保障措施、重大项目推进办法、政府政绩考核办法等规章制度。从劳动纪律入手，从小事抓起，从点滴抓起，扎实工作，奋勇争先。努力创新管理机制和体制，做到业务审批无阻力、办税程序无障碍、征纳协调无投诉，促进全面建设再上新台阶。认真落实一岗两责，提升服务水平，提高工作效率，同时处理好执法与服务的关系，注意发现并宣传在软环境建设中涌现出来的典型。2009年共写出提升效能心得体会或论文38篇，有2篇论文被经开区评为一、二等奖。

【学习实践科学发展观活动】 按照昆明市国家税务局和经济技术开发区管委会的工作要求，以推动国税工作为主，以实现国税事业科学发展、和谐发展、创新发展为重，注重部门特点，突出实践特色，认真扎实有效开展深入学习实践科学发展观活动，制订多条举措，确保学习的实际效果，在学习实践过程中，及时查找薄弱环节，高标准，严要求，分阶段稳步推进，重实效，求提高，力争把深入开展科学发展观活动落到实处，学习实践活动取得了明显成效。做到了国税工作和学习实践活动两手抓、两不误、两促进，学习实践活动取得成效。一是在实践科学发展上有新突破；二是在优化纳税服务

上有新突破；三是在转变工作作风上有新突破。在整个活动中，共召开动员大会及转段大会3次，党组专题民主生活会1次，中青年座谈会1次，党员座谈会1次，领导小组会、活动分析会、研讨会12次。

【精神文明建设】 以精神文明创建工作促进“四项制度”贯彻落实。进一步明确岗位职责，对办税流程、对外承诺事项、法律法规变更情况，重新梳理明确，进一步优化纳税服务环境、执法监督管理环境；不断提高窗口服务质量，坚持以满足纳税人的需求为第一目标，把纳税服务融入到整个税收执法过程。领导班子树立科学的发展观、政绩观和群众观，不断提高“六种能力”，充分发挥团队的战斗力，以“管理服务化、服务体系化、税收法制化、行政高效化”为目标。充分发挥部门领导在精神文明建设中的带头作用，群团组织在精神文明建设中的主体作用，党员在精神文明建设中的先锋模范作用，把人人参与作为创建工作的基础，形成全方位、多层次、多角度的创建格局。2009年初被云南省国家税务局命名为“文明单位”。

【教育培训】 高度重视教育培训工作，利用税务系统内外的教育资源，多层次、多渠道、大规模对干部进行培训。2009年参加省昆明市国家税务局组织培训15期，共计75人次。区局举办内部培训3次，涉及97人次，考试1次，涉及26人次；外部培训4次共9场，涉及企业1875户、2095人次。先后开展“税法宣传进企业”、“税法宣传进大学”、“税法宣传进机关”等活动。共支出经费5.98万元，占税务事业费1%，人均支出经费1533元。

【党建工作】 以“云岭先锋工程”为主线，充分发挥党组织凝心聚力的优势，与每一名党员签订了《“云岭先锋”工程党员个人目标责任书》，更明确地规范了党员同志在实施本工程活动中的言行举止，更好地发挥党员的先锋模范带头作用。广泛开展谈心活动，支部3名委员和2名党小组长，分别代表支部与入党积极分子谈话，虚心听取了群众对支部自身建设与党员日常工作的意见与建议。积极响应昆明市国家税务局组织的多捐一个月的党费献爱心活动，全局23名共产党员为国税系统困难家庭献爱心607元。

【平安创建】 以构建“和谐国税”和“平安国税”为目标，加强社会治安综合治理工作，建立六项长效机制。一是认真落实“创安”领导责任制，完善责任制体系。成立了经济技术开发区国家税务局社会治安综合治理领导小组和办公室，各职能部门按照分工各司其职，密切配合，真正形成齐抓共管的良好态势。二是认真组织创建“平安国税”活动，深化“创安”工作。做好宣传，营造创建“平安国税”的良好舆论环境，激励全局干部积极投入“平安国税”创建活动。三是开展经常性的法制教育，积极预防和减少职工及家属违法犯罪的发生。对干部职工开展经常性的普法教育，治安防范教育、交通安全教育，提高全局干部及其家属子女的法律意识和防火、防盗、防交通肇事等安全防范意识，自觉遵纪守法，抵制邪教，确保不参加非法活动，不发生治安事件。四是建立人防、物防、技防结合和专群结合的群防群治社会治安防控体系。加强内部治安防范设施建设和维护，认真落实网络信息、发票、票证、现金、印鉴等安全管理责任制，有效地控制刑事、治安案件和重大事故在本单位发生。五是建立全局社会治安综合治理应急预案，应对各种突发事件和群体性事件，维护安全与稳定。六是建立健全安全管理制度。建立安全守护制度、消防监督制度，坚决杜绝重、特大恶性事故和一般性火灾事故的发生。

【新闻事件简介】 《云南经济日报》2009年4月28日A2版《昆明经开国税税法宣传做好“四件事”》4月16日，为了搞好2009年全国第18个税收宣传月活动，昆明经济技术开发区国家税务局开拓思路、创新方法，与经开区法制局联合到昆明理工大学应用技术学院，开展了以“税收促进发展，发展改善民生”为主题的深入学习实践科学发展观税法宣传报告会，学院300余名学生党员和师生代表参加。这是经济技术开发区国家税务局在做好传统的“税法宣传进企业”的“规定动作”基础上，采取的“自选动作”做好的第四件事。另外三件事：一是开展对区划调整托管户的业务培训。按实体化管理要求，对官渡区、呈贡县已迁入的615家托管户于2009年3月30日至31日和4月2日分别召开欢迎暨税收政策辅导培训会。二是完成《纳税须知》的编写及发放工作。在通过电子邮件，将昆明市国家税务局税收宣传材料发送到重点税源户的基础上，以分类、分项的方式，编写《纳税须知》。三是进行短信提醒服务。包括催报催缴温馨提示及新政策出台网页浏览提醒，实时将管理要求及政策变动有关最新信息，通过手机短信发往企业财务负责人，以此加强税企间互动和沟通。

（胡元祥）

盘龙区国家税务局

经济概况

2009年，盘龙区生产总值（GDP）完成206.77亿元，比2008年增长13.1%，三次产业结构比例为0.95:30.87:68.18。人均生产总值达到3.11万元，比2008年增长11.5%。全区财政总收入完成30.59亿元，比2008年增长18.18%。地方财政收入完成30.39亿元，比2008年增长18.18%，其中，一般预算收入12.50亿元，比2008年增长20.4%。全区地方财政一般预算支出15.34亿元，比2008年增长22.7%。

税收概况

【收入完成情况】 2009年，盘龙区国家税务局共组织各项税收收入入库12.41亿元，比2008年增长18.16%，增收1.9亿元，完成昆明市国家税务局下达奋斗目标11.43亿元的108.58%，超收9805万元。

【收入特点】 2009年，税收收入总体呈现小幅增长，从各税种入库情况看呈现“四增一减”特点，其中：企业所得税、消费税实现快速增长，同比分别增长33.81%、33.04%；其次是增值税、车辆购置税呈现较快增长，同比分别增长17.05%、16.57%。仅储蓄存款利息所得个人所得税因受政策调整因素影响下降47.87%。

【税源分析】 增值税2009年入库5.48亿元，比2008年增长17.05%，增收7990万元。主要是商业企业收入较快增长拉动税收小幅增长，商业行业增值税收入占增值税总收入的81.90%，同比增长18.88%，增收7137万元；通用设备制造业占增值税收入的7.81%，但其他行业占比较小；消费税2009年入库455万元，与2008年相比增长33.04%，增收113万元。消费税的特点是总体规模较小，主要集中在三个大型零售商场。增收因素：一是昆明金美百货有限公司2008年开业，2009年共缴纳消费税185万元，2008年为130万元，增收55万元；二是昆明金龙百货有限公司2009年共缴纳消费税203万元，2008年为147万元，增收56万元；企业所得税2009年入库1.73亿元，与2008年相比增长33.81%，增收4386万元。企业所得税呈现高速增长的主要原因，一是一次性收入增加；二是重点企业所得税新纳税户增加。储蓄存款利息所得个人所得税2009年入库541万元，与2008年相比下降54.38%，减收645万元。减收原因是从2008年10月9日起免征储蓄存款利息所得个人所得税，导致税款大幅减收；车辆购置税2009年入库5.09亿元，与2008年相比增长16.57%，增收7238万元。增收因素：国家刺激经济拉动消费，从2009年1月20日起1.6升以下排气量税率由10%调减为5%，1.6升以下排气量属主力车型，且1.6排量优惠政策在2009年12月31日终止，导致个人消费全体集中在年底购车，拉动车辆购置税大副增长。

各项工作

【依法治税】 以依法行政，建设法制型机关为契机，积极推进“阳光政务”，落实纳税咨询热点难点问题收集公布制度，优化税收工作软环境。一是根据《昆明市国家税务局关于转发云南省人民政府关于第四轮取消和调整行政审批项目的决定的通知》，对9项行政审批项目中的“增值税一般纳税人资格认定、变更、取消的审批”、“对纳税人延期申报的核准”和“增值税减免退税的审批”三项行政审批项目各压缩了三分之一的审批时限，提高了审批效率；二是认真贯彻执行《昆明市国家税务局关于税务行政处罚适用“三步式”执法程序的通知》，创造良好的纳税环境和发展环境；三是做好税务行政处罚自由裁量权规范细化的征求意见工作，组织全体税收管理员和办税服务厅人员共168人进行《行政处罚自由裁量权规范细化应用指南》培训和考试；四是为确保重大决策听证、重要事项公示、重点工作通报、政务信息查询“阳光政府”四项制度的贯彻落实，成立了以局长为组长，副局长、纪检组长为副组长，各部门主要负责人为成员的实施阳光政府“四项制度”工作领导小组及决策听证、重大事项公示组，重点工作通报、政务信息查询组和监督检查组工作组，明确责任部门和工作职责，制定“四项制度”实施意见和部门责任分解意见，为阳光政府“四项制度”的贯彻落实奠定组织基础；五是认真落实总局纳税咨询热点难点问题收集公布制度，及时收集纳税人关注的热点难点问题。

【税收征管】 （一）各税管理。一是做好增值税政策调整及相关申报调整工作，在办税大厅和电梯口张贴宣传增值税政策调整和申报调整的相关文件，对68户增值税一般纳税人重点税源户进行增值税政策调整和申报调整培训；二是认真落实新的《企业所得税法》及《实施条例》，采取措施保证企业所得税税前扣除项目的审批及减免税备案等工作得到落实，圆满完成新企业所得税法培训和年度介质网络申报工作；三是对房地产和建安行业实施分类管理；四是认真开展企业所得税年度汇算清缴和纳税评估，汇算面达到管户的100%，对应退税和弥补亏损企业进行纳税评估，对房地产和建安企业进行纳税评估。（二）发票管理。一是严格规范发票管理制度和措施，针对发票管理的薄弱环节，切实加强发票领购计划、发票入（出）库及库房安全、发票运输、发票票种核定、发票发售、发票日常管理、特别是发票代开的检查和管理；二是把普通发票的实质验旧工作安排在日常检查和发票专项检查工作中进行，在“验旧”过程中，不仅要审验发票是否按规定使用，更重要的还要核查纳税人开出的发票金额是否申报纳税，通过对发票的控管和审核，达到“以票控税”的目的。三是在对个体工商户的发票使用情况进行管理时，坚持定税与发票使用情况相结合的原则，实施以定税为主、以票控税的方法。定期对个体工商户的定额标准与发票使用情况进行比对，发现异常，及时进行约谈和调查；四是开展对正常生产经营的房地产、建筑、工业制造、印刷、医药、五金电器、汽车修理、大型商贸企业等重点行业发票使用情况的检查工作；开展对重点企业取得的普通发票的采集、比对和核查工作；开展对销货方小额发票存根联填开金额在100元以下的数据采集工作；五是建立完善开具大额发票报备制度。

【税收执法】 （一）税法宣传。认真开展第18个全国税收宣传月活动，2009年4月11日在桃源广场与盘龙区地方税务局联合开展以“税收·发展·民生”大型综合税收宣传咨询活动，设税收政策咨询台现场回答纳税人咨询涉税事宜；向纳税人发放税收宣传资料；共发放各类税收宣传资料近2000份。活动当天，市级有关领导和盘龙区有关领导亲临现场参加宣传活动。（二）税务稽查。2009年区局稽查局共计查处各类案件84件，已查结84户，有问题80户，立案69户，其中：纳税评估5户，纸质协查23份，专项检查24户有问题3户，管理分局转来7户；共受理举报案件27件，其中上级转办16件，本级接到11件，检查18件，执行完毕15件，转交地税局稽查局1件，2008年结转2009年执行完毕3件，查处有问题8件；委托发出协查5份涉及发票45份，受托收到协查9份，涉及发票17份，协查结果全部返回。以上共计查补税款706.30万元，滞纳金225.99万元，罚款148.17万元，没收非法所得70元。（三）执法检查。根据《昆明市国家税务局转发关于开展2009年收执法检查和执法专项检查工作的通知》要求，组织相关业务科室做好2009年度的税收执法检查和税收执法专项检查工作。根据《昆明市盘龙区人民政府办公室关于印发2009年度推进阳光政府推进依法行政工作计划的通知》，完成全局规范性文件清理，行政执法制度、行政审批项目规范细化、行政审批管理制度的修改完善工作。

【信息化建设】 （一）应用系统推行情况、数据分析利用。根据《昆明市国家税务局关于开展纳税服务“三零”目标项目工作的实施意见（试行）》，加强日常监控，确保“三零”目标的实现。做好税收执法管理信息系统考核子系统的运行维护工作和数据监控工作。盘龙区国家税务局税收执法管理信息系统考核子系统连续38个月实现“零过错”目标，数据监控收效显著，数据质量得到大幅提高。（二）信息化基础设施建设及税收信息化管理维护工作。做好考核子系统3号补丁的数据采集、初始化工作和升级工作，加强对系统新增指标的监控力度，确保系统运行质量。（三）信息化及网络化建设。在2008年网络申报推行基础上，按照昆明市国家税务局的工作安排，完成了增值税一般纳税人网络申报（含网络IC卡报税）和企业所得税年度网络申报、改版升级的企业所得税月（季）度预缴纳税（A类）网络申报、新开发的企业所得税月（季）度预缴纳税（B类）网络申报的试点推行工作。截至2009年12月31日，盘龙区国家税务局共推行了7468户网络申报户，占全局查账征收户的86.18%。其中，一般纳税人推行了2388户，占全局一般纳税人总户数的96.92%，小规模纳税人推行了5080户，占全局小规模纳税人查账征收户的81.92%。

【创新发展】 2009年，区局按照云南省国家税务局“创新发展年”工作要求，以创新为动力，以发展为目标，在创新中推进发展，在发展中实现跨越，紧紧围绕各项工作目标和任务，在坚持依法行政，认真贯彻执行税收政策法规的前提下，进一步转变观念，增强服务意识，抓好廉政勤政，开拓进取履好职、优化服务做好事，做好对纳税人的服务，看好门、管好人、履好职，在创新发展工作中实现了十个新突破：一是在实践科学发展上有新突破；二是在组织国税收入上有新突破；三是在规范税收执法上有新突破；四是在优化纳税服务上有新突破；五是在转变工作作风上有新突破；六是在发票管理上有新突破；七是在漏征漏管户清查工作上有新突破；八是在招商引资工作上有新突破；九是在文明单位创建工作上有新突破；十是在选拔任用后备干部上有新突破。

队伍建设

【机构人员情况】 2009年全局机构编制18个。分别为：办公室、人教科、监察室、征管科、政策法规科、收入核算科、企业所得税科、货物和劳务税科、纳税服务科、办税服务厅、稽查局、第一税务分局、第二税务分局、第三税务分局、第四税务分局、第五税务分局、第六税务分局、信息中心。2009年全局在职职工273人，其中女职工159人，占全局在职人数的58%；离退休71人。年龄结构：30岁以下11人，31~35岁18人，36~40岁57人，41~45岁96人，46~50岁59人，51~54岁25人，55~59岁7人。学历结构：研究生3人，本科153人，大专107人，中专及以下10人。

【廉政建设】 认真贯彻落实各项规章制度，不断加强干部队伍建设。一是按照昆明市国家税务局监察工作计划和廉政纠风目标管理责任制的要求，盘龙区国家税务局党组书记分别与盘龙区委、市局党组和全局14个部门签订了《党风廉政建设责任书》和《廉政纠风目标管理责任书》并进行了任务分解，对272名干部职工落实党风廉政建设责任制的情况进行了自查、互评，考核和总结工作，全局的考评平均为98分，党组班子的考评平均分为98分，班子正职为99分。无违反责任制的情况发生，考核结果在本局内进行通报并存入廉政档案；二是按照党风廉政建设责任制工作程序，对党组班子、班子正职、班子成员履行责任情况进行半年民主测评和考核，结合领导班子和领导干部工作目标考核，一并对领导班子及其成员落实党风廉政建设责任制和履行“一岗两责”情况进行考核测评，党组班子的考核平均分为98分，班子正职考核为99分，班子成员98分；三是加强与11名特邀监察员的沟通联系，召开特邀监察员座谈会并深入纳税企业进行调查、研究，宣传国税廉政纪律、涉税工作纪律和“八项政务公开”制度，听取纳税人对国税工作的意见及建议，自觉接受社的监督；四是2009年全年共签订《廉政公约》户数1454户，认真开展回访、走访工作，从群众和纳税人最不满意的地方抓起，从最容易引发腐败和不正之风的部位和环节抓起，从本单位、本部门存在的最突出问题抓起，通过对292户纳税人的回访，纳税人对国税干部遵守公约的满意率达98.3%。基本满意率达1.7%，不满意为零。通过推行《廉政公约》，建立由单一的国税机关反腐防线转变为征纳双方共筑防腐防线，进行双向制约，共同预防。

【提效能　优作风】　坚持以惩防并举、注重预防为核心，突出抓好廉政预警工作，着力构建符合工作实际的大预防格局。开展行政效能提升和干部作风改进年教育活动和开展“加强作风建设，促进科学发展”主题教育活动，并要求全局干部职工要结合自身实际，就如何转变作风，提高自己综合素质，增强执行力和落实力，撰写有针对性、有见地、有措施的学习心得文章。认真抓好“四项制度”执行情况的检查落实，按照市软建办《关于在全市开展“行政效能提升年”和“干部作风改进年”活动的实施意见》，切实加强执法检查、效能监察、廉政监察和行业作风建设的明察暗访，加大督办督查工作力度，并把“三零”税收优质服务体系纳入问责范围，强化对干部履职行为的督察，做到敢于问责，努力推进行政问责制规范化。对有令不行，有禁不止，严重影响国税形象和不认真履行职责和发生吃拿卡要等违纪违规行为的，对相关人员及其主管领导进行严肃处理，决不姑息迁就。2009年上半年问责2人。由于党风廉政建设成效显著，2009年1月19日被中共盘龙区纪委授予“廉政文化建设示范点单位”。

【学习实践科学发展观活动】　2009年3月初，按照省市区委提出的学习实践科学发展观活动“探好路子、积累经验、提供借鉴”的要求，结合税收工作实际，提出了活动要有创新点、有特点、有亮点、出成效、出经验、出成果的具体要求。及时成立了盘龙区国家税务局深入学习实践科学发展观活动领导小组及其办公室，迅速启动和开展学习实践活动工作。领导小组办公室人员在较短时间里高质量完成了《中共昆明市盘龙区国家税务局党组关于开展深入学习实践科学发展观活动实施方案》。为确保学习实践活动重点明、方向清，在实施方案中，明确了整个活动全员参与、党员干部为重点、领导班子为重中之重。明确了活动的指导思想、基本原则、方法步骤和要解决的重点问题。明确了学习实践活动要紧紧围绕“以人为本、科学发展、共建和谐、服务盘龙”的总目标，以紧扣一个主题（服务科学发展、共建和谐税收）、围绕两个目标（提升内外满意度、增强税收和谐度）、提升三个力（提升法治执行力、服务亲和力、征管创新力，推动国税工作持续、和谐、科学发展）、注重四个结合（深化学习与深入实践、规定动作与自选动作、当前工作与长远目标、学习实践与推动工作相结合）、实现五个突破（在实践科学发展观上有新突破、在组织国税收入上有新突破、在规范执法上有新突破、在纳税服务上有新突破、在转变工作作风上有新突破）为主线，把学习实践活动的出发点放在提高认识，统一思想，理顺思路，形成共识上，把落脚点放在解决问题，破解难题，推动工作，科学发展上，把目标意义放在完成本职，聚财为国，执法为民，变税源为税收，确保税收随着经济发展而不断增长，为党委政府改善民生、发展民生、促进经济建设提供财力保障上；力求在学习教育上求“深”、调查研究上求“实”、查摆问题上求“改”、作风建设上求“变”、宣传交流上求“活”，贯穿活动的全过程，深入开展学习实践活动。

【精神文明建设】　在2009年度的文明单位创建工作中，盘龙区国家税务局围绕上级关于“行政效能提升年和干部作风改进年”工作的整体要求，以进一步提高质量效益为重点，大力开展优质服务活动，突出抓好了提升服务意识、提高工作效益、优化工作流程、严格税收执法责任、提高工作质量等五个方面的工作，并按照省市局关于文明创建的工作要求，大力开展争创文明单位活动，从全面规范文明创建的各项文件资料入手，下大力气抓行风建设、抓精神风貌、抓税务文化建设、抓文明服务、抓工作质量效益的提升。积极参与系统及地方文明创建和创先争优活动，树立了良好的盘龙国税形象。由于工作成绩显著，2009年被社会保障和人力资源部及国家税务总局联合表彰为“全国税务系统先进集体”。

【教育培训】　做好对全局业务部门人员“1对1”的培训工作。为保证学习效果，编撰印发了《盘龙区国家税务局“1对1”教育培训记录本》，每周分专题在本局内部网站上发布，促进了全体参训人员的学习积极性和主动性。组织全体稽查局人员参加了云南省国税系统稽查人员业务考试，区局考试总体成绩在昆明市参考单位中排名靠前。

【党建工作】　按照云南省、昆明市、盘龙区委实施“云岭先锋”工程和“第二批贯彻落实科学发展观活动”工作的统一安排，区局以邓小平理论和“三个代表”重要思想为指导，认真贯彻党的十七届三中、四中全会和云南省、昆明市、盘龙区党代会精神，紧紧围绕贯彻实践十七大精神和科学发展观这条主线，本着“夯实基础不动摇、抓牢重点不松劲、狠抓落实谋业绩、创新完善提水平”的工作思路，集中力量抓好各级领导班子建设，巩固和发展先进性教育活动成果的两个重点，统筹抓好党员干部职工教育，紧紧围绕盘龙区工作大局，以全面落实科学发展观为统领，以加强党的执政能力建设和先进性建设为主题，以深化和拓展“云岭先锋”和“三个一”工程为载体，突出先进性建设、实施《公务员法》、完成税收任务等重点，狠抓领导班子、干部队伍和人才队伍建设，着力加强基层党组织和干部党员队伍建设，切实抓好基层党组织自身建设，努力使领导干部执政能力有提高，先进性建设有突破，干部人事制度改革工作有推进，党的基层组织和党员队伍建设有进展，高标准抓好基层党组织建设，为构建和谐盘龙、和谐国税，全面实施盘龙区“十一五”规划打好攻坚战，提供坚强的组织保证和支持，以为国聚财为根本，着力加强内外部管理，力保税收收入规模上台阶，进一步推进盘龙区经济增长社会进步。

【平安创建】　严格按照“属地管理”和“谁主管、谁

负责”的原则，坚持“安全第一、预防为主、依靠群众、综合治理”的方针，深入贯彻“保增长、保民生、保稳定”的总体要求，紧紧围绕“打造平安、推动发展、构建和谐创建”的总体思路，坚持以开展“两项排查”为主线，看好自己的门、管好自己的人、办好自己的事，查缺补漏，狠抓落实，着力维护和谐稳定的社会环境，一是加强学习教育，筑牢思想基础；二是加强组织领导，健全工作机构；三是层层签订责任书，突出责任制落实；四是加强内部管理，认真落实值班制度；五是重视日常消防安全，不断提高人防、物防、技防建设水平；六是加强保密工作，注重公务用车管理；七是积极配合辖区工作，积极排查调处矛盾纠纷，创建和谐平安国税。

（段　冰）

五华区国家税务局

经济概况

2009年五华区把保增长作为加快发展的首要任务，实现区生产总值（GDP）487.15亿元，同比增长11%。第一、二、三产业比重分别占0.3%、57.4%、42.3%，实现财政总收入44.59亿元，同比增长11.23%，其中，地方财政一般预算收入15.77亿元，同比增长18.19%。城镇居民人均可支配收入实现1.72万元，同比增长31.7%；农村居民人均纯收入实现6637.6元，同比增长10.27%。2009年共引进内资项目408个，引进内资48.85亿元，完成年度任务数的139.57%。引进外资项目32个，到位外资4450.65万美元，完成年度任务数的134.87%。累计完成基础设施建设投资8.26亿元，园区实现技工贸总收入259亿元。实现规模以上工业企业主营业务收入222亿元，工业增加值178亿元，分别占全市2009年工业园区目标任务数的15%和41%。实现工业固定资产投资11.42亿元。

税收概况

【收入完成情况】　2009年，五华区国家税务局共组织各项税收收入20.37亿元，较上年的19.73亿元增收6417万元，增长3.25%，完成昆明市国税局2009年度税收计划确定目标的105.72%，超计划额1.1亿元。其他“两税”收入6.36亿元，较上年6.02亿元增收3432万元，增长5.7%；组织企业所得税收入3.2亿元，较上年4.05亿元减收8500万元，降低21.01%；组织储蓄存款利息所得个人所得税收入397万元，较上年912万元减收515万元，降低56.47%；组织车辆购置税收入2.58亿元，较上年1.84亿元增收7404万元，增收40.21%。

【收入特点】　一是税收收入突破20亿大关，顺利完成年度考核计划任务。二是税收收入前低后高，单月税收收入增速呈现逐渐加快态势，连续实现正增长，扭转减收局面。三是主体税种增值税、消费税两税增长，但企业所得税一直未能扭转减收态势，其对税收的负增长为132.46%。

【税源分析】　一是受固定资产允许抵扣进项税对组织增值税收入的影响，共计抵扣固定资产进项税878万元。二是小规模纳税人增值税征收率由6%、4%下调至3%，对收入造成影响：从事商贸的小规模纳税人2009年共计实现增值税3623万元，减征1208万元，减幅为25%；其他行业原按6%征收率征收的小规模纳税人2009年共计实现增值税2831万元，减征2831万元，减幅为50%。三是矿品税率调整对增值税税收收入的影响，矿产品税率由13%上调为17%，其抵扣进项税也由13%上调为17%，故从事矿产品经营的企业并未因税率上调导致税款增长，反之，因受市场价格大幅波动及云铜企业改制的影响，较上年销售收入156.49亿元下降133.21亿元，增值税收入较上年的4835万元下降2762万元，降幅为57%。四是新法税率调减因素：2009年执行25%税率，减收税款1900万元。五是政策调整因素：华夏银行昆明分行受新法总分支机构征管政策调整影响，减收税款2030万元。六是受全球金融风暴、经济危机影响，多个大企业的经营利润大幅下滑，减收税款4570万元。

【税务管理】　2009年，区局创新服务方式，促进纳税服务进一步优化，实行延时服务制度，把纳税服务延伸到8小时以外；所有岗位实行AB角制度，保证无岗位空缺；简化办理注销流程，开通“绿色通道”，“零距离”为纳税人优质服务，设立“自助办税、绿色通道”区域，专供纳税人处理相关涉税问题，在办税服务厅27个对外服务窗口安装纳税服务质量电子评价系统，由纳税人现场对窗口服务人员的服务质量、工作效率、业务熟练程度进行及时评价；逐步将对外服务窗口全部整合扩充为集登记、申报、发票业务为一体的“一窗式”服务窗口。

各项工作

【依法治税】　2009年税收宣传月围绕工作中的难点问题、基层干部、社会公众和纳税人关心的热点、焦点问题，在加强动态性和问题性信息报送，加强内外网站建设，及时更新信息，加强网站维护，更新和发布公开信息47条。充分利用金税工程信息平台，发挥稽查工作的网络优势和整体效能，2009年共发起委托、受托37户次，涉及金额1125.62万元，涉及税额175.84万元，收到委托回复率100%；纸质协查“四小票”共发起委托、受托25起82户10票，收到委托回复率100%；查补收入21.92万元。自查补税及检查112户，查补收入1553.66万元，受理举报案件22起，查补收入114.56万元，查办大要案14件，查补收入652.03万元

【税收征管】 对增值税一般纳税人实施分行业管理，把现有的2935户增值税一般纳税人按行业不同划分为对应的46个行业，并对行业权重比较大的批发、零售业细分至79个征收品目，实施分行业征收管理。全面开展税源、税收预测预警、税收管理风险和政策效应分析，强化对重点税源地区、行业和企业的分析，密切跟踪宏观经济和企业经营形势变化，掌握影响税收收入变化因素，重点对房地产、金融、批发零售等行业和大型企业以及零负申报、低税负企业加大纳税评估力度，扩大评估面，注重各税种的综合评估，准确核实税基，提高评估问题疑点落实率和税款入库率。采取分地段管理、分片区包干的形式加强对漏征漏管户的检查和清理。清理城郊结合部、农村地区等死角，与地方政府、工商部门三方联动，发挥不同职能，相互配合、互为互补，取得明显的收效。利用五华经济信息平台，掌握新登记注册户情况与税务登记情况比对。建立动态数据库，加强动态监控。建立招商引资落地保障服务机制，对每年到五华区投资500万元以上的企业，积极、主动、有效的跟踪服务工作，把招商引资落户企业从潜在税源变为现实税收收入，促进招商引资企业健康发展。

【信息化建设】 创新开发ISO信息管理系统。推行ISO9001质量认证体系，规范日常管理工作；搭建由37台设备组成的计算机培训教室，为数据监控系统培训等做好了技术支持。

队伍建设

【队伍建设】2009年，人事教育工作始终坚持以“创新发展年”为主题，以ISO质量环境管理体系为切入点，以能力建设为主线，以提升培训质量为着力点，以“注重综合素质，提升岗位技能，创新培训方式，实施全员培训，促进终身学习”为工作思路，为构建和谐五华国税以及各项税收工作的圆满完成提供了坚强的组织保证和人才支持。

【机构人员情况】 机构设置情况：办公室、人事教育科、监察室、征收管理科、税政管理科、计划征收科；稽查局；信息中心；第一税务分局、第二税务分局、第三税务分局、第四税务分局、第五税务分局、第六税务分局、第七税务分局。2009年在职干部职工285人，离、退休人员68人，其中研究生学历1人、大学本科145人、大专124人。

【廉政建设】 一是监察部门积极参与干部任免、人员交流、基建招标、重大工作部署、大额经费开支以及税收的减、免、抵、退、返等重大事项的集体决策会议，落实重、大事项集体审议制度，确保各项重大决策建立在民主规范的基础之上。二是落实《领导干部的监督管理办法》，对副科以上领导干部建立了廉政档案、进行民主测评及勤政廉政公示制度；在局域网上对党组成员的述职述廉情况进行了为期7天的公示，通过社会监督，群众监督，舆论监督的方式，将“监督关口前移”；建立与人民检察院、特邀监察员的工作联席会议制度；应用税收执法监察信息系统认真开展廉政纠风目标管理责任制工作；坚持实行“一岗双责”和“一把手”负责制，形成了分管领导具体抓，其他领导协助抓，职能部门共同抓的工作格局。三是层层签订《廉政纠风目标管理责任书》、《软环境建设责任书》日常考核、年终考核相结合，引入“廉政保证金”机制，形成重奖励、硬约束、严考核的保障机制，使廉政纠风工作真正落到实处。四是落实“四项制度”严格责任追究。全面推行领导干部问责制、首问首办责任制、服务承诺制和限时办结制等“四项制度”，“三项制度”实行全员覆盖，明确重点环节、重点部门及人员。五是整体推进行政问责延伸到部门负责人以上相关的领导干部；进行全方位的监督检查，对执行“四项制度”不力的部门和个人，严格问责，切实加大问责力度；针对决策失误、滥用职权、违法行政、态度冷漠、不求进取、平庸无为等行为。

【学习实践科学发展观】 根据五华区委和昆明市国税局党组关于开展学习实践科学发展观活动的要求，五华区国税局党组把学习实践科学发展观活动当作重要的政治任务来抓，严格按照学习调研、分析检查和整改落实三个阶段规定动作的要求，结合工作实际，深入扎实地组织开展了学习实践科学发展观活动。在学习调研阶段，坚持突出四个重点，即突出对规定学习内容的学习、突出调研课题、突出案例分析、突出“比服务，比作风，比效能”主题实践活动；在分析检查阶段，从“四个方面”着手，即广泛征求意见、广泛开展谈心活动、精心撰写分析检查报告、召开专题民主生活会；在整改落实阶段，确保做到“五个到位”，即理清思路到位、认真分析到位、明确责任到位、整改落实到位、测评工作落实到位。

【精神文明建设】 2009年区局荣获的省级文明单位到期届满，需重新申报创建。区局高度重视，确立“一把手”负总责的创建工作机制，组织召开会议6次，自检自查8次，发放学习宣传资料50套，与15个部门协调3次，查补资料近1000份，建立文字工作台账14册，在创省级文明单位迎考工作中，高质量地接受了省市文明创建工作领导小组的检查考评，省级文明单位考评组充分肯定了区局文明创建工作，2009年，五华区国税局再获省级“文明单位”称号。

【教育培训】 以推行ISO质量环境管理体系为切入点，导入“全员学习，终身学习”的理念，坚持把教育培训摆在重要位置，突出教育培训重点，拓展培训方式和渠道，推动学习型国税机关的建设。制订2009年五华区国税局教育培训计划。投入经费1.5万元，建立了建

立多功能电教室，为培训创造了条件；发挥业务骨干作用，开展征收、管理、稽查岗位进行“1对1”、手把手、面对面的辅导培训，鼓励干部职工参加地方专业知识学习，2人在读研究生，5人参加函授学习，1人取得注册会计师资格。2009年284名干部职工参加了五华区法律知识考试。43人参加了全国税务系统稽查人员业务考试，2名同志受到云南省国税局通报表彰、3名同志受到昆明市国税局的表彰奖励。2009年共组织培训27期，对外培训纳税人510人次，对内培训干部职工2100人（次），先后投入经费20万元。

【典型经验】 区局明确推行ISO质量环境管理体系工作始终贯穿的五条重要原则，一是要紧紧围绕如何切实提高税收征管质量和纳税服务水平、行政管理质效来推行质量和环境管理体系。二是在推标过程中要紧扣税务机关的现行制度、工作流程和操作体系，以优化为主，以补充完善为辅，不推翻、不脱离、不违反现行有关规定，坚决避免ISO质量、环境管理体系与税务机关现有管理方法“两张皮”并行的局面出现，这是推标工作成功与否的一个重要标志。三是推标工作过程中的具体措施既要考虑实际工作，从试点推广的角度出发，使区局的试点效益最大化。四是立足自身实际，创新发展，在梳理优化现行体系的基础上努力探索出一条真正适合国税工作实际的道路，努力为行政机关提高行政管理质效，积极进行有益的尝试。五是以完善建立考核体系为保障，以信息化软件开发为支撑，与推标工作的开展同步进行。通过引入ISO质量、环境管理体系，使五华区国税局的税收管理更科学化、系统化、规范化、文件化、制度化、人性化。工作更加清晰，更加有条理。将质量、环境管理体系与税务机关的目标管理考核、过错追究及其他各项规章制度有机地融合在一起，职责分明，事事有据可依、透明公开，时限确定，便于管理，更具实用性和可操作性，形成依法治税、科学治税的良好环境。

（陶建辉）

西山区国家税务局

经济概况

2009年，西山区实现区生产总值（GDP）208.27亿元，同比增长12.4%。第一、第二、第三产业分别实现增加值3.22亿元、56.52亿元和148.53亿元，结构比为1.54:27.14:71.32。全年实现规模以上工业企业增加值23.5亿元，同比增长3.5%；地方财政总收入达36.9亿元，同比增长22.81%；地方财政一般预算收入达13亿元，同比增长19.01%；全社会固定资产投资达153.5亿元，同比增长50.1%；工业固定资产投资达19.5亿元，同比增长33.56%；社会消费品零售总额达131亿元，同比增长22%；城镇居民人均可支配收入达1.7万元，同比增长31%；农民人均纯收入达7311元，同比增长9.55%；共完成政府性融资40.5亿元，取得历年来最好成绩，实现了全区经济社会平稳较快发展。

税收概况

【收入完成情况】 2009年，西山区国家税务局共组织税收收入11.78亿元，比2008年增长18.04%，增收1.8亿元。完成昆明市国税局计划建议数10.8亿元的109.07%，超收9803万元。

【收入特点】 一是2009年西山区国民经济继续保持了平稳、较快的增长态势，税收增长与经济增长基本保持协调。二是以税源管理模式的创新，促进税收征管工作的开展。积极采取有效措施，建立“三级户籍巡查”制度，严格税源监控，探索分类管理办法，加强企业所得税管理，建立税负预警机制，深化纳税评估。三是2009年西山区城市化进程加快，商业企业及个体工商业户税收收入继续稳步增长。四是切实搞好税源管理和调研分析。不断优化税源管理，进一步做好调研分析，切实掌握税源动态，认真做好重点税源企业跟踪监控和动态管理，及时掌握重点税种、重点行业收入变化情况，进行深入分析，形成对税源前、中、后的监控和管理，有效保障税收收入准确、及时入库。五是加强重点税源管理。通过总结和推广纳税评估经验，完善纳税评估机制，推行日常管理与行业化、重点化管理相结合的管理模式，突出纳税评估在重点税源及大中型企业重要涉税事宜中的监控和管理作用，真正做到重点突破，以点带面，全面规范。六是依托信息化手段，继续推行和扩大网络申报系统，不断拓宽申报渠道，满足纳税人多样性服务需求，降低税收成本，进一步提高征管效率。

【税源分析】 西山区2009年税收增长与经济增长基本保持协调。一是国内增值税和消费税“两税”收入完成7.61亿元，比2008年增长11.7%，增收8934万元。二是企业所得税收入完成1.33亿元，比2008年增长42.38%，增收3948万元。三是储蓄存款利息所得个人所得税收入完成894万元，比2008年减少53.12%，减收1013万元。四是车辆购置税收入完成2.76亿元，比2008年增长28.84 %，增收6170万元。

各项工作

【依法治税】 （一）税法宣传。在全国第18个税收宣传月活动中，接受纳税人咨询620人次，散发税收宣传资料5000余份，悬挂税收宣传标语条幅40幅，在各类媒体登载税收宣传文章15篇。（二）税务稽查。增强稽查工作针对性和主动性，做到以查促管，以查促收，促进税收秩序良性循环。2009 年，共检查纳税户 413 户，查补入库税款、滞纳金及罚款合计 4065 万元，查补入库率 100%，创历史新高。在全国稽查业务考试中取得了平均分 90.35 分的好成绩，2 人获得省局表彰，4 人获得市局表彰，有效提升了稽查人员整体素质。在全市打击制售假发票窝点“端点”专项行动中，共查处发票违法案件 83 件，捣毁制售假发票窝点 1 个，抓获犯罪嫌疑人 5 名，打掉犯罪团伙 1 个，缴获各类假发票 8.76 万份，查处违法使用发票 77 份、虚开发票 40 份，查补收入 275 万元，荣获“昆明市打击整治发票违法犯罪专项行动先进集体”称号，4 人荣获“云南省打击整治发票违法犯罪专项行动先进个人”称号。（三）执法检查。根据《税收规范性文件制定管理办法（试行）》的规定，认真执行企业所得税相关文件会签及报备制度，无越权（违规）制定涉税文件。严格执行相关业务文件要求及规定，严格按照出口退免税“免、抵、退”政策开展各项审核、单证备案和函调等工作。严格执行废弃资源综合利用和废旧物资回收经营等税收优惠政策。严格按照国家税法规定对享受减免税、退税企业开展调查、集体审批、资料备案、后续管理等工作。严格按规定认定增值税一般纳税人、审批增值税专用发票和其他发票，无违反国家统一规定执行涉税违规文件。认真开展执法专项工作自查，按照国家规定的税收征管范围和税款入库预算级次将税款及时、足额入库；无积压、挪用、截留、转引税款现象；无违反国家税法规定批准企业减免税、退税、抵税、延期纳税、汇总纳税问题；无违反规定核定税额、认定增值税一般纳税人、发售增值税专用发票和其他发票问题。积极做好税收执法管理信息系统 V1.1 版运行工作，确保税收执法规范。

【税收征管】 （一）各税管理。1. 纳税评估工作。2009 年，共组织各项纳税评估 59 户，评估入库增值税 4416 万元，加收滞纳金 3.42 万元。2. 贯彻执行流转税税收优惠政策。全年共计审批减免增值税企业 125 户。3. 福利企业和软件企业退税工作。2009 年度共办理 6 户福利企业退税 149.83 万元，1 户软件企业退税 2.27 万元，合计退税 152.1 万元。4. 金税工程管理。2009 年增值税专用发票审核审批 536 户次，金税系统“一机多票”普通发票录入 550 户次。2009 年共推行增值税专用发票和运输发票网上认证企业 1333 户，认证比例达 69.21%，有效缓解了办税服务厅工作压力。2009 年认真开展增值税专用发票滞留票核查工作，共核查销方存根联滞留票信息 2549 条，购货方抵扣联滞留票信息 2698 条，查补入库增值税 53 万元，确保税收应收尽收。5. 车购税管理。完成机动车销售统一发票税控系统推行工作，成功开具出云南省首份带抵扣功能的“机动车销售统一发票”，做到零投诉和零差错。（二）出口退税管理。2009 年，对 65 户出口企业进行审核，其中生产企业 25 户，外贸企业 28 户，小规模企业 12 户。审核生产企业 114 户次，审核应退税额 308 万元，免抵税额 21.6 万元。（三）发票管理。从完善制度入手，把普通发票预警监控管理融入到税源管理中。对云南省国税局数据监控分析系统中提示有超数量、超版本、超经营范围和经营资格的纳税人与云南省税收管理员辅助信息系统中提示持有超过 6 个月未验旧的纳税人，采取税收管理员到户核定，督促纳税人到办税服务厅进行发票验旧，并及时重新核定。认真开展重点行业发票使用情况检查工作，加强纳税人使用发票规范程度。选择云南省商业零售统一发票作为重点发票检查对象，共检查纳税人 1594 户，其中企业 354 户，个体 1240 户，检查商业零售统一发票 67.67 万份，其中发票使用异常纳税人 264 户，异常发票 11279 份，查补合计 70.6 万元。建立大额发票报备制度，共有 336 户纳税人将单份开具金额超过 1 万元的 3384 份普通发票开具情况进行报备。

【信息化建设】 （一）监控与预防并重，做好计算机网络安全维护。制定管理措施，每天进行 2 次网络连通性检查，一个星期 1 次机房设备检查，对病毒软件升级情况进行监控，确保计算机故障及时排除。（二）做好税收征管信息系统、公文处理系统、金税工程、出口货物、内部网站等信息系统的升级和维护工作，认真抓好办公自动化、FTP、“四小票”等系统后台数据库日常维护、升级和数据备份工作以及各运用系统登记授权工作。（三）认真做好金税工程发行、维护工作。2009 年，金税卡初始发行 254 户次，变更发行 468 户次，注销发行 213 户次，发行维护 253 户次。（四）做好计算机日常维修、维护工作。2009 年，维护维修计算机 200 多台次，维护维修打印机 300 多次，及时解决处理故障，保障正常工作秩序。（五）对计算机及打印机进行清理和盘点，进行登记造册，分类管理，规范计算机、打印机设备的领用。

【创新发展】 （一）建立“三级户籍巡查”制度，严格税源监控。为进一步强化税源管理，堵塞征管漏洞，构建公平税收环境，不断提高税收征管质量和效率，将户籍清理工作列入征管重点工作。采取管理分局初查核实、区局机关二次全面复查、局领导三级抽查巩固，共清理户籍 4107 户、清理户次 8600 户，清理漏征漏管户工作取得显著成效。（二）探索分类管理办法，切实加强企业所得税管理。将房地产、金融保险、出口退税和工程机械销售企业等行业实行分类管理。采取管理分局、管理人员相对集中，按行业和业务类型进行专业化集中管理。对辖区内有开发项目的房地产企业实行三级负责制管理，建立基本信息台账，做到户籍、开盘情况、竣工进度以及售房面积和售房价格清楚，确保房地产税收及时足额入库。2009 年，房地产企业申报缴纳企业所得税 4025 万元，占申报缴纳企业所得税款的 30.3%，比上年增长 102 万元。（三）建立税负预警机制，深化纳税评估。以“评估一户企业，建立一个模型，规范一个企业”为目标，促进重点税源专业化、行业化的规范管理。开展有针对性的税法辅导，积极为纳税人提供个性化优质纳税服务。重点税源纳税评估工作采取一般纳税人管理分局相互交叉进行，积极调动各管理分局工作积极性，促使评估税款大幅增长。2009 年，共纳税评估企业 59 户，评估入库增值税 4416 万元，加收滞纳金 3.42 万元。（四）开展税收业务技能劳动竞赛，提高国税干部队伍素质。为提高干部职工计算机和数据监控分析系统的操作和应用分析水平，详细掌握增值税转型有关政策和新企业所得税法，推动“创新发展年”各项工作任务顺利完成，组织开展了“税收业务技能劳动竞赛”。竞赛突出重点，创新形式，通过理论闭卷考试和上机操作两个环节综合评分，决出名次，使劳动技能竞赛体制和机制符合工作实际，实现劳动技能竞赛与税收征收、管理、稽查工作相结合。对竞赛产生的征、管、查三个系列的 15 名优胜人员授予“税收业务技能劳动竞赛标兵”荣誉称号。

队伍建设

【机构人员情况】 （一）机构设置。内设科（室）10 个：办公室、征管科、政策法规科、纳税服务科、货物与劳务税科、所得税科、收入核算科、人事教育科、监察室、办税服务厅；事业单位 1 个：信息中心；直属机构 1 个：稽查局；外设机构 7 个：第一税务分局、第二税务分局、第三税务分局、第四税务分局、第五税务分局、第六税务分局、海口税务分局，另设机关党办、工会、妇委会。（二）人员配备。在职干部职工 279 人，离退休干部 39 人。在职人员中，男 158 人、女 121 人；学历结构：研究生 3 人，占在职人员的 1.07%、本科 116 人，占在职人员的 41.57%、大专 123 人，占在职人员的 44.08%、中专 13 人，占在职人员的 4.65%、高中及以下 24 人，占在职人员的 8.63%；党员情况：在职党员 132 人，占在职人员的 47.31%，离退休党员 14 人，占离退休人数的 35.9%。

【廉政建设】 （一）不断丰富党风廉政教育内容。创新教育方法，邀请西山区检察院为中层干部进行预防职务犯罪专题讲座，“一把手”为党员干部上廉政党课，刻录下发党风廉政建设 DVD 宣传教育片 52 盘，通过大力开展警示教育，从源头上预防和遏制腐败的发生。（二）强化对干部履职行为的督察，坚持每月对基层管理分局进行 2 次明察暗访，着力治拖，严肃查推，推进行政问责制度化和规范化。（三）加强节前双向监督和制约。在节假日前，利用内部网站，以格言警句和温馨语言的形式，向全体税务干部宣传廉政规定，提高干部职工拒腐防变的意识和能力，潜移默化地感染和熏陶干部职工廉洁自律的自觉性。向纳税人发放以《廉政公约》为主要内容的告知书 5000 份，强化双方履行遵守规定，营造风清气正的良好氛围。（四）自行研制开发《廉政公约》管理软件，有效促进税风税纪进一步好转。2009 年，除已开展的书信、电话、短信回访形式外，试开通电子邮件回访通道，搭建监督网络平台，收到了良好效果。继续建立完善软环境建设和作风效能建设监测点 3 个，广泛接受社会各界监督，进一步健全完善制约机制。

【提效能　优作风】 积极组织开展“进一步转变干部作风、增强服务意识、提高服务质量”大讨论活动和“人人都是软环境，我为提高服务质量和效率献一策”主题实践活动，教育引导干部职工，充分认识提高纳税服务质量和效率在税收工作“一盘棋”中的重要地位和作用，从自身做起、从一点一滴做起，确保纳税服务工作取得新的成效，从而推进国税事业又好又快发展，向纳税人交一份满意答卷。

【学习实践科学发展观活动】 按照区委学习实践活动领导小组的统一部署，结合国税工作实际，经过学习调研、分析检查、整改落实三个阶段的工作，提高了对科学发展观的思想认识，深入查找了影响和制约国税工作科学发展的问题和不足，深刻剖析了产生问题的原因，针对存在问题制定了明确具体的整改措施，认真扎实地抓好整改落实，活动过程彰显四个特点，即“领导干部作表率、强势宣传营氛围、上下联动查问题、强化整改重实效”，确保了学习实践活动动真格、出实招、见实效，使整个学习实践活动成为推动国税事业又好又快发展的过程。

【精神文明建设】 2009 年，认真抓好创建省级精神文明单位工作，切实做好申报省级文明单位检查验收准备工作，积极配合省文明办大力宣传创建省级文明单位的好做法，以创建活动推动国税工作全面协调发展。西山区国家税务局办税服务厅在 2009 年被云南省国家税务局、云南省妇联授予“巾帼文明岗”称号。

【教育培训】 搭建“每周一题”学习平台，提升干部队伍综合素质。加强干部职工政治理论、党风廉政、计算机操作、税收业务知识的学习，提高干部队伍思想政治素质和综合业务素质，不断适应税收征管形势发展要求，积极推进学习型组织建设。在开展各类业务培训与专题培训的同时，在政务网站开辟学习园地专栏，以“每周一题”的形式，搭建学习平台，提高学习教育成效，2009 年，共汇总发出“每周一题”44 期，知识涵盖各部门业务，并于 12 月 27 日组织了全员闭卷考试。全面开展日常学习交流，帮助干部职工熟练掌握相关知识，提高自身综合素质，以做好税收本职工作，有效提高工作质量和效率，为推进国税工作科学发展发挥了积极的促进和引导作用。

【党建工作】 （一）认真抓好廉政教育。开展思想上防蜕变、工作上防懒散、服务上防冷横、生活上防贪占的“四个严防”活动，树立执法标兵、服务标兵和廉洁勤政典型，进一步浓厚比、学、赶、帮、超的氛围。（二）加强行风建设。通过创建“文明示范窗口”，开展评比活动，增强示范窗口的潜在效能和辐射作用，实现以点带面，有效解决服务态度冷漠、办事拖拉、管理不扎实等问题，切实改进工作作风，进一步提升工作效率和服务质量。（三）加强源头治理。严格落实“两权”监督实施办法和《纪检监察部门监督检查实施办法》，保障“两权”监督工作运行效力。（四）按照“一岗双责”和党风廉政建设责任制的要求，围绕“行政效能提升年”和“干部作风改进年”活动以及创新发展年工作主题，坚持把党风廉政建设工作与税收中心工作摆在同等重要的位置，狠抓责任落实，通过带好班子、规范下属，提高干部职工的责任意识和自律意识，推动党风廉政建设和反腐败工作。（五）拓宽社会监督渠道，建立联席制度，探索内外互动监督评议措施，自觉接受社会各界监督。

【平安创建】 （一）加强学习教育工作力度，努力提高全局干部职工对社会治安综合治理工作的认识。区局党组对社会治安综合治理工作极为重视，把其列入重点工作议事日程，召开专题工作会议进行认真研究，针对工作中存在的问题和困难，从抓教育入手，采取集中学习与自学相结合的方法，积极组织干部职工学习各项法律、法规，认真开展自查自纠，为社会治安综合治理工作开展打下了坚实的基础。（二）认真做好普法工作，不断巩固普法成果。严格按照社会治安综合治理工作要求，不断充实和健全法制宣传队伍，重点宣传以宪法为中心的法律法规，并结合工作实际，针对群众关心的热点和难点问题，积极开展依法治理工作，全面提高依法治税工作水平。（三）制定措施，严格落实，认真做好相关工作。与西山区公安分局梁源派出所、交警四大队和九大队联手共建“警民文明单位”，共同协作、互通信息，共同维护良好社会治安。对社会治安、安全保卫、车辆使用、票证管理等方面的规章制度和措施进行修改完善，建立健全各项规章制度，层层落实。与各部门签订《目标管理责任书》，明确部门责任。对安全保卫工作，聘请专职保安人员担任，做到有制度、有措施、有检查、有督促。节假日期间，由局领导和部门负责任带头值班，确保系统安全稳定。对增值税专用发票的保管、使用，在由专人负责的同时，进一步加强检查督促，并在办税服务厅和发票库房等重要部门安装了与110联网的报警装置及灭火器。坚持定期或不定期安全检查制度。同时，与各级政府签订《综合治理目标管理责任书》，有效预防违法违纪案件的发生，促进各项国税工作顺利开展。

（张云生）

官渡区国家税务局

经济概况

官渡区充分发挥和利用区位、科技、交通、信息、资金优势，探索出一条“以农业为基础、乡镇企业为支柱、市场为导向、第三产业为龙头，依托城市、服务城市、建设城市、富裕农村”的发展路子。2009年，官渡区实现生产总值（GDP）411.16亿元，增长13.80%；财政总收入完成59.36亿元，增长30.30%，其中：第一产业增加值9.25亿元，减少1.70%；第二产业增加值155.86亿元，增长14.70%；第三产业增加值246.05亿元，增长14%。三次产业结构比调整为2.3:37.9:59.8；城镇居民人均可支配收入达1.80万元，增长13.30%；农民人均纯收入达7718元，实际增长12.20%。随着官渡区内都市农业、乡镇企业、城市化、科教兴区、可持续发展5大战略的相继实施，官渡区已成为昆明市最具发展活力的地区之一。

税收概况

【收入完成情况】 2009年，官渡区国家税务局共组织各项税收收入11.19亿元，同比增长6.63%，增收6955万元，完成昆明市国家税务局年初下达全年确保目标任务10.83亿元的103.35%，超收3628万元。其中：增值税完成6.25亿元，同比增长2.47%，增收1507万元；国内消费税完成908万元，同比减少0.44%，减收4万元；企业所得税完成3.82亿元，同比增长8%，增收2833万元；储蓄存款利息所得个人所得税完成962万元，同比下降61.98%，减收1568万元；车辆购置税完成9324万元，同比增长81.51%，增收4187万元。国税收入首次突破11亿元大关。

【收入特点】 （一）受全球金融危机影响，重点行业税收下降、收入呈现前低后高态势。至2009年10月份，随着经济形势的逐步回暖，税收收入有所好转，但仍出现波动和不稳定的情况。（二）新的税收政策和区划因素形成较大税收缺口。（三）由于企业资金流通困难，退税即时性要求很大。（四）财监办对再生资源的退税返回办理时限难以掌控，加重预测不确定因素。（五）官渡区内税源结构不合理，批发零售业为主的小规模纳税人和个体户在数量上占绝对优势，税收潜力大为不足。

【税源分析】 （一）从分企业注册类型情况看，各经济类型税收收入总体呈增长态势。其中：集体企业入库税款2137万元，同比增长1.09%，增收23万元；联营企业入库税款216万元，同比增长16.76%，增收31万元；股份公司入库税款5.66亿元，同比增长16.35%，增收7948万元，股份合作企业入库税款180万元，同比增长81.82%，增收81万元；其他企业入库税款1308万元，同比增长71.20%，增收544万元；个体税收入库1.25亿元，同比增长8.04%，增收930万元。（二）从分行业情况看，零售业、非金属矿物制品业、饮料制造业、金属制品业、有色金属冶炼及压延加工业均出现不同程度的上涨。其中：有色金属冶炼及压延加工业共入库税款71万元，同比增长83.79%，税款

增收367万元。（三）从分税种情况看，一是消费税主要支柱企业昆明金星啤酒有限公司受到金融危机冲击较大，致使消费税同比出现小幅下降。全年共入库消费税891万元，同比下降0.45%，减收4万元。二是金融业、建筑业、房地产业、住宿和餐饮业、批发零售业、医药制造业拉动企业所得税呈现增长态势。其中：房地产业受国家宏观调控和市场的影响，入库税款4760万元，同比增长127.86%，增收2671万元。

各项工作

【依法治税】 （一）加大税负监控力度。及时与城区局、昆明市国家税务局同行业税负情况进行比较分析，对税负差异较大的企业及时进行纳税辅导和纳税评估，进一步提高行业税负水平，提高企业的税收贡献率。（二）加大纳税评估力度。按照昆明市国家税务局安排与其他区县局交叉评估重点企业，在流转税纳税评估上建立全市医药行业的评估模式；在所得税纳税评估上建立全市金融行业的评估模式，把纳税评估做实，评出效果、评出成绩。共评估入库税款330.67万元。（三）加大所得税监管力度。完成987户所得税定额核定工作，所得税核定面扩大到17%，超出昆明市国家税务局要求的15%核定面2个百分点，征收所得税279.03万元。同时，率先对126户一般纳税人实行定率核定征收。增收税款41万元。（四）扎实有序地对1.17万户纳税人开展了纳税信用等级评定工作，共评定A级纳税人6户，B级纳税人1.08万户，C级纳税人909户。利用税法宣传月活动之机，在昆明火车站公开对6户A级信用等级纳税人进行了证书颁发和表彰。（五）加大稽查查处力度，及时协调公安和地方税务局等部门，有针对性地开展专项检查、专案检查、日常检查、案件查处，充分发挥打击涉税违法活动的职能作用，为收入任务的完成提供有力的保障。全年共检查49户，其中有问题48户，查补626.79万元，税款全部入库，入库率达100%。

【税收征管】 （一）逐步规范普通发票管理，加快建立大额普通发票报备制度。针对部分纳税人非法使用假发票隐瞒应税收入的现象，利用"普通发票比对稽核模式"，通过"倒查取证"的检查方法，查实非法使用假发票隐瞒应税收入的纳税人130户，涉案普通发票399份，查补入库税款143万余元。通过开展普通发票交叉比对工作，查处涉税案件6件，涉及发票246份，涉及金额1721.70万元，合计补税罚款100.38万元。（二）加强对官渡区内征管盲区的清理力度，狠抓漏征漏管、非正常户等清理工作取得成效。重点对街道、车站、商场内租赁柜台、市场内租赁业户、写字楼和住宅楼内经营业户进行清理；对假注销、假停业、假失踪纳税人进行清查。共计清理110户，补税罚款8.68万元。（三）加强对小规模企业的管理，更加突出征管特色。户均纳税额达到748元，同比增加326元，增长77%，与2009年初下达指标480元相比增加268元，增长55.14%；小规模企业空申报率为33.60%，同比下降18.21个百分点，超6.40个百分点完成年初下达计划指标；加强个体核定管理，并在昆明市处于领先地位。（四）克服税率调低政策和经济不景气的双重困难，重新核定提高个体户的营业额，保质超量完成目标任务。个体核定户均纳税额实际完成328.81元，比年初下达任务户均256元增加72.81元，征税面实际完成93.87%，超出年初下达任务10.37个百分点。（五）一般纳税人平均申报率为99.94%，小规模纳税人平均申报率为99.66%；多元化申报方式的纳税人覆盖面98.88%；处罚率达98%；税款入库率为100%。清理陈欠入库税款21.90万元，陈欠清理税款入库率达57.64%，且无新欠产生。（六）加强新螺蛳湾国际商贸城前期征管。一方面积极与西山区国家税务局对接相关转移划户工作，并在最短时间内完成新老管户的平稳划转；另一方面加大同工商、地税的合作，实现业户信息共享，管理措施共商，工作步骤一致，促进市场日益繁荣。

【信息化建设】 （一）在官渡区范围内大力推进网络申报，并达到应推尽推，大大缓解了办税服务厅排队拥挤的老大难问题。实现纳税人服务平台数据采集率在98%以上，为全市最高。（二）将网上认证和网上报税作为科技管税的重要一环，提高信息化办税的水平。网上认证推行占一般纳税人户数的85%，一般纳税人网上报税推行达450户，推行所得税网络申报4806户。

【创新发展】 （一）自主创新开发一般纳税人税负分析辅助软件和推广纳税人信息对应管理分局的简易解决方法，提高税收分析能力，保障税收收入任务达到预期目标。两个软件荣列昆明市国家税务局7个交流项目中的2项。（二）在螺蛳湾国际商贸城税收征管中积极探索全新的国家税务局与地方税务局联合办公模式，试点推行国、地税联合办证，使纳税人充分感受到税务机关高效、便捷的服务方式，并将以此为起点，逐步推进和拓展新的联合办公体制机制，以达到办税效率更加便捷、办税程序更加规范、纳税服务更加透明的目标。

队伍建设

【机构人员情况】 内设机构10个：办公室、政策法规科、货物和劳务税科、所得税科、收入核算科、纳税服务科、征收管理科、人事教育科、监察室、办税服务厅；直属机构1个：稽查局。事业单位1个：信息中心；基层单位6个：第一税务分局、第二税务分局、第三税务分局、第四税务分局、第五税务分局和第六税务分局。全局共有干部职工323人，其中：在职干部职工287人，离退休干部职工36人。在职人员中，男性152人，女性135人；研究生以上学历1人，占职工总人数的0.35%；大学本科学历144人，占职工总人数的50.17%；大专学历127人，占职工总人数的44.25%；高中中专学历14人，占职工总人数的4.88%；初中学历1人，占职工总人数的0.35%。在职人员中有公务员267人、工勤人员18人。

【廉政建设】（一）明确目标，落实责任，加强党风廉政建设，实行“一岗双责”。实行主要领导与各科室、分局负责人，各科室、分局负责人与一般干部签订《廉政纠风目标责任制书》，全局共签订243份，其中：集体签订14份，个人签订229份。（二）制订下发了《2009年官渡国税工作主要任务分解方案》，按照“一把手负总责，谁主管谁负责”的原则，把党风廉政建设工作任务落实到具体部门，保证了党风廉政建设责任制的有效落实。对于违反廉洁自律各项规定的苗头性、倾向性问题，及时提醒诫勉，保证干部想干事、干成事、不出事。

【提效能 优作风】（一）深入开展“行政效能提升年”和“干部作风改进年”活动。着力打造“政治坚定、作风优良、纪律严明、勤政为民、恪尽职守、清正廉洁”的干部队伍，树立良好国税形象，机关效率明显提高、办事程序和办事环节明显规范、服务意识明显增强、干部职工综合素质明显提高、工作作风明显改进。（二）按照上级要求，认真落实阳光政府“四项制度”。按月报送大决策听证事项预报、行政许可事项公示、核定户定额调整事项公示和重点工作通报，认真做好政务信息查询专线电话“96128”的接听情况记录。重新细化行政审批中有争议的事项，制定出官渡区国家税务局行政审批工作管理办法，并将政务信息通过云南省政府信息公开门户网站向外公示。行政效能明显提高，为营造公开、公正、透明的税收环境创造了有利条件。（三）认真贯彻四项经费预算支出若干文件精神及规定，完成相关控制指标任务。2009年车辆购置及使用费支出46.35万元，占全年控制数49.56万元的99.80%。招待费全年支出12.19万元，占全年控制数17.04万元的71.54%。会议费全年支出4.27万元，占全年控制数13.21万元的32.32%。全年未发生出国费。（四）开展机关档案室申报“五星级”的工作。形成较为规范的文书等各类档案2.80万件，做到了室藏丰富、门类齐全、管理规范。以145.50分的好成绩顺利通过考评验收组的验收，机关档案达室达“五星级”标准。

【学习实践科学发展观活动】 按照官渡区委、区政府及昆明市国家税务局开展深入学习实践科学发展观活动的统一部署，官渡区国家税务局扎实有效地开展科学发展观活动。在学习调研阶段，注重专题调研，突出实践特色，在做好规定动作的基础上，把税收工作实际作为自选动作，推进学习实践科学发展观活动进一步深化；在分析检查阶段，坚持边学边改、边查边改，严把标准尺度，严格程序步骤，先后征求地方党政机关、纳税人及职工代表对国税工作的意见建议，按照“相近归类、相同合并”的原则进行梳理归纳，形成5类32条意见和建议；在整改落实阶段，制订整改方案、集中解决突出问题、完善机制体制，使整改落实工作有章可循、群众满意度测评有据可依。整个学习实践活动彰显了区委要求、官渡做法、国税特点。为检验区局学习实践活动取得的实效，官渡区国家税务局面向区内60户纳税人发放了《官渡区国家税务局学习实践活动群众满意度测评表》，通过群众满意度测评，学习实践科学发展观活动满意率达100%。

【精神文明建设】 坚持以文明创建为载体，形成爱岗敬业、公正执法，文明服务、廉洁奉公的良好风气，在精神文明建设中取得了较好的成绩。官渡区国家税务局计划征收科被省妇联授予“巾帼文明岗”称号；官渡区国家税务局机关被昆明市政府命名为“文明单位”称号；官渡区国家税务局征收管理科被区妇联授予“巾帼文明示范岗”称号；何孟平、李菊芬、郑树琼3名干部被昆明市国家税务局表彰为“精神文明建设先进工作者”。

【教育培训】 创新教育培训模式，打造高素质人才。认真开展“1对1”教育培训工作，切实把培训重点落到基层一线各岗位应知应会的系统操作技能和相关业务知识上来，共由96人组成48个“1对1”学习对子。

【党建工作】 加强党的建设和党员队伍的教育管理，不断提高机关党组织的凝聚力、战斗力。区局党委的党建工作，做到了年初有工作计划，年中有检查，年末有总结，同时，对重点工作及时做好宣传工作，对省委提出的践行“三个一”重点工作进行了安排布置和落实。

【平安创建】 强化大局观念，深化平安创建工作，严格履行社会治安综合治理责任；积极开展“平安国税”建设活动，认真排查不稳定隐患，切实做好群众来信来访工作，按要求完成重点矛盾纠纷的调处化解；为确保国庆六十周年安全稳定，进一步加强了综治信访国庆安全维稳工作，全年未发生重大安全事故。

（孙 娴）

东川区国家税务局

经济概况

东川区铜金属储量335万吨，位居全国第三，为我国六大铜基地之一。2009年，东川区实现生产总值（GDP）31.53亿元，同比增长11.32%。其中，第一产业完成增加值6.61亿元，第二产业完成增加值17.41亿元，第三产业完成增加值7.51亿元，分别比上年增长6.31%、14.81%、2.31%。人均国内生产总值1.07万元，三次产业结构比例为11.39:64.79:23.82，第二产业在全区生产总值中的比重进一步增大。完成固定资产投资31.52亿元，同比增长40%，社会消费品零售总额实现6.72亿元，同比增长19.41%。非公经济占全区区域生产总值的67.01%，成为全区经济发展的重要支柱。城镇居民人均可支配收入达1.32万元，同比增长8.32%，农民纯收入2695元，同比增长14.12%。

税收概况

【收入完成情况】 2009年，东川区国家税务局共组织税收收入2.86亿元（含车购税、不含免抵调），同比下降61.62%，减收4.59亿元，完成昆明市国税局调整计划任务数2.84亿元的100.60%。分税种完成情况：增值税2.42亿元，同比下降63.63%，减收4.27亿元；消费税4.02万元，同比下降33.33%，税款减收2.01万元；储蓄存款利息所得个人所得税162.01万元，同比下降55.37%，减收201.01万元；企业所得税2690.03万元，同比下降53.11%，减收3047.12万元；车辆购置税1353.02万元，同比增长3.61%，增收47.04万元。

【收入特点】 一是2009年受国际金融危机影响，东川区国税局收入较上年下降61.6%；二是2009年增值税同比下降63.63%，减收4.27亿元，在增值税的减收中又以有色金属冶炼及压延业行业减收较为突出；三是2009年有色金属增值税收入为0.58亿元，同比下降84.57%，所占收入比例由2008年的51.04%下降到2009年的20.51%。

【税源分析】 国内增值税和消费税“两税”收入完成2.42亿元，同比下降63.63%，减收4.27亿元，“两税”占总收入的比重由2008年的90.06%下降到2009年的85.30%。从各行业税收减收情况看，有色金属行业构成增值税减收的主体，有色金属行业2008年增值税入库3.81亿元，占区局总收入7.46亿元的51.02%，2009年该行业增值税仅入库5872.01万元，较上年相比减少3.22亿元，下降85.02%，占区局2009年总收入2.86亿元的20.01%。

【税务管理】 一是税收执法管理信息系统统计显示，区局从2008年19个过错行为下降到2009年7个过错行为，正确率达99.98%；二是2009年申报率和入库率进一步提高，1~12月区局平均申报率99.81%，较上年99.78%上升了0.02个百分点，平均入库率100%。

各项工作

【税收法制建设】 进一步规范税务行政审批项目。加强税收执法检查，充分发挥税收执法管理信息系统功能，全面落实执法责任制。加强税务行政复议、行政处罚和行政赔偿等工作，一是制定了《东川区国家税务局违法违章处罚管理办法》，对税收违法行为进行分类管理，细化过程管理考核指标，明确职责权限和岗位责任，以制度管人。二是在案件审理过程中，杜绝行政处罚的随意性，实施行政处罚告知申辩制度，对行政处罚实行集体审议和重大案件审理等监督措施，确保税收案件处理质量。

【税收征管】 （一）各税管理。一是加强发票管理。认真开展普通发票采集交叉比对工作。共采集了5户159份开具金额在1万元以上的大额发票，查处问题发票28份，共补税、罚款及加收滞纳金1.51万元。严格执行发票的发售管理、抵扣管理规定，严格代开发票的审核管理，审批制度健全。2009年共发售增值税专用发票2.94万份，共认证增值税专用发票3.50万份，金额38.86亿元，税额6.15亿元。共计处理普通发票违法违章行为6户次，处以罚款金额为5200元。二是严格退税审批。层层把关，严格按照要求对企业的退税进行核实，全年办理退税1965.02万元。其中：增值税1750.01万元，企业所得税201.01万元，车辆购置税6854.01元，税收“免、抵”调库金额13.03万元。三是认真进行特区企业税返核查工作，严格执行《东川再就业特区优惠政策实施细则》文件规定，对2009年1~3季度涉及税返的再就业特区企业认真进行了核查，发现5户企业存在问题，对不能取得合法有效凭证的情况，已督促企业代开普票，对有问题的企业已建议不予返税。共核实特区企业返税95户，增值税8800.01万元，企业所得税1125.12万元。四是严格增值税一般纳税人的管理。做到资料齐全，手续完备，程序合法，全年认定一般纳税人94户，对不符合一般纳税人条件的予以注销，对超标未认定的予以认定，注销一般纳税人18户，强制认定一般纳税人9户。五是加强“四小票”的管理。首先把好“四小票”的开具和抵扣信息的采集、上传质量关。做到采集完整，对开具不规范、内容不完整、字迹不清的货物运输发票一律不予采集，不予抵扣；对单价、数量有疑问的，进行核查落实。2009年度共检查运输发票2002份，进项税转出230.12万元。其次抓好“四小票”抵扣凭证的核查审核工作，严把进项税申报抵扣审核关。对农产品抵扣企业进行检查，共涉及9个行业的14户企业，抵扣税款1038.02万元。东川区2008年度参加汇算的企业户数为392户，汇算清缴面达100%；通过汇算清缴企业实现总利润3.93亿元，应纳税所得额3.16亿元，应交所得税9780.01万元，申报减免税额5921.11万元。六是稳步推进税收管理员平台工作。上线1年来，完成各类税收调查事项2487项，进一步规范了税收管理员的行政执法行为，促进了税收科学化管理。七是积极推行多元化纳税申报工作。在区局征管的应申报户1307户纳税户中，实现了介质申报105户，储蓄扣税143户，银行网点申报6户，网络申报522户，合计776户纳税人实行了多元化申报。八是认真开展纳税信用等级评定工作。通过广泛宣传、认真评定、严格审核、进行公示等程序，对达到评定条件的企业334户进行了评定，评定为A级企业18户，B级企业314户，C级企业1户、D级企业1户，对达到评定条件的个体户213户进行了评定，评定为B级213户。九是加强所得税管理。2009年区局企业所得税纳税人有479户，其中：查账征收383户，核定征收96户，较上年增加127户，增幅27%。十是做好消费税税种登记审核和维护，及时上报消费税统计报表。

【依法治税】 认真组织好第18个全国税收宣传月活动。一是做好税法宣传，提高全民纳税意识。采取了发放宣传材料，电视台宣传、电子屏幕宣传、挂布标等形式的宣传，逐步提高了广大纳税人的纳税意识。二是税务稽查。认真开展整顿和规范税收秩序工作，2009年对38户企业进行了检查，发现有问题32户，查补税款、罚款、滞纳金总计2297.09万元；开展税收专项检查，共检查10户，查补入库税款、罚款、滞纳金合计50.38万元。三是执法检查。认真组织税收执法检查工作，对2项执法行为进行自查自纠，针对性地提出建议，认真组织整改工作。

【税收管理信息化建设】 一是认真做好增值税防伪税控系统发行和日常管理工作。截至2009年12月31日，变更企业基本信息5次，变更发行授权信息128次，注销发行24次，重写IC卡12次，更换IC卡5次，更换金税卡4次，修改时钟授权14次，修改购票员信息4次，重新发行7次；共排除认证系统故障6起；按时上传、下载金税数据，保证金税数据安全无误。二是认真做好金税稽核、协查、发行、发售、认证、报税系统的维护，数据备份、上传、回写工作。三是做好人员变动后网站、公文系统、综合征管软件、税收执法系统、监控系统、车辆购购置税系统人员变更授权工作共200余人次。四是全力做好计算机网络安全维护，保证设备正常运行。五是启用了东川区国税局文件交换系统，运行效果良好，工作交流和传递信息方便、快捷。六是开通“国税风采”栏目。展现东川国税人争创和谐国税、平安国税、一流国税的干事创业的国税风采。

队伍建设

【机构人员情况】 （一）机构设置。内设机构7个：办公室（7人）、人事教育科（4人）、监察室（2人）、征收管理科（4人）、税政管理科（3人）、办税服务厅（10人）、收入核算科（3人）；直属机构1个：稽查局（11人）；事业单位1个：信息中心（1人）；税务分局1个：铜都分局（18人）；（二）学历结构。本科生36人，占53.73%；大专生30人，占44.77%；中专生1人，占1.49%。（三）年龄结构。50岁以上9人，占总人数的13.43%；40～49岁37人，占总人数的55.22%；30～39岁20人，占总人数的29.85%；29岁以下1人，占总人数的1.49%。

【圆满完成机构改革工作】 根据昆明市国税局机构改革工作的有关精神，东川区国税局党组对机构改革工作高度重视，精心部署，结合本局实际，制订《东川区国家税务局机构改革实施方案》，“一把手”负总责、亲自抓，人事部门具体抓，分管领导层层把关，强化责任意识，按照市局规定的时间上报，坚持时间服从任务、服从工作质量，使机构改革工作稳妥有序地推进。确实做到“公开、透明、民主”，按个人意愿及工作需要进行轮岗。中层干部轮岗面达17.6%，一般干部轮岗面达40.4%。进一步健全和完善部门协作机制，一如既往地履行好岗位职责，不放松工作要求，不降低工作标准，确保工作的连续性。2009年9月23日，区局机构改革工作圆满结束。

【领导班子建设】 一是以班子民主生活会为契机，认真抓好党组中心组理论学习，围绕“创新发展年”工作要求，推进精细化管理；二是领导班子认真开展批评与自我批评，虚心听取意见和建议，制定整改措施，不断改进工作；三是坚持开展局长接待日活动，以局长接待日作为信访工作的重要形式，广泛征求群众意见，为群众排忧解难；四是建设团结和谐领导班子。加强班子自身建设，着力建设一支团结和谐、坚强有力的领导班子。

【廉政建设】 以“行政效能提升年”和“干部作风改进年”活动为契机，组织召开了党风廉政建设工作会议，多种形式加强预防税务人员职务犯罪工作。进一步巩固软环境建设成果，落实“四项制度”，着力转变党风政风。层层签订了《廉政纠风目标责任书》和《软环境建设责任书》；认真做好《廉政公约》的签订和回访工作，共召开纳税人座谈会3次，向纳税人发放《征求意见表》101户；共签订《廉政公约》153户，回访91户。认真落实服务承诺制等“四项制度”，切实纠正不作为、乱作为和慢作为，加强机关作风建设，优化纳税服务，努力提升国税部门的社会形象。利用电脑技术和廉政图文素材制作《东川税检廉政建设屏保》，分别把屏保安装到国税局和检察院工作人员使用的电脑上，此项工作并得到区直机关、区纪委充分肯定，并在全区各部门、各乡镇推广安装使用该屏保。

【精神文明建设】 一是积极推进文明创建活动。以多种形式不断优化东川区国税局的软、硬环境建设：进一步优化纳税服务，切实做好纳税服务工作；在2008年荣获昆明市政府授予的“文明单位”称号的基础上，2009年12月荣获云南省国税系统“文明单位”及办税服务厅“巾帼文明岗”称号；组织离退休老干部参加了昆明市国税局组织的老年门球比赛，荣获第二名；牵头举办了东川区第40届老年门球协作赛；组织全体党员干部对因民镇联盟村进行扶贫捐资4750元，动员全体职工爱心救助捐款2200元等。二是积极推进国税文化建设。组织干部职工参加全省国税系统建国60周年美术、书法、摄影赛，共组织上交摄影作品43幅、美术作品2件、书法3件，有4件作品入选参展，充分展示了东川国税干部的艺术文化水平。三是积极开展创卫工作，高度重视，成立了创卫工作领导小组，明确责任人，严格监督检查，确保创卫工作达到要求。

【开展学习实践科学发展观活动】 精心组织，扎实推进，较好地开展了学习实践科学发展观活动各阶段的各项规定动作，创造性地开展了自选动作。认真组织学习了科学发展观一系列文件和理论辅导材料，举办了科学发展观专题讲座。在单位网站上开设学习科学发展观专栏，编发专题活动简报23期，开好科学发展观专题民主生活会，认真查找影响区局科学发展的突出矛盾和问题。通过开展深入学习实践科学发展观活动，讲学习、重实绩、创一流的氛围日益形成，促进了国税工作的全面发展。被区委授予了“深入学习实践科学发展观活动先进单位”称号。

【教育培训】 举办业务培训班，积极选送干部参加上级机关各类培训，205人（次）参加了昆明市国税局、东川区国税局举办的培训；一是认真开展“1对1”教育培训，使岗位人员掌握操作技能，适应工作要求。二是组织相关人员到工作开展较好的其他局进行观摩学习，汲取先进的工作经验。三是举办了由党组书记、局长唐坤主讲的如何“提升执行力的修炼”知识讲座，向全体干部职工灌输正确的人生、工作、健康、婚姻关系、人际交往等知识理念。2009年培训支出各项培训经费17.13万元，人均支出培训经费2556元。

（李启红）

安宁市国家税务局

经济概况

安宁市是以昆钢公司、云天化集团公司、云南华电等为支柱产业的新型化工业城市，2009年实现生产总值（GDP）120.70亿元，较2008年增长10.58%，其中：第一产业增加值7.14亿元，同比增长6.1%；第二产业增加值71.53亿元，同比增长10.6%，其中：工业增加值66.13亿元，同比增长8.6%；第三产业增加值42.03亿元，增长13.2%。2009年，安宁市城镇居民人均可支配收入为1.81万元，同比增长4.1%，人均消费性支出1.06万元，同比增长1.7%。一、二、三产业增加值比重为5.9:59.3:34.8。社会消费品零售总额25.31亿元，同比增长29%，城镇居民人均可支配收入1.74万元，同比增长18.1%，农民人均纯收入6170元，同比增长10.9%。

税收概况

【收入完成情况】 2009年，安宁市国家税务局共组织税收收入11.50亿元，较上年下降21.03%，税款减收3.06亿元。完成昆明市国税局调整下达收入确保目标的89.41%，塌进度10.59个百分点，塌进度额3.06亿元。其中：国内增值税收入完成10.34亿元，同比下降23.25%，减收3.13亿元；国内消费税收入完成19万元，与上年持平；企业所得税收入完成6134万元，同比下降4.99%，减收322万元；储蓄存款利息所得个人所得税收入完成340万元，同比下降57.72%，减收464万元；车辆购置税完成5114万元，同比增长40.76%，增收1481万元。

【收入特点】 一是国税收入总额超税收计划进度4347万元。二是国内增值税受全球金融危机的影响较大。2009年增值税收入完成10.34亿元，较上年下降23.25%，减收3.13亿元。在增值税的减收中又以制造业中的化学原料及化学制品业、黑色金属冶炼及压延加工业和电力、燃气的生产供应业、商业等几个行业较为突出。

【税源分析】 2009年，由于受全球金融危机和宏观经济下滑冲击的影响，全年税收收入出现下降的态势，一是作为全市的支柱产业，昆钢公司增值税入库7.72亿元，其中：武钢集团昆明钢铁股份有限公司增值税入库5.14亿元，同比下降33.78%，税款减收1.67亿元；昆明钢铁集团公司增值税入库9937万元，昆明钢铁控股公司增值税入库1.59亿元，同比下降20.45%，减收1.98亿元，其减收主要原因：第一，受全球经济的影响，钢材价格一路下滑，年钢材平均销售价格降到3448元/吨，每吨比上年下降1034元，下降23.07%，致使钢材销售收入在产销量增加的情况下，比上年减少22.49亿元；第二，进项税金比上年减少4.68亿元，同比下降18.29%，造成增值税收入的大幅下降；第三，由于生产钢材的主要原材料如焦炭、矿石价格一直上涨，造成成本增大。二是云南华电昆明发电有限公司入库增值税4646万元，同比增长124.01%，税款增收2572万元。该公司税款大幅增长的原因：第一，发电量增加。全年生产运行较稳定，年发电量为2901519千千瓦时，同比增长35.16%，实现销售额8.15亿元，同比增长63.76%；第二，进项税金减少。1～12月进项税金为7424万元，比上年的8378万元减少954万元，下降11.38%；第三，电价有所提高，全年平均上网电价为271元/千千瓦时，每千千瓦时比上年增长45元，增长率为19.9%。三是云南云天化国际股份有限公司富瑞分公司税款入库308万元，与上年1203万元相比下降25.6%，减收895万元，减收的主要原因是：2009年由于公司生产的主产品磷酸二氨享受免税政策，导致应税销售收入和应纳增值税与上年相比大幅下降。

各项工作

【依法治税】 （一）税收宣传。2009年，围绕“税收·发展·民生”税收宣传月的宣传主题，一是于2009

年4月3日，与安宁市地税局联合，在百花公园门前以“税收·发展·民生”为主题开展税收宣传活动。二是举办以“税收情系你我他，和谐发展靠大家，送温暖献爱心普税法”活动，走近纳税人。三是在各繁华路段和窗口部门悬挂宣传标语并在办税服务厅利用电子显示屏进行税收政策及相关法规的滚动播放宣传。四是加强与新闻媒体的协作，将税法宣传的目的、意义和宣传内容在电视、报刊上广泛宣传。（二）税务稽查。2009年，安宁市国税局稽查局按照“公平执法、规范操作、廉洁从税、令行禁止、严守秘密”的职业要求，整顿和规范税收秩序工作，认真做好日常稽查、专项稽查工作，抽调高素质干部参与纳税评估，全局检查、评估户数206户，共计查补收入2596.70万元，其中：稽查查补增值税773.02万元、所得税103.14万元、罚款340.41万元、加收滞纳金120.71万元，合计稽查查补收入1337.28万元，税款、罚款、滞纳金已全部入库，入库率100%，偷税处罚率62.64%，平均处罚率51.59%。（三）执法检查。做好专项检查工作，按照昆明市国税局专项检查工作要求，筛选出20户企业进行检查。其中：房地产企业4户；铁矿石、磷矿石采掘、加工、销售企业16户。结果显示，14户有问题，6户无问题，共计查补增值税67.12万元，所得税68.98万元，罚款43.42万元，加收滞纳金22.60万元。均已全部入库，专项检查确定的户数检查面达100%。

【税收征管】 （一）各税管理。一是税种登记方面。截至2009年12月，在册增值税税种登记户5825户，其中：企业1274户，个体4551户；消费税税种登记户29户，其中：企业7户，个体22户；企业所得税税种登记户813户，其中：查账征收747户、核定征收66户。二是税款入库方面。2009年入库增值税10.34亿元、入库消费税19万元、入库企业所得税6134万元、入库个人所得税340万元、入库车辆购置税5114万元，合计11.50亿元。三是监控管理方面。实行储蓄扣税1422户，网络申报847户，介质申报115户；银行网点申报4户；纳税评估户数62户，补缴税款及滞纳金1079万元；加强对“四小票”的监控管理，共转出16份抵扣发票；对废旧物资回收经营单位实行委托代征税款，与3户废旧物资回收经营企业签订了委托代征协议。四是政策执行方面。2009年享受企业所得税减免的企业共计57户，减免税额4959万元。（二）发票管理。2009年，严格按照《中华人民共和国发票管理办法》及其实施细则和相关法律法规的规定，强化服务，加强监管。一是加强发票库房管理，按照“五专六防”的要求确保库房安全。二是积极推广普通发票监管信息系统，实现全省普通发票联、存根联比对。三是制定了《安宁市国税局代开发票管理办法》，规范了发票代开行为，开展打击制售假发票和非法代开发票专项整治及增值税专用发票存根联滞留专项核查工作。四是加强发票出入库的管理，做到“日清月结”，确保发票出入库无差错，2009年共销售增值税专用发票1618户9.09万份，增值税普通发票625户4.38万份，机动车销售发票42户3106份，销售手工版普通发票5743户2.20万本，销售其他电脑版普通发票19户次11.09万份。税务机关2009年代开增值税专用发票1392份，代开普通发票3460份，代开机动车销售统一发票21份。对开具增值税专用发票进行认证，已认证10.86万份，其中：运输发票6072份；受理纳税申报8448户（次）。2009年，未发生票证被盗、票证遗失等现象。

【加快信息化建设】 2009年，市局积极稳妥地推进信息化支持下的征管改革，一是加强安全保密工作，认真执行《安宁市国家税务局计算机信息系统管理办法（试行）》的管理制度，将计算机纳入桌面防护体系管理，做到专用设备的专机专用、专人负责，加快计算机信息化管理步代。二是为确保干部职工和纳税人准确地掌握税务信息化知识，专门设置电教室用于做好计算机信息化管理的培训工作。三是积极稳步地推行国家税务总局信息化建设平台工作，提高增值税申报管理的质量和效率。四是确保中国税收征管信息系统（简称CTAIS）正常运行，做好CTAIS系统维护，强化对CTAIS系统数据的监督管理，稳步提高CTAIS的运行质量。

【税务管理】 2009年，按照《征管法》及《征管法实施细则》的规定，夯实税收基础。一是加强对征管基础资料的规范管理和分析应用，建立和完善征管资料户籍档案管理制度，实行“一户式”管理。二是按照合法、有效、实用的原则，对各类征管基础资料进行规范和简化。做好税务登记证的换发（换）证工作，全年办理开业税务登记1186户，办理变更税务登记732户（次），办理停业登记186户，办理注销税务登记510户，开具外出经营税收管理证明单53份；加强税务登记管理。三是开展纳税信用等级评定，为建立评定体系做准备。四是建立与工商部门、地税部门户籍联系制度，加强工商登记与税务登记信息的交换与共享。五是做好纳税人的税务登记管理工作，截至2009年12月31日，共有纳税户5991户，其中：国有企业36户，国有独资公司7户，集体企业130户，其他有限责任公司415户，股份企业59户，其他联营企业1户，个人独资企业23户，私营企业726户，其他企业48户，外资企业10户，合资企业（港、澳、台）6户，中外合资经营企业6户，中外合作经营企业1户，个体工商业户4523户。

【税收法制建设】 一是认真贯彻落实《安宁市国家税务局开展软环境建设工作实施方案》，按要求和工作步骤稳步地推行，落实“四项制度”，切实转变工作作风，提升纳税服务环境。二是制定《安宁市国家税务局分类稽查实施方案》，对税务稽查执法行为进行分类管理，明确职责权限和岗位责任，以制度管人。三是聘请安宁市司法局的老师到市局宣讲《食品安全法》、《消防法》、《政府信息公开条例》等法律知识，提高全局职工知法、守法的自觉性。

【依法行政】 始终坚持依法行政，积极推行“阳光政务”工作，认真贯彻执行国家的税收政策，一是采取广泛的、多渠道的政策宣传辅导方式，确保各项税收政策的有效贯彻执行。二是从申报环节严格审核、严格把关，经核查清理，共有13户企业涉嫌账外经营，滞留票面金额为4867万元、税额为827万元，已补缴增值税款43万元。加强增值税专用发票和其他抵扣凭证的审核工作。三是积极落实国家税收优惠政策，2009年对可享受安置残疾人就业税收优惠的13户企业中的10户实行了按限额即征即退增值税，共计退增值税995万元。四是认真贯彻执行税收政策，2009年享受企业所得税减免的企业共计38户，减免税额853万元；经税务机关审批的财产损失税前扣除1笔，批准金额872万元。

【所得税清算汇算工作】 2009年，按照“核实税基、完善汇缴、强化评估、分类管理”的要求，认真做好2008年度企业所得税的汇算工作，共有企业所得税征管736户，其中：查账征收672户，核定征收64户，截至2009年12月，共预缴入库企业所得税5890万元，企业所得税年度预缴税款占当年企业所得税入库税款82.24%。2008年应参加企业所得税汇算清缴的纳税人为627户，汇算亏损399户，亏损金额为6.50亿元，亏损面为63.64%；汇算盈利企业145户，汇算应纳企业所得税3130万元，当年已预缴税款3869万元，汇算清缴后应退还企业所得税739万元。

【一般纳税人认定工作】 2009年，坚持执行增值税一般纳税人的认定管理工作制度，截至2009年12月，共有增值税一般纳税人624户，其中：正式认定工业企业增值税一般纳税人268户；正式认定商贸企业增值税一般纳税人279户；暂认定增值税一般纳税人44户；纳税辅导期增值税一般纳税人33户。企业关停被取消一般纳税人资格18户，2009年共新认定89户符合条件的企业为增值税一般纳税人，确保了一般纳税人的认定质量。

【车辆购置税】 2009年1月15日根据国家税务总局《关于加强对减征部分乘用车车辆购置税管理的紧急通知》，对纳税人自2009年1月20日至2009年12月31日期间购买的排气量在1.6升（含，下同）以下的小排量乘用车，暂减按5%的税率征收车辆购置税。按此规定到12月31日止，减征小排量乘用车2784辆，减征车辆购置税772万元。入库车辆购置税5114万元，同比增长40.76%，增收1481万元。

队伍建设

【机构人员情况】 2009年，圆满地完成了机构改革工作。共设置内设机构8个（办公室、政策法规科、税政科、收入核算科、征收管理科、人事教育科、监察室、办税服务厅）；直属机构1个（稽查局）；派出机构2个（管理一分局、管理二分局）；事业编制1个（信息中心）。2009年12月31日全局共有在职职工85人，其中：女职工21人，占25%；中共党员34人，占40%；具有大专以上学历的62人，占73%；中专、高中16人，占19%；高中以下7人，占8%；30岁以下5人，占5%；31～40岁16人，占19%；41～50岁46人，占55%；51岁以上18人，占21%。离退休人员36人，其中：女6人，中共党员14人，提前退休2人。

【廉政建设】 2009年，加强党风廉政建设，一是积极执行《安宁市国家税务局廉政预警工作实施方案》，促进全体干部职工廉洁从政，规范执法。二是充分利用周五学习日、纪检日、民主生活会等制度，做到事前抓教育，事中抓落实，事后抓检查。三是层层签订《2009年度廉政纠风目标管理责任书》，共计签订87份，其中：集体2份（昆明市国家税务局和中共安宁市委），个人85份。

【精神文明建设】 2009年，注重加强精神文明建设的创建工作，一是把创建文明单位的要求，作为职工的行为准则进行教育。二是安宁市国家税务局认真贯彻落实“创新发展年”各项工作措施，切实加强物质文明、政治文明、精神文明建设，成绩突出，2009年再次被昆明市人民政府授予“文明单位”称号。

【领导班子建设】 2009年，从加强班子的思想、政治、作风建设入手，一是坚持和健全民主集中制，做到分工不分家、合作不争权、责权相称、得失共担，凡属重大决策、重要工作部署、大额资金使用、人事任免等问题，一律由领导班子成员集体讨论决定。二是充分发挥班子的聪明才智，真正做到思想上合心、言论上合拍、工作上合力，切实维护和增强领导班子的团结，发挥好集体领导的作用。

（马建光）

呈贡县国家税务局

经济概况

2009年呈贡县生产总值（GDP）61.23亿元，同比增长12.20%，其中：第一产业增加值完成7.46亿元，同比下降6%，第二产业增加值完成30.31亿元，同比增长12.60%，第三产业增加值完成23.46亿元，同比增长19.50%。三次产业结构比例为12.2∶49.5∶38.3。固定资产投资完成121.91亿元，同比增长74.03%。呈贡县工业总产值完成95.98亿元，同比增长3.95%。城镇居民人均可支配收入实现1.72万元，同比增长9.18%，农民人均纯收入实现6805元，同比增长9.10%。

税收概况

【收入完成情况】 2009年，呈贡县国家税务局共组织各项税收收入2.28亿元（含区划调整收入1442万元），同比减收8438万元，下降26.99%，完成昆明市国家税务局考核收入目标2.14亿元的106.79%。

【收入特点】 增值税收入1.78亿元（含区划调整收入1431万元），同比减收9630万元，下降35.12%；消费税收入22万元（含区划调整收入14万元），同比减收53万元，下降70.67%；企业所得税收入1976万元（含区划调整收入负3万元），同比减收191万元，下降8.81%；储蓄存款利息所得个人所得税收入393万元，同比减收429万元，下降52.19%；车辆购置税收入2641万元，同比增收1865万元，增长240.34%。税收呈以下特点：（一）收入总量完成考核目标，分税种完成进度有差异，分别为增值税104.84%，车辆购置税135.44%，消费税95.65%，企业所得税98.80%，个人所得税91.40%。（二）考核税种收入结构不平衡，增减幅度差异较大。除车辆购置税比同期大幅增长240.34%外，其余考核税种均比同期大幅下降。（三）主要重点企业增减幅度差异较大。9户重点企业4户减收，其余有不同幅度的增长。减收幅度较大的是云南铝业股份有限公司及东方药业股份有限公司，分别比同期下降37.75%和45.45%；增收幅度较大的是万盛碳素有限责任公司及强力地基管桩分公司，增幅分别为207.07%及95.56%。

【税源分析】 （一）增值税增减因素。增值税收入1.78亿元（含区划调整收入1431万元），同比减收9630万元，下降35.12%。1. 经济因素减收1451万元。其中云南铝业股份有限公司减收2616万元，其他重点企业增收1165万元。2. 政策因素影响减收2636万元。其中固定资产抵扣政策影响税收2484万元；小规模纳税人征收率下调减收185万元；再生资源增值税政策调整增收5万元；提高矿产品增值税税率增收28万元。3. 呈贡县3个乡镇分别委托3个开发区管理，征管范围发生了变化，税源减少，1至12月减收约6000万元。4. 不可比因素增收58万元，由于国家限制高耗能产品出口，云南铝业股份有限公司出口货物免抵调库收入较同期减收335万元，而万盛碳素有限责任公司本年发生上年已签订合同免抵调库收入456万元，比上年增收393万元。5. 加强管理增收399万元，加大纳税评估力度和稽查力度，1至12月入库查补增值税399万元。（二）企业所得税增减因素。1. 呈贡县3个乡镇分别委托3个开发区管理，税源减少，税收减收533万元。2. 加强管理增收342万元，其中减免税政策清理2户到期缴税12万元，扩大核定征收面入库税收15万元，开展纳税评估、强化稽查管理以及辅导企业自查共入库315万元。（三）消费税收入22万元，同比减收53万元，下降70.67%，区划调整，导致税源减少，税收减收。（四）车辆购置税收入2641万元，比同期增收1865万元，增长240.34%，一是由于国家实施刺激消费政策，降低小排量汽车购置税税率，促进了汽车市场需求和销量增长，带动了税收的增长。二是呈贡县新增车辆落户点的不可比因素促进增长。（五）个人所得税收入393万元，同比减收429万元，下降52.19%，主要是暂免征收利息所得税政策因素影响。

【税务管理】 2009年呈贡县国家税务局登记户4700户，其中征管户为2721户，征管户中一般纳税人196户、小规模纳税人2525户。做好行政区域调整税收户籍划转工作，划转旅游度假区103户，高新技术开发区244户，经济技术开发区282户。开展清理漏征漏管户工作，检查775户，其中登记户459户，清理出未办理登记316户，已补办登记154户。按照“三零”目标工作要求，以征纳零距离、办税零差错、服务零缺陷为目标，不断优化纳税服务，提升服务水平。（一）推行网络申报。129户增值税纳税人、2户消费税纳税人、137户企业所得税纳税人已纳入网络申报。（二）加强对招商引资企业服务，对项目注册资金500万元的企业，提前介入纳税服务工作，实行“1对1”的全程跟踪服务。（三）进一步落实纳税信用等级评定工作。评定情况为：A级企业纳税人11户，B级纳税人720户（企业316户、个体404户），C级纳税人1275户（企业168户、个体1107户），D级纳税人9户（企业5户、个体4户）。企业评定率为100%，个体评定率为100%。（四）贯彻“两个减负”的精神，拓展信息化手段，完善发票购买审批、纳税申报资料核实和报送手续、压缩涉税行政审批事项时限。（五）认真开展个体工商户计算机定税工作，个体“双定户”征税面为36.4%，起征点以上901户，户月均核定税款241元，三项考核指标均逐步上升。

各项工作

【税收法制建设】 成立纳税服务“三零”目标工作领导小组，实行“一把手”负责制，把“三零”工作目标贯穿到征收管理的全过程。做好税收执法监督工作，按照阳光政府“四项制度”工作要求，加大政务公开力度，扩大税收执法监督面。进一步完善车辆管理、办公大楼管理的规章制度建设，严格执行保密法律法规，搭建综治维稳和平安建设的工作平台。

【税收征管】 （一）各税管理。一是增值税管理。认真贯彻落实增值税各项税收政策，重点抓好对增值税转型政策的落实。一般纳税人购进机器设备类固定资产不符合抵扣规定转出62.07万元。非金属矿采选业税率调整后税负比上年提高了0.83%。对超过增值税一般纳税人认定标准的收入按照一般纳税人适用税率已补增值税24.74万元。对12个行业的301户纳税人增值税税收优惠情况开展清理检查，保留了267户减免税资格，取消了12户，对13户纳税人补录了有关减免税文书，对符合减免税条件的9户纳税人进行了税收政策的宣传辅导。对连续几个月零申报企业和税负偏低企业进行检查，自查补税17.29万元，加收滞纳金5041.8元。纳税评估15户、自查补税18户、稽查评估5户、昆明市国家税务局交叉评估1户，共计补缴增值税238.28万元，加收滞纳金13.29万元。二是消费税管理。将涉及消费税相关政策及时地宣传到纳税人，并由税收管理员根据各纳税人的情况定期或不定期地到实地查验。三是车辆购置税管理。受理免税车辆申报28辆，免税额294.69万元；受理减征车辆3877辆，减征车辆购置税1038.31万元。四是所得税管理。2009年享受企业所得税税收优惠政策的企业22户，累计减免所得税额348.48万元。通过纳税评估，补缴企业所得税71.30万元；通过对房地产企业开展清理和纳税评估，补缴企业所得税222.70万元，加收滞纳金2227.19元。（二）出口退税管理。一是认真做好出口货物退（免）税的预申报和初审工作。二是对每一期出口退税预警评估和不予退（免）税信息开展核查工作，涉及企业20多户次，6000多条信息。三是认真落实出口企业分类管理办法和日常管理要求，按时完成了出口企业申报流程调整工作，对24户纳税人全部评定为B类出口企业。四是加强出口货物税收函调管理，在规定时限内核查复函。2009年复函4件共34份发票，其中确认业务异常一件，涉税39.80万元。四是核实出口不予退（免）税货物电子信息9期，95户次，5000多条，经核实应转内销需征税信息322条，应计提销项税额317.89万元。五是组织出口企业进行出口退税管理知识培训1期，23户，40人次。（三）发票管理。一是严格落实发票管理制度和措施，建立了一万元以上大额普通发票报备制度，加强普票管理监控工作。开展商业发票专项检查工作，检查187户纳税人，共检查发票7579份，有问题发票9份，补税7839.32元。开展普通发票交叉采集比对工作，采集发票联1336份、存根联717份。查实有问题8户32份发票，查无问题5户，1户找不到纳税人无法查实2份发票。共查补增值税9549.67元，加收滞纳金1039.78元，罚款1.20万元，合计2.25万元，已入库。二是加强增值税专用发票的管理，严格执行云南省、昆明市国家税务局关于增值税专用发票管理的规定。进行增值税专用发票存根联滞留专项检查，共清理核查699份，其中7份购销查核不符。

【税收执法】 （一）税法宣传。一是邀请了300户纳税人到县国税局参加税法宣传交流会。会上，制作宣传幻灯片3个，内容涵盖税收政策、征收服务、管理服务、纳税流程、岗位公开等内容。现场颁发信用等级A级企业证书。二是组织开展有奖税收宣传知识竞赛活动，竞赛分2场进行，一般纳税人82户参赛，小规模纳税人123户参赛，最终评选出一等奖2名、二等奖4名、三等奖4名。（二）税务稽查。一是加强对纳税评估异常和协查案件的检查。共发出自查表44户，收回自查表44户，自查补税595.17万元，加收滞纳金14.10万元，罚款3.30万元，合计入库612.57万元；检查18户，已结案18户，其中有问题13户，查补税款6.01万元，罚款5.64万元，加收滞纳金3678元，合计入库12.03万元。二是收到受托协查7件，其中金税协查子系统收到协查2件，纸质协查5件。经检查2件有问题，案件已全部按时回复，按期回复率达到100%。发出纸质委托协查3件，涉及发票8份，已收到查无问题的回复。三是检查38户纳税户，其中有问题37户，查补收入442.49万元，加收滞纳金10.90万元，罚款6.55万元。四是积极推行阳光稽查，将11户纳税人列入阳光稽查的范围，纳税人自查补税285.96万元。（三）执法检查。开展以税收执法权、税务行政管理权为主要内容的执法检查，确保规范执法，依法行政。（四）依法治税。大力推进税收执法责任制和税收执法责任追究制，强化执法监督，强化执法考核。加大政务公开力度，接受社会监督。

【税务管理信息化建设】 （一）应用系统推行情况及数据利用分析。2009年共发行企业防伪税控开票金税卡26套，注销发行防伪税控金税卡77套。及时为企业做变更发行46户（开票机数量50台），发行维护34户（开票机数量41台）。（二）信息化基础设施建设及税收信息化管理维护工作。制定了《呈贡县国家税务局国际互联网安全管理办法（试行）》，进一步规范了外网的运行和管理。CTAIS客户端升级9次，维护计算机软硬件500余次。根据县保密局的要求，对全局所有计算机粘贴了涉密、非涉密标签。（三）信息化及网络化建设。完成网络教育培训系统及广域网改建项目4次调试工作。配合联通、广电、电信3家网络运营商完成广域网的安装、割接以及连通性测试工作。

队伍建设

【机构人员情况】 （一）机构设置。2009年内设机构11个：办公室、人事教育科、监察室、税政科、征收管理科、政策法规科、收入核算科、稽查局、信息中心、龙城税务分局、办税服务厅。（二）人员情况。2009年共有干部职工79人，其中：在职干部63人，占总人数的79.75%，其中：男40人，女23人，中共党员27人。退休16人，占总人数的20.25%。在职干部人中，在职职工平均年龄为43.06岁。其中：30岁以下4人，31至35岁6人，36至40岁12人，41至45岁16人，46至50岁16人，51至55岁4人，56岁以上5人。在职干部学历结构：本科37人，专科18人，中专3人，高中5人，大专以上占87.30%。

【基层建设情况】 固定资产842.30万元（新增38.06万元，减少34.35万元），其中：房屋建筑物470.47万元，一般设备：155.10万元，其他固定资产：216.73万元。按照申报园林单位和园林小区的工作要求和目标，积极开展“创园”工作，办公楼申报省级、市级园林单位，宿舍区申报省级、市级园林小区已通过验收。

【领导班子建设】 一是加强领导班子的学习，建立健全中心组学习制度。二是认真贯彻民主集中制的组织原则，坚持“集体领导、民主集中、个别酝酿、会议决定”的原则，充分发挥党组班子的战斗堡垒作用。三是认真维护好班子的团结，维护好集体荣誉，班子成员之间开展经常性的、不定期的交心谈心活动。

【廉政建设】 一是坚持以建立和完善预防腐败体系为重点，着力提高反腐倡廉建设整体水平。二是抓好反腐倡廉教育，筑牢思想道德和法纪防线，签订《廉政纠风目标管理考核责任书》66份。三是强化“两权”监督，促进权力正确行使。四是以落实责任制为抓手，努力提升国税部门社会形象。共发出调查问卷250份，满意率占99%；基本满意占1%。五是在参加呈贡县委县政府组织的行风评议活动中，获得执法单位第一名的成绩。

【精神文明建设】 2009年呈贡县国家税务局届满申报创市政府文明单位，从9个方面整理文档资料10册，2009年10月28日，市文明委进行了考评验收。

【教育培训】 2009年共举办和参加昆明市国家税务局举办的培训10期。其中：人人讲课、人人当老师培训25天，380人（次）参加培训；稽查人员培训6天，90人（次）参加培训；流转税业务培训4天、16人（次）参加培训，此外组织参加纳税评估、业务考试等培训。组织机关政治学习30期，600余人（次）。邀请云南省国家税务局相关同志分别就增值税转型及相关政策调整解析、增值税优惠政策管理、“三小票”管理问题及对策、车购税征管业务等内容对干部职工进行教学培训，同时组织全局干部职工就培训内容进行了闭卷考试，54人参加了考试，及格率为100%。

（张富洪）

晋宁县国家税务局

经济概况

晋宁县磷、铁、铜、锌等矿产资源丰富，其中磷储量8.4亿吨。晋宁县加大工业强县战略步伐，形成了磷化工为首，机械制造、光学仪器、汽车配件等产业为辅的重点产业群。2009年，晋宁县财政总收入7.68亿元，同比增长19.1%。实现生产总值（GDP）49.11亿元，同比增长13.3%。其中：第一产业完成增加值10.85亿元，第二产业完成增加值25.15亿元，第三产业完成增加值13.11亿元，分别比上年增长8.5%、17.3%、10.6%，人均国内生产总值1.75万元，同比增长13.5%。完成全社会固定资产投资32.62亿元，社会消费品零售总额实现10.6亿元，城镇居民人均可支配收入达1.52万元，同比增长10.2%，增加1402元，农民纯收入5062元，同比增长16.8%，增收728元。

税收概况

【收入完成情况】 2009年，晋宁县国家税务局共组织税收收入3.09亿元，同比下降10.79%，减收3734万元，完成昆明市国税局下达奋斗目标101.45%，完成县政府调整地方一般预算收入任务后6931万元的103.15%，超任务3.15个百分点，超任务额219万元，圆满完成了昆明市国税局和晋宁县政府下达的税收计划任务和奋斗目标。

【收入特点】 2009年组织收入呈现出“两降、两增、一平”的特点：一是增值税、储蓄存款利息所得个人所得税两税种受国际金融危机的影响，较2008年分别下降13.21%、52.41%，共减收4411万元；二是企业所得税、车辆购置税两税种实现增长，分别增长25.36%和52.4%；三是消费税实现税收入库13万元，与2008年持平。

【税源分析】 一是受世界金融危机的影响，经济受到严重冲击，非金属矿产品业产品饱和，影响收入增长。2009年非金属矿采选业（磷矿石）收入完成1.7亿元，同比下降9.61%，减收1815万元；二是化学化工产品行业受金融危机影响，订单数量减小，产品销售价格低，造成多数企业停产或半停产，直接影响了税收收入，2009年化学化工产品行业实现增值税入库301.20万元，较2008年下降49.36%，减少293.55万元；三是水泥行业受金融危机影响，税收也呈下降趋势。2009年水泥行业实现增值税入库135万元，同比下降42.8%，减收101万元；四是电力供应行业。2009年上半年由于受金融危机严重影响，晋宁县域企业大部分处于停产和半停产状态，导致用电量下降，到6月份以后企业开始逐步恢复生产，增加了用电量，加之国家对电价的总体上调，确保了电力供应行业税收增长。2009年电力供应行业实现入库增值税678.43万元，较2008年增长9.57%，增收59.25万元；五是车辆购置税增长，主要是受国家经济调控政策的影响，极大地刺激了消费者的购买力，全县购买摩托车的人群大幅增长，2009年共计征收摩托车车辆6744辆，带动了车辆购置税逐步增长，入库车辆购置税263.21万元。

各项工作

【依法治税】 （一）税收宣传。2009年，紧紧围绕“税收·发展·民生”主题大力开展形式多样的税法宣传活动，积极营造“依法诚信纳税、共建和谐社会”税收宣传良好氛围。一是通过征收大厅电子显示屏，每周一至周五及时将最新的税收政策、业务规程及各类通知向纳税人发布，使纳税人及时了解最新的税收政策法规。二是扎实开展一年一度的税法宣传月活动。2009年4月9日，由晋宁县国、地税局组成20人税法宣传活动小组在郑和文化广场联合开展了第18个税收宣传月咨询活动，共为广大市民发放各种宣传资料4500余份，接受咨询70余人。三是开展“局长进企调研”活动。针对金融危机对税收的影响，进一步加大对重点税源的走访调研力度，多次深入企业调研企业现状，帮助企业及时破解生产经营中的难题，确保企业盈利与税收增收“双赢”。四是积极开展纳税信用等级评定工作。2009年，对辖区纳税户信用等级进行评定，评出A级纳税信用等级纳税人4户，B级纳税信用等级纳税人3425户，C级纳税信用等级纳税人5户，D级纳税信用等级纳税人3户，进一步促进了全县纳税信用体系建设。（二）税务稽查。2009年，共查结案件31件，检查有问题26件（移送公安机关2件），查实率达83%，查补收入862.7万元。（三）执法检查。一是认真开展滞留发票检查工作。加强与五华区、官渡区、经开区等国税局联系，调换相关资料63份，检查滞留发票1353份，补缴增值税1.5万元，罚款滞纳金962元。二是认真开展了纳税评估的培训及实地交叉评估工作，2009年评估19户，补交增值税118.28万元，滞纳金6.33万元。

【税收征管】 （一）各税管理。一是加强对纳税人相关税务审批内容的审核和报批工作。2009年审批认定增值税一般纳税人139户，其中新认定116户，转正23户，取消一般纳税人资格15户。对340户内、外资企业进行所得税汇算，按时完成2008年度企业所得税汇算清缴工作。（二）出口退税管理。2009年，按照审批权限对享受企业所得税优惠政策的内、外资企业26户进行了审批，减免企业所得税1369万元，为晋宁县内、外资企业后续发展创造了有利条件。（三）发票管理。一是严格按照《发票管理办法》的有关规定，做到专人专库管理，做好发票用票计划和调拨工作，建立健全发票领、用、存台账，按日做好发票日结工作。二是发售和代开发票严格遵循综合征管软件业务流程，认真审核纳税人购票员的相关信息。

【信息化建设】 一是积极做好信息化设备保障工作。加强对中心机房、内外网网络、电话内网等弱电系统的日常维护及计算机病毒的防范，积极做好各类应用系统软件的升级工作。二是加强晋宁县国税局电子政务网站建设，设立了党风党建、百日会战、县局简讯、信息化建设、廉政之窗、晋宁国税风采等栏目，电子政务网实行实名管理，实现了日常办公的网络化和电子化。

【金税工程】 在金税工程增值税防伪税控发行子系统中，工作人员严格遵守业务流程，仔细核对企业信息，认真做好204户企业金税卡、IC卡的发行、授权及维护工作，每月最后一个工作日按规定对发行情况作统计核定，保证金税工程零差错。按防伪税控相关手续审批程序及时给纳税人办理相关事项，2009年新办理和变更相关信息107户次。

【机构改革】 2009年9月，根据昆明市国税局机构改革实施方案要求，遵循“大稳定、小调整”的原则，对全局机构改革工作及人员配置进行了安排部署，成立了以党组书记为组长、党组成员为副组长的机构改革领导小组，负责全局机构改革工作的组织领导，制定和明确了改革方案和举措，严肃机构改革纪律和组织人事纪律，对机构设置和相关人员进行了调整，确保了机构改革工作圆满完成。

队伍建设

【机构人员情况】 （一）机构设置。2009年，共设机构10个。其中内设机构7个，即办公室、人事教育科、监察室、税政科、征收管理科、收入核算科及办税服务厅；直属机构1个，即晋宁县国家税务局稽查局，下设综合选案股、检查股和案件审理股3个副股级部门；派出机构1个，即晋宁县国家税务局昆阳税务分局；事业单位1个，即晋宁县国家税务局信息中心。（二）人员配置。在职干部职工80人。其中，少数民族干部11人占13.75%；妇女干部27人占33.75%；党员47人占58.75%。离退休职工34人，占全部职工人数的29.82%。（三）学历结构。本科学历16人，占总人数的20%；专科学历53人，占总人数的66.25%；中专以下学历11人，占总人数的13.75%。（四）年龄结构。在职干部职工30岁以下有3人，占3.75%；31至35岁有4人，占5%，36至50岁有59人，占73.75%，51岁以上有14人，占17.5%。

【廉政建设】 2009年，认真开展专题教育、先进典型示范教育和警示教育活动，狠抓税务干部廉洁自律教育、查办违法违纪案件和纠正行业不正之风三项工作。一是建立健全软环境建设长效机制，建立监测点2个，坚持定期开箱察看进行监督，2009年开展劳动纪律检查12次，开箱查看9次，没有收到举报投诉情况。二是认真开展签订《廉政纠风责任书》活动，建立中层以上领导干部廉政档案20份。三是建立廉政预警机制，设立廉政预警信息员14人，较好地促进了党风廉政与反腐败工作。四是加强“两权”监督，推进政务公开，强化依法行政的力度。全年共促落实信访和税收举报案件4户，查补税款7.59万元，罚款2.8万元。五是认真开展行风评议工作，2009年荣获晋宁县本年度民主评议机关政风行风“先进单位”，受到晋宁县委、县政府表彰。

【提效能　优作风】 2009年，晋宁县国税局认真组织开展“行政效能提升和干部作风改进年”活动，查找工作效能、干部作风中存在的问题和不足，活动收到了较好效果。活动从2009年3月开始至12月告一段落，具体分学习教育、查找问题、整改落实和总结考评4个阶段进行。采取集中10天时间以分组进行、白天工作、晚上学习的形式，按照学习教育、梳理任务、对照检查、整改落实和总结评比5个环节组织学习，按时完成了学习贯彻任务，干部职工79人参加，参学率100%，撰写学习心得79篇。

【学习实践科学发展观】 在深入学习实践科学发展观活动中，县局党总支带头宣讲，带头调研，带头整改，三个党支部共集中学习43次，领导干部讲党课3场，举办学习及读书笔记展评活动2次，45名党员的集中学习时间均达到了40个学时以上。学习期间，县局还利用晋宁国税网站、办公自动化（OA）系统专栏编发《学习实践科学发展观活动工作简报》26期，向全县40多个单位及纳税人发放了《征求意见函》和《征求意见表》共45份，设立征求意见箱1个，共汇总梳理出2条意见和建议。

【精神文明建设】 按照精神文明创建相关要求，扎实开展精神文明创建工作。一是认真做好云南省国税系统文明单位复查工作和省级文明单位到届重新申报工作；二是抓好云南省国家税务局、云南省妇女联合会授予“巾帼文明示范岗”和昆明市妇女联合会授予“巾帼文明示范岗”的后续各项工作，配合晋宁县做好昆明市文明县城的创建工作；三是积极开展革命歌曲大家唱活动；四是做好离退休老干部管理工作，积极开展尊老、敬老、爱老活动，定期进行走访和慰问，关心离退休老干部们的身心健康。

【廉政文化进机关】 积极开展廉政文化进机关活动，努力营造“学廉、知廉、崇廉、倡廉”浓厚氛围，不断推进党风廉政建设和反腐败工作，成为晋宁县2009年首家创建廉政文化进机关示范点。一是统筹规划，稳步实施。按照新时期廉政文化建设在本行业特点，将廉政文化建设融入到税收管理、征收、稽查各个环节。二是创新廉政文化宣传方式，提升文化内涵。制作廉政文化展板、格言警句、廉政书架、悬挂廉洁自律有关规定和廉政书画等廉政文化宣传牌40多块，构建了赏廉、颂廉、崇廉的氛围。

【建国六十周年活动】 为热烈庆祝祖国六十周年华诞，县局在抓好日常税收工作的同进，积极组织干部职工开展爱国歌曲大家唱活动。在2009年9月17日举行国税内部“迎祖国六十周年华诞 爱国歌曲大家唱”歌咏比赛的基础上，于2009年9月24日与县地税局组成105人方队参加了全县“和谐之声颂祖国 爱国歌曲大家唱”合唱比赛活动，以严整的税容、整齐的方队、嘹亮的歌声展示了税务人员的精气神，树立了税务人员“聚财为国、执法为民”的良好形象，诠释了用歌声和税收工作业绩来表达对祖国的爱，为祖国六十周年华诞献上了一份厚礼。

【教育培训】 结合干部职工和税收工作实际，认真制订2009年全局业务培训计划，由各职能部门根据岗责进行“1对1”培训，采取边工作、边学习、边培训的方法进行，认真组织参训人员进行考试，提高了全体税务干部的业务技能。2009年参加云南省国税局举办的各类业务培训7次，总人数20人（次）；参加昆明市国税局、本局和晋宁县委、县政府等组织各项培训26次，总人数437人（次）；参加学历教育5次，总人数7人（次）。

（王振明）

富民县国家税务局

经济概况

富民县境内钛、硝盐矿、水力和生物资源丰富，是省、市优质大米、水果、生猪、板栗和禽蛋生产基地县。2009年，富民县完成生产总值（GDP）23.5亿元，比2008年增长12.3%，其中一、二、三产业结构比重为22.9:46.8:30.3。全县财政总收入1.99亿元，同比增长7.3%；一般预算收入完成1.21亿元，同比增长15.8%；全社会固定资产投资10.2亿元，同比增长41.6%；社会消费品零售总额5.72亿元，同比增长18.1%；城镇居民可支配收入1.47万元，同比增长10.4%；农民人均纯收入4931元，同比增长12.8%。2009年共签订招商引资项目64个，开工60个，实际到位内资11.04亿元，外资240万美元。以杨梅节和乡村旅游为主的第三产业迅速发展，2009年共接待游客92万人次，旅游总收入9100万元，同比分别增长12.2%和11%。全县国民经济继续保持了增长态势，各项社会事业全面发展，人民生活水平稳步提高。

税收概况

【收入完成情况】 2009年，富民县国家税务局共组织入库税收收入7870.68万元，同比减少0.41%，减收40.28万元。组织“三税”（增值税、企业所得税、消费税）入库收入7688.98万元，同比增长0.36%，增收27.44万元，其中，增值税入库收入6574.78万元，同比减少7.56%，减收537.99万元；企业所得税入库收入1110.55万元，同比增长103.67%，增收565.29万元；消费税入库收入3.66万元，同比增长4.34%，增收0.15万元；储蓄存款利息所得个人所得税入库收入91.58万元，同比减少54.55%，减收118.94万元；车辆购置税入库收入90.11万元，同比增长88.08%，增收42.2万元。

【收入特点】 （一）受金融危机冲击和国家结构性减税政策影响，税收收入增收困难。2009年全县国税税收收入同比减少0.41%，减收40.28万元，总体税负从2008年的3.38%下降为3.09%。（二）金融危机导致支撑国税收入的重点行业税收大幅下降。矿产品采选业、有色金属冶炼压延加工业和化学原料及化学品制造业分别比2008年下降80.33%、41.35%和8.07%。（三）企业所得税收入首次突破千万元大关，完成1110.55万元，占全县国税总收入的14.11%。（四）商业经济的迅速发展为税收收入的增长提供了有力支持，2009年批发零售业税收收入为2943.18万元，占全局税收总收入的37.39%。（五）征管质量不断提高，全年申报率和入库率均达到100%，高于全省平均水平。

【税源分析】（一）加大招商引资力度，2009年引进外来投资项目64个，开工建设60个，比2008年增长64%。新办企业79户，新增纳税户349户，征管总户数达1774户，同比分别增长19.7%、23.67%和24.58%。（二）重点税源企业税收贡献突出，2009年9户重点税源企业上缴增值税和企业所得税合计4279.8万元，占全局税收总收入的54.38%。（三）分经济类型看，国有企业和集体企业税收收入比2008年有较大幅度增长，分别增长25.37%和85.46%。但是，金融危机对私营企业、股份有限公司和个体工商户产生很大冲击，税收收入与2008年相比呈现负增长态势，分别减少4.19%、3.89%和6.9%。（四）加强征管，通过开展纳税评估、清理漏征漏管户和普通发票检查等工作，有效控制了税源“跑、冒、漏”，2009年不达起征点户数为470户，比2008年减少518户。（五）依法开展组织收入工作，切实加大清欠力度，企业全年无欠税。

各项工作

【依法治税】（一）税收宣传。结合第18个税收宣传月活动主题，以“进企业”为重点，开展送政策、送服务活动。将2008年以来税制改革和税收政策调整的相关内容整理汇编，通过电子邮件、U盘拷贝等形式发放给纳税人；在县局网站发布《税收优惠政策汇编》和各种涉税报表表样；在办税大厅和全县人员活动聚居区张贴宣传海报及标语，向群众发放税收宣传册1000余册。（二）税务稽查。2009年，稽查局共对16户纳税户进行检查，其中：专项检查11户，日常检查4户，其他检查1户，查出有问题户11户。全年共计查补税款170.97万元，滞纳金13.54万元，罚款20.46万元，稽查收入合计204.97万元，占2009年全县国税收入的2.6%。偷税处罚率50%，平均处罚率64.99%，税款入库率100%。2009年立案查处案件10件，报重大案件审理委员会审理案件3件，全年无税务行政复议和应诉案件。稽查案件检查结果和整改建议做到100%移交征管部门，整改结果进行100%反馈。实施税务稽查“查前告知制度”，提前一个月向纳税人发放“查前告知书”，将税务稽查与纳税辅导相结合。2009年共有34户纳税人通过查前辅导，自查补税143.84万元。（三）执法检查。深入推进文明办税“八公开”，全面落实阳光政府“四项制度”，认真落实税收执法责任制，规范执法行为和服务方式。（四）依法治税。一是认真落实“两个减负”精神，强化落实“四项制度”，进一步优化办税流程，规范窗口设置，简化办税程序，依法清理、简并报表、资料，及时在办税大厅公示各种涉税信息。二是依托富民县政务信息公开网络平台，对定税依据、定额核定调整等纳税人普遍关注的热点问题及时公开；将纳税人普遍关心的定税依据、执法程序、服务措施等进行公示，对最新的法律法规和相关政策调整及时进行公布，对纳税评估等重点工作及时通报，全面实施阳光办税。三是积极配合富民县公安机关开展打击市场黑恶势力专项整治行动，对管理基础薄弱、财务管理不健全的企业进行专项治理，严厉打击和整治各种发票违法活动。

【税收征管】认真落实“创新发展年”各项工作措施，推进税收科学化、精细化管理。（一）各税管理。一是各项征管质量指标达到或超过规定要求。2009年，累计申报率、累计入库率、按户滞纳金加收率、行政处罚率、滞纳金入库率和异常票审核检查率均为100%，高于全市平均水平。全年无新欠产生、无延期缓缴审批。企业所得税定率定额征税面为25.38%，完成了不低于22%的工作目标。一般纳税人增值税平均税收负担率为3.09%，比全市一般纳税人增值税平均税收负担率高0.06个百分点。二是建立造纸行业评估模型，加强行业税收监控管理。2009年，全县7户造纸及纸制品制造企业中有3户税负较低、纳税异常的企业被抽检，共计补缴税款23.24万元，其中2户账目混乱的企业被责令限期改正。全县造纸及纸制品制造业全年共计上缴税款113.57万元，同比增长35.87%，增收29.98万元。三是强化纳税评估，加强税源监控管理。改变由税务管理员每月提交一户纳税评估报告的形式，组成纳税评估小组全面负责辖区内所有管户纳税评估的日常管理工作。2009年，重点税源企业评估4户，查补税款3.19万元；运输发票评估1户，查补税款4.39万元；水泥行业评估1户，查补税款3.51万元；造纸行业评估3户，查补税款23.24万元。四是税收优惠政策执行方面。2009年各项减免退税共计231.1万元；民政福利企业先征后退230.96万元；享受企业所得税减免税的企业12户，减免税额1903.03万元。五是国家家电下乡政策，促进车辆购置税收入大幅度增长。2009年共计受理车辆购置税业务2941辆，同比增长63.03%，车购税收入完成90.11万元，同比增长88.08%。六是认真落实固定资产抵扣政策，按月对固定资产抵扣清单逐条进行核查，对不符合抵扣的作进项税转出处理。2009年固定资产抵扣企业27户，抵扣税款448.28万元，其中符合抵扣条件的241.18万元，审核不符合抵扣条件的1户企业进项税转出207.1万元。七是认真贯彻落实废旧物资回收经营企业税收政策。2009年4户废旧物资回收经营单位共计缴纳增值税128.81万元，同比增长670.36%，增收112.09万元。八是加强个体工商户税收征管。对县城城区范围内的漏征漏管户进行专项清理，对89户漏征漏管户重新办证，对569户纳税人重新调整核定税额，调整幅度达到45.6%，全县个体工商户核定征税面达到31.6%，户均核定税额225元。（二）发票管理。一是按照普通发票交叉检查工作要求，采集发票1814份，占全市采集发票的10.4%。比对普通发票存根联248份，对比对不符的94份发票所涉及23户纳税人进行了处罚，查补税款91.15万元。二是实行开具大额普通发票报备制度，对票面金额超过1万元的大额普通发票按月备案检查，共收到报备发票信息71份，全部检查合格。三是根据增值税专用发票存根联滞留票专项核查工作要求，对开票日期为2008年的所有增值税专用发票存根联滞留票进行清理检查。（三）税务管理。一是认真落实税收管理员制度，实行征、管、查执法岗位分批定期轮岗制度，对27人进行了轮岗，轮岗率达54%。二是建立与地税、工商部门户籍联系制度，加强工商登记与税务登记信息的交换与共享，按月交换各方信息资料。

【信息化建设】 2009年，以信息化支撑的税收征管工作和行政管理工作迈上新台阶。一是全力确保税收征管信息系统、防伪税控系统、执法信息系统等系统的正常运行，实现了年度系统运行“零差错”。二是按照省、市局的安排布置，配合施工单位完成了云南省国税网络教育培训系统及广域网改建、扩容工作。三是拓宽企业所得税网络申报系统的应用面。2009年，120户参加汇算清缴的企业中有87户应用网络申报系统成功完成纳税申报。四是推广应用各类数据分析监控系统，通过金税工程系统、综合征管软件、数据监控系统等信息平台提供的资源，加强对各项税收政策执行情况进行监控，及时发现税收政策执行过程中存在的问题。五是一般纳税人增值税税负预警系统于2009年11月起正式运行，顺利完成对增值税账表比对系统的测试工作。六是依托富民县政务信息网上查询系统、重要事项公示、重大决策听证和重点工作通报系统，实现了各类信息网上发布，2009年共计发布各类信息57条，为各级政府机关及时了解国税工作、最新税收法规以及税收收入进度提供了平台。

队伍建设

【机构人员情况】 内设科室7个：办公室、人事教育科、监察室、征收管理科、税政管理科、收入核算科、办税服务厅；直属机构1个：稽查局；派出机构1个：富民县国家税务局永定分局；事业单位1个：富民县国家税务局信息中心。全局有干部职工70人，其中，在职人员50人，离退休人员20人。在职人员中，男干部29人、女干部21人，男、女干部比例为58:42，平均年龄42.5岁。学历结构：研究生1人，占在职人员的2%，本科生19人，占在职人员的38%；大专生20人，占在职人员的40%；中专生4人，占在职人员的8%；高中以下6人，占在职人员的12%。年龄结构：35岁以下5人，占在职人员的10%，36至40岁11人，占在职人员的22%，41至45岁20人，占在职人员的40%，46至50岁8人，占在职人员的16%，51至59岁6人，占在职人员的12%。

【廉政建设】 一是认真落实党风廉政建设责任制。与各部门签订《2009年党风廉政建设责任书》10份，与干部职工签订《纠风目标责任书》50份，将党风廉政建设工作与其他行政工作一起部署，一起检查，一起考核。2009年，党风廉政建设责任书得到全面落实，没有收到不良举报和反映。二是向社会聘请特邀监察员6人，不定期召开特邀监察员座谈会，广泛听取社会各界对国税工作的建议和意见，自觉接受社会各界的监督。三是与纳税企业签订《廉政公约》，构建纳税人监督平台。2009年累计签订《廉政公约》2163户，其中一般纳税人159户、小规模纳税人188户、起征点以上1816户，共计回访210户。企业和社会各界对富民县国家税务局在作风建设、效能建设和软环境建设等方面的情况给予了充分肯定和高度评价。四是开展督查和明察暗访3次，对日常工作中存在的问题及时进行整改。五是组织召开预防职务犯罪工作领导小组座谈会，听取县纪检监察机关、检察机关对国税机关党风廉政建设、行风建设和预防职务犯罪工作的评价以及工作意见和建议。六是加强反腐倡廉建设，在内部网站开辟党风廉政建设宣传教育专栏，拓宽宣传教育渠道，并组织全体干部职工到云南省反腐倡廉警示教育基地开展廉政党课和警示教育活动。

【提效能 优作风】 以“行政效能提升年和干部作风改进年”活动为载体，深入开展机关作风及效能建设活动，努力打造优质高效的国税软环境。一是建章立制，形成改进干部作风和提升行政效能的长效机制。制定了《富民县国家税务局治庸计划》、《富民县国家税务局干部能力提升计划》、《富民县国家税务局关于加强劳动纪律规范惩戒措施实施办法》、《富民县国家税务局涉税案件“一案双查”实施办法》、《预约服务》、《廉政告知》、《纳税人办理涉税事宜需提供的资料要件及表单一次性告知》共计7项制度，以及“五不让”工作承诺制度。二是围绕纳税服务“三零”工作目标，以“四项制度”的落实为主线，量化监督指标，实行百分制考核，对全局的工作质量和效率进行量化打分，排序通报。三是积极参与地方组织的政风行风评议，通过明察暗访，对损害国税形象的行为进行严格问责，通过评议找准行风建设的目标和方向。

【学习实践科学发展观活动】 根据县委学习实践活动领导小组的部署安排，结合国税工作实际，认真开展了“学习调研、分析检查、整改落实”3个阶段14个环节的活动。整个活动过程共召开动员大会及转段大会3次，领导小组专题会议4次，党组专题民主生活会1次，座谈会3次。具体做法：一是抓理论学习。采取个人自学、支部组织学习、党组中心组集中学习和专题培训“四位一体”的方式。共组织政治学习6次，党组中心组理论学习10次，专题讲座6次。全体党员干部做读书笔记22篇，撰写学习心得体会文章22篇。二是抓调查研究。以提升管理水平、优化纳税服务为重点，由领导班子成员带队深入基层、深入企业、深入群众开展调研，形成13篇调研报告。三是抓意见征集。采取多种渠道广泛向社会各界征集意见和建议，共计发放各种问卷调查表74份，回收69份，征集到意见和建议13条。四是抓分析检查。形成《富民县国税局领导班子分析检查报告》，经过群众评议，分析检查报告满意率达到92.8%。五是抓工作落实。按照“四明确一承诺”要求，制订整改方案，解决突出问题，将整改事项进行公示，把整改落实情况向干部职工通报，接受干部群众监督，通过建立完善体制机制，确保学习实践活动取得实效。

【精神文明建设】 2009年，县局省级“文明单位”届满重新申报，顺利通过评审；行风评议名列全县省、市垂管单位第二名，执法部门第一名；办税服务厅被云南省国家税务局和云南省妇联评为“巾帼文明岗”；荣获县政府2009年度目标管理考核一等奖；获得富民县工会2009年度工作目标责任先进单位二等奖；被富民县政法委评为“富民县平安建设先进单位”；1人被评为云南省国税系统第六批精神文明建设先进工作者；全年干部队伍无违纪违法行为。

【教育培训】 积极推进“学习型国税机关”建设，重点抓好业务素质培训。认真开展“1对1”教育培训工作。组织进行流转税新政策培训并进行考试，及格率为70%。按要求组织人员参加省、市国税局举办的各类培训。组织召开了全局干部职工参加学习实践科学发展观活动思想政治理论学习。

【党建工作】 一是全面落实党风廉政建设责任制，推进永葆先进性“云岭先锋”工程，3个基层支部和30名党员分别与总支和支部签订《党风廉政建设责任书》和《“云岭先锋”工程目标考核责任书》。二是坚持中心组学习制度。制订《2009年中心组理论学习计划》，组织中心组理论学习4次。三是认真开展民主评议党员活动。按照《党员目标管理责任书》进行自评，互评，经富民县国家税务局总支委员会审核，评选出2009年先进党支部1个，优秀共产党员8人。四是继续做好党员“政治生日”谈话活动，及时了解党员干部的思想动态。五是加强惠民服务，开展新农村建设。在挂钩扶贫点开展讲党课活动，结合扶贫点实际，研究制订《富民县国家税务局与赤鹫乡东核村委会新农村建设三年帮扶计划（2009~2011）》，切实为村委会和当地群众办实事、办好事。六是开展帮扶送温暖活动。2009年全局30名党员捐资2960元，继续资助富民县第一中学3名贫困学生；与挂钩扶贫点9户特困户结为对子，捐资3330元，在“七一”建党节和春节开展“送温暖”活动；开展服务和支持“三农”活动，2009年出资2.5万元补贴村委会办公经费，帮助村委会修建进村道路；同时，改革“输血式”扶贫方式，促成富民县农业龙头企业昆明品世食品有限公司与东核村委会签订核桃收购协议，切实为村民办实事。

【平安创建】 以创建平安和谐，创建稳定良好的国税环境为目标，认真贯彻落实社会治安综合治理和维护社会稳定的方针、政策，营造和谐稳定的国税环境和公正高效的税收执法环境。一是结合《平安建设目标责任书》和《维护社会稳定“一岗双责”目标责任状》，与各部门层层签订《责任书》，积极配合富民县社会治安综合治理办公室开展好综治维稳工作。将综治维稳及平安建设工作纳入目标管理考核，实施奖惩挂钩，把责任落实到每一位责任人身上。二是做好挂钩扶贫点的矛盾纠纷排查化解和农村社会矛盾纠纷集中排查化解工作，全力维护社会安定稳定。三是坚持每月局领导信访接待日制度。四是积极开展“平安国税”建设活动。

（刘娴贤）

宜良县国家税务局

经济概况

2009年，宜良县围绕建设“花乡水城”目标，深入实施“工业强县”战略和“543倍增计划”，宜良县县域经济得到快速发展。2009年，实现生产总值（GDP）82.3亿元，同比增长13.1%。其中，第一产业增加值24.5亿元，同比增长8.2%；第二产业增加值23.6亿元，同比增长19.8%；第三产业34.2亿元，同比增长13%；三次产业结构比为29.8:28.6:41.6。全县实现工业总产值51亿元，同比增长8%；固定资产投资完成25.6亿元，同比增长77.8%；社会消费品零售总额完成16.4亿元，同比增长26%；财政总收入完成6.54亿元，同比增长15.3%；城镇居民人均可支配收入达1.64万元，同比增长11.4%；农民人均纯收入达5241元，同比增长13.5%。

税收概况

【收入完成情况】 2009年，宜良县国家税务局组织税收收入3.18亿元，同比增长12.15%，增收3448万元，完成县级净入库收入7526万元，同比增长19.25%，增收1215万元。其中国内增值税收入完成2.81亿元，同比增长21.93%，增收5052万元；消费税收入完成12万元，同比减收6万元；企业所得税收入完成3154万元，同比下降29.86%，减收1343万元；储蓄存款利息所得个人所得税收入完成 314 万元，同比下降 54.76%，减收 380 万元；车辆购置税收入完成 247 万元，同比增长 102.46%，增收 125 万元。

【收入特点】 一是收入总量实现新突破。2009 年，宜良县国税收入总量突破 3 亿元大关。其中第二产业入库税收 2.26 亿元，占全年总收入 71.07%，同比增长 9.18%。从绝对数和相对数两方面领先其他两个产业。第三产业入库税收 0.92 亿元，占全年收入 28.93%，同比增长 19.48%；第一产业入库税收 14 万元，同比减收 16 万元。二是主体税种增长强劲。增值税和企业所得税收入占全年税收收入的比重从 2008 年的 97.06% 增长到 2009 年的 98.19%。三是个别小税种收入成为增收亮点。2009 年政府实施家电下乡政策，拉动农民群众对摩托车购买力度，2009 年共征收车辆购置税 247 万元，同比增长 102.46%，增收 125 万元。创宜良县自车辆购置税由交通部门划转县国家税务局征收以来历史新高。

【税源分析】 一是国内增值税和消费税“两税”收入完成 2.81 亿元，同比增长 21.88%，增收 5046 万元。“两税”占总收入的比重从 2008 年的 81.27% 上升降到 2009 年的 88.32%。二是从各行业税收增长贡献情况看，传统重点行业电力增值税跃居首位，入库 1.46 亿元，占增值税总收入 52.06%，其中国电阳宗海发电有限公司全年缴纳增值税 1.37 亿元，占增值税总收入 48.68%，所占比重比上年增长 14.92 个百分点。水泥、商业、原煤是带动增值税增收的另一主体，分别拉动增值税上升 120.36%、22.21%、4.71%。而化工、钢铁行业分别下降 56.93%、51.31%。成为 2009 年影响增值税减收的主要行业。三是受储蓄存款利息所得个人所得税税收政策调整因素影响，储蓄存款利息所得个人所得税收入入库 314 万元，同比下降 54.76%，减收 380 万元。

【税务管理】 一是加强户籍管理。进一步落实领导管户责任制和税收管理员制度，按照“一户式”管理的要求，加强与地税、工商等部门的协调配合，加大信息交流和共享比对，2009 年共办理税务登记 581 户次，变更登记 600 户次，全县年共有征管户 3259 户，其中一般纳税人 260 户，小规模纳税企业 337 户，个体工商户 2662 户，申报率达到 99.86%，年内无欠税产生。二是推进网络申报。全年使用网络申报的增值税纳税人达 299 户，占全部查账征收企业的 83.2%，其中一般纳税人 177 户，小规模纳税人 122 户。三是深化个体工商户电子定税工作。2009 年宜良县纳入“个体工商户计算机核定定额系统”核定的个体工商户有 2646 户，达起征点个体工商户 880 户，核定征税面达 33.26%，户均核定税额 252 元。四是开展纳税评估。全年共组织对重点税源、水泥生产、货运发票抵扣异常、税负偏低等 24 户企业进行纳税评估，有问题企业 12 户，除 1 户移交稽查外，其余 11 户共补缴增值税 314.62 万元、企业所得税 877.50 元、滞纳金 20.53 万元，补税及滞纳金全部入库，纳税评估效果显著。

各项工作

【税收法制建设】 为保证增值税转型改革顺利实施，及时对到期或修改、失效的各类税收文件进行认真清理，认真贯彻落实新企业所得税法、新修订的增值税暂行条例及实施细则、结构性减税、增值税转型、资源综合利用税收优惠等税收法律法规，规范行政处罚自由裁量权，推进税收法制化进程。

【税收征管】 （一）各税管理。一是加强增值税一般纳税人认定管理。2009 年新认定增值税一般纳税人 75 户，其中超标准强制认定 36 户，一般纳税人转正 19 户，注销 6 户，截至 2009 年 12 月，征管的增值税一般纳税人达 260 户，同比增加 63 户，增长 32%，增值税一般纳税人平均税负 6.91%，同比增长 0.74 个百分点，全市排名第二。二是贯彻落实增值税转型政策。加强固定资产抵扣管理，严格划分抵扣范围，2009 年共有 48 户纳税人申报抵扣固定资产进项税 960.35 万元，经核查作进项转出 63.59 万元。三是做好企业所得税汇算清缴。2009 年企业所得税管户 251 户，较上年增加 24 户，增长 11%。应汇算企业所得税企业 179 户，其中查账征收的 155 户，定率征收的 24 户。查账征收 155 户企业中有 88 户实行网络申报，占 57%，其余 67 户为介质申报。已汇算企业所得税企业 179 户，其中空申报企业 67 户，占汇算户数的 37.43%；亏损企业 55 户，占汇算户数的 30.73%，盈利企业 57 户，占汇算户数的 31.84%。（二）出口退税管理。对出口退税企业实行分类分级管理，对 8 户纳税人认定为 B 类企业，2009 年共审核办理增值税出口退税 69.03 万元，免抵增值税 27.6 万元。（三）非居民税收管理。向 2 户企业下发了非居民企业所得税扣缴义务通知书，扣缴非居民企业所得税 63.38 万元。（四）发票管理。一是开展普通发票清理检查工作。2009 年对 322 户零售行业纳税人的 63949 份普通发票使用情况进行检查，查补税款 4740 元，罚款 1500 元。二是开展普通发票交叉采集比对核查工作。共采集上报比对 412 份 1 万元以上普通发票存根联信息，共查处 18 户纳税人违章发票 49 份，补税 3.94 万元，加收滞纳金 6554.83 元，罚款 4.5 万元。三是开展对车辆销售异常发票核查工作，共核查异常发票 51 份，补税 0.78 万元。四是开展增值税专用发票存根联滞留专项核查工作。2009 年共核查了销货方 113 份、购货方 422 份专用发票存根联滞留票，查明纳税人不存在主动不抵扣进项发票，采用账外经营等手段隐瞒销售的行为。

【税收执法】 （一）税法宣传。一是创新税收宣传形式，从贴近群众出发，与宜良县地税局联合开展“税收宣传月咨询日”和“和谐税企，共谋发展”讲坛活动，深入县“工业园区”开展税收调研活动，利用因特网的快捷优势，开展电子邮件送税法活动，进一步扩大税收宣传的影响力，提高宣传效果。二是抓好税收宣传报道工作，2009 年向各级报送信息稿件 147 篇，被各级刊物采用106篇，充分发挥了税收宣传的导向作用。（二）税务稽查。一是按照税收专项检查和分类检查工作要求，整顿和规范税收秩序，2009年共检查25户，有问题24户。查补入库税收收入543万元，入库率100%，占同期县局税收收入比重的1.8%，处罚率为47.55%，选案准确率为96%，案件执行完毕后向管理部门反馈稽查建议24条。二是查办举报案件2件，昆明市国家税务局转办1件，本局受理口头举报1件；经查，未发现税收违法行为。三是办理协查案件2件，其中：委托协查1件，受托协查1件，协查发票5份，其中：增值税专用发票4份，运输发票1份，通过协查，发票均为正常填开。（三）执法检查。一是对享受资源综合利用税收优惠政策的4户企业进行资格重新认定和减免税审批，对其执行政策情况进行跟踪调查，实行动态管理，促进全年增值税增收771万元。二是对7户废旧物资回收经营单位、64户个体废旧回收点执行再生资源税收政策进行检查，取消废旧物资经营单位增值税免税资格，终止相关委托代征协议，收缴有关代征凭证及证书以及结存专用发票和收购发票，促进2009年增值税收入增收1723万元。（四）依法治税。一是开展漏征漏管户清理检查工作。对较为集中的村镇、重点街道、重点市场等进行重点清理，共清查出102户纳税人未及时办理税务登记证，对清查出的漏征漏管户补税1.5万元、罚款850元，做到边清理、边办证、边纳入规范管理。二是开展纳税信用等级评定工作。共评定2444户，其中：A级3户，B级437户，C级2000户，D级4户。通过对纳税遵从度的评价，积极构建税务机关与纳税人之间和谐诚信的新型征纳关系。三是严格执行各项税收优惠政策，全年办理增值税、企业所得税减免税优惠备案审批55件次，办理退税128件次，退税金额1405.24万元。

【信息化建设】 一是对综合征管软件进行了7次补丁升级，及时处理好协查信息管理系统V2.0版历史数据迁移，顺利完成协查信息管理系统V3.1版升级，保证了新版协查信息管理系统按时上线运行。二是完成2户企业的机动车税控系统以及廉政公约软件的推行工作。三是金税工程2009年初始发行17户，变更发行44户，注销发行2户，更换金税设备3户，按时上传、下载数据，保证金税数据安全无误。四是实施网络教育培训系统和广域网改建、扩容项目，完成布线、设备安装与调试。

队伍建设

【机构人员情况】 （一）机构设置。2009年机构改革后，县局内设机构6个：办公室、税政科、征收管理科、人事教育科、监察室、办税服务厅；直属机构1个：稽查局；事业单位1个：信息中心；派出机构1个：匡远税务分局。（二）人员配置。2009年有干部职工109人，其中在职74人，离退休人员35人。在职干部职工中有党员40人，占在职人数的54.05%，团员3人，占在职人数的4.05%。在职男48人，占在职人数的64.86%，女26人，占在职人数35.14%。大专以上文化程度66人，占在职人数的89.19%，其中，硕士1人，占在职人数的1.35%，本科18人，占在职人数的24.32%。平均年龄43.34岁，其中，35岁以下（含35岁，下同）6人，占在职人数的8.11%，36至45岁42人，占在职人数的56.76%，46至55岁24人，占在职人数的32.43%，56岁以上2人，占在职人数的2.7%。

【领导班子建设】 2009年，交流领导班子成员一名，缺编副局长一名。按照政治坚定、团结协作，作风良好，廉洁勤政的要求，加强领导班子建设，坚持民主集中制原则，坚持党组议事制度，认真落实民主生活会制度、局长接待日制度、重大事项报告制度、中心组理论学习制度、“两权”监督制度，按照新时期税收工作目标，引领全局干部职工圆满完成税收各项工作任务。

【学习实践科学发展观】 2009年3月正式启动深入学习实践科学发展观活动，健全组织机构，制订实施方案，组织开展好“七个一”活动，召开专题民主生活会和组织生活会、经过群众评议、制定整改落实方案、解决突出问题、建立健全机制、较好地完成了学习调研阶段、分析检查阶段、整改落实阶段各项工作任务，确保规定动作不走样，自选动作有创新，取得了明显成效，达到了预期目的，得到各级检查组肯定。通过开展学习实践活动，进一步加深了对科学发展观重大意义的理解，进一步找准了影响科学发展还存在的问题和差距，进一步形成了宜良国税事业科学发展的共识，理清了发展思路，明确了发展目标和努力方向。

【廉政建设】 一是层层签订《廉政纠风目标管理责任书》81份。二是抓好廉政预警工作。17名廉政预警信息员按其职责及时采集报送廉政预警信息34人（次），做到提前防范，有效遏制不廉洁行为的发生。三是与345户纳税人签订了《廉政公约》，累计签订达到2015户；并加强对《廉政公约》的后续管理和跟踪问效，共走访纳税人96户，征求到意见建议18条；共发放回访问卷调查表197份，收回197份，纳税人满意率达100%。四是完成廉政文化进机关示范点工作，受到市县纪委检查组的高度评价，在2009年宜良县民主评议机关作风工作中，取得了名列57家参评单位中第17名，云南省、昆明市直管单位第一名的好成绩。

【提效能 优作风】 一是围绕“强作风促发展 提效能保任务”这一主题，开展“行政效能提升年”和“干部作风改进年”活动，以最终实现征纳零距离、办税零差错、服务零缺陷“三零”为目标，不断拓展服务内涵，提升服务水平，促进干部作风改进，行政效能的提升。二是严格落实阳光政府“四项制度”，按月发布税收收入进度重点工作通报，个体电子定税重要事项公示，开通“96128”专线电话，为纳税人提供快捷的税收政策咨询，进一步保障纳税人知情权，社会满意度得到进一步提升。

【教育培训】 一是开展"1对1"教育培训。按照受训人员与师资1:1的比例，进行"1对1"、"手把手"、"面对面"的辅导培训，掀起"学技能、赶先进、比贡献"的热潮。二是组织人员参加全国税务系统稽查业务考试，县稽查局共有10人参加考试，其中有1人受到省、市、县三级国税机关的表彰，平均考试成绩在昆明市国家税务局稽查系统中名列第四名。

【精神文明建设】 一是健全创建机制，完善制度保障，成功创建为云南省"文明单位"。二是认真抓好昆明市国税局"文明单位"的届满重创工作。三是抓好档案星级管理工作，被宜良县政府授予"档案先进单位"。四是组织参加宜良县庆祝建国60周年"万人高歌颂祖国"大型歌咏比赛获得二等奖。

【党建工作】 建立健全党组书记责任制，强化党务工作与税收业务工作紧密结合，教育和培养党员干部"讲党性、重品行、作表率"，对各支部实行《党支部目标管理考核》，设立党员示范窗口、党员先锋岗，自觉接受社会监督，抓好"五个好"基层党组织创建活动，增强党组织战斗力，被宜良县委授予"先进基层党组织"。

【新闻人物】 2009年，葛正花同志荣获云南省国家税务局"精神文明建设先进个人"称号。

（张志勤）

石林彝族自治县国家税务局

经济概况

石林彝族自治县以世界自然遗产石林风景名胜区为龙头的旅游业，推动了全县经济社会快速发展。2009年，全县实现生产总值（GDP）31亿元，同比增长14.10%。其中：第一产业实现增加值9.30亿元，同比增长11.90%；第二产业实现增加值8.33亿元，同比增长13.20%；第三产业实现增加值13.37亿元，同比增长16.10%。三次产业结构比例为30:26.9:43.1。大小石林景区接待游客286万人次，同比增长20.70%，旅游直接收入3.65亿元，同比增长22.90%；全县接待游客330万人次，同比增长10%。旅游综合收入14亿元，同比增长16.70%。地方财政总收入3.87亿元，同比增长21%，地方一般预算收入2.59亿元，同比增长29.20%。完成全社会固定资产投资27.68亿元，同比增长75.60%。社会消费品零售总额15.31亿元，同比增长30.25%。城镇居民人均可支配收入1.56万元，同比增长13%。农民人均纯收入4789元，同比增长13.6%。

税收概况

【收入完成情况】 2009年，石林彝族自治县国家税务局共组织税收收入1.29亿元，完成昆明市国税局下达确保目标任务的95.29%，同比下降0.06%，减收税款7万元。完成地方一般预算收入2833万元，完成昆明市国税局下达确保目标任务的91.67%，完成县政府下达确保目标任务的93.16%，同比下降2.17%，减收63万元。

【收入特点】 一是受全球金融危机及税收政策调整等因素的影响，税收收入首次出现负增长。2009年，增值税入库9104万元，同比下降6.84%，减收668万元；小规模纳税人增值税征收率下调减收316万元；增值税转型，执行固定资产进项税额抵扣政策，同比减收328万元。二是5个税种收入呈现"三升二降"。消费税同比增长15.19%、企业所得税同比增长23.01%、车辆购置税同比增长134.63%；增值税同比下降6.84%、储蓄存款利息所得个人所得税同比下降53.21%。受国家摩托车下乡补贴政策的刺激推动，车辆购置税收入增幅较大。三是增值税收入占年度税收总收入的70.77%；增值税一般纳税人税负率为7.25%，同比增长0.63%，高于全市总体平均税负（2.97）4.28个百分点。

【税源分析】 重点税源企业增值税占全局增值税总收入的75.18%，重点税源企业税负率为9.67%。有12个重点行业高于全国重点行业税负，7个重点行业低于全国重点行业税负。含烟草、煤炭行业的全县11户重点税源企业入库增值税、企业所得税收入4449万元，同比下降32.07%。国有企业入库税款5664万元，增长29.08%，增收1276万元；集体企业入库税款24万元，同比下降77.78%，减收84万元；股份合作企业没有税款收入；股份公司入库税款3717万元，同比下降19.55%，减收903万元；私营企业入库税款2771万元，同比下降12.06%，减收380万元；其他企业入库税款700万元，同比增长22.81%，税款增收130万元。

各项工作

【依法治税】 （一）税法宣传。围绕"税收·发展·民生"主题，积极开展全国第18个税收宣传月活动。结合"创新发展年"、"行政效能提升年"和"干部作风改进年"工作要求，认真贯彻落实责任政府"四项制度"，全面加强作风建设；积极落实阳光政府"四项制度"，全面实施政务公开。认真贯彻落实国家各项税收优惠政策，在搞好日常政策法规宣传的同时，于2009年4月11日，联合地方税务局在县城双龙广场开展税收宣传月活动，共发放宣传资料2000份，接受税务咨询、纳税辅导100余人次。（二）税务稽查。开展整顿和规范税收秩序活动。配合公安、工商、地税等部门，开展打黑除恶专项斗争，严厉打击和整治制售假发票和非法代开发票等违法犯罪活动。共计查补入库税款216.42万元，完成昆明市国税局下达确保查补收入任务的106.87%，完成奋斗目标任务的104.17%。平均处罚率达34.44%，专项检查面达100%，分级分类稽查查前告知面达100%，重点检查面达67%，滞纳金加收率达100%，执法零过错。（三）执法检查。加强税收执法，强化税收执法管理信息系统的监控管理职能，全年税收执法考核零过错，没有执法过错行为的发生。落实增值税转型及各项结构性减税政策，办理固定资产抵扣进项税额985.92万元。小规模纳税人征收率下调减征316万元。积极贯彻落实各项税收优惠政策，全年办理各项减、免、抵、退税1023万元，促进地方经济平稳较快增长。

【税收征管】 （一）各税管理。一是严格执行国家税收政策，做好增值税一般纳税人的审核认定，对符合认定标准条件的一律按程序给予认定。2009年纳入征管系统管户2046户，其中：企业515户、个体1531户。增值税一般纳税人163户，增值税一般纳税人税负率为7.25%，同比增长0.63%。二是严格“三小票”的审核管理，确保抵扣合法性，“三小票”异常率为零，异常票检查率100%。三是开展纳税评估。采取日常评估与专业评估、行业评估与重点评估相结合的方法，对运输发票企业进行纳税评估转出进项税额13.43万元；对上级下达评估任务的4户企业进行纳税评估补缴增值税22.72万元；对房地产企业纳税评估，补缴企业所得税119万元。四是2009年企业所得税征管户167户，其中：查账征收130户，核定征收37户，核定面22%。全年汇算清缴户124户（网络申报66户，介质申报58户）。汇算盈利企业29户，零申报29户，亏损66户。享受减免企业所得税户22户，享受福利企业残疾职工工资加计扣除政策优惠的1户。汇算清缴入库企业所得税65.76万元。（二）发票管理。全面落实“以票控税”措施，加强发票管理，严格执行增值税专用发票领购审批制度和专票代开管理办法，对普通发票实行验旧售新、限量发售。全年共鉴定发票1594户次（已扣除注销户），其中：增值税专用发票60户次；普通发票1534户次。开展普通发票交叉采集比对核查工作，堵塞税收漏洞，经过比对核查，共计查补税款、滞纳金、罚款7.37万元。全年无发票遗失、被盗现象和违规代开发票行为的发生。

【信息化建设】 一是推广运用纳税人网络申报系统，完成网络申报系统税务端软件人员授权和系统初始化，确保纳税申报期内计算机及网络正常运行。二是改建、扩建网络视频会议系统，提高网络视频会议传输声像质量和效果。三是加强现有网络线路配置的改建扩容，新增光缆线路2条，交换机、路由器3个，形成电信、广电、联通三家运营商同时提供光缆信号租用服务的格局。四是深化系统数据资源应用，实施个体电子定税系统，2009年个体核定征收户1480户，达到起征点的461户，户均核定定额258.79元，核定征税面达31.15%。

【创新发展】 作为2009年“创新发展年”重要工作项目的“1对1”教育培训项目，其推行目的是进一步提高广大国税干部职工的岗位技能和综合业务素质。石林县国家税务局结合培训工作实际，分部门确定受训人员、授课教师，明确培训内容和任务，授课教师负责制定教学计划，并与受训人员签订“1对1”教育培训责任书。加强培训督促检查，实施培训奖惩机制。

队伍建设

【机构人员情况】 （一）机构设置。2009年9月30日顺利完成机构改革，增设政策法规科、改计划征收科为收入核算科，分设办税服务厅。截至2009年底，内设机构8个，即办公室、人事教育科、监察室、税政科、征收管理科、政策法规科、收入核算科、办税服务厅；直属机构1个：稽查局，下设综合选案股、检查股和案件审理股；事业单位1个：信息中心；派出机构2个：鹿阜税务分局和石林税务分局。（二）人员情况。全局干部职工80人，其中：在职62人，离退休18人。在职干部职工中，妇女干部17人，占11.29%；少数民族24人，占38.71%；中共党员34人，占54.84%。（三）学历结构。在职干部职工具有本科学历的20人，占32.26%；专科36人，占58.06%；中专以下6人，占9.68%。（四）年龄结构。在职干部职工30岁以下的6人，占9.68%；31至40岁17人，占27.42%；41至50岁28人，占45.16%；51岁以上11人，占17.74%。平均年龄41.69岁，年龄最大的59岁，最小的23岁。

【廉政建设】 一是把党风廉政建设和反腐工作摆在重要议事日程，认真开展“加强作风建设、促进科学发展”主题教育活动。二是按照“一岗双责”的要求，坚持“一把手负总责，谁主管，谁负责”的原则，层层签订《廉政纠风目标管理责任书》62份，加强反腐倡廉，促进廉洁从政。三是认真落实党风廉政责任制，强化“两权”监督。坚持税检联系制度，开展预防职务犯罪教育活动，增强干部职工的拒腐防变的能力。四是签订《廉政公约》并进行走访、回访，累计签订《廉政公约》1217户（份）。2009年签订164户，回访210户，走访70户，满意率达99.4%。五是廉政文化进家庭活动，向干部家属发出《“廉内助”倡议书》，教育引导配偶、子女做到公正执法，廉洁收税，树立良好的国税干部形象。

【提效能　优作风】 认真开展“行政效能提升年”和“干部作风改进年”活动，以“政治学习日”和每月的“纪检日”活动为载体，结合省国税局“创新发展年”工作主题，采取党组中心组学习、举办学习交流研讨会、专题讲座、个人自学等方式，抓好“1对1”教育培训、纳税服务“三零”目标等八个创新工作项目的落实，开展效能建设。倡导“一岗多能”，实行AB角互补机制，优先配置窗口硬件，改善办税软件硬件设施，对各种电子纳税申报方式提供无偿服务。对全县招商引资重点项目，落实专人跟踪上门服务，为新落地企业办理涉税事项提供方便。实施“一线工作法”，转变思想，更新观念，深入调查研究，实事求是地解决税收工作中存在的实际困难和问题。向纳税人广泛征求意见、查找行政效能和干部作风方面存在的突出问题，共发放征求意见表99份，收回97份，征求到意见38条，梳理归纳汇总为6条，并针对存在的问题，提出了行之有效的整改措施。在全县2009年度的驻地企业季度评议部门工作中，连续四个季度排名靠前，在2009年12月全县民主评议机关和行业作风考核测评工作中，排名第二。

【学习实践科学发展观活动】 根据石林县委及昆明市国家税务局的安排，县局被列为第二批参加学习实践科学发展观的单位。对此，县局党组高度重视，认真研究，围绕“党员干部受教育、科学发展上水平、人民群众得实惠”的总体要求结合工作实际，精心组织，逐项实施，稳步推进，确保了学习实践活动学习调研阶段和完成税收工作任务“两不误、两促进”。一是成立组织领导机构，加强协调指导和工作落实。二是按照“有结合点、有创新点、有行业特点”的要求，制订学习实施方案，明确指导思想、目标要求、基本原则、要解决的重点问题、时间和方法步骤，并按各阶段每个环节的要求认真组织实施。通过开展学习实践活动，干部职工对科学发展观的认识明显提高，组织收入有了新突破，优化服务有了新进展，转变工作作风有了新成效。

【精神文明建设】 县局党组高度重视精神文明建设工作，始终把精神文明建设放在重要地位来抓，建立健全了“党组统一领导，一把手负总责，分管领导负责抓，职能部门具体抓，有关部门各负其责，党政工群团齐抓共管”的文明创建机制。在庆祝新中国成立60周年活动中，积极组织开展“爱国歌曲大家唱”活动，加强爱国主义教育，增强政治意识、大局意识、责任意识和服务意识。开展书法美术摄影，以及内容丰富、形式多样的文体娱乐活动，全面加强精神文明建设和国税文化建设。2009年，石林彝族自治县国家税务局届满重新申报省级“文明单位”，顺利通过考评验收；2009年1月，被云南省国家税务局命名为“文明单位”；2009年1月，办税服务厅被云南省国家税务局和云南省妇联命名为“巾帼文明岗”；2009年2月，被县委、县政府授予“2008年度社会主义新农村建设派出先进单位”；2009年1月，被市政府授予“昆明市园林单位”；2009年6月，荣获县委、县政府“2008年城乡园林绿化及生态建设工作二等奖”。

【教育培训】 认真落实2009年年初制订的业务教育培训计划，抓好“1对1”教育培训工作。积极参加省市国家税务局举办的各种业务培训，由昆明市国家税务局统一随机抽考的征、管、查系列的6名人员，集中到宜良考点参加考试顺利通过考核检查。全年举办全员业务培训5期，干部职工的岗位技能和业务素质进一步提高。全年投入业务教育培训经费3.3万元，人均530元。

【党建工作】 一是全面贯彻落实党风廉政建设责任制，切实加强党的建设。抓好《党风廉政建设责任书》、县委、县政府党建各项工作目标考核责任的落实。二是坚持中心组学习制度，按照年初石林县国家税务局党组中心组理论学习计划，组织开展中心组理论学习4次。三是做好党员“政治生日”谈话活动，及时掌握党员干部的思想工作动态；开展党员民主评议活动，评选优秀党员。四是开展支农联系点扶贫和新农村建设，切实为西街口镇宜奈村委会及当地群众办实事、办好事，解决生产生活中遇到的问题和困难。2009年，石林县国家税务局先后为联系点解决支农资金7000元，全体干部职工积极参加各种“送温暖，献爱心”活动，共计捐款5140元。

【平安创建】 全局签订《社会治安综合治理维护稳定责任书》，落实责任，明确目标，强化措施落实，开展平安创建。加强消防安全、交通法规等法制宣传教育，增强安全意识。抓好日常安全管理和节假日值班管理工作，确保正常的工作和生活秩序。落实防火、防盗、公务车辆管理等各项安全防范措施，开展安全管理大检查，积极消除事故隐患。2009年没有不良群体性事件和社会治安各类事故的发生。

（王文碧）

嵩明县国家税务局

经济概况

嵩明县先后建成全国、省、市的商品粮、烤烟、商品猪、肉牛羊、渔业、水果、蔬菜生产基地县。2009年，嵩明县实现生产总值（GDP）38亿元，同比增长13.20%。其中，第一产业增加值9.90亿元，同比增长7.10%；第二产业增加值17.80亿元，同比增长15.50%；第三产业增加值10.30亿元，同比增长13%。三次产业比重为26:47:27。财政创历史新高，完成总收入5.40亿元，同比增长36.40%（其中地方一般预算收入3.29亿元，同比增长43.50%）。农民人均纯收入4686元，同比增长12.6%，城镇居民人均可支配收入1.54万元，同比增长11.4%。招商引资成效显著，引进亿元投资项目 32 个，开工 6 个。到位资金 35.20 亿元，其中市外内资到位资金 18.50 亿元、市内县外资金到位 16.70 亿元，实际利用外资 2265.50 万美元。

税收概况

【收入完成情况】 2009 年，嵩明县国家税务局共完成国税收入 2.30 亿元，同比增长 26.07%，增收 4769 万元，完成昆明市国家税务局下达确保目标任务的 101.36%。其中组织增值税、消费税"两税"收入 1.98 亿元，同比增长 25.28 %，增收 4001 万元，完成昆明市国家税务局下达确保目标的 99.23%。

【收入特点】 一是中央级收入增幅高于地方级收入。2009 年，中央级收入完成 1.76 亿元，同比增长 26.19%；地方级收入完成 5491 万元，同比增长 25.70%。二是"两税"增长带动整体税收增收。同比增收额中，有 4001 万元是"两税"收入，占全年增收额的 83.90%。三是除集体企业、涉外企业、个体经济增幅与上年相比下降外，国有企业、股份公司、私营企业、其他企业均呈不同程度增长。国有企业税款入库 4784 万元，同比增长 19.18%，增收 770 万元；集体企业入库税款 185 万元，同比下降 59.07%，减收 267 万元；股份公司入库税款 8687 万元，同比增长 124.12%，增收 4811 万元；私营企业入库税款 4162 万元，同比增长 9.32%，增收 355 万元；涉外企业入库税款 4314 万元，同比下降 0.85%，减收 37 万元；个体经济入库税款 923 万元，同比下降 48.44%，减收 867 万元；其他企业入库税款 4 万元，同比增收 4 万元。

【税源分析】 2009 税收与经济同步增长。一是国内增值税收入（含免抵调）1.75 亿元，同比增长 28.30%，增收 3863 万元。税源主要集中在化工制品业、供电、酒类制造业等行业。分别入库税款 6929 万元、905 万元、3940 万元，同比增幅分别为 163.30%、5.30%、30.60%；国内消费税收入 2317 万元，同比增长 6.35%。二是企业所得税收入 2628 万元，同比增长 28.37%。三是储蓄存款利息所得个人所得税收入 159 万元，同比下降 53.68 %。四是车辆购置税收入 445 万元，同比增长 504.94%。

各项工作

【依法治税】 以科学发展观统领税收工作全局，大力推进依法治税，落实好税收政策，充分发挥税收调节和稳定经济的职能作用，积极支持社会经济协调发展。一是严格按照法定权限与程序执行好各项税收政策，做到按政策征收、按程序管理、按权限减免，切实维护税法的权威和严肃性。二是落实好"惠民富民，改善民生"的税收优惠政策，促进经济发展，2009 年共办理减免税 7634 万元（其中，征前减免所得税 7446 万元）。三是严厉打击涉税违法犯罪行为，整顿和规范税收秩序。2009 年共查补入库税款 262.78 万元，同比增长 105.73%，增加 135.05 万元。四是紧紧围绕税收宣传主题，以让广大公民和纳税人知法、守法、懂法、护法为着力点，采取"走出去、请进来"的形式，认真开展了税收宣传月活动。将税法宣传工作向多样化、纵深化拓展，取得了明显效果。

【税收征管】 认真落实户籍管理、发票管理、税控管理、申报管理、核定管理、税负管理、账务管理等制度，加大税收秩序的治理整顿，加强目标管理考核，强化责任追究，着力解决"疏于管理，淡化责任"的问题，进一步夯实征管基础。一是强化一般纳税人的管理，做到跟踪监控到位，管理到位。一般纳税人的税负从 2008 年的 2.21% 上升到 2009 年的 5.03%，上升了 2.82%。二是强化个体"双定户"管理，抓牢清理漏征漏管户这一契机，开展了"拉网式"的清理工作，对达到起征点税户及时核定，促"双定户"户数增加了 260 户，从 2008 年的 140 户增加到 2009 年的 400 户。三是强化纳税评估。2009 年共评估 16 户，入库税款 119.29 万元。四是基础管理上取得了新突破：登记率 100%；申报率达 100%；税款入库率 100%；滞纳金加收率 100%；稽查查补收入为申报入库税收收入的 0.99%；稽查处罚率 45.72%，查补税收入库率 100%。五是强化网络申报推行工作。共推行网络申报 389 户。六是开展发票专项检查，打击发票违法违规行为，加强以票控税工作。2009 年共计处理发票违法违章行为 11 户次，处以罚款金额 1.70 万元。

【税收管理信息化建设】 （一）应用系统推行情况、数据分析利用情况。对以下几大系统进行整合工作：对 CTAIS 综合征管软件的补丁 9 次升级；完成公路内河运输发票认证的推行工作；对 37 户增值税一般纳税人推行增值税专用发票抵扣联网上认证工作；做好企业所得税介质申报和增值税的网上申报推行工作。做好北信源内网安全管理（VRV 桌面防护系统）的推行运用工作，共安装注册 69 台，安装、注册率达到 100%。（二）信息化基础设施建设及税收信息化管理维护工作，金税工程。一是做好 FTP、办公自动化、"四小票"采集等系统后台数据库的日常维护、升级和数据备份工作。二是金税二期建设新户发行 31 户，升级发行 0 户，变更企业基本信息 33 户（次），变更发行授权 77 户（次），重新发行 2 户，注销发行 17 户、重写 IC 卡 20 户，更换金税卡 10 户，更换 IC 卡 22 户。三是技术管理岗位全年共排除认证系统故障 21 起，报税系统故障 14 起，发票发售系统故障 7 起。四是做好增值税防伪税控系统稽核和协查两个子系统的维护，一年来运行稳定。（三）信息化及网络化建设。全力做好计算机网络安全维护，2009 年维修维护各类计算机 290 多台（次）。

【创新发展】 县局把"创新发展年"的 8 个重点项目因地制宜地融合到实际工作中，紧扣"创新"主题，在全局范围内开展了"十佳效能服务能手"和"最佳效能服务团体"活动。通过部门推荐候选人、全体干部职工公投、嵩明县国家税务局“征管业务数据运行维护管理领导小组”和“软环境建设工作领导小组”3次筛选，评选出1个“最佳效能服务团体”和11名“十佳效能服务能手”。

队伍建设

【机构人员情况】 （一）机构设置。内设机构7个：办公室（12人）、税政科（3人）、收入核算科（2人）、征收管理科（4人）、人事教育科（3人）、监察室（2人）、办税服务厅（10人）。直属机构1个：稽查局（9人）。事业单位1个：信息中心（2人）。税务分局2个：嵩阳分局（11人）、杨林分局（9人）。2009年在职干部职工67人，离、退休人员34人。男44人、女23人。学历结构：硕士生1人，占总人数的1.50%；本科生20人，占总人数的29.90%；大专生37人，占总人数的55.20%；中专生4人，占总人数的6%；高中生2人，占总人数的3%；初小生3人，占总人数的4.40%。年龄结构：50岁以上9人，占总人数的13.40%；40至49岁38人，占总人数的56.70%；30至39岁16人，占总人数的23.90%；29岁以下4人，占总人数的6%。

【廉政建设】 在认真落实好各项廉政规章制度的基础上，坚持“双向监督”，即充分发挥内部兼职监察员和外部社会特邀兼职监察员的作用；发挥“三个作用”：发挥好党组织的战斗堡垒作用、发挥好党员的先锋模范作用、发挥好领导干部的表率带头作用。强化“四项工作”：强化学习工作、强化制度建设工作、强化外部协调工作、强化干部教育管理工作，使党风廉政建设工作进一步得到加强，保持了国税队伍的纯洁性。

【提效能　优作风】 按照昆明市委、市政府和昆明市国家税务局“行政效能提升年”和“干部作风改进年”的工作要求，认真对行风建设工作进行了认真的总结排查，并着力于“四方面”，有针对性地解决好部分干部在思想作风、学风、工作作风等方面存在的问题，进一步提升干部队伍的学习力、创新力、执行力、免疫力和落实力，促进了工作效能的提升和干部作风的改进。一是强化学习教育。要求全体干部职工做到在思想上纯正、品德上端正、作风上守正，秉公执纪、执法、执规。二是着力防范。通过经常性的自省、自警、自励，及时找出作风建设方面存在的问题，并迅速加以解决，将问题消灭在萌芽状态。三是强化监督。广泛纳谏，自觉接受社会和纳税人的监督。要求全体干部职工为纳税人服务要“真”，行使权力要“正”，为人行事要“信”，为公立业要“实”；把每件事情办出公心让群众放心，办出公正让群众服气，办出真情让群众满意。四是落实责任。严格遵守“四项制度”，慎用手中的权，不谋非分之利；管住自己的“手”，不收不义之财；管住自己的“眼”，不进是非之地；管好家人，不沾自己的“光”；不为钱色所迷，不为名利所惑，不为浮华所动，彰显出一身正气，平平淡淡，一心为民的精神风貌。

【开展学习实践科学发展观教育活动】 按照昆明市国家税务局和嵩明县委学习活动规定的各项要求，在2009年3～8月，结合国税工作实际顺利完成了科学发展观学习教育活动各阶段的“规定动作”和“自选动作”。在活动中，紧扣“党员干部受教育、科学发展上水平、人民群众得实惠”及全市国税系统“服务科学发展、共建和谐税收、促进昆明跨越式发展”的活动主题，坚持“四个原则”（坚持解放思想、坚持突出特色、贯彻群众路线、正面教育为主），注重“四个结合”（深化学习与深入实践、规定动作与自选动作、当前工作与长远目标、学习实践与推动工作相结合），在学习教育上求“深”，调查研究上求“实”、查摆问题上求“改”，作风建设上求“变”，宣传交流上求“活”。实现了“五个突破”：在实践科学发展观上有新突破；在组织国税收入上有新突破；在规范执法上有新突破；在纳税服务上有新突破；在转变工作作风上有新突破。达到了“四个目标”：提高思想认识，形成发展共识的目标；解决突出问题，增强发展活力的目标；创新体制机制，营造良好环境的目标；转变工作作风，树立良好形象的目标。学习实践活动得到了嵩明县委第一指导检查组及昆明市国家税务局的肯定，活动群众满意率为97.96%。

【精神文明建设】 县局在取得“全国精神文明创建先进单位”荣誉的基础上，进一步强化“国税工作为经济社会发展服务、国税干部为纳税人服务、国税机关为基层服务”的意识，以优化纳税服务为着力点，以“擦亮”办税服务厅这个连接征纳的主窗口为载体，认真贯彻落实《纳税服务工作规范》、《办税服务厅工作规范》，依托信息化手段，完善纳税服务制度、服务标准和质量评价体系，优化窗口设置和服务流程，拓宽服务内涵，增强服务实效，全面优化纳税服务，赢得了纳税人的好评和上级局的认可。2009年12月，再次被云南省委、省政府考评验收为省级“文明单位”，这是县局自1994年以来，连续4次被云南省委、省政府授予省级“文明单位”称号。

【教育培训】 坚持以人为本，人才优先的原则，把培养高素质的干部队伍放在国税事业可持续发展的高度上去认识和把握，着力于不断提升干部队伍的工作能力。一是强化了干部爱岗敬业精神。通过对十七大精神以及各个时期党的重大方针政策的学习讨论，使干部理念得到更新，增强了团队意识、责任意识、执行意识和奉献意识。二是开展干部综合素质培训。在定期开展业务培训的同时，邀请云南省的有关专家给全体干部就经济、干部心理健康等方面的知识进行专题讲座。三是加强作风建设。通过开展“窗口服务星”、“五星个人”、“纳税人评税官”和“五好家庭”等评比活动，表彰先进，弘扬正气，营造了一种人人想干事、能干事、干成事的良好氛围。2009年县局共组织各项培训6期，培训15天；参加省、市国家税务局、嵩明县委、县政府等组织的各项培训24次，277人次。

【党的建设】 以科学发展观为指导，切实加强党的建设。于2009年5月14日，组织21名党员深入杨林工业园区开展了一次别开生面的“体会发展”党员主题生日活动。活动实地察看了热火朝天的基础设施建设、招商引资在建项目的情况，分别走访了云南文理学院、云南爱因森软件学院、昆明高深化工有限责任公司（外企）、云南磷化工有限责任公司等学校和企业。在走、听、看的过程中，全体党员体验到了嵩明经济发展的、速度及成效，在体验发展中统一了思想，深化了认识，更新了观念。

【平安创建】 以创平安、和谐国税为目标，认真开展平安创建工作。一是认识到位。充分认识争创“平安单位”是内强素质、外树形象，不断提升服务水平和办事效率的迫切需要，做到思想统一，行动一致。二是领导到位。各职能部门领导率先垂范，当好争创工作中的“领头羊”。三是组织到位。成立了平安创建领导小组，并积极展开工作，形成了党政工齐抓共管，部门各负其责，保证了创建活动有组织有计划顺利开展。四是宣传到位。把争创“平安单位”的工作要求，通过干部延伸到每个家属子女，使全体干部职工和家属，在规范的机制中都形成了自觉遵纪守法的习惯，在全局上下营造了良好的“平安单位”工作氛围。五是行动到位。全体干部严格按照《嵩明县2009年度安创建工作目标责任书》要求，不断规范自己的言行，并积极行动起来，投入到争创工作中。六是措施到位。进一步强化争创工作的目标管理考核力度，切实加大软、硬件的投入，力求从个人素质到单位整体形象达到“平安单位”标准。

（彭　燕）

禄劝彝族苗族自治县国家税务局

经济概况

2009年，禄劝彝族苗族自治县实现生产总值（GDP）28.23亿元，同比增长12.8%，其中：第一产业实现9.92亿元，第二产业实现6.88亿元，第三产业实现11.43亿元，三次产业结构由上年的37:22.7:40.3调整为35.1:24.4:40.5。地方财政收入3.74亿元，同比增长19.3%，地方财政一般预算收入达2.31亿元，同比增长43.7%；上划中央“两税”5680.12万元，同比下降35.28%；财政总支出9.95亿元，同比增长23.4%；社会消费品零售总额6.49亿元，同比增长21.2%；全社会固定资产投资总额31.52亿元，同比增长41.12%。农民人均纯收入2707元，同比增长15.4%。2009年，禄劝社会经济发展实现了两个持续增长和三个重大突破。

税收概况

【收入完成情况】 2009年，禄劝彝族苗族自治县国家税务局组织税收收入1.06亿元，同比下降12.06%，减收税款1460.07万元。其中：增值税完成7566.52万元，同比下降23.04%，减收2265.17万元；消费税完成5.23万元，同比下降3.04%，减收0.16万元；企业所得税完成2783.62万元，同比增长39.14%，增收783.06万元；储蓄存款利息所得个人所得税完成103.03万元，同比下降39.86%，减收68.29万元；车辆购置税完成184.41万元，同比增长96.35%，增收90.49万元。完成中央级收入7596.52万元，同比下降13.44%，减收税款1179.69万元。省级收入入库709.28万元，同比增长29.27%，增收税款160.62万元。县级收入2337.01万元，同比下降15.87%，减收441万元。

【收入特点】 受全球金融危机及税收政策调整等因素影响，2009年税收收入出现负增长，一是受全球金融危机影响，导致矿产品增值税2009年入库2256.63万元，同比下降52.35%，减收2479.30万元。二是受税收政策变动影响，其中：小规模纳税人增值税征收率调低（调整为3%），使税款减收33万元；增值税转型政策的执行和落实，允许固定资产进项税金按有关政策规定进行抵扣，使增值税同比减收1008.69万元。三是因2008年度税收收入增幅过大，增长达到56.98%，使2009年增收困难。从2009年各月情况看，有5个月税收收入月出现下降，2月、3月、10月，降幅达60%以上，分别为63.95%、61.94%、60.53%，8月、9月，降幅达40%以上，分别为42.22%和52.46%；“两税”收入有8个月出现同比下降，1月、2月、10月，降幅达到60%以上，分别67%、64.63%、62.6%，3月、8月、9月，降幅达到40%以上，分别为52.68%、43.31%、53.8%。

【税源分析】 2009年，税收收入出现“两增”“三减”。企业所得税和车辆购置税继续保持增长势头，增值税、消费税和个人所得税则出现下滑。一是企业所得税同比增长39.14%，完成2783.62万元，创历史新高，其中，烟草企业所得税2079.02万元，同比增长31.93%，增收503.23万元。其他行业企业所得税由于纳税户数同比增加6户，使应税所得额增加，共缴纳税款704.60万元，同比增长76.82%，增收306.11万元。企业所得税滞纳金同比减收26.28万元。二是车辆购置税同比增长96.35%，增收税款90.49万元。得益于禄劝农业产业结构调整，农民收入增长，农村生活不断改善，对摩托车需求量增加，拉动了对摩托车的消费。三是“两税”同比下降23.02%，减收2265.34万元。消费税同比下降3.04%，减收0.16万元。从增值税看，有的品目增收，有的品目减收，增减相抵呈现减收，共减收税款2265.17万元。其中，水泥产品增值税入库1133.53万元，因2008年入库为-40142.19万元，使税款同比增收1275.72万元。电力增值税入库2111.00万元，同比下降33%，减收1039.61万元。商业零售及批发增值税共入库2597.44万元，同比增长1.45%，增收37.07万元。有色金属矿产品增值税入库115.70万元，同比下降69.14%，减收259.21万元。黑色金属矿产品增值税入库1099.64万元，同比下降66.88%，减收2220.09万元。其他品目增值税入库509.21万元，同比减收税款59.05万元。四是个人所得税同比下降39.86%，减收68.31万元。主要因为个人所得税政策变动，造成了个人所得税减少。

各项工作

【依法治税】 （一）税收宣传。认真开展第18个全国税收宣传月活动。2009年4月，围绕“税收·发展·民生”的主题，与县地税局一起，分别在县城和茂山乡、翠华乡开展了三场税收宣传活动。整个宣传活动共出动税收宣传人员50人，发放各类税收宣传材料、倡议书3000余份，答复有关税收咨询50余起。禄劝电视台对活动进行了宣传报道。（二）税务稽查。深入整顿和规范税收秩序。认真开展分级分类稽查工作。在分类检查中全面推行“查前告知、案头审计、制定预案、实施检查、案例分析、案件反馈”的“稽查六步制”工作程序。圆满完成对电力行业、云南东骏药业有限公司分支机构及加盟店的税收专项检查工作。2009年共查补入库税款254.69万元，处罚率21%，入库率达100%；专项稽查、分级分类稽查户均实行查前告知，告知面达100%。开展打击发票违法犯罪专项整治行动，对3户超市的普通发票进行了专项检查。（三）执法检查。认真贯彻国务院全面推进依法行政实施纲要，落实税收执法责任制，减少执法过错，全年执法系统过错率0.1‰，低于昆明市国税局0.5‰的控制目标4个点。

【税收征管】 （一）各税种管理。一是增值税管理。执行好增值税转型有关政策，把握好固定资产进项税金抵扣的申报和核准，2009年共受理企业申报抵扣固定资产进项税金1755.18万元，通过核实对符合条件的固定资产进项税金1109.97万元准允抵扣。二是企业所得税管理。2009年新《企业所得税法》执行以来，共审核办理各类税收减免5户，其中备案类的减免税3户，审批类减免税2户。认真组织企业所得税汇算清缴，对2008年度应参加汇算清缴户数为175户进行了全面汇算，汇算面达100%，通过汇算，补缴所得税额11.26万元，圆满完成了企业所得税汇算工作。加强纳税评估工作。按照市国税局要求对投资500万元以上、连续三年空申报企业的企业所得税纳税情况进行评估，补缴企业所得税134.96万元。三是减免税管理。认真贯彻落实税收制度改革和结构性减税政策。做好纳税辅导工作，充分发挥税收职能作用，促进市场公平竞争和扩大内需，推动禄劝经济平稳较快增长。2009年减免增值税304.15万元，企业所得税1276.23万元。（二）税源管理。一是继续实行领导干部管户制度，强化税源管理，促进税收征管质量和效率得到全面提升。二是加强户籍管理，清理漏征漏管户。2009年底，禄劝县国税局征管的开业户籍2889户，其中企业398户，个体2491户。切实加强户籍管理，开展对漏征漏管户的清查工作，做到边清理、边办证、边核定，全年清理漏征漏管户220户，已办证220户，罚款7375元，核定起征点以上征税户17户，征税面占清理办证户的7.7%。继续加强矿、砂、石等的委托代征，堵塞税源流失，2009年共代征税款10.6万元。对机动车修理、摩托车销售继续实行以票控税，木纹石加工销售行业则实行以电控税。三是加强征管质量“六率”指标考核，“点名征管”登记率达到100%，申报率达到100%，入库率达到100%，滞纳金加收率达到100%，逾期登记、逾期申报、普通发票违法违章的处罚率达到100%；全年核定个体工商户1948户，其中起征点以上553户，起征点以下1395户；核定征税面从2008年的10.8%上升到2009年23.8%，核定征税面上升13%，户均月核定税款169元；增值税一般纳税人平均税负6.2%。执法准确率达到99.99%。无新欠税发生。（三）发票管理。加强发票管理，通过对普通发票交叉采集比对，有效打击虚开、代开、开具假发票的行为，堵塞普通发票管理漏洞，切实加强税源管理。全年查处各种使用发票违法违章户512户，罚款金额16.21万元，有力震慑了各种发票违章行为。清理检查涉及点名发票票种234户，计4750份，查出有问题票465份，补缴增值税14.87万元，罚款9.23万元。

【税务管理信息化建设】 顺利推行增值税一般纳税人网络申报工作；认真做好企业所得税年度网络暨介质申报软件的推广运用工作。认真做好财税库银横向联网前期有关工作。与县行政审批中心实现了网络连接，保证了驻县行政审批中心的工作站工作开展。加强网络申报的日常运行维护保障工作，确保网络申报正常有序运行。强化病毒防治，确保网络通畅。

【创新发展】 围绕“创新发展年”的要求，结合自身实际，做好创新项目的工作。一是成立税负预警工作领导小组，建立税收分析预警工作长效机制，加强监控税源管理。二是开通“网上办税服务厅”，实现网上申购发票、网上办理税务登记。三是开展普通发票交叉采集比对核查工作，堵塞普通发票管理漏洞，切实加强税源管理。四是以办税零差错、服务零缺陷为目标，不断优化纳税服务，提升服务水平。着力提升办税服务厅规范化建设，优化、美化纳税环境，不断提高办税服务厅工作人员的业务水平和服务质量，并按照县政府的要求，启动了行政审批中心国税服务窗口服务纳税人的工作。五是建立企业所得税行业管理制度，实现行业分类管理，细分管理对象，明确管理标准和方式，突出管理重点，提高企业所得税征管的质量和效率。六是认真组织“1对1”培训工作，对征收、管理、稽查一线各岗位应知应会的系统操作技能和相关业务知识，进行“1对1”、“手把手”、“面对面”的辅导培训。各系列受训人员均达到本系列人数的20%。

【扶贫工作】 继续开展好新农村建设和扶贫工作，为新农村建设点乌蒙乡乌蒙村委会投入建设资金10万元，为扶贫点则黑乡卡租村委会捐资17000元，帮助新农村建设点和扶贫点的群众做好事、办实事。

队伍建设

【机构人员情况】 共设置机构10个。其中，内设机构7个，即办公室、税政科、收入核算科、征收管理科、人事教育科、监察室、办税服务厅。直属机构1个，即稽查局。事业单位1个，即信息中心。派出机构1个，即屏山税务分局。局领导3人。离退休干部28人。2009年末，在职干部职工78人，其中：公务员73人，工勤人员5人。在职人员中，男57人，占73.1%，女21人，占26.9%。中共党员53人，占67.9%。学历结构：本科文化22人，占28.2%，大专文化40人，占51.3%，大专以上文化程度62人，占在职人数79.5%。少数民族31人，占39.7%。在职干部职工平均年龄42岁。

【廉政建设】 大力推进党风廉政建设，认真贯彻落实《云南省国税系统惩治和预防腐败体系2008～2012年工作规划》。切实改进和加强领导干部党风政风建设，强化“两权”监督，认真落实责任制，签订《廉政纠风目标管理责任书》86份。加强干部遵守《廉政公约》情况和执行情况的检查，认真落实《税企廉政公约》，共签订《廉政公约》476份。有针对性地进行监督检查和回访，发出问卷调查表157份，收回157份，满意率达100%。2009年，禄劝县国税局没有发现“吃、拿、卡、要、报、借、占、赊”等行为。

【提效能 优作风】 认真开展“行政效能提升年”、“干部作风改进年”活动，大力推行“五办”作风、“一线工作法”、“工作成果倒逼法”，积极贯彻落实“阳光政府”四项制度。启动了政府“96128”政务信息电话查询和网上查询政府信息公开门户网站、政府重大决策听证门户网站业务，在屏山税务分局和征收管理科分别安装“96128”专线电话、实行定岗定人、开通“96128”网上查询系统和网站，极大的方便纳税人了解和支持国税工作。严格履行服务承诺，全年受理服务承诺件数243件，办结率达100%，限时办结件数138件，首问首办30件办结率均达到100%。

【学习实践科学发展观活动】 2009年3至8月，深入开展学习实践科学发展观活动。通过开展科学发展观活动，推动了党员干部讲党性、重品行、作表率，始终坚持以身作则、率先垂范的模范行为。促进了组织国税收入工作科学发展，促进税收服务经济社会发展大局，促进税源管理，促进纳税服务进一步优化，促进国税干部队伍建设、精神文明建设、国税文化建设、党风廉政建设和构建和谐国税系统的全面建设。

【精神文明建设】 2009年，精神文明创建工作硕果累累，荣获云南省人民政府“文明单位”、昆明人民政府“文明单位”、昆明市国税系统第七批“文明单位”荣誉称号。办税服务厅被云南省国家税务局妇女联合会授予“巾帼文明岗”光荣称号。禄劝彝族苗族自治县总工会授予“合格职工之家”荣誉称号。在民主评议机关行业作风中，取得全县48个行政管理部门第二名的好成绩；档案管理工作由云南省档案管理“三星级”标准顺利晋升到“五星级”；城乡园林绿化生态建设工作被县人民政府授予“园林单位”荣誉称号并荣获城乡园林工作三等奖；通过了市“卫生先进单位”、“无吸烟先进单位”验收。

【教育培训】 加强干部职工教育培训力度，明确培训目标和任务，围绕稽查业务考试、增值税转型工作，组织了稽查业务培训2期，培训天数9天；组织了增值税转型业务培训1期，培训天数2天。积极组织参加了省、云南省国税局组织的各类培训，确保培训的人员、时间、内容三落实。

【平安创建】 认真做好社会治安综合治理各项工作，积极开展“平安国税”建设活动。加强对单位内部治安的督促检查，加强消防安全、交通安全管理和教育，强化日常监管、社会管控和社会矛盾的疏导，2009年未发生因社会矛盾调处不当而引发群体性事件，未发生过交通安全事故。被县委、县政府授予“平安建设先进单位”、“打黑除恶先进单位”荣誉称号。25户家庭被命名为“平安家庭”。

（王忠明）

寻甸回族彝族自治县国家税务局

经济概况

2009年，寻甸回族彝族自治县实现生产总值(GDP) 32.24亿元，同比增长12.3%。一是统筹城乡发展，农业农村展现新气象。实现总产值18.84亿元，同比增长8.46%。二是攻坚克难，工业经济取得新突破。实现总产值36.94亿元，同比增长21.68%。三是活跃三产，财税金融再创新业绩。第三产业实现增加值13.36亿元，同比增长14.9%，全年社会消费品零售总额达10.22亿元，同比增长18.06%。财税收支大幅增长，完成财政总收入4.55亿元，同比增长20%，地方财政一般预算收入3.12亿元，同比增长42%；地方财政支出11.43亿元，同比增长24%。

税收概况

【收入完成情况】 2009年，寻甸县国家税务局组织国税收入1.95亿元，较上年1.87亿元增收813.9万元，增长4.36%；组织地方收入4531.39万元，较上年4385.68万元增收145.71万元，增长3.32%。分税种看，增值税1.61亿元、消费税27.44万元、企业所得税3053.39万元、储蓄存款利息所得个人所得税101.13万元、车辆购置税115.54万元。

【收入特点】 一是受金融危机影响，占总收入比重较大的增值税增幅较小，同比增长0.93%，增收148.55万元；二是重点税源（烟草、化工、原煤、电力）的主导地位明显，占全年收入的88.05%；三是企业所得税增幅较大，同比增长33.37%，增收763.97万元。

【税源分析】 一是云南先锋煤业开发有限公司完成3879.11万元，同比增长40.45%，增收1117.25万元，增收因素是产量增加、价格上涨；2009年实现销售收入2.97亿元，较上年2.47亿元增长19.96%，增收4937.15万元，加之矿产品税率由13%调整为17%；二是云南南磷集团电化有限公司是云南南磷集团在寻甸县新的投资项目，主要生产PVC产品，入库增值税3475.48万元，同比增长195.56%，增收2299.6万元，成为新的税源增长点；三是云南省国能化工有限公司入库3.12万元，同比减少99.44%，减收551.57万元，主要是受金融危机的影响，硫酸销售价格由上年的每吨1200元减为每吨270元，该厂生产处于半停产状态，2009年1～11月无税款入库；四是推行增值税转型改革，新购入机器设备可作进项税额抵扣，全县2009年固定资产投资抵扣金额1.31亿元，抵扣进项税额2244万元。

各项工作

【税收征管】 （一）各税管理。流转税管理方面。一是认真贯彻执行各项税收政策、法律法规，提高政策执行的透明度，加大政策的宣传、辅导力度，搞好对内对外政策培训工作；二是坚决贯彻执行并规范相关的福利企业、资源综合利用企业、废旧物资企业的税收政策，严格按税收优惠政策规定对福利企业、资源综合利用企业的退税进行审核；三是加大运费、农产品、废旧物资等抵扣凭证的政策执行力度，加强抵扣凭证的审核；四是加强对增值税一般纳税人的认定、变更、注销的管理，2009年共认定增值税一般纳税人139户，其中：暂认定一般纳税人10户、辅导期一般纳税人6户，正式一般纳税人123户。所得税管理方面。一是2009年度实行个人所得税扣缴义务人有5户，入库税款101.13万元，同比减少52.99%，减收114万元，减收的主要原因是税率调整；二是圆满完成内外资企业所得税年度申报和汇算清缴工作，申报率为100%，入库税款3053.39万元。车购税管理方面。做好车辆购置税价格审批工作，确保车辆购置税征收管理正常运行，严格按照昆明市国税局要求，每月按时按质上报车购税报表；做好车辆档案修改汇总和减征车购税管理工作；做好机动车辆税收“一条龙”的异常发票核查的统计汇总，2009年共清分异常发票189份，查补增值税1.07万元；及时准确采集车购税计税价格，确保车购税数据采集质量。（二）出口退税管理。一是督促企业建立出口货物退（免）税单证备案的档案管理制度，并深入出口企业对备案情况进行实地核查；二是严格审核退税申报表与退税电子数据，保证填写规范、单证齐全、信息到位；三是认真做好分类管理类别评定工作，辖区内涉及的7户企业全部评定为B级；2009年共办理出口退税6笔，应退税额0.98万元，免税额24.09万元。（三）发票管理。一是滞留发票核查，第一阶段共计协查279份，涉及金额7.22亿元，税额339.89万元，第二阶段共计协查671份，涉及金额8778.1万元，税额1487.88万元，无补缴税款，无移交稽查局办理的情况发生；二是对6户纳税人取得单票金额在1万元以上普通发票数据信息进行了采集，根据普通发票监控系统反馈信息，对涉及寻甸县国税局的纳税人进行了补缴税款、滞纳金、罚款处理；三是做好普通发票疑似数据分析检查。

【依法治税】 （一）税收宣传。一是以寻甸县城赶集为契机，联合寻甸县公安、地税、工商、人行等单位在县城繁华路段举行打击防范“假币、假发票、非法集资、传销”宣传活动，为2009年的税法宣传活动提前吹响号角。二是在办公楼悬挂“税收促进发展，发展改善民生”、“社会主义税收取之于民，用之于民”等税收宣传标语，营造税收宣传氛围；在办税服务厅《国税园地》专栏上刊出两期税收宣传月特刊，对增值税转型政策进行了详细解读。三是在寻甸电视台向社会作“提升行政效能、改进干部作风、优化纳税服务”的公开承诺，并确保向社会公布的4部举报、咨询电话24小时畅通。四是邀请广大纳税人、社会各界人士和国税局部分干部职工共计83人参加税收宣传座谈会，把税收宣传月活动推向了高潮。会议以“税收·发展·民生”为主题，宣传税收知识，宣讲税收政策，提高税收与社会、公众之间密切关系认知度，提高社会各界对税收工作的关注和支持，提高纳税人对税收法律、法规的遵从度，积极营造科学的税收理念和依法诚信纳税的观念；推介全局深化服务、优质服务、创新服务，提升机关效能、改进干部作风的成效及措施。五是由局领导带队，组织人员到扶贫挂钩点和新农村建设联系点，有针对性地开展帮扶工作和税收宣传活动。六是与公安、地税联合在县城繁华地段开展打击发票违法犯罪宣传活动。宣传小组深入超市、商店和公交车上发放宣传资料、解答群众咨询，广泛宣传了发票知识，提升了纳税人对税法的遵从度，加大了社会监督力度。（二）税务稽查。一是认真落实上级安排布置的各项稽查工作任务，严格落实上级考核的各项工作指标。2009年共查结案件20件，有问题20件，查实率为100%。查补总额为130.18万元，其中：增值税71.78万元，罚款47.2万元，加收滞纳金11.2万元，处罚率为67%，入库率为100%。二是继续深入开展整顿和规范税收秩序和税收专项检查工作，及时将检查中发现的税收征管薄弱环节、政策缺陷反馈征管、税政部门，发挥以查促管作用。三是与寻甸县公安局、寻甸县地税局联合开展发票大检查行动。分别从3家单位抽调25人组成5个检查小组，分头对税收管理员精心筛选出来的30家纳税人实施突击检查，通过这次大规模的行动，不仅规范了纳税人依法使用发票的行为，还打击和震慑了发票违法犯罪活动。四是精心组织参加全国税务系统稽查业务考试，取得优异成绩，集体综合排名全市第一，进一步提高了稽查人员的执法水平和业务技能。（三）税收执法。一是平均申报率为99.94%，入库率100.12%，滞纳金加收率100%，开业登记率100%，个体"双定户"征税面为26.52%，户均月核定税款211元。二是有专人对执法考核系统进行实时监控，对出现错误的情况，及时与操作人员核实，进行修改、修正，对不属人为原因造成的错误及时进行申辩调整。考核系统全年运行情况较好，过错率低于全市指标。

【信息化建设】 （一）应用系统推行维护与数据分析利用情况。一是切实做好系统运用和数据检测、数据监控工作，强化各应用系统的平稳运行，规范操作，加强监控，发现问题及时纠正，强化通报考核，杜绝重大数据责任事故，不断提高系统运行质量。二是按税务登记管理办法，做好基础资料录入审核工作，按欠税管理办法，做好欠税的"告知"、"确认"工作。三是做好税收执法管理信息系统的申辩调整工作。（二）信息化基础设施维护工作。一是进一步巩固信息化建设的基础，维护好全局硬件设备、网络设备和软件系统，保证软硬件的正常运行和网络的畅通无阻。二是在昆明市国税局的支持下，配备了应急发电机组，保障了停电后能正常办理业务。三是对中心机房的设备全面进行除尘，并配备了制冷空调，确保设备在一个清洁适温的环境中有效工作，降低了设备故障发生的几率。（三）税收信息化工作。一是网络申报系统。2009年推行网络申报32户，占全县查账征收纳税人392户的8.16%。二是税收管理员辅助信息系统。2009年系统共产生税收调查任务957条，其中：系统自动发起751条，手工发起206条；共完成税收调查任务957条，通过试点推行，进一步测试了辅助系统的稳定性和实用性。三是个体工商户计算机定额核定系统。2009年完成1365户执行到期纳税人的核定工作，起征点以上核定361户，户均税额211元，起征点以下核定"双定户"1004户。

【行风评议】 在2009年寻甸县民主评议机关和行业作风建设工作结果通报中，寻甸国税局以89.6分荣居垂管单位榜首。这一成绩的取得，主要得益于以下几方面：一是领导重视、思想统一。党组班子始终把开展民主评议机关和行业作风活动当作是加强和改进新形势下党的建设的客观要求，认真落实党组统一领导、党组成员齐抓共管、各部门各负其责的工作责任制，以强机构、明目标、细任务、严考核、重追究的工作措施，为开展民主评议机关作风和行业作风活动提供坚强有力的组织保障。二是广泛参与、积极渗透。为实现人人知晓、人人关注、人人参与民主评议机关和行业作风的目标要求，利用各种形式，广泛进行宣传动员。三是扎实工作、有效整改。以解决纳税人最关心、最直接、最现实的利益问题为突破口，收集在纳税服务、税收征管、税务执法工作过程中损害纳税人切身利益的突出问题，制约经济发展、影响投资软环境的问题，以扎扎实实的工作实绩取信于民。四是社会认同、公信度高。2009年度民主评议机关作风和行业作风建设工作的评议代表由10个层面的人士组成，得到89.6分的测评结果，表明了寻甸社会各界对寻甸国税各项工作的认同。

队伍建设

【机构人员情况】 2009年，县局共设置10个职能部门：办公室、人事教育科、监察室、税政科、征收管理科、收入核算科、办税服务厅、信息中心、稽查局、仁德税务分局。2009年末有在职人员65人，离退休人员35人。在职人员中，男职工48人，占74%；女职工17人，占26%。按学历结构为：本科20人，专科24人，大专以上占在职人员的68%，中专10人，高中及以下11人。年龄结构为：30岁以下13人，31～40岁9人，41～50岁33人，50岁以上10人。

【机构改革】 根据昆明市国税局机构改革工作的有关精神，严格按照昆明市国税局的布置和要求，制定实施方案，设置机构，明确职责，采取四项措施确保机构改革工作平稳顺利完成。

【廉政建设】 一是加强责任考核，严格责任追究，把党风廉政建设责任制和软环境建设责任制落实到每一位党员干部，在抓好本职业务工作的同时，自觉地抓好职责范围内的党风廉政建设和反腐纠风工作，促进廉洁自律的各项纪律、制度落到了实处，2009年未发生任何违法违纪行为。二是建立健全制度，完善工作机制，形成以制度管理的工作格局。三是继续做好《廉政公约》的续签、回访调查工作，促进和谐征纳关系。四是逐步在辖区内营造了依法诚信纳税，征纳双方共同协税护税、共同遵守和监督的氛围。

【精神文明建设】 寻甸县国税局紧紧围绕税收中心工作，加强精神文明建设，积极争先创优，各项工作协调发展。一是重新申报省级"文明单位"取得成功；二是被云南省国家税务局授予"文明单位"称号；三是在全县民主评议机关作风工作中荣居垂管单位榜首；四是被昆明市爱卫会授予"门内卫生达标单位"称号；

五是被寻甸县委县政府授予庆祝新中国60华诞万人歌咏晚会“组织奖”；六是被县直机关党委授予“优秀党总支”称号。

【教育培训】 （一）政治理论学习。一是认真贯彻学习党的十七大和十七届三中、四中全会精神，提高干部职工政治理论水平。二是严格按照昆明市国税局、寻甸县委学习活动的要求，组织开展深入学习实践科学发展观活动。三是积极组织党组中心学习组学习，通过学习，领导班子信念更加坚定、思想更加统一、认识更加清醒、作风更加务实，增强领导和谐国税建设本领，推动各项工作和国税事业不断发展。（二）税收业务培训。一是2009年2月10日召开了由全县129户增值税一般纳税人财务人员参加的增值税转型政策调整培训会，培训采取以会代训方式进行，收效良好。二是2月26日召集辖区内81户实行查账征收方式的企业所得税纳税人的财务人员和局内相关人员共105人参加企业所得税网络（介质）申报系统推广应用培训。三是继续加强六员培训工作，积极组织税收业务骨干到扬州税务学院进行税收业务培训，提高干部的综合业务素质和岗位工作技能，更好地适应新形势下税收工作的需要。四是落实云南省国税局、昆明市国税局教育培训管理办法，积极组织全员培训。五是积极组织做好“1对1”培训项目。

（殷泽发）

昭通市国家税务局

经济概况

2009年，昭通市实现生产总值(GDP)302.43亿元，按可比价计算，比上年增长12.7%。其中：第一产业增加值72.18亿元，增长6.6%；第二产业增加值129.74亿元，增长15.1%；第三产业增加值100.51亿元，增长13.3%；三次产业结构比例由上年的24.53:42.90:32.57调整为23.87:42.90:33.23。固定资产投资完成251.88亿元，增长32.4%；社会消费品总额87.85亿元，增长22.2%；财政收入和支出分别为20.79亿元和111.50亿元，增长21.4%和26.3%；年末金融机构存贷款余额分别为386.18亿元和213.34亿元，增长29.3%和30.6%；城镇居民人均可支配收入和人均消费性支出分别为1.11万元和7616元，增长11.5%和3.7%。

税收概况

【收入完成情况】 2009年，昭通市国税系统全年入库税收收入37.31亿元，比上年增收2.80亿元，增长8.11%，超出省局下达确保目标的6.50%，超出奋斗目标的2.20%。其中：增值税入库15.94亿元，同比减收3971万元，下降2.43%；消费税入库16.86亿元，同比增收4.03亿元，增长31.41%；企业所得税入库3.23亿元，同比减收9744万元，下降23.18%；储蓄存款利息所得个人所得税入库764万元，同比减收967万元，下降55.68%；车辆购置税入库1.21亿元，同比增收2390万元，增长24.61%。

【收入特点】 （一）国税收入增速慢于GDP增速，国税收入同比增长8.11%，GDP同比增长12.7%。（二）五税种“两增三减”。消费税、车购税增长31.41%和24.61%，增值税、企业所得税和个人所得税下降2.43%、23.18%和55.68%。（三）县区税收增速不均衡。其中，6个县区局实现增长，5个县局略有下降，昭阳、镇雄、鲁甸、水富、彝良仍处于亿元县行列，昭阳区税收率先突破4亿元。（四）非公经济继续保持稳定增长。全市非公经济税收达到10.39亿元，同比增长6.02%，占总收入的27.85%。（五）卷烟税收占总收入的比重再次上升。卷烟“三税”入库22.54亿元，同比增收1.94亿元，增长9.42%，其中：增值税减收1.11亿元，消费税增收4.03亿元，所得税减收9753万元，“三税”收入占总收入的比重由2008年的59.70%提高到2009年的60.41%，加上烟草公司税收，整个烟草行业税收占总收入的比重达到了69.73%。

【税源分析】 2009年在诸多不利因素影响下，上半年收入大幅受挫，下半年收入随经济企稳回升，最终实现收入规模的历史突破。（一）增值税完成15.94亿元，同比减收3971万元。分行业来看，煤炭、商业批零、电力、建材等行业增值税分别增收5601万元、3745万元、1956万元和1679万元，烟草、化工、有色金属行业增值税分别减收1.11亿元、2117万元和1884万元。煤炭增值税增长受益于煤炭税率的提高与煤炭市场价格的上涨；商业批零、电力、建材等行业增值税增长直接受益于国家4万亿元巨额投资的施行；卷烟增值税大幅减收主要原因是2009年年初红塔集团昭通卷烟厂无正常跨转税收，按2008年水平衡量，此项减收7500万元；化工和有色金属增值税减收是受金融危机影响，产品价格暴跌，产销受到较大冲击。（二）消费税完成16.86亿元，同比增收4.03亿元。其中：卷烟消费税完成16.84亿元，占消费税总量的99.88%，增收4.03亿元。增收主要是卷烟批发环节加征了5%的从价税所致。（三）企业所得税完成3.23亿元，同比减收9744万元。下降原因：一是金融危机和消费税政策调整造成企业利润下降。二是烟草企业税收在红塔集团中的分配比例从9.53%下调为6.40%。（四）车辆购置税完成1.21亿元，同比增收2390万元。原因是居民收入的增加提升了购买力，同时小排量乘用车减半征收优惠政策的落实刺激了市场消费。（五）市级收入24.54亿元，同比增长8.64%，县区级收入12.77亿元，同比增长7.10%，市级增速快于县级增速，这主要由两方面原因造成，一是增幅较大的卷烟税收主要集中在市级。二是受金融危机影响较重的化工、矿产等行业都集中在县区级。

各项工作

【税收法制建设】 （一）深入落实“五五”普法和依法治省工作要求。大力开展惠民税收政策宣传活动，向社会各界赠阅《涉农税收优惠政策选编》670本。开展送税法进校园活动，并先后在8所中小学建立了“税收教育基地”。由局领导带队上线昭通市广播电台主办的行风政风热线，宣传税收政策，现场进行咨询答复。（二）严格落实税收执法责任制和过错责任追究制。做到监督检查到位、执法考核到位、过错责任追究到位。建立了四级监控机制和过错分析机制，对征管中的薄弱环节进行人工考核，有效减少税收执法随意性。通过考核，全年发现过错39个，追究责任59人次，经济惩戒3405元。（三）做好重大税务案件审理工作。全年共审理重大税务案件24件，无听证、复议、诉讼案件发生。

【税收征管】 （一）税源管理。1. 加强户籍管理，查清管户情况。一是加强同工商、地税等部门合作，做好信息交换和数据比对分析，全面、真实查清管户情况。二是加强停、复业户跟踪管理和非正常户、失踪户的重点巡查，杜绝户籍管理漏洞。2009年全市共有征管户27704户，比2008年增加了2887户，增长11.63%，其中：纳税户7841户，未达起征点户19863户。2. 科学划分税源类型，加强税源监控力度。重点税源按户监控，中小税源按行业监控，零星税源定人分片监控，集贸税收指标化监控，总体税源动态监控，既重视有色金属、煤炭、水电、建材、化工等重点税源管理，又突出抓好对个体、私营企业等中小税源管理。同时，进一步推行领导挂钩重点税源户制度，加强与重点税源企业的沟通、协调，不断提高税源管理水平。3. 加强税源分析。建立管理员逐户分析、管理分局分片区分析、业务部门综合分析、县区局和市局全面分析的制度，分户、按行业比较分析税负差异，发现纳税疑点，查找征管漏洞和薄弱环节，科学掌握税源变化情况。4. 做好欠税入库管理。一是切实加强收入预测、进度分析。二是加强欠税管理，努力做到“年税年清”。三是严格缓缴税款审批制度，加强缓缴税款的按期入库。四是加强对欠税纳税人清欠能力的评估。五是加大欠税公告力度，严格执行欠缴税款公告制度，督促纳税人自觉缴纳欠税，防止新增欠税产生。

（二）税种管理。1. 增值税管理：一是按照“培训统一、政策统一、执行统一、解释统一”的要求严格执行增值税转型政策。全市40户重点税源纳税户中涉及固定资产抵扣的企业有25户，固定资产抵扣进项税1407.74万元。二是在认证、管理、申报比对和监督核实环节严格审核票据、实物与资金，以此加强固定资产进项税的抵扣管理。2009年全市申报抵扣税额7276.57万元，通过认真审核，转出不符合固定资产抵扣条件的进项税额120.29万元。三是开展增值税一般纳税人资格认定。2009年新认定增值税一般纳税人162户，其中暂认定增值税一般纳税人101户，辅导期增值税一般纳税人61户。2009年年末，全市共有增值税一般纳税人1050户，与2008年同期相比，增加158户，增长17.71%。四是正确执行税率调整后的煤炭税收政策，煤炭增值税税率从13%提高到17%，煤炭行业增值税入库2.72亿元，同比增收5601万元，增长25.97%。五是开展增值税纳税评估。评估企业52户，有40户评估补缴税款628.80万元。2. 所得税管理。一是在全系统开展大规模的政策和业务培训，并成功上线所得税介质申报系统。二是首次利用“汇算通”软件圆满完成2008年度企业所得税汇算清缴工作，1099户参加汇算清缴，汇算面为98.48%。三是加强企业所得税税前扣除和减免审批工作，对12户企业的减免税进行备案登记，审批4户减免税企业。四是开展企业所得税纳税评估，评估企业43户，有27户评估补缴税款245万元，弥补以前年度亏损364万元，减少2009年亏损1344万元。3. 消费税管理：一是严格落实新的卷烟产品消费税政策。二是顺利实现了消费税网络申报。三是对账务不健全的小酒厂进行定额征收。4. 车辆购置税管理：一是严格执行小排量乘用车减半征收优惠政策，全年减征车辆购置税2265万元，减征车辆8490辆，免征车辆购置税246万元，免征车辆39辆。二是确保全市车辆购置税电子信息采集系统运行平稳。三是圆满完成车辆购置税档案管理改革工作、注销档案清理工作和“一条龙”异常发票清分核查工作。5. 国际税收管理：一是继续加强非居民税收管理，共入库非居民税收148.77万元。二是加强进出口税收管理工作，全市审核审批办理出口货物退（免）税442.29万元，其中：退税247万元，免抵调库195.29万元。

（三）发票管理。1. 普通发票管理。一是加强“以票控税”力度，适时开展普通发票代开调查，及时纠正了委托代开发票中存在的违规行为。二是开展打击和整治制售假发票专项整治行动，共检查企业201户，个体1905户，检查发票17.02万份，查出有问题发票1484份，有问题户175户，补缴税款128.53万元，处以罚款31.26万元，加收滞纳金13.19万元。2. 专用发票管理。一是强化库房安全督查管理，全系统专用发票库房的安全都达到了“三专六防”的要求。二是抓好专用发票审批制度的落实，特别是对最高开票限额的审批工作，严格按照统一格式规范账、表、册的使用。三是严格按规定认证增值税专用发票7.99万份，代开增值税专用发票1172份、金额3764.88万元，征税158.10万元。

（四）综合征管软件数据质量管理。一是对数据质量运行情况按月进行分析和通报。通过数据进行查询分析，实时掌握全市纳税人的登记、停业、非正常、注销情况，对存在问题进行分析，并提出改进措施。对进入综合征管软件的数据定期进行检测，对违规、异常操作进行严密监控，督促补正，确保综合征管软件数据质量。二是通过综合征管软件监控核实欠税，审核征管报表及征管质量考核报表，监控发票代开情况，监控分析管理服务、征收监控和待批文书等环节发生的错误数据。三是构建科学有效的数据分析模型，监控税源动态，预测经济与税收发展的趋势，以此加强税收分析。

【税收执法】 （一）税收宣传。围绕“税收·发展·民生”的宣传主题，创新宣传思路，突出宣传特色。一是组织开展“千名国税干部走上街头宣传活动”，共发送税宣资料8.7万份，咨询答复4200余人次。二是借助新闻媒体开展税宣活动。征集并发表税宣征文50多篇，制作并播出“975与法同行”访谈节目4期，开展公益广告宣传8期，局领导带队上线“政风行风”热线直播1期。三是举办了重点工程项目、重点纳税企业税企座谈会。四是开展“革命老区学税法”、“服务电站建设”、“樱桃节税宣”等活动。（二）税务稽查。全年共检查纳税户171户，查处有问题户139户，查补收入2779.63万元。其中：稽查查补收入762.59万元，企业自查补税2017.04万元。（三）执法检查。开展了税收执法专项检查、税收专项督察和税收执法检查，检查重点放在税收执法环节和政策执行方面，涵盖税收抽象行政行为、税收具体行政行为、税收执法管理信息系统运行三大方面。全市自查面100%，重点检查面55%。通过检查，未发现违法违纪行为，已连续第六年未发生税务行政复议、诉讼案件。

【纳税服务】 围绕“树立纳税服务理念，改进纳税服务措施，完善纳税服务体系，创新纳税服务机制”的指导思想，扎实开展纳税服务工作。（一）完善服务措施。一是搭建“通用窗口”，实行“一体化”办公、“一票制”收缴、“一站式”办结。二是优化办税环境。在办税厅增设必要的服务设施，给纳税人一个清洁、明亮和办事便捷的空间。同时，把相关政策和办税程序以及各种服务措施张贴在办税厅醒目处。三是创新服务方式。开展电话提醒服务、短信提醒服务和推行一书两卡三时四办五个一活动。与交警部门协作，定期和不定期下到乡镇为农民办理车购税缴税手续。实行“双班制”，延长工作时间，方便纳税人办税。推行“人工叫号”，妥善解决纳税人办税拥挤问题。为“家电下乡”把好执法关，实行财政、税务及各乡镇办事处发票信息共享。建立《纳税服务应急处理预案》，及时解决停电或其他突发性问题。推行AB角工作制，保证各个岗位都有人在。（二）拓展服务渠道。一是征期内在办税服务大厅开展“局长接待日”活动，现场受理纳税人的咨询、投诉等涉税事宜。二是开展限时承诺和首问责任制服务，实行“一对一”的限时办理，切实维护纳税人的权益。三是对纳税人遇到的涉税疑难问题，开通电话预约咨询登记。四是开展税企座谈、送政策上门、纳税辅导。（三）保障纳税人合法权益。一是实施政务公开，增强执法的透明度。二是与全市纳税人签订《廉政公约》，强化征纳双方相互监督。三是让群众参与税收管理，增强税额核定的透明度，维护纳税人合法权益。

【税务管理信息化建设】 （一）做好金税工程相关工作。一是确保防伪税控系统、稽核系统、出口退税系统运行正常，数据处理准确，上传及时。二是及时、准确地汇总和上传“四小票”数据。三是做好防伪税控系统的日常维护工作，对出现问题的主机、金税卡和IC卡及时进行更换。（二）做好相关软件的日常维护。按时按质完成电子查账软件和车购税征管系统的日常维护，及时完成多元化申报数据的处理。（三）做好税收政务网站的运行维护。对内部服务器数据进行调优，对外网进行清理关闭，保证了网站的高效率运转。（四）做好网络安全和病毒防御工作。加强日常监控和管理，加强安全意识的宣传和教育。对全市机器进行补丁更新和防毒软件部署，保障内部网络安全运行。（五）完成了机关2003年前计算机的清理和更换工作，对全系统的UPS进行了巡检和更换工作。

【税收调研】 2009年全市国税系统共撰写调研报告71篇，其中市局作为税收科研成果编发26篇，《关于增值税改革影响昭通企业及税收的调研》获省局二等奖，《队伍能力的环境研究》个性化课题被评为良好等次科研成果。

【挂钩扶贫】 2009年是市局机关在彝良县小草坝乡小雄村挂钩扶贫的第三年，在协调帮助该村修建好公路和沼气池的基础上，市局领导再次深入扶贫点，进行实地调研后，筹措资金16万元，帮助村民开展饮水、修桥、补路等基础设施建设。通过努力，饮水工程顺利完工，全村6个社、820多人受益。新修建的桥已投入使用，解决了4个社、120多户的出行安全问题。无力购买农资的特困户收到了玉米良种6100公斤，化肥50余吨，地膜400余公斤。小草坝乡至小雄村的公路得以维护，全程实现通车。村委会受赠5台电脑，办公条件改善，工作效率提高。

队伍建设

【机构人员情况】 2009年，按照省局的统一部署，市局及时制订工作方案，因地制宜，有条不紊地推进市、县两级机构改革工作。机构改革后，市局机关共设有18个科室机构。其中13个内设科室，即办公室、财务管理科、人事科、教育科、监察室、政策法规科、货物与劳务税科、收入核算科、纳税服务科、所得税管理科、征收管理科、大企业与国际税务管理科、离退休干部科；3个直属机构，即稽查局、直属税务分局、车辆购置税征收管理分局；2 个事业单位，即信息中心，机关服务中心。另设机关党办和机关工会。全市国税系统设有 11 个县、区局，11 个基层分局，12 个稽查局。全系统共有干部职工 1154 人，其中在职干部、职工 844 人。在职人员中，少数民族 87 人，占 10.31%，妇女 270 人，占 31.99%，中共党员 524 人，占 62.09%，大专以上学历 695 人，占 82.35%，其中研究生 9 人，本科学历 244 人，专科学历 442 人，中专及以下学历 149 人；离退休干部职工 310 人，其中离休 15 人，退休 295 人。

【领导班子建设】 （一）在思想建设方面：以党组中心学习组为龙头，坚持和完善领导干部理论学习制度。（二）在干部管理方面：选拔任用了 24 名正副科级领导干部，对 18 名干部进行了轮岗交流，完成了对 4 名分局长，12 名稽查局局长及 6 名内设科室负责人的转正考察工作，促进市局机关及各县区局领导班子队伍年轻化、知识化和专业化。（三）在作风建设方面：完善各级党组民主生活会制度，分别组织召开科学发展观和党性修养两次民主生活会，加强对下级党组民主生活会的具体帮助和指导，提高党组民主生活会质量。（四）在监督和管理方面：进一步落实民主集中制、个人有关事项报告、任职谈话、任前公示和函询等制度；继续做好巡查、审计等工作，从政治、思想、作风和制度等方面不断强化对领导班子、领导干部的管理。

【廉政建设】 （一）努力抓好中共中央《建立健全惩治和预防腐败体系 2008～2012 年工作规划》的学习，确保省局《实施意见》在全市国税系统得到完整的贯彻落实。全系统严格按照省局安排，及时组织学习领会中央《工作规划》和省局《实施意见》精神，及时组织做好省局《分工方案》的任务分解工作，结合实际把具体的内容分解到部门，把这项工作纳入党风廉政建设工作目标管理责任制进行认真考核，把惩治和预防腐败有机地融合到依法治税、税收管理和纳税服务的各个环节，稽查部门始终坚持税收检查前的廉政告知制度，保证了《工作规划》在全市国税系统成为一件务实的工作。（二）努力抓好党风廉政建设责任制和“一岗双责”的落实。在 2009 年年初召开的全市国税系统党风廉政建设工作会议上，市局党组与各县区局党组签订了《党风廉政建设工作责任书》和《预防职务犯罪工作责任书》，各县区国家税务局也在规定时间内完成了与下属部门的责任落实工作。为了切实保证把党风廉政建设责任制落到实处，会后，唐局长又与各位班子成员签订了《“一岗两责”责任书》，促使市局党组成员认真履行廉政责任。由于市局党组的高度重视，党风廉政建设责任制在全系统得到了较好的贯彻落实，在年终考核中，11 个县区局除 1 个县局得 93 分以外，其他县区局都没有扣分。预防职务犯罪工作的考核结果是：除 2 个局 95 分外，有 5 个局达 100 分，有 4 个局 98 分，共计有 9 个县区局达到奖励标准。（三）努力抓好党风廉政建设的宣传教育。全市国税系统通过建立健全和不断完善党风廉政建设的长效教育机制，更加灵活地、更加形式多样地采取大家乐于接受的教育宣传方式组织开展教育宣传工作。持之以恒地组织开展了“七月党风廉政建设教育宣传月”活动，确保全市国税干部的勤政廉政意识和法规遵从意识的提高。（四）努力抓好规章制度的落实，确保“两权”规范运行。重点抓了中纪委、中组部《关于对党员领导干部进行诫勉谈话和函询的暂行办法》、《关于党员领导干部述职述廉的暂行规定》及《税务系统领导班子和领导干部监督管理办法》、《税务干部十五不准》和市局制订的各项工作规范等规章制度的贯彻落实，确保系统各级领导班子和领导干部清正廉洁，勤政廉政。（五）努力抓好案件查处。2009 年，全市国税系统不断完善查办惩处机制，进一步加大信访案件的查处力度，全力落实“一案双查”，全年共接办 9 件信访件，全部做到了事实清楚，定性准确，处理适当。

【精神文明建设】 （一）坚持“以人为本、重在创建”的精神文明建设工作方针，通过抓学习、抓考核、抓激励，不断深化文明创建工作。（二）开展创“学习型、服务型、效率型、廉洁型”的“四型机关”活动，创新纳税服务措施，提高机关服务效能；（三）以创建“文明单位”为龙头，积极组织开展争创“青年文明号”、“最佳办税服务厅”、争当“优秀税务工作者”、“人民满意公务员”、“优秀党员”和“业务能手”等争先创优活动，充分调动全体税务人员的工作积极性和主动性。（四）加强基础设施建设，切实改善干部职工住房和办公条件，建成篮球场、乒乓球室、健身房、图书室和音乐室，丰富了干部职工的业余文化生活，有力地推动了精神文明建设。通过努力，2009 年，市局机关和昭阳区国家税务局双双被中央精神文明建设指导委员会表彰为“全国精神文明建设先进单位”，精神文明创建工作又迈上了新台阶。同时，各县、区局文明创建工作也取得了丰硕成果，受省局表彰的“文明单位”2 个，“巾帼文明岗”3 个，受市局表彰的“文明单位”4 个。

【国税文化建设】 “尚法、精业、包容、创新”这一昭通国税文化核心理念，正由全市国税干部在具体的工作实践、人生实践和社会实践中不断加以丰富和完善。2009 年，昭通市国家税务局与昭通市地方税务局一起成立了昭通市税务学会。市国税局编辑出版了《无悔的情怀》一书。在全省国税系统纪念建国 60 周年书画摄影展览中，昭通市国税系统以 12 幅作品参展，宣传了昭通，展示了昭通国税人的良好精神面貌。在省局组织的“祖国在我心中”文艺汇演中，昭通市国税局参演的节目获最佳演艺奖。各级党组织和工青妇还组织了一系列干部职工喜闻乐见的文体活动和文艺晚会，有效促进了国税文化的繁荣与发展。

【教育培训】 全系统继续坚持“请进来，走出去”的培训方式，共投入经费 120 余万元，组织各类干部培训班 91 期，参训 2875 人次。组织了全系统 131 名税务干部参加稽查业务考试，取得全省第四名。有6名干部完成研究生学历教育，28名干部完成本科学历教育，全系统专科以上学历干部比例已达82.35%。继续推进"学习型机关"建设，对独立钻研取得资格证书和工作佳绩的同志进行物质奖励，进一步调动全系统干部的学习积极性。

（陈敬锟）

昭阳区国家税务局

经济概况

昭阳区是昭通市的政治、经济、文化中心。2009年全区实现生产总值（GDP）97.29亿元，同比增长13.9%。其中，第一产业增加值12.92亿元，同比增长8.1%；第二产业增加值40.56亿元，同比增长14.85%；第三产业增加值43.81亿元，同比增长14.5%。三次产业结构由上年的14.01∶43.23∶42.76调整为13.28∶41.69∶45.03。固定资产投资完成50.68亿元，同比增长30%。社会消费品零售总额完成36.17亿元，同比增长20.88%。城镇居民人均可支配收入1.18万元，同比增长12.73%。农民人均纯收入2987元，同比增长19.7%。全区财政收入完成4.07亿元，同比增长35.3%。

税收概况

【收入完成情况】 2009年，昭阳区国家税务局共组织收入4.02亿元，同比增长14.86%，增收5200万元，完成年度计划的112.19%。其中，增值税入库2.70亿元，同比增长9.94%，增收2442万元；消费税入库11万元，同比增长22.22%，增收2万元；储蓄存款利息所得个人所得税入库244万元，同比减少58.43%，减收343万元；企业所得税入库6472万元，同比增长93.66%，增收3130万元；车辆购置税入库6475万元，同比减少1.15%，减收75万元。

【收入特点】 （一）国税收入略高于GDP增长速度，国税收入同比增长14.86%，GDP同比增长13.9%。（二）在收入结构中，增值税所占比重最大，占总收入的67.16%；企业所得税大幅增长，入库6471.92万元，同比增长93.64%，增收3129.65万元，占总收入的16.1%。车辆购置税、储蓄存款利息所得个人所得税、消费税所占比重分别为16.11%、0.6%、0.03%。（三）五税种的收入较2008年呈"三增两减"的变化特点，增值税、企业所得税、消费税增长，储蓄存款利息所得个人所得税、车辆购置税下降。（四）煤炭、建材、电力、商业批零行业已成为税收支柱产业，共计入库2.94亿元，占总收入的73.13%。（五）非公经济平稳增长，所占比重最大，入库3.07亿元，增收0.29亿元，增长10.43%，占总收入的76.49%。

【税源分析】 （一）从产业结构看，国税收入主要来源于第二和第三产业。第一产业入库46万元，第二产业入库2.18亿元，第三产业入库1.83亿元，三大产业的税收贡献率分别为0.1%、54.23%、45.67%。（二）从重点税源看：一是煤炭矿产品开采和洗选业进行技术改造扩大了经营规模，税收收入大幅增长，煤炭矿产品开采和洗选业实现增值税9037万元，同比增长24.89%，增收1801万元。二是随着经济的持续增长，用电量大幅增加，电力税收呈增长趋势。全年电力增值税入库4693万元，同比增长16.65%，增收670万元。三是得益于固定资产投资规模的增大，建材行业税收稳步增长，入库增值税4842万元，同比增长18.79%，增收766万元，主要为重点税源企业华新水泥（昭通）有限公司产量增加，增值税入库税款4088万元，增收484万元。四是企业所得税实现大幅增长，其中，城市基础建设项目增多促使房地产行业迅猛发展，入库企业所得税1922万元，增收1334万元；重点税源企业华新水泥（昭通）有限公司2009年不再享受企业所得税税收优惠政策，入库企业所得税1602万元。（三）其他税源中，消费税主要来源于城郊的家族式酿酒坊，因资金短缺，无法形成规模化经营，消费税仅增收2万元；储蓄存款利息所得个人所得税因受政策等因素影响，税款和上年相比有较大幅度的减收；车辆下乡补贴政策等因素促使车辆销量增加，但国家出台1.6升以下排量乘用车车辆购置税减按5%征收的政策，使车辆购置税征收受到一定影响，车辆购置税同比减少75万元。

各项工作

【税收征管】 （一）税源管理。一是加强户籍管理，实时掌握纳税人的登记、停业、非正常、注销情况，及时清理漏征漏管户，加强停、复业户的跟踪管理和非正常户、失踪户的重点巡查，提高征管水平。二是规范个体工商户的核定管理，将全部个体户纳入计算机定额核定系统进行定额核定。全年共核定个体户5708户，其中达点户1804户，不达点户3904户，核定月税额57.7万元。三是强化税源分析监控。制定分行业税负预警值指标，对纳税人实施动态监控，全面掌握税源变化情况。强化数据分析，充分运用数据监控系统查询分析税收疑点问题，提高征管质量和效率。四是加强对个私加油站的管理，继续对管辖的个私加油站实行IC卡报税，确保申报数据的真实、准确。五是加强纳税评估。重点对房地产、建材、有色金属等六类行业进行评估，全年评估企业47户，补缴增值税172.3万元，滞纳金5.56万元，调增应纳税所得额88.99万元，补缴企业所得税130.01万元，罚款1万元。（二）各税管理。1. 增值税管理。一是加强煤炭税收管理。严把煤炭销售和进项抵扣关，与政府相关部门配合实行数据共享，采取“两结合，三审核”方式加强煤炭行业的动态监控分析，即案头审核与实地核查相结合，数据对比分析与税务约谈相结合，审核申报表、财务报表数据，审核账簿、凭证数据，审核税费统征办过验凭证数据，促使煤炭行业增值税增幅达到24.89%。二是继续做好增值税一般纳税人的认定管理工作，认定辅导期一般纳税人20户，暂认定24户，正式认定241户，全年共有增值税一般纳税人285户。三是认真落实民政福利企业税收优惠政策，对1户福利企业办理退税29.75万元。2. 消费税管理。一是开展辖区内小酒厂的摸底排查工作，全面清理征管家底。二是推行建账建制，对账务不健全的个体户则加大核定征收管理力度，促进了消费税的稳步增长。3. 企业所得税管理。一是加强企业所得税业务培训，共举办两期管理员及企业人员所得税知识辅导。二是严格按程序完成了6户纳税人税前扣除财产损失申请的审批工作，扣除金额2120.46万元。三是圆满完成2008年度的企业所得税汇算清缴工作。通过汇算清缴，补缴税款147.27万元。四是落实企业所得税税收优惠政策，促进区域经济协调发展，减免内资企业所得税12户，减免税收2628.40万元；减免外资企业所得税1户，减免税收30.69万元；按时完成了50户小型微利企业的减免税备案工作。4. 车辆购置税管理。一是成功推行车辆购置税电子信息采集系统。二是切实加强与交警部门的协作，全面贯彻车辆购置税“一条龙”管理举措。（三）发票管理。一是加大投入，建立专门的发票库房，解决发票保管的安全问题。二是严格执行发票的发售、抵扣和代开等制度规定，全年共发售增值税专用发票24509份，共认证增值税专用发票30381份，金额32.37亿元，税款5.34亿元。发售电脑普通发票461290份，手工普通发票13425本，发票超定额补税87.3万元。三是狠抓“以票控税”工作。加大发票使用的日常检查力度，通过顺查、逆差等方法，共检查企业46户，个体户283户，检查发票9469份，特别是对72户企业滞留发票的专项评估审查取得较大成果，补税112万元。

【税收执法】 （一）税法宣传。紧扣第18个税收宣传月活动主题，走向街头、广场向纳税人散发1万份税收宣传资料，回答纳税人税收政策咨询100余人次；组织召开“税收·发展·民生”税企座谈会，为新办企业上税法课；到市、区两级国税局“税收教育基地”凤凰小学开展“税法宣传进学校”的宣传活动，并赠送了价值5000元的学习用品给学生；带着3000元爱心捐款前往大山包国税希望小学进行税收宣传和扶贫助学活动；认真收听昭通市国家税务局唐明山局长上线昭通市人民广播电台“政风行风热线”节目，并提出相应贯彻措施。（二）执法检查。一是组织开展两次未办证户、非正常户、注销户、停业户、新办户等的执法监察和执法检查，共计检查纳税人677户次，对发现的问题及时进行总结和整改。二是充分发挥数据监控系统、税收执法考核子系统的监控作用，对出现执法过错的人员给以经济惩戒。（三）税务稽查。一是与昭阳公安分局密切协作打击涉税违法行为，破获一起非法代开虚假发票案件，现场抓获违法人员1人，收缴万元版假发票25份，面值总额25万元。二是以“和谐稽查”为理念，推行查前告知，纳税人自查为第一程序，税务稽查为第二程序的稽查模式，共对26户纳税户进行了检查，查出有问题户20户，查补增值税117.35万元，企业所得税51.34万元，加收滞纳金1.59万元，缴纳罚款3.24万元。

【纳税服务】 （一）创新服务理念和服务手段，提供个性化服务和专业化服务，从3月开始，在办税服务厅推行“两班制”不间断的服务，有效解决了部分纳税人因特殊情况需在非上班时间办理业务的问题。落实报税认证期间周末照常上班工作制，推行“AB角工作服务制”，开辟下岗职工和残疾人、老年人办税“绿色通道”，为纳税人提供优质服务。（二）在全区范围内开展纳税服务需求调查，开展“三个一、四上门”等纳税服务活动。要求每一名局领导、每一名中层干部、每一名税收管理员上门了解情况、上门宣传政策、上门听取意见、上门落实政策。（三）开展国税交警联合送服务下乡活动，联合办理车辆购置税的征收，极大地方便乡村纳税人。（四）为帮助企业发展壮大，昭阳区局倡导并牵头成立了第三方性质的昭阳区纳税人税收维护权益协会，搭建起了一个征纳之间的交流平台。（五）纳税服务工作切实做到“三个转变”，实现“四个提升”，树立了昭阳国税良好新形象。“三个转变”即服务意识的转变、服务方式的转变、协作意识的转变。实现了“四个提升”即服务质量的提升、服务效率的提升、工作积极性的提升、社会满意度的提升。

【税务管理信息化建设】 （一）加强各操作系统的数据质量管理，严格按照征管流程和岗位职责来操作软件，保证数据的真实、准确、完整，杜绝产生“垃圾数据”。（二）完善计算机二级维护体系，配备了既精通计算机又懂税收业务的计算机二级维护员，做好有关软、硬件系统的操作指导、安装和日常维护等工作，确保网络运行安全畅通。（三）建立信息管税理念，利用数据分发系统、数据监控系统和综合征管软件逐步建立了人机结合的税源监控新模式，强化数据对比分析，加强宏观和微观税源分析工作。

队伍建设

【机构人员情况】 2009年9月，经机构改革全局有11个内设机构，即办公室、监察室、人事教育科、征收管理科、纳税服务科、政策法规科、货物和劳务税科、所得税管理科、办税服务厅、党总支办公室、收入规划核算科；1个事业单位，即信息中心，1个派出机构，即昭阳税务分局，1个直属机构，即稽查局。有退休人员49人，在职干部职工154人，其中：男性91人、女性63人。本科生47人，占30.52%；大专生93人，占60.38%；中专以下14人，占9.10%。

【领导班子建设】 （一）加强领导班子思想政治建设，强化自身理论学习和修养。（二）强化实践锻炼，实施领导干部挂钩重点税源户制度，每个领导干部管理两户重点税源企业，提高了领导干部驾驭税收征管和指导税源管理工作的能力。（三）加强作风建设，开展分析检查专项活动，党组成员撰写个人对照检查材料，查自身问题，促个人发展。（四）坚持民主集中制，按照“集体领导、民主集中、个别酝酿、会议决定”的程序进行重大事项的决策。（五）认真贯彻《党政领导干部选拔任用工作条例》，严格把好选人用人关。

【廉政建设】 （一）党组领导班子紧密结合税收工作实际，以身作则，率先垂范，带头遵守《党风廉政建设责任书》的规定，把党风廉政建设和反腐败工作与税收工作一同安排、一同落实、一同考核，做到了“一岗两责”。（二）深入贯彻落实《税务系统领导班子和领导干部监督管理办法》，同纳税人签订《廉政公约》，强化权力监督。（三）认真开展行风评议，推行政务公开，加强了机关效能建设；开展到影院看警示教育片、到监狱看犯人、管理员述职述廉等活动，强化了领导干部廉洁自律意识；改进机关作风、增强服务意识，确保了全年“零案件”的目标；加强执法监察，加大违纪案件查办力度，做到了廉政建设惩防并举。

【精神文明建设】 （一）精神文明建设成效显著。2009年，昭阳区国税局被中央精神文明建设指导委员会授予“全国精神文明建设工作先进单位”，这是昭阳区国家税务局机构成立以来精神文明建设工作取得的最高荣誉。（二）在调研和考察的基础上，初步确立了以“执法让共和国放心，服务让纳税人满意”为核心的组织文化理念。（三）在深入学习实践科学发展观活动中，精心组织，认真开展了各个阶段的活动，被区委学习实践科学发展观领导组推荐为学习实践科学发展观活动示范单位，党建先进单位。（四）开展廉政演讲、拔河、唱革命歌曲等丰富多彩的文体活动。

【教育培训】 （一）开展了11期以税收工作需求为导向的干部教育培训，参训人员达1380人次。（二）开展特色培训项目，举办了冬季“基础工程培训”和“阳光心态 快乐生活”讲座提升干部素质，改善了干部心智模式，创新了教学方式、培训内容和培训结果的测评方式，树立了人人当学员、人人当教员的理念。（三）开展学历教育，支持职工攻读本科学历，现有46名在职干部为本科在读生。

（刘兴莲）

鲁甸县国家税务局

经济概况

2009年，鲁甸县实现生产总值（GDP）18.86亿元，按可比价计算，比2008年增长16.80%，比全省高4.70个百分点，比全市高4.10个百分点，增幅居全市第二。第一产业实现增加值6.04亿元，同比增长8.24%；第二产业实现增加值8.01亿元，同比增长17.82%；第三产业实现增加值4.81亿元，同比增长10.32%。三次产业结构比例由2008年的30.0:41.22:25.78调整为32.03:42.47:25.50。城镇居民人均纯收入为1.13万元，增长14.59%，农民人均纯收入为2356元，增长18.40%。完成固定资产投资15.70亿元，增长20.30%。地方一般预算收入1.09亿元，增长15.6%，财政支出8.79亿元，增长32.7%。

税收概况

【税收完成情况】 2009年，鲁甸县国家税务局共组织税收收入1.49亿元，完成年度计划的107.19%，同比增长7.78%，增收1076万元。其中，增值税1.01亿元，完成年度计划的95.28%，同比减少1.94%，减收200万元；企业所得税4013万元，完成年度计划的136.50%，同比增长24.16%，增收781万元；储蓄存款利息所得个人所得税25万元，完成年度计划的113.64%，同比减少60.32%，减收38万元；消费税2万元，增收1万元；车辆购置税740万元，完成年度计划的217.65%，同比增长187.94%，增收483万元。

【收入特点】 （一）税收收入增速慢于GDP增速，税收收入增速为7.78%，GDP增速为16.80%。（二）收入结构中，增值税、企业所得税、车辆购置税、个人所得税和消费税，所占比重分别为67.88%、26.97%、4.97%、0.17%和0.01%，税收收入中增值税和所得税所占比重大。（三）五税种呈现“三增两减”，企业所得税、车辆购置税和消费税稳定增长，所得税增收781万元，车购税增收483万元，消费税增收1万元，增值税和个人所得税略有下滑。（四）非公经济快速发展，全年入库税收收入1.34亿元，所占比重由2008年的70.40%上升为89.93%。

【税源分析】 （一）从产业结构上看：第一产业没有税收贡献，二、三产业对税收收入的贡献为82.55%和17.45%；（二）从重点税源来看，采矿业、烟草和电力是全县国税收入的支柱，其中，采矿业全年贡献税收9300万元，占税收总收入的比重，由2008年的

58.27%上升为62.42%，主要是下半年矿产品市场回暖，采矿企业产销两旺，促进税收稳定增长；烟草和电力全年贡献税收3050万元，同比减少20.41%，减收782万元，主要是两大行业加大固定资产投资，进项税抵扣额增加，造成税收略有下降。（三）分税种来看，增值税同比减少200万元，主要原因是严格落实增值税转型政策，加强固定资产进项税抵扣管理工作，全年办理抵扣进项税额182.86万元；企业所得税同比增收780万元，主要原因是地方政府招商引资成效明显，发展项目32个，引进投资2.08亿元，投产项目效益明显，促进所得税快速增长；消费税增收1万元，主要是加大对酿酒业税收巡回管理工作力度，清理漏征漏管户11户，并及时纳入管理，促进酿酒业消费税实现增长；车辆购置税同比增收483万元，主要是执行车购税优惠政策，拉动了机动车辆消费。

各项工作

【税收法制建设】 一是以贯彻执行《全面推进依法行政实施纲要》为契机，加强税收法律法规的学习，形成了以自学为主，集体学习为辅的学习格局。二是通过电视访谈、网络宣传、税收宣传栏、税收知识竞赛等方式，进行税收法制宣传，增强纳税人纳税遵从度。三是规范行政许可行为。结合工作实际，完善行政许可岗责体系，明确办理时限，清理已取消的行政许可项目，规范执法行为。四是严格贯彻落实阳光政府“四项制度”，把重大决策听证制度、重要事项公示制度、重点工作通报制度、政务信息查询制度，贯穿于国税工作中，采取部门相互配合，一级抓一级，层层抓落实，为推进国税系统自身建设，打造阳光税务夯实基础。

【税收征管】 （一）税源管理。一是强化户籍管理，及时与工商、地税等部门交换信息，摸清家底，做好开业登记、变更登记、停复业登记和注销登记工作。2009年全县共有征管户1828户，其中，企业140户，个体工商户1688户；对已办理税务登记证的纳税人生产经营项目、经营规模、经营状况、纳税情况实行跟踪问效。二是建立健全税源管理统计分析制度，定期采集相关数据，建立数据指标体系，针对税源变化趋势，分行业、地段、税种和时限实施分析监控。三是严格按照征管工作要求，层层分解税收收入任务，签订《收入任务责任书》，落实任务考核。（二）各税管理。1.增值税管理。一是根据一般纳税人认定新标准，清理认定一般纳税人4户。二是及时向纳税人宣传固定资产进项税抵扣范围，逐月对固定资产抵扣情况进行认真核实，对不符合抵扣条件的作进项税额转出，全年涉及企业10户，共抵扣进项税额182.86万元。三是强化纳税评估，实现以评促管的目标。评估企业6户，转出进项税额39.47万元，补缴增值税2.65万元。四是做好减免税备案工作。通过实地调查，备案增值税免税企业12户，其中农资经营业5户、种植业1户、养殖业6户。2.所得税管理。一是进一步强化分类管理工作，对管户进行了合理分类。共有企业所得税纳税人73户，应申报户为70户，3户还在筹建中。其中：查账征收户62户，核定征收户8户，年底入库税款3998.79万元。二是强化所得税纳税评估，评估企业4户，补缴税款11.27万元。三是顺利完成2008年度49户企业的所得税汇算清缴工作。纳税调整净额4197.98万元，弥补上年度亏损387.92万元，纳税调整后应税所得额2.66亿元，应纳所得税6644.08万元，减免税额合计4193.77万元，应缴纳所得税2450.31万元。四是认真落实税收优惠政策，全年免征企业所得税4048万元。3.车辆购置税管理。与交警部门进行协调和联系，加大对未纳税车辆的清查力度，促进车辆购置税全年增收483万元。（三）发票管理。一是加大普通发票日常管理巡查，共查处发票违法案件5件，收缴假发票33份，查补税款3266.01元、罚款7172.49元、滞纳金265.92元。二是联合开展“端窝打点”行动。与地税和公安部门配合突击检查了车站、超市和餐饮等6户用票户，收缴白纸发票25份，罚款2万元。三是加大对商业发票的检查力度。共检查76户，发现有问题61户，涉及商业普通发票385份。四是积极动员纳税人申请领用发票，努力扩大发票使用面，双定户发票使用面达到93%，未达点户发票使用面达到27%。

【纳税服务】 一是创新服务理念，改进服务方式，在办税服务厅推行“人工叫号”服务，即通过人工服务为前来办税的纳税人编号排序，纳税人按照顺序号办理相关业务，在不增加任何经费的情况下，缩短了纳税人等待时间，又化解了办税大厅拥挤压力，维护了正常办税秩序。二是开展“一多四少”纳税服务，要求一线服务人员“多分一份职责”，实现纳税人“少跑一趟路，少进一道门，少找一个人，少花一点路费”的目的，受到纳税人的广泛好评。三是在办税服务厅积极开展季度轮岗，认真落实一人多岗，一岗多责制，努力提高纳税服务水平和工作效率。四是制作办税流程图在办税服务厅进行张贴，方便纳税人办理涉税事宜。五是通过政府信息查询网、政府信息公开网等信息网络，与纳税人搭建交流平台，扩大纳税服务面。

【税收执法】 （一）税收宣传。围绕“税收·发展·民生”的税收宣传主题，扎实开展税收宣传月活动。全年投入经费1万元，发放宣传资料2500份，张贴画报280份，接受咨询160人次，送税法上门服务50次。一是税收宣传与樱桃文化旅游活动相结合，增强了税收宣传影响力；二是税收宣传走进军营，扩大了税收宣传面；三是送税法进矿山，增强了矿产品行业纳税人的纳税遵从度。（二）税务稽查。全年检查纳税户15户，查出有问题15户，查补税款67.52万元，加收滞纳金0.65万元，罚款0.38万元。查实率100%，处罚率5.59%，入库率100%。（三）执法检查。一是认真开展自查，通过对“先征后退”、“征前备案减免”等进行检查，不存在未经备案，企业自行减免的行为。二是规范涉税案件审理工作，做到程序合法、事实清楚、证据确凿、定性准确，全年所审案件无复议、无听证、无诉讼。三是严格进行税收执法考核。全年发生7项责任过错行为，4人受到考核追究。

【税收管理信息化建设】 一是做好网络安全检查、病毒查杀，确保办公自动化、综合征管软件、车辆购置税软件等系统的安全和畅通。二是积极配合联通、广电和电信公司进行广域网改造和联调，确保网络畅通。三是认真做好综合征管软件维护和升级工作，确保后台管理有序进行。四是扎实做好视频系统的联调工作，确保视频系统正常运行。五是切实搞好各类信息系统的数据分析和备份工作，使系统数据更好地服务于税务管理。六是认真做好监控系统的材料验收、调试和管理工作，确保监控系统运行正常。

队伍建设

【机构人员情况】 2009年9月，全局机构改革顺利完成。内设机构8个，即办公室、税政股、收入核算股、政策法规股、征管股、人事教育股、监察室、办税服务厅。直属机构1个，即稽查局。事业单位1个，即信息中心。派出机构1个，即文屏税务分局。另设1个机关党务办公室。全年共有在职干部职工52人，离退休人员33人。在职干部职工中，有党员38人，占全局总人数的73.08%；少数民族干部18人，占全局总人数的34.62%；有大专以上学历46人，占全局总人数的88.46%。

【领导班子建设】 一是加强党组中心学习组的学习，结合学习实践科学发展观活动，努力提高班子执政能力；二是强化党组民主生活会，确定了“树立科学发展意识，促进国税工作发展”主题，制定整改措施，并根据要求进行背对背评议和民主测评；三是贯彻民主集中制原则，在干部任免、大额资金使用等重大决策时，坚持执行“集体领导、民主集中、个别酝酿、会议决定”的规定，杜绝一言堂作风，增强了班子的凝集力和战斗力。

【廉政建设】 一是抓好党风廉政建设各项制度的落实，与各部门签订了《党风廉政建设责任书》和《预防职务犯罪责任书》，促进全局党风廉政建设工作规范化和制度化。二是开展纠正行业不正之风，与纳税人签定《廉正公约》1150份，结合税法宣传和作风建设的要求进行问卷调查，坚决制止各种损害纳税人合法权益的行为。三是加强执法监察，成立了执法监察领导小组，对“两权”实施监督制约，最大限度地减少在税务行政管理、税收执法中的自由裁量和随意性。四是召开特邀监察员和纳税人代表座谈会，认真听取参会代表的意见和建议，对存在的问题和不足，责令相关部门限期整改，同时要求监察部门全程跟踪，提高工作质量和效率。

【精神文明建设】 一是通过改善服务设施，转变服务理念，提高服务质量和效率，办税服务厅被云南省国家税务局命名为“巾帼文明岗”。二是组织全局干部职工参加献爱心活动，向挂钩扶贫点捐款8000元，帮助当地村民完善人畜饮水工程和改善通村公路路况。三是以创建国税文化为载体，组织干部职工开展棋牌、羽毛球、乒乓球等文体娱乐活动，培养干部职工的兴趣爱好，进一步丰富干部职工的精神生活。四是带领干部职工深入扶贫点体验生活，增强干部队伍的社会责任感。

【教育培训】 一是投入培训经费2万元，举办国税干部参加的各类专业培训6期，培训干部356人次，提高税干综合业务素质。二是组织税干参加省局和市局举办的各类培训7期，培训干部31人次。三是为纳税人开办“增值税转型培训班”，15名企业财务人员参加培训，帮助企业及时理解运用增值税转型政策，确保新政策得到及时贯彻落实。

（张泽勇）

巧家县国家税务局

经济概况

2009年，巧家县实现生产总值（GDP）23.52亿元，同比增长12.80%（按可比价计算），其中：第一产业10.21亿元，同比增长8.40%，第二产业6.75亿元，同比增长20.40%，第三产业6.56亿元，同比增长12.30%。三次产业的结构比例从2008年的45:26:29变动为43:29:28。固定资产投资11.85亿元，同比增长32.50%，社会消费品零售总额5.63亿元，同比增长23.00%。金融机构存贷款余额分别为19.50亿元和9.15亿元，同比增长24%和51.80%。财政收入1.23亿元，同比增长13.30%，财政支出9.40亿元，同比增长22.50%。城镇居民人均可支配收入1.13万元，同比增长8.52%，农民人均纯收入2470元，同比增长15.26%。

税收概况

【收入完成情况】 2009年，巧家县国家税务局组织各项税收收入5802万元，完成目标任务4579万元的126.71%，同比减收669万元，下降10.34%，其中：增值税入库4143万元，同比减收665万元，下降13.83%；消费税入库11万元，同比减收2万元，下降15.38%，；企业所得税入库966万元，同比减收96万元，下降9.04%；储蓄存款利息所得个人所得税入库

49 万元，同比减收 57 万元，下降 53.77%；车辆购置税入库 633 万元，同比增收 151 万元，增长 31.33%。

【收入特点】 （一）国税收入与 GDP 不同步，GDP 同比增长 12.80%，而国税收入同比下降 10.34%。（二）增值税、消费税、个人所得税、企业所得税和车辆购置税五个税种呈“一增四减”，车辆购置税增长，增值税、消费税、企业所得税、个人所得税下降。（三）增值税是收入主体税种，在总收入中的比重达到了 71.41%，其他四个税种合计在总收入中的比重不足 30%。（四）宏观税负从 2008 年 3.21% 下降至 2.47%。

【税源分析】 （一）增值税转型和小规模纳税人征收率下调对税收收入造成了一定的影响，增值税一般纳税人购进固定资产和设备抵扣减少增值税 37 万元，小规模纳税人征收率下调减少增值税 64 万元。（二）从税种看，增值税同比减收 665 万元，下降 13.83%，主要是因为支柱税源有色金属矿产品受国际金融危机的影响，矿产品价格和产量分别下降 46% 和 38%，导致增值税大幅度减收。消费税同比下降 15.38%，主要是由于酒精的产量下降所致。企业所得税同比减收 96 万元，下降 9.04%，主要是受新企业所得税法的税率下调影响。车辆购置税同比增收 151 万元，增长 31.33%，增收原因是减半征收政策刺激了居民消费。（三）从征收项目看，建材、白糖、烟草、丝织品、电力、矿产品六行业的增值税达 3643 万元，占增值税总额的 88%，其中：建材同比增收 199 万元，增长 159.02%，增收原因是取消了资源综合利用退税；白糖同比增收 60 万元，增长 68.18%，增收原因是 2009 年产量增长；烟草同比增收 280 万元，增长 41.98%，增收原因是市烟草公司统一核算、加强管理；丝织品同比增收 68 万元，增长 17.89%，增收原因 2009 年 9 月后丝价回升；电力同比减收 32 万元，下降 2.44%，主要原因是矿产品企业生产不正常，用电量减少；矿产品同比减收 1343 万元，下降 72.91%，主要原因是受金融危机的影响。（四）从重点企业看，云南烟草公司巧家分公司入库增值税 947 万元，同比增收 280 万元，入库企业所得税 746 万元，同比减收 155 万元；恒达建材有限责任公司入库增值税 271 万元，同比增收 197 万元；昭通市长江丝绸有限公司入库增值税 448 万元，同比增收 68 万元；白鹤滩食品有限公司入库“两税”159 万元，增值税同比增收 60 万元，消费税同比减收 2 万元；巧家县茂租铅锌有限公司入库增值税 456 万元，同比减收 625 万元；巧家县供电有限责任公司入库增值税 732 万元，同比减收 38 万元。

各项工作

【税收征管】 （一）税源管理。一是定期与工商和地税部门交换信息，及时清理漏征漏管户。二是深入企业开展税源调查，定期召开税源分析会，查找税源变化因素。三是定期向党委政府领导汇报税收收入进度，争取相关部门对国税工作的理解、支持。四是运用电子定税系统进一步规范“双定户”定额核定工作，减少人为因素，确保税额核定的公平、公正。五是落实领导干部挂钩联系重点税源户制度，强化重点税源监控管理。六是加强发票巡回检查、代开发票管理和抵扣发票的审核，强化以票控税。（二）税种管理。1. 增值税。一是严格执行增值税转型政策，对 8 户一般纳税人购进固定资产和设备进项税抵扣严格把关审核。二是加强纳税评估，评估了 5 户企业，补缴增值税 81.31 万元，加收滞纳金 3.82 万元。三是加强增值税一般纳税人认定管理，新认定一般纳税人 17 户。四是认真贯彻落实民政福利企业税收优惠政策，先征后退税款 137 万元。2. 所得税。一是加强所得税法的学习培训，举办了 2 期学习培训会，参训 132 人次。二是圆满完成 2008 年度企业所得税汇算清缴工作，汇算面达 100%，汇算清缴补税 46 万元、退税 28 万元。三是加强纳税评估，通过评估调整应纳税所得额 24 万元，补税 6 万元。四是加强减免税管理，严把税前扣除关，审核征前减免 395 万元，审核财产损失税前扣除 111 万元。3. 车辆购置税。一是严格执行车购税优惠政策，办理减征车辆 341 辆，减征税款 82 万元。二是加强对“一条龙”异常发票的稽核，查实有问题发票 16 份，查补税款 968.24 元。三是开展车购税电子信息采集工作，车购税档案管理改革、注销档案清理工作圆满完成。（三）发票管理。一是开展打击发票违法犯罪活动，立案查处 11 户、结案 11 户，查补税款 12.74 万元，处以罚款 11.91 万元。二是坚持“以票控税”，认证增值税专用发票 2293 份、货物运输发票 621 份，税额 2957 万元，代开专用发票 14 份，征收税款 13 万元，代开普通发票 1307 份，征收税款 36 万元，发票超定额补税 14 万元，以普通发票开具记录作为核定和调整定额的依据，对 22 户纳税人纳税定额进行调整，月定额调增 8.2 万元。三是加强发票日常检查管理，全年检查发票 110897 份，查出有问题发票 275 份，涉及业户 13 户，处罚款 6500 元。

【税收执法】 （一）税收宣传。围绕“税收·发展·民生”主题开展了系列宣传活动：一是在县城堂琅文化广场设立宣传咨询点，接受咨询 800 人次，发放宣传资料 1500 份，制作宣传展板 4 张，悬挂宣传横幅 4 幅，张贴宣传画 18 幅，发送税宣短信 2200 条。二是召开企业法人、财务人员和个体工商户代表座谈会。三是开展送税法进“青少年税收宣传教育基地”、进国家重点建设工程、进机关、进学校、进农村等活动。四是加强税宣的信息报导，编发《税收宣传专报》36 期，上报市局信息 38 篇。（二）税务稽查。2009 年共计选案 15 件，查结 15 件，查出有问题 15 件，查实率 100%，查补入库各项收入 107.24 万元，其中：税款 77.08 万元、滞纳金 15.11 万元、罚款 15.05 万元，入库率 100%。协查并按时回复了文山州马关县国家税务局等外地国税部门发出的 3 份普通发票协查。（三）依法治税。一是坚持组织收入原则，正确处理依法治税与支持经济发展的关系、税收执法与组织收入的关系。二是制定了《巧家县国家税务局税收执法责任考核和追究办法》，建立起人机结合的、客观公正的税收执法考核体系，通过执法考核追究责任人员 8 人，实施经济惩戒 1600 元，促进了执法规范和依法行政。三是对 2008 年以来的失效文件进行清理并向社会公告。四是实施政务公开，设立了涉税举报电话和举报信箱，主动接受广大纳税人和社会各界的监督。五是做好重大案件审理工作。2009 年重大案件审理委员会审理重大案件 4 件，涉及税款、滞纳金、罚款合计 41 万元。

【纳税服务】 一是加强办税服务厅建设，实行“一窗式”受理、预约服务、提醒服务、延时服务等多项服务措施。二是落实减负措施，简并纳税人报送的涉税资料，简便办税程序和环节。三是拓展多元化申报渠道，全年受理储蓄扣税 1704 户次，介质申报 833 户次。四是为“家电下乡”、“汽车下乡”提供便民服务，严厉打击套取财政补贴的违法行为。五是落实《服务承诺制》、《首问责任制》、《限时办结制》和《行政问责办法》，建立纳税服务监督、考核机制。

【税务管理信息化建设】 一是做好综合征管软件、税收执法管理信息系统、出口退税管理系统、车购税征管系统、增值税介质申报系统的升级维护，确保各系统正常运行。二是加强网络安全管理，做好瑞星杀毒软件网络版的维护、升级工作，实行内、外网物理隔离，对机房进行防雷设施检测，排除安全隐患。三是做好金税卡、IC 卡的发行和信息变更工作。四是为纳税人安装调试机动车开票软件及二维条形码 23 次。五是全面完成网络教育培训系统与广域网改建、扩容项目工程。

队伍建设

【机构人员情况】 2009 年 9 月进行了机构改革，改革后的巧家县国家税务局有内设机构 9 个，即办公室、监察室、机关党总支办公室、人事教育股、政策法规股、税政管理股、征收管理股、收入核算股、办税服务厅，事业单位 1 个，即信息中心，直属机构 1 个，即稽查局，派出机构 1 个，即白鹤滩税务分局。全年在职人员 57 人，其中：干部 54 人，工勤人员 3 人；大专以上学历 47 人，占 82%；党员 40 人，占 70%。

【领导班子建设】 在思想建设方面：以党组中心学习组学习为龙头，坚持和完善领导干部理论学习制度，深入开展学习实践科学发展观活动。在作风建设方面：完善党组民主生活会制度，在上级党组和地方党委的指导下，提高党组民主生活会质量。在监督管理方面：进一步落实民主集中制、个人重大事项报告、任前公示等制度。在干部管理方面：以机构改革为契机，选拔任用 9 名中层干部，增强班子活力。在党风廉政建设方面：全面贯彻落实《全国税务系统领导班子和领导干部监督管理办法（试行）》，6 名副科级以上领导干部进行了述职述廉。

【廉政建设】 一是围绕“深入学习宣传和贯彻落实中共中央《建立健全惩治和预防腐败体系 2008～2012 年工作规划》”主题，组织开展“党风廉政教育宣传月”活动。二是落实党风廉政建设责任制，县局局长与各部门负责人签订《党风廉政建设责任书》、《预防职务犯罪责任书》，并纳入年度责任制考核。三是积极开展预防职务犯罪工作，定期与检察机关召开联席会议，举办预防职务犯罪知识讲座，组织干部到看守所开展廉政警示教育。四是组织干部学习《渎职侵权犯罪案件立案标准》、《税务人员廉洁自律若干规定》等法纪法规。五是在人大、政协、纪委、宣传部、检察院聘请特邀监察员 5 名，召开特邀监察员座谈会 3 次，收集意见、建议 5 条，整改 2 条、落实 3 条。六是与新开业的 333 户纳税人签订《廉政公约》，回访纳税人 76 户。

【精神文明建设】 一是认真学习《云南省精神文明创建工作手册》和《云南省国税系统文明创建管理办法》，明确创建思路，圆满完成“文明单位”复查工作。二是组织干部参加巧家县庆祝建党 88 周年“唱红歌”歌咏比赛和“庆祝中华人民共和国成立 60 周年”系列活动，获知识竞赛一等奖、文艺表演二等奖、歌咏比赛三等奖。三是组织干部观看《马背上的法庭》、《五月的声音》、《铁人》等优秀教育影片。四是积极参与社会公益事业，选派新农村建设指导员参加新农村建设，组织职工捐款 8600 元用于挂钩扶贫、“爱心圆大学梦”等活动。由于工作突出，成效显著，被县委授予“综治维稳工作先进集体”荣誉称号。

【教育培训】 一是坚持“请进来、走出去”的工作思路，制订教育培训计划、制定教育培训考核办法。二是利用自身师资加强教育培训，举办了 4 期业务培训，参训 680 人次。三是积极抽调干部外出培训，组织了办公室、人事、监察等部门人员到扬州进修学院参加行政管理培训班；组织新录用大学生到江川培训中心参加初任培训和执法资格考试培训；邀请上级业务骨干上门培训增值税转型相关政策和数据监控分析系统的运用。

（郑光武）

镇雄县国家税务局

经济概况

2009年，镇雄县生产总值（GDP）完成40.61亿元，同比增长12.2%。其中：第一产业实现14.2亿元，同比增长4.5%；第二产业实现12.44亿元，同比增长27.3%；第三产业实现13.97亿元，同比增长11.1%。三次产业结构比例由2008年的37.2∶24.4∶38.4调整到2009年的35∶30.6∶34.4。固定资产投资完成29.67亿元，同比增长68.7%。地方财政一般预算收入完成2.09亿元，同比增长32.3%；一般预算支出完成20亿元，同比增长31.3%。社会消费品零售总额完成13.41亿元，同比增长29.8%。农民人均纯收入达2208元，同比增长19.2%。城镇居民人均可支配收入达9666元，同比增长10.4%。

税收概况

【收入完成情况】 2009年，镇雄县国家税务局完成税收收入1.69亿元，同比增收3096万元，增长22.42%。其中：增值税1.4亿元，同比增收4000万元，增长40%；消费税12万元，同比增收1万元，增长9.1%；企业所得税1728万元，同比减收907万元，下降34.32%；储蓄存款利息所得个人所得税70万元，同比减收104万元，下降59.77%；车辆购置税1078万元，同比增收92万元，增长9.33%。

【收入特点】 （一）从经济与税收的关系来看，2009年GDP同比增长12.2%，国税收入同比增长22.42%，国税收入增长速度快于GDP增长速度。（二）从税收收入进度来看，税收收入有10个月超两位数快速增长，有2个月同比下降。（三）从税收收入总量结构来看。一是增值税占主导地位，总量比重依次为增值税、企业所得税、车辆购置税、个人所得税、消费税，分别为82.84%、10.22%、6.38%、0.41%、0.07%。二是五大税种呈现“三增两降”的特点，增值税、车辆购置税、消费税同比增长，分别增长40%、9.33%、9.1%，企业所得税、个人所得税同比下降，分别下降34.42%、59.77%。（四）从经济结构来看，非公经济税收占主导，完成1.24亿元，同比增收2000万元，增长19.23%，占税收总量的73.37%。（五）从行业来看，工业税收占主导，完成税收1.02亿元，同比增收2274万元，增长28.69%，占税收总量的60.36%。

【税源分析】 （一）从行业来看：一是煤炭税收完成8844万元，同比增收1949万元，增长28.27%，增长速度同比下降98.32%，增幅放缓，与煤炭经济增长32.1%基本持平，税收与经济基本同步增长，其原因是煤炭行业已步入了稳定发展阶段，第二波大幅增长，要在华电、东源、云投等大型企业集团投产后。二是烟草税收完成3298万元，同比增收245万元，增长8.02%，是增长最平稳的税源，其原因是国家对烟草限产，经济增长相对平稳。三是建材税收完成1069万元，同比增收83万元，增长8.42%，增幅同比下降46.86%，其主要原因是基础设施建设相对稳定，水泥产量下降。四是电力税收完成937万元，同比增收311万元，增长49.68%，是增长幅度第二大的税源，其原因是工业产业的持续发展，用电量大幅度增加。五是化工产品税收完成806万元，民政福利企业退税471万元，净入库335万元，同比增收175万元，增长109.38%，是增长幅度最大的税源，其原因是电石市场销路好，电石产量大幅增加。六是商业税收完成1093万元，同比增收299万元，增长37.66%，其主要原因是社会消费品零售总额快速增长，城乡商贸市场繁荣活跃。（二）从税种来看：一是增值税增收4000万元，增长40%，其主要原因是煤炭、建材、电力、烟叶、化工等产业税收的增长。二是白酒消费税增收1万元，增长9.1%，其原因是加强小酒厂的税收管理。三是企业所得税减收907万元，下降34.32%，是由于烟草企业减收301万元，煤炭企业减收204万元，汇算清缴退税402万元。四是车辆购置税增收92万元，增长9.33%，是由于国家对排量1.6升及以下小汽车实行减半征收车辆购置税，有力促进了汽车消费。

各项工作

【税收法制建设】 一是制定《镇雄县国家税务局关于贯彻落实阳光政府四项制度的实施意见》，全面推行阳光政府“四项制度”。二是开展重大涉税案件审理工作，通过案件审理，进一步规范税收执法行为。三是按照《云南省行政机关规范性文件制定和备案办法》的有关规定，定期清理自行制定的税收规范性文件，凡与国家税法规定不一致的，及时修改、废止，确保制定的规范性文件合法有效。四是继续抓好《全面推进依法行政实施纲要》的落实和“五五”普法工作，提高干部职工的法律意识。

【税收征管】 （一）税源管理。一是以煤炭、机动车销售、水泥生产等行业为重点开展纳税评估工作，评估补税306.43万元。二是开展煤炭行业申报信息、开票信息、出境信息等综合分析比对，督促企业如实申报税款。三是加强户籍管理，开展非煤矿业、加油站等行业户籍清理检查工作，共清理非煤矿业户207户、加油站20户，核定补缴税款90万元。四是加强欠税管理，大力追收欠税，依法追缴镇雄县罗汉关煤矿有限责任公司

2008年的欠税8.78万元。五是按照《云南省国税局定期定额管理办法》的有关规定和推行电子定税工作的相关要求，完成3200户定额到期户和300户新增业户的税款核定工作。六是开展发票使用情况及开具情况检查，对12户发票使用不规范的业户进行了行政处罚，处以罚款8000元。七是强化以票管税，对各级政府实施的惠农项目实行跟踪管理，督促相关纳税人开具发票，凭发票向有关单位结算货款和补贴，共入库增值税80万元。（二）税种管理。1. 增值税。一是对4户重点企业开展增值税转型调查，对165户企业开展增值税转型介质申报升级培训，全面落实增值税转型政策。二是对煤炭开采、煤炭经销、矿山设备经销、用煤企业等纳税人，凡符合条件的全部认定为增值税一般纳税人，进行规范管理。三是加强增值税专用发票、农产品收购发票、交通运输发票的结算检查，通过资金流、货物流、发票流三大流向对应关系的比对，从中发现问题并予纠正。四是认真落实民政福利企业税收优惠政策，对2户民政福利企业办理增值税退税407.17万元。2. 企业所得税。一是开展汇算清缴政策业务和申报管理软件应用培训，提高企业所得税申报的准确性。二是加强企业所得税税前扣除的审批管理，依法对1户企业的财产损失221.12万元进行审批，允许在所得税税前扣除。三是依法对211户企业所得税纳税人开展汇算清缴工作，汇算面达96.79%，依法审批减免企业所得税1200万元，应纳企业所得税700万元，已缴700万元。3. 车辆购置税。认真贯彻落实1.6升及以下排量小汽车减半征收车辆购置税政策，依法对802辆车减免车辆购置税149.26万元。

【纳税服务】 一是在机构改革中成立纳税服务股，健全工作机构，明确工作职能，切实加强纳税服务工作，提升纳税服务水平。二是通过昭通市人民广播电台《政风和行风热线》节目，同步解答纳税人关心的难点、热点和焦点问题。三是开展“送信心”服务活动，与企业一道认真分析宏观经济形势，帮助纳税人树立战胜金融危机的信心。四是邀请重点税源纳税人到税务机关零距离交流，为纳税人解答办税过程中的疑惑，面对面交换问题17个，当场解决6个。五是在全县28个乡镇实行“约时定点”代开发票服务，有效解决农村纳税人进城开具发票困难。六是通过业务培训、跟踪服务、实地辅导等服务措施，规范企业财务会计核算，帮助企业加强经营管理，提高资金使用效率，降低经营管理成本，促进企业发展壮大。

【税收执法】 （一）开展税收宣传活动。一是按照“税收·发展·民生”的宣传主题，开展了送税法上矿山、进企业、到工地、到扶贫点、发放宣传材料、与纳税人座谈交心、以会代训、设立税收宣传点、解答涉税咨询等税收宣传活动。二是主动协调县纪委等部门联合举办税收知识和党纪政纪知识竞赛的宣传活动，提高税收宣传影响力。三是加强税收宣传报道，发掘国税工作中的亮点、难点和热点，积极编报税收专报110期，市局采用93件，其中省局采用4件。四是与地税局联合在县城主要街道、广场，设立5个税收宣传点，发放税收传单1950份，张贴宣传标语200条，解答涉税咨询313人次。五是积极协调县广电局在电视剧节目播放中插播税收小知识，进一步扩大了税收的影响面和税收宣传的覆盖面。（二）加大税务稽查力度。一是以煤炭行业为重点，对16户企业开展税收专项检查，自查补税14户，补缴税款158.89万元，稽查15户，查补税款、罚款、滞纳金合计49.99万元。二是落实查前告知制度，辅导19户纳税人进行自查，自查补税及滞纳金241.66万元。三是认真开展打击发票违法犯罪活动，全年共检查纳税人295户，检查发票114205份，有问题户6户，有问题发票708份，查补税款5.92万元，罚款6.33万元，加收滞纳金8638元。（三）开展税收执法检查。一是开展矿山机械经营、加油站、建材行业的税源管理情况检查，分析税收管理中存在问题。二是抓住税款核定、一般纳税人资格认定、减免税审批、税前扣除审批、代开发票、发票配售等税收管理的关键部位和重点环节，开展税收执法检查，切实加强税收执法监督。通过开展执法检查，对21户系统数据与日常管理资料不符的纳税人，责成税收管理员补充整改，制作税收执法考核情况通报3期，通报执法过错指标8项，责任人员5名，并对过错责任部门和人员按规定进行了责任追究。

【税务管理信息化建设】 一是按照上级要求，按时、按质对各类应用系统进行升级、设置、安装和维护，确保税收征管应用系统正常运行。二是对计算机及各种电子设备进行了认真的清理，切实做到设备、使用人、台账三对应，三无误。三是按照省、市局的要求，积极配合供应商做好了网络改造和视频会议室的安装调试工作，确保各项工作顺利开展。四是坚持每天对机房的电源、防雷设施和网线等进行检查，确保网络畅通和设备安全。五是对干部职工开展计算机知识培训46人次、网络知识培训30人次、税收征管应用系统知识培训70人次。

队伍建设

【机构人员情况】 2009年9月底全面完成了机构改革工作，改革后全局设有10个内设机构，即办公室、人事教育股、监察室、政策法规股、征收管理股、纳税服务股、货物和劳务税股、所得税管理股、收入核算股、办税服务厅；1个事业单位，即信息中心；1个直属机构，即稽查局；1个派出机构，即乌峰税务分局。共有干部职工141人，其中在职101人。在职人员中，公务员86人，工勤人员15人，男81人，女20人，中共党员63人，占62.38%；大专以上学历68人，占67.33%，其中本科学历27人，专科学历41人，中专及以下学历33人。离退休40人中，离休1人，退休39人。

【领导班子建设】 一是以开展“学习实践科学发展观”活动为契机，加强领导班子的思想建设、作风建设、组织建设、廉政建设，提升领导班子的依法行政执行力、服务亲和力、征管创新力。二是党组中心学习组坚持开展每月一次的政治理论和税收业务学习，提高班子成员的综合素质，加强执政能力建设。三是坚持开展党组民主生活会，广泛征求干部职工和纳税人的意见、建议，并对意见和建议进行梳理整改，推进民主政治建设。四是选拔年轻有为，德才兼备的中层业务骨干充实到领导班子，配强配齐了领导班子。五是坚持局长负总责，班子成员分工负责，重大事项集体研究决定的民主集中制原则。

【廉政建设】 一是把党风廉政建设工作内容逐项分解，与各股室、分局签订党风廉政建设和预防职务犯罪工作目标责任书，明确责任，抓好落实。二是坚持开展《廉政公约》回访活动，明察暗访国税干部履行《廉政公约》的情况，并对新开业户签订《廉政公约》326余份。三是加强“两权”监督，规范权力运行行为，走访纳税人40余户，调查了解国税干部的文明执法情况和廉政建设情况，抽查10户一般纳税人认定及20户纳税人税款核定情况，对1户民政福利企业税收优惠政策执行情况进行了监督检查。经走访检查，程序合法，执法规范，没有发现干部有违法违纪情况。四是组织干部观看《马背上的法庭》、《女检察官》、《禁毒警察》等教育片，用正反两方面的事例，教育党员干部廉洁自律。

【精神文明建设】 一是制订精神文明建设创建方案，明确以巩固现有创建成果为目标，制定切实可行的工作方法和措施。二是建立局长负总责，分管领导主要抓，人教部门具体抓，其他部门配合抓，全体干部人人参与，层层抓落实的精神文明建设工作长效机制。三是以庆祝建国60周年为契机，利用各种节日，广泛开展象棋、扑克、篮球、乒乓球、拔河、田径、歌咏等健康向上的文体活动，陶冶干部职工的情操。积极组队参加县委、县政府及县级各部门举办的庆祝建国60周年的各种文体活动，进一步加强了部门联系，提升国税形象。四是积极开展社会扶助公益活动。购买化肥4.5吨，帮助扶贫点的群众开展农业生产；购买50吨水泥，帮助新农村挂钩点修建农民健身工程。五是完善文明单位创建活动档案资料，已通过省、市、县文明委的检查，2009年12月再次获得省委、省政府表彰的“文明单位”称号。

【教育培训】 一是建立健全干部培训档案，有针对性地开展国税干部的教育培训工作。二是开展2期共计80余人次的增值税转型政策业务培训，2期共计70余人次的《企业所得税法》培训。三是继续开展培训需求调查，掌握干部职工履职知识需要，并造册登记归档，做到有计划、有针对性地培训干部。四是加强干部培训调研，积极配合水富县国税局，绥江县国税局高质量完成了“关于增强税务干部培训针对性问题”的调研活动。五是为做好全国稽查业务考试工作，有针对性地对13位参考人员进行了为期一周的集中培训，使参考人员取得了优异的成绩，有6位同志进入全市前30名。

（邓元江）

彝良县国家税务局

经济概况

2009年，彝良县完成生产总值（GDP）23.32亿元，按可比价计算，同比增长14.9%。其中：第一产业7.82亿元，增长8.4%；第二产业9.22亿元，增长21.8%；第三产业6.28亿元，增长12.5%。三次产业结构比例由上年的34.37:38.99:26.64调整为33.53:39.54:26.93。全县工业继续保持较快的增长态势，工业总产值完成15.50亿元，同比增长15.4%。投资大幅度增加，全年完成固定资产投资19.80亿元，同比增长27.29％。地方财政收入和支出分别达到1.16亿元和10.44亿元，增幅达到15.43％和38.23%。

税收概况

【收入完成情况】 2009年，彝良县国家税务局共组织各项收入1.06亿元，同比减收768万元，减幅6.80%，完成了年度目标任务的105.30%。其中：增值税9284万元，同比减收729万元，减幅7.30%，完成年度目标任务的103.13%；消费税2.10万元，同比增收0.10万元，增幅5%，完成年度目标任务的105%；企业所得税860万元，同比减收158万元，减幅15.52%，完成年度目标任务的107.53%；储蓄存款利息所得个人所得税56万元，同比减收67万元，减幅54.47%，完成年度目标任务的466.67%；车辆购置税349万元，同比增收185万元，增幅112.80%，完成了年度目标任务的155.76%；其他收入21万元。

【收入特点】 (一) 国税收入增速与GDP增速背离，国税收入下降6.8%，GDP增幅为14.9%。(二) 收入结构中，增值税所占比重大。增值税、企业所得税、车辆购置税、个人所得税和消费税所占比重分别为87.82%、8.13%、3.30%、0.53%、0.02%。(三) 五税种呈现“三减两升”。增值税、企业所得税、个人所得税分别下降7.16%、15.52%、54.47%，消费税和车辆购置税各增长5%和112.80%。(四) 从行业来看，五项主要税源“三升两降”。煤炭、商业批零、电力行业税收分别增长29.17%、11.98%、1.27%，有色金属、烟草税收分别下降18.51%和56.61%，收入过千万的行业有有色金属、煤炭、电力，三行业的增值税收入占总的增值税收入的86.46%。（五）从经济结构来看，非公经济税收占主导，全年入库税收7321.06万元，占总的税收收入的69.07%。

【税源分析】 （一）主要税源方面，煤炭税收入库3055万元，同比增收690万元，主要是因为煤炭增值税税率由13%上调到17%；商业批零行业税收入库530万元，同比增收57万元，是因为国家宏观调控政策刺激消费所致；电力税收入库1335万元，同比增收17万元，主要原因是投资力度加大，带动电力消费，但受固定资产进项税抵扣的影响，电力税收同比只提高了两个百分点；有色金属矿产品税收入库3637万元，同比减收826万元，原因是受全球金融危机的影响，铅锌市场价格长时间保持低位震荡，造成税收的大幅缩减；烟草行业税收同比减收667万元，减幅56.53%，主要是因为消化2008年预征的500万元，2009年仅入库513万元。（二）企业所得税入库860万元，同比减收158万元，呈现大比例下降，原因有两个，一是煤炭和有色金属矿产品受金融危机影响，行业发展受到限制，二是新办企业享受税收优惠政策处于免税期，全年没有税收贡献。（三）个人利息所得税减幅54.62%，属于政策调整减收。（四）车辆购置税同比增收185万元，是由于小排量乘用车减半征收优惠政策带动了市场消费。

各项工作

【税收征管】 （一）税源管理。1. 强化户籍管理。与工商、地税等部门协作，依托信息化落实“一户式”管理，建立健全户籍管理档案。全年新办理税务登记295户，征管户累计达1859户，比2008年增加了294户，增长18.79%。2. 做好预警分析。坚持每月召开一次征管综合分析会议，细化、量化评析指标，加强数据指标的分析利用，切实提高税源监控水平，并将税源监控、进度分析和收入预测紧密结合起来。3. 强化重点税源管理。实行专人管理、动态跟踪管理，加强对重点税源、重点行业、重点纳税大户的税源监管，组织税源分析小组对煤炭、电力和铅锌行业进行实地税源调研，及时掌握变化态势。4. 落实管理责任。进一步落实牵头部门和相关股室的管理职责；设立管理员台账，通过“人管”和“机控”相结合的方式，实现对税源的有效控管；建立信息互通制度，实现信息共享。5. 切实做好电子定税推行工作，将全部个体户纳入计算机定额核定系统进行定额核定。全年共核定个体户1033户，其中达点户168户，不达点户865户，公示9次570户。（二）税种管理。1. 增值税管理。一是深入宣传增值税转型相关政策。对天力集团、滇能公司等重点企业进行固定资产进项税抵扣范围专题辅导，帮助企业正确理解税收政策。二是切实做好增值税一般纳税人的认定管理工作。全年新认定一般纳税人20户，其中暂认定一般纳税人18户，辅导期一般纳税人2户。三是纳税评估。重点选定煤炭和洗选行业进行评估，对异常户进行约谈，全年评估补缴增值税30万元，加收滞纳金9万元，进项税转出23万元。四是加强个私加油站的管理。组织召开成品油零售纳税户自查辅导会，帮助纳税户对账务和申报纳税情况进行自查，自查补缴税款20.29万元，加收滞纳金2.74万元。2. 企业所得税管理。一是督促企业建立健全财务制度，规范财务管理。二是严格执行税前扣除审批政策。按照新的税率标准，规范财产损失税前扣除、金融企业呆账损失扣除、企业所得税预缴以及延期缴纳税款审批。三是落实税收优惠政策。共有所得税减免税企业4户，全年减免企业所得税834万元。四是认真开展2008年度汇算清缴工作。对54户企业进行了汇算清缴，入库所得税59.68万元。3. 车辆购置税管理。完善车辆购置税“一条龙”管理，与交警部门密切配合，加大对未纳税车辆的清查力度；认真贯彻落实1.6升及以下排量小汽车减半征收车辆购置税政策，办理减征车辆229辆，减征税款47万元。（三）发票管理。1. 全年发售增值税专用发票7812份，代开专用发票330份，代开普通发票4402份。2. 联合彝良公安经侦大队、彝良县地方税务局，对车站和集贸市场进行检查，未发现有制售假发票的情况。3. 加强发票专项整治力度．共检查商业零售行业纳税户149户，查出问题户4户，检查发票2846份，查出问题发票29份。4. 开展分类检查。对单份发票开具金额超过5000元的进行采集比对，共采集发票144份。通过发票返查，查出有问题发票51份，查补税款2万元。

【税收执法】 （一）税收宣传。一是紧扣“税收·发展·民生”这一宣传主题，与县地税局联合设置咨询台，发放税收宣传资料1600余份，接受税收知识咨询280余人次。二是深入开展送税法进重点企业、进矿山、进学校、进军营活动。三是结合彝良实际，着力打造“红色旅游税收宣传精品”。四是举办“税收知识竞赛”、“国税杯”摄影比赛、“有奖征文比赛”。五是首次举办“税收促进民生志愿服务一日行”、“税务开放日”等活动。（二）税务稽查。加强纳税辅导，推行税收自查补报。纳税人自查补税63.99万元，加收滞纳金11.99万元。全年共检查纳税户7户，查出有问题户7户，查补税款5.12万元，处以罚款4.99万元，加收滞纳金2.73万元。（三）执法检查。一是在日常工作中采取人机结合的方式强化监督和考核，认真开展税收执法检查和执法专项检查，定期进行规范性文件清理。二是贯彻执行“阳光政府”四项制度，建立健全实施阳光政府“四项制度”举报、投诉、监督机制，不定期进行监督检查，对落实不力的进行问责。三是加强执法责任制和过错追究责任制考核力度，全年监控出过错行为5个，过错责任人受到了经济惩戒。

【纳税服务】 （一）规范服务流程。优化岗责体系，梳理业务流程，建立“前台受理、内部流转、限时办结、窗口出件”的规范化办税程序。（二）落实服务措施。实现“一次性”告知、“一窗式”受理、“一站式”办结、“一户式”查询、“一条龙”服务；实行AB角制度；推行“阳光国税”；不断完善纳税服务首问责任制、限时服务制、提醒服务制、预约服务制等；建立纳税咨询热点问题收集公布制度，全年整理热点问题88条，已按要求进行了答复和公布。（三）创新服务形式。对新办税务登记证的纳税人，设立“纳税第一堂课”，进行涉税、办税基本知识培训和辅导，全年开办纳税人课堂6期；建立互动交流机制，实行“纳税人接待日”，建立税企联系卡，定期召开“税企座谈会”；开展纳税服务调查，通过走访纳税人、问卷测评等形式，征询纳税人对国税机关纳税服务工作的满意度，并及时公布改进措施，经调查，纳税人满意度达96%以上。（四）严格工作考核。通过内部考核和外部测评相结合的方式，对纳税服务工作进行考核。“内部考核”以抽查资料、服务记录等形式为主，“外部测评”以走访纳税人、问卷调查等形式为主。每半年组织一次“内部考核”和“外部测评”活动，并列入全年目标责任制考核。

【税务管理信息化建设】 一是做好日常安全管理。合理进行系统配置，加强网络巡查力度，及时修补漏洞，做好预警工作。二是做好税务系统应用软件的维护工作，并对维护过程进行详细记录。三是及时、准确地对金税工程数据进行处理、传输。按规定完成了新认定一般纳税人的金税卡发行、一般纳税人资格注销等工作，并对企业的用票信息、IC卡故障、购票人员等相关信息进行了大量的维护工作。四是按时按质上报“四小票”数据、车辆购置税数据以及病毒防护月报表。五是对金税工程、办公自动化等系统数据进行每日备份，采用本机和异地保存的方式进行存放，所有备份数据至少保存1个月以上，保证了数据的安全。

队伍建设

【机构人员情况】 2009年，有内设机构8个，即办公室、政策法规股、税政股、收入核算股、征收管理股、人事教育股、监察室、办税服务厅，直属机构1个，即稽查局，派出机构1个，即角奎分局，事业单位1个，即信息中心。全年共有干部职工74人，其中，在职干部56人，离退休干部18人。在职干部中有大学本科学历19人，占33.93%；有大学专科学历26人，占46.43%；中共党员33人，占58.93 %；主任科员16人，占28.57%；少数民族4人，占7.14%；男40人，占71.43%；女16人，占28.57%。

【领导班子建设】 （一）加强学习型组织建设。坚持每季一次的党组中心组学习和每月两次的班子学习例会，采取集中讨论与中心发言相结合，集中学习与个人自学相结合，座谈讨论与专题交流相结合，开展调研与撰写心得体会相结合等多种方式，保证学习时间和学习效果。（二）加强作风建设。领导干部以身作则，带头执行各项规章制度，认真开展民主生活会；健全领导干部接访、下访、调查研究和联系点制度。（三）坚持民主集中制原则。认真坚持集体领导和个人分工负责相结合的制度，每周定期召开一次班子例会，研究单位重大事项和日常管理工作。（四）认真落实目标责任制和党风廉政责任制。明确班子成员的责任范围，对责任制执行情况进行定期考核，加强对班子成员贯彻执行党的路线方针政策、正确使用权力、廉洁自律等方面的监督。

【廉政建设】 （一）加强反腐倡廉教育。坚持每月开展一次“纪检日”活动，每季度不少于一次的党风廉政建设教育，同时坚持与检察机关联合开展预防职务犯罪教育活动，定期召开预防职务犯罪工作联席会。（二）健全党风廉政建设责任制。县局局长分别与市局和县委签订了《党风廉政建设责任书》，各股室负责人与局长签订了《党风廉政建设责任书》。（三）与纳税人签订《廉政公约》并认真落实回访工作制度。与295户新登记注册纳税户签订《廉政公约》，发放回访问卷400份，收回397份，满意率94.7%。（四）落实廉政谈话制度。在实施谈话时，以个别谈话和集体谈话的方式适时进行，做好详细记录，提出具体要求。全年任职谈话1人次，任期谈话16人次。

【精神文明建设】 （一）统筹安排，建立健全长效机制。一是建立局长负总责，分管领导主要抓，人教部门具体抓，其他部门配合抓，全体干部人人参与的创建工作机制。二是建立健全和优化创建工作的各项制度，对《彝良县国税局文明创建规划》、《彝良县国税局文明创建工作方案》等54项规章制度进行了修订、完善。三是把精神文明创建工作纳入各股室年度目标考核，将文明创建工作贯穿于国税工作始终。（二）丰富载体，提升文明创建水平。深入开展“讲文明，创新风”，争创“文明股室”、“五好家庭”，争当“优秀税务工作者”、“先进个人”等争先创优活动；组织开展爬山比赛、征文演讲、知识竞赛等多项文体活动；积极参加社会公益事业，通过爱心捐赠、无偿献血、志愿服务等方式，开展了扶贫帮困、结对帮扶、捐资助学等活动。全年为扶贫点筹措资金3万余元，帮助扶贫点修建500亩科技样板田，捐资助学6300元，无偿献血1600毫升。（三）精神文明创建成效显著。2009年，县局被云南省国家税务局再次表彰为“文明单位”，并连续三届被中共云南省委、省政府授予“文明单位”称号。

【教育培训】 （一）保障经费投入。县局党组先后召开2次专题会议，研究教育培训工作，全年支出培训费5.8万元，占日常办公经费的9.8%。（二）开展政治理论学习。坚持每周进行半天的全员政治理论学习，按月开展一次党员理论教育活动。（三）组织各类业务技能培训。先后举办了增值税转型、所得税介质申报业务、《税收执法系统1.1升级版》、《新版车购税系统》、税收管理员、稽查员、基础会计等培训班。并且以全国税务系统稽查业务考试为契机，在全局范围内掀起了学业务、钻业务的热潮。（四）选派干部外出培训。全年先后组织20余人次赴扬州、昆明、安宁、玉溪等地参加

各类业务培训。（丁国瑾）

威信县国家税务局

经济概况

2009年，威信县生产总值（GDP）实现17.66亿元，比2008年增长14.30%，其中：第一产业实现增加值4.42亿元，同比增长9.50%；第二产业实现增加值6.15亿元，同比增长11.20%；第三产业实现增加值7.09亿元，同比增长18.70%。三次产业结构比例由2008年的27:35:38调整为25:35:40。全县完成固定资产投资25.52亿元，同比增长64.60%。城镇居民人均可支配收入1.06万元，同比增长10.02%。农民人均纯收入2501元，同比增长17.80%。地方财政一般预算收入完成1.01亿元，同比增长32.90%。

税收概况

【收入完成情况】 2009年，威信县国家税务局共组织入库各项税收收入6511万元，比2008年增收1102万元，增长20.37%，完成全年计划的115.44%。其中：增值税入库5401万元，同比增收980万元，增长22.17%；消费税入库4万元，同比增收1万元，增长33.33%；企业所得税入库656万元，同比减收54万元，下降7.61%；储蓄存款利息所得个人所得税入库47万元，减收55万元，下降53.92%；车购税入库403万元，同比增收230万元，同比增长132.95%。

【收入特点】 一是税收收入保持增长态势，增速快于全县经济（GDP）增长速度，税收同比增长20.37%，经济同比增长14.30%。二是增值税处于税收支柱地位，占税收总收入的82.95%。企业所得税、车辆购置税、个人所得税和消费税占税收总收入的比例分别是10.08%、6.19%、0.72%和0.06%。三是“两税”占税收总收入的比重略有提高。“两税”收入共完成5045万元，同比增长24.14%，增收981万元，“两税”占税收总收入的比重从2008年81.79%上升为2009年的83.01%。四是非公经济健康发展，全年入库税收4412万元，占税收总收入的比重由2008年的67.42%上升到2009年的67.76%。五是煤炭工业稳步发展，煤炭税收持续增长，煤炭增值税占税收总收入的50.42%。

【税源分析】 （一）电力、商业批零和煤炭三大支柱行业稳步发展，税收收入与2008年同比分别增长54.36%、37.79%和11.70%。电力入库619万元，同比增收217万元，增长原因主要是供电量增加；商业销售入库1185万元，同比增收325万元，主要原因是市场销售状况好转；煤炭入库3283万元，同比增收344万元，增长原因主要是全面加强了煤炭税收征管力度。（二）重点税源企业税收贡献增大。云南烟草威信县公司全年缴纳增值税746万元，同比增收221万元，增长42.10%。主要原因是烟草公司的经营状况改善，税收收入明显增长。威信县供电公司全年缴纳增值税487万元，同比增收206万元，增长73.31%。威信县麻园水泥厂全年入库税款218万元，比2008年增收150万元，增长原因主要是2009年停止享受资源综合利用税收优惠政策。（三）企业所得税入库656万元，比上年减收54万元。除市烟草公司分配的企业所得税同比下降121万元外，其他企业所缴纳的所得税同比增加67万元，主要原因是部分所得税企业享受的所得税优惠政策已到期。（四）车辆购置税增长迅猛，全年入库402万元，比上年增收230万元，增长132.95%。原因是国家出台小排量乘用车减半征收车辆购置税及“摩托车下乡”等政策促进消费，促使税收增长。

各项工作

【税收征管】 （一）税源管理。一是强化户籍管理。做好管户数据分析比对，与工商、地税部门定期交换登记信息，对纳税人信息变动实施动态监控，全面掌握税源家底。2009年末共有征管户数1523户；对不同行业、不同规模、不同类型的企业实行分类管理。制定了重点税源管理的措施和办法，把责任落实到人；对非正常户进行重点跟踪，对停复业户进行重点巡查。二是切实规范了个体工商户核定管理，个体“双定户”核定面达100%。三是强化收入预测和税收进度分析。充分利用综合征管软件各项功能，对税款征收入库的全过程进行全面监控。四是抓好纳税评估工作。在纳税评估中认真审核纳税申报凭证的真实性、合法性和完整性，对企业不同年度纳税情况、同类企业纳税情况进行分析比较，及时发现疑点和找准问题。全年共对15户纳税人进行了纳税评估，评估入库税款20.21万元。五是强化责任追究，提高征管质量。细化管理考核指标，规范涉税数据的报送、接收、审核、录入、处理和分析工作，提高综合征管软件操作应用水平，在全市国税系统目标管理责任制考核中名列第2名。（二）税种管理。1. 增值税管理。一是对企业的财务状况、资金流向、经营规模、固定资产及经营场所进行实地调查核实，把好一般纳税人认定关，全年共认定一般纳税人12户。二是深入39户煤炭企业督促其健全账务，辅导财会人员准确计算税款，严格按政策规定搞好进项税抵扣管理。三是切实搞好增值税申报管理，提高申报质量。全年企业申报率为100%，个体申报率保持在99%以上。四是积极深入享受税收优惠政策企业，认真检查核实税收优惠政策执行情况，对存在问题及时纠正。2. 所得税管理。一是抓好所得税汇算清缴。要求应申报企业严格按照相关政策规定进行纳税申报，确保申报资料完整、数据准确。全年共对全县38户企业进行了所得税汇算清缴，通过汇算清缴调整增加应纳税所得额405.61万元、补缴所得税10.24万元。二是严格划分管辖范围。与地税建立了所得税管理信息交换制度，互通管理信息，对新办企业所得税的管理做到不重复、不漏管。三是加强所得税法及相关政策的宣传。采取集中培训、上门宣传辅导等方式进行，把所得税政策宣传落实到位。全年共举办所得税培训3期，培训企业法人和财会人员238人次。3. 车辆购置税管理。一是加强车辆销售管理，杜绝虚开发票行为，对“一条龙”异常发票加大稽查力度，采取协查等方式确认发票的真伪和开具金额。二是积极与交警部门协调配合，由交警部门协助督促纳税人及时缴纳车辆购置税。（三）发票管理。一是加强发票安全管理，严格按发票管理有关要求将安全责任落实到人。二是大力开展打击制售假发票和非法代开发票专项整治工作，强化发票使用情况的日常检查，全年共检查使用普通发票纳税户64户，检查发票4675份。查出有问题个体户24户，查补税款6.42万元、滞纳金0.7万元，罚款3.57万元。三是建立发票管理台账，认真登记纳税人发票领、销、用、存情况，同时加强发票验旧管理工作。四是严格按照要求代开发票，全年共代开普通发票1105份、开票金额1400万元、征收税款42万元。

【税收执法】 （一）税收宣传。认真组织开展红色税收宣传活动：一是与共青团威信县委、县地税局联合开展税收宣传月活动，在威信扎西广场设立税收咨询台，共接受咨询980人次，发放宣传资料近12000份。二是组织干部沿威信境内红军长征路，深入纳税人经营地，为纳税人送政策上门。三是召开煤炭行业税企座谈会。组织全县49户煤炭企业的法人、会计和办税人员参加会议，对煤炭增值税、企业所得税法等相关税收政策业务进行宣传讲解。（二）税务稽查。一是认真落实查前告知制度，积极辅导企业开展自查。查前告知10户，企业自查查补入库税款、滞纳金共31.26万元；二是认真开展举报案件的检查，查结举报案件一件，查补税款、滞纳金、罚款共1.42万元。（三）执法检查。在日常工作中采取人机结合的方式强化监督和考核，在年末抽调人员组成检查组对全年工作中的12项执法行为进行全面检查，及时对存在的问题进行了整改。（四）依法治税。一是制订了《威信县国家税务局2009年税收法制宣传教育工作计划》，全面加强税收法制宣传教育。二是认真落实云南省阳光政府“四项制度”，在税收政务公开网站上录入涉税热点难点问题，及时公开相关涉税信息，方便纳税人和公众进行查询。三是规范涉税案件审理工作，做到程序合法、事实清楚、证据确凿、定性准确，全年所审案件无复议、无听证、无诉讼。四是不折不扣地贯彻执行税收政策法规，积极应对金融危机对税收的不利影响，认真落实惠农等各项税收优惠政策，采取有力措施堵漏增收，做到应收尽收，确保税收收入稳步增长。

【税务管理信息化建设】 一是抓好应用系统推行工作和数据分析利用，做好CTAIS综合征管软件升级工作。二是做好FTP、办公自动化、“四小票”采集系统等后台数据库的日常维护和数据备份工作。三是抓好金税工程建设，保证数据的接收、清分、比对和上传工作准确及时。四是大力做好计算机网络安全维护，确保各系统正常运行。五是做好电子政务查询系统的信息公开和回复工作。六是全面完成网络教育培训系统与广域网改建、扩容项目工程。

【纳税服务】 一是认真落实首问负责制，首问责任人负责指导纳税人办理各项涉税事宜，为纳税人查询纳税情况、了解税收政策等提供方便。二是以开展送税法上门、召开税企人员座谈会、开展纳税辅导培训等形式，向纳税人宣传税收政策和办税程序。三是积极开展征纳双向互动服务，认真收集纳税人意见和建议，畅通与纳税人的沟通渠道，主动为纳税人解决涉税问题。四是切实改善办税服务环境，在办税服务厅设置通用窗口，避免纳税人办税多处跑。五是精简审批项目，缩短审批时限，简化办税程序，减并纳税人上报的各类报表资料，避免纳税人重复上报。六是推行多元化申报，开展银行网点代扣代缴、代收代缴，边远山区委托代开发票和介质申报等方便快捷的办税形式，切实降低纳税人办税成本。

队伍建设

【机构人员情况】 从9月起全局进行机构改革后，全局有内设机构8个，即办公室、人事教育股、监察室、征收管理股、税政管理股、收入核算股、政策法规股、办税服务厅；事业单位1个，即信息中心；直属机构1个，即稽查局；派出机构1个，即扎西税务分局。全局有离退休人员15人，在职干部65人。在职干部中男50人、女15人。在职干部中有本科生13人，占20%；大专生31人，占47.69%；中专以下21人，占32.31%。

【领导班子建设】 一是加强政治理论学习，不断提高班子成员素质。党组中心学习组坚持每周五集体组织学习1次，认真学习党的十七大精神，副科级以上干部全年共撰写学习心得体会24篇。二是领导班子结合工作实际，切实转变工作作风。班子成员分别多次深入纳税户中，积极参与税收管理工作，对就纳税服务、税收征管等课题进行调研，有效地促进各项工作的开展。三是坚持《党组民主生活会制度》，采取发放征求意见表、召开座谈会等方式在全体干部职工中征求意见和建议，共收集到意见和建议32条，对职工提出的问题认真研究，制定8条措施及时进行整改落实。四是坚持民主决策。对人事任免、基建项目、大额经费支出、大宗物品采购等重大事项坚持按照规定程序操作，由集体讨论决定。五是结合税收工作组织在全局开展学习实践科学发展观活动，做到重点突出、特色鲜明，确保思想认识到位、查摆问题到位、工作措施到位。六是班子成员身体力行，严格遵守工作纪律，按照制度管人管事，充分调动了干部职工工作积极性。

【廉政建设】 一是不断完善各项管理制度，从体制和机制上抓好税收行政权和税收执法权的监督制约。二是与1235户纳税人签订了《廉政公约》，并积极做好《廉政公约》回访工作，回访率达95%。三是在社会各界聘请5名特邀监察员，主动接受社会监督。四是县局与各股室分别签订《党风廉政建设责任书》和《预防职务犯罪责任书》，明确了工作职责和责任。五是组织开展廉政理论教育和警示教育，强化预防职务犯罪工作，全年开展典型案例警示教育5次，举办预防职务犯罪知识专题培训1期，干部受教育315人次，全年没有发生干部违法违纪行为。

【精神文明建设】 坚持内强素质，外树形象，不断提高文明创建工作水平，大力开展和谐创建工作。一是抓好活动载体，注重综合创建。在创建省级文明单位过程中，把创建置于提升国税形象、扩大区域影响的视野中来思考。在全局广泛开展"学先进、树形象、做人民公仆"活动；开展争当"优质服务星"、"五好文明家庭"和"先进税务工作者"等系列活动，积极倡导创建"绿色节约型"单位，内外并举，多层面激发广大干部参与创建的积极性，把文明创建与推进发展、提升形象有机地统一起来，齐推共建，互动多赢。二是健全创建长效机制。制定了文明创建长远规划和短期目标，把精神文明创建与国税中心工作一同研究部署，并与各部门签订《精神文明建设工作责任制》，纳入日常考核，确保创建工作人员不散、力度不减。三是注重交流协调，借鉴先进经验。积极争取县委文明办的指导，采取"走出去、请进来"的方式，派专人与县内各单位进行文明创建学习交流，加强横纵向比较，通过看亮点和找问题，进一步提高了文明创建工作水平。四是重视行政作为，提高行政效率。在创建工作中始终抓住文明单位创建的内涵，注重为民办实事。坚持一手抓政策落实，一手抓优化服务，积极打造和谐国税，以优质高效的服务惠及民众。

【教育培训】 县局订立了切实可行的学习培训计划，按计划组织了税收法律法规、税收业务、会计业务和计算机操作等培训，县局举办各类专业培训4期，培训干部246人（次）。共组织参加省局和市局举办的各类培训6期，培训干部22人（次）；继续抓好学历教育，有在读本科3人，在读研究生1人。

（吴学鸿）

盐津县国家税务局

经济概况

2009年，盐津县实现生产总值（GDP）18.13亿元，同比增长13%。其中：第一产业完成增加值5.39亿元，同比增长7.80%；第二产业完成增加值7.05亿元，同比增长20.10%；第三产业完成增加值5.69亿元，同比增长9%，三次产业的结构比例由2008年的31.95:35.22:32.83调整为29.73:38.89:31.38。人均生产总值（GDP）4718元。完成固定资产投资14.28亿元，同比增长31.20%；社会消费品零售总额实现3.56亿元，同比增长23%。全县城镇居民人均可支配收入为1.23万元，同比增长7.20%，农民人均纯收入2430元，同比增长18%。全县财政收入达到1.51亿元，同比增长10.70%。

税收概况

【收入完成情况】 2009年，盐津县国家税务局共组织税收收入7539.89万元，同比下降0.13%，减收9.50万元，完成年度目标的101.03%。其中，增值税入库6559.93万元，同比增长0.93%；消费税入库7.12万元，同比增长13.56%；企业所得税入库743.67万元，同比下降10.13%；储蓄存款利息所得个人所得税入库50.04万元，同比下降53.62%；车辆购置税入库179.13万元，同比增长65.04%。

【收入特点】 （一）税收收入与GDP的增长不同步，全年税收收入同比下降0.13%，而生产总值同比增长13.00%。（二）从收入结构看，税收总收入中增值税所占比重高达87.00%；企业所得税占9.86%；车辆购置税、储蓄存款利息个人所得税、消费税分别占2.38%、0.66%、0.10%。（三）主体税种增值税同比增收60.72万元，增长0.93%，其中电力、煤炭、化工和商业四大行业入库增值税5998.91万元，占增值税总额的91.45%。（四）非公经济快速增长，非公经济税收入库6052.98万元，同比增长18.90%，占税收总额的比重由2008年的67.43%提高为80.28%。

【税源分析】 （一）税收收入主要来自电力、煤炭、化工和商业四大支柱税源，四大支柱税源占税收总收入的79.56%，其中：电力税收快速增长，全年入库电力税收1822.10万元，同比增收625.09万元，增长52.22%，主要是因为总装机容量6万千瓦的撒渔沱电站正式发电，该电站全年入库电力增值税1330万元，占电力税收总额的72.99%；煤炭税收入库1630.86万元，同比减收621.30万元，下降27.59%，主要是受世界金融危机的影响，煤炭价格下滑、销路不畅、企业停产或半停产，同时乡镇公路改造对煤炭运销造成一定影响；化工税收入库1555.40万元，同比减收194.27万元，下降11.10%，原因是金融危机的影响导致电石产品价格下滑，原材料进价高，进项税增大，从而降低了产品税负，减少了税款；商业税收入库990.55万元，同比增收236.63万元，增长31.39%，主要原因是烟草公司经营状况改善，税收收入明显增长，烟草公司入库税款643.29万元，同比增长42.03%。（二）税收收入的另一来源是水泥、砖瓦、石灰等中小税源，中小税源入库税款1540.98万元，同比减收55.65万元，主要原因是金融危机影响建材等产品的生产和销售。（三）企业所得税同比下降10.13%，原因是重点税源企业生产经营受挫，利润减少。（四）车辆购置税同比增长65.04%，原因是国家出台小排量乘用车减半征收车辆购置税及“摩托车下乡”等政策，促进了车辆销售。

各项工作

【税收征管】 （一）税源管理。一是坚持与工商、地税部门交换信息，认真清理漏征漏管户，进一步加强户籍管理。二是认真落实领导干部挂钩重点税源户制度，由领导干部带队深入煤炭、化工、电力行业进行调研，有针对性地向县委、县政府领导提出促进企业发展和加强税收征管的对策建议。三是坚持执行《税收管理员制度》，促进税收管理员增强责任意识，全面加强税源监管，既管好电力、煤炭、化工等重点税源，又管好砂石料、砖瓦、石灰、木材加工等中小税源。四是认真搞好典型调查，科学采集和录入相关数据，运用个体工商户《定额核定系统》共对1592户纳税户开展税收定额核定，其中达起征点的纳税户184户，核定月税额7.98万元。五是大力推行多元化申报，对“双定户”实行邮政储蓄扣税160户，占个体纳税户的86.96%。六是深入开展企业生产经营、市场价格变化等情况调查，从财务管理、纳税申报、税款入库等方面入手对9户企业进行纳税评估，共补税4.04万元。（二）各税管理。1. 增值税管理。一是认真抓好增值税转型政策的宣传、贯彻、落实。及时将增值税转型、小规模纳税人征收率下调、矿产品增值税税率提高的政策宣传到相关单位和纳税人，并按新政策规定和程序认定增值税一般纳税人18户，核实可抵扣的固定资产进项税116.25万元。二是继续采用“吨煤最低计税申报价格”、“吨煤最高耗用原木金额”和“煤炭增值税税收负担率”三项预警指标对煤炭税收进行监控管理。三是进一步加强日常检查，对砂石料、砖瓦、石灰、木材加工等零散税收进行清理。2. 消费税管理。一是深入开展白酒行业生产经营情况调查，科学采集数据，不断完善消费税征管档案。二是仍然实行分片管理、交叉检查、核定征收、邮政储蓄扣税的征管办法。3. 企业所得税管理。一是进一步抓好新企业所得税法的贯彻实施，严格按新政策和程序审核批准企业税前扣除，严格执行新的企业所得税税率等。二是对62户企业所得税纳税户进行汇算清缴，确保应纳税款及时足额入库，全年入库企业所得税743.67万元。三是认真落实税收优惠政策，对5户备案类小型微利企业减免企业所得税1497.21元；对2户报批类企业减免企业所得税340.68万元。4. 车辆购置税管理。进一步加强与公安、交警等部门的协作，并坚持运用车购税电子信息采集系统加强车购税管理，严格执行车购税政策，全年对2284辆车征税171.63万元，对23辆车减税6.96万元。（三）发票管理。一是严格按规定认证增值税专用发票6726份，代开增值税专用发票238份、金额1068.82万元，征税32.06万元。二是开展发票专项检查，查处发票违章户5户，查补收入7.56万元，其中补税3.43万元，加收滞纳金4400元，罚款3.69万元。三是坚持“以票控税”，代开普通发票征税5.99万元，核实发票超定额补税7.99万元。四是坚持执行“三专六防”管理措施，确保发票安全。

【纳税服务】 一是以落实省政府制定的《行政问责办法》、《首问责任制》、《服务承诺制》、《限时办结制》“四项制度”为契机，细化和分解纳税服务职责，提升纳税服务质量。二是建立纳税咨询和信息沟通平台，将税收政策、办税程序、办税资料等放在盐津国税外网上，以便纳税人查询。三是由税收管理员送税法上门，及时将税收政策变化内容宣传到位，以便纳税人科学决策和正确核算。四是完善办税服务厅工作人员职责，并实行AB角工作制，做到岗位工作互补，保证有人及时受理涉税事宜；同时要求办税服务厅工作人员做到“四个一”，即声音小一点、态度好一点、质量高一点、速度快一点。五是对160户“双定户”实行邮政储蓄扣税申报纳税，为纳税人节省了纳税时间，减少了纳税成本。六是采取召开纳税人座谈会、培训会等形式，向纳税人宣传税收政策和办税程序，加强与纳税人的互动交流，征求纳税人对税收工作的意见和建议，有针对性地开展纳税提醒、延时服务、查前告知等个性化服务。七是精简办税流程和涉税资料，减少了纳税人多处跑、重复报送资料的麻烦。

【税收执法】 （一）税收宣传。在全国第18个税收宣传月活动中，围绕“税收·发展·民生”主题开展宣传活动，悬挂宣传标语13幅，举办宣传专栏2期，组织街头宣传1次，开展重走“五尺道”活动1次，到税收教育基地（盐津二中）举办税法知识讲座1次，召开纳税人座谈会4次，举办涉税业务培训1次、参训68人次，接受纳税人咨询50人次，发放宣传材料400份，在县委政府网、昭通新闻网、中国税务网、国家税务总局网等网站刊发税收宣传稿件15篇。（二）税务稽查。全年对26户纳税户进行稽查，查出有问题12户，共查补收入68.93万元，其中补税52.84万元，加收滞纳金9.27万元，罚款6.82万元。（三）执法检查。一是继续抓好《行政许可法》、《公务员法》、《行政处罚法》、《行政复议法》、《行政诉讼法》、《国家赔偿法》的贯彻落实。二是在执法检查中深入进行税收宣传和纳税辅导，促进纳税人掌握相关税收法律、法规、政策和办税程序，提高纳税遵从度。三是按税收执法责任制和税收执法过错责任追究制对出现执法过错的人员予以经济惩戒。通过对税收政策执行、税务稽查、涉税服务等工作情况的检查，促进税务人员严格按政策和程序办事。检查结果：税务人员做到了依法治税，没有发现以权谋私、越权减免税、损害纳税人权益等违法违纪行为；办理的税务稽查案件事实清楚、证据确凿、程序合法、适用法律法规得当、定性准确、处罚适度。

【税务管理信息化建设】 一是在确保网络系统安全和畅通的前提下，开展软件安装和操作业务培训42人次，进一步提高了税务管理信息化水平。二是及时做好各类应用软件维护工作，全年维护终端电脑92台次、打印机33台次，排除软硬件故障72起。三是切实加强各类信息系统的数据分析和备份工作，进一步提高税源管理、税务稽查、纳税评估等信息化工作质量。四是坚持运用信息化手段规范IT类办公用品的管理。五是按时做好“四小票”的汇总数据上传工作。六是完成网络系统扩容改造和网络教育系统的安装调试工作。

队伍建设

【机构人员情况】 2009年9月，县局实行机构改革。全局内设机构8个，即征收管理股、政策法规股、税政管理股、收入核算股、办税服务厅、办公室、人事教育股、监察室。直属机构1个，即稽查局；派出机构1个，即盐井税务分局；事业单位1个，即信息中心。有退休人员33人，在职干部职工53人，其中：男40人、女13人。本科10人，占在职人员的18.87%；大专33人，占62.26%；中专以下10人，占18.87%。

【领导班子建设】 一是坚持和完善领导干部理论学习制度，促进领导干部深入学习实践科学发展观，进一步增强领导班子的凝聚力和战斗力。二是继续抓好《税务系统领导班子和领导干部监督管理办法》的落实，切实加强对领导干部的监督管理工作。三是坚持党组民主生活会制度，在市局党组的指导下，召开高质量的民主生活会，班子成员认真查找问题，切实加以改进，进一步增强了集体领导能力。四是坚持执行个人有关事项报告、述职述廉等制度，有效促进了班子成员勤政务实、廉洁自律。

【廉政建设】 一是认真贯彻落实中共中央《建立健全惩治和预防腐败体系2008～2012年工作规划》和省局《实施意见》。二是坚持与所属各机构签订《党风廉政建设和预防职务犯罪责任书》，认真落实“一岗双责”要求。三是坚持执行领导干部述职述廉制度，促进领导干部增强表率意识。四是积极开展“七月党风廉政建设教育宣传月”活动，加强党风廉政建设教育和宣传。五是切实加强对新提拔干部的廉政教育和监督。六是通过抓好各项规章制度的落实，进一步强化“两权”监督，促进干部改进工作作风，提高税收管理和纳税服务水平。

【精神文明建设】 一是切实巩固省级“文明单位”创建成果，提高文明创建质量。二是积极开展深入学习实践科学发展观活动和社会主义荣辱观教育活动，促进干部职工增强科学和谐发展意识和爱岗敬业意识。三是坚持以“善待生活、愉快工作、学习适应、逢冠必夺”的团队精神为动力，促进团结干事，推动创新发展。四是严格执行税收政策，为纳税人营造公平竞争的良好环境，同时在办税服务厅开展“一窗式”服务，使纳税服务更加便捷、文明、高效。五是以“书法美术摄影”、早操等文体活动为载体，促进交流，疑心聚力，展示国税干部积极向上的精神风貌。深入扎实的创建工作得到上级领导的充分肯定，县局再次被省委、省政府表彰为“文明单位”。

【公益活动】 派出一名税务干部对挂钩扶贫点盐井镇桃子村进行驻村指导；全年帮助该村协调资金10.80万元，用于玉米单株密植定向移栽、秋洋芋种植、生猪生产和春蚕饲养；县局对桃子村捐款1.33万元，用于扶持贫困户、修建村（社）公路和支持村民种植蔬菜。

【教育培训】 一是切实制订2009年干部教育培训计划，共投入经费4.20万元。二是自行组织增值税转型、稽查业务、如何做优秀员工等内容的培训8次，参训266人（次）。三是全年参加上级局组织的各类培训11期，参训33人（次）。四是2009年有2人获得大学本科学历。

（郑友军）

大关县国家税务局

经济概况

2009年，大关县完成生产总值（GDP）10.47亿元，同比增长10.90%。其中，第一产业完成4.23亿元，同比增长9%；第二产业完成2.63亿元，同比增长10.70%；第三产业完成3.61亿元，同比增长13%，三次产业结构比为40.40∶25.12∶34.48。全年实现农业总产值5.50亿元，同比增长10.50%，实现工业总产值5.31亿元，同比增长11.80%，完成固定资产投资8.75亿元，同比增长26.70%，完成社会消费品零售总额2.27亿元，同比增长22.70%，实现非公经济增加值3.90亿元。全年地方财政一般预算收入4656万元，同比增长15.70%，一般预算支出5.83亿元，同比增长16.74%。

税收概况

【收入完成情况】 2009年，大关县国家税务局共完成各项税收收入4544万元，同比增收95万元，增长2.14%。其中，增值税3802万元，同比增收18万元，增长0.48%；消费税2万元，同比减收2000元，下降9.09%；企业所得税400万元，同比减收93万元，下降18.86%；储蓄存款利息所得个人所得税34万元，同比减收40万元，下降54.05%；车辆购置税306万元，同比增收210万元，增长218.75%。

【收入特点】 （一）国税收入增速慢于GDP增速，国税收入同比增长2.14%，GDP同比增长10.90%。（二）五税种收入呈现“两增三减”态势，增值税、车辆购置税同比增收，消费税、个人所得税、企业所得税同比下降。（三）增值税仍然是税收的主体税种，占税收总收入的83.67%，企业所得税、车辆购置税、个人所得税和消费税占税收总收入的比例分别为8.80%、6.74%、0.75%和0.04%。（四）电力税收继续占领支柱税源地位，全年入库电力税收1734万元，占税收总收入的38.16%。（五）非公经济稳步发展，全年入库税收3395.50万元，占税收收入的74.72%。

【税源分析】 （一）分税种来看。增值税同比增长0.48%，主要原因是增值税转型和小规模纳税人征收率下调对税收收入造成了一定的影响，税收增幅放缓。消费税税源较为稳定，受粮食价格上涨的影响，全年出酒量略有减少，白酒消费税同比减收2000元。企业所得税同比减收93万元，下降18.86%，主要原因是烟草公司所得税前扣除较往年有所增加，并且税率下调。车辆购置税同比增长218.63%，得益于国家推行摩托车和汽车下乡政策以及低排量汽车购置税减半征收政策的影响，拉动汽车、摩托车消费。个人所得税同比减收40.10万元，下降54.34%，税款同比有较大幅度的减收，主要原因是受暂停征收储蓄存款利息所得个人所得税政策的影响。（二）分行业看。电力、煤炭、商业批零和矿产品为四大重点税源行业，共入库税收3537.50万元，占税收总收入的比重为77.85%。煤炭增收36.30万元，增长4.70%，主要原因是下半年经济的持续回暖，推动煤炭行业的稳步发展。电力减收30万元，减收0.70%，主要原因是企业用电量减少。商业批零全年入库税收825.90万元，同比增收283.10万元，增长52.16%，主要原因城镇居民可支配收入的增长和消费意识的转变。矿产品入库174.70万元，同比减收301.40万元，下降63.20%，原因是大关县关河电力有限责任公司铁合金分公司的关闭停产，铁合金、生铁、铅锌和碳化硅大量减产，致使税收同比大幅缩减。（三）从重点税源企业来看。2009年，县内有年纳税100万元以上的重点税源企业9户，共计缴纳增值税2851万元，占税收总收入的比重达62.74%，其中：高桥电站税收减收204.80万元，石化大关石油支公司增收36.5万元，丰达商贸有限公司增收15.6万元。

各项工作

【税收征管】 （一）税源管理。一是开展户籍清查，强化户籍管理，全年共有征管户1153户，其中：增值税一般纳税人47户。二是落实领导干部挂钩联系重点税源户制度，强化重点税源监控管理，全年局领导共挂钩重点税源企业8户。三是组织力量深入企业，比对检查企业取得的进项税发票140余份，转出不合抵扣进项税7万元。四是切实加强“家电下乡”、“汽车下乡”税收管理。全县共核准经营户53户，实际经营31户，销售金额2296.53万元，缴纳增值税7万元。（二）各税管理。1. 增值税管理。一是开展增值税一般纳税人认定及清理工作，新认定一般纳税人10户，注销一般纳税人1户。二是对重点企业开展增值税转型调查，对企业开展财务、会计和新税法培训，落实增值税转型政策。三是对一般纳税人介质申报进行培训，提高企业申报质量，全年47户一般纳税人均申报正常，申报率为100%。四是做好增值一般纳税人“一机多票”开票系统监管工作，做到以票控税，全年有“一机多票”一般纳税人28户，全部纳入防伪税控系统进行管理。五是切实加强煤炭企业管理，比对煤炭企业申报纳税情况，核实企业税款缴纳是否异常，2户煤炭企业自查补缴税款11.32万元，滞纳金7261.92元。五是开展纳税评估工作，电力企业评估补税27万元，水泥行业评估补税1.5万元。2. 消费税管理。结合消费税政策的有关规定，对小酒作坊的生产经营规模进行调查，切实加强征收管理。全县有农村煮酒业户23户，共征收白酒消费税2万元。3. 所得税管理。一是加强对《企业所得税法》及相关政策的宣传培训，全年共培训企业财会人员55人次，发出培训学习资料158份。二是做好2008年度企业所得税汇算清缴。全年对36户企业进行汇算清缴，汇算企业实现销售收入3205.65万元，应纳税所得额166.08万元，剔除减免因素，实际应纳所得税额1.53万元。三是落实税收优惠政策，依法审批减免企业所得税4户，减免税收164.55万元。4. 车辆购置税管理。一是开展车购税电子信息采集工作，强化车购税“一条龙”管理。二是圆满完成车购税档案清理移交工作，车购税纸质征收档案分批次移交给纳税人自行保管。三是与交警部门密切配合，加大对无牌无照车辆的稽查力度，打击偷逃税款行为。（三）发票管理。一是全年发售发票2.40万份，其中专用发票2704份，普通发票2.13万份。代开专用发票88份，代开普通发票3238份，认证增值税专用发票2381份，认证货运发票226份。二是对药店、超市和个体户的发票使用和管理进行检查，共检查用票户138户，发票1.6万余份。三是及时处理发票违法行为，全年处理发票违法户4户，处以罚款2500元。四是对家电下乡发票使用情况进行管理，将发票使用规定打印成册送达用票户，促进业户按规定使用发票。

【纳税服务】 一是在办税服务厅做好税务事项公示和

办税提示，开辟下岗职工和残疾人办税“绿色窗口”，方便办理相关涉税事宜，为纳税人提供优质服务。二是认真做好办税辅导，对取得涉税认定资格的纳税人，及时进行办税辅导，对于纳税信用等级较低的纳税人，给予重点办税辅导。三是实行“一窗式”受理，“一站式”办结，推行巡回服务、预约服务、延时服务。四是开展办税提醒服务，在征期结束前的最后2日，对未及时进行申报缴税的业户进行电话提醒，对逾期未申报或缴纳税款的，及时上门进行催报催缴。五是贯彻实施阳光政府“四项制度”，建设税务信息公开网站，开通96128政务信息查询专线电话，多渠道方便纳税人查询涉税事宜。

【税收执法】 （一）税收宣传。一是与地税部门联合开展税收宣传活动，共悬挂税法宣传横幅和张贴税宣画报30张，印发各类税法宣传资料1200份，接受咨询200余人次。二是召开重点税源企业税企座谈会，辅导企业完善涉税财务管理，鼓励企业依法纳税。三是开展税收有奖征文活动，在学生中开展税法教育，征文活动共吸引2000余名学生踊跃参与。四是开展送税法上内昆线活动，扩大税收宣传的覆盖面。五是抽调业务骨干深入到企业内部了解企业生产经营情况，现场解决纳税人涉税疑惑，和谐征纳关系。（二）税务稽查。落实稽查查前告之制度，对43户纳税人进行税务稽查，通过查前辅导、纳税人自查，全年共查补税收收入63.96万元，其中：税收54.18万元，滞纳金6.98万元，罚款2.80万元。（三）执法检查。一是做好税收规范性文件的备案审查工作，严格执行规范性文件审核制度和备案审查制度，定期清理税收规范性文件。二是加强对税收执法责任制和过错追究制的考核评议工作，通过税收执法管理信息系统考核，全年共发生执法过错行为1个，对过错责任人进行了经济惩戒。三是把“五五”普法工作贯穿于税收执法中，增强干部依法治税的法律意识。四是各职能部门每季度开展税收执法情况自查，对存在的问题进行自纠和整改，县局征管部门根据自查情况对各部门税收执法行为进行不定期抽查。

【税务管理信息化建设】 一是做好网络版稽核、协查系统的维护工作，保证两个系统的正常运行。二是对防雷设备进行全面检测，对专用UPS设备进行更换。三是根据市局每月反馈的内部网络瑞星防病毒软件运行情况通报，及时针对病毒日志中存在问题的计算机进行重点处理。四是做好更换IC卡、金税卡，变更企业信息等日常工作，维护好金税工程网络，保证数据资料及时准确。五是完成综合征管软件9次补丁升级和车购税征管系统1.1版3次升级工作。六是对现有广域网进行扩容、改造升级工作，新建三级网络教育培训系统，根据模板样式认真开展本级广域网线路搭建工作。

队伍建设

【机构人员情况】 2009年9月机构改革顺利完成，改革后有内设机构8个，即办公室、政策法规股、税政股、收入核算股、征收管理股、人事教育股、监察室、办税服务厅。直属机构1个，即稽查局；事业单位1个，即信息中心；派出机构1个，即翠华税务分局。2009年，全局有干部职工65人，其中：在职人员49人，离退休人员16人。在职人员中女18人，占37%，男31人，占63%。在职人员中本科学历11人，专科学历27人，中专学历8人，高中以下学历3人。全局有党员28人，占在职人数的57%。

【领导班子建设】 一是坚持党组中心学习组学习活动，对照检查班子成员学习实践科学发展观活动的落实情况，加强班子成员执政能力建设。二是开展领导班子建立学习型团队活动，增强班子的理论素养和领导能力，以适应新形势下国税工作发展的需要。三是加强作风建设、开展领导作风、生活作风和学风教育，增强班子责任意识和大局意识。四是认真贯彻民主集中制，对单位重大事项和重大决策，均由班子成员集体研究后执行。五是坚持开展局长接待日活动，让班子成员依次与纳税人进行面对面座谈，征求纳税人意见，改进工作作风，解决相关问题。

【廉政建设】 一是开展党风廉政建设专题学习活动12次，参学人数300余人次。二是层层签订《党风廉政建设责任书》，把工作责任落实到每一个干部，全年共签订责任书49份。三是召开“税检联系会”和“特邀监察员座谈会”，强化与检察机关的交流合作，充分发挥社会监督作用。四是开展《廉政公约》签订与回访工作，全年对签订过《廉政公约》的312户个体户进行回访调查和行风测评，纳税人满意率达98%。五是邀请县检察院为干部职工开展法制教育，剖析职务犯罪根源。六是组织干部职工观看反腐典型案例影像资料，筑牢税务干部拒腐防变的思想防线。

【精神文明建设】 一是以精神文明建设为依托，大力开展国税文化建设，充分发挥基层党组织和工青妇带头作用，积极开展登山、篮球、乒乓球、摄影、书法等各种文体活动。二是提出“做文明干部，创文明单位，建文明社会，创和谐环境”的口号，开展了建设文明环境、健康家庭工程和创建平安国税等活动。三是结合学习实践科学发展观活动，开展精神文明建设大讨论，要求全体干部对精神文明建设献言献策。四是组织干部职工积极参与县委、县政府组办的“庆五一”、“迎国庆60周年”等大型文艺演出活动。五是积极开展扶贫帮困工作，先后投入扶贫资金1.50万元，帮助扶贫点群众发展稻田养鱼和大棚蔬菜。

【教育培训】 一是积极组织干部参加上级组织的各类培训，全年有6人参加了省局组织的培训，14人参加了市局组织的培训。二是认真开展干部培训需求调查，年初发放教育培训调查表35份，征得意见和建议11条。三是全年投入教育经费5万余元，组织开展局内增值税转型、所得税业务培训、征管业务培训和稽查业务培训，有136人次参加。四是邀请大关县委党校副校长尤福昆老师为全局作学习实践科学发展观活动专题报告。

（陈　谦）

永善县国家税务局

经济概况

2009年永善县实现生产总值（GDP）24.45亿元，同比增长12.40%。其中：第一产业7.81亿元，增长7.80%，对经济增长的贡献率为18.22%；第二产业8.54亿元，增长14.50%，对经济增长的贡献率为42.33%；第三产业8.10亿元，增长14.1%，对经济增长的贡献率为39.45%。一、二、三次产业分别拉动GDP增长2.3、5.2和4.9个百分点。全县三次产业的结构比例为31.94∶34.93∶33.13。全年实现农业增加值7.80亿元，同比增长7.80%，实现工业增加值1.88亿元，同比增长21.60%。城镇居民人均可支配收入达1.11万元，增长8.20%；农民人均纯收入达2362元，同比增长17.20%。

税收概况

【收入完成情况】 2009年，永善县国家税务局共组织税收收入5372万元，完成年度目标任务的103.31%，同比下降6.93%，减收400万元。其中：国内增值税入库3928万元，完成年度目标任务的91.14%，同比下降7.99%，减收341万元。消费税入库4万元，完成年度目标任务的100%，同比增长33.33%，增收1万元。储蓄存款利息所得个人所得税入库76万元，完成年度目标任务的143.40%，同比下降44.93%，减收62万元。企业所得税入库921万元，完成年度目标任务的157.98%，同比下降25.43%，减收314万元。车辆购置税入库443万元，完成年度目标任务的177.20%，同比增长248.82%，增收316万元。

【收入特点】 （一）国税收入与GDP增长不同步。2009年永善县GDP同比增长12.40%，国税收入同比下降6.93%。（二）从收入结构看，增值税占收入比重最大，达到73.12%，企业所得税达17.15%，车辆购置税达8.25%，个人利息所得税达1.41%，消费税达0.07%。（三）从税种结构看，税收收入呈现“二增三减”现象。车辆购置税同比增长248.82%，增幅最大，消费税同比增长33.33%，个人利息所得税同比下降44.93%，企业所得税同比下降25.43%，增值税同比下降7.99%。（四）单月税收入库出现前低后高现象。随着我国经济由低迷、止跌、持平、回暖、向好，税收收入由年初的-19.47%回升至年末的-6.93%。（五）非公经济税收下降。全年实现税收收入3591万元，占总收入的66.85%，同比下降10.40%，减收417万元。

【税源分析】 （一）从行业看，煤炭开采和洗选业入库税收306万元，同比增长268.67%，增收223万元，原因是企业提高产量，同时，税率由13%恢复为17%。有色金属矿产品入库增值税262万元，同比下降55.37%，减收325万元，原因是受世界金融危机的影响，铅、锌价格下跌，有色金属矿产品销售及生产数量同比急剧下降。电力增值税入库1320万元，同比下降28.03%，减收514万元。原因是实体经济对电力需求下降，用电量减少。（二）从重点税源看，滇能电力集团从2009年1月1日开始，电价下调至0.033元/度，导致云南昭通高桥发电有限公司分入永善县税款仅881万元，同比下降42.53%，减收652万元。溪洛渡电站施工区企业同样受到金融危机和筑坝进度的影响，2009年缴纳的增值税和所得税共计475万元，同比下降102.11%，减收485万元。（三）从税收政策看，2009年国家出台并实施大规模结构性减税政策，直接影响全县国税收入减收1625万元。

各项工作

【税收征管】 （一）税源管理。一是强化户籍管理，夯实税源基础。通过加强与工商、地税和质监等部门的信息交换，进一步摸清税源家底。2009年累计办理税务登记2147户，比上年末增加534户。税收管理员坚持每月不低于两次到经营场所进行实地清查，堵塞征管漏洞。2009年共对108户逾期办证户进行税务行政处罚，罚款2.17万元。二是巩固和完善个体工商户计算机定税工作。进一步规范文书使用、定额指标采集，数据信息录入维护等工作。全县1918户个体经营户中除2户白酒制造业和8户摩托车销售业户外，其余1908户全部实行计算机定税。三是开展重点税源企业纳税评估工作。全年评估入库税款3.66万元，加收滞纳金3015.59元，合计3.96万元。（二）税种管理。1. 增值税。一是加强固定资产进项税抵扣管理，建立《固定资产进项税抵扣管理台账》和重点纳税人《固定资产清册》，全年固定资产进项税抵扣992.16万元；二是强化增值税一般纳税人认定管理，全年有6户达到新标准，均按规定程序认定；三是认真落实县以下小型水力发电单位既销售自产电力又转售大电网电力新政策，对转售大电网电力一律按适用税率征税。2. 消费税。加强对小酒厂生产经营活动的日常管理和检查，严格执行核定征收的相关规定，对生产经营发生变化的业户适时调整纳税定额。3. 车辆购置税。在做好机动车辆购置税“一条龙”管理服务的基础上，严格执行1.6升以下小排量乘用车减税政策，全年办理符合减税条件的乘用车272辆，减征税款68.92万元。4. 所得税。一是充分利用2008版企业所得税年度（A类）介质申报系统，全县共有55户纳税人利用该系统完成了2008年度所得税汇算申报工作。二是扎扎实实做好2008年度企业所得税汇算工作，有52户参加汇算，应纳所得税25.62万元。三是正确贯彻减免税政策。根据延长改革试点地区农村信用社所得税优惠政策规定，免征所得税额412.82万元。四是切实按照“抓大、控中、核小”的方法实施分类管理工作，核定征收户达13户。四是做好非居民企业所得税管理。为美国哈札国际有限公司开具《税务证明》1份。（三）发票管理。一是认真贯彻落实《国家税务总局关于进一步加强普通发票管理工作的通知》精神，坚持普通发票“采集、返查”制度，严格“以票控税”，全年补税达118万元，对21户不按规定使用发票的用票户进行处罚，共处罚款5380元。二是加强发票安全管理。严格实行专库存放、专人保管、专账登记的规定，库房内配备了“六防”设施，所有发票均进入保险柜存放保管。三是积极开展政策宣传，扩大普通发票使用面，全县使用发票户达422户，占税务登记户的19.65%。四是加强增值税专用发票管理。严格执行发票发售、代开、认证、抵扣的审核管理，全年共发售增值税专用发票1410份、增值税普通发票1445份，认证增值税专用发票2994份。

【税收执法】 （一）税收宣传。一是紧紧围绕“税收·发展·民生”的税宣主题，认真开展税收宣传。悬挂税收宣传标语条幅10条，设立“税务咨询点”，共接受涉税咨询200人次，散发税收宣传资料2000份。二是邀请纳税人代表，召开税企座谈会，辅导有关税收政策、法律、法规，并请他们向纳税人和社会各界进行宣传，增强税法宣传影响力。三是组织送税法进国家水电重点建设工地，召开由溪洛渡水电站施工单位参加的税法宣传咨询培训服务会3次，散发税收宣传资料120份。四是组织税法宣传工作组，开展送税法下乡活动。五是借助广播、电视广泛开展税法宣传。六是全力协办好国家水电重点建设工程税收征管工作联席会，做好税法宣传，构建和谐征纳关系。（二）税务稽查。2009年检查纳税户20户，查处有问题16户，查补入库增值税1.03万元，加收滞纳金2378.97元，罚款3.59万元，已全部入库。（三）执法检查。一是加强对执法人员综合征管软件应用的培训和指导，减少执法过错。通过人机结合的执法监督考核，2009年仅出现了3个过错行为，已按规定作出严肃处理。二是认真开展执法行为自查，通过市局重点抽查，全年没有出现税收政策执行错误，没有发生多征少征的现象。

【纳税服务】 一是以落实阳光政府“四项制度”为契机，细化工作责任，明确工作职责，有序开展纳税服务。二是简化办税程序和环节，提升服务效率。对原有的征管流程进行了调整，切实提高办税效率。三是加强提醒服务。税源管理工作人员通过口头敦促、电话通知等多种服务方式，提醒纳税人按期办理相关涉税事项，将纳税服务的内涵延伸到提醒纳税人自觉遵纪守法上。四是积极开展沟通服务。通过开展热线服务、定期开展“阳光投诉”、召开重点税源企业、个体纳税大户、异常申报户等各类纳税人座谈会等形式，广泛听取纳税人的意见和建议，促进征纳之间的交流与合作。五是制定和规范工作规程。结合工作实际，制定了纳税服务的前台、后台的受理、转办、处理、审核、回复流程和具体要求，落实考评制度，将纳税服务真正融入到税收征管的各个环节。

【税务管理信息化建设】 一是加强对计算机、网络系统等设备的安全管理，及时升级“瑞星杀毒软件”，防止病毒的侵害。二是按时备份办公自动化公文处理系统，按时上报车购税信息、“四小票”、网络运行情况。三是及时对防伪税控企业纳税人相关情况进行修改、注销、变更、授权和发行。四是机构改革后，及时对电子政务网机构名称、人员进行设置和调整。五是根据综合征管软件补丁升级的要求，及时对37号至39号补丁进行了升级。六是安装、调试省局配备的UPS电源设备和网络教育系统设备，协助广电、联通公司搞好广域网改建扩容工作。

队伍建设

【机构人员情况】 2009年9月完成机构改革。内设机构8个：办公室、人事教育股、监察室、办税服务厅、政策法规股、税政股、收入核算股、征收管理股。1个直属机构：稽查局；1个派出机构：溪洛渡税务分局；1个事业单位：信息中心。全县在职干部职工67人，其中：男干部55人，女干部12人。党员42人。学历结构：本科9人、大专40人、中专及以下18人。

【领导班子建设】 一是坚持抓好党组中心组理论学习，贯彻落实科学发展观，着力提高领导干部理论素养和解决实际问题的能力。二是开好2009年度党组民主生活会，发放征求意见表62份，整理存在问题8条，建议10条，采取6条措施有效解决存在问题。三是班子成员经常深入企业开展税收研究，并撰写调研文章，指导税收工作。四是狠抓班子战斗堡垒和模范带头作用的发挥，班子成员带头严格执行各项规章制度，着力推进队伍整体建设。五是贯彻落实民主集中制原则，重大问题集体研究决策，不搞家长制和“一言堂”，形成了有威信的领导班子。

【廉政建设】 一是认真贯彻落实中共中央《建立健全惩治和预防腐败体系2008～2012年工作规划》和省局《实施意见》，加强组织领导，做到年初有布置，年中有督查，年末有总结。二是以强化学习为根本，狠抓廉洁自律各项规定的落实。开展了党纪政纪条例规定的学习，大力推行“阳光政府”四项制度，强化服务意识和监督意识，促进国税干部队伍建设和党风廉政建设。三是以加强教育为基础，不断增强广大干部拒腐防变能力。有序开展了“科学发展观”教育活动、预防职务犯罪专题讲座、正、反面典型教育等活动。四是与纳税户签订《廉政公约》442份，回访纳税户350户。五是狠抓党风廉政建设责任制的落实。补充、修改和完善

《党风廉政建设目标责任书》，并与每位干部签订《责任书》。六是强化“两权”监督。对行政税收执法权和管理权进行监督检查，进一步规范全局税收执法和综合行政管理工作程序，促进各项工作的有序开展。

【精神文明建设】 一是把精神文明建设工作纳入目标管理责任制，严格进行考核。二是以建“文明窗口，树国税形象”为主题，开展争创“文明单位”、“文明行业”、“最佳办税服务厅”、“青年文明号”、“巾帼文明岗”活动。三是丰富创建载体，组织干部职工参加有益于身心健康的文体活动。四是认真贯彻省政府“四项制度”，全力推进行政问责、服务承诺、限时办结和首问责任制的具体落实。五是以办税服务大厅为“窗口”，认真开展“假如我是纳税人”活动，提高纳税服务质量，较好地展示国税风采，促进了精神文明建设健康发展。

【教育培训】 一是制订年度教育培训计划，着力提高干部队伍整体素质，积极开展政治学习和政策业务知识培训，有127人（次）参加。二是38人（次）参加省、市国税局组织的各类专门业务、专业技术和更新知识培训。三是开展学历教育，投入资金6万元支持23人（次）接受专科、本科和研究生学历教育。

（殷代安）

绥江县国家税务局

经济概况

2009年，绥江县实现生产总值（GDP）10.17亿元，按可比价计算，同比增长18.50%。其中，第一产业实现增加值2.26亿元，同比增长8.10%；第二产业实现增加值3.54亿元，同比增长25.10%；第三产业实现增加值4.37亿元，同比增长18.50%。三次产业的结构比例由2008年的24:32:44调整为22:35:43。全年完成固定资产投资12.50亿元，同比增长46.59%；全社会消费品零售总额2.62亿元，同比增长36.85%。职工年平均工资2.53万元，同比增长12.39%；农民人均纯收入2613元，同比增长17.54%。地方财政一般预算收入6426万元，同比增长35.34%；财政支出4.24亿元，同比增长35.73%。

税收概况

【收入完成情况】 2009年，绥江县国家税务局完成税收收入3990.94万元，完成年度目标3660万元的109.04%，同比增收427.70万元，增长12%。其中：增值税完成3277.46万元，同比增收331.70万元，增长11.26%；消费税完成1.06万元，同比持平；储蓄存款利息所得个人所得税完成52.67万元，同比减收57.39万元，下降52.14%；企业所得税完成374.83万元，同比减收75.39万元，下降16.75%；车辆购置税完成284.92万元，同比增收228.78万元，增长407.52%。

【收入特点】 （一）GDP增速快于税收收入增速，GDP同比增长18.50%，税收收入同比增长12%。（二）宏观税负略有下降，由2008年的4.22%下降为3.92%。（三）五税种呈现“两增两减一持平”，增值税、车辆购置税增收，企业所得税、储蓄存款利息所得个人所得税减收，消费税持平。（四）增值税、企业所得税、车辆购置税、储蓄存款利息所得个人所得税、消费税占税收收入的比重分别为82.12%、9.39%、7.14%、1.32%、0.03%，增值税在税收收入中占主体地位。（五）非公经济稳步发展，全年税收入库2691.46万元，同比增长12.54%，占总收入的比重由2008年的67.12%上升为67.44%。（六）税收收入对煤炭税收的依赖性进一步加大，煤炭税收占总收入的比重由2008年的45.66%提高到48.90%。

【税源分析】 （一）煤炭、商业批零、建材和电力四大行业入库税收3191.84万元，占税收收入的80%。煤炭税收入库1951.60万元，同比增收351.42万元，增长21.96%，原因是煤炭企业产销两旺，税率上调税负增加所致；商业批零税收入库835.91万元，同比增收212.61万元，增长34.11%，原因是市场消费强劲，带动销售增长；建材行业税收入库227.98万元，同比减收84.95万元，下降27.15%，主要受水泥厂技改，抵扣固定资产进项税影响；电力税收入库176.35万元，同比减收88.58万元，下降33.44%，主要由于用电企业开工不足，电力销售收入减少。（二）从重点企业来看，全县6户重点企业1户增收5户减收，入库税收1062.23万元，同比减收163.93万元，下降13.37%。其中：绥江县猴子沟后坝煤矿实现增长，入库税收316.49万元，同比增长156.02%，主要是技改完成，生产规模扩大；绥江县浙浦水泥有限责任公司因技改抵扣固定资产进项税1017.11万元，全年入库税收122.38万元，同比减收125.42万元，下降50.61%；绥江县中信纸业有限责任公司入库税收38.01万元，同比减收33.42万元，下降46.79%，主要受金融危机影响，机制纸价格下跌，销售收入减少所致。（三）企业所得税主要来自烟草公司，受企业成本增大，利润减少影响，税收减收75.39万元。（四）消费税税源没有发生变化，主要是个体白酒小作坊全年白酒生产销售同比持平，税收持平。（五）车辆购置税增长407.52%，原因是车购税优惠政策的实施和居民收入的增加促进了市场消费增长。（六）储蓄存款利息所得个人所得税下降主要受政策因素影响。

各项工作

【税收征管】 （一）税源管理。一是加强与工商、地税、交通部门的信息交换，解决在税源管理及税款征收过程中出现的问题，及时堵塞税收漏洞。二是强化税务登记管理，全年新办税务登记证390户。三是落实税收专管员制度，对全县1852户征管户实行分类、分行业管理。四是坚持落实领导干部挂钩重点税源户制度，挂钩领导不定期到企业开展税源调查和收入分析。五是强化国家重点工程税收征管，通过与外地国税机关协商，明确了中国水电八局向家坝砂石项目部太平料场税收征管及分配比例。（二）税种管理。1. 增值税管理。一是以政府信息公开网为载体，搭建税收政策宣传平台，通过召开纳税人座谈会、送税法上门等方式，全面宣传增值税转型政策。二是按规定新认定增值税一般纳税人8户、转正6户。三是按月对固定资产进项税额进行审核，全年核查固定资产进项税抵扣税额1016.63万元，转出不能抵扣的固定资产进项税额44.18万元。四是加强个体税收定额核定，全年核定1696户，核定月税额21.40万元。五是严格落实税收优惠政策，对农产品企业免征增值税3万元，对1590户个体户免征增值税214.35万元。六是规范建材行业税收秩序，清理企业32户，查补税款6万元。七是认真开展纳税评估，评估4户企业，补税52万元。2. 企业所得税管理。一是开展普查工作，对漏征漏管、欠税、亏损企业和重点税源企业进行重点调查。二是严格按程序做好减免税管理工作，对税前扣除项目、减免税进行审批、报送，逐级审核批准1户企业税前扣除呆账损失29.90万元，办理所得税减免1户，减免税收79万元。三是开展2008年度企业所得税汇算清缴工作，26户企业汇算补缴企业所得税13.59万元。3. 车辆购置税管理。一是认真落实车购税优惠政策，全年征收车辆3274辆，组织税收284.92万元，减免税收42万元。二是准确核对车购税最低计税价格，分析“一条龙”异常发票信息，全年查出2份发票低于最低计税价格，补缴税款215.04元。三是清理车购税档案，核实注销机动车数据153条，销毁车购税档案信息和纸质档案资料19条。（三）发票管理。一是强化发票安全管理，按“三专六防”的要求，全面做好发票安全工作。二是严格执行专用发票限额限量、购票预缴税款、先比对后抵扣等制度，全年出售各种发票1.33万本。三是对132份增值税“四小票”数据进行检查审核，其中发现2份发票缺联，移交稽查处理，查明为对方未报送存根联发票造成缺联。四是打击和整治制售假发票和非法代开发票等违法行为，对53户纳税人1972份发票进行检查，其中1户企业未按规定保管发票被处以罚款600元。

【纳税服务】 一是加强办税服务厅建设，按“一窗式”、“一站式”要求构建纳税服务平台，做到办税流程、管理制度上墙、上栏。二是深入企业宣传固定资产进项税额抵扣政策，确保固定资产进项税抵扣新政策全面、准确贯彻落实。三是开展实地调研，了解煤炭行业的生产经营情况，帮助企业规范财务管理，夯实税收征管基础。四是要求一线人员钻研税收业务、树立责任和服务意识、严格工作纪律、强化工作AB角制、加强各部门协调，着力维护国税形象。五是开展纳税咨询热点问题收集工作，及时搜集整理纳税人的涉税疑惑，出台措施整改落实，提高纳税服务质量。

【税收执法】 （一）税收宣传。一是围绕“税收·发展·民生”主题，上街设立税收宣传点，发放宣传资料2800份，接受纳税人咨询260人次；二是借助2009年“国税杯”门球赛，向参赛运动员和观众宣传税法；三是组织重点税源企业召开税企座谈会，近距离听取纳税人心声；四是紧密结合增值税转型和绥江移民建设，开展送税法进企业、进机关、进学校、进矿山等活动，提高宣传的针对性；五是通过标语、海报、网络和报刊等载体开展宣传活动，扩大宣传的覆盖面。（二）税务稽查。严格执行选案、实施、审理、执行四环节分离，落实查前告知制度，全年检查企业10户，立案6户，结案6户，查补入库税款55.74万元，其中：税收43.69万元、滞纳金10.89万元、罚款1.16万元。查实率60%，入库率100%。（三）执法检查。一是强化目标管理责任制考核，严格执行《执法过错追究实施办法》和《执法管理子系统考核实施办法》，通过执法考核子系统发现全年发生执法过错5个，已按规定追究责任2人。二是市局巡视检查组对县局进行检查，查出稽查文书不规范、征管档案归档不及时等问题，县局按要求对存在问题进行了及时整改。（四）依法治税。一是继续贯彻落实《全面推进依法行政实施纲要》，认真开展“五五”普法和“依法治县”工作，全面推进法制建设。二是认真落实各项税收政策和税收优惠政策，促进地方经济协调发展。三是坚持依法征收，全年受理纳税申报7769户次，申报率和入库率都达100%，全年无新增欠税。四是规范重大税务案件的审理工作，在涉税案件中做到实事求是、程序合法、处罚合法合理，实现全年税收执法无复议、听证、诉讼。

【税务管理信息化建设】 一是安装、调试省局配备的UPS电源设备和网络教育系统设备。二是协助广电、联通公司搞好广域网改建扩容工作。三是通过市局政务网网络监控模块，加强对网络运行情况的监控检查，确保主干网络和DDN备用网络的运行畅通。四是做好上级局配发计算机等设备的验收、安装工作。做到实物、调拨单相符，同时建立台账加强管理。五是及时对综合征管软件、车购税征管系统、增值税介质申报系统进行升级，确保各系统正常运行。

队伍建设

【机构人员情况】 2009年9月，机构改革后，绥江县国家税务局内设办公室、政策法规股、征收管理股、税政股、人事教育股、监察室、收入核算股、办税服务厅，直属机构为稽查局，派出机构为中城税务分局，事业单位为信息中心。年末干部职工56人，其中在岗41人，占73.21%；退休15人，占26.79%。在岗干部职工中：男26人，占63.41%；女15人，占36.59%；大专及以上学历的37人，占90.24%；中专及以下学历的4人，占9.76%；中共党员17人，占41.46%。

【领导班子建设】 一是坚持党组中心组学习制度，按一季一个主题开展学习活动，班子成员理论素质和领导能力进一步提高。二是班子力量得到强化，在机构改革中，领导班子由2人充实为4人，促进了班子队伍年轻化、知识化和专业化。三是提高党组民主生活会的质量，会议收集意见和建议29条，其中肯定性意见7条，批评性意见6条，建设性意见16条，并对意见及时进行整改落实。四是坚持民主集中制原则，加强集体领导，对人事、基建、大额经费支出等重大事项集体研究决定，定期公开经费收支情况。五是大力建设廉政文化，在自律和他律的作用下，促进领导班子勤政廉洁。

【精神文明建设】 一是以创建省级“文明单位”为目标，全体动员，推动精神文明建设取得新成效。二是加强干部队伍素质建设，转变工作作风，建设服务型税务机关。三是通过开展书画、歌咏比赛等文娱活动，丰富干部职工的业余生活。四是认真开展党支部、群团组织活动，充分发挥党、团、工、青、妇组织在精神文明建设活动中的作用。五是积极组织干部职工参加社会公益活动。5名税务干部参加无偿献血，共献血1500毫升；全体干部开展巩固提高“普九”捐资助学活动，共捐款6500元；落实扶贫攻坚任务，全局干部捐款2万元，投入人力350人次。

【廉政建设】 一是根据中共中央关于《建立健全惩治和预防腐败体系2008~2012年工作规划》，完善反腐倡廉制度。二是按照党风廉政建设要求，层层签订《党风廉政建设责任书》和《预防职务犯罪责任书》，把责任分解到部门，落实到人。三是坚持签订《廉政公约》制度，已与90%的新开业户签订《廉政公约》。四是加强税务干部廉政警示教育，帮助干部自觉抵制不廉行为，提高廉政意识。五是坚持落实特邀监察员制度，充分发挥社会监督作用，促进干部职工廉洁从政。

【教育培训】 一是投入培训经费2.13万元，全力保障培训工作的开展。二是制订干部教育培训计划，完善培训措施，改进培训手段，全年采取“请进来”的方式举办廉政讲座和业务培训3次，参训70人次，采取“走出去”的方式派出干部参加稽查业务培训和岗前培训15人（次）。三是开展深入学习实践科学发展观活动，通过开展专题学习、专题调研、撰写心得体会和读书笔记等形式认真开展各项学习活动。四是召开税收政策培训会，组织了80户企业参与增值税、企业所得税等政策培训。

（柯术勇）

水富县国家税务局

经济概况

2009年，水富县实现生产总值（GDP）22.97亿元，按可比价计算，同比增长2.70%。其中，第一产业完成增加值1.31亿元，同比增长4.11%，第二产业完成增加值16.16亿元，同比增长1.62%；第三产业完成增加值5.50亿元，同比增长5.80%；三次产业结构比例为5.70:70.35:23.95；人均生产总值2.38万元；完成固定资产投资44.94亿元，同比增长45.43%；社会消费品零售总额实现3.95亿元，同比增长7.34%；非公经济实现增加值4.50亿元，同比增长11.66%；城镇居民人均可支配收入1.35万元，同比增长8%；农民人均纯收入3008元，同比增长13.25%；地方财政收入1.65亿元，同比增长8.2%。税务部门组织收入4.00亿元，同比增长10.19%。

税收概况

【收入完成情况】 2009年，水富县国家税务局共组织税收入库1.14亿元，同比下降5.21%，完成年度确保目标的110.27%。其中：增值税入库9409.92万元，完成年度计划的107.18%，同比下降7.41%；消费税入库140.98万元，完成年度计划的99.30%，同比增长8.46%；储蓄存款利息所得个人所得税入库58.98万元，完成年度计划的61.46%，同比下降59.59%；企业所得税入库658.05万元，完成年度计划的131.6%，同比下降28.86%；车辆购置税入库1154.39万元，完成年度计划的137.38%，同比增长68.96%。

【收入特点】 （一）税收收入与经济增长步调不一。税收收入同比下降5.21%，生产总值同比增长2.70%。（二）云天化股份公司生产状况对增值税收入影响突出。各行业税收均呈增长态势及其他化工企业纳税普遍增长，云天化股份公司生产异常致使增值税总体收入下降7.41%。（三）非公经济税收快速增长，非公经济税收全年入库1717.13万元，同比增长61.75%。（四）增值税主体地位未变，车购税比重上升。增值税、消费税、储蓄存款利息所得个人所得税、企业所得税、车辆购置税占总收入的比重2008年是84.34%、1.10%、1.21%、7.68%、5.67%，2009年为82.38%、1.23%、0.52%、5.76%、10.11%。

【税源分析】 （一）化工、烟草、电力行业是增值税骨干税源。三行业全年入库增值税 7686.44 万元，占全部增值税 81.69%。（二）白酒产品是消费税收入支柱。全年入库消费税 140.98 万元，白酒产品占总额 99.28%，水富醉明月实业公司纳税同比增长 5.30%。（三）化工产品增值税收入下滑。云天化股份公司全年非正常停产 74 天，应税收入同比下降 14.18%，增值税减收 3633.84 万元，同比下降 51.48%。（四）电力增值税收入增长。向家坝电站大坝浇铸和云南包装厂水富分厂正式投产，拉升电力需求，推动电力行业全年入库增值税 1641.12 万元，同比增长 93.51%。其中：水富供电公司增收 405.41 万元，发达电力公司增收 412.13 万元，横江发电公司减收 24.22 万元。（五）新办企业贡献显著。全年缴纳增值税 737.07 万元，同比增收 525.45 万元，增长 2.47 倍。其中：云南包装厂水富分厂纳税 547.88 万元，同比增长 2.05 倍。水富同力矿业公司纳税 65.03 万元，同比增长 2.35 倍。朝阳混凝土公司纳税 74.23 万元，同比增长 87.50%。（六）烟草、成品油增值税大幅上升。全年商业行业入库增值税 1350.89 万元，同比增长 53.40%，其中：烟草公司购销两旺，同比增收 192.82 万元，增长 42.05%；中石化石油站增收 76.20 万元，增长 1.87 倍；中石化水富油库增收 168.36 万元，增长 10.27 倍。（七）增值税转型影响有限。全年抵扣固定资产进项税 355.75 万元，征收率下调减收 81.21 万元。（八）查补收入刷新纪录。全年查补入库税收 472.27 万元，同比增长 10.88 倍，创历史新高。（九）烟草企业利润下降和民政福利企业退税致企业所得税减收。其中烟草公司减收 106.86 万元，金明化工有限公司政策性退税减收 157.42 万元。（十）政策性减税激发居民消费热情，车辆购置税增收 471.31 万元，同比增长 68.96%。

各项工作

【税收征管】 （一）税源管理。一是召开国税、地税、工商信息交换协调会议，明确信息交换时间、方式和人员，根据需要增补了“注销登记”、“稽查案件”和“经营未办证”三项内容。二是采取查发票开具金额、查进货单金额、查发货单金额、查结算单金额、查日记账金额、查收款机金额方式规范个体户定额核定。三是对化工、成品油行业共 3 户增值税纳税人和免税到期或连续亏损共 5 户所得税纳税人进行了纳税评估，纳税评估补缴增值税 127.95 万元、补缴企业所得税 2.55 万元、减少亏损 5.89 万元、调整企业利润 42.69 万元、1 户移交稽查查处。四是全年对 1619 户纳税人进行了定额核定，其中达起征点 235 户，核定月税额 6.20 万元，户平均税额 264 元。五是继续坚持征管、监察、分局按季联合抽查纳税人登记、管理、纳税情况，全年处理逾期办理税务登记户 84 户（次），处以罚款 1775 元；全年新增管户 265 户，年末管户 1941 户，年纳税 1 万元以上个体 10 户，年纳税 100 万元以上企业 14 户。（二）各税管理。1. 增值税管理。一是按规定认定一般纳税人 14 户，其中：正式一般纳税人 4 户，辅导期一般纳税人 7 户，暂认定一般纳税人 3 户。二是通过与宜宾、绥江国税局协调，实现了中国水电八局向家坝电站建设税收 100% 在云南缴纳，明确了水富县和绥江县的收入分配比例。三是核查金月化工有限公司安置残疾人证件 115 本，劳动合同 115 份，退还该公司即征即退增值税 85.46 万元。四是连续 10 年保持零欠税。五是经过专项纳税辅导，铜厂沟煤业有限责任公司转出增值税进项税额 61.68 万元，补缴增值税 86.35 万元。六是纠正了 14 户纳税人的税率或征收率使用错误。2. 消费税管理。一是以企业增值税、消费税申报数据和企业财务报表为依据，判别白酒生产企业“两税”销售收入申报是否一致，对酒产品按从价定率和从量定额两种办法征税。二是对 5 户金银首饰零售商实行定期定额管理，全年核定征收消费税 1.33 万元。3. 企业所得税管理。一是对账务不健全 6 户企业实行定期定额管理，核定征收企业所得税 3.78 万元。二是建立了企业弥补亏损台账、减免税年度分户台账、税前扣除审批台账。三是开展并完成了 14 户盈利企业，49 户亏损企业所得税汇算清缴，给予纳税调整 171.51 万元，弥补亏损 128.13 万元。四是批准农行水富支行财产损失税前扣除 22.77 万元，水富信用联社呆账损失税前扣除 2.93 万元。五是按规定免征水富县农村信用联社 2008 年度税额 233.68 万元。六是通过政策辅导，云天化股份公司代扣代缴瑞士联合银行集团债券利息所得税 1200 元。（三）发票管理。一是按发票管理要求设置库房、人员、箱柜，放置器材。二是按规定发售普通发票 90016 份，发现发票开具金额超定额 621 户次，据此调整纳税定额 42 户次，补税 42.57 万元；代开普通发票 1913 份，征税 61.15 万元。三是按规定发售专用发票 2975 份，认证专用发票 7941 份，退还纳税人认证不符 14 份；代开专用发票 13 份，征税 1.43 万元。四是建立了发票用票户管理电子台账。（四）税收票证管理。检查了 2008 年 7 月 1 日至 2009 年 6 月 30 日税收票证 40073 份，其中：结存未用数 28937 份，填用数 10752 份，作废 384 份，废票率 3.4%。

【税收宣传】 一是对 156 户纳税人进行了增值税条例、细则及相关政策培训。二是与县检察院联合举办了科学发展观和税收知识有奖竞赛。三是派员为水富县委组织部举办的两期中青年领导干部培训班和县政府举办的 2009 年度政府机关公务员培训班举办了专题税收知识讲座。四是组队参加县委、县政府主办的“唱红歌、迎国庆、建和谐”活动并获奖，干部风貌得到展示，国税形象得到提升。五是结合移民工作向包户移民宣传税收与移民发展、与重点工程建设、与民众生活改善、与国家实力增强的关系。

【依法治税】 （一）税务稽查。在专项检查和分级分类检查中查结案件 23 件，稽查调整减少企业亏损 13.64 万元，查补入库收入 472.29 万元，其中税款 365.53 万元，滞纳金102.91万元，罚款3.84万元。（二）税收执法。一是对在2008年度税收执法中存在过错的3名干部进行了责任追究，给予了经济处罚。二是审理了2起重大案件，占稽查全部案件8.69%。三是与地税局、公安局联合对237户纳税人进行了发票使用专项检查，共发现问题发票132份，收缴替用发票（收款收据）860份，涉及纳税人27人，立案13件，查补收入8.65万元，其中税款5.17万元，滞纳金1.37万元，罚款2.11万元。四是对县级国税机关现有行政许可类审批（服务）项目和非行政许可类审批（服务）项目进行了清理和规范。

【纳税服务】 一是继续为改善办税环境追加硬件设施。二是选派2名干部入驻政府政务服务中心，为纳税人提供服务。三是税收征管岗位实行AB角工作制、征收期领导值班制、首问责任、办事引领、限时服务制、干部去向公开制。四是继续公开办税依据、办税内容、办税程序、办税时限，接受纳税人监督。五是开通96128专线电话，开展预约服务、特殊服务，为纳税人提供方便。六是建立文明服务台账，设立纳税人意见簿记录干部服务态度、服务质量，征求涉税服务意见。

【税收信息化建设】 一是按省局要求升级、安装、运行计算机软件，管理计算机硬件。二是全面实行计算机内外网物理隔离，安装防病毒软件，防范病毒入侵和数据泄密。三是按规定备份、存储数据，数据完整安全。四是对增值税防伪税控系统纳税人基本信息进行了变更。五是添置了视频会议设备，开通了视频会议系统。六是进行了国税广域网联通线路和广电线路的接入。

【公益活动】 一是向挂钩扶贫村捐赠衣被122件套。二是向食用野生菌中毒的三角村村民捐助急救医疗款1000元。三是参加三角小学、坪头小学、水富一中、水富一小“六一”节庆祝活动，共赞助经费1200元。四是捐赠三角小学旧电脑3台。五是为水东村村民捐助“布加氏综合征”治疗费4110元。六是派干部为移民联系拆迁过渡房、搬家车辆，为移民搬家具、扛物品，为包户移民节省搬迁时间和费用。

队伍建设

【机构人员】 （一）机构设置。2009年机构改革后内设机构8个：办公室、监察室、人事教育股、税政股、办税服务厅、征管股、政策法规股、收入核算股；直属机构1个：稽查局；派出机构1个：向家坝税务分局；事业单位1个：信息中心。（二）人员结构。年末在职干部48人，其中：男28人，女20人；年末退休干部12人，其中：男7人，女5人。（三）人员增减。2009年7月7日，77岁的离休干部王仕才因肺癌医治无效去世；2009年10月14日，胡伟调任水富县国家税务局党组成员、副局长；2009年11月25日，42岁的在职干部杨静因乳腺癌医治无效去世。

【领导班子建设】 一是通过对科学发展观的学习实践，县局机关支部获十佳“先进基层党组织”称号，局长倪尉东获十佳“谋事布局一盘棋”称号。二是2009年党组民主生活通过“群众提”、“问卷问”和“对比找”三种方式征求到不同意见和建议17条，全局干部对领导班子的满意率达96%。三是干部职务任免、岗位调整、大额经费支出经过党组集体讨论、行政会征求意见或向全局干部征求意见后决定。四是通过党组中心学习组学习把握时事政治、提高领导干部素质。

【廉政建设】 一是县局与各股室签订了《2009年党风廉政建设责任书》和《2008年预防职务犯罪工作目标管理责任书》。二是开展了《关于在全省各级干部和广大党员中深入开展“11·28”专题案例教育的通知》和《关于在全省纪检监察机关开展学习王瑛同志先进事迹活动的通知》专题教育活动。三是公开纳税人定额，维护纳税人知情权，接受社会监督。四是未收到干部不廉反映，干部违纪违法案件零发生。五是召开特邀监察员座谈会，通报党风廉政建设和预防职务犯罪工作，听取特邀监察员意见、建议。六是稽查局、向家坝分局、计划征收股坚持每月开展有纪检监察部门人员参加的“纪检日”活动。

【精神文明建设】 一是县局机关重新获得市局级“文明单位”、市级“文明单位”、省级“文明单位”称号；向家坝分局保持了“全国青年文明号”称号。二是对机关大院停车场地进行扩建，规范了各类车辆停放管理。三是组织了国税局、地税局、财政局、人行、审计局五部门联合举办的文体、棋牌娱乐联谊活动。

【教育培训】 一是全年有3名干部取得本科文凭，本科学历总人数达13名，年末在读专升本6名。二是从后勤部门选派4人参加了扬州培训班学习。三是稽查局全员参加全国考试，其中一人获市局奖励。四是稽查局全员参加了市局组织的三次业务考试，进行了考后总结。五是税政股对税收征管人员进行了《中华人民共和国企业所得税年度申报表》填制培训。

（陈序江）

曲靖市国家税务局

经济概况

2009年，曲靖市实现生产总值（GDP）861.8亿元，按可比价格计算比上年增长12.9%，按常住人口计算，人均GDP达到1.49万元。其中：第一产业实现增加值160.9亿元，增长6.9%，拉动GDP增长1.2个百分点，对经济增长的贡献率为8.9%；第二产业实现增加值456亿元，增长13.6%，拉动GDP增长7.3个百分点，对经济增长贡献率为56.9%；第三产业实现增加值244.9亿元，增长15%，拉动GDP增长4.4个百分点，对经济增长贡献率为34.2%。三次产业结构进一步得到优化，其结构调整为19:53:28。工业增加值实现409.4亿元，按可比价计算增长12.6%，拉动GDP增长6.2个百分点，对经济增长贡献率为48%。规模以上工业企业实现增加值328.4亿元，增长12.7%。轻工业实现增加值107亿元，增长5.1%，重工业实现增加值221亿元，增长16.3%。重点行业发展态势良好。烟草制品业实现增加值98.2亿元，增长3.1%；化学原料和化学制品制造业实现增加值24.2亿元，增长2.6%；有色金属冶炼和压延加工业实现增加值28.4亿元，增长33.4%；黑色金属冶炼和压延加工业实现增加值10.9亿元，增长14.6%；电力、热力的生产和供应业实现增加值65.3亿元，增长21.9%；交通运输设备制造业实现增加值5亿元，增长60.9%；规模以上煤炭开采和洗选业实现增加值46.3亿元，负增长0.5%。

税收概况

【收入完成情况】 2009年，曲靖市国税系统共组织入库税收收入130.32亿元，同比增收4.02亿元，增长3.18%，完成年计划的100.01%，完成奋斗目标的94.60%。

【收入特点】 一是单月税收收入同比“增减对半”。1、2、3、4、5、9月同比减收，6、7、8、10、11、12月同比增收，下半年呈增长态势，11、12月增幅较大，分别同比增长47.34%、85.60%。二是全年累计税收收入以正增长作结。2009年以来，由于受经济和政策的双重影响，全市累计国税收入一直呈减收状态。从6月开始，随着经济的回升，国税收入呈逐渐回升态势，降幅减缓，到11月，同比下降1.33%，12月单月收入增幅较大，全年收入同比增长3.18%。三是地区税收收入呈现“七增三减”态势。开发区、麒麟区、会泽县、宣威市、富源县、师宗县、陆良县增收，沾益县、马龙县、罗平县减收。四是烟草税收对全年税收收入任务的完成举足轻重。2009年，全市共组织烟草工业、商业税收83.69亿元，占全部税收收入的64.22%。其中：红云红河集团三税入库72.94亿元，占全部税收收入的55.97%，占全市国税收入的半壁江山，对完成全年税收收入计划起到举足轻重的作用。五是重点税源企业税收全年总体增收。2009年，按2008年口径排名纳税前30名的企业共计入库税款98.81亿元，同比增收1.39亿元，增长1.42%，30户重点纳税企业中同比入库税款总额增长的有18户，占60%；市政府确定的全市30户重点骨干工业企业共计入库税款85.41亿元，同比增收1.99亿元，增长2.38%，30户重点骨干工业企业中同比入库税款总额增长的有15户，占50%。六是地方一般预算收入略有增长。2009年，全系统共组织入库地方一般预算收入17.03亿元，同比增收1172万元，增长0.69%。

【税源分析】 （一）增值税主要行业增减因素分析。1. 卷烟。2009年入库税款15.64亿元，同比增收6829万元，增长4.57%。主要原因：一是红云红河烟草集团1~11月实现税收同比增收7054万元；二是清算调整税款增加1849万元；三是红云集团2008年结转税款同比减收2074万元。2. 煤炭。2009年入库税款10.89亿元，同比增收2.21亿元，增长25.51%。主要原因：一是2009年煤炭行业入库上年延期税款9250万元，而2008年入库延期税款1083万元；二是非金属矿采选产品增值税税率由13%恢复到17%，税收增加；三是2009年全市原煤产量为4062.5万吨，同比增长5.3%；四是国税部门进一步强化煤炭行业税收征管。3. 电力。2009年入库税款10.22亿元，同比增收1.17亿元，增长12.95%。主要原因：一是2009年全市发电量为386.9亿千瓦时，同比增长28.54%；二是上半年上网电价同比上涨；三是2009年电力、热力的生产和供应业完成规模以上工业增加值65.3亿元，同比增长21.9%。4. 化工产品。2009年入库税款1.76亿元，同比减收8987万元，下降33.75%。主要原因：一是化工产品价格下跌，导致销售收入减少；二是增值税转型的影响。5. 黑色金属。2009年入库税款1.12亿元，同比减收1.61亿元，下降59.03%。主要原因：一是平均销售价格下降；二是金属矿采选产品增值税税率由13%恢复到17%，进项税额增加；三是增值税转型的影响。6. 有色金属。2009年入库税款4.42亿元，同比增收29万元，增长0.07%。主要原因是产销量增长，2009年全市10种有色金属产量为57万吨，同比增长1.16%。7. 建材产品。2009年入库税款1.18亿元，同比增收

3629万元，增长44.65%。主要原因：一是2009年全市水泥产量为851.7万吨，同比增长29.29%；二是水泥平均销售价格同比上涨。8.石油加工及炼焦业。2009年入库税款3.91亿元，同比减收1.37亿元，下降25.94%。主要原因：一是焦炭销售价格下降，销量减少；二是非金属矿采选产品增值税税率由13%恢复到17%，进项税额增加；三是增值税转型影响，进项税额增加。9.商业。2009年入库税款10.28亿元，同比增收1.60亿元，增长18.39%。其中烟草商业企业累计入库5.42亿元，同比增收1.19亿元，增长28.07%。增收的主要原因：一是2009年社会消费品零售总额为190亿元，同比增长22.4%；二是云南省烟草公司曲靖市公司销售收入增加10.5亿元。（二）消费税增减因素分析。1.工业卷烟、烟丝。2009年入库税款54.19亿元，同比增收3.20亿元，增长6.28%。主要原因是2009年5月1日起调整卷烟生产环节消费税计税价格和从价税税率，红云红河烟草集团实现税款同比增收。2.卷烟批发。2009年入库税款8212万元，同比增收8212万元。主要原因是2009年5月1日起调整烟产品消费税政策，在卷烟批发环节加征一道5%的从价税。3.汽车摩托车。2009年入库税款323万元，同比减收9万元，下降2.71%。主要原因是一汽红塔云南汽车制造有限公司应税车辆销量同比减少。（三）企业所得税增减因素分析。1.卷烟。2009年入库税款3.11亿元，同比减收2.45亿元，下降44.01%。主要原因是企业所得税税率降低8个百分点。红云集团划转上年汇算清缴所得税同比减收2.01亿元。2.烟草商业。2009年入库税款4.51亿元，同比增收255万元，增长0.57%。主要原因是预缴税款增加。3.电力。2009年入库税款2527万元，同比增收2785万元，增长1079.46%。主要原因：一是本市几大电厂发电量、售电量同比增加，销售收入增加，利润增加；二是云南电网公司曲靖供电局查补税款增加1252万元。（四）储蓄存款利息所得个人所得税增减因素分析。2009年入库税款2119万元，同比减收2480万元，下降53.92%，主要原因是储蓄存款利息所得个人所得税只对2008年10月9日以前孳生的利息收入征税，税款越来越少。（五）车辆购置税增减因素分析。2009年入库税款3.41亿元，同比增收6441万元，增长23.26%。主要原因是：经国务院批准，对2009年1月20日至12月31日购置1.6升及以下排量乘用车，暂减按5%的税率征收车辆购置税，受这一政策影响，汽车的购买量同比增加。

【税务管理】 （一）户籍管理。全市国税系统加强税收征管，优化纳税服务，认真贯彻落实国家扶持下岗失业人员、残疾人和返乡农民工再就业税收优惠政策，加强巡查巡访，大力清理漏征漏管户，税收征管户数增长较快，到2009年底，全市国税系统共有税收征管户42464户，其中：国有企业328户、集体企业524户、股份合作企业69户、联营企业6户、有限责任公司1391户、股份有限公司261户、私营有限责任公司2815户、私营股份有限公司12户、私营独资企业42户、私营合伙44户、个人独资企业751户、其他企业40户，合资经营企业（港澳台）27户、合作经营企业（港澳台）1户、独资经营企业（港澳台）10户、投资股份有限公司（港澳台）10户、中外合资经营企业13户、中外合作经营企业1户、外资企业8户、外商投资股份有限公司2户、其他外国企业2户，非企业单位4户、个体工商户36091户、个人合伙4户、个人8户。（二）欠税管理。全市国税系统认真贯彻落实省局“创新发展年”各项工作要求，加强欠税管理，加大欠税清缴力度，欠税与上年相比大幅度下降，到2009年底，全系统有欠缴税款纳税人25户，欠税金额2178.18万元，同比减少欠税366.17万元，下降14.39%。（三）纳税评估。按照总局和省局关于开展重点税源纳税评估的工作要求，市局和各县（市、区）局分别成立了重点税源纳税评估工作领导小组，充分利用综合征管软件“一户式”存储信息，开展纳税评估工作。2009年，全系统共组织纳税评估258户，其中：专业评估236户，重点评估22户（1户正在稽查中）。专业评估补缴税款5932.38万元，其中：增值税5312.37万元，所得税576.12万元，滞纳金43.89万元；重点评估补缴税款1000.25万元，其中：增值税667.80万元，所得税302.52万元，加收滞纳金9.93万元，调整应纳税所得额2326.39万元。（四）信息管税。一是根据省局“创新发展年”工作要求，市局成立了税收征管业务风险数据管理项目组，针对多年来个体工商户税收征管中存在问题，在深入调研、充分听取基层意见的基础上，利用综合征管软件系统信息，开展个体工商户风险数据管理专题分析。通过分析并经各县（市、区）局调查核实，对1021户“增值税类型”登记错误的纳税人进行了更正，对444户未达起征点连续超定额的纳税户进行了定额调整，对13户携票失踪又同城开业的纳税人进行了相应处理，对4户达到增值税一般纳税人认定标准的个体工商户进行了一般纳税人认定，进一步规范了个体税收征管，降低了税收执法风险。二是按照省局推行财税库银横向联网试点工作安排，本市被列为推行工作试点单位。在省局和有关部门的大力支持和纳税人的配合下，财税库银横向联网工作在本市试点成功。2009年11月13日纳入试点的25户纳税人分别与税务机关和开户银行签订了三方协议，11月23日系统上线运行，并实时成功扣缴4户纳税人的5笔发票工本费，截至12月31日，财税库银横向联网系统扣缴税款753.80万元。（五）规范办税服务厅。为进一步优化纳税服务，市局在深入全市21个办税服务厅调研，充分征求基层一线办税厅窗口人员、税源管理人员和纳税人意见和建议的基础上，从规范办税服务厅窗口设置和办税流程入手，制定了《曲靖市国家税务局办税服务厅规范化管理办法（试行）》，从硬件设施、工作职责、窗口设置、工作流程、考核等方面对全市办税服务厅进行规范。

各项工作

【税收法制建设】 （一）做好“五五”普法工作。制定了《曲靖市国税系统二〇〇九年普法工作实施意见》，向市委、政府、人大、政协、纪委五班子及市直各涉农单位领导赠阅《涉农税收优惠政策选编》80余本，并以“12·4”全国法制宣传日为契机，在珠江源广场进行税收法制宣传，发放税法宣传资料和印有“学法守法歌”的挂历3000余份，受理税务咨询10余人次。对纳税人享有的权利和义务，税务行政许可的办理，听证、复议、诉讼的程序，发票使用的基本常识等税法知识进行了广泛宣传，为营造良好的税收法制环境打下坚实基础。（二）做好税收政策执行情况反馈。2009年，开展了新《企业所得税法》政策执行情况的反馈、应对金融危机税收政策执行情况及实施效果调查和企业治乱减负自查自纠工作，对数据进行了定性分析，并评估了相关税收政策的实施效果，提出了存在问题和完善建议。（三）组织税收执法资格考试。2009年11月27日，组织全系统新录用及上年度录用人员共21人参加全国税收执法资格考试。

【税收征管】 （一）增值税管理。1. 增值税转型等结构性减税政策落实到位。一是认真落实购进固定资产抵扣进项税政策，为企业减负5.89亿元。2009年，全市完成固定资产投资555亿元，同比增长30.6%，全年有998户一般纳税人申报抵扣固定资产进项税额5.89万元。二是小规模纳税人征收率降低，为纳税人减轻税负1634万元。2009年，全市8485户小规模纳税人共申报应税销售额85044万元，缴纳增值税2555万元，降低征收率后为小规模纳税人直接减轻税收负担1634万元。2. 税收优惠政策得到进一步贯彻落实。2009年，一是全市经批准涉及享受各类增值税减免税的企业中直接免征增值税企业532户，免税销售额52.99亿元。二是全市在册享受残疾人优惠政策企业有157户，安置残疾人员12229名，享受残疾人优惠政策的企业累计申报销售额99.83亿元，应纳增值税5.38亿元，平均税负5.49%，同比下降个0.11个百分点；全年退税1.86亿元，其中所属期为2009年的共有68户企业退税1.31亿元，同比下降60.89%。三是资源综合利用共计退税790万元。3. 增值税管理工作进一步加强。一是创新运费抵扣进项税管理工作机制，运费发票抵扣进项税占总体进项税比重下降32.04%，间接增加增值税11533万元。二是增值税滞留票数量比上年同期下降18.51%。三是加强对增值税一般纳税人的认定和管理，2009年全市共有增值税一般纳税人3022户，同比增长11.02%，一般纳税人户数达到了新税制实施以来的最高点。四是建立代开增值税专用发票监控分析机制，落实个体工商户未核定定额不得代开的规定。全年代开3521份，同比下降27.54%；代开金额1.39亿元，同比下降50.7%；代开征收税额417.5万元；同比下降70.19%。五是“三小票”增值税管理正常。2009年，全市农产品发票，海关完税凭证，运输发票申报抵扣进项税5.55亿元，同比减少5.38亿元，占全部进项税比重6.54%，同比下降6.05个百分点。5. 增值税纳税辅导和纳税评估工作取得实效。2009年，对96户重点企业进行评估，补缴增值税3367万元，占全部查补增值税6802万元的49.5%。

（二）消费税管理。根据财政部、国家税务总局关于调整烟产品消费税政策的通知，自2009年5月1日起，在卷烟批发环节加征一道从价税，税率为5%。通过加强辅导和管理，本市首月申报消费税863万元，年内共征收烟草批发消费税8212万元。

（三）企业所得税管理。1. 实施所得税专业化分类管理。2009年6月，市局制定了《曲靖市企业得税分类管理实施办法意见》下发各地，根据现有纳税人注册资本金、年销售（营业）收入、年应纳所得税额、重点行业等指标，结合所得税征收方式，将纳税人分为重点纳税户、特殊纳税户、一般纳税户、汇总纳税户和核定征收户五种类型，在属地管理的基础上，实现分级管理。市局应用数据监控系统，筛选出2008年应纳所得税额占全市所得税收入90%以上的14户企业，确定为市级重点税源企业进行跟踪管理；对全市146户长亏不倒企业实行核定征收，核定面从上年的13.43%提高到21.8%。2. 做好企业所得税的纳税评估工作。全市共评估企业309户，通过纳税评估调增应纳税所得额14397.7万元，调减应纳税所得额3852.2万元，应补缴企业所得税1867.87万元，已补缴入库775.68万元。同时，做好审批类和备案登记类减免税后续管理工作。对审批或备案登记的企业，逐户建立健全减免税登记台账，并进行实地审核认定。对因政策变更不符合免征条件的25户次，取消了免征优惠，追缴入库所得税742.22万元。3. 精心组织2008年度汇算清缴工作。全市应进行汇算清缴企业2352户，已汇算清缴2352户，汇算清缴面达100%。汇算清缴企业实现应缴所得税额4.79亿元，减免税2.53亿元，实际负担率16.19%。市局汇算清缴工作因报表上报及时且数据质量高，受到了省局的通报表扬。

（四）车辆购置税管理。1. 严格“一条龙”管理，强化源泉监控。针对少数机动车经销商销售车辆低开发票的现象，加强税收政策宣传，规范机动车销售行业税收管理，确保了车购税计税依据信息的真实性、完整性。2009年，全市共对涉及的400户（次）销售商的2482份异常发票进行了重点核查，共查补增值税3.13万元，作进项转出6.54万元。2. 严格验车核价制度，强化申报管理。对应税车辆认真进行验车核价审核，对发票开具价格明显偏低又无正当理由的，严格按最低计税价格或市价平均售价计征车辆购置税，并及时向税源管理部门反馈相关信息。3. 加强外部协调，严格税收协作制度。市局主动与市公安交通管理部门、技术质量监督等部门联系，严格执行“先缴车购税才准上牌照”

的规定；陆良县局通过与公安交通管理部门协调，率先试行了摩托车车辆购置税代征业务，取得了较好的效果。4. 严格完税证明管理，确保无安全隐患。做到领取有手续，使用无违规，保管无安全隐患，账、表、物一致。5. 规范档案管理，做到归档及时、专室存放。狠抓日常档案管理，做到纸质档案及时清理归档，专室存放；电子信息及时备份，确保数据不丢失。根据省局规定，从2009年9月1日起，新办车辆购置税档案交由纳税人自行保管，税务机关不再保存，本市改变档案保管方式进展较为顺利，纳税人反映较好。

（五）国际（涉外）税收管理。1. 确保外资企业各项税收优惠政策落实到位。在2008年度企业所得税汇算期间，严格按照企业所得税过渡期优惠政策逐户进行清理、审核、确认，对经营项目、经营期限发生变化的，不具备享受优惠政策条件的企业，一律停止执行税收优惠政策，对已享受减免的税款进行追缴。同时，正确履行对外商投资企业按照原外商投资企业所得税法，执行过渡期税收优惠政策和享受西部大开发优惠政策的审批管理工作。2. 规范非居民企业所得税的组织工作。全市严格按照非居民企业所得税管理的相关要求，完善日常申报制度，抓好非居民税务登记、扣缴登记和合同备案制度的落实。全年共组织征收非居民企业所得税60.58万元。3. 努力做好国际税收的相关工作。一是借助2008年度企业所得税汇算清缴工作，积极做好关联企业申报和反避税基础管理；二是努力做好税收情报交换工作；三是认真做好税收协定的执行工作；四是充分掌握辖区境外非政府组织活动情况，截至2009年9月，全市先后有港澳救世军团队等10家境外非政府组织在曲靖活动，主要包括教育、医疗卫生、传染病、艾滋病防治等公益性活动，尚未涉及税收问题。

（六）出口退税管理。2009年，全市共有90户企业办理了出口货物退（免）税登记，实际申报办理退（免）税企业17户，其中：外（工）贸企业1户，生产企业16户。全市出口企业共出口创汇5114万美元，全年共审核审批办理出口货物退（免）税3946.91万元，其中：办理退税2600万元，办理免抵税1346.91万元。年内，市局主要采取四项措施加强出口退税审核、审批工作：一是按照总局和省局的相关精神及要求，对全市90户出口企业进行了出口货物退（免）税的分类管理；二是对全市的出口企业开展出口退税业务提醒，并纳入目标管理责任制考核；三是继续坚持对新办出口企业实地考察和政策指导的工作方式；四是进一步加强对出口不予退（免）税产品及企业的管理。

【税收执法】 （一）税收宣传。2009年4月，全市国税系统认真组织开展了以“税收·发展·民生”为主题的第18个税收宣传月活动。一是突出四个重点开展活动：突出增值税转型、减征车辆购置税等惠企惠民优惠政策等重点宣传内容；突出新闻媒体曝光涉税案件，召开税企座谈会，举办税收新政策培训班，送政策上门等重点宣传方式；突出优化纳税服务方式，完善办税流程，进一步清理、简并报表资料，深入企业调研，着力解决纳税人关注的税收热点难点问题等重点服务方式；突出市局创新发展项目，不断夯实征管基础，认真落实各项税收政策，积极应对税收工作出现的新问题等重点创新工作。二是有针对性地开展好“七个一”活动：与市邮政公司联合开展“致纳税人一封信”活动，组织全市范围内的超市、加工修理、加油站、文体用品商店的业主及其他手工发票用票大户人员集中进行一次普通发票管理业务培训，结合“家电下乡”工作组织开展一次送税法下乡活动，组织开展一次送税法进企业活动，局领导带头深入到重点税源企业组织开展一次专题税收调研活动，组织加油站、炼焦、水泥、福利企业等召开一次重点税源企业座谈会，结合“五五”普法活动、地方节庆活动多形式多渠道集中开展一个月的税法宣传教育活动。三是各县（市、区）局因地制宜丰富活动内容：沾益县国税局建立“税收咨询绿色通道”加强企业所得税政策宣传，麒麟区国税局开展走百企进千户税收宣传，师宗县国、地两税局联合开展税收宣传活动，富源县国税局以税收宣传月活动为契机向纳税人推出“六项服务”，会泽县国税局借县政府举办的“钱王杯”篮球赛开展税收宣传，宣威市国税局实行办税服务厅“班前会”和“值班长”新服务项目，全方位为纳税人搞好服务。

（二）整顿和规范税收秩序。2009年，全系统共检查各类纳税人8187户，查出问题户7237户，查补收入1.59亿元，超额完成了省局下达市局的查补收入任务。一是发挥稽查职能作用，打击涉税违法犯罪。稽查部门通过对大型超市、供发电、水泥、煤炭、出口“免抵退”税、银行等企业实施税收专项检查，共查补收入4173.35万元；通过协查查补收入20.61万元；开展日常稽查工作，查补收入133.54万元；查处举报案件，查补收入443.72万元。二是征管、税政、稽查及管理分局发挥各自职能，辅导纳税人进行自查，纳税人自查补税8905.84万元；加大纳税评估工作力度，评估补税收入1282.27万元。三是征管部门加强日常征管工作，处理发票违章户676户、违反日常税务管理户2149户、发票超定额户1585户，检查其他纳税人2287户，共查补收入501.47万元。四是加大与各相关部门的协作力度，国税部门参与侦破的“8·09”专案，涉及增值税及滞纳金共计401.85万元，经公安机关追缴，由国税机关征缴入库。五是警税密切协作，认真开展打击非法制售假发票活动，由于工作扎实，成效明显，市局稽查局和全市12个个人分别被评为全省打击非法制售假发票专项行动的先进单位和先进个人。

（三）税收执法检查和执法监察工作。2009年，全系统强化税收执法管理信息系统考核，共发生416467笔税收业务，共考核出过错57个，税收执法过错率为万分之一点三六，全市无虚假申辩调整情况。2009年8月至12月，组织开展了全市2009年度税收执法检查工作，在各县（市、区）局自检自查自纠的基础上，市局组成三个执法检查组，对开发区、富源、罗平、师宗、会泽5个县（区）局进行了为期7天的重点检查，共检查出3大类11个问题，在全市进行通报，并要求各县（市、区）局认真整改，以规范税收执法行为，加强法制监督。

（四）重大税务案件审理工作。2009年，全市共审结重大税务案件10件，涉及补税360.01万元，罚款63.11万元，已入库321.64万元。在已审结的案件中，有1户移送公安机关。同时，对近年审理的税务重大案件进行了认真细致的梳理，筛选出5件典型案例，编撰了案例分析报告。

（五）再就业税收优惠政策贯彻落实工作。2009年，156名下岗失业人员享受免收税务登记证工本费3120元，免征增值税11.77万元。

【信息化建设】 （一）应用系统推行。一是完成全市机动车销售统一发票税控系统的推行工作；二是积极参与全省财税库银横向联网试点推行工作，11月23日，财税库银横向联网成功上线。（二）数据分析利用。一是搭建全市综合征管软件模拟服务器，对模拟环境数据及时进行更新，为各业务部门开展数据分析利用工作提供便利；二是继续做好云南省国家税务局数据监控分析系统在曲靖的升级试点工作，提高全市对综合征管软件的数据分析及应用监控能力；三是应用省局数据平台，分析本市征管工作中存在的执法风险并提出整改意见，促进全市征管质量的有效提升。（三）信息化基础设施建设。2009年，全市已建成在用的机房11个，内部广域网节点21个，局域网21个，各级机房均配备了不间断电源UPS和发电机设备。并按省局要求，于12月30日前完成远程网络培训教育系统的安装、调试工作，实现总局、省局及市局到各县局的视频会议的召开及各类培训教育工作的网络化。（四）税收信息化管理维护。一是全年总计8次对综合征管软件客户端进行系统升级，完成了7000台次客户端软件的升级安装工作；二是在市局电子政务网（内网）上提供各应用系统应用支持平台；三是受理车购税征管软件技术类请示33份，受理综合征管软件技术类请示139条，完成全市机构改革后各业务系统的人员变动及权限调整工作；四是采取内网IP地址锁定策略，杜绝办公机用于外网，全力阻止病毒通过U盘传播等手段来提升防毒护网能力，全年未发生因病毒传播而引起网络中断等事故。（五）金税工程。做好应用系统数据的备份工作，对稽核、协查、防伪税控子系统、出口退税系统运行当中出现的问题及时给予解决；配合省局完成协查系统V3.1项目整合工作，完成抵扣凭证审核检查管理系统V1.2升级验收工作，完成防伪税控和稽核系统升级工作。（六）税收电子化。一是完善储蓄扣税和实时扣税工作，全年总计进行43次储蓄扣税的工作，扣税成功金额为221万元；实时扣税税款金额为38.20亿元。二是编写曲靖市国税局食堂管理统计软件，计算应拨付的食堂经费。三是制作了《曲靖市国家税务局计算机维护申请表》，规范了日常维护工作。（七）网络建设。一是按省局规划，现有光纤接入线路由原来电信运营商改为广电运营商，并新建一条联通的线路，带宽标准为省—州市10M，州市—区县2M，区县—分局2M的线路。12月3日，全市实现了现有线路从电信到广电的割接，联通新建的线路完成了全市21个广域网节点的光缆的接入与熔接，实现了全市的贯通，极大地提升了全市网络保障能力。二是继续完善视频会议系统向县局拓展的研发和推行，全年总计保障了27次的视频会议的顺利收看。

【财务管理】 一是认真贯彻《中共中央办公厅国务院办公厅关于党政机关厉行节约若干问题的通知》精神，采取措施对四项费用支出实施动态监督管理，全年实现因公出国（境）经费零支出；车辆购置及运行费用在近三年平均数基础上降低了20.3%；公务接待费用支出在2008年基础上削减了11.17%；会议费在2008年基础上降低了13.15%，“四项费用”压缩控制工作受到省局的通报表扬。同时，认真开展专项治理“小金库”工作，全系统自查面达到100%。按时完成了对沾益县、富源县和麒麟区局2007年和2008年的财务内审工作，从十个方面加强财务管理，规范财务核算工作。由于会计基础工作规范、扎实，市局获得了“云南省会计基础工作规范化合格证”。二是切实抓好各预算单位在建基建项目的后续收尾工作。2009年，市局综合业务用房的财务结算和审计工作已经结束，等待上级批复；麒麟区局越州分局综合业务用房装修改造项目、马龙县局一二分局综合业务办公用房装修改造项目、会泽县局办税服务厅装修改造项目、沾益县局花山分局综合业务用房新建项目的工程结算和财务决算审计工作已经完成。

队伍建设

【机构人员情况】 （一）市局机关机构设置。市局机关有13个内设机构、2个直属机构、2个事业单位。1.内设机构：办公室、政策法规科、货物和劳务税科、所得税科、收入核算科、纳税服务科、征收管理科、财务管理科、人事科、教育科、监察室、进出口税收管理科、大企业和国际税务管理科；另设机关党委办公室和离退休干部科、工会。2.直属机构：稽查局、车辆购置税征收管理分局。3.事业单位：信息中心、机关服务中心。（二）县（市、区）局机构设置。设有麒麟区、宣威市、会泽县、陆良县、富源县、罗平县、沾益县、马龙县、师宗县9个县（市、区）国家税务局和曲靖经济技术开发区国家税务局，设税务分局22个。（三）人员配置。2009年，全系统编制为937人，其中行政编制874人。2009年底，实有干部职工1142人，其中：在职干部职工852人，公务员807人，工人45人；离退休人员290人，离休44人，退休（含退职）246人。市局机关编制115人，其中行政编制97人，事业编制18人。实有干部职工124人，其中：在职干部职工104人，离退休人员20人。

【机构改革】 根据总局国税系统机构改革意见和省局对曲靖市国税系统机构改革方案的批复精神，市局于9月11日召开机构改革动员大会，本着“大稳定、小调整”的原则正式实施机构改革工作，到9月30日，市局机关及县（市、区）局机构改革工作基本完成。改革后，市局机关内设机构13个、直属机构2个、事业单位2个，另设机关党委办公室、离退休干部科和工会；县级国税局机关科室相应增加，基层税务分局的设置保持不变，恢复了麒麟区局和开发区局稽查局，增设了开发区局税收管理分局，职能更加精细。

【领导班子建设】 2009年，市局领导班子的组成人员有：局长1人、副局长4人；各县（市、区）局领导班子成员40人。年内，经各项规定程序和市局党组会议审定并经公示，共有72名同志列为市国税系统科级后备干部；按干管权限，以提拔、转任、调任、挂职锻炼等方式任免了领导干部53人，其中：提拔市、县局稽查局领导11人和分局长1人，调任4人，下派挂职锻炼2人，转任（含机构改革内部轮岗）32人，试用期满正式任职3人。

【廉政建设】 （一）认真落实党风廉政建设责任制。2009年，因机构改革人员变动，市局及时调整了党风廉政建设领导小组，认真落实“一岗双责”，层层签订《党风廉政建设责任书》；2009年11月，全系统开展了党风廉政建设责任制落实情况自查自纠，12月，市局组成5个检查组，对10个县（市、区）局进行重点检查。市委、市政府党风廉政建设责任制检查考核组到市局检查考核后，给予了“市国税局落实2009年党风廉政建设责任制工作有亮点、有创新、有成效”的充分肯定和高度评价。（二）加强廉政制度建设。一是制定印发了《曲靖市国家税务局贯彻落实建立健全惩治和预防腐败体系2008～2012年工作规划的实施意见》和《分工方案》，2009年11月在全系统开展惩防体系建设情况自查，12月市局组成检查组对3个县（区）局进行重点抽查。二是充分应用信息技术手段，建立了廉政风险预警管理子系统，初步形成人机结合的监控机制，逐步把税收执法和行政管理中的廉政风险岗位纳入廉政风险预警管理信息系统进行动态预警监控。三是制定了《曲靖市国税系统五必谈一约谈制度》，重新修订完善了特邀监察员和兼职监察员制度。（三）加强廉政监督制约。一是坚持《廉政公约》的签订和回访工作，2009年共与新增纳税户签订《廉政公约》4854户，累计签订42581户；回访4385户，回访率为10.3%，满意率为98.5%。二是加强税收执法管理信息系统的应用，2009年，税收执法管理信息系统监察子系统产生疑点信息5类，疑点数量20个，经立项核查，未发现违纪违规行为。三是坚持领导干部述职述廉、廉政责任追究制度、任期经济责任审计和离任审计制度等相关制度。2009年，市局局长与2个县局长进行谈话，市局纪检组长与3个县局稽查局长进行任前廉政谈话；全系统146名副科以上干部进行述职述廉，并进行民主测评。（四）加强机关作风建设。一是积极参加地方政府组织的民主评议行风活动，认真接受社会评价。在曲靖市委、市政府2009年组织的社会评价测评中，市国税局以97.74%综合评价满意率在55个市直部门（单位）中排名第12位，在具有行政审批、收费职能的垂管单位中名列第一；各县市区局在当地的综合考核中也取得很好的评价，受到各级党委政府的通报表彰。二是认真落实责任政府和阳光政府四项制度，严格落实行政问责制。2009年，全系统共问责干部39人，其中：被市局问责副科以上干部9人，被县局问责一般干部30人。（五）严肃查处违法违纪行为。一是认真落实总局“税收违法案件一案双查办法”，对涉税案件外查纳税人逃避纳税问题，内查征管漏洞，追究相关人员责任。二是认真执行《信访条例》和《中国共产党纪律机关控告申诉工作条例》。2009年，处理群众来信来访5件，其中：省局转办2件，1件已落实，1件正在调查落实；直接接到信访3件，已经落实。

【精神文明建设】 在文明创建活动中，始终坚持党组统一领导，一把手负总责，分管领导具体抓，机关党政工团齐抓共管，抓机关带基层的创建工作机制，成立了精神文明建设领导小组和文明创建办公室，做到组织保障、制度保障、经费保障，把精神文明建设摆到国税工作的重要位置，与国税中心工作同研究、同部署、同检查、同落实，广泛开展文明创建活动。2009年1月，罗平县、开发区国税局被省局命名为省局“文明单位”；马龙县局计征科、开发区局办税服务厅被省局、省妇联授予“巾帼文明岗”荣誉称号。2009年5月，市国税系统被市委、市政府命名为2008年度市级“文明行业”；宣威市局羊场分局、会泽县局者海分局、富源县局黄泥河分局届满重新认定为市级“文明单位”。2009年12月，陆良县、师宗县、罗平县、富源县、马龙县、会泽县、宣威市国税局被省委、省政府命名为第十二批省级“文明单位”；师宗县局被人社部、税务总局命名为“全国税务系统先进集体”。

【教育培训】 一是认真开展学习实践科学发展观活动。按照省局和市委的统一部署，市局认真开展了学习实践科学发展观活动，经过半年的努力，顺利完成了学习调研、分析检查、整改落实3个阶段11个环节的学习实践活动，基本达到了“服务科学发展、构建和谐国税”的目标。通过深入开展学习实践科学发展观活动，进一步深化了全市国税干部对科学发展观的认识，在事关曲靖国税事业发展的重大问题上形成了共识；进一步理清了发展思路，明确了曲靖国税事业创新发展的方向；进一步破解了发展的难题和瓶颈，为国税事业又好又快发展奠定了基础；进一步转变领导干部的观念，科学发展观已经逐渐成为广大干部的行动指南。综合系统内外群众满意度测评结果，群众满意率达到99%。二是认真落实《2009年度曲靖市国家税务局系统干部教育培训工作计划》。2009年3月，组织全系统130人参加总局的稽查业务考试，取得了全省国税系统团体平均分第三名的好成绩；2009 年 4 月，10 名县局长参加省局业务培训考试，取得团体总平均分第一名的好成绩；3 月 10 日 ~4 月 10 日，全市信息中心 27 人参加 2009 年专业技术人员评聘专业技术职务计算机应用能力考试，通过省级的 24 人，通过国家级的 22 人；5 月 23 日 ~6 月 2 日，在总局扬州培训中心成功举办了全市国税系统综合业务骨干培训班，60 名业务骨干参加了培训；11 月 28 日，市局顺利完成税收信息化、税收计会统两个系列的考试工作，并确定了两个系列分别进入前 15 名的业务尖子。2009 年，市局共举办各级各类培训班 44 期，培训 1814 人次，人均培训天数达 12.30 天。同时，继续抓好干部学历教育工作，积极配合昆明理工大成教学院完成了 2006 级函授本科班毕业论文的答辩及毕业工作，全面完成了大范围的国税系统学历教育工作。截至 2009 年底，全系统 852 干部职工中，有研究生 17 人，占 1.99%；有大学本科生 441 人，占 51.76%；有大专生 298 人，占 34.98%；大专以上学历人数有 756 人，占 88.73%。

【典型经验】 市国税局创新发展工作取得成效。2009 年，市局紧紧围绕省局"创新发展年"工作主题，以极大的工作热情自觉投入到国税工作创新改革的发展过程中，各县（市、区）局共研发了 13 个创新项目，市局各科室分别确定了 1~2 个创新项目，制订了方案，明确了措施，积极组织落实。市局着重抓了 4 个创新项目，并取得了初步的成效：一是初步建立了标准化质量管理体系。引入 ISO9001 国际标准质量管理理念，以信息化技术为手段，以"实用、管用、好用"为前提，以优化资源配置、提高工作效率为目的，集中力量研发了曲靖市国家税务局标准化协同办公信息系统。该系统于 2009 年 10 月 1 日起试运行。二是初步建立了税收数据质量分析风险管理机制。通过数据分析发现在个体工商户管理方面，存在税种登记信息错误、导致政策执行错误等 6 个方面的风险环节，有针对性地提出了征管防范措施，指导基层防范和降低执法风险，规范了个体税收征管，堵塞了管理漏洞，节约了征管成本、提高了工作效率。三是初步建立了廉政风险预警管理机制。按照廉政风险预警管理重点前移的指导思想，本着"简便、易行、可防"的原则，针对全局排查确定的 25 个廉政风险岗位及所对应的风险等级，依托税收征管和税收执法监察信息管理系统，研发了廉政风险预警管理子系统，并整合到市局标准化协同办公信息系统中，对税收执法和行政管理中的廉政风险岗位进行实时、动态预警监控。四是初步建立了所得税专业化分类管理机制。按照"科学分类、重点管理、规避风险、提高效率"的原则，根据纳税人生产经营规模、财务状况和纳税情况，对纳税人进行科学分类，并实施与之相对应的监控管理办法。研发对纳税人中享受减免税备案和审批的纳税人资格、减免额进行比对监控的管理软件，逐步实现对各类纳税人的规范管理。

（徐　霞）

麒麟区国家税务局

经济概况

2009 年，麒麟区实现生产总值（GDP）271.4 亿元，同比增长 12.9%。其中：第一产业增加值 12 亿元，同比增长 7.2%；第二产业增加值 168.7 亿元，同比增长 13.2%；第三产业增加值 90.7 亿元，同比增长 12.3%；三次产业结构比例为 4.4∶62.2∶33.4。实现地方财政收入 8.6 亿元，同比增长 23%；地方财政支出完成 16.6 亿元，同比增长 32.5%。

税收概况

【收入完成情况】 2009 年，麒麟区国家税务局共组织税收收入 8.25 亿元，同比增收 1.05 亿，增长 14.59%。

【收入特点】 一是国税收入首次突破 8 亿元大关，达到 8.25 亿元。二是税收增长高于经济增长，宏观税负由 2008 年的 2.97% 上升为 3.04%。三是增值税对税收收入的贡献率进一步提高。2009 年，增值税同比增长 13.97%，增收 6596 万元，原煤、焦炭，商业增长幅度较大，对增值税的贡献率分别为 71.41%，11.37%，24.98%。四是政府加大招商引资的力度，优化产业结构，税源结构发生变化。五是资源优势逐渐凸现。2009 年，原煤入库增值税 2.05 亿元，占增值税的比重逐年递增，2008 年为 33.38%，2009 年为 38.04%。

【税源分析】 （一）增值税入库 5.38 亿，完成年度计划的 101.37%，同比增收 6596 万元，增长 13.97%，原煤、焦炭、商业增长，钢坯、钢材下降。主要增收原因是 2008 年办理延期申报、缴纳税款在 2009 年入库。（二）消费税入库 338 万元，同比减收 8 万元。（三）企业所得税入库 7088 万元，同比增收 2676 万元。主要增收原因：一是麒麟焦化有限公司新办企业税收优惠政策到期；二是汇算清缴所得税同比增加；三是执行分支机构就地预缴所得税的政策；四是加大税法宣传力度，企业自查补税增加。（四）储蓄存款利息所得个人所得税入库 648 万元，同比减收 917 万元，主要减收原因是从 2008 年 10 月 9 日起对居民储蓄存款利息所得暂免征收个人所得税。（五）车辆购置税入库 20629 万元，同比增收 2161 万元，主要增收原因是汽车的购买量增加，同比增加 10072 辆。

各项工作

【税收法制建设】 2009年，为进一步推进依法决策、民主决策、科学决策，使行政工作和行政权力更加广泛地接受人民群众监督，推动各项工作落实，根据《曲靖市人民政府办公室关于切实做好阳光政府四项制度有关工作的通知》，麒麟区国税局成立了实施阳光政府“四项制度”领导小组，制定了《麒麟区国家税务局重大决策听证制度实施意见》、《麒麟区国家税务局重大事项公示制度实施意见》、《麒麟区国家税务局重点工作通报制度实施意见》、《麒麟区国家税务局政务信息查询制度实施意见》。

【税收征管】（一）开展“七清七查”工作。为了堵塞管理漏洞，提高征管质量，确保税收任务的完成，区局从年初开始在全区范围内开展“七清七查”工作：一是结合工商信息与综合征管软件数据比对清税务登记证，查漏征漏管户；二是结合新税收政策的出台清政策执行情况，查乱开口子多抵进项税额情况；三是结合普通发票长效机制的应用清日常发票管理，查发票大头小尾情况；四是结合电子定税的具体应用清双定征管户，查定额偏低情况；五是结合金融危机的影响清账外经营，查转移隐匿收入情况；六是结合日常管理的漏洞清虚假申报，查低、零申报情况；七是结合新欠税款的出现清欠税情况，查清缴税款力度。（二）强化纳税评估工作。一是完成增值税评估37户，查补税款472万元。二是对所得税开展了对象类型多样的纳税评估，具体为原查账征收改为核定征收16户，随增值税评估4户，针对补贴收入补税12户，经营情况发生重大变化或减免税恢复征收后所得税降幅超过30%企业4户，附表五填列有数据企业94户，流转税与所得税收入差异较大及营业收入大而所得税贡献率为零企业6户，其他4户，共调整纳税所得额3287万元。（三）探索企业所得税专业化分类管理。2009年，区局实施分行业、分规模、特殊企业的所得税分类管理，对不同类型的纳税人，有针对性的配置征管力量，提供个性化服务，全面掌握纳税人生产经营、财务核算、涉税指标等动态变化情况，做好管理数据的采集和税源的分析预测，强化对重点纳税人的监控。同时，做好2008年企业所得税汇算清缴工作。2008年度企业所得税管户883户，不参加汇算清缴企业201户，应参加汇算清缴企业户数682户，已汇算清缴企业682户，汇算面100%，实际应纳所得税额4468.91万元。（四）严格欠税管理。2009年，共清理陈欠税款125万元。

【税收执法】（一）积极开展全国税收宣传月活动。2009年，区局紧扣“税收·发展·民生”宣传主题，积极开展第18个全国税收宣传月活动。整个活动注重“四个突出”：一是突出宣传重点，按照中央“保增长、扩内需、调结构、促改革、惠民生”的经济工作总体要求，以增值税转型、减征车辆购置税等惠企惠民的税收优惠政策为宣传重点；二是突出宣传形式，通过新闻媒体曝光涉税案件，严厉打击涉税违法行为，召开税企座谈会，举办税收新政策培训班，送政策上门等宣传方式，扎实有效开展宣传活动；三是突出服务方式，优化纳税服务方式，完善办税流程，进一步清理、简并报表资料，深入企业调研，着力解决纳税人关注的税收热点难点问题；四是突出创新工作，围绕确定的创新发展项目，不断夯实征管基础，认真落实各项税收政策，积极应对税收工作出现的新问题，用科学发展的理念，推动麒麟国税全面发展。（二）进一步推进税收执法责任制。区局继续坚持以税收政策和税收管理制度为依据、以征管软件操作规则为规范，认真对待每一项涉税业务，加强请示汇报，争取把每一项涉税业务办准、办实、办规范。2009年，系统监控认定执法过错10户（次），共计扣11分。10、11、12月连续3个月实现零过错。（三）准确落实税收优惠政策。2009年，区局共减免福利企业增值税3600万元。减免企业所得税1691万元（不含所得税汇算数），其中：减免涉外企业所得税11万元；减免中西部投资企业所得税1668万元；其他减免12万元。不达起征点的个体户7595户，共减免增值税741.21万元。（四）开展打击发票违法犯罪活动工作。为认真贯彻市、区人民政府办公室关于在全市、全区开展打击发票违法犯罪活动工作的通知精神，区局参加了由市公安局、国税局、地税局三家联合组织的打击发票违法犯罪“端点”行动，对发票领购、取得、填开、验销等各环节进行全方位检查落实，共采集核对发票2737份。

【信息化建设】一是利用信息化手段夯实征管基础。2009年，区局为强化户籍管理，减少税收流失，开发了工商信息与综合征管系统数据比对软件。经过反复的试运行，综合征管系统数据比对软件正式投入使用，极大地方便了工商、国税两个部门之间的信息交换，节约了原来人工数据交换比对的时间，大大提高了双方的工作效率。二是顺利推进财税库银横向联网试点工作。区局认真贯彻落实省局文件精神，抽取12户增值税一般纳税人作为试点单位，在市局有序地组织下，推行工作及时顺利到位，2009年12月11日，全面完成试点任务，共实施网上扣税12户，扣税金额为649.12万元。

【办公楼搬迁】 为进一步提高纳税服务质量，方便纳税人办理税收事宜，区局在市局的支持下，由麒麟区政府出资，将市国税局原机关大楼装修改造为综合办公大楼，并于2009年11月30日从南宁北路115号搬迁至麒麟巷117号，实现了区局机关、办税大厅、麒麟分局同址办公，解决了多年来纳税人往返跑的问题。

队伍建设

【机构人员情况】 2009年，区局在市局规定的时限内顺利完成了国税系统机构改革，改革后，区局共有内设机构10个，即办公室（9人），人事教育科（4人），监察室（3人），征收管理科（3人），货物和劳务税科（4人），收入核算科（3人），所得税科（2人），政策法规科（2人），纳税服务科（2人），办税服务厅（19人）；另设党总支办公室（1人）和工会（2人）；直属机构1个，即稽查局（13人）；事业单位1个，即信息中心（2人）；税务分局2个，即麒麟分局（29人）、越州分局（16人）。全局在职干部职工119人，离、退休人员36人；男69人，占57.98%；女50人，占42.02%。学历结构：研究生2人，占1.68%；本科生62人，占52.1%；大专生43人，占36.13%；中专生6人，占5.04%；高中生5人，占4.2%；初小生1人，占0.84%。

【领导班子建设】 2009年，区局领导班子的组成人员有：局长1人、副局长3人，纪检组长1人。领导班子认真贯彻落实科学发展观，以“创新发展年”要求为重点稳步推进税源管理和作风建设，做到精诚团结，求真务实，开拓进取，廉洁高效，发挥核心领导作用，带领全局干部职工勤奋工作，树立了良好的国税形象。

【廉政建设】 一是以强化学习教育为根本，不断增强广大干部拒腐防变能力。认真传达学习了胡锦涛总书记在十七届中纪委第三次全体会议上的重要讲话、中央、省、市、区以及总局、省局、市局有关党风廉政建设和反腐败工作的会议精神；贯彻落实《中共中央建立健全惩治和预防腐败体系2008～2012年工作规划》以及省、市局《建立健全惩治和预防腐败体系2008～2012年工作规划》的实施意见；结合正反典型开展了示范教育，组织观看了《真情无香》、《女检察官》、《高墙悲歌》等电影、电视录像片，参观曲靖监狱，听服刑人员现身说法等。二是加强领导干部廉洁自律，规范领导干部从政行为，对权力进行有效的监督和制约。三是加强行风建设，坚决纠正损害纳税人利益的不正之风。四是认真落实优化经济社会软环境建设各项要求，认真抓好《曲靖市国家税务局落实阳光政府四项制度监督管理规定》的落实，加强行政问责力度。五是继续抓好税务机关与纳税人签订《廉政公约》工作。在已经与9492户纳税人签订《廉政公约》的基础上，又与2038户新登记纳税人签订了《廉政公约》。并认真开展了回访和问卷调查，年内，共向纳税人发出问卷调查表1000份，收回978份，满意和基本满意率达98%以上。

【教育培训】 一是开展学习实践科学发展观活动。根据《中共曲靖市麒麟区委关于第二批开展深化学习实践科学发展观活动的实施意见》，在全局开展第二批深化学习实践科学发展观活动。经过学习提高、查缺补漏、完善整改，圆满完成了各阶段学习活动任务，使全体干部增强了科学发展的意识，在创新工作方式方面有了初步成效，工作积极性明显提高，全体党员干部政治意识、大局意识、责任意识明显增强。二是加大业务培训力度。2009年，是增值税全面转型的第一年，区局组织全局干部职工开展税收业务学习，在全省国税系统县（区）局局长培训中，陈定兴局长取得全省县（区）局长考试第一名的好成绩；在全省流转税业务培训考试中，区局参训人员综合成绩名列前茅；在全市税收计会统和税收信息化两个系列的考试中，区局8人参考，有7人进入全市前十五名；在全市稽查人员业务考试中，区局6人参考，取得了较好的成绩。

（雷　庄）

沾益县国家税务局

经济概况

2009年，沾益县实现生产总值（GDP）70亿元，同比增长12%。其中：第一产业实现增加值18亿元，同比增长7%；第二产业实现增加值38亿元，同比增长12.5%，其中：工业增加值34亿元，同比增加13.8%，建筑业增加值4亿元，同比增加2.2%；第三产业实现增加值14亿元，同比增长16.7%。三次产业结构比例为25:55:20，经济结构趋向二产带动、三个产业共同发展的良好局面。年内，全县现价工业总产值134亿元，同比增长17.1%；非公经济快速发展，实现增加值28.9亿元，同比增长29.2%，占全县生产总值的41.4%。

税收概况

【收入完成情况】 2009年，沾益县国家税务局共组织税收收入4.99亿元，完成年度计划的100.92%，同比减收1.05亿元，减少17.38%。其中：增值税入库4.82亿元，同比减收8097万元，减少14.38%；企业所得税入库549万元，同比减收2451万元，减少81.7%；储蓄存款所得个人所得税入库125万元，同比减收143万元，减少53.36%；车辆购置税入库966万元，同比增收205万元，增长26.94%。

【收入特点】 一是沾益国税部门负责征收的六个税种除车辆购置税略有增长外，其余税种均呈现下降态势。二是沾益县重点税源主要分布在炼焦、电力、化工、商业行业，县局共对31户重点税源企业进行监控管理。2009年，重点税源企业上缴税收占全县国税收入的90.65%，其中：炼焦业上缴增值税占全年增值税收入的34.3%，电力行业上缴增值税占全年增值税收入的31.96%，商业上缴增值税占全年增值税收入的11.74%。三是沾益县的重点税源企业大多数为高耗煤企业，全县年产煤量50万吨，年耗煤量1500万吨，原煤基本上靠从外县和外省购进。

【税源分析】 （一）增值税增减因素分析。一是发电行业增收7233万元，商业增收813万元，建材产品增收881万元，设备制造业和其他制造业分别增收434万元和333万元；二是炼焦业、化工产品、生铁均呈大幅度减收，分别减收12849万元、3578万元、1487万元。（二）企业所得税增减因素分析。主要是炼焦业大幅度减收，减收2329万元，其他行业略有增、减变化，增减幅度不大。

各项工作

【税收法制建设】 一是深入贯彻国务院《全面推进依法行政实施纲要》，坚持依法治税宗旨，按照法定权限和程序行使权力、履行职责。二是认真落实规范性文件制定和备案办法，做好规范性文件的清理工作。三是深入贯彻实施《行政许可法》，建立健全行政许可管理体制，准确实施税务行政许可事项。四是继续抓好“依法治省示范单位”试点工作，为税收工作创造良好的法制环境。五是认真做好“五五”普法工作，采取多形式、多渠道广泛宣传税收法律、行政法规，提高依法决策、依法行政、依法管理的能力。

【税收征管】 （一）增值税管理。积极推行电子定税系统运行和个体工商户户籍管理，通过对典型户的调查，确定了个体工商业定期定额户的参数和系数，确保电子定税系统运行正常。（二）户籍管理。进行了所辖区域的户籍清理，做到工商信息交换与实际管户对照清理相结合，日常户籍清理与地方税务局提供信息比对相结合。截至2009年底，县局共有征管户2594户，其中：企业纳税人443户、个体户2151户。（三）申报质量管理。加强税收政策的宣传力度，把税收政策在实际管理中容易出现问题方面进行广泛的宣传，加强日常申报的审核管理，企业长期零、负税申报和低税负申报的现象明显改善。（四）普通发票管理。2009年对所有使用发票的纳税人进行清理，严格执行验旧购新制度和审验登记制度，加大违法违章的处罚力度，全年共处罚发票违章92件次，罚款31775元，有效地加强了普通发票的日常管理工作。（五）成品油零售企业税源管理。对辖区内35座加油站共计201台税控加油机、280支加油枪进行清理检查，对其进行了税控加油机的初始化，加大成品油零售企业的税源管理。（六）纳税评估。开展了资源综合利用的水泥企业、民政福利企业、废旧物资经营单位和利用废旧物资生产的企业、“以进控销”的成品油零售企业等专项评估。（七）利用管理员操作平台进行税源分析和税源监控管理，更好地为基层的征收管理提出指导性建议，增强指导的针对性和时间性。2009年对纳税人行业、明细行业、未录入增值税类型纳税人户数、小规模纳税人验旧发票未录入验旧金额户次、起征点以上个体“双定户”定额执行到期户数等10多个项目进行监控，并对错误项目进行修改调整。（八）纳税服务。实行局长接待日制度、优化纳税服务联系卡制度，进一步推进多元化申报纳税，推进增值税、所得税介质申报，完善“一窗式”管理、“一站式”服务，为纳税人提供多元化、便捷、高效的申报纳税方式，节约征纳成本；定期开展问卷调查、座谈会、恳谈会、《廉政公约》回访、开展评税活动等方式征询纳税人和社会各界对税务机关纳税服务的满意度，促进纳税服务质量的提高。

【税收执法】 （一）税法宣传。认真组织开展好第18个税收宣传月活动，通过召开专题政策培训会、免费发放税收资料、送政策上门、免费咨询等方式大力宣传税收法律法规，同时充分利用办税服务厅的电子大屏幕滚动播放税收政策，并向纳税人发放《纳税服务手册》、《减免税申办指南》等小册子5000余册。（二）税收执法检查。定期或不定期开展税收执法检查，使全体税务干部做到“有法可依、有法必依、执法必严、违法必究”，2009年，共有3人受到经济惩戒，给予120元经济处罚。（三）税务稽查。2009年，县局集中精兵强将全面加大大案、举报案件的查处力度，集中力量开展各类专项检查工作，共检查各类案件17起，查补税款、罚款、滞纳金共计48.47万元。通过开展纳税辅导查补税款、罚款、滞纳金共计344.01万元。（四）重大税务案件审理。坚持重大税务案件集体审理，确保事实清楚、证据确凿、法律适用得当，提高案件审理质量和效率。2009年，完成重大案件审理1件次，查补税款6.29万元，罚款4.9万元。

【信息化建设】 一是做好税收综合软件和税收执法管理信息系统的运行维护。二是充分利用增值税一般纳税人数据监控模块功能，切实加强增值税一般纳税人申报质量监控，实现申报数据零差错。三是搞好业务与技术的整合，完善和整合各应用系统与岗责体系、征管业务工作流程相适应、相配套体系。四是进一步提高数据质量，拓展数据分析利用的广度和深度，规范栏目设置，拓展服务功能，实现表报资料共享，做到统一报表口径，规范取数标准，实现数据统一采集、集中处理、自动生成、按需取用，提高工作的质量和效率。

队伍建设

【机构人员情况】 2009年，国税系统机构改革后，县局有内设机构8个：办公室、税政管理科、征收管理科、人事教育科、监察室、收入核算科、政策法规科、办税服务厅；直属机构1个：稽查局；事业单位1个：信息中心；派出机构2个：西平税务分局、花山税务分局。截至2009年底，有在职干部职工68人。其中：男50人，女18人；少数民族4人；党员55人；公务员64人，工人4人；学历结构：研究生1人，本科28人，专科34人，大专以上学历人员占总人数的比例是92.6%。

【领导班子建设】 2009年，县局领导班子成员4人，其中：局长1人，副局长2人，纪检组长1人。县局领导班子坚持每月中心组政治理论学习，坚持每年2次民主生活会制度，坚持每年在职工会上述职述廉；积极开展班子成员谈心活动，诚恳接受批评和建议，做到了相互理解尊重、相互支持帮助，大事讲原则、小事讲风格，战斗力和凝聚力不断增强；认真贯彻执行民主集中制、集体领导制，对重要工作安排、重大事项和重要决策，一律通过局长办公会、局务会或党组会，实行民主决策和集体研究决定，增强决策的透明度，自觉接受全体干部职工的监督；认真落实领导班子联系点制度，班子成员每人确定一个基层分局作为联系点，挂钩2户重点税源企业，每月至少1次深入联系点和挂钩企业进行调查研究；班子成员在工作中各司其职、各负其责、互相协调配合，各项工作有条不紊地开展，形成了一个团结、务实、民主、奋进的战斗集体。

【廉政建设】 （一）加强思想政治教育，在全体干部中开展深入学习实践科学发展观活动。在学习实践活动中坚持把深入学习、提高认识贯穿始终，把改革创新贯穿始终，把解决问题、推动工作贯穿始终，把依靠群众、发扬民主贯穿始终，学习调研阶段工作有序、有力、有效展开，取得了明显成效。（二）开展社会主义道德观教育，加强职工思想道德建设。继续深入学习社会主义荣辱观，全体干部增强了组织观念和服务意识，转变了工作作风，实现了思想大解放、服务大提高、作风大转变。（三）不定期组织全员学习廉洁自律相关规定，开展正、反两个方面的激励或警示教育，与检察院联合做好预防职务犯罪工作，定期举办预防职务犯罪讲座，并把开展“纪检监察日”活动与税检联合预防职务犯罪工作有效结合起来。（四）与纳税人签订《廉政公约》，由监察室不定期进行回访，回访面不低于20%；对外聘请特邀义务监察员，对内在各分局配备兼职监察员，设立监督举报电话，形成内、外监督管理体系。（五）认真落实“四项制度”，制定了行政问责制具体实施办法及三项制度，建立了责任、教育、制度保证、监督制约、惩治、评估预警“六个机制”，构建税务系统惩治和预防腐败体系。县局自2008年起实行云南省人民政府行政问责办法等“四项制度”以来，未发生一起问责事项。

【教育培训】 （一）全局共举办5期增值税转型、所得税、红字发票开票系统、纳税评估等专业知识培训班，培训干部共40人；县局开展了两次全员综合业务培训，并进行了严格考核，在全系统形成了良好的学习氛围。（二）在全市稽查人员业务考试中，县局10人参加，取得了平均分90分的好成绩；在全市税收计会统和税收信息化两个系列的考试中，县局3人参考有2人进入全市前十名。（三）在全省国税系统县（区）局局长培训中，县局李宁局长在全省县（区）局长考试中取得第十九名的好成绩。

（王燕红）

师宗县国家税务局

经济概况

2009年，师宗县国内生产总值（GDP）完成37.13亿元，与上年相比增加4.42亿元，增长13.51%。其中：第一产业完成10.29亿元，与上年相比增加6800万元，增长7.08%；第二产业完成15.56亿元，与上年相比增加2.33亿元，增长17.61%；第三产业完成11.28亿元，与上年相比增加1.41亿元，增长14.29%。三次产业结构比例为27.7:41.9:30.4。

税收概况

【税收完成情况】 2009年，师宗县国家税务局共组织税收收入2.17亿元，完成年计划2.1亿元的103.33%，同比增收1500万元，增长7.43%。分税种看：增值税入库2.03亿元，完成年计划1.99亿元的101.86%，同比增收1100万元，增长5.73%；消费税完成2.8万元，同比增收3000元，增长12%；企业所得税入库314.5万元，完成年计划250万元的125.8%，同比增收37.2万元，增长13.42%；储蓄存款利息所得个人所得税完成91.4万元，完成年计划70万元的130.57%，同比减收99万元，减少52%；车辆购置税入库974.9万元，完成年计划750万元的129.99%，同比增收405.7万元，增长71.28%。

【收入特点】 一是国税收入在2008年的基础上实现了7.43%的增长幅度，税收收入再创历史新高；二是除增值税略有增长外，其余各税种均大幅度超收，进一步反映了经济大环境的逐渐好转以及税收征管质量的逐步上升；三是车辆购置税全年始终保持了旺盛的增长势头，充分证明国家拉动内需政策效果明显，同时也反映人民生活水平逐步得到了提高。

【税源分析】 （一）原煤入库税收7271.2万元，与上年征收数5980.3万元相比增收1290.9万元，增长21.59%，主要原因是原煤税率从2009年1月起由13%调整为17%。（二）焦炭入库税收3726.7万元，与上年入库数4607.7万元相比减收881万元，减少19.12%，主要原因是受金融危机影响，产品价格下滑，部分煤焦化企业停产停业和产品积压所致。（三）水泥行业入库税收221.6万元，与上年入库数155.4万元相比增收66.2万元，增长42.6%，主要是受国家拉动内需政策的鼓励，固定资产投资增加，加之新农村建设的推进，对水泥的需求量逐渐增加，水泥价格上涨所致。（四）化工产品入库税收304.1万元，与上年入库数

150 万元相比增收 154.1 万元，增长 102.73%，原因是供电正常，产量增加。（五）金属冶炼行业入库税收 1516.6 万元，与上年入库数 2269.5 万元相比减收 752.9 万元，减少 33.17%，主要是市场疲软，价格下滑。（六）发电行业入库税收 1019.2 万元，与上年入库数 430.3 万元相比增收 588.9 万元，增长 136.86%，主要原因是凤凰谷水电站建成投产，发电量增加所致。（七）供电行业入库税收 1587.3 万元，与上年入库数 1298.8 万元相比增收 288.5 万元，增长 22.21%，主要是外购电量减少，进项税额减少增加了税收。（八）商业入库税收 4453.9 万元，与上年入库数 3917.4 万元相比增收 536.5 万元，增长 13.7%。其中：烟草商业入库 2877.2 万元，同比增收 949.2 万元，增长 49.23%；其他商业入库 1576.7 万元，同比减收 412.7 万元，下降 20.74%，主要是市场疲软，从事煤炭及其制品批发、零售业务减少和小规模纳税人征收率调低所致。（九）其他行业入库税收 250 万元，与上年入库数 379.5 万元相比减收 129.5 万元，减少 34.12%，主要是小规模纳税人征收率调整影响了税收。

【税务管理】 2009 年，增值税转型、征收率调整、小排量汽车车购税率降低等新政策全面实施，为使新、老政策顺利衔接和惠民政策落到实处，师宗县局从六个方面加强税务管理。一是对政策变动涉及的行业、企业进行调研和辅导，加大政策宣传培训力度，及时深入企业明确可抵扣和不可抵扣进项税的项目，保障了税收收入的可持续增长；二是做好资源综合利用和再生资源回收利用政策的宣传解释，认真完成小规模纳税人征收率下调和一般纳税人认定标准变化等工作，做到政策不断，执行不乱；三是开辟绿色通道，简化办证手续，提供延时服务，为“家电下乡”纳税人、返乡农民工和初次创业者快捷办理税务登记，及时提供销售货物发票，促使他们依法经营，依法纳税；四是加强福利企业税收管理，做好残疾证比对与实际用工的核实工作，避免偷骗税行为发生，2009 年全县共有减免税企业 6 户，减免企业所得税 244 万元，其中：农村信用社 1 户减免企业所得税 185 万元，新办非公企业 2 户，免征企业所得税 27.4 万元，享受西部大开发税收优惠企业减免税 32 万元；五是严格发票的领、销、存管理，全面落实专人保管、专柜存放制度，严格执行以票管税和超定额补税的规定；六是充实征管力量，夯实征管基础，落实管户责任，加大催报催缴力度，2004 年以来，已连续 6 年无新欠税款产生。

各项工作

【税收征管】（一）扁平化改革。针对征管力量不足、管理缺位和信息传递不及时等问题，县局提出了扁平化改革方案。从 1 月 4 日起，在原丹凤分局的基础上搭建大分局格局，将税政科、征管科、法规科人员及其职能并入丹凤分局，实行科室职能前移，领导靠前指挥，在信息化管理的基础上，减少管理层级、充实管理一线，以调整后的管理架构为基础，重新制定业务流程，实行组织机构扁平化，税收业务流程化，管理方式集约化的改革方案。同时在办税服务厅推行“综合业务岗”，努力克服系统模块不兼容和硬件设备不到位的困难，将原来每个窗口只能办理一项业务的单纯功能改为每个窗口均能办理除车购税征收和发票发售以外的所有业务，缓解了征期拥堵、排队和办税厅人员苦乐不均问题，提高了办事效率。（二）纳税评估。一是认真开展以运输费用为重点的专项评估，共评估 5 户，补税 20 万元；二是积极做好省局点名评估的重点企业辅导工作，通过辅导企业自觉补税 140 万元；三是认真做好交叉评估工作，共评估 4 户，补税 20 万元；四是认真开展所得税汇算审核工作，通过汇算清缴审核增加应纳税所得额 87 万元，组织入库企业所得税 315 万元；五是对连续三年亏损、与上年相比降幅超过 30% 的企业和申报异常企业开展企业所得税纳税评估，评估调增应纳税所得额 107 万元，补缴企业所得税 26.2 万元。（三）纳税服务。县局一直把文明执法、热情服务作为正确执行国家税收法律的出发点和落脚点，大力推行温馨服务和人性化服务，经过全局干部的努力，全县税收执法环境得到了进一步改善。2009 年，全局共办理税务登记 667 户，其中：符合条件减免工本费 28 户，变更登记 268 户次，注销登记 48 户次；认证专用发票 1.19 万份，运输发票 804 份；受理报税 1219 户次，受理申报 6844 户次，开票 2.05 万份；受理各类法定文书 2123 份；发售发票 2805 份，代开普通发票 2597 份，征收税款 224.5 万元，代开专用发票 301 份，征收税款 21.6 元，发票超定额补税 109 户次。

【税收执法】（一）税收宣传。2009 年，县局围绕“税收·发展·民生”的税收宣传主题，认真组织，多方联动，积极开展税收宣传月活动。一是发动强大宣传攻势。在人口密集地区、经营活动集中地区、部分机关和学校普遍张贴彰显活动主题的宣传画，使人民群众和纳税人随时随地都能感受到税收宣传气氛，接受税收知识教育；二是采取多种宣传形式。一方面把现场宣传和送税法进机关、进企业、进社区、进学校、进农村活动作为税收宣传的主渠道，发放宣传资料、宣传手册 2000 余份，接受咨询和宣传讲解 400 余人次；另一方面把师宗电视台等新闻媒体作为宣传主阵地，精心制作了税收宣传活动专题片，使税收宣传的范围得到进一步扩大，影响得到进一步深入。（二）税务稽查。一是充分利用综合征管软件和金税工程信息，建立科学的选案指标，减少选案工作的盲目性，提高选案准确性。二是创新稽查方法，引入审计式稽查和示范稽查，实施内查外调。三是与县公安局、地税局统一开展了查处发票违法行为的“端点”行动，对辖区的车站、码头及 9 户纳税人共 5255 份发票进行了检查，发现有问题发票 214 份，并对相关纳税人进行了严厉处罚，有力打击了发票违法行为。四是狠抓大要案和举报案件的查处力度，净化了税收征管环境，震慑了涉税违法行为，维护了经济秩序。2009年共检查纳税户11户，其中：专项稽查5户，专案稽查3户，举报案件1户，日常检查2户；结案10户，查补税款、滞纳金、罚款合计400.1万元，其中：税款357万元，罚款12.7万元，滞纳金30.4万元，查实率为100%，入库率为100%，结案率为91%。

【财务管理】 按照中共中央办公厅国务院办公厅关于党政机关厉行节约若干问题的通知精神，县局认真制定和修改完善了相关管理办法，提高责任意识，强化财务监管，采取关闭空调、核定燃油数量、规定接待标准等有力措施，全面降低了"四项费用"支出。一是未组织干部职工公费出国旅游，出国费用零支出；二是开支车辆购置及使用费22.48万元，与控制数相比下降6.53%，压缩支出1.57万元；三是开支接待费23.25万元，与控制数相比下降12.86%，压缩支出3.43万元；四是支出会议费7.13万元，与控制数相比下降21.16%，压缩支出1.8万元；五是电费全年累计支出3.93万元，比上年支出4.14万元下降0.21万元，下降5.07%；水费全年累计支出0.95万元，比上年支出1.72万元下降0.77万元，下降44.76%。

【后勤管理】 一是加强食堂服务工作，注重在细节上下功夫，保持就餐环境清洁，做好餐具的杀菌消毒，确保干部职工吃得放心。二是加强综治维稳工作，加大平安创建和矛盾排查调处力度，以预防为重点，以教育为手段，防微杜渐，有效地杜绝了各种案件发生。2009年，县局被县政法委、县综治委命名为"星级平安单位"。三是修订了车辆管理制度和燃油管理办法，明确车辆维修、保养审核报批程序，严格车辆调度和使用，使公务车辆实现了安全运行。四是精心管理住宿区和办公楼周围常绿花木、草坪，及时更换楼梯走道花木盆景，有效改善了干部职工的工作生活环境和办公环境。

队伍建设

【机构人员情况】 按照《国家税务局系统机构改革意见》和《曲靖市国家税务局系统机构改革方案》的安排，县局及时制订了改革方案，并把思想政治工作贯穿于整个机构改革始终，全体干部职工正确理解、积极支持，确保了改革的顺利实施，10月29日，师宗县局顺利完成了机构改革任务。改革后，县局内设科室8个：办公室、人事教育科、监察室、税政管理科、征收管理科、政策法规科、收入核算科、办税服务厅；1个事业单位：信息中心；1个直属机构：稽查局；1个派出机构：丹凤分局。各部门、机构职能职责明确、人员配置到位。2009年，县局有干部67人，其中：在职干部50人，离退休干部17人；在职干部中，研究生学历1人，大学本科学历19人，专科学历23人，其他学历7人。

【领导班子建设】 2009年，县局领导班子成员4名，其中：局长1名，副局长2名，纪检组长1名。领导班子注重学习，凝心聚力，相互尊重，和谐共事，既有分工，又有协作，充分发挥了局党组的战斗堡垒作用，团结带领全局干部职工全面完成了各项工作任务，有力地推动了国税事业不断向前发展。

【廉政建设】 按照"标本兼治、综合治理、惩防并举、注重预防"的反腐方针，全局上下统一思想，深刻认识党风廉政建设和反腐败斗争的长期性、复杂性、艰巨性，把反腐倡廉引入日常工作，多管齐下，狠抓落实，加大责任追究力度，制定了《党组廉洁自律承诺书》和《中层干部廉洁自律承诺书》并公开承诺，积极构建一把手负总责，全局上下齐抓共管，纪检监察组织协调的网络机制，加大党风廉政建设预警机制实施方案及廉政建设风险点排查力度，在所有工作岗位上查找廉政风险环节68个，风险点109个，提出风险防范措施及建议97条。

【作风建设】 一是增强创新意识，突出思想作风建设，改革阻碍发展的工作机制；二是加强学习型机关建设，培养良好的学习风气，提升工作质效；三是弘扬求真务实的工作作风，做到在其位、谋其政；四是形成和谐的团队精神，在全局范围内弘扬"以人为本、爱岗敬业、乐于奉献"的师宗国税精神；五是加强思想道德修养，注重培养高尚、健康、积极的生活作风；六是认真落实阳光政府"四项制度"，及时成立了领导小组，制订了《阳光政府四项制度实施方案》，安排专人联系、协调、负责此项工作，及时公开了税收政策、业务流程、办税指南以及24条与纳税人密切相关的涉税信息和常见问题，依法依申请举行了税务听证，明确了96128政府信息查询联络员并实行AB角转换制，切实提高了国税工作的透明度，保护了社会公众的知情权，维护了纳税人的合法权益。在师宗县2009年度县级部门社会评价的50个单位中，县局的综合评价满意率为89.96%，名列18名。

【精神文明建设】 2009年是新一轮的文明单位申报创建年，县局对近三年来的文明建设文件资料进行了重新梳理，进一步完善了多媒体汇报材料，经过市、县文明委的多次抽查，检查组认为师宗县国税局的文明创建工作深入扎实，多媒体汇报全面具体，档案资料规范完整，抓文明创建工作持之以恒，载体明显，成效显著。通过考评验收，县局被确定为新一届省委、省政府"文明单位"；同时，县局长期坚持队伍建设、纳税服务和文明创建工作，得到了各级领导的充分肯定和多次表扬，2009年12月，县局被人力资源和社会保障部、国家税务总局评为"全国税务系统先进集体"。

【教育培训】 （一）学习实践科学发展观。按照县委和市局的统一部署，制订了《深入学习实践科学发展观活动实施方案》，明确了学习实践活动的方法、步骤和要求。活动中，县局党组率先垂范，机关干部积极参与，全系统上下联动、密切配合，做到了理论学习有收获，工作调研有成果，民主生活会有亮点，学用结合有特色，较好地完成了各项任务，增强了全局干部学习实践科学发展观的自觉性和坚定性，提高了科学发展的思想认识，坚定了又好又快发展的信心和决心。（二）学习十七届四中全会精神。县局党组把学习贯彻好全会精神作为一项重要的政治任务来抓，制定学习目标，组织干部职工认真、全面、系统地学习了十七届四中全会公报及其相关文件精神，有效提高了干部职工的政治素质和理论层次。

（殷文斌）

罗平县国家税务局

经济概况

2009年，罗平县国民经济持续快速协调健康发展，经济活力明显增强，实现生产总值（GDP）67.8亿元，按可比价计算增长12.5%。其中：第一产业完成增加值17.4亿元，同比增长8.6%；第二产业完成增加值25.9亿元，同比增长10.5%；第三产业完成增加值24.5亿元，同比增长17.5%。三次产业结构比例为25.71:38.14:36.15。

税收概况

【收入完成情况】 2009年，罗平县国家税务局共组织各项税收收入2.27亿元，同比减收4144万元，下降15.46%，完成任务2.4亿元的94.40%。全年共组织入库地方一般预算收入5288万元，同比减收1046万元，下降16.51%，完成县政府任务5800万元的91.17%。

【收入特点】 一是县局所管五个税种仅车辆购置税实现增收，只有三个税种完成任务。五个税种中减幅最大的是储蓄存款利息所得个人所得税，达60.09%；减量最大的是主体税种增值税，减收3966万元。二是商业税收名列全县七大行业之首，占税收总收入比重24.57%，比上年提高4.44个百分点；有色金属业税收比重显著降低，占税收总收入比重16.35%，同比降低5个百分点，从上年的七大行业之首降到第三位。三是增值税构成集中在煤炭、发电、供电、化工产品、有色金属、建材和商业七大行业，共入库19586万元，占增值税20732万元的94.47%，同比提高1.3个百分点。四是税收主体以非公经济为重点，所占比重为73.06%，同比下降0.91个百分点。五是车辆购置税突破千万元大关。全年入库税款1167万元，同比增收316万元，增长37.13%。

【税源分析】 2009年，罗平县重点行业企业效益下滑，企业盈利空间较小，受金融危机和国家结构性减税政策影响明显，直接影响了全县经济的增速和国税收入的增长。一是电力行业因雨水较少，上网发电量同比减少，加之受增值税转型政策影响进项税抵扣增加，税收减少；发电、供电分别入库3297万元、1621万元，下降33.50%、32.32%。二是有色金属行业受金融危机影响，企业产品价格持续下跌，销售收入减少。有色金属行业入库3390万元，下降35.71%。代表企业：云南罗平锌电股份有限公司仅入库税收2870万元，同比减收1504万元，下降34.39%；罗平县宏盛金属工贸有限责任公司仅入库税收43万元，同比减收295万元，下降87.28%。三是煤炭行业成为全县税收增长亮点。全年共入库税款4425万元，同比增收538万元，增长13.84%，主要原因是非金属矿采选产品增值税税率由13%恢复到17%，税收增加。四是烟草企业税收仍占主导地位，共入库增值税3490万元，同比增收440万元，增长14.43%。五是其他行业受经济下滑影响，销售不景气。全年仅入库税款1114万元，同比减收531万元，下降32.28%。

各项工作

【税收征管】 2009年，县局共有管户4812户，其中：企业504户（一般纳税人189户、小规模纳税人315户）；个体4308户，达起征点以上的“双定户”506户，未达起征点的3802户。（一）增值税管理。一是加强增值税一般纳税人认定和管理工作，强化纳税评估，开展了对重点税源、运费抵扣、农产品抵扣、水泥生产等行业的增值税专项或日常评估，全年补缴增值税357万元；二是加强个体税收管理力度，勤征细管，查补税款46万元。（二）所得税管理。组织完成企业所得税汇算清缴工作，汇算176户，同比增加25户，汇算面达100%，汇算清缴实现销售收入8703万元。（三）消费税管理。大力清理催缴2008年老厂个体酿酒户消费税欠税38户，征收税款3.6万元。（四）车辆购置税管理。认真执行总局购置1.6L以下排量的乘用车，暂减按5%税率征收车辆购置税优惠政策，改进征收方式，由一人一机改成二人两机同时操作，调整车辆购置税档案管理方式和管理办法，提高了车购税办税效率。

【税收执法】 （一）税收宣传。一是认真宣传贯彻转型后的各项税收政策。对内组织全体税干进行新税收政策法规的学习，对外加强纳税人的学习培训，全年就重大税收政策的调整和执行组织了4期纳税辅导培训班。二是围绕“税收·发展·民生”宣传主题，认真开展全国第18个税收宣传月活动，组建税法宣传小分队，广泛开展税收宣传到厂矿、到农村、到景区等活动，进一步扩大了税收的宣传面。（二）税收执法。认真落实税收执法责任制，开展税收执法检查工作，全年共发生执法数量40242条，申辩调整4条，实现全年执法“零”过错。（三）税务稽查。2009年，全局共查补税款及加收滞纳金、罚款434.86万元，入库税款、滞纳金、罚款366.14万元。实施科学选案，把税源管理联动机制发布的各类预警信息、纳税评估移送案件和煤炭行业作为选案重点，抓好举报、发票协查专案检查，和公安等单位建立联席会议制，形成办案合力，抓好稽查案件执行工作，保证稽查成果及时足额入库。全年共稽查案件20件，结案12件，结案户中有问题8户，无问题4户。在有问题户中，立案稽查7件，查补各税、滞纳金及罚款164.85万元；实行阳光稽查补缴各税及滞纳金165.32万元；实行纳税辅导补缴各税及滞纳金104.68万元。

【信息化建设】 一是加强全局信息化建设硬件改造，从有限的项目资金中挤出50余万元，局办公楼安装了综合布线系统、楼宇监控系统、大屏幕显示系统、大小会议室音视频系统、网络教育培训系统，办税服务厅安装了LED大屏幕显示屏，使全局的信息化程度有了质的飞跃；二是加强外网线路改造，投入使用外网10M光纤项目，网络上行下载速率较原2M的ADSL线路大幅提高，极大地方便了各部门人员利用互联网获取知识，掌握信息的需求；三是成功割接广电网络的MSTP广域网线路，网络运行更加方便快捷。

队伍建设

【机构人员情况】 按照省市局机构改革工作的要求，县局进行了机构改革工作。改革后，县局有内设机构8个（正股级）：办公室、人事教育科、监察室、税政科、收入核算科、征收管理科、政策法规科和办税服务厅；直属机构1个（副科级）：稽查局；事业单位1个（正股级）：信息中心。全局有在职干部职工66人，离退休人员38人；在职干部职工中有党员32人，占51%；有大专以上学历人数61人，占总人数的92.4%。县局领导班子组成人员5人：局长1名，副局长3名，纪检组长1名；股级领导职数28名。

【廉政建设】 一是继续层层签订《党风廉政建设责任书》，制定了2009年党风廉政建设工作意见，并对2009年党风廉政建设和反腐纠风工作进行了主要任务分解，明确了责任领导和牵头部门，实行责任到人，营造了齐抓共管的工作格局。二是加强思想教育，增强税干廉洁从政意识。深入开展警示案例教育和学习先进事迹典型教育，做到警钟长鸣。三是积极推行廉政风险预警管理机制，共查找到风险环节73个，廉政风险点94个，并制定了相应防范风险的管理措施。四是认真开展“一案双查”，加强对税收执法权的监督。对2008年查结的2户案件进行了“一案双查”，未发现税务人员涉嫌违法违纪行为。五是进一步加强作风建设。从整顿规范税容税纪入手，重新修订县局工作纪律制度，实行局领导带班检查制度，对违反规定者，进行经济惩戒。六是拓宽接受监督的渠道。在罗平县电子政务网上向全社会公开了单位工作职责、各项涉税业务的办事流程、服务承诺及受理举报电话；与4366户纳税人签订《廉政公约》，签订面达100%。七是积极推进廉政文化“四进”活动，在县局电子政务网上创建廉政文化之窗，在全局职工家属中发起了家庭助廉倡议，推进廉政文化建设。

【精神文明建设】 2009年，县局投资350万元的办公楼改造装修工程顺利完工，全局顺利实现整体搬迁，以崭新的面貌正式对外办公，改善了全局干部职工的工作环境，为纳税人创造了一个优美的办税环境，进一步提升了罗平国税的社会形象。同时，层层签订《精神文明建设目标管理责任书》，统一了全局干部职工的思想，提高了认识，在全局掀起人人参与创建，科、室、分局齐抓共管的精神文明创建高潮。2009年，县局综合档案室以148分高分成功创建为云南省党政机关“五星级”标准；在县纪委组织的社会评价工作中以综合满意率100%受到县委、县政府通报表彰，在全市国税系统社会评价工作综合满意率名列第一；被云南省国税局表彰为第14批“文明单位”，被云南省委、省政府表彰为第12批“文明单位”，精神文明创建工作又上一个台阶。

【教育培训】 一是加强思想政治教育。制订政治学习计划，明确学习内容、学习时间和方式，坚持每月集中学习一次的政治学习制度，以中心组学习为龙头，带动干部职工学习。在学习中坚持记读书笔记，撰写了学习心得体会。二是加强干部教育培训。年内共举办培训班4期，培训224人次，人均培训时间12天；参加省、市局组织的各类培训学习18人次。

（张向红）

宣威市国家税务局

经济概况

2009年，宣威市实现生产总值（GDP）124亿元，同比增长12.5%。其中：三次产业增加值分别为27.8亿元、55.9亿元、40.3亿元，同比分别增长7.0%、13.80%、14.00%，三次产业的结构比例为22.4:45.1:32.5。全市固定资产投资完成93亿元，同比增长33.3%，其中争取中央扩大内需项目99个、资金3.96亿元；完成财政总收入17.27亿元，同比增长5.09%，其中地方一般预算收入达到7.94亿元，同比增长5.09%；农民人均纯收入3404元，同比增长9.17%；城镇居民可支配收入13240元，同比增长10.01%；社会消费品零售总额48.71亿元，同比增长22%。全年工业总产值完成123亿元，同比增长12%，宣威市工业经济发展模式仍然占有主导地位。

税收概况

【收入完成情况】 2009年，宣威市国家税务局共组织税收收入8.81亿元，同比增收9641.19万元，增幅12.29%，完成全年任务8.7亿元的101.23%。

【收入特点】 一是税收与经济发展协调增长。2009年，宣威市国税收入在全球金融危机影响和消化上年应退未退增值税3153万元的情况下仍然保持12.29%的增长，五个主体税种呈现“四增一减”的态势，即增值税、消费税、企业所得税和车辆购置税同比增收，增幅分别为9.46%、31.63%、242.01%和29.04%，储蓄存款利息所得个人所得税同比减收，减幅51.73%。二是税收收入进一步集中，仅开发区税务分局就征收入库税收5.22亿元，占全市总收入的59.22%；其他分局完成国税收入3.59亿元，比重为40.78%。三是国税收入完全倚赖第二产业和第三产业的状况仍然没有得到改变。2009年，第二产业实现国税收入5.37亿元，同比增长5.3%，第三产业实现国税收入3.43亿元，同比增加27.73%。四是内资企业中的国有企业，股份公司的主体税收地位仍然没有发生根本性的改变。2009年，国有企业实现税收7415.72万元，股份公司实现税收3.88亿元；私营企业发展迅速，税收收入占据一定的比重，私营企业实现税收2.96亿元，同比增长12.61%，个体经济实现税收6425.17万元，同比增长11.65%。五是中央收入占绝对优势。2009年，分预算级次中央收入入库6.69亿元，占全市国税收入的76.02%；省级收入入库823.93万元，占0.94%；县区收入入库2.03亿元，占全市国税收入23.04%。

【税源分析】 （一）增值税完成7.94亿元，同比增长9.47%。1. 增值税增长的主要项目：一是食品加工业入库增值税688.08万元，同比增长34%；二是其他采矿业入库增值税242.25万元，同比增长33.49%；三是其他制造业入库增值税681.18万元，同比增长54.78%；四是发电行业入库增值税2.09亿元，同比增长4.92%；五是供电行业入库增值税5368.63万元，同比增长12.31%；六是其他电力行业入库增值税99.48万元，同比增长2.36%；七是批发和零售行业入库增值税2.79亿元，同比增长27.32%。2. 增值税减收的主要项目：一是煤炭业入库增值税1.81亿元，同比减少5.60%；二是黑色金属行业入库增值税-94.55万元，同比减少107.64%；三是化学工业入库增值税3251.81万元，同比减少33.81%；四是水泥及制品业入库增值税1803.70万元，同比减少17.13%；五是有色金属入库增值税-4040.78万元，同比减少185.71%。（二）车辆购置税入库5489.31万元，同比增收1235.51万元，增幅29.04%，完成全年任务4850万元的113.18%。

【税务管理】 一是正确执行税务登记管理制度，做好税务登记与技术监督局、工商局、地税局的信息交换与共享工作。2009年，有正常征管户数5049户，其中：一般纳税人549户，小规模企业263户；个体工商户4237户，达到起征点征税的639户，不达起征点纳入管理的3598户；非正常户10户，注销户1733户。二是进一步完善和落实“以票控税”制度。2009年，市局共有税务发票用票户1479户，使用普通发票的种类有18种，查出违章使用12户，处予违章使用发票罚款42500元，审验发票发现个体户超定额补税300万元。三是实行领导干部管户制度，落实领导干部管户12人35户。四是强化电子定税，巩固提高起征点户数。达起征点户数由2008年的401户提高到2009年的639户，增长幅度达60%，达起征点户数的核定面由2008年的8.49%提高到2009年的15.17%。

各项工作

【税收法制建设】 一是新《增值税条例》及其配套政策得到全面贯彻落实，实现了新、老政策衔接过渡。2009年对所有增值税一般纳税人和全局干部职工进行一次全面的税收政策业务培训辅导，共培训600人次。二是推行阳光政府“四项制度”，按照规定要求和数量要求及时在宣威市政府门户网站发布公示和重要工作通报。三是认真做好“五五”普法工作和税收政策执行及实施效果调查情况分析工作。2009年，通过对党政机关以及其他部门的涉税文件的清理，没有发现越权或违规的情况。

【征收管理】 一是继续加强对纳税额100万元以上重点税源的调研、分析、管理，按月写出重点税源管理报告，及时掌握税源的增减变动情况。2009年有12户重点纳税大户缴纳税款在1000万元以上。二是强化欠税管理，采取以票管税、欠税催缴、欠税公告等措施，控制新欠税款的产生，2009年新增欠税210.22万元，追缴入库22万元，年底欠税金额为561.34万元，与年初欠税相比增加188.22万元。三是强化企业所得税管理，落实“两法”合并税收政策。2009年共有企业所得税管户351户，同比增加92户，增长35.52%；年内审批2008年度税前扣除项目4件金额438.02万元，报批减免企业所得税2件，申请备案类减免税的企业24户。四是积极开展纳税评估工作。2009年，共评估纳税人60户，评估入库税款800万元。在纳税评估过程中，发现了羊场煤矿和田坝煤矿利用企业关联交易中的价差造成税款流失的问题，为加强税收征管取得了新的突破。

【税收执法】 （一）税收宣传。2009年共发放各种税收宣传资料8000余份，制作税收宣传电子屏在宣威市主要街道连续播放，对纳税人进行税收政策业务培训10天，制作税收宣传横幅15条，张贴税法宣传画20幅。（二）税务稽查。全市共安排稽查19户，查补税款38.78万元，罚款10.41万元，滞纳金16.90万元，企业自查补税 114.78 万元，共计 180.87 万元。同时，认真开展打击制售假发票和非法代开发票专项整治集中行动工作，联合公安、地税等部门进行发票专项整治行动 2 次。2009 年，共发出涉税协查函 12 件，涉及增值税发票 26 份，协查回复 12 件，涉税发票 92 份。（三）深入推行执法过错责任追究制度，进一步加强工作责任心，保证税收管理信息系统全部考核指标实现零差错的目标，正确率达到 100%。（四）认真落实税收优惠政策，2009 年共办理各类税收减免退税 6242 万元。

【信息化建设】 2009 年，完成了广域网改建、扩容项目工作，安装瑞星防病毒软件客户端 112 个，共采集上传增值税专用发票正常发票存根联 49971 份、金额 88.73 亿元、税额 15.02 亿元，作废发票 4112 份，采集发票抵扣联 1576 户次，认证相符发票 55494 份，金额 57.32 亿元，税额 9.65 亿元，采集运输发票抵扣联 2859 份，金额 5.69 亿元，税额 3988 万元。

队伍建设

【机构人员情况】 2009 年，机构改革后，市局有内设机构 10 个：办公室（10 人）、人事教育科（3 人）、监察室（2 人）、征收管理科（3 人）、货物劳务税科（3 人）、收入核算科（3 人）、政策法规科（2 人）、所得税科（2 人）、纳税服务科（2 人）、办税服务厅（12 人），另设党办（2 人）和工会（3 人）；直属机构 1 个：稽查局（14 人）；事业单位 1 个：计算机信息管理中心（2 人）；税务分局 5 个：榕城税务分局（10 人）、开发区税务分局（11 人）、格宜税务分局（5 人）、羊场税务分局（5 人）、倘塘税务分局（4 人）。全局在职干部职工 103 人，离退休干部 64 人。在职干部职工中，男 80 人，女 23 人；学历结构：研究生 2 人，占 1.94%；本科生 55 人，占 53.40%；大专生 36 人，占 34.95%；中专生及以下 10 人，占 9.71%。市局机关人数 34 人，占总人数的 20.37%。

【领导班子建设】 市局有领导班子成员 4 人，局长（1 人）、副局长（2 人）、纪检组长（1 人）；科、室、分局领导 33 人。领导班子认真贯彻落实民主集中制原则，发挥集体智慧，保证领导班子协调运转，主动接受“二权监督”，坚持干部队伍政治业务学习制度、纪检日学习制度、党组理论中心组学习制度，形成了团结、务实、为民、廉洁、高效的领导集体。

【廉政建设】 一是继续签订《党风廉政建设责任书》，落实领导干部“一岗两责”。二是与新增纳税户签订《廉政公约》，2009 年共签订 162 户，发放调查问卷 600 份，收回 600 份，社会综合评价满意率达 95%。三是通过监察子系统自动检测出的凝点数据，经过实地检查和核实，没有违规违纪情况发生。四是开展丰富多彩的廉政文化建设活动。制作廉政格言警句牌 36 个，制作廉政制度方面的标牌 14 幅，制作警句牌 8 个。五是坚持干部任职谈话制度。2009 年，共开展上级领导同下级主要负责人谈话 20 次，开展领导干部廉政谈话 19 次，开展领导干部述职述廉 9 人次，对倘塘、羊场 2 个分局负责人进行了任职谈话。六是发挥党组织和党员的先锋模范作用，为廉政建设树立楷模。2009 年被宣威市委、市政府表彰了 1 名“先进个人”。

【精神文明建设】 2009 年，市局派出 3 名国税党员干部支援新农村建设，投入新农村建设资金 2 万元。同时，组织干部职工参加植树造林、捐资助学、无偿献血等一系列社会公益活动。市局被省委、省政府授予“文明单位”称号，被宣威市委、市政府授予“先进单位”称号；宣威经济开发区税务分局被省妇联、省国税局表彰为“巾帼文明岗”。

【教育培训】 2009 年，在全系统进行了增值税转型税收政策培训和所得税业务培训，同时，积极选派干部职工参加上级局组织的各项税收政策业务培训 50 多人次。

（赵英辉）

会泽县国家税务局

经济概况

2009 年，会泽县实现生产总值（GDP）82.17 亿元，按可比价计算，同比增长 13%，高于年度计划目标 3 个百分点。其中：第一产业增加值 16.48 亿元，同比增长 8.5%；第二产业增加值 48.88 亿元，同比增长 13.3%；第三产业增加值 16.81 亿元，同比增长 15%。全县财政总收入 25.66 亿元，同比增长 5.19%；地方财政一般预算收入 5.51 亿元，同比增长 10.15%，一般预算支出 17.45 亿元，同比增长 17.4%；社会消费品零售总额 13.54 亿元，同比增长 23.2%；城镇居民人均可支配收入 1.2 万元，同比增长 7.97%，农民人均纯收入 2370 元，同比增长 12.15%；社会固定资产投资完成 48.64 亿元，同比增长 30.29%；金融机构各项存款余额 52.67 亿元，同比增长 13%，各项贷款 23.37 亿元，同比增长 18.6%。

税收概况

【收入完成情况】 2009 年，会泽县国家税务局共计组织税收入库 20.31 亿元，同比增收 7096 万元，增长 3.62%。

【收入特点】 一是税收与经济发展同步增长，2009 年宏观税负为 24.71%。国税收入主要靠“两烟”、“两电”、“一铅锌”五大税源，五大税源占全县总收入的

96%。二是国税部门征收的五个税种呈现“三增两减”态势。消费税、企业所得税、车辆购置税增长，同比增长5.56%、0.59%、123.8%；增值税、储蓄存款利息所得个人所得税下降，同比下降1.1%、53.18%。三是分行业看呈现“三增三减”态势。电力产品、有色金属产品、商业税收增加，同比增长14.38%、1.42%、0.68%；建材行业、化工产品、其他行业增值税减收，同比下降1.38%、70.80%、60.47%。

【税源分析】 （一）增值税入库5.92亿元，同比减收663万元，下降1.1%，增长的行业有卷烟、发电、供电、商业、有色金属产品，减少的行业有建材、化工、其他行业，主要原因是受全球性金融危机影响，产品市场价格大幅下降（二）消费税入库13.36亿元，同比增收7039万元，增长5.56%，本县消费税产品只有“卷烟”，占总收入的52.02%。（三）企业所得税入库8402万元，同比增收49万元，增长0.59%，主要原因是红云红河集团曲靖卷烟厂从2008年1月份以后按季划给本县税款。（四）储蓄存款利息所得个人所得税入库206万元，同比减收234万元，下降53.18%，原因是国家免征储蓄存款利息所得个人所得税。（五）车辆购置税入库1636万元，同比增收905万元，增长123.8%。主要原因是受国家减按5%征收小排量乘用车车辆购置税、摩托车下乡补助政策的刺激，激活消费需求。

各项工作

【税收征管】 2009年，县局共有管户4159户，开业户4016户，开业户中企业415户，个体3601户。（一）重点税源管理。年纳税额50万元以上的企业纳入县局重点税源管理，全县共有18户；年纳税额3万元以上的纳税人由管理分局建立重点税源管理分户台账，加强税源动态信息的分析、预测，及时掌握税源变化情况及增减原因，提高税收收入分析预测的准确性，保证了重点税源的及时足额、均衡入库。（二）增值税管理。一是严把增值税一般纳税人认定关，全年共认定增值税一般纳税人35户；二是开展纳税评估14户，补缴入库增值税202.79万元，滞纳金6.61万元。（三）企业所得税管理。2009年，全县企业所得税征管户数200户，其中：查账征收户139户，核定征收户数61户。一是将企业所得税纳税人进行分类，分为重点税源户、特殊纳税户、一般纳税户、汇总纳税户和核定征收户五类，对不同的企业类型采取不同的管理措施。二是按时完成企业所得税汇算清缴工作，汇算清缴的查账征收户131户，盈利户18户、亏损户86户、零申报27户，对符合小型微利企业条件的及时进行备案，让企业享受20%的优惠税率计算缴纳所得税，共有5户企业享受小型微利企业税收优惠。（四）车辆购置税管理。从2009年1月20日开始，1.6升排量以下轿车、乘用车车购税税率由10%下调到5%，为确保车购税政策的准确执行，一方面加大税法宣传力度，另一方面增加车辆购置税征收人员，加大审验力度，确保税收优惠政策执行到位。全年车辆购置税入库1636万元，完成计划数1200万元的136.33%。（五）税收管理员工作。把纳税人申报、欠税情况纳入税收管理员及关联岗位人员考核内容，加大纳税申报、催报催缴和预防欠税监控考核力度，对未按期申报、申报异常、申报未缴或少缴的纳税人及时到户核查、摸清情况、查明原因，依法纠正和追缴，提高税款入库的质量和效率。

【税收执法】 （一）税收宣传。紧紧围绕“税收·发展·民生”的宣传主题，开展了第18个税收宣传月活动。在城区设立了税法宣传咨询点，向过往群众解答税收政策，发放宣传资料3000余份；充分利用办税服务厅的电子显示屏，把有关税收优惠政策、税收政策变动等内容在电子显示屏上滚动播放；设立纳税咨询服务窗口，因地制宜，扎扎实实地开展好为纳税人的咨询服务工作，认真耐心地把税法宣传给纳税人和广大公民，进一步增强了公民的纳税意识，营造良好的税收环境。（二）整顿和规范税收秩序。一是认真组织开展分级分类稽查。在对第一轮分级分类稽查工作进行全面分析，总结经验，找准存在问题的此基础上，合理确定第二轮分级分类稽查对象。二是认真开展税收专项检查。按照省局稽查局的安排部署，认真做好南方电网的税收专项检查工作。三是抓好举报案件、协查案件等各类案件的查办工作。四是与公安、地税联合进行发票专项检查。共检查使用发票65860份，其中：违法使用发票6份，查补税款7693.9元，罚款2300元。五是狠抓查补收入入库，全面完成查补收入任务。全年共入库查补税收及罚款300.04万元，达到以查促管、以查促收的目的。（三）认真落实新的福利企业退税政策。2009年共为6户民政福利企业办理退税230万元。

队伍建设

【机构人员情况】 2009年，全系统有在职干部92人，平均年龄43岁，离退休人员37人。其中：本科以上学历52人，占在职干部56.52%；专科学历24人，占在职干部26.67%；专科以下学历16人，占在职干部17.77%。党员65人，占干部的72.22%。机构改革后，县局有内设机构10个：办公室、人教科、监察室、征管科、纳税服务科、所得税科、政策法规科、货物和劳务税科、收入核算科、办税服务厅；直属机构1个：稽查局；事业单位1个：信息中心；税务分局2个：金钟税务分局、者海税务分局。

【机构改革工作】 （一）为认真贯彻落实省市国税系统机构改革实施方案的相关精神，县局党组高度重视，采取有力措施，遵循五个原则，确保机构改革顺利进行。一是严格按照市局机构改革实施意见和县局机构改革实施方案进行，机构设置及人员一步到位；二是按照大稳定小调整的原则进行，使机构改革平稳过渡；三是力争使人员合理搭配，各科室人员年龄业务素质相对平衡，各项工作稳步推进，使整个工作齐头并进；四是个人服从组织原则，对个人提出想调换工作岗位的想法，原则上个人需求与组织相结合，最终必须服从组织安排；五是为保持机构改革的稳定，在使用原有中层干部的基础上，提拔选配一批年轻干部充实到中层干部队伍中，促进国税工作健康协调发展。（二）在整个机构改革过程中，一是县局党组高度重视，反复酝酿，及时成立机构改革领导小组和办公室，制定并上报《会泽县国家税务局机构改革方案》；二是思想动员到位，9 月 16 日召开机构改革动员大会，传达市局机构改革工作座谈会精神和《云南省国家税务局关于曲靖市国家税务局系统机构改革方案的批复》，并进行思想动员，让干部职工充分认识机构改革的重要意义，正确处理好局部与全局、个人与组织的关系，自觉遵守机构改革的原则，经受改革的考验，为机构改革打下良好的思想基础；三是严格干部选拔任用程序，对拟提拔人员经过测评、谈话、党组研究、公示、任命等程序。由于县局党组高度重视，思想动员到位、严格干部选拔任用程序，整个机构改革有序开展、稳步推进。

【领导班子建设】 县局领导班子成员有局长 1 人，副局长 2 人，纪检组长 1 人。领导班子坚持党的民主集中制原则，注重加强班子的团结和统一，对全县重要工作安排、重大活动以及涉及干部利益的重要事项，做到事前调查、征求意见和民主集中讨论和决策；同时注重加强领导班子的学习，不断提高县局领导班子和领导成员科学决策水平，县局领导班子成员除坚持机关中心组学习外，每个月利用一天的时间，学习政治理论和税收政策；坚持和完善民主征求意见制度、领导接待日制度、班子成员情况通报制度和重大事项报告制度，开展班子成员之间交心谈心制度，增强班子的凝聚力和战斗力。

【党风行风建设】 一是加强廉政学习教育，筑牢反腐倡廉思想道德防线，提高抵御各种风险的能力。二是加大税务行政执法监察力度，加强对党风廉政建设责任制的监督检查。2009 年与 53 户纳税人签订了《廉政公约》，并开展了签订后的回访工作，对 121 户纳税人进行了回访，没有发现税务干部在执法中出现不廉行为，纳税人满意率达 98.5%。三是加大责任追究力度，对一名干部违规行为给予经济惩罚 3000 元，取消评优评先资格，并通报批评。四是创建作风建设标兵单位，2009 年 6 月被县委、县政府授予“作风建设标兵单位”，纳入行风社会评价免评范围。全系统连续 12 年“无违纪违法案件发生”，树立了良好的国税形象，构建了和谐国税。

【精神文明建设】 在全县国税系统倡导“以国为根、以人为本、以税为业、以学为乐、以廉为荣、以绩为真”的国税文化建设目标，切实加强与当地党委政府联系，狠抓精神文明建设各项工作措施的落实。一是以巩固文明单位、文明系统创建成果为重点，积极开展争先创优和“比、学、赶、帮、超”活动，建立和完善竞争奖惩激励机制，大力表彰先进，鞭策后进。二是开展形式多样的精神文明创建活动，丰富文明建设内容。积极参加全县的社会公益活动，树立良好国税形象；抽调专人参加新农村建设，动员干部参加抗震救灾、结对扶贫、困难救济、教育捐资等公益捐助活动；在 2009 年县委、县政府开展的“八六六”工程中，联系购买 300 吨水泥支持挂钩点，受到了当地党委政府的好评，被县委、县政府评为“新农村建设先进派出单位”。三是组织编写了《会泽县国税局创建省级文明单位宣传手册》人手一册发到每位干部手中，加强文明单位创建宣传。四是做好老干部和工会工作。坚持每年重阳节座谈会和春节走访慰问以及两年一次体检，积极做好老干部思想政治工作；坚持每月工会小组活动一次，每季全体职工活动一次，进一步增强干部职工的凝聚力和向心力。

【教育培训】 一是建立健全教育培训管理机制，制定教育培训管理办法。紧紧围绕税收工作主题，大力实施人才兴税战略，以能力建设为主线，突出教育培训重点，改进培训方式方法，分级分类，多层次、多渠道开展岗位技能培训。二是坚持学习制度，加大业务培训力度。全年共举办 4 期共 10 天 400 余人次的税收业务及政治理论培训。三是采取措施，加大对十七届四中全会的学习和培训力度。请党校老师分三个专题进行讲课。四是深入扎实开展学习实践科学发展观教育活动，按照市局和县委的要求，精心组织，周密部署，圆满完成学习实践科学发展观活动。

（王兴奎）

马龙县国家税务局

经济概况

2009 年，马龙县实现生产总值（GDP）19.20 亿元，同比增长 13.50%，其中：第一产业增加值 4.81 亿元，第二产业增加值 8.15 亿元，第三产业增加值 6.24 亿元，三次产业的结构比例为 25.10∶42.40∶32.50。人均生产总值 9689 元，同比增长 9.70%。全年综合价格指数为 100.10%，居民消费价格指数为 101%，固定资产投资价格指数为 98.10%，商品零售价格指数为 101%，农产品生产价格指数为 99.50%。地方财政一般预算收入 2.02 亿元，上划中央“两税”0.82 亿元。

税收概况

【收入完成情况】 2009 年，马龙县国家税务局共组织入库税收收入1.16亿元，同比减收4275万元，下降27%，完成年计划的100.5%。完成地方（县级）一般预算收入2758万元，同比减收1070万元，下降27.95%。办理民政福利企业退税423万元，同比减少2719万元；办理企业所得税汇算清缴退税191万元，同比增加187万元。

【收入特点】 从整体税收收入情况看，县局全年的税收收入总体呈下降趋势，较上年减收27%。各税种除车辆购置税同比增长外，其他税种均减收。增值税七大支柱产业呈“五增二减”特点，有色金属冶炼、原油加工及石油制品制造业、建材行业、电力及水产行业、批发零售业增值税增收；化学化工产品、黑色金属增值税减收。

【税源分析】 （一）增值税入库1.10亿元，同比减收4154万元，下降27.44%，完成年计划的99.32%。其中：商业入库税款3512万元，同比增收96万元，增长2.81%；黑色金属业入库税款2484万元，同比减收4660万元，下降65.23%；电力及水产行业入库税款642万元，同比增收102万元，增长18.89%；有色金属业入库税款299万元，同比增收215万元，增长255.95%；化学化工产品业入库税款843万元，同比减收1939万元，下降69.70%；石油加工、炼焦及核燃料业入库税款1725万元，同比增收1257万元，增长268.59%；采矿业入库税款215万元，同比减收54万元，下降20.07%；建材产品业入库税款611万元，同比增收41431万元，增长210.15%；通用设备制造业入库税款32万元，同比增收18万元，增长128.57%；其他制造业、橡胶制品业、金属制品业及其他行业等入库税款622万元，同比增收397万元，增长176.44%。（二）企业所得税入库72万元，同比减收200万元，下降73.53%，完成年计划的144%。主要原因是本期预缴入库159万元，同比减少97万元；所得税汇算清缴入库8万元，同比减少11万元；所得税汇算清缴退库191万元，同比增加187万元。（三）车辆购置税入库446万元，同比增加147万元，增长49.16%，完成年计划的131.18%。主要原因是受1.6升及以下排量小汽车税收优惠政策刺激，社会购买力增加。（四）储蓄存款利息所得个人所得税入库53万元，同比减少68万元，下降56.2%，完成年计划的106%。减收的主要原因是税收政策调整造成。（五）消费税入库2万元，与上年持平。

各项工作

【税收征管】 （一）抓好增值税转型改革的贯彻落实工作。一是宣传解释好新的《增值税暂行条例》允许抵扣固定资产进项税额与不得予以抵扣的相关政策规定。二是做好降低小规模纳税人的征收率的宣传，对小规模纳税人不再设置工业和商业两档征收率，将征收率统一降低至3%。同时做好小规模纳税人的税收检查工作，不因政策变动而逃避少缴国家税款。三是认真执行纳税申报期限由10日延长至15日的新规定，提供方便纳税人申报纳税的环境和条件，提高纳税服务质量。四是加强税收征收管理。由于新的《增值税暂行条例》规定，金属、非金属矿采选产品的税率恢复到17%，县局加强煤炭生产等重点行业的检查工作，严格核实其生产经营、库存量、过磅单、调拨单的数量，严防逃避国家税款的行为发生。（二）创新纳税服务工作。按省局“创新发展年”的要求，创新纳税服务工作，实行每位干部服务2户企业和2户个体户的计划，每位干部在一个季度内至少到所服务对象调查了解情况一次，每月用不同的方式和纳税人联系沟通，掌握其生产经营状况，政策执行情况，对税务部门工作的建议等。通过一年的实践取得了良好效果。一是全体干部在服务工作中有针对性，有侧重，特别是经过相互学习介绍，达到了相互学习，取长补短，共同提高的目的；二是及时反馈了纳税人存在的问题，为管理部门提供了管理的依据和决策的思路，为源泉控管提供了依据；三是全体干部参与，为各自岗位工作质量提升，有了换位思考的空间；四是为今后做好税收管理工作提出了许多好的意见和建议。

【税务稽查】 （一）切实做好税收专项检查、分级分类检查工作。2009年，县局检查炼铁行业1户，电力企业1户，分类稽查1户。企业自查补缴税款234.13万元，实施稽查查补税款及罚款1.71万元，检查处罚率达23%，结案率达100%，入库率100%，圆满完成稽查工作任务。（二）切实加大发票专项整治力度。公安、国税、地税联合开展发票专项整治工作，县局共检查4户一般纳税人和34户个体户，涉及发票份数1116份，违章发票27份，涉及增值税10.18万元，查处了一批假发票及虚开代开和违规开具发票的案件，有力地打击了发票违法行为，进一步规范发票管理。

【信息化建设】 一是做好税收综合软件和执法管理信息系统的运行维护。二是充分利用增值税一般纳税人数据监控模块功能，切实加强增值税一般纳税人申报质量监控，实现申报数据零差错。三是搞好业务与技术的整合，完善和整合各应用系统与岗责体系、征管业务工作流程相适应、相配套体系。四是进一步提高数据质量，拓展数据分析利用的广度和深度，规范栏目设置，拓展服务功能，实现表报资料共享，做到统一报表口径，规范取数标准，实现数据统一采集、集中处理、自动生成、按需取用，提高工作的质量和效率。

队伍建设

【机构人员情况】 机构改革后，县局有内设机构8个：办公室（4人）、政策法规科（2人）、人事教育科（2人）、监察室（3人）、征收管理科（3人）、税政管理科（4人）、收入核算科（3人）、办税服务厅（6人）；直属机构1个：稽查局（5人）；事业单位1个：信息中心（1人）；税务分局2个：第一税务分局（8人）、第二税务分局（7人）。学历结构：本科学历25人，占职工总数的49%；专科学历16人，占职工总数的31%；中专学历6人，占职工总数的12%；高中及以下学历4人，占职工总数的8%。离退休人员8人。

【领导班子建设】 县局领导班子成员4名：局长1名，副局长2名，纪检组长1名。县局领导班子坚持党组中心组学习制度，提升班子决策水平，实行班子分工负责制，发挥好班子成员的率先垂范作用，增强班子的凝聚力、向心力和号召力；认真落实民主集中制，完善党组议事规则，严格按照程序办事，与干部职工利益密切相关的事项广泛征求意见，着力推进领导决策的科学化、民主化；同时，切实提高各科室责任人解决实际问题的能力和抓工作落实的责任心，增强大局意识，搞好科室（分局）之间的工作衔接和协调，形成团结干事业的良好氛围。

【廉政建设】 一是认真学习领会中纪委十七届三次全会精神和胡锦涛总书记在全会上的重要讲话精神，加大党风廉政建设责任制落实、督促、检查的力度，坚持执行廉洁自律、一岗两责的各项规定。二是加强与纪委、检察机关等各相关部门的联系，建立工作联系机制，加大对干部反腐倡廉教育的力度。三是继续加大执行落实行政问责办法等"四项制度"的力度，县局与各科室、分局签订《党风廉政建设责任书》，科室、分局与每位干部职工签订。四是成立了预防职务犯罪工作办公室，党风廉政建设得到进一步加强，全局没出现违规违纪的人和事。

【精神文明建设】 一是加强思想政治建设。在干部职工中大力开展思想道德教育和文明素质教育，深入开展基本理论，基本路线，基本纲领的宣传教育，引导广大税务干部树立建设有中国特色社会主义的共同理想。二是加强税务干部职业道德建设，通过抓好以"热爱税收，依法治税，廉洁奉公，文明收税"为基本内容的税务职业道德建设，在全体税干中牢固树立起依法治税，廉洁自律，勤政务实，文明、高效、优质服务的行业新风。三是加强组织领导，实行一把手负总责，分管领导亲自抓，其他领导配合抓，主管科（室）具体抓，其他科（室）配合协调抓的工作格局，形成了全体税干积极参与、关心支持精神文明建设的局面。四是加强党组织和工、青、妇、老等群团组织的职能作用。五是加强协调积极争取上级部门和有关单位的支持与配合，促进了国税部门文明、优质、规范、高效的服务。

【教育培训】 （一）加强思想政治教育。坚持政治学习制度，认真开展科学发展观学习教育活动。对国税干部进行经常性的政治理论、法纪道德、廉洁自律等方面的学习教育。坚持用先进模范人物的事迹激励人，用典型案例的教训警示人。增强全局干部爱岗敬业、文明执法、廉洁自律的意识，实现工作作风进一步好转，服务质量进一步提高。（二）加大教育培训力度。一是对征收管理、税收信息化、税收计会统、行政管理四个系列中的两个系列人员进行全员培训考试，稽查干部参加全国的考试，加强各类人才库建设；二是鼓励干部参加注册税务师、注册会计师、律师、计算机等资格考试，并创造条件组织报考各类执业资格人员参加考前辅导；三是抓好业务尖子的培训，并协调安排好全员培训；四是选择有基础、有潜力、有事业心的干部，通过输送到高等院校、专业培训机构学习和专业职称考试等方法，促进知识更新，提高综合素质，把人员优势逐步转化为人力资源优势。

（角家友）

陆良县国家税务局

经济概况

2009年，陆良县实现生产总值（GDP）78.90亿元，比上年增长12.6%。其中：第一产业28.29亿元，同比增长8.1%；第二产业28.98亿元，同比增长15%；第三产业21.63亿元，同比增长14.6%；一、二、三产业的比重为36.9∶36.7∶27.4。人均GDP达1.27万元，同比增长8.77%；工农业现价总产值130.67亿元，同比增长8.03%；工农业产值的比重为40∶60。全年完成现价工业总产值77.68亿元，同比增长11.26%；实现农林牧渔产总产值52.87亿元，同比增长5.73%；全县万元GDP能耗降至1.85吨标煤，同比下降5.28%；固定资产投资42.12亿元，同比增长31.09%；社会零售总额17.54亿元，同比增长21.72%；财政总收入6.52亿元，同比增长16.44%；农村经济总收入44.6亿元，同比增长9.04%；农民人均纯收入4557元，同比增加514元，增长11.7%。

税收概况

【收入完成情况】 2009年，陆良县国家税务局共组织税收收入2.84亿元，同比增收1128万元，增长4.14%，完成年度计划2.78亿元的102.04%。其中：增值税完成2.51亿元，同比减收415万元，下降1.63%，完成年度计划的100.16%；消费税完成3.45万元，同比增收1.14万元，增长49.47%；企业所得税完成1165万元，同比增收811万元，增长229.07%，完成年度计划的110.97%；储蓄存款利息所得个人所得税完成204万元，同比减收177万元，下降46.52%，完成年度计划的146.01%；车辆购置税完成1993万元，同比增收909万元，增长83.88%，完成年度计划的120.79%。

【收入特点】 一是四个主要税种呈现"二增二减"态势。增值税、车辆购置税增加，企业所得税、个人所得税减收。二是受金融风暴的影响，重点税源收入呈现下降趋势。年纳增值税100万元以上的29户重点税源企业共入库增值税2.05亿元，占增值税收入2.51亿元的81.73%，同比减少844万元，下降3.96%。三是车辆购置税虽然税率下调，但税款增势强劲，同比增加83.88%。

【税源分析】 2009年，陆良县主要行业税收增减不一，呈现"三增七减"态势：一是建材业入库3450万元，同比增加1279万元，增长58.91%；二是商业入库6263万元，同比增加2615万元，增长71.68%；三是非金属矿产品采选业入库251万元，同比增加107万元，增长74.31%；四是造纸印刷业入库1044万元，同比减少265万元，下降20.24%；五是电力行业入库2038万元，同比减少1628万元，下降44.41%；六是化工行业入库1.05亿元，同比减少1923万元，下降15.48%；七是纺织业入库197万元，同比减少313万元，下降61.37%；八是金属采选及加工压延行业入库301万元，同比减少187万元，下降38.32%；九是煤炭采选加工业入库593万元，同比减少50万元，降低7.78%；十是其他行业入库310万元，同比减少82万元，下降20.92%。

【税务管理】 2009年底，县局共有管户5798户，其中：开业户4346户，非正常户6户，注销1446户，2009年新办证771户。有个体工商业户3921户，私营和独资企业239户。有纳税户1009户（个体610户），发票用户1220户。有增值税一般纳税人252户。

各项工作

【税收征管】 一是加强重点税源监控管理。县局确定专人负责对全县年纳税30万元以上的71户重点税源企业的入库情况等相关指标进行纵向和横向分析比较，深入重点税源企业，调查、了解和掌握生产经营情况，掌握影响税收收入变量因素，与企业共同商定税款入库计划，确保实现税款及时足额入库。二是扎实开展纳税评估工作。县局通过对零负申报企业、发票使用异常企业、征管异常企业等进行纳税评估，从中查找税收征收管理中的薄弱环节，制定整改办法和措施，达到规范管理、增加收入的目的。做到日常评估和集中评估、专项评估相结合，有选择性地组织对全县范围内的水泥生产企业等进行行业集中专项评估。2009年共对27户企业进行纳税评估，评估税款848万元。三是加强福利企业管理。抽出专门人员配合县民政局做好民政福利企业的年审工作。同时，做好促进残疾人再就业税收优惠政策的落实，强化管理，严格审批，在对企业、银行等单位提供的用工情况、工资发放情况各项数据指标进行比对核实的基础上，实行集体审批制度，2009年审批办理14户企业2008年度退税810万元。四是推行车辆购置税委托代征工作。针对2009年县交警队下乡开展车辆落户登记、车辆检审、车辆行驶证办理等便民服务措施，县局认真调研，创新思维，及时成立技术服务组，推行车辆购置税委托代征工作。实行委托代征工作后，大大方便了基层群众，有效避免了纳税人多头跑的现象。

【税收执法】 （一）认真开展税收宣传教育活动。2009年，县局围绕"税收·发展·民生"税收宣传月活动主题开展税收宣传。一是成立税法宣传咨询辅导小组和税法宣传队，围绕"扩内需、保增长、调结构、重民生"的主题，结合"家电下乡"服务活动，深入各乡镇集贸市场、纳税企业开展税源调查、税法宣传教育和业务咨询辅导工作。二是组织全县范围内的超市、加工修理、加油站、文体用品商店的业主及用票大户人员共计150多人集中进行普通发票管理业务培训。三是认真开展"涉农"税收优惠政策宣传，使广大农民认识"家电下乡"活动等方方面面都与税收有着紧密的联系，从税收的使用来提升税收在农村的认知度。四是县委、县政府大张旗鼓地表彰评选出来的10名优秀企业家、20户纳税先进户、10户纳税大户。（二）强化税务稽查。一是认真做好专项稽查和分类稽查工作，2009年通过征管部门日常检查、开展纳税评估、企业自查等形式对46户纳税户进行检查，稽查入库增值税686.47万元，所得税38.27万元，滞纳金152.16万元，罚款8.74万元，合计885.64万元。做到选案准确率、结案率、入库率100%。二是重点查处伪造、倒卖和虚开发票的案件，与公安、地税部门联合开展打击制售和贩卖假发票的违法犯罪的专项活动，加大防范和打击涉税违法犯罪行为力度。三是认真开展协查工作。协查系统内发出委托协查1起，涉及增值税专用发票3份，金额172.49万元，税额22.42万元。收到协查3起，涉及增值税专用发票24份，金额293.08万元，税额41.39万元，经查业务真实，已按期回复。四是受理举报案件3件，已入库增值税2.53万元，罚款0.72万元，滞纳金0.75万元，合计4万元。（三）落实阳光政府"四项制度"。县局及时成立了阳光政府"四项制度"领导小组，制定了落实阳光政府"四项制度"的办法措施，积极参加各级举办的阳光政府"四项制度"业务培训，及时报送"96128"政府信息查询系统相关资料，由专门科室和人员具体负责阳光政府"四项制度"的操作和运行，由监察室具体负责落实阳光政府"四项制度"监督管理，对县局贯彻落实阳光政府"四项制度"工作实行全过程监督，并纳入年度目标管理考核内容进行考核。（四）创新纳税服务方式。一是以解决纳税人实际需求为目标，结合税务管理员下户制度的落实，采取点对点、面对面、一对一的纳税辅导形式，现场解答有关问题，使纳税人遇到涉税问题能够及时解决。二是以方便纳税人办税为目标，合理设置征税大厅的窗口和岗位，做好办公区和征税大厅的绿化、美化工作，为纳税人提供优雅的办税环境。三是强化对税务人员礼仪风纪培训，倡导使用文明用语，做到用税务人员的真心换取纳税人的放心，用热情赢得纳税人的满意。实行统一着装、挂牌上岗，亮证服务。四是在征税大厅内设立多功能"综合服务窗口"，保证纳税人在一个窗口可以办结所有涉税事宜。通过延时服务，预约服务，零距离服务，开设下岗失业人员"绿色通道"等形式，为纳税人提供优质高效便捷的服务。

队伍建设

【机构人员情况】 2009 年，县局设办公室、人事教育科、监察室、货物和劳务税科、所得税科、征收管理科、政策法规科、纳税服务科、收入核算科、办税服务厅、信息中心、稽查局、第一税务分局、第二税务分局。全局有在职干部职工 93 人，其中：公务员 89 人、工勤人员 4 人。有离退休人员 22 人，其中：离休干部 3 人。在职干部职工结构状况为：男 72 人，女 21 人，平均年龄 45.03 岁。

【领导班子建设】 2009 年，县局局长 1 名、副局长 2 名，纪检组长 1 名。县局领导班子认真落实《党政领导干部选拔任用工作条例》，保持"五好领导班子"荣誉成果。

【机构改革】 按照省市局新一轮机构改革实施方案的统一部署，2009 年 9 月底前，圆满完成了机构改革各项工作。一是加强组织领导，抓好机构改革全员总动员工作。二是严格按批复的陆良县机构改革实施方案开展工作。本次机构改革县局内设机构 10 个（正股）、直属机构 1 个（副科）、事业单位 1 个（正股），县局本着有利于工作的开展和上下工作的衔接，一次性将所有机构设置到位，人员调整到位，并对部分科室实行联合办公的形式，确保工作协调高效运转。三是坚持大稳定小调整的原则进行机构及人员的重新搭配和调整。以发挥人力资源优势为前提，确保各项工作平稳过渡和有序开展。这次机构改革共对 7 人进行岗位轮换和调整，占人员总数的 7%。四是严格组织纪律，对新提拔人员一律按组织程序进行。

【廉政建设】 一是适时组织召开特邀监察员工作联系会，广泛征求和听取社会各界对国税部门执法中的意见和建议；二是继续落实党风、行风廉政建设责任制。县局领导与各科室分局签订了《党风廉政建设责任书》，实行考核和一票否决制；三是巩固与纳税人签订《廉政公约》的成果，开展对已签订《廉政公约》的 2334 户进行回访调查，自觉接受社会评价和监督，2009 年社会评价满意率为 98.9%；四是认真落实"一岗两责"、"一案双查"制度，严格执法责任考核和追究；五是认真贯彻落实《建立健全惩治和预防腐败体系 2008 ~ 2012 年工作规划》的实施意见，抓好预防工作。

【精神文明建设】 一是文明建设成果明显。县局认真抓好巩固创建文明单位、人民满意单位荣誉称号工作，2009 年，县局保持市级文明单位 2 个，省局级文明单位 1 个，省级青年文明号 1 个，保持县人大授予"人民满意单位"荣誉称号，创建了新一轮省级文明单位。二是做好扶贫济困送温暖活动。做到人人都多一份爱心、多一分温暖，多一份捐赠、多一分希望。为四川汶川地震灾区小学生进行捐助爱心包裹活动，单位捐赠价值 5000 元的爱心包裹，有 41 名职工捐款 4200 元用于捐赠 42 个爱心包裹；92 名职工为全县"整体推进"扶贫捐款 1.89 万元。三是文化建设得到进一步加强。通过开展职工喜闻乐见的文体活动，陶冶干部职工情操，提升生活情趣，形成团结干事的良好氛围。2009 年，组织全县国税系统干部职工参加义务植树活动，参加庆国庆万人长跑活动和革命歌曲演唱比赛，县局职工曹星河在县总工会组织的职工才艺大赛中获得摄影类一等奖。

【教育培训】 （一）开展学习实践科学发展观活动。一是县局成立了学习实践科学发展观活动领导小组和办公室，按照要求抓好每个阶段和每个环节的工作。二是围绕各阶段工作目标要求，进一步理清工作思路，明确创新目标，落实创新责任，强化创新举措，制定出创新发展的具体行动计划。三是通过开好一次动员部署会、组织一次集中学习、开展一次专题调研、组织一次科学发展大家谈、开展一次科学发展观理论考试和知识竞赛（92 人参加考试、1 人参加知识竞赛），广泛征求群众意见（发放征求意见表 108 份，共梳理征求意见建议 176 条），开好民主生活会、撰写分析检查报告 92 份、组织进行评议、制订整改落实方案，集中解决问题、办好推进介质申报管理、干部职工综合素质提升、干部住房安居工程等四项实事。围绕省委提出的"个人形象一面旗、工作热情一团火、谋事布局一盘棋"的要求，开展践行"一面旗、一团火、一盘棋"学习实践活动，真正使科学发展观活动促进整体工作质量的提升。全力建设服务型、责任型、法治型、廉洁型和人民满意单位，做到学习实践和各项工作两手抓、两不误、两促进、两提高。（二）抓好政治业务学习。以学习实践科学发展观活动为中心，加强税收征管业务知识和有关法律法规、前沿知识和更新观念培训，坚持每周有一个学习日活动。2009 年，组织办公室、人教、监察等科室人员参加市局举办的综合业务和节能降耗培训，组织稽查系列人员参加全国税务系统稽查系列业务考试，参加计划征收、财务管理、计算机信息操作系列的业务考试，通过经常性学习活动的开展提高综合业务素质，促进国税工作的全面开展。

（曹星河）

富源县国家税务局

经济概况

2009年，富源县实现生产总值（GDP）94.68亿元，按可比价格计算比上年增长13.5%，按常住人口计算，人均GDP达到1.34万元。其中：第一产业实现增加值18.3亿元，同比增长7%，拉动GDP增长1.4个百分点，对经济增长的贡献率为10.4%；第二产业实现增加值52.13亿元，同比增长14.2%，拉动GDP增长7.8个百分点，对经济增长贡献率为57.8%；第二产业中，工业实现增加值50.16亿元，同比增长14.2%，拉动GDP增长7.5个百分点，对经济增长贡献率为55.6%；第三产业实现增加值24.25亿元，同比增长17.0%，拉动GDP增长4.3个百分点，对经济增长贡献率为31.8%。非公有制经济创造增加值50.09亿元，占全县生产总值的比重达52.9%，同比提高2个百分点。全县经济结构继续得到优化，三次产业结构比例由上年的20.4:55:24.6调整为19.3:55.1:25.6。

税收概况

【收入完成情况】 2009年，富源县国家税务局共组织入库税收收入9.72亿元，同比增收1.69亿元，增长21.1%，完成年计划9.4亿元的103.4%。

【收入特点】 一是税收增长超越经济增长。2009年，富源县生产总值按可比价格计算比上年增长13.5%，而富源县国税局组织入库税收收入同比增长21.1%。二是增值税占主导地位。2009年增值税入库9.21亿元，同比增收1.38亿元，增长17.6%，完成年计划9.1亿元的101.2%，占全年税收收入的94.76%。三是税收收入呈跳跃式发展。2008年，富源国税收入突破了8亿元大关，达到8.03亿元，比2007年增收了2.18亿元；2009年，虽受国际金融危机的影响，国税收入也达到9.72亿元，突破了9亿元大关，又上了一级台阶，呈跳跃式发展。

【税源分析】 （一）增值税分行业税收收入分析。1.煤炭行业入库税款5.64亿元，同比增收1.74亿元，增长44.7%。增收原因：一是煤炭行业上年延期税款入库7380万元；二是煤炭行业入库查补收入1381万元，同比增加1356万元；三是福利企业全年退税9807万元，同比减少4125万元。2.电力行业入库2.68亿元，同比增收3560万元，增长15.3%。增收原因是云南滇东能源有限责任公司2008年11月办理延期3765万元，2009年共入库增值税24013万元，同比增加3370万元，增长16.3%。3.商业入库6711万元，同比减收2230万元，下降24.9%。减收原因：一是烟草公司全年累计入库2839万元，同比减少381万元；二是受全球金融危机的影响，煤炭运销业税收同比减少1629万元。4.有色金属行业入库293万元，同比减收841万元，下降74.2%。减收原因受国际金融危机的影响，有色金属企业自2008年10月以来由于成本过高亏损经营，已全部停产，2009年仅销售库存产品，致使税收收入减收。5.黑色金属入库270万元，同比减收1636万元，下降85.8%。减收原因：一是上年有延期税款入库459万元，2009年度没有；二是受金融危机的影响，钢材价格变化，产品售价暴跌，企业的销售萎缩，产品大量滞销，加之企业融资困难，处于停产半停产状态。（二）其他税种增减变化分析。1.企业所得税入库4104万元，同比增收3164万元，增长336.6%，完成年计划2250万元的182.4%。增收原因：一是团结煤业有限公司1~10月入库企业所得税1081万元，同比增加907万元；二是云南滇东能源有限责任公司7月入库960万元，同比增加960万元。2.车辆购置税入库826万元，同比增收160万元，增长24%，完成年计划630万元的131.1%。增收原因是社会购买力增加。3.消费税入库4万元，同比减少2万元，下降33.3%。减少原因是则黑酒厂入库4万元，同比减少2万元。4.储蓄存款利息所得个人所得税入库156万元，同比减少174万元，下降52.7%，完成年计划120万元的130%。减少原因是由于税率降低及税收政策调整（自2008年10月9日起孳生的利息所得免征储蓄存款利息所得个人所得税）。

各项工作

【税收征管】 2009年，全县共有纳税户4053户，企业819户，其中：一般纳税人417户；个体户3234户，其中："双定户"3170户，"双定户"中达起征点196户、未达起征点2974户。县局在税收征管工作中主要做了如下工作：（一）探索"煤炭行业税收信息化管理"和"工作标准化考核"创新项目。4月初，成立了创新项目工作领导小组，明确了具体人员及职责分工，制定了《煤炭行业税收信息化管理实施意见》和《工作标准化工作方案》，多次召开会议征求意见和建议，反复进行修改，落实业务需求，12月开发完成。（二）全面落实税收管理员制度。一方面严格执行《富源县国税局税收管理员工作职责及考核办法》，规范了税收管理员的工作；另一方面落实领导干部管户制度，班子成员、中层干部直接管户不少于2户，分局长不少于3户，并与税收管理员同等管理考核。（三）加强增值税和所得税管理。一是加强新增值税政策的宣传辅导工作；二是充分发挥信息化手段的优势，做好对重点行业、企业的分析、评估、监控管理工作，切实采取措施保障新政策的顺利实施和增值税管理工作再上新台阶；三是加大所得税监管力度，结合税收管理员制度的落实，探索建立所得税专业化管理和评估模式；四是强化所得税年度汇算清缴工作，2009年共调整增加企业所得税19.41万元；五是对减免税企业严格审批程序和标准；六是对账务不健全的企业实行核定征收，全年共核定36户企业。（四）加强税源监控管理。一是加强调研，深入分析企业收入变化的原因，及时掌握重大因素对税收收入的影响；二是加强对现有管户的监控和跟踪管理，尤其是加强对滇东电厂的税收征管，通过纳税评估及税源普查，建立翔实可靠的税源数据资料，做到税清源明；三是牢牢掌握流动税基，通过与地税、工商等部门的信息交换，捕捉流动经营户的税源动态，加强流动税收的监管。（五）加强纳税评估工作。一是积极开展运输发票的专项评估工作。全年共对6户企业进行了专项评估，转出进项税额43.15万元；二是对3户农产品生产加工企业进行评估，共补税2.29万元；三是圆满完成省局下发的46户重点税源企业的纳税评估工作，共入库查补税款407万元；四是加强税收政策宣传，积极辅导企业进行自查，共补税1095万元；五是配合市局开展增值税交叉评估，对4户企业进行深入评估，共补税90.57万元，进项税额转出32.67万元；六是对注册资本或资产规模较大连续三年亏损或零申报的34户企业进行所得税纳税评估，共补税21.92万元。

【税收执法】 （一）税收宣传。一是围绕"税收·发展·民生"主题，与县地税局联合开展"全国第18个税收宣传月"活动。通过在广场悬挂标语、设立咨询服务台、解答涉税事项、宣传税收政策、发放各种税收资料1000份等措施，进一步提高了广大公民的依法纳税意识。二是组织干部走访纳税人，送政策到企业。三是充分利用办税服务厅的电子大屏幕滚动播放税收政策，向纳税人发放《纳税服务手册》、《减免税申办指南》等小册子10000余册。（二）税务稽查。2009年，县局共计查办案件27件。其中，专项检查案件4件（含分类检查案件2件），专案检查案件1件，日常检查案件6件，协查案件16件。全年查补入库应纳税款74.08万元，滞纳金16.21万元、罚款1.2万元，共计91.49万元。（三）税收政策执行。一是加强对福利企业的管理和退税审核力度，切实落实福利企业税收优惠政策。对福利企业退税坚持主管分局调查讨论、税政部门审核把关、县局减免退税审批领导小组集体讨论研究，并由分管局领导审核批示的三级把关严格审核制度。同时，严格监督福利企业为残疾人缴纳"四险"，督促企业签订有效聘用合同，并按时足额发放残疾人工资，凡不符合福利企业退税政策的一律不予退税。2009年，全县共有39户福利企业达到退税要求，共办理退税9902万元，有效促进了残疾人就业。二是抓实增值税转型政策和国家宏观调控措施带来政策性减免税辅导工作。在三个税务分局分别召开税收政策培训会议，邀请了市局相关业务科室人员为纳税人授课，及时把税收政策送到纳税人手中，并发放新税收政策法规资料5000余份。同时要求税收管理员不定期到户进行纳税辅导，耐心细致解答企业疑问，促进了全县增值税转型政策的顺利贯彻实施。三是做好对增值税一般纳税人资格的认定工作及对资源综合利用产品减（免）税的审批工作。坚持企业申请、主管分局实地调查、税政部门审核，并由县局组织相关科室集体讨论、分管领导亲自签字把关的制度，坚决落实"两权"监督机制。全年共认定增值税一般纳税人417户，其中：正式认定工业244户，暂认定工业6户，正式认定商业158户，辅导期商业9户。四是深化政务公开，完善和规范纳税服务。在办税服务厅、网络上公开税收法规、办税程序、办结时限等事项；将纳税服务拓展到税收征管的各个方面，贯穿税收全过程，使纳税服务成为税收征管体系的重要组成部分，进一步落实"首问责任制"、告知服务和办税公开制，提供政策咨询服务，为纳税人提供全面、规范、便捷、经济的税前、税中、税后服务。

队伍建设

【机构人员情况】 2009年，机构改革后，县局设有办公室、人教科、税政科、征管科、政策法规科、收入核算科、办税服务厅、监察室、计算机信息中心、稽查局，并设中安税务分局、营上税务分局、黄泥河税务分局3个全职能分局。全局共有干部职工64人，男46人，占72%；女18人，占28%。大专以上学历60人，占94%，党员45人，占70%。

【领导班子建设】 县局领导班子组成成员4名：局长1名，副局长3名。领导班子坚持对政治理论和税收业务的学习不放松，通过党组中心学习组学习、自学等形式深入学习党的路线、方针、政策及税收业务知识；坚持民主集中制原则，重大问题都由党组会讨论决定，且在决定重大事项之前，广泛征求干部职工意见和建议；加强对分局长、中层干部的监督管理，深化党组学习、日常谈话等制度，以思想政治工作为先导，从工作、学习、生活全方面入手，努力建设一支能带队、带好队、高效廉洁的中层干部队伍。

【机构改革】 2009年9月，按照精简、统一、效能的原则和决策权、执行权、监督权既相互制约又相互协调的要求，通过召开机构改革动员大会，明确了机构改革的指导思想、机构设置、领导职位，并根据上级的批复，调整了内设机构和人员，选拔任用了副股级干部20人，圆满完成了机构改革工作，为全县国税各项工作顺利开展提供了强有力的组织保障。

【基础设施建设】 在上级及各相关单位的支持配合下，投资600余万元的黄泥河税务分局综合办公楼，于9月30日竣工并正式投入使用，更加方便了纳税人办理业务。

【廉政建设】 一是年初县局与各分局、科室及干部职工签订《党风廉政建设责任书》，将责任落实到部门、到人，纳入目标责任制考核。二是各分局与纳税户签订《廉政公约》，并由监察室不定期进行回访，回访面不低于20%。2009年，共与新增的660户纳税人签订了

《廉政公约》，通过座谈会、问卷调查、面对面回访等形式对250户纳税人进行了回访，回访面达38%。三是不定期组织全员学习廉洁自律相关规定，开展正、反两个方面的激励或警示教育。四是做好与检察院联合预防职务犯罪工作，定期举办讲座进行教育，并把开展“纪检监察日”活动与税检联合预防职务犯罪办公室工作有效结合起来。五是聘请特邀兼职监察员6名，对国税系统党风廉政建设进行指导和监督，及时把不廉行为消灭在萌芽状态。

【教育培训】 一是深入开展学习实践科学发展观活动。县局党组高度重视，广泛动员，精心组织，周密部署，确立了活动主题，制定了实施方案，明确了工作要求和任务，确保学习实践科学发展观活动扎实深入开展。并先后邀请曲靖市委党校副校长腾黎南教授讲解《正确认识形势，牢固树立科学发展观》，云南大学教授金子强讲解《团队精神与人的建设》、《人际沟通》专题讲座。同时，把深入学习实践科学发展观活动与推进当前工作结合起来，在指导检查组的帮助指导下，采取集中学习与个人自学相结合、理论学习与工作实践相结合的方式，使学习实践活动起步快、开局好、进展顺利，达到了预期效果，圆满完成了各阶段的规定动作和主题鲜明的自选动作。二是开展各类业务培训工作。组织4人参加了市局组织的扬州培训班的学习，10人次参加市局组织的稽查系列考试，9人进入全市前30名，8人参加了市局组织的后备干部考试，4人次参加了市局组织的分系列考试；在中安、营上、黄泥河3个税务分局分别举办了600多纳税人参加的税收政策培训，举办了1期办税厅业务培训，1期流转税业务知识培训，1期福利企业和重点税源大户法人和财务人员培训，1期煤炭税收信息化管理信息采集表格的填写培训；积极鼓励和推荐干部职工参加上级局的业务考试和注册税务师等四类执业资格的考试；组织66人分别到上海财经大学、清华大学等高等学府进行深造；分季度组织全系统50岁以下人员进行全员业务知识考试。三是继续抓好学历教育。2人参加了昆明理工大的函授学习，3人参加西南财大的函授学习。通过培训学习，进一步提高了税干的政策业务能力和综合业务素质，增强了做好新时期税收工作的信心和决心。

（胡月锦）

曲靖经济技术开发区国家税务局

经济概况

曲靖经济技术开发区经过18年的建设和发展，已聚集了以有色金属冶炼及加工、电力、医药、机电、建材、农副产品加工、餐饮、通信、金融、房地产和影视拍摄基地等为主的一大批骨干产业和企业。2009年，曲靖开发区实现生产总值（GDP）71.5亿元，同比增长14.71%。其中：第一产业增加值5143万元，同比增长3.8%；第二产业增加值49.08亿元，同比增长15.85%；第三产业增加值21.91亿元，同比增长12.02%。三次产业结构比例为0.7:68.6:30.7。财政收入完成12.13亿元，同比增长5.5%；地方财政收入完成5.97亿元，同比增长15%。各项主要经济指标在全省省级开发区中连续四年稳居第一。

税收概况

【收入完成情况】 2009年，曲靖经济技术开发区国家税务局共组织税收收入69.81亿元，同比增收1.23亿元，增长1.79%，完成计划目标72.53亿元的96.25%，完成奋斗目标的92.27%。主体税种完成情况：国内增值税入库20.9亿元，同比增收9081万元，增长4.54%；消费税入库41.65亿元，同比增收3.32亿元，增长8.66%；企业所得税入库7.25亿元，同比减收2.99亿元，下降29.19%。

【收入特点】 一是全年税收收入以正增长作结。2009年以来，由于受经济和政策的双重影响，国税收入一直呈减收状态。自8月份以来，随着经济的回升，国税收入呈逐渐回升态势，降幅减缓。到11月份止，同比下降1.55%。12月份由于单月税收收入的较大增长，全年累计收入以正增长作结，同比增长1.79%。二是2009年12月单月税收收入同比增长52.47%，单月税收收入创全年增长之首。由于受金融危机和重点行业市场不景气双重影响，上半年单月税收收入一直下降。下半年经济实现了恢复性增长，税收逐渐回升，特别是12月份单月税收收入同比增长52.47%。其中：增值税同比增长178.18%。三是卷烟“三税”税收增长乏力。2009年卷烟“三税”入库55.19亿元，同比增收8052万元，增长1.48%。四是消费税结构性政策性调整增效明显。由于卷烟消费税政策调整，全年增收消费税3.32亿元。其中：卷烟工业税率提高，扭转了自7月以来收入持续下降局面，全年涨幅6.52%。卷烟商业净增消费税8212万元。五是企业所得税持续下滑。所得税两法合并的影响主要在2009年中反映，由于税率的降低，使企业汇算清缴的税额大幅降低。同比减收2.99亿元，下降29.19%，是全年持续下滑的主要税种。

【税源分析】 2009年，烟草工业、烟草商业、烟叶复烤税收收入增长乏力，电力行业税收收入稳步增长，有色金属受金融危机的影响，税收收入持续减收。（一）烟草工业：2009年卷烟“三税”入库55.19亿元，同比增收8052万元，增长1.48%。1. 卷烟增值税入库

12.09亿元，同比增收7526万元，增长6.64%。增收原因：一是结转上年税款7096万元，同比减收654万元；二是红云红河烟草（集团）1～11月实现的税款按比例划转11.23亿元，同比增收6738万元；三是清算、留抵找补调整税款增加1442万元。2. 卷烟消费税入库40.83亿元，同比增收2.5亿元，增长6.52%。增收原因：一是结转上年税款2.31亿元，同比减收1.03亿元；二是红云红河烟草（集团）1～11月份实现的税款按比例划转38.77亿元，同比增收3.78亿元；三是清算调整税款减少2570万元。3. 卷烟所得税累计入库2.28亿元，同比减收2.45亿元。减收原因主要是2009年红云红河烟草集团汇算清缴入库所得税5647万元，同比减少2.01亿元。（二）烟草商业：烟草商业“三税”入库7.63亿元，同比增收1.43亿元，增长23%。1. 烟草商业增值税入库2.3亿元，同比增收5770万元，增长33.45%。增长主要原因：一是卷烟、烤烟销量增加，销售收入增加；二是受烟叶年初库存的影响，年初库存烟叶212.3万担，同比增加85万担；三是受烟叶调拨流向和调拨等级、数量的影响，市烟草公司收回原调给曲靖烟叶有限责任公司的30万担烟叶，直接调给省外厂家，烟叶调拨价格提高近10个百分点，销项税率提高4个百分点。2. 烟草商业消费税入库8212万元。由于新的卷烟消费税政策的实施，自2009年5月1日起，卷烟批发环节按5%征收消费税。由于卷烟工业税率提高，2009年新增卷烟批发环节消费税8212万元，扭转了自7月以来收入持续下降局面，全年涨幅6.52%。3. 烟草商业所得税入库4.51亿元，同比增收288万元。（三）烟叶复烤：入库增值税6916万元，同比减收1616万元，下降18.94%。下降原因主要是曲靖烟叶有限责任公司经营加工销售的30万担烤烟，转由市烟草公司经营，仅有受托烟叶加工费收入，2009年入库增值税807万元，同比减收2443万元，下降75.17%。其他两家烟草复烤企业，增值税呈不同程度增长。（四）电力：入库增值税1.75亿元，同比增收1902万元，增长12.23%。一是云南电网公司曲靖供电局自9月份起因东源铝厂增加一台机组，10～11月售电量增加近4.9亿度，1～11月份电费收入同比增加2.7亿元，增值税入库1.47亿万元，同比增收1427万元，增长10.77%；二是曲靖供电有限责任公司供电收入同比增加7429万元，增值税入库2374万元，同比增收474万元，增长24.95%。售电量同比增加5.6亿度，销售收入增加税金增加。（五）有色金属：云南驰宏锌锗股份有限公司全年入库增值税3.73亿元，同比增收1612万元。主要原因：一是结转上年税款3319万元，同比增加3272万元；二是1～11月进项税金2.48亿元（含固定资产进项税金1219万元），同比减少8657万元；三是主要产品铅、锌，价格同比下跌，1～11月份实现销售收入33.88亿元，同比减收5.5亿元。

各项工作

【制度建设】 开发区局始终不渝地推行行政管理制度化、规范化，坚持以制度管人，规范制度约束人，在制度面前人人平等的原则，推行“全面覆盖、不留真空、科学设岗、责任到人、量化考核、责任追究、严格奖罚”的管理理念。2009年，按照“规范、巩固、发展、提高”的工作思路，再度修订完善《内部管理制度》30章246条，其内容涵盖了思想政治工作、党风廉政建设、督办督查、错误追究、财务管理、车辆管理、公文审批和印章管理等制度。使各项工作做到规范化、制度化、科学化，大大提高了工作质量和效率，确保了各项制度实施的可操作性和实效性。

【税收征管】 （一）户籍管理。开发区共有开业纳税人2358户，其中：一般纳税人301户，所得税纳税人415户，个体工商户1603户。2009年，共办理税务登记474户，办理变更税务登记231户次，注销税务登记229户；共受理纳税申报1.22万户次，认证增值税发票4.31万份，报税2479户次，开具税票1.76万份，涉及金额69.81亿元；受理违法违章处罚234户次，处罚收入3.5万元；办理发售专票16.94万份、普票2.33万本；代开专票232份，涉及金额336.12万元，税款10.14万元；代开普通发票42份，涉及金额63.26万元，税款1.84万元；对新批准使用防伪开票系统的30户企业进行金税卡、IC卡初始发行，对155户企业进行变更发行维护，对6户企业进行注销发行。（二）纳税评估。2009年，面临全球金融风暴、世界各国经济不景气的严峻形势，税收收入任务困难巨大。开发区局按照“以评促改、以评促管、以评促查、以评促收”的工作思路，以加强纳税评估为重点，提升效能，加强管理。采取动员纳税人自查与税收管理员开展纳税评估相结合的有效措施，狠抓税收查补收入。到年底共清理53户，查补增值税、企业所得税、滞纳金三项税收收入3259万元，占市局下达税收查补收入任务800万元的407.38%，固定资产抵扣进项税金8627.54万元，核实固定资产抵扣作进项转出55万元，补税6万元。（三）财税银库横向联网试点。按照全省财税库银横向联网的总体部署，2009年12月11日，开发区局对选定试点的12户首批试点纳税人，正式办理增值税电子缴税业务，所缴税款104.72万元顺利扣款成功，同时自动完成上解销号工作，财税库银横向联网试点成功。（四）纳税服务。一是根据市局完善办税厅的要求，从优化制度，提升服务着手，再度修正《曲靖开发区国家税务局办税服务厅纳税服务体系实施方案》，整合物质资源保障服务，优化办税场所拓展服务，简化表证单书提供服务，应用信息技术提升服务，优化业务流程高效服务，规范服务措施优质服务，开展测量评价改进服务，建立岗责体系保证服务，完善服务制度强化服务，建立纳税人洞察体系提高服务，科学规划指导纳税服务。二是认真落实省政府行政问责办法等“四项制度”，制定出严格责问、严肃追究、严厉处罚的“三严”措施，保障“四项制度”全面落实。通过完善相关制度、公开服务承诺、加强监督检查、严格责任追究，并进行跟踪问效，全面有效地推行政务公开。

【税收执法】 （一）税收宣传。新修订后的增值税、消费税暂行条例和实施细则发布以来，国家逐步发布了多项流转税新政策，内容多、频率高、实施难度大。开发区局为做好新政策的宣传和辅导，确保纳税企业及时掌握企业所得税和流转税转型的政策，准确地做好企业所得税的申报、汇算清缴和增值税政策的落实，利用税务公告、电子显示屏、业务培训等，确保新政策宣传到位。一是全年免费发放税务公告6000册；二是举办了3期税收业务培训班，在培训纳税人的同时，干部职工也全员参训。（二）政策落实。自2009年5月1日起，甲类卷烟消费税税率由原来的45%调整为56%，卷烟批发环节按5%征收消费税，开发区局认真落实新的卷烟消费税政策，2009年新增卷烟批发环节消费税8212万元。同时，依据有关文件规定，经过细致的实地调查和核实9户企业2008年度财产损失税前扣除事项工作，共批复或审核上报财产损失金额6870万元，审核不得在税前扣除金额101万元；对参加汇算清缴的323户企业全部通过企业所得税介质申报管理软件强制效验，纳税辅导过程中通过强制效验对100多户企业进行了纳税调整，纳税调整增加计税所得额185万余元，增加所得税额45万余元。（三）完善制度。进一步健全完善《税收管理员制度》、《退税管理办法》、《所得税分类管理办法》、《曲靖市烟草商业企业税收管理办法》等管理办法。

队伍建设

【机构人员情况】 2009年，开发区局内设4个科室和1个稽查局：办公室（5人）、税政科（13人）、办税服务厅（11人）、人事教育科（2人）、稽查局（6人）。有在职干部职工41人（工勤2人），退休干部1人。在职人员中：男23人，女18人；研究生2人，大学本科19人，大学专科17人，中专2人，高中1人，大专以上学历38人，占92.7%；中共党员18人，占40%。

【领导班子建设】 开发区局有领导班子成员4名：局长1人，副局长2人，纪检组长1人。领导班子政治坚定，思想统一，开拓进取，求真务实，团结和谐，作风民主，是一个有向心力、凝聚力、创新力、战斗力的集体。

【廉政建设】 开发区局把党风廉政建设和反腐败工作作为全年工作的重要内容，纳入目标责任制管理，与税收绩效管理暨“创佳评差”工作、党建工作和精神文明建设紧密结合，同部署落实，同检查考核。2009年初，制定了《党风、行风、社会治安综合治理考核办法》，局党组分别与各科室负责人，各科室负责人分别与科室人员签订了党风、行风、社会治安综合治理目标责任书，并交纳了风险抵押金，年终进行目标责任制考核兑现。一是切实开展社会评价工作。以多种形式分别向开发区管委会和相关部门、纳税人征求意见。教育职工“三增强”：不断增强大局意识、服从服务意识、创新意识；“四树立”：树立科学发展不放松的执著精神、树立解放思想求突破的进取精神、树立开拓创新勤探索的创新精神、树立苦干实干拼命干的拼搏精神；突出“五个新”：认识要有新的提高、精神要有新的面貌、作风要有新的转变、工作要有新的突破、事业要有新的成效。二是开展以评促管。2009年6月和12月，分别召开2次纳税人座谈会，对开发区国税局、税收管理员、大厅征收人员的行风、效能问卷调查活动。纳税人对开发区局依法行政、服务态度、廉洁守纪、办事效率、工作质量等内容的评价满意率均达98%以上，赢得纳税人满意。年内，未发现有利用职务之便向纳税人“吃、拿、卡、要、借、报”，以权谋私、截留、挪用公款、税款等违法违纪行为。

【精神文明建设】 2005年以来，开发区局年年被市局考核为“一级局”；2009年1月被省国税局命名为“文明单位”。

【教育培训】 按照2009年教育培训规划要求，在税收工作任务吃紧的情况下，开展教育培训和岗位练兵。一是派员参加各级组织的职工培训；二是分别于5和6月利用晚上7~9点的时间举办了2期全员参训的培训班，培训面达100%。培训内容为企业所得税、流转税政策及办税流程，公文处理，计算机知识及操作流程，党风行风规章制度等。通过授课教师对近期新出台的政策法规和新的操作规程的讲解，干部职工业务素质和操作水平有了较大提高；三是组织了12次业务考试，并将考试成绩列入年终目标责任制进行考核，奖优罚劣。

（杨映霞）

玉溪市国家税务局

经济概况

2009年，玉溪市完成生产总值（GDP）644.41亿元，按可比价格计算比上年增长11.8%，其中：第一产业完成增加值67.10亿元，增长6.0%，占GDP的比重为10.41%；第二产业完成增加值393.20亿元，增长11.7%，占GDP的比重为61.02%；第三产业完成增加值184.11亿元，增长14.0%，占GDP的比重为28.57%。一、二、三产业分别拉动GDP增长1.28、7.33、3.19个百分点，对GDP增长的贡献率分别为10.83%、62.12%和27.05%。扣除卷烟生产和销售后的GDP完成398.9亿元，增长12.5%，占全市GDP的比重为61.90%，比上年下降0.3个百分点。全市人均生产总值2.82万元，在全省16个地州中排名第二。全社会固定资产投资完成额为240.21亿元，比上年增长32%。全市财政总收入完成260.13亿元，增长10%。其中：地方财政收入63.61亿元，增长14.4%。

税收概况

【收入完成情况】 2009年，玉溪国税系统以组织收入为中心，始终坚持组织收入原则，牢固树立应收尽收价值理念，在严格执行税收政策的前提下，最大限度地做到应收尽收。全年共计组织入库税收收入197.55亿元，比上年183.39亿元增收14.16亿元，增长7.72%；完成省局收入目标任务193.95亿元的101.86%。全市国税系统8县2区10个征收单位保持了连续六年以上无新增欠税好成绩。

【收入特点】 一是坚持向加强税源管理要收入、向加强纳税评估要收入、向加强税务检查要收入、向加强普通发票管理要收入、向加强所得税管理要收入的工作思路，进一步强化税收征管，堵塞税收漏洞，圆满完成组织收入工作。全年共组织入库税收收入197.55亿元，比上年增收14.16亿元。其中：全年通过纳税评估、税务稽查、发票检查及各种专项检查，查补入库税收0.78亿元，占全部税收增收额的5.5%。二是在国际金融危机漫延全球的影响下，钢材、生铁、粗铜、黄磷等矿产品类销售价格下跌不断，出现了增产不增效，增值额明显减少，玉溪国税征收入库矿电产业增值税13.94亿元，比上年度的15.01亿元，减收1.07亿元，下降7.14%。全市矿电产业的七个品目入库增值税呈现出“四增三减”的特点。其中：钢材钢坯增值税实现3.07亿元，比上年增收8905万元，增长41%；此外，矿产品、电力和煤炭分别增长12.41%、6.83%、2.24%；生铁以减收1.29亿元、减幅43.93%成为2009年增值税最大的减收项目，化工产品和有色金属分别减收6265万元和3308万元，减幅分别为69.48%、29.05%。三是在国税组织收入中，中央税种比重继续提升，中央、地方预算收入此增彼减。属中央收入的消费税和车辆购置税共计入库124.54亿元，占全部税收收入的63.04%，比上年的56.94%提高6.1个百分点。受此影响，全年完成中央预算收入177.06亿元，增长10.18%；完成地方预算收入20.49亿元，减9.74%，其中：完成市本级预算收入10.77亿元，减3.63%，县区级预算收入6.11亿元，减9.21%。四是玉溪市国税系统10个征收单位中，除开发区局和澄江县局比上年实际完成数增收外，其余8个单位均同比减收。剔除卷烟工业外的非烟税收减收4.86亿元，减13.92%。最高减幅为易门51.34%，江川以39.37%排列第二，澄江县以4%的增幅成为全市8县2区中唯一同比增收的单位。五是玉溪国税征收入库来自工业的税收收入为188.29亿元，比上年度的171.53亿元，增收16.76亿元，增长9.77%；比全市国税收入增幅7.72%高出2.05个百分点；占全市国税收入197.55亿元的95.31%，比上年度的93.53%高出1.78个百分点；占全市国税收入增收额14.16亿元的118.36%，有力地弥补其他税收的减收，是玉溪国税增收的支撑柱。通过以上这组数据对比分析，可以清楚看到全市实施“工业强市”发展战略，在国税收入上得到了充分的体现。

【税源分析】 一是卷烟税收比重进一步提高，成为全市2009年国税收入增收的中坚。全市入库卷烟税收167.48亿元，占全市国税收入的84.7%，比上年的81%提高了3.7个百分点；入库数比上年的148.47亿元增收19.01亿元，占全部税收增收额的134.28%，拉动税收增长10.37个百分点。二是国税征收的五个税种呈现“二增三减”。“二增”：消费税收入完成122.50亿元，比上年增收19.90亿元，增长19.40%；车辆购置税收入完成2.04亿元，比上年增收2186万元，增长12.03%。“三减”：1. 增值税收入完成58.03亿元，比上年减收1.21亿元，下降2.03%；2. 企业所得税收入完成14.81亿元，比上年减收4.53亿元，下降23.41%；3. 储蓄存款利息所得个人所得税收入完成1709万元，比上年减收2330万元，下降57.69%。三是企业所得税减收成为非烟税收减收的主要原因。全市非烟税收完成30.07亿元，比上年减收4.86亿元，其中：企业所得税减收3.95亿元，占72.50%；增值税减收1.26亿元，占23.22%；储蓄存款利息所得个人所得税减收2330万元，占4.28%；消费税和车辆购置税同比增收。企业所得税减收除非即期税款因素影响外，企业效益滑坡是最大的原因。四是税收调节经济的力度进一步加大。面对2009年严峻的收入形势，玉溪市国税系统严格执行各项税收优惠政策，确保中央、省、市各项政策全面落实，最大限度地发挥税收调节经济作用，为全市克服金融危机带来的不利因素，保民生、保增长、调结构发挥职能作用。全市执行增值税转型改革、结构性减税和各种税收优惠政策减收各种税收4.96亿元。

【红塔集团税收】 2009年，红塔烟草（集团）有限责任公司共计缴纳卷烟工业“三税”245.04亿元，比上年全年入库数的193.56亿元（不含昭通卷烟厂，以下同），增收51.48亿元，增长26.6%；其中：增值税入库50.39亿元，比上年的44.3亿元增收6.09亿元，增长13.75%；消费税入库181.12亿元，比上年的134.42亿元增收46.7亿元，增长34.74%；企业所得税入库13.53亿元，比上年的14.84亿元减收1.31亿元，减3.56%。红塔集团缴纳卷烟工业“三税”快速增长主要得益于以下三个因素：一是卷烟销售数量大幅增长。红塔集团根据“品牌强企，实力固本，国际跨越”的总体发展战略，继续深化实施品牌发展战略，建立健全以客户订单为牵引、高效快速反应市场的流程体系，调整构建以市场为导向，面向消费者的新型营销组织架构，实现品牌结构不断优化，卷烟销售快速增长。2009年1~11月销售卷烟达到315.69万箱，比上年的253.17万箱增加62.52万箱，增长24.69%。按上年平均单箱两税测算，2009年因销售数量的增长增加“两税”40.45亿元，占卷烟税收增收额的79%，其中：增值税9.68亿元，消费税30.77亿元。二是产品结构进一步优化。集团通过增强自主创新能力，着力实现高端高档品牌上的突破性发展，品牌竞争力和企业核心竞争力明显增强，在经营策略上巩固提升“玉溪”和一、二类“红塔山”市场竞争力，发挥“红梅”品牌战略性资源作用，高度关注市场变化，确保价格稳定，加强品牌维护，从而实现品牌结构不断优化，档次持续提升。1~11月销售的卷烟中调拨价在70元/条以上的51.15万箱，比重达到16.20%，比上年提高0.72个百分点；调拨价在70元/条以下的264.54万箱。“玉溪”和“红塔山”两个品牌的比重从上年的62.88%提升到64.94%，提高了2.06个百分点，绝对数增加了45.79万箱。产品结构提高导致增收“两税”7.97亿元，占税收增收额的15.48%。三是卷烟消费税政策调整。由于从2009年5月1日起提高了卷烟工业企业从价定率征收消费税的比例，使卷烟创税能力进一步提升。根据集团1~11月卷烟销售明细情况，按照卷烟消费税政策调整前后分别测算5~11月的增值税和消费税以及由于增值税和消费税的变化直接影响的计税所得额，由于消费税政策调整增加消费税11.59亿元，减少增值税1.97亿元，减少企业所得税2.41亿元，合计增加“三税”7.21亿元。

各项工作

【增值税管理】 自2009年1月1日起，我国实施新修订后的《增值税条例》及《实施细则》，实现我国增值税从生产型向消费型转型，即企业购进固定资产的进项税额可以进行抵扣。同时，对矿产品增值税税率恢复按17%征收；对小规模纳税人征收率由原来的4%、6%统一下调至3%；对小规模纳税人年应税销售额标准下调，工业企业由原来的年应税销售额100万元下调至50万元，商业企业由原来的年应税销售额180万元下调至80万元。为及时、准确贯彻落实国家增值税转型的各项政策，全市及时抓好新政策的宣传培训和纳税辅导，深入开展税收政策执行情况调研工作，本着严格执行政策、优化服务质量的原则，积极探索有效的管理办法，积极向新办企业宣传购进机器设备允许抵扣进项税额的政策，及时将政策落实到纳税人，让符合条件的纳税人充分享受国家的税收优惠政策，最大限度地发挥税收支持经济发展的职能作用。2009年，玉溪市国税系统落实增值税转型固定资产抵扣进项税政策，全市共计1361户纳税人申报抵扣固定资产进项税额1.07亿元，共计影响税收收入8458万元；认真贯彻落实小规模纳税人征收率下调政策，减收增值税0.21亿元；提高矿产品增值税税率减收增值税0.72亿元。

【消费税管理】 2009年5月国家调整卷烟消费税政策，提高了甲类卷烟和乙类卷烟的不含税调拨价格划分标准，相应调高消费税比例税率，同时在卷烟批发环节加征一道消费税。8月1日起，国家税务总局实行的《白酒消费税最低计税价格核定管理办法（试行）》，对消费税计税价格偏低的白酒核定最低计税价格。全市及时做好相关政策的宣传、落实，深入卷烟生产企业、卷烟批发企业及白酒生产行业进行收入预测情况调研，做好政策调整因素对税收收入的影响及预测工作，保证国家政策准确、及时地贯彻执行。2009年，玉溪市国税系统共计组织消费税122.50亿元，比上年增长19.90亿元，增长19.4%。

【纳税评估】 成立专项评估工作领导小组，自2009年3月1日起，在全市范围内集中开展为期9个月的专项纳税评估工作。一是选择烟草、矿电、磷化工、水泥、钢铁、大型商业零售等重点行业、重点企业作为本次专项纳税评估的对象。通过纳税评估，发现存在的主要问题和管理的薄弱环节，研究重点税源企业的纳税评估方法，加强重点税源企业的科学化、专业化和精细化管理。二是在流转税管理中，认真抓好我市118户增值税重点税源企业的政策宣传、纳税辅导、纳税评估以及固定资产抵扣进项税核查等工作，引入“日常评估与重点评估相结合，兼职评估与专职评估相结合”的评估模式，完善纳税评估方法，深入开展货物运输发票抵扣企业、水泥生产企业及“高扣低征”商贸企业的专项纳税评估工作。三是以机动车经销行业评估为突破口，积极探索行业评估模型及方法。结合机动车经销企业的行业特点开展评估收效明显，实现1～11月该行业增值税税负为1.21%，创历史新高，其中，纳税人正常申报税负为0.67%，评估补缴税款对该行业提升税负的贡献为0.54%。2009年，全市共对223户纳税人开展增值税纳税评估，涉及应税销售额1.86亿元，补缴增值税4009.86万元，其中，调增销项税额3011.35万元，进项税额转出998.51万元。补缴消费税4.15万元，加收滞纳金49.15万元。

【普通发票管理】 坚持向加强普通发票管理要收入，推进“以票控税”。一是开发运用普通发票管理信息系统。二是组织开展全市的普通发票专项整治工作。深入贯彻落实国务院办公厅、国家税务总局、云南省国家税务局关于开展打击发票违法犯罪活动的通知精神，重拳在全市范围开展打击发票违法犯罪行动成效突出。市公安、国税、地税组成联合工作组，采取日常检查与集中打击并重的方式，查获假商业零售发票30份，假餐饮发票302份，假交通运输发票4份，收缴各类收款收据123238套，查获印制非统一票据发货单、产品保修单企业1户，无证经营户1户。2009年，全市国税系统共检查发票用票户8802户，检查发票759102份，其中发现违法违章户1402户，涉及违章发票7327份，全市补税244.99万元，罚款32.35万元，加收滞纳金14.31万元，三项共计291.65万元。三是组织开展全市的机动车修理行业专项评估检查工作。通过逐条逐户比对核查清理漏征户、在全市范围内采集的单份开具金额超过2000元发票联数据与存根联进行比对，找出大头小尾发票或其他不按规定开具的发票以及利用紫光灯进行查验核实等手段有针对性地开展评估，截至2009年底，全市机动车行业补税70.16万元，罚款3.42万元，加收滞纳金2.82万元，三项合计76.40万元。

【企业所得税管理】 一是圆满完成2008年度汇算清缴工作。2009年是实施新的《企业所得税法》后的第一个汇算清缴年度，通过积极推行所得税介质申报系统，加强企业所得税汇算清缴政策宣传与辅导，加强对纳税人企业所得税年度申报的审核，做好税前扣除审批事项管理工作等有效措施和方法，确保汇算清缴工作顺利开展。全市2008年度参加汇算清缴企业2714户，比上年的2404户增加310户，增长12.89%，共实现营业收入902.62亿元，实现利润总额66.02亿元，纳税调整增加额28.26亿元，纳税调整减少额12.68亿元，减免所得税额2.56亿元，实现应纳所得税额19.35亿元。二是针对汇算清缴中规模以上亏损企业和零申报企业，进一步明确约谈范围、方式开展了所得税汇算清缴约谈工作，充分挖掘增收潜力，堵漏增收。三是确定2008年应纳所得税额降幅超过30%的企业、注册资本在500万元以上连续三年亏损的企业、营业收入大而所得税贡献为零的企业、年度申报表附表五填有数据的企业、房地产企业等为所得税重点评估对象开展纳税评估。抽调业务骨干组成评估小组，全面收集纳税资料、信息，充分利用各项指标数据进行科学分析，做好约谈举证、实地核查。截至2009年底，全市国税系统已完成企业所得税纳税评估、约谈304户，其中：有问题户139户，补缴企业所得税1109.61万元，比上年的123.99万元增加985.62万元，增长794.92%，调减亏损额3271万元。

【出口退税】 结合实际，采取以会代训加强对全市各县（区）局的出口退税业务培训，在国家连续调整出口退税政策的情况下，采取上门服务、解读政策等多种形式积极宣传解释政策，加大对退税资料审核力度，确保出口退税政策贯彻落实到位。根据生产企业、外贸企业、小规模纳税人的不同出口退税政策要求，严把出口退（免）税审核、审批关。对出口企业的申报做到无疑点申报，对出口退税部门的审核做到零差错。2009年，全市认定出口退税企业123户，实际申报办理出口货物退（免）税企业44户。出口产品主要涉及卷烟及其辅料、农产品、水产品、五金、磷化工、蔬菜及鲜切花等。共审批办理出口货物退（免）税4246.38万元，比上年减少563.62万元，下降11.72%，其中：审批办理退税3700万元，比上年增加740万元，增长25%；审批办理免抵税额546.38万元，比上年减少1303.62万元，下降70.47%。

【车购税管理】 一是严格审核车购税纳税人纳税申报时报送的机动车销售统一发票、车辆合格证明等相关资料。严格按车购税免税图册列示的车辆类型确定免征车辆，严格按减征车购税条件审核申报的减征车辆是否符合规定。二是严格执行实地验车制度，要求两名以上的税务人员实地查验车辆，并认真登记验车记录。三是认真做好政策咨询和辅导工作。对电话咨询、上门咨询的纳税人，严格按“四项制度”中首问责任制的要求做好咨询答复工作，提高纳税人满意度和纳税服务效率，保证车购税政策的准确执行和相关优惠政策的全面落实。2009年，玉溪市国税系统共计征收入库车辆购置税2.04亿元，比上年度的1.82亿元，增收2186万元，增长12.03%，突破2亿元大关。截至2009年12月31日，全市缴税车辆共计达77870辆，比上年度增加29374辆，增长33.12%，其中：汽车27939辆，比上年增加10703辆；摩托车49766辆，比上年度增加18627辆；挂车138辆，比上年度增加64辆。

【国税稽查】 一是自2009年4月1日起在全市范围内推行“一级稽查”改革试点工作，撤并8县稽查局，在市局设立玉溪市国家税务局稽查局，实现了全市稽查工作的统一组织指挥，对“一级稽查”和分级分类稽查相结合的税务稽查工作机制起到了积极的促进作用，达到提高稽查效率，减轻基层和纳税人负担的目的。二是推行企业自查制度，构建“和谐稽查”新局面。共向全市范围内纳税额在10万元以上的794户纳税户发出《纳税人自查通知书》，并组织业务骨干加强对企业自查的辅导，对有关税收法律法规、企业容易发生的主要涉税问题等进行专门辅导，做到“执法与服务”并重，“惩戒与教育”齐施。三是以打击重点行业、重点地区和征管薄弱领域存在的税收违法行为为重点，以“四率”要求为目标，进一步提升稽查工作质量，深入开展整顿和规范税收秩序工作，“以查促管，以查促收”，稽查查补工作成效明显。2009 年，重点稽查的选案准确率达 85.09%，与上年相比提高 42.3%。剔除专项检查和分级分类检查外，共罚款 82.56 万元，平均处罚率为 26.8%。四是做好金税协查，举报案件查处及打击发票违法犯罪活动。截至 12 月底，全年共受理举报案件 16 件，上年结转的 8 件，已查结 17 件。2009 年，全市共计检查 1199 户，比上年增加 755 户，其中：有问题 1173 户，比上年增加 983 户。补税、罚款、滞纳金合计 7634.84 万元，比上年增加 5906.89 万元，增长 3.42 倍，已入库 7589.33 万元，入库率为 99.4%。其中：重点稽查 123 户，已经查结 114 户，在查 9 户。重点稽查查补收入的入库率为 96.8%；纳税评估及企业自查补税共计 1076 户，查补合计 6214.41 万元。其中：税款 5525.16 万元，滞纳金 689.25 万元，已全部入库。全年企业自查补税和纳税评估数额占稽查查补收入的 81.34%。

【开发运用学习自测考评系统】 学习自测考评系统是玉溪市国税局落实云南省国税系统“创新发展年”的第一个创新成果，也是学习实践科学发展观活动取得的富有成效的一项实践成果。该系统借助玉溪市国税系统现有的网络环境及设备条件，充分利用现代信息化网络手段和信息化资源的双重优势，在单位建立的学习环境机制与个体的学习追求之间寻找到一个结合点，利用干部上班时间，在不影响正常业务开展的情况下，通过这个结合点让学习培训的投入和产出达到最佳最优效果。该系统主要采用 JAVA 编程，并采用金税三期技术架构，设计了学员管理子系统、课程管理子系统、试题试卷管理子系统、自测及考试管理子系统四个子系统，实现与市局政务网站的无缝连接。系统由玉溪市国税局各部门出题，形成了涵盖国税工作大部分业务点的综合知识题库，有利于让干部掌握各块知识的工作要求。采取网上业务学习、自测的方式，学习方式灵活、分散，有效整合干部职工业余时间，加强业务学习，有利于降低教育培训成本，达到网上自学、自测、考试与管理的目标。该系统自 2009 年 2 月份起在玉溪市国税系统正式运行，有效地促进了干部职工利用业余时间，加强业务学习，鼓励和促进了干部自学力和创新力的培养，在全市国税系统营造了全面学习、全员学习、终身学习的氛围。

【开发运用税收数据查疑系统】 为最大限度地实现应收尽收的税收征管目标，堵塞税源管理中存在的漏洞，防范税款流失风险和税收执法风险，玉溪市国税局于 7 月 31 日开发完成税收数据查疑系统，并于 11 月起正式在全市范围内上线运行。该系统共有 104 个预警指标，共计提取预警信息 48918 条，其中：征管类 18592 条，税源管理类 16784 条，评估分析类 11094 条，预警提示类 2448 条。系统通过对综合征管软件的数据质量进行实时监控，及时形成疑点信息，提高税收征管数据质量，防范税款流失风险和税收执法风险，及时查找征管问题和税源管理漏洞，为纳税评估和税务稽查提供评估对象和稽查案源，进一步优化纳税服务。重点解决了在征管数据质量、税源管理质量、税收政策执行、税收执法风险以及纳税人税法遵从度等方面存在的问题。

【开发运用普通发票管理信息系统】 引入增值税专用发票管理的理念，进一步强化税源管理，夯实企业所得税税基，开发并在新平县国税局运行普通发票管理信息系统，建立发票管理的有效机制。系统建立了发票档案管理功能，通过对发票联数据和存根联数据、发票数据与核定定额数据、发票数据与申报数据的比对以及对代开发票的监控，并对比对结果进行提示，切实解决了普通发票领购、开具、取得、缴销等环节存在的问题，为遏制和查处普通发票的“大头小尾”、“抽心发票”、“真票假开”等违法行为提供了科学有效的手段，有效促进普通发票管理创新。截至 2009 年底，普通发票管理信息系统在新平县国税局试运行期间，共采集发票存根联 303704 份；归档发票 343 盒，12596 本；采集发票联 5186 份（含纳税评估、纳税人自报、财政局核算中心、协查），比对相符 769 份，不符 179 户 479 份，发现缺联发票 3938 份；比对不符发票未处理 103 户 219 份，已处理 85 户 260 份，补税 6.14 万元、滞纳金 1.27 万元、罚款 1.75 万元，合计 9.16 万元。

【创新成果首次获奖】 玉溪市国税局工作质量考核管理系统顺利通过了科技部门的成果鉴定，并在年度玉溪市科委组织的科技奖评审中，荣获科学技术三等奖。鉴定会上，该项目受到来自省、市专家组成的鉴定委员会的好评，经鉴定委员会一致同意，该项目处于同类应用成果国内先进水平，其中在利用信息技术全过程进行工作质量考核管理方面处于国内领先，是信息技术对国家机关行政管理工作的创新，也是国家机关在“政务公开”上的突破，特别是机关考核管理模式和指标管理模式的创新对推动国税系统乃至其他行政机关的工作质量考核改革具有重要意义。该项目是玉溪市国家税务局自机构分设以来第一个参评项目，也是第一个获奖项目，标志着玉溪国税立足工作实际在创新发展上的一个新突破。

【税收法制建设】 一是启动行政执法案卷评查工作。全市国税系统完成对 2008 年度形成的 3039 件行政执法案卷的评查工作，其中税务行政许可 432 卷、税务稽查案件 302 卷、日常税收管理过程中形成的违法违章案件 2305 卷。二是结合全市范围内一级稽查的实施，重新调整重大税务案件审理标准及重大税务案件审理委员会的组成人员。2009 年重大税务案件审理审理委员会负责审理案件 20 件，案件审理率达 10.58%；经过审理维持初审意见 16 件，改变调查部门拟处理意见 4 件。审理案件无听证、行政复议、行政诉讼情况。全年通过重大案件审理查补税款及罚款合计 1100.12 万元，其中查补增值税税款263.63万元，企业所得税768.57万元，罚款67.92万元。三是运用税收执法管理信息系统，进行事前、事中、事后的预警监控管理，2009年全市国税系统依托税收执法考核管理信息系统，预警监控397207项执法业务，自动考核追究过错17项，全年平均执法过错率为万分之0.43，低于省局控制的过错标准，其中，澄江、易门、华宁、元江4个县局实现了全年零过错。四是依托税务行政许可管理信息系统，加强税务行政许可事项的管理，2009年全市申请税务行政许可全部属于增值税防伪税控系统最高开票限额的许可，经受理审查后准予许可257件，不予许可11件。五是按照行政处罚自由裁量规范要求，制定《玉溪市国家税务局日常税务行政处罚裁量标准指导书》，共量化税务登记、纳税申报，账簿凭证、税控装置、报告备案和发票管理等6类23项违法违章行为，采用8种量化标准，对应共设置116个档次处罚裁量标准。

【学习实践科学发展观活动】 玉溪市国税局积极开展“深入学习实践科学发展观”活动。通过深入学习十七大、十七届三中、四中全会和市委三届五次全会精神，深刻领会市委书记孔祥庚在全市深入学习实践科学发展观活动动员大会上强调的集中力量保增长、保民生、保稳定、保生态、保中央和省、市委各项方针政策的贯彻落实“五保”目标，进一步深化对中国特色社会主义理论体系和科学发展观的理解认识，提出了切实做到“四个准确把握”，努力实现“六个提高”的目标要求。“四个准确把握”，即准确把握学习实践活动的指导思想，准确把握学习实践活动的目标要求，准确把握学习实践活动的基本原则，准确把握学习实践活动需要解决的重点问题。“六个提高”，即提高应收尽收的水平，提高执法的规范性，提高创新发展的能力，提高干部队伍的素质，提高纳税服务的水平和满意度，提高干部队伍凝聚力、和谐力。一是广泛征集群众意见。从不同县区、不同渠道、不同对象征集到意见和建议466条。二是以“三检查三分析”为主题，开好专题民主生活会。着重分析检查阻碍国税事业科学发展的各种体制机制，对制约国税工作科学发展的六个方面的突出问题，从思想观念、体制机制和干部作风三个层次进行了深入剖析，确定了推进玉溪国税工作科学发展的目标方向。三是撰写《市局领导班子分析检查报告》，逐条分析研究各项意见和建议，分近期、中期和长期制定出切实可行的整改落实措施以及整改落实方案。

【贯彻落实阳光政府“四项制度”】 一是要求严格按照听证程序规定，认真组织好重大决策听证工作。凡报送市局备案的重大税收规范性文件应当听证的，必须通过阳光政府“四项制度”网上重大决策平台发布听证公告。二是对实施的税务行政许可、核定纳税人纳税定额调整等重要事项公示，按照市局确定的公示范本，通过阳光政府“四项制度”网上重要事项公示平台进行公示，公示结束后再进行许可和定额核定。三是对实施的重点工作通报，应通过阳光政府“四项制度”网上重点工作通报平台进行通报，结合通报的内容和市局确定的通报范本，选择按月或按季进行通报。四是完善政务信息公开查询制度，确保应公开的信息及时予以公开，方便公众了解相关政务信息。增加信息报送量，做好96128专线接转工作，提高专线接转质量。2009年，玉溪市国税局共通过政府信息公开网站平台公开信息215条，发布重大工作通报12项，重要事项公示1项，接转96128专线电话3次。

【税收宣传】 一是充分利用《玉溪国税》这一免费刊物，向纳税人宣传税收政策以及国税动态，展示玉溪国税形象。二是探索利用现代通讯网络技术，拓宽宣传服务的新领域，充分运用“玉溪市国家税务局”（WWW.YXTAX.CN）这一因特网平台，加强宣传，为进一步深化税收宣传工作打下了坚实的基础。三是将宣传月活动与经常性宣传有机结合起来，形成立体式、多层次、全方位的宣传势头，达到使纳税人和社会各界进一步了解税收政策、了解国税工作，增强全民纳税意识，共建和谐征纳环境的目的。紧密联系实际，创新宣传思路，打造亮点，突出特色，精心准备第18个税收宣传月活动。税收宣传月期间，玉溪市国税局紧紧围绕“税收·发展·民生”的宣传主题，以“税收促进发展，发展改善民生”为主要内容，积极加强与地税、电视台等部门的协调配合，加大税收宣传力度，扩大宣传范围，突出宣传重点，进一步扩大第18个税收宣传月活动的影响力，提高国税税收宣传工作的质量和效率。认真落实“两个减负”，强化服务观念，大力实施政务公开，积极推进阳光政府四项制度，结合实际为企业开展“送政策上门”等形式多样的宣传活动，积极组织税收管理员定期深入重点税源企业开展调研。充分利用通信网络受众多、传媒快、覆盖面广的优势，以短信的方式向纳税人群发税收宣传短信，大力营造税收宣传声势。充分利用“家电下乡”拉动内需、改善民生这一社会热点，推出“税收与家电同行”宣传活动。积极组织参与总局以“税收·发展·民生”为主题税收动漫FLASH创意方案、漫画征集活动和税收短信征集大赛，全市国税系统共征集到税收动漫FLASH创意方案7个，动漫作品1幅，漫画作品6幅，短信作品76条，征文21篇；“以宣讲团形式到乡镇宣传国税新形象”被省局评为2009年全省税收宣传月优秀创新项目。

【贯彻落实各项税收优惠政策】 一是建立即征即退优惠企业评估分析结果通报制度，加强对即征即退纳税人“先评估后退税”工作管理。2009年，全市共退税7195万元，其中：福利企业退税6753万元，资源综合利用企业退税442万元。二是落实增值税转型固定资产抵扣进项税政策。2009年，全市1361户纳税人申报抵扣固定资产进项税额1.07亿元，共计影响税收收入8458万元，固定资产进项税额期末留抵2494万元。三是认真贯彻落实小规模纳税人征收率下调政策，减收增值税0.21亿元；提高矿产品增值税税率减收增值税0.72亿元。四是认真落实企业所得税西部大开发等各项优惠政

策，减免所得税额2.56亿元。认真做好税前扣除审批事项管理工作。全市国税系统共受理2008年度的财产损失税前扣除审批38户，经核实批准予以税前扣除的财产损失2.07亿元，不予扣除财产损失258.73万元。五是做好外商投资企业所得税“过渡期”享受各项税收优惠的审核、审批以及相关税务事项的管理和服务工作。截至2009年底，对享受“过渡期”涉外税收优惠政策“免二减三”12户、西部大开发税收优惠政策22户企业进行了审批，并加强后续监控管理，对不符合条件的，一律停止执行税收优惠政策。六是认真落实车购税减免税优惠政策。2009年，全市共减免车辆购置税4810万元，涉及享受优惠政策的机动车14969辆。其中：符合条件减征14876辆，减征税款4212万元；符合条件免征93辆，免征税款598万元，免征车辆主要是吊车、环卫专用车、森林消防车、回国留学人员自用车5种。

【承担社会责任】 按照市委市政府关于扶贫、新农村建设、和谐文化生态村建设的要求，经过认真调研，落实项目，投入人力物力，切实为农村联系点办实事，推动了农村联系点的经济文化建设。一是选派年富力强的干部担任第三批新农村指导员进驻玉溪市国税局的新农村建设联系点戛洒村担任新农村建设指导员，力所能及帮助村两委会开展工作。2009年2月13日，在玉溪市下派新农村建设工作队总结表彰暨欢送指导员会议上，玉溪市国税局被中共玉溪市委、市人民政府评为玉溪市第二批新农村建设工作队及指导员工作“先进派出单位”。二是深入调研，选准项目，2009年共计投入资金19万元，用于帮扶玉溪市国税局挂钩扶贫联系点新平县新化乡六竜村学校建立食堂、教师宿舍、厕所及学校的场地硬化等。三是深入扶贫联系点开展春节慰问活动，2009年共计选取新化乡六竜村委会6户困难群众开展慰问。

队伍建设

【机构改革】 一是认真按照国家税务总局关于印发《国家税务局系统机构改革意见》的通知及云南省国家税务局系统机构改革拟定意见要求，在时间紧、任务重、要求高的情况下，于9月底完成市局机关及各县（区）局的机构改革工作，做到机构到位、人员到位，机构改革后各项工作平稳推进，干部队伍团结稳定。二是按照机构改革要求在市局机关成立大企业和国际税务管理处、纳税服务处，在县（区）局成立办税服务厅，明确专门机构加强纳税服务工作，有效促进以职能转变为核心的服务型国税机关建设。机构改革后，市局机关设13个内设机构（正科级）、3个直属机构（1个副处级、2个正科级）、2个事业单位（正科级）。三是深入开展干部选拔任用制度、领导干部考核评价体系和激发干部活力机制的调查研究，按照规定程序选拔组建了由43名年轻干部组成的副科级后备干部队伍。在2009年9月份全市国税系统的机构改革中，提拔任用年轻干部，一批副科级后备干部纷纷走上领导岗位，全市国税系统共有7名副科级后备干部走上副科级领导岗位，20名副科级后备干部走上股级、副股级岗位。

【廉政建设】 一是深入贯彻落实责任政府“四项制度”，加大明察暗访工作的力度，建立起干部队伍作风建设长效机制。2009年，全市国税共组织明察暗访一次，县（区）局不定期地组织监督检查工作。共对45人行政问责。其中：批评教育和诫勉谈话30人/次，责令书面检查11人/次，经济惩戒31人/次，扣款1622元。二是认真开展党规党纪和廉政法规的教育，组织市局机关全体干部职工收看“玉溪市党员干部严重违纪违法案件通报会”实况录像，引导干部树立正确的世界观、人生观、价值观。三是认真开展任前廉政谈话、任期建廉政谈话和基建廉政谈话。2009年，市局纪检组长与18名新任副科以上领导干部、与华宁县局局长、与通海县局领导班子进行了任前廉政谈话、任期建廉政谈话和基建廉政谈话。四是认真开展与纳税人签订《廉政公约》工作。2009年新增签订《廉政公约》654户，签约注销582户，实际签约8118户。回访927户，回访率为11.42%。回访中，纳税人反映国税干部在工作作风、服务质量和廉洁自律方面有很大提升，纳税人满意率达97.58%。

【精神文明创建】 2009年1月，在全省国税工作会议上，玉溪市国税系统的3家单位被中共云南省国家税务局党组、云南省国家税务局表彰为第十四批“文明单位”；澄江县国家税务局计划征收科、通海县国家税务局计划征收科被云南省国家税务局、云南省妇女联合会表彰为“巾帼文明岗”。2009年1月20日，在全国精神文明建设工作表彰大会上，玉溪市国家税务局被中央精神文明建设指导委员会表彰为第二批“全国文明单位”，这是继2005年获得“全国文明单位”的称号后连续第二届获得这一殊荣。9月10日，玉溪市国税系统市局机关与8县1区10个单位经过申报，顺利进入云南省委、省政府拟命名表彰的第十二批省级“文明单位”公示名单。2009年12月，玉溪市国税系统10个单位分别被授予第十二批省级“文明单位”称号，实现了市局机关和8县1区10个单位精神文明创建的“满堂红”。

【业务培训】 一是坚持每年举办一期领导干部学习周。二是先后组织全市国税系统副科级干部共34人赴国家税务总局扬州税务干部进修学院参加了一期为期9天的更新知识培训，正科级以上领导干部共39人赴上海财经大学经济管理学院参加了一期为期10天的更新知识培训。组织全市稽查干部赴扬州税务学院开展9天的稽查业务培训，理论联系实际，提高稽查干部稽查技能、分析问题和改进思维方法等。三是组织全市稽查干部参加全国稽查业务考试，全市有13人受到省局通报表彰。四是举办第九届业务能手竞赛，贴近基层征管工作的实际，做到业务竞赛所考，即为日常工作所需，全市国税系统9个县（区）局代表队共有54名选手参赛，李一等12名同志被授予“玉溪市国税系统业务能手”称号，易门县国家税务局等3个单位获得表彰奖励，新平县国家税务局荣获进步奖。五是在市局机关50岁以下的公务员中实行全员综合业务考试，以岗位练兵的方式促进干部学习业务。市局机关共68人参加考试，及格率达91.18%，平均分为72.5分。

【开展文化活动】 一是于7月12日举办“迎祖国华诞展国税风采”文艺汇演；二是积极组织《俏丽花腰国税情》文艺节目参加省局“祖国在我心中”文艺调演；三是积极组织稿件参加云南省国税系统“迎祖国华诞，展国税风采——庆祝新中国成立60周年书法美术摄影展览”，入选作品33件；四是编辑出版《镌刻记忆》画册，讲述税收发展60年的历程，赞美税收带来的祖国繁荣景象，增强干部的自豪感和幸福感，增进队伍的凝聚力，进一步激发干部的工作热情；五是以“健康生活、快乐工作”为主题举办全市国税系统第四届职工运动会；六是为全市国税系统每个干部职工购买书籍《不生病的智慧》，引导干部职工学会对身体自我调理和保健。

（赵　平）

红塔区国家税务局

经济概况

2009年，红塔区实现生产总值（GDP，不含红塔集团）129.77亿元，按可比价格计算，比上年增长11%。其中：第一产业实现增加值10亿元，增长4.7%；第二产业实现增加值49.45亿元，增长7.8%；第三产业实现增加值70.32亿元，增长13.8%。三次产业增加值的比例为7.7:38.1:54.2；固定资产投资完成81.24亿元，增长23.2%；财政总收入实现15.43亿元，比上年增加1.08亿元，增长7.6%。地方财政收入达到7.91亿元，比上年增加1.60亿元，增长25.4%；实现社会消费品零售总额达53.04亿元，比上年增长20.5%；城镇居民人均可支配收入达到1.59万元，年均增长9.3%；居民消费价格总指数（CPI）比上年同期上升1.1%。

税收概况

【收入完成情况】 2009年，红塔区国家税务局组织税收收入12.57亿元，比上年减收4886万元，下降3.74%，完成年度计划13.56亿元的92.73%，其中：红塔区级收入7.8亿元，高新区级收入2.92亿元，市级级收入1.84亿元。

【收入特点】 税收收入回升态势更加明显，呈现“三增二减”，即增值税、消费税、车辆购置税增长，企业所得税、储蓄存款利息所得个人所得税减收。一般纳税人增值税税负较上年的2.4%提高0.05个百分点达2.45%，实现连续八年无新增欠税。

【税源分析】 （一）增值税入库9.42亿元，与上年同比增收4197万元，增长4.66%，完成年度计划1.01亿元的93.32%，其中：增收品目是：钢坯钢材、矿产品、建材、商业、电力等行业；减收的主要品目是：生铁、有色金属、印刷等行业。增收的主要原因是：1. 新办企业开始产生应缴税款；其次生产技术含量提高，抗震钢材成功上线，销量增加。2. 国家投资建设拉动需求，水泥价格上涨。建材入库3256万元，比上年增收655万元，增长25.18%。3. 商业由于废旧物资的企业取消减免政策，全年增加增值税1406万元。4. 电力行业因电价格上涨及电量销售的增加，入库1.4亿元，比上年增长2012万元，增长16.78%。减收的主要因素：1. 生铁冶炼行业市场销售价格下降，矿石等原材料税率提高后进项抵扣增加，生铁入库1.37亿元，比上年减收8327万元，下降37.73%。2. 区内矿产品资源较少，企业开采量较小。3. 印刷业入库5050万元，比上年减收150万元，下降2.88%。主要是卷烟配套企业生产任务与上年相比减少及库存增加。（二）消费税入库47万元，与上年同比增收2万元，增长4.44%，完成年度计划50万元的94%。主要是因贵重首饰消费税增加。（三）企业所得税入库1.36亿元，与上年同比减收8504万元，下降38.49%，完成年度计划1.45亿元的93.79%。其中：内资企业所得税入库1.21亿元，与上年同比减收8388万元，下降40.88%；外资企业所得税共计入库1460万元，比上年1617万元减收157万元，下降9.7%。（四）储蓄存款利息所得个人所得税入库837万元，与上年同比减收1173万元，下降58.36%，完成年度计划810万元的103.33%。主要是税率下调为5%；且自2008年10月9日起利息税免征。（五）车辆购置税入库1.7亿元，与上年同比增收592万元，增长3.49%，完成年度计划1.92亿元的88.5%，主要是由于车辆购置税减征政策，刺激消费。

各项工作

【税源管理】 一是加强增值税一般纳税人的管理。认真落实结构性减税政策，全年减免增值税1095.18万元，其中：民政福利企业退税617.75万元，资源综合利用企业287.4万元，尿素、粮食、化肥等征前减免188.93万元，应纳税额减免1.1万元。加强税负分析，税源管理重点逐步由申报数内转向申报数外，采取多级审核制度，严把认定关，严格辅导期管理，本年一般纳税人增值税税负较上年的2.4%提高0.05个百分点达2.45%，较全市平均税负5.49%（含卷烟）低3.04个百分点；二是认真贯彻落实车辆购置税优惠政策，全年减征车辆购置税1.29万辆3652万元；三是加大所得税管理力度。抓好配套政策措施的贯彻落实，做好新办企业所得税征管范围调整工作。按时完成企业所得税汇算清缴，汇算企业户数1608户，应纳税所得额7.19亿元，全部减免税5355.84万元，实际缴纳企业所得税1.26亿元。认真落实所得税优惠政策，全年办理企业所得税退税59户2597.53万元，与上年210.99万元相比，增幅较大；四是不断提高出口退税管理水平，协查出口退税函调连续两年无异常。

【纳税评估】 在分局成立评估组，采取“以评代训”、“帮学带”的工作学习方式，应用“学习、取数、比对、核实”四步骤的实地核查方法，实现了评估实地核查从翻看凭证方法向综合分析方法的转变。全年评估小组评估涉及税款2440万元，其中，补缴增值税2081万元，抵减上期留抵税额260万元，补缴企业所得税99万元。企业自查补税71户，查补税款1191万元，滞纳金181万元。

【发票管理】 一是按要求制订工作方案开展发票专项检查。9月15日，对云兴建材市场发票使用情况进行专项突击检查。全年审验普通发票2.67万户次，审验发票6.59万份，查补税款240万元，罚款20万元，其中，330户发票违章查补税款126.6万元，日常查补税款超定额补税113.4万元。另移送稽查1户，由稽查查处产生税款45万元；二是加强宣传，提醒市民防范各种发票违法和发票诈骗行为；三是严把审验关，查处首例普通发票“假票真开”个体户，处以2000元罚款，补缴增值税1.01万元，加收滞纳金243.16元，收缴未填开的假发票21套；四是自主开发了普通发票管理系统，并于5月在全局正式推广使用。

【纳税信用等级评定】 自7月1日，与区地税局联合开展第二期纳税信用等级评定工作。严格按照《纳税信用等级评定管理试行办法》的要求、标准和程序，将辖区符合条件国地税共管户的企业148户纳入评定范围。考评总分达到标准的100户纳税人经向社会公示后，被评定为A级企业。

【纳税服务】 一是认真落实“两个减负”，清理、精简各种报表资料，提高管理效能；二是加强软硬件建设，积极打造一流办税服务大厅。12月8日，玉溪市首次网络抄报税在红塔区试点成功，使纳税人“足不出户”即可完成增值税纳税申报；三是优化窗口建设。坚持局领导接待日制度，启动办税服务厅规范化建设工作，结合“最佳办税服务厅”、“巾帼文明岗”和“党员示范窗口”等活动，长期开展“优秀办税员及最佳服务团队”活动，实施“三零”服务、把“纳税服务满意率”纳入考核指标，建立多元的人性化管理机制，深化“一窗式”服务、“一站式”办结、一次性告知服务、即时即办等，推出预约服务、提醒服务、上门服务、纳税辅导等办税服务新格局。

【创新项目】 围绕省局“创新发展年”，不断完善创新管理机制和激励机制。针对普通发票管理中存在的问题，创新普通发票管理模式，自主开发了普通发票管理信息系统，并于5月在本局正式推广使用。该系统包括发票比对、结果处理、结果查询、存根查询、数据分析、发票验旧信息导出、发票发售信息导出7个功能模块，主要是监控普通发票存根联与发票联开具内容是否一致。该系统标志着普通发票的管理进入了电子数据管理和比对阶段，验旧工作效率有效提高，缩短了购票时间，减少了前台工作人员工作量，监控手段更加科学。2009年底，根据区局《创新项目管理办法》，区局对通过验收的上年立项实施的“第二税务分局中小税源管理创新项目”和2009年立项实施的普通发票管理信息系统，进行了奖励兑现。

队伍建设

【机构人员情况】 截至2009年底，区局在职干部职工134人，离、退休干部40人。在职干部职工中：女68人，占50.75%；少数民族17人，占12.69%；党员76人，占56.72%；大专以上学历119人，占88.81%。9月底，按照上级要求顺利完成机构改革，区局内设11个机构：办公室（11人）、政策法规科（2人）、货物和劳务税科（4人）、所得税科（3人）、收入核算科（5人）、纳税服务科（3人）、征收管理科（4人）、人事教育科（6人）、监察室（2人）、办税服务厅（22人）、信息中心（2人）；2个税务分局：第一税务分局（32人）、第二税务分局（33人）。

【党风廉政建设】 一是建立健全教育、制度、监督并举的惩治和预防腐败体系，严格执行领导干部廉洁自律有关规定，将党风廉政建设责任书的考核落到实处。认真贯彻“一岗两责”制度，继续落实好税收执法责任制和执法过错追究制，切实加强对“两权”运行的监督制约。抓实惩防体系建设，认真贯彻落实《全国税务系统贯彻落实中共中央〈建立健全惩治和预防腐败体系2008~2012年工作规划〉实施办法》，逐步分步实施抓宣教、抓分解、抓督导、抓评估和抓典型。12月2日，组织兼职监察员和中层以上干部来到省反腐倡廉警示教育基地——云南省第二监狱参观，接受了一场既有反面案例警示，又有正面典型鼓舞的生动警示教育。做好群众来信来访，加强内外监督与行政问责“四项制度”和阳光政府“四项制度”相结合，制定了区局《明察暗访实施办法（试行）》，采取发放问卷调查表、个别走访、联合走访形式，广泛了解对国税工作的意见和建议。做好《廉政公约》的签订和回访工作，在监察部门及专兼职监察员走访纳税人和对特邀监察员进行专题回访中，未发现违法违规情况；二是抓好党建工作，坚持“三会一课”、党员评议、民主生活会、书记讲党课等制度。以实践科学发展观活动为契机，开展创先争优活动，制定了区局《关于评选优秀共产党员实施办法》。在区直属机关党委组织的两个责任制检查考核中区局取得党建目标管理责任制99分、党风廉政建设责任制100分的好成绩，受到上级党委和有关部门的一致好评。

【阳光政府四项制度】 一是高度重视，加强学习宣传，在政府互联网站、区局内网和办税服务厅电子显示屏发布阳光政府“四项制度”内容，并充分利用职工大会、电视、报纸、宣传标语等大力宣传；二是健全工作机构，成立领导小组办公室和联席会议办公室，完善信息收集报送网络和信息反馈制度；三是健全制度，制订实施方案、实施办法、监督检查实施办法，明确工作职责、工作岗位，并制定具体的任务分解落实的意见，定期不定期对局内实施情况进行日常监督检查，实行责任追究，确保此项工作落到实处。

【干部学习教育】 建立终身学习激励机制，采取自学与集中学相结合，以考促学等方式，强化素质教育培训工作，全年组织培训3期204人次。4月12日，举行区局第二届业务知识竞赛，对取得集体前2名、个人前10名选手进行表彰奖励，在市局第九届业务能手竞赛中，1名干部取得A组（办税服务厅）第一名的好成绩，被授予“玉溪市国税系统业务能手”称号。以市局“学习自测考评系统”为平台，要求每人每月学习自测经验值不少于100分，并从5月起将学习情况纳入绩效考核，12月22日上午，如期组织全体干部职工进行闭卷考试，对取得优异成绩的同志予以通报表彰。

【国税文化建设】 一是关心干部职工身心健康。每年组织全体干部职工进行体检，向干部职工赠送保健书籍，慰问生病住院干部职工；二是搞好荣誉陈列室、阅览室、娱乐活动室、健身室及兴趣小组的建设，适时组织开展丰富的文体活动。广泛开展以建国60周年为主题的系列活动。干部崔霞摄影作品《共舞》在省局举办的“迎祖国华诞，展国税风采——庆祝新中国成立60周年书法美术摄影展览”活动中入选参展，退休干部陈祖芳征文《智斗》获优秀奖。在市局举办的征文、摄影比赛中干部王跃仙获征文一等奖，崔霞获摄影三等奖。7月，在玉溪国税举办的文艺汇演中，歌伴舞《抚仙湖恋歌》荣获三等奖，自创、自编话剧小品《心债》受到了好评。国庆合唱比赛中区局获得玉兴路办事处二等奖、高新区优秀奖，在玉溪市国税系统第四届职工运动会上，以7项冠军、3项亚军、4项季军、1项第四的不俗战绩荣获团体第三名。年初区局工会被市总工会授予“先进职工之家”荣誉称号，被区总工会评为工会工作“先进单位”，干部申林被省国税局、省妇联授予“巾帼建功标兵”称号；三是积极开展文明创建活动，区局征收大厅被列为区政府创建省级文明城市二十个示范单位之一，被授予区委、区政府颁发的“文明城市创建示范单位”锦旗。区局被省精神文明指导委员会命名为第十二批“文明单位”，被省局命名为第十四批“文明单位”，被区委、区政府命名为第五届“文明单位”；四是开展献爱心捐助活动，全局共捐衣物317件（条），捐款820元，向挂钩包村点小学捐资助学1.04万元，受到了当地干部和群众的一致好评。

（申　林）

通海县国家税务局

经济概况

2009年，通海县实现生产总值（GDP）41.9亿元，比2008年增长10.1%；一、二、三产业分别完成增加值8.6亿元、17.3亿元、16亿元，分别比2008年增长7.3%、9.7%、12%；工业增加值完成15.6亿元，比2008年增长10.2%；完成固定资产投资18.5亿元，比2008年增长37.9%；全年社会消费品零售总额10.9亿元，比2008年增长22.5%；完成进出口贸易额4008万美元，比2008年增长59.9%；财政总收入4.4亿元，比2008年增长6%；地方财政收入2.7亿元，比2008年增长14.3%；完成财政总支出6.5亿元，比2008年增长27.5%；农民家庭人均纯收入5762元，城镇居民人均可支配收入14598元，分别增长6.7%、13.7%。

税收概况

【收入完成情况】 2009年，通海县国家税务局共计完成各项税收收入1.85亿元（含免抵调库339万元），比2008年的1.95亿元减收976万元，减幅5%，完成市局下达税收收入任务2.01亿元的92%，完成奋斗目标2.03亿元的91.5%。其中：增值税1.67亿元（含免抵调库339万元），比2008年1.58亿元增收888万元，增幅6%；消费税26万元，比2008年9万元增收17万元，增幅189%；企业所得税1309万元，比2008年3054万元减收1745万元，减幅57%；储蓄存款利息所得个人所得税243万元，比2008年554万元减收311万元，减幅56%；车辆购置税301万元，比2008年126万元增收175万元，增幅139%。

【收入特点】 2009年，受全球金融危机和国家结构性减税政策的共同影响，组织收入工作承受了前所未有的压力，与2008年相比减收976万元，减幅5%。五个主体税种“三增二减”：增值税、消费税和车辆购置税比2008年分别增长6%、189%和139%；企业所得税和储蓄存款利息所得个人所得税比2008年分别减少57%和56%。

【税源分析】 （一）增值税增收因素：增值税比2008

年增收888万元，增幅达6%。1. 通过加强纳税评估、整顿机动车修理行业税收秩序及加强发票管理等工作，保证了税收政策的准确执行和税款及时足额入库，有效地促进了增值税增收119.88万元。2. 重点行业及企业增收。2009年电气机械及器材制造业共入库增值税3573万元，比2008年的1855万元增收1718万元，增幅达93%。3. 纳古镇税收持续稳定增长。纳古镇2009年入库增值税2149万元，比2008年的1822万元增收327万元，增幅18%。（二）增值税减收因素：1. 2009年企业购进固定资产允许抵扣进项税额造成增值税减收，全县全年企业购进固定资产共抵扣进项税合计364万元，同比减收增值税364万元。2. 小规模纳税人征收率由2008年的6%和4%下调至3%、取消废旧物资企业代征4%增值税共减收826万元。3. 恢复金属矿、非金属矿采选产品17%的税率。由于通海县属资源匮乏县，全县没有从事生产经营金属矿、非金属矿采选产品的增值税一般纳税人，税率的调高没有带来增值税增收，相反，进项税额抵扣比上年增加了4%，全年抵扣进项税额增加797万元。（三）企业所得税减收1745万元。企业所得税下降的主要原因：一是云南红塔彩印包装有限公司享受西部大开发企业所得税优惠政策，按15%优惠税率征收企业所得税，比2008年减收873万元。二是云南省烟草公司玉溪公司通海专户因受烟叶收购和调拨滞后的影响，比2008年减收996万元。以上两户仅入库企业所得税1001万元，比2008年的2870万元减少1869万元。除了以上两户企业外，其他企业入库企业所得税比2008年增加124万元。

【税务管理】 （一）按税种分类进行管理，设立以税种征纳属性为主的税收管理组，即企业所得税管理组、增值税企业管理组、个体税收管理组。这种转变有利于对同一地区、相同行业、同一税种的纳税情况进行分析比对，从横向上、纵向上查找征管问题，剖析原因，研究征管方法、措施、对策，更好地实施科学化、精细化、专业化的税收管理。（二）进一步完善《税收管理员工作日志》。由税收管理员在《工作日志》中记录政策宣传、问题解答以及日常管理中存在问题和改进建议等内容，增强税收管理员的工作主动性，强化税收管理细节，提高税收精细化管理质量，最大限度地避免税收管理人员的执法风险。（三）创新纳税服务方式，建立短信服务平台。从2009年1月起，建立通海县国家税务局短信服务平台，以短信方式提醒纳税人办理纳税事项和宣传税收政策法规等。此举为税收征纳双方架起了一条连心桥，提高了办事效率，降低了征纳成本。（四）截至2009年12月31日，通海县国家税务局征管户数为7637户，其中：开业户5310户、注销户2326户、非正常户1户、增值税一般纳税人390户。

各项工作

【税收法制建设】 一是充分应用执法考核子系统预警监控功能，及时发现和纠正业务操作中存在的问题，不断规范业务操作和执法行为；二是加强业务部门合作，做好执法分析和调研，及时向相关业务部门反馈执法责任制考核中反映出的业务系统应用问题和政策执行问题，促进全局整体执法质量和效率的提高；三是加强学习，努力提高税收管理员自查自纠意识，避免过错行为，提高执法质量；四是严格执行过错追究，对税收执法权力运行实施过程监控，减少执法随意性，同时加大执法人员培训力度，强化执法责任意识，有效防范执法税收风险，推进依法行政，全面提升税务行政执法水平。

【税收征管】 （一）强化重点税源管理。一是把年纳税额在30万元的企业，纳入重点税源管理，将管户责任细化落实到税收管理员，坚持每月下户了解掌握生产经营情况不少于1次，对重点税源企业实行重点管理、重点服务、重点跟踪，确保重点企业税收及时足额入库；二是落实领导干部管户制度，对16户年纳税额在50万元以上的重点税源企业纳入领导干部管户，领导干部直接参与税收管理；三是实行部门联系重点税源企业制度，每个部门负责联系两户重点税源企业，对企业生产经营和纳税情况进行跟踪问效。（二）做好企业所得税介质申报系统推广应用及汇算清缴工作。根据2008版企业所得税年度纳税介质申报系统推广应用实施方案的要求，制定实施办法。对税收管理员、申报征收人员及相关科室人员和293户查账征收纳税人的财务人员进行培训，辅导企业所得税税收政策，促进纳税申报质量的提高，全县293户企业均顺利完成汇算清缴工作。（三）做好出口退税的各项管理工作。坚持“优化服务、应退尽退”的原则，做好出口退税预警评估分析，严防骗税发生，督促企业及时收集单证并按规定时限办理出口退税申报。2009年共为13户出口退（免）税企业退税1698万元。（四）加强个体税收管理。做好纳税人经营情况的调查，做到调查有资料、定税有依据，力求合理负担、公平税负，并严格执行定额核定（调整）集体讨论审批制度。（五）加强纳税评估工作。2009年，对81户纳税人进行纳税评估，评估有问题18户，评估补缴税款52.2万元，滞纳金0.6万元，合计52.8万元。其中：补缴增值税49.98万元，补缴企业所得税2.2万元，实际调减亏损额90.8万元。（六）整顿和规范税收秩序，构建公平和谐的纳税环境。一是开展打击发票违法犯罪专项整治工作，全县收缴二联式、三联式非统一票据（代替发票功能收款收据）2169本，共计55487份。二是加强商业行业纳税人普通发票管理。共检查纳税人使用发票39395份，存在问题共92户，查补税款7.9万元，加收滞纳金0.3万元，罚款2.1万元；对超定额的90户纳税人进行核查，补税6.8万元，加收滞纳金0.2万元。三是整顿机动车修理行业。对各保险公司2008年取得的修理发票逐份进行采集比对，共采集比对发票信息5193份，补缴增值税36.4万元，加收滞纳纳金5.6万元，合计42万元；督促22户企业对2009年的发票开具情况进行自查自纠，自查补缴增值税7.8万元。（七）加强纳古镇税收征管，强化纳税评估，纳古镇的税收征管得到进一步改善，入库增值税持续稳定增长，2005年入库增值税355万元；2006年入库增值税720万元；2007年入库增值税1288万元；2008年入库增值税1822万元；增值税收入从2005年的355万元增加到2009年的2149万元，增505%，突破2000万元大关。（八）强化欠税工作管理。将欠税工作列为全年工作的一项重点来抓，将清欠、防欠责任落实到人，有效化解多起欠税风险，保证了税款的应收尽收，连续六年实现了“零欠税”目标。

【税收执法】 （一）税收宣传。定期召开税收政策现场解答会，对新税收政策进行宣传，强调日常征管中发现的问题，现场解答纳税人提出的涉税问题；税收宣传月期间，在县城主要道路张贴各类税收宣传画，沿县城商贸街道进行贴近宣传，免费向社会群众发送税收宣传资料2000多份；送税法进铺面、进超市、进工厂、进学校，通过与纳税人进行零距离、互动式的宣传和辅导，提升纳税人的税法遵从度。（二）执法检查。依托综合征管软件、税务行政许可管理信息系统、阳光税务调查管理信息系统等管理软件，不折不扣地执行好国家制定的各项税收政策，实事求是地查处税务案件，合理地作出处罚决定，规范税收执法。（三）依法治税。不断加强制度建设，提高行政审批效率，规范税收执法人员的各项执法行为，全面落实税收执法责任制，进一步完善考核制度和责任追究办法，强化税收执法人员素质，提高税收法治意识，切实维护纳税人的合法权益，构建通海“和谐国税”。

【税收管理信息化建设】 把计算机网络维护及网络安全工作作为重点工作抓紧抓好，为确保各项税收业务的正常开展提供保障。依托信息化手段，结合县局岗位责任体系、《绩效考核管理办法》、《征管质量考核办法》等，对税收执法行为进行全过程的监控与考核，提高数据监控能力。圆满完成综合征管软件五次补丁升级工作，从38号补丁升级至39号补丁，为综合征管软件升级后平稳运行提供技术保障，提高CTAIS的运行质量。

队伍建设

【机构人员情况】 根据玉溪市推行一级稽查的改革安排部署，2009年4月1日起，通海县国家税务局稽查局正式撤并。根据玉溪市国家税务局关于印发《通海县国家税务局机构改革方案》的通知，2009年9月设立了政策法规科和收入核算科。机构改革后，局机关设办公室、监察室、人事教育科、税政科、征收管理科、政策法规科、收入核算科、信息中心和办税服务厅；基层单位设置1个派出机构：秀山税务分局。截至2009年年底，在职人员72人（其中国家公务员67人，工勤人员5人），离退休干部18人。在职党员43名，团员4名，党团员占在职总人数的66.66%；本科学历26人，大专学历36人，研究生1人，大专以上文化程度占在职总人数的87.5%。

【领导班子建设】 县局领导班子始终坚持“以组织收入为中心，以文明创建为目标，抓一个好班子、带一支好队伍”的思想，以求真务实的态度，建立、落实好各项制度，以创建学习型国税机关为手段，不断提高干部的政治业务素质，促进服务质量的提高。班子的向心力、中层的领导力、职工的凝聚力不断提高。

【廉政建设】 全面落实党风廉政建设工作责任，认真履行领导干部“一岗双责”制，主要领导负总责，分管领导具体抓，一级抓一级，一级对一级负责，层层签订责任书，使党风廉政建设工作做到有部署、有落实、有检查、有考核、有成效；注重抓好日常性的廉政教育，有针对性地开展“预防职务犯罪”专题讲座；组织开展正反典型教育，利用身边的人、身边的事进行生动、鲜活的廉政教育；组织学习廉政纪律，观看廉政警示教育片，提高干部防腐拒变的能力；全面贯彻实施“四项制度”，建立和完善工作制度，用制度“管权”、“管人”、“管事”，形成一级管一级，层层抓落实的格局，有效改变干部作风和税风、税貌。

【精神文明建设】 积极倡导文明、健康的生活方式，开展丰富多彩的文体活动，活跃职工的业余文化生活。组织节目参加玉溪市国税系统“迎祖国华诞，展国税风采”文艺汇演获二等奖，参加玉溪市国税系统第四届职工运动会取得三个第一名和团体总分第四名的好成绩；开展各种形式的献爱心活动，增强国税干部的社会责任感和奉献精神，全体党员和干部职工为社会公益事业捐款1.23万元，捐赠保暖床单70条，向甸心村委员会和甸心中心小学捐赠旧计算机12台。创建成效：2009年通海县国家税务局被中共云南省委、省政府授予第十二批“文明单位”称号。

【教育培训】 在广泛征求干部职工培训需求的基础上，认真制订了更合理、科学的教育培训计划，并严格组织实施。认真组织参加3月份举行的全国税务系统稽查人员业务考试；选派各个岗位的干部职工参加上级举办的各种业务培训，并组织开展了税收管理员、增值税转型培训、企业所得税业务等培训；积极选拔选手参加全市国税系统第九届业务能手竞赛，一名选手获市国税局“业务能手”称号；举办学习培训周，邀请专家学者、相关领导，对干部职工进行相关知识培训；落实干部教育培训计划，组织开展了公务员危机管理培训考试和50岁以下人员的综合业务考试。

（谭　蜜）

江川县国家税务局

经济概况

2009年，江川县生产总值（GDP）完成31.5亿元，按可比价格计算下降13.1%（剔除天湖公司停产因素，增长6.2%），第一产业增加值9.8亿元，同比增1487万元，增4.3%；第二产业增加值7.8亿元，同比减6.8亿元，减幅45.4%；第三产业增加值13.9亿元，同比增1.4亿元，增11.4%；地方财政收入2.3亿元，增长10.1%；全社会固定资产投资15.5亿元，增长52.7%；社会消费品零售总额8.5亿元，增长20.3%；城镇居民人均可支配收入14926元，增长11%；农民人均纯收入5020元，增长7.5%。

税收概况

【收入完成情况】 2009年，江川县国家税务局共组织各项税收收入1.29亿元（其中：增值税完成1.13亿元，消费税完成55万元，企业所得税完成1187万元，储蓄存款利息所得个人所得税完成170万元，车辆购置税完成210万元），同比减收8395万元，减幅39%，完成计划任务2.19亿元的59%。

【收入特点】 2009年，受全球金融危机影响，江川工业生产大幅下滑，税收收入也呈下滑趋势。负责征收的五个税种中，除车辆购置税同比增收外，其余四个税种均为减收，且减幅均在28%以上。增值税入库1.13亿元，同比减收4476万元，减幅28%，完成市局下达任务1.77亿元的64%；消费税入库55万元，同比减收25万元，减幅31%，完成市局下达任务100万元的55%；企业所得税入库1187万元，同比减收3798万元，减幅76%，完成市局下达任务3800万元的31%；个人所得税入库170万元，同比减收203万元，减幅55%，完成市局下达任务150万元的113 %；车辆购置税入库210万元，同比增收109万元，增幅108%，完成市局下达任务110万元的191%。面对严峻的收入形势，全体干部职工坚持“依法治税、应收尽收、坚决不收过头税，坚决防止和制止越权减免税”组织收入原则，围绕组织收入中心工作采取各种措施进一步加强税收征管，克服金融危机给组织收入工作带来的不利影响，做到月税月清，继续保持当年无新增欠税，实现到2009年底连续九年无新增欠税。

【税源分析】 （一）增值税：从江川县五个重点税目的入库情况看，除水泥、烟叶、非金属矿产品增收外，其余两个重点税目化工产品、造纸及纸制品入库进度创三年以来的最低点，化工产品入库增值税同比减幅高达71%。1. 水泥行业2009年共计入库增值税732万元，同比增295万元，增幅68%。其中云南江川翠峰水泥有限公司2009年新上了一条生产线，共计入库442万元，同比增221万元，增幅100%。2. 商业批发零售行业2009年共计入库增值税2204万元，同比减479万元。一是烟草公司共计入库1417万元，同比减205万元，减幅13%；二是征收率4%下调至3%减收26万元；三是取消废旧物资企业代征增值税政策减收252万元。3. 非金属矿产品磷矿石2009年共计入库增值税1669万元，同比增90万元，增幅6%。其中456万元是由于磷矿石税率由13%恢复到17%带来的增收。4. 化工产品2009年共计入库增值税1902万元。受国际经济大环境影响，全县四家黄磷企业自2008年年底以来，基本已停止生产，其中江磷集团只有一个炉子在生产。5. 纸制品行业2009年共计入库增值税352万元，同比减202万元，减幅36%。其中：属于安置残疾人福利企业的云南江川翠峰纸业有限公司，2009年残疾人数为80人，比2008年增加18人，每月退税额增加5万元。2009年净入库增值税14万元，同比减133万元。（二）企业所得税：1. 江川县烟草公司2009年共计入库企业所得税853万元，同比减收993万元。2. 云南云天化国际化工股份有限公司天湖分公司2009年2季度预缴企业所得税1500万元，而自2009年1月起，该公司按属云天化分支机构处理，所得税并在总机构一并缴纳，2009年无企业所得税入库。3. 江川天湖化工有限公司2009年共计入库企业所得税184万元，同比减收589万元。

各项工作

【税收执法】 一是依托税收执法管理信息系统，深入推行税收执法责任制，强化税收执法责任追究和落实。2009年受理批准无过错申辩调整3条，过错3户扣8分。二是开展2009年税收执法监督检查，积极组织相关部门认真对自己所涉及的税收执法行为进行检查，经自查未发现违法违规行为。三是依法惩处与批评教育相结合，规范执法行为。2009年共发生违法违章行为106户次（一般程序60件，简易程序46件），处予罚款92户合计金额3.94万元。四是联合江川县地方税务局和江川县公安局组成了打击发票违法犯罪活动小组，对非法买卖、印制、代开发票等违法行为进行专项整治。

【纳税评估】 把纳税评估作为提升税收征管质量、促进组织收入的一项重要工作来抓紧抓实，立足实际，开拓创新，在6月份成立了专门纳税评估小组。以日常评估和上级主管部门下达的增值税专项评估、企业所得税约谈评估工作为契机，进一步深化纳税评估工作，强化税源管理，提高征管质量，取得“以评促改、以评促管、以评促查、以评促收”的显著成效。纳税评估小组对具有代表性的水泥行业、磷化工行业、食品加工业的7户企业进行纳税评估，对2户企业进行增值税专项评估，对17户企业进行企业所得税约谈评估。共查补增值税及滞纳金632.8万元，查补企业所得税及滞纳金17.5万元。

【纳税服务】 一是提高日常纳税服务：对外设置了以3个专业化为基础的3:3:3结构的9个综合受理岗位，真正实现一岗多人和一人多岗，提高了服务质量和效率；每一个征期的后两天，对未申报纳税的纳税户都要进行纳税提醒，使纳税人避免了因逾期申报受到的处罚；2009年1月4日，组织辖区内所有一般纳税人对增值税、消费税暂行条例及其实施细则、再生资源、资源综合利用及其他产品优惠政策进行了培训和讲解。二是完善纳税评估的服务性：评估人员在每户企业评估结束后，都对评估企业下达纳税评估结果，结果中表明企业存在的问题和账务处理方式及账务调整方法，并强化后续管理，对涉及以前年度企业所得税的企业，跟踪其是否进行了补充纳税申报，账务处理是否正确，同时还把纳税评估结果反馈税收管理员，促进税务机关内部的相互协调和相互监督。三是认真贯彻落实“四项制度”提高纳税服务的“四个度”：坚持依法行政、依法征管，正确执行国家税收法律法规及政策规定，提高税收执法文明度；大力实施科学管理，细化岗责、完善流程、健全制度，进一步规范执法程序，提高税务管理规范度；以纳税人满意为标准，始于依法行政，终于纳税人满意，着力解决纳税人办税中存在的困难和问题，不断转变服务观念，创新服务手段，依法提高纳税服务满意度；紧紧围绕国税中心工作，处理好国税机关与纳税人之间的关系，加强与各方面的沟通、协调，提高系统内外和谐度。

【税务管理信息化建设】 2009年3月中旬成立了创新项目领导小组，以创新项目落实深入学习实践科学发展观活动，以严格考勤为突破口开发网络指纹考勤管理系统。网络指纹考勤管理系统除了满足一般的指纹考勤需要外，还具有丰富的管理功能，能方便地完成上下班考勤功能、统计出各种各样的考勤报表，每个干部可以通过局域网进行请销假和查询管理，实现唯一化考勤和无纸化考勤审批，使管理自动化成为现实。

队伍建设

【机构人员情况】 内设机构8个：办公室、人事教育科、监察室、征收管理科、税政管理科、收入核算科、政策法规科、办税服务厅；事业单位1个：信息中心；派出机构1个：大街税务分局。离退休干部19人，在职干部职工71人，在职男干部为42人、女干部为29人；其中：党员30人，占总人数的43%；大学本科29人占总人数的41%，专科31人占总人数的44%，中专5人占总人数的7%，高中4人占总人数的6%，初中及以下2人占总人数的3%；年龄30岁以下6人，31～40岁15人，41～50岁40人，51～60岁10人。

【监督机制】 一是贯彻落实各级党风廉政建设工作会议精神。2009年3月27日召开了2009年国税工作会暨党风廉政建设工作会议，通过了《江川县国家税务局2009年纪检监察工作意见》，同时与各部门负责人签订《2009年党风廉政建设责任书》。2009年3月6日，首次举行各部门主要负责人述职述廉述学会。2009年11月24日，县局领导班子就2009年工作情况进行述职述廉，随后接受了民主测评。二是推行政务公开，强化“两权”监督制约工作。以贯彻落实《中华人民共和国政府信息公开条例》为契机，按照“科学指导，统筹推进，上下联动，信息共享”的工作思路，增强做好政府信息公开工作的自觉性和主动性，深入扎实地开展政府信息公开工作。贯彻落实“两权”监督有关规定，参与一般纳税人认定11户、减免退税审批17户。三是把开展《廉政公约》签订和回访作为长期性工作，2009年新增《廉政公约》签订户24户，截至2009年底，已签订《廉政公约》纳税人794户，发出回访问卷75份，回访率达10%，回访结果对税务干部在遵守《廉政公约》方面的纪律都比较满意。

【学习实践科学发展观活动】 作为第二批深入学习实践科学发展观活动单位，对深入学习实践科学发展观活动极为重视，及时召开专题会议研究部署，确保学习实践活动和完成税收任务两不误、两促进。一是及时成立学习实践活动领导小组及办事机构，认真研究并制订了《江川县国家税务局深入学习实践科学发展观活动实施方案》。二是有创新有特色地自选完成了“建立一本读书笔记、促进创新上一个新台阶、开展‘我为科学献一策’活动、开展一项素质工程建设”的“四个一”活动。三是创新学习教育方式，举办学习交流报告会，党员干部及入党积极分子撰写学习心得体会文章共30篇，对在学习中表现较优秀、认识较深刻的党员同志的读书笔记进行了评比和表彰。四是积极开展好“机关党员干部下基层”主题实践活动，把“三个一”、“三走进三破解”、“五送”活动作为主要内容，副科级以上领导干部与困难家庭结成帮扶对子，切实帮助困难群众解决春耕备耕困难。五是捐物资献爱心，将一批价值3600元的化肥、大米等扶贫物资送到路居镇下坝村10多户农村贫困户手中，为他们解决了大春用肥的燃眉之急。六是广泛征求意见，开展交心谈心，认真撰写发言提纲，做好民主生活会前准备工作。先后征求了干部职工、纳税人、地方党政机关及相关部门对国税工作的意见建议，经梳理汇总共征集到39个问题和53条建议。七是县局党组班子分析检查报告初稿形成后，围绕“对科学发展观的认识深不深、查找的问题准不准、原因分析透不透、发展思路清不清、工作措施可行不可行”等5个方面进行群众评议，对评议中提出的意见认真反复修改，经县局党组充分讨论后，最后形成了《中共江川县国家税务局党组领导班子学习实践科学发展观分析检查报告》。

【国税文化建设】 一是为迎接建国60周年大庆，于2009年6月25日举办首届书法、美术、摄影、征文展览和文艺演出活动。创作的舞蹈《税之魂》在全市国税系统“迎祖国华诞、展国税风采”文艺汇演中获三等奖。选派了33名干部与财政、地税干部组成了财税百人合唱队，参加建国60周年合唱比赛。在全市国税系统第四届职工运动会中，认真备战，在比赛中赛出了风格，赛出了水平，争得了荣誉。二是积极开展丰富多彩的文明创建活动，2009年，精神文明建设取得丰硕成果：被云南省委、省政府命名为第十二批省级“文明单位”；被云南省国家税务局授予“文明单位”、“巾帼文明岗”称号；1名干部被云南省国家税务局授予“精神文明建设先进工作者”称号；7名干部被玉溪市国家税务局授予“精神文明建设先进工作者”称号。

【创建学习型国税组织】 一是抓团结和谐建设。始终围绕以“和谐国税”为出发点，以“增强凝聚力和提高素质”为根本，加强队伍的团结和谐建设。紧紧围绕政治素质是核心、业务素质是关键、文化素质是基础、身体素质是根本的队伍综合素质要求，开展干部素质工程建设，深入创建学习型国税机关，使全体国税干部政治素质和业务素质明显提高，学历、知识结构得到优化，努力造就一支政治过硬、业务熟练、作风优良、执法公正、服务规范的高素质国税干部队伍。二是完善学习培训措施。以市局流转税政策调整业务考试、全国税务系统稽查人员业务考试、全市国税系统业务能手考试、会计从业资格考试为契机，加大干部业务技能培训，在2009年5月市局举办的第九届业务能手竞赛活动中，取得了团体二等奖的优良成绩，业江艳、史小莉两名同志荣获“业务能手”称号；在全国税务系统稽查人员业务考试中，王峻、何祥毅、李桂林3名同志因考试成绩优秀，受到省局的通报表彰。

（史小莉）

华宁县国家税务局

经济概况

华宁县主要经济作物有烟草、柑橘等，主要工业有电力、磷矿、煤矿、水泥等。2009年，华宁县经济总量持续增长，实现（可比价）生产总值（GDP）24.37亿元，第一产业增加值（可比价）6.71亿元，比上年增长7.1%；第二产业增加值（可比价）7.68亿元，比上年增长7.6%；第三产业增加值（可比价）9.98亿元，比上年增长14.3%。全年完成财政总收入2.94亿元，增长5.2%。

税收概况

【收入完成情况】 2009年，华宁县国家税务局税收收入完成8579万元，占年度计划1.11亿元的77.30%，比上年减收了2200万元，下降了20.35%。其中：增值税完成6835万元，比上年的7808万元减收了973万元，下降了12.47%。消费税完成3.6万元，比上年的4.3万元减收了0.7万元，下降了17.73%。企业所得税完成1479万元，比上年的2662万元减收1183万元，下降了44.45%。储蓄存款利息所得个人所得税完成70万元，比上年的174万元减收了104万元，下降了59.55%。车辆购置税完成211万元，比上年的149万元增收了62万元，增长了41.62%。

【收入特点】 由于金融危机的影响，税收收入出现下降，增值税、消费税、企业所得税、个人所得税均出现下降，仅车辆购置税增长。一是增值税转型，增值税税率调整等政策因素导致收入减少；二是重点行业磷化工单价、产销量大减，并波及相关行业减收。

【税源分析】 糯租水电站建成投产，年发电3亿度，改变了华宁只有小水电站的历史，促使电力行业增值税实现跨越式增长，全年完成1423万元，同比增长79.9%。重点税源之一的磷化工行业产销大幅下降，全年吨均价1万元，同比下降50%，税收减幅60%。支柱产业的烟草发展增长无明显变化。重点税源的下滑，也影响了相关行业。受国家家电下乡、摩托车下乡等一系列惠农政策影响，车辆购置税创开征以来年度收入最高，税收收入同比增长141.62%。

【税务管理】 在税源管理方面，采取传统管理与现代税收科学技术相结合的管理方式；查账征收、查定征收、查验征收相结合的方式，强化中小企业管理；重点强化长期倒挂、税负同比偏低企业管理；主动争取国土、经委、地税等部门支持，强化磷矿、煤矿产品开采销售税收管理。在实行领导干部管户责任的基础上，进一步加大了对重点税源企业的税收分析及监控力度。全年全局的征管质量和效率得到提升，圆满完成了各项管理工作任务，收入做到应收尽收，实现了连续八年无新增欠税。

各项工作

【税收法制】 认真开展“五五”普法及税收执法检查和执法监察工作，做好发票领购资格的审核和对增值税防伪税控系统最高开票限额的行政许可，强化执法过错考核。认真开展了税收规范性文件清理工作，全年没有发生重大案件与税务行政复议案件及税务行政应诉案件。在实际工作中，一是充分应用执法考核子系统预警监控功能，及时发现和纠正业务操作中存在的问题，不断规范业务操作和执法行为；二是加强业务部门合作，做好执法分析和调研，及时反馈执法责任制考核中反映出的问题，促进全局整体执法质量和效率的提高；三是是严格执行过错追究，对税收执法权力运行实施过程监控，加大执法人员培训力度，强化执法责任意识，有效防范执法税收风险，推进依法行政，全面提升税务行政执法水平。

【税收征管】 一是全面开展税收资料调查工作，就县内的29户分属于国有、股份有限公司、私营独资企业等七类经济类型的纳税人分门别类开展了调查，进行数据的收集、审核、录入，做到了调查数据的真实、完整、可靠。二是加强重点税源的监控管理。坚持实行领导管户制，加强重点企业的管理，对企业的生产、经营、财务状况做到随时跟踪管理，及时帮助企业解决生产、经营、财务管理中存在的困难和问题，建立税收管理“一条龙”服务体系。三是加强中小税源的监控管理。对未及时、全部反映销售收入的纳税户进行全面清查，由专人负责政策宣传，进一步规范账务处理，把会计规定和税收政策严格结合起来，从源头上杜绝新增欠税；对政策执行不到位的纳税户，下发整改通知书，督促及时补缴税款。四是加强个体税收管理。结合华宁税源分布、人员结构的实际，有针对性的制定出《华宁县国家税务局个体税收管理办法》。对个体工商户进行户籍、税源以税收管理员主管为主，协管人员为辅的管理模式。个体开业户登记率、准期申报率达到100%；月超过起征点的定期定额征管户由原来的64户增加到88户，增幅37.5%。五是坚持税收服务，做好税收政策宣传落实。采取服务上门的形式，逐户向纳税人宣传各项政策法规，对涉及纳税调整和新出台的政策法规进行重点宣传、讲解，帮助企业及时、准确地掌握有关政策规定。六是对现行的“一窗式”服务、文明办税八公开、服务承诺、执法责任追究等制度进行规范和完善。按阳光政府“四项制度”的规定，推行政府信息公开。从强化服务观念、改进服务态度、提高服务能力、改善服务手段、提高服务效率、严格服务纪律等方面着手，切实解决纳税人在服务过程中办证、申报、缴税、购买发票等相关方面的问题，大力提升文明服务质量。

【税收执法】 加强与公安、工商、地税等部门的协调配合，形成了依法治税的合力，建立广泛的、全方位的全社会协税护税网络。依托综合征管软件、税收执法管理信息系统、阳光税务调查管理信息系统等管理软件，不折不扣地执行好国家制定的各项税收政策，实事求是地查处税务案件，合理地作出处罚决定，规范税收执法，深入推行税收执法责任制，严格执法过错责任追究。

【纳税评估】 一是组成人员业务强、责任强。纳税评估工作小组成立时，抽调管理、稽查与税政科中业务熟悉，经验丰富的人员组成，并将工作机构设在县局税政科。二是深入实际开展方式多样的评估工作。通过案头分析审核、约谈了解、实地核查等多种方式，严格按照有关税收评估政策、税收评估规程，开展好重点行业、重点纳税户的重点评估和专项评估。三是强化服务。对评估中存在问题的纳税户，督促与帮助纳税人健全账务，告知与帮助纳税人正确理解相关的税收政策，帮助纳税人正确进行纳税申报。全年共对10户企业进行了纳税评估，所得税方面存在问题的有3户，弥补以前年度亏损91万元；增值税方面存在问题的3户，评估补缴增值税加收滞纳金合计1.7万元。

【发票监管】 结合实际，制定突击行动工作方案，分别于6月与9月集中开展了两次专项打击发票违法犯罪突击行动。联合县公安局、县地税局、县财政局等单位，组成检查组分别对客运站、饭店、印刷厂、商店的突击检查。在对机动车修理行业发票专项检查工作中，检查的重点放在纳税人发票的使用上。通过到保险公司逐笔采集数据，涉及全县64户修理户，采集并核对机动车修理发票1147份。对定期定额征税的机动车修理户，作了认真比对，并对超定额户的3户共查补增值税1.68万元。在检查行动中，加强宣传力度，营造声势，提高群众依法取得和使用发票的法制意识，积极营造打击发票违法犯罪活动的强大社会舆论氛围，形成全社会防范和打击发票违法犯罪活动的高压态势。针对当前货运发票代开、虚开泛滥严重的情况，对全县货运发票抵扣较多的磷化工开采、生产、钢铁生产、水泥生产等企业进行细致的货运发票抵扣情况检查。加强发票验旧售新工作，继续使用紫光灯对存根联照验，查验发票范围从个体工商扩大到所有用票企业，严厉打击开具抽心发票偷税行为。2009年共检查普通发票用户1523户次，检查、查验发票69742份，发现有问题户300户，有问题发票1161份，补征税款19.61万元，加收滞纳金5178元，罚款8342元，合计20.96万元。

【税收宣传】 2009年4月，县局开展以“察烟情、促税源、服务‘兴边富民’工程”为主题的税收宣传活动。一是把这一主题的宣传服务工作融入到日常工作中。除局领导定期不定期到烤烟联系点调查了解生产情况外，抽调一名熟悉农村工作的干部专门长期驻扎烤烟联系点。抽调的干部在实际工作中，除配合指导烤烟生产工作，积极把宣传融到服务之中，让当地农民多栽烟，栽好烟，富民兴边，促进税源增长。二是在该地小学校举办税收知识讲授。授课分别由县局干部与啊路本村的支书进行。内容密切联系农村孩子的实际，通俗易懂，使他们明白了基本的税收知识，以及税收带来发展、发展为了民生的道理，勉励同学们发奋读好书，将来为家乡与国家的发展服务。此次活动还捐助了啊路本村小学一台电脑，为学生图书阅览室补充了246册图书。

队伍建设

【机构设置、人员配置】 县局机关共设有5科2室1中心，即人事教育科，税政科，征管科，收入核算科，政策法规科；办公室，监察室；信息中心；1个办税服务厅；1个税务分局：宁州税务分局。2009年底，全局编制数为59人，实有人数为55人，其中正式公务员52

人，见习期1人，工勤人员2人。

【领导班子建设】 2009年，县局领导班子继续以创建学习好、团结好、勤政好、廉洁好、服务好“五好班子”为目标，围绕“带好头、带好队、收好税、服好务”，切实加强领导班子自身建设。以创建学习型领导班子和健全党组中心学习组制度来加强政治理论学习，提高班子的执政能力；坚持民主集中制，贯彻执行好《华宁县国家税务局党组议事规则》、《华宁县国家税务局局长办公会议制度》等，把党组议事决策置于部门的监督之中，增加领导决策的透明度；班子成员以身作则，起好模范带头作用，把身教重于言教贯穿于工作的各个领域，增强了班子的感召力。

【教育培训】 一是开展干部教育培训需求调查。以发放《华宁县国家税务局干部业务培训需求调查表》的形式，广泛征集干部职工的业务培训需求，有针对性地制定年度培训计划，确保了业务培训的针对性、实用性。二是按照全局业务培训计划的安排，重点开展了流转税、所得税以及税收管理员、办税服务厅人员、稽查人员培训。全局共组织各类培训11期，培训374人次，培训天数12.5天，培训经费支出5000元。三是积极选派干部参加上级组织的培训。全年业务培训共安排了《增值税暂行条例》及其《实施细则》、新《消费税暂行条例》及其《实施细则》培训等10个方面的内容。全年共举办了4期全局性培训和7期分类业务培训，全年培训天数为25天，培训759人次，同时，还采取了以会代训的方式对市局安排的各项业务工作进行了培训。

【廉政建设】 2009年，县局党组把党风廉政建设工作纳入各级领导干部的绩效考核，逐级签订《党风廉政建设责任书》，分解落实责任，加强监督检查。认真开展执法监察，注重对税收执法权实施监督管理、对行政管理权实施监督管理与加强对财务收支环节的监管。继续对签订《廉政公约》工作实行动态跟踪管理，共与纳税人签订《廉政公约》的户数是456户。剔除分支机构和非正常户，签订率达100%。对已签订的纳税户，结合走访税民联系点和纪检日活动工作，开展检查落实，选择具有代表性的各类纳税人进行跟踪回访，调查回访60户。主要以问卷、座谈等方式进行调查回访，检查国税干部对《廉政公约》各项规定的执行情况，被调查的纳税人对国税机关和干部执行《廉政公约》的总体情况反映良好。同时，认真落实税检联席工作制度，切实开展预防职务犯罪和反渎职侵权犯罪工作。一年来干部拒吃请42人次，其中副科以上领导干部7人次，股所级干部12人次，一般干部23人次，拒收礼品折合人民币350元。

【精神文明建设】 2009年，按照“夯实基础，巩固成果，创新发展”的文明创建工作思路，始终以文化为特色推动文明创建的工作，扎扎实实开展各项文明创建活动，被省委、省政府表彰为第十二批“文明单位”。一是把干部职工的思想政治工作融入到各项文明创建活动之中，坚持定期组织开展各种文体活动。同时，以支部为单位，利用党员活动日组织开展有教育意义的娱乐活动。利用元旦、春节、“三·八”妇女节、“七·一”建党节之机，组织全局干部职工参与综合性文体活动。二是积极开展国税文化建设活动。积极组队参加全市国税系统文艺调演活动，参赛节目情景音画《采一束阳光，捎给祖国一片金黄》获得二等奖。认真组织开展“爱国歌曲大家唱”活动，组织全局干部职工学唱革命歌曲《长江之歌》、《我们走在大路上》，并与县地方税务局组成税务演唱队参加县委宣传部在泉乡广场举办的庆祝祖国60华诞“爱国歌曲大家唱”表演唱活动。积极报送作品参加云南省博物馆举办的“映瑞之魂”书法美术摄影展，县局90岁高龄的老干部凌明伦老师与一名干部创作的国画长卷《千仞楼山图》，国画《西山图》、书法《登鹳雀楼》，及一名干部创作的国画牡丹《盛春》与征集的2幅老照片荣誉入选展出，受到了省局、市局的好评。

【学习实践科学发展观】 一是认真按照开展深入学习实践科学发展观活动安排部署，制订了实施方案，对开展学习实践活动进行了全面安排部署。成立了“深入学习实践科学发展观活动”领导小组，开展学习实践活动开展调研。在调研实践活动中，抓住工作中的难点重点，以解决当前工作中存在的问题为目标撰写调研报告5篇。二是广泛征求意见，发放征求意见建议表70份，发放问卷调查表20份，共征求到意见和建议129条，其中：县局领导班子存在的问题、意见和建议73条，领导班子个人存在的问题和建议56条，经过梳理，对领导班子的意见和建议42条；撰写领导班子分析检查报告1份，召开群众评议会1次，召开党组专题民主生活会1次，召开党组织生活会1次，撰写发言提纲29份。三是先后召开各式各样的座谈会13次55人次，走访7次21人，领导班子谈心交心1次。

（豆思鸿）

澄江县国家税务局

经济概况

2009年，澄江县生产总值（GDP）完成27.6亿元，按可比价计算比上年增长16.4%；第一产业实现增加值5.74亿元，增长5.2%，第二产业实现增加值11.87亿元，增长20.4%，第三产业实现增加值10.02亿元，增长17.2%。一、二、三产业比重为20.8:42.9:36.3；财政总收入4.6亿元，增长1.3%；地方财政收入2.7亿元，增长28.6%；地方财政支出6.3亿元，增长

41.9%；全社会固定资产投资17.25亿元，增长69%；社会消费品零售总额7.04亿元，增长24.9%；城镇居民人均可支配收入14907元，增长11.5%；农民人均纯收入5601元，增加592元，增长11.8%。

税收概况

【收入完成情况】 2009年，澄江县国家税务局共组织税收收入1.81亿元，比上年的1.74亿元增加697万元，增长4%，完成确保任务1.8亿元的100.78%，完成奋斗目标1.83亿元的99.13%。其中：增值税入库1.49亿元，比上年增加1274万元，增长9.3%；消费税入库税款29万元，比上年增加24万元，增长480%；企业所得税入库税款2554万元，比上年减少889万元，减少25.8%；储蓄存款利息所得个人所得税入库103万元，比上年减少135万元，减少56.7%；车辆购置税入库521万元，比上年增加423万元，增长431.6%。

【收入特点】 2009年县局税收收入总体呈现增加趋势，表现为“三增二减”，主要增长的税种有：增值税、消费税和车辆购置税，其中：消费税和车辆购置税增幅较大，增值税有所增加；企业所得税有所减少，储蓄存款利息所得个人所得税则大幅递减。

【税源分析】 （一）增值税：共计入库1.49亿元，比上年的1.37亿元增加1274万元，增幅9.3%，完成确保任务1.52亿元的98.25%，其中：1. 化工产品入库7364万元，比上年的6034万元增加1330万元，增长22%。增加主要原因是由于受金融危机影响，上年产品滞销，结转2009年库存产品增加17000吨，加之上半年无进项抵扣，黄磷价格微涨，导致增值税的增加；2. 商业入库1788万元，比上年的2236万元减少448万元，减少20%，原因是批发业和零售业本年入库增值税均为下降趋势；3. 电力行业入库1281万元，比上年的1757万元减少476万元，减少27.1%，减收原因：一是受金融危机影响，澄江大部分企业未生产，导致用电量减少；二是2009年雨水较少，河水干枯，导致发电减少，且发电企业未满负荷发电，故税收减少；4. 建材入库3503万元，比上年的2012万元增加1491万元，增长74.1%，增加的主要原因是矿产品行业收入的大幅增长。（二）消费税入库29万元，比上年的5万元增加24万元，增长480%。主要原因是云南再峰（集团）湖泉酒业有限责任公司恢复正常生产，2009年入库税款28万元，由此带动收入增长。（三）企业所得税入库2554万元，比上年的3443万元减少889万元，减少25.8%，减少原因：一是澄江锦业工贸有限责任公司因阳宗海砷污染事件，已停产停业，因此无税款入库，影响税收大幅减少；二是烟草企业所得税共入库812万元，比上年的1758万元减少946万元。（四）储蓄存款利息所得个人所得税入库103万元，比上年的238万元减少135万元，减少56.7%。（五）车辆购置税入库521万元，比上年的98万元增加423万元，增长431.6%。增收原因：一是“汽车、摩托车下乡补贴”等惠民政策，使农民买农用汽车、面包车、摩托车的人数猛增，推动了车辆购置税大幅增长；二是自2009年7月1日起，全市汽车购置税征收下放到各县区受理，澄江国税车辆购置税业务量大增；三是自2009年1月20日～12月31日购置1.6L以下排量的乘车，暂减按5%税率征收车辆购置税。

【税务管理】 2009年，紧紧围绕“创新发展年”主题，坚持“聚财为国，执法为民”的税务工作宗旨，加强税收管理，提高纳税服务水平，以完善征管体系，推进信息应用一体化、实施科学化、精细化、专业化管理为重点，通过运用综合征管软件和税收执法考核系统，规范执法行为，提高了税收征管的质量和效率，确保了税收收入稳定增长。

各项工作

【税收法制建设】 2009年，贯彻依法行政实施纲要，全面落实税收执法责任制，充分利用税收执法考核系统的预警功能，坚持按日监控，发现问题及时进行核查落实，积极进行疑点数据清理和纠正，严格按照公开、公平、公正、实事求是的原则，做好申辩调整和执法过错追究。2006年2月至2009年12月在税收执法管理信息系统中无执法过错扣分，干部执法水平实现了阶段性的提升。

【税收征管】 2009年，按照科学化、精细化、专业化管理的要求，加强税源管理，扎实推进纳税评估及约谈工作，认真做好发票管理工作，大力强化各税种管理，使税源管理有效加强。（一）加强纳税评估及约谈工作。年初成立以规范税收管理为目的的纳税评估小组，积极开展纳税约谈评估工作。2009年共对68户企业进行了纳税评估、约谈，评估、约谈共补税、加收滞纳金887万元，其中：增值税评估补税274万元，企业所得税评估约谈补税529万元，共加收滞纳金84万元，调减亏损额148万元。（二）加强对普通发票管理，加大对发票违规行为的打击力度，2009年共对586户普通发票使用户进行检查，查出有问题使用户399户，补税、加收滞纳金、罚款合计44.5万元，已全部入库。（三）全面高效完成了2008年度企业所得税汇算清缴工作。2008年度全县企业所得税征管户163户，比上年的133户净增加30户。通过汇算，税收调整净额4076万元，比上年增加3472万元，增长575%。应纳税所得额9360万元，比上年增加1173万元，增长14%。实际税收负担率15.36%比上年增加8%，盈利面32.7%。（四）加强涉外税收征管。认真开展涉外税源调查，对相关人员进行出口退税业务培训，提高出口退税管理水平和防范骗税能力，全年共办理免、抵、退税33.92万元，其中：免抵税额5.29万元，退税28.63万元。（五）正确、及时完成各项行政审批和税务行政许可事项，2009年共免征企业所得税34户，其中：报批类减免企业所得税18户，备案类减免企业所得税16户，共减免企业所得税213.85万元；征前备案类减免增值税企业51户，减免金额2.52亿元；共办理2户福利企业退税192万元；办理1户生产新型墙体材料企业退税3.2万元；2009年共受理行政许可27件，办理违法违章案件157件，依法给予行政处罚146件，不予行政处罚6件，待处理4件，执行完毕1件。

【清理欠税】 2009年，坚持依法治税原则，将"零欠税"作为欠税管理的工作目标，大力开展经济税源调查分析，加强税源监控管理，提高征管质量和效率，有效防止欠税产生，实现连续六年无新增欠税。全年共清收历年欠税入库145万元，完成清欠19.36%。

【税收执法】 （一）税收宣传。开展以"税收·发展·民生"为主题的第18个税收宣传月活动，通过税务实践"面对面"活动、领导带队深入企业调研、短信群发、税法宣传到农村等活动，充分利用各种新闻媒体，围绕税收宣传重点，强化税收宣传，做到"三结合"：税法宣传与组织收入相结合，与汇缴检查相结合，与日常征管相结合，做到边收税边宣传，边检查边宣传，边办税边宣传。在形式上讲求了一个"新"字，效果上抓住了一个"实"字，范围上做到了一个"广"字，收到了良好的社会宣传效果。（二）税务稽查。配合市局稽查局做好税务稽查的各项工作，对市局稽查局税务稽查查前告知中企业在自查中查出的应补税款，及时督促纳税人补缴税款并加收滞纳金。对在自查中应补税的16户企业共补缴入库税款97.82万元，其中：增值税入库24.75万元，企业所得税入库65.79万元，滞纳金7.28万元。

【税务管理信息化建设】 一是定期对税收执法管理信息系统进行查询，充分运用执法管理信息系统的预警功能，对综合征管软件进行不定时查询，对存在的问题，及时查找原因并予以处理，以规范税收执法行为，减少执法过程中的随意性，促进和提高税收执法水平；二是利用系统数据和预警指标，加强纳税评估和税收分析工作；三是结合金税三期工程开展工作。2009年10月初，县局进行网站改版，推出新的协同办公系统，该系统将于2010年1月正式运行。

队伍建设

【机构设置、人员配置】 （一）机构设置：县局内设机构8个：办公室、税政管理科、征收管理科、政策法规科、人事教育科、监察室、收入核算科、办税服务厅；事业单位设置1个：信息中心；派出机构设置1个：凤麓税务分局。（二）人员配置情况：截至2009年12月31日，县局共有在职干部职工54人，离退休干部职工5人。在职干部职工中党员22人，占41%。在职干部职工按性别比例分：男28人，女26人；按年龄划分：30岁以下9人，31～40岁11人，41～50岁30人，50岁以上4人；按行政职务分：副处级1人，正科级9人、副科级17人、科员25人，高级工1人，中级工1人；按学历结构分：本科学历34人，专科学历16人，中专及以下学历4人，大专以上学历占92.59%。有注册税务师2人，持有会计资格证的42人。

【领导班子建设】 把加强领导班子建设放在首位，以党的先进性建设和执政能力建设为核心，以创建先进领导班子的条件为标准，团结协作，坚持"五项原则"，增强班子整体的凝聚力、向心力、号召力和战斗力。一是遵循"五讲"的原则。即：讲学习、讲政治、讲正气、讲原则、讲团结，不断提高思想政治觉悟和工作业务水平，充分利用党组理论学习中心组学习平台，加强各种政治理论和业务知识学习，通过经常交流沟通，使班子在政治上、思想上、认识上和工作思路上形成共识。二是遵循"想大事、抓大事、驾驭全局"的原则。通过充分发扬民主，广泛调动一切积极因素，做到内部事务处理稳妥，外部环境协调良好，形成和谐的内外部环境。三是遵循创新的原则。始终坚持科学化与精细化的领导态度，保持奋发有为的精神状态，全身心地投入工作，创造性地开展工作，做到亲力亲为，攻坚克难，以此带动全局、凝聚队伍、推动工作。四是遵循以身作则的原则。坚持不懈地抓好党风廉政建设，树立扎实的工作作风、勤政廉洁的形象，使领导班子建设呈现新的气象。五是遵循带头执行各项制度的原则。在广泛调查研究的基础上，建立健全各项规章制度，并带头遵守执行。努力形成用制度管权、按制度办事、靠制度管人的有效机制。保证领导班子民主议事、科学决策，确保税收执法不出问题、干部队伍不出问题。

【廉政建设】 一是认真贯彻落实省、市国税系统党风廉政建设工作会议精神，按"一岗双责"的要求，县局领导和科（室）负责人既要担负起业务工作的领导责任，又要对所分管的部门和人员负党风廉政建设的责任。在与市局、县委签订《党风廉政建设责任书》的基础上，继续与局内各部门签订《党风廉政建设责任书》，进一步分解任务、落实目标、强化考核，确保工作落到实处，把党风廉政建设责任制与目标管理考核相结合；二是强化监督制约机制。继续与纳税人签订《廉政公约》，完善"特邀监察员"和"税民联系"制度；"征、管、查"三部门的兼职监察员要积极协助本部门负责人落实党风廉政建设和做好"两权"监督工作；三是构筑教育、制度、监督并重的惩防体系，把党风廉政建设宣传教育纳入年度党员干部教育的总体计划，深入开展理想信念教育、权力观教育和党纪国法教育。有计划地开展作风、学风、工作作风、领导作风、干部生活作风建设的教育活动，把党风廉政教育贯穿到党员干部培养、选拔、管理、奖惩的各个环节。

【精神文明建设】 2009年12月被省委、省政府命名表彰为第十二批省级"文明单位"；荣获了云南省国家税务局"文明单位"称号；澄江县国家税务局计划征收科被云南省妇联、玉溪市国家税务局授予"巾帼文明岗"。

【教育培训】 一是根据年初工作计划安排，组织干部进行综合业务考试。考试内容涉及税政、征管、计征、人教、监察、信息中心、办公室所有部门业务，通过综合业务考试，检测教育培训成果和学习情况，促进干部加强学习，提高自身业务素质，推进各项工作的开展；二是在近年取得好成绩的基础上，继续完善每月一次的专题学习。结合税收政策调整变动充实完善我局业务学习考试题库，落实每年两次的干部全员业务考试措施，以学促考。

（普艳艳）

易门县国家税务局

经济概况

2009 年，易门县完成生产总值（GDP）28.7 亿元，增长 8.4%，其中，第一产业实现产业增加值 5.87 亿元，按可比价增长 6.4%，拉动经济增长 1.2 个百分点，第二产业实现产业增加值 13.21 亿元，按可比价增长 3.7%，拉动经济增长 1.7 个百分点，第三产业实现产业增加值 9.67 亿元，按可比价增长 15.6%，拉动经济增长 5.5 个百分点。人均 GDP 达 16889 元。地方财政收入达 2.36 亿元，增长 14.4%；农民人均纯收入达 4630 元，增加 363 元，增长 8.5%。城镇居民人均可支配收入达 14291 元，增加 1353 元，增长 10.5%；实现社会消费品零售总额 6.8 亿元，增长 21%；贷款余额达 17.9 亿元，增长 40.5%。

税收概况

【收入完成情况】 2009 年，易门县国家税务局共组织各项税收收入 9984 万元，比上年入库的 2.05 亿元减收 1.05 亿元，减幅为 51.34%，完成市局下达计划任务 2.11 亿元的 47.41%，完成了地方政府下达的 2150 万元收入任务。其中：增值税入库 7890 万元，比上年入库的 1.77 亿元减收 9797 万元，减幅为 55.39%；消费税入库 116 万元，比上年入库的 129 万元减收 13 万元，减幅为 10.08%；企业所得税入库 1120 万元，比上年入库的 1910 万元减收 790 万元，减幅为 41.36%；储蓄存款利息所得个人所得税入库 82 万元，比上年入库的 192 万元减收 110 万元，减幅为 57.29%；车辆购置税入库 776 万元，比上年入库的 599 万元增收 177 万元，增幅为 29.55%。

【收入特点】 一是受经济危机的影响，税收收入与前两年相比大幅度下滑。二是五大税种税收收入呈现“一增四减”的态势，即车辆购置税比上年增长 29.55%，增值税、消费税、企业所得税、储蓄存款利息所得个人所得税分别比上年下降 55.39%、10.08%、41.36%、57.29%。三是增值税收入占税收收入总额的比重较高，2009 年共组织增值税收入 7890 万元，占税收收入总额的 79%。

【税源分析】 从增值税分行业看，有色金属矿产品、商业批发、商业零售、电力及水生产供应、生铁、黑色金属矿产品、常用金属（铜）、其他制造业及其他增值税分别比上年下降 90.16%、94.81%、19.11%、9.26%、54.77%、53.85%、82.66%、14.55%、3.41%；水泥和陶瓷制品增值税分别比上年增长 62.27% 和 21.52%。从经济类型来看，私营经济、个体经济、港澳台投资的税收分别比上年下降 45.08%、36.8%、83.14%；而国有经济、集体经济、股份制经济的税收则呈现不同程度的下降，分别比上年下降 19.77%、18.89%、67.77%。

【税务管理】 （一）夯实征管基础，强化户籍管理。继续抓好税收管理员辅助信息系统的运用，截至 2009 年 12 月 20 日，全局共通过“税收管理员辅助信息系统”发起了 1228 起税收调查，按时完成实施调查 1228 起。（二）加强税源管理，完善税收管理员巡查制度。把税源管理的责任落实到人，加强对全县大中小税源的管理。（三）开展执法检查，规范税收执法行为。通过自查、复查的方式，先后对税务登记、纳税申报、征收管理、政策执行、处罚文书制作等五个方面进行了逐项排查，对存在的问题进行了集中梳理。在执法检查中，重点组织开展了打击发票违法犯罪专项整治工作，规范了纳税行为，堵塞了税收漏洞，执法检查收到了显著成效。共补缴税款 17.60 万元、加收滞纳金 2 万元、罚款 1.44 万元。（四）优化纳税服务，构建和谐征纳关系。在组织收入过程中，牢固树立为纳税人服务的意识，针对纳税人的个性化需求，提供人性化服务。一是提供精品服务；二是维护征纳双方权益，严格执行政策同时及时向纳税人宣传现行税收政策，做到税款应收尽收，维护税法的严肃性；三是加强征纳沟通，通过召开税企座谈会、发放调查问卷，接受纳税人咨询，在办税大厅设置办税指南、办税咨询台，及时热情地解答纳税人提出的问题并引导办税，为纳税人提供了方便、快捷、高效的服务。（五）开展税法宣传，营造诚信纳税氛围。在 2009 年的税收宣传月活动中，与地税携手举办了以“税收·发展·民生”为主题的全国第 18 个税收宣传晚会，整台晚会通过丰富多彩的花灯歌舞、合唱、小品、器乐演奏和民族传统舞蹈等节目，描绘了税收宏观调控作用给社会和经济带来的发展，歌颂了税务干部爱岗敬业，廉洁从政，聚财为国，执法为民的良好形象。在群众观看晚会的同时，发放税收宣传资料 300 份，让更多市民了解近年来税收政策的变化，使税法更加深入人心。

各项工作

【税收法制建设】 （一）全面实行执法责任制，提升依法行政能力。优化业务流程；明确岗位职责；实施执法过错责任追究，自2006年12月起实现连续37个月保持税收执法考核零过错；开展评议考核。（二）完善纳税服务体系，增强执政为民能力。坚持公开办税；规范办税服务厅建设；推进多种申报缴税方式；认真落实税收优惠政策；进一步完善服务措施；定期征询纳税人和社会各界意见；积极转变工作作风，认真开展行风评议活动。

【税收征管】 （一）积极探索纳税评估方式，充分发挥以评促管作用。一是设立专门的纳税评估岗。在全局范围内选拔6名业务素质高、工作责任心强的干部成立纳税评估组，由管理分局领导担任组长，切实加强组织领导。二是确定评估重点。结合行业税负分析相关信息，对疑点大的税负情况进行分析比对，将铜冶炼、酿酒、商业批发、建材生产等行业以及长年亏损不倒、税负为零企业进行评估。三是细化工作目标。将需要评估企业名单下达给各评估小组，及时召开互动协作工作例会，通报评估进度，交流评估经验。四是开展纳税评估与税收日常管理、稽查协调配合，加强企业政策执行检查及纳税辅导，共同做好税收征收及纳税人辅导工作。2009年全局共评估30余户企业，补缴税款283.9万元，其中增值税162.8万元，企业所得税98.3万元；加收滞纳税金22.8万元，调增应纳税所得额298万元。（二）创新服务方式，完善“收付易”刷卡缴税业务。在相继推出银行储蓄扣税、大厅实时扣税、网上申报等服务方式的基础上，成功开通农行“收付易”刷卡缴税业务，该项业务的实施，给纳税人和税务机关带来了许多便利：一是解决纳税人为缴一笔税款而在国税局与银行之间来回往返之苦；二是避免了纳税人携带大笔现金的危险；三是减少了国税机关收取大量现金而误收假币的风险；四是纳税人所缴税款能实时到账，确保国家税款及时足额入库。纳税人不需要再携带大量现金，只需携带一张农行卡，轻松刷卡即可缴税。（三）完善管理方式，不断提高管理质量和效率。针对管理中预征结算纳税人在纳税申报中出现的问题，积极创新开发了《增值税预征结算电子辅助申报办法》，该申报办法运用电子表格的形式，规范了预征决算纳税申报表的填写，简化了纳税人手工繁杂的填写纳税申报表的过程，确保了纳税人纳税申报表填写的正确性、规范性，具有很强的实用性。

【税收执法】 （一）坚持以人为本，强化教育，提高素质。对全体干部职工进行全面系统的法制教育，尤其是对《税收征管法》、《行政复议法》、《行政处罚法》、《行政诉讼法》及《刑法》等的法律知识的学习，不断增强干部职工的法制意识。认真落实责任追究制度，全面提高执法人员自身的法律素质和岗位技能，促进执法观念的转变。（二）重新修改和完善税收执法及行政管理责任制。一是修改责任制的工作职责及工作规程，使之与税收管理员制度相适应；二是依据税收管理员制度的各项规定，重新设置和调整岗位及岗位职责；三是重新设置各项考核指标，使考核指标切合基层税收征管实际。（三）奖惩结合，注重教育，提高执法人员的积极性。把全体干部职工的工作实绩好坏与其个人的经济利益有效地结合起来，实现能者多劳多得，庸者少劳少得，干坏事的不仅不得而且还要追究责任。在追究责任的同时分清原因，加强教育、学习和转化，帮助过错行为人改正错误。

队伍建设

【机构人员情况】 截至2009年12月31日，县局共有干部职工74人，其中：在职干部职工58人，占78.38%，离退休干部职工16人，占21.62%。在职干部职工中，党员34人，占58.62%；妇女14人，占24.14%；大专以上学历52人，占89.66%，其中：本科学历34人，占58.62%，大专学历18人，占31.03%；大专以下学历6人，占10.34%。在职干部职工平均年龄40岁。易门县国家税务局共设有8个正股级内设机构，1个正股级事业单位和1个副科级派出机构。8个内设机构：办公室、人事教育科、监察室、政策法规科、征收管理科、税政科、收入核算科和办税服务厅；1个事业单位：信息中心；1个派出机构：易门县国家税务局龙泉税务分局。县局另附设有党总支和工会。

【领导班子建设】 一是加强思想政治建设，增强党性修养。为实现“思想先进、政治坚定”的目标，局领导始终把加强思想政治建设作为班子建设的首要任务来抓。班子成员牢固树立和落实科学发展观，牢固树立正确的世界观、人生观、价值观，自觉增强党性修养、政治意识、大局意识和责任意识。先后组织党组理论中心组集体学习6次，领导干部读书班2次。二是加强能力建设，提高领导水平。为实现领导班子“业务熟练、管理科学”的目标，局领导班子把搞好自身学习作为提高领导水平的重中之重来抓，各位班子成员带头参加学习活动，带头钻研税收业务。2009年，县局领导班子成员撰写的2篇调研文章被市局采用。三是加强作风建设，弘扬求真务实的精神。局领导班子大力倡导讲实话，办实事，求实效，打造“团结有力、作风扎实”的领导班子集体。

【廉政建设】 按照“一岗两责”的要求，进一步深化“两权监督”的制约机制，不断加强思想道德教育，促进税干廉洁自律。一是坚持和完善党风廉政建设领导体制和工作机制，层层签订《党风廉政建设责任书》，把党风廉政建设和反腐败工作责任分解落实到各部门领导。二是强化廉政教育，注重源头预防，坚持每周定期学习制度。三是狠抓纪检工作制度的落实。全面修订了原有的各项工作制度，围绕政府采购、基本建设招投标、公文处理、公务接待、车辆管理、信息宣传和工作纪律等方面进行了规范、补充与完善，把用人管人转变为用制度管人。四是抓政风、行风建设，树国税良好形象。继续抓好《廉政公约》的签订及回访工作，2009年与新增31户纳税人签订了《廉政公约》，并按要求进行了回访，从服务态度、工作效率，办税公开、政策落实，廉洁从政等方面向纳税人征求意见或建议，全面了解税收管理员和办税服务厅窗口工作人员的工作情况、服务情况、执行政策情况，了解纳税人对国税部门行风、效能建设的意见和看法，建立起有效的双向监督制约机制，成为树国税新风的有效措施之一。

【精神文明建设】 始终按照“以国为根，以税为业，以人为本，以学为乐，以绩为真，以廉为荣”的云南国税文化建设要求，大力弘扬“聚财为国，执法为民”的工作宗旨，坚持以科学的理论武装人，以正确的舆论引导人，以高尚的精神塑造人，以优秀的作品鼓舞人；倡导以爱岗敬业，公正执法，诚信服务，廉洁奉公的税务干部职业道德。自编自排的舞蹈《税收宣传走村寨》、群口快板《社会责任肩上担》在市局组织的迎接建国60周年大庆文艺调演中荣获三等奖。自2009年9月起，全局共组织了13个文体兴趣小组，通过开展各种文体活动进一步活跃广大国税干部职工业余文化生活，充分展示广大干部职工良好精神风貌，营造健康向上、团结奋进的良好氛围，进一步推进国税文化建设。结合农村烤烟移栽、大春栽插工作，全局副科级以上领导干部与一户困难家庭结成帮扶对子，全体党员共捐款3600元，购买了化肥、粮食送到了新农村建设联系点——茶树村委会，帮助困难群众解决实际困难。

【教育培训】 始终把提高团队整体素质，增强业务工作技能作为干部教育培训的重点，并着手研究制定了培训工作方案。一是成立了干部教育培训办公室，负责全员教育培训的计划与安排。二是班子成员带头跟班学习。在每周一的集中学习时间，班子领导身先士卒，从头至尾，认真听讲，积极参与讨论，起到了模范带头作用。三是树立学习就是工作，工作就是学习的理念。针对一些同志存在等、靠、拖的心理，一方面积极做思想动员，另一方面从制度上约束，实行严格的签到制，建立了考核监督的激励机制。四是制定了干部培训长、短期规划。为了防止教育培训活动走过场、流于形式，制定了干部培训长期规划，又分段定出具体的周学习安排，做到远期有目标，近期有计划。在全局形成自觉学习、主动学习的氛围，全局上下掀起了一股比学习、比工作、比业务的热潮。在2009年全市国税系统第九届业务能手竞赛中，易门县局获得了团体第一名，参赛的6名选手中有4名获得市局“业务能手”称号。

（普鹏飞）

峨山彝族自治县国家税务局

经济概况

2009年，全县完成生产总值（GDP）为28.28亿元，按可比价计算比上年增长10.3%，增幅比上年下降2.1个百分点。其中，第一产业增加值4.92亿元，比上年增长4%；第二产业增加值13.01亿元，比上年增长10.9%；第三产业增加值10.35亿元，比上年增长12.5%；一、二、三产业增加值占全县GDP的比重分别为17.4%、46%、36.6%，分别拉动GDP增长0.7、4.9和4.7个百分点，对GDP增长的贡献率分别为6.8%、47.1%和46.1%。人均生产总值（按常住人口计算）1.74万元，比上年增加890元，按可比价计算增长9.9%。

税收概况

【收入完成情况】 2009年，峨山彝族自治县国家税务局共组织各项税收收入2.22亿元，比2008年2.52亿元减收0.3亿元，减少11.95%，完成年度计划2.69亿元的82.61%。实现中央收入1.7亿元，地方级收入0.52亿元。其中：增值税1.97亿元，完成年度计划2.35亿元的84.02%；消费税完成1659万元，完成年度计划2000万元的82.95%；企业所得税687万元，完成年度计划1300万元的52.85%；储蓄存款利息所得个人所得税75万元，完成年度计划70万元的107.14%；车辆购置税57万元，完成年度计划30万元的190%。全年办理符合政策规定退税共1869万元，其中增值税1557万元，企业所得税312万元。

【收入特点】 受金融危机影响，增值税连续8个月呈现负增长，7月降幅达24.79%，9月收入总体呈现回升态势。国税征管的五个税种呈“三减两增”，“三减”：一是增值税完成1.97亿元，同比减收1947万元，减少8.98%；二是企业所得税完成687万元，同比减收997万元，减少59.20%；三是储蓄存款利息所得个人所得税完成75万元，同比减收119万元，减少61.34%。“两增”：一是消费税完成1659万元，同比增收19万元，增长1.16%；二是车辆购置税完成57万元，同比增收31万元，增长119.23%。

【税源分析】 一是增值税增长因素：矿产品增值税共计入库1.11亿元，同比增收5596万元，增长101.29%，矿产品增值税税收首次突破亿元。建材产品增值税入库147万元，同比增收79万元，增长116.18%；煤炭增值税共计入库1401万元，同比增收

64万元，增长4.79%。减收因素：生铁增值税共计入库1988万元，同比减收3532万元，下降63.99%；炼焦业增值税共计入库555万元，同比减收904万元，下降61.96%；化工产品增值税入库102万元，同比减少715万元，下降87.52%；商业增值税入库1826万元，同比减收466万元，下降20.33%；电力增值税入库897万元，同比减少349万元，下降28.01%；冶炼及压延加工增值税入库630万元，同比减收313万元，下降33.19%；粮食白酒共计入库465万元，同比减收131万元，下降21.98%。二是消费税增长因素：玉林泉酒业有限公司调整产业结构，白酒平均单价较去年有所上升带动销售收入和税款入库平稳增长，全年共计入库1659万元，同比增收19万元，增长1.16%。三是车辆购置税增收因素：主要是国家实行摩托车下乡政策补贴刺激消费，促使摩托车销量大幅增长，全年征税摩托车共计达1611辆，同比增加802辆，税款共计入库57万元同比增收26万元，增长119.23%。四是企业所得税共计实现687万元，完成计划1300万元的52.85%，同比减少997万元，下降59.20%，主要是市场需求减弱，企业产品价格下跌，经营收入和利润大幅减少甚至亏损，全年共办理汇算清缴退税312万元，上年仅为30万元，重点税源峨山烟草公司本年分配入库530万元，同比减收615万元，减少53.71%。五是储蓄存款利息所得个人所得税共计入库75万元，同比减收119万元，下降61.34%，主要是存款利息所得个人所得税从2008年10月9日起新孳生的储蓄存款利息免税。

【税务管理】 2009年，县征管户数为3341户，比上年2931户增加410户，其中企业336户，比上年328户增加8户，个体工商户3005户，比上年2603户增加402户。一般纳税人128户，比上年119户增加9户，小规模纳税企业213户，企业所得税管户94户，利用电子定税系统核定定额2633户。

各项工作

【税收法制建设】 一是建立健全税收法制领导机构，在税收执法过程中，严格执行各项税收政策，严格规范税收执法行为，对日常税收征管中发现的税收违法行为、税款征收、缓缴、减免等行政审批事项，坚持集体审批，严格把关。二是深入推行税收执法责任、严格执行过错责任追究制度。三是按照相关规定办理税务登记、注销，增值税一般纳税人认定、取消、退（抵）税审批、延期纳税审批、发票发售制度。四是进一步完善税务行政处罚、行政复议、听证制度建设。五是开展对2008年1月1日2009年6月30日期间的206户次税收违法行为处理处罚案卷专项评查。经查，税务行政立案、调查、取证、审查、处罚符合法定程序，被评定为优秀等级。六是继续贯彻落实行政许可法，以规范操作税务行政信息管理系统软件提高办事效率，增强行政许可的透明度，2009年，共依法受理8起税务行政许可审批事项，办结8项，办结率达100%。

【税收征管】 一是加强重点税源监督管理，对年缴“两税”1万元以上156户纳税户实行专人监控。二是做好纳税评估，全年共对38户增值税纳税人进行纳税评估，其中：重点评估户21户，正常评估户17户。有问题13户，无问题25户。评估应补增值税及滞纳金150.5万元；应补企业所得税及滞纳金6.7万元。三是每月10号定期召开税收分析会议，对当月收入进行分析、预测，为地方政府经济运行提供准确数据依据。四是严格增值税一般纳税人资格认定，共认定了12户新办企业为增值税一般纳税人；取消3户搬迁、停止生产一般纳税人；暂认定转正4户，辅导期转正5户。五是抓好所得税管理和介质申报，应申报企业82户，其中：查账征收72户、定率征收7户、汇总纳税成员企业3户；查账征收72户及定率征收7户企业，应税收入1.48亿元，应纳税额0.37亿元，其中减免税额0.35亿元，实际应入库192万元。2008年度减免所得税企业14户，减免所得税额3498万元。六是加强所得税约谈及评估，对26户纳税人进行约谈，有问题12户，补缴税款及滞纳金4.2万元，调减亏损695万元；评估3户，有问题1户，调减亏损2000元。七是做好清理欠税，2009年共清理陈欠64.8万元，实现连续六年无新欠税的工作目标。八是加强“四小票”和车辆一条龙异常发票管理，严把“四小票”开具、审核、抵扣关。九是继续保持与工商局、医保中心信息交换，加强税务登记、医药行业管理。

【税收执法】 一是做好税收宣传，4月17日，与峨山县摄影家协会联合举办“税收·发展·民生”为主题的摄影展。展览共展出60余幅不同时期、不同类型的图片，充分展现出税收在构建和谐峨山、支持峨山地方经济发展中的重要作用，展示了“税收促进发展，发展改善民生”的深刻内涵，参观人数达2635人次。二是以全国打击发票违法犯罪活动为契机，成立领导机构，制定工作方案，与公安、工商、地税、财政联合定期召开协作会议，对全县范围内有疑点的114户商业零售行业进行核查，共检查发票16396份，有问题252份，补缴税款2.2万元，处予行政罚款1.4万元，加收滞纳金0.43万元；对10户修理行业涉及151份机动车维修发票信息进行核实，有问题5份，补税0.6万元，加收滞纳金949.64元。与地税局密切配合，共同加强货物运输发票抵扣增值税的管理工作。全年未接到国家税务总局下发“四小票”稽核直发的异常发票；车辆“一条龙”异常发票检查32份，共补增值税和滞纳金343.78元。

【税务管理信息化建设】 一是充分利用峨山国税电子政务网，为干部职工提供了一个工作、学习、交流平台。二是按照省政府阳光政府“四项制度”网上发布系统要求，做好信息发布。三是坚持不懈地抓好金税工程建设，全年共采集发票存根联9659份，金额33.5亿元税额5.6亿元；认证增值税专用发票15322份，金额

23.6亿元，税额3.8亿元，未发生不符及重号情况。四是做好税收征管软件、税务网络杀毒软件升级和日常维护，保障了金税工程安全运行。五是为纳税人提供优质高效服务。

队伍建设

【机构设置、人员配置】　内设机构8个：办公室、人事教育科、监察室、税政管理科、征收管理科、政策法规科、收入核算科、办税服务厅。1个事业单位：信息中心。1个直属机构：稽查局（玉溪国税实行一级稽查，该局于2009年4月1日撤销）。1个派出机构：即双江税务分局。2009年有在职干部职工75人，男干部55人，女干部20人，男、女干部占比分别为73.33%、26.67%。在职干部中有少数民族40人，占在职干部、职工的53.33%。党员53人，占职工总数的70.67%。在职人员中50岁以上人员16人，40~49岁人员39人。30~39岁人员15人，30岁以下5人，平均年龄43.55岁。离退休干部16人。

【领导班子建设】　一是领导班子以“创新发展年”为重点，以学习贯彻落实科学发展观活动为契机，认真组织开展学习活动，把贯彻落实科学发展观活动与税收工作有机结合。二是领导班子以“应收尽收”为最高目标，团结协作，相互配合，展示了领导班子堡垒作用。三是认真贯彻落实民主集中制原则，作风良好，廉洁勤政，党风廉政建设成效突出，模范遵守党风廉政建设各项规定。

【廉政建设】　一是通过深入学习实践科学发展观活动、爱国主义基地教育、警示教育等活动，深化廉政教育，构筑坚实思想防线。二是厉行节约，实行财务公开，实现“四项经费”零增长。三是深化“四项制度”落实，每周不定期对职工工作纪律、着装等进行专项检查，违者，进行经济惩戒，净化了工作环境。四是把“一岗两责”、“四项制度”、阳光政府与党风廉政建设责任制有机结合，任务明确，考核到位。五是改进监督方式，立足事前防范，事中监督，严格事后处理，强化制度的执行力。六是完善和健全税收征收、管理、行政处罚、人事、财务、物资管理监督，建立学习、创新奖励办法，促进了“两权”的规范运行。七是通过文体活动、构建廉政文化基本框架；截至2009年底，共有《廉政公约》签约户340户，并继续与23户新办企业签订《廉政公约》，回访50户《廉政公约》签订人，走访10户民联点，召开特邀监察员座谈会，多方位推动廉政文化建设。八是通过严格依法、依纪办案、深入基层、贴近群众、立足税收工作、找准纪检工作切入点，增强纪检、监察工作预见性、针对性，全年无违规违纪案件发生。

【精神文明建设】　一是按照“以国为根、以税为业、以学为乐、以人为本、以绩为真、以廉为荣”理念，构建峨山国税文化体系。二是开展好深入贯彻落实科学发展观活动，在全体干部中开展人生观、价值观、科学发展观教育。三是继续组织干部职工积极参加摄影、书法、篮球、羽毛球、乒乓球等文体活动，开展一年一度的春节联欢晚会。4月，创建《峨山国税职工摄影专栏》为职工摄影提供展示平台。四是开展好扶贫活动，先后2次到扶贫联系点甸中村委会进行走访、调查，结合扶贫点实际，出谋划策，帮助甸中村委会制定生产发展计划，支持扶贫点和种植专业户资金7000元。2009年1月，县局被省局党组命名为“云南省国税系统文明单位”；3月，参加峨山县“生态文明”、“团结和谐”知识竞赛获组织奖；6月，被峨山县委评为“先进基层党组织”；选派8名干部参加峨山代表队出席首届聂耳音乐合唱周，荣获演唱比赛一等奖；7月，参加玉溪国税“迎祖国华诞　展国税风采”文艺汇演，彝族舞蹈《想你是挝乐》荣获一等奖；8月，参加峨山县“生态文明家庭”认养树木活动，单位、个人共认养8棵纪念树木。9月，在庆祝建国60周年美术、书法、摄影大赛中王加喜《祖母的幸福》、普学文《流动车间》、宋寅《欢欢喜喜舞大龙》、施发亮《彝家新貌》分别荣获一等奖、二等奖、优秀奖；毕亚宏获“体彩杯”乒乓球比赛女子第三名；10月，在玉溪国税第四届职工运动会上，峨山国税荣获1个团体第三名，1个团体第四名，1个个人项目第二名，4个个人项目第三名，2个个人项目第四名；11月，峨山国税参加第二届中国彝族花鼓舞艺术节民族民间花鼓大赛获三等奖。

【教育培训】　一是开展由局机关各部门轮流牵头组织每周二政治、经济、社会、文化、业务知识辅导学习，提高干部职工综合素养。二是抓好内外部业务培训，先后组织举办了增值税政策调整、稽查业务考试培训、企业所得税介质申报、增值税政策转型、税收执法系统业务培训、科学发展观时事讲座、增值税申报及消费税政策调整、计算机知识培训10次，内、外部参培人员达795人次。三是注重干部文化素养的提高，截至12月31日，全局大专以上学历62人（本科26人，专科36人），占在职干部职工总数的83%，本科学历比上年增加5人，专科比上年减少5人，在读本科14人、专科1人。文化的提高，不断提升了干部政治素养、文化素质、业务技能和履职能力。

（王艾忠）

新平彝族傣族自治县国家税务局

经济概况

2009年，新平彝族傣族自治县实现生产总值（GDP）39.55亿元，按可比价格计算比上年增长14.1%，其中：第一产业增加值7.61亿元，增长8.9%，拉动GDP增长1.6个百分点，对GDP增长的贡献率为11.3%；第二产业增加值20.54亿元，增长10.4%，拉动GDP增长5.7个百分点，对GDP增长的贡献率为40.3%；第三产业增加值11.40亿元，增长24.9%，拉动GDP增长6.8个百分点，对GDP增长的贡献率为48.4%。完成全社会固定资产投资27.75亿元，增长40.8%；实现工业总产值71.83亿元，下降15.5%；完成财政总收入9.33亿元，增长4.2%，其中地方财政收入4.42亿元，增长14.3%。

税收概况

【收入完成情况】 2009年，新平彝族傣族自治县国家税务局共计组织税收收入5.13亿元，比上年减收4101万元，减幅7.4%。其中：增值税入库4.57亿元，比上年增收455万元，增长1.01%；消费税入库53万元，比上年减收1万元，减少1.85%；企业所得税入库4955万元，比上年减收4751万元，减少48.95%；储蓄存款利息所得个人所得税入库73万元，比上年减收104万元，减少58.76%；车辆购置税入库558万元，比上年增收300万元，增长116.28%。

【收入特点】 （一）五个主体税种“二增三减”。增值税和车辆购置税比上年分别增长1.01%和116.28%；消费税、企业所得税、储蓄存款利息所得个人所得税比上年分别减少1.85%、48.95%、58.76%。（二）大部分重点税源企业税负整体上升。玉溪矿业有限责任公司平均税负为10.53%，比上年上升7.45%；玉溪大红山矿业有限责任公司平均税负为12.34%，比上年上升2.78%。云南玉溪仙福钢铁（集团）有限公司平均税负为3.37%，比上年上升0.17%。云南玉溪仙福轧钢有限公司平均税负为1.04%，比上年上升0.56%。玉溪红山球团工贸有限责任公司平均税负为4.4%，比上年上升1.56%。（三）企业所得税减收是税收收入总量减收的主要原因，全年企业所得税入库4955万元，比上年减收4751万元，减少48.95%。受国际金融危机影响，矿产品销价下跌，导致企业所得税税源最大的两户企业玉溪大红山矿业有限公司和玉溪红山球团工贸有限责任公司2009年仅入库企业所得税2425万元和819万元，分别比上年减收3727万元和1062万元。

【税源分析】 （一）增值税增收的品目主要是有色金属、商业、建材产品、钢材和其他，比上年增收2958万元。其中：有色金属矿产品入库增值税1.11亿元，比上年增收827万元，主要原因是矿产品增值税税率恢复为17%；商业增值税入库2837万元，比上年增收916万元，增收原因是玉溪仙福（集团）公司落实“节能减排”新型环保政策，加大对废旧铁矿等物资的回收和销售，全年销售废旧铁矿实现增值税1084万元，同比增长100%；另外，自2009年1月1日起民族贸易县内、县以下民族贸易企业和供销社企业销售货物免征增值税政策规定停止执行而增收。建材产品增值税入库353万元，比上年增收33万元；钢材产品增值税入库7024万元，比上年增收571万元，主要是云南玉溪仙福轧钢有限公司生产步入正常，生产销售的钢材同比增加；其他增值税入库879万元，比上年同期268万元增收611万元。（二）增值税减收的品目：糖、电力和黑色金属矿产品，同比减收2503万元。主要原因：云南新平云新糖业有限责任公司自2008年5月1日认定为福利企业；电力销售单价比上年有所下降；受金融危机影响，80%以上的小型采矿企业处于停产状态，导致黑色金属矿产品增值税减收1927万元。（三）重点税源企业税收占收入总额的88.7%。6大行业17户重点税源企业全年实现税收4.55亿元，其中：增值税4.14亿元，比上年增收增长9.02%；企业所得税4069万元，比上年减少51.6%。（四）大红山“两矿”入库增值税双双首次超亿元大关，“两矿”共计入库增值税2.92亿元，比上年增收5748.40万元，增长24.49%，占全年国税收入总额的57%。其中：玉溪大红山矿业有限公司入库增值税1.80亿元，比上年增收4409.69万元，增长32.38%；玉溪矿业有限公司入库增值税1.12亿元，比上年增收1338.72万元，增长13.58%。

各项工作

【税收征管】 （一）落实增值税转型政策。按照国家增值税转型改革的要求，在多渠道开展宣传、辅导的基础上，深入重点行业、重点税源企业和新办企业实地调查了解企业投资购置固定资产情况，梳理分析对税收收入的影响，增强组织收入工作的主动性。同时认真开展固定资产进项税核查工作，做好固定资产进项税额抵扣数据的核实统计工作，切实为企业解决固定资产抵扣中存在的实际问题，确保优惠政策落实到位。全年25户企业申报抵扣固定资产进项税额1123万元，涉及电力、黑色金属矿采选业、金属制品业、有色金属冶炼及压延加工业和农副食品加工等多个行业，有力地促进了全县重点行业重点企业的技术改造、产业结构调整和地方经济增长。（二）加强税种管理。一是抓好金税工程及

“四小票”管理，进一步加强货运发票的抵扣管理，做好网络版货运发票认证管理系统认证抵扣。二是做好新版车辆购置税征收管理系统和机动车经销单位开票软件的征收管理。严格执行减征1.6升及以下排量乘用车车辆购置税优惠政策，全年减征车辆购置税121万元，惠及车辆398辆。三是抓好年度纳税申报培训、宣传和辅导工作，顺利完成企业所得税汇算清缴。2008年共有21户企业实现盈利，盈利面22%。21户企业实现应纳所得税额1.83亿元，比上年增长90.4%，减免所得税额7628.43万元，比上年下降2.1%。实际应纳所得税额1.08亿元。57户核定应税所得率企业共应纳所得税额12.57万元。汇算应补缴所得税企业11户，共补缴所得税362.18万元，汇算应退税企业7户，退所得税256.29万元。四是加强出口退税管理，做好生产企业出口货物退（免）税审核工作，初审出口退税申报业务5笔，免抵退税额37.58万元。

【纳税评估】 重点对八大企业及零负申报、低税负企业开展纳税评估。评估工作坚持案头分析和实地评估相结合的方法，对发现的问题，按照法定程序及时与企业进行约谈举证，深入调查核实，向企业宣传好相关税收法律法规，提出整改建议和意见，并督促和辅导企业进行账务调整，自行申报补缴税款。对一些财务会计核算不健全的企业，评估人员多次耐心辅导企业建账建制，不断提高会计核算水平和纳税申报质量，做到评估与服务并重，纳税人的税法遵从度得到明显提高。全年共对83户企业进行约谈评估，发现存在问题31户。补缴税款及滞纳金121.77万元，其中：增值税88.36万元，企业所得税17.23万元，滞纳金16.18万元，调增应纳税所得额1328.04万元。

【税收优惠】 围绕“保增长、保民生、保稳定”的目标，认真贯彻落实好各项税收优惠政策，全年为符合条件的各类纳税人办理减免退税共计4529.2万元，其中：为11户企业减免所得税3063.18万元；为5户民政福利企业办理退税1310万元；小规模纳税人征收率下调，减收税款98.91万元；符合减免条件的4户企业销售使用过的固定资产减半征收增值税2.37万元；生产企业出口货物退税54.74万元。

【创新发展】 （一）开发利用普通发票管理信息系统。针对普通发票日常管理中存在漏洞大、税款流失严重、存根联保管不规范难于查找、普通发票数据信息利用率低、难于实现相关数据比对、虚假代开普通发票现象严重、社会监督和打击力度不够等诸多问题和不足，自2009年3月份起着手开发普通发票管理信息系统，并于8月3日试运行成功。该系统包括“发票管理、档案管理、数据分析、发票代开、数据导出”五大模块和19项功能。运行以来共采集发票存根联300684份；发票归档343盒12696本；发票联采集4495份，通过系统比对，相符的761份，不符的471份，缺联的3266份；对比对不符的发票开展核查，共处理42户152份，补税5.65万元，加收滞纳金1.18万元，罚款1.49万元，合计8.32万元。（二）完成制度创新。对过去已经制定实施的有关工作制度、办法等进行全面的梳理、整合，并在此基础上按照当前税收工作的新特点和新要求，结合实际，采取“立、改、废”相结合的办法，形成一套比较科学、系统、规范、实用的工作规章制度。同时在县局内部网站开设“制度专栏”，编印成30本《制度学习手册》分发到各部门，方便干部职工学习、查阅、对照执行，以期达到通过制度规范、约束行政行为，进一步提高机关工作效率的目的。（三）完成办税服务厅标准化建设创新项目。按照“统一设置、整合业务、理顺职责、优化流程、强化服务”的总体思路，于2009年3月启动办税服务厅标准化建设项目。做到五个规范：标识规范、设置规范、宣传公示规范、办税流程规范、文明服务规范。主要围绕重新编写岗责体系，明确岗位职责，规范设置岗位标识；规范税务人员工作区、纳税人服务区、休息区及标识设置；丰富和完善纳税服务内容，实行文明服务规范管理；规范公示宣传内容、形式、载体，设定公示宣传区域；优化、梳理及整合业务流程等5个方面的内容进行规范。通过办税服务厅标准化建设项目的实施，把“为纳税人服务”理念贯穿到纳税服务工作全过程，增强税务干部为纳税人服务的主动性和自觉性，不断提高办税质量和效率，实现在管理中服务，在服务中管理，促进管理与服务两者间的良性循环，最终提高纳税人税法遵从度和满意度，打造新平国税办税服务品牌。

【开展深入学习实践科学发展活动】 自2009年3月份开始，新平国税局及时成立机构，制定方案，启动“深入学习实践科学发展观”活动。在组织学习培训的基础上，深入扶贫联系点和重点税源企业开展调研，开展了主题实践、案例教育、问卷调查和征求意见活动，召开党组专题民主生活会，撰写党组领导班子分析检查报告，组织群众评议，对存在的问题，科学制定整改落实方案，要求各责任领导、责任人、责任科室认真贯彻落实，在整改时限内完成各项工作，真正做到让社会满意、让纳税人满意。圆满完成了深入学习实践科学发展观活动三个阶段、十一个环节的全部工作。

【成功承办全市国税系统第四届职工运动会】 按照玉溪市国税系统第四届职工运动会的宗旨和原则，建立组织机构，加强领导指挥，认真落实好赛事、安保、交通、卫生等各项保障工作。在时间紧，任务重的情况下，调动全体干部职工积极参与到秘书宣传、竞赛、后勤保障、安全保卫、联络接待等各项工作当中，全方位筹备运动会，全局上下形成了“心往一处想、劲往一处使”的紧密团结的良好局面。确保了运动会如期、顺利举办并圆满完成。在运动会上，新平国税代表团取得了3个团体第一、1个团体第二、1个团体第三、1个团体第四的好成绩。在单项比赛中，还获得了羽毛球女子单打第一名、女子800米第一名、羽毛球男子单打第二名、乒乓球男子单打第二名、中国象棋第二名、女子100米第二名和第四名的优秀成绩，团体总分位居第二

名，同时荣获“体育道德风尚奖”，取得了比赛成绩和精神文明的双丰收。

队伍建设

【机构人员情况】 内设机构8个：办公室、人事教育科、监察室、税政科、政策法规科、征收管理科、办税服务厅、收入核算科；事业单位1个：信息中心；派出机构2个：第一税务分局、第二税务分局。全局在职干部职工74人，其中：公务员71人，工勤人员3人；少数民族干部32人；女干部20人；大专以上学历的占全局总人数的74.32%；离退休人员16人。

【教育培训】 举办两期全员流转税政策业务培训和考试，确保各项新政策的正确贯彻落实。督促干部职工运用学习自测考评系统积极开展在职学习和网上学习，于11月30日举行全员综合知识考试，对成绩优秀的前六名干部进行了奖励，以此鼓励干部职工加强学习、自觉学习、不断提高干好税收工作的能力和水平。

【廉政建设】 认真落实各级党风廉政建设工作会议精神，把反腐倡廉建设放在更加突出的位置，层层签订《党风廉政建设责任书》，合理分解工作责任，认真监督考核，形成领导重视、通力协作、上下互动、齐抓共管的局面。认真执行廉政谈话制度，主要领导与班子成员、分管领导与所管部门负责人分别进行廉政谈话，筑牢单位内部纵向之间的防腐之墙。以强化“两权”监督和实行阳光政府“四项制度”为重点，实行内部明察暗访制，加大对干部日常工作纪律的监督管理，进一步转变工作作风。加强警示教育，组织干部学习专题教育文件，观看警示教育片，进一步加大从思想源头上防治腐败的力度，一年来无一例干部违法违纪行为。

【文明创建】 2009年，新平国税把申报全国巾帼文明岗工作放在文明创建工作的首要位置，围绕“做时代新女性，创税收新业绩”主题，以办税服务厅为窗口和平台，规范服务标准，明确岗位职责，形成创建活动有计划、有方案、有组织领导、管理科学高效，工作流程规范，税收手续完备，执法无过错，纳税服务优质高效的机制。2009年3月，新平国税局计划征收科被全国妇联授予“全国巾帼文明岗”称号，6月5日，玉溪市妇联、玉溪市国税局、新平县委、县政府相关领导莅临办税服务厅，举行了隆重的挂牌仪式。

（罗忠琼）

元江哈尼族彝族傣族自治县国家税务局

经济概况

2009年，元江哈尼族彝族傣族自治县实现生产总值（GDP）25.33亿元，比上年增加2.64亿元，其中：第一产业（农、林、牧、渔及其服务业）增加值8.63亿元，比上年增加4617万元；第二产业（工业及建筑业）增加值6.72亿元，比上年增加3477万元；第三产业增加值9.98亿元，比上年增加1.82亿元。人均生产总值1.16万元，比上年增加1119元，按可比价增长11.0%。全县非公有制经济共完成增加值11.16亿元，占GDP的比重为44.1%，比上年提高1.1个百分点。

税收概况

【收入完成情况】 2009年，元江哈尼族彝族傣族自治县国家税务局共组织各项税收收入8724万元（含免抵调增值税62万元），比2008年9840万元减收1116万元，下降11.34%。其中：增值税入库7502万元，比2008年8586万元减收1084万元，下降12.63%；消费税入库69万元，比2008年80万元减收11万元，下降12.76%；企业所得税入库363万元，比2008年630万元减收267万元，下降42.40%；储蓄存款利息所得个人所得税入库56万元，比2008年127万元减收71万元，下降55.64%；车辆购置税入库734万元，比2008年417万元增收317万元，增长75.80%。共办理各项提退税金659万元，其中：资源综合利用企业增值税退税110万元，民政福利企业增值税退税510万元，企业所得税汇算清缴退税36万元，车辆购置税退税3万元。

【收入特点】 2009年，元江国税收入呈现“一增四减”的特点。“一增”：车辆购置税比上年增长75.80%；“四减”：增值税、消费税、企业所得税、个人所得税分别比上年下降12.63%、12.76%、42.40%、55.64%。从增值税重点行业看，电力、化工产品、有色金属、糖增值税分别比上年增长21.19%、12.11%、11.81%、23.61%；其他黑色金属冶炼及压延加工、矿产品、建材、商业、其他行业增值税分别比上年下降74.99%、93.45%、22.61%、7.92%、37.87%。从经济类型来看，集体、私营、个体经济税收分别比上年增长92.76%、2.05%、26.09%，而国有、股份制、港澳台经济的税收分别比上年同期下降25.67%、20.02%、200%。

【税源分析】 2009年，元江国税收入呈现下降，减收的主要因素：一是受国际金融危机的影响，2009年前期元江县有色金属、矿产品、其他黑色金属冶炼及压延加工业重点行业企业大都处于停产或半停产状态，企业经济效益下滑，税收增幅呈现较大回落，仅元江镍业公司一家2009年缴纳增值税就同比减少654万元，下降83.52%；其次是元江康达铁合金厂，增值税同比减少

416万元，下降73.89%。二是受税收政策调整因素影响，2009年共减少税收514万元，其中：增值税转型减收173万元，降低小规模纳税人征收率减收84万元，免征储蓄存款利息个人所得税减收71万元，减征1.6升及以下排量乘用车车辆购置税减收186万元。

【税务管理】 2009年，元江国税完善“四位一体”互动协作机制，形成内部相关职能部门之间信息共享、良性互动、有机统一的工作格局，提高了税源管理效率。根据实际需要着重抓好三个环节的工作，夯实了征管基础。一是加强对重点行业、重点税源、重点税种的管理，抓好税收征管重点环节。对占全县国税收入95%以上的32户重点税源企业实施重点管理，加强对企业的产、供、销情况的动态跟踪调查和分析，准确预测税源变化趋势，明确组织收入工作重点。二是结合元江税源实际情况，建立新的管理模式，抓好税收征管的关键环节。在总结2008年矿山冶炼行业分类管理取得成功经验的基础上，2009年，进一步探索按行业分类管理模式，由局领导带队下企业调研，进一步规范了水泥、铜矿、松香三个行业的税收管理标准。同时，强化普通发票的管理力度，认真开展机动车修理行业专项评估检查工作，对全县范围内机动车修理行业进行专项评估，补缴增值税23099.69元，滞纳金5910.98元，罚款7100元。结合实际，积极稳妥地组织开展打击发票违法犯罪专项整治活动，出动执法检查人员57人次，检查企业39户，发票9947份，违章14户，违章发票219份；检查个体工商户1594户，发票55109份，违章191户，违章发票1298份，共补缴增值税23.02万元，滞纳金4.17万元，罚款7.44万元，有效打击了发票违法活动。三是大胆创新约谈评估模式，抓好税收征管薄弱环节。由原来兼职评估改为成立专门评估小组，通过专业纳税评估，解决同行业税负不公平的问题，提高税源管理水平。2009年共对13户企业进行了约谈，约谈有问题8户，补缴企业所得税3.26万元；完成对26户纳税人的纳税评估工作（市局专项评估8户，日常评估18户），有12户存在问题，共应补缴增值税55.88万元（含约谈前企业自行纠正入库数），加收滞纳金1.25万元，补缴企业所得税4787.27元，税款已入库。

各项工作

【税收宣传】 紧扣全国第18个税收宣传月“税收·发展·民生”的主题，开展“服务科学发展，共建和谐税收”系列宣传活动，把实施增值税转型、成品油税费改革、车购税优惠政策等税收新政策的宣传作为重点，采用多种方便纳税人了解新税法的方式进行宣传。除受众较广的电视、宣传画、短信群发等宣传方式外，还有针对性地组织业务骨干成立税法宣传队，一是到乡（镇）宣传国税新形象，该活动获得云南省国家税务局2009年全省税收宣传月活动优秀创新项目奖；二是到企业提供税法辅导、咨询服务，为企业答疑解惑，帮助企业用活、用足、用好税收优惠政策，着力在政策、服务、管理上帮扶企业，与企业携手共渡难关。同时，举办多期政策培训班，提高税务干部和纳税人对政策的理解水平。

【政策落实】 认真贯彻落实税收优惠政策，竭力维护税法的权威性和统一性。在日常税政管理中，适时深入企业做好税收政策宣传、解答、辅导，热情接待来访人员和电话咨询，耐心解释相关税收法规。在执行政策时存在的问题，县局能解决的及时解决，不能解决的请示市局解决，保证税收政策能贯彻落实到位。对新政策、新要求，在认真学习、吃透文件精神的基础上，及时传达落实到每一个纳税人，对符合享受优惠政策的纳税人，及时将税收政策宣传到纳税人，让纳税人真正享受优惠政策。2009年，全局共办理备案类减免税12户，上报市局审批享受西部大开发优惠政策2户，审批呆账、财产损失税前扣除项目2户。

【税收执法】 认真组织开展2009年行政执法案卷评查和税收执法监督检查自查工作。从机构保障、人员保障、后勤保障入手，及时安排部署2009年行政执法案卷评查工作和税收执法监督检查自查工作。对税收执法行为、政务管理等事项进行事前、事中、事后全方位监督，2009年元江国税局税收执法管理信息系统、市局质量考核系统两个考核系统考核扣分均为“零”。

【税务管理信息化建设】 结合税收科学化、精细化管理要求，大力加快税收信息化建设步伐，把税收信息化建设的成果融入税收征管工作，使之成为了促进元江国税事业发展的巨大动力，税收信息化水平始终与全省国税系统、全市国税系统同步发展，形成了“依托科技手段，大力实施税收科学化、精细化管理”的税收征管格局。

【纳税服务】 一直把提高干部服务意识作为优化纳税服务和构建和谐征纳关系的一项重要工作，不断更新观念、不断创新形式，以转变服务观念为切入点，以落实服务措施为着力点，以纳税人满意为落脚点，把“一切为了纳税人、为了一切纳税人、为了纳税人的一切合法合理需求”作为奋斗目标，改进工作作风、提高工作效能，切实维护了纳税人的合法权益，在构建和谐税收征纳关系上取得了显著成效。2009开展“纳税服务明星”评选活动，得到广大纳税人的支持和肯定，平均纳税人满意率保持在了99%以上。

队伍建设

【机构人员情况】 2009年，县局按照省局、市局部署进行了机构改革，具体机构设置及领导职数如下：内设机构8个（正股级）、事业单位1个（正股级）、派出机构1个（副科级）。其中：内设机构为办公室、政策法规科、税政科、收入核算科、征收管理科、人事教育科、监察室、办税服务厅。事业单位为信息中心。派出机构为澧江税务分局。股级领导职数按有关规定核定。

年内，在职人数为60人，离退休干部17人。在职干部中，大专以上学历的有52人，占总人数的87%；哈、彝、傣等少数民族38人，占总人数的63%；女干部11人，占总人数的18%；党员26人，占总人数的43%。

【领导班子建设】 2009年，市国税局对县局领导班子成员进行了调整。增加新成员后的班子秉承优良传统，充分发挥班子的整体效能，带头深入基层、深入群众，开展调查研究，了解干部职工思想动态，掌握教育培训需求，做到既抓业务，也不放松思想教育和队伍建设；在工作纪律方面，自觉遵守各项规章制度，以身作则、严于律己、言传身教，引导全体干部职工严格遵章守纪。同时，想方设法创造条件、提供平台，为干部职工营造一个健康和谐、积极向上的工作生活氛围。

【教育培训】 2009年，出台鼓励学习与创新激励办法，规定凡是税务干部职工个人在学习、工作中取得新成绩、作出新业绩的，将按规定给予适当的精神鼓励和物质奖励。同时，提出了"周学、月训、季考、年评"的教育培训目标任务，该目标任务实施后成效明显：一是通过"周学"提高了干部职工学习的自觉性；二是通过"月训"扩展了干部职工的知识面；三是通过"季考"加强了对学习情况的检验，在下半年举办的两期业务考试中，不及格人数呈现大幅下降；四是通过"年评"调动了广大干部职工学习的积极性。考评机制规定年度公务员考核要把"周学"、"月训"、"季考"情况纳入考核项目，从而激发了干部职工自学的积极性。2009年公务员年度考评被评为优秀的8人中，两期季考平均分最高的有98分，最低的也有78.5分。

【精神文明建设】 坚持围绕税收中心工作，大力加强国税文化建设，采取多项措施鼓励干部发挥个人特长，积极开展健康业余文化活动。连续4年组织主题演讲比赛和美术书法摄影比赛，连续5年开展"读一本好书"活动，连续6年组织开展体育运动项目比赛，增强了广大干部职工的责任感和荣誉感，提高了凝聚力和向心力，在全局范围内营造了一种积极向上的工作生活氛围。2009年，元江国税申报了省级、市级文明单位，制定了文明创建规划，力争用2～3年时间获得国家级文明单位称号。截至年底，元江国税局被省委、省政府命名为第十二批"文明单位"。

【深入学习实践科学发展观活动】 县局在市局和县委学习实践活动领导小组办公室、县委第二指导检查组的有力指导下，把学习实践活动与组织收入工作结合起来，与促进元江经济发展结合起来，与2009年"创新发展年"各项工作结合起来，精心组织，稳步推进，逐项落实，确保了学习实践活动与税收工作两不误、两促进，得到了县委活动领导小组的高度肯定，活动情况被做成交流材料与全县其他单位一起分享。学习实践活动中，通过进行一次专题动员、组织一次专题集中学习、观看一部爱岗敬业教育片、开设一个"科学发展大家谈"、建立一本读书笔记、开设一个专题学习论坛、开展一次工作主题专题调研和"我为科学发展献一策"的"八个一"活动，进一步形成了元江国税事业科学发展的共识，理清了发展思路，明确了发展目标和发展方向，推进了元江国税事业全面协调可持续发展，彰显了行业特点和国税风采。

【廉政建设】 坚持把加强党风廉政建设作为树立国税形象的重点工程，大力倡导清正廉洁和爱岗敬业的思想，建立健全制度、监督、责任追究"三个机制"，实现思想观念、制约机制、管理手段的"三个突破"，有力地促进了全局各项工作的顺利开展。首先是坚持对干部进行深入的理想信念、职业道德和反腐倡廉思想教育，结合警示教育活动，有针对性地组织广大国税干部就"人要如何做、权应如何用、法该如何执"等专题进行讨论，不断提高国税队伍的廉政意识、道德意识和法制观念，增强拒腐防变的自觉性。其次是不断加强政务公开、干部选拔任用、内部财务管理、重大问题集体讨论等制度建设，使权力行使置于制度的监督之下，有力地提高了机关行政效能。同时，按照"聚财为国、执法为民"的工作要求，以规范执法行为为切入点，强化对税收执法权和行政管理权的监督制约，健全和完善税收征收、管理、纳税评估等制度，确保了执法行为的规范性。

（陈　芳）

红河哈尼族彝族自治州国家税务局

经济概况

2009年，红河哈尼族彝族自治州共计完成生产总值（GDP）560.88亿元，同比增长11.2%。三次产业完成情况是：第一产业完成104.60亿元，同比增长5.4%；第二产业完成286.63亿元，同比增长10.8%，其中：工业完成247.47亿元，同比增长10.5%；第三产业完成169.65亿元，同比增长15.2%。三次产业的结构比例为18.7:51.1:30.2，与2008年相比，第一产业比重与2008年一致，第二产业比重下降2.1个百分点，第三产业比重提高2.1个百分点。完成财政总收入

140.29 亿元，同比增长 8.5%；完成地方财政一般预算收入 52.04 亿元，同比增长 15.3%；实现规模以上工业增加值 218.11 亿元，同比增长 10%；完成固定资产投资 404.53 亿元，同比增长 30.6%；完成社会消费品零售总额 127.25 亿元，同比增长 21.3%；外贸进出口总值 9.24 亿美元，同比下降 9.1%。

税收概况

【收入情况】 2009 年，红河州国税系统共计组织各项税收考核收入 97.05 亿元，同比增收 3.58 亿元，增长 3.83%，完成省局调整后全年国税收入计划数的 100%。分税种完成情况是：增值税收入 44.45 亿元，同比减收 2960 万元，下降 0.66%；消费税收入 43.92 亿元，同比增收 4.61 亿元，增长 11.72%；企业所得税收入 5.93 亿元，同比减收 8470 万元，下降 12.49%；储蓄存款利息所得个人所得税收入 1913 万元，同比减收 2576 万元，下降 57.38%；车辆购置税收入 2.56 亿元，同比增收 3707 万元，增长 16.97%。

【收入特点】 （一）收入进度前低后高，全年保持小幅增长。与上年相比，前三季度由于经济发展减缓，国税收入持续减收，上半年降幅在 10% 以上，下半年随着经济趋于回暖，降幅逐步收窄，三季度降幅为 3.18%，到四季度末，国税收入总量比上年同期增长 5.27%，圆满实现“保增长”的工作目标，收入进度总体呈现前低后高的发展态势。（二）工业经济发展受困，重点税源下降明显。受金融危机冲击，全州工业发展受困，主要税源指标下降明显。全州包括有色金属、化工产品、电力、矿产品等多个重点行业税收贡献同比下降，降幅在 10% 以上。卷烟“三变二”后，虽然税收总量保持一定的增长，但受消费税政策调整及一些不可比因素影响，卷烟增值税、烟草工业所得税出现大幅减收的局面。此外，水泥、钢材、煤炭、造纸及商业等几个重点行业税收贡献保持一定程度的增长。（三）有效落实税收政策，增强企业发展后劲。2009 年，国家实施多项结构性减税政策，包括增值税转型改革、降低小规模纳税人征收率、减半征收 1.6 升及以下排量乘用车辆车购税、免征储蓄存款利息所得个人所得税等。1～12 月份，各项政策落实共计减税 3.11 亿元，其中：增值税转型改革固定资产扩抵减税 1.76 亿元；1.6 升及以下排量乘用车辆车购税减税 3713 万元。

【税源分析】 （一）卷烟。共计完成卷烟“两税”收入 55.13 亿元，同比增收 2.85 亿元，增长 5.45%。其中：卷烟增值税收入 11.55 亿元，同比减收 1.78 亿元，下降 13.32%；卷烟消费税收入 43.57 亿元，同比增收 4.62 亿元，增长 11.87%。除 1 月份卷烟跨期税款同比减收 1.41 亿元（增值税减收 9188 万元，消费税减收 4869 万元）外，2 月份以后由红云红河集团和红塔集团按分配比例进行税款划分入库，与上年同期无可比性。增收因素主要是卷烟消费税政策调整和企业重组后卷烟结构得以进一步优化。（二）有色金属。共计完成有色金属增值税收入 6.48 亿元，同比减收 9488 万元，下降 12.77%。受全球金融危机影响，全州国际化程度较高的有色金属产业受到强烈冲击，首先是主要有色金属工业产品产量持续下降，前 11 个月，全州锡、铅、锌产量分别下降了 1.8%、3%、16.5%；其次是主要工业产品价格下滑，虽然有逐步回暖趋势，但与上年相比，价格水平始终处于低位运行，如精锡全年平均价格大致为 11.5 万元/吨，上年均价在 13.5 万元/吨左右。（三）电力。共计完成电力增值税收入 5.51 亿元，同比减收 1803 万元，下降 3.17%。由于工业生产持续低迷，特别是高耗电的冶炼企业长期停产或减产，电力生产及供应链条脱节，上网电量和企业用电量持续下降，全州 1～11 月份企业发电量同比下降 7.5%。加之开远小龙潭电厂 6 台 10 万千瓦的火电机组因环保问题受限停产，全年共计减收电力增值税收入 3712 万元。多方面的原因，导致全州一直较为稳定的电力行业税收收入首次出现负增长。（四）煤炭。共计完成煤炭增值税收入 3.93 亿元，同比增收 6873 万元，增长 21.22%。1～11 月份，全州原煤和焦炭产量分别下降 8.4% 和 3.8%，平均销售价格也比上年同期有所下降。但由于原煤税率由 13% 提高到 17%，上浮 4 个百分点而带来增收。重点纳税企业开远小龙潭矿务局因原煤税率提高及平均销售价格上涨 10.54 元/吨，全年共计增收 7137 万元。煤炭税收收入增长属于 2009 年政策性一次增收因素。（五）化工产品。共计完成化工产品增值税收入 9417 万元，同比减收 6700 万元，下降 41.57%。减收因素：一是增值税转型政策性减收，其中开远解化集团公司固定资产抵扣同比增加 2620 万元；二是经济因素减收，主要是化工产品产量及销售价格下降而减收，其中：全州黄磷累计产量同比下降 21.1%，减收 2020 万元，开远解化集团公司全年因化肥销售价格下跌及销量减少 1.8 万吨，减收 1830 万元。（六）钢坯钢材。共计完成钢坯钢材增值税收入 1.89 亿元，同比增收 1.09 亿元，增长 136.76%。受金融危机影响，红河钢铁有限责任公司自上年 7 月份以来持续零申报，至 2009 年 2 月份一直处于停产状态。2009 年 3 月份恢复生产以来，共计生产钢材 105.59 万吨，同比增产 36.63 万吨，增长 53.12%；共计销售钢材 107.12 万吨，同比增销 42.74 万吨，增长 66.39%；钢材售价最好时期达 4200 元/吨，同比上涨 300 元/吨。钢材产销量大幅增长及价格上涨拉动钢材税收收入快速增长。（七）建材。共计完成建材增值税收入 9459 万元，同比增收 3716 万元，增长 64.7%。主要是受到宏观层面上扩大内需及投资拉动的有利因素影响，水泥市场需求稳步回升。1～11 月份，全州水泥产量达到 357.03 万吨，同比增长 42.5%，其中：云南国资水泥红河有限公司水泥销量增加 13.95 万吨以及销售价格上涨因素共计增收 1870 万元。另外，部分水泥生产企业停止享受资源综合利用企业退税政策，从 2008

年7月份起恢复征税带来政策性增收。

【税务管理】（一）依托信息化手段，强化税收管理。逐步推行网络申报系统，为纳税人提供便捷、高效的纳税申报通道。推行所得税介质申报。深化综合征管软件、税收执法管理信息系统、数据监控分析系统的应用，加强征管，强化数据质量管理。采取按月定期检查、随机抽查及实地检查的方式，按季进行动态考核；利用自主开发的综合征管软件基础数据质量检测系统，定期进行可疑数据的修改、补录，提高综合征管软件数据质量。（二）落实组织收入原则，加强欠税管理。通过深入纳税户中开展调研、送税法上门、召开纳税人座谈会等形式，广泛宣传税法，提高纳税人的税法遵从度和诚信纳税意识，自觉如实申报和足额纳税，从源头上遏制新欠产生；加大对存在未按期申报、申报异常、已申报但未缴或少缴税款等问题的纳税人的督查力度，强化申报管理，严防新欠产生；严格延期申报预缴税款制度和缓缴税款审批程序，健全缓缴税款跟踪问效机制，严防缓缴税款转化为欠税。2009年，全州国税系统共清理欠税3282万元，实现新欠为零。（三）贯彻公平税负原则，加强非居民税收管理。加强与地税、外汇、商务、发改委、体育、文化、银行等有关部门的协调配合，及时获取税源信息，为组织好非居民企业税收专项检查工作打好基础；制定操作规程，强化对税务登记、扣缴登记、开具对外支付税务证明和台账设置的管理，进一步完善税务登记备案制，全年组织非居民企业所得税收入249万元。（四）堵塞漏洞，加强退税函调管理。通过坚持回函退税制度，有效遏制骗税案件的发生。全年发出函调27份，涉及15户出口企业，355份增值税专用发票，计税金额6599.55万元，发函货物为农产品和电子产品，发出函件已全部回函。

各项工作

【税收法制】借助税收执法管理信息系统加大税收执法考核和追究力度，通过开展执法检查、征管质量考核、稽查案件审理和复查等多种渠道及时发现执法过错行为，及时纠正业务操作中存在的问题，实现对执法全过程的有效监控，提高执法质量和能力。抓好阳光政府“四项制度”的落实，进一步加强依法行政能力建设。根据省、州政府和省局关于推行重大决策听证、重要事项公示、重点工作通报、政务信息查询“四项制度”的有关要求，提高实施阳光政府“四项制度”重要性的认识，深刻认识实施阳光政府“四项制度”对于增强国税机关执行各项税收法律法规的透明度，确保纳税人对税收立法、执法过程的知情权，促进国税机关依法行政、规范执法的重要意义，深刻认识各级国税机关落实阳光政府“四项制度”的必要性和紧迫性。切实加强领导，成立领导小组、工作机构，制订实施方案，明确职责，确保“四项制度”有效落实。税务行政复议坚持公平公正原则。加强普法教育和税收法制宣传教育，充分利用省局门户网站、州政务信息公开网国税部门子站等各类宣传媒介，定期发布各类税收政策信息，公开税收政务信息，拓展宣传形式，扩大受众范围，提高宣传效果；以全国汽车场地越野锦标赛在红河州举办为契机，采取切实有效形式开展第18个税收宣传月活动，借助中央电视台等国家级媒体的转播报道，扩大税收宣传的影响力，被国家税务总局评为“2009年全国税收宣传月活动优秀项目”。“五五”普法、“三五”依法治州、依法治省示范单位、“12·4”法制宣传各项工作取得成效。

【税收征管】（一）各税管理。增值税管理。认真做好增值税转型政策贯彻落实工作，全州落实增值税转型减税1.76亿元，降低小规模纳税人征收率减税3349万元，提高矿产品增值税税率实现区域内减税5187万元；切实加强对废旧资源综合利用政策的管理，全州享受资源综合利用税收优惠政策企业4户，免税销售额2534万元，办理退税130.6万元；加强福利企业管理，落实安置残疾人就业税收优惠政策，2009年全州共有福利企业102户，审批退税6831万元；积极做好增值税纳税评估软件应用的试点工作，开展水泥生产企业、运输发票抵扣进项税专项评估以及重点税源企业评估，全州累计评估企业219户（次），查补增值税2167.45万元，加收滞纳金342.41万元，移送稽查部门查处7户。消费税管理。认真贯彻落实《财政部、国家税务总局关于调整烟产品消费税政策的通知》精神，从5月1日起，对卷烟批发环节征收5%消费税；积极配合有关部门做好红云、红塔集团划入的跨区分配入库税款的清算等相关工作。车辆购置税管理。认真贯彻执行1.6升及以下排量乘用车暂减按5%税率征收车辆购置税政策。所得税管理。抓好年度汇算清缴工作，全州应进行汇算清缴企业2386户，实际汇算清缴2348户，汇算清缴面98.41%；开展企业所得税年度申报表的核实及纳税评估工作，评估增加应纳税所得额3714万元，其中调减及弥补亏损3112万元，调增减免税额67万元，补缴企业所得税41.5万元，加收滞纳金2.7万元；做好涉税事项的审批、备案工作。（二）出口退税管理。积极开展出口退税预警评估工作；做好出口退（免）税函调系统和审核系统运行维护工作；加强出口不予退（免）税货物的管理。（三）发票管理。建立完善发票库房安全保卫和干部职工24小时值班制度；推广运用代开发票信息系统；开展打击发票违法犯罪行动。

【税收执法】（一）税收宣传。以“税收·发展·民生”为主题，以“税收促进发展，发展为了民生”为主要内容，结合实际，在全州开展全方位、多层次的税收宣传活动。（二）税务稽查。认真组织开展税收专项检查和分级分类稽查，2009年，全州查补入库税收总额6579万元，创历史新高。其中，企业自查877户，查补总额4337万元，重点稽查177户，重点检查入库总额2242万元。与公安、地税等部门密切配合，联合开展打击发票违法犯罪行动，全州共检查发票34.79万份，缴获各种有问题发票及代用品 8.67 万份，查处发票案件 745 件，捣毁窝点 1 个，缴获印章 17 枚，抓获犯罪嫌疑人 13 人，查补税款 859.97 万元，罚款 306.55 万元，滞纳金 44.16 万元，有效地遏制发票违法犯罪势头，营造良好的税收环境。州局稽查局被授予“全省打击发票违法犯罪专项行动先进集体”。（三）执法检查。围绕税收执法管理信息系统和年度税收执法检查、机关税收执法过错行为的责任追究等开展工作。（四）依法治税。认真贯彻《税收征管法》及其实施细则，加强征管，堵塞漏洞，惩治腐败，清缴欠税，把握组织收入原则，把握税源管理工作的主动权，完成税收收入任务。积极应对国际金融危机，贯彻国家结构性减税措施，全面实施增值税转型、税收政策调整工作。依照征管业务流程，落实管理责任，继续抓好税收管理员制度的落实，实施科学化、精细化、专业化管理。深入实施纳税评估，加强与工商、公安、银行等部门的配合，认真落实工商登记信息交换协作机制，及时掌握全州经济发展和新开业纳税户的生产经营情况，全州应申报 200969 户次，已申报 200518 户次，申报率达到 99.78%。

【信息化建设】 加强信息系统运行维护管理。加强综合征管软件等各类应用系统的运行维护管理，及时完成系统升级，全面监控网络与系统运行情况，加强安全体系建设，保证各类应用系统的平稳运行。4 月 1 日～5 月 31 日全面开展应用系统硬件设备健康检查工作，全州共建立 221 台设备档案卡。全州 1188 台客户端、服务器统一安装瑞星防病毒软件。于 6 月份举办有 30 多人参加的瑞星杀毒软件应用培训班，各县市局在 7 月底前强化防病毒软件应用培训，确保网络与信息安全。抓好新系统的推广应用。推广使用机动车销售统一发票税控、2008 年版企业所得税年度纳税（A 类）介质申报、网络申报、电子日记和网络教育培训等新系统，构建行政执法与刑事司法信息共享平台。强化综合业务应用系统的学习和应用。州局机关于 8 月份进行云南省国家税务局数据监控分析系统操作技能测试，对县市局局长进行计算机基础与操作辅导，切实推进综合业务应用系统的学习与应用。在巩固自主开发的数据质量检测系统应用成果的基础上，按照“边试运行、边修改完善”的工作思路，深入调研，收集存在问题及修改意见，结合税收政策调整和二次业务需求，对数据质量检测系统进行修改和完善。抓好网络教育培训系统及广域网改建扩容项目建设。州、县市两级上下联动，主动协调，与广电、联通、电信网络运营商，网络教育培训系统集成商多方互动，相互配合，确保网络教育培训系统及广域网改建扩容项目实施进度和工程质量。做好网络申报系统的推行工作。自 1 月、6 月起分别在红云红河（集团）红河卷烟厂、云南省烟草公司红河州公司推广使用网络申报系统。云南省烟草公司红河州公司自 6 月起进行增值税、消费税的网络申报，并于 12 月 11 日首次成功通过网络实现抄报税、申报及扣税三大工作流程“一体化”，成功扣缴消费税 850 万元。

队伍建设

【机构人员】 按照国家税务总局和省局机构改革的总体安排部署，稳步实施机构改革，进行规范机构设置、明确机构职能、人员配置等工作，实现机构人员平稳过渡，做到工作不断、思想不乱、作风不散。全州国税系统机构改革从 8 月开始，至 9 月 30 日全部结束。通过改革，共设置内设机构 129 个，直属机构 16 个，事业单位 15 个，派出机构 16 个，合计 176 个。机构总数比原来的 128 个增加 48 个，增长 37.5%。州局机关机构从 15 个增加到 20 个，即内设机构 15 个：办公室、政策法规科、货物和劳务税科、所得税科、收入核算科、纳税服务科、征收管理科、财务管理科、人事科、教育科、监察室、进出口税收管理科、大企业和国际税务管理科、机关党委办公室、离退休干部科；直属机构 3 个：稽查局、车辆购置税征收管理分局、直属税务分局；事业单位 2 个：信息中心、机关服务中心。全州国税系统实有在职干部职工 1104 人。其中：公务员 1053 人，工勤人员 51 人；共产党员 653 人，占 59.15%；女职工 364 人，占 32.97%；少数民族 370 人，占 33.51%；大学本科以上学历 326 人，专科学历 603 人，大专以上学历占 84.15%；41 岁以上人员 773 人，占 70.02%。州局机关实有在职干部职工 93 人。其中：公务员 88 人，工勤人员 5 人。全州国税系统离退休干部职工 368 人，其中：离休干部 25 人，退休干部 319 人，工人 24 人。离退休党员 162 人，占离退休总人数的 44.02%。享受副厅级待遇的 1 人，享受副处级以上待遇的 39 人，享受副科级以上待遇的 292 人，工人 24 人，其他 12 人。

【领导班子】 一是加强领导班子执政能力建设。结合“创新发展年”工作主题和要求，学习贯彻党的十七大、十七届三中、四中全会精神，以扎实优良的工作推进红河国税事业发展。二是深入开展学习实践科学发展观活动，进一步坚定理想信念。从 3 月 30 日开始，至 9 月 14 日结束，历时半年时间，学习实践活动结合税收工作实际情况，制订实施工作方案、时间进度表，成立工作领导班子和机构，整个活动分为学习调研、分析检查、整改落实三个阶段进行。达到“党员干部受教育，人民群众得实惠，科学发展上水平”的要求，得到州委第六指导检查组和州委深入开展学习实践科学发展观领导小组办公室的好评，群众满意率测评达到 99%。三是坚持党组理论中心组学习活动。按照省局、州委要求，制订学习计划，认真加以落实，确保学习活动顺利开展。四是认真开好专题民主生活会和党组民主生活会。联系税收工作和领导班子及成员思想工作作风方面的实际，切实加强领导班子建设。五是调整配备县市局领导班子和州局机关科室负责人，不断充实班子队伍建设。按照《党政领导干部选拔任用工作条例》规定，全年共调整干部10人，提拔任用干部31人，宣布主持工作7人，任职期满办理转正15人。六是积极做好老干部管理工作，严格贯彻落实国家税务总局、省局有关离退休人员津贴补贴精神，按照州局党组提出的“顾全局、动真情、办实事”的要求，千方百计筹集资金，严格按标准足额兑现离退休人员津贴补贴。

【廉政建设】　深入推进惩治和预防腐败体系建设，认真贯彻落实《税务系统领导班子和领导干部监督管理办法》，全面落实“一岗两责”，推进党风廉政建设工作深入开展。层层签订《党风廉政建设责任书》，完善责任分解、考评、追究机制，认真抓好征纳双方《廉政公约》和干部职工家属《廉政公约》签订工作，确保党风廉政建设责任制的落实。结合深入学习实践科学发展观活动，开展理想信念和党性党风党纪教育，“感动中国”电视专题教育和警示教育活动，大力加强廉政文化建设，提高广大国税干部拒腐防变的意识。认真执行集体领导和个人分工负责制、领导班子和领导干部监督管理办法以及廉洁从政等各项规章制度，完善党组理论中心组学习制度，强化对各级领导干部的监督和管理。认真落实责任政府“四项制度”和阳光政府“四项制度”有关要求，对制度落实情况进行监督检查。加大财务审计力度，认真组织开展“小金库”专项治理和政府采购回头看交叉检查工作，有效防止违规开立、使用银行账户，设置账外账及私设“小金库”等违法乱纪行为。深化税收执法监察系统的运用，建立权力运行监控预警机制，做到关口前移，超前防范。切实加强政风行风建设，积极参加“红河纠风热线”直播活动，着力解决社会关注度高、纳税人反映强烈的问题，树立国税公正、廉洁、文明、高效的新形象。2009年，全州国税系统无违法违纪案件发生。

【精神文明】　一是指导思想明确，创建措施有力。始终坚持依法治税，强化征管，文明服务；坚持从严治队，以人为本，提高素质。全面实施科学化、精细化管理，规范创建活动的形式和标准，拓展和丰富创建活动内涵，不断提高文明创建质量和水平。二是注重文明创建的广泛性、群众性。坚持把精神文明建设摆在更加突出的位置，广泛深入地开展以创建文明单位、巾帼文明岗为主要载体，形式多样、丰富多彩的群众性精神文明创建活动。积极组织动员广大干部职工自觉地参与到文明创建活动中，把文明创建工作与国税工作紧密结合，融入到国税工作的方方面面和每个环节，贴近实际、贴近群众、贴近生活，注重实效，促进各项税收工作的全面开展，确保文明创建活动在全州国税系统切实有效地开展。2009年，创建省局“文明单位”4个，“巾帼文明岗”2个，“巾帼文明标兵”1个；推荐省局表彰的精神文明建设先进个人9人；州局机关创建州级“文明单位”。开远市局、河口县局、金平县局、元阳县局和绿春县局被省委、省政府授予“文明单位”称号；个旧市局、元阳县局被命名为全省国税系统第十四批“文明单位”；石屏县局计划征收科、弥勒县局计划征收科、蒙自县局计划征收科被命名为全省国税系统“巾帼文明岗”。在州委组织开展的“三个一”主题实践活动中，红河州国家税务局党总支被授予“先进基层党组织”称号。三是积极开展税收服务活动。全州各级国税机关围绕政策服务、管理服务、执法服务等，采取一系列措施，突出文明服务主题，树立好窗口形象。拓宽服务渠道，提供快捷的政策服务；创新服务形式，提供优质的管理服务；创新服务手段，提供全面的执法服务。以不断提高服务层次和服务质量。四是以国税文化建设为载体，营造健康向上的精神状态和心理氛围，着力构建文明、和谐国税机关。红河国税文化学会先后举办文学、美术专题讲座和摄影艺术欣赏课，推出《云南国税》杂志红河国税专版，以红河国税故事解读云南国税文化的深刻内涵。组织合唱团参加全州庆祝新中国成立60周年纪念大会暨歌咏晚会，得到与会领导和观众一致好评。举行“盛世中国——全州国税系统庆祝中华人民共和国成立60周年文艺汇演”，并从中挑选出优秀节目，赴昆参加全省国税系统“祖国在我心中”文艺汇演，荣获“最佳演艺奖”，并代表全省国税系统参加全省庆祝新中国成立60周年“云南烟草杯”行（企）业文艺汇演优秀节目展演。

【教育培训】　认真落实《干部教育培训工作条例（试行）》，全面实施《全国税务系统“十一五”期间干部培训规划》，切实提升全州国税系统干部职工的综合业务素质，造就一支“政治合格、作风优良、业务熟练、执法公正、服务规范”的国税干部队伍，更好地适应国税工作发展的要求。一是以科学发展观为统领，以政治理论、政策法规、反腐倡廉、税收业务知识和岗位技能、文化素养为主要内容，以坚定理想信念、增强执政本领、提高科学发展的能力为重点，以促进税收工作科学化、专业化和精细化发展为主线，分级分类开展大规模的干部培训，广泛开展岗位业务练兵。2009年，共计组织各类培训班19期，培训干部1130人次。二是努力打造学习型机关。州局机关在坚持每周二职工学习培训制度的基础上，按照州直机关要求，机关干部在线学习实行学分考评制，由计算机进行网络监控考核。州局领导高度重视，各方面全力支持，购买学习卡人手一卡发给全体干部职工，让干部职工随时随地自行登录学习网学习，并按规定完成人均200分的学分任务。三是积极参加国家税务总局、省局、州委、州政府组织的各项法律、法规及业务考试。13县市局局长在全省国税系统县（市、区）局长业务培训考试中，取得全省团体总成绩第三名，机试成绩全省第一名，个人成绩全省第一，全体参训人员全部及格的好成绩；在全省国税系统流转税管理与业务技能培训考试中，取得平均分第二名的好成绩；在全省国税系统稽查人员业务考试中，红河州平均分92.01分，及格率60.29%，20人荣获“全省国税系统稽查人员业务考试成绩优秀个人”；在全省政府系统公务员危机管理考试中，90分以上的达100%，成绩显著，受到组织单位的表彰。四是根据州委和省局部署，把深入开展学习实践科学发展观活动作为干部教育的中心内容抓紧抓好。紧密联系全州国税工作实际，认真研究制订实施方案，周密部署，有条不紊地完成各个阶段的学习实践活动。在学习实践活动第一阶段，推出“学习培训周”和“专题调研周”，州局机关开展“小教员”专题授课和交流，州局党组领导带队到县市局调研，走访重点纳税企业，深入扶贫挂钩联系点访贫问暖等活动。在分析检查阶段，通过走访座谈、问卷调查等方式广泛征求意见建议，找准影响和制约红河国税科学发展、影响系统和谐稳定的突出问题，谋求国税工作和谐发展。在整改落实阶段，针对群众反映比较集中的意见和领导班子分析检查报告查摆出来的突出问题，围绕既定的整改思路，制定目标明确、措施具体的整改方案，把解决问题和完善制度工作具体化、目标化、责任化。真正抓住制约和影响国税工作科学发展，群众最急、最盼、最希望解决的问题，列出整改项目，明确整改目标和时限，制定解决突出问题的近期目标和促进国税工作科学发展的中长期安排。

【新闻人物】 10月20日，红河县国税局离休干部李光望被国家税务总局评为“优秀离退休干部”。这是全省国税系统4000多名离退休干部中唯一一位受表彰的离退休干部。李光望同志于1990年离休后，人离心不离，一如既往关心国家税收事业，发挥“老有所教、老有所为、老有所学”精神。在他的带领下，红河县局老干部活动丰富多彩，每月组织一次老干部学习活动，风雨无阻。李光望同志离休至今，一直担任红河县局老协主席、红河县离休干部自管会主任、红河县延安精神研究会会长等职，他对工作有强烈的责任心和使命感，不畏病痛折磨，深入机关、社区、学校、农村调研，宣讲延安精神，撰写调研文章、理论文章、纪念文章等。以延安精神教育青少年，关心青少年的成长。与此同时，积极协助县老干局做好老干部信访工作，对突出问题深入街道挨家挨户走访，以情感人，以理服人，妥善化解基层老干部矛盾，受到县委以及县委组织部、县老干局的多次表彰和表扬。他先后荣获红河县委“关心下一代先进工作者”、红河县直机关工委“优秀共产党员”、红河县委组织部“老有所为先进个人”、红河州委组织部“老有所为先进工作者”、云南省委组织部及省老干局“老有所为先进个人”等多项殊荣。李光望同志已78岁，虽年逾古稀，但生活非常简朴，为人正直，做事公道，在身体状况一直不好的情况下，十余年如一日，默默地为党的事业发挥余热，赢得领导和广大群众的交口称誉和敬佩。

【典型经验】 借助中央电视台等国家级媒体的转播报道，以全国汽车场地越野锦标赛在红河州举办为契机，采取有效形式开展第18个全国税收宣传月活动，扩大税收宣传的影响力，被国家税务总局评为“2009年全国税收宣传月活动优秀项目”。2009全国汽车场地越野锦标赛（COC）“裕顺集团·奥城杯”云南建水分站赛，由中国汽车运动联合会、云南省体育局、红河州人民政府联合主办。红河州国税局以这次国家级体育赛事为平台，大张旗鼓地开展税收宣传活动。州局党组书记、局长席世宏亲自布置，要求借助全国汽车场地越野锦标赛在红河建水古城举办的平台，大造声势，扩大影响力，使“税收·发展·民生”的税收宣传月活动主题深入民心。多次组织召开州、县两级税收宣传月活动领导小组专题会议，研究制定开展税收宣传活动的具体实施方案。在比赛现场，州局、建水县局协调统一，以“税收促进发展，发展为了民生”为主要内容，围绕云南国税“创新发展年”工作主题，大力开展税收宣传活动。一是向来自全国各地的两万多名观众发放税收宣传材料16000多份，宣讲增值税转型、出口退税政策调整、成品油税费改革及车辆购置税的调整等税收政策。二是对参加全国汽车场地越野锦标赛的车手进行“关注税收，情系民生”的专题采访。三是组织120人的国税地税方阵，在比赛现场展示“聚财为国，执法为民”、“税收·发展·民生”、“税收促进发展，发展改善民生”等巨幅宣传标语，中央电视台体育频道和州、县地方台录播了汽车场地越野锦标赛和税收宣传融为一体的热烈场面。

（金家茂　娄　琨　李　普　李福镛　魏志勇
王跃刚　陈　飞　刘　波　白文全　谭颖瑜）

个旧市国家税务局

经济概况

2009年，个旧市完成生产总值（GDP）105.42亿元，按可比价格计算，同比增长9.50%。其中：第一产业增加值6.61亿元，增长6.50%；第二产业增加值65.84亿元，增长7.90%；第三产业增加值32.97亿元，增长14.60%。三次产业的结构比例为6:63:31。非公有制经济增加值34.89亿元，同比增长10.10%。全社会固定资产投资完成46.09亿元，同比增长27.90%。其中：第一产业完成投资1.03亿元、第二产业完成投资25.95亿元、第三产业完成投资19.11亿元，同比增长200%、8%、63.40%。全年实现财政总收入18.14亿元、地方一般预算收入7.73亿元、地方财政支出15.19亿元，同比增长2.40%、17%。

税收概况

【收入完成情况】 2009年，个旧市国家税务局组织各项税收收入11.36亿元，同比减收8958万元，下降

7.31%。完成州国税局任务91.42%，其中：增值税收入10.92亿元，同比增收1273万元，增长1.13%；消费税收入14万元，同比减收1万元，下降6.67%；企业所得税收入1601万元，同比减收2649万元，下降62.33%；储蓄存款利息所得个人所得税收入473万元，同比减收702万元，下降59.74%；车辆购置税收入2359万元，同比减收1855万元，下降44.02%。

【收入特点】 一是整体收入下降幅度大，降幅达50%；二是收入减收范围广，全市5个主体税种除增值税略有增收外，其他税种不同程度减收；三是减收因素较多，除金融危机带来的因素外，税收政策变动影响较为明显，如增值税转型，小规模纳税人税率降低等。

【税源分析】 （一）经济因素。受金融危机影响，有色金属主要产品铜、铅、锌、锡、铝等主要有色金属生产企业面临消费萎缩，库存增加。一是铜、铅、锌、锡、铝产量分别下降19.60%、8.90%、61.70%、1.20%、58.50%。二是主要工业产品价格下滑，铜、铅、锌、锡、铝每吨价格分别为4.35万元、1.36万元、1.36万元、11.13万元、1.31万元，同比平均每吨分别下降8800元、2300元、2100元、2680元、2500元，降幅分别为16.83%、14.46%、13.37%、19.40%、18.38%。三是政府对有色金属产品收储非真实消费，效果不明显，市场过剩依然存在。加之企业融资困难，资金周转不灵，部分企业自身抗风险能力不强，企业减产、停产现象较为普遍。（二）政策因素。一是增值税转型固定资产扩大抵扣减收2804万元；二是降低小规模纳税人税率减收813万元；三是矿产品增值税税率由13%恢复到17%后，个旧地区矿产品资源枯竭，矿产品80%外购，不可比减收5000万元。其他优惠政策减免1314万元。（三）征管因素。一是红河供电局迁移蒙自，电力产品增值税同比减收5546万元，下降43.54%。二是车辆购置税征收点进一步分散，除原有蒙自外，新增建水、弥勒两个征收点，车辆购置税收入同比减收1855万元，下降44.02%。

【税务管理】 （一）加强户籍管理。一是利用工商部门提供企业及组织机构代码信息，国税、地税交换税务登记信息比对，及时发现漏征漏管户和非正常户。二是加强辖区内管户动态监管。清理逾期未办理税务登记户184户，给予行政处罚。三是加强注销户、非正常户清理检查。截至12月，全市纳入征管软件管理税务登记户8980户（其中：开业6484户、停业9户，注销2473户、非正常户14户）。（二）以税源管理为主线强化申报管理。加强纳税辅导及宣传，提高申报质量和准确率。同时进行申报提醒，确保正常纳税户准期申报。对未按期申报或未按期缴税的174户纳税人，进行催报催缴。全年应申报36583户次，实际申报36405户次，其中：准期申报36325户次，月平均申报率达99.51%。同时，针对2008版企业所得税年度纳税（A类）介质申报系统首次推广运用，对531户所得税企业财务人员分3期进行培训，提高所得税纳税人申报水平。（三）完善和创新管理方式。1. 完善增值税纳税申报“一窗式”管理模式，做好“票表比对”工作。将滞留票核查作为日常工作责成税源管理分局抓落实。核查滞留票1142份，查处有问题发票332份，补税15.96万元。2. 加强税种征管强化堵漏增收。一是加强农产品抵扣增值税管理。选择辖区内2户企业作为农产品抵扣增值税管理重点企业，开展对重点企业增值税纳税评估。二是加强企业所得税纳税评估。针对长亏不倒、跳跃性盈亏、减免税期满后由盈转亏或应纳税所得额异常变动等情况企业作为评估重点。对8户企业进行评估。三是做好企业所得税税收优惠政策管理工作。建立健全减免税登记台账，加强后续监控管理。对审批、备案登记情况，组织检查，检查面不低于20%。3. 推行多元化申报方式。763户个体户实行银行储蓄扣税申报方式，对无农行营业网点10个乡镇300余户个体户委托信用社代征；与5家银行签订《合作协议》，有1481户单位纳税人实行办税服务厅实时扣税，1154户纳税人实行介质申报。4. 加强个体税收管理，继续抓好个体工商户计算机定额核定系统上线后续管理工作，完善定额核定指标体系。5. 加强重点税源管理。组织工作组对有色金属冶炼企业21户、有色金属采选企业3户、有色金属批发企业7户、电力供应企业1户、以有色金属为原料制造企业1户等33户重点税源企业开展调研。6. 做好增值税转型、资源综合利用企业和再生资源相关税收政策宣传贯彻工作。140户增值税一般纳税人申报固定资产进项税额5650万元，进项抵扣税额5367万元。

各项工作

【税收法制建设】 建立税收执法系统监督员制度。抓好申辩调整工作，杜绝虚假申辩。从系统导出数据，在本局政务网站发布，由各执法单位对有疑点和过错数据进行限期修改，对连续发生过错行为当事人除给予经济惩戒外，同时责成写出书面认识。截至12月，发生过错行为6户次，扣分20分，经济惩戒6人、金额100元。

【税收征管】 （一）各税管理。加强社会福利企业、资源综合利用企业增值税即征即退管理。按增值税即征即退先评估后退税要求，依照文字计算公式内容设计表格，使税收管理员在实际工作中对照采集数据和纳税评估。截至12月，审批21户社会福利企业退税2767.50万元。残疾人就业即征即退增值税4200万元。做好企业所得税介质申报软件推行工作。企业所得税管户685户。2008年度应予汇算清缴企业所得税599户，查账征收497户；核定征收102户（其中：核定应税所得率征收95户，核定定额征收7户）；2008年新增管户147户，注销65户。缴纳企业所得税1200万元（不含应退数）。盈利企业107户；亏损企业327户；零申报企业

148户，享受企业所得税优惠政策54户。盈利企业实现利润总额1.10亿元，较上年2.36亿元减少1.26亿元，减少114.54%；亏损企业较上年增加78户；应纳税所得额1.18亿元，较上年2.04亿元减少8600万元，减少72.88%；应纳所得税2900万元，较上年7400万元减少4500万元，减少155%。（二）出口退税管理。征管出口退税企业48户，其中：流通型出口企业9户，生产型出口企业35户，新增5户，注销1户。出口货物免、抵、退税1950.74万元，其中：免抵811.53万元，退税1139.21万元。（三）发票管理。截至12月，抽查个体用票户196户、企业用票户33户。4户纳税人补缴税款11.63万元、罚款4.34万元，加收滞纳金1.92万元。对发票管理存在问题6户纳税人给予行政处罚1000元。

【税收执法】 （一）税收宣传。围绕"税收·发展·民生"主题，拟定税法宣传内容，开设"税收宣传月专栏"，在《个旧时讯》设"税收宣传月专栏"6期。开展"我服务、您打分"满意度调查活动。（二）税务稽查。实施税务稽查查前告知制度，送税法上门、发送纳税辅导提纲和易错涉税问题目录等形式进一步加强查前纳税辅导，纳税人自查补缴入库税款458.67万元、滞纳金92.30万元。截至12月，实施稽查26户（含上年结转2户）。查补入库税款292.74万元、滞纳金66.31万元、罚款20.46万元。打击发票违法犯罪活动。协同公安机关开展打击发票违法犯罪专项整治行动，打击制售、贩运假发票和非法出售、代开发票犯罪团伙。检查纳税户21户，缴获自制收据、自制销货单据、付款凭据等1233份。（三）执法检查。制发重大决策听证、重要事项公示、重点工作通报、政务信息查询等一系列制度。将《再生资源回收经营企业增值税管理办法（试行）》在省政府政务网站公示。组成若干税种评估及专项评估工作小组，开展各类评估35户次，补缴税款及加收滞纳金58.93万元，企业所得税亏损数额调减3719.14万元。（四）依法治税。强化欠税控管。新增欠税户，未缴清欠税，不售予发票，对领用尚未填开发票实行有效监控。对因特殊情况需使用发票，按规定在系统中进行购票特批处理，实行限量供应。对征管系统外欠税户（陈欠税款），购票均须按缴税计划先缴欠税后售票。停业或注销时，欠税未清，不予批准停业或注销申请。以退抵欠和以多缴税款、留抵税额抵缴欠税。加强缓缴税款跟踪问效。全年办理延期缓缴税款5户，税款6078.70万元，按期入库。催缴征管系统内欠税4008.43万元（其中入库新欠3500.54万元、抵缴新欠507.89万元）。清理陈欠9户次，入库税款40.27万元，经省局批准核销死欠290.01万元。加强催缴和强制执行措施。下达催缴税款通知书27户次，实施税收强制措施（银行扣缴税款）6户次，扣缴税款2.82万元，定期进行欠税公告4期。

【税务管理信息化建设】 完成三套广域网改造、扩建工作。10月22日A线路（广电网络）光纤铺进机房，B线路（联通网络）光纤10月30日铺进机房，第三套网络（电信网络）12月24日优化、改造完成。经测试三条不同线路广域网均能保证正常税收工作。

队伍建设

【机构人员配置】 9月，按照省局、州局有关要求，实施机构改革。内设机构：办公室（27人）、人事教育科（5人）、监察室（2人）、党总支、工会（各1人）、政策法规科（3人）、货物和劳务税科（6人）、所得税科（3人）、收入核算科（5人）、纳税服务科（2人）、征收管理科（4人）、办税服务厅（21人）；直属机构：稽查局（22人）；事业单位：信息中心（3人）；派出机构：第一税务分局（51人）、第二税务分局（23人）。年末实有人数179人；离退休50人。研究生学历1人，本科学历74人，大中专学历87人，高中及以下学历17人。

【领导班子建设】 局领导班子6人。抓好领导班子成员政治理论学习。坚持民主集中制，重大事项集体研究决定。密切党组成员之间沟通联系。以科学发展观为指导，进一步加强领导班子作风建设。

【廉政建设】 （一）局长与局领导班子成员，分管局领导与分管部门负责人签订《党风廉政建设责任书》11份。（二）开展征纳双方《廉政公约》签订和跟踪问效工作。继续搞好同新办企业、新增个体用票户和个体征税户签订工作。截至12月，与2811户纳税人签订《廉政公约》，回访280户，无"吃、拿、卡、要、报"的情况。（三）与全局职工183人签订家庭《廉政公约》。通过明察暗访和问卷调查，抽访280户纳税人，回访52名干部职工家属，走访13名特邀监察员，执行廉政纪律情况良好。（四）开展2008"感动中国人物颁奖盛典"电视专题等教育。组织全体税干观看警示教育片及市纪委主办廉政教育专场演出。

【教育培训】 开展各类业务培训582人次，学历培训12人次。

（杨平波　肖　文）

开远市国家税务局

经济概况

2009年，开远市生产总值（GDP）突破70亿元大关，达76.2亿元，比上年增长10.9%；其中：第一产业实现增加值9.9亿元，增长7.6%；第二产业实现增加值35.2亿元，增长6.7%；第三产业实现增加值31.1亿元，增长17.9%。三次产业的结构比例由上年的14.6:51.2:34.2变为13:46.2:40.8。全年完成财政总收入9.5亿元，比上年增长12.3%。地方财政一般预算收入5亿元，比上年增长11.3%。财政一般预算支出完成8.9亿元，比上年增长6.7%。

税收概况

【收入完成情况】 2009年，开远市国家税务局共计组织税收收入6.27亿元，同比减收3101万元，下降4.71%，完成州局下达年度计划的102.39%，其中：增值税收入5.47亿元，同比增收3716万元，增长7.29%，完成年度计划的102%；消费税收入383万元，同比减收34万元，下降8.15%，完成年度计划的89.07%；企业所得税收入1832万元，同比减收37万元，下降1.98%，完成年度计划的130.86%；储蓄存款利息所得个人所得税收入270万元，同比减收368万元，下降57.68%，完成年度计划的102.27%；车辆购置税收入5529万元，同比减收6379万元，下降53.57%，完成年度计划的100%。

【收入特点】 一是税收继2008年下降后继续出现下滑，全年组织税收6.27亿元，同比下降4.71个百分点。二是征管的税种"一增四减"，除增值税外，消费税、企业所得税、储蓄存款利息所得个人所得税、车辆购置税均减收，储蓄存款利息所得个人所得税、车辆购置税减幅高达50个百分点，分别为57.68%、53.56%。三是增值税虽然强势增长，但难于弥补其余各税的减收，税收总量同比下降。四是全年增值税收入5.47亿元，占全年税收总量的87.24%，保持国税收入第一大税源地位。

【税源分析】 （一）增值税重点税源品目有增有减，从完成情况看，煤炭增势强劲，建材和商业保持增长势头，发电和化工大幅减收。原煤全年销量932万吨，比上年减少113万吨，共计入库税款2.4亿元，同比增收7137万元，增长42.26%。原煤税收呈销量减少收入增长的特点，主要受矿产品税率由13%提高到17%政策因素和平均销售价格比上年同期上涨10.54元/吨的影响。发电共计税收收入1.57亿元，同比减收1695万元，下降9.75%。减收原因主要是小龙潭发电厂6台10万千瓦机组关停的影响，其次是云南大唐红河发电有限责任公司和国电开远发电有限公司上网电量同比减少而减收。化工共计税收收入2967万元，同比减收4356万元，降幅达59.48%，减收主要受固定资产新增抵扣政策因素影响。建材因2009年水泥销量共计47.99万吨，比上年增加13.95万吨，全年共计税收收入4120万元，同比增收1870万元，增长83.11%。商业共计税收收入5781万元，同比增收983万元，增长20.49%，主要受消费品零售总额增长拉动。（二）车辆购置税。受全州车购税征收点增加税源分散，以及1.6升及以下排量乘用车减按5%税率征收车购税政策的执行，全年车购税收入大幅减收，共计减收6379万元，降幅53.57%。（三）储蓄存款利息所得个人所得税受政策性停征影响，税基萎缩，比上年减收368万元，下降57.68%。

【税务管理】 紧紧围绕"创新发展年"的工作主题，切实加强税务管理。一是始终坚持"依法治税，应收尽收，坚决不收过头税，坚决防止和制止越权减免税"的组织收入原则。二是开展税源调查，掌握税源情况，降低收入预测误差率，层层落实收入目标任务，强化税源分析和税收收入目标的考核。三是强化重点税源管理，提高相关数据指标的分析质量。四是以强化数据质量管理和提高数据质量为目标，抓好各税种的征收管理。

各项工作

【税收法制建设】 一是依托政府门户网站加大信息公开力度。二是利用4月税收宣传月、"12·4"全国法制宣传日，以及日常征管中的学习、培训和辅导等多形式广泛开展内外税收知识的宣传教育。三是组织23名干部参加全国税务系统稽查考试。四是组织局领导参加市普法办组织的领导干部法制知识统考。五是强化执法检查，落实执法责任，降低执法过错。

【税收征管】 一是强化重点税源管理。纳入重点税源系统监控的企业32户，总局、省局、市局监控的企业分别为8户、7户、17户。全年重点税源企业共计入库"两税"5.14亿元，占"两税"总收入的93.54%。二是强化户籍管理。截至2009年12月31日，有征管业户5362户。按登记注册类型分，企业917户，个体4445户（未达起征点2533户、达起征点1912户）；按纳税人种类分，一般纳税人375户，小规模纳税人4987户。三是开展纳税评估。对14户重点税源企业进行增值税纳税评估，评估补缴税款175.58万元、滞纳金56.13万元。四是落实结构性减税政策。共落实6525万元税收优惠，占全年国税收入的10%，惠及纳税人4631户。五是加强"以票控税"。普通发票超定额补缴增值税69.59万元，涉及纳税人813户。

【税收执法】 一是切实加强欠税管理。全年共清缴系统内欠税24.67万元，其中：清理陈欠税款5000元、逐级上报审批核销死欠税款24.17万元。二是加强数据质量管理。健全数据质量预警通报考核机制，强化对数据质量的监控分析，强化数据质量管理的考核，不断提升数据质量管理的水平。三是认真落实税务稽查。开展分级分类稽查和专项检查，检查纳税人30户，查补收入551.39万元，其中：对6户纳税人实施税收专项检查，查补收入234.19万元；分级分类稽查检查纳税人24户，查补收入317.2万元。四是开展打击发票违法犯罪"端点"行动。对全市150余户纳税人进行检查，查获发票替代品（收据等）6525份、涉嫌假发票2份、虚开（大头小尾）发票28份；查处19户有问题的纳税人，查补税款5.29万元、罚款4.59万元、滞纳金9779.43元。

【纳税服务】 一是进一步完善《文明服务承诺》、《首问责任制》、《办税指南》、《税收管理员制度》、《纳税服务承诺》、《限时办结事项目录》等服务措施办法。二是依托信息化手段进一步推行综合受理申报窗口、"一窗式"办税服务、多种缴税方式等高效便捷的窗口服务项目，实行友情提醒、预约服务、延时服务、领导带班等便民措施，提高服务效率和质量，有效解决征收期办税大厅拥挤的突出问题。三是广泛开展税收宣传，全面实施政府信息公开，开通96128政务信息查询专线，充分利用办税大厅，以及LED显示屏及时公开需要纳税人周知的涉税事项、政策法规等内容；借助广播、电视、报刊、网络等宣传媒介深入税收宣传；开展纳税人的培训辅导。

【税务管理信息化建设】 一是完成行政执法与刑事司法信息共享平台建设。二是对纳税人和税务干部进行各类涉税运用系统的培训。三是做好计算机的合理配置。四是完成网络扩建、扩容。五是完成网络教育培训系统的开通。六是加强计算机网络的运行维护。

队伍建设

【机构人员情况】 2009年，实施新一轮机构改革，全局机构由10个增加到14个，其中：内设机构10个，即办公室（15人）、人事教育科（3人）、监察室（2人）、政策法规科（2人）、征收管理科（2人）、货物和劳务税科（4人）、所得税科（3人）、收入核算科（4人）、纳税服务科（1人）、办税服务厅（13人）；事业单位1个，即信息中心（2人）；直属机构1个，即稽查局（14人）；派出机构2个，即第一税务分局（23人）、第二税务分局（19人）。全局干部职工139人，其中：在职干部职工107人、离退休人员32人。在职干部职工中，男58人、女49人；大学本科学历27人、大专学历68人，大专以上学历人数占88.79%；中共党员50人，占46.73%。

【廉政建设】 （一）抓好教育防范。紧密结合税收工作和干部职工的思想实际，创新教育载体，丰富教育形式，提高教育的针对性和实效性，开展科学发展观、警示、法纪、社会公德、职业道德、家庭美德、个人品德等多方面的学习教育，从思想上引导干部职工为政清廉。（二）落实责任制。层层签订《党风廉政建设责任书》，分解落实党风廉政建设工作任务。全年无来信来访，本局无上访无投诉。（三）加强"两权"监督。一是认真开展执法监察、效能监察、廉政监察，围绕税务审批、案件审理等环节监督，并利用"税收执法监察信息系统"的监控、分析，及时发现和处理问题，实现监察可疑数据为零。二是进一步落实廉洁自律各项规定，强化财务管理，严禁公款旅游，严格接待、公务用车制度，从制度上控制浪费，节省开支；对"小金库"、"收支两条线"、固定资产处置、报账制等财务制度执行跟踪监督检查。三是继续开展与纳税人和干部家属签订《廉政公约》，并进行回访和督促检查，未发现干部违法违纪的现象。四是坚持"一案双查"的稽查人员廉政监督制度，全年发出《稽查人员廉政监督表》21份，收回15份，未发现干部违法违纪的现象。

【学习实践科学发展观】 参加全国第二批学习实践科学发展观活动，干部职工对学习实践活动的满意度达100%。通过开展学习实践科学发展观活动，广大党员干部的思想认识得到提高，推动国税工作科学发展的热情增强，工作出现新变化。一是党员干部的思想观念明显变化。通过学习实践活动，广大党员干部的思想观念进一步解放，宗旨意识和责任意识明显增强，贯彻落实科学发展观、走科学发展道路的自觉性和坚定性明显提高。二是科学发展的思路进一步明晰。通过广泛征求意见，制定行之有效的整改措施，着力解决群众反映强烈、影响科学发展的突出问题，使领导决策集中民智，促进国税事业的科学发展。三是组织收入的干劲始终不减。面对严峻的组织收入形势，全局干部认真贯彻执行各项税收政策法规，采取有效措施强化征管，确保税收应收尽收，努力缩小组织收入目标差距。

【国税文化建设】 一是开展文体活动。与挂钩联系的村委会、社区、驻军开展联谊活动，开展"爱国歌曲大家唱"歌咏活动、健身活动及青年联谊活动，不断丰富职工的文体生活。二是组织开展迎建国60周年庆祝活动。参加全州国税系统庆祝建国60华诞文艺汇演，混声组合《小河淌水》获二等奖；由市国税局、地税局职工组成的税务系统合唱团参加全市庆祝建国60周年"祖国颂"合唱比赛暨第四届合唱艺术节，合唱获第一名；由国税干部组成的合唱团参加全州庆祝新中国成立60周年纪念大会暨歌咏晚会，合唱曲目得到一致好评。

【教育培训】 一是组织干部学习《中华人民共和国增值税暂行条例》及《实施细则》等相关法律法规。二是开展稽查业务的学习培训，23名税干参加全国税务系统稽查业务考试。三是抓好学历教育的管理，全局大专学历以上人员达88.79%。

【新闻事件】 2009年9月，市局局长徐赶年荣获全市首届“十佳道德模范”（助人为乐）。修通致富路。徐赶年情系农村，为新农村建设献计谋策、出钱出力，多方协调帮助柏宗村修整道路，使该村率先在羊街乡实现村间道路硬化，成为十里八村远近闻名的文明路、致富路、幸福路，为农民的生产、生活带来极大的方便。心系重病娃。徐赶年得知病情危重的农村小女孩因家里无钱医病的情况，他东拼西凑7000元钱，使小女孩的病得到及时有效救治，昔日的小女孩如今已为人母，拥有自己幸福的家庭。资助贫困生。徐赶年还积极关注弱势群体，关心下一代，用真情、真心、真爱帮助有困难的人们，带头向优秀贫困生捐款，使莘莘学子圆求学之梦。

（朱建忠）

蒙自县国家税务局

经济概况

2009年，蒙自县工业主体地位不断增强，农业基础地位不断夯实，第三产业实现较快发展。全县实现生产总值（GDP）60.67亿元，增长13.8%。其中，第一产业10.7亿元，增长7.1%；第二产业30.93亿元，增长15.2%；第三产业19.04亿元，增长15.1%；三次产业的结构比例为17.6:51:31.4。财政总收入突破9亿元大关，完成9.39亿元，增长17%，地方财政一般预算收入5.81亿元，增长19%，地方财政一般预算支出11.13亿元，增长24.6%；固定资产投资48.21亿元，增长14.7%；社会消费品零售总额16.35亿元，增长21%；在岗职工年均工资2.46万元，增长9.4%；农民人均纯收入3612元，增长14.2%；城镇登记失业率控制在3.8%以内；农村剩余劳动力转移输出5934人；人口自然增长率控制在5.7‰以内。

税收概况

【收入完成情况】 2009年，蒙自县国家税务局共计组织各项税收收入6.45亿元，同比增收2.22亿元，增长52.47%。分税种收入情况：增值税收入5.08亿元，消费税收入16万元，企业所得税收入3971万元，储蓄存款利息所得个人所得税收入165万元，车辆购置税收入9602万元。

【收入特点】 2009年，全县国税收入呈现增值税、车辆购置税大幅增收，消费税、企业所得税、储蓄存款利息所得个人所得税减收的情况。增值税和车辆购置税增收额达2.29亿元，企业所得税、储蓄存款利息所得个人所得税、消费税减收额达750万元。

【税源分析】 （一）增值税收入5.08亿元，同比增收1.84亿元，增长57.08%。增长因素：一是红河钢铁有限公司在具备年产140万吨铁水、130万吨钢坯、120万吨钢材、40万吨线材、80万吨棒材的生产能力后，在产能扩大、钢铁价格上涨等利好因素拉动下，全年上缴增值税1.89亿元，同比增收1.09亿元，增长137.37%；二是云南电网公司红河供电局由个旧搬迁至蒙自后，电力行业全年实现增值税1.2亿元，同比增收9488万元，增长377.71%；三是商业行业因再生资源增值税政策调整造成税收增收，实现增值税6733万元，同比增收2965万元，增长78.69%。此外，有色金属行业在能源成本大幅上升、产品价格大幅下降的情况下，全年实现增值税9386万元，同比减收5162万元，下降35.48%。（二）企业所得税收入3971万元，同比减收486万元，下降10.9%。减收主要因素：一是金融危机影响仍然持续，钢材、有色金属等主要行业企业赢利下降；二是政策性影响显现。新《中华人民共和国企业所得税法》的实施，将内资企业所得税税率由33%下调到25%；内资企业的税前扣除标准、范围较以前年度相比有所提高和扩大。（三）消费税收入16万元，同比减收5万元，下降23.81%。（四）储蓄存款利息所得个人所得税收入165万元，同比减收248万元，下降60.06%，主要是受政策调整影响所致。（五）车辆购置税收入9602万元，同比增收4495万元，增长88.02%，增收主要是受车辆注册地搬迁蒙自及车辆购置税减征政策的影响所致。

【税务管理】 截至2009年12月31日，全局累计受理税务登记10065户（其中：注销户2546户，停业户21户，非正常户21户，正常开业户7477户）。正常开业户中，增值税一般纳税人210户，小规模纳税人779户，个体工商户6488户。组织人员清理漏征漏管户397户。对5862户个体工商户开展分月汇总申报和重新核定工作。

各项工作

【税收法制建设】 充分利用税收执法管理信息系统开展执法过错责任追究，共对1次过错行为进行过错责任追究。共为49户下岗失业人员再就业和9户高校毕业生就业人员就业免收税务登记证工本费1160元。全年共公告欠税23户53次。

【税收征管】 （一）各税管理。增值税管理。认真做好增值税转型各项工作，共为37户企业抵扣固定资产进项税额4136.35万元。全年认定增值税一般纳税人44户，纳入防伪税控21户，注销增值税一般纳税人20户，为55户防伪税控企业办理防伪税控企业信息变更事宜。共对4户福利企业审批增值税“即征即退”税款

770.68万元。企业所得税管理。一是严格办理所得税减免及税前扣除事项。共计收到企业所得税“税前扣除”申请书6份，其中：1份超出县局审批权限，形成专题报告转报州局审批，金额2557.23万元；5份符合扣除条件，已批准扣除，金额为140.78万元；二是加强企业所得税汇算清缴管理。全年共计汇算清缴企业所得税385户，其中：盈利企业79户，亏损企业277户，零申报企业29户；减免税企业14户；应纳所得税额1680.96万元，减免所得税额1195.01万元，实际应纳所得税额485.95万元。车辆购置税管理。全面执行车辆购置税各项税收政策，共计办理车辆购置税免税事项48件，免征车辆购置税207.78万元，减征车辆6967辆，减征车辆购置税1786万元。开展纳税评估。2009年，评估增值税纳税人14户（其中：重点税源企业10户、水泥生产企业3户、运输行业企业1户），评估企业所得税纳税人10户（其中：省局确定评估户2户，州局确定评估户5户，县局确定评估户3户）。共补缴增值税17.39万元、滞纳金3.37万元，增值税进项税转出11.34万元；调增应纳税所得额317.18万元，弥补以前年度亏损250.59万元，补缴企业所得税11.76万元，滞纳金2.33万元。（二）发票管理。一是对农产品收购发票进行检查。对全县7户企业2008年度农产品收购（销售）发票的开具及使用情况进行全面清查。并以此为契机，对企业取得的其他发票真伪进行现场辨认辅导。二是全面开展普通发票检查工作。检查重点为建材经营行业，发现纳税人存在填开、使用假发票、虚开销售（收购）金额、超营业范围填开发票等违法违规现象，共检查出有问题纳税人4户，疑点问题发票23份，为疑似假票、大头小尾等，涉及违规开具发票金额达数十万元。三是对辖区内的4户纳税人进行流失发票追缴检查，其中：3户属于携带异地发票走逃失踪，1户属于携带发票同城走逃。经核实，4户纳税人在发票保管、使用和缴销环节均存在不同程度的违法行为。针对检查出的问题，按程序分别作出相应处理，对发票的保管、使用知识进行“个对个”的增强辅导。

【税收执法】 （一）税收宣传。4月2日，在蒙自南湖休闲广场与州局共同举办以“税收·发展·民生”为主题的税收宣传月活动启动仪式；深入红河钢铁有限公司、县矿冶公司等企业开展税收调研及宣传；走访全州第一个税收宣传基地；在县城主干道悬挂税法宣传横幅，到城市繁华地段发放4000份税收宣传材料，以及70份税收宣传画；在办税大厅显示屏上和行政服务中心宣传有关税收政策。把税收宣传视为做好税收工作的前提，注重日常工作中各项税收法律法规和政策的宣传。（二）税务稽查。2009年，共对31户纳税人开展税务稽查，查补税款298.48万元，滞纳金21.02万元，罚款2.47万元，合计321.97万元。（三）执法检查。从政策执行是否到位、减免税审批是否规范、税务违法案件的查处是否规范等方面开展税收执法检查，未发现存在违法执法行为。（四）依法治税。一是认真做好重大案件的审理工作。二是认真做好破产企业的欠税追缴工作。随着云南蒙自化肥有限公司破产清理工作的完成，“云南蒙自化肥有限公司破产财产分配方案”提交人民法院依法裁定，该公司所欠税款32.41万元按可供处置剩余财产30.41万元的77.78%，即25.21万元进行清偿，已追缴入库。

【税务管理信息化建设】 一是完成各应用系统的升级工作，确保各系统正常运行；二是及时对增值税抵扣凭证稽核系统产生的稽核比对结果异常的增值税抵扣凭证及相关资料进行核对、检查和处理；三是全面完成机动车异常发票的检查和反馈工作。

队伍建设

【机构人员情况】 9月30日前，顺利完成机构改革工作，全局设置内设机构10个（正股级）：办公室、政策法规科、货物和劳务税科、所得税科、收入核算科、纳税服务科、征收管理科、人事教育科、监察室、办税服务厅；直属机构1个（副科级）：稽查局；事业单位1个（正股级）：信息中心；派出机构2个（副科级）：文澜税务分局、红河工业园区税务分局。截至12月31日，全局共有在职干部职工109人，其中：少数民族职工39人，在职男职工69人，女职工40人；学历结构：本科19人，专科66人，中专11人，高中、技校、职高10人，初中以下3人；年龄结构：55岁以上的9人，51～54岁的16人，46～50岁的24人，41～45岁的36人，36～40岁的16人，31～35岁的5人，30岁以下的3人。

【领导班子建设】 局领导班子成员按照“个人形象一面旗，工作热情一团火，谋事布局一盘棋”工作要求，积极学习党的先进理论，全面提升个人修养。通过召开民主生活会等方式，班子成员之间交心谈心，互促互进，提升班子的凝聚力和战斗力。全年共计召开4次党组理论中心组专题学习活动、3次民主生活会。全面开展“增强党员意识、提高党员素质、发挥党员作用”等专题党性教育活动，做好查缺补漏工作，进一步巩固和扩大学习实践科学发展观活动成果。

【廉政建设】 切实开展党风廉政建设工作，坚决防止“吃、拿、卡、要”等行为发生。一是认真贯彻落实好省局、州局党风廉政建设工作会议精神，特别是对12月州局在元阳召开的部分县市局参加的党风廉政建设工作汇报会精神进行全面深入的贯彻传达；二是全年共计签订《党风廉政建设责任书》106份、家庭《廉政公约》110份；三是截至12月31日，累计与纳税人签订《廉政公约》3331户，全年回访157户；四是从纳税人中聘选10名“特邀监察员”、40名“特邀义务税收宣传员”和“特邀税收监督员”；五是为4名局领导和23名中层干部建立廉政档案，开展廉政谈话21人（次）。

【精神文明建设】 按照文明单位的创建标准和要求，进一步健全和完善制度，巩固文明创建成果，积极完成申报省局文明单位工作，并于2月被州国税局命名为“文明单位”称号；积极组织参与“争创文明县城、争当文明市民、构建滇南之心·魅力蒙自”活动、“我们的节日”主题文化活动以及第七个“公民道德宣传日”主题活动；做好未成年人思想道德建设，组织开展形式多样的教育活动。

【教育培训】 一是组织17人参加昆明理工大学专升本在职学历教育；二是积极推荐选派人员参加州局组织的各类业务培训、师资培训；三是组织辖区企业及干部105人（次）进行企业所得税汇算清缴、企业所得税介质申报系统操作、增值税转型等业务培训；四是做好全国稽查统考迎考工作，及时组织全体稽查人员进行培训、复习，13名稽查干部全部通过考试；五是按照县委普法办的要求，组织副科级以上领导干部参加全州法制教育考试；六是组织干部职工学习《水法》相关知识，参加“世界水日，红河水周”水法知识竞赛。

【国税文化建设】 8月，县局管乐队参加全州国税系统庆祝中华人民共和国建国60周年文艺汇演，9月，代表全州国税系统参加全省国税系统文艺汇演，11月，代表全省国税系统参加全省庆祝新中国成立60周年“云南烟草杯”行（企）业文艺汇演优秀节目展演，多次获得荣誉和好评，荣获省局颁发的“最佳演艺奖”。县局局长余学昌撰写的征文《推动蒙自新发展的税收征管对策与思考》在县委宣传部组织的“纪念新中国成立60周年”征文活动中荣获一等奖。职工卢月婷撰写的征文《老家小村流淌的记忆》在省局组织的“迎祖国华诞·展国税风采——庆祝建国60周年”征文评选活动中，荣获一等奖。

（李　冬）

建水县国家税务局

经济概况

建水县2009年实现生产总值（GDP）55.72亿元，同比增长11.2%。第一产业增加值13.51亿元，增长5.3%；第二产业增加值20.12亿元，增长11.2%；第三产业增加值22.09亿元，增长14.1%。三次产业结构比例由上年的25∶36.7∶38.3变为24.2∶36.1∶39.7。实现农业生产总值23.12亿元，增长88.58%。粮食种植面积57.76万亩，增长36.36%。粮食总产17.41万吨，增长5.2%。实现工业总产值44.45亿元，增长2.16%；规模以上工业增加值6.41亿元，持平；实现利税总额2.41亿元，增长37.71%；实现利润总额1.23亿元，增长73.24%。完成全社会固定资产投资48.17亿元，增长55.34%；完成社会消费品零售总额13.76亿元，增长21.45%；完成财政总收入6.18亿元，增长21.43%；其中，地方一般预算收入3.78亿元，增长13.86%。全县在岗职工人均工资2.24万元，增长16.67%；农民人均纯收入3645元，增长14.05%。全年接待国内外游客183.7万人次，增长10.07%；旅游业总收入6.67亿元，增长18.68%。

税收概况

【收入完成情况】 2009年，建水县国家税务局组织各项税收收入2.91亿元，同比增长17.51%，完成州局计划任务2.61亿元的111.53%；完成州局奋斗目标2.69亿元的107.88%。其中，“两税”收入1.98亿元，同比增收83.62万元，增长0.42%，完成州局“两税”任务2.16亿元的91.31%，占州局考核总任务2.61亿元的75.87%。

【收入特点】 （一）国税收入同比增收4332.71万元，增长17.51%，高于全县GDP增长速度4个百分点。（二）增值税收入1.97亿元，增收261.22万元，增长1.34%，低于GDP增长速度12.17个百分点。增值税增收的幅度不大，主要原因是税收政策的调整和市场竞争激烈。非金属矿物制品、煤炭、矿产品和造纸及纸制品税收增加，黑色金属冶炼品、有色金属、其他制造产品、电水供应、商业批发零售业税收减少。（三）消费税收入74.1万元，减收177.6万元，下降70.56%，低于GDP增长速度84.07个百分点。主要原因是酒精生产企业停产。（四）企业所得税收入5278.39万元，增收997.13万元，增长23.29%，高于GDP增长速度9.78个百分点。（五）储蓄存款利息所得个人所得税收入304.43万元，减收374.02万元，下降55.13%，低于GDP的增长速度68.64个百分点。

【税源分析】 增值税和消费税“两税”收入共计1.98亿元，同比增收83.62万元，增长0.42%。增值税主要税源为商业、造纸业、黑色金属冶炼品、矿产品、水电供应和有色金属冶炼。增值税增收的较大项目，一是非金属矿物制品税收892万元，增收270万元，增长43.41%。二是煤炭税收360万元，增收142万元，增长65.14%。三是矿产品税收2812万元，增收704万元，增长33.4%。四是造纸及纸制品税收4961万元，增收918万元，增长22.71%。云南红塔蓝鹰纸业有限公司共计缴税4957万元，同比增收956万元，增长23.89%。增值税减收较大的项目，有黑色金属冶炼品、有色金属、其他制造产品、水电供应、商业批发零售业。一是黑色金属冶炼品税收2250万元，同比减收343万元，下降13.23%。二是有色金属税收1050万元，减收383万元，下降26.73%。三是其他制造产品税收346万元，减收73万元，下降17.46%。四是电水供应税收

1347万元，减收344万元，下降20.33%。五是商业批发零售业税收4790万元，减收474万元，下降9%。消费税税源项目主要是酒精，减收的主要原因是酒精生产企业停产。企业所得税增收的主要原因是，云南红塔蓝鹰纸业有限公司缴税2052万元（包括代扣代缴外国公司非居民企业所得税235万元），同比增加30万元，增长1.48%；红河州烟草公司建水经营部缴税2952万元，同比增加1027万元，增长53.35%。

【税务管理】 （一）固定资产进项税款抵扣工作。对工业园区投资的固定资产购置加强管理核查，做好分户进项税款管理台账。（二）增值税一般纳税人的认定工作。对年销售额达到认定标准的小规模纳税人进行资格认定，规范纳税人的纳税行为；对2008年抵扣税款滞留票认真核查，追缴应缴税款入账。（三）运输发票进项税额抵扣核查工作。对冶炼、洗选、加工纳税企业不符合抵扣税款的运输发票认真清查，责令纳税人限期改正。（四）重点企业重点行业纳税评估管理工作。对生产企业购进设备计提进项税抵扣税款的评估，补缴增值税税额10.59万元；对公司对外承包的矿山和选厂的生产耗电电费的评估，补缴增值税税额3.52万元；对冶炼、洗选企业运输矿产品取得运输发票抵扣进项税的评估，补缴增值税税额10.21万元；对水泥生产企业自用产品的评估，补缴增值税税额1.11万元；对外购礼品赠送他人应视同销售处理的评估，补缴增值税税额35.78万元。（五）福利企业管理工作。对全县21户福利企业进行退税评估，对纳税人的销售额变动率、退税增减率、增值税税负率、合法凭证进行评估；对申报退税异常的，暂停退税审批，并移交稽查部门查处，堵住税收漏洞，把税收优惠政策落到实处，使诚信经营的纳税人得到实惠，有意违规的纳税人得到惩处和教育。

各项工作

【税收法制建设】 严格执行税收执法考核子系统的《考核办法》及《执法过错责任追究办法》，按上级部署完成全年的税收执法检查和执法监察工作。认真贯彻执行新修订的《中华人民共和国增值税暂行条例》及其《实施细则》，推行增值税转型改革工作。贯彻执行《中华人民共和国发票管理办法》及其《实施细则》。

【税收征管】 （一）增值税转型改革工作。利用电视、广播、办税厅显示屏宣传新修订的《增值税暂行条例》及其《实施细则》，把新政策及时传达给纳税人。（二）增值税优惠政策调整工作。一是按规定取消立窑水泥税收优惠政策，采用旋窑法退税。建水县石塔建材有限责任公司取消优惠政策，停止退税，恢复征税，已退税款给予追回入库43.7万元。二是按规定取消增值税优惠政策认定资格。三是按规定停止执行到期的增值税优惠政策。（三）企业所得税管理工作。对全县56户2008年度零申报户进行清理，对长期亏损和矿产品经营小业户实行核定征收；对省、州内外分支机构、总机构在财政未备案其分支机构在建水县内从事生产经营的一律纳入核定征收范围；对省局督办的22户企业进行纳税评估；根据省、州局年初选定的3家资源综合利用水泥行业、4家福利企业、1家涉外企业进行纳税评估。

【税收执法】 （一）税收宣传。以“税收促进发展，发展为了民生”为主要内容，围绕“创新发展年”的工作中心，紧紧抓住2009全国汽车场地越野锦标赛在建水县城举办的大好时机，向来自全国各地的一万多观众发放税收宣传材料16000份，宣讲增值税全面转型、出口退税政策调整、成品油税费改革及车辆购置税的调整等税收政策。对参加全国汽车场地越野锦标赛的车手进行“关注税收，情系民生”的采访。制作两幅长6米宽2米的“建水国税”醒目巨型宣传牌悬挂在比赛现场，组织60人的国税方队，举着“聚财为国，执法为民”、“税收·发展·民生”的宣传横幅，在观众台上为赛车手呐喊助威，把“税收·发展·民生”融入车赛之中，提升税法宣传的格局，展示国家税务的风采。在2009年全国税收宣传月活动评比中荣获“优秀项目”奖。在建水朝阳楼上借民间小调表演宣传税收政策，并请有影响的书法家当场献艺，把税法宣传与千年民间古城传统文化融为一体，让人耳目一新。（二）贯彻落实农村优农惠民税收政策。配合“家电下乡”活动，在办税服务厅设置“税收政策宣传咨询处”，宣讲农民购小型汽车车辆购置税减半以及农民购买国家规定的汽车和家用电器，凭商家开具的发票领取财政补贴的政策，发放税收宣传材料400余份。（三）税务检查。统一组织安排各项专项检查、分类检查、专案检查工作，保证各方面工作和稽查业务工作两不误。认真执行《税务违法案件公告办法》，对有问题纳税户公告曝光，加大税务执法力度，强化稽查工作，把偷抗税行为和税收执法行为置于社会的监督之下，充分体现税务稽查的威慑力。与地税、公安部门通力协作，顺利完成日常稽查、专项检查、协查及专案检查工作，实现“稽查查补模块”缴纳增值税430.47万元，所得税23万元，罚款2.56万元，滞纳金12.72万元，总计入库金额468.76万元。

【税务管理信息化建设】 调整税收信息化工作领导小组及其办公室成员，确保全局税收信息化建设的顺利实施。继续完善办税服务厅申报实时扣税管理实施办法及实施标准；完善和维护好县局电子政务网站的建设工作，保证与上级视频信息和其他信息传递的畅通无阻。

队伍建设

【机构人员情况】 9月，按照省、州局统一部署和安排，顺利完成机构改革。内设机构11个：办公室、人事教育科、监察室、政策法规科、货物和劳务税科、所得税科、收入核算科、纳税服务科、征收管理科、办税服务厅、稽查局；事业单位1个：信息中心；派出机构1个：临安税务分局。党群组织有：党总支（下设5个党支部）、工会（下设5个工会小组）、妇委会、老年人协会。全局2009年底有在职干部职工123人，其中：男职工82人，占66%，女职工41人，占34%；本科毕业生29人，占24%；专科毕业生64人，占52%；中专毕业生14人，占12%；高中及以下文化的16人，占13%。有党员84人（其中：在职党员73人，离退休党员11人）。

【领导班子建设】 局党组领导班子团结一心，认真抓好党组理论中心组学习，以“创新发展年”工作目标为重点，以邓小平理论和“三个代表”重要思想为指导，坚持以人为本，全面贯彻落实科学发展观，围绕“聚财为国，执法为民”的税收工作宗旨和税收工作主题，坚持在服务中管理，在管理中服务的原则，为全县经济平稳较快增长作出新贡献。

【廉政建设】 以科学发展观为指导，认真学习贯彻党十七大精神，坚持“依法征税，应收尽收，坚决不收过头税，坚决防止和制止越权减免税”的组织收入原则。一是从思想上解决“不愿违”的问题。二是从行为上解决“不能违”的问题。三是从行动上解决“不敢违”的问题。

【精神文明建设】 继续坚持开展精神文明创建工作，坚持开展国税文化建设，在保持省局“文明单位”的基础上积极创造条件，为创建国家税务总局的“文明单位”而努力。2月，计划征收科被红河州国家税务局、红河州妇女联合会命名为“巾帼文明岗”。

【敬老爱老活动】 为离退休老干部办好事，办实事，把尊敬老人，爱护老人，孝敬老人作为做人做事的高境界予以推崇。1月召开迎春座谈会，34名老干部欢聚一堂。10月召开“建水国税重阳节暨金珍银婚纪念座谈会”，为结婚50年、30年、25年的老税干夫妻举办金婚、珍珠婚、银婚纪念活动。请专业摄影师为他们摄影留念。参会的领导为他们送寿糕、送寿礼、送寿金。祝福他们拥有美满的姻缘，美满的家庭，美满的人生。

【教育培训】 参加州局组织的初任培训2人次；参加函授本科学习培训10人次；举办业务培训班1期，120人次参加培训；党校培训1人次。全年各项培训经费7.39万元，人均支出培训经费556元。

（胡　永）

石屏县国家税务局

经济概况

2009年，石屏县实现生产总值（GDP）23.63亿元，同比增长10.2%。其中，第一产业完成10.51亿元，同比增长6.8%，第二产业完成5.93亿元，同比增长14.3%，第三产业完成7.19亿元，同比增长11.2%。三次产业的结构比例为44.5:25.1:30.4，人均GDP 7838元，同比增长78%，非公经济8.77亿元，占全县生产总值的37.1%，比上年提高0.7个百分点。全年实现工业总产值16.08亿元，同比增长7.2%；农业总产值21.02亿元，同比增长19.4%。全年完成固定资产投资20.13亿元，同比增长45.52%；实现社会商品零售总额8.7亿元，同比增长23.42%；全年城镇居民人均可支配收入8048元，农民人均纯收入3315元，同比增长10.16%；实现财政总收入2.6亿元，同比增长11.1%。其中，地方一般预算收入完成1.7亿元，同比增长18.12%。

税收概况

【收入完成情况】 2009年，石屏县国家税务局共计组织各项税收收入9978万元，同比增收744万元，增长8.06%，完成年度计划9730万元的102.55%，超额完成州局下达的全年收入任务。其中：增值税收入7106万元，同比增收415万元，增长6.2%；消费税收入27万元，同比增收4.5万元，增长20.1%；企业所得税收入2470万元，同比增收405万元，增长19.6%；储蓄存款利息所得个人所得税收入168万元，同比减收207万元，下降55.3%；车辆购置税收入207万元，同比增收127万元，增长158.1%。

【收入特点】 一是受国际金融风暴的影响，国税收入增长低于经济增长速度。2009年全县生产总值（GDP）完成23.63亿元，同比增长10.2%。其中，工业增加值完成3.16亿元，同比增长6.9%。各税收入同比增长8.06%，低于GDP增长速度2.1个百分点，略高于工业增加值增长速度1.2个百分点。二是各税收入首次突破亿元大关，创历史新高。三是增值税收入实现持续增长，但增长速度放缓。全年增值税收入增长速度为6.2%，低于全县GDP增长速度4个百分点，低于工业增加值增长速度0.7个百分点。为全县2003年以来收入连续实现增长中的最低收入增长年份。四是第二产业收入整体下滑，而第三产业呈收入增长态势。全年第二产业税收收入为4022万元，同比减收874万元，下降17.8%。其中：化工减少145万元，下降119.1%；矿冶减少886万元，下降60.2%；电力减少234万元，下降25.4%。第三产业（商业）税收收入5955万元，同比增收1630万元，增长37.7%。五是全面完成各级、各税收入任务。

【税源分析】 一是国内增值税和消费税“两税”完成7133万元，同比增收420万元，增长6.3%，为年度“两税”计划7679万元的92.9%。增值税同比增收415万元，增长6.2%。增收主要反映在糖、水泥、煤炭、烤烟和商业五个行业。其中：糖增值税增收190万元，增长119.1%。主要是县东糖公司2009年产销量同比增加2300吨，销售单价同比增加460元，销售收入同比增加1100万元，导致增收；水泥增值税增收142万元，增长121.9%。主要是应退税75万元未退，导致收入增长；煤炭增值税增收416万元，增长81%。主要是县金林公司原煤产量同比增加10万吨，导致增收；烤烟增值税增收386万元，增长20.5%。主要是县烟草公司2009年高等级别烟叶的收购和调拨量同比增加，导致收入增长；商业增值税增收632万元，增长133.1%。主要是县恒升公司享受的征前减免税政策到期实现增收。增值税减收项目主要反映在矿产行业，由于国际金融风暴的影响，全县工业应税收入同比大幅下降，化工产品减收143万元，下降61.6%；黑色金属产品减收147万元，下降23.6%；有色金属产品减收276万元，下降41.6%；矿冶行业减收713万元，下降69.1%。二是企业所得税增收405万元，增长19.6%，主要是烟草企业所得税收入增收。三是个人利息所得税由于停征，同比减收207万元，下降55.3%。四是车辆购置税收入增收127万元，增长158.1%，主要是受“家电下乡”惠农政策的鼓励，全县摩托车销售同比大幅增加，导致收入增长。

【税务管理】 一是以“三大系统”为依托，实行专人监控，针对上级局通报的可疑数据和监控发现的问题及时采取措施纠正，确保税收政策的正确执行；二是加强增值税专用发票管理，全年共对53户纳入防伪税控的企业进行专用发票管理和安全督查，未发生安全事故；三是认真贯彻落实增值税转型改革的各项税收政策宣传工作，积极开展福利企业享受税收优惠政策管理等方面增值税、消费税政策调研工作，为各项税收政策的调整提供大量的可靠依据；四是抓好金税工程运行工作，做好“四小票”比对、核查上报，全年无异常发票发生；五是严把社会福利企业、资源综合利用退税关，对申请退税的企业采取一听、二看、三查、四了解的步骤，认真落实“即征即退”政策，全年共退增值税576万元；六是严格审核、审批程序，全年新增增值税一般纳税人28户，其中：辅导期商业企业13户，暂认定工业企业15户；七是开展增值税纳税评估工作，全年对20户增值税一般纳税人进行重点税源评估4户、专项评估2户、日常评估14，评估有问题4户，评估补缴增值税15万元，进项税转出18万元；八是做好所得税汇算清缴工作及企业所得税纳税评估工作。汇算清缴所得税681万元，减免所得税435万元，调增应纳税所得额1611万元，调减应纳税所得额291万元，弥补亏损583万元；全年共对5户重点企业开展所得税纳税评估，评估存在问题2户，调增应纳税所得税额25万元；九是车辆购置税电子信息采集系统运行正常。全年征收国产摩托车5263辆、农用运输车41辆，征收车购税205万元，加滞纳金2万元。

各项工作

【税收法制建设】 一是做好法制基础工作。二是正确贯彻执行各项税收法律、法规和政策。三是开展“五五”普法教育工作。组织学习《全面推进依法行政实施纲要》、《行政许可法》、《行政复议法》、《禁毒法》、《就业促进法》。四是学习贯彻阳光政府“四项制度”。拓宽了社会和纳税人对税收工作的了解渠道，满足社会和纳税人对税收工作的知情权和监督权，提升石屏国税机关在社会公众和纳税人中的满意度，融洽和谐征纳关系。

【税收征管】 一是加强税源管理。2009年全县纳入综合征管软件管理的纳税人有3892户，其中新增691户，注销234户。二是发票管理。全年共对60户用票户进行检查，检查发票5503份，发现有问题发票105份，补缴税款9.02万元，加收滞纳金193元，罚款1150元，共计9.16万元。三是抓好欠税管理。在巩固上年新欠为零的基础上，进一步采取措施，从准期申报率、准期入库率入手，及时掌握纳税人的生产经营状况，督促纳税人及时缴纳税款，确保无新欠税款产生。四是切实加强对超市和个体户定期定额户的管理。其中认定1户为一般纳税人，2户调高月营业额5万元。全年共对38户糕点、冷库、小五金、建材等行业个体户进行定额调整。五是加强矿产品、豆制品税收管理，全年共征收矿产品豆制品税收1989万元，同比增收35万元，增长101.79%。

【税收执法】 （一）税收宣传。一是联合县地税局制作两幅大型户外税收公益广告和发送4万余条手机短信，拉开税收宣传月活动序幕；二是结合国家惠农政策，以挂钩扶贫点为宣传重点，及时将“家电、摩托车下乡”财政补助、税收优惠政策宣传到农村；三是将《税收优惠政策》等书籍赠送给有关部门和领导；四是积极参加总局、省局组织的宣传活动，组织干部职工参加网上有奖税收知识竞赛，撰写《石屏国税14年辉煌成就》，创作两幅特色税收公益广告、一件税收动漫Flash、五条税收短信和三幅“税收·发展·民生”主题漫画。由于宣传月活动组织到位、形式新颖、效果明显，县局被州国税局评为2009年税收宣传月活动先进单位。（二）税务稽查。一是切实做好日常稽查工作。召开检查前企业座谈会，全年组织医药零售行业、豆制品加工购销行业、矿产品开采加工购销行业的67户企业开展辅导自查，有问题户43户，自查补税161万元。二是成立专项检查工作机构，制定税收专项检查工作方案，积极开展工作。三是认真开展打击制售假发票违法犯罪活动，按照《红河州国家税务局转发关于认真贯彻落实全国关于打击发票违法犯罪工作方案的通知》部署要求，全年共对251户用票户进行检查，检查发票29908份，查补收入15.2万元。四是通过综合征管软件选案24件，查结24件，查补收入30.8万元。全年查补收入总额为192万元，超额完成州局下达的收入任务指标。（三）执法检查。依托税收综合征管软件和税收执法管理信息系统，强化执法过错责任追究，全年1人受到执法过错责任追究和经济惩戒。（四）依法治税。一是完善和推行税收执法责任制，组织开展税收执法检查，不断促进执法水平的提高；二是大力整顿和规范税收秩序，切实加强矿产品及豆制品行业的专项整治工作。全年共组织矿产品及豆制品行业税收1989万元，同比增收35万元，增长101.79%；三是加大对偷、逃、骗税打击力度，全年共查处纳税户24户，查补税款30.8万元，加收滞纳金和罚款13.75万元。

【税务管理信息化建设】 一是完成网络教育与培训系统安装和调试工作。二是做好相关应用软件的升级、数据备份及维护工作。三是协助联通公司、广电公司、电信公司完成县局广域网改造工作。四是做好各种应用软件和硬件的维护工作，在硬件维护上，做到发现问题及时解决。五是做好计算机病毒的预防工作，保障计算机及网络稳定、安全、保密、高效运行。

队伍建设

【机构人员情况】 组织实施机构改革。通过召开动员大会，健全机构领导小组，实现业务平稳过渡。内设机构8个：办公室、税政科、收入核算科、政策法规科、征收管理科、办税服务厅、人事教育科、监察室；直属机构1个：稽查局；事业单位1个：信息中心；派出机构1个：异龙税务分局。全局有职工99人，其中：在职职工73人、离退休职工26人。在职职工中，男45人、女28人；本科学历20人、专科学历43人，中专学历6人、高中学历3人、初中学历1人，专科以上学历人数占86.3%；党员52名（其中在职党员41名）、团员3名。

【领导班子建设】 一是加强党组理论中心组学习和政治学习，不断增强政治敏锐性、政治洞察力和判断是非的能力。二是注重提高战斗力和凝聚力。严格执行民主集中制原则，领导班子作风优良，廉洁勤政。三是认真开展学习实践科学发展观活动，进一步创新思维，破解发展难题，积极为广大纳税人和相关部门提供优质服务。四是积极为职工排忧解难。做到情为民所系、权为民所用、利为民所谋，真心实意为职工办实事、解难题。

【廉政建设】 一是分别与249户纳税人和73户税干家属签订《廉政公约》，并按照回访面的要求进行回访。二是签订《党风廉政建设责任书》73份，全年实现税务干部违法违纪率为零的目标。三是围绕廉政文化建设工作的内容，以“廉政天下公”、“助廉净家风”为主题，开展家庭助廉、编发廉政信息、传唱廉政歌曲等活动，推进廉政文化进机关、进家庭的活动。四是组织干部职工开展“11·28”专案警示教育学习、收听“金色热线”、“红河纠风热线”节目、听《反渎职侵权报告》等，提高税务干部依法行政和公正执法的自觉性。五是开展干部廉政谈话。分别对提拔的3名中层干部和交流轮岗的5名干部进行廉政谈话，进一步促进干部廉洁从政，保证党的路线、方针、政策的贯彻执行。六是开展税收执法监察。在做好日常执法监察的同时，针对监察子系统中出现的疑点问题开展税收执法监察与管理。全年共通过监察子系统疑点清册发现疑点1个，已按程序检查结案归档。

【精神文明建设】 一是深入开展学习实践科学发展观活动，用科学发展观统领税收工作，紧扣“创新发展年”的工作主题，大力组织税收收入，税收收入突破亿元。二是积极开展各种主题教育活动，激发干部职工的责任意识和积极向上的精神，增强干部职工的工作责任心和为纳税人服务的自觉性。三是按照州局要求积极开展摄影、书法创作活动，并将优秀作品上报参赛。四是积极参加文艺汇演。在8月初州局举办庆祝建国60周年文艺汇演中荣获三等奖 。五是积极开展“爱国歌曲大家唱”活动。在庆祝新中国成立60周年之际，高唱爱国歌曲，广泛开展“迎国庆、讲文明、树新风”活动和群众性爱国主义教育活动。2009年2月，计划征收科被云南省国税家税务局、云南省妇女联合会命名为“巾帼文明岗”。

【教育培训】 一是按照“以用逼学、以学促用”的思路，积极创建学习型机关，通过各种有效手段和方法提高职工的专业技能。二是根据各业务部门的特点和需要制订年度教育培训计划，按“缺什么补什么”的原则，定期不定期对208人进行税收业务、会计知识、公文处理、稽查业务等各方面的授课，同时在开展培训的同时，层层选拔一批基础好、可塑性强的人员，由上级进行专门教育培训，造就一批高素质人才和复合型人才。三是加强对兼职教师队伍的管理和建设，加大对培训者的培训，提高兼职教师教学水平和管理能力。四是严格对教育培训进行考核评估。根据培训的内容，设定科学的考核指标，制定教育培训评估细则，对每次教育培训情况，依据教育培训的内容、项目、标准和具体要求进行详细的考核评估，真正提高教育培训的实效。五是加强教育培训管理。引入奖惩机制，严格执行教育培训签到制，加强对教育培训纪律的监管。六是以老带新、互帮互学，共同提高。七是在单位内部广泛开展业务竞赛、岗位练兵活动，不断掀起干部职工学习业务的热潮和“学、比、争”的氛围。

（方　焱）

弥勒县国家税务局

经济概况

2009年，弥勒县实现生产总值（GDP）122.51亿元，比上年增长9.2%。其中，第一产业增加值10.96亿元，增长6.7%；第二产业增加值95.14亿元，增长8%；第三产业增加值16.41亿元，增长18.8%。三次产业的结构比例由上年的8.8∶78.6∶12.6变化为8.9∶77.7∶13.4。完成农业总产值21.41亿元、工业总产值162.96亿元、固定资产投资48.02亿元，实现消费品零售总额14.09亿元，实现财政总收入10.46亿元，金融机构各项存款余额42.84亿元、贷款余额57.49亿元，在岗职工年人均工资2.57万元，农民人均纯收入3606元。

税收概况

【收入完成情况】 2009年，弥勒县国家税务局组织各项税收收入4.47亿元，比2008年增收2993万元，完成州局下达任务4.40亿元的101.71%。其中：增值税完成3.38亿元，同比下降5.86%；消费税完成955万元，同比下降5.91%；企业所得税完成6388万元，同比增长50.70%；储蓄存款利息所得个人所得税完成217万元，同比下降53.43%；车辆购置税完成3335万元，同比增长4406.76%。

【收入特点】 一是从总体上看，全县税收收入增幅低于GDP增幅，税收弹性系数为0.7。原因是国家推行税制改革，增值税由生产型转为消费型，同时降低小规模纳税人征收率。二是企业所得税收入增收较大。主要是红云红河集团合并，云南省烟草公司红河州公司弥勒分公司2008年度汇算清缴申报补缴1006万元；非烟草行业因政策优惠到期或企业效益提升，税源范围扩大，税收逐步增加。三是车辆购置税创新高。受国家扩大内需、刺激经济发展、出台一系列惠民利国政策的影响，车辆购置税征收达历史最高峰，全年征收各类车辆13492辆，入库税款3335万元，同比增收3261万元，增长4406.76%。

【税源分析】 受全球金融危机冲击，特别是受国际有色金属矿产品价格振荡下跌影响，增值税重点税源税收逐月下滑，导致总体税收连续11个月下滑。全县50户重点税源企业占税收总收入的86.13%。与上年相比有26户企业增收，24户企业减收，增长大的主要是发电、糖、葡萄酒等生产企业，主要有云南力量生物制品（集团）有限公司增收725万元，云南华电巡检司发电有限公司增收724万元，云南高原葡萄酒有限公司增收182万元；减收大的企业主要是云南弥勒县磷电化工有限责任公司减收945万元，弥勒县吉成能源煤化工有限责任公司减收849万元。

【税务管理】 截至12月31日，县局征管户6575户（其中：企业758户，个体5817户），申报率100%，税款入库率100%，滞纳金加收率100%。增值税一般纳税人252户，小规模纳税人4794户。交换工商税务信息12期。电子定税4203户，追缴新欠税款664万元。稳步开展实时扣税、银行储蓄扣税、多元化申报、网络认证等工作，介质申报3386户次，储蓄扣税4257户次，实时扣税3476户次。共计销售增值税专用发票11554份、普通发票317804本/份，共填用票证44168份（作废883份）。为方便纳税人，优化发票验旧业务流程，整合车辆购置税业务，延伸车辆购置税征收服务内容。委托县农村信用合作联社、石锁高速公路建设指挥部代开零散税源的普通发票和代征税款。8月1日起，由纳税人自行开具摩托车销售统一发票（电脑版）。对长期税负较低的行业进行综合纳税评估。对389户用票户17488份发票使用情况进行检查，对105户（次）发票用户进行发票违章行为处罚5.51万元。配合做好家电下乡工作，确保农民取得符合兑现补贴要求的发票。

各项工作

【税收法制建设】 在全球金融危机影响下，认真落实组织收入原则，把握工作重点：一是从2009年1月1日起执行《中华人民共和国增值税暂行条例》、《中华人民共和国消费税暂行条例》；二是贯彻落实阳光政府“四项制度”，畅通96128政务信息查询专线；三是对全局执法人员组织培训《行政复议法》、《行政诉讼法》，深化、细化执法考核，严格责任追究，确保全年零过错；四是严格执行国家结构性减税政策，不折不扣地将增值税转型带来的实惠落实到纳税人身上。

【税收征管】 （一）增值税。从1月1日起执行增值税转型改革政策，全年共有63户一般纳税人申报抵扣固定资产进项税额923.74万元。核查转出10户28项不符合抵扣固定资产进项税额33.25万元。对20户一般纳税人进行纳税评估，3户政策辅导，共补交增值税101.81万元，消费税18.58万元，作增值税进项税额转出51.15万元，加收滞纳金7.02万元。受理一般纳税人认定和转正审批53户，其中超标认定8户。有131户增值税一般纳税人纳入防伪税控系统管理。金税工程平稳运行，共认证增值税专用发票抵扣联20039份，认证相符20039份，有3户增值税一般纳税人实行网上认证。自9月1日起，福利企业实行先评估后退税，2009年12户福利企业共安置残疾人278人，安置比例达38.4%，应缴增值税1176万元，应退税额971万元。销售自产农产品和化肥、农药、农机、饲料、种子、种苗、粮食收储、废旧物资回收经营、资源综合利用的纳税人共98户享受增值税税收优惠政策，共申报免税销售收入10.96亿元；23户购进农产品生产企业抵扣增值税1836万元，78户一般纳税人购销货物抵扣运输发票增值税1671万元。（二）消费税。对企业通过关联交易，销售价格明显低于成本价销售的进行评估，补缴消费税18.58万元，加收滞纳金1.47万元。（三）所得税。加强对10户重点税源的监控和分析，做好5户汇总缴纳企业就地预缴管理；对不同行业、不同征收方式的纳税人进行分类管理。做好企业所得税汇算清缴工作，确保应补退企业所得税事项按期完成。落实税收优惠政策：免税收入86万元；支付安置残疾人工资加计扣除35.9万元；享受小型微利企业26户，减免税款7.9万元；享受过渡期优惠政策14户，税款2371万元。评估10户企业，补缴企业所得税4.49万元，加收滞纳金3478元。审批资产损失税前扣除1473.09万元。（四）车辆购置税。2月州交警支队弥勒车辆管理所挂牌办理业务后，承担弥勒、泸西两地汽车车辆购置税的征收工作，全年共征车辆13492辆。2009年1月20日~12月30日购置1.6升及以下排量乘用车，暂减按5%征收车辆购置税，共减征车辆3103辆，减征税款772万元。自9月1日起，车辆购置税电子档案由国税部门保管，使用车辆购置税征收管理系统管理，纸质征收档案由纳税人自行保管，在车辆发生转籍、过户、变更等业务时，由纳税人提交主管税务机关。对涉及全县的1628条报废车辆数据进行清理、核查，42条属于弥勒县征收信息。（五）出口退税管理。2009年共有1户生产企业销售出口货物，出口货物销售额254.09万元。

【税收执法】 （一）税收宣传。4月，开展以“税收·发展·民生”为主题的第18个全国税收宣传月活动：在办公楼、各乡镇、超市悬挂、张贴标语、口号和宣传画，在弥勒电视台黄金时间播放税收宣传主题和税收政策法规。利用“阿细跳月节”在西三镇民族文化广场，向纳税人、过往群众、出席活动的领导、嘉宾，赠送税收政策材料。结合增值税转型、部分产品提高出口退税率、1.6升及以下车辆减半征收车购税、“家电下乡”和“农具下乡”税收财政补助、涉农优惠、下岗再就业优惠、企业所得税等税收优惠政策变动情况，制作简易实用的税收宣传材料专题宣传。召开30户重点企业法人代表、财务负责人税收宣传座谈会。把税收新政策制作成电子邮件，发送给纳税人，并通过邮件接受纳税人填报的部分资料。与政协委员进行提案的面商座谈，通过宣传，深受感动的参会政协委员纷纷表示国家扶持非公经济的税收政策非常好，希望以后多沟通。自制税收宣传短信9条，上报税收发展民生征文3篇，制作税收公益广告和税收小动漫。整个宣传活动切合实际，紧扣主题。（二）税务稽查。2009年实施税务稽查14户，查有问题12户。其中：专项检查6户，分类稽查8户，查补收入10.98万元，其中：税款7.03万元，罚款1.73万元，加收滞纳金2.22万元，入库率100%，处罚率24.71%，选案准确率85.71%。对50户纳税企业实行查前告知，通过企业自查和自查辅导，补税650.1万元，加收滞纳金41.74万元，自查补缴收入合计691.84万元。全年稽查查补收入合计702.82万元（含自查补税），在实施税务稽查过程中，检查调减2户企业亏损额295.86万元。（三）执法检查。对有无越权或违规制定涉税文件，新所得税法及相关政策的执行情况，重点行业管理是否到位，为小规模纳税人代开增值税专用发票是否规范，税务稽查执法情况等内容进行重点检查，经自查和州局检查，未发现突出问题。2009年受理增值税专用发票最高开票限额行政许可15件。（四）依法治税。充分发挥税收职能，服务社会经济发展。一是不折不扣将税收优惠政策落实到位；二是认真贯彻执行新的《中华人民共和国增值税暂行条例》和《中华人民共和国消费税暂行条例》；三是与公安、地税部门协同作战，联合开展打击制售假发票和非法代开发票专项行动。对发票使用问题突出的建筑安装、打字复印两个行业进行拉网式突击清查，查获并收缴发票替代物（收据）2673份，对未按规定开具发票的依法进行处理处罚，受托协查外地假发票1起2份。

【税务管理信息化建设】 推行机动车发票税控系统和网络版介质申报系统。12月底完成远程教育培训系统和广域网络的改造扩容工作，全局广域网从原来由中国电信提供的单一接入形式，改建成分别由广电、电信和联通公司提供的A、B、C三线路接入形式，高清视频会议系统正式启用。全年新增计算机、打印机、交换机等设备59台，规范设备配置档案。对全局计算机进行涉密和非涉密分类、标识、检查。派专人参加全州信息等级保护安全知识培训，完成全局重要信息系统安全保护定级工作。

队伍建设

【机构人员】 9月，按照省、州局统一部署和要求，实施机构改革工作，召开动员大会、健全机改领导小组，在原有机构上撤销流转税管理科、计划征收科，新设货物和劳务税科、所得税科、办税服务厅、政策法规科、纳税服务科、收入核算科，实现机构人员和业务平稳过渡。现有内设机构10个（办公室、货物和劳务税科、征收管理科、人事教育科、监察室、办税服务厅、所得税科、纳税服务科、政策法规科、收入核算科）；直属机构1个（稽查局）、事业单位1个（信息中心）；派出机构1个（弥阳税务分局）。党群组织有：党总支（下设3个党支部），工会（下设4个工会小组）、妇委会、老年人协会。2009年底在职职工98人，男职工70人，女职工28人。学历结构：研究生1人，本科33人，大专56人，中专4人，高中4人。年龄结构：50岁以上11人，41~50岁57人，31~40岁23人，30岁以下7人。离退休干部48人。全局党员73人。

【领导班子建设】 县局党组把认真“学习实践科学发

展观”作为学习重点和长远的学习内容。坚持党组中心组学习制度、民主生活会制度、政治理论学习制度、领导干部工作联系点制度和实行领导AB角工作制。

【廉政建设】 以深入贯彻落实科学发展观为重点，加强党风廉政建设。2009年，与税务干部层层签订《党风廉政建设责任书》98份，与全局干部家属签订家庭《廉政公约》98份。与纳税人签订征纳双方《廉政公约》2776份，县局中层干部廉政谈话2次21人，组织全局在职税干收看《赌之害》等警示教育片12部。召开特邀监察员座谈会，向来自企业、个体纳税户的7名特邀监察员征求意见和建议。对税收执法监察子系统产生的2个疑点进行核查。公示个体纳税人税收定额核定和调整10期4203户，畅通96128查询专线。廉政回访税干家属98人、纳税人288人。通过对税干家属和纳税人的回访，没有发现税干不廉政行为，家属、纳税人反映良好。税干拒收现金1人次，金额1000元。

【精神文明建设】 对省局已命名的“文明单位”进行复查。开展学习实践科学发展观活动和“感动中国”电视专题教育活动，邀请县委学习实践科学发展观第五指导组组长何德强老师对全体职工、离退休党员进行专题讲座。4名干部职工义务献血1200毫升。举办营养学知识讲座，倡导健康新理念。开展“万名妇女讲礼仪”知识竞赛和文艺汇演，王秀珍同志被评选为全县首届十佳“优秀母亲”。开展共建和谐家庭评比活动，1户受县总工会表彰。2009年，计划征收科被省妇女联合会、省局命名为“巾帼文明岗”。篮球队获全县首届“和谐杯”篮球赛道德风尚奖；健美操队获全县首届“太阳魂杯”阿细跳月健身操赛组织奖。

【教育培训】 结合税干和企业办税员业务参差不齐的实际，举办各类培训5期，培训企业办税人员和税务干部423人次。其中：企业所得税纳税政策培训2期，代开普通发票操作业务培训1期，税收管理与业务技能培训1期，税收法制暨执法系统升级培训1期。全年支出培训费2.61万元，人均支出培训费267元。完成1人研究生在职学历教育。

（冯丽清）

泸西县国家税务局

经济概况

2009年泸西县实现生产总值（GDP）27.89亿元，同比增长11.1%，其中：第一产业7.75亿元，增长6.4%；第二产业9.5亿元，增长13.5%；第三产业10.64亿元，增长12.3%，三次产业的结构比例为27.8:34.1:38.1。人均生产总值7098元，增长9.9%。实现财政总收入4.95亿元，增长20.5%，其中地方一般财政预算收入2.61亿元，增长29.8%；地方一般预算支出9.1亿元，增长31%。农村居民人均纯收入2988元，增长14%，城镇居民人均可支配收入9160元，增长13.8%。完成固定资产投资30.02亿元，增长38.5%。金融机构各项存款余额41.08亿元，比年初增长31.91%，各项贷款余额23.17亿元，比年初增长22.99%。

税收概况

【收入完成情况】 2009年，泸西县国家税务局组织各项税收收入2.72亿元，同比增收1651万元，增长6.45%，完成年初任务101.03%，其中：增值税收入2.26亿元，同比减少461.4万元，下降2%，完成年度计划2.51亿元的89.93%；消费税收入13.5万元，同比增收8000元，增长6.3%，完成年度计划13万元的103.85%；企业所得税收入4252.8万元，同比增收2074.6万元，增长95.24%，完成年度计划1632万元的260.59%；储蓄存款利息所得个人所得税收入119.3万元，同比减少154.6万元，下降56.44%，完成年度计划116万元的102.84%；车辆购置税收入238万元，同比增收193万元，增长428.89%，完成年度计划50万元的476%。

【收入特点】 一是由于金融危机的影响，各月税收入库不均衡，有10个月低于月平均入库数，其中11月份最低入库1232.2万元、12月份最高入库4526.3万元；二是增值税、企业所得税保持税收支柱地位，两税种入库2.69亿元，占总收入的98.64%；三是税收收入低于GDP增长速度4.65个百分点。

【税源分析】 主要税源由煤炭、烟草、电力、商业、建材、黑色金属冶炼、酒构成，分别占总收入的40.8%、21.88%、9%、24.03%、1.27%、0.55%、0.03%。一是增值税主体税源增减幅度较大。烟叶复烤受企业跨年度结算的影响，入库税收1705.4万元，同比增收934.7万元，增长121.28%；2户水泥生产企业不再享受资源综合利用即征即退政策，入库税收285.1万元，同比增收111.8万元，增长64.51%；煤炭行业受金融危机、增值税转型改革影响，入库税收1.11亿元，同比减收1647万元，下降12.91%；电力行业受全年降雨量减少和金融危机间接影响，入库税收2451.7万元，同比减收645.3万元，下降20.84%；黑色金属冶炼行业受金融危机直接影响，入库税收150.4万元，同比减收676.1万元，下降81.80%。二是车辆购置税由于汽车、摩托车等被列为“家电下乡”活动系列产品，入库238万元，同比增收193万元，增长428.89%。三是企业所得税受所得税征期变动的影响，入库4252.8万元，同比增收2074.6万元，增长

95.24%。四是储蓄存款利息所得个人所得税自2008年10月9日起执行免税政策，入库119.3万元，同比减收154.6万元，下降56.44%。

【税务管理】 (一)深入开展"学习实践科学发展观"活动。按照"党员干部受教育、科学发展上水平、人民群众得实惠"的总体要求和《泸西县第二批开展深入学习实践科学发展观活动的实施方案》部署，健全领导机构、制订实施方案，3月27日~8月30日，按照学习调研、分析检查、整改落实各个阶段的工作步骤和要求，组织开展学习实践活动，促进国税事业科学发展。(二)组织实施机构改革。通过召开动员大会、成立机改领导小组，并严格按照《红河州国家税务关于印发泸西县国家税务局机构设置人员编制和工作职责的通知》要求，组建政策法规科、办税服务厅、收入核算科，实现业务平稳过渡。(三)抓好老办公楼修缮改造工作。老办公楼始建于1988年，建筑面积2171.14平方米。1996年经县城乡建设环境保护局鉴定该房存在严重安全隐患，要求进行大修或改造后方可使用。2008年6月2日被省局批准立项，总投资为325万元。2009年9月24日在州建设局工程交易中心举行招标现场会，云南环宙装饰有限公司中标，中标价为320.49万元，11月2日正式实施修缮改造。

各项工作

【税收法制建设】 (一)全面贯彻落实省人民政府阳光政府"四项制度"，成立实施阳光政府"四项制度"领导小组，下设办公室在征管科，召开动员大会，拟定实施意见，制订实施方案。(二)认真开展"五五"法制宣传教育和"三五"依法治县工作，在全体干部职工中广泛开展宣传教育，增强法律意识。

【税收征管】 (一)各税管理。认真贯彻落实增值税转型改革工作。通过抓培训、宣传辅导和严把抵扣关，全年共抵扣固定资产进项税1911.2万元。抓好运输发票的抵扣管理工作，全年共抵扣运输发票进项税810.3万元，同比减少637.4万元，下降44.02%。做好一般纳税人认定工作。一是抓好超标小规模纳税人的认定工作，对超过标准的一律认定为增值税一般纳税人；二是把好认定审核关，认定增值税一般纳税人36户(辅导期9户、暂认定3户、正式认定24户)。认真贯彻落实促进残疾人就业税收优惠政策，依法办理9户社会福利企业即征即退增值税928.6万元。加强"四小票"管理。把好领用关、开具关、抵扣关，并严格要求纳税人建立健全有关台账。扎实开展纳税评估工作，组织专项评估4户、重点税源评估14户，补缴增值税122.3万元，加收滞纳金13.4万元。做好金税工程工作。一是两个采集率(数据采集率、档案信息采集率)达到100%；二是加强红字发票管理工作。加强个体工商业户定额核定管理工作，对1368户个体工商业户(182户新开业户、1186户到期户)进行认真审核。认真做好企业所得税汇算清缴。2008年度实有企业所得税征管户89户，开业户数85户，应参加汇算清缴62户，通过汇算清缴，62户汇算清缴户共实现营业收入11.32亿元，营业成本9.14亿元，营业利润4849.24万元，实际应纳所得税额284.42万元，已预缴所得税额199.45万元，补缴企业所得税84.97万元。认真做好车辆购置税管理工作。一是大力组织车辆购置税收入；二是落实车辆购置税"一条龙"管理措施，做好异常发票的采集、传递、清分工作，审核异常发票75份，补税罚款1852.76元。(二)出口退税管理。一是加强对涉外企业的税收管理，深入企业强化政策宣传辅导，确保各项政策顺利贯彻实施；二是加强出口退税的审核工作，对森菊公司认真进行初审，全年共审核免抵税额65.5万元，退税8.6万元。(三)发票管理。一是加强代开发票管理，把代开的普通发票录入综合征管软件并适时监控；二是建立国税、地税普通发票管理联席会议制度，及时通报和交换信息；三是按照《红河州国家税务局转发关于认真贯彻落实全国关于打击发票违法犯罪工作方案的通知》部署和要求，全年检查商业零售行业118户(企业27户、个体91户)，检查《云南省商业零售统一发票》1506份，有问题发票34份，罚款1.14万元，补交税款4.89万元，加收滞纳金5524.41元；四是在打击发票犯罪"端点"行动中，查有问题发票26份，补缴增值税6.11万元，加收滞纳金1.09万元，罚款3.13万元。

【税收执法】 (一)税收宣传。充分利用4月份开展全国税收宣传月活动的有利时机大力宣传。通过悬挂标语横幅、张贴宣传画册、利用办税服务厅电子屏幕和《泸西之窗》网站滚动播放宣传标语口号及税收政策法规，联合公安、地税部门组织开展打击发票违法犯罪宣传活动，对汽车修理行业开展专题宣传，参加国家税务总局举办的手机短信大赛，使整个税收宣传活动开展得有声有色。建立健全税收宣传长效机制，在日常征管、稽查、纳税服务、咨询辅导等各个环节开展宣传。在"家电下乡"活动中，深入各乡镇、街头巷尾、农村集贸市场、专业大户、各村民委广泛宣传国家税收优惠政策，重点宣讲"农业生产者销售自产初级农业产品"免征增值税等涉农税收优惠政策，使广大农民百姓真正了解到惠及他们的税收政策法规。(二)税务稽查。一是扎实开展税收专项检查，确定全年检查重点为红河生菊生物有限责任公司、中国工商银行泸西县支行。通过检查，查补各项税收入库2万元(其中：增值税7097.01元，企业所得税5753.55元，滞纳金3614.42元，罚款3548.51元)。二是认真开展分类稽查，2009年确定县昌平煤业有限责任公司、县小黑箐煤矿等14户纳税人为稽查对象，下发《税务稽查查前告知书》14份。通过纳税人自查、重点稽查等方式，查补入库410.94万元(其中：增值税394.25万元，滞纳金14.25万元，罚款2.44万元)。(三)执法检查。一是召开税收执法专题分析会议，分析研究税收执法综合运行情况及考核出现的问题，并针对问题认真查找原因、分析根源所在。二是针对少部分干部职工综合征管软件操作不熟练的情况，开展以新考核系统设定的考核指标所设定的业务规范为内容的培训，杜绝在业务操作中不必要的错误发生。三是认真开展执法检查，重点放在执法是否规范、有无执法过错行为、整改是否到位等方面。(四) 依法治税。一是强化欠税管理，实现无新增欠税目标。二是严肃查处县大沙地电站取得虚开增值税专用发票案，8 月审查结束，补缴税款 102.43 万元，加收滞纳金 12.77 万元，处以罚款 51.22 万元。

【税务管理信息化建设】 (一) 做好综合征管软件升级维护。一是按照省局的升级部署，8 次对综合征管软件各客户端进行升级。二是全年维护数据库 10 次。(二) 做好计算机安全防护。一是针对 WINDOWS XP SP2 及 SP3 升级系统漏洞，安装 360 安全卫士及 ARP 防火墙。二是开展计算机安全保密教育。三是督促干部职工使用国税系统局域网桌面安全防护系统。(三) 顺利完成全省国税系统网络教育培训系统及广域网改建扩容工作，12 月 8 日成功将主干网络正式切换到广电网络的 A 线路上。

队伍建设

【机构人员情况】 2009 年，有在编干部职工 67 人 (其中：公务员 64 人，工勤人员 3 人；男 48 人，女 19 人；本科 19 人，占 28.36%，专科 43 人，占 64.42%，中专 1 人，占 1.49%，高中 4 人，占 5.97%)，离退休人员 21 人 (男 18 人，女 3 人)，设有党总支 1 个，党支部 4 个，党员 57 人 (在职 46 人、离退休 11 人)，9 月底机改结束，设有 8 个内设科室 (办公室、人事教育科、监察室、征收管理科、税政科、政策法规科、收入核算科、办税服务厅)、1 个事业单位 (信息中心)、1 个直属机构 (稽查局)、1 个派出机构 (中枢税务分局)。

【领导班子建设】 一是按季开展好党组中心学习组学习，党组成员分别按州局党组安排的学习专题撰写发言提纲。二是组织召开党组民主生活会，以"加强领导干部党性修养，树立和弘扬良好风气"为主题，在班子成员中开展批评与自我批评。三是加强廉政建设，班子成员自觉接受纳税人和群众的监督，全年无人违反党纪国法。四是全年深入企业开展调研 15 次。

【廉政建设】 (一) 抓教育。一是认真学习胡锦涛总书记在十七届中央纪委第三次全会上的重要讲话精神。二是在广大党员干部特别领导干部中深入开展党性党风党纪和税务系统廉洁自律相关规定教育。三是开展正反典型事例教育。4 月 24 日学习英雄模范人物王瑛先进事迹；6 月 9 日参观由州检察院主办，县纪委、组织部、检察院、监察局承办的反腐倡廉暨预防职务犯罪教育展览；8 月 18 日观看警示教育系列专题片《高墙悲歌》。(二) 抓落实。一是 4 月 1 日召开党风廉政建设工作会议。二是签订《党风廉政建设责任书》67 份。三是与 15 名中层干部进行廉政谈话。四是聘请来自县纪委、公安、司法等部门人员和纳税人代表作为特邀监察员。五是与 114 户纳税人签订《廉政公约》，回访 125 户；与 67 户干部职工家属签订家庭《廉政公约》，回访 47 户。(三) 抓监督。一是畅通监督渠道，强化信访、监督举报电话等信息的收集，深入到纳税人中了解干部遵守纪律的情况。二是完善重大事项报告、述职述廉、民主评议、诫勉谈话和函询等制度，加大领导干部个人重大事项报告制度执行情况的监督。三是对州局考察任用科级干部 1 人、副科级干部 1 人、县局考察任用中层干部 2 人、老办公楼修缮改造工程等进行监督。

【精神文明建设】 一是根据《云南省国税系统文明创建管理办法》，按照届满重新申报的规定，组建创建领导小组，制订创建计划，申报省局文明单位。二是积极开展献爱心活动。支持永宁乡大棚蔬菜建设 2 万元；支持白水镇红杏村开展新农村建设 3000 元；6 月 14 日冰泡灾害捐款 3750 元；7 人无偿献血 1400 毫升；班子成员和中层干部为病逝离休人员陈世璋家属捐款 2300 元。三是计划征收科、中枢税务分局、信息中心被县委、县政府授予"财税先进集体"，5 人荣获"财税先进个人"；3 人被州局记三等功；2 人被州局命名为"精神文明先进个人"。

【教育培训】 一是组织 13 人分别参加省局、州局举办的流转税业务与管理技能、出口货物退免税和国际税收管理业务、瑞星杀毒软件、企业会计核算及所得税、税收法制暨执法系统升级、信息工作、网络教育培训；二是组织 13 人参加稽查业务考试；三是举办煤炭税收征管业务能手、所得税介质申报、增值税转型等业务培训；四是选送 1 人参加初任培训；五是 5 人获得本科毕业证书。

(赵 锋)

屏边苗族自治县国家税务局

经济概况

2009 年，屏边苗族自治县生产总值 (GDP) 10.82 亿元，同比增长 10.8%。其中，第一产业增加值 3.35 亿元，同比增长 6.3%；第二产业增加值 3.3 亿元，同比增长 6.2%；第三产业增加值 4.17 亿元，同比增长 18.1%。三次产业的结构比例为 30.96∶30.5∶38.54。财政总收入 9186 万元，同比减收 814 万元，减少 8%。地方财政一般预算收入完成 4691 万元，同比增收 503 万元，增长12%。

税收概况

【收入完成情况】 2009年，屏边苗族自治县国家税务局共计入库各项税收3851万元，同比减收1016万元，下降20.88%。其中：增值税完成2975.91万元，同比减收1431.09万元，下降32.47%；消费税共计完成3万元，同比减收10万元，下降76.92%；储蓄存款利息所得个人所得税完成25万元，同比减收28万元，下降52.83%；企业所得税完成777万元，同比增收430万元，增长123.92%；车辆购置税共计完成75万元，同比增收30万元，增长66.67%；

【收入特点】 一是税收低于经济增长速度，全县生产总值增幅为10.8%，而税收降幅达20.88%；二是主体税种增值税受国际金融危机影响明显，收入大幅下滑；三是单一税源结构导致税收收入的不稳定性特点突现，2008年支撑税收大幅增长的化学化工产品业、黑色金属冶炼业、非金属矿物制品业，2009受国际金融危机影响，产品价格大幅下跌，产销量大幅缩减，税收减幅较大，电力行业则受干旱天气影响导致发电量大幅下降，税收同比大幅下滑；四是企业所得税税收呈现大幅增长势头。

【税源分析】 （一）增值税。2009年主要税源有零售业、化学化工产品业、黑色金属冶炼业、电力行业。1.零售业。共计入库602.78万元，同比增收206.23万元，增长52.01%。增收的主要因素是县烟草公司划入增值税同比增加168.61万元。2.化学化工产品业。共计入库1206.25万元，同比减收1115.94万元，下降48.06%。减收原因是国际金融危机影响黄磷产品价格持续走低，县黄磷生产企业长期倒挂生产，产量同比减少4951吨，收入减少14387万元。3.黑色金属冶炼业。共计入库107.68万元，同比减收318.68万元，下降74.74%。减收原因主要是产品市场价格低，企业全年仅生产60天，产量同比减少6670吨，收入同比减少7122.25万元。4.电力税收。共计入库1059.2万元，同比减收99.67万元，下降8.61%。减收原因是2009年天气干旱，企业发电量随县内降雨量减少，加之电力产品定价下调，县内原供应冶炼企业的电力产品由于冶炼企业停厂而上大网销售，上网电价由每度0.215元下调至0.13元，导致销售收入减少。（二）企业所得税。共计入库777.12万元，同比增收429.55万元，增长123.59%。增收原因：一是县烟草公司划入所得税同比增加144.35万元；二是2009年加大对所得税的纳税评估，补缴部分所得税。

各项工作

【税收法制】 一是认真开展普法依法治理工作。按照县委普法办工作要求，成立普法领导小组，建立健全普法机构，制订工作计划并认真组织实施。开展党组理论中心学习组带头学法活动，每个季度指定一名发言人收集整理资料在会议上组织学习，并将资料发布于内部政务网站供全局干部学习，认真组织副科级以上领导干部参加县委、县政府举办的法制教育考试；二是组织干部职工参加省、州、县举办的法律知识培训，重点开展《中华人民共和国刑法修正案（七）》、《企业所得税法》、《增值税暂行条例》、《消费税暂行条例》等法律法规的学习培训活动，加强本区域纳税人的税法普及工作；三是进一步完善税收执法责任制、严格责任追究制度。依托税收执法管理信息系统，强化过错责任追究，全年实现执法行为的零过错。

【税收征管】 2009年税务登记户共1724户。全年办理税务登记472户，其中新设立登记276户、变更税务登记93户、注销税务登记103户。委托代征户6户（其中：2009年签订委托代征协议书2户，以前年度签订4户）。（一）清理漏管户，加强户籍管理。一是按月与工商部门进行信息交换，从中及时发现应办未办税务登记情况；二是委托工商部门向办理营业执照人员发放《办理税务登记通知书》；三是向技术监督局及时了解办理组织机构代码证的情况；四是加强税收管理员日常巡查，全年共清理应办未办税务登记的业户70户。（二）强化普通发票管理。一是税收管理员对申请领购发票的业户进行实地核实办理发票审批；二是根据业户经营规模限量供应发票；三是按月对发票进行审验，对发票开具金额超定额或不达征点的用票户发票开具金额达征点的计算征收税款。（三）开展催报催缴严控欠税产生。一是加强纳税申报审核和税款缴库监控，进行电话提醒或上门催报催缴；二是征期结束前对申报异常户进行情况核实，防止欠税的产生，实现全年无新欠税产生。（四）进一步落实税收管理员制度。严格遵循管户与管事、管理与服务、属地与专业、集体履职与个人分工相结合的原则，设立个体管理组和企业管理组，企业管理组细化为一般纳税人和小规模纳税人分别管理，管户明确到人，杜绝管户不清、职责不明，进一步提高税收征管水平和效率。（五）认真开展企业所得税汇算清缴。2008年共有企业所得税登记户31户，开业户30户，应参加汇算清缴户29户，实际参加汇算清缴29户，同比增加1户。（六）做好介质申报推行。税收管理员一对一辅导纳税人完成年度申报电子表格的填报，加强表格审核，对电子申报数据与纸质申报数据进行比对，确认一致后导入征管软件，顺利完成介质申报推行工作。（七）抓好纳税评估，促收入强管理。抽调20人组成四个评估小组，筛选出20户企业实施纳税评估，评估入库税款31万元，加收滞纳金1347.87元。（八）制定征管档案管理办法，规范征管档案管理。

【税收执法】 （一）税收宣传。认真开展全国第18个税收宣传月活动，结合实际，紧扣“税收·发展·民生”主题，出动10余人与地税部门联合开展纳税咨询、税收政策宣传，现场受理税收政策、业务咨询30余人，发放宣传材料2000余份，悬挂宣传布标6条，张贴宣传画30余张；通过县电视台播放宣传口号4条，在《今日屏边》做宣传1期；抓好新修订后的《增值税暂行条例》、《消费税暂行条例》的宣传培训，确保国家结构性减税政策的贯彻实施，组织召开全县50户增值税一般纳税人财务人员参加的流转税培训会议。（二）税务稽查。在认真开展政策辅导、实行查前告知的基础上，做好案头分析，创新检查方法，首次尝试使用查账软件开展检查工作，共检查纳税人11户，查补入库税款（含自查补税）、滞纳金、罚款合计4.89万元，其中：税款2.79万元，加收滞纳金4745.96元，罚款1.63万元；对未按规定期限办理登记的70户纳税人罚款1360元；对106户个体工商户、8户企业开展发票检查，检查发票7790份，有问题4户，违章发票7份，罚款2563.46元，补税136.46元，加收滞纳金57.54元；加强与公安部门协作，全年追缴入库税款33.59万元。（三）执法检查。一是开展对地方党政、税务机关以及其他部门有无越权或违规制定涉税文件情况的检查，未发现越权或违规制定涉税文件；二是开展企业所得税管理是否符合国家统一政策的检查。经查，税率执行正确，税收优惠政策全部经省、州国税局批准，税前扣除审批手续齐全，程序合法，无企业所得税预缴、延期缴纳税款审批等事项发生；三是开展对重点行业管理的检查，重点对发电和大型连锁超市两个行业进行检查。经查，全年有供电企业1户按17%的税率征收增值税，发电企业22户（装机容量均未超过5万千瓦）按照简易办法按6%征收增值税，大型连锁超市2户采用核定营业额办法征收增值税；四是开展对小规模纳税人代开增值税专用发票规范性检查。全年为小规模纳税人代开增值税专用发票29次，代开增值税专用发票47份，其中：正常发票42份，金额182.05万元，征收增值税款5.62万元，经检查，申请代开的小规模纳税人均属于县局辖区内纳税人，有规范的工商登记和税务登记，有真实的货物或劳务交易，开具的数量和金额属实，征收增值税使用的征收率符合税法规定，无违规收取代开费用和虚设小规模纳税人用于代开增值税专用发票情况。

【税务管理信息化建设】 一是以系统安全为目标，切实做好应用系统运行维护，确保网络、设备和信息系统的安全、稳定、高效运行，更换机房空调、配置灭火设备及安全电源插座，确保中心机房安全；二是严格执行节假日网络与信息安全保障值班制度，加强移动存储设备和网络管理；三是严格执行《屏边县国家税务局计算机安全管理制度》、《屏边县国家税务局广域网管理制度》、《屏边县国家税务局计算机病毒管理制度》、《屏边县国家税务局网络及计算机应急预案》。

队伍建设

【机构人员】 按照省、州局部署和要求，开展机构改革工作。内设机构8个（正股级），即办公室、政策法规科、税政科、收入核算科、征收管理科、人事教育科、监察室、办税服务厅；直属机构1个（副科级）即稽查局；派出机构1个（副科级）即玉屏税务分局；事业单位1个（正股级）即信息中心。全局在职干部职工41人，平均年龄43.2岁。大学本科学历9人，占21.95%，大学专科学历24人，占58.54%。中共党员23人，占56.1%。退休干部职工18人，其中提前退休人员2名。

【领导班子建设】 一是认真开展理论中心组学习活动，全年学习4个专题，先后开展科学发展观、夯实税收征管基础、社会主义核心价值体系、庆祝祖国60华诞坚定走中国特色社会主义道路等方面的理论学习。学习过程中，每个专题由一名局领导进行发言，共同分析讨论，形成学习材料供全局干部职工学习；二是认真开好党组民主生活会。会前召开党组会，专题部署，并向全局干部职工通报民主生活会的主要内容，采取无记名填写《征求意见表》的方式，广泛征求干部职工的意见和建议；班子成员认真学习党的十七大报告和十七届三中、四中全会精神，学习胡锦涛总书记在十七届中纪委第三次全会上的重要讲话和全会工作报告，学习省委书记白恩培在《云南日报》上发表的《努力做一名党和人民满意的领导干部》文章，学习《关于党政机关厉行节约若干问题的通知》等有关厉行节约、反对浪费的规定和要求，增加科学发展意识，加强党性修养和作风养成，提高节约观念和自律意识；班子成员联系自身思想、工作实际，通过学习进一步提高认识，全方位、多渠道查摆自身的问题，认真撰写发言提纲、对照检查、整改落实，党组班子进一步统一思想，增强整体合力。

【廉政建设】 一是认真传达贯彻上级党风廉政建设会议精神，层层签订《党风廉政建设责任书》，主要领导与班子成员、班子成员和部门负责人分别签订了《党风廉政建设责任书》9份，与干部家属签订《家庭廉政公约》40份。二是继续加强廉政文化建设，进一步增强干部队伍的廉政勤政意识，贯彻落实省局《建立健全惩治和预防腐败体系2008～2012年工作规划实施意见和分工方案》；坚持每季度组织开展一次警示教育活动，组织观看《感动中国2008年度人物颁奖盛典》、学习党的十七大报告、十七届三中全会、中央经济工作会议精神、《毛泽东 邓小平 江泽民论科学发展》、《科学发展观重要论述摘编》、《深入学习实践科学发展观活动领导干部学习文件选编》等。三是强化“两权”监督，规范干部的执法行为。综合运用执法监察、廉政监察、效能监察三种方式，充分利用税收征管信息系统、税收执法管理信息系统，重点对税额核定、增值税一般纳税人认定、增值税发票和其他发票的发售管理、减免税审批、税款入库、税务稽查处罚等重点环节开展执法监察；结合贯彻落实省政府阳光政府“四项制度”，推行办税公开，加大重要事项公示力度，以办税服务厅为平台，继续做好税收政策、个体税收定额、行政收费项目、行政许可事项等方面的公示；加大内务公开，在内部政务网，面向全体干部职工公开人事、经费等项目；加大对厉行节约贯彻落实情况的监督，加强公务用车管理，严格控制车辆使用费，减少会议支出，强化公务接待管理，严格执行公务接待标准。四是针对税收执法检查和税务执法监察中发现的问题，建立健全税收执法预警机制，有效阻止干部失职、渎职及违法违纪行为的发生。五是开展行风建设。落实首问责任制、服务承诺制、文明办税八公开等制度，围绕文明服务、着装上岗、挂牌服务、工作纪律等方面进行监督检查。六是落实领导征收期带班制度，开展廉政谈话，开展与纳税人签订《廉政公约》回访，回访60户纳税人，回访干部家属16人。

【精神文明建设】 一是结合“创新发展年”工作要求，认真开展文明单位复查工作，巩固提高文明创建成果；二是开展纳税服务，提升服务质量和水平，倡导文明执法、规范服务；三是积极开展有益的文体活动，充分发挥群团组织的桥梁作用，促进和谐建设。

【教育培训】 （一）扎实开展深入“学习实践科学发展观”活动。制订实施方案，按照“党员干部受教育、科学发展上水平、人民群众得实惠”的要求，扎实有效开展“学习调研、分析检查、整改落实”三个阶段十一个环节的活动。活动中把学习实践活动同完成各项税收工作任务结合起来、同分析收入促进屏边县经济社会发展结合起来、同落实“创新发展年”国税工作结合起来，坚持把深入学习、提高认识贯穿始终，把解放思想、改革创新贯穿始终，把解决问题、推动工作贯穿始终，把依靠群众、发扬民主贯穿始终，一个阶段一个环节创造性地抓好落实。一是学习动员注重调研，发现问题，突出实践。以单位集中学、党支部、科室分别学的形式，对党的十七大报告、十七届三中全会、中央经济工作会议精神、《毛泽东 邓小平 江泽民论科学发展》、《科学发展观重要论述摘编》、《深入学习实践科学发展观活动领导干部学习文件选编》、胡锦涛等中央领导同志有关重要讲话、省、州局领导和县委领导重要讲话精神等内容的学习。二是分析检查破解难题，理清思路，立足税收，谋划发展。开展个别访谈，职工座谈，征求基层干部职工、党政机关和有关部门对税收工作的意见建议，各党支部党员围绕理想信念、宗旨意识、遵纪守法、学习、工作等方面，客观、辩证地看待工作中的成绩和问题，认真撰写党性分析材料，认真开展批评与自我批评。将基层职工以及社会各界反映的18个问题，分类梳理归纳为三个大方面四个主要突出问题列为整改重点。采取面对面座谈、发放评议表的方式，组织党员、群众围绕领导班子对科学发展观的认识、查找的问题、原因分析、发展思路、工作措施等方面情况进行评议，共发放评议表35份，收回评议表35份。三是整改落实重点突破，明确目标，激发活力。围绕四个主要突出问题，在“创新发展年”工作中进行克难攻关，重点突破，分别解决，进一步增强工作执行力和落实力；设置全局内设机构，规范内部管理，健全体制机构，进一步提高行政效能；广泛开展阳光心态教育、感恩教育、敬业精神教育，加强干部队伍建设，改进工作作风；转变激励方式，探索激励考核制度，完善奖惩激励体系，实实在在解决问题，逐步建立和完善适应科学发展的税收工作运行机制，长期坚持下去，激发干部职工工作热情和奋发活力，推进屏边国税事业全面协调可持续发展。（二）开展《增值税暂行条例》、《企业所得税法》等业务知识培训。全年参加省局组织的正科级领导业务培训班学习1期，举办内部干部培训班2期，对纳税人开展培训1期，参训人员50人。（三）继续抓好学历教育，3人完成大学本科在职学历教育学习。

（龙府城）

河口瑶族自治县国家税务局

经济概况

2009年，河口瑶族自治县实现生产总值（GDP）14.87亿元，比上年增长7.99%，其中：第一产业完成2.96亿元，增长3.14%；第二产业完成3.53亿元，增长9.29%；第三产业完成8.38亿元，增长9.26%。三次产业的结构比例为19.9:23.7:56.4。财政总收入1.47亿元，下降1.2%，其中地方一般财政预算收入8970万元，下降16%；地方一般预算支出5.23亿元，增长43.3%；人均生产总值1.43万元；农村居民人均纯收入2998元，增长11.1%；城镇居民人均可支配收入1.13万元，无增长；完成固定资产投资12.23亿元，增长40.5%，完成全社会消费品零售总额2.12亿元，增长22.47%。

税收概况

【收入完成情况】 2009年，河口瑶族自治县国家税务局共组织税收收入5752万元，同比减收2206万元，下降27.72%，完成州局下达税收计划任务数8385万元的68.60%。

【收入特点】 2009年全球金融危机继续蔓延、边境小额贸易“双减半”政策调整、增值税转型改革如期展开、各种税收优惠政策相继出台，全县税源结构单一，70%以上的国税收入来源于边境贸易税收，受世界经济的影响更加明显。2009年成为自1994年国税、地税机构分设以来，收入形势最为严峻的一年。

【税源分析】 2009年完成增值税收入3420万元，同比减收1877万元，下降35.44%。增值税收入减收的主要原因是：全球金融危机继续蔓延，边境小额贸易“双减半”政策调整及增值税转型改革等诸多客观因素，导致2009年增值税收入出现较大下降。完成消费税收入254万元，同比增收180万元，增长243.24%。消费税成倍增长的主要原因是：随着以生产酒精为主的云南科维生物产业有限公司生产规模逐步扩大，消费税已经成为税收收入的稳定来源。完成企业所得税收入1876万元，同比减收465万元，下降19.86%。企业所得税减收的主要原因是：全县税源结构单一，70%以上的国税收入来源于边境贸易税收，受世界经济的影响更加明显，不少企业全年处于停业状态；另外，受一次性增收因素影响，造成2008年企业所得税征收基数过大。完成储蓄存款利息所得个人所得税收入46万元，同比减收85万元，下降64.89%。减收的主要原因是：储蓄存款在2008年10月9日后孳生的利息所得，暂免征收个人所得税，受此政策影响导致减收。完成车辆购置税收入156万元，同比增收41万元，增长35.65%。车辆购置税增长的主要原因是：2009年车辆购置税委托交警部门代征后，交警部门对未落户车辆进行大力清查整顿，车辆购置税出现大幅增长。

【税务管理】 （一）加强欠税监督，确保新欠为零。为防止新欠税款产生，实现税款的应收尽收，依托综合征管软件等系统，适时掌握、监控和分析欠税管理工作动态，对存在未按期申报、申报异常、已申报但未缴或少缴税款等问题的纳税人，督促其缴纳，严防新欠，做到全年新欠为零。（二）加强数据监控，确保数据质量。坚持“数据质量是综合征管软件系统运行的生命线”这一指导思想，充分利用综合征管软件数据质量检测系统的运行和维护功能，对各项工作措施进行落实，强化对数据质量的监控分析。全年对税务登记、发票发售、申报征收、“双定户”管理等方面的错误数据进行316户次修改，不断提升数据质量管理水平。（三）加强发票管理，确保以票管税。针对在发票管理工作中的薄弱环节，切实加强和做好发票的领用、库存、发售等环节安全管理及使用的检查工作，并对纳税人使用的发票进行定期和不定期检查。2009年由征收管理科、滨河税务分局、稽查局联合对132户纳税人进行发票检查，共计罚款1.73万元，审核各类发票共计1825户次，10万余本，200多万套，共计查补税款6.50万余元，同时对增值税专用发票滞留票开展清理核查，共计查出有问题票29份，涉及金额272.46万元，补缴税款45.06万元，有效堵塞征管漏洞。（四）加强户籍管理，确保征管基础。严抓户籍管理不放松，对辖区内的纳税企业和个体工商业户特别是新办户，进行按月深入细致的清理与核对，做到户籍清、家底明。2009年共计新办证289户（其中企业48户，个体241户），注销237户（其中个体203户，企业34户），共有一般纳税人177户，纳入防伪税控系统管理91户，2009年共计对辖区内的个体工商户进行计算机定税测算1786户。（五）加强纳税评估，确保评估成效。成立纳税评估领导小组，做到任务明确，责任明晰。对1户运输发票抵扣重点户、1户水泥生产企业和4户重点税源企业进行专项评估，作进项税转出7.91万元，补缴增值税2.55万元，评估工作取得一定成效。（六）加强认定管理，确保认定准确。通过严格执行一般纳税人认定管理相关要求，做到资料齐全，手续完备，程序合法，对不符合条件的坚决取消，对超标未认定的坚决认定。全年共计认定一般纳税人22户，取消15户，强制认定3户，辅导期转正19户。

各项工作

【税收法制建设】 （一）做好税收执法考核工作。完善各项监督制度，建立健全《执法责任追究制》，以执法考核为载体，以执法过错追究为手段，结合税收执法信息管理系统的运行，运用税收执法管理信息系统对税收执法人员过错行为进行监控和考核，对发现执法过错行为及时进行整改，并按月做好通报工作，努力降低执法过错。通过科学运用税收执法考核系统，2009年全局在税收执法管理信息系统中无一人被追究执法过错，实现“零过错”执法，提高了税收执法水平。（二）切实优化纳税服务。一是落实领导带班制度。每月征收期内，在办税服务厅安排一名局领导负责纳税人的信访接待工作，从最基层了解纳税人的问题，并督促在岗工作人员及时为纳税人办理各类涉税业务；二是进行纳税提醒服务。每月征收期的最后两天，由税收管理员对未申报的纳税人逐户进行催报催缴工作，温馨提醒纳税人按时进行纳税申报，受到纳税人的广泛好评；三是及时进行政策发布。及时对新的税收政策通过各种方式向纳税人发布，不折不扣地执行各项税收优惠政策，加强对落实情况的监督，及时清理到期的税收优惠政策，让纳税人缴明白税，缴放心税，受到纳税人的称赞。

【税收征管】 （一）认真做好企业所得税汇算清缴工作。采取分户到人的办法，严格审核、把关，对出现的错误信息进行认真修改。全年有企业所得税登记管户220户（含分支机构10户），比上年增加54户，汇算清缴率为100%，通过汇算清缴，共计缴纳企业所得税495.14万元。（二）认真核实年度企业所得税申报异常数据。2009年共计审核企业所得税申报可疑数据141条，调增营业收入8.48万元，调增所得额3300.98元，调减亏损2233.50元。（三）进一步提高出口退（免）税工作质量。2009年预审出口退税97户次，涉及增值税退税金额3192.10万元，审批出口免税33户，免税金额2002万元，并对部分视同内销的出口企业追缴增值税款7.51万元。（四）在全州率先推行车购税委托代征取得成效。通过与交警、电信部门的多次协商，于3月1日实现车辆购置税委托代征。2009年征收车购税156万元，同比增收41万元，增长35.65%，完成年度税收计划132万元的116.79%。（五）严格执行流转税减免（退）税制度。加强备案类、审批类增值税减免税管理，做到资料齐全，手续完备，程序合法，严格贯彻落实社会福利企业税收优惠政策，严把政策关。2009年，备案减免税企业19户，审批减免税申请23户，审核审批增值税退库277万元。

【税收执法】 （一）税收宣传。一是认真做好税收宣传月期间活动。与地税局携手在县城街心花园搭建宣传平台，向群众及驻地商户发放各类税收宣传资料，并现场解答群众问题。共计发放宣传资料600余份，解答提问100多人次；二是开展"五个一"活动。即"一个党员交一名纳税人朋友，走访一户纳税人，征求一次纳税人意见，宣讲一次税收政策，做一件实事"，全局25名党员干部走访25户企业，征求到10条意见和建议，为企业办好事11件，帮助企业解决疑难问题9个；三是张贴宣传画，营造宣传氛围。在县城主要街道、宾馆、饭店、超市、商店等地方，张贴30幅税收宣传画及12条宣传标语口号。（二）税务稽查。2009年稽查局安排22家企业自查，自查查补税款及滞纳金419.39万元；稽查重点检查5户，结案5户，有问题4户，查补税款、滞纳金和罚款共计35.92万元，全年查补税收收入455.31万元，完成州局下达任务数130万元的350%，圆满完成2009年的稽查工作。（三）执法检查。按省、州局关于开展2009年税收执法检查工作安排，成立税收执法检查领导小组，制订下发《河口县国家税务局开展2009年税收执法检查工作方案》，明确检查内容，细化检查阶段，强化检查工作。

【税务管理信息化建设】 按照省、州局要求，加强对各种税收征管软件的推广应用，不断提高税收征管效率。加强对机房的维护与管理，确保网络畅通，并根据省、州局统一安排，对系统内网络服务商的更换做好各项工作。

队伍建设

【机构人员情况】 2009年9月机构改革，全局内设机构8个：办公室、人事教育科、监察室、税政科、征收管理科、政策法规科、办税服务厅、收入核算科；事业单位1个：信息中心；直属机构1个：稽查局；派出机构1个：滨河税务分局。实有人员52人，其中：在职公务员41人，在职工勤人员3人，离休1人，退休5人，提前退休2人。中共党员25人，占在职人员总数的56.81%；少数民族干部15人，占在职人员总数的34.09%。

【领导班子建设】 开展"加强税源管理，促进河口新发展"、"以开展深入学习实践科学发展观活动为契机，努力推动创新发展年各项税收工作再上新台阶"、"关于对社会主义核心价值体系学习的几点体会"和"坚定不移走中国特色社会主义道路"4个专题的学习，以确定专题发言人的形式开展党组理论中心组学习活动，提高领导班子成员的政治理论水平，为做好各项工作起到组织、领导和推动作用。

【廉政建设】 认真贯彻落实胡锦涛总书记在十七届中纪委三次全会上的重要讲话和中纪委三次全会精神及全国、全省、全州国税系统和全县党风廉政建设会议精神，制订2009年党风廉政建设和反腐败工作计划，并逐一落实。一是组织全局干部职工认真学习胡锦涛总书记在十七届中纪委三次全会上的重要讲话和中纪委三次全会精神；二是组织全局干部职工认真观看全国、全省国税系统党风廉政建设工作视频会议；三是全面传达学习全国、全省、全州国税系统和县委党风廉政建设工作会议精神；四是组织全局干部职工观看"2008年感动中国"人物颁奖盛典和王瑛同志的先进事迹报告会，观看警示片《高墙悲歌》，以正反两方面案例对干部职工进行党风廉政教育；五是与纳税人签订《廉政公约》1037份，与干部家属签订《廉政公约》44份，并对259户纳税户和257户税干家属进行了回访。

【精神文明建设】 （一）做好省级文明单位的申报工作。省级文明单位命名期限届满，为进一步巩固精神文明建设成果，全局把继续创建省级文明单位作为2009年精神文明建设的首要任务，制订省级文明单位创建计划，撰写事迹材料及时上报县精神文明办公室。经县精神文明办公室检查验收，各项申报工作指标达到要求。12月，被云南省委、省政府授予"文明单位"。（二）举办首届职工才艺展现活动。举办职工才艺展现活动，展现干部职工在工作、学习、生活中创作的文学作品32篇、摄影102幅、书法20幅、十字绣3幅和手工编织毛衣10件。内容涉及城市建设、中外友谊、生活情趣、海韵风光、花草山林等诸多方面，极大地丰富干部职工的精神文化生活。（三）积极参加各种文体比赛。一是参加全县首届健身操比赛，用优美的肢体语言充分展示河口国税风采，并荣获优秀奖；二是参加州局举办的"盛世中华——庆祝中华人民共和国60华诞文艺汇演"，并荣获二等奖。（四）开展多种形式工会活动。一是与屏边国税局继续开展一年一度的联谊活动；二是与县财政局开展内容丰富的竞技工会活动；三是不定期组织职工因地制宜开展各种文体工会活动。

【教育培训】 为不断提高干部职工的税收业务技能和政治理论水平，采取自办培训班、参加省、州局各种培训班等形式，加强培训工作。2009年举办数字监控系统操作与应用和出口退（免）税管理实务两期培训，共74人次参加培训。组织副科级（含非领导职务）以上人员参加 全县深入学习实践科学发展观活动经济运行形势经济政策与企业发展专题讲座；参加总局举办的企业所得税汇算清缴总表及汇算清缴系统安装使用和非居民享受税收协定待遇管理办法（试行）视频培训；参加省局举办的2008年企业所得税年度纳税（A类）介质申报系统操作、流转税业务与管理技能、全省国税系统县（市、区）局长业务、税收法制、全省稽查业务、出口退（免）税和国际税收管理业务，以及信息工作和瑞星杀毒软件等各方面的培训。

（郑作卓）

金平苗族瑶族傣族自治县国家税务局

经济概况

2009年，全县实现生产总值（GDP）17.4亿元，同比增长10%。其中：第一产业实现增加值4.7亿元，同比增长6.96%，拉动经济增长2.14%；第二产业实现增加值8.4亿元，同比增长8.25%，拉动经济增长3.42%；第三产业实现增加值4.3亿元，同比增长15.95%，拉动经济增长4.44%。三次产业的结构比例为27.1∶48.2∶24.7。财政总收入2.71亿元，其中地方一般预算收入1.4亿元。税收收入1.17亿元，占生产总值（GDP）的6.73%，占财政总收入的43.21%，占地方一般预算收入的83.64%。

税收概况

【收入完成情况】 2009年，金平苗族瑶族傣族自治县国家税务局共计组织各项税收收入1.17亿元，完成州局下达任务1.41亿元的82.97%。其中：增值税入库1.06亿元，同比减收1496.5万元，下降12.40%，完成州局下达任务1.31亿元的80.91%；消费税入库3万元，同比减收3900元，下降11.50%；企业所得税入库961万元，同比减收230.99万元，下降19.38%，完成州局下达任务893万元的107.62%；储蓄存款利息所得个人所得税入库25万元，同比减收44.66万元，下降64.11%，完成州局下达任务30万元的83.33%；车辆购置税入库147万元，同比增收70.94万元，增长93.27%，完成州局下达任务90万元的163.33%。

【收入特点】 受国际金融危机影响，税收收入未完成州局下达任务，同比下降14.46%。总体税负6.7%，“即征即退”税负7.64%，有色金属采选业税负4.13%，黑色金属冶炼及压延加工业税负1.15%，电力、热力的生产和供应业税负9.3%，黑色金属采选业税负5.71%，有色金属冶炼及压延加工业税负11.28%，应征税收弹性0.9，入库税收弹性0.64。增值税收入1.06亿元，占全局税收收入的90.27%，同比下降12.50%。消费税收入3万元，占全局税收收入的0.03%，同比下降11.50%。储蓄存款利息所得个人所得税收入25万元，占全局税收收入的0.22%，同比下降64.11%。企业所得税收入961万元，占全局税收收入的8.21%，同比下降19.38%。车辆购置税收入147万元，占全局税收收入的1.27%，同比增长93.27%。

【税源分析】 （一）采矿业税收收入3965万元，同比增长3.06%。其中：黑色金属采选业3936万元，同比增长49.76%，有色金属采选业28万元，同比下降97.6%，其他采矿业1万元，同比下降98.11%。（二）制造业税收收入2121万元，同比下降36.19%，其中：黑色金属冶炼及压延加工业未实现税收收入，同比下降100%，有色金属冶炼及压延加工业1920万元，同比下降38.79%，其他201万元，同比增长7.53%。（三）电力燃气及生产和供应业税收收入3653万元，同比下降10.42%。其中：发电2733万元，同比下降16.14%，供电899万元，同比增长16.98%，其他21万元，同比增长320%。（四）批发零售业税收收入793万元，同比增长6.83%。（五）其他行业税收收入26万元，同比下降65.39%。重点税源监控企业有红河恒昊矿业股份有限公司金平分公司、云南大唐国际那兰水电开发有限公司、金平昆钢金河有限责任公司等7户企业。

各项工作

【税收征管】 （一）贯彻执行增值税转型改革各项政策。举办全员培训，使税干掌握新政策、新规定，了解其背景和意义；在全县工业经济会上宣传新《增值税暂行条例》及其《实施细则》、资源综合利用和再生资源增值税政策，现场解答企业法人提出的问题，为新增值税条例顺利实施创造良好社会环境。向纳税人辅导新的纳税申报办法，及时将《固定资产分类与代码》发给纳税人；运用综合征管软件、数据监控系统加强固定资产进项抵扣监控、分析、核查；按照新的申报办法受理申报业务，防止漏采或错采申报信息。与财政、地税等部门联合深入矿业企业开展服务性调研，对企业销售状况和固定资产投资情况逐户调查分析，摸清税源，了解政策变动和经济形势变化给税收带来的影响。（二）按照科学化、精细化管理的思路，以综合征管软件推广应用为依托，强化税源管理，全面落实税收管理员制度、纳税评估制度，改善税收管理手段，改变以往“保姆”式的管理办法。严肃《税收征管法》刚性，对不按期申报的5户纳税人进行处理，共计罚款4100元。（三）按照个体定额“一年一定”和分月汇总工作要求，结合数据监控分析系统和调查掌握情况，对连续超定额的40户个体用票户进行定额跟踪，调增定额50万元。（四）所得税汇算清缴。全县有所得税纳税户数141户，其中：查账征收137户，核定征收4户。应汇算清缴123户，已汇算123户，盈利33户，亏损49户，零申报41户。免税户19户，减免税1605.2万元。应纳税所得额1.25亿元，应纳所得税额3127.5万元。汇总缴纳671.8万元，应缴850.5万元，预缴896.9万元，应补税10万元，应退56.4万元，上年应缴未缴在2009年入库136.7万元。汇算清缴率100%。

【税源管理】 （一）增值税一般纳税人管理。全县有增值税一般纳税人96户，其中暂认定9户，辅导期认定2户。举办新办企业培训班，讲解新税收政策，辅导企业解决税收政策与会计的差异及处理办法。对达到一般纳税人标准的4户企业进行认定，并进行账务设置、税收会计处理等辅导。（二）加强社会福利企业管理，督查残疾人在岗人数，运用“以进控销法”综合分析和核实发票开具金额、运输费用、资金运转关系。对超正负50%的按程序进行纳税评估。2009年度共退增值税283万元。（三）加强农产品收购企业税收管理。1. 税收管理员在日常管理中对农产品收购发票做到“三看”，一看发票开具时间与发票领购簿的时间在逻辑上是否相符，二看票面开具数额与对象是否符合逻辑，三看收购价格是否与同期市场价格相符。2. 开发研制一套适用于全县农产品收购加工企业使用的计算机开票系统，使收购企业彻底脱离手工开票。3. 继续采用成品率管理办法，控制“少进多开”或“无进虚开”等现象。（四）开展纳税评估。对金平昆钢金河有限责任公司、云南大唐国际那兰水电开发有限公司、红河州宏祥磷化工有限公司等10户企业的增值税、企业所得税进行纳税评估，共补税款159.8万元，调减企业亏损10余万元，通过评估核查分析，逐步完善管理措施。（五）加强普通发票管理。坚持发票审验制度，加大发票违章查处力度，与公安、检察、地税、财政局会计核算中心联合检查，查处一宗非法取得发票案件。开展专项检查工作，检查用票户176户、24919份，检查出有问题发票8份，查补税75万元，查处发票违章11户，处罚金额3950元。（六）加强重点税源企业管理。一是对7户增值税一般纳税人加强管理。二是将年应纳税所得额达到500万元以上的9户企业和注册资本达到1000万元的24户企业确定为重点纳税人，对不同层次的企业采用不同的管理级次和方式，建立健全纳税档案和台账，从日常性税源分析预测入手，通过加强税法宣传、纳税辅导咨询，实现对税源的深度管理。

【纳税服务】 继续在办税服务厅实行综合业务受理岗和征期局领导与中层干部带班制。改善办税服务厅硬件设施，拆除玻璃柜台和隔墙，与纳税人零距离交涉税收事宜。投入5.3万元资金增设两间业务办理小厅，解决拥挤问题。

【法制建设】 （一）执法考核。2009年税收执法系统考核过错行为14个，其中12个属无过错并作了申辩调整，追究过错数2个（自动追究1个、人工追究1个），涉及执法人员2人，经济惩戒15元。（二）执法检查。对新所得税法及相关政策的执行情况检查，经查所得税减免税符合法律、法规及相关文件的规定，减免税审批符合税法关于实体与程序的各项规定。享受所得税优惠政策20户，其中：享受西部大开发政策17户，新办企业1户，省外来滇企业1户，农村信用社1户。税收规范性文件制定情况检查，2009年地方党政和有关部门没有越权违规制定涉税文件。（三）税收宣传与教育。围绕“税收·发展·民生”主题，开展税收进乡村、进学校、进企业、进军营税收宣传，利用金平街天、傣族泼水节、首届驻金部队文体比赛、全州老年人体育运动会、全县首届职工技能大赛的平台，借秦光荣省长莅临金平调研的东风，开展税收宣传，悬挂宣传横幅10条，散发宣传资料5000余份。被州局评为“税收宣传月教育活动先进单位”，被县委普法办授予“法制宣传信息工作先进单位”称号。（四）加大税务稽查力度，以案说教，震慑税收违法犯罪。共计税务稽查9户，结案9户，有问题7户，共计查补收入457万元，其中：税款313万元，滞纳金140万元，罚款4万元，入库率100%。查补收入中实施查前辅导，企业自查补税449万元，纳税评估3万元，稽查5万元。

【行政事务】 （一）加强对老职工住宅楼改造建设工程的监督管理，做好各项施工资料记录与存档。（二）加强档案室建设，在档案专业技术人员指导下完成对2009年以前的行政文书及实物资料的整理和归档，11月6日经县档案局组织考评验收，县局档案室建设达到全省党政机关档案室“五星级”标准。

队伍建设

【机构人员情况】 按照州局统一部署，积极稳妥推进县局机构改革工作，于9月30日完成机构改革。全局内设办公室、人事教育科、监察室、税政科、政策法规科、征收管理科、办税服务厅，1个派出机构：金河税务分局，1个直属机构：稽查局，1个事业单位：信息中心。年底有在职人员44人，其中，男职工26人，女职工18人；有党员23人。

【激励机制】 推行岗位能级，多能多干，多劳多得，激励税干各司其职，各尽其能，使各项工作有人抓、有人管，提高工作质量和效率。

【廉政建设】 落实党风廉政建设责任制，层层签订《党风廉政建设责任书》，县局局长与州局、县委、县政府签订，党组成员与党组书记、局长签订，中层干部负责人与分管领导签订，一般干部与中层干部负责人签订，形成一级抓一级，各负其责，层层抓落实的监督制约机制。共计签订《廉政公约》1136户，其中家庭44户、企业992户。共计走访纳税人73户，占签订户的7.3%，其中一般纳税人21户、小规模纳税人8户，个体工商户44户；走访特邀监察员2人，走访家属9人；对9名中层干部正职进行任职廉政谈话。

【教育培训】 一是组织学习《税务系统领导班子和领导干部监督管理办法（试行）》、党的十七届四中全会和中纪委四次全会精神，开展“11·28”专案和金平地区正科级干部和企业主要负责人违法案件警示教育。二是开展观看“感动中国”人物颁奖盛典，收听“金色热线”，开展“三个一”主题实践，学习王瑛、杨雪斌先进事迹等教育活动，在全局形成学先进、讲奉献、创佳绩的良好氛围。三是抓业务学习考试，组织5名稽查系列人员和10名非稽查系列人员参加全国税务稽查业务考试，对参与业务考试的15名税干按照成绩进行奖惩。四是开展"学习实践科学发展观"活动。按照州局和县委安排的要求，制订实施方案，成立领导小组及办公室，做到人员、责任、时间、内容四落实，使规定动作不走样，自选动作有创新。五是抓党组中心组学习，贯彻落实党组中心组学习制度，每个季度学习有主题，发言有提纲，加强县局领导班子思想政治建设，提高班子执政能力。

【国税文化建设】 坚持"聚财为国，执法为民"的核心价值观，不断推进国税文化建设。围绕"以国为根、以税为业、以人为本、以学为乐、以绩为真、以廉为荣"、"心连国税，情系红河"核心理念，积极开展文艺、创作、摄影活动。选送2名税干参加县委宣传部举办的"建国60周年演讲比赛"分别获得第二名和优秀奖，选送县委宣传部办的"建国60周年征文比赛"分别获二等奖和优秀作品；组队参加全州国税系统文艺汇演荣获二等奖。在全县《彩云边地党旗红》文艺汇演中自编自演的小品《变化》得到观众好评。

【扶贫工作】 走访慰问挂钩扶贫点大竹棚村委会特困户10户，发放慰问金2000元；资助大竹棚村委会办公经费3000元、金河镇马鹿塘村委会办公经费500元；资助老集寨乡百乐寨村委会卫生路建设4万元、金河镇自然村余家坪公路建设4600元；资助枯岔河小学教育经费3500元，资助"六一"儿童节经费600元；捐赠县民族歌舞团乐器折合人民币2.51万元。全年共支持公益事业建设8.23万元。组织职工无偿献血7人次。积极参与社会公益事业和献爱心活动，被县委、县政府评为2005~2008年度"扶贫开发先进单位"。

（戴荣贵）

元阳县国家税务局

经济概况

2009年，元阳县全年完成生产总值（GDP）17.49亿元，同比增长12.1%，其中：第一产业完成6.31亿元，同比增长5.2%；第二产业完成4.32亿元，同比增长26.5%；第三产业完成6.86亿元，同比增长10%。产业结构不断优化，三次产业的结构比例由2008年的37.81∶22.65∶39.54调整为36.07∶24.70∶39.23，呈现"三、一、二"结构。财政总收入完成1.70亿元，同比增长57.57%。地方一般预算收入首次突破亿元，完成1.05亿元，同比增长70.47%。财政总支出达8.19亿元，同比增长50.59%，年净增2.75亿元。

税收概况

【收入完成情况】 2009年，元阳县国家税务局共计组织各项税收收入3280万元，税收考核收入3269万元（州局下达的税收任务是4475万元，县政府下达的任务是998万元），同比减收978万元，下降23.03%，完成州局下达2009年确保任务数的73.05%。其中：增值税2760万元，同比减收678万元，下降19.72%；消费税34万元，同比减收25万元，下降42.37%；企业所得税收入315万元，同比减收272万元，下降46.34%；储蓄存款利息所得个人所得税收入45万元，同比减收57万元，下降55.88%；车辆购置税收入116万元，同比增收53万元，增长84.13%。共计完成地方一般预算收入715万元，同比减收191万元，下降21.08%。完成县委、县政府下达2009年任务数的71.73%。

【收入特点】 从税收收入总量上看，呈现出大幅下降的趋势，除车辆购置税同比增长外，其他各主体税种都有明显下降。在连续3年增长翻番的情况下，2009年的收入形势遇到前所未有的困难，全年完成3269万元，同比下降23.03%。从税种来看，依然是增值税为主体税种，企业所得税次之，其他税种作为补充的收入结构态势，全年增值税收入2760万元，占考核收入的84.43%，企业所得税收入315万元，占考核收入的9.64%，其他各税种占5.93%。从分行业来看，大部分行业的税收都不同程度下滑，只有制糖行业、非金属矿采选业和批发零售业的税收少量增长，成为全年国税税收收入的主要来源。作为全县最主要的两个重点税源行业有色金属矿采选业和电力行业，税收收入下降最为明显，有色金属矿采选业完成税收630万元，同比减收514万元，下降44.93%，电力行业完成税收976万元，同比减收214万元，下降17.98%。全县的宏观税负1.87%。

【税源分析】 2009年，由于受到全球金融危机和政策性等因素的影响，导致税收收入全面大幅下降，究其原因主要有：一是金融危机对全县实体经济产生前所未有的影响。最为突出的是有色金属矿产品价格大幅下跌，作为主要税源的有色金属矿采选业（主要是铅锌矿）受到很大的冲击，除生产黄金的华西公司上缴增值税515万元较2008年增加271万元外，其他矿区处关停状态，仅这一行业全年减收500多万元；二是大多数矿区的关停直接影响到电力行业的税收，全年相比减收200多万元；三是为应对金融危机，国家出台的一系列税收优惠政策也是减收因素，2009年1月1日实施的增值税由原来的生产型增值税转为消费型增值税政策，全年共办理外购固定资产进项税额抵扣12户，清理附属设备和配套设备作纳税调整补税7.3万元，直接减收126万元；四是降低小规模纳税人征收率，全年共减收75万元。唯一增收的车辆购置税主要是国家出台的汽车、摩托车下乡补贴政策的实施，带动广大农民争相购买摩托车等"五小车辆"，使车辆购置税比2008年增收53万元。

【税务管理】 2009年全局共办理税务登记1751户，

其中：开业登记1438户、非正常户1户、注销312户。共有增值税一般纳税人47户，占开业登记户的3.27%，小规模纳税人175户，占开业登记户的12.17%，“双定户”1263户，占开业登记户的87.83%，其中：达起征点户82户、不达起征点1181户。通过与工商、质监等部门的信息交换、比对，共清理漏征漏管个体户61户，逾期办理登记处以罚款3050元。

各项工作

【税收法制建设】 （一）精心组织，深入推进普法教育和依法治理工作。一是成立依法治税工作领导小组；二是积极广泛开展宣传活动，借助一年一度的傣族泼水节、第18个税收宣传月，开展形式多样的宣传活动；三是借“12·4”全国法制宣传日活动之机，普法宣传小组随县委普法宣传单位成员在长青路大街摆设税法宣传点，开展以宪法为内容的法制宣传活动。（二）认真开展税收执法检查工作。一是为保证税收执法检查工作的顺利开展，成立税收执法检查领导小组，统一组织领导税收执法检查工作；二是按照《税收执法检查规则》的规定开展工作。深入到元阳英茂糖业有限公司、红河广源水电开发有限公司、红河州南砂矿业有限责任公司、元阳县风口木匠铁矿有限责任公司等4家企业对税收政策的执行情况进一步深入督促检查。（三）全年执法考核系统共计发生过错行为3类3户（次），追究责任3人次，涉及连带责任人10人次，扣分11分，共计经济惩戒金额3237元，采取批评教育为主，经济惩戒为辅，过错原因主要是税种登记中纳税人增值税类型鉴定错误和未准期申报未责令限改等。申辩调整4户次，其中：无过错申辩调整3户次，调整责任人1户次。

【税收征管】 （一）加强征管，推行个体税收定额公示、公告制度。认真执行个体税收一年一定的定额核定原则，在定额核定期满后，及时向社会公示个体税收的定额核定情况，公示期满后及时进行公告。（二）确保各项税收政策落实到位。一是及时完善边疆小水电征税办法的落实，及时通知企业将外购电力和自发小水电分开核算，分别按增值税一般纳税人和小规模纳税人的规定申报纳税。二是对达到新《增值税暂行条例》及其《实施细则》规定条件的10户企业及个体户及时按新规定作清理认定，2009年新认定一般纳税人11户。三是加强对开具红字发票、作废发票审核管理，严禁“红字发票”进行认证，采集率100%。（三）认真落实税收优惠政策。一是全县享受福利企业退税的县铁合金厂，2009年共计审核审批增值税退库12万元，占征收数37万元的32.43%。二是经批准享受企业所得税减免优惠政策的企业共9户。其中：享受农村信用社改革试点优惠的1户，享受“免二减三”政策企业3户，新办非公有制企业5户。全年共计减免所得税额4334万元，与2008年的430万元相比增长近10倍。其中农村信用社减免145万元，享受非公有制企业减免4189万元。三是下岗再就业税收优惠政策执行以来，共办理下岗再就业税务认定96户，免收税务登记证工本费2180元。2009年共办理下岗再就业税务认定8户，免收税务登记证工本费160元。（四）定期开展税收征管数据质量分析会，保证征管数据的正确、完整。（五）严把征管质量关，实现新欠为零。通过充分利用“三大系统”进行监控，保证各项征管指标的质量，准期申报4257户次，准期申报率99.59%。准期入库率80.33%。2009年全局未发生新欠税款。期末欠税余额有82万元，主要是王国食品有限公司和县石膏制品厂的陈欠。（六）加大纳税评估力度，全年共完成7户评估任务，其中增值税5户，所得税2户。经评估，共查补税款12.6万元，加收滞纳金0.48万元，纳税调整增加额299.96万元。

【税收执法】 （一）加大对发票的日常管理工作，在日常管理中，全年共对279户商业零售统一发票用票户进行检查，企业30户，个体户249户，其中检查有问题的7户。共检查发票10275份，有问题的发票12份，共计罚款1100元。检查面为企业44.78%、个体51.77%。（二）认真贯彻落实省政府《关于开展打击发票违法犯罪活动工作的通知》及《云南省打击发票犯罪“端点”集中行动工作方案》的工作部署，密切与县地税、公安部门协调配合，三天内开展六次行动。现场清查16户修理厂和商场等纳税户，重点检查是否存在使用假发票、使用他人发票、虚开发票等违法行为。共检查出有问题户数6户，收缴有问题发票（收据）340份，填开金额14.8万元。处理1户违法填开使用普通发票一份的案件，罚款2000元。（三）加大稽查力度，努力营造公平、公正的税收环境。全年共查处纳税人15户，共查补税款滞纳金罚款共计78.77万元，其中查补税款75.75万元，滞纳金2.82万元，罚款2000元，入库率100%，加收滞纳金率100%。其中一般纳税人8户，查补税款及滞纳金73.04万元，小规模纳税人7户，查补税款及滞纳金5.53万元，罚款2000元。

【税务管理信息化建设】 （一）做好四项整合技术准备工作。一是抓好人力资源整合，充分调动和发挥税务人员的积极性；二是抓好业务与技术的整合准备工作，建立流畅的工作机制，促进协调发展；三是抓好硬件资源整合，按照总局金税三期建设要求，做好配置、改造和整合应用准备工作。（二）加强运维队伍建设。建立健全运维管理模式，提高信息化应用系统运行的水平。（三）提高数据质量。从数据管理与应用的特点和规律着手，进一步完善和提升现有系统的数据准确性和完整性。（四）严格按照各项规章制度，强化安全涉密管理。加强信息系统、网络和税收数据的安全保障，做好内外网物理隔离和数据备份异地存放工作，加强安全保密教育和培训。（五）继续做好在外网上的政府信息公开工作。

【学习实践科学发展观】 根据县委的统一部署，积极组织开展深入学习实践科学发展观活动。在县委学习实践活动领导小组办公室、县委第5指导检查组和州局的指导下，在县局党组的统筹安排和精心组织下，按照

"党员干部受教育、科学发展上水平、人民群众得实惠"的要求，认真扎实有效开展"学习调研、分析检查、整改落实"三个阶段十一个环节的工作。学习实践活动有序开展，取得明显成效，达到预期目的。

队伍建设

【机构人员情况】　按照省、州局统一部署和要求，从9月11日召开动员大会起，机构改革正式开始。此次机构改革采取原任职中层干部平稳过渡，新增机构中层干部职位采取民主推荐，组织审议，人事、监察考察，任前公示、组织任命的方式进行。干部任免、新增科室办公地点安置、部分人员调整变动、印章、牌匾的制作等于9月30日调整、制作到位。整个机构改革工作顺利结束。内设办公室、人事教育科、监察室、税政科、征收管理科、政策法规科、收入核算科、办税服务厅8个科室，以及1个事业单位（信息中心），1个直属机构（稽查局），1个派出机构（南沙税务分局）。有1个党总支、3个党支部和1个团支部。有健全的工会组织、妇女组织。在职职工53人。其中：男44人，女9人。

【廉政建设】　（一）切实加强党风廉政建设的组织领导，"一把手"负总责，纪检组长具体抓，向社会聘请3名特邀监察员，拓宽监督领域。（二）重新修订完善《党风廉政建设责任书》内容，进一步明确责任，细化党风廉政建设的考核内容，党组书记、局长与党组班子其他成员签订《党风廉政建设责任书》3份，党组班子其他成员与各部门负责人签订9份，各部门负责人与一般干部签订40份；与干部家属签订《廉政公约》53份，与纳税人签订《廉政公约》713份。（三）深入纳税户走访，召开纳税人和特邀监察员座谈会。2009年，共回访142户，其中企业31户、个体纳税户111户。（四）认真组织中层以上干部进行廉政谈话，对新任职的干部开展任前谈话，并对中层干部进行民主测评。（五）利用正反两方面的事例开展警示教育。

【精神文明建设】　在抓精神文明建设工作中，结合全局的工作实际，按质按量完成省、州、县"文明单位"、"先进集体"的自查、复查工作，按规定及时上报表格资料，进一步完善内部资料、制度的规范管理。2009年1月，被云南省国家税务局命名为第十四批"文明单位"；12月，被省委、省政府授予第十二批"文明单位"。

【教育培训】　（一）加强干部教育培训，提高全员综合素质。一是学历教育取得明显成效。通过多年来的学历教育，学历结构有较大改善，全局大专以上学历人员逐年增加，2009年，有本科生15人，占28.3%；有专科生28人，占52.83%；中专及以下学历10人，占18.87%。二是以学历教育为主向素质教育为主转变。全年有15人次参加省、州内各种业务知识师资、业务骨干培训，由参加师资、业务骨干学习的人员主讲，开展全员业务培训学习活动，不断提升全局干部职工的业务素质。（二）以党的十七大精神为指导，抓好学习教育工作。一是结合实际，开展党组中心组学习活动。二是深入学习贯彻党的十七届三中、四中全会精神。三是采取多种形式，抓好干部职工的政治教育。全年共组织职工参加县委召开的政治理论学习5人次；参加各种知识竞赛2次；召开1次高质量的党组民主生活会，1次党员民主生活会，1次民主评议党员活动和1次专题民主生活会。

（罗庆峰）

红河县国家税务局

经济概况

2009年，全县经济保持平稳较快发展，完成生产总值（GDP）12.01亿元，同比增长11.2%，其中：第一产业完成5.46亿元，增长3%；第二产业完成2.13亿元，增长28.7%；第三产业完成4.42亿元，增长13.5%。三次产业的结构比例为45.5∶17.7∶36.8。完成工业总产值2.94亿元，同比增长17.8%。完成财政总收入5558万元，地方一般预算收入3353万元，同比均增长19%。完成全社会消费品零售总额3.36亿元，同比增长22.4%。完成固定资产投资8亿元，同比增长59.3%。农村经济总收入8.5亿元，同比增长15%，农民人均纯收入1676元，同比增长12%。

税收概况

【收入完成情况】　2009年，红河县国家税务局组织税收收入共计2213.93万元，比上年增收288.9万元，增长15.01%，完成年度考核计划2029万元的109.12%。其中：增值税收入1754.72万元，同比增收253.27万元，增长16.87%，完成计划1648万元的106.5%；消费税收入116.96万元，同比增收5.29万元，增长4.74%，完成计划124万元的94.36%；车辆购置税收入32.41万元，同比增收11.68万元，增长56.35%，完成计划24万元的133.34%；企业所得税收入272.05万元，同比增收58.06万元，增长27.14%，完成计划200万元的136%；储蓄存款利息所得个人所得税收入37.79万元，同比减收39.4万元，下降51.05%，完成计划33万元的115.16%。

【收入特点】 一是税收收入突破2000万元。二是制糖业、电力行业、商业零售业、有色金属矿产品业已逐步成为全县新的税收增长点。三是其他食品加工业和黑色金属冶炼税收有逐年下降趋势。四是税收增减因素发生结构性变化。

【税源分析】 2009年税收总量有增有减。其增收（增值税）主要反映在以下几个方面：一是糖价上升，销售收入增加，税收同比增收296.93万元。二是电力企业增多，产生经济效益良好，同比增收17.63万元，并成为全县新的税收增长点。三是农民购买力增强商品零售收入增加，税收增长46.56万元。四是其他非金属矿物制品业增加6.18万元和有色金属矿产品增加107.31万元。减收因素：一是食品加工业中的淀粉产量减少，影响税收85.51万元。二是黑色金属生产企业铁合金厂停厂。消费税增收5.29万元，主要是酒精产量和贵重首饰收入增加。车辆购置税收入增收11.68万元，是税收结构性政策因素影响。企业所得税增收58.06万元。个人所得税减收39.4万元，是政策因素影响。

【税务管理】 一是认真落实增值税转型改革，全县涉及固定资产共计抵扣金额401万元，共计抵扣税额66万元。二是积极推行2008版企业所得税年度纳税（A类）介质申报系统，3月1日上线运行，汇算清缴企业19户，入库企业所得税858.83元，办理退税20.79万元。三是对增值税一般纳税人进行严格管理，办理5户增值税一般纳税人的认定审批手续。四是做好纳税评估工作，共计评估3户，取得运输发票填写不齐全的29份发票，金额3.93万元，税额9505.74元（无收货方纳税人识别号）；收货人和发货人同为本企业的2份发票，金额2226元，税额155.82元；购入固定资产支付运输费用发票2份，金额3万元，税额2100元。全年调整免税项目所得178.55万元，留待以后年度弥补亏损额达30.44万元。

各项工作

【税收法制建设】 一是执行好红河县国家税务局《重大决策听证制度实施方案》、《重大事项公示制度实施方案》、《重点工作通报制度实施方案》、《政务信息查询制度实施方案》的有关规定。二是积极开展打击发票违法犯罪活动，共计重点检查17户，核对发票1525份，移交稽查查处业户7户，涉及发票56份，查补税款2.09万元、滞纳金3318.68元、罚款1.04万元。三是通过“12·4”法制宣传日，赠送税法知识读本、税务公告等材料1000多份。四是向各级领导免费赠阅《涉农税收优惠政策选编》40余册，让领导和纳税人学习了解涉农税收优惠政策。

【税收征管】 （一）各税管理。增值税管理。有一般纳税人28户，其中：企业25户，个体3户。介质申报纳税29户，预征结算6户，个体加油站3户（安装税控装置IC卡）。增值税涉及农副产品收购的企业实行以票控税。小规模纳税人106户，其中：企业64户，个体42户，企业查账征收，个体定额户实时储蓄扣税；个体定额未达起征点970户。消费税管理。实行按月申报征收。企业所得税管理。实行季度预缴，年终汇算清缴。储蓄存款利息所得个人所得税管理。实行委托代征税款。（二）发票管理。一是加强和规范普通发票管理，对发票的领用、库存、发售环节安全管理坚持有计划领用发票制度，根据用量和结存情况拟定计划，录入综合征管软件系统。二是坚持专人管理发票，领取发票由发票管理人员亲自参与专人专车两人领票制度。三是坚持办税大厅当天发票实物退库制度，通过系统核对打印纸质资料签字认可。四是坚持按月编制上报《发票收、发、存情况表》，做到账实相符。五是坚持进一步健全和完善发票库房安全防范措施，实行每天24小时值班制度，并不定期进行抽查，做好交接班手续，防止脱岗现象发生。

【税收执法】 （一）税收宣传。围绕“税收·发展·民生”宣传主题，制订第18个税收宣传月活动实施方案，4月1日开展税收宣传月活动启动仪式，结合“创新发展年”工作主题，因地制宜，以实施增值税转型、企业所得税政策、车辆购置税政策和纳税服务等方面为主要内容印制宣传材料，在繁华街道悬挂主题标语，向过往人员散发宣传材料；沿街张贴宣传画，扩大宣传面；刷新原有宣传标语，使标语口号更加醒目，大造宣传声势。召开纳税人代表座谈会，税企双方共50余人参加。走进教室，向300多名师生宣讲税收法律知识。开展科学发展观“五个一”活动，到挂钩扶贫点察民情、体民意、送政策、献良计。组织人员深入企业调研宣讲税法，构建征纳关系，营造税收环境。（二）税务稽查。一是实施分类稽查4户，查补税款713.22元，罚款3856.61元，滞纳金235.6元，共计4805.43元（已入库）。二是开展专项检查1户，自查查补增值税5240.14元，加收滞纳金1088.26元，计6328.40元，经检查未发现问题。三是开展打击发票违法犯罪活动立案稽查14户，查补增值税2.09万元，加收滞纳金3318.68元，罚款1.85万元，共计4.27万元。四是发放《云南省廉政纪律监督表》18份，收回18份，均无问题。（三）执法检查。一是广泛开展税收政策宣传，加强欠税管理，做到年税年清。二是加强税收征管业务运行维护数据质量，保障税收征管业务数据的合法性、真实性、准确性、完整性，充分调动税务机关、各部门参与管理税收征管业务数据质量的积极性，提高税收征管工作质量和效率。三是充分发挥省局监控系统查询、统计、分析、预警的功能，结合增值税、消费税、企业所得税、非居民企业所得税管理的重点和难点，有针对性地开展税收征管数据分析工作，把分析结果反馈一线管理部门。（四）依法治税。一是实施增值税转型改革，全县增值税一般纳税人涉及固定资产共计抵扣金额401万元，抵扣税额66万元。二是2008版企业所得税年度纳税（A类）介质申报系统于3月1日上线运行，应进行汇算清缴企业19户，清缴后入库企业所得税858.83元，办理退税20.79万元。三是办理5户增值税一般纳税人的认定审批手续。四是做好纳税评估工作，共评估3户企业，按规定转出税额5008.56元。五是贯彻省委、省政府阳光政府“四项制度”，结合税收工作实际，制订实施方案成立领导机构和工作小组，召开实施阳光政府“四项制度”动员部署大会，加强领导，明确分工，进一步明确责任、细化工作要求，组织实施培训，按时上报材料。发布流转税政策解读、科室工作总结和阳光政府“四项制度”方案、税收收入情况、机构设置情况等。

【税务管理信息化建设】 增值税转型后，及时对综合征管软件、介质申报软件、机动车销售统一软件、税务代开票系统升级。10月15日，启动云南省国家税务局网络教育培训系统及广域网改扩建项目，12月20日安装相关设备，并进入试运行阶段。正确使用省局、州局规定的瑞星防毒软件。维护好县局电子政务网站、FTP，软件维护100余次，硬件维修30余次，保证电子政务网站的顺利应用。完成综合征管软件与其相关纳税人电子服务平台“一窗式”、“一户式”软件等应用系统的权限、参数、代码维护；并对综合征管软件39L01、39L02、39L03、39L04及39号综合补丁的升级。发行子系统4户，对企业IC卡维护11次。正常开展视频会议15次。7月县局自筹资金购买公文处理服务器和扫描仪等办公设备，提升政务管理的时效性。

队伍建设

【机构人员情况】 （一）机构设置。9月30日全面完成机构改革，设有8个内设科室，分别为：办公室（8人）、人事教育科（2人）、监察室（2人）、征收管理科（2人）、税政科（2人）、收入核算科（2人）、政策法规科（1人）、办税服务厅（4人）；1个直属机构，即稽查局（6人）；1个派出机构，即迤萨税务分局（9人）；1个事业单位，即信息中心（1人）。正副职中层干部共计18人，职工平均年龄43岁。（二）人员配置。2009年有在职干部39人，离退休干部25人，大学本科生10人，专科生21人，中专生6人，高中以下2人。男29人，女10人。（三）基层建设。设有1个党总支，下设3个支部，即局机关支部、分局支部和离退休支部。5月19日，县局工会委员会召开工会会员大会，选举县工会第二届领导班子。经呈报县总工会批准，认命杨平勇为工会主席，龙永彬为经审委主任，金汝华为女工委主任，李红新为经费会计，吴成文为文体劳保。

【领导班子】 根据州局安排，3月17日，官亮任中共红河县国家税务局党组成员、副局长（主持工作），3月23日官亮到位就职。同时免去李沛亮中共红河县国家税务局党组书记、局长职务；同年11月16日，官亮任中共红河县国家税务局党组书记、局长，12月8日州局宣布任命决定。班子设有党组书记、局长1人，党组成员、副局长1人。

【廉政建设】 一是开展社会主义荣辱观“八荣八耻”和社会主义核心价值体系教育，增强法制观念、纪律意识、自我防范意识，树立正确的世界观、人生观、价值观、权力观、地位观。二是加强廉洁从税职业道德教育，着力解决干部职工在思想作风、学风、工作作风、领导作风和生活作风方面存在的突出问题。三是讲学习、讲政治、树正气、讲党性、重品行、作表率，形成集体合力，构建廉洁自律、以人为本的国税工作平台。四是结合增值税转型、新《企业所得税法》实施，开展税收执法监察，对税收执法权、行政管理权进行监督，从机关延伸到了社会，从8小时内延伸到8小时外。五是开展税务稽查“一案双查和双报告”制度，做到关口前移，防微杜渐。六是开展廉政建设回访活动，共计回访一般纳税人、小规模纳税人、“双定户”、用票户118户，发出518份税风、税纪调查问卷表，赞成票数在97%以上，没有发生违法违规情况，保证干部的清正廉洁，受到县委的赞扬和好评。

【精神文明建设】 一是成立领导机构，加强对创建工作的领导，为创建工作打基础。二是年初制订创建实施计划，分阶段按要求组织实施。三是创建工作具有广泛性、群众性、服务性，把国税文化建设、开展税收服务活动、着力构建文明、和谐国税机关融入到国税工作的方方面面和每个环节，创建工作有声有色，创出地方特色和行业风格，为创建文明工作打下坚实基础。

【教育培训】 一是以提高执法水平、税收管理水平和岗位业务技能为重点，以新《企业所得税法》、税收执法、纳税评估、稽查、新会计准则以及增值税、所得税查账技巧、系统管理为主要内容，积极举办培训班和参加省、州局举办的视频培训，提高全局干部的素质。二是加强教育培训，完善各类教育培训管理办法，制订培训计划书，明确目标、任务和要求，使培训收到效果。

（杨平勇）

绿春县国家税务局

经济概况

2009年，全县实现生产总值（GDP）9.06亿元，比上年增长12.26%。其中：第一产业3.24亿元，增长7%；第二产业2.9亿元，增长15.1%；第三产业2.92亿元，增长14.7%。三次产业的结构比例由2008年的34.4:32.2:33.4调整为35.76:32.01:32.23。实现工业总产值3.63亿元，比上年增长118.8%；实现农业总产值6.65亿元，比上年增长13.67%；农民人均纯收入1866元，比上年增长15.33%；全社会固定资产投资12.56亿元，同比增长3.3%。完成社会消费品零售总额3.2亿元，增长15.2%。完成财政总收入1.11亿元，增长32.9%，其中地方财政一般预算收入7181万元，增长18.5%，提前一年实现财政收入亿元县目标。

税收概况

【收入完成情况】 2009年，绿春县国家税务局共组织各项税收收入4285.29万元，比2008年增收2068万元，增长93.28%，完成州局年初下达考核任务数2336万元的183.43%，完成奋斗目标数2415万元的177.44%。其中增值税收入3895.95万元，同比增收1972.54万元，增长102.55%；消费税收入0.99万元，同比减收2.35万元，下降70.45%；企业所得税收入323.94万元，同比增收84.32万元，增长35.19%；储蓄存款利息所得个人所得税收入14.27万元，同比减收24.88万元，下降63.55%；车辆购置税收入50.14万元，同比增收36.66万元，增长272.05%。

【收入特点】 2009年，在全县经济稳定增长及电力工业经营规模不断扩大的前提下，国税收入继续保持两位数增长。一是税收收入创历史新高，首次突破4000万元关，增幅居全省国税县级征收单位之首。二是税收收入高于全县GDP增长速度81.02个百分点，但低于工业总产值增长速度25.52个百分点。三是税收收入结构发生变化，增值税占税收收入总量比重大，增值税、企业所得税、储蓄存款利息所得个人所得税、车辆购置税的结构比例为90.91:7.56:0.33:1.17。

【税源分析】 2009年国税收入大幅增长因素，主要来源于电力、烟草和车辆购置三方面税收。2009年电力增值税收入3106.48万元，同比增收1879.04万元，增长153.08%，占增值税总量的79.73%，主要是李仙江流域的戈兰滩电站投产发电，加之土卡河电站运行正常，促使电力增值税大幅增长；批发零售业增值税收入529.9万元，同比增收318.41万元，增长150.56%，主要来源于烟草行业；黑色及有色金属采矿冶炼业增值税收入为182.64万元，同比增收78.15万元。企业所得税收入同比增收84.32万元，主要是州烟草公司上缴划入的企业所得税比上年同期增加。车辆购置税，因国家出台调低小排量汽车的征收率、取消公路养路费等一系列促销政策，购买量增加，加之联合开展打击涉税违法车辆营运安全专项整治行动，清缴308辆摩托车购置税10万元，促使车购税收入比2008年增收36.66万元，增长272.05%。

【税务管理】 依托综合征管信息系统、税收执法考核信息系统和数据监控分析系统，实施科学化、精细化、规范化管理，着力提升质量和效率。强化户籍管理，做好开户、变更、停复业、注销等的税务登记管理。2009年底全县共有征管户896户，其中，一般纳税人24户，小规模纳税人120户，个体工商户752户（达起征点56户，不达起征点696户）。严格审核一般纳税人认定标准，全年新认定一般纳税人3户，并安装防伪税控设备，对企业纳税人推行增值税“介质申报”，确保纳税申报率、税款入库率达100%。强化监测管理，监控申报和跨区税款划拨环节动态数据，发现异常情况实地跟踪调查，协调电力增值税跨区收入分配问题。强化重点税源监控，加强税收计划执行情况分析预测，实行月度收入数据预测制度，搞好纳税评估、纳税信用等级评定。

各项工作

【税收征管】 （一）落实各项税收政策。认真贯彻落实新修订的《增值税暂行条例》和《增值税转型改革若干政策》，确保惠及纳税人的相关政策落实到位，向企业纳税人转发企业所得税和增值税新政策文件16个，举办增值税转型改革政策和企业所得税政策培训班各1期，深入企业送政策，进行纳税辅导，确保增值税和所得税政策落实到位；认真落实税收优惠政策，给予社会福利企业退税72.42万元。（二）各税管理。加强增值税管理，对申报异常企业进行清理检查，做好食品加工行业增值税代征工作；强化企业所得税征管，举办新《企业所得税法》培训班，推行应用企业所得税汇算清缴系统软件，对所得税税前扣除及各优惠政策项目进行动态管理，把好各项减免税和所得税税前扣除项目上报、审核、审批关，2008年度就地缴纳企业户数为24户，实际汇算清缴24户，其中盈利企业2户，盈利总额645.94万元，亏损企业22户，亏损总额5471.57万元；加强车辆购置税征收管理，成立国税、交警、保险三部门联合工作组，深入各乡镇对无证照、无保险、未缴税机动车辆的群众办理缴纳车购税、交通强制险、落户一条龙上门服务手续，清缴车购税10万元；继续加强个人所得税代征代扣代缴管理工作。（三）发票管理。加大对“四小票”采集、比对、分析核查力度和“一窗式”管理，严格执行发票发售、抵扣、代开等以票控税管理规定，使利用“四小票”骗取抵扣进项税情况得到有效防范；加强普通发票管理，强化以票控税，规范代开发票主体、代开范围、操作程序，最大化发挥以票控税作用，规范纳税人基础信息，分环节、分流向管理发票，确保发票的安全及时供应。

【税收执法】（一）税收宣传。围绕“税收·发展·民生”宣传主题，以新修订的《增值税暂行条例》和《实施增值税转型改革若干政策》为主要内容，在全县开展全国第18个税收宣传月活动。一是在赶集日，与地税局在国税办税服务厅前搭建税收宣传咨询平台、悬挂巨幅宣传标语、张贴税收宣传图画、发送宣传材料。二是借举办全县“落实科学发展观，推动绿春新跨越”文艺晚会之机，开展税收宣传活动。三是结合秦光荣省长到绿春县调研时的指示精神，深入乡镇、农村宣传贯彻改善民生惠及纳税人的政策。四是深入矿山、电站等重点税源企业，开展送税收政策上门服务。五是广泛宣传国家惠农补贴政策，宣传国家对农民开田种粮、植树造林、饲养母猪、购买农机、“家电下乡”等方面给予补贴的惠农政策，讲解“税收促进发展，发展改善民生”的税收宣传主题。六是广泛宣传依法索要发票的重要性。（二）税务稽查。发挥稽查职能作用，加大稽查力度，强化以查促管、以查促增收，维持税收秩序，全年稽查查补收入61.53万元，圆满完成稽查工作任务。开展第二轮分级分类稽查，下发查前告知书25户份，其中自查22户、立案稽查3户，查补增值税52.56万元，滞纳金1.9万元，罚款8000元。开展专项检查，下发查前告知书3户份，其中有问题1户，查补增值税4.95万元，滞纳金49.47元。开展打击制售假发票和非法代开发票专项整治行动，成立公安、国税、地税等部门共同组成的打击制售假发票和非法代开发票专项整治行动领导小组，精心筹划，统一行动，加大宣传力度，扩大影响面，从公安、国税、地税等部门抽调25人（国税13人），对全县经营五金交电、建材、商业批发零售、电信器材等行业实施重点检查，共计检查88户，完成任务数86户的102.33%，共计检查各类发票和收据9334份，有问题发票用户14户，有问题发票34份，查补税款1.31万元，补交滞纳金81.36元。（三）依法治税。严格执行税收法律法规和政策，维护税法尊严，促使纳税人提高税法遵从度。全年对逾期办理税务登记的67户和违规使用发票3户处以罚款4850元；稽查查处偷税案件3件，除给予补缴税款、加收滞纳金外，处以罚款；全年收取税务登记证、发票工本费及代开发票等税务行政性收费1.8万元；开展税收执法检查，认真清理向企业转发的企业所得税和增值税新政策文件，在审批涉税事项中没有违规和越权减免税问题，没有违反规定缓征、少征、不征税款和不加收滞纳金的情况；以落实阳光政府“四项制度”为契机，公开税收法律法规和政策、办税程序，优化纳税服务，打造“阳光国税”，接受纳税人的监督，全年未发现执法过错行为。

【信息化建设】（一）做好“四小票”数据比对和车辆购置税数据按月上传；完成综合征管软件37～39号补丁升级；做好“绿春县国税局政务信息公开网站”相关信息发布审核，如期向纳税人和广大人民群众宣传相关税收政策和国税工作情况；搞好全局网络维护和计算机维修工作。（二）搬迁到新办公楼后，用三天的时间调试新办公楼中心机房及全局的网络，保证全局工作正常运转。（三）加强日常管理，做到“网络保稳定、系统保安全、设备保正常、人员保素质”的四保工作要求。（四）做好全省国税系统网络教育培训系统与广域网改扩容工程，于12月试运行。

【献爱心活动】 绿春县国税局干部王玉昌患结肠癌转移住进云南省肿瘤医院化疗。在王玉昌家庭遇困之际，县总工会和国税局在全县各级工会组织发起救助王玉昌献爱心募捐倡议，截至2009年7月28日，国税局工会共收到州、县、乡镇职工个人捐款5.11万元，其中本单位职工捐款5390元。虽未能挽救王玉昌的生命，但圆了其儿子的大学梦。此外，全体国税干部职工还向大水沟乡癌症病患者李正龙捐款800元，向大兴镇阿倮那村骨癌患者白才农捐款770元，向县红十字会捐助330元，全局19名党员为建县一次党代会会址缴“特殊党费”（捐款）1840元，单位向扶贫挂钩联系点骑马坝乡坝嘎村委会捐款1.3万元。

队伍建设

【机构人员情况】 2009年9月，推行内部机构改革，内设8个科室，即办公室、监察室、政策法规科、税政科、征收管理科、收入核算科、人事教育科、办税服务厅；1个直属机构，即稽查局；1个派出机构，即大兴税务分局；1个事业单位，即信息中心。全局有在职干部职工33人，离退休干部16人。高（中）专学历11人，本科学历11人，大专学历11人（其中4人在读函授本科学历教育）。

【学习实践科学发展观】 按照县委和州局党组的统一部署和要求，制订开展学习实践科学发展观活动方案，狠抓落实，做到认识到位、组织到位、措施到位，确保学习实践活动顺利进行并取得成效。围绕“创新发展年”工作主题，把深入学习、提高认识贯穿始终，把解放思想、开拓创新贯穿始终，把解决问题、完善机制贯穿始终，把依靠群众、发扬民主贯穿始终，努力实现县委和州局党组提出的学习实践科学发展观活动目标。通过开展学习实践活动，把学习实践成果转化为贯彻州局和县委、县政府决策部署上来，成为促进经济平稳较快发展的动力，对圆满完成全年各项国税工作任务，推动国税事业快速发展、科学发展、创新发展起到积极作用。

【领导班子建设】 坚持开展党组中心组学习活动；参

加上级举办的各层次的领导干部培训，不断提高依法行政的能力和水平；认真贯彻落实民主集中制原则；开展好每年一次的领导干部述廉述职和党组民主生活会，深刻剖析并纠正存在问题，注重自身建设，促进班子成员团结协作，创新性地抓好各项工作。

【廉政建设】 按照州局党组和县委、县政府2009年党风廉政建设和反腐败工作的主要任务，大力推进教育、制度、监督并重的惩防体系建设。一是召开党风廉政建设工作会议，传达贯彻上级党风廉政建设工作会议精神，布置工作抓落实。二是建立有效的干部教育和监督管理机制，抓好学习宣传和教育，开展家庭助廉活动，增强国税干部职工及家属的廉洁自律意识。三是认真落实各项廉政建设责任制，层层签订《党风廉政建设责任书》，县局领导与各部门负责人签订36份，签订《廉政公约》65份。四是组织纪检监察干部明察暗访，深入纳税户及社会团体对税风税纪和《廉政公约》执行情况进行跟踪问效，强化对干部职工的监督。五是积极开展廉政文化建设活动，加强党员干部党性锻炼和思想修养，营造良好的廉政氛围。

【精神文明建设】 按照上级规定的条件标准开展文明单位创建活动。连续10年保持省委、省政府授予的“文明单位”称号。

【教育培训】 2009年，局长参加省局业务培训，参加省局岗前培训2人，县局举办新《企业所得税法》培训1期，举办增值税转型改革政策培训1期，两期受训纳税人和税干118人次，举办瑞星杀毒软件操作培训1期，受训22人，参加州局稽查业务培训并参加全国税务稽查业务考试8人，参加县委举办政务信息业务培训2人次，参加文学创作及摄影技能培训2人次。

（李沙龙）

文山壮族苗族自治州国家税务局

经济概况

2009年，文山壮族苗族自治州全力抓好保增长、保民生、保稳定各项工作，取得了应对金融危机的初步胜利，巩固了经济平稳发展，全年实现生产总值（GDP）273.06亿元，同比增长12.6%。其中：第一产业增加值73.14亿元，增长6.8%；第二产业增加值94.01亿元，增长16.8%；第三产业增加值105.91亿元，增长12.7%。三次产业结构比例为27:34:39。完成工业总产值208亿元，同比增长9.4%。完成固定资产投资216亿元，同比增长30.6%。完成社会消费零售额118.76亿元，同比增长23.9%。完成财政总收入29.3亿元，增长7.9%，其中财政一般预算收入17.3亿元，增长12%；财政总支出89.4亿元，增长34.1%。

税收概况

【收入完成情况】 2009年，文山州国税系统共组织税收收入12.85亿元（不含海关代征），同比减收2753万元，下降2.1%，完成省局下达确保任务的100.4%；完成奋斗目标的95.96%。其中：组织州县级地方收入2.66亿元（国税口径），完成州政府下达计划的83.18%。

【收入特点】 （一）各月收入不均。全年收入呈波浪形走势，月均收入1.07亿元，最低为2月份的5742万元，最高为7月份的2.2亿元。（二）受金融危机影响，税收收入减收。一是收入降幅“前高后低”，全年同比减收2753万元，下降幅度由上半年的15.08%逐月收窄至12月末的2.1%。二是分县收入“三减五增”，砚山、麻栗坡、马关3个县收入持续低迷，依次减收35.35%、22.33%、6.17%，减收额分别为7361万元、1690万元、1371万元；其余5个县不同程度增收，增幅最大的文山县达11.98%，增收额为5678万元，税收收入首次突破5亿元大关。（三）消费税收入首破千万元大关。自2009年5月起在卷烟批发环节按5%的税率加征一道消费税，使该税种收入达到3603万元，增长16倍，打破了全州年消费税收入一直在250万元以下徘徊的局面。（四）文山州烟草公司继续保持全州单户企业上缴税款龙头地位，全年上缴税款3.19亿元，占全州税收收入的24.84%。

【税源分析】 （一）收入分税种情况。消费税、车辆购置税分别增收3392万元、1428万元；增值税、企业所得税、个人所得税分别减收5592万元、1050万元、931万元，增值税减收额占3个税种合计减收额的73.84%，是造成全州税收收入减收的主要原因。（二）增值税分行业情况。一是烟叶加工业、煤炭产品、电力行业增值税实现超2位数增长。烟叶加工业同比增收863万元，增长86.91%；煤炭产品同比增收2136万元，增长56.75%；增收额最大的电力行业同比增收4219万元，增长17.82%。二是金属矿产品价格大幅下跌导致主要矿产品采选、冶炼企业减收。全州最大的矿产品采选企业——云南华联锌铟股份有限公司，全年缴纳增值税9462万元，同比减少2203万元，下降18.89%；最大的铁合金冶炼企业——斗南锰业股份有限公司，全年上缴税款2527万元，同比减少1949万元，下降43.54%。（三）政策性因素分析。一是自2008年10月9日起，个人存款产生的利息暂免征收个人所得税，导致该税种一直处于减收状态，且减幅较大。二是国家出台汽车、摩托车下乡等一系列刺激消费政策，并对1.6升及以下排量乘用车减按5%的税率征收车购税，全州征收车辆数增加12341辆，车辆购置税一直呈增收态势。三是受增值税转型影响减收7997万元，降低小规模纳税人征收率减收2251万元，免征储蓄存款利息个人所得税减收996万元，提高矿产品增值税税率增收1333万元，加征卷烟批发环节消费税增收3409万元。（四）其他因素。一是稽查查补收入同比增收240万元，增长63.32%，加上自查补缴，全州查补税款入库2948.96万元。二是全年办理福利企业退税6330万元，同比减少433万元，下降6.4%。三是资源综合利用退税2220万元，同比增加491万元，增长28.4%。

【税务管理】 （一）税收征管、纳税服务。截至2009年12月31日，全州登记征管户36567户，比2008年增加5315户，增长17%。其中，单位纳税人3061户、个体经营纳税人32190户、扣缴义务人63户、报验登记纳税人1户、临时登记纳税人25户、无证户1227户。1. 全面落实税收管理员制度。重新调整和明确税收管理员的职能定位和工作重点，正确处理税收管理员与办税服务厅、税务稽查以及纳税人之间的关系，明确各自的职责和义务，确保税收管理员集中精力从事税源管理工作。2. 推行户籍管理巡查制度。加强对辖区内管户的动态监管，及时掌握纳税人的变动情况。进一步完善纳税人资料"一户式"管理工作制度，逐户建立纳税人户籍电子管理档案。3. 落实分级分类管理制度。对不同信用等级的纳税人采取相应的管理与服务措施，对信用等级较低的业户实施重点管理。4. 深入开展纳税评估工作。对18户重点税源企业进行增值税纳税评估，评估补缴增值税、加收滞纳金及进项税转出709.35万元。5. 实行领导干部管户责任制。领导参与税源管理，调查研究在一线，问题解决在一线，管理服务在一线。6. 应用税收征管数据加强征管状况分析。将本地区情况与全国、全省同类地区以及历史同期进行比较分析，挖掘深层次原因，查找征管漏洞，有针对性地采取措施加强征管。7. 优化办税服务。统一规范办税服务厅标识，在全州10个办税服务厅全面推行"一站式"服务。8. 推行多元化申报方式。全年有4461户纳税人实行多元化申报，占登记总户数的12.2%。其中：银行储蓄扣税2677户，占登记总户数的7.32%；介质申报1682户，占登记总户数的4.6%；大厅实时扣税102户，占登记总户数的0.28%。9. 运用互联网的互动和服务功能，开通"税企QQ"直通车，及时有效地在第一时间将新税收政策发送给企业，并通过相互交流的方式，解答涉税咨询问题，促进税企和谐。10. 建立纳税咨询热点难点问题收集公布制度，掌握纳税人咨询的热点难点问题并及时予以答复。11. 深入开展纳税宣传服务。设立办税服务厅纳税咨询台，征期内由领导及业务部门负责人值班，接受纳税人的涉税咨询。同时，深入企业调查了解，宣传税收优惠政策，辅导纳税人建账建制。（二）发票管理。全年全州普通发票领用户7625户，比2008年增加1915户，增长33.53%；共发售普通发票2859532份，比2008年增加442625份，增长18.31%。管理措施：1. 加强领导，强化普通发票管理部门职能，把发票管理制度落到实处。2. 实行"专人专管"，选定政治业务素质好，工作责任心强的人员负责发票管理工作，加强票管人员责任感、使命感教育。3. 建立健全发票库房管理安全机制，在"六防"的基础上增设报警装置，加强安全防范工作。4. 实行目标管理责任制，把发票管理和目标管理、税源管理、基层建设结合起来，明确考核标准，规范管理行为。5. 坚持发票"验旧售新"制度，严格"验旧"审核关，对报验的汇总开票金额与纳税申报的营业额进行"票表比对"，实现"以票控税"。6. 组织开展商业零售发票使用情况检查，共检查用票户5279户次，其中有问题752户次，违章发票2108份，检查补缴税款56.59万元，加收滞纳金11.28万元，罚款38.38万元。

各项工作

【依法治税】 （一）税收法制建设。1. 组织机关干部认真学习省政府关于推行阳光政府"四项制度"的决定和实施办法，制定措施抓好贯彻落实，全年共发布15项重点工作通报、1项重要事项公示。2. 全面贯彻国务院《全面推进依法行政实施纲要》，深入贯彻实施《行政许可法》。切实转变管理理念和思想观念，树立为纳税人服务的意识，不断提高依法行政水平。3. 积极开展"依法治省示范单位"试点工作。根据实施方案的要求，抓紧、抓好试点工作的各项任务，扎实推进依法治州进程，积极创建法治文山，构建和谐国税，以良好的法制环境，保障国税各项工作的顺利进行。4. 把推进"五五"普法工作融入普法教育和税法宣传中，大力开展以《税收征管法》及依法治税为主要内容的税收法制宣传教育活动。在三月法制宣传月活动中，州、县国税局联合组成宣传组，在文山城区繁华地段举行以"弘扬法治精神，构建和谐文山"为主题的法制宣传活动。（二）税收宣传。立足"三七之乡"和边疆民族地区实际，紧扣"税收·发展·民生"宣传主题，以"税收促进发展，发展改善民生"为主要内容，依托建州51周年大型庆祝活动及"三月三"等民族传统节日集中宣传，组织少数民族语言税收宣传队深入村寨普及税收知识，召开税企座谈会解决实际问题，大力开展税法宣传进矿山、民生演讲进校园、纳税辅导进企业、文明单位学税法、税收管理员与企业财会人员结对子等一系列特色鲜明的税收宣传活动，将新政策、新法律、新法规及时送达企业，并进行现场解答和辅导，提供上门服务，及时解决征纳双方在实际工作中遇到的各种困难和问题，既营造了和谐税收环境，又赢得了社会各界和广大纳税人对税收工作的理解和支持。（三）执法管理。1. 进一步加强对税收执法权的监督制约。2009年，在各县局自查的基础上，州局重点检查了富宁、砚山、西畴、麻栗坡4个县的税收执法工作，有力促进了相互间的交流学习和经验推广。2. 按照省局《关于税收执法管理信息系统（V1.1）升级有关工作的通知》要求，及时安排部署，成立业务组和技术组，对相关人员进行业务培训和模拟演练，实现10月1日与全省同步升级。3. 建立健全税收政策执行情况反馈报告制度，强化内部各业务科室的信息传递和协调配合，充分把握日常执法、文件会签、复议听证、重大案件审理、外部监督等工作环节，全面了解政策执行中存在的重点、难点、热点问题，及时逐级向上反馈，确保各项政策落实到位。4. 坚持重大税务案件集体审理。2009年，州局案件审理委员会共审理案件1件，查补收入277.38万元。

【各税管理】 （一）流转税管理。全年全州流转税“三税”收入11亿元，占国税总收入的85.93%，同比减收778万元，下降6.9%。1. 增值税管理。截至2009年底，全州共有增值税纳税人36070户，其中增值税一般纳税人1149户、小规模纳税人34921户。全年入库增值税9.5亿元，完成确保任务的73%，同比减收5000万元，下降5%。主要工作：(1) 全面落实增值税转型政策。将增值税转型政策及时宣传到所有纳税人，严把固定资产抵扣审核关。全州增值税一般纳税人共申报抵扣固定资产进项税8566万元，审核转出不予抵扣124万元。(2) 认真执行资源综合利用和再生资源政策。及时对1户水泥立窑生产企业停止退税，追缴其2008年下半年已退增值税139万元；对符合退税条件的3户资源综合利用企业办理增值税退税1757万元；对4户废旧物资回收经营企业恢复征收增值税100万元。(3) 加强社会福利企业税收管理。截至2009年底，全州共有享受税收优惠政策的社会福利企业32户，比2008年同期减少1户。全年共办理即征即退增值税6147万元，同比减少624万元，下降9.22%。(4) 认真落实金属矿和非金属矿产品税率由13%恢复为17%政策，调整33户矿产品经营及采选行业的一般纳税人的税率，全年增收增值税2000万元。(5) 强化一般纳税人认定管理。根据新《增值税暂行条例实施细则》的规定，采取提前预警、提前介入和链条延伸三项措施，新认定增值税一般纳税人227户，创年新认定增值税一般纳税人新高。(6) 加大纳税评估力度。以《文山州增值税纳税评估管理系统》为辅助和支撑，在完成省局安排专项评估任务的同时，共选取96户增值税一般纳税人开展纳税评估，评估异常户28户，评估补缴增值税及进项税转出787.84万元，经评估涉嫌重大违法移交稽查查处3户。(7) 加强“四小票”管理。进一步规范了货物运输发票的开具、抵扣管理，要求纳税人将与运输发票相关的出入库单、付款证明、货物销售或收购发票等资料附于发票后装订。2. 车辆购置税管理。全年共征收车辆购置税1.15亿元。(1) 加强车辆税收一条龙管理。核查清分异常发票813份，对158户企业进行重点核查，作进项税转出8490元，查补增值税1236元，罚款2300元。(2) 认真执行减征1.6升及以下排量乘用车车辆购置税政策，对7467辆汽车减征5%的车购税2096万元。(3) 全面铺开车辆购置税委托代征工作。在广南县国税局试点成功的基础上，进一步修订完善代征管理办法和制度，在全州6个县10个代征点全面实行车购税委托代征。6～12月共委托代征摩托车25570辆，代征车购税991万元，办税服务厅业务量减少20%，分流到代征单位的人员2万人次，有效减缓了办税服务厅工作压力。3. 消费税管理。全州共有消费税纳税人312户，年缴消费税10万元以上的4户重点税源企业全年消费税收入3563万元，占全部消费税收入的98.92%。其中落实卷烟批发环节按5%的税率加征一道消费税政策，文山州烟草公司6～12月共申报缴纳消费税3410万元。

（二）所得税管理。全年共征收企业所得税1.75亿元，完成计划的134.77%，同比减收1050元，下降5.65%；征收储蓄存款利息所得个人所得税563万元，完成计划的112.6%。主要措施：1. 广泛开展新法宣传培训。大规模组织所得税申报及政策业务培训，全年共举办纳税人及税务人员培训12期，参训人员1900人次。2. 做好新《企业所得税法》实施各项基础工作。对跨区经营的总、分机构进行核实、清理和规范，试运行汇总纳税企业所得税信息管理系统，强化对跨地区经营总、分机构的监督管理，堵塞征管漏洞；分析检查综合征管软件相关数据信息，及时更正错漏内容，确保所得税管理基础数据准确；开展所得税减免税审批执行情况清理、检查，准确执行好过渡期优惠政策。3. 扎实开展重点行业、重点企业所得税纳税评估。对2008年应纳税所得额下降30%以上企业的生产经营情况进行逐户调查、分析，全面掌握重点税源变化原因。加强对零申报企业的管理，扩大核定征收面，降低亏损面。全年共对53户企业开展企业所得税纳税评估，共补缴入库企业所得税184万元、增值税47.2万元，调减以后年度应弥补亏损额883.3万元。4. 认真开展2008年度汇算清缴工作。共对全州1297户企业开展汇算清缴，入库税款912.75万元，同比减少2300万元；办理退税683.61万元，同比增加171.39万元。5. 严格按政策规定做好财产损失税前扣除、减免税审批报批工作。州局共审批财产损失3件，批准纳税人扣除财产损失6121.76万元，不予税前扣除财产损失5.78万元；审批10户企业享受减免企业所得税优惠；审核1户财产损失、6户减免税企业上报省局审批。

（三）国际（涉外）税收管理。突出重点、难点，抓好非居民税收管理，做好居民境外投资税收服务与管理，着力提高国际税收管理水平。1. 以基础管理和涉税信息收集为重点，加强与州商务局、州外汇管理局等

有关部门的沟通与联系，获取相关信息，主动寻找国际税源。在抓好企业年度关联业务往来申报工作的基础上，将涉及支付金额较大、支付方式较多、支付时间跨度较长的涉税项目列为重点对象，实施跟踪管理。2. 加大政策宣传和政策辅导力度，积极做好非居民企业所得税代扣代缴工作，加强对扣缴义务人的政策宣传，增强居民企业的代扣代缴意识。3. 积极做好非居民享受税收协定待遇申请的受理、审批及备案准备工作，确保全州税收协定各项待遇的正确执行。4. 按照优化服务、完善政策、规范管理的要求，积极为“走出去”企业提供良好的税收服务，切实维护境外投资者的税收利益。5. 认真组织开展对省局定点联系企业的自查督导工作，深入定点联系企业蹲点督导，下户走访企业，辅导企业开展自查，提升企业自查效果和税法遵从度。通过对5户企业进行督导，企业自查补缴企业所得税29.99万元、滞纳金7.17万元。

【税务稽查】 牢固树立“和谐稽查”理念，以查处税收违法案件和组织税收专项检查、分类稽查、打击发票违法犯罪活动为重点，建立管查互动、税企联动、检查与自查并举的工作机制，采取“辅导、自查、检查”联动运行的模式，创造性地开展稽查工作，实现了重拳打击涉税违法犯罪行为与构建和谐税企关系的同步推进。全州共检查纳税户127户，其中有问题111户，查补税款、滞纳金、罚款合计2948.96万元，刷新历年查补收入记录。其中：自查补税及加收滞纳金2299.57万元，占查补总额的77.98%；检查查补税款、滞纳金和罚款649.39万元，占查补总额的22.02%。（一）认真开展第二轮分级分类稽查。制订全州《2009～2011年第二轮分级分类稽查工作方案》，将9户企业直接列入州局稽查，各县局相应确定了本地区的分类稽查对象。2009年，全州开展分级分类稽查企业29户，查补收入总额168.27万元，其中税款138.86万元。（二）深入开展税收专项检查和专项整治工作。在认真落实好省局安排专项检查项目的基础上，确定广南县作为利用“四小票”进行偷、骗税及制售假发票、非法代开发票等税收违法行为的重点区域开展税收专项整治，共检查此类企业4户。（三）严厉打击发票违法犯罪活动。由州政府牵头，公安、国税等13部门联合成立打击发票违法犯罪活动工作协调小组，锁定重点地区和重点行业集中开展整治行动。以建筑安装、交通运输、餐饮服务、商业零售等行业为重点整治对象，围绕兜售、虚开、购买、使用虚假发票，以及传播发票违法犯罪活动相关信息等环节，实施全过程治理，严厉查处虚假注册公司从税务机关骗购空白发票并非法倒卖或代开发票等违法行为。重拳打击印制、贩卖虚假发票犯罪团伙，严惩了一批典型的、顶风作案的违法犯罪分子。全州共查获非法出售发票违法犯罪案件3起，抓获犯罪嫌疑人2名，缴获印章1枚，假发票共计41389份。（四）认真做好涉税违法举报案件查处。全年共受理涉税违法检举案件13件，其中省局转办5件，共查补收入10.51万元。

【出口退税管理】 全年共审核审批办理出口货物退税1200万元（其中边贸人民币退税260万元），同比增加120万元，增长11.1%，圆满完成省局下达计划指标。（一）严格审核审批退（免）税管理。指导企业开展出口业务，督促企业加快单证传递速度，当日接单，当即受理，当即审核，及时将应退税款退付企业，缓解企业资金周转压力，促进全州对外贸易发展。（二）主动与商务、外汇部门配合，加大政策宣传力度，积极引导出口企业转换经营理念，调整出口产品结构，使出口企业紧紧围绕三七、辣椒等退税产品开展贸易，对外贸易呈现良好增长态势。（三）加强和防范出口骗税，开展退税评估和预警调查分析工作，强化对企业出口货物退（免）税的监控管理，促进企业加强内部管理，严格执行国家退（免）税政策，严把审核退税关，有效防范出口骗税发生。（四）加强征退税工作衔接，督促主管税务机关及时将不予退免税货物的应征税款补征入库。全年共清理下发不予退免税货物出口报关单电子信息79条，涉及出口额共计126万美元，补计销项税额37万元。（五）做好代理出口货物证明信息核查工作。通过核查补缴增值税63.3万元，加收滞纳金16.05万元。

【税务管理信息化建设】 （一）应用系统推行情况、数据分析利用情况。州局组织对综合征管软件CTAIS客户端补丁升级6次，满足了日常工作需求；在全州稳步推广应用自行开发的车购税代征软件（单机版）和增值税纳税评估系统。全州公文处理、车购税征收等系统运转正常。（二）信息化基础设施建设及税收信息化管理维护工作。做好FTP、办公自动化、网站等系统日常应用维护、升级和数据备份工作；加强与农业银行、建设银行合作，正常开展储蓄扣税工作，扣税成功率达91.56%；向省局技术支持提交了需解决的问题共126条，其中综合征管软件87条、车购税37条、防伪税控2条，及时协调解决了各县应用系统存在的问题。（三）金税工程。全州防伪税控系统运转正常，税务发行和企业发行27次，销售发票3445次；1150户一般纳税人共报税52935份增值税专用发票；共认证增值税专用发票77426份，其中认证相符77385份，重复认证41份。（四）税收电子化、信息化及网络化建设。按省局部署，于2009年12月完成网络改建、扩建系统和网络远程教育培训系统建设，经调试已投入正常使用。做好计算机网络安全维护，完成防病毒补丁升级服务器的安装调试，消除网络安全隐患，确保网络顺畅运行。

队伍建设

【机构人员情况】 州局机关内设15个科室：办公室（10人，含局领导4人）、政策法规科（3人）、货务和劳务税科（4人）、所得税科（3人）、收入核算科（3人）、纳税服务科（2人）、征收管理科（4人）、财务管理科（5人）、人事科（3人）、教育科（2人）、监察室（3人）、进出口税收管理科（2人）、大企业和国际税务管理科（3人）、机关党委办公室（1人）、离退休干部科（2人）；2个直属机构：稽查局（8人）、车辆购置税征收管理分局（0人）；2个事业单位：信息中心（2人）、机关服务中心（8人）。辖文山、砚山、西畴、麻栗坡、马关、丘北、广南、富宁8个全职能国家税务局。截至2009年底，全州在职干部职工609人，其中：党员369人，占60.6%；研究生2人、占0.32%，大学本科156人、占25.62%，大学专科337人、占55.34%，中专及以下114人、占18.72%；35岁及其以下102人、占16.75%，36～50岁452人，占74.22%，51～60岁55人、占9.03%；男419人、占68.8%，女190人、占31.2%。

【领导班子建设】 （一）强化党组中心组理论学习。以深入学习实践科学发展观活动为契机，认真贯彻落实党的十七大、十七届三中、四中全会及国家和省有关领导的讲话精神，切实加强和改进领导班子和领导干部思想建设、组织建设和作风建设。（二）增强班子团结干事合力。定期召开党组民主生活会，开展批评与自我批评，查找问题，分析原因，加强整改。扩大民主议事决策范围，充分听取各方面意见建议，保证了党组班子议事决策的科学性和民主性，增强了领导班子整体合力。（三）规范干部选拔、考核和任用。对州局机关部分科室负责人和各县局副科以上干部进行了调整。经省局批准提任副处级1人任调研员，提任县局副局长1人担任州局科室负责人，选派州局机关科室负责人1人到县局担任局长。按照机构改革的要求和部署，9月底全州国税机构改革框架搭建完成。通过制订公布实施方案、资格审查、笔试、面试、考察、局党组票决等竞争上岗程序，在全州选拔了22名副科级干部充实到县局领导班子和州局各科室，干部队伍结构更加优化。（四）加大干部监督制约力度。严格执行党内监督条例和纪律处分条例，不断强化领导班子的内部监督，抓好领导干部个人重大事项报告、收入申报、述职述廉等制度的落实。

【精神文明建设】 以贯彻《公民道德建设实施纲要》为重点，大力开展形式多样、内容丰富的群众性精神文明创建活动，积极引导国税干部秉公执法、文明征管、优质服务。按照《云南省国税系统文明创建管理办法》的要求，对各级文明单位开展复查，巩固已有成果，不断提高创建水平，促进了三个文明建设的协调发展，文明创建工作取得明显成效。文山县局被中央文明委命名为“精神文明建设先进单位”；文山州局和文山、西畴、马关、丘北、广南、富宁6个县局被省委、省政府命名为第十二批省级“文明单位”；广南县局被省国税局命名为云南省国税系统第十四批“文明单位”。

【教育培训】 （一）加强业务培训。全州共组织各类培训班30期，培训时间86天，培训7803人次，其中州局组织培训班11期，培训时间29天，培训1560人次。（二）加强政治理论学习。充分利用网站平台开设“学习贯彻十七大精神”专栏，努力践行“三个代表”重要思想和科学发展观，不断提高干部理论水平，增强政治敏锐性和政治鉴别力。（三）加强学历教育，激励争优创新。注重学历教育，鼓励干部提高学历层次，全州大专以上学历人数达495人，占总人数的81.28%。出台《争优创新奖励办法》，对有突出贡献的人员进行奖励，从体制机制上充分调动干部职工的工作积极性和创造性，车购税代征软件、税管员辅助信息系统等创新项目脱颖而出。

【廉政建设】 （一）深入贯彻落实《党风廉政建设责任制》。开展正反典型教育，筑牢干部思想道德防线，树立新风正气。（二）开展明察暗访整饬作风纪律。针对省局暗访组通报的问题进行认真整改，实施行政问责1人，给予经济处罚15人。对文山、马关、麻栗坡、西畴4县开展明察暗访，对存在问题进行了通报和整改。（三）加强干部监督管理。一是对州局办公楼开工和4个县局办公楼修缮项目涉及的37人进行廉政谈话。二是对22名科级干部进行述职述廉。三是党员领导干部报告个人有关重大事项22人次。（四）广泛接受社会监督。聘请特邀监察员82名，全年签订《廉政公约》1223户，历年累计8809户，回访1148户，纳税人对国税工作满意率、基本满意率达99.91%。在州政府组织开展的2008年度51个部门社会评议行风测评中，国税部门在执法单位中名列第10位；在州委、州政府开展的2008年度党风廉政建设考核中，州局机关被评为优秀等次。

【典型经验】 推行“抢工分”制度转变工作作风提升纳税人满意度。自2009年7月起，文山州砚山县国家税务局在办税服务厅全面推行税干“抢工分吃饭”制度，充分调动了税干的工作积极性和主动性，纳税人“满意度”由89%迅速提升至99%。主要做法：一是全面推广“综合业务窗口”。整合税务登记、文书受理、申报征收、认证报税等窗口为综合业务窗口，实现涉税事项“一窗统办”和“一站办结”。二是建立岗责分明的绩效考核制度。将业务办理数量、得分标准、差错扣分等纳入制度化管理，人机结合量化考核，考核结果作为评优和兑现奖励的依据。三是变“被动服务”为“主动服务”。以“预约服务”、“温馨提示”、“税企QQ互动”等方式，使人性化管理、贴近式服务、零距离沟通落到了实处。四是保障纳税人在纳税服务、考核评价等方面的知情权、监督权和参与权。向纳税人公示涉税业务办理流程、资料要求、办理时限、服务分值，由纳税人自主选择办税厅服务人员，并对税干实施监督，适时提出意见或建议。该制度实施半年来，个人办理业务量最高达8860户（次），最低3113户（次），相差2.85倍；所挣“工分”最高达3331分，最低1205.3分，相差2.76倍。

（佟万奇）

文山县国家税务局

经济概况

2009年，文山县按照保增长、保民生、保稳定的要求，积极应对金融危机，保持了经济平稳较快发展。全年实现生产总值（GDP）84.2亿元，同比增长14.8%。其中：第一产业增加值9.7亿元，增长5.7%；第二产业增加值38.8亿元，增长18.5%；第三产业增加值35.7亿元，增长13.5%。三次产业结构比例为11.5：46.1：42.4。完成固定资产投资60亿元，增长38.2%。完成社会消费零售额37.3亿元，增长23%。完成财政总收入9.3亿元，增长23.8%；财政总支出12.5亿元，增长28.5%。

税收概况

【收入完成情况】 2009年，文山县国家税务局共组织税收收入5.31亿元（不含海关代征税款），完成州局确保任务4.7亿元的112.98%，完成州局奋斗目标4.72亿元的112.5%，同比增收5677万元，增长11.98%。

【收入特点】 一是各月收入不均衡。上半年收入冲高回落，下半年收入趋于平稳，最高月份收入1.1亿元，最低月份收入2198万元，相差5倍。二是消费税收入同比增长62倍。三是增值税、车辆购置税平稳增长。四是储蓄存款利息所得个人所得税未完成计划任务。五是企业所得税出现负增长，同比减收1282万元，下降11.65%。

【税源分析】 全县七大重点行业呈现“两增五减”。（一）“两增”。1. 电力行业增值税增幅较大。冶炼、水泥等高耗能企业增产导致电量需求增加，拉动电力增值税同比增收2473万元，增长33.61%。2. 商业增值税增幅明显。卷烟、复烤烟销售数量和销售收入增加，拉动商业增值税同比增收2039万元，增长16.68%。（二）“五减”。受经济减速、企业利润下滑等因素影响，5个行业增值税同比减收。建材行业增值税同比减收221万元，下降10.61%；制药行业增值税同比减收433万元，下降32.61%；化工行业同比减收274万元，下降67.49%；铁合金同比减收1165万元，下降76.54%；精锑同比减收178万元，下降84.76%。

【税务管理】 （一）税收征管。1. 加强户籍管理。做好工商登记信息与税务登记信息的比对分析，及时清理漏征漏管户；加强注销户检查，防止纳税人利用注销登记逃避纳税义务。2. 全面落实税收管理员制度，强化税源管理。个体管理方面：一是充分利用个体电子定税系统，提高管理科学性；二是制作管户片区地图，实行分片负责管理制。企业管理方面：积极试行分行业分规模的坐标管理模式，纵坐标分行业全面管理，横坐标按企业规模分重点税源和一般税源管理。3. 严格欠税管理。严格欠税公告和欠税加收滞纳金制度，加强欠税和缓缴税款管理，减少新欠，清缴陈欠。（二）发票管理。全年通过防伪税控开票系统开具正常专用发票31207份，金额48.05亿元，税额7.63亿元；全县普通发票用票户2279户，同比增加426户，增长22.3%；共发售普通发票187.82万份，比2008年增加160.72万份，增长7.41倍；发售增值税专用发票25303份；税务机关代开发票9600户次，金额1415万元，征收税款424万元。管理措施：一是做好发票日常供应管理，严厉打击虚开、为他人代开和开具大头小尾发票等违法行为，全年共查处发票违章83户，处以罚款3.5万元。二是充分做好普通发票数据采集和比对工作，有效遏制真票假开违法行为。三是利用信息系统，加强对发票领购及开具使用情况的监控分析，针对疑点进行督查。四是继续扩大有奖发票的使用范围，提高索要发票意识，形成“要发票、开真票”的社会氛围。五是严格执行《发票库房管理办法》，确保发票和库房安全。

各项工作

【依法治税】 （一）税收法制建设。一是积极开展依法治省和“五五”普法工作，普及税收法律法规，提高税法遵从度。二是认真学习、宣传、贯彻增值税转型政策。三是修订完善《税收业务培训方案》，举办《企业所得税暂行条例》和相关业务操作培训班2期。四是深入贯彻落实总局《税收规范性文件制定管理办法》，认真做好税收规范性文件审查、登记、发布工作。（二）税收宣传。一是以法制宣传月为契机，与州局共同开展税法宣传咨询服务活动。二是通过“百名税官进企业送政策送服务”和“税企互动联谊”等方式，组织好第18个税收宣传月活动。三是借第三届“鑫源杯”全国摩托车越野大奖赛西南赛区选拔赛，暨云南文山首届“亚太车城杯”摩托车场地越野赛广泛开展税收宣传。（三）执法管理。1. 执法检查。一是对税收政策执行、增值税一般纳税人资格认定、票种核定等进行严格的自检自查，及时解决存在问题。二是做好重大税务案件审理和税务行政复议工作，定期对稽查已结案件进行复查，不断提高稽查质量。2. 执法考核。充分发挥执法考核子系统的预警、提醒等功能，实现对税收执法行为实时、自动监督考核，不断规范税收执法行为。

【各税管理】 （一）流转税管理。全年全县流转税“三税”收入4.32亿元，同比增收7314万元，增长20.41%。1. 增值税管理。全县共有增值税纳税人9852户，全年入库税款3.07亿元，同比增收2922万元，增长10.51%。管理措施：一是深入企业辅导，落实好增值税转型相关政策，确保转型工作顺利开展。二是加强一般纳税人认定管理工作。严格按新《增值税暂行条例实施细则》规定，将超市及超市供货商、机动车修理行业的29户纳税人认定为一般纳税人。三是加强增值税纳税评估。完成重点税源纳税评估15户，评估入库税款98.14万元，滞纳金14.39万元。2. 车辆购置税管理。全年征收车辆24273辆，税款9016万元，同比增收995万元，增长12.4%。免征车辆18辆，税款115万元。管理措施：一是加强与交警合作，实行车辆购置税委托代征，代征车辆4863辆，代征车购税208万元。二是进一步推广使用POS刷卡机，方便纳税人申报纳税，全年征收税款2621万元。三是加强车辆购置税价格审核，确保计税价格准确。四是认真做好机动车档案信息清理、归档工作，做到纸质信息与电子信息相符。3. 消费税管理。加强卷烟批发环节加征消费税政策宣传、辅导，全县35户纳税人共入库消费税3451万元，同比增收3395万元，增长6062.5%。（二）所得税管理。1. 企业所得税管理。全年企业所得税收入9727万元，同比减收1282万元，下降11.65%。管理措施：一是对新《企业所得税法》及相关业务进行培训，提高企业所得税管理水平。二是严把企业资产损失税前扣除审核、审批关，准确执行税收政策。三是做好所得税纳税申报、税款征收、汇算清缴等工作。2. 储蓄存款利息所得个人所得税管理。全年个人所得税收入177万元，同比减收357万元，下降66.85%。

【税务稽查】 全年共检查纳税户45户，有问题31户，结案32户，撤案3户，查补收入410.88万元，其中税款299.57万元、滞纳金49.84万元、罚款61.47万元。（一）抓好税收专项检查，对8户纳税人实施专项检查，查补收入99.35万元。（二）抓好分类稽查，检查纳税人5户，查补收入46.51万元。（三）抓好涉税举报案件查处，共受理举报案件2件，接受省、州局转办2件，已全部结案。（四）积极开展打击制售假发票和非法代开发票专项整治行动，协助公安机关成功破获售假发票案2件，查获售假发票265份。（五）完善税务稽查查前告知办法，大力推行和谐稽查。全年共发出查前告知书和企业自查表118份，收回118份，纳税人自查共补缴税款555.55万元。

【出口退税管理】 （一）加强出口退税企业预申报审核和函调协查工作，对涉及出口不予退税的企业进行认真排查、清理。（二）严格落实出口退税单证备案制度，保证退税单证的完整。

【税务管理信息化建设】 （一）根据上级局的统一部署，对广域网络进行升级、改造，确保三条网络线路割接正常，为金税三期建设打下良好基础。（二）完成县局网络教育培训系统设备的安装、调试和试运行工作。（三）加强对综合征管软件运行维护并进行8次升级，利用数据监控分析系统及执法子系统，配合相关部门对数据进行科学分析。（四）加强机房安全及网络运行情况检查，确保计算机和机房的安全及网络系统的平稳运行。

队伍建设

【机构人员情况】 县局机关内设机构10个：办公室（15人，含局领导6人）、政策法规科（2人）、货物和劳务税科（4人）、所得税科（2人）、收入核算科（3人）、纳税服务科（1人）、征收管理科（3人）、人事教育科（3人）、监察室（3人）、办税服务厅（23人）；1个直属机构：稽查局（17人）；1个事业单位：信息中心（2人）；1个派出机构：开化税务分局（53人）。截至2009年底，全县在职职工131名，其中：党员67人，占51%；专科以下学历15人、占11%，专科学历94人、占72%，本科学历22人、占17%；35岁以下16人、占12%，36～50岁104人、占80%，51～60岁11人、占8%；男68人、占51.9%，女63人、占48.1%。

【领导班子建设】 （一）增强“五个意识”，提高班子执政能力。增强学习意识提高本领，增强创新意识开拓进取，增强实干意识埋头苦干，增强全局意识协调合作，增强廉洁意识艰苦奋斗，领导班子执政能力进一步增强。（二）坚持中心组理论学习制度和民主集中制原则，完善党组议事规则和行政议事规程。（三）建立健全领导干部谈话制度，营造和谐、文明、民主的国税工作氛围。

【精神文明建设】 以创建文明单位为载体，在全局大力弘扬“尽责、创新、奉献、无私”精神，将国税文化理念渗透到税收工作的全过程，对内构建健康和谐的国税团队，对外增强国税文化的辐射效应，文明创建取得新成效：被中央文明委表彰为“全国精神文明建设先进单位”；被省委、省政府命名为第十二批省级“文明单位”。

【教育培训】 （一）建立健全政治理论学习制度，并严格落实。（二）举办新《企业所得税法》及相关业务操作培训班2期，对学习成果进行考核，奖优罚劣，以考促学。（三）举办预防职务犯罪教育讲座，开展反腐倡廉警示教育。（四）选送人员参加上级局举办的各类培训，更新知识，增强师资力量，保证业务的正常开展。全年共参加省局培训9期，参加州局培训5期。

【廉政建设】 把廉政建设作为促进国税工作开展的一项长期性、基础性工作，与组织收入、队伍建设等工作同部署、同落实。一是内外结合，加强“两权”监督。定期召开民主生活会，切实整改思想、作风、纪律等方面存在的突出问题。签订《廉政公约》3931户，回访278户。二是双管齐下，单位抓廉、家庭促廉。层层签订《党风廉政建设责任书》，向家属发放廉政公开信、廉政倡议书，邀请家属参加廉政座谈会，牢筑家庭廉政防线，促进干部廉洁自律。

【典型经验】 推行层级税收征管机制提升税源管理质效。整合优化办公室、监察室、人事教育科、信息中心等非业务部门职责，全员参与税收征管工作。主要做法：一是对一般纳税人实行从内到外辐射的四层级管理。税务机关自上而下分四层级对一般纳税人进行管理。第一层级为县局领导总领重点税源企业管理；第二层级为业务监督指导层，辅助第一层级对其他层级进行指导、帮助；第三层级是分局领导层，直接领导第四层级，对税源企业进行日常管理；第四层级是基层税收管理员，负责税源日常管理，为第一、二层级税源预测分析提供基础数据。二是对小规模纳税人推行多人管多户制度。把辖区内的小规模纳税人分成多个片区，每一片区在实行税收管理员“2+1”管理的基础上，将县局各科室分别与各个片区一一对应，并签订《片区管理责任状》，要求各科室与对应的片区税收管理员一起参与到一线税收管理中，每月至少5个工作日对小规模纳税人进行催报催缴、文书录入和巡查巡管，从而进一步集中全局税收人力资源，拓展税收管理的深度和广度。三是对流动户及农村业户实行三级巡查巡管。一级由税收管理员在日常税收管理中展开，负责了解管区内税源基本情况，适时掌握税源动态和变化情况。二级由征管科牵头，协同货物与劳务税科、所得税科、纳税服务科等业务科室一起展开。一方面对税收管理员的管理行为进行监督，解决涉税疑难问题，另一方面又防止漏征漏管现象。三级由监察室牵头，协同办公室、人事教育、稽查局一起展开，加强税源管理，降低执法风险，杜绝违法违纪行为。该制度的实施，有效提高了征管质量和效率。

（何晶晶　范洲顺）

砚山县国家税务局

经济概况

2009年，砚山县实现生产总值（GDP）43.5亿元，同比增长13.5%。其中：第一产业增加值9.3亿元，增长6%；第二产业增加值18.36亿元，增长18.9%；第三产业增加值15.84亿元，增长11.9%。三次产业结构比例为21.38:42.21:36.41。完成固定资产投资34.39亿元，增长32%。完成社会消费零售额14.9亿元，增长17.8%。完成财政总收入3.64亿元，下降3.9%；财政总支出10.1亿元，增长25.6%。

税收概况

【收入完成情况】 2009年，砚山县国家税务局共组织税收收入1.34亿元（不含海关代征税款），完成州局下达确保任务2.15亿的62.33%，完成奋斗目标2.17亿元的61.75%，同比减收7360万元，下降35.41%。

【收入特点】 （一）税收收入大幅下跌，仅完成全年任务的62.33%。受金融危机影响，产品价格低迷和滞销，大多数工业企业处于停产或半停产状态，单月税收收入从3月起持续减收。（二）车辆购置税是唯一增长的税种，增长10.45%；与工业联系紧密的税种大幅下降，其中增值税下降35.74%、企业所得税下降39.58%。（三）全县税收收入主要来源于高污染、高耗能、资源型企业，抗风险能力弱，铁合金和有色金属生产受阻，产品滞销，导致收入缺口增大。

【税源分析】 （一）增值税主体税源“一增六减”。全县增值税主要来源于铁合金、电力、商业、建材、矿产品采选、有色金属冶炼、化工产品等7大行业，除电力行业同比增收414万元外，其他行业均减收。有色金属冶炼同比减收116万元；化学化工产品同比减收266万元；矿产品采选同比减收305万元；商业同比减收402万元；建材行业同比减收506万元；铁合金冶炼行业同比减收5044万元。（二）企业所得税同比减收737万元，下降39.58%。（三）消费税同比减收1万元。（四）储蓄存款利息所得个人所得税因受暂停征收政策影响，同比减收101万元，下降64.74%。（五）车辆购置税同比增收42万元，增长10.45%。

【税务管理】 （一）税收征管。截至12月31日，全县办理税务登记证的纳税人共5112户，其中增值税一般纳税人221户。工作措施：1.加强户籍管理，做好纳税人开业、变更、停复业、跨区迁移、注销管理工作。2.加强重点税源监控。县局领导带头管户，加强纳税辅导，及时解决组织收入工作中出现的各种问题。3.加强个体税收管理。一是进一步巩固个体建账工作，加强辅导、监督和管理，对记账不全和记假账的业户从严处罚，全面规范个体建账行为，全县个体建账户390户。二是将69户不按规定核算的查账征税业户改为定期定额征税，避免税收流失。（二）发票管理。1.强化办税人员业务培训，提高发票管理水平。2.加强企业购买发票数量的审批，根据企业实际情况和行业特点做好购票量的调整工作。3.对使用发票情况异常的企业进行排查、清理，核查是否存在漏报销售收入或发票违法情况。4.加强发票发售环节审核，堵塞税收漏洞。

各项工作

【依法治税】 （一）税收法制建设。一是开展《行政处罚法》、《税收征收管理法》等有关法律知识的培训学习。二是按上级局要求认真清理失效和废止的增值税、消费税文件，并向企业宣传。三是抓好重大税务案件审理工作，切实提高重大案件审理工作的质量和效率。四是完善各项制度和办法，加强内部监督考核。根据工作实际，及时修订完善《目标管理考核办法》、《廉政建设责任制考核实施办法》等制度。（二）税收宣传。1. 开通“税企 QQ”，扩宽服务渠道。创新税收宣传方式，分别在江那分局和平远分局企业管理组开通“税企 QQ”宣传税收，收效良好。2. 突出民族特色，注重宣传实效。4月13日，依托壮族“三月三”歌会等节日庆典活动，发送税收宣传资料，用少数民族语言向各族同胞解说税收，用民歌歌唱税收，用书法宣传税收，深受各族群众欢迎。3. 抓好日常宣传，扩大税收宣传影响力。一是制作服务承诺等各种宣传资料，利用办税服务厅、宣传栏和办税窗口开展宣传。二是加强同新闻媒体的联系，强化对外宣传。三是积极组织税干和纳税人参加省局在《云南国税》开展的“税收·发展·民生”主题征文活动。四是加大政务信息编报工作力度。（三）执法管理。1. 执法检查。8～12月开展执法检查工作，对增值税和企业所得税管理方面存在的问题进行整改，共查补增值税税款296.26万元。2. 执法考核。以税收执法管理信息系统运行为重点，抓好日常监控和事中监控，加大业务操作培训力度，进一步提高执法人员实际操作能力。通过严格考核，全年共有11人次被追究过错责任，执法过错明显减少，税收执法行为不断规范。

【各税管理】 （一）流转税管理。全年全县流转税“三税”收入1.22亿元，占国税总收入的91.04%，同比减收6522万元，下降34.57%。1. 增值税管理。全县共有增值税纳税人5115户，增值税收入1.18亿元，占州国税局下达计划任务1.97亿元的59.9%，塌计划40.1个百分点，同比减收6564万元，下降35.74%。主要措施：一是加强增值税一般纳税人认定管理。全年共办理增值税一般纳税人新认定、转正认定83户次；取消一般纳税人资格6户。二是加强对税收政策执行情况和专用发票使用情况的监督检查。三是认真落实福利企业退税、促进残疾人就业增值税优惠政策。全年共办理福利企业退税1531.13万元。四是扎实开展纳税评估工作。对27户增值税一般纳税人开展纳税评估，评估面为15%，通过评估补缴税款26.78万元、滞纳金1.9万元，进项税转出218.82万元。2. 车辆购置税管理。认真落实总局车辆税收管理“一条龙”各项管理制度措施，积极做好车购税征收和机动车销售企业的管理，按要求对异常发票进行调查核实、处理。全年征收车辆10613辆，税额444万元，占计划数440万元的100.91%。3. 消费税管理。一是加强和规范消费税纳税企业的日常征收及税源控管工作。二是深入开展消费税收入分析工作。三是加强消费税政策宣传，确保消费税政策调整执行到位。全年入库消费税收入6万元，与2008年同比持平，占州局计划任务的100%。（二）所得税管理。1. 企业所得税管理。截至12月31日，征收企业所得税1125万元，占计划任务的86.54%，同比减少737万元，下降39.58%。一是改进纳税服务方式，深入企业进行辅导，及时解决企业在纳税申报、政策执行等方面存在的问题。二是对企业纳税申报表中的逻辑关系、重要数据和重点项目进行逐项审核，综合日常管理情况和审核结果确定评估及检查对象。三是对纳税评估发现的异常企业，实施重点检查，视不同情况依法处理。四是对部分纳税申报存在问题的企业法人和财务人员进行约谈，全年共约谈相关人员21人。2. 储蓄存款利息所得个人所得税管理。全年共组织入库储蓄存款利息所得个人所得税55万元，完成计划任务的110%，同比减收101万元，下降64.74%。（三）国际（涉外）税收管理。做好外商投资企业所得税减免税管理，对享受西部外资企业减免税的4户企业做好年度审核报批，确保税收优惠政策落实到位。

【税务稽查】 全年共检查12户，查补税款、罚款、滞纳金共393.85万元，占全县国税总收入的2.9%。（一）抓好案件查处工作，充分发挥稽查职能作用。将日常稽查、专项稽查、分级分类稽查和整顿规范税收秩序有机结合起来，在重点行业和重点环节卓有成效地开展税收专项检查和税收专项整治工作。（二）以规范执法程序为根本，有效遏制重大涉税违法案件的发生。加大对涉税违法案件的查处力度，从严、从快查处举报案件，依法严厉打击严重扰乱经济秩序和税收秩序的重大税收违法犯罪行为，有效遏制重大涉税违法案件发生。（三）加强工作协调，强化内外协作。在加强内部业务股室工作协调配合的同时，加强同地税及公、检、法等部门的联系与协调，有效形成打击涉税违法行为合力。

【出口退税管理】 （一）严格按照《出口货物税收函调管理办法》的规定，组织开展出口货物调查及回函工作。全年共收到56份涉及本地企业的出口货物调查函，均按规定展开了调查并及时回函。（二）认真做好出口退税预审工作。全年共办理11户次企业出口退税预审。（三）做好出口企业退税单证备案和财务核算情况检查，及时纠正部分企业的不规范行为。（四）监督企业对出口视同内销的货物如实进行申报纳税。

【税务管理信息化建设】 （一）按照总局关于金税工程建设的总体要求，认真做好各应用系统测试、推广应用工作，改善网络运行环境，提高基础设施承载能力。合理配置资源，提高系统资源利用率，加强主机、数据库和中间件的性能监控和性能优化。（二）做好综合征管软件、车辆购置税电子信息采集系统、增值税专用发票和防伪税控系统及公文处理系统、个体工商户计算机核定定额系统的日常运行维护工作，确保系统安全稳定运行。

队伍建设

【机构人员情况】 县局机关内设机构6个：办公室（9人，含局领导4人）、税政股（4人）、计征股（13人）、征收管理股（4人）、人事教育股（2人）、监察室（2人）；直属机构1个：稽查局（6人）；事业单位1个：信息中心（2人）；派出机构2个：江那分局（15人）、平远分局（16人）。截至2009年底，全县在职干部职工73名，其中：党员39人，占53.42%；大学本科14人、占19.18%，大学专科46人、占63.01%，中专或高中13人、占17.81%；20～29岁9人、占12.33%，30～39岁15人、占20.55%，40～49岁46人、占63.01%，50岁以上3人、占4.1%；男58人、占79.45%，女15人、占20.55%。

【领导班子建设】 （一）进一步加强民主集中制建设。强化民主意识，维护班子团结，充分发挥班子整体功能，促进科学决策，提高工作效率，努力树立良好的公仆形象、清廉形象、实干形象。（二）努力构建学习型班子。领导班子利用中心组学习、民主生活会、个人自学等形式内强素质，外树形象，进一步增强班子的凝聚力、战斗力和向心力。（三）将廉政教育列入中心组学习内容，增强领导干部廉洁自律意识。

【精神文明建设】 完善精神文明创建机制，将创建工作与税收工作同部署、同落实、同考评，确保文明创建活动深入开展；定期分析创建工作中面临的形势与问题，明确创建方向和重点；把创建文明单位、文明行业、满意窗口和创建和谐家庭等活动有机结合起来，营造浓厚的创建氛围。2月被文山州总工会表彰为“先进职工之家”；12月被州委、州政府表彰命名为第十三批“文明单位”。

【教育培训】 （一）完善培训制度。在健全业务培训、中心组理论学习等各项制度的基础上，采取多种形式，适时加强对基层税干的综合业务培训。全年共组织税收业务培训6次，重点对增值税转型、新企业所得税法实施后的操作业务和常见问题处理进行讲解，对新旧法规和政策进行对比解读。（二）提升干部素质。组织选送税收业务、公文处理、计算机和财务管理等方面的人员参加省、州、县级举办的相关培训。同时，抓好干部在职学历教育和中长期进修培训。

【廉政建设】 （一）以个人自学、单位组织集体学等形式，分阶段、分步骤认真学习党的十七届三中、四中全会、中纪委三次全会和全国税务系统党风廉政建设工作会议精神，强化学习效果，增强广大干部的廉政意识、自律意识、勤政意识和敬业意识。（二）修改完善《党风廉政建设责任制考核实施办法》，层层签订《党风廉政建设责任书》，狠抓落实。（三）继续执行中心组理论学习和“纪检日”学习制度。（四）加强党纪、政纪、法律知识和工作纪律教育，加强“两权”监督，实现干部零违法零违纪。（五）采取明察暗访、发放廉政履职问卷调查表、设置举报箱和举报电话等方式，规范干部执法行为。（六）开展“六个一”廉政主题教育活动，进一步增强干部拒腐防变意识。

（王莉莎）

西畴县国家税务局

经济概况

2009年，西畴县实现生产总值（GDP）12.01亿元，同比增长9.2%。其中：第一产业增加值4.54亿元，增长6.8%；第二产业增加值1.37亿元，增长22%；第三产业增加值6.1亿元，增长8.3%。三次产业结构比例为38:11:51。完成固定资产投资5.34亿元，同比增长48%。完成社会消费品零售额4.02亿元，同比增长15.51%。完成财政总收入5080万元，同比增长44.8%；财政总支出6.4亿元，同比增长31.7%。

税收概况

【收入完成情况】 2009年，西畴县国家税务局共组织税收收入3858.9万元，同比增收19.7万元，增长0.51%，完成州局下达确保任务3771万元的102.33%，完成奋斗目标3871万元的99.69%。

【收入特点】 （一）税收增长低于GDP增长，总收入弹性系数为0.05，宏观税负为3.24%。（二）税源单一，增值税主要来源于电力、烟草、矿产品采选冶炼、建材四大产业。所得税主要来源于烟草行业。（三）增值税继续发挥主导支撑作用。增值税占全部税收收入的86.5%，企业所得税占总收入的比重逐年增加。（四）工业是拉动税收增长的主要来源。

【税源分析】 全县增值税收入主要来源于四大税源项目：（一）电力。全年入库1133万元，占增值税收入的33.95%，同比增收169万元，增长17.53%。（二）商业。全年入库754万元，占增值税收入的22.59%，同比增收189万元，增长33.45%，其中烟草批发增收141万元。（三）水泥。全年入库660万元，占增值税收入的19.78%，同比增收134万元，增长25.48%。（四）矿产品采选冶炼。全年入库719.5万元，占增值税收入的21.56%，同比减收360.5万元，下降33.38%。总体看，受金融危机影响，矿产品采选冶炼行业税收减收较大；实行增值税转型改革全年抵扣固定资产进项税20万元；降低小规模纳税人征收率全年减少增值税105万元；矿产品税率提高减少增值税收入117万元；实施西部大开发税收优惠政策减少企业所得税92万元，储蓄存款利息所得个人所得税税率调低及免税减少个人所得税55万元。

【税务管理】 （一）税收征管、纳税服务。全年管户3076户，其中：一般纳税人49户、小规模纳税人124户、个体工商户2903户。一是完善征管制度。理顺和规范工作职责，进一步健全绩效考核机制，促进税收管理员制度落实。二是加强户籍管理。继续加强与工商、地税部门登记信息交换，加强与质监、公安、经济普查部门协作，在确保登记资料翔实准确的基础上，做到重点税源重点巡查巡管，一般税源日常巡管，零星税源季节巡管。三是认真落实领导干部管户制度。完善管理办法，落实管户责任和目标，入户宣传辅导税收政策，分析税源变化趋势，发现和解决存在问题，促进税源管理质量提高。四是充分利用综合征管软件、数据监控分析系统、执法信息系统对历史数据进行全面分析，加强数据信息综合利用，找准存在问题，制定完善相关措施，加强征管薄弱环节控管。五是深化纳税评估。通过数据质量检测、专题分析、过程控制、走访调研、深入实地等多种评估形式，认真开展纳税评估工作，全年实施纳税评估8户，评估补缴税额7.4万元，其中增值税4万元、企业所得税3.4万元。六是加快纳税服务体系建设，提高服务质量。整合办税服务厅资源，在办税厅推行“一窗通办”，规范办税服务厅业务流程、服务标准、公示方式，有效配置人力资源，提升纳税服务的质量和水平。（二）发票管理。截至2009年底，全县使用普通发票纳税人425户。一是加强税收法律法规及发票管理知识的宣传辅导。二是加大发票违章处罚力度，全年查处发票违章案件8起，处予罚款0.5万元。三是加强发票使用管理，严格发票审验制度和代开制度。

各项工作

【依法治税】 （一）税收法制建设。一是以“五五”普法和“12·4”法制宣传日为契机，大力开展税法宣传，提高社会税收法制意识。二是认真落实各项税收政策、法律法规，促进规范执法。三是做好重大税务案件审理工作，积极贯彻落实税收执法责任制及过错责任追究制。四是建立健全税收规范性文件备案备查制度。（二）税收宣传。一是紧紧围绕“税收·发展·民生”主题，以“税收促进发展，发展改善民生”为主要内容，在形式上求创新，在效果上求突破，精心组织开展形式多样、内容丰富的宣传活动。二是采取社会问卷调查、召开税企座谈会、邀请特邀监察员参与宣传等形式，解决纳税人关心的热点问题。三是借全县80个文明单位到县局观摩学习之机，在经验交流过程中穿插播放税法宣传视频短片，扩大税法宣传影响。四是开展税法宣传进企业、进社区活动，深入社区、村委会，对关系民生的涉税问题开展咨询服务，就市民关心的税收问题进行答疑解惑，以良好的形象和热情的服务拉近税务机关与纳税人之间的距离，全面提高纳税人税法遵从度。（三）执法管理。成立以主要领导为组长的税收执法检查工作领导小组，对税款入库、个体户核定征收等全面开展税收执法检查。通过检查，未发现混库、挪用、截留税款等违规、违法、违纪问题。严格税收执法子系统考核，杜绝虚假申辩调整。

【各税管理】 （一）流转税管理。1. 增值税管理。全年征收增值税3337.3万元，完成州局下达任务3300万元的101.13%，同比增收182.6万元，增长5.79%。一是认真宣传和落实增值税转型政策，加强固定资产抵扣管理，准予抵扣固定资产进项税额20万元。二是继续加强残疾人就业税收优惠政策管理，全年为民政福利企业办理增值税退税628万元，同比增加56万元。三是开展增值税纳税评估，重点税源企业纳税评估补交增值税4万元。四是加强增值税一般纳税人清理认定。严格按照《增值税一般纳税人管理办法》的规定，规范增值税一般纳税人认定管理，全年新认定一般纳税人6户，因注销取消一般纳税人4户。2. 消费税管理。对个体酿酒户实行查实征收，对加工销售金银首饰的个体户实行定期定额征收，共征收消费税1.6万元。3. 车辆购置税管理。从7月起委托县交警大队代征车辆购置税，全年征收车辆购置税147.1万元，完成州局下达任务140万元的105.05%，同比增收11.7万元，增长8.64%。（二）所得税管理。1. 企业所得税。全年入库企业所得税337万元，完成州局下达任务320万元的105.31%，同比减收127.53万元，下降27.45%。一是全年对5户企业开展纳税评估，补缴入库企业所得税税款3.4万元。二是抓好2008年度汇算清缴工作。2008年度，全县共有就地缴纳企业所得税企业32户，通过汇算，企业应纳所得税30.31万元，已预缴所得税额41.66万元，办理退税11.35万元。2. 储蓄存款利息所得个人所得税。入库储蓄存款利息所得个人所得税35.9万元，完成州局下达任务10万元的359%，同比减收46.7万元，下降56.54%。

【税务稽查】 继续推进分级分类稽查，深入开展税收专项检查和区域税收专项整治。全年共检查纳税户13户，立案查处12户，查补收入99.03万元，其中增值税73.83万元、企业所得税3.86万元、滞纳金17.86万元、罚款3.48万元。（一）实施对省局定点联系监控重点税源企业的自查和复核督导工作，企业自查补税79.35万元。（二）开展分级分类稽查，对2户企业实施分级分类稽查，查补增值税0.7万元、企业所得税3.86万元、加收滞纳金0.7万元、罚款0.3万元。（三）建立打击和整治发票违法犯罪活动长效机制，与公安、地税联合开展打击发票犯罪“端点”集中行动，共收缴非法收据819本23048份。检查发票2600份，有问题发票22份，涉及个体户10户，立案查处10起，处以罚款3.2万元。

【税务管理信息化建设】 （一）抓好综合征管软件、增值税防伪税控、出口退税审核三大系统的应用整合，提升综合征管软件、数据监控分析系统、所得税申报管理软件等系统的运用功能。做好车购税、财务管理、人事管理等软件的推广应用，进一步提高现有系统数据的准确性和完整性，提高数据质量。（二）做好网络教育培训系统和网络改扩建工作，按时按质完成两个项目的建设。（三）做好新版车购税征管软件的运行维护。对车购税征管系统1.1版进行了4号、5号、6号补丁升级，保证了车购税征收工作的正常开展。（四）做好车购税代征软件的推广运用。与县公安交警大队及时联系，做好培训辅导，从7月起车购税代征软件顺利推广应用。

队伍建设

【机构人员情况】 县局机关内设机构8个：办公室（10人，含局领导3人）、政策法规股（1人）、税政股（3人）、收入核算股（3人）、征收管理股（2人）、人事教育股（2人）、监察室（1人）、办税服务厅（8人）；1个直属机构：稽查局（5人）；1个事业单位：信息中心（2人）；1个派出机构：西洒税务分局（12人）。截至2009年底，全县在职干部职工49人，其中：党员28人，占57.14%；大学本科10人、占20.4%，大学专科29人、占59.18%，中专及以下10人、占20.4%；35岁以下8人、占16.32%，36～50岁33人、占67.36%，51～60岁8人、占16.32%；男39人、占79.6%，女10人，占20.4%；少数民族11人、占22.45%。

【领导班子建设】 （一）加强领导班子政治思想建设，坚持中心组学习制度，认真制定和执行学习计划，加强学习，提高素质，切实增强领导班子的政治意识、大局意识和责任意识，提高领导水平和执政能力。（二）认真贯彻落实民主集中制，按时召开党组民主生活会，查找问题，加强整改。（三）加大干部监督制约力度，严格执行党内监督条例和纪律处分条例，不断强化领导班子内部监督，抓好领导干部个人重大事项报告、收入申报、述职述廉等制度的落实。2009年县局领导班子继续保持省局"先进领导班子"荣誉称号。

【精神文明建设】 （一）创新服务观念，改进服务手段，抓好办税服务厅"窗口"建设，搞好"一条龙"服务，提高纳税服务质量，构建和谐征纳关系。（二）开展健康有益的文体活动，培养税干的集体荣誉感和团队拼搏精神，增强凝聚力和向心力。（三）狠抓扶贫攻坚工作。从大局出发，认真落实县委、县政府的扶贫工作决策和措施。投资2.8万元为扶贫点修建乡村公路；为通心坡村委会订阅《云南日报》、《文山日报》各1份。（四）积极开展"献爱心，送温暖"活动，动员干部职工捐款0.36万元，帮扶困难党员28户，向通心坡小学捐赠新棉被40床。（五）连续2年被县委县政府表彰为精神文明创建活动一等奖；连续14年被州局目标管理考核评定为一级局；被省委、省政府命名为第十二批省级"文明单位"。

【教育培训】 （一）制定完善《公务员培训管理办法》，规范公务员培训工作。（二）以提高干部队伍的综合素质为目标，以业务培训为抓手，建立健全干部培训制度。针对年龄结构断层，税收知识、业务技能"短腿"的实际，创新培训方式，对干部业务状况进行筛选排队，根据年龄结构、业务熟练程度、工作岗位等因素进行分类，推行"一对一"培训模式，全年举办税收相关业务知识培训12期，培训时间12天，培训人员380人次，提高了业务培训的针对性和实效性，干部业务技能明显提升。

【廉政建设】 （一）抓好以预防职务犯罪为重点的警示教育，增强干部自我约束意识和防腐拒变能力，筑牢思想道德防线。（二）认真执行领导干部个人重大事项报告、收入申报、礼品礼金上缴登记、述职述廉、民主评议、诫勉谈话等制度。（三）认真落实"五要十不准"和"公务员八条禁令"等规定，抵制以税谋私、吃拿卡要和奢侈浪费等不正之风。（四）坚持"八公开一监督"办税制度、征期"局长接待日"制度和每月一次"纪检日"活动。（五）进一步完善《党风廉政建设责任制》考核办法，层层签订《廉政建设责任书》，与432户纳税人签订《廉政公约》，回访满意率达99.3%。

（骆远品）

麻栗坡县国家税务局

经济概况

2009年，麻栗坡县实现生产总值（GDP）20.66亿元，同比增长12%。其中：第一产业增加值5.59亿元，增长6%；第二产业增加值8.51亿元，增长16.6%；第三产业增加值6.56亿元，增长11%。三次产业结构比例为27.06:41.19:31.75。完成固定资产投资22.82亿元，增长27.4%。完成社会消费零售额7.63亿元，增长22%。完成财政总收入2.58亿元，增长3.3%；财政总支出8.71亿元，增长44.5%。

税收概况

【收入完成情况】 2009年，麻栗坡县国家税务局共组织税收收入8432万元（不含海关代征税款），同比减收1690万元，下降16.7%。完成州局下达确保任务1.03亿元的81.86%，完成奋斗目标1.04亿元的81.08%。

【收入特点】 （一）增值税占主导地位。增值税比重达86.92%，其他税种比重为13.08%。（二）收入进度不均衡。前6个月收入持续出现负增长，1～6月收入3797万元，同比减收2019万元，下降34.71%；从7月份起单月税收保持正增长，7～12月收入4638万元，同比增收342万元，增长7.96%。（三）重点税源占增值税收入的比重呈"一降三升"。制造业9.62%，同比下降41.17%；电力行业40.76%，同比上升6.86%；采选业36.15%，同比上升30.66%；商业13.1%，同比上升3.75%。

【税源分析】 （一）制造业。受市场价格影响，制造业税收收入大幅下降，全年入库税收收入667万元，同比减收4012万元，下降85.74%。（二）电力行业。全年入库电力税收3125万元，同比减收170万元，下降3.46%。其中：马鹿塘发电公司入库增值税1331万元，同比减收495万元，下降27.11%。（三）矿产品采选。全县矿产资源整合基本结束，税收收入大幅增长，全年入库2812万元，同比增收2309万元，增长4.59倍。其中紫金钨业集团公司入库增值税1821万元，同比净增1821万元。（四）商业。全年商业入库税收1544万元，同比增收262万元，增长20.44%。

【税务管理】 （一）税收征管。截至2009年12月31日，全县管户3172户，其中：企业282户，个体工商业户2890户。一是加强户籍管理。加强与地税、工商等部门协调配合，做好税务登记与工商登记的信息比对。二是进一步落实税收管理员管户责任，加强对停、复业户的跟踪管理和非正常户、失踪户的清理，加强户籍静、动态监管和实地巡查，大力清理漏征漏管户。三是实行多元化申报，为纳税人提供高效便捷服务，月均实现银行储蓄扣税申报34户（次），介质申报128户（次）。（二）发票管理。强化普通发票管理。全年全县普通发票用票户1387户，共发售普通发票166339份。管理措施：一是狠抓制度建设，强化对发票发售、使用、保管及缴销等重点环节的管理，强化“以票控税”，坚持“验旧售新”制度，消除发票流失隐患。二是加强税务机关代开发票管理，规范发票代开行为。三是实行按日领取、入库、出库制度，严禁发票滞留办税服务厅。四是利用数据监控分析系统、发票管理系统、税收管理员辅助信息系统强化发票违章信息日常预警监控。

各项工作

【依法治税】 （一）税收法制。深入贯彻落实国务院《全面推进依法行政实施纲要》，抓好“依法治省示范单位”试点工作，严格执行国家税收政策，理顺征管岗责流程，规范税收执法行为。1. 以落实阳光政府“四项制度”为重点，定期公布税收法律、法规、办税程序、税收重大决策、欠税和个体核定调整情况等，做到透明、公开依法行政。2. 开展规范性文件清理检查。全年共清理县局发文191个，县委、县政府、其他部门发文577个，未发现违反税收法规行为。3. 全面推进“五五”普法工作。一是将各项法律法规的学习、宣传和落实融入到普法教育和税法宣传中，组织全局干部职工参加普法统一考试。二是以“三月法制宣传月”和“12·4”全国法制宣传日为契机，通过上街设立税收咨询点，发放税收宣传资料等形式认真做好税收政策、法规宣传。（二）税收宣传。一是围绕“税收·发展·民生”主题，在城区大王岩广场等繁华地段设立宣传咨询点，向群众发放税收宣传单，现场解答税收政策。二是与县歌舞团联手，以歌舞形式宣传税法，开展税收知识有奖竞答活动，吸引群众积极参与。三是举办“改革开放30年税收发展成就展”，以图文并茂的彩色展板，向群众展示国税部门“聚财为国，执法为民”新形象。四是在国家级天保口岸和省级马崩口岸设立4个宣传咨询点，发放宣传材料1500份，现场解答群众咨询300人次，集中宣传国家出口退税政策和边境小额贸易政策。（三）执法管理。1. 执法检查。开展规范性文件清理、增值税转型政策执行情况检查、减免退税管理检查、税款征收情况检查以及发票管理情况检查，对州局重点抽查发现的代开普通发票、稽查、违法违章、执法文书等4个方面的问题进行了认真整改。2. 执法考核。加强对执法过错行为的监控考核，按日纠错，防范干部执法风险。

【各税管理】 （一）流转税管理。全年全县流转税“三税”收入7505万元，占国税总收入的89%，同比减收1769万元，下降23.57%。1. 增值税管理。全县共有增值税纳税人3812户，全年入库7329万元，完成确保收入的75.56%，同比减收1802万元，下降19.73%。一是做好“四小票”异常发票的审核管理工作，全年审核异常发票8份。二是做好防伪税控系统认证管理，全年认证增值税专用发票5726份，金额9.9亿元，税额1.51亿元，采集增值税专用发票存根联2516份，金额14.6亿元，税额2.27亿元。三是加强纳税评估，全年进行纳税评估22户（次）。四是认真落实安置残疾人增值税优惠政策，办理增值税退税666万元。五是加强增值税一般纳税人认定管理。全年共认定一般纳税人23户，取消一般纳税人资格3户，截至12月31日，全县共有一般纳税人138户。2. 消费税管理。加强对个体酿酒户的清理检查和重点纳税户管理。全年入库消费税4万元，占计划任务的200%，同比持平。3. 车辆购置税管理。全年征收车辆4700辆，入库车购税173万元。其中推行车购税委托代征工作，委托交警部门代征车辆1944辆，代征车购税74万元。（二）所得税管理。1. 企业所得税管理。全县共有企业所得税纳税人119户，其中查账征收86户、定期定额征收33户。共组织入库企业所得税852万元，完成任务的181.28%，同比增收165万元，增长19.36%。管理措施：一是圆满完成2008年度所得税汇算清缴工作任务。二是严格按规定上报审批减免所得税、核实上报和审批财产损失等各项税前扣除。三是加强企业所得税分类管理，做好所得税纳税评估和所得税零负申报及长年亏损企业的清理工作。2. 储蓄存款利息所得个人所得税管理。全年共组织入库储蓄存款利息所得个人所得税75万元，完成任务的375%，同比减收86万元，下降115%。

【税务稽查】 全年共检查纳税户22户，查补收入

196.9 万元。(一) 集中力量抓好专项检查与分类稽查，查补收入 26.28 万元。(二) 全力整顿和规范税收秩序。与地税、公安等 16 个部门联合开展打击发票违法犯罪活动，张贴公告 18 份，向公民发送发票使用知识短信 2136 条，公布发票违法举报电话，深入城区农贸市场、车站、广场、路口等人群较为集中的地方，对兜售发票和代开发票违法行为进行集中打击和整治，收缴可疑发票 147 份，查处发票违章案件 77 件，查补收入 44.2 万元。(三) 设置举报箱，公布举报电话，进一步做好检举案件查处工作。(四) 全年受托协查增值税专用发票和普通发票 4 起，涉税金额 108.15 万元，查补税款 1.74 万元。(五) 加强税警协作，税警联合办案 24 次，进一步增强打击涉税违法犯罪活动合力。

【税务管理信息化建设】 (一) 做好各应用系统的推行和升级。全年对 CTAIS 客户端进行补丁升级 8 次；推广应用企业所得税介质申报系统、增值税纳税户税收评估系统。(二) 加强信息化基础设施建设，做好管理维护工作。做好 FTP、办公自动化、“四小票”采集等系统日常应用维护、升级和数据备份工作；加强与农业银行合作，“双定户”储蓄扣税工作正常运转，全年向州局技术支持提交问题请示 16 条。(三) 全年全县防伪税控系统运转正常，初始发行企业 20 次，销售增值税专用发票 261 次，增值税普通发票 16 次。(四) 做好计算机网络安全维护，消除网络安全隐患，保证网络畅通。

队伍建设

【机构人员情况】 县局机关内设 6 个机构：办公室 (16 人，含局领导 3 人)、税政股 (4 人)、计划征收股 (12 人)、征收管理股 (3 人)、人事教育股 (3 人)、监察室 (2 人)；直属机构 1 个：稽查局 (6 人)；事业单位 1 个：信息中心 (2 人)；派出机构 1 个：麻栗税务分局 (12 人)。截至 2009 年底，全局在职干部职工 60 人，其中：党员 35 人、占 58.33%；大学本科 13 人、占 21.67%，大学专科 34 人、占 56.66%，中专及以下 13 人、占 21.67%；35 岁以下 8 人、占 13.33%，36～50 岁 47 人、占 78.33%，51～60 岁 5 人、占 8.34%；男 45 人、占 75%，女 15 人、占 25%。

【领导班子建设】 (一) 加强领导班子思想政治建设，坚持党组中心组理论学习制度，不断提高班子成员政治意识、大局意识、责任意识和廉洁从政意识，提高领导水平和执政能力。加强民主集中制建设，强化民主意识，促进科学决策。(二) 按照年初制订的年度学习计划，每月组织不少于一天的集中学习，并进行相应考核监督，确保各项学习计划落在实处。(三) 严格执行民主生活会制度，通过平等交流和科学探讨的方式，广泛听取干部职工对政务管理方面的意见和建议，不断改进工作。(四) 依照《党政领导干部选拔任用工作条例》规定，科学选拔任用干部。

【精神文明建设】 (一) 在全体干部职工中开展优秀税务工作者、税务之星评选活动；在党员干部中开展党员示范岗、党员先锋岗评比活动；在办税服务厅开展文明示范窗口评比活动；在女职工中开展巾帼建功标兵评选活动。(二) 开展“一帮一”挂钩扶贫送温暖活动，投入资金 10 万元做好移民搬迁工作。(三) 开展爱国主义教育活动，组织干部职工到“老山主峰作战纪念馆”缅怀革命先烈，激发爱国热情。(四) 积极组织开展干部职工喜闻乐见的文体活动，丰富业余文化生活，培养健康生活情趣。

【教育培训】 加强干部教育培训，对内选拔具有较强语言表达能力的业务骨干、对外选聘部分专业院校教师作为师资，开展分类、分级培训。全年组织培训班 2 期，培训人数 80 人次。

【廉政建设】 (一) 认真贯彻落实国税系统党风廉政建设工作会议精神，层层签订《党风廉政建设责任书》，抓好廉政责任制的实施。(二) 组织开展为期 3 个月的“加强作风建设、促进科学发展”主题教育活动，以赵仕永严重违纪违法案件为反面典型开展警示教育活动。(三) 将与纳税人签订《廉政公约》的图片制作成电脑屏幕保护程序，在县局政务网开设《党风廉政建设》专栏，适时进行警示教育。(四) 开展《廉政公约》回访，综合满意率达 100%。

(后加玉)

马关县国家税务局

经济概况

2009 年，马关县认真落实省委、省政府“增投资、稳工业、促消费、保民生”的重要部署，积极应对金融危机带来的困难和挑战，国民经济运行平稳，全县实现生产总值 (GDP) 27.17 亿元，增长 11.6%。其中：第一产业增加值 6.08 亿元，增长 6%；第二产业增加值 13.29 亿元，增长 14.1%；第三产业增加值 7.8 亿元，增长 12%。三次产业结构比例为 25.4:45.1:29.5。完成固定资产投资 20.04 亿元，增长 28.5%。完成社会消费零售额 12.19 亿元，增长 20.6%。完成财政总收入 3.82 亿元，增长 1.1%，其中地方财政一般预算收入 1.97 亿元，增长 9.5%；财政总支出 9.9 亿元，增长 35.8%。

税收概况

【收入完成情况】 2009 年，马关县国家税务局共组织税收收入2.07亿元（不含海关代征税款），完成州局下达任务1.93亿元的107.25%，同比减收1371万元，下降6.21%。完成地方一般预算收入4883万元，占县政府下达任务4700万元的103.89%。

【收入特点】 （一）税源结构单一的局面仍未改变，“成也矿业，败也矿业”的特点依然十分突出，矿价涨跌直接决定税收收入起落。1～8月矿价一直在低价位徘徊，导致矿业增值税大幅减收，降幅高达14%。（二）各月收入不均衡。全年月平均收入1727万元，最高月份10月3882万元，最低月份2月275万元，相差13.12倍，主要原因是2月份重点税源企业云南华联锌铟股份有限公司10年来首次出现负申报。（三）五大税种呈现“两升三降”。企业所得税和车购税稳步增长。其中企业所得税入库2386万元，增幅达66%，占国税总收入的11.51%，成为全县国税收入的第二大税种；增值税、个人利息所得税和消费税收入下降，降幅依次为11%、60%、37%。

【税源分析】 马关县税源结构由矿业、电力、烟草、其他行业四块构成，所占比重分别为：矿业72%、电力16%、烟草4%、其他行业8%。总体来看，呈现“两升两降”。（一）“两升”。一是由于部分新增电站建成发电，形成新的税源增长点，电力增值税大幅增收，全年入库增值税2925万元，同比增收461万元，增长19%。二是随着烤烟生产质量的不断提高，烟草增值税平稳增长，全年入库增值税640万元，同比增收56万元，增长10%。（二）“两降”。一是受全球金融危机冲击，矿产品价格持续走低，多数矿业企业停产停业，导致矿业增值税大幅减收，全年矿业增值税收入1.3亿元，同比减收2164万元，下降14%。二是受金融危机影响，其他行业增值税收入仅1465万元，同比减收600万元，下降29%。

【税务管理】 （一）税收征管。截至2009年12月31日止，全县共有管户3191户，其中：企业282户、个体工商户2909户。1. 健全完善制度，强化户籍管理。加强与工商登记部门信息交流对比，定期开展户籍清查，实行管户责任制，加强动态监管，从注册登记源头杜绝漏征漏管户发生。2. 强化重点税源管理。针对矿业税收占全县国税总收入70%以上的现状，从“账、单、票、证”四个环节规范矿业纳税人财务核算和纳税申报，督促和辅导其建立“三账”（矿产品收购登记台账、矿产品销售登记台账和矿产品库存登记台账）、开具“三单”（矿产品入库单、矿产品出库单、矿产品过磅单）、申办“一证”（外出经营活动税收管理证明），从生产和流通两个环节全面整顿规范矿业税收秩序，有效堵塞税收征管漏洞，全力推进税收精细化、科学化管理。全年共征收入库矿产品增值税1.3亿元，占增值税总收入1.8亿元的72%。（二）发票管理。2009年共稽核上传增值税专用发票存根联3607份，作废票325份，存根联采集准确率达100%，稽核上传抵扣联7608份，通过防伪税控系统上传比对普通发票1240份，作废58份。全县普通发票用票户594户，同比增加47户，共发售发票293296份。管理措施：一是建章立制，严格做到“三专六防”。二是坚持限量供票、验旧售新制度，强化日常检查，全年共查处发票违章76户次，罚款5.64万元。

各项工作

【依法治税】 （一）税收法制建设。1. 按照税收征收、管理、处罚、复议分离和制约原则，依法界定税收执法权限，强化执法监督，防止越权执法或滥用执法权。2. 加强执法检查，及时发现问题、解决问题，防范执法风险。3. 狠抓执法教育培训，不断提高税收执法水平，切实增强执法人员的依法治税、依法行政能力和风险防范意识。（二）税收宣传。突出宣传主题，认真开展送税法进边境村寨、进学校、进农村、进社区、进党政机关、进企业活动，让依法纳税的声音传到社会每一个角落。与地税局联合组成税法宣传组，联合开展税法宣传。坚持在纳税辅导和日常管理中开展税法宣传，把增值税转型政策与税收优惠政策作为宣传重点，大力组织开展税收政策咨询服务、手机短信发送税收政策等一系列宣传活动。（三）执法管理。1. 执法检查。认真落实执法责任制，强化日常检查，认真分析执法过错行为成因，及时研究对策加以整改。严格税收执法人员按日查询纠错制度，强化岗位练兵，确保一线执法人员能熟练处理系统业务。2. 执法考核。一是制定《马关县国家税务局税收执法过错责任追究办法》，细化工作目标，落实执法责任，按月进行考核奖惩。二是加强执法考核评价制度建设，充分发挥税收执法管理信息系统的功能，强化税收执法监督，严格执法过错责任追究，不断规范税收执法行为。

【各税管理】 （一）流转税管理。流转税入库1.83亿元，占任务的100.1%，同比减收2208万元，下降9%。1. 增值税管理。2009年，增值税入库1.8亿元，同比减收2248万元，下降11%。一是采取开展培训和下户辅导等形式，将各项税收政策及法规落实到位。二是推行“人人当税管员、人人有管户”的税源管理制度，推进科学化、精细化管理。三是创新评估模式，开展“能耗评估”，强化部门联动，实现以评促管。四是加强对增值税一般纳税人的认定和管理。全年强制认定增值税一般纳税人13户。2. 消费税管理。消费税入库3万元，同比减收2万元，下降37%。开展消费税管户清查，严防漏征漏管。3. 车购税管理。车购税完成254万元，同比增加41万元，增长19%。积极同公安交警部门密切配合，实现信息共享，并于8月份顺利将车辆购置税委托县交警部门代征。（二）所得税管理。1. 企业所得税管理。全年共有管户125户，实际缴税户30户，共征收入库企业所得税2385.7万元，同比增收948.86万元，增长66.04%，占州局下达计划的240.98%。有13户企业享受减免税优惠政策，共计减免税款661.15万元。管理措施：一是强化培训，不断提高税管员的所得税管理水平。二是加强辅导，有效提高汇算清缴质量。抽调业务骨干组成所得税纳税辅导服务小组，深入企业开展所得税政策宣传和清算业务辅导，确保企业所得税各项政策正确执行。2. 储蓄存款利息所得个人所得税管理。全年共完成储蓄存款利息所得个人所得税74万元，同比减收111万元，下降60%。

【税务稽查】 以查处税收违法案件为重点，把日常稽查、分类稽查、专项检查与打击发票违法犯罪活动有机地结合起来，全面开展“和谐稽查”，大力整顿和规范税收秩序，共计查补税款、滞纳金、罚款354.42万元，占国税总收入2.07亿元的1.71%。（一）实施“和谐稽查”，强化自查辅导，促成20户企业、26户个体户自查补税181.73万元。（二）结合发票检查开展行业税收整顿，检查用票企业13户、个体户122户，检查发票5950份，查补收入34.41万元。（三）认真完成交办案件的查处，共受理上级交办税务违法检举案件3件，查补收入13.6万元。

【税务管理信息化建设】 （一）应用系统推行情况、数据分析利用。1. 及时做好企业增值税介质申报系统及综合征管软件补丁的升级。2. 经常性开展计算机杀毒及网络维护，确保FTP、公文处理等各类运用软件安全运转。3. 做好车购税代征软件的安装调试工作，保障代征单位按时投入使用。4. 积极配合广电、联通两家营运商做好税务网络培训系统及广域网改建工作，确保两个项目按期完成。（二）信息化基础设施建设及税收信息化管理维护工作。认真做好系统后台数据库的日常维护、升级和数据备份工作。规范安装计算机系统软件和应用软件，做好日常维护，确保网络畅通，各应用系统正常运行。（三）金税工程。加强专票和防伪税控管理。坚持三方验票签字支付制度和限量供票、验旧售新制度，纳入防伪税控开票系统的增值税一般纳税人存根联采集准确率达100%。（四）税收电子化、信息化、网络化建设等。一是继续开展多元化申报服务，完善储蓄扣税工作；二是加强计算机病毒全网防范工作和信息中心安全管理；三是严格做到内外网计算机分开使用，加强网络监控，保持网络畅通。

队伍建设

【机构人员情况】 县局机关内设机构6个：办公室（16人，含局领导5人）、税政股（1人）、计划征收股（10人）、征收管理股（1人）、人事教育股（2人）、监察室（2人）；直属机构1个：稽查局（5人）；事业单位1个：信息中心（2人）；派出机构2个：马白税务分局（15人）、都龙税务分局（5人）。截至2009年底，全局在职干部职工59人，其中：党员33人、占56%；本科18人、占31%，专科27人、占46%，中专6人、占10%，高中6人、占10%，初中2人，占3%；29岁以下6人、占10%，30～39岁11人、占19%，40～49岁31人、占52%，50岁以上11人、占19%；男43人、占73%，女16人、占27%；少数民族22人、占37%。

【领导班子建设】 （一）强化政治理论学习，不断提高领导班子成员的政治敏锐性，切实增强应对各种复杂形势的能力。（二）按要求组织好民主生活会，互相取长补短，增进班子团结协作，推进民主决策。（三）紧紧围绕“创新发展年”工作主题，深入贯彻落实科学发展观，坚持领导带头管户、领导带头值班制度，以摸实情、干实事、求实效的良好作风，带动了全系统工作、学习、生活作风的根本性好转，使全系统呈现出素质提升、思想稳定、团结干事的良好精神风貌。

【精神文明建设】 认真学习贯彻《公民道德建设实施纲要》，以国税文化建设为载体，大力开展形式多样、内容丰富的文体活动。组织干部职工积极参加马关县首届“全民健身日”环城赛跑活动；在县委、县政府组织的“祖国在我心中”庆祝新中成立60周年文艺晚会中，表演小品《摆平》、歌舞《云南国税之歌》等节目，受到社会各界的广泛赞誉和好评，提升了国税形象，丰富了文明创建的内涵。2009年12月，被省委、省政府命名为第十二批省级“文明单位”。

【教育培训】 严格执行《税务系统国家公务员培训暂行办法》，实行“每日一题，每月一考”制度。扎实开展增值税、消费税政策业务培训，确保新修订的《中华人民共和国增值税暂行条例》和《中华人民共和国增值税暂行条例实施细则》的顺利实施和正确执行。在抓好学习培训的同时，实行“每训必考，强化奖惩”，切实保证培训的质量和效果。全年共举办增值税转型政策、消费税政策、办公自动化系统操作和公文处理等培训4期720人次，干部职工的业务技能及综合素质得到进一步提升。

【廉政建设】 认真落实阳光政府“四项制度”，坚持办税公开，完善制度建设，将县局督查督办制度同省、州局明察暗访办法有机结合起来，狠抓纪律作风整顿；将党风廉政建设贯穿于税收工作始终，对内按月开展政治学习和“纪检日”活动，对外与389户纳税人签订《廉政公约》，自觉接受社会监督，回访满意率为100%。

（谢 一 黄忠宏）

丘北县国家税务局

经济概况

2009年，丘北县实现生产总值（GDP）22.1亿元，同比增长12%。其中：第一产业增加值9.8亿元，增长7.4%；第二产业增加值3.75亿元，增长18.3%；第三产业增加值8.55亿元，增长14.2%。三次产业结构比例为44∶17∶39。完成固定资产投资14.33亿元，增长49%。完成社会消费品零售额7.52亿元，增长23.1%。完成财政总收入1.32亿元，增长34.2%；财政总支出9.6亿元，增长31%。

税收概况

【收入完成情况】 2009年，丘北县国家税务局共组织税收收入6510万元，完成州局下达任务的103.4%，同比增收166万元，增长2.6%。

【收入特点】 （一）国税系统负责征管的5个税种收入呈“两增三减”局面。增值税、车辆购置税分别增收278万元、44万元。消费税、企业所得税、个人所得税呈持续减收状态，3个税种减收156万元。（二）烟草和电力两大行业所占税收比重大，所缴税款占总收入的80%，其中：烟草2083.2万元，占总收入的32%；电力3124.8万元，占48%。（三）受下半年降雨量小、旱情严重、水位大幅下降、上网电价下调等因素影响，发电企业增值税同比减收523万元，下降40.03%，为机构分设以来最大降幅。

【税源分析】 （一）增值税转型对税收收入影响较大。小规模纳税人征收率统一降为3%，增值税减收37万元；工业企业可抵扣进项税额增大，应纳税额减少，全县共有12户企业申报抵扣固定资产进项税，全年减少税收收入90万元。（二）企业所得税因税率下调8个百分点，导致云南烟草丘北分公司企业所得税减收90万元。（三）因税收政策调整，储蓄存款利息个人所得税减收70万元。

【税务管理】 （一）税收征管。一是建立联动反馈机制。税收管理员每月深入管户不少于2次，每月各管理组相互通报片区税源情况不少于1次，税收管理员每季度向分管局领导提交一份所辖片区税源调查报告，并将调查报告公告于县局政务网，供干部了解情况，为局领导提供决策依据。二是抓好纳税评估，强化税源税基控管。深入企业做好“账、表、票”比对，加强纳税人财务数据信息采集工作，全年开展纳税评估13户次，有效加强了税源管理。（二）发票管理。坚持前置调查制，严把新购发票审核关；坚持验旧售新制，严把发票销售关；坚持代开审核制，严把发票代开关。全年通过代开发票和超定额补税共征收税款40.9万元，加收滞纳金8.34万元，以票控税取得明显成效。

各项工作

【依法治税】 （一）税收法制建设。一是规范税收执法，按照法定权限和程序行使权力、履行职责。二是做好“五五”普法工作，广泛宣传税收法律、行政法规，普及税法知识，重点做好增值税转型政策宣传工作。三是抓好税收政策法律法规的学习培训，全年共组织国税干部税收法律法规培训4期、纳税人税收法律法规专题培训3期，参训人数472人。（二）税收宣传。一是与财政、地税联合组建5个宣传组，深入纳税户扎实开展税收宣传月活动。二是与相关部门联合表彰2008年守法经营、贡献突出的10户纳税大户。三是在县电视台开设“财税宣传专栏”，连续2个月宣传税法知识和财税政策。四是利用赶集日开展宣传，共接受群众咨询600人次，发放宣传材料3000份。五是做好增值税转型政策宣传辅导。分行业召开纳税人座谈会2次，听取纳税人意见和建议，对纳税人提出的10个涉税问题进行了耐心细致的答复。（三）执法管理。成立由分管领导任组长，监察、征管、稽查、税政、计征、分局等部门负责人为成员的税收执法检查领导小组，认真执行执法责任制和过错责任追究制，全年全局实现税收执法“零过错”。

【各税管理】 （一）流转税管理。全年全县流转税“三税”收入5397万元，占国税总收入的82.9%，同比增收318万元，增长6.2%。1. 增值税管理。全年共入库增值税4995万元，占总收入的76.73%，同比增收278万元。（1）加强增值税一般纳税人认定。严格执行一般纳税人认定标准，对小规模纳税人严格监控，对超过规定标准的小规模纳税人，及时认定为增值税一般纳税人，全年认定增值税一般纳税人81户，其中：新认定18户，因超标认定6户。（2）加强增值税专用发票管理。对纳税人领用、开具的增值税专用发票情况适时进行监控，督促纳税人按规定使用、开具专票，全年共对27份增值税专用发票滞留票信息进行核实，涉税金额98.58万元，增值税16.7万元，涉及纳税人15户。（3）加强“四小票”管理。加强农产品抵扣异常户管理，严把货物运输发票抵扣关，全年全县货物运输发票实现比对零异常，共申报抵扣货物运输发票192份，进项税额1514万元；共申报抵扣农产品发票3896份，进项税额33万元。（4）加强固定资产抵扣政策管理。指派专人负责，将部分投资额大、购进设备多的企业作为管理重点，密切跟踪企业固定资产投资和技术改造进展情况，全年共有9户企业申报抵扣固定资产进项税137

万元。2. 消费税管理。对个体小酒坊采取巡查管理的办法，按月或按季深入生产地巡查巡管。全年共入库消费税 68 万元，完成计划的 104%，同比减收 4 万元。3. 车辆购置税管理。加强车辆购置税委托代征的辅导、管理，严格对开具发票金额达不到最低计税价格的车辆进行审查，全年全县发生异常发票 15 份，涉及 12 户纳税人，重点核查 3 户，补缴增值税 177.64 元。全年入库车辆购置税 334 万元，完成计划的 107.8%，同比增收 44 万元，增长 15.3%。（二）所得税管理。1. 企业所得税管理。2009 年，全县所得税纳税企业 131 户，其中 110 户执行 20% 的小型微利优惠税率。全年入库企业所得税 1081 万元，完成计划的 133.5%，同比减收 89 万元。2. 储蓄存款利息所得个人所得税管理。全年入库储蓄存款利息所得个人所得税 32 万元，完成计划的 323.5%，同比减收 63 万元，下降 66%。

【税务稽查】 （一）日常稽查与专项检查相结合。成立由局长任组长，分管副局长任副组长，稽查局、税政股、征管股和锦屏分局负责人为成员的专项检查工作领导小组，以发票检查为突破口，开展了对商业零售、修理修配等行业的税收专项整治。全年全县共查补收入 177 万元，其中税款 147 万元、罚款 6 万元、滞纳金 24 万元。（二）发挥协查系统作用，抓好案件协查工作。全年共发出纸质协查 2 起，对涉及业户未按规定开具发票，少缴增值税 7.6 万元的问题进行了查处。收到受托协查 1 起，涉及增值税专用发票 6 份，涉及金额 59.9 万元，已按要求协查回函。

【税务管理信息化建设】 （一）做好 FTP、办公自动化、“四小票”采集等系统后台数据库的日常维护、升级和数据备份工作。（二）采取行政与技术相结合的管理方法和维护措施，确保全局计算机网络系统安全、平稳运行。（三）抓好全局“计算机操作及维护”的课题培训，全年组织干部培训 2 次，参训人员 154 人。（四）做好远程教育培训网络和广域网改造提速工程，截至 12 月底，远程教育培训网络和广域网改造顺利完成，为金税“三期工程”顺利实施打下了基础。

队伍建设

【机构人员情况】 县局机关内设机构 6 个：办公室（9 人，含局领导 3 人）、税政股（4 人）、计划征收股（10 人）、征收管理股（4 人）、人事教育股（3 人）、监察室（2 人）；1 个直属机构：稽查局（5 人）；1 个事业单位：信息中心（2 人）；1 个派出机构：锦屏税务分局（18 人）。截至 2009 年底，全县在职干部职工 57 人，其中：党员 38 人、占 66.67%；本科 25 人、占 43.86%，专科 23 人、占 40.35%，中专及以下 9 人、占 15.79%；30 岁以下 6 人、占 10.53%，31 ~40 岁 10 人、占 17.54%，41 ~50 岁 34 人、占 59.65%，51 岁以上 7 人、占 12.28%；男 38 人、占 66.67%，女 19 人、占 33.33%。

【领导班子建设】 （一）以提高执政能力为重点，认真抓好党组中心学习组理论学习，全年领导班子成员共撰写心得体会、调研文章 6 篇。（二）认真贯彻落实监督制约机制，狠抓领导干部廉洁自律，领导班子模范遵守廉政建设各项规定，作风良好。（三）定期召开领导班子民主生活会，建立健全科学的民主决策机制，凡重大决策、人事干部任免、重要建设项目安排、大宗物品采购、大额资金使用等，坚持集体讨论研究决定，工作中充分发扬民主，提高各项决策的透明度，增强了班子的凝聚力和向心力。

【精神文明建设】 （一）深入开展学习实践科学发展观活动。以“四问”、“四落实”、“六提高”为抓手，采取集中学与个人学、引导学与督促学、专题学与实践学相结合的方法拓展学习方式，丰富学习实践活动内容，得到县委、县政府的肯定，被中共丘北县委表彰为“学习实践科学发展观活动典型单位”。精神文明创建取得新成效，被省委、省政府命名为第十二批省级“文明单位”，1 人荣获全省国税系统“精神文明建设先进个人”荣誉称号。（二）抓好扶贫攻坚工作。为扶贫点石葵村民委订阅《人民日报》、《文山日报》、《求是》杂志各 1 份，向扶贫点捐赠图书 200 册。

【廉政建设】 （一）层层签订《党风廉政建设责任书》，将各项廉政、勤政规定细化到具体的税收征管工作中。（二）把税收执法权中易发问题的发票发售审批、普通发票代开、税收优惠政策审批、一般纳税人认定、税额核定、稽查、处罚等环节和行政管理权中的基本建设、物资采购、车辆维修等环节纳入重点监察范围，强化监督检查，全年未发生违规行为。（三）扎实开展《廉政公约》回访。全年进行两次回访，上半年回访 26 户，收到纳税人意见 156 条，满意率为 96.15%，同比下降 3.36%。下半年回访 30 户，收到纳税人意见 180 条，满意率达 100%。在县委纠风办组织的全县 37 个执法及窗口服务单位行风测评中，名列第 7 位。

【教育培训】 （一）加大增值税转型新政策、会计处理实务和企业所得税业务培训力度，重点突出“三员”培训。（二）采取综合业务、税收业务与非税收业务分类培训的方式，全年共组织各类业务培训 40 期，培训时间 61 天，参训人数 3416 人，并进行了 3 次考试。

【典型经验】 开展服务明星和红旗手评选活动，积极争创巾帼文明示范岗。（一）以文明、优质服务为评选条件，采取纳税人满意度投票结果与税务干部服务手段、服务创新相结合的办法，在办税大厅设置透明评比台，将大厅税务干部的姓名及照片置于评比台前，由纳税人根据税务干部的服务情况进行满意度投票，并指定专人负责统计票数，做到每日清点登记，月末集中评比。（二）评定领导小组结合走访纳税人和税务干部的情况进行综合评定，最终评出服务明星和红旗手。（三）每月对评选结果进行公告，把荣获服务明星和红旗手的照片、姓名张贴在办税大厅，置于广大纳税人的监督之下。

（李　波）

广南县国家税务局

经济概况

2009年，广南县实现生产总值（GDP）35.01亿元，同比增长11.6%。其中：第一产业增加值15.3亿元，增长7%；第二产业增加值7.16亿元，增长20.7%；第三产业增加值12.55亿元，增长12.22%。三次产业结构比例为44∶20∶36。完成固定资产投资30.73亿元，增长20.6%。完成社会消费零售额18.3亿元，增长35.4%。完成财政总收入2.21亿元，增长7.8%；财政总支出12.69亿元，增长34.5%。

税收概况

【收入完成情况】 2009年，广南县国家税务局共组织税收收入9308万元，完成年度计划的107.98%，同比增收567万元，增长6.49%。分预算级次，完成中央级收入6832万元，同比增收473万元，增长7.44%；完成地方级收入2476万元，同比增收95万元，增长3.99%。

【收入特点】 （一）分税种收入呈现“三增二减”态势。增值税、消费税和车辆购置税增收，企业所得税和个人利息所得税减收。（二）所有税种都超计划进度。其中增值税超计划进度4.37个百分点，增收818万元；消费税超计划进度13.33个百分点，超收1万元；企业所得税超计划进度30.35个百分点，减收180万元；储蓄存款利息所得个人所得税超计划进度46个百分点，减收94万元；车辆购置税超计划进度0.37个百分点，超收22万元。由于所有税种都超收，拉动税收收入同比增收567万元，超计划进度6.49个百分点。（三）各月收入不均衡。月平均收入776万元，1月、4月、5月、7月、10月、11月、12月等7个月高于平均数，2月、3月、6月、8月、9月等5个月低于平均数。收入最高为7月份1612万元，最低为3月份354万元。

【税源分析】 （一）分税种情况。1. 增值税同比增收818万元。增收因素：一是广南县八宝金龙铁合金厂1月份入库非即期收入123万元；二是广南县广固水泥有限责任公司取消资源综合利用即征即退政策后，补征已退税款139万元；三是广南腾际化工有限责任公司2月份入库非即期收入80万元；四是从2009年6月起广南县电力有限责任公司外购电不再实行简易办法征税，加之新建4座装机容量为9万千瓦时的电站投产，电力增值税增收376万元。2. 消费税同比增收1万元。广南县那榔酒厂全年销售量同比增加175.56吨，实现消费税增收1万元。3. 车辆购置税同比增收22万元。委托交警部门代征全县的车辆购置税，减少了漏征漏管，实现税收收入增加。4. 企业所得税同比减收180万元。减收因素：一是企业所得税税率从33%调减为25%；二是受金融危机的影响，企业利润减少，所得税减收；三是2008年烟草公司在10月份自查补缴税款139万元，2009年无自查补税。5. 个人所得税同比减收94万元。（二）分行业情况。1. 电力1603万元，同比增收376万元，增长30.64%；2. 商业零售904万元，同比增收210万元，增长12.09%；3. 商业批发1139万元，同比增收22万元，增长1.97%；4. 建材662万元，同比增收518万元，增长359.72%；5. 铁合金805万元，同比增收129万元，增长19.08%；6. 精锑1270万元，同比减收618万元，下降32.73%；7. 化工产品306万元，同比减收115万元，下降27.32%。

【税务管理】 （一）加强办税厅建设，强化窗口服务。按照“高起点、功能全、规范化”的原则改造办税服务厅，规范和完善窗口设置，实行“一窗式”管理和“一站式”服务，纳税人需办理的事项都集中在办税服务厅相关岗位完成。（二）加强重点税源控管，做到“三明确、两定期”。“三明确”，即明确具体挂钩联系企业及户数、明确具体工作职责、明确具体工作要求。“两定期”，即定期深入重点税源企业，切实解决重点税源管理工作中的热点和难点问题；定期开展税源分析，提高税收收入预测的准确度。（三）推行内外勤“AB角”制加强税务管理。将懂电脑、工作责任心细、系统操作业务熟练的同志设为“A角”处理内勤日常事务。将政策理解能力强、具有一定税源管理工作经验、能在税源管理中解决实际问题的设为“B角”加强外勤税源管理，梳理内勤A角与外勤B角的业务职责。

各项工作

【税收法制建设】 （一）税收法制建设。一是贯彻落实阳光政府“四项制度”，研究制定具体的工作方案和实施办法，推进各项工作顺利开展。二是深入贯彻落实《行政许可法》和国务院《全面推进依法行政实施纲要》，不断提高依法行政水平。三是推进“五五”普法工作，组织干部参加“五五”普法考试。（二）执法管理。一是加强对税收执法权的监督制约。二是税收执法管理信息系统（V1.1）实现10月1日与全省同步升级。三是定期对税收政策执行情况进行跟踪反馈，及时反映和解决税收执法过程中发现的税收政策问题。四是坚持对重大税务案件进行集体审理。2009年共审理税务稽查案件11件，已全部移送执行，未发生复议、诉讼案件。

【各税管理】 （一）各税管理。1. 流转税管理。2009年，增值税收入7410万元，完成计划的104.37%，同比增收818万元，增长12.41%；消费税收入68万元，完成计划的113.33%，同比增收1万元，增长1.49%；车辆购置税收入271万元，完成计划的100.37%，同比增收22万元，增长8.84%。(1) 加强调查研究，贯彻落实增值税转型等一系列税收优惠政策，促进企业增强发展后劲，转“危”为“机”走出困境。(2) 强化税源监控，拓展收入分析。按月分析税源情况，做好收入预测，提高税收收入预测的准确度。(3) 认真贯彻落实省委、省政府关于加快非公有制经济发展的决定，强化优质服务，扶持非公有制经济健康发展。(4) 加强车购税管理，继续实施委托代征。2. 所得税管理。采取组织落实、责任到位，政策落实、宣传到位，工作落实、服务到位的“三落实、三到位”措施，认真开展2008年度企业所得税汇算清缴工作，确保了全县122户企业所得税纳税人准期进行纳税申报，纳税调增额共计3948.06万元，同比增加1680.26万元，增长74.09%；共补缴企业所得税28.6万元，同比增加3.04万元，增长11.89%。全年企业所得税收入1486万元，完成计划的130.35%，同比减收180万元，下降10.8%。个人所得税收入73万元，完成计划的146%，同比减收94万元，下降56.29%。(二) 发票管理。在全县范围内开展打击制售假发票和非法代开发票专项整治行动。查获单联填写发票91份，隐匿应税销售收入221万元。查获从税务机关以外的单位和个人取得发票提供给购货方172份，涉及金额596万元。查获利用普通发票偷税6户，查补增值税34.75万元，有效遏制了大头小尾开具发票和非法取得发票等违法行为，进一步整顿和规范了税收秩序。

【税收执法】 (一) 税收宣传。紧扣“税收·发展·民生”主题开展税收宣传活动。一是2009年3月29日，在县城莲湖公园门口，以“税收·发展·民生”、“平安·和谐·稳定”为主题，结合“家电下乡”启动第18个税收宣传月活动。二是县政府牵头，国税、地税、林业、检疫等部门共同配合，深入全县18个乡镇，对木材加工、外运销售行业开展税收宣传活动。三是在壮族“三月三”花街节期间，深入旅游景区“世外桃源”坝美开展颇具民族特色的税收宣传活动。四是借助“千人手巾舞，万人大联欢”壮族大型手巾舞展演活动平台，开展税收宣传，“税务手巾舞方块队”向社会各界和广大纳税人展现出良好的国税形象。(二) 税务稽查。认真组织开展分级分类稽查、专项检查和日常稽查，全年共检查结案22户，查补收入66.39万元，其中：税款37.56万元、罚款21.49万元、滞纳金7.34万元。(三) 执法检查。依法对18户一般纳税人最高开票限额程序、文书等进行检查；对广南那追电业有限公司等19户一般纳税人认定情况进行检查；对享受企业所得税优惠政策的1户企业进行检查；坚持每月对税收政策、法律法规的贯彻落实、税收执法权和行政管理权“两权”运行情况进行监督检查。

【税务管理信息化建设】 在抓好系统推行、数据分析利用、信息化基础设施建设，确保网络畅通运行的基础上，深入研究解决车购税代征过程中出现的困难和问题，在州局指导下开发的车辆购置税代征软件（单机版）系统，于2009年3月25日通过省局初步验收。

队伍建设

【机构人员情况】 县局机关内设机构8个：办公室（12人，含局领导3人）、政策法规股（1人）、税政股（2人）、收入核算股（2人）、征收管理股（2人）、人事教育股（2人）、监察室（2人）、办税服务厅（8人）；直属机构1个：稽查局（6人）；事业单位1个：信息中心（1人）；派出机构1个：莲城税务分局（19人）。截至2009年底，全县在职干部职工57人，其中：党员35人、占61.4%；大学本科13人、占22.81%，大学专科26人、占45.61%，中专及以下18人、占31.58%；平均年龄42.61岁；男43人、占75.44%，女14人、占24.56%。

【领导班子建设】 按照县委和省、州国税局的统一安排部署，高质量、高要求地开展深入学习实践科学发展观活动，切实加强领导班子建设。在学习调研阶段，开展好专题学习培训等“十一个一”活动。在分析检查阶段，突出实践特色，结合国税工作实际查找阻碍科学发展的“瓶颈”问题。坚持边学边改、边查边改，高质量地完成征求群众意见、召开专题民主生活会、进行分析总结、组织群众评议四个“规定动作”。在整改提高阶段，建立完善科学发展长效机制，按照“管理上以人为本、工作上统筹兼顾、服务上优质高效、发展上力求和谐”的总体要求，制定完善整改方案，明确整改项目、整改措施、整改目标和时限、整改责任，并将整改方案进行公开，承诺整改事项。

【精神文明建设】 (一) 强化国税文化建设，突出和谐国税理念。发挥党、团、工、青、妇等各套组织的职能作用，组织开展健康有益的国税文化活动。让国税干部职工在快乐的国税文化氛围中工作学习，在潜移默化中接受教育，收到“随风潜入夜，润物细无声”的良好效果。(二) 维护稳定团结，创建平安国税。以“维护社会稳定，确保一方平安”为己任，创建平安国税、和谐国税，被县委、县政府表彰为“平安创建先进单位”。(三) 深入扶贫点，践行“三个一”。深入扶贫点——广南县曙光乡马堡村民委党支部和党员中，开展“个人形象一面旗，工作热情一团火、谋事布局一盘棋”主题实践活动，做好党建和扶贫工作。资助500元为大路边村党小组完善党员活动室建设，并向该村捐赠了价值2000元的电视机、电视接收器、党员教育光盘和科普知识宣传光盘等器材。2009年，被省委、省政府命名为第十二批省级“文明单位”、被省国税局命名为云南省国税系统第十四批“文明单位”，在县精神文明建设指导委员会举办的“广南县学习宣传贯彻党的十七大精神知识竞赛”中荣获二等奖。

【教育培训】 (一) 创新思想政治工作机制，培养和谐情感。以“尊重人、理解人、关心人、依靠人”为主导，加强思想政治工作，构筑“得人心、暖人心、稳人心”工程，做到心顺、气顺、工作顺、事业顺。（二）强化教育培训，提升干部队伍素质。制订教育培训工作计划，建立“学习＋培训＋考试＋奖惩”的教育培训考核机制。2009年组织开展了增值税转型政策、所得税、消费税政策法规、财务会计业务知识等培训。

【廉政建设】 （一）建立以教育为基础，以制度为保证，以监察为重点的党风廉政建设和反腐败工作长效机制。（二）贯彻落实“四项制度”。经省、州国税局和各级党委政府明察暗访、检查考核，全局保持了干部职工“零违纪”。（三）落实党风廉政建设责任制考核实施办法。通过一级抓一级，层层抓落实，推进党风廉政建设制度化、规范化。（四）广泛开展廉政文化进机关、进家庭活动。1. 在办公桌上放置廉政警示台历，在电脑上设置廉政文化屏保，在办公区域制作廉政名言、警句、图片，营造廉政文化氛围。2. 在活动室设立廉政图书、报刊杂志专柜，开辟廉政文化园地，开展读书思廉活动，组织干部职工观看廉政电影、廉政文艺专场演出。3. 举办家属廉政座谈会，开展干部家庭走访，制发家庭助廉倡议书，组织干部职工家属观看廉政教育、家庭美德教育片。在广南县组织开展的社会评议部门行风测评工作中，全局以92.21分的高分名列37个被测评单位榜首。

（黄惠民）

富宁县国家税务局

经济概况

2009年，富宁县实现生产总值（GDP）30.45亿元，同比增长10.5%。其中：第一产业增加值8.41亿元，增长6.8%；第二产业增加值10.2亿元，增长10.6%；第三产业增加值11.84亿元，增长13.1%。三次产业结构比例为27.6:33.5:38.9。完成固定资产投资28.71亿元，同比增长30.5%。完成社会消费品零售额16.67亿元，同比增长24.2%。进出口贸易总额2.93亿元，增长16.8%。完成财政总收入2.7亿元，同比增长14.2%，其中地方一般预算收入1.5亿元，增长12.1%；财政总支出10.9亿元，增长44.3%。

税收概况

【收入完成情况】 2009年，富宁县国家税务局共组织税收收入1.32亿元，同比增收1236万元，增长10.34%，完成州局下达确保任务1.26亿元的104.76%，完成奋斗目标1.27亿元的103.94%。

【收入特点】 （一）税收增长速度与GDP增长速度基本保持一致。全年国税收入与GDP值弹性系数为0.98，宏观税负为4.33%。（二）工业税收占主导地位。全年实现工业总产值18.7亿元，同比增长15.2%，工业经济的稳定增长，为税收增长提供了税源基础，全年工业经济实现税收1亿元，同比增收1573.77万元，增长18.65%，占国税总收入的75.9%。（三）非公经济税收占国税收入比重增加。全年非公经济实现税收1.16亿元，同比增收993万元，增长9.36%，占国税总收入1.32亿元的87.88%。其中私营企业成为非公经济的主力军，全年实现税收1.12亿元，同比增收821万元，增长9.6%，占非公经济税收收入的96.55%。（四）税收收入以增值税为主，占全部税种入库税款的88.81%，车辆购置税收入逐年上升，跃居税种收入第二位，占全部税种入库税款的6.86%。

【税源分析】 （一）国税部门负责征收的五个税种呈现“三增一减一平”。1.“三增”。（1）增值税在煤炭税率提高、价格上涨两个因素拉动下，实现小幅增长，入库税款1.17亿元，同比增收821万元，增长7.54%。（2）企业所得税在新增税源的拉动下，实现较大幅度增长，入库税款529万元，同比增收255万元，增长93.01%，其中新增税源税款占企业所得税收入的47.16%。（3）车辆购置税。受国家一系列“扩内需、保增长、惠民生”税收优惠政策的拉动，车辆购置税大幅增长，入库税款905万元，同比增收234万元，增长34.9%。2.“一减”。受政策调整影响，储蓄存款利息所得个人所得税收入大幅下降，入库税款40万元，同比减收74万元，下降64.94%。3.“一平”。消费税仅入库2万元，与2008年持平，是税源枯竭、收入最少的一个税种。（二）重点税源6个行业呈现“三增三减”。1.“三增”：煤炭、电力和医药制造三个行业税收实现增长。煤炭入库增值税5452万元，同比增收1564万元，增长40.25%；电力入库增值税3290万元，同比增收406万元，增长14.06%；医药制造业入库增值税320万元，同比增收31万元，增长10.74%。2.“三减”：受金融危机影响，商业、铁合金冶炼和黑色金属矿产品税收收入大幅下滑。商业入库增值税1551万元，同比减收914万元，下降37.08%；铁合金冶炼入库增值税339万元，同比减收192万元，下降36.15%；黑色金属矿产品入库增值税263万元，同比减收195万元，下降42.63%。

【税务管理】 （一）税收征管。截至2009年底，全县共有管户4032户，其中：一般纳税人89户、小规模纳税人293户、个体工商户3650户。一是进一步完善税收管理员制度，明确职责和分工，抓好户籍管理，加强日常巡查，督促纳税人办理涉税事项。二是认真落实领导干部挂钩重点税源制度，加强税收调研，提高税源管理水平。三是加强征管档案管理，完善纳税人资料

"一户式"管理，对综合征管软件上线以来的纸质档案进行全面清理，建立纳税人户籍电子档案，提高征管档案管理质量。四是扎实做好"电子定税"系统工作，强化个体税收管理，确保定额核定公正、公平、公开、透明，提高个体税收征管水平。（二）纳税服务。一是严格执行行政问责"四项制度"和阳光政府"四项制度"，结合实际补充完善纳税服务制度，改进服务方法，优化纳税服务。二是完善办税服务厅"一窗式"、"一站式"服务功能，优化窗口服务。三是实行办税公开，利用办税服务厅公告栏、电子屏幕和政府网站等载体，公开相关政策、法规、涉税事项办理程序等，方便纳税人了解、咨询政策。四是加强纳税辅导，对新开业户、新领用发票户和减免税到期户进行事项提醒，做好事前、事中和事后服务工作。（三）发票管理。全县共有发票用户853户，其中：专用发票用户46户、普通发票用户807户。一是加大宣传力度，让广大纳税人了解普通发票涉税违法行为所带来的危害。二是加强发票领购资格审查，严格执行发票审验和发票代开制度，做到限额限量发售，验旧购新。三是加大处罚力度，定期对发票用票户填开、保管、缴销发票情况进行专项检查，对违章行为按《税收征管法》及《发票管理办法》的有关规定予以处罚。四是抓好增值税专用发票代开管理和网上认证工作。

各项工作

【依法治税】 （一）以"三月法制宣传月"、"12·4"法制宣传日和税收宣传月为契机，围绕"税收·发展·民生"宣传主题，组织开展税收宣传活动，不断增强公民依法纳税意识，营造良好的依法治税环境。（二）认真贯彻落实《中华人民共和国税收征收管理法》及其实施细则、《行政处罚法》、《国家赔偿法》、《行政许可法》等法律法规，严格依法行政。（三）落实税收执法责任制和过错责任追究制，运用税收执法考核信息系统，人机结合加强税收执法检查，对照上级局的工作通报及时纠正执法过错行为，杜绝虚假申辩调整，减少税收执法过错。

【各税管理】 （一）增值税管理。增值税完成1.17亿元，同比增收821万元，增长7.54%。一是严把增值税一般纳税人认定、审批关；二是加强对增值税扣税凭证的审核管理；三是抓好一般纳税人减免税资格认定工作，对减免到期企业及时提醒申报纳税。（二）所得税管理。企业所得税完成529万元，同比增收255万元，增长93.01%。储蓄存款利息所得个人所得税完成40万元，同比减收74万元，下降64.94%。一是加大新《企业所得税法》及其《实施细则》宣传力度；二是严管所得税税基及各项税前扣除审批；三是抓好企业所得税汇算清缴工作。（三）消费税管理。消费税完成2万元，与2008年持平。（四）车辆购置税管理。车辆购置税完成905万元，同比增收234万元，增长34.9%。1. 与公安交警部门密切配合，不完税不挂牌。2. 加强车辆销售发票开具管理，加大异常发票核查力度。3. 在办税大厅车购税窗口坚持延时服务、预约服务，为纳税人提供优质、高效、便捷的纳税服务。

【税务稽查】 （一）认真组织开展专项检查、分类稽查、专案稽查和日常稽查工作。（二）加强税警协作，与地税建立稽查协作机制，大力整顿和规范税收秩序，狠抓涉税案件查处，联合打击偷逃骗税行为，为税收征管工作保驾护航。（三）实行"一案双查"制度，由监察部门对税务稽查案件进行跟踪监督检查，既防止了稽查人员办案不公，又确保了案件质量。（四）做好重大税务案件审理工作，确保案件定性准确。全年查补收入总额844.24万元，创历年查补收入新高。

【税务管理信息化建设】 （一）积极配合上级局做好金税工程三期建设，加快税收信息化建设步伐。（二）认真做好应用系统的推广和运行维护工作。（三）落实信息网络安全管理制度，保证系统安全运行。（四）加强数据应用管理，充分利用数据信息资源为税收工作服务。

队伍建设

【机构人员情况】 县局机关内设机构7个：办公室（15人，含局领导5人）、税政股（3人）、收入核算股（3人）、征收管理股（2人）、人事教育股（2人）、监察室（2人）、办税服务厅（7人）；直属机构1个：稽查局（5人）；事业单位1个：信息中心（2人）；派出机构1个：新华税务分局（14人）。截至2009年底，全县在职干部职工55人，其中：党员38人、占69.09%；大专以上35人、占61.4%；干部职工平均年龄41岁；女12人，占21.82%。

【领导班子建设】 （一）县局领导班子积极开展"学习党章、遵守党章、贯彻党章、维护党章"活动，增强理想信念，自觉遵守"四大纪律，八项要求"，进一步加强领导班子思想作风、领导作风、工作作风、生活作风和学风建设。（二）认真落实税务系统领导班子和领导干部监督管理办法，严格执行领导干部重大事项报告、述职述廉、廉政谈话等制度。（三）坚持党组中心组政治理论学习制度，完善党组议事规则和行政议事规程，坚持"集体领导、民主集中、个别酝酿、会议决定"的原则，坚持重大事项集体研究决定，规范决策程序，提高决策能力。（四）定期召开民主生活会，广泛开展批评与自我批评，不断加强自身建设，自觉接受群众监督。（五）结合税收工作实际，开展科学发展观学习实践活动，针对领导班子存在的问题狠抓整改，不断提高领导班子驾驭全局工作的能力。

【精神文明建设】 围绕"三个文明一起抓，三个成果一起要"的工作方针，坚持以邓小平理论、"三个代表"重要思想和科学发展观为指导，牢记"聚财为国，执法为民"的税收工作宗旨，以组织收入为中心，以人为本加强队伍建设，内强素质外树形象。多渠道、多形式开展生动活泼、丰富多彩的国税文化活动，丰富干部职工业余文化生活，在单位内部组织乒乓球、羽毛球循环赛，与县政府和有关部门开展足球、篮球友谊赛，组队参加省州国税局和县委、县政府主办的国庆60周年系列庆祝活动，增强干部职工身体素质，展现国税人“服务科学发展，共建和谐税收”的精神风貌。2009年被省委、省政府命名为第十二批省级“文明单位”。

【教育培训】 开展岗位“练兵”活动，实行“每日一题”、“每季一小考”、“每年一大考”的干部考试制度，组织参加上级局举行的业务、普法等各种考试，并采取操作演练的方式检验培训效果，加快“复合型”人才培养步伐，不断提高干部业务素质和依法治税能力，为“人才兴税”、“科技兴税”打牢基础。

【廉政建设】 （一）开展“纪检日”、“廉政教育月”活动，组织干部职工观看党风廉政建设正反两方面的专题片，开展理想信念、权力观、党纪政纪教育，切实提高税务人员的廉洁奉公意识，筑牢拒腐防变的思想道德防线。（二）认真落实党风廉政建设责任制，层层签订《党风廉政建设责任书》，将廉政建设纳入年度目标管理考核和公务员考核。（三）关口前移，抓好“两权”监督，加强对重点岗位、重点环节、重点人员的监督管理，做好《廉政公约》签订和回访工作，采取问卷调查、座谈、走访纳税人等形式，广泛征求纳税人的意见和建议，强化社会监督，预防职务犯罪，促进税务干部依法行政，奉公守法。（四）执行领导干部个人重大事项报告、收入申报、礼品礼金上缴登记、述职述廉、民主评议、诫勉谈话等制度。（五）将税务行政许可事项、工作纪律、税收政策法规、税款核定、税务违法案件查处等工作向社会公开，接受社会监督。

（喻永方）

普洱市国家税务局

经济概况

2009年，普洱市国民经济保持较快发展。全市生产总值（GDP）突破200亿元大关，达202.09亿元。按可比价计算，比上年增长13.6%，连续6年保持两位数增长。其中：第一产业增加值64.14亿元，增长6.6%，拉动经济增长1.9个百分点；第二产业增加值64.08亿元，增长19.2%（其中：工业增加值40.12亿元，增长16.1%，拉动经济增长3.6个百分点；建筑业增加值23.96亿元，增长25.4%，拉动经济增长2.8个百分点），拉动经济增长6.4个百分点；第三产业增加值73.87亿元，增长13.8%，拉动经济增长5.3个百分点。三次产业结构的比例为31.7:31.7:36.6，继续保持了“三、二、一”的产业发展格局。人均生产总值7821元，比上年增加846元，增长13.4%。全市完成固定资产投资总额172.29亿元，比上年增长30.5%；社会消费品零售总额达61.16亿元，比上年增长17.7%。城镇居民人均可支配收入1.22万元，比上年增长10%；农民人均纯收入2954元，比上年增长16.5%，人民生活水平稳步提高。

税收概况

【收入完成情况】 2009年，普洱市国税系统共组织税收收入入库10.61亿元（不含海关代征税收5656万元），比上年增收7604万元，增长7.72%，完成省局下达确保目标任务的104.9%，超收4958万元，完成省局下达奋斗目标任务的101.88%，超收1958万元；地方一般预算收入完成2.22亿元，比上年增收835万元，增长3.92%，完成地方一般预算收入目标的98.03%，蹋收446万元。其中：市本级地方财政一般预算收入完成3935万元，同比减收298万元，下降7.04%，完成市本级地方财政一般预算收入任务的100.13%，超收5万元。

【收入特点】 国税收入实现历史性跨越，迈上10亿元台阶。收入总量比“十一五”开局的2006年增收3.53亿元，增长49.78%，年均增长14.4%。占全市财政总收入26.77亿元的39.63%；国税收入与经济增长相协调。2009年，全市完成生产总值202.09亿元，按可比价算，比上年增长13.6%。全市国税系统完成税收收入10.61亿元，比上年增长7.72%，税收弹性系数为1.16，比上年上升0.15，全市税收收入平均税负为6.86%，比上年上升1.03个百分点；国税收入增幅呈低走高开态势。2009年上半年，由于受国际金融危机的影响，国税收入一直持续减收，呈两位数的负增长。下半年随着经济企稳回暖，国税收入呈逐渐回升态势，从10月份开始止跌回升，首次实现3.69%的正增长，全年国税收入总量同比增长7.72%（税收收入增幅见下图）；5个税种“4增1减”，各税种对税收增长的贡献率参差不齐。国内增值税完成8.61亿元，比上年增收3033万元，增长3.65%，对税收收入增长的贡献率为84.34%，比上年下降了0.2个百分点，拉动税收收入增长6.51个百分点。国内消费税完成4455万元，同比

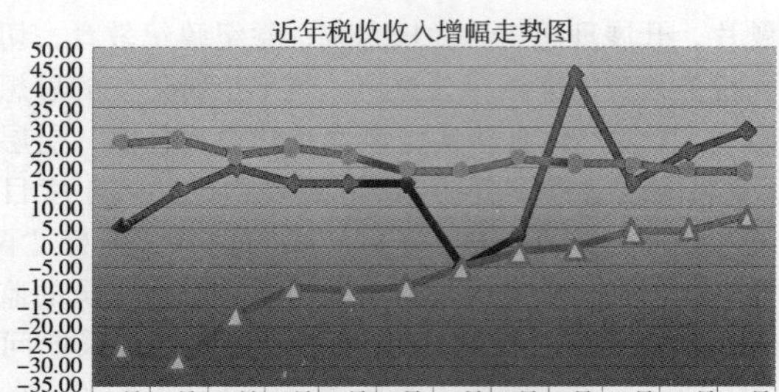

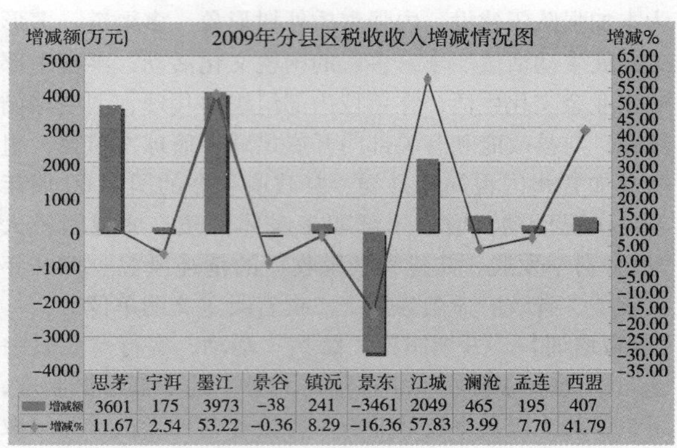

增收3234万元，增长2.65倍，对税收收入增长的贡献率为1.24%，拉动税收收入增长0.7个百分点。企业所得税完成4016万元，比上年增收180万元，增长4.69%，对税收收入增长的贡献率为3.9%。车辆购置税完成1.1亿元，同比增收2065万元，增长23.24%，对税收收入增长的贡献率为9.02%（税种贡献率如下

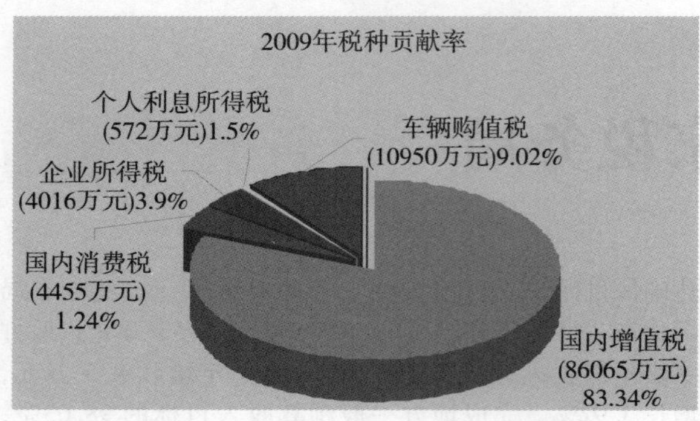

图）。储蓄存款利息所得个人所得税完成572万元，同比下降61.35%，减收908万元；地方级收入增幅小于中央级收入增幅。2009年，中央级收入完成8.28亿元，同比增收7173万元，增长9.49%。地方级收入完成2.33亿元，同比增收431万元，增长1.88%，增幅比中央级收入滞后7.61个百分点；县区税收收入“八增二减”。江城县和墨江县收入增幅超过50%，西盟县增长41.79%，收入总量迈上千万元台阶。而收入总量超亿元的景谷、景东分别下降0.36%和16.36%（县区收入增减情况如下图）；税收优惠政策的有效落实增强了企业发展后劲。2009年，全市依法办理各类减免税1.2亿元。其中：中西部投资减免2599万元，农村信用社减免4989万元，资源综合利用企业减免1859万元，新办企业减免359万元，再就业扶持减免3000元，1.6升及以下排量乘用车辆购置税减免1896万元，其他减免297.7万元。税收优惠政策的有效落实，为企业和地方经济发展注入新的动力。

【税源分析】 （一）优势行业保持强劲增长，税收增幅明显。1. 电力行业：2009年全市发电量58.35亿千瓦时，比上年增长37.4%，企业用电量增长7.6%，电力企业完成增值税3.38亿元，同比增收1620万元，增长5.04%（其中：大唐李仙江公司增值税入库税款8448万元，同比增收3405万元，增长67.52%；泗南江电站入库增值税2906万元，同比增收733万元，增长33.73%；华能景洪水电厂入库3767万元，同比增收1982万元，增长1.1倍；而大朝山电站和漫湾电站由于上游小湾电站库容蓄水，水流量小，上网电量分别减少13.14千瓦时和19.63千瓦时，税款分别减收3194万元和2063万元，下降29.35%和32.82%）。2. 商业：增值税收入略快于经济增长，商业增值税入库1.7亿元，比上年增长3144万元，增长22.65%。其中：市烟草公司入库增值税8697万元，同比增收2787万元，增长47.16%，占商业增值税增收总量的51.09%，主要是2009年全市烤烟生产增产增收，共收购烟叶63.1万担，同比增长28.62%，烤烟税款入库3691万元，同比增收1543万元，增长71.83%。3. 煤炭：入库税款1178万元，同比增收379万元，增长47.43%。主要原因：一是非金属矿采选产品增值税税率由13%恢复到17%，税收增加；二是2009年全市原煤产量为65.11万吨，同比增长20.9%。4. 食糖：入库增值税5536万元，同比增长855万元，增长18.27%。5. 水泥：受宏观层面上扩大内需及投资拉动的有利因素及立窑法生产的复合硅酸盐水泥取消“即征即退”政策等因素拉动，水泥增值税入库税款4563万元，同比增收443万元，增长10.75%。（二）工业经济发展受困，重点税源下降明显。1. 有色金属：受全球金融危机影响，主要有色金属工业产品产量持续下降、产品价格下滑，有色金属全年入库增值税8238万元，同比减收5165万元，下降38.54%，对增值税的贡献率同比下降6.47个百分点。2. 茶：由于受市场低迷，价格持续不扬因素影响，全市茶叶增值税入库税款441万元，同比减收290万元，下降39.67%。

各项工作

【税收法制建设】 积极开展“五五”普法、依法治省、依法治市、依法治县区各项工作。及时制定阳光政府“四项制度”实施意见和责任分解落实意见，将重大决策听证制度、重要事项公示制度，重点工作通报制度、政务信息查询制度的各项工作职责分解到各部门，

责任到人，推行工作扎实有效。在政府信息公开网站向社会公布市局2009年出台的7个规范性文件，通报各项重点工作11件次，公开税收政策法规、国税工作政务信息119项，网上纳税咨询（常见问题）答复44件。以税收执法管理信息系统为抓手，深入推行税收执法责任制。经过执法系统的执法考核，2009年全市共产生执法过错14个考核指标56个过错，扣分130分，涉及执法人员48人次。加强重大案件审理工作。2009年共审理重大税务案件14件，占2008年稽查案件立案数的14.3%。做好行政审批项目清理工作。根据市政府法制办的要求，完成了对48项税务行政审批项目的清理，清理后保留25项：行政许可项目3项，非行政许可审批项目22项；取消23项：行政许可项目5项，非行政许可审批项目18项。

【税收征管】 强化户籍管理。通过充分运用工商交换信息进行比对、加强巡查巡管、在工商部门发放宣传资料等措施加强户籍管理。市局对县区局户籍管理情况进行比对监控，堵漏增收。全市共清理漏征漏管户2020户，其中：企业219户，个体户1801户。截至2009年12月31日，全市共有纳税人28062户（其中：各类企业3306户，个体户24756户），比上年增加6547户，增长30.43%；加强普通发票管理。加强供应、保管和发售各环节的管理，在最大限度满足纳税人需求的同时，防范骗购、套购发票、违法开具和发票流失等行为发生。开展打击发票违法犯罪活动，全市对2139户纳税人进行了发票使用情况检查，共检查发票279880份，发现有问题发票2847份，查补金额13.57万元；加强欠税管理。严格执行延期缴纳税款审批制度，与县区局签订清欠目标责任书，深入欠税企业调查掌握经营情况，督促纳税人制定清欠计划清缴欠税，做好欠税公告工作。全市共清缴综合征管软件系统外欠税651.5万元，报经省局批准核销死欠税金667.3万元。2009年度未发生新的欠税；积极开展政策执行情况和税收征管质量检查，通过对各项税收政策落实情况、征管软件数据监控管理、发票使用管理、领导干部管户及税收管理员制度的落实、纳税申报（零申报）管理、纳税服务情况等进行检查和评估，比较准确地掌握了县区局执行税收政策、开展税收征管和纳税服务工作的状况，发现了税收政策执行中存在的问题和税收征管、纳税服务中存在的难点、弱点，找到了进一步规范各税种综合管理和提高税收执法规范化，规避执法风险的突破口。全市共对497户纳税人进行了检查或评估，对6户企业进行了自查辅导。查补税款1667万元，加收滞纳金153万元，抵减增值税留抵税款105万元，调减以前年度亏损3898万元；“三个一工程”改革稳步推进，行业税源管理实现新突破。按照“一个要求、一个模型、一项落实”的要求，根据国家相关法律、法规、规定，紧密结合全市行业税源管理实际，以深化、细化、规范纳税人税收管理为出发点和落脚点，以有利于体现执法公平、有利于统一管理口径、有利于提升管理质量为着力点，集中各业务部门骨干，通过调研、分析和反复论证，制定下发了水泥、电力、制糖、矿产、林产、茶叶生产6个行业的税收管理要求，突出不同行业特点和重点，以统一的要求、统一的标准、统一的口径建立了全市行业税源管理要求，实施多税种综合管理。从纳税人会计核算基本要求、执行税收政策基本要求、税收管理基本要求、关联业务管理要求、法律责任、告知事项等方面进行了具体的明确和规范。不断优化纳税服务，使纳税人正确理解并掌握税收管理要求，规范、准确、明晰地执行好税收法规和财务会计制度，降低纳税成本，提高税法遵从度，同时进一步规范了基层国税机关的税收管理，税源管理质量和效率进一步提高。

【各税种管理】 流转税管理。以增值税转型改革为契机，努力实现各项税收政策执行与税收管理措施的有机统一。及时组织税务干部和纳税人，对增值税转型改革的内容、新修订的《增值税暂行条例》及《实施细则》、消费税相关政策、资源综合利用税收优惠政策调整等进行宣传培训，全市共对915户一般纳税人2000多人次进行了培训，发放宣传材料5000多份，为贯彻落实增值税转型各项政策奠定了基础。积极做好烟产品消费税政策调整工作，在全省首家完成卷烟商业批发环节消费税的网络申报工作，圆满完成了机动车销售统一发票税控系统推行工作。加强对县区局政策执行情况及效果的督查督办，对全市10个县区局政策宣传、辅导和培训情况及效果进行了全面检查，并对全市重点税源企业、重点税源行业进行实地调研，从增值税转型的内容、固定资产抵扣范围等方面实施有针对性的个性化政策服务，及时帮助纳税人解决了税收政策执行中出现的问题。并结合企业投资计划、投资进度、资金到位情况以及企业实际生产经营情况、实行固定资产抵扣进项税对全市2009年税收收入的影响进行认真分析测算。认真落实货物运输费用抵扣进项税、海关完税凭证抵扣进项税各项管理规定和要求。针对日常管理和专项评估中存在问题，修改完善了《普洱市国家税务局关于增值税一般纳税人运输费用抵扣进项税管理有关问题的通知》，规范了全市货物运输费用进项税抵扣行为。积极开展纳税评估，完成了货物运输发票抵扣企业评估、重点税源企业、水泥行业专项评估和商贸企业、成品油经营企业及其他企业的清理评估，全年共组织各类评估384户次，共评估补税、不予退税、转出进项税或抵减留抵税1235万元，加收滞纳金124万元；所得税管理。全面贯彻落实与企业所得税法及实施条例相配套的各项政策，认真贯彻落实税收优惠政策。2009年，全市国税系统共有82户减免税企业，其中42户企业享受各类优惠，减免企业所得税2955万元。加强汇算清缴全程监控管理，顺利完成了2008年度企业所得税汇算清缴，弥补以前年度亏损1835.32万元，办理减免企业所得税1.08亿元，实现应纳税额2965.33万元。全市822户A类纳税人全部通过介质申报系统进行2008年度企业所得税纳税申报，介质申报推广面占A类纳税人的100%。结合全市企业所得税税源管户相对集中的状况，在实施科学分类管理基础上，通过集中培训和政策服务对接等方式，进一步强化了对重点税源企业的管理和服务工作。创新问题监控反馈机制，提高了全市企业所得税数据质量。全面完成了153户企业的所得税纳税评估工作，占应评估企业总户数的100%。下发《纳税评估问题纠正通知书》84份，共计调增应纳税所得额7053万元，调减可结转以后年度弥补亏损3897万元，应补缴企业所得税791万元；进出口税收管理。加强出口货物退（免）税政策贯彻落实，严把出口退（免）税审核关。加强出口退税预警评估工作，把开展退税评估工作与加强纳税评估、落实税收管理员制度有机结合起来，实行上下联动、点面结合对企业经营情况进行核实。及时完成出口应征税货物和出口电子产品办理退（免）税情况的专项核查工作。继续开展出口退税试点工作，生产企业审核权限下放试点工作稳步推进。已下放试点的澜沧、景谷、宁洱、墨江县，均能正常开展出口货物退（免）税审核工作。边境小额贸易出口货物人民币结算退税试点工作取得实效。

【税收执法】 按照法制政府、阳光政府的要求，深入推进依法治税。结合执法系统运行情况深入调研，并与税收执法检查和专项检查相结合，了解和掌握全市税收执法状况，及时发现存在问题，强化税收执法管理，化解和防范执法风险。充分发挥税收执法考核信息系统的监督作用，将税收执法考核和岗位责任制考核相结合，加强了对预警过错的监控，实现了监督关口的前移，确保执法规范到位，降低了执法过错；稽查以查促收、以查促管的作用明显发挥。全市国税系统稽查部门更新稽查工作理念，提高稽查工作效能，以查处税收违法案件为重点，采取科学选案、整合稽查人力资源、下查一级、推行和谐稽查等措施，认真组织开展分级分类稽查，加强税收专项检查和专项整治工作，与各部门配合、严厉打击发票违法犯罪，积极与公安、地税联合开展打击制售假发票和非法代开发票专项整治行动，深入开展整顿和规范税收秩序和区域专项整治，进一步维护了公平、公正的税收环境。2009年，共检查纳税户116户，查补入库税款、滞纳金、罚款880.88万元，组织企业自查查补入库税款、滞纳金1802.26万元，稽查收入入库总额2683.14万元，完成省局下达稽查查补收入任务的177%，选案准确率达93.1%，入户检查率100%，偷税处罚率60.88%，入库率100%。

【纳税服务】 全系统紧紧围绕“服务科学发展，共建和谐税收”，树立服务纳税人就是服务我们自身、就是服务地方经济发展的新理念，以第18个税收宣传月为契机，丰富税法宣传形式，拓展税法宣传领域。以税法宣传辅导为切入点，以纳税人合理需求为导向，建立服务机构，完善服务标准，拓展服务领域，突破个性服务方式，改进和优化服务手段。积极推行多元化申报、网络认证、POS机刷卡缴税、短信提醒、预约办税、查前告知、政策对接、服务恳谈等服务方式，让纳税人享受到了多种便捷、高效的服务，征纳关系进一步和谐。

【税收信息化建设】 突出信息化建设为税收发展服务，信息化建设与业务需求实现有效链接。信息化建设工作按照“基础数据维护与长远规范管理相结合，实体法、程序法执行与计算机管理平台的运用相结合，现实问题的治理与问题根本治理相结合”的要求，加强了对各税务运用系统数据的分析利用和维护，各应用系统安全稳定运行。技术与征管业务需求相结合，完成了普洱市国家税务局行业税源管理信息系统制糖、水泥、林板、林化、林纸、电力、茶叶、矿产行业管理模块的前期开发工作，对软件中的错误多次进行测试和修正，基本满足业务需求，可以在全市范围内进行测试运行，真正实现了业务与技术的有效链接，将对全市国税系统的行业税收规范管理起到积极的推进作用。

【行政管理效能】 建立和修改完善了《普洱市国家税务局机关工作纪律管理办法》、《普洱市国家税务局对县区局目标管理考核办法》、《普洱市国家税务局对市局机关各职能部门目标管理责任制考核办法》、《普洱市国家税务局系统副科级后备干部管理办法（暂行）》、机关财务管理制度、车辆管理使用办法、公务接待管理办法等。并加大对各项制度执行情况的督查督办，强化内部管理，提高机关行政效能。一是资金效益意识和依法理财、科学理财的观念进一步增强。严格预算管理，建立了宏观调控和监督的理财机制，公开预算收支执行情况，勤俭办事。严格控制四项费用的支出，精打细算，厉行节约，全市国税系统全年“四项费用”支出均未超过控制数。二是建立和完善了监督制约机制，加强了资产的规范化管理，账、物管理分开。制定和完善了政府采购办法，政府采购行为进一步规范。三是加强各部门间的协调和联系，坚持干部轮流值班制度，保证了机关工作和各项税收工作的正常有序开展。四是建立完善治安综合治理、禁毒工作、行政执法等目标制度，形成各部门齐抓共管的综治工作格局，有效促进平安和谐国税建设。五是积极支持地方党委各项中心工作，积极选派第三批指导员并投入1.5万元资金支持新农村建设。投入1.3万元资金开展文明单位与文明村结对共建文明创建工作。

队伍建设

【机构人员情况】 按照理顺职责关系、强化责任、转变职能和确保稳定的工作要求，结合实际工作、结合当前和长远工作、结合部分同志轮岗的要求，全面完成了机构改革工作。2009年，全市国税系统设有1个市局机关和10个县区国税局。县区国税局下设14个基层分局、10个稽查局。市局机关设有1个副处级机构，即直属机构稽查局；16个正科级机构，其中：12个内设机构，即办公室、政策法规科、货物和劳务税科、所得税科、收入核算科、纳税服务科、征收管理科、财务管理科、人事科、教育科、监察室、大企业和国际税务管理科。另设机关党委办公室、离退休干部科和2个事业单位（信息中心、机关服务中心）。2009年3月成立了普洱市税务学会。全系统共有在职干部职工和离退休人员944人（不含临时工），其中在职干部职工719人，平均年龄41.78岁。在职干部职工中，少数民族310人，占43.12%，妇女干部273人，占37.97%；在职党员353人，占49.1%；大专以上学历626人，占87.07%，其中：研究生4人，本科学历230人，专科学历392人；中专及以下学历93人；在读研究生1人，本科72人。离退休人员225人，其中：离休22人、退休199人、退职4人。

【领导班子建设】 切实加强各级领导班子建设，提高市、县区局领导班子成员的引领示范能力。一是各级党组认真开展党组中心组学习活动，认真开展以深入学习实践科学发展观为主题的专题民主生活会和党组民主生活会。广泛征求意见和建议，对照检查找差距，制定整改措施抓整改，切实推进各级领导班子建设。二是始终坚持民主议事规则，心往一处想，劲往一处使，做到一个声音落实到底。三是各级领导班子成员以“用心、用情、用学、用力”来引领干部队伍。“用心”就是任何时候，都有一颗以工作为重之心，不斤斤计较，排除一切影响工作落实的各种干扰，胸怀坦荡、不怕畏惧地带领队伍履行职责；“用情”就是以对工作（事业）的热爱和冲动之情，以兄弟姐妹之情对待干部职工，以情感人，以情动人，热情带队，和谐地做好工作；“用学”就是以怕履行不好岗位职责的愧疚之心，以责任压力促进自身的学习，以明显的学习表现带领干部职工自觉学习，建设学习型团队；“用力”就是有一种对工作尽职尽责之力，在位在岗一天，就要举全力而工作，以“无功即是过”的要求，以明显的示范引领能力带领队伍努力完成工作任务。

【干部队伍建设】 以解决存在问题、化解矛盾为切入点，抓住人这一根本科学引导，以人为本与严格管理相结合，教育引导与感化激励相结合，建立健全以培养、教育、使用、监督为主要内容的激励机制，干部队伍的综合素质进一步提升。一是对干部进行履职品德教育，引导干部转变观念，珍惜岗位，以感恩之心对待工作；二是以培养和选拔年轻干部为重点，严格依照规定的程序和方法，规范、公开、公正地选拔出45名年轻干部，建立了全市国税系统副科级后备干部队伍，为今后配齐配强副科级领导干部和干部选拔任用工作打下了良好的基础；三是以“六个要把”的要求加强干部部队伍履职品德、履职责任、履职能力教育，即要求干部职工要把责任当作生命来对待，要把工作当作私事来干好，要把形象当作脸面来爱护，要把作风当作能力来展现，要把问题放在手中来解决，要把心态留给自己来调适；四是以学习教育为抓手提素质。引导干部切实转变学习观念，加强自身学习和提高。为干部职工的学习提高创造条件。紧紧围绕税收中心工作，大力开展税收业务培训。市局共组织、参加各级各类培训33期，798人次。认真组织全市国税系统稽查岗位人员和其他岗位年轻干部参加全国税务稽查业务考试。组织开展了全市国税系统第六届业务能手竞赛，全市国税系统40岁以下的232名干部职工参加了竞赛，对提升业务素质，营造争先创优和良好的学习氛围，促进学习型团队建设起到了积极的推动作用；五是不断加强国税文化建设。以参加庆祝建国60周年系列活动为契机，积极推进国税文化建设。组织参加云南省国税系统“祖国在我心中”文艺汇演的舞蹈《向往·追求》获最佳演艺奖，在全市爱国歌曲大家唱电视歌咏比赛中获三等奖，在全市文明杯篮球运动会中男队荣获第一名。通过一系列活动的组织参与，激发了干部职工的爱国热情，充分展现了国税干部队伍的“精、气、神”。

【廉政建设】 以“两权”监督为核心，突出“预防为主、标本兼治”。一是制订了贯彻落实《建立健全惩治和预防腐败体系实施意见的分工方案》，把惩治和预防腐败的思路、方法和举措融入到依法治税、税收管理、纳税服务以及干部队伍建设等各项工作部署中，落实到“两权”运行的各个环节，使惩防体系建设工作有了一个良好的开端；二是从强化监督，完善管理的目标出发，进一步修改完善了党风廉政建设责任制及其考核办法。抓好对党风廉政建设责任制和领导干部廉洁自律各项规定落实情况的督促检查，强化对市局任命管理的科级领导干部的监督，开展了对5个县局领导班子的廉政谈话和10个县区局的执法监察；三是加强了对落实“四项制度”的督促检查，对省局明察暗访通报的问题和市局平时发现的问题，认真分析原因，制定并落实整改措施，对有关责任人员进行了严肃的责任追究，确保了“四项制度”的有效落实；四是坚持外部监督支持行风政风建设，全市共聘请特邀监察员103人，共与3490户纳税人签订了《廉政公约》；五是纪检监察队伍建设得到了加强，10个县区局配备了纪检组长，设立了监察机构，配备了专职监察干部；六是结合普洱国税实际，结合当地民族文化和人文地理环境，积极探索开展廉政文化建设新路子，大力开展国税廉政文化宣传。促进了全市国税系统的党风廉政建设和政风行风建设，确保了各项税收工作任务的完成。

【精神文明建设】 始终坚持“两手抓，两手都要硬”的方针，持之以恒地推进精神文明建设。结合行业特点，把精神文明创建工作作为国税工作的重要内容抓紧、抓好、抓出成效。建立健全了“党组统一领导、一把手负总责、分管领导负责抓、职能部门具体抓、有关部门各负其责、党政群齐抓共管、全系统广大干部职工积极参与”的精神文明建设领导体制和工作机制。坚持精神文明建设与完成各项国税工作紧密结合，实现了文明创建与完成收入任务相统一，与依法治税相统一，与全面提升工作质量和效率相统一，与优化纳税服务相统一，使整个创建活动成为促进普洱国税事业又好又快发展的过程。市局机关和8个县区局被云南省政府授予“文明单位”，澜沧县局被中央文明委授予全国“文明单位”。2009 年底，全市国税系统共有中央文明委授予的文明单位 1 个。省委、省政府授予的文明单位 9 个。市委、市政府授予的文明行业 1 个，文明单位 4 个，先进单位 1 个。省国税局命名的文明单位 9 个、巾帼文明岗 6 个。市局命名的文明单位 8 个。

【特色活动】 高标准谋划，高起点定位，“学习实践科学发展观”活动扎实有效。把开展深入“学习实践科学发展观”活动作为一项重要政治任务摆上重要日程，按照“紧扣一个主题、围绕一个目标、提升三个力、注重四个结合、实现五个突破”的思路，制订方案，广泛动员，创新学习形式，丰富学习内涵。保证了学习实践活动有序、有力、有效开展。全市国税系统 11 个单位全面完成了学习实践活动学习调研、分析检查、整改落实三个阶段共 11 个环节的工作。全系统紧紧围绕“服务科学发展，共建和谐税收”主题，按照“依法治税优环境、应收尽收聚财力、优化服务建和谐、管理创新促发展、以人为本强素质、科技支撑增效率”的目标要求，紧密联系实际，在学习教育上求“深”，在调查研究上求“实”，在查摆问题中求“改”，在作风建设上促“变”，在宣传交流上求“活”。认真扎实开展“三牢记五争先”活动（牢记科学发展、牢记服务宗旨、牢记廉政职责，在科学发展上争先、在改革创新上争先、在税收服务上争先、在维护和谐上争先、在转变作风上争先）和“三个一”主题实践活动，做到了“规定动作”完成好，“自选动作”有特色，活动有声势、出亮点、见成效，得到了省、市和县（区）领导小组和指导检查组的充分肯定。全系统在树立科学发展理念、增强科学发展信心、凝聚科学发展共识上取得了新进步，在普洱国税“要不要科学发展、能不能科学发展、怎样才能科学发展、科学发展的核心是人”等重大问题上达成了共识。

（罗正艳）

思茅区国家税务局

经济概况

2009 年，思茅区实现生产总值（GDP）43.15 亿元，增长 15%。第一产业增长 6.3%，达到 9.1 亿元，第二产业增长 4.2%，达到 19.72 亿元，第三产业下降 21.78%，为 14.33 亿元。三次产业的结构比例为 21.09 :45.7:33.21。各项经济指标圆满完成，其中：社会固定资产投资总额增长 30.3%，达到 52.28 亿元；地方财政一般预算收入增长 15%，达到 3.31 亿元；社会消费品零售总额增长 18.3%，达到 19.43 亿元；城镇居民人均可支配收入 1.24 万元，增长 8.8%；农民人均纯收入 3472 元，增长 13.8%。全社会单位 GDP 能耗下降 2.6%；非公经济增加值 17.3 亿元，占全区生产总值的 40.2%。

税收概况

【收入完成情况】 2009 年，思茅区国家税务局共组织税收收入 3.47 亿元，同比增收 3770 万元，增长 12.18%，完成年度计划的 113.26%。完成区级地方一般预算收入 4339 万元，完成年度计划的 110.63%。其中：增值税完成 2.09 亿元，同比减收 143 万元，完成年度计划的 103.29%。消费税入库 3223 万元，同比增收 2878 万元，增长 835.68%，完成年度计划的 1074.24%。企业所得税入库 3327 万元，同比增收 288 万元，增长 9.49%，完成年度计划的 117.55%。储蓄存款利息所得个人所得税入库 184 万元，同比减收 290 万元，完成年度计划的 122.7%。车辆购置税入库 6800 万元，同比增收 558 万元，增长 8.93%，完成年度计划的 95.79%。

【收入特点】 一是税收收入总量创历史新高。二是国税收入与全区经济发展同步增长。2009 年，全区国税收入同比增长 12.18%，思茅区生产总值（GDP）增长 15%。三是各主要税种大部分同比实现增长。考核的 5 个税种“4 增 1 减”。除车辆购置税未完成年度计划外，其余全部完成。消费税增幅高达 835.68%，企业所得税增幅达 9.49%；主体税种增值税同比减收，减收 143 万元。

【税源分析】 从增值税考核的 8 个重点品目完成情况看，税收收入整体增幅同比下降 2.44%。其中：位居增值税前四位的商业、电力、矿业、水泥 4 个品目，占增值税收入的比重分别为 35.14%、21.52%、13.67%、11.11%。与上年相比，商业占增值税的比重上升 6.74 个百分点，电力上升 5.14 个百分点，水泥上升 3.65 个百分点，矿业下降 17.79 个百分点，中纤维板上升 1.29 个百分点，松香上升 0.1 个百分点，啤酒下降 0.44 个百分点，茶叶下降 1.6 个百分点。各重点税源品目收入全年以 5 月份为低点，基本呈 V 型走势状态。至年末，大部分工业产品和农副产品价格基本平稳，铜、锌金属及松香等产品价格已接近上年同期水平并达到企业成本价格以上，但矿业税收因进项抵扣过大未能实现增长。立窑工艺生产的复合硅酸盐水泥停止退税，加上本地多项基础设施建设的需要，水泥税收继续保持稳步增长。卷烟消费税因商业卷烟批发环节开征 5% 的消费税，全年共入库烟草消费税 2959 万元。从 2009 年开始，思茅区获得了华能景洪电厂的跨区收入，全年新增电力税收 2118 万元，成为思茅区稳定的收入来源之一。

各项工作

【税政管理】（一）流转税管理。结合本地税源发展实际，认真贯彻执行新的增值税、消费税暂行条例及实施细则，落实好烟草消费税、车购税、资源综合利用等配套政策措施和规定，做好相关政策调整后各税种的综合管理工作，确保各项政策落实到位。1. 通过召开纳税人座谈会、发放宣传材料等形式，主动扩大对纳税人增值税转型改革的宣传辅导。及时深入重点税源大户和具有代表性的税源业户进行调查、测算，分析政策调整后对税收收入的影响。认真做好新的纳税申报表的填写、申报、审核工作，专门安排管理人员在办税服务厅辅导纳税人申报，为105户防伪税控一般纳税人介质申报系统进行了软件升级。2. 根据增值税转型后新出台的优惠政策，组织人员对所有享受税收优惠政策的纳税人进行了全面清理，对不符合规定或减免期限到期的恢复征税，对符合新政策规定的共168户纳税人及时办理减免备案审批手续。2009年，共有256户企业纳税人享受了增值税优惠政策，征前减免增值税6783万元。3. 依照省局关于固定资产进项税额抵扣情况的通报，成立专门的检查清理小组，对所辖的13户企业申报抵扣的固定资产进项税额情况进行了清理检查，共查补税款43.94万元，确保了固定资产进项税抵扣新政策的贯彻落实。4. 根据省局、市局关于开展重点税源企业增值税纳税评估的工作要求，组成辅导工作小组，及时深入思茅建峰水泥有限公司、福通木业有限公司等企业，全面认真地对企业进行了评估前的自查辅导。自查自评补交入库增值税61.85万元，滞纳金19.43万元，合计81.28万元。成立专门的纳税评估领导机构，从辖区各行业中税负低于全国预警标准、长期零负申报或长亏不倒户中抽取纳税户，组成13个评估小组，对30户增值税纳税人和辖区的所有加油站进行纳税评估。共核查2008年1月至2009年5月滞留的增值税专用发票1201份，涉及企业126户，并对无法核实的56份可疑发票移交稽查处理。5. 加强消费税管理，及时组成宣传辅导组深入烟草批发企业做好纳税辅导，保证了5月份开始执行的批发卷烟环节加征5%消费税政策的顺利贯彻执行。6. 加强日常税收管理的监管力度，对申报收入与实际生产经营收入明显不符，或者长期零（负）申报、长期低税负等异常申报的，强化稽核管理。继续抓好抵扣凭证的日常管理，加强农产品收购业务的增值税管理，严格做好一般纳税人认定、转正、注销的日常管理等。2009年，增值税一般纳税人管户达到324户，其中新增户85户。

（二）企业所得税管理。努力做到所得税税源监控到位，税基核实准确，纳税评估科学，分类管理有序。按时完成了所得税征收方式鉴定及2008年度企业所得税汇算清缴年度申报工作，全区实际参加汇算企业544户，通过汇算应补交税款企业63户，金额315.72万元，应退税款企业47户，金额504.68万元，两项相抵后实际应退税款188.96万元；积极开展企业所得税纳税评估工作，纳税评估对象的重点为连续3年亏损或者零申报的纳税人、执行优惠政策到期后由盈利转为亏损或应纳税所得额下降30%以上的纳税人以及房地产行业共三大类。实际完成所得税评估户26户（重点行业企业10户、连续亏损（零申报）企业14户、减免税到期经营异常企业1户、其他需评估企业1户），其中有问题17户，评估调增应纳税所得额1090.54万元，调减应纳税所得额77.67万元，应弥补亏损数178.05万元，应补缴企业所得税223.86万元，应补缴增值税20.23万元。

（三）车辆购置税管理。全年共办理车辆购置税业务18180辆，征收车辆购置税和滞纳金6757万元。其中：1.6升及以下排量乘用车4701辆，减征车辆购置税1336万元。为加强车辆购置税征收工作，2009年3月与思茅区交警大队签订《委托代征摩托车车辆购置税协议》，并多次派员协助交警人员到六顺乡、龙潭乡、思茅港镇等清理车辆购置税，全年共清理摩托车1315辆，补征车辆购置税45万元。为解决纳税人携带大量现金缴税的安全隐患，与工商银行思茅中心支行协作，在办税服务厅、思茅鸿达汽车销售公司便民服务中心开通了POS机刷卡缴税业务，进一步方便了车购税纳税人。

【税收征管】一是积极按照“三个一”工程规范提升阶段的目标要求，进一步完善税收管理员制度，建立一般纳税人分行业管理和小规模纳税人分类管理的税收管理模式，对矿业、林化林产、茶叶生产加工、商业四个重点行业实施行业税种综合管理，突出规模化企业重点管理。二是强化税源户籍管理，认真落实税务登记管理办法，加强与工商、地税、银行等部门的信息沟通，强化对漏征漏管户、非正常户的清理整顿，按时按质完成了辖区共1148户企业登记注册类型、预算科目的核实修正工作，为进一步提高V1.1系统数据运行质量打下了良好基础。全年新办理税务登记证2648户。三是继续推行个体税收计算机定额核定系统，做好大昆曼、义禾家具城等新兴专业市场的个体“双定”确定、调整工作，及时向个体户做好政策宣传解释。全年共完成新开业户定额核定1084户。年末，辖区达起征点个体户数1757户，占个体“双定户”总数的38.6%。四是抓好普通发票管理。在确保发票存储安全的基础上，认真贯彻落实《国家税务总局关于进一步加强普通发票管理工作的通知》要求，强化发票发售、开具（代开）和缴销各环节的管理，防范骗购、套购发票和发票流失。2009年，对外发售发票651739份，代开发票4545份，认证发票44783份。五是与地税部门共同商议，制定了思茅区国税局、地税局《关于联合开展2009年纳税信用等级评定工作的通知》，制订方案开展调查评定工作，12月，被评定为纳税信用等级A级的思茅供电有限公司等17户纳税户名单对外公示。

【税收稽查】 组织召开开展对大型连锁超市、连锁药店、电力、木材企业、办理出口货物退（免）税业务的重点企业、三年以上未实施稽查的重点税源企业和以打击发票违法犯罪活动工作为重点内容的区域性税收专项整治工作，加大对各类涉税违法行为的打击力度。全年共组织对87户纳税人开展稽查与自查（选案稽查15户，组织自查72户），查补税收收入228.55万元（检查查补22.64万元、自查查补205.91万元），其中：税款193.79万元，滞纳金32.11万元，罚款2.65万元。集中开展了对商业零售发票的专项检查工作，加强同公安、地税及有关部门的配合，密切税警协作，共检查企业15户，个体户570户，检查中发现有问题企业13户、个体户70户。共检查发票32336份，发现有问题发票813份，罚款2.25万元。

【执法管理】 一是以税收执法管理信息系统为抓手，增加税收执法专职考核人员，对系统反映出的税收执法过错和管理问题进行深入分析，认真研究解决，完善申辩调整制度，杜绝虚假申辩。2009年共提交可申辩调整134户次，追究责任18人次；过错涉及8个指标，21个过错。通过机内机外双重管理，确保考核结果的公平、公正，全局干部规范执法和防范执法风险的意识进一步加强，整体执法正确率呈逐步提高趋势。二是加强执法监督，将税收执法检查与“两权”监督检查相结合，与税源管理、纳税评估、税务稽查具体工作相结合。完善内部执法检查的方式和方法，做到事前有通知，事中有反馈，事后有结果。加强执法事中监督，税务案件严把“事实关”、“法律法规适用关”、“处罚关”、“数据关”、“执法文书关”、“审理时限关”，重大税务案件的审理工作进一步规范。进一步健全税收规范性文件合法性审查及备查备案制度，有效预防税收执法行为的系统性风险。

【纳税服务】 组织召开零负申报企业座谈会，对零负申报企业进行调查分析，采取相应对策，有效降低零负申报率。先后举办7场思茅城区个体使用发票户和已达起征点户的税法宣传培训会，参会纳税人共约1500人，基本完成对全区个体购用发票户和达起征点户的全员宣传培训工作，个体逾期申报情况控制在了最低水平；认真开展“税收·发展·民生”为主题的第18个税收宣传月活动，突出主题、创新形式，与普洱财贸学校联合开展学生税收社会实践活动、深入普洱淞茂医药有限公司等企业上门宣传等，突出宣传国家新近出台的各类税收政策，如新的《企业所得税法》、增值税转型政策、车辆购置税、新消费税政策等，并在征税大厅设置纳税申报辅导员，确保申报服务到位；大厅窗口设置实现由专业窗口设置到综合窗口设置的转变，工作流程从粗放、繁杂中进一步优化简化。税收服务程序化、制度化，形成了包括办税服务承诺、首问责任、限时办结、提醒预警、延时服务、预约服务、公示公告等一整套的税收服务制度；认真贯彻落实好省人民政府关于阳光政府“四项制度”的各项措施，依托普洱市思茅区政府信息公开网站平台，向社会公众和纳税人公开本局的各类工作信息和税收数据，公开个体税收定额核定数据，公示纳税信用等级评定名单等，宣传国家税收政策，接受社会公众的监督。

【政务管理】 制定修改《思茅区国家税务局车辆管理暂行办法》、《思茅区国家税务局公务接待管理办法》等内部管理规章制度，强化财务收支预算、资产管理和政府采购管理工作，严格控制公车配置使用费、会议费、招待费、出国费等“四项费用”支出，全年控制在压缩标准范围内。局领导班子成员能够以身作则抓好落实，起好带头作用，新的车辆管理制度得到了切实的执行。在公务接待费用支出上，坚持归口管理、对口接待、事前审批、厉行节约、定点接待的原则，严禁夜市烧烤、娱乐场所的接待，严格控制接待标准，努力达到公务接待费用支出在2008年基础上削减10%的目标；强化机关政务、事务管理。进一步理顺了机关各部门工作职责，加强综合部门与专业管理部门之间的协调配合，形成工作合力。综合后勤部门提高为基层服务的意识，积极、及时解决好各种杂务。严格控制一般性支出，以节油、节电、节水、节材为重点，提高管理水平，降低行政运行成本；按照市局批复设置的机构，明确了各机构的人员和工作职责，顺利完成了内部机构改革工作。

队伍建设

【机构人员情况】 2009年，思茅区国税局设行政机构14个。其中，局机关内设9个科室、1个直属机构（稽查局）、1个事业单位（信息中心）、3个派出机构（第一、第二税务分局和糯扎渡分局）；设党总支1个、党支部4个，有工、青、妇和离退休老干部党组织。全区共有在职干部职工124人，其中公务员117人，工勤人员7人。专科以上学历113人，占职工总数的91.13%。党员48人，占全部干部职工的38.71%。团员3人，占全部干部职工的2.42%，群众73人，占全部干部职工的58.87%。年龄结构：35岁以下职工有13人，占全部干部职工的10.48%，36岁以上至50岁干部职工有95人，占全部干部职工的76.61%，51岁以上有16人，占全部干部职工的12.91%。

【班子建设】 思茅区国家税务局领导班子成员5人。其中：局长1人，副局长3人，纪检组长1人。2009年3月，班子建设在市局的重视下，根据工作需要调整了局长岗位，为班子建设增添了新的动力。班子成员相互支持，合作共事，民主决策和科学决策。充分发挥党组织的战斗堡垒和党员模范先锋作用，进一步建立健全党内民主生活制度，发扬民主作风，正确处理党内关系，保障党员行使党章赋予的各项权利，推动党内生活制度化、规范化。班子成员以身作则，在公车使用、公务接待、支出管理等方面迈出了坚实的一步。加大对领导班子成员作风建设的管理力度，将加强廉洁勤政能力建设，作为保持领导班子和党员干部先进性的重要措施，按照“惩防并举”的原则，不断加强源头防范和过程监管的力度。

【廉政建设】 一是积极开展反腐倡廉教育、预防职务犯罪教育和警示教育。把反腐倡廉教育纳入深入学习实践科学发展观活动中，通过开展参观普洱监狱、举办预防职务犯罪专题讲座、观看《高墙悲歌》警示教育片、发放《预防职务犯罪宣传手册》、设置网站警示标语等形式，不断增强干部廉洁意识。二是制定《思茅区国家税务局党风廉政建设责任书》，实行层层签订。通过“纪检日”活动，认真开展自评和互评。实施税企双方签订《廉政公约》制度，与1320户纳税人签订了《廉政公约》。三是强化监督检查，规范行政管理权和税收执法权。按照中央关于保增长、保民生、保稳定、促进经济平稳较快发展的各项重大决策，认真检查落实涉及国税的税收优惠政策是否已贯彻落实到位；认真检查中央和各级局关于会议费、接待费、出国（境）费、车辆运行经费压缩比例规定执行的情况。四是严格工作作风的问责追究。对被各级部门明察暗访检查通报的问题，需对单位和事件当事人进行行政问责的，被问责的部门主要领导和分管领导向区局党组写出书面检查，年终公务员考核不能评为优秀，并加大考核力度，按照有关绩效考核办法对当事人、部门领导、主管领导进行考核惩处。

【精神文明创建】 一是领导重视，部门配合，干部职工积极参与，各项文明创建工作进一步向纵深发展，文明行业特征突出，精神文明创建活动取得丰硕成果。二是实施绩效考核，严格过错追究，实现了制度、岗位、人员的有机结合，逐步建立起了一支执法严明、文明守纪的干部队伍。让广大纳税人和社会公众从国税干部的言行举止中切实感受到国税干部队伍建设的新成就和国税文化的魅力。三是优化窗口纳税服务，构建和谐的税收征纳关系。邀请专业教师举办公务礼仪培训讲座，提升服务质量，在“巾帼建功”活动中，广大妇女干部在窗口及服务岗位上表现突出。2009年1月，思茅区国家税务局计划征收科被云南省国家税务局、云南省妇女联合会授予省级“巾帼文明岗”荣誉称号，10月，被思茅区妇联授予“巾帼文明岗”荣誉称号，思茅区国税一分局李冬梅被市妇联授予普洱市“巾帼建功”标兵荣誉称号。四是积极推动和提升干部职工的精神素养和健康情趣。组织创作摄影、书画作品，丰富业余生活。3名干部的书法、摄影作品在全省国税系统举办的庆祝新中国成立60周年书法美术摄影展中入选参展，1名干部的文章荣获省局“迎祖国华诞、展国税风采——庆祝建国60周年”征文评选活动三等奖，受到省局表彰。五是积极参与社会公益、扶贫、捐赠活动。配合区委城乡“互联共建”心连心、手拉手活动，主要领导带队先后三次走进扶贫挂钩点龙潭乡黄草坝村，开展“顺民情、聚民心、解民困”主题实践活动，国税机关的形象进一步提升。

（熊长虹）

宁洱哈尼族彝族自治县国家税务局

经济概况

2009年，宁洱哈尼族彝族自治县完成生产总值（GDP）18.12亿元，比上年增长12.8%，其中：第一产业完成6亿元，占全县生产总值的33.1%，第二产业完成4.49亿元，占全县生产总值的24.8%，第三产业完成7.63亿元，占全县生产总值的42.1%；完成地方财政总收入1.93亿元，同比增长10.1%；完成地方财政一般预算收入1.19亿元，同比增长10.1%；完成财政总支出6.31亿元，同比增长35.3%；完成固定资产投资16.7亿元，同比增长28.1%；实现城镇居民人均可支配收入1.42万元，同比增长6%；实现农民人均纯收入2920元，同比增长15.02%；实现社会消费品零售总额4.62亿元，同比增长16.2%；居民消费价格平均指数为100.3%。

税收概况

【收入完成情况】 2009年，宁洱哈尼族彝族自治县国家税务局共组织各项税收收入7078万元，完成年计划6670万元的106.12%，超收408万元，同比增收176万元，增幅为2.55%。其中：增值税入库6616万元，完成年计划6430万元的102.9%，超收184万元，同比增收189万元，增幅为2.94%；消费税入库9万元，同比减收2万元，增幅为32.21%；企业所得税入库20万元，完成年计划55万元的36.18%，同比减收153万元，减幅为88.5%；储蓄存款利息所得个人所得税入库68万元，完成年计划50万元的136%，超收18万元，同比减收97万元，减幅为58.88%；车辆购置税入库351万元，完成年计划130万元的270.3%，超收221万元，同比增收235万元，增幅为201.37%。县级收入入库1538万元（不含市级收入119万元），同比增收37万元，增幅为2.45%。其中：增值税入库1535万元，同比增收62万元，增幅为4.2%；企业所得税入库3万元，同比减收25万元，减幅为89.29%。

【收入特点】 一是受国际金融危机冲击、增值税转型改革及不可比因素的影响，税收收入的增幅略低于相关经济指标的增幅，特别是工业环节增值税明显滞后。二是受跨区入库税款和企业季节性生产等因素的影响，各月入库税款极不均衡，最高的月份达816.2万元，最少的月份只有311.3万元。三是从各税种入库情况看，受政策因素和企业经济效益的影响，5 个税种“3 增 2 减”。

【税源分析】 2009 年，重点品目电力减收明显，主体税种增值税入库 6616.4 万元，同比增收 188.8 万元，增幅为 2.94%。占税收减收额的 107.83%。主要增（减）收因素：一是电力跨区入库税款减收 270.3 万元。其中：崖羊山电站返还 507.4 万元，同比减收 245.4 万元；龙马电站返还 732.6 万元，同比减收 24.9 万元。二是政策性因素减收 319.4 万元。其中：降低小规模纳税人征收率减收 205 万元，增值税转型改革中固定资产进项税额抵扣减收 114.4 万元。三是不可比因素增收 430 万元，主要是 2008 年林产品“即征即退”税款 619 万元，而 2009 年只退了 2008 年 12 月所属税款 189 万元。

【税务管理】 积极稳妥地推进“三个一”改革，不断创新税源管理模式，丰富税源管理方法和手段，提高税源管理的质量和效率。创新税源管理模式，突出重点行业、重点税源重点管理。在企业管理中继续深入推行和不断优化行业分类管理模式，在林产、矿业、茶叶、水泥等行业管理中，从规范基础数据采集、基础管理台账的设立等入手，逐步设定管理标准，规范各行业管理的重点和基本方法，从而指导税收管理员对税源实施科学化、精细化和专业化管理。不断提高重点品目重点税源的预测质量，每月分 3 次做好年收入在 20 万元以上企业的分析预测工作。在个体税源管理中坚持分片管理、交叉协管办法的基础上，结合实际积极探索新的征管方式，将 20 余户木材加工行业个体业户的征收方式从定期定额征收调整为自行申报、查验征收。及时掌握个体应税收入数据的动态监控，做好个体一般纳税人的认定工作，全年共认定个体类一般纳税人 30 户。创新税源管理方式方法和手段。一是进一步完善和强化了巡查巡管、工商信息交换、以票控税等一些基础征管手段，夯实税源管理基础。二是针对不同税源、不同税种特点，抓住关键和重点，积极探索有效的管理方法，不断深化税源管理。三是结合实际积极组织开展各种专项检查和纳税评估。先后开展了商业零售发票专项检查、固定资产进项抵扣专项检查和运输发票抵扣专项评估等，并注重检查、评估结果的应用，不断完善税源管理重点环节的管理办法。四是在税源管理中广泛开展税收调查和税源分析，深入推行税收弹性分析、微观税负分析、经济关联分析等方法，以此来找准税源管理中存在的问题和薄弱环节，将税源管理不断引向深入。五是树立现代税收管理的理念，把税收信息化作为实施税源管理最有效的手段，在税源管理中充分运用税收综合征管软件、数据监控分析系统、增值税稽核系统等税收信息管理系统，不断提高税源管理的效率。

各项工作

【税收法制建设】 一是做好增值税优惠政策、减免税备案审核工作。2009 年，对 137 户纳税人申请减免税资料进行审核备案。加强增值税优惠政策和减免税备案后续管理工作的监督检查。分别对木材生产、加工行业和商业行业化肥、农药、农机零售的 13 户纳税人进行了抽查，对部分纳税人未按照规定进行减免税申报等情况进行了通报，要求管理分局对减免税备案管理中存在的问题进行整改完善。二是严格执行增值税一般纳税人认定管理规定。按规定审核暂认定增值税一般纳税人 25 户，辅导期一般纳税人 5 户，对 13 户增值税一般纳税人增值税专用发票申请事项按照规定作出行政许可和最高开票限额的审批。三是做好企业所得税审批核定和监督管理工作。四是做好重大税务案件的审理工作和税务行政处罚听证、复议、诉讼、赔偿的组织协调。共审理重大税务案件 2 件，补缴税款 21.74 万元，加收滞纳金 7.55 万元，罚款 1.71 万元。五是做好税收执法管理信息系统运用与维护、日常监控管理（重点是预警监控）、申辩调整工作的组织实施，执法过错行为调查核实，建立完善税收执法管理信息系统的运行维护机制，加强执法考核，将税收执法考核纳入目标管理和税收业务绩效考核办法进行考核。六是切实抓好税收规范性文件清理工作，原文转发和对外公告了市局已经失效或废止的文件 122 个，部分条款失效或废止的税收规范性文件 14 个。

【税收执法】 以整顿和规范税收秩序为目标，不断提高税收征管水平和纳税人的税法遵从度，进一步完善“以查促管、以查促查”的良性工作机制和堵塞漏洞的有效措施，认真落实首查责任制，强化监督考核，严格责任追究，不断提高稽查队伍的素质。加强与公安、地税等部门的工作协调，认真开展打击制售假发票和非法代开发票专项整治行动。2009 年，共检查 10 户纳税人，检查有问题户 9 户，结案 10 户，共查补各项收入 86.46 万元（市局稽查查补收入 30.25 万元，县局稽查查补收入 56.21 万元）。选案准确率达 81.82%，平均处罚率达 10.06%，入库率 100%，偷税案件处罚率 50%。

【税收征管】 一是加强户籍管理，认真进行管户清查。坚持按月与工商、地税、质监等相关部门的信息交换，充分利用工商登记等交换信息与税务登记信息进行逐月比对分析，发现问题进行调查核实后及时解决，严防漏征漏管户的发生。二是进一步加强个体工商户的税收管理。加强纳税人销售额连续 3 个月超过定额的调整核定工作。纳税人发票验旧金额连续 3 个月超过核定定额的，督促税收管理员对纳税人经营情况进行实地核实调查，根据调查实际情况如实调整定额；对纳税人发票验旧金额虽未连续 3 个月超过定额，但在日常的巡查巡管中有根据认为纳税人的经营规模扩大，经营情况良好等情况，与原定额已不相符的，重新进行定额调整。加强对定额接近起征点、核定定额连续几年保持不变或变动幅度很小的起征点以上纳税人的监控管理和核实调查，根据实际情况进行定额调整。加强对家电下乡销售网点的管理，认真调查核实纳税人经营状况，准确核定使用发票票种及用票量，督促其逐一开具发票，并对实际开具情况，通过发票比对进行监督检查。对销售额达到增值税一般纳税人认定标准的及时进行认定，对达到起征点的个体户及时纳入征税户管理。三是加强欠税管理。积极采取有效措施，加大对陈欠税款的追缴力度。四是完善行业税源管理，明确税源管理责任。进一步明确企业“建材矿组、茶行业组、林产林化组和商业组”4个行业组和综合业务组、个体组的工作职能，签订《行业税源管理责任书》，明确责任，加强协作。五是积极推行县局领导直接管户制度。确定局领导直接管户的具体企业并签订责任书，明确了岗位职责和所应承担的责任。六是采取积极措施抓好商业零售发票检查工作。共检查用票企业20户，个体工商业用票户155户，检查发票50350份，检查中发现有问题企业5户，个体工商业户22户，发现有问题发票79份，罚款1800元。移交稽查7户，检查发票10份，经稽查检查发现有问题发票5份，补缴增值税1093.01元，加收滞纳金339.56元，罚款4500元。七是认真做好增值税和企业所得税纳税评估工作。结合管理实际确定评估对象，制定评估计划，明确评估程序、方法和步骤，有组织地开展评估。共评估入库增值税3.08万元，其中滞纳金536.34元，作进项税转出1769.1元。评估增加应纳税所得额47.58万元，弥补亏损47.17万元。

【税务信息化建设】 一是加强安全监控，管理和维护好现有系统，保障网络畅通。二是不断提高综合征管软件、数据监控分析系统、稽核系统等各个信息系统的应用水平，整合数据资源，提高资源利用率，促进税收管理效率和质量的提高。三是做好信息系统的推广应用工作，积极促进税收管理的现代化。四是加强内部网站、政府信息公开网站和阳光政府“四项制度”听证、公示、通报、查询系统的管理和维护，提高行政效率。五是做好教育系统及网络改扩建工程，确保网络改造成功。

队伍建设

【机构人员情况】 2009年，县局有内设机构8个：办公室、人事教育股、监察室、政策法规股、税政管理股、征收管理股、收入核算股、办税服务厅；直属机构1个：稽查局；事业单位1个：信息中心；派出机构1个：宁洱税务分局；单设党支部办公室。共有职工90人，其中：在职职工74人，离退休人员16人；在职职工中，公务员71人，工勤人员3人。中共党员42人，在职党员34人，退休党员8人，占全局职工总数的46.7%。大专以上文化程度61人，占在职职工总数的82.4%。全局党、工、妇工作组织机构健全。

【领导班子建设】 抓学习。以党组中心理论学习组学习为龙头，认真落实学习制度，制订学习计划，切实加强领导班子的政治理论教育，以十七大和十七届四中全会精神和科学发展观武装领导班子，增强班子科学执政的能力。抓监督。认真落实《税务系统领导班子和领导干部监督管理办法》，全面贯彻落实民主集中制度，不断规范党组班子、行政班子议事规则，理顺班子分工。抓团结干事。结合学习实践科学发展观活动的开展，认真开展“大家访活动”，做好班子成员之间、班子成员与干部职工之间的交心谈心工作，定期召开班子联席会议和分管工作联席会议，及时化解矛盾，理顺情绪，统一思想，营造团结干事的良好氛围。

【廉政建设】 一是认真贯彻落实《税务系统领导班子和领导干部监督管理办法》及《建立健全教育、制度、监督并重的惩治和预防腐败体系实施纲要》的各项规定，进一步加强制度执行情况的监督检查。二是通过依托执法监察子系统、签订《党风廉政建设责任书》等手段，在狠抓制度落实上下功夫，加大督查督办力度，及时发现和纠正违反制度、破坏制度的行为；加强领导班子和领导干部的监督管理。坚持民主集中制，强化“两权”监督制约，加强特邀监察员制度建设。三是积极推进政务公开，增强工作透明度，提高领导班子科学民主决策水平；加强对关键部位和重点环节的监督制约，加强大宗物品采购等工作的管理，认真落实公务接待管理办法，规范接待标准；认真落实“一案两报告”和“一案三追究”制度和廉政谈话、诫勉谈话，重大事项报告制度等。四是认真落实省局制订的《贯彻落实〈建立健全惩治和预防腐败体系2008～2012年工作规划〉实施意见和具体分工方案》，将86项目标任务进行了分解，明确主办责任和协办责任，狠抓落实。

【精神文明建设】 在积极推进国税文化建设的过程中，注意结合普洱茶文化建设，大力开展文明窗口建设，公正执法，文明服务，展示国税干部队伍良好的精神风貌，定期组织开展各类健康向上的文体活动，进一步树立国税部门的良好社会形象。2009年，被云南省国家税务局命名为“文明单位”，同时，被云南省委、省政府授予“文明单位”称号。

【教育培训】 一是突出政治理论教育，重点组织学习了党的十七大精神、《毛泽东邓小平江泽民论科学发展》、《科学发展观重要论述摘编》、《深入学习实践科学发展观活动领导干部学习文件选编》等文件材料，同时，把省政府行政问责办法等四项制度纳入培训内容。二是深化税收业务培训，按照缺什么、补什么，干什么、学什么的原则狠抓落实。积极参加省局举办的流转税、所得税业务培训2期3人，参加市局举办的各种培训1期18人；利用每半月的学习日进行了全员综合业务培训，参训140人次，培训针对办税服务厅人员、税收管理员、税务稽查人员、税收分析人员和出口退税管理人员在工作中存在的问题，解决部分税收管理员综合分析能力差，解决问题能力弱的问题。培训方式主要以实例操作为主。通过培训，干部职工的综合业务素质有了明显改观，危机感、责任感、使命感进一步增强。

（黄建惟）

墨江哈尼族自治县国家税务局

经济概况

2009年，墨江哈尼族自治县实现生产总值（GDP）20.6亿元，比上年增长12.6%，其中：第一产业增加值6.3亿元，第二产业增加值7.1亿元，第三产业增加值7.2亿元，三次产业的结构比例为30.6:34.5:34.9，产业结构更趋合理。完成地方财政一般预算收入1.22亿元，比上年增长21.6%；完成地方财政一般预算支出9.12亿元，比上年增长49.5%；完成全社会固定资产投资18.1亿元，比上年增长8.2%；完成农业总产值9.3亿元，比上年增长8.4%；完成工业总产值9.1亿元，比上年增长22.6%；完成社会消费品零售总额4.6亿元，比上年增长11.5%；农民人均纯收入2198元，比上年增长16.4%；农民人均有粮380千克，与上年持平。

税收概况

【收入完成情况】 2009年，墨江哈尼族自治县国家税务局共组织各项税收收入1.14亿元，比2008年增收3973.58万元，增长53.5%，完成年度任务1.08亿元的105.56%，超收687.74万元。

【收入特点】 一是随着经济的发展，国税收入快速增长。2009年，宏观税负为5.53%，税收弹性系数为4.23，税收增长快于经济增长。二是税收收入总量增幅大，2009年，收入首次突破亿元大关，并提前一个月超额完成了年度收入任务。三是主体税种呈现“四升一降”的态势，增值税、消费税、企业所得税、车辆购置税比上年分别增长53.72%、78.82%、13.87%、95.11%，储蓄存款利息所得个人所得税比上年下降55.83%。四是电力、商业、白酒已形成三大支柱产业，三个产业共实现税收9858.52万元，占税收收入总量的86.47%，拉动税收增长49.48个百分点。

【税源分析】 （一）增值税。2009年，增值税入库1.02亿元，比上年增收3564.59万元，增长53.72%。增值税增收的主要因素：1. 发电量和用电量增加，全年发电量为21.89亿度，比上年增长50.96%，全年交纳税收7076.21万元，同比增收2521.27万元，增长55.35%。其中：云南滇能泗南江水电站开发有限公司交纳税收2905.57万元，增长33.72%；云南大唐国际李仙江流域水电开发有限公司交纳税收3920.28万元，增长92.34%，居莆渡电站于2009年投产发电，净增税收2185万元；墨江县供电公司交纳税收248.76万元，增长2.51%。2. 酒类产品的消费需求和产销量增加，全年交纳税收628.51万元，比上年增收310.83万元，增长97.84%，其中：墨江酒江酒业有限公司交纳税收593.39万元，墨江地道酒业有限公司交纳税收35.12万元。3. 墨江县森鑫达水泥建材有限公司从2008年7月1日起，取消了立窑法工艺生产水泥享受增值税“即征即退”的税收优惠政策，全年交纳税收184.52万元，比上年增收92.65万元，增长1倍。4. 墨江白糖厂交纳税收278.86万元，比上年增收121.94万元，增长77.71%，增收的主要因素是食糖产品售价回升和销量增加，全年平均售价2940元/吨，比上年增加482元/吨，销售量比上年增加653吨。5. 云南墨江沪森木业集团有限公司交纳税收406.45万元，比上年增收150.69万元，增长58.92%，增收主要原因是公司生产的中密度纤维板享受资源综合利用产品“三剩物”增值税“即征即退”优惠政策到期。6. 商业交纳税收1286.21万元，比上年增收475.11万元，增长58.58%。增收的主要因素：一是受消费品零售市场持续增长的影响，1至11月全县消费品零售总额4.05亿元，同比增长13.4%；二是普洱市烟草公司分配给墨江县的税款为847.49万元，比上年增加395万元，增长87.22%。7. 松香交纳税收14.85万元，比上年减收62万元，下降80.6%，减收主要原因是市场需求减弱，产品价格下跌，产销量和工业增加值减少。8. 矿业交纳税收24万元，属于净增收，增收主要因素是新茂矿业公司销售库存锌精矿316吨，交纳税收15万元，墨江矿业有限责任公司销售白银，交纳税收9万元。（二）消费税。消费税入库876.56万元，比上年增收386.37万元，增长78.82%。其中：墨江县酒江酒业有限公司交纳税收768.28万元，增长88.73%；墨江地道酒业有限公司交纳税收99.41万元，增长33.78%；酒精交纳税收7万元，与上年持平。增收的主要因素是酒产品的消费需求增长、销售量增加。（三）储蓄存款利息所得个人所得税。个人所得税入库70.03万元，比上年减少88.51万元，下降55.83%。减收的主要因素是受政策变动的影响，2008年10月起暂免征收个人储蓄存款利息所得税。（四）车辆购置税。车辆购置税入库196.43万元，比上年增收95.75万元，增长95.11%。增收主要因素：一是国家出台摩托车下乡补贴政策，刺激了农村的购买力，拉动了农村摩托车的消费市场；二是加强对各乡镇“无牌、无证车辆”清理整治。（五）企业所得税。企业所得税入库126.17万元，比上年增收15.37万元，增长13.87%。增收的主要因素：一是2008年度所得税汇算清缴墨江地道酒业有限公司入库11万元；二是云南墨江沪森木业集团有限公司预缴22万元；三是房地产行业预售楼房收入增加，预缴61万元。

各项工作

【税收法制建设】 一是认真贯彻落实国务院《全面推进依法行政实施纲要》，扎实开展普法工作，组织实施“五五”普法的各项工作措施。二是加强税收执法监督检查力度，全面实施《税收执法管理信息系统实施方案》，应用税收执法管理信息系统强化监督管理，提高行政执法效能。认真落实《税收执法管理信息系统考核办法》，加强税收执法责任制和过错追究制的考核。三是认真落实特邀监察各项工作措施，贯彻落实阳光政府“四项制度”，实行决策听证、重大事项公示、重点工作通报、政务信息查询、监督检查公开办税制，设立举报投诉箱和举报投诉电话。四是加强重大税务案件审理工作，对重大税务案件实行集体审理制度，坚持原则，严格把关，注重程序和质量。五是加强与公安、检察院、工商、地税建立工作联席和信息共享工作机制。六是加强税收宣传工作，进一步提高依法诚信纳税意识和税法遵从度。

【税收执法和税收征管】 一是认真贯彻落实税收政策。重点抓好中央加强宏观调控、扩大内需、促进民生、保持经济平稳较快增长的政策措施的执行，通过深入重点行业和重点企业调查，各项税收政策宣传贯彻落实到位。二是始终坚持“依法征税、应收尽收、坚决不收过头税、坚决防止和制止越权减免税”的组织收入原则，紧紧抓住堵漏、稽查、增收这三个环节不放松，确保税收收入稳定增长。三是加强稽查工作，进一步规范税收执法行为。2009 年，查补增值税 115.99 万元、消费税 61.19 万元、所得税 2.06 万元，加收滞纳金 34.02 万元、罚款 85.05 万元，共计 298.31 万元，入库率 100%，选案准确率 94.74%，处罚率 53.37%，偷税处罚率 60.04%。积极支持配合市局分类检查工作组对云南鑫煌林业开发有限公司、普洱墨江力量生物制品有限公司进行检查，查补增值税 12.29 万元、加收滞纳金 3.29 万元，共计 15.58 万元；开展专项检查工作，检查纳税户 5 户，查补增值税 17.86 万元，加收滞纳金 5.45 万元，罚款 500 元，共计 23.36 万元；开展对商业零售行业的发票检查，检查纳税户 130 户，检查发票 8476 份，查出违章户 21 户，有问题发票 92 份，查补税款 4011 元，加收滞纳金 973 元，罚款 8650 元，共计 1.36 万元。四是加强户籍管理。做好税务登记信息比对分析，通过工商局、地税局、技术监督局的登记进行比对，从开业、变更、停业、复业、非正常户处理、注销和转户环节，分析掌握本地税源户基本情况，从源头上掌握税源户籍。2009 年底，全县征管户 2799 户，其中：企业 166 户，个体 2633 户，一般纳税人 61 户，个体征税户 329 户。五是加强纳税评估。成立纳税评估工作机构，建立纳税评估互动机制，评估工作采取管理员自评、行业组互评、县局组织质量复查的方式进行。全年共评估纳税户 22 户，其中：评估企业 7 户，查补增值税 12.98 万元，加收滞纳金 8206 元；评估所得税企业 15 户，补缴企业所得税 1.45 万元，加收滞纳金 904 元。六是加强税源分析预测工作。建立税收管理员、分局、县局三级税收分析预测机制，按月进行分析和预测，及时掌握税源的变化情况，增强组织收入工作的主动性和预见性。七是认真贯彻执行一系列税收优惠政策，帮助企业度过金融风暴带来的难关，全年办理政策性退税 33.97 万元，完成了 49 户纳税人增值税征前减免登记备案工作，全年未达起征点的征管户 2180 户，免征增值税 113.82 万元，为下岗职工办理税务登记证 462 户，共减免工本费 9240 元。八是认真贯彻执行增值税转型改革政策，共抵扣固定资产进项税额 41.78 万元，影响税收收入 39.19 万元。九是加大清缴欠税的力度，清缴陈年欠税 4.39 万元，2009 年没有产生新的欠税，实现了连续 5 年无新增欠税。

【税收信息化建设】 一是信息化建设步伐加快，性能安全高效、稳定可靠、支持多种应用、结构合理的网络运行系统安全保障进一步提高。二是加强信息网络安全管理，制定了切实可行的内部管理制度和措施。三是税务管理信息系统运行不断完善，增值税管理信息系统、综合征管软件、数据监控分析系统、税收执法考核系统运行安全稳定。四是信息化整合力度加强，信息系统进一步优化，多元化税收服务和纳税申报，为纳税人提供方便、快捷、高效的服务。2009 年，成功进行了广域网扩容改造，网络教育培训系统、重点税源报表网上直报系统、企业所得税介质网络申报系统、增值税、消费税、企业所得税网络报税“一体化”成功上线。五是认真落实市局提出的金税工程三期建设的科学规划和各阶段建设任务，成立领导机构，研究制定工作措施。

队伍建设

【机构人员情况】 2009 年 11 月机构改革后，县局内设办公室、人事教育股、监察室、政策法规股、征收管理股、税政管理股、收入核算股 7 个行政股室；1 个事业单位：信息中心；1 个直属机构：稽查局；1 个派出机构：联珠税务分局。全局在职干部职工 71 人，离、退休人员 28 人。在职干部中：公务员 66 人，工人 5 人；男 48 人，女 23 人；中共党员 31 人。学历结构：本科 13 人，专科 48 人，中专、高中、初中 10 人。年龄结构：50 岁以上 7 人，40～49 岁 40 人，30～39 岁 20 人，29 岁以下 4 人。

【领导班子建设】 深入学习贯彻十七大精神，努力践行“三个代表”重要思想，坚持以科学发展观统领国税工作，认真落实“两权”监督、廉洁自律、领导班子和领导干部监督管理办法等规定，积极推进领导班子的思想、组织、作风建设。认真落实省委《关于建设学习型领导班子的意见》，结合学习实践科学发展观活动，积极开展好“四个一”活动。建立领导班子工作和会议联席制度，组织开好领导班子专题民主生活会，深入开展领导班子建设分析总结工作，实现一个好班长带一个好班子，一个好班子带一支好队伍。墨江哈尼族自治县国家税务局领导班子设局长1人、副局长2人，纪检组长1人。

【廉政建设】 深入开展党风廉政建设，加强党风廉政建设和反腐败工作的领导，建立健全主要领导负总责的层层负责制，认真组织干部职工学习《领导干部廉洁自律规定》、《两权监督》、《税务系统领导班子和领导干部监督管理办法》（试行），签订《党风廉政建设责任书》，实施政务公开，落实政务公开各项工作措施。继续与纳税人签订《廉政公约》，组织监察室人员适时开展回访巡查，纪检、监察部门走访了8户企业。完善特邀监察员的工作联系制度，向社会各界聘请特邀监察员10人。2009年，通过座谈、走访、发放问卷调查等形式回访162纳税人户，回访率为30%，满意率为99.5%。设立举报箱，公布举报电话，建立了领导干部接访日制度、人民来信来访办公室。

【教育培训】 深入开展"学习实践科学发展观"活动，紧紧围绕"以人为本、科学发展、共建和谐、服务墨江"的总目标，紧扣服务科学发展构建和谐税收的主题，把学习实践科学发展观活动引向深入，推动国税工作健康发展。持之以恒地抓好干部职工的思想政治教育和业务培训，努力提高干部队伍的政治素质、业务技能和执政能力。2009年，共举办各类培训7期，培训人数299人次，培训天数33天。具体培训内容：税收管理员分行业工作任务、稽查业务知识、流转税政策变动业务知识、企业所得税介质与网络申报系统操作技能、增值税转型改革政策、数据监控分析系统操作应用、企业财务会计知识、企业所得税知识。

【精神文明建设】 认真贯彻"以国为根、以税为业、以学为乐、以人为本、以绩为真、以廉为荣"为核心理念的云南国税文化建设体系，围绕"创新发展年"的工作主题，把国税文化建设的内涵贯穿于干部职工的政治思想、道德情操和工作、学习、生活各个方面。积极开展文明创建活动，加强物质文明、政治文明和精神文明建设，推动墨江国税事业又好又快发展。2009年，墨江县国家税务局被云南省委、省政府授予"文明单位"，被云南省国家税务局命名为"文明单位"。认真抓好社会治安综合治理工作，2009年实现了"五无"的目标，积极推进"平安国税"、"和谐国税"建设。建立开展职工文体活动的规则，完善娱乐场所和设施，为职工文体活动创造了良好环境。

（罗智勇）

景谷傣族彝族自治县国家税务局

经济概况

2009年，景谷县经济平稳增长，实现生产总值（GDP）32.6亿元，同比增长15.2%。其中：第一产业实现增加值13.15亿元，同比增长20.64%；第二产业实现增加值12.2亿元，同比增长0.19%；第三产业实现增加值7.25亿元，同比增长9.84%。三次产业对经济增长的贡献率分别为33.2%、51.1%和15.7%；拉动经济增长分别为5个百分点、7.8个百分点和2.4个百分点。全年实现固定资产投资总额17.7亿元，同比增长35.3%；全县实现社会消费品零售总额7.93亿元，同比增长19.8%；金融机构存款余额21.95亿元，同比增长14.9%；城镇居民人均可支配收入1.22万元，增长13.3%；农民人均纯收入3342元，同比增长16.8%；完成财政一般预算收入2.85亿元，同比增收1679.49万元，增长6.27%；其中：完成财政地方一般预算收入1.84亿元，同比增长16%。

税收概况

【收入完成情况】 2009年，景谷县国家税务局共组织各项税收收入1.04亿元（其中：中央7794.36万元、地方2566.64万元），同比减收84.44万元，下降0.81%。完成年度任务的104.53%，超计划进度4.53个百分点，超收452万元。国内"三税"共计完成1.01亿元，同比减收7.8万元，下降0.07%；其中：增值税完成9903.03万元，完成任务的105.68%，同比增收33.12万元，增长0.34%；消费税完成57.73万元，完成任务的96.21%，同比减收21.15万元，下降26.82%；企业所得税完成170.08万元，完成任务的56.69%，同比减收19.79万元，下降10.42%。完成储蓄存款利息所得个人所得税收入57.14万元，完成任务的95.23%，同比减收92.07万元，下降61.71%；完成车辆购置税收入224.04万元，完成任务的131.79%，同比增收62.65万元，增长38.83%；完成其他收入15.12万元，同比增收5.34万元，增长54.6%。

【收入特点】 一是税收增量与经济增长不同向。全县GDP同比增长15.2%，税收收入总量同比减收84.44万元，下降0.81%。二是两个指数偏低。2009年宏观税负只到3.2%，不足4%；税收弹性系数为0.06。三是增值税作为主体税种不变。2009年增值税收入占税收总量的95.58%，同比增加1.22个百分点。四是收入不平衡。来自全县11个乡（镇）的国税收入参差不齐，收入最高的威远镇1188.79万元，最少的碧安乡9.85万元，上百万元的只有4个乡镇（永平715.70万元、正兴359.34万元、民乐103.73万元、凤山101.56万元）。五是纳入任务考核的5个税种，增值税、车辆购置税分别超计划任务5.68%、31.79%；消费税、储蓄存款利息所得个人所得税完成96%、95%，企业所得税完成全年任务的56.69%。

【税源分析】 2009年的税收主要来自林产、矿产、电力、食糖和商业，全县列入考核的13个重点税目实现“7增6减”。同比税收增幅较大的有7个，合计增收1874.56万元。其中：水泥增收183.79万元，增长81.38%；松香增收229.2万元，增长67.46%；纸浆增收1314.87万元，增长59.9%；原煤增收50.64万元，增长49.98%；砖瓦增收29.25万元，增长35.29%；茶叶增收3.43万元，增长9.13%；食糖增收63.38万元，增长5.97%。同比税收减幅较大的有6个，合计减收1973.73万元。其中：松节油减收114.92万元，下降79.22%；人造板减收779.86万元，下降72.10%；铜减收595.73万元，下降51.17%；商业减收434.98万元，下降28.92%；自来水减收8.42万元，下降17.26%；电力减收39.82万元，下降5.96%。其他行业增值税实现1340.65万元，同比增长12.82%，对增值税年度增收起到支撑作用。企业所得税由于新税率下调为25%，加之景谷县林业技术推广中心未取得木材采伐指标，景谷瑞泽工程有限公司业务减少等，全年仅这两家减收所得税53万元，也是企业所得税完不成全年任务的根本原因。

各项工作

【税收法制建设】 一是税收规范性文件管理。对国家税务总局自1993年底以来发布的现已全文废止或失效的税收规范性文件50件，部分条款失效或废止的税收规范性文件14件进行逐件清理落实。通过张贴到办税服务厅、摘转到《景谷县政府信息公开门户网站》等方式广为宣传；对主要涉及景谷县的厂矿、企业和纳税人的税收规范性文件，经过摘录整理后以《税收政策送达文书》由税收管理员亲自上门送达纳税人。二是对本级起草、发布的规范性文件认真进行自查，报送同级法制部门登记、备案，没有发现违反国家税收法规或与之相抵触的文件。三是税收执法考核。2009年共产生执法过错行为5个，产生过错的主要原因是执法人员工作责任心不强所致。经申辩申请调整4条，无责令书面检查、通报批评、责令待岗、取消执法资格等执法过错责任追究。2009年，稽查共立案检查并结案案件9件，移送重大税务案件审理委员会审理1件，审理率为11%，审理结论为维持稽查部门初审意见。四是执行税收优惠政策，报批内资企业所得税税收优惠政策的企业1户，减免企业所得税579.6万元；严格按照《企业财产损失所得税前扣除办法》和《金融企业呆账损失税前扣除管理办法》的规定，对景谷农村信用合作联社呆账损失审核审批，准予税前列支呆账损失金额12.28万元，不予税前列支金额187.44万元。

【税收管理】 加强增值税一般纳税人管理。严格按一般纳税人认定管理的规定和要求，在小规模纳税人销售额超标认定为一般纳税人的过程中，加强对其小规模纳税人资格期间的销售情况进行清算。2009年，通过税务机关代开发票征收增值税129.36万余元，超标认定为一般纳税人14户。加强对固定资产抵扣的测算与审核。实施增值税转型政策，先后对全县增值税一般纳税人进行了3次调查测算。全县固定资产投资合计金额为3717万元，申请抵扣进项税金额为237万元。加强对滞留专票的清理核查。全县2008年1月至2009年5月期间形成增值税滞留票89户企业，463份票，金额为2084万元，税额为297万元。通过滞留专票的清理核查，对县内一般纳税人未按规定向小规模纳税人或向非增值税纳税义务人开具专票行为进行了处罚，对增值税专用发票存根联滞留票实施有效监控。有效开展纳税评估工作。围绕“以评促管、以评促收、以评促查”的工作目标，强化涉税信息采集，严格评估程序，加强部门配合，增强评估实效。全年共对51户纳税人进行了评估，正常结论25户，差异纠正性结论26户，共评估出增值税税款211万元，入库增值税税款160万元。加强车辆购置税管理。2009年国家为进一步扩大内需，拉动消费，对1.6升及以下排量乘用车辆减征车购税，并对家电、摩托车下乡实施补贴等政策。按照上级局的安排及部署，积极向纳税人做好宣传解释工作，同时，加强同公安车管、农机监理、质量技术监督等部门联合协作，对凤山乡、益智乡、小景谷乡等乡镇摩托车辆进行集中专项清理，逐步规范车辆税收征管。全年共清理摩托车1240辆，清理入库车辆购置税44万元。加强申报质量管理。为提高全县准期申报率，目标考核责任落实到税收管理员，加大对逾期申报纳税人的处罚力度，督促纳税人按期申报；对异常申报户采取约谈、实地调查等有效措施，及时纠正纳税人的违法违章行为，提高申报的准确性。加强综合征软件数据质量的管理。实现机内外业务有机结合，以运行质量为基础，按月对综合征管软件运行进行适时监控，每月将考核子系统监控的过错行为与市局下发的工作规范以及省市两级每月查询监控并制作下发的通报进行比对，找出综合征管软件系统与税收执法管理信息系统业务处理要求上的差异，及时调整相关规范，做到综合征管软件业务操作规范与税收执法管理信息系统考核标准一致，加大对问题的跟踪落实力度，采取有效措施切实提高系统数据质量。加大欠税清缴力度和挖掘税源管理的深度。2009年通过发布欠税公告，发挥公告的社会效应和舆论监督的作用，并与纳税人约谈，签订《清缴欠税计划》，清缴普洱景谷力量生物制品有限公司陈欠税款150万元。严格执行延期申报和延期缴纳税款的审批管理。加强出口退税审核工作。加强申报资料的日常审核，审核各种单据填写的数据与申报系统中录入的是否一致，审核各种单据数据之间的逻辑关系，保证申报资料的真实性。全年共发生调库66.12万元。

【税收执法】 从构建和谐社会、和谐税收出发，税收宣传突出“保稳定、保增长、保民生”，通过向社会征集漫画作品和主动收集并解答各种纳税咨询热点问题等方式，广泛开展税收宣传。积极开展日常稽查、专项检查工作和税收分级分类稽查工作，有效打击涉税违法犯罪。2009年，通过执行稽查查前告知9户，自查补缴增值税67.09万元，加收滞纳金17.44万元；对超市、医药销售、煤矿、建材、木材加工等行业的19户纳税户实施稽查，查补增值税91.2万元，处予罚款1.24万元，加收滞纳金19.64万元，合计112.08万元。积极配合当地政府开展打击发票违法犯罪活动，主要对领购、开具、取得、抵扣、缴销、保管等环节的发票使用情况进行检查。共完成对15户企业、192户个体工商户的检查，检查发票36200份，有问题户19户，进行了9750元的处罚，未发生移交立案案件。

【税收信息化】 一是景谷县国税局办公网络搬迁，顺利实现所有内外信息点的连接使用，确保了搬迁后整个系统的正常运转。二是按照省市局的要求，完成全省网络教育系统改扩建工程，使整个网络系统得以在广电、联通、电信三条光纤下同时运行，同时，开通视频会议，保障技术支持和各项培训工作正常开展。三是对老化的部分设备进行技术升级，使用多个杀毒软件，完成瑞星网络版杀毒软件的及时升级，保证了网络及系统的安全稳定运行。

【国库集中支付】 一是加强财务管理，进一步规范国库集中支付办法，按照上级的统一要求，全面落实和兑现了在职干部职工的住房补贴，全面落实和兑现了离退休干部的津补贴。二是坚决贯彻执行《云南省国家税务局关于贯彻〈中共中央办公厅　国务院办公厅关于党政机关厉行节约若干问题的通知〉的通知》和市局下达的“四项经费”控制标准，完善制度，狠抓厉行节约工作，“四项经费”的控制比例均达到上级局的严控指标。

队伍建设

【机构人员情况】 2009年，县局设行政机构12个。其中，局机关内设7个股室、1个直属机构（稽查局）、1个事业单位（信息中心）、2个派出机构（威远和永平分局）；设党总支1个、党支部4个，有工、青、妇和离退休老干部组织。共有干部职工64人，其中公务员60人，工勤人员4人。专科以上学历50人，占全部干部职工的78.12%。党员39人，占全部干部职工的60.93%。团员2人，占全部干部职工的3.12%，群众23人，占全部干部职工的35.93%。年龄结构：35岁以下有15人，占全部干部职工的23.43%，36岁以上至50岁有40人，占全部干部职工的62.5%，51岁以上有9人，占全部干部职工的14.06%。

【领导班子建设】 县局领导班子坚持民主集中制原则，“用心、用情、用学、用力”引领干部队伍。坚持中心理论学习制度，加强理论学习与指导实践相结合，按照深入学习实践科学发展观“党员干部受教育、科学发展上水平、人民群众得实惠”的总体要求，领导班子在学习实践活动中力求全面准确把握科学发展观的科学内涵、精神实质，通过建立党员干部服务群众、基层党组织服务党员新机制，突出实践特色，用科学发展观的要求指导各项工作的开展。

【廉政建设】 严格执行党风廉政建设责任制，坚持标本兼治、综合治理、惩防并举、注重预防的方针，以构建公共权力阳光运行机制为抓手，深化教育、制度、监督、改革、纠风、惩处等工作，认真落实中共中央《建立健全惩治和预防腐败体系2008～2012年工作规划》和2009年惩防体系建设各项任务，着力解决党员干部党性、党风、党纪方面存在的突出问题，以党风廉政建设和反腐败工作的新成效取信于民，为更好地树立国税形象提供了有力保证。

【教育培训】 针对增值税转型和组织实施“三个一工程”，围绕“聚财为国、执法为民”的税务工作宗旨，建立培训机制，完善培训制度，学用结合，变要我学为我要学，改被动学习为主动学习，加强对干部职工业务培训学习和岗前教育培训，引导干部职工切实转变学习观念和工作作风，加强自身的学习与提高。

【精神文明建设】 一是借助新办公综合楼竣工交付使用，多方筹措资金建成党员活动室和职工之家，积极开展有益于干部职工身心健康的篮球、气排球、拔河、跳棋、陀螺比赛和举办自娱自乐的歌舞、小品文艺晚会等文体活动，丰富干部职工文化精神生活，倡导“健康生活、快乐工作”理念，加强干部职工的交流和沟通，增强干部职工的团结协作意识，巩固精神文明建设。二是积极响应中国妇联九大提出的“创造新岗位、创造新业绩、创造新生活”的号召，通过办税服务厅开展以“创文明岗位，树巾帼形象”为主题，奉献税收、奉献岗位、服务社会，积极参与巾帼文明岗评选活动。继省国税局授予“巾帼文明岗”之后，2009年又被景谷县妇联授予“巾帼文明岗”荣誉称号。

（刘成荣）

镇沅彝族哈尼族拉祜族自治县国家税务局

经济概况

2009年，全县实现生产总值（GDP）13.4亿元，比上年增加1.73亿元，按可比价算增长13.9%。其中：第一产业实现增加值6亿元，增长9.4%，拉动GDP增长3.8个百分点；第二产业实现增加值3.1亿元，增长28.1%，拉动GDP增长6.3个百分点；第三产业实现增加值4.3亿元，增长10.4%，拉动GDP增长3.8个百分点，三次产业结构比例为44.4:23.5:32.1。全县完成工业总产值4.89亿元，同比增长14.7%。完成固定资产投资7.05亿元，同比增长40.1%。实现社会消费品零售总额4.18亿元，同比增长19.2%。完成地方财政总收入7203万元，同比增长30.3%，其中地方一般预算收入7203万元，同比增长30.3%。城镇居民年人均可支配收入1.08万元，增长9.2%；农民年人均纯收入2677元，增长18.3%。

税收概况

【收入完成情况】 2009年，镇沅县国家税务局共组织各项税收收入入库3146.94万元，同比增收241.1万元，增长8.3%，完成全年奋斗目标2768万元的113.69%。其中，增值税入库2860.9万元，同比增收242.57万元，增长9.26%，完成全年奋斗目标2618万元的109.28%；消费税收入34.18万元，同比增收10.5万元，增长44.35%，完成全年奋斗目标10万元的341.8%；企业所得税入库24.24万元，同比下降22.55万元，下降48.19%，完成全年奋斗目标10万元的242.4%；储蓄存款利息所得个人所得税入库20.52万元，同比下降96.31万元，下降82.43%，完成收入任务30万元的68.41%；车辆购置税入库207.1万元，完成全年奋斗目标100万元的207.1%，同比增收106.88万元，增长106.64%。同时，落实各项税收优惠政策支持地方经济发展减免税1039万元，占国税收入总量的三分之一。

【收入特点】 由于受国际金融风暴的冲击，工业产销不稳定，从而影响税收收入的稳定。但是，2009年，主体税种总体保持增长。增值税、车辆购置税、消费税保持增长，增长较大。企业所得税、个人所得税下降。2009年规模以上工业企业实现增加值1.39亿元，增长20.2%，社会消费品零售总额增速较大。

【税源分析】 2009年，加强税收征管和政策执行规范管理，税收收入增幅较大。矿产、林业、电力、商业是主要税源。煤炭、水泥、电力和商业中的烤烟增收成为税收增收的支撑点，车辆购置税成为增收亮点。主体税种增值税同比增收，重点品目“8增5减”：水泥增收134.92万元，增长95.65%；中密度纤维板增收142.03万元，增长94.23%；煤炭商业增收147.56万元，增长171.18%；松香增收8.58万元，增长11.49%；商业零售增收132.25万元，增长43.28%；电力增收3.47万元，增长1.29%；商业批发中的“两烟”增收137.21万元，增长25.83%；食糖增收10.83万元，增长18.35%。铅锌矿减收30.64万元，下降84.39%；酒精减收2.37万元，下降11.31%；精制茶减收1.77万元，下降3.94%；人造板减收89.26万元，下降93.87%。

【税务管理】 把“创新发展”这一主题贯穿到国税工作始终，全面提升干部队伍素质，全力塑造国税“精、气、神”。按照法制政府、阳光政府的要求，深入推进依法治税，依法强化管理。对全县经济发展情况和整体税源情况按户、按行业、按区域进行深入细致的调查研究，及时掌握税源的增减变化情况，从税收角度分析反映宏观经济与微观主体运行状况，从经济运行中分析评估税收政策与服务管理效应，及时提出政策建议，调整服务管理措施，“强管理，挖潜力，保收入，促增长”。主动向地方党委、人大、政府、政协等部门汇报工作，加强与财政、地税、工商、金融、经济商务等部门的联系和沟通，争取支持和理解，形成工作合力，主动做好税收政策服务工作，提高政策落实力，帮助企业渡过难关。对国家“扩内需、保增长、保民生”推出的一系列结构性减税政策措施，坚决不折不扣地贯彻落实到位，利用税收政策积极促进全县产业结构调整和经济发展方式转变，科学发展。以需求为导向，加强税收宣传，税企对接主动化，纳税服务制度化、规范化。采取政策对接、政策宣辅、税法咨询、发送信息、发放传单、粘贴宣传画、悬挂横幅、送税法进企业、文体表演、组织“国税杯”城区职工篮球运动会等多种形式广泛开展税收宣传，有计划、有部署、有特色地开展以“税收·发展·民生”为主题的税收宣传月活动。加强政策业务辅导，开展手机短信提醒活动，把增值税转型、所得税并轨后的税收政策宣传直接延伸到企业、对接辅导交流到企业，提高纳税遵从度，融洽征纳关系。采取“面对面”与“背靠背”（引入第三方）相结合的方法，开展“百户纳税服务需求征求意见活动”，真正了解和掌握纳税人的所需所求。以“始于纳税人需求，基于纳税人满意，终于纳税人遵从”为目标，制定《镇沅彝族哈尼族拉祜族自治县国家税务局纳税服务工作规范（试行）》，明确纳税服务机构、职责和纳税服务内容，规范信息服务、咨询服务、窗口服务、电子服务、管理服务、检查服务、个性化服务、救济服务等各环节服务内容，努力实现征纳零距离、服务零缺陷，力争实现办税零差错。不折不扣落实税收优惠政策，促进地方经济快速发展。认真抓好行政问责“四项制度”和阳光政府“四项制度”的落实，实施政府信息公开，切实提高办税服务质量和效率。

各项工作

【税收法制建设】 严格按照法定权限和程序行使权力、履行职责，规范执法，保证和维护税法的权威性，坚决杜绝越权擅自减税、免税和缓税。强化税收执法管理，充分发挥税收执法考核信息系统的监督作用，将税收执法考核和岗位责任制考核相结合，确保执法规范到位。一是巩固执法信息系统V2.0考核质量，加强了对预警过错的监控，实现了监督关口的前移。二是加大人工考核力度，积极探索建立人机结合的执法考核长效机制，修订了《镇沅县国家税务局税收执法责任制考核办法》，加强机外考核、日常考核，延伸了检查的广度和深度，实现了对税收执法全过程的监督考核。三是建立和完善执法过错通报制度，并将通报的重点延伸到“预警监控”模块的监控上。四是组织重大税务案件审理工作，注重从违法事实、主体资格、执法程序、适用依据等方面进行监督审理，做到事实清楚、证据确凿、程序合法、依据准确、处理得当。五是切实做好各项税收优惠政策的监督落实，跟踪问效。

【税收征管】 统筹兼顾，协调联动，强化控管，有效实施科学化、专业化、精细化税源管理。以税源管理为核心，根据人员的专业特点、能力专长，优化基层税收管理团队人员组合。以“三个一”工程改革的深化完善征管机制。以领导管户到位来带动和引导管理员管户责任的落实。以征管质量考核为主线，努力提高征管质量。以信息化管理为依托，进一步提高征管效率。以日常管理为支点，强化税务登记、普通发票、规范征管责任区（“覆盖全面”、“重点突出”）等征管基础建设。按照“抓住大户、管好中户、规范小户”的要求，以规范完善为切入点，狠抓个体税收的管理，规范木材税收管理。与工商、地税等部门讨论、协商，共同开展税法宣传、评定纳税信用等级，建立统一协调和运转高效的协作机制。依托信息监控系统，深化税收分析，强化纳税评估（对加油站、水泥、木材经营行业实施评估补税125万元，并且对加油站实施评估的方法得到市局提升后推广），开展税收资料调查，有效防范风险，进一步提高税收风险管理效能，保证税收风险管理运作更为顺畅，取得实效。落实责任抓基础，切实强化征管基础管理工作。加强工商、国税、地税工作联席制度的落实，完善信息定期交换和共享，有效提高基础税源监控的质量。抓住全县整合煤矿之机，积极协调清欠，清缴历史陈欠29万元，企业依法破产上报核销呆滞税金265.21万元，成功解决了2户改制企业历史陈欠清缴难、难清缴的问题，2009年无新欠发生。对303户发票使用户进行检查，检查发票50420份，检查面100%。立案查处发票违法案件2户次，查补税款589.55元，罚款6589.55元，加收滞纳金177.24元，有效规范发票管理。与林业部门共同制定《镇沅彝族哈尼族拉祜族自治县国家税务局木材行业零散税收管理办法》，委托代征，堵漏增收。2009年代征木材零散税收入库70余万元。以强化行业税收管理为抓手，强化税种管理。推行行业税收管理小组制，实现行业税种管理中的技能互补，有效强化行业税收管理。以增值税转型为契机，采取内部学习、下企宣传、举办培训、高层对接、日常跟踪等不同形式加强政策宣传、辅导，认真贯彻新增值税条例，严格执行各项优惠政策，有效组织纳税评估，密切监控税源变动，确保税源管理质效提高。加强出口退税审核，推行机动车销售统一发票税控系统，有效加强车购税税源控管。严格执行新《企业所得税法》，推行企业所得税年度（A类）介质申报系统，切实提高汇缴质量。2009年，在开业的41户企业所得税管户中，利润额915.03万元，纳税调整增加额239.51万元，纳税调整减少额232.55万元，纳税调整后所得2421.81万元，减免所得税额913.29万元。企业所得税申报率和所得税入库率均达100%。

【税收执法】 强化稽查，进一步深入整顿和规范税收秩序。把税收专项检查和专项整治作为稽查工作的重心，落实查前告知制度，强化查前辅导、查后跟踪纠改。对以农产品为原料生产、加工销售（木材、咖啡、蚕茧）、电力、自来水、机动车销售行业进行重点分类稽查。对发票违法活动进行专项整治。2009年，稽查查处各类税收违法案件26件，结案26件。查补收入42.4万元（税款34.2万元，滞纳金6.07万元，罚款2.13万元），100%入库。偷税案件处罚率50%，查实率为100%，结案率100%，完成稽查任务数25万元的169.6%。

【税收管理信息化建设】 突出信息化的支撑作用，确保信息系统安全。不断提高各管理系统的运用水平，有效促进“信息管税”理念的实施，强化税收管理，系统软件的推行和维护到位，确保了各项业务顺利开展。适时监控分析，查找不足，及时纠错，尽量减少系统垃圾的产生，使金税工程的运行质量逐步提高。

队伍建设

【机构人员情况】 镇沅县国税局有局长1人、副局长2人、纪检组长1人。内设办公室、人事教育股、监察室、税政股、征收管理股、收入核算股、信息中心7个部门，1个稽查局、1个恩乐税务分局。有职工79人，其中：在职57人（税务分局19人），离退休22人。在职人员中，大专以上学历53人（本科17人、专科36人），占在职人员的93%。中专2人，初中2人。党员36人（在职党员31人）。

【领导班子建设】 讲团结、求实效，切实加强各级领导班子建设。以加强执政能力为重点，切实加强领导班子建设。坚持和完善民主集中制，严格执行《党组议事规则》，切实提高民主生活会质量，有效增强班子认真履职、务实工作的责任感和紧迫感，努力提高班子决策水平，推进决策的科学化和民主化。“一把手”带头敞开胸怀、民主共事、团结干事、和谐谋事，“用心、用情、用学、用力”引领干部队伍。建立谈心谈话制度，做到党组书记与各股室分局负责人、班子“一把手”与班子成员、班子成员之间“三个必谈”。实行班子成员定期联席会制度，工作常碰面、思想常见面，增进感情，解决问题，增强团结。

【干部队伍建设】 讲政治，强学习，不断提高干部的政治理论素养。制订学习计划，常抓政治理论学习不放松，以科学发展观学习实践活动为契机，以党组中心学习组带动为龙头，坚持自学与集中学习相结合，创新学习方式，促进学习效果，采取由党组理论学习中心组成员分工负责，自选或指定专题，自定形式，统一组织学习，收效明显。力行“走出去”学，使干部职工进一步开阔视野，增强责任心和敬业精神。

【廉政建设】 一是落实党风廉政责任制，加强督导，抓好《建立健全惩治和预防腐败体系2008～2012年工作规划》的落实或责任分解，与155户纳税户签订《廉政公约》（累计签订645户），构筑廉政防线。二是依托执法监察子系统、特邀监察员，强化“两权”监督，落实“一岗两责、一肩双挑”、“一案双查”制度。三是以规范权力、依法行政、廉洁自律为重点，强化监督制约，确保权力正确行使。四是积极推行政务公开，重大事项、人事任免坚持走群众路线，集体讨论，民主决策，增强工作的透明度，互融共进抓好勤政廉政建设。五是通过召开民主生活会，民意测评，个别谈话，走访当地党政纪检部门，回访纳税人等方式或渠道，强化对人事任免，重大事项决策及班子领导水平，执政能力和廉洁自律等事项进行监督测评。六是切实加强对税收执法权的监督，特别是强化对一般纳税人认定管理，税额核定，发票管理，减免税审批，出口退税审批，所得税税前扣除项目审批及税务稽查补税罚款的执行等环节的执法监察。七是充分发挥税收执法管理信息系统的作用，全程监督考核税务干部的执法行为。八是以深入贯彻《建立健全惩治预防腐败体系 2008～2012 年工作规划》为载体，实行“一把手”讲党课、纪检组长作反腐倡廉专题报告，强化党风廉政建设工作。

【教育培训】 抓干部学历教育，有重点地加强税收业务、数据监控等方面的培训。注重指导培训和年轻干部的培养教育，鼓励年轻干部积极参加全国稽查业务考试和市局举办的业务能手竞赛，以考（赛）促学，激发学习热情，锻炼年轻干部，提高业务素质。采取由各部门分工负责培训专题，针对业务差异，自行组织教案抓好日常培训、专题培训。共培训 6 期 250 人次。对外出参加培训的专题，积极组织本地化教案，及时开展培训，并辅以实账解剖的方式创新培训方式训练干部（实账学习企业补缴增值税 4.46 万元、调增所得额 154.35 万元。同时，对企业财务核算中的一些问题进行规范）每训必考，以考促学，强化培训效果。借企业账务资料培训干部，既达到了培训目的，也核查了企业履行纳税义务的情况，同时，还宣传了税法，融洽了税企关系，使培训、征管“两不误、两促进、两提高”。

【精神文明建设】 以“创先评优”工作统揽全局，提高认识，加强领导。把文明创建工作放在全市、全省国税系统的大坐标系中高起点定位、谋划，以文明单位、巾帼文明岗创建为重点，丰富载体，活跃生活，不断提升干部精神境界。同时，引入团队管理理论，进一步推进团队建设。开展文明创建活动，打造国税文化底蕴，树立和宣传先进典型。坚持以人为本，以德治队，着力进行思想道德建设，使“三个文明”建设朝着稳步、健康、有序的方向发展。以工会活动的开展为平台，为干部职工提供展示才能和智慧的舞台和实现自我的机会，丰富业余生活，陶冶情操，营造积极向上的良好氛围。充分发挥文化的导向作用，大力宣传敬业奉献、锐意创新、刻苦学习、实绩显著的各种先进人物、集体和事迹，充分发挥文明单位、巾帼文明岗、优秀税务工作者、文明楼院、和谐家庭等先进典型的带头、引领和示范作用，以点带面，全面推动国税文明建设深入发展。广泛开展窗口文明服务活动，评先促优，“树典型、学先进”，用身边的先进人物、先进事迹教育干部职工，积极引导干部职工关心社会公益事业，投身社会公益活动，开展捐资助学、扶贫帮困、无偿献血、组织慰问离退休老干部等献爱心活动。2009 年，投入扶贫点资金、物资共计人民币 4 万多元，协调资金 7000 元，扶持贫困大学生 1800 元。在祖国 60 华诞之际，组织开展“爱国歌曲大家唱”活动，庆祝祖国 60 华诞，激发干部职工爱国热情，报效国家。2009 年，收入核算股荣获市级“巾帼文明岗”荣誉称号。

【典型经验】 在深入开展“学习实践科学发展观”活动中，按照“紧扣一个主题、围绕一个目标、提升三个力、注重四个结合、实现五个突破”的思路，制订方案，加强领导。召开动员会，广泛动员。发挥党组中心学习组的龙头作用，创新学习形式，丰富学习内涵。开辟网站学习交流园地，精选调研课题，摸清纳税服务需求。创新实践活动，构建和谐税收新理念。全面实施增值税转型改革，加大税收调控措施落实力度，积极支持企业利用政策化危为机，渡过难关，不断谋求新发展。组织召开企业高管人员“政策对接会”、“税收宣辅会”和“服务恳谈会”，下沉企业听取意见，走进企业解决问题，密切税企关系，共建和谐税收。鼓励党员“五看五带头”，自加压力做示范。扎实开展“三个一”主题实践活动和“顺民情、聚民心、解民困”为民务实办好事活动。采取“多方求”、“群众提”、“对比找”等方式广泛征求意见，对照检查、分析，交心谈心，交流思想、交流看法、求同存异，求真、求诚、求实开好专题民主生活会，形成高质量的分析检查报告，落实责任，严加整改，做到了“规定动作”落实不走样，“自选动作”有特色。在学习教育上求“深”，在调查研究上求“实”，在查摆问题中求“改”，在作风建设上促“变”，在宣传交流上求“活”，学习实践活动取得了明显成效，被当地党委列为学习实践活动示范单位。

（罗志华）

景东彝族自治县国家税务局

经济概况

2009年，景东县完成生产总值（GDP）25.01亿元，按可比价格计算（下同），同比增长13.9%。其中：第一产业实现增加值11.62亿元，增长12.6%；第二产业实现增加值5.1亿元，增长19%；第三产业实现增加值8.29亿元，增长12.3%。三次产业结构比由上年的45.8:21.2:33调整为46.4:20.4:33.2。全年实现农业总产值16.87亿元，按可比价计算比上年增长12.3%。全年县内工业总产值完成6.41亿元，按可比价计算，比上年增长36.0%。其中：规模以上工业完成4.21亿元，同比增长26.8%；规模以下工业完成2.2亿元，同比增长58.1%。完成固定资产投资8.16亿元，同比增长51.7%。实现社会消费品零售额5.82亿元，同比增长19.2%。全年地方财政一般预算收入达1.8亿元，比上年增收2200万元，增长13.9%。

税收概况

【收入完成情况】 2009年，景东县国家税务局共组织入库各项税收收入1.77亿元，完成市局下达任务数的103.38%。其中：增值税入库1.59亿元，同比减收4101.25万元，下降20.51%，完成市局调整下达任务数1.58亿元的100.62%。消费税入库21.63万元，同比增收12.07万元，增长126.17%，完成市局下达任务数10万元的216.32%。企业所得税入库146.35万元，同比增收110.9万元，增长312.57%，完成市局下达任务数70万元的209.07%。储蓄存款利息所得个人所得税入库53.32万元，同比减收68.9万元，下降56.38%，完成市局下达任务数50万元的106.63%。车辆购置税入库1589.79万元，同比增收583.99万元，增长58.06%，完成市局下达任务数1200万元的132.48%。税务行政性收费入库5.91万元；其他罚没收入入库6600元。清理入库增值税呆账税金1.8万元。

【收入特点】 景东县国税收入主要依靠电力税收的格局未根本改变。2009年，县内漫湾、大朝山两大电站受来水量不足以及全面实施增值税转型政策的影响，景东县电力税收大幅下降。大朝山电站入库增值税7689.98万元，同比减收3193.91万元，下降29.35%。漫湾电站入库4222.18万元，同比减收2062.93万元，下降32.82%。大朝山、漫湾两大电站同比减收共计5256.84万元，导致景东国税自机构分设以来首次出现税收收入负增长。扣除漫湾、大朝山两大电站电力增值税后，景东县县内“两税”增长幅度较大，远远超过县内GDP的增长幅度。2009年，景东国税组织县内“两税”入库4007.88万元，同比增收1167.66万元，增长41.11%。2009年县内经济增长13.9%，收入弹性为2.96。从分经济类型的“两税”收入情况看，股份制经济在“两税”收入中起着决定性的主导地位，占71.1%，私营经济占11.06%，国有经济占5.88%，个体经济占1.52%，股份合作经济占0.18%，集体经济占0.15%；从“两税”重点品目占税收收入比例看，电力增值税在“两税”收入中起着决定性的主导地位，占70.44%，商业增值税占9.15%，中密度纤维板增值税占2.26%，水泥增值税占1.55%，煤炭增值税占1.51%，其他增值税占2.1%。受税收政策调整、变动及国际金融危机波及等原因的影响，各税种收入增减幅度波动较大，其中消费税、企业所得税和车辆购置税增长幅度较大，分别为126.17%、312.57%和58.06%；增值税减收4101万元，其中：两大电站增值税同比减收5257万元，占税收收入减收绝对额的151.80%，占“两税”减收绝对额的128.56%。个人所得税减收69万元。

各项工作

【税收法制建设】 根据省、市、县“依法治省”、“五五”普法工作指导思想、总体目标、基本原则和具体任务的部署和要求，加强税收法制教育。认真贯彻国务院《全面推进依法行政实施纲要》，按照“合法行政、合理行政、程序正当、高效便民、诚实守信、权责统一”的基本要求，提高税务人员依法行政的观念、能力和水平。加强政府信息公开，进一步落实文明办税“八公开”，进行税法公告、定额公告、欠税公告，提升信息公开质量和内涵。强化税收执法监督，深入推行税收执法责任制，整顿和规范税收秩序。坚持重大税务案件集体审议工作。贯彻落实《云南省行政机关规范性文件制定和备案办法》，加强规范性文件管理。推行税收执法责任制和执法过错责任追究，强化运用新税收执法管理信息系统监控功能，降低执法风险、规范行政执法、加强依法治税，提高税收执法质量和效率。积极开展税收执法检查，强化税收执法监督。

【税收征管】 （一）认真贯彻落实“三个一工程”，提高干部队伍素质，夯实征管基础，堵塞税收漏洞，强化税源管理，切实提高税收征管质量效率。1. 落实税收管理员制度，遵循管户与管事相结合、管理与服务相结合、属地管理与分类管理相结合的原则，明确岗位职责，落实管理责任，促进税源管理。依托综合征管软件、防伪税控系统、数据监控分析系统和执法管理信息系统进行管理，及时预警税源状况、发展趋势和存在问题，认真做好月度、季度和年度的税收分析动态预测工作，提高税收预测的准确性。2. 夯实征管基础，强化户籍管理，加强与工商、地税等部门协调配合，按月进行信息交换。2009年底共有税务登记户籍2700户，其中：内资企业324户、港澳台商投资企业2户、个体工商户2374户。3. 强化申报管理，加强数据信息比对。4. 加强个体工商户税收管理。认真贯彻执行《个体工商户税收定期定额征收管理办法》，推行运用计算机定额核定系统，进一步加强和规范个体工商户定期定额税收管理。2009年底共有纳入定期定额征收管理的个体工商户2365户，比2008年增加389户，增幅为19.69%。5. 强化普通发票管理，严格各项管理制度和措施，切实加强发票安全管理。开展了商品零售行业的发票清理检查，全年共深入商品零售企业27户、个体工商户140户，检查发票2.1万份，查补增值税2.95万元，企业所得税1704.63元，加收滞纳金794.98元。全年共处理发票违法违章案件5件，处予罚款4495元。（二）规范税收执法，提高纳税服务质量。在依法治税的前提下，构建和谐的税收征纳关系，以提高税法遵从度和方便纳税人办理涉税事项为目标，加强和改进纳税服务工作，提高工作效率，为纳税人依法纳税提供高效、快捷的服务。规范办税服务程序，严格考核确保工作质量的提高。提高纳税服务水平，实现服务手段、服务形式和服务内容上的新突破。

【税收执法】 （一）税收宣传。紧密围绕"税收·发展·民生"的宣传主题，以"税收促进发展，发展改善民生"为主要内容，结合景东实际，积极开展第18个税收宣传月活动。1. 开展上街送税法宣传活动，针对增值税转型改革，新《企业所得税法》的实施以及涉农税收优惠等一系列税收政策，有重点、有针对性地向群众讲解了下岗失业人员再就业、车辆购置税、发票的管理使用、个人所得税、个人销售或购买住房等与人民群众生活、企业发展密切相关的最新税收政策。深入集贸市场及纳税户发放宣传资料4000份，现场接受咨询100多人次。2. 借助景东电视台、景东人民广播电台、景东消息和政府信息公开门户网站的媒体作用，多层次、多角度加强税收宣传报道和政策宣传的力度。3. 召开税收宣传月税企座谈会。邀请县内受税收新政策影响较大、具有行业代表性的重点纳税大户参加，对增值税转型改革等相关政策内容进行宣传辅导。4. 继续开展彩铃税收宣传服务。（二）税务稽查。按照各级国税局的总体工作计划，开展好分类稽查、税收专项检查和专案稽查和全国税务稽查业务考试等工作。1. 继续深入开展整顿和规范税收秩序工作。2. 认真完成各级局布置的税收专项检查和分类稽查。3. 认真查处群众举报和来信来访案件。4. 认真完成机内外协查案件。全年共查补入库税款104.92万元，罚款9495元；滞纳金19.72万元。其中：企业自查入库税款88.96万元，罚款6600元；滞纳金15.30万元；稽查部门重点稽查纳税户7户，查补入库税款15.96万元，罚款2895元，滞纳金4.42万元。入库率100%，综合处罚率2%，偷税处罚率80%。（三）执法检查。为保证国家税法的统一和完整，加强税收执法监督，规范税收执法行为，促进税收执法水平的提高。按照《税收执法检查规则》和2009年税收执法检查工作要求，结合执法责任制及执法过错追究制的健全和完善，开展执法检查，强化税收执法监督。

【税务管理信息化建设】 加强培训指导，注重实效，逐步完善知识结构。加强计算机专业知识的培训和实际工作指导，努力提高岗位人员的税收征管业务操作应用能力。紧紧围绕科技加管理的工作核心，通过培训学习，全面提高干部的业务素质与计算机操作有机结合的能力。对《中国税收征管信息系统》、《税收执法管理信息系统》、《数据监控分析系统》软件应用和业务知识进行深层次模块使用学习，以工作实际应用为核心，把理论和实际有机的结合，培养综合业务处理能力，达到能妥善解决工作中的实际问题。坚持做好各应用系统的运行管理，确保系统安全稳定。常抓不懈，搞好计算机日常维护工作，及时做好系统升级和定期进行系统维护。加强网络信息监控和网络设备操作规范，确保系统安全稳定。建立和完善内外部信息安全工作机制。加大计算机病毒的防、查、杀力度。所有服务器、工作站全部安装正版的防病毒软件，及时升级病毒库，建立病毒通报、发现病毒报告制度，对外来交换信息必须进行病毒检测，严格控制外来磁盘、U盘等存储介质和软件的使用。加强数据安全防范。建立数据备份、恢复机制，备份数据通过备份系统验证数据备份的可靠性与正确性。

队伍建设

【机构人员设置】 2009年，县局机关内设机构：办公室、人事教育股、监察室、税收政策管理股、税收征收管理股、收入核算股、机关党总支办公室、信息中心（事业机构）、直属机构：稽查局，下设派出机构：锦屏税务分局。全局在职干部职工69人，退休干部37人，离休干部5人。共有党员51人，其中：在职党员28人，离退休党员23人，成立中共景东彝族自治县国家税务局总支委员会，下设景东彝族自治县国家税务局机关党支部、景东彝族自治县国家税务局锦屏分局党支部、景东彝族自治县国家税务局老干党支部。

【廉政建设】 继续抓好反腐倡廉宣传教育，筑牢干部职工拒腐防变的思想防线。继续抓好党的路线、方针、政策教育。全面传达学习了十七大、十七届三中、四中全会、中纪委三次、四次全会精神、国务院、省、市、县党风廉政建设工作会议精神和总局、省局、市局党风廉政建设工作会议精神，组织学习了相关材料。继续抓好党纪、政纪、法规教育。通过党组会、支部会、职工会，继续抓好全体党员和干部职工对党纪、政纪、法规等内容的学习，增强法纪观念，筑牢党纪、国法两条防线。继续抓好正反两方面典型教育，增强干部职工的廉政勤政意识。抓好惩治和预防腐败制度的落实，强化制度制约机制。落实党风廉政建设责任制，实行党组统一领导，一把手负总责，分管领导分工负责，相关部门各负其责，纪检监察部门组织协调，依靠群众支持和参与的党风廉政建设领导体制和工作机制。落实领导干部廉洁从政有关规定，落实重大事项报告制度、落实领导干部个人收入申报制度、落实述职述廉制度、落实廉政谈话制度、落实民主生活会制度。召开廉洁自律民主生活会，开展“纪检日”活动。建立健全监督制约机制，强化监督制约，与县检察院成立预防职务犯罪协调领导小组，负责配合、协调预防职务犯罪工作。做好信访举报接待受理工作。向纳税人和社会各界聘请了第六届特邀监察员10人，接受社会监督。认真完成各项党风廉政建设工作任务，抓好党风廉政建设工作的落实。落实与纳税人签订《廉政公约》工作，签订新增个体纳税户《廉政公约》47户，累计签订《廉政公约》720户。开展税收执法权和行政管理权的监督。通过税收执法管理信息系统执法监察子系统开展税收执法监察，并完成税务稽查和税务行政管理执法监察。开展廉政文化建设，结合实际，在本局网站上开设了“廉政之窗”网页。

【精神文明建设】 加强精神文明建设，把创建文明单位、文明行业活动作为强化干部队伍建设的重要内容，结合不同时期的中心工作，把创建活动贯穿于各项工作中，通过创建活动与社会公德、遵纪守法教育相结合，与纠正行业不正之风教育相结合，与树立国税形象教育相结合，与爱岗敬业，努力工作教育相结合，与时事教育相结合，认真抓好落实。以开展学习和实践科学发展观活动为平台，加强和改进干部职工的思想政治教育、构建和谐机关为重点，提高广大干部职工的政治理论水平和业务能力、促进国税事业全面发展为目标，开展政治理论学习。完善了单位文明创建管理办法和文明创建规划，使文明创建活动有组织、有领导、有计划、有措施，有经费保障。进一步抓好平安国税和文明单位创建工作，在巩固和提高上下功夫。以创建平安国税为重点，积极开展创建安全文明社区、安全文明楼院、安全文明家庭活动。积极开展优秀共产党员、优秀税务工作者、五好文明家庭、文明楼院、文明股室、文明职工等评选创建活动。积极开展扶贫济困活动，军民共建、拥军优属活动，预防职务犯罪教育活动，干部职工文体活动。弘扬国税文化，充分发挥党、政、工、青、妇组织作用，积极开展全民健身运动，开展丰富多彩、健康向上的文体活动。

【教育培训】 加大干部培训力度，紧紧围绕能力建设和实际需要这一主线，增强培训工作的针对性和实用性。坚持学用一致、按需施教、以考促训、以考促学的原则。加强干部的业务技能和解决实际问题能力的培训。把统一培训与分级培训、自学与离岗培训、整体培训与重点培训、学历教育与岗位技能培训结合起来，充分利用省局、市局、县局网站、FTP下载等平台，以自学为主，集中辅导为辅，年终统一考试，成绩纳入绩效考核的培训模式，加大了干部职工自主学习的力度。成立公务员培训工作领导小组，局长任组长，副局长为副组长，各部门负责人为成员，领导小组下设办公室，负责培训工作的组织、协调工作。各部门按照分级负责的要求，分层次做好本部门干部的培训工作。培训组织工作突出职能部门主管、各部门协调配合，上下左右齐抓共管的干部教育培训工作新特点。继续加强学历教育，并采取种种措施抓好在读函授学员的跟踪问效管理。截至2009年底，全局本科以上学历30人，占在职人员的43.48%。

（叶建智）

江城哈尼族彝族自治县国家税务局

经济概况

2009年，江城哈尼族彝族自治县实现生产总值（GDP）11.06亿元，同比增长13%，人均生产总值达9172元。产业结构进一步调整优化，其中：第一产业完成增加值3.49亿元，第二产业完成增加值4.66亿元，第三产业完成增加值2.91亿元，分别比上年增长0.1%、36.4%、1.6%，三次产业结构比为31.6:42.1:26.3，第一、二、三产业比重稳步上升。完成固定资产投资8.33亿元，同比下降22.4%。实现社会消费品零售总额2.64亿元，同比增长19%。城镇居民人均可支配收入达6826元，比上年增加535元，增长8.5%，农民人均纯收入达到2257元，同比增长24.1%。

税收概况

【收入完成情况】 2009年，江城县国家税务局共组织入库税收收入5599万元，与上年相比增收2051万元，增长57.81%。完成市局下达任务的100%。其中：增值税入库5385万元；消费税入库81万元；企业所得税入库51万元；储蓄存款利息所得个人所得税入库19万元；车辆购置税入库55万元。

【收入特点】 一是重点品目除了糖、砖瓦、白酒和钾肥减收外，其他品目都同比增收。二是从税收收入分经济类型完成情况看，除个体企业和私营企业增值税同比有所减收外，其他企业同比增收。国有企业、集体企业和股份制企业，分别增长17.36%、100%和110.29%。

【税源分析】 全县国税收入突破5000万元大关，在全省国税系统141个县级征收单位中，排名第107位，首次进入税收收入达5000万元至1亿元的县级征收单位名单。一是大唐国际李仙江流域水电开发有限公司4个电站电力供应正常运行，跨区调库收入入库3620万元，同比增收2197万元，增长154.39%。二是医药公司因积极拓展市场，新增加了三个销售门店及农村医疗批发权，加之药价上涨，销售收入增加，入库税款65万元，同比增收28万元，增长75.68%。三是因加大稽查力度，景谷林业江城分公司入库增值税15万元，稽查查补入库增值税及滞纳金16万元，共计31万元，同比增收11万元，增长55%。四是鸿达矿业有限公司，开始销售生产并大量销售积压产品，税率从13%提高到17%，全年共入库税款264万元，同比增收169万元，增长177.89%。五是牛洛河茶叶公司大量销售绿碎茶给澜沧一家公司进行包装出口，1~12月入库税款74万元，同比增收72万元，增长36倍。明子山茶厂1~12月入库税款4万元，同比增收3万元，增长3倍。

【税务管理】 加强税收征管，强化税务稽查，努力实现税收管理科学化、专业化和精细化。对辖区内的管户进行了全面清理，进一步理清了管户底子。截至2009年12月30日，全县共有税务登记户1730户，开业户1382户，占登记户数的79.88%，办理注销336户。共有增值税一般纳税人44户，小规模企业247户，“双定户”245户，未达起征点876户。建立税收分析、纳税评估、税务稽查和税源监控“四位一体”互动机制，切实提高税收征管整体效能。一是完善评估制度，规范评估方法，有效开展纳税评估工作。二是加强税务稽查选案，充分应用税收分析和纳税评估的结果，拓展案源渠道。税务稽查中发现征管上存在的问题，及时提出了整改意见并反馈给税源管理部门，由税源管理部门采取有效措施加强管理。三是建立三级通报制和二级例会制。实现了“以管助查、以查促管”的良性互动，提高了税收征管整体效能。

各项工作

【税收法制建设】 一是加强普法工作。制订《江城县国税系统开展法制宣传教育的第五个五年规划》，进一步规范税收执法，强化税收法治；认真贯彻落实税收政策，加强和优化纳税服务，构建和谐的税收征纳关系。二是切实加强欠税管理，制订清欠计划，落实清缴责任，共清缴陈年欠税50万元，实现当年税款应收尽收，不产生新欠。三是认真贯彻落实各项税收优惠政策，特别是涉及“三农”的税收优惠政策，支持下岗再就业、非公经济发展、西部大开发的税收优惠政策以及资源综合利用税收优惠政策等，2009年共免收下岗再就业个体工商户税务登记工本费100元。四是重大税务案件审理委员会共审理并结案稽查部门移送的涉税案件2件，经县局案件审理委员会审理补税2.28万元，罚款1.08万元，滞纳金8173.82元。

【税收执法】 （一）税收宣传。一是在“首届中老越三国丢包狂欢节”上，以三国企业家招商引资项目洽谈会和三国商品交易会为重点，将进出口税收政策和招商引资项目涉及国税业务的税收政策，特别是税收优惠政策编印成册，发放给中外商人，并在三国企业家互动座谈会上接受税收政策咨询。二是国税局、地税局联手共同启动第18个税收宣传月活动仪式。活动当天共发放宣传单513份，为前来咨询的各类人士解答涉税事宜。三是召开以突出“税收·发展·民生”为主题的第18个税收宣传月暨国税机构分设15周年百人座谈会。（二）税务稽查。通过对专项检查、分级分类检查、查前告知辅导纳税人自查补税等工作的开展，共查补入库金额200.63万元。其中：税款158.36万元，滞纳金39.24万元，罚款3.03万元。入库率达100%，超额完成市局稽查查补收入任务。

【税收征管】 （一）增值税转型的推行工作。加强对固定资产进项税额抵扣的管理，及时对涉及企业进行辅导与核查，使转型政策得以正确贯彻落实，全县全年一般纳税人共申报抵扣购入固定资产进项税54万元。（二）做好增值税一般纳税人的认定管理工作。全县全年新增和认定增值税一般纳税人10户。（三）开展农产品和运输发票进项抵扣评估、增值税一般纳税人纳税情况评估、出口退税企业评估、日常征管和税源管理检查评估，通过评估。共辅导企业自查10户，补缴入库金额163.3万元，其中：增值税额118.21万元，消费税额15.91万元，滞纳金29.18万元。（四）加强消费税管理。全县缴纳消费税的重点品目有酒精、粮食白酒两类，涉及2户企业，税收管理员加强监管，核实税基，按月对企业生产经营状况、产品数量、价格、收入、成本变动情况进行认真分析。（五）认真做好企业所得税汇算清缴工作。2008年全县有汇算清缴企业39户，其中，实行查账征收11户、核定征收28户。通过汇算，调增应税所得额181.74万元，调减应税所得额12.93万元。（六）金税工程及协查系统运行情况。2009年，全县协查3.0版、协查2.0版两套系统均运行正常，协查系统未发生委托协查，收到纸质受托协查《云南省农产品销售发票》2份，销售额为109.89万元，查实为正常发票，已按时回复，回复率为100%。（七）打击发票违法犯罪活动开展情况。2009年，通过对7户企业、84户个体户共4158份发票的检查，发现涉及违章发票36份，共查补入库收入3.12万元，其中：税款1.41万元；滞纳金0.52万元，罚款1.19万元。

【税务管理信息化建设】 2009年，全局有计算机设备56台（套），打印机39台，UPS不间断电源14台，路由器2台。广域、局域网络已覆盖县局、分局二级国税机关，县国税局、分局办公场所全部实现结构化综合布线，共建成网络接口128个。建成了防静电、防雷击、防断电的现代化中心机房。对综合征管软件（CTAIS）补丁进行了升级，进一步完善了系统，使软件的涵盖面更广，业务的处理更加精细化。对4户纳税人安装了机动车销售统一发票开票软件，并进行了培训。在市局的指导下，完成了网络改造及远程教育培训系统的安装调试，为全局的远程教育培训提供了良好的平台。

队伍建设

【机构人员情况】 县局有内设机构7个（正股级）：办公室、政策法规股、税政股、收入核算股、征收管理股、人事教育股和监察室；直属机构1个：稽查局，事业单位1个：信息中心，派出机构1个：勐烈税务分局。全局有在职干部职工38人，退休人员9人。有在职党员16人，占在职人员的42.11%。学历结构：大专以上26人，占在职人员的70%，本科学历11人，占28.95%。年龄结构：50岁以上4人，40至49岁18人，30至39岁12人，29岁以下4人。

【领导班子建设】 领导班子由局长、副局长（2人）、纪检组长共4人组成，平均年龄41岁。在实际工作中，县局班子始终坚持以科学发展观为统领，按照“一个中心、两个重点、三个体现、四个坚持”的工作思路组织开展全局各项工作，较好地发挥了国税部门的职能作用。同时，带领全局干部职工锐意进取、同舟共济，较好地完成了上级局和县委、县政府下达的各项税收工作任务，为江城的经济发展作出了积极的贡献。2009年7月，班子成员中有2名同志被江城县委分别授予“优秀共产党员”和“优秀党务工作者”荣誉称号。

【廉政建设】 严抓《建立健全惩治和预防腐败体系2008~2012年工作规划》的学习和宣传。让所有干部职工明确《工作规划》及《实施意见》、《分工方案》的总体要求和工作目标，进行任务分解，明确责任，每一项工作落实到主办部门和协办部门。加大对干部职工的监督管理。分别走访了8位特邀监察员、8户重点企业和35户个体纳税户，了解掌握国税干部执行各项税收政策的情况和纳税服务情况。2009年，未出现违法违纪行为。在国税办公区制作国税文化宣传长廊。把《税务人员廉洁自律若干规定》、《廉政公约》、《社会主义和谐社会的基本特征》、《公务员八条禁令》、《公民基本道德规范》等内容挂在墙上，让职工每天都能看到，时刻提醒自己，约束自己。认真组织开展对税务人员的预防职务犯罪教育，邀请县检察院的检察长、副检察长及预防职务犯罪科长到县局讲授预防职务犯罪教育有关知识，筑牢干部职工预防职务犯罪的防线。

【精神文明建设】 广泛深入开展群众性文明创建活动，重视行业文化和环境美化建设，使国税文化特色更加鲜明，内涵更加丰富，影响更加深远。一是开展“科学发展、创新发展人人上讲台演讲”活动。全局干部职工就如何加强税源管理、如何加快税收信息化建设步伐、如何履行好自己的工作职责、如何加强党风廉政建设等各抒己见，活动氛围和谐、融洽，达到了预期目的。二是开展“江城国税发展15周年征文”活动，讴歌15年来国税事业进程和税收在经济社会发展中的作用，反映国税部门依法治税、队伍建设、组织收入、纳税服务、税法宣传、税收信息化建设、党风廉政建设、构建和谐国税等方面取得的成就。三是结合实际，对县局网站进行改版。改版后的县局网站对原有栏目进行了整合，同时新增了“国税概况”、“中老越三国风情”、“深入学习实践科学发展观”等内容，扩大了干部职工学习交流的范围。四是开展群众性文体活动。组织参加全县第十四届全县文明运动会，获“体育道德风尚奖”；组织参加“全县民族歌咏大赛”荣获“一等奖”；组织参加“红土地之歌”演讲比赛，获“优秀奖”。五是积极参加社会公益活动，树立良好国税形象。积极参加扶贫、救灾、助困、助残等社会公益活动。2009年，被云南省委、省政府授予“文明单位”称号。征收大厅被云南省国税局、云南省妇女联合会共同授予“巾帼文明岗”称号，被江城县妇女联合会授予“巾帼文明示范岗”称号。

【教育培训】 2009年举办全员参加的专门业务培训班5期，参训人员达261人次，人均脱产培训达14天。积极选派业务骨干参加省、市局和相关部门举办的各项专门业务培训班9期；通过不同层次、不同岗位的业务学习培训，参训人员的理论水平、业务技能有了较大的提高，税收执法力度得到了进一步加强，干部职工的综合素质和业务技能明显提高，为做好全局各项工作打牢了基础。在省局组织的全省稽查业务考试中，及格率达100%，1名同志进入省局表彰的前150名行列。在市局组织的第六届业务能手竞赛中，有2名同志荣获“业务能手”荣誉称号。

（王永清）

澜沧拉祜族自治县国家税务局

经济概况

2009年，澜沧县实现了国民经济平稳较快发展。全年实现生产总值（GDP）23.18亿元，扣除价格因素，比2008年增长11.2%，其中，第一产业完成增加值8.01亿元，增长4.5%，第二产业完成增加值7.49亿元，增长17.2%，第三产业完成增加值7.68亿元，增长12.4%，三次产业结构由上年的35.1:33:31.9调整为34.5:32.3:33.2。实现地方一般预算收入1.23亿元，比2008年增加1803万元，增长17%。城乡居民收入增加，其中，城镇居民人均可支配收入1.12万元，增长12.4%，农民人均纯收入1737元，增长22.2%。

税收概况

【收入完成情况】 2009年，澜沧县国家税务局共组织各项税收收入1.21亿元，完成年度收入任务的111.15%，与2008年相比，增收459.34万元，增长3.94%，其中，增值税1.05亿元，同比增长1.02%，消费税73万元，同比下降13.29%，企业所得税100万元，同比增长25.88%，储蓄存款利息所得个人所得税52万元，同比下降57.17%，车辆购置税1353万元，同比增长44.08%。

【收入特点】 税收收入再次超过亿元，与上年相比，税收收入总额增加459.34万元，增长3.94%，"两税"增收94万元，增长1.01%。收入增长的主要原因：一是税收征管加强，通过进一步落实管户责任、开展纳税评估、强化税务稽查等措施，有效促进了收入增长。二是国家实施积极的财政、货币政策和一系列经济刺激政策，使全县经济压力逐步缓解，税收收入在下半年开始回升。三是国家扩大内需政策，拉动商业增长，商业零售增值税比上年增加473万元；车辆购置税超过千万元。四是电力税收增长，全年入库增值税1655万元，为超额完成收入任务发挥了关键作用。

【税源分析】 固定资产投资快速增长成为国税收入增长的主要拉动力。2009年全县共完成固定资产投资27.91亿元，比上年增长33%，带动当地水泥和商业零售增长，实现水泥增值税308万元，同比增长23.69%；商业零售增值税1728万元，同比增长37.69%。受国际金融危机和国内外市场低迷影响，全县11个重点税源品目中，粗铅、白银、煤炭因价格下降，税收收入同比分别减收714万元、365万元和151万元，直接影响了全县的收入序时进度，给组织收入工作带来很大压力。

各项工作

【税收执法】 (一) 坚持依法治税。以监督执法与促进执法相结合，加强税收征管，严格控制税收减免，确保实现税收工作目标。围绕税收中心工作和全省国税"创新发展"主题，推进依法征税，强化干部队伍作风建设，加强税收信息化、科学化、精细化管理，稳步推进"三个一工程"建设，加强党风廉政建设，不断打牢税收各项工作基础。在巩固、完善、提高、创新中不断推进整体工作机制，深入贯彻落实"合法行政、合理行政、程序正当、高效便民、诚实守信、权责统一"的基本要求，有效维护和监督税务干部行使职权，保护纳税人的合法权益。(二) 落实税收执法责任。一是在制定涉税文件及执行税收政策上，认真贯彻执行各项税收政策和各项规章制度，做到审批程序规范、合法。二是落实管户责任，强化巡视巡管。三是严格按照欠税管理，分户建立欠税档案，对欠缴税款的纳税人进行跟踪管理，并根据工作实际制定欠税清缴工作目标，认真进行欠税清缴工作。2009年，共追缴陈欠税款112万元。(三) 政策服务主动到位。尊重纳税人的税收知情权，定期整理、公布税收法律、法规，便于纳税人及时掌握税收政策，规范纳税行为。利用一线管理人员走访纳税人和大厅征收人员办税服务的机会开展面对面辅导，规范办税操作。开展公平、公正的执法服务，为纳税人创造公平竞争的税收法治环境。加大打击偷逃税力度。按照稽查工作规范化、稽查方式科学化、稽查手段现代化和稽查人员优质化的工作目标，制定稽查工作计划，坚持数量服从质量，以日常稽查和专项稽查相结合，有针对性地进行选案稽查，着重抓好举报案件排查和重点案件的查处工作，堵塞税收漏洞。2009年，共检查纳税人12户，其中，当年结案10户，有问题8户，查补收入93万元，其中，税款81万元，加收滞纳金6万元，罚款6万元。

【税收征管】 (一) 完善管理基础，提高管理效能。一是进一步理顺"三个一"工作流程，完善岗位基础分设置，适当缩小后勤服务与税收征管之间的岗位分值差距。二是继续落实重点税源企业和增值税一般纳税人重点监控企业的领导负责制，突出重点税源重点管理。对粗铅、制糖企业，实行生产、销售、价格等指标动态分析，及时反映应缴税金，督促其合理安排资金，按时入库税款。三是加强户籍管理。建立下户制度，对个体工商户实行分片管理与分行业管理相结合、对企业实行分行业分税种相结合的办法进行管理。四是拓宽信息共享渠道，明确工作职责，要求各股室及时将一些纳税人的相关信息输入微机信息系统，避免同一纳税人的信息割裂、各自保管、互不传递问题。加强与银行、工商、地税、公安、林业及协税部门联系，加强与工商、地税等部门信息交换，构建良好有序的协税护税网络。贯彻落实增值税转型政策。通过事前辅导、过程跟踪、事后监控，保证国家政策正确贯彻落实。加强干部自身学习，熟练掌握《固定资产进项税额抵扣情况表》和《固定资产进项税额抵扣明细表》的填写和审核规范，运用数据监控分析系统的固定资产抵扣分析模块，逐户逐票核对抵扣明细情况。(二) 落实税收优惠政策。把落实国家保增长、保民生推出的一系列结构性减税政策与组织收入摆在同等重要的位置，要求税收管理员学习到位、领会到位、辅导到位、执行到位，积极主动做好税收政策服务工作。2009年，落实增值税一般纳税人税收优惠政策免税销售额1.04亿元，小规模纳税人征收率下调后免税销售额5427万元，储蓄存款利息所得减免个人所得税66万元，减免企业所得税36万元，1.6升以下乘用汽车减征车购税188万元。纳税评估工作。协助市局完成对20户增值税一般纳税人的纳税评估，查补税款13万元。通过信息比对，自选15户纳税人进行纳税评估，查补税款0.2万元，罚款0.02万元。对24户企业所得税纳税企业开展评估，应补缴企业所得税32.59万元。

【纳税服务】 (一) 税收宣传月活动。围绕主题，积极开展特色宣传。一是主动与当地党委、政府汇报税收宣传月活动的思路，取得工作支持，做到项目、经费、人员三落实，保证宣传月活动的顺利开展。二是利用“葫芦节”举办庆典活动的有利时机，组队参加了全县乒乓球锦标赛，并成功开展了税收知识有奖竞赛，受到了社会各界的好评。（二）阳光政府建设。把推行阳光政府与推进改革创新各项工作紧密结合，强化工作落实。按规定时间完成了政府信息公开网站建设、政务信息查询、96128热线服务、网络在线解答等各项准备工作。及时对重大决策听证、重要事项公示、重点工作通报在网上进行公布。绩效考核部门对原有的考核内容进行扩充，做到绩效考核与阳光政府建设相互渗透。（三）改进服务措施。一是加强执法责任监督，结合《党风廉政建设责任书》签订，进一步规范执法服务行为，切实转变工作作风。将执法考核信息系统的数据质量管理和监控纳入目标责任考核管理，严格考核奖惩。强化岗位责任意识，执法考核工作责任到人，以确保综合征管软件操作规范、准确，切实做好、做细、做实岗位工作，确保执法考核和目标管理考核的质量。二是推行纳税申报期提醒服务，通过电话提醒和上门服务等方式，及时提醒纳税人主动对少缴、漏报的税款进行自查自纠，避免欠税产生和纳税人因为逾期申报而受到加收滞纳金的处罚。三是为保障纳税人合法权益，在纳税人办理税务登记时，对可以享受税收优惠政策的，及时提醒、指导办理减免税手续，避免纳税人来回跑。

队伍建设

【机构人员设置】 （一）机构设置。2009年，县局内设机构4个：人事教育监察股、办公室、收入核算股、征收服务厅。下设1个稽查局（直属机构）、1个信息中心（事业单位）和勐朗分局、上允分局（派出机构）。（二）人员配置。全局共有在职干部职工72人，其中：公务员65人，工勤人员7人；党员38人，占在职干部职工的52.7%；少数民族干部40人，占55%；硕士研究生1人，本科学历17人，专科学历43人，大专以上学历占84.7%；征收、管理、稽查人员54人，占75%。

【学习实践科学发展观活动】 结合澜沧国税实际，突出实践特色，开展“一帮一、一带一”活动，形成党员干部主动参与、一般干部积极参加的良好氛围。以深入“学习实践科学发展观”活动为契机，围绕“创新发展年”工作主题，认真开展以理想信念、政治纪律、学习态度、服务态度、工作作风、生活作风为主要内容的自检自查，早发现，早动手，分析问题本源，及时疏通结症，真正使贯彻落实科学发展观活动成为解决问题、推动工作、促进发展的工作实践。

【廉政建设】 积极开展反腐倡廉教育，以抓党风、政纪和预防职务犯罪为主线，组织干部职工开展警示案例教育，做到警钟长鸣。全面落实“一岗两责”，进一步完善《领导班子考核办法》和《目标管理考核办法》，将党风廉政建设和反腐败工作任务分解到各部门，把党风廉政建设责任制纳入目标管理进行考核，加大考核力度，强化执法责任追究。层层签订《党风廉政建设责任书》，使党风廉政建设和反腐败工作真正落到实处。2009年，未发生干部职工违法违纪问题。

【干部教育】 根据税收业务需要，坚持把教育培训放在首位，支持干部职工参加专科、本科学历深造，提高干部队伍的知识结构。鼓励干部职工积极参加省局、市局举办的专业培训和能级培训。开展需求调查，针对薄弱环节，按人员层次和工作需求，制订可行性培训计划，采取个人自学和单位组织辅导相结合的学习方式，进行立项培训。通过以老带新、以熟带生、轮岗学习、主副岗互学等方式，积极开展学习活动，广大干部职工在学习中工作，在工作中学习，营造了良好的学习氛围。

【精神文明建设】 加强思想教育，清醒认识精神文明建设在税收工作中的重要作用，把文明创建作为统一的奋斗目标，列入全县国税工作的重要议事日程和工作任务，做到同部署，同落实，同检查，同考核。积极开展多种形式的文化教育活动，用先进文化引导干部职工，教育干部职工。结合国税工作特点，组织开展文艺联欢、篮球比赛等多种形式的文体活动，用丰富多彩的活动营造国税文化氛围。开展文明细胞工程建设，使精神文明建设内容更加广泛。在国税小区建设中，完善小区管理制度，以制度管理与《公民道德实施纲要》相结合，规范干部职工及家属子女的道德行为，让文明创建深入人心，形成遵纪守法、团结友爱、家庭和睦、敬业奉献的良好氛围。积极开展“优秀税务工作者”、“优秀共产党员”、“五好文明家庭”等评比活动，丰富精神文明创建内容，增强干部职工参与文明创建的积极性。2009年，文明建设再上新台阶，澜沧县国家税务局被中央精神文明建设指导委员会授予第二批“全国文明单位”，被云南省委、省政府授予“文明单位”称号。

（丁密传）

孟连傣族拉祜族佤族自治县国家税务局

经济概况

2009年，孟连傣族拉祜族佤族自治县共完成生产总值（GDP）8.88亿元，按可比价计算增长11.4%。其中：第一产业增加值完成3.5亿元，增长12.1%；第二产业增加值完成1.92亿元，增长8.9%；第三产业增加值完成3.46亿元，增长12.4%。非公经济实现增加值3.98亿元，比上年增长11.3%，占全县生产总值的44.8%。三次产业比由上年的39.6∶22.3∶38.1调整为39.5∶21.6∶38.9。

税收概况

【收入完成情况】 2009年，孟连傣族拉祜族佤族自治县国家税务局共组织税收收入2725.57万元，完成全年任务的111.57%，同比增收195.21万元，增长7.71%。其中“两税”完成2524.23万元，完成年计划的113.04%，同比增收281.1万元，增长13%。

【收入特点】 一是税收收入在2008年受国际金融危机影响大幅下滑出现负增长后，2009年有所回升，税收弹性系数为0.68。二是税收收入同比呈“2增4降”，即：增值税、车辆购置税同比增长，其余税种同比有所减收。三是食糖、电力、商业等重点品目在增值税总收入中所占比重分别为48.39%、19.36%、35.24%；食糖与上年相比增长49.98%、电力增长12.64%、商业下降5.35%。四是“两税”中的5个重点品目“2增3减”。增收最大的是食糖，2009年入库1061万元，同比增收354万元，增长49.98%。

【税源分析】 （一）增值税。2009年共组织增值税收入2475.3万元，同比增加282.24万元，增长12.87%。1.边贸企业与发电企业增值税收入减收。由于受金融危机影响，加上2008年11月起取消边境小额贸易享受减半征收进口增值税税收政策，边贸企业增值税收入从2008年的321.06万元，下降到2009年的18.19万元，降幅达94.34%；由于受干旱影响，发电量同比下降7.95%，加上电价调整，使得发电环节增值税收入减收27.93万元，下降21.23%。2.电器、摩托车下乡政策成果显著，促使供电、摩托车零售、成品油零售等行业增值税收入同比相继增长。电器下乡促进农村电器用电量增加，供电环节增值税收入同比增长13.4%；摩托车零售行业增值税收入同比增长134.6%；成品油零售行业剔除纳税评估收入，同比增长40.52%。3.烟草批发增值税完成388.35万元，其在增值税征收品目商业中的比重为50.25%。4.全县税源大户孟连昌裕糖业有限责任公司增值税收入同比增长49.98%。5.增值税征收率下调导致个体增值税收入减少83.43万元（其中个体工业40.82万元）；生产企业2009年申报抵扣固定资产进项税额70.71万元。6.加强税收征管，通过以查促管、以评促管方式，提升纳税服务意识，促进依法治税。2009年共查补增值税款51.15万元。（二）消费税。消费税税源结构单一，主要以孟连昌裕糖业有限责任公司生产的酒精为主，其消费税收入占消费税总体收入的98.39%，2009年生产酒精2743吨，同比减产88吨，造成酒精消费税收入同比下降2.29%。（三）企业所得税。受金融危机影响，全县企业均不同程度出现亏损或盈利较少，2009年企业所得税收入中以企业预缴为主，其中房地产企业预缴入库18.97万元，云思腊福发电公司预缴入库8.04万元；2008年度汇算清缴入库4.15万元，涉及2008年度汇算清缴退库11.02万元。因汇算清缴退库造成2009年企业所得税收入同比减收16.38%。（四）储蓄存款利息所得个人所得税。由于国家免征储蓄存款利息所得个人所得税政策影响，造成储蓄存款利息个人所得税收入下降60.11%。（五）车辆购置税。2009年入库129.9万元，同比增加12.4万元，增长10.55%。车辆购置税的增收主要得益于摩托车下乡政策宣传、执行得力，农村购买力逐渐增强，农民购买摩托车取得的财政补贴收入，弥补了缴纳摩托车上证费的不足，杜绝了摩托车经销商“高卖低开”发票行为，使得车辆购置税同比增收。

各项工作

【税收法制建设】 一是加强执法管理信息系统的升级、管理工作，严格落实税收执法责任制和执法过错责任追究。2009年，全局执法系统内共产生2个过错指标，2户（次）过错，扣分3分，涉及被考核的人员2名，考核经济惩戒30元。产生过错及扣分相对上年减少，执法风险有所降低。二是认真开展规范性文件清理工作。共清理全文失效文件83件，部分条款失效文件6件。2009年，县局未涉及重大税务案件的审理，未发生税务行政复议诉讼案件。

【税收执法】 （一）税收宣传。税收宣传月活动和日常管理相结合，积极开展“送税法进企业、进纳税户”，深入口岸、集市、建材市场、扶贫村开展税法宣传；组织开展两期80余户纳税人业务培训，对12户政策调整后达到一般纳税人认定标准的纳税人和原认定的69户一般纳税人进行了政策、业务培训；对辖区1978户纳税人宣传增值税转型有关税收政策。把学习好、宣传好、落实好各项税收政策作为对纳税人最好的服务。（二）税收执法检查。对市局检查组二次深入县局开展税收执法检查发现的12个方面的问题认真整改落实，进一步规范执法。（三）税务稽查。一是进一步加大稽查力度，以查促管、以查促征的效果明显提高。全年共检查纳税人25户，发现有问题业户23户，立案8户。查补税款5.68万元，罚款2.13万元，滞纳金1.54万元，责令企业自查自补税款15.79万元。稽查主要考核指标明显提高，其中：选案准确率92%；查实率100%；处罚率34%；结案率和入库率分别达100%。二是认真组织开展税收专项检查，严厉查处税收违法案件，提高稽查威慑力。全年开展了对供电企业、大型超市、进出口商贸企业等25户纳税人的税收专项检查。（四）认真贯彻落实国家各项税收优惠政策，办理好各项减免税。全年减免企业所得税100.73万元，其中：西部大开发企业减免2.03万元，新办非公有制企业减免3.34万元，农村信用社减免95.39万元；1579户不达起征点个体工商户享受征前免征增值税116万元；安置残疾人企业税收收入14.83万元；办理出口退税125.41万元；96户经营农业及农业生产资料的企业享受征前全免增值税销售收入3.22亿元。

【税收征管】 （一）加强户籍管理。加强工商税务信息交换和日常巡查巡管力度，完成县城和4个乡镇的巡回检查，共清理漏征漏管户65户。（二）发票管理。按照《中华人民共和国发票管理办法》及其实施细则加强对发票的管理，结合综合征管软件发票管理功能模块，做好相关数据的录入工作，把好发票发售、核销、比对关，坚持"以票控税"。对156户用票户的发票使用情况进行检查，共检查发票15395份，查处发票违章偷税案件8起，查补税款16.91万元，罚款2.57万元。（三）加强增值税管理。一是继续抓好增值税管理信息系统运行管理工作，增值税管理信息系统保持安全、稳定运行。二是加强一般纳税人管理、认定工作，降低一般纳税人认定标准后，及时督促达到新认定标准的12户纳税人建立健全账制。全年超标认定增值税一般纳税人5户。三是认真开展增值税纳税评估。以数据信息监控分析系统管理和下户实际管理相结合，先后组织开展了运输发票专项评估及农产品发票的清理检查工作、成品油增值税评估、自选评估户评估。通过对32户（次）纳税户的评估清理，共查补税款7.85万元，加收滞纳金3800元，转出进项税4.92万元。纳税评估机制提升税源管理质量成效显现。四是加强对农业生产单位、以农产品为原料加工企业的税收管理，完成39户农产品生产企业减免税备案工作；加强农产品收购发票、销售发票的管理，做好农产品进项抵扣审核管理，2009年免税农产品共申报销售收入2.52亿元。五是与地方税务局共同成立了联合评定领导小组，认真开展纳税信用等级评定工作，对7户年缴纳税款在100万元以上的国税局、地税局共管户和缴纳税款50万元以上的国税管户进行了评定，共有3户评定为A级，4户评定为B级。六是按照市局下发的6个行业税收管理办法，加强水泥、茶产业、矿业、林产业、制糖和电力6个行业的税收管理。（四）加强消费税管理。一是及时分析消费税收入增减变化情况及原因，把握消费税收入变化的趋势。二是加强消费税申报表的填写规范，做好综合征管软件中相关信息的监控，为进一步规范管理打好基础。（五）加强车购税管理。认真落实车购税征管各项措施，不断提高车购税管理水平。结合新征管系统上线运行情况，对车购税纳税申报、新增车型计税价格核定、纳税申报数据录入、过户、变更、转籍及完善档案管理等方面提出了具体要求，从管理办法和措施上保证了新系统运行的质量和效率。车辆税收异常发票数量明显下降，2009年共清分异常发票7份，同比下降56%。（六）加强企业所得税管理。抓好2008年度企业所得税汇算清缴工作，完成61户纳税人的所得税汇算清缴工作，汇算清缴入库税款4.15万元（含提退税额）；对11户纳税人开展所得税纳税评估，通过案头分析及实地评估，共增加应纳税所得额70.3万元。（七）加强涉外税收管理工作和出口退（免）税企业管理。一是稳步推进非居民税收管理。二是加强出口货物退（免）税政策的贯彻落实，进一步规范出口货物退（免）税会计核算，严把出口退（免）税审核关。2009年，共有6户企业进行了出口退税申报业务，已审核通过应退税125.41万元，已办理退税96.32万元。三是加强不予退（免）税管理，按市局定期下发的数据进行清理，并加强日常管理，督促出口企业按政策规定，把应视同内销计提销项税额或征收增值税的货物，及时申报纳税。

【税务信息化建设】 一是完成县局政务网站建设，为机关内部管理和交流学习提供平台；建设使用网络教育培训系统，完成系统安装、设置、培训和配合上级部门进行调试，将系统进行优化；完成网络改扩建工程，将网络系统由原来单一2M带宽改扩建为由三家运营商各提供一条2M带宽、环网连接互为热备的网络系统，税收信息化建设上了一个新台阶。二是认真做好金税工程防伪税控系统维护工作，全年防伪税控企业发行系统共发行企业2户，授权维护5户。三是按时完成各种税务应用软件系统升级、维护，做好网络、设备日常管理工作，确保网络安全、稳定运行。

队伍建设

【机构人员情况】 至2009年底，县局设有办公室、政策法规股、税政股、收入核算股、征收管理股、人事教育股、监察室7个内设机构，下设直属机构：稽查局，事业单位：信息中心，派出机构：娜允税务分局。全局共有干部职工52人，其中：在职干部43人，退休干部9人。在职人员中，大专以上学历35人，占81%。

【领导班子建设】 一是认真落实党组中心组理论学习制度，坚持中心组集中学习和班子成员分散自学相结合，以开展"学习实践科学发展观"活动为动力，认真学习贯彻党的十七大精神，全面落实科学发展观，强化党员意识，增强政治观念和宗旨意识，提高班子成员的理论素养和贯彻执行党的路线方针政策的自觉性，坚决维护上级权威，保证政令畅通，提高执行力。二是加强领导干部在学习、工作和生活中的引领示范作用，结合落实领导干部管户责任制，身体力行履行好管户责任，用科学发展观成果促进组织收入工作。

【廉政建设】 一是及时传达全省、全市国税系统党风廉政工作会议精神，层层签订《党风廉政建设责任书》，继续落实特邀监察员制度，继续抓好《廉政公约》回访后续工作，2009年共回访纳税人95户，回访率19%。二是结合深入学习实践科学发展观活动，全面贯彻落实阳光政府“四项制度”，增强干部执法风险防范意识和廉洁自律意识。三是加大监督检查力度，按照税收绩效考核的要求，加强对税收执法和管理的过程、结果进行有效的监督；协助市局做好对县局党组班子的工作巡视和执法检查工作，对执法中存在的问题及时加以整改落实，进一步提高税收执法和管理水平。四是认真落实《建立健全惩治和预防腐败体系2008～2012年规划》，结合实际制定实施意见和分工方案，将具体内容分解落实到部门。五是坚持一年一次的预防职务犯罪教育活动，邀请县检察院反贪局局长作专题讲座，重温党和国家领导人对反腐倡廉工作的重要指示，警醒干部职工要“常修为政之德，常思贪欲之害，常怀律己之心”，慎用手中权力，摒弃侥幸心理，时刻敲响警钟。

【教育培训】 一是以学习教育为抓手提升素质。根据现实干部业务知识和技能需求，以学习实践科学发展观带动政治理论、税收业务知识和岗位技能的学习，进一步加强干部队伍政治思想教育和业务技能培训，提高依法行政能力和纳税服务水平。认真开展企业所得税政策、增值税转型相关政策和综合征管软件、数据监控分析等政策业务和操作技能的学习培训。2009年，共组织了8期政治和业务培训，参训干部100余人次；选送40余人次参加省、市局组织的各类培训。二是加强对年轻干部的培养教育，认真组织参加全国稽查业务考试、第六届全市业务能手竞赛和全市副科级后备干部考试，有4位年轻干部被列入了2009年全市国税系统副科级后备干部。三是强化引导教育，采取座谈会、“交心谈心”活动等形式，加强干部职工履职品德教育，培养和谐心态；倡导健康生活、快乐工作的理念，把健康生活和快乐工作作为落实以人为本的一个重要的目标体现，最大限度地为干部职工提供健康生活和快乐工作的环境氛围和制度保障。四是从2009年3月份开始，紧紧围绕县委的安排部署，以“服务科学发展，建设和谐国税”为主题，以领导班子和党员领导干部为重点，扎实开展“学习实践科学发展观”活动，学习实践活动于8月31日圆满完成，活动满意率达94%，向群众和上级组织交了一份满意的答卷。通过开展学习实践活动，及时把党员干部的热情引导到干事创业上，引导到促进国税事业全面发展上，全局工作得到有效落实，呈现出稳定、发展、和谐、共进的局面。

【精神文明建设】 一是巩固和提高文明创建成果，被省委、省政府授予省级“文明单位”称号；积极开展评优、评先活动，旗帜鲜明地树立勇于创新、干事创业的干部形象，用文明创建等形式增强干部职工的集体荣誉感，塑国税良好形象。二是加大国税文化建设。积极开展运动会、联欢会、边三县联谊活动、群众性广场文化比赛等业余文化活动，使干部职工文化生活更加丰富多彩、精神风貌更加昂扬向上、身心更加健康和谐。三是抓好综合治理工作，确保单位平安；积极投入新农村建设和扶贫攻坚工作，充分发扬“一方有难，八方支援”的优良传统，把视线转向社会，承担更多的社会责任，共创社会和谐。四是狠抓内部管理，健全和完善内部行政管理规章制度，加强对上下班纪律、工作质量和效率、着装挂牌上岗制度等情况的督促检查，及时纠正存在问题，树立务实高效的良好国税形象。

（黄新华）

西盟佤族自治县国家税务局

经济概况

2009年，西盟佤族自治县完成地方财政一般预算收入2119万元，同比增长30.1%，实现生产总值（GDP）3.89亿元，比上年增长11.1%（按可比价计算），其中：第一产业完成1.2亿元，比上年增长9.1%；第二产业完成7223万元，比上年增长6%；第三产业完成1.97亿元，比上年增长14.1%，三次产业结构比为30.9∶18.6∶50.5。全县固定资产投资总额为2.98亿元，比上年增长28%。社会消费品零售总额实现1.1亿元，比上年增长13.7%。外贸进出口总额实现4257万元，比上年增长99%。非公经济占全县生产总值的比重上升15.5个百分点。

税收概况

【收入完成情况】 2009年，西盟佤族自治县国家税务局组织各项税收收入1381万元，比上年增收407万元，增长42%，完成市局计划考核任务938万元的147.28%；完成县人民政府考核任务229万元的139.73%。其中：增值税入库1281万元，比上年增收403万元，增长46%；消费税入库29万元；企业所得税入库20万元；储蓄存款利息所得个人所得税入库7万元；车辆购置税入库44万元。税收收入和增值税收入首次突破千万元大关。

【收入特点】 一是国税收入与经济发展协调增长，占全县GDP的比重有所提高。二是从行业结构看，制糖、商业零售、电力、矿产品收入占全年收入总额比重较大，分别为 43.30%、24.18%、11.22%、7.89%。三是清欠和核销历史欠税工作成绩显著，全年清缴欠税 259 万元（其中：增值税 246 万元，消费税 13 万元），报经省局批准核销历史欠税 402 万元，完成市局清理陈欠税款和呆账税金任务的 2755.31%。

【税源分析】 西盟县属国家级贫困县，税源结构较为单一，主要依靠食糖、商业零售、电力和有色金属矿产品。2009 年食糖收入 598 万元，同比增长 229.89%；商业零售入库 334 万元，同比增长 19.71%；电力入库 155 万元，同比下降 11.43%；有色金属矿产品入库 109 万元，同比下降 39.78%。清缴欠税占全年收入总额的 18.77%，是税收收入快速增长的重要因素。

【税源管理】 一是加强税收管理员队伍建设，配备税收管理员 21 名。二是加强户籍管理。全年新办理税务登记证 134 户，注销 58 户，合计开业户 1018 户，比上年增加 77 户，增长 8%。三是加强纳税申报管理。全年应申报 4595 户次，实际申报户次 4593 户，准期申报户次 4562 户，申报率 99.96%，准期申报率 99.28%。四是建立税源控管体系，做好税源分户预测，将收入计划与管理责任纳入年度考核。五是加强以票控税，做好重点税源管理、税收资料调查工作，把握税收主动权。

各项工作

【税收法制建设】 一是坚持依法治税，认真贯彻“依法征税、应收尽收、坚决不收过头税、坚决防止和制止越权减免税”的组织收入原则。二是以提高政治素质和业务素质为抓手，提高干部队伍的执法水平，有效规避执法风险。三是细化税收执法考核责任制，规范税收执法行为。四是开展税收执法检查，强化两权监督。五是建立内外部执法监督机制，开通监督电话、涉税违法案件举报电话，聘请特邀监察员，建立社会监督网络。六是认真贯彻增值税转型改革各项政策，规范减免税管理，为经济社会发展营造良好的税收环境。

【税收执法】 税收宣传。以第四届中国佤族木鼓节为平台，采取多形式、多渠道宣传税法，特别是增值税转型后税收新政策的宣传辅导，共设立宣传咨询点 3 个，悬挂宣传横幅 10 条，散发宣传单 2000 余份，发送短信 300 条，接受社会各界咨询 200 余人次。税务稽查。2009 年重点开展了企业和乡（镇）个体户商业零售行业普通发票检查工作，检查纳税人 49 户（其中：企业 3 户，个体 46 户），检查发票 10795 份。开展分类稽查、专项检查、区域性税收专项整治工作，加大稽查查补力度，全年共查补收入 9.5 万元。

【税收征管】 （一）增值税一般纳税人管理。2009 年共有一般纳税人 30 户，实现税收收入 882 万元，占全年税收收入总额的 63.87%，占两税收入的 69.15%。（二）个体工商业户定额核定管理。全年月平均核定 849 户次，年达起征点 2023 户次，月核定平均销售收入 344 万元，月平均核定收入 4051 元。年未达起征点 8180 户次，免征税额 73 万元。（三）固定资产进项税抵扣管理。对 5 户企业购进固定资产情况详细核实备案，共抵扣购进固定资产进项税 27.5 万元。（四）企业所得税管理。做好企业所得税汇算清缴工作，对 29 户企业的收入、成本、费用、经营成果、所得额、减免税、税前扣除进行认真审核，汇算面达 100%。（五）车辆购置税管理。严格执行车辆购置税“一条龙”管理，规范纳税人涉税资料，全年征收数量为 1204 辆。（六）减免税管理。认真贯彻落实税收优惠政策。一是对 26 户纳税人进行增值税政策性减免备案，共减免增值税销售收入 1661 万元。二是对 5 户企业所得税纳税人按税收政策给予减免税，减免企业所得税 55 万元。三是全面落实小规模纳税人征收率由 6% 和 4% 降为 3% 的政策。（七）发票管理。一是坚持“以票控税”，强化源泉控管，加大发票的管理监控力度，发现异常及时进行调查核实，严厉打击发票违法行为；二是对农业产品收购发票使用情况跟踪记录，按季检查；三是加强“三小票”管理，确保抵扣质量。

【税务信息化建设】 认真做好金税工程、综合征管信息系统、办公自动化等各应用系统的日常性技术管理维护。做好防伪税控系统企业发行、计算机网络信息安全管理、计算机单机硬件设备维修服务工作。注重计算机房日常管理工作，保证机房内各种设施正常运行，机房安全可靠。完成勐梭税务分局和收入核算股的 UPS 电源改造；完成网络教育系统设备验收、安装、调试等工作。成功进行网络改造。自 2009 年 11 月 30 日起正式使用广电网络。

队伍建设

【机构人员情况】 机构设置。内设股室 7 个：办公室、人事教育股、征收管理股、政策法规股、税政股、收入核算股、监察室；直属机构 1 个：稽查局；派出机构 1 个：勐梭税务分局；事业单位 1 个：信息中心。人员配备。全局共有干部职工 36 人，其中，在职职工 30 人，退休和提前离岗 6 人，在职职工平均年龄 39.7 岁，专科以上学历有 26 人，占在职干部职工的 86.67%，有党员 19 人，占在职干部职工的 76.67%。

【领导班子建设】 局领导班子由局长、纪检组长 2 人组成。班子成员团结协作，坚强有力，与时俱进，作风民主，廉洁勤政。局班子坚持党组民主生活会制度、党组中心组学习制度和周五学习日制度，不断提高班子成员的理论水平和政治素质。特别是通过开展深入学习实践科学发展观活动后，领导班子的凝聚力、战斗力和向心力都有了明显的增强。班子成员按照分工和职责，大胆创新工作，尽职尽责完成好各自所担负的工作任务，做到成员之间相互协作，相互支持，相互理解，全力推进全局工作。在廉洁自律方面，局领导率先垂范，带头执行《廉政准则》、《云南省公务员八条禁令》和《税务人员十五不准》，不搞特殊化。在执行制度、规定方面，领导干部以身作则，严格要求，为群众做出了榜样。

【党风廉政建设】 一是及时召开党风廉政建设工作会议，全面传达贯彻国税系统党风廉政建设工作会议精神，深入学习实践科学发展观。二是层层签订《党风廉政建设责任书》，明确和落实责任到每个股室、每个人。三是按照《建立健全惩治和预防腐败体系2008～2012工作计划》实施意见要求，制订全局实施方案，认真贯彻落实。四是通过组织收看警示教育片和对涉税违法案件的通报，引导干部职工树立正确的世界观、人生观、价值观。五是严格执行“云南省公务员八条禁令”和税务人员“十五不准”，规范干部职工的行为。六是以“两权监督”为重点开展执法监察工作，重点放在税收管理、纳税定额核定、税收优惠政策落实、稽查查办案件等环节，加大信访举报案件的查处力度，为做好税收工作提供强有力的保障。七是严格执行财务制度，严格控制“四项费用”支出，“四项费用”控制在指标内。

【精神文明建设】 一是积极申报第十二批云南省文明单位，做好第十四批省国税系统文明单位复查工作，规范文明单位创建档案资料和文明行业多媒体资料。二是积极开展和谐国税文化建设，充分发挥党、团、工、青、妇组织作用，积极开展丰富多彩的文体活动，丰富干部职工的业余生活，举办了以“秀丽佤山聚三乡，碧湖清泉映浓情”为主题的西盟、孟连、澜沧三个县局联谊活动，展现西盟国税风采。三是扎实开展党建工作。不断加强党建工作创新力度，做到围绕税收抓党建，抓好党建促税收。四是切实开展扶贫帮困工作，服务社会主义新农村建设。深入扶贫点看望慰问孤寡老人和困难党员，送去现金和物品共计1.58万元，给困难群众和党员送去了国税大家庭的温暖。

【教育培训】 采取多种培训方式，加大培训力度，提高干部的综合素质。全年共组织各种业务培训5期117人次，选送参加省、市局各种培训5期17人次。抓好干部学历教育，从1994年机构分设时只有1名大专生，至2009年底，全局大专以上学历有26人，占在职干部总人数的86.67%。通过抓干部培训及学历教育工作，干部队伍的综合素质和业务水平有了较大的提高。

（杨正宏）

西双版纳傣族自治州国家税务局

经济概况

2009年，西双版纳傣族自治州实现生产总值（GDP）137.87亿元，比上年增长12.8%，人均生产总值1.28万元，增长12.2%。生产总值中第一产业增加值40.71亿元，同比增长10.6%；第二产业增加值41.01亿元，增长14.6%；第三产业增加值56.15亿元，增长13.2%。三次产业结构为29.5:29.7:40.8。农业生产较快增长，全州实现现价农业总产值65.65亿元，按可比价格计算，同比增长11.6%。工业持快速发展态势，全州完成现价工业总产值49.24亿元，按可比价格计算，同比增长16.6%，规模以上工业增加值26.90亿元，增长12.2%。固定资产投资继续保持增长，全州固定资产投资总额88.86亿元，比上年增长33.1%。消费市场活跃，全年实现社会消费品零售总额41.54亿元，同比增长19%。依托地缘优对外贸易增势强劲，全年货物进出口总额6.73亿美元，比上年增长52.6%，其中，出口总额4.75亿美元，增长69.8%；进口总额1.98亿美元，增长22.8%。旅游业快速增长，全州接待国内外游客732.03万人次，同比增长17.3%，实现旅游综合总收入50.34亿元，增长22.3%。财政收入呈现较快增长，财政总收入23.25亿元，比上年增长54.4%；地方财政收入17.65亿元，增长85.7%，其中，地方财政一般预算收入8.60亿元，同比增长19.4%。居民收入进一步提高，全年城镇居民人均可支配收入1.22万元，同比增长10.9%；农村居民人均纯收入3750元，增长16.7%。

税收概况

【收入完成情况】 2009年，西双版纳傣族自治州国税系统共组织税收收入5.77亿元（不含海关代征），完成省局奋斗目标的103%，税收收入创全州国税历史新高。同比增长5.4%，增收2969万元。其中：国内增值税入库38941万元，同比减收965万元，下降2.4%；国内消费税入库1844万元，同比增收1621万元，增长726.9%；企业所得税累计入库8204万元，同比增收1462万元，增长21.7%；储蓄存款利息所得个人所得税入库416万元，同比减收712万元，下降63.1%万元；车辆购置税入库8342万元，同比增收1563万元，增长23.1%。全年共办理免抵调库增值税30万元，出口退税1670万元，同比下降20.5%，其他收入114万元。分县市税收收入完成情况：景洪市国家税务局共组织税收收入2.99亿元，增长8%，完成确保完成税收收入任务数2.76亿元的108.4%同比增收。勐海县国家税务局共计组织收入1.43亿元，同比增收969万元，增长7.23%，完成西双版纳州国家税务局下达任务数

1.42 亿元的 102.55%。勐腊县国税局共组织各项收入1.35 亿元，同比减收 222.70 万元，下降 1.60%，完成州局调整任务数 1.31 亿元的 102.80%，超调整任务数2.8 个百分点。

【收入特点】 一是国税部门负责征收的五个税种“三增二减”。除消费税和个人所得税因政策调整造成税收一增一减外，全州主体税种增值税同比下降 2.4%，企业所得税同比增长 21.7%，车辆购置税增长 23.1%。二是中央级收入呈正增长，而地方级收入同比下降。全州国税系统税收中央级收入 4.47 亿元，同比增长7.2%，地方级（含省级）收入 1.30 亿元，同比下降0.3%，中央级收入增幅高于地方级收入增幅 7.5 个百分点。三是税收收入呈前低后高态势。全州国税收入累计增减幅度自 7 月份后逐步收窄，11 月首次实现年内正增长，12 月增幅扩大至本年最高 5.42%。四是从增值税各税目收入来看，高度集中在制茶业、矿采选业、电力和商业四大行业，全州四大行业增值税实现收入 3.10 亿元，占增值税总收入的 79.7%，比重虽然比 2008 年的 82% 有所下降，但仍占较高比例。五是税种结构发生变化。国内消费税受政策调整因素影响，收入大幅度增长，所占税收比重由 2008 年的 0.4% 提高到 2009 年的 3.2%，而增值税比重由 2008 年的 72.8% 下降到2009 年的 67.4%，下降幅度达 5.4 个百分点。六是各经济性质税收结构发生较大变化。国有和集体企业税收大幅度增长，所占税收比重从 2008 年的 8% 提高到2009 年的 12%，而私营企业税收下降明显，所占税收比重从 2008 年的 39.5% 下降到 2009 年的 32.3%。七是增值税收入分企业呈不对称结构。全州增值税纳税大户数量少，而税收收入所占比重较大；小型企业数量相对较多，但其税收比重较小。全州缴纳 100 万元以上税款的企业合计 34 户，占全州纳税户的 0.68%，缴纳增值税合计 3.19 亿元，占全州增值税的 82%。

【税源分析】 国税部门负责征收的五个税种“3 增 2 减”；消费税、企业所得税和车辆购置税增收，增值税和储蓄存款利息所得个人所得税减收。增收的原因：一是税源经济第二、第三产业增长，是促进税收增长最直接原因。二是严格执行烟草批发行业征收 5% 的消费税政策，征收消费税 1685 万元。三是全州国税系统加大了对企业所得税的管理力度，强化纳税评估，评估出税款 254.60 万元；重点行业矿产业由于年末经济复苏，增收企业所得税近 1700 万元；定点联系企业自查督导补交企业所得税 123.85 万元。四是由于国家出台一系列车辆购置税优惠政策，大大刺激了车辆的消费，登记车辆大幅增长，克服了优惠政策导致的减收因素，使车辆购置税增长。减收主要原因是：一是跨期因素和金融危机成为全州增值税减收的主要原因，跨期因素减收3000 万元。2007 年到 2008 年全州因征期因素影响的跨期税款约为 6000 万元，而 2009 年仅为 3000 万元左右，同比减少了 3000 万元。受金融危机影响，重点监控的企业产品销售价格一直低迷，企业生产积极性不高，造成税款同比大幅度下降。特别是与矿产品有关的采选、冶炼、商业行业税收下降明显。二是严格执行商业批发、零售和修理行业税率调减，减收增值税 572 万元；三是严格执行增值税转型政策，减收增值税 7776 万元（景洪电站进项抵扣 6835 万元）；四是严格执行储蓄存款利息所得个人所得税免税政策，减收储蓄存款利息所得个人所得税 703 万元。

各项工作

【依法治税】 一是认真开展税收执法检查。成立税收执法专项检查领导小组，重点对 2008 年 1 月至 2009 年10 月期间州局税收执法七个方面进行税收执法专项检查：地方党政、税务机关以及其他部门有无越权或违规制定涉税文件；企业所得税管理是否符合国家统一政策；重点行业管理是否到位；为小规模纳税人代开增值税专用发票是否规范。对税收政策执行和税收执法方面进行检查；对税务稽查执法方面进行检查；对税收执法管理信息系统运行情况进行检查，重点检查管理信息系统运行情况，以及执法过错申辩调整、执法考核结果责任落实和复核检查处理情况。二是抓好本局重大案件审理工作。认真完成重大税务案件审理的日常工作。全年共审理重大案件 7 件，共查补税款 158.07 万元，罚款、滞纳金 59.56 万元。三是认真落实“五五”法制宣传教育各项工作。按照西双版纳州普法依法治州办公室工作要求对近几年来“五五”普法的情况进行了自查。四是认真落实各项税收优惠政策。积极落实下岗失业人员再就业和高校毕业生就业的各项税收优惠政策，全年共免收 329 户纳税户税务登记证工本费 7233 元；认真执行增值税起征点政策；落实企业所得税小型微利优惠认定政策，享受小型微利企业达 159 户。全年所得税减免税审批类共计 68 户，减免税额 1620.08 万元；所得税减免税备案类共计 42 户，减免税额 322.06 万元。审核批准 4 户企业执行西部大开发企业所得税优惠政策。全州共受理审批财产损失 9 件，受理审批扣除金额 982 万元。不准予扣除金额 5.3 万元。不予受理通知数 1 件，不需报批金额 4059 万元。五是出口货物退（免）税管理。全州全年共办理退（免）税额 1670 万元，与去年同期 2058 万元相比下降 19%。严审细核出口退税信息，从严执行不予受理退税业务。全年审出不予受理退税210 万元。

【税收征管】 2009 年登记纳税户 21942 户，其中，企业纳税户 3490 户，个体纳税户 18452 户，实行介质申报 837 户，全州清理欠税 2.71 亿元（其中：清理入库陈欠 10 万元），遗留陈欠 111.59 万元，清理欠税增减率为 -75.23%。一是税收征管在新的领域取得新突破。共征收非居民所得税 13 笔，税额 5.48 万元，实现了非居民企业所得税零突破。认真核实和清理境外投企业，全州共有 52 户境外投资企业。二是加强对增值税抵扣凭证的核查力度。加强对农产品加工企业使用、开具农

产品收购发票和运输发票的核查，对不符规定抵扣作进项税金转出 47.73 万元；加收滞纳金 1.16 万元；加强对固定资产增值税专用发票抵扣的核查力度，核查出不符合抵扣固定资产作进项税金转出 2392 万元，并补缴入库。三是对纳税人普通发票使用的检查。检查工作采取日常检查与专项检查相结合的方法，全州用票户数共有 4694 户，共检查了 1285 户，检查面占用票户总数的 27%，共检查发票 187689 份；通过检查，查出有问题 119 户，涉及违章发票 1482 份。对涉及违法违章发票行为的 119 户，补交税款 22.91 万元，加收滞纳金 3.39 万元，处罚金额 11.24 万元。四是积极开展定点联系企业的自查督导工作。自查督导涉及西双版纳 7 户企业，通过企业自查，有 6 户企业（含省局督导企业）自查补企业所得税 123.85 万元，税款全部入库。五是强化税源调查及分析。加强对全州铁矿、茶叶、制糖、电力等行业重点纳税企业和个体纳税户增减变化情况深入细致的调查了解，并按户、按行业、按区域分析纳税户的生产经营情况，及时、准确地掌握税源变化和行业税负情况。抓好税收计划执行情况的分析，从税收收入规模结构、经济发展状况、税收政策影响、征管质量等方面开展税收计划执行综合分析，为组织收入工作提供可靠的数据支持及基础保障。

【税务稽查】 全州国税稽查局查处涉税违法犯罪案件 73 件，查补收入 2805 万元，其中，检查补税 642 万元；入库率达 100%，查补收入率 4.9%，选案准确率 89%，偷税处罚率 59%；移送公安涉税案件 2 件。一是积极稳妥地开展分类稽查工作。纳入州一级新一轮分级分类稽查的企业共 55 户，向企业下发了《税务稽查查前告知书》以及相关报表和自查提示，全州共有 78 户企业自查有问题，企业自查入库税款 922 万元。二是执法与服务并举，营造和谐稽查氛围。围绕“创新发展年”的工作主题，更新执法理念，逐步实现由“监督打击型”向“管理服务型”的转变，做到：查前服务人性化、查中服务多样化、查后处理规范化、稽查回访规范化。三是积极查处举报违法案件。全州稽查系统共受理举报案件 7 件，已结案 4 件，有问题 3 件，共计查补入库收入 1.21 万元，其中：税款 5042.90 元，罚款 7000 元，滞纳金 20.17 元。已全额入库。四是积极开展打击发票违法犯罪活动。对全州商业零售行业发票清理，共检查 1117 户，其中：企业 195 户，个体 922 户。共检查发票 187562 份，检查出有问题发票 1000 份，涉及有问题企业 22 户，个体 61 户。对涉及违法违章发票行为的 83 户进行了补税和罚款处理，补交税款 2.87 万元，加收滞纳金 107 元，处罚金额为 4.96 万元。五是加强各部门合作，共谋协调发展。全州稽查系统与地税、公安及征管等单位、部门就联合办案、打击发票犯罪、以查促管等方面工作开展了多形式的协作配合。六是抓实协查，强化稽查广度。全州通过协查系统共发起委托协查 9 起，委托协查增值税专用发票 19 份，涉及金额 334.8 万元，涉及税额 56.9 万元，涉及地区：上海、广西、广东、昆明等，收到回复 19 份，协查结果为正常 18 份，有问题发票 1 份，涉及金额 8.6 万元，涉及税额 1.5 万元，选票准确率为 5.26%。

【纳税服务工作】 一是观念创新，在优化服务上寻求新举措。通过业务创新和技术创新实现操作流程紧密衔接和数据高度共享，全州共推行多元化申报 4387 户（其中，储蓄扣税 3550 户、介质申报 837 户），推广应用网络申报系统；规范办税服务厅服务功能，为纳税人提供“一窗式”、“一站式”服务；开通网站宣传及咨询热线服务；为支持非公经济、中小企业发展，保障非公经济和中小企业合法权利，把好“审核、评估、审批、跟踪管理”四道关，提高延期缴纳税款审批工作的质量和效率。二是创新发展，纳税服务呈现新的特点。规范“一个办税服务厅”，全面推行服务承诺制度，实现优质服务。建立纳税咨询热点问题收集公布制度；认真执行征期领导带班制度；简化服务流程；推广“综合业务窗口”的“一窗式”模式，“大厅设立引导员服务制”，设置岗位台卡，亮证办公；完成了规范全州办税厅办税服务标识工作。三是开通一条“咨询热线”，接听转办各种涉税事项。全局共接听涉税咨询电话 28 个，直接解答涉税事项 26 件，转办 2 件。四是将纳税服务延伸到税务工作的全过程。坚持“始于纳税需求，终于纳税人满意”的税收服务理念，在管理中服务，在服务中管理。强化考核，切实保证工作的质量与效率。实现“执法型”向“管理服务型”的转变，以纳税人满意程度作为考评税务干部工作实绩和效率的重要标准，把为纳税人服务贯穿于税收工作的全过程，推进整个国税系统“征、管、查”各个领域税收服务水平的全面提高。通过税法宣传、纳税评估、税收督导、提醒服务等手段，延伸在征、管、查各项工作中的税收服务，纳税服务在更广大空间得到落实。

队伍建设

【机构人员情况】 2009 年，州局机关内设行政机构 12 个，直属机构 1 个，事业单位 2 个，另设党委办公室、离退休干部管理办公室（挂靠人事教育科）。全州国税系统共有 3 个县市国税局，有在职干部职工 261 人，其中 45 岁以下干部职工 165 人，占总人数的 63.2%，大专（含本科）以上学历 207 人，占总人数 79.3%，本科以上学历 99 人，占总人数 37.9%。州局机关有在职干部职工 58 人（公务员 55 人、工勤人员 3 人），平均年龄为 44.8 岁；其中党员 30 人，占总人数的 51.7%；年龄在 45 岁以下 29 人，占 50%；大专以上学历 51 人，占 87.93%。有离退休干部职工 12 人。

【领导班子建设】 领导班子建设。一是严格执行民主集中制原则。凡重大决策、干部任用、基本建设和大额度资金使用，都经过集体讨论后做出决定；二是严格执行谈话和谈心制度。州局党组成员每年不定期与分管、联系的县（市）局一把手进行谈话谈心，针对存在问题，区别情况分类进行警示提醒、诫勉督导和责令纠错；三是严格执行任期经济责任审计和离任审计制度。一把手任期经济责任审计和离任审计结果纳入领导干部本人考核（廉政）档案，并作为对领导干部业绩考评和职务任免的参考依据；四是严格贯彻执行民主生活会制度。州局领导干部按时参加县（市）局领导班子民主生活会，重点帮助一把手找准党性、党风及工作方面存在的主要问题并督促整改，预防一把手行政不作为和乱作为的行为发生。五是加强巡视监督。人事、纪检监察、机关党办等相关监督部门按照各自的职责范围，经常了解下级一把手的思想、工作情况，广泛听取来自基层、来自群众的呼声。发现群众对一把手的工作作风、廉政勤政等方面有反映时，及时了解情况，发现有违规行为时，及时进行诫勉谈话，将问题解决在萌芽状态。

【干部队伍建设】 一是稳健推进机构改革。经过思想发动、公布职位、公开报名、资格审查、笔试、任前公示、任命等完整程序，全州国税系统通过竞争上岗和组织考察任用副科级领导干部10人。其中：州局机关5人，景洪市国家税务局2人，勐海县国家税务局1人，勐腊县国家税务局2人。通过竞争上岗，将有能力、有成绩、群众公认的年轻人才充实到各县市局中层干部队伍中。推进干部队伍革命化、年轻化、知识化、专业化。二是加强后备干部的管理和培养，建立健全全州国税系统科级后备干部人才。对业务熟练、政治立场坚定，有培养前途的年轻干部，按照德、能、勤、绩、廉的要求，全州国税系统通过考试、考察选拔了副科级后备干部人才11人，作为科级职务添空补缺的人选。三是认真贯彻落实“十一五”人才培养规划，继续做好基层干部“上挂”工作。选派了1名工作较好、有潜力、有培养前途的年轻干部到省局挂职锻炼2年。四是机构改革坚持发展是根本，和谐是基础。州局机关在改革中各科室的人员配置，科级干部、一般干部以人为本择岗志愿选择，改革做到了思想不乱，人心不散，工作不落、秩序井然。认真地走完了规定的志愿选择、择职演讲、民主测评、组织考察、党组决定各个程序和步骤，使整个机构和人员得到合理有效的组合。

【廉政建设】 一是以细化责任制为重点，确保责任制的各项要求落到实处。以抓领导干部廉洁自律为切入点，进一步规范领导干部从政行为。对副科以上领导干部进行申报登记，全州44名领导干部进行了申报登记。认真开展对领导干部廉洁自律执行情况的监督检查，重点在干部选拔任用、确定后备干部和重要岗位轮换等环节进行监督，全年共对9名新提拔任用的科级干部和4名副科级干部转正进行了全程参与和监督。二是以落实《党政领导干部问责暂行规定》为契机，加强对县（市）局一把手的监督。州局党组定期不定期分析县（市）一把手的思想、工作、执法、勤政廉政等状况。三是以抓“四项制度”落实为突破口，进一步转变工作作风。健全组织机构、细化制度。进一步完善明察暗访办法，按照省局实施办法要求，制定了《西双版纳州国税系统明察暗访实施办法》，组织开展明察暗访工作中，共有12人次被通报批评，9人次被进行行政问责。加强与特邀监察员的联系和沟通，互通信息，真正发挥社会各界对税收工作的监督，确保群众利益不受损害。全州共与4120户纳税人签订税企《廉政公约》，回访调查210户，聘请特邀监察员42名。继续实行《西双版纳州国税系统税务干部执法情况反馈实施办法》，全州共发放税务干部执法情况反馈表370份，共收回232份。四是以落实“两权”监督和执法监察为保证，认真贯彻执行《监督办法》。做到了“一把手”不直接分管人事、财务和基建工作，其他班子成员不同时分管征收管理和税务稽查，在集体讨论重大事项时，实行主要负责人末尾发言制。全州系统开展任前谈话、诫勉谈话共52人次。积极开展对“小金库”专项治理和贯彻落实厉行节约各项规定的监督检查，通过狠抓“四压”：即压会、压车、压接待费用、压办公等四项经费开支，均实现负增长。严格执行税收违法案件“一案双查双报告”制度，注重信访初查，全年共接投诉服务质量电话5起，接转办涉廉举报信件4封。五是以抓廉政教育为基础，构建大宣教大预防工作格局。全年共组织收看警示教育影视片共12场次。认真贯彻中央《关于加强领导干部反腐倡廉教育的意见》，坚持每年安排1次反腐倡廉理论学习、1次廉政党课讲座、1次警示和示范教育，不定期邀请州检察院、州纪委监察局和州委党校进行专题讲座。

【教育培训】 一是深入开展学习实践科学发展观活动。组织学习21次，上报学习实践科学发展观简报51期。以深入学习实践科学发展观活动为契机，组织党员干部职工认真学习党的十七大精神，十七届三中全会、四中全会精神、《科学发展观重要论述摘编》和《科学发展观学习读本》等政治理论和时事政治，进一步提高干部职工的政治理论水平。二是抓好中层干部和业务骨干培训工作。全州选送26名副科级以上干部到扬州税务学院培训，共2期，每期7天，共培训182天，逐步形成了以“分类、分级制度”为核心的教育培训制度体系。三是分类培训、分级培训和全员培训，不断推进整体素质的提高。全州共计培训49期，培训人数1273人次：参加省局举办各类业务培训20期，培训人数达123人，培训天数达200天。做好稽查业务考试培训，参加总局组织全国税务系统稽查业务考试，在全省取得了平均分全省第7名和及格率全省第5名的好成绩。参加州及市县局举办的各类业务培训41期，培训人数达1207人，培训347人，培训人天数1333，县市局培训28期，培训860人，培训人天数1866；州局组织参加其他培训5期，培训人数31人，人天数64。

【税收宣传】 加大税收宣传力度，做好“五五”普法工作。认真开展税收宣传活动，进一步提升全社会的税法遵从意识。以税收宣传月活动及“12.4”法制宣传日等活动为契机，紧密围绕“税收·发展·民生”宣传主题，以“税收促进发展，发展为了民生”为主要内容，突出西双版纳特色，积极开展了各类税法咨询、新闻媒体宣传税法、税收进乡寨、进军营、进企业等宣传活动，发放税收宣传材料16000余份，大力开展税收宣传活动；向当地各级党委政府、重点企业、出口退（免）税企业、便民服务中心和涉农企业送政策法规书籍342册。

【党建和精神文明建设】 一是加强各县市局机关党建的指导和建设。全州国税系统建立2个党总支，8个党支部，党员149人，其中：预备党员4人。在职党员116人，占在职干部职工总数261人的44.44%。建立完善入党积极分子培训机制，加大培训工作力度，丰富培训内容，改进培训方式，不断提高入党积极分子的政治思想素质。全州国税系统共选送参加州、县（市）党委举办的入党积极分子培训3人；列为发展对象4人；吸收为预备党员4人。二是积极开展精神文明建设。全州国税系统用科学发展观统领思想政治工作，坚持务实创新，突出以人为本，注重心理疏导，加强人文关怀，引导干部职工正确对待自己、他人和社会，正确对待困难、挫折和荣誉，塑造愿景一致、自尊自信、理性平和、积极向上的和谐国税团队，精神文明建设硕果累累，推动国税事业科学发展。被省妇联和省国税局授予“巾帼文明岗”1个，被省国税局授予“云南省精神文明建设先进工作者”2人和被省妇联和省国税局授予“云南省巾帼建功标兵”1人。州局勐腊县国家税务局和勐海县国家税务局分别被省委、省政府授予“第十二批省级文明单位”，勐腊县国家税务局被授予“云南省国税系统第十四批文明单位”。积极参上级与当地组织的各项活动，有力地推动精神文明、物质文明、政治文明的有机结合和协调发展。参加省国税局“祖国在我心中”文艺汇演，获“最佳演艺奖”，省委宣传部等六部委、办、厅、局“祖国在我心中”文艺汇演，获“最佳演艺奖”、省委宣传部、省文明办“爱国歌曲大家唱”歌咏比赛，获个人优秀奖；参加州委宣传部、州文明办“爱国歌曲大家唱”歌咏比赛，获“优秀奖”。

（杨家勇）

景洪市国家税务局

经济概况

2009年，景洪市实现生产总值（GDP）74.89亿元，按可比价计算比上年增长16.2%。其中，第一产业为17.59亿元、第二产业为24.76亿元、第三产业为32.54亿元，分别比上年增长11.2%、30.3%、11%，三次产业比重由上年的26.7:27:46.3调整为23.5:33.1:43.4，经济结构进一步优化。地方财政收入完成10.23亿元，比上年增长123.7%。地方财政支出18.99亿元，比上年增长79.9%。全社会固定资产投资62.5亿元，比上年增长36.1%。社会消费品零售总额完成24.8亿元，比上年增长20.8%。居民消费价格总水平上涨1.1%。城镇居民人均可支配收入1.3万元，比上年增长12.3%。农民人均纯收入4218元，比上年增长16.8%。城镇登记失业率3.1%。人口自然增长率5.9‰。单位生产总值能耗下降5%。

税收概况

【收入完成情况】 2009年，景洪市国家税务局完成各项税收任务3亿元，占年度确保完成税收任务数的108.3%，同比增收2285万元，增长8.29%，超时间进度8.3个百分点，超收2297万元。其中：增值税入库1.79亿元，同比减收712万元，下降3.83%，占全年确保任务2亿元的89.5%；消费税入库1696万元，同比增收1683万元，占全年确保任务10万元的16960%；增长130.5倍，企业所得税入库3226万元，同比增收370万元，增长12.96%，占全年确保任务1300万元的248.2%；储蓄存款利息所得个人所得税入库260万元，同比减收458万元，下降63.79%，占全年确保任务250万元的104%；车辆购置税入库6783万元，同比增收1402万元，增长26.05%，占全年确保任务6000万元的113.1%，其他收入入库64万元。

【收入特点】 一是由于受全球金融危机及结构性减税影响，由国税部门征收的5个税种“三增二减”。除消费税和储蓄存款利息所得个人所得税政策因素造成“一增一减”外，主体税种增值税同比下降3.67%；企业所得税同比增长12.96%；车辆购置税同比增长26.05%。二是增值税转型固定资产抵扣减收税款396万元；小规模纳税人税率调整，从6%、4%调整为3%，造成减收365万元；矿产品比上年减收1424万元；商业比上年减收2882万元（烟草公司税款分配两县减少496万元）；车辆购置税政策调整1.6L以下车辆减征5%，减收税款1326万元；储蓄存款利息所得个人所得税免征因素造成同比减收458万元；消费税因政策调整而大幅度增收，由于今年5月份国家税务总局出台卷烟在商业批发按5%加征消费税的政策，西双版纳州烟草公司入库消费税1685万元。三是2009年8月由于全省税收收入进度不容乐观，省国税局、州国税局发出组织收入大会战动员令，要求全体国税干部苦战120天，按照文件精神成立税源精细化管理领导小组，认真分析全年税收工作面临的困难及问题，采取措施，统一思想，加强领导，切实提高对组织收入工作的质量。9月份以来华能澜沧江水电有限公司景洪水电厂入库增值税5237万元，共检查入库税款603万元。

【税源分析】 一是税源主要集中在商业、矿产品、电力等行业。其中：商业、矿产品、电力分别入库4583万元、1824万元、8775万元，增（降）幅度分别为－38.6%、－43.9%、53.9%。三个行业入库共计1.52亿元，约占全年税收收入完成数的50.67%；从商业及矿产品行业税收减收情况看，这两个行业成为造成增值税减收的主体。二是“两税”完成1.96亿元，比上年增长5.2%，增收971万元，增值税同比下降3.67%，消费税同比增收1683万元，增长130.5倍。三是“二项所得税”完成3486万元，比上年减收88万元，下降2.46%，企业所得税同比增长12.9%，储蓄存款利息所得个人所得税减收459万元，下降63.8%。四是车辆购置税小排量汽车税率下调，购买数量增加，增收1403万元，增长26.06%。

各项工作

【税收征管】 一是纳税户管理。全市税务登记户共8674（不含非正常户和注销户）。其中：国有企业106户，集体企业120户，国有独资10户，其他有限责任公司376户，私营企业983户，股份有限公司76户，股份合作企业22户，三资企业23户，个人独资企业67户，其他企业8户，非企业单位6户，个体工商业户6877户。二是日常“双定户”定额调查和审批。共审批新办证个体“双定户”894户、变更定额户101户、企业“双定户”32户、企业变更户3户，调查110户，核定增值税15.37万元（其中享受起征点以下免征额7.9万元），消费税1000元。三是发票管理。领购发票总户数为2695户，售票465069（本）份，收取发票工本费44.55万元。四是车辆购置税征收管理。共办理缴纳车购税车辆19535辆，办理减征车辆购置税车辆3626辆，减免车辆购置税1062万元。五是税源精细化管理。认真贯彻落实州国税局党组“十个强化抓收入”工作要求，采取有效激励奖惩办法积极开展检查工作，并取得显著成效。共查补入库税款603万元（其中：专项工作组共查补入库税款334万元；检查工作组共查补入库税款269万元）。六是企业所得税汇算清缴。组织完成年终汇算清缴企业所得税年度纳税申报674户，比2008年的552户增加122户，增长22.10%。汇算清缴补缴1467.1万元，比2008年的280.6万元增加1186.5万元，增长4.23倍。七是一般纳税人认定管理。共审批转正式认定和新认定一般纳税人103户，比上年98户增加5户；取消一般纳税人资格24户，比上年18户增加6户，增长33.33%。八是纳税评估。对西双版纳勐养水泥有限责任公司、西双版纳自主择业商贸有限公司及云南安宁泰源工贸集团有限公司景洪分公司等3户企业2007年和2008年运输发票抵扣进项税进行专项评估，不予抵扣进项税额27.92万元。九是增值税转型影响税源调研工作。对省国税局列出的属于景洪市的11户重点一般纳税人增值税转型进行测算，2009年增加固定资产进项税额2.26亿元，造成影响景洪市2009年税收收入约4364.2万元。十是出口货物退（免）税管理。开展对上级下发2008年7至11月不予退（免）税出口货物企业5户次、71条信息、出口额36.26万美元补缴税款的核实工作。

【税收执法】 （一）税收宣传。1. 税收宣传“入驻”4月12日“第十二届边境贸易旅游交易会”。2. 对辖区云南电网所属的1户分公司和1户子公司开展政策辅导，取得良好效果。3. 于4月27日，邀请辖区内部分橡胶加工企业的法人代表和财务负责人召开加工轮胎专用胶适用税率税企座谈会。4. 借州政府4月30日上午人才劳动力招聘大会之机开展税法宣传。5. 通过联通公司发布以“依法纳税是每个公民应尽的义务”、“税收促进发展”等为宣传内容的手机短信42000条。共发放宣传资料1000余份，现场解答涉税问题66条。（二）税收执法考核工作。税收执法考核工作中，发生过错行为10条，扣分18分，差错率万分之1.22，其中2、4、6、7、8、10月实现零过错。1～12月共受理全局申辩调整请求41人次，46份申请，72条过错申辩，通过调查确认，69条属无过错，3条不同意调整。（三）税收执法检查。对地方党政、税务机关以及其他部门有无越权或违规制定涉税文件、企业所得税管理是否符合国家统一政策、确定烟草业、供发电2个重点行业管理是否到位、为小规模纳税人代开增值税专用发票是否规范等方面开展自检自查工作。

【税收管理信息化建设】 一是综合征管软件数据管理和监测。共通报疑点和错误数据11项386条，较好解决一线人员的疑难问题，提高了征管数据的质量。二是严格按照规定时间、操作要求按质按量完成认证、报税工作，并报送和上传了各类数据。共受理认证增值税专用发票28531份，认证金额27.42亿，税额4.26亿；受理防伪税控企业抄报税1799户次，正常票12526份，金额33.78亿元，税额4.72亿元；作废发票970份。三是做好金税工程建设、日常应用和企业发行工作。共初始发行20户，变更发行1户，注销发行4户，重新发行1户，企业授权3户，更换IC卡5户，其他操作9户次，无一责任事故发生。四是做好征管软件及车辆购置税征管软件的数据修改及工作人员授权等提请工作，共向上级提请数据修改申请21份。五是补充和完善政府信息公开内容。经政策法规部门和分管领导对信息公开内容进行保密审核后，在景洪市政府信息公开网站上公开国家税收法规42条；在云南省政务信息网络查询系统中录入常见纳税咨询问题解答39条；在云南省行政审批项目查询系统中录入行政审批项目5项。六是通过内网、外网等载体，共报简报、信息55期，160条（含科学发展观信息31条），被州局采用85条、被西双版纳报社采用1条、被景洪市广播电台采用5条。

队伍建设

【机构人员情况】 2009年，市局有在职干部职工95人，离退休干部31人，共计126人。其中：党员54人，大专以上学历77人，中专15人，高中3人，由傣、哈尼、拉祜、彝、白、壮、回、汉等8种民族构成，其中汉族约占60%，傣族约占20%，其他民族占约20%。局领导班子配备党组书记局长1人、副局长3人、纪检组长1人，共5人，局机关设办公室、人教科、监审室、征管科、政策法规科、纳税服务科、收入核算科、货物和劳务科、所得税科、办税服务厅等10个科室；事业单位1个，即信息中心；直属机构1个，即稽查局；下辖景洪税务分局和勐罕税务分局两个税务分局。

【政治思想教育】 一是继续采取以局班子理论中心学习组、专题讲座、每周五政治学习和职工自己安排自学等形式进行。二是认真学习党十七大报告、十七届四中全会精神、中国特色社会主义理论体系、胡锦涛同志关于加强"八个方面"作风建设的重要讲话、《毛泽东邓小平江泽民论科学发展》、《科学发展观重要论述摘编》等。三是深入学习实践科学发展观。景洪市国税局被列为景洪市第二批开展深入学习实践科学发展观活动的单位，并接受市委督导组的检查指导。及时成立了市局机关学习活动领导小组和办公室，认真按照"党员干部受教育、科学发展上水平、人民群众得实惠"的要求，研究确定《景洪市国家税务局深入学习科学发展观活动实施方案》，认真扎实有效开展"学习调研、分析检查、整改落实"三个阶段的活动。完成"规定动作"和"自选动作"，开展"三牢记五争先"、广泛征求群众意见、开好专题民主生活会、认真组织群众评议、"一面旗、一团火、一盘棋"学习实践、"11.28"专题案例学习教育、积极参与"千名干部大走访"等活动，在景洪市学习科学发展观活动演讲比赛中，1名税干荣获优秀奖。集中学习2次、168人（次）；政务网上学习350人（次）；组织各类走访小组32个（次）；组织召开各种座谈会3次；走访干部职工104人（次）；走访企业、个体纳税人120户；编发《学习实践活动工作专报》、简报、信息31期，州国税局采用5条，市委科发办采用4条，市电视台采用5条；组织实践活动学习心得交流会、学习座谈会、讨论会等8次，参学人员560余人（次）；编办"学习实践活动"宣传黑板报5期5版；以抓好车辆购置税征收大厅的优质服务为重点，结合纳税人反映出热点、难点问题，制订完善《景洪市国税局办税服务厅工作规定》内容。四是机构改革顺利完成。根据州局下发的《景洪市国家税务局机构改革方案》，结合单位实际，明确机构改革的内设机构设置及工作职责，严格依照《党政领导干部选拔任用条例》的规定和程序，对中层干部进行选拔任用，对一般干部相应岗位进行相应调整，于2009年9月26日顺利完成机构改革工作。

【廉政建设】 一是继续落实党风廉政建设责任制，层层签订《党风廉政建设责任书》，强化"两权"监督，促进依法治税。共发放税务干部执法情况反馈表125份，交回监察室95份；与一般纳税人和小规模（企业）纳税人签订《廉政公约》45户，回访调查20户；填报《西双版纳州国税系统干部廉洁自律情况自报表》1021份。二是认真落实税收执法监察工作，对出现的问题1户进行客观分析和处理，提交1条建议，并参与新开业户核定抽查10户。三是继续认真贯彻落实"四项制度"。对在执法工作责任心较差的5名干部进行了通报批评；对纳税人反映较多的2名干部进行岗位调整，并根据暴露出的问题进行认真整改。四是注重信访初查，提高办信质量，使信访问题得到落实。共接投诉服务质量电话1起，接州局转办涉廉举报信件1封。五是重新修订和完善《纪检日活动实施办法》，把预防违法违纪的关口前移，及时发现和纠正存在问题的苗头。六是积极开展对"小金库"专项治理等财务管理工作的监督检查。七是严格落实《国家税务局系统廉政谈话制度》，分别与8名税务干部进行了工作谈话。

【精神文明建设】 一是把迎接省局"文明单位"检查复查等列为"一把手"工程，形成由"一把手"亲自抓，工、青、妇齐抓共管的工作格局，切实做好迎接省局"文明单位"的检查复查工作；二是以"做时代新女性，创税收新业绩"为主题，以"服务科学发展，共建和谐税收"为落脚点，在妇女干部中积极倡导"创造国税新业绩，争做时代新女性"的工作理念，树立景洪国税妇女干部新形象；三是组织有书法、摄影专长的人员参加建国60周年书法摄影展活动；四是积极配合开展"五五"普法工作；五是抽调人员参加全省国税系统庆祝祖国60华诞文艺汇演，并取得较好成绩。

2009年5月初，被景洪市委、市政府授予"2008年度平安单位"，市局自2003年以来已连续六年被评为"平安单位"；同时被允景洪街道工委、允景洪街道办事处授予"2008年度社会治安综合治理优秀单位"。2009年8月被西双版纳州人民政府授予"2008年度西双版纳州服务非公有制企业先进单位"；2009年12月被景洪市委、市人民政府授予"2008年度发展非公经济先进集体"。

【教育培训】 一是共参加云南省国税局组织的各种业务培训9期12人次；西双版纳州国税局各种业务培训7期475人次；景洪市国税局各种业务培训3期268人次。二是对8名合同制工人进行《劳动合同法》等有关法律知识的学习培训。

（周　玲）

勐海县国家税务局

经济概况

2009年，勐海县实现生产总值（GDP）34.01亿元，增长10.4%，其中：第一产业增加值7.72亿元，增长9.3%；第二产业增加值13.11亿元，增长6.8%；第三产业增加值13.18亿元，增长14.9%。全社会固定资产投资10.15亿元，增长36.1%。辖区财政总收入3.43亿元，增长13%，地方财政收入首次突破亿元大关，达1.58亿元，增长74%；财政支出8.42亿元，增长27.3%。社会消费品零售总额7.61亿元，增长16%。金融机构存款余额32.08亿元，增长16.8%；贷款余额14.53亿元，增长37.2%。城镇居民人均可支配收入1.19万元，增长8.2%。农民人均纯收入3346元，增长12.4%。单位生产总值能耗下降5%。生产总值、固定资产投资总额、地方财政收入、城镇居民人均可支配收入等29项指标提前完成“十一五”发展目标。

税收概况

【收入完成情况】 2009年，勐海县国家税务局共计组织收入1.43亿元，同比增收969万元，增长7.23%，完成州局下达任务数1.42亿元的102.55%。其中，增值税共计入库1.33亿元，同比增收892万元，增长7.16%；消费税共计入库100万元，同比减收60万元，下降37.5%；储蓄存款利息所得个人所得税共计入库60万元，同比减收87万元，下降59.18%；车辆购置税共计入库125万元，同比增收47万元，增长60.26%；企业所得税共计入库750万元，同比增收177万元，增长30.89%。

【收入特点】 2009年，勐海县支柱产业为茶、糖、电力行业，是全县税收收入的基础。三项共计入库税款1.02亿元，占全年税收收入的72%。除茶业因普洱茶市场低迷出现收入下降外，其余支柱产业继续保持上升态势。制茶行业共计入库增值税5440万元，同比减收1750万元，下降24.34%；制糖行业共计入库增值税2468万元，同比增收331万元，增长15.49%。增幅最大的为电力，入库增值税2333万元，同比增收1318万元，增长129.85%。

【税源分析】 一是茶叶增值税比上年减收1750万元，下降24.34%。主要是茶业有限公司2007年度12月跨期税款在2008年度实现，2007年度为普洱茶市场销售价格高峰时期。2009年度跨期税款同比减少3672万元，加之普洱茶市场低迷因素，故茶叶增值税减收；二是电力增值税比上年增收1318万元，增长129.85%，主要是采矿业企业和丰水期发电量增加及新增了1户电力税源；三是酒精、白糖增值税比上年增收331万元，增长15.49%，主要是2008年跨期税款增加；四是商业增值税比上年增收73万元，增长5.38%。主要是西双版纳州烟草公司划归勐海县税款征收564万元，比上年增收393万元，增长230.9%。

各项工作

【税收法制建设】 一是建立税收执法的内控机制，深入推行税收执法责任制，严格执法过错追究，对税收执法权力运行实施过程监控，规范自由裁量权，减少执法随意性，最大限度地压缩不作为、乱作为的弹性空间。依托税收执法管理信息系统。加强对税收执法权的监督制约，对税收执法事前、事中、事后的监督。落实税收执法责任制和过错责任追究制度，不断提高干部规范执法的能力和水平。2009年，共有执法人员15人（次）提出申辩请求24条，经调查确认给予调整23条（其中无过错责任调整22条，调整过错责任人1条），过错扣分38分；二是开展2009年税收执法检查工作，主要检查地方党政、税务机关以及其他部门有无越权或违规制定涉税文件；企业所得税管理是否符合国家统一政策；重点行业管理是否到位；为小规模纳税人代开增值税专用发票是否规范；三是执行重大税务案件集体审理制度，完成稽查部门转来重大税务案件审理5件次，审理率100%。

【税收征管】 一是深化和落实税收管理员制度。结合基层工作制定勐海县国家税务局《税收管理员工作责任书》、《税收管理员职责考核办法》、《纳税评估工作规程》。以制度和规范的形式给税源管理工作指明了工作的目标和方向，对税收管理员工作职责、工作要求、工作目标、工作成效、工作范围各个方面提出了总体要求。二是全面推行分类分片管理，实施巡查下户制度。分类分片管理主要按纳税人类别管理，将分局划分为一般纳税人、小规模纳税人企业二个企业类管理组，一个个体管理组。按人员配置和地域分成三个片区。同时内部增设了一个征管质量督导组，承担基层分局征管质量的检查、指导和上级各业务科室的直接对接和承办，同时又承担了不同组别的税收管理员。三是逐步形成了“重点管理、重点监控”的“两重”企业、纳税人管理制度。一般纳税人管理组在实践中对长期进大于销、长期零申报、负申报、分支机构，以及年纳税在50万元以上的企业，纳入“两重”管理对象；小规模纳税人企业组对长期零申报、达到一般纳税人标准的企业监控、新办企业所得税管理、制茶企业纳入“两重”管理对象；所得税管理上对长期零申报、长亏不倒以及年纳税在50万元以上的企业纳入“两重”管理对象；个体管理组对药店、专卖店、手机、家具、电器、摩托车、超市行业的重点监管纳入“两重”管理对象。相应地配置人员，提高管理服务的针对性和有效性。通过加强税源控管、纳税评估、税源精细化管理以及加大稽查力度，在正常税源分析预测的基础上实现了2631.8万元的增收。

【税种管理】 一是加强增值税一般纳税人认定管理工作。2009年审批认定一般纳税人6户。对达到一般认定标准不申请认定38户纳税人进行税率维护，按一般纳税人适用税率进行征税。二是贯彻落实增值税转型的相关政策，特别是国家各项税收优惠政策，支持地方经济的发展。2009年共计减免税收1.197亿元。（其中：增值税131万元，企业所得税1066万元）。勐海县增值税一般纳税人购进机器设备类固定资产应抵扣增值税进项税款203.51万元，实际已抵扣增值税进项税款202.08万元。三是开展对辖区内应参加企业所得税年度申报的70户企业中的68户查账征收企业进行了汇算清缴，汇算清缴入库企业所得税51万元。四是在运用个体电子定税系统的基础上，加强系统的运维及数据分析，推进个体税收公平管理，逐步提升个体定期定额纳税人征收率。2008年12月达到起征点550户，2009年达851户（不含38户6月户已达到一般纳税人收入标准取消核定信息）。征税面增加了339户，月增加税收70000元。

【税务稽查】 通过合理配置稽查资源，在继续巩固政策辅导、查前告知等有益经验的基础上做好第二轮分级分类稽查，深入开展税收专项检查。重点是从加大案件查处选案力度、检查力度、协查力度、处罚力度和税款追缴力度、与公安部门的配合力度的“五个力度”入手，查处涉税违法案件。将农产品生产加工行业、采选矿行业、修理行业和木材加工销售行业、超市列为重点检查行业。在检查过程采取企业自查与重点检查相结合的方法来开展稽查工作。共对9纳税户实施立案检查，已结案9户，共查补入库税款、滞纳金、罚款129.23万元，入库率100%。冲减留抵进项税120.63万元。对达到偷税处罚立案移交标准的2户纳税户按规定移送公安机关处理。在企业自查过程中，帮助、督促16户纳税人实施自查自纠，纳税人通过查前自查自纠，自查应缴未缴税款共计488.71万元。

【纳税服务】 一是以提高干部队伍素质为前提，提高纳税服务质量。在改善税收硬件环境建设的同时，进一步提高干部队伍的素质，改善税收软环境，适应纳税服务工作的发展需要。通过加强学习、加强教育培训，提高学习力、执行力、落实力、创新力和发展力，不断增强业务水平和实践能力来提高纳税服务质量。二是坚持“以法为本”和“以人为本”的统一提高纳税服务质量。针对不同企业的不同情况，开展送税法上门活动，把送政策、开展纳税辅导作为培育税源、构建税企和谐的有效措施，体现税收服务科学发展的要求。三是结合实际制定《勐海县国家税务局办税服务厅管理办法》。提高办税服务效率、质量，促进和谐发展。规范纳税服务、认真落实“四项制度”。推广首问责任制、限时办结制、服务承诺制等工作制度。推行电子申报、邮寄申报、电话申报等方便纳税人的多元化的申报方式和电子缴税等多渠道纳税方式。

队伍建设

【机构人员情况】 2009年，县局内设9个股室：办公室、监察室、信息中心、人事教育股、税政股、征收管理股、政策法规股、收入核算股、办税服务厅；1个直属单位：稽查局；2个派出机构：勐海税务分局、打洛分局。现有在职人员59人，其中公务员54人，工勤人员5人。妇女21人，占在职人数36%；少数民族26人，占在职人数的44%；党员28人，占总人数的47%；团员6人；离退休干部职工20人，占在职人数的34%。本科学历23人，占在职人数的39%；专科学历17人，占在职人数的29%；中专以下学历19人，占在职人数的32%。

【机构改革】 在上级的指导下，开展业务重组机构改革工作。一是加强充实税源管理部门；二是细化岗位，定岗，同时对每个岗位进行量化；三是制定绩效考核细则，把岗、责、利量化到岗位；四是所有干部选2个岗位，交全体职工进行胜任度考核和量化。通过改革，原7个内设股室扩充为9个内设股室。人员重心向税源管理部门转移。税收资源的投入向基层税收征管机构倾斜。全局近44%的人员在税源管理分局工作，近71%的人员在征、管、查第一线工作。

【深入学习实践科学发展观活动】 开展深入学习实践科学发展观活动。在学习调研阶段，开展党组中心组（扩大）及党组会议学习2次，支部集中学习3次，收看科学发展观宣传片、警示教育片活动2次，开展“科学发展观大家谈”活动1次，开展“三个一”学习活动一次。参加学习人数达150余人次。党员干部提交心得体会29篇。确定15个调研课题，形成有价值、有指导作用的综合调研报告15篇（其中：局领导带头撰写调研报告4篇）。在勐海县委组织的开展学习实践活动第一阶段的汇报会上做先进典型交流发言；在分析检查阶段，边学边改、边查边改，完成征求群众意见、召开专题民主生活会、分析总结、组织群众评议四个“规定动作”。围绕“三检查、三分析”的要求，总结出六个方面存在的问题，对照存在一些问题和不足深刻剖析了问题产生的主客观原因，提出了进一步深入贯彻落实科学发展观、改进工作的思路和措施，形成领导班子的分析检查报告；在整改落实阶段，制定整改方案、集中解决突出问题、完善保障机制。围绕六个主要突出问题，在“创新发展年”工作中进行重点突破，分别解决，加以整改。一是通过规范征管流程，统一工作标准，完善税收征管体系；二是整合人力资源和信息资源，完善技术服务体系；三是创新教育培训模式，完善提高干部素质教育体系；四是规范内部管理，完善基础管理体系；五是转变激励方式，探索绩效考核激励办法，完善奖惩激励体系。形成了勐海县国税局科学发展的共识，理清了发展思路，明确了发展目标和发展方向。

【廉政建设】 认真落实党风廉政建设责任制，层层签订《党风廉政建设责任书》。深入开展典型示范教育、警示教育和廉政文化等教育活动，使全局广大党员干部增强了纪律观念和廉洁从政意识。全面落实文明办税“八公开”及四项制度。向社会各阶层聘请特邀监察员，不断开展走访回访活动，了解税务人员的执法情况，发现违纪违法问题和不良行为予以查处，使不正之风问题和腐败现象得到有效遏制。2009 年，共签订税企《廉政公约》257 户，回访率达 10%。收回《执法情况反馈表》321 份。未发现干部存在违法违纪的行为。

【精神文明建设】 2009 年，以精神文明创建和国税文化建设总揽工作全局，着力打造“一栋文化楼，一间文化室，一个文明办税服务厅和一个文化园”，用创建精神文明工作促进国税整体工作。一是在创建机制上下工夫。完善和制定创建精神文明管理办法。二是以“创文明岗位，树巾帼形象”为主题，以“奉献税收，服务社会”为宗旨，积极开展“巾帼文明岗”创建活动。采取多种便民措施，以“始于纳税人需求，终于纳税人满意”为服务标准，及时、高效地为纳税人办好各项事宜。三是广泛开展摄影、书法、篮球赛、文艺晚会等形式多样、内容丰富的文体活动。四是与县武警中队开展警民共建文明活动。五是开展扶贫济困送温暖捐赠、捐资助学活动。捐赠金额 5.27 万元，水泥 20 吨，图书 800 册。2009 年，被省委、省政府授予“精神文明建设先进单位”。办税服务被云南省国家税务局命名为“巾帼文明岗”、被州委州政府授予“西双版纳州巾帼文明岗”；被勐海县委、县政府授予“精神文明工作责任制项目优秀单位”；荣获勐海县十二届劳动杯职工篮球运动会“道德风尚奖”；荣获勐海县庆祝建党 88 周年暨深入学习实践科学发展观活动知识竞赛优秀组织奖；被县委宣传部、县文明办授予勐海县 2009 年“国税杯，迎国庆，讲文明、树新风”演讲大赛活动组织奖。

【教育培训】 一是加强政治理论学习。深入贯彻学习“三个代表”重要思想、科学发展观、党的十七大、十七届二中、三中全会和中央经济工作会议、全国税务工作会议、全省财税工作会议精神和《党章》。二是深化学习型机关建设，建立公共学习交流平台。积极组织干部走出去参加省、州局组织的各类培训。内部组织开展各类集中学习活动。以现代网络技术为依托，在勐海县国家税务局电子政务网上开辟公共学习园地，营造全员共同提高的学习环境。三是举行了综合业务考试。上、下半年共组织全局 50 岁以下干部参加综合业务考试 2 次。及格率分别达 72% 和 69%。考试内容包括了十七大精神、科学发展观、涉税法律、税收业务、廉政建设、公务员法、政府信息公开条例、突发公共卫生事件在内的多项综合知识。2009 年，组织干部职工参加各类集中学习、学习座谈会、讨论会等 43 余次，参学人员 980 余人（次）。参加省局、州局举办的各类培训 21 期，参学人员 124 人次。

（纪 纲）

勐腊县国家税务局

经济概况

2009 年，勐腊县实现生产总值（GDP）34.20 亿元，按可比价计算，同比增长 10.60%，其中：第一产业增加值 14.30 亿元，同比增长 12.80%；第二产业增加值 7.30 亿元，同比增长 1.60%；第三产业增加值 12.60 亿元，同比增长 13.10%。三次产业比重为 42:21:37。全年固定资产投资总额 16.20 亿元，比上年增长 21%；社会消费品零售总额 9.10 亿元，比上年增长 17.10%。完成地方财政收入 1.88 亿元，比上年增长 37.40%；地方财政支出 7.86 亿元，比上年增长 48.40%；城镇居民人均可支配收入 1.03 万元，比上年增长 8.20%，农民人均纯收入 3236 元，比上年增长 11.10%。

税收概况

【收入完成情况】 2009 年，勐腊县国家税务局共组织各项收入 1.35 亿元，比上年减收 222.70 万元，下降 1.60%；组织税收收入 1.35 亿元，比上年减收 214.60 万元，下降 1.60%，完成州局调整任务数 1.31 亿元的 102.80%，超调整任务数 2.8 个百分点。五大税种除增值税没有完成全年确保任务外，其余税种均超额完成全年确保任务。其中：国内增值税收入 7676.50 万元，比上年减收 1075.40 万元，下降 12.30%，完成全年确保任务 9000 万元的 85.30%，未完成 14.7 个百分点；国内消费税收入 47.80 万元，比上年减收 1.90 万元，下降 3.80%，完成全年确保任务 40 万元的 119.50%，超 19.5 个百分点；企业所得税收入 4229 万元，比上年增收 916.50 万元，增长 27.70%，完成全年确保任务 4000 万元的 105.70%；储蓄存款利息所得个人所得税收入 96.40 万元，比上年减收 167 万元，下降 63.40%，完成全年确保任务 70 万元的 137.70%；车辆购置税收入 1433 万元，比上年增收 113.20 万元，增长 8.60%，完成全年确保任务 1400 万元的 102.40%。

【收入特点】 税收收入与当地经济发展对比情况：第一产业税收收入 20 万元，比 2008 年下降 0.8%，地方第一产业增长率为 12.8%，税收收入增长率大幅低于地方增长率的原因是由于第一产业税收收入基本属于免税收入；第二产业税收收入 1.04 亿元，比 2008 年减少 600 万元，下降 5.45%，地方第二产业增长率为 1.6%，税收收入增长率低于地方增长率的原因是由于2009年勐腊县新山矿业有限责任公司交纳税款8072.02万元，比2008年少交纳736.21万元，下降8.36%，从而导致勐腊县国税部门组织征收第二产业税收收入下降；第三产业税收收入3000万元，比2008年增加500万元，增长20%，地方第三产业增长率为18.1%，税收收入增长率高于地方增长率的原因是由于2009年勐腊县烟草专户交纳税款683.66万元，比2008年多交纳556.67万元，增长438.36%，从而导致勐腊县国税部门组织征收第三产业税收收入增长。2009年勐腊县国税部门组织税收收入1.35亿元，占当地国民生产总值34.2亿元的3.95%，税收增长弹性为-0.19。

【税源分析】 从税源结构看，增值税重点税目收入呈“四升七降”的趋势。其中增收的品目有：食糖收入931.20万元，比上年增收67.20万元，增长7.80%；电力收入544.10万元，比上年增收83.20万元，增长18.10%；商业收入1397.40万元，比上年增收436.20万元，增长45.40%；铜矿收入161.70万元，比上年增收28.90万元，增长21.70%；减收的品目有：水泥收入166.80万元，比上年减收102.50万元，下降38.40%；茶叶收入19.20万元，比上年减收38.60万元，下降66.80%；医药产品收入73.60万元，比上年减收1.40万元，下降1.90%；煤矿无收入，比上年减收4.70万元，下降100%；铁矿收入4102.80万元，比上年减收1604.70万元，下降28.10%；铅锌矿收入2.90万元，比上年减收24.40万元，下降89.30%；盐无收入，比上年减收7.80万元，下降100%。从经济性质看，国有企业税收收入增长较快，比上年增加512.03万元，增长224.42%；从重点税源来看，全县八户重点税源纳税人2009年共缴纳税款9676.68万元，比上年少缴728.42万元，下降7%。

各项工作

【税收征管】 一是夯实征管基础，提高征管质量，从做好税源管理基础工作入手，认真落实税收管理员制度，遵循管户与管事、管理与服务、属地与专业、集体履职与个人分工相结合的原则，做好户籍管理、日常巡查、催报催缴、违法违章处罚等日常管理工作，征管质量明显提高。二是认真落实增值税转型，组织一般纳税人对《增值税暂行条例》及《实施细则》和增值税转型相关调整政策进行培训，完成全年申报抵扣固定资产进项税额的核查工作。三是强化税源管理，创新发展，不断提高精细化管理水平。积极应对全球金融风暴和增值税转型，开展重点企业纳税评估，运输发票抵扣进项税专项评估，家电下乡、汽车摩托车销售行业、医药零售行业专项检查等工作，共查补税款271.66万元。四是不断优化纳税服务，完成一般纳税人增值税专用发票和运输发票抵扣联网上认证推行工作。五是加强发票管理。开展了商业零售行业发票检查和汽车修理行业发票核查专项工作，共查补税款及滞纳金3.20万元，罚款5.70万元，有效地规范了发票使用及开具行为，有力地打击了发票违法行为。六是认真开展征管状况分析工作。通过征管数据分析查找税源管理漏洞，通过对户籍管理、催报催缴、非正常户认定、发票验旧信息录入、发票超定额补税等有问题环节的整改，进一步规范了业务操作流程，提高了征管质量。七是出口退税管理。2009年共有11户企业办理出口货物退税业务，实际已退增值税371.49万元，受金融危机影响周边国家贸易萎缩，导致退税额减少143.13万元，同比减少27.81%。

【税收执法】 （一）税收宣传。一是认真开展全国第18个税收宣传月系列活动，联合勐腊县地方税务局、地方党政机关及新闻电视媒体机构，以增值税转型、所得税两法合并为宣传重点，通过座谈会、培训会、传单、条幅、趣味竞猜等活动方式开展税法宣传。二是抓好日常税法宣传。以管理分局和办税服务厅为主力，寓宣传于管理和服务之中，以公示栏和电子政务网为宣传平台，公示公开最新税收政策及法律法规。（二）税务稽查。2009年稽查工作围绕“创新发展年”这一工作主题，以深入开展学习实践科学发展观活动为契机，进一步更新稽查工作理念，不断加大案件的查处力度，认真开展分类稽查和专项检查工作，继续开展整顿和规范税收秩序、区域专项整治工作，不断提高稽查执法质量和效率。一是2009年共派查各类案件20起，已查结18起，其中有问题户14起。查补收入23.50万元，其中增值税12.70万元、企业所得税4.50万元、滞纳金2.50万元、罚款3.80万元，完成综合查补收入380万元，综合处罚力度为22.36%，入库率为100%。二是案件查处效果明显。以查处西双版纳热带植物园后勤中心为标志，完成了勐腊县第一轮分类稽查检查工作；请县局纪检监察部门介入查处4户修理行业开具抽芯发票，开创了勐腊县国家税务局“一案双查”的先河；组织税政股、征管股、管理分局、收入核算股等部门参加稽查选案，实现了“四位一体”互动机制，提高了选案准确性。三是以涉及办理出口货物退（免）税业务的企业为重点对象开展专项检查。对有进出口经营权的18户企业发放了自查表，并进行纳税辅导；对2户重点纳税人进行了重点检查，查补收入6370元，加收滞纳金740元，罚款3000元。（三）执法检查。一是成立税收执法检查和执法监察工作领导小组，制订工作方案，自8月1日至10月30日历时3个月，经过自查、重点检查、复查三个阶段，对查出问题进行通报、督促整改，实现以查促改目的。二是做好重大案件审理工作。2009年共审理重大税务案件1件，查补增值税9.33万元，企业所得税4.46万元。（四）发挥税收执法信息管理系统的作用。充分利用税收执法信息管理系统，做到每日检查，实现全年税收执法零差错。（五）纳税服务。以“依法治税，从严治队，优质服务”为工作基准，推行公开办税。一是在办税服务厅公示《勐腊县国家税务局办税服务厅纳税指南》、《车辆购置税办税流程》、《勐腊县国家税务局行政性收费标准》、《勐腊县国家税务局限时办结事项目录》、《勐腊县国家税务局纳税服务承诺》、《云南省国家税务局首问责任制》、《税务干部“十不准”》、《税务机关公开办税制度》、《云南省公务员八条禁令》、《问责制的10种情形》、《问责制的10种方式》等办税制度，方便纳税人及时了解自己的权利义务，对税务机关工作进行有效监督，更好地维护纳税人合法权益。公开陈列《中国税务报》、《云南国税》等报刊，供纳税人阅读，方便纳税人了解最新的税务动态资讯。二是深入开展“三声、四不、五耐心”活动，把文明礼貌、热情服务、规范操作贯穿于税收执法全过程，树立全心全意为纳税人服务的思想，为纳税人提供优质、便捷、高效的服务。（六）加强金税工程工作。严格按时采集和上传“四小票”数据，确保金税工程工作的正常运转。

【税务管理信息化建设】 一是做好各项系统软件的上线推行工作，为全局实现税收科学化、精细化管理提供技术支持。按照上级主管部门的工作部署与要求，及时做好相关税收信息化软件的安装、测试工作，及时对全局所有计算机综合征管软件进行补丁升级安装，按要求对部分计算机安装了综合征管软件数据质量检测系统。二是2009年10月至12月期间集中对全局广域网络进行扩建改造，完成了云南省广域网改扩建项目和云南省网络教育培训系统建设项目中要求的相关工作，硬件设施明显改善，现已形成3条广域网线路（A线路：广电线路；B线路：联通线路；C线路：电信线路）同时运行的良好局面，为全面实现信息共享、电子化办税，提供了高性能的网络环境支持。目前有局域网2个（县局、勐仑分局）、广域网节点6个，配有PC服务器6台，奔Ⅲ以上PC机73台，打印机58台，路由器3台，交换机5台，3KVA以上UPS装备4台，机房2个（县局机关一个35平方米，勐仑分局一个20平方米），信息技术人员1名，已安装杀毒软件的计算机71台，已部署桌面安全审计系统终端71台，纳入计算机管理的纳税户有4347户，计算机当期处理纳税额为1.35亿元。

队伍建设

【机构人员】 2009年经过机构改革后，全局内设机构8个，即办公室、人事教育股、监察室、政策法规股、收入核算股、办税服务厅、税收政策管理股、征收管理股，其中政策法规股为新增设机构，原计划征收股分设为收入核算股及办税服务厅；1个直属机构，即稽查局；2个派出机构，即勐腊税务分局和勐仑税务分局；1个事业单位，即信息中心。有在职干部职工49人，大专以上文化程度37人，占76%；少数民族23人，占47%。

【领导班子建设】 一是加强领导班子思想政治建设。注重加强领导班子自我学习、自我提高，以提高党性、政治觉悟和思想品德为基本点。二是加强领导班子组织建设。明确权利、责任分工和利益关系，提高管理水平，着力提升班子执行力、凝聚力和战斗力。三是加强领导班子作风建设。强调班子成员先驱带头作用，通过党政双重监督，确实保持好领导班子廉洁性，利用述职述廉、批评与自我批评等多种形式保落实。

【党风廉政建设】 一是认真做好《建立健全惩治和预防腐败体系2008~2012年工作规划实施意见和分解方案》的贯彻落实工作。二是严格履行党风廉政建设“一岗双责”工作责任制度。三是围绕组织收入中心工作，加强监督检查，确保各项工作部署落到实处。加强对领导班子、特别是主要负责人的监督；加强对税收执法权、行政管理权、运行重点岗位和关键环节的监督检查。全年共与1388户纳税人签订《廉政公约》，回访纳税人100户，群众满意度为99.8%。收回《干部执法情况反馈表》68份，纳税人对税务干部在税收执法过程中，服务态度及廉洁自律等方面情况的社会反映良好，没有出现向纳税人“吃、拿、卡、要、报”等违纪现象。四是强化案件查办工作，严肃查处违法违纪案件。五是认真开展阳光政府“四项制度”工作，进一步转变工作作风。强化明察暗访工作；杜绝向纳税人乱摊派、拉赞助、推销商品等不正之风；积极参加当地党委政府组织的民主评议政风行风活动，组织特邀监察员开展明察暗访、走访座谈等活动；在纳税人关注的个体定税焦点问题上严格按照调查测算、同行业比对、集体核定、县局审批、张榜公示公告等程序进行，进一步提高了税收执法透明度，树立良好的国税形象；利用政府电子信息公开网站及办税服务厅，积极做好信息公开相关工作。六是大力推进国税廉政文化建设。围绕建设社会主义核心价值体系，结合社会公德、职业道德、家庭美德、个人品德教育和法制教育，开展丰富多彩的廉政文化创建活动，推进廉政文化进机关、进基层、进家庭、进纳税人活动。

【制度建设】 为了进一步加快制度建设的步伐，满足机构改革后实际工作的需要，于2009年11月份集中对《勐腊县国家税务局行政问责实施办法》、《勐腊县国家税务局绩效考核管理办法》、《勐腊县国家税务局学习和党群活动制度》等17项办法、制度进行了修改完善，实现了用制度管理干部、用制度约束干部、用制度激励干部的目的。

【精神文明建设】 一是建立精神文明长效机制。重视精神文明的创建工作，狠抓精神文明工作的落实，2004年至2009年共获得精神文明方面奖项30项。2009年县局被省委、省政府命名为第12批“文明单位”，1名干部荣获云南省国税系统第六批“精神文明建设先进工作者”称号。1名干部被勐腊县委、县人民政府授予“勐腊县百名优秀青年”称号。二是积极开展特色税务文化活动。围绕国税精神文明建设要求，全面构建和谐国税，打造特色国税文化，积极开展情趣高雅、有利干部职工身心健康的体育、军训、联谊、美术、书法、摄影等活动；积极培养文艺骨干参加民族健身操及建国六十周年文艺汇报表演；组织谱写反映勐腊国税干部乐于奉献在边疆的勐腊国税之歌——《税徽闪耀在彩云最南端》；组织开展扶贫帮困活动等。

【教育培训】 一是建立健全教育培训制度。不断修改完善学习计划、培训计划及考试制度。二是开展经常性在岗培训和专业技能培训。组织业务骨干28人次参加省、州知识更新培训；组织2人参加初任培训；组织4人参加税收执法资格考试；举办培训班6期，共329人次参训。主要开展流转税政策调整内容、稽查人员业务、介质与网络申报系统用户操作知识、公文写作知识、综合征管软件数据质量检测系统知识等培训，使干部队伍的业务素质及专业技能得到了进一步提高。三是积极推进学历教育工作，学历结构进一步改善。

（杨林枋）

楚雄彝族自治州国家税务局

经济概况

2009年，楚雄州经济社会发展在全球金融危机的影响下，州委、州政府把保持经济平稳较快发展作为首要任务，按照“抢抓机遇、用好机遇、化危为机、打牢基础、谋划长远”的理念，强势推进“强农、兴工、扩城、活商、固基、和谐”各项工作重点，统筹做好保增长、保民生、保稳定的工作，有效扭转和遏制住了经济下滑势头，实现了经济形势回升向好和社会和谐稳定。全年实现生产总值（GDP）342.40亿元，比2008年增长12.20%。全州固定资产投资达到208亿元，增长45.30%；社会消费品零售总额109.70亿元，增长21.40%；实现外贸进出口总额6933万美元，增长31%；三次产业结构由2008年的24.3∶41.8∶33.9调整为23.6∶41.6∶34.8；财政总收入73.30亿元，增长11.80%，其中地方财政收入25.60亿元，增长12.70%；地方财政支出91亿元，增长30%。城镇居民人均可支配收入达1.41万元，增长8%；农民人均纯收入达3500元，增长12.50%。

税收概况

【收入完成情况】 2009年，楚雄州国税系统共组织税收收入49.68亿元，比2008年增收4.28亿元，增长9.43%，完成云南省国家税务局下达确保目标46.75亿元的106.27%，完成奋斗目标48.65亿元的102.12%；剔除车辆购置税，完成州政府下达计划任务47.90亿元的101.22%。

【收入特点】 2009年的组织税收收入工作，面对全球金融危机的影响和冲击，税源经济实体增速回落，加之国家实施结构性减税政策，税收收入呈现年初下跌、年中回暖、年末增长的特点，从下半年开始，出现止跌回升，实现三季度巩固提升、四季度平稳增长的态势。一是税收收入占财政收入的比重较大。2009年国税收入总量49.68亿元占全州财政总收入73.30亿元的67.78%。二是征收的税种呈现“二增三减”。国家拉动内需，刺激消费，调整消费税税率，减半征收1.6升及以下排量汽车的购置税，带来消费税和车辆购置税增长，组织国内消费税26.28亿元，同比增收5.73亿元，增长27.85%；征收车辆购置税1.18亿元，同比增收3674万元，增长44.98%。受金融危机和有色金属价位影响，以及落实税收优惠政策，组织国内增值税18.16亿元，同比减收6562万元，下降3.49%；征收企业所得税3.95亿元，同比减收1.04亿元，下降20.84%；征收储蓄存款利息所得个人所得税978万元，同比减少1171万元，下降54.49%。三是从县域经济发展情况看，有4个县区的国税收入进入亿元行列，比2008年减少1个县。四是全州11个征收单位完成任务情况看，完成确保目标任务的有南华、姚安、永仁县，完成奋斗目标任务的有楚雄市，双柏、元谋、武定、禄丰县，开发区。

【税源分析】 2009年楚雄重点行业税源税收有增有减。一是烟草制品业，入库卷烟“两税”收入32.17亿元，同比增收5.84亿元，增长22.17%。二是煤炭开采和洗选业入库增值税8224万元，同比增收2736万元，增长49.85%。三是有色金属冶炼及压延加工业入库增值税2302万元，同比减收984万元，下降29.95%。四是有色金属矿采选业实现增值税7876万元，同比减收9543万元，下降54.79%。五是电力生产和供应业实现增值税9959万元，同比减收362万元，下降3.51%。六是化学原料及化学制品制造业入库增值税3569万元，同比减收1612万元，下降31.11%。七是黑色金属冶炼及压延加工业实现增值税2.57亿元，同比增收4972万元，增长23.95%。八是石油加工、炼焦及核燃料加工业入库增值税4459万元，同比减收2611万元，下降36.93%。九是商业实现增值税3.09亿元，同比减收4922万元，下降13.90%。

各项工作

【税收法制】 落实《楚雄州国税系统依法行政五年规划》、《税务行政执法责任制度》、《税务行政执法评议考评办法》、《税务行政执法过错责任追究办法》、《行政复议法律文书示范文本》、《楚雄州国家税务局重大决策听证制度、重大事项公示制度、重点工作通报制度、政务信息查询制度实施意见》等制度，实行税款核定听证及公告制度、行政许可公示等一系列制度，增强了税收法制工作透明度。本着“流程最短、质量最优、效率最高”的原则，方便纳税人、方便监管征收、提速增效，下放部分行政审批权限，提高行政审批效率。坚持依法治税，贯彻执行《全面推进依法行政实施纲要》，加大执法监督，严格规范执法。按照权力制衡、防范风险、信息共享的原则，建立和完善税收执法内控机制，强化《税收执法管理信息系统》考核，加强税务行政审批事项的管理监督。全州各级国税机关认真落实信息公开和责任政府、阳光政府“四项制度”，信息公开、税收行政执法和行政审批工作得到省州政府表彰，落实阳光政府“四项制度”得到州政府的充分肯定。

【税收征管】 （一）加强税收征管。全州国税系统认真落实税收管理员和领导干部管户制度，深入企业开展调研。规范个体户电子定税，对全州个体工商户42个行业的30408户进行电子定税。积极贯彻落实国家税务总局、云南省国家税务局关于进一步加强税收征管、堵漏增收几个重要文件精神，加强延期缴纳税款管理，认真审核，严格把关，全年共审核上报省国税局审批4户企业延期缴纳税款2057万元，到期已全部征收入库。大力追缴欠税，堵漏增收，全年清缴欠税817.97万元，是历年清欠力度最大和效果最好的一年。加强发票管理，制定办税服务厅票款管理办法。开展纳税服务资源配置调查，加强户籍管理，夯实征管基础。到12月，全州共有税务登记户37320户，其中，一般纳税人1168户，小规模企业3168户，纯所得税管户434户，个体工商户32550户，管户比2008年增加3825户，增加率达11.40％。（二）强化收入进度监控。在组织税收收入上，坚持组织收入原则和依法依规、全力以赴，实施“强征管、强评估、强分析、强调研、强稽查”的组织收入组合拳，把握收入主动权。召开全州国税工作会议，部署分解全年工作任务。召开税收相关业务工作会和全州国税收入分析会，研究分析收入进度情况。向全系统发出“坚定信心、迎难而上，加强征管、强化评估，加大稽查、堵漏增收，依法征税、应收尽收，确保各征收单位完成奋斗目标，打响后4个月组织收入攻坚战”的动员令，掀起“上下联动、齐心协力保目标，全力以赴、聚精会神抓收入”的高潮。积极向省国税局和州委州政府反映收入进度情况，主动到省财政厅、省国税局沟通协调红塔集团卷烟税收情况。（三）加强各税种管理。一是把增值税作为货物和劳务税管理工作重点，实行增值税一般纳税人分类管理和运输发票进项税额抵扣审核管理，突出抓好农产品抵扣增值税、运输发票抵扣、农产品加工企业的税收管理。通过大力加强增值税一般纳税人管理，一般纳税人税负由2008年的4.19提升为4.66，上升0.47个百分点。二是进一步加强白酒消费税税基管理，及时落实国家对烟、酒消费税税率调整的纳税辅导工作，促使相关企业如实申报纳税。三是加强车辆购置税的征收管理，车辆购置税突破1亿大关。四是以做好2008年度企业所得税汇算清缴和着力推进所得税纳税评估为重点，强化对10万元以上所得税税源企业监控，对总分机构企业所得税管理工作进行清理核对。实行所得税分类管理，提高核定征收比例，降低汇算清缴亏损面，汇算清缴工作得到省局表扬。五是认真落实出口退（免）税管理制度，通过出口退税预警评估，严防和杜绝骗取出口退税。通过加强非居民税收和涉外税收管理，强化了国际税收监管。非居民税收实现零的突破，年内征收非居民所得税23万元。

【纳税服务】 在大力开展税收宣传、纳税辅导、送税法上门服务的同时，进一步优化纳税服务，整合办税业务流程和软硬件资源，转变传统征收方式，推行办税服务厅“一窗通办”综合服务模式和一般纳税人网上认证、网络抄报税、网络申报，进一步降低纳税成本，减轻纳税人负担。开展纳税评估，全年评估补缴税款2797万元，其中，评补增值税2293万元，评补企业所得税504万元。同时，通过纳税评估，调整应纳税额3760万元，弥补企业所得税亏损额483万元。纳税评估工作得到省局通报表扬。

【税收执法】 坚持把“执好法、服好务、促发展”作为税收执法工作的出发点和落脚点，以“执好法”为立足点，规范执法行为，提升执法水平；以“服好务”为出发点，实施和谐稽查、阳光税务，共建和谐征纳；以“促发展”为落脚点，发挥税收职能作用，服务地方经济发展。一是大力落实依法行政、“五五”普法和税收宣传工作，层层签订《行政执法责任书》，明确责任主体，将执法职责分解到各部门、落实到每个执法岗位，形成了层层制约、逐级负责的监督制约机制。二是依托税收执法信息系统对税收执法权力运行实施全程监控，实行税收执法信息管理系统“三级查询”、“四级监控”制度，按月实时监控，发现问题及时分析、及时解决，按季通报执法过错，执法过错数量比2008年明显减少，2009年全州发生税收执法业务总量34.8万项，比2008年的27.4万项增7.4万项，增长27％；产生执法过错28条，比2008年的53条减少25条，下降47.17％，执法过错率为万分之零点八一，比2008年的万分之一点九四下降万分之一点一三，降幅为58.25％。三是严格落实税务行政许可，清理简并、压缩许可事项和非行政许可，达到了省州政府要求的“审批项减少20％以上、审批时间压缩1/3以上”的目标。四是开展案卷评查，对2008年立案办结的29件卷案进行评查，自查面达100%，重点评查22卷，占76%。2009年审理办结涉税案件17件，所办案件，无行政复议和行政诉讼情况。五是组织开展2009年税收执法专项检查和应对金融危机税收政策执行情况及实施效果调研。不折不扣落实结构性减税政策，全年办理增值税一般纳税人申报抵扣固定资产4055万元，全年减免税收达到2.73亿元。六是深化和谐稽查，实行查前告知，政策辅导，开展税收专项检查和第二轮分级分类稽查，实现了以查促收。对全州92户企业进行分级分类稽查。与公安、地税联合开展打击发票违法犯罪专项行动，端掉贩卖假发票窝点3个，查获非法取得假发票案件4件，收缴假发票436份，查获未按规定取得发票173件，涉及发票31082份，有效地遏制了楚雄州发票涉税犯罪及部分企业代开、虚开发票偷逃税款的违法行为。全年税务稽查查补收入5058.43万元，入库率为100%，比上年增加3232.74万元，增长177.07%，创历年查补新高。

【税务信息化建设】 大力推进税收信息化建设，积极完成楚雄州国家税务局“一窗通办”综合服务模式技术整合和打印参数的攻关工作。按时完成禄丰县、楚雄市、楚雄经济开发区3个县局储蓄扣税，全年共处理储蓄扣税包630个，17290笔，征收税款513.87万元；大厅实时扣税12批次，征收税款5.13亿元。及时完成综合征管软件8个补丁、货运机动车销售税控系统、出口退税审核系统的升级工作。如期完成全省网络教育培训系统、网络扩容改建及全国税务系统网络监控平台的建设任务。成功推行网络申报，从2009年9月征期开始在楚雄市、禄丰县、楚雄经济开发区推广试点，到年底已有146户企业通过网络申报扣缴企业得税993.98万元，有379户企业通过网络申报扣缴增值税3.87亿元，网络申报已覆盖国税系统征管的增值税、消费税、企业所得税三大主体税种。

【实施三个攻关项目】 为进一步加快楚雄国税发展，全州国税系统围绕“创新发展年”工作主题，按照州国税局党组提出的“抓重点、攻难题、保增长、促发展”的工作思路，认真落实“管理上以人为本、工作上统筹兼顾、服务上优质高效、发展上力求和谐”的目标要求，成立“一窗通办”、“减个减负”、“绩效考核”3个攻关项目工作组，并将3个攻关项目作为“创新发展年”的工作创新点和学习实践科学发展观活动整改落实的重要举措，带动全年各项工作全面落实。第一，攻克纳税人较为集中反映的服务质量和服务态度的问题，探索基层办税厅征收窗口服务标准、服务模式，改进和优化纳税服务，在全州基层办税服务厅推行“一窗通办”综合服务模式，用考察的方式完善思路、试点的办法积累经验、现场推进会的形式推进工作。4月初在禄丰、南华2县进行试点，进行技术整合、资源整合、人力整合和运行调试，试点成功后，在禄丰召开全州国税系统“一窗通办”现场推进会，总结经验，安排部署了其他9个县市区局推行“一窗通办”综合服务工作。7月1日全州所有办税厅正式运行“一窗通办”综合服务模式。通过半年的运行，基层税务人员和纳税人反映较好，评价较高。“一窗通办”使纳税人到办税服务厅任何一个窗口都可以一次性办结所有业务，实现了纳税服务和办税提速新跨越，实现了纳税人和基层办税服务人员双满意。第二，攻克“两个减负”，缓解基层工作压力。减负攻关工作组认真梳理报表资料，积极征求机关科室和基层意见，认真贯彻落实局党组提出的“依靠信息化科技手段支撑实现真正意义上的减负，才能管长久”的要求，抽调系统内相关技术力量，自主研发减负软件，在9月底成功研制开发《楚雄州国税局税收辅助管理系统》，该软件实现了税收征管14个报表、9个台账自动生成、汇总上报，税收执法信息7项业务提醒和全州10万元以上纳税户排名查询。研究修改《落实“两个减负”优化纳税服务暂行办法》，在办法中，规定了减轻纳税人负担的相关内容和优化纳税服务举措，明确了为基层减负的具体内容和要求。《“两个减负”办法》与《税收辅助管理系统》的同步结合运用，有效缓解了基层工作压力，减轻了纳税人负担。第三，攻克绩效考核新办法，着力解决“干多干少一个样、干好干坏一个样”的问题，打破“大锅饭”和平均主义，鼓励先进，鞭策后进，激发干部工作热情和活力。在基层分类探索绩效考核办法的基础上，州局绩效考核攻关工作组多次矫正、完善思路和攻关方向，多次召开会议研究攻关难题，以体现“多干多得分、少干少得分、不干不得分”的原则，围绕“公共项目、工作项目、报表项目、激励项目”四大主要考核指标进行攻关。经过攻关，细化项目、量化得分，确定效能积分考核的内容、指标、分值和系数，对工作进行定量考核和定性考核，并根据工作难易程度，按已确定的分值进行绩效积分，较为圆满地完成了《对县市区国家税务局工作效能积分考核试行办法》，通过试行，进一步修改、完善和运用。

队伍建设

【机构人员情况】 截至2009年12月31日，全州国税系统共有在职人员767人，其中：公务员745人、工勤人员22人。中共党员449人，占总人数58.54%；共青团员17人，占总人数2.22%。年龄结构：50岁以上61人，占总人数的7.95%；40～49岁的484人，占总人数的63.10%；30～39岁的172人，占总人数的22.43%；30岁以下50人，占总人数的6.52%；纳入管理的离退休人员有282人中：离休16人、退休266人（其中提前退休26人）。全州国税系统共有副科级以上领导干部103人，其中：正处级1人、副处级5人、副调研员3人、州局机关科长18人、副科长7人、县市区局长11人、副局长24人、纪检组长9人、分局长

15人、稽查局长10人。

2009年，根据省国税局批复，经过内设机构改革，州局机关内设机构12个，即：办公室、政策法规科、货物和劳务税科（含进出口税收管理科职责）、所得税科、收入核算科、纳税服务科、征收管理科、财务管理科、人事科、教育科、监察室、大企业和国际税务管理科，均为正科级；直属机构2个，即：车辆购置税征收管理分局（正科级）、稽查局（副处级）；事业单位2个，即：信息中心、机关服务中心；另设机关党总支办公室、离退休干部科。下辖楚雄市、双柏、牟定、南华、姚安、大姚、永仁、元谋、武定、禄丰县、楚雄经济开发区11个县市区国家税务局，县市区国家税务局共内设科（股、室、中心）80个，直属机构（稽查局）10个，派出机构（税务分局）16个。

【领导班子建设】 对全州国税系统领导班子突出教育，完善制度，实行民主，强化集体领导。一是在州县两级党组领导班子中开展“讲团结、保稳定、求和谐、节支出”教育活动，要求各级领导班子以“团结、和谐、稳定”为主线，统筹兼顾抓好各项工作。二是各级以“加强领导干部党性修养、树立和弘扬良好作风”为主题，开展党组民主生活会，着力强化党组班子政治建设、能力建设、作风建设、制度建设，增强领导班子的团结力，提高领导班子解决自身问题的能力。三是以“加强党的建设，创新工作发展”为主题，开展党组中心组理论学习，中心组学习成员围绕“创新发展年”工作主题，汇报工作完成情况、分析税收收入进度及困难、谋划2010年工作。四是严格执行《党政领导干部选拔任用工作条例》，坚持德才兼备、以德为先、群众公认、注重实绩，提拔使用干部，对县级局部分纪检组长进行转岗，对县局空缺副职进行考察任用，对州局机关部分科室科长（主任）人选进行考察提拔。五是落实党组工作巡视制度和机关联系基层工作制度，对3个县局工作及领导班子进行了巡视检查。

【学习实践活动为全省国税系统提供经验】 按楚雄州先行试点的工作部署，州局2008年10月至2009年2月参加全省第一批“深入学习实践科学发展观”活动，是唯一一家全省国税系统州市局参加第一批学习实践活动并作为试点的单位，按照“探好路子、积累经验、提供借鉴”的要求，做到了精心组织、大胆探索，有效实施，认真总结，学习实践活动取得了明显成效。2009年3月3日，云南省国税系统第二批深入学习实践科学发展观活动座谈会在楚雄州国家税务局召开，会上向全省国税系统15个州市局介绍了经验和做法，并将开展学习实践活动过程中形成的文件材料、调研报告、心得体会、信息宣传等文字资料汇编成《楚雄州国家税务局学习实践科学发展观材料》一书，发至全省15个州市和137个县区局学习借鉴。

在学习实践科学发展观活动的“学习调研、分析检查、整改落实”三个阶段中。在学习调研阶段，坚持理论联系实际的基本做法，注重调研，发现问题，突出实践，指导工作。在分析检查阶段，按照科学发展观的基本要求，破解难题，理清思路，立足税收，谋划发展。在整改落实阶段，体现务实创新的基本思路，强化整改，重点突破，明确目标，激发活力。通过学习实践活动的开展，回顾楚雄国税发展历程，清理了发展思路、发展目标和发展方向，达成了科学谋划国税事业发展的共识，找到了值得继续坚持和发扬的六条经验，即必须坚持解放思想、与时俱进、改革创新，推动国税事业科学发展；必须坚持统筹兼顾、把握中心、服务大局，推动国税事业协调发展；必须坚持以人为本、民主务实、从严治队，推动国税事业持续发展；必须坚持依法治税、科技强税、人才兴税，推动国税事业加快发展；必须坚持发现问题、分析问题、解决问题，推动国税事业健康发展；必须坚持阳光税收、和谐稽查、文明服务，推动国税事业和谐发展。

【精神文明建设】 建立精神文明建设情况报告制度，加强对文明创建工作的统筹指导，按照“找准路子、抓好载体、深化创建”的工作模式，采取“两条腿走路、分块创建上层次”的办法，加强文明创建工作，坚持把创建工作纳入国税发展的总体规划，纳入党政工作的重要议事日程，纳入目标管理考核，文明创建工作实现由务虚向务实转变成为促进和谐税收的精神动力。积极开展社会公益活动，倾力做好扶贫结对工作，派干部参加新农村建设，为扶贫点排忧解难，扶贫工作被州委州政府表彰为“社会扶贫先进集体”。加强系统内部文明创建申报，表彰命名文明单位。对文明单位届满进行复查，对申报文明单位进行检查，通过以幻灯片的形式听取汇报、检查实际工作情况、查看创建文档资料、进行内外测评、征求当地文明办意见等量化考评，对符合申报全州国税系统第八批文明单位条件的基层县局进行检查验收。召开全州国税系统2009年精神文明建设工作表彰会，命名双柏、姚安、大姚、元谋、禄丰、开发区国家税务局为全州国税系统第八批“文明单位”，表彰州国税局机关老年协会为全州国税系统“精神文明建设工作先进集体”，表彰余昌值等26名干部为全州国税系统“第五批精神文明建设先进工作者”。同时，向省局推荐申报文明单位2个，精神文明建设先进工作者6人，巾帼文明岗2个，巾帼建功标兵1人。积极支持符合条件的单位参加地方文明创建，按照当地文明办的要求，完善创建工作，规范创建程序，积极申报省级文明单位，12月，楚雄市、双柏、牟定、南华、姚安、元谋、武定、禄丰县国家税务局被省委、省政府命名为第十二批“文明单位”。

【教育培训】 （一）运用楚雄州国家税务局教育培训管理系统强化全员培训。对教育培训管理系统版本进行升级和信息量维护，整合业务系统，业务从单一的培训考试向日常办公延伸，涵盖到工作任务安排、教育培训项目管理、学历教育和师资报考审批等业务环节，整理收录税收业务、计算机知识、财务会计、公务礼仪等试题达5万题、多媒体课件140个、电子教材320个、法律法规2000多条，系统主要功能已达到全州国税干部在线全员培训要求，实现了干部职工学习工作化、工作学习化。（二）规范干部学历教育管理。对楚雄州内符合条件的国民教育系列成人教育函授站（点）进行调查统计，进一步明确全州国税系统学历教育有关问题、报考院校和专业，理顺在职干部学历教育申请审批报考程序。至2009年末，全州国税系统专科以上学历人数达690人，占总人数的89.96%，本科在读人员11人，占总人数的1.43%。（三）鼓励干部职工参加全国师资考试。对参加注册税务师、注册会计师、税务师、经济师、会计师、律师、计算机专业技术等级等师资考试并获得证书的给予一次性奖励。至2009年末，全系统共有会计师4人，经济师4人，律师5人，计算机工程师5人，注册税务师18人，全国计算机网络技术3级人员2人，共有各类师资人员38人。（四）开展面对面的业务培训。在注重州级本地培训的同时，积极派干部参加省国税局、国家税务总局组织的各种培训，一年来，共有689人次先后参加州国税局、省国税局、国家税务总局组织的更新知识培训，其中，328人次参加州国税局组织的培训，352人次参加省国税局组织的培训，9人次参加总局组织的培训。

【国税文化】 大力弘扬“聚财为国、执法为民、情趣高雅、风清气正、以人为本、和谐发展”的彝州国税文化，创新活动载体，丰富文化内涵，提高文化软实力。一是举办全州国税系统第四届“国税杯”篮球运动会，鼓舞士气，树立信心，激发活力，展示楚雄国税干部队伍“团结、和谐、拼搏、向上”的精神面貌。二是开展“创新·发展·和谐”主题演讲竞赛，县市区国家税务局45岁以下干部、州国税局机关40岁以下干部经初赛选拔36名选手参加州局决赛，胡艳华等12名选手分获个人一、二、三等奖，州国税局机关、禄丰、南华、牟定县国家税务局分获团体一、二、三等奖。同时，选派人员积极参加楚雄州组织的“红土地”之歌演讲比赛，宣扬国税工作和国税干部。三是借“爱国歌曲大家唱”群众性歌咏活动，唱响云南国税之歌《乐于奉献在高原》、楚雄国税之歌《彝州国税人》，铸就楚雄国税人的精气神。四精心编排“祖国在我心中”文艺节目《彝州国税人》，参加全省国税系统庆祝新中国成立六十周年文艺汇演，获“最佳风采奖”。五是开展税收征文、书画、摄影征集活动，参加全省国税系统“迎祖国华诞，展国税风采——庆祝建国六十周年”征文、书画、摄影比赛，8篇征文获奖，5幅摄影、书画作品入选云南省国税系统庆祝新中国成立六十周年“暎瑞之魂——书法美术摄影展览”。

【廉政建设】 全州国税系统各级领导干部认真履行“一岗双责”，层层落实廉政建设责任制，把“强化监督，保护干部，服务发展”作为纪检监察工作的出发点和落脚点，重视开展好党风廉政建设工作。与纳税人签订《廉政公约》及回访制度，年内，全州国税机关共与18242户纳税人签订《廉政公约》，签订面达100%，回访纳税人和问卷调查2115户次，回访率11.6%。强化干部廉政和任职谈话，其中，任职谈话72人次、任期谈话70人次、诫勉谈话3人次。开展“加强作风建设、促进科学发展”主题教育活动，各级特别是领导干部严格落实廉洁自律各项规定，自觉遵守廉政纪律，严守廉政底线，工作中、生活中践行“勤政廉政，从我做起”的要求，自律和监督效果明显，系统领导班子清正廉洁，干部队伍风清气正，年内，未出现干部违纪违法行为，全年无举报案件。党风廉政建设工作经省局和州委检查考核，评价较高，发展较好。

【典型经验——办税服务厅实现“一窗通办”】 针对全州国税办税服务厅窗口按专业化分工设置，工作单一性、专业性，纳税人办理不同业务需要多个窗口、多次排队等候，以及纳税人反映的服务质量和服务态度等问题，州局党组决定在全州统一办税服务厅业务模式，实行“一窗通办”综合服务模式。成立“一窗通办”攻关组，对硬件资源问题、技术问题、人力问题进行整合，在考察学习、调研基础上，下发《楚雄州国家税务局关于在办税服务厅推行“一窗通办”综合服务模式的通知》和《推行方案》，明确推行目标、推行方式和时间步骤、工作阶段，明确各县局办税服务厅窗口设置数量，按纳税管户、业务量大小，对办税厅综合服务窗口实行分类设置。先行试点，全面推行。在禄丰、南华2个具有代表性的县局进行试点，试点成功后，召开全州推行“一窗通办”现场推进会，其他县市区局按照试点做法和经验，大胆推行“一窗通办”工作，并于7月1日正式运行。“一窗通办”综合服务模式，就是将办税服务厅窗口由原来的专业窗口整合为综合服务窗口，纳税人到办税服务厅任何一个窗口都可以一次性办结所有业务，实现“窗窗都是绿色通道”，改变了过去纳税人办理多个涉税事项要多个窗口、多头排队等候的现象，实现了纳税人办理的各项纳税事项“同一窗口受理，同一窗口出件”，使纳税人办税省事、省力、省心。

推行“一窗通办”综合服务模式后，全州办税服务厅业务窗口由原来的96个减少为61个，减少了35个窗口，窗口缩减率达36.46%；相应精简办税服务厅前台工作人员充实到税收管理、税政业务、税务稽查等部门，达到办税服务厅减员增效和加强税源管理的目的。从而，转变了服务理念、服务方式、服务机制、服务职能，成为提升纳税服务质量和办税效率的有效途径，实现了纳税服务和办税提速新跨越，出现了纳税人和办税服务厅工作人员双满意。取得了办税服务“减、变、优、快、转、和”的可喜成效。

办税流程体现了一个“减”字。“一窗通办”综合服务模式，整合了业务流程，将原来分散在各个窗口的专项性、单一性业务全部整合在每一个窗口之中，办税流程精简化，纳税人到办税服务厅办税减省了许多中间环节，纳税人“进一道门、到一个窗、办一切事”，资料提供变“简”，办税环节变“省”，办税时限变

"短"，减轻了纳税人的负担。

服务理念体现了一个"变"字。"一窗通办"与绩效考核相挂钩，每一个综合服务窗口工作人员为纳税人办理的业务量有依有据，通过细化，当天、当月的绩效情况一目了然，多干多得，少干少得，这就迫使前台工作人员在服务理念上有一个大的转变，必须树立"人人都是全能服务员、个个都是优质服务窗口"的服务理念，提高为纳税人服务的思想认识，为纳税人提供深层次服务，以优质高效、热情周到的态度为纳税人服务。

服务质量体现了一个"优"字。"一窗通办"后，办税服务质量优不优、好不好，责任政府四项制度和阳光政府四项制度落实到不到位，纳税人通过办理一次业务就能得到验证和较好回答。"优"字当先，"好"字为准，成为办税服务厅前台工作人员检验和衡量自己工作的"尺子"。

服务效率体现了一个"快"字。"一窗通办"避免了纳税人多头排队、多头办理，纳税人随到随办，一窗办结，在缓减前台工作人员压力的同时，也体现了办税效率的快捷、高效。

干部作风体现了一个"转"字。"一窗通办"使办税服务厅得到"瘦身"，服务窗口的减少，前台工作人员也相应得到削减，工作作风的转变，懒、散、拖现象不复存在，比、学、赶、帮、超蔚然成风，干部工作热情得到较大程度地激活。

征纳关系体现了一个"和"字。办税服务厅坚持以纳税人为中心，以纳税人正当需求为导向，体现服务科学发展、构建和谐税收的主题要求。纳税人普遍认为："税务机关最大程度为纳税人规避税收风险，减轻不必要的负担，节省办税时间，降低税收成本，一切为纳税人着想，就是征纳和谐。"通过实行"一窗通办"，消除了征纳关系中的不满意、不和谐因素，增进了税收征纳和谐度。

（田江华　董中华　欧阳中江）

楚雄市国家税务局

经济概况

2009年，楚雄市国民经济继续保持平稳增长，实现生产总值（GDP）140.49亿元，按可比价计算，同比增长12.20%，增幅分别高出全国、全省3.5和0.1个百分点，与全州持平。其中：第一产业实现增加值14.22亿元，增长6.20%；第二产业实现增加值79.57亿元，增长12%，其中工业实现增加值66.59亿元，增长8.90%；第三产业实现增加值46.70亿元，增长14.50%。从产业结构看，结构继续优化，产业比例由2008年的10.2:56.9:32.9调整为10.1:56.6:33.3，二三产业支撑作用明显。人均GDP达2.54万元，增长11.40%。完成财政总收入17.86亿元，增长16.60%。

税收概况

【收入完成情况】　2009年，楚雄市国家税务局共组织税收收入3.09亿元，同比增长11.33%，增收3145万元，完成州国税局下达确保目标2.55亿元的121.04%，超收5360万元；完成州国税局下达奋斗目标2.81亿元的110.08%，超收2820万元。完成增值税、消费税、企业所得税"三税"收入2.15亿元，占市政府下达考核任务2.14亿元的100.57%，超收123万元。增值税、消费税"两税"收入完成2.05亿元，同比增长4.65%，增收909万元，完成州国税局下达确保目标1.75亿元的117.09%，超收2988万元；完成州国税局下达奋斗目标2亿元的102.24%，超收448万元。分税种：增值税完成2.04亿元，增长4.55%，增收890万元；消费税完成40.50万元，增长92.94%，增收19.50万元；企业所得税完成2089万元，增长19.54%，增收408万元；储蓄存款利息所得个人所得税完成366万元，下降56.17%，减收469万元；车辆购置税完成7964万元，增长40.52%，增收2297万元；其他收入完成41万元，下降20.18%，减收10万元。

【收入特点】　一是税收收入实现稳步增长，税收收入突破3亿元大关，再创历史新高；二是国税收收入持续增长，达3.09亿元，比上年提高11.33个百分点；三是车辆购置税的比重继续提高，入库7964万元，增长40.52%，增收2297万元，占国税收入总量的25.78%；四是企业所得税增幅较大，增长19.54%；五是集体企业、股份公司、涉外企业税收稳步发展，税收增速在各经济类型中位居前列，集体企业税收收入726万元、增长105.73%，股份公司税收收入9335万元、增长38.25%，涉外企业税收收入1435万元、增长100.92%。国有企业税收收入7584万元、增长3.13%，其他企业税收收入8668万元、增长12.56%，私营企业税收收入3142万元、下降35.50%；六是收入质量明显提高，各税种的申报率及入库率均明显提高，各项税收优惠政策落实，税收征管基础进一步夯实，税收与经济保持同步增长。

【税源分析】　在国际金融危的影响和冲击下，工商经济萎缩下滑及结构性减税政策带来的政策性减收数额较大，全年共抵扣、减征税款4669万元。1至5月收入处于下滑态势。6月起经济企稳回暖，税收收入回升，与上年同期基本持平，三季度巩固提升，四季度平稳增长。主要税种及重点税源与相关经济指标协调增长：一是增值税收入增幅较大，完成2.04亿元，增长4.55%，

增收890万元。税源主要集中在电力、商业、煤炭、建材、造纸及纸制品行业，分别入库税收6252万元、5537万元、1617万元、299万元、814万元，增幅分别为0.67%、2.64%、41.94%、28.05%、10.62%。全市重点税源中，纳税在50万元以上的共有30户，共计征收税款1.50亿元，占税收总收入的73.51%。二是消费税增长较大，完成40万元，增长92.94%，增收20万元。三是车辆购置税保持较快增长，完成7964万元，增长40.52%，增收2297万元。

各项工作

【税收法治建设】 继续深入贯彻落实《全面推进依法实施纲要》，按照合法行政、合理行政、程序正当、高效便民、诚实守信、权责统一的六项基本要求，认真审理每一件涉税案件。认真组织开展送税法到机关、到企业、到学校、到农村活动，落实好各项税收优惠政策。狠抓大要案查处工作，提高办案质量，提高结案率，确保税务处理、处罚案件的执行。与公安机关协同配合，开展税收违法犯罪专项治理行动，整顿和规范市场经济秩序，在全州范围内开展了打击制售假发票和非法代开发票专项整治工作。高度重视协查与举报受理工作，严格依法受理涉税举报，畅通举报渠道。重大税务案件审理取得突破，全年立案查处并已结案的案件共35件，其中移送市局重大税务案件审理委员会审理的重大税务案件9件，移送审理率为25.70%，共查补税款329.09万元。

【税收执法】 继续推进行政执法责任制，层层签订《责任书》，纳入目标管理考核。综合征管软件的运应用水平、规范操作能力和税务行政执法水平明显提升，过错行为明显下降。充分发挥电视、广播、报纸等新闻媒体和门户网站、办税服务厅宣传“窗口”，采取灵活多样的形式，加强税法日常宣传教育工作。深入贯彻服务承诺制、首问责任制、限时办结制、问责制“四项制度”，公开办税时限和服务承诺，印制大量办税指南免费提供纳税人，不断提高服务效能。扎实开展以“税收·发展·民生”为主题的第18个全国税收宣传月活动，开展了税法宣传进工厂、进矿山、进商场、进机关、进学校、进农贸市场的“六进”活动，召开由20名特邀监察员及纳税人座谈会，征求意见和建议，满意率100%。实施和谐稽查、阳光稽查，全年通过阳光稽查、整顿和规范税收秩序查补入库税款共1739.86万元，比上年1084.52万元增加655.34万元，增长60.40%，创造了稽查工作新高。

【税收征管】 不折不扣落实好国家税收优惠政策，做好扶持企业发展工作，全年来为各行业减免增值税、所得税等5508.47万元。做好出口退税管理工作。全年共为2户享受出口货物免抵退税优惠政策企业审核办理免抵额71.38万元，退税额118.07万元，退、免税共189.45万元。加大一般纳税人申报的监控和辅导，对257户一般纳税人介质申报进行了三次升级辅导，促进了申报质量的提高；加大重点税源账表比对和预约定耗管理，强化重点税源的分析评估。抓好车辆购置税“一条龙”征收管理，全年共征收车辆14568辆，征收车辆购置税7770万元，同比增长37.10%，增收2103万元；全年办理车购税1.6排量以下享受5%低税率小型乘用车6744辆，减免税款1783万元；委托楚雄市交通警察大队代征摩托车476辆，代征车购税12.90万元。加强企业所得税管理工作，完善企业所得税税前扣除凭证管理制度，进一步规范所得税涉税事项审批。做好2008年度的企业所得税汇算工作，完成了407户查账征收的企业所得税纳税户征收方式鉴定、370户企业的汇算清缴工作，全年入库企业所得税2089万元，同比增长24.28%，增收408万元。

【发票管理】 配合全州打击制售假发票和非法代开发票专项整治行动，抽调多个小组对大型连锁超市、连锁药店、建筑施工单位购进砖、瓦、石用料供货等情况进行了检查整治。共检查企业73户，个体411户，检查发票26378份，发票违章52户，共查补税款30.86万元。全年认证增值税专用发票25678份，金额19.3亿元，税额3.22亿元。通过公路内河货物运输发票税控系统认证采集运输发票抵扣联2452份，开票金额2692.26万元，税额188.46万元。加强红字专用发票的管理工作，认真比对、有效监管，保证了增值税红字发票的真实性和可靠性。为小规模纳税人代开增值税专用发票506份，金额1079.09万元，税额26.34万元；为纳税人代开普通发票68000余份，征收增值税207万元，为2008年85万元的244%，增收122万元，创历史最好水平。

【纳税服务】 推行“一窗通办”综合服务模式，提升优质、高效、快捷的纳税服务。努力打造短信平台服务，为多元化申报保驾护航，全年共计向纳税人发送短信3万多条。认真落实省政府阳光政府“四项制度”，制定下发了楚雄市国家税务局重大决策听证制度、重大事项公示制度、重点工作通报制度、96128政务信息查询制度等文件，对国税机关涉及重大决策听证、重要事项、重点工作通报、政务信息查询等涉税内容进行细化公示，让公众及时了解相关政务信息，将国税工作置于全社会的监督之下，进一步优化纳税服务，全面打造阳光、透明、高效、廉洁的国税机关。

【税务信息化建设】 加强信息系统的维护应用，提高信息系统的运行效率。认真抓好综合征管软件、协查系统、防伪税控系统、税收执法管理信息系统、数据监控分析系统、网络版财务管理系统运行维护工作，加强网络硬件运维和网络信息安全建设，做好增值税纳税评估系统、一般纳税人“账表票”管理系统、机动车统一发票税控系统的使用、维护，金税工程等8个子系统的运行平稳工作。积极推行网上申报、网上认证等多元化申报缴税方式，全年推行、试点网上认证、报税8户，网络申报65户，为在全州进一步全面推开网络申报工作积累了重要经验。改版网站，建设新的楚雄市国税局网站。新网站从原来6个栏目扩及17个栏目，具体内容从34项内容增至621项，以更具活力和丰富的版面彰显楚雄市国税形象。自行编写了《综合征管软件操作指南》，具有实践学习指导意义。

队伍建设

【机构人员情况】 2009年，市局设有办公室、党总支办公室、人事教育科、监察室、纳税服务科、征收管理科、收入核算科、货物与劳务税管理科、所得税科和法规科10个科室，下辖第一、二、三、四税务分局和稽查局。有在职干部134人（男77人，女57人），其中：实职副科以上9人，主任科员50人，副主任科员17人，科员53人，工人5人（技师1人、高级工3人、中级工1人）；工程师1人，注册税务师1人；研究生3人，占职工总数的2%；本科39人，占职工总数的29%；专科81人，占职工总数的60%。30岁以下人员1人，占职工总数的0.07%；31至35岁人员14人，占职工总数的10%；36至45岁人员78人，占职工总数的57%；46岁以上人员41人，占职工总数的29%。有离退休人员43人。

【领导班子建设】 围绕"团结、务实、创新"的建设目标，狠抓班子建设。充分发挥班子成员的专长和特点，最大限度地发挥自己的工作能力、业务能力，抓好各自分工负责的工作，实现了集体智慧的整体发挥；持之以恒坚持班子成员之间的交心谈心，努力创造和谐、民主氛围；加强班子成员的政治理论和业务知识的学习，增强统筹协调能力。在机构改革中，市局选拔、任命了15名中层领导干部，对28名职工进行了轮岗交流，努力培养适应国税工作未来发展需要的复合型人才。2名中层干部被提拔到市局党组班子，充实了党组班子。

【科学发展观学习实践活动】 在参加第二批"学习实践科学发展观"活动中，始终坚持把"创新发展年"税收工作与开展"个人形象一面旗、工作热情一团火、谋事布局一盘棋"的"三个一"主题实践活动结合起来，认真学习，撰写心得体会，查找自身不足，召开专题民主生活会和党组生活会，广泛征求干部职工意见建议。局党组抓住民主干部职工党性党风党纪方面存在的突出问题、干部希望解决的实际问题为突破口和切入点，分类列出五个方面29个具体的整改项目，明确整改重点和任务、规定整改目标和时限、制定整改措施和职责。通过学习实践活动，党员干部转变了不适应、不符合科学发展要求的思想观念，事业心、责任感、纪律作风、爱岗敬业精神大大增强，受到楚雄市委深入学习实践科学发展观活动领导小组的好评和表彰。

【国税文化建设】 认真开展读书活动，以先进科学理论为行动指南，增强人生观、世界观和价值观改造，激发爱祖国、爱集体、爱事业热情。强化宣传教育工作，以先进的事迹鼓舞人。以8个文体活动队为载体，积极开展文体、摄影、书法、写作活动，积极参加全省国税建国60周年征文比赛活动，获得荣誉奖，提高干部文化审美情趣，营造了快乐工作、快乐生活的良好氛围。热心公益事业，全年职工捐款共3.74万元，市局捐款1.9万元，积极开展抗震救灾、扶贫帮困、寒窗助学等捐助活动。继续深入开展争先创优活动，争当人民满意公务员、争做人民满意公务员集体，树立先进典型，宣传先进事迹，弘扬先进精神，发挥先进典型的示范带头作用。

【教育培训】 建立健全了学习培训机制和激励措施，调动干部职工努力学习业务、提高业务技能的积极性和自觉性。织组全局性业务培训，全年共举办各类培训6期、参训294人次，全局90%的干部均参加了培训。精心选派6人次参加省、州国税局组织的各类培训班。充分利用州国税局"网络教育培训"平台，鼓励干部职工积极开展自学活动。

【廉政建设】 坚持"标本兼治、综合治理、惩防并举、注重预防"的方针，强化"一岗两责"，层层签订了党风廉政建设责任书，从制度上推动了党风廉政建设。加强反腐倡廉宣传教育，开展正反典型教育，参观楚雄州警示教育基地，继续抓好纪检日和民主生活会，提高国税干部拒腐防变意识。深入开展廉政文化建设活动，发挥廉政文化建设的导向功能和熏陶作用，营造以廉为荣、以贪为耻的良好氛围。坚持纠建并举，加大政风行风建设力度，建立了明察暗访工作制度、特邀监察员联系制度，签订《廉政公约》577户，进一步打牢税企双方反腐倡廉的防线。

【典型经验】 创新纳税评估方法，实现"三个细化"。根据不同行业、不同企业及不同时段的特点，采取灵活机动的方式进行评估。将全年评估收入任务层层细化分解到四个分局和办税厅的17个纳税评估小组，以"三个细化"，即：细化评估考核指标、细化评估激励机制和细化评估案源作为考核标准进行评估。全年共评估企业294户，评估补税316万元。

（刘亚萍）

双柏县国家税务局

经济概况

双柏县属全省76个贫困县之一，是一个典型的山区和农业县，经济欠发达，经济支柱主要以水电、烟草、采矿、绿色食品生产及加工、林产品生产及加工和畜牧业为主。2009年全县生产总值（GDP）实现11.15亿元，比上年增长11.10%，三次产业结构由2008年的46.7∶18.2∶35.1调整为44.8∶20.9∶34.3；实现财政收入1.10亿元，人均财政收入607元，城镇居民人均可支配收入1.28万元，农村居民人均纯收入2805元。

税收概况

【收入完成情况】 2009年，双柏县国家税务局共组织税收收入3315.38万元，完成州国税局下达计划2780万元的119.26%，完成奋斗目标3300万元的100.47%。其中：增值税2970.81万元，消费税完成2.7万元，企业所得税37.92万元，储蓄存款利息所得个人所得税33.01万元，车辆购置税270.94万元。

【收入特点】 双柏县经济结构单一，经济规模较小，主要经济收入靠小水电业、两烟和林业及林化工、采矿业、绿色食品，随着国家天保工程的实施、天然林禁伐和烤烟实行“双控”，经济结构也发生了很大的变化，由原来的主要依靠林业、两烟转变为主要依靠电力、烟草、采矿业，绿色食品的格局。其中“烟草”税收占国税收入的13.91%，电力税收占国税收入的29.64%，矿产业税收占国税收入的21.47%，绿色食品税收占国税收入的3.15%，林业及林化工税收占国税收入的12.78%。

【税源分析】 双柏县是典型的农业县、山区县，境内山高坡陡箐深，拥有丰富的水资源和森林资源，但企业厂矿较少，上规模的企业厂矿更少。主要经济税源为水电、“两烟”、矿产、部分木材及其附产物（松脂），从而决定了国税税源也主要分布在水电、两烟、矿产、茶叶、木材及林产化工（松香、松节油）等品目和行业上。

各项工作

【税收法治建设】 坚持依法治税，认真贯彻执行《全面推进依法行政实施纲要》，严格执行税收法律法规，以建立健全内部执法监督机制为突破口，深入推行税收执法责任制，严格执法过错追究；进一步整顿和规范税收秩序，强化部门协作，积极推动征管、税政、稽查的互动机制，认真组织开展税收专项检查和分级分类稽查工作，达到“检查一个行业、规范一个行业，查处一户、震慑一片”的目的；大力落实各项税收优惠政策，不折不扣落实增值税、企业所得税、车辆购置税各项优惠政策，认真做好西部大开发、民贸企业、涉农企业、下岗再就业企业和农产品、农药化肥、饲料等减免税的备案、审查、审批、报批工作，支持地方经济发展。2009年减免税收355万元。

【税收征管】 夯实基础，规范管理，努力实现税源管理的科学化和精细化。狠抓42户一般纳税人和28户重点纳税户的税收征管；开展对县城周边和各乡（镇）的零星税款、漏管户清理，认真开展对砂石、水泥、砖瓦等建筑材料销售和小茶厂、小酒厂、木材税收的清理；按照“一户式”管理的要求，加强与地税、工商、技术监督等部门的协调配合，认真做好税务登记基础信息数据比对工作，对纳税人信息变动情况实施动态监控，全面掌握纳税人户籍管理信息，摸清税源底数；推行领导干部管户、挂钩联系基层制度，“三级责任片区”管理办法；落实税收管理员制度，细化税收管理员职责，明确岗位责任，实行分类管理与分片管理相结合、主副岗交叉分离的管理办法，进一步明确主副岗职责，加强主副岗的工作协调配合，提高税源管理的质量；全面贯彻执行新增值税、消费税暂行条例及实施细则，认真做好增值税转型和成品油价税费改革各项工作，抓好运输发票抵扣、农产品加工企业税收管理，实施增值税分类管理和分类评估，运用各种管理软件加强货物劳务税管理；强化税纳评估工作，2009年共开展增值税纳税评估34户，评补增值税22.92万元，加收滞纳金0.95万元；加强发票管理工作。强化票表比对，切实落实“以票控税”，严防利用发票偷逃税款、套购普通发票等不法行为发生；加强和规范代开普通发票管理工作，规避执法风险。

【纳税服务】 以“始于纳税人需求，终于纳税人满意”为宗旨，着力构建和谐税收环境；落实省政府“四项制度”，补充完善预约服务、延时服务、提醒服务、局长接待日制度；制作发放“税收管理员联系卡”和“纳税服务联系卡”；统一和规范纳税服务内容，细化服务标准，认真兑现落实16项税务服务承诺；抓好总局下发的“运行维护、两个减负、资料简并”三个文件的贯彻落实；整合办税服务厅资源，对现有人员和设备进行重组优化，从7月1日起在办税服务厅推行“一窗通办”综合服务模式，简化办税环节，降低办税成本，提高办税效率；利用网络资源，推行网络申报业务，为纳税人减轻负担，提高工作效率。12月1日起，部分纳税人只要进入互联网，足不出户便可完成增值税网络申报、网络认证、网络缴税等全部申报业务；开展实施阳光管理、阳光执法、阳光服务三个“阳光行动”，全力打造规范管理、严格执法、用心服务的国税形象，提升纳税服务质量。

【税收执法】 （一）税务稽查。2009年共稽查纳税户8户，查补税款4800元，加收滞纳金1300元，罚款3.84万元；入库稽查收入4.45万元，入库率达100%。查前告知企业自查，自查补税3.19万元，自查滞纳金1500元；通过税务稽查，维护了正常的税收秩序，净化了税收环境。（二）执法检查。深入推进税收的科学化、精细化、信息化管理，夯实税收征管基础，强化纳税服务理念，落实税务行政执法考核办法，组织5个执法科室签订《2009年度税收行政执法责任书》36份，层层分解税收执法责任制，规范税收执法，推进依法治税。积极做好税收宣传工作，深入开展“五五”普法，提高全社会依法纳税意识。坚持依法治税，应收尽收，坚决不收过头税；坚持把税法宣传和政策辅导贯穿于征管查全过程，使纳税人明明白白纳税，清清楚楚受管，自自觉觉整改；坚持文明征管查，自觉规范税务执法行为，将构建和谐税收征纳关系纳入征管查各环节，突出依法诚信纳税光荣，偷逃税可耻的和谐税收环境建设。

【税务信息化建设】 配合政府职能部门完善政务信息公开和政府办公协同网建设。通过对原有计算机的调整利用，为4位局领导和9个科（室）、分局各开通一台外网，使每位干部职工都能查询到政府信息公开、阳光政府等内容，实现了与全县99个单位的网上文件交换；进一步提高了税收执法管理信息系统的应用水平。认真落实“三级查询”制，明确征管、税源管理、监察部门和税收管理员的工作责任和分工，认真做好税收执法考核工作。举办数据监控分析系统培训班，提高干部职工的数据分析和应用水平。

队伍建设

【机构人员情况】 机构设置：2009年全局内设机构为“二室、四科、一厅以及稽查局和妥甸管理分局”，即：办公室、监察室、人事教育科、税政科、征收管理科、收入核算科、办税服务厅以及直属机构稽查局和派出机构妥甸税务分局。人员配置情况：在职人员50人，局领导4人，办公室8人，监察室2人，人事教育科3人，税政科4人，征收管理科4人，办税服务厅8人，直属机构稽查局7人，派属机构妥甸税务分局10人；离退休人员23人。在职人员中大专学历以上人员占在职总人数的74%；中专及其以下，占在职总人数的26%。

【队伍建设】 以“深入学习实践科学发展观活动”为契机，以“创新发展年”为抓手，全面加强全局干部队伍思想作风、学风、工作作风、领导作风、干部生活作风建设，努力提升“六个度”，切实做到“六个好”；抓好税务机构改革的基础上，加强对中层干部的管理和教育，勉励增强“六种能力”；进一步加强思想政治工作，建立以和谐国税为主的思想政治工作格局。结合深入学习实践科学发展观活动，广泛开展阳光心态教育、感恩教育、爱岗敬业精神教育、正反两方面典型教育，解决了一些群众关心、期盼的实际问题，努力实现“党员干部受教育，科学发展上水平，人民群众得实惠”的总目标。结合十七届四中全会精神的学习，积极开展建设学习型机关活动，引导干部职工保持良好的心态，培养健康的生活情趣。

【领导班子建设】 在领导班子建设中突出“求真务实”四字，并争创“学习型、开拓型、服务型”领导班子、争当云岭先锋活动，提升班子成员执行力、创新力、服务力和凝聚力；按照“讲党性、重品行、作表率”的要求，领导班子带头开展好“讲政治、讲和谐、讲稳定”专题思想教育活动和“三个一”专题实践活动，把精力集中到抓工作、干事业上来，把智慧凝聚到推进事业发展上来；坚持勤政廉洁、创新务实，在廉政建设中突出“预防教育”，构建惩治和预防腐败体系。

【学习实践活动】 扎实开展“学习实践科学发展观”活动。按照县委和州局党组的具体目标要求，结合税收工作实际，提出了活动要“有创新、有特点、有亮点、出成效”的具体要求。紧紧围绕“以人为本、科学发展、共建和谐、服务双柏”的总目标，全面贯彻党的十七大精神，高举一面旗帜（高举中国特色社会主义伟大旗帜），围绕一个总体要求（即党员干部受教育、科学发展上水平、人民群众得实惠），紧扣一个主题（服务科学发展、构建和谐税收），围绕两个目标（提升内外满意度、增强税收和谐度），提升三个力（提升法治执行力、服务亲和力、征管创新力），注重四个结合（深化学习与深入实践、规定动作与自选动作、当前工作与长远目标、学习实践与推动工作相结合），实现五个突破（在实践科学发展观上有新突破、在组织国税收入上有新突破、在规范执法上有新突破、在纳税服务上有新突破、在转变工作作风上有新突破），把学习实践活动的出发点放在提高认识，统一思想，理顺思路，形成共识上，把落脚点放在增强能力，破解难题，推动工作，促进发展上，把目标意义放在完成本职，聚财为国，执法为民，变税源为税收上，确保税收随着经济发展而不断增长。通过学习实践活动的开展，领导班子和全体党员受到了一次马克思主义思想教育，服务科学发展、构建和谐税收的意识进一步增强，对制约国税事业科学发展问题的认识进一步明晰，对加快国税工作发展的思路进一步明确，进一步形成推动双柏县国税事业科学发展的共识，提高了科学发展能力，推动了工作创新发展。

【精神文明建设】 制订精神文明建设长期规划和落实每年创建计划，完善文明单位创建各项制度、台账和资料；规范“荣誉室”、文明用语及更新相关匾牌；加强办公楼、生活区环境整治，加强软硬件建设；探索开展“和谐科室”、“和谐家庭”创建评比活动，推进和谐建设；积极争创各级各类“文明单位”。年内，被省委、省政府授予“云南省第十二批文明单位”符号，被省国税局命名为“云南省国税系统第十五批文明单位”，被州委、州政府命名为“楚雄州第八批文明单位”，办税服务厅被省国税局、省妇联命名为“云南省国税系统2009年度巾帼文明示范岗”。

【教育培训】 2009年组织完成上级局安排的初任培训、任职培训、专门业务知识培训、更新知识等各类培训工作12期24人次（省局8批次9人，州局4批次14人）；举办政治理论、业务、文学艺术、四项制度、“阳光心态”电教片等专题培训班8期，全员培训250人次；依托“楚雄州国家税务局教育培训管理系统”开展日常培训和业务考试，在系统中生成竞赛试题开展考试，通过半年一次考试和竞赛，逐步实现干部教育由学历教育向素质和能力教育的转变。

【国税文化】 积极开展各类兴趣小组生动活泼、丰富多彩的国税文化活动，多渠道、多形式地丰富干部职工业余文化生活，提升生活情趣，营造团结和谐、奋发向上的工作和生活环境；发挥党团工青妇工作的桥梁纽带作用，积极推进“平安国税、和谐国税”的创建活动；组织干部职工观看爱岗敬业专题和《阳光心态》系列教育片，并组织开展讨论，开展心态教育、感恩教育和换位思考教育，引导职工建立正确的价值观、人生观；开展男子篮球友谊赛、参加党82周年和建国60周年文艺演出等活动。

【廉政建设】 层层签订《党风廉政建设责任书》，落实党风廉政建设责任制；被县纪委列入实施党风廉政建设责任制“示范点”单位和开展领导干部勤政廉政公示工作“试点”单位；认真开展《廉政公约》的签订和回访，2009年新签订65户（企业5户、个体纳税和用票户60户），累计签订670户，回访134户，签订面达100％、回访率20%。回访结果：纳税人对国税机关遵循开展《廉政公约》的满意率100%；对国税干部执行《廉政公约》规定的满意率100%；强化廉政专题教育、警示教育和纪检日活动，开展了党风廉政建设专题学习教育活动。

（世文选）

牟定县国家税务局

经济概况

2009年，牟定县实现生产总值（GDP）18.05亿元，增长13.50%。其中：第一产业增加值6.33亿元，增长4.90%；第二产业增加值5.50亿元，增长22.10%；第三产业增加值6.22亿元，增长14.90%。三次产业结构比例调整为35:30.5:34.5。地方财政总收入完成1.01亿元，比上年增收610万元，增长6.42%，为州下达任务数9937万元的101.80%，完成年初预算1.10亿元的92%；一般预算支出5.67亿元，比上年增支3.82亿，增长48.26%，完成年初预算4.14亿元的136.81%。城镇居民人均可支配收入1.42万元，比上年增长7.30%，农民人均纯收入3016元，比上年增长9.10%。

税收概况

【收入完成情况】 2009年，牟定县国家税务局共组织税收收入2558.90万元，比上年3054.13万元减收495.23万元，下降16.22%。完成州局下达奋斗目标任务3054万元的83.78%。其中：增值税收入2208.13万元，消费税收入21.52万元，企业所得税收入38.83万元，储蓄存款利息所得个人所得税收入53万元，车辆购置税收入237.42万元。

【收入特点】 受金融危机的影响，加之牟定税源基础薄弱，致使国税收入下降较大。（一）收入呈现“两增三减”态势。主体税种除企业所得税和车辆购置税增收外，其余税种出现减收。其中，增值税下降19.31%，消费税下降33.23%，个人所得税下降53.71%。（二）“两税”收入下降较大。增值税和消费税收入完成2229.65万元，同比下降19.47%。（三）企业所得税和车辆购置税保持较快增长，同比分别增长538.65%、44.13%。

【税源分析】 一是重点税目减多增少。化工、建材产品增收，其他品目均为减收。化工、建材分别增长了8.2%和13.84%；有色金属下降较大，减幅为92.59%。二是除私营企业税收同比增长外，其他各行业税收均有不同程度下降。三是税收集中度进一步显现，优势行业仍然占税收的主导地位。增值税收入2208.13万元，占全部税收的86.28%；电力和水的生产供应业、批发零售业税收1316.81万元，所占比重为51.46%。

各项工作

【税收法制建设】 （一）贯彻落实《中华人民共和国政府信息公开条例》，完善行政执法与刑事司法信息共享平台，使税收征管和专项整治等情况接受司法部门的监督，促进征管工作质量和效率，促使税收征管工作向公开、公平、公正、依法的方向发展。（二）以法制培训、法制宣传为突破口，依托全国第18个税收宣传月和中国牟定第二届左脚舞彝族文化节，加强对纳税人和税务干部的法制宣传和培训力度，提高了纳税人依法纳税的意识。（三）层层签订《税收执法责任书》。将执法过错责任追究落实到岗、到人，全年税收执法信息系统实现连续九个月“零差错”运行目标。（四）认真落实责任政府和阳光政府“四项制度”，大力推行阳光办税，阳光稽查，全面推进依法治税进程。

【税收征管】（一）强化户籍管理，采取“拉网式”的方法清理核实户籍情况，清理失踪走逃户，核实跨地区分支机构纳税人92户，2009年12月底开业税务登记2978户，管户较上年增长23%。（二）把重点税源作为税收征管的重中之重，将年纳税1万元以上企业列入重点跟踪管理。全面贯彻执行新增值税、消费税条例及实施细则，落实增值税转型改革各项工作和部分减征乘用车车购税管理工作，切实做好31户“家电和汽车摩托车下乡”销售网点的税收征管及纳税服务辅导，确保国家惠农涉税政策落实到位。（三）认真落实组织收入动员令，加强纳税评估工作。采取有力措施，边清理、边整顿、边规范，严格执行起征点政策，公开评税，分类别核定调整税款，统一标准尺度，彻底规范税源管理。（四）采取评查联动和“分人盯户”的方法对全部增值税一般纳税人、异常纳税的小规模纳税人和重点个体户开展纳税评估检查，全年共查补税款101万元，有效堵塞了税收征管漏洞，实现了以评促管、以评促收。（五）深入开展税务检查，强化发票管理，严厉打击各类税收违法行为。加强增值税专用发票管理，严把增值税专用发票抵扣关。加强普通发票管理，发票领购实行税收管理员实地核查，办税服务厅验旧供新、审核发售制度。积极组织开展发票违法犯罪专项检查，推动了以查促管，以票管税的进程。

【纳税服务】始终把纳税服务工作贯穿于税收工作之中，积极推行“一窗通办”综合服务模式，在办税服务厅、分局，探索标准化办税流程。一是及时向纳税人提供现行有效的税法资料和纳税实务知识简介，公布办税流程，陈设各种表格的填写式样，方便纳税人办税。二是实行领导带班制和局长接待日制度，解决工作中出现的问题，为纳税人释疑解惑。三是落实公开办税制度，接受监督。对税收法律、法规和规章，办税窗口的职责范围，纳税人办理各项涉税事务的时限、步骤和方法，服务的项目、标准和范围，收费的标准和依据，违章处罚的结果和依据，受理纳税人投诉的部门和监督电话，工作纪律和廉政规定等进行公开。四是创新服务内容，实现服务方式“多样化”。积极推行预约服务、延时服务、一次性告之服务、提醒服务，辅导服务、维权服务，妥善解决纳税人急事急办，特事特办和避免多次往返，多头跑等问题。五是整合窗口业务，推行“一窗通办”，使每个窗口都能全面受理纳税人从办理税务登记到税款缴纳的所有事项，实现了真正的“一条龙”服务。

【税收执法】以突出税务大检查和依法查处税收违法案件为核心，强化和谐稽查，创新稽查手段，坚持政策辅导、查前告知等有效做法。采取“评查联动”方法，全方位开展对重点行业、重点税源企业和个体工商户税收专项检查，做到检查一个行业，规范一个行业。同时加大查处和严厉打击各类税收违法行为，及时查处群众举报案件。全年稽查补税90.1万元，达到了以查促管、以查促收的效果。认真开展了第18个税收宣传月活动，提升了公民的税法遵从意识。

【信息化建设】完善综合征管软件运行维护，推出“一窗通办”综合服务模式和税收征管执法考核系统，提高信息化的应用水平；加大数据资源应用的整合，充分运用升级后的数据监控系统进行税收管理数据分析，指导税收业务工作；充分发挥内网和外网在税法宣传、咨询辅导、办税服务、政务公开等方面的作用；强化了信息系统、网络和税收数据的安全管理。

队伍建设

【机构人员情况】2009年1月至8月县局机关内设“二室四科一中心”。即：办公室、人事教育科、监察室、税政管理科、征收管理科、计划征收科、信息中心；另设直属单位1个即稽查局；派出机构1个即共和税务分局。2009年9月机构改革后，县局机关内设“二室四科一厅”。即：办公室、监察室、人事教育科、税政管理科、征收管理科、收入核算科、办税服务厅；另设直属单位1个即稽查局；派出机构1个即共和税务分局。2009年底全局在职人员51人，平均年龄44岁。离退休干部19人。

【队伍建设】（一）狠抓带队新理念，加强班子建设。注重以提高班子整体素质为重点，坚持民主集中制原则，狠抓班子的团结，促进“班子和谐、部门和谐、内心和谐”，提高领导班子和税务干部贯彻落实科学发展观的本领和科学决策水平。（二）注重干部的管理教育，不断加强干部队伍建设。针对职工思想和工作中存在的问题，以“讲政治、讲和谐、讲稳定”专题教育活动为契机，广泛开展阳光心态教育、感恩教育、敬业精神教育，开展“一带一”互帮互学活动，确保了干部思想、工作不掉队，实现了干部职工心态和谐、工作和谐，强化了干部职工遵守纪律的自觉性。（三）注重加强党的建设，党组织的作用得到发挥。加强了各级党组抓基层党建工作，巩固和发展党的先进性，充分发挥党员在完成税收工作任务中的先锋模范带头作用。

【学习实践科学发展观活动】（一）取得的成效。2009年3月至8月底，扎实开展了“深入学习实践科学发展观”活动。从县局党组班子成员到一般干部职工对科学发展观的认识有了新提高，领导班子的创新工作能力不断加强，干部工作作风有了新转变，税收工作取得新成效，国税良好形象得到树立。一些影响国税职能作用发挥的突出难题得到逐步解决，税收征收管理措施有了新改进，实现了党员干部受教育、履职能力得到提升。（二）几点经验。一是党组重视，统筹安排，是学习实践活动得以顺利实施的组织保证。二是广泛发动，全员参与，是学习实践活动有群众氛围的基础保障。三是把握重点，突出特色，是学习实践活动彰显行业特点的重要环节。四是结合工作，扎实推进，是学习实践活动取得实效的关键所在。五是落实整改，推动工作，是学习实践活动的最终目的。

【精神文明建设】 一是进行了届满重新申报省级文明单位。2009年3月，根据《关于组织评选推荐省级文明单位、文明村的通知精神》，继续申报第十二批省级文明单位，2009年12月，被省委、省政府命名为第十二批"文明单位"。二是巩固省、州局文明单位称号：按照省、州局精神文明创建管理办法，全局认真对照相关标准和条件，进行了省、州局命名的"文明单位"的复查工作，从软件、硬件上不断改善，巩固好"文明单位"称号。

【教育培训】 一是建立领导机制。成立了教育培训工作领导小组，由党组书记、局长任组长，分管领导任副组长，成员由各科室负责人组成，办公室设在人教科，负责全局干部职工的教育培训及管理工作。二是建立落实机制。为保证干部教育培训工作的有效落实，对干部教育培训工作进行了分工，明确了有关单位承担的培训任务和职责。年初制订全局的教育培训计划，由人事教育科按照既定计划监督落实。三是建立督导机制。领导小组对干部教育培训工作进行经常性检查指导，随时了解掌握干部教育培训工作开展情况，对存在的问题及时提出解决意见。四是将教育培训情况纳入全局绩效考核体系中，制定了奖惩、加分标准，使教育培训工作与评先创优切实挂钩，确保了教育培训工作在各项国税工作中的重要位置。

【基本建设】 在省国税局、州国税局和县委、政府的大力关心、支持下，共投资790万元，总面积2322平方米的新办公大楼于2008年4月破土动工。经过一年零二个月的建盖，主体工程已通过正式验收，并于2009年6月25日正式投入使用。办公大楼的落成，改善了干部职工的工作、生活环境，解决了多年来一直困扰局机关与分局、办税服务厅不能同址办公的问题，有力地促进了国税正规化建设，为国税工作持续、稳步发展打下了坚实的基础。

【国税文化】 2009年，通过组织开展多姿多彩的文化体育竞赛活动和"小爱好"活动，国税文化建设不断得到了丰富和发展，彰显出牟定国税文化的特色。2009年1月12日至18日，在全州国税系统第四届"国税杯"篮球运动会上，牟定县国税局男子代表队取得了第4名的好成绩。2月18日，牟定县国税局2008年的党风廉政建设工作，被考核为"先进单位"，受到了县委、县政府的表彰奖励。3月9日，牟定县国税局李荣局长被县委、县政府表彰为"平安牟定建设先进个人"。3月份，在全国组织的稽查系统业务考试中，牟定国税团体成绩位列全州国税系统第一。3月4日，牟定县国税局办税服务厅被县妇联表彰为"巾帼文明示范窗口"。4月22日，牟定县国税局53名在职干部参加了县委、县政府组织的"万人左脚舞吉尼斯世界纪录申报表演仪式"。6月份，在全州国税系统"创新·发展·和谐"演讲比赛中，牟定县国税局荣获团体三等奖。7月15日，全局50名干部职工踊跃为姚安"7·09"地震灾区捐款6500元。9月27日，组织了40人的国税方队，参加了县委、县政府组织的"纪念建国60周年歌咏晚会"，获得优秀奖。11月5日，税务干部高丕洪、吴家平创作的《老百姓爱清廉的官》荣获牟定县廉政（左脚调）创作大赛优秀奖。12月28日至31日，举办了牟定县国税局第二届职工运动会，进行篮球、羽毛球、乒乓球、拔河、扑克、象棋、飞标、套圈等运动项目比赛。多姿多彩的文化活动，促进了国税文化的建设，丰富了干部职工的业余文化生活，激发了广大干部职工爱我国税、奉献国税的工作热情，展示出牟定国税团结一致、奋发有为的团队精神，彰显了牟定国税文化特色，提升了牟定国税的良好形象。

【廉政建设】 加强对税收执法中的减、免、缓、退、查和行政管理中的人、财、物及大宗物品采购、基本建设的监督；认真落实"一案双查"制度，确保"一案双查"制度落实；坚持领导干部向上级报告个人有关事项、坚持述职述廉和民主生活会议制度，自觉接受监督；管好用好专项经费和部门经费，没有违规设立"小金库"，实现了公务用车、会议经费、公务接待费用、出国（境）经费"四个零增长"的目标。积极开展《廉政公约》回访调查工作。共与1043户纳税人签订《廉政公约》，回访218户纳税人，满意率达100%。

（邓龙云）

南华县国家税务局

经济概况

2009年，南华县实现生产总值（GDP）17.70亿元，按可比价计算，比2008年增长11.30%。财政总收入达到1.51亿元，比2008年增长7.50%，其中完成地方一般预算收入9779万元，比2008年增长15.80%；完成地方一般预算支出6.42亿元，比2008年增长51%。完成全社会固定资产投资9.60亿元，比2008年增长41%。社会消费品零售总额达7.52亿元，比2008年增长21%。城镇居民人均可支配收入达1.38万元，比2008年增长8.10%。农民人均纯收入达3207元，比2008年增长8.50%。城镇化率达29.60%。在全地区生产总值中，三次产业结构比例调整为38.9:29.9:31.2，经济结构进一步优化，工业经济止跌回升，产业支撑作用明显，啤酒、煤炭依然是支柱产业。

税收概况

【收入完成情况】受金融危机冲击，以及地方经济实体生产经营不景气，重点纳税大户受自然灾害困扰、生产下滑等因素影响，在上级部门的正确领导和地方党委政府的大力支持下，通过采取各种措施艰辛努力，2009年，南华县国家税务局组织税收收入4999.22万元，比2008年减收294.55万元，减幅5.57%；完成州国税局下达任务4770万元的104.81%；完成县人民政府考核“四税”（不含车购税）4567.59万元，为计划任务4480万元的101.96%。

【收入特点】 税收收入特点呈现“三增二减”。一是消费税平稳增长。全年完成消费税896.83万元，比2008年增收82.98万元，增长10.2%。二是企业所得税增幅较大。全年组织企业所得税42.29万元，比2008年增收29.33万元，增长226.31%。三是车辆购置税实现增收。全年征收车辆购置税431.63万元，比2008年增收167.82万元，增长63.62%。四是增值税出现减收。全年完成增值税3574.52万元，比2008年减收517.47万元，下降12.65%。五是个人所得税大幅下降。全年征收储蓄存款利息所得个人所得税53.95万元，比2008年减收57.21万元，减幅51.47%。

【税源分析】 辖区内的税源结构单一，行业分布合理性差，生产经营呈一定规模的企业不多，年纳税超百万元的纳税人寥寥无几。在受国际金融危机及“结构性减税”的影响下，作为全县支柱产业的啤酒、煤炭以及电力、松香等重点行业均受到一定程度的冲击，全年缴纳税款2829.38万元，同比减收504.78万元。纳入州级以上部门监控的7户重点税源企业，在2009年缴纳“两税”共计2988.33万元，占全年“两税”总收入4471.35万元的66.83%。个体税收入库163.91万元，同比减收73.82万元，为上年的68.95%，主要是取消废旧物资回收企业委托代征税款后，同比减少43.47万元，同时，国家调低小规模纳税人征收率也是减收的主要因素。

各项工作

【税收法制建设】 坚持依法行政，正确处理规范执法与组织收入、规范执法与优化服务、规范执法与支持发展的关系。加强综合征管软件、税收执法管理信息系统、数据监控分析系统等主体软件的学习、操作、管理、检查和考核，减少执法差错。设立专兼职数据监控岗，实行税收征管数据“三级查询、三级监控”管理机制，实现税收执法行为零差错、零扣分，进一步提升了税收执法水平。不折不扣地执行国家制定的西部大开发、下岗再就业、支持非公经济发展、扩内需、保增长等一系列税收优惠政策，确保各项税收优惠政策落实到位，推动地方经济回升和发展。

【税收征管】 全面贯彻落实税收管理员分类管理制度，加大领导干部管户力度，切实做到管户与管事相统一、共并进，提高征管质量和效率。建立重点税源、重点行业、中小企业、个体工商户等分类管理机制，对不同行业、不同规模的纳税人采取抓大不放小、突出重点的管理办法，既加强税源集中地区的纳税人管理，又做好零星分散纳税人的跟踪管理工作。开展全员纳税评估专项工作，以新手段、新方法促管理增效。加强重点税源和纳税大户的监控管理，提高税收收入分析预测的准确率；围绕当地税源结构状况，狠抓啤酒、煤炭等支柱产业的税源管理和监控。认真落实组织收入动员令，清欠堵漏。严格落实组织收入原则，加强组织收入工作，加大陈欠税款的清缴，严防新欠税款的产生，为全年目标任务的顺利完成奠定了一定基础。进一步强化四种抵扣票据的管理、审核和检查，杜绝发票虚开、骗取税款抵扣的行为发生。通过实施“一单、四严、六制度”，做好农产品进项税额抵扣的检查和审核工作，管好管实农产品税收，全年征收农产品税收165.38万元。实施机动车税收“一条龙”管理模式，使车辆购置税成为新的税收增收点，全年征收车辆购置税431.63万元，为计划任务280万元的154.16%。抓好所得税汇算清缴工作和日常税收管理，按时、按质完成2008年度企业所得税汇算清缴工作。

【纳税服务】 实行“一窗通办”综合服务模式，制定纳税服务质量标准，推动高效、优质窗口服务建设，努力营造良好的办税软环境；强化环节服务、过程服务和细节服务，从纳税人涉税事项办理中反映意见较大和工作中的老大难问题入手，提出“服务、效率、满意”的窗口建设要求，以规范办税服务为重点，立足实际，改进服务硬件设施，优化软环境服务，推行预约服务、涉税导办、咨询服务、限时服务、代办服务、延伸服务、网络申报、信息公开等服务事项，增强了纳税服务的效果、效能，提升纳税人对国税机关和税务干部服务的满意度，增进了税企和谐度。

【税收执法】 2009年，通过开展税收专项检查、分级分类稽查、日常检查、打击发票违法犯罪活动等整顿和规范税收秩序工作，共查处各类税收违法违规案件283件，查补入库收入169.24万元，其中：税款、滞纳金167.24万元，罚款2万元，案件处罚率达81.32%，有力打击了税收违法违规行为，保障了国家税款足额、安全、顺利入库，不断净化、优化税收执法环境。

【税务信息化建设】 在应用好各主体软件的同时，认真推广运用好所得税申报软件、车购税征收软件网络版、加油站税控数据采集等新的应用软件，做好安装、宣传、辅导、检测等工作，确保软件运行顺利，推进各项工作正常开展。以综合征管软件，税收执法信息系统，数据监控系统，金税工程，ODPS公文处理系统等主体软件运用为中心，积极做好日常网络、计算机软硬

件、外部网站维护工作。推行网络纳税申报，充分运用现代信息网络技术，在南华茂森公司和南华供电公司试点推行网络申报，向纳税人提供及时、免费的服务。

队伍建设

【机构人员情况】 县局有在职干部51人，离退休干部31人。设办公室、人事教育科、监察室、税政科、征收管理科、收入核算科、办税服务厅7个内设机构；1个直属机构（稽查局）；1个派出机构（龙川税务分局）。局领导班子成员4人。在职干部中，男职工30人，女职工21人，职工平均年龄42岁，党员干部33人，占总人数的64.7%。学历教育方面，取得研究生学历1人，本科学历19人，大专学历24人，中专学历5人，初中1人，小学1人，大专以上学历人员占全局干部总数86.27%。

【领导班子建设】 局领导班子以身作则、率先垂范，大力实施民主管理、民主决策，做到大事会议讨论决定，小事及时沟通、联系，坚持政务公开，扩大干部职工的知情权、参与权，班子民主气氛浓，职工民主参与、民主管理的积极性不断提高。认真做好股所级干部的考察任免工作，2009年，对2名任职试用期满的股所级干部办理了正式任职手续，在2009年9月份全局机构改革中，对6名科室负责人进行了调整、改任或兼任。2009年12月对5名中层干部进行了岗位轮换，努力实现机构设置与岗位人员的优化配置。对干部职务任免，做到坚持原则，照章办事，严格执行任前公示、任前谈话、任职试用等制度，严格履行程序。

【干部作风建设】 以继续加强干部队伍作风建设为切入点，围绕2008年“解放思想大讨论”活动存在不足的整改落实，以及2009年“创新发展年”的工作主题，督促检查全局干部职工的整改落实到位情况，结合深入学习实践科学发展观、“讲政治、讲和谐、讲稳定”以及“个人形象一面旗、工作热情一团火、谋事布局一盘棋”等活动，促进干部职工进一步查摆新的不足，边整改、边落实在做好具体工作中，增进各项作风的改进、提高，在全系统形成创新发展、和谐稳定、团结共进、风清气正的良好氛围，有效推动了国税工作不断向前发展。

【学习实践科学发展观活动】 深入学习实践科学发展观，着力提高干部职工的政治素质。成立组织领导机构，研究制订实施方案，扎实、有效地开展了学习调研、分析检查和整改落实等工作。各阶段工作有序、有力、有效开展，按时完成了各项工作任务，并取得了阶段性成效。通过“学习实践科学发展观”活动，进一步深化了干部职工对科学发展观的科学内涵、精神实质和实践要求的理解，提高了思想认识，把思想认识统一到贯彻落实科学发展观，大力弘扬良好作风，圆满完成各项工作目标和任务。促进国税工作又好又快发展上，切实增强了在本职岗位上贯彻落实科学发展观的自觉性，增强了解放思想、科学发展的紧迫感和责任感，增强了党员干部的理想信念、党性观念、宗旨意识、服务意识和党组织的凝聚力、战斗力、创新力，激发了党员干部干事创业的积极性、主动性和创造性，促进各项税收工作顺利开展。

【精神文明建设】 抓精神文明建设不松劲，积极做好文明创建活动，强化文明创建工作的动态管理，全面提升创建水平，文明创建工作捷报频传、再上新台阶。2009年，被省委、省政府表彰命名为第十二批省级“文明单位”，连续三届获此殊荣。2009年，先后有8人（次）受到县级以上表彰奖励。其中：1人被南华县委、县人民政府授予“工作实绩突出”荣誉称号，2人获得全州国税系统“创新·发展·和谐”演讲竞赛三等奖，2人分别获得南华县“红土地之歌”演讲大赛二等奖、三等奖，1人获得全省国税系统廉政文化作品评选书法作品个人三等奖，2人被表彰为楚雄州国税系统第五批“精神文明建设先进工作者”。2009年3月，南华县国税局被县人民政府表彰为“平安单位”；2009年6月，南华县国税局在参加州国税局举行的“创新·发展·和谐”演讲竞赛活动中，获得团体二等奖。

【廉政建设】 2009年，认真落实党风廉政建设责任制，层层签订《党风廉政建设责任书》。把党风廉政建设作为加强干部队伍建设的根本措施，贯穿于整个国税工作的始终。认真开展对中层干部的任期任职廉政教育谈话，继续扩大《廉政公约》签订和实施范围，加强跟踪、回访、测评工作，强化社会监督、纳税人监督和自我监督。抓好廉政文化进机关、进家庭活动，倡导工作树廉、社会督廉、家庭促廉，全面建构上下互动、内外联动、全方位监督防范的“互廉网”，进一步增强国税干部的法制观念、纪律观念和廉政勤政意识，提高办事效率和工作水平。

【教育培训】 按照“学以致用、学用结合”的原则，分层次、分岗位，强化干部教育培训。开展了1期增值税转型相关税收政策、新修订的增值税条例、消费税条例及实施细则的全员学习培训；开展了1期财务会计基础知识全员培训；计划征收科、稽查局、龙川税务分局结合本部门工作实际，分岗位、分系列开展了5期业务培训。在加强全方位培训的同时，积极选派干部职工参加上级组织的各类业务培训班，全年共选派参加省、州国税局举办的各类专项业务培训15期，参加培训人数47人。

【典型经验】 为统一全州国税系统基层办公税服务厅窗口服务模式，形成办税服务厅业务工作标准化，使纳税人到办税服务厅办税感到省心、省力、省时、方便、快捷、高效。州国税局党组决定，将办税服务厅原来单一、专业性质的服务窗口整合为综合服务窗口，实现纳税人到任何一个窗口都能一次性办结全部业务。并在南华、禄丰县国税局办税服务厅进行试点“一窗通办”工作。试点工作从2009年4月10日开始启动。制订办税服务厅综合受理窗口推行实施方案，组织窗口岗位人员进行业务培训，科学合理设置窗口数量，整合办税服务厅硬件资源，梳理规范业务流程，合理设置岗位窗口，精减前台工作人员。按照实施方案，扎实有效开展试点工作。在州国税局"一窗通办"攻关组人员和南华县国税局共同努力下，5月4日，办税服务厅"一窗通办"试点正式运行。通过一天的运行，当天办理税务登记9户，发售发票20户，代开发票2户，受理纳税申报27户，开具税票110笔，共计征收税款6.57万元。通过5月征期的调试、检验，综合服务窗口办理各项业务较为顺利，"一窗通办"试点取得成功，并于5月22日，在禄丰县召开全州国税系统"一窗通办"现场推进会，启动在全州推行。通过"一窗通办"试点，取得了四个成效：一是进一步优化了办税流程，简化了办税环节。二是干部职工进一步转变了工作作风，激发了干部干事、创业的积极性。三是涉税办理工作进一步得到提速增效，工作质量和工作效率得到明显提高。四是进一步较好解决了办税服务厅排队拥挤、纳税人多头办理业务的现象。五是进一步方便了纳税人，降低了纳税成本，得到广大纳税人的普遍好评。

（王　云）

姚安县国家税务局

经济概况

2009年，姚安县实现生产总值（GDP）17.20亿元，比2008年增长11.50%，其中：第一产业增加值6.24亿元，增长6%；第二产业增加值5.08亿元，增长17%，第三产业增加值5.88亿元，增长12.20%，三次产业结构比例调整为36.3:29.5:34.2。完成财政总收入9025万元，比2008年增长14.08%。完成地方财政总收入7796万元，比2008年增长26.05%，财政总支出8.19亿元，比2008年增长84.76%。

税收概况

【收入完成情况】 2009年，姚安县国家税务局共组织税收收入1770.72万元，完成年度计划1710万元的103.55%，比2008年减收129.3万元。其中：增值税收入1465.90万元，完成年度计划1522万元的96.31%，比2008年减收174.96万元；消费税收入18.09万元，完成年度计划18万元的100.50%，比2008年增收0.56万元；企业所得税收入15.12万元，完成年度计划1万元的1512%，比2008年增收14.40万元；储蓄存款利息所得个人所得税收入61.48万元，完成年度计划44万元的139.73%，比2008年减收61.21万元；车辆购置税收入210.13万元，完成年度计划125万元的168.10%，比2008年增收91.91万元。"两税"收入1483.99万元，完成县政府"两税"考核任务1480万元的100.27%。

【收入特点】 2009年的税收收入呈"两减三增"态势，增值税、个人所得税减少，消费税、企业所得税和车辆购置税增加，由于重点税源行业的金属矿采选业经常处于停产或半停产状态，导致了电力行业的销售收入及增值税收入的大幅下降，车辆购置税增幅较大，与2008年相比增长77.74%，增收91.91万元，是2005年首次由国税机关征收车辆购置税收入77.89万元的近3倍。提前15天完成州国税局分配确保任务目标和县政府下达"两税"考核任务目标。

【税源分析】 姚安是典型的农业县，资源匮乏，无大中型企业，经济基础薄弱，流通性小，工业成本高，税源结构单一，行业分散，主要税源以烟草、电力、麻纺织、有色金属矿采选、成品油和药品销售为主，年纳税超百万元的纳税户寥寥无几。支撑全县国税收入的主要是烟草、电力、矿采选和麻纺织四大产业。5户州以上重点税源监控企业缴纳增值税514.95万元，占2009年国税总收入1770.72万元的29.08%。一般纳税人缴纳增值税1130.18万元，所缴增值税占2009年入库增值税的77.09%。个体税收则继续保持了稳中有升的态势。

【税务管理】 围绕"创新发展年"工作主题，以突出税源管理为重点，开展纳税评估为主要手段，加强流转税、所得税和车辆购置税的税收征管工作，以规范个体税收管理为主体，确保个体税收的稳步增长，同时坚持以票管税，发票管理得到进一步加强。把管户按重点税源户、所得税纳税户、一般税源户、个体税源户层层分解，具体落实到每个税收管理员，并辅以严格的督查，实行量化、细化考核，以此强化纳税人户籍管理，进一步规范税收征管工作；实行领导干部管户制，及时解决征管工作中的重点、热点、难点问题，带动了税源管理水平的有效提升。与此同时抓重点、破难题，积极探索新方法、新思路，从4月1日起在办税服务厅推行"一窗通办"，实现了办税提速和纳税服务质量与效率的提升，实现了纳税人和办税人员的双满意。

各项工作

【税收征管】 牢固树立"法治、公平、文明、效率"的治税思想，推行执法责任制，规范执法行为。一是加强税源管理，年初把纳税户按重点税源户、所得税管户、个体税源户、层层分解落实到人，管住税源，增强责任感，把税收管理员制度落实到位；二是把2008年纳税额排在全县前12名的纳税企业，分别落实到县局领导班子成员，继续执行《姚安县国家税务局领导干部管户制度》，并经常深入征管一线开展调查研究，及时解决征管工作中的热点问题；三是切实把纳税评估工作作为强化税源管理的核心内容来抓，通过明确评估职责、创新评估方法、比对评估信息、实行约谈及核查制度等一系列举措，进一步提高评估质量和效率。2009年共计组织相关部门进行增值税纳税评估35户次，评估环节补缴增值税7.66万元，加收滞纳金7800元，罚款5100元，有效提高了纳税人对税法的遵从度；四是认真开展对零申报、低税负、负申报纳税人的监控分析和纳税评估工作，使纳税评估工作真正起到"以评促管、以评促收"的管理作用。五是针对税源枯竭、纳税大户不多的实际情况，在抓好重点税源管理的同时，根据经营行业的不同，采用实际调查测算、民主评议核定税款等办法，按经营类别的不同，结合实际实行分类管理，适时依法调整核定应纳税额，先后对建材行业，砖瓦厂、沙厂、石厂、个体小酒厂等行业进行了进一步的规范；六是根据"7·09"地震后恢复重建工作量大的具体情况，为有效组织税收收入，姚安县人民政府特制定并在全县下发建立部门涉税信息通报制度的通知，要求各相关部门互通涉税信息，国税部门强化税收征管，堵塞税收漏洞，收到较好效果。

【税收执法】 紧紧围绕依法治税这个税收工作的灵魂，进一步树立规范执法的理念，开展形式多样的税收政策宣传和业务培训，2009年通过《税收政策告知书》形式发出政策告知12份，将变动的税收政策及时告知纳税人，举行增值税政策培训9期，培训308人次，以会代训的方式进行所得税汇算清缴业务辅导和培训2期，向县五大班子、县级相关部门及企业送发《涉农税收优惠政策选编》51册，向纳税人送达增值税转型政策及相关政策材料800多份，书籍100余册，通过送发"电子文本政策"将408个相关政策约20万字的税收政策送发到108户次纳税人手中，让纳税人及时、全面、准确了解执行国家新的税收政策。2009年检查纳税户48户，查补入库税款9.30万元。同时不折不扣地贯彻落实好各项税收优惠政策，为企业、个体工商户减免税款753万元，其中：减免增值税286万元，减免企业所得税406万元，减征车辆购置税20万元，增值税退税41万元。并依法、按时、规范为2户企业办理财产损失及税前扣除30.93万元。

【税务管理信息化建设】 抓好应用软件和网络系统的维护，为税源管理、纳税评估、执法责任考核、绩效管理、稽查业务、纳税服务等工作提供新的手段和技术支持；强化操作软件的培训，提高综合征管软件的运行质量和效率，加强数据监控，提高利用系统进行分析决策的能力，同时认真做好综合征管软件数据修改提交，税务信息数据的交换和维护，抓好局域网内用户的安全教育工作，采取各种有效的防范措施，严防各种网络故障的发生，杜绝人为事故，防范各种网络病毒在网络上传播，努力提高信息化建设的质量和效率。12月3日顺利完成了防伪税控抄报税和增值税网络申报，农业银行成功扣缴了第一笔税款，标志着姚安县首批推行网络申报、远程抄报税获得成功。

队伍建设

【机构人员情况】 县局机关设办公室（10人，含局长1人，副局长2人，纪检组长1人）、监察室（2人）、人事教育科（3人）、税政科（3人）、征收管理科（3人）、办税服务厅（7人）、收入核算科（2人）；设直属机构一个：稽查局（8人）；派出单位一个：栋川税务分局（13人）。现有人员74人（其中公务员50人，工勤人员1人，离退休干部23人），51名在职人员平均年龄43岁，大专以上学历人员占在职总人数的90%。

【廉政建设】 按照《姚安县国税局党风廉政建设目标责任制考核办法》的相关规定，执行中把日常考核与定期考核相结合，把落实责任制与兑现奖惩相结合，层层签订《党风廉政建设责任书》，使党风廉政建设责任制得到了较好的贯彻落实。一是把发票发售的审批、税收优惠政策的审批、税前扣除的审批、一般纳税人认定、税额核定、稽查处罚等确定为税收执法权监督的重点环节；二是把税源管理、稽查、税政人员等确定为税收执法权监督的重点人员；三是把基建、大宗物品采购、财务列支等确定为行政管理权监督的重点环节；四是严格执行每季一次的廉政专题教育学习和"纪检日"活动制度，全年共开展专题教育学习活动13次，"纪检日"活动16次；五是强化内外监督，与911户纳税人签订《廉政公约》，对186户纳税人开展问卷调查，公开廉政监督电话和举报电话，向社会各界聘请5名特邀监察员，接受社会和纳税人的监督，2009年没有发现税务干部在执法中出现不廉洁行为。实现了税收执法零差错、征收管理零上访、服务对象零投诉、违纪违法零数据、行政问责零纪录的"五个零"目标，在群众中树立了良好的国税形象。

【精神文明建设】 把文明创建列入党组工作的重要议事日程及目标管理考核，不断提升文明创建水平，创建活动中坚持领导到位、组织到位、落实到位。积极开展文明系统（行业）、文明单位、文明楼道、安全文明社区、五好文明家庭、巾帼文明示范岗等争先创优活动，同时积极参与当地党委、政府的文明创建工作，2009年经考评被省委、省政府命名为省级第十二批"文明单位"；在楚雄州国税系统第八批精神文明建设表彰大会上，被表彰为"文明单位"，至此已连续三届荣获"楚雄州国税系统文明单位"称号。在2009年姚安县社会评议机关作风活动中，以全县排名第二的佳绩受到姚安县委、县政府的隆重表彰，至此已连续四年在社会评议机关作风活动中排名前三名受到表彰和奖励，党组书记、局长靳强同时被授予全县"行风建设先进个人"。在2009年楚雄州国税系统的目标管理考核中评定为一级局的第一名。

【干部作风建设】 积极开展"学习实践科学发展观"

活动，开展“讲政治、讲和谐、讲稳定”专题思想教育，形成人人思和谐稳定，个个谋创新发展的良好氛围；组织以“创新·发展·和谐”为主题的演讲竞赛活动，激发广大干部职工开拓进取、务实创新、争创佳绩的工作热情；开展爱岗敬业教育活动，组织干部职工深入姚安县麻纺织厂实地体验生活，体会工作环境和工作岗位的优越，增强税务干部的荣誉感，增强学习意识、服务意识、表率意识、自律意识和责任意识。

【抗震救灾】 “7·09”姚安6.0级地震发生后，姚安国税人在积极组织开展抗震自救的同时，还积极投身到全县的抗震救灾和恢复重建工作中。7月27日，胡锦涛总书记到姚安县调研视察灾情，20名国税干部参与了光荣而艰巨的安全保卫工作。在抗震救灾和恢复重建期间，先后出动500多人次、100多车次参与抗震救灾工作，多次深入到联系户了解和查看恢复重建情况，耐心做好群众思想工作，主动帮助群众解决遇到的各种实际困难和问题，还自发为重灾区的灾民捐款7500元，在急难险重的任务面前，姚安国税干部再次发扬了特别能吃苦、特别能战斗的精神，得到了地方党委政府的充分肯定和当地群众的高度赞扬，再次展示了国税干部服务人民、奉献社会的良好新形象。

【基本建设】 四层综合业务办公用房建筑面积3367.20平方米，总投资1081.30万元，由楚雄州希望建设有限公司承建。到2009年12月进入弱电、内装潢和绿化工程阶段。在施工过程中积极加强对工程建设的管理，按照基本建设的程序和有关部门的要求办理基建工作中的所有手续；协调解决好招标代理公司、监理公司和施工单位之间的关系，按权限解决在施工过程中的一些具体问题，严格按基建财务制度办理一切财务收支，严把质量关、成本关和廉政关，做到账目清楚、手续完备。

【典型经验】 针对税收征管中的薄弱环节，进一步强化发票管理制度。一是坚持前置调查，严把新购发票审核关。由税收管理员进行实地调查后，对使用的发票种类、发票名称、每月最多供票量、每次限购票量、核准票面金额等情况形成书面报告，经相关人员审批后，方能供给发票，防止骗购、套购发票事件的发生。二是坚持验旧售新制，严把发票销售关。发票查验人员必须将发票查验的详细情况制作《普通发票查验登记表》，若发现有发票违法违章行为的，一律按发票管理办法相关规定要求处罚后方可同意发售发票，同时做好查验台账登记，并在综合征管系统中补录发票填开金额。对超定额和达到起征点的，必须先补税后供票。三是坚持超限量审批制，严把发票供应关。用票户因经营发生变化，需要增加票种和扩大用票量的，税收管理员必须进行调查核实，经相关科室和县局领导审批后方可供票，同时根据纳税人经营规模的不同采取不同的方式控制发票供应量。四是坚持代开审核制，严把发票代开关。严格按发票代开范围、程序进行代开，同时登记代开发票台账以备查。严格执行超出规定范围不代开、资料不全不代开、已办税务登记并有固定经营场所的不代开的原则，对代开增值税专用发票金额超过10万元，普通发票金额超过1万元的，由税收管理员实地调查，税源管理分局负责人审批后，方可代开。五是坚持以票管税，严把发票检查关。坚持日常检查、重点检查和专项检查相结合的检查方法，对用票户实行不定期的检查，并做好填开发票的辅导、纠错和查处工作，充分发挥发票的税源监控作用，2009年共代开发票645份，征收税款8.51万元；查验用票户1664户/次，查验各类发票10.57万份，查补税款11.53万元，规范加强了发票管理工作。

（马惠玲）

大姚县国家税务局

经济概况

2009年，大姚县实现生产总值（GDP）23.70亿元，按可比价格计算增长4%。其中：第一产业增加值完成7.80亿元，增长6%；第二产业增加值完成7.40亿元，减5.70%；第三产业增加值完成8.50亿元，增长13%。由于楚雄矿冶工业增加值下降，导致全县GDP下降6.6个百分点；其他行业增加值综合增长12.90%，拉动全县GDP增长10.6个百分点。三次产业结构比例由2008年的30:39:31调整为33:31:36。全年财政收入完成1.80亿元，比2008年减收2691万元，下降13%。其中，上划中央收入完成6346万元，下降29.40%。县级一般预算收入完成1.08亿元，下降2.80%；地方一般预算支出7.86亿元，比2008年增长45.10%。

税收概况

【收入完成情况】 2009年，大姚县国家税务局共组织税收收入6495万元（含免抵调33.3万元），比2008年的1.10亿元减收4499万元，下降40.90%。其中：国内增值税入库5757万元，比2008年的1.03亿元减收4547万元，下降44.10%；国内消费税入库5.60万元，比2008年的7万元减收1.40万元，下降20%；企业所得税入库241.10万元，比2008年的302万元减收60.90万元，下降20.20%；储蓄存款利息所得个人所得税入库68万元，比2008年的153万元减收85万元，下降55.60%；车辆购置税入库423.30万元，比2008年的228万元增收195.30万元，增长85.70%。

【收入特点】 2009年税收收入与2008年相比下降40.90%。其中：中央级收入下降40.10%，地方级收入下降43.30%。从各税种收入情况看，除车辆购置税税收收入增长85.70%外，其余税种税收收入都大幅下降，其中：下降幅度最大的是个人所得税，达到了55.60%，增值税、消费税、企业所得税下降幅度分别为44.10%、20%、20.20%。重点税源行业企业税收大幅减收，其中有色金属矿产品行业入库增值税3313万元，比2008年的7943万元减收4630万元，下降58.30%。纺织业增值税减收139.30万元，比2008年下降43.4%。商业烟草增值税入库806.20万元与2008年同期1033万元相比减收226.80万元，下降22%。电力行业增值税入库574.50万元比2008年的463.90万元增收110.60万元，增长23.80%。

【税源分析】 由于受全球金融危机影响，企业原材料成本上升，产品价格大幅下降，导致税源萎缩，税收减少。(一)由于国际铜价大幅下跌，造成县内最大税源楚雄矿冶六苴经营部销售数量和销售额急剧下降，缴纳增值税减少较多。(二)受房地产业利润减少和企业所得税税率降低所致，企业所得税收入减收20.20%。(三)受国家暂停征收政策影响，储蓄存款利息所得个人所得税减收85万元。(四)受国家减半征收1.6L排量以下小型车车辆购置税政策刺激，县内购买车辆数剧增，比2008年增加2532辆，车辆购置税增收195.30万元，增长85.70%。

各项工作

【税收征管】 一是坚持组织收入原则，强化征管堵漏促增收，成立了税收收入3个督导组，落实组织收入措施，把全年任务分解到各收入督导组，深入到各税源企业调研，加强对重点行业的收入监控。二是依托信息化手段，夯实征管基础，强化税源管理，提高税收征管质量。截至2009年12月31日，共有管户3631户，其中企业205户，个体3419户，个人6户，个人合伙1户，全年税务登记率100%，申报率96.2%，入库率100%，滞纳金加收率100%，欠税增减率为零。三是切实抓好重点税源、重点税种的征管和纳税评估。全年共评估纳税户38户，评估入库税款228.15万元，评估工作取得了较好的效果。四是继续实行领导干部管户加强税源管理。对纳入省州监控的5户增值税重点税源企业，进行税源及收入动态分析。局领导挂点监控的18户重点税源户，采取每月到企业了解生产经营情况及政策执行情况，帮助企业解决涉税问题，认真做好调研和收入分析预测工作，准确把握税收收入进度和税源增减变化情况。五是加强发票管理。全年对1537户用票户的发票管理和使用等情况进行全面检查，发现未按规定开具发票19户，处以罚款1.55万元；普通发票验旧供新查验474户次，超销售额补税39.05万元。六是强化出口退税管理。对取得出口退税资格的4户企业认真进行出口退免税申报表的受理、审核（试点）、出口退免税政策的宣传辅导工作。

【纳税服务】 以首问责任制、服务承诺制、限时办结制为优化纳税服务的主要内容，营造和谐征纳税收环境。一是在日常税收征管中开展好纳税辅导和税法宣传的同时，通过电话、预约、上门服务等方式实施“开户登记、纳税申报、优惠政策、异常纳税、分类稽查、新政策辅导”六项提醒服务。二是实行领导带班制和局长接待日制度。三是实行税收政策变动告知书制度。四是实行一次调查制度。五是实行法定假日休息及特殊情况告知制度。六是推行了延时服务。

【税收法制建设】 (一)加强对干部职工的法制培训教育，坚持以自学为主和集中培训相结合的方式进行强化，并进行相应的考试进行奖惩，提高培训效果。(二)开展税法宣传，4月税收宣传月发放税法宣传资料5500份，积极参与《云南国税》税收宣传征文活动。召开税企座谈会，增进了双方的了解和理解，对促进企业发展、促进国税工作发展起到了积极的推动作用。完善税收政务公开，规范具体行政执法行为，接受广大纳税人监督。(三)规范执法，落实行政执法责任制，科学设置七大类岗位，依法界定执法职责。制定了《大姚县国家税务局税收应用系统三级查询监控制度》，加强日常监控和各部门之间的协调配合，提高执法质量。(四)结合稽查案件查处，对典型案例公开、剖析，以案释法，增强了广大纳税人的纳税意识和法制观念。

【税收执法】 坚持执法与服务并重理念，不断健全工作机制，创新工作方法，扎实开展税务稽查工作。2009年共检查11户，查结11户，其中查有问题7户，查补增值税15.67万元，查补企业所得税20.06万元，合计查补入库收入35.73万元。检查中调减企业亏损额66.51万元，调整应纳税所得额128.23万元。通过查前告知，企业自查补缴税款33.43万元。执法检查。加强对日常执法状况的分析，针对不同问题，有的放矢地开展执法检查。建立税收执法检查问题的反馈、整改、处理机制，确保执法检查结果得到落实。2009年度发生行政执法案件14件，通过稽查进行处理处罚10件。贯彻落实好税收优惠政策，全年共减免各项税收484万元。

【依法治税】 一是进一步加强对《税收征管法》及《实施细则》等相关法律法规的学习，深入贯彻国务院《全面推进依法行政实施纲要》。二是正确贯彻执行税收政策，加强对纳税人的政策宣传辅导，最大限度地保证征纳双方对税收政策和法律法规理解认识和执行的统一。三是严格执行税收执法过错责任追究考核办法，对违规责任人员严肃追究，保证执法责任制真正收到实效。一年来共受理申请作无过错申辩调整2人3次，作责任人调整1人1次，对过错责任追究1人次，扣个人目标管理考核2分。

【税务信息化建设】 一是做好办公自动化系统、稽核、协查系统、“四小票”数据的采集、上传、综合征管信息系统、防伪税控网络版中各子模块及出口退税审核等系统的运行维护工作。二是做好机动车销售发票税控系统推行工作。对13户一般纳税人介质申报系统的安装调试及使用辅导工作。三是完成"一窗通办"综合服务模式的推行工作，完成了16户增值税一般纳税人的网络申报、网络抄报税培训及技术维护工作。四是按质按量做好各应用系统的数据备份及数据上传工作。五是按照省国税局的有关部署要求，开展广域网改建扩容和网络教育培训系统的改造工作，实现了网速和视频效果的提升。

队伍建设

【机构人员情况】 在2009年的机构改革中，撤销原计划征收科、信息中心，增设收入核算科、办税服务厅，信息中心人员和相关职能并入征收管理科。改革后全局下设7个科室，即办公室、税政科、收入核算科、征收管理科、人事教育科、监察室、办税服务厅，1个直属机构和1个派出机构，即稽查局和金碧分局。人员配置情况：全局有在职职工72人，局长1人，副局长2人，纪检组长1人；收入核算科2人，办税服务厅10人，征收管理科5人，税政科4人；人教科3人；监察室3人；办公室7人；金碧分局21人；稽查局11人；综合岗位2人。

【领导班子建设】 一是注重班子的思想政治建设。坚持党组中心组学习制度。二是认真贯彻执行民主集中制。局党组班子自觉维护领导班子的团结统一，充分发扬民主，在重大问题上，一律交党组集体研究决定。将民主决策同集中研究、分工负责相结合，形成高效快捷的领导机制。三是始终强调和要求领导班子成员增强纪律观念。通过召开专题民主生活会，班子成员围绕遵守党的政治纪律和组织纪律自觉地开展批评与自我批评，极大地增强了班子成员组织性和纪律性。四是切实加强班子成员作风建设。不断完善党建联系点制度，班子成员经常性深入各科室，加强同广大职工的联系，开展思想政治工作，注意化解矛盾，维护稳定大局。

【学习实践科学发展观活动】 根据中共大姚县委和州局党组的安排部署，按照"党员干部受教育、科学发展上水平、人民群众得实惠"的要求，大姚县国税局学习实践活动分三个阶段进行。第一阶段为学习调研阶段，从2009年3月31日至5月11日，成立了学习实践活动领导小组，制订《大姚县国家税务局深入学习实践科学发展观活动实施方案》。主要开展了思想发动、学习培训和专题调研三个环节的工作，强化专题调研，发现问题、查摆问题、明确目标。第二阶段为分析检查阶段，从2009年5月12日至7月20日，主要开展了采取发放征求意见表和召开座谈会等形式广泛征求群众意见、召开组织生活会和专题民主生活会、组织群众评议等环节的工作，形成高质量的党组班子分析检查报告。第三阶段为整改落实阶段，从2009年7月21日至8月21日，主要开展了制定整改落实方案、解决突出问题、开展群众满意度测评、建立和完善科学发展长效机制及活动总结等环节工作，重点落实了整改方案，并把整改重点体现在解决突出问题、认真抓紧落实2009年度各项工作任务上。

【精神文明建设】 按照省、州国税系统文明创建管理办法的要求，采取积极有效的措施，广泛深入开展爱国主义和爱岗敬业等方面的教育，不断改进和优化纳税服务，广泛深入的开展文明创建和巩固工作。通过在全局范围内开展文明服务活动，营造了良好的工作、学习、生活环境。抓实文明创建工作，从完善制度、规范档案资料、拓宽创建渠道等方面做好基础工作，认真抓好文明单位申报工作，2009年11月，被楚雄州国家税务局表彰为"文明单位"。

【教育培训】 一是年初制订了业务学习和培训计划，明确了培训的时间、内容及考核要求。二是共举办各类业务培训班4期247人次，培训时间14.5天。在开展培训的同时，积极选派人员参加上级组织的专门业务培训10期25人次，12人参加了全国税务稽查系列业务考试。三是通过楚雄州国家税务局教育培训管理系统对职工进行业务培训管理，并利用该系统，建立了大姚县国税局3个课件和部分税种题库，进行了2次业务测试和竞赛。

【国税文化】 一是完善了国税文化建设工作领导小组和工作实施方案，确保各项活动有组织、有计划、有步骤地开展。二是在时间短、要求高、任务重的情况下，成功筹办了全州国税系统第四届"国税杯"篮球运动会。三是采取多种形式，积极开展读书、摄影、书法、文艺、演讲、体育等活动，丰富业余文化生活，陶冶干部职工情操，取得了实效。

【廉政建设】 （一）抓领导班子建设推进党风廉政建设。加强对党风廉政建设工作的领导，把党风廉政建设与税收征管工作紧密联系起来，一起安排布置，一起督促检查考核，提出了"落实责任制、维护稳定、落实四个零增长、落实四项制度"四个方面的具体要求。（二）加强干部职工廉政教育。坚持每季度一次的专题学习教育和纪检日活动，半年一次的廉政分析会。组织召开了学习实践科学发展观活动的党组班子专题民主生活会和中层以上干部民主生活会。开展了纪检监察干部队伍集中教育整顿学习活动。（三）抓好制度的完善和落实。落实党风廉政建设责任制，把工作责任分解落实到每个部门和环节。抓好对《建立健全惩治和预防腐败体系2008～2012年工作规划》的贯彻落实。抓反腐倡廉的制度建设，促进综合治理。（四）抓好"两权监督"管理落实。抓好税收执法责任制和过错追究责任制度的落实。做好《廉政公约》签订和回访工作。落实"厉行节约，反对浪费"和省、州国税局"四个零增长"的要求，抓好内部管理和控制，实现了经费支出零增长。四是加强检查考核，严格考核奖惩。全年未发生行政诉讼、行政复议案件和各类违纪违法问题。

【新闻人物】 2009年，杨卫平、张丽二位同志的征

文分别获省局“迎祖国华诞、展国税风采”征文评选活动一等奖和优秀奖。苏玉光同志创作的书法作品，获全省廉政文化作品评选一等奖；在“纪念新中国成立60周年”系列活动中，书法作品被省文学艺术联合会等单位联合举办的书展中评选展出，在全国税务系统书画大赛中，书法作品被中共国家税务总局党校收藏。

（张会明）

永仁县国家税务局

经济概况

2009年，永仁县实现生产总值（GDP）10.27亿元，按可比价计算，比2008年增长11.80%；其中：第一产业实现增加值3.92亿元，增长6%；第二产业实现增加值2.40亿元，增长24.30%；第三产业实现增加值3.95亿元，增长13.30%。财政总收入9178万元，比2008年增长23%；地方财政一般预算收入6758万元，比2008年增30%；全社会固定资产投资9.23亿元，比上年增长46.10%；社会消费品零售总额1.90亿元，比上年增长21.30%；城镇居民人均可支配收入达1.35万元，比2008年增长7.80%；全年农村居民人均纯收入2935元，比2008年增长14%；农林牧渔业总产值6.47亿元，比上年增长6.01%；全部规模以上工业增加值6797万元，比上年增长59.40%。在全县经济结构和经济形态中仍以烟草、电力、冶金化工、餐饮、物流、特色农业和旅游业为支柱。

税收概况

【收入完成情况】 2009年，永仁县国家税务局共计组织税收收入2325万元，同比下降2.19%，完成州局确保目标数2140万元的108.64%，完成奋斗目标2570万元的90.47%；剔除车辆购置税，完成县人代会任务数2078万元的100.58%，完成县政府收入目标2859万元的73.10%。

【收入特点】 2009年的税收收入总体呈现出“二增二减一持平”态势，慢于经济增长速度，即企业所得税和车辆购置税同比增长，消费税与2008年持平，增值税和储蓄存款利息所得个人所得税出现同比下降。从收入进度分析看，上半年税收收入略有增长，三季度与2008年同期基本持平，四季度出现下降趋势，导致奋斗目标没有完成。减收的主要原因是：矿产资源类产品和生产型企业受市场影响价格大幅下跌，使企业经营下滑；落实增值税转型改革及其他政策分别减收143万元和26万元；减征1.6升及以下排量乘用车车辆购置税减收24万元；其他因素减收50万元。

【税源分析】 税源存在纳税企业少，产业规模小的特点。电力、批发零售业、其他炼焦业、黑色金属矿采选业、有色金属矿采选业、黑色金属冶炼及压延加工业是永仁县增值税主要税源，占增值税收入的比重分别为19.26%、38.59%、9.09%、5.59%、5.66%、8.82%。税源结构单一的矛盾十分突出，新增的企业生产经营发展也不稳定，其他税源创税能力非常有限，在全县77户增值税一般纳税人中，纳税在50万元以上的12户，纳税在100万元以上的8户，占增值税总收入的71.31%。

各项工作

【税收法治建设】 积极开展税收法治宣传教育，先后举办3期培训班，对干部职工、企业法人、财务人员和个体工商户代表等进行了增值税转型政策和新企业所得税法培训；开展第18个税收宣传月活动，积极组织人员参加全县法制宣传日活动；开展行政执法检查，对67件行政处罚案件，5件稽查案件进行自查；对《税收征管法》及其《实施细则》的贯彻执行、行政处罚、增值税一般纳税人认定审批、税收政策执行等情况进行了全面检查；做好“五五”普法教育工作。

【税收征管】 一是强化户籍管理，按月与工商登记信息进行清分比对，截至12月，累计已进入综合征管软件登记户数2225户。二是严把调查、采集、测算、录入、定额生成各环节质量关，全年共对1564户个体户进行了税款核定。三是总结经验，将重点税源户和征管业务复杂、难度较大的16户纳税户列为领导干部管户。四是抓税收管理员制度的落实，税收管理员在管理工作中，把税源管理作为对税源分析、监控工作落实情况的主要手段，对纳税人需一次办理的事宜进行提醒并登记，对部分重点税源企业的产、供、销等情况进行了专项检查，年纳税5万元以上的企业进行了逐户调查测算；对零申报、负申报、申报数据不准确的一般纳税人和不使用发票的个体户，进行了核查。五是加强停歇业户、延期缴纳税款的管理，严格停歇业户核准停业期限审批，对逾期未申报、逾期未缴纳税款的纳税人，及时办理催报催缴。六是认真做好加油站税收征管工作，按月对全县加油站一账三表进行检查，加强了IC卡数据和报表数据的比对审核。

【税种管理】 一是全面贯彻落实增值税转型改革政策，加强对申报情况的辅导和审核，全年因增加固定资产抵扣减收增值税99.50万元；审核转出不符合抵扣的固定资产进项税12.70万元。二是加强车辆购置税征管，加大对车辆购置税异常发票查处力度，全年征收车辆购置税215万元，比2008年的170万元增收45万元，增长26.47%。做好车辆购置税减免和1.6升及以下排量乘用车减征管理，全年共减征1.6升排量以下车辆157辆，减征税款37.70万元，免征车辆征购置税2辆，免征税款7.65万元。三是做好所得税调整管理工作、所得税介质申报软件的推广应用，确保了39户所得税纳税人在新所得税税法实施后的第一次汇算清缴工作顺利完成。通过对39户企业所得税管户中应进行企业所得税汇算的30户企业进行汇算清缴，补缴了企业所得税3.40万元。四是认真贯彻落实增值税起征点优惠政策，加强零散税收的管理，成立个体零散税收清收组，通过清理，发现7户漏管户，清理征收零散税收2.60万元；同时，为1414户不达起征点户免征增值税103万元。五是积极为下岗再就业人员办理税务登记证26人（次），免收工本费520元。六是认真落实税收优惠政策，为27户纳税人办理减免增值税，减免增值税154.40万元。

【纳税评估】 做好增值税纳税评估工作，全年共开展各类形式的增值税纳税评估36户（次），企业所得税纳税评估6户，其中：增值税纳税户评估有问题21户，企业所得税纳税户评估有问题企业4户。增值税补提销项税15万元，进项税转出48.70万元，冲减留抵税额4.20万元，实际应补缴增值税59.50万元，加收滞纳金7000元；所得税合计调增应纳税所得额42.80万元，并责令企业限期改正，作账务损益调整处理。

【纳税服务】 一是加强办税厅建设，制定了《永仁县国家税务局"一窗通办"综合服务模式推行方案》、《永仁县国家税务局计划征收科岗位职责》，并根据现有设备资源情况，对"一窗通办"的硬件需求做了最大限度地整合，于7月1日正式运行"一窗通办"业务，使服务承诺制、限时办结制的落实得到了很好的体现。二是在办税服务厅建立了定期税法公告制度，常备各种纳税指南和宣传手册，及时向纳税人提供税法资料和纳税实务知识简介。三是落实公开办税制度，统一着装，挂牌服务，公布办税流程，规范各种表格的填写式样，方便纳税人办理涉税事宜。四是开展了限时服务、延时服务、预约服务等形式多样的纳税服务。五是积极推行网络申报，1户企业12月征期已通过网络申报，银行扣税成功。

【税收执法】 一是推行行政执法责任制，层层签订《税收执法责任书》。二是严格按规定程序和要求，办理一般纳税人的认定、企业所得税税前扣除审批、个体户定额核定、发票的代开手续。三是开展税收日常检查、发票返查和各种涉税案件查处等工作，税务稽查全年检查结案5件，查补增值税9.70万元、滞纳金2.20万元、罚款5.40万元。四是认真开展打击发票违法犯罪行为，集中力量完成了商业零售业中大型连锁超市、连锁药店的检查、商业零售行业发票使用纳税人的专项检查，共检查发票使用户134户，检查发票9170份。五是采取多种形式对纳税人进行税法宣传教育。一方面借助广播电台等媒体加大宣传力度，同时将宣传重点印制成宣传手册发放给纳税人。另一方面由局领导分组带队深入企业进行调研，以辅导培训的方式对一般纳税人和重点税源企业涉及增值税转型政策进行宣传讲解。六是积极贯彻落实阳光政府"四项制度"，认真执行执法考核过错行政问责和通报制度，专人负责层层落实预警监控结果的每日查询和记录，实现了全年执法监察子系统疑点数据为零的目标。

队伍建设

【机构人员情况】 2009年，全局在职公务员42人，工勤人员1人，离退休干部17人。大专以上文化程度39人；女职工20人，占全局职工总数的46.5%，少数民族25人，占全局职工总数的58%，在职职工之中党员24人，团员2人，党团员占职工总数的60%。9月机构改革前，全局机构设置总数9个，其中：1个派出机构（永定分局11人），1个直属局（稽查局5人），7个内设科室（办公室8人、监察室1人、人事教育科2人、信息中心2人、征管科2人、税政科3人、计划征收科9人）。机构改革后，全局机构设置总数仍为9个，其中：1个派出机构（永定分局11人），1个直属局稽查局（内设3个股室，人员5人），7个内设科室：办公室8人、监察室1人、人事教育科2人、征管科4人（含信息中心2人）、税政科3人、收入核算科2人、办税服务厅5人。

【领导班子建设】 县局领导班子紧紧围绕"创新发展年"的工作主题，以"深入学习实践科学发展观"活动为契机，结合国税工作实际，不断提高科学发展的能力。结合贯彻落实科学发展观、个人学习、履行岗位职责情况、执行民主集中制情况，落实党风廉政建设责任制情况，遵守廉洁从政情况，执行廉政规定和全局工作完成情况、存在问题认真开展好以"学习实践科学发展观"为主题的党组专题民主生活会和述职述廉工作，按照"个人形象一面旗、工作热情一团火、谋事布局一盘棋"的目标要求，发挥了先锋模范作用和先进作用，使班子的创新力、凝聚力不断加强。

【干部建设】 一是广泛开展阳光心态教育、感恩教育、敬业精神教育，组织职工观看了"放歌平安"专题综治维稳巡回演出。开展了"向国旗敬礼、做一个有道德的人"网上签名寄语活动和第二届全国道德模范网上投票活动、"双百"人物评选等先进事迹学习活动；积极组织干部职工参加全县职工文体活动。二是组织参与了"感动彝州"候选人的投票活动和向第七届全国"人民满意的公务员"、"人民满意的公务员集体"学习活动。三是积极参加全县"天翼杯"篮球运动会，荣获"体育道德风尚奖"。四是在"八一"建军节和年底老兵退伍时，与县武警中队全体官兵举行携手共建文明活动，促进精神文明建设。五是发挥工青妇群团组织在文化活动方面的作用，1人在县级举办的"科学发展当先锋"演讲比赛中荣获第一，3人参加了州局举办的

"创新·发展·和谐"演讲比赛，1人荣获第二。此外，还组织了全局45岁以下干部职工开展了"创新·发展·和谐"演讲比赛活动。六是组织了41名公务员业务考试和5名稽查人员参加全国统一业务知识考试工作。七是举办为期3天的企业所得税及会计知识全员业务培训和参与《楚雄州国税局教育培训管理系统》的压力测试2次。八是高度重视平安国税建设，针对津补贴规范尚未到位的不稳定因素，做好宣传解释工作，稳定了大局。九是积极落实社会治安综合治理工作，严防交通事故发生。做好关心下一代工作。十是做好深入学习贯彻落实科学发展观活动，做到学习实践活动和税收工作"两手抓、两不误、两促进"，在学习实践科学发展观活动中不断提高创新力、落实力和执行力。

【廉政建设】 一是把党风廉政建设作为"一把手"工程，定期分析情况，研究部署任务。二是分解任务，落实责任，把党风廉政建设责任认真分解、细化到科室、分局和个人，与9个责任单位43人层层签订《党风廉政建设责任书》和《禁止党员干部职工参与赌博责任书》。三是力抓《工作规划》的学习教育和宣传贯彻工作，认真组织党员干部开展学习王瑛、李龙伟、杨雪斌同志先进事迹活动，组织观看以正反典型为警示的电教片《高墙悲歌》、《慎交友警示录》，强化思想教育；组织党员干部认真开展"加强作风建设、促进科学发展"教育活动，并参加了考试，参考率100%。四是领导班子成员到楚雄州廉政教育基地进行警示教育。五是规范问责程序、问责标准，全年采用简易程序问责19人，给予经济惩戒510元。六是对省局明察暗访通报情况在干部中不允许发生，签订书面承诺书40份。七是继续做好国税机关与纳税人签订《廉政公约》和回访评议工作，2009年签订《廉政公约》190户，回访131户。八是认真落实廉政谈话制度，全年纪检组长与各科室、中心、分局负责人新任谈话5人次、个别谈话3人次。九是推进廉政文化建设，通过开办内网"廉政之窗"、安装"国税廉政屏保"等形式为载体，加强反腐倡廉宣传教育，积极参加州县纪委举办的全州廉政文化作品展示活动，征集审核选送摄影作品、书法作品2幅。十是认真落实好特邀监察员和兼职监察员联系制度，每半年组织一次的特邀监察员和兼职监察员座谈会，认真听取各方意见建议，拓宽监督渠道，形成监督合力，提高监督实效。通过以上工作，党风廉政建设工作得到县纪委的肯定，被确定为全县党风廉政建设工作试点单位。

（夏国先）

元谋县国家税务局

经济概况

2009年，元谋县生产总值（GDP）达17.78亿元，按可比价计算，比2008年增长11.60%。其中：第一产业增加值完成7.87亿元，增长6.20%，占GDP总量的44.26%；第二产业增加值完成3.52亿元，增长21.90%，占GDP总量的19.80%；第三产业增加值完成6.39亿元，增长11.60%，占GDP总量的35.94%。完成全社会固定资产投资15.14亿元，比2008年增长42.80%。财政总收入1.15亿元，比2008年增长1.90%。农民人均纯收入4333元，增长7.81%。城镇居民人均可支配收入1.48万元，增长8%。社会消费品零售总额4.76亿元，比2008年增长23.60%。

税收概况

【收入完成情况】 2009年，元谋县国家税务局共计组织税收收入3516.52万元（含免抵调），同比增收262.80万元，增长8.08%，完成州局下达奋斗目标任务的111.64%。其中：增值税2425.09万元，同比增收26.20万元，增长0.68%，完成计划任务的102.11%；消费税100.34万元，同比增收0.27万元，增长0.27%，完成计划任务的100.34%；企业所得税120.28万元，同比增收59.40万元，增长97.57%，完成计划任务的400.93%；储蓄存款利息所得个人所得税56.05万元，同比减收70.69万元，下降55.77%，完成计划任务的124.56%；车辆购置税814.76万元，同比增收247.61万元，增长43.66%，完成计划任务的135.79%。

【收入特点】 一是税收增长略滞后于经济增长，宏观税负有所提高。2009年，元谋县生产总值（GDP）实现17.78亿元，按现价计算，比2008年增长11.60%，国税收入增长8.08%，相差3.52个百分点，国税宏观税负为1.98%，税收弹性为0.70。二是税收收入总体有较大增长，但月份增减起伏较大。1月、4月、7月、8月、10月5个月的税收收入下降，其余7个月的税收收入增长。三是主体税种实现增长，除个人所得税因停征减收外，其余税种均实现了增收。四是各重点考核品目税收增减各半。非金属矿物制品业、非金属矿采选业、石油批发，分别增长142.63%、93.49%、180.30%，增幅较大；卷烟批发、供电、黑色金属矿采选业、酒精的税收下降。五是重点企业税收大部分下降。22户重点企业，有12户税收收入下降，仅10户重点企业税收增长。

【税源分析】 一是增值税增长与经济发展基本保持同步。非金属矿物制品业同比增收135.50万元，增长142.63%，主要原因是企业生产比较正常；电力供应业同比减收38.69万元，下降7.85%，主要原因是水电站发电量下降，外购电力进项税同比增多77.36万元；批发业税收增收主要来源石油批发增收138.42万元、个体啤酒批发稽查查补增收70.76万元，抵减其他批发业的减收额，同比增收80.64万元；采矿业增收108.32万元，增长45.17%，主要原因是非金属矿采选业后期止跌回升；酒精行业同比减收79.48万元，下降100%，主要原因是主体税源企业2008年12月转让库存原材料，入库增值税79.48万元；其他行业减收28.30万元，下降50.08%，主要原因是受税率（征收率）下调影响。二是消费税与2008年持平。三是企业所得税增收幅度较大，增收59.40万元，增长97.57%，主要原因是3户房地产企业增收10.83万元，3户民营企业增收27.52万元，稽查查补入库12.95万元。四是储蓄存款利息所得个人所得税减收70.69万元，下降55.77%，主要原因是受税率下调及2008年10月9日后利息停征个人所得税的影响。五是车辆购置税保持较快增长，增收247.61万元，增长43.66%。主要原因是国家刺激消费、购车人大幅增多，同比增加汽车437辆、摩托车1611辆。

各项工作

【税收法治建设】 一是成立“五五”普法、税务行政执法、“依法治省示范单位”试点工作领导小组、行政复议办公室和重大案件审理委员会等领导机构，为税收行政执法工作提供了坚强有力的保障；二是认真组织学习《税收征管法》、《行政许可法》等相关法律法规，51名干部参加了普法考试；三是认真贯彻执行《全面推进依法行政实施纲要》，依法行政、依法办案，保持连续多年未发生行政复议、行政应诉和行政赔偿案件；四是深入推行税收执法责任制，依托税收执法信息系统严格执法过错追究，全年发生执法行为29128起，未产生执法过错行为，税收执法准确率达到100%。

【税收征管】 抓好户籍管理源头，以工商、税务信息交换为平台，以日常巡回检查为基础，加强纳税人的户籍管理工作，严防发生漏征漏管户。2009年末，全县共有征管户3261户，其中：一般纳税人82户，小规模纳税企业606户，个体户2573户。认真开展纳税评估，全年共评估企业89户，评估补税88.78万元，其中：调增销项税25.66万元，进项税转出44.74万元，加收滞纳金18.35万元，罚款300元，纳税评估工作取得实效。做好增值税一般纳税人认定、增值税专用发票、防伪税控系统运行、运费辅导核查、“一窗式”申报管理和“四小票”抵扣数据的采集、上传、比对、核查等基础管理工作。全年对88份增值税专用发票存根联滞留票开展核查工作，未发现问题；对126份已抵扣进项税的增值税专用发票进行核查，转出进项税额17.57万元，对88份车购税“一条龙”管理销售发票异常进行比对，查补税款及罚款5900万元。加强农产品加工企业、非金属矿采选业、摩托车经销等行业的税收管理工作，非金属矿采选业增值税增长35.40%，农产品加工企业进项税抵扣下降33.60%，摩托车经销企业税负由2008年的0.28提高到0.98，上升0.7个百分点。加强企业所得税管理工作，完成81户企业所得税汇算清缴工作，及时办理退、补税。加强出口退税申报审核，审批免抵税额9.82万元。

【纳税服务】 围绕“税收·发展·民主”的宣传月活动主题，开展形式多样的税收宣传活动。发放税收宣传资料1200份，接待涉税咨询60人次，悬挂宣传布标30条，张贴宣传画65幅，举办税企座谈会5场（次）。不折不扣贯彻落实好国家惠及民生的各项税收政策，全年共依法减免税收908.87万元，有效支持了企业发展。实施纳税申报人性化提醒，及时对纳税户进行电话催报或上门提醒，有效地防止了纳税人因非主观原因而造成漏申报或逾期申报。

【税收执法】 积极开展整顿和规范税收秩序工作。对大型连锁超市、出口货物退（免）税企业、电力行业、房地产的8户企业进行税收专项检查和分级分类稽查，检查有问题6户，查补税款、滞纳金、罚款2.60万元，冲减增值税留抵税额7.90万元，调减免税期应纳税所得额1.10万元，调减亏损企业申报亏损额54.74万元。对金属和非金属矿采选品业以内查外调的方式进行专项重点整治，共查补税款、滞纳金、罚款7.43万元。积极开展制售假发票专项整治行动，在公安、地税等部门密切配合，全年累计检查发票用票户1163户，检查发票24252份，检查发现违规使用发票户4户，发现有问题发票26份，查补增值税800元，加收滞纳金100元，处予罚款500元，调减增值税留抵税7.90万元。

【税务信息化建设】 做好县局局域网络及广域网络的运行、维护工作。完成了教育培训视频会议系统的安装调试工作。做好金税、征管、公文处理、车购税软件等系统维护及数据备份工作，对重要数据进行多机、多点、多介质存储，全年提交异常数据处理3次，进行综合征管软件补丁前台升级6次。做好病毒防范工作，严格执行计算机网络安全管理规定，坚持内外网隔离制度等。做好网络申报技术支持工作，全年完成对5户增值税一般纳税人的网络申报工作。完成对车购税纳税户开票系统及二维条形码打印系统的安装辅导工作，全年共安装开票系统及二维条形码打印系统18户。按时完成机构改革后税收执法管理信息系统和综合征管软件用户权限调整工作，对15名岗位变动人员用户组进行调整，保证了各项工作正常运行。

队伍建设

【机构人员情况】 9月，机构改革工作顺利实现平稳过渡。根据《楚雄州国家税务局关于元谋县国家税务局机构改革方案的批复》，严格程序，精心实施，稳妥推进机构改革工作。这次改革，内设机构新设收入核算科

(2人)、办税服务厅(6人)。保留办公室(6人)、税政管理科(3人)、征收管理科(3人)、人事教育科(2人)、监察室(2人)、稽查局(4人)、元马税务分局(17人)。撤销计划征收科、信息中心，另设机关党总支办公室(1人)。合理配备领导干部职数，县局领导和副股级以上干部20人，其中：党组书记、局长1人，党组成员、副局长2人，党组成员、纪检组长1人；稽查局长1人；元马税务分局长1人；科室、分局(办税服务厅)副股级以上干部14人。年内，调入1人、调出1人，年末实有在职干部职工51人(含工勤人员1人)，退休人员19人，党员39人，大专以上学历48人。

【领导班子建设】 以“六个核心”为目标，切实加强领导班子建设。始终坚持把加强班子建设作为首要任务，确立了“建设系统领先、社会满意、和谐文明的元谋国税”的工作愿景。明确了把领导班子建成“六个核心”的目标，即努力把领导班子建成政治坚定、驾驭全局的核心，团结协调、思想统一的核心，思路清晰、重点突出的核心，大胆负责、真抓实干的核心，原则性强、倡导正风的核心，廉洁勤政、为人表率的核心。坚持中心理论学习组制度，认真组织开展每季度1次的专题交流发言，开展谈心谈话，不断增强领导班子团结带队的能力。健全完善民主集中制制度、党组议事规则、局长办公会、局务会议制度，坚持重大问题民主酝酿，集体决策，做到民主管理，科学决策。加强领导干部信息技术知识的培养和训练，努力提高信息数据的分析、应用能力。结合“创新发展年”的各项要求，以落实阳光政府“四项制度”、“学习实践科学发展观”活动为契机，扎实有效地开展好“对照标准找差距、制定措施抓整改、转变作风创佳绩”系列活动，促进了国税系统和干部作风的大转变。

【队伍建设】 加强干部队伍建设和党的建设，牢固树立“紧扣工作抓队伍、抓好队伍建和谐”和“围绕中心抓党建、抓好党建促发展”的思想，切实加强了干部队伍建设和党的先进性建设，进一步加强党员的教育和管理，引导党员按照《党章》要求，加强党性修养，自觉履行党员义务，使机关干部形象和党建工作不断完善，干部凝聚力和战斗力不断增强，党员先锋模范作用充分发挥，党群关系、干群关系、征纳关系更加和谐，国税部门和国税干部社会形象更加良好，各项工作迈出了新步伐、取得了新成绩。2009年，元谋县国税局党支部连续5年被考评为“优秀基层党组织”，2名党员被表彰为优秀党员，5名干部被州、县局考评为“优秀公务员”，3名干部被楚雄州国税局记三等功。

【学习实践活动】 根据县委的部署，以“三个一”、“三牢记五争先”、“三爱”等主题实践活动为载体，突出特色求实效，创新举措抓落实，圆满完成第二批学习实践科学发展观活动。这次学习实践活动，共组织党员干部集中学习、讨论9次，共计人数350人次，撰写心得体会26篇，组织党员干部上党课4场、观看电教片4场，共计人数200人次，组织6名科级党员领导干部到楚雄州廉政教育基地参观。活动开展情况和实际效果经群众测评，整体评价满意率达100%。

【精神文明建设】 按照“创建、巩固、提高、延伸、辐射”的创建方针，制订文明创建工作规划，狠抓落实。年内，2人被表彰为全州国税系统精神文明建设先进个人，3人被县委、政府表彰为“抗震恢复重建先进个人”，单位再次被省委、省政府表彰为第十二批“文明单位”。

【教育培训】 强化教育培训，干部能力水平不断提升。按照本职业务要“精”、相关业务要“熟”、其他业务要“懂”、新的理念要“知”的要求，结合干部职工的实际情况，制订了学习长远目标和短期计划，采取重点培训与岗位练兵相结合，坚持开展每日一题、每周一学、每季一考的“三个一”活动。针对增值税、消费税的新条例及其实施细则、基本政策、企业所得税、财务会计知识、计算机网络知识、“一窗通办”综合服务模式等内容开展培训班3期，干部职工参训率达到了100%。全年参加了省、州国税局组织的各类培训达56人次。

【国税文化】 努力构建国税文化软环境，提高干部履职尽责能力，促进元谋国税科学发展。一是积极参加全州国税系统第四届“国税杯”篮球运动会并在比赛中取得较好成绩，男子篮球队从上一届的第11名上升到本届的第8名。二是认真组织开展以“创新·发展·和谐”为主题的演讲比赛活动，全局45周岁以下的25名干部积极、主动报名参加，选手管建芹在参加州国税局演讲决赛和元谋县“红土地之歌”演讲决赛中均获得二等奖。三是积极参加元谋县纪念建党88周年成果展览、书画摄影作品征集等活动，展出图片30幅，选送书法作品3件，摄影作品8件。

【廉政建设】 紧紧围绕推进“法治国税、效能国税、平安国税、阳光国税、和谐国税、廉洁国税”六项建设，大力推进国税惩防腐败体系建设，落实党风廉政责任制。大力开展廉政文化建设，强化廉政教育，优化发展环境。年内，发放调查问卷500余份，征求意见和建议10多条；开展“纪检日”活动4次、廉政专题教育12次，50名在职干部参加廉政知识考试；对4名中层干部进行任前谈话和16名中层干部进行任期廉政谈话，召开廉政状况专题分析会2次、特邀监察员座谈会2次。全局10个部门、50名在职干部层层签订《党风廉政建设责任书》；对新增纳税户签订《廉政公约》154户，开展回访评议239户，满意率达99%。

(张俊荣)

武定县国家税务局

经济概况

2009年，武定县实现生产总值（GDP）20.07亿元，比2008年增长12%；其中，第一产业增加值6.77亿元，比2008年增长6.80%；第二产业增加值6.59亿元，比2008年增长18.10%；第三产业增加值6.71亿元，比2008年增长13.30%。三次产业结构比例由2008年的35.7:31.1:33.2调整为33.7:32.8:33.5。财政总收入2.37亿元，比2008年增长15.13%，其中，地方财政收入1.40亿元，比2008年增长18.50%，实现财政总支出7.66亿元，比2008年增长39.79%。完成全社会固定资产投资11.03亿元，比2008年增长51.36%；完成招商引资5.65亿元，比2008年增长31.94%。实现社会消费品零售总额4.97亿元，比2008年增长22.20%。城镇居民人均可支配收入1.37万元，比2008年增长8.51%；农民人均纯收入2585元，比2008年增长14.64%。粮食总产量9.42万吨，比2008年增长2.46%；肉类总产量4.55万吨，比2008年增长6.04%。全县万元生产总值能耗比2008年下降4.80%。城镇登记失业率为3.17%。人口自然增长率为3.4‰。

税收概况

【收入完成情况】 2009年，武定县国家税务局共计组织税收收入1.09亿元，比2008年增收713万元，增长7.02%，完成州国税局下达奋斗目标的107.02%。其中：增值税1.01亿元，比2008年增收511万元，增长5.32%，完成州国税局下达奋斗目标的104.18%；消费税2.58万元，比2008年增收954元，增长3.83%；完成州国税局下达奋斗目标的129%。企业所得税221万元，比2008年增收156万元，增长245.31%，完成州国税局下达奋斗目标的736.66%。储蓄存款利息所得个人所得税60万元，比2008年减收74万元，下降44.78%，完成州国税局下达奋斗目标的125%。车辆购置税463万元，比2008年增收120万元，增长34.98%，完成州国税局下达奋斗目标的128.61%。

【收入特点】 一是国际金融危机对组织收入影响较大，国税收入连续9个月下降。具体表现为1至9月连续下降，10至11月止跌回升，12月全面完成任务。二是税收增长速度首次低于经济增长速度。2009年武定国税收入增幅为7.02%，而全县的经济增长率为12%，低4.98个百分点。三是增值税首次突破亿元大关。增值税占税收总收入的比重越来越大，占到总收入的93.14%，对收入任务的完成起决定作用。四是企业所得税和车辆购置税大幅增长。企业所得税同比增长245.31%，车辆购置税增长34.98%。

【税源分析】 一是一般纳税人成为国税收入的主要来源，2009年，一般纳税人缴纳的“两税”占税收收入的92.68%；“三税”（增值税、消费税和车辆购置税）占税收收入的96.93%。二是矿产业继续成为主要税源，2009年，矿产业入库增值税4961万元，同比增收899万元，增长22.13%，占增值税收入的49.12%。三是白药集团入库税收创历史新高，入库税收仅次于矿产业。四是新办企业成为税收征收的新亮点。五是年纳增值税在1000万元以上的企业从2008年的1户，增加到3户。六是由于车购税税率下调，购车人数大增，车购税呈现出快速增长的趋势。

【税务管理】 一是认真落实增值税转型政策、小规模纳税人征收率下调、成品油税费改革和1.6升及以下排量乘用车的减征税收政策，确保及时、准确执行到位。二是开展一年一度的个体“双定户”定额核定工作，对1385户个体定额核定到期户重新进行定额核定和分月汇总申报工作，运用电子定税系统结合发票查验核实了个体工商户月营业额。三是对全年零申报户8户、票表比对差异超过1万元的小规模纳税人50户、纳税人状态正常但有流失发票1户、办理税务登记但未进行税种登记1户、纳税人状态正常但存在未申报信息2户的四个方面存在问题进行清理检查和整改落实。

各项工作

【目标管理绩效考核】 2009年，县局结合实际，积极探索调动干部职工工作积极性的新办法、新举措。按照“同一基数、人人平等、相对公平、上不封顶、便于考核”的原则。实行目标管理责任制考核与绩效考核相结合，加分和扣分相结合，年终按所得分值进行奖惩的新办法。在加分方面，涉及的内容主要有：一是年终完成税收任务，每人加100分。二是年内党风廉政建设方面，无违法违纪行为发生的，每人加100分。三是全年无安全事故的，每人加100分。四是全年无“黄、赌、毒”现象发生，每人加100分。五是考勤检查按时上下班的，每人每次加1分。六是参加县局组织的考核，及格一次加2分。七是积极参加全局性的集体活动，每参加一次集体活动加10分。八是创新开展工作被州局推广的一次加20分。九是县局安排参加省、州国税局考试、竞赛一人次加20分，自愿报名参加省、州国税局考试、竞赛一人次加30分。在扣分方面，内容主要涉及：一是请病假、事假、计划生育假、婚丧假、工休假、探亲假一天扣1分，外出读书、面授、补习一天扣1分。二是被执法考核管理信息系统扣分的，目标管理考核扣相同的分数。三是被各级行政问责一人（次）扣20分。四是一般纳税人增值税年平均综合税负力争不低于全州平均综合税负。2009年税负与全州平均综合税负相比每下降 0.1 个百分点扣 0.4 分，最高扣 5 分。五是县局安排的临时性工作，不按时完成的每人（次）扣 10 分。经过考核，在公共考核得分中，最高得分 503 分，最低得分 417 分，相差 86 分，这是实行目标管理考核来考核得分相差最大的一年，也体现了“多干多得，少干少得”的原则，起到了激励先进、鞭策后进、激发活力、争先创优的目的。

【税收法治建设】 一是成立税务行政执法检查工作领导小组，建立健全组织机构，加强税收执法检查工作的领导。二是认真开展执法责任书的签订和实施，共签订《税务执法责任书》46 份。三是结合国税工作实际，扎实做好阳光政府“四项制度”的落实。制定了《武定县国家税务局重大决策听正制度、重要事项公示制度、重点工作通报制度》和《武定县国家税务局关于阳光政府四项制度任务分解落实制度》。四是向县委、人大、政府、政协，县属有关部门赠阅税收法律法规书籍。

【税收征管】 （一）加强增值税管理。一是认真组织学习新的《增值税暂行条例》及《增值税暂行条例实施细则》、固定资产抵扣进项税政策、成品油税费改革政策、综合资源利用及再生资源政策调整和矿产品税率调整政策。二是组织增值税一般纳税人、10 户小规模纳税人、5 户个体工商户共计 102 人参加的税收政策培训座谈会。三是向县委政府汇报增值税政策调整政策。四是送宣传材料上门等多种形式进行政策宣传，确保纳税人及时、全面、准确了解、执行国家新的税收政策。五是设立增值税转型相关政策咨询服务电话，积极为纳税人提供政策咨询服务，安排人员在办税大厅值班，接受纳税人的政策咨询解答。六是强化增值税纳税评估。全年共评估 35 户企业，评估补税 141 万元，比 2008 年增加 114 万元，增长 4.22 倍。七是规范执行增值税各项优惠政策。年内 25 户企业抵扣固定资产进项税 951 万元。八是加强对一般纳税人的管理。2009 年共认定一般纳税人 29 户，其中，属于超过小规模纳税人标准而清理认定的一般纳税人 10 户。（二）加强消费税管理。认真贯彻落实好消费税政策，加强了白酒消费征管。（三）加强车辆购置税管理。认真贯彻执行 1.6 升及以下排量乘用车的减征政策。年内共减征 402 辆符合条件的车辆车购税 96 万元。搞好机动车异常发票核查处理工作。共移交税源管理部门核查机动车异常发票 16 份，补交增值税 662 元，罚款 500 元。（四）加强企业所得税管理。做好新办企业所得税征管范围调整工作，严格贯彻执行企业所得税的各项政策，为符合条件的企业办理所得税免税 452 万元。开展所得税纳税评估，对 8 户企业进行了评估，其中 5 户经评估无问题，3 户经评估均存在不同程度的问题，进行了限期整改。

【发票管理】 开展普通发票专项检查。企业重点检查 6 户，个体重点检查 161 户，共检查发票 24960 份，查出有问题发票 50 份，有问题发票户 2 户，罚款 200 元；发票超定额 4 户，补税 1.05 万元，滞纳金 856.25 元。实施对购用普通发票的 211 户进行重点检查，罚款 8600 元。

【税收执法】 加强法制宣传，为更好地宣传和普及税法，逐步提高未成年人的税收知识，从小树立依法诚信纳税的意识，县局和县教育局联合在 4 月税收宣传月期间，在全县 278 所中小学、3 万多中小学生中开展“我是未来纳税人”征文活动，共收到征文 1500 篇，经评审委评定，80 篇征文获奖。执法检查，依法治税，制定了《综合征管软件数据质量监控考核实施办法》，建立税收执法系统考核“三级查询”、“三级监控”制度，有效提高综合征管软件运行质量。积极做好“五五”普法和“三五”依法治县工作，年内开展法律培训 3 期。严格执行好各项税收法律法规和政策。积极开展执法检查自查和重点检查工作。税务稽查，开展分级分类稽查，全年稽查补税 53 万元，比 2008 年增收 29 万元，增长 117.94%。积极开展打击发票违法犯罪活动工作。检查商业企业 6 户，个体商业户 183 户，检查发票 27526 份，有问题发票 66 份，并对有问题发票按规定作出了处理。

【税务信息化建设】 一是开通县政府政务网，实现无纸化办公；二是按照省局要求完成了对综合征管软件 37、38、39 号补丁的升级安装工作；三是做好网络申报系统的推行工作，5 户企业推行成功；四是积极推行网上认证工作，全年共推行网上认证户 16 户；五是开通了教育培训系统；六是办公网络由电信改为广电网。

队伍建设

【机构人员情况】 县局现有人员 64 人，机构设置和人员配置如下：内设科室 7 个，办公室 11 人（含局领导 4 人）、人教科 3 人、监察室 2 人、税政科 5 人、征管科 4 人、收入核算科 4 人，办税服务厅 9 人，级别为正股级。直属机构 1 个稽查局 7 人，级别为副科级。派出机构 1 个狮山分局 19 人，级别为副科级。

【领导班子建设】 一是按照省委提出的“个人形象一面旗、工作热情一团火、谋事布局一盘棋”的实践活动要求，大力开展领导干部自身素质建设，提高领导干部在群众中的公信力。二是认真学习贯彻党的十七届四中全会精神，增强做好新时期国税工作的本领。三是开展“三力建设”，争创“实干型、创新型、和谐型”领导班子的创建活动，提高领导干部的执行力、落实力。四是深入开展“学习实践科学发展观”活动，围绕“服务科学发展，共建和谐税收”主题，达到了党员干部受教育，科学发展上水平，人民群众得实惠的目标，县局在全县第二批深入学习实践科学发展观活动推进会上作了《坚持以科学发展观为指导，统领国税事业和谐健康快速发展》的经验交流。五是认真开展全局中层以上干部民主生活会，开展批评与自我批评，增进了解，加强团结，推动工作。

【廉政建设】 一是建立健全“党组统一领导、班子齐抓共管、纪检监察组织协调、部门单位各负其责、干部职工共同参与”的工作机制，强化责任分工、责任检查、责任考核和责任追究。二是抓好《惩治和预防腐败体系2008～2012年工作规划》的学习和贯彻落实。三是向63位干部职工的家属发放了《廉政文化进家庭倡议书》。四是组织开展“学好三本书，坚持廉政勤政、促进科学发展”主题教育学习。五是积极开展廉政文化建设。建立廉政文化园地、明确廉政文化建设的内容、要求，在办公楼走道、会议室粘贴12幅古今廉政名句。六是组织职工进行了“加强作风建设，促进科学发展”主题教育知识测试。由于廉政文化建设工作措施有力、落实到位，成效突出，被县纪委定为廉政文化进机关“试点单位”，县纪委组织22家县级单位到县局参观学习廉政文化建设情况。

【精神文明建设】 一是参加全州国税系统“国税杯”篮球运动会，取得男子组第3名、女子组第6名的成绩。二是积极参加“献爱心、送温暖、扶贫帮困”活动。向姚安地震灾区捐款8000元，向烤烟联系点捐款2000元，向武定县城绿化捐款1.99万元。向扶贫点捐赠了1.3万元的办公用品及现金等。三是组织职工献血1300毫升。四是做好关心下一代工作。为每位14岁以下的职工子女赠送一套个性化邮票；对职工子女考取大专院校、在校学生评为三好生的进行奖励，共奖励8人次共计16000元。五是招商引资工作受到县人民政府奖励，法治工作评为“先进单位”。六是机关党支部被评为“五好党支部”。七是信息宣传工作被州国税局表彰为“信息工作先进集体”。八是参加县委举办的学习实践科学发展观暨“迎国庆 讲文明 树新风”演讲比赛决赛，一名选手获得三等奖。九是文明创建工作得到了县委、县政府以及社会各部门的认可，被省委、省政府命名为第十二批“文明单位”。

【教育培训】 一是积极组织干部职工参加上级局安排的初任培训、专门业务知识培训、更新知识等各类培训工作。全年参加各类培训14期，参加人数163人（次）。二是充分发挥教育培训管理系统作用，通过教育培训系统组织干部职工参加州国税局组织考试2次，县局组织考试4次。三是组织稽查人员参加全国稽查人员考试，及格率在全州排第一，考试人员平均成绩在全州排第三位，1人获二等奖。四是举办“创新·和谐·发展”演讲比赛，全局45岁以下干部职工参加，从获奖选手中选拔3人参加州国税局的演讲决赛，2人获奖。

（华志星）

禄丰县国家税务局

经济概况

2009年，中共禄丰县委、县人民政府统筹做好保增长、保民生、保稳定各项工作，有效遏制了经济增速明显下滑势头，实现了总体经济回升向好，保持了社会的和谐稳定。全县生产总值达到74亿元，按可比价格计算，增长12.40%。人均GDP达到1.68万元，增长11.30%，三次产业的结构比重由2008年的19.8∶40.5∶39.7调整为20.6∶38.3∶41.1。财政总收入9.54亿元，增长11%。全社会固定资产投资完成50亿，增长36.4%，城镇居民人均可支配收入1.54万元，农民人均纯收入4071元，分别增长8.5%和13.2%。金融机构年末各项存贷款余额分别达到53.37亿元和25.50亿元，分别增长20.3%和35.3%；社会消费品零售总额21.30亿元，增长21%。

税收概况

【收入完成情况】 2009年，禄丰县国家税务局共计组织入库税收收入4.57亿元，同比增加1674.12万元，增幅3.81%，完成楚雄州国家税务局计划任务4.05亿元的112.84%，完成奋斗目标任务4.54亿元的100.66%，提前35天完成确保任务数，提前15天完成税收奋斗总目标。

【收入特点】 （一）2009年以工业经济为基础的县域经济受金融危机影响较深，矿产资源型企业连续进大于销，部分中小企业一直处于停产和半停产状态，1月至6月税收减幅较大。（二）县域经济整体呈现一季度低位运行，二季度艰难调整，三季度触底回升，四季度平稳发展，并反映在税收收入中，1月到6月同比减幅25%，6月到9月同比减幅7.45%；11月、12月连续实现正增长。（三）龙头企业的支柱作用较为明显，37户100万元以上重点税源占增值税总收入比例达92%，其中云南德胜钢铁有限公司和楚雄德胜煤化工有限公司全年合计缴纳增值税29818万元，占全县增值税总收入的67.51%。

【税源分析】 截至2009年12月31日，共有管户5465户，比2008年的4912户增加553户，其中一般纳税人248户，小规模纳税人376户，个体4841户。县域经济税源以金山、一平浪、勤丰三镇为工业基地，形成了以生铁、钢坯为龙头的化工、水泥、煤炭、盐、电力、冶金等行业的重点税源群，年纳税额100万元以上企业从32户增加到37户。2009年，国内增值税完成4.42亿元，比2008年的4.25亿元增加1700万元，增长4%；国内消费税完成13.23万元，储蓄存款利息所得个人所得税完成202.61万元，企业所得税完成551.23万元，车辆购置税完成792.63万元。

各项工作

【税收法治建设】 在巩固责任政府"四项制度"的基础上，把阳光政府"四项制度"的贯彻落实作为推进国税工作、提升社会满意度、增进税收和谐度、规范执法透明度、提高税收工作执行力和落实力的重要举措。成立实施阳光政府"四项制度"领导小组，制定了阳光政府"四项制度"任务分解落实意见，明确责任形成合力；对涉及重大决策听证、重要事项公示、重点工作通报、政务信息查询等涉税内容进行分解细化，明确责任部门；将涉及税收规范性文件、税收法律法规和规章规定应当听证的其他决策事项作为听证内容；将行政许可、核定税款、税收法律法规和规章规定应当公示的其他事项作为重要事项进行公示；将收入进度、重大税收优惠政策落实、服务承诺事项、主要工作落实情况等内容作为重点工作通报。

【税收征管】 （一）成立组织收入攻坚工作领导小组，落实组织收入动员令，局领导带头深入重点税源企业，按月向县委、县政府报告组织收入发展形势及存在问题，对一平浪煤矿、一平浪盐矿、烟草公司、电力公司以及和平变电站等增值税属地管理问题进行调研和报告，取得了显著效果。（二）落实领导干部管户制度，每个季度至少到分管企业1次，定期与工商进行信息交换，加强户籍管理，调整核定已到期2954户，调整面为61.02%，调整差额13.66万元，调整幅度9.89%。（三）加大一般纳税人管理力度，做好减免税审批，严把一般纳税人减免税资格认定、申报、审批关，达到一户认定一户，管理好一户，稳步扩大重点税源监控，加强对资源型重点税源行业销售对象、销售价格、运输方式、货款结算方式等相关纳税信息的采集、比对、核查、监控。（四）发挥纳税评估的优势作用，采用点、线、面相结合方法，对运输发票抵扣开展专项评估，对存根联滞留发票采取全面核查评估，对废旧物资经营和利用废旧物资企业进行了行业专项评估。2009年共评估225户，评估有问题户数47户，评估抵补税款和滞纳金637.31万元。

【纳税服务】 依托信息化手段，做好介质申报，实时扣税，储蓄扣税，网络申报工作，推行"一窗通办"实现了申报、征收、登记、咨询、发票、划解的一条龙服务，节约纳税人办税的时间；通过推行公开办税、首问责任、限时服务、文明用语、领导值班等制度，提高办税效率。实施储蓄扣税195户，有效解决了边远乡镇纳税人申报到县城往返的问题。10月，楚雄州国家税务局在禄丰县国家税务局试点的8户企业网络抄报税取得了成功，截至12月已完成网络抄报税推行企业41户，纳税人通过远程登录云南省国家税务局网络申报系统，经过抄报税、发票认证、申报、缴税等程序，足不出户就可以办理发票认证、抄税、报税、申报和缴税事项。

【税收执法】 （一）建立"以查促管、以查促查"的良性工作机制，对境内的建材行业、商业连锁、销售摩托车、煤炭及砖瓦等行业企业召开座谈会进行约谈，79户纳税人自查补税及加收滞纳金合计241万元；在专项检查中共调取各种自制或购买的收款收据2370份、记录、登记销售情况的各种硬抄本、练习本共17本；在税务稽查中，共稽查纳税户23户（其中：企业18户，个体5户）查出有问题户17户，查补入库税款35.45万元，罚款5.40万元，加收滞纳金9300元，合计41.78万元，为纳税人营造了公平税收法制环境。（二）认真审核、把关，做好各类减免税税前项目的审批备案，对既符合政策但减免数据的真实性存在问题的企业，在深入企业进行调整的基础上，写出专题分析报告，上报到省、州国税局进行审批。2009年减免税涉及企业263户，免税销售额为3914.50万元。（三）加强对税收执法信息管理系统的考核力度，落实行政执法责任制，强化税收执法监督，规范税收执法行为。

【典型经验】 按照楚雄州国家税务局整合基层办税服务厅业务，实现办税服务厅"一窗多能"、"一站办结"推行"一窗通办"的要求，县局根据《楚雄州国家税务局"一窗通办"综合服务模式推行方案》，精心组织试点工作，在州国税局"一窗通办"攻关组人员和县国税局共同努力下，在不增加设备，不增加经费的情况下，整合软硬件资源，梳理规范业务流程，合理设置业务窗口，将办税服务厅原设的11个窗口整合为7个综合服务窗口，实现每个窗口都能办理车辆购置税、普通发票发售（验旧、代开）、税务登记、申报、征收等相关业务，提升了办税时速和效率，赢得了纳税人好评。通过"一窗通办"试点，取得了成效：一是办税服务质量和效率得到了提升，有效解决了纳税人多头排队现象。二是实现了人力资源的整合，大大节约了人力和物力。三是整合了办税服务厅与银行部门间的横向联系资源，减少了银税流程，提高了办事效率。四是干部通过互帮互学，比学赶帮蔚然成风，办税服务厅前台人员的综合业务素质得到了较大提升，使干部从单一的"独门绝技"转变为"十八般武艺"样样精通。五是干部的紧迫感、危机感、责任意识、团队意识得到进一步增强。"一窗通办"试点成功，为全州推行探索了路子、积累了经验。5月22日，楚雄州国家税务局在禄丰召开全州国税系统"一窗通办"现场推进会，禄丰、南华县国税局在会上分别介绍了"一窗通办"试点工作的做法和经验。州国税局副局长邹宗文总结了"一窗通办"试点工作，局长张炳华以《总结经验、乘势而上，全面推进"一窗通办"努力提升纳税服务水平》为题，对全州推行"一窗通办"工作作了安排部署。至此，楚雄州国税系统推行"一窗通办"工作全面铺开，并于7月1日基层所有办税服务厅全部实现"一窗通办"综合业务。

队伍建设

【机构人员情况】　按照《国家税务局系统机构改革意见》，经州国税局批复同意，2009年9月，县局本着稳定大局，适度微调，公开透明，充实基层，锻炼年轻干部的原则，顺利实施了机构改革，营造了风清气正的机构改革环境。县局机关内设机构为10个，直属机构1个，派出机构4个。内设机构有：办公室、人事教育科、监察室、征收管理科、政策法规科、货物和劳务税科、所得税科、收入核算科、纳税服务科、办税服务厅；1个直属机构为稽查局；4个派出机构为金山税务分局、勤丰税务分局、一平浪税务分局，广通税务分局。通过改革，进一步理顺了职责关系，明确和强化了责任，规范了机构设置，完善了体制机制，促进税务机关职能向服务型转变，促进组织机构及人员编制向科学化、规范化、法制化转变，激发了全体干部职工开拓进取、务实创新、争创佳绩的工作热情。

【领导班子建设】　局领导班子围绕全省国税系统“创新发展年”工作主题，按照省、州国税局工作会议精神和县委政府的经济工作思路，以创新发展为目标，加强理论学习，深入开展“学习实践科学发展观”活动，把理论学习和工作实践相结合，发扬民主作风，严守廉政纪律，不断加强领导班子建设。2009年11月，经楚雄州国家税务局党组按照干部选拔任用程序，为禄丰县国税局领导班子新增了2名年轻的局领导班子成员，增补了相应的班子职位空缺。

【学习实践科学发展观活动】　及时成立学习实践活动领导小组，制订了《禄丰县国家税务局深入学习实践科学发展观活动实施方案》，明确了学习实践活动的指导思想、目标要求、基本原则、做到了“规定动作”落实不走样，在学习好必读篇目，作好读书笔记，开展“三牢记五争先”活动的同时，高标准、严要求召开了一次专题动员部署会议、组织了一次专题集中学习、开展了一次专题调研、进行了一次专题典型教育、开展了一次主题实践活动、开设了一个专题学习论坛、开辟了一个科学发展大家谈栏目、组织了一批“科学发展在身边”报道活动，还结合行业特点，制作了一个反映税务干部敬业奉献的税收工作宣传片，在系统上下组织了一次演讲比赛，开展了“讲政治、讲和谐、讲稳定”思想学习教育活动，查找了影响国税工作创新发展的突出问题，制订了整改落实方案，如期兑现了向中共禄丰县委作出的三项承诺。

【精神文明建设】　县局有1名干部参加了县委组织的新农村建设；1名干部参加了县政府组织的经济普查工作；20余名干部积极参加了2次无偿献血活动；全体干部职工对突发重症因病去世的在职干部爱心捐款、司法救助爱心捐款，对姚安地震灾区爱心捐款共计2万余元；广大干部职工响应号召捐款1.11万元购买种苗种植纪念树，把新办公楼建设成为花园式单位；发挥工青妇职能作用，营造和谐国税氛围。积极开展读书、绘画、诗歌、摄影、书法、文艺、体育等活动，丰富干部职工业余文化生活，提升生活情趣，把干部的思想凝聚到国税事业创新发展的共同愿望上来，形成了国税干部健康向上的“精、气、神”风貌。2009年，禄丰县国家税务局先后分别申报了楚雄州国税系统第八批“文明单位”、云南省国税系统第十五批“文明单位”，2009年12月，被省委、省政府命名为第十二批“文明单位”。

【廉政建设】　坚持标本兼治，强化源头治理，从完善机制、体制和制度入手，层层签订《党风廉政建设责任书》，完善“两权监督”，狠抓党风廉政建设责任制的落实，把党风廉政建设融入“八项工作任务”、责任政府“四项制度”、阳光政府“四项制度”、“创新发展年”工作安排部署，落实税企《廉政公约》，公开廉政监督电话和举报电话，向社会聘请9名特邀监察员和5名兼职监察员，接受社会和纳税人的监督。通过狠抓内部管理机制，强化“两权监督”，建立和营造了税务干部“不想为”、“不敢为”、“不能为”的机制和氛围。2009年再次获得中共禄丰县委表彰的“党风廉政建设优秀单位”称号。

【综合业务办公楼竣工搬迁】　总建造规模4736平方米，总投资1376万元的禄丰县国家税务局综合业务用房在省、州国税局和各有关部门的关心支持、帮助下，办公大楼严格按照规定程序完成项目申报、评估、立项、选址、征用、设计、招标等工作。施式期间，局党组以高度的政治责任感和责任心严格控制投资规模，严把质量关，遵守廉洁自律各项规定，按规定程序办事，于2009年11月30日顺利完成了办公楼竣工搬迁。整个办公楼建设从报告立项至建盖完成，历时4年时间，主体、装修、智能化、附属、绿化5项工程按照合同中标价计算，中标合计为911.81万元，加上土地征用费225万元，合计1136.81万元，后期工程变更、监理、审计、家具等其他费用239.19万元。

（杨绍明）

楚雄经济开发区国家税务局

经济概况

2009年，楚雄经济开发区实现生产总值（GDP）17.25亿元，按可比价计算，比2008年增长15.88%。其中：第一产业增加值1.07亿元，增长5.98%；第二产业增加值10.76亿元，增长14.46%，其中工业增加值7.29亿元，增长13.68%；第三产业增加值5.42亿元，增长21.24%；三次产业结构调整为6.2:62.4:31.4。非公经济实现增加值11.70亿元，增长15.29%，占当年GDP的67.83%。全年完成区级财政总收入6.24亿元，比2008年增长14.64%。其中：上划中央“两税”8726万元，下降17.55%；上划中央、省所得税84%部分7085万元，增长21.23%。完成地方财政收入4.62亿元，增长32.96%。完成财政支出4.31亿元，比2008年增长34.85%，其中一般预算支出2.62亿元，增长19.29%。

税收概况

【收入完成情况】 2009年，楚雄经济开发区国家税务局共计组织税收收入38.41亿元，同比增收4.18亿元，增长12.21%，完成州国税局下达奋斗目标37.26亿元的103.08%。其中：增值税完成8.63亿元，同比减收4476万元，下降5.47%，完成年计划10.09亿元的85.53%；消费税完成26.17亿元，同比增收5.72亿元，增长27.97%，完成州国税局下达奋斗目标23.70亿元的110.42%；企业所得税完成3.61亿元，同比减收1.09亿元，下降23.19%，完成州国税局下达奋斗目标3.48亿元的103.74%；税收收入再创历史新高。

【收入特点】 征收的3个税种中，除消费税增长外，企业所得税、增值税均出现下降，尤其是企业所得税下降幅度达23.19%，主要是受州烟草公司和卷烟影响：一是州烟草公司2008年汇算清缴入库所得税9611万元，2009年只有107万元，同比减收9504万元；1～3季度预缴1.95亿元同比减少800万元。二是卷烟所得税1～10月入库1.09亿元，同比减少1235万元。三是2008年企业自查补税2073万元（州烟草公司454万元、卷烟1619万元），2009年只有155万元，同比减少1918万元。增值税下降：烟草增值税下降较大，同比下降了22.80%；有色金属、商业分别同比下降65.6%、18.6%。

【税源分析】 从企业注册类型看，国有企业、私营企业税收同比大幅下降，涉外企业、股份公司呈现增长态势。国有企业入库税款3.73亿元，同比减收1.17亿元，下降23.87%；增幅最大的是涉外企业，入库税款2656万元，同比增收1191万元，增长81.29%。从经济类型分析，虽然2009年增值税小规模纳税人征收率下调为3%，但随着开发区投资环境的改善，区内的个体工商户数量增多，税收明显增长，个体税收完成335万元，同比增收85万元，增长34%。

【税务管理】 在税务管理上，开发区局始终把依法治税、加强征管作为税收工作的灵魂，以“完善征管制度，改进征管方法，规范税收执法”为主线，以“抓基础、建制度、强管理、促规范”为重点，努力建立一套符合开发区局实际的税收征管工作机制。一是巩固机构改革工作成果，进一步理顺内部各科室之间的工作关系，充实征管一线人员。全面落实税收管理员制度，加强绩效管理，强化监督检查，探索建立日常管理、纳税服务、数据监控、纳税评估各环节之间良性互动的税收征管运行机制。二是调整充实相关工作组成员，明确相关工作职责、程序及要求，制定资料传递及相关工作制度和办法，严格按规定及程序办理相关审批事项。三是加强基础管理，提高征管质量。加强税务登记管理，强化实地核查、分片巡查、集中清查，以及纳税户籍动态管理，夯实税源管理基础。实行领导管户制度。根据区局现有人员状况及实际，为使领导干部能更好地发挥自身优势和作用，以全面了解和掌握征管一线工作情况，更好地决策、管理和驾驭全局征管工作，区局17户重点税源管理工作均分别由分管局领导、相关业务部门负责人直接担任税收管理员，对年纳税在1000万元以上企业均由两位副局长直接担任税收管理员工作，以便于更好地协调、管理、服务纳税人，促进税企和谐发展。四是进一步强化了税种管理，在全面贯彻落实国家为应对金融危机而出台的一系列结构性减税政策的同时，以规范运输费用、农产品采购、不动产构建的进项税额抵扣管理为重点，全面加强一般纳税人增值税管理；以督促健全完善会计核算、强化政策宣传辅导、加大所得税核定征收力度为重点，全面加强企业所得税管理。

各项工作

【税收征管】 （一）加大检查评估力度。对年纳税在50万元以上的17户重点企业全面进行了检查、评估工作，评估、查补入库税款逾千万元。全面推行个体电子定税，适时调整个体税收定额，对各专业市场、沙石、砖瓦窑、个体工商户及零散税收进行了全面清理检查。（二）加大政策辅导及培训力度。为确保增值税转型政策的顺利贯彻执行，积极采取各种有效措施，做好增值税转型各项相关政策宣传培训及其他各项准备工作，对

1月1日起实施的新增值税、消费税条例及实施细则、增值税转型政策、金属矿、非金属矿采选产品增值税税率由13%恢复到17%、小规模纳税人征收率下调、机动车销售发票税控系统推行、资源综合利用及再生资源政策变动等向纳税人作详细解读，以便纳税人在以后的办税过程中正确执行相关政策。加大所得税管理。结合所得税法的实施及日常管理工作出现的问题，区局结合年度所得税汇算清缴工作的开展，年内对所有所得税管户进行了政策宣传及业务培训，对房地产行业所得税业务进行了分行业分类培训，通过培训及日常辅导，所得税管理工作得到了进一步强化。（三）利用数据监控分析系统和税收征管信息系统对纳税人（特别是增值税一般纳税人）申报缴纳增值税、消费税的相关数据按月进行分析，对长期零负申报以及增值税税负低于全国、全省、全州同行业平均水平的纳税人，有重点的开展纳税评估检查或提请上级进行税务稽查。（四）加强运费费用结算单据、增值税专用发票、海关进口增值税专用缴款书和农产品收购（销售）发票等抵扣凭证审查。对运费抵扣情形进行核查，补交增值税43.89万元。（五）严格执行增值税一般纳税人认定政策，加强增值税一般纳税人管理。对累计应税销售额超过一般纳税人认定标准的小规模企业和个体工商户，从达到的次月起严格按照一般纳税人条件，认定增值税一般纳税人或改按适用税率征税。共认定增值税一般纳税人45户。（六）积极开展增值税专用发票滞留票核查。对纳税户开具到州内的142份增值税滞留发票有关情况到企业开展取证。（七）在增值税专用发票和防伪税控设备安全管理方面，制定了相关制度，严格按照要求，坚持做到“三专、六防”，节假日封库封票，领票时专人专车，库房和办公室全天24小时值班及电子监控，保障了增值税专用发票和防伪税控设备安全。（八）完成了一年一度的企业所得税汇算清缴工作。纳入2009年企业所得税汇算清缴户达到295户，汇算清缴面为98.66%，汇算清缴入库税款934万元。（九）认真落实税收优惠政策，促进企业发展。做好外商投资企业和外国企业在“过渡期”享受各项税收优惠的宣传和落实。（十）严格执法管理，对违反税收法律、法规及发票管理办法的，及时进行违法违章处理。

【税收宣传】 为开展好2009年的税收宣传月活动，开发区局根据省、州国税局对2009年税收宣传月工作的部署和要求，紧紧围绕“税收·发展·民生”的宣传主题，组织开展“一二三四五”税收宣传活动。一联动：即与地税等部门联合开展活动。二围绕：即围绕“创新发展年”工作主题和全国税收宣传月主题开展宣传活动。三突出：即突出2009年国家为扩大内需，结构性减税政策、增值税转型、小规模纳税人征收率下调等一系列税收政策的重大调整，纳税人关心的税法、税收政策和办税服务的内容开展宣传；突出政府关注的税收工作开展宣传；突出优化服务开展宣传。四结合：即时段与长效，单一与联合，内容与形式，项目与特色相结合。五提升：即通过宣传，提升征管水平，提升税收执法水平，提升纳税自觉性，提升服务水平，提升税企和谐度。

队伍建设

【机构人员情况】 通过9月的机构改革，开发区局配置局领导（党组成员）3人，内设办公室、税政科、收入核算科、征收管理科4个科室。有干部职工18人，其中男职工8人；女职工10人，聘用驾驶员1人。设有党支部、工会委员会、妇女小组，归属开发区党委和开发区工会及妇委会领导。

【干部建设】 开发区局党组以提高执政能力为重点，努力加强干部队伍建设。一是创新思想政治工作方法，提高把握大局的能力。开展对干部职工思想状况调查，广泛开展税务职业道德教育和形式多样的现身教育，以激发干部职工工作热情和强化责任意识。二是强化基层班子建设，切实提高基层班子执行力，确保上级各项要求落实。三是大力开展教育培训，提高驾驭税收工作的能力。坚持分层培训，学以致用，按需施教的原则，开展学习型税务机关建设，鼓励在岗自学，并采取送出去请进来的方式，以“人才强税、以能力建设为主线”因需施教，着力抓好干部职工岗位技能基础培训工作。四是完善督查督办工作机制，实现督查工作正常化、规范化，有效提高执行力。五是进一步完善工作绩效激励考核机制，坚持以人为本，以制度促管理，提高行政运转和工作考核的效能。六是以文明创建为抓手，以国税文化建设为动力，开展了“七个一”教育活动，使干部职工在比较中受到教育，心灵受到触动，思想得到洗礼，爱岗敬业的意识得到增强。

【党风廉政建设】 始终把党风廉政建设摆在突出位置，完善和落实教育、监督并重的惩治和预防腐败体系，常教育、抓监督，认真执行廉洁从政若干准则，不断规范从政行为，经常深入开展廉政教育和形式多样的警示教育，警钟长鸣，常抓不懈，积极推进廉政文化建设，筑牢拒腐防变的思想道德防线。认真贯彻落实党风廉政建设责任制，一是健全组织领导机构，调整和充实了党风廉政建设工作领导小组及其成员。二是把党风廉政建设与税收工作一起安排部署，一起督促检查，保证了党风廉政建设责任制工作落到实处。三是签订《党风廉政建设责任书》、《党建目标责任制》，细化任务、量化责任，年终进行考核。四是认真贯彻执行党的路线、方针、政策和国家的法律法规，落实国税系统内部行政管理规定，做到令行禁止，从严执法执纪，廉洁自律。五是认真贯彻落实《云南省国家税务局系统税收执法权与行政管理权监督制约实施办法》和《国家税务总局党组关于加强领导班子和领导干部监督管理办法》等规定，坚持向州国税局定期报告“两权”监督执行情况，自觉接受上级监督。与纳税人签订《廉政公约》，广泛接受纳税人的监督。六是落实廉政规章制度，强化内控机制建设，每季开展一次纪检日活动，开展好党组民主生活会，对税收行政管理权、税收执法权行使情况进行监督检查，从机制上、制度上、行为上大力营造了“不想为”、“不敢为”、“不能为”的良好氛围，税务人员抵制腐败行为的自觉性得到加强和提升。

【精神文明建设】 作为一个组建不到3年的全职能局，开发区局党组坚持物质文明建设和精神文明建设同抓同建，齐头并进，整体推进，全面发展。在抓工作中，既注重抓税收基础性工作，强化教育，落实工作，又注重抓文明创建和思想意识形态，形成动力和活力保障税收工作。文明创建工作在原有成绩基础上，向高层次迈进。以“带好队、收好税、执好法、服好务”为目标，在人员少、任务重的情况下，大力夯实税收管理基础，优化纳税服务，加强组织收入工作，年年超额完成收入任务，创造条件积极申报上一级文明单位称号。2009年1月，被云南省国家税务局表彰命名为“文明单位”；2009年11月，再次被楚雄州国家税务局表彰命名为“文明单位”。

【深入学习实践科学发展观】 4月，开发区局成立了深入学习实践科学发展观活动领导小组，制订实施方案，召开动员会、开辟内网宣传栏、参加报告会、专题讲座等多种形式，组织干部职工认真学习党的三代中央领导集体关于科学发展观重要论述，学习党的十七大精神，结合自身工作实际，撰写学习体会文章。通过学习，全面深刻把握科学发展观的科学内涵、精神实质和实践要求，增强解放思想、深化改革、扩大开放、科学发展的紧迫感、责任感，把思想认识统一到贯彻落实科学发展观，大力弘扬良好作风，圆满完成各项税收工作，促进经济社会又好又快发展上来。通过学习实践科学发展观活动和整改落实，解决突出问题，大力推进开发区国税事业全面协调可持续发展，取得了组织税收收入有突破、规范执法有突破、纳税服务有突破、干部作风转变有突破的实际效果。

【教育培训】 一是抓好干部职工的政治理论学习，提高理论素质。二是继续抓好学历教育，鼓励在读人员努力完成学业，实现能力与学历、能力与水平相适应。三是因需施教，开展岗位培训，主要培训了数据监控分析、企业所得税以及网络申报。四是在干部职工中积极倡导“学业务、提技能，强素质、促工作”的理念，订购了以“六员”岗位人员为主的《税务公务员岗位学习每日一题丛书》，制定了“每日一题、每月一测试、每年一考”的促学计划，鼓励干部职工在岗学习、提升岗位技能。

（余瑞海）

大理白族自治州国家税务局

经济概况

2009年，大理白族自治州经济总体回升向好。全州完成生产总值（GDP）404.50亿元，比上年增长12%。其中一产、二产、三产分别实现104.01亿元、145.48亿元、155.01亿元，分别增长6%、17.3%、10.9%。财政总收入完成67.62亿元，增长12.56%。其中：地方财政收入31.55亿元，增长14.42%；地方财政支出102.07亿元，增长36.05%。完成社会固定资产投资217.32亿元，增长33.01％。实现社会消费品零售总额120.43亿元，增长16.32%。城镇居民人均可支配收入1.42万元，农民人均纯收入3482元。

税收概况

【收入完成情况】 2009年，大理白族自治州国税系统收入完成38.39亿元（含免抵调增值税收入1362万元），组织收入是“十五”期间2004年的2.24倍，比2008年增长9.29%，增收3.26亿元，占全州财政总收入67.62亿元的56.78%。完成云南省国家税务局年初下达收入确保目标37.02亿元的103.71%，超收1.37亿元；完成省国税局下达奋斗目标38.14亿元的100.66%，超收2523万元。2009年实际完成“三税”36.67亿元，超收6674万元，是“十五”期间2004年“三税”收入的2.26倍，比2008年增长9.47%，增收3.17亿元，完成州委、州人民政府下达“三税”目标任务36亿元（含免抵调增值税收入）的101.85%。其中：国内增值税完成16.41亿元（含免抵调增值税收入1362万元），完成省局年初下达确保目标任务17.66亿元的92.91%，比2008年下降1.99%，减收3324万元；国内消费税完成15.67亿元，完成省局年初下达确保目标任务13.07亿元的119.88%，比2008年增长31.66%，增收3.77亿元；企业所得税完成4.59亿元，完成省局年初下达确保目标任务4.63亿元的99.19%，比2008年下降5.42%，减收2632万元；储蓄存款利息所得个人所得税完成1342万元，完成省局年初下达确保目标任务1100万元的120.90%，比2008年下降55.80%，减收1694万元；车辆购置税完成1.59亿元，完成省局年初下达确保目标任务1.55亿元的102.55%，比2008年增长19.64%，增收2610万元。

【收入特点】 一是全州国税收入呈现前期低后期高的

态势。1季度，由于受全球性金融危机和国家税收政策调整以及上年一次性收入的影响，国税收入较2008年同期明显下降，减幅高达21.06%，其后随着国家一揽子计划拉动经济的作用突显和全州国税部门各项征管措施的加强，税收收入形势逐步好转，2季度末减幅收窄为2.12%，3季度末减幅为0.19%，其中"三税"收入实现止跌回升，最终实现9.29%的增长。宏观税负9.44%，税收弹性系数0.77，主体税种收入与相关经济增长基本协调。二是红塔烟草（集团）大理卷烟厂和大理州烟草公司税收收入贡献巨大，占全州"三税"收入比重的65.48%，对全州国税收入各项目标任务的完成起着决定性作用。2009年从红塔烟草（集团）分回"三税"18.98亿元，同比增收3.33亿元，增长21.30%，占全州"三税"收入比重51.77%。大理州烟草公司"三税"收入虽比2008年下降，仍达到5.03亿元（含分配县市级收入2.68亿元），占全州"三税"收入比重13.72%。三是税收征管措施有力促进增收。2009年大理州国税部门以认真落实向管理要收入的具体措施，有效堵塞税收漏洞，突出解决企业规范纳税问题，有力促进税收与经济协调发展。四是作为大理州支柱产业的矿冶业增值税减收对国税部门收入影响较大。由于受全球性经济危机的影响，大理州有色、黑色金属产品市场受到较大冲击，2009年矿冶业完成增值税收入1.77亿元，比2008年减收4932万元，联动影响电力增值税减收821万元，同时化工业也因冶炼耗用硫酸数量和价格下降，减收1113万元。五是国税部门正确贯彻落实国家一系列减税、免税政策对促进大理经济的发展发挥积极作用。2009年在及时办理原各类减免税2.4亿元的基础上，不折不扣兑现国家新出台的结构性减税政策，减轻纳税人负担4.55亿元，为大理经济的复苏和发展发挥了积极作用。六是中央级收入增长，地方级收入下降。2009年中央级收入完成32.45亿元，同比增收3.57亿元，增长12.36%，地方级收入完成5.94亿元，同比减收3070万元，下降4.92%，中央级收入增幅高于地方级17.28个百分点，主要原因是收入全部属于中央的消费税和车辆购置税增收，其他共享税减收。

【税源分析】 2009年，大理州卷烟、水泥、啤酒行业税收收入稳定增长，矿冶、电力、烟草商业由于受全国经济运行的影响，税收收入出现不同程度减收。（一）增值税完成16.41亿元，同比减收3324万元，下降1.99%。1.红塔烟草（集团）申报应缴税款同比增加，按比例分得卷烟增值税3.49亿元，比2008年增收708万元，增长2.06%，增幅较低的原因是2008年有查补税款入库1264万元。2.商业增值税完成4.12亿元，比2008年减收1951万元，下降4.52%，减收原因是大理州烟草公司入库税款2.29亿元，而2008年企业缴纳增值税2.81亿元（含查补税款915万元），减收5140万元，其他商业增值税收入完成1.83亿元，比2008年增收3189万元，增长21.17%，同期全州社会消费品零售总额增长17.84%，税收增长略快于经济发展。3.电力增值税收入完成1.94亿元，比2008年下降4.07%，减收821万元。其中供电环节增值税收入完成9212万元，比2008年下降4.35%，减收419万元，主要原因是工业开工不足用电量下降；发电环节增值税完成1.02亿元，比2008年减收402万元，下降3.81%，同期全州发电量下降2.10%，税收与经济发展基本同步。4.有色金属产品由于受全球性经济危机的影响，市场受到较大冲击，前期大幅减收，随着市场价格回升，祥云飞龙公司生产步入正常，减幅已逐步收窄，到11月底实现止跌回升，全年增值税完成1.07亿元，比2008年增收1226万元，增长12.97%。5.建材产品（主要是水泥产品）增值税收入完成2亿元，比2008年增收4172万元，增长26.43%。其中水泥增值税完成1.76亿元，增收3506万元，增长24.93%。同期大理州水泥产量增长28.32%，税收略慢于经济增长的主要原因是上年留抵税款影响以及水泥销售价格明显下降，增值空间变小。6.煤炭增值税完成4903万元，比2008年增收772万元，增长18.69%，同期全州原煤产量增长48.06%，税收增长慢于经济发展的原因是煤炭价格比2008年大幅下降。7.以啤酒为主的酒增值税完成2942万元，比2008年增收845万元，增长40.30%。其中啤酒增值税完成2827万元，增收812万元，增长40.30%，增收原因是大理啤酒有限公司产销两旺，销售量比2008年增加13589吨，销售单价每吨上涨30元。8.化工产品增值税收入完成2183万元，比2008年下降33.76%，减收1113万元。受矿冶行业影响，硫酸使用量和价格大幅下降所致。9.医药产品增值税收入完成2553万元，增长35.51%，增收669万元。主要原因是大理药业股份有限公司醒脑静等产品质量过硬，竞争力强，市场销售好。10.造纸及纸制品行业市场比较稳定，增值税收入完成2005万元，比2008年增长12.20%，增收218万元。11.其他行业增值税完成2.2亿元，比2008年减收5221万元，下降19.17%，减收主要来自其中的黑色金属矿采选业、有色金属矿采选业和黑色金属冶炼及压延加工业，这三个行业比2008年减收达6158万元。（二）消费税收入完成15.67亿元，比上年增收3.77亿元，增长31.66%。增收主要来自：一是整个红塔烟草（集团）申报缴纳消费税同比增加，大理州按分配比例分回消费税14.89亿元，同比增收3.32亿元，增长28.66%；二是大理州烟草公司因国家从2009年5月1日起对卷烟批发环节加征一道5%的消费税，6～12月缴纳消费税4484万元；三是其他消费税增收21万元。（三）企业所得税收入完成4.59亿元，比2008年减收2632万元，下降5.42%。主要原因是大理州烟草公司系统今年缴纳税收2.29亿元，比2008年的3.11亿元（含查补税款3604万元）减收8253万元，虽然其他大部分行业收入形势较好，增收了5621万元，但增减抵消后仍减收2632万元。（四）车辆购置税收入完成1.59亿元，比2008年增收2610万元，增长19.64%。虽然由于国务院决定从2009年1月20日至12月31日，对1.6升及以下排量乘用车减按5%税率征收车辆购置税，由此直接减少税收3174万元，但因申报征税车辆高达78554辆，比2008年46835辆增加31719辆，增长67.72%，与2008年相比仍然增收。（五）储蓄存款利息所得个人所得税收入完成1342万元，比2008年减少1694万元，下降55.8%，减收原因是从2007年8月起税率下调及2008年10月9日起暂免征收储蓄存款利息所得个人所得税。

各项工作

【税收法制建设】 一是继续深入贯彻落实国务院《全面推进依法行政实施纲要》的要求，做好依法行政工作。二是认真贯彻落实阳光政府“四项制度”，组织保障有力，工作班子落实，自觉接受社会各界监督，修改完成大理州国税局重大决策听证制度、重大事项公示制度、重点工作通报制度、政务信息查询制度的实施意见，从制度上保证了阳光政府“四项制度”的有序运行和规范管理，结合各部门职能和分工，建立责任分解机制。三是按照相关法律、法规要求，进一步建立健全行政复议、听证和应诉的相关工作制度及应急预案。2009年无税务行政复议、听证和税务行政诉讼案件发生。四是继续深入落实《行政许可法》，规范执行税务行政审批和行政许可事项。五是强化执法考核，严格实施过错责任追究。六是认真做好税收政策执行情况的调查反馈工作。七是改进和加强税收执法检查工作，建立税收执法检查问题和经验的反馈、整改和推广机制。八是做好重大税务违法案件的审理工作。2009年审理重大税务违法案件3件，审结3件，审结率100%，共审理查补增值税134.78万元、企业所得税1125.9万元、罚款1.99万元。九是继续做好“依法治省”和“五五”普法工作。

【税收征管】 2009年，坚持以科学发展观为指导，以管理创新为抓手，推行“风险税源优先管理，重点税源重点管理，日常事务有人管理，利用数据管理税源”的科学管理模式，税收征管质量和效率不断提高。一是建立了税收管理员—税源管理分局—县、市局—州局“四级”联动税收分析机制，加强税收计划执行情况的分析、检查、通报，拓展税收分析的深度。二是开展了17个税源管理分局“比执法规范、比管理精细、比服务优质，创建科学管理先进分局”的“三比一创建”活动，有效激发基层税源管理部门和广大税收管理员的积极性、主动性和创造性，增强服务和管理能力，在一定程度上解决了“疏于管理，淡化责任”的问题。三是开展了税源管理分局“结对交流”活动。全州17个税务分局结成9个“对子”，在税务分局之间形成互联、互帮、互学、互助、互促的机制，建立定期交流、信息共享、互评互查、服务交流等一系列制度突破惯性工作思维，转换角度发现亮点，完善措施为我所用，推动工作有效落实，采取不同形式交流税源管理工作经验，促进了征管质量有效提升。四是开展了“百名干部进百企、优化服务保增长”主题活动。全州100名副科以上干部和部分业务骨干“一对一”进百户企业，直接了解掌握全州重点税源企业生产经营管理的现状及存在的困难和问题，积极反映并帮助协调解决；了解重点税源纳税服务需求和对优化纳税服务工作的意见、建议；了解企业执行税收政策情况，开展税收政策的宣传和重点税收政策的辅导，为符合条件的企业落实好国家各项结构性减税政策。截至2009年12月，百户企业中共有49户补缴税款3606万元。

【税收执法】 2009年，全州国税系统共对261户纳税人实施检查、评估，查出有问题户213户，查补入库收入7409万元，其中：税款6424万元（含企业自查、纳税评估补税4647万元），罚款122万元，滞纳金864万元，超额完成省局下达的5553万元稽查查补收入任务。

【税种管理】 （一）货物和劳务税管理。认真贯彻落实增值税转型等结构性减税政策。一是增值税转型允许抵扣购进固定资产进项税，全年全州惠及增值税一般纳税人274户，抵扣进项税额1.17亿元、预测抵扣率为97.18%，为企业生产“减”去成本1.17亿元，顺利实现了增值税由生产型向消费型的转换。二是全年办理1.6升及以下排量乘用车减按5%征收车辆购置税12644辆，减征税款3176万元。政策效应为全州社会消费零售总额增长16%作出积极贡献。三是资源节约和综合利用政策落到实处。金属矿、非金属矿采选产品的增值税税率恢复到17%，增加增值税2360万元；全州10户废旧物资经营企业免税调整为“先征后返”，全年缴纳增值税1054万元，政策调整促进了企业的健康发展；2户风力发电企业全年缴纳增值税1571万元，即征即退增值税720万元，有力支持企业再生产，凸显了资源综合利用增值税即征即退50%税收政策；2009年，全州10570户小规模纳税人（查账征收2602户、起征点以上双定户7968户）征收率分别从6%、4%下调到3%，减征税款2232万元，有力地促进了非公经济快速增长。四是正确执行福利企业定额退税政策，全州179名残疾人实现就业再就业。五是卷烟消费税政策调整增加消费税1.28亿元，其中：工业生产8349万元、商业批发4484万元。（二）所得税管理。一是引入中介机构参与，圆满完成2008年度汇算清缴工作。2008年全州参加汇算清缴户数1094户，汇算清缴率100%，补税4533万元。二是实行领导挂钩责任制等形式，加强对重点行业、重点税源的监控管理。三是制定《企业所得税收入分析工作制度》，强化经济税源分析。四是认真做好财产损失税前扣除审批、非法人机构统计上报等工作，顺利完成2009年度外商投资企业联合年检工作。（三）大企业和国际税务管理。一是认真做好国家税务总局定点联系企业的信息管理基础工作。二是成立州国、地税联合督导工作组，积极做好国家税务总局定点联系7户大企业税收自查的督导工作。三是规范和加强非居民企业所得税管理。四是积极做好外商投资企业所得税“过渡期”享受各项税收优惠的审核、审批以及相关税务事项的管理和服务工作。2009年审核、审批享受“过渡期”涉外税收优惠政策“免二减三”1户、西部大开发税收优惠政策3户企业。五是高度重视非居民企业所得税源泉扣缴管理工作，不断加强对服务贸易售付汇涉税事务管理。2009年全州开具售付汇税务证明18份，代扣代缴税款554.52万元。六是继续做好专项情报交换、反避税调查和境外非政府组织在华活动管理工作。（四）出口退税管理。采取积极有效措施，准时、规范、高效地办理出口货物退免税。2009年，全州出口退税登记企业62户，涉及出口退（免）税业务26户。全年共审批办理退（免）税9312万元，比2008年总额4500万元增加4812万元，增幅为106.93%。

【纳税服务】 一是开展了以“税收·发展·民生”为主题的第18个全国税收宣传月活动，精心组织了大企业座谈会，与大理学院联合举办了“创新创业创发展、税收助力助和谐”主题税法宣传进高校“五个一”活动，即发放“一份宣传材料”、组织“一堂税收知识讲座”、与大学生进行“一次税法互动问答”、组建“一支大学生税法宣传队”、向校方赠送“一套国税文化丛书”，创新开展了税收宣传“金点子”征集活动，在特邀监察员工作基础上探索逐步建立纳税人维权机制等，进一步促进全社会依法诚信纳税意识形成。二是开展纳税服务“六个一”活动，即认真贯彻落实执行“一系列优惠政策”、规范“一个办税服务厅”、用好“一个宣传网站”、开通“一条咨询热线”、组织好“一个税法宣传例会”、办好“一个税收宣传月”。三是通过“政府信息直通车”和省国税局、州政府公共信息服务平台解答、办理涉税事项。四是充分利用税收宣传月和税收政策宣传例会等开展税法宣传。五是两次上线大理人民广播电台，倾听广大纳税人心声，加强沟通交流，为纳税人提供多元化服务，进一步提高服务水平。通过认真落实增值税转型等结构性减税政策，2009年全州减轻纳税人负担2.1亿元，办理其他各种减免税2.4亿元。

【税收管理信息化建设】 一是做好征管软件的升级维护工作。二是在保障金税工程网络安全、平稳运行的同时，继续做好金税工程各子系统和金税网络的技术支持工作。三是建立健全安全防护体系，加强信息化系统安全保障，加强对防病毒、防火墙过滤、入侵检测、系统加固等防护设施的日常运作，切实做好各类系统的运行维护和数据存储备份，确保网络畅通，系统运行稳定安全可靠。四是网络申报系统成功上线。云南省烟草公司大理州公司进行网络申报的基础上实现主分开票机网络抄报税。五是完成网络教育培训系统与广域网的扩容改建。

队伍建设

【机构人员情况】 2009年9月机构改革后，全州国税系统设有12个县、市局和19个基层税务分局。州局机关设有12个内设机构（正科级），即：办公室、政策法规科、货物和劳务税科（进出口税收管理科）、所得税科、收入核算科、纳税服务科、征收管理科、财务管理科、人事科、教育科、监察室、大企业和国际税务管理科；另设机关党总支办公室、离退休干部科；3个直属机构（1个副处级、2个正科级），即：稽查局（副处级，内设6个副科级机构：办公室、综合选案科、检查科、案件审理科、案件执行科、举报中心）、车辆购置税征收管理分局、直属税务分局；3个事业单位（正科级），即：信息中心、机关服务中心、培训中心。下辖12个县、市局共设有85个内设机构、12个直属机构、12个事业单位和19个派出机构。截止2009年底，全局系统共有在职人员1010人（其中州局机关116人），离退休人员342人。在职人员中有中共党员590人，占58.42%；少数民族干部495人，占49.0%；大专及以上学历867人，占85.84%。

【深入学习实践科学发展观活动】 学习实践活动开展以来，坚持把开展学习实践活动作为重大的政治任务，作为推动科学发展、促进社会和谐的强大动力，作为抓班子、带队伍、强作风的有效途径，按照“党员干部受教育、科学发展上水平、人民群众得实惠”的总体要求，紧扣科学发展的主题，强化组织领导，加强督促检查，积极探索创新，丰富活动载体，充分发挥领导班子和党员领导干部的示范带动作用，扎实推进学习调研、分析检查、整改落实三个阶段六个环节的工作，既保证了中央和省、州党委“规定动作”的落实，又突出了大理国税八项“自选动作”的特色，在解决影响大理国税事业科学发展的突出问题上取得了较好成效，活动富有成效，满意率超过98%。

【干部队伍建设】 2009年，大理州国税局坚持以新的理念助推观念转变和工作落实，积极倡导责任意识，带活干部队伍。优化领导班子结构和人力资源配置，选拔了100名素质优良、数量充足、结构合理的副科级后备干部队伍，组织65名后备干部竞争副科级领导干部岗位面试。初步建立完善了考核到岗位、评价到个人的有效激励机制，完善管理措施、规范日常工作和重点工作落实，促进干部管理，加强领导干部约束和监督，提升税收工作管理能力，工作作风明显转变。以提高技能为重点加强干部培训，抓好学历教育，注重以交叉评估检查、税务稽查和案例点评对干部进行实战培训，干部队伍适应信息管税的能力有效提高。

【廉政建设】 一是制定实施《对县市局党风廉政建设责任制考核办法（试行）》，切实增强党风廉政考核的针对性和实效性；二是在系统内认真开展党性党风党纪教育、警示教育、典型示范教育和廉政勤政教育，提高领导干部拒腐防变能力；三是全面贯彻落实《建立健全惩治和预防腐败体系2008～2012年工作规划》，构建惩防体系；四是聘请第三届特邀监察员，拓宽监督渠道，建立全方位、多层次的监督机制；五是强化内部监管，规范财务管理，严格执行厉行节约的各项规定和压缩经费支出比例；六是坚持签订《廉政公约》及走访回访调查制度，全年新签约919户，累计签约13404户。

【精神文明建设】 2009年，大理州国税系统精神文明建设再创佳绩，全州荣获“创建全国精神文明建设工作先进单位”1个，省委、省政府“文明单位”9个，省妇联、省国税局“巾帼文明岗”2个，省国税局“文明单位”3个，州委、州政府“文明行业”1个、“文明单位”11个，省国税局“精神文明建设先进工作者”9名。

【国税文化建设】 2009年，大理州国税局文化建设成果丰硕，一是牵头组织了全州财税系统庆祝新中国成立60周年暨国税、地税成立15周年体育活动和专场文艺演出，并编辑出版《财税同心谱华章》全面反映活动的内容和成效；二是参加全省国税系统庆祝新中国成立60周年文艺汇演取得较好成绩；三是开展副科级以上领导干部“每季阅读一本好书，每年写好一篇文章”活动，各级领导干部的能力素养不断提升；四是编辑出版大理国税文化丛书《责任·关爱·和谐》，职工文体活动丰富开展、“责任·关爱·和谐”主题演讲决赛、文艺汇演等系列活动，使国税文化凝聚人心、激发活力的作用进一步彰显。

【教育培训】 2009年，大理州国税系统共组织各类专门业务培训120期6380人次，其中，州局组织培训31期2993人次，县市局组织培训89期3387人次。当年参加总局任职和专门业务培训8人次142天，其中，处级干部任职培训1人次30天；处级干部专门业务培训3人次50天；科级干部专门业务培训4人次62天。年度人均培训19天。当年获得注册税务师资格1人，全局系统共计获得注册税务师资格2人，获得律师资格1人。“三师”资格人数占干部总数0.3%。

（华　艳）

大理市国家税务局

经济概况

2009年，大理市国民经济保持了平稳较快发展，民生不断改善，社会更加和谐，各项社会事业全面进步。全市生产总值（GDP）完成159.6亿元，按可比价计算，同比增长11.5%；财政总收入完成19.19亿元，同比增长15.67%；农业总产值完成21.95亿元，同比增长10.02%；工业总产值完成170.03亿元，同比增长15.67%；固定资产投资规模达82.33亿元，同比增长28.14%；社会消费品零售总额实现47.67亿元，同比增长15.12%；全部金融机构人民币各项存款余额237.22亿元，同比增长21.74%；城镇居民人均可支配收入14180万元，同比增长10.21%，农民人均纯收入4872元，同比增长10.33%。

税收概况

【收入完成情况】 2009年，大理市国家税务局共组织税收收入7.57亿元，同比增长13.87%，增收9223万元。其中：增值税4.45亿元，同比增长5.60%，增收2360万元；消费税2618万元，同比下降9.47%，减收274万元；企业所得税1.46亿元，同比增长82.11%，增收6598万元；储蓄存款利息所得个人所得税662万元，同比下降57.67%，减收902万元；车辆购置税完成1.33亿元，同比增长12.12%，增收1441万元。

【收入特点】 一是税收收入延续了上年较快增长的势头，从主要税种与相关经济指标的对比分析看，税收增长与经济增长基本协调。二是流转税和所得税继续较快增长，是税收增收主体。流转税和所得税合计增收7782万元，占增收总额的84.38%。三是股份公司、涉外企业税收增长迅速。2009年股份公司税收1.99亿元，同比增长22.65%，增收3671万元；涉外企业税收1.64亿元，同比增长56.48%，增收5922万元。四是中央级收入增幅略高于地方级收入，在增值税以及车辆购置税增长的带动下，中央级收入完成5.90亿元，同比增长13.87%，增收6863万元；地方级收入完成1.67亿元，同比增长13.15%，增收2360万元。

【税源分析】 从税种结构看，增值税占据主导地位。从税收总量分析，增值税一直是主体收入税种，2009年共入库增值税4.45亿元，占收入总量的58.75%，占据国税收入绝对的主导地位。从产业结构看，第二产业税收比重增强。近几年，大理市大力实施产业结构战略性调整，第二、三产业快速发展，工商业比重逐年提升，经济结构得到有效改善，经济税源逐步向第二产业集中，第二产业税收收入不断增长，2009年第二产业实现税收收入4.63亿元，比上年增收8101万元，增长21.21%。从行业类别看，传统行业税收贡献大。产业结构不断调整，行业税收呈现多元化快速发展态势。当前国税收入的增长主要集中在饮料制造业、医药制造业、非金属矿物制品业、电力、交通运输设备制造业和批发零售业，几种行业税收5.19亿元，占据国税收入的68.56%。

【税务管理】 一是认真开展定期定额调整核定工作。共完成定额调整6738户（含新开业户），核定月税额158万元。二是完成6457户定期定额个体工商户的分月汇总申报工作。三是认真做好纳税服务工作。2009年，共落实各项税收优惠政策7654件次，依法减免各项税收8413.5万元；受理“下岗再就业”涉税事项117件，免收工本费2340元；规范和落实“办税服务厅”的标识设置及制度建设；受理各类电话咨询及投诉81个，在规定时限内给予答复；发放《大理州国家税务局纳税服务意向调查表》9800份；召开各类税法宣传例会12次，纳税人参加人数达649人次；积极开展“百名干部进百企、优化服务保增长”主题活动，共有9名副科以上干部，进入9家企业，开展纳税辅导工作。四是加强漏征漏管户清理工作。共清理漏征漏管户392户，补税8.0万元，罚款3.01万元。

各项工作

【税收法制建设】 （一）加强税收执法监督检查。根据州局《大理州国家税务局关于开展2009税收执法检查与税收执法专项检查重点抽查工作的通知》的要求，成立执法检查领导组，拟定执法检查计划，通过自查和抽查，没有发现违法违纪和不规范的执法行为。（二）加强税收执法管理信息系统应用管理。一是采取“三个一”措施，即每个业务科室和分局都设一名执法监控员、每日一反馈、每月一总结，实行税收管理员、分局、市局的“三级监控”办法，认真分析经常容易出现执法过错的指标，重点加以监控，不断完善和提高系统运行质量。二是进一步完善落实申辩调整制度，严格监控虚假申辩调整行为，2009年未发生虚假申辩调整行为，申辩调整准确率达到100%。三是抓好执法责任制的手工考核，注意统筹协调，创新税收执法监控，逐步完善人机结合的税收执法考核制度。

【税收征管】 （一）各税种管理。一是强化增值税一般纳税人管理。1. 认真落实增值税转型政策。对辖区内933户查账征收纳税人进行讲解辅导，编印《税收政策告知》800本和把国税发、财税字、省局的废止失效文件制定成电子文件发放给纳税人。2. 全面落实各项税收优惠政策。共备案审批减免税文书101件，减免税销售额16.58亿元，退税文书22件，退税金额294万元。3. 以纳税评估为突破口提高管理质量。开展对增值税专用发票红字通知单、滞留票、成品油零售企业、353户增值税一般纳税人的综合性评估，评估出有问题户数54户，补缴增值税532.81万元，税负从2.06%上升到2.66%，同时，制定《成品油零售企业纳税评估方法》、《钢材、机动车销售企业增值税征收管理办法》、《红字增值税专用发票通知单管理办法》、《增值税专用发票存根联滞留票评估方法》。4. 加强增值税一般纳税人认定管理。截至2009年11月，共认定38户。二是切实加强酒类行业消费税管理工作，做好消费税政策调整的宣传和辅导落实工作。三是加强企业所得税管理。1. 对300户企业所得税开展纳税评估，评估发现并纠正纳税人存在的15个方面的问题，发现23户企业存在问题，共计调增应纳税所得额合计1121万元，抵减2008年度亏损所得额604万元，补缴税款109万元，加收滞纳金7万元。2. 共审批财产损失和呆账损失8户，批准企业在税前扣除2029万元，审批不予税前扣除14万元。四是做好车辆购置税的档案修改工作，共修改档案信息56户，推行二维条码38户，按规定审批免税车辆78辆，金额403万元。五是严格审核各项出口退税凭证，对11户生产企业审批免抵退税金额834万元，对出口退税率变化进行宣传辅导，对单证备案情况进行检查，对出口超预警的企业及时开展评估工作。六是加强非居民企业所得税管理。征收入库非居民企业所得税收入521.96万元。（二）完善和推行普通发票监管机制，强化发票管理。一是清理核实纳税人发票领购数量，根据纳税人的生产经营情况，重点对起征点以下纳税人核定月发票领购数大于一本且结存数大于一本的99户纳税人的情况进行核实。二是坚持所有用票户必须定期审验的制度，截至2009年6月底，清查使用普通发票2340户，有发票违章行为共700户，共补缴税款和滞纳金121.71万元，罚款17.12万元。三是对发票审验核销实行税收管理员初审、发票审验窗口复审的“双环节联动”审验制度，共查处违规用票户2208户次，补税159.11万元，罚款24.92万元，共处罚“大头小尾”填开发票纳税人404户次。四是对大额发票严格执行采集、比对、核查制度，共采集8份，其中核查4份，经过初步核实违法开具的有3份，涉及违法开具金额11.46万元，偷税3319.56元。五是对流失发票严格执行协查追缴制度，共向省内各地税务机关发出协查函11份，已反馈7份，追缴发票75份，补缴税款1012元，罚款2800元。六是对纳税人使用发票坚持定期巡查制度，制定下发《关于对纳税人发票核定情况以及使用情况清理工作的通知》，对普通发票用票户进行户籍的造册管理，坚持对所有用票户每三个月作一次全面检查的制度，加强发票使用管理检查。（三）全面创新征管手段，切实开展“三比一创建”活动、“分局结对”活动。1. 结合州局组织开展的“比执法规范、比管理精细、比优质服务，创建科学管理先进分局”的“三比一创建”活动和“分局结对”活动，及时制定《大理市国家税务局开展分局结对活动实施方案》，截至2009年3月31日，五个分局完成结对启动仪式，结对双方制订了活动实施方案，共开展结对活动17次。2. 认真贯彻落实“突破惯性工作思维，善于转换角度发现亮点”的实践要求。一是数据监控特色纷呈：征管科创新发展经验，修订并统一下发《税源管理电子台账》，推动工作落实；下关分局找准切入点，建立数据监督报告制度电子平台、建立零负申报监督机制和异常申报预警机制；凤仪分局自行开发税收征管小软件，解决税收资料痕迹管理问题。二是创新行业税收管理，争创“科学管理先进分局”：下关分局实施重点税源、行业分类管理；凤仪分局行业不同，手段各异，创新行业管理方式，“三途径”积极探索汽车制造行业税收管理新经验、采取“三析一核一评”创新水泥行业管理模式；大理分局实行单证备查，完善货款结算。三是突出重点税源重点管理、风险税源优先管理的理念，对重点税源、重点企业、重点行业实行重点管理和渗透性管

理。四是抓好痕迹资料管理，凸显活动成效，对内，形成自有创建特色的经验，总结梳理，提供样本；对外，在交流活动中分局之间对各自在税源管理工作中已取得的成熟经验、做法及时交流，形成共享机制。

【税收执法】 （一）确保税收执法管理信息系统顺利运行。2009 年执法子系统监控执法行为 188061 次，预警提示执法过错 84 户（次），涉及的指标数有 6 项，有 34 人次提出 38 份申辩申请，无过错申辩调整 78 户（次），认定执法过错 6 户（次），调整率为 92.86%，执法过错率为 0.0000319，低于省局明确的万分之五的控制目标。（二）圆满完成 2009 年各项稽查工作任务。一是完成根据上级局安排确定的第二轮分级分类稽查对象中 35 家分类稽查工作。二是依托现代化信息手段，按经营行业分类稽查。以计算机为依托，创新选案方式，查找案源线索，对多家企业进行检查，共结案 6 户，查补税款 17.28 万元，滞纳金 1.31 万元；按经营行业分类稽查，共查补税款 206.68 万元。三是稽查工作初见成效。对企业下发《税务稽查查前告知书》38 份，《税务检查通知书》6 份，检查有问题用票户 5 户，已立案检查并已办结 4 户，检查增值税滞留发票户 6 户，2009 年累计查补税款 858.83 万元，其中增值税 560.87 万元，消费税 5200.00 元，企业所得税 231.50 万元，滞纳金 62.69 万元，处罚罚款 3.26 万元。

【税收管理信息化建设】 一是对 CTAIS 综合征管软件升级 11 次，从 34 号补丁升级到 40 号补丁。二是日常管理维护工作。FTP、办公自动化系统坚持每天备份一次；确保金税工程正常运行。三是网络化建设情况。开通电信、联通、广电 3 条 2M 光纤线路，增加数据流量交换，提高系统运行速率。对下关管理分局进行网络 IP 地址重新规划，提供更多的使用空间，便于网络管理。

队伍建设

【机构设置、人员配置】 根据《大理市国家税务局机构和人事改革实施办法》的要求，于 2009 年 9 月 16 至 10 月 16 日，开展机构和人事改革，通过自荐民主测评、组织考察选拔出 61 名中层领导干部。内设机构 10 个，即办公室（19 人含 5 位局领导）、人事教育科（5 人）、监察室（2 人）、货物和劳务税科（4 人）、所得税科（3 人）、收入核算科（46 人）、征收管理科（8 人）、纳税服务科（2 人）、党总支办公室（2 人）、事业单位（3 人）。直属机构：稽查局（16 人）。派出机构五个，即：下关税务分局（66 人）、开发区税务分局（25 人含借调 1 人）、大理税务分局（33 人）、凤仪税务分局（21 人）、喜洲税务分局（12 人）。2009 年全局在职干部职工 266 人，离、退休人员 48 人，在职人员平均年龄 43 岁。全局设 1 个党总支、6 个党支部和 1 个团支部，在职党员 124 人，离、退休党员 24 人，在职党员占全局人数的 46.6%，团员占适龄青年的 100%。学历结构：研究生 2 人、本科 96 人、专科 152 人、中专 5 人、高中以下 11 人。

【领导班子建设】 认真抓好党组中心组理论学习，以“创新发展年”为重点，开展“深入学习实践科学发展观”活动，组织开展具有国税特色的“六个一”活动，抓好十七届四中全会精神的学习，率先推出“党组成员挂钩基层党支部制度”，努力查找存在问题，认真进行整改，促进国税事业科学发展。坚持和落实《领导管户制度》、《领导接访制度》、《领导到征税大厅值班制度》、《党组成员与党支部挂钩联系制度》，认真处理来信来访、下基层调研和蹲点等制度，推动领导干部深入实际，了解实情，转变作风，努力创建一支政治上靠得住、工作上有本领、作风上过得硬、广大干部职工信得过的坚强队伍。

【廉政建设】 （一）做好信访举报工作。在“96128”政府信息直通车的平台上为纳税人解答咨询，公布举报电话，坚持每两周对全局 7 个举报箱开箱检查。（二）抓好《廉政公约》的签订管理工作。共签订《廉政公约》7467 户，组织走回访 1817 户，回访面达 24.33%。（三）着力落实责任政府和阳光政府“四项制度”。1. 结合省州局《明察暗访实施办法》的出台，开展作风纪律整顿，在局机关各科室增加公示牌和席卡，为纳税人提供正确向导，接受纳税人的监督。2. 加强对控制“会议费、接待费、出国费、车辆经费”的监督检查，加强双休日公务用车封存情况检查督办。3. 在大厅配备纳税人介质申报公用计算机，增设车购税办税窗口，推行叫号服务和一窗多能，提高办税效率。（四）强化反腐倡廉教育。1. 制定《党风廉政建设教育培训计划》，组织全体干部观看先进事迹影片《真水无香》。2. 学习王瑛、杨雪斌同志先进事迹。3. 借助网络平台，利用市纪委宣传网络和省、州、市三级内部网站、税收专报简讯开辟宣传阵地，办好“廉政大家谈”栏目。4. 积极参加州局、市纪委纪检监察干部培训班 10 人次。5. 征集以书法、绘画、照片为主要形式的廉政文化作品 4 件，并向市纪委报送 1 幅参加全市廉政文化展。6. 组织 120 名党员干部到大理监狱开展“廉洁从税优服务”党风廉政主题教育活动。7. 举办以“做合格党员，当时代先锋”为主题的演讲比赛，提高思想政治素质。

【精神文明建设】 （一）大理税务分局被大理州人民政府表彰为“大理州税务系统先进集体”，杨建国、曹文武、王寿标、马波、赵凤材、杨辉、刘文平、甘乐云、张希贤、黄波、冯晋晋、任丽琼、李曙光被大理州人民政府表彰为“大理州税务系统优秀税务工作者”，团总支被共青团大理州委表彰为“大理州五四红旗团支部”，工会、团支部被大理市“爱心圆梦大学”助学活动领导组（团市委）表彰为大理市 2009 年“爱心圆梦大学助学活动捐资先进单位”，被市委、市政府表彰为大理市落实党风廉政建设责任制优秀单位，杨正希被市委、市政府表彰为“平安建设先进个人”。（二）把扶贫济困、公益捐款、社会救助作为精神文明建设的重要工作之一抓好落实。2009 年 1 月，组织中层以上干部到上关镇青索村开展洱海保护月活动；2009 年5 月，组织团总支到苍山索道开展“保护苍山禁白活动”；“六一”期间，市局工会对全局141 名18 岁以下的职工子女进行慰问，对9 名职工子女进行助学工程奖励；全局干部职工向楚雄地震灾区捐款1 万多元；向患重病职工何川云捐款2 万多元，弘扬了中华民族扶贫济困的传统美德。

【教育培训】 一是举办新《企业所得税法》、转型增值税、网络安全技术、公文写作、纳税评估等业务培训。二是引入中瑞税务师事务有限公司开展纳税评估实战培训，通过外力与内力相结合，培训与实战相联系，理论与实际相衔接的方式，开展纳税评估实战培训。三是根据州劳动和社会保障局职业技能鉴定中心《关于开展2009 年机关事业单位技术工人技能等级培训工作的通知》要求，积极组织符合技工申报条件2 名工人参加大理州技校职业技能培训站的集中脱产培训。

（赵映梅）

漾濞彝族自治县国家税务局

经济概况

2009 年，漾濞彝族自治县实现生产总值（GDP）8.93 亿元，比2008 年增长12.9%。其中：第一产业完成2.62 亿元，增长10.4%；第二产业完成4.55 亿元，增长13.58%；第三产业完成1.76 亿元，增长14.2%。三次产业结构比例为29:51:20。全年农业生产总值4.15 亿元，增长15.11%；农民人均纯收入2810 元，增长17.92%；全年播种粮食17.31 万亩，粮食总产量5 万吨，增长2.9%。工业总产值实现16.42 亿元（现价），比2008 年增长21.55%，全年实现工业增加值3.85 亿元，增长12.52%。完成固定资产投资7.48 亿元，增长28.04%。社会消费品零售总额实现2.33 亿元，增长15%。全年实现财政总收入1.14 亿元，增长10.28%；其中：地方财政一般预算收入6826 万元，增长19.29%；地方财政一般预算支出3.52 亿元，增长17.76%。

税收概况

【收入完成情况】 2009 年，漾濞彝族自治县国家税务局组织完成税收收入5125.81 万元，比2008 年减收136.76 万元，下降2.6%。“三税”收入完成4992.14 万元，比2008 年减收140.94 万元，下降2.75%，“三税”收入占全年税收收入的97.39%。其他税种收入133.67 万元，占全年税收收入的2.61%。国税收入占全县财政总收入的比重达44.78%。

【收入特点】 受国际金融危机的影响，经济下行压力加大，不确定因素明显增多，矿产品价格一直处于低谷，工业经济增长减缓、效益下滑，企业经营困难增大，消费需求减弱，经济发展面临的困难和挑战明显加剧，加之，国家实行结构性减税，2009 年漾濞县国税收入比2008 年减收136.76 万元，下降2.6%。一是分税种看，国税部门负责征收的五个税种“两减三增”，企业所得税和储蓄存款利息所得个人所得税减收，增值税、消费税和车辆购置税均增收，且消费税和车辆购置税增幅较大。二是分级次看，2009 年，中央收入累计完成3830.42 万元，比2008 年减收14.59 万元，下降0.38%；地方收入完成1259.39 万元，比2008 年减收122.17 万元，下降8.26%。三是分企业类型看，国有企业、集体企业、股份合作企业、股份制企业、私营企业、涉外企业、其他企业入库税收收入分别为1882.94 万元、59.81 万元、18.45 万元、1022.39 万元、1897.61 万元、6.47 万元、238.15 万元。分别占税收收入合计的36.73%、1.17%、0.36%、19.95%、37.02%、0.13%、4.65%。国有企业、集体企业、股份合作企业、股份制企业和涉外企业税收同比分别增收82.38 万元、8.61 万元、2.36 万元、128.48 万元、6.47 万元；私营企业和其他企业税收分别减收355.96 万元、9.09 万元，分别下降15.8%、3.68%。四是分行业看，除批发业和零售业增收外，电力行业、制造业、采矿业等均减收。电力增值税占增值税总收入的比重达52.38%。

【税源分析】 县局将强化税源调查和深化经济税收分析作为组织收入工作的重要措施来抓紧抓好，科学分析经济税源发展变化趋势和税收新的增长点，全面掌握税源变化情况，摸清税源底数，做到有目的性地开展调研，有针对性地采取措施，有预见性地抓好落实。（一）增值税完成4339.86 万元，同比增长2.4%，增收101.71 万元。1. 电力，2009 年完成电力增值税2273.08 万元，比2008 年减收22.75 万元，下降0.99%。其中，发电环节增值税完成1841.43 万元，同比减收94.96 万元，下降4.90%；供电环节增值税累计完成431.64 万元，占电力增值税18.99%，同比增收72.21 万元，增长20.09%。2. 制造业，2009 年完成制造业增值税1166.25 万元，比2008 年减收270.47 万元，下降18.83%。制造业中的重点行业：化工产品，完成增值税451.62 万元，同比减收191.48 万元，下降29.77%；黑色金属冶炼及压延加工业，完成增值税499.25 万元，同比减收148.26 万元，下降22.90%；有色金属冶炼及压延加工业，完成增值税21.56 万元，同比减收7.96 万元，下降26.96%；其他制造业完成增值税11.36 万元，同比减收26.98 万元。须进一步说明的是，饮料制造业中的酒制造同比增收26.9万元；软饮料制造同比增收7.28万元。3. 批发业，完成增值税4.37万元，同比增收2.5万元，增长133.7%。4. 零售业，完成增值税873.9万元，同比增收438.98万元，增长100.93%。5. 采矿业，完成增值税11.61万元，同比减收47.2万元，下降80.26%。6. 增值税的其他，完成10.66万元，同比增收0.65万元，增长6.52%。（二）消费税完成148.52万元，同比增收96.23万元，增长184.03%，主要是纳税评估稽查查补增收。（三）企业所得税完成503.76万元，同比减收338.89万元，下降40.22%。主要原因是，部分生产加工企业高价购进原材料，受国际金融危机影响，产品价格下跌，成本倒挂。（四）车辆购置税完成111.37万元，与上年相比增加34.28万元，增长44.46%。增收因素：一是受国家汽车下乡政策的拉动，农村购买摩托车增加；二是居民消费水平提高，购买摩托车上档次，消费价格上升。（五）储蓄存款利息所得个人所得税完成22.3万元，同比下降57.44%，减收30.09万元。减收的主要原因是税收政策调整。

各项工作

【税务管理】　一是2009年末，在册征管户数1170户，其中：企业137户（一般纳税人57户，小规模纳税人80户），个体工商业户1033户（达起征点65户）。二是深化税收收入预测和税收分析，在全局建立税收管理员—税源管理分局—县局股室—县局领导四级联动税收分析机制。税收管理员和分局按月分析管户（尤其是一般纳税人）的生产经营情况和税负变化及其原因，形成综合分析报告报县局；县局按月集中分局和各业务部门相关人员，重点分析重点税源发展变化和行业税负变化，认真查找问题及其原因，制定解决存在问题的具体措施，责成管理部门和稽查部门及时解决，并按季形成综合分析报告报州国税局和县委、县政府。三是切实加大领导管户的落实力度。进一步修订完善了《漾濞县国家税务局领导干部管户工作职责》，实行了领导分片包干管理企业制度，县局领导班子4位成员和税源管理分局长对国税收入50万元以上的13户企业实行包干管理，负有管户责任，管户领导每月至少下户巡查一次，按季写出管户和挂片情况的综合分析报告。认真组织开展“百名干部进百企，优化服务保增长”活动，县局局长、两位副局长和分局长、稽查局长深入到5户重点税源企业，进一步优化纳税服务，加强税源控管，做到向管理要收入。同时，实行股室挂钩管理重点税源企业制度，确定5个股室对局领导分片管理的重点企业挂钩管理，要求挂钩股室做到与税收管理员、管户领导一起下户巡查，一起分析汇报、一起承担管户责任。四是进一步完善税源管理考核机制。进一步对《税源管理综合考评办法（试行）》等税源管理工作制度进行了修订和完善，层层签订《税源管理责任书》，认真落实每季度的税源管理考核，将考评结果纳入年度目标管理考核和年度公务员考核中，把具体岗位工作职责、工作要求、奖惩落实到具体的岗位工作人员，实现以考促管。同时，为强化税收管理员责任意识，鼓励先进，制定了《漾濞县国家税务局优秀税收管理员评选办法》，进行“优秀税收管理员”评选活动，以此推动税源管理质量进一步提升。五是实施分类管理。切实加强对重点税源的监控管理，根据税收贡献大小和行业规范程度，将增值税一般纳税人划分为重点管理类和一般管理类。重点管理类企业每月至少下户巡查两次，一般管理类每月至少下户巡查一次。同时，认真落实《纳税人基础信息采集表》、《税收管理员工作底稿》等八套税源管理工作表格，全面、准确地采集纳税人的基础信息，并认真记录好工作落实情况，有效规范税收管理员的管理行为和税源管理的基础资料。六是纳税评估工作逐步深入。在认真开展日常评估的同时，重点开展了省局重点监控的3户增值税一般纳税人的纳税评估；开展了8户增值税一般纳税人运输发票的专项评估；开展了对2户一般纳税人的日常评估；开展了对14户企业所得税纳税人的企业所得税专项评估；结合“百名干部进百企，优化服务保增长”活动的开展，对5户纳税人进行了重点评估。2009年共评估补税334.86万元。七是税源管理分局积极开展了“三比一创建”活动。漾濞县国税局苍山西镇税务分局和巍山县国税局南诏税务分局开展了结对交流活动，主要内容是交流管理经验、发现管理工作亮点、不断完善管理措施等，重点是对有色金属行业的管理情况。

【税务稽查】　深入细致地开展好省、州局布置的专项检查和分类稽查工作；认真开展砂石清理检查、企业所得税优惠政策到期企业检查和运输发票用量较大企业检查等日常稽查工作。全年，共查办案件22件，结案22件，其中：立案查处11件，结案11件，查补税款、罚款、滞纳金合计197.57万元；州稽查局选案专项检查、分类稽查各2户，企业自查入库增值税62.23万元，消费税88.5万元，滞纳金12.41万元。

【纳税服务】　一是进一步加大了税法宣传辅导的力度。在税收宣传月活动中，重点开展了与县地税局、文体局、新闻信息中心联合举办的“税收促进发展，发展改善民生”主题书画摄影大赛；全年共举行4期税法宣传例会，将最新的税收政策向广大纳税人作了及时的宣传讲解；积极开展送政策上门助企业“过冬”活动，把增值税转型等政策及时全面地向纳税人宣传到位。二是建立健全纳税服务考核机制，不断健全和完善监督制约机制，促进服务水平提升。建立了《漾濞县国家税务局办税服务厅工作考核办法》，对办税服务厅工作实施有效考核；制订了《漾濞县国家税务局办税服务厅评选“服务之星”实施方案》，在办税服务厅积极开展“服务之星”评优评先活动，树立典型和榜样，营造创先争优的良好氛围。

队伍建设

【机构设置、人员配置】 县局内设机构7个：办公室、人事教育股、监察室（与人事教育股合署办公）、征收管理股、政策法规股（与征收管理股合署办公）、税政股、收入核算股；事业单位1个：信息中心（与收入核算股合署办公）；直属机构1个：稽查局；派出机构1个：苍山西镇管理分局。人员情况：年末在职干部职工47人，其中：中共党员33人，占总人数的70.21%；男干部30人，女干部17人；男女干部比为63.83:36.17。少数民族干部29人，占职工总数的61.7%。退休干部20人（其中提前退休1人）。学历结构：本科19人，专科18人，中专4人，高中2人，初中4人，分别占总人数的40.43%、38.3%、8.51%、4.25%和8.51%。年龄结构：50岁以上11人，40岁~49岁23人，30~39岁12人，30岁以下1人。分别占总人数的23.4%、48.94%、25.53%和2.13%。

【领导班子建设】 认真组织开展了党组学习日活动、党组中心组理论学习和副科以上干部"每季阅读一本好书、每年写好一篇文章"活动；充分发挥党组班子成员在各项工作中的"带教"作用，认真贯彻落实"一线工作方法"，推动重点工作的落实；认真落实《州局对县市领导班子的考核办法》，制定了一系列抓落实的各项配套制度和具体措施，并将考核的指标细化到具体的责任单位。

【干部教育】 重视学历教育，2009年，有6名干部通过函授获得本科学历，有1名干部获得专科学历，还有在读昆明理工大学会计专业（本科）3人。抓好学历教育的同时，大力实施在纳税评估、税收分析、税务检查等日常工作中的实践式培训，切实提高干部职工的业务技能。深入学习实践科学发展观活动富有成效，进一步形成了漾濞县国税事业科学发展的共识，理清了发展思路，明确了发展目标和发展方向。

【廉政建设】 大力开展党纪国法教育、廉政勤政教育、警示教育，运用正面典型进行宣传教育、运用反面典型案件进行警示教育；创新《廉政公约》回访形式和纪检日活动，制定了《漾濞县国税局<税企廉政公约>回访走访办法》和《漾濞县国税局开展纪检日活动制定》，进一步规范和加强了《廉政公约》回访和纪检日活动，全年共签订《廉政公约》634户，走访回访285户，走访回访率达57.2%。全年违法违纪案件零发生，信访、上访事件零发生。

【精神文明建设】 进一步规范了各种精神文化活动的组织形式，以工会活动、支部活动等为阵地，积极开展生动活泼、丰富多彩的国税文化活动，多渠道、多形式地丰富了干部职工的业余生活，提升了生活情趣，营造了团结和谐、奋发向上的工作和生活环境。通过大力加强国税文化建设，有力地推动了文明创建工作的开展。2009年5月，漾濞县国税局被大理州委、州人民政府命名为"文明单位"；2009年10月，漾濞县国税局苍山西镇税务分局被大理州委、州政府命名为"大理州税务系统先进集体"。

（李先林）

祥云县国家税务局

经济概况

2009年，祥云县实现生产总值（GDP）51亿元，比2008年增长12.86%，其中：第一产业完成15亿元，比2008年增长10.52%；第二产业完成24亿元，比2008年增长14.38%；第三产业完成12亿元，比2008年增长12.77%。一、二、三产业结构分别为29:47:24，进一步巩固了2008年二、一、三的经济发展格局。全社会固定资产投资完成13.87亿元，比2008年增长28.16%。财政总收入实现5.22亿元，比2008年增长6.22%。社会消费品零售总额实现13.85亿元，比2008年增长20.85%。农村经济总收入实现34.37亿元，比2008年增长9.16%。农民人均收入达3359元，比2008年增长15.47%。全县工业总产值完成68.95亿元，比2008年增长14.8%。

税收概况

【收入完成情况】 2009年，祥云县国家税务局共组织各类收入2.52亿元，比2008年2.63亿元减1135万元，减4.31%。其中："两税"2.17亿元，比2008年2.13亿元增430万元，增0.8%；企业所得税2542万元，比2008年4289万元减1747万元，减40.73%；储蓄存款利息所得个人所得税164万元，比2008年346万元减182万元，减52.61%；车辆购置税760万元，比2008年782万元增278万元，增57.72%；其他收入（行政性收入和罚款）19万元。

【收入特点】 一是政府采取落实促进工业经济发展九项措施，着力破解金融机构给企业发展带来的困难和问题，主要工业品产量有所增长，增值税比2008年增长2.03%，企业所得税及个人所得税收入大幅削减，减幅分别为40.73%和52.61%，各税种收入中增幅较大的为车辆购置税，增长57.72%。二是从产业结构看，第一产业全年实现税收52万元，占税收收入比例为

0.02%；第二产业实现税收1.82亿元，所占比例达72.36%，第三产业税收收入6967万元，所占比例为27.62%，一、三产业税收收入比率有所下降，二产比率增长近4个百分点。

【税源分析】 一是受全球金融危机影响，国有企业、集体企业、私营企业和个体经济税收收入分别下降36.14%、43.17%、42.15%和15.9%，税收收入为3099万元、582万元、7972万元和1587万元，全年只有股份公司税收收入增长140.54%，收入为1.18亿元。国有企业、集体企业、股份公司、私营企业、涉外企业和个体税收所占比率分别为12.28%、2.31%、46.73%、31.6%、0.79%和6.29%。二是制造业、采矿业、电力水电生产行业税收与2008年同比有所增长，分别增1.22%、9.12%和17.66%，但商业行业减幅超10个百分点，减10.27%。三是2009年，增值税入库2.17亿元，比2008年增2.03%，消费税入库12.61万元，比2008年减2.74%，企业所得税2542万元，比2008年减40.73%，个人所得税入库164万元，比2008年减52.60%，车辆购置税入库760万元，比2008年增57.72%。

【税务管理】 （一）登记管理。2009年，共有纳税开业登记户3968户（其中：个体工商户3459户，企业391户，无证户118）。核定征收起征点以上个体"双定户"808户，企业性质"双定户"43户。起征点以下个体征管户2651户。准期申报率95%以上、税款入库率达到100%，无新欠产生。全年，办理税务登记的工商业户有563户，违法违章共处罚款金额2.56万元。其中逾期办证的有254户，罚款1.02万元，达当期罚款户的39.89%。新核定税款464户，新核定税款10.19万元。调整纳税户"双定户"127户，其中：调高42户，调增税款比例为78.62%；调减85户，调减税款比例为47.74%。（二）落实"创新发展年"各项措施。一是与各税收管理员签订《税收管理员管户责任及其绩效考核责任书》，落实主副岗制度；二是加强一般纳税人认定管理；三是建立与公安、交通、质监、农机等管理部门的协调配合机制加强车购税"一条龙"管理；四是加大企业所得税管理力度。全面贯彻落实新的企业所得税法及其实施条例，举办了一期纳税人培训班；五是强化税收宣传，完善服务体系，提高服务水平；六是进一步强化税源监控和计划执行考核分析。

各项工作

【税收征管】 （一）开展"三比一创建"活动。与南涧县国家税务局南涧税务分局在全州国税系统首开跨区域互联、互帮、互学、互助、互促等多种渠道结对帮扶活动。全年，双方共进行了5次互访交流活动，观点互换、缺点互查、经验互学、管理互促、成果共出。（二）强化重点税源监控工作。2009年全县纳入重点税源监控企业50户，其中：总局监控4户，省级监控9户，州级监控2户，县级监控35户。一是抓好重点税源监控企业经办人员培训，将重点税源监控软件TRAS安装到企业；二是确定专职的重点税源监控员，按月采集数据汇总分析上报，按季上报专题分析；三是按月组织对增值税一般纳税人税负分析、宏观经济税源分析、分行业、分产业、分经济类型税负分析、税收增减因素分析、重点企业的生成经营状况经济分析。（三）开展"百名干部进百企，优化服务保增长"活动。由县局主要领导带头，"一对一"深入重点纳税企业走访调研和政策辅导。（四）落实税收"四级联动"分析机制。（五）落实《税收管理员制度》。一是采取主、副岗搭配的管户制度；二是全面推行痕迹管理，建立人员"工作日志"机制；三是建立健全激励考核机制；四是创新推进税收管理员轮流值班制度；五是切实推进与南涧分局的"结对"交流活动。（六）做好增值税转型工作。一是做好实施增值税转型和相关税收政策调整的工作布置，任务细化到各部门；二是对本县涉及的利废企业、矿产品经营、综合资源利用、机动车销售、企业投资、新增值税纳税申报等的政策调整向纳税人宣讲，编印《增值税转型相关政策》向纳税人和职工发放宣传和学习；三是做好对重点税源企业的调研；四是做好纳税服务工作；五是积极布置做好一年一度个体工商户电子定税工作。完成定额到期纳税户3000多户录入工作。（七）开展经济税源调研。2009年初，由县委常委、常务副县长任组长，祥云县财政局长、经济局长、国税局长任副组长，抽调17人组成三个调研小组，对六大基础行业35户重点企业进行调研。（八）拓展协税护税新路子。在全县财税工作会议上，县长分别与全县10个乡镇的乡镇长签订了《协税护税目标责任书》，进一步明确和落实了协税护税、培植税源作为各乡镇工作的重要内容，明确对征管不严、征管不力查出重大偷漏税案件的所在乡镇将受到严格的考核和问责。（九）举行2008版企业所得税年度纳税申报表培训暨税法宣传会议。结合全国第18个税收宣传月活动，于3月17日举行2008版企业所得税年度纳税申报培训暨税法宣传会议，辖区内120户企业所得税查账征收纳税人参加会议。（十）三举措解决税收管理人少事多的矛盾。一是采取税收管理员轮流值班的措施；二是个体工商户管理采取分组定片管查、统一平衡核税的措施；三是重点税源（企业）采取行业管理的措施，交叉设置主副岗制。（十一）组织好"一个税法宣传例会"。5月22日，以召开座谈会的形式召集全县机制砖行业纳税人法人代表（业主），就规范该行业增值税管理进行政策发布，同时充分听取纳税人的意见和建议。（十二）加强、整顿、规范煤炭行业税收征管。通过纳税辅导和介质申报培训，全县88口煤炭矿井，共认定煤炭行业增值税一般纳税人72户，截至12月底，已申报入库缴纳增值税4066万元（不含中间商和地质勘查业），比2008年3515万元增收15.68%。

【税收执法】 （一）税收稽查。入库率、平均处罚率、偷税处罚率分别达到95%、10%、50%以上。积极推动征管、税政、稽查的互动机制。全年共检查106户（含纳税评估），其中：有问题100户，立案查处34户；查补和追缴税款900.32万元，加收滞纳金153.96万元，处以罚款17.84万元，合计入库1072.12万元，占稽查任务数420万的255.27%。并以公告文书形式，向社会公告了税务违法案件10件。（二）纳税评估。在对全县214户增值税一般纳税人全面开展自评的基础上，有针对性地组织对已评估的企业（含运输发票）进行回头评、交叉评，经评估按规定不准抵扣应作进项税转出245份，金额1726.36万元，税额120.85万元，完成所属三家水泥企业的增值税纳税评估工作，补缴增值税72.38万元。

【云南省国家税务局副局长蔡杰到县局调研】 9月7日，云南省国家税务局副局长蔡杰率货物和劳务税处处长杨丽君、所得税处处长资宗宁，大理州国家税务局局长雷波、副局长何忠强陪同，深入县局办税厅等部门看望慰问一线干部职工，认真听取了县局工作开展情况汇报后，对县局提出要求，一是在思路上要抓住重点，兼顾一般，既要抓好重点税源的管理，也要兼顾行业税源的征管，工作中要找好亮点，规范执法，依法征管，应收尽收，力争缩小收入目标差距。同时，积极向当地党委政府做好分析汇报工作，力争得到当地党委政府的理解和最大支持。二是针对当前存在的困难和问题，加强领导班子和队伍建设，立足现有人力资源，加强干部队伍的学习培训，通过增强素质，提高工作效率，缓解人少事多的矛盾，努力建设一支充满活力、齐心协力的干部队伍。

【县人民政府县长赵基对税务部门做好全年税收工作提出要求】 3月3日，县人民政府县长赵基在全县2009年财税工作会议上对税务部门提出要求，一是明确任务，狠抓落实。将2009年收入任务层层分解落实，确保各项收入任务圆满完成。二是依法加强税收征管，努力拓宽增收渠道。加强税源分析、税收预测预警分析、税收管理风险分析和政策效应分析；按照“依法征税，应收尽收，坚决不收过头税，坚决制止越权减免税”的原则，打造和谐税收环境；推进科学化、精细化管理，有效提高税源控管水平，提升征管质量和效率。三是加强队伍建设，提升综合素质。要按照“政治过硬、业务精湛、作风优良、人民满意”的要求，做工作上的内行人、政策上的明白人；要切实转变工作作风，深入开展调查研究工作，为县委、政府决策提供依据可靠、分析有力、对策可行的政策建议；要深入推进党风廉政建设，认真落实“四项制度”。

【县人民政府县长赵基对县局提出要求】 在5月15日的财税经济运行分析会上，赵基县长提出要求：一是增强信心，抓住经济回暖的有利时机，加大税收征管力度，集中精力、尽心尽力，确保完成今年收入目标任务；二是深入企业，细化税目，分析跟踪企业的生产经营情况，要使严峻的收入形势得到控制，收入实现增长；三是加强征管，责任到人，应收尽收。

队伍建设

【机构设置、人员配置】 深化人事制度改革。9月22日，向大理州国家税务局报批机构改革方案，经大理州国家税务局批复同意，27日至29日全面实施，机构由原内设2室、3股、1个事业单位，调整为1室、4股，人事教育股加挂监察室牌子，征管股加挂政策法规股牌子，收入核算股加挂信息中心牌子。职工进行双向选择，全部兑岗。全局至年底在职人员65人（其中：少数民族15人，中共党员36人），离退休人员36人。内设机构5个：办公室（9人）、人事教育监察股（3人）、税政股（3人）、征收管理股（4人）、收入核算股（15人），直属机构1个：稽查局（副科级建制，7人），税务分局1个：祥云县国家税务局祥城税务分局（副科建制，24人）。在职男41人，女24人。本科生18人，大专生37人，中专生4人，高中及以下6人。年龄结构：51岁以上4人，41～50岁33人，36～40岁18人，35岁及以下10人。

【领导班子建设】 认真抓好党组中心组理论学习和民主生活会，以“创新发展年”为重点积极推进精细化管理。领导班子作风优良，廉洁勤政，党风廉政建设成绩突出，模范遵守党风廉政建设各项规定，认真落实民主集中制原则。

【廉政建设】 一是签订《祥云县国家税务局职业道德规范承诺书》及《党风廉政建设责任书》65份。二是建立副科以上领导干部的廉政档案，与173户纳税户签订《廉政公约》。其中：一般纳税人及小规模企业45户，起征点以上纳税户128户；共走访回访83户，走访面达48%。三是进一步优化纳税服务手段，全面推进阳光政府“四项制度”的落实，切实加强行政效能建设，落实局领导办税厅征期带班制度和干部24小时值班制度。

【精神文明建设】 （一）国税文化。7月30日组织全体国税干部职工开展了“爱国歌曲大家唱”群众性歌咏活动，既愉悦了身心、陶冶了情操又增强了凝聚力、释放了压力。（二）党建活动。7月1日，组织全体党员干部到宾川县洲城红军长征纪念馆接受爱国教育，到宾川县烈士陵园举行重温入党誓词活动。（三）教育培训。举办了12期12天780人次培训；学历教育方面，5人取得本科毕业证书，昆明理工大学会计学专业高升本科班在读1人。（四）5月，被州委、州政府命名为“文明单位”，申报省委、省政府表彰命名文明单位公示；被表彰为“无偿献血先进集体”，有8人被表彰为“无偿献血先进个人”。9月，被大理州人民政府表彰为“先进集体”。9月，何金昌、刘丽娟、杨进昌被中共大理州委、州人民政府表彰为“优秀税务工作者”。12月，何金昌、陈红宇、张为民、鲁有和、白击坤、吴克奇、王鸿佳被大理州国家税务局表彰为“精神文明先进工作者”。

（段建周）

宾川县国家税务局

经济概况

2009年，宾川县完成生产总值（GDP）39.81亿元，同比增长10.2%，其中，第一产业实现19.28亿元，同比增长5.1%；第二产业实现8.65亿元，同比增19.3%（其中：工业实现3.81亿元，同比增长20.3%）；第三产业实现11.88亿元，同比增长11.5%，各产业占GDP的比重分别为48.43%、21.72%和29.85%。社会消费品零售总额8.53亿元，同比增长20.13%。全县财政收入2.39亿元，比上年增3152万元，增15.17%；财政支出9.15亿元，比上年增2.91亿元，增46.53%。全社会固定资产完成投资额19.41亿元，比上年增5.06亿元，增35.27%。

税收概况

【收入完成情况】 2009年，宾川县国家税务局共组织各项税收收入8504万元，完成州局计划任务7256万元的117.19%，比2008年实际完成数6291万元增收2212万元，增长35.16%。

【收入特点】 一是税收收入增长较快，增幅高，增收额度大。2009年税收收入在前三年快速增长的基础上，总收入突破8000万元，达8503万元，与上年相比，税收增收2212万元，增幅达35.16%，收入实现了新的跨越。二是五税“四增一减”。除储蓄存款利息所得个人所得税因受政策变动因素影响减收外，其余税种均实现了增收，增幅均在两位数以上，其中增值税、企业所得税和车购税增收保持了良好的增长态势，且增量较大，同比分别增收了1616万元、340万元和338万元，增幅达39.38%、18.18%和180.75%。三是税收一次性增收因素较大，增大了全年的收入规模。烟草公司清算2008年应补税收合计1571万元，其中增值税771万元，企业所得税800万元；稽查查补195万元。以上合计增收1766万元，占税收增收总额的79.84%，带动税收增长28.07%，是拉动收入增长的主要因素。四是烟草税收支撑。在全年收入中，烟草企业收入完成3901万元，占税收总收入的45.88%，占三税收入的49.17%，比上年下降1.61个百分点，其中：企业所得税2137万元，占企业所得税收入的96.7%；增值税1764万元，占增值税收入的30.84%，由于该行业收入占全局收入比重较大，影响和制约着全局收入。

【税源分析】 （一）宏观税负分析。2009年宏观税负为2.14%，比上年1.76%提升了0.38个百分点，宏观税负比上年有所提升，一方面由于国家实施积极的财政政策，家电、汽车摩托车下乡，刺激了消费，全县消费品零售总额大幅增长，增幅达20.13%，其中批发零售业增长21.31%，全县工业生产特别是规模以上工业增速较快，有力地推动了经济的发展，商业、工业增值税大幅增收；另一方面加大了税务稽查力度，同时强化了日常税收征管，认真开展2009年所得税汇算和纳税评估等工作，税收查补增收，拉升了宏观税负。（二）重点税源分析。全县2009年经济总体发展势头良好，增长速度平稳，全县商品销售市场的活跃以及工业经济持续快速增长，带动了税收收入的较快增长，全县以烟草、电力、水泥、煤炭、化学化工、废旧回收加工等六个行业为主导的重点税源，从税收收入完成情况分析，除煤炭和化学化工两个行业税收同比略有减收外，其余四个行业均实现了增收，六个行业共完成税收收入6727万元，占全局总收入8504的79.11%，其中增值税收入4590万元，同比增收1334万元，增长40.97%，占增值税总收入5720万元的80.24%。

各项工作

【税源管理】 （一）从观念上求突破。税源管理是税收管理的基础，是坚持依法治税原则的必然要求，是整个征管工作的基础和核心。税源管理的地位、作用和意义决定了加强税源管理必须常抓不懈，深入扎实。加强税源管理应树立从经济到税收、从管理到增效、从服务到增收的全新思想观念。（二）从管理上求突破。管好重点税源户和中小税源户，既保证支柱税源，又保证总体征管水平，从四方面加强管理：一是对重点税源实行重点监控网络管理；二是对中小税源户实行集中征收划片管理；三是对零星税源实行源泉控管综合治理；四是对特殊税源实行跟踪管理。（三）从方法上求突破。在当前人均管户数量和管户面积都大，人手不足和人员素质不高的情况下，充分利用好现有资源，改进方法，充分发挥主观能动性。在实施综合管理的基础上，突出税收管理员的工作重点，切实履行管户与管事职能，有针对性地加强对重点税源企业、纳税异常企业的管理，强化实地调查、核查工作，深入了解纳税人的生产经营情况，变宽泛管理为深入管理。（四）从机制上求突破。建立和完善税源管理长效机制，进一步落实税收管理员制度，促进征、管、查互动。

【税收征管】 2009年，紧紧围绕“创新发展年”的各项布置，按照“科学化、精细化”税收征管要求，加强业务培训，提高征管人员业务素质，优化纳税服务，树立国税机关良好形象，努力推进国税事业和谐发展。一是开展增值税纳税按月评估和专项评估，充分发挥纳税评估对重点税源的监控作用；二是做好固定资产抵扣明细情况的核实和处理；三是严管增值税专用发票，保证金税工程运行畅通；四是严格一般纳税人资格认定管理；五是认真做好“农产品进项税额扣除率核定测算”工作；六是加大政策宣传和打击力度，机动车“一条龙”异常发票大幅减少，行业纳税环境有所改善，车购税收入大幅提高；七是积极开展“三比一”创建、结对交流；八是认真贯彻落实“百名干部进百企优化服务保增长”活动。

【税收执法】（一）税收宣传。税收宣传活动牢牢把握“税收·发展·民生”的宣传主题，在创新形式和丰富内容上下大功夫。以4月3日上午召开的全县财税工作会议为契机，全体国税干部着新制服参加，为税收宣传月活动拉开序幕，并及时通过县广播电视台向全县纳税人通报即将开展的全国第18个税收宣传月活动。（二）税务稽查。把日常稽查、分级分类稽查、专项稽查和专案稽查有机地结合起来，加大了对涉税违法案件，尤其是大案、要案的查处力度，在重点行业和重点环节卓有成效地开展了税收专项检查和税收专项整治工作，与各有关部门积极配合，依法严厉打击严重扰乱经济秩序和税收秩序的重大税收违法犯罪活动，有效地遏制了重大涉税违法案件的发生。通过全体稽查干部的共同努力，相关部门的大力协作，全年共查办案件30件，结案30件（企业14件、个体16件）；查出有问题25件（企业9件、个体16件），其中立案查处23件（企业8件、个体15件）；共查补税款81.1万元（含查补税款抵减留抵税额6.94万元），加收滞纳金9.2万元，罚款4.7万元，查补税款、滞纳金、罚款合计95万元，已入库88.06万元（扣除查补税款抵减留抵税额6.94万元外全额入库），选案准确率达到83.33%，扣除分级分类稽查的处罚率10.72%，偷税处罚率50%，入库率100%，案件公告17件23户。除稽查查办案件入库外，稽查部门安排企业自查补税入库12.83万元；纳税评估入库87.62万元，三项合计查补入库188.51万元，完成稽查查补任务105万元的125.68%。

队伍建设

【机构设置、人员配置】内设机构7个，级别为正股级，即：办公室（7人）、政策法规股、税政股（3人）、收入核算股（11人）、征收管理股（3人）、人事教育股、监察室（4人）。直属机构：1个，级别为副科级，即稽查局（6人）。事业单位：1个，级别正股级，即信息中心。根据县局人员情况和工作需要，以上机构中，信息中心与收入核算股合署办公，职责合并，在收入核算股加挂信息中心牌子；政策法规股与征收管理股合署办公，职责合并，在征收管理股加挂政策法规股牌子；监察室与人事教育股合署办公，职责合并，在人事教育股加挂监察室牌子。全局在职干部职工60人，离、退休人员20人。在职男干部为48人、女干部为12人，男、女干部比率为80：20。学历结构：本科28人，占46.67%；大专24人，占40%；中专生2人，占3.3%；高中生3人，占5%；初中以下3人，占5%。年龄结构：50岁以上11人，占总人数的18.33%；40~49岁41人，占总人数的68.33%；30~39岁5人，占总人数的8.33%；29岁以下3人，占总人数的5%。

【领导班子建设】县局有局党组书记、局长1人，党组成员、副局长2人，纪检组长1人。其中本科学历1人，大专学历3人，平均年龄46.25岁。长期以来，县局领导班子进一步加强学习，将党组中心学习组的定期学习与日常工作结合起来，努力提高班子的政治思想素质和业务技能，坚持用科学发展观统领税收工作，不断提高分析形势、把握大局、服务大局的能力；提高做思想政治工作、群众工作、带好队伍的能力；提高依法治税、规范行政的能力；提高求真务实、开拓创新的能力；提高科学化、精细化管理的能力；提高拒腐防变、经得起各种诱惑和考验的能力。领导班子建设正向学习型组织、创新型团队、实干型集体、廉洁型班子的方向迈进。

【党风廉政建设】为认真贯彻落实好《建立健全教育、制度、监督并重的预防和惩治腐败体系实施纲要》、《税务系统领导班子和领导干部监督管理办法（试行）》、全州国税系统党风廉政建设会议精神，县局认真践行，重在落实，采取切实可行的措施加强党风廉政建设。层层签订《责任书》并狠抓落实，确保责任制工作落实到位。年初党组书记、局长代表县局分别与县委常委、常务副县长王远和州国税局党组书记、局长雷波签订了《党风廉政建设责任书》，并于4月9日召开了全局党风廉政建设工作会议，对2009年度党风廉政建设工作进行了安排布置，分别与3位分管局领导签订了《党风廉政建设责任书》，与全局干部职工签订了《廉洁自律保证书》，对党风廉政建设责任制进行了层层分解落实；按“一岗双责”的要求，认真落实好责任目标。组织开好三个会议，确保工作组织到位、计划周全、措施有力。一是年初的全局党风廉政建设工作专题会议；二是深入学习实践科学发展观专题民主生活会；三是2009年度党组民主生活会。班子带头查找自身存在的问题和不足，深入开展批评与自我批评；认真抓好党风廉政建设的督促检查，做到常抓不懈、落实到位；积极做好廉政公约回访工作，回访率达到99%。

【精神文明建设】精神文明建设更进一步。在荣誉面前，县局领导班子保持清醒头脑，不骄不躁，把积极开展创建活动作为提高干部队伍精神风貌，促进完成工作任务的“助力器”。全局上下统一思想、强化认识，积极参与文明创建活动并取得了可喜成绩，县局通过复查验收，再次被省局命名为“文明单位”、被州委州政府命名为“文明单位”，通过重新申报，再次获得省委、省政府“文明单位”称号，文明创建实现“满堂红”。

【教育培训】积极参加省州局各类培训的同时，积极组织干部职工业务培训，先后组织干部职工业务培训120人次，组织企业财务人员培训100人次。继续加强学历教育的培训，2009年在职学历教育12人，其中，取得本科学历3人，大专学历8人，本科在读1人。

（李朝圣）

弥渡县国家税务局

经济概况

2009年，弥渡县经济平稳增长，按可比价计算，全年实现生产总值（GDP）17.73亿元，比2008年增长10.4%，增长1.67亿元。其中：第一产业实现增加值5.71亿元，增长5194万元，增10.0%；第二产业实现增加值4.93亿元，增长2947万元，增6.4%；第三产业实现增加值7.09亿元，增长8604万元，增13.8%。实现农业总产值14.02亿元，同比增长1.28亿元，增10.04%；完成现价工业总产值23.63亿元，同比增长2.87亿元，增13.81%。全年完成投资7.08亿元，同比增长2.42亿元，增51.85%；社会消费品零售总额7.93亿元，同比增长1.24亿元，增18.60%，全县实现财政收入稳步增长，完成财政总收入1.63亿元，同比增长2791万元，增20.71%。

税收概况

【税收收入】 2009年，弥渡县国家税务局共组织各类收入5813万元，同比增收746万元，增长14.73%。增值税、消费税、企业所得税收入合计5391万元，同比增收723万元，增长15.49%，完成州局及县委政府年计划的107.83%、104.97%。增值税、消费税、企业所得税同比分别增长30.74%、7.73%、-7.94%；储蓄存款利息所得个人所得税84万元，车辆购置税331万元，其他收入6万元，同比增长-46.92%、41.86%、-6.01%。

【收入特点】 弥渡县是传统的农业县，受历史与客观因素的影响，能源短缺，工业基础差，总量小，资源匮乏，后续税源不足，直接制约经济发展与税收的增长，地区税源结构极不平衡，除烟草外，超百万的税源有建材、成品油销售、电力销售、有色金属采选加工等四行业，缺乏更多的支柱税源。行业税收比重：商业1991万元，工业1266万元，烟草2554万元（增值税1169万元、所得税1385万元），原煤采掘200万元，占整个税收收入的比重分别为：34.29%、21.80%、43.98%、3.44%。经济类型税收比重：国有企业2555万元、集体企业42万元、股份公司2113万元、股份合作企业3万元、私营企业191万元、涉外企业1万元、其他企业903万元，分别占整个税收收入的比重为：44%、0.7%、36.39%、0.05%、3.23%、0.01%、15.55%。

【税源分析】 2009年，面对国际金融危机导致的世界经济持续走低的困难和严峻的收入任务带来的机遇和挑战，一是紧紧抓住"组织收入"这一中心工作，创新税收分析方法，科学分析，做实做好税源分析工作，全面促进组织收入工作的有效开展；二是深化税收管理员—税源管理分局—县（市）局—州局四级联动税收分析机制，定期召开由主要领导主持，计统、税种管理、征收管理员以及税源管理等部门人员参加的税收收入分析会，强化领导责任、企业责任、岗位责任，做好税收预测分析工作，科学分析经济发展形势和经济增长速度，准确掌控税收收入动态，确保收入平稳增长；三是在全县开展税源调查分析，了解重点企业、重点税源企业的生产经营情况和生产计划，摸清税源情况，充分估计收入工作的困难和压力，把握组织收入主动权，制定组织收入措施，坚持"依法征税，应收尽收，坚决不收过头税"的组织收入原则，为全面完成收入任务提供保障；四是认真分析并采取措施加强零负申报管理，掌握企业生产经营动态信息，加大税源监控力度，分析和实施重点税源重点管理，风险税源风险管理，一般税源一般管理，鼓励支持、引导企业用新工艺、新技术、新设备，改造提升传统产业，促进产业节能，不断提升传统产业、特色产业的科技含量；五是深入开展纳税评估工作，提高增值税纳税评估工作水平。采取人机结合，有效筛选，提高纳税评估选案准确率，抓大不放小，日常评估和重点评估相结合，个案评估与行业评估相结合的方式，2009年共评估纳税户183户，其中企业6户，重点评估3户，评估补税242万元，作账务调整调增销项税10万元，进项税转出12万元。

各项工作

【申报第四批创建全国精神文明建设工作先进单位】 县局自成立以来，在大理州国家税务局、弥渡县委、县政府的正确领导和县文明办的大力关心支持下，坚持"两手抓两手都要硬"的方针，在做好各项税收工作的同时，狠抓精神文明建设，按照"把美化环境作为创建文明单位的支撑点、把拓展活动载体作为创建文明单位的着力点、把紧扣时代旋律、丰富创建内涵作为创建文明单位的升华点、把做好各项税收工作作为创建文明单位的突破点"的工作思路，制定了"党建和精神文明建设"责任制，按照"围绕中心，注重实效；分级负责，各司其职；体现特色，重在建设"的原则，成立创建领导小组，以建设社会主义核心价值体系为主线，不断丰富精神文明创建的内容和形式，建立健全了创建文明单位的长效机制，明确创建工作计划、总体目标、建设内容和要求，将创建工作纳入单位管理考核体系，建立了党政工团齐抓共管的工作机制，坚持做到工作有宣传、有计划、有措施、有落实、有检查，使文明单位创建工作具有旺盛的生命力和持久力，精神文明建设焕发出新的活力，取得了新的进步：在2003～2006年连续两届被云南省委、省人民政府命名为“文明单位”的基础上，2009年1月被中央文明委表彰为“创建全国精神文明建设工作先进单位”。

【百名干部进百企 优化服务保增长】 为深入开展“百名干部进百企 优化服务保增长”主题活动，以突出“强化管理，增强责任，推动落实，增进和谐”为工作重点，切实抓紧抓实组织收入工作，为重点纳税企业送政策、送服务、保增长，降低执法风险，认真落实“风险税源优先管理、重点税源重点管理”的要求，了解重点税源管理现状及存在的主要问题，强化重点税源精细化管理，突出向管理和服务要收入；推进税源管理部门比执法规范、比管理精细、比优质服务，走进企业，宣传税收政策，规范税收执法，降低企业涉税风险，构建和谐税企关系，调动重点税源企业参与税收、确保增长的积极性，为企业发展提供政策服务，为完成全年收入任务提供措施保障，不断充实、完善和拓展优化纳税服务，挖掘管理性增收，突出重点，抓好落实，为全面完成好各项工作任务提供保障。

【强化管理“三比一”创建增和谐】 为促进税收管理员制度落实、强化税源管理、实现向管理要收入，优化纳税服务，提升税务机关形象、增强纳税人对税务机关的信任、提高纳税遵从度，不断探索强化税收征管的各项措施，大力推进科学化、精细化管理，有效地提高税收征管质量和效率，实现税收征收率稳步提高，国税收入与经济发展相适应，税收管理员行为日益规范，纳税服务不断优化，国税形象有效改善，发挥税务分局作为税源管理与组织收入“主战场”的作用，弥渡县国税局精心组织开展“比执法规范、比管理精细、比优质服务，创建科学管理先进分局”活动。活动以突出“强化管理、增强责任、推动落实、增进和谐”为重点，在保增长、强管理上下功夫，通过完善制度、分配零散税收任务、侦缉税务违法案件、完善工作底稿和工作日志，活动取得实效。个体查补175户，税款罚款131万元；移送稽查立办案件24起；纳税评估185户，补缴税款231万元。

【强化税务稽查 规范税收秩序】 2009年，大力推进依法治税，强化税收征管，切实加强队伍建设，规范稽查程序，创新稽查工作方法，采取查前告知并以企业自查为主、自查辅导的方式来开展专项检查工作，做到思路清晰、措施有效，全局动员、全员行动、全力以赴，坚定信心，克难奋进，切实加强税源监控和税务稽查部门之间互动协作，认真分析税源变化，积极发掘案源线索，对各行业进行专项整治，税收专项检查真正起到加强征管，堵塞漏洞，维护正常税收秩序的作用。全年共检查纳税户32户，立案查处案件29件，查补税金353.35万元，其中增值税90.1万元、滞纳金30.95万元、罚款1.74万元、其他228.88万元，消费税1.28万元，其他罚没0.3万元，有效打击了涉税违法行为，为促进当地社会经济、税收收入持续稳定增长，构建和谐社会，营造良好的税收征收环境作出贡献。

【创新宣传形式 拓宽宣传领域】 围绕省局“创新发展年”工作主题，紧扣税收宣传主题，以“税收促进发展，发展为了民生”为主要内容，以切实增强纳税人对税法的遵从度为切入点，以创新税收宣传形式和拓宽宣传领域为目标，做实事、求实效，充分利用“电影下乡”活动和超市开创税收宣传新平台，与宣传部、文化局等单位联系，按照“重点突出、亮点频现、持续宣传、联系民生”的原则，将税收基本知识制作成图文并茂、通俗易懂的幻灯片，搜集整理税收违法案例纪录片，深入乡镇、农村，增强他们的依法纳税意识，进一步扩大宣传面，提升税收宣传质量，促进征纳和谐发展，营造良好税收环境。

【机构改革顺利完成 各项工作有序推进】 9月份，县局完成机构改革后，内设机构7个，级别为正股级，即：办公室、政策法规股、税政股、收入核算股、征收管理股、人事教育股、监察室；直属机构1个，级别为副科级，即稽查局；事业单位1个，级别正股级，即信息中心。根据工作需要，信息中心与收入核算股、政策法规股与征收管理股、监察室与人事教育股合署办公，职责合并，相关职能职责规范明确。9月30日，各部门人员全部到位，各项工作顺利推进。2009年末，全局干部职工59人；局领导4人，办公室5人，人事教育股及监察审计室2人，收入核算股9人，信息中心2人；政策法规股及征收管理股4人，税政股3人，稽查局7人，弥城税务分局23人。

弥渡县国家税务局2009年末在职职工基本情况统计表

<table>
<tr><td>总人数</td><td colspan="4">党员45，团员3；研究生1人，大学25，大专22，中专9，高中2人。</td></tr>
<tr><td rowspan="2">59人</td><td>男性</td><td>女性</td><td>公务员</td><td>工人</td></tr>
<tr><td>44人</td><td>15人</td><td>57人</td><td>2人</td></tr>
</table>

【党风廉政建设】 一是深入贯彻落实省州党风廉政建设工作会议精神，用科学发展观统领党风廉政建设，2月12日被弥渡县委表彰为党风廉政建设先进集体；二是拓展党风廉政教育，注重事前效能监察，教育关口前移，加强预防职务犯罪教育，筑牢拒腐防变思想道德防线；三是加强领导干部监督管理，增强执政能力和拒腐防变能力向纵深开展；四是加强基建工程、大宗物品采购、人财物的监督管理、治理商业贿赂专项工作，有效预防违纪违法问题的发生；五是加强行风建设和执政能力建设，改进机关作风和行业作风，提高行政效率和服务质量；六是签订《廉政公约》及回访走访工作，把党风廉政建设与税收征管、队伍建设、纳税服务有机结合起来，全年与纳税人签订《廉政公约》943户；七是加强效能建设，以转变机关作风、创新服务机制、加大监管力度和提高队伍素质等方面为突破口，标本兼治，着眼长效，达到向管理要实效，向科技要高效，向素质要长效的目标。

队伍建设

【深入开展学习实践科学发展观 全面推进国税事业】 开展“深入学习实践科学发展观”活动，进一步加强理论武装、破解发展难题，以实践活动为契机，围绕各项工作目标和任务，着力提高学习力、执行力、落实力、和谐力、创新力和发展力，围绕总体目标、把握主要原则、抓实关键环节、突出实践特色，以争创全县科学发展，创一流业绩为目标，找准突出问题，完善发展思路，各阶段工作成效明显，高标准、高质量地完成好各项工作任务。一是参学面达100%，做到学习认识、组织落实、分析检查到位并取得共识，撰写心得体会文章59篇；二是破解企业发展环境、发展质量，开展“三走进三破解”及“三个一”活动，班子成员坚持对前十名纳税户进行重点监控，切实了解和掌握企业生产经营、融资、市场开拓、税负分析、税源测算等情况，从不同角度，不同层面，撰写调研报告7篇；三是做好“六查六看”、“三查一看”自检自查及专题案例教育，开好专题民主生活会和组织生活会，交心谈心，化解矛盾，工作质效得到进一步提升；四是从“广度”和“深度”邀请人大、政协、纪工委、纳税人、特邀兼职监察员、指导检查组及全局干部职工共69人进行测评：“好”占96.14%，“较好”占3.86%；五是按照“重在体制机制创新、重在人民群众满意”的要求，着力解决影响和制约科学发展以及干部职工和纳税人反映强烈的突出问题，着力构建有利于国税工作科学发展的体制机制，高标准、高质量完成《分析检查报告》，按照“保增长、扩内需、调结构、促改革、惠民生”的总体要求，向管理要收入，强化税收征管，加大税收检查力度，确保税收增长与经济发展保持较高增长态势。

【教育培训】 为进一步强化全体干部职工的责任意识，促进学习和提高工作效能，营造全员学习、自觉学习的良好学风，牢固树立终生学习的观念，促使干部职工把平时学习和实际工作紧密结合，学以致用、学用相长，实现“学习工作化，工作学习化”，促进队伍整体素质提高，以加强信息化知识和业务技能培训为工作重点，以全面提升干部队伍的综合素质和岗位技能，培养和造就一支素质优良、结构合理的税务人才队伍为目标，2009年5月23日，县局全体干部职工参加大理州国税系统全员业务考试并取得较好成绩。

【队伍建设】 加强职工队伍建设，谋划和落实好“创新发展年”的各项工作任务。一是以科学发展观为载体，开展“百名干部进百企 优化服务保增长”主题活动，着力提高学习力和创新力，构建税企双赢的和谐局面。文明建设结硕果，2009年1月被中央文明委表彰会为“创建全国精神文明建设工作先进单位”；二是激发提升技能的内因和爱岗敬业精神，做到真学习、真思考、真应用，提高遵章守纪的遵从度；三是加强学习型机关建设，以干部队伍素质提升为关键，形成专业化、规范化、科学化的工作格局，把为基层服务和为纳税人服务的行动落在实处；四是以信息技术为支撑，强化纳税评估，强化税源管理，降低税收执法风险，不断提高税源转化为税收管理的能力和水平。

（雷新海）

南涧彝族自治县国家税务局

经济概况

2009年，南涧彝族自治县实现生产总值（GDP）15.26亿元，同比增长11%，其中第一产业6.26亿元，第二产业2.03亿元，第三产业6.97亿元，分别增长8.5%、12.4%和12.6%，三次产业结构调整到41:13.3:45.7；实现财政总收入1.78亿元，地方财政一般预算收入1.21亿元，分别增长13.29%和8.9%。粮食总产量9421万公斤，同比增长6.07%。收购烟叶22.43万担，实现产值1.97亿元。新发展泡核桃6.11万亩，全县泡核桃面积达到62.4万亩，实现产量550万公斤，产值1.1亿元。茶园面积达到10.38万亩，实现茶叶产量364万公斤，产值1.56亿元，被列为全国茶叶区域发展规划重点基地县。完成全社会固定资产投资5.18亿元，同比增长34%，农村经济总收入10.07亿元，同比增长13%，农民人均纯收入2242元，同比增长8.8%。

税收概况

【收入完成情况】 2009年，南涧彝族自治县国家税务局全年收入突破5000万元，达到5327万元，同比增935万元，增幅21.29%，完成大理州国家税务局下达确保任务数的114.09%。其中增值税入库3209万元，消费税入库1.7万元，企业所得税入库1954万元，储蓄存款利息所得个人所得税入库40万元，车辆购置税入库125万元。全局均无陈欠或新欠发生，税收征收率达到97.26%。

【收入特点】 2009年实现宏观税负3.53%，宏观税负高于上年0.23个百分点，税收弹性系数为1.7。税收收入增长幅度高于宏观经济指标8.79个百分点。其中：第一产业税负率为零；第二产业实现税收收入为1375万元，同比减135万元，减幅为8.94%，税收弹性系数为-5.2；第三产业实现税收收入3951万元，同比增1075万元，增幅为37.38%，税收弹性系数为2.43。

【税源分析】 2009年，县局采取有效措施，强化重点税源企业管理力度，实行"分人盯户，定期分析，细化管理"制度，增值税同比有较大幅度增长，但由于受增值税转型政策影响，部分企业纳税增减变动较大。南涧县供电有限责任公司更新改造电网设备100万元，增加进项抵扣17万元；云南华能漫湾发电厂投入6000万元用于技术改造，以及小湾电站蓄水，发电量同比较少，减少税收收入328万元；由于受市场价格的影响和税率调整，南涧德生经贸有限公司实际减收增值税94.8万元；小湾电厂由于受增值税转型政策因素，固定资产进项税抵扣后，年内属无税企业；烤烟是南涧县骨干税源，收购总量同比增加1万担，收购价格上浮20%，同比增收税款762万元。

【税源结构】 （一）税务登记。2009年12月，在册税务登记证1582户，同比增123户，企业128户，个体1454户。其中：国有企业8户，集体企业8户，股份合作企业2户，国有联营企业1户，国有独资企业3户，其他有限责任公司29户，股份有限公司4户，私营合伙企业6户，私营有限责任公司33户，个人独资企业18户，其他企业10户，合资经营企业1户，港澳台商独资经营企业1户，港澳台商投资股份有限公司1户，外资企业1户，私营独资企业1户，个体户1454户。（二）税种结构。一是增值税征管户1569户，其中，采矿业8户，电力热力的生产和供应业7户，交通运输仓储和邮政业1户，居民服务和其他服务业148户，农林牧渔业7户，批发和零售业1235户，制造业162户，租赁和商业服务业1户；二是消费税征管户8户，其中，制造业4户，批发零售业3户，委托代征1户，交通运输仓储和邮政业1户；三是企业所得税征管户57户，其中，租赁和商业服务业4户，制造业23户，批发和零售业10户，居民服务和其他服务业2户，金融业2户，交通运输仓储和邮政业4户，建筑业1户，采矿业7户，农林牧渔业4户；四是储蓄存款个人利息所得税，委托代征5户。

各项工作

【落实增值税转型及其相关配套政策】 一是创新宣传形式。对县委政府以及县级相关职能部门，由局党组班子以请示汇报或沟通协调方式，争取相关职能部门的认同、理解和支持；对一般纳税人按生产经营情况，由税收管理员分户进行宣传和业务辅导。二是创新服务方法。采取"请进来"和"走出去"方式，组织企业有关人员到税务机关参加座谈、培训、研讨，帮助企业全方位了解掌握新政策和健全财务核算，推行税收管理员联系卡制度，使企业能够及时了解涉税信息。三是创新执行措施。适时召开有关人员会议，协调解决好增值税转型及其相关配套政策在实际执行过程遇到的具体困难和问题。

【送温馨服务进企业】 1月30日，时值大年初五收假第一天，县局抽调40名干部，组成四个组，分别到县内各企业和部分个体户家中，开展"送税法进企业、送政策进企业、送服务进企业"的送温馨服务活动。一是充分体现和践行了全省国税工作会议关于"围绕一个目标，把握好四个点，实现八个创新"的要求；二是切实转变了工作作风，充分展示南涧国税干部的"精、气、神"；三是帮助企业及时将增值税转型及重大税收政策调整后涉及的工作事项落实到位，帮助企业分析和解决了存在问题。至2月2日止，共走访纳税企业26户，个体纳税户10户。

【公安、国税、地税召开税警联席会】 2月2日，县国家税务局、地方税务局联合县公安局召开税警联席会议，座谈和分析研究新形势下如何增强税务稽查工作力度和有效加强税警协作，提高稽查办案效率等问题。县国税局局长方朝荣对强化税警协作提出三点意见：一是税务稽查部门要主动与公安部门加强协作配合，及时沟通信息，做好信息共享及协同办案工作；二是以推行税务稽查查前告知办法、税务约谈办法为契机，抓好稽查服务工作，做到执法中服务，服务中执法；三是税务稽查工作要坚持依法治税，强化税务稽查，堵塞税收漏洞，达到以查促征，以查促管，以查促查的目的。县地方税务局局长李德孝提出：稽查部门在案件查处过程中要根据工作进展情况，及时邀请公安经侦部门介入，充分发挥公安机关的震慑作用。县公安局经济侦查大队负责人表示，将全力支持和配合国、地税稽查部门开展工作，充分发挥公安保驾护航的作用。通过召开联席会议，进一步建立和完善了税警之间的协作联系制度，增进税警之间的沟通与协调，在打击涉税违法犯罪方面迈出坚实的一步。

【加强普通发票管理 积极支持家电下乡】 全县参与"家电下乡"活动的经销商共11户，为了进一步发挥家电下乡政策在扩大内需特别是农村消费中的作用，县局加强对普通发票管理，积极支持"家电下乡"活动。一是主动加强与经贸、地税、财政等部门的联系，广泛开展宣传，积极宣传国家"家电下乡"活动的相关政策，鼓励广大消费者索取发票，举报经销商拒绝开具发票行为，维护自身合法权益；二是加大对"家电下乡"活动经销商的发票检查力度，对参与活动的经销商定期进行发票使用情况检查；三是安排税收管理人员深入各"家电下乡"营销网点，督促做到向消费者提供正式有效发票、按照规定如实完整填开发票、加盖销售单位印章和发票专用章，让农民切实享受到13%的财政补贴。

【积极参与"绿色走廊"建设活动】 积极参与县委、县政府公路沿线绿色走廊规划建设活动，在人员经费十分紧张的情况下，投入资金3万多元，出动120多人次。截至3月2日，共完成行道树80cm×80cm×80cm的植树穴76个，灌木40cm×40cm×40cm的植树穴309个，严格按照县委、县政府春季植造工作安排要求，按时、按质、按量完成植造任务。

【举行"税收·发展·民生"税收宣传座谈会】 4月

21日下午，县局举行“税收·发展·民生”税收宣传座谈会。部分纳税信誉好、贡献突出的纳税企业、个体纳税户以及特邀监察员、县级机关党委、县学习实践科学发展观活动指导组领导共30多人参加了座谈会。县局副局长赵周代表国税机关作出优化纳税服务的承诺，表示要结合“税收·发展·民生”的税法宣传主题，认真做好纳税服务，实现基层税务机关由管理监督型向执法服务型的转变，在征纳双方之间架起连心桥，营造征纳同心关注民生的和谐氛围。参加座谈会的特邀监察员和纳税人积极踊跃发言。到会指导工作的县级机关党委领导希望国税机关通过宣传、走访、座谈等形式加强沟通交流，建立互动机制和平台，扩大税收宣传效果，切实履行好促进经济繁荣、服务改善民生的重要责任。

【南涧税务分局与祥城税务分局结对帮扶 携手共建创新发展年】 南涧税务分局与祥城税务分局于2009年2月26日在南涧县国税局举行结对帮扶仪式，标志着两个税务分局“结对帮扶、携手共建”活动正式开始。祥城税务分局长、南涧税务分局长分别就事先达成的互联、互帮、互学、互助、互促共识作了发言，并签订了《结对帮扶 携手共建》意向书。一是建立定期沟通交流制度，对制度建设、落实上级重大工作安排部署情况进行经验交流；二是建立信息共享制度，对各自在税源管理工作中已取得的成熟经验、做法进行交流；三是组织实施“三个一”帮扶，年内至少给对方“提出一个建议，解决一个难题，办好一件实事”；四是开展交叉纳税评估；五是开展征管质量互查，及时发现和总结对方税源管理中存在的问题，并督促整改完善。

【全力支持小湾电站移民搬迁工作】 为积极支持国家大型水电站——小湾水电站重点建设，保证电站按期蓄水发电，全县45个部门承担分包1642人外迁的任务，其中县国税局分包7户28人。5月1日至7日，县局组成工作组先后5次深入距县城60多公里的移民居住地，挨门逐户做思想工作，关心移民群众生活，不分昼夜帮助移民户拆卸和搬运生产生活物资。8日，第一批外迁移民在专门车队护送下举家起程迁往新安置地，其中国税部门分包5户19人在专人护送下，于下午4点安全到达安置地点。5月10日，余下的2户移民如期顺利搬迁。

队伍建设

【机构设置】 2009年底有税务干部56人，工人3人，离退休干部20人。内设机构7个，级别为正股级，即：办公室、政策法规股、税政股、收入核算股、征收管理股、人事教育股、监察室。直属机构2个，级别为副科级，即稽查局、南涧分局。事业单位1个，级别正股级，即信息中心。根据大理州国家税务局关于机构设置的有关规定，以上机构中，信息中心与收入核算股合署办公，职责合并，在收入核算股加挂信息中心牌子；政策法规股与征收管理股合署办公，职责合并，在征收管理股加挂政策法规股牌子；监察室与人事教育股合署办公，职责合并，在人事教育股加挂监察室牌子。

【慰问农村高龄老党员】 9月10日，县局慰问组深入南涧县公郎镇官地村委会慰问农村高龄老党员。慰问组到村委会后，组织附近村子里生活的10名老党员座谈，向他们宣传中央精神，宣传国家改革开放30年的辉煌成就，表达对他们的敬佩和关爱之情。慰问组向他们一一发放了慰问金，表达了全体国税干部的深情问候。

【成色足 要求高 效果好】 12月14日上午，云南省国税局“巾帼文明岗”检查验收组对县局创建“巾帼文明岗”进行考核检查工作，县妇联主席邹智菊、县文明办副主任欧阳蕊到会指导。县国税局纪检组长张中群以图文并茂的多媒体形式，从“目标明确，理念清晰；制度严密，责任至上；以人为本强素质，文明服务创佳绩”等方面汇报了收入核算股（原计划征收股）创建“巾帼文明岗”的先进事迹。考核组根据听取汇报、实地检查、走访纳税人后，对县局“巾帼文明岗”的创建工作，给予“成色足，要求高，效果好”的评价。成色足：收入核算股13人全部是女性；要求高：“作风纪律向军人看齐，严格执法向法官看齐，文明服务向空姐看齐，环境卫生向宾馆看齐”的“四个看齐”标准高；效果好：坚持一张笑脸相迎，一把椅子请坐，一杯清茶解渴，一句您好暖心，一张办税须知，一次咨询到位，广泛开展岗位练兵，提高综合素质，效果明显。

（宇绍礼）

巍山彝族回族自治县国家税务局

经济概况

2009年，巍山彝族回族自治县实现生产总值（GDP）19.38亿元，按可比价格计算，比上年增长10.5%。其中：第一产业完成7.61亿元，同比增长6.0%，第二产业完成4.54亿元，同比增长13.6%，第三产业完成7.23亿元，同比增长13.1%，一、二、三产业结构分别为39:24:37，实现人均生产总值6289元。非公经济增加值完成10.08亿元，占全县生产总值的52%。万元生产总值能耗比上年下降4.93%。全县财政总收入1.55亿元，比上年增长11.05%，其中：地方财政一般预算收入9.69万元，比上年增长26.2%；财政一般预算支出6.14亿元，比上年增长31.52%。

税收概况

【收入完成情况】 2009年，巍山县国家税务局共组织税收收入合计6582万元（含免抵调25万元），占年计划6445万元的102.13%，超收137万元，占2008年7330万元的89.80%，减收748万元。其中：增值税收入4786万元，占年计划4300万元的114.51%，与2008年收入4924万元相比，减收138万元；消费税收入24万元，占年计划27万元的100.83%，与2008年收入29万元相比，减收5万元；企业所得税收入1481万元，占年计划1000万元的204.91%，与2008年收入2049万元相比，减收568万元，“三税”收入6291万元，占州局分配任务6190万元的101.63%，超收101万元，占县政府分配任务6200万元的101.47%，超收91万元；储蓄存款利息所得个人所得税收入65万元，占年计划55万元的118.18%，与2008年收入151万元相比，减收86万元；车辆购置税收入226万元，与2008年收入177万元相比，增收49万元。

【收入特点】 一是受全球金融危机的影响，税收收入出现了前所未有的下滑，完成税收收入任务出现了较大困难，工业企业增值税分行业有增有减，从分税目与2008年同期相比，增幅较大的是供电、水泥、砖瓦、非金属矿采选，具体比对数据为：供电收入23.58万元，占2008年18.13万元的130.09%，增5.46万元；水泥收入192.47万元，占2008年157.97万元的121.84%，增34.49万元；砖瓦收入36.91万元，占2008年25.49万元的144.82%，增11.43万元；非金属矿采选业收入108.43万元，占2008年31.35万元的345.89%，增77.08万元。分税目与2008年相比，除上面行业增长外，发电、玻璃及制品、造纸业、有（黑）色金属矿采选业、有（黑）色金属冶炼及压延加工业等行业都有不同程度的下降，具体比对数据为：发电收入272.71万元，占2008年371.81万元的73.35%，减99.10万元；玻璃及制品收入92.08万元，占2008年272.44万元的33.80%，减180.35万元；造纸业收入107.48万元，占2008年146.07万元的73.58%，减38.58万元；有（黑）色金属矿采选业收入940.16万元，占2008年1113.84万元的84.41%，减173.68万元；其他企业收入与2008年基本持平。

【税源分析】 受全球金融危机影响，县域总体经济下滑，从下半年开始有所缓解，国际精锑价格在3700~4000元/吨上下波动，较为平稳。反映到国税收入上出现有增有减，总体趋势较2008年有所下降。按重点企业纳税情况来分析，巍山县红大锑氧粉有限责任公司、巍山县雄诏锑业有限责任公司，均无入库税款，此2户税收与2008年相比净减552.38万元；巍山县红大锑业有限公司入库515.68万元，同比增收294.99万元；云南烟草巍山分公司入库1358.01万元，同比减收4.62万元；巍山县牛街矿业有限公司入库834.51万元，同比减收134.48万元；徐村电站入库272.71万元，同比减收99.10万元；云南华晶安厦玻璃制品有限责任公司入库89.44万元，同比减收182.87万元；大理州中药制药有限责任公司入库141.70万元，同比减收6.47万元；巍山县建宏经贸有限责任公司入库108.43万元，同比增收77.08万元；高炉水泥有限责任公司入库181.11万元，同比增收23.14万元；明兴纸业有限责任公司入库106.88万元，同比减收38.61万元；巍山供电有限责任公司入库234.28万元，同比增收53.02万元。

【税务管理】 2009年12月31日，巍山县国家税务局在册管户达2312户，税务登记率达100%；其中增值税一般纳税人年初67户，新增认定13户；注销2户，年末达到68户，定期定额核定户未达起征点管户新增96户达1953户（不含注销），达起征点管户新增4户，达148户，消费税管户注销减1户为33户，企业所得税管户新增3户达54户，小规模企业管户注销减17户为56户；普通发票用票户539户，增值税专用发票用票户59户。年纳税在50万元以上重点税源企业11户，实现应税销售收入3.8亿元，应纳税额3391.17万元，总体税负9.29%，重占税源占增值税收入总额4758.22万元的71.27%，增值税一般纳税人征收税款增值税收入的95.07%。从年初开始，局党组对年度征管工作高度重视，紧紧抓住纳税评估、税务稽查两个收入抓手，展开年度工作。一是强化组织、开展以组织收入为目标的纳税评估；二是开展普通发票检查打击发票违法犯罪活动专项工作，创新组织收入；三是全力以赴，为完成收入目标而奋斗；四是认真贯彻落实各项税收政策，确保政策执行到位；五是推进增值税一般纳税人纵深管理；六是加强延期缴纳税款管理；七是加强减免退跟踪问效管理，规避执法风险。

各项工作

【税收征管】 （一）认真贯彻各项流转税政策，确保政策执行到位。以紧紧抓住组织学习各项新的税收政策为重点，全面理解和正确把握政策精髓；不折不扣地把各项税收政策及时传达宣传到纳税人，落到实处。一是增值税转型政策贯彻落实。由于受金融危机影响较大，一般纳税人固定资产方面投资锐减，1~12月购入固定资产及工器具165.12万元，申报抵扣进项税额28.07万元；二是有色金属、非金属矿采选产品增值税调高政策贯彻落实。年内有色金属矿采选业1户、黑色金属矿采选业1户、非金属矿采选业1户；由于金融危机影响，1~12月征收矿产品增值税867.5万元，与2008年征收963.14万元相比，减收95.62万元；三是成品油税费改革政策贯彻落实。共有石油产品经营户5户，2009年1~12实现应税销售6856.09万元，应纳增值税75.42万元，总体税负1.1%，成品油税费改革实施，同期相比应税销售销售额仅增长1.91%，税款增加27万元，增长55.77%；税负增加0.38%。（二）推进增值税一般纳税人纵深管理。一是严把认定关；二是营造好的纳税服务；三是强化申报数据监控分析；四是做好增值税一般纳税人介质申报系统升级工作。（三）减、免、退税审批管理。一是积极受理，如实减免；二是积极引导、辅导纳税人创造条件，规范经营，取得免税资格；三是加强跟踪问效管理，规避执法风险。（四）增值税简易办法征收方式优惠。巍山县巍福琉璃瓦厂、巍山县巍乐机制砖厂、巍山县庙街机制砖厂、巍山县自来水有限责任公司四户企业符合条件，按6%征收增值税，截至2009年12月，企业申报按简易办法征收销售收入为106.81万元。（五）民政福利企业应纳增值税“即征即退”管理。2009年1~11月，巍山县红大锑业有限责任公司共实现销售收入3205.38万元，缴纳增值税141.41万元，由于系统原因，目前尚未进行退税。

【税收执法】 一是开展普通发票检查打击发票违法犯罪活动专项工作，创新组织收入。在组织工作检查组的基础上，加强对发票验旧工作审检管理，实现539户用票户，验旧发票2.35万份。开展普通发票检查打击发票违法犯罪活动专项工作，专项检查共开展企业39户，个体202户检查工作，查处一般性违规用票户77户，补税20.88万元，罚款1.05万元，月开票超定额征税8.36万元，实现补罚合计30.29万元，营造了良好的纳税环境。二是税收稽查。年内共检查各类纳税人13户，其中企业3户，个体10户，有问题户数13户，立案查处13户；查补税款161.51元，罚款1.7元，滞纳金7.3万元，查补总收入170.51万元，入库170.51万元；检查面4.7%，选案准确率100%，处罚率62.03%，入库率100%，结案率100%，案件公告率31%，案卷规范完整率100%。

【信息化建设】 一是加强网络维护，确保网络畅通；二是做好综合征管软件运行维护的各项工作。认真做好综合征管软件的日常维护和客户端升级工作；积极探索解决综合征管软件中发现的问题；三是继续做好金税系统的维护工作。积极推广应用红字增值税专用发票通知单开具管理系统。配合省局自行完成了升级工作，主导解决了客户端应用过程中出现的一些衔接问题；四是积极做好病毒防范工作，确保网络安全；五是做好“四小票”工作及软件升级；六是积极维护好车购税征收系统，确保一条龙数据质量；七是确保办公自动化网络的正常运行，积极推进税收信息化建设。

【内部管理】 一是围绕以优化服务、文明办税、勤政廉政、提高工作效率、精神文明建设为主要内容来组织开展工作，体现了中长远目标和阶段目标的有机结合，工作中结合大理州国税局提出的税源分析四级联动机制、三比一创建活动，形成税收业务工作的完整体系，同时，使全局工作保持了思路清晰、主次分明、整体联动、协调推进，干部、职工的精神面貌和工作作风有了明显的改善。在2009年的行风评议中取得全县第二、执法部门第一的好成绩；二是深入分析税收收入数据，完善收入分析工作机制；三是加强重点税源监控，完善重点税源管理机制；四是以科学发展为核心，执法力度明显提升；五是开展主题道德实践活动，推动形成良好社会风尚。

队伍建设

【机构设置、人员配置】 内设机构6个，即：办公室（6人）、人事教育股（2人）、监察室（2人）、税政股（3人）、征管股（2人）、收入核算股（9人）；直属机构1个，即：稽查局（5人）；事业单位1个，即：信息中心（1人）；税务分局1个，即：南诏税务分局（21人）；局领导4人，副调研员1人。全年在职干部职工56人，在职男干部为32人、女干部为24人，男、女干部比率为57:43。在职干部学历结构：本科生17人，大专生27人，中专生3人，高中生3人，初中生6人，所占比例为：30.35%、48.21%、5.35%、5.35%、10.7%。在职人员平均年龄45.26岁。

【领导班子建设】 建一流班子、带一流队伍、创一流业绩是县局始终坚持的工作目标。在这个目标指引下，增强领导班子的执政能力，不断加强自身建设，加强队伍建设，提升社会满意度。一是加强思想建设，提高指导实践、推动工作的能力；二是加强组织建设，提高整体功能和驾驭能力；三是加强政治制度建设，提高党组科学决策能力；四是加强作风建设，提高开拓创新、求真务实能力；五是加强廉政建设，提高从严治队、拒腐防变的能力。

【廉政建设】 强化“两权”监督，税收执法和行政管理行为进一步规范。根据《云南省国家税务局系统税收执法权与行政管理权监督制约实施办法（试行）》，围绕容易产生腐败行为的重要部门、关键岗位和薄弱环节，按照“管好权，用好钱，选好人的思路”，从行使“两权”的过程入手，就税收征收、管理、稽查、处罚四个环节和财务、基建、物资采购等方面规范了办事程序，完善了规章制度。围绕税收执法权，加大税收执法监察和效能监察力度，进一步提高税收征管效能和质量，规范税收执法行为，使权力运行始终置于严格的监督之下。不断创新监督手段，量化监督责任、拓宽监督渠道、深化监督内容、强化监督落实，综合运用执法监察、廉政监察和效能监察，采取巡视督查、检查考评、政务公开等有效措施，加强对税收执法权和行政管理权的监督制约，进一步规范了干部的税收管理和行政管理行为。

【文明创建】 开展创建文明行业活动，树立国税部门良好形象。按照省、州关于“文明单位”、“文明行业”评比条件，县局2009年的工作目标是向省委、省政府文明单位迈进，实际工作中，不断创新，更新服务理念，努力做好文明单位创建工作，巩固创新文明创建工作，在创建省委、省政府文明单位过程中，经常开展业务知识竞赛，搞活学、比、争、优活动，不断提高干部职工的业务素质，加强了以往年度的文明单位、先进集体的复查工作。把和谐社会建设与文明创建有机结合起来，把和谐创建贯穿到文明创建的各项活动中，为全面建设小康社会、构建和谐社会提供强大的思想动力，营造良好的社会环境。以树立社会主义荣辱观为核心，大力加强思想道德建设。2009 年分别获得了州委、州政府、省委、省政府授予的"文明单位"。

【教育培训】 一是狠抓以政治过硬为目标的思想政治教育培训，干部职工的政治素质、思想素质不断提高；二是狠抓以优质服务为目标的职业道德教育培训，全局创先争优的氛围日渐浓厚；三是抓住根本，围绕中心，在建立健全思想政治教育、职业道德教育的长效机制上下功夫；四是服务大局，按需施教，在着力提升干部职工税收业务能力和依法治税水平上求成效；五是不断深化对教育培训工作重要性、紧迫性的认识，积极把握规律性，富于创造性，增强实效性。

（吕家利）

永平县国家税务局

经济概况

2009 年，永平县生产总值（GDP）完成 14.73 亿元，其中：第一产业完成 6.12 亿元；第二产业完成 3.45 亿元；第三产业完成 5.16 亿元；全县完成财政总收入 1.4 亿元，其中：地方一般预算收入完成 9596 万元。农村居民人均纯收入 2467 元；实现工业增加值 2.4 亿元；全社会固定资产投资完成 6.34 亿元。

税收概况

【收入完成情况】 2009 年，永平县国家税务局共组织国税收入入库 4369 万元，同比增收 165 万元，增长 3.93%，完成计划任务的 111.19%。其中：增值税 2587 万元，同比减收 179 万元，减少 6.46%，完成计划任务的 99.89%；消费税 8 万元，同比减收 0.2 万元，减少 2.93%，完成计划任务的 99.78%；企业所得税 1559 万元，同比增收 298 万元，增长 23.64%，完成计划任务的 129.7%；储蓄存款利息所得个人所得税 34 万元，同比减收 45 万元，减少 56.88%，完成计划任务的 117.78%；车辆购置税 180 万元，同比增收 91 万元，增长 102.64%，完成计划任务的 180.33%。

【收入特点】 2009 年，增值税、消费税、储蓄存款利息所得个人所得税与上年比均有不同程度的减收；企业所得税、车辆购置税同比大幅增收。

【税源分析】 2009 年全县烟草、电力、石油重点税源企业实现增值税同比增收 80 万元，增幅不大；受国际金融危机影响加深，增值税重点税源中的矿冶等工业企业，由于产品价格持续低迷，产销不旺，加之融资困难等原因，全县 51 户工业企业中的多数企业全年处于停产、半停产状态，至 12 月底仍有 11 户不能恢复生产，6 户关闭，致使增值税同比减收 179 万元。储蓄存款利息个人所得税减收原因主要是税率调低。企业所得税大幅增收的主要原因是县烟草公司分配缴纳企业所得税同比增加 418 万元。车辆购置税成倍增收 91 万元，原因是国家实施"家电下乡"政策的刺激效应，购买摩托车农户增多。

【税务管理】 细化税务登记、澄清管户底子、加强税源监控、提高评估质量，年初对 17 户企业双定户和 963 户个体（起征点以上 116 户，起征点以下 847 户）的税额进行了调整，月增税额分别为 960 元和 1571 元。在强化"领导管户责任制"和"部门分片包干制"的基础上，税源管理分局扎实开展"三比一"创建活动，县局认真开展"百名干部进百企"活动，征管基础建设得到加强，税收征管质量明显提高。2009 年全县税务登记底子清楚、管理到位，全年应申报户次 5772，实际申报情况是：准期申报 5695 户次，迟申报 30 户次，逾期申报 47 户次。税务登记（认定）年末累计总户数 1828 户，其中：开业户数 1506 户；一般纳税人认定 45 户，其中：开业户数 45 户；小规模纳税人 1783 户，其中：开业户数 1461 户，停业户数 8 户，非正常户数 8 户，注销户数 297 户，特殊纳税人 9 户。

各项工作

【税收法制建设】 规范行政执法行为，做好税收执法考核信息系统运行工作，严格操作、考核、申辩调整和执法过错责任追究，做到规范执法；切实贯彻落实下岗失业人员再就业税收优惠政策，加强各项税收优惠政策的贯彻落实和执行管理，严格减免税审批程序；贯彻落实《行政许可法》，规范行政许可审批事项流程，加强已取消审批项目的后续管理工作；认真开展税收执法检查工作，严格税收执法，强化执法监督，按照州局、县政府要求对限制非公有制经济发展规定的相关文件进行清理。依据执法考核管理子系统操作规程，做好日常税收执法业务的考核工作，并按照省州局的规定记录考核子系统的日志。

【税收征管】 （一）各税种管理。1. 流转税管理。深入开展增值税纳税评估工作，2009 年把连续两个月出

现异常申报的重点税源纳税户均列入日常评估工作范围；并将税负较低的云南三江水泥有限公司永平分公司、永平县东景矿业有限公司、云南永平金泰矿业有限公司三户企业列为专项重点评估对象，对2007和2008两个年度的纳税情况进行评估，共检查运输发票328份，评估补税2.44万元。严格“四小票”和“农产品”抵扣税款管理，认真核查和审核；严格增值税一般纳税人资格认定管理；做好“一窗式”管理工作，推行一般纳税人介质申报，做到认定一户推行一户；扎实开展车购税政策业务及车辆税收“一条龙”管理，深入推行机动车销售统一发票开票软件，加强异常发票的核查工作，对高卖低开行为给予严厉处罚；对零税负、低税负和超低税负的企业采取有力措施进行重点监控和分析。全面做好个体税收的电子定税基础工作。2. 所得税管理。按照《企业所得税汇算清缴管理办法》开展企业所得税汇算清缴工作；规范企业所得税管理，实施分类管理和差别管理；严格财产损失所得税前扣除审批和减免税审批程序；开展企业所得税纳税评估工作；做好企业所得税申报管理软件的升级和发放工作；严格储蓄存款利息所得个人所得税管理，加强教育储蓄存款利息所得税免征个人所得税政策变动和调整的宣传，严把免税关。做好《中华人民共和国企业所得税法》的宣传和培训工作，把所得税各项工作落到实处。3. 出口退税管理。做好出口退税审核系统数据省局集中测试工作；加强出口企业出口不予退税货物的税收征管，对出口企业出口不予退税货物申报纳税情况进行清理；认真做好出口货物税收函调工作，对接收到的调查函，及时进行调查、复函。

（二）发票管理。完善发票管理体系，从发票的计划编制、领入、发出、缴销等环节建立健全发票管理基础台账，明确职责，落实责任，发票库房“三专六防”安全管理到位；发票运输做到专车专人专运，库存发票实行分类管理，落实发票验收、入库、保存、发放情况登记制度，按月编制上报《发票收、发、存情况表》，按月进行库存发票盘点，做到账实相符、账账相符和账表相符；加强发票发售管理，严格审核纳税人所提供的资料，坚持“限量供应、验旧售新”的原则；加强代开发票管理，严格代开发票范围与对象和相关证明材料的审核，坚持“先完税、后开票”的原则。强化发票检查管理，积极推行“以票管税”，维护正常的税收征管秩序，有效地监控税源，减少税收收入的流失。3月份完成了全县范围内从事商业零售行业使用发票情况的检查，企业检查面20%、个体检查面30%，其中重点检查户数20户。针对管理中发现的问题，7月份对全县2005年1月1日至2009年7月期间使用发票户进行了3种发票的大范围集中检查。检查发票使用户575户，其中企业42户，个体533户，检查面达100%；共检查发票141342份，其中企业126063份，个体15279份；发票违章处罚18户，其中企业2户，个体16户；罚款7400元，其中企业1050元，个体6350元；检查发票补税个体1.56万元，企业没有查补。查出2008年9月11日至2009年3月24日期间涉嫌骗购非法出售发票户26户，骗购《云南省商业零售统一发票》（万元版）共计19450份，属于团伙骗购发票案件，已进行了非正常户处理，并移送公安、国税联合专案组进行侦查处理。

【税收执法】 （一）税收宣传。在“税收·发展·民生”为主题的全国第18个税收宣传月活动中，重点抓好办税服务厅的宣传与服务工作规范问题，办税窗口日常宣传与服务的职能得到强化；加强了宣传网站（永平县国家税务局网站）和咨询热线的有效利用和监督管理；与永平二中联合开展了有奖征文活动，除毕业班以外的全部学生参加，历时15天，在有效期内共收集到征文350余篇，经学校语文教研组老师的精心评选，最终评审出获奖征文39篇，其中：一等奖1篇，二等奖4篇，三等奖8篇，优秀奖26篇。本次征文呈现出了关注民生、涵盖面广、质量较高三大特点，活动效果好于预期，取得圆满成功；税源管理分局每季度一次的“税法宣传例会”已形成制度，收效明显。（二）税务稽查。按照稽查工作规程，严格目标管理考核及执法责任追究制，不断提高稽查工作质量。稽查工作紧扣“创新发展年”工作主题，更新稽查理念，创新和改进稽查方式、方法和手段，坚持以整顿和规范税收秩序为目标，以查处和打击税收违法行为为中心，以组织分级分类稽查、专项检查和打击发票违法犯罪活动专项整治为重点，统筹安排，依法稽查，措施到位，充分发挥税务稽查“以查促管、以查促收”的职能作用。通过与税源管理部门的密切合作，2009年共查补入库税款56.19万元、罚款10.08万元、滞纳金2.3万元，合计68.52万元，提前59天超额完成上级下达的收入任务。（三）执法检查。对重点地区、重点行业、难点问题和薄弱环节，深入开展税收执法检查工作。税收法制部门充分运用税收执法管理信息系统，切实规范税收管理人员、征收人员和稽查人员的税收行政执法业务操作行为。

【税务管理信息化建设】 有局域网1个，人均拥有局域网节点1.5个，建立了以SDH为主干，DDH为备份线路的四级广域网络。全局拥有PC服务器4台，笔记本电脑19台，新更换微型计算机4台。计算机系统应用和维护严格按照《永平县国家税务局计算机管理办法》执行，全局的信息化建设的制度和措施得以进一步规范和完善，计算机管理使用制度、网络安全预案、信息保密制度等的执行更加到位；金税工程高质量运行，确保了安全畅通；综合征管软件补丁升级全年无差错运行；公文管理、财务软件、企业所得税申报管理系统等电子网络安全运转。涉税政府信息公开，受到纳税人好评。

队伍建设

【机构人员情况】 （一）机构设置。10月机构改革后，设派出机构1个：博南税务分局；直属机构1个：

稽查局；县局内设机构8个：办公室、监察室、人事教育股、收入核算股、税收政策股、征收管理股、政策法规股、信息中心。其中：监察室与人事教育股合署办公，政策法规股与征收管理股合署办公，信息中心与收入核算股合署办公。（二）人员配置。2009年人员编制57人，在职人员57人；设局长1人，副局长2人，纪检组长1人；博南税务分局15人；稽查局6人；办公室7人；人事教育股6人；收入核算股13人；税收政策股3人；征收管理股3人。退休人员16人，其中：提前退休人员3人。（三）职工生活及业余活动设施。建有职工食堂、健身室、工会活动室、阅览室各一个。

【领导班子建设】 坚持每个季度组织召开党组中心理论组学习，定期召开党组领导班子专题民主生活会；认真落实《监督办法》，强化领导班子建设，建立领导干部廉政档案5户，全面执行《大理州国家税务局对县市局领导班子考核暂行办法》的各项规定，认真执行局党组议事规则和局长办公会议制度。

【廉政建设】 聘请4名社会特邀监察员，抓好《税务系统领导班子和领导干部监督管理办法（试行）》的贯彻落实，组织开展好反腐倡廉学习教育；加强执法监察子系统考评，实现了对税务人员执法行为的事前、事中、事后的日常监督，起到了“电子监督员”的作用；全年无立项疑点出现。抓好《廉政公约》签订及走访回访工作。

【精神文明建设】 2009年的精神文明建设在创先争优的同时，主要做好“文明单位”、“巾帼文明岗”的一系列复查和保级工作。全年有6人被州局表彰为“精神文明建设先进工作者”，1人被省局表彰为“精神文明建设先进工作者”。国税文化建设扎实推进。2009年，按上级要求，结合税收工作实际，积极参与省州局组织的庆祝祖国成立60周年书法、美术、摄影作品征集及展览活动，并有多幅书法、美术作品被州局选送，其中1幅绘画作品《四季》被省局评选展出，并收录到省局编辑出版的文化丛书《瑞映之魂》一书中。

【教育培训】 2009年在全局开展了“税收政策我来讲”等一系列针对性较强的岗位专业培训和实战演练，有计划地选送干部参加省州局举办的各种业务培训。各级各类重点培训面达40.36%。通过各类各层次的专业培训，干部职工的税收业务技能和素质明显提高。

（陈荣光　曾昌田）

云龙县国家税务局

经济概况

2009年，云龙县国民经济综合指标完成情况较好，经济实现平衡较快增长。全县生产总值（GDP）完成16.25亿元，比上年增长13.5%。其中：第一产业完成5.39亿元，增长5%；第二产业完成5.97亿元，增长22.3%；第三产业完成4.89亿元，增长11.8%；一、二、三产业结构比例为33∶37∶30，第一产稳步增长，第二、三产业继续保持较快增长。财政总收入完成1.46亿元，比上年增长8.9%。其中地方一般预算收入完成8923万元，比上年增长8.2%。全社会固定资产投资完成20.86亿元，比上年增长31.2%。全社会商品零售总额完成4.23亿元，比上年增长16.19%。城镇居民人均可支配收入8555元，比上年增长7%；农民人均纯收入2100元，比上年增长18.85%。

税收概况

【收入完成情况】 2009年，云龙县国家税务局组织入库各项税收5797.9万元，其中：增值税收入4715.32万元，占计划任务的96.88%；消费税收入3.1万元，占计划任务的103.6%；企业所得税收入973.42万元，占计划任务的133.35%；储蓄存款利息所得个人所得税收入32.19万元，占计划任务的123.82%；车辆购置税收入73.85万元，占计划任务的211.01%。增值税和消费税（以下简称“两税”）完成州国税局考核任务的96.68%。

【收入特点】 一是矿业、冶炼、烟草批发、电力行业是云龙县税收收入的重要来源，其征收入库税收分别为524.11万元、1136.58万元、1226.69万元和1065.6万元，分别占“两税”收入总额（4707.10万元）的比重为11.13%、24.15%、26.08%，22.64%；二是受国际金融危机的影响，2009年税收入比2008年有所下降，主要是冶炼行业增值税比2008年减收2510.92万元，下降68.64%；三是矿业、烟草批发、电力行业比2008年有不同幅度的增长：矿业比2008年增收73.87万元，增长29.52%；烟草批发业比2008年增收848.81万元，增长224.56%；电力行业比2008年增收474.01万元，增长80.08%；四是加强税源管理和税收收入分析，提高税收计划的准确性；五是强化重点税源动态监控，实施“分人盯户”跟踪管理；六是实行收入进度与征管质量双向考核，确保了税收收入均衡入库。

【税源分析】 冶炼行业税收收入比2008年下降的幅度较大。由于以前年度冶炼行业税收占全县税收收入总额的比重较大，虽然其他行业税收有所增长，但其他行业税收的增长不足以弥补冶炼行业税收的减收。一是“两税”收入完成4718.42万元，比2008年增收0.03%，增收1.32万元，占收入总额的81.38%。年度税收收入总额中，矿业、冶炼、烟草批发、电力、制造行业共计缴纳增值税3958.12万元，占收入总额的68.27%；批发和零售业比较稳定，完成税收收入630.81万元；二是企业所得税收入完成973.42万元，比2008年增收177.42万元，增长22.29%；三是个人所得税收入完成32.19元，比2008年减53.78%，减收37.46万元；四是车辆购置税收入完成73.85万元，比2008年增长121.27%，增收40.46万元。

【税务管理】 按照省国税局“创新发展年”的工作思路，突出强化管理提升质量，增强责任提高效率；突出推动落实促进发展，增进和谐提升形象。一是组织落实“三比一创建”活动。诺邓、漕涧税务分局分别与大理市凤仪、喜州税务分局结对，开展“比执法规范、比管理精细、比优质服务，创建科学管理先进分局”的活动；二是规范完善税收管理员制度。细化个体和企业税收管理员岗位职责，从根本上解决“疏于管理，淡化责任”的问题；三是规范车辆税收“一条龙”管理；对“医保”定点零售药店实行“按月申报纳税，按月比对监控制度”；加强对代开大额发票事项的审查和管理。全年共增加税收收入30.9万元。

各项工作

【税收法制建设】 （一）税收执法工作。运用税收执法管理信息系统，以执法管理系统监控税收执法人员的工作，及时了解和更正执法过错，并将执法过错列入目标管理考核的重要内容，对因执法过错被州国税局通报的，对直接责任人实施经济惩罚。全年业务累计13487项，产生过错行为5户条次，执法过错分别为“税款开具通用完税证未按期上解”2户次（扣分4分）、“处罚依据错误”3户次（扣分15分），执法责任过错比上年下降26%；申辩调整2户次，申辩调整无过错2户次，调整率40%。基于规范税收执法行为、及时纠正税收执法过错、有效防范和规避税收执法风险，对增值税转型改革相关政策、增值税暂行条例及实施细则修订和成品油消费税政策进行广泛宣传。（二）继续推进“五五”普法工作。以“五五”普法为契机，将公务员培训与对纳税人的宣传教育相结合，突出学习为重点，指导干部职工更好地学法用法，提高执法水平。

【税收征管】 强化依法治税、税法宣传、税源监控、所得税收入与增值税销售收入差异分析、纳税评估、信息化和专业化征管。（一）规范户籍管理。2009年，共计征管户数1940户，其中：企业140户、事业1户，其他1户，个体户1798户。一般纳税人35户，比上年增加5户；储蓄扣税179户，比上年增加90户；个体工商业户使用发票情况为起征点以上用票127户，未达起征点以下用票427户。（二）加强税收征管分析，整改落实税收征管存在问题，对未进行税种登记户（3户）进行税务登记信息注销处理；对逾期未申报信息户（7户）进行分析处理；对纳税申报与入库税款有差异的户数进行比对，并对票、表比对差异超过1万元的小规模纳税人101户，进行相应的处理。（三）发生并追缴欠税。2009年发生云龙县××有限责任公司3月份欠缴增值税14.71万元，虽经全力追缴但截至年终未能追缴入库。（四）发票管理。对全县普通发票的内控制度、携票走逃失踪户情况、发票用票户情况、发票用量与征收信息比对异常、发票验旧的问题进行检查。（五）零散税收清理工作。对功果、苗尾电站及重点工程项目建设使用的砂石、砖瓦等建筑材料进行清理，共查补增值税71.38万元。（六）落实全州国税系统“百名干部进百企 优化服务保增长”的活动。实行中层以上干部（24名）对重点纳税户（24户）进行一对一“盯户促征管”的办法，查补增值税313.41万元、所得税33.13万元。（七）纳税评估工作。对9户企业实施纳税评估，评估出有问题企业5户，查补增值税16.8万元、企业所得税3.23万元。

【税收执法】 （一）税收宣传。2009年税收宣传始终坚持广泛性与实效性相结合的原则，不断总结经验，在宣传形式上求创新，在宣传效果上求突破，及时、广泛、深入地开展了一系列以“税收·发展·民生”为主题的税收宣传活动。在县城主要街道和景点悬挂税收宣传布标5幅，粘贴宣传画和宣传标语；开展税收宣传进校园活动，印制1000份宣传资料赠送县城两所中学在校学生；结合州局“三比一创建”活动，将税法新政策、新知识整理汇编成册，在第一时间送达到纳税人；深入离云龙县城60千米的团结彝族自治乡河南村茶厂宣传税法；到白石、漕涧、关坪、旧州4个乡镇“集市”设立咨询台，现场解答群众涉税疑问，共发放税收宣传资料600份，解答群众咨询2350人次；送税法进商店32家。（二）税务稽查。一是通过税收专项、分类检查、日常检查。全年检查纳税户13户，经检查有问题户数11户，查补入库12.96万元，其中增值税5.05万元、企业所得税3.23万元、滞纳金1.92万元、罚款2.76万元。二是实施“阳光稽查”。实施查前告知制度，对20户纳税户送达《税务稽查查前告知书》，自查有问题纳税户14户，自查入库57.24万元，其中增值税49.86万元、企业所得税2.71万元、滞纳金4.67元。（三）税收执法检查。成立局长为组长的税收执法领导小组，办公室设在综合业务股，以保证执法检查工作的顺利开展；进一步规范税务违法案件复议委员会、税务案件听证委员会、违法案件审理委员会工作。税收执法权方面。地方党委政府及其他部门没有制定涉税文件、会议纪要、办公纪要等；减免税审批、缓税审批等行政许可、审批事项合法，2009年减免企业所得税的企业有5户，其中由省国税局审批4户减免企业所得税214.43万元、县局审批1户减免企业所得税274.11万元；严格按执行《关于实施税务行政许可若干问题的通知》和《关于普通发票行政审批取消和调整后有关税收管理问题的通知》规定，全年对8户企业增值税防伪税控系统最高开票限额的审批进行了审批。（四）依法治税。全年整顿和规范税收秩序共检查纳税人682户（次），检查有问题240户，合计查补入库316.77万元，其中增值税292.20万元、企业所得税6.5万元、罚款

3.22万元、滞纳金14.85万元，对2户有违法、违章行为的纳税户进行了公告；2009年7月，对全县普通发票的内控制度、携票走逃失踪户情况、发票用户情况、发票用量与征收信息比对异常等问题进行检查，查补增值税20.66万元，对发票日常管理中的薄弱环节进行整改。

【税收管理信息化建设】 2009年信息工作紧紧围绕“创新发展年”工作主题，强化责任意识，加强基础管理，保障技术支持与服务。一是根据省、州、市、县、区局对信息化人才不同的需求，有针对性的培养信息化人才；二是借助网络拓展，远程教育系统项目开发，培养既懂技术知识又懂业务知识的复合型人才；三是2009年运用的系统和软件主要是：综合征管软件、防伪税控系统、办公自动化系统、数据监控系统、税收执法系统、四小票系统、车购税系统、机动车销售开票软件，全年共维修各种硬件问题56次；四是与广电公司、联通公司合作，顺利完成A、B线路的准备、施工、验收，确保了网络的安全与通畅；五是与金证公司合作，完成网络远程教育系统建设，高清视频会议顺利开通；六及时排查安全隐患，定期对数据进行备份，年内无重大网络安全事故发生；七是完成大厅华冠UPS电路改造，实现大厅业务操作不断电。

队伍建设

【机构设置、人员配置】 县局内设机构7个、级别为正股级，即：办公室、政策法规股、税政股、收入核算股、征收管理股、人事教育股、监察室；直属机构1个、级别为副科级，即稽查局；事业单位1个，级别正股级，即信息中心。根据县局人员情况和工作需要，以上机构中，信息中心与收入核算股合署办公，职责合并，在收入核算股加挂信息中心牌子；政策法规股与征收管理股合署办公，职责合并，在征收管理股加挂政策法规股牌子；监察室与人事教育股合署办公，职责合并，在人事教育股加挂监察室牌子。信息中心主任、政策法规股股长、监察室主任分别由收入核算股股长、征收管理股股长、人事教育股股长兼任，并在收入核算、征收管理、人事教育3个股增设1名副职（副股级）分别主管信息中心、政策法规股、监察室的各项工作。

【领导班子建设】 县局系统实行垂直管理的领导体制，总编制共65名，其中：行政编制59名，事业编制6名。县局领导班子职数5名：局长1名，副局长3名，纪检组长1名。稽查局长1名，副局长1名；诺邓税务分局长1名，副局长2名，漕涧税务分局长1名，副局长2名。股级领导职数23名。

【廉政建设】 （一）加强学习，提高政治素质。按照加强党的执政能力建设和提高党的纪律检查工作“五种能力”的要求，以创建“学习型纪检监察干部队伍”为载体，从思想、作风、组织、业务等方面进一步加强自身建设。（二）完成年度主要工作。一是狠抓党风廉政建设，层层签订《廉洁自律责任书》，把党风廉政建设责任贯彻落实到每一名干部职工；二是关注税收执法管理信息系统运行情况，2009年无执法疑点产生；三是参观大理州反腐倡廉警示教育基地——大理监狱，接受反腐倡廉警示教育；四是组织中层以上领导干部收听云南人民广播电台“金色热线”栏目云南省国家税局领导现场回答听众的咨询和投诉；五是组织学习王瑛同志先进事迹；六是组织中层以上干部21人集中收听州局上线大理人民广播电台“政风行风热线”栏目；七是回访走访一般纳税人、小规模企业、双定户82户，未发现税务干部在工作中“吃、拿、卡、要、借、报、赊”问题，满意率达100%；八是年内无违法乱纪案件的发生。

【精神文明建设】 2009年，县局被大理州政府授予“大理州税务系统先进集体”称号。

【教育培训】 围绕“创新发展年”工作主题，政治思想上切实开展好学习实践科学发展观活动。业务培训方面重点举行了新所得税法、增值税条例、消费税条例、稽查业务知识的培训。学历教育方面，2009年在职干部取得本科学历5人，专科学历1人，6人在读本科，全局干部综合素质得到很大提高。

（林光武）

洱源县国家税务局

经济概况

2009年，洱源县完成生产总值（GDP）21.5亿元，比2008年增长10%，其中：一、二、三产业分别达7.8亿元、6.1亿元、7.6亿元，同比增长6.5%、7.6%和15.8%．实现社会消费品零售总额5.9亿元，同比增长15%。完成财政总收入1.56亿元，同比下降8%，其中地方一般预算收入完成1.01亿元，同比下降3%。财政总支出达6.52亿元，同比增长38%。全县完成工业总产值25.6亿元，同比增长11%，完成工业增加值4.9亿元，同比增长5.1%，实现主营业务收入24.14亿元，同比增长15.34%。规模以上工业企业完成工业总产值20.69亿元，同比增长11.7%。完成工业固定资产投资2.4亿元，同比增长179.7%。

税收概况

【收入完成情况】 2009年，洱源县国家税务局组织入库税收收入5412.39万元，占年度任务数5343万元的101.29%。“三税”入库5253.16万元，占计划任务的100.06%，较2008年增收7.29万元，增长0.15%，其中：增值税入库4281.22万元（含免抵调库增值税340.12万元），消费税入库13.10万元，企业所得税入库958.85万元；车辆购置税入库100.61万元，占计划任务的233.58%，储蓄存款利息所得个人所得税入库58.61万元。全年中央级收入入库3935.10万元，地方级收入入库1477.29万元。

【收入特点】 一是总体收入同比减收，分税种入库情况同比不均衡。二是各税种完成情况各异。增值税、消费税达进度超同期；企业所得税达进度欠同期；车辆购置税超进度超同期；个人所得税超序时欠同期。三是主要税收同比减多增少。商业批发、电力、建材产品、有色金属矿产品、矿盐品目减收。商业零售、奶制品、专业设备制造业增收。四是分企业类型构成比重发生变化。

【税源分析】 在国税所管五税种中，增值税和企业所得税是洱源县主体税种，主体税种收入进度决定了年度计划任务增减变化。（一）增值税共涉及20个行业，主要有7大品目，2009年7大品目呈“三增四减”，主要增减收因素分析：1. 有色金属矿产品业：主要矿产品生产企业产品滞销，价格下跌，停产时间较长，实现增值税同比减收。2. 发电、供电品目双双减收：一方面主要是增值税新政策，购进小规模纳税人电站电力增值税征收率下调为3%，以及购进固定资产允许抵扣进项税额；另一方面由于高耗电矿产品冶炼行业处于停产半停产状态，电力消耗量不能得到充分拉动，均影响了电力行业税收收入增长。3. 商业批发业：由于云南烟草大理州公司洱源县分公司增值税分配数同比净减91万元是该品目减收主因。4. 商业零售业：小规模纳税人增值税征收率从2009年1月1日起由原来6%、4%统一调整为3%，按当期实现销售计算该项年累计减收将达80万元左右；但是由于成品油、图书、煤炭、摩托车销售企业税收同比增长，增减因素相抵后商业零售品目税收仍同比增长。5. 奶制品业：企业产品出口受阻，但企业积极应对危机，调整产品结构，开辟国内市场，内销增长较快，虽调库收入同比减收408万元，但总体收入同比仍增收。6. 矿盐：乔后盐矿由于前期老矿井枯竭，新矿洞问题频出，运输、燃煤供应等问题不断困扰企业，生产开开停停，全年61000吨生产指标只完成44072吨，影响了税收收入增长。7. 建材产品行业：收入主要来自洱源××水泥有限责任公司，该企业属于生产工艺落后，产品质量不稳定、高耗能高污染的小型水泥生产企业，受市场竞争的影响，企业产销呈下滑趋势。（二）企业所得税主要增减收因素分析：该税种收入主要来源于云南烟草大理州公司洱源县分公司，1～12月州分数同比净减233万元，对总体收入产生了较大影响。而其他新办企业所得税一方面加强日常管理与辅导工作，另一方面加大纳税评估和稽查力度，收效明显，同比净增54万元。（三）认真贯彻执行国家税收优惠政策，1～12月共办理减免税604万元。

【税务管理】 从年初开始，县局就以“创新发展年”各项工作要求，明确作出了把税源管理作为今年组织收入工作主战场，突出向管理和服务要收入，切实提高税源管理质量和效率的具体工作部署。一是高度重视税收分析预测工作。认真落实“税收管理员—税源管理分局—县市局—州局”四级联动税收分析机制。二是重视落实管理责任。在税收管理员中认真开展“比执法规范、比管理精细、比优质服务，创建科学管理先进分局”的“三比一创建”活动。重视税源管理经验交流，提高税源管理水平。茈碧湖税务分局与鹤庆县云鹤税务分局之间组织开展一对一“结对交流管理经验”活动。三是加强户籍管理工作。进一步发挥税收管理员在户籍管理中的重要作用，加强纳税人户籍的静、动态监管和实地巡查，落实管户责任。按照“一户式”管理的要求，不断加强与地税、工商等部门的协调配合，做好信息共享比对，大力清理漏征漏管户。不断加强对各类税收优惠政策落实情况的监控分析。加强农产品税收管理，在机制砖、梅果等加工行业，积极推行原材料、能耗预约管理办法。加强烟草、矿业、电力、乳品等主要税源和增值税一般纳税人的控管。建立完善的“四位一体”互动机制。进一步理顺了工作流程，落实税收经济分析、企业纳税评估、税源监控和税务稽查的良性互动，实现了以分析引导评估、以评估协助检查、以检查促进管理。四是重视以服务促进管理，提升质量效率和国税形象。按照州局的统一部署认真组织开展纳税服务“六个一”活动。五是重视提升领导干部指导税源管理工作的能力，发挥表率作用。为进一步加强与重点税源企业的沟通与联系，更好的为企业服务，结合本县重点税源实际，选择了16户重点税源企业，开展了“领导班子进企业”活动。六是重视收入进度考核，强化收入责任。将收入任务层层分解，签订收入目标责任书，相关股室挂钩联系，分管领导直接联系，使人人有任务、个个有担挑。

各项工作

【税收法制建设】 一是切实加强了执法监督检查。制定和完善执法检查工作制度和操作办法，有效落实税收执法责任制，加强执法综合评价和问题反馈处理，进一步解决了执法检查中形式多于内容、执法分析评估不到位、执法责任追究不落实等问题。二是提高税务案件审理质量和效率。进一步适应分类稽查工作需要，加大税务稽查工作力度，不断规范税收法律文书，做到对法律依据的引用完整、准确、适当，努力把审定的案件办成铁案。三是结合深入开展“五五”普法工作，认真做好税法宣传，提高全社会公民依法纳税意识。四是进一步整顿和规范税收秩序，继续加大稽查力度。根据上级局专项检查的统一部署，结合案发特点，对一些税收秩序比较混乱、征管基础比较薄弱的行业和企业开展了税收专项整治。

【税收征管】　（一）对全年收入进行了实事求是的分析预测后，针对县域经济税源总量和规模低，财源结构单一，后续财源增长乏力，部分税源出现萎缩，收入任务十分严峻的实际，积极采取措施加大组织收入工作力度。一是认真抓好征收服务工作，确保正常税款的组织入库；二是切实加强重点税源企业的征管力度，建立班子成员联系重点企业制度，对年纳税10万元以上企业实行跟踪管理，实时掌握其生产经营情况，分析预测其税收增减变化趋势，增强组织收入的预见性；三是在充分调研的基础上，根据矿业、乳品、水电、梅果等特色行业生产经营特点，设立税收预警指标，建立纳税评估模型，提高科学管理水平，挖掘税收增长潜力；四是进一步发挥税务稽查的职能作用，以查处税收违法案件为突破口，严厉打击偷、逃、骗取国家税款的行为，提高纳税人的税法遵从度，确保税款足额入库；五是及时督促免抵调库企业收集出口货物单证，加紧审核，与上级出口退税管理部门及时沟通，办理免抵调库工作。（二）提高纳税评估工作质量。对3个月以上“进大于销”且留抵税额较大、税负较低、滞留票金额较大和长亏不倒的企业进行了重点评估，适时开展分行业、分产品的专项评估。2009年通过开展纳税评估，查补入库税款41.99万元，加收滞纳金1.69万元，所属2009年1至11月份全县一般纳税人增值税总体税负从上年同期2.28%提高到2.82%。（三）针对右所、邓川两片区大蒜经营业户存在点多面广、经营分散、季节性强和征收难度大的实际情况，从2009年12月7日起对右所、邓川地区大蒜行业增值税漏征、漏管户进行专项清理，取得阶段性成效。（四）摩托车下乡实行财政性补贴等优惠政策极大的刺激了摩托车消费市场，县局推出“三心”服务，即细心宣传、热心辅导、贴心服务。（五）对小规模纳税人管理过程中做到“四个到位”，即管理服务到位、培训服务到位、税收宣传到位、政策执行到位。全年小规模纳税人共入库税款700余万元，较2008年增收100多万元。

【出口退税管理】　云南新希望邓川蝶泉乳业有限公司，是国内拥有进出口经营权的乳制品生产企业之一。县局优化纳税服务，进一步简化企业申报出口退税流程，一是实行即报即审即批，缩短审批时间；二是简化出口货物免抵退税备案单证管理制度，提高出口货物免抵退税办税效率，降低公司申报出口货物退免税成本，为公司生产经营提供优质的服务和宽松的经营环境。2009年，尽管公司出口产品较上年731万美元减少301万美元，下降41.17%，但内、外总体销售及增值税增加。

【发票管理】　一是大力宣传发票开具及违章处罚规定，规范普通发票使用管理；二是严格普通发票供票资格认定，正确核定纳税人的购票种类、数量和票面限额；三是做好普通发票的日常巡查工作，对领购普通发票三个月以上未缴销的纳税人，管理员及时到户核查，并督促纳税人到办税服务厅进行发票验旧；对发票开具超定额的，及时补税并调整定额；对违规开具发票的严格按管理办法进行处罚。

【税收执法】　（一）依法行政意识不断增强，税收执法水平有较大提高。一是各项税收政策规定和规范化管理制度贯彻落实到位，2009年对新所得税法涉及29户纳税户进行了执法检查；二是以专项检查和分级分类检查相结合的原则开展分级分类稽查，案件稽查始终按法定程序进行。（二）在税收执法管理管理上，一是严格执法考核；二是加强分析应用工作；三是加强对执法过错行为的全过程监督和及时处理，及时修正数据，将过错行为降到最低；四是严把申辩调整质量关，严禁出现虚假调整行为；五是全体干部职工树立大局意识，进一步增强责任心和事业心，对每一项业务的处理做到及时、准确、完整。

【税收宣传】　在全国第18个税收宣传月期间，结合实际制定实施意见，紧紧围绕“税收·发展·民生”的主题开展五大系列宣传活动。一是围绕主题结合学习实践科学发展观活动重点宣传与公民生活密切相关的税收收入、税收政策、税收管理和纳税服务等有关内容；二是结合企业所得税汇算清缴工作，利用上门辅导、现场咨询等多种形式，收集、解答纳税人企业所得税汇算清缴纳税申报中的各类问题，提高企业纳税申报质量；三是结合新企业所得税法、增值税转型相关政策的实施加强纳税辅导，广泛开展税收宣传；四是结合打击发票违法犯罪活动，重点宣传发票法规、发票真伪辨别等知识，提高公民发票维权意识；五是结合贯彻阳光政府“四项制度”，将本单位应向社会公众进行听证、公示、通报和公开的重大决策、重要事项、税收法律法规、办税指南及办理时限等认真梳理后在洱源县政府门户网站进行公开，及时对增值税转型相关政策、车辆购置税政策调整及近期税收优惠政策、税收法律、法规、纳税服务等及时公开，方便公众查询和监督。

【税务稽查】　一是继续加大稽查力度，进一步提高稽查局的处罚率和入库率；二是积极配合州稽查局开展实施好分类稽查工作（2009年是县级实施分类稽查的第一年）；三是认真开展专项检查；四是加大大要案查处力度。继续严厉打击虚开和故意接受虚开增值税专用发票和其他可抵扣票，以及利用做假账、两套账、账外经营偷税等行为。对特别重大的案件实行与公安等部门联合办案，依法做好案件移送工作。加强案例分析，查找管理漏洞，完善管理办法，改进办案方法，以查促查、以查促管。2009年共开展日常稽查和专项检查11户，检查出有问题9户，查补税款50.56万元（所得税款9.23万元、增值税税款36.18万元），加收滞纳金5.15万元。

【税务管理信息化建设】 一是积极落实三大主流业务系统整合，认真做好金税三期建设各项准备工作。进一步加强业务与技术整合，优化岗责体系，梳理业务流程。部门间积极配合，信息部门认真做好技术保障，在确保增值税一般纳税人资格认定、发票发售、纳税申报、出口企业登记与申报顺利进行的同时，使应用系统间做到兼容、联通，不断提高信息资源利用水平。二是认真做好税收信息化运行维护工作，进一步提高系统数据运维质量，充分发挥计算机设备功效和使用效率。三是努力推进系统软件的拓展应用，提高软件应用效率。进一步提升综合征管软件、数据监控分析系统、所得税申报管理软件等系统性能，确保车购税、人事档案、财务管理、档案管理等软件的推广应用。

队伍建设

【机构设置、人员配置】 2009年9月机构改革后，内设机构7个，正股级，即：办公室（6人）、政策法规股、税政股（3人）、收入核算股（13人）、征收管理股（3人）、人事教育股（3人）、监察室。直属机构：1个，副科级，即稽查局（6人）。派出机构：2个，副科级，即：茈碧湖税务分局（14人）、邓川税务分局（7人）。事业单位：1个，正股级，即信息中心。根据县局人员情况和工作需要，以上机构中，信息中心与收入核算股合署办公，职责合并，在收入核算股加挂信息中心牌子；政策法规股与征收管理股合署办公，职责合并，在征收管理股加挂政策法规股牌子；监察室与人事教育股合署办公，职责合并，在人事教育股加挂监察室牌子。年末全局在职干部职工60人，其中：公务员58人、工勤人员（驾驶员）2人；男干部为47人、女干部为13人。全局平均年龄42.96岁。有中共党员27人。年末实有退休干部16人，其中：提前退休1人。学历结构：本科22人，占36.67%，大专27人，占45%、中专及其以下11人，占职工总数的18.33%。

【领导班子建设】 设有党组书记、局长1人，党组成员、副局长2人，纪检组长1人，皆为本科学历，平均年龄42.75岁。长期以来，局领导班子进一步加强学习，将党组中心学习组的定期学习与日常工作结合起来，努力提高班子的政治思想素质和业务技能，坚持用科学发展观统领税收工作，不断提高分析形势、把握大局、服务大局的能力；提高做思想政治工作、群众工作、带好队伍的能力；提高依法治税、规范行政的能力；提高求真务实、开拓创新的能力；提高科学化、精细化管理的能力；提高拒腐防变、经得起各种诱惑和考验的能力。领导班子建设正向学习型组织、创新型团队、实干型集体、廉洁型班子的方向迈进。

【加强党风廉政建设工作】 一是认真贯彻落实州、县党风廉政建设会议精神，安排部署2009年党风廉政建设工作；二是认真抓好党风廉政建设责任制贯彻落实，层层签订《党风廉政建设责任书》和《税务干部廉政保证书》，并做好督促检查工作；三是坚持抓好重点教育、特色教育和认真开展好每季一次的“法纪教育日”和每月一次的“纪检日”活动，筑牢思想道德防线；四是抓好《廉政公约》的续签监督检查和走访回访工作，从源头上预防为税不廉行为的发生；五是紧紧围绕全省国税系统“创新发展年”的要求继续抓实机关作风建设，将效能政府“四项制度”以及阳光政府“四项制度”要求贯彻到各项国税工作中去，清理和完善现行的各项规定、制度，坚持上、下班实行“双签到”制度，廉政谈话制度，24小时值班制度，公务用车制度，公务接待详细登记制度，遇有重特大事故及时报告制度，着装挂牌上岗制度；六是继续加强纪检监察部门自身建设。要求纪检监察干部加强学习，在提高自身综合业务素质的基础上提高监察工作质量效率。

【精神文明建设】 2009年，进一步加强精神文明建设工作，创建工作取得可喜成果，分别被省委、省政府、省国税局和州委、州政府命名为“文明单位”；县局计征股被县妇联授予洱源县城镇妇女“巾帼文明示范岗”荣誉称号。建党88周年庆祝大会上，段建斌同志荣获“优秀党务工作者”、张银生和王国锋二同志荣获“优秀共产党员”称号，受到了中共洱源县委的表彰。8月，在国地税成立15周年纪念会上，洱源县国税局被州政府授予“先进集体”；蒲绍旺、刘云菊和张立军三同志被表彰为大理州税务系统“先进工作者”。

【教育培训工作】 在积极推荐参加省州局各类培训的同时，2009年1月上旬举办增值税转型业务培训，3月举办新企业所得税年度纳税介质申报系统培训。年内在努力搞好短期培训的同时继续支持学历教育的面授工作，先后有4期27人次参加昆明理工大学组织的面授，2009年在职学历教育22人中，已取得本科学历5人，大专学历5人，还有12人本科在读。

（戴汝忠　赵天甲）

剑川县国家税务局

经济概况

2009年度，剑川县完成生产总值（GDP）11.07亿元，较2008年增长1.86%，其中：第一产业总值3亿元，增长17.7%；第二产业总值4.77亿元，下降10.9%；第三产业3.3亿元，增长12.6%；产业结构比例为27.1:43:29.9。完成财政总收入1.43亿元，下降10.14%，其中：地方一般预算收入9362万元，增长23.01%；财政支出4.97亿元，增长32.25%。全社会固定资产总投资4.84亿元，增长27.9%，社会消费品零售总额3.50亿元，增长16.4%。

税收概况

【收入完成情况】 2009年，剑川县国家税务局共组织税收收入4898万元，完成州局调整“三税”考核收入任务数4778万元的100.64%，完成县政府调整“三税”考核收入任务数4810万元的100.43%。分税种入库情况为：增值税4176万元，消费税3.6万元，企业所得税631万元，储蓄存款利息所得个人所得税51.6万元，车辆购置税35.6万元。“三税”收入4810.6万元，圆满完成了州局和县政府调整后的“三税”收入任务。

【收入特点】 一是税收收入出现大幅下降，较2008年减收4282万元，降幅达46.64%。分重点品目看，商业入库836.19万元，比2008年减收51.93万元，下降5.85%；电力入库896.24万元，减收248.35万元，下降21.70%；建材水泥入库1726.11万元，增收548.56万元，上升46.59%；有色金属矿产品入库158.88万元，减收528.92万元，下降76.90%；原煤入库196.01万元，增收46.18万元，上升30.81%；其他品目入库362.27万元，同比减收3794.63万元，下降91.29%；二是增值税、消费税、个人所得税、企业所得税、车辆购置税五个主要税种，收入情况呈现“四增一减”态势；三是大部分重点品目税收收入较2008年出现大幅度下跌，仅有少数品目受政策、市场产销两旺、稽查查补力度加大等因素影响出现增收态势，这也是造成组织收入十分困难的另一方面原因。

【税源分析】 （一）重点税源分析。由于受国际金融危机的冲击，云龙县域经济增速放缓，企业经营困难加大，企业主要产品销售价格处于低位，原材料价格攀升、供需不平衡，半数以上工业企业停产停工，税源严重萎缩。以有色金属行业为首，增值税因锌锭价格下跌影响，多数从事有色金属冶炼及压延加工企业处于停产状态，即使处于半停产的企业也因未实现销售，税收贡献几乎为零；受工业用电下降和水源干枯的不利影响，电力品目中发电和供电品目增值税收入均下降；其他品目的减收原因主要是受黑色金属冶炼及压延加工业、有色金属采选业、食品制造业和家具制造业减收的影响，黑色金属冶炼业减收3772万元，有色金属采选业减收30万元，食品制造业减收10万元，家具制造业减收18万元。（二）宏观税负分析。黑色金属冶炼及压延加工业税负同比下降7.79%，煤炭洗选业因提高矿产品的税率，税负同比增长2.44%，建材品目税负率同比增长1.46%等3个因素的共同作用，一般纳税人税收负担率较2008年上升0.08个百分点，达到6.24%，比全州税收负担率高出2.32个百分点，位居全州第六名。

各项工作

【税务管理】 结合省、州局提出的“创新发展年”各项工作部署，紧紧围绕“领导坚强、队伍整洁、素质过硬、服务优良、绩效明显、形象良好”的总体目标，坚持“突出重点、突破难点、补足弱点、实现亮点”的工作方法，遵循“创新税源监控方式、税收执法手段、税源管理方式、信息科技支撑、干部激励机制，实现组织收入、依法治税、税收征管、纳税服务、队伍建设工作的创新发展”要求，准确把握经济社会及国税事业发展面临的新形势和新任务，新机遇和新挑战，不断寻求和探索工作的新思路、新途径和新方法。紧紧围绕“抓大、控中、规范小、努力缩小收入差距”的税源管理工作思路，四个强化力争最大限度缩小与税收计划的差距。一是强化收入分析，确保税款依法入库。始终围绕实现阶段性目标，按月通报税收任务完成情况，按季度进行考核，促进了收入任务的落实。二是强化税源管理，完善税源监控体系。对重点税源、重点行业、重点企业实行领导管户制，加强跟踪管理，确保重点企业的税款及时征收入库。三是强化税政管理、挖掘新的税收增长点。通过有层次、多角度地开展纳税评估工作，挖掘新税源，积极为企业解决税收难题，着力挖掘新的税收增长点。四是强化清欠力度，确保税款应收尽收。以“三比一创建活动”为契机，加大税源管理力度，提出向管理要税源，向稽查要收入的目标，真正实现税源转化为税收。

【税收征管】 （一）不断加大重点税源管理力度。一是增加重点税源税收管理人员，充实税收管理力量；二是实施领导管户制度；三是加强税收政策宣传，采用税法宣传月，送税法进企业，与中介机构合办培训班等方式，提升企业对税法的遵从度；四是以推行《增值税一般纳税人纳税情况核查表》为载体，加强对重点税源企业的日常税收检查；五是积极组织和开展“百名干部进百企、优化服务保增长”活动。通过这些措施及办法的实施，重点税源管理质量得到了不断提升。（二）小规模纳税企业税收管理不断加强。在小规模纳税人管理上，一是采用票表比对方式，按月对其发票记载情况和申报表情况比对，确保纳税申报的真实性和及时性；二是充分利用数据监控系统及时监控其销售规模，对达到一般纳税人条件的一律认定为增值税一般纳税人。全年新认定增值税一般纳税人5户。（三）个体工商户税收定额核定调整工作力度加大。依据《个体工商户税收定额核定管理办法》的规定，确定了年内起征点以上纳税户比例调整到个体工商户总数的12%以上的要求。截至2009年12月31日，起征点以上纳税户达194户，与2008年同期的100户相比，调增96户，顺利完成了调整起征点以上户数12%的目标，年增税款24万元，个体税收管理上了一个新台阶。（四）纳税评估成效显著。2009年，共开展评估14户，进项税转出49.9万元，补征税款35.5万元。（五）加大发票管理力度。在确保发票管理办法有效运行的同时，与公安部门协商后，决定在纳税人首次申请领购发票时，须提交公安机关出具的身份认定证明，最大限度地保障发票领用的安全，提高了发票管理质量。在2009年的发票专项检查中，县局发票管理质量居全州前列。（六）行业税收专项整治实现预期目标。结合税源管理的薄弱环节，按照“清理、引导、规范一体化”总体整治的工作要求，确定对木材经营、木器木雕、沙石料、小煤窑及畜产品税收等几个行业重点进行清理整顿。一年来，完成对5户木材经营加工户、6户小煤窑及8家从事建筑砂石经营业户的税收清理整顿工作，共补交增值税16万元。（七）严把“三关”，即宣传培训关、辅导关、审核关，做好2008年度企业所得税汇算清缴工作，汇算清缴面达100%。通过汇算清缴，补缴入库企业所得税7万元，减免企业所得税4854.94万元。

【税收执法】 （一）积极开展税收宣传。始终围绕“税收·发展·民生”主题，以“三项措施”全面拉开税收宣传月帷幕；举办了一期税收政策宣传例会，着重宣传新企业所得税法、增值税转型、政策调整等内容；组织收听云南人民广播电台“金色热线”栏目。（二）抓好税收征管质量和执法过错考核。针对上半年在税收执法管理信息系统中不时出现执法过错被扣分的现象，及时根据年初制定的考核办法，扎实开展税收执法情况的自查自纠工作，无越权或违规制定涉税文件，对税收优惠政策、财产损失税前扣除、增值税一般纳税人认定审批、发票管理、税款上缴等做到严格按照规定执行，年内没有欠税和缓缴税款的情况发生。（三）加大税务稽查力度。以本级分类、专项稽查、普通发票专项整治，“家电下乡”专项整治、行业专项整治和努力建设税源管理、纳税评估、税务稽查良性互动机制工作的开展为基础平台，狠抓涉税违法案件的查处；同时拓宽稽查工作思路，创新稽查工作方法，采取了以企业自查为主，抓实自查辅导的方式开展工作，提前两个月完成了州局下达的稽查收入任务；全年共计查补收入218.09万元，其中查补税款抵减留抵税金57.13万元，实际征收入库增值税140.05万元，所得税6639.17元，滞纳金18.47万元，罚款1.78万元，共计160.96万元。普通发票专项整治和打击借“家电下乡”等名誉制售假劣产品专项整治工作中，对汽车修理及列入2009年专项检查的3户增值税一般纳税人企业进行全面检查，对45户个体零售业和修理业进行重点检查，查阅零售发票31757份、机动车维修发票430份，发现有问题发票29份，立案查处8户16份，共查补税款1.77万元，滞纳金4714.29元，罚款2.36万元。同时对境内12家“家电下乡”专营店的4000余份销售发票进行比对检查，截至12月31日，未发现涉税涉票违章情况。

队伍建设

【机构设置、人员配置】 县局有在职干部职工47人，其中男36人，女11人；离退休干部24人。在职干部职工中党员29人，占职工总数的61.7%；大专以上文化程度40人，占职工总数的85%。2009年10月份机构改革之前，全局机构设置为：内设机构5个，级别为正股级：办公室（5人）、综合业务股（4人）、计划征收股（8人）、人事教育股（2人）、监察室（1人）；直属机构1个，级别为副科级，即稽查局（5人）；事业单位1个，级别正股级，即信息中心（1人）；派出机构1个，即金华税务分局（16人）。机构改革之后，全局机构设置为：内设机构7个：办公室（6人）、税政股（2人）、征管股（2人，含政策法规股）、收入核算股（9人，含信息中心）、人事教育股（3人，含监察室）；直属机构1个，级别为副科级，即稽查局（5人）；派出机构2个，即金华税务分局（11人）和老君山税务分局（4人）。

【领导班子建设】 县局党组书记、局长1人，副局长2人，纪检组长1人。一年来，县局领导班子在深刻领会省、州局关于“创新发展年”各项工作部署的同时，从县局实际出发，坚持用科学发展观统领剑川国税各项工作，针对严峻的税收收入形势，精心组织，坚强领导，拟思路，定措施，带领和团结全局干部职工艰苦奋斗，千方百计抓收入，缩小组织收入差距。在日常工作中，狠抓思想政治建设和税收业务学习，不断提高领导班子的思想政治素质和业务技能。长期以来，剑川国税领导班子以踏实进取、开拓创新、真抓实干的硬朗作风，成为了干部职工信任、纳税人称赞的一个实干型班子。

【廉政建设】 （一）扎实推进惩治和预防腐败体系建设，落实好《云南省国税系统惩治和预防腐败体系2008～2012年工作规划》实施意见、抓好抓实党风廉政建设和一岗双责的落实。针对国税部门高风险的职业特征，与剑川县检察院召开主题为“预防职务犯罪法制专题讲座”的税检联席会议；认真组织中层以上干部集中收听了州局局长雷波上线大理州人民广播电台“金色热线”和“政风行风”栏目，进一步端正风气，营造廉洁从政氛围。（二）认真受理群众来信来访。在一楼办税服务厅门口安装信访箱，及时受理群众意见，并做好回访工作安排。（三）进一步加大“四项制度”的贯彻执行力度，不断增强干部职工的工作责任心，大力提高执行力和落实力。

【精神文明建设】 （一）抓好党建和思想政治工作，落实党员联系和服务群众、党员党性定期分析制度。开展帮扶困难大学生活动；为挂钩村——马登镇文屏村解决现实难题；积极响应县委发起的义务献血活动，发挥党员先锋带头作用。（二）加强国税文化建设。先后组织部分文体擅长者参加州、县级篮球比赛，歌咏比赛；

召开离退休老干部“九九敬老节”座谈会，组织参加了丰富多彩的活动；庆祝国际“三八”妇女节；“七一”建党节走访慰问挂钩村老党员。认真做好文明创建各项工作，继2月被县委、县政府命名为“文明单位”后，又被州委、州政府命名为“文明单位”，7月被剑川县直机关党委确立为“基层党建示范点”。

【教育培训】 努力创新人力资源管理机制，做到思想政治工作常规化，不断提高税收执政能力；进一步加强适应工作发展要求的各种人才库建设和管理，全局干部职工坚持“全员学习”、“终生学习”的理念，积极参加省、州局举办的各种教育培训考试，先后组织干部职工业务培训，并由业务部门牵头，逢周二都要开展业务知识学习；邀请一般纳税人参加税收政策宣传例会，组织企业财务人员进行相关税法培训。

（段漶萍）

鹤庆县国家税务局

经济概况

2009年，全县生产总值（GDP）为20.7亿元。其中：一产增加值5.6亿元，二产增加值9.6亿元，三产增加值5.5亿元。人均生产总值7530元。地方财政收入2.8亿元。地方财政支出3.6亿元。固定资产投资28.36亿元。社会消费品零售总额4.97亿元。职工平均工资2.3万元。城镇居民人均可支配收入1.08万元。农民人均纯收入2986元。粮食总产量11.8万吨。

税收概况

【收入完成情况】 2009年，鹤庆县国家税务局入库税收收入1.20亿元，完成年初计划1.11亿元的108.32%，占州局调整计划数1.13亿元的106.41%，比2008年增收1906.31万元，增长18.85%。“三税”收入1.18亿元，完成年初计划1.10亿元的107.60%，占州局调整计划数1.12亿元的105.68%，比2008年增收1929.49万元，增长19.48%。其中：增值税1.01亿元，完成年初计划9606万元的105.11%，占州局调整计划数1亿元的100.97%，比2008年增收1255.48万元，增长14.29%；消费税445.68万元，完成年初计划274万元的162.66%，占州局调整计划数400万元的111.42%，比2008年增收197.04万元，增长79.24%；企业所得税1293.60万元，完成年初计划1120万元的115.5%，占州局调整计划数800万元的161.7%，比2008年增收476.98万元，增长58.41%。储蓄存款利息所得个人所得税85.65万元，完成年计划66万元的129.77%，比2008年减收93.93万元，下降52.31%；车辆购置税98.24万元，完成年计划30万元的327.48%，比2008年增收70.75万元，增长257.29%。

【收入特点】 一是五个税种“四增一减”。除个人所得税因政策因素减收外，其余四个税种都实现了不同程度的增长；二是五个税种都超额完成了年计划任务；三是主体税种增值税上半年月份增减起伏不定，下半年增长趋势明显增强，与2008年相比“九增三减”。各月增幅分别为：-3.65%、33.99%、-27.22%、16.11%、-27.21%、0.9%、27.23%、7.23%、11.89%、20.16%、70.82%、60.5%。7月份起收入始终保持明显的增速；四是一次性因素增收明显。入库查补“三税”收入497.09万元，同比增收464.55万元，增长1427.86%。其中入库查补增值税414万元，同比增收381万元，这也是2009年增值税收入增长明显的原因之一；五是增值税一般纳税人总体税负由2008年的6.55%提高到6.66%，高出大理州平均税负2.74个百分点。

【税源分析】 锰业公司入库税款1700.69万元，下降36.07%，增值税贡献率16.85%。主要是由于锰铁及锰矿石售价下跌及销量减少，锰矿石价格降幅达56%、铁合金价格降幅达32.61%。电力增值税1691.99万元，下降1.98%。增值税贡献率16.76%。主要原因是发电量下降11.14%。此外，力量钢铁公司、诚成硅业公司、猴子坡锰矿等企业由于产品价格下降或销量减少因而入库税款也大幅下降。而科鑫公司、云地矿资源公司由于产品销量增长明显，增值税分别增长300.25%、212.62%。新办企业三德水泥公司入库增值税1218.97万元，增值税贡献率12.07%，比2008年净增收1183.08万元，主要是该公司于2008年5月才正式投入生产，水泥销量同比增加63万吨，增长329.4%。商业增值税入库1600万元，增长27.03%。主要是县烟草公司累计分得增值税780万元，增长61.56%；中石化鹤庆石油公司累计分配税款132万元，增长121%。鹤庆酒厂入库粮食白酒消费税416.74万元，增长91.6%，这是消费税增长的主要因素。企业所得税增长较快的主要原因是县烟草公司分得企业所得税870.72万元，增长70.02%。“家电下乡”补贴政策是车购税快速增长的首要原因。

【税务管理】 2009年是云南国税“创新发展年”，县局坚持继承与创新相结合的原则，突出“强化管理、增强责任、推动落实、增进和谐”四个重点，树立“科技税收、效率税收、民本税收”三种理念，用服务的理念开展税收管理工作，用管理的方式提升服务质量。一是创新管理机制、强化岗位责任落实，促进税源管理质量进一步提升；二是规范综合征管软件运行维护和数据质量管理，进一步加强数据分析；三是贯彻落实税收管理员制度，提高税收管理员监控管理税源的能力和水平；四是利用税收分析工作的纵向和横向联动机制，深化税收经济分析。认真落实定期收入分析会议制度，完善税收分析通报机制，提高收入分析质量，做好月、季度等定期税收收入常规分析；五是强化纳税评估措施，细化评估指标，提升评估质量，提高税收征管整体效能；六是加强日常税收征管，促进征管水平的提高；七是严格执行税收政策、法律、法规，政策执行过程中没有擅自变更、变通的情况。

各项工作

【税收法制建设】 县局把正确贯彻执行税收法律法规政策作为最基本的工作职责，维护税法的统一性和权威性，做到应征不免、应免不征，各项税收政策贯彻执行到位。加强税收规范性文件管理，严格执行规范性文件审查、会签、备案登记、公告、备案审查等工作规则，全年无规范性文件制发。认真落实“五五”普法规划，以依法治税、依法行政为目标，坚持思路创新、方法创新，推进普法工作。税收法制建设与实施阳光政府“四项制度”紧密结合，做好重大决策听证制度、重要事项公示制度的组织推进工作。

【税收征管】 （一）各税管理。及时认真地贯彻各项税收政策，严格按照规定权限做好有关税收优惠项目审核工作。加强对一般纳税人的认定和管理。认真做好企业所得税汇算清缴工作。加强对延期申报及延期缴纳税款管理。户籍管理情况：税务登记户数2379户，其中：一般纳税人66户，小规模纳税人2313户。按注册类型分：国有企业4户，集体企业7户，有限责任公司43户，股份有限公司7户，私营企业83户，其他企业1户，港澳台商独资经营企业1户，外商投资企业1户，中外合资企业1户，个体经营2231户。（二）严格执行票证管理制度。明确岗位职责，层层把关，未出现损失、短少情况。2009年共填用税收票证105141份，其中：电脑税收缴款书436份，电脑汇总税收缴款书1757份，手工税收完税证1份，电脑税收完税证7833份，十元定额完税证45480份，二元定额完税证45480份，电脑税收罚款收据91份，电脑税收转账专用完税证168份，电脑税收收入退还书4份，行政性收费专用缴款书413份，行政性收费专用收据3478份。（三）发票管理。严格执行发票的发售管理、抵扣管理规定，严格代开发票的审核管理，审批制度健全，全年做到发票管理无差错。积极做好普通发票的检查工作。

【税收执法】 （一）税收宣传。在加强内部培训的同时，加大对外宣传培训力度，通过不同形式、不同方法的学习、培训、宣传，提高税务干部的执法水平，规范执法行为，提高公民的纳税意识；利用办税服务厅、税法公告栏、张贴悬挂宣传标语，发放税收征管知识宣传材料；在街天设立咨询台，集中进行宣传和疑问解答。（二）税务稽查。各项指标完成情况：稽查面企业10.81%，个体9%。选案准确率84.6%。处罚率：在本期查处案件中无定性为偷税户。入库率100%。公告率27.27%。案卷规范完整率100%。结案率100%。税收专项检查工作：对12户纳税企业进行专项检查，查补增值税及滞纳金6.42万元。分级分类稽查工作：对9户企业进行检查，查补税款及滞纳金3.73万元。2008年结转案件查处工作：对2008年未结案2户完成检查并结案，查补增值税15.11万元，企业所得税22.02万元，加收滞纳金3.60万元。（三）日常税收检查。在检查中进行税法宣传，做到文明执法，礼貌待人。对检查出的偷逃税行为，按其情节轻重，按照法定程序，作恰当的处理，做到教育与处罚相结合。不断整顿规范税收秩序，营造良好的纳税环境。整顿检查纳税人户数109户，有问题109户（稽查部门检查29户、有问题29户，征管部门检查80户、有问题80户），稽查部门查补总额214.56万元；征管部门罚款3160元（其中逾期办理税务登记证65户，罚款2440元，发票违章15户，罚款720元）。（四）依法治税。一是加强对一般纳税人的认定和管理，严格按照规定的条件和程序进行资格认定；二是严格按照规定权限做好税收优惠项目审核、审批工作；三是加强对“四小票”、水泥资源综合利用、民政福利企业、民贸企业减免税管理；对茶叶、制糖等加工行业，积极推行原材料、能耗预约管理办法；对减免税期满转为征税期后盈利水平异常企业实施监控管理。

【税务管理信息化建设】 信息化建设工作以保障、服务、创新为出发点和落脚点，根据金税三期建设的要求，做好以下工作：一是加强网络维护，确保网络畅通；二是做好综合征管软件运行维护各项工作；三是做好病毒防范工作，确保网络安全；四是维护好车购税征收系统，确保一条龙数据质量；五是做好办公自动化网络的系统维护工作，确保办公自动化ODPS系统的正常、有序、高效运转；六是完成广域网络改造和全省网络教育培训系统的成功上线；七是做好信息化资源评估和整合工作，利用好现有的软硬件资源、网络资源，遵循一体化原则，加强基础建设，提高系统的运行质量；八是做好政府信息公开网站系统维护和更新工作；九是强化安全涉密管理。

队伍建设

【机构设置、人员情况】 2009年在职干部职工63人，离退休干部25人。在职干部职工中其中党员39人，占职工总数的62%；大专以上文化程度55人，占职工总数的87%。2009年，遵循精简、统一、效能的原则，完成了机构改革工作。全局机构设置为：内设机构7个，即：办公室（10人）、政策法规股（2人）、税政股（3人）、收入核算股（13人）、征收管理股（3人）、人事教育股（2人）、监察室（1人）；事业单位1个，即：信息中心（2人）；直属机构1个，即：稽查局（9人）；派出机构1个,即：云鹤税务分局（18人）。信息中心与收入核算股合署办公；政策法规股与征收管理股合署办公；监察室与人事教育股合署办公。

【领导班子建设】 一是建立、健全了《党组工作规则》、《党组议事决策制度》，严格按照制度规定办事，坚持民主集中制原则，做到民主决策，统一意志，步调一致；二是坚持党组中心组学习制度，加强政治理论学习。在学习上突出重点，联系实际，明确方向；三是坚持和完善领导班子民主生活会制度，维护班子团结统一，有力地提高了班子的执政能力；四是强化廉洁自律意识，党组成员自觉做到自重、自省、自警、自励。自觉执行各项廉政制度，接受党的监督和群众监督。

【廉政建设】 全年围绕党风廉政工作任务加大反腐倡廉宣教力度，积极构建以思想道德和职业道德为基础，以勤政廉政为基本内容，以明确行使权力、远离违法犯罪为重点，以建设和谐国税为目标的廉政文化建设新格局，努力营造想干事、能干事、干成事、不出事的良好环境。全局干部职工从自身做起，从点滴小事做起，遵纪守法，严格执法，诚信服务，没有出现干部职工违法乱纪和被举报、投诉的情况。

【精神文明建设】 按照“内强素质，外树形象，建一流队伍，创一流业绩”的工作思路，把保持荣誉、巩固荣誉、发展荣誉作为进一步加强精神文明建设，促进税收工作的根本动力，坚持两手抓，两手硬，形成了税收工作与文明建设同步运行、协调发展的良好局面，推动国税事业的健康发展。同时把国税文化融入到构建和谐社会、和谐税收的全过程，有重点、全方位、多层次地开展国税文化创建活动，切实发挥文化建设的教育、示范、熏陶、导向作用，推动和促进具有鹤庆国税特色的文化建设深入健康发展。2009年7月，参加了中共鹤庆县委宣传部组织的第七届“红土地之歌”演讲比赛。2009年9月参加中共鹤庆县委组织的建国60周年庆祝活动，参演舞蹈《税收之路》和合唱歌曲《公仆赞》受到了好评。2009年省委、省政府文明单位届满重新进行申报，已经过考核验收，进行了公示；6月被大理州委、州政府命名为“文明单位”。

【教育培训】 始终把干部教育培训工作当作加强干部队伍建设、提高干部队伍素质的一个重要环节来抓，围绕税收中心工作，以推进学习型组织建设为载体，以税务干部能力和素质建设为主线，以高层次人才培养和一线干部培训为重点，按照“明确需求、搭建平台、创新机制、跟踪问效”的教育培训工作思路，着力加强领导，精心安排，做到措施有力，工作到位。一是建立健全管理机制，使干部的教育培训工作走上制度化、规范化的轨道；二是科学制定干部教育培训工作规划，统揽干部教育培训工作；三是积极组织和参加各类培训。2009年，参加省局培训6期14人次；参加州局培训6期14人次；县局举办了增值税转型和相关税收调整培训、稽查业务培训、税源管理、纳税评估、计算机安全及保密等5期培训；四是组织职工参加学历教育，鼓励干部参加中、高级计算机、外语等级考试和注册会计师、注册税务师等认证资格考试，进一步提高干部职工的业务技能。

（李　勇）

保山市国家税务局

经济概况

2009年，保山市实现生产总值（GDP）217.30亿元，按可比口径计算比上年增长12.90%。其中第一产业完成67.2亿元，比上年增长7.50%；第二产业完成64.5亿元，比上年增长22.20%；第三产业完成85.6亿元，比上年增长10.30%。三次产业结构比例由上年的31.80:28.50:39.70调整优化为30.92:29.68:39.40。人均生产总值8792元，比上年人均7898元增长11.32%。完成农业总产值113.61亿元，比上年增长8.80%；工业总产值130.60亿元，比上年增长28.30%，其中：轻工业产值56.40亿元，比上年增长49.10%；重工业产值74.20亿元，比上年增长16%。实现规模以上工业增加值31.80亿元，按可比口径计算比上年增长25.80%。乡镇企业总产值140亿元，比上年增长20.60%；全社会固定资产投资总额168.20亿元，比上年增长31%；社会消费品零售额69.70亿元，比上年增长19.40%。居民消费价格总指数102.40%，上涨2.40%；商品零售价格总指数102.50%，上涨2.50%；农业生产资料价格指数98.70%，下降1.30%。外贸进出口总额1.04亿美元，比上年下降14.90%，其中：进口2431万美元，比上年增长2.20%，出口7972万美元，比上年下降19%；实现财政总收入25.70亿元，比上年增长14.20%；城镇居民人均可支配收入1.36万元，比上年增长9%；农民人均纯收入3119元，比上年增长14.80%。

税收概况

【收入完成情况】 2009年，保山市国税系统共组织国税收入10.43亿元（不含海关代征2719万元），完成计划任务的94.30%，比上年减收4815万元，下降4.41%。其中："两税"7.58亿元，完成计划任务的83.90%，比上年减收4953万元，下降6%；企业所得税1.82亿元，完成计划任务的158.60%，比上年减收1452万元，下降7%；储蓄存款利息所得个人所得税799万元，完成计划任务的131%，比上年减收942万元，下降54%；车辆购置税9519万元，完成计划任务的116.10%，比上年增收2532万元，增长36%。

【收入特点】 （一）经济增长而国税收入相对走低。全市经济依然持续增长，生产总值217.20亿元，增长12.90%；国税收入10.43亿元，比2008年的10.92亿元减少4815万元，下降4.41%。宏观税负率为4.80%，税收弹性系数为-0.34。主要原因，一是受全球金融危机的影响和冲击，重点税源企业生产经营普遍不景气，产品产销量与上年同期相比普遍减少，特别是锌、铅、硅、铁等矿产品市场销售价格持续低迷，生产不正常，全年基本处于停产、半停产状态；二是国家相继实施了增值税转型改革、多次调高出口退税率、暂免征收储蓄存款利息所得个人所得税、对1.6升及以下排量乘用车减按5%征收车辆购置税、增值税征收率下调等各项结构性减税政策，因政策性因素与上年相比减少国税收入达8099万元，其中：增值税转型改革减收1343万元，增值税征收率下调减收1740万元，调高出口退税率减收252万元，企业所得税税率下调减收1982万元，储蓄存款利息所得个人所得税减收942万元，1.6升和以下排量乘用车减按5%征收车辆购置税减收1840万元。（二）从征管税种收入看呈"二增三减"。除消费税和车辆购置税分别比上年增收2835万元和2532万元外，增值税、企业所得税、储蓄存款利息所得个人所得税分别减收7788万元、1452万元和942万元。（三）从12项"两税"重点税目收入看呈"五增七减"。即：卷烟消费税增收3132万元、商业增值税增收2466万元、食糖增值税增收696万元、其他增值税增收378万元、医药行业增值税增收118万元，上述5个重点税目共增收6790万元。其中商业增值税增收较大的原因是烟叶调拨比上年增加10.70万担，增收3608万元。金属及非金属矿产品增值税减收7495万元、电力增值税减收961万元、木材加工增值税减收911万元、酒类"两税"减收687万元、建材增值税减收486万元、烟叶增值税减收131万元，其他消费税减收96万元，上述7个重点税目共减收10767万元。其中矿产品行业（包括有色金属、黑色金属、硅产品等）减收增值税占"两税"减收总额的69.61%。

【税源分析】 从税收收入的经济结构看，国有企业占33.53%、集体企业占0.13%、涉外企业占4.77%、股份公司占36.12%、其他企业（个体、私营、联营、其他）占25.45%；从税收收入的产业结构看，第一产业占0.43%、第二产业占47.90%、第三产业占51.67%；从税收收入的税种看，国内增值税收入占68.73%、国内消费税收入占4.60%、企业所得税收入占17.03%、储蓄存款利息所得个人所得税收入占0.75%、车辆购置税收入占8.89%；从重点税目占"两税"比重看，商业税收占36.59%、食糖税收占10.52%、复烤烟叶税收占1.82%、电力税收占17.05%、矿业（有色金属、硅）税收占14.23%、木材加工税收占2.60%、酒类税收占1.59%，上述7大税目占"两税"比重达84.40%。其他税目税收占15.60%。

【税务管理】 （一）加强纳税人户籍管理。加强与地税、工商、技术监督等部门的协调配合，以商场内租赁柜台、市场内租赁业户、写字楼和住宅楼内经营业户为重点，开展了拉网式管户清理、排查，清理出漏征漏管户728户，其中达到增值税起征点165户，达不到增值税起征点563户。累计登记户28372户，其中：增值税一般纳税人796户，小规模企业1780户，"双定户"16288户，注销9466户，非正常户5户，停业户37户。做到户籍底子清，关、停、并、转、注销情况明。（二）管住管好重点税源户。针对全市88%的增值税收入来源于796户增值税一般纳税人、99%的企业所得税收入来源于32户企业所得税纳税人，只要管住了828户重点税源企业就管住了增值税和企业所得税的实际，在坚持增值税一般纳税人由县（区）国税局城区管理分局集中管理的基础上，将62户增值税重点税源企业全部纳入"账表票"比对管理；对年应纳增值税100万元以上的67户和年应纳所得税50万元以上的40户纳税人，实行市、县（区）两级重点监控，充分利用现有信息系统数据及行业信息，加强数据分析应用，定期发布情况通报，及时排查核实涉税疑点。对重点税源企业实行一户（行业）由税收管理员送政策上门服务，增强了税法宣传和纳税服务的针对性和实效性，用真心服务促诚信纳税，提高纳税人依法纳税遵从度。（三）加强专业市场和个体工商户税收管理。一是在全面推行个体工商户计算机定税的基础上，加强双定户跟踪监控，及时核实调整了申报收入连续3个月超定额纳税人的定税定额，共调整定税定额776户，月增税额1.12万元；二是对隆阳区泰龙建材商场"双定户"实施了专项评估，通过案头分析和实地评估相结合的方法，按照法定程序及时与评估对象约谈、举证，向纳税人耐心细致地宣传相关税收法律法规政策，提出整改建议和意见，纳税人一次性自行申报补缴税款23.25万元，对全商场151户"双定户"调整了定税定额，月调增核定增值税5.07万元。三是开展医药零售行业专项整治，充分利用劳动和社会保障局以及市医保中心等第三方的独立信息，及时取得纳税人刷卡销售信息，补税95.53万元，加收滞纳金3.69万元。（四）强化纳税评估，加大企业所得税核定征收力度。以增值税重点税源户和采矿、制造、批发零售、房地产所得税纳税人作为评估重点，通过分析排查筛选，对126户增值税纳税人和84户企业所得税纳税人实施了纳税评估，调减亏损295.60万元，查补收入562.74万元，其中：补税549.54万元、加收滞纳金12.41万元、罚款0.79万元。对216户企业所得税纳税人实施了核定征收，其中：核定定额 125 户、核定定率 91 户，核定面为 26.57%，比上年增加 9 个百分点；对 29 户连续 3 年亏损、184 户零申报、12 户企业所得税营业收入小于增值税累计销售收入的企业所得税纳税人开展了逐户核查；对 9 户水泥生产企业享受即征即退优惠政策执行情况进行了专项核查，追补已退税款 218.59 万元，取消享受优惠资格 1 户。（五）以“五个坚持”抓好出口退税工作。坚持外边贸企业出口货物退税申报两级审核、管理和生产企业出口货物退税三级申报、管理的办法；坚持严格要求企业按照“账与账相符、账与表相符、单证与表一一对应”的方法进行核算；坚持对每一笔出口业务的单证、申报表、退税账务必须进行人工检查、审核，确保符合退税条件；坚持按照规程对企业每一批次退税申报进行计算机审核，做到纸质申报和电子数据一致；坚持严格按照规定对“挑过”业务进行处理，严格审批制度。共审核审批办理出口货物退（免）税 4580 万元，比上年的 6700 万元减少 2120 万元，下降 31.60%，其中：办理“免抵”调库 200 万元、办理退税 4380 万元。

各项工作

【税收执法】 （一）面对国际金融危机和一系列国家结构性减税政策给组织收入工作带来的双重压力，充分运用征管软件、执法考核系统、数据监控分析系统以及各专业软件对税收的监控功能，科学、全面地分析排查税收征管中存在的问题和薄弱环节，强化税源税基管理，向强管堵漏要收入，变税源为税收，着力提高税收征管质量和效率。准期申报率 99.91%、累计申报率 99.92%、累计入库率 99.98%，税收执法过错率仅为二十一万分之一，税收征管和执法考核两个系统高质高效平稳运行，运行质量保持全省前列。（二）认真贯彻落实国家结构性减税政策，帮助、扶持纳税人走出困境。为应对国际金融危机对实体经济的冲击和影响，2009 年 1 月以来，国家全面实施了增值税转型改革，对增值税条例及实施细则、消费税条例及实施细则进行了修改，多次提高出口退税率，暂免征收储蓄存款利息个人所得税，对 1.6 升及以下排量乘用车减按半征收车辆购置税。各级国税局从维护税法的统一性和权威性、维护纳税人的合法权益出发，把“保增长、保民生、保稳定”作为一项政治任务，正确处理税收执法与组织收入的关系，不折不扣地贯彻执行国家出台的一系列结构性减税政策措施，充分发挥税收对宏观经济的调控职能，帮助纳税人走出困境，各类纳税人共享受各种税收优惠扶持高达 1.18 亿元。一是 12126 户各类纳税人享受到国家结构性减税政策，共享受税收优惠扶持 7157 万元，其中：157 户增值税一般纳税人享受购进固定资产抵扣增值税进项税政策，享受增值税优惠 1343 万元；6450 户增值税小规模纳税人享受增值税征收率下调政策，享受增值税优惠 1740 万元；4727 户车辆购置税纳税人享受 1.6 升及以下排量乘用车减半征收政策，享受车辆购置税优惠 1840 万元；10 户出口企业享受部分出口产品退税率提高政策，多享受出口退税优惠 252 万元；782 户所得税纳税人在 2009 年组织开展的上年度企业所得税汇算清缴工作中享受企业所得税税率下调政策，少缴企业所得税 1982 万元；二是 10 户纳税人享受到资源综合利用、福利企业以及软件产品优惠政策，办理退税 424 万元；三是 86 户纳税人享受到农林牧渔、小型微利企业、环境保护专用设备投资以及企业所得税过渡性优惠政策，减免企业所得税 4244 万元；四是 208 户纳税人享受到批零种子、种苗、化肥、农药、农机以及农产品等增值税征前减免政策，免税销售额 7.47 亿元。

【税收法制建设】 （一）扎实开展专项检查和分级分类稽查。全年实现稽查查补收入 2459.64 万元；入库收入 2389.04 万元，入库率 97.13%，完成省国税局下达的稽查查补收入目标任务 1660.20 万元的 148.15%。其中：纳税人自查 329 户，自查补税 2072.75 万元，占稽查查补收入的 84.27%；稽查选案检查 55 件，有问题 53 户，依法移送公安机关 8 件，查补收入 343.99 万元，占稽查查补收入的 14.03%，入库 273.35 万元，稽查入库率 79.46%，偷税处罚率 53.63%。（二）严厉打击发票违法犯罪行为。一是联合公安机关成功破获“4·30”非法骗购发票案，捣毁一起特大贩卖发票团伙，抓获非法骗购、出售发票犯罪嫌疑人 14 人，查获万元版《云南省商业零售统一发票》存根联 22475 份（含外州市 550 份）、未贩卖的抽芯空白发票联 7659 份（含外州市 300 份）；查获《云南省商业零售统一发票》假发票 21 份；查获相关的营业执照、税务登记证、发票专用章、假身份证等作案工具。二是对保险公司、机动车维修、房地产开发、建筑材料、商业零售行业纳税人以及医疗卫生、财政核算中心、超市等单位开展了发票检查，查出有问题发票 19020 份，移交稽查 536 份，共查补税款、罚款、滞纳金 131 万元。（三）抓实税收执法检查（督察）工作。市、县（区）国税局成立了以分管局领导为组长、相关部门负责人为成员的税收执法检查（监察）领导机构，并结合本地实际制定了具体实施方案；严格按照上级国税局明确的检查内容逐项开展自查，自查面为 100%；在县（区）国税局自查和抽查的基础上，市国税局组织了由法规、所得税等部门人员参加的综合检查组对县（区）国税局税收执法检查（督察）工作情况实施了重点抽查。通过各级自查和重点抽查，在省国税局明确的检查内容方面，没有发现违法违纪和不规范的执法行为。（四）结合实际，精心组织，注重实效，扎实开展税法宣传活动。全市各级国税局围绕全国第 18 个税收宣传月“税收·发展·民生”的宣传主题，适时宣传了增值税转型改革、企业所得税优惠、车辆购置税减税等最新税收政策法规，增强了纳税人对税法的遵从度。

队伍建设

【机构人员情况】 市局内设机构14个：办公室、政策法规科、货物和劳务税科、所得税科、收入核算科、纳税服务科、征收管理科、财务管理科、人事科、教育科、监察室、进出口税收管理科、机关党委办公室、离退休干部科；事业单位2个：信息中心、机关服务中心；直属机构2个：稽查局、车辆购置税征收管理分局。辖隆阳区、施甸县、腾冲县、龙陵县、昌宁县5个国税局；下设11个基层税务分局：隆阳区国税局第一税务分局、第二税务分局、汉庄税务分局，施甸县国税局甸阳税务分局，腾冲县国税局第一税务分局、第二税务分局、固东税务分局，龙陵县国税局龙山税务分局、勐糯税务分局，昌宁县国税局田园税务分局、柯街税务分局。全市国税系统有在职干部职工514人，其中：女139人（占27%），男375人（占73%）；中共党员351人（占68.29%）、团员5人；大学本科及以上学历171人（占33.27%），大专学历288人（占56.03%），中专学历36人（占7%），高中及以下学历19人（占3.70%）；35岁以下81人（占15.76%），36岁至45岁285人（占55.45%），46岁以上148人（占28.79%）。离退休干部217人（其中离休干部7人）。

【开展深入学习实践科学发展观活动】 根据中共保山市委和省国税局的统一部署，结合国税工作实际，3月至8月底，圆满完成了深入学习实践科学发展观活动学习调研、分析检查、整改落实3个阶段的工作任务。通过学习实践活动，提高了对科学发展观的思想认识，深入查找了影响和制约国税工作科学发展的问题和不足，深刻剖析了产生问题的原因，针对存在问题制定了明确具体的整改措施，确保了学习实践活动动真格、出实招、见实效，真正达到了“党员干部受教育，科学发展上水平、人民群众得实惠”的要求。通过学习和实践的紧密结合，在学习实践活动中取得成效的同时，还为保山国税又好又快发展的实践积累了新的经验，注入了新的活力。一是进一步深化了对科学发展观的认识，在事关保山国税事业发展的重大问题上形成了共识。二是进一步理清了发展思路，明确了国税事业创新发展的方向，提出了以税收分析方法的创新，促进组织收入工作的发展；以税收执法机制的创新，促进依法治税工作的发展；以税源管理模式的创新，促进税收征管工作的发展；以和谐征纳关系的创新，促进纳税服务工作的发展；以行政效能建设的创新，促进内部管理工作的发展；以干部管理制度的创新，促进队伍建设工作的发展；以监督教育体系的创新，促进反腐倡廉工作的发展等7个方面的国税工作创新思路。三是进一步破解了发展的难题和瓶颈，为国税事业健康持续发展扫除了障碍。四是进一步转变了广大干部特别是领导干部的思想观念，科学发展观已经逐渐成为广大干部的行动指南。五是健全完善了各类税收管理体制机制。废除了11种与现代税收征管不相适应的报表资料，改进了26项有碍于税收科学化、精细化、专业化管理的工作方式和方法，建立完善了21个符合当前工作实际和科学发展需要并已经具备了实践基础、执行条件的制度。六是强有力地推进了工作。纳税准期申报率、税款入库率、欠税增减率、税收执法过错率、干部违法违纪率等主要工作目标管理考核指标在全省排名保持前茅，国税工作呈现出了税收执法、管理质量效率与纳税人满意度“双升”，聚财与促进地方经济社会发展“双赢”的科学发展的新局面。

【规范和完善机构设置】 根据国家税务总局和云南省国税局关于机构改革的总体部署和要求，8月初至9月底，在全市国税系统全面实施了机构改革。一是局党组召开专题会议，对全市国税系统机构改革工作作出了全面的部署和安排，制订下发了《保山市国家税务局系统机构改革实施方案》。二是组织召开了由市国税局机关干部职工以及5县（区）国税局局长、人事教育部门负责人参加的“全市国税系统机构改革动员大会”，对全市国税系统机构改革工作进行了全面的动员和安排布置。三是由局领导带队组织了5个督导工作组，分赴5县（区）国税局开展督导检查，确保队伍稳定、作风不散、干劲不减、纪律不松，做到机构改革工作和做好当前工作两不误、两促进。四是严格依照经省国税局批准同意的机构设置方案，在市国税局机关增设了教育科、纳税服务科、车辆购置税征收管理分局、离退休干部科、机关党委办公室5个部门，对3个部门进行了更名；在县（区）国税局增设了政策法规、所得税、纳税服务、办税服务厅4个部门。五是明确了市、县（区）国税局各内设机构、直属机构和事业单位的工作职责。

【强化各级领导班子建设】 以提高执政能力和保持先进性为重点加强领导班子建设。始终坚持把领导班子建设作为干部队伍建设的重点和关键来抓。按照“政治坚定、求真务实、开拓创新、勤政廉政、团结协作”的标准，全面加强领导班子思想政治建设、组织建设和作风建设。一是加强领导班子思想政治建设。以学习实践科学发展观活动和党组理论中心组学习为主要载体，深入学习领会中国特色社会主义理论体系，增强践行科学发展观的自觉性和坚定性。二是加强领导班子组织建设。以优化班子结构、提高班子整体素质为重点，坚持正确的用人导向，提拔任用科级领导干部18名，其中通过民主推荐考察任用县国税局局长1名、市国税局科长4名，通过竞争上岗选配县（区）国税局副局长2名、稽查局局长1名、市国税局副科长4名，基层分局长6名；结合机构改革工作，交流轮岗14人次，其中上下级交流任职2人、内部岗位轮换12人次；对18名干部进行了正式任职考察和任用，其中副处1名（受省国税局委托考察）、正科6名、副科11名。三是加强领导班子作风建设。市国税局党组召开了以“加强领导干部党性修养、树立和弘扬良好作风”为主题的民主生活会，认真总结了近年来加强作风建设取得的成效，查找党组班子及其成员在作风方面存在的问题，制定了进一步整改提高的措施。

【抓实党风廉政建设和反腐败工作】 坚持“标本兼治、综合治理、惩防并举、注重预防”的方针，进一步健全和完善了教育、制度、监督并重的惩治和预防腐败体系，有效推进了反腐倡廉工作的健康发展。全系统干部职工拒吃请315人次，无吃、拿、卡、要、报等违法违纪行为，无违法违纪案件发生。一是抓好反腐倡廉教育。认真组织开展以依法治税、公正执法、廉洁从税等为主要内容的党风党纪和正反典型教育，先后组织开展学习观看了“7.9”重大典型案件、《高墙悲歌》等教育活动，并结合实际，制订相关措施，认真组织开展廉政教育“进单位、进班子、进岗位、进家庭”活动，教育引导干部职工自觉树立正确的权利观、地位观、价值观，筑牢拒腐防变的思想道德防线。二是层层落实廉政建设责任制。市、县（区）国税局“一把手”与党组班子成员、纪检组长与部门负责人签订了《党风廉政建设责任书》，把省国税局提出的党风廉政建设要求分解落实到各级、各部门，明确了各级领导的领导责任。三是加大干部监督力度。严格执行干部任用工作监督检查办法和党内监督条例、纪律处分条例，严格执行领导干部报告个人有关事项、收入申报、经济责任审计、述职述廉、巡视等制度，全年开展廉政谈话146人次，其中任职谈话62人次、任期谈话63人次、诫勉谈话1人次、特殊岗位人员谈话20人次，对3个县（区）国税局进行了巡视结果“回头看”。四是抓好“两权”监督。加强对领导干部不作为和乱作为的监督，充分利用执法监察子系统“电子眼”的监督作用，搞好税负核定、征收、管理、稽查、退税、一般纳税人认定等环节权力行使过程中的监督工作。同时，着力抓好财务经费、固定资产、内部审计、政府采购等行政管理的监督制约工作，认真贯彻落实国务院和上级局关于严格控制一般性支出相关规定，全市国税系统“四项费用”支出符合省国税局控制指标要求。五是巩固完善《廉政公约》制度，使监督工作做到横向到边，纵向到底，形成上下联动、左右互动机制。与743户纳税人签订了《廉政公约》，走访（发放回访问卷）2140户（份），收回2140份，回访率13.52%。六是试行基层分局长在分局职工大会上述职述廉、税收管理员在特邀监察员和纳税人代表会议上述职述廉制度，增强了纳税人对国税机关党风廉政建设的公信力和满意度。

【精神文明建设】 （一）按照巩固提高、拓展深化的要求，采取“条块”结合的方法，扎实开展文明创建活动，丰富创建内涵，提升创建质量。一是施甸县国税局第2次荣获中央文明委授予的“全国精神文明建设工作先进单位”称号；隆阳区国税局计划征收科荣获中华全国妇女联合会、全国妇女“巾帼建功”活动领导小组授予的全国“巾帼文明岗”称号。二是有8个单位（保山市国税局、隆阳区国税局、隆阳区国税局汉庄税务分局、施甸县国税局、腾冲县国税局、腾冲县国税局第二税务分局、龙陵县国税局、昌宁县国税局）被中共云南省委、云南省人民政府命名为第12批“文明单位”。三是推荐4名税干申报省局第6批“精神文明建设先进工作者”，推荐“巾帼文明岗”、“巾帼建功标兵”集体、个人各1个（名）参加由省国税局、省妇联评选表彰。四是对4个届期未满的省国税局文明单位开展了复查工作，按时报送了有关材料。五是评选表彰了16名保山市国税系统第5批精神文明建设先进工作者。（二）广泛开展形式多样的国税文化建设，为精神文明建设活动注入了新的活力。一是积极参加由云南省国税局书法美术摄影协会组织举办的庆祝新中国成立60周年摄影、书画艺术作品展览。通过广泛动员，干部职工积极参与创作作品，共征集选送书法作品120幅、美术作品25幅、摄影作品302幅；经筛选，上报省局书法作品6幅、摄影作品180幅；入选省国税局展览书法作品4幅、摄影作品1幅，并入选云南国税文化系列丛书之六——《映瑞之魂》。二是参加“祖国在我心中”文艺汇演。按照全省国税系统“祖国在我心中”文艺汇演安排，严密组织，精心策划，编排上演了小品《特殊考试》。在参加省国税局文艺汇演后，被推荐参加11月8日在云南艺术学院实验剧场举行的《为了母亲的微笑》省级文艺汇演优秀节目展演，并荣获创作二等奖和表演三等奖。三是参加全省精神文明建设精品文艺汇演。受保山市文明办的委派，认真排练男声小合唱《游击队歌》，并于8月27日至31日代表保山市参加在昆明国际会展中心云南大剧院举行的云南省精神文明建设精品文艺汇演。四是组织开展演讲活动。为深化学习实践科学发展观活动，增强干部职工科学发展的意识，激励爱岗敬业精神，为国税事业科学发展作贡献，各级国税机关于4月下旬，分别举办了以“实践科学发展观，乐于奉献在高原”为主题的演讲活动，讴歌对践行“聚财为国，执法为民”税务工作宗旨的执著，讲述对国税事业科学发展的认识和体会，颂扬国税事业改革发展的辉煌成就，抒发心系祖国、情洒税收的满腔热忱，寄托忠诚使命、爱岗敬业的坚定情怀。声情并茂的演讲从多角度、多层次展现了国税干部的精神风貌和时代风采。五是开展爱国歌曲大家唱活动。为庆祝新中国成立60周年，深入开展爱国主义教育，推进社会主义核心价值体系建设，激发广大干部职工的爱国热情，以中央文明办推荐的100首爱国歌曲为主，广泛开展了“爱国歌曲大家唱”活动；积极参加地方党委、政府组织的以“庆祝祖国60华诞，讴歌新中国辉煌历程”为主题的歌咏比赛活动。

（李　策　马兴国　王建凯）

隆阳区国家税务局

经济概况

2009年，隆阳区实现生产总值（GDP）91.78亿元，按可比口径计算比上年增长13.6%。其中：第一产业完成26.96亿元，比上年增长9.6%；第二产业完成28.09亿元，比上年增长17.9%；第三产业完成36.73亿元，比上年增长13.30%；人均生产总值1.03万元，比上年增长11.3%。三次产业结构比例由2008年的29.90:30.80:39.30调整优化为29.40:30.60:40。完成工业总产值42.06亿元，比上年增长22.60%。完成固定资产投资总额41.30亿元，比上年增长37%。财政总收入7.48亿元，比上年增长12.40%。农民人均纯收入3528元，比上年增长15%；城镇居民人均可支配收入1.36万元，比上年增长9%；消费品零售总额28.39亿元，比上年增长18.80%。

税收概况

【收入完成情况】 2009年，隆阳区国家税务局共组织税收收入2.75亿元，比上年减收3085万元，下降10.09%，完成计划任务的107.60%。其中：增值税1.71亿元，比上年减收2615万元，下降13.27%，完成计划任务的102.43%；消费税1449万元，比上年减收174万元，下降10.72%，完成计划任务的90.56%；企业所得税2730万元，比上年减收1678万元，下降38.07%，完成计划任务的125.23%；储蓄存款利息所得个人所得税136万元，比上年减收104万元，下降43.33%；车辆购置税6071万元，比上年增收1286万元，增长26.88%，完成计划任务的121.42%。

【收入特点】 （一）国税收入占GDP和财政总收入的比重下降。宏观税负率为3%，比2008年下降0.73个百分点，税收弹性系数为-0.74；国税“三税”收入（增值税、消费税、企业所得税）占财政总收入的比重达到28.44%，比2008年下降10.21个百分点。（二）绝大部分重点税目增值税收入大幅下降。受金融危机和结构性减税双重因素的影响，支柱税源矿产品、钢材、硅、纺织品等行业销售价格受到重挫；啤酒行业筹资、融资难度大，流动资金不足，生产处于极不正常状态，导致税收收入大幅下降。

【税源分析】 （一）从经济类型构成看，国有企业、私营企业、股份有限责任公司占据主导地位。各经济类型占税收总收入的比重分别为：国有经济18.71%、集体经济0.05%、股份公司39.72%、私营经济30.47%、涉外企业4.53%、个体经济6.52%。（二）从产业结构看，三次产业为国税提供的税收分别为0.02%、64.03%、35.95%。二产业税收比上年下降24.54%；三产业税收比上年下降1.50%。（三）从行业情况看，重点税源主要集中在香料烟、啤酒、糖、电力、有色金属矿产品、建材、烤烟、卷烟、纺织品等9大行业，占“两税”的比重为72.03%。税收对支柱产业的依赖性越强，越容易受宏观经济波动的影响。

各项工作

【税收法制建设】 （一）把依法治税和“五五”普法有机结合起来，大力推进税收法治建设，有针对性地组织全局人员学习新《征管法》、《行政处罚法》、《刑法》等相关法律、法规，提高履职能力，并组织131名干部参加了隆阳区统一组织的普法考试，均取得好成绩。（二）加大税收执法管理信息系统监督考核，进一步规范了税收执法行为，法治化管理水平有了较大提高，税收执法考核实现“零过错”。（三）大力推行政务公开，将所有应当让纳税人知道、遵守和执行的事项和信息，通过公告、公示进行公布，广泛接受社会监督。（四）以学习贯彻省政府“四项制度”为重点，强化服务承诺。以“始于纳税人的需求，终于纳税人的满意”为目标，优化纳税服务，提高服务水平和效率。努力营造公开透明的政策环境和高效务实、服务周到的征管环境，依法诚信、公平公正的执法环境，安全舒畅、和谐稳定的内部环境。

【税收征管】 （一）抓基础，强化税源管理。一是严管“四税”，把增值税、消费税、企业所得税、车辆购置税税基管理作为税收管理基础工作的核心，提高征管质量和效率。二是规范个体税收管理，加强监控，严格巡查巡管，确保管理到位。三是落实税收管理员制度，坚持管户与管事、管理与服务、属地管理与分类管理相结合的原则，进一步规范日常管理行为，切实解决了“淡化责任，疏于管理”的问题。强化税收“三化”管理，以管促收。一是强化科学化管理。进一步整合人力资源、信息资源，形成信息管理维护部门与业务管理部门联动，以征管业务需求推进信息化现有功能的运用，有效地提升了征管质量效率；二是强化专业化管理。在由城区管理分局集中管好增值税一般纳税人的基础上，实行了对不同行业的一般纳税人由所管分局按行业归口管理的方式，提高了专业化管理的质量和效率，确保了税款及时足额入库；三是强化精细化管理。充分运用数据监控系统查询分析税收疑点问题，及时集中人力对滞留票较多的企业逐户进行专项检查。积极运用省国税局推广使用的普通发票管理系统，对开具、取得发票金额分别在千元、万元以上的机动车修理、建材销售、房地产开发3个行业的普通发票逐份进行了核查，对所涉及的个体及企业严格按照发票管理的有关规定进行了查处。（二）抓好农产品、废旧物资增值税进项抵扣、民政福利企业增值税管理以及“四小票”管理。一是组织人力，从农产品的收购环节入手，对农副产品企业的农产品收购发票、农产品销售发票及财务处理进行全面检查，进一步规范了农产品企业的增值税进项税抵扣工作。二是加大废旧物资销售发票的管理，严格按照废旧物资相关政策，对废旧物资企业的销售发票进行严格控管，严厉打击利用虚假发票偷漏税行为。三是进一步核实了享受民政福利企业增值税优惠政策的企业情况，完善管理措施，确保政策落实到位。四是进一步强化了“四小票”稽核比对，做好货运发票税控系统、新版车购税征收管理系统的推广应用，提升了车辆税收“一条龙”管理的质量。（三）加大纳税评估力度，建立以分析引导评估、以评估协助检查、以检查促进管理的“四位一体”的互动机制。一是在认真抓好税源管理的同时，进一步理顺纳税评估工作流程，按照“面、线、点”梯次推进的办法，推进税收经济分析、企业纳税评估、税源监控和税务稽查的良性互动。二是充分利用综合征管软件，数据监控分析系统等各种网络优势，按月按季对增值税一般纳税人尤其是重点税源企业的税负情况、销售变动情况进行监控、筛选，对长期税负较低、留抵税额较大和长亏不倒的企业以及销售变动异常等企业，及时进行纳税评估，对评估中疑点难以排除的企业及时移交稽查，真正实现以评促管。

【税收执法】 （一）搞好税收宣传。紧扣“税收促进发展，发展改善民生”这一主题，开展了系列宣传活动。一是突出五个亮点，着力搞好七个结合，全面开展税收宣传活动。五个亮点是：税法进机关、税法进社区、税法进校园、税法进企业、税法进乡村。七个结合是：与深入学习贯彻科学发展观相结合、与加强和改进作风建设相结合、与税收日常检查相结合、与国税文化建设相结合、与新农村建设相结合、与贯彻落实“四项制度”相结合、与党风廉政建设相结合。二是突出主题，扩大宣传面。与《云南日报》保山发行站联合在三馆广场举办“税收促进发展，发展为了民生”大型税企联谊晚会，邀请企业、学校、艺术团体参加，以歌舞表演、曲艺说唱、器乐演奏等大型文艺演出节目穿插税法知识问答，将税收宣传活动推向高潮。在税收宣传月活动中共有25000多名群众受到教育。（二）开展执法检查。一是税收规范性文件的制定，严格按照《云南省行政机关规范性文件制定和备案办法》、《税收规范性文件制定管理办法（试行）》的要求会签审批。二是不折不扣地贯彻执行国家税收政策，没有贯彻落实不到位的现象。三是税务行政处罚程序合法，行为规范，认定事实清楚，证据确凿，处罚适当，没有越权违规的行为。四是按规定公示行政许可审批项目。（三）严格依法治税。一是采用逆查方式对建材行业发票使用情况进行专项检查。通过对隆阳区泰龙商场建材行业情况进行调查取证，对获取的近千份资料进行整理，督促纳税人完成自查补税，共查补入库税款23万元。二是切实抓好企业所得税汇算、增值税清算工作，提高汇算、清算质量。

【税务管理信息化建设】 （一）抓好各应用子系统的推行、升级。对服务厅硬件资源、人员资源进行有效的优化配置和高效融合；严格按照防伪税控系统发行子系统操作要求，做好报税、认证、发票发售业务子系统的维护；做好办公自动化系统、综合征管软件、“四小票”稽核结果导出工具软件、企业所得税申报软件、维护工作。（二）做好网络安全维护。做好计算机病毒、网络安全防范工作，对每一台接入局域网络的客户端安装了瑞星网络版杀毒软件；做好各应用系统数据备份工作。（三）加强计算机设备、耗材管理。

队伍建设

【机构人员情况】 区局内设机构10个：办公室、人事教育科、监察室、货物与劳务税科、征管科、收入核算科、政策法规科、纳税服务科、所得税科、办税服务厅；事业单位1个：信息中心；下设3个税务分局：隆阳区国税局第一税务分局、第二税务分局、汉庄税务分局。在职干部职工131人，其中，女36人（占27.48%），男95人（占72.52%）；中共党员86人（占65.65%）；大学本科及以上学历43人（占32.82%），大专学历74人（占56.49%），中专学历9人（占6.87%），高中及以下学历5人（占3.82%）；35岁以下18人（占13.74%）、36岁至45岁76人（占58.02%）、46岁以上37人（占28.24%）。离退休干部72人（其中离休干部3人）。

【领导班子建设】 局党组始终把政治理论学习作为提高“班子”执政能力的大事来抓，坚持每季开展一次中心组理论学习活动，不断更新知识，用正确的理论武装头脑，努力提高六种能力。以优化班子结构、提高班子整体素质为重点，积极推行领导干部竞争上岗、交流等制度，不断增强干部的危机意识、责任意识、履职意识。

【扎实开展学习实践科学发展观活动】 根据隆阳区委、区人民政府和上级国税局的统一部署，3月30日至8月30日，顺利完成了学习实践科学发展观活动学习调研、分析检查、整改落实三个阶段的工作任务。通过学习和实践的紧密结合，全局干部职工在学习实践活动中取得成效的同时，还为隆阳国税又好又快发展的实践积累了新的经验，注入了新的动力，增添了新的活力。通过学习实践活动，提高了对科学发展观的思想认识，深入查找了影响和制约国税工作科学发展的问题和不足，深刻剖析了产生问题的原因，针对存在问题制订了明确具体的整改措施，确保了学习实践活动动真格、出实招、见实效，使整个学习实践科学发展观活动的过程成为了推动隆阳国税事业又好又快发展的过程，真正达到了“党员干部受教育，科学发展上水平、人民群众得实惠”的要求。

【党风廉政建设】 始终坚持“标本兼治、综合治理、惩防并举、注重预防”的方针，把反腐倡廉工作融入税收各个环节。一是坚持每月上好一堂党风廉政教育课，教育引导干部算好政治、经济、人身、家庭“四笔账”，防止个人私欲膨胀，增强自我约束意识。二是重申“四个严禁”，切实加强队伍作风纪律建设。积极开展有利于干部职工身心健康、陶冶情操的业余活动，提高生活品位，养成优良的工作作风，为国聚好财，为民执好法。三是实行廉政责任书“三级两签订”，加大考核和责任追究力度，有效地预防了为税不廉行为。一年来，全局131名税务干部职工没有出现职务性犯罪，受到党纪政纪处分的人和事。

【精神文明建设】 一是把精神文明建设纳入年度工作计划，列入议事日程，做到年初有安排，年终有检查考核。二是认真落实信访工作制度，及时处理好每一件来信来访，切实维护好群众和纳税人的合法权益。三是大力开展行风测评，召开外来投资企业行风评议座谈会，特邀、义务监察员座谈会2次，发放调查问卷60份、走访纳税人150户，听取纳税人意见和建议10条，制定整改措施10条。四是更新服务理念，树立“人人能受理，个个是窗口”的服务意识，从提供纳税人最想知道的税收信息，最方便快捷办税做起，提高服务质量和效率。五是不断拓宽服务领域，在努力搞好文明办税八公开、首问责任制等行之有效的税收服务的基础上，全面推行预约服务、延伸服务、限时服务等措施，做到服务前置，实现零投诉。六是围绕中心工作组织开展形式多样、内容新颖、振奋精神的文体活动，不断增强群体向心力和凝聚力。七是抓实软硬件建设，规范整理文明创建资料，完善干部人事档案，使创建工作有深度、有广度。

【教育培训】 积极推进“学习型国税”建设。一是抓好政治理论学习，建立学习、民主决策长效机制。二是健全学习培训考评机制，提高税务干部的综合素质。先后选送50人（次）到区外参加各级组织的业务培训；举办培训班4期，参训388人（次）。

（王 娟）

施甸县国家税务局

经济概况

2009年，施甸县实现生产总值（GDP）19.26亿元，按可比口径计算比上年增长13.20%。其中：第一产业完成6.92亿元，第二产业完成3.79亿元，第三产业完成8.55亿元，分别比上年增长6.50%，26.60%，13.40%。三次产业的结构比例由上年的38.40∶17.90∶43.70调整为35.93∶19.68∶44.39，拉动经济增长2.50、4.70、6个百分点，对经济增长的贡献率分别为18.60%、35.90%、45.50%，“工业立县”战略目标逐步显现。全县年末总人口33.45万人，人均生产总值5150元，比上年增长11.70%。农民人均纯收入2686元，比上年增长12.50%；城镇居民人均可支配收入1.17万元，比上年增长9%。农业总产值14.02亿元，比上年增长7%；工业总产值7.82亿元，比上年增长40.70%；社会消费品零售总额6.07亿元，比上年增长17.1%；固定资产投资总额10.24亿元，比上年增长46.10%；财政总收入1.74亿元，比上年增长17.58%。

税收概况

【收入完成情况】 2009年，施甸县国家税务局共组织税收收入9102.23万元，比上年增收1195.30万元，增长15.12%，完成计划任务7630万元的119.30%。其中“两税”7035.19万元，比上年增收1158.47万元，增长19.71%；企业所得税1621.76万元，比上年增收4.79万元，增长0.30%；储蓄存款利息所得个人所得税66.05万元，比上年减收74.11万元，下降52.87%；车辆购置税379.23万元，比上年增收106.15万元，增长38.87%。

【收入特点】 （一）在金融危机影响的不利因素下，税收收入继续保持高幅增长态势。宏观税负率为4.73%，税收弹性系数为1.15。工业型经济占据施甸经济主导地位，呈现以工业为龙头带动其他相关产业发展的格局。第二产业、第三产业税收收入分别为5070.18万元、4032.05万元，分别占税收总量的55.70%、44.30%。（二）传统产业如制糖、电力、烟草与新兴产业水泥等分别占税收总量的12.17%、9.47%、34.23%、32.13%，占总收入的88%，真正成为国税收入支柱产业。（三）车辆购置税的临时性减税政策，刺激小排量汽车市场，税收增幅较大。

【税源分析】 从经济结构上看，国有企业、股份公司、外商投资企业、个私企业在税收总收入中占重头。各经济类型所占全年税收的比例分别为：国有企业34.61%、集体企业0.55%、股份公司16.89%、私营企业9.58%、外商投资企业30.69%、个体经济7.42%、其他企业0.26%。外资企业异军突起，与内资企业并驾齐驱。从行业情况看，电力、糖业、烟叶、水泥等行业共同构成长期稳定的骨干性税源，占税收总收入的85.73%。

【税务管理】 （一）进一步夯实征管基础。与工商、质监部门进行信息交流互换，比对寻找管户差异，按图索骥，形成与外单位信息互换、县国税局分析督办、分局实地核查的内外联动管理机制，加大对漏管户的清查力度。2009年末全县共有管户1493户，其中：企业

151户，个体及其他登记户1342户。个体工商户中达到增值税起征点的个体纳税户405户（含查验、查定、查账征收户）。增值税一般纳税人61户，增值税小规模企业及其他纳税企业90户。（二）加强对小规模纳税人的精细化管理。通过数据监控分析系统和综合征管软件，强化对纳税人疑点信息监控比对，及时抽取票表比对异常户并进行定额调整，有的放矢的加强对辖区内的小规模纳税人监控管理，降低了执法风险，提高了行政效率。（三）加强发票管理，建立发票的长效管理机制。不断创新发票管理新思路，把普通发票管理与优化纳税服务、强化税源管理协调统一，创造良好的普通发票管理新秩序。加强发票日常检查工作，对20多个重点行业的109户纳税人开展了普通发票检查，共检查发票4.70万份，发现问题发票265份，涉及发票问题业户35户，补交税款3.64万元，罚款2.05万元，向外地移交可疑发票150份，处理外地移交可疑发票21份。（四）继续巩固综合征管软件高质高效运行成效，不断提高税收征管质量。准期申报率、累计申报率、累计入库率均为100%；税收执法系统实现了“零差错”。

各项工作

【税收征管】 （一）强化流转税管理，抓好重点税源监控。一是深入企业强化对纳税人的宣传辅导工作。二是做好纳税人购进固定资产抵扣进项税的预测工作，共涉及固定资产抵扣98.58万元。三是对省、市国税局指定企业和其他企业按月进行了纳税评估，转出进项税额34.87万元；对2户企业运输发票进行了专项评估，检查运输发票539份，存在不符合运费发票抵扣凭证及填写不规范等问题12份，金额3.20万元，转出进项税2237.20元。四是认真调查落实新增消费税应税项目，及时纳入征管。五是巩固新车辆购置税征收系统的上线成果，办理新车车辆购置税8139辆，车辆购置税完成379.23万元，车俩过户转籍77户，核查异常发票32份。（二）抓好国际税收管理工作。一是加强外商投资企业购买国产设备退税管理，经严密监控上报市局1户外商投资企业复审相关国产设备退还增值税2775万元，共11批次。该项政策的顺利执行将在企业改良设备、扩大生产规模上起到重要作用。二是继续巩固非居民税收管理，预提入库非居民企业所得税9.76万元。

【税收执法】 （一）有效开展税收宣传月活动，建立税法宣传长效机制。一是通过“六送六帮”宣传税收新政策：一送新的税收调整政策给地方党政领导，为领导决策提供依据；二送《税收优惠政策选编》给残疾人，帮助他们维护合法权益；三送减免税政策上门，帮助符合税收优惠条件的纳税人，及时给予办理减免税手续，增强发展后劲，促进企业发展；四送税法进职业中学，帮助和鼓励学生自谋职业，促进就业；五送小排量车辆购置税政策给居民，帮助他们了解税收政策；六送纳税服务，帮助纳税人解决各种涉税问题。二是在县职业中学建立“税收教育基地”，并赠送了兽医、养猪、蘑菇栽培等农村日用大全方面的工具书共计36本。（二）认真落实下岗再就业税收优惠政策。共有6户企业享受所得税优惠政策，其中享受减免所得额企业1户，金额为31.19万元；享受减免所得税额的企业5户，减免税金额1695.75万元。加强税收政策管理和落实，认真审核各项到期停止执行优惠政策，对2008年7月1日以后享受资源综合利用增值税即征即退优惠政策退还的增值税进行了全额追缴，共追缴已退增值税14.27万元。（三）以查促管，管查结合，促进税收征管规范化。全年共发出《自查告知书》14户，发现有问题户10户，自查补缴企业所得税3.19万元、增值税56.22万元、加收滞纳金14.91万元。检查纳税人2户，查处有问题2户，补缴企业所得税9.08万元、增值税1.91万元，加收滞纳金3.08万元，罚款5.50万元。查实率、入库率均为100%。受理并审理重大税务案件1件，查补税款、罚款和滞纳金总额13.61万元。

【税务管理信息化建设】 （一）认真做好综合征管软件客户端升级工作，全年综合征管软件客户端经过数次升级，已经从34号补丁升级到39号补丁，升级后所有客户端运行正常。（二）及时对防伪税控系统、稽核系统、协查信息管理系统、办公自动化软件、稽查管理软件、“四小票”软件、车购税征收系统、机动车开票系统、监控系统、网络财务管理系统、运输发票认证系统、增值税专用发票稽核系统、增值税专用发票网络认证等软件进行升级维护。（三）确保全县网络安全通畅，保障金税工程和综合征管软件正常运行。（四）网络教育培训系统与广域网扩容改建项目工作进展顺利，按照要求完成了A线路和B线路的光缆的接入和光纤熔接工作。

队伍建设

【机构人员情况】 县局内设机构8个：办公室、人事教育股、监察室、收入核算股、征收管理股、税政股、政策法规股、办税服务厅；事业单位1个：信息中心；直属机构1个：稽查局；下设1个税务分局：施甸县国税局甸阳税务分局。在职干部职工63人，其中，女19人（占30.16%），男44人（占69.84%）；中共党员49人（占77.78%）；大学本科及以上学历23人（占36.51%），大专学历29人（占46.03%），中专学历6人（占9.52%），高中及以下学历5人（占7.94%）；35岁以下14人（占22.22%）、36岁至45岁27人（占42.86%）、46岁以上22人（占34.92%）。离退休干部31人（其中离休干部1人）。

【廉政建设】 （一）完善制度措施，规范行政执法。严格执行省、市国税局党风廉政建设会议精神和领导干部“一岗双责”制度，层层签订《党风廉政建设责任书》。（二）落实“两权”监督，规范税收执法。坚持党组统一领导，纪检、监察齐抓共管，股室各负其责的工作格局，分级负责抓好党风廉政建设工作。在2009年行风测评回头看中，由纳税人和社会各界人士打分取得99.50分的好成绩；在年度公务员考核会上，税收管理员向纳税人代表进行述职述廉，进一步拓宽了反腐倡廉的监督面，构筑了社会参与监督的反腐大堤。（三）开展警示教育，筑牢反腐防线。组织全体党员干部学习收看了警示教育片《高墙悲歌》，到保山监狱开展警示教育活动。通过警示教育活动，促使广大党员干部对党风廉政建设工作有了更深刻的认识，警醒和教育干部自重、自省、自警、自励，筑牢反腐倡廉思想防线。全年领导干部共拒吃请19人（次），其中：科级11人（次）、一般干部8人（次）。

【精神文明建设】 （一）加强平安国税建设，促进国税科学发展。积极参加施甸县委、县人民政府举办的各项活动，一是参加县妇联、县总工会纪念“三八”国际劳动妇女节女子健美操比赛中，荣获三等奖；二是参加“施甸县庆祝建国60周年革命歌曲大家唱”活动，组织抽调了51名税干激情高唱中国人民解放军军歌；三是参加“施甸县庆祝建国60周年辉煌成就展”活动，以“创新思路、科学发展、和谐国税”为题，充分展示了自1994年机构分设后16年来所取得的成就和经验，大力弘扬“以国为根，以税为业，以人为本，以学为乐，以绩为真，以廉为荣”特色鲜明的国税文化理念。（二）认真组织全国“双百”评选群众投票工作。（三）按照“文化铸就灵魂、和谐凝聚人心、文明推动发展”的思路，巩固提升精神文明创建成果。2009年1月再次被中央文明委命名为“全国精神文明建设工作先进单位”。

（李云斌）

腾冲县国家税务局

经济概况

2009年，腾冲县实现生产总值（GDP）56.75亿元，按可比口径计算比上年增长13.50%。其中第一产业完成15.61亿元，比上年增长9%；第二产业完成16.51亿元，比上年增长21%；第三产业完成24.63亿元，比上年增长11.50%。三次产业结构比例由2008年的28.40:28.20:43.40调整优化为27.50:29.10:43.40。人均生产总值8930元，比上年人均7979元增长12.60%。完成农业总产值24亿元，比上年增长11.60%；工业总产值31.20亿元，比上年增长26.00%，其中：轻工业产值13.7亿元，比上年增长133.60%；重工业产值17.6亿元，比上年下降7.20%。实现规模以上工业增加值10.09亿元，按可比口径计算比上年增长20.80%。乡镇企业总产值37.59亿元，比上年增长18.56%；全社会固定资产投资总额56.60亿元，比上年增长48.20%；社会消费品零售额15.30亿元，比上年增长20.10%。居民消费价格总指数101.80%，上涨1.80%；商品零售价格总指数101.60%，上涨1.60%；农业生产资料价格指数99.60%，下降0.40%。外贸进出口总额5779万美元，比上年增长4.30%，其中：进口2432万美元，增长87.20%，出口3347万美元，比上年下降21.10%；实现财政总收入7.30亿元，比上年增长10.40%；城镇居民人均可支配收入1.28万元，比上年增长9.80%；农民人均纯收入3482元，比上年增长16%。

税收概况

【收入完成情况】 2009年，腾冲县国家税务局共组织税收收入2.08亿元（含免抵调库增值税125万元、不含海关代征2719万元），比上年减收6515万元，下降23.85%，完成计划任务2.01亿元的103.48%。其中“两税”1.46亿元，比上年减收7622万元，下降34.29%，完成计划任务1.40亿元的104.04%；企业所得税3667万元，比上年增收377万元，增长11.45%，完成计划任务3665万元的100.05%；储蓄存款利息所得个人所得税239万元，比上年减收284万元，下降54.31%，完成计划任务250万元的95.68%；车辆购置税2314万元，比上年增收1014万元，增长78.06%，完成计划任务2200万元的105.17%。

【收入特点】 （一）全县GDP增长率13.50%，税收下降了23.85%，宏观税负率为3.67%，税收弹性系数为-1.77。（二）税源以矿产品为主，结构单一，规模小，缺乏龙头企业支撑税源，抗风险能力较弱；主体税源结构属资源型，消耗量大，效益低。全县税收以矿产品采掘及加工、电力、木材加工销售、医药产品、商业为主，以上5项增值税收入为1.33亿元，占增值税总收入的91.41%，比上年减收7326万元，下降35.49%。有竞争力的地方产业饵丝、果脯、石材等生产规模小，税收仅为增值税收入的0.91%。（三）边境贸易税收持续下滑，比上年下降5.66%。

【税源分析】 从税收收入的产业结构看，第一产业占1.80%、第二产业占53.80%、第三产业占44.40%；从税收收入的经济类型看，国有企业占16.02%、集体企业占0.19%、股份公司占43.46%、私营企业占13.31%、个体企业占13.99%、港澳台及外商投资企业占2.95%、其他企业占10.08%；从税收收入的税种组成看，国内增值税收入占69.94%、国内消费税收入占0.20%、企业所得税收入占17.61%、储蓄存款利息所得个人所得税收入占1.15%、车辆购置税收入占

11.10%；从重点税目占“两税”收入的比重看，商业税收占33.6%、矿产品采掘税收占26.61%、电力税收占15.67%、木材加工税收占7.13%、医药产品税收收入占5.7%、其他税收收入占11.29%。

【税务管理】 （一）加强税源调研分析。为全面掌握全县经济受金融风暴影响程度，成立了由相关部门组成的税收调查工作组，对停产、半停产企业分布情况以及对税收收入的影响进行全面调研，对重点税源企业进行深入分析研究。（二）管好重点税源。切实加强对矿产品采掘加工、电力、旅游产品和火山石加工、建材、珠宝等重点行业的管理。（三）强化户籍管理。对增值税一般纳税人实行分行业责任到人、下户巡查制度；对小规模纳税人实行按片、按区域责任到组、落实到人的管理制度。确保了申报率、征收率、入库率均达100%。

各项工作

【税收法制建设】 （一）结合税收执法管理信息系统监控平台，对各岗位人员执法情况进行监督考核。（二）通过形式多样的普法及培训活动，加大税法宣传力度，努力提高纳税人对税法的遵从度。（三）规范税收执法，按照法定权限和程序行使权力、履行职责。（四）加强税务听证、行政复议、行政处罚等工作，认真执行重大税务案件审理制度。

【税收征管】 （一）强化三税管理。认真落实税收管理员制度，实行分组划片、分人盯户、责任到人，确保登记率、申报率、入库率管理工作到位，杜绝漏征漏管。加强对零税负申报一般纳税人的管理，全年共对30户（次）一般纳税人零税负申报进行逐户分析，对申报异常又无正常理由的、税负明显偏低的，及时与财务人员约谈，对不能说明申报异常、税负偏低原因的及时移交稽查进行查实。有针对性地调查调整“双定户”税收，全年共调整定额211户，调增196户，月调增税款4.20万元，调减15户，月调减税款0.65万元。有针对性地选择应税销售收入大、税负偏低、抵扣异常、长亏不倒的企业进行纳税评估，把评估与统计、工商、地税等部门第三方信息相结合，共评估检查增值税企业19户，补缴和增值税进项税转出91万元。规范企业所得税管理，建立健全相关的管理台账，对申报管理软件和征管软件申报数据进行核对清理，对25户企业进行纳税评估，评估调增应纳税所得额497万元，补缴企业所得税114万元。加强对机动车销售商的监控，与车辆管理部门建立信息共享机制，全年新购车辆1.58万辆，征收车辆购置税2314万元。（二）加强出口退税管理。积极做好出口货物“免、抵、退”及外边贸出口退税工作，按管理操作规程，认真审核出口“免、抵、退”税申报，共办理“免、抵、退”税调库148.98万元，其中免抵税额114.90万元，退税额34.08万元；办理出口退增值税676.29万元。（三）严格发票管理。坚持发票审验制度，对将到期审验的用票户实行“电话提醒服务”，严肃查处偷逃税行为，及时调整税收定额。抓好“四小票”管理，共采集货物运输发票3618份，比对相符率100%；采集海关代征增值税完税凭证586份，异常发票4份，税额11.87万元，比对相符率99.31%。开展普通发票专项核查工作，通过内查外调，共查验发票8.91万份，审验发票补税4437户（次），税款158万元；处理发票违章141户，违章发票365份，补税35.60万元，罚款18.30万元。

【税收执法】 （一）加强税收宣传。对企业财务主管开展税收业务培训辅导；借学习实践科学发展观民情恳谈活动之机开展税收宣传；在17个珠宝玉石专业市场宣传税收，把税收理念植根于“中国翡翠第一城”；与腾冲电视台合作，制作国税风采专题栏目；把税收宣传与纪检监察工作有机结合，在接受社会各界监督的同时广泛宣传税法。（二）强化税务稽查，打击税收违法行为。在开展好日常稽查的同时，积极开展专项检查，先后对矿产品加工、建材、房地产等17户企业进行检查，查补税款110.10万元，调减企业亏损20.30万元。（三）推进依法治税。按新《征管法》及其《实施细则》规定，制定完善与之相配套的管理制度，全年共计检查个体纳税人274户，查补税款21.80万元，罚款15.18万元，合计入库36.98万元；新认定一般纳税人41户，取消15户。（四）抓好税收执法检查。严格按照《税收执法检查规则》，对制发的涉税文件进行认真清理，对企业减免税、抵税、退税、延期纳税、汇总纳税、出口退税、税款征收、纳税定额核定等政策执行情况进行检查。

【税务管理信息化建设】 （一）提高数据处理质量，做好现有应用系统的维护和升级，确保系统安全运行。（二）在广电公司、金正公司和联通公司的支持下，做好广域网改扩建和视频教育培训系统的搭建工作。

队伍建设

【机构人员情况】 县局内设机构10个：办公室、人事教育股、监察室、货物与劳务股、征收管理股、收入核算股、纳税服务股、所得税股、政策法规股、办税服务厅；事业单位1个：信息中心；直属机构1个：稽查局；下设3个税务分局：腾冲县国税局第一税务分局、第二税务分局、固东税务分局。在职干部108人，其中：女29人（占26.85%），男79人（占73.15%）；中共党员73人（占67.59%）；大学本科及以上学历23人（占21.30%），大专学历73人（占67.59%），中专学历4人（占3.70%），高中及以下学历8人（占7.41%）；35岁以下13人（占12.04%），36岁至45岁59人（占54.63%），46岁以上36人（占33.33%）。离退休干部56人（其中离休干部1人）。

【领导班子建设】 （一）按“创新发展年”工作主题要求，全面加强班子和领导干部的思想、组织、能力和作风建设，着力把班子建设成坚定贯彻党的路线方针政策、善于领导科学发展的坚强领导集体，切实提高执行力、落实力和创新力，为各项税收工作的顺利进行提供了强有力的组织保证。（二）深入开展学习实践科学发展观活动，认真学习十七届四中全会精神，努力建设学习型组织、创新型团队、实干型集体、廉洁型班子，用科学发展观统领国税工作，提高依法行政、依法管理的能力。

【廉政建设】 （一）按阳光政府“四项制度”要求，开设96128查询专线，通过网站、电视、报刊、办税大厅对重点工作进行通报、对重要事项进行公示、对重大决策进行听证、对政府信息进行公开。（二）定期开展“纪检日”活动；对内层层签订《党风廉政建设责任书》；对外与纳税人签订《廉政公约》，全年签订6074户，回访纳税人1025户。（三）切实抓好民主评议行风工作，实行全员挂牌上岗，公布举报电话，公开接受社会监督。（四）坚持定额核定、出口退税、增值税一般纳税人认定、票证领购等审批制度和税务处罚案件审理制度，防止以权谋私行为的发生。（五）召开社会各界参加的述职述廉大会，税收管理员向纳税人代表和特邀监察员进行述职述廉，全方位接受社会监督。（六）在财务、基建、办公用品采购上，坚持局长办公会集体讨论制度，严格按照程序进行。

【精神文明建设】 （一）在办税服务厅开展“争创最佳服务标兵竞赛活动”，设置“党员示范岗”和“巾帼文明岗”，创造性地开展工作，实现一岗多责、一岗多能。（二）组织编排小品“特殊考试”节目，代表保山国税和云南国税参加全省“祖国在我心中”和“为了母亲的微笑”的文艺汇演活动，并获得创作二等奖和表演三等奖。（三）在县文明委举办的省级文明单位“讲文明树新风·创建文明腾冲”演讲比赛活动中，张晓洁和李自斌以优异的成绩分别荣获一等奖和三等奖，单位获得组织奖。（四）在省国税局“庆祖国60华诞”活动中，刘永湖的征文《钓鱼》荣获二等奖；退休干部赵萱和在职干部王东明书法作品入选。（五）为扶贫挂钩点捐款6300元；在挂村包校工作中支持资金6.16万元；在爱心圆梦大学、帮助贫困中小学生解决学费和生活费等助学活动中捐款1.97万元。

【教育培训】 共举办培训班18期，85天，参训783人。其中：内部培训7期，11天，559人；送外培训9期，70天，25人；纳税人培训2期，4天，199人。

（杨　锋）

龙陵县国家税务局

经济概况

2009年，龙陵县实现生产总值（GDP）23.02亿元，按可比口径计算比上年增长12.60%。其中第一产业完成7.34亿元，比上年增长7.20%；第二产业完成9.32亿元，比上年增长17%；第三产业完成6.36亿元，比上年增长12.60%。三次产业结构比例由上年的32.02:40.66:27.32调整优化为31.89:40.48:27.63。工业总产值23.52亿元，比上年增长39.20%，其中：轻工业产值7.41亿元，比上年增长22.20%；重工业产值16.10亿元，比上年增长47.40%。实现规模以上工业增加值14.94亿元，按可比口径计算比上年增长30.10%。全社会固定资产投资总额27.10亿元，比上年增长30.20%；社会消费品零售额5.74亿元，比上年增长19.90%。居民消费价格总指数103.90%，上涨3.90%；商品零售价格总指数103.50%，上涨3.50%；农业生产资料价格指数96.60%，下降3.40%。实现财政总收入2.74亿元，比上年增长0.03%；城镇居民人均可支配收入1.22万元，比上年增长9.20%；农民人均纯收入2895元，比上年增长15.60%。

税收概况

【收入完成情况】 2009年，龙陵县国家税务局共组织税收收入1.29亿元，比上年减收2151万元，下降14.31%，完成计划任务1.11亿元的116.45%。其中“两税”1.19亿元，比上年减收1692万元，下降12.49%，完成计划任务1亿元的118.07%；企业所得税641万元，比上年减收445万元，下降40.94%，完成计划任务680万元的94.36%；储蓄存款利息所得个人所得税77万元，比上年减收100万元，下降56.71%，完成计划任务100万元的76.54%；车辆购置税307万元，比上年增收86万元，增长38.77%，完成计划任务240万元的127.92%。

【收入特点】 2009年税收减收因素较多，从税收与经济相关数据看，全球经济危机蔓延对税收的影响显而易见，呈现出GDP（生产总值）依然持续增长12.60%，而国税收入同比下降14.31%的新特点。宏观税负率为5.6%，税收弹性系数为-1.14。原因是：（一）受金融危机冲击，重点税源企业产品产量下降，销量大幅降低，资金周转困难，利润下降。（二）认真落实了增值税转型、小规模企业征收率下调、车辆购置税税率优惠等结构性减免税政策。

【税源分析】 从税收收入的经济结构看，国有企业占8.81%、集体企业占0.08%、股份合作企业占0.27%、股份公司占76.58%、其他企业（私营、其他、个体）占14.26%；从税收收入的产业结构看，第一产业占0.03%、第二产业占84.02%、第三产业占15.95%；从税收收入的税种看，国内增值税收入占91.21%、国内消费税收入占0.83%、内资企业所得税收入占4.98%、储蓄存款利息所得个人所得税收入占0.59%、车辆购置税收入占2.39%；从重点税目占“两税”比重看，商业税收占7.96%、食糖税收占16.44%、电力税收占30.56%、矿业（有色金属、硅）税收占29.46%，上述4大税目占“两税”比重达84.42%，其他税目税收占15.58%。

【税务管理】（一）加强税源管理，严防税款流失。以落实领导干部管户制度作为强化税源管理的突破口，将任务量化到人，形成了管户领导和税收管理员直接交流、沟通，促进了税源管理水平的提升。（二）层层落实收入目标责任制。按照县委、县政府关于进一步落实收入目标责任制的相关要求，层层签订《收入目标责任书》，定期向上级国税局、地方党委政府汇报组织收入面临的严峻形势和重点税源减收情况，为调整收入“盘子”提供参考依据。（三）认真贯彻落实省国税局关于“依法征税，强化征管，加强稽查，攻坚克难，应收尽收，奋战五月，确保九百亿，打响组织收入攻坚战”动员令，全局进一步统一思想，提高认识，结合龙陵国税工作实际，确定了9条组织收入措施，如期打响组织收入攻坚战。（四）认真开展纳税评估工作。全年共评估增值税一般纳税人15户，收到了预期效果。

各项工作

【税收法制建设】 依法治税是税收工作的灵魂，全局以提高税干的法规意识为目标，用创新的思路引领法制工作。一是严格税款征收、上解入库管理。做到当日征收的税款当日上解入库，预算级次正确，无积压、挪用、截留、转引税款等现象。二是严格按照重大税务案件审理的要求，坚持集体审理定案执行制度。2009年稽查局共移交重大税务案件1件。通过案件委员会审理认为本案的事实清楚、证据确凿、适用税收法律、法规得当、符合法定程序、定性准确、处罚适当。纳税人没有提起行政复议和行政诉讼。三是认真贯彻落实《全面推进依法行政实施纲要》，严格执行文件会签、报备制度，签订《税收执法责任书》，税收执法系统实现了“零差错”目标。

【税收征管】 在全球金融危机的影响下，龙陵县铅锌、电力、硅铁3大税源都受到了不同程度冲击。面对严峻的组织收入形势，全局紧紧围绕“创新发展年”工作主题，优化纳税服务，落实各项政策，积极应对挑战，收到了明显效果：一是全面做好增值税转型、小规模纳税人征收率下调及金属矿采选产品、非金属矿采选产品税率调整的实施工作，做好新旧政策的衔接。对达到标准的小规模纳税人按新的一般纳税人认定标准认定12户，为下岗失业人员、自谋职业的大学生免费办理税务登记证12套，减免工本费240元，使纳税人和下岗失业人员得到了实惠。二是严格企业所得税和涉外税收管理。2008年度企业所得税汇算清缴应自查49户，自查面100%，纳税调整增加7220万元，纳税调整减少163万元。重点辅导4户，纳税调整增加1247万元。为9户享受不同税收优惠政策企业审核减免税770万元。受理企业财产损失所得税税前扣除审批项目企业1户，金额211万元。出口信息清理核实32条，专项核查出口报关单信息25条，委托代理出口信息7条，核查结果无应补税项目。三是加强户籍管理，夯实管理基础。积极与工商、地税等相关部门加强交流和沟通，建立了信息交换制度，加强户籍静态、动态监管和实地巡查工作，大力组织清理漏征漏管户。税收征管户数由年初的2542户增加到2805户。四是认真开展2009年度个体工商户税收定额核定调整工作。根据国家税务总局16号令和电子定税系统要求，分别对辖区内个体工商户的生产经营情况分行业、分区域调查核实，审定达到起征点196户（纳入银行储蓄扣税户158户，直接上门申报纳税38户），不达起征点2412户，圆满完成了2009年度“双定户”税款核定调整工作。五是加强发票管理，建立长效机制。认真贯彻市国税局关于打击骗购、倒卖发票的紧急会议精神，对发票管理使用情况进行了全面清查。通过检查，发票发售数量同纳税人的生产经营情况相匹配，没有利用假身份证进行骗购、倒卖发票的行为。

【税收执法】 （一）围绕“税收·发展·民生”主题，抓实税收宣传月活动。共发放税收宣传画和宣传材料1800余份，为纳税人和民众现场提供税收政策咨询服务、解惑释疑1500多人（次），受到纳税人及民众的广泛好评。把税收宣传月与学习实践科学发展观活动紧密结合起来，将新近出台的企业所得税法、增值税条例、消费税条例和结构性减免税等相关政策送给纳税人，突破了长期以来税收宣传针对性不强、效果一般的瓶颈。（二）抓好税务稽查。共查办案件14件，实现稽查查补收入151.94万元，完成市国税局下达稽查查补任务120万元的126.62%，其中查补增值税115.21万元，处以罚款25.49万元，按规定加收滞纳金11.24万元。调减企业亏损额69.11万元，调增企业免税所得额118.98万元。案件执行入库率100%，偷税处罚率61.74%，查实率100%。所查案件严格履行稽查办案程序。（三）开展执法检查。根据市国税局要求，认真对照检查项目进行自检自查。未发现税收违法违纪问题；没有越权制定涉税文件、减免税和缓税行为；未受理过税务行政复议案件；各项涉农税收优惠政策均按照财政部、国家税务总局等相关文件规定予以落实。

【税收管理信息化建设】 一是狠抓设备维护，提高工作效率。对稽核系统、协查系统、公文处理系统等数据定时备份，全年共收到514份文件，转发188份文件；二是增值税抵扣凭证审核检查系统1.2版代替1.0版系统正式运行，综合征管软件34至39号补丁成功升级，升级后各项业务运行正常；三是着力提高金税工程运行质量。严把新增和变更一般纳税人专用发票作废、红字发票和专用发票认证关，认真做好“三小票”采集、汇总和比对结果审查，按时提取比对结果，加强防伪税控运输发票认证管理，确保数据质量；四是建立查询分析制度，严把数据质量关。全年税收执法管理信息系统经过提报处理和申辩调整，税收执法工作基本实现“零过错”，执法监控力度明显增强。

队伍建设

【机构人员情况】 县局内设机构8个：办公室、监察室、税政股、征收管理股、人事教育股、政策法规股、收入核算股、办税服务厅；事业单位1个：信息中心；直属机构1个：稽查局；下设2个税务分局：龙陵县国税局龙山税务分局、勐糯税务分局。在职干部职工64人，其中：女20人（占31.25%），男44人（占68.75%）；中共党员40人（占62.50%）；大学本科及以上学历18人（占28.13%），大专学历30人（占46.88%），中专学历15人（占23.44%），高中及以下学历1人（占1.55%）；35岁以下8人（占12.50%），36岁至45岁39人（占60.94%），46岁以上17人（占26.56%）。退休干部18人。

【领导班子建设】 局党组始终按照市国税局的总体部署，扎实推进“学习实践科学发展观”活动，做到活动有动员、学习有体会，转段有总结，紧紧围绕“党员干部受教育、科学发展上水平、人民群众得实惠”的总体要求抓实工作，做到时间、人员、内容、效果四落实。先后召开党员会、群众会、纳税人座谈会、专题民主生活会和交心谈心活动，认真查找存在问题，开展批评和自我批评，广泛征求意见，对班子民意测评满意率为96%。以推动国税工作跨越式发展为目标，全面落实《领导班子和领导干部监督管理办法》，坚持述职述廉制度和廉政谈话制度，在收入计划安排、人员调整、大项经费支出等重大事项决策时一律由党组会、局长办公会集体讨论决定，使领导班子成为一个团结、民主、务实的领导集体。

【廉政建设】 （一）始终把党风廉政建设和反腐败工作列入党组议事日程，做到与中心工作一起研究、一起部署、一起检查、一起考核，层层签订《党风廉政建设责任制》，切实履行“一岗双责”。（二）严肃财经纪律，落实厉行节约目标。按节能减排和节电、节水的要求，进一步完善了公务接待、车辆维修使用事前、事中、事后报告制度，各项支出都压缩在节约控制数以内。（三）坚持廉政谈话，开展警示教育。制定《廉政风险点防范管理工作实施方案》，共排查出潜在风险点200余条，提出了防范措施。（四）落实“四项制度”，签订《廉政公约》。2009年度新签订《廉政公约》60户，开展回访调查188户次，拒吃请186人次，纳税人对国税机关服务满意率达99%。（五）以落实阳光政府“四项制度”为着力点，及时开通“96128”政务信息查询专线电话，发布税收政策变动等信息28条，接受纳税人和社会各界的咨询及监督。

【精神文明建设】 全局以热烈庆祝祖国60岁华诞为契机，组织了“国庆中秋老干部茶话会”，开展了“爱护环境卫生 共创美好家园”的爱国卫生运动，参加了全县庆祝建国60周年“祖国在我心中”歌咏晚会，充分展现了边陲国税人爱祖国、爱人民、爱税收的高尚品格和精神风貌。积极拓展国税文化建设外延，持续捐资助学60余人（次），金额2.6万元。有力推动文明建设，全局届满重新被中共云南省委、云南省人民政府命名为第12批“文明单位”；被龙陵县委、县人民政府授予“文明行业”荣誉称号。

【教育培训】 以提高岗位业务和专业技能为重点，采取自学和集中培训等举措展开大练兵活动。局内培训9期，12天，参训516人（次）；外送培训9期，62天，参训22人；纳税人培训2期，参训128人（次）。通过学习培训，全局干部职工理论水平和业务技能有了普遍提升。

（杨正邦）

昌宁县国家税务局

经济概况

2009年，昌宁县实现生产总值（GDP）28.59亿元，按可比口径计算比上年增长13%，其中：第一产业完成11.62亿元，比上年增长9%；第二产业完成7.29亿元，比上年增长18%；第三产业完成9.68亿元，比上年增长13.70%。“三次产业的结构比例”为：40.70:25.50:33.80。农业总产值21.23亿元，比上年增长11.42%；工业总产值16.43亿元，比上年增长33.97%，其中：轻工业产值9.88亿元，比上年增长31.11%；重工业产值6.55亿元，比上年增长41.83%。实现规模以上工业增加值2.36亿元，按可比口径计算比上年增长29.80%。全社会固定资产投资总额18.48亿元，比上年增长30.34%；社会消费品零售额7.34亿元，比上年增长19.69%。居民消费价格总指数101.40%，上涨1.40%；商品零售价格总指数101%，上涨1%；农业生产资料价格指数96.50%，下降3.50%。实现财政总收入2.32亿元，比上年增长23.17%；人均生产总值8310元，比上年增长12.80%；城镇居民人均可支配收入1.18万元，比上年增长9.12%；农民人均纯收入3143元，比上年增长15.80%。全县经济社会呈现协调可持续发展的良好局面。

税收概况

【收入完成情况】 2009年，昌宁县国家税务局共组织税收收入9311万元，比上年增收191万元，增长2.09%，完成计划任务8520万元的109.28%。其中：增值税7369万元，比上年增收435万元，增长6.27%，完成计划任务6920万元的106.49%；消费税144万元，比上年减收13万元，下降8.28%，完成计划任务140万元的102.87%；企业所得税1289万元，比上年减收195万元，下降13.14%，完成计划任务1000万元的128.90%；储蓄存款利息所得个人所得税61万元，比上年减收77万元，下降55.95%，完成计划任务40万元的152.30%；车辆购置税448万元，比上年增收41万元，增长9.96%，完成计划任务420万元的106.63%。

【收入特点】 （一）全县经济持续增长，促进税收稳步增长，但国税收入增长速度低于全县经济增长速度。全县生产总值（GDP）增长13%，国税收入增长2.09%，税收弹性系数为0.16。（二）由于受金融风暴和税收政策调整影响，宏观税负有所降低。2009年，宏观税负率为3.26%，二、三产业宏观税负为10.42%，分别低于2008年0.35和0.54个百分点。（三）重点税源除食糖、商业、煤炭、非金属矿等税目有不同程度增长外，其余税收都呈下滑趋势。

【税源分析】 （一）从税收经济结构看，国有经济3001万元，占32.23%，比上年增长34.57%；集体经济11万元，占0.12%，比上年增长83.33%；涉外经济639万元，占6.86%，比上年下降63.21%；股份制经济3565万元，占38.29%，比上年增长51.90%；非公有制经济1102万元，占11.84%，比上年下降35.67%；其他经济993万元，占10.66%，比上年下降8.65%。（二）从税种结构看，增值税占79.14%，比上年增长6.27%；消费税占1.55%，比上年下降8.28%；企业所得税占13.84%，比上年下降13.14%；储蓄存款利息所得个人所得税占0.66%，比上年下降55.95%；车辆购置税占4.81%，比上年增长9.96%。（三）从重点税目占“两税”比重看，食糖2237万元，占29.78%，比上年增长43.40%；商业2160万元，占28.75%，比上年增长34.34%；电力992万元，占13.20%，比上年下降0.61%；硅613万元，占8.16%，比上年下降54.31%；煤炭403万元，占5.36%，比上年增长15.54%；非金属矿235万元，占3.13%，比上年增长5.86%。以上6大税目占“两税”比重达88.38%，其他行业税收873万元，占11.62%。

【税务管理】 （一）正确处理执行政策与组织收入的关系。坚持“依法征税，应收尽收，坚决不收过头税，坚决防止和制止越权减免税”的组织收入原则，做到任务服从政策。（二）明确职责，落实责任。层层分解落实收入计划，把收入计划落实到各征收单位和税收管理员，继续实行局领导分局和股（室）挂钩责任制以及税收收入目标一票否决制，着力抓好申报率、入库率、催陈欠、防新欠几个主要指标的考核工作，对收入计划执行情况做到任务目标明确、考核奖惩明确。（三）加强税收调研和分析预测工作。局领导按月或按季召开收入分析会，并多次组织税政、征管、计征等部门深入基层分局以及糖、烟、电等重点企业开展调研，从总量与结构等不同层面，抓好宏观税负、宏观经济税源、微观税源以及政策性减税政策对税收收入的影响等分析预测。充分利用税收分析成果，随时掌握各税种、税目的收入进度，解决存在问题，促进征管质量的不断提高。（四）强化重点税源管理。把年应纳税额在100万元以上的12户重点税源大户管住管好，科学合理地调配税收管理力量，认真落实专业化、精细化税收管理的各项措施，实行副局长和分局长参与管理重点纳税大户制度以及分户到人、分人盯户的管理举措。（五）认真贯彻落实全省组织收入动员令。着力抓好零散税收的管理，加大漏征漏管户清理力度，强化税收动态管理，积极研究税源变化的新情况、新动向，有针对性地采取措施，变税源为税收。

各项工作

【税收法制建设】 （一）坚持依法治税，规范税收执法。增强以科学发展观指导政策法规工作的自觉性和坚定性，努力加强税收法制建设，提高税法遵从度。（二）认真做好“依法治省示范单位”试点工作和“五五”普法工作。深入开展法制宣传教育、税法宣传和依法治省试点工作，增强依法行政、依法治税的责任感和紧迫感。（三）深入推行税收执法责任制和过错责任追究制。系统监控考核指标中无过错记录，无过错扣分，实现了人机考核“零过错”。（四）认真开展税收执法检查。完善执法检查工作制度和操作办法，提高检查质量，建立税收执法检查问题的反馈、整改、处理机制。（五）认真落实各项再就业税收优惠政策。为119名下岗失业人员办理个体税务登记证119个，共免收税务登记证件工本费2380元。（六）坚持重大税务案件审理制度。共审理案件4件，查补税款19.45万元，罚款18.16万元，滞纳金4.67万元，合计42.28万元。（七）深入贯彻行政许可法，落实行政许可的各项制度。没有违反规定自行实施行政许可，没有只许可不监督或重许可轻监督等不当行为。

【税收征管】 （一）抓好“三税”管理。认真抓好增值税一般纳税人认定标准下调后的核实、确认等工作，及时准确地做好增值税一般纳税人档案信息的采集录入以及变更和注销工作，年内新认定增值税一般纳税人29户，年底全县共有增值税一般纳税人103户。切实抓好有关企业所得税税率调整政策的贯彻落实工作及新申报管理软件的推行工作，完善企业所得税分类管理制度和定率征收管理办法；抓好企业所得税汇算清缴工作，通过汇算审核，调增应纳税所得额272万元，调减应纳税所得额184万元，补税12万元。认真贯彻执行车辆购置税调整政策，巩固推进车辆购置税刷卡缴费工作。共征收车辆购置税447.83万元，其中享受减征优惠政策车辆167辆，减征车辆购置税49.88万元；办理免税车辆4辆，减免税额9.40万元；核查机动车异常发票21份，补缴增值税1522.67元，罚款360元。（二）强化纳税评估。共评估增值税一般纳税人23户，有问题13户，补缴增值税50.98万元，加收滞纳金2831.15元；利用企业所得税申报管理软件进行筛选，评估企业12户，调增应纳税所得额217.86万元，调减应纳税所得额2.15万元，净调增应纳税所得额215.71万元，弥补企业亏损163.03万元，补缴企业所得税11.19万元，补缴增值税1.75万元，加收滞纳金5604.54元，罚款7.70万元。（三）加强发票管理。认真落实发票管理制度，对用票户的经营情况、范围与票种核定情况进行全面清理核对，严格查处应开不开、虚开代开、大头小尾以及制售假发票等违法行为。累计检查发票1.57万份，查出发票违章10户，违章发票131份，补税1.50万元，加收滞纳金2553.74元，罚款3.30万元。

【税收执法】 （一）开展税收宣传。4月1日，召开了由县委、政府和相关部门领导共计20余人参加的“政府领导学税法话税收”座谈会；4月21日，在县职业技术学校举行“税收教育基地”授牌仪式，向学校师生赠送了《税收优惠政策选编》、《税收征管法》以及法律法规、农村实用技术等书籍400多本；充分利用短信平台，把最新税收政策编成短信，发送给全县范围内的纳税人，宣传月期间累计发送税收宣传短信1000余条。（二）搞好税务稽查。切实有效地组织开展日常稽查、专项稽查和分类稽查工作，共检查纳税企业8户，查补收入49.25万元，其中税款24.04万元、滞纳金5.20万元、罚款20.01万元，实际入库49.25万元，实现了入库率100%、平均处罚率83.22%的指标。（三）落实税收优惠政策。有220户各类纳税人享受税收优惠扶持622.78万元，其中：21户纳税人抵扣固定资产进项税额90.87万元；171辆乘用车减免购置税59.26万元；28户缴纳企业所得税的盈利企业所得税税率下调后少缴企业所得税472.65万元。

【税务信息化建设】 一是顺利完成了企业所得税介质、网络申报系统和执法系统升级工作；二是有序完成综合征管软件从37号到39号完全补丁的升级，确保系统的平稳过渡；三是积极配合联通、广电做好全局光纤及相关网络设备的架设；四是协同电脑公司搭建好网络教育培训系统硬件平台；五是完成了机动车一般纳税人使用二维条形码电子信息的采集和税务端安装调试、维护工作，对其他销售车辆的纳税人增值税税率进行了修改；六是完成了“个体工商户定额数据采集表”模板增值税税率的修改工作和纳税人增值税介质申报系统3个补丁的升级工作。

队伍建设

【机构人员情况】 县局内设机构8个：办公室、人事教育股、监察室、征收管理股、税政管理股、政策法规股、收入核算股、办税服务厅；事业单位1个：信息中心；直属机构1个：稽查局；下设2个税务分局：昌宁县国税局田园税务分局、柯街税务分局。在职干部职工69人，其中：女14人（占20.29%），男55人（占79.71%）；中共党员41人（占59.42%）；大学本科及以上学历20人（占28.99%），大专学历47人（占68.11%），中专学历2人（占2.90%）；35岁以下12人（占17.39%），36岁至45岁43人（占62.32%），46岁以上14人（占20.29%）。离退休干部27人（其中离休干部1人）。

【领导班子建设】 局领导班子始终保持求真务实、团结协作、分工负责的工作作风；坚持民主集中制原则和民主议事制度；做到“大事讲原则，小事讲风格”，班子之间相互关心、互谅互让，心往一处想，劲往一处使，工作中从未出现过相互推诿、扯皮和拆台现象；发挥表率作用，无论是制度办法的制定还是各项措施的落实，要求别人做到的，领导班子都首先做到；认真贯彻执行党和国家的各项方针政策，坚持依法治税，从严治队。

【廉政建设】 （一）认真贯彻落实《惩防体系2008～2012年工作规划》。（二）加强廉政教育，实行主要领导上党课、纪检组长作反腐倡廉形势报告制度，不断推进惩防体系建设。（三）加强制度建设，狠抓制度落实。认真抓好廉政建设责任制、纪检日、廉政谈话、领导班子成员述职述廉等各项制度的落实。（四）抓好行风建设。完善监督制约机制，强化社会监督，实行税收管理员向纳税人代表及特邀监察员述职述廉制度，坚持开展与纳税人签订《廉政公约》和回访调查制度，与1101户各类纳税人签订《廉政公约》，全系统连续8年无违纪违法行为发生。（五）实行婚丧嫁娶事前报告审批、事后说明制度，认真落实领导干部建房、购车等重大事项报告制度和收入申报制度。（六）抓好“两权”监督。充分利用执法监察子系统“电子眼”的监督作用，搞好税负核定、征收、管理、稽查、退税、一般纳税人认定、财务经费、固定资产、内部审计、政府采购等的监督制约工作。

【精神文明建设】 按照“文化铸就灵魂、和谐凝聚人心、文明推动发展”的思路，丰富创新和提升拓展文明创建内容和内涵，在创字上下功夫，在成果上见实效。届满重新被中共云南省委、省政府命名为第12批“文明单位”。

【教育培训】 参加省、市国税局组织的各类培训11期79人（次）；举办各类专业培训10期，培训干部472人（次）；继续推进学历教育，有在读研究生1人，4人取得了函授本科学历。

（李明忠　周兆英）

德宏傣族景颇族自治州国家税务局

经济概况

德宏傣族景颇族自治州有2个国家一类口岸（畹町、瑞丽）和2个国家二类口岸（陇川章凤、盈江平原）。经济支柱有制糖、电力、商业（边贸）和有色金属，2009年实现生产总值（GDP）115.2亿元，同比增长15%，其中：第一产业实现增加值32.19亿元，增6.4%，支撑生产总值增长1.9个百分点；第二产业实现增加值35.44亿元，增27.9%，支撑生产总值增长7.4个百分点；第三产业实现增加值47.57亿元，增13.2%，支撑生产总值增长5.7个百分点。三产贡献率分别为12.7%，49.3%，38%，三次产业结构由上年29.6:28.2:42.2调整为27.9:30.8:41.3。人均生产总值达9685元，同比增14.2%。非公经济创造增加值50.4亿元，占比重达43.7%，同比提高1.9个百分点。完成固定资产投资100.92亿元，增31.5%。社会消费品零售总额46.01亿元，增20.5%。完成进出口总额7.63亿美元，增0.2%。城镇居民人均可支配收入12558元，增9.7%，农村居民人均纯收入2831元，增16.1%。财政总收入完成17.23亿元，同比增长17.3%，增收2.53亿元，其中：一般预算收入9.83亿元，同比增长10.9%，增收0.96亿元。一般预算支出48.87亿元，同比增长33.5%，增支12.28亿元。

税收概况

【收入完成情况】 2009年，德宏州国税系统共组织税收收入7.46亿元，为年计划的111.9%，同比增长14.4%，增收9386万元。其中："三税"6.75亿元，为计划的111.7%，增14.4%，增收8482万元（其中：增值税6.04亿元，为计划的108.5%，增10.4%，增收5706万元；消费税2059万元，为计划的205.9%，增119%，增收1119万元；企业所得税5074万元，为计划的133.5%，增48.5%，增收1657万元。）；储蓄存款利息所得个人所得税503万元，为计划的83.8%，下降60.8%，减收780万元；车购税6594万元，为计划的117.8%，增34.3%，增收1684万元。

【收入特点】 （一）较为严峻复杂的经济形势，给全州经济特别是产品出口的生产企业产生了较大影响，加之国内需求下降，使全州对外进口贸易量急剧下滑，进口额同比减少了50%左右，边贸税收减收2589万元，相当于2008年的50%。（二）结构性减税政策如：增值税转型、调整小规模纳税人征收率、车辆购置税新政策的实施也给组织收入工作带来了一定的困难。（三）上半年组织收入工作形势极为严峻，进入下半年后，随着中央和各级地方政府"保增长、保民生、保稳定"等相关政策贯彻实施，成效逐步显现，工业经济趋稳回升，停产企业恢复生产，产品价格走出低谷，企业利润有所增加，特别是全州工业结构调整初步完成，逐渐形成以电力为龙头，有力带动了能源和冶炼等产业发展。（四）国税收入1~3季度同比均呈下滑趋势，同比分别下降22.1%、19.1%、3.1%，自7月份开始当月收入同比有所增长，特别是8月中旬后，响应省局党组"组织收入攻坚战"动员令，狠抓税源调研分析，狠抓工作措施落实，狠抓及时足额入库，仅10月份就组织入库国税收入1.04亿元，同比增长70.9%，首次实现了单月收入突破亿元的最好水平，为圆满完成全年计划任务奠定了基础。

【税源分析】 （一）增值税增减。1. 新建电站建成运营，2009年已发电电站110座，总装机容量达230万千瓦，发电量相比增加130万千瓦；随着大规模电网建设和改造速度加快，供电能力和质量明显提高，州供电局外送电量达63.05亿千瓦时，同比增长200.82%，售电量达6.95亿千瓦时，同比增长163.26%；《2009年丰水期德宏电网金属硅生产用电电价联动核算方案》5月8日正式实施，工业企业用电量逐渐增大，拉动了供电量大幅增长，电力实现税收2.47亿元，增收1.17亿元，增89.4%。2. 重点工业企业硅厂技改增容，产量扩大，规模效益明显提高，工业硅年产量达10.48万吨，增产4.3万吨；随着国内经济复苏，销售价格由前期含税价8000元/吨回升到1.3万元/吨，工业硅实现税收3916万元，增收333万元，增9.3%。3. 制糖业税收减收1490万元，由于跨期糖税减少1581万元，加之市场价格波动大，虽然糖价从年初含税价2600元/吨上涨到4800元/吨左右，但为兑付甘蔗收购款，大部分糖在价位偏低时已卖出。4. 铝价下跌致铝的税收减收250万元。5. 水泥税收减收270万元。6. 受金融危机影响，从缅甸进口货物急剧减少，进口总额减少50%左右；海关取消边贸货物进口环节增值税减半征收的优惠政策，恢复全额征收，企业进项税额增大，国税增值税税负下降，边贸税收减2589万元。7. 增值税转型政策实施后，企业固定资产纳入进项抵扣，进项税额增加，税负明显降低；小规模纳税人税率调整影响了商业增值税减收。（二）消费税增减。1. 消费税增收主要是因5月1日国家调整烟草消费税，对卷烟企业批发环节征收

5%的消费税，烟草消费税增收1386万元。2. 酒精消费税因产量减少和价格下降减收190万元。（三）企业所得税增减。1. 部分企业所得税减免税到期或进入减半征税期，增收666万元。2. 电力企业利润增加，增收559万元。3. 查补入库增收254万元和纳税评估及房地产预售收入所得税增收366万元。4. 烟草企业所得税受烟草批发环节征收5%的消费税影响，利润减少，减收439万元。（四）储蓄存款利息所得个人所得税因执行2008年10月9日起暂免征收政策，减收780万元。（五）车辆购置税同比增收1684万元，因国务院出台了从1月20日起至12月31日购置1.6升以下排量乘用车暂减按5%的税率征收优惠政策以及汽车以旧换新、汽车下乡等系列政策实施，调动了居民购车积极性，全年征税车辆共33484辆，同比增11513辆；征税车辆总价达9.1亿元，同比增加3.5亿元。

各项工作

【税收征管】（一）深入落实税收管理员制度，对纳税人实行巡查，加强户籍管理，杜绝漏征漏管户，到12月底全州共办理税务登记20364户，登记率达100%，准期申报率99.71%，入库率100%，无新增欠税，滞纳金加收率和处罚率均保持在100%。（二）利用数据监控系统和综合征管软件查询功能，加强6率监控考核力度，有效监控全系统的税务登记、申报、入库、欠税等数据，对可能出现的问题积极采取预防措施，同时以征管质量考核为手段，坚持每半年抽查2个县市局，提高征管的质量和效率。（三）对小规模纳税人坚持核定及核定调整制度，严格控管，确保税收及时足额入库，全州有12037户纳入电子定税管理，其中达起征点3836户，同比提高0.39%。（四）继续巩固和强化综合征管软件各系统的运行维护工作。（五）加强了对普通发票的日常管理和专项检查，2～11月在全州范围内开展了商业零售行业发票检查，共检查大型连锁超市、药店42户，发票16313份，检查商业零售企业和个体户1891户，发票127274份，检查率达100%，查补税款及罚款1.3万元，有效促进和巩固了发票管理基础工作。（六）为深入落实总局和省局关于加强征管、堵漏增收文件要求，强化税源管理，优化纳税服务，确保税收任务圆满完成，10～12月在全州开展了重点税源专项评估工作，对50户企业（为一般纳税人的6.3%）开展自查评估，各县针对自评不到位及存在疑点的7户企业进行了纳税评估（为企业自查评估面的14%），州局对重点税源中的3户企业进行专项评估，评估补税93.94万元。

【流转税管理】（一）认真落实增值税转型工作：加强领导并研究制定切实可行的实施方案，加大汇报和宣传力度，争取党委政府对增值税转型工作的重视与支持，准确做好经济和财政收入分析预测，做好增值税新旧政策的衔接工作；开展送服务送政策下基层进企业活动，帮助纳税人了解增值税改革政策，做好纳税辅导工作；对政策执行情况认真开展调研，及时发现问题和反馈及时加以解决落实。（二）积极加强资源综合利用企业和民政福利企业税收管理，同时进一步强化各重点税源管理，深化增值税纳税评估等工作。（三）加强车辆购置税和卷烟消费税的管理，及时开展了两税种税收政策的调整工作。（四）为及时反馈政策调整对边境贸易发展的影响，不断完善和规范边贸税收管理，组织撰写了《加快边境贸易税收政策调整和创新 促进德宏边境贸易发展》，出台了《德宏州边贸税收征收管理规定》。

【所得税管理】（一）采取举办培训班、"送税法上门"、召开企业座谈会等服务方式，帮助纳税人及时准确掌握税法及政策规定，营造和谐的征纳关系，举办办税人员和管理人员培训班各7期，培训办税人员1000余人次，管理人员200余人次，有效提高了纳税人自觉纳税意识、税法遵从度和管理人员业务素质以及熟练运用所得税申报管理软件的水平，为所得税网络申报、介质申报软件推广运用奠定了基础。（二）做好2008版企业所得税年度纳税（A类）介质申报系统组织实施工作，加大宣传力度，各级成立组织领导机构，派出工作组进行指导、监督和落实，确保系统顺利推广运用，2月9～20日组织参加了省局系统压力测试，搭建模拟培训环境和正式环境，参加了省局师资培训，及时制订推广方案，对征管人员和辖区内使用介质申报软件的纳税人进行培训，3月1日前完成了软件相关信息维护工作；2月26日全州第1户企业通过介质申报系统申报成功，2008年度所得税汇算清缴全部通过介质申报系统上线运行完成。（三）2008年度所得税汇算清缴是新所得税法实施后的第一次，也是企业所得税介质申报第一年，全州国税机关继续按照"转移主体，明确责任，做好服务，强化检查"的要求做好汇算清缴：2008年企业所得税登记户数为995户，应参加汇算清缴825户，实际参加822户，汇算面达99.64%。（四）在落实优惠政策前提下，严格减免税和财产损失税前扣除审批程序，审核、审批税前扣除申请8份，审查企业申请税前扣除金额3724万元，批准税前扣除2724万元，不准扣除1000万元，不予受理1户。（五）针对不同行业、规模、类型企业和企业不同事项特点合理分类，按行业或企业规模分类相结合进行分类管理。（六）以汇算清缴为基础，确定商业、电力、硅业为主的39户企业为重点评估对象，同时对经营情况发生变化及减免税恢复征收后应纳所得税额降幅超过30%的1户企业纳入重点评估，对注册资本500万元以上连续3年亏损或零申报的13户企业等逐户进行评估，11月30日完成评估工作，共评估136户企业，占汇算清缴总户数的16.54%。

【税收优惠政策】（一）开展出口退税专项检查和出口货物退税评估，促进管理水平提升，继续强化服务意识，履行服务承诺制，严格审核办理每一笔退税业务，提高办税效率，为115户出口企业办理退税1181批次，办理退税3.55亿元，其中人民币结算办理退税2.97亿元，为退税总额的83.6%，外汇结算办理退税5820万元，为退税总额的16.4%，为5户生产企业办理免抵调库280万元。（二）自所得税分享体制改革以来，已有604户享受减免税优惠政策，累计减免企业所得税4.08亿元，2009年又有115户享受所得税优惠政策，共减免所得税8096万元。（三）执行民政福利、资源综合利用等企业即征即退优惠政策，为10户福利企业办理增值税即征即退税款515.13万元，退税率为96.24%；为1户达到资源综合利用标准的企业，办理增值税即征即退税款445.38万元。

【税务稽查】 （一）整顿和规范税收秩序，依法严厉打击涉税违法犯罪行为，加大潞西木康、瑞丽江桥、梁河热水塘3个查验点的检查力度，全州共检查纳税户2570户，发现问题715户，查补入库税款等总额为1624.89万元，入库率100%，完成稽查年计划的163%，同比增加1060.91万元；3个查验点共查补税款、罚款197.1万元。（二）对大型连锁超市及电视购物企业、办理出口货物“免、抵、退”税业务的重点企业、3年以上未实施稽查的重点税源企业及南方电网德宏供电局进行专项检查，并将潞西、陇川医药行业作为区域专项整治项目，对14户进行专项检查，发现问题4户，查补税款等共计154.9万元；按每3年查1遍规定，对22户企业进行第2轮分类检查，结案22户，有问题18户，查补税款等共计244.84万元；开展“家电下乡”专项整治行动和出口企业出口CUP办理退（免）税检查等工作。（三）做好协查子系统运维工作，6个协查网点运行正常。（四）为严厉打击和整治制售假发票非法代开发票等违法犯罪活动，在系统内部开展发票专项整治的基础上，配合公安、地税开展行动，查处发票违法犯罪案件6件，其中制售假发票案件1件，非法取得和使用发票案件5件，涉案假发票共3262份，查补税款3.17万元，罚款2.5万元；在全省打击非法制售假发票专案行动期间，成功侦破“12·15”非法制售假发票专案，抓获犯罪嫌疑人7人，已起诉2人，取保3人，查获各类发票2019份（其中：交通运输发票2份，商业零售发票300份，增值税专用发票22份，其他1695份），缴获非法私刻印章55枚，收缴作案设备2台，打掉了一个制售假发票的团伙；国税稽查部门还对“12.15”制售假发票案受票方进行延伸检查，对德宏州涉及4家单位购买的13份假发票进行了调查取证。

【信息化建设】 （一）做好运行维护和安全保障工作，提高信息系统应用水平：1.做好各系统网络、DNS系统及广域网络节点等运维管理，及时排除故障，确保运行通畅。2.做好机房、电源、硬件设备等维护管理，避免出现设备故障；维护好视频会议系统，保证视频会议质量；认真开展应用系统硬件设备健康检查，及时成立工作小组，负责实施全州设备健康检查工作，5月31日前完成服务器、数据存储设备健康检查及检查报告和设备建档资料文档（设备卡片）上报工作，为每台设备建立设备卡片和维修记录档案等，为进一步掌握设备运行状态，确保应用系统稳定、高效运行奠定基础。3.为确保征期业务正常开展，及时准确地对征收大厅前台、增值税发票税控代开票系统、核查系统、管理及申报系统、客户端系统等进行综合征管软件的各补丁进行了升级；9月28日前完成各级会场拓扑图和实地照片及调查表等基础信息收集汇总和上报工作，为全系统现有广域网扩容、改造升级及新建省、州和区县3级网络教育培训系统做好准备。4.加强安全防范管理，保障网络、信息安全运行，严格执行省局及相关部门网络安全规定，建立计算机病毒防范应急处理预案及管理制度，严防计算机病毒和黑客攻击；8月10日前做好计算机网络安全自查工作，并对笔记本电脑、U盘、移动硬盘全面清理、登记造册，明确使用部门、人员和地点，确定信息保密安全责任人；对所有上外网的计算机进行全面清查；清查所有内网计算机安全状况，规范计算机命名规则，为应用网络执法管理软件作准备；对部分未安装桌面管理系统的内网计算机完成系统安装，安装360安全卫士，修补操作系统漏洞，查杀木马，清理恶评软件、系统垃圾和使用痕迹，及时更新杀毒软件；8月11日对全州计算机系统进行安全扫描，对扫描出的问题在全州进行通报批评，并在目标管理考核中予以扣分。（二）为确保金税三期工程总体规划和总体设计工作如期完成，按照要求于7月31日前，对全系统现有IT软、硬件资源的准确情况进行全面清查，整理好相关资料数据，为完成总局随后进行的一系列详细现状调查工作做准备，同时，及时完成机构调整后信息中心机构及人员基本情况、计算机相关专业毕业的国税干部现状调查及资料上报工作，为组建全省税收信息化人才库做准备。（三）12月31日前做好了省、州、县三级国税机关高清网络教育培训系统和全省国税系统广域网改建扩容工作两个电子化工程项目建设工作。（四）开展各系统推广应用及维护管理培训，为各类税收应用软件的推广应用及培训工作的顺利进行提供技术保障。

【后勤保障与管理】 （一）围绕中心工作，树立服务意识，加强后勤保障服务：按照学习实践活动和“创新发展年”工作要求，查找工作和管理上存在的问题，巩固和完善各项管理制度，认真贯彻执行上级局关于固定资产管理和政府采购有关规定，执行机动车辆管理规定，落实机动车辆定点维修和定点油库开加油单加油制度，保证行车安全和国税工作需要，车辆修理和燃油费得到有效管理；搞好日常保障服务，完成好会议及培训服务、办公用品采购和设备维护、办好职工食堂等，保障机关工作正常开展；接待工作进一步规范，服务质量和工作效率不断提高，认真执行省局关于接待工作的规定，因地制宜、结合边疆民族地区特点，充分发挥干部主观能动性，按照礼仪、热情、勤俭节约的原则开展接待工作，为各级各类人员到德宏工作提供良好服务。（二）争取基建项目，改善基层办公条件，加强在建项目规范管理，确保工程质量：争取3个项目进入省局项目库；与省局签订《基本建设管理责任状》；抓好州市综合业务办公用房重点工程项目建设，工程进展顺利，高质量高标准地完成了工程验收工作。（三）严格按照规章制度，加强财务制度建设和基础管理：开展了清理“小金库”专项整治工作；贯彻执行《关于党政机关厉行节约若干问题的通知》，对全州下达了车辆购置及使用费、会议费、招待费、出国费等4项费用年度支出控制数，年终列入目标责任制考核；严格执行国有资产管理暂行办法、省局内部审计操作规程、基建管理办法以及州局经费管理暂行办法和财务会计分析暂行规定等规章制度，加强财务及固定资产的管理和处置；开展了在职干部职工住房补贴测算兑现及离退休老干部津贴补贴测算兑现等工作。

【政策法规】 （一）继续开展“五五”普法及依法治省示范单位工作，坚持以“普及税收法律知识，增强社会纳税意识，营造良好的税收法制环境”为宗旨，深入开展税收宣传，做到普法宣传教育与税收政策调整变化相结合、与纳税服务及树立良好国税形象相结合。认真清理和做好规范性文件备案备查工作，按要求做好涉税规范性文件会签、把关工作，加强对税收规范性文件的合法性审查和管理。（二）坚持重大税务案件审理、定性集体审理制度，严把案审质量关，全州各地进行审理登记案件共9件，涉及应征税款等合计223.68万元。（三）8～10月开展了税收执法检查，由各单位对本级税收执法和行政管理情况进行全面自查，11月开展重点检查，州局成立专项检查组，对潞西、瑞丽、畹町、陇川4局进行专项检查，12月进行总结整改，及时发现、纠正和整改了不规范做法及问题。（四）9月按照省局税收执法管理信息系统V1.1版升级工作安排，制定并推行《税收执法管理信息系统V1.1版升级工作方案》，成立推行工作领导小组，举办培训班，使执法人员掌握和熟悉操作技能，为系统正常运行提供保障；系统升级后定期监控，每天监控汇总查询结果，按考核指标提取数据进行比对分析，查找不足、及时整改、不断优化，确保税收执法过错率降到最低。（五）做好税务行政审批、听证、复议、税收法律救济等工作，坚持严格依法治税、打牢依法行政基础，充分发挥行政复议化解税务行政争议的渠道作用，正确使用行政复议调节和解原则，力争把税务行政争议解决在内部，切实维护纳税人的合法权益，构建和谐征纳关系。

【综治维稳】 （一）签订《综治维稳责任书》，层层抓落实，结合“平安德宏”创建实施方案，以“平安单位”、“平安楼院”、“平安家庭”等创建活动开展，进一步建立健全各项规章制度，抓好全系统综治维稳各项措施深入落实。（二）抓基层打基础，筑牢社会和谐稳定的第一道防线，集中排查化解整治基层突出治安问题及矛盾纠纷，抓好综治维稳各项工作。（三）以确保建国60周年等庆典活动安全为目标，做到“四个坚决防止”。（四）围绕“五五”普法总体目标，加强干部职工法制教育，紧扣民主法制建设进程，普及税法知识，加强税法宣传教育，培育税收法治理念，进一步提高公民的税收法律意识和法律素质，推进国税机关依法征税、诚信服务，促进纳税人税法意识地增强，不断提高税收征管质量和效率。（五）利用第18个税收宣传月开展以“税收·发展·民生”为主题的税收宣传活动，出动宣传车、悬挂大幅宣传标语、召开座谈会访谈会、散发宣传资料、咨询点解答咨询等形式开展宣传；利用电视、广播、报纸和网络等媒体、手机短信等方式开展宣传，取得了预期的效果。（六）开展保密教育和机关保密检查工作，提高网络信息安全保密水平，与要害部门、部位人员签订《保密承诺书》，加强安全保密工作。（七）积极参与禁毒防艾和新农村建设，于2月23日向挂钩点梁河县曩宋乡曩宋村派出第3批新农村建设指导员和第5批禁毒防艾工作队员，4月份与乡政府签订《综治共建责任书》，工作队进村入社后，与村两委一起组织开展了形式多样的禁毒防艾宣传教育和新农村建设工作。（八）按照新形势要求做好机关内部维稳工作，认真贯彻7月9日州政法委紧急会议精神，把国税机关及干部的思想统一到中央、省委和州委对当前形势判断与决策部署上来，围绕“保增长、保稳定、保民生”，增强责任感和使命感，全力保持经济平稳较快增长和社会和谐稳定。

队伍建设

【机构设置及人员】 根据省局关于实施机构改革的要求及《关于德宏州国家税务局系统机构改革方案的批复》，5～10月组织实施了机构改革，改革后州局机关有12个内设机构（正科级），另设机关党委办公室和离退休干部科2个正科级机构；2个直属机构：稽查局（副处级，内设6个副科级单位）、车辆购置税征收管理分局（正科级）；2个事业单位（正科级）：机关服务中心、信息中心。有115名干部职工，其中：在职96人；处级6人，科级28人；中共党员61名，占63.5%；大学本科39人，占40.6%，大学专科47人，占49%；男56名，女40名；少数民族干部25名，占26%。

【廉政建设】 （一）落实省州党风廉政建设会议精神，围绕“创新发展年”和落实责任政府、阳光政府“四项制度”等工作内容，加大全系统党风廉政建设工作力度，通过了州委对贯彻落实党风廉政建设责任制及惩防体系建设等综合检查考核，受到了检查组好评。（二）继续加大党风廉政建设宣传教育力度，组织开展以建立健全教育、制度、监督并重惩治和预防腐败体系的实施纲要及2008～2012年工作规划等为内容的学习教育活动，组织学习了《领导干部廉洁自律规定》、省州公务员“八条禁令”和“十条禁令”、《税务系统领导班子和领导干部监督管理办法》等，抓好廉政教育，从源头上杜绝以权谋私等违法违纪现象发生，进一步增强干部法律意识与廉政意识，树立“为民、务实、清廉”的思想；先后在州内媒体发布了狠抓系统党风廉政建设和落实“四项制度”采取的措施与方法，公布举报电话和局长接待日；按照州纪委开展“讲党性修养、树优良作风、促边陲发展”主题教育活动实施方案以及深入开展“六个一”活动的工作思路，有效开展了系统内主题教育活动；继续开展国税廉政文化建设，组织收集上报廉政书画作品16幅，学习心得体会16篇，读书思廉格言警句34条。（三）按照各项规章制度和“四大纪律八项要求”规定，加大制度措施落实力度，强化“两权”监督。（四）实施责任政府和阳光政府“四项制度”，推进政务公开，规范执法，优化服务，于5月11～18日对全系统贯彻落实“四项制度”及党风廉政建设各项考核指标等再次明察暗访。（五）继续畅通社会监督渠道，巩固完善特邀监察员、“96128”政务信息公开热线、来信来访和局长接待日等制度。（六）做好《廉政公约》签订和回访工作，签订4446户，新签订146户，回访595户，回访率13.4%。

【文明创建】 1月份，瑞丽市局被省局命名为“文明单位”，潞西局、畹町局、陇川局、盈江局通过省局复查，为复查合格“文明单位”；梁河县局计划征收科被省局和省妇联表彰为“巾帼文明岗”；州局机关、盈江局、瑞丽局、陇川局和畹町局5单位被州委、州人民政府授予2008～2010年度“文明单位”荣誉称号；1月州局党组表彰51名“优秀税务工作者”，“7·1”州局党总支表彰1个“先进党支部”、27名“优秀党员”和5名“优秀党务工作者”。

【教育培训】 以集中培训或以会代训等方式，对干部职工和纳税人进行科学发展观、预防职务犯罪、“四项制度”、新《企业所得税法》、财务与会计、流转科业务等培训，共开展74期，2135人次参训；3月28日组织58名干部（稽查系列42人，非稽查系列16人）参加全国税务系统稽查业务考试，组织参试人员集中11天封闭学习，有3人因成绩突出受省局通报表彰；完成省局培训任务，派出2名处级干部、6名副处级后备干部、6名县市区局长、5名稽查业务骨干、8名新录用人员及65名其他骨干参加省局等举办的相关培训。

【新闻事件】 1月12日国家税务总局王力副局长等慰问组在省局李杰副局长陪同下到盈江县了解查看地震灾情，慰问国税干部职工。4月27日，国家税务总局党组成员、人事司董志林司长等在省局李鸿文局长陪同下在瑞丽市召开国税系统行政执法类公务员管理试点工作调研会。4月21日德宏州税务学会召开成立大会暨第一届会员代表大会，共118名会员代表出席会议。9月24日州局机关干部职工向州见义勇为协会捐款5000元，支持见义勇为事业。9月底根据《云南省国家税务局关于德宏州国家税务局系统机构改革方案的批复》按时完成德宏州国税系统机构改革。10月1日起正式施行国家税务总局《办税服务厅管理办法（试行）》。11月4～6日召开离退休领导干部座谈会，22人参会，组织老干部参观芒市体育广场、国税新办公楼及万段新农村建设。12月6～7日国家税务总局冯惠敏纪检组长在省局李鸿文局长陪同下到德宏调研并看望州和潞西市国税干部。

【典型经验】 3～8月全州国税系统参加了第2批深入学习实践科学发展观活动，12月开展了“回头看”；2009年9月税务学会全体会员又参加了第3批学习实践活动。整个活动均能按照方案要求，结合中央提出的目标要求，以州委提出的“促进科学发展，维护边疆安宁，增进民族团结，构建和谐德宏”为目标，紧密结合工作实际，围绕“创新发展年”要求，做到了学用结合、成效明显，有力推进了艰难之年边疆德宏国税各项工作地顺利开展。

（郑碧锋　喻文斌）

潞西市国家税务局

经济概况

2009年，潞西市生产总值（GDP）完成36.35亿元，同比增长15%。其中：第一产业9.81亿元，第二产业10.33亿元，第三产业16.21亿元，分别比上年增长4.9%、29.4%、13.1%，三次产业的结构比例为：27:28:45。第二产业在全市生产总值中的比重进一步增大，产业发展格局进一步优化。完成固定资产投资30.54亿元，同比增长43.8%。外贸进出口总额9.09亿元，同比增长12.0%。社会消费品零售总额17.37亿元，同比增长22.0%。城镇居民人均可支配收入1.32万元，同比增10.0%。农村居民人均纯收入3106元，同比增长13.6%。年末总人口38.24万人，人口自然增长率7.44‰。全社会居民消费价格指数98.9%。城镇登记失业率3.6%。

税收概况

【收入完成情况】 2009年，潞西市国家税务局共完成各项税收收入2.07亿元，同比增长7.1%，增收1368万元，为年计划1.96亿元的105.8%。其中：“三税”收入1.70亿元，同比增长5.7%，增收926万元，为年计划的104.8%；“两税”收入1.47亿元，同比增长6.3%，增收878万元，为年计划的105.5%。

【收入特点】 虽然受全球金融风暴的影响，全局的税收形势特别严峻，但由于贯彻“抓紧、抓早、抓实、抓出成效”的工作思路，全局干部攻坚克难，局领导深入企业调研、培养税源，认真落实省、州局组织收入“动员令”。2009年总体税收收入还是保持了较好的增长态势，与GDP的增幅基本保持一致。增值税、消费税和企业所得税均提前超额完成了年初德宏州国家税务局下达的税收收入任务。税收收入的增长一方面是由于地方经济运行持续健康发展，另一方面是全市国税干部共同努力的成果。

【税源分析】 （一）增长因素。1. 硅冶炼等工业企业产品产量增加，供电量大幅增长。2. 发电量增加，德宏州龙江水电开发有限公司自2008年试发电以来，已入库税款1059万元。3. 对商业行业的征管力度加强，查补税款增加，稽查查补入库商业行业税款207万元。（二）减少因素。1. 白糖产量下降，白糖产量9.2万吨，比2008年10.6万吨减产1.4万吨。2. 由于跨期收入的影响，跨期税款460万元。3. 受全球金融风暴影响，金属硅价格大幅度下跌，不含税价为0.79万元，同比下降0.41万元，导致了税收的减收。4. 虽然水泥产量增加，但由于水泥销售单价的大幅下跌导致税收同比减收，水泥平均不含税价270元/吨，同比下降70元。5. 增值税政策调整的影响，年内，工业企业小规模纳税人的征收率由6%下调为3%。

【税务管理】 （一）开展企业纳税能力和实际纳税情况的对比分析。加强分析监控，实现“分析促收”。（二）市局领导、分局领导及二级班子成员挂钩2至3户重点纳税企业，及时发现和纠正税收管理中存在的薄弱环节与漏洞，加强对税源的动态监控。（三）落实省局“创新发展年”各项工作部署，以深入贯彻落实阳光政府“四项制度”为契机，以“实现五个突破”为主线：在实践科学发展观上有新突破、在组织国税收入上有新突破、在规范执法上有新突破、在纳税服务上有新突破、在转变工作作风上有新突破。严格执行“一窗式”服务，文明办税“八公开”等制度，不断优化纳税服务手段，努力提升纳税服务质量和水平，构建和谐税收征纳环境。（四）注重对“零负申报”纳税户的监控。实行“行业税负预警制度”，对列入“预警告知”的企业，分户分析核实，落实整改措施，管理员“上门辅导、下户核查”，及时发现解决问题。（五）建立欠税预警机制，加强纳税申报和税款征收的日常管理，要求管理员管户清、情况明。同时实行提醒制度，确保纳税户及时申报纳税，严防新欠产生，对欠税户采取催报催缴制度，及时收缴和停用、限量发售发票，有效遏制新欠的产生。（六）坚持“以票控税、网络比对、税源监控、综合管理”的方针，从税收管理的薄弱环节和重点难点入手，大力实施科学化、精细化管理。

各项工作

【税收法制建设】 （一）不断增强税收依法治税观念，推进依法行政。2009年，按照国家税务总局办公厅关于《税务系统贯彻落实〈全面推进依法行政实施纲要〉实施意见》精神，深入贯彻落实《纲要》，以依法治税为指导思想，认真落实“依法征税，应收尽收，坚决不收过头税，坚决制止和避免越权减免税”的组织收入原则，规范税收执法行为，理顺窗口间工作关系和职责，做好纳税服务。（二）努力实现税收管理科学化专业化和精细化。进一步加强税务干部执法能力建设，以税收管理员培训为重点，加大CTAIS和税收执法管理信息系统协调操作的培训力度，不断建立或完善税收执法考核责任机制，提高业务素质和执法技能，强化税收执法的有效监督。提高税收执法效果，及时纠正税收执法中的违法违规行为，规范税收行政执法。（三）大力推行和应用税收综合征管软件、税收执法管理信息系统V1.1版，正确贯彻执行各项税收法律、法规，严格依法治税，依法办事，依率计征，应收尽收，积极主动推进税收执法管理信息系统V1.1升级工程，有效规范税收执法行为，努力做好纳税服务，实现了税收管理科学化、精细化，系统化，树立了税务机关规范执法、文明服务、勤政高效的新形象，促进了各项工作的落实。（四）做好各项税务行政事项的受理、认定工作。（五）落实税收执法责任制和过错责任追究制度。进一步落实税收管理员制度，抓好培训，不断提高业务素质和工作效率，有效杜绝税收执法的随意性。（六）贯彻“法治、公平、文明、效率”的税收工作方针，在开展依法行政、依法治税、推广应用税收执法管理信息系统等方面取得较好成绩。（七）认真开展“五五”普法各项活动。在“全国法制宣传日”，围绕“加强法制宣传教育，服务经济社会发展”进行宣传。

【税收执法】 （一）一是在第18个税收宣传月，围绕“税收·发展·民生”宣传主题，与州局联合开展大规模、有特色的宣传活动。共发送《新征管法知多少》漫画册子2000多册和《潞西市国家税务局税收税收宣传材料》3万份。二是利用民族节日等送税法进企业、进学校，4月10日利用泼水节宣传税法，发放宣传材料5000份，向群众讲解“税收促进发展，发展改善民生”的道理。4月11日，利用潞西市第10个勐巴娜西风情节暨泼水节“千车万人”采花开展税法宣传活动。4月28日利用州、市总工会在芒市会堂广场举办规模盛大的以“同舟共济保增长、建功立业促发展”为主题的庆祝“五一”国际劳动节活动，组织干部进行税法宣传活动。三是税收宣传月期间，发送税收宣传短信“税收来源于经济，经济促进民生”等1万多条次；制作宣传漫画6幅；悬挂税收宣传布标8幅。（二）加强对税收政策法规工作和执法检查的领导与协调管理，充分发挥税收行政执法领导小组及执法检查领导小组作用，按照《税收执法检查规则》的要求，对税收执法行为和税收执法情况进行监督和检查，开设“96128”服务专线，接受社会各界的咨询和广泛监督。（三）5月25日恢复稽查局，查补收入549万元（州稽查局查补193万元、潞西查补356万元），入库549万元，其中税款473万元、滞纳金53万元、罚款23万元，选案检查11户，查处有问题11户，查补入库收入34万元，稽查安排52户企业自查查补收入135万元。（四）进行税务行政处罚352件，做出税务行政处理罚款12.64万元，进行税务行政许可及非许可范围纳税人申请审批1046份，防伪税控最高开票限额45份（10万元），全年无税务行政复议和行政应诉案件。

【税务信息化建设】（一）2月27日13：15时，2008版企业所得税年度纳税（A类）介质申报系统顺利上线，3月1日与省、州局同步运行，同时认真抓好增值税防伪税控"一机多票"系统推行工作。上半年完成机动车销售发票税控系统推行工作，完成了辖区内防伪税控企业"一机多票"开票软件升级工作。（二）充分利用网络平台实现数据共享，利用数据监控系统加强数据分析，为税收征管提供决策依据。（三）现有在用计算机114台，实现税收电子化、信息化和信息共享。同时升级计算机硬件，提高设备运行速度。更换1G内存条的计算机设备共18台，加入512M内存条的计算机设备2台，将更换下来的18根256M内存条加入到原来的旧设备中，共更换扩充内存的计算机38台。（四）认真做好税收综合征管软件、车辆购置税征收系统、办公自动化系统等软件的数据维护工作。做好计算机的日常维修、维护、备份工作。7~8月份对全局在用的114台计算机、网络、U盘进行安全检查。（五）加强金税工程网络建设与管理，保证金税工程各子系统能够正常运行，积极推行防伪税控网络版，按时按质传递金税数据，保障稽核系统数据准确、完整，金税工程持续平稳运行。

【税收征管】（一）根据增值税由生产型增值税转变为消费型增值税，严格进项税抵扣，从管理入手，运用信息化手段及相关信息数据，进行一般纳税人资格认定、专用发票资格认定、纳税申报、稽核比对、纳税评估工作，实行案头分析、约谈和实地查验，加强对辅导期和暂认定期内一般纳税人经营情况的监控力度，实行先比对，后抵扣的申报方式，认定增值税一般纳税人163户，纳入防伪税控管理46户，到年底共有一般纳税人240户，同比增35%。（二）落实国家出口退税机制改革的决定，加强申报审核管理，提高审核质量，为3户生产企业办理"免、抵、退"税494.56万元，其中：免、抵税215.03万元，退税279.53万元。（三）实行限额发售和验旧领新管理措施，严格执行"三小票"抵扣制度，加强废旧物资收购发票和农副产品收购发票管理，严格执行以票管税、网络比对的管理原则，加强发票使用各环节监控，查处发票违章30件，罚款0.95万元。

【税收优惠】（一）为全市51户内外资企业所得税纳税人减免企业所得税685.81万元。（二）进一步贯彻落实再就业税收优惠政策工作，共办理下岗再就业和大学毕业生自谋职业税务登记认定30户，减免税务登记办证费0.06万元。（三）认真落实福利企业优惠政策。1~12月5户福利企业共安置残疾职工60余人，1~12月份办理福利企业增值税退税66.56万元。

队伍建设

【机构设置及人员】2009年机构改革后机构有：办公室、货物和劳务税科、所得税科、人事教育科、监察室、征收管理科、办税服务厅、收入核算科、政策法规科、纳税服务科10个科室；1个直属机构稽查局；1个事业单位信息中心；2个外派机构：芒市分局、风平分局。干部职工132人，其中：大学本科29人，大学专科81人，中专12人，中专以下10人，有党员66人。

【领导班子建设】（一）提高领导班子对党执政兴国重要意义的认识，增强了党性观念，端正了立党为公、执政为民的思想。（二）提高决策的科学化、民主化水平，凡重大问题按照民主集中原则，决策前集思广益，决策时发扬民主，集体讨论决定。（三）坚持党组中心组理论学习制度、民主生活会制度、纪检日制度、领导干部理论学习制度和税收政策法规学习制度。（四）推进政务公开，主动接受"两权监督"，以团结、务实、廉洁、高效的班子带动干部职工，充分发挥示范导向作用。

【廉政建设】（一）局长与纪检组长、副局长签订了《党风廉政建设责任书》，然后层层签订，层层抓好落实。（二）对党风廉政建设和反腐败工作任务进行了责任分解，将责任工作落实到牵头负责部门，逐一贯彻落实。（三）举办阳光政府"四项制度"和预防职务犯罪知识讲座，并抓好阳光政府"四项制度"的落实。（四）与70户新开业纳税企业、固定个体工商户续签了《廉政公约》。同时对已经签订《廉政公约》的240户进行了回访。（五）认真落实廉政谈话制度，年内纪检组长同分局主要负责人进行了任期廉政谈话2人；同时对新调整及新任的13名科长进行了任前廉政谈话，4名领导干部进行述职述廉。（六）开展"讲党性修养、树优良作风、促边陲发展主题教育活动"，组织学习王瑛、杨雪斌先进事迹材料，用优秀人物先进事迹教育激励干部，自觉提高思想境界。

【精神文明建设】（一）积极开展文明创建工作；5月，潞西市国税局干部王凤萍荣获首届"潞西十佳母亲"提名奖称号；12月市局顺利通过省局文明检查组的综合考评验收，被省局命名为"文明单位"；王海萍被省局和省妇联授予"巾帼建功标兵"。（二）积极开展"五好文明家庭"创建活动。（三）积极参加社会公益活动和救灾献爱心活动。3月风平分局17名干部为风平镇干部来马木楠治疗脑炎捐款410元，干部职工向潞西市见义勇为基金协会捐款3780元。（四）积极组织干部参加无偿献血活动。（五）开展"平安潞西"创建活动，对105户"平安家庭"进行表彰。3月被潞西市委、市人民政府表彰为"综治维稳工作先进集体"和"三力建设先进单位"；同月，被州局评为社会治安综合治理工作"一等奖"。5月被市妇联等单位评为"节能减排知识竞赛组织奖"。（六）薛俊等8名干部被评为“三个一”主题活动“优秀党员”。

【干部培训】 选派干部16人次参加省州局举办的各种培训，对内业务培训8期，379人次，对外业务培训2期，364人次。同时抓好学历教育培训管理工作，现有本科29人，专科81人。

【公务员年度考核】 对公务员及工勤人员132人进行考核评定，记三等功1人：高宝惠，评出优秀18人、称职107人，工勤人员合格6人。

【禁防工作和新农村建设】 由何朝清副局长分管禁防工作和新农村建设工作，把工作经费列入单位预算，并选派1名干部担任石板村新农村建设工作指导员，负责组织指导该村的新农村建设工作。拨出资金4.9万元为挂钩点办实事8件，协助建盖石板村新村村民小组和户简村民小组文化活动室，扶持科技示范户2户，为茶山村民小组架水管，为坪子村民小组修路，赠送茶山村民小组乐器等；安排金勒干纪检组长（景颇族）到挂钩点用民族语言讲解科学发展观的精神实质，同石板村党支部一起开展建党88周年纪念活动，深入开展学习实践活动，促进了石板村的经济发展和新农村建设。

（徐永菊）

梁河县国家税务局

经济概况

梁河县2009年实现生产总值（GDP）8.84亿元，比上年7.39亿元增1.45亿元，增15.7%（按可比价计算），其中：第一产业完成2.35亿元，同比增长7.5%；第二产业完成2.78亿元，同比增长34.7%；第三产业3.71亿元，同比增长10%。全年居民消费价格指数（CPI）同比增长0.5%，商品零售价格指数与上年持平，生产资料价格指数比上年下降0.7%。

税收概况

【收入完成情况】 2009年，梁河县国家税务局共组织税收收入6374.7万元，比上年5244万元增收1130.7万元，增长21.56%，其中：“三税”收入完成6000.1万元，为州局下达任务数5305万元的113.1%，为县政府下达任务数5500万元的109%，比上年增收1019.1万元，增长20.45%。

【收入特点】 （一）税收参与新增国民收入分配的比重有上升趋势。2009年生产总值8.84亿元，同比增长15.7%；国税收入完成6374.7万元，同比增长21.56%。宏观税负为7.2%，税收与经济的弹性系数为1.37。（二）国税收入呈跨越式发展。2007年、2008年、2009年国税收入分别为3673.3万元、5244万元、6374.7万元，逐年收入呈跨越式发展。

【税源分析】 “三税”中增值税收入5916万元，完成计划5240万元的112.9%，同比增收1012.3万元，增长20.64%；消费税收入65万元，完成计划60万元的108.33%，同比增收2.4万元，增长3.83%；企业所得税收入19.1万元，完成计划5万元的382%，同比增收4.6万元，增长31.72%；储蓄存款利息所得个人所得税收入36.8万元，完成计划30万元的122.66%，同比减收44.7万元，下降121.46%；车购税收入337.8万元，完成计划250万元的135.12%，同比增收156.2万元，增长86%。（一）增收原因。1. 电力税收入库1745万元，同比增收1372.7万元，增长368.7%。主要是龙江水电站建成投产发电增收800.5万元及企业生产耗电同比增收572.2万元。2. 硅税收入库486.4万元，同比增收427.4万元，增长724.4%。主要是2009年以来硅厂正常生产增加税款。3. 重点税源糖收入1600.6万元，同比增收671.3万元，增长72.2%。4. 车购税主要是国家政策调整，扩大内需，家电下乡补贴增收。（二）减收原因。1. 重点税源有色金属矿产品（锡）增值税征收1016.6万元，同比减收1305.9万元，下降128.4%，主要是前三季度价格大幅下跌及生产下滑。2. 批发和零售业收入612.8万元，同比减收236.2万元，下降38.5%，主要是边境贸易税收同比减收150万元和国家政策调整，征收率下调。3. 个人所得税减收主要是国家税收政策调整。

【税务管理】 2009年底，办理税务登记的各类纳税人有1824户，其中增值税一般纳税人49户，小规模企业116户，个体工商户1295户，共注销户364户。在管理上：（一）坚持属地原则，实施分类管理。抓好重点行业、重点企业、重点项目、重点税种等“四个重点”，建立健全重点税源管理和跟踪监控制度：即重点税源企业及中小型企业实行分类管理，个体“双定户”及零散税收实行属地管理；（二）对税源分类采取按照经营规模进行分类原则，将年纳税额在5万元以上的企业、各类增值税一般纳税人及所有查账征收企业和本地区的重点行业以及年纳税额在1万元以上5万元以下的纳税户确定为中小型企业，对这类企业也相应地实行属地管理的原则，一并划分为重点税源进行管理。

各项工作

【税收法制建设】 为进一步强化依法治税，规范税收执法，结合自己的实际，进一步修改完善执法岗责体系和考核追究办法。（一）按照“持续改进”的原则和职责任务的要求，更好地将法律法规赋予国税机关的权力和义务及上级局的工作任务层层分解落实到部门、人员岗位，明确执法权力、执法责任、执法工作标准、执法程序和考核机制、责任追究内容及量化考核具体标准等内容，保障每一项税收执法和管理工作都依法正确实施，规范税收执法和管理，促进了全面贯彻“依法治税”的工作要求。(二) 进一步完善税收执法责任追究办法，严格执行过错责任追究，并将执法子系统考核外的执法行为和执法过程中不作为、乱作为或作为不到位的执法行为全部纳入考核追究范围，实行人机结合的考核办法，进一步增强了考核追究的科学性和可操作性。(三) 认真总结分析税收执法工作中取得的成效经验和存在的问题，针对管理漏洞和薄弱环节，强化对税收执法权的监督制约和考核追究，及时纠正和整改在税收执法工作中存在的问题，规范税收执法，巩固整改成果。

【税收征管】 (一) 各税管理。1. 认真落实增值税减免税政策。对享受增值税减免优惠的政策的纳税人严把审核关，切实加强减免税业户的税收管理。2009 年，全县小规模纳税人申报缴纳增值税 25.15 万元，比上年缴纳税款 57.25 万元减少 32.1 万元，中小企业税收负担减轻了 50%。2. 继续严格落实农产品增值税管理政策。从严抓好税收政策宣传、收购企业资格认定、发票发售、代开发票、实地核查、纳税评估、税务稽查等环节，有效加强了税收监控，明显促进了农产品行业的规范经营。全县农产品收购发票开具金额呈下降趋势，税务机关代开农产品普通销售发票业务大幅增长。3. 加强个体税收管理。全年利用电子定税系统核定个体工商户 1295 户，达点户 135 户，对达起征户进行公示后，无一户纳税人不满意。10 月份，对未达起征点的个体工商户 280 户采取全年一次性核定征收，共核定征收税款 10 万多元。(二) 发票管理。严格执行发票管理办法及其实施细则的规定，加强对供票环节的“验旧购新”和“限额限量”管理，尤其是加强对废旧物资、农产品收购等行业发票的控管。9 月份由各分局、计征科、征管科、纪检监察抽调人员组成工作小组，开展发票清理检查工作。截至 11 月 30 日，全局对 138 户用票户(其中：国有企业 4 户，集体经济 5 户，私营经济 36 户，个体工商户 82 户，其他经济 11 户) 的发票领购、填开、取得、保管以及 1 个事务所和 2 个办税大厅代开发票的开具等情况进行了全面的清理检查，对涉及发票违章的 4 户纳税人作了处理 (丢失 1 户，25 份；未按规定开具 3 户，5 份)，罚款金额为 1650 元。

【税收执法】 (一) 税收宣传。1.4 月 1 日召开税收宣传月启动会，全面安排布置税收宣传月活动工作，成立了以局长为组长的税收宣传工作领导小组，并制订了税收宣传活动方案。2. 在各交通要道及集贸市场悬挂大标语 6 幅，张贴小标语 100 余条。3. 利用民族节日“傣族泼水节”到主会场设立咨询台，并发放《征管法》等书籍和散发印有税收政策的传单 400 余份。4. 到德宏梁河奥环水泥粉磨生产有限公司进行调研，并为企业带去了新《企业所得税法》及增值税转型相关税收政策，现场解答了的纳税人提出的涉税问题。5. 紧扣惠农、民生主题，税企携手到国税挂钩点促产增收抓税源管理。(二) 税务稽查。全年共查办案件 11 件，查补税款 79.71 万元，罚款 1.97 万元，加收滞纳金 1.58 万元，合计 83.26 万元。为县局下达任务数 40 万元的 208.13%，为州局下达确保数 82.87 万元的 100.46%。大力协助梁河曩宋热水塘验票服务点工作，协助参与查验临时纳税户 96 户，查补增值税 5.17 万元。(三) 执法检查。1. 地方党政、税务机关以及各部门无越权或违规制定涉税文件。2. 企业所得税及相关政策执行无违规现象。3. 重点行业户共 18 户，其中：石油石化行业 5 户 (有 2 户预征结算企业)；烟草行业 1 户 (预征结算企业)；供发电企业 10 户 (预征结算企业 1 户)，大型连锁超市 2 户 (预征结算企业) 等管理到位。4. 代开增值税专用发票规范，全年共代开增值税专用发票 137 份，金额 195.59 万元，税额 6.1 万元。5. 税收执法管理信息系统全年无执法人过错产生。(四) 依法治税。1. 参加县普法办组织开展的“法制宣传一条街”活动，发放《征管法》40 本，散发税收政策、法规宣传单 150 份。2. 组织全局干部职工参加了 3 期州、县普法考试，参考人员面 100%。3. 积极抽调业务骨干参加省、州国税局组织的师资培训和业务培训，全年共参加省、州国税局组织各类业务培训 10 期 43 人次；2009 年共投入普法经费 5 万元。

队伍建设

【机构设置及人员】 县局内设：办公室、人事教育科、监察室、收入核算科、办税服务厅、税政科、征收管理科、政策法规科 8 个内设机构，1 个事业单位：计算机信息管理中心和 1 个稽查局，下设 2 个税务分局。在职干部职工 55 人，退休干部 19 人。

【领导班子建设】 全年召开年度民主生活会 1 次，开展廉政建设谈话 19 人次，机构改革任职廉政谈话 5 人次，对 4 名领导班子成员和 16 名二级班子成员落实党风廉政建设责任制进行民主测评，好评率达 100%。4 名领导班子成员和 3 名分局长向县纪委报送个人年度述职述廉报告。

【廉政建设】 (一) 以《党风廉政建设责任制》为抓手，紧紧抓住责任分解、责任考核、责任追究三大环节，严格落实“一岗两责”。实行局长与副局长、纪检组长、分局长和分管科室负责人签订；副局长、纪检组长与分管科室负责人签订；各科室、分局负责人与所属干部职工签订。全局 55 名干部职工签订《梁河县国家税务局 2009 年党风廉政责任书》，形成“横向到边、纵向到底”、“一级抓一级，层层抓落实”的责任网络。(二) 结合相关部门的职能，制订梁河县国家税务局贯彻落实《建立健全惩治和预防腐败体系 2008 ~ 2012 年工作规划》实施意见和分工方案。工作中，纪检监察、人事教育、党支部、法规、基层分局等职能部门，按照党风廉政建设责任制的要求，认真履行好部门的监督检查职责，形成监督检查合力、优势互补的部门合力。

（三）积极发挥纪检监察的主导作用，细化量化《党风廉政建设责任制》考核内容，加强监督检查，实行各科室、分局、稽查局按月自评和纪检监察按月考核，确保党风廉政建设责任制执行到位。

【精神文明建设】（一）按照精神文明建设的新思路，制订出2009年度精神文明创建规划，确保文明创建活动有组织、依计划顺利开展。（二）积极开展向第七届全国“人民满意公务员”和“人民满意公务员集体”学习活动，努力营造学习先进、争先创优的良好氛围。（三）坚持不懈地支持“禁毒防艾”和新农村建设工作，投入大量人力、物力和财力，长期派驻1名干部协助乡、村两委工作，为新农村建设投入资金1.2万元。（四）把学习实践科学发展观活动落实到促产增收强税源工作中，积极响应县委发展梁河经济产业号召，由1名副局长带队，抽派4名干部组成工作组，历时两个多月，进村入寨发动农户种植甘蔗396.6亩，单位为农户修沟排涝，生产投资4万多元，全体国税干部筹资10.4万元，发展甘蔗种植83.3亩。（五）是2009年4月，县局干部钱文森被州委、州政府授予“2008年度禁毒和防治艾滋病人民战争先进个人”称号。（六）积极开展文明创建。县局荣获的省级“文明单位”届期满，3月16日进行续申报，县、州文明办先后对县国税局进行考评，并对工作给予充分肯定，9月11日已在《云南日报》进行公示。6月15日，县国税局重新申报省局级“文明单位”，12月10日省局级“文明单位”检查组通过考评验收，给予了较高评价。

【教育培训】（一）积极参加省、州国税局组织的各项任职培训、业务培训工作。全年共参加省、州国税局业务培训10期43人次。（二）因地制宜地组织好全局的税收政策法规及相关法律法规方面的培训工作，全年内请师资举办专项业务培训、科学发展观理论培训、党风廉政专题讲座等共15期，全局干部职工参训达863人次，圆满完成了每名干部职工脱产培训不少于12天的培训任务。（三）继续加强学历教育管理工作，逐步提高干部队伍的科学文化素质和学历层次，截至2009年底，具有大专以上学历的有43人，占全局在职人数的78.2%。（另外，2009年10月有3名干部参加全国成人高考，报考函授本科2人，函授专科1人）。（四）积极参加上级局及县委组织的各项学习考试。3月28日，4名稽查干部参加全省稽查业务考试；4月21日上午，县局22名税收管理员、办税服务厅及业务科室人员参加州局举办的流转税业务考试；4月21日下午，全局32名党员干部参加县委组织学习实践科学发展观活动考试，全局最高分97分，最低分91分，平均分93.87分。通过学习培训测试，有效提高了干部职工的政治理论水平、科学文化知识、执法水平和业务操作技能，提高广大党员干部分析问题、解决问题的能力。

（梁自蕊）

盈江县国家税务局

经济概况

2009年盈江县实现生产总值（GDP）30.69亿元，按可比价计算同比增长21.1%。其中：第一产业完成9.03亿元，同比增长11.5%，第二产业完成13.14亿元，同比增长41.1%，第三产业完成8.52亿元，同比增长10.2%，人均生产总值8317元，按可比价计算增长11.8%，固定资产投资总额完成29.5亿元，同比增长26.9%，全年实现社会消费品零售总额11.27亿元，同比增长20.1%，全年实现对外贸易进出口总额11.93亿元，同比增长13.1%，城镇居民人均可支配收入1.32万元，同比增长10.1%。农民人均纯收入3122元，同比增长17%。

税收概况

【收入完成情况】 2009年，盈江县国家税务局共组织税收收入2.63亿元（不含海关代征增值税2062万元），同比增收605万元，增长3.66%。

【收入特点】 从税收收入完成情况来看，电力税收增幅较大，全年电力税收入库1.65亿元，同比增收8756万元，其中：发电行业入库1.4亿元，同比增收7831万元，供电行业入库2515万元，同比增收925万元。2009年全县共59座电站投入运营，总装机容量184.47万千瓦，其中年内新增投产电站9座，新增装机容量85.51万千瓦，全年实现发电量64.7亿度，增长104.9%，实现产值10.87亿元，增长105%，占工业总产值的43.7%，电力支柱地位进一步明显。另外，采矿业也是新的税源增长点，共组织税收收入422万元，同比增收370万元。

【税源分析】 （一）政策因素。1. 受增值税政策调整因素影响减少税收收入779万元，其中：增值税转型固定资产抵扣政策影响减收295万元，分行业抵扣情况，农副食品加工业抵扣12万元，非金属矿物制品业抵扣239万元，有色金属冶炼及压延加工业抵扣2万元，电力、热力生产和供应业抵扣40万元，批发业抵扣2万元；增值税小规模纳税人征收率由商业的4%、工业的6%统一下调为3%，减收484万元。2. 受增值税政策调整因素影响增加税收89万元，即：矿产品增值税税率由13%上调到17%增加税收89万元。3. 根据云南省经济委员会、省发展和改革委员会关于对部分工业企业用电给予阶段性特殊电价扶持的通知精神，对符合国家产业政策和环保要求的生产用电企业实施特殊电价扶持，由电网公司、统调发电企业共同承担，水电发电企业每千瓦时承担 0.03 元（即每千瓦时电价下调 0.03 元），对发电环节税收造成了一定影响。4. 认真落实福利企业和资源综合利用企业税收优惠政策，共为企业办理即征即退增值税退税 464 万元，其中：办理云南省盈江县盏西糖业有限责任公司福利企业退税 334 万元，办理盈江县允罕水泥有限责任公司资源综合利用 130 万元。（二）经济因素。1. 盈江县允罕水泥有限责任公司日产 2000 吨的新型干法窑外分解水泥生产线投产运行后，水泥税收同比有所增收，但该企业自 9 月 1 日起享受资源综合利用税收优惠政策，对水泥行业税收稳步增长造成影响。2. 2008 年硅厂按国家节能减排要求，全部技改增容后已逐渐恢复生产，1～11 月硅产品产量 3.38 万吨，同比增加 2.17 万吨，硅产品入库税收 1458 万元，同比增收 832 万元。3. 由于受市场因素影响，虽然铝锭产量同比略有增长（增加 138 吨），但由于铝价下滑，1～11 月铝锭平均不含税价格为 11120 元/吨，同比下滑近 3940 元/吨，影响了税收收入，仅入库税收 851 万元，同比减收 251 万元。（三）增收因素。1. 供电行业税收同比大幅增长，主要是 2008 年生产用电企业资金周转困难，存在电费欠费情况，所欠电费集中于 12 月结算开票，加之 2009 年生产用电企业生产正常，供电量增加，税收增幅较大，同比增长 58.16%。2. 500 千伏德宏输变电站投产营运，电力输送量增大，发电量增加。3. 发电行业新的增长点增加税收 6074 万元，其中：德宏户宋河有限责任公司的税款按属地原则划归盈江全额征收，入库 507 万元；盈江县多源水电开发有限公司从 4 月份起陆续有 2 台机组开始发电，入库税款 5567 万元。4. 采矿业是新的税源增长点，入库税收 422 万元，同比增收 370 万元。5. 商业和其他行业，商业税收主要来源于烟草公司，增收因素主要是云南省烟草公司德宏州公司盈江分公司入库税收 478 万元，同比增收 99 万元。（四）其他减收因素。主要是受缅甸形势影响，进口木材、矿石减少，加之海关进口货物增值税按适用税率征税后，进项税额抵扣增大，对边贸税收产生较大影响，仅入库 613 万元，同比减收 637 万元，减 50.94%。

各项工作

【税收法制建设】 （一）加强法制教育，增强广大干部法治观念，利用多种形式和方法，进行经常性的法制教育，提高干部的税收法治观念，增强规范执法的自觉性。（二）健全和完善法治体系，扩展法治覆盖面。一是建立法制教育长效机制，在内部，使税务干部人人知法、懂法、遵法、模范执法，自觉规范执法行为；在外部，提高全社会的税法知名度和纳税人的税法遵从度，增强依法诚信纳税自觉性。二是完善税收执法岗责体系，使干部明确征、管、查、各岗位的职责范围、目标要求、操作程序、业务流程及岗位技能等，确保各岗执法到位。三是强化税收执法全过程监督，细化税收执法考核机制，严格执法过错责任追究，加大考核追究透明度。（三）强化税收执法监督，规范执法行为，在内部细化监督制约机制。一是健全纪检监察制度，充分发挥监察部门的作用。二是深化“两制”检查考核制度，坚持月检查、月考核通报，随时掌握税收执法情况，及时纠正执法过错，规范执法行为。三是利用信息化手段，加强税收执法监督。充分发挥税收征管信息系统的作用，及时发现执法过程中的一些过错和偏差。在外部则是建立健全税收执法社会监督网络，发挥社会义务监督员、特邀监察员和人大代表、政协委员的监督作用。同时坚持家属助廉及征管查回访制度，把干部执法行为置于全方位、立体化监控中，自觉规范执法行为。（四）坚持“依法治税，内外并举，重在治内，以内促外”方针，推进依法征、纳税相统一；坚持把税收宣传和政策辅导贯穿于征、管、查全过程，使纳税人明白纳税，清楚受罚，自觉整改。坚持文明征、管、查，规范税务执法行为。

【税收征管】 坚持依法治税，严格执行税收政策，加强对重点行业、税种和企业税源监控，深入开展税收专项检查和税收稽查，充分利用金税工程等现代化手段提高征管效率，确保税收收入及时足额入库。（一）以确保收入稳定增长为目标，强化收入预警监控，进一步加强税收征管，挖潜堵漏，坚持应收尽收。（二）利用信息平台建立收入监测、预警和税源变化动态管理信息系统，强化税源与收入分析监控，确保收入稳定增长。（三）以税源管理为核心，强化征管，把税收计划管理重心延伸到管理各环节中。

【税收执法】 （一）强化法规知识学习，提高执法人员素质，针对税收执法方面的薄弱环节，以税收法制学习培训为抓手，促进执法人员素质的提高：采取个人自学、集中辅导、脱产培训、业务测试等形式，开展法制业务学习；定期组织法规知识考试，进行严格奖惩，促进执法人员学法、用法自觉性。（二）开展税收执法检查，强化责任追究，根据执法检查工作要求，有针对性地开展税收执法检查工作。将政策执行情况、执法文书、执法程序和行政处罚等事项列为税收执法检查重点；组织人员开展税收执法检查工作，客观公正地反映被查单位存在的问题及情况；召开执法检查通报会，对发现问题进行通报，对责任人进行责任追究，督促落实整改。（三）坚持集体审理制度，确保案件定案质量，根据重大案件审理要求，按照大要案审理程序，定期开展审理工作，要求做到事实清楚、证据确凿、程序合法、处理到位，坚持做到“四审”。（四）加强执法考核评议，全面推行税收执法责任制：采取内部考核和外部评议相结合的方式，加强对执法人员的考核评议；应用税收执法管理信息系统，强化考核评议和执法管理系统运行，有效规范执法行为，维护纳税人合法权益。

【信息化建设】 坚持以网络为依托，以创新为动力，以监控为手段，以增效为目的，坚持“数据准确、操作

规范、综合应用、确保安全”，利用网络资源，着力提高数据质量，拓宽数据分析应用范围，将死数据用于税源监控、纳税评估、收入分析、执法考核等活管理的方面，推动了信息化基础建设和应用水平的提高，税收征管信息化应用工作取得了跨越式发展。

队伍建设

【机构人员设置】 2009年机构改革后设有8个内设机构：办公室、人事教育科、收入核算科、税收政策管理科、征收管理科、法规科、监察室、办税服务厅。事业单位1个（信息中心），直属机构1个（稽查局）3个基层税务分局。有干部职工116人（退休42人，在职74人），其中少数民族干部20人（在职），党员60人（退休22人、在职38人），占总数的53.09%；大专以上学历有64人，占86.49%，中专、高中文化10人，占13.51%。

【领导班子建设】 （一）加强政治理论学习，保持高度的政治敏锐性。建立了党组中心组学习制度，紧密结合政治、经济和社会发展形势，在坚持星期一集体学习日、抓好全局政治学习的基础上，每季度安排一次党组中心组理论学习计划，列出详细的学习内容和思考题目，坚持隔周周五集中学习1次，努力加深对党的路线、方针和政策的理解与把握，提高班子利用马克思主义基本原理分析和解决问题的能力；按照上级部署认真扎实地开展了科学发展观和感恩思进等学习教育活动，通过学习教育，加强了党性锻炼和思想修养，增强了班子成员和干部职工的政治敏锐性，使大家牢固树立了正确的世界观、人生观和价值观，在思想上、政治上和行动上与党中央保持高度一致。（二）开好党组民主生活会。按照上级要求每年召开1~2次党组民主生活会，会前充分征求意见和建议，进行分类汇总，会中及会后将问题解决情况及时进行反馈、整改和落实；民主生活会上班子成员根据工作分工，联系个人思想实际认真开展批评与自我批评，从大局出发，相互之间信任尊重和理解支持，有效地提高了班子自我监督和不断完善的能力。（三）转变作风，做开拓创新的模范。在不断提高班子整体素质、增强班子凝聚力的同时，加强班子思想作风和工作作风建设，积极倡导“兴五风、求五实、讲三做”，转变作风，做全局开拓创新的楷模。

【党风廉政建设】 紧紧围绕省、州局党风廉政建设会议精神，充分发挥纪检监察“教育、监督、惩治”的职能作用，把思想道德教育放在首位，立足教育，重在防范，切实做到聚财为国，执法为民。（一）积极开展党风廉政警示教育活动，为了使活动内容多样化，并提高宣传教育效果，在学习文件和观看反腐倡廉教育录像片等活动的基础上，通过“走出去，请进来”的方式配合警示教育活动，组织党员干部参观反腐败案例展览、先进模范人物事迹展览，以及参观与反腐倡廉教育密切相关的单位（戒毒所）；同时把司法部门的有关领导请来做反腐倡廉形势报告、反贪污腐败案例剖析报告，通过惊心动魄的现实案例开展警示教育，不断增强党员干部的廉政意识、防范意识，自觉抵制腐败风气的侵袭，做到时时刻刻警钟长鸣，在思想上构筑起清正廉洁的牢固防线。（二）以科学发展观为指导，进一步加强干部队伍建设，全面提高干部队伍整体素质，因地制宜、实事求是地开展思想政治教育工作，提高干部职工的事业心、责任感和职业道德标准，为圆满完成各项工作奠定基础。（三）狠抓反腐倡廉工作地深入落实，加大预防和惩治职务犯罪的工作力度，自觉维护党的纪律，抓好党风政风建设，不断推进依法治税进程。（四）建立健全教育、制度、监督并重的惩治和预防腐败体系，体现以人为本、依法行政的理念，用发展的观点推进反腐倡廉工作。（五）强化“两权”监督，不断理顺征、管、查之间的关系，并实行公开办税制度，杜绝滥用职权、以税谋私行为发生；在行政管理方面认真执行有关规定，大额资金使用集体研究、事前预算、领导审批。（六）加强自身学习，自觉用社会主义荣辱观来规范言行，打牢道德根基，筑牢道德防线，形成讲道德、重修养、尚清廉的良好风尚。

【精神文明建设】 深入开展文明创建及巩固活动，做到组织保障、制度保障、经费保障，把文明创建工作列入党组重要议事日程，与中心工作同研究、同部署、同检查、同落实、同奖惩，各项工作取得了显著成效：3月被州委、州政府授予“文明单位”荣誉称号；被盈江县委、县政府授予“综治维稳工作先进单位”，被中共盈江县委防范和处理邪教问题领导小组授予“无邪教单位”荣誉称号。

【教育培训】 认真开展干部政治理论教育、法律法规培训和学历教育等工作：在读本科16人；积极参加省、州国税系统各类培训；举办16期培训班，组织开展十七大精神、科学发展观、感恩思进、增值税转型、《所得税法》等培训学习。

（段 涛）

陇川县国家税务局

经济概况

2009年，陇川县实现生产总值（GDP）14.47亿元，按可比价计算比上年增长11.2%。其中：第一产业实现增加值5.9亿元，增长9.6%，拉动生产总值增长3.8个百分点；第二产业实现增加值3.66亿元，增长14.4%，拉动生产总值增长3.9个百分点；第三产业实现增加值4.91亿元，增长10.5%，拉动生产总值增长3.5个百分点。产业结构进一步优化，三次产业结构的比例由上年的41:24.7:34.3调整为40.7:25.3:34。人均生产总值达8037元，比上年增长10.7%。非公有制经济创造增加值5.1亿元，占全县生产总值的比重达35.2%，比上年提高1.9个百分点。全年财政总收入完成1.4亿元，比上年增长4.8%。

税收概况

【收入情况】 2009年，陇川县国家税务局共组织税收收入8742.66万元，同比增收218.94万元，增长2.57%，为计划数的132.47%。其中：增值税入库7920.65万元，同比增收58.24万元，增长0.74%；消费税入库134.14万元，同比减收49.54万元，减少26.97%；企业所得税入库23.22万元，同比增收11.66万元，增长100.87%；储蓄存款利息所得个人所得税入库39.16万元，同比减收60.04万元，减少60.52%；车辆购置税入库625.49万元，同比增收258.62万元，增长70.49%。

【收入特点】 （一）国税收入持续增长，创历史新高，但明显慢于GDP增长，主要是由于2009年度全县产业结构调整，积极推行烤烟替代主要经济作物甘蔗种植。（二）陇川属农业县，经济结构单一，税收收入呈现典型糖税收，2009年制糖业税收占总收入的57.9%。（三）除制糖业外仅有电力、电冶、烟草、制药等重点行业，年纳税额超过50万元的仅有8户，缺乏其他稳固、持久、效益性的大宗税源，税源后劲不足。（四）重点、重大项目工程支撑作用明显，全县在建项目完成投资8.15亿元，拉动其他税收增长。

【税收分析】 2009年度重点行业、重点税源税收增减情况（一）制糖业实现税收收入5065.9万元，减收52.89万元，同比减少1.03%。主要原因是2008～2009年榨季白糖产量同比减产约1万吨，为了保证甘蔗原材料的稳定，提高蔗农种植积极性，企业在生产期低价销售产品支付甘蔗款，最低销售价格2600元/吨，后期虽然糖价回升，但企业库存量较小。（二）供电行业实现税收收入974万元，增收129.79万元，同比增长15.37%，主要原因是4户高耗能硅冶炼厂生产规模扩大，极大拉动了用电量。（三）金属硅实现税收收入719.91万元，增收158.76万元，同比增长28.29%。主要原因是企业扩大生产规模，加之资金充足，前期硅价低迷时大量囤积，在价格回升时大量出售。（四）烟草行业实现税收收入298.84万元，增收53.38万元，同比增长21.75%。主要是国家对烟草经营点实行区域监管销售，打击走私及违规卷烟交易，保证了烟草企业的销售经营效益。（五）制药行业实现税收收入132.84万元，增收7.78万元，同比增长5.63%。

【税务管理】 （一）加强户籍管理。1.认真做好税务登记，截至2009年12月31日，全县共有开业户（管理户）1841户（企业212户、个体工商业户1629户）；2009年度办理税务登记321户（含变更办证65户），登记率100%，办理注销186户，办理非正常户117户；2.密切与地税、工商、技术监督局等部门联系，按时交换数据，实现数据共享，加大对漏征漏管户清理，2009年对逾期办证的128户纳税人处罚金额2690元；3.从综合征管软件中提取处于注销、停业、失踪状态纳税人清册，进行实地跟踪调查，防止假注销、假停业、假失踪现象发生。（二）加强税源管理。1.积极开展税源调查，充分利用金税工程、CTAIS、数据监控系统、纳税评估系统等数据平台，加强税收分析，提高对重点税源科学化精细化管理；2.对小规模纳税人实施跟踪管理，利用电子定税系统及时调整税额，全年电子定税1585户次。（三）加强纳税申报管理，严格对逾期申报进行处罚，2009年加收逾期申报滞纳金187户次，加收滞纳金7.50万元，其中：增值税纳税人加收6.22万元，车辆购置税纳税人加收1.28万元，加收率为100%。（四）加强发票管理，对发票领购、使用、缴销、保管等环节进行专项检查，共检查发票15346份，对37份“大头小尾”发票和以白条代替发票行为，补缴税款6674.78元，加收滞纳金856.30元，罚款3531.39元。

各项工作

【税收法制建设】 （一）2009年机构改革设置了政策法规科，从机构上保障了税收法制建设。（二）县局组织完成了《行政诉讼法》、《行政处罚法》、《行政复议法》、《行政许可法》、《税收征收管理法》及《税务行政复议规则》等一系列法律、法规的学习，结合“五五”普法，邀请县法制办开展了2次法制讲座，增强干部职工法制意识和法制观念，提高依法行政的自觉性，从根本上保障税收法制建设。（三）充分利用税收宣传月和日常税收征管活动开展税法宣传。（四）推行党组成员挂钩基层单位、联系重点税源企业机制，开展送税法进企业活动。（五）加大政府信息公开力度，加强税收执法监督，增强执法透明度，规范依法行政行为，提高依法行政水平。

【税收征管】 （一）针对增值税转型改革、新企业所得税法、消费税政策调整举办了4次全局干部职工和企业财务人员参加的税收业务培训，保证各项税收政策的正确贯彻执行，做到征管不滞后。（二）建立健全税收征管质量考核制度，制订了各项征收管理目标计划，县局与两个分局签订《税收征管目标考核责任书》，按月对“六率”进行考核。（三）完善税收管理员工作制度，进一步明确税收管理员的岗责体系。（四）认真做好增值税一般纳税人审批和注销工作，共认定审批了14户企业为增值税一般纳税人，注销了4户一般纳税人，共管理一般纳税人72户。（五）落实税收优惠政策，共审批享受免征增值税优惠政策6户农民专业合作社，享受企业所得税减免税收优惠政策企业8户；按“先评估、后退税”工作方针，为2户社会福利企业退增值税9.06万元。（六）做好纳税评估工作，2009年度增值税纳税评估23户，所得税评估4户，补缴税款2.1万元。（七）认真做好2009年度所得税汇算清缴，参加汇算清缴户数28户，汇算面100%。

【税收执法】 （一）及时清理税收征收管理文件，从源头上规范税务机关税收执法行为。（二）深入推行税收执法责任制。一是制定《陇川县国家税务局税收执法岗位责任规范》等相关制度，推行税收执法管理信息系统，推动税收管理工作走上法制化规范化轨道，使税务执法过错大幅度下降；二是加大执法过错责任追究力度，在集中精力推行税收执法软件的同时，按照日常考核与重点考核相结合、自动考核与人工考核相结合、程序与实体并重的工作思路，采取切实有效的措施，逐步深入开展税收执法的实体性考核，对2009年度发生的3次执法过错责任人进行全局通报批评，并给予经济惩戒处罚。（三）大力整顿税收秩序。采取普遍自查与重点检查相结合，发挥税收分析、纳税评估和税务稽查三位一体的联动机制，着力整顿税收法治环境，重拳打击涉税违法案件，全年实施纳税人自查1140户，自查有问题户32户，实施纳税检查6户，查出有问题纳税户2户，共计查补税款100.85万元。

【税务信息建设】 （一）对全局计算机设备进行全面清理，建账建卡，摸清家底，充分整合现有资源，使每台设备发挥其作用，提高设备的利用率，2009年有计算机设备58台。（二）建立健全各项规章制度，加强日常监督与管理，使每一项制度落到实处。（三）网络改造和网络教育培训系统顺利完成，广域网上连州局的线路是3条2M光纤，下连分局是1条2M专线，分别租用3个不同网络运营商的物理线路，每条物理线路分别接入不同的网络设备，保证网络畅通。（四）信息安全建设。落实国税系统信息安全制度和信息保密制度，在系统内部网络的每一个节点中，为信息设备安装防入侵软件、防火墙及病毒防护软件，把可能存在的威胁防于“门外”；在数据备份工作中，按日采取自动和手动方式多设备备份。（五）做好对CTAIS、防伪税控系统、数据监控系统、税收执法管理系统等14套税务应用系统的使用和维护。（六）通过参加上级的各种培训和县局举办培训班，进行全员培训和有针对性的业务培训，提高税务人员操作技能和水平，坚定“科技兴税”的理念。

队伍建设

【机构设置、人员配置】 （一）2009年机构改革后内设机构8个：办公室、人事教育科、监察室、征收管理科、税政管理科、收入核算科、政策法规科、办税服务厅；1个直属机构稽查局，1个事业机构信息中心；2个基层征收单位：章凤税务分局、陇把税务分局。（二）人员配置：2009年有52名在岗干部职工，其中50名公务员，2名工人；女职工20人，占总人数的38.46%；少数民族22人，占总人数的42.31%；中共党员29人，占总人数的55.77%；大专以上学历39人，占总人数的75%。

【领导班子建设】 2009年，领导班子建设以学习实践科学发展观为契机，落实加强领导班子建设5项措施。（一）全面树立和落实科学发展观，建设创新型班子，结合存在问题，讲究科学，遵循规律，以理性的思维积极谋划发展新思路。（二）提高理论素养和学习能力，建设学习型班子，加快知识向能力转化的过程，进一步提高班子执行力。（三）坚持民主集中制原则，建设和谐型班子，对重大决策、干部任免、大额资金使用等问题坚持集体商定和民主决策，增强班子的凝聚力。（四）加强党风廉政建设，建设廉洁型班子，自觉遵守党风廉政建设的各项规定，认真落实党风廉政建设责任制，严于律己，清正廉洁，时时处处起到表率作用。（五）牢固树立求真务实的思想观念，建设务实型班子，始终按照为群众办实事、办好事、解难事、重实际、说实话、求实效的要求，真正发挥班子成员的带头作用。

【精神文明建设】 结合工作实际，广泛进行爱国主义、社会主义、集体主义和爱岗敬业、廉政勤政等方面教育，深入开展文明创建和巩固工作。（一）加强干部思想政治学习，坚持每月两次的政治思想学习制度，采取自学与组织学习相结合的方式，进一步提高干部职工对开展文明创建活动重要性的认识，增强税务干部艰苦朴素、大公无私、一心为民的奉献意识和遵纪守法、爱岗敬业、勤政廉政、严格执法、公正公平的工作态度。（二）通过在开展文明服务活动，使广大税务干部牢固树立“人人为我，我为人人”的思想，不断改进和优化纳税服务，营造了一个良好的工作、学习、生活环境。（三）认真抓好省、州国税系统文明单位、先进领导班子及州、县级文明单位的自查自检工作；开展各级文明单位的申报工作，3月份积极申报了省级文明单位及州级“巾帼文明岗”，并都顺利通过初步考核验收。（四）工、青、妇组织开展了爱国歌曲演唱会、健身操比赛、书画美术摄影作品征集等一系列文化体育活动，丰富职工业余文化生活，促进干部间的情感交流，共同陶冶情操，增强凝聚力，充分展示国税干部的才华，展示国税干部的才艺风貌，以提升国税形象，宣传扩大国税文化的影响力。

【教育培训】 （一）思想教育方面。在全局干部职工中认真组织开展了第二批“深入学习实践科学发展观”活动及中国特色社会主义理论体系和社会主义核心价值体系的学习活动；在党员干部中，开展党的“两条例”、社会主义荣辱观和《新党章》的学习教育活动。（二）业务培训方面。积极参加省、州国税局举办的各种业务培训，县局组织举办了4次全局性和多次日常性业务培训，通过具体的培训和操作演练，采取通俗易懂的教学方式，保证了培训的效果，促进各项税收工作的顺利进行。（三）学历教育方面。继续加大税务干部学历教育的工作力度，不断提高陇川国税干部的文化学历结构，到目前为止52名在岗人员中有大学本科学历11人、大专学历28人、大学本科在读11人。

【廉政建设】（一）认真组织学习党风廉政建设相关规定和中纪委三次全会精神，结合开展学习实践科学发展观活动，开展正反两方面典型案例教育、积极组织参观廉政警示教育图片巡回展览，进一步提高了国税干部防腐拒变能力。（二）把廉政建设和纠风工作相结合，层层签订《纠风工作目标责任书》，把责任书的落实考核作为干部选拔任用、奖惩、业绩评定的重要依据。（三）加强领导干部廉洁自律工作，严格执行“四大纪律八项要求”。（四）认真履行领导干部“一岗双责”要求。（五）县局新增17户《廉政公约》签约纳税户，并对已签约的40户纳税户进行了回访。（六）层层签订《党风廉政建设责任书》，确保党风廉政建设各项工作贯彻落实到位。（七）充分发挥特邀监察员的社会监督作用，按季召开特邀监察员座谈会，认真听取特邀监察员的意见反馈。（八）对新任命的4名科室负责人，按领导干部选拔任用的要求，进行任前廉政谈话，并签订《廉政承诺书》。

（刘　旸）

瑞丽市国家税务局

经济概况

2009年，瑞丽市面对国际金融危机带来的严峻考验，在困难中有效遏制了经济增速下滑的态势。全年完成生产总值（GDP）24.81亿元，比上年增长12%（按可比价计算）。其中：第一产业完成5.14亿元，增长9%；第二产业完成5.53亿元，增长10.4%；第三产业完成14.14亿元，增长13.6%。完成对外贸易进出口总额60.16亿元，同比下降2.4%。

税收概况

【收入完成情况】　2009年，瑞丽市国家税务局共组织税收收入1.02亿元，同比减收1165万元，较好地完成了州国税局和市委、市政府下达的“三税”收入任务。

【收入特点】　（一）以主体税种占主导地位的增值税，从1994年机构分设以来，首次出现较为严重地大幅下滑，增值税收入7452万元，同比减收1767万元，下降19%，仅完成年计划的81%。（二）企业所得税、车辆购置税呈跳跃式增长，均突破千万元大关，企业所得税收入1020万元，同比增收595万元、增长140%；车辆购置税收入1436万元，同比增收464万元、增长48%。

【税源分析】　（一）重点税源受金融危机和税收政策调整影响，增值税大幅下滑，制糖业增值税收入1450万元，同比减收200万元，下降12%；边贸行业增值税收入1323万元，同比减收1275万元，下降49%。减收的主要因素：2009年甘蔗种植面积9.5万亩，入榨量39.7万吨，产糖量5.5万吨，同比分别下降9.5%、23.5%、19%；边贸行业受金融危机冲击，市场疲软，商品流通不畅以及受政策调整因素的影响，即：海关从2008年11月1日起取消进口环节减半征收增值税优惠政策，恢复全额征收，致使边贸企业国内销售环节进项税额抵扣增加，国税税负下降。（二）企业所得税入库1020万元，同比增收595万元，增长140%。增收因素：所得税纳税企业优惠政策逐步到期以及房地产业不断发展等带动了税收增长。（三）车辆购置税入库1435万元，同比增收464万元，增长48%。增收因素：国家出台1.6升以下乘用汽车暂减按5%的税率征收车购税等优惠政策，调动了居民购车积极性，汽车、摩托车销售攀升，拉动了车购税增长。

【税务管理】　（一）统一思想，明确目标，召开组织收入专题会议，分析税收形势，明确工作目标，签订《税收收入目标责任书》，及时将税收计划分解到各分局。（二）局领导深入基层靠前指挥，抽调人员到分局加大组织收入力度，加大稽查和专项评估工作，促进收入增长。（三）认真落实工作责任制，实行领导干部管户、科室挂钩分局、专管员管户工作制度，层层落实税收工作管理责任制度，加强税务管理。（四）加强联系沟通，争取市委、政府的大力支持，主动向市委、市政府汇报国税收入形势、采取的措施、困难和存在的问题，同时汇同地方财政、地税部门深入重点税源企业开展财税专项调研，召开税企专题座谈会，落实经济增长政策和措施，争取市委、市政府的最大支持和社会各界理解，进一步提高税务管理效率。

各项工作

【税收法制建设】　认真落实税收执法管理信息系统和执法过错责任追究制度，全面清理规范性文件，健全备案审查机制，开展“五五”普法学习活动，规范行政执法，进一步提高税收政策执行力和行政办事效率。2009年，全局发生税收执法过错5次，地方政府涉税文件和会议纪要2份，经查无违规涉税文件。

【税务征管】　（一）各税管理。1.增值税管理。全年共有增值税一般纳税人218户（其中防伪税企业77户），开展纳税评估工作，11户企业连续两个月申报异常（零、负申报或低税负申报），评估补税2户、补税18.62万元；金税工程运行正常，无异常情况发生，稽核系统采集专用发票存根联9298份，采集专用发票抵扣联33227份，比对相符40965份，滞留432份（其中：待比对存根联263份，待比对抵扣联169份）；开展2514户"双定户"定额调整工作，调增126户，调减7户，维持不变1533户，不达起征点848户，调整户数占总户数的5%，调整后税收月增长1.3%，月增税款0.7万元。2. 所得税管理。认真做好所得税政策宣传、汇算清缴、纳税评估和税收核定工作，加强减免税到期企业恢复征税和扭亏增盈企业税收工作，确保所得税税收稳步增长。3. 出口退税管理。进一步做好生产企业出口货物"免、抵、退"税审核工作，完善单证备案登记制度、规范出口货物税收函调工作和出口货物不予退（免）税工作，严格按规定进行纸质及软盘信息比对，深入生产企业实地核查落实，确保企业申报真实有效，共办理免抵退税51万元，其中：免抵税32万元，退税19万元，对3户企业进行"免、抵"税额调库，调库金额32万元，对745份不予退税出口货物关单信息进行清理，计提销项税715万元。4. 车辆购置税管理。严格执行完税证明管理办法，确保完税证明领取、下发、保管、核查、销毁等环节工作，达到及时、准确及安全要求，认真做好车辆购置税"一条龙"清分数据检查工作和车购税减免税审核及最低计税价格审核工作，车辆购置税入库1436万元，减征1.6升及以下排量乘用车923辆、减免车辆购置税253万元。（二）发票管理。1. 加强普通发票管理。坚持以"以票控税"管理为主，采取"三管四查"方式严控发票使用量，提高发票管理效能，检查使用领购发票374户，发票57515份，有问题发票717份，其中：企业105户、个体269户，检查面达100%，检查发现未按规定开具、缴销、保管发票有问题13户，其中：企业4户、个体9户。2. 做好"四小票"管理工作。通过采集、检查、汇总软件共录入海关第五联7200份，提取"四小票"比对异常发票信息139份（货物运输发票异常信息13份、海关完税凭证异常信息126份），其中：海关完税凭证异常比对重号发票5份、缺联发票32份、不符发票102份。3. 严格代开专用发票、普通发票程序，确保税款及时入库：代开专用发票259份，征收税款58万元，代开普通发票10785份，征收税款283万元。

【税收执法】 （一）税收宣传。按照"创新发展年"工作要求，紧扣"税收·发展·民生"宣传主题，因地制宜充分利用各媒体、网站等载体，大力开展税法"进单位"、"进校园"、"进农村"等系列宣传活动，在税收宣传工作中，发放各类税收宣传资料3000余份，解答税收政策咨询600余人次，通过开展宣传，进一步增强全市广大纳税人的纳税意识，纳税人对税法的遵从度得到了大幅提升。（二）税务稽查。进一步加大整顿和规范税收秩序工作力度，按照"查问题、找漏洞、促管理"的工作思路，不断完善以查促收、以查促管和税警联动工作机制，重点强化对成品油零售、药品零售、边贸税收、大型超市和连锁店等行业的日常稽查和专项检查，取得了显著的成果，通过加大日常稽查和专项检查力度，全年共查补入库税款377万元。（三）执法检查。建立健全执法责任制和执法过错追究制度，严格执行行政许可审批，经过对制定涉税文件、执行减免税政策、执法过错行为等项目检查，全局能正确执行国家税收政策法规，坚持依法治税，贯彻落实税法宣传到位，税收执法管理系统运行正常，未发现违法违纪问题。

【信息化建设】 （一）加强计算机网络与信息安全管理，严格日常监控与监督，提高安全防范意识。（二）积极配合有关部门实施改扩建云南国税网络教育培训系统和广域网两个项目。（三）加强增值税防伪税控系统、货运发票认证系统的日常监控管理，确保金税工程运行安全。（四）认真贯彻落实阳光政府"四项制度"，积极实施"阳光服务"，开通96128政务信息查询专线，及时为纳税人提供纳税政策咨询信息服务。

队伍建设

【机构人员情况】 2009年机构改革后内设10个机构：办公室、人事教育科、监察室、征收管理科、收入核算科、货物和劳务税科、所得税科、纳税服务科、政策法规科、办税服务厅；1个直属机构：稽查局；1个事业单位：信息中心；3个派出机构：勐卯分局、姐告分局、弄岛分局。有干部职工95人，其中：在职干部职工76人，退休干部19人。在职人员中：党员43人，占在职人数的57%；本科学历30人，占在职人数的39%；专科学历35人，占在职人数的46%；其他学历11人，占在职人数的14%。

【领导班子建设】 认真落实"创新发展年"各项工作，坚持党组中心组理论学习制度，不断加强领导班子队伍建设；加强党风廉政建设工作，全面树立务实、清廉的国税形象；扎实推进税收征管工作，认真落实组织收入各项目标任务；统筹规划，精心组织，圆满完成机构改革工作任务。

【廉政建设】 认真落实省、州、市党风廉政建设工作会议精神，强化内部监督管理和预防教育工作，与州局、市委、机关科室、分局层层签订《党风廉政建设责任书》；认真开展廉政宣传教育工作，在突出重点岗位、重点环节严格党纪法规教育，提高拒腐防变能力，进一步加强干部的党性修养和廉洁自律意识，不断增强干部纪律意识和法制观念；深化国税文化和廉政文化建设内涵，促进全局干部职工形成"以廉为荣、以贪为耻"的良好风尚；依托税收执法监察子系统平台，充分发挥监督作用，进一步提高税收执法监察工作的针对性、规范性与高效率；认真做好《税企廉政公约》签订工作，共签订985户，回访101户，回访率10.25%，通过回访未发现国税干职工部有"吃、拿、卡、要、报"和以权谋私、索贿受贿等违纪行为现象发生。

【精神文明建设】 以“创新发展年”为主题，以丰富多彩的国税文化活动为载体，深入开展精神文明创建活动，创建工作取得显著成效：被国家体育总局表彰为全国“全民健身工作先进单位”；被省委、省政府表彰为“文明单位”；被省妇女联合会、省国税局表彰为全省“巾帼文明岗”；被瑞丽市委、市政府表彰为2009年度综治维稳工作“一等奖”，被瑞丽市委表彰为“2009年度党风廉政建设工作优秀单位”，被市总工会表彰为全市“先进工会组织”；积极参加第25届篮球联赛，取得了男子A组第三名的好成绩；组织参加2009年中缅胞波狂欢节暨第二届国际珠宝文化节“牛车美女”评选赛，获得了“优秀”荣誉；李洁同志被省国税局评为2009年度全省国税系统“精神文明建设先进工作者”；姚志妧同志创作的《齐心协力》摄影作品被省国税局评为“全省国税系统建国60周年书画摄影展优秀奖”；雷春林同志被瑞丽市委、市政府授予领导维稳政绩工作“优秀维稳领导干部”称号，被市总工会授予“关心支部工会工作先进个人”称号。

【教育培训】 （一）积极参加省、州国税局组织的各项任职培训和业务培训工作。（二）组织好本单位的税收政策法规、相关法律法规、税收信息化以及税收执法信息系统的日常培训工作。（三）推进“六员”培训工作，着力抓好税收管理员的培训，切实提高岗位履职能力。（四）继续狠抓学历教育，鼓励和引导干部职工积极参加注册税务师、注册会计师与税务工作密切相关的认证资格考试，逐步提高全局干部职工的科学文化素质和学历层次。全年共参加总局、省、州国税系统各类专业培训班15期，培训干部267人次，公务员和工勤人员年度考核有63名公务员评为称职，2名工勤人员评为合格，考核评定出11名优秀公务员（嘉奖）人员。

（何应华）

畹町经济开发区国家税务局

经济概况

2009年畹町经济开发区完成生产总值（GDP）2.17亿元，同比增长7.6%，其中：第一产业实现增加值4954万元，增长9.2%，拉动生产总值增长1.9个百分点；第二产业实现增加值5232万元，下降0.9%，影响生产总值下降0.3个百分点；第三产业实现增加值1.15亿元，增长11.7%，拉动生产总值增长6个百分点。人均生产总值1.59万元，同比增长7.2%。非公有制经济创造增加值1.15亿元，同比增长7.6%，占全区生产总值的比重达53%。对外贸易大幅下滑，进出口总额10.75亿元，同比下降31.6%，其中进口总额6.15亿元，下降34.6%；出口总额4.6亿元，下降27.1%。

税收概况

【收入完成情况】 2009年，畹町经济开发区国家税务局共组织税收收入2275万元，同比减收1329万元，下降36.9%，为年计划3650万元的62.3%，“三税”收入2274万元，同比减收1327万元，下降36.9%。其中：增值税入库2135万元，同比减收1334万元，下降38.4%；消费税入库74万元，同比减收2万元，下降2.4%；企业所得税入库65万元，同比增收8万元，增长14.8%；储蓄存款利息所得个人所得税入库1.4万元，同比减收2.6万元，下降65.5%。

【收入特点】 2009年税收大幅度减收的主要方面是工业税收和边贸税收减收，占减收总量的91.8%。减收部分主要反映在硅冶炼、供电、水泥制造、边贸税收4个税源上，占减收总量的83.4%。而硅冶炼、供电税收是畹町的支柱产业，2008年税收贡献占税收总量的42.4%，受金融海啸影响，硅冶炼企业从2008年10月开始停产，同时影响供电税收。

【税源分析】 （一）供电业税收收入423万元，同比下降41%，减收295万元，减收的主要因素是硅厂、水泥厂用电量大幅度减少。（二）水泥税收收入174万元，同比下降37.8%，减收106万元，减收主要是因为设备老化，产品质量不稳定，价格下降。（三）硅的税收收入445万元，同比下降45.1%，减收366万元，减收主要是因国际市场变化。（四）商业税收收入779万元，同比下降42.7%，减收580万元。（五）啤酒增值税收入56万元，同比增长14.7%，增收7万元，消费税收入65万元，同比下降4.5%，减收3万元，减收主要是因生产管理不善，质量出现问题导致市场减小，全年啤酒市场销售下滑。

【税务管理】 （一）加强监督管理，进一步规范税收执法，认真落实税收执法责任制，针对当前存在的漏洞和薄弱环节，采取行之有效的税收管理办法，强化对税收执法权的监督制约，不断提高税收执法管理信息系统应用水平，强化系统操作业务学习，提高一线执法人员的积极性。（二）开展辖区内个体工商户定期定额调整工作，共对249户个体工商户进行了定期定额税款核定工作，核定增值税起征点以上的有56户。（三）对征管基础资料数据严格把关，对报表和数据进行认真的审核，结合推行综合征管软件做好税收征管相关基础信息工作，全年共有征管户402户，其中：企业92户，个体310户。一般纳税人有48户。

各项工作

【税收法制建设】 (一)坚持内外并举、以内促外的方针,强化税收执法监督,在内部实现对税收执法全方位地有效监控。(二)加强户籍管理,进一步夯实税源基础,认真做好税务登记基础信息数据质量检测,加强与各职能部门的协调配合。(三)坚持重大税务案件审理制度。

【税收征管】 (一)各税种管理。1. 增值税,加强一般纳税人认定管理和防伪税控最高开票限额审批,强化增值税专用发票审核管理,严格操作程序,规范进项税抵扣审批和相关文书的使用。2. 消费税,做好消费税征收管理和政策宣传辅导,及时上报各项统计报表及分析,重点加强泉力啤酒厂、富年达木业有限公司的管理。3. 所得税,加强企业所得税内部管理工作,加强业务培训和财务核算管理,严格税前扣除管理。4. 个人所得税,加强与银行联系和协调,严格按相关规定做好储蓄存款利息所得个人所得税的征收管理和统计分析工作。(二)出口退税管理,加大政策法规宣传辅导,发挥国家级口岸优势,提高服务质量。(三)发票管理。1. 严厉打击和整治制售假发票和非法代开发票违法犯罪活动,对商业零售行业的发票使用情况进行重点检查,从3月1日起逐步在全区范围内开展对商业零售行业发票使用情况进行重点检查,从事商业零售行业使用商业发票户30户(企业8户;个体22户),共检查用户30户,检查发票891份,经对纳税人发票使用各环节情况进行检查,未发现问题。2. 严格增值税专用发票内部管理制度,从入库、发售、领购的程序进行管理,全年有18户防伪税控企业,未出现差错。

【税收执法】 (一)税收宣传。第18个税收宣传月期间,围绕"税收·发展·民生"的宣传主题,因地制宜地组织开展了形式多样、内容丰富并突出创新亮点的税收宣传:共悬挂宣传横幅10幅,发放《云南国税》、征管法和宣传小册子等1000余份,发放和张贴宣传画40幅,开展2次法制宣传、5次座谈会,接受咨询200余人次,受教育人数2000多人次,让广大群众不断了解税法的同时,进一步增进对国税工作地理解与支持,从而达到综合宣传的目的,营造和谐的税收工作环境。(二)税务稽查。共组织纳税人自查49户,自查有问题22户,自查阶段查补税款等67.96万元,开展专项检查2户,查补税款、罚款及加收滞纳金1.3万元,圆满完成了稽查任务。(三)规范税收执法。认真落实税收执法责任制,针对工作中存在的问题与不足,制定切实有效的方案,强化对税收执法权的监督制约,强化执法人员的系统操作业务学习,不断提高执法管理信息系统应用水平。

【信息化建设】 (一)建立健全各项系统运行制度,完善了《计算机运行管理制度》、《技术服务登记制度》、《病毒防范制度》、《机房安全管理制度》等,并严格按制度开展各项工作。(二)加快信息化建设,做好综合征管软件维护工作,保障综合征管软件正常运行以及新形势下综合征管软件的适应能力。(三)提高数据分析利用率,加大资源整合工作力度。(四)加强金税工程日常维护和计算机安全防护,确保网络畅通,无事故发生。

队伍建设

【机构人员设置】 按照省、州局机构改革方案,结合实际制定机构改革方案并上报审批,坚持大稳定、小调整的原则,教育和引导干部职工积极参与机构改革,一如既往地履行好岗位职责,不放松工作要求,不降低工作标准,健全和规范部门协作机制,内设机构比照县局(8个内设机构)设置,内设机构7个(正股级)、直属机构1个(副科级)、事业单位1个(正股级),局领导职数5名。内设机构:办公室、政策法规科、税政科、征收管理科、人事教育科、监察室和办税服务厅,直属机构:稽查局,事业单位:信息中心。其中:人事教育科与监察室暂为一套人员、两块牌子,条件具备、人员到位后将分设;除稽查局负责人未调整外,选拔、配备了二级领导班子,转任4人,新提拔4人,对干部地选拔更加注重干部的政治觉悟、文化水平和工作经验。

【领导班子建设】 始终坚持把班子建设放在首位,扎实开展了《领导班子和领导干部监督办法》地学习,深入落实相关制度和措施,坚持"一把手"不分管人事和财务;认真抓好党组中心组理论学习,自觉坚持民主集中制原则,做到分工明确,率先垂范;在班子间经常开展交心谈心活动,认真查找问题,及时整改,让工作贴近基层,自觉形成了大事讲原则,小事讲风格,思想上常交流,工作上常商量,感情上常沟通的科学管理和民主决策的良好氛围;为了加强征管、加强党风廉政建设,领导岗位前移,现场办公,实际解决出现的问题,领导班子作风良好,廉洁勤政,党风廉政建设成效突出,模范遵守党风廉政建设各项规定;党组班子高度重视队伍建设工作,注重突出思想政治工作,以人为本,用制度管人,结合畹町干部结构特点,在加强自身学习的基础上,经常召开思想理论学习会议,通过学文章、谈体会、理思路、促提高,统一思想,明确工作要求,坚持每月学习制度,重点开展了以十七届四中全会精神、学习实践活动整改落实后续工作以及"讲党性修养、树优良作风、促边陲发展"等为主要内容的主题教育活动,全面提高干部政治思想综合素质。

【党风廉政建设】 (一)按照党风廉政建设工作领导体制和工作机制的要求,扎实推进党风廉政建设责任地落实,努力提升反腐倡廉工作合力。(二)层层签订《党风廉政建设责任书》,岗责落实到位,根据系统工作实际和上年执行的具体情况,修订和完善了《党风廉政建设责任书》,坚决落实责任追究,确保责任分解到位和“两权”正常运行，以签订责任书的形式，层层将党风廉政建设责任落实到部门、岗位和具体人员。（三）完善考核内容，提升评估水平，为进一步提高党风廉政建设责任目标考核指标体系的科学性，正确反映责任制落实成效，在广泛征求意见的基础上，修改和完善《畹町经济开发区国家税务局目标管理考核及党风廉政建设责任制考核暂行办法》。（四）加强反腐倡廉教育工作，3月31日举办了以税务人员预防职务犯罪为主要内容的专题法律知识讲座，6月24日党组书记、局长董继仁专题讲解了2个“四项制度”，突出廉政教育和警示教育。（五）深入开展税务廉政文化建设活动，积极营造廉荣腐耻的工作氛围，紧紧围绕廉政文化涉及的6项内容进行搜集、整理和创作，上报50份稿件、书法作品1幅，使税务廉政文化建设活动不断得以深化，系统内宣廉、崇廉、守廉的气氛日渐浓厚。（六）聘请特邀和兼职监察员，加强沟通联系，更新举报箱，加大检查处罚力度，坚持人性化管理，关口前移；开展廉政公约签订、回访和明察暗访工作，共回访50户，回访率43.1%，通过深入企业，掌握了基层干部的工作能力和队伍动态，保持廉洁自律、奉公守法形象。

【精神文明建设】 继续巩固文明创建成果，严格按照文明创建管理办法等要求，加强创建管理和自查复查工作，确保名副其实，4月22日通过了州委考评检查组地复查验收；继续加强与地方宣传部及文明办联系，积极争创省级文明单位；同时开展好民心工程，党支部组织全体党员、干部职工到森林公园、黑山门垭口多次开展义务劳动，用实际行动继续打造好畹町边关名镇形象，喜迎“七一”到来；积极组织参加“献爱心”活动，为畹町小学捐款2000元，干部先后有5人次参与义务献血。

【教育培训】 （一）开展岗位练兵，提高干部综合素质，通过“请进来、送出去”等方式，加强业务培训，开展岗位大练兵和业务能手竞赛，突出培训重点，实施强化训练，注重干部的法律、法规培训，提倡在岗自学，提高干部驾驭工作的水平，明确职责、上下协调、形成合力。（二）认真开展学习实践活动回头看工作，按照畹町工委《关于认真做好学习实践科学发展观活动整改落实后续工作的通知》和《畹町经济开发区国家税务局学习实践科学发展观活动整改方案和解决问题计划》，进一步加强和巩固学习实践活动取得的成果，细化分解各项工作要求和整改方案措施，4月1日召开了学习实践活动总结会议，全面总结学习实践活动，并对干部提出具体要求，把学习实践活动的成果真正转化为推动国税工作不断发展进步的动力。

【社会治安综合治理】 继续把社会治安综合治理列入重要议事日程，“一把手”作为“第一责任人”亲抓实管，进一步完善工作体系，对内部存在的矛盾、纠纷及时了解和掌握，不断增强工作实效性；积极开展好“综治共建”和“扶贫攻坚”工程，深入开展禁毒防艾等工作；与辖区公安分局、派出所广泛加强联系，定期组织工作座谈，找准切入点和结合点，切实解决好各种突出问题，形成齐抓共管的良好局面；在1月的中共瑞丽市畹町经济开发区工作会议上，被工委、管委表彰为“无邪教单位”和“社会治安综合治理先进单位”。

（王　刚）

丽江市国家税务局

经济概况

2009年，丽江市生产总值（GDP）达到117.44亿元，按可比价格计算，比2008年增长13.0%，分别比全国、全省平均增幅高4.3、0.9个百分点，增幅位居全省第五位，自2003年以来连续七年实现10%以上增长。第一产业增加值22.13亿元，增长6.0%；第二产业增加值44.14亿元，增长16.7%；第三产业增加值51.17亿元，增长13.2%。第一、二、三产业对经济增长的贡献率分别为9.2%、44.0%和46.8%。按常住人口计算，全市人均生产总值达到9599元，按可比价计算，增长12.5%。三次产业的结构比例由2008年的20.6:34.8:44.6调整为18.8:37.6:43.6。全年经济运行状况主要呈现出以下特点：一是农业经济总量继续扩大，全市农林牧渔业总产值完成40.55亿元，同比增长7.7%。二是工业生产稳中有升，增速逐步加快。全年工业总产值完成66.52亿元，按可比价格计算，同比增长13.9%，其中规模以上工业产值完成51.48亿元，同比增长18.5%。三是投资、消费增长趋于协调，消费对经济增长的拉动力不断提高。全年完成全社会固定资产投资150.23亿元，同比增长30.2%。工业投资完成71.35亿元，同比增长27.8%。全年实现社会消费品零售额36.61亿元，同比增长25.8%。全年房屋施工面积142.65万平方米，同比增长79.2%，商品房销售额15.04亿元，同比增长1.2倍，商品房销售面积58.30万平方米，同比增长1倍。四是旅游业保持旺盛态势。全年旅游接待人数达到758.14万人次，同比增长21.2%；实现旅游业总收入88.66亿元，同比增长25.1%。五是经济运行质量稳步提高，有力支撑经济增

长。全市财政总收入完成19.04亿元，增长21.9%，其中地方一般预算收入11.66亿元，增长22.4%。城镇居民人均可支配收入1.45万元，同比增长8.7%，农民人均纯收入2845元，同比增长19.8%。六是金融运行积极稳健，信贷支持力度持续加强。金融机构各项存款余额218.71亿元，比年初增长28.3%，其中：居民储蓄存款余额117.19亿元，比年初增长24.6%。各项贷款余额152.62亿元，比年初增长30.8%。

税收概况

【收入完成情况】 2009年，丽江市国税系统共计组织税收收入8.05亿元，同比增收1.34亿元，增长19.92%。完成省局下达确保任务数的117.92%，完成奋斗目标的116.22%。其中：增值税6.45亿元，同比增收1.26亿元，增长24.14%；消费税2114万元，同比增收2019万元，增长2125.26%；企业所得税6690万元，同比减收1729万元，下降20.54%；储蓄存款利息所得个人所得税428万元，同比减收576万元，下降57.37%；车辆购置税6704万元，同比增收1104万元，增长19.71%。地方财政一般预算收入1.72亿元，完成市政府下达任务的100.08%，同比增收2878万元，增长20.09%。丽江国税总收入继2008年连上5亿、6亿两个台阶后，2009年又连跨7亿、8亿大关。

【收入特点】 一是全市国税收入与经济增长协调发展。按可比价格计算，2009年全市GDP比2008年增长13.0%，全市国税收入增长19.92%，税收弹性系数为1.24，全市国税收入宏观税负为6.85%。二是全市国税收入继续保持较快增长。1994年至2009年全市国税收入年均增长率为17.98%，收入总额从1994年的6739万元上升到2009年的8.05亿元，增长了10.94倍。2009年全市国税收入同比增长19.92%，这是在2008年高增长（同比增长42.75%）的基础上实现的，增幅高于1994年至2009年国税收入年均增幅1.94个百分点。三是税收收入总额增长，但各月税收收入呈现不平衡。由于金融危机影响，上半年分月收入同比下降较为严重，下半年国税收入止跌回升，税收收入稳步增长。四是国税部门负责征收的五个税种收入“三增二减”。受政策性减收因素及经济因素的影响，企业所得税和储蓄存款利息所得个人所得税呈现减收，其余三个税种增幅较大。五是全市四县一区收入增幅差距大。除玉龙县收入出现负增长（-3.17%）外，其余三县一区均实现不同幅度的增长。增幅最高的永胜县（56.82%）与玉龙县之间收入同比增幅差高达59.99个百分点。六是政策性因素对税收收入的影响比较明显。2009年以来全面实施增值税转型改革，执行储蓄存款利息所得个人所得税暂免征收、烟产品消费税政策调整、车辆购置税税率优惠等多项税收政策，对全市国税系统各项税收收入造成了不同程度的影响。

【税源分析】 （一）增值税。1. 煤炭。煤炭企业增值税占全市增值税总收入的45%左右。2009年全市共生产原煤725.1万吨，同比增长12.8%；洗煤345.5万吨，同比增长16.2%。产销量的增加是税收收入增加的直接因素之一。另外，矿产品增值税税率恢复到17%，比原来提高4个百分点，也带动了税收收入的稳定增长。2. 电力。电力企业共入库增值税7042万元，同比增收524万元，增长8.04%。电力企业增值税增长幅度较2008年（37.28%）下降比较明显。上半年受经济危机的影响，企业用电量明显减少，电力企业增值税一度出现负增长，下半年经济回暖迹象逐步明显，电力需求逐步恢复正常。3. 商业。商业增值税收入完成1.82亿元，同比增收3808万元，增长26.40%。收入稳定增长的主要原因：一是在旅游业的拉动下，丽江古城商品消费市场发展活跃；二是丽江市烟草系统入库的增值税同比增加1689万元，增长34%；三是由于煤炭工业企业产量的增加，带动煤炭销售市场的积极发展。4. 建材。2009年全社会固定资产投资完成150.23亿元，比2008年增长30.2%，在建工程直接拉动了建材行业增值税收入的增长。2009年共计入库建材行业增值税5195万元，同比增收1717万元，增长49.37%，在增值税收入中增幅最大。在国家拉动内需政策刺激下，全市建材行业重点品目水泥销量呈现良好增长态势，全年共计生产水泥235.7万吨，同比增长44.1%。（二）消费税。2009年全市消费税收入增幅巨大的原因是：按照烟产品消费税新政策，从6月征收期开始烟草公司在烟产品的批发环节按5%的税率缴纳消费税。6～12月，该公司共缴纳消费税2025万元。扣除上述烟产品政策性增收因素，全市其他消费税入库89万元，收入呈下降趋势，同比下降6.32%，减收6万元。我市消费税税源主要集中在古城区和永胜县，税源结构单一有限。（三）企业所得税。企业所得税收入同比下降20.54%。其中，内资企业所得税收入5038万元，减收2824万元，下降35.92%；外资企业所得税收入1652万元，增收1095万元，增长196.59%。1. 内资企业所得税下降的主要原因：（1）丽江市烟草公司企业所得税收入减收严重。从6月份起按5%的税率对烟产品在批发环节加征消费税，致使该公司的应纳税所得额有一定幅度下降；由于税率下调，该公司2009年汇算清缴税收的税率同比下降8个百分点；此外，2008年该公司的非即期所得税收入为726万元，而2009年仅有42万元。（2）部分企业受政策调整、盈利情况不理想等因素影响，应纳税额明显减少。2. 外资企业所得税增加的主要原因：（1）由于在建工程的拉动，华坪县的丽江水泥有限责任公司经营状况优于2008年，全年入库税款807万元，同比增长142.62%；（2）古城区的悦榕酒店有限公司代扣代缴非居民企业所得税170万元，同比增收104万元，增长157.58%；（3）在旅游业的拉动下，玉龙县的丽江云杉坪旅游索道有限公司经营状况良好，共入库税款603万元，同比增幅较大；（4）部分企业（肯德基有限公司丽江古城店等）改变预缴方式，也是带来税款增收

的原因之一。（四）储蓄存款利息所得个人所得税。受国家暂免征收政策的影响，该项税款仅有翘尾收入，税收收入日益减缩。（五）车辆购置税。国务院决定对纳税人自2009年1月20日至2009年12月31日期间购买的排气量在1.6升（含）以下的小排量乘用车，暂减按5%的税率征收车辆购置税。这一优惠政策的施行，促进了购车数量的增加。2009年我市征税车辆共计21674辆次，同比增加8415辆次，增长63.47%。同时，我市共有5125辆汽车享受减征税款的优惠政策，减征金额共计1348万元。

各项工作

【税收法制建设】 （一）深入贯彻落实《全面推进依法行政实施纲要》和《关于加强市县政府依法行政的决定》，认真抓好“依法治省示范单位”的试点工作，大力推进依法治税和依法行政工作。（二）认真开展“五五”普法。按照突出重点、紧扣主题、贴近基层、服务群众的标准，全面落实“五五”普法工作要求。（三）加大政务公开力度，规范行政执法行为。依照责任政府“四项制度”和阳光政府“四项制度”的要求，认真组织向社会各界和纳税人公开各项涉税信息，打造“阳光国税”。（四）坚持重大税务案件审理制度，完善行政复议工作规程。完善行政复议、行政诉讼、税务听证、行政赔偿工作方法，保护纳税人合法权益。全市未发生行政复议、行政诉讼、税务听证、行政赔偿业务。全市共审理重大案件5件，通过认真审理均维持了初审意见，对进一步震慑涉税违法行为，规范和完善税收执法程序起到了积极作用。（五）税收执法检查。针对税收执法的重点和风险领域，抓住税收执法的关键部位和重点环节，重点对税收执法权和行政管理权的监督制约进行检查；落实组织收入原则，进一步推进依法治税，最大限度地减少执法随意性，切实降低税收执法风险。2009年重点检查了古城、永胜两个县（区）局。（六）以税收执法管理信息系统为依托，规范执法程序。认真做好税收执法管理信息系统升级工作，并通过采取积极有效的内部监督措施，进一步提高全局的执法水平。（七）加强税收执法监督和明察暗访。全面推行税收执法责任制，加强税收执法过错责任追究，重视对执法行为的事前、事中和事后的监督检查；深入开展税收执法监察和明察暗访，进一步规范税收执法行为和税务干部的组织纪律，对明察暗访中发现的问题，严格依照规章制度处理。2009年全市有3人被追究执法过错责任，罚金600元。（八）认真开展自由裁量权细化工作。认真梳理具有行政处罚权的税务登记类、纳税申报类、发票管理类、税收征收类、账簿管理类、其他违规类等行政处罚项目，规范执法人员的自由裁量权。

【税收征管】 （一）加强收入分析。在年初的全市国税工作会议上，深入分析了2009年的全市经济税收形势，研究部署了组织收入的各项措施及收入规划核算的重点工作，签订《税收收入责任书》。下半年，面对严峻的组织收入形势，市局党组高度重视，全力落实省局发出的组织收入动员令，切实加强对组织收入工作的领导。一年来，不断强化税源调研分析，由分管领导带队，深入县（区）进行税源调查和收入分析工作；强化月、旬、季度收入预测分析，结合每旬、月份的收入分析和收入预测工作，按季度通报各县（区）收入分析和收入预测情况，加大目标管理考核中税收分析考核力度，督促县（区）局提高收入分析质量和收入预测的准确率。按季召开全市国税税收收入分析会，通过对本地各行业的税负及其变动情况、各税种的税负及其变动情况、重点税源企业的税负及其变动情况以及经济发展中和税收征管中的异常情况作综合分析，密切跟踪宏观经济和企业经营形势变化，全面掌握影响税收收入变化的因素，及时跟踪了解政策效果，针对执行中存在的问题提出完善政策建议。加强重点税源监控企业管理分析工作，结合重点税源监控企业新软件的运行，通过建立税源数据库对企业生产经营和税源税收情况进行管理分析，实行税源监控企业季度分析和月份异常情况分析报告制度，不断提高重点税源监控质量。（二）夯实税源管理基础。进一步强化户籍管理，完善日常巡查管理制度。针对税收征管工作中存在的不足和问题，采取切实有效的措施，全面做好税收征管工作；加强部门配合协作，积极探索建立税政、征收、管理、稽查“四位一体”互动机制；建立与公安、地税、财政、工商等部门的横向互动机制。截至2009年末，全市国税系统共管辖纳税人15077户，比2008年增加1277户。做好税收征管信息系统的管理工作，认真查找综合征管软件运行中存在的问题，及时整改完善。对综合征管软件运行风险进行分析，高度重视，制定措施、查缺补漏，防范执法风险。进一步做好加强税种征管促进堵漏增收工作；坚持点、面结合的工作方法，整顿和规范税收秩序，稽查部门负责点，重点查处个别案件；征管部门负责面，重点承担广大纳税人的日常税收征收和管理；加强日常监管，严厉打击普通发票违法犯罪活动；加强二手车业务税收征管；加强领导，密切配合，做好税收征管状况分析工作；切实抓好税务师事务所的监管工作。严格办理延期缴纳税款，2009年全市国税系统共审核延期缴纳税款申请14户次，报经省局批准延期缴纳税款234.52万元，在严峻的经济形势下，较好地缓解了企业资金紧张的矛盾，到期税款均已全额按期征收入库。（三）货物和劳务税管理。全面贯彻执行新增值税、消费税暂行条例及实施细则。准确把握原则，加强宣传辅导，认真贯彻落实增值税转型改革各项工作。突出煤炭、电力、商业、烟草、建材、金属和非金属矿采选冶炼等增值税重点税源行业，对重点企业实施重点监控管理；抓住固定资产抵扣进项税、农产品抵扣、运输发票抵扣等增值税管理中的难点和薄弱环节，积极探索，并采取增值税纳税评估等切实有效的措施和办法，强化管理；加强一般纳税人、“三小票抵扣”、红字增值税专用发票开具管理；全面清理并规范“预征—结算”企业管理。加强酒类消费税和金银首饰零售消费税等重点消费税税源管理，做好烟产品消费税政策调整后的征收管理工作，不断提高消费税的管理质量。完善车辆税收“一条龙”管理实施办法，加强税源控管，堵塞车辆税收的漏洞，认真做好1.6升以下乘人汽车车辆购置税减征的管理工作。（四）所得税管理。完善企业所得税分类管理，以管理方法的创新，有效提升所得税管理质量。认真做好2008版企业所得税介质申报系统（A类）推广应用工作。加强税收政策管理，确保各项税收政策落实到位。认真落实税前扣除审批管理办法。在减免税审批过程中不仅做好案头资料审核，更注重深入企业进行实地调查了解，核实情况。认真清理核实所得税税基，加强分类管理。加强与地税、工商等部门的联系，定期交换信息，全面清理企业所得税管户，准确掌握重点税源户、亏损户、盈利户的基本情况，努力夯实企业所得税科学化、专业化、精细化管理的基础工作。做好企业所得税征收方式鉴定工作，全市查账征收企业917户，核定征收97户（定率征收1户），占总管户1014户的9.04%。把强化纳税评估作为加强企业所得税管理促进企业所得税收入稳步增长的重要手段，早安排、抓落实，市、县（区）局层层明确评估任务。2009年全市国税系统共组织评估企业29户，已全部结案，评估有问题企业16户，评估调整应纳税所得额1324万元，评估处理应补缴企业所得税226万元，滞纳金6.2万元。（五）国际税源监控。切实加强对国际税收收入工作的指导和督促，狠抓非居民税收政策的贯彻落实，进一步做好出口企业免、抵、退税的管理，促进丽江外向型经济发展。全年共办理出口货物退（免）税1274万元，其中免抵调库74万元，退税1200万元，同比增长40.3%。

【税收执法】 （一）规范税收执法。严格税收执法，做到依法治税、依法征管；强化税收执法监督，深入推行税收执法责任制，自觉接受社会各界的监督。（二）税收宣传。加大税收宣传力度，做好“五五”普法工作，认真开展第18个税收宣传月活动，认真做好《涉农税收优惠政策选编》赠阅工作，进一步提升全社会的税法遵从意识。市局和古城区局联合开展的“借助《丽水金沙》开展税收宣传”项目被国家税务总局评为2009年全国税收宣传月优秀税收宣传项目。（三）税务稽查。积极采取措施，全面完成税收专项检查工作。2009年共稽查纳税户129户，选案准确率为85.27%，已结案108户。查补税款48.42万元，滞纳金12.25万元，罚款39.99万元，合计100.66万元，入库率为100%，处罚率为82.59%。全年企业自查入库1632.48万元。稽查和自查入库共计1733.14万元，完成省局下达稽查任务1023.75万元的169.29%。

【科技兴税】 强化网络与信息安全管理，进一步整合系统资源，推广应用好税收信息化各应用系统，充分发挥计算机设备的功效和使用效率，充分发挥信息化在税收征收管理中的科技支撑作用，有效提升税收征管质量和效率。做好金税工程技术保障，确保金税工程的安全运行。根据省局统一部署，积极配合广电、联通及电信运营商，进行了广域网络的升级、改造工作，于2009年12月底顺利实现三条网络线路的割接工作，为金税三期的建设工作打下了良好的基础。按时完成了市、县（区）局6套网络教育培训系统的安装、调试和试运行工作。遵循积极稳妥原则，协调配合相关部门不断推进财税库银横向联网电子缴税工作。同时，充分利用税收信息化成果，不断改进纳税服务方式，提高信息化服务水平，为纳税人提供便捷高效的纳税服务平台。

队伍建设

【机构人员情况】 全市国税系统设有古城、玉龙、永胜、华坪、宁蒗5个县（区）局。共有干部职工502人，其中，在职干部职工372人，离退休干部职工130人（其中离休11人，退休119人）。在职干部职工中少数民族177人，妇女116人，党员224人，大专以上学历320人（其中研究生4人，本科134人，大专182人），分别占在职干部职工总数的47.58%、31.18%、60.22%、86.02%。市局机关共有干部职工93人，其中，在职干部职工78人，离退休干部职工15人（其中离休3人，退休12人）。在职干部职工中少数民族48人，妇女24人，党员53人，大专以上学历68人（其中研究生2人，本科29人，大专37人），分别占在职干部职工总数的61.54%、30.77%、67.95%、87.18%。根据总局和省局的统一部署，9月1日全市国税系统机构改革工作全面启动。广大国税干部职工以税收事业为重，顾全大局，齐心协力，经过共同努力，市局机关及县（区）局机构改革工作圆满完成，后续工作进展顺利，达到了改革的预期目标。2009年末市局机关设有11个内设机构（正科级）、2个直属机构（1个副处级、1个正科级）、3个事业单位（正科级）。内设机构（均为正科级）：办公室、政策法规科、货物和劳务税科（进出口税收管理科）、所得税科、收入核算科、纳税服务科、征收管理科、财务管理科、人事科、教育科、监察室。另设机关党总支办公室和离退休干部科。直属机构：稽查局（副处级）、车辆购置税征收管理分局（正科级）。事业单位（均为正科级）：信息中心、机关服务中心、培训中心，丽江市税务学会于2009年3月31日正式成立。

【领导班子建设】 结合深入学习实践科学发展观活动，市局机关领导班子于5月底召开“学习实践科学发展观”活动专题民主生活会，认真查找了影响和制约丽江国税事业科学发展的突出问题，深入剖析问题的原因，提出解决问题的方向和措施；10月底，又围绕“加强领导干部党性修养、树立和弘扬优良作风”这一主题召开了2009年度党组班子民主生活会，对照检查班子成员在加强党性修养、作风养成、厉行节约、廉洁自律和贯彻落实科学发展观方面存在的问题，积极开展批评与自我批评，进一步加强了领导班子组织建设、作风建设、思想建设，不断提高班子推动践行科学发展、促进社会和谐的能力。2009 年，按照巡视工作计划，还对玉龙县局班子进行了巡视“回头看”，完成了对永胜县局班子的常规巡视，进一步加强了对县级局领导班子的监督管理。

【廉政建设】 加强对《税务系统领导班子和领导干部监督管理办法》执行情况的监督和“两权”监督，加大案件查处力度，切实抓好反腐倡廉工作。深化政务公开工作，认真受理群众来信来访，坚持特邀监察员联系制度，继续坚持《廉政公约》的签订及回访调查，拓宽监督渠道。严格落实党风廉政建设责任制，进一步健全和完善“一把手”负总责、各部门齐抓共管、纪检监察组织协调、依靠群众参与的领导体制和工作机制。加大责任政府“四项制度”执行力度，严格落实《丽江市国家税务局行政问责“四项制度”检查督促实施办法》。认真贯彻落实阳光政府“四项制度”，及时成立了贯彻实施“四项制度”工作领导小组，加强宣传动员，分解工作职责，明确工作要求，把实施阳光政府“四项制度”与责任政府“四项制度”有机结合起来，制定具体实施办法和监督检查办法，全面落实监督考核工作。在阳光政府“四项制度”推行过程中，结合实际，大胆创新，积极探索更加便于公众参与重大决策听证，了解重大事项公示、重点工作进展，查询政务信息的有效渠道，努力形成具有税务部门特点的贯彻实施形式。认真落实政务公开的要求，确保政务事项“公开”、“透明”，通过互联网、宣传栏和召开会议等形式，将一般性政策法规、重大决策事项、重大业务活动、办事程序、收费标准、处理结果、内外“监察员”、监督举报电话等公诸于众，让群众充分享受知情权和监督权。

【精神文明建设】 以载体建设的持续创新，推动国税文化大发展大繁荣，提升丽江国税文化软实力，使广大国税干部职工的精神风貌更加昂扬向上。在税收工作实践中，注重总结工作经验，树典型，立标兵，充分发挥先进典型的示范带头作用。对税收工作中涌现出来的先进典型人物，大张旗鼓地进行表彰奖励。2009 年 5 月份起在全市国税系统组织开展书法、美术、摄影作品征集活动。在征集活动基础上于“十一”前夕编撰出版了丽江国税文化建设丛书《丽水清韵》，为新中国 60 华诞献礼。《丽水清韵》画册客观记录了丽江税收事业 60 年所走过的艰难历程，展示了改革开放以来特别是税务机构分设以来丽江国税事业发展所取得的突出成就和广大干部职工昂扬向上的精神风貌，是丽江国税文化建设的一项重要成果。在“七一”建党节期间还举办了以“祖国在我心中”为主题的诗歌朗诵比赛；组队参加了市委宣传部组织举办的“红土地之歌”演讲比赛并获得丽江赛区个人二等奖；精心打造舞蹈情景剧《泸沽湖畔税收情》，参加了 9 月底在昆明举行的云南省国税系统庆祝新中国成立 60 周年文艺汇演并获得“最佳风采奖”；结合感恩教育活动，组织开展了学习第二届全国道德模范候选人先进事迹活动；积极开展挂钩扶贫、助残支农等公益活动等。在云南省精神文明建设指导委员会拟表彰的第十一批省级“文明单位”中，丽江市国家税务局和 5 个县（区）局全部入选，实现了“满堂红”。

【教育培训】 （一）扎实开展学习实践科学发展观活动。按照省局和市委的安排部署，以提高国税干部贯彻落实科学发展观的能力为核心，把开展深入学习实践科学发展观活动作为2009 年一项重要政治任务抓紧抓好。制定了实施意见，明确了学习实践活动各阶段、各环节的工作任务和要求，成立了领导小组和办公室，做到认识到位、组织到位、措施到位、工作到位。学习调研阶段，认真搞好思想发动、学习培训、专题调研、典型案例分析教育、科学发展论坛、主题实践活动等“规定动作”；组织开展了税法宣传进校园、青年干部成长进步体会交流、“工作责任心事业心大家谈”网上论坛等“自选动作”；做到了“规定动作”落实不走样，“自选动作”有特色。派出了 5 个专题调研组由局领导带队深入基层 5 个单位进行了学习实践活动专题调研，共召开座谈会 13 个，走访企业 7 户，征求问题和意见建议 4 条，形成了一批有内容、有情况、有建议、有对策的高质量的专题调研报告，其中《加强机关干部作风建设的思考》一文入选丽江市开展深入学习实践科学发展观活动《调研成果汇编》。分析检查阶段，广泛征求意见，共征集到意见、建议 50 多条，经过梳理汇总为 5 个方面问题和 20 条建议。按照“三检查三分析”的要求，召开市局党组深入学习实践科学发展观活动专题民主生活会，组织开展了群众评议工作。学习实践活动取得了明显成效，达到了“党员干部受教育、科学发展上水平、人民群众得实惠”的目的。（二）不断加强干部教育培训工作。进一步健全干部教育培训的激励机制，采取在岗学习、外出学习、分级分类培训等学习培训形式，创新岗位练兵组织模式，加大教育培训力度，着力提高干部队伍的业务素质。积极组织参加全国税务系统稽查业务考试、全省国税系统县区局长业务考试，组织举办了全市国税系统第六届业务能手竞赛活动和全市国税系统业务统考。（三）完善干部培养模式。进一步完善干部考核、考察相关制度规定，建立健全良性的干部任用机制，组织完成了 5 位干部的任职试用期考核。推行干部上挂下派制度，从基层抽调 5 位干部到市局机关锻炼，建立健全了干部在上下级单位之间的交流机制。按照《党政领导干部选拔任用工作条例》和《丽江市国家税务局系统副科级后备干部管理办法（试行）》的有关规定，在全市国税系统内公开选拔了 36 名副科级后备干部。

【作风建设】 进一步健全和完善内部管理工作制度，不断提升行政管理效能和规范程度。推行政务公开，加强电子政务建设，内、外网站平稳运行，拓宽了社会监督渠道。完善督查督办制度，加强了对重点工作和全市国税系统“七抓七增强”工作目标的立项督查。认真接待群众来访，依法处理各类信访问题，及时化解矛盾。建立健全职能部门按季向分管领导、半年向局党组工作报告制度，分析研究工作措施、解决存在问题。进一步改进工作作风，大兴调查研究之风，深入基层、深入实际，切实帮助基层解决工作中的困难和问题。依法实施政府采购，提高了采购质量，节约了预算资金。2009 年，市局政府采购金额 38.07 万元，与同期货物和服务市场价相比，节约资金 1.5 万元，资金综合节约率为 4%。严格预算制度，切实提高经费预算管理水平。规范固定资产管理，健全固定资产内控制度。强化内部审计监管，不断规范经济责任审计。2009 年分别对宁蒗县局和永胜县局开展了内部审计，审计面为 40%，同时积极配合省局审计组对我局进行的专项督察审计，并对古城区局进行了延伸审计。省局审计组对我局自 2006 年至 2009 年 6 月份的财务管理工作给予了客观公正的评价，并对全市国税系统今后财务管理工作的进一步规范指明了方向。认真落实机关出勤、安全、环境、车辆、会议培训等各项制度，规范公务接待。做好基建、食堂管理等事务工作，推进机关标准化、规范化、节约化管理。进一步抓好节能降耗工作，确保 2009 年水、油、电支出在 2008 年基础上下降 5%。

（王维平）

古城区国家税务局

经济概况

2009 年古城区完成生产总值（GDP）40.22 亿元，比 2008 年增长 13.6%。第一产业完成增加值 2.81 亿元，比 2008 年增长 4.2%，占生产总值的比重为 7%；第二产业完成增加值 13.70 亿元，比 2008 年增长 17.1%，占生产总值的比重为 34.1%；第三产业完成增加值 23.71 亿元，增长 12.4%，高于全国平均水平 3.9 个百分点，占生产总值的比重为 58.9%。

税收概况

【收入完成情况】 2009 年，古城区国家税务局共计组织入库各项税收 2.01 亿元，完成年计划的 112.83%，比 2008 年增收 1705 万元，增长 9.30%。其中：“两税”完成 1.25 亿元，完成年计划的 118.02%，比 2008 年增收 2779 万元，增长 28.69%，企业所得税完成 3791 万元，比 2008 年减收 1352 万元，下降 26.29%；储蓄存款利息所得个人所得税完成 186 万元，比 2008 年减收 382 万元，下降 67.25%；车辆购置税完成 3597 万元，比 2008 年增收 660 万元，同比增长 22.47%。

【收入特点】 一是国税总收入减幅逐月收窄。2009 年国税收入完成丽江市国税局下达计划任务的 112.83%，同比增长 9.30%，减幅逐月收窄，分别为 -18.97%、-10.14%、-31.24%、-26.29%、-18.89%、-14.88%、-15.87%、-13.05%、-7.7%、-1.47%、3.09%、9.3%。二是主体税种收入“三增二降”。增值税增收 760 万元，增长 7.9%；消费税增收 2019 万元，增 33.65 倍；车辆购置税增收 660 万元，增长 22.47%。企业所得税、储蓄存款利息所得个人所得税分别减收 1352 万元、382 万元，降幅分别为 26.29%、67.25%。

【税源分析】 一是国税新增的税源不多，税源构成仍以电力、烟草等为主体的格局长期不变，全年电力企业增值税收入 3808 万元，比 2008 年增收 399 万元，增长 11.7%；二是重点税源电力、商业、纺织品、水泥、其他行业等行业收入普遍增收。分别增收 399 万元、342 万元、35 万元、15 万元、57 万元；三是有色金属、矿业、水泥、机床、食品加工、酒、皮毛皮革等行业收入普遍减收。机床增值税减收 32 万元，占减收总额的 18.07%；有色金属、矿业增值税减收 97 万元，占减收总额的 54.80%；食品加工增值税减收 15 万元，占减收总额的 8.47%；皮毛皮革增值税减收 9 万元，占减收总额的 5.08%；酒类增值税减收 24 万元，占减收总额的 13.56%。

各项工作

【税收法制建设】 一是加强税收法制建设，强化税收执法监督。加强税收立法，规范税收执法。认真学习贯彻《行政许可法》，全面清理不符合行政许可法规定的税务行政许可。继续整顿和规范税收秩序，严厉打击各种涉税违法活动。加强税收法制教育。二是认真落实税收优惠政策，切实加强减免税管理。积极落实促进下岗失业人员再就业、促进高新技术产业发展等税收优惠政策，促进经济社会发展。三是以坚持依法治税为主线，贯穿国税工作全过程。在税收管理、行政管理等各项工作中，都坚持依法决策，依法行政。明确岗位职责，全面提高征管质量和效率。对现行的规范性文件进行认真清理，保证执法依据的统一性和严肃性。

【税收征管】 2009 年，古城区国家税务局紧紧围绕“创新年发展”各项工作任务，全面加强税收科学化、精细化管理。一是加强收入分析预测工作。以提高实际征收率为目标，结合实际深入开展宏观税负分析、税收弹性分析，按季度对重点税源企业进行一次例会分析。结合分类管理制度的实施，形成企业纳税能力和实际纳税水平的对比分析，查找薄弱环节，找准税源管理方向和重点，强化征管措施，提高税收征管的能力和水平。

按季度及月份做好税收预测工作，提高了税收计划考核的科学性和税收预测工作的准确性，实现了税收总量和收入质量的全面提高。二是加强户籍管理，对新办户及时、准确、真实的做好信息资料的采集工作，及时发现漏征漏管户和非正常户，加强停业户、注销户的检查；另外，加强与工商机关的信息交换，开展市场清理整顿工作，及时发现漏征漏管户、变更户、新增未登记户，及时纳入管理。截至2009年底，我局征管系统中共有开业户6237户，其中企业958户（含企业分支机构）、个体5279户。三是加强发票管理，强化税源监控。要求纳税人按规定填写《普通发票领、用存月报表》，税收管理员进行严格审核，对违规的发票作出相应处罚。管理人员深入企业，对辖区内的12家汽车修理企业进行《云南省机动车维修发票》专项检查。通过检查发现有6家企业存在发票联和存根联金额不符现象，根据发票管理办法进行了相应处罚。四是加强收入分析预测工作。以提高实际征收率为目标，结合实际深入开展宏观税负分析、税收弹性分析，按季度对重点税源企业进行一次例会分析。结合分类管理制度的实施，形成企业纳税能力和实际纳税水平的对比分析，查找薄弱环节，找准税源管理方向和重点，强化征管措施，提高税收征管的能力和水平。按季度及月份做好税收预测工作，提高了税收计划考核的科学性和税收预测工作的准确性，实现了税收总量和收入质量的全面提高。五是加强发票管理。在不断强化和规范《税收管理员制度》的同时，对于超过起征点的正常纳税户和边缘户加大了分局自查与区局复查，随查随访管理力度，并严格落实以票控税，加强发票审查比对。于2009年初成立了发票专项检查领导小组并开始了全面的检查，全年检查企业82户，完成率为104%，个体736户，完成率107%；检查发票74749份，检查出有问题发票1956份，查补增值税6538.44元，滞纳金139.20元，违章处罚18.48万元。通过常抓不懈的检查，有力地打击了发票违章行为，使大头小尾、抽心发票、阴阳票、撕毁、丢失等违章行为得到了有效的遏制。六是加强纳税评估工作。充分发挥纳税评估的职能，以分行业、分税种、分类型的纳税评估，加强对连续发生零、低税负申报、“四小票”抵扣金额较大等重点对象的评估，提高纳税评估工作实效。全局在开展综合纳税评估过程中，结合本地税源实际特点，注重质量、加强深度，重点突破，选取水泥、建材等行业为重点的11户企业开展纳税评估，评估成效明显。其中涉及增值税纳税评估企业共11户，涉及企业所得税纳税评估企业4户。评估人员在评估过程中对企业进行实地调查、与财务人员约谈，做到严格按评估要求、标准认真分析、总结，评估结束后评估结论以书面形式反馈企业并督促企业及时改正。共补征增值税59.28万元，征收滞纳金3.95万元。

【税收执法】 一是继续贯彻落实《全面推进依法行政实施纲要》，坚决制止和防止执法不公和违法行政的现象。二是深入贯彻《行政许可法》，进一步转变执法观念，适应行政审批制度改革要求。按照区委、区政府要求，完成了对《云南省行政审批项目查询系统》的数据录入工作。三是认真开展税收执法检查。认真开展专项检查，重点对废旧物资经营、个体超市、金银首饰、酒类产品销售等行业进行检查，加大了集贸市场管理力度。四是认真做好行政许可实施工作。五是严格执法考核。认真开展每月的考核评议，杜绝虚假申辩调整，严格过错追究。六是认真贯彻落实阳光政府“四项制度”，制定了重大决策听证、重要事项公示、重点工作通报实施意见，将相关信息在网上公布。开通了网络查询系统和96128政务专线，提高了纳税服务水平，提升了税收执法的透明度和公信力。

【税务管理信息化建设】 一是在做好各软件、系统运行维护工作的同时，顺利完成了综合征管软件37号补丁至39号补丁的升级工作。二是加强了对企业发行的管理，与维护单位建立联系制度，对涉及发行后维护的问题及时登记记录，以确保企业发行工作的质量与效率。三是结合增值税转型政策的贯彻落实，及时做好各应用系统的维护升级工作，1月对税务代开《增值税专用发票开票系统》进行升级，2月完成了《机动车销售税控管理系统》上线运行工作，6月份结合烟草批发企业消费税政策的贯彻执行，完成了全局首户网上申报户的初始设置及辅导工作。

队伍建设

【机构人员情况】 截至2009年末，区局共有干部职工91人，其中：在职干部职工68人，离退休干部职工28人。在职干部职工中：党员34人，占50%；大专以上学历61人，占89.7%，其中，本科学历27人，占39.7%；专科学历34人，占50%。在职干部职工平均年龄39.5岁。共有10个内设科室，即：办公室、人事教育科、监察室、办税服务厅、征收管理科、货物和劳务税科、所得税科、纳税服务科、政策法规科、收入核算科；1个事业单位：信息中心；2个副科级派出机构：第一税务分局、第二税务分局。

【领导班子建设】 一是发挥班子的带头作用。要求下属做到的，班子成员必须先做到，禁止下属做的，自己坚决不做。班子成员在各项工作中都以身作则，把加强队伍建设当成头等大事来抓，实行教育、制度、监督三管齐下，着力塑造一支政治思想强、业务技术精、作风纪律严的过硬队伍。二是发挥班子成员的核心作用。三是以抓落实为工作绩效观，用实和效来衡量工作进程。

【廉政建设】 一是结合工作实际，制定了《古城区国家税务局廉政建设承包责任制实施办法》，由局长带头层层签订《责任合同》，做到了有机构、有机制、有检查、有落实。2009年，根据责任书对各部门按百分制考评，得分均在90分以上。二是深化政务公开，将我局监督电话在政务信息门户网站、公告栏、办税服务厅电子屏公布，自觉接受社会监督。认真受理群众来信来访，坚持特邀监察员联系制度，继续坚持《廉政公约》的签订及回访调查，拓宽监督渠道。三是继续落实《古城区国家税务局领导干部行政问责办法》，加强自身建设，转变干部作风，增强国税机关执行力、公信力，提高行政效率，防止和减少行政过错，更好地营造和谐征纳环境。

【精神文明建设】　坚持"立体式创建、整体性推进、全方位提高"的创建工作思路，进一步丰富和发展创建活动的形式和内容，深入开展精神文明创建活动。一是加强思想道德建设，深入贯彻落实《公民道德建设实施纲要》，深入学习宣传胡锦涛总书记关于树立社会主义荣辱观的讲话和十七大会议精神；二是推进诚信建设，切实抓好道德教育，弘扬培育民族精神，增强干部职工凝聚力；三是以讲文明、讲科学、树新风为突破口，以创建文明单位为重点，加大创建力度，务实创新、注重实效，努力开创精神文明工作新局面；四是加强精神文明队伍建设，规范工作机制，加大投入，确保各项工作开展，按照"体现时代性、把握规律性、富于创造性"的要求，加强对干部队伍政治理论、业务知识和各种知识的学习、掌握。2009年1月被云南省国家税务局、云南省妇女联合会评为"巾帼建功文明岗"；2009年3月被古城区委、区政府评为"争先创优'六个一'一行业一窗口先进单位"；2009年9月，被古城区委、区政府评为"文明单位"。

【教育培训】　一是狠抓业务学习和培训。培训采用干部职工业务技能培训和纳税人业务培训相结合的方式，共培训520人次。二是认真开展学习实践科学发展观活动。在开展学习活动中，严格要求每个干部职工都要做好学习笔记，共写出读书笔记200多篇，学习心得体会60余篇；报送上级主管部门和地方党委政府的学习情况报告、总结共15份，组织开展专题报告会2次，受教育人员共计300余人次。三是在做好学习培训工作的同时，积极组织税务干部参加了全省国税系统稽查人员业务考试和全市国税系统业务统考。通过不懈努力，区局代表队在市局举办的全市国税系统第六届业务能手竞赛中获得了团体一等奖的好成绩，其中2位同志被授予"丽江市国税系统业务能手"称号，1位同志被评为"优胜个人"。

（刘雪敏）

华坪县国家税务局

经济概况

2009年，华坪县以党的"十七大"精神为指引，认真贯彻落实中央应对金融危机的决策部署，紧紧围绕全面建设小康社会和建设"云南省工业强县"的目标，化挑战为机遇、变压力为动力，全县经济继续保持平稳较快增长。全年完成生产总值（GDP）22.35亿元，按可比价格计算，比2008年增长14.4%，再创华坪县经济增长历史最高水平。全年完成固定资产投资15.06亿元，比2008年增长33.9%，实现社会消费品零售总额5.63亿元，比2008年增长25.5%。三次产业结构比例由2008年的16.9:53.3:29.8调整为14.8:56.9:28.3，第一、第三产业平稳发展，对经济的贡献率有所提高，第二产业增长较快，支柱作用明显增强，对经济贡献率为616%，比2008年下降了12.1个百分点。全年完成地方财政收入2.68亿元，比2008年增长25.0%，地方财政支出完成8.01亿元，比2008年增长23.7%。

税收概况

【收入完成情况】　2009年，华坪县国家税务局共计组织税收收入3.68亿元，较2008年增收5075万元，增长16.01%，完成市局下达任务数3.61亿元的101.82%，超计划1.82个百分点。其中增值税完成3.37亿元，比2008年增收4540万元，增长15.56%；企业所得税收入完成1154万元，较2008年增收479万元，增长70.96%。

【收入特点】　一是税收总收入继续保持高增长的势头，收入规模再创新高。税收收入在2008年实现了68.18%的高比例增长基础上，2009年仍保持了16.01%的高增长，创华坪县国税收入的历史新高。二是收入均衡性有所降低，月度间税收波动明显。各月税收收入逐月走高，到12月份单月税收收入突破5000万元大关。三是五个税种税收收入呈现"三增一减一平"的现象。增值税、企业所得税及车辆购置税均较2008年大幅增加，其中企业所得税增幅高达70.96%；由于国家实行免征储蓄存款利息个人所得税的政策，个人所得税下降幅度增大。消费税由于税源较小，基本与2008年持平。

【税源分析】　截至2009年底，共有在册纳税户3492户，其中个体工商户3002户；一般纳税人221户，其中149户为工业企业。全县经济的稳步发展为税收增长提供了经济税源，特别是工业经济逐月转暖、快速增长为税收收入的增长奠定了良好的基础。增值税随着工业增加值的增长实现较快增长。2009年，全县工业增加值完成11.23亿元，增长（可比价）19.6%，拉动经济增长8.8个百分点。增值税完成3.37亿元，其中，工业增值税由于矿产品增值税税率上调及矿产品价格的逐步走高而大幅增长，商业增值税受小规模纳税人征收率下调及个体经营的不景气的影响有所减收。从行业上看，由于增值税转型政策的实施，刺激了企业进行技术设备更新，增加固定资产投资，建材行业迎来新的机遇，全年共计入库建材行业增值税 4230 万元，增收 1772 万元，增长 72.09%；煤炭行业继续发挥支柱作用，全年完成煤炭增值税 2.46 亿元，增长 17.28%，占全部增值税收入的 73.03%；受车辆购置税税率下调及居民收入增长的影响，纳税人的购车热情继续保持高涨，全年完成车辆购置税 1791 万元，增长 8.88%。

各项工作

【税收征管】　一是强化分析掌握主动。密切跟踪宏观经济形势和辖区内企业经营形式变化，创新税收分析方法，开展经济税源分析，科学预测固定资产抵扣、减税政策等对税收的影响，积极做好政策效应分析，及时了解政策效果。二是控制税源措施得力。依托信息化手段，强化基础管理，区分不同税种、不同行业的收入状况，抓紧特色产业、重点税源、重点企业的实时、分层、动态管理，进一步提高征管质量和效率，努力实现税源管理的科学化、精细化和信息化。三是对重点行业和重点税源的监控进一步加强。建立了对煤炭、电力、石灰石等重点行业动态税源监控制度，要求专管员每月要到重点行业及市级重点企业井下实地调查了解，并对企业申报税额进行分析。同时严格领导干部管户制度，要求挂钩领导要不定期对重点税源企业进行实地调研，增强工作预见性和前瞻性。四是优化纳税评估工作。结合华坪征管实际，对不同行业的生产经营特点，测算税负率，分析物耗、能耗、投入产出比、出境吨位等评估指标，建立分行业、分问题类别的评估模型。以煤炭行业评估为主线，加大了增值税和企业所得税联评力度，全年开展纳税评估辅导企业自查补缴增值税 254.87 万元，补缴企业所得税 32.15 万元。评估工作取得了突破性成效。利用评估结论，加强管理，扩大评估影响面，形成评估一户、管住一片的良性机制，加强了税源管理、税收分析、纳税评估和税务稽查各环节之间的联动，提高了税收征管的整体效能。

【税收执法】　一是规范执法行为，强化执法监督。按照“法治公平、规范高效、文明和谐、勤政廉洁”的要求，进一步完善税收执法责任制，明确实施要求和具体考核要求，形成了“以事定岗、以岗定责、权责相当、落实到人”的监督制约机制，严格执法过错追究。依托现代科技手段和计算机管理，进一步规范各项税收业务流程，统一办税标准，规范税收执法，提高执法透明度，减少执法随意性，尊重和保护纳税人的合法权益，营造公平、法治的税收环境。二是充分发挥稽查的职能作用。坚持以整顿和规范税收秩序为目标，以查处和打击税收违法行为为中心，以组织专项检查和打击发票违法犯罪活动专项整治为重点，大力推进依法稽查，创新稽查方式方法，强化稽查基础管理，不断提高稽查工作质量和效率，充分发挥“以查促管”的职能作用，为组织税收收入保驾护航。全年针对县内部分企业开展了运输专用发票的专项纳税评估，对企业做出进项税额转出 8.56 亿元的处理；还对县内普通发票的使用情况进行全面整顿和治理，补税 6974 元、罚款 12.21 万元、滞纳金 1223 元，涉及自查补税 16.38 万元、滞纳金 1.73 万元；选取辖区内 23 户煤炭、建材、废旧物资等部分重点税源企业及存在异常指标的部分企业开展了纳税评估，并对新增值税转型政策执行情况进行了跟踪检查，全年以纳税评估形式查补税款 734.49 万元、滞纳金 19.64 万元，有力的整顿和规范了税收秩序。

【纳税服务】　一是加强税收宣传辅导。全年针对增值税转型等一系列新政策，为全县近 200 户企业的财会人员举办了 5 期培训班。在日常工作中，整合各种资源，利用各种途径大力宣传税收政策、辅导办税事宜，通过深入企业调研，开展向企业送服务、送政策活动，对部分企业给予上门辅导等精细化服务。紧紧围绕 2009 年“税收·发展·民生”税收宣传主题，以华坪辖区内涉及的工业振兴、中小型企业解困、纳税人维权、三农发展、返乡农民工就业、大学生创业 6 个方面的相关优惠政策为主要宣传内容，开展了税收宣传月活动，通过悬挂横幅、树立展板、发放宣传单、设立咨询台等多种形式向广大纳税人全面宣传税收政策，提供零距离的咨询服务，广泛利用新闻媒体、门户网站扩大宣传范围和影响力，提高了纳税人的税法遵从度，促进了国税事业的健康发展。二是提升扶持经济发展的作用。以服务华坪经济建设大局为己任，充分发挥税收政策对“保增长、保民生、保稳定”的促进作用，在组织收入任务压力大的情况下，着力加大税收政策的扶持力度。认真贯彻落实支持“三农”、高新技术企业、资源综合利用、民政福利企业、增加就业和再就业等各项税收优惠政策，做到应退尽退。2009 年共计减免各类税金 1061 万元，完成固定资产抵扣 736 万元，充分发挥了税收的调节功能，切实减轻了企业负担，有力地支持了地方经济发展。三是提升优化纳税服务的效率。通过认真开展“讲党性、抓机遇、重民生、谋发展”为主题的作风建设教育活动，服务意识得到增强。继续深入贯彻落实四项制度，进一步建立和完善责任追究制等制度，以岗位责任制来明确工作职责，以承诺制来明确服务要求，以公示制来推行政务公开，以公开评议制来强化民主监督，以责任追究制来严肃工作职责，逐步实现了以制度管人管事，按制度规定服务人和事的良好局面。工作作风、思想作风有了新的转变，行政效能进一步得到提高；通过不断优化办税服务厅的办税功能，尽可能地为纳税人办税提供快捷与便利的服务；大力推行“领导管户”制度和“企业定期走访”制度，转变服务方式，主动发掘纳税人隐含需求，以纳税人需求为导向，以纳税人满意度为基准，认真总结分析纳税服务工作存在的问题和不足，有针对性地进一步改进和优化纳税服务，促进纳税人满意度和税法遵从度的持续提高。

队伍建设

【机构人员情况】 2009年，县局有在职干部职工59人，其中：干部56人，工勤人员3人。县局机关设有办公室、人事教育科、监察室、办税服务大厅、税政管理科、征收管理科、政策法规科、收入核算科、信息中心；派出机构有中心分局；直属机构有稽查局。

【领导班子建设和干部队伍建设】 一是深入开展“学习实践科学发展观”活动。把“服务科学发展、共建和谐税收”作为税收行业部门开展活动的主题，认真扎实有效开展了学习实践科学发展观“学习调研、分析检查、整改落实”3个阶段12个环节的活动。通过对科学发展观的系统学习，讨论交流、深入领会，干部职工理清了思路，找准了不足，明确了方向，达到了“党员干部受教育、科学发展上水平、人民群众得实惠”的活动要求，做到了税收工作和学习实践活动两手抓、两不误、双促进、双丰收。二是以提高执行力为主要内容，加强中层干部队伍建设。根据充实优化的需要做好科（股）级干部的民主推荐、竞争上岗工作，积极配合市局选拔副科级后备干部。完善干部考核评价机制，进一步激发广大干部的工作热情和创新能力。

【教育培训】 结合工作实际，大力实施人才兴税战略，高起点筹划了2009年度的教育培训计划，创新培训内容，整合培训资源，增强培训的针对性和有效性。积极选派人员参加省、市局举办的各类业务培训，按计划开展好县局各股（室）牵头的业务培训。坚持一周一学、一季一考的学习制度。以全国稽查业务考试和市局第六次业务竞赛为契机，牢固树立个人学习、全员学习、终身学习、学习与工作密不可分的理念，营造浓厚的学习氛围。

【精神文明建设】 以争创省级“文明单位”为目标，认真组织开展各种激发干部队伍奋发向上的活动，增强干部队伍的活力，改善干部队伍的精神风貌。充分发挥思想政治工作的优势，采取学习灌输、领导示范等方式方法，加强职业道德教育，把“爱岗敬业、清正廉洁”的职业道德理念和“满意在国税”的服务理念，贯彻服务始终，提高职业道德意识，形成了良好的文明服务和行业作风理念，使文明创建工作得到了升华，文明服务上了档次；大力提倡互帮互助、扶贫济困的精神，认真落实挂钩联系点的发展项目，为挂钩点办实事，身体力行的帮扶困难群众走出生活困境。

【廉政建设】 一是狠抓党风廉政建设工作，提高反腐倡廉意识，全面落实党风廉政建设责任制，拓展外部评议，开展廉政文化建设系列活动。二是加强对税收执法权力运作全过程、全方位，特别是重点岗位、重点环节、重点人员的监督制约，加强行政管理监督，深入开展税收执法监察，做好党风廉政建设责任制专项考核工作。三是积极推进政务公开，规范行政管理。认真执行政府采购有关规定，严格按预算按计划采购，推进“阳光理财”，抓好内部审计工作。

（徐丽华）

永胜县国家税务局

经济概况

2009年，永胜县紧紧围绕“保增长、保民生、保稳定”的总体目标，国民经济快速发展，综合实力显著增强。2009年，全县生产总值（GDP）达23.96亿元，按可比价计算，比2008年增长12.4%，其中：第一产业增加值达7.69亿元，同比增长5.4%，第二产业增加值达8.46亿元，同比增长18.60%，第三产业增加值达7.81亿元，同比增长13.7%。经济结构进一步优化，三次产业的结构比例由2008年的34.8:32.5:32.7调整为32.1:35.3:32.6，一产比重下降2.7个百分点，二产比重提高20.8个百分点，工业的支撑作用和投资的带动作用日见明显，三次产业对经济增长的贡献率分别为12.9%、55.3%、31.8%，分别拉动经济增长1.8、5.9、4.7个百分点。全县人均生产总值达5985元，增长11.8%。非公经济发展迅速，2009年非公经济增加值达11.07亿元，同比增长9.6%，占全县总产值的46.2%。实现社会消费品零售总额6.07亿元，同比增长29.01%。

税收概况

【收入完成情况】 2009年，永胜县国家税务局共入库各项税收1.27亿元，同比增收4596万元，增长56.8%。增值税入库1.13亿元，同比增收4405万元，增长64.2%；消费税入库24万元，同比持平；企业所得税入库7万元，同比增收4万元，增长133.3%；储蓄存款利息所得个人所得税入库107万元，同比减收92万元，下降46.2%；车辆购置税入库1281万元，同比增收279万元，增长27.8%。

【收入特点】 一是收入均衡性有所降低，月度间税收波动明显。2009年全县月度间收入规模差距较大，收入规模最高的12月份为2676万元，最低的3月份为495万元，相差2181万元，纵观逐月走势，其中一个最典型的特征就是1月、2月、4月、6月、9月、12月形成了一个明显的峰值，收入均在1000万元以上。二是增值税作为主体税种不变。2009年增值税收入占税收总量的88%，比2008年增长64.2%。三是从企业类型看，国有、非国有、涉外经济类型全面增长。在税收增长贡献率方面，国有经济为18%、非国有经济为80%，涉外经济为1%。在收入结构方面，国有经济占总体税收的17%，比2008年增长67%；非国有经济占83%，比2008年增长54%；涉外经济占0.5%，比2008年增长165%。四是2009年纳入任务考核的5个税种，除储蓄存款利息所得个人所得税未完成任务外，其余4个税种均按计划进度超额完成了任务。

【税源分析】 一是增值税收入增长与经济发展基本协调。全年实现增值税1.13亿元，比2008年增加4405万元，增长64.2%。从10个重点税目看，烟叶、陶瓷制品、煤炭、电力、商业、其他共6个税目的税收同比增收4170万元，糖、药品制造、水泥、铜共4个税目的税收同比减收330万元。二是重点骨干税目税收波动性大。2008年还大幅度增收的糖、铜和水泥，2009年税收出现大幅度减收。白糖入库237万元，比2008年减收80万元（如果扣除清缴入库的1997年前的呆账税金50万元，则减收130万元），减少25.5%，减收原因：甘蔗产量比2008年减少2万吨，受国际金融危机和供求关系影响，2009年上半年市场糖价持续在低位运行。铜产品入库106万元，比2008年减收96万元，减少47.5%，减收原因：由于铜价下跌，宝坪铜业公司电解铜产品积压近300吨。水泥产品入库448万元，比2008年减收111万元，减少19.9%，减收原因：一方面是六德水泥厂2008年的基数中含稽查查补入库的50万元，另一方面是永保水泥厂执行即征即退政策中退库的时间差问题。三是储蓄存款利息所得个人所得税是由于个人投资住房、投资股票市场分流了部分储蓄存款和国家暂免征收储蓄利息所得税收的政策因素，该税种比2008年减少92万元，下降46.2%。四是车辆购置税稳步增长。全年实现车辆购置税1281万元，比2008年增加297万元，增长27.8%。主要是减征1.6升及以下排量乘用车车辆购置税和国家推行汽车下乡等惠民政策，居民购买量增加所致。

各项工作

【依法行政】 一是以税收执法管理信息系统作为规范执法行为的突破口和主要抓手，继续做好系统的升级管理工作，完善申辩调整制度，对系统反映出的税收执法过错和管理问题进行深入分析，认真研究解决，使全年的税收执法过错率维持在万分之1.5左右的较低水平。二是加强执法监督，规范税收执法行为。不断完善税收执法日常监督制度，将税收执法检查与“两权”监督检查相结合，与税源管理、纳税评估、税务稽查具体工作相结合，实现以查促管理、以查促规范的目的。进一步健全了税收规范性文件合法性审查及备查备案制度，有效预防了税收执法行为的系统性风险。三是永北分局执法岗位通过开展日常检查，发出责令限改通知书249户次，违章处罚237户次，罚款5.37万元，促进了永胜县税收法治环境的进一步好转。

【税收管理】 （一）积极夯实税收征管基础。一是进一步完善税收管理员制度，建立一般纳税人分行业管理和小规模纳税人分类管理的税收管理模式，就管理员日常工作中碰到的热点、难点问题进行深入的研究探讨，提高税收管理员业务水平，完善税收管理制度。二是强化税源户籍管理，认真落实税务登记管理办法，加强与工商、地税、银行等部门的信息沟通，强化对漏征漏管户、非正常户的清理整顿。三是继续推行个体税收计算机定额核定系统，做好个体“双定户”调整工作，及时向个体户做好政策宣传解释。2009年，办理税务登记的开业户有3059户，其中：新开户419户，注销户143户，辖区达起征点个体户数539户，占个体“双定户”总数的比例为19%。四是抓好普通发票管理。在确保发票存储安全的基础上，认真贯彻落实《国家税务总局关于进一步加强普通发票管理工作的通知》要求，强化发票发售、开具（代开）和缴销各环节的管理，防范骗购、套购发票和发票流失。同时，认真开展发票违法案件的查处工作，全年共查处发票违法案件62件，共查补增值税1.26万元，加收滞纳金1100元，罚款12.21万元。（二）强化以流转税、所得税为重点的税收日常管理。2009年，县局积极贯彻中央和上级局的一系列重大决策和部署，结合本地税源发展实际，认真贯彻执行新的增值税、消费税暂行条例及实施细则，落实好新企业所得税法配套政策措施和规定，做好相关政策调整后各税种的综合管理工作，确保各项政策落实到位。一是对所辖企业申报抵扣的2009年1至2月固定资产进项税额情况进行了清理检查，确保了固定资产进项税抵扣新政策如实贯彻到位。二是进一步加强了日常税收管理的监管力度，对申报收入与实际生产经营收入明显不符，或者长期零（负）申报、长期低税负等异常申报的，强化稽核。三是继续抓好抵扣凭证的日常管理，加强农产品收购业务的增值税管理，严格做好一般纳税人认定、转正、注销的日常管理等。2009年共代开增值税专用发票105份，代开金额621.12万元，征收入库增值税19.35万元。2009年共认定增值税一般纳税人38户，截至2009年末共有增值税一般纳税人110户。四是组织开展了2008年度企业所得税汇算清缴工作。2008年度，全县应汇算的企业为78户，实际参加汇算的企业为78户，通过汇算应补交税款2400元，应退税款0.79元。并及时开展了2008年度企业所得税纳税评估工作，补缴所得税税款4800元。

【税务稽查】 组织开展了对永胜县物资公司、永胜自来水有限责任公司、云南永胜县新生瓷厂等3户企业的专项检查和以打击发票违法犯罪活动工作为重点内容的区域性税收专项整治工作，加大了对各类涉税违法行为的打击力度。2009年，县局稽查局共稽查结案62户，查补入库税款133.33万元（其中：纳税人自查补税6户，补缴税款128.97万元），罚款12.74万元，加收滞纳金8900元，查补入库金额合计146.96万元，选案准确率为95.16%，入库率为100%。

【税收宣传】 2009年4月是全国第18个税收宣传月，围绕“税收·发展·民生”的宣传主题，先后组织开展了“税收助力家电下乡惠民行动”税收宣传、国税干部赶场“面对面”税收宣传、“主阵地”税收宣传、开展“税收宣传与新农村建设同行”宣传等一系列活动。同时，还依托永胜县国税局政务信息公开网站平台及96128专线，向社会公众和纳税人公开本局的各类工作信息和税收数据，宣传国家税收政策，接受社会公众的监督。

【行政管理】 一是搞好部门协调。与县委、县政府各对口部门及各职能单位融洽关系，与市局保持高度一致，令行禁止，及时编报国税情况，广泛进行业务交流与沟通，政务活动开展顺利。二是积极开展税收宣传信息调研工作。三是认真组织开展税收宣传月和市局组织的“税收·发展·民生”征稿活动。共组织稿件12篇。四是抓好信访工作。继续公开举报电话，及时解决群众反映的热点、难点问题，实现了全系统“无集体和越级上访问题、无重大违法违纪案件、无重大执法过错行为、无重大责任事故”的目标。五是狠抓安全保卫、综合治理和督查督办工作。社会治安综合治理各项工作目标得到实现，消除了各类安全隐患，受到县委综治部门的高度评价。督查督办有条不紊，上传下达迅速到位。六是文秘工作、重大活动、会议安排、公文流转、文件复印、保密工作、机要值班等行政管理工作有效率，不误事。

队伍建设

【机构及人员情况】 2009年，全县国税系统行政机构11个。其中，局机关内设8个股室（办公室、人事教育股、监察室、税政管理股、征收管理股、政策法规股、收入核算股、办税服务厅）、1个直属机构（稽查局）、1个事业单位（信息中心）、1个派出机构（永北分局）；设党总支部1个、党支部4个，有工、青、妇和离退休老干部组织。全系统共有干部职工102人，其中：在职干部职工67人，离退休干部职工35人；在职干部职工中党员42人，占干部职工总数的63%，大专以上学历57人，占在职干部职工总数的85%。

【班子建设】 坚持把正确的政治方向和舆论导向放在工作首位，以中心学习组为龙头，以学习党的十七届三中全会精神为重点，抓好政治理论学习；遵照永胜县委、县政府关于深入开展学习实践科学发展观活动及作风建设活动的安排与部署，结合国税“创新发展年”工作主题，坚持解放思想，实事求是，不断增强班子的政治意识、大局意识、责任意识和发展意识；树立群众观点，充分发扬民主，切实改进领导作风和工作作风建设。

【教育培训】 积极开展学历教育、专项培训和岗位练兵，努力提升干部综合素质。坚持以工作需求为导向，以提高领导干部执政能力和基层干部的业务技能为重点，按照“分类管理，分级负责”的原则，在年初就对培训任务进行分解，要求全局干部职工综合运用各种学习手段和载体，把个人自学和集体研讨、理论学习与实际操作有机结合，开展形式多样的学习活动，增强学习的吸引力和感染力。2009年先后举办和参加了增值税转型业务、个体定期定额核定、所得税汇算清缴、稽查业务等多项专门的业务培训共5期8天165人次，体现了教育培训的针对性和适用性。有2名干部在上半年的全省稽查人员业务考试中成绩优秀获得省局的表彰。在6月份举办的全市国税系统业务能手竞赛活动中，有3名干部获得了“业务能手”称号，县局取得团体第二名的好成绩。

【廉政建设】 一是聘请了县检察院领导进行预防职务犯罪专题讲座。二是抓基础建设，逐级签订了《党风廉政建设目标责任书》。三是抓体系建设，认真落实《实施纲要》和《实施意见》，强化“一岗两责”意识，加大督导检查和责任考核工作力度。四是抓监督落实，把《领导班子和领导干部监督管理办法》贯彻到实际工作中，较好地规范了人事管理权、财务管理权，促进了政务公开的规范化、制度化。

【行风建设】 抓行风建设，全面提升国税形象。认真执行首问责任制等“四项制度”和重大事项通报等阳光政府“四项制度”，发挥政府信息公开网站功能，有效推进“阳光工程”建设。进一步简化办税程序，提高工作效能，优化纳税服务，主动征求意见和建议，加强对外宣传，尽最大可能赢得地方党委、政府、社会各界和广大纳税人对国税工作的理解、认可和支持，营造了更加有利的外部环境和舆论氛围。

【国税文化建设】 以“繁荣国税文化，弘扬国税精神”为宗旨，不断加强国税文化核心理念建设，全力打造具有永胜国税特色的税收文化，努力使国税文化建设与税收管理工作和干部职工的日常工作、学习、生活密切结合，形成良性互动。坚持队伍靠文化来凝聚，管理靠文化来推动，服务靠文化来支撑，形象靠文化来塑造的原则，国税文化建设取得了较大进展。

（王咏梅）

玉龙纳西族自治县国家税务局

经济概况

2009年，全县生产总值（GDP）完成17.18亿元，按可比价格计算，比2008年增长14%，高于计划目标1个百分点。分产业情况看，第一产业完成增加值5.41亿元，增长9.9%；第二产业完成增加值5.30亿元，增长19.7%；第三产业完成增加值6.47亿元，增长13%。三次产业的结构比例由2008年的32.7:29.1:38.2调整为31.5:30.8:37.7。第一、二、三产业对经济增长的贡献率分别为22.5%、40.5%、37%。全县人均生产总值达到7886元，比2008年增加907元，增长13%，按年末汇率折合1155美元，人均突破1千美元。非公有制经济创造增加值8.34亿元，占全县生产总值的48.5%，比2008年提高0.3个百分点。

税收概况

【收入完成情况】 2009年初税收收入计划数为3891万元，11月增加增值税收入计划820万元，全年计划达4711万元。2009年，玉龙县国家税务局全年共完成各项税收收入4251万元，同比减收140万元，下降3.19%。其中："两税"完成2682万元，同比增收516万元，增长23.82%；企业所得税完成1536万元，同比减收689万元，下降30.97%。从预算级次上看：中央级税收收入完成2954万元，完成年计划的90.09%；省级税收收入完成382万元，完成年计划的93.17%；市级税收收入完成96万元，完成年计划的252.63%；县级税收完成819万元，完成县政府下达年计划的78.22%。

【收入特点】 增值税和企业所得税在全部税收收入中所占的比重达97%，烟草增值税是支柱税源，占全县增值税总收入的60%以上。受国际金融危机影响，企业效益下降，使烟草企业所得税同比大幅度下降。消费税在全部税收收入中所占的比重较小。

【税源分析】 （一）分月完成情况。4、5月份入库烟叶增值税、烟草企业所得税使收入波动较大，其他月入库比较平稳，月平均数88万元，同比增长3万元，增长3.52%。（二）收入比重。增值税完成2678万元，占总收入的62.99%；消费税完成4万元，占总税收收入的0.09%；企业所得税完成1536万元，占总收入的36.13%。（三）分经济类型税收。国有企业完成2319万元，占总收入的54.55%，同比减少560万元，下降19.45%；集体企业完成3万元，占总收入的0.07%，同比减少3万元，下降50%；股份公司完成585万元，占总收入的13.76%，同比减少125万元，下降17.61%；私营企业完成483万元，占总收入的11.36%，同比增收133万元，增长38%；港澳台投资企业完成603万元，占总收入的14.18%，同比增长420万元，增长229.51%；个体经济完成258万元，占总收入的6.07%，同比减收5万元，下降1.9%。（四）增减变动因素。1. 企业所得税完成1536万元，其中烟草企业所得税667万元，同比减少1053万元，主要是受国际金融危机影响企业效益下降，使烟草企业所得税同比大幅度下降。外资企业所得税完成603万元，同比增收452万元，房地产企业所得税同比基本持平。2. 烟草企业增值税是支柱税源，占全县增值税总收入的60%以上。2009年实际入库1620万元，同比增长473万元，增长41.24%。3. 电力行业增值税入库273万元，占增值税的10.19%。同比增收9万元，增长3.41%。

【税务管理】 一是加强税源监控分析，切实提高对税源情况的监控管理能力。每月对所管理的纳税户进行详细的税源调查，提供第一手分析资料，进行系统分析，全面掌握纳税户税源的真实情况。二是加强户籍管理。加强与工商、地税机关进行纳税户信息核查与比对，及时交换信息资料，实现户籍信息共享；对新办户，做到及时、准确、真实的做好信息资料的采集工作，及时发现漏征漏管户和非正常户，加强停业户、注销户的检查。三是加强对纳税申报资料的审核管理，对于不按期申报、申报资料异常等，及时核实情况，采取措施加以防范。四是强化普通发票管理，及时发现利用虚开发票、大头小尾等手段偷税骗税行为。五是对综合征管软件及相关系统中出现的问题及时整改。根据综合征管软件及相关系统运行通报情况，着手对存在的问题逐项进行调查、了解、落实、整改。六是落实领导管户责任制，对全部一般纳税人实行税收管理员和领导双重管理，要求领导在管理纳税户过程中，不得向税收管理员索取任何资料，做到需要掌握的信息资料，深入企业自行收集，自行整理，全面熟悉、掌握管户基本情况。七是强化重点税源专业化管理。在房地产、煤炭、加油站、农产品加工企业等重点行业税收管理上，实现"一专二规范"。八是规范个体纳税报停业户的管理工作。加大个体纳税户停业相关程序及所负法律责任的宣传，重点加强对停业户的核实检查，并对报停情况及核实时间进行记录，有效防止了假停业逃税；将报停业务纳入目标管理考核，以此督促税收管理员对报停管理的工作责任心。

各项工作

【税收法制建设】 （一）税收宣传。在第18个税收宣传月中，围绕"税收·发展·民生"这一主题，结合纳西民族特色，扎实开展税收宣传活动，着力提高公民依法诚信纳税意识。一是及时成立税收宣传月活动领导小组，周密部署活动事项，确保人员、项目、措施、时间落实到位。二是主动与县委、政府汇报开展税收宣传月活动情况，进一步形成全社会关心、理解、支持税收的良好氛围。三是结合新税收政策，印制宣传材料，确定宣传工作重点，有的放矢，增强税收宣传的针对性。四是及早与地税、报社、电视台等部门联系沟通，共同探讨税法宣传工作思路和方法，进一步强化相互间配合，努力形成内外宣传合力。五是及早明确宣传内容。结合“创新发展年”工作，广泛宣传与公民生活密切相关的税收事项、税收政策、税收管理和纳税服务等。六是发挥办税服务厅对外宣传主渠道作用开展税法宣传。对纳税人在日常办税过程中容易出现的各种疑难问题当面给予解答。七是到新建电站开展税收宣传服务活动。进一步规范电站建设过程中的税收秩序，促进当地经济的又好又快发展。八是税法宣传进农村。把涉农税收优惠政策真正宣传到广大农民的心里。（二）执法检查。及时成立由分管领导和征管、税政等相关股室组成的税收执法检查领导小组，认真开展税收执法自查和重点检查，通过对规范性文件制定、政策执行、税收征收管理、增值税发票及其他抵扣凭证管理、国税与地税协作制度落实、领导班子和领导干部监督管理、政务公开、执法监察子系统运行、政府采购等情况的检查，税收执法方面及税务行政管理方面都没有违法违规情况。（三）“五五”普法。在县局“五五”普法工作领导小组的组织领导下，采取分组学习、专题辅导、个人自学多种形式，加强对宪法、税收相关法律、民法等法律的学习，提高税务干部法律素质；积极参加县普法办和县人大组织的普法知识考试，检验学习效果。加强对国家新颁布法律法规的组织学习，拓宽干部职工的法律知识面，提升依法治税水平和依法行政能力。

【税收征管】 认真贯彻执行国家各项税收法律、法规、政策，保证各项政策贯彻落实到位，规范税收行政执法行为，提高税收征管效率。一是对纳税人加强各种增值税抵扣凭证的管理，切实纠正经营者的违法违纪行为。二是加强金税工程管理，做好增值税专用发票领、用、存等各环节的监督、检查工作。三是认真做好增值税一般纳税人资格认定工作。截至2009年末，县局负责征管的增值税一般纳税人有48户，其中实行“预征-结算”分支机构3户，纳入防伪税控系统26户。按照审批程序，年内新认定17户纳税人为辅导期增值税一般纳税人，并纳入增值税介质申报管理；因纳税人申请注销税务登记，按程序取消2户的增值税一般纳税人资格。对纳入防伪税控系统开具专用发票的纳税人发行“两卡”，并对开具专用发票最高限额，申请领购专用发票、领购数量等按规定进行审批，发售部门严格按已审批准购的限量发售专用发票，在日常的认定管理中做到有关手续齐全、程序合法。四是积极开展增值税转型工作，未发生执行政策错误行为。五是认真开展纳税评估工作。增值税纳税评估方面，及时组成纳税评估小组，开展运输发票抵扣进项税专项评估2户、自选重点评估企业4户，评估结果6户纳税人共转出进项税额2.07万元，补提销项税额1364.37元。所得税纳税评估方面，重点对年应纳税所得额降幅在30%的企业，注册资本500万元以上连续3年亏损和零申报企业进行核实评估，评估结果，对6户企业共调增应纳税所得额46.55万元，弥补亏损33.57万元，应补缴企业所得税2.95万元。六是认真开展所得税汇算清缴工作。2008年企业所得税管户有154户，实行查账征收149户，定期定额征收管理5户；2008年度纳入企业所得税汇算清缴149户，比2007年度增加37户，其中盈利企业17户，零申报企业46户，亏损企业86户。2008年度应缴企业所得税596.31万元，比2007年度增收249.41万元。

【税收执法】 （一）认真开展税收政策执行情况反馈工作。建立健全税收政策执行情况反馈机制，认真贯彻落实国务院全面推进依法行政的要求，深入推进依法治税、依法行政，及时向上级反馈税收政策法规的执行情况。（二）认真开展应对国际金融危机税收政策的执行工作。将增值税转型的各项政策措施及时宣传贯彻到纳税户，认真细致对纳税人做了大量的宣传辅导工作，纳税人能正确理解抵扣的范围，没有超出政策范围抵扣进项税额的现象。2009年增值税一般纳税人共申报抵扣购进固定资产增值税专用发票注明税款22.15万元，申报抵扣进项税是用于生产的机器设备，开具日期均符合规定。增值税小规模纳税人增值税征收率已按新规定执行到位，未发生执行政策错误的情况。（三）认真开展企业所得税管理工作。2008年度企业所得税应申报149户已全部申报，征收企业所得税1536万元。企业所得税法实施，执行情况正常。但对税收优惠内容的执行上，个别企业没有认真领会相关文件精神，不认真进行备案登记，需进一步加强宣传辅导工作力度。（四）认真开展延期申报管理工作。严格按规定进行审批，按规定核定预缴税额，认真检查已审批的延期申报户、审批延期时限、核定预缴税额，没有发现不按规定进行审批延期申报、核定应纳税额明显偏低的情况。

【信息化建设】 根据总局提出的税收信息化是提高税收工作水平的根本出路的思想，不断加强税收信息化建设，提高税收信息化应用水平。各部门间加强协调配合，加强业务整合，理顺工作关系和业务流程，在健全和完善制度、软件推广应用、确保各系统平稳运行、提高运行质量上下功夫，税收信息化建设的工作重点由过去的硬件建设向软件的应用与数据的综合分析利用转移，充分挖掘软件应用的深度和广度，提高数据质量和利用价值，切实解决人员素质与税收信息化发展不相适应的问题。认真做好计算机网络、设备的维修维护工作，确保系统运行稳定，认真做好数据备份工作，确保数据的安全完整。

队伍建设

【机构人员情况】 （一）机构人员设置。全局年底在职人数53人。局领导班子（4人）、办公室（6人）、人事教育股（2人）、监察室（2人）、税政管理股（3人）、征收管理股（4人）、政策法规股（2人）、收入核算股（2人）、办税服务厅（11人）、信息中心（3人）、黄山税务分局（14人）。（二）人员变动情况。调出2人，调进4人，新增2人。（三）离退休人员情况。离休1人，退休19人。

【领导班子建设】 结合开展"深入学习实践科学发展观"活动，认真进行学习调研，不断提高领导班子的中国特色社会主义理论水平面，调查研究的能力；通过广泛征求意见和开展自我批评，认真查找领导班子和领导干部个人存在的制约和影响国税事业科学发展的突出问题；通过制定整改措施和群众评议，切实解决领导班子和领导干部个人存在的问题。结合开展作风建设教育活动，不断加强领导班子和领导干部党性修养，深化领导班子和领导干部对世界观、人生观、价值观和权力观、地位观、利益观的重新认识和定位。不断提高领导班子和领导干部决策能力、驾驭税收工作的实际能力。

【党风廉政建设】 贯彻标本兼治、综合治理、惩防并举、注重预防，强化监督，狠抓制度落实的工作方针。一是深入贯彻落实党风廉政建设工作责任制，层层签订《党风廉政建设责任书》。二是认真落实行政问责等"四项制度"，把落实"四项制度"作为衡量全局抓作风建设的一个重要内容，把纳税人满意不满意作为衡量"四项制度"落实成效的根本标准。三是认真开展税收执法监察工作，加强对干部执法各环节的监督。四是建立健全有效的外部监督制约机制。五是加强财务监督。六是继续做好与纳税人签订《廉政公约》并开展回访工作。

【精神文明建设】 高度重视精神文明建设工作，把创建文明单位活动，纳入全局重要议事日程，纳入目标管理责任制考核，使文明创建工作融入了国税工作的方方面面，为推动税收工作发展提供更加有力的保证。做到工作机制健全完善，管理规范有序。确保文明创建活动常抓不懈，年年有起点，年年上台阶。以人为本，以造就德才兼备的高素质干部队伍为目的，营造团结和谐、干事创业、奋发向上的国税文化氛围。坚持依法治税，从严治队，推进依法行政，落实执法责任制，规范执法行为，提高执法水平，开展优质服务，树立国税形象。2009年度被云南省国家税务局命名为"文明单位"。办税服务厅被云南省国家税务局和云南省妇女联合会命名为"巾帼文明岗"。被县委、县政府授予新农村建设工作"先进派出单位"。和梅桩同志荣获云南省国税系统"精神文明建设先进工作者"称号。

【教育培训】 一是强化干部政治理论和形势教育。深入学习贯彻党的十七大精神；开展深入学习实践科学发展观活动；开展作风建设教育活动，以作风建设为抓手，全面加强思想作风、学风、工作作风、干部生活作风建设，努力提升为国税事业创新发展的能力；继续抓好贯彻落实四项制度工作，强化行政责任，促进依法行政，规范税收执法行为，改善纳税服务，提高工作效率。二是进一步抓好在职干部学历教育培训工作，贯彻落实国税系统干部教育培训的各项要求。三是认真抓好各类业务培训工作，以提升干部岗位技能为重点，集中力量抓好干部税收业务、信息技术应用能力培训，提升干部综合素质。

（赵瑞刚）

宁蒗彝族自治县国家税务局

经济概况

2009年，宁蒗县实现生产总值（GDP）13.38亿元，比2008年增加2.24亿元，增长率为20.11%，2009年完成社会固定资产投资15.9亿元，比2008年增加2.15亿元，社会消费品零售总额3.64亿元，比2008年增加7800万元。生产总值中第一产业4亿元，增长率为16.95%，第二产业3.8亿元，增长率为22.98%，第三产业5.58亿元，增长率为20.51%。三次产业的结构比例为30:28:42，从国民生产总值结构比列来看，宁蒗县的工业经济相当薄弱，产值还不及农业生产总值，第三产业产值比较大的原因是旅游业比较兴旺。

税收概况

【收入完成情况】 2009年，宁蒗县国家税务局共组织入库各项税收6770.69万元，比2008年增收2142.29万元，增长率为46.26%，超额完成了全年各项税收任务。入库的6770.69万元税款之中，增值税入库6507.23万元，较2008年增加2332.1万元，上升55.86%；消费税入库4.97万元，较2008年增加0.06万元，上升1.22%；储蓄存款利息所得个人所得税入库22.48万元，较2008年减少30.31万元，下降57.61%；企业所得税入库201.12万元，较2008年减少172.16万元，下降46.12%；车辆购置税入库34.89万元，较2008年增加18.77万元，上升116.44%；入库税务行政性收费收入6.41万元，较2008年增加0.12万元，上升1.91%。

【收入特点】 （一）虽受全球金融危机的影响，但税收仍然高速增长，增速达46.26%，远远高于经济增长速度。（二）增值税在税收收入中的比重进一步提高，由2008年的90.21%提高到96.11%。（三）税收总量迈上新台阶，税收入库总量在一个年度内连续突破5000万元、6000万元两个大关，达到6507.23万元。（四）宏观税负与2008年相比有所提高，税收弹性系数则降低。2009年的宏观税负为5.08%，比2008年提高0.93个百分点；税收弹性系数为2.3，比2008年降低1.68。

【税源分析】 （一）各税种收入有增有减，主体税种超额完成全年任务，个别税种则没有完成税收任务。税收总量完成年度计划的147.2%，增值税完成年度计划的151%，消费税完成年度计划的99.46%，企业所得税完成年度计划的77.36%，车辆购置税完成年度计划的249.18%。由于企业所得税收入下降，进一步提高了增值税收入在税收总量中的比重。（二）非公有制经济税收增长速度大大高于公有制经济税收增长速度。公有制经济中，国有企业入库税额增长率为0.4%，集体企业入库税额增长率为-4.84%，所以宁蒗税收的高速增长主要是由私营经济支撑起来的，这也得益于国家支持私营经济发展的政策。（三）主要产品税源中，入库增值税税额变化差异很大。原煤、发电、供电入库增值税税额出现增长，增幅分别为70.96%、25.28%、4.73%，黑色金属、有色金属、水泥产品入库增值税税额则下滑，降幅分别为4.45%、97.41%、61.50%。煤炭入库税额增幅大的原因是我县煤炭生产规模的进一步扩大，黑色金属产品入库税额降幅大的原因是主要纳税户宁蒗格桑铁合金厂已处于停产状态。

各项工作

【税收征管】 （一）清理漏征漏管户，加强对户籍的管理。根据丽江市国家税务局下发下来的市级工商登记信息和市级质监部门的组织机构代码信息，宁蒗县国家税务局组织人员对全县的户籍情况进行了认真的清理，清理出未按期办理税务登记证的有79户纳税人，其中企业6户，个体户72户。税收管理员按规定督促纳税人办理了税务登记证，并给予了相应的税务行政处罚。通过清理整顿，不但加强了纳税人依法办理税务登记的意识，而且还让税收管理员更为清楚的掌握了宁蒗县的纳税人户籍情况。（二）加强清理欠税和延期缴纳税款的审批。由于受国际金融危机的影响，2009年全县各企业资金周转情况都比较困难，2009年1月至10月只有两个月税款的当期入库率达到了80%以上，在年初欠税额为0的情况下，欠税数额一直居高不下，2009年7月份更是达到了303.88万元的最高数额。对此，县局领导高度重视，组织人员到企业进行实地调查，了解企业的生产经营和销售情况、资金回收情况等，并对企业宣传国家的税收政策法律法规，催缴其所欠税款，经过不懈努力，到2009年12月31日截止，终于实现了欠税余额为零的奋斗目标。对于延期缴纳税款，也进行了严格审核，对条件不符合的一律不予办理，2009年延期缴纳税款办理了6户。（三）按照以评促管、以点带面的原则，大力开展纳税评估工作。严格按丽江市国家税务局征管及流转税部门的工作安排，并结合宁蒗县实际，加强纳税评估，规范企业的财务会计制度和增强企业的税法遵从度。针对宁蒗县企业对企业财务管理不够重视和对税法不够熟悉的情况以及云南省国税局、丽江市国税局纳税评估的要求，县局由局领导挂帅，组织人员对全县的重点纳税户和重点税源行业进行了纳税评估。2009年共完成了对10户重点税源户的纳税评估，发现有问题企业8户，有轻微问题的企业2户。8户企业共补缴税款58.09万元，交纳滞纳金3.76万元。通过纳税评估，不但发现了企业管理中存在的问题，而且还发现了日常税务管理中存在的问题，如增值税认定时对企业财务会计制度审核不严格，进项税额抵扣时，有些数额较大的进项税额没有进行实地核实等。（四）加强对税收征收管理软件的运行维护。综合征管软件中平时出现的问题，及时分析原因加以解决，对省局、市局通过SQL查询分析出得出的问题，进行认真分析，查找其出现的原因，进行整改落实，并研究出相应的对策，预防以后出现相同和类似的问题。（五）加强发票管理，打击发票违法犯罪活动。一是坚持发票验旧购新制度，对不达起征点的用票户在购票时加盖“本票大写金额超过贰佰元无效”条形章。二是开展打击发票违法犯罪活动。根据《国务院开展打击发票违法犯罪活动工作方案的通知》，县局积极配合开展打击发票违法犯罪活动，2009年大兴税务分局、计征股共计检查发票用票户425户，检查发票份数36466份。其中管理分局应用紫光灯等手段检查纳税人用票户123户，检查发票份数1191份，发现抽心发票问题8户次，罚款7200元，涉及问题包括开具抽心发票及用自制收据当发票使用。计征股应用紫光灯对2008年的验旧发票进行了全面检查，检查用票户281户，检查发票1481本，35275份。在检查中发现普遍存在填写不规范行为，由于已经验旧交回，所以未进行处罚，未发现抽心发票等严重违反发票管理的行为。（六）加强对水电站建设过程中增值税的征收管理。在宁蒗县建设的大型电站主要是阿海电站，为不让国家税款流失，组织人员到电站建设现场对企业的生产经营情况进行了解。阿海电站由长江三峡集团金沙江中游水电开发有限责任公司负责建设，其砂石料则委托中国水电八局负责加工，砂石料加工环节应该规定征收增值税，截至2009年12月31日相关的纳税事宜仍在处理解决之中。

【税收执法】 （一）税收宣传。1. 大力宣传税收转型新政策。2009年度是处于增值税转型的一年，废止及调整的政策规定业务涉及面广，知识点多。针对这一情况，开展了多期“增值税转型”宣传活动，宣传活动主要以转型后的《中华人民共和国增值税暂行条例》和《实施细则》以及增值税转型后相关一系列政策调整规定为主。2. 宣传报道。2009年，向市局报送25条信息专报，省局采用2篇；报刊税收宣传市级完成13篇，省级以上完成2篇。全面完成了税务信息专报和报刊税收宣传任务。3. 税收宣传月活动。一是在泸沽湖景区开展的“两个结合”税收宣传活动。结合建国60周年开展宣传咨询互动活动。深入泸沽湖川滇所属景区内各旅游码头及“格姆女神”索道服务区、宾馆、饭店、岛屿及娱乐场所，散发宣传传单2000多份，张贴税收宣传画100多幅；二是结合近年来泸沽湖景区建设的高速发展变化，以“税收促进发展，发展改善民生；税收带来祖国美”为主要宣传内容；三是开展“四个结合”，即：与当前开展的学习实践科学发展观活动相结合，相互促进；与宁蒗县的经济发展和社会进步成果宣传相结合，把几十年来税收特别是国税税收对小凉山的经济发展和社会进步所起的促进作用通过税收宣传月活动展示给社会；与表彰纳税先进户相结合，将税收宣传融进表彰纳税先进的活动之中，扩大影响；与开展“创新发展年”活动相结合，让社会公众在税收宣传活动中既学到税收法规知识，又能全面了解当前的国税工作，将宣传月活动推向高潮。宣传活动中，在县城主街道和步行街悬挂了主题布标3幅，散发宣传传单500多份。（二）税务稽查。全面实行查前告知制度税务稽查项目书，2009年共检查了8户纳税人，查前告知率100%，纳税人自查率100%。检查8户纳税人中，有问题户4户，共入库税款、滞纳金、罚款合计9922.14元。在稽查过程中，严格依程序办事，加强宣传，不但整顿和规范了税收秩序，而且还建立了和谐的稽查环境。

【信息化建设】 信息化建设水平不断提升，功能不断完善，促进了税收征管质量和效率的提高。一是做好了税收执法管理系统的升级工作，使得执法考核系统能更加科学、合理地对税收执法人员的执法过错行为进行考核。二是加强对数据监控分析系统的分析运用。通过视频培训和直接参加丽江市国家税务局举办培训的方式，提高了干部职工运用征管软件数据资源的能力，最大限度地发挥人机效能，为税收管理员的税源工作提供了更为准确地数据资料和更为明确的方向。三是认真做好金税三期的各项准备工作，为金税三期的顺利推行打好坚实的基础。

队伍建设

【机构人员情况】 截至2009年12月31日，县局共有税务人员48人，其中党员25人，大专以上学历34人（双学士学位3人，本科生15人，大专生19人）取得全市业务竞赛能手5人。共设置有9个业务股室，分别为办公室（7人）、人事教育股（3人）、监察室（2人）、信息中心（2人）、征收管理股（2人）、税政股（3人）、政策法规股（1人）、收入核算股（1人）、办税服务厅（8人）；派出机构1个，大兴税务分局（10人）、直属机构一个，稽查局（5人）；局长1名，纪检组长1名，副局长2名。

【廉政建设】 一是加大监督检查力度，认真开展监督检查，抓好各级领导干部的廉洁自律工作，抓好干部的学习教育和作风建设，规范干部从政行为，抓好每年一次的廉政专题教育活动。二是着力抓好信访举报工作，认真查处违纪案件。三是继续完善《廉政公约》的工作，切实抓好行风建设。重点做好《廉政公约》的后续管理，加大检查力度，不断完善有关制度和措施。四是强化“两权”监督，认真落实责任制。落实廉政纠风责任制，签订目标管理责任书；坚持每月一次的“纪检日”活动制度；认真落实内外监督制约制度。认真开展执法监察，对机关新制定的行政《管理规定》执行及落实情况进行监督检查。

【精神文明建设】 一是做好第十二批省委、省政府文明单位申报工作。第十一批省委、省政府文明单位已到期，需重新申报，2009年申报工作进展顺利，已得到批准。二是继续做好文明单位创建工作，树立好文明单位社会形象。在纳税服务方面做好文明服务；在办公环境建设上，广大干部已经培养起了种植花草的习惯，每个办公室平均有2盆以上的花草；在上班纪律上严格做到按时上下班。三是开展了植树造林，美化家园活动。夏天雨季的时候，全体职工在县城边三岔河的荒山上种植了1000棵柏香树。四是在创建文明单位工作中工作突出的熊正康同志受到了省局表彰，荣获“创建文明单位先进工作者”称号。

【教育培训】 一是组织好业务知识培训。2009年共组织新税收法律法规培训3次，组织税收征管业务培训2次，举办税收执法知识考试2次，组织学习实践科学发展观考试1次。二是认真组织参加云南省国税局、丽江市国税局所组织的各类业务考试。派出11名人员参加全省国税系统稽查业务考试，其中国云彪同志以全市第一名的成绩获得云南省国税局表彰；10名人员参加了丽江市第六届业务能手竞赛，有2名人员获得了“丽江市业务能手”称号，1名人员取得了全市第一名的优异成绩。

（汤荣红）

怒江傈僳族自治州国家税务局

经济概况

2009年，怒江傈僳族自治州实现生产总值（GDP）48.40亿元，增长13.1%，其中，第一产业增加值5.87亿元，增长11.4%，第二产业增加值21.84亿元，增长7%，第三产业增加值20.69亿元，增长18%；地方财政一般预算收入4.67亿元，超年初预算4.2个百分点；全社会固定资产投资40亿元，增长30%；全社会消费品零售总额12.58亿元，增长16.7%；城镇居民人均可支配收入9619.71元，增长19.6%，农民人均纯收入1752元，增长21%；人口自然增长率7.8‰；单位GDP能耗下降4.3%；解决了1.8万贫困人口的温饱问题。

税收概况

【收入完成情况】 2009年，怒江州国税系统共组织各项税收收入3.28亿元（不含海关代征税收）（中央级收入为2.50亿元，地方级收入7769万元），剔除其他收入后共组织各项税收3.27亿元，完成省局下达2009年国税收入计划3.62亿元的90.55%，同比下降5.55%，减收1928万元，塌进度9.45个百分点。

【收入特点】 （一）2009年，全州“两税”一增一减，国内增值税收入比上年下降，收入2.99亿元，完成省局下达年度计划3.4亿元的87.94%，同比下降7.86%，减收2550万元；消费税收入829万元，完成省局下达计划的2072.95%，同比增长2431.79%，增收796万元。（二）主要行业收入均比上年大幅度下降。1~12月份全州有色金属行业实现增值税1.54亿元，占增值税收入的51.51%，比上年下降16.25%，减收2988万元；电力行业下降16.34%、减收1288万元。（三）从重点税目品目收入完成情况看，电力下降16.34%、减收1288万元，建材产品增长63.95%、增收220万元；商业批发与零售业增长65.03%、增收1248万元；有色金属下降16.25%，减收2988万元；酒类产品下降40%、减收10万元。（四）从各县完成的收入进度上看，都没有达到序时进度。截至12月31日，兰坪县国家税务局入库2.09亿元，完成计划进度的98.64%，塌进度1.36个百分点，比上年下降11.16%，减收2629万元；泸水县国家税务局入库9003万元，完成计划进度的81.85%，塌计划进度18.15个百分点，比上年增长15.98%，增收1241万元；福贡县国家税务局入库1879元，完成计划进度的75.17%，塌计划进度24.83个百分点，同比下降19.13%，减收445万元；贡山县国家税务局入库984万元，完成计划进度的65.6%，塌计划进度34.40个百分点，同比下降8.81%，减收95万元。

【税源分析】 2009年，由于受国际金融危机、国际铅锌产品价格大幅下跌等因素的影响，全州的两大支柱产业——有色金属、电力等重点行业企业效益下滑、税收减少，特别是有色金属行业，其价格主要受市场影响，由于价格回落，全州175户厂矿企业纷纷关、停、并、转，给组织收入工作带来更多的挑战和压力。1~12月份，增值税收入2.99亿元，完成省局下达年度计划3.4亿元的87.94%，同比下降7.86%，减收2550万元；消费税收入829万元，完成省局下达计划的2072.95%，同比增长2431.79%，增收796万元；企业所得税入库698万元，完成省局下达年度任务的174.49%，同比增长55.80%，增收250万元；储蓄存款利息所得个人所得税入库84万元，完成省局下达年度任务的105.52%，同比下降60.97%，减收132万元；车辆购置税入库1287万元，完成省局下达年度任务的75.73%，同比下降18.49%，减收292万元。

各项工作

【税收法制建设】 坚持依法治税，努力创新税收执法与管理的理念和机制，认真贯彻执行《全面推进依法行政实施纲要》，努力提升和推进依法行政水平。坚持依法治税，深入推行税收执法责任制，严格执法过错追究，对税收执法权力运行实施过程监控，规范自由裁量权，减少执法随意性，最大限度地压缩不作为、乱作为的弹性空间。3月份，州局在全州4个县局组织开展了4期税收执法考核子系统培训班，共97名干部参加培训，使全州执法过错率大幅下降。

【阳光政府四项制度】 （一）认真做好阳光政府“四项制度”的学习培训。要求各县局、各科室制订学习计划，组织学习培训，使全体国税干部职工都全面掌握阳光政府“四项制度”的主要内容、基本要求，并把阳光政府“四项制度”的有关内容纳入年度干部教育培训、工作目标和党风廉政建设考核的内容之一。（二）及时成立组织领导机构，落实责任。及时成立了领导小组和办公室，明确了局党组书记是实施阳光政府“四项制度”的第一责任人，分管法规工作的领导具体抓，使实施阳光政府“四项制度”有组织领导机构，有具体人抓落实，有具体人负责任。及时制订了《怒江州国税局重大决策听证、重要事项公示、重点工作通报、政务信息查询制度实施方案》，明确了各科室的工作职责，细化了四项制度的具体操作程序和工作内容。（三）认真做好监督检查工作。州局健全了举报、投诉、监督机制，公布投诉电话，定期和不定期对各科室实施阳光政府“四项制度”的情况进行督促检查，对搞形式主义，不执行或落实不力的进行严肃问责。通过阳光政府“四项制度”的有效贯彻落实，提高了国税机关的工作效能，确保了各项税收工作的圆满完成。

【税收宣传月活动】 4月份，全州各级国税机关紧密围绕“税收·发展·民生”的主题，切实加强领导，州、县局均成立了以“一把手”为组长的税收宣传月活动领导小组，结合实际，制订了怒江州国税系统2009年第18个税收宣传月活动方案，对税收宣传月活动进行了周密部署，落实人员，强化责任，扎实有效开展了组织有力，主题明确，内容丰富，形式多样的税收宣传月活动。一是各级党政高度重视并积极参与税法宣传，提升了税法宣传层次，增强了税法宣传的权威性和广泛性。二是相关部门积极协调配合，联合互动。州局和泸水县局联袂开展了以“税收·发展·民生”为主题的税收宣传月活动启动仪式，国、地税局联合行动，各新闻媒体、电信、通信等部门大力支持，使税法宣传活动形成了全社会整体联动的格局。三是突出地方民族特色，宣传形式新颖，载体丰富多彩，成效显著。借助少数民族传统节日和民族文化搭建税收宣传大舞台，开展送税法进机关、进企业、进农村活动，与《怒江报》联合开展了“税收·发展·民生”为主题的征文活动，有34篇作品入围参加评选，并于11月底对16篇优秀作品给予了表彰。在州、县电视台播出廉政文化小品、税收宣传标语，扩大了宣传的受众面，使税法宣传走进了千家万户。四是到扶贫联系点开展送温暖、献爱心活动，体现国税部门不仅发挥税收职能，保障民生、改善民生，而且以实际行动关心弱势群体，关注民生，服务民生。五是把税收宣传月活动与落实阳光政府“四项制度”紧密结合。通过开展形式多样、内容丰富的税收宣传月活动，“税收促进发展，发展改善民生”，“税收取之于民，用之于民”的理念深入人心，为国税事业又好又快发展营造了一个各级党政领导关心重视，广大纳税人理解配合，社会各界关注支持的良好环境，有效推动了国税各项工作的开展，进一步提升全社会的税法遵从意识。

【整顿和规范税收秩序】 认真做好分级分类稽查和税收专项检查工作。2009年，州县稽查局先后对超市、连锁药店等行业开展了税收检查，检查企业899户；开展分级分类稽查11户，开展省局安排专项检查1户。同时，为了构建和谐征纳关系，在稽查工作中全面开展税务查前告知工作。2009年，共检查有问题的纳税户38户，查补税款595.81万元，已全部入库，入库率达100%。积极开展打击制售假发票和非法代开发票专项整治行动。州、县国税机关对纳税人领购、开具、取得、抵扣、缴销、保管等环节的发票使用情况进行检查，共检查发票用票户899户，其中：企业57户，个体工商户842户；检查发票39754份；有问题户数99户，有问题发票1025份，补税1.46万元，罚款3.56万元，处罚率为100%。

【税收征管】 （一）夯实税源管理基础。加强与地税、工商等部门协调配合，实现税务登记信息的共享和交换。加强对停复业的跟踪管理和非正常户、失踪户的清理。强化税收户籍管理，营造公平竞争的税收环境，2009年，共清理漏征漏管户达337户，补税及罚款1.67万元。（二）加强货物劳务税管理。1.全面贯彻执行新增值税、消费税暂行条例及实施细则，做好增值税转型改革各项工作，确保政策落实到位。州局针对基层国税干部和纳税人的业务需求和国家最新税收政策变化情况，责成有关业务部门主动到基层一线组织国税干部和纳税人开展税收业务培训。2.加强增值税一般纳税人认定管理。严格按照《增值税暂行条例》及其《实施细则》和《云南省国家税务局关于增值税一般纳税人管理工作指南》的规定，加强对一般纳税人的认定管理。经过严格的认定管理，截至2009年底，全州增值税一般纳税人达224户。其中：正式认定工业114户，正式认定商业68户，暂认定工业27户，辅导期商业15户。3.加强增值税转型后企业固定资产的税收管理，有效防范虚假抵扣造成税收流失，2009年，全州共抵扣固定资产进项税额237.42万元；落实卷烟消费税政策的调整，全州政策性增收消费税802.17万元。（三）进一步规范车购税征管工作。加强同车辆登记管理部门的联系，建立信息共享制度。同时，加强最低计税价格审核和减免税审批管理，强化车辆税收一体化管理，积极开展异常发票核查工作。对工作中发现的“异常发票”信息，做到每票必核、每车必审。认真落实车购税有关税收优惠政策，2009年，全州1.6升及以下乘用车减征税款250万元。（四）加大所得税管理力度。1.加强企业所得税业务培训，抓好企业所得税法配套政策的贯彻落实。先后举办了3期企业所得税法和新企业所得税申报表培训和两期所得税实务操作培训，提高了企业办税人员和国税干部的业务操作水平。2.认真审理企业减免税申请，确保各项税收优惠政策落实到位。2009年，共对享受西部大开发优惠政策的15户企业按规定进行年审。3.加大对房地产企业的评估力度。4.认真贯彻落实企业所得税优惠政策，各项结构性减税政策落实到位，对扩大内需，降低企业税收负担，促进企业技术进步、产业结构调整和转变经济增长方式起到了积极的推动作用。2009年全州共办理减免税1802.68万元。其中：减免增值税19.19万元，减免企业所得税1783.49万元。全年共办理出口退（免）税10.33万元。

【纳税服务】 认真贯彻总局“两个减负”精神，简并要求纳税人报送的各种报表资料，避免纳税人重复报送。依托税收信息化建设，提高中国税收征管信息系统等系统软件的应用水平，大力推行多元化纳税申报，实行纳税申报提醒制度，推行“一站式”审批、“一窗式”办税。实行县局长征期内接待日制度，及时解决纳税人在纳税中遇到的问题和情况，受理纳税人对国税机关的意见和建议。在办税服务大厅设立“咨询台”，坚持在双休日、节假日公开值班人员、值班电话，全方位为纳税人提供各种优质、高效的纳税服务。同时，在办税服务厅提供表证单书样本、纸墨等用品，设立税法公告栏，发放税收政策、法规的税收宣传资料，设立电子显示屏等，方便纳税人办理涉税事宜提供各种便利，为纳税人营造优质、高效、便捷的纳税环境。

【信息化建设】 按照省局统一部署，完成了高清视频会议系统、全州广域网扩容改建和网络教育培训系统等项目的建设应用，为全面提高机关工作效能提供了有力保障。在全州上线个体电子定税系统的基础上，加强系统的运维及数据分析，推进个体税收公平管理，逐步提升了定期定额纳税人征收率。积极做好稽查协查系统V3.1安装、协查系统V2.0历史业务数据抽取与整合、协查系统V3.0数据整合等工作，保证数据迁移、整合后的完整性和准确性。做好网络申报系统的推行工作，顺利完成了增值税一般纳税人远程抄报税试点工作。

【内部管理】 （一）依法实施政府采购，实现集中采购“四公开”，即：公开详细采购目录、采购计划、采购方式、供应商资格，并邀请审计、监察、技术监督等外部门参与监督，降低集中采购的行政风险。对局机关的电话费、车辆运行费、接待费、会议费进行压缩。强化管理，狠抓节能降耗指标落实，确保了2009年相关费用比2008年实现零增长、负增长的目标。（二）积极做好机关后勤保障工作，强化责任，加强平安国税建设和维护稳定工作。切实强化机关办公区、发票库、档案室、财务室等重点部位的检查，督促内部宾馆、招待所严格落实治安、消防等管理规定。（三）加强对计算机系统、供电、供水等设备的安全运行管理，落实岗位责任制，严格执行各项操作规程，确保了各项设备安全稳定运行。（四）切实加强值班和保密工作，严防失密泄密事件的发生。（五）认真做好全州国税系统在职干部职工及退离休干部住房补贴的清理和发放工作。经清理审核，我州国税系统符合领取无房一次性补贴的职工43人，金额为195.22万元，符合领取未达标补贴的职工32人，金额为21.63万元，合计金额为216.85万元。

队伍建设

【机构人员情况】 （一）全面完成机构改革后，州局机关设办公室、政策法规科、货物和劳务税科（进出口税收管理科）、所得税科、收入核算科、纳税服务科、征收管理科、财务管理科、人事科、教育科、监察室、机关党委办公室、离退休干部科、稽查局、车辆购置税征收管理分局、信息中心、机关服务中心。（二）人员配置：全州国税系统实有职工214名；其中州局机关55名，兰坪县局58名，泸水县局58名，福贡县局24名，贡山县局19名。

【领导班子建设】 围绕社会主义核心价值体系，通过加强系统机关党建和思想政治工作，着力加强党的先进性建设。积极倡导“肃如秋霜，和如春风”的理念，丰富了国税文化载体和行风建设内容。引导干部包括离退休干部以开阔的心胸和积极的心态，正确对待荣誉和暂时的困难、挫折，正确看待自己、他人和社会，正确看待职级调整、岗位变换、福利待遇，保持了干部职工心理的合理调适，培养了健康的生活情趣，维护了国税的和谐稳定。

【开展学习实践科学发展观活动】 2009年3月9日至8月12日，州局机关和4个县局作为全州第一批参加学习实践科学发展观活动的单位，在州委、州政府和省局的统一领导下，紧紧围绕“服务科学发展，构建和谐税收”的主题，认真贯彻落实《怒江州国家税务局深入学习实践科学发展观活动工作方案》的安排和要求，精心组织、周密安排，扎实推进学习实践科学发展观活动。通过学习调研、分析检查和整改落实等三个阶段和11个环节工作的开展，进一步提高了对科学发展观的思想认识，广泛征求了对怒江国税工作的意见和建议，全面查找了国税工作中存在的问题和不足，深刻分析了产生问题的原因，制订了科学的整改落实方案，为国税事业的科学发展、和谐发展奠定了坚实基础。通过开展学习实践活动，使党员干部普遍增强了学习实践科学发展观的自觉性和坚定性，提高了科学发展的思想认识，坚定了进一步推进怒江国税又好又快发展的信心和决心，达到了党员干部受教育，科学发展上水平，人民群众得实惠的目标。通过开展学习实践活动，全州各级领导干部和全体党员的工作作风、精神风貌等在原有好的基础上有了进一步的提升，认真践行了省委“谋事布局一盘棋，个人形象一面旗，工作热情一团火”的要求，确保了整个学习实践活动成为群众满意工程。通过对整个学习活动的满意度测评，州局机关的满意率达100%。

【教育培训】 围绕贯彻实施新的企业所得税法、税收执法、纳税评估以及增值税转型改革、所得税查账技巧、重点税源分析等重点培训内容，提高基层一线干部的基本技能和业务素质。结合基层一线的岗位职责和业务需求，采取“送教下基层”、“巡回培训”等方式，深入基层一线办培训，做到州局相关科室负责人与基层一线干部“面对面”、“手把手”培训，提高了教育培训的质量和效率。2009年，全州国税系统共选派126人次参加总局、省局举办的各类业务培训共29期；学历教育培训2期，共计54人次；州局举办税收业务培训47期，共915人次参加培训。

【廉政建设】 坚持以强化监督为重点，建立健全教育、制度、监督并重的惩治和预防腐败体系，把党风廉政建设不断推向深入。认真贯彻落实全省国税工作会议和党风廉政建设工作会议精神，层层签订《党风廉政建设责任书》，建立健全“党组统一领导、班子齐抓共管、纪检监察组织协调、部门单位各负其责、干部职工共同参与”的工作机制，强化责任分工、责任检查、责任考核和责任追究。与新开业并达到起征点的270户纳税户签订了《廉政公约》，并对已签订《廉政公约》的117户纳税户进行了实地回访，回访率达43%。制定和下发了《怒江州国税系统完善党风廉政建设责任制考核内容及评分标准》。加大对行政问责等“四项制度”和阳光政府“四项制度”的执行力度，制定了明察暗访实施办法，2009年，州局对4个县局开展了两轮明察暗访，对存在问题的单位给予通报批评，对11名干部给予了经济惩罚、诫勉谈话。认真开展每月一次的“纪检日”活动，并进行详细记录，强化对“两权”的监督、考核，要求纪检组长每月必须参加税务分局的“纪检日”活动，县局长每季度参加一次税务分局的“纪检日”活动。2009年，州、县局纪检组长、监察室主任先后参加分局“纪检日”活动9次。

【精神文明建设】 2009年12月22日，怒江州国家税务局机关和4个县国家税务局被省委、省政府命名为云南省第十二批省级“文明单位”，实现了州局机关和4个县局精神文明创建的“满堂红”。

【国税文化建设】 按照“以国为根，以税为业，以人为本，以学为乐，以绩为真，以廉为荣”国税文化建设的要求，积极开展丰富多彩的文化体育活动，营造出昂扬向上、充满活力的国税文化氛围，国税文化建设做到了有统一认识、有文化理念、有国税精神、有国税之歌、有组织机构、有经常活动、有显著成效，呈现出百花齐放、蓬勃向上的良好局面。在“七一”建党节前夕，州局机关开展了“为党旗争辉”为主题的演讲比赛。9月28日，在云南省国税系统庆祝新中国成立60周年文艺汇演专场演出中，怒江州国税系统的参演节目《山寨情画》获得省局“最佳风采奖”。编辑出版了以学习实践科学发展观活动为主题内容的内部资料——《怒江国税花絮》（之三）。

【扶贫济困】 按照州委的工作部署，千方百计做好新农村建设工作。2009年，向泸水县大兴地乡卯照村捐款、捐物价值达3万元。为帮助困难学生完成学业，州局机关的全体党员捐款1.25万元将怒江州民族中学两名特困学生作为资助对象，每年给予5000元的学费和生活费资助。

（和忠义）

泸水县国家税务局

经济概况

2009年，泸水县生产总值（GDP）完成16.10亿元，比上年增长11.80%。其中：第一产业完成2.05亿元，比上年增长5.60%；第二产业完成5.93亿元，比上年增长19.0%；第三产业完成8.12亿元，比上年增长9.0%。三种产业结构进一步优化，第二产业增势突出，成为全县经济快速增长的主动力。社会消费品零售额完成5.62亿元，比上年增长17.13%。固定资产投资额完成16.02亿元，比上年增长33.78%。全年完成农业总产值3.45亿元，比上年增长8.51%。农民人均纯收入1968元，比上年增长19.20%。人均GDP达到9442元，比上年增长13.64%。全县工业总产值实现12.29亿元，比上年增长30.0%。

税收概况

【收入完成情况】 2009年，全球遭受金融危机，泸水县国家税务局组织收入面临前所未有的机遇和挑战。全年组织入库各项税收共8996万元，完成县政府下达任务数7860万元的85.64%，完成州国税局下达确保任务数1.10亿元的81.72%，下达奋斗目标1.14亿元的78.85%，比上年增收1224万元，增长15.74%。其中：入中央库7098万元，入省库135万元，入地方库1763万元。分税种看：增值税完成6731万元，同比增长3.79%；消费税完成810万元，同比增长13400%；企业所得税完成550万元，同比增长111.53%；储蓄存款利息所得个人所得税完成36万元，同比下降64.35%；车辆购置税完成875万元，同比下降3.20%。

【收入特点】 2009年，由于金融危机的冲击，国家实行宏观经济调控，出台一系列优惠政策刺激经济增长，给县局税收收入带来了不同程度的影响。（一）从1月1日起，实行增值税转型改革，固定资产全年抵扣178万元；（二）降低小规模纳税人征收率，减按3%征收，全年减收303万元；（三）免征储蓄存款利息所得个人所得税，全年减收66万元；（四）提高了矿产品税率，由13%调到17%征收，全年增收415万元；（五）从1月20日起，车辆购置税优惠政策调整1.6升及以下排量乘用车征收率，减按5%征收，全年减收146万元；（六）片马口岸由地表（木材）转入地下（矿石）的经济转型初显成效，加之运输条件的改进，矿产品的税收收入首次超越了其他行业的税收收入，全年税收总体比上年有所增长。

【税源分析】 2009年，各项税收收入增减互现。从具体行业和税目来看：（一）采矿业实现“两税”收入1767万元，比上年增长84.83%；（二）制造业实现增值税239万元，比上年下降25.77%；（三）电力、燃气及水的生产和供应行业实现“两税”收入2868万元，比上年下降27.20%；（四）批发和零售业实现“两税”收入2426万元，比上年增长168.95%；（五）其他收入实现增值税7万元，占增值税税收收入的0.78%，比上年下降50%。（六）个体户实现增值税353万元，比上年391万元减收38万元，下降9.79%。另外，从列入县局重点税源企业的税收收入完成情况看：云南省怒江电网有限公司泸水分公司入库增值税1166万元，同比下降5.35%；云南怒江电网有限公司入库增值税869万元，同比下降59.33%；怒江江钨浩源矿业有限公司入库增值税1012万元，同比增长38.25%；云南省烟草公司怒江州公司入库增值税933万元，同比增长135.01%；怒江林华商号入库增值税412万元，同比增长533.84%；怒江宏盛锦盟硅业有限公司入库增值税182万元，同比增长100%。

【税务管理】 2009年，县局管辖纳税户为2315户。其中，一般纳税人88户，小规模纳税人1905户，个体工商户中达到起征点的有482户。从年初起，县局以组织收入为中心不动摇，努力提高全局意识，认清当前金融危机及全年所面临的严峻形势，进行早安排、早部署，采取一系列措施，"加强征管，堵塞漏洞"，坚持"依法征收，应收尽收，坚决不收过头税，坚决防止和制止越权减免税"的组织收入原则，不断挖掘税源潜力，优化纳税服务，做好基础管理工作的同时，更加注重质量和提高效率。（一）总结经验，制订全年工作计划，做好各项税收分析工作，有预见性地抓好落实。（二）2009年是实行增值税转型改革的第一年，分批组织各业务股室及分局人员进行多期相关业务培训学习，并通过考试来提高业务人员的水平，增强税务征管能力。（三）依托信息化手段，进一步夯实征管基础，提高征管质量和效率，加大防范和打击涉税违法犯罪行为的力度，堵塞税收漏洞。（四）对重点税源企业规范管理。根据行业特点，把普遍性与特殊性相结合，加强重点税源分析。（五）仍注重考评工作实绩，将其作为质效考核的落脚点，同时规范效果反馈和建议制度。（六）为了进一步规范对个体工商户定期定额征收管理，促进个体经济健康发展，对个体工商户计算机定额的相关数据进行全面采集，一共采集了1340户个体工商户数据，顺利地按上级要求的时间统一上线。

各项工作

【税收法制建设】 2009年，在坚持"聚财为国，执法为民"税收工作宗旨的同时，不断转变观念，增强法治意识，提高执法水平，使主观意识不断符合社会经济发展变化的客观实际，符合税收工作发展的内在规律和要求，积极稳步推进依法治税进程。（一）仍以全面贯彻落实《全面推进依法行政实施纲要》为主线，进一步完善和严格税收执法责任制和过错责任追究制。（二）对全局干部职工高标准、严要求，继续开展贯彻落实"四项制度"工作，严格按照"八个不让"和"十六项"服务承诺等开展工作。（三）采取有力措施贯彻落实阳光政府"四项制度"，努力做到与政务公开相结合，与深入学习实践科学发展观相结合，与加强内部管理相结合，与优化纳税服务相结合。（四）充分发挥税收专项检查工作领导小组的职能，杜绝税收违法行为，建立健全税收法制环境，不断推进法制建设进程。

【税收征管】 （一）以申报纳税和优化服务为基础，集中征收，重点稽查的税收征管模式展开各项税收工作。（二）以金税工程为主线，利用综合征管软件操作平台和税收执法管理信息系统监控线，推动税收征管工作更进一步的跨越。（三）强化"攻关"小组职能作用，及时有效进行排忧解难，确保各项税务工作的顺利开展。（四）促进"以票控税"作用的发挥，切实加强发票管理和安全工作。（五）重视纳税评估小组对重点行业、重点企业和管理薄弱环节的规范管理，及时部署、精心组织开展好纳税评估工作。（六）加强县局副科以上领导干部管户制度和税收管理员定期报告制度。（七）不断提升税收管理员的业务素质和岗位技能。

【税收执法】 （一）加强税收宣传。2009年4月1日，州、县国税局共同举办了第18个税收宣传月活动启动仪式。活动以"税收·发展·民生"为主题，将全面推动增值税转型、新《企业所得税法》实施作为契机，开展了形式多样、内容丰富、重点突出的税收宣传活动，对进一步增强广大公民的依法诚信纳税意识，促进和谐社会的建设发挥了积极的作用。另外，不断创新税收宣传方式，拓宽税收宣传面，结合泸水县情，送税法知识到怒江工业园区，与企业共商应对金融危机之策，共叙和谐征纳关系之情。同时，还将税法知识送到了泸水县首批命名的"妇女之家"——泸水县上江乡芒宽村丙贡村小组，向长期以来在生产致富过程中做出突出成绩的妇女代表们宣传了税法的基本知识，营造出浓厚的税收宣传氛围和环境，真正使"税收促进发展、发展为了民生"理念深入人心，税收宣传取得了显著成效。在"税收·发展·民生"有奖征文活动中，县局税务干部踊跃投稿，有几篇文章见报，为加大税收宣传力度尽了一份力。（二）继续做好协查和协税、护税工作。2009年，县局稽查局内部建立严格的分工制度，进一步增强公正执法力度，规范执法行为，积极参与州国税局稽查局组织实施的分类检查。2009年，共检查了纳税户16户，共计查补入库税款359.89万元，入库罚款2.36万元，入库滞纳金41.55万元，总计403.8万元，入库率达100%。其中，县稽查局对怒江××水电开发有限公司进行检查，共补增值税3.05万元，所得税1.66万元，滞纳金0.69万元，罚款2.36万元，合计为7.76万元。通过稽查检查，在不断提高检查技巧和丰富检查经验的同时，有效堵塞了税收漏洞，在整顿和规范市场经济秩序上起到了积极作用。（三）依法治税成效显著。1.以贯彻《税收征管法》为主线，严格执行各项税收法律、法规、政策，增强执法刚性，认真宣传落实税收优惠政策，切实加强减免税管理。2.不断充实税收管理员队伍，细化分类管理，实行痕迹管理，结合实际落实税收管理员制度。3.做好稽查案件审理工作，全年未发生听证、行政复议和行政诉讼案件。4.加强外部执法监督，进一步做好信访工作。

【税务管理信息化建设】 坚持围绕"统筹规划、统一标准、突出重点、分步实施、整合资源、讲求实效、加强管理、保证安全”的原则和税务信息“一体化、网络化”建设的要求开展信息化建设。（一）坚持贯彻“科技加管理”思想，完善科学高效的技术与业务运行维护工作体系。（二）加强网络系统的日常维护，保障全局内外网络畅通无阻。（三）严格计算机软硬件的日常管理、维护工作，消除各类系统安全隐患。（四）更新信息管理手段，不断提高对现代科技手段的认识水平和应用能力，推动税收征管的信息化建设。（五）根据省、州国税局的要求，县局选择云南省烟草公司怒江州公司作为全州增值税一般纳税人远程抄报税的第一家试点，并于2009年11月12日试点成功，成为县局信息化建设和纳税服务的一个新开端，为全州全面铺开此项工作奠定了坚实的基础。（六）做好网络教育培训系统与广域网改建、扩容工作，确保全州国税系统的实施进度和工程质量。

队伍建设

【机构人员情况】 （一）机构设置。实行机构改革，县局机关内设10个机构，即办公室、人事教育股、监察室、征收管理股、政策法规股、货物和劳务税股、所得税股、收入核算股、纳税服务股、办税服务厅；1个直属机构：稽查局；1个事业单位：信息中心；2个派出机构：六库税务分局、片马税务分局。3个党群组织：党支部、工会、妇代小组。（二）人员配置。截至2009年12月底，全局在职干部职工58人，离退休干部4人。其中：局机关38人，基层税务分局20人。

【领导班子建设】 以开展领导班子作风建设活动为契机，领导班子成员大力倡导讲实话，办实事，求实效，打造“团结有力、作风扎实”的领导集体。积极开展班子成员谈心活动，诚恳接受批评和建议，班子成员之间真正做到了相互理解尊重、相互支持帮助，大事讲原则、小事讲风格，班子的战斗力和凝聚力不断增强。认真贯彻执行民主集中制，坚持集体领导制度，对重要工作安排、重大事项和重要决策，一律通过党组会、局长办公会、局务会，实行民主决策和集体研究决定，增强决策的透明度，自觉接受上级和全体干部职工的监督。

【教育培训】 按照“注重综合素质、提升岗位技能、创新培训方式、实施全员培训，促进终身学习”的思路，树立学以致用的学习新风，营造勤奋好学，提升素质的浓厚氛围，引导干部职工树立终身学习，自主学习，超强学习的理念，注重提高干部的理论思维和学习创新能力，推动学习型国税机关的建设。在干部教育培训的思想和导向上，确立了从学历教育向素质教育的转变，在培训方式上，结合岗位特点和职责要求开展分类分层次的教育培训，不断提高教学的针对性和实效性，把围绕税收中心工作和解决实际工作中的问题结合起来，将培训重点集中在提高基层“六员”查账，税收经济分析和纳税评估等各项能力上。2009年，共组织参加培训890人次。另外，为进一步促进流转税管理人员的管理素质和管理技能得到科学、全面的提高，积极选派业务骨干参加省国税局举办的流转税业务与管理技能、全国税务稽查业务的培训，还参加州国税局开展的税收执法管理信息系统考核系统、企业所得税业务、稽查基础业务等培训。

【精神文明建设】 县局高度重视精神文明建设工作，成立了精神文明建设工作领导小组，大力加强国税文化建设，用核心价值观凝聚人心，增强团队合作能力，促进国税建设的全面发展。通过倡导国税文化建设，按照“以国税文化建设为切入点，促进国税和谐发展”的思路，促进各项工作的全面提高。继续在全局唱响《乐于奉献在高原》和《放飞理想》，让“团结奋进、求真务实、负重拼搏，无私奉献”的国税精神时刻扎根心底。在建党88周年、新中国迎来60华诞之际，积极开展学习实践科学发展观与爱国主义教育活动，激发干部职工的工作热情，以自己的实际行动来回报祖国；代表全州国税系统积极参与省国税局为庆祝伟大祖国成立60周年组织的“祖国在我心中”大型文艺演出活动，荣获了优秀奖。另外，为了全面贯彻落实十七届四中全会精神、扎实推进学习实践科学发展观活动，按照县委、县政府的总体部署，选派5名党员干部组成的泸水县国税工作组，积极参与在全县范围内开展今冬明春千名党员干部进村入户活动，树立了良好的国税形象。在繁忙的工作之余，县局还开展一系列丰富多彩的活动，不断丰富干部职工的业余生活，增强集体感和荣誉感，营造了和谐发展的氛围。

【廉政建设】 （一）深入学习党的十七大及十七大报告中关于党风廉政建设方面的理论，促进科学发展，创新理论和工作方法。（二）加强廉政文化建设，做到以廉促管理、以廉促收。组织学习、观看党风廉政和反腐倡廉正反两方面典型案例、事件。（三）深入贯彻学习《建立健全惩治和预防腐败体系2008～2012年工作规划》，力求对开展惩治和预防腐败工作的总体部署和要求有全新的认识。（四）全面贯彻落实省、州国税工作会议精神，不断提高全局干部队伍的思想作风建设，制定并认真贯彻执行《党风廉政建设责任制》，层层签订《党风廉政建设责任书》。（五）认真学习《税务系统领导班子和领导干部监督管理办法（试行）》，增强实干、为民、全局和廉洁意识，加强系统党风廉政建设及机关作风建设。

（李锦春）

福贡县国家税务局

经济概况

2009年，福贡县完成生产总值（GDP）4.70亿元，同比增长10.7%，其中第一产业完成增加值9642万元，增长4.5%；第二产业完成增加值1.78亿元，增长10.0%；第三产业完成增加值1.95亿元，增长14.8%。全县地方财政一般预算收入2321万元，同比增长14.7%；地方财政一般预算支出4.72亿元，同比增长44.7%。

税收概况

【收入完成情况】 2009年，福贡县国家税务局紧紧围绕“创新发展年”工作主题，努力实现“四点”目标，力求做到“八个创新发展”，各项工作取得了显著成效。共组织税收收入1881万元（不含海关代征税收），完成年度税收任务2500万元的75.24%，同比下降17.28%，减收393万元。

【收入特点】 （一）增值税收入1812万元（其中中央级收入1359万元，地方级收入453万元），完成年度任务2389万元的75.85%，同比下降16.15%，减收349万元。（二）消费税收入14万元，完成年度任务25万元的56%，同比下降36.36%，减收8万元。（三）储蓄存款利息所得个人所得税收入6万元，完成年度任务5万元的120%，同比下降62.5%，减收10万元。（四）企业所得税收入1万元，完成年度任务1万元的100%，与同期不可比。（五）车辆购置税收入46万元，完成年度任务80万元的57.5%，同比下降34.29%，减收24万元。

【税源分析】 （一）福贡县围绕“生态立县，农业稳县，产业强县，文旅活县，科教兴县”的发展战略，结合国家“保增长、扩内需、调结构”宏观调控政策，突出以中小水电和矿产资源开发为重点的工业化建设，实现了全县经济社会又好又快发展。（二）电力、燃气及水的生产和供应行业实现增值税1547万元，同比下降18.73%，减收356万元。（三）批发和零售业实现增值税193万元，同比增长24.87%，增收38万元。（四）制造业实现增值税48万元，同比下降56.99%，减收64万元。（五）木材加工及竹藤棕草制品业实现增值税26万元，同比下降66.01%，减收51万元。

【税务管理】 （一）深化副科以上分管业务领导干部管户制度，及时发现和解决征管中出现的问题和难点，增强了税收管理工作的指导性。（二）深入落实税收管理员制度。根据纳税人规模、行业特点及税源管理的需要，明确管理人员的职责和权限，建立健全征管档案，加强对临时经营户、发票代开户、“双定户”的管理。（三）加强和规范个体工商户定额调整管理工作，严格做到定额调整程序公开、方法公开、结果公告。1～12月，对30户纳税人做了定额调整，对520户个体户做了核定定额。（四）加强税务登记管理。2009年全县纳税人累计登记948户，其中开业户789户，注销户159户；一般纳税人29户，小规模纳税人502户。（五）加强税源监管。在全县范围内开展税源调研，区分不同税种、不同行业的收入状况，及时掌握特色产业、重点税源、重点企业的变动情况，强化税收分析和税收预测，开展纳税评估，确定13户重点税源纳税户，重点加强对中小水电开发企业的监控与管理。（六）优化纳税服务。全面落实省、州局纳税服务工作会议精神，围绕组织收入、全县经济社会发展大局、企业发展、社会满意度完善和规范纳税服务。一是转变服务观念，完善服务内容。继续推行“一站式”办税，强化“一窗式”服务。二是在实施责任政府“四项制度”的基础上，全面贯彻落实阳光政府“四项制度”，结合实际制定了《福贡县国家税务局重大决策听证制度、重要事项公示制度、重点工作通报制度、政务信息查询制度》，开通了96128专线查询热线。三是认真贯彻落实纳税咨询热点问题收集公布制度，做到了“三个及时”：通过书面告知、电话告知和信息公开等方式，及时向纳税人解答税收政策和办税事宜，切实为纳税人解决实际困难和问题；结合纳税人和社会各界提出的意见和建议，及时完善税收征管措施，创新服务内容，转变服务方式，更好地体现税收关注民生、服务民生，维护纳税人的合法权益；将纳税咨询热点问题收集上报州局的同时，及时向县级相关部门通报，为支持纳税人发展、渡过金融危机争取更多的优惠政策和发展助力。

各项工作

【税收法制建设】 （一）全面贯彻落实国务院《全面推进依法行政实施纲要》，不断增强干部职工的依法行政意识，促进税收工作依法开展。（二）深入落实《行政许可法》。严格税收执法，简化办税程序和资料，合理精简审批程序和手续，认真落实好“两个减负”。（三）认真落实税收各项优惠政策。严格落实西部大开发、省外企业来滇投资、民族贸易企业、福利企业和再就业扶持的税收优惠政策，2009年来共认定1户民政福利企业，享受增值税即征即退政策，全年共退税11次，退税金额为17.7万元。开展对2008年执行西部大开发税收优惠政策的7户企业年审工作，全部通过年审。向全县各部门发放《涉农税收优惠政策选编》58册，加大了对涉农税收优惠政策的宣传力度。

【税收征管】 （一）加强增值税管理。金税工程和防伪税控运行正常，“四小票”采集、管理规范。按照增值税一般纳税人认定程序，暂认定增值税一般纳税人6户，辅导期增值税一般纳税人1户，暂认定增值税一般纳税人转为增值税一般纳税人6户，注销暂认定增值税一般纳税人1户。开展增值税转型调查、落实工作，于3月10日至11日对云南怒江电网有限公司福贡分公司和福贡县复兴酒厂进行了固定资产有关情况的调查，确定了固定资产抵扣范围和目录。完成对2户企业的增值税纳税评估、运输发票抵扣进项税专项评估，无异常情况发生。加强增值税专用发票和其他抵扣凭证的审核检查。1至12月，共申报抵扣货物运输业统一发票2份，经总局比对全为比对相符发票，抵扣税额0.24万元；共申报抵扣农产品收购统一发票62份，抵扣税额6.76万元。（二）加强所得税管理。坚持内外培训与上下培训相结合，做好企业所得税日常管理工作。完成29户企业2008年企业所得税汇算清缴工作，实现企业所得税收入1.03万元，全年减免税168.64万元。根据企业所得税年度汇算清缴申报表挑选出重点评估对象2户，其中问题户1户，查补企业所得税7700多元。（三）加强税收票证管理。进一步完善发票库房管理，切实做到"三专六防"，定期开展内查、外调、查实活动，增强以票控管力度；税收票证管理、销售、填开实现程序化、规范化，做到了账账相符、账实相符、账表相符。1至12月，全局共发售增值税专用发票553份，机动车销售发票480份，其他普通发票2088本。开展普通发票检查工作。3至12月，上帕税务分局共检查企业3户、个体户62户，发票11725份，查处问题发票20份，罚款3750元，补交税款1110元，滞纳金319元。（四）开展应对金融危机税收政策执行情况及实施效果的调查，顺利完成2009年度税收资料调查工作。

【税收执法】 （一）坚持依法治税，规范税收执法行为。完善人机结合的考核机制，落实税收执法责任制和税收执法过错责任追究制。1至12月全局无过错行为发生。（二）加强税务稽查。开展专项检查工作，2009年全县查补收入26.28万元。做好金税工程协查信息管理系统运行管理和增值税失控发票认证台账工作，组织和完成各项协查上报工作。进一步加强与地税、工商、公安等部门的协调与配合，强化信息共享，建立协作办案机制。开展打击发票违法犯罪活动。（三）开展税收宣传活动。围绕第18个全国税收宣传月"税收·发展·民生"的宣传主题，坚持面向社会、纳税人、党政领导、农村宣传，扎实开展了一系列内容丰富、具有傈僳族、怒族特色的宣传活动。宣传活动中，共悬挂宣传横幅8条，张贴宣传标语和海报50余张，发放税收宣传资料1000余份，接受纳税咨询46人次，收到意见和建议8条。（四）推行政务公开。坚持"公开为常规，不公开为例外"的原则，采取主动公开和依申请公开的形式，将机构设置、税收政策、办税程序、纳税服务规范、涉税案件查处、单位内部事项等进行公开。同时，建立健全内部监督、考核、责任追究，以及外部监督、评议制度和机制，全力打造高效、廉洁的国税机关。

【税务管理信息化建设】 （一）加强金税工程网络和内部网站日常运行维护及设备管理，增强网络运行的畅通性、安全性和稳定性。（二）巩固和提高公文处理软件和档案管理系统的应用水平，进一步规范公文处理和档案管理程序。（三）顺利完成CTAIS34～39号补丁升级测试和全省国税系统网络教育视频设备安装调试工作，配合电信部门搭建了行政司法与刑事司法信息共享平台。（四）建立和完善防伪税控系统金税卡、IC卡发行的账簿登记制度和操作规程。（五）积极做好协查系统、防伪税控系统、网络财务管理软件、货运运输发票系统、"四小票"和车购税数据采集上传工作。（六）举办应用软件及计算机操作培训班3期。

队伍建设

【机构人员情况】 在全面完成机构改革后，福贡县国家税务局内设8个股室，一个直属机构稽查局（副科级），一个派出机构上帕税务分局（副科级），一个事业单位信息中心（正股级）。截止2009年底，全县共有在职干部职工25人，其中副局长2人，纪检组长1人，主任科员3人，副主任科员3人，科员14人，工人2人，中共党员17人，具备大专以上学历19人。

【领导班子建设】 （一）落实党组中心组学习制度，认真学习党的十七大、十七届四中全会精神，深入开展学习实践科学发展观和践行"三个一"活动。（二）坚持民主集中制原则，重大事项由集体民主研究决定。（三）贯彻落实《党政领导干部选拔任用工作条例》，完善用人机制，推行择优选拔人才机制。（四）完善领导领导班子职权分工，由主管负责全面工作，分管领导负责各项业务，实行人事、财务分离。（五）建立领导干部值班和征期轮流值班制度，围绕国庆60周年庆祝活动，加大信访工作宣传力度，深入细致地做好信访工作。

【党风廉政建设】 （一）坚持每周二、五政治业务学习制度，深入贯彻落实《建立健全教育、制度、监督并重的惩治和预防腐败体系实施纲要》、中共中央《建立健全惩治和预防腐败体系2008～2012年工作规划》和《怒江州国税系统2009年纪检监察工作要点》。（二）积极构建反腐倡廉"大宣教"格局，组织开展学习王瑛同志先进事迹和"11.28"专题案例等廉政专题教育活动和正反面警示教育。（三）加强对"两权"的监督和执法监察。坚持每月开展一次"纪检日"活动，与纳税户签订《廉政公约》并进行回访。向社会各界聘请4名特邀兼职监察员，设立4个举报箱。（四）建立健全领导干部监督管理办法，强化对干部选拔任用、人员调配、经费审批使用、基本建设、政府采购等重点环节的监督。（五）严格执行党风廉政建设责任制。局长年初与各部门负责人签订《党风廉政建设责任书》，把2009年党风廉政建设和反腐工作的主要任务分解到各个部门。（六）深化政风行风建设。以解决纳税人反映强烈的突出问题为重点，严肃查处国税干部损害纳税人利益的不正之风，切实保护纳税人的合法权益。（七）开展政风行风评议活动。于5月份召开了一次特邀监察员座谈会，征求社会各界对国税工作的意见和建议，进一步提高国税部门的良好形象。

【精神文明建设】 （一）始终坚持“两手抓，两手都要硬”的方针，扎实开展文明单位创建、平安单位创建、社会治安综合治理等工作，切实巩固文明单位建设成果，完成办税服务厅申报省级“巾帼文明岗”工作。（二）加强国税文化建设。在单位内部继续唱响《乐于奉献在高原》、《放飞理想》等国税歌曲，积极开展“全民健身日”、新中国成立60周年摄影、书画和篮球赛等文体活动，进一步拓展国税文化建设的广度和深度，丰富了干部职工的业余文化生活，激发了干部职工昂扬向上的良好精神状态，充分展现国税人的“精、气、神”。（三）开展建党88周年和建国60周年庆祝活动。党支部召开以学习实践科学发展观为主题的专题党员组织生活会，同时深入扶贫联系点双米底村开展关爱老党员和困难党员，以及党员结对帮扶活动。在建国60周年庆典来临之际，局领导亲自带队走访慰问老干部、老党员。

【教育培训】 按照“注重综合素质、提升岗位能力、创新培训方式、实施全员培训、促进终身学习”的工作思路，结合实际开展和参加了各种干部教育培训活动。一是加强干部思想政治教育，组织党的理论知识学习培训10余期，学习人数达263人次。二是根据全州国税工作会议对干部教育培训的创新要求，州局相关科室负责人相继到福贡国税局开展税收执法管理信息系统考核子系统培训、增值税转型培训、所得税务实操作培训（第一期）、全州系统税源分析培训，通过送教下基层，进一步增强了基层干部的业务知识和操作技能。三是选派32人次参加省、州国税局举办的业务培训班10期。四是组织全局干部职工参加全州国税系统业务考试，并取得了较好成绩。五是在县局业务培训指导考核领导小组的领导下，举办一期国税干部和企业办税人员参加的企业所得税介质申报系统操作培训。六是学历教育工作稳步开展。

（陈俊松）

贡山独龙族怒族自治县国家税务局

经济概况

2009年，贡山县完成生产总值（GDP）3.16亿元，比上年增长15.7%；第一产业增加值7763万元，增长5.7%；第二产业增加值1.13亿元，增长26.2%；第三产业增加值1.25亿元，增长12.8%；三次产业的结构比例由上年的25:34:41调整到了25:35:40。

税收概况

【税收完成情况】 2009年，贡山县国家税务局共组织税收收入1034.79万元，比上年下降4.28%。

【收入特点】 （一）增值税入库926.42万元，完成县政府下达年度任务的65.43%，比上年下降6.15%，另有48.68万元为进口货物增值税；（二）企业所得税入库25.94万元，比上年增长133.51%；（三）储蓄存款利息所得个人所得税入库3.68万元，比上年下降67.10%；（四）车辆购置税入库28.03万元，比上年下降59.83%。（五）税务行政性收费收入入库1.14万元，比上年增长4.05%；（六）罚没收入入库9110元，比上年增长20.34%。

【税源分析】 由于受到国际金融危机的影响，全年组织收入工作面临巨大压力，虽然做到了应收尽收，但仍未完成州局和县政府下达的目标任务。影响税收收入进度的主要因素有：（一）电力企业增值税是税收收入的主要行业，电力企业实现增值税539万元，比上年增收32万元，占税收收入总数的55%，在全年发电能力比上年增加一倍的情况下，远低于年初预计收入数，其原因有3个：1. 贡山水电外送配额偏少，对电力工业生产和水电投资产生了负面影响；2. 部分矿业企业受到经济危机的影响而停产，使工业用电减少，从而降低了供电企业销售收入；3. 从9月份开始，向州外输出电力部分不再通过州电网公司贡山分公司核算，就地预征增值税减少。（二）矿业行业受金融危机的冲击最大，矿价大幅度下跌，使得矿业企业无法正常生产经营，部分矿业企业处于停产或半停产状态。因此，全年矿业企业仅入库增值税170万元，比上年减收77万元。（三）车辆购置税受政策因素的影响，购买排量在1.6及以下的乘用车减半征收车购税。加之2009年征收管理范围调整，使8月1日以来征收的车辆购置税仅为摩托车车购税款，汽车车购税全部在泸水入库，因此仅入库28万元，比上年减收了42万元。（四）边贸木材受供求矛盾和价格下滑的制约，仅入库木材增值税40万元，比上年减收56万元。（五）2009年小规模纳税人征收率调整为3%后，相应的税款减收近23万元。为使广大企业和纳税人迅速走出金融危机的影响，县局全面贯彻税收优惠政策。一是继续贯彻落实云南省委、省政府关于加快发展非公经济的税收优惠政策，未达起征点个体工商户免征税收近40万元；二是根据有关税收优惠政策规定，征前减免增值税12万元；三是根据财政部、国家税务总局下发的《关于农村信用社有关企业所得税优惠政策的通知》，减免信用社企业所得税6万元。

各项工作

【税收法制建设】 认真落实国务院《全面推进依法行政实施纲要》，坚持依法治税。深入贯彻税收执法责任制，制定和完善了执法检查工作制度和操作办法，加强执法综合评价和问题反馈处理，确保检查工作落实到位。认真开展评议考核，实施过错责任追究，杜绝了“有错不究”情况的发生。省政府阳光政府“四项制度”实施后，针对税收工作特点，坚持税收法规政策的公开，提高税收执法活动和信访举报工作的透明度，保障群众对税收工作的知情权、表达权、参与权和监督权，打造“阳光国税”机关，县局下发了《贯彻落实阳光政府“四项制度”的通知》，并按照上级文件精神，结合贡山国税实际，分别制定了阳光政府“四项制度”的四个实施意见，还按照县政府的相关要求，建立了工作月报和简报制度。在贯彻实施工作中，把握了五个重点：（一）统一思想，提高认识。要求全局干部职工充分认识实施阳光政府“四项制度”的重大意义，准确把握阳光政府“四项制度”的内涵和基本要求，切实增强责任感和紧迫感，把思想和行动统一到州局和县政府的安排部署上，切实把贯彻实施阳光政府“四项制度”作为加强自身建设的重要举措，完成国税工作任务的重要保障，狠抓落实，抓出成效，实现作风的新转变，不断推进自身建设再上新的台阶。（二）健全组织机构，成立了以党组书记、局长为组长，其他党组成员为副组长，各股室（分局）负责人为组员的执行阳光政府“四项制度”领导小组。领导小组下设办公室成立了决策听政、重大事项公示组，重点工作通报、政务信息查询和监督检查组三个小组。（三）动员及时。及时组织全局召开动员大会，对落实阳光政府“四项制度”的重要性、及时性、必要性进行动员，提高了思想认识。（四）加大宣传力度，加强监督检查。及时利用政务网、政府信息公开网广泛宣传税收政策，公布听证、公示、通报、查询事项，发布阳光政府“四项制度”的相关文件、工作进展、工作成效和典型案例。（五）统筹抓好法制政府、责任政府和阳光政府各项制度的深入落实。把法制政府“八项制度”、责任政府“四项制度”的落实和贯彻实施阳光政府“四项制度”相结合起来，在总结过去一年实施责任政府“四项制度”经验的基础上，在思路、措施、方法上深入研究，扎扎实实地实施好阳光政府“四项制度”，使之真正成为全体干部职工的自觉行动。在县政府对县局实施的阳光政府“四项制度”的考核中，县局由于推行工作扎实，痕迹材料齐全，受到了县政府考评组的充分肯定，考评获得优秀级次。

【税收征管】 认真落实“创新发展年”的各项工作要求，加强税收法律、法规及各项税收政策的落实，开展税收政策落实情况调查，及时采集相关信息，做好宣传和解释工作。拓展税收分析领域、充实税收经济关系分析内容、强化税源管理、建立微观税收分析指标体系，税收分析工作领导小组定期召开税收分析工作会议，切实加强税收分析及税源管理工作。（一）加大税源管理力度。规范税收管理员制度，制定和完善了税收管理员岗位职责和考核办法，制定日常巡查管理办法和工作日志，做到有章可循，管理规范；清查漏征漏管户，安排税收管理员深入各片区，采取拉网式清查，进一步解决“跑、冒、滴、漏”等问题，2009 年，共进行了 3 次清查，共查出漏征漏管户 10 户；做好与工商部门的信息交换工作，将工商部门的登记信息与税务登记信息进行比对，加大对漏征漏管户的清理核查，彻底摸清征管户家底，与工商局进行了 12 次信息交换工作；加大处罚力度，对清查出来的漏征漏管户严格按《征管法》规定给予处罚，对 19 户逾期办理税务登记的纳税户进行了 410 元行政处罚。对多次逾期申报的 1 户纳税人进行了 500 元处罚；实地调查核实纳税人申报办理税务登记事项，对设立、变更、停复业、注销登记的纳税户实地调查核实，及时填制《纳税人税种登记表》，做好纳税人信息补录工作；实地调查、核实与定额核定或者定额调整的有关事项，依法按照合理的方法测算纳税人的定额，提出定额建议，经集体审议、公告、决定后，通知纳税人。2009 年，对开具的发票收入明显高于税收定额以及生产经营发生明显变化的 16 户个体工商户及时进行了定额调整；开展税源调查，掌握税源变动情况。2009 年，深入到宏溢矿业、玉金铁矿、再峰公司、电网公司、华源公司、聚源公司、顺达公司、龙真矿业、实得河电站等 9 户企业进行税源调查，掌握第一手资料，并制作了税收收入计划表；加强发票的管理，以开展发票大检查为契机，对严重违反发票开具的 6 户纳税人进行补缴税款和处罚，处罚金额 8200 元，补缴税款 7502.89 元，加收税收滞纳金 418.4 元。（二）加强纳税评估工作。把开展纳税评估工作纳入重要工作日程，严格按《纳税评估管理办法》对重点税源户、特殊行业的重点企业、税负异常变化、长时间零税负和负税负申报、纳税信用等级低下、日常管理和税务检查中发现较多问题的纳税人进行纳税评估。按月对 16 户一般纳税人增值税申报情况进行定期评估，掌握其税负变动情况，分析是否存在异常情况，为进一步加强管理提供依据；对全县 19 户企业所得税汇缴企业进行纳税评估。

【税收执法】 （一）与“五五”普法相结合，提高社会依法纳税意识。在税收宣传月活动中，统一部署，相互协调配合，充分调动系统内外的宣传资源和宣传手段，形成了税收宣传的大格局，使今年的税收宣传月活动开展得扎扎实实，卓有成效：一是积极向地方四套班子领导汇报税收宣传月活动的思路、部署，得到了大力支持；二是在落实好州局各项活动要求的同时，结合贡山实际，通过群众喜闻乐见的宣传形式把税收知识普及到了群众的生产、生活中；三是充分发挥办税服务厅的窗口作用，认真实行局长接待日制度，虚心接受纳税人提出的意见和建议，使税收宣传工作做到了有的放矢；

四是通过信息采编系统及时向州局报送税收宣传月活动的信息，并通过州局电子政务网及时将进展情况作全面报道，与全州各县相互交流和学习。（二）进一步整顿和规范税收秩序，发票检查成效明显。根据《云南省国家税务局转发国家税务总局关于认真贯彻落实国务院打击发票违法犯罪活动工作方案的通知》的精神，高度重视打击发票违法犯罪活动工作，及时成立了打击发票违法犯罪活动工作领导小组、领导小组办公室及检查小组。结合贡山实际，把商业零售行业发票违法使用情况作为全县打击发票违法犯罪活动工作的一项重要内容，在7~9月开展了大规模的发票检查工作。经过对52户纳税人的6680份商业普通发票的检查，查出有问题发票646份，查补税款1.23万元，加收滞纳金418.40元，罚款8200元。进一步提高了管理质量，优化了税收执法环境。

【税务管理信息化建设】 大力提高信息技术的应用能力，加强日常管理：（一）严格执行计算机管理制度和网站使用管理办法，加快推进税收信息化运行维护工作。逐步建立和完善了科学高效的技术与业务运维工作体系。（二）切实提高数据运维质量。牢固树立"数据质量无小事"的观念，努力实现每条录入信息准确无误，充分发挥了计算机设备的功效和使用效率，同时做好数据备份，确保了数据的一致性和完整性。（三）提高软件应用效率。进一步提升了综合征管软件、数据监控分析系统、所得税申报管理软件等系统性能。（四）按照统一部署做好了网络教育培训系统的安装调试工作及积极配合好广电、联通和电信部门做好广域网的改建扩容工作。

队伍建设

【机构人员情况】 2009年，全局内设6个职能部门，即办公室、政工股、综合业务股、计划征收股（含征收大厅）、信息中心、稽查局。其中：信息中心为事业机构，稽查局（副科级）为直属机构。县局下设一个派出机构，即茨开税务分局（副科级）。2009年9月以前，全局有22名干部职工，离退休人员4人。干部职工按性别分：男14人，女8人；按学历结构分：本科6人，专科13人，中专2人，初中1人；按民族分：汉族8人，少数民族14人，9月、10月，县局3名干部调离。全局干部减少至19人。

【机构改革】 2009年，国税系统上下开展了大规模的机构改革，按照上级要求，对相关机构设置和人员安排进行了多次集中研究，并上报了机构改革相关请示。根据《怒江州国家税务局关于贡山县国家税务局机构改革方案的批复》精神，县局设置了8个内设机构、1个直属机构、1个事业单位和1个派出机构共11个部门。针对我局人少事多，仅有19名干部职工的实际，局领导积极研究，最终采取了"一人多岗"的办法来保证机构改革工作的顺利进行。10月21日，县局下发了《贡山县国家税务局关于机构改革人员工作安排的通知》，圆满完成了机构改革工作。

【领导班子建设】 按照上级关于切实加强税务系统各级领导班子思想政治建设的要求，积极开展学习实践科学发展观活动，对照检查班子成员在学习工作生活中的问题，不断整改提高，切实加强领导班子思想作风建设；认真学习《科学发展观读本》、《毛泽东邓小平江泽民论科学发展》、阳宗海砷污染事件、孟连胶农上访事件、李鸿文局长的两个动员报告、州局李义华局长的动员讲话，听了专家的专题报告会，观看了警示教育片《高墙悲歌》等，不断提高领导班子的思想素养和党员干部的政治素质，形成政治坚定、作风优良、纪律严明、团结向上的干部集体。9月18日，党的十七届四中全会胜利闭幕后，积极组织学习十七届四中全会《公报》、《中共中央关于加强和改进新形势下党的建设若干重大问题的决定》及人民评论员相关评论文章，让干部职工及时掌握全会精神，领会精神实质，为指导国税工作奠定坚实的基础；以学习实践科学发展观活动为核心，召开了班子民主生活会。

【廉政建设】 2009年，党风廉政建设工作坚持以科学发展观为统领，以3月召开的全州国税系统党风廉政建设工作会议精神为指导，严格落实党风廉政建设责任制，严格履行"一岗双责"，切实做到"两手抓，两手都要硬"。在贯彻落实党风廉政建设责任制和勤政廉政工作中，主要抓住以下6个方面的工作：（一）加强党风廉政建设工作的组织领导。充分发挥领导干部的模范带头作用，大力倡导优良风气，增强干部职工的工作责任心和廉政意识，严格按照上级的指示和要求，努力实现各项工作的任务目标。（二）牢固树立令行禁止的纪律观念。坚持经常性地开展先进事例学习和警示教育活动，提高干部职工的拒腐防变能力。（三）深入开展好每月一次的"纪检日"活动，做好痕迹管理。纪检组长每月参加一次，局长每季度参加一次。（四）继续发扬艰苦奋斗的作风。深入贯彻落实中央关于压缩"三费"的文件精神，节约经费开支。（五）明确党风廉政建设工作责任，层层签订《党风廉政建设责任书》。（六）以廉政文化为抓手，把反腐倡廉和廉政勤政教育列入政治学习计划、干部培训之中，以多样的活动弘扬廉政主旋律，形成学廉、从廉、守廉、倡廉的良好氛围。

【精神文明建设】 （一）大力开展国税文化建设。根据《云南省国税系统文明创建管理办法》要求，认真贯彻"聚财为国，执法为民"的税收工作宗旨，切实加强"以国为根、以税为业、以人为本、以学为乐、以绩为真、以廉为荣"的国税文化建设，使文明创建活动经常化、制度化、规范化，促进物质文明、政治文明和精神文明协调发展。在"团结奋进、求真务实、负重拼搏、无私奉献"的怒江国税精神激励下，大力倡导以爱岗敬业、公正执法、诚信服务、廉洁奉公为基本内容的税务干部职业道德规范，用和谐的思维认识事物，用和谐的态度对待问题。2009 年 12 月，被省委、省政府命名为“文明单位”，这是全局第三次获得这一荣誉。（二）充分发挥工青妇工作的桥梁纽带作用，积极开展生动活泼、丰富多彩的国税文化活动，多渠道、多形式地丰富干部职工业余文化生活，提升生活情趣，营造团结和谐、奋发向上的工作和生活环境。进一步密切外部沟通和协调，努力营造各部门和单位积极支持配合的和谐外部环境。坚持把国税文化建设与本地民族文化和现代税收管理理念有机结合。按照“文化育人、文化管人、文化发展人”的理念，紧紧围绕税收工作大局，不断丰富内容，创新载体，使国税文化建设取得了良好成效。2009 年是建国 60 周年大庆，按照贡山县委、县政府的部署，县局将国税文化建设的重点放在爱国主义教育上。通过“七一唱红歌”、“人人会唱五首以上民族歌曲”、“人人会跳二十一套民族舞”等活动歌颂建国 60 周年和改革开放 30 年来祖国的丰功伟绩及表达全体干部职工对祖国的无限热爱，为建国 60 周岁生日献礼；继续做好纳税服务，推出为纳税人提供免费复印资料服务，受到了好评。同时始终坚持上班集队点名做广播体操，坚持每周举行一次以劳动、学唱歌、娱乐、健身等有益的工会活动，使文明活动开展得有声有色。

【教育培训】 大力实施人才兴税战略，认真贯彻干部教育培训工作条例，落实教育培训规划，重点抓好三个方面的工作：（一）按上级要求及时参加领导干部各种教育培训。（二）重视三项教育工作。按照中央关于建立健全惩防体系的要求，积极在干部职工中开展反腐倡廉教育，组织干部观看优秀影片《女检察官》、《远山》和《缉毒警》、税务廉政小品，增强拒腐防变意识；抓好遵守党纪国法、廉政勤政教育，充分利用省局、州局网站，鼓励干部职工积极学习党的各项廉政勤政、廉洁自律的规定、各项规章制度，增强廉政意识；抓好具有部门特点、时代特征的先进典型教育，利用评选全国道德模范的契机，开展向英模学习活动，学习他们可歌可泣的英雄事迹、一幅幅壮烈英雄诗篇，学习他们自觉抵制各种物质利益的诱惑，洁身自好，清廉自守，经受住了各种考验，坚持原则的先进事迹，弘扬了先进，在职工中引起共鸣；抓好违法违纪反面典型的警示教育，组织干部职工学习《盈江县交通局挪用农村公路建设资金购买小汽车严重违纪问题的通报》、《关于对丙中洛乡违规使用农村地震安全专项资金的通报》，结合典型案件，教育干部职工引以为鉴，从中吸取教训，从而有效地保护自己，通过剖析案件，分析成因，切实开展对税务干部的理想信念和从政道德教育，筑牢拒腐防变的思想道德防线，增强广大国税干部的廉洁自律意识，树立正确的世界观、人生观、价值观，坚定理想信念。（三）加强各类专门业务培训和学历培训。遵循按需施教的原则，积极选派人员参加各类业务培训和学历教育培训，2009 年，共选派 55 人次参加省、州局举办的企业所得税、流转税、执法系统、增值税、税源分析、稽查业务、网络视频等业务培训共 17 期；学历教育培训 5 期，共计 32 人次；还鼓励干部职工利用“电子政务网站”和“税务远程教育网站”学习税收业务知识、计算机基础知识、注册税务师讲座等知识，加强税收业务及法律法规的学习，加强信息共享交流工作。抓住全州国税系统每半年开展 1 次业务考试的有利契机，在全局内形成爱岗敬业、岗位练兵、争先创优的良好学习氛围。在教育培训费用上，2009 年，共支出近 4. 9 万元。

【典型经验】 根据《中共贡山县委关于开展深入学习实践科学发展观活动的实施意见》、中共贡山县委《关于印发贡山县第一批开展深入学习实践科学发展观活动实施方案》的通知精神，县局扎实开展了学习实践科学发展观活动。从 3 月 30 日召开学习实践科学发展观活动动员大会以来，按照“既要有规定动作，又敢于创造自选动作”的要求，结合税收工作实际，提出了活动要有创新点、有特点、有亮点、出成效、出经验、出成果的具体要求。及时成立了贡山县国家税务局深入学习实践科学发展观活动领导小组及办公室，迅速启动和开展学习实践活动工作。领导小组办公室人员在较短时间里高质量完成了《贡山县国家税务局深入学习实践科学发展观活动实施方案》，明确了整个活动全员参与、党员干部为重点、领导班子为重中之重。明确了活动的指导思想、基本原则、方法步骤和要解决的重点问题。把学习实践活动的出发点放在提高认识，统一思想，理顺思路，形成共识上，把落脚点放在解决问题，解难题，推动工作，科学发展上，把目标意义放在完成本职工作，聚财为国，执法为民，变税源为税收，确保税收收入随着经济发展而不断增长，为“保增长、保民生、保稳定”政策的落实提供税收支持；力求在学习教育上求“深”、调查研究上求“实”、查摆问题上求“改”、作风建设上求“变”、宣传交流上求“活”，贯穿活动的全过程。按照“党员干部受教育、科学发展上水平、人民群众得实惠”的要求，认真扎实有效开展了“学习调研、分析检查、整改落实”3 个阶段 11 个环节的活动。在学习调研阶段开展了思想发动、学习培训、深入调研 3 个环节工作，重点强化专题调研，发现问题、查摆问题、明确目标。在分析检查阶段开展了广泛征求意见、召开民主生活会、分析总结和群众评议 4 个环节的工作，重点突出开好民主生活会，领导班子分析检查报告。在整改落实阶段开展了制定整改落实方案、解决突出问题、群众满意度测评、完善机制保障及活动总结等环节工作，重点落实了整改方案，并把整改方案体现在部署和落实下一步的工作中。整个活动以推动工作为主，以实现国税事业科学发展为重，合理处理工学矛盾，注重行业特点，突出实践特色，做到了税收工作和学习实践活动两手抓、两不误、两促进双丰收。

（刘国柱）

兰坪白族普米族自治县国家税务局

经济概况

2009年，兰坪白族普米族自治县完成生产总值（GDP）20.1亿元，按可比价计算增长13.2%。其中第一产业2.1亿元，增长4.3%；第二产业11.8亿元，增长13.9%；第三产业6.2亿元，增长16%。财政总收入4.8亿元，下降14.29%。地方财政一般预算收入完成2.1亿元，下降27.5%。全社会固定资产投资10.9亿元，增长50%；全社会消费品零售总额4.4亿元，增长15%。

税收概况

【收入完成情况】 2009年，兰坪县国家税务局共组织入库税收收入2.09亿元，同比减收2630万元，下降11.16%。占州局下达确保任务2.12亿元的98.63%，占下达奋斗目标2.16亿元的96.8%。其中：中央收入完成1.58亿元，省级收入完成45万元，区县级收入完成5128万元，占县政府下达任务5000万元的102.56%。分税种看：增值税完成2.04亿元，下降10.22%；消费税完成4万元，与上年持平；企业所得税完成121万元，下降30.86%；储蓄存款利息所得个人所得税完成39万元，下降55.68%；车辆购置税完成330万元，下降37.97%。

【收入特点】 一是税收收入继续下跌，特别是有色金属矿行业税收收入下跌略快于税收收入下跌幅度。全年税收收入减幅达11.16%，有色金属矿行业税收收入下跌13.67%，下跌速度较快于总体税收2.51个百分点。二是有色金属矿与电力依然是全县的主要税源。2009年上述两个行业的税收收入合计为1.91亿元，占全县税收总收入的91%。

【税源分析】 一是全球锌产品市场价格下跌带来税收减收。主要产品锌锭的平均销售价格由上年同期的1.36万元/吨下降到1.06万元/吨，下跌了0.3万元，按照2009年的产品销量12.50万吨计算，销售收入减少了3.75亿元，根据17%的税率计算，减少了6372万元的销项税。二是增值税转型带来税收减收。2009年申报抵扣固定资产进项税90万元。三是由于金融危机使许多企业停产、减产，导致企业所得税减收54万元，降幅达30.86%。

【税务管理】 一是加强重点税源管理。加大对有色金属和电力两个重点税源行业的监控，及时掌握重点税源企业税款的实现和入库情况，要求发现税源异常变化，及时深入企业调查分析，做到存在问题及时发现，及时反馈。二是完善零星矿石管理漏洞。对全县零星矿石销售委托各乡镇企业办代征，全年共代征税款130.29万元，堵塞了税收漏洞。三是加大纳税评估力度。将重点税源户、特殊行业的重点企业、税负异常变化、长时间零税负和负税负申报、纳税信用等级低下、日常管理和税务检查中发现问题的纳税人列为纳税评估的重点分析对象。年内开展了全县一般纳税人运输发票专项评估，共评估企业12户，其中有问题企业3户，涉及运输发票11份，进项税转出7.13万元，专项评估入库增值税7.13万元。对兰坪县三江铜业有限公司、怒江电网有限公司兰坪分公司、兰坪县金湘有色金属选矿厂、兰坪县三江经贸有限公司进行日常评估，评估入库税款43.07万元；加收滞纳金28.49万元；罚款1800元。对云南国资水泥有限公司兰坪分公司进行评估后，企业于2009年10月进行自查，当期入库税款16.8万元，税负异常值从0.03%上升到1.25%，解除了指标疑点。通过开展纳税评估，最大限度地堵塞税收漏洞，减少税收流失，提高了税种管理质量。

各项工作

【税收法制建设】 一是认真贯彻落实《行政许可法》的各项要求，尽量前置各审批事项，简化事前审批，强化事后管理，从制度的落实上切实提高涉税审批效率，切实解决纳税人“多头跑、多头找”的问题。二是严格按照国家税收法律、法规和政策性文件的规定，加强对辖区内纳税人的税收管理，落实税收管理员职责，定期进行政策执行情况的跟踪检查，及时发现并纠正执行中存在的问题，确保税收政策准确执行到位。

【税收征管】 一是做好增值税转型改革和增值税优惠政策各项工作。主要是加大对固定资产进项税抵扣的审核和增值税一般纳税人认定管理工作，全年县内企业购进固定资产抵扣进项税90万元，有力支持了企业进行技术更新，提高生产效率。严格增值税一般纳税人认定管理工作，2009年共有增值税一般纳税人99户（代开机构3个、企业96户），企业中辅导期一般纳税人2户、暂认定工业企业11户、正式认定商业企业27户、工业企业56户，一般纳税人税收收入占总体税收收入的95.26%。二是落实好车辆购置税减征政策，2009年共减免符合条件的车辆购置税74万元。三是认真开展企业所得税汇算清缴工作。汇算清缴过程中实际入库企业所得税73.89万元，比上年增加34.56万元，增长87.9%。四是强化户籍管理，打牢管理基础。全年共有登记管理户2316户，切实做好工商税务登记信息交换工作，杜绝漏征漏管户的发生。在管理过程中实行按街道分片划分到每一个税收管理员，责任到人，各负其责，做到一户一档。

【税收执法】 一是大力开展送税法上门活动。充分利用税收宣传月营造强大舆论声势的优势，送税法到乡镇、进政府、进企业，达到了税企共商经济增长良策，共叙和谐征纳之情的目的。二是全面加强税收执法考核。在全年的税收执法考核中，对4个过错行为实施了执法责任追究，对责任人和连带责任人共给予了266元的经济惩罚。三是深入开展整顿和规范税收秩序工作。认真组织开展税收专项检查、专案稽查和日常稽查工作，全年共查补收入112.71万元，入库率达100%；四是加强税警联系，联合公安、地税开展了打击发票违法犯罪的活动。成立了由国税局牵头的全县打击发票违法犯罪活动的工作协调领导小组，共检查用票户714户的17158份发票，共查补税款2304元，罚款2.5万元已全部入库。进一步维护了良好的税收秩序，达到了重点整治的效果。

【税务管理信息化建设】 一是做好综合征管软件的维护工作。认真完成综合征管软件的补丁升级及测试工作，确保征管工作的顺利进行。二是积极配合云南科华公司完成UPS的巡检调试及更换安装工作。三是认真做好数据备份工作，确保数据的一致性和完整性。严格按照要求做好金税工程、办公自动化、NTCS等系统的数据备份工作，进一步完善数据异机备份和浪潮英信存储系统的备份工作。指导其他业务部门做好所使用的单机版软件的数据备份流程。四是做好网络维护，强化安全涉密管理。

队伍建设

【机构人员情况】 根据工作职责设置8个内设机构，即办公室、人教股、监察室、征管股、法规股、税政股、收入核算股、办税服务厅；1个直属机构即稽查局；1个事业单位即信息中心；3个派出机构，即金顶税务分局、通甸税务分局、营盘税务分局。共有职工57名，其中：男职工31名，女职工26名，党员29名，团员3名。文化结构为：大学本科学历14名，专科学历35名，中专以下学历8名，大专以上学历占总人数的86%。年龄结构为：最大年龄53岁，最小年龄26岁，平均年龄为39岁。

【领导班子建设】 一是切实加强领导干部作风建设。大力加强领导班子作风建设，切实增强领导干部作风建设的责任感和紧迫感，对照要求，率先垂范，努力实现领导干部作风的进一步转变。二是坚持带头抓好学习，坚定理想信念。加强政治理论和业务知识学习，不断提高班子政治思想素质和税收业务水平。局领导班子带头认真学习马列主义、毛泽东思想、邓小平理论、“三个代表”重要思想和科学发展观重要论述，正确把握新时期税收工作方向，学习先进的税收信息化管理模式，不断提高科学化、精细化管理能力。三是坚持民主集中制，树立大局意识。凡属重要问题、重大事项、重要干部人事任免和大额资金使用，都严格按照“集体领导、民主集中、个别酝酿、会议决定”的基本程序进行决策。班子成员带好头，充分发扬民主，依靠集体的智慧和力量搞好工作。党组班子政治坚定、务实团结、勤政廉政，班子成员间分工负责，团结协作，求真务实，坚持用科学发展观统领税收工作，带领全体干部职工集中精力抓收入，全心全意为纳税人服务。

【廉政建设】 一是加强党风廉政建设和反腐败工作的领导，进一步增强干部职工的责任意识和廉政意识；二是抓好廉政文化建设及党风廉政建设责任制的落实，与各分局、股室负责人签订责任状，进一步从制度上加以约束；三是坚持党风廉政教育。扩大廉政文化覆盖面，利用现代化技术手段构建廉政信息平台，增强廉政宣传教育的直观性、灵活性、全面性，做到警钟长鸣；四是与纳税人签订《廉政公约》和回访制度；五是坚持税务查前的廉政告知和查后的监督制度；六是鼓励干部职工积极参与州局内网的“廉政大家谈”栏目，开展“网上读廉”、“网上述廉”等活动，引导国税干部思考廉政勤政问题，提高国税干部廉洁从税的思想觉悟；七是认真开展“纪检日”活动。根据上级局要求，局长每季度参加各税务分局的“纪检日”活动一次，纪检组长和监察室主任每月参加一次，加强了对基层干部职工的思想动向和监督督促，做到自重、自省、自警、自励，加强自身思想道德修养，筑牢拒腐防变防线；八是认真贯彻党政机关国内公务接待管理规定，严肃财经纪律，减少经费支出，进一步增强全县国税系统公务接待工作的规范化和制度化，在接待中做到热情周到，安全接待，节约经费开支。并从细节入手，努力提高资金使用效益，保障各项业务工作节俭、高效、顺利开展。

【精神文明建设】 一是继续开展扶贫济困送温暖活动，向贫困户和学校捐款捐物，特别是在“六一”儿童节和“七一”建党节期间，由局领导亲自带队到县局的挂钩帮扶联系点石登石钟坪办事处开展向贫困优秀学生和贫困老党员捐款捐物活动。年内县局向挂钩帮扶联系点和社会团体、学校捐款共计2.04万元。此外，县局党组组织开展了一次国庆60周年走访慰问老干部活动，向19名离退休老干部赠送了价值共计3910元的物品，使离退休老干部感受到了单位的温暖，也树立了国税部门人文关怀的良好社会形象。二是把文明创建工作作为工作的重点，工作中时时以中央文明委授予的“全国精神文明建设工作先进集体”称号勉励全体干部职工，采用多种形式鼓励职工积极投身到文明创建工作中。三是为迎接新中国成立60周年，举办了“迎国庆、贺中秋、爱我国税”竞技和演讲比赛活动，这些活动的开展不仅给国税干部一个展示自我、锻炼自我、提高自我的舞台，并且充分体现了兰坪国税人团结奋进，拼搏向上的精神风貌，进一步凝聚了人心，增强了集体主义观念，促进了和谐国税氛围。同时县局的文明创建工作一直受到各级党委的充分肯定，年内还被县委、政府授予“宣传思想文化工作暨精神文明建设工作先进集体”荣誉称号，县国税局党组也分别被州委、县委授予“先进基层党组织”称号。四是按照“平安兰坪”的创建要求，加大对社会治安综合治理工作的建设力度，积极打造“平安国税”、“和谐国税”、“平安家庭”建设。年内主要加大了“平安家庭”的创建申报工作，由于成绩显著，局内所有家庭被授予“平安家庭”称号，综治维稳工作也得到有关部门的充分肯定，被县委、政府授予“创建平安兰坪工作先进集体”荣誉称号。

【教育培训】 一是选送26名干部分别参加了省州国税局举办的税收业务培训；二是自行举办税收业务培训班5次，培训税务干部达184人次、培训纳税人达142人次；三是组织31名干部职工参加了县级举办的科学发展观与妇女权益知识讲座；四是组织45名干部职工参加了全县“五五”普法统一考试；五是组织53名干部职工参加县局举办的普通话测试培训。经过科学有效的教育培训，拓宽了干部职工的知识层面，丰富了知识结构，切实推进了“学习型国税机关”建设。充分调动好、发挥好、保护好基层广大干部职工的工作积极性，凝心聚力，创造和谐，提升素质，树立形象。

（李松慧）

迪庆藏族自治州国家税务局

经济概况

2009年，迪庆藏族自治州国民经济继续保持了从2002年以来连续两位数增长的良好势头，总量突破60亿元大关，总体呈现平稳较快发展势头。全州生产总值（GDP）完成62.26亿元，比上年增长18.3%；全州地方财政一般预算收入完成4.35亿元，比上年增长36.07%，地方财政一般预算支出30.2亿元，增长28.5%；固定资产投资完成93.58亿元，增长36.31%；全年社会消费品零售总额16.95亿元，比上年增长19.4%；城镇居民人均可支配收入达1.5万元，增长9.2%；农民人均纯收入达2936元，增长13.12%；第一、二、三产业占全州生产总值的比重由上年的11.69:40.99:47.32调整为11.04:38.43:50.53，第三产业比重比上年提高3.21个百分点，三二一结构得到进一步巩固。

税收概况

【收入完成情况】 2009年，迪庆州国税系统共组织各项收入3.36亿元，比上年增长15.2%，增收4423万元。完成省局下达计划2.94亿元的114.3%，超划进度14.3个百分点。其中：增值税收入2.47亿元，完成省局下达计划2.2亿元的112.4%，超收2735万元，比上年增长20.4%，增收4199万元；消费税入库864万元，完成省局下达计划200的432%，超收664万元，比上年增长559.5%，增收733万元；企业所得税入库3235万元，完成省局下达计划2500万元的129.4%，超收735万元，比上年下降17.8%，减收702万元；储蓄存款利息所得个人所得税入库80万元，完成省局下达计划60万元的133.3%，超收20万元，比上年下降68.4%，减收173万元；车辆购置税累计入库4683万元，完成省局下达计划4700万元的99.6%，差计划进度0.4个百分点，比上年增长8.4%，增收364万元。

【收入特点】 （一）全州国税收收入突破3亿元，继续保持稳定增长。1994年至2009年全州国税收入年均增长25.24%，收入规模由1994年的1093万元上升到2009年的3.35亿元，扩大了30.73倍。近几年，收入规模连续跨越了1亿元、2亿元、3亿元三个大关。（二）5个主要税种中，与上年相比有“三增二减”。2009年全州增值税、消费税、车辆购置税收入同比增收，企业所得税、个人所得税收入同比下降。（三）各县、区之间收入增幅差距较大。香格里拉县、维西县、德钦县、经济开发区增幅分别为12%、11.9%、69.4%、1%。（四）非公有制经济较快发展。全州国税收入构成中，集体企业所占的比重逐年下降趋势十分明显，与之形成鲜明对比的是，股份企业、私营企业所占的比重不断提高。2009年，全州国有企业完成税收收入3216万元，同比增长44%；集体企业598万元，同比下降74.5%；股份合作企业28万元，同比下降48.1%；股份公司22058万元，同比增长46.3%；私营企业561万元，同比下降81%；涉外企业1906万元，同比增长47.2%；其他企业367万元，同比增长143%；个体经营4863万元，同比下降4.1%。

【税源分析】 由于受金融危机的影响，2009年上半年全州的支柱产业严重受挫，产品价格下跌、企业销售收入和盈利下滑，税源相对稳定的电力行业也呈下降趋势；8月份以来，全州经济企稳回暖，组织收入形势有所缓解。（一）电力行业全年入库增值税5050万元，比上年下降3%，减收158万元。主要原因是：1. 由于州内工矿企业和冶炼企业的减产或停产，生产销售严重萎缩，市场用电量的需求减少，导致电力销售急剧下降。2. 省发改委实施对部分工业企业用电给予阶段性特殊电价扶持政策。3. 各发电企业从2008年11月1日至2009年4月30日，在上网电价不变的基础上，各发电企业按上网电量的18%作为电网公司上省网及州内工业让价促销补偿。以上因素使迪庆一直保持稳定增长的电力增值税出现同比负增长的态势。（二）采矿业全年入库增值税 8992 万元，比上年增长 71.8%，增收 3758 万元。经济的逐步回暖使得全州持续 8 个月负增长的矿产增值税回升明显。（三）批发零售业入库增值税 8217 万元，与上年相比增长 13.8%，增收 999 万元。因国家推行积极的财政政策，促进国民消费的增长，为完成税收收入奠定了税源基础；其次是物价上涨对商业增值税收入有着明显的推动作用，随着经济的稳定发展和收入水平的提高，促进了城乡居民消费观念的转变，加快了消费结构升级的步伐。（四）车辆购置税收入完成 4683 万元，比上年增长 8.4%，增收 364 万元，继续保持平稳上升趋势。（五）储蓄存款利息所得个人所得税比上年下降 68.4%，主要原因是税率降低和国务院决定从 2008 年 10 月 9 日起对储蓄存款利息所得暂免征收个人所得税，导致储蓄存款利息所得个人所得税大幅下降。（六）中央企业所得税持续下滑，同比下降 17.9%，减收 704 万元。主要是由于 2008 年国家对企业所得税税率的调整和矿产行业的产销量萎缩，使得 2009 年的汇算清缴数同比下降；其次，烟草商业企业受烟草消费税政策调整因素影响，其消费税及对应的营业税金及附加增加而影响企业所得税收入。（七）消费税增长幅度较大。自 2009 年 5 月 1 日起国家出台的对烟草行业税收制度（烟草商业行业批发环节征收 5% 的消费税）的调整成效显现，对消费税收入增长起到了积极作用。

【税务管理】 由美国次贷危机引发的全球金融危机和经济危机，对国内外经济发展造成严重影响，给迪庆的经济发展也带来前所未有的压力和挑战，特别是对迪庆实体经济领域的四大支柱产业发展造成了较大影响。矿产品价格下挫，尤其是铜、铁、铅、锌等金属矿价低迷，制造业的萎缩，加工业的停工、停产，金属原材料和电力的需求急剧下降，对迪庆培育矿产、电力等支柱产业造成很大困难。而所有这些“连锁反应”导致全州税源萎缩、潜力减低、增幅放缓。加之 2009 年我国全面实施增值税转型改革、储蓄存款利息所得个人所得税暂免征收等多项税收政策调整，全州组织收入面临的形势比较严峻。为此，州局党组审时度势，及时采取措施，打响组织收入攻坚战：一是结合实际贯彻总局和省局关于加强各税种管理、促进增收堵漏的若干意见，做到认识再提高，思想再统一，方案再调整，工作再布置。二是加强税收经济预测分析，全面掌握税源情况。对重点税源企业、新建项目的税收收入情况深入调查了解，随时掌握税收动态；特别是对年纳税额在 50 万元以上企业实行跟踪管理，单独下达和落实税收计划，切实保证重点税源按时、足额入库。三是关注收入总量增减的变化，重点分析各税种收入与相关经济指标之间的关系，加强宏观税负和税收弹性分析；及时发现税收政策执行和税收征管中存在的问题，并有针对性地采取措施加以解决。四是加强所得税征管，强化纳税评估手段，堵塞税收漏洞。五是加大稽查检查力度，大力整顿和规范税收秩序，最大限度地减少税款流失。六是加强户籍管理，提高征管质量。对全州所有管户进行一次全面清理，各基层国税局与同级地税、工商核对本辖区内总管户情况，同时加强对非正常户的管理力度，摸清税源底数。七是州局党组成员下到各挂钩分管县（区）局，深入第一线指导组织收入工作，强化分析，严格征管，挖掘增收潜力，充分发挥上下联动、齐抓共管的作用，增强组织收入工作的主动性和实效性，确保各项工作落实到位。

各项工作

【税收法制建设】 2009 年，全州各级国税机关结合迪庆国税工作实际，不断提高依法行政水平，促进依法治税，切实推进阳光政府“四项制度”各项工作。一是及时成立阳光政府“四项制度”领导小组，层层落实，形成主要领导亲自抓、相关部门分工合作的良好氛围。二是结合税收执法过错责任追究系统，制定一系列办法明确各部门工作职责。三是在州政府信产办指导下开通政务信息网络查询系统、重大决策听证系统和信息公开门户网站，并对 3 个网站进行了维护，按规定安装了 96128 政务信息查询专线服务电话，安排业务水平和综合能力较强的工作人员专门负责回答咨询问题。

【税收征管】 （一）各税管理。1. 增值税管理。2009 年 1 月 1 日起我国全面实施增值税转型改革，连续出台了若干税收新政策，为将政策及时落实到纳税企业，州局在各业务部门的努力下顺利完成相关工作。一是及时组织税收管理员参加增值税转型培训。二是各地及时召集纳税企业财务人员培训，宣传增值税条例及实施细则以及转型后的相关政策，辅导企业填制纳税申报表。三是对部分重点企业按增值税转型政策进行固定资产抵扣管理情况核实工作，了解政策变动对企业的影响情况及 2009 年固定资产的抵扣情况。一年来，全州共对三大行业的 24 户增值税一般纳税人进行了资格认定，占全州增值税一般纳税人户数的 15%。企业因采购固定资产而享受增值税扩抵优惠 523 万元，影响税收收入 15 万元。2. 所得税管理。一是圆满完成 2008 年度企业所得税汇算清缴工作，仅上半年就完成了全年所得税收入任务。二是严格企业所得税减免和税前扣除管理，加强对减免税、税前扣除企业的审核审批工作，全年共受理 5 户企业的减免税申请，实际减免企业所得税 3 户，不符合政策退回申请的有 2 户，全年享受企业所得税减免的企业共有 26 户。审核审批财产损失、呆账损失 7 户企业，审批扣除金额 1121 万元。三是认真开展分类管理和纳税评估工作。3. 消费税管理。加强白酒、卷烟行业消费税管理。针对白酒企业存在的通过设立销售公司、降低产品出厂价格、侵蚀消费税税基等问题，按政策制定白酒消费税计税价格核定办法，规范白酒消费税税基的管理。完善卷烟的消费税政策，进一步提高税收服务水平，充分运用信息化技术，减轻纳税人和办税服务厅负担，方便纳税人缴纳税款，降低纳税成本。2009

年，受国家调整卷烟消费税政策影响，全州消费税增长迅速，消费税入库864万元，比上年增收733万元，增长559.5%。4. 车辆购置税管理。一是认真落实车购税“一条龙”管理办法，健全完善凭证管理、新车型最低计税价格信息采集和核价管理等制度，加强征收管理各环节的监控，严格把住车购税审核关。二是针对不法分子利用税收政策调整骗取纳税人银行账号及密码的新情况，迪庆州国税局采取措施积极应对，加强税收政策宣传，维护纳税人的切身利益。5. 储蓄存款利息所得个人所得税管理。严格执行储蓄存款利息所得暂免征收个人所得税政策。全州各级国税部门主动与各储蓄机构加强联系，共同做好对纳税人和社会各界的政策宣传及贯彻落实工作。主动与银行监管部门联系，以便税务机关掌握企业申报情况与银行监管情况，促进管理工作有序进行。（二）出口退税管理。认真贯彻落实全省进出口税收工作会议精神，进一步统一思想，明确职责，转变作风，理顺关系，开拓创新，扎扎实实完成了各项工作任务。2009年全州出口退（免）税登记企业为6户，其中生产企业5户、外贸企业1户。正常经营户4户。2009年省局下达出口退税指标为238万元，免抵调库指标为0。截至12月31日，全州审核审批办理出口货物免抵退税238万元，完成省局下达计划的100%。办理完毕所有省局下发的退税、免抵指标，做到一分不剩、一分不超，无混库办理情况。（三）发票管理。一是做好发票的实物管理，做到账实相符、账账相符、账表相符。截止12月31日，全州共发出发票29130（本）份，销售45215（份），含上年库存量，全年各县、区局库存36740（本）份。二是做好普通发票领购、缴销、运输安全及库房安全管理工作。严格按相关要求，做到从州局到各县区局领购发票手续完备齐全，严格库存管理，同时各县、区局对入库发票分类放置，做到存放有序，编报计划力求做到没有大的误差；并坚持普通发票专车运输、专人押运，杜绝委托他人代领代运。实行发票库房安全保卫24小时值班制度，认真做好防火、防盗、防潮、防虫等库房安全工作。2009年，全州发票日常管理工作到位，库房安全设施符合省局要求，发票制度健全，保证了账实、账账相符。

【税收执法】 （一）税收宣传。结合“纪念西藏民主改革50周年”活动和“全国藏区长治久安示范区建设”大力开展税收宣传活动。一是紧紧围绕“税收·发展·民生”的主题，把税法宣传、普及法律知识、维护藏区稳定紧密结合起来，以“纪念西藏民主改革50周年”活动为契机，将新中国成立以来云南藏区取得翻天覆地的变化与共和国税收工作密不可分这一事实作为宣传重点。二是在各县、区中心城区设立税法咨询台，运用讲解 、视频播放、展板、散发传单等形式，从迪庆藏区税收工作特点入手，从语言、习俗乃至生活方式上入手，将税收法律法规和相关知识通过藏汉两种语言、文字普及给纳税人和广大群众。三是结合地方党委开展的“送法进村入寺”活动，围绕税收宣传月的主题，积极探讨如何推陈出新。与村委会和寺管会联系，培养义务税法宣传员，借助标语、宣传画、税收知识小册子，开展多种形式的宣传活动，拓宽宣传渠道。四是克服“重纳税人义务灌输，轻纳税人权利告知、宣传的内容不广泛”等不足之处，采取宣传与讲解相结合，力争将税法知识宣传到每一个纳税人。克服宣传对象层面过窄等弊端，开通税收宣传车和纳税服务热线，送税法到学校，到企业，进社区，进牧场，让依法纳税的声音传到云南藏区每一个角落。（二）税务稽查。2009年是稽查机构升格后的第一年，面对严峻的经济形势和艰巨的稽查工作任务，全州各级稽查部门把税收日常稽查、专项稽查和分类稽查有机地结合起来，在重点行业和重点环节卓有成效地开展了税收专项检查和税收分类稽查工作，为全州完成全年税收收入任务发挥了重要作用。全州共检查纳税户64户（含自查54户、检查10户），有问题10户，选案率100%。查补收入1550万元，其中税款1288万元，滞纳金239万元，罚款23.1万元，已全额入库，入库率100%，查补收入比上年增加1332万元，增长614.9%，占全州税收收入的4.61%。（三）依法治税。一是深入贯彻“切实加大依法治省力度，着力提高依法执政水平”的要求，将依法行政、推进依法治税贯穿到强化税务管理的各项工作中，严格税收执法，强化执法监督，贯彻落实好各项税收法律法规和政策。二是强化税收执法监督和考核。以推广应用税收执法管理信息系统为抓手，规范税收执法行为，有效避免和减少了税收执法应作为不作为、作为不到位或乱作为等行为的发生。三是加大政务公开力度。将所有需要纳税人知道、遵守和执行的事项和信息，通过公告、公示、对外网站等媒体进行公布，为纳税人查询提供了便利条件。四是做好规范性文件的管理工作。严格按照立法权限和程序，做好税收规范性文件的制定与完善工作，认真组织开展了税收规范性文件的清理工作。五是大力开展税收法制宣传教育活动。2009年全州税收执法考核子系统涉及综合征管软件业务处理考核指标28个，业务处理总量63063笔，月平均业务处理量5733笔。全州申辩调整后实现10个月零过错。

【税务管理信息化建设】 在信息化工作中严格执行总局、省局制定的《税务系统网络与信息安全信息通报制度》等制度和规定。年内完成了系统内广域网改扩建、网络教育培训系统建设两个项目的组织实施工作。建成了带宽为省局至州局10M，州局至区县局2M的以广电为A线路，联通为B线路的两条互为备份的环形网络。建成连接省、州、县区的三级网络教育培训高清系统。按照省局要求，建立健全了税务系统首期安全防护体系项目，连接内网的计算机设备全部按照上级部署安装了瑞星网络版防病毒软件，严格管理连接因特网的计算机，并安装了单机版防病毒软件，严防一机两用，杜绝了内外网计算机的交叉使用。配备了专人负责防火墙日志服务器和入侵检测系统的管理，对全州国税系统网络运行安全状况做到及时检查，及时发现网络运行存在的安全隐患并解决问题，做到了网络无故障运行，传输速率稳定，防病毒软件和安全产品升级及时，确保了各项业务的顺利开展。

队伍建设

【机构人员情况】 2009年，全州国税系统设有香格里拉、维西、德钦、香格里拉经济开发区4个县（区）局，3个基层分局，4个稽查局。州局机关共设18个机构，其中12个行政科室即：办公室、人事科、教育科、监察室、财务管理科、货物和劳务税科、所得税科、征收管理科、收入核算科、政策法规科、纳税服务科、离退休干部科；2个直属机构，即：稽查局（2008年机构升格）、车辆购置税征收管理分局；2个事业单位，即：信息中心，机关服务中心。另设机关党办和机关工会。全州国税系统共有在职干部、职工193人。在职人员中，少数民族153人，占79%；妇女85人，占44%；中共党员94人，占48%；大专以上学历168人，占86%。离退休77人中，离休2人，退休75人。

【领导班子建设】 一年来全州国税系统全面加强了各级领导班子思想政治建设、组织建设和作风建设。积极参加省局举办的州局、县区局长培训，注重实践锻炼，着力提高领导干部素质和能力。各级领导班子均按要求开展了学习实践活动专题民主生活会，严格贯彻执行民主集中制，维护领导班子团结，推进科学民主决策。坚持和完善谈心谈话制度，切实关心爱护干部，从而在系统内营造了团结和谐的局面。根据省局关于稽查机构升格的通知要求，调整规范了系统内稽查机构，考察充实了各级稽查局领导班子。全年共选拔任用8名科级干部，交流轮岗6名科级干部。充实了德钦县局领导班子，对维西县局领导班子作了全面认真的试用期考察，并对维西、开发区班子开展了巡视工作。严格执行干部任用工作监督检查办法和党内监督条例、纪律处分条例，严格执行领导干部报告个人有关事项、收入申报、经济责任审计、述职述廉等制度，在系统内树立了勤政务实的表率。

【廉政建设】 认真贯彻落实中共中央《建立健全惩治和预防腐败体系2008～2012年工作规划》。局党组就传达学习贯彻工作做出了部署：局党组书记、局长作为党风廉政建设责任制的第一责任人，对学习宣传和贯彻落实《工作规划》负总责，担负“一岗两责”的责任；把贯彻落实《工作规划》作为2009年民主生活会对照检查的重要内容，与反腐倡廉的方针和要求结合起来；与税务系统党风廉政建设的工作实际结合起来。一是在州局中心组专题学习会议上，要求各级领导干部要带头学，广大党员干部要认真学，各级纪检干部要深入学，准确掌握《工作规划》的精神实质和各项具体内容，进一步提高廉洁从政的意识，为正确适用《工作规划》奠定基础，为惩治和预防腐败创造良好的社会环境。二是积极开展警示教育活动，要求各县区局在提倡个人自学、开展读书活动的同时，集中组织学习警示教育案例、观看警示教育片和学习先进人物事迹。通过对真实案例学习和开展警示教育活动，剖析案件，分析成因，党员干部从理想信念和从政道德受到了很大的震撼，进一步增强了广大国税干部的廉洁从政意识；增强了党性观、法制观和纪律观，在思想上筑起坚固的拒腐防变防线。三是认真贯彻落实《税务系统领导班子和领导干部监督管理办法》。四是狠抓制度落实，推进惩防体系建设，继续巩固行风建设的成果，继续开展签订征纳双方《廉政公约》工作。全州自2005年以来共签订《廉政公约》4819户，其中2009年签订235户，并对其中的685户进行了回访，满意率达99%，充分肯定了《廉政公约》的作用，为进一步从源头上建立预防机制提供了有力保障。

【精神文明建设】 在推进和谐、平安国税建设的同时，迪庆州国税局大力倡导以爱岗敬业、公正执法、诚信服务、廉洁奉公为基本内容的税务干部职业道德规范，引导干部用和谐的思维认识事物，用和谐的态度对待问题。以全州创建省级文明行业为目标和动力，深入开展精神文明创建活动。按照省局要求，成立了迪庆州税务学会和迪庆国税书法美术摄影协会，积极开展生动活泼、丰富多彩的国税文化活动，多渠道、多形式地丰富干部职工业余生活，提升生活情趣，营造团结和谐、奋发向上的工作和生活环境。在迎接“祖国在我心中”全省国税系统的文艺汇演中，迪庆选送的舞蹈“行走在五彩的高原”获云南省国税系统文艺汇演组委会“最佳演艺奖”。充分展现了迪庆国税人乐于奉献在高原的昂扬斗志和风采。2009年，州局党组书记、局长墨玉章同志被中共迪庆州委、州人民政府表彰为全州“民族团结进步模范个人”，标志着全州国税系统在坚持“聚财为国，执法为民”税收工作宗旨的基础上，围绕藏区稳定，在提供优纳税质服务、提高工作效率和融洽征纳关系方面又有了长足的进步。

【教育培训】 为进一步提高税务干部综合素质，优化国税队伍的人力资源，促进税收事业又好又快发展，2009年，创新培训方式，多措并举不断提高干部综合素质。一是继续加强制度建设，保证教育培训经常化、规范化。严格执行《迪庆州国税局干部教育培训管理办法》，每年组织实施一次全州业务统考，每年年初由人事教育科拟订年度学习计划、确定学习内容和考试时间、方法，提请党组审定后下发全州。并由人事教育部门协同有关业务科室负责落实，没有特殊情况，不得做任何调整，真正把学习纳入制度化、规范化轨道。二是改进学风，提高学习质量。为避免和克服在学习中为应付考试而学习的倾向，在学习安排上既系统，又有针对性，每年结合工作实际和更新业务知识需要突出一至两个学习培训重点举办强化培训班。三是注重理论联系实际，避免和克服学习务“虚”不务“实”的倾向，注重把学习成果转化为促进国税事业科学发展、推动工作的有效办法和解决问题的实际行动。通过理论学习，提高税务干部运用理论指导实践、推动国税事业发展的能力。四是抓好基层干部培训，各科室根据基层实际业务需要，有针对性地开展送教下基层活动，为基层干部解惑答疑，提高基层一线干部的基本技能和业务素质。五是组建了迪庆州国税系统业务知识人才库。组织年轻干部参加全州业务知识人才库选拔考试，通过综合知识、计算机知识、会计知识3次考试，选拔出10名年轻干部组建了迪庆州国税系统业务知识人才库，并对业务能手进行表彰奖励，通过表彰先进鞭策后进，在系统内营造“比、学、赶、超”的学习氛围。六是创新教育培训方式，学习先进、取长补短。结合干部队伍的综合水平、工作岗位和业务需求，选派了6名年轻干部到楚雄州国税局、玉溪市国税局学习锻炼半年，有针对性地到税收征管、办税大厅、信息中心等部门进行学习锻炼。通过在工作中接触实际税收业务，向业务水平好的同志学习，实践操作提高学习效果，给年轻干部提供了一个良好的学习机会和锻炼环境，也为各基层单位培养了一批税收业务师资力量。

【新闻事件】 积极参加“千名干部送法进村（寺）促和谐”活动。为深入宣传贯彻党的十七大三中全会和省委八届六次全会精神，按照中央和省委开展“反对分裂、维护稳定、促进发展”主题教育活动有关要求，促进云南藏区跨越式发展和长治久安，2009年4月，迪庆州委组织开展“千名干部入送法进村进寺促和谐”活动，迪庆州国税系统积极响应，共派出3名党员干部参加此项活动。州局党组高度重视此项工作，并对进村进寺宣传法律法规的国税干部提出要求：一是以高度的政治责任感和昂扬的精神状态全身心地投入此项活动中，全力以赴，进村入寺向群众、僧侣面对面宣传党和国家的政策及法律法规。二是加强调查研究，认真做好村情民意调查，做好影响基层组织建设、影响农村经济发展和社会稳定的各类矛盾纠纷的排查化解工作。三是当群众的贴心人，听真话、摸实情、出实招，真诚倾听群众呼声，真正反映群众意愿，真情关心群众疾苦，为农民出思路、解难题，促进当地经济发展和和谐稳定。四是以此次活动为载体，统筹兼顾，宣传好各项税收政策。要紧紧围绕“创新发展年”的国税工作主题，创新思路和工作方法，切实解决广大农村群众对税收法规政策和税收知识的需求问题。既要使农村纳税人进一步明确依法纳税是应尽的义务，又要使农村纳税人充分了解和掌握如何正确履行纳税义务。五是切实转变作风，放下架子、扑下身子，甘当小学生，在向群众学习，接受群众教育过程中，不断加强锻炼增长才干。同时，积极展示迪庆国税人“高标准、严要求、肯吃苦、能战斗”的风采。

【典型经验】 采取三项措施确保云南藏区国税和谐稳定显成效。自2008年“3.14”和2009年“7.5”发生不法分子进行破坏活动，扰乱社会秩序，危害人民群众生命财产安全事件后，全州国税局采取三项措施确保云南藏区国税系统的和谐稳定，取得明显实效。一是看好自己的门、管好自己的人。全州国税系统各级党组在大是大非面前保持清醒的头脑，在思想上、行动上自觉与党中央保持高度一致，从确保迪庆长治久安、维护藏区稳定、构建社会主义和谐社会的战略高度，充分认识促进征纳关系的重要性和紧迫性，进一步增强做好新形势下国税工作的责任感和使命感，把优化维护藏区稳定、优化纳税服务、构建和谐征纳关系贯穿于税收工作的全过程，不断探索、不断创新，教育、引导广大雪域国税干部认清达赖集团分裂祖国的政治本质和策划、煽动、制造不稳定事件给藏区发展稳定带来的严重危害性，立足各县区工作实际，切实做好纳税服务工作，融洽征纳关系，坚决维护当前云南藏区国税系统发展稳定团结的大好局面。二是认识清醒、立场坚定，不造谣、不信谣、不传谣。全州国税干部坚决同一切分裂主义行为作斗争，抵制一切扰乱社会、损害人民群众利益的违法犯罪活动，自觉维护社会维定和自身合法权益，配合地方政府依法打击一切违法犯罪活动，针对全州少数民族占总人口83.9%的实际，对648个宗教活动场所、24座藏传佛教寺院采取送税法进寺院的办法，加强共同维护云南藏区和谐稳定的社会环境。三是全州各级国税机关从践行“三个代表”重要思想的高度，从树立科学发展观的高度，从构建社会主义和谐社会税收征纳关系的高度，广泛开展民族团结进步创建活动，通过狠抓办税服务厅建设、加强税收宣传、抓制度建设，在系统内努力营造各民族干部职工间团结友爱、互谅互让、互帮互学的气氛，不断增强全局观念和大局意识。

（梁晓松）

香格里拉县国家税务局

经济概况

2009年，香格里拉县全年共计实现生产总值（GDP）42.21亿元，按可比价计算，比上年增长21.2%，其中：第一产业实现增加值3.09亿元，增长5%，对GDP增量的贡献率为2%，对全县经济增长的拉动力为0.4%；第二产业实现增加值18.03亿元，增长12%，对GDP增量的贡献率为26.4%，对全县经济增长的拉动力为5.6%；第三产业实现增加值21.08亿元，增长33.9%，对GDP增量的贡献率为71.6%，对全县经济增长的拉动力为15.2%。按照年末总人口计算的年人均国民生产总值达2.63万元，比上年增加3734元，增长16.51%。产业结构调整取得新突破，布局更趋于合理，三次产业的结构比例由上年的 8.4∶47.3∶44.3 调整为 7.3∶42.7∶50。

税收概况

【收入完成情况】 2009 年，香格里拉县国家税务局组织入库各项税收收入共计 1.59 亿元。其中：中央收入 1.28 亿元，省级收入 530 万元，州级收入 1164 万元，县级收入 1461 万元。完成州国税局下达年计划 1.44 亿元的 110.74%，超计划进度 10.74%，超全年任务 1549 万元。州级一般预算收入完成 1164 万元，县级一般预算收入完成 1461 万元，完成香格里拉县人民政府下达县级一般预算收入年计划 1676 万元的 87.17%，差计划进度 12.83%，差全年任务 215 万元。与上年相比，增长 12.02%，增收 1714 万元。

【收入特点】 一是税收月度收入波动较大。税收收入同比增长的月份为：1 月，27%；3 月，5%；8 月，30.2%；9 月，20.6%；10 月，42.9%；11 月，157.2%；12 月，146.3%。税收收入同比减少的月份为：2 月，4%；4 月，33%；5 月，29%；6 月，33.4%；7 月，12.7%。二是烟草制品批发业增收拉动税收收入增长。2009 年烟草制品批发业共计入库 2399 万元，同比增收 1113 万元，增长 81.88%，该行业增收额占全部税收增收额的 64.94%，成为拉动税收增长的主要因素。三是主体税种呈“三增二减”态势。“两税”及车辆购置税增收，企业所得税和个人所得税减收。具体为：增值税完成 9140 万元，同比增收 1633 万元，增长 21.76%；消费税完成 665 万元，同比增收 654 万元，增长 5945.45%；车辆购置税完成 3837 万元，同比增收 327 万元，增长 9.31%。企业所得税完成 2275 万元，同比减收 809 万元，减少 26.23%。储蓄存款利息所得个人所得税完成 53 万元，同比减收 91 万元，下降 63.19%。

【税源分析】 （一）增值税主要行业增收因素分析。1. 矿产业。2009 年矿产品增值税共完成 2989 万元，同比增收 593 万元，增长 24.75%。2009 年下半年开始，随着国内经济逐步复苏，矿产品价格稳步回升，矿产企业已在一步步走出低谷。2. 电力行业。2009 年电力行业增值税完成 3877 万元，同比增收 567 万元，增长 17.13%。随着全县小型发电厂的不断增加及相继投产并网发电，发电量持续增长给发电行业带来了增长因素，且电价上调增加了收入，电力增值税呈现出稳定增长的态势。3. 商业批发零售业。2009 年商业批发零售业共完成增值税 2068 万元，同比增收 571 万元，增长 38.14%。其中：个体增值税完成 447 万元，同比增收 29 万元，增长 6.94%，个体增值税增幅不大的主要原因是税率下调至 3% 的因素影响；商业企业完成 1621 万元，同比增收 542 万元，增长 47.77%，主要是烟草制品批发业 2009 年完成 1054 万元，同比增收 505 万元，增长 92.69%。（二）消费税主要行业增减因素分析。2009 年消费税大幅增收。主要因素自 2009 年 5 月 1 日起国家出台的在烟草商业批发环节征收 5% 的消费税的税收政策调整对消费税收入增长起到了积极作用。（三）企业所得税主要行业增减因素分析。2009 年企业所得税收入明显减少。主要原因有：1. 受 2008 年全球金融风暴的影响，矿产企业经营状况低迷，产销量大量萎缩，特别是企业所得税重点企业安乐铅锌矿厂 2009 年一直无销售，2009 年入库 2008 年年度汇算清缴税款 12 万元，同比减收 1443 万元，减少 99.18%。2. 烟草商业企业受烟草消费税政策调整因素影响，其消费税及对应的营业税金及附加增加而影响烟草企业所得税收入。（四）车辆购置税增减分析。车辆购置税增收主要原因是由于国家对小排量汽车的实行税收优惠政策拉动了小排量汽车销售量使车购税增收。（五）储蓄存款利息所得个人所得税增减分析。储蓄存款利息所得个人所得税继续减收，减收主要原因是从 2008 年 10 月 9 日起储蓄存款利息免税，从而形成收入减少。

各项工作

【税收法制建设】 根据《迪庆州国家税务局 2009 年度目标管理责任制考核办法》，就各项目标责任的落实做了具体分工，做到以制度管理人。在全县首家进行了政务信息网络发布和 96128 政务信息查询专线服务电话的安装。11 月与香格里拉县交警大队共同举办机动车驾驶员交通法规集中培训活动，通过观看宣传片和现场讲解等方式，为全局税干上了一堂深刻的交通法规教育课。

【税收征管】 （一）税收征收及管理。1. 加强税源管理。一是加强户籍管理，做好了信息共享比对。截至 2009 年 12 月 15 日，在综合征管软件中登记户数为 4264 户（注销 1585 户，纳入正常管理 2679 户，其中企业 386 户、个体工商业户 2293 户）。二是加强税源分析，强化税源管理。在组织征收工作中，抓大不放小，最大限度地限制跑、冒、滴、漏现象的发生。三是进一步加强发票管理。严格执行发票管理办法，加强发票发售和发票代开工作，严格验旧供新等制度。2. 加强依法治税。一是依法征收，确保征收工作无差错。全年共受理申报 19015 户次，受理一般纳税人抄报税 463 户次，认证增值税专用发票 3789 份，认证货物运输发票 836 份，无认证不符发票。二是要求管理人员准确掌握管区内纳税人的情况，对辖区内的临时税源和季节性税源，要求将税款及时征收入库，共征收临时税款和季节性税款 25 万元。三是对纳入医保的医药门市进行全面清理，全年征收税款 24 万元。四是采取税收管理员多次上门催缴、税务约谈等方式，将沙石行业的税款征收入库，共入库 17.5 余万元。3. 认真落实执行增值税转型改革及消费税调整等政策。为把转型改革税收优惠全额落实到位，对全县一般纳税人进行及时宣传、辅导。按规定对 2009 年度购进机器设备固定资产进行认证抵扣，共抵扣税款 33.7 万元，做到了执行政策不缩水。（二）全面细致地做好企业所得税汇算清缴工作。本着方便纳税人、简化程序提高工作率的原则，从3月中旬到5月底，对199户企业所得税纳税户全部按规定开展了自行汇算，自查面达100%。（其中盈利企业24户、亏损企业48户、空申报127户）。24户盈利企业中汇算所得税1289万元。在企业自查的基础上，对72户企业实施了重点检查，全面完成2008年度企业所得税汇算清缴工作。（三）加强了税收优惠政策管理。按照流程对报批类减免税进行严格审核审批，对备案类减免税进行严格审核备案。建立了减免税动态管理监控机制，按季对减免税企业进行了巡查，加强减免税的日常监督。2009年企业所得税减免15户，减免金额30.13万元，4户出口企业共退税150万元，车辆购置税办理免税车辆6辆，退税13辆，退税额11.29万元，1.6升以下减半征收620辆，税金167.12万元。

【税收执法】 （一）税收宣传。把税收宣传当作一项经常性的工作来抓，年初便对税收宣传进行了部署。在宣传月期间选择县城比较繁华、人流量较大的坛城广场举行税法宣传启动仪式，悬挂标语、横幅30多条，发放宣传资料1000多份，接受纳税人咨询近30多人次。举办多期新《中华人民共和国增值税暂行条例》培训班，组织单位职工和企业财务人员共360人次参加了培训。结合税收宣传月期间两会召开这一实际，在会场外向企业和个体工商户代表发放税收宣传资料。深入到藏民家中，耐心地向藏民宣传税收法律、法规、国家的民族区域自治制度和相关的民族宗教政策。（二）税务稽查。发挥稽查职能，认真组织开展日常稽查、专项检查、专案稽查等工作，着力以查促收、以查促管，实现了稽查工作质量和效率的提升。一是认真、细致地开展选案分析，按照程序实施“税务稽查约谈”，就相关税收政策进行辅导，要求企业在规定的时间内进行自查自纠。二是对纳入日常稽查计划的重点企业推行“查前预告、企业自查、案头分析、重点检查”的新型稽查方式。三是协同建塘分局进行发票检查，对3户修理企业进行发票检查，查处违章发票15份。全年共下达稽查工作计划58户；其中：专项检查4户，日常选案纳税人自查46户，协查案件8起；查结58起。共查补税款、罚款、滞纳金433.45万元。其中：查补税款352.47万元，罚款21.59万元，加收滞纳金59.39万元。

【税务信息化建设】 2009年是税收政策变动最大的一年，新企业所得税法实施首年的汇算清缴，新增值税、新消费税暂行条例及实施细则的出台，出口退税政策的大幅调整，使得各种应用系统和软件也发生了较大的变化。为了保证各项工作的正常开展，按照时完成了所有66个客户端综合征管软件系统升级和出口退税系统的升级工作，完成对卷烟消费税政策变化的系统升级工作，实现了卷烟消费税网络申报。率先在全州国税系统内实现了使用银行卡刷卡缴税，顺利完成了广域网络改造及网络教育培训系统上线、新办公大楼网络接入等重大项目，全面提升了信息化建设水平。

队伍建设

【机构设置和人员情况】 （一）机构设置。2009香格里拉县局按照省局的统一部署和安排，进行了机构改革，机构由改革前的9个增加为13个。其中：县局机关内设机构共11个：办公室、人事教育股、监察室、纳税服务股、征收管理股、所得税股、政策法规股、货物和劳务税股、收入核算股、党委办公室、办税服务厅，直属机构1个：稽查局，派出机构1个：建塘税务分局，事业单位1个：信息中心。（二）人员情况。现有在职干部66人，离退休干部34人，共计100人。在66名在职干部中，党员30人，团员10人，党团员比例达61%，学历结构为：硕士1人，大学本科34人，大专24人，中专以下7人，大专以上学历占89.39%，共有汉、藏、纳西、傈僳、白、苗等6种民族，少数民族占总人数的83.1%，其中藏族占全局人数近51%，全局平均年龄为38岁。

【领导班子建设】 以深入学习实践科学发展观活动为契机，进一步加强领导班子的政治理论学习。通过召开民主生活会的形式，认真开展了批评和自我批评，按照活动要求每位班子成员都结合自己分管的工作认真撰写专题调研文章，进一步理清了科学发展的工作思路。对照国税工作实际，领导班子带头遵守机关工作纪律，带动全局干部职工工作积极性，提高了国税机关办事效率。在工作中始终发扬民主，杜绝出现“一言堂”和“一支笔”的现象，遇到重大事项，都通过党组会议集体研究决定，真正做到了“互相补台、好戏连台”。对于职工们反映强烈的问题，局党组认真听取职工意见和建议，进行收集整理后，及时向上级反映。2009年，通过上级的支持和单位领导的不懈努力，解决了退休干部津补贴兑现、职工非领导职务的晋升、房改资金的兑现、全局职工体检和办税大厅综合楼建设等热点问题。

【干部教育培训】 由于干部教育问题是关乎国税事业科学发展、可持续发展的关键问题，所以局领导高度重视，始终给予鼓励和支持。学历教育方面，全年共安排29人参加本科学历教育。业务学习方面，积极与省局和州局相关部门协调，尽量多争取培训名额，全年共选派职工参加省内外业务培训17人次、培训时间142天，参加州内学习培训76人次、培训时间201天。结合单位实际，安排到省局和州局参加培训的人员，在单位内部举办多期培训，使单位职工及时掌握最新的政策法规和税收业务。按照全州业务考试的时间安排，邀请会计师对新《中华人民共和国增值税暂行条例》及相关政策进行认真讲解。通过多渠道、形式多样的学习培训，干部队伍素质有了不小的提高，全员顺利通过了全州业务考试，及格率达100%。

【党风廉政建设】 按照要求，强化对税收执法权和行政管理权的监督制约，使党风廉政建设健康发展。一是认真落实党风廉政建设责任制。始终坚持党组统一领导，党政齐抓共管，分解目标，量化责任，一级抓一级，层层抓落实，把党风廉政建设落实到了实处。在11月香格里拉县委党风廉政建设考核中，取得了无扣分的好成绩。二是加强政治教育，做到警钟长鸣。坚持每周五政治学习制度，认真学习时事政治，主要领导讲话，利用正反两方面的典型事例教育干部职工。三是继续做好《廉政公约》的签订和回访工作。始终把社会监督、纳税人监督作为税务干部违法违纪的重要途径。在继续开展好新增户128户的《廉政公约》签订的同时，认真做好回访工作。共向纳税人发放问卷调查表118份，收回118份。经过梳理汇总，满意率达98.3%，不满意1.7%。

【精神文明建设】 局党组坚持把精神文明建设作为国税工作的重点来抓，始终坚持"以国为根、以税为业、以人为本、以学为乐、以绩为真、以廉为荣"的国税文化核心价值观。在创建措施上形成了一套"领导重视亲自抓，人教部门具体抓，党团工青妇齐抓共管"的格局。单位文艺队全年共计为各级领导和纳税人演出3场，9月以本单位文艺队为班底的迪庆州国税文艺队在全省国税文艺汇演中获得了"最佳演绎奖"。2009年投资88500元为扶贫点33户村民每户安装一套太阳能，同时，通过与有关单位协调，为松鹤村完小解决7000余元的摄像机1台。由于领导重视、机制健全、措施得力，2009年精神文明建设取得了满堂红，办税服务厅被全国妇联表彰为"三八红旗先进集体"，县局被省委、省政府授予"文明单位"，被迪庆州委、州政府授予"2008年~2010年文明单位"，牛秀珍同志被迪庆州委、州政府联合授予"三八红旗手"。

（张　波）

维西傈僳族自治县国家税务局

经济概况

2009年，维西傈僳族自治县全年实现生产总值（GDP）16.09亿元，增长21.93%。其中：第一产业实现增加值3.14亿元，增长6.51%；第二产业实现增加值5.87亿元，增长29.54%，其中：工业增加值为0.94亿元，负增长4.5%；第三产业增加值7.08亿元，增长23.34%。全社会固定资产投资完成21.66亿元，增长65.64%；地方财政一般预算收入完成0.58亿元，增长61.13%，连续四年高于GDP增速；地方财政一般预算支出6.62亿元，增长30.29%。产业结构更趋合理，一、二、三产业增加值比例由上年的22.61:33.98:43.41调整为19.51:36.49:44。在全球金融危机仍持续蔓延的情况下，全县各项经济指标继续保持了高位增长。

税收概况

【收入完成情况】 2009年，维西傈僳族自治县国家税务局共组织税收收入3419.50万元，与上年相比增长18.15%，完成州局下达年3137万元的109.01%。其中：中央级收入为2714.17万元；省（市）级收入为26.27万元；地（市）级收入为279.35万元；区（县）级收入为399.72万元，完成县政府下达年一般预算收入439万元的91.05%。

【收入特点】 增值税、消费税、企业所得税与上年相比实现增长，储蓄存款利息所得个人所得税和车辆购置税与上年相比下降。增值税收入为2668.77万元，完成州局年计划2565万元的104.05%，超计划进度4.05个百分点，与上年相比增长23.95%。消费税收入为3.26万元，完成年计划2万元的163.09%，与上年相比增长108.36%。企业所得税收入为74.24万元，与上年相比增长201.41%。个人所得税收入为21.12万元，完成年计划10万元的211.22%，与上年相比下降55.85%，超计划111.22个百分点。车辆购置税收入为652.11万元，完成年计划550万元的118.57%，超计划18.57个百分点，与上年相比下降10.9%。

【税源分析】 分税种看，矿产行业税收增幅为24.35%，是增值税与上年相比增长23.95%的主要因素。消费税增长的主要因素由于其宗青稞酒厂销路有所好转所至。部分企业三免两减半税收优惠政策已到期，企业所得税收入增长。政策性因素是个人所得税收入下降的主要因素。维西县车辆饱和是车辆购置税收入下降的主要因素。分经济类型看，国有企业上缴税金为51.11万元，与上年相比下降21.95%，下降的主要因素由于维西县板栗园电厂发电量减少所至。集体企业上缴税金为13.56万元，与上年相比增长133.61%，增长的主要原因由于维西县塔城镇其宗电站发电量增加所至。股份有限责任公司上缴税金为2326.41万元，与上年相比增长11.65%，增长的主要原因增收于矿产行业，仅此项收入同比增收额为370.95万元，增幅为24.35%。电力行业当中电力生产同比减收额为90.69万元，减幅为28.01%；电力供应同比减收额为131.54万元，减幅为61.53%。私营企业上缴税金为120.06万元，与上年相比增长65.57%，主要增收于迪庆民用爆破器材专营有限责任公司维西零售网点销售额的增加。其他企业上缴税金为39.15万元，与上年相比增长61.92%；个体经营者上缴税金为810.20万元，与上年相比下降3.52%，下降的主要原因由于车辆购置税减收及增值税税率下调所至。

【税务管理】 一是做好纳税人税务登记管理工作。2009年共办理新增税务登记175户，注销税务登记53户。二是严格纳税申报制度。2009年应申报6580户次，准期申报6578户次，准期申报率达到99.97%。三是严格与工商部门、地税部门的户籍联系制度。四是开展纳税人户籍清理，对逾期办证3户、发票违章5户、其他违规1户纳税人进行了处罚。五是为了规范税收秩序和税收行为，堵塞征管漏洞，做到应收尽收，成立清理检查组对辖区内建筑安装、砖瓦生产、砂石采掘、超市零售行业展开清理检查，对42户不同行业纳税人进行了专项清理。六是成立工作组对加油站行业进行了整顿。七是认真审核每一份票证，全年审核各类票据达19990份。

各项工作

【税收法制建设】 一是认真贯彻《税收征管法》及其《实施细则》、《行政许可法》等涉税法律法规，完善配套管理办法，规范税收执法行为。二是完善税收执法责任制岗位职责和工作流程，完善了对执法过错行为进行处罚、追究的办法，深入推行税收执法责任制。三是认真落实重大税务案件审理制度，强化对重大税务案件查办情况的监督。

【税收征管】 （一）各税管理。一是认真执行国家的各项税收政策，严格落实组织收入原则，提高组织收入工作的质量和效率。增值税一般纳税人39户，所纳税款占全部税款的72.27%，对增值税一般纳税人企业管理成为全年工作的重中之重。2009年，按时完成了州局交办增值税转型调查户2户的税收调查工作，对2009年以来的固定资产抵扣情况按月核实，检查了增值税一般纳税人取得的所有运输发票抵扣联。二是按时完成了2008年度企业所得税汇算清缴工作。参加汇算清缴的企业共计68户，就地征管企业所得税企业68户，其中定期定额1户，征管数同上年相比增加21户，汇算清缴面达到100%。按时完成了2009年企业所得税的纳税评估工作，评估补缴税款1450元，滞纳金132.32元，按要求已及时入库。企业所得税和消费税的申报率都达到了100%。（二）发票管理。按照规定切实做好发票管理发售、认证报税、监督检查等工作，杜绝安全隐患和违法违章问题的发生。实行专人领发、专人保管、专柜（保险柜）存放。库房不存放易燃、易爆、易潮物品，钥匙由发票管理员保管，库房内安装报警器，以保证发票防火、防盗、防鼠、防蛀、防潮、防霉。

【税收执法】 （一）税收宣传。紧紧围绕“税收为了发展，发展为了民生”的宣传主题，侧重对新《企业所得税法》和增值税转型政策、两个减负、税收优惠政策、发票管理办法、服务承诺的宣传。2009年4月7日在县城念萨文化广场设立咨询点并举行税收宣传月启动仪式。宣传月期间，税务机关及工作人员张贴大幅标语5幅，发放宣传资料1200多份，现场解答企业咨询的问题88个，协调解决在税收执法、纳税服务和办事效率方面的“难点、热点”问题2大类11项，对纳税人提出的20条工作建议和意见进行梳理归纳，承诺限时办结，制定整改措施44条。（二）依法治税。一是开展阶段性的分级分类税务稽查和专项检查。全年对6户纳税户进行税务稽查，共查补入库税款为105.44万元，超额完成了州局下达的稽查任务。其中：增值税54.11万元、企业所得税29.96万元、滞纳金19.87万元、罚款1.50万元。二是开展对发票违法行为的大检查，发现有1户纳税人采用大头小尾手段虚开普通商业发票一份，对该户纳税人进行了相应处理，其中：补缴税款1759.25元，加收滞纳金167.13元，涉税行为罚款7037元，行为罚款四倍8000元，共计16963.38元。根据《维西县公安税务打击发票犯罪“端点”集中行动实施方案》文件精神，县公安局、国税局、地税局成立了检查组，以县城为重点，就是否存在制售假发票行为于8月24日进行了突击检查。三是对资产损失的审批是否符合税收法律、法规及相关配套政策文件规定，是否按照规定的权限、程序和时间办理进行了认真检查。检查了所得税的减免税是否符合法律、法规及相关文件的规定。2009年8户企业享受减免税政策，8户企业均为500万元以上且均属州局批准享受减免。其中新办企业享受6户，老少边穷1户，政策性减免1户。

【税务管理信息化建设】 一是认真做好全局网络维护工作和软硬件维护工作，按时上传数据。全年进行计算机网络维护26余次，安装调试新电脑及打印机28台次，响应并解决各部门信息系统出现的问题30余次，调换、维护电脑15台次，对检查出的6台有问题电脑进行了软件的重新安装和维护，对车购税数据和“四小票”数据认真进行了比对和上报，完成上报了2009年信息化建设与应用情况统计表填报工作。二是帮助一般纳税人和机动车销售单位做好软件的升级系统维护。全年帮助纳税人其解决问题19余次。三是做好增值税一般纳税人的发行工作。全年增值税防伪税控系统初始发行5户，变更发行授权3户，清零解锁重写5户，更换金税卡及IC卡重新发行1户。四是做好软件补丁的升级工作，综合征管软件全年进行了8次共320余台次的安装升级。五是做好网络教育培训系统及广域网改建工作。网络教育培训系统运行正常，广域网改扩建工程A、B网络设备安装到位并连接成功。

队伍建设

【机构人员情况】 （一）机构设置。县局原有7个组织机构，2009年9月下旬机构改革后，内设机构9个：办公室、政策法规股、税政股、征收管理股、人事教育股、监察室、收入核算股、办税服务厅；直属机构1个：稽查局；派出机构1个：维西县国家税务局保和税务分局；事业单位1个：信息中心。（二）人员配置。共有40名在职干部，其中：少数民族干部25人，男23人，女17人；本科以上学历21人，大专学历15人，高中3人，初中1人，党员19人，团员1人。

【领导班子建设】 一是加强自身建设，通过对政治理论和税收业务的学习，切实提高了工作计划的策划实施能力和带好队伍解决各种复杂问题能力。二是坚持民主集中制，按照集体领导、民主集中、个别酝酿、会议决定的原则，全局工作目标的确定，人事任免，大额资金支出，重要活动等，由班子集体讨论决定。班子成员根据集体的决定和分工，切实履行自己的职责。坚持召开党组民主生活会，认真搜集和听取党内外群众的意见，自觉接受监督，开展批评与自我批评，增强班子团结。

【廉政建设】 以党的十七大和中纪委十七届二次全会的重要精神为指导，贯彻落实全省、迪庆州国税工作暨党风廉政建设工作会议精神，积极组织开展“学习实践科学发展观”活动，加强学习党风廉政建设和反腐败会议精神，组织观看反腐教育片子，严格按照限时办结制等“四项制度”、阳光政府的要求，加强党风廉政建设。年初，局长代表县局党组同各股室、分局签订了《党风廉政建设责任书》，明确了党风廉政建设工作任务，将任务量化细化并分解，责任到人。在2008年与纳税人签订《纳税公约》工作的基础上，与2009年新开纳税户继续签订《纳税公约》，全年签订户数共25户，其中：个体户22户，企业3户。截至2009年底共签订《纳税公约》446户，按照不低于10%的回访率进行回访，全年回访45户，回访率10%。通过签订《廉政公约》和回访调查，纳税人和社会各界对县局工作反映较好，真正建立起一种双向监督制约机制。

【精神文明建设】 以开展创建文明单位、文明行业、先进集体等为主要内容的精神文明创建活动促进税收执法的规范和服务水平的提高，提升部门形象，搞好队伍建设。积极参与各项文体活动，在活动中着力培养广大干部顽强拼搏、团结协作、积极上进的团队精神，发掘干部潜力，增强干部自信心，努力打造一支精神风貌好、敢打硬仗、善打硬仗的干部队伍。2009年，县局获得以下表彰：一是2009年1月15日，在全省国税工作会议上，维西县国税局办税服务厅被云南省国税局、云南省妇女联合会表彰为“巾帼文明岗”称号；二是在4月16日全州召开的第二批新农村建设工作队总结表彰会议上，维西县国税局被中共迪庆州委、迪庆州人民政府表彰为“第二批社会主义新农村建设指导员先进派出单位”；三是在县综治维稳办公室组织的量化考核中，维西国税局获得了98.50的高分，被表彰为“2008～2009年度综治维稳暨平安创建工作先进单位”；四是维西县国家税务局党支部被中共维西县直属机关工作委员会表彰为“2008～2009年度先进党支部”；五是维西县国家税务局合唱队在维西县委宣传部于10月15日举办的“唱红歌·颂祖国”主题歌咏比赛活动中获得了优秀奖。

【教育培训】 一是加强学历教育培训。2009年，共有15人参加本科函授学习并毕业。二是加强干部职工的政治思想教育，根据学习计划，党组成员完成调研报告4份，职工写心得体会40份。三是加强业务知识培训，根据县局年初制订的学习计划，将新《增值税条例》及其《实施细则》、新《消费税条例》及其《实施细则》、阳光政府“四项制度”文件资料作为学习的重点，全年组织全局职工进行培训33次。在2009年全州国税系统业务知识考试中，县局取得了及格率100%的成绩。四是积极派人参加省局、州局、地方政府举行的各类培训，全年参加培训人员为27人次。

（和金亮）

德钦县国家税务局

经济概况

2009年，德钦县实现生产总值（GDP）9.47亿元，同比增长22.1%；财政一般预算收入完成4470万元，同比增长60.3%；城镇居民人均可支配收入预计达1.52万元，增长8.5%；农民人均纯收入预计达2944元，增长12.5%；全年固定资产投资完成16.28亿元，同比增长40.4%；全年接待国内外游客62.7万人，同比增长7%；全年实现旅游总收入4.15亿元，同比增长11.7%；全年共引进资金5亿元。

税收概况

【收入完成情况】 2009年，德钦县国家税务局共组织税收收入5522万元，比2008年增长58.3%，增收2261万元。其中，增值税完成4968万元，同比增长107.8%，增收2577万元；消费税完成12.58万元；企业所得税完成335万元，同比减少50.2%，减收333万元；储蓄存款利息所得个人所得税完成5.7万元；车辆购置税完成194万元，同比增长61.7%，增收74万元。

【收入特点】 一是增值税收入比重继续加大，是德钦国税收入的主体税种。2009年增值税完成4968万元，占年度计划3400万元的146.1%，同比增收2577万元，增长107.8%。二是矿业税收增势强劲，2009年由于铜、铁等基础矿产资源市场价格不断回升，矿产企业效益相应提高，为德钦县国税收入增长发挥了明显的促进作用。2009年以德钦维科矿山技术开发有限公司和德钦高原矿业有限责任公司为代表的采矿业入库增值税3680万元，占全年总收入的67%，成为矿业税收的“支撑点”，是德钦国税收入的支柱税源。

【税源分析】 一是与2008年相比。2009年入库各项税收5522万元，比2008年收入3261万元增长69.3%，增收2261万元。2009年“两税”入库4981万元，比2008年“两税”收入2400万元增长107.54%，增收2581万元。2009年增值税入库4968万元，比2008年

2391万元增长107.8%，增收2577万元。2009年消费税入库12.6万元，比2008年消费税3.5万元增长38%，增收3.5万元，2009年企业所得税入库335万元，比2008年企业所得税668万元减少50%，减收333万元。2009年车辆购置税入库194万元，比2008年车辆购置税120万元增收61.7%，增收74万元。二是县局所管辖区税源主要为：电力、有色金属矿产品、商业批发零售，2009年税收收入总体比2008年有所增长，受政策因素影响企业所得税、储蓄存款利息所得个人所得税均比2008年收入有所下降，受国家经济刺激计划影响矿产品价格有所上升，企业经营逐步恢复，增值税收入比2008年有较大幅度增长。

各项工作

【税收法制建设】 一是加强法治教育，增强法治意识，保证按照法定权限和程序行使权力、履行职责，做到依法征税、应收尽收。为了强化税收执法监督，德钦县国税局深入推行税收执法责任制，认真落实税收执法责任制岗位职责和工作规程范本，推广税收执法管理信息系统，严格过错责任追究，建立税收执法监督考核评价机制，保证干部严格、公正、文明执法。同时，认真开展税收执法检查，将发票填开、一般纳税人认定等环节作为执法检查重点，在日常检查中发现问题及时整改。加大查处力度，继续严厉打击虚开和故意接受虚开增值税专用发票和其他可抵扣票，以及利用做假账、两套账、账外经营等手段进行偷税的行为。二是深化税收宣传教育，营造依法诚信纳税氛围。依托办税服务厅窗口，做好日常税法宣传、税法咨询等相关工作；先后组织开展了送税法进企业、进学校、进机关活动，扩大了税法宣传范围。三是通过规范办税服务业务，简化审批程序，制定限时办理制度，方便了纳税人；建立"首问责任制"和"文明办税"等制度，加强了与纳税人的联系和沟通，营造了良好的税收环境。

【税收征管】 一是管理效能不断提高。2009年县局对税收管理员管户情况重新进行调整，涉及税务人员4名、纳税企业140余户。全面推行税收管理工作平台，搞好相关业务培训，切实提高广大干部的业务理论和微机操作水平，推动税收征管工作的科学化、精细化，征管质量和效率明显增强。二是协调联动机制运行顺畅。结合工作实际，为了进一步明确职责、细化内容，协调联动提质增效。全年召开多次会议，确保了内部各岗位、各环节工作有序运行；转发相关文件200多条，实现征管信息局内共享，促进了各项工作顺利开展。三是对纳税人资料实行"一户式"管理，税收管理员在日常管理工作中要将税源管理职责落实到户，全面、及时、准确地掌握税源的规模和分布情况，管理员对纳税人追踪入户，知情到点，实行零距离联系税源，把握纳税人生产经营变动情况，了解掌握纳税人纳税义务履行情况；根据纳税人的生产经营状况和纳税情况，对纳税人实施分类管理。四是强化申报征收基础管理。对纳税人申报工作在征收前台数据录入、管理前台审核比对、后台查询监控，严格查询与审核。从源头开始严格控制数据采集质量，提高录入准确率。实现"两个确保"：确保实行介质申报的企业报送的各项数据真实完整、准确；确保税务人员手工录入系统的各项数据真实、完整、准确。同时做好事后的查询纠错，实现了税务执法管理信息系统的全年零过错的佳绩。

【税收执法】 （一）税收宣传。在税收宣传月活动里，紧扣"税收·发展·民生"的税收宣传主题，从实际出发，一重效果，二重特色，开展了形式多样的宣传活动，营造了良好的税收环境。一是把自行编印的修订后的《中华人民共和国增值税暂行条例》及其实施细则和国务院、国家税务总局下发的最新税收政策，等税收宣传材料赠送给全县增值税一般纳税人、个体大户。二是与德钦县地税局联合在城市主干道上设立咨询台，发放下岗再就业税收优惠政策等各类税收资料，及时解答纳税人提出的疑难问题，同时还上户发送税法宣传便民联系卡，送税收优惠政策到纳税人手中。三是邀请纳税人和社会各界代表召开座谈会，宣传税收优惠政策，现场辅导解答相关税收业务问题，征求纳税人对国税部门管理服务中存在问题的建议。（二）税务稽查。继续加强税务稽查力度，整顿和规范税收秩序。克服困难，迎难而上，通过对纳税大户逐户调研，全方位深入分析、预测，向税收深层次管理要收入，充分发挥税务稽查职能作用，以查促管，打击税收违法行为，对德钦县重点税源企业进行专项检查，2009年共查补入库税款、罚款、滞纳金共计772万元。（三）执法检查。一是成立了由局长任组长，分管领导任副组长，各业务部门负责人为成员的领导小组，对税收执法检查工作进行统一指导。二是制订方案，细化内容。将检查的具体内容分解落实到征收、管理、稽查等各个执法环节，各部门先对自身的税收执法情况开展自查，县局再选取税收规范性文件制定、税务行政审批、减免税审批等方面进行重点检查。

【税务管理信息化建设】 一是确保全局网络硬件和全局办公自动化系统、金税稽核、CTAIS系统、车购税征管系统等软件系统安全运行，全年共排除故障50余次；二是进行了机房的防雷检测工作；三是加强信息化办公环境建设，根据对机房办公条件、电源接地、计算机使用情况等进行的全面检查，有计划地对发现的问题进行改造、完善。

队伍建设

【机构设置和人员情况】 2009年按照省州局机构改革实施方案的部署，县局就"理顺权责关系，明确和强化责任，规范机构设置，完善体制和机制"的机构改革目标以及需要坚持的五个基本原则等进行了机构改革，机构由改革前的9个增加为13个。（一）机构配置情况。

县局机关内设机构共11个：办公室、人事教育股、监察室、纳税服务股、征收管理股、所得税股、政策法规股、货物和劳务税股、收入核算股、党委办公室、办税服务厅，直属机构1个：稽查局，派出机构1个：升平税务分局，事业单位1个：信息中心。（二）人员情况。有在职干部职工32人，其中：少数民族有31人，大专以上学历27人，党员16人。

【领导班子建设】 一是加强学习。把加强学习，提高素质作为局领导班子建设的紧迫任务来抓，结合“学习实践科学发展观活动”，要求每个班子成员都要制定学习计划和目标，做到在工作中学习、在实践中学习，时时学、处处学，切实提升领导班子成员自身综合素质和能力。二是强化团结。工作中要求每名班子成员都要树立全局意识和互补意识，班子成员之间要注重四方面的沟通：思想沟通、感情沟通、工作情况和信息沟通，达到有效地凝聚班子每个成员的智慧和能力，充分发挥和提高领导班子的整体合力。三是大力弘扬班子队伍求真务实作风。坚持解放思想、实事求是，班子成员之间要讲实话，出实招、办实事、求实效。四是定期召开民主生活会。民主生活会主题要明确，把找准抓住和解决存在的突出问题作为重点抓好。对干部群众反映强烈的热点、难点问题，要在生活会上重点进行剖析检查，深挖根源，提高思想认识。

【党风廉政建设】 为更好地响应省局和州局关于党风廉政建设的精神，成立了以党组书记、局长为组长、副局长和纪检组长为副组长和各股（室）负责人为成员的县局党风廉政建设工作领导小组。结合实际制订具体建设计划。严格执行党风廉政建设责任制，局长与各股室负责人签订《党风廉政建设责任书》，并将党风廉政建设任务量化细化分解到各股室，自上而下将任务落实到具体岗位和具体人员上。还将党风廉政建设和反腐倡廉工作列入内部目标考核责任制进行考核。一是通过召开党组会、局务会和全局国税党风廉政建设工作会议，使干部的思想和行动切实统一到国税系统关于党风廉政建设和反腐败工作的决策和部署上来。二是认真开展了《公民道德建设实施纲要》、税务职业道德教育、社会主义核心价值体系和廉洁自律相关规定的学习教育，提高了干部忠于职守、依法行政、秉公执法、清正廉洁的思想意识。三是把廉政文化与廉政教育有机结合起来，以生动的文化熏陶和感染全体税务干部。通过开展“廉政大家谈”、观看教育片等各项活动，丰富国税文化，达到以文化人，以德育人、依法治人的境界，实现教育干部、预防腐败、服务发展的目的。四是通过认真落实走访纳税人工作制度；认真落实《廉政公约》的签订和回访工作制度，与80户纳税人签订了《廉政公约》，走访和发放回访问卷等措施，完善惩防体系，使纳税人对德钦县国税局税务干部履行《廉政公约》的履行满意率达到了98%。

【教育培训】 针对全员年龄偏大、业务底子较薄、岗位技能偏低、应试水平较差的实际，积极探索，统筹兼顾，量化培训标准，组织全体干部职工培训学习了修订后的《中华人民共和国增值税暂行条例》及其《实施细则》和国务院、国家税务总局下发的最新税收政策，并对照新旧政策变化的内容，逐条进行了学习和讨论，通过培训学习，使整体业务素质有了显著提升。2009年11月，在全州业务考试中，县局总体成绩有了大幅度的提高。

【精神文明建设】 2009年精神文明建设得到了显著成效，先后荣获了国家人力资源部、国家税务总局等两部委表彰的“先进集体”、省委、省政府表彰的省级“文明单位”、省局表彰的“巾帼文明示范岗”等各项荣誉称号。

【新闻人物】 德钦县是云南省海拔最高、自然条件最艰苦的国家级贫困县。然而，就是在这块贫瘠的土地上，活跃着一位和蔼可亲、随时用中共党员身份严格要求并约束自己言行、有着30年工龄的好党员、好领导、好干部，他就是德钦县国税局党组书记、局长斯那品初同志。多年来，他组织带领全局干部职工顽强拼搏、锐意进取，谱写出德钦国税事业的一篇篇动人乐章！德钦国税工作一年一个台阶，税收收入大幅度增长，精神文明建设成果丰硕，至2009年获得了国家人力资源部、国家税务总局两部委表彰的“先进集体”、省局表彰的“巾帼文明示范岗”、省级表彰的“文明单位”等多项荣誉称号，2009年他本人也荣获“优秀公务员”、“先进工作者”等荣誉称号，这一切荣誉，无不凝结着他的智慧和汗水。他干一行、爱一行，无怨无悔地选择了税收工作，他对个人的荣辱得失，他看得很淡，但对国税局的形象荣誉，他却看得很重。面对上级的检查、考核他都高度重视、精心准备，为了国税局的荣誉，勇争一流。无论是星期天，还是节假日，只要工作需要，就全身心地投入，以高质量的工作赢得了各级领导机关的好评。他用自己辛勤的付出，用自己的一言一行，感染和影响了身边的每一名同志，用人格的力量和突出的业绩，得到了各级领导的肯定，更得到了广大干部的尊重和认可。

（徐永刚）

香格里拉经济开发区国家税务局

经济概况

2009年香格里拉经济开发区以“保增长、保民生、保稳定”为目标，从“抓项目、抓园区、抓服务、抓招商、抓财源”五个方面着手，努力降低金融危机对经济的影响，实现了经济社会的平稳发展。全区全年实现生产总值（GDP）11.26亿元，同比增长20.5%，全面完成州政府考核目标责任数；三大产业的产值比为0.36:34.96:64.68；完成工业增加值4.17亿元，同比增长12%；完成全社会固定资产投资2.56亿元，同比增长36%；引进州外到位资金3.47亿元，同比增长79%，；完成财政税收总收入1.29亿元，同比增长9.8%；完成地方财政一般预算收入5478万元，同比增长22%；实现粮食总产量2008吨，农民人均纯收入3509元。

税收概况

【收入完成情况】 2009年，香格里拉经济开发区国家税务局共组织完成税收收入8687万元，完成迪庆州国家税务局下达计划任务数8678万元的100.10%；完成地方政府下达任务数1.01亿元的85.49%；比2008年实际完成数8604万元增长0.90%。其中，增值税完成7958.27万元，消费税完成183.3万元，所得税完成545.55万元。

【收入特点】 一是税收收入克服金融风暴的不利影响，继续保持稳定增长，同比增长0.90%。二是三个税种“两增一减”，其中所得税的增长幅度最大，同比增长240.56%，消费税同比增长66.97%，增值税同比减少4.51%。三是非公有制经济发展较快。税收收入结构中，私营企业、国有企业、个体经营所占的比重下降趋势明显。与之相反，外商投资企业、股份公司所占的比重上升。私营企业税收收入为58.83万元，同比下降95.12%；国有企业税收收入为343.17万元，同比下降57.16%；个体经营税收收入为20.67万元，同比下降8.60%；外商投资企业税收收入为1112.79万元，同比上升56.74%；股份公司税收收入为7152.69万元，同比上升21.83%。四是各行业税收收入增减幅度变化大。饮料制造业税收收入为1104.47万元，比2008年增长55.91%；电力热力生产供应业和黑色金属冶炼及压延加工业税收收入减少，同比分别减少55.09%，10.02%。

【税源分析】 一是从分税种征收管理情况看，2009年增值税收入占税收收入总额的91.61%，同比有所下降，但仍为全区的主体税种。所得税收入同比增长240.56%，涨幅突出，主要原因是税收政策的调整，香格里拉酒业公司、华致酒行连锁管理有限公司等重点税源企业由“免税”阶段过渡到“减半征收”阶段。二是从分行业征收管理情况看，由于金融危机对实体经济的影响日益加深，导致矿产行业的产量萎缩，矿产行业的税收收入减少。如：黑色金属冶炼及压延加工业减收147万，同比下降10.02%。同时，矿产行业的萎缩导致用电需求下降，加之上半年干旱发电量减小，刚成为2008年增收亮点的电力业销售下降，减收442.32万，同比下降55.09%。

【税务管理】 一是做好纳税人的税务登记管理工作。2009年按照“限时服务”要求共办理新增税务登记42户，注销税务登记1户。二是严格纳税申报制度。2009年纳税申报应申报1612户次，已申报1612户次，申报率达到100%。其中：增值税应申报1272户次，已申报1272户次，申报率达100%；消费税应申报60户次，已申报60户次，申报率达100%；企业所得税应申报280户，已申报280户，申报率达100%。三是加强个体工商户税收管理，保障个体工商户定额核定系统的正常运行，进一步规范税收管理员的工作行为、统一纳税环境。

各项工作

【税收法制建设】 一是按照全州国税工作会议精神，认真贯彻落实《税收征收管理法》，严格清理漏征漏管户。二是全面落实税收执法责任制，强化责任意识，完善税收执法岗责体系。严格落实执法责任，加大考核力度，并结合“黄牌警告制度”，严格追究责任，促进了税收执法水平和干部队伍素质的提高。三是对黄牌警告制度进行调整，把原来规定“罚款50元”的条款都改为“罚款100元”。通过加大惩处力度，提高干部责任意识。

【税收征管】 一是各税管理。认真执行国家的各项税收政策，严格落实组织收入原则，提高组织收入工作的质量和效率。占全部征管户15.23%的30户增值税一般纳税人，所纳税款占全部税款的99.44%。所以对增值税一般纳税人企业的管理，成为全年工作的重中之重。二是强化申报管理。综合征管软件上线以来，香格里拉经济开发区国家税务局纳税申报率始终保持在较高水平，2009年总申报率和各税申报率都达到100%。三是强化欠税管理。采取有效措施严格控制新欠税款发生，实现年内无新增欠税。四是加强个体工商户税收管理。按照总局16号令要求，认真贯彻执行国家税务总局《个体工商户税收定期定额征收管理办法》的规定。进一步加强和规范个体工商户定期定额税收管理，特别是保障2008年6月起开展使用的个体工商户定额核定系统的正常运行，使个体税收管理向着有序化的方向发展。五是强化普通发票管理。针对发票管理的薄弱环节，切实加强对发票领购计划、发票入（出）库及库房安全、发票运输、发票票种核定、发票发售、发票验旧、发票缴销、普通发票日常管理、发票使用检查的管理，杜绝发票安全隐患的出现和发票违法违章行为的发生，不断提高普通发票管理质量，做到发票日常管理工作到位，发票制度健全，保证了账实、账账相符。

【税收执法】 （一）税收宣传。一是认真贯彻落实税收宣传月主题实践活动。通过组织全体税务干部在沿街一线、集贸市场等地方，采用悬挂大幅标语、张贴宣传口号，发放传单等传统方式进行税法宣传。二是在办税大厅设立税收政策咨询窗口。三是通过培训传达税收政策。3月13日至14日，开发区局对辖区内涉及汇算清缴的企业财务会计人员、办税人员进行了所得税汇算清缴及增值税转型培训。四是组织税干对增值税转型的相关内容进行学习，保障税收政策宣传落实到位。（二）依法治税。一是开展纳税评估工作。对无量藏泉水公司、仁和废旧金属公司、鑫源铁合金公司进行了纳税辅导和开展了纳税评估工作，共评估入库税款3万元、调增应纳税所得额32万元。二是认真贯彻落实税收优惠政策。通过思想到位、税法宣传到位、政策执行到位、责任追究到位，贯彻落实税收政策。2009年共审批了3户备案类减免的企业。（三）深入开展稽查工作。2009年作为开发区国家税务局稽查局成立的第一年，从3月份开始就分动员部署阶段（3月上旬至4月上旬）、重点检查阶段（4月上旬至9月下旬）、总结整改阶段（10月份）3个阶段开展稽查工作。其间，对5户重点税户进行了检查。

【税收管理信息化建设】 一是建立健全了税务系统首期安全防护体系。二是进行了网络扩容改建工程。2009年12月8日，联通、广电的光纤已接入机房。三是11月4日安装调试好了网络教育培训系统。四是做好防伪税控企业端的推行工作。全年新增企业初始发行4户，变更发行2条，重写IC卡信息6条。12月8日，辖区内20户企业已实现专用发票货运发票抵扣联网上认证，系统运行平稳。

队伍建设

【机构设置、人员配置】 按照省州局机构改革实施方案的部署进行机构改革，内设机构8个，分别为：办公室、税政股、征收管理股、政策法规股、人事教育股、监察室、办税服务厅和收入核算股，直属机构1个：稽查局，事业单位1个：信息中心。2009年，全局在职干部12人。其中，本科学历8人，占66.67%；专科学历3人，占25%；中专学历1人，占8.33%。

【领导班子建设】 一是领导班子注重对邓小平理论、“三个代表”重要思想、党的十七大精神的学习，牢固树立和认真落实科学发展观。二是积极响应省局2009年“创新发展年”这一主题，领导班子结合实际税收工作，以提高执政能力为目标，团结协作，开拓创新。三是坚持领导班子民主生活会制度，单位内部通过书面提意见，实行民主表决，这不仅提高了领导班子的凝聚力和战斗力，也提高了领导班子解决自身问题的能力。使领导班子做到紧密团结群众、与时俱进、开拓创新，促进班子建设和工作的协调发展。四是通过反腐倡廉专题会议及组织相关学习活动，切实加强思想、作风建设，努力创建廉洁型班子。

【廉政建设】 一是认真开展了对《公民道德建设实施纲要》、税务职业道德教育、社会主义核心价值体系和廉洁自律相关规定的学习教育。通过对杨雪斌、王瑛等先进事迹的正面宣传和汪宏顺、刘平犯罪的反面警示教育，提高了干部忠于职守、依法行政、秉公执法、清正廉洁的思想意识。二是结合税收工作实际，进一步落实《建立健全教育、制度、监督并重的惩治和预防腐败体系实施纲要》的精神，继续深入开展廉政建设工作，成立了以党组书记、局长为组长、副局长和纪检组长为副组长和各股（室）负责人为成员的香格里拉经济开发区国家税务局党风廉政建设工作领导小组。三是严格执行党风廉政建设责任制。局长与各股室负责人签订《党风廉政建设责任书》，并将党风廉政建设任务量化细化分解到各股室，自上而下将任务落实到具体岗位和具体人员上。四是将党风廉政建设和反腐倡廉工作列入局内部目标考核责任制进行考核。强化了制度对党风廉政建设工作的有力保障作用。五是2009年5月15日被香格里拉经济开发区管委会授予2008“党风廉政建设先进单位”。从2007年到2009年，云南省香格里拉经济开发区国家税务局已连续3年获得该项荣誉。

【精神文明建设】 一是把思想道德建设和国税文化建设作为促进全局工作又好又快发展的推动力，并将其纳入党组、机关党团支部等工作的重要议事日程。做到组织收入和创建文明单位共同部署，共同推进。二是大力推进国税文化建设。在继续认真开展每周五唱歌活动的同时，组建了自行车队，引领了全区自行车锻炼热。6月27日至29日，对全体职工进行了为期3天的摄影培训。陶冶了干部情操，提升了干部生活情趣。三是继续认真开展扶贫点工作。对迪庆州民族中学的困难学生和森吉梅朵慈善学校的继续帮扶。四是认真配合完成了省局精神文明检查小组的工作。

【教育培训】 2009年参加省局有关流转税、所得税以及网络教育等培训6人次；到迪庆州国家税务局参加业务培训及人才库选拔考试达19人次；参加初任培训2人次；参加执法资格考试4人次；参加专升本学历教育函授2人次；要求参加的12名税务干部都参加了全州业务统考；根据州局培养年轻税务干部的工作部署，安排1名同志到楚雄州进行学习锻炼半年；针对在日常税收工作中遇到的业务、技术问题，组织各业务部门通过自行学习、集中辅导等途径提高业务技能。通过各种渠道，达到税务干部提高综合素质的目的。

【新闻事件】 2009年4月召开的迪庆藏族自治州共青团州委八届二次全会上，开发区局办税服务厅荣获“青年文明号”称号。开发区局办税服务厅是一个平均年龄不到28岁的充满活力且富有战斗力的团体。一直以来，办税服务厅集税收管理与征收为一体，一人多岗多责，执行AB角工作服务制度。办税服务大厅，连年圆满完成管理、征收等各项税收工作任务。用敬业、务实、高效的工作作风，诠释着“聚财为国，执法为民”的税收宗旨。

（王金莲）

临沧市国家税务局

经济概况

2009年，全市国民经济保持了快速发展势头，全年共完成生产总值（GDP）177.1亿元，比2008年增长11.4%。其中：第一产业完成62.2亿元，增长6.6%；第二产业完成58.6亿元，增长12%；第三产业完成56.3亿元，增长15.8%。三次产业结构比例为35.1:33.1:31.8。非公经济实现增加值65.3亿元，比2008年增长15.9%，占全市生产总值的36.9%。全年完成财政收入16.8亿元，同比增长8.9%，其中完成地方一般预算收入10.1亿元，同比增长18.5%。完成地方一般预算支出69.3亿元，同比增长41%。全年居民消费价格总水平同比下降1%。

税收概况

【收入完成情况】 2009年，临沧市国税系统共组织各项税收收入7.05亿元，同比减收9745万元，下降12.15%。完成省局调整后计划7亿元的100.65%。其中：增值税5.37亿元，同比减收1.34亿元，下降19.95%；消费税3865万元，同比增收1920万元，增长98.71%；企业所得税5781万元，同比增收547万元，增长10.45%；储蓄存款利息所得个人所得税373万元，同比减收511万元，下降57.81%；车辆购置税6780万元，同比增收1672万元，增长32.73%。“三税”（增值税、消费税、企业所得税）收入6.33亿元，占市政府调整数6.26亿元的101%。

【收入特点】 一是国税收入呈前低后高、减收幅度逐月收窄趋势。全市1至7月平均入库数仅为3925万元，远远低于全年5872万元的平均数；8月份后，随着骨干税源企业经济效益的回升，国税收入也逐月增长，8至12月平均月入库数达8597万元。二是八县（区）国税收入“一增七减”。除临翔区外，7个县的国税收入同比均减收，临翔区国税收入总量同比增长8.33%，其他7个县的减幅在8.06～24.25%之间，全市平均减收比例为12.15%。三是五个税种呈“三增二减”。即：消费税、企业所得税、车辆购置税增收；增值税、个人储蓄存款利息所得税减收。四是增值税重点税源减收幅度大。其中：糖业增值税减收2923万元，减幅17.28%；电力增值税减收5905万元，减幅23.80%；有色金属增值税减收3014万元，减幅35.45%。三项增值税共计减收11842万元，占全市增值税总减收额的88.55%。

【税源分析】 从减收的因素分析，一是增值税税款跨期因素。2007年跨入2008年入库的增值税为6280万元，而2009年无跨期税款可收。二是增值税转型等一系列税收政策执行因素。全市国税系统因增值税转型、卷烟消费税政策调整、小规模纳税人征收率调整、1.6升以下排量车辆购置税减半征收等一系列税收政策的执行，共造成税款减收3182万元。三是市场因素。2009年，由于受国际金融危机的冲击，全市实体经济普遍受到影响，特别对主体税源电力、糖、矿等重点企业的影响较大。2009年漫湾、大朝山电站同比共计减少发电27.12亿度，减收增值税5365万元；糖业2009年入库增值税1.4亿元，同比减少2923万元；有色金属全年收入5487万元，同比减收3014万元。从增长的因素看，主要在消费税上，由于国家出台了在卷烟批发环节加征一道消费税政策，从5月1日起，全年共征收消费税3865万元，同比增收1920万元，增长98.71%。四是企业所得税稳步增长。2009年全市加强了对所得税的预缴管理，确保全市所得税预缴收入占全年应纳税款比例达到80%，全年共实现收入5781万元，同比增收547万元，增长10.45%。五是个人所得税持续减收。受2008年10月份暂免征政策的影响，全年共完成个人所得税373万元，同比减收511万元，下降57.81%。

【税务管理】 一是坚定不移地贯彻落实“依法征税、应收尽收，坚决不收过头税，坚决防止和制止越权减免税”的组织收入原则，既确保税收政策落实、税收收入及时足额入库，又不断规范执法和提升管理质量。二是强化管理，做到“既抱西瓜，又捡芝麻”。在强化“百户企业”管理，抓住糖、电、矿等重点税源的同时，通过完善定额核定、发票管理等措施，抓住个体、中小企业等纳税户，管好零散税源。三是强化分析监控和检查考核。采取“调研＋分析”的方法，深入基层、企业掌握第一手资料，综合运用多种方法开展数据分析，对问题和困难实施上下左右会诊分析，进一步强化了对组织收入进度、税源变化情况的监控，进一步提高了判断税收收入形势的能力。四是全力挖潜增收。通过开展专题纳税辅导，优化纳税服务，落实税收政策来增加税收收入；通过开展专项稽查和重点检查，整顿了税收秩序，治理了税收环境。同时，加强与相关部门的联动协调，得到了党委政府对国税工作的理解和支持，创造了良好的外部环境，确保了组织收入工作的顺利开展。

各项工作

【依法治税】　一是进一步落实行政审批清理工作。按照《云南省国家税务局转发云南省人民政府关于取消和调整部分行政审批项目的决定》的要求，对1994年以来至2008年市局制定的109份制度文件进行了全面清理，确认继续有效75份、全文废止或部分废止的制度文件34份。重新公示行政审批和行政许可事项，及时调整和规范行政审批和行政许可，确保税务行政审批事项和税务行政许可事项得到正确、规范实施。二是强化预防和考核。对执法考核子系统上线运行以来的情况进行了全面总结，对执法系统考核中容易出现过错的30个指标进行了梳理，编写了《税收执法管理信息系统（V1.1升级版）易产生过错考核指标业务操作规范提示》，规范了执法行为和软件操作行为，有效地避免和减少了执法过错行为的发生。2009年，全市执法子系统考核过错率为0.07‰，凤庆、镇康、耿马3个县局实现了零过错。三是强化检查。以企业所得税管理、重点行业管理、小规模纳税人代开增值税专用发票为重点，全面开展税收执法检查；以税收政策执行、税收执法和税收执法管理信息系统运行情况为检查内容，全面开展了税收执法专项检查工作。

【税收征管】　（一）货物和劳务税管理。一是认真抓好增值税转型的落实工作，进一步提高综合管理水平，既及时贯彻税收政策，又最大限度降低政策调整对国税收入的影响。二是强化纳税评估和检查核查工作。完成了重点税源增值税纳税评估、水泥生产企业专项评估、运输发票抵扣进项税情况专项评估、利废企业增值税专项评估、销售废旧物资及抵扣增值税专项核查、农产品进项税抵扣分析评估、车辆购置税“一条龙”异常发票核查等专项工作，共查补税收、滞纳金696.49万元。三是不断加强增值税一般纳税人的认定管理。对符合一般纳税人条件的，一律认定为一般纳税人。2009年底，全市共有增值税一般纳税人642户，占税种登记户数18088户的3.55%。四是加强金税工程及防伪税控的管理工作，突出制度的建设与落实，确保全市金税工程各系统平稳运行。2009年，全市纳入防伪税控系统管理的增值税一般纳税人334户，报税率达100%，认证相符率99.99%。五是认真落实车辆购置税档案管理改革和车辆购置税档案清理工作。全市已有22018户车购税纳税人自行保管纸质档案。（二）企业所得税管理。一是抓好所得税汇算清缴。落实“明确主体、规范程序、优化服务、提高质量”的汇算清缴工作方针，圆满完成了2008年度企业所得税汇算清缴工作任务。应参加2008年度汇算清缴企业557户，实际参加汇算企业557户，参加汇算企业涉及20个汇算行业中的16个行业，参加汇算企业营业收入合计30.81亿元，营业成本合计26.35亿元，实际应纳所得税额合计4046.13万元。二是强化纳税评估，以管理促收入。2009年，全市共进行企业所得税纳税评估45户，评估增加应纳税所得额1095万元，补缴所得税103万元，调减2008年度待弥补亏损额1667万元，弥补以前年度亏损408万元。三是采取落实企业、落实责任、重点监控等措施，落实企业所得税预缴率达70%以上的要求。（三）进出口、大企业和国际税收管理。一是在进出口税收管理上。优化管理模式，规范业务流程，强化调查核实，加快异地出口函调，实现管理关口前移；2009年共办理出口货物退税1200万元，圆满完成了省局下达的年度退税计划指标等各项工作任务。二是在大企业和国际税收管理上，主动加强与地税部门的联系协调，圆满完成了对3户企业的大企业税收自查督导工作，企业补缴税款及滞纳金180.55万元（其中：税款170.62万元，滞纳金9.93万元）；主动深入涉外企业做好《非居民企业所得税源泉扣缴管理暂行办法》和《国家税务总局关于进一步加强非居民税收管理工作的通知》等一系列管理办法的宣传；加强与商务部门协作，跟踪了解在缅甸开展境外替代种植的19户境外投资企业经营活动，并深入8户重点企业开展调研，积极探索对“走出去”企业的管理和服务工作。

【纳税评估】　一是重点税源增值税纳税评估。2009年，全市纳入省局流转税目标管理考核评估的重点税源共30户，剔除烟草行业5户、核算地不在我市的2户以及与分类稽查冲突的1户外，完成了22户企业的纳税评估工作。通过评估，实现进项税转出及补提销项税共计380.32万元，加收滞纳金54.08万元。二是水泥生产企业专项评估。通过评估，系统地掌握了我市水泥生产行业整体情况，发现了一些问题，如：购进固定资产及运费抵扣进项税、公司自有电站上网售电未计收入计提销项税、对外捐赠自产产品未视同销售计提销项税、外购材料用于非应税项目抵扣进项税、运输发票、专用发票填写不规范等问题。共补税款53.44万元，加收滞纳金2.92万元。三是运输发票抵扣进项税情况专项评估。2009年共对运输发票抵扣进项税额较大、运输发票抵扣进项税额占全部进项比例较高的16户企业作为重点评估对象，共检查货物运输发票3801份，涉及运输金额6132.56万元，税额457万元。四是废旧物资经营及利废企业增值税专项评估。2009年对涉及的利废企业云南省临沧塑料管材厂进行了的专项评估，发现企业存在自行开具废旧物资收购发票抵扣进项税、非生产用水用电抵扣进项税的情况，作进项税转出8.48万元。

【税收宣传】　在全国第18个税收宣传月活动期间，一是在办税服务厅、重要商业区等地点，悬挂税收宣传标语，发放宣传材料，开展现场政策咨询等活动。全市国税系统共发放宣传资料20000余份，接受咨询近千人次。二是市局在《临沧日报》开设“临沧国税税收宣传月专栏”，反映全市国税系统税收宣传月活动开展情况，刊载活动情况4篇；与市电视台合作，对重点宣传活动进行报道，播放电视新闻3条；在临沧广播电台播发报道1条；通过手机短信形式向全市纳税大户的法人代表、财务人员发送税收宣传短信息4058条。各县（区）局也在当地报纸、电视台对社会关注的税收政策调整、税收宣传月口号进行连续播放，对活动开展情况进行宣传报道。沧源县局还与县广播电视局联合制作播放了《风正帆悬三十载 春华秋实铸辉煌——沧源县国家税务局改革开放三十年发展侧记》。三是在省局互联网站“州市频道”发布临沧国税宣传信息26条，市局互联网站设立了“税收宣传月活动”专栏，反映全市宣传活动情况，共发布各类消息、文章26篇，在市局内网发布各类消息、文章47篇。各县（区）局也充分运用网络资源，在内、外网站开展税收宣传。四是与相关职能部门、税企联合开展宣传。各县（区）局主动与地税、共建单位协调联合开展宣传，形成宣传合力。如：凤庆县局与地税局组成联合宣传组，在县城主城区联合开展宣传。双江县局与县消防大队联合开展《消防法》和税法宣传活动。云县国税局与云南澜沧江啤酒集团联合，在祥临二级公路旁的大型宣传显示屏上滚动播放税收政策和税收宣传口号。五是继续通过编发活动专报、简报，在政务网专栏发布活动消息等形式，积极向上级局和党委政府反馈活动开展情况。

【执法检查】 一是对新《企业所得税法》及相关政策的执行情况进行检查。2009年全市共有企业所得税管户723户，其中：查账征收676户，占93.5%，定期定额征收40户，占5.53%，定率征收7户，占0.97%，无征收方式异常户。经检查，自2008年1月1日起执行新《企业所得税法》以来，全市各级国税机关认真贯彻新《企业所得税法》和各项管理要求，严格执行各项税收政策和税收优惠政策，做到管户清，政策宣传辅导和执行到位，各项要求落实到位，确保了新《企业所得税法》和各项管理要求的顺利实施和贯彻落实。二是涉税规范性文件的检查情况。通过8县（区）局的自查和市局对4个县（区）局2008年至2009年县委、政府、人大、政协、县级各有关部门来文和县区局制定签发的文件进行检查，没有发现越权或违规制定涉税文件的情况，8个县（区）局也没有制定涉税规范性文件。三是税务稽查执法情况。通过市县稽查局自查和市局组织对3个县局2008年至2009年稽查结案的37件案件进行检查（云县16件、沧源12件、双江9件），各稽查局所办的案件程序合法，证据确凿充分，适用的税收法律法规和政策准确，定性准确，处罚适当，稽查结果的处理符合税法的规定，查处的税款、滞纳金、罚款及时足额入库，案件材料保管完整有序。

【税务稽查】 一是完成了省局安排的汇总纳税企业集团的专项检查和对全市发、供电企业的分级分类稽查。二是市、县稽查局以房地产企业作为检查重点，在企业自查的基础上，进行重点检查。三是继续开展以打击制售假发票和非法代开发票为主要内容的税收专项整治行动；对全市医药零售行业开展专项税收整治行动。全年共检查纳税户89户，查补收入总额1551.83万元，入库1551.83万元，查补收入入库率达100%，选案准确率达87.64%，偷税处罚率达63.59%，三项考核指标均高于省局下达的指标要求。

【税务信息化建设】 一是加强基础建设。强化网络与信息安全工作，为税收业务做好技术支持。强化综合征管软件及相关业务系统应用维护，确保各业务系统正常运行。有序推进实施网络改造、扩容及网络教育培训系统项目。二是不断提高综合征管软件、数据监控系统有关信息数据的利用程度，更好地为管理员开展工作服务。三是全市国税系统各级各部门充分发挥主动性、创造性，在提高信息管税水平方面进行了大胆的探索和尝试。市局继续对“百户企业”管理信息化平台的模块功能作进一步修改完善，提高数据共享利用水平和管理绩效；凤庆县局立足现有装备和技术力量搭建信息技术平台，在确保综合征管软件正常运行的同时，将各系统信息数据再加工再利用以提高运用水平；耿马县局深化数据分析，建立涵盖管理服务、征收监控、税务稽查、税收法制的数据质量检测指标体系，对查询、收集到的数据进行分析、整理，对数据反映出的情况进行归纳、总结，为发现问题、解决问题和工作决策提供依据和量化支持，起到了预警预防、过程控制和持续改进的作用。

【机构改革】 2009年，市局、县（区）局按照云南省国家税务局机构改革工作的统一部署和安排，切实加强组织领导，坚持“大稳定，小调整”的原则，顺利平稳完成了全市国税系统机构改革工作。一是在严格执行《云南省国家税务局关于临沧市国家税务局系统机构改革方案的批复》中明确的市局、县（区）局主要职责、机构设置和人员编制的同时，结合市、县（区）局的人员状况和工作实际，为解决人员不足问题，保证工作运转，对市局部分科室和县（区）局部分股室暂以一套班子几块牌子的模式运转。改革后市局设13个内设科室（其中：纳税服务科暂时挂靠征收管理科、教育科暂时挂靠人事科）、1个直属机构、2个事业单位。另设机关党总支办公室、离退休干部科。8县（区）局也按照方案和工作实际完成了机构改革。二是把思想政治工作贯穿于整个机构改革的始终，确保了思想不散、秩序不乱、队伍稳定和各项工作的正常运转。三是在保持工作稳定有序开展和有利于人力资源优化配置的前提下对人力资源进行了合理调整。

【行政管理】 一是以机构改革为契机，借鉴质量认证体系中“职责明确、过程控制、预防为主、持续改进”的理念，健全和完善部门岗责体系，使机构设置、岗位责任、工作流程三者有机衔接。二是建立和落实《工作情况报告制度（试行）》、《会议纪要制度》等制度，提高了工作的协调性；三是整合和提高数据运用水平，在2007年清理检查取消基层上报报表18类、资料4类的基础上，又取消基层上报报表15（个）类，切实为基层减轻负担。四是强化了上下联动的工作机制。市局领导经常性牵头协调科室和挂钩县（区）局抓好组织收入工作、税源分析、"百户企业"管理等重点工作，形成了工作合力，确保了工作全面、协调推进。五是探索和开发了市局机关工作管理平台，包括信息共享、机关行政管理和行政审批三个模块，进一步提高了内部信息共享度，加强了工作监督管理，提高了工作效率。六是在强化办税服务厅窗口功能建设的基础上，根据省局要求，对全市9个办税大厅的税务标识和公开内容进行了规范。同时，结合税务新制服的换发，制定了《临沧市国家税务局税务制式服装着装规范》，进一步树立了统一、规范的对外形象。

队伍建设

【班子建设】 一是制定和完善考核机制，提高领导干部执行力和落实力。建立和完善了《学习实践科学发展观活动考核办法》、《经费管理考核办法》、《信息工作考核办法》、《综合治理考核办法》等专项、重点工作考核办法。把重点工作考核、专项工作考核和目标责任制考核相结合，制定了综合考核机制。实行绩效考核，以县（区）局领导班子及成员为考核对象，以目标管理考核、党风廉政建设、社会治安综合治理、全年工作落实、"百户企业"管理、专题纳税辅导、深入学习实践科学发展观活动、完善岗责体系、信息、企业所得税的预征率、稽查、党组理论学习中心组学习开展情况和党建工作等13项为重点内容，坚持形式和内容统一的原则，通过实地检查考核形成绩效考核综合评价报告，由市局党组确定考核结果，考核结果作为县（区）局、重点是领导班子及成员的评价依据。二是强化制度建设，实行规范化管理。制定和实施《临沧市国家税务局系统科级领导干部交流工作办法（暂行）》、《临沧市国家税务局系统副科领导干部竞争上岗工作办法（暂行）》、《临沧市国家税务局系统副科后备干部管理办法（暂行）》。按照制度和相关规定，确定了44名全市副科后备干部，并从其中选拔任用了19名副科级领导干部。三是以考促学，提高领导干部学习力。在坚持按季召开党组中心组学习制度和组织好领导干部政治、业务学习培训的基础上，年初对县（区）局局长进行了内容涵盖省市局工作思路及目标、《中华人民共和国企业所得税法》、新修订的《中华人民共和国增值税暂行条例》、税收分析制、税收与经济关联度比较密切的指标、计算机操作基础知识的综合业务考试。

【教育培训】 一是积极做好总局、省局举办的各期培训班人员送培工作。二是市、县（区）局按各自安排计划，组织开展了企业所得税知识培训、税源分析培训、新企业会计准则体系培训、法制知识培训等各类税收业务培训和岗位练兵活动。三是加大"走出去，请进来"培训力度。2009年，委托云南财经大学对50名业务骨干进行为期45天的税务知识、会计准则等内容的培训；委托国家税务总局扬州税务进修学院举办了2期科级领导干部更新知识培训班和1期业务骨干培训班；在组织全系统参加全国稽查考试过程中，组织参加考试的干部在市委党校进行了2期封闭培训，分别聘请省财经大学教授、会计师事务所的专家进行授课，使全市国税系统在参加全国稽查业务考试中取得了平均分94.13分，及格率64.77%，取得了全省排名第五的好成绩。

【精神文明建设】 2009年围绕争创一流工作目标，全市再掀文明创建活动新高潮。一是结合临沧国税实际，制定下发了《临沧市国税系统2009~2013年精神文明建设规划》，促使精神文明建设进一步规范化、制度化，推动精神文明建设向纵深发展奠定了基础。二是积极开展争创省级文明单位的活动。除凤庆县局于2009年3月被命名表彰为全国文明单位创建先进单位；市局及7个县（区）局经云南省精神文明建设指导委员会第十二批省级文明单位公示，实现文明创建"满堂红"的目标。三是加强了系统内精神文明建设工作。命名表彰了一批市局文明单位、精神文明建设先进工作者；推荐部分单位重新申报、申报省局文明单位和云南省巾帼文明岗，推荐部分干部申报省局精神文明建设先进工作者、云南省巾帼建功标兵。

【国税文化建设】 2009年，以"诚信和谐、开拓创新"为核心理念的临沧国税文化建设进一步发展，展现了其作用和成效。一是文化建设丰富多彩。通过多年的倡导和组织，国税文化建设不断丰富和发展。如临翔区、沧源、云县局分别创办了各自的内部刊物；耿马县局定期举办在地方具有一定社会影响的摄影文化沙龙；市局在政务网开设了临沧市国家税务局摄影论坛；全系统以庆祝建国60周年为契机，开展了参加文艺汇演、歌咏晚会、组织《云南国税》纪念建国60周年专版和《临沧专版》稿件等系列文化活动。二是文化的宣传作用得到进一步体现。2009年10月24日，在临沧市沧江园举办了以"庆祖国华诞，展国税风采"为主题的摄影、书画展览，展出来自全市国税系统干部职工的摄影作品105幅，书法作品20幅，美术作品3幅。同时，邀请了临沧部分书法家书写了部分作品进行展出。其中6件作品还入选省局的摄影书画展。此次展览取得了较好的社会反响，通过以摄影、书画方面的成果为切入点，有力地宣传和展示了临沧国税文化建设成果、临沧国税部门形象和临沧国税干部风采。三是认真梳理总局、省局和地方党委政府下发的关于规范公务员工作行为的一系列制度和办法，并结合行政礼仪和临沧少数民族礼仪，积极编写《临沧市国税系统工作人员行为规则》。对规范和引导全市国税系统干部职工的接人待物、言行举止将起到积极作用。

【思想教育】 2009年市局根据系统和地方党委政府

的安排部署，抓住人这个根本，有的放矢地做好思想政治工作，通过采取谈心谈话、干部座谈、分析干部职工思想动态等工作手段和措施，对干部职工实行严要求、严管理，大力倡导忠诚事业、奉献税收、开拓创新、爱岗敬业的国税精神，继续弘扬"和如春风、肃如秋霜"的人本理念，体现人文关怀，同时辅之以矛盾排查化解、落实信访维稳方面一系列制度和规定、严格工作考核和问责等措施，将不利于安全、稳定的因素消灭在萌芽状态，巩固和发展了上下和顺、左右和睦、全体和谐的良好局面，促进了干部职工与国税事业的共同发展进步。在保持系统稳定和谐的基础上，从服务于地方稳定和谐大局，服从地方党委政府安排，承担好部门责任，为全市的和谐稳定做出了应有的贡献。按照全市的统一部署和安排，参与了"干部走千户访万名移民"主题实践活动，市局机关副科以上领导干部对43户移民进行了走访，进行了相关移民政策宣传解释和耐心细致的思想政治工作，整理上报了移民的合理诉求。在缅甸果敢特区"8.08"事件爆发后，全市国税干部职工不信谣，不传谣，边境地区国税部门抽派27名干部积极参与当地党委、政府做好边民安置等工作，做到了维护边疆稳定与做好国税工作两不误，体现了国税干部队伍的素质，树立了国税部门的良好形象。

【党风廉政建设】 一是认真贯彻落实全省国税系统党风廉政建设会议精神。全省国税系统党风廉政建设工作会议结束后，市局于2009年4月13～14日召开了副科以上领导干部参加的全市国税系统党风廉政建设工作会议，对贯彻落实工作进行了具体的安排和部署，提出和落实了着力于"三观"教育，构建评估体系，加强廉政教育不放松，坚决惩治腐败不手软，加强监督约束不含糊的党风廉政建设工作思路。二是落实党风廉政建设责任制。全系统层层签订了《2009年党风廉政建设责任书》。分解细化了全年党风廉政建设和反腐败各项工作任务，做到任务明确、重点突出，措施具体、责任到位。开通了市局机关工作管理平台"党风廉政建设责任制考核落实平台"模块。三是认真贯彻落实建立健全惩防体系2008～2012年工作规划《实施意见》和《分工方案》。全系统认真抓好学习宣传，加强组织领导，将贯彻落实《实施意见》和《分工方案》工作列入党政领导班子的重要议事日程，与业务工作一起部署，一起落实，一起检查，一起考核。制订了市局的《分工方案》，把省局确定的任务细化为7大类、90项具体工作任务。四是加强对领导班子和领导干部执行《税务系统领导班子和领导干部监督管理办法》的情况进行监督检查，确保领导干部特别是"一把手"的权力运行得到监督，确保"两权"运行过程中的重点环节、重点部位、重点人群受到监督。共进行了102次各种谈话，其中：任职谈话30次，任期谈话16次，其他谈话56次。五是坚决贯彻落实《中共中央办公厅国务院办公厅关于党政机关厉行节约若干问题的通知》，"出国费"、"车辆购置及运行费"、"公务接待费"和"会议费"等"四费"支出大幅降低。

【学习实践科学发展观活动】 2009年全市国税系统参加全省第二批深入学习实践科学发展观活动。市局党组把开展深入学习实践科学发展观活动作为一项基础性、长期性的工作来抓，作为全年工作重点之一来抓，作为一个破解发展难题、促进科学发展的着力点来抓，将学习实践活动贯穿于税收工作的全过程，突出抓好领导班子和党员干部这个重点，做好"规定动作"和"自选动作"，坚持"抓学习，促提高；抓结合，促思考；抓调研，促自查；抓落实，促工作"，圆满完成了各项活动任务。活动呈现五个特点及成效：一是学习调研扎实。在学习上，通过创造条件，搭建平台，丰富形式和载体，干部职工真正从中受到了教育，对国税工作科学发展的认识得到了升华，贯彻落实科学发展观的自觉性和坚定性进一步增强，打牢了推动临沧国税科学发展的思想基础。在调研上，市、县（区）局从掌握情况，找准问题出发，结合各自工作实际、重点、难点确定调研主题，深入到基层征管一线、纳税人和农民群众中开展调查研究，形成了一批调研成果，深化了对国税工作情况的把握。二是分析检查深刻。通过调研剖析、广泛征求意见建议、高质量开好党组民主生活会和组织生活会，形成了分析检查报告，总结和查找了临沧国税事业发展的经验和问题，对国税工作"怎么发展"、"靠什么发展"达成了共识，明确了努力方向、工作思路和主要措施。三是整改落实有力。市局机关坚持边学边整改、边查边整改，及时制定整改方案，将分析检查报告提出的5个方面的问题细化为15个项目、84条措施，把整改任务层层分解到领导、科室、县（区）局及有关岗位，并按整改时限进行认真整改。四是系统整体推进。市局机关的学习实践活动组织领导有力、安排部署周密、特点特色突出，各阶段的工作得到了肯定：2个典型案例被《临沧市开展深入学习实践科学发展观活动典型案例汇编》（共汇编21个典型案例）收录，其中《引入ISO9001:2000质量管理体系，实现管理创新》的典型案例作为市委确定的全市10个典型案例之一被推荐上报省委；《完善税收管理机制是提高税收管理效能的根本途径》的调研报告被《临沧市开展深入学习实践科学发展观活动调研成果汇编》收录；"开展百户企业管理，加强重点税源管理，构建和谐征纳关系"的工作被市委活动办安排拍摄为活动专题片在市电视台播放；活动评议满意度达100%。五是长效持续整改。全局扎实做好活动相关后续工作，继续落实和推进整改，并根据省局深入学习实践科学发展观活动领导小组办公室的安排，对整改措施落实情况开展了"回头看"，进一步明确了下步整改的重点，完善长效整改机制。

（李贵学　康家湖）

临翔区国家税务局

经济概况

2009年，全区国民经济保持了快速发展势头，全年共完成生产总值（GDP）26.03亿元，比2008年增长11.9%。其中：第一产业完成6.83亿元，同比增长6.5%；第二产业完成7.06亿元，同比增长15.4%；第三产业完成12.14亿元，增长12.8%。三次产业结构比例为26.3:27.1:46.6。非公经济实现增加值12.7亿元，比2008年增长35.18%，占全区生产总值的48.79%。全年完成财政收入2.53亿元，同比增长12.56%，其中完成地方一般预算收入1.43亿元，同比增长19.32%。财政支出8.05亿元，同比增长41.72%。

税收概况

【组织收入完成情况】 2009年，临翔区国家税务局共组织入库国税收入1.94亿元，比2008年增收1486万元，同比增长8.32%，完成市局下达确保计划1.83亿元的105.83%，占奋斗目标1.87亿元的103.57%。其中："两税"收入1.09亿元，同比减收438万元，下降3.85%，完成确保计划的92.47%；企业所得税收入2954万元，同比增收753万元，增长34.21%；储蓄存款利息所得个人所得税收入93万元，减收133万元，下降58.85%；车辆购置税收入5362万元，同比增收1304万元，增长32.13%。

【收入特点】 2009年，临翔区的税源结构与2008年相比发生了明显的变化。一是工业经济大幅下降，矿产品价格持续低迷，制造业增值税占全局入库增值税的比例从2008年的43%下降到2009年的30%，下降了13个百分点。二是国家出台的一系列宏观调控政策使消费市场温和走高，特别是对小排量汽车减按5%的税率征收车辆购置税以及家电下乡等优惠政策，拉动了消费市场，促进了商业增值税的增长，商业增值税占全局入库增值税的比例从2008年的29%上升到2009年的44%，上升了15个百分点。三是五个税种呈"三增二减"，除增值税和储蓄存款利息所得个人所得税同比减收外，企业所得税、消费税和车辆购置税同比增收。

【税源分析】 从减收因素看：一是由于2009年初无跨年度税款入库，同比净减收1245万元；二是由于工业经济疲软导致矿产品价格下降，矿产品增值税同比减收1040万元；三是由于增值税转型改革，企业购进的固定资产抵扣的进项税冲减了部分应交税款。加上国家统一和降低了对小规模纳税人的征收率，小规模纳税人的税负水平有所下降。从增收因素看：一是国家对1.6L及以下排量汽车减按5%的税率征收车辆购置税的政策出台后，虽然全年减免了税收1204万元，但由于征收的车辆数同比增收了3590辆，车辆购置税收入同比仍然增收了1304万元；二是根据《财政部 国家税务总局关于调整烟产品消费税政策的通知》，对卷烟批发环节加征一道5%的消费税，使消费税收入实现了大幅增长；三是全面落实企业所得税预缴措施，实现了80%以上企业所得税预缴，企业所得税同比有了较大增长。通过2009年的收入实绩与2008年的比较分析，增收的主体因素主要体现在政策层面上。

【税务管理】 一是继续完善与工商和地税的信息交换制度，定期完成数据交换，并由专人将工商登记信息导入临翔区国税工商信息比对系统进行数据比对分析，将比对出来的疑点信息交由税收管理员调查核实，督促办理税务登记。二是强化税源基础管理。以计算机管理和人工管理相结合的方式，定期对辖区内的管户情况进行全面清理。2009年，全区累计登记纳税户3785户，其中：企业596户、个体工商户3189户。在596户企业中，有增值税一般纳税人172户，364户企业实行了介质申报；有111户个体工商业户实行银行储蓄扣税申报。全区共有发票使用户1230户，其中：企业324户、个体906户。三是强化对烟、糖、茶、矿、电等重点税源行业和税源企业的调查、分析工作，掌握税源和税收工作动态，把握收入工作主动权。四是落实领导干部管户制度，对纳入市局"百户企业"管理的23户重点企业建立管理工作模式，由区局领导及相关股室挂钩管理。以市局提出的"理顺一个企业，规范一个行业"要求为标准，对企业的生产经营方式、核算体系、工艺流程、产品结构等信息进行整理，分别制定管理操作手册，对各部门的管理职责进行了明确的划分。

各项工作

【依法治税】 一是继续贯彻落实《全面推进依法行政实施纲要》，不断提升税收执法规范度。二是按照《云南省国家税务局转发云南省人民政府关于取消和调整部分行政审批项目的决定》的要求，重新公示了税务行政许可事项，及时调整和规范行政审批和行政许可，确保税务行政许可事项和税务行政审批事项规范实施。三是强化对税收执法权的监督制约和考核追究，规范执法行为。2009年，执法考核涉及主要追究指标14项，过错数量104个，涉及过错责任人12人次，其中，已进行无过错申辩调整13项，被省局执法进行过错追究指标1项，涉及过错责任人1人，扣分1分。另外区本局对执法过程中应作为不作为或作为不到位的执法行为进行追究8人次，经济惩戒1200元。

【税收征管】 一是提高流转税管理水平。通过抓重点行业一般纳税人管理，提高一般纳税人管理水平；加强对享受增值税优惠政策的企业管理，防止税收转移和流失。二是加大贯彻落实新《企业所得税法》力度，强化企业所得税管理。三是加强进出口国际税收管理，在出口退（免）税管理工作中，实施了全程跟踪管理。同时，按季度开展出口货物退（免）税预警调查，加大了防范和打击骗取出口退税力度，严防骗税行为发生。

【纳税评估】 按照“评估一户企业，规范一个行业”，以评促管的工作思路，认真抓好对纳税评估工作的布置、检查和“回头看”工作，不断提高纳税评估的质量。2009 年，共对废旧物资行业、农产品加工行业、制造行业等纳税异常的 5 户企业进行了评估。在评估过程中，纠正了六个方面的问题：一是农产品收购发票开具、抵扣不规范的问题；二是运输发票开具、抵扣不规范的问题；三是产品销售价格低于成本价又无正当理由的问题；四是销售产品、收到返利未计销售的问题；五是关联企业间移送货物低于向第三方销售价格的问题；六是外购、自产货物赠送他人未计销售的问题。通过评估，共补提销项税 10.73 万元，转出进项税 1.35 万元。

【税收宣传】 在宣传手段和载体上不断创新，在宣传内容上贴近纳税人的需求和关注点，突出税收宣传月、全国法制宣传日等重点宣传活动。以税法宣传进农村、进企业、进军营、在学校建立税收宣传基地、举办国税文化建设成果展示等形式开展宣传，使税收宣传做到内容实、载体新、效果好。特别是在第 18 个税收宣传月活动中，围绕“税收·发展·民生”的宣传主题，按照“上下联动，内外结合，突出重点，打造精品”的原则，努力打造临沧国税宣传活动精品，充分展现临沧国税服务发展、服务民生的成果，展现临沧国税干部队伍建设、机关作风建设、国税文化建设成果，取得了较好的宣传效果。

【执法检查】 一是对辖区内的商业零售行业发票的领购、开具、取得、抵扣、缴销、保管等环节进行全面检查。2009 年，共检查 345 户，其中：企业 156 户，占应查企业户数的 104%；个体工商户 189 户，占应查个体用票户数的 100%。检查发票 88351 份。发现有问题企业 25 户，个体 34 户，有问题发票 388 份，处罚金额 1.47 万元。同时在日常管理检查中共查处发票违法违章案件 65 户次，罚款 2.03 万元，其中：企业 28 户次，罚款 4050 元，个体 37 户次，罚款 1.63 万元。二是认真做好违法违章处理及监督检查工作，在执法过程中，注重程序法与实体法相结合，严格办案程序，认真贯彻执行《中华人民共和国税收征收管理法》及《实施细则》和法律法规的规定，规范执法行为。2009 年，共查处违法违规案件 386 户次，罚款 3.66 万元，办理的所有涉税案件，当事人均未提出行政复议及行政应诉。

【信息化建设】 一是抓系统的运行维护。成立了数据运行维护中心，负责全市综合征管软件的运行和维护工作。通过内网网站“应用支持—技术请示与回复”、“应用支持—数据管理”、其他应用系统支持栏目、各部门的咨询答复、电话等手段解答了大量的各类应用系统问题，确保了系统的正常使用。二是抓数据质量。充分应用数据分发系统进数据检测，提高综合征管软件数据质量。三是抓好技术与业务的整合。一方面，根据省局的统一部署和安排，按质按期完成了税收执法管理信息系统升级版、汇总纳税企业所得税信息管理系统、计算机定额核定系统的推广应用工作，与全省同步推进税收管理信息化水平，进一步规范机关工作运转机制，提高内部信息共享水平，促进工作质量和效率的提高。

【金税工程】 2009 年，金税系统运行平稳，专用发票数据采集质量稳定。全年共采集增值税专用发票存根联 6487 份，金额 25.79 亿元，税额 3.65 亿元，其中：正常发票 6080 份，涉及金额 23.95 亿元，税额 3.4 亿元；作废发票 407 份，涉及金额 1.84 亿元，税额 2557.46 万元，作废发票率为 7%。认证增值税专用发票 15886 份，认证金额 1.48 亿元，税额 2430.34 万元。另外，在全区 176 户增值税一般纳税人中，纳入防伪税控系统管理的有 90 户。

【行政管理】 一是通过不断建立和完善机关行政管理、税源管理、部门协调联系、会议规则等方面的制度，推动工作落实，化解“落实难、协调难”的问题，促进工作决策的民主化和科学化。二是加强监督检查。结合“百户企业”管理、组织收入工作、四项制度贯彻等重点工作的推进，区局领导多次深入征管一线，帮助基层解决工作中遇到的困难和问题，对有关工作进行监督检查，提高了管理的实效性，促进各项工作的落实。三是探索和开发了区局机关工作管理平台，包括信息共享、机关行政管理和行政审批三个模块，进一步提高了内部信息共享度，加强了工作监督管理，提高了工作效率。四是在强化办税服务厅窗口功能建设的基础上，对办税大厅的税务标识和公开内容进行了规范。

队伍建设

【机构和人员】 机构改革后，区局共有内设机构 10 个：办公室、人事教育股、监察室、政策法规股、征收管理股、纳税服务股、收入核算股、所得税管理股、办税服务厅、货物和劳务税股；事业单位 1 个：信息中心；派出机构 3 个：第一税务分局（专司企业税收管理）、第二税务分局（专司个体税收管理）和工业园区管理分局。年末实有人员 132 人，其中：在职 97 人，退休 35 人。局领导班子设局长 1 人，副局长 3 人，纪检组长 1 人。在职人员中，男 53 人，女 44 人。本科学历 21 人，占在职人员总数的 21.65%；专科 55 人，占 56.70%；中专及以下 21 人，占 21.65%。全局在职人员平均年龄 41 岁。

【班子建设】 一是深入扎实地开展“深入学习实践科学发展观”活动，在上级局的精心指导下，严格按照规定的基本原则、目标要求、实施范围、方法步骤，坚持高标准、严要求，始终突出实践特色，坚持边学边改、边查边改，全面地、多方位地、高质量地完成了学习实践活动各阶段的工作任务。二是坚持理论中心组学习制度，每个季度组织一次理论中心组集中学习讨论活动，班子成员带头发言，交流学习心得。三是组织开好党组民主生活会，班子成员之间积极开展交心谈心，坦诚相待，统一思想，共同提高。四是积极抓好“三力”建设，为全面完成国税各项工作任务提供坚强的政治、思想和组织保证。根据临沧市国家税务局党组和临沧市国家税务局的决定，12 月，原临翔区国家税务局纪检组长冯俊宏转任区局副局长；原临翔区国家税务局第一税务分局局长李家祥升任区局党组成员、纪检组长。

【廉政建设】 一是层层签订《党风廉政建设责任书》，确保党风廉政建设工作责任到人，措施监控到位。二是抓好《领导班子和领导干部监督办法》的贯彻落实，加强对区局领导班子的监督管理。结合落实《办法》，从执行民主集中制、重大事项决策，执行重大事项报告制度、执行领导干部财务支出个人明细记载情况等方面来保证监督真正落实到位。三是认真落实《纪检组长同下级主要负责人谈话制度 领导干部任前廉政谈话制度和诫勉谈话制度》。2009 年度，区局纪检组长共进行各类谈话 10 人（次），其中：任前廉政谈话 5 人（次），任期廉政谈话 4 人（次），诫勉谈话 1 人（次）；全年发出节假日温馨廉政提醒 50 人次，使廉政勤政的警钟时常在领导干部的耳边敲响。四是继续抓好《廉政公约》签订和回访工作。2009 年度，区局共与 968 户纳税人签订了《廉政公约》，其中：企业 131 户，个体工商户 837 户。为掌握和了解国税干部在《廉政公约》方面的执行情况，积极开展了《廉政公约》回访工作，区局共回访纳税人 280 户，回访率达签约户数的 100%。五是畅通社会监督渠道，进一步巩固和完善特邀监察员制度，区局共聘请了 8 名特邀监察员，召开特邀监察员座谈会 2 场次，参会 50 人次。并发放《临翔区特邀监察员工作建议表》征求意见和建议。

【思想教育】 一是积极宣传和贯彻党的路线、方针、政策，宣传和执行党中央、省局党组以及地方党委政府的决议决定，充分发挥税务机关组织财政收入的职能作用，努力完成上级交给的各项工作任务。二是认真坚持学习制度，按照上级要求，结合部门实际，制订和部署学习培训计划，组织干部职工认真学习马列主义、毛泽东思想、邓小平理论、“三个代表”重要思想和科学发展观，学习党的路线方针政策和决议，学习科学、文化、法律和业务知识，开展经常性的思想教育工作。三是认真做好思想政治工作，积极推进和谐国税机关建设和精神文明建设。定期开展单位内部干部职工思想状况分析，经常开展形势任务、时势政策等教育活动。

【党建工作】 一是按照中央《关于建立健全地方党委、部门党组（党委）抓基层党建工作责任制的意见》，建立和落实了党建工作责任制，加强对基层组织建设工作的领导和指导。二是充分发挥党组织的协助、监督作用。三是认真贯彻执行《中国共产党党和国家机关基层组织工作条例》和《云南省贯彻 < 中国共产党党和国家机关基层组织工作条例 > 实施办法》，指导、支持、保障基层党组织加强自身建设。按《条例》和《实施办法》规定配备了专职党务干部，重视抓好党务干部的培训、交流。四是积极开展党建示范点、和谐机关创建和“党员挂牌上岗”以及“党员先锋岗”、“党员示范岗”等活动。五是党员干部作表率，在扶贫挂钩和新农村建设等方面发挥带头作用，树立支持和服务地方发展的良好形象。

【教育培训】 全年共安排人员参加省、市局组织的各类学习培训 9 期 39 人次。自行组织区局干部职工及企业财务人员学习培训 16 期 932 人次，其培训的主要内容：所得税介质申报、流转税业务与管理技能、企业会计核算及所得税业务、稽查考试封闭复习、稽查考前集中专题辅导、委托云南财经大学举办的税务会计知识、扬州税务进修学院科级领导干部更新知识、税收法制等业务的培训。同时，全局干部职工还积极参加了云南省行政问责办法等“四项制度”、《中华人民共和国政府信息公开条例》、“五五”普法、公务员公共管理核心内容的考试，参考率和及格率均达 100%。基本达到了总局提出的不培训不上岗、不任职的要求，逐步建立和完善了公务员培训机制。

【作风建设】 一是注重加强作风建设，采取有力措施，开展“八个坚持、八个反对”等方面内容的教育，制定和落实加强机关作风建设的各项措施。二是认真推行政务公开和问责制、服务承诺制、首问责任制、限时办结制，服务质量和办事效率明显提高。三是深入基层调查研究，建立党员领导干部联系基层、联系群众制度，坚持为民办实事、解难事、做好事。派出 2 个工作组（每组 3 人），分别 2 名副局长任组长，深入核桃产业“三率”建设暨护育管护大会战工作挂钩点蚂蚁堆乡白河村和一水村，实地开展工作。2009 年为挂钩村捐款 3160 元人民币，捐衣物 150 件。

【国税文化建设】 一是大力倡导以爱岗敬业、公正执法、诚信服务、廉洁奉公为基本内容的税务干部职业道德规范，引导干部树立正确的世界观、人生观、价值观，用和谐的态度待人对事。二是利用现有资源，依托兴趣小组，认真组织好“四个一”工程。即：出好一本书——“临翔国税文苑”；跳好一支舞——“月亮升起来”；唱好一首歌——“佤族民族歌曲”；参加组织好一个展览——“全市国税系统建国 60 周年书法、美术、摄影展”。三是加强税法的宣传力度，不断拓展宣传渠道和宣传内容，不断增强社会税收法制观念和依法诚信纳税意识，提高公民的纳税遵从度，树立国税宣传品牌。四是以优化纳税服务为主，充分发挥办税厅窗口作用，坚持文明办税“八公开”制度，规范服务行为，提高服务质量，提高国税工作的质量和效率，为纳税人提供方便、快捷、高效的服务。五是开展警言、警句征集和《我与制度》征文活动。共征集警言、警句等 40 余条（篇）；征文 13 篇。同时在办公室悬挂廉政书画；在办公桌上摆放“工作承诺”、“八荣八耻”；在图书室设立“廉政书刊”专柜。

【精神文明建设】 一是进一步理清精神文明建设思路，认真总结提炼好做法和成功经验，针对存在问题，结合实际，明确了精神文明建设工作的思路和措施。二是认真做好推动精神文明建设工作再上新台阶的动员工作，使干部职工进一步认清在新的形势和任务下，加强精神文明建设的重大意义，激发广大干部职工投身精神文明建设的积极性、主动性和创造性，形成齐心协力巩固精神文明建设工作成果，开创精神文明建设工作新局面的良好氛围。三是立足实际，加大精神文明创建力度。制定了精神文明建设长期规划，修订了精神文明创建办法，进一步明确加强精神文明建设的指导思想、目标任务、具体措施，提高标准、丰富内容、更新目标、强化措施，掀起新一轮文明创建热潮。四是加强精神文明建设，始终坚持以经济建设为中心，以硬件建设、形象建设、素质建设为载体，调动各方面的积极因素，加大创建力度，加快创建速度，使区局逐渐成为秩序优良、环境优美、服务优质、管理优化的窗口单位。2009年4月重新申报省级“文明单位”，并顺利通过省文明委考评验收；办税服务厅于2010年1月被省国家税务局、省妇联命名为“巾帼文明岗”。精神文明建设工作得到了各级领导和社会各界的充分肯定。

（王　敏）

凤庆县国家税务局

经济概况

2009年，全县生产总值（GDP）26.18亿元，人均5744元。其中：第一产业11.62亿元、第二产业6.55亿元、第三产业8.01亿元。三次产业的结构比例为44:25:31。财政收入2亿元，人均财政收入438元，财政支出10.25亿元，财政自给率仅为19.52%。

税收概况

【收入完成情况】 2009年，凤庆县国家税务局共组织入库各项税收收入4182.25万元（不含增值税免抵调库），同比减收1090.86万元、负增长20.69%，完成全年税收计划5220万元的80.12%，其中：增值税3197.71万元、消费税51.80万元、储蓄存款利息所得个人所得税60.66万元、企业所得税683.45万元、车辆购置税188.63万元。共组织入库其他收入21.08万元，同比增收0.44万元、增长2.13%。

【收入特点】 一是国税收入总量规模正常回落。2009年，国税收入总量规模在2009年的基础上下滑1090.86万元、跌幅20.69%。二是国税收入慢于经济增长，宏观税负走低。2009年，凤庆县生产总值（GDP）完成26.18亿元，现价增长17.35%，国税收入增长-20.69%，税收弹性系数为-1.19，国税收入慢于经济增长；2009年，国税收入宏观税负为1.59%，比2008年下降0.79个百分点。三是分税种收入“两增三减”。消费税同比增长28.62%，车辆购置税同比增长17.74%；增值税同比减收23.83%，企业所得税同比减收7.40%，个人所得税同比减收55.46%。四是税收收入结构三升两降。2009年，增值税、消费税、企业所得税、个人所得税、车辆购置税的税收收入结构比为76.46:1.24:16.34:1.45:4.51，与2008年税收结构79.62:0.76:14:2.58:3.04相比，消费税、企业所得税和车辆购置税收入比重上升，企业所得税上升比重最大，增值税和个人所得税两个税种比重下降。

【税源分析】 2009年，酒精产量增加，农民购买摩托车享受国家财政补贴，拉动消费税实现增收11.53万元、车辆购置税实现增收28.42万元；经济及结构性减税政策使增值税同比减收1000.65万元、企业所得税同比减收54.61万元、个人所得税同比减收75.54万元；主体税种增值税税源结构变化明显，普遍滑坡。2009年增值税税源项目机制糖、商业、电力、茶叶、矿业和其他税源结构比分别为：29.93:39.87:17.28:4.79:5.34:2.79，与2008年税源结构37.02:32.77:16.14:8.77:3.00:2.30相比，各税源项目结构均有明显变化；减收项目与增收项目之比为5:1，滑坡面大，机制糖项目负增长38.41%、商业项目负增长7.35%、电力项目负增长18.44%、茶叶项目负增长58.45%、其他项目负增长7.28%，唯有矿业项目增长35.44%。

【税务管理】 面对金融危机影响加剧，企业经营规模收缩，税源总量锐减，可征税源大幅下滑，组织收入工作面临前所未有困难和压力的严峻形势和挑战，始终坚持“一抓重点，强化百户企业管理；二抓基础，切实加强户籍和定额管理；三抓优惠到期政策的落实，避免税收流失；四抓固定资产进项抵扣管理，严防税基流失；五抓辅导检查和纳税评估，达到以评促管，以查促收目的；六抓税源分析预测，提高组织收入工作预见性”六项措施，不断增强信心和决心，强化征管措施，全力抓好组织收入工作。

各项工作

【税收法制建设】 全面推进依法行政，认真落实组织收入原则，科学合理地分解落实岗位职责，规范工作流程，加强考核评议，严格过错追究，全面落实执法责任制，切实降低税收执法风险。不断完善税法公告、欠税公告、纳税人信用等级评定、税款核定、减免退税、许可决定和处罚结果等公开制度，努力提高税收执法的透明度。

【税收征管】 截至2009年底，纳入综合征管软件登记管理户数2001户，比上年末增加223户。其中：企业134户，个体工商户1867户。（一）各税管理。一是纳入增值税一般纳税人管理的户数明显增加，2009年底共有一般纳税人64户，其中：2009年新认定11户，新认定户数占总认定户数17.2%。二是认真贯彻落实纳税人购进固定资产允许抵扣进项税政策规定，2009年涉及固定资产抵扣进项税企业11户，购进金额225.8万元，已抵扣进项税额38.39万元。三是强化重点税源管理。以信息技术平台为依托，深入剖析企业生产工艺、工艺流程、财务状况、对应政策、征管节点，进一步充实完善重点企业税收管理信息管理系统，不断强化税源管控质量和水平。四是切实开展对重点行业、重点企业的纳税评估。通过评估，及时纠正了8户企业在运输发票、捐赠、产品及材料分售、固定资产抵扣等方面存在的问题，评估补税25万元。五是认真贯彻执行国家各项税收政策，清理现有税收优惠政策，规范各项优惠政策审批权限和审批程序。2009年享受“即征即退”增值税优惠政策企业1户，退税103.88万元；享受所得税减免税优惠企业5户，减免企业所得税53.43万元。六是所得税管理进一步加强。2009年度共管理所得税企业为57户，其中：实行查账征收企业为41户，实行中央汇总缴纳企业为3户，实行非法人分支机构企业为2户，实行核定征收企业为11户。（二）出口退税。2009年，仅有云南滇红集团股份有限公司1户“免、抵、退”税农产品生产加工出口企业，实现出口销售收入435.89万元，出口创汇63.92万美元，免、抵、退税金额78.92万元。（三）发票管理。广泛开展普通发票的专项检查工作，共检查发票用票户94户（企业27户，个体67户），检查发票56841份。及时纠正了发票使用中存在的填写不规范、项目不齐全及未按规定保管使用发票等行为。

【税收执法】 （一）税收宣传。一是紧扣“税收·发展·民生”宣传主题，与县地方税务局携手开展税收宣传日活动，共掀茶乡凤庆第18个税收宣传月活动高潮。二是以文艺演出、编印发送税收宣传专题材料等方式，积极组队参加凤庆县第十九届茶文化艺术节、春茶交易会等项活动，把税收宣传工作融入全县各类大型活动中，扩大宣传效应。三是把办税厅、日常税收征管场所作为宣传主阵地，抓实主动上门宣传，热忱接受咨询服务，深入开展纳税辅导等项工作，不断营造法制规范和谐的征纳关系，努力提高税法遵从度。（二）税务稽查。2009年共检查纳税人26户，查补入库税收收入97.45万元，完成市局下达稽查任务80万元的121%。其中：稽查部门立案检查12户，查补税款29.83万元，罚款7.59万元，加收滞纳金3.51万元，合计40.93万元；稽查与征管、税政、管理分局密切配合开展辅导性自查14户，查补税款53.22万元，加收滞纳金3.3万元，合计56.52万元。同时，国税、地税、公安部门密切配合，开展打击发票违法犯罪专项行动，查处发票违法案件2起，查处违章发票47份，罚补收入2.7万元。（三）执法检查。一是对地方党政、税务机关以及其他部门越权或违规制定涉税文件的情况进行全面清理检查，共检查文件1950份，经检查，无越权或违规制定涉税规范性文件情况。二是在各部门自查的基础上，组织分局、稽查局、税政、征管、计征等部门人员，对税收政策执行情况进行检查。（四）依法治税。一是进一步明晰税收岗责，强化税收执法监督，确保税收执法管理信息系统的高质量规范运行。二是通过信息技术平台记录和反映税收及行政管理的全过程，有效降低税收执法风险，着力构建和谐征纳关系。

【税务管理信息化建设】 （一）应用系统推行情况。2008版企业所得税年度纳税（A类）介质申报系统按期上线规范运行，圆满完成全省网络教育培训系统和广域网改建扩容工作。（二）数据分析利用。充分利用综合征管软件信息系统提供的数据资源和县局综合业务处理网提供的信息化平台，进一步加强数据应用工作，据此信息平台对重点行业、重点企业的税源情况实行定期预测和分析。（三）信息化基础设施建设及税收信息化管理维护工作。截至2009年底共有计算机中心机房一个，计算机129台，（PC机108台，笔记本21台）、打印机50台、扫描仪5台、PC服务器6台、网络存储器1台、路由器2台、交换机10台，UPS电源主机3台、发电机1台。税收信息化管理日常维护工作进一步加强：认真做好计算机机房、电源、硬件设备的管理和维护；切实抓好综合征管软件37～39号补丁、增值税管理信息系统、税收执法考核子系统、车辆购置税征管系统、税务代开票系统V6.13.22.20补丁程序升级工作等应用系统的升级维护授权等工作以及公文处理软件、增值税防伪税控系统、稽查软件、防病毒软件等相关应用软件的日常维护和管理；建立和认真执行《凤庆县国家税务局应急处理预案》及《凤庆县国家税务局网络管理制度》，严防计算机病毒和黑客攻击。（四）金税工程。及时做好防伪税控、货运发票税控收款机、出口退税、海关完税凭证等涉及纳税人以及稽核、协查、成品油等相关系统的应用支持工作并按时上传“四小票”汇总等相关数据。（五）税收电子化、信息化、网络化建设。正确设置和及时修改省、市局电子政务网站用户和部门信息；做好本级综合业务处理网站的拓展和维护，开发“出差管理系统”管理模块并于2009年1月1日起投入运行；严格按照操作规程做好权限范围内的人员授权、税务发行、企业发行、网上认证纳税人密钥发行、外网开户等工作。

队伍建设

【机构人员情况】 （一）机构设置。设置办公室、政策法规股、税政股、收入核算股、办税服务厅、征收管

理股、人事教育股、监察室8个行政机构，级别正股级；正股级事业单位1个：信息中心；副科级直属机构及派出机构各1个：稽查局、凤山税务分局。党组织设党总支办公室，级别正股级。税政股、征收管理股、法规管理股实行合署办公，对内称税政股，对外分别称税政股、征收管理股、法规管理股；收入核算股、办税服务厅实行一套班子两块牌子，对内称收入核算股，对外分别称收入核算股、办税服务厅；总支办挂靠人事教育股。（二）人员配置。人员总编制90名，其中：行政编制87名，事业编制3名。年末实有在职人员79人，基本结构情况是：公务员78人，工勤人员1人；男56人，女23人；汉族57人，少数民族22人；最大年龄56岁，最小年龄23岁，平均年龄43岁。退休人员36人，其中，提前退休2人；供养遗属23户26人。（三）基层建设情况。现有综合办公楼1幢，面积3773.03平方米，总造价524.2万元。拥有小汽车6辆。职工宿舍用地3220平方米，解决职工建房29户。设置派出机构凤山税务分局，2009年实有干部24人，占全局在职人数的30%。其中：男20人、女4人。（四）党群组织建设。党组织：县局设立党总支委员会，下设县局机关，凤山税务分局、稽查局、收入核算股4个党支部，党员58人。其中，在职党员41人，退休党员17人。群团组织：县局设立工会委员会、团支部、妇女委员会，有工会会员115人，团员4人，女职工27人。

【领导班子建设】 县局领导编制职数5人，党组班子和行政班子为两块牌子1套班子，实际配置领导职数5人，即：李荣光同志任党组书记、局长，李正周、计宪法、杨文全3同志任党组成员、副局长，汤国庆同志任党组成员、纪检组长。

【廉政建设】 一是制订下发《建立健全惩治和预防腐败体系2008~2012年工作规划分工方案》，逐级签订项目责任书。二是做好反腐倡廉、预防职务犯罪的教育工作。4月份，邀请凤庆县人民检察院副检察长为全体税务人员进行预防职务犯罪专题讲座，5月份，组织县局领导班子成员、中层干部和总支所属各支部书记共26人，到云南省临沧监狱实地开展警示教育活动。三是抓好党风廉政建设责任制的落实工作。制定《凤庆县国家税务局关于2009年党风廉政建设工作安排的意见》，修订党风廉政建设责任制考核办法，明确四个大项目18个责任内容，分解细化工作内容和岗位责任人。四是抓好廉政文化建设工作。积极参与市局组织的《我与制度》征文活动，报送文稿10篇。五是抓好纪检监察干部队伍建设。选派四名纪检监察干部先后到国家税务总局扬州税务进修学院培训学习。2009年，全县国税系统领导干部及其广大职工未发现存在不廉洁的情况。

【精神文明建设】 始终坚持以“带好队，收好税”为根本要求，牢记“聚财为国，执法为民”工作宗旨，紧密结合国税工作实际，深入持久地开展文明创建活动，有力地促进了国税事业和谐发展，在连续十二年保持省、市、县各级授予的“文明单位”称号的基础上，经省、市、县各级考核推荐，2009年1月又被中央精神文明建设指导委员会办公室表彰为“第四届全国精神文明建设工作先进单位”。

【教育培训】 2009年，在职干部职工学历结构：研究生1人，占1.27%；大学本科21人，占26.58%；大学专科44人，占55.6%；中专以下13人，占16.46%。培训情况：4月8日至10日，在县委党校举办为期3天的学习实践科学发展观活动专题培训班，全局在职和部分退休干部职工共81人参加培训学习。2009年，先后有7人次参加省局举办的5期培训班、35人次参加市局举办的11期培训班，县局组织培训15期705人次。干部脱产培训天数为13天/人。

【学习实践科学发展观】 在学习实践活动中，经广泛征求系统内外意见建议和组织县局班子认真开展自检自查，找出了制约和影响在推动凤庆国税科学发展上存在的三方面主要差距和不足，认真剖析了产生问题的8个方面主客观原因及根源，在此基础上，结合领导班子工作分工，逐项明确分解落实整改责任，从九个方面认真进行整改落实。通过学习实践活动的开展，进一步形成了凤庆国税事业科学发展的共识，理清了发展思路，明确了发展目标和发展方向。学习实践活动体现了县委要求、凤庆做法、国税特点，得到了中共凤庆县委及学习实践活动领导小组办公室的充分肯定和高度评价。

【先进人物】 李正周、李天泽、普李荣、苏忠红、鲁跃菊5同志被中共临沧市国家税务局党组表彰为“临沧市国税系统2007~2009年精神文明建设先进工作者”。

【典型经验】 创建电子监管平台 规范出差及车辆管理。凤庆县国家税务局紧扣科学化、专业化、精细化管理工作要求，坚持以信息技术为支撑，以不断强化管理规范工作为突破口，结合实际，积极探索、大胆实践，成功创建车辆管理使用和出差工作电子监管平台，实现了车辆管理使用和干部出差工作流程化、程序化、规范化阳光管理。2008年11月下旬，车辆管理使用及出差工作电子监管平台开发应用工作正式启动，经一个多月艰苦努力，逐项完成了“申请登记、审核审批、车辆派遣、工作情况记录、审核签批、查询统计、报销核销、系统维护”等八大功能模块及相应子模块的编写、测试、校验、修正和调试等项工作，于2009年1月1日起投入试运行。凤庆县国家税务局车辆管理使用及出差工作电子监管平台开发应用，达到了对车辆管理使用、干部出差工作成效、差旅费核报等方面情况进行全方位监控和公开透明管理既定目标，较好地克服了管理粗放、权责不清、质效不高等问题，是实施规范化管理和建设节约型机关的成功探索和实践。

（陈　勋）

云县国家税务局

经济概况

2009年，全县实现生产总值（GDP）41.99亿元，按可比口径计算，比2008年增长10.7%。其中：第一产业增加值13.72亿元，增长8.3%；第二产业增加值18.37亿元，增长9.3%；第三产业增加值9.9亿元，增长16.6%。人均生产总值9393元，按可比口径计算，比2008年增长10.1%。三次产业的结构比例为32.7%、43.7%、23.6%。非公有制经济增加值17.16亿元，占全县生产总值的比重达40.9%，比2008年提高1.1%。全县财政总收入4.03亿元，比2008年下降3.8%。

税收概况

【收入完成情况】 2009年，云县国家税务局共组织国税收入2.27亿元，比2008年2.81亿元减收5386万元，下降19.13%。其中："两税"收入2.15亿元（增值税2.06亿元，消费税827万元），比2008年减少5688万元，下降21%。企业所得税入库901万元，同比增收283万元；储蓄存款利息所得个人所得税入库69万元，同比减收84万元，下降54.9%；车辆购置税入库300万元，同比增收104万元，增长53.06%。

【收入特点】 一是从总体收入看，税收收入自1994年机构分设以来首次呈负增长。二是从税种收入看，除车辆购置税受国家惠农政策实施、城乡路况改善及城乡居民消费观念的改变拉动车辆购置税增长增收和企业所得税增收外，其他3个税种（增值税、消费税、个人所得税）均减收，其中减幅最大的是个人所得税，下降54.9%；三是从重点品目看，云县的支柱税源电力税收减收绝对额大，达6063万元，减收幅度为29%；近几年刚刚崛起的矿业税收也全面减收，减幅达36%；全县重点品牌酒业消费税同比减收235万元，减幅23%。

【税源分析】 一是电力增值税仍然占据全县国税收入的主导地位，2009年减收的主要原因，一方面受国家电价宏观调控政策影响，造成两大电站价格差异大；另一方面受上游小湾电站库容蓄水影响，全年两大电站发电量同比减少了30.95亿度，直接造成增值税减收6071万元。二是受全球金融危机的影响，矿产品价格大幅下跌，多数矿业生产企业处于停产、半停产状态。三是酒业市场需求萎缩，加之2008年澜沧江啤酒集团纳税评估税款入库375万元拉高了酒业税收基数，造成同比减收数额大。四是成品油销售、摩托车销售、家电销售等行业普遍增长，拉动了商业增值税增长。五是制糖企业产量增加，加上有跨期税款入库，糖业"两税"同比增收了763万元，增长54.7%。六是自2008年10月9日起暂免征收储蓄存款利息所得个人所得税后，该税种同比减收了85万元，下降55%。七是受"家电下乡"、"汽车、摩托车下乡"补贴等惠民优惠政策的实施的带动，车辆销售量剧增，仅摩托车车辆购置税就同比增收104万元，增长53%。

【税务管理】 一是强化户籍管理，进一步落实税收管理员的责任。开展了对县城、各乡镇所在地、公路沿线以及季节性经营纳税户、集贸市场的清理检查，做到管户底子清，数据准。二是加强与地税、工商、交警等部门的协调配合，定期进行信息交换，提高税务登记信息交换与共享的工作质量，确保税务登记信息的顺畅交换和信息数据的有效利用。截至2009年12月31日，全县共有登记户2247户，其中：企业195户，个体工商业户2052户，有一般纳税人103户，达起征点户517户，实行储蓄扣税管理的113户，实行介质申报管理的62户。

各项工作

【税收法制建设】 一是加强法制培训，参加了县委组织的全县干部法律知识学习考试一次，参考率、合格率100%；二是加强税收执法管理培训，重点是对税收执法管理信息系统中容易出错的指标以及具体操作中应注意的事项进行培训；三是落实再就业税收优惠政策，对53名下岗失业人员免收税务登记证工本费1060元。四是抓好重大税务案件审理工作，全年共审理两件税务案件，补税8053.96元，罚款4027.25元，加收滞纳金2395.48元。

【税收征管】 （一）各税管理。一是抓基础管理，实施分类管理。将辖区税源构成分为9个大类（电力、糖业、矿业、酒业、成品油、茶叶、废旧物资、房地产、其他企业），按类别落实税收管理员制度和领导干部管户制度，明确管户职责，实行AB角管理。按照"基本情况清楚、基础数据准确、基础资料完备、基础工作扎实、基本程序规范和基本制度健全"的要求，落实纳入市局"百户企业"23户重点企业管理措施，提高对重点税源的管理水平。二是认真落实增值税转型改革政策。加强对相关企业和税收管理员的培训。抓好增值税一般纳税人认定管理，全年新认定增值税一般纳税人20户，转正13户。三是加强对涉及消费税的云南澜沧江啤酒企业集团、云南茅粮酒业集团两大酒类集团和糖业企业的管理力度，完成了对云南澜沧江啤酒企业集团、云南茅粮酒业集团"两户"白酒生产企业白酒最低计税价格的调查落实和上报。四是加强车辆购置税管理。做好异常发票和车辆识别代码的采集、传递和清分工作，确保采集数据的准确。五是严格企业所得税税前扣除审批。全年审批财产损失税前扣除4笔，金额591万元，报市局审批1笔，金额49.8万元。（二）进出口退税管理。严格按规定对有进出口经营业务的2户出口企业进行审核、管理，要求企业按月反映出口销售收入，以电子数据和纸制报表自行申报，对企业反映销售时间和纳税申报准确性进行初审、复审和对免抵退税申报进行人工审核。全年共审核上报应退税金额254.03万元，已审核办理退税208.01万元；涉外企业缴纳增值税51.3万元。（三）发票管理。一是加强发票发售、代开、审验管理工作。严格按发票保管办法确保发票的安全，安装防盗报警系统，做到"三专六防"，消除隐患。二是与地方税务局和公安机关配合，对辖区内230户使用商业零售发票的纳税户开展了专项检查，检查发票累计数6000多份，查出有问题发票399份，移交稽查查处8户。形成了打击发票违法犯罪活动合力。

【税收执法】 （一）税收宣传。一是围绕2009年"税收·发展·民生"宣传主题，开展多种形式的宣传工作。利用《云县报》、《临沧日报》《云县电视台》《云县广播电台》等地方报刊、电台开展宣传；借用云南澜沧江啤酒集团电子显示屏滚动播放税收宣传标语100条（次）；在主要街道和人员密集场所悬挂大型税收宣传标语6条；国地税联合，通过采用设立宣传咨询台、发放宣传资料、展板宣传图片、开展业务辅导等形式开展税收宣传活动。共悬挂宣传横幅1幅、摆放宣传展板2个，展出宣传图片54幅，发放宣传资料1600余份、接受咨询200余人次，出动宣传车辆5辆。二是深到云县第一中学开展"税法宣传进校园回头看"活动，在学生代表中聘请了13名"税法业余宣传员"，对130余名学校领导、教师、学生代表开展了税收知识专题讲座，赠送《税收知识优惠政策读本（国税部分）》30余本。三是加大信息宣传稿件编发报送力度，全年共编发各类税收信息163条，被各级党委、政府和上级国税部门采用66条；宣传稿件被中央、省市各类报刊、杂志、广播电台等采用137篇。（二）税务稽查。全年共组织分类稽查、专项稽查11户，结案10户，结案率90.1%，选案准确率达100%，查补收入合计105万元，处罚率50%。同时，通过实行查前告知制度，纳税人自查补税193万元。全年查补收入298万元，已全部组织入库。（三）执法检查。一是强化税收执法管理信息系统的考核，充分发挥执法考核子系统"预警、提醒、考核"等功能作用。全年考核发生执法过错行为6项，对涉及的5名责任人按规定进行了责任追究。二是清理检查2008年至2009年地方党政、人大以及其他部门抄送的文件289个，无越权或违规的涉税文件。三是对新《企业所得税法》及相关政策贯彻执行情况、延期缴纳税款审批情况、小规模纳税人代开发票情况、一般纳税人资格审批和行政许可审批等情况进行检查，无违法违规行为。

【税收信息化建设】 （一）应用系统推行应用情况。完成网络教育培训系统建设及推行应用工作，在全体税收管理员中推行综合征管软件数据分发系统应用工作，强化了对综合征管软件数据的监控，进一步拓展和完善了"云县国家税务局综合业务处理网站"的应用。（二）数据分析利用。加强综合征管软、数据分发系统、数据监控分析系统的应用分析，每月发布1份综合征管软件运行情况通报，利用监控数据加强税源分析和纳税评估工作。（三）金税工程。根据金税工程相关业务工作规范，加强软件运行维护工作，确保发行、发售、认证、报税等业务正常开展。全县有63户企业使用防伪税控系统，有1户开通了专用发票网上认证系统。一年来，金税工程各系统软件运行正常，共采集增值税专用发票存根联1992份，开具金额13.09亿元，税额2.19亿元。（四）信息化及网络化建设。2009年10月份按照云南省国税系统网络教育培训系统与广域网改建、扩容项目培训会议的要求，分别对中心机房电源、网络设备以及大会议室照明设备等进行了改造，同时与运营商落实了光纤及相关网络设备安装、割接调试等工作，年底完成了网络教育培训系统建设及网络该建扩容A线路（广电）、B线路（联通）建设工作。经过改建扩容，共有3条（电信线路、广电线路、联通线路）速率为2M广域网（本系统）线路。

队伍建设

【机构人员情况】 （一）机构设置。局内设行政机构8个，即：办公室，税政管理股，政策法规股、征收管理股，人事教育股，监察室，收入核算股、办税服务厅；直属机构1个：稽查局；事业机构1个：信息中心；派出机构1个：爱华税务分局。（二）人员结构。全局有在册公务员104人。其中：在职83人，离退休人员21人。在职公务员中男性58人，女性25人。有研究生1人，占在职人数的1.2%；本科25人，占在职人数的30.12%；专科43人，占在职人数的51.8%；中专及以下14人，占在职人数的16.85%。

【领导班子建设】 按照"加强基层领导班子建设、加强组织体系建设、加强干部队伍建设、加强基础管理建设、加强党风廉政建设"的要求，围绕"观念上有新飞跃、思想上有新突破、作风上有新改进、环境上有新改善、工作上有新局面"的目标要求，落实科学发展观，牢固树立"聚财为国，执法为民"的工作宗旨，突出抓好作风建设工作，努力践行"8个方面良好风气"，继续坚持依法治税，进一步强化科学化、精细化管理，切实提高队伍素质，促进云县国税事业又好又快发展，进一步树立良好的国税形象。

【廉政建设】 一是认真贯彻落实省政府建立阳光政府"四项制度"等要求，在人大、政协等部门和重点纳税单位及个体纳税户中聘请了12名特邀监察员，对国税各项工作开展全方位监督。二是以教育防范为基础，组织党员干部到临沧监狱开展警示教育。三是认真做好财务公开、政务公开工作，认真落实县局领导班子成员个人支出明细账，拓展干部职工和纳税人等社会各界的知情权、参与权、监督权。四是严格落实领导干部廉洁自律制度，认真执行领导干部个人重大事项报告、收入申报、礼品礼金上缴登记、述职述廉、民主评议、诫勉谈话等制度。五是严格执行税务人员廉洁从政制度，层层落实党风廉政建设责任制。六是抓好《廉政公约》签订及回访工作。全年与新开业的9户个体工商户和1户纳税企业签订了《廉政公约》，截止2009年底止，全局与纳税单位和个人累计签订《廉政公约》562户。

【精神文明建设】 围绕巩固省级文明单位和省局级文明单位成果，积极创造条件，加强软硬件投入，不断创新活动方式，丰富活动内容，扩展创建载体。积极开展形式多样，丰富多彩的精神文明活动。把干部的思想政治工作融入各项活动中，增强队伍的凝聚力、向心力、战斗力。注重发挥办税厅的窗口作用，坚持文明办税八公开，规范服务行为，提高服务质量，树立国税形象，开展“讲文明、树新风”活动。积极组织《月亮升起来》广场集体舞的教学、练习、展示。开展好各兴趣爱好小组活动，全力办好《沧江国税》刊物，组队参加“云县滨江世纪城杯”男子篮球赛，圆满完成省级文明单位届满重新申报工作，年内完成了省级文明单位、省级巾帼文明岗的申报工作并通过考核验收；完成了省局级文明单位、市级文明单位、市级巾帼文明岗的复查验收工作。办税服务厅荣获省妇联表彰“巾帼文明示范岗”荣誉称号。

【教育培训】 一是参加省、市局培训。其中：参加省局培训共7期8人次；参加市局各类培训共9期37人次。二是在本局内有针对性地开展政策业务培训。全年自行组织培训16期，共计1063人次参加（对内12期685人次，对外4期378人次）。具体内容为：稽查考前业务，所得税介质申报、会计核算及所得税业务骨干、所得税转型，流转税业务与管理技能，稽查查账软件业务，科级领导干部，网络教育及广域网，税务会计知识，税收法制师资培训，税收执法管理信息系统升级，全国税务系统纪检监察干部业务，数据监控系统软件，金税工程开票系统，税收政策调整，新录用公务员初任培训，深入学习实践科学发展观学习讲座，党的基本知识专专题讲座，中小学生税法知识讲座等。

【先进人物】 罗如瀚被省国税局表彰为“精神文明建设和税收宣传先进个人”；钟礼能被临沧市国税局表彰为“2008年度信息工作先进个人”；马丽娥、周学荣被临沧市国税局记为“三等功”；范明被中共云县委表彰为“第三批新农村建设优秀指导员”。

（钟礼能）

永德县国家税务局

经济概况

2009年，全县实现生产总值（GDP）18.51亿元，同比增长11.9%。其中：第一产业增加值7.54亿元，增长7.5%；第二产业增加值5.3亿元，增长12.4%；第三产业增加值5.67亿元，增长16.8%。三次产业结构比重调整为40.8:28.6:30.6。实现农业总产值12.36亿元、农村经济总收入11.42亿元，分别增长10.2%和17.4%。粮食总产量12.92万吨，人均占有粮食351公斤。实现工业现价总产值7.82亿元，工业增加值2.23亿元，分别下降1.5%和增长5.6%。财政收入1.22亿元，增长10.9%；财政支出7.53亿元，增长36.2%。

税收概况

【收入完成情况】 2009年，永德县国家税务局共组织入库国税收入4937.44万元，比2008年的5584.01万元减收646.57万元，下降11.58%。完成市局年终调整任务4900万元的100.76%。分税种收入情况：增值税收入4108.7万元，同比减收518.43万元，下降11.20%；消费税收入160.64万元，同比减收20.97万元，下降11.55%；企业所得税收入404.15万元，同比减收156.47万元，下降27.91%；储蓄存款利息所得个人所得税收入32.73万元，同比减收45.45万元，下降58.14%；车辆购置税收入231.22万元，同比增收94.75万元，增长69.44%。

【收入特点】 一是从总体收入看，税收收入自机构分设以来首次呈负增长。二是从税种收入看，呈“四减一增”态势，除车辆购置税受国家惠农政策实施、城乡路况改善及城乡居民消费观念的改变拉动车辆购置税增长外，增值税、消费税、企业所得税、储蓄存款利息所得个人所得税四个税种均减收，其中减幅最大的是增值税。三是从重点品目看，白糖、商业增值税同比减收461万元和251万元，减幅分别达15.70%和27.55%；水泥、矿业增值税同比增收97万元和111万元，增幅分别达111.49%、123.33%；发电、茶叶增值税基本持平。四是从收入进度看，最快的月份收入达1705万元，进度为34.79%，最慢月份收入仅有126万元，进度为2.56%，金额相差1579万元，进度相差32个百分点。

【税源分析】 一是实施一系列增值税转型政策造成增值税减收因素大于增收因素，其中：固定资产抵扣进项税减收139万元；降低小规模纳税人征收率减收114万元；金属矿和非金属矿产品增值税税率恢复到17%后增值税增收53万元。二是主体税源制糖企业因白糖市场价格同比下滑，虽然实现产量同比增加，但仍不能弥补价格下跌带来的减收。糖业税收收入2650万元，比上年3149万元减收499万元，下降15.84%。三是商业增值税同比下降了28.63%。

【税务管理】 全县共有管户有2217户，其中：企业

134户，个体工商业户2083户。在管户中：一般纳税人58户，纳入银行储蓄扣税管理的个体工商户51户，达起征点以上的个体工商户143户（从事工业生产和应税劳务18户，从事商业零售125户），实行介质申报管理的纳税人62户。

各项工作

【税收征管】 按照“把握发展趋势、理清发展思路、创新发展方式、实现科学发展”的工作思路，狠抓各项征管工作。一是全面加强了增值税、消费税、企业所得税、车辆购置税税源监控和征收管理，根据新企业所得税法的规定加强了对企业所得税纳税人的控管。二是根据阳光政府“四项制度”的要求，全面落实推行“重大决策听证、重要事项公示、重点工作通报、政务信息查询”四项制度。三是完善重点企业电子信息档案，完成了纳入市局“百户企业”管理的12户企业的信息数据采集录入工作，利用IE在线浏览、编辑、文件上传、下载和数据备份、恢复等六个功能全程管理重点税源企业档案。四是坚持领导干部管户制度，在明确领导干部管户和管户职责后，推行领导干部管户AB角制度，为税收管理员管户树立了榜样。五是通过采取强化征管、提高纳税服务质量，大力催报催缴等措施，实现了年度无欠税发生。

【税收执法】 （一）税收宣传。一是紧紧围绕“税收·发展·民生”的税收宣传主题，召开2009年税收宣传暨第18个税收宣传月启动仪式会议，拉开税收宣传月活动序幕。二是组织班子成员、部门主要领导收听省局领导带领机关部分处室负责人上线云南人民广播电台“金色热线”栏目。三是以新税收政策的宣传解读为重点，开展送税法进乡镇、进农村和税法咨询活动。四是结合“三力”建设，通过永德电视台对社会作出九项公开承诺。五是制作“税收促进发展，发展改善民生”横幅和反映国税工作情况、文明创建情况的展榜，配合团县委主办的“践行科学发展·谱写无悔青春”演讲比赛扩大宣传。六是在各级信息刊物、宣传刊物刊登稿件122篇，有力地支持配合了税收宣传活动。七是对全县增值税一般纳税人进行2期培训，参加培训的纳税人47户55人；对全县企业所得税纳税人进行1期企业所得税政策培训，参加培训的纳税人33户33人。（二）税务稽查。以分级分类检查和查处税收违法案件为重点，加大对涉税违法案件的打击力度；以全国稽查业务考试为契机，掀起学习税收政策和税收业务的新高潮，强化税务稽查基础建设和队伍建设。2009年稽查查办案件12件，立案10件，结案10件，有问题10件，稽查查补总额20.76万元。其中：增值税7.74万元，企业所得税4.87万元，滞纳金2.67万元，涉税罚款5.40万元，行为罚款800元。偷税处罚率52.44%、综合处罚率43.48%、选案准确率83.33%，入库率100%。征管及其他部门查补收入108.68万元。全年查补收入总额129.44万元，占全局总收入的2.62%。（三）执法考核。强化税收执法管理信息系统的考核，充分发挥执法考核子系统“预警、提醒、考核”等功能作用，对税收执法管理信息系统3号补丁开展了业务培训，税收执法和管理进一步得到了规范。年内出现执法过错行为1项，对相关责任人员按规定进行了责任追究。（四）税务案件查处。处理纳税人各种违法违章案件147件，给予税务行政处罚124件，共计实施税务行政处罚金额1.02万元；认真抓好重大税务案件审理工作，县局审理委员会审理的重大税务案件1件，补税4.8万元，加收滞纳金3.73万元，罚款2.44万元。

【信息化建设】 一是巩固提高综合征管信息系统运行质量，进一步加强综合征管软件数据收集、录入工作，保证数据准确性、完整性；运用监控系统进行税收管理数据分析，进一步提高数据加工和分析能力，修正、补充、清理综合征管软件垃圾数据，确保了数据采集、审核、审批、检查各环节高效运行。二是加强网络运行维护工作，严格执行网络安全管理规定，抓好局域网用户的安全教育，利用网络监控软件，监控、维护网络系统运行，认真执行应急处理预案，定期检查网络设备及线路等工作状态和通讯质量。三是认真实施广域网络改造、扩容项目，改造、扩容的三条线路（广电A线路、联通B线路、电信线路）均以光纤连入信息中心机房，实现广域网络的环网接入，广域网络带宽扩展一倍以上，网络安全性、稳定性实现全面提升；对网络教育培训系统进行了全面更换升级，会议室安装了普通会场终端高清视频会议设备，满足了教育、培训和视频会议的需要。

队伍建设

【机构人员情况】 （一）机构设置。永德县国家税务局内设行政股室8个（正股级），直属机构1个（副科级），事业单位1个（正股级），派出机构2个（副科级）。（二）人员配置。总编制70名，其中：行政编制67名，事业编制3名。全局实有公务员60人。分布为：局班子5人，办公室8人，税政股4人，征收管理股和政策法规股3人，人事教育股3人，监察室2人，收入核算股和办税服务厅7人，稽查局6人，信息中心2人，德党税务分局12人，永康税务分局8人。

【领导班子建设】 一是全面加强作风建设，按照胡锦涛总书记在十七届中央纪委第三次全会重要讲话中提出的“六个着力、六个切实”要求以及在领导干部中倡导的“八种作风”，进一步加强思想作风、学风、工作作风、领导作风、生活作风建设，结合开展学习实践科学发展观活动，围绕“加强领导干部党性修养、树立和弘扬良好作风”主题和“执行力、创新力、凝聚力”建设实践活动的有关要求，开展专题学习、工作调研、案例分析、与干部座谈、与纳税人恳谈，广泛征求群众意见建议，认真剖析、查找存在问题，分析问题根源，明确整改目标，制定切合实际的强有力的整改措施，对存在问题进行整改。二是认真贯彻落实民主集中制、《党政领导干部选拔任用条例》、领导干部重大事项报告制度和收入申报制度，进一步完善党组议事规则和决策程序。三是坚持党组中心组理论学习制度，以扎实的学风，在学以致用上下功夫，进一步提高贯彻落实科学发展观的能力和水平，增强学习力和创新力，充分发挥班子的表率作用，促进各项工作落实。

【廉政建设】 一是结合实际制订出《中共永德县国家税务局党组关于贯彻落实〈建立健全惩治和预防腐败体系2008～2012年工作规划〉分工方案》，明确工作任务的主要负责人、牵头部门和协办部门，组织协调有关部门抓好工作落实。二是结合实际制定出《永德县国家税务局党组党风廉政建设责任制考核办法》。三是强化社会监督，坚持与纳税人签订《廉政公约》和回访制度。12月底已与655户纳税人签订廉政公约，回访100户，其中：企业40户，个体60户。回访率为15.27%，满意率为100%。联系座谈8名特邀监察员，座谈结果表明社会对国税部门在行风建设、纳税服务方面反映良好。总体评价是：服务到家，政策到位。四是组织学习王瑛同志先进事迹，观看警示教育片《高墙悲歌》。用先进事迹鼓舞、激励税干，用反面教材、违规违纪案件警示教育税干，进一步提高干部反腐倡廉的意识。

【精神文明建设】 一是坚持“两手抓”的方针，做到文明创建与组织收入相结合、与纳税服务相结合、与思想政治工作相结合、与廉政文化建设相结合。通过深入持久的创建活动，丰富了干部业余生活，激发了干部工作热情，为国税工作又好又快发展起到了积极的促进作用。二是以“迎国庆、讲文明、树新风”为主题，积极组队参加“七一歌颂党”歌咏比赛、“我与我的祖国”国税杯演讲比赛；以“迎祖国华诞，展国税风采——庆祝建国60周年”为契机，组织参加省、市局举办的摄影书法展，与云南永德糖业集团共同举办“迎祖国60周年华诞”文艺联欢晚会；大力开展群众性娱乐活动，以工会为龙头，组织税干及家属跳《月亮升起来》集体广场舞，永德民间集体打歌等活动。三是精心组织，从材料、环境等方面进行认真准备，按时完成省级文明单位届满重新申报工作，并顺利通过省级文明单位的考评验收，再获省级“文明单位”荣誉称号。

【教育培训】 一是强化教育引导，提高理论素养。通过组织学习、形势报告、组织讨论、专题发言和写心得体会、考试测试、观看影视教育片等形式，对干部进行形势任务、爱岗敬业、勤政廉政教育，围绕“科学发展观”、“十七届三中全会精神”、“县域经济发展”3个专题，举办了学习实践科学发展观专题讲座。二是强化业务培训，提高履职能力。县局举办7期业务培训班，累计5.5天，195人（次）参加增值税政策调整、计算机个体定额核定、企业所得税介质申报、数据监控分析系统操作业务、税收执法管理信息系统3号补丁、重点企业管理业务、税收执法人员法规业务培训；安排77人（次），分别参加地方各级部门及省市局举办的入党积极分子、政治理论、税收政策业务、稽查业务、科级领导干部更新知识学习培训；采取宣传动员与个人自愿报名相结合的方式，6名稽查系列人员、6名非稽查系列人员参加全国国税系统稽查业务考试，最高分104.5分，最低分58.5分，平均分85.29分，及格5人，及格率41.67%。三是学历结构进一步改善。全局60名公务员中，大学本科17人，占28.33%；在读本科5人；大学专科36人，占60%；中专和高中7人，占11.66%。四是保障培训经费。全年公务员教育培训经费预算2万元，实际支出14.03万元，人均2338元，教育培训经费占日常公用经费的10.27%。

（赵志武）

镇康县国家税务局

经济概况

2009年，全县实现生产总值（GDP）12.8亿元，比2008年增长11%，其中：第一产业3.89亿元，增长6.5%；第二产业5.05亿元，增长10.3%；第三产业3.86亿元，增长16.3%。三次产业的结构比例由2008年的30.4:42:27.6调整为30.4:39.4:30.2；固定资产投资总额13.01亿元，增长35.14%；城镇居民可支配收入1.1万元，增长10.22%；农民人均纯收入2360元，增长18.41%；社会消费品零售总额3.12亿元，增长29.21%；外贸进出口总额1.81亿元，增长32.42%；财政收入1.16亿元，下降1.26%。

税收概况

【收入完成情况】 2009年，镇康县国家税务局共组织各项税收收入5237.03万元，比2008年减收1437.48万元，下降21.54%，占市局年初下达计划的70.77%，占县政府考核计划的116.59%。其中“两税”收入4893.71万元，下降22.66%，占市局年初计划的68.35%（其中增值税收入4789.03万元，下降22.8%；消费税收入104.68万元，下降15.22%）；储蓄存款利息所得个人所得税收入24.42万元，下降61.6%；车辆购置税收入126.7万元，增长123.93%；企业所得税收入192.2万元，下降15.38%。其他收入9.62万元，增长13.09%。后经市局调整计划，完成任务率100%。

【收入特点】 一是税收收入呈负增长，除车辆购置税外，其他各税种均不同程度减收，其中增值税减收额最大，减收1414.72万元，个人所得税减收幅度最大，下降61.6%。二是国税收入速度缓于GDP增长速度，国税宏观税负为4.09%，税收弹性系数为-2.57。三是增值税收入仍然是镇康国税收入的主体税种，增值税收入占到总收入的91.28%。

【税源分析】 一是白糖、矿产品、电力3项税收作为镇康国税的支柱税源，2009年收入4212万元，占国税收入总额的80.43%。二是增值税各重点税收品目除电力增值税增收外，其他品目均减收，所占比重变化大。其中矿产品增值税减收金额和幅度均为最大，2009年矿产品增值税收入1420万元，减收1068万元，下降42.93%，收入比重从2008年的40%下降至30%；白糖增值税收入2170万元，下降14.23%，减收360万元，收入比重从2008年的40%上升至46%；电力增值税收入622万元，增收31万元，收入比重从2008年的10%上升至13%。三是消费税来源渠道基本限于糖厂生产的酒精，由于酒精价格走低，消费税同比减收19万元，下降14.63%。四是县域内摩托车购买量增加，车辆购置税收入同比增收70.12万元，增长123.93%。五是受储蓄存款利息所得个人所得税政策调整的影响，个人所得税收入24.42万元，减收39.17万元，下降了61.6%。

【税务管理】 一是认真落实税收管理员制度，进一步明确岗位职责，落实管理责任，规范税务人员行为。二是做好“百户企业”管理工作。按市局“百户企业”管理工作要求，重新调整确定了我县纳入“百户企业”管理的14户企业，其中：矿业9户、糖业2户、电力2户、烟草1户。对纳入“百户企业”的纳税户进行纳税辅导时，对不符合抵扣范围的2户企业进行了进项转出调整，调整金额19.67万元。三是加强户籍管理。2009年征管户数为1412户，其中：企业128户（外资企业2户，内资企业126户），个体工商业户1284户（达起征点117户，未达起征点1167户）。对已办理税务登记的纳税信息变更情况实施动态监控，利用每月的交换信息，清理漏征漏管户。四是严格申报纳税制度，提高申报率。对负申报、零申报的纳税户进行信息比对分析、查找原因、跟踪管理。

各项工作

【税收法制建设】 一是继续认真贯彻落实《全面推进依法行政实施纲要》。二是认真推行税收执法责任制，利用信息化手段强化对税收执法行为的监督，2009年，执法信息考核系统考核实现“零过错”。三是坚持重大税务案件审理制度，2009年审理案件1件，经审理，该案所列事实清楚、证据确凿、定性准确、引用税收法律法规条款准确，符合法定程序。四是做好税收法制培训。2009年，举办税收法制培训3次，培训人员61人次。

【税收征管】 （一）各税管理。1.增值税管理。一是认真完成增值税转型政策的贯彻落实工作，加强政策宣传培训。共组织内部干部培训1期、纳税人专题培训2期。2009年涉及固定资产抵扣进项税额487万元，实际抵扣159万元。降低小规模纳税人征收率减收95万元。二是加强增值税一般纳税人管理，当年新认定增值税一般税人15户，全县共有53户增值税一般税人，其中，有27户纳入防伪税控管理，增值税一般纳税人实现增值税收入4710万元。对小规模纳税人加强监控管理，对达到一般纳税标准的及时进行认定。三是加强红字增值税专用发票通知单管理工作，共办理开具红字增值税专用发票通知单4份。2.消费税管理。消费税主要来源于酒精和粮食白酒，全县有消费税纳税人5户，其中企业3户，个体2户，入库消费税104.68万元。3.车辆购置税管理。认真贯彻落实好购置1.6升以下排量乘用车，暂减按5%税率征收车辆购置税的政策；加强车辆购置税档案管理，对车辆购置税档案管理进行调整，自9月1日起，将纸质征收档案交由纳税人自行保管。4.企业所得税管理。一是顺利推行应用2008版企业所得税申报系统。二是认真完成2008年企业所得税汇算清缴工作。2008年度，有企业所得税管理户数31户（其中：监管企业2户，直管企业29户），实际汇算清缴31户，实应缴纳的所得税为166.3万元，汇总企业（镇康农行）44.2万元，（除镇康县烟草公司外）季度预缴入库23.2万元，免征企业所得税91.9万元，汇算清缴入库7万元。2008年度享受企业所得税减免税优惠的企业有5户，其中内资3户、外商投资企业2户，免征企业所得税91.9万元。三是做好所得税日常管理工作。2009年，有企业所得税管户34户，其中外资企业2户、内资企业32户，所得税入库192.2万元。（二）国际税收及退（免）税管理。进一步加强非居民企业税收管理、企业境外投资税收服务和管理、跨国反避税调查、情报交换等工作，严密防范和打击违规避税及恶意纳税筹划行为。2009年，出口退税额164.14万元，同比增加64.53万元，增长64.79%。其中电力出口退税12.9万元，出口额33.37万美元，实现了临沧市边贸电力出口退税零的突破。（三）发票管理 。一是严格执行发票管理办法，建立健全发票领、用、存制度并严格执行，2009年度，有用票户418户，使用的普通发票有18种。二是加强发票专项检查，2009年对本县商业零售行业的发票进行了检查，共检查159户，其中企业12户、个体工商户147户，共检查发票15362份，未发现有偷税的嫌疑，检查出未按规定开具发票5份，按规定作了处理。

【税收执法】 （一）税收宣传。认真开展“税收·发展·民生”为主题的第18个税收宣传月活动。在宣传活动中，一是与地税联合，举行“税收知识咨询”活动，发放宣传资料300余份，接受咨询百余人次；借民族节日“泼水节”，用少数民族语言开展税收宣传活动；在教育基地镇康完小举行税收知识有奖问答活动；悬挂宣传横幅标语15条。二是利用电视媒体对新增值税条例及实施细则进行宣传。同时在网络将宣传活动的相关情况及时向外公开。三是结合深入学习实践科学发展观活动的开展，深入到重点税源企业进行纳税辅导和征求意见。在日常宣传中，以召开纳税人座谈会的形式，组织宣传2次。日常管理工作中，管理员每月至少深入企业进行1次纳税辅导。（二）税务稽查。2009年共组织自查和重点检查11户，完成稽查收入91.57万元。一是继续推行被选定企业的“查前约谈”；二是继续深入开展整顿和规范税收秩序工作，共整顿和规范检查户数34户；三是继续开展打击非法制售假发票专项行动，共对78户用票户进行检查，检查发票12765份；四是开展了医药零售行业税收专项整治工作，对29户药品零售行业进行专项整治，共有5户纳税户通过自查查补入库收入12.66万元，并有2户纳税户申请认定为增值税一般纳税人；五是贯彻落实“关于配合有关部门进一步做好打击借‘家电下乡’等名义制售假劣产品专项整治工作”，与财政、商务部门配合，共抽查“家电下乡”网点用票户8户，检查发票1350份，查出有问题发票1户2份，涉案金额17.64万元。（三）执法检查。一是做好涉税文件检查。对2008年以来县局及县委政府和其他部门出台的文件进行了全面清理，经查，未发现有违规制定涉税文件的情况存在。二是进行企业所得税管理情况检查。通过检查，全县企业所得税税率执行正确。三是进行税收优惠政策执行情况检查。2009年，全县共有享受企业所得税税收优惠政策的企业4户。2009年备案减免小型微利企业所得税3870.96元。四是进行税前扣除审批情况检查。税前扣除审批，全部符合政策、法规和程序。五是进行小规模纳税人代开增值税专用发票情况检查。通过检查，所有代开的增值税专用发票情况合法、合规。（四）依法治税。严格遵循“依法治税，应收尽收，坚决不收过头税，坚决防止和制止越权减免税”的组织收入原则，正确处理依法治税与组织收入的关系，贯彻落实各项税收优惠政策，2009年共办理减免企业所得税91.9万元，对不达起征点的1121户个体户，减免增值税116.33万元。

【信息化建设】 （一）应用系统推行情况。一是严格执行省局的网络安全管理制度和有关要求，切实加强计算机网络系统的安全管理，确保了全局网络系统的安全运行。二是进一步规范综合征管软件操作应用，提升税收综合征管软件运行水平。三是在上级的统一部署下，进一步做好拓展金税工程工作。四是顺利推行应用2008版企业所得税申报系统。（二）数据分析利用。一是对综合征管软件中的数据进行监控分析，每月定期召开会议进行数据分析，督促税源管理，认真做好数据监控；二是税收执法管理信息系统考核中，无疑点线索，2009年执法考核实现“零过错”；三是对工商登记信息交换工作中的数据认真进行比对，从而及时发现漏征漏管户，强化税务管理工作。（三）信息化基础设施及税收信息化管理维护工作。基础设施方面：2009年，全县共有台式计算机设备88台，其中PC机有74台，笔记本电脑14台。PC机74台中，内网办公用63台，外网用11台。打印机55台。信息化管理维护方面：继续做好计算机管理的制度建设，强化日常管理，在计算机应用、维护、资产调配上做到制度化、责任化。按时完成了综合征管软件相关的系统升级及补丁任务。保证税务系统网络、机房、设备、数据、网站、信息、病毒安全防范等正常运行。（四）金税工程。继续加强金税工程各系统管理应用，明确责任，加强协调配合，做好金税工程三期建设工作。2009年，共发行企业开票金税卡6户，帮助企业维护开票系统15户/次，处理企业抄税、报税、发票认证业务、技术问题13户/次，确保了金税工程企业发行、企业开票、认证、报税子系统的正常运行。2009年，认定增值税专用发票2461份，认证金额1.65亿元，认证税额2791.75万元。采集海关增值税专用缴款书34份、税额22.9万元。（五）税收电子化、信息化、网络化建设。一是广域网扩容改进项目顺利实施，形成了由联通、广电、电信3家运营商提供的3套高速、稳定的网络，2009年进入路由策略调试阶段；二是做好政府信息公开网站建设专项工作；三是网络教育培训系统安装完毕，运行正常。

队伍建设

【机构人员情况】 （一）机构设置。根据市局的安排部署，进行了机构改革。机构改革后，有内设机构8个，即：办公室（6人），人事教育股（2人），监察室（2人），征收管理股、政策法规股实行一套班子两块牌子（2人）；收入核算股、办税服务厅实行一套班子两块牌子（7人）；税政股（3人）。1个直属机构：稽查局（7人）；1个事业单位：信息中心（2人）；2个派出机构：凤尾税务分局（5人）、南伞税务分局（9人）；机关党办暂设在监察室。（二）人员配置。2009年有在册干部职工64人，其中：在职干部50人，退休14人。在职干部职工中，男35人，女15人，平均年龄42岁。有大专以上学历49人，占在职干部人数的98%，其中，研究生1人，本科学历18人，专科学历30人，高中学历1人，在读本科3人。2009年调出3人，新录用2人。领导班子成员5人，其中，局长1人，副局长3人，纪检组长1人。局党总支共有党员29人（其中：女党员4人。在职干部25人、退休干部3人、临时工1人）。

【领导班子建设】 一是坚持党组中心学习组、党组民主生活会、领导干部廉洁自律民主生活会等各项制度，着力提高领导班子依法行政、依法管理的能力，提高拒腐防变、经得起各项诱惑和考验的能力，努力把班子建设成学习型组织、创新型团队、实干型集体、廉洁型班子。二是坚持民主集中制度，提高科学、民主决策水平，保证工作务实、高效、协调运转。三是巩固先进领导班子创建成果，自觉接受干部职工的监督制约，改进作风，增强团结，提高领导班子整体素质。12月7日，临沧市国家税务局党组、临沧市国家税务局任命李文清为中共镇康县国家税务局党组成员、副局长。

【廉政建设】 一是认真落实党风廉政建设责任制，局长与市局局长、县纪委分别签订了《党风廉政建设责任书》，各股室负责人与局长签订《党风廉政建设责任书》共10份，形成一级抓一级，一级为一级负责的工作机制。二是进一步完善廉政教育“大宣教”格局，认真开展警示教育，坚持每月一次的“纪检日”活动。三是加强社会监督，继续聘请了8名社会各界人士担任特邀监察员，召开了1次特邀监察员座谈会。四是继续开展与纳税人签订《廉政公约》工作，年内签订108户次，回访127户次，累计签订900户次、回访553户次，满意率达100%。五是对中层干部实行廉政提醒制度，全年下发提醒表28份。县局纪检组长同下级主要负责人进行了4人次廉政谈话。

【精神文明建设】 紧紧围绕税收中心工作，严格按照上级关于文明单位管理办法的要求开展文明创建，制订出文明创建的长远目标规划，建立健全文明创建领导工作机构，形成党政工青妇齐抓共管的工作格局；大力开展国税文化建设，积极开展各项健康向上的文体活动，与地税、工商联合组队，参加县上组织的集体广场舞比赛，获得三等奖；2009年，县局届满重新申报并通过验收，继续保留云南省委、省政府“文明单位”称号；2009年1月，被云南省国家税务局命名为“2008年度文明单位”称号。袁永康、何航洲、沈正彬被市局党组表彰为“2007~2009年精神文明建设先进工作者”。

【教育培训】 一是认真参加上级举办的各类培训，2009年参加省局举办的培训5人次，时间总计56天，参加市局组织的培训35人次，时间总计631天。二是认真组织局内好各类培训。组织增值税转型业务培训1期，参训49人；举办深入学习实践科学发展观培训学习4期，每期参加49人；举办企业所得税新介质申报培训1期，参训29人；举办税收法制业务培训1期，参训30人；举办税收执法管理信息系统3号补丁业务培训1期，参训30人。

【典型经验】 大力推进社会治安综合治理，着力构建和谐征纳关系。镇康县国家税务局认真贯彻落实中央和省、市、县关于综治维稳工作要求，贯彻落实科学发展观，围绕中心，服务大局，加强领导，落实责任。将综治工作与税收执法、税收征管、文明服务等工作有机结合起来，着力构建和谐征纳关系，营造了平安和谐的税收环境，为全县的发展和稳定作出了贡献。一是领导重视，组织得力。局班子把维护社会稳定和社会治安综合治理工作纳入全局的重要议事日程，与税收各项工作有机结合。主要领导亲自抓，分管领导具体抓，有关部门重点抓，同心协力，恪尽职守，形成了齐抓共管的局面。二是机构健全，责任落实。建立了综治领导小组，层层签订《社会治安综合治理和维护稳定责任书》，各部门建立第一责任人制度，对综治工作实行“一票否决”制，将责任落到实处。三是完善各项规章制度。修订完善《门卫值班制度》、《干部值班制度》、《信访工作制度》、《消防安全工作制度》、《网络安全管理制度》、《防暴力侵害预案》、《保密工作制度》等，使综治工作有章可循。四是抓好综治宣传教育。积极组织干部职工学习上级的综治工作文件；认真开展综治宣传月活动；在重要时期召开会议强调综治安全问题，提出综治工作要求，要求干部职工“看好自己家门、管好自己家人”，防范影响稳定的事件发生。五是加大投入，完善各种安全防范措施。配备了专兼职保卫干部，强化完善了各种安全设施，在办公楼重点区域安装了防盗、防暴设备和报警系统，保证了办公楼的安全。

（武天敏）

双江拉祜族佤族布朗族傣族自治县国家税务局

经济概况

2009年，全县实现生产总值（GDP）11.27亿元，其中：第一产业完成4.55亿元，第二产业完成3.21亿元，第三产业完成3.51亿元，三次产业结构比例为40:29:31；完成财政总收入7699万元；财政支出5.82亿元；完成农业总产值7.49亿元；完成工业总产值8.14亿元；完成固定资产投资7.65亿元；农民人均纯收入2404元；城镇居民可支配收入10627元。全县呈现出经济发展、社会进步、文化繁荣、民族团结、人民生活水平不断提高的良好局面。

税收概况

【收入完成情况】 2009年，双江县国家税务局共组织国税收入3781.53万元，与2008年入库4839.17万元相比减收1057.64万元，减21.86%。完成年初收入计划5060万元的74.73%，完成年初奋斗目标5160万元的73.29%。其中：“两税”收入3469.04万元，与上年4401.04万元相比减收932万元，减21.18%；企业所得税入库147.04万元，与上年225.69万相比减收78.65万元，减34.85%；储蓄存款利息所得个人所得税累计入库17.83万元，与上年42.83万元相比减收25万元，减58.37%，车辆购置税入库147.62万元，与上年169.62万元相比减收22万元，减12.97%。

【收入特点】 一是税收收入大幅下滑。除消费税略增外，其余4个税种均不同程度下滑：增值税、企业所得税、个人所得税、车辆购置税与2008年同比分别下降22.18%、34.84%、58.37%、12.97%；二是重点税源大幅减收。2009年，年纳税100万元以上的企业达5户，入库税收2703万元，比上年减收1065万元，减幅28.26%。三是"两税"主体地位进一步体现。"两税"占总收入的91.74%。

【税源分析】 一是双江县属边疆农业县，支柱产业少，税源结构单一，受国际金融危机影响，重点企业经营困难，税源匮乏；二是由于增值税转型，固定资产进项抵扣造成收入减收；三是2007年跨期至2008年入库的税收收入是1027万元，2008年跨期至2009年入库的税收收入是135万元，跨期税款数额的差距是造成2009年与2008年税收收入相比大幅减收的主要原因；四是国家于2009年1月1日起，降低小规模纳税人征收率，统一为3%，政策有力的促进中小企业的发展和扩大就业，但也导致了税款的减少。

【税务管理】 一是继续强化领导管户制，加强百户企业管理。将百户企业中的部分重点税源企业的管理任务分解到领导干部，按规定的要求和工作标准定期深入企业进行管理，分析和掌握税源动态。二是认真组织开展对货运发票的专项评估工作，按照"创新发展年"的总体要求将运输发票抵扣过程中存在的管理列入突破重点。三是抓好一般纳税人认定管理工作，切实把好认定关、发票核定供应关。四是认真执行各项税收优惠政策，继续落实中央国务院关于下岗再就业、西部大开发、鼓励高新技术产业发展等税收优惠政策。

各项工作

【税收法制建设】 一是认真抓好法律法规学习，不断提高干部的法制意识和税收执法水平。二是围绕群众关心的税收热点，拓宽法制宣传渠道，不断提高纳税人对税法的遵从度。三是将普法工作融入到国税文化建设当中，提高干部职工学法、守法、执法的能力。四是依法查处违法违规行为，促进工作质量和效率的不断提高。2009年查处违法违章行为23户（次），其中未按期申报行为16户（次），发票违法违章行为7户（次）。全年无税务行政复议和税务行政诉讼案件发生。

【税收征管】 （一）各税管理。一是加强户籍管理，严防漏征漏管。截至2009年底，全县共有管户1357户，其中：企业85户，一般纳税人36户，2009年新认定3户；个体工商户1272户，达到起征点的有144户，实行储蓄扣税137户。二是加强对增值税专用发票的管理，对一般纳税人抄报税、专用发票认证、纳税申报和稽核比对进行全程监控，掌握税源变化情况，及时调整管理工作重点和方向。三是做好车辆购置税异常发票的比对核查工作。全年接收车辆购置税异常发票信息8份，经核实库存处理2份，故意低于进货价开具发票6份，合计补缴增值税869元，补缴车辆购置税600元。四是对涉及企业所得税的30户企业（其中：监管企业2户，直管企业28户）的政策执行情况进行了全面调查落实，进一步强化所得税管理基础工作。四是加大对储蓄存款利息所得个人所得税扣缴义务人的监控管理力度，落实代扣代缴工作，加强有关政策的宣传和征收管理工作，确保税款及时足额入库。（二）出口退税管理。全县共有2户生产企业有出口退税权，分别是云南临沧勐库茶叶制品有限公司和云南双江勐库茶叶有限责任公司，2009年度云南临沧勐库茶叶制品有限公司出口货物销售额23.4万元，免抵退税额3.1万元，而云南双江勐库茶叶有限责任公司未发生出口销售业务。（三）发票管理。一是加强对票证管理人员的责任感、使命感教育，进一步落实票证管理人员岗位职责，以及普通发票"六防"安全措施，建立发票库房管理相互制约机制。二是进一步加强发票计划、领发、押运、保管、入库验收、发票库存账目管理、发票票种核定、发票发售、发票验旧、发票使用检查等管理工作，确保各项管理制度落实到位。三是抓好普通发票的日常检查工作。四是加大发票违章纠正处罚力度。2009年处理发票违章行为7户次，行政处罚罚款金额为4740元。五是加强发票调入、发售、结存的管理。2009年末结转各类手工版普通发票2355本，本年调入4000本，本年发售4055本，结存2300本；2009年末结转各类电脑版普通发票1.54万套，本年调入43.2万套，本年发售43.25万套，结存1.49万套；2009年末结转增值税专用发票500套，本年调入1000套，发售1320套，结存180套。

【税收执法】 （一）税收宣传。一是采取多种形式开展纳税咨询服务和税收政策宣传。积极开展"税法宣传进校园"、联合消防队开展《消防法》和税法宣传、发送宣传材料等宣传活动，共接受纳税咨询130人（次）、发放税收宣传材料1650余份。二是突出依法诚信纳税的要求，大力开展依法治税、规范执法、优化服务及整顿和规范税收秩序的宣传。三是加大对税收违法案件查处的力度，全年曝光税收违法案件2起。（二）税务稽查。以公正和效率为主线，以提高稽查质量和效益为重点，以信息技术为依托，实施"科学化、精细化"的稽查管理，进一步加强对综合征管软件、税务违法举报案件管理系统、金税工程协查系统的运用步伐，与时俱进，不断创新稽查运行机制和工作机制，充分发挥了稽查部门的职能作用。全年共检查纳税户数10户（含上年待结1件），有问题10户，已结案件10户，结案率100%，查实率为100%。全年通过稽查查补收入模块共入库增值税39.36万元、罚款3.06万元、加收滞纳金4.38万元，合计46.8万元，占全县实际完成任务数3781.53万元的1.24%。其中：稽查实际查补入库增值税、罚款、加收滞纳金共计12.59万万元；企业自查查补入库21.48万元；征管部门查补12.73万元。（三）执法检查。坚持"依法治税，应收尽收，坚决不收过头税，坚决制止和避免越权减免税”的组织收入原则，按照上级局的统一安排部署，结合双江国税工作实际，认真开展税收执法检查。充分利用信息化手段，创新检查方法，增强了检查的科学性、实效性；注意发现典型案例和共性问题，及时提出政策建议；把税收征管情况作为执法检查重点，促进了征管质量的提高，同时又保证了执法行为的规范。（四）依法治税。一是把依法治税贯穿于国税工作始终，牢固树立执法服务理念，坚持执法中服务，服务中执法，做到“有法必依，执法必严，违法必究”，全面提高依法治税水平。二是坚持以人为本，树立全面、协调、可持续的发展观，围绕依法征税，应收尽收、坚决不收过头税，认真贯彻执行各项税收法律法规，大力组织税收收入。三是深入推行税收执法责任制和过错责任追究制，做到考核到位，追究到位，规范税收执法。四是全面提高执法干部队伍素质，造就了一支政治过硬、业务熟练、作风优良、执法公正、服务规范的税收法制队伍。

【税务管理信息化建设】（一）应用系统推行情况。全局网络改造、扩容项目和网络教育培训系统项目均按省市局的相关要求认真实施并进展顺利。（二）数据分析利用。通过云南省国家税务局数据监控分析系统的运用，提高了广大干部能及时找出征管工作中存在的问题便加以解决，使管理工作更具有针对性，极大地方便了日常税收工作的开展和提升了领导的决策水平。（三）信息化基础设施建设及税收信息化管理维护工作。做好各应用软件的维护升级、网络设备的管理和病毒防治工作，定期不定期地对系统进行扫描，清除各类木马程序，经常访问防病毒网站了解新病毒的情况，及时打好系统补丁，确保了各操作系统及应用系统软件安全、正常的运转。（四）金税工程。一是扎实抓好金税工程计算机设备和应用软件的维护、升级工作，保证金税网络畅通。二是稳步推进金税二期各项工作。三是积极为金税三期做准备。全年通过系统采集、认证专用发票1406份，其中认证相符1406份，涉及金额9961.68万元、税额1504.48万元；认证不相符0份。（五）税收电子化、信息化、网络化建设。监控服务器和监控软件运行良好，网络设备及线路等工作状态稳定，防盗、防雷、防火等安全设施完备。与电信、电力等部门的配合密切，制定了应急处理预案，通过演练，可保障广域网络、局域网络和各税务信息系统稳定运行。

队伍建设

【机构人员情况】（一）机构设置。内设正股级机构8个：办公室、税政管理股、征收管理股、政策法规股、人事教育股、监察室、收入核算股、办税服务厅；直属机构1个：稽查局；正股级事业单位1个：信息中心；副科级派出机构1个：双江县国家税务局勐勐税务分局。（二）人员配置。2009年全局实有64人，其中：在职人员43人，离休人员1人，退休20人。在职人员中，男27人，女16人，少数民族14人。局领导班子5人，局长1人，副局长3人，纪检组长1人。（三）基层建设情况：派出机构勐勐税务分局，实有在职人数8人，其中男7人，女1人。分局下设个体管理岗和企业管理等岗位。个体管理采取分片区管理模式，企业管理采取分类、分行业管理模式。（四）党建工作2009年底总支共有党员29人，其中：在职党员18人，占党员总数的62.07%；离退休党员11人，占党员总数的37.93%；有少数民族党员8人，占党员总数的27.59%；妇女党员4人，占党员总数的13.8%；大专以上文化党员17人，占党员总数的58.62%。

【领导班子建设】 按照“举旗子、抓班子、带队伍、促发展”的工作思路，不断深化领导班子和干部的思想建设、能力建设、作风建设和廉政建设。一是加强班子自身建设，不断增强班子成员的政治意识、大局意识和责任意识。二是努力起好表率作用。三是坚持与时俱进，把“不断总结完善和提升班子的执政能力”作为永葆班子活力的动力。四是深化政风、行风建设。局班子按照为民、开拓、务实、清廉的要求，开展各类干部作风建设活动，不断提升领导的凝聚力。班子成员共参加省、市培训2期，共8人次。

【廉政建设】 一是狠抓学习教育，推进廉洁从税，大力倡导良好风气，促使党员干部特别是领导干部严格遵守党章，对党忠诚，立场坚定。二是狠抓制度落实，推进惩防体系建设。结合党风廉政建设和反腐败工作面临的形势和任务，切实解决干部廉洁从政方面存在的突出问题。三是注重引领健康文化情趣。积极开展登山、球赛以及征集勤廉警句、书画作品、摄影作品等健康向上的大众性文体活动，丰富干部的业余生活和文化生活，培养干部奋发向上的精神情趣。四是狠抓政风建设，构建和谐征纳关系。进一步健全和完善纳税服务的工作机制、制度和措施，切实落实“税务八公开”。五是注重开展“访贫思廉”活动。组织干部到扶贫挂钩点开展帮扶济困实践活动，通过共同参加田间劳动，“零距离”了解了贫困户的生活状况，使干部心灵受到触动，更加珍惜本职工作，增强了防腐拒变能力。

【精神文明建设】 2009年文明创建工作，在进一步总结“文明服务年”、“基础管理年”、“质量效率年”、“作风建设年”工作的基础上，按照“创新发展年”的部署和要求，以“创文明行业，建和谐国税”为契机，深入开展精神文明创建工作。一是抓好资料收集整理，按照创建云南省委“文明行业”测评资料整理的八项标准，涉及文明创建工作的文件、记录、图片和声像等资料的收集整理装订成册。二是围绕“作风建设年”的各项工作任务，以强化管理基础为重点，进一步深入开展文明服务活动，优化办税服务。三是优化美化环境。抓好办公区域和生活区域的日常管理，绿化、美化工作环境，力求做到环境优美、整洁。四是布局协调。抓好规章制度和标语的摆放与悬挂，做到制作规范，装饰、布局美观，制作内容丰富的宣传专栏。

【教育培训】 2009年教育培训工作以能力建设为主线，以提升培训质量为着力点，全面推进学习型国税机关建设。全年共安排5人次参加了省局举办的全省各县（区）局局长综合业务培训、新录用公务员初任培训、税务系统纪检监察干部培训；安排35人次参加了市局委托云南财经大学继续教育学院工商管理培训中心举办的业务骨干税务知识培训、委托扬州税务进修学院举办的科级领导干部更新知识培训、税收法制培训、新企业会计准则体系培训等8期不同的培训。积极鼓励干部职工自学参加会计师、税务师资格考试的同时，鼓励干部职工参加函授学习，全局现有在职人员43人，本科18人，占在职人数的41.86%，专科20人，占在职人数的46.51%，中专5人，占在职人数的11.63%。其中，通过函授取得本科学历的15人，取得专科学历的17人，现在读本科6人，根据市局要求，我局2009年有2名干部参加由省财经大学委托临沧教育学院举办的本科成人高考并有1人被录取。

【先进人物】 胡秀红同志被双江自治县总工会授予“工会工作积极分子”荣誉称号；朱建华、夏先兰、李生忠3位同志被临沧市国税局授予精神文明建设“先进工作者”。

【典型经验】 双江县国税局深入学习实践科学发展观活动突出国税特色，破解发展难题。一是提高思想认识，牢固树立科学发展理念。切实把思想认识从那些违背科学发展观要求的观念、做法和体制机制的束缚中解放出来，开辟解放思想的新境界，提高思想认识，增强贯彻落实科学发展观的自觉性和坚定性。二是围绕中心工作，坚决完成组织收入任务。把全县经济发展的成果和税收管理效果体现到国税收入的增长上来，以组织收入工作成果检验学习实践活动成效。三是优化纳税服务，持续提升税收执法水平。按照“降低成本、提高效率、征纳平等、规范文明”的纳税服务目标，以“温馨、准确、快捷的窗口服务；全面、及时、到位的政策服务；公正、公平、效率的管理服务”为要求，统筹推进以纳税人需求为中心，全方位、多层次、全员和全程的税收管理和纳税服务建设。四是突出以人为本，建立双江国税共同愿景。按照“快乐学习、勤奋工作、健康生活、责任人生”的理念，以建立共同愿景来引导干部提升自我预期，实现干部个人发展与国税事业全面进步的互融并进。五是强化党性修养，着力加强领导班子建设。党组在干部使用、政府采购、重大项目、评先奖优、固定资产处置等涉及干部切身利益和敏感工作中严格落实民主决策制，决策情况和发言内容有记录，凡不涉及保密事项的，形成会议纪要公开会议内容，接受群众监督。

（李生忠）

耿马傣族佤族自治县国家税务局

经济概况

2009年，全县完成生产总值（GDP）26.81亿元，同比增12%，增速比上年提高2个百分点。其中：第一产业增加值完成11.84亿元，增长6.40%；第二产业增加值完成6.65亿元，增长16.80%；第三产业增加值完成8.32亿元，增长15.30%。非公经济实现增加值9.06亿元，比上年增长34.3%，占全县生产总值的33.80%。三次产业的结构比例由上年的45.4:23.5:31.1调整为44.2:24.8:31。财政收入完成1.54亿元，同比增8.70%，其中：地方一般预算收入8507万元，比上年增长16.40%。完成财政总支出7.94亿元，比上年增长48.50%。边贸进出口总额完成4.24亿元，同比增5.66%；招商引资完成5.69亿元，同比增20.40%。全县经济和社会发展各项事业继续保持良好发展势头，国民经济平稳增长。

税收概况

【收入完成情况】 2009年，耿马县国家税务局组织税收收入共计7127.50万元，完成市局调整后的年度确保任务7100万元的100.39%，比上年7753万元减收625.5万元。其中：“两税”6380.46万元，比上年同期6962.50元减收582.04万元；企业所得税368.99万元，比上年390.04万元减收21.05万元；储蓄存款利息所得个人所得税56.94万元，比上年131.88万元减收74.94万元；车辆购置税321.09万元，比上年268.59万元增收52.50万元。

【收入特点】 一是收入总量超额完成市局调整后的年度确保任务，车辆购置税和企业所得税相继提前73天和69天超额完成年初收入任务。二是车辆购置税收入再次取得历史性突破。车辆购置税收入321万元，冲破300万元大关，是2005年接管征收时收入76万元的4.2倍。三是重点税源品目收入普遍减收。四是制糖企业“两税”减收额占收入总量减收额的比重高达90.73%。五是“年税年清”，连续五年实现年内无新增欠税。

【税源分析】 一是糖市强劲反弹，糖价处于较高价位运行，白糖实现大量抛售，制糖企业增值税得以大量入库，2009年白糖增值税税源4140万元比2008年的3376万元增收764万元。二是受跨年税源影响，同比减收白糖增值税1271万元。三是自2009年3月份国家推广汽车、摩托车下乡工作以来，加之农村经济发展，交通运输条件改善，农民踊跃购买摩托车，摩托车销售市场十分活跃，引导车辆购置税收入大幅增收。全年征税车辆达到7678辆比2008年的6721辆增加957辆。四是县烟草公司共缴纳企业所得税 335.60 万元，占企业所得税总收入的比重达 90.95%。五是受国家调整税收政策的影响，个人所得税减收 75 万元。

【税务管理】 (一) 强化组织收入管理。一是坚持每月召开一次税收分析通报会，加强与统计、财政、地税等部门税收分析的横向联动和系统内的纵向推动，形成税收分析的合力，确保税收分析工作的制度化和规范化；二是对“百户企业”、年纳税 3 万元以上重点企业继续纳入监控范围，进一步健全税源管理分析制度，提高税收即期分析和常规预测水平；三是认真落实税收分析、纳税评估、税源监控、税务稽查的良性互动机制，定期发布主要税种、主要行业平均税负、物耗、利润率及其预警标准等分析结果；四是加强政策效应分析，密切关注、认真测算 2009 年税制改革和税收政策调整对于税收收入总量与结构的影响，及时发现政策执行中存在的问题；五是借助 CTAIS 系统加强数据分析利用工作，并从中及时发现征管的漏洞和薄弱环节，有针对性地采取加强征管的措施，做到实际税源情况及组织收入情况“说得清、道得明”。(二) 积极推行“大税政”管理模式。将税政、分局现有的干部进行统筹安排，重新优化岗责，将纯管理的内设机构变为直接面对纳税人、承担一部分政策服务和管理服务职责的一线部门。一方面增加税收管理员的数量，另一方面减少中间的流转环节。(三) 不断深化 ISO9001:2000 国际先进质量管理体系内涵。将 ISO 的核心思想“职责明确、过程控制、预防为主、持续改进”不断引入到全局的各项管理工作中，将 ISO“PDCA”循环管理方法有机地融入《耿马县国家税务局质量管理体系》(第五版)，深化考核奖惩办法，突出预防为主、过程控制，着重强化监督制约机制，促进干部作风的自我转变，使全局的工作管理实现“质”的突破。(四)“四个结合”，强化专题纳税辅导工作。一是数据分析与纳税辅导相结合。开展发票管理、增值税明细行业税负、增值税转型政策执行情况、企业所得税亏损申报四个专题的数据分析工作，督促纳税人落实整改 265 个问题，补缴增值税 24.72 万元，转出进项税额 26.68 万元，补缴企业所得税 23.2 万元，缴纳罚款 2.7 万元，初步建立税务登记、税种登记、待批文书、发票管理、申报征收、税收法制 6 类 65 个数据质量检测指标体系。二是日常检查与纳税辅导相结合。抽调稽查、管理、税政 16 名骨干力量，组成工作组开展专题纳税辅导工作，企业自查补缴入库增值税 134 万元。三是项目管理与纳税辅导相结合。对专题纳税辅导过程中发现的涉税问题，要求纳税人限期整改的，实行项目管理，由专人负责检验反馈，并分别从岗责流程、规范制度建设、防范执法风险和提高纳税遵从 4 个方面进行梳理，分析涉税问题所处的关键部位和环节，完善相关行业（企业）的管理办法，进一步细化《税收管理员制度》相关内容，规范税收管理员的日常行为。四是业务培训与纳税辅导相结合。开展“以强带弱、以熟带生、以老带新”的岗位大练兵活动，透过个案现象，分析总结稽查、管理的主要方法和措施，持续完善行业管理办法。(五) 圆满完成第 18 个税收宣传月活动。在 2009 年泼水节期间举办一期反映孟定改革开放 30 年来税收在经济社会发展中带来的巨大变化，反映税收与人民群众生活息息相关和谐画面的书画摄影展，当地党委、政府充分肯定，给予财力支持，并将此项目列为 2009 年泼水节的“官方”指定项目。8 月“耿马县国税局利用书画摄影展开展税收宣传工作”被省局表彰为 2009 年税收宣传月活动优秀创新项目。(六) 税收科研工作取得成效。2009 年初，确定 ISO 质量管理体系实证分析、CTAIS 数据分析应用、税源预测分析三个科研课题顺利结题。《在国税管理工作中引入 ISO9001:2000 质量管理体系的实证分析》课题，经省、市局评审委员会评审后，被省局立项为个性化课题。

各项工作

【税收法制建设】 将税收法制从“大税政大征管理”模式中分列出来，进一步强化税收法制职能，按照省局《税收执法责任制实施办法》和《税收执法过错责任制追究办法》的规定和要求，明确岗位工作职责，细化工作项目，规范工作规程，统一标准，将税收执法责任制的实施与实际征管工作结合起来，在制度上求完善，在检查考核追究上下功夫，认真组织对税收执法情况进行检查考核，推进执法责任制和过错追究制度的有效实施。对税收执法行为实行“三级监控”措施，有效提高税收执法的准确性，强化执法人员的责任心。

【税收征管】 2009 年辖区内有纳税人 3193 户，其中企业 218 户，个体 2975 户。增值税一般纳税人 98 户，其中企业 84 户，个体 14 户。结合税收征管分项管理和全面落实税收管理员制度，狠抓税收征管基础工作。一是加强对税务登记的管理，从源头上遏止漏征漏管。二是加强纳税申报管理，建立健全以直接申报为主，简易申报、邮寄申报、数据电文申报等方式为辅的多元化纳税申报体系。三是按照征管资料档案“一户式”管理要求，强化税收征管档案。四是全面贯彻落实税收管理员制度。制定具体的操作办法，进一步界定税收管理员的岗位、责任和权限，确定全县税收管理员人数，发放税收管理员工作日志，使税收管理员明白“做什么”、“怎么做”。五是进一步规范纳税服务，提高纳税服务水平。广泛、及时、准确地向纳税人宣传税收法律、法规和政策，普及纳税知识；推行“阳光办税”，实行“税务八公开”，对税收政策的变化、办税程序、定调税、税收优惠、欠税等进行公开、公示，增强办税透明度；规范办税服务厅的服务，推行“一站式”服务，“一窗式”管理，首问责任和限时服务、文明用语等制度，简化办税程序。

【税收执法】 (一) 税收宣传。围绕“税收·发展·民生”主题，以“突出特色、创造精品，创新载体、务求实效”的目标要求，开展“税收促进发展，发展为了民生”为主要内容的税收宣传工作。一是针对当前税收宣传的热点、难点，抓好与税制改革、税收政策调整相关的纳税辅导，讲深、说透国家出台的一系列保增长、重民生、促发展的新政策、新办法，让纳税人用好、用足税收优惠政策。二是设置“水文化节税法宣传广播台”，由普通话基础较好且会说傣语的同志“双语”宣传税收政策。三是泼水节期间举办以“和谐孟定”为主题的书画摄影展暨耿马国税税收宣传活动，获得圆满成功，参展作品近300余幅，观展人数超过1.5万人次。四是抓好耿马国税精神文明建设、国税文化建设、廉政文化建设等“软实力”的宣传，树立良好的国税形象，提升国税地位，增强纳税人和社会各界对税收工作的了解和理解，增加认知度和认同感，营造和谐的征纳关系和良好的社会环境。（二）税务稽查。2009年，共对辖区内13户纳税人进行税务稽查，已结案13件，结案率100%，查补税款6.86万元，罚款3.75万元，加收滞纳金1.45万元，合计12.06万元。选案准确率为92.30%，平均处罚率为54.67%，偷税案件处罚率达55.51%，入库率为100%。（三）继续保持自CTAIS成功上线以来的“零差错”和税收执法考核子系统上线以来的“零过错”。（四）纳税服务连续9年保持“零投诉”，综治工作连续7年受县、市级表彰。

队伍建设

【机构人员情况】 （一）机构设置。2009年，县局设领导班子成员5人，其中局长1人，副局长3人，纪检组长1人。下设正股级内设机构6个，即：办公室、人事教育股、监察室、税政管理股、征收管理股、政策法规股、收入核算股、办税服务厅；副科级直属机构1个：稽查局；正股级事业单位1个：信息中心；副科级派出机构2个：耿马税务分局（管理分局），孟定税务分局（征管分局）。（二）人员配置。2009年，县局总编制为85人，实有在职干部职工72人，其中，男43人，女29人；有退休干部职工25人。在职干部职工中有党员40人；本科学历17人，大专学历42人，中专学历11人，高中以下2人，大专以上学历占总人数的81.94%。30岁以下税务干部2人；31～40岁21人；41～50岁43人，51岁以上6人，平均年龄42.36岁。

【领导班子建设】 按照集体领导、民主集中、个别酝酿、会议决定的原则，进一步完善党组内部的议事和决策机制，使党组班子成员在共事中求团结，在信任中干事业，确保全局各项工作有序协调高效开展。

【廉政建设】 一是印发《耿马县国家税务局党风廉政建设责任制考核办法》，对全县国税系统落实党风廉政建设责任制情况进行检查考核，对中层领导干部进行廉政考核，由群众参加测评，组织进行鉴定，结果归入个人廉政档案，作为县局考核干部的依据之一。二是认真执行民主集中制和信访处理制度。三是认真执行诫勉谈话制度。全年纪检组长对新上任的1名中层干部进行任职和任期廉政谈话。四是继续抓好《廉政公约》的签订和回访工作。截至2009年底，累计与765户纳税人签订《廉政公约》，其中：企业195户；个体570户。全年共回访纳税人52户。据调查问卷统计，纳税人对国税机关执法与服务的满意率均达100%。五是严格执行预算，大力提倡勤俭节约。截至2009年底，车辆购置及使用费总支出20.05万元，占总控制数24.22万元的82.78%；招待费支出为38.37万元，占总控制数38.39万元的99.95%；会议费支出1.47万元，占总控制数1.57万元93.63%。全年没有新建综合业务用房，未存在私设“小金库”情况。

【学习实践科学发展观活动】 按照县委的统一部署和中共临沧市国家税务局党组的要求，自2009年3月27日起开展“学习实践科学发展观”活动，于8月18日圆满结束。参加学习实践活动的党组1个、党支部3个，干部职工72人，其中：科级（副科级）干部44人，党员51人，活动参加率达到100%，做到学习实践活动覆盖到全体干部职工和党员。在整个活动过程中，做到“四个坚持”：即坚持把学习提高贯彻到活动的始终，使每个党员干部受到教育、得到提高；坚持发动群众依靠群众，广开言路，真正找准领导班子和耿马国税事业科学发展方面存在的突出问题；坚持理论联系实际的学风，拿起批评与自我批评的武器，开展积极向上的思想斗争，增强领导班子的凝聚力和解决自身问题的能力；坚持边整边改，不断扩大和巩固活动成果，达到预期目的。

【典型经验】 加强制度建设，用制度管人管事，切实提高机关行政效能建设，较好地消除“征收管理与行政管理不匹配”现象，干部素质得到提升，国税形象得以展示，机关的行政效能建设取得成效。一是规范岗责管理，突出岗责体系的全面性和可操作性；按照“持续改进”的要求，根据上级部门下发的工作新流程、新规定、新时限以及内部人员调动等情况，定期不定期进行修订，使岗责体系与管理需求始终处于同步、协调发展的状态。通过质量目标分解，细化职责，工作质量考核用实绩、用“数据”、用“质量”说话，增强工作的透明度，极大地调动干部工作的积极性、自觉性，从制度上激发干部的工作热情。二是强化制度管理，激发干部职工的主人翁意识，调动税务干部的主观能动性和创造性，有力地推进国税工作的制度化、规范化、长效化。三是突出团队管理，以兴趣爱好活动为载体，在行政管理、事务管理中强化国税文化、管理模式的深化。积极开展摄影、园艺、文艺、钓鱼、茶艺、篮球、自行车等各种健康向上、有益的活动，全局始终突出团队精神的力量，不唯名，不唯利，重在参与，切实使身心在繁重的工作压力下得到释放，让干部职工始终能以饱满的精神投入到更多的工作之中，始终充满昂扬斗志，干部职工的成就感、荣誉感与日俱增，干部职工的精神面貌发生实质性、根本性的变化，使全体税务干部形成共同的价值观和共同的行为规范。

（屈　晴）

沧源佤族自治县国家税务局

经济概况

2009年，全县共完成生产总值（GDP）11.04亿元，同比增长9%，其中：第一产业完成3.71亿元，同比增6.9%；第二产业完成2.82亿元，同比增2.4%；第三产业完成4.51亿元，同比增15.4%；三次产业结构比例调整为31.8∶29.3∶38.9。实现财政总收入7668万元，同比下降9.2%，其中：地方一般预算收入完成4359万元。财政支出6.9亿元，同比增50%。完成固定资产投资7.94亿元，同比增37.7%。边贸进出口总额完成2.54亿元，同比增17.4%。

税收概况

【收入完成情况】 2009年，沧源县国家税务局共组织各项国税收入3082万元，同比减收985万元，下降24%，完成市局下达计划4670万元的65.99%，完成市局年终调整计划3012万元的102.32%。其中：增值税入库2750万元，同比减收852万元，下降23.66%；消费税入库77万元，同比减收1万元，下降1.97%；企业所得税入库131万元，同比减收142万元，下降51.94%；储蓄存款利息所得个人所得税入库20万元，同比减收33万元，下降62.76%；车辆购置税入库104万元，同比增收43万元，增长72.34%；其他收入11万元，同比减少1万元，下降10.61%。

【收入特点】 一是收入总量减少，其中，“两税”减幅达25.17%，企业所得税减幅达52%。二是车辆购置税增长较快，增幅达72.34%。三是收入进度不均衡，月收入差异较大，收入进度最慢的6月份为140万元，最快的12月达750万元。四是重点品目蔗糖、矿石、原煤等均大幅减收，仅茶叶税收有所增长，但收入绝对额小。

【税源分析】 （一）重点税目增值税：制糖业税收1321万元，同比减收421万元，占增值税比重48.04%；商业增值税460万元，同比减收55万元，占增值税比重16.73%；电力增值税189万元，占增值税比重6.87%；水泥税收389万元，占增值税比重14.15%；原煤税收160万元，占增值税比重的5.28%；茶叶税收82万元，占增值税比重的2.98%；矿石税收34万元，占增值税比重的1.24%。制糖业成为全县第一大税源，原来的重点品目锌锭税收几乎绝收。（二）消费税分析：制糖业酒精消费税收入63万元，白酒消费税收入13万元，其他消费税1万元，酒精消费税占比达到81.82%。

【税务管理】 （一）户籍管理：全县纳入征管系统管理的总户数为1862户，其中：企业125户，个体1737户，达到起征点176户，占个体总户数的10.49%。（二）发票管理：全县使用普通发票户数274户，占全部管户的14.80%。其中：一般纳税人使用普通发票户46户，使用面83.63%，小规模企业使用23户，使用面32.86%；个体使用197户，使用面11.34%。（三）申报管理：增值税准期申报率99.8%；定期定额户准期申报率98.4%；企业所得税准期申报率100%；消费税税准期申报率100%。（四）纳税辅导：全年开展专题纳税辅导11户，企业自查补税41万元，其中：税款36万元、滞纳金5万元，入库率100%。

各项工作

【税收法制建设】 一是严格按照法定原则、法定程序开展税收执法工作。按照依法行政和高效便民的基本要求，进一步规范税收执法程序，最大限度保障纳税人的合法权益。不断完善税法公告、欠税公告、纳税人信用等级评定、税款核定、减免退税、许可决定和处罚结果等公开制度，加大公开力度，提高税收执法的透明度。二是继续深入开展整顿和规范税收秩序工作。加大稽查力度，规范执法行为，切实提高稽查工作质量和效率。充分利用金税协查系统，做好协查工作，提高协查质量，确保受托协查100%的回复率和回复质量。三是抓实《行政许可法》和税收优惠政策的贯彻落实，简化审批手续。四是全面贯彻行政问责等四项制度，完善《沧源县国家税务局行政问责办法》、《沧源县国家税务局服务承诺制、首问责任制、限时办结制责任追究办法》，以制度来规范税务干部的行为，提高执行力和落实力。五是强化执法监督。进一步推进税收执法检查，健全执法检查工作底稿制和日记制，坚持和完善重大案件审理制度。六是严格过错责任追究。提高执法风险意识，树立依法行政、规范执法理念。2009年，执法考核子系统中共出现执法过错行为7条，经调查核实，最终确认执法过错行为3类5户（次），扣分10分，实行经济惩戒3人次，惩戒金额434.50元。

【税收征管】 一是以强化“百户企业”管理为突破口，积极探索重点税源管理的有效方法。按照“弄清情况、管住税源、提升服务、科学发展”的工作目标和“企业情况清、税收政策明、重点抓得准、管理求规范”的工作标准。分类对涉及蔗糖、锌锭、原煤、电力、水泥、批发零售等6个行业的8户企业进行重点管理，重新对8户企业静态资料和动态资料两大类十一项具体内容重新进行梳理并建立管理档案。二是加强与交警部门的配合，对在农村销售摩托车不开票行为进行专项检查，查出5辆未开票摩托车，共补税8000元。三是对销售额超小规模纳税人标准的5户纳税人，动员认定为一般纳税人，并通过纳税辅导，纳税人自查补税8.77万元，加收滞纳金6100元。

【税收执法】 一是继续贯彻《全面推进依法行政实施纲要》，以建立与征管体系密切相连的严密科学的岗位责任体系为基础，以规范量化的工作规程为基点，以评议考核和奖惩为手段，以法制教育和培训为保障，形成完善的税收执法责任制度；二是做好《行政许可法》贯彻执行情况的跟踪检查。落实总局《行政许可法》相关配套制度，完善行政许可工作制度；三是组织开展2009年的税收执法检查。通过检查，所办理的涉税案件做到程序合法，认定事实清楚，证据确凿，定性适当；四是加强税收政策公开，提高税收执法的透明度；五是强化执法监督，针对群众举报，与地税部门联合开展检查，移送司法处理案件1件。

【信息化建设】 一是确保综合征管软件的正常运转，配合征管部门建立健全对数据质量的采集、审核、检查、问题处理制度和管理制度，强化监督制约机制，及时解决存在问题；做好综合征管软件的所有客户端的升级工作和相关测试。二是做好金税工程三期的各项工作。做好车购税征收运行工作、货物运输发票纳入增值税防伪税控系统的支持保障工作、企业所得税申报管理软件的推广运用技术支持保障工作；指导办税服务厅操作人员数据存放目录设定；指导纳税人查杀移动存储设备病毒，防止计算机病毒传播和感染，确保网络的正常运行。三是做好日常网络设备管理。严格按照固定资产管理的规定把计算机及附属设备纳入固定资产管理，严格计算机设备的调拨手续以及耗材的领用管理，做到底子清楚，合理调配，充分利用，保证工作的正常开展。至2009年底，全局在用笔记本电脑13台，台式计算机设备72台，照相机11台，摄像机1台，复印机3台，传真机4台。在应用系统管理方面：做好综合征管软件、公文处理软件、稽查软件、防病毒软件、县局CTAIS服务器、车购税征收软件及清分比对一条龙软件等相关应用软件的日常维护和管理，按规定做好各项数据备份。做好增值税专用发票认证、报税系统的技术支持、企业金税卡、IC卡的发行工作、系统日常运行管理以及“四小票”采集数据的汇总和上传。

队伍建设

【机构人员情况】 （一）机构设置。全局共有7个内设机构（办公室、政策法规股、税政管理股、征收管理股、人事教育股、监察室、收入核算股及办税服务厅）；1个直属机构：稽查局；1个派出机构：勐董税务分局；1个事业单位：信息中心。（二）人员情况。在职干部职工44人（男29人，女15人），党员19人；汉族19人、佤族19人、彝族3人、白族2人，傣族1人；有本科学历14人、大专20人、中专9人、高中1人，大专以上学历占77%；在职干部平均年龄41岁；离退休人员19人（离休1人、退休18人）。党群组织：设有1个党总支，下设1个机关支部和1个老干支部，设1个基层工会和1个妇委会。

【领导班子建设】 （一）落实沧源县国家税务局《贯彻落实〈税务系统领导班子和领导干部监督管理办法（试行）〉任务分解方案》、《沧源县国家税务局党风廉政建设任务分解方案》，班子成员明确分工，把各项制度的落实纳入工作目标管理进行检查考核。（二）把预防职务犯罪工作融入税收业务建设、领导班子建设、干部队伍建设、税收文化建设和党的建设之中，加强对“两权”的监督制约。（三）全面加强和改进新形势下领导干部的作风建设。全年召开党组中心学习组会议4次，党组会议15次，党组民主生活会议4次，局务会议12次，局长办公会议16次，职工大会14次，政治理论学习会议17次，班子成员交心谈心4次，班子成员撰写工作调研文章12篇，开展述职述廉1次；围绕“对科学发展观的认识深不深、查找的问题准不准、原因分析透不透、发展思路清不清、工作措施可行不可行”五个方面对局领导班子开展群众评议1次。

【廉政建设】 一是把廉政建设和税收工作紧密结合，做到统一部署，统一检查，不断完善和规范反腐倡廉的责任、教育、制度保证、监督制约机制。二是加强廉政教育，在加强“两权”监督的基础上，县局主要领导与部门负责人签订《党风廉政建设责任书》、《社会治安综合治理责任书》、《预防职务犯罪责任书》，与全体干部个人签订《家庭廉政公约》；共与430户各类纳税人签订《廉政公约》，全年共回访签约户63户，回访率为14.65%，综合满意率为100%。三是深入开展“治本抓防范”工作，利用典型案例，围绕渎职侵权犯罪等方面内容举办法律知识讲座，以案说法。对照有关政策法规，对近年来在税收管理、纳税服务、纳税评估和税务稽查等方面存在的问题逐一分析、自我剖析，实施整改。2009年，县局被沧源县委、县政府表彰为“2009年度党风廉政建设先进单位”和“2009年度社会治安综合治理维护稳定先进单位”。

【精神文明建设】 一是积极参加县委宣传部组织的精神文明建设评选活动，全力抓好本单位届满重新申报第十二批省级文明单位有关工作。二是组织开展“献爱心，送温暖”活动，单位与个人捐款3260元。三是组织15名干部职工入村住户开展助民劳动1次，共7天；组织全局干部职工参加各项公益事业建设活动中5次。四是深入到学习实践科学发展观活动联系示范点和扶贫挂钩村开展“走进农村，破解人民群众关注的难点”主题实践活动，为两个村经济发展共提出建议9条，共投入资金1.7万元。有1名干部被中共沧源县委、县政府授予“劳动模范”称号；1名干部家庭被省工会表彰为“和谐家庭”；1名干部被省局表彰为“精神文明建设先进工作者”；3名干部被市局表彰为“精神文明建设先进工作者”。

【教育培训】 选派干部参加县（区）局长综合知识培

训1期1人40天；初任培训1期1人20天，稽查业务培训1期8人5天，流转税业务与管理技能培训1期2人4天，副处级后备干部培训1期1人10天，税收法制培训1期1人2天，纪检监察干部培训4期2人12天，所得税业务培训1期3人2天，局长综合业务考试培训1人，科级干部更新知识培训2期6人16天，税务会计知识培训班1期4人45天，税收法制培训1期3人4天，税收执法系统升级培训1期2人1天，新会计准则体系培训1期3人3天；稽查干部封闭学习、培训参加稽查考试1期8名40天。开展计算机基础运用培训1期、政策学习培训2期、综合征管软件培训1期、税收法制培训和税收执法系统升级培训2期、税收行政执法风险及其规避培训1期、公文写作培训1期、税务职务犯罪案例分析辩论会1次、感动教育和警示教育4次、纳税人培训3期。年度教育培训经费预算5万元，实际支出13万元，占年度公用经费的13%。

【新进人物】 2009年，张杰华同志被中共云南省国家税务局党组、云南省国家税务局授予“云南省国税系统精神文明建设先进工作者”荣誉称号。鲍文景、陈淑英、李保东3位同志被临沧市国家税务局授予“临沧市国税系统精神文明建设先进工作者”荣誉称号。张杰华同志被中共沧源县委、沧源县人民政府授予“劳动模范”荣誉称号。

（李静雄）

昆明市国家税务局

2009年12月31日，云南省委常委、常务副省长罗正富，省国税局局长李鸿文，昆明市常务副市长李文荣等领导深入到昆明市五华区国家税务局看望基层干部，并听取了关于2009年组织收入情况和“财税库银横向联网系统”试点运行情况汇报

2009年5月12日，召开深入学习实践科学发展观活动机关中青年干部座谈会

8月21日，昆明市国税局召开深入学习实践科学发展观活动总结大会，标志着昆明市国税系统深入学习实践科学发展观活动圆满结束

2009年，昆明市国家税务局紧密围绕全省国税系统“创新发展年”工作主题和昆明市委、市政府经济社会发展战略部署，在国税工作面临空前困难和压力的形势下，依法千方百计组织收入，强化税收预测分析，加强税源基础管理，大力推进创新发展重点项目实施，提高干部教育培训实效，进一步规范内部行政管理，落实党风廉政建设责任制，取得了不平凡的工作成绩，为昆明国税事业创新发展、跨越发展打下了良好基础。

坚持依法治税，应收尽收，认真贯彻落实税收优惠政策，不断创新国税工作方法，加强税收基础管理，优化纳税服务手段，积极支持地方经济社会实现跨越式发展。2009年，全市国税系统共组织税收收入280.92亿元，同比增长1.57%，增收4.35亿元；全市地方一般预算收入完成38.12亿元，同比下降5.06%，减收2.03亿元。办理减免税18.42亿元，办理固定资产抵扣进项税额9.3亿元，办理出口货物退（免）税9.7亿

昆明市国税局机构改革平稳实施

召开奋战5个月确保组织收入专题工作会，奋力实现全市国税工作各项目标任务

2009年5月14召开税务行政处罚听证会

召开全市国税系统纳税服务工作会议，不断提升纳税服务效能，奋力实现全市国税工作各项目标任务

深入企业送政策

元，小规模纳税人征收率下调减征1亿元，减征车辆购置税2.5亿元。全年税收检查和企业自查共计11724户，入库税款6.68亿元；协同配合公安、地税机关开展打击发票违法犯罪专项整治行动，收缴各类假发票54万份。率先在全省国税系统开展规范细化税务行政处罚自由裁量权工作，执法质量考核一直保持在全省前列。网络申报系统全面覆盖增值税、消费税、企业所得税三大税种，昆明主城区83%的查账征收纳税人使用网络申报，办税大厅拥堵问题得到彻底解决。认真抓好办税服务厅服务规范工作。继续精简压缩行政审批事项，由2008年的7项精简合并为2项。狠抓落实“财税库银横向联网、网上办税服务厅、同城通办、税负预警系统、三零纳税服务、企业所得税分类管理、普通发票交叉采集比对核查、1对1教育培训”八个创新发展重点项目，取得显著成效，大力推动了国税工作跨越发展。

着重加强党风廉政建设，提高干部队伍综合素质，规范内部管理，进一步改进工作作风，提升行政效能。顺利完成全系统机构改革工作。认真组织开展深入学习实践科学发展观活动。积极组织参加庆祝新中国成立60周年各项活动。全年共组织各类业务培训233期，参训9514人次。严格落实党风廉政建设责任制，切实履行“一岗双责”，推行“阳光政府”四项制度，强化“两权”监督，抓好执行情况检查落实。在2009年度民主评议中，得分91.77分，比上年提高5.17分，排名较上年提高6个位次。推行ISO质量认证体系和质量标准试点成功。“四项费用”控制在指标之内。2009年，被省政府评为全省军队转业干部安置工作“先进单位”，被市委、市政府命名为“昆明市平安建设先进单位”，被省委、省政府命名为省级“文明单位”。在昆明市2009年目标管理考核中，被市委、市政府评为“一等奖”。

2009年12月23日，昆明市委党建工作现场观摩暨经验交流会召开，昆明市国税局作为唯一一家市级机关代表单位，现场接受参会代表160余人观摩

2009年3月13日，昆明市国家税务局和昆明市地方税务局联合发起共同成立昆明税务学会

第四篇

税收法律法规目录及选编

Y U N N A N G U O S H U I N I A N J I A N

法律法规目录

一、增值税

1. 云南省国家税务局转发国家税务总局关于调整增值税纳税申报有关事项的通知

2009年1月13日　云国税函〔2009〕8号

2. 国家税务总局关于调整增值税纳税申报有关事项的通知

2008年12月30日　国税〔2008〕1075号

3. 财政部 国家税务总局关于印发《油气田企业增值税管理办法》的通知

2009年1月19日　财税〔2009〕8号

4. 财政部 国家税务总局关于部分货物适用增值税低税率和简易办法征收增值税政策的通知

2009年1月19日　财税〔2009〕9号

5. 国家税务总局关于发布已失效或废止有关增值税规范性文件清单的通知

2009年2月2日　国税发〔2009〕7号

6. 云南省国家税务局关于红云红河烟草（集团）有限责任公司增值税消费税征收管理和税款缴库有关问题的通知

2009年2月3日　云国税函〔2009〕78号

7. 国家税务总局关于修改若干增值税规范性文件引用法规规章条款依据的通知

2009年2月5日　国税发〔2009〕10号

8. 云南省财政厅关于下达卷烟集团重组"三变二"后财政收入预分配比例的通知

2009年2月12日　云财预〔2009〕12号

9. 财政部关于明确办理再生资源增值税退税程序的补充通知

2009年2月13日　财监〔2009〕7号

10. 云南省国家税务局关于红塔烟草（集团）有限责任公司增值税消费税征收管理和税款缴库有关问题的通知

2009年2月13日　云国税函〔2009〕79号

11. 国家税务总局关于增值税简易征收政策有关管理问题的通知

2009年2月25日　国税函〔2009〕90号

12. 财政部 国家税务总局关于公布若干废止和失效的增值税规范性文件目录的通知

2009年2月26日　财税〔2009〕17号

13. 国家税务总局关于停止执行中国远洋运输（集团）总公司增值税优惠政策的通知

2009年3月4日　国税函〔2009〕100号

14. 云南省国家税务局转发国家税务总局关于增值税简易征收政策有关管理问题的通知

2009年3月13日　云国税函〔2009〕106号

15. 国家税务总局关于增值税简易征收政策有关管理问题的通知

2009年2月25日　国税函〔2009〕90号

16. 财政部 海关总署 国家税务总局关于支持文化企业发展若干税收政策问题的通知

2009年3月27日　财税〔2009〕31号

17. 国家税务总局关于进口免税设备解除海关监管补缴进口环节增值税抵扣问题的批复

2009年3月30日　国税函〔2009〕158号

18. 国家税务总局关于麦芽适用税率问题的批复

2009年4月7日　国税函〔2009〕177号

19. 云南省国家税务局关于中国石油天然气股份有限公司西南销售分公司增值税结算主体变更及分支机构纳税方法变更的批复

2009年4月14日　云国税函〔2009〕170号

20. 云南省工业和信息委员会 省科技厅 省财政厅 省国家税务局 省地方税务局关于印发《云南省重大装备及关键零部件生产项目（2009年本）》和《云南省重点研发与推广的关键共性技术（2009年本）》的通知

2009年5月25日　云工信〔2009〕265号

21. 国家税务总局关于部分饲料产品征免增值税政策问题的批复

2009年6月15日　国税函〔2009〕324号

22. 云南省国家税务局关于进一步明确一般纳税人增值税申报表填写若干问题的通知

2009年7月9日　云国税函〔2009〕325号

23. 云南省国家税务局转发国家发展改革委关于降低增值税专用发票和防伪税控系统技术维护价格的通知

2009年7月9日　云国税函〔2009〕326号

24. 国家税务总局关于转发《国家发展改革委关于降低增值税专用发票和防伪税控系统技术维护价格的通知》的通知

2009年6月30日　国税函〔2009〕343号

25. 国家发展改革委关于降低增值税专用发票和防伪税控系统技术维护价格的通知

2009年6月23日　发改价格〔2009〕1607号

26. 财政部 国家税务总局关于扶持动漫产业发展有关税收政策问题的通知

2009年7月17日　财税〔2009〕65号

27. 国家税务总局关于氨化硝酸钙免征增值税问题

的通知

2009年8月13日 国税函〔2009〕430号

28. 国家税务总局关于核桃油适用税率问题的批复

2009年8月21日 国税函〔2009〕455号

29. 国家税务总局关供应非临床用血增值税政策问题的批复

2009年8月24日 国税函〔2009〕456号

30. 云南省国家税务局关于发布失效或废止增值税税收规范性文件目录的通知

2009年8月27日 云国税函〔2009〕415号

31. 财政部 国家税务总局关于固定资产进项税额抵扣问题的通知

2009年8月31日 财税〔2009〕113号

32. 国家税务总局关于四川省机场集团有限公司向驻场单位转供水电气征税问题的批复

2009年9月25日 国税函〔2009〕537号

33. 财政部 国家税务总局关于再生资源增值税退税政策若干问题的通知

2009年9月29日 财税〔2009〕119号

34. 国家税务总局关于纳税人资产重组有关增值税政策问题的批复

2009年10月21日 国税函〔2009〕585号

35. 云南省国家税务局转发国家税务总局关于增值税即征即退实施先评估后退税有关问题的通知

2009年10月27日 云国税函〔2009〕507号

36. 国家税务总局关于增值税即征即退实施先评估后退税有关问题的通知

2009年8月13日 国税函〔2009〕432号

37. 国家税务总局关于人发适用增值税税率问题的批复

2009年10月28日 国税函〔2009〕625号

38. 国家税务总局关于调整增值税扣税凭证抵扣期限有关问题的通知

2009年11月9日 国税函〔2009〕617号

39. 国家税务总局关于供电企业收取并网服务费征收增值税问题的批复

2009年11月19日 国税函〔2009〕641号

40. 国家税务总局关于下发试点物流企业名单（第五批）的通知

2009年11月30日 国税函〔2009〕663号

41. 云南省国家税务局转发国家税务总局关于农村电网维护费征免增值税问题的通知

2009年12月3日 云国税函〔2009〕577号

42. 国家税务总局关于农村电网维护费征免增值税问题的通知

2009年10月23日 国税函〔2009〕591号

43. 云南省国家税务局关于调整云南电网公司所属供电局电力产品增值税预征率的通知

2009年12月22日 云国税函〔2009〕600号

二、消费税

1. 财政部 国家税务总局关于公布废止和失效的消费税规范性文件目录的通知

2009年2月25日 财税〔2009〕18号

2. 国家税务总局关于公布已失效和废止有关消费税规范性文件的通知

2009年3月18日 国税发〔2009〕45号

3. 财政部 国家税务总局关于调整烟产品消费税政策的通知

2009年5月22日 财税〔2009〕84号

4. 云南省国家税务局转发国家税务总局关于卷烟消费税计税依据有关问题的通知

2009年5月31日 云国税函〔2009〕265号

5. 国家税务总局关于卷烟消费税计税依据有关问题的通知

2009年5月25日 国税函〔2009〕271号

6. 云南省国家税务局转发国家税务总局关于烟类应税消费品消费税征收管理有关问题的通知

2009年5月31日 云国税函〔2009〕267号

7. 国家税务总局关于烟类应税消费品消费税征收管理有关问题的通知

2009年5月25日 国税函〔2009〕272号

8. 国家税务总局关于核定卷烟生产企业部分牌号规格卷烟消费税计税价格的通知

2009年7月3日 国税函〔2009〕355号

9. 国家税务总局关于发布废止有关核定卷烟消费税计税价格文件清单的通知

2009年7月17日 国税函〔2009〕385号

10. 云南省国家税务局转发国家税务总局关于加强白酒消费税征收管理的通知

2009年7月27日 云国税函〔2009〕346号

11. 国家税务总局关于加强白酒消费税征收管理的通知

2009年7月17日 国税函〔2009〕380号

12. 国家税务总局关于下发卷烟批发单位名单的通知

2009年8月24日 国税函〔2009〕459号

13. 云南省国家税务局关于白酒消费税计税价格核定及相关管理事项的通知

2009年8月27日 云国税函〔2009〕413号

14. 云南省财政厅等五部门关于下达卷烟集团重组"三变二"后财政收入正式分配比例的通知

2009年11月18日 云财预〔2009〕471号

15. 国家税务总局关于润滑脂产品征收消费税问题的批复

2009年12月15日 国税函〔2009〕709号

三、车辆购置税

1. 财政部 国家税务总局关于减征1.6升以下排量乘用车车辆购置税的通知

2009年1月16日 财税〔2009〕12号

2. 云南省国家税务局关于车辆购置税完税证明遗失补办有关问题的通知

2009年3月10日 云国税函〔2009〕101号

3. 云南省公安厅 云南省国家税务总局关于机动车销售统一发票管理有关问题的通知

2009年4月10日 云国税发〔2009〕91号

4. 云南省国家税务局关于车辆购置税征收档案管理有关问题的通知

2009年8月21日 云国税函〔2009〕403号

5. 国家税务总局关于加强部分减征乘用车车辆购置税管理有关问题的通知

2009年12月24日 国税函〔2009〕756号

6. 国家税务总局关于加强车辆购置税档案管理有关问题的通知

2009年12月24日 国税函〔2009〕757号

7. 云南省国家税务局转发财政部 国家税务总局关于减征1. 6升及以下排量乘用车车辆购置税的通知

2009年12月29日 云国税发〔2009〕294号

8. 财政部 国家税务总局关于减征1.6升及以下排量乘用车车辆购置税的通知

2009年12月22日 财税〔2009〕154号

四、所得税

1. 国家税务总局关于债务重组所得企业所得税处理问题的批复

2009年1月4日 国税函〔2009〕1号

2. 国家税务总局关于企业工资薪金及职工福利费扣除问题的通知

2009年1月4日 国税函〔2009〕3号

3. 国家税务总局关于广西合山煤业有限责任公司取得补偿款有关所得税处理问题的批复

2009年1月8日 国税函〔2009〕18号

4. 财政部 国家税务总局关于海峡两岸海上直航营业税和企业所得税政策的通知

2009年1月10日 财税〔2009〕4号

5. 云南省国家税务局 云南省地方税务局转发国家税务总局关于企业所得税减免税管理问题的通知

2009年2月2日 云国税发〔2009〕34号

6. 国家税务总局关于企业所得税减免税管理问题的通知

2008年12月1日 国税发〔2008〕111号

7. 云南省国家税务局转发国家税务总局关于加强企业所得税预缴工作的通知

2009年2月11日 云国税函〔2009〕72号

8. 国家税务总局关于加强企业所得税预缴工作的通知

2009年1月20日 国税函〔2009〕34号

9. 国家税务总局关于企业所得税若干税务事项衔接问题的通知

2009年2月27日 国税函〔2009〕98号

10. 国家税务总局关于企业政策性搬迁或处置收入有关企业所得税处理问题的通知

2009年3月12日 国税函〔2009〕118号

11. 财政部 国家税务总局关于中国清洁发展机制基金及清洁发展机制项目实施企业有关企业所得税政策问题的通知

2009年3月30日 财税〔2009〕30号

12. 财政部 国家税务总局关于中非发展基金有限公司有关企业所得税政策问题的通知

2009年3月30日 财税〔2009〕36号

13. 财政部 国家税务总局关于证券行业准备金支出企业所得税税前扣除有关问题的通知

2009年4月9日 财税〔2009〕33号

14. 财政部 国家税务总局关于中国对外贸易运输（集团）总公司资产评估增值有关企业所得税问题的通知

2009年4月10日 财税〔2009〕56号

15. 财政部 国家税务总局关于企业资产损失税前扣除政策的通知

2009年4月16日 财税〔2009〕57号

16. 国家税务总局关于实施国家重点扶持的公共基础设施项目企业所得税优惠问题的通知

2009年4月16日 国税发〔2009〕80号

17. 国家税务总局关于企业固定资产加速折旧所得税处理有关问题的通知

2009年4月16日 国税发〔2009〕81号

18. 财政部 国家税务总局关于中国冶金科工集团公司重组改制上市资产评估增值有关企业所得税政策问题的通知

2009年4月20日 财税〔2009〕47号

19. 财政部 国家税务总局关于保险公司准备金支出企业所得税税前扣除有关问题的通知

2009年4月20日 财税〔2009〕48号

20. 国家税务总局关于企业所得税执行中若干税务处理问题的通知

2009年4月21日 国税函〔2009〕202号

21. 国家税务总局关于境外注册中资控股企业依据实际管理机构标准认定为居民企业有关问题的通知

2009年4月22日 国税发〔2009〕82号

22. 国家税务总局关于实施高新技术企业所得税优惠有关问题的通知

2009年4月22日 国税函〔2009〕203号

23. 财政部 国家税务总局关于执行企业所得税优

惠政策若干问题的通知

2009年4月24日　财税〔2009〕69号

24. 国家税务总局关于技术转让所得减免企业所得税有关问题的通知

2009年4月24日　国税函〔2009〕212号

25. 国家税务总局关于跨地区经营汇总纳税企业所得税征收管理若干问题的通知

2009年4月29日　国税函〔2009〕221号

26. 财政部 国家税务总局关于企业重组业务企业所得税处理若干问题的通知

2009年4月30日　财税〔2009〕59号

27. 财政部 国家税务总局关于企业清算业务企业所得税若干问题的通知

2009年4月30日　财税〔2009〕60号

28. 财政部 国家税务总局关于金融企业贷款损失准备企业所得税税前扣除有关问题的通知

2009年4月30日　财税〔2009〕64号

29. 财政部 国家税务总局关于安置残疾人员就业有关企业所得税优惠政策问题的通知

2009年4月30日　财税〔2009〕70号

30. 国家税务局关于实施创业投资企业所得税优惠问题的通知

2009年4月30日　国税发〔2009〕87号

31. 云南省国家税务局转发国家税务总局关于印发《企业所得税汇算清缴管理办法》的通知

2009年5月4日　云国税发〔2009〕107号

32. 国家税务总局关于印发《企业所得税汇算清缴管理办法》的通知

2009年4月16日　国税发〔2009〕79号

33. 云南省国家税务局转发国家税务总局关于资源综合利用企业所得税优惠管理问题的通知

2009年5月5日　云国税函〔2009〕207号

34. 国家税务总局关于资源综合利用企业所得税优惠管理问题的通知

2009年4月10日　国税函〔2009〕185号

35. 国家税务总局关于企业投资者投资未到位而发生的利息支出企业所得税前扣除问题的批复

2009年6月4日　国税函〔2009〕312号

36. 国家税务总局关于保险公司再保险业务赔款支出税前扣除问题的通知

2009年6月4日　国税函〔2009〕313号

37. 财政部 国家税务总局关于补充养老保险费、补充医疗保险费有关企业所得税政策问题的通知

2009年6月10日　财税〔2009〕27号

38. 云南省国家税务局 云南省地方税务局转发国家税务总局关于企业所得税税收优惠管理问题的补充通知

2009年6月12日　云国税函〔2009〕284号

39. 国家税务总局关于企业所得税税收优惠管理问题的补充通知

2009年5月15日　国税函〔2009〕255号

40. 财政部 国家税务总局关于专项用途财政性资金有关企业所得税处理问题的通知

2009年6月20日　财税〔2009〕87号

41. 云南省国家税务局 云南省地方税务局转发国家税务总局关于印发《企业资产损失税前扣除管理办法》的通知

2009年7月12日　云国税发〔2009〕171号

42. 国家税务总局关于印发《企业资产损失税前扣除管理办法》的通知

2009年5月4日　国税发〔2009〕88号

43. 国家税务总局关于股权分置改革中上市公司取得资产及债务豁免对价收入征免所得税问题的批复

2009年7月13日　国税函〔2009〕375号

44. 国家税务总局关于企业所得税核定征收若干问题的通知

2009年7月14日　国税函〔2009〕377号

45. 国家税务总局关于西部大开发企业所得税优惠政策适用目录问题的批复

2009年7月27日　国税函〔2009〕399号

46. 国家税务总局关于执行西部大开发税收优惠政策有关问题的批复

2009年7月31日　国税函〔2009〕411号

47. 财政部 国家税务总局关于保险公司提取农业巨灾风险准备金企业所得税税前扣除问题的通知

2009年8月20日　财税〔2009〕110号

48. 国家税务总局关于资源综合利用有关企业所得税优惠问题的批复

2009年10月10日　国税函〔2009〕567号

49. 财政部 国家税务总局关于非营利组织企业所得税免税收入问题的通知

2009年11月10日　财税〔2009〕122号

50. 财政部 国家税务总局关于小型微利企业有关企业所得税政策的通知

2009年12月2日　财税〔2009〕133号

51. 国家税务总局关于企业清算所得税有关问题的通知

2009年12月4日　国税函〔2009〕684号

52. 国家税务总局关于火力发电企业有关项目能否享受西部大开发企业所得税优惠政策问题的批复

2009年12月15日　国税函〔2009〕710号

53. 财政部 国家税务总局关于企业境外所得税收抵免有关问题的通知

2009年12月25日　财税〔2009〕125号

五、国际税收

1. 国家税务总局关于中国居民企业向QFII支付股息、红利、利息代扣代缴企业所得税有关问题的通知

2009年1月23日　国税函〔2009〕47号

2. 国家税务总局关于明确非居民企业所得税征管范围的补充通知

2009 年 1 月 23 日 国税函〔2009〕50 号

3. 云南省国家税务局转发国家税务总局关于印发《非居民企业所得税源泉扣缴管理暂行办法》的通知

2009 年 2 月 18 日 云国税发〔2009〕46 号

4. 国家税务总局关于印发《非居民企业所得税源泉扣缴管理暂行办法》的通知

2009 年 1 月 9 日 国税发〔2009〕3 号

5. 云南省国家税局转发国家税务总局关于印发《特别纳税调整实施办法（试行）》的通知

2009 年 2 月 18 日 云国税发〔2009〕47 号

6. 国家税务总局关于印发《特别纳税调整实施办法（试行）》的通知

2009 年 1 月 8 日 国税发〔2009〕2 号

7. 国家税务总局关于执行税收协定股息条款有关问题的通知

2009 年 2 月 20 日 国税函〔2009〕81 号

8. 云南省国家税务局转发国家税务总局关于印发《非居民企业所得税汇算清缴工作规程》的通知

2009 年 3 月 10 日 云国税发〔2009〕64 号

9. 国家税务总局关于印发《非居民企业所得税汇算清缴工作规程》的通知

2009 年 2 月 9 日 国税发〔2009〕11 号

10. 云南省国家税务局转发国家税务总局关于印发《非居民企业所得税汇算清缴管理办法》的通知

2009 年 3 月 13 日 云国税发〔2009〕66 号

11. 国家税务总局关于印发《非居民企业所得税汇算清缴管理办法》的通知

2009 年 1 月 22 日 国税发〔2009〕6 号

12. 云南省国家税务局转发《非居民承包工程作业和提供劳务税收管理暂行办法》的通知

2009 年 3 月 13 日 云国税发〔2009〕67 号

13. 非居民承包工程作业和提供劳务税收管理暂行办法

2009 年 1 月 20 日 国家税务总局令第 19 号

14. 国家税务总局关于中国居民企业向全国社会保障基金所持 H 股派发股息不予代扣代缴企业所得税的通知

2009 年 4 月 1 日 国税函〔2009〕173 号

15. 国家税务总局关于印发《大企业税务风险管理指引（试行）》的通知

2009 年 5 月 5 日 国税发〔2009〕90 号

16. 国家税务总局关于强化跨境交易监控和调查的通知

2009 年 7 月 6 日 国税函〔2009〕363 号

17. 国家税务总局关于非居民企业取得 B 股等股票股息征收企业所得税问题的批复

2009 年 7 月 24 日 国税函〔2009〕394 号

18. 国家税务总局关于印发部分国家（地区）税收居民证明样式的通知

2009 年 7 月 24 日 国税函〔2009〕395 号

19. 国家税务总局关于执行税收协定特许权使用费条款有关问题的通知

2009 年 9 月 14 日 国税函〔2009〕507 号

20. 国家税务总局关于如何理解和认定税收协定中"受益所有人"的通知

2009 年 10 月 27 日 国税函〔2009〕601 号

21. 云南省国家税务局转发国家税务总局关于印发《非居民享受税收协定待遇管理办法（试行）》的通知

2009 年 11 月 27 日 云国税发〔2009〕262 号

22. 国家税务总局关于印发《非居民享受税收协定待遇管理办法（试行）》的通知

2009 年 8 月 24 日 国税发〔2009〕124 号

六、出口退税

1. 国家税务总局关于增值税小规模纳税人出口货物免税核销申报有关问题的通知

2009 年 3 月 5 日 国税函〔2009〕108 号

2. 国家税务总局关于简化出口货物退（免）税单证备案管理制度的通知

2009 年 3 月 6 日 国税函〔2009〕104 号

3. 国家税务总局关于保税物流中心及出口加工区功能拓展有关税收问题的通知

2009 年 3 月 18 日 国税函〔2009〕145 号

4. 国家税务总局关于做好上海世博会退税函调工作的通知

2009 年 4 月 29 日 国税函〔2009〕217 号

5. 国家税务总局关于加强计算机中央处理器（CPU）等电子产品出口退（免）税管理的通知

2009 年 5 月 12 日 国税函〔2009〕245 号

6. 国家税务总局关于应用电子传输系统出口退税子系统（2. 0 版）有关事项的通知

2009 年 5 月 12 日 国税函〔2009〕248 号

7. 财政部 国家税务总局关于进一步提高部分商品出口退税率的通知

2009 年 6 月 3 日 财税〔2009〕88 号

8. 云南省国家税务局关于印发《云南省国家税务局出口货物退（免）税分类管理办法（试行）》的通知

2009 年 7 月 17 日 云国税发〔2009〕169 号

9. 国家税务总局关于开展出口退税业务提醒工作的通知

2009 年 8 月 20 日 国税函〔2009〕448 号

10. 国家税务总局关于加工贸易纸质手册电子化有关出口退税管理工作的通知

2009 年 8 月 20 日 国税函〔2009〕449 号

11. 国家税务总局关于生产企业开展对外承包工程业务出口货物退（免）税问题的批复

2009 年 9 月 15 日 国税函〔2009〕538 号

七、税收征管、其他法规

1．云南省国家税务局转发《云南省人民政府关于第四轮取消和调整行政审批项目的决定》的通知

2009年1月23日　云国税发〔2009〕30号

2．云南省人民政府关于第四轮取消和调整行政审批项目的决定

2008年11月22日　云南省人民政府令第150号

3．国家税务总局关于进一步做好税收征管工作的通知

2009年2月26日　国税发〔2009〕16号

4．云南省国家税务局关于印发云南省国家税务局重大决策听证制度重大事项公示制度　重点工作通报制度　政务信息查询制度实施意见的通知

2009年4月9日　云国税发〔2009〕88号

5．国家税务总局办公厅关于税务登记中企业登记注册类型有关问题的通知

2009年4月20日　国税办函〔2009〕198号

6．国家税务总局关于加强税种征管促进堵漏增收的若干意见

2009年4月29日　国税发〔2009〕85号

7．云南省国家税务局关于转发省政府法制办《行政执法建议函》的通知

2009年5月27日　云国税函〔2009〕255号

8．云南省国家税务局关于二手车业务税收征管有关问题的通知

2009年6月10日　云国税发〔2009〕140号

9．云南省国家税务局转发云南省人民政府关于开展扩权强县试点实施意见等4个文件的通知

2009年7月23日　云国税发〔2009〕179号

10．云南省人民政府关于开展扩权强县试点实施意见等4个文件的通知

2009年6月18日　云政发〔2009〕112号

11．国家税务总局关于印发《进一步加强税收征管若干具体措施》的通知

2009年7月27日　国税发〔2009〕114号

12．云南省国家税务局　云南省地方税务局关于配合做好家电下乡工作有关税收管理问题的通知

2009年8月14日　云国税函〔2009〕395号

13．国家税务总局关于印发《办税服务厅管理办法（试行）》的通知

2009年8月31日　国税发〔2009〕128号

14．云南省发展和改革委员会关于核定二手车收购统一发票价格的复函

2009年9月28日　云发改收费〔2009〕1959号

15．国家税务总局关于纳税人权利与义务的公告

2009年9月28日　国家税务总局公告2009年第1号

16．国家税务总局关于深入贯彻落实《国家税务总局关于纳税人权利与义务的公告》的通知

2009年12月29日　国税函〔2009〕761号

八、税务稽查

1．财政部 国家税务总局关于印发《税务稽查办案专项经费管理暂行办法》的通知

2009年12月23日　财行〔2009〕557号

2．国家税务总局关于印发《税务稽查工作规程》的通知

2009年12月24日　国税发〔2009〕157号

九、计统、财务

1．国家税务总局关于转发《财政部关于印发〈中央级事业单位国有资产处置管理暂行办法〉的通知》的通知

2009年2月13日　国税函〔2009〕64号

2．云南省国家税务局关于印发《云南省国家税务局系统公务车辆编制配备管理暂行办法（试行）》的通知

2009年3月17日　云国税发〔2009〕70号

3．云南省国家税务局 财政部驻云南省财政监察专员办事处 中国人民银行昆明中心支行转发国家税务总局 财政部 中国人民银行关于车辆购置税征缴管理有关问题的通知

2009年9月21日　云国税发〔2009〕222号

十、其他

1．国家发展和改革委员会 国家税务总局关于印发《税务师事务所服务收费管理办法》的通知

2009年1月15日　发改价格〔2009〕194号

2．云南省发展和改革委员会 省国家税务局 省地方税务局关于印发《云南省税务师事务所服务收费管理实施办法》及税务师事务所服务收费试行标准的通知

2009年10月29日　云发改收费〔2009〕2175号

3．国家税务总局关于印发注册税务师执业基本准则的通知

2009年12月2日　国税发〔2009〕149号

重要文件及重大税收政策调整文件

一、增 值 税

财政部 国家税务总局关于印发《油气田企业增值税管理办法》的通知

2009 年 1 月 19 日 财税〔2009〕8 号

各省、自治区、直辖市、计划单列市财政厅（局）、国家税务局、地方税务局，新疆生产建设兵团财务局：

根据国务院批准的石油天然气企业增值税政策和增值税转型改革方案，财政部和国家税务总局对现行油气田企业增值税管理办法作了修改和完善。现将修订后的《油气田企业增值税管理办法》印发给你们，请遵照执行。

附件：油气田企业增值税管理办法

注：云南省财政厅、云南省国家税务局于 2009 年 2 月 24 日以云财税〔2009〕37 号原文转发。

油气田企业增值税管理办法

第一条 根据国务院批准的石油天然气企业增值税政策，为加强石油天然气企业的增值税征收管理工作，制定本办法。

第二条 本办法适用于在中华人民共和国境内从事原油、天然气生产的企业。包括中国石油天然气集团公司（以下简称中石油集团）和中国石油化工集团公司（以下简称中石化集团）重组改制后设立的油气田分（子）公司、存续公司和其他石油天然气生产企业（以下简称油气田企业），不包括经国务院批准适用 5% 征收率缴纳增值税的油气田企业。

存续公司是指中石油集团和中石化集团重组改制后留存的企业。

其他石油天然气生产企业是指中石油集团和中石化集团以外的石油天然气生产企业。

油气田企业持续重组改制继续提供生产性劳务的企业，以及 2009 年 1 月 1 日以后新成立的油气田企业参股、控股的企业，按照本办法缴纳增值税。

第三条 油气田企业为生产原油、天然气提供的生产性劳务应缴纳增值税。

生产性劳务是指油气田企业为生产原油、天然气，从地质普查、勘探开发到原油天然气销售的一系列生产过程所发生的劳务（具体见本办法所附的《增值税生产性劳务征税范围注释》）。

缴纳增值税的生产性劳务仅限于油气田企业间相互提供属于《增值税生产性劳务征税范围注释》内的劳务。油气田企业与非油气田企业之间相互提供的生产性劳务不缴纳增值税。

第四条 油气田企业将承包的生产性劳务分包给其他油气田企业或非油气田企业，应当就其总承包额计算缴纳增值税。非油气田企业将承包的生产性劳务分包给油气田企业或其他非油气田企业，其提供的生产性劳务不缴纳增值税。油气田企业分包非油气田企业的生产性劳务，也不缴纳增值税。

第五条 油气田企业提供的生产性劳务，增值税税率为 17%。

第六条 油气田企业与其所属非独立核算单位之间以及其所属非独立核算单位之间移送货物或者提供应税劳务，不缴纳增值税。

本办法规定的应税劳务，是指加工、修理修配劳务和生产性劳务（下同）。

第七条 油气田企业提供的应税劳务和非应税劳务应当分别核算销售额，未分别核算的，由主管税务机关核定应税劳务的销售额。

第八条 油气田企业下列项目的进项税额不得从销项税额中抵扣：

（一）用于非增值税应税项目、免征增值税项目、集体福利或者个人消费的购进货物或者应税劳务。

本办法规定的非增值税应税项目，是指提供非应税劳务、转让无形资产、销售不动产、建造非生产性建筑物及构筑物。

本办法规定的非应税劳务，是指属于应缴营业税的交通运输业、建筑业、金融保险业、邮电通信业、文化体育业、娱乐业、服务业税目征收范围的劳务，但不包括本办法规定的生产性劳务。

用于集体福利或个人消费的购进货物或者应税劳务，包括所属的学校、医院、宾馆、饭店、招待所、托儿所（幼儿园）、疗养院、文化娱乐单位等部门购进的货物或应税劳务。

（二）非正常损失的购进货物及相关的应税劳务；

（三）非正常损失的在产品、产成品所耗用的购进货物或者应税劳务。

（四）国务院财政、税务主管部门规定的纳税人自用消费品。

（五）本条第（一）项至第（四）项规定的货物的运输费用和销售免税货物的运输费用。

第九条 油气田企业为生产原油、天然气接受其他油气田企业提供的生产性劳务，可凭劳务提供方开具的增值税专用发票注明的增值税额予以抵扣。

第十条 跨省、自治区、直辖市开采石油、天然气的油气田企业，由总机构汇总计算应纳增值税税额，并按照各油气田（井口）石油、天然气产量比例进行分配，各油气田按所分配的应纳增值税额向所在地税务机关缴纳。石油、天然气应纳增值税额的计算办法由总机构所在地省级税务部门商各油气田所在地同级税务部门确定。

在省、自治区、直辖市内的油气田企业，其增值税的计算缴纳方法由各省、自治区、直辖市财政和税务部门确定。

第十一条 油气田企业跨省、自治区、直辖市提供生产性劳务，应当在劳务发生地按3%预征率计算缴纳增值税。在劳务发生地预缴的税款可从其应纳增值税中抵减。

第十二条 油气田企业为生产原油、天然气提供的生产性劳务的纳税义务发生时间为油气田企业收讫劳务收入款或者取得索取劳务收入款项凭据的当天；先开具发票的，为开具发票的当天。

收讫劳务收入款的当天，是指油气田企业应税行为发生过程中或者完成后收取款项的当天；采取预收款方式的，为收到预收款的当天。

取得索取劳务收入款项凭据的当天，是指书面合同确定的付款日期的当天；未签订书面合同或者书面合同未确定付款日期的，为应税行为完成的当天。

第十三条 油气田企业所需发票，经主管税务机关审核批准后，可以采取纳税人统一集中领购、发放和管理的方法，也可以由机构内部所属非独立核算单位分别领购。

第十四条 油气田企业应统一申报货物及应税劳务应缴纳的增值税。

第十五条 现行规定与本办法有抵触的，按本办法执行；本办法未尽事宜，按现行税收法律、法规执行。

第十六条 各省、自治区、直辖市税务机关可根据本规定制定具体实施办法，并报国家税务总局备案。

第十七条 本办法自2009年1月1日起执行。《财政部 国家税务总局关于油气田企业增值税计算缴纳方法问题的通知》〔（94）财税字第073号〕、《财政部 国家税务关于印发〈油气田企业增值税管理暂行办法〉的通知》（财税字〔2000〕32号）和《国家税务总局关于油气田企业增值税问题的补充通知》（国税发〔2000〕195号）同时废止。

附件：增值税生产性劳务征税范围注释

增值税生产性劳务征收范围注释

一、地质勘探

是指根据地质学、物理学和化学原理，凭借各种仪器设备观测地下情况，研究地壳的性质与结构，借以寻找原油、天然气的工作。种类包括：地质测量；控制地形测量；重力法；磁力法；电法；陆地海滩二维（或三维、四维）地震勘探；垂直地震测井法（即vsp测井法）；卫星定位；地球化学勘探；井间地震；电磁勘探；多波地震勘探；遥感和遥测；探井；资料（数据）处理、解释和研究。

二、钻井（含侧钻）

是指初步探明储藏有油气水后，通过钻具（钻头、钻杆、钻铤）对地层钻孔，然后用套、油管连接并向下延伸到油气水层，并将油气水分离出来的过程。钻井工程分为探井和开发井。探井包括地质井、参数井、预探井、评价井、滚动井等；开发井包括采油井、采气井、注水（气）井以及调整井、检查研究井、扩边井、油藏评价井等，其有关过程包括：

（一）新老区临时工程建设。是指为钻井前期准备而进行的临时性工程。含临时房屋修建、临时公路和井场道路的修建、供水（电）工程的建设、保温及供热工程建设、维护、管理。

（二）钻前准备工程。指为钻机开钻创造必要条件而进行的各项准备工程。含钻机、井架、井控、固控设施、井口工具的安装及维修。

（三）钻井施工工程。包括钻井、井控、固控所需设备、材料及新老区临时工程所需材料的装卸及搬运 。

（四）包括定向井技术、水平井技术、打捞技术、欠平衡技术、泥浆技术、随钻测量、陀螺测量、电子多点、电子单点、磁性单多点、随钻、通井、套管开窗、老井侧钻、数据处理、小井眼加深、钻井液、顶部驱动钻井、化学监测、分支井技术、气体（泡沫）钻井技术、套管钻井技术、膨胀管技术、垂直钻井技术、地质导向钻井技术、旋冲钻井技术，取芯、下套管作业、钻具服务、井控服务、固井服务、钻井工程技术监督、煤层气钻井技术等。

（五）海洋钻井：包括钻井船拖航定位、海洋环保、安全求生设备的保养检查、试油点火等特殊作业。

三、测井

是指在井孔中利用测试仪器，

根据物理和化学原理，间接获取地层和井眼信息，包括信息采集、处理、解释和油（气）井射孔。根据测井信息，评价储（产）层岩性、物性、含油性、生产能力及固井质量、射孔质量、套管质量、井下作业效果等。按物理方法，主要有电法测井、声波测井、核（放射性）测井、磁测井、力测井、热测井、化学测井；按完井方式分裸眼井测井和套管井测井；按开采阶段分勘探测井和开发测井，开发测井包括生产测井、工程测井和产层参数测井。

四、录井

是指钻井过程中随着钻井录取各种必要资料的工艺过程。有关项目包括：地质设计；地质录井；气测录井；综合录井；地化录井；轻烃色谱录井；定量荧光录井；核磁共振录井；离子色谱录井；伽马录井；岩心扫描录井；录井信息传输；录井资料处理及解释；地质综合研究；测量工程；单井评价；古生物、岩矿、色谱分析；录井新技术开发；非地震方法勘探；油层工程研究；数据处理；其他技术服务项目。

五、试井

是指确定井的生产能力和研究油层参数及地下动态，对井进行的专门测试工作。应用试井测试手段可以确定油气藏压力系统、储层特性、生产能力和进行动态预测，判断油气藏边界、评价井下作业效果和估算储量等。包括高压试井和低压试井。

六、固井

是指向井内下入一定尺寸的套管柱，并在周围注入水泥，将井壁与套管的空隙固定，以封隔疏松易塌易漏等地层、封隔油气水层，防止互相窜漏并形成油气通道。具体项目包括：表面固井、技术套管固井、油层固井、套管固井、特殊固井。

七、试油（气）

是油气层评价的一种直接手段。是指在钻井过程中或完井后，利用地层测试等手段，获取储层油、气、水产量、液性、压力、温度等资料，为储层评价、油气储量计算和制定油气开发方案提供依据。包括：中途测试、原钻机试油（气）、完井试油（气）、压裂改造、酸化改造、地层测试和抽汲排液求产、封堵等特种作业。

八、井下作业

是指在油气开发过程中，根据油气田投产、调整、改造、完善、挖潜的需要，利用地面和井下设备、工具，对油、气、水井采取各种井下作业技术措施，以达到维护油气水井正常生产或提高注采量，改善油层渗透条件及井的技术状况，提高采油速度和最终采收率。具体项目包括：新井投产、投注、维护作业、措施作业、油水井大修、试油测试、试采、数据解释。

九、油（气）集输

是指把油（气）井生产的原油（天然气）收集起来，再进行初加工并输送出去而修建井（平）台、井口装置、管线、计量站、接转站、联合站、油库、油气稳定站、净化厂（站）、污水处理站、中间加热加压站、长输管线、集气站、增压站、气体处理厂等设施及维持设施正常运转发生的运行、保养、维护等劳务。

十、采油采气

是指为确保油田企业正常生产，通过自然或机械力将油气从油气层提升到地面并输送到联合站、集输站整个过程而发生的工程及劳务。主要包括采油采气、注水注气、三次采油、防腐、为了提高采收率采取的配套技术服务等。

（一）采油采气。是指钻井完钻后，通过试采作业，采取自然或机械力将油气从油气层提升到地面而进行的井场、生产道路建设、抽油机安装、采油树配套、单井管线铺设、动力设备安装、气层排液等工程及维持正常生产发生的运行、保养、维护等劳务。

（二）注水注气。是指为保持油气层压力而建设的水源井、取水设施、操作间、水源管线、配水间、配气站、注水注气站、注水增压站、注水注气管线等设施以及维持正常注水注气发生的运行、保养、维护等劳务。

（三）稠油注汽。是指为开采稠油而修建的向油层注入高压蒸汽的设施工程及维持正常注汽发生的运行、保养、维护等劳务。

（四）三次采油。是指为提高原油采收率，确保油田采收率而向油层内注聚合物、酸碱、表面活性剂、二氧化碳、微生物等其他新技术，进行相关的技术工艺配套和地面设施工程。包括修建注入和采出各场站、管网及相应的各系统工程；产出液处理的净化场（站）及管网工程等。

（五）防腐。是指为解决现场问题，保证油田稳产，解决腐蚀问题而进行的相关药剂、防腐方案、腐蚀监测网络等的配套工程。

（六）技术服务。是指为确保油气田的正常生产，为采油气工程提供的各种常规技术服务及新技术服务等。主要包括采油采气方案的编制、注水注气方案编制、三次采油方案的编制设计、油井管柱优化设计、相关软件的开发、采油气新工艺的服务、油气水井测试服务等。

十一、海上油田建设

是指为勘探开发海上油田而修建的人工岛、海上平台、海堤、滩海路、海上电力通讯、海底管缆、海上运输、应急系统、弃置等海上生产设施及维持正常生产发生的运行、保养、维护等劳务。

十二、供排水、供电、供热、通讯

（一）供排水。是指为维持油（气）田正常生产及保证安全所建设的调节水源、管线、泵站等系统工程以及防洪排涝工程以及运行、维护、改造等劳务。

（二）供电。是指为保证油（气）田正常生产和照明而建设的供、输、变电的系统工程以及运行、维护、改造等劳务。

（三）供热。是指为保证油气田正常生产而建设的集中热源、供热管网等设施以及运行、维护、改造等劳务。

（四）通讯。是指在油（气）田建设中为保持电信联络而修建的发射台、线路、差转台（站）等设施以及运行、维护、改造等劳务。

十三、油田基本建设

是指根据油气田生产的需要，在油气田内部修建的道路、桥涵、河堤、输卸油（气）专用码头、海堤、生产指挥场所建设等设施以及维护和改造。

十四、环境保护

是油气田企业为保护生态环境，落实环境管理而发生的生态保护、污染防治、清洁生产、污染处置、环境应急等项目建设的工程与劳务，及施工结束、资源枯竭后应及时恢复自然生态而建设的工程及劳务。

十五、其他

是指油气田企业之间为维持油气田的正常生产而互相提供的其他劳务。包括：运输、设计、提供信息、检测、计量、监督、监理、消防、安全、异体监护、数据处理、租赁生产所需的仪器、材料、设备等服务。

财政部　国家税务总局关于部分货物适用增值税低税率和简易办法征收增值税政策的通知

2009 年 1 月 19 日　财税〔2009〕9 号

各省、自治区、直辖市、计划单列市财政厅（局）、国家税务局，新疆生产建设兵团财务局：

根据《中华人民共和国增值税暂行条例》（国务院令第 538 号，以下简称条例）和《中华人民共和国增值税暂行条例实施细则》（财政部　国家税务总局令第 50 号）的规定和国务院的有关精神，为做好相关增值税政策规定的衔接，加强征收管理，现将部分货物适用增值税税率和实行增值税简易征收办法的有关事项明确如下：

一、下列货物继续适用 13% 的增值税税率：

（一）农产品。

农产品，是指种植业、养殖业、林业、牧业、水产业生产的各种植物、动物的初级产品。具体征税范围暂继续按照《财政部国家税务总局关于印发〈农业产品征税范围注释〉的通知》（财税字〔1995〕52 号）及现行相关规定执行。

（二）音像制品。

音像制品，是指正式出版的录有内容的录音带、录像带、唱片、激光唱盘和激光视盘。

（三）电子出版物。

电子出版物，是指以数字代码方式，使用计算机应用程序，将图文声像等内容信息编辑加工后存储在具有确定的物理形态的磁、光、电等介质上，通过内嵌在计算机、手机、电子阅读设备、电子显示设备、数字音/视频播放设备、电子游戏机、导航仪以及其他具有类似功能的设备上读取使用，具有交互功能，用以表达思想、普及知识和积累文化的大众传播媒体。载体形态和格式主要包括只读光盘（CD 只读光盘 CD－ROM、交互式光盘 CD－I、照片光盘 Photo－CD、高密度只读光盘 DVD－ROM、蓝光只读光盘 HD－DVD ROM 和 BD ROM）、一次写入式光盘（一次写入 CD 光盘 CD－R、一次写入高密度光盘 DVD－R、一次写入蓝光光盘 HD－DVD/R，BD－R）、可擦写光盘（可擦写 CD 光盘 CD－RW、可擦写高密度光盘 DVD－RW、可擦写蓝光光盘 HDDVD－RW 和 BD－RW、磁光盘 MO）、软磁盘（FD）、硬磁盘（HD）、集成电路卡（CF 卡、MD 卡、SM 卡、MMC 卡、RS－MMC 卡、MS 卡、SD 卡、XD 卡、T－Flash 卡、记忆棒）和各种存储芯片。

（四）二甲醚。

二甲醚，是指化学分子式为 CH_3OCH_3，常温常压下为具有轻微醚香味，易燃、无毒、无腐蚀性的气体。

二、下列按简易办法征收增值税的优惠政策继续执行，不得抵扣进项税额：

（一）纳税人销售自己使用过的物品，按下列政策执行：

1. 一般纳税人销售自己使用过的属于条例第十条规定不得抵扣且未抵扣进项税额的固定资产，按简易办法依 4% 征收率减半征收增值税。

一般纳税人销售自己使用过的其他固定资产，按照《财政部国家税务总局关于全国实施增值税转型改革若干问题的通知》（财税〔2008〕170 号）第四条的规定执行。

一般纳税人销售自己使用过的除固定资产以外的物品，应当按照适用税率征收增值税。

2. 小规模纳税人（除其他个人外，下同）销售自己使用过的固定资产，减按 2% 征收率征收增值税。

小规模纳税人销售自己使用过的除固定资产以外的物品，应按 3% 的征收率征收增值税。

（二）纳税人销售旧货，按照简易办法依照 4% 征收率减半征收增值税。

所称旧货，是指进入二次流通的具有部分使用价值的货物（含旧汽车、旧摩托车和旧游艇），但不包括自己使用过的物品。

（三）一般纳税人销售自产的下列货物，可选择按照简易办法依照 6% 征收率计算缴纳增值税：

1. 县级及县级以下小型水力发电单位生产的电力。小型水力发电单位，是指各类投资主体建设的装机容量为5万千瓦以下（含5万千瓦）的小型水力发电单位。

2. 建筑用和生产建筑材料所用的砂、土、石料。

3. 以自己采掘的砂、土、石料或其他矿物连续生产的砖、瓦、石灰（不含粘土实心砖、瓦）。

4. 用微生物、微生物代谢产物、动物毒素、人或动物的血液或组织制成的生物制品。

5. 自来水。

6. 商品混凝土（仅限于以水泥为原料生产的水泥混凝土）。

一般纳税人选择简易办法计算缴纳增值税后，36个月内不得变更。

（四）一般纳税人销售货物属于下列情形之一的，暂按简易办法依照4%征收率计算缴纳增值税：

1. 寄售商店代销寄售物品（包括居民个人寄售的物品在内）；

2. 典当业销售死当物品；

3. 经国务院或国务院授权机关批准的免税商店零售的免税品。

三、对属于一般纳税人的自来水公司销售自来水按简易办法依照6%征收率征收增值税，不得抵扣其购进自来水取得增值税扣税凭证上注明的增值税税款。

四、本通知自2009年1月1日起执行。《财政部 国家税务总局关于调整农业产品增值税税率和若干项目征免增值税的通知》（财税字（94）004号）、《财政部 国家税务总局关于自来水征收增值税问题的通知》（（94）财税字第014号）、《财政部 国家税务总局关于增值税、营业税若干政策规定的通知》〔（94）财税字第026号〕第九条和第十条、《国家税务总局关于印发〈增值税问题解答（之一）〉的通知》（国税函发〔1995〕288号）附件第十条、《国家税务总局关于调整部分按简易办法征收增值税的特定货物销售行为征收率的通知》（国税发〔1998〕122号）、《国家税务总局关于县以下小水电电力产品增值税征税问题的批复》（国税函〔1998〕843号）、《国家税务总局关于商品混凝土实行简易办法征收增值税问题的通知》（国税发〔2000〕37号）、《财政部 国家税务总局关于旧货和旧机动车增值税政策的通知》（财税〔2002〕29号）、《国家税务总局关于自来水行业增值税政策问题的通知》（国税发〔2002〕56号）、《财政部 国家税务总局关于宣传文化增值税和营业税优惠政策的通知》（财税〔2006〕153号）第一条、《国家税务总局关于明确县以下小型水力发电单位具体标准的批复》（国税函〔2006〕47号）、《国家税务总局关于商品混凝土征收增值税有关问题的通知》（国税函〔2007〕599号）、《财政部 国家税务总局关于二甲醚增值税适用税率问题的通知》（财税〔2008〕72号）同时废止。

注：云南省财政厅、云南省国家税务局于2009年2月10日以云财税〔2009〕29号原文转发。

国家税务总局关于发布已失效或废止有关增值税规范性文件清单的通知

2009年2月2日 国税发〔2009〕7号

各省、自治区、直辖市和计划单列市国家税务局：

根据《国务院关于印发〈全面推进依法行政实施纲要〉的通知》（国发〔2004〕10号）的要求，国家税务总局对1993年底以来以国家税务总局名义发布的有关增值税政策及征收管理的规范性文件进行了全面清理，现将已失效或废止有关增值税规范性文件清单通知如下：

一、全文废止或失效的税收规范性文件50件

1.《国家税务总局关于各种性质的价外收入都应当征收增值税的批复》（国税函发〔1994〕87号）

2.《国家税务总局关于印发〈增值税小规模纳税人征收管理办法〉的通知》（国税发〔1994〕116号）

3.《国家税务总局关于印发修改后的〈增值税纳税报表〉表样的通知》（国税发〔1994〕272号）

4.《国家税务总局关于加强增值税征收管理工作的通知》（国税发〔1995〕15号）

5.《国家税务总局关于下发〈增值税专用发票及其他计税、扣税凭证稽核检查办法（试行）〉的通知》（国税发〔1995〕30号）

6.《国家税务总局关于生产销售并连续安装铝合金门窗等业务收入征收增值税问题的批复》（国税函〔1996〕447号）

7.《国家税务总局关于印发〈增值税日常统计报表和调查工作评比计分办法〉的通知》（国税函〔1996〕448号）

8.《国家税务总局关于检查清理增值税一般纳税人的通知》（国税发〔1997〕38号）

9.《国家税务总局关于进行增值税纳税人情况调查的通知》（国税函〔1997〕156号）

10.《国家税务总局关于农电管理站收取的电工经费征收增值税问题的批复》（国税函〔1997〕241号）

11.《国家税务总局关于开展商业企业增值税专项检查的通知》（国税函〔1997〕401号）

12.《国家税务总局关于做好商业个体经营者增值税征收率调整工作的通知》（国税发〔1998〕104号）

13.《国家税务总局关于贯彻国务院有关完善小规模商业企业增值税政策的决定的补充通知》（国税发〔1998〕124 号）

14.《国家税务总局关于 1999 年增值税一般纳税人年审工作几个具体问题的通知》（国税流函〔1998〕043 号）

15.《国家税务总局关于北京市自来水公司征收增值税问题的批复》（国税函〔1998〕28 号）

16.《国家税务总局关于工业企业制售安装铁塔征税问题的批复》（国税函〔1999〕505 号）

17.《国家税务总局关于济南市自来水公司有关增值税问题的批复》（国税函〔2000〕612 号）

18.《国家税务总局关于金税工程运行有关问题的通知》（国税发明电〔2000〕50 号）

19.《国家税务总局关于防伪税控认证不符合密文有误增值税专用发票查处工作的通知》（国税发明电〔2000〕51 号）

20.《国家税务总局关于加强商贸企业增值税纳税评估工作的通知》（国税发〔2001〕140 号）

21.《国家税务总局关于天津市自来水公司征收增值税问题的批复》（国税函〔2001〕981 号）

22.《国家税务总局关于青岛市自来水集团有限公司有关增值税问题的批复》（国税函〔2001〕982 号）

23.《国家税务总局关于武汉市自来水公司征收增值税问题的批复》（国税函〔2001〕983 号）

24.《国家税务总局关于农村电力体制改革中农村电网维护费征免增值税问题的批复》（国税函〔2002〕421 号）

25.《国家税务总局关于推行增值税一般纳税人纳税申报“一窗式”管理模式的通知》（国税发明电〔2003〕26 号）

26.《国家税务总局关于推行增值税一般纳税人纳税申报“一窗式”管理模式有关问题的通知》（国税发明电〔2003〕28 号）

27.《国家税务总局关于确保增值税纳税申报“一窗式”管理模式推行到位的通知》（国税发明电〔2003〕30 号）

28.《国家税务总局关于开展增值税一般纳税人纳税申报电子信息采集系统和增值税专用发票抵扣联信息企业采集方式软件测评工作的通知》（国税函〔2003〕29 号）

29.《国家税务总局关于推行增值税一般纳税人纳税申报电子信息采集系统的通知》（国税函〔2003〕328 号）

30.《国家税务总局关于一般纳税人销售自来水增值税进项税额抵扣问题的批复》（国税函〔2003〕432 号）

31.《国家税务总局关于进一步加强增值税征收管理问题的通知》（国税函〔2003〕439 号）

32.《国家税务总局关于增值税电子申报软件推行有关问题的通知》（国税函〔2003〕943 号）

33.《国家税务总局关于水煤浆产品适用增值税税率的批复》（国税函〔2003〕1144 号）

34.《国家税务总局关于首都机场集团公司转供自来水业务征收增值税问题的批复》（国税函〔2003〕1289 号）

35.《国家税务总局关于开展增值税专项纳税评估工作的通知》（国税发明电〔2004〕7 号）

36.《国家税务总局关于印发〈中国石油化工股份有限公司南方勘探开发分公司原油天然气增值税征收管理办法〉的通知》（国税函〔2004〕678 号）

37.《国家税务总局关于加强东北地区扩大增值税抵扣范围增值税管理有关问题的通知》（国税函〔2004〕1111 号）

38.《国家税务总局关于开展成品油零售单位增值税纳税评估工作的通知》（国税发〔2005〕76 号）

39.《国家税务总局关于加强增值税申报异常企业纳税评估工作的通知》（国税发明电〔2005〕21 号）

40.《国家税务总局关于铁路运费进项税额抵扣问题的补充通知》（国税函〔2005〕332 号）

41.《国家税务总局关于将西林钢铁集团有限公司纳入东北地区扩大增值税抵扣试点企业范围的批复》（国税函〔2005〕592 号）

42.《国家税务总局关于将吉林炭素集团有限责任公司纳入东北地区扩大增值税抵扣试点企业范围的批复》（国税函〔2005〕692 号）

43.《国家税务总局关于部分资源综合利用产品增值税政策有关问题的批复》（国税函〔2005〕1028 号）

44.《国家税务总局关于纳税人销售自产建筑防水材料并同时提供建筑业劳务征收流转税问题的通知》（国税发〔2006〕80 号）

45.《国家税务总局关于开展农业产品进项税额抵扣异常等核查工作的通知》（国税函〔2006〕710 号）

46.《国家税务总局关于开展增值税专用发票存根联滞留专项核查工作的通知》（国税函〔2006〕1277 号）

47.《国家税务总局关于天津市自来水供水企业进项税额抵扣问题的批复》（国税函〔2007〕24 号）

48.《国家税务总局关于明确硫磺适用税率的通知》（国税函〔2007〕624 号）

49.《国家税务总局关于矿采选过程中的低品位矿石是否属于废旧物资的批复》（国税函〔2007〕1027 号）

50.《国家税务总局关于开展水泥生产企业增值税专项纳税评估工作的通知》（国税函〔2008〕407 号）

二、部分条款失效或废止的税收规范性文件 14 件

1.《国家税务总局关于印发〈增值税若干具体问题的规定〉的通知》（国税发〔1993〕154 号）第三条、第四条。

2.《国家税务总局关于增值税若干征收问题的通知》（国税发〔1994〕122 号）第二条、第五条。

3.《国家税务总局关于增值税几个业务问题的通知》（国税发〔1994〕186号）第二条。

4.《国家税务总局关于加强增值税征收管理若干问题的通知》（国税发〔1995〕192号）第一条第（一）款第1项“（固定资产除外）”。

5.《国家税务总局关于印发〈增值税问题解答（之一）〉的通知》（国税函发〔1995〕288号）附件《增值税问题解答（之一）》第一条、第三条（铁路单位税收政策解答）、第八条、第十一条、第十三条、第十四条、第十五条、第十六条。

6.《国家税务总局关于增值税若干征管问题的通知》（国税发〔1996〕155号）第三条。

7.《国家税务总局关于中关村科技园区软件开发生产企业有关税收政策的通知》（国税发〔1999〕156号）第二条、第三条、第四条。

8.《国家税务总局关于纳税人销售自产货物提供增值税劳务并同时提供建筑业劳务征收流转税问题的通知》（国税发〔2002〕117号）第三条。

9.《国家税务总局关于加强货物运输业税收征收管理的通知》（国税发〔2003〕121号）附件二《运输发票增值税抵扣管理试行办法》第二条第二款第（一）项“（固定资产除外）”。

10.《国家税务总局关于加强海关进口增值税专用缴款书和废旧物资发票管理有关问题的通知》（国税函〔2004〕128号）第二条。

11.《国家税务总局关于加强增值税专用发票管理有关问题的通知》（国税发〔2005〕150号）第一条、第二条、第五条。

12.《国家税务总局关于加强农产品增值税抵扣管理有关问题的通知》（国税函〔2005〕545号）第二条。

13.《国家税务总局关于出境口岸国际隔离区免税店销售进口免税品和国产品有关增值税问题的批复》（国税函〔2006〕313号）第一条“《中华人民共和国增值税暂行条例实施细则》第七条规定‘所销售的货物的起运地或所在地在境内’系指在中华人民共和国关境以内。因此，在中华人民共和国关境以外发生的销售行为不属于《中华人民共和国增值税暂行条例》第一条规定‘在中华人民共和国境内销售货物’行为，不征收增值税”。

14.《国家税务总局关于出境口岸免税店有关增值税政策问题的通知》（国税函〔2008〕81号）第一条“《中华人民共和国增值税暂行条例实施细则》第七条规定‘所销售的货物的起运地或所在地在境内’，‘境内’是指在中华人民共和国关境以内”。

注：云南省国家税务局于2009年3月2日以云国税发〔2009〕61号原文转发。

国家税务总局关于修改若干增值税规范性文件引用法规规章条款依据的通知

2009年2月5日　国税发〔2009〕10号

各省、自治区、直辖市和计划单列市国家税务局：

2009年1月1日起，《中华人民共和国增值税暂行条例》（国务院令第538号）和《中华人民共和国增值税暂行条例实施细则》（财政部国家税务总局令第50号）正式实施。此前国家税务总局发布的部分增值税规范性文件所引用的条例及细则条款依据已发生变化，需要根据修订后的条例及细则进行修改。现将有关修改内容明确如下：

一、《国家税务总局关于饮食业征收流转税问题的通知》（国税发〔1996〕202号）第二条中“按《增值税暂行条例实施细则》第六条和《营业税暂行条例实施细则》第六条”修改为“按《增值税暂行条例实施细则》第七条和《营业税暂行条例实施细则》第八条”。

二、《国家税务总局关于卫生防疫站调拨生物制品及药械征收增值税的批复》（国税函〔1999〕191号）中“根据《中华人民共和国增值税暂行条例实施细则》第二十四条及有关规定，对卫生防疫站调拨生物制品和药械，可按照小规模商业企业4%的增值税征收率征收增值税。”修改为“根据《中华人民共和国增值税暂行条例实施细则》第二十九条及有关规定，对卫生防疫站调拨生物制品和药械，可按照小规模纳税人3%的增值税征收率征收增值税。”

三、《国家税务总局关于外国企业来华参展后销售展品有关税务处理问题的批复》（国税函〔1999〕207号）第一条中“按小规模纳税人所适用的6%征收率”修改为“按小规模纳税人所适用的3%征收率”。

四、《国家税务总局关于增值税一般纳税人恢复抵扣进项税额资格后有关问题的批复》（国税函〔2000〕584号）中“《中华人民共和国增值税暂行条例实施细则》第三十条规定：‘一般纳税人有下列情形之一者，应按销售额依照增值税税率计算应纳税额，不得抵扣进项税额，也不得使用增值税专用发票：（一）会计核算不健全，或者不能够提供准确税务资料的；（二）符合一般纳税人条件，但不申请办理一般纳税人认定手续的。’”修改为"《中华人民共和国增值税暂行条例实施细则》第三十四条规定：有下列情形之一者，应按销售额依照增值税税率计算应纳税额，不得抵扣进项税额，也不得使用增值税专用发票：（一）一般纳税人会计核算不健全，或者不能够提供准确税务资料的；（二）除本细则第二十九条规定外，纳税人销售额超过小规模纳税人标准，未申请办理一般纳税人认定手续的。"

五、《国家税务总局关于企业改制中资产评估减值发生的流动资产损失进项税额抵扣问题的批复》（国税函〔2002〕1103号）中"《中华人民共和国增值税暂行条例实施细则》第二十一条规定：'非正常损失是指生产、经营过程中正常损耗外的损失'"修改为"《中华人民共和国增值税暂行条例实施细则》第二十四条规定，非正常损失是指因管理不善造成被盗、丢失、霉烂变质的损失。"

六、《国家税务总局关于增值税起征点调整后有关问题的批复》（国税函〔2003〕1396号）第二条"《中华人民共和国增值税暂行条例》第十八条规定"修改为"《中华人民共和国增值税暂行条例》第十七条规定"。

七、《国家税务总局关于加强新办商贸企业增值税征收管理有关问题的紧急通知》（国税发明电〔2004〕37号）第三条第（三）款有关企业增购专用发票必须按专用发票销售额的4%预缴增值税的规定，修改为按3%预缴增值税。

八、《国家税务总局关于加强新办商贸企业增值税征收管理有关问题的补充通知》（国税发明电〔2004〕62号）第七条第一款有关辅导期一般纳税人增购增值税专用发票按4%征收率计算预缴税款的规定，修改为按3%征收率计算预缴税款。

九、《国家税务总局关于取消小规模企业销售货物或应税劳务由税务所代开增值税专用发票审批后有关问题的通知》（国税函〔2004〕895号）第一条"增值税征收率4%（商业）或6%（其他）"修改为"增值税征收率3%"。

十、《国家税务总局关于加强煤炭行业税收管理的通知》（国税发〔2005〕153号）第一条"根据《中华人民共和国增值税暂行条例实施细则》第三十条的规定"修改为"根据《中华人民共和国增值税暂行条例实施细则》第三十四条的规定"。

十一、《国家税务总局关于纳税人进口货物增值税进项税额抵扣有关问题的通知》（国税函〔2007〕350号）中"纳税人从海关取得的完税凭证"修改为"纳税人从海关取得的海关进口增值税专用缴款书"，"进口货物取得的合法海关完税凭证"修改为"进口货物取得的合法海关进口增值税专用缴款书"。

注：云南省国家税务局于2009年2月19日以云国税发〔2009〕49号原文转发。

云南省国家税务局关于红云红河烟草（集团）有限责任公司增值税消费税征收管理和税款缴库有关问题的通知

2009年2月3日　云国税函〔2009〕78号

昆明市、曲靖市、红河州国家税务局：

根据《国家烟草专卖局中国烟草公司关于云南卷烟工业重组整合的批复》（国烟发〔2008〕534号），红云烟草（集团）有限责任公司（以下简称红云集团）与红河烟草（集团）有限责任公司（含红河卷烟厂、新疆卷烟厂）（以下简称红河集团）重组成为一个法人实体，注册成立红云红河烟草（集团）有限责任公司（以下简称红云红河集团），注销红云集团、红河集团的企业法人资格，并将人员、业务、资产、负债一并划入红云红河集团。为支持企业改革重组，确保国家税款及时入库和协调地区税收利益分配，现将红云红河集团的增值税、消费税征收管理和税款缴库有关问题通知如下，请遵照执行。

一、为便于红云红河集团实现"资产、品牌、采购、销售四统一"和"集团总部集中申报，统一纳税，跨区分配"的目标，2008年12月31日前，由红云红河集团的主管税务机关（昆明市国家税务局直属税务分局）以红云红河集团的名称和统一纳税识别号向红云红河集团配置防伪税控开票系统主开票机，在红云红河集团曲靖卷烟厂、会泽卷烟厂、红河卷烟厂分别配置分开票机。

2009年1月1日起，红云红河集团所需增值税专用发票统一到主管税务机关领购并向主管税务机关办理纳税申报的相关事项，以红云红河集团的名称和统一的纳税人识别号取得购进货物和应税劳务的增值税专用发票和其他增值税抵扣凭证，按规定办理增值税专用发票的认证手续。

主管国税机关按规定受理申报、采集数据、进行"一窗式比对"。

二、红云红河集团昆明卷烟厂、昆明卷烟厂分厂、曲靖卷烟厂、会泽卷烟厂、红河卷烟厂的原辅料、产成品和其他货物互相往来，作内部移库划转，不作销售处理。

三、红云红河集团应纳增值税、消费税以1个月为一个纳税期，实行按月缴纳；红云红河集团昆明卷烟厂分厂、曲靖卷烟厂、会泽卷烟厂、红河卷烟厂所在地国税机关按省局的有关要求进行监管。

四、2009年1月暂不注销原红云集团、红河集团的纳税人识别号和一般纳税人资格，用于销货退回的处理、原购进货物和应税劳务取得增值税专用发票的认证、正常跨期税款的缴纳征收等过渡业务，至2009年5月办理取消和注销手续。

原红云集团、红河集团2008年12月31日留抵的进项税额经主管税务机关审核确认，可以一次性转入红云红河集团继续抵扣；2009年1月1日至2009年3月31日以原红云集团、红河集团的名称和纳税人识别号办理的原购进货物和应税劳务取得增值税专用发票和其他增值税抵扣凭证（取得2008年12月31日以前开具的），经主管税务机关审核确认，可以按规定在红云红河集团抵扣。

五、红云红河集团生产销售卷烟的产地零售价格，由昆明市国家税务局在昆明市场采集。

六、红云红河集团应缴的增值税、消费税根据《云南省财政厅关于下达卷烟集团重组“三变二”后财政收入预分配比例的通知》（云财预〔2009〕12号）确定的分配比例逐笔在昆明市国税局（含五华区国税局）、曲靖市国税局（含会泽县国税局）、红河州国税局进行跨区分配分别入库。分配比例如下。

增值税：昆明49.00%、曲靖28.95%、红河22.05%；

消费税：昆明45.52%、曲靖31.19%、红河23.29%。

2008年12月原红云集团、红河集团的应纳税款（即在2009年1月入库的税款）仍按原办法入库。

自2009年起，对查补原红云集团、红河集团的税款，均视同当年实现数，实行跨区分配按比例入库。

七、红云红河集团税款划转业务的流程：

（一）根据《中国人民银行 财政部 国家税务总局关于印发〈待缴库税款收缴管理办法〉的通知》（银发〔2005〕387号）规定，红云红河集团向开户银行签发“税款划付授权委托书”（见附件1），银行根据昆明市国家税务局直属税务分局出具的《税款划分清单》（见附件2），使用特种转账传票将税款准确、及时划至曲靖市国家税务局（含会泽县国税局）、红河州国家税务局在当地人民银行国库部门开设的“国库待结算款项”科目下设置的“待缴库税款”专户（以下简称专户）。授权委托书上由红云红河集团法定代表人（负责人）签字并加盖红云红河集团公章、预留银行印鉴章。

（二）昆明市国家税务局直属税务分局将预留在《税款划分清单》上的印章印模一式三份提交银行，以便划款时核验。

（三）红云红河集团将应缴纳的全部税款划入该集团在银行开立的缴税账户中。

（四）昆明市国家税务局直属税务分局查询税款到达缴税账户后，打印完税凭证给红云红河集团。

（五）昆明市国家税务局直属税务分局按照《云南省财政厅关于下达卷烟集团重组“三变二”后财政收入预分配比例的通知》（云财预〔2009〕12号）确定的比例，核算出应划到曲靖市、红河州的税款后，填列一式六份《税款划分清单》，加盖预留印章后提交银行纳税柜经办人员。

（六）银行设在昆明市国家税务局直属税务分局征收大厅的纳税柜经办人员核验红云红河集团账户税款余额及《税款划分清单》，在填写内容齐全、签章无误、与企业申报表核对一致后，加盖“业务受理专用章”，自己留存一份，其余五份返还昆明市国家税务局直属税务分局经办人员，并立即通过大额实时支付系统将款项划至指定的曲靖市（含会泽县）和红河州的专户。五份返还昆明市国家税务局直属税务分局的《税款划分清单》，一份交红云红河集团，两份分别通过邮寄或其他方式交曲靖市（含会泽县国税局）国家税务局和红河州国家税务局作为凭证，剩余两份昆明市国家税务局直属税务分局留存作为凭证。

对昆明市国家税务局直属税务分局制作的《税款划分清单》在当日16时前提交银行的，该行将确保款项于当日通过实时支付系统划至指定专户；对16时后提交的，于次日上午通过实时支付系统划至指定账户。

八、红云红河集团应缴税款的跨区分配入库的业务处理严格按照《云南省国家税务局关于印发〈推行综合征管软件若干业务处理规范〉的通知》（云国税发〔2005〕184号）第十四条“关于跨区税收收入申报征收”、《云南省国家税务局关于规范“跨区收入”相关临时纳税人登记信息设置工作的通知》（云国税发〔2006〕15号）及《关于对跨区分配业务所涉及参数31234修改操作问题的通知》的要求和规定执行。昆明市国家税务局直属税务分局、曲靖市国家税务局（含会泽县国税局）、红河州州国家税务局应在当地人民银行国库部门“国库待结算款项”科目下设置“待缴库税款”专户，专门用于办理国税部门征收红云红河集团跨地区分配税款的划转和税款缴库。

九、红云红河集团的主管税务机关要督促红云红河集团适当提前筹措税款资金，保证税款资金在限缴日期前到达各跨区收入分配机关的“专户”。各跨区收入分配机关应在税款资金到达“专户”后及时开票缴入国库，将各项税款及时足额征收入库。

十、省局将通过综合征管软件监控系统对税款入库的及时性、地区分配比例的正确性和其他措施的贯彻落实情况实施监督和管理，确保各项管理措施和对纳税人的服务事项落实到位。

十一、《云南省国家税务局关于红云烟草（集团）有限责任公司税收征收管理和税款缴库有关问题的通知》（云国税函〔2005〕852号）同时废止。

云南省财政厅关于下达卷烟集团重组“三变二”后财政收入预分配比例的通知

2009 年 2 月 12 日 云财预〔2009〕12 号

云南中烟工业公司，省国家税务局，省地方税务局，人民银行昆明中心支行，红云红河集团、红塔集团，昆明市、昭通市、曲靖市、玉溪市、红河州、楚雄州、大理州财政局：

为确保我省卷烟企业“三变二”重组后，红云红河、红塔两个新的卷烟集团企业 2009 年 1 月实现的税收在 2 月 15 日前正常申报缴纳和分配各相关州市，考虑到分配方案还未最终确定，且原红塔、红云、红河三大集团 2008 年税收实现数中的企业所得税要到 2009 年 5、6 月份才能最终确定，为不影响各相关州市税收入库进度，经省政府同意，现将“三变二”重组后的财政收入预分配比例等相关事宜通知如下：

一、红塔集团涉及州市财政收入分配比例

按照尊重历史，注重现实的原则，为了确保重组各方上一轮改革成果的既得利益，由新红塔集团每年从当年实现的“三税”收入中，在向其他参与重组各方按比例分配前，每月先按照增值税 809 万元、消费税 1916 万元、企业所得税 0 万元定额划转红河州，再按以下比例分配其他各方，其中：

增值税：玉溪 69.65%、楚雄 11.95%、大理 6.95%、昭通 11.45%；

消费税：玉溪 68.74%、楚雄 13.99%、大理 7.91%、昭通 9.36%；

企业所得税：玉溪 78.49%、楚雄 7.75%、大理 4.23%、昭通 9.53%。

随分配的增值税和消费税征收的城市维护建设税、教育费附加和地方教育附加等税费收入按规定税率计算后一并划转，不再核定分配比例。

二、红云红河集团涉及州市财政收入分配比例

增值税：昆明 49.00%、曲靖 28.95%、红河 22.05%；

消费税：昆明 45.52%、曲靖 31.19%、红河 23.29%；

企业所得税：昆明 55.17%、曲靖 21.20%、红河 23.63%。

随分配的增值税和消费税征收的城市维护建设税、教育费附加和地方教育附加等税费收入按规定税率计算后一并划转，不再核定分配比例。

三、相关事宜

从 2009 年 1 月 1 日起，红云红河和红塔两大集团实现的增值税、消费税、企业所得税及其附征得城市维护建设税和教育费附加按上述比例进行分配。2008 年实现的税款年底正常跨期到 2009 年入库的，仍按原办法执行。

待省政府确定最终分配方案后再按 2008 年实际实现数计算确定正式的分配比例，并按正式比例清算各州市应分配收入。

具体的税收征缴办法由省国家税务局、省地方税务局另行制定。

云南省国家税务局关于红塔烟草（集团）有限责任公司增值税消费税征收管理和税款缴库有关问题的通知

2009 年 2 月 13 日 云国税函〔2009〕79 号

玉溪市、楚雄州、大理州、昭通市、红河州国税局：

根据《国家烟草专卖局中国烟草公司关于云南卷烟工业重组整合的批复》（国烟发〔2008〕534 号），红塔烟草（集团）有限责任公司（以下简称红塔集团）与红河烟草（集团）有限责任公司昭通卷烟厂重组整合，将红河烟草（集团）有限责任公司昭通卷烟厂的资产、负债、所有者权益划归红塔集团统一经营管理，昭通卷烟厂不具有企业法人资格。为了支持企业改革重组，确保国家税款及时入库和协调地区税收利益分配，现将红塔集团的增值税、消费税征收管理和税款缴库有关问题通知如下，请遵照执行。

一、在 2008 年 12 月 31 日前由红塔集团的主管税务机关（玉溪经济技术开发区国家税务局）以红塔集团的名称和统一纳税识别号在红塔集团昭通卷烟厂配置分开票机。从 2009 年 1 月 1 日起，红塔集团昭通卷烟厂应以红塔集团的名称和统一纳税识别号，使用所配置的防伪税控开票系统按规定开具应税货物和应税劳务销售的增值税专用发票及增值税普通发票。

红塔集团昭通卷烟厂应以红塔集团的名称和统一的纳税人识别号取得购进货物和应税劳务的增值税专用发票和其他增值税抵扣凭证，向主管税务机关办理增值税专用发票的认证手续。

二、2009年1月暂不注销原红河烟草（集团）有限责任公司昭通卷烟厂的纳税人识别号和一般纳税人资格，用于销货退回的处理、原购进货物和应税劳务取得增值税专用发票的认证、正常跨期税款的缴纳等业务，至2009年5月办理取消和注销手续。

三、原红河烟草（集团）有限责任公司昭通卷烟厂2008年12月31日留抵的进项税额经主管税务机关审核确认后，可一次转入红塔集团继续抵扣；2009年1月1日至2009年3月31日以原红河烟草（集团）有限责任公司昭通卷烟厂的名称和纳税人识别号办理的原购进货物和应税劳务取得增值税专用发票和其他增值税抵扣凭证（取得2008年12月31日以前开具），经主管税务机关审核确认，可以按规定在红塔集团抵扣。

四、2008年12月，原红河烟草（集团）有限责任公司昭通卷烟厂的应纳税款（即在2009年1月入库的税款）仍按原办法入库。

自2009年起，对查补原红河烟草（集团）有限责任公司昭通卷烟厂的税款，均视同当年实现数，实行跨区分配按比例入库。

五、红塔集团玉溪卷烟厂、楚雄卷烟厂、大理卷烟厂、昭通卷烟厂及其他相关单位的原辅料、产成品和其他货物互相往来，按内部移库划转，不作销售处理。

六、红塔集团应纳增值税、消费税以1个月为一个纳税期，实行按月缴纳。红塔集团楚雄卷烟厂、大理卷烟厂、昭通卷烟厂所在地国税机关按省局的有关要求进行监管。

七、红塔集团生产销售卷烟的产地零售价格，由玉溪市国家税务局统一在玉溪市场按规定采集上报和管理。

八、红塔集团应缴的增值税、消费税根据《云南省财政厅关于下达卷烟集团重组“三变二”后财政收入预分配比例的通知》（云财预〔2009〕12号）确定的分配比例逐笔在玉溪市国税局、红河州国家税务局、楚雄州国税局、大理州国税局、昭通市国税局进行跨区分配分别入库。即，由红塔集团每年从当年实现的“三税”收入中，在向其他参与重组各方按比例分配前，每月先按增值税809万元、消费税1916万元定额划转红河州，再按以下比例分配其他各方，其中：

增值税：玉溪69.65%、楚雄11.95%、大理6.95%、昭通11.45%；

消费税：玉溪68.74%、楚雄13.99%、大理7.91%、昭通9.36%。

九、红塔集团税款划转业务的流程：

（一）根据《中国人民银行 财政部 国家税务总局关于印发〈待缴库税款收缴管理办法〉的通知》（银发〔2005〕387号）规定，由红塔集团向开户银行签发“税款划付授权委托书”（见附件1），银行根据玉溪经济技术开发区国家税务局出具的《税款划分清单》（见附件2），使用特种转账传票将税款准确、及时划至红河州国家税务局、楚雄州国家税务局、大理市国家税务局、昭通市国家税务局在当地人民银行国库部门开设的“国库待结算款项”科目下设置的“待缴库税款”专户（以下简称专户）。授权委托书上由红塔集团法定代表人（负责人）签字并加盖红塔集团公章、预留银行印鉴章。

（二）玉溪经济技术开发区国家税务局将预留在《税款划分清单》上的印章印模一式三份提交银行，以便划款时核验。

（三）红塔集团将应缴纳的全部税款划入该集团在银行开立的缴税账户中。

（四）玉溪经济技术开发区国家税务局查询税款到达缴税账户后，打印完税凭证给红塔集团。

（五）玉溪经济技术开发区国家税务局按照《云南省财政厅关于下达卷烟集团重组“三变二”后财政收入预分配比例的通知》（云财预〔2009〕12号）的规定，先按照增值税809万元、消费税1916万元定额划转红河州，再按确定的比例核算出应划到楚雄州、大理市、昭通市国家税务局的税款后，填列一式八份《税款划分清单》，加盖预留印章后提交银行纳税柜经办人员。

（六）银行设在玉溪经济技术开发区国家税务局征收大厅的纳税柜经办人员，核验红塔集团账户税款余额及《税款划分清单》，在填写内容齐全、签章无误、与企业申报表核对一致后，加盖“业务受理专用章”，自己留存一份，其余七份返还玉溪经济技术开发区国家税务局经办人员，并立即通过大额实时支付系统将款项划至指定的红河州、楚雄州、大理市、昭通市国家税务局的专户。七份返还玉溪经济技术开发区国家税务局的《税款划分清单》，一份交红塔集团，四份分别通过邮寄或其他方式交红河州国税局、楚雄州国家税务局、大理市国家税务局、昭通市国家税务局作为凭证，剩余两份玉溪经济技术开发区国家税务局留存作为凭证。

对玉溪经济技术开发区国家税务局制作的《税款划分清单》在当日16时前提交银行的，该行将确保款项于当日通过实时支付系统划至指定专户；对16时后提交的，于次日上午通过实时支付系统划至指定账户。

十、红塔集团应缴税款的跨区分配入库的业务处理严格按照《云南省国家税务局关于印发〈推行综合征管软件若干业务处理规范〉的通知》（云国税发〔2005〕184号）第十四条“关于跨区税收收入申报征收”、《云南省国家税务局关于规范“跨区收入”相关临时纳税人登记信息设置工作的通知》（云国税发〔2006〕15号）及《关于对跨区分配业务所涉及参数31234修改操作问题的通知》的要求和规定执行。玉溪经济技术开发区国家税务局、红河州国家税务局直属税务分局、楚雄经济技术开发区国家税务局、大理州国家税务局直属税务分局、昭通市国家税务局直属税务分局应在当地人民银行国库部门“国库待结算款项”科目下设置“待缴库税款”专户，专门用于办理国税部门征收红塔集团跨地区分配税款的划转和税款缴库。

十一、纳税申报表的填写。红塔集团《增值税纳税申报表》附表二第17栏以负数反映每月定额划转红河州的增值税809万元，主表第24栏按定额划转后的余额乘以玉溪本地分配比例计算和填列。红塔集团《消费税纳税申报表》主表“本期减（免）税额”栏以正数反映每月定额划转红河州的消费税1916万元，“本期应补（退）税额”栏按定额划转后的余额乘以玉溪本地分配比例计算和填列。玉溪经济技术开发区国家税务局应对照《税款划分清单》对纳税申报表进行核对。

十二、红塔集团的主管税务机关要督促红塔集团适当提前筹措税款资金，保证税款资金在限缴日期前到达各跨区收入分配机关的“专户”。各跨区收入分配机关应在税款资金到达“专户”后及时开票缴入国库，将各项税款及时足额征收入库。

十三、省局将通过综合征管软件监控系统对税款入库的及时性、地区分配比例的正确性和其他措施的贯彻落实情况实施监督和管理，确保各项管理措施和对纳税人的服务事项落实到位。

十四、《云南省国家税务局关于红塔烟草（集团）有限责任公司税收征收管理和税款缴库有关问题的通知》（云国税函〔2006〕789号）同时废止。

财政部关于明确办理再生资源增值税退税程序的补充通知

2009年2月13日　财监〔2009〕7号

各省、自治区、直辖市、计划单列市财政厅（局）、国家税务局，财政部驻各省、自治区、直辖市、计划单列市财政监察专员办事处，新疆生产建设兵团财务局：

《财政部 国家税务总局关于再生资源增值税政策的通知》（财税〔2008〕157号）下发后，相关部门纷纷来电询问退税审核程序问题。为顺利执行该文件，规范相关部门退税行政审批行为，现将有关事项通知如下：

一、负责初审的财政部门原则上是指各地（市、区、州）财政局，实行“省直管县”财政管理体制的，各县（县级市、区、旗）财政局为初审部门；负责复审的财政部门是指各省（自治区、直辖市、计划单列市）财政厅（局）；专员办负责终审，并按规定办理退税手续。

二、负责初审、复审的财政部门应当严格按照有关规定进行审核，专员办根据复审意见进行终审。除财税〔2008〕157号文件规定外，专员办办理一般增值税退税事项仍按照《财政监察专员办事处一般增值税退税行政审批管理程序暂行规定》（财监〔2003〕110号）执行。

三、专员办、负责初审和复审的财政部门应当严格遵守各项廉政制度与工作纪律，自觉接受有关部门对退税工作的监督，不断改进和完善增值税退税审批工作。财政部将定期或不定期对再生资源增值税退税行政审批工作进行监督检查，加强和规范退税工作管理。专员办、初审和复审财政部门工作人员滥用职权、玩忽职守、徇私舞弊的，将按照有关规定进行处理。

本通知自发文之日起执行。

注：云南省财政厅、云南省国家税务局于2009年2月27日以云财税〔2009〕38号原文转发。

国家税务总局关于增值税简易征收政策有关管理问题的通知

2009年2月25日　国税函〔2009〕90号

各省、自治区、直辖市和计划单列市国家税务局：

《财政部 国家税务总局关于部分货物适用增值税低税率和简易办法征收增值税政策的通知》（财税〔2009〕9号）规定对部分项目继续适用增值税简易征收政策。经研究，现将有关增值税管理问题明确如下：

一、关于纳税人销售自己使用过的固定资产

（一）一般纳税人销售自己使用过的固定资产，凡根据《财政部 国家税务总局关于全国实施增值税转型改革若干问题的通知》（财税〔2008〕170号）和财税〔2009〕9

号文件等规定，适用按简易办法依4%征收率减半征收增值税政策的，应开具普通发票，不得开具增值税专用发票。

（二）小规模纳税人销售自己使用过的固定资产，应开具普通发票，不得由税务机关代开增值税专用发票。

二、纳税人销售旧货，应开具普通发票，不得自行开具或者由税务机关代开增值税专用发票。

三、一般纳税人销售货物适用财税〔2009〕9号文件第二条第（三）项、第（四）项和第三条规定的，可自行开具增值税专用发票。

四、关于销售额和应纳税额

（一）一般纳税人销售自己使用过的物品和旧货，适用按简易办法依4%征收率减半征收增值税政策的，按下列公式确定销售额和应纳税额：

销售额＝含税销售额/（1＋4%）

应纳税额＝销售额×4%/2

（二）小规模纳税人销售自己使用过的固定资产和旧货，按下列公式确定销售额和应纳税额：

销售额＝含税销售额/（1＋3%）

应纳税额＝销售额×2%

五、小规模纳税人销售自己使用过的固定资产和旧货，其不含税销售额填写在《增值税纳税申报表（适用于小规模纳税人）》第4栏，其利用税控器具开具的普通发票不含税销售额填写在第5栏。

六、本通知自2009年1月1日起执行。《国家税务总局关于调整增值税纳税申报有关事项的通知》（国税函〔2008〕1075号）第二条第（三）项规定同时废止。

财政部　国家税务总局关于公布若干废止和失效的增值税规范性文件目录的通知

2009年2月26日　财税〔2009〕17号

各省、自治区、直辖市、计划单列市财政厅（局）、国家税务局，新疆生产建设兵团财务局：

根据修订后的《中华人民共和国增值税暂行条例》和《中华人民共和国增值税暂行条例实施细则》，财政部和国家税务总局对1994年以来联合发布的增值税规范性文件进行了清理。现将废止或失效的相关文件明确如下：

一、全文废止或失效的文件（14件）

1.《财政部 国家税务总局关于运输费用和废旧物资准予抵扣进项税额问题的通知》〔（94）财税字第012号〕。

2.《财政部 国家税务总局关于城镇公用事业附加应纳入增值税计税销售额征收增值税的通知》〔财税字（1994）第035号〕。

3.《财政部 国家税务总局关于对煤炭调整税率后征税及退还问题的通知》〔（94）财税字第036号〕。

4.《财政部 国家税务总局关于加强商业环节增值税征收管理的通知》（财税字〔1998〕4号）。

5.《财政部 国家税务总局关于贯彻国务院有关完善小规模商业企业增值税政策的决定的通知》（财税字〔1998〕113号）。

6.《财政部 国家税务总局关于调整增值税运输费用扣除率的通知》（财税字〔1998〕114号）。

7.《财政部 国家税务总局关于中关村科技园区软件开发生产企业有关税收政策的通知》（财税字〔1999〕192号）。

8.《财政部 国家税务总局关于延续若干增值税免税政策的通知》（财税明电〔2000〕6号）。

9.《财政部 国家税务总局关于棉花进项税抵扣有关问题的补充通知》（财税〔2001〕165号）。

10.《财政部 国家税务总局关于提高农产品进项税抵扣率的通知》（财税〔2002〕12号）。

11.《财政部 国家税务总局关于加油机安装税控装置有关税收优惠政策的通知》（财税〔2002〕15号）。

12.《财政部 国家税务总局关于增值税一般纳税人向小规模纳税人购进农产品进项税抵扣率问题的通知》（财税〔2002〕105号）。

13.《财政部 国家税务总局关于报废汽车回收拆解企业有关增值税政策的通知》（财税〔2003〕116号）。

14.《财政部 国家税务总局关于购进烟叶的增值税抵扣政策的通知》（财税〔2006〕140号）。

二、部分废止或失效的文件（7件）

1.《财政部 国家税务总局关于增值税、营业税若干政策规定的通知》〔（94）财税字第026号〕第四条第（一）项、第六条第（二）项、第八条、第十一条。

2.《财政部 国家税务总局关于增值税几个税收政策问题的通知》（财税字〔1994〕060号）第一条、第四条、第五条。

3.《财政部 国家税务总局关于增值税若干政策的通知》（财税〔2005〕165号）第一条、第二条、第四条、第五条、第七条第（一）项"东北以外地区固定资产除外"的规定、第九条、第十条。

4.《财政部 国家税务总局关于促进农产品连锁经营试点税收优惠政策的通知》（财税〔2007〕10号）第三条。

5.《财政部 国家税务总局关于促进残疾人就业税收优惠政策的通知》（财税〔2007〕92号）第三条第（二）项"根据《财政部 国家税务总局关于调整农业产品增值税税率和若干项目征免增值税的通

知》〔(94)财税字第004号〕第三条的规定”。

6.《财政部 国家税务总局关于增值税纳税人放弃免税权有关问题的通知》（财税〔2007〕127号）第四条。

7.《财政部 国家税务总局关于有机肥产品免征增值税的通知》（财税〔2008〕56号）第三条。

注：云南省财政厅、云南省国家税务局于2009年4月20日以云财税〔2009〕52号原文转发。

财政部　海关总署　国家税务总局关于支持文化企业发展若干税收政策问题的通知

2009年3月27日　财税〔2009〕31号

各省、自治区、直辖市财政厅（局）、国家税务局、地方税务局，新疆生产建设兵团财务局，海关总署广东分署，天津、上海特派办，各直属海关：

根据《国务院办公厅关于印发文化体制改革中经营性文化事业单位转制为企业和支持文化企业发展两个规定的通知》（国办发〔2008〕114号）有关精神，现就文化企业的税收政策问题通知如下：

一、广播电影电视行政主管部门（包括中央、省、地市及县级）按照各自职能权限批准从事电影制片、发行、放映的电影集团公司（含成员企业）、电影制片厂及其他电影企业取得的销售电影拷贝收入、转让电影版权收入、电影发行收入以及在农村取得的电影放映收入免征增值税和营业税。

二、2010年底前，广播电视运营服务企业按规定收取的有线数字电视基本收视维护费，经省级人民政府同意并报财政部、国家税务总局批准，免征营业税，期限不超过3年。

三、出口图书、报纸、期刊、音像制品、电子出版物、电影和电视完成片按规定享受增值税出口退税政策。

四、文化企业在境外演出从境外取得的收入免征营业税。

五、在文化产业支撑技术等领域内，依据《关于印发〈高新技术企业认定管理办法〉的通知》（国科发火〔2008〕172号）和《关于印发〈高新技术企业认定管理工作指引〉的通知》（国科发火〔2008〕362号）的规定认定的高新技术企业，减按15%的税率征收企业所得税；文化企业开发新技术、新产品、新工艺发生的研究开发费用，允许按国家税法规定在计算应纳税所得额时加计扣除。文化产业支撑技术等领域的具体范围由科技部、财政部、国家税务总局和中宣部另行发文明确。

六、出版、发行企业库存呆滞出版物，纸质图书超过五年（包括出版当年，下同）、音像制品、电子出版物和投影片（含缩微制品）超过两年、纸质期刊和挂历年画等超过一年的，可以作为财产损失在税前据实扣除。已作为财产损失税前扣除的呆滞出版物，以后年度处置的，其处置收入应纳入处置当年的应税收入。

七、为生产重点文化产品而进口国内不能生产的自用设备及配套件、备件等，按现行税收政策有关规定，免征进口关税。

八、对2008年12月31日前新办文化企业，其企业所得税优惠政策可以按照《财政部 海关总署 国家税务总局关于文化体制改革试点中支持文化产业发展若干税收政策问题的通知》（财税〔2005〕2号）规定执行到期。

九、本通知适用于所有文化企业。文化企业是指从事新闻出版、广播影视和文化艺术的企业。文化企业具体范围见附件。

除上述条款中有明确期限规定者外，上述税收优惠政策执行期限为2009年1月1日至2013年12月31日。

注：云南省财政厅、云南省国家税局、云南省地方税务局、昆明海关于2009年5月22日以云财税〔2009〕62号原文转发。

云南省工业和信息委员会　省科技厅　省财政厅　省国税局　省地税局关于印发《云南省重大装备及关键零部件生产项目（2009年本）》和《云南省重点研发与推广的关键共性技术（2009年本）》的通知

2009年5月25日　云工信〔2009〕265号

各州（市）经委、科技局、财政局、国税局、地税局，各有关企业（集团）：

为进一步贯彻落实省政府领导关于“重点推进20项重大装备生产”、“重点组织研发、推广应用20项关键共性技术”的指示精神，推动创新型云南行动计划的实施，促进我省加快转变经济发展方式，经研究，我们制定了《云南省重大装备及关键零部件生产项目（2009年本）》和《云南省重点研发与推广的关键共性技术（2009年本）》，现印发你们，并就有关事项通知如下：

一、各有关州（市）经委、科技局要高度重视重大装备及关键零部件生产项目的研制和生产工作，积极协调相关部门，在贷款、用电、运输、搬迁及用地等方面对装备制造企业给予支持。

二、各州（市）经委、科技局要结合当地工作实际，鼓励企业积极参与关键共性技术的研发与推广，促进本地区加快新技术、新工艺、新材料、新装备应用步伐，着力解决制约企业发展的关键和共性技术“瓶颈”。

三、各有关部门要认真贯彻落实国家有关行业调整与振兴规划、税收激励、金融扶持等政策措施，帮助企业享受新购入设备所含增值税抵扣、研究开发费用税前加计扣除、固定资产因技术原因加速折旧等税收优惠政策。

对在重大装备研制与生产、关键共性技术研发与推广中取得明显成效的项目，有关部门将在政策、资金上继续给予重点扶持。

四、各项目承担单位要加强项目管理，制定实施方案，确保项目顺利实施，同时把质量管理、标准化和知识产权保护工作贯穿于企业产品研发、生产制造等生产经营活动中。项目进展情况请于每季度末报省工业和信息化委和省科技厅。

附件：1、云南省重大装备及关键零部件生产项目（2009年本）（略）

2、云南省重点研发与推广的关键共性技术（2009年本）（略）

财政部　国家税务总局关于扶持动漫产业发展有关税收政策问题的通知

2009年7月17日　财税〔2009〕65号

各省、自治区、直辖市、计划单列市财政厅（局）、国家税务局、地方税务局：

根据《国务院办公厅转发财政部等部门关于推动我国动漫产业发展若干意见的通知》（国办发〔2006〕32号）的精神，文化部会同有关部门于2008年12月下发了《动漫企业认定管理办法（试行）》（文市发〔2008〕51号）。为促进我国动漫产业健康快速发展，增强动漫产业的自主创新能力，现就扶持动漫产业发展的有关税收政策问题通知如下：

一、关于增值税

在2010年12月31日前，对属于增值税一般纳税人的动漫企业销售其自主开发生产的动漫软件，按17%的税率征收增值税后，对其增值税实际税负超过3%的部分，实行即征即退政策。退税数额的计算公式为：应退税额＝享受税收优惠的动漫软件当期已征税款－享受税收优惠的动漫软件当期不含税销售额×3%。动漫软件出口免征增值税。上述动漫软件的范围，按照《文化部财政部 国家税务总局关于印发〈动漫企业认定管理办法（试行）〉的通知》（文市发〔2008〕51号）的规定执行。

二、关于企业所得税

经认定的动漫企业自主开发、生产动漫产品，可申请享受国家现行鼓励软件产业发展的所得税优惠政策。

三、关于营业税

对动漫企业为开发动漫产品提供的动漫脚本编撰、形象设计、背景设计、动画设计、分镜、动画制作、摄制、描线、上色、画面合成、配音、配乐、音效合成、剪辑、字幕制作、压缩转码（面向网络动漫、手机动漫格式适配）劳务，在2010年12月31日前暂减按3%税率征收营业税。

四、关于进口关税和进口环节增值税

经国务院有关部门认定的动漫企业自主开发、生产动漫直接产品，确需进口的商品可享受免征进口关税和进口环节增值税的优惠政策。具体免税商品范围及管理办法由财政部会同有关部门另行制定。

五、本通知所称动漫企业和自主开发、生产动漫产品的认定标准和认定程序，按照《文化部 财政部 国家税务总局关于印发〈动漫企业认定管理办法（试行）〉的通知》（文市发〔2008〕51号）的规定执行。

六、本通知从2009年1月1日起执行。

注：云南省财政厅、云南省国家税务局、云南省地方税务局于2009年10月16日以云财税〔2009〕110号原文转发。

云南省国家税务局关于发布失效或废止增值税税收规范性文件目录的通知

2009年8月27日　云国税函〔2009〕415号

各州、市国家税务局：

新的增值税暂行条例和实施细则于今年1月1日起执行。为此，财政部和国家税务总局清理废止了若干与新条例和细则相冲突的增值税税收规范性文件。云南省国家税务局根据《中华人民共和国增值税暂行条例》和《中华人民共和国增值税暂行条例实施细则》以及财政部、国家税务总局发布失效或废止的税收规范性文件的相关规定，对1994年税制改革以来至2008年12月31日我局制定发布的增值税税收规范性文件进行了全面清理，现将清理结果通知如下：

一、全文失效或废止的税收规范性文件（91件）

1.《云南省国家税务局关于改变电力企业增值税统计表上报办法的通知》（云国税流字〔1994〕第030号）；

2.《云南省财政厅 云南省税务局转发财政厅 国家税务总局〈关于调整农业产品增值税税率和若干项目征免增值税的通知〉的通知》（云税流字〔1994〕39号）；

3.《云南省税务局关于由税务所为小规模企业代开增值税专用发票有关问题的通知》（云税征字〔1994〕12号）；

4.《云南省税务局转发国家税务总局关于增值税专用发票使用问题的通知》（云税征字〔1994〕18号）；

5.《云南省财政厅 云南省国家税务局转发财政部 国家税务总局关于增值税几个税收政策问题的通知》（云国税流字〔1994〕第033号）；

6.《云南省财政厅 云南省税务局转发财政部 国家税务总局关于增值税、营业税若干政策规定的通知》〔（94）财税字第10号〕；

7.《云南省国家税务局关于冰铜适用税率的批复》（云国税增字〔1995〕31号）；

8.《云南省国家税务局转发财政部 国家税务总局关于印发〈农业产品征税范围注释〉的通知》（云国税增字〔1995〕36号）；

9.《云南省国家税务局转发国家税务总局〈增值税纳税申报表〉表样的通知》（云国税征字〔1995〕02号）；

10.《云南省国家税务局转发国家税务总局关于加强增值税征收管理工作的通知》（云国税征字〔1995〕14号）；

11.《云南省国家税务局转发增值税专用发票及其他计税、扣税凭证稽核检查办法（试行）的通知》（云国税征字〔1995〕20号）；

12.《云南省国家税务局转发国家税务总局关于加强增值税专用发票填开管理问题的补充通知》（云国税征字〔1995〕55号）；

13.《云南省国家税务局转发国家税务总局关于加强增值税专用发票使用管理问题的通知》（云国税征字〔1995〕63号）；

14.《云南省国家税务局转发国家税务总局关于印发修订后的〈增值税一般纳税人纳税申报办法〉的通知》（云国税征字〔1995〕68号）；

15.《云南省财政厅 云南省国家税务局转发财政部 国家税务总局关于1995年度国家级新产品征收增值税问题的通知》（云国税增字〔1995〕49号）；

16.《云南省国家税务局关于对送车费征收问题的批复》（云国税增字〔1996〕02号）；

17.《云南省国家税务局关于增值税一般纳税人盘盈盘亏和削价报损商品有关问题的通知》（云国税增字〔1996〕03号）；

18.《云南省国家税务局关于加强对啤酒包装物押金税收管理的通知》（云国税增字〔1996〕25号）；

19.《云南省国家税务局关于保山市兰花木材厂要求解决尿素进项税额抵扣问题的批复》（云国税增字〔1996〕28号）；

20.《云南省国家税务局关于企业总机构向所属非独立核算的分支机构收取的资金占用费不征增值税问题的通知》（云国税发〔1997〕48号）；

21.《云南省国家税务局关于划分增值税专用发票防伪税控系统工作职责有关问题的通知》（云国税发〔1998〕192号）；

22.《云南省国家税务局转发财政部 国家税务总局关于贯彻国务院有关完善小规模商业企业增值税政策决定的通知》（云国税发〔1998〕212号）；

23.《云南省国家税务局转发国家税务总局关于贯彻国务院有关完善小规模商业企业增值税政策的决定的补充通知》（云国税发〔1998〕319号）；

24.《云南省国家税务局关于铁路自备车补偿费进项税额抵扣问题的通知》（云国税发〔1998〕441号）；

25.《云南省财政厅 云南省国家税务局转发财政部 国家税务总局关于旧货经营增值税问题的通知》（云国税发〔1998〕110号）；

26.《云南省财政厅 财政部驻云南财政监察专员办事处 云南省国家税务局 云南省地方税务局关于民贸企业有关税收问题的补充通知》（云国税发〔1998〕297号）；

27.《云南省财政厅 财政部驻云南省财政监察专员办事处 云南省国家税务局 云南省地方税务局转发财政部 国家税务总局关于民贸企业有关税收问题的通知》（云国税发〔1998〕81号）；

28.《云南省国家税务局转发国家税务总局关于修订〈增值税一般纳税人纳税申报办法〉的通知》（云国税发〔1999〕128号）；

29.《云南省国家税务局转发国家税务总局关于修订"饲料"注释及加强饲料征免增值税管理问题的通知》（云国税发〔1999〕146号）；

30.《云南省国家税务局转发国家税务总局关于期初存货已征税款抵扣问题的通知》（云国税发〔1999〕230号）；

31.《云南省国家税务局关于推行增值税防伪税控系统有关问题的通知》（云国税发〔1999〕270号）；

32.《云南省国家税务局关于加强增值税一般纳税人非正常损失进项税额管理有关问题的通知》（云国税发〔1999〕303号）；

33.《云南省国家税务局关于加强增值税一般纳税人购进固定资产不予抵扣进项税额管理若干问题的通知》（云国税发〔1999〕331号）；

34.《云南省国家税务局关于重新确定增值税专用发票价格和票款结算有关问题的通知》（云国税函〔1999〕196号）；

35.《云南省国家税务局关于增值税专用发票防伪税控系统推广有关事宜的通知》（云国税函〔1999〕201号）；

36.《云南省国家税务局关于德宏州通信实业发展总公司通信工程经营部等三户企业征税问题的批复》（云国税函〔1999〕219号）；

37.《云南省国家税务局关于跨县（市）分支机构使用防伪税控系统开具增值税专用发票请示的批复》（云国税函〔1999〕259号）；

38.《云南省国家税务局关于旧机动车交易增值税问题的复函》（云国税函〔1999〕332号）；

39.《云南省国家税务局关于印发〈增值税问题解答（一）〉的通知》（云国税发〔1999〕272号）；

40.《云南省国家税务局关于印发〈增值税问题解答（二）〉的通知》（云国税发〔2000〕188号）；

41.《云南省国家税务局关于对拍卖和变价处理公务用车征收增值税有关问题的通知》（云国税发〔2000〕217号）；

42.《云南省国家税务局关于开展增值税专用发票内部管理工作质量检查的通知》（云国税发〔2000〕94号）；

43.《云南省国家税务局关于锌氧粉适用税率的批复》（云国税函〔2000〕381号）；

44.《云南省国家税务局关于广东潮汕地区停止使用手工版增值税专用发票后有关问题的通知》（云国税函〔2000〕386号）；

45.《云南省国家税务局关于对西双版纳通信实业总公司调供材料如何计征增值税问题的批复》（云国税函〔2000〕400号）；

46.《云南省国家税务局对个旧供电局所属羊街和平远变电站增值税问题的复函》（云国税函〔2000〕408号）；

47.《云南省国家税务局关于印发〈增值税问题解答（三）〉的通知》（云国税函〔2001〕277号）；

48.《云南省国家税务局关于增值税一般纳税人购进豆腐皮、豆腐丝等粮食复制品进项税额抵扣问题的批复》（云国税函〔2001〕556号）；

49.《云南省国家税务局关于运行金税工程稽核系统辅助监控系统的通知》（云国税函〔2001〕581号）；

50.《云南省国家税务局转发财政部 国家税务总局关于饲料产品免征增值税问题的通知》（云国税发〔2001〕197号）；

51.《云南省国家税务局关于进一步强化增值税防伪税控系统推行工作的通知》（云国税发〔2001〕22号）；

52.《云南省国家税务局关于调整增值税专用发票工本费的通知》（云国税发〔2001〕233号）；

53.《云南省国家税务局转发财政部 国家税务总局关于民贸企业有关增值税问题的批复》（云国税发〔2001〕263号）；

54.《云南省国家税务局转发财政部 国家税务总局关于棉花进项税抵扣有关问题的补充通知》（云国税发〔2001〕264号）；

55.《云南省国家税务局转发国家税务总局关于加强商贸企业增值税纳税评估工作的通知》（云国税发〔2001〕321号）；

56.《云南省国家税务局关于印发〈云南省商贸企业一般纳税人增值税纳税评估实施办法〉的通知》（云国税发〔2002〕66号）；

57.《云南省国家税务局关于统计上报增值税优惠政策免、抵、退税情况的通知》（云国税函〔2002〕637号）；

58.《云南省国家税务局转发国家税务总局关于建材产品征收增值税问题的批复》（云国税函〔2003〕1034号）；

59.《云南省国家税务局转发国家税务总局对利用废渣生产的水

泥熟料享受资源综合利用产品增值税政策的批复》（云国税函〔2003〕1058 号）；

60.《云南省国家税务局关于云南电力集团有限公司原直属九个发电厂划转后电力产品增值税有关问题的通知》（云国税函〔2003〕1061 号）；

61.《云南省国家税务局关于运输费用进项税额抵扣问题的补充通知》（云国税函〔2003〕898 号）；

62.《云南省国家税务局关于增值税几个政策业务问题的通知》（云国税发〔2003〕125 号）；

63.《云南省国家税务局转发财政部 国家税务总局关于国产重型燃气轮机有关税收政策的通知》（云国税发〔2003〕135 号）；

64.《云南省国家税务局关于规范废旧物资购销凭证加强增值税政策管理的通知》（云国税发〔2003〕174 号）；

65.《云南省国家税务局关于云南省电力集团有限公司销售电价中农村电网维护费免征增值税问题的通知》（云国税发〔2003〕206 号）；

66.《云南省国家税务局转发国家税务总局关于加强货物运输业税收征收管理的通知》（云国税发〔2003〕225 号）；

67.《云南省国家税务局关于〈云南省商贸企业一般纳税人增值税纳税评估实施办法〉的补充通知》（云国税发〔2003〕43 号）；

68.《云南省国家税务局关于铁路集装箱运费进项税额抵扣问题的通知》（云国税发〔2004〕104 号）；

69.《云南省国家税务局转发国家税务总局关于加强废旧物资回收经营单位和使用废旧物资生产企业增值税征收管理的通知》（云国税发〔2004〕136 号）；

70.《云南省国家税务局转发国家税务总局关于加强税务机关代开增值税专用发票管理的通知》（云国税发〔2004〕153 号）

71.《云南省国家税务局关于加强废旧物资回收经营增值税管理的通知》（云国税发〔2004〕255 号）；

72.《云南省国家税务局关于调整中国石油天然气股份有限公司云南销售分公司所属非独立核算分支机构增值税预征率的通知》（云国税发〔2004〕74 号）；

73.《云南省国家税务局关于中国石油化工股份有限公司云南石油分公司增值税纳税问题的通知》（云国税发〔2004〕75 号）；

74.《云南省国家税务局关于增值税计算机稽核系统数据处理时限的通知》（云国税发明电〔2004〕19 号）；

75.《云南省国家税务局转发国家税务总局关于印发〈中国石油化工股份有限公司南方勘探开发分公司原油天然气增值税征收管理办法〉的通知》（云国税函〔2004〕601 号）；

76.《云南省国家税务局关于印发〈增值税问题解答（四）〉的通知》（云国税函〔2004〕876 号）；

77.《云南省国家税务局关于代开增值税专用发票征收增值税有关问题的通知》（云国税函〔2005〕112 号）；

78.《云南省国家税务局转发国家税务总局关于加强废旧物资增值税管理有关问题的通知》（云国税函〔2005〕512 号）；

79.《云南省国家税务局关于印发〈增值税问题解答（五）〉的通知》（云国税函〔2005〕731 号）；

80.《云南省国家税务局转发国家税务总局关于加强增值税申报异常企业纳税评估工作的通知》（云国税明电〔2005〕28 号）；

81.《云南省国家税务局转发国家税务总局关于开展成品油零售单位增值税纳税评估工作的通知》（云国税发〔2005〕269 号）；

82.《云南省国家税务局关于对生产销售蔗糖、茶叶、橡胶等产品的企业进行增值税纳税评估有关问题的通知》（云国税发〔2005〕322 号）；

83.《云南省国家税务局关于开展废旧物资回收经营单位和利废生产企业专项评估工作的通知》（云国税发〔2006〕199 号）；

84.《云南省国家税务局关于昆明滇池投资有限责任公司免征增值税的批复》（云国税函〔2006〕433 号）；

85.《云南省国家税务局关于开展农村电网维护费使用情况年度清算的通知》（云国税函〔2006〕503 号）；

86.《云南省国家税务局关于昆明自来水集团有限公司收取水资源费等有关增值税问题的批复》（云国税函〔2006〕522 号）；

87.《云南省国家税务局关于调整中国石油化工股份有限公司云南石油分公司等公司所属非独立核算分支机构增值税预征率的通知》（云国税函〔2006〕767 号）；

88.《云南省国家税务局关于印发〈增值税问题解答（六）〉的通知》（云国税函〔2007〕216 号）；

89.《云南省国家税务局关于云南电网公司销售电价中农村电网维护费免征增值税问题的补充通知》（云国税函〔2007〕618 号）；

90.《云南省国家税务局转发国家税务总局关于废旧物资回收经营企业使用增值税防伪税控一机多票系统开具增值税专用发票有关问题的通知》（云国税发〔2007〕119 号）；

91.《云南省国家税务局转发国家税务总局关于中国石化股份公司勘探南方分公司重组过程中有关增值税问题的通知》（云国税函〔2008〕330 号）。

二、部分条款已失效或废止的税收规范性文件（11 件）

1.《云南省国家税务局关于增值税若干业务问题的通知》（云国税发〔1998〕355 号）第四条；

2.《云南省国家税务局关于增值税若干业务问题的通知》（云国税发〔1999〕116 号）第七条；

3.《云南省国家税务局转发国家税务总局关于拍卖行取得的拍卖收入征收增值税、营业税有关问题的通知》（云国税发〔1999〕136 号）第三条；

4.《云南省国家税务局关于加

强增值税一般纳税人运费进项税额抵扣管理有关问题的通知》(云国税发〔1999〕332号)第六条第八款"购买固定资产所支付的运输费用"、第十一款"购销出口货物所支付的运输费用";

5.《云南省国家税务局关于增值税防伪税控系统管理工作有关问题的通知》(云国税发〔2000〕231号)第一条、第二条、第三条、第四条;

6.《云南省国家税务局转发财政部 国家税务总局关于进一步鼓励软件产业和集成电路产业发展税收政策的通知》(云国税发〔2002〕223号)第一条、第二条;

7.《云南省国家税务局关于拍卖行取得的拍卖收入征收增值税有关问题的补充通知》(云国税发〔2002〕249号)第二条;

8.《云南省国家税务局关于进一步规范资源综合利用增值税优惠政策管理的通知》(云国税发〔2003〕175号)第十三条;

9.《云南省国家税务局转发国家税务总局关于加强海关进口增值税专用缴款书和废旧物资发票管理有关问题的通知》(云国税函〔2004〕95号)废止涉及关于废旧物资发票及清单管理的规定,及第五条;

10.《云南省国家税务局关于印发〈增值税一般纳税人跨地区设置非独立核算分支机构增值税管理办法〉的通知》(云国税发〔2006〕2号)第七条;

11.《云南省国家税务局关于进一步规范水泥生产企业享受资源综合利用税收优惠政策的通知》(云国税发〔2006〕198号)第一条"对享受资源综合利用税收优惠政策的水泥生产企业综合利用的废弃资源指:'煤矸石、石煤、粉煤灰、烧煤锅炉底渣(不包括高炉水渣)及其他废渣'",及第三条。

财政部 国家税务总局关于固定资产进项税额抵扣问题的通知

2009年8月31日 财税〔2009〕113号

各省、自治区、直辖市、计划单列市财政厅(局)、国家税务局、地方税务局、新疆生产建设兵团财务局:

增值税转型改革实施后,一些地区反映固定资产增值税进项税额抵扣范围不够明确。为解决执行中存在的问题,经研究,现将有关问题通知如下:

《中华人民共和国增值税暂行条例实施细则》第二十三条第二款所称建筑物,是指供人们在其内生产、生活和其他活动的房屋或者场所,具体为《固定资产分类与代码》(GB/T14885-1994)中代码前两位为"02"的房屋;所称构筑物,是指人们不在其内生产、生活的人工建造物,具体为《固定资产分类与代码》(GB/T14885-1994)中代码前两位为"03"的构筑物;所称其他土地附着物,是指矿产资源及土地上生长的植物。

《固定资产分类与代码》(GB/T14885-1994)电子版可在财政部或国家税务总局网站查询。

以建筑物或者构筑物为载体的附属设备和配套设施,无论在会计处理上是否单独记账与核算,均应作为建筑物或者构筑物的组成部分,其进项税额不得在销项税额中抵扣。附属设备和配套设施是指:给排水、采暖、卫生、通风、照明、通讯、煤气、消防、中央空调、电梯、电气、智能化楼宇设备和配套设施。

注:云南省财政厅、云南省国家税务局于2009年10月22日以云财税〔2009〕123号原文转发。

财政部 国家税务总局关于再生资源增值税退税政策若干问题的通知

2009年9月29日 财税〔2009〕119号

各省、自治区、直辖市、计划单列市财政厅(局)、国家税务局,新疆生产建设兵团财务局,财政部驻各省、自治区、直辖市、计划单列市财政监察专员办事处:

根据各地的反映,现对《财政部 国家税务总局关于再生资源增值税政策的通知》(财税〔2008〕157号)的有关政策问题明确如下:

一、财税〔2008〕157号第四条第(一)款"通过金融机构结算",是指纳税人销售再生资源时按照中国人民银行《关于印发〈支付结算办法〉的通知》(银发〔1997〕393号)规定的票据、信用卡和汇兑、托收承付、委托收款等结算方式进行货币给付及其资金清算。

纳税人销售再生资源发生的应收账款，应在纳税人按照银发〔1997〕393 号文件规定进行资金清算后方可计入通过金融机构结算的再生资源销售额。

纳税人销售再生资源按照银发〔1997〕393 号文件规定取得的预收货款，应在销售实现后方可计入通过金融机构结算的再生资源销售额。

纳税人之间发生的互抵货款，不应计入通过金融机构计算的再生资源销售额。

纳税人通过金融机构结算的再生资源销售额占全部再生资源销售额的比重是否不低于 80% 的要求，应按纳税人退税申请办理时限（按月、按季等）进行核定。

二、财税〔2008〕157 号文件所称再生资源的具体范围，操作时按照 2008 年底以前税务机关批准适用免征增值税政策的再生资源的具体范围执行，但必须符合财税〔2008〕157 号文件第六条的规定，其中加工处理仅限于清洗、挑选、破碎、切割、拆解、打包等改变再生资源密度、湿度、长度、粗细、软硬等物理性状的简单加工。

三、财税〔2008〕157 号文件第四条第（一）款规定按照《再生资源回收管理办法》（商务部令 2007 年第 8 号）第七条、第八条规定应当向有关部门备案的，应当自备案当月 1 日起享受退税政策。

四、纳税人申请退税时提供的 2009 年 10 月 1 日以后开具的再生资源收购凭证、扣税凭证或销售发票，除符合现行发票管理有关规定外，还应注明购进或销售的再生资源的具体种类（从废旧金属、报废电子产品、报废机电设备及其零部件、废造纸原料、废轻化工原料、废塑料、废玻璃和其他再生资源等 8 类之中选择填写），否则不得享受退税。

五、负责初审的财政机关和税务主管机关应当加强联系，及时就纳税人的征税和退税等情况进行沟通。负责初审的财政机关应当定期向税务主管机关通报受理和审批的申请退税纳税人名单及批准的退税额，税务主管机关对在日常税收征管、纳税检查、纳税评估、稽查等过程中发现的纳税人的异常情况及时通报给负责初审的财政机关。

对于税务主管机关通报有异常情况的纳税人，负责初审的财政机关应将有关情况及时上报负责复审和终审的财政机关，各级财政机关应暂停办理该纳税人的退税，并会同税务主管机关进一步查明情况。对于查实存在将非再生资源混作再生资源购进或销售等骗取退税行为的，除追缴其此前骗取的退税款并根据《财政违法行为处罚处分条例》（国务院令第 427 号）的规定进行处罚外，取消其以后享受再生资源退税政策的资格。

六、本通知自 2009 年 10 月 1 日起执行。

注：云南省财政厅、云南省国家税务局、财政部驻云南省财政监察专员办事处于 2009 年 11 月 19 日以云财税〔2009〕119 号原文转发。

国家税务总局关于纳税人资产重组有关增值税政策问题的批复

2009 年 10 月 21 日　国税函〔2009〕585 号

大连市国家税务局：

你局《关于大连金牛股份有限公司资产重组过程中相关业务适用增值税政策问题的请示》（大国税函〔2009〕193 号）收悉。经研究，批复如下：

一、纳税人在资产重组过程中将所属资产、负债及相关权利和义务转让给控股公司，但保留上市公司资格的行为，不属于《国家税务总局关于转让企业全部产权不征收增值税问题的批复》（国税函〔2002〕420 号）规定的整体转让企业产权行为。对其资产重组过程中涉及的应税货物转让等行为，应照章征收增值税。

二、上述控股公司将受让获得的实物资产再投资给其他公司的行为，应照章征收增值税。

三、纳税人在资产重组过程中所涉及的固定资产征收增值税问题，应按照《财政部 国家税务总局关于全国实施增值税转型改革若干问题的通知》（财税〔2008〕170 号）、《财政部 国家税务总局关于部分货物适用增值税低税率和简易办法征收增值税政策的通知》（财税〔2009〕9 号）及相关规定执行。

注：云南省国家税务局于 2009 年 11 月 10 日以云国税函〔2009〕525 号原文转发。

云南省国家税务局转发国家税务总局关于增值税即征即退实施先评估后退税有关问题的通知

2009年10月27日 云国税函〔2009〕507号

各州、市国家税务局：

现将《国家税务总局关于增值税即征即退实施先评估后退税有关问题的通知》（国税函〔2009〕432号）（以下简称《通知》）转发给你们，请结合以下要求贯彻执行。

一、实施先评估后退税的增值税即征即退企业包括全额即征即退企业、50%即征即退企业、超税负退税企业和按安置残疾人数退税的福利企业等四类企业。

二、省局原则上确定《通知》所列评估指标中的销售额变动率（同比、环比）不得超过±50%，税负率与本地区同行业税负率相比不得高于或低于25%（没有本地同行业税负的参考全省行业税负）。但各地具体执行标准请根据实际情况自行划定，并将确定的标准分行业细类于2009年11月6日前上报省局备案（附件2）。

三、省局制定了《增值税即征即退“先评估、后退税”评估要点（第一期）》（附件3）下发各地供参考执行。各地必须严格按照《通知》要求认真落实增值税即征即退“先评估、后退税”办法，分别于每年1月15日和7月15日前报送《增值税即征即退企业“先评估、后退税”情况表（半年报）》（附件4）和相关工作报告，省局将把该项工作列入目标管理考核内容。

四、以上各项需报送或下发的资料统一存储到省局FTP：货物和劳务税处/各地上传/增值税即征即退“先评估后退税”管理文件夹下。

国家税务总局关于增值税即征即退实施先评估后退税有关问题的通知

2009年8月13日 国税函〔2009〕432号

各省、自治区、直辖市和计划单列市国家税务局：

为加强部分行业增值税即征即退管理，堵塞税收漏洞，防范虚开增值税专用发票及骗税等涉税违法行为，税务总局决定对增值税即征即退企业实施先评估后退税的管理措施。现将有关事项通知如下：

一、主管税务机关受理享受增值税即征即退优惠政策的纳税人的退税申请后，应对其销售额变动率和增值税税负率开展纳税评估。

（一）销售额变动率的计算公式：

1. 本期销售额环比变动率＝（本期即征即退货物和劳务销售额－上期即征即退货物和劳务销售额）÷上期即征即退货物和劳务销售额×100%。

2. 本期累计销售额环比变动率＝（本期即征即退货物和劳务累计销售额－上期即征即退货物和劳务累计销售额）÷上期即征即退货物和劳务累计销售额×100%。

3. 本期销售额同比变动率＝（本期即征即退货物和劳务销售额－去年同期即征即退货物和劳务销售额）÷去年同期即征即退货物和劳务销售额×100%。

4. 本期累计销售额同比变动率＝（本期即征即退货物和劳务累计销售额－去年同期即征即退货物和劳务累计销售额）÷去年同期即征即退货物和劳务累计销售额×100%。

（二）增值税税负率的计算公式

增值税税负率＝本期即征即退货物和劳务应纳税额÷本期即征即退货物和劳务销售额×100%。

（三）销售额变动率和增值税税负率异常的具体标准由省税务机关确定，并报税务总局（货物和劳务税司）备案。

二、销售额变动率或者增值税税负率正常的，主管税务机关应办理退税手续。

三、销售额变动率或者增值税税负率异常的，主管税务机关应暂停退税审批，并在20个工作日内通过案头分析、税务约谈、实地调查等评估手段核实指标异常的原因。

（一）经过评估，指标异常的疑点可以排除的，主管税务机关可办理退税审批。

（二）经过评估，指标异常的疑点不能排除的，主管税务机关不得办理退税审批，并移交税务稽查部门查处。

四、主管税务机关应加强日常监督和后续管理工作，注意搜集和掌握纳税人的生产经营情况。除上述评估内容外，还可结合其他一些评估方法，认真做好纳税评估工作。要积极利用纳税评估这一有效机制，堵塞漏洞，确保增值税即征即退优惠政策落到实处。

五、本通知自2009年9月1日起执行。

国家税务总局关于调整增值税扣税凭证抵扣期限有关问题的通知

2009 年 11 月 9 日　国税函〔2009〕617 号

各省、自治区、直辖市和计划单列市国家税务局：

2003 年以来，国家税务总局对增值税专用发票等扣税凭证陆续实行了 90 日申报抵扣期限的管理措施，对于提高增值税征管信息系统的运行质量、督促纳税人及时申报起到了积极作用。近来，部分纳税人及税务机关反映目前的90 日申报抵扣期限较短，部分纳税人因扣税凭证逾期申报导致进项税额无法抵扣。为合理解决纳税人的实际问题，加强税收征管，经研究，现就有关问题通知如下：

一、增值税一般纳税人取得2010 年1 月1 日以后开具的增值税专用发票、公路内河货物运输业统一发票和机动车销售统一发票，应在开具之日起 180 日内到税务机关办理认证，并在认证通过的次月申报期内，向主管税务机关申报抵扣进项税额。

二、实行海关进口增值税专用缴款书（以下简称海关缴款书）“先比对后抵扣”管理办法的增值税一般纳税人取得 2010 年 1 月 1 日以后开具的海关缴款书，应在开具之日起 180 日内向主管税务机关报送《海关完税凭证抵扣清单》（包括纸质资料和电子数据）申请稽核比对。

未实行海关缴款书“先比对后抵扣”管理办法的增值税一般纳税人取得 2010 年 1 月 1 日以后开具的海关缴款书，应在开具之日起 180 日后的第一个纳税申报期结束以前，向主管税务机关申报抵扣进项税额。

三、增值税一般纳税人取得 2010 年 1 月 1 日以后开具的增值税专用发票、公路内河货物运输业统一发票、机动车销售统一发票以及海关缴款书，未在规定期限内到税务机关办理认证、申报抵扣或者申请稽核比对的，不得作为合法的增值税扣税凭证，不得计算进项税额抵扣。

四、增值税一般纳税人丢失已开具的增值税专用发票，应在本通知第一条规定期限内，按照《国家税务总局关于修订〈增值税专用发票使用规定〉的通知》（国税发〔2006〕156 号）第二十八条及相关规定办理。

增值税一般纳税人丢失海关缴款书，应在本通知第二条规定期限内，凭报关地海关出具的相关已完税证明，向主管税务机关提出抵扣申请。主管税务机关受理申请后，应当进行审核，并将纳税人提供的海关缴款书电子数据纳入稽核系统进行比对。稽核比对无误后，方可允许计算进项税额抵扣。

五、本通知自 2010 年 1 月 1 日起执行。纳税人取得 2009 年 12 月 31 日以前开具的增值税扣税凭证，仍按原规定执行。

《国家税务总局关于增值税一般纳税人取得防伪税控系统开具的增值税专用发票进项税额抵扣问题的通知》（国税发〔2003〕17 号）第一条、《国家税务总局关于加强货物运输业税收征收管理的通知》（国税发〔2003〕121 号）附件 2《运输发票增值税抵扣管理试行办法》第五条、《国家税务总局关于加强货物运输业税收征收管理有关问题的通知》（国税发明电〔2003〕55 号）第十条、《国家税务总局关于加强海关进口增值税专用缴款书和废旧物资发票管理有关问题的通知》（国税函〔2004〕128 号）附件1《海关进口增值税专用缴款书稽核办法》第三条、《国家税务总局关于货物运输业若干税收问题的通知》（国税发〔2004〕88 号）第十条第（三）款、《国家税务总局关于增值税一般纳税人取得海关进口增值税专用缴款书抵扣进项税额问题的通知》（国税发〔2004〕148 号）第二条、第三条、第四条、《国家税务总局关于推行机动车销售统一发票税控系统有关工作的紧急通知》（国税发〔2008〕117 号）第五条、《国家税务总局关于部分地区试行海关进口增值税专用缴款书“先比对后抵扣”管理办法的通知》（国税函〔2009〕83 号）第一条规定同时废止。

六、各地应认真做好本通知的落实与宣传工作，执行中发现问题，应及时上报国家税务总局（货物和劳务税司）。

注：云南省国家税务局于 2009 年 11 月 27 日以云国税函〔2009〕558 号原文转发。

国家税务总局关于下发试点物流企业名单（第五批）的通知

2009 年 11 月 30 日　国税函〔2009〕663 号

各省、自治区、直辖市和计划单列市国家税务局、地方税务局：

根据《国家税务总局关于试点物流企业有关税收政策问题的通知》（国税发〔2005〕208 号）的有关规定，经国家发改委和国家税务总局确认，现将第五批试点物流企业名单予以公布（具体企业名单见附件）。纳入试点范围的物流企业，有关税收问题按国税发〔2005〕208 号文件执行。

本通知自 2009 年 12 月 1 日起执行。

注：云南省国家税务局于 2009 年 12 月 14 日以云国税函〔2009〕583 号原文转发。

云南省国家税务局转发国家税务总局关于农村电网维护费征免增值税问题的通知

2009 年 12 月 3 日　云国税函〔2009〕577 号

各州、市国家税务局：

现将《国家税务总局关于农村电网维护费征免增值税问题的通知》（国税函〔2009〕591 号）转发给你们，并就有关问题通知如下，请一并遵照执行。

一、为加强农村电网维护费征免增值税的管理，自 2010 年 1 月 1 日起，各县（区）国家税务局、各州（市）国家税务局应分别按月对农村电网维护费的使用单位（县区级电力有限责任公司）、农村电网维护费的免税单位（州市供电局）按月进行评估。

各县（区）国家税务局、各州（市）国家税务局应严格按《农村电网维护费免征增值税评估表》（见附件）要求进行评估，每月初县（区）国家税务局对上月辖区内县（区）级电力有限责任公司使用列支农村电网维护费情况进行评估，于评估当月 7 日前将《农村电网维护费免征增值税评估表》上传州（市）国家税务局，州（市）国家税务局按《农村电网维护费免征增值税评估表》的要求进行清算，并将结果在当月 10 日前通知辖区内州（市）供电局。

二、《云南省国家税务局关于云南省电力集团有限公司销售电价中农村电网维护费免征增值税问题的通知》（云国税发〔2003〕206 号）、《云南省国家税务局关于云南电网公司销售电价中农村电网维护费免征增值税问题的补充通知》（云国税函〔2007〕618 号）仍然继续执行。

附件：农村电网维护费免征增值税评估表（略）

国家税务总局关于农村电网维护费征免增值税问题的通知

2009 年 10 月 23 日　国税函〔2009〕591 号

各省、自治区、直辖市和计划单列市国家税务局：

据反映，部分地区的农村电管站改制后，农村电网维护费原由农村电管站收取改为由电网公司或者农电公司等其他单位收取（以下称其他单位）。对其他单位收取的农村电网维护费是否免征增值税问题，现明确如下：

根据《财政部 国家税务总局关于免征农村电网维护费增值税问题的通知》（财税字〔1998〕47 号）规定，对农村电管站在收取电价时一并向用户收取的农村电网维护费（包括低压线路损耗和维护费以及电工经费）免征增值税。鉴于部分地区农村电网维护费改由其他单位收取后，只是收费的主体发生了变化，收取方法、对象以及使用用途均未发生变化，为保持政策的一致性，对其他单位收取的农村电网维护费免征增值税，不得开具增值税专用发票。

二、消 费 税

财政部 国家税务总局关于公布废止和失效的消费税规范性文件目录的通知

2009 年 2 月 25 日　财税〔2009〕18 号

各省、自治区、直辖市、计划单列市财政厅（局）、国家税务局，新疆生产建设兵团财务局：

新的《中华人民共和国消费税暂行条例》和《中华人民共和国消费税暂行条例实施细则》已于 2009 年 1 月 1 日起施行，根据施行新条例和实施细则的需要，现将废止或失效的消费税规范性文件目录通知如下：

一、全文废止或失效的消费税规范性文件目录

1.《关于商业库存汽油、柴油征免消费税问题的通知》（财税字〔1994〕16 号）

2.《关于金银首饰消费税减按 5%征收的通知》（财税字〔1994〕91 号）

3.《关于对摩托车胎暂减征消费税的通知》（财税字〔1996〕10 号）

4.《关于调整含铅汽油消费税税率的通知》（财税字〔1998〕163 号）

5.《财政部 国家税务总局关于对别克桑塔纳等小汽车减免消费税的通知》（财税〔2001〕207 号）

6.《财政部 国家税务总局关于富康系列小汽车减免消费税的通知》（财税〔2001〕217 号）

7.《财政部 国家税务总局关于对奥迪等小汽车减征消费税的通知》（财税〔2002〕71 号）

8.《财政部 国家税务总局关于对金杯系列轻型客车减征消费税的通知》（财税〔2002〕72 号）

9.《财政部 国家税务总局关于奇瑞牌小汽车减征消费税的通知》（财税〔2003〕5 号）

10.《财政部 国家税务总局关于福田牌轻型客车减征消费税的通知》（财税〔2003〕6 号）

11.《财政部 国家税务总局关于风神牌小汽车减征消费税的通知》（财税〔2003〕28 号）

12.《财政部 国家税务总局关于东南牌小汽车减征消费税的通知》（财税〔2003〕29 号）

13.《财政部 国家税务总局关于猎豹牌小汽车减征消费税的通知》（财税〔2003〕36 号）

14.《财政部 国家税务总局关于第二批奇瑞牌小汽车减征消费税的通知》（财税〔2003〕58 号）

15.《财政部 国家税务总局关于 SY6460 系列雪佛兰开拓者轻型客车减征消费税的通知》（财税〔2003〕59 号）

16.《财政部 国家税务总局关于波罗牌等小汽车减征消费税的通知》（财税〔2003〕60 号）

17.《财政部 国家税务总局关于悦达牌小汽车减征消费税的通知》（财税〔2003〕62 号）

18.《财政部 国家税务总局关于金旅牌小汽车减征消费税的通知》（财税〔2003〕70 号）

19.《财政部 国家税务总局关于第二批东南牌小汽车减征消费税的通知》（财税〔2003〕71 号）

20.《财政部 国家税务总局关于第二批菲亚特牌小汽车减征消费税的通知》（财税〔2003〕72 号）

21.《财政部 国家税务总局关于东风雪铁龙等轿车减征消费税的通知》（财税〔2003〕78 号）

22.《财政部 国家税务总局关于第二批金杯牌小汽车减征消费税的通知》（财税〔2003〕108 号）

23.《财政部 国家税务总局关于第二批海马牌小汽车减征消费税的通知》（财税〔2003〕120 号）

24.《财政部 国家税务总局关于松花江牌小汽车减征消费税的通知》（财税〔2003〕121 号）

25.《财政部 国家税务总局关于别克君威轿车减征消费税的通知》（财税〔2003〕127 号）

26.《财政部 国家税务总局关于切诺基牌系列车辆减征消费税的通知》（财税〔2003〕143 号）

27.《财政部 国家税务总局关于雅阁 奥德赛牌轿车减征消费税的通知》（财税〔2003〕171 号）

28.《财政部 国家税务总局关于昌河牌小汽车减征消费税的通知》（财税〔2003〕190 号）

29.《财政部 国家税务总局关于秦川—福莱尔牌小汽车减征消费税的通知》（财税〔2003〕213 号）

30.《财政部 国家税务总局关于长安—奥拓牌小汽车减征消费税的通知》（财税〔2003〕218 号）

31.《财政部 国家税务总局关于金杯牌小汽车减征消费税的通

知》（财税〔2003〕219 号）

32.《财政部 国家税务总局关于别克牌赛欧轿车减征消费税的通知》（财税〔2003〕220 号）

33.《财政部 国家税务总局关于昌河 北斗星牌小汽车减征消费税的通知》（财税〔2003〕228 号）.

34.《财政部 国家税务总局关于别克牌小汽车减征消费税的通知》（财税〔2003〕237 号）

35.《财政部 国家税务总局关于红旗牌小汽车减征消费税的通知》（财税〔2003〕第254 号）

36.《财政部 国家税务总局关于中华牌小汽车减征消费税的通知》（财税〔2003〕269 号）

37.《财政部 国家税务总局关于奥迪捷达和宝来牌轿车减征消费税的通知》（财税〔2003〕270 号）

38.《财政部 国家税务总局关于松花江牌小汽车减征消费税的通知》（财税〔2003〕271 号）

39.《财政部 国家税务总局关于波罗牌等小汽车减征消费税的通知》（财税〔2003〕274 号）

40.《财政部 国家税务总局关于切诺基牌小汽车减征消费税的通知》（财税〔2003〕275 号）

41.《财政部 国家税务总局关于菲亚特牌小汽车减征消费税的通知》（财税〔2003〕276 号）

42.《财政部 国家税务总局关于依维柯牌小汽车减征消费税的通知》（财税〔2003〕277 号）

43.《财政部 国家税务总局关于丰田牌威驰（VIOS）轿车减征消费税的通知》（财税〔2003〕279 号）

44.《财政部 国家税务总局关于雅阁牌轿车减征消费税的通知》（财税〔2003〕280 号）

45.《财政部 国家税务总局关于长安牌小汽车减征消费税的补充通知》（财税〔2004〕5 号）

46.《财政部 国家税务总局关于奥迪牌等轿车减征消费税的通知》（财税〔2004〕6 号）

47.《财政部 国家税务总局关于金杯雪佛兰牌小汽车减征消费税的通知》（财税〔2004〕7 号）

48.《财政部 国家税务总局关于美日牌小汽车减征消费税的通知》（财税〔2004〕8 号）

49.《财政部 国家税务总局关于江淮牌小汽车减征消费税的通知》（财税〔2004〕12 号）

50.《财政部 国家税务总局关于福特牌小汽车减征消费税的通知》（财税〔2004〕13 号）

51.《财政部 国家税务总局关于东南牌小汽车减征消费税的通知》（财税〔2004〕14 号）

52.《财政部 国家税务总局关于东风风行牌轻型客车等减征消费税的通知》（财税〔2004〕54 号）

53.《财政部 国家税务总局关于夏利轿车等减征消费税的通知》（财税〔2004〕55 号）

54.《财政部 国家税务总局关于别克牌轿车减征消费税的通知》（财税〔2004〕59 号）

55.《财政部 国家税务总局关于松花江牌汽车减征消费税的通知》（财税〔2004〕106 号）

56.《财政部 国家税务总局关于田野牌汽车减征消费税的通知》（财税〔2004〕107 号）

57.《财政部 国家税务总局关于北京牌轻型越野车减征消费税的通知》（财税〔2004〕108 号）

58.《财政部 国家税务总局关于尼桑牌汽车减征消费税的通知》（财税〔2004〕109 号）

59.《财政部 国家税务总局关于长城牌汽车减征消费税的通知》（财税〔2004〕110 号）

60.《财政部 国家税务总局关于风神牌轿车减征消费税的通知》（财税〔2004〕111 号）

61.《财政部 国家税务总局关于现代牌轿车减征消费税的通知》（财税〔2004〕112 号）

62.《财政部 国家税务总局关于江铃全顺牌汽车减征消费税的通知》（财税〔2004〕113 号）

63.《财政部 国家税务总局关于更正东南牌 DN7161P 和 DN7161H 2 个型号小汽车减征消费税执行时间的通知》（财税〔2004〕114 号）

64.《财政部 国家税务总局关于昌河牌和北斗星牌轻型客车减征消费税的通知》（财税〔2004〕158 号）

65.《财政部 国家税务总局关于宝马牌轿车减征消费税的通知》（财税〔2004〕159 号）

66.《财政部 国家税务总局关于猎豹牌轻型越野车减征消费税的通知》（财税〔2004〕160 号）

67.《财政部 国家税务总局关于昌河牌轻型客车减征消费税的通知》（财税〔2004〕161 号）

68.《财政部 国家税务总局关于海马牌 HMC7161 轿车减征消费税的通知》（财税〔2004〕162 号）

69.《财政部 国家税务总局关于高尔夫 奥迪及宝来牌系列轿车减征消费税的通知》（财税〔2004〕163 号）

70.《财政部 国家税务总局关于金旅牌轻型客车减征消费税的通知》（财税〔2004〕164 号）

71.《财政部 国家税务总局关于飞度牌轿车减征消费税的通知》（财税〔2004〕165 号）

72.《财政部 国家税务总局关于福田牌轻型客车减征消费税的通知》（财税〔2004〕188 号）

73.《财政部 国家税务总局关于华泰特拉卡牌轿车减征消费税的通知》（财税〔2004〕190 号）

74.《财政部 国家税务总局关于金杯牌系列轻型汽车多用途乘用车和中华牌轿车减征消费税的通知》（财税〔2004〕191 号）

75.《财政部 国家税务总局关于华阳牌微型商务车减征消费税的通知》（财税〔2004〕208 号）

76.《财政部 国家税务总局关于吉利牌和豪情牌客车减征消费税的通知》（财税〔2004〕209 号）

77.《财政部 国家税务总局关于奇瑞牌轿车减征消费税的通知》（财税〔2004〕210 号）

78.《财政部 国家税务总局关于东风雪铁龙轿车减征消费税的通知》（财税〔2004〕211 号）

79.《财政部 国家税务总局关于起亚牌轿车减征消费税的通知》

（财税〔2004〕212 号）

80.《财政部 国家税务总局关于切诺基牌小汽车减征消费税的通知》（财税〔2005〕20 号）

81.《财政部 国家税务总局关于更正浙江豪情汽车制造有限公司享受减征消费税车型的通知》（财税〔2005〕108 号）

82.《财政部 国家税务总局关于对福田牌轻型客车减征消费税的补充通知》（财税〔2005〕125 号）

83.《财政部 国家税务总局关于更正长城汽车股份有限公司享受减征消费税车型和时间的通知》（财税〔2005〕126 号）

二、部分条款废止或失效的消费税规范性文件目录

1.《关于调整金银首饰消费税纳税环节有关问题的通知》（财税字〔1994〕95 号）

第一条第二款。

2.《关于上海钻石交易所有关税收政策的通知》（财税字〔2000〕65 号）

第一条、第二条、第三条、第四条。

3.《财政部 国家税务总局关于调整酒类产品消费税政策的通知》（财税〔2001〕84 号）

第一条第二款。

4.《财政部 国家税务总局关于调整和完善消费税政策的通知》（财税〔2006〕33 号）

第一条第二款第 1 项，第四条第一款第 1 项，第十条第一款“石脑油、溶剂油、润滑油、燃料油暂按应纳税额的 30% 征收消费税”的规定，附件第六条。

5.《财政部 国家税务总局关于消费税若干具体政策的通知》（财税〔2006〕125 号）

第一条、第五条。

6.《财政部 国家税务总局关于调整部分成品油消费税政策的通知》（财税〔2008〕19 号）

第一条，第二条中关于进口石脑油免征消费税的规定。

注：云南省财政厅、云南省国家税务局于 2009 年 4 月 20 日以云财税〔2009〕53 号原文转发。

国家税务总局关于发布已失效或废止有关消费税规范性文件的通知

2009 年 3 月 18 日　国税发〔2009〕45 号

各省、自治区、直辖市和计划单列市国家税务局：

根据《国务院关于印发〈全面推进依法行政实施纲要〉的通知》（国发〔2004〕10 号）要求，国家税务总局对 1993 年底以来发布的有关消费税政策及征收管理的规范性文件进行了全面清理，现将已失效或废止有关消费税规范性文件清单通知如下：

一、全文废止或失效的税收规范性文件 14 件

1.《国家税务总局关于金银首饰消费税若干征收管理问题的通知》（国税发〔1995〕063 号）

2.《国家税务总局关于外商投资企业期初库存已征税款处理问题的补充通知》（国税发〔1995〕130 号）

3.《国家税务总局关于贯彻〈国务院关于调整烟叶和卷烟价格及税收政策的紧急通知〉的通知》（国税发〔1998〕121 号）

4.《国家税务总局关于调整烟叶和卷烟价格及税收政策的补充通知》（国税函〔1998〕524 号）

5.《国家税务总局关于核发 1999 年石脑油溶剂油生产供应计划的通知》（国税发〔1999〕103 号）

6.《国家税务总局关于核发 2000 年石脑油溶剂油生产供应计划的通知》（国税函〔2000〕793 号）

7.《国家税务总局关于调整 1999 年石脑油溶剂油生产供应计划的通知》（国税函〔2000〕1134 号）

8.《国家税务总局关于核发 2001 年石脑油溶剂油生产供应计划的通知》（国税函〔2001〕572 号）

9.《国家税务总局关于调整 2000 年石脑油溶剂油生产供应计划的通知》（国税函〔2001〕694 号）

10.《国家税务总局关于调整 2001 年石脑油溶剂油生产供应计划的通知》（国税函〔2002〕745 号）

11.《国家税务总局关于核发 2002 年石脑油溶剂油生产供应计划的通知》（国税函〔2002〕747 号）

12.《国家税务总局关于对部分油品征收消费税问题的批复》（国税函〔2004〕1078 号）

13.《国家税务总局关于对佐料产品征收消费税问题的批复》（国税函〔2005〕17 号）

14.《国家税务总局关于以天然气分离的混合轻烃为原料加工溶剂油暂不征收消费税问题的批复》（国税函〔2007〕978 号）

二、部分条款失效或废止的税收规范性文件 7 件

1.《国家税务总局关于印发〈消费税征收范围注释〉的通知》（国税发〔1993〕153 号）第一条第一款、第二款，第七条，第八条。

2.《国家税务总局关于消费税若干征税问题的通知》（国税发〔1997〕84 号）第一条。

3.《国家税务总局关于印发〈消费税问题解答〉的通知》（国税函〔1997〕306 号）问题 8。

4.《国家税务总局关于印发〈汽油、柴油消费税管理办法（试行）〉的通知》（国税发〔2005〕133 号）第二条、第三条、第四条、第八条。

5.《国家税务总局关于印发〈调整和完善消费税政策征收管理规定〉的通知》（国税发〔2006〕49号）第五条第二款。

6.《国家税务总局关于进一步加强消费税纳税申报及税款抵扣管理的通知》（国税函〔2006〕769号）第一条。

7.《国家税务总局关于使用消费税纳税申报表有关问题的通知》（国税函〔2008〕236号）文件附件3、附件4。

财政部　国家税务总局关于调整烟产品消费税政策的通知

2009年5月22日　财税〔2009〕84号

各省、自治区、直辖市、计划单列市财政厅（局）、国家税务局、新疆生产建设兵团财务局：

为了适当增加财政收入，完善烟产品消费税制度，经国务院批准，现将调整烟产品消费税政策问题通知如下：

一、调整烟产品生产环节消费税政策

（一）调整卷烟生产环节消费税计税价格。

新的卷烟生产环节消费税最低计税价格由国家税务总局核定并下达。

（二）调整卷烟生产环节（含进口）消费税的从价税税率。

1. 甲类卷烟，即每标准条（200支，下同）调拨价格在70元（不含增值税）以上（含70元）的卷烟，税率调整为56%。

2. 乙类卷烟，即每标准条调拨价格在70元（不含增值税）以下的卷烟，税率调整为36%。

卷烟的从量定额税率不变，即0.003/支。

（三）调整雪茄烟生产环节（含进口）消费税的从价税税率。

将雪茄烟生产环节的税率调整为36%。

二、在卷烟批发环节加征一道从价税

（一）纳税义务人：在中华人民共和国境内从事卷烟批发业务的单位和个人。

（二）征收范围：纳税人销售的所有牌号规格的卷烟。

（三）计税依据：纳税人批发卷烟的销售额（不含增值税）。

（四）纳税人应将卷烟销售额与其他商品销售额分开核算，未分开核算的，一并征收消费税。

（五）适用税率：5%。

（六）纳税人销售给纳税人以外的单位和个人的卷烟于销售时纳税。纳税人之间销售的卷烟不缴纳消费税。

（七）纳税义务发生时间：纳税人收讫销售款或者取得索取销售款凭据的当天。

（八）纳税地点：卷烟批发企业的机构所在地，总机构与分支机构不在同一地区的，由总机构申报纳税。

（九）卷烟消费税在生产和批发两个环节征收后，批发企业在计算纳税时不得扣除已含的生产环节的消费税税款。

本通知自2009年5月1日起执行。此前有关文件规定与本通知相抵触的，以本通知为准。

附件：调整后的烟产品消费税税目税率表

注：云南省财政厅、云南省国家税务局于2009年6月23日以云财税〔2009〕73号原文转发。

附件

调整后的烟产品消费税税目税率表

税目	税率	征收环节
烟		
1. 卷烟		
工业		
（1）甲类卷烟	56%加0. 003元/支	生产环节
	〔调拨价70元（不含增值税）/条以上（含70元）〕	
（2）乙类卷烟	36%加0. 003元/支	生产环节
	〔调拨价70元（不含增值税）/条以下〕	
商业批发	5%	批发环节
2. 雪茄	36%	生产环节
3. 烟丝	30%	生产环节

云南省国家税务局转发国家税务总局关于卷烟消费税计税依据有关问题的通知

2009 年 5 月 31 日　云国税函〔2009〕265 号

昆明、玉溪市国家税务局：

现将《国家税务总局关于卷烟消费税计税依据有关问题的通知》（国税函〔2009〕271 号，以下简称《通知》）转发给你们，请结合以下要求，一并贯彻执行。

一、自 2009 年 6 月征期开始申报时，卷烟工业企业应按实际销售价格（调拨价）为消费税计税价格申报纳税，如果实际销售价格低于国家税务总局核定的最低计税价格的，一律按照最低计税价格申报纳税（总局未核定最低计税价格的除外）。纳税人纳税申报时，必须附报《国家税务总局关于烟类应税消费品消费税征收管理有关问题的通知》（国税函〔2009〕272 号）附件二要求的《各牌号规格卷烟消费税计税价格》（纸质及电子文档），主管税务机关应认真做好企业报送的《各牌号规格卷烟消费税计税价格》中消费税计税价格与国家税务总局核定的最低计税价格的审核工作。

二、卷烟工业企业向卷烟批发企业销售卷烟已开具增值税专用发票，因价格调整需要通过红字发票冲销后重新开票或者补开差价发票的，按以下办法处理：

（一）已开具增值税专用发票需要通过红字冲销后重新开票的，应按《通知》第二条规定办理。

（二）已开具增值税专用发票需要补开差价发票的，各企业通过清算后，可将所有需补开差价发票汇总在一张增值税专用发票上开具（也可开多张），专票的明细清单应详细注明补开差价对应的蓝字发票信息，格式为：补开蓝字票＊＊号，其中“＊＊号”为对应需补差价蓝字发票代码及号码，企业应将补开差价发票信息列出清单报主管税务机关审核。

（三）企业 5 月份税款所属期应缴的增值税按实际开票税额计征，如涉及上述价格调整重新开票或补开差价的，在 6 月份由企业重开发票或补开发票后于 7 月征期调整申报纳税。5 月份税款所属期应缴的消费税按企业新调整后的价格依照《通知》第一条规定计算申报纳税。

三、各主管国税机关应加强对卷烟工业企业的税收监管，应指派税收管理人员对企业生产经营情况跟踪落实，加大政策宣传辅导力度，对企业报送的报表、清算情况等认真审核，确保卷烟消费税政策调整后，税款及时、足额入库。

国家税务总局关于卷烟消费税计税依据有关问题的通知

2009 年 5 月 25 日　国税函〔2009〕271 号

北京、天津、河北、山西、内蒙古、辽宁、吉林、黑龙江、上海、江苏、浙江、安徽、江西、福建、山东、河南、湖南、广东、广西、海南、重庆、四川、贵州、云南、陕西、宁夏、新疆、甘肃省（自治区、直辖市）国家税务局，厦门、深圳市国家税务局：

根据《财政部 国家税务总局关于调整烟产品消费税政策的通知》（财税〔2009〕84 号）规定，税务总局重新核定了生产环节纳税人各牌号规格卷烟消费税最低计税价格（见附件），现将有关问题通知如下：

一、卷烟工业环节纳税人销售的卷烟，应按实际销售价格申报纳税，实际销售价格低于最低计税价格的，按照最低计税价格申报纳税。

二、卷烟工业企业向卷烟批发企业销售卷烟已开具增值税专用发票（以下简称专用发票），因价格调整的，应按照《国家税务总局关于修订〈增值税专用发票使用规定〉的通知》（国税发〔2006〕156 号）和《国家税务总局关于修订增值税专用发票使用规定的补充通知》（国税发〔2007〕18 号）的有关规定进行处理：

（一）卷烟工业企业符合下列情形的，可作废已开具的专用发票，以调整后的价格重新开具专用发票。

1. 尚未将当月开具的专用发票交付卷烟批发企业、未抄税并且未记账。

2. 专用发票交付卷烟批发企业，同时具有下列情形的：

（1）收到退回的发票联、抵扣联时间未超过开票当月；

（2）卷烟工业企业未抄税并且

末记账；

(3) 卷烟批发企业未认证或者认证结果为“纳税人识别号认证不符”、“专用发票代码、号码认证不符”。

（二）卷烟工业企业开具的专用发票不符合作废条件，卷烟调拨价格调高的，可按差额另行开具专用发票；卷烟调拨价格调低，已将专用发票交付卷烟批发企业的，由卷烟批发企业填报《开具红字增值税专用发票申请单》（以下简称申请单），取得主管税务机关出具的《开具红字增值税专用发票通知单》（以下简称通知单）后交卷烟工业企业开具红字增值税专用发票；卷烟调拨价格调低，尚未将专用发票交付卷烟批发企业的，由卷烟工业企业填报申请单，取得主管税务机关出具的通知单后开具红字增值税专用发票。

三、卷烟工业环节纳税人销售卷烟，因调拨价格调整重新开具增值税专用发票的，不再重新申报卷烟定额消费税。

四、新牌号、新规格卷烟和价格变动卷烟仍按《卷烟消费税计税价格信息采集和核定管理办法》（国家税务总局令第5号）规定上报，新牌号、新规格卷烟未满1年且未经税务总局核定计税价格的，应按实际调拨价格申报纳税。

五、本通知自2009年5月1日起执行，以前税务总局下发的计税价格文件同时作废，作废文件目录另行下发。

云南省国家税务局转发国家税务总局关于烟类应税消费品消费税征收管理有关问题的通知

2009年5月31日　云国税函〔2009〕267号

各州、市国家税务局：

现将《国家税务总局关于烟类应税消费品消费税征收管理有关问题的通知》（国税函〔2009〕272号）（以下简称《通知》）转发给你们，请结合以下要求，一并贯彻执行。

一、卷烟批发企业所售卷烟牌号实行批发价，自2009年6月征期开始申报时，各主管税务机关应认真核对所辖企业批发销售的各卷烟牌号的批发价与实际销售价，如果实际销售价低于批发价的，一律按照批发价计算缴纳消费税。我省卷烟商业企业销售所有牌号卷烟批发价格省局将尽快下发各地参考执行。

二、卷烟批发环节消费税纳税人税种登记待国家税务总局CTAIS（1.0版）补丁升级后办理。

三、卷烟工业、商业批发企业消费税的纳税申报待国家税务总局CTAIS（1.0版）补丁下发后办理，请各地按以下要求做好纳税申报的宣传辅导工作：

（一）卷烟工业、商业批发企业在CTAIS（1.0版）补丁升级前不得进行消费税纳税申报，待省局补丁全部到位后再通知企业进行纳税申报。

（二）卷烟生产企业在消费税纳税申报时必须附报《通知》附件二要求的《各牌号规格卷烟消费税计税价格》（纸质及电子文档），主管税务机关应认真核对企业报送的《各牌号规格卷烟消费税计税价格》中消费税计税价格是否大于等于《国家税务总局关于卷烟消费税计税依据有关问题的通知》（国税函〔2009〕271号）附件中所列卷烟牌号消费税最低计税价格，如果企业填报的消费税计税价格小于国家税务总局核定的对应牌号的卷烟消费税最低计税价格的，应按最低计税价格计算消费税。

（三）卷烟批发企业的消费税申报省局将采取网络申报方式进行，拟于2009年6月10日对各州市税务机关和卷烟批发企业进行网络申报视频培训，请各地做好组织宣传工作。申报时，省局要求卷烟批发企业必须附报《卷烟（批发）消费税申报明细表》（附件五），如企业实际卷烟批发价低于我省统一批发价的，主管税务机关应核查原因，督促企业如实申报。

（四）国家税务总局CTAIS（1.0版）补丁未下发之前，请各主管税务机关做好纳税人纸质申报表的预审核工作，确保CTAIS（1.0版）补丁到位后各企业能准确、及时进行申报。

四、各主管税务机关应加强对我省卷烟工业、商业批发企业的税收监管，按《通知》要求专门指派税收管理人员对企业生产经营情况跟踪落实，加大政策宣传辅导力度，确保消费税税款及时、足额入库。

国家税务总局关于烟类应税消费品消费税征收管理有关问题的通知

2009 年 5 月 25 日　国税函〔2009〕272 号

各省、自治区、直辖市和计划单列市国家税务局：

为贯彻落实《财政部 国家税务总局关于调整烟产品消费税政策的通知》（财税〔2009〕84 号）精神，加强烟类应税消费品消费税征收管理，现将有关税收征管问题通知如下：

一、卷烟批发环节消费税纳税人应按规定到主管税务机关办理消费税税种登记。

二、从事烟类应税消费品生产的纳税人，自 2009 年 5 月 1 日起，应按照本通知所附烟类应税消费品消费税纳税申报表及附报资料（见附件 1）申报纳税，同时报送各牌号规格卷烟消费税计税价格（见附件 2）。

从事卷烟批发的纳税人应按照卷烟消费税纳税申报表（见附件 3）申报纳税。

三、主管税务机关应向烟类应税消费品生产企业和卷烟批发单位派驻驻厂组（员），深入企业了解生产经营情况，进行纳税辅导，核实消费税计税依据，监控纳税人之间的交易，加强消费税征收管理，确保消费税税款及时入库。

各省、自治区、直辖市和计划单列市国家税务局应充分利用本地区卷烟批发环节消费税纳税人信息，监管纳税人之间交易业务，准确划分应税与非应税项目。

四、本通知自 2009 年 5 月 1 日起实施。此前有关文件规定与本通知有抵触的，以本通知为准。

国家税务总局关于发布废止有关核定卷烟消费税计税价格文件清单的通知

2009 年 7 月 17 日　国税函〔2009〕385 号

各省、自治区、直辖市和计划单列市国家税务局：

经国务院批准，调整后的烟产品消费税政策自 2009 年 5 月 1 日起执行，税务总局对所有牌号规格的卷烟重新核定了消费税计税价格。根据《国务院关于印发〈全面推进依法行政实施纲要〉的通知》（国发〔2004〕10 号）要求，税务总局对原发布的有关核定卷烟消费税计税价格的文件进行了全面清理，现将全文废止和部分内容废止的文件清单通知如下：

一、全文废止的文件 154 件

1.《国家税务总局关于下达卷烟计税价格的通知》（国税函〔2001〕442 号）

2.《国家税务总局关于下达卷烟计税价格的通知》（国税函〔2001〕443 号）

3.《国家税务总局关于下达卷烟计税价格的通知》（国税函〔2001〕444 号）

4.《国家税务总局关于下达卷烟计税价格的通知》（国税函〔2001〕445 号）

5.《国家税务总局关于下达卷烟计税价格的通知》（国税函〔2001〕446 号）

6.《国家税务总局关于下达卷烟计税价格的通知》（国税函〔2001〕447 号）

7.《国家税务总局关于下达卷烟计税价格的通知》（国税函〔2001〕448 号）

8.《国家税务总局关于下达卷烟计税价格的通知》（国税函〔2001〕449 号）

9.《国家税务总局关于下达卷烟计税价格的通知》（国税函〔2001〕450 号）

10.《国家税务总局关于下达卷烟计税价格的通知》（国税函〔2001〕451 号）

11.《国家税务总局关于下达卷烟计税价格的通知》（国税函〔2001〕452 号）

12.《国家税务总局关于下达卷烟计税价格的通知》（国税函〔2001〕453 号）

13.《国家税务总局关于下达卷烟计税价格的通知》（国税函〔2001〕454 号）

14.《国家税务总局关于下达卷烟计税价格的通知》（国税函〔2001〕455 号）

15.《国家税务总局关于下达卷烟计税价格的通知》（国税函〔2001〕456 号）

16.《国家税务总局关于下达卷烟计税价格的通知》（国税函〔2001〕457 号）

17.《国家税务总局关于下达卷烟计税价格的通知》（国税函〔2001〕458 号）

18.《国家税务总局关于下达

卷烟计税价格的通知》（国税函〔2001〕459号）

19.《国家税务总局关于下达卷烟计税价格的通知》（国税函〔2001〕460号）

20.《国家税务总局关于下达卷烟计税价格的通知》（国税函〔2001〕461号）

21.《国家税务总局关于下达卷烟计税价格的通知》（国税函〔2001〕462号）

22.《国家税务总局关于下达卷烟计税价格的通知》（国税函〔2001〕463号）

23.《国家税务总局关于下达卷烟计税价格的通知》（国税函〔2001〕464号）

24.《国家税务总局关于下达卷烟计税价格的通知》（国税函〔2001〕465号）

25.《国家税务总局关于下达卷烟计税价格的通知》（国税函〔2001〕466号）

26.《国家税务总局关于下达卷烟计税价格的通知》（国税函〔2001〕467号）

27.《国家税务总局关于下达卷烟计税价格的通知》（国税函〔2001〕468号）

28.《国家税务总局关于下达卷烟计税价格的通知》（国税函〔2001〕469号）

29.《国家税务总局关于下达卷烟计税价格的通知》（国税函〔2001〕470号）

30.《国家税务总局关于下达卷烟计税价格的通知》（国税函〔2001〕471号）

31.《国家税务总局关于下达卷烟计税价格的通知》（国税函〔2001〕472号）

32.《国家税务总局关于下达卷烟计税价格的通知》（国税函〔2001〕473号）

33.《国家税务总局关于下达卷烟计税价格的通知》（国税函〔2001〕474号）

34.《国家税务总局关于核定江西省广丰卷烟厂井冈山卷烟厂卷烟计税价格的批复》（国税函〔2001〕571号）

35.《国家税务总局关于调整“红塔山”牌卷烟计税价格的批复》（国税函〔2001〕855号）

36.《国家税务总局关于调整湖南省部分卷烟计税价格和品牌名称的批复》（国税函〔2002〕465号）

37.《国家税务总局关于调整海南卷烟厂卷烟计税价格的批复》（国税函〔2002〕770号）

38.《国家税务总局关于调整长沙、常德卷烟厂3个牌号卷烟消费税计税价格的批复》（国税函〔2003〕306号）

39.《国家税务总局关于调整昆明、昭通卷烟厂3个牌号卷烟消费税计税价格的批复》（国税函〔2003〕595号）

40.《国家税务总局关于调整重庆烟草工业有限责任公司4个牌号卷烟消费税计税价格的批复》（国税函〔2003〕596号）

41.《国家税务总局关于调整合肥、芜湖、蚌埠卷烟厂6个牌号卷烟消费税计税价格的批复》（国税函〔2003〕597号）

42.《国家税务总局关于调整郑州、新郑卷烟厂3个牌号卷烟消费税计税价格的批复》（国税函〔2003〕598号）

43.《国家税务总局关于调整什邡卷烟厂佛兰牌卷烟消费税计税价格的批复》（国税函〔2003〕599号）

44.《国家税务总局关于调整深圳卷烟厂2个牌号卷烟消费税计税价格的批复》（国税函〔2003〕600号）

45.《国家税务总局关于核定江西南昌卷烟厂等2户企业新牌号、新规格卷烟消费税计税价格的通知》（国税函〔2003〕858号）

46.《国家税务总局关于核定新疆卷烟厂新牌号、新规格卷烟消费税计税价格的通知》（国税函〔2003〕859号）

47.《国家税务总局关于核定河南郑州卷烟厂等7户企业新牌号、新规格卷烟消费税计税价格的通知》（国税函〔2003〕860号）

48.《国家税务总局关于核定广西南宁卷烟厂等2户企业新牌号、新规格卷烟消费税计税价格的通知》（国税函〔2003〕861号）

49.《国家税务总局关于核定山西太原卷烟厂新牌号、新规格卷烟消费税计税价格的通知》（国税函〔2003〕862号）

50.《国家税务总局关于核定浙江杭州卷烟厂新牌号、新规格卷烟消费税计税价格的通知》（国税函〔2003〕863号）

51.《国家税务总局关于核定贵州贵阳卷烟厂等7户企业新牌号、新规格卷烟消费税计税价格的通知》（国税函〔2003〕864号）

52.《国家税务总局关于核定湖南长沙卷烟厂等5户企业新牌号、新规格卷烟消费税计税价格的通知》（国税函〔2003〕865号）

53.《国家税务总局关于核定甘肃兰州卷烟厂新牌号、新规格卷烟消费税计税价格的通知》（国税函〔2003〕866号）

54.《国家税务总局关于核定厦门卷烟厂新牌号、新规格卷烟消费税计税价格的通知》（国税函〔2003〕867号）

55.《国家税务总局关于核定天津卷烟厂新牌号、新规格卷烟消费税计税价格的通知》（国税函〔2003〕868号）

56.《国家税务总局关于核定海南红塔卷烟有限公司新牌号、新规格卷烟消费税计税价格的通知》（国税函〔2003〕869号）

57.《国家税务总局关于核定湖北襄樊卷烟厂等4户企业新牌号、新规格卷烟消费税计税价格的通知》（国税函〔2003〕870号）

58.《国家税务总局关于核定山东济南卷烟厂等6户企业新牌号、新规格卷烟消费税计税价格的通知》（国税函〔2003〕871号）

59.《国家税务总局关于核定江苏南京卷烟厂等3户企业新牌号、新规格卷烟消费税计税价格的通知》（国税函〔2003〕872号）

60.《国家税务总局关于核定宁波卷烟厂新牌号、新规格卷烟消

费税计税价格的通知》（国税函〔2003〕873号）

61.《国家税务总局关于核定四川成都卷烟厂等4户企业新牌号、新规格卷烟消费税计税价格的通知》（国税函〔2003〕874号）

62.《国家税务总局关于核定陕西旬阳卷烟厂等4户企业新牌号、新规格卷烟消费税计税价格的通知》（国税函〔2003〕875号）

63.《国家税务总局关于核定宁夏吴中卷烟厂新牌号、新规格卷烟消费税计税价格的通知》（国税函〔2003〕876号）

64.《国家税务总局关于核定北京卷烟厂新牌号、新规格卷烟消费税计税价格的通知》（国税函〔2003〕877号）

65.《国家税务总局关于核定青岛颐中集团青岛卷烟厂新牌号、新规格卷烟消费税计税价格的通知》（国税函〔2003〕916号）

66.《国家税务总局关于核定吉林延吉卷烟厂等3户企业新牌号、新规格卷烟消费税计税价格的通知》（国税函〔2003〕917号）

67.《国家税务总局关于核定深圳卷烟厂新牌号、新规格卷烟消费税计税价格的通知》（国税函〔2003〕918号）

68.《国家税务总局关于核定广东广州卷烟二厂等6户企业新牌号、新规格卷烟消费税计税价格的通知》（国税函〔2003〕987号）

69.《国家税务总局关于福建龙岩卷烟厂新牌号、新规格卷烟消费税计税价格的批复》（国税函〔2003〕1145号）

70.《国家税务总局关于内蒙古呼和浩特卷烟厂新牌号、新规格卷烟消费税计税价格的批复》（国税函〔2003〕1146号）

71.《国家税务总局关于核定甘肃兰州卷烟厂新牌号、新规格卷烟消费税计税价格的通知》（国税函〔2003〕1163号）

72.《国家税务总局关于核定江西南昌卷烟厂新牌号、新规格卷烟消费税计税价格的通知》（国税函〔2003〕1165号）

73.《国家税务总局关于核定河北张家口卷烟厂等3户企业新牌号、新规格卷烟消费税计税价格的通知》（国税函〔2003〕1166号）

74.《国家税务总局关于调整贵州贵阳卷烟厂2个牌号规格卷烟消费税计税价格的通知》（国税函〔2003〕1233号）

75.《国家税务总局关于调整云南省昆明卷烟厂精品云烟消费税计税价格的批复》（国税函〔2003〕1234号）

76.《国家税务总局关于核定云南省昆明卷烟厂等9户企业新牌号、新规格卷烟消费税计税价格的通知》（国税函〔2003〕1247号）

77.《国家税务总局关于调整郴州卷烟厂蓝盖华人消费税计税价格的批复》（国税函〔2004〕2号）

78.《国家税务总局关于核定安徽省合肥卷烟厂等5户企业新牌号、新规格卷烟消费税计税价格的批复》（国税函〔2004〕3号）

79.《国家税务总局关于核定天津卷烟厂生产的“石林”牌卷烟消费税计税价格的批复》（国税函〔2004〕4号）

80.《国家税务总局关于核定吉林四平卷烟厂2个新牌号、新规格卷烟消费税计税价格的批复》（国税函〔2004〕5号）

81.《国家税务总局关于核定、调整四川成都卷烟厂等2户企业卷烟消费税计税价格的批复》（国税函〔2004〕23号）

82.《国家税务总局关于核定山东济南卷烟厂5个新牌号、新规格卷烟消费税计税价格的批复》（国税函〔2004〕24号）

83.《国家税务总局关于核定海南红塔卷烟有限公司椰王卷烟消费税计税价格的批复》（国税函〔2004〕206号）

84.《国家税务总局关于核定天津卷烟厂佳品紫光阁卷烟消费税计税价格的批复》（国税函〔2004〕207号）

85.《国家税务总局关于核定深圳卷烟厂新牌号卷烟消费税计税价格的批复》（国税函〔2004〕367号）

86.《国家税务总局关于核定青岛卷烟厂2个新牌号新规格卷烟消费税计税价格的批复》（国税函〔2004〕368号）

87.《国家税务总局关于更正云南省5个牌号、规格卷烟烟支包装规格的批复》（国税函〔2004〕493号）

88.《国家税务总局关于核定成都卷烟厂等3户企业卷烟消费税计税价格的批复》（国税函〔2004〕1021号）

89.《国家税务总局关于核定贵阳卷烟厂贵定分厂等2户企业卷烟消费税计税价格的批复》（国税函〔2004〕1022号）

90.《国家税务总局关于核定常德卷烟厂四平分厂等2户企业卷烟消费税计税价格的批复》（国税函〔2004〕1023号）

91.《国家税务总局关于调整西昌卷烟厂“凉烟”牌卷烟消费税计税价格的批复》（国税函〔2004〕1075号）

92.《国家税务总局关于调整楚雄卷烟厂“国宾”牌卷烟消费税计税价格的批复》（国税函〔2004〕1076号）

93.《国家税务总局关于核定西昌卷烟厂卷烟消费税计税价格的批复》（国税函〔2004〕1196号）

94.《国家税务总局关于调整和核定常德卷烟厂部分牌号卷烟消费税计税价格的批复》（国税函〔2004〕1244号）

95.《国家税务总局关于核定北京卷烟厂卷烟消费税计税价格的批复》（国税函〔2004〕1245号）

96.《国家税务总局关于核定厦门卷烟厂卷烟消费税计税价格的批复》（国税函〔2004〕1246号）

97.《国家税务总局关于核定龙岩卷烟厂卷烟消费税计税价格的批复》（国税函〔2004〕1247号）

98.《国家税务总局关于核定天津卷烟厂卷烟消费税计税价格的批复》（国税函〔2004〕1248号）

99.《国家税务总局关于核定新郑卷烟集团等3户企业卷烟消费税计税价格的批复》（国税函

〔2004〕1249号）

100.《国家税务总局关于核定兰州卷烟厂卷烟消费税计税价格的批复》（国税函〔2004〕1250号）

101.《国家税务总局关于更正部分卷烟消费税计税价格执行时间的通知》（国税函〔2004〕1257号）

102.《国家税务总局关于调整张家口卷烟厂“盖北戴河”牌卷烟消费税计税价格的批复》（国税函〔2004〕1258号）

103.《国家税务总局关于核定常德卷烟厂四平卷烟分厂卷烟消费税计税价格的批复》（国税函〔2004〕1259号）

104.《国家税务总局关于核定梅州卷烟厂等4户企业卷烟消费税计税价格的批复》（国税函〔2004〕1437号）

105.《国家税务总局关于核定山西昆明烟草有限责任公司卷烟消费税计税价格的批复》（国税函〔2004〕1438号）

106.《国家税务总局关于核定成都卷烟厂等2户企业卷烟消费税计税价格的批复》（国税函〔2005〕57号）

107.《国家税务总局关于核定武汉烟草集团有限公司卷烟消费税计税价格的批复》（国税函〔2005〕58号）

108.《国家税务总局关于核定天津卷烟厂卷烟消费税计税价格的批复》（国税函〔2005〕62号）

109.《国家税务总局关于厦门卷烟厂石狮系列卷烟消费税计税价格问题的批复》（国税函〔2005〕66号）

110.《国家税务总局关于核定昭通卷烟厂2个新牌号卷烟消费税计税价格的批复》（国税函〔2005〕113号）

111.《国家税务总局关于核定杭州卷烟厂3个新牌号卷烟消费税计税价格的批复》（国税函〔2005〕114号）

112.《国家税务总局关于核定西昌卷烟厂等2户企业卷烟消费税计税价格的批复》（国税函〔2005〕132号）

113.《国家税务总局关于上海5种老牌号非标准条卷烟消费税计税价格问题的批复》（国税函〔2005〕192号）

114.《国家税务总局关于核定北京卷烟厂1个新牌号新规格卷烟消费税计税价格的批复》（国税函〔2005〕241号）

115.《国家税务总局关于核定新疆卷烟厂2个新牌号新规格卷烟消费税计税价格的批复》（国税函〔2005〕242号）

116.《国家税务总局关于核定海南红塔卷烟有限责任公司生产的宝岛牌卷烟消费税计税价格的批复》（国税函〔2005〕243号）

117.《国家税务总局关于核定成都卷烟厂2个新牌号新规格卷烟消费税计税价格的批复》（国税函〔2005〕244号）

118.《国家税务总局关于核定南京卷烟厂等企业生产的7个新牌号卷烟消费税计税价格的批复》（国税函〔2005〕313号）

119.《国家税务总局关于调整和核定常德、长沙卷烟厂部分牌号卷烟消费税计税价格的批复》（国税函〔2005〕346号）

120.《国家税务总局关于核定大理卷烟厂“三塔（时光）”卷烟消费税计税价格的批复》（国税函〔2005〕347号）

121.《国家税务总局关于核定山西昆明烟草有限责任公司4个新牌号新规格卷烟消费税计税价格的批复》（国税函〔2005〕391号）

122.《国家税务总局关于核定深圳卷烟厂新牌号卷烟消费税计税价格的批复》（国税函〔2005〕439号）

123.《国家税务总局关于调整长沙卷烟厂“盖白沙”卷烟消费税计税价格的批复》（国税函〔2005〕454号）

124.《国家税务总局关于核定哈尔滨卷烟总厂26个新牌号卷烟消费税计税价格的批复》（国税函〔2005〕485号）

125.《国家税务总局关于核定新疆卷烟部分牌号卷烟消费税计税价格的批复》（国税函〔2005〕486号）

126.《国家税务总局关于调整成都卷烟厂生产的“娇子”（低焦油）等3个牌号卷烟消费税计税价格的批复》（国税函〔2005〕516号）

127.《国家税务总局关于重新核定云南“红河”牌卷烟消费税计税价格的批复》（国税函〔2005〕748号）

128.《国家税务总局关于核定什邡卷烟厂新牌号卷烟消费税计税价格的批复》（国税函〔2005〕757号）

129.《国家税务总局关于核定济南卷烟厂“将军（天元）”新牌号卷烟消费税计税价格的批复》（国税函〔2005〕840号）

130.《国家税务总局关于核定山西昆明烟草有限责任公司新牌号卷烟消费税计税价格的批复》（国税函〔2005〕872号）

131.《国家税务总局关于核定呼和浩特卷烟厂等两户企业部分牌号卷烟消费税计税价格的批复》（国税函〔2005〕899号）

132.《国家税务总局关于核定兰州卷烟厂等两户企业新牌号卷烟消费税计税价格的批复》（国税函〔2005〕948号）

133.《国家税务总局关于核定张家口卷烟厂等两户企业新牌号卷烟消费税计税价格的批复》（国税函〔2005〕949号）

134.《国家税务总局关于核定南昌卷烟厂和赣南卷烟厂5个新牌号卷烟消费税计税价格的批复》（国税函〔2005〕1017号）

135.《国家税务总局关于核定宝鸡卷烟厂等二户企业新牌号卷烟消费税计税价格的批复》（国税函〔2005〕1020号）

136.《国家税务总局关于核定广西卷烟总厂新牌号卷烟消费税计税价格的批复》（国税函〔2005〕1021号）

137.《国家税务总局关于核定山西昆明烟草有限责任公司新牌号卷烟消费税计税价格的批复》（国税函〔2005〕1148号）

138.《国家税务总局关于核定广州卷烟二厂等二户企业新牌号卷烟消费税计税价格的批复》（国税函〔2005〕1258号）

139.《国家税务总局关于核定石家庄卷烟总厂新牌号卷烟消费税计税价格的批复》（国税函〔2006〕43号）

140.《国家税务总局关于核定郑州卷烟二厂等二户企业新牌号卷烟消费税计税价格的批复》（国税函〔2006〕46号）

141.《国家税务总局关于核定张家口卷烟总厂新牌号卷烟消费税计税价格的批复》（国税函〔2006〕84号）

142.《国家税务总局关于核定南昌卷烟厂和赣南卷烟厂8个新牌号卷烟消费税计税价格的批复》（国税函〔2006〕135号）

143.《国家税务总局关于核定四川成都卷烟厂1个新牌号卷烟消费税计税价格的批复》（国税函〔2006〕136号）

144.《国家税务总局关于核定延吉卷烟厂和长春卷烟厂13个新牌号卷烟消费税计税价格的批复》（国税函〔2006〕137号）

145.《国家税务总局关于调整新郑卷烟（集团）公司"红旗渠"牌卷烟消费税计税价格的批复》（国税函〔2006〕155号）

146.《国家税务总局关于核定新郑卷烟（集团）公司新牌号卷烟消费税计税价格的批复》（国税函〔2006〕238号）

147.《国家税务总局关于核定石家庄市卷烟厂新牌号卷烟消费税计税价格的批复》（国税函〔2006〕240号）

148.《国家税务总局关于核定龙岩卷烟厂2个新牌号卷烟消费税计税价格的批复》（国税函〔2006〕241号）

149.《国家税务总局关于核定宝鸡卷烟厂等企业新牌号卷烟消费税计税价格的批复》（国税函〔2006〕295号）

150.《国家税务总局关于核定张家口卷烟厂新牌号卷烟消费税计税价格的批复》（国税函〔2006〕307号）

151.《国家税务总局关于核定什邡卷烟厂2个新牌号卷烟消费税计税价格的批复》（国税函〔2006〕375号）

152.《国家税务总局关于核定上海烟草（集团）公司天津卷烟厂新牌号卷烟消费税计税价格的批复》（国税函〔2006〕377号）

153.《国家税务总局关于核定长沙卷烟厂等两户企业新牌号卷烟消费税计税价格的批复》（国税函〔2006〕621号）

154.《国家税务总局关于调整"24.5＊（54＋30）硬盒翻盖石林（8mg）"卷烟消费税计税价格的批复》（国税函〔2006〕658号）

二、部分内容废止的文件104件

1.《国家税务总局关于核定四川什邡卷烟厂"国宝（盖红运）"等4个新牌号卷烟消费税计税价格的批复》（国税函〔2006〕718号）

2.《国家税务总局关于核定广丰等3家卷烟厂生产的"月兔春"等14个卷烟消费税计税价格的批复》（国税函〔2006〕760号）

3.《国家税务总局关于核定武汉烟草（集团）有限公司新牌号卷烟消费税计税价格的批复》（国税函〔2006〕761号）

4.《国家税务总局关于核定广西卷烟总厂新牌号卷烟消费税计税价格的批复》（国税函〔2006〕774号）

5.《国家税务总局关于核定呼和浩特卷烟厂新牌号卷烟消费税计税价格的批复》（国税函〔2006〕870号）

6.《国家税务总局关于核定颐中集团青岛卷烟厂新牌号、新规格卷烟消费税计税价格的批复》（国税函〔2006〕878号）

7.《国家税务总局关于核定杭州卷烟厂新牌号、新规格卷烟消费税计税价格的批复》（国税函〔2006〕879号）

8.《国家税务总局关于核定龙岩卷烟厂新牌号、新规格卷烟消费税计税价格的批复》（国税函〔2006〕880号）

9.《国家税务总局关于核定贵州黄果树烟草集团公司9个新牌号卷烟消费税计税价格的批复》（国税函〔2006〕881号）

10.《国家税务总局关于核定厦门卷烟厂新规格卷烟"石狮（吉祥软）"消费税计税价格的批复》（国税函〔2006〕882号）

11.《国家税务总局关于核定厦门卷烟厂部分卷烟消费税计税价格的通知》（国税函〔2006〕906号）

12.《国家税务总局关于核定海南红塔卷烟有限责任公司部分卷烟消费税计税价格的通知》（国税函〔2006〕907号）

13.《国家税务总局关于核定长沙卷烟厂常德卷烟厂部分卷烟消费税计税价格的通知》（国税函〔2006〕908号）

14.《国家税务总局关于核定天津卷烟厂部分卷烟消费税计税价格的通知》（国税函〔2006〕909号）

15.《国家税务总局关于核定内蒙古昆明卷烟有限责任公司部分卷烟消费税计税价格的通知》（国税函〔2006〕910号）

16.《国家税务总局关于核定江西赣南卷烟厂等企业部分卷烟消费税计税价格的通知》（国税函〔2006〕911号）

17.《国家税务总局关于核定湖北清江卷烟厂等企业部分卷烟消费税计税价格的通知》（国税函〔2006〕912号）

18.《国家税务总局关于核定宁波卷烟厂部分卷烟消费税计税价格的通知》（国税函〔2006〕913号）

19.《国家税务总局关于核定广东中烟工业公司部分卷烟消费税计税价格的通知》（国税函〔2006〕914号）

20.《国家税务总局关于核定杭州卷烟厂部分卷烟消费税计税价格的通知》（国税函〔2006〕915号）

21.《国家税务总局关于核定张家口卷烟厂等企业部分卷烟消费

税计税价格的通知》（国税函〔2006〕917号）

22.《国家税务总局关于核定新疆卷烟厂部分卷烟消费税计税价格的通知》（国税函〔2006〕918号）

23.《国家税务总局关于核定郑州卷烟总厂等企业部分卷烟消费税计税价格的通知》（国税函〔2006〕919号）

24.《国家税务总局关于核定淮阴卷烟厂等企业部分卷烟消费税计税价格的通知》（国税函〔2006〕920号）

25.《国家税务总局关于核定沈阳卷烟厂等企业部分卷烟消费税计税价格的通知》（国税函〔2006〕921号）

26.《国家税务总局关于核定安徽中烟工业公司部分卷烟消费税计税价格的通知》（国税函〔2006〕924号）

27.《国家税务总局关于核定红塔（集团）等企业部分卷烟消费税计税价格的通知》（国税函〔2006〕925号）

28.《国家税务总局关于核定北京卷烟厂部分卷烟消费税计税价格的通知》（国税函〔2006〕926号）

29.《国家税务总局关于核定兰州卷烟厂部分卷烟消费税计税价格的通知》（国税函〔2006〕927号）

30.《国家税务总局关于核定龙岩卷烟厂部分卷烟消费税计税价格的通知》（国税函〔2006〕928号）

31.《国家税务总局关于核定长春卷烟厂部分卷烟消费税计税价格的通知》（国税函〔2006〕929号）

32.《国家税务总局关于核定深圳卷烟厂部分卷烟消费税计税价格的通知》（国税函〔2006〕930号）

33.《国家税务总局关于核定陕西卷烟总厂部分卷烟消费税计税价格的通知》（国税函〔2006〕931号）

34.《国家税务总局关于核定上海烟草（集团）公司部分卷烟消费税计税价格的通知》（国税函〔2006〕932号）

35.《国家税务总局关于核定成都卷烟厂等企业部分卷烟消费税计税价格的通知》（国税函〔2006〕941号）

36.《国家税务总局关于核定重庆烟草工业有限责任公司部分卷烟消费税计税价格的通知》（国税函〔2006〕942号）

37.《国家税务总局关于核定贵州黄果树烟草集团公司部分卷烟消费税计税价格的通知》（国税函〔2006〕944号）

38.《国家税务总局关于核定张家口卷烟厂等两户企业新牌号卷烟消费税计税价格的批复》（国税函〔2006〕1033号）

39.《国家税务总局关于核定成都卷烟厂2个新牌号卷烟消费税计税价格的通知》（国税函〔2006〕1068号）

40.《国家税务总局关于核定“玉溪（铂金11mg）”等47个新牌号新规格卷烟消费税计税价格的批复》（国税函〔2006〕1070号）

41.《国家税务总局关于核定红塔辽宁公司生产的新牌号卷烟消费税计税价格的批复》（国税函〔2006〕1138号）

42.《国家税务总局关于核定成都卷烟厂等2户企业3个新牌号新规格卷烟消费税计税价格的批复》（国税函〔2006〕1188号）

43.《国家税务总局关于核定红河卷烟总厂新疆卷烟厂新牌号卷烟消费税计税价格的批复》（国税函〔2007〕91号）

44.《国家税务总局关于核定南京卷烟厂等2户企业新牌号新规格卷烟消费税计税价格的批复》（国税函〔2007〕313号）

45.《国家税务总局关于核定“天下秀（红名品）”等2个新牌号新规格卷烟消费税计税价格的批复》（国税函〔2007〕314号）

46.《国家税务总局关于核定安徽中烟工业公司4个牌号卷烟消费税计税价格的批复》（国税函〔2007〕377号）

47.《国家税务总局关于核定南昌卷烟总厂赣南卷烟厂新牌号新规格卷烟消费税计税价格的批复》（国税函〔2007〕391号）

48.《国家税务总局关于核定安徽中烟工业公司17个新牌号新规格卷烟消费税计税价格的批复》（国税函〔2007〕392号）

49.《国家税务总局关于核定北京卷烟厂新牌号卷烟消费税计税价格的批复》（国税函〔2007〕415号）

50.《国家税务总局关于核定深圳卷烟厂新牌号卷烟消费税计税价格的批复》（国税函〔2007〕420号）

51.《国家税务总局关于核定山东中烟工业公司青岛卷烟厂新牌号新规格卷烟消费税计税价格的批复》（国税函〔2007〕482号）

52.《国家税务总局关于核定白沙（精品）新牌号卷烟消费税计税价格的批复》（国税函〔2007〕485号）

53.《国家税务总局关于核定四川烟草工业有限责任公司3个新牌号卷烟消费税计税价格的批复》（国税函〔2007〕486号）

54.《国家税务总局关于核定张家口卷烟厂新牌号卷烟消费税计税价格的批复》（国税函〔2007〕490号）

55.《国家税务总局关于核定四川烟草工业有限责任公司新牌号卷烟“五牛（硬盒绿）新版”消费税计税价格的批复》（国税函〔2007〕491号）

56.《国家税务总局关于核定广西中烟公司新牌号卷烟消费税计税价格的批复》（国税函〔2007〕605号）

57.《国家税务总局关于核定广东中烟工业公司新牌号卷烟消费税计税价格的批复》（国税函〔2007〕665号）

58.《国家税务总局关于核定淮阴卷烟厂新牌号新规格卷烟消费税计税价格的批复》（国税函

〔2007〕757号）

59.《国家税务总局关于核定“天下秀（软佳品）”卷烟消费税计税价格的批复》（国税函〔2007〕771号）

60.《国家税务总局关于核定红河卷烟总厂新疆卷烟厂新牌号卷烟消费税计税价格的批复》（国税函〔2007〕904号）

61.《国家税务总局关于南昌卷烟总厂部分卷烟名称和标识码规范后消费税计税价格的批复》（国税函〔2007〕963号）

62.《国家税务总局关于核定“娇子（时代阳光）”等卷烟消费税计税价格的批复》（国税函〔2007〕967号）

63.《国家税务总局关于核定安徽中烟工业公司新牌号新规格卷烟消费税计税价格的批复》（国税函〔2007〕1082号）

64.《国家税务总局关于核定吉林烟草工业有限责任公司新牌号新规格卷烟消费税计税价格的批复》（国税函〔2007〕1083号）

65.《国家税务总局关于核定山西昆明烟草有限责任公司新牌号卷烟消费税计税价格的批复》（国税函〔2007〕1132号）

66.《国家税务总局关于核定武汉烟草集团有限公司新牌号卷烟消费税计税价格的批复》（国税函〔2007〕1133号）

67.《国家税务总局关于核定贵州中烟工业公司新牌号新规格卷烟消费税计税价格的批复》（国税函〔2007〕1284号）

68.《国家税务总局关于核定“大丰收（软盒）”新牌号卷烟消费税计税价格的批复》（国税函〔2007〕1285号）

69.《国家税务总局关于核定安徽中烟工业公司新牌号卷烟消费税计税价格的批复》（国税函〔2008〕73号）

70.《国家税务总局关于深圳烟草工业有限责任公司新牌号卷烟好日子（吉祥）消费税计税价格的批复》（国税函〔2008〕121号）

71.《国家税务总局关于核定兰州卷烟厂新牌号卷烟消费税计税价格的批复》（国税函〔2008〕176号）

72.《国家税务总局关于核定浙江中烟工业公司新牌号卷烟消费税计税价格的批复》（国税函〔2008〕248号）

73.《国家税务总局关于核定龙岩卷烟厂3个新牌号新规格卷烟消费税计税价格的批复》（国税函〔2008〕269号）

74.《国家税务总局关于核定“大丰收（硬）”新牌号卷烟消费税计税价格的批复》（国税函〔2007〕270号）

75.《国家税务总局关于核定重庆烟草工业有限责任公司17个新牌号新规格卷烟消费税计税价格的批复》（国税函〔2008〕271号）

76.《国家税务总局关于核定安徽中烟工业公司新牌号卷烟消费税计税价格的批复》（国税函〔2008〕310号）

77.《国家税务总局关于核定江西中烟工业公司新牌号卷烟消费税计税价格的批复》（国税函〔2008〕311号）

78.《国家税务总局关于核定上海烟草（集团）公司天津卷烟厂牡丹（软）、大前门（硬）卷烟消费税计税价格的批复》（国税函〔2008〕312号）

79.《国家税务总局关于核定湖南中烟工业有限责任公司新牌号新规格卷烟消费税计税价格的批复》（国税函〔2008〕542号）

80.《国家税务总局关于河北白沙烟草有限责任公司石家庄卷烟厂新牌号卷烟玉兰（金2代）消费税计税价格的批复》（国税函〔2008〕543号）

81.《国家税务总局关于核定四川烟草有限责任公司5个新牌号新规格卷烟消费税计税价格的批复》（国税函〔2008〕544号）

82.《国家税务总局关于核定厦门烟草工业有限责任公司七匹狼（金）等2个新牌号卷烟消费税计税价格的批复》（国税函〔2008〕630号）

83.《国家税务总局关于保留红塔集团13个牌号规格卷烟消费税计税价格的批复》（国税函〔2008〕631号）

84.《国家税务总局关于核定四川烟草工业有限责任公司“天下秀（红）”等5个新牌号新规格卷烟消费税计税价格的批复》（国税函〔2008〕633号）

85.《国家税务总局关于核定“云烟（印象）”等25个新牌号新规格卷烟消费税计税价格的批复》（国税函〔2008〕680号）

86.《国家税务总局关于核定山西烟草有限责任公司红山茶（软）卷烟消费税计税价格的批复》（国税函〔2008〕702号）

87.《国家税务总局关于核定张家口卷烟厂“北戴河（硬）”等新牌号、新规格卷烟消费税计税价格的批复》（国税函〔2008〕714号）

88.《国家税务总局关于核定四川烟草工业有限责任公司新规格卷烟“五牛（硬盒金）”消费税计税价格的批复》（国税函〔2008〕744号）

89.《国家税务总局关于核定甘肃烟草工业有限责任公司新规格卷烟消费税计税价格的批复》（国税函〔2008〕775号）

90.《国家税务总局关于核定安徽中烟工业公司黄山（贵宾迎客松）等12个牌号卷烟消费税计税价格的批复》（国税函〔2008〕807号）

91.《国家税务总局关于核定上海烟草（集团）公司硬盒中华（5000）等3个新牌号卷烟消费税计税价格的批复》（国税函〔2008〕846号）

92.《国家税务总局关于核定四川烟草工业有限责任公司“天下秀（软特醇）”等5个新规格卷烟消费税计税价格的批复》（国税函〔2008〕864号）

93.《国家税务总局关于核定北京卷烟厂新牌号、新规格卷烟消费税计税价格的批复》（国税函〔2008〕867号）

94.《国家税务总局关于核定张家口卷烟厂有限责任公司“钻石（软如意）”卷烟消费税计税价格的批复》（国税函〔2008〕869号）

95.《国家税务总局关于核定湖北中烟工业有限责任公司新牌号新规格卷烟消费税计税价格的批复》（国税函〔2008〕1056号）

96.《国家税务总局关于核定广西中烟工业有限责任公司新牌号新规格卷烟消费税计税价格的批复》（国税函〔2009〕27号）

97.《国家税务总局关于核定山西昆明烟草有限责任公司新牌号新规格卷烟消费税计税价格的批复》（国税函〔2009〕30号）

98.《国家税务总局关于核定四川烟草工业有限责任公司娇子（精品）等2个新牌号卷烟消费税计税价格的批复》（国税函〔2009〕76号）

99.《国家税务总局关于核定安徽中烟工业公司黄山（新概念）等2个新牌号新规格卷烟消费税计税价格的批复》（国税函〔2009〕150号）

100.《国家税务总局关于核定吉林烟草工业有限责任公司长白山（神韵）等3种新牌号新规格卷烟消费税计税价格的批复》（国税函〔2009〕187号）

101.《国家税务总局关于核定厦门烟草工业有限责任公司七匹狼（蓝）新规格卷烟消费税计税价格的批复》（国税函〔2009〕195号）

102.《国家税务总局关于核定红塔辽宁烟草有限责任公司人民大会堂（本香）新牌号新规格卷烟消费税计税价格的批复》（国税函〔2009〕206号）

103.《国家税务总局关于核定厦门烟草工业有限责任公司七匹狼（豪迈）新规格卷烟消费税计税价格的批复》（国税函〔2009〕208号）

104.《国家税务总局关于核定四川烟草工业有限责任公司娇子（硬阳光）等2个新规格卷烟消费税计税价格的批复》（国税函〔2009〕215号）

上述104件文件中，税务总局核定的消费税计税价格全部作废。

注：云南省国家税务局于2009年8月31日以云国税函〔2009〕435号原文转发。

云南省国家税务局转发国家税务总局关于加强白酒消费税征收管理的通知

2009年7月27日　云国税函〔2009〕346号

各州、市国家税务局：

现将《国家税务总局关于加强白酒消费税征收管理的通知》（国税函〔2009〕380号）（以下简称《通知》）转发给你们，并结合我省实际提出以下要求，请一并遵照执行。

一、各地要尽快将《通知》送达白酒生产企业同时对其做好宣传解释工作，并按《通知》要求对本辖区内现有的白酒生产企业销售状况进行核实，凡符合《通知》要求应核定消费税最低计税价格的，必须由白酒生产企业按规范品名、规格自行填写《白酒相关经济指标申报表》（《通知》附件1）、《白酒消费税最低计税价格核定申报表》（附表一）并加盖公章后申报。

二、省局将根据《通知》要求对我省所有实行查账征收的白酒生产企业生产的白酒进行消费税最低计税价格核定及品牌代码信息管理。

三、各州、市局必须于2009年7月30日前将本地区所有实行查账征收的白酒生产企业填写的《白酒消费税最低计税价格核定申报表》（附表一）及本地区应核定消费税最低计税价格的《白酒消费税最低计税价格核定汇总申请表》（附表二）以Excel格式上报省局FTP//货物和劳务税处/各地上传/消费税/白酒管理。

《白酒消费税最低计税价格核定汇总申请表》纸质表须加盖公章后与白酒生产企业自行填写的《白酒消费税最低计税价格核定申报表》复印件一并上报省局货物和劳务税处。

四、此项工作政策性强，时间紧急，要求较高，请各级领导高度重视，极力支持，及时监督。

各地在执行中若发现问题或特殊情况应及时向省局报告。

国家税务总局关于加强白酒消费税征收管理的通知

2009年7月17日　国税函〔2009〕380号

各省、自治区、直辖市和计划单列市国家税务局：

为落实《国家税务总局关于进

一步加强税收征管工作的通知》（国税发〔2009〕16号）文件精神，加强白酒消费税征收管理，现将有关事项通知如下：

一、各地要组织开展白酒消费税政策执行情况检查，及时纠正税率适用错误等政策问题。

二、各地要加强白酒消费税日常管理，确保税款按时入库。加大白酒消费税清欠力度，杜绝新欠发生。

三、加强纳税评估，有效监控生产企业的生产、销售情况，堵塞漏洞，增加收入。

四、为保全税基，对设立销售公司的白酒生产企业，税务总局制定了《白酒消费税最低计税价格核定管理办法（试行）》（见附件），对计税价格偏低的白酒核定消费税最低计税价格。

各地要集中力量做好白酒消费税最低计税价格核定工作，确保自2009年8月1日起，执行核定的白酒消费税最低计税价格。

五、各地要加强小酒厂白酒消费税的征管，对账证不全的，采取核定征收方式。

六、各级税务机关要加强领导，加强对本通知提出的白酒消费税征收管理各项工作要求的监督检查，发现问题及时纠正、及时上报。

附件：白酒消费税最低计税价格核定管理办法（试行）

附件

白酒消费税最低计税价格核定管理办法（试行）

第一条 根据《中华人民共和国税收征收管理法》、《中华人民共和国消费税暂行条例》以及相关法律法规制定本办法。

第二条 白酒生产企业销售给销售单位的白酒，生产企业消费税计税价格低于销售单位对外销售价格（不含增值税，下同）70%以下的，税务机关应核定消费税最低计税价格。

第三条 办法第二条销售单位是指，销售公司、购销公司以及委托境内其他单位或个人包销本企业生产白酒的商业机构。销售公司、购销公司是指，专门购进并销售白酒生产企业生产的白酒，并与该白酒生产企业存在关联性质。包销是指，销售单位依据协定价格从白酒生产企业购进白酒，同时承担大部分包装材料等成本费用，并负责销售白酒。

第四条 白酒生产企业应将各种白酒的消费税计税价格和销售单位销售价格，按照本办法附件1的式样及要求，在主管税务机关规定的时限内填报。

第五条 白酒消费税最低计税价格由白酒生产企业自行申报，税务机关核定。

第六条 主管税务机关应将白酒生产企业申报的销售给销售单位的消费税计税价格低于销售单位对外销售价格70%以下、年销售额1000万元以上的各种白酒，按照本办法附件2的式样及要求，在规定的时限内逐级上报至国家税务总局。税务总局选择其中部分白酒核定消费税最低计税价格。

第七条 除税务总局已核定消费税最低计税价格的白酒外，其他符合本办法第二条需要核定消费税最低计税价格的白酒，消费税最低计税价格由各省、自治区、直辖市和计划单列市国家税务局核定。

第八条 白酒消费税最低计税价格核定标准如下：

（一）白酒生产企业销售给销售单位的白酒，生产企业消费税计税价格高于销售单位对外销售价格70%（含70%）以上的，税务机关暂不核定消费税最低计税价格。

（二）白酒生产企业销售给销售单位的白酒，生产企业消费税计税价格低于销售单位对外销售价格70%以下的，消费税最低计税价格由税务机关根据生产规模、白酒品牌、利润水平等情况在销售单位对外销售价格50%至70%范围内自行核定。其中生产规模较大，利润水平较高的企业生产的需要核定消费税最低计税价格的白酒，税务机关核价幅度原则上应选择在销售单位对外销售价格60%至70%范围内。

第九条 已核定最低计税价格的白酒，生产企业实际销售价格高于消费税最低计税价格的，按实际销售价格申报纳税；实际销售价格低于消费税最低计税价格的，按最低计税价格申报纳税。

第十条 已核定最低计税价格的白酒，销售单位对外销售价格持续上涨或下降时间达到3个月以上、累计上涨或下降幅度在20%（含）以上的白酒，税务机关重新核定最低计税价格。

第十一条 白酒生产企业在办理消费税纳税申报时，应附已核定最低计税价格白酒清单，式样见附件3。

第十二条 白酒生产企业未按本办法规定上报销售单位销售价格的，主管国家税务局应按照销售单位销售价格征收消费税。

第十三条 本办法自2009年8月1日起执行。

云南省财政厅等五部门关于下达卷烟集团重组“三变二”后财政收入正式分配比例的通知

2009 年11 月18 日 云财预〔2009〕471 号

昆明市、昭通市、曲靖市、玉溪市、红河州、楚雄州、大理州财政局、国家税务局、地方税务局、人民银行中心支行，人民银行昆明中心支行营业部：

为积极支持我省卷烟企业做大、做强，实现“永攀高峰，再创奇迹”的发展目标，确保我省卷烟企业“三变二”重组后，红云红河、红塔两个新的卷烟集团企业税收的正常申报缴纳和各相关州市的财政利益，根据经省人民政府同意由我厅印发的《云南省卷烟集团重组“三变二”地方财政利益分配办法》，现将“三变二”重组后的财政收入分配比例等相关事宜通知如下：

一、基数的核定

经国税部门和卷烟企业核实，全省卷烟企业2008 年度实现纳入分配范围的“三税”收入为4364690 万元，其中：增值税为991089 万元，消费税为：3066186 万元，企业所得税为307415 万元。分企业情况是：红塔集团“三税”收入为1920348 万元，其中：增值税为430560 万元，消费税为：1345939 万元，企业所得税为143849 万元；红云集团“三税”收入为1735471 万元，其中：增值税为394248 万元，消费税为1218881 万元，企业所得税为122342 万元；红河集团“三税”收入为708871 万元，其中：增值税为166281 万元，消费税为501366 万元，企业所得税为41224 万元。

上述增值税基数已扣除红河集团2008 年12 月所属期进项税款在2009 年1 月申报的期末留抵并在2009 年2 月申报抵扣的增值税13271 万元，其中：红河厂10179 万元、昭通厂3092 万元。按照合理性原则，该部分应抵扣税款不计入税收分配基数，且在2009 年抵扣时仍由红河州和昭通市按云南省财政厅《关于核定烟草企业重组后相关州市财政收入分配比例的通知》（云财预〔2005〕310 号）核定的比例承担，随征的城市维护建设税、教育费附加和地方教育附加等税费收入也按此比例承担。

经清算，2008 年政府留成烟价差收入应返还各相关州市的部分为67955 万元，其中：玉溪市21651 万元、楚雄州5639 万元、大理州2865 万元、昭通市2241 万元、昆明市16891 万元、曲靖市9419 万元、红河州9249 万元。

二、红塔集团涉及州市财政收入分配比例

按照尊重历史、注重现实的原则，为了确保重组各方上一轮改革成果的既得利益，由新红塔集团每年从当年实现的“三税”收入中，在向其他参与重组各方按比例分配前，每月先按照增值税619.5 万元、消费税2107.5 万元、企业所得税0 万元定额划转红河州，再按以下比例分配其他各方，其中：

增值税：玉溪69.16%、楚雄11.88%、大理6.91%、昭通12.05%；

消费税：玉溪67.77%、楚雄14.39%、大理8.31%、昭通9.53%；

企业所得税：玉溪81.26%、楚雄7.98%、大理4.36%、昭通6.40%。

随分配的增值税和消费税征收的城市维护建设税、教育费附加和地方教育附加等税费收入按规定税率计算后一并划转，不再核定分配比例。

政府留成烟价差返还收入：先固定划转红河州1289 万元，再按比例分配，其中，玉溪66.83%、楚雄17.41%、大理8.84%、昭通6.92%。

三、红云红河集团涉及州市财政收入分配比例

先将红塔集团固定划入的“三税”收入分别计入红云红河集团当期应分配收入后，再按以下比例分配各州市，其中实际分配并划转红河州的数额应再扣除红塔集团已按月固定划转部分。

增值税：昆明47.97%、曲靖28.34%、红河23.69%；

消费税：昆明44.56%、曲靖30.53%、红河24.91%；

企业所得税：昆明56.24%、曲靖21.61%、红河22.15%。

随分配的增值税和消费税征收的城市维护建设税、教育费附加和地方教育附加等税费收入按规定税率计算后一并划转，不再核定分配比例。

政府留成烟价差返还收入：先将红塔集团划转数计入集团实际应返还数后，再按以下比例分配，其中：昆明47.50%、曲靖26.49%、红河26.01%。

四、相关事宜

从2009 年1 月1 日起，红云红河和红塔两大集团实现的增值税、消费税、企业所得税及其附征的城市维护建设税和教育费附加按上述比例进行分配。2008 年实现的税款年底正常跨期到2009 年入库的，仍按原办法执行。

按上述比例清算各州市应分配收入并划补后，《云南省财政厅关于下达卷烟集团重组“三变二”后财政收入预分配比例的通知》（云财预〔2009〕12 号）下达的预分配比例即停止执行。清算工作另行通知。

三、车辆购置税

财政部　国家税务总局关于减征1.6升及以下排量乘用车车辆购置税的通知

2009年1月16日　财税〔2009〕12号

各省、自治区、直辖市、计划单列市财政厅（局）、国家税务局，新疆生产建设兵团财务局：

为扩大内需，促进汽车产业发展，经国务院批准，对2009年1月20日至12月31日购置1.6升及以下排量乘用车，暂减按5%的税率征收车辆购置税。

本通知所称乘用车，是指在设计和技术特性上主要用于载运乘客及其随身行李和（或）临时物品、含驾驶员座位在内最多不超过9个座位的汽车。具体包括：

一、国产轿车："中华人民共和国机动车整车出厂合格证"（以下简称合格证）中"车辆型号"项的车辆类型代号为"7"，"排量和功率（ml/kw）"项中排量不超过1600ml。

二、国产客车：合格证中"车辆型号"项的车辆类型代号为"6"，"排量和功率（ml/kw）"项中排量不超过1600ml，"额定载客（人）"项不超过9人。

三、国产越野汽车：合格证中"车辆型号"项的车辆类型代号为"2"，"排量和功率（ml/kw）"项中排量不超过1600ml，"额定载客（人）"项不超过9人，"额定载质量（kg）"项小于额定载客人数和65kg的乘积。

四、国产专用车：合格证中"车辆型号"项的车辆类型代号为"5"，"排量和功率（ml/kw）"项中排量不超过1600ml，"额定载客（人）"项不超过9人，"额定载质量（kg）"项小于额定载客人数和65kg的乘积。

五、进口乘用车：参照国产同类车型技术参数认定。

乘用车购置日期按照《机动车销售统一发票》或《海关关税专用缴款书》等有效凭证的开具日期确定。

请遵照执行。

注：云南省财政厅、云南省国家税务局于2009年2月10日以云财税〔2009〕30号原文转发。

云南省国家税务局关于车辆购置税完税证明遗失补办有关问题的通知

2009年3月10日　云国税函〔2009〕101号

各州、市国家税务局：

为方便纳税人及时刊登车辆购置税完税证明遗失声明，我省指定作为省内刊登车辆购置税完税证明遗失声明的报刊自2009年3月1日起变更为《云南信息报》。

纳税人在申请补办车辆购置税完税证明时，主管税务机关应根据《国家税务总局关于完税证明遗失刊登遗失声明有关问题的补充通知》（国税函〔2005〕429号）告知申请补办完税证明的纳税人，可选择在《中国税务报》或我省指定的《云南信息报》刊登车辆购置税完税证明遗失声明，待遗失声明见报后，纳税人持遗失声明及登报发票办理完税证明遗失补办手续。

各州、市局须自印《车辆购置税完税证明遗失声明刊出证明书》（见附件1）下发到所属各办税地点使用，由纳税人填列表上各项，办税点征管人员签字并加盖"车购税业务专用章"后交由纳税人自行办理后续事项。

国家税务总局关于加强部分减征乘用车车辆购置税管理有关问题的通知

2009年12月24日　国税函〔2009〕756号

各省、自治区、直辖市和计划单列市国家税务局：

根据《财政部 国家税务总局关于减征1.6升及以下排量乘用车车辆购置税的通知》（财税〔2009〕154号）规定，对纳税人自2010年1月1日至2010年12月31日期间购置的排气量在1.6升及以下的小排量乘用车，暂减按7.5%的税率征收车辆购置税（以下简称车购税）。为保证政策的贯彻落实和征收管理的顺利进行，现将有关问题通知如下：

一、做好车购税征收系统升级和培训工作

国家税务总局近期将对车购税征收系统进行升级，在下发升级说明的同时将下发征管系统操作说明，各地要在2010年1月1日前完成系统升级和相关人员培训工作，确保政策调整后征收管理工作的正常进行。

二、严格执行税收政策，加强审核管理

各级税务机关要按照征管系统中的新增核对功能，加强审核，确保政策执行到位。在征收管理工作中要严格审核《机动车销售统一发票》或《海关关税专用缴款书》等价格证明上的开具时间，按照应税车辆购置时间分别确定适用税率；要准确比对《机动车整车出厂合格证》等车辆合格证明上的技术参数，准确界定减征范围。

三、做好政策宣传解释工作

各级税务机关要高度重视车购税政策的调整工作，采取多种形式做好政策宣传解释工作，在征收大厅安排专人负责政策咨询，对此次政策调整中关于减征期限、减征范围、适用税率等政策规定做好重点宣传。车购税征收部门要针对可能在年底前出现的纳税申报高峰制定紧急预案，在人员、设备和组织上做好充分的准备。要积极创造条件，为纳税人提供更加优质的服务。对执行中遇到的问题，要及时与有关部门沟通协调，并向总局（货物和劳务税司）报告。

注：云南省国家税务局于2009年12月31日以云国税函〔2009〕号632号原文转发。

云南省国家税务局转发财政部　国家税务总局关于减征1.6升及以下排量乘用车车辆购置税的通知

2009年12月29日　云国税发〔2009〕294号

各州、市国家税务局：

现将《财政部 国家税务总局关于减征1.6升及以下排量乘用车车辆购置税的通知》（财税〔2009〕154号）（以下简称《通知》）转发给你们，并结合我省工作实际提出以下要求，请一并贯彻执行。

一、做好政策宣传解释工作。在减征政策执行期间，各地要采取多种手段和方法对此次政策调整中关于减征期限、减征范围的内容做好重点宣传，避免发生征纳纠纷。

二、《通知》对车购税减征的范围作了明确规定，在征收工作中要严格审核《机动车销售统一发票》或《海关关税专用缴款书》上的开具时间，准确比对《机动车整车出厂合格证》上的技术参数。征收过程中要严格按申报资料审核，严格执行验车规定，验车记录要有两名以上工作人员签字备案。

三、对2009年1月20日至12月31日购置1.6升及以下排量乘用车，按《财政部 国家税务总局关于减征1.6升及以下排量乘用车车辆购置税的通知》（财税〔2009〕12号）执行。

四、国产专用车、国产越野汽车需要进行计算比对，满足“额定载质量（kg）”项小于额定载客人数和65kg的乘积的要求。

五、征收过程中要注意乘用车的定义。乘用车，是指在设计和技术特性上主要用于载运乘客及其随身行李和（或）临时物品、含驾驶员座位在内最多不超过9个座位的汽车。

六、在每月征收工作结束后，应将本月发生的减征车购税的车辆编制成《减征核对表》、《减征车辆购置税车辆明细表》（电子表格），于次月10日前由各州市局车辆购置税征管部门审核汇总后上报省局货物和劳务税处。其中按5%税率和按7.5%税率征收的应分别编制相关报表分别上报。

各级车辆购置税征管部门要严格审核下级上报的《减征核对表》、《减征车辆购置税车辆明细表》，省局将对政策执行情况进行考核。

上报地址：省局 FTP//货物和劳务税处/各地上传/车购税/减征车购税报表。

目前总局相关车购税征管系统补丁尚未下发。待总局下发补丁后，省局将尽快组织进行升级，相关事项将另行通知。

财政部　国家税务总局关于减征 1.6 升及以下排量乘用车车辆购置税的通知

2009 年 12 月 22 日　财税〔2009〕154 号

各省、自治区、直辖市、计划单列市财政厅（局）、国家税务局，新疆生产建设兵团财务局：

为扩大内需，促进汽车产业健康发展，经国务院批准，对 2010 年 1 月 1 日至 12 月 31 日购置 1.6 升及以下排量乘用车，暂减按 7.5% 的税率征收车辆购置税。

本通知所称乘用车，是指在设计和技术特性上主要用于载运乘客及其随身行李和（或）临时物品、含驾驶员座位在内最多不超过 9 个座位的汽车。具体包括：

一、国产轿车："中华人民共和国机动车整车出厂合格证"（以下简称合格证）中"车辆型号"项的车辆类型代号为"7"，"排量和功率（ml/kw）"项中排量不超过 1600ml。

二、国产客车：合格证中"车辆型号"项的车辆类型代号为"6"，"排量和功率（ml/kw）"项中排量不超过 1600ml，"额定载客（人）"项不超过 9 人。

三、国产越野汽车：合格证中"车辆型号"项的车辆类型代号为"2"，"排量和功率（ml/kw）"项中排量不超过 1600ml，"额定载客（人）"项不超过 9 人，"额定载质量（kg）"项小于额定载客人数和 65kg 的乘积。

四、国产专用车：合格证中"车辆型号"项的车辆类型代号为"5"，"排量和功率（ml/kw）"项中排量不超过 1600ml，"额定载客（人）"项不超过 9 人，"额定载质量（kg）"项小于额定载客人数和 65kg 的乘积。

五、进口乘用车：参照国产同类车型技术参数认定。

乘用车购置日期按照《机动车销售统一发票》或《海关关税专用缴款书》等有效凭证的开具日期确定。

请遵照执行。

四、所　得　税

国家税务总局关于企业工资薪金及职工福利费扣除问题的通知

2009 年 1 月 4 日　国税函〔2009〕3 号

各省、自治区、直辖市和计划单列市国家税务局、地方税务局：

为有效贯彻落实《中华人民共和国企业所得税法实施条例》（以下简称《实施条例》），现就企业工资薪金和职工福利费扣除有关问题通知如下：

一、关于合理工资薪金问题

《实施条例》第三十四条所称的"合理工资薪金"，是指企业按照股东大会、董事会、薪酬委员会或相关管理机构制订的工资薪金制度规定实际发放给员工的工资薪金。税务机关在对工资薪金进行合理性确认时，可按以下原则掌握：

（一）企业制订了较为规范的员工工资薪金制度；

（二）企业所制订的工资薪金制度符合行业及地区水平；

（三）企业在一定时期所发放的工资薪金是相对固定的，工资薪金的调整是有序进行的；

（四）企业对实际发放的工资薪金，已依法履行了代扣代缴个人所得税义务。

（五）有关工资薪金的安排，不以减少或逃避税款为目的；

二、关于工资薪金总额问题

《实施条例》第四十、四十一、四十二条所称的"工资薪金总额"，是指企业按照本通知第一条规定实际发放的工资薪金总和，不包括企业的职工福利费、职工教育经费、工会经费以及养老保险费、医疗保险费、失业保险费、工伤保险费、生育保险费等社会保险费和住房公积金。属于国有性质的企业，其工资薪金，不得超过政府有关部门给予的限定数额；超过部分，不得计入企业工资薪金总额，也不得在计算企业应纳税所得额时扣除。

三、关于职工福利费扣除问题

《实施条例》第四十条规定的企业职工福利费，包括以下内容：

（一）尚未实行分离办社会职能的企业，其内设福利部门所发生的设备、设施和人员费用，包括职工食堂、职工浴室、理发室、医务所、托儿所、疗养院等集体福利部门的设备、设施及维修保养费用和福利部门工作人员的工资薪金、社会保险费、住房公积金、劳务费等。

（二）为职工卫生保健、生活、住房、交通等所发放的各项补贴和非货币性福利，包括企业向职工发放的因公外地就医费用、未实行医疗统筹企业职工医疗费用、职工供养直系亲属医疗补贴、供暖费补贴、职工防暑降温费、职工困难补贴、救济费、职工食堂经费补贴、职工交通补贴等。

（三）按照其他规定发生的其他职工福利费，包括丧葬补助费、抚恤费、安家费、探亲假路费等。

四、关于职工福利费核算问题

企业发生的职工福利费，应该单独设置账册，进行准确核算。没有单独设置账册准确核算的，税务机关应责令企业在规定的期限内进行改正。逾期仍未改正的，税务机关可对企业发生的职工福利费进行合理的核定。

五、本通知自 2008 年 1 月 1 日起执行。

注：云南省国家税务局于 2009 年 1 月 22 日以云国税函〔2009〕36 号原文转发。

财政部　国家税务总局关于海峡两岸海上直航营业税和企业所得税政策的通知

2009 年 1 月 10 日　财税〔2009〕4 号

各省、自治区、直辖市、计划单列市财政厅（局）、国家税务局、地方税务局、新疆生产建设兵团财务局：

为推动海峡两岸海上直航，经国务院批准，现对海峡两岸海上直航业务有关税收政策通知如下：

一、自 2008 年 12 月 15 日起，对台湾航运公司从事海峡两岸海上直航业务在大陆取得的运输收入，免征营业税。

对台湾航运公司在 2008 年 12 月 15 日至文到之日已缴纳应予免征的营业税，从以后应缴的营业税税款中抵减，年度内抵减不完的予以退税。

二、自 2008 年 12 月 15 日起，对台湾航运公司从事海峡两岸海上直航业务取得的来源于大陆的所得，免征企业所得税。

享受企业所得税免税政策的台湾航运公司应当按照企业所得税法实施条例的有关规定，单独核算其从事上述业务在大陆取得的收入和发生的成本、费用；未单独核算的，不得享受免征企业所得税政策。

三、本通知所称台湾航运公司，是指取得交通运输部颁发的“台湾海峡两岸间水路运输许可证”且上述许可证上著名的公司登记地址在台湾的航运公司。

注：云南省财政厅、云南省国家税务局、云南省地方税务局于 2009 年 2 月 12 日以云财税〔2009〕26 号原文转发。

云南省国家税务局　云南省地方税务局转发国家税务总局关于企业所得税减免税管理问题的通知

2009 年 2 月 2 日　云国税发〔2009〕34 号

各州、市国家税务局、地方税务局：

现将《国家税务总局关于企业所得税减免税管理问题的通知》（国税发〔2008〕111 号）转发给你们，为规范企业所得税审批类减免税和备案类减免税管理工作，结合我省实际，现将有关问题明确如下，请一并贯彻执行。

一、审批类减免税和备案类减免税的范围

（一）审批类减免税

下列企业所得税优惠项目为审批类减免税项目：

1. 西部大开发企业所得税优惠；

2.《税法》第二十九条规定的民族自治地方企业减免地方分享部分企业所得税；

3. 国务院制定的企业所得税专项优惠政策，明确规定需要审批的其他项目。

（二）备案类减免税

下列企业所得税优惠项目为备案类减免税项目：

1.《中华人民共和国企业所得税法》（以下简称《税法》）第二十六条规定的免税收入；

2.《税法》第二十七条规定的项目所得免征、减征企业所得税；

3.《税法》第二十八条规定的小型微利企业、高新技术企业优惠税率；

4.《税法》第三十条规定的加计扣除；

5.《税法》第三十一条规定的创业投资企业投资额抵扣应纳税所得额；

6.《税法》第三十二条规定的缩短折旧年限或加速折旧；

7.《税法》第三十三条规定的资源综合利用减计收入；

8.《税法》第三十四条规定的购置用于环境保护、节能节水、安全生产专用设备的投资额抵免企业所得税；

9. 国务院制定的企业所得税专项优惠政策，未明确规定需要审批的其他项目。

二、审批类减免税的办理程序

审批类减免税的办理，仍按照《国家税务总局关于印发〈税收减免管理办法〉（试行）的通知》（国税发〔2005〕129号）和省国税局、省地税局下发的减免税管理有关文件规定执行。

三、备案类减免税的办理程序

（一）纳税人依照相关税收法律、法规规定申请执行备案类减免税的，应当向县（市、区）级主管税务机关提出书面申请（见附件1），填报《企业所得税减免税备案申请表》（见附件2），并报送相关资料。

（二）企业同时符合享受多项减免税优惠政策条件的，可一次性向税务机关申请备案。

（三）县（市、区）级主管税务机关接收纳税人申请资料后，对于申请资料齐全的，应正式予以受理并认真审核，符合政策规定条件的，在7个工作日内完成登记备案，并发出《企业所得税减免税备案通知书》（见附件3），告知纳税人执行。

（四）对于纳税人申请资料不符合政策规定条件的，应发出《企业所得税减免税不予备案通知书》（见附件4），告知纳税人不得减免企业所得税。

四、减免税审批和备案办理要求

（一）对于审批类和备案类减免税有资质认定要求的，纳税人在申请审批或备案减免税时，须提供有关资质证书或证明文件。审批类减免税未经审批，备案类减免税未经备案，企业不得执行相关减免税政策。

（二）纳税人符合相关税收法律、法规规定的减免税条件，应在年度纳税申报期限内向主管税务机关申请审批或备案，超过年度纳税申报期限提出的减免税申请，税务机关不予受理。

五、减免税的后续管理

（一）县级主管税务机关应对辖区内经审批或备案享受企业所得税减免的纳税人按减免税项目登记台账，建立减免税动态监控管理机制。

（二）纳税人享受减免税的条件发生变化，应及时向县级主管税务机关报告，由县级主管税务机关经核实后，根据税收法律、法规规定确定是否继续给予减免税。

（三）县级主管税务机关应加强对减免税企业的后续跟踪管理工作，管理中发现企业提供虚假资料骗取减免税，或者经营情况发生变化，不符合税收法律、法规规定减免税条件的，应取消其备案或经审批享受减免税的资格。取消经上级税务机关审批的减免税资格应同时层报审批税务机关备案。

（四）上级税务机关应定期或不定期地通过抽查方式，对下级税务机关减免税备案、审批情况，减免税台账登记情况进行检查。

六、本通知自2008年1月1日起执行。过去规定与本通知不一致的按本通知执行。本通知未尽事项按照国家税务总局及省国、地税局制定的相关规定执行。

附件：1. 企业所得税减免税备案申请示范文本（略）

2. 企业所得税减免税备案申请表（略）

3. 企业所得税减免税备案通知书（略）

4. 企业所得税减免税不予备案通知书（略）

国家税务总局关于企业所得税减免税管理问题的通知

2008年12月1日　国税发〔2008〕111号

各省、自治区、直辖市和计划单列市国家税务局、地方税务局：

为有效落实《中华人民共和国企业所得税法》及其实施条例和其他税收法规规定的企业所得税减免税优惠政策，现将企业所得税减免税管理问题通知如下：

一、企业所得税的各类减免税应按照《国家税务总局关于印发〈税收减免管理办法（试行）〉的通知》（国税发〔2005〕129号）的相关规定办理。

国税发〔2005〕129号文件规定与《中华人民共和国企业所得税法》及其实施条例规定不一致的，

按《中华人民共和国企业所得税法》及其实施条例的规定执行。

二、企业所得税减免税实行审批管理的，必须是《中华人民共和国企业所得税法》及其实施条例等法律法规和国务院明确规定需要审批的内容。

对列入备案管理的企业所得税减免的范围、方式，由各省、自治区、直辖市和计划单列市国家税务局、地方税务局（企业所得税管理部门）自行研究确定，但同一省、自治区、直辖市和计划单列市范围内必须一致。

三、企业所得税减免税期限超过一个纳税年度的，主管税务机关可以进行一次性确认，但每年必须对相关减免税条件进行审核，对情况变化导致不符合减免税条件的，应停止享受减免税政策。

四、企业所得税减免税有资质认定要求的，纳税人须先取得有关资质认定，税务部门在办理减免税手续时，可进一步简化手续，具体认定方式由各省、自治区、直辖市和计划单列市国家税务局、地方税务局研究确定。

五、对各类企业所得税减免税管理，税务机关应本着精简、高效、便利的原则，方便纳税人，减少报送资料，简化手续。

六、本通知自2008年1月1日起执行。

国家税务总局关于企业所得税若干税务事项衔接问题的通知

2009年2月27日　国税函〔2009〕98号

各省、自治区、直辖市和计划单列市国家税务局、地方税务局：

《中华人民共和国企业所得税法》（以下简称新税法）及其实施条例（以下简称实施条例）自2008年1月1日正式实施，按照新税法第六十条规定，《中华人民共和国外商投资企业和外国企业所得税法》和《中华人民共和国企业所得税暂行条例》（以下简称原税法）同时废止。为便于各地汇算清缴工作的开展，现就新税法实施前企业发生的若干税务事项衔接问题通知如下：

一、关于已购置固定资产预计净残值和折旧年限的处理问题

新税法实施前已投入使用的固定资产，企业已按原税法规定预计净残值并计提的折旧，不做调整。新税法实施后，对此类继续使用的固定资产，可以重新确定其残值，并就其尚未计提折旧的余额，按照新税法规定的折旧年限减去已经计提折旧的年限后的剩余年限，按照新税法规定的折旧方法计算折旧。新税法实施后，固定资产原确定的折旧年限不违背新税法规定原则的，也可以继续执行。

二、关于递延所得的处理

企业按原税法规定已作递延所得确认的项目，其余额可在原规定的递延期间的剩余期间内继续均匀计入各纳税期间的应纳税所得额。

三、关于利息收入、租金收入和特许权使用费收入的确认

新税法实施前已按其他方式计入当期收入的利息收入、租金收入、特许权使用费收入，在新税法实施后，凡与按合同约定支付时间确认的收入额发生变化的，应将该收入额减去以前年度已按照其他方式确认的收入额后的差额，确认为当期收入。

四、关于以前年度职工福利费余额的处理

根据《国家税务总局关于做好2007年度企业所得税汇算清缴工作的补充通知》（国税函〔2008〕264号）的规定，企业2008年以前按照规定计提但尚未使用的职工福利费余额，2008年及以后年度发生的职工福利费，应首先冲减上述的职工福利费余额，不足部分按新税法规定扣除；仍有余额的，继续留在以后年度使用。企业2008年以前节余的职工福利费，已在税前扣除，属于职工权益，如果改变用途的，应调整增加企业应纳税所得额。

五、关于以前年度职工教育经费余额的处理

对于在2008年以前已经计提但尚未使用的职工教育经费余额，2008年及以后新发生的职工教育经费应先从余额中冲减。仍有余额的，留在以后年度继续使用。

六、关于工效挂钩企业工资储备基金的处理

原执行工效挂钩办法的企业，在2008年1月1日以前已按规定提取，但因未实际发放而未在税前扣除的工资储备基金余额，2008年及以后年度实际发放时，可在实际发放年度企业所得税前据实扣除。

七、关于以前年度未扣除的广告费的处理

企业在2008年以前按照原政策规定已发生但尚未扣除的广告费，2008年实行新税法后，其尚未扣除的余额，加上当年度新发生的广告费和业务宣传费后，按照新税法规定的比例计算扣除。

八、关于技术开发费的加计扣除形成的亏损的处理

企业技术开发费加计扣除部分已形成企业年度亏损，可以用以后年度所得弥补，但结转年限最长不得超过5年。

九、关于开（筹）办费的处理

新税法中开（筹）办费未明确列作长期待摊费用，企业可以在开始经营之日的当年一次性扣除，也可以按照新税法有关长期待摊费用的处理规定处理，但一经选定，不得改变。

企业在新税法实施以前年度的未摊销完的开办费，也可根据上述规定处理。

注：云南省国家税务局于2009年3月23日以云国税函〔2009〕116号原文转发。

国家税务总局关于企业政策性搬迁或处置收入有关企业所得税处理问题的通知

2009年3月12日　国税函〔2009〕118号

各省、自治区、直辖市和计划单列是国家税务局、地方税务局：

根据《中华人民共和国企业所得税法》（以下简称“企业所得税法”）及《中华人民共和国企业所得税实施条例》（以下简称“实施条例”）规定的原则和精神，现将企业政策性搬迁或处置收入有关企业所得税处理问题明确如下：

一、本通知所称企业政策性搬迁和处置收入，是指因政府城市规划、基础设施建设等政策性原因，企业需要整体搬迁（包括部分搬迁或部分拆除）或处置相关资产而按规定标准从政府取得的搬迁补偿收入或处置相关资产而取得的收入，以及通过市场（招标、拍卖、挂牌等形式）取得的土地使用权转让收入。

二、对企业取得的政策性搬迁或处置收入，应按以下方式进行企业所得税处理。

（一）企业根据搬迁规划，异地重建后恢复原有或转换新的生产经营业务，用企业搬迁或处置收入购置或建造与搬迁前相同或类似性质、用途或者新的固定资产和土地使用权（以下简称重置固定资产），或对其他固定资产进行改良，或进行技术改造，或安置职工的，准予其搬迁或处置收入扣除固定资产重置或改良支出、技术改造支出和职工安置支出后的余额，计入企业应纳税所得额。

（二）企业没有重置或改良固定资产、技术改造或购置其他固定资产的计划或立项报告，应将搬迁收入加上各类拆迁固定资产的变卖收入、减除各类拆迁固定资产的折余价值和处置费用后的余额计入企业当年应纳税所得额，计算缴纳企业所得税。

（三）企业利用政策性搬迁或处置收入购置或改良的固定资产，可以按照现行税收规定计算折旧或摊销，并在企业所得税税前扣除。

（四）企业从规划搬迁次年起的五年内，其取得的搬迁收入或处置收入暂不计入企业当年应纳税所得额，在五年期内完成搬迁的，企业搬迁收入按上述规定处理。

三、主管税务机关应对企业取得的政策性搬迁收入和原厂土地转让收入加强管理。重点审核有无政府搬迁文件或公告。有无搬迁协议和搬迁计划，有无企业技术改造、重置或改良固定资产的计划或立项，是否在规定期限内进行技术改造、重置或改良固定资产购置其他固定资产等。

注：云南省国家税务局于2009年4月7日以云国税函〔2009〕152号原文转发。

财政部　国家税务总局关于中国清洁发展机制基金及清洁发展机制项目实施企业有关企业所得税政策问题的通知

2009年3月30日　财税〔2009〕30号

各省、自治区、直辖市、计划单列市财政厅（局）、国家税务局、地方税务局，新疆生产建设兵团财务局：

经国务院批准，现就中国清洁发展机制基金（以下简称清洁基金）和清洁发展机制项目（以下简称CDM项目）实施企业的有关企业所得税政策明确如下：

一、关于清洁基金的企业所得税政策

对清洁基金取得的下列收入，免征企业所得税：

（一）CDM项目温室气体减排量转让收入上缴国家的部分；

（二）国际金融组织赠款收入；

（三）基金资金的存款利息收入、购买国债的利息收入；

（四）国内外机构、组织和个人的捐赠收入。

二、关于CDM项目实施企业的企业所得税政策

（一）CDM项目实施企业按照《清洁发展机制项目运行管理办法》（发展改革委、科技部、外交部、财政部令第37号）的规定，将温室气体减排量的转让收入，按照以下比例上交给国家的部分，准予在计算应纳税所得额时扣除：

1. 氢氟碳化物（HFC）和全氟碳化物（PFC）类项目，为温室气体减排量转让收入的65%；

2. 氧化亚氮（H2O）类项目，为温室企业减排量转让收入的30%；

3.《清洁发展机制项目运行管理办法》第四条规定的重点领域以及植树造林项目等类清洁发展机制项目，为温室气体减排量转让收入的2%。

（二）对企业实施的将温室气体减排量转让收入的65%上缴给国家的HFC和PFC类CDM项目，以及将温室气体减排量转让收入的30%上缴给国家的N2O类CDM项目，其实施该类CDM项目的所得，自项目取得第一笔减排量转让收入所属纳税年度起，第一年至第三年免征企业所得税，第四年至第六年减半征收企业所得税。

企业实施CDM项目的所得，是指企业实施CDM项目取得的温室气体减排量转让收入扣除上缴国家的部分，再扣除企业实施CDM项目发生的相关成本、费用后的净所得。

企业应单独核算其享受优惠的CDM项目的所得，并合理分摊有关期间费用，没有单独核算的，不得享受上述企业所得税优惠政策。

三、本通知自2007年1月1日起执行。

注：云南省财政厅、云南省国家税务局、云南省地方税务局于2009年6月4日以云财税〔2009〕65号原文转发。

财政部　国家税务总局关于中非发展基金有限公司有关企业所得税政策问题的通知

2009年3月30日　财税〔2009〕36号

各省、自治区、直辖市、计划单列市财政厅（局）、国家税务局，新疆生产建设兵团财务局：

根据《中华人民共和国企业所得税法》有关规定，经国务院批准，现就中非发展基金有限公司有关企业所得税政策通知如下：

一、对中非发展基金有限公司通过取得的下列对非洲投资项目的投资收益，免征企业所得税：

1. 中非发展基金有限公司通过股权、准股权（包括可转换债券等）、债权（包括股东借款、委托贷款等）等形式直接投资于非洲取得的股息、红利、利息、股权转让收入等投资收益；

2. 中非发展基金有限公司在境内或境外设立合资公司（或专项基金）。由该合资公司（或专项基金）直接投资于非洲取得的股息、红利、利息、股权转让收入等投资收益，中非发展基金有限公司按其在合资公司（专项基金）中的持股比例应享有的部分。

二、对中非发展基金有限公司以暂未用于投资的闲置资金购买在债券取得的利息收入和债券买卖差价收入以及闲置资金银行存款利息收入，免征企业所得税。

三、上述政策执行期限为2008年1月1日起至2012年12月31日止。

注：云南省财政厅、云南省国家税务局于2009年5月11日以云财税〔2009〕58号原文转发。

财政部　国家税务总局关于证券行业准备金支出企业所得税税前扣除有关问题的通知

2009年4月9日　财税〔2009〕33号

各省、自治区、直辖市、计划单列市财政厅（局）、国家税务、地方税务局，新疆生产建设兵团财务局：

根据《中华人民共和国企业所得税法》和《中华人民共和国企业所得税法实施条例》的有关规定，现就证券行业准备金支出企业所得税税前扣除有关政策问题明确也如下：

一、证券类准备金

（一）证券交易所风险基金。

上海、深圳证券交易所依据《证券交易所风险基金管理暂行办法》（证监发〔2000〕22号）的有关规定，按证券交易所交易收取经手费20%、会员年费的10%提取的证券交易所风险基金，在各基金净资产不超过10亿元的额度内，准予在企业所得税税前扣除。

（二）证券结算风险基金。

1. 中国证券登记结算公司所属上海分公司、深圳分公司依据《证券结算风险基金管理办法》（证监发〔2006〕65号）的有关规定，按证券登记结算公司业务收入的20%提取的证券结算风险基金，在各基金净资产不超过30亿元的额度内，准予在企业所得税税前扣除。

2. 证券公司依据《证券结算风险基金管理办法》（证监发〔2006〕65号）的有关规定，作为结算会员按人民币普通股和基金成交金额的十万分之三、国债现货成交金额的十万分之一、1天期国债回购成交额的千万分之五、2天期国债回购成交额的千万分之十、3天期国债回购成交额的千万分之十五、4天期国债回购成交额的千万分之二十、7天期国债回购成交额的千万分之五十、14天期国债回购成交额的十万分之一、28天期国债回购成交额的十万分之二、91天期国债回购成交额的十万分之六、182天期国债回购成交额的十万分之十二逐日交纳的证券结算风险基金，准予在企业所得税税前扣除。

（三）证券投资者保护基金。

1. 上海、深圳证券交易所依据《证券投资者保护基金管理办法》（证监会令第27号）的有关规定，在风险基金分别达到规定的上限后，按交易经手费的20%交纳的证券投资者保护基金，准予在企业所得税税前扣除。

2. 证券公司依据《证券投资者保护基金管理办法》（证监会令第27号）的有关规定，按其营业收入0.5%－5%交纳的证券投资者保护基金，准予在企业所得税税前扣除。

二、期货类准备金

（一）期货交易所风险准备金

上海期货交易所、大连商品交易所、郑州商品交易所和中国金融期货交易所依据《期货交易管理条例》（国务院令第489号）、《期货交易所管理办法》（证监会令第42号）和《商品期货交易财务管理暂行规定》（财商字〔1997〕44号）的有关规定，分别按向会员收取手续费收入的20%计提风险准备金，在风险准备金余额达到有关规定的额度内，准予在企业所得税税前扣除。

（二）期货公司风险准备金。

期货公司依据《期货公司管理办法》（证监会令第43号）和《商品期货交易财务管理暂行规定》（财商字〔1997〕44号）的有关规定，从其收取的交易手续费收入减去应付期货交易所手续费后的净收入的5%提取的期货公司风险准备金，准予在企业所得税税前扣除。

（三）期货投资者保障基金。

1. 上海期货交易所、大连商品交易所、郑州商品交易所和中国金融期货交易所依据《期货投资者保障基金管理暂行办法》（证监会令第38号）的有关规定，按其向期货公司会员收取的交易手续费的3%缴纳的期货投资者保障基金，在基金总额达到有关规定的额度内，准予在企业所得税税前扣除。

2. 期货公司依据《期货投资者保障基金管理暂行办法》（证监会令第38号）的有关规定，从其收取的交易手续费中按照代理交易额的千万分之五至千万分之十的比例缴纳的期货投资者保障基金，在基金总额达到有关规定的额度内，准予在企业所得税税前扣除。

三、上述准备金如发生清算、退还，应按规定补征企业所得税。

四、本通知自2008年1月1日起至2010年12月31日止执行。

注：云南省财政厅、云南省国家税务局、云南省地方税务局于2009年5月7日以云财税〔2009〕57号原文转发。

财政部　国家税务总局关于中国对外贸易运输（集团）总公司资产评估增值有关企业所得税问题的通知

2009年4月10日　财税〔2009〕56号

各省、自治区、直辖市、计划单列市财政厅（局）国家税务局、地方税务局，新疆生产建设兵团财务局：

根据国务院有关批示精神，现将中国对外贸易运输（集团）总公司（以下简称中外运集团）资产评估增值企业所得税政策明确如下：

对中外运集团实施集团资源整合中第一批改制企业资产评估增值30679.78万元的部分，在资产转让发生时，按照规定在集团总部所在地缴纳企业所得税。中国外运股份有限公司及其子公司收购中外运集团第一批改制企业的资产，可按评估后的价值计提折旧或摊销，并在企业所得税前扣除。

请遵照执行。

注：云南省财政厅、云南省国家税务局、云南省地方税务局于2009年4月5日以云财税〔2009〕80号原文转发。

财政部 国家税务总局关于企业资产损失税前扣除政策的通知

2009年4月16日 财税〔2009〕57号

各省、自治区、直辖市、计划单列市财政厅（局）、国家税务局、地方税务局，新疆生产建设兵团财务局：

根据《中华人民共和国企业所得税法》和《中华人民共和国企业所得税法实施条例》（国务院令第512号）的有关规定，现就企业资产损失在计算企业所得税应纳税所得额时的扣除政策通知如下：

一、本通知所称资产损失，是指企业在生产经营活动中实际发生的、与取得应税收入有关的资产损失，包括现金损失，存款损失，坏账损失，贷款损失，股权投资损失，固定资产和存货的盘亏、毁损、报废、被盗损失，自然灾害等不可抗力因素造成的损失以及其他损失。

二、企业清查出的现金短缺减除责任人赔偿后的余额，作为现金损失在计算应纳税所得额时扣除。

三、企业将货币性资金存入法定具有吸收存款职能的机构，因该机构依法破产、清算，或者政府责令停业、关闭等原因，确实不能收回的部分，作为存款损失在计算应纳税所得额时扣除。

四、企业除贷款类债权外的应收、预付账款符合下列条件之一的，减除可收回金额后确认的无法收回的应收、预付款项可以作为坏账损失在计算应纳税所得额时扣除：

（一）债务人依法宣告破产、关闭、解散、被撤销，或者被依法注销、吊销营业执照，其清算财产不足清偿的；

（二）债务人死亡，或者依法被宣告失踪、死亡，其财产或者遗产不足清偿的；

（三）债务人逾期3年以上未清偿，且有确凿证据证明已无力清偿债务的；

（四）与债务人达成债务重组协议或法院批准破产重整计划后，无法追偿的；

（五）因自然灾害、战争等不可抗力导致无法收回的；

（六）国务院财政、税务主管部门规定的其他条件。

五、企业经采取所有可能的措施和实施必要的程序之后，符合下列条件之一的贷款类债权，可以作为贷款损失在计算应纳税所得额时扣除：

（一）借款人和担保人依法宣告破产、关闭、解散、被撤销，并终止法人资格，或者已完全停止经营活动，被依法注销、吊销营业执照，对借款人和担保人进行追偿后，未能收回的债权；

（二）借款人死亡，或者依法被宣告失踪、死亡，依法对其财产或者遗产进行清偿，并对担保人进行追偿后，未能收回的债权；

（三）借款人遭受重大自然灾害或者意外事故，损失巨大且不能获得保险补偿，或者以保险赔偿后，确实无力偿还部分或者全部债务，对借款人财产进行清偿和对担保人进行追偿后，未能收回的债权；

（四）借款人触犯刑律，依法受到制裁，其财产不足归还所借债务，又无其他债务承担者，经追偿后确实无法收回的债权；

（五）由于借款人和担保人不能偿还到期债务，企业诉诸法律，经法院对借款人和担保人强制执行，借款人和担保人均无财产可执行，法院裁定执行程序终结或终止（中止）后，仍无法收回的债权；

（六）由于借款人和担保人不能偿还到期债务，企业诉诸法律后，经法院调解或经债权人会议通过，与借款人和担保人达成和解协议或重整协议，在借款人和担保人履行完还款义务后，无法追偿的剩余债权；

（七）由于上述（一）至（六）项原因借款人不能偿还到期债务，企业依法取得抵债资产，抵债金额小于贷款本息的差额，经追偿后仍无法收回的债权；

（八）开立信用证、办理承兑汇票、开具保函等发生垫款时，凡开证申请人和保证人由于上述（一）至（七）项原因，无法偿还垫款，金融企业经追偿后仍无法收回的垫款；

（九）银行卡持卡人和担保人由于上述（一）至（七）项原因，未能还清透支款项，金融企业经追偿后仍无法收回的透支款项；

（十）助学贷款逾期后，在金融企业确定的有效追索期限内，依法处置助学贷款抵押物（质押物），并向担保人追索连带责任后，仍无法收回的贷款；

（十一）经国务院专案批准核销的贷款类债权；

（十二）国务院财政、税务主管部门规定的其他条件。

六、企业的股权投资符合下列条件之一的，减除可收回金额后确认的无法收回的股权投资，可以作为股权投资损失在计算应纳税所得额时扣除：

（一）被投资方依法宣告破产、关闭、解散、被撤销，或者被依法注销、吊销营业执照的；

（二）被投资方财务状况严重恶化，累计发生巨额亏损，已连续停止经营3年以上，且无重新恢复经营改组计划的；

（三）对被投资方不具有控制权，投资期限届满或者投资期限已超过10年，且被投资单位因连续3年经营亏损导致资不抵债的；

（四）被投资方财务状况严重恶化，累计发生巨额亏损，已完成清算或清算期超过3年以上的；

（五）国务院财政、税务主管部门规定的其他条件。

七、对企业盘亏的固定资产或存货，以该固定资产的账面净值或存货的成本减除责任人赔偿后的余额，作为固定资产或存货盘亏损失在计算应纳税所得额时扣除。

八、对企业毁损、报废的固定资产或存货，以该固定资产的账面净值或存货的成本减除残值、保险赔款和责任人赔偿后的余额，作为固定资产或存货毁损、报废损失在计算应纳税所得额时扣除。

九、对企业被盗的固定资产或存货，以该固定资产的账面净值或存货的成本减除保险赔款和责任人赔偿后的余额，作为固定资产或存货被盗损失在计算应纳税所得额时扣除。

十、企业因存货盘亏、毁损、报废、被盗等原因不得从增值税销项税额中抵扣的进项税额，可以与存货损失一起在计算应纳税所得额时扣除。

十一、企业在计算应纳税所得额时已经扣除的资产损失，在以后纳税年度全部或者部分收回时，其收回部分应当作为收入计入收回当期的应纳税所得额。

十二、企业境内、境外营业机构发生的资产损失应分开核算，对境外营业机构由于发生资产损失而产生的亏损，不得在计算境内应纳税所得额时扣除。

十三、企业对其扣除的各项资产损失，应当提供能够证明资产损失确属已实际发生的合法证据，包括具有法律效力的外部证

据、具有法定资质的中介机构的经济鉴证证明、具有法定资质的专业机构的技术鉴定证明等。

十四、本通知自2008年1月1日起执行。

注：云南省财政厅、云南省国家税务局、云南省地方税务局于2009年5月14日以云财税〔2009〕61号原文转发。

国家税务总局关于实施国家重点扶持的公共基础设施项目企业所得税优惠问题的通知

2009年4月16日　国税发〔2009〕80号

各省、自治区、直辖市和计划单列市国家税务局、地方税务局：

为贯彻落实《中华人民共和国企业所得税法》及其实施条例关于国家重点扶持的公共基础设施项目企业所得税优惠政策，促进国家重点扶持的公共基础设施项目建设，现将实施该项优惠政策的有关问题通知如下：

一、对居民企业（以下简称企业）经有关部门批准，从事符合《公共基础设施项目企业所得税优惠目录》（以下简称《目录》）规定范围、条件和标准的公共基础设施项目的投资经营所得，自该项目取得第一笔生产经营收入所属纳税年度起，第一年至第三年免征企业所得税，第四年至第六年减半征收企业所得税。

企业从事承包经营、承包建设和内部自建自用《目录》规定项目的所得，不得享受前款规定的企业所得税优惠。

二、本通知所称第一笔生产经营收入，是指公共基础设施项目建成并投入运营（包括试运营）后所取得的第一笔主营业务收入。

三、本通知所称承包经营，是指与从事该项目经营的法人主体相独立的另一法人经营主体，通过承包该项目的经营管理而取得劳务性收益的经营活动。

四、本通知所称承包建设，是指与从事该项目经营的法人主体相独立的另一法人经营主体，通过承包该项目的工程建设而取得建筑劳务收益的经营活动。

五、本通知所称内部自建自用，是指项目的建设仅作为本企业主体经营业务的设施，满足本企业自身的生产经营活动需要，而不属于向他人提供公共服务业务的公共基础设施建设项目。

六、企业同时从事不在《目录》范围的生产经营项目取得的所得，应与享受优惠的公共基础设施项目经营所得分开核算，并合理分摊企业的期间共同费用；没有单独核算的，不得享受上述企业所得税优惠。

期间共同费用的合理分摊比例可以按照投资额、销售收入、资产额、人员工资等参数确定。上述比例一经确定，不得随意变更。凡特殊情况需要改变的，需报主管税务机关核准。

七、从事《目录》范围项目投资的居民企业应于从该项目取得的第一笔生产经营收入后15日内向主管税务机关备案并报送如下材料后，方可享受有关企业所得税优惠：

（一）有关部门批准该项目文件复印件；

（二）该项目完工验收报告复印件；

（三）该项目投资额验资报告复印件；

（四）税务机关要求提供的其他资料。

八、企业因生产经营发生变化或因《目录》调整，不再符合本办

法规定减免税条件的，企业应当自发生变化15日内向主管税务机关提交书面报告并停止享受优惠，依法缴纳企业所得税。

九、企业在减免税期限内转让所享受减免税优惠的项目，受让方承续经营该项目的，可自受让之日起，在剩余优惠期限内享受规定的减免税优惠；减免税期限届满后转让的，受让方不得就该项目重复享受减免税优惠。

十、税务机关应结合纳税检查、执法检查或其他专项检查，每年定期对企业享受公共基础设施项目企业所得税减免税款事项进行核查，核查的主要内容包括：

（一）企业是否继续符合减免所得税的资格条件，所提供的有关情况证明材料是否真实。

（二）企业享受减免企业所得税的条件发生变化时，是否及时将变化情况报送税务机关，并根据本办法规定对适用优惠进行了调整。

十一、企业实际经营情况不符合企业所得税减免税规定条件的或采取虚假申报等手段获取减免税的、享受减免税条件发生变化未及时向税务机关报告的，以及未按本办法规定程序报送备案资料而自行减免税的，企业主管税务机关应按照税收征管法有关规定进行处理。

十二、本通知自2008年1月1日起执行。

注：云南省国家税务局于2009年5月4日以云国税发〔2009〕108号原文转发。

国家税务总局关于企业固定资产加速折旧所得税处理有关问题的通知

2009年4月16日　国税发〔2009〕81号

各省、自治区、直辖市和计划单列市国家税务局、地方税务局：

根据《中华人民共和国企业所得税法》（以下简称《企业所得税法》）及《中华人民共和国企业所得税法实施条例》（以下简称《实施条例》）的有关规定，现就企业固定资产实行加速折旧的所得税处理问题通知如下：

一、根据《企业所得税法》第三十二条及《实施条例》第九十八条的相关规定，企业拥有并用于生产经营的主要或关键的固定资产，由于以下原因确需加速折旧的，可以缩短折旧年限或者采取加速折旧的方法：

（一）由于技术进步，产品更新换代较快的；

（二）常年处于强震动、高腐蚀状态的。

二、企业拥有并使用的固定资产符合本通知第一条规定的，可按以下情况分别处理：

（一）企业过去没有使用过与该项固定资产功能相同或类似的固定资产，但有充分的证据证明该固定资产的预计使用年限短于《实施条例》规定的计算折旧最低年限的，企业可根据该固定资产的预计使用年限和本通知的规定，对该固定资产采取缩短折旧年限或者加速折旧的方法。

（二）企业在原有的固定资产未达到《实施条例》规定的最低折旧年限前，使用功能相同或类似的新固定资产替代旧固定资产的，企业可根据旧固定资产的实际使用年限和本通知的规定，对新替代的固定资产采取缩短折旧年限或者加速折旧的方法。

三、企业采取缩短折旧年限方法的，对其购置的新固定资产，最低折旧年限不得低于《实施条例》第六十条规定的折旧年限的60%；若为购置已使用过的固定资产，其最低折旧年限不得低于《实施条例》规定的最低折旧年限减去已使用年限后剩余年限的60%。最低折旧年限一经确定，一般不得变更。

四、企业拥有并使用符合本通知第一条规定条件的固定资产采取加速折旧方法的，可以采用双倍余额递减法或者年数总和法。加速折旧方法一经确定，一般不得变更。

（一）双倍余额递减法，是指在不考虑固定资产预计净残值的情况下，根据每期期初固定资产原值减去累计折旧后的金额和双倍的直线法折旧率计算固定资产折旧的一种方法。应用这种方法计算折旧额时，由于每年年初固定资产净值没有减去预计净残值，所以在计算固定资产折旧额时，应在其折旧年限到期前的两年期间，将固定资产净值减去预计净残值后的余额平均摊销。计算公式如下：

年折旧率＝2÷预计使用寿命（年）×100%

月折旧率＝年折旧率÷12

月折旧额＝月初固定资产账面净值×月折旧率

（二）年数总和法，又称年限合计法，是指将固定资产的原值减去预计净残值后的余额，乘以一个以固定资产尚可使用寿命为分子、以预计使用寿命逐年数字之和为分母的逐年递减的分数计算每年的折旧额。计算公式如下：

年折旧率＝尚可使用年限÷预计使用寿命的年数总和×100%

月折旧率＝年折旧率÷12

月折旧额＝（固定资产原值－预计净残值）×月折旧率

五、企业确需对固定资产采取缩短折旧年限或者加速折旧方法的，应在取得该固定资产后一个月内，向其企业所得税主管税务机关（以下简称主管税务机关）备案，并报送以下资料：

（一）固定资产的功能、预计

使用年限短于《实施条例》规定计算折旧的最低年限的理由、证明资料及有关情况的说明；

（二）被替代的旧固定资产的功能、使用及处置等情况的说明；

（三）固定资产加速折旧拟采用的方法和折旧额的说明；

（四）主管税务机关要求报送的其他资料。

企业主管税务机关应在企业所得税年度纳税评估时，对企业采取加速折旧的固定资产的使用环境及状况进行实地核查。对不符合加速折旧规定条件的，主管税务机关有权要求企业停止该项固定资产加速折旧。

六、对于采取缩短折旧年限的固定资产，足额计提折旧后继续使用而未进行处置（包括报废等情形）超过 12 个月的，今后对其更新替代、改造改建后形成的功能相同或者类似的固定资产，不得再采取缩短折旧年限的方法。

七、对于企业采取缩短折旧年限或者采取加速折旧方法的，主管税务机关应设立相应的税收管理台账，并加强监督，实施跟踪管理。对发现不符合《实施条例》第九十八条及本通知规定的，主管税务机关要及时责令企业进行纳税调整。

八、适用总、分机构汇总纳税的企业，对其所属分支机构使用的符合《实施条例》第九十八条及本通知规定情形的固定资产采取缩短折旧年限或者采取加速折旧方法的，由其总机构向其所在地主管税务机关备案。分支机构所在地主管税务机关应负责配合总机构所在地主管税务机关实施跟踪管理。

九、本通知自 2008 年 1 月 1 日起执行。

注：云南省国家税务局于 2009 年5月4日以云国税发〔2009〕106 号原文转发。

财政部　国家税务总局关于中国冶金科工集团公司重组改制上市资产评估增值有关企业所得税政策问题的通知

2009 年 4 月 20 日　财税〔2009〕47 号

各省、自治区、直辖市、计划单列市财政厅（局）、国家税务局、地方税务局：

为支持中国冶金科工集团公司重组改制上市工作，经国务院批准，现对其重组改制上市过程中资产评估增值涉及的企业所得税政策问题明确如下：

一、中国冶金科工集团公司在重组改制上市过程中发生的资产评估增值 2，129，385 万元应缴纳的企业所得税不征收入库，直接转计中国冶金科工集团公司的国有资本金。

二、对上述经过评估的资产，中国冶金科工股份有限公司及其所属子公司可按评估后的资产价值计提折旧或摊销，并在企业所得税税前扣除。

请遵照实行。

注：云南省财政厅、云南省国家税务局、云南省地方税务局于 2009 年 5 月 11 日以云财税〔2009〕77 号原文转发。

财政部　国家税务总局关于保险公司准备金支出企业所得税税前扣除有关问题的通知

2009 年 4 月 20 日　财税〔2009〕48 号

各省、自治区、直辖市、计划单列市财政厅（局）、国家税务局、地方税务局，新疆生产建设兵团财务局：

根据《中华人民共和国企业所得税法》和《中华人民共和国企业所得税法实施条例》（国务院令第 512 号）的有关规定，现就保险公司准备金支出企业所得税税前扣除有关问题明确如下：

一、保险公司按下列规定缴纳的保险保障基金，准予据实税前扣除：

1. 非投资型财产保险业务，不得超过保费收入的 0.8%；投资型财产保险业务，有保证收益的，不得超过业务收入的 0.08%，无保证收益的，不得超过业务收入的 0.05%。

2. 有保证收益的人寿保险业务，不得超过业务收入的 0.15%；无保证收益的人寿保险业务，不得超过业务收入的 0.05%。

3. 短期健康保险业务，不得超

过保费收入的0.8%；长期健康保险业务，不得超过保费收入的0.15%.

4. 非投资型意外伤害保险业务，不得超过保费收入的0.8%；投资型意外伤害保险业务，有保证收益的，不得超过业务收入的0.08%，无保证收益的，不得超过业务收入的0.05%.

保险保障基金，是指按照《中华人民共和国保险法》和《保险保障基金管理办法》（保监会、财政部、人民银行令2008年第2号）规定缴纳形成的，在规定情形下用于救助保单持有人、保单受让公司或者处置保险业风险的非政府性行业风险救助基金。

保费收入，是指投保人按照保险合同约定，向保险公司支付的保险费。

业务收入，是指投保人按照保险合同约定，为购买相应的保险产品支付给保险公司的全部金额。

非投资型财产保险业务，是指仅具有保险保障功能而不具有投资理财功能的财产保险业务。

投资型财产保险业务，是指兼具有保险保障与投资理财功能的财产保险业务。

有保证收益，是指保险产品在投资收益方面提供固定收益或最低收益保障。

无保证收益，是指保险产品在投资收益方面不提供收益保证，投保人承担全部投资风险。

二、保险公司有下列情形之一的，其缴纳的保险保障基金不得在税前扣除：

1. 财产保险公司的保险保障基金余额达到公司总资产6%的。

2. 人身保险公司的保险保障基金余额达到公司总资产1%的。

三、保险公司按规定提取的未到期责任准备金、寿险责任准备金、长期健康险责任准备金、未决赔款准备金，准予在税前扣除。

1. 未到期责任准备金、寿险责任准备金、长期健康险责任准备金依据精算师或出具专项审计报告的中介机构确定的金额提取。

未到期责任准备金，是指保险人为尚未终止的非寿险保险责任提取的准备金。

寿险责任准备金，是指保险人为尚未终止的人寿保险责任提取的准备金。

长期健康险责任准备金，是指保险人为尚未终止的长期健康保险责任提取的准备金。

2. 未决赔款准备金分已发生已报案未决赔款准备金、已发生未报案未决赔款准备金和理赔费用准备金。已发生已报案未决赔款准备金，按最高不超过当期已经提出的保险赔款或者给付金额的100%提取；已发生未报案未决赔款准备金按不超过当年实际赔款支出额的8%提取。

未决赔款准备金，是指保险人为非寿险保险事故已发生尚未结案的赔案提取的准备金。

已发生已报案未决赔款准备金，是指保险人为非寿险保险事故已经发生并已向保险人提出索赔、尚未结案的赔案提取的准备金。

已发生未报案未决赔款准备金，是指保险人为非寿险保险事故已经发生、尚未向保险人提出索赔的赔案提取的准备金。

理赔费用准备金，是指保险人为非寿险保险事故已发生尚未结案的赔案可能发生的律师费、诉讼费、损失检验费、相关理赔人员薪酬等费用提取的准备金。

四、保险公司实际发生的各种保险赔款、给付，应首先冲抵按规定提取的准备金，不足冲抵部分，准予在当年税前扣除。

五、本通知自2008年1月1日至2010年12月31日执行。

注：云南省财政厅、云南省国家税务局、云南省地方税务局于2009年5月7日以云财税〔2009〕78号原文转发。

国家税务总局关于企业所得税执行中若干税务处理问题的通知

2009年4月21日　国税函〔2009〕202号

各省、自治区、直辖市和计划单列市国家税务局、地方税务局：

根据《中华人民共和国企业所得税法》（以下简称《企业所得税法》）及《中华人民共和国企业所得税法实施条例》（以下简称《实施条例》）的有关规定，现就企业所得税若干税务处理问题通知如下：

一、关于销售（营业）收入基数的确定问题

企业在计算业务招待费、广告费和业务宣传费等费用扣除限额时，其销售（营业）收入额应包括《实施条例》第二十五条规定的视同销售（营业）收入额。

二、2008年1月1日以前计提的各类准备金余额处理问题

根据《实施条例》第五十五条规定，除财政部和国家税务总局核准计提的准备金可以税前扣除外，其他行业、企业计提的各项资产减值准备、风险准备等准备金均不得税前扣除。

2008年1月1日前按照原企业所得税法规定计提的各类准备金，2008年1月1日以后，未经财政部和国家税务总局核准的，企业以后年度实际发生的相应损失，应先冲减各项准备金余额。

三、关于特定事项捐赠的税前扣除问题

企业发生为汶川地震灾后重建、举办北京奥运会和上海世博会等特定事项的捐赠，按照《财政部 海关总署 国家税务总局关于支持汶川地震灾后恢复重建有关税收政策问题的通知》（财税〔2008〕104号）、《财政部 国家税务总局 海关总署关于29届奥运会税收政策问题的通知》（财税〔2003〕10号）、《财政部 国家税务总局关于2010年上海世博会有关税收政策问题的通知》（财税〔2005〕180号）等相关规定，可以据实全额扣除。企业发生的其他捐赠，应按《企业所得税法》第九条及《实施条例》第五十一、五十二、五十三条的规定计算扣除。

四、软件生产企业职工教育经费的税前扣除问题

软件生产企业发生的职工教育经费中的职工培训费用，根据《财政部 国家税务总局关于企业所得税若干优惠政策的通知》（财税〔2008〕1号）规定，可以全额在企业所得税前扣除。软件生产企业应准确划分职工教育经费中的职工培训费支出，对于不能准确划分的，以及准确划分后职工教育经费中扣除职工培训费用的余额，一律按照《实施条例》第四十二条规定的比例扣除。

注：云南省国家税务局于2009年5月4日以云国税函〔2009〕197号原文转发。

国家税务总局关于境外注册中资控股企业依据实际管理机构标准认定为居民企业有关问题的通知

2009年4月22日　国税发〔2009〕82号

各省、自治区、直辖市和计划单列市国家税务局、地方税务局：

根据《中华人民共和国企业所得税法》（以下简称企业所得税法）和《中华人民共和国企业所得税法实施条例》（以下简称实施条例）的有关规定，为规范执行企业所得税法关于居民企业的判定标准，加强企业所得税管理，现对境外注册的中资控股企业（以下称境外中资企业）依据实际管理机构判定为中国居民企业的有关企业所得税问题通知如下：

一、境外中资企业是指由中国境内的企业或企业集团作为主要控股投资者，在境外依据外国（地区）法律注册成立的企业。

二、境外中资企业同时符合以下条件的，根据企业所得税法第二条第二款和实施条例第四条的规定，应判定其为实际管理机构在中国境内的居民企业（以下称非境内注册居民企业），并实施相应的税收管理，就其来源于中国境内、境外的所得征收企业所得税。

（一）企业负责实施日常生产经营管理运作的高层管理人员及其高层管理部门履行职责的场所主要位于中国境内；

（二）企业的财务决策（如借款、放款、融资、财务风险管理等）和人事决策（如任命、解聘和薪酬等）由位于中国境内的机构或人员决定，或需要得到位于中国境内的机构或人员批准；

（三）企业的主要财产、会计账簿、公司印章、董事会和股东会议纪要档案等位于或存放于中国境内；

（四）企业1/2（含1/2）以上有投票权的董事或高层管理人员经常居住于中国境内。

三、对于实际管理机构的判断，应当遵循实质重于形式的原则。

四、非境内注册居民企业从中国境内其他居民企业取得的股息、红利等权益性投资收益，按照企业所得税法第二十六条和实施条例第八十三条的规定，作为其免税收入。非境内注册居民企业的投资者从该居民企业分得的股息红利等权益性投资收益，根据实施条例第七条第（四）款的规定，属于来源于中国境内的所得，应当征收企业所得税；该权益性投资收益中符合企业所得税法第二十六条和实施条例第八十三条规定的部分，可作为收益人的免税收入。

五、非境内注册居民企业在中国境内投资设立的企业，其外商投资企业的税收法律地位不变。

六、境外中资企业被判定为非境内注册居民企业的，按照企业所得税法第四十五条以及受控外国企业管理的有关规定，不视为受控外国企业，但其所控制的其他受控外国企业仍应按照有关规定进行税务处理。

七、境外中资企业可向其实际管理机构所在地或中国主要投资者所在地主管税务机关提出居民企业申请，主管税务机关对其居民企业身份进行初步审核后，层报国家税务总局确认；境外中资企业未提出居民企业申请的，其中国主要投资者的主管税务机关可以根据所掌握的情况对其是否属于中国居民企业做出初步判定，层报国家税务总局确认。

境外中资企业或其中国主要投资者向税务机关提出居民企业申请时，应同时向税务机关提供如下资料：

（一）企业法律身份证明文件；

（二）企业集团组织结构说明及生产经营概况；

（三）企业最近一个年度的公证会计师审计报告；

（四）负责企业生产经营等事

项的高层管理机构履行职责的场所的地址证明；

（五）企业董事及高层管理人员在中国境内居住记录；

（六）企业重大事项的董事会决议及会议记录；

（七）主管税务机关要求的其他资料。

八、境外中资企业被认定为中国居民企业后成为双重居民身份的，按照中国与相关国家（或地区）签署的税收协定（或安排）的规定执行。

九、本通知自2008年1月1日起执行。

注：云南省国家税务局于2009年5月5日以云国税发〔2009〕109号原文转发。

国家税务总局关于实施高新技术企业所得税优惠有关问题的通知

2009年4月22日　国税函〔2009〕203号

各省、自治区、直辖市和计划单列市国家税务局、地方税务局：

为贯彻落实高新技术企业所得税优惠及其过渡性优惠政策，根据《中华人民共和国企业所得税法》（以下简称企业所得税法）及《中华人民共和国企业所得税法实施条例》（以下简称实施条例）以及相关税收规定，现对有关问题通知如下：

一、当年可减按15%的税率征收企业所得税或按照《国务院关于经济特区和上海浦东新区新设立高新技术企业实行过渡性税收优惠的通知》（国发〔2007〕40号）享受过渡性税收优惠的高新技术企业，在实际实施有关税收优惠的当年，减免税条件发生变化的，应按《科学技术部 财政部 国家税务总局关于印发〈高新技术企业认定管理办法〉的通知》（国科发火〔2008〕172号）第九条第二款的规定处理。

二、原依法享受企业所得税定期减免税优惠尚未期满同时符合本通知第一条规定条件的高新技术企业，根据《高新技术企业认定管理办法》以及《科学技术部 财政部 国家税务总局关于印发〈高新技术企业认定管理工作指引〉的通知》（国科发火〔2008〕362号）的相关规定，在按照新标准取得认定机构颁发的高新技术企业资格证书之后，可以在2008年1月1日后，享受对尚未到期的定期减免税优惠执行到期满的过渡政策。

三、2006年1月1日至2007年3月16日期间成立，截止到2007年底仍未获利（弥补完以前年度亏损后应纳税所得额为零）的高新技术企业，根据《高新技术企业认定管理办法》以及《高新技术企业认定管理工作指引》的相关规定，按照新标准取得认定机构颁发的高新技术企业证书后，可依据企业所得税法第五十七条的规定，免税期限自2008年1月1日起计算。

四、认定（复审）合格的高新技术企业，自认定（复审）批准的有效期当年开始，可申请享受企业所得税优惠。企业取得省、自治区、直辖市、计划单列市高新技术企业认定管理机构颁发的高新技术企业证书后，可持“高新技术企业证书”及其复印件和有关资料，向主管税务机关申请办理减免税手续。手续办理完毕后，高新技术企业可按15%的税率进行所得税预缴申报或享受过渡性税收优惠。

五、纳税年度终了后至报送年度纳税申报表以前，已办理减免税手续的企业应向主管税务机关备案以下资料：

（一）产品（服务）属于《国家重点支持的高新技术领域》规定的范围的说明；

（二）企业年度研究开发费用结构明细表（见附件）；

（三）企业当年高新技术产品（服务）收入占企业总收入的比例说明；

（四）企业具有大学专科以上学历的科技人员占企业当年职工总数的比例说明、研发人员占企业当年职工总数的比例说明。

以上资料的计算、填报口径参照《高新技术企业认定管理工作指引》的有关规定执行。

六、未取得高新技术企业资格、或虽取得高新技术企业资格但不符合企业所得税法及实施条例以及本通知有关规定条件的企业，不得享受高新技术企业的优惠；已享受优惠的，应追缴其已减免的企业所得税税款。

七、本通知自2008年1月1日起执行。

注：云南省国家税务局于2009年5月5日以云国税函〔2009〕206号原文转发。

财政部　国家税务总局关于执行企业所得税优惠政策若干问题的通知

2009 年 4 月 24 日　财税〔2009〕69 号

各省、自治区、直辖市、计划单列市财政厅（局）、国家税务局、地方税务局，新疆生产建设兵团财务局：

根据《中华人民共和国企业所得税法》（以下简称企业所得税法）及《中华人民共和国企业所得税法实施条例》（国务院令第 512 号，以下简称实施条例）的有关规定，现就企业所得税优惠政策执行中有关问题通知如下：

一、执行《国务院关于实施企业所得税过渡优惠政策的通知》（国发〔2007〕39 号）规定的过渡优惠政策及西部大开发优惠政策的企业，在定期减免税的减半期内，可以按照企业适用税率计算的应纳税额减半征税。其他各类情形的定期减免税，均应按照企业所得税 25% 的法定税率计算的应纳税额减半征税。

二、《国务院关于实施企业所得税过渡优惠政策的通知》（国发〔2007〕39 号）第三条所称不得叠加享受，且一经选择，不得改变的税收优惠情形，限于企业所得税过渡优惠政策与企业所得税法及其实施条例中规定的定期减免税和减低税率类的税收优惠。

企业所得税法及其实施条例中规定的各项税收优惠，凡企业符合规定条件的，可以同时享受。

三、企业在享受过渡税收优惠过程中发生合并、分立、重组等情形的，按照《财政部 国家税务总局关于企业重组业务企业所得税处理若干问题的通知》（财税〔2009〕59 号）的统一规定执行。

四、2008 年 1 月 1 日以后，居民企业之间分配属于 2007 年度及以前年度的累积未分配利润而形成的股息、红利等权益性投资收益，均应按照企业所得税法第二十六条及实施条例第十七条、第八十三条的规定处理。

五、企业在 2007 年 3 月 16 日之前设立的分支机构单独依据原内、外资企业所得税法的优惠规定已享受有关税收优惠的，凡符合《国务院关于实施企业所得税过渡优惠政策的通知》（国发〔2007〕39 号）所列政策条件的，该分支机构可以单独享受国发〔2007〕39 号规定的企业所得税过渡优惠政策。

六、实施条例第九十一条第（二）项所称国际金融组织，包括国际货币基金组织、世界银行、亚洲开发银行、国际开发协会、国际农业发展基金、欧洲投资银行以及财政部和国家税务总局确定的其他国际金融组织；所称优惠贷款，是指低于金融企业同期同类贷款利率水平的贷款。

七、实施条例第九十二条第（一）项和第（二）项所称从业人数，是指与企业建立劳动关系的职工人数和企业接受的劳务派遣用工人数之和；从业人数和资产总额指标，按企业全年月平均值确定，具体计算公式如下：

月平均值 =（月初值 + 月末值）÷2

全年月平均值 = 全年各月平均值之和 ÷12

年度中间开业或者终止经营活动的，以其实际经营期作为一个纳税年度确定上述相关指标。

八、企业所得税法第二十八条规定的小型微利企业待遇，应适用于具备建账核算自身应纳税所得额条件的企业，按照《企业所得税核定征收办法》（国税发〔2008〕30 号）缴纳企业所得税的企业，在不具备准确核算应纳税所得额条件前，暂不适用小型微利企业适用税率。

九、2007 年底前设立的软件生产企业和集成电路生产企业，经认定后可以按《财政部国家税务总局关于企业所得税若干优惠政策的通知》（财税〔2008〕1 号）的规定享受企业所得税定期减免税优惠政策。在 2007 年度或以前年度已获利并开始享受定期减免税优惠政策的，可自 2008 年度起继续享受至期满为止。

十、实施条例第一百条规定的购置并实际使用的环境保护、节能节水和安全生产专用设备，包括承租方企业以融资租赁方式租入的、并在融资租赁合同中约定租赁期届满时租赁设备所有权转移给承租方企业，且符合规定条件的上述专用设备。凡融资租赁期届满后租赁设备所有权未转移至承租方企业的，承租方企业应停止享受抵免企业所得税优惠，并补缴已经抵免的企业所得税税款。

十一、实施条例第九十七条所称投资于未上市的中小高新技术企业 2 年以上的，包括发生在 2008 年 1 月 1 日以前满 2 年的投资；所称中小高新技术企业是指按照《高新技术企业认定管理办法》（国科发火〔2008〕172 号）和《高新技术企业认定管理工作指引》（国科发火〔2008〕362 号）取得高新技术企业资格，且年销售额和资产总额均不超过 2 亿元、从业人数不超过 500 人的企业，其中 2007 年底前已取得高新技术企业资格的，在其规定有效期内不需重新认定。

十二、本通知自 2008 年 1 月 1 日起执行。

注：云南省财政厅、云南省国家税务局、云南省地方税务局于 2009 年 6 月 12 日以云财税〔2009〕70 号原文转发。

国家税务总局关于技术转让所得减免企业所得税有关问题的通知

2009年4月24日　国税函〔2009〕212号

各省、自治区、直辖市和计划单列市国家税务局、地方税务局：

根据《中华人民共和国企业所得税法》（以下简称企业所得税法）及其实施条例和相关规定，现就符合条件的技术转让所得减免企业所得税有关问题通知如下：

一、根据企业所得税法第二十七条第（四）项规定，享受减免企业所得税优惠的技术转让应符合以下条件：

（一）享受优惠的技术转让主体是企业所得税法规定的居民企业；

（二）技术转让属于财政部、国家税务总局规定的范围；

（三）境内技术转让经省级以上科技部门认定；

（四）向境外转让技术经省级以上商务部门认定；

（五）国务院税务主管部门规定的其他条件。

二、符合条件的技术转让所得应按以下方法计算：

技术转让所得＝技术转让收入－技术转让成本－相关税费

技术转让收入是指当事人履行技术转让合同后获得的价款，不包括销售或转让设备、仪器、零部件、原材料等非技术性收入。不属于与技术转让项目密不可分的技术咨询、技术服务、技术培训等收入，不得计入技术转让收入。

技术转让成本是指转让的无形资产的净值，即该无形资产的计税基础减除在资产使用期间按照规定计算的摊销扣除额后的余额。

相关税费是指技术转让过程中实际发生的有关税费，包括除企业所得税和允许抵扣的增值税以外的各项税金及其附加、合同签订费用、律师费等相关费用及其他支出。

三、享受技术转让所得减免企业所得税优惠的企业，应单独计算技术转让所得，并合理分摊企业的期间费用；没有单独计算的，不得享受技术转让所得企业所得税优惠。

四、企业发生技术转让，应在纳税年度终了后至报送年度纳税申报表以前，向主管税务机关办理减免税备案手续。

（一）企业发生境内技术转让，向主管税务机关备案时应报送以下资料：

1. 技术转让合同（副本）；

2. 省级以上科技部门出具的技术合同登记证明；

3. 技术转让所得归集、分摊、计算的相关资料；

4. 实际缴纳相关税费的证明资料；

5. 主管税务机关要求提供的其他资料。

（二）企业向境外转让技术，向主管税务机关备案时应报送以下资料：

1. 技术出口合同（副本）；

2. 省级以上商务部门出具的技术出口合同登记证书或技术出口许可证；

3. 技术出口合同数据表；

4. 技术转让所得归集、分摊、计算的相关资料；

5. 实际缴纳相关税费的证明资料；

6. 主管税务机关要求提供的其他资料。

五、本通知自2008年1月1日起执行。

注：云南省国家税务局于2009年5月5日以云国税函〔2009〕198号原文转发。

国家税务总局关于跨地区经营汇总纳税企业所得税征收管理若干问题的通知

2009年4月29日　国税函〔2009〕221号

各省、自治区、直辖市和计划单列市国家税务局、地方税务局：

为贯彻落实《中华人民共和国企业所得税法》及其实施条例，加强跨地区（指跨省、自治区、直辖市和计划单列市，下同）经营汇总纳税企业所得税征收管理，现对跨地区经营汇总纳税企业所得税征收管理中的若干问题通知如下：

一、关于二级分支机构的判定问题

二级分支机构是指总机构对其财务、业务、人员等直接进行统一核算和管理的领取非法人营业执照的分支机构。

总机构应及时将其所属二级分支机构名单报送总机构所在地主管税务机关，并向其所属二级分支机构及时出具有效证明（支持证明的材料包括总机构拨款证明、总分机构协议或合同、公司章程、管理制度等)。

二级分支机构在办理税务登记时应向其所在地主管税务机关报送非法人营业执照(复印件)和由总机构出具的二级分支机构的有效证明。其所在地主管税务机关应对二级分支机构进行审核鉴定,督促其及时预缴企业所得税。

以总机构名义进行生产经营的非法人分支机构,无法提供有效证据证明其二级及二级以下分支机构身份的,应视同独立纳税人计算并就地缴纳企业所得税,不执行《国家税务总局关于印发〈跨地区经营汇总纳税企业所得税征收管理暂行办法〉的通知》(国税发〔2008〕28号)的相关规定。

二、关于总分支机构适用不同税率时企业所得税款计算和缴纳问题

预缴时,总机构和分支机构处于不同税率地区的,先由总机构统一计算全部应纳税所得额,然后按照国税发〔2008〕28号文件第十九条规定的比例和第二十三条规定的三因素及其权重,计算划分不同税率地区机构的应纳税所得额,再分别按各自的适用税率计算应纳税额后加总计算出企业的应纳所得税总额。再按照国税发〔2008〕28号文件第十九条规定的比例和第二十三条规定的三因素及其权重,向总机构和分支机构分摊就地预缴的企业所得税款。

汇缴时,企业年度应纳所得税额应按上述方法并采用各分支机构汇算清缴所属年度的三因素计算确定。

除《国务院关于实施企业所得税过渡优惠政策的通知》(国发〔2007〕39号)、《财政部 国家税务总局关于企业所得税若干优惠政策的通知》(财税〔2008〕1号)和《财政部 国家税务总局关于贯彻落实国务院关于实施企业所得税过渡优惠政策有关问题的通知》(财税〔2008〕21号)有关规定外,跨地区经营汇总纳税企业不得按照上述总分支机构处于不同税率地区的计算方法计算并缴纳企业所得税,应按照企业适用统一的税率计算并缴纳企业所得税。

三、关于预缴和年度汇算清缴时分支机构报送资料问题

跨地区经营汇总纳税企业在进行企业所得税预缴和年度汇算清缴时,二级分支机构应向其所在地主管税务机关报送其本级及以下分支机构的生产经营情况,主管税务机关应对报送资料加强审核,并作为对二级分支机构计算分摊税款比例的三项指标和应分摊入库所得税税款进行查验核对的依据。

四、关于应执行未执行或未准确执行国税发〔2008〕28号文件企业的处理问题

对应执行国税发〔2008〕28号文件规定而未执行或未正确执行上述文件规定的跨地区经营汇总纳税企业,在预缴企业所得税时造成总机构与分支机构之间同时存在一方(或几方)多预缴另一方(或几方)少预缴税款的,其总机构或分支机构就地预缴的企业所得税低于按上述文件规定计算分配的数额的,应在随后的预缴期间内,由总机构将按上述文件规定计算分配的税款差额分配到总机构或分支机构补缴;其总机构或分支机构就地预缴的企业所得税高于按上述文件规定计算分配的数额的,应在随后的预缴期间内,由总机构将按上述文件规定计算分配的税款差额从总机构或分支机构的预缴数中扣减。

五、国税发〔2008〕28号文件第二条第二款所列企业不适用本通知规定。

六、本通知自2009年1月1日起执行。

注:云南省国家税务局于2009年5月15日以云国税函〔2009〕225号原文转发。

云南省国家税务局转发国家税务总局关于资源综合利用企业所得税优惠管理问题的通知

2009年5月5日　云国税函〔2009〕207号

各州、市国税局:

现将《国家税务总局关于资源综合利用企业所得税优惠管理问题的通知》(国税函〔2009〕185号)转发给你们,并将有关问题补充通知如下,请遵照执行。

一、申请享受资源综合利用企业所得税优惠政策的企业是指按《国家发展改革委 财政部 国家税务总局关于印发〈国家鼓励的资源综合利用认定管理办法〉的通知》(发改环资〔2006〕1864号)和原云南省经委等五部门《关于印发〈云南省资源综合利用认定管理实施细则(暂行)〉的通知》(云经资源〔2007〕326号)等相关规定程序认定,取得了《资源综合利用认定证书》的企业。

二、对取得《资源综合利用认定证书》申请办理资源综合利用企业所得税优惠备案登记的企业,县级主管国税机关应认真对照《资源综合利用企业所得税优惠目录(2008年版)》规定范围、条件和技术标准进行审核,对2008年1月1日起生产的符合条件的产品予以登记备案。

执行中有何问题,请及时向省局反映。

国家税务总局关于资源综合利用企业所得税优惠管理问题的通知

2009 年 4 月 10 日　国税函〔2009〕185 号

各省、自治区、直辖市和计划单列市国家税务局、地方税务局：

为贯彻落实资源综合利用的企业所得税优惠政策，现就有关管理问题通知如下：

一、本通知所称资源综合利用企业所得税优惠，是指企业自 2008 年 1 月 1 日起以《资源综合利用企业所得税优惠目录（2008 年版）》（以下简称《目录》）规定的资源作为主要原材料，生产国家非限制和非禁止并符合国家及行业相关标准的产品取得的收入，减按 90% 计入企业当年收入总额。

二、经资源综合利用主管部门按《目录》规定认定的生产资源综合利用产品的企业（不包括仅对资源综合利用工艺和技术进行认定的企业），取得《资源综合利用认定证书》，可按本通知规定申请享受资源综合利用企业所得税优惠。

三、企业资源综合利用产品的认定程序，按《国家发展改革委 财政部 国家税务总局关于印发〈国家鼓励的资源综合利用认定管理办法〉的通知》（发改环资〔2006〕1864 号）的规定执行。

四、2008 年 1 月 1 日之前经资源综合利用主管部门认定取得《资源综合利用认定证书》的企业，应按本通知第二条、第三条的规定，重新办理认定并取得《资源综合利用认定证书》，方可申请享受资源综合利用企业所得税优惠。

五、企业从事非资源综合利用项目取得的收入与生产资源综合利用产品取得的收入没有分开核算的，不得享受资源综合利用企业所得税优惠。

六、税务机关对资源综合利用企业所得税优惠实行备案管理。备案管理的具体程序，按照国家税务总局的相关规定执行。

七、享受资源综合利用企业所得税优惠的企业因经营状况发生变化而不符合《目录》规定的条件的，应自发生变化之日起 15 个工作日内向主管税务机关报告，并停止享受资源综合利用企业所得税优惠。

八、企业实际经营情况不符合《目录》规定条件，采用欺骗等手段获取企业所得税优惠，或者因经营状况发生变化而不符合享受优惠条件，但未及时向主管税务机关报告的，按照税收征管法及其实施细则的有关规定进行处理。

九、税务机关应对企业的实际经营情况进行监督检查。税务机关发现资源综合利用主管部门认定有误的，应停止企业享受资源综合利用企业所得税优惠，并及时与有关认定部门协调沟通，提请纠正，已经享受的优惠税额应予追缴。

十、各省、自治区、直辖市和计划单列市国家税务局、地方税务局可根据本通知制定具体管理办法。

十一、本通知自 2008 年 1 月 1 日起执行。

国家税务总局关于保险公司再保险业务赔款支出税前扣除问题的通知

2009 年 6 月 4 日　国税函〔2009〕313 号

各省、自治区、直辖市和计划单列市国家税务局：

现将保险公司再保险业务赔款支出税前扣除问题通知如下：

根据《中华人民共和国企业所得税法实施条例》第九条的规定，从事再保险业务的保险公司（以下称再保险公司）发生的再保险业务赔款支出，按照权责发生制的原则，应在收到从事直保业务公司（以下称直保公司）再保险业务赔款账单时，作为企业当期成本费用扣除。为便于再保险公司再保险业务的核算，凡在次年企业所得税汇算清缴前，再保险公司收到直保公司再保险业务赔款账单中属于上年度的赔款，准予调整作为上年度的成本费用扣除，同时调整已计提的未决赔款准备金；次年汇算清缴后收到直保公司再保险业务赔款账单的，按该赔款账单上发生的赔款支出，在收单年度作为成本费用扣除。

注：云南省国家税务局于 2009 年 6 月 19 日以云国税函〔2009〕297 号原文转发。

财政部　国家税务总局关于补充养老保险费、补充医疗保险费有关企业所得税政策问题的通知

2009 年 6 月 10 日　财税〔2009〕27 号

各省、自治区、直辖市、计划单列市财政厅（局）、国家税务局、地方税务局，新疆生产建设兵团财务局：

根据《中华人民共和国企业所得税法》及其实施条例的有关规定，现就补充养老保险费、补充医疗保险费有关企业所得税政策问题通知如下：

自 2008 年 1 月 1 日起，企业根据国家有关政策规定，为在本企业任职或者受雇的全体员工支付的补充养老保险费、补充医疗保险费，分别在不超过职工工资总额 5% 标准内的部分，在计算应纳税所得额时准予扣除；超过的部分，不予扣除。

注：云南省财政厅、云南省国家税务局、云南省地方税务局于 2009 年 7 月 3 日以云财税〔2009〕75 号原文转发。

云南省国家税务局　云南省地方税务局转发国家税务总局关于企业所得税税收优惠管理问题的补充通知

2009 年 6 月 12 日　云国税函〔2009〕284 号

各州、市国家税务局、地方税务局：

现将《国家税务总局关于企业所得税税收优惠管理问题的补充通知》（国税函〔2009〕255 号）转发给你们，并就我省企业所得税备案类优惠项目管理问题补充明确如下，请一并贯彻执行。

一、企业所得税备案类优惠项目管理方式的划分

企业所得税备案类优惠项目划分为事先备案登记管理项目和事后报送相关资料管理项目。

（一）事后报送相关资料管理项目

下列企业所得税优惠项目为事后报送相关资料管理项目：

1.《中华人民共和国企业所得税法》（以下简称《税法》）第二十六条规定的免税收入中第（一）项国债利息收入；2.《税法》第二十六条规定的免税收入中第（二）项符合条件的居民企业之间的股息、红利等权益性投资收益；

3.《税法》第三十条规定的加计扣除中第（二）项安置残疾人员及国家鼓励安置的其他就业人员所支付的工资。

（二）事先备案登记管理项目

《云南省国家税务局 云南省地方税务局转发国家税务总局关于企业所得税减免税管理问题的通知》（云国税发〔2009〕34 号）文件规定的备案类减免税项目中，除上述规定的事后报送相关资料管理项目外，其余均为事先备案登记管理项目。事先备案登记管理项目的办理程序仍按照云国税发〔2009〕34 号文件规定执行。

二、事后报送相关资料管理项目的办理程序

纳税人符合事后报送相关资料管理项目优惠条件的，按照相关税收法律、法规规定，在年度纳税申报时向主管税务机关税源管理部门附报《企业所得税优惠项目备案（事后报送相关资料类）情况表》及相关资料。实行网络申报的纳税人应在年度纳税申报后七个工作日内，向主管税务机关税源管理部门报送上述资料。纳税人未向主管税务机关税源管理部门报送上述资料，或报送资料不齐全，或经主管税务机关税源管理部门审核，不符合享受税收优惠政策条件的，应取消其自行享受的税收优惠，并追缴相应税款。

三、对事后报送相关资料享受税收优惠项目的管理要求

主管税务机关税源管理部门应加强对事后报送相关资料享受税收优惠项目的管理，对纳税人报送的《企业所得税优惠项目备案（事后报送相关资料类）情况表》及相关资料要在 20 个工作日内进行审核，并在表内相应栏次签署审核意见。对不符合税收法律、法规规定优惠条件的，要督促纳税人重新进行年度申报，及时补缴税款。对事后报送相关资料享受税收优惠的纳税人，要按照减免税项目登记台账，进行动态监控管理。

四、其他事项

本通知自 2008 年 1 月 1 日起执行，对本通知中规定的事后报送相

关资料管理项目已按照《云南省国家税务局 云南省地方税务局转发国家税务总局关于企业所得税减免税管理问题的通知》（云国税发〔2009〕34号）文件规定进行了事先备案登记的不再调整。

国家税务总局关于企业所得税税收优惠管理问题的补充通知

2009年5月15日 国税函〔2009〕255号

各省、自治区、直辖市和计划单列市国家税务局、地方税务局：

《国家税务总局关于企业所得税减免税管理问题的通知》（国税发〔2008〕111号）下发后，一些地区反映在落实企业所得税优惠政策过程中，有些问题还需要进一步明确。经研究，现将企业所得税税收优惠管理有关问题补充明确如下：

一、列入企业所得税优惠管理的各类企业所得税优惠包括免税收入、定期减免税、优惠税率、加计扣除、抵扣应纳税所得额、加速折旧、减计收入、税额抵免和其他专项优惠政策。

二、除国务院明确的企业所得税过渡类优惠政策、执行新税法后继续保留执行的原企业所得税优惠政策、新企业所得税法第二十九条规定的民族自治地方企业减免税优惠政策，以及国务院另行规定实行审批管理的企业所得税优惠政策外，其他各类企业所得税优惠政策，均实行备案管理。

三、备案管理的具体方式分为事先备案和事后报送相关资料两种。具体划分除国家税务总局确定的外，由各省、自治区、直辖市和计划单列市国家税务局和地方税务局在协商一致的基础上确定。

列入事先备案的税收优惠，纳税人应向税务机关报送相关资料，提请备案，经税务机关登记备案后执行。对需要事先向税务机关备案而未按规定备案的，纳税人不得享受税收优惠；经税务机关审核不符合税收优惠条件的，税务机关应书面通知纳税人不得享受税收优惠。

列入事后报送相关资料的税收优惠，纳税人应按照新企业所得税法及其实施条例和其他有关税收规定，在年度纳税申报时附报相关资料，主管税务机关审核后如发现其不符合享受税收优惠政策的条件，应取消其自行享受的税收优惠，并相应追缴税款。

四、今后国家制定的各项税收优惠政策，凡未明确为审批事项的，均实行备案管理。

五、本通知自2008年1月1日起执行。各省、自治区、直辖市和计划单列市国家税务局、地方税务局可根据本规定和其他有关企业所得税减免税的规定，制定具体管理办法。

财政部 国家税务总局关于专项用途财政性资金有关企业所得税处理问题的通知

2009年6月20日 财税〔2009〕87号

各省、自治区、直辖市、计划单列市财政厅（局）、国家税务局、地方税务局，新疆生产建设兵团财务局：

根据《中华人民共和国企业所得税法》及《中华人民共和国企业所得税法实施条例》（国务院令第512号，以下简称实施条例）的有关规定，经国务院批准，现就企业取得的专项用途财政性资金有关企业所得税处理问题通知如下：

一、对企业在2008年1月1日至2010年12月31日期间从县级以上各级人民政府财政部门及其他部门取得的应计入收入总额的财政性资金，凡同时符合以下条件的，可以作为不征税收入，在计算应纳税所得额时从收入总额中减除：

（一）企业能够提供资金拨付文件，且文件中规定该资金的专项用途；

（二）财政部门或其他拨付资金的政府部门对该资金有专门的资金管理办法或具体管理要求；

（三）企业对该资金以及以该资金发生的支出单独进行核算。

二、根据实施条例第二十八条的规定，上述不征税收入用于支出所形成的费用，不得在计算应纳税所得额时扣除；用于支出所形成的资产，其计算的折旧、摊销不得在计算应纳税所得额时扣除。

三、企业将符合本通知第一条规定条件的财政性资金作不征税收入处理后，在5年（60个月）内未发生支出且未缴回财政或其他拨付资金的政府部门的部分，应重新计入取得该资金第六年的收入总额；重新计入收入总额的财政性资金发生的支出，允许在计算应纳税所得额时扣除。

请遵照执行。

注：云南省财政厅、云南省国家税务局、云南省地方税务局于2009年7月28日以云财税〔2009〕89号原文转发。

云南省国家税务局 云南省地方税务局转发国家税务总局关于印发《企业资产损失税前扣除管理办法》的通知

2009年7月17日 云国税发〔2009〕171号

各州、市国家税务局、地方税务局：

现将《国家税务总局关于印发〈企业资产损失税前扣除管理办法〉的通知》（国税发〔2009〕88号，以下简称《办法》）转发给你们。为规范企业资产损失税前扣除管理工作，结合我省实际，现将有关问题明确如下，请一并贯彻执行。

一、审批类资产损失税前扣除的申请

（一）企业发生《办法》第五条规定的属于须经税务机关审批后才能税前扣除的资产损失，应按本通知规定，向县（市、区）级主管税务机关提出书面申请，填列相关表格（示范文书见附件1），并提交相关材料。

（二）税务机关受理企业当年的资产损失审批申请的截止日为本年度终了后第45日。企业发生的资产损失需向主管税务机关申请现场核实的，须及时申请并由主管税务机关出具核实意见。企业因特殊原因不能按时申请审批的，经县（市、区）级主管税务机关同意后，可申请适当延期（示范文书见附件2和3）。

（三）其他相关事宜。《办法》第十七条所述“单笔金额较小”的标准，暂定为2万元以下（含2万元）。《办法》第二十三条和第二十四条所述“金额较大”的标准，暂定为20万元以上（含20万元）。

二、资产损失税前扣除的审批

（一）审批权限划分

国税机关审批权限：企业申请税前扣除金额在2000万元以上（含2000万元）的资产损失或企业因国务院决定事项形成的资产损失，由省级国税机关负责审批；金额在2000万元以下500万元以上的，由州（市）级国税机关负责审批；金额在500万元以下（含500万元）的，由县（市、区）级国税机关负责审批。

地税机关审批权限：企业申请税前扣除金额在2000万元以上（含2000万元）的资产损失或企业因国务院决定事项形成的资产损失，由省级地税机关负责审批；金额在2000万元以下200万元以上（含200万元）的，由州（市）级地税机关负责审批；金额在200万元以下的，由县（市、区）级地税机关负责审批。

（二）审批流程

对县（市、区）级税务机关接收、应由上级税务机关审批的资产损失审批申请，县（市、区）级税务机关应自接收申请之日起15个工作日内，对企业申请情况进行调查，形成调查报告和处理意见，与企业申请材料一并转报州（市）级税务机关。对应由省级税务机关审批的资产损失审批申请，州（市）级税务机关应在收到县（市、区）级税务机关转报申请之日起5个工作日内，提出处理意见，连同接收材料一并转报省级税务机关（示范文书见附件4）。

（三）审批受理

对资产损失税前扣除审批申请的受理（或补正）决定，均应由具有审批权限的税务机关作出。具有审批权限的税务机关应在接收企业申请或下一级税务机关转报材料及企业补正材料之日起5个工作日内，作出受理或补正通知（示范文书见附件5和6）。

（四）审批形式

具有审批权限的税务机关，应以本局正式公文批复，其中，由省级或州（市）级税务机关负责审批的，应批复下一级税务机关，同时抄送申请人执行；由县（市、区）级税务机关负责审批的，应批复申请人执行，同时抄报上一级税务机关备案。

（五）审批时限

县（市、区）级税务机关负责审批的，应自受理之日起20个工作日内作出审批决定；州（市）级税务机关负责审批的，应自受理之日起25个工作日内作出审批决定；省级税务机关负责审批的，应自受理之日起30个工作日内作出审批决定。

因情况复杂需要核实，在规定时限内不能作出审批决定的，经本级税务机关负责人批准，可以适当延长期限，但延长期限不得超过30天。同时，应将延长期限的理由告知申请人（示范文书见附件7）。

（六）按照《国家税务总局关于印发〈跨地区经营汇总纳税企业所得税征收管理暂行办法〉的通知》（国税发〔2008〕28号）、《国家税务总局关于印发〈企业所得税汇算清缴管理办法〉的通知》（国税发〔2009〕79号）和《办法》相关规定，企业分支机构需要审批税前扣除的资产损失，应由分支机构所在地县（市、区）级主管税务机关按照本通知规定的程序和权限审核并出具证明或审批文件后，再由总机构向其所在地主管税务机关申报扣除。

企业总机构主管税务机关对汇总计算纳税申报资料审核时，发现其分支机构资产损失税前扣除事项有疑点需进一步核实的，应向相关分支机构主管税务机关发出税务事项协查函；分支机构主管税务机关应在对方要求的时限内进行调查核实，并将核查结果函复总机构主管税务机关。

三、资产损失税前扣除的管理

（一）各级税务机关所得税（税政）管理部门应建立健全《资产损失税前扣除审批（审核）情况登记簿》（格式见附件8），逐件详细登记资产损失税前扣除审批情况。

（二）年度企业所得税汇算清缴工作结束后，各级税务机关应编制《资产损失税前扣除审批情况统计表》（格式见附件9），并与汇算清缴工作报告一并报送上级税务机关（含纸质、电子文档）。

（三）上级税务机关要结合本地工作情况，有针对性地选择部分所属税务机关，对其审批的资产损失事项抽取一定的数量进行专项检查。检查的情况应纳入年度工作目标管理考核内容进行考核。

本通知自下发之日起执行。原相关规定与本通知规定不一致的按本通知执行。

国家税务总局关于印发《企业资产损失税前扣除管理办法》的通知

2009年5月4日　国税发〔2009〕88号

各省、自治区、直辖市和计划单列市国家税务局、地方税务局：

现将《企业资产损失税前扣除管理办法》印发给你们，请遵照执行。

企业资产损失税前扣除管理办法

第一章　总　则

第一条　根据《中华人民共和国企业所得税法》及其实施条例、《中华人民共和国税收征收管理法》及其实施细则、《财政部、国家税务总局关于企业资产损失税前扣除政策的通知》（财税〔2009〕57号）等税收法律、法规和政策规定，制定本办法。

第二条　本办法所称资产是指企业拥有或者控制的、用于经营管理活动且与取得应税收入有关的资产，包括现金、银行存款、应收及预付款项（包括应收票据）等货币资产，存货、固定资产、在建工程、生产性生物资产等非货币资产，以及债权性投资和股权（权益）性投资。

第三条　企业发生的上述资产损失，应在按税收规定实际确认或者实际发生的当年申报扣除，不得提前或延后扣除。

因各类原因导致资产损失未能在发生当年准确计算并按期扣除的，经税务机关批准后，可追补确认在损失发生的年度税前扣除，并相应调整该资产损失发生年度的应纳所得税额。调整后计算的多缴税额，应按照有关规定予以退税，或者抵顶企业当期应纳税款。

第四条　企业发生的资产损失，按本办法规定须经有关税务机关审批的，应在规定时间内按程序及时申报和审批。

第二章　资产损失税前扣除的审批

第五条　企业实际发生的资产损失按税务管理方式可分为自行计算扣除的资产损失和须经税务机关审批后才能扣除的资产损失。

下列资产损失，属于由企业自行计算扣除的资产损失：

（一）企业在正常经营管理活动中因销售、转让、变卖固定资产、生产性生物资产、存货发生的资产损失；

（二）企业各项存货发生的正常损耗；

（三）企业固定资产达到或超过使用年限而正常报废清理的损失；

（四）企业生产性生物资产达到或超过使用年限而正常死亡发生的资产损失；

（五）企业按照有关规定通过证券交易场所、银行间市场买卖债券、股票、基金以及金融衍生产品等发生的损失；

（六）其他经国家税务总局确认不需经税务机关审批的其他资产损失。

上述以外的资产损失，属于需经税务机关审批后才能扣除的资产损失。

企业发生的资产损失，凡无法准确辨别是否属于自行计算扣除的资产损失，可向税务机关提出审批申请。

第六条　税务机关对企业资产损失税前扣除的审批是对纳税人按规定提供的申报材料与法定条件进行符合性审查。企业资产损失税前扣除不实行层层审批，企业可直接向有权审批税务机关申请。税务机关审批权限如下：

（一）企业因国务院决定事项所形成的资产损失，由国家税务总局规定资产损失的具体审批事项后，报省级税务机关负责审批。

（二）其他资产损失按属地审

批的原则，由企业所在地管辖的省级税务机关根据损失金额大小、证据涉及地区等因素，适当划分审批权限。

（三）企业捆绑资产所发生的损失，由企业总机构所在地税务机关审批。

第七条 负责审批的税务机关应对企业资产损失税前扣除审批申请即报即批。作出审批决定的时限为：

（一）由省级税务机关负责审批的，自受理之日起30个工作日内；

（二）由省级以下税务机关负责审批的，其审批时限由省级税务机关确定，但审批时限最长不得超过省级税务机关负责审批的时限。

因情况复杂需要核实，在规定期限内不能作出审批决定的，经本级税务机关负责人批准，可以适当延长期限，但延期期限不得超过30天。同时，应将延长期限的理由告知申请人。

第八条 税务机关受理企业当年的资产损失审批申请的截止日为本年度终了后第45日。企业因特殊原因不能按时申请审批的，经负责审批的税务机关同意后可适当延期申请。

第九条 企业资产损失税前扣除，在企业自行计算扣除或者按照审批权限由有关税务机关按照规定进行审批扣除后，应由企业主管税务机关进行实地核查确认追踪管理。各级税务机关应将资产损失审批纳入岗位责任制考核体系，根据本办法的要求，规范程序，明确责任，建立健全监督制约机制和责任追究制度。

第三章 资产损失确认证据

第十条 企业发生属于由企业自行计算扣除的资产损失，应按照企业内部管理控制的要求，做好资产损失的确认工作，并保留好有关资产会计核算资料和原始凭证及内部审批证明等证据，以备税务机关日常检查。

企业按规定向税务机关报送资产损失税前扣除申请时，均应提供能够证明资产损失确属已实际发生的合法证据，包括：具有法律效力的外部证据和特定事项的企业内部证据。

第十一条 具有法律效力的外部证据，是指司法机关、行政机关、专业技术鉴定部门等依法出具的与本企业资产损失相关的具有法律效力的书面文件，主要包括：

（一）司法机关的判决或者裁定；

（二）公安机关的立案结案证明、回复；

（三）工商部门出具的注销、吊销及停业证明；

（四）企业的破产清算公告或清偿文件；

（五）行政机关的公文；

（六）国家及授权专业技术鉴定部门的鉴定报告；

（七）具有法定资质的中介机构的经济鉴定证明；

（八）经济仲裁机构的仲裁文书；

（九）保险公司对投保资产出具的出险调查单、理赔计算单等；

（十）符合法律条件的其他证据。

第十二条 特定事项的企业内部证据，是指会计核算制度健全，内部控制制度完善的企业，对各项资产发生毁损、报废、盘亏、死亡、变质等内部证明或承担责任的声明，主要包括：

（一）有关会计核算资料和原始凭证；

（二）资产盘点表；

（三）相关经济行为的业务合同；

（四）企业内部技术鉴定部门的鉴定文件或资料（数额较大、影响较大的资产损失项目，应聘请行业内的专家参加鉴定和论证）；

（五）企业内部核批文件及有关情况说明；

（六）对责任人由于经营管理责任造成损失的责任认定及赔偿情况说明；

（七）法定代表人、企业负责人和企业财务负责人对特定事项真实性承担法律责任的声明。

第四章 现金等货币资产损失的认定

第十三条 企业货币资产损失包括现金损失、银行存款损失和应收（预付）账款损失等。

第十四条 企业清查出的现金短缺扣除责任人赔偿后的余额，确认为现金损失。现金损失确认应提供以下证据：

（一）现金保管人确认的现金盘点表（包括倒推至基准日的记录）；

（二）现金保管人对于短款的说明及相关核准文件；

（三）对责任人由于管理责任造成损失的责任认定及赔偿情况的说明；

（四）涉及刑事犯罪的，应提供司法机关的涉案材料。

第十五条 企业将货币性资金存入法定具有吸收存款职能的机构，因该机构依法破产、清算，或者政府责令停业、关闭等原因，确实不能收回的部分，确认为存款损失。存款损失应提供以下相关证据：

（一）企业存款的原始凭据；

（二）法定具有吸收存款职能的机构破产、清算的法律文件；

（三）政府责令停业、关闭文件等外部证据；

（四）清算后剩余资产分配的文件。

第十六条 企业应收、预付账款发生符合坏账损失条件的，申请坏账损失税前扣除，应提供下列相关依据：

（一）法院的破产公告和破产清算的清偿文件；

（二）法院的败诉判决书、裁决书，或者胜诉但被法院裁定终（中）止执行的法律文书；

（三）工商部门的注销、吊销证明；

（四）政府部门有关撤销、责

令关闭的行政决定文件；

（五）公安等有关部门的死亡、失踪证明；

（六）逾期三年以上及已无力清偿债务的确凿证明；

（七）与债务人的债务重组协议及其相关证明；

（八）其他相关证明。

第十七条 逾期不能收回的应收款项中，单笔数额较小、不足以弥补清收成本的，由企业作出专项说明，对确实不能收回的部分，认定为损失。

第十八条 逾期三年以上的应收款项，企业有依法催收磋商记录，确认债务人已资不抵债、连续三年亏损或连续停止经营三年以上的，并能认定三年内没有任何业务往来，可以认定为损失。

第五章 非货币资产损失的认定

第十九条 企业非货币资产损失包括存货损失、固定资产损失、在建工程损失、生物资产损失等。

第二十条 存货盘亏损失，其盘亏金额扣除责任人赔偿后的余额部分，依据下列证据认定损失：

（一）存货盘点表；

（二）存货保管人对于盘亏的情况说明；

（三）盘亏存货的价值确定依据（包括相关入库手续、相同相近存货采购发票价格或其他确定依据）；

（四）企业内部有关责任认定、责任人赔偿说明和内部核批文件。

第二十一条 存货报废、毁损和变质损失，其账面价值扣除残值及保险赔偿或责任赔偿后的余额部分，依据下列相关证据认定损失：

（一）单项或批量金额较小（占企业同类存货10%以下、或减少当年应纳税所得、增加亏损10%以下、或10万元以下。下同）的存货，由企业内部有关技术部门出具技术鉴定证明；

（二）单项或批量金额超过上述规定标准的较大存货，应取得专业技术鉴定部门的鉴定报告或者具有法定资质中介机构出具的经济鉴定证明；

（三）涉及保险索赔的，应当有保险公司理赔情况说明；

（四）企业内部关于存货报废、毁损、变质情况说明及审批文件；

（五）残值情况说明；

（六）企业内部有关责任认定、责任赔偿说明和内部核批文件。

第二十二条 存货被盗损失，其账面价值扣除保险理赔以及责任赔偿后的余额部分，依据下列证据认定损失：

（一）向公安机关的报案记录，公安机关立案、破案和结案的证明材料；

（二）涉及责任人的责任认定及赔偿情况说明；

（三）涉及保险索赔的，应当有保险公司理赔情况说明。

第二十三条 固定资产盘亏、丢失损失，其账面净值扣除责任人赔偿后的余额部分，依据下列证据确认损失：

（一）固定资产盘点表；

（二）盘亏、丢失情况说明，单项或批量金额较大的固定资产盘亏、丢失，企业应逐项作出专项说明，并出具具有法定资质中介机构出具的经济鉴定证明；

（三）企业内部有关责任认定和内部核准文件等。

第二十四条 固定资产报废、毁损损失，其账面净值扣除残值、保险赔偿和责任人赔偿后的余额部分，依据下列相关证据认定损失：

（一）企业内部有关部门出具的鉴定证明；

（二）单项或批量金额较小的固定资产报废、毁损，可由企业逐项作出说明，并出具内部有关技术部门的技术鉴定证明；

单项或批量金额较大的固定资产报废、毁损，企业应逐项作出专项说明，并出具专业技术鉴定机构的鉴定报告，也可以同时附送中介机构的经济鉴定证明。

（三）自然灾害等不可抗力原因造成固定资产毁损、报废的，应当有相关职能部门出具的鉴定报告，如消防部门出具受灾证明，公安部门出具的事故现场处理报告、车辆报损证明，房管部门的房屋拆除证明，锅炉、电梯等安检部门的检验报告等。

（四）企业固定资产报废、毁损情况说明及内部核批文件；

（五）涉及保险索赔的，应当有保险公司理赔情况说明。

第二十五条 固定资产被盗损失，其账面净值扣除保险理赔以及责任赔偿后的余额部分，依据下列证据认定损失：

（一）向公安机关的报案记录，公安机关立案、破案和结案的证明材料；

（二）涉及责任人的责任认定及赔偿情况说明；

（三）涉及保险索赔的，应当有保险公司理赔情况说明。

第二十六条 在建工程停建、废弃和报废、拆除损失，其账面价值扣除残值后的余额部分，依据下列证据认定损失：

（一）国家明令停建项目的文件；

（二）有关政府部门出具的工程停建、拆除文件；

（三）企业对报废、废弃的在建工程项目出具的鉴定意见和原因说明及核批文件，单项数额较大的在建工程项目报废，应当有专业技术鉴定部门的鉴定报告；

（四）工程项目实际投资额的确定依据。

第二十七条 在建工程自然灾害和意外事故毁损损失，其账面价值扣除残值、保险赔偿及责任赔偿后的余额部分，依据下列证据认定损失：

（一）有关自然灾害或者意外事故证明；

（二）涉及保险索赔的，应当有保险理赔说明；

（三）企业内部有关责任认定、责任人赔偿说明和核准文件。

第二十八条 工程物资发生损失的，比照本办法存货损失的规定进行认定。

第二十九条 生产性生物资产

盘亏损失，其账面净值扣除责任人赔偿后的余额部分，依据下列证据确认损失：

（一）生产性生物资产盘点表；

（二）盘亏情况说明，单项或批量金额较大的生产性生物资产，企业应逐项作出专项说明；

（三）企业内部有关责任认定和内部核准文件等。

第三十条 因森林病虫害、疫情、死亡而产生的生产性生物资产损失，其账面净值扣除残值、保险赔偿和责任人赔偿后的余额部分，依据下列相关证据认定损失：

（一）企业内部有关部门出具的鉴定证明；

（二）单项或批量金额较大的生产性生物资产森林病虫害、疫情、死亡，企业应逐项作出专项说明，并出具专业技术鉴定部门的鉴定报告；

（三）因不可抗力原因造成生产性生物资产森林病虫害、疫情、死亡，应当有相关职能部门出具的鉴定报告，如林业部门出具的森林病虫害证明、卫生防疫部门出具的疫情证明、消防部门出具的受灾证明，公安部门出具的事故现场处理报告等；

（四）企业生产性生物资产森林病虫害、疫情、死亡情况说明及内部核批文件；

（五）涉及保险索赔的，应当有保险公司理赔情况说明。

第三十一条 对被盗伐、被盗、丢失而产生的生产性生物资产损失，其账面净值扣除保险理赔以及责任赔偿后的余额部分，依据下列证据认定损失：

（一）生产性生物资产被盗后，向公安机关的报案记录或公安机关立案、破案和结案的证明材料；

（二）涉及责任人的责任认定及赔偿情况说明；

（三）涉及保险索赔的，应当有保险公司理赔情况说明。

第三十二条 企业由于未能按期赎回抵押资产，使抵押资产被拍卖或变卖，其账面净值大于变卖价值的差额部分，依据拍卖或变卖证明，认定为资产损失。

第六章　投资损失的认定

第三十三条 企业投资损失包括债权性投资损失和股权（权益）性投资损失。

第三十四条 下列各类符合坏账损失条件的债权投资，依据下列相关证据认定损失：

（一）债务人和担保人依法宣告破产、关闭、解散或撤销，并终止法人资格，企业对债务人和担保人进行追偿后，未能收回的债权，应提交债务人和担保人破产、关闭、解散证明、撤销文件、县级及县级以上工商行政管理部门注销证明和资产清偿证明。

（二）债务人死亡，或者依法宣告失踪或者死亡，企业依法对其资产或者遗产进行清偿，并对担保人进行追偿后，未能收回的债权，应提交债务人和担保人债务人死亡失踪证明，资产或者遗产清偿证明。

（三）债务人遭受重大自然灾害或意外事故，损失巨大且不能获得保险补偿，确实无力偿还的债务；或者保险赔偿清偿后，确实无力偿还的债务，企业对其资产进行清偿和对担保人进行追偿后，未能收回的债权，应提交债务人遭受重大自然灾害或意外事故证明，保险赔偿证明、资产清偿证明。

（四）债务人和担保人虽未依法宣告破产、关闭、解散或撤销，但已完全停止经营活动，被县及县以上工商行政管理部门依法吊销营业执照，企业对债务人和担保人进行追偿后，未收回的债权，应提交债务人和担保人被县及县以上工商行政管理部门注销或吊销证明和资产清偿证明。

（五）债务人和担保人虽未依法宣告破产、关闭、解散或撤销，但已完全停止经营活动或下落不明，连续两年以上未参加工商年检，企业对债务人和担保人进行追偿后，未收回的债权，应提交县及县以上工商行政管理部门查询证明和资产清偿证明。

（六）债务人触犯刑律，依法受到制裁，其资产不足归还所借债务，又无其他债务承担者，经追偿后确实无法收回的债权，应提交法院裁定证明和资产清偿证明。

（七）债务人和担保人不能偿还到期债务，企业诉诸法律，经法院对债务人和担保人强制执行，债务人和担保人均无资产可执行，法院裁定终结或终止（中止）执行后，企业仍无法收回的债权。应提交法院强制执行证明和资产清偿证明，其中终止（中止）执行的，还应按市场公允价估算债务人和担保人的资产，如果其价值不足以清偿属于《破产法》规定的优先清偿项目，由企业出具专项说明，可将应收债权全额确定为债权损失；如果清偿《破产法》规定的优先清偿项目后仍有结余但不足以清偿所欠债务的，按所欠债务的比例确定企业应收债权的损失金额。

对同一债务人有多项债权的，可以按类推的原则确认债权损失金额。

（八）企业对债务人和担保人诉诸法律后，因债务人和担保人主体资格不符或消亡，同时又无其他债务承担人，被法院驳回起诉或裁定免除（或免除部分）债务人责任，或因借款合同、担保合同等权利凭证遗失或法律追溯失效，法院不予受理或不予支持，经追偿后确实无法收回的债权，应提交法院驳回起诉的证明，或裁定免除债务人责任的判决书、裁定书或民事调解书，或法院不予受理或不予支持证明。

（九）债务人由于上述一至八项原因不能偿还到期债务，企业依法取得抵债资产，但仍不足以抵偿相关的债权，经追偿后仍无法收回的金额，应提交抵债资产接收、抵债金额确定证明和上述一至八项相关的证明。

（十）债务人由于上述一至九项原因不能偿还到期债务，企业依法进行债务重组而发生的损失，应提交损失原因证明材料、具有法律效力的债务重组方案。

（十一）企业经批准采取打包出售、公开拍卖、招标等市场方式出售、转让股权、债权的，其出售转让价格低于账面价值的差额，应提交资产处置方案、出售转让合同（或协议）、成交及入账证明、资产账面价值清单。

（十二）企业因内部控制制度不健全、操作程序不规范或因业务创新但政策不明确、不配套等原因而形成的损失，应由企业承担的金额，应提交损失原因证明材料或业务监管部门定性证明、损失专项说明。

（十三）企业因刑事案件原因形成的损失，应由企业承担的金额或经公安机关立案侦察2年以上仍无法追回的金额，应提交损失原因证明材料，公、检、法部门的立案侦察情况或判决书。

（十四）金融企业对于余额在500万元以下（含500万元）的抵押（质押）贷款，农村信用社、村镇银行为50万元以下（含50万元）的抵押（质押）贷款，经追索1年以上，仍无法收回的金额，应提交损失原因证明材料、追索记录（包括电话追索、信件追索和上门追索等原始记录，并由经办人员和负责人签章确认）等。

（十五）经国务院专案批准核销的债权，应提交国务院批准文件或经国务院同意后由国务院有关部门批准的文件。

第三十五条 金融企业符合坏账条件的银行卡透支款项以及相关的已计入应纳税所得额的其他应收款项，依据下列相关证据认定损失：

（一）持卡人和担保人依法宣告破产，资产经法定清偿后，未能还清的款项，应提交法院破产证明和资产清偿证明。

（二）持卡人和担保人死亡或依法宣告失踪或者死亡，以其资产或遗产清偿后，未能还清的款项，应提交死亡或失踪证明和资产或遗产清偿证明。

（三）经诉讼或仲裁并经强制执行程序后，仍无法收回的款项，应提交诉讼判决书或仲裁书和强制执行证明。

（四）持卡人和担保人因经营管理不善、资不抵债，经有关部门批准关闭，被县及县级以上工商行政管理部门注销、吊销营业执照，以其资产清偿后，仍未能还清的款项，应提交有关管理部门批准持卡人关闭的文件和工商行政管理部门注销持卡人营业执照的证明。

（五）余额在2万元以下（含2万元），经追索2年以上，仍无法收回的款项，应提交追索记录，包括电话追索、信件追索和上门追索等原始记录，并由经办人员和负责人签章确认。

第三十六条 金融企业符合坏账条件的助学贷款，依据下列相关证据认定损失：

（一）债务人死亡，或者依法宣告失踪或者死亡，或丧失完全民事行为能力或劳动能力，无继承人或受遗赠人，在依法处置其助学贷款抵押物（质押物）及债务人的私有资产，并向担保人追索连带责任后，仍未能归还的贷款，应提交债务人死亡或者失踪的宣告，或公安部门、医院出具的债务人死亡证明；司法部门出具的债务人丧失完全民事能力的证明，或经县以上医院出具的债务人丧失劳动能力的证明，以及对助学贷款抵押物（质押物）处理和对担保人的追索情况。

（二）经诉讼并经强制执行程序后，在依法处置其助学贷款抵押物（质押物）及债务人的私有资产，并向担保人追索连带责任后，仍未能归还的贷款，应提交法院判决书或法院在案件无法继续执行时作出的终结裁定书，以及对助学贷款抵押物（质押物）处理和对担保人的追索情况。

（三）贷款逾期后，在企业确定的有效追索期限内，依法处置其助学贷款抵押物（质押物）及债务人的私有资产，同时向担保人追索连带责任后，仍未能归还的贷款，应提交对助学贷款抵押物（质押物）和对担保人的追索情况。

第三十七条 企业符合条件的股权（权益）性投资损失，应依据下列相关证据认定损失：

（一）企业法定代表人、主要负责人和财务负责人签章证实有关投资损失的书面声明；

（二）有关被投资方破产公告、破产清偿文件；工商部门注销、吊销文件；政府有关部门的行政决定文件；终止经营、停止交易的法律或其他证明文件；

（三）有关资产的成本和价值回收情况说明；

（四）被投资方清算剩余资产分配情况的证明。

第三十八条 企业的股权（权益）投资当有确凿证据表明已形成资产损失时，应扣除责任人和保险赔款、变价收入或可收回金额后，再确认发生的资产损失。

可收回金额一律暂定为账面余额的5%。

第三十九条 企业委托金融机构向其他单位贷款，接受贷款单位不能按期偿还的，比照本办法进行处理。

第四十条 企业委托符合法定资格要求的机构进行理财，应按业务实质和《中华人民共和国企业所得税法》及实施条例的规定区分为债权性投资和股权（权益）性投资，并按相关投资确认损失的条件和证据要求申报委托理财损失。

第四十一条 企业对外提供与本企业应纳税收入有关的担保，因被担保人不能按期偿还债务而承担连带还款责任，经清查和追索，被担保人无偿还能力，对无法追回的，比照本办法应收账款损失进行处理。

与本企业应纳税收入有关的担保是指企业对外提供的与本企业投资、融资、材料采购、产品销售等主要生产经营活动密切相关的担保。

企业为其他独立纳税人提供的与本企业应纳税收入无关的贷款担保等，因被担保方还不清贷款而由该担保人承担的本息等，不得申报扣除。

第四十二条 下列股权和债权不得确认为在企业所得税前扣除的损失：

（一）债务人或者担保人有经济偿还能力，不论何种原因，未按期偿还的企业债权；

（二）违反法律、法规的规定，以各种形式、借口逃废或者悬空的企业债权；

（三）行政干预逃废或者悬空的企业债权；

（四）企业未向债务人和担保人追偿的债权；

（五）企业发生非经营活动的债权；

（六）国家规定可以从事贷款业务以外的企业因资金直接拆借而发生的损失；

（七）其他不应当核销的企业债权和股权。

第七章 责 任

第四十三条 税务机关应按本办法规定的时间和程序，本着公正、透明、廉洁、高效和方便纳税人的原则，及时受理和审批纳税人申报的资产损失审批事项。非因客观原因未能及时受理或审批的，或者未按规定程序进行审批和核实造成审批错误的，应按《中华人民共和国税收征收管理法》和税收执法责任制的有关规定追究责任。

上一级税务机关应对下一级税务机关每一纳税年度审批的资产损失事项进行抽查监督。

第四十四条 税务机关对企业申请税前扣除的资产损失的审批不改变企业的依法申报责任，企业采用伪造、变造有关资料证明等手段多列多报资产损失，或本办法规定需要审批而未审批直接税前扣除资产损失造成少缴税款的，税务机关根据《中华人民共和国税收征收管理法》的有关规定进行处理。

因税务机关责任审批或核实错误，造成企业未缴或少缴税款的，按《中华人民共和国税收征收管理法》第五十二条规定执行。

第四十五条 税务机关对企业自行申报扣除和经审批扣除的资产损失进行纳税检查时，根据实质重于形式原则对有关证据的真实性、合法性和合理性进行审查，对有确凿证据证明由于不真实、不合法或不合理的证据或估计而造成的税前扣除，应依法进行纳税调整，并区分情况分清责任，按规定对纳税人和有关责任人依法进行处罚。有关技术鉴定部门或中介机构为纳税人提供虚假证明而税前扣除资产损失，导致未缴、少缴税款的，按《中华人民共和国税收征收管理法》及其实施细则的规定处理。

第八章 附 则

第四十六条 各省、自治区、直辖市和计划单列市国家税务局、地方税务局可以根据本办法，对企业资产损失税前扣除制定具体实施办法。

第四十七条 本办法自2008年1月1日起执行。

财政部　国家税务总局关于企业重组业务企业所得税处理若干问题的通知

2009年4月30日　财税〔2009〕59号

各省、自治区、直辖市、计划单列市财政厅（局）、国家税务局、地方税务局，新疆生产建设兵团财务局：

根据《中华人民共和国企业所得税法》第二十条和《中华人民共和国企业所得税法实施条例》（国务院令第512号）第七十五条规定，现就企业重组所涉及的企业所得税具体处理问题通知如下：

一、本通知所称企业重组，是指企业在日常经营活动以外发生的法律结构或经济结构重大改变的交易，包括企业法律形式改变、债务重组、股权收购、资产收购、合并、分立等。

（一）企业法律形式改变，是指企业注册名称、住所以及企业组织形式等的简单改变，但符合本通知规定其他重组的类型除外。

（二）债务重组，是指在债务人发生财务困难的情况下，债权人按照其与债务人达成的书面协议或者法院裁定书，就其债务人的债务作出让步的事项。

（三）股权收购，是指一家企业（以下称为收购企业）购买另一家企业（以下称为被收购企业）的股权，以实现对被收购企业控制的交易。收购企业支付对价的形式包括股权支付、非股权支付或两者的组合。

（四）资产收购，是指一家企业（以下称为受让企业）购买另一家企业（以下称为转让企业）实质经营性资产的交易。受让企业支付对价的形式包括股权支付、非股权支付或两者的组合。

（五）合并，是指一家或多家企业（以下称为被合并企业）将其全部资产和负债转让给另一家现存或新设企业（以下称为合并企业），被合并企业股东换取合并企业的股权或非股权支付，实现两个或两个以上企业的依法合并。

（六）分立，是指一家企业（以下称为被分立企业）将部分或全部资产分离转让给现存或新设的企业（以下称为分立企业），被分立企业股东换取分立企业的股权或非股权支付，实现企业的依法分立。

二、本通知所称股权支付，是指企业重组中购买、换取资产的一方支付的对价中，以本企业或其控股企业的股权、股份作为支付的形式；所称非股权支付，是指以本企业的现金、银行存款、应收款项、本企业或其控股企业股权和股份以外的有价证券、存货、固定资产、其他资产以及承担债务等作为支付的形式。

三、企业重组的税务处理区分不同条件分别适用一般性税务处理规定和特殊性税务处理规定。

四、企业重组，除符合本通知规定适用特殊性税务处理规定的外，按以下规定进行税务处理：

（一）企业由法人转变为个人独资企业、合伙企业等非法人组织，或将登记注册地转移至中华人民共和国境外（包括港澳台地区），应视同企业进行清算、分配，股东重新投资成立新企业。企业的全部资产以及股东投资的计税基础均应以公允价值为基础确定。

企业发生其他法律形式简单改变的，可直接变更税务登记，除另有规定外，有关企业所得税纳税事项（包括亏损结转、税收优惠等权益和义务）由变更后企业承继，但因住所发生变化而不符合税收优惠条件的除外。

（二）企业债务重组，相关交易应按以下规定处理：

1. 以非货币资产清偿债务，应当分解为转让相关非货币性资产、按非货币性资产公允价值清偿债务两项业务，确认相关资产

的所得或损失。

2. 发生债权转股权的，应当分解为债务清偿和股权投资两项业务，确认有关债务清偿所得或损失。

3. 债务人应当按照支付的债务清偿额低于债务计税基础的差额，确认债务重组所得；债权人应当按照收到的债务清偿额低于债权计税基础的差额，确认债务重组损失。

4. 债务人的相关所得税纳税事项原则上保持不变。

（三）企业股权收购、资产收购重组交易，相关交易应按以下规定处理：

1. 被收购方应确认股权、资产转让所得或损失。

2. 收购方取得股权或资产的计税基础应以公允价值为基础确定。

3. 被收购企业的相关所得税事项原则上保持不变。

（四）企业合并，当事各方应按下列规定处理：

1. 合并企业应按公允价值确定接受被合并企业各项资产和负债的计税基础。

2. 被合并企业及其股东都应按清算进行所得税处理。

3. 被合并企业的亏损不得在合并企业结转弥补。

（五）企业分立，当事各方应按下列规定处理：

1. 被分立企业对分立出去资产应按公允价值确认资产转让所得或损失。

2. 分立企业应按公允价值确认接受资产的计税基础。

3. 被分立企业继续存在时，其股东取得的对价应视同被分立企业分配进行处理。

4. 被分立企业不再继续存在时，被分立企业及其股东都应按清算进行所得税处理。

5. 企业分立相关企业的亏损不得相互结转弥补。

五、企业重组同时符合下列条件的，适用特殊性税务处理规定：

（一）具有合理的商业目的，且不以减少、免除或者推迟缴纳税款为主要目的。

（二）被收购、合并或分立部分的资产或股权比例符合本通知规定的比例。

（三）企业重组后的连续 12 个月内不改变重组资产原来的实质性经营活动。

（四）重组交易对价中涉及股权支付金额符合本通知规定比例。

（五）企业重组中取得股权支付的原主要股东，在重组后连续 12 个月内，不得转让所取得的股权。

六、企业重组符合本通知第五条规定条件的，交易各方对其交易中的股权支付部分，可以按以下规定进行特殊性税务处理：

（一）企业债务重组确认的应纳税所得额占该企业当年应纳税所得额 50% 以上，可以在 5 个纳税年度的期间内，均匀计入各年度的应纳税所得额。

企业发生债权转股权业务，对债务清偿和股权投资两项业务暂不确认有关债务清偿所得或损失，股权投资的计税基础以原债权的计税基础确定。企业的其他相关所得税事项保持不变。

（二）股权收购，收购企业购买的股权不低于被收购企业全部股权的 75%，且收购企业在该股权收购发生时的股权支付金额不低于其交易支付总额的 85%，可以选择按以下规定处理：

1. 被收购企业的股东取得收购企业股权的计税基础，以被收购股权的原有计税基础确定。

2. 收购企业取得被收购企业股权的计税基础，以被收购股权的原有计税基础确定。

3. 收购企业、被收购企业的原有各项资产和负债的计税基础和其他相关所得税事项保持不变。

（三）资产收购，受让企业收购的资产不低于转让企业全部资产的 75%，且受让企业在该资产收购发生时的股权支付金额不

低于其交易支付总额的 85%，可以选择按以下规定处理：

1. 转让企业取得受让企业股权的计税基础，以被转让资产的原有计税基础确定。

2. 受让企业取得转让企业资产的计税基础，以被转让资产的原有计税基础确定。

（四）企业合并，企业股东在该企业合并发生时取得的股权支付金额不低于其交易支付总额的 85%，以及同一控制下且不需要支付对价的企业合并，可以选择按以下规定处理：

1. 合并企业接受被合并企业资产和负债的计税基础，以被合并企业的原有计税基础确定。

2. 被合并企业合并前的相关所得税事项由合并企业承继。

3. 可由合并企业弥补的被合并企业亏损的限额 = 被合并企业净资产公允价值 × 截至合并业务发生当年年末国家发行的最长期限的国债利率。

4. 被合并企业股东取得合并企业股权的计税基础，以其原持有的被合并企业股权的计税基础确定。

（五）企业分立，被分立企业所有股东按原持股比例取得分立企业的股权，分立企业和被分立企业均不改变原来的实质经营活动，且被分立企业股东在该企业分立发生时取得的股权支付金额不低于其交易支付总额的 85%，可以选择按以下规定处理：

1. 分立企业接受被分立企业资产和负债的计税基础，以被分立企业的原有计税基础确定。

2. 被分立企业已分立出去资产相应的所得税事项由分立企业承继。

3. 被分立企业未超过法定弥补期限的亏损额可按分立资产占全部资产的比例进行分配，由分立企业继续弥补。

4. 被分立企业的股东取得分立企业的股权（以下简称“新股”），如需部分或全部放弃原持有的被分立企业的股权（以下简称“旧股”），“新股”的计税基础应以放弃“旧股”的计税基础确定。如不需放弃“旧股”，则其取得“新股”的计税基础可从以下两种方法中选择确定：直接将“新股”的计税基础确定为零；或者以被分立企业分立出去的净资产占被分立企业全部净资产的比例先调减原持有的“旧股”的计税基础，再将调减的计税基础平均分配到“新股”上。

（六）重组交易各方按本条（一）至（五）项规定对交易中股权支付暂不确认有关资产的转让所得或损失的，其非股权支付仍应在交易当期确认相应的资产转让所得或损失，并调整相应资产的计税基础。

非股权支付对应的资产转让所得或损失 =（被转让资产的公允价值 - 被转让资产的计税基础）×（非股权支付金额 ÷ 被转让资产的公允价值）

七、企业发生涉及中国境内与境外之间（包括港澳台地区）的股权和资产收购交易，除应符合本通知第五条规定的条件外，还应同时符合下列条件，才可选择适用特殊性税务处理规定：

（一）非居民企业向其 100% 直接控股的另一非居民企业转让其拥有的居民企业股权，没有因此造成以后该项股权转让所得预提税负担变化，且转让方非居民企业向主管税务机关书面承诺在 3 年（含 3 年）内不转让其拥有受让方非居民企业的股权；

（二）非居民企业向与其具有 100% 直接控股关系的居民企业转让其拥有的另一居民企业股权；

（三）居民企业以其拥有的资产或股权向其 100% 直接控股的非居民企业进行投资；

（四）财政部、国家税务总局核准的其他情形。

八、本通知第七条第（三）项所指的居民企业以其拥有的资产或股权向其 100% 直接控股关系的非居民企业进行投资，其资产或股权转让收益如选择特殊性税务处理，可以在 10 个纳税年度内均匀计入各年度应纳税所得额。

九、在企业吸收合并中，合并后的存续企业性质及适用税收优惠的条件未发生改变的，

可以继续享受合并前该企业剩余期限的税收优惠，其优惠金额按存续企业合并前一年的应纳税所得额（亏损计为零）计算。

在企业存续分立中，分立后的存续企业性质及适用税收优惠的条件未发生改变的，可以继续享受分立前该企业剩余期限的税收优惠，其优惠金额按该企业分立前一年的应纳税所得额（亏损计为零）乘以分立后存续企业资产占分立前该企业全部资产的比例计算。

十、企业在重组发生前后连续 12 个月内分步对其资产、股权进行交易，应根据实质重于形式原则将上述交易作为一项企业重组交易进行处理。

十一、企业发生符合本通知规定的特殊性重组条件并选择特殊性税务处理的，当事各方应在该重组业务完成当年企业所得税年度申报时，向主管税务机关提交书面备案资料，证明其符合各类特殊性重组规定的条件。企业未按规定书面备案的，一律不得按特殊重组业务进行税务处理。

十二、对企业在重组过程中涉及的需要特别处理的企业所得税事项，由国务院财政、税务主管部门另行规定。

十三、本通知自 2008 年 1 月 1 日起执行。

注：云南省财政厅、云南省国家税务局、云南省地方税务局于 2009 年 6 月 4 日以云财税〔2009〕66 号原文转发。

财政部 国家税务总局关于企业清算业务企业所得税处理若干问题的通知

2009 年 4 月 30 日 财税〔2009〕60 号

各省、自治区、直辖市、计划单列市财政厅（局）、国家税务局、地方税务局，新疆生产建设兵团财务局：

根据《中华人民共和国企业所得税法》第五十三条、第五十五条和《中华人民共和国企业所得税法实施条例》（国务院令第 512 号）第十一条规定，现就企业清算有关所得税处理问题通知如下：

一、企业清算的所得税处理，是指企业在不再持续经营，发生结束自身业务、处置资产、偿还债务以及向所有者分配剩余财产等经济行为时，对清算所得、清算所得税、股息分配等事项的处理。

二、下列企业应进行清算的所得税处理：

（一）按《公司法》、《企业破产法》等规定需要进行清算的企业；

（二）企业重组中需要按清算处理的企业。

三、企业清算的所得税处理包括以下内容：

（一）全部资产均应按可变现价值或交易价格，确认资产转让所得或损失；

（二）确认债权清理、债务清偿的所得或损失；

（三）改变持续经营核算原则，对预提或待摊性质的费用进行处理；

（四）依法弥补亏损，确定清算所得；

（五）计算并缴纳清算所得税；

（六）确定可向股东分配的剩余财产、应付股息等。

四、企业的全部资产可变现价值或交易价格，减除资产的计税基础、清算费用、相关税费，加上债务清偿损益等后的余额，为清算所得。

企业应将整个清算期作为一个独立的纳税年度计算清算所得。

五、企业全部资产的可变现价值或交易价格减除清算费用，职工的工资、社会保险费用和法定补偿金，结清清算所得税、以前年度欠税等税款，清偿企业债务，按规定计算可以向所有者分配的剩余资产。

被清算企业的股东分得的剩余资产的金额，其中相当于被清算企业累计未分配利润和累计盈余公积中按该股东所占股份比例计算的部分，应确认为股息所得；剩余资产减除股息所得后的余额，超过或低于股东投资成本的部分，应确认为股东的投资转让所得或损失。

被清算企业的股东从被清算企业分得的资产应按可变现价值或实际交易价格确定计税基础。

六、本通知自 2008 年 1 月 1 日起执行。

注：云南省财政厅、云南省国家税务局、云南省地方税务局于 2009 年 6 月 4 日以云财税〔2009〕67 号原文转发。

财政部 国家税务总局关于金融企业贷款损失准备企业所得税税前扣除有关问题的通知

2009 年 4 月 30 日 财税〔2009〕64 号

各省、自治区、直辖市、计划单列市财政厅（局）、国家税务局、地方税务局，新疆生产建设兵团财务局：

根据《中华人民共和国企业所得税法》及《中华人民共和国企业所得税法实施条例》的有关规定，现就政策性银行、商业银行、财务公司和城乡信用社等国家允许从事贷款业务的金融企业提取的贷款损失准备税前扣除政策问题，通知如下：

一、准予提取贷款损失准备的贷款资产范围包括：

（一）贷款（含抵押、质押、担保等贷款）；

（二）银行卡透支、贴现、信用垫款（含银行承兑汇票垫款、信用证垫款、担保垫款等）、进出口押汇、同业拆出等各项具有贷款特征的风险资产；

（三）由金融企业转贷并承担对外还款责任的国外贷款，包括国际金融组织贷款、外国买方信贷、外国政府贷款、日本国际协力银行不附条件贷款和外国政府混合贷款等资产。

二、金融企业准予当年税前扣除的贷款损失准备计算公式如下：

准予当年税前扣除的贷款损失准备 = 本年末准予提取贷款损失准备的贷款资产余额 × 1% - 截至上年末已在税前扣除的贷款损失准备余额

金融企业按上述公式计算的数额如为负数，应当相应调增当年应纳税所得额。

三、金融企业的委托贷款、代理贷款、国债投资、应收股利、上交央行准备金、以及金融企业剥离的债权和股权、应收财政贴息、央行款项等不承担风险和损失的资产，不得提取贷款损失准备在税前扣除。

四、金融企业发生的符合条件的贷款损失，按规定报经税务机关审批后，应先冲减已在税前扣除的贷款损失准备，不足冲减部分可据实在计算当年应纳税所得额时扣除。

五、本通知自2008年1月1日起至2010年12月31日止执行。

注：云南省财政厅、云南省国家税务局、云南省地方税务局于2009年6月4日以云财税〔2009〕68号原文转发。

财政部　国家税务总局关于安置残疾人员就业有关企业所得税优惠政策问题的通知

2009年4月30日　财税〔2009〕70号

各省、自治区、直辖市、计划单列市财政厅（局）、国家税务局、地方税务局，新疆生产建设兵团财务局：

根据《中华人民共和国企业所得税法》和《中华人民共和国企业所得税法实施条例》（国务院令第512号）的有关规定，现就企业安置残疾人员就业有关企业所得税优惠政策问题，通知如下：

一、企业安置残疾人员的，在按照支付给残疾职工工资据实扣除的基础上，可以在计算应纳税所得额时按照支付给残疾职工工资的100%加计扣除。

企业就支付给残疾职工的工资，在进行企业所得税预缴申报时，允许据实计算扣除；在年度终了进行企业所得税年度申报和汇算清缴时，再依照本条第一款的规定计算加计扣除。

二、残疾人员的范围适用《中华人民共和国残疾人保障法》的有关规定。

三、企业享受安置残疾职工工资100%加计扣除应同时具备如下条件：

（一）依法与安置的每位残疾人签订了1年以上（含1年）的劳动合同或服务协议，并且安置的每位残疾人在企业实际上岗工作。

（二）为安置的每位残疾人按月足额缴纳了企业所在区县人民政府根据国家政策规定的基本养老保险、基本医疗保险、失业保险和工伤保险等社会保险。

（三）定期通过银行等金融机构向安置的每位残疾人实际支付了不低于企业所在区县适用的经省级人民政府批准的最低工资标准的工资。

（四）具备安置残疾人上岗工作的基本设施。

四、企业应在年度终了进行企业所得税年度申报和汇算清缴时，向主管税务机关报送本通知第四条规定的相关资料、已安置残疾职工名单及其《中华人民共和国残疾人证》或《中华人民共和国残疾军人证（1至8级）》复印件和主管税务机关要求提供的其他资料，办理享受企业所得税加计扣除优惠的备案手续。

五、在企业汇算清缴结束后，主管税务机关在对企业进行日常管理、纳税评估和纳税检查时，应对安置残疾人员企业所得税加计扣除优惠的情况进行核实。

六、本通知自2008年1月1日起执行。

注：云南省财政厅、云南省国家税务局、云南省地方税务局于2009年6月4日以云财税〔2009〕69号原文转发。

国家税务总局关于实施创业投资企业所得税优惠问题的通知

2009年4月30日　国税发〔2009〕87号

各省、自治区、直辖市和计划单列市国家税务局、地方税务局：

为落实创业投资企业所得税优惠政策，促进创业投资企业的发展，根据《中华人民共和国企业所得税法》及其实施条例等有关规定，现就创业投资企业所得税优惠的有关问题通知如下：

一、创业投资企业是指依照《创业投资企业管理暂行办法》（国家发展和改革委员会等10部委令2005年第39号，以下简称《暂行办法》）和《外商投资创业投资企业管理规定》（商务部等5部委令2003年第2号）在中华人民共和国境内设立的专门从事创业投资活动的企业或其他经济组织。

二、创业投资企业采取股权投

资方式投资于未上市的中小高新技术企业2年（24个月）以上，凡符合以下条件的，可以按照其对中小高新技术企业投资额的70%，在股权持有满2年的当年抵扣该创业投资企业的应纳税所得额；当年不足抵扣的，可以在以后纳税年度结转抵扣。

（一）经营范围符合《暂行办法》规定，且工商登记为“创业投资有限责任公司”、“创业投资股份有限公司”等专业性法人创业投资企业。

（二）按照《暂行办法》规定的条件和程序完成备案，经备案管理部门年度检查核实，投资运作符合《暂行办法》的有关规定。

（三）创业投资企业投资的中小高新技术企业，除应按照科技部、财政部、国家税务总局《关于印发〈高新技术企业认定管理办法〉的通知》（国科发火〔2008〕172号）和《关于印发〈高新技术企业认定管理工作指引〉的通知》（国科发火〔2008〕362号）的规定，通过高新技术企业认定以外，还应符合职工人数不超过500人，年销售（营业）额不超过2亿元，资产总额不超过2亿元的条件。

2007年底前按原有规定取得高新技术企业资格的中小高新技术企业，且在2008年继续符合新的高新技术企业标准的，向其投资满24个月的计算，可自创业投资企业实际向其投资的时间起计算。

（四）财政部、国家税务总局规定的其他条件。

三、中小企业接受创业投资之后，经认定符合高新技术企业标准的，应自其被认定为高新技术企业的年度起，计算创业投资企业的投资期限。该期限内中小企业接受创业投资后，企业规模超过中小企业标准，但仍符合高新技术企业标准的，不影响创业投资企业享受有关税收优惠。

四、创业投资企业申请享受投资抵扣应纳税所得额，应在其报送申请投资抵扣应纳税所得额年度纳税申报表以前，向主管税务机关报送以下资料备案：

（一）经备案管理部门核实后出具的年检合格通知书（副本）；

（二）关于创业投资企业投资运作情况的说明；

（三）中小高新技术企业投资合同或章程的复印件、实际所投资金验资报告等相关材料；

（四）中小高新技术企业基本情况〔包括企业职工人数、年销售（营业）额、资产总额等〕说明；

（五）由省、自治区、直辖市和计划单列市高新技术企业认定管理机构出具的中小高新技术企业有效的高新技术企业证书（复印件）。

五、本通知自2008年1月1日起执行。

注：云南省国税税务局于2009年5月19日以云国税发〔2009〕118号原文转发。

云南省国家税务局转发国家税务总局关于印发《企业所得税汇算清缴管理办法》的通知

2009年5月4日　云国税发〔2009〕107号

各州、市国家税务局：

现将《国家税务总局关于印发〈企业所得税汇算清缴管理办法〉的通知》（国税发〔2009〕79号）转发给你们，并将有关问题补充通知如下，请一并遵照执行。

一、企业所得税汇算清缴工作是对全年企业所得税征收管理工作质量和效率的综合检验。各地要高度重视这项工作，要在贯彻实施企业所得税法及其实施条例的基础上，认真按照《企业所得税汇算清缴管理办法》（以下简称《管理办法》）的要求，组织开展好企业所得税汇算清缴工作，进一步强化企业所得税征收管理，规范企业所得税汇算清缴工作。

二、对纳税人采用电子方式办理企业所得税年度纳税申报的，要求同时或随后提交纸质的纳税申报表。

三、对不进行汇算清缴的分支机构，应将其营业收支等相关情况在报总机构统一汇算清缴前报送分支机构所在地主管税务机关。总机构应将分支机构及其所属机构的营业收支纳入总机构汇算清缴等情况，于汇算清缴后及时报送各分支机构所在地主管税务机关。

四、企业所得税汇算清缴是企业所得税管理的重要环节，企业所得税汇算清缴工作要与汇算清缴数据分析、纳税评估和检查工作相结合。进一步规范纳税评估和检查工作程序，通过完善所得税汇算清缴，强化纳税评估管理基础。

五、除省局另有规定外，各州、市国家税务局的企业所得税汇算清缴工作总结报告、纸质报表和电子数据应在每年7月10日前报送省局。

国家税务总局关于印发《企业所得税汇算清缴管理办法》的通知

2009年4月16日　国税发〔2009〕79号

各省、自治区、直辖市和计划单列市国家税务局、地方税务局：

为加强企业所得税征收管理，进一步规范企业所得税汇算清缴工作，在总结近年来内、外资企业所得税汇算清缴工作经验的基础上，根据《中华人民共和国企业所得税法》及其实施条例，税务总局重新制定了《企业所得税汇算清缴管理办法》，现印发给你们，请遵照执行。执行中有何问题，请及时向税务总局报告。

企业所得税汇算清缴管理办法

第一条　为加强企业所得税征收管理，进一步规范企业所得税汇算清缴管理工作，根据《中华人民共和国企业所得税法》及其实施条例（以下简称企业所得税法及其实施条例）和《中华人民共和国税收征收管理法》及其实施细则（以下简称税收征管法及其实施细则）的有关规定，制定本办法。

第二条　企业所得税汇算清缴，是指纳税人自纳税年度终了之日起5个月内或实际经营终止之日起60日内，依照税收法律、法规、规章及其他有关企业所得税的规定，自行计算本纳税年度应纳税所得额和应纳所得税额，根据月度或季度预缴企业所得税的数额，确定该纳税年度应补或者应退税额，并填写企业所得税年度纳税申报表，向主管税务机关办理企业所得税年度纳税申报、提供税务机关要求提供的有关资料、结清全年企业所得税税款的行为。

第三条　凡在纳税年度内从事生产、经营（包括试生产、试经营），或在纳税年度中间终止经营活动的纳税人，无论是否在减税、免税期间，也无论盈利或亏损，均应按照企业所得税法及其实施条例和本办法的有关规定进行企业所得税汇算清缴。

实行核定定额征收企业所得税的纳税人，不进行汇算清缴。

第四条　纳税人应当自纳税年度终了之日起5个月内，进行汇算清缴，结清应缴应退企业所得税税款。

纳税人在年度中间发生解散、破产、撤销等终止生产经营情形，需进行企业所得税清算的，应在清算前报告主管税务机关，并自实际经营终止之日起60日内进行汇算清缴，结清应缴应退企业所得税款；纳税人有其他情形依法终止纳税义务的，应当自停止生产、经营之日起60日内，向主管税务机关办理当期企业所得税汇算清缴。

第五条　纳税人12月份或者第四季度的企业所得税预缴纳税申报，应在纳税年度终了后15日内完成，预缴申报后进行当年企业所得税汇算清缴。

第六条　纳税人需要报经税务机关审批、审核或备案的事项，应按有关程序、时限和要求报送材料等有关规定，在办理企业所得税年度纳税申报前及时办理。

第七条　纳税人应当按照企业所得税法及其实施条例和企业所得税的有关规定，正确计算应纳税所得额和应纳所得税额，如实、正确填写企业所得税年度纳税申报表及其附表，完整、及时报送相关资料，并对纳税申报的真实性、准确性和完整性负法律责任。

第八条　纳税人办理企业所得税年度纳税申报时，应如实填写和报送下列有关资料：

（一）企业所得税年度纳税申报表及其附表；

（二）财务报表；

（三）备案事项相关资料；

（四）总机构及分支机构基本情况、分支机构征税方式、分支机构的预缴税情况；

（五）委托中介机构代理纳税申报的，应出具双方签订的代理合同，并附送中介机构出具的包括纳税调整的项目、原因、依据、计算过程、调整金额等内容的报告；

（六）涉及关联方业务往来的，同时报送《中华人民共和国企业年度关联业务往来报告表》；

（七）主管税务机关要求报送的其他有关资料。

纳税人采用电子方式办理企业所得税年度纳税申报的，应按照有关规定保存有关资料或附报纸质纳税申报资料。

第九条　纳税人因不可抗力，不能在汇算清缴期内办理企业所得税年度纳税申报或备齐企业所得税年度纳税申报资料的，应按照税收征管法及其实施细则的规定，申请办理延期纳税申报。

第十条　纳税人在汇算清缴期内发现当年企业所得税申报有误的，可在汇算清缴期内重新办理企业所得税年度纳税申报。

第十一条　纳税人在纳税年度内预缴企业所得税税款少于应缴企业所得税税款的，应在汇算清缴期内结清应补缴的企业所得税税款；预缴税款超过应纳税款的，主管税务机关应及时按有关规定办理退税，或者经纳税人同意后抵缴其下一年度应缴企业所得税税款。

第十二条　纳税人因有特殊困难，不能在汇算清缴期内补缴企业所得税款的，应按照税收征管法及其实施细则的有关规定，办理申请延期缴纳税款手续。

第十三条 实行跨地区经营汇总缴纳企业所得税的纳税人，由统一计算应纳税所得额和应纳所得税额的总机构，按照上述规定，在汇算清缴期内向所在地主管税务机关办理企业所得税年度纳税申报，进行汇算清缴。分支机构不进行汇算清缴，但应将分支机构的营业收支等情况在报总机构统一汇算清缴前报送分支机构所在地主管税务机关。总机构应将分支机构及其所属机构的营业收支纳入总机构汇算清缴等情况报送各分支机构所在地主管税务机关。

第十四条 经批准实行合并缴纳企业所得税的企业集团，由集团母公司（以下简称汇缴企业）在汇算清缴期内，向汇缴企业所在地主管税务机关报送汇缴企业及各个成员企业合并计算填写的企业所得税年度纳税申报表，以及本办法第八条规定的有关资料及各个成员企业的企业所得税年度纳税申报表，统一办理汇缴企业及其成员企业的企业所得税汇算清缴。

汇缴企业应根据汇算清缴的期限要求，自行确定其成员企业向汇缴企业报送本办法第八条规定的有关资料的期限。成员企业向汇缴企业报送的上述资料，应经成员企业所在地的主管税务机关审核。

第十五条 纳税人未按规定期限进行汇算清缴，或者未报送本办法第八条所列资料的，按照税收征管法及其实施细则的有关规定处理。

第十六条 各级税务机关要结合当地实际，对每一纳税年度的汇算清缴工作进行统一安排和组织部署。汇算清缴管理工作由具体负责企业所得税日常管理的部门组织实施。税务机关内部各职能部门应充分协调和配合，共同做好汇算清缴的管理工作。

第十七条 各级税务机关应在汇算清缴开始之前和汇算清缴期间，主动为纳税人提供税收服务。

（一）采用多种形式进行宣传，帮助纳税人了解企业所得税政策、征管制度和办税程序。

（二）积极开展纳税辅导，帮助纳税人知晓汇算清缴范围、时间要求、报送资料及其他应注意的事项。

（三）必要时组织纳税培训，帮助纳税人进行企业所得税自核自缴。

第十八条 主管税务机关应及时向纳税人发放汇算清缴的表、证、单、书。

第十九条 主管税务机关受理纳税人企业所得税年度纳税申报表及有关资料时，如发现企业未按规定报齐有关资料或填报项目不完整的，应及时告知企业在汇算清缴期内补齐补正。

第二十条 主管税务机关受理纳税人年度纳税申报后，应对纳税人年度纳税申报表的逻辑性和有关资料的完整性、准确性进行审核。审核重点主要包括：

（一）纳税人企业所得税年度纳税申报表及其附表与企业财务报表有关项目的数字是否相符，各项目之间的逻辑关系是否对应，计算是否正确。

（二）纳税人是否按规定弥补以前年度亏损额和结转以后年度待弥补的亏损额。

（三）纳税人是否符合税收优惠条件、税收优惠的确认和申请是否符合规定程序。

（四）纳税人税前扣除的财产损失是否真实、是否符合有关规定程序。跨地区经营汇总缴纳企业所得税的纳税人，其分支机构税前扣除的财产损失是否由分支机构所在地主管税务机关出具证明。

（五）纳税人有无预缴企业所得税的完税凭证，完税凭证上填列的预缴数额是否真实。跨地区经营汇总缴纳企业所得税的纳税人及其所属分支机构预缴的税款是否与《中华人民共和国企业所得税汇总纳税分支机构分配表》中分配的数额一致。

（六）纳税人企业所得税和其他各税种之间的数据是否相符、逻辑关系是否吻合。

第二十一条 主管税务机关应结合纳税人企业所得税预缴情况及日常征管情况，对纳税人报送的企业所得税年度纳税申报表及其附表和其他有关资料进行初步审核后，按规定程序及时办理企业所得税补、退税或抵缴其下一年度应纳所得税款等事项。

第二十二条 税务机关应做好跨地区经营汇总纳税企业和合并纳税企业汇算清缴的协同管理。

（一）总机构和汇缴企业所在地主管税务机关在对企业的汇总或合并纳税申报资料审核时，发现其分支机构或成员企业申报内容有疑点需进一步核实的，应向其分支机构或成员企业所在地主管税务机关发出有关税务事项协查函；该分支机构或成员企业所在地主管税务机关应在要求的时限内就协查事项进行调查核实，并将核查结果函复总机构或汇缴企业所在地主管税务机关。

（二）总机构和汇缴企业所在地主管税务机关收到分支机构或成员企业所在地主管税务机关反馈的核查结果后，应对总机构和汇缴企业申报的应纳税所得额及应纳所得税额作相应调整。

第二十三条 汇算清缴工作结束后，税务机关应组织开展汇算清缴数据分析、纳税评估和检查。纳税评估和检查的对象、内容、方法、程序等按照国家税务总局的有关规定执行。

第二十四条 汇算清缴工作结束后，各级税务机关应认真总结，写出书面总结报告逐级上报。各省、自治区、直辖市和计划单列市国家税务局、地方税务局应在每年7月底前将汇算清缴工作总结报告、年度企业所得税汇总报表报送国家税务总局（所得税司）。总结报告的内容应包括：

（一）汇算清缴工作的基本情况；

（二）企业所得税税源结构的分布情况；

（三）企业所得税收入增减变化及原因；

（四）企业所得税政策和征管

制度贯彻落实中存在的问题和改进建议。

第二十五条 本办法适用于企业所得税居民企业纳税人。

第二十六条 各省、自治区、直辖市和计划单列市国家税务局、地方税务局可根据本办法制定具体实施办法。

第二十七条 本办法自2009年1月1日起执行。《国家税务总局关于印发〈企业所得税汇算清缴管理办法〉的通知》（国税发〔2005〕200号）、《国家税务总局关于印发新修订的〈外商投资企业和外国企业所得税汇算清缴工作规程〉的通知》（国税发〔2003〕12号）和《国家税务总局关于印发新修订的〈外商投资企业和外国企业所得税汇算清缴管理办法〉的通知》（国税发〔2003〕13号）同时废止。

2008年度企业所得税汇算清缴按本办法执行。

第二十八条 本办法由国家税务总局负责解释。

国家税务总局关于股权分置改革中上市公司取得资产及债务豁免对价收入征免所得税问题的批复

2009年7月13日 国税函〔2009〕375号

四川省地方税务局：

你局《关于股权分置改革中上市公司取得资产及债务豁免对价收入是否征收所得税问题的请示》（川地税发〔2009〕25号）收悉，经研究，批复如下：

根据《财政部 国家税务总局关于企业所得税若干优惠政策的通知》（财税〔2008〕1号）的规定，《财政部 国家税务总局关于股权分置试点改革有关税收政策问题的通知》（财税〔2005〕103号）的有关规定，自2008年1月1日起继续执行到股权分置试点改革结束。

股权分置改革中，上市公司因股权分置改革而接受的非流通股股东作为对价注入资产和被非流通股股东豁免债务，上市公司应增加注册资本或资本公积，不征收企业所得税。

注：云南省国家税务局于2009年7月27日以云国税函〔2009〕345号原文转发。

国家税务总局关于企业所得税核定征收若干问题的通知

2009年7月14日 国税函〔2009〕377号

各省、自治区、直辖市和计划单列市国家税务局、地方税务局：

《国家税务总局关于印发〈企业所得税核定征收办法〉（试行）的通知》（国税发〔2008〕30号）下发后，各地反映需要对有关问题进一步明确。为规范企业所得税核定征收工作，现对企业所得税核定征收若干问题通知如下：

一、国税发〔2008〕30号文件第三条第二款所称“特定纳税人”包括以下类型的企业：

（一）享受《中华人民共和国企业所得税法》及其实施条例和国务院规定的一项或几项企业所得税优惠政策的企业（不包括仅享受《中华人民共和国企业所得税法》第二十六条规定免税收入优惠政策的企业）；

（二）汇总纳税企业；

（三）上市公司；

（四）银行、信用社、小额贷款公司、保险公司、证券公司、期货公司、信托投资公司、金融资产管理公司、融资租赁公司、担保公司、财务公司、典当公司等金融企业；

（五）会计、审计、资产评估、税务、房地产估价、土地估价、工程造价、律师、价格鉴证、公证机构、基层法律服务机构、专利代理、商标代理以及其他经济鉴证类社会中介机构；

（六）国家税务总局规定的其他企业。

对上述规定之外的企业，主管税务机关要严格按照规定的范围和标准确定企业所得税的征收方式，不得违规扩大核定征收企业所得税范围；对其中达不到查账征收条件的企业核定征收企业所得税，并促使其完善会计核算和财务管理，达到查账征收条件后要及时转为查账征收。

二、国税发〔2008〕30号文件第六条中的“应税收入额”等于收入总额减去不征税收入和免税收入后的余额。用公式表示为：

应税收入额＝收入总额－不征税收入－免税收入

其中，收入总额为企业以货币形式和非货币形式从各种来源取得的收入。

三、本通知从2009年1月1日起执行。

注：云南省国家税务局于2009年8月3日以云国税函〔2009〕363号原文转发。

国家税务总局关于西部大开发企业所得税优惠政策适用目录问题的批复

2009年7月27日　国税函〔2009〕399号

甘肃省国家税务局：

你局《关于外商投资产业指导目录有关税收问题的请示》（甘国税发〔2009〕97号）收悉。根据《国务院关于实施企业所得税过渡优惠政策的通知》（国发〔2007〕39号）文件规定，《财政部 国家税务总局 海关总署关于西部大开发税收优惠政策问题的通知》（财税〔2001〕202号）规定的西部大开发企业所得税优惠政策继续执行到期。经研究，现将《中华人民共和国企业所得税法》实施后，西部大开发企业所得税优惠政策适用目录问题批复如下：

一、享受西部大开发企业所得税优惠政策的国家鼓励类产业内资企业适用目录及衔接问题，继续按照《财政部 国家税务总局关于西部大开发税收优惠政策适用目录变更问题的通知》（财税〔2006〕165号）的规定执行。

二、享受西部大开发企业所得税优惠政策的国家鼓励类产业外商投资企业适用目录及衔接问题，按以下原则执行：

（一）自2008年1月1日起，财税〔2001〕202号文件中《外商投资产业指导目录》按国家发展和改革委员会公布的《外商投资产业指导目录（2007年修订）》执行。自2009年1月1日起，财税〔2001〕202号文件中《中西部地区外商投资优势产业目录》（第18号令）按国家发展和改革委员会与商务部发布的《中西部地区优势产业目录（2008年修订）》执行。

（二）在相关目录变更前，已按财税〔2001〕202号文件规定的目录标准审核享受企业所得税优惠政策的外商投资企业，除属于《外商投资产业指导目录（2007年修订）》中限制外商投资产业目录、禁止外商投资产业目录外，可继续执行到期满为止；对属于《外商投资产业指导目录（2007年修订）》中限制外商投资产业目录、禁止外商投资产业目录的企业，应自执行新目录的年度起，停止执行西部大开发企业所得税优惠政策。

对符合新目录鼓励类标准但不符合原目录标准的企业，应自执行新目录的年度起，就其按照西部大开发有关企业所得税优惠政策规定计算的税收优惠期的剩余优惠年限享受优惠。

注：云南省国家税务局于2009年8月11日以云国税函〔2009〕391号原文转发。

国家税务总局关于执行西部大开发税收优惠政策有关问题的批复

2009年7月31日　国税函〔2009〕411号

广西壮族自治区国家税务局：

你局《关于执行西部大开发税收优惠政策有关问题的请示》（桂国税发〔2009〕140号）收悉。经研究，批复如下：

《财政部 国家税务总局 海关总署关于西部大开发税收优惠政策问题的通知》（财税〔2001〕202号）第二条第三款规定“新办交通企业是指投资新办从事公路、铁路、航空、港口、码头运营和管道运输的企业”中的交通企业，是指投资于上述设施建设项目并运营该项目取得经营收入的企业。

注：云南省国家税务局于2009年7月11日以云国税函〔2009〕390号原文转发。

财政部　国家税务总局关于保险公司提取农业巨灾风险准备金企业所得税税前扣除问题的通知

2009 年 8 月 20 日　财税〔2009〕110 号

各省、自治区、直辖市、计划单列市财政厅（局）、国家税务局、地方税务局，新疆生产建设兵团财务局：

为积极支持解决“三农”问题，促进保险公司拓展农业保险业务，提高农业巨灾发生后恢复生产能力，根据《中华人民共和国企业所得税法》和《中华人民共和国企业所得税法实施条例》的有关规定，现对保险公司计提农业巨灾风险准备金企业所得税税前扣除问题通知如下：

一、保险公司经营中央财政和地方财政保费补贴的种植业险种（以下简称补贴险种）的，按不超过补贴险种当年保费收入25%的比例计提的巨灾风险准备金，准予在企业所得税前据实扣除。具体计算公式如下：

本年度扣除的巨灾风险准备金=本年度保费收入×25%－上年度已在税前扣除的巨灾风险准备金结存余额。

按上述公式计算的数额如为负数，应调增当年应纳税所得额。

二、保险公司应当按专款专用原则建立健全巨灾风险准备金管理使用制度。在向主管税务机关报送企业所得税纳税申报表时，同时附送巨灾风险准备金提取，使用情况的说明和报表。

三、本通知自 2008 年 1 月 1 日起至 2010 年 12 月 31 日止执行。

注：云南省财政厅、云南省国家税务局、云南省地方税务局于2009 年 10 月 16 日以云财税〔2009〕111 号原文转发。

国家税务总局关于资源综合利用有关企业所得税优惠问题的批复

2009 年 10 月 10 日　国税函〔2009〕567 号

江西省地方税务局：

你局《关于资源综合利用企业享受企业所得税税收优惠政策问题的请示》（赣地税发〔2009〕131 号）收悉。经研究，批复如下：

江西泰和玉华水泥有限公司旋窑余热利用电厂利用该公司旋窑水泥生产过程中产生的余热发电，其生产活动虽符合《资源综合利用企业所得税优惠目录（2008 年版）》的规定范围，但由于旋窑余热利用电厂属于江西泰和玉华水泥有限公司的内设非法人分支机构，不构成企业所得税纳税人，且其余热发电产品直接供给所属公司使用，不计入企业收入，因此，旋窑余热利用电厂利用该公司旋窑水泥生产过程中产生的余热发电业务不能享受资源综合利用减计收入的企业所得税优惠政策。

注：云南省国家税务局于 2009 年 10 月 26 日以云国税函〔2009〕505 号原文转发。

财政部　国家税务总局关于非营利组织企业所得税免税收入问题的通知

2009 年 11 月 10 日　财税〔2009〕122 号

各省、自治区、直辖市、计划单列市财政厅（局）、国家税务局、地方税务局、新疆生产建设兵团财务局：

根据《中华人民共和国企业所得税法》第二十六条及《中华人民共和国企业所得税法实施条例》（国务院令第 512 号）第八十五条的规定，现将符合条件的非营利组织企业所得税免税收入范围明确如下：

一、非营利组织的下列收入为免税收入：

（一）接受其他单位或者个人捐赠的收入；

（二）除《中华人民共和国企业所得税法》第七条规定的财政拨

款以外的其他政府补助收入，但不包括因政府购买服务取得的收入；

（三）按照省级以上民政、财政部门规定收取的会费；

（四）不征税收入和免税收入孳生的银行存款利息收入；

（五）财政部、国家税务总局规定的其他收入。

二、本通知从2008年1月1日起执行。

财政部　国家税务总局关于小型微利企业有关企业所得税政策的通知

2009年12月2日　财税〔2009〕133号

各省、自治区、直辖市、计划单列市财政厅（局）、国家税务局、地方税务局，新疆生产建设兵团财务局：

为有效应对国际金融危机，扶持中小企业发展，经国务院批准，现就小型微利企业所得税政策通知如下：

一、自2010年1月1日至2010年12月31日，对年应纳税所得额低于3万元（含3万元）的小型微利企业，其所得减按50%计入应纳税所得额，按20%的税率缴纳企业所得税。

二、本通知所称小型微利企业，是指符合《中华人民共和国企业所得税法》及其实施条例以及相关税收政策规定的小型微利企业。

请遵照执行。

国家税务总局关于企业清算所得税有关问题的通知

2009年12月4日　国税函〔2009〕684号

各省、自治区、直辖市和计划单列市国家税务局、地方税务局：

根据《中华人民共和国企业所得税法》及其实施条例的有关规定，现就企业清算所得税有关问题通知如下：

一、企业清算时，应当以整个清算期间作为一个纳税年度，依法计算清算所得及其应纳所得税。企业应当自清算结束之日起15日内，向主管税务机关报送企业清算所得税纳税申报表，结清税款。

企业未按照规定的期限办理纳税申报或者未按照规定期限缴纳税款的，应根据《中华人民共和国税收征收管理法》的相关规定加收滞纳金。

二、进入清算期的企业应对清算事项，报主管税务机关备案。

注：云南省国家税务局于2009年12月25日以云国税函〔2009〕615号原文转发。

财政部　国家税务总局关于企业境外所得税收抵免有关问题的通知

2009年12月25日　财税〔2009〕125号

各省、自治区、直辖市、计划单列市财政厅（局）、国家税务局、地方税务局，新疆生产建设兵团财务局：

根据《中华人民共和国企业所得税法》（以下简称企业所得税法）及《中华人民共和国企业所得税法实施条例》（以下简称实施条例）的有关规定，现就企业取得境外所得计征企业所得税时抵免境外已纳或负担所得税额的有关问题通知如下：

一、居民企业以及非居民企业在中国境内设立的机构、场所（以下统称企业）依照企业所得税法第二十三条、第二十四条的有关规定，应在其应纳税额中抵免在境外缴纳的所得税额的，适用本通知。

二、企业应按照企业所得税法及其实施条例、税收协定以及本通知的规定，准确计算下列当期与抵免境外所得税有关的项目后，确定当期实际可抵免分国（地区）别的境外所得税税额和抵免限额：

（一）境内所得的应纳税所得额（以下称境内应纳税所得额）和分国（地区）别的境外所得的应纳税所得额（以下称境外应纳税所得额）；

（二）分国（地区）别的可抵免境外所得税税额；

（三）分国（地区）别的境外所得税的抵免限额。

企业不能准确计算上述项目实际可抵免分国（地区）别的境外所得税税额的，在相应国家（地区）缴纳的税收均不得在该企业当期应纳税额中抵免，也不得结转以后年度抵免。

三、企业应就其按照实施条例第七条规定确定的中国境外所得（境外税前所得），按以下规定计算实施条例第七十八条规定的境外应纳税所得额：

（一）居民企业在境外投资设立不具有独立纳税地位的分支机构，其来源于境外的所得，以境外收入总额扣除与取得境外收入有关的各项合理支出后的余额为应纳税所得额。各项收入、支出按企业所得税法及实施条例的有关规定确定。

居民企业在境外设立不具有独立纳税地位的分支机构取得的各项境外所得，无论是否汇回中国境内，均应计入该企业所属纳税年度的境外应纳税所得额。

（二）居民企业应就其来源于境外的股息、红利等权益性投资收益，以及利息、租金、特许权使用费、转让财产等收入，扣除按照企业所得税法及实施条例等规定计算的与取得该项收入有关的各项合理支出后的余额为应纳税所得额。来源于境外的股息、红利等权益性投资收益，应按被投资方作出利润分配决定的日期确认收入实现；来源于境外的利息、租金、特许权使用费、转让财产等收入，应按有关合同约定应付交易对价款的日期确认收入实现。

（三）非居民企业在境内设立机构、场所的，应就其发生在境外但与境内所设机构、场所有实际联系的各项应税所得，比照上述第（二）项的规定计算相应的应纳税所得额。

（四）在计算境外应纳税所得额时，企业为取得境内、外所得而在境内、境外发生的共同支出，与取得境外应税所得有关的、合理的部分，应在境内、境外〔分国（地区）别，下同〕应税所得之间，按照合理比例进行分摊后扣除。

（五）在汇总计算境外应纳税所得额时，企业在境外同一国家（地区）设立不具有独立纳税地位的分支机构，按照企业所得税法及实施条例的有关规定计算的亏损，不得抵减其境内或他国（地区）的应纳税所得额，但可以用同一国家（地区）其他项目或以后年度的所得按规定弥补。

四、可抵免境外所得税税额，是指企业来源于中国境外的所得依照中国境外税收法律以及相关规定应当缴纳并已实际缴纳的企业所得税性质的税款。但不包括：

（一）按照境外所得税法律及相关规定属于错缴或错征的境外所得税税款；

（二）按照税收协定规定不应征收的境外所得税税款；

（三）因少缴或迟缴境外所得税而追加的利息、滞纳金或罚款；

（四）境外所得税纳税人或者其利害关系人从境外征税主体得到实际返还或补偿的境外所得税税款；

（五）按照我国企业所得税法及其实施条例规定，已经免征我国企业所得税的境外所得负担的境外所得税税款；

（六）按照国务院财政、税务主管部门有关规定已经从企业境外应纳税所得额中扣除的境外所得税税款。

五、居民企业在按照企业所得税法第二十四条规定用境外所得间接负担的税额进行税收抵免时，其取得的境外投资收益实际间接负担的税额，是指根据直接或者间接持股方式合计持股20%以上（含20%，下同）的规定层级的外国企业股份，由此应分得的股息、红利等权益性投资收益中，从最低一层外国企业起逐层计算的属于由上一层企业负担的税额，其计算公式如下：

本层企业所纳税额属于由一家上一层企业负担的税额=（本层企业就利润和投资收益所实际缴纳的税额÷符合本通知规定的由本层企业间接负担的税额）×本层企业向一家上一层企业分配的股息（红利）÷本层企业所得税后利润额。

六、除国务院财政、税收主管部门另有规定外，按照实施条例第八十条规定由居民企业直接或者间接持有20%以上股份的外国企业，限于符合以下持股方式的三层外国企业：

第一层：单一居民企业直接持有20%以上股份的外国企业；

第二层：单一第一层外国企业直接持有20%以上股份，且由单一居民企业直接持有或通过一个或多个符合本条规定持股条件的外国企业间接持有总和达到20%以上股份的外国企业；

第三层：单一第二层外国企业直接持有20%以上股份，且由单一居民企业直接持有或通过一个或多个符合本条规定持股条件的外国企业间接持有总和达到20%以上股份的外国企业。

七、居民企业从与我国政府订立税收协定（或安排）的国家（地区）取得的所得，按照该国（地区）税收法律享受了免税或减税待遇，且该免税或减税的数额按照税收协定规定应视同已缴税额在中国的应纳税额中抵免的，该免税或减税数额可作为企业实际缴纳的境外所得税额用于办理税收抵免。

八、企业应按照企业所得税法及其实施条例和本通知的有关规定分国（地区）制计算境内税额的抵免限额。

某国（地区）所得税抵免限额=中国境内、境外所得依照企业所得税法及实施条例的规定计算的应纳税总额×来源于某国（地区）的应纳税所得额÷中国境内、境外应

纳税所得总额。

据以计算上述公式中“中国境内、境外所得依照企业所得税法及实施条例的规定计算的应纳税总额”的税率，除国务院财政、税务主管部门另有规定外，应为企业所得税法第四条第一款规定的税率。

企业按照企业所得税法及其实施条例和本通知的有关规定计算的当期境内、境外应纳税所得额小于零的，应以零计算当期境内、境外应纳税所得总额，其当期境外所得税的抵免限额也为零。

九、在计算实际应抵免的境外已缴纳和间接负担的所得税税额时，企业在境外一国（地区）当年缴纳和间接负担的符合规定的所得税税额低于所计算的该国（地区）抵免限额的，应以该项税额作为境外所得税抵免额从企业应纳税总额中据实抵免；超过抵免限额的，当年应以抵免限额作为境外所得税抵免额进行抵免，超过抵免限额的余额允许从次年起在连续五个纳税年度内，用每年度抵免限额抵免当年应抵税额后的余额进行抵补。

十、属于下列情形的，经企业申请，主管税务机关核准，可以采取简易办法对境外所得已纳税额计算抵免：

（一）企业从境外取得营业利润所得以及符合境外税额间接抵免条件的股息所得，虽有所得来源国（地区）政府机关核发的具有纳税性质的凭证或证明，但因客观原因无法真实、准确地确认应当缴纳并已经实际缴纳的境外所得税税额的，除就该所得直接缴纳及间接负担的税额在所得来源国（地区）的实际有效税率低于我国企业所得税法第四条第一款规定税率50%以上的外，可按境外应纳税所得额的12.5%作为抵免限额，企业按该国（地区）税务机关或政府机关核发具有纳税性质凭证或证明的金额，其不超过抵免限额的部分，准予抵免；超过的部分不得抵免。

属于本款规定以外的股息、利息、租金、特许权使用费、转让财产等投资性所得，均应按本通知的其他规定计算境外税额抵免。

（二）企业从境外取得营业利润所得以及符合境外税额间接抵免条件的股息所得，就该所得缴纳及间接负担的税额在所得来源国（地区）的法定税率其实际有效税率明显高于我国的，可直接以按本通知规定计算的境外应纳税所得额和我国企业所得税法规定的税率计算的抵免限额作为可抵免的已在境外实际缴纳的企业所得税税额。具体国家（地区）名单见附件。财政部、国家税务总局可根据实际情况适时对名单进行调整。

属于本款规定以外的股息、利息、租金、特许权使用费、转让财产等投资性所得，均应按本通知的其他规定计算境外税额抵免。

十一、企业在境外投资设立不具有独立纳税地位的分支机构，其计算生产、经营所得的纳税年度与我国规定的纳税年度不一致的，与我国纳税年度当年度相对应的境外纳税年度，应为在我国有关纳税年度中任何一日结束的境外纳税年度。

企业取得上款以外的境外所得实际缴纳或间接负担的境外所得税，应在该项境外所得实现日所在的我国对应纳税年度的应纳税额中计算抵免。

十二、企业抵免境外所得税额后实际应纳所得税额的计算公式为：

企业实际应纳所得税额＝企业境内外所得应纳税总额—企业所得税减免、抵免优惠税额—境外所得税抵免额。

十三、本通知所称不具有独立纳税地位，是指根据企业设立地法律不具有独立法人地位或者按照税收协定规定不认定为对方国家（地区）的税收居民。

十四、企业取得来源于中国香港、澳门、台湾地区的应税所得，参照本通知执行。

十五、中华人民共和国政府向外国政府订立的有关税收的协定与本通知有不同规定的，依照协定的规定办理。

十六、本通知自2008年1月1日起执行。

五、国际税收

国家税务总局关于中国居民企业向 QFⅡ支付股息、红利、利息代扣代缴企业所得税有关问题的通知

2009年1月23日　国税函〔2009〕47号

各省、自治区、直辖市和计划单列市国家税务局、地方税务局：

根据《中华人民共和国企业所得税法》及其实施条例（以下称企业所得税法）规定，现就中国居民企业向合格境外机构投资者（以下称为 QFII）支付股息、红利、利息代扣代缴企业所得税有关问题明确如下：

一、QFII取得来源于中国境内的股息、红利和利息收入，应当按照企业所得税法规定缴纳10%的企业所得税。如果是股息、红利，则由派发股息、红利的企业代扣代缴；如果是利息，则由企业在支付或到期应支付时代扣代缴。

二、QFII取得股息、红利和利息收入，需要享受税收协定（安排）待遇的，可向主管税务机关提出申请，主管税务机关审核无误后按照税收协定的规定执行；涉及退税的，应及时予以办理。

三、各地税务机关应了解QFII在我国从事投资的情况，及时提供税收服务，建立税收管理档案，确保代扣代缴税款及时足额入库。

注：云南省国家税务局于2009年2月9日以云国税函〔2009〕69号原文转发。

国家税务总局关于明确非居民企业所得税征管范围的补充通知

2009年1月23日　国税函〔2009〕50号

各省、自治区、直辖市和计划单列市国家税务局、地方税务局：

为贯彻落实《国家税务总局关于调整新增企业所得税征管范围问题的通知》（国税发〔2008〕120号），现就非居民企业所得税征管范围补充明确如下：

一、对“一、基本规定（三）”规定的情形，除外国企业常驻代表机构外，还应包括在中国境内设立机构、场所的其他非居民企业。

二、除“二、对若干具体问题的规定（一）”规定的情形外，不缴纳企业所得税的境内单位，其发生的企业所得税源泉扣缴管理工作仍由国家税务局负责。

注：云南省国家税务局、云南省地方税务局于2009年3月16日以云国税函〔2009〕107号原文转发。

云南省国家税务局转发国家税务总局关于印发《非居民企业所得税源泉扣缴管理暂行办法》的通知

2009年2月18日　云国税发〔2009〕46号

各州、市国家税务局：

现将《国家税务总局关于印发〈非居民企业所得税源泉扣缴管理暂行办法〉的通知》（国税发〔2009〕3号）转发给你们，并将有关事宜补充通知如下，请一并遵照执行。

一、《非居民企业所得税源泉扣缴管理暂行办法》所称主管税务机关，在我省国税系统明确为县、区级国家税务局。

二、“协定国居民申请享受协定税收待遇确认”属于《国务院办公厅关于保留部分非行政许可审批项目的通知》（国办发〔2004〕62号）允许保留的非行政许可审批项目，非居民企业申请享受协定待遇时应按《财政部 税务总局关于执行税收协定若干条文解释的通知》（〔86〕财税协字第015号）规定，向主管的县、区级国家税务局提交由其所在国税务当局出具的居民证明、《外国居民享受避免双重征税协定待遇申请表》以及税务机关要求的其他资料。“协定国居民申请享受协定税收待遇确认”的具体工作流程由各州、市级国家税务局结合本地实际制定。审核确认工作应自申请人提交资料齐全税务机关予以受理后的15个工作日内完成。

各级国税机关应根据实际需要统一按照A4纸的规格印制适量的《外国居民享受避免双重征税协定待遇申请表》和《扣缴企业所得税合同备案登记表》，放置于办税服务厅窗口供申请人免费领用。申请人还可通过云南省国家税务局门户网站（网址：http://www.yngs.gov.cn）“下载中心-表证单书”栏目自行下载。

三、对扣缴义务人报送的合同等资料中有关涉税事宜的审核与判定工作流程由各州、市国家税务局制定。各州、市国家税务局在依法行政、依法治税和优化纳税服务的原则下，制定《非居民企业所得税源泉扣缴管理暂行办法操作规程》，并注意做好与综合征管软件的衔接。操作规程报省局（国际处）备案。

四、因非居民企业所得税隐蔽性强，容易出现税收流失，因此，各级国税机关在加强国际税源分析、预测和监控工作力度的同时，还应强化后续跟踪管理，建立《扣缴企业所得税管理台账》，并结合本地实际需要，不断增加和丰富管理台账的内容，为做好非居民企业所得税统计工作打好基础。省局将不定期对各地建立的《扣缴企业所得税管理台账》进行检查。

五、各级国税机关应按照《国家税务总局关于调整新增企业所得税征管范围问题的通知》（国税发〔2008〕120号）和《国家税务总局关于明确非居民企业所得税征管范围的补充通知》（国税函〔2009〕50号）的征管范围加强与地税部门的联系与配合，共同做好非居民企业所得税的源泉扣缴管理和检查工作。

六、《非居民企业所得税源泉扣缴管理暂行办法》明确了扣缴义务人的法律责任，各级国税机关在建立健全内部管理制度的同时，还应通过多种渠道向社会各界尤其是有涉外业务发生的企业进行广泛的宣传。

执行中有何问题，请及时报告省局（国际处）。

国家税务总局关于印发《非居民企业所得税源泉扣缴管理暂行办法》的通知

2009年1月9日　国税发〔2009〕3号

各省、自治区、直辖市和计划单列市国家税务局、地方税务局：

为贯彻实施《中华人民共和国企业所得税法》及其实施条例，规范非居民企业所得税源泉扣缴管理，税务总局制定了《非居民企业所得税源泉扣缴管理暂行办法》，现印发给你们，请遵照执行。执行中发现的问题请及时反馈税务总局（国际税务司）。

非居民企业所得税源泉扣缴管理暂行办法

第一章　总　则

第一条　为规范和加强非居民企业所得税源泉扣缴管理，根据《中华人民共和国企业所得税法》（以下简称企业所得税法）及其实施条例、《中华人民共和国税收征收管理法》（以下简称税收征管法）及其实施细则、《税务登记管理办法》、中国政府对外签署的避免双重征税协定（含与香港、澳门特别行政区签署的税收安排，以下统称税收协定）等相关法律法规，制定本办法。

第二条　本办法所称非居民企业，是指依照外国（地区）法律成立且实际管理机构不在中国境内，但在中国境内未设立机构、场所且有来源于中国境内所得的企业，以及虽设立机构、场所但取得的所得与其所设机构、场所没有实际联系的企业。

第三条　对非居民企业取得来源于中国境内的股息、红利等权益性投资收益和利息、租金、特许权使用费所得、转让财产所得以及其他所得应当缴纳的企业所得税，实行源泉扣缴，以依照有关法律规定或者合同约定对非居民企业直接负有支付相关款项义务的单位或者个人为扣缴义务人。

第二章　税源管理

第四条　扣缴义务人与非居民企业首次签订与本办法第三条规定的所得有关的业务合同或协议（以下简称合同）的，扣缴义务人应当自合同签订之日起30日内，向其主管税务机关申报办理扣缴税款登记。

第五条　扣缴义务人每次与非居民企业签订与本办法第三条规定的所得有关的业务合同时，应当自签订合同（包括修改、补充、延期合同）之日起30日内，向其主管税务机关报送《扣缴企业所得税合同备案登记表》（见附件1）、合同复印件及相关资料。文本为外文的应同时附送中文译本。

股权转让交易双方均为非居民企业且在境外交易的，被转让股权的境内企业在依法变更税务登记时，应将股权转让合同复印件报送主管税务机关。

第六条　扣缴义务人应当设立代扣代缴税款账簿和合同资料档案，准确记录企业所得税的扣缴情况，并接受税务机关的检查。

第三章 征收管理

第七条　扣缴义务人在每次向非居民企业支付或者到期应支付本办法第三条规定的所得时，应从支付或者到期应支付的款项中扣缴企业所得税。

本条所称到期应支付的款项，是指支付人按照权责发生制原则应当计入相关成本、费用的应付款项。

扣缴义务人每次代扣代缴税款时，应当向其主管税务机关报送《中华人民共和国扣缴企业所得税报告表》（以下简称扣缴表）及相关资料，并自代扣之日起7日内缴入国库。

第八条　扣缴企业所得税应纳税额计算。

扣缴企业所得税应纳税额 = 应纳税所得额 × 实际征收率

应纳税所得额是指依照企业所得税法第十九条规定计算的下列应纳税所得额：

（一）股息、红利等权益性投资收益和利息、租金、特许权使用费所得，以收入全额为应纳税所得额，不得扣除税法规定之外的税费支出。

（二）转让财产所得，以收入全额减除财产净值后的余额为应纳税所得额。

（三）其他所得，参照前两项规定的方法计算应纳税所得额。

实际征收率是指企业所得税法及其实施条例等相关法律法规规定的税率，或者税收协定规定的更低的税率。

第九条 扣缴义务人对外支付或者到期应支付的款项为人民币以外货币的，在申报扣缴企业所得税时，应当按照扣缴当日国家公布的人民币汇率中间价，折合成人民币计算应纳税所得额。

第十条 扣缴义务人与非居民企业签订与本办法第三条规定的所得有关的业务合同时，凡合同中约定由扣缴义务人负担应纳税款的，应将非居民企业取得的不含税所得换算为含税所得后计算征税。

第十一条 按照企业所得税法及其实施条例和相关税收法规规定，给予非居民企业减免税优惠的，应按相关税收减免管理办法和行政审批程序的规定办理。对未经审批或者减免税申请未得到批准之前，扣缴义务人发生支付款项的，应按规定代扣代缴企业所得税。

第十二条 非居民企业可以适用的税收协定与本办法有不同规定的，可申请执行税收协定规定；非居民企业未提出执行税收协定规定申请的，按国内税收法律法规的有关规定执行。

第十三条 非居民企业已按国内税收法律法规的有关规定征税后，提出享受减免税或税收协定待遇申请的，主管税务机关经审核确认应享受减免税或税收协定待遇的，对多缴纳的税款应依据税收征管法及其实施细则的有关规定予以退税。

第十四条 因非居民企业拒绝代扣税款的，扣缴义务人应当暂停支付相当于非居民企业应纳税款的款项，并在1日之内向其主管税务机关报告，并报送书面情况说明。

第十五条 扣缴义务人未依法扣缴或者无法履行扣缴义务的，非居民企业应于扣缴义务人支付或者到期应支付之日起7日内，到所得发生地主管税务机关申报缴纳企业所得税。

股权转让交易双方为非居民企业且在境外交易的，由取得所得的非居民企业自行或委托代理人向被转让股权的境内企业所在地主管税务机关申报纳税。被转让股权的境内企业应协助税务机关向非居民企业征缴税款。

扣缴义务人所在地与所得发生地不在一地的，扣缴义务人所在地主管税务机关应自确定扣缴义务人未依法扣缴或者无法履行扣缴义务之日起5个工作日内，向所得发生地主管税务机关发送《非居民企业税务事项联络函》（见附件2），告知非居民企业的申报纳税事项。

第十六条 非居民企业依照本办法第十五条规定申报缴纳企业所得税，但在中国境内存在多处所得发生地，并选定其中之一申报缴纳企业所得税的，应向申报纳税所在地主管税务机关如实报告有关情况。申报纳税所在地主管税务机关在受理申报纳税后，应将非居民企业申报缴纳所得税情况书面通知扣缴义务人所在地和其他所得发生地主管税务机关。

第十七条 非居民企业未依照本办法第十五条的规定申报缴纳企业所得税，由申报纳税所在地主管税务机关责令限期缴纳，逾期仍未缴纳的，申报纳税所在地主管税务机关可以收集、查实该非居民企业在中国境内其他收入项目及其支付人（以下简称其他支付人）的相关信息，并向其他支付人发出《税务事项通知书》，从其他支付人应付的款项中，追缴该非居民企业的应纳税款和滞纳金。

其他支付人所在地与申报纳税所在地不在一地的，其他支付人所在地主管税务机关应给予配合和协助。

第十八条 对多次付款的合同项目，扣缴义务人应当在履行合同最后一次付款前15日内，向主管税务机关报送合同全部付款明细、前期扣缴表和完税凭证等资料，办理扣缴税款清算手续。

第四章 后续管理

第十九条 主管税务机关应当建立《扣缴企业所得税管理台账》（见附件3），加强合同履行情况的跟踪监管，及时了解合同签约内容与实际履行中的动态变化，监控合同款项支付、代扣代缴税款等情况。必要时应查核企业相关账簿，掌握股息、利息、租金、特许权使用费、转让财产收益等支付和列支情况，特别是未实际支付但已计入成本费用的利息、租金、特许权使用费等情况，有否漏扣企业所得税问题。

主管税务机关应根据备案合同资料、扣缴企业所得税管理台账记录、对外售付汇开具税务证明等监管资料和已申报扣缴税款情况，核对办理税款清算手续。

第二十条 主管税务机关可根据需要对代扣代缴企业所得税的情况实施专项检查，实施检查的主管税务机关应将检查结果及时传递给同级国家税务局或地方税务局。专项检查可以采取国、地税联合检查的方式。

第二十一条 税务机关在企业所得税源泉扣缴管理中，遇有需要向税收协定缔约对方获取涉税信息或告知非居民企业在中国境内的税收违法行为时，可按照《国家税务总局关于印发〈国际税收情报交换工作规程〉的通知》（国税发〔2006〕70号）规定办理。

第五章 法律责任

第二十二条 扣缴义务人未按照规定办理扣缴税款登记的，主管税务机关应当按照《税务登记管理办法》第四十五条、四十六条的规定处理。

本办法第五条第二款所述被转让股权的境内企业未依法变更税务

登记的，主管税务机关应当按照《税务登记管理办法》第四十二条的规定处理。

第二十三条 扣缴义务人未按本办法第五条规定的期限向主管税务机关报送《扣缴企业所得税合同备案登记表》、合同复印件及相关资料的，未按规定期限向主管税务机关报送扣缴表的，未履行扣缴义务不缴或者少缴已扣税款的、或者应扣未扣税款的，非居民企业未按规定期限申报纳税的、不缴或者少缴应纳税款的，主管税务机关应当按照税收征管法及其实施细则的有关规定处理。

第六章 附 则

第二十四条 本办法由国家税务总局负责解释，各省、自治区、直辖市和计划单列市国家税务局、地方税务局可根据本办法制定具体操作规程。

第二十五条 本办法自2009年1月1日起施行。

云南省国家税务局转发国家税务总局关于印发《特别纳税调整实施办法（试行）》的通知

2009年2月18日 云国税发〔2009〕47号

各州、市国家税务局：

现将《国家税务总局关于印发〈特别纳税调整实施办法（试行）〉的通知》（国税发〔2009〕2号）转发给你们，并将有关事宜补充通知如下，请遵照执行。

一、我省国税系统转让定价管理、预约定价管理、成本分摊协议管理、受控外国企业管理、资本弱化管理、一般反避税管理等工作由各州、市局负责组织实施。特别纳税调整政策复杂，管理工作涉及内部多个部门，各级国税机关应高度重视该项工作，分管局领导应做好相关部门的协调工作。

二、单边预约定价安排草案和审核评估报告在报经国家税务总局审定同意后，各州、市局方可与企业正式签定单边预约定价安排。

三、各州、市局应在与企业正式签订单边预约定价安排或双边（多边）预约定价安排执行协议书后5日内，以及预约定价安排执行中发生修订、终止等情况后10日内，将单边预约定价安排正式文本、双边或多边预约定价安排执行协议书以及安排变动情况的说明上报省局。

四、各州、市局在日常征管工作中发现辖区内企业存在滥用税收优惠、滥用税收协定、滥用公司组织形式、利用避税港避税和其他不具有合理商业目的的安排时，应及时收集相关信息、资料，按照实质重于形式的原则认真分析研究，并书面向省局报告。待省局报经国家税务总局批准后，方可正式启动一般反避税调查及调整。

五、对涉及税收协定国家（地区）的关联方所进行的转让定价调整，企业应按照《国家税务总局关于印发〈中国居民（国民）申请启动税务相互协商程序暂行办法〉的通知》（国税发〔2005〕115号）的规定同时向国家税务总局和各州、市局提出书面申请，报送《启动相互协商程序申请书》，并提供企业或其关联方被转让定价调整的通知书复印件等有关资料。

六、年度企业所得税申报工作结束后，各州、市局应组织人员分析评估企业报送的《中华人民共和国企业年度关联业务往来报告表》，对居民企业之间业务往来存在重大避税嫌疑的关联交易以及居民企业与境外企业之间业务往来有跨国避税嫌疑的关联交易，应按照《特别纳税调整实施办法（试行）》的规定，做好相关企业的案头准备、审核评估和调查调整工作。

七、各州、市局在日常征管工作中应建立和不断充实反避税信息资料库，并加强与地税、商务、海关、物价、统计、银行等相关部门以及各类信息查询机构的联系与配合，通过各种渠道广泛收集、分析、整理和交流国内外有关商品（产品）及无形资产的价格、利润率、劳务服务费率、融资贷款利率等资料，为特别纳税调整管理工作的各个环节提供有力的信息支撑。

八、特别纳税调整管理是一项难度大、时间跨度长、专业技术性强的工作，各州、市局要注重人才的培养，确保反避税干部队伍的稳定。同时，特别纳税调整是一项容易引发行政复议和诉讼的工作，各州、市局在具体工作中应严格按照《特别纳税调整实施办法（试行）》和相关法律法规的规定依法行政，避免在执法的主体、实体和程序以及引用法律法规的正确性等方面出现错误，并注意做好对纳税人提供资料的保密工作。

九、《特别纳税调整实施办法（试行）》表证单书由各州、市局根据实际需要自行印制。

十、《云南省国家税务局转发国家税务总局关于印发〈关联企业间业务往来税务管理规程〉的通知》（云国税发〔1998〕230号）、《云南省国家税务局转发国家税务总局关于修订〈关联企业间业务往来税务管理规程〉的通知》（云国税发〔2004〕285号）、《云南省国家税务局转发国家税务总局关于印发〈关联企业间业务往来预约定价实施细则〉（试行）的通知》（云国税发〔2004〕286 号）自 2008 年 1 月 1 日起废止。

执行中有何问题，请及时报告省局。

国家税务总局关于印发《特别纳税调整实施办法（试行）》的通知

2009 年 1 月 8 日　国税发〔2009〕2 号

各省、自治区、直辖市和计划单列市国家税务局、地方税务局：

为贯彻落实《中华人民共和国企业所得税法》及其实施条例，规范和加强特别纳税调整管理，国家税务总局制定了《特别纳税调整实施办法（试行）》，现印发给你们，请遵照执行。

附件：《特别纳税调整实施办法（试行）》表证单书

特别纳税调整实施办法（试行）

第一章　总　则

第一条　为了规范特别纳税调整管理，根据《中华人民共和国企业所得税法》（以下简称所得税法）、《中华人民共和国企业所得税法实施条例》（以下简称所得税法实施条例）、《中华人民共和国税收征收管理法》（以下简称征管法）、《中华人民共和国税收征收管理法实施细则》（以下简称征管法实施细则）以及我国政府与有关国家（地区）政府签署的避免双重征税协定（安排）（以下简称税收协定）的有关规定，制定本办法。

第二条　本办法适用于税务机关对企业的转让定价、预约定价安排、成本分摊协议、受控外国企业、资本弱化以及一般反避税等特别纳税调整事项的管理。

第三条　转让定价管理是指税务机关按照所得税法第六章和征管法第三十六条的有关规定，对企业与其关联方之间的业务往来（以下简称关联交易）是否符合独立交易原则进行审核评估和调查调整等工作的总称。

第四条　预约定价安排管理是指税务机关按照所得税法第四十二条和征管法实施细则第五十三条的规定，对企业提出的未来年度关联交易的定价原则和计算方法进行审核评估，并与企业协商达成预约定价安排等工作的总称。

第五条　成本分摊协议管理是指税务机关按照所得税法第四十一条第二款的规定，对企业与其关联方签署的成本分摊协议是否符合独立交易原则进行审核评估和调查调整等工作的总称。

第六条　受控外国企业管理是指税务机关按照所得税法第四十五条的规定，对受控外国企业不作利润分配或减少分配进行审核评估和调查，并对归属于中国居民企业所得进行调整等工作的总称。

第七条　资本弱化管理是指税务机关按照所得税法第四十六条的规定，对企业接受关联方债权性投资与企业接受的权益性投资的比例是否符合规定比例或独立交易原则进行审核评估和调查调整等工作的总称。

第八条　一般反避税管理是指税务机关按照所得税法第四十七条的规定，对企业实施其他不具有合理商业目的的安排而减少其应纳税收入或所得额进行审核评估和调查调整等工作的总称。

第二章　关联申报

第九条　所得税法实施条例第一百零九条及征管法实施细则第五十一条所称关联关系，主要是指企业与其他企业、组织或个人具有下列之一关系：

（一）一方直接或间接持有另一方的股份总和达到 25% 以上，或者双方直接或间接同为第三方所持有的股份达到 25% 以上。若一方通过中间方对另一方间接持有股份，只要一方对中间方持股比例达到 25% 以上，则一方对另一方的持股比例按照中间方对另一方的持股比例计算。

（二）一方与另一方（独立金融机构除外）之间借贷资金占一方实收资本 50% 以上，或者一方借贷资金总额的 10% 以上是由另一方（独立金融机构除外）担保。

（三）一方半数以上的高级管理人员（包括董事会成员和经理）或至少一名可以控制董事会的董事会高级成员是由另一方委派，或者双方半数以上的高级管理人员（包括董事会成员和经理）或至少一名可以控制董事会的董事会高级成员同为第三方委派。

（四）一方半数以上的高级管理人员（包括董事会成员和经理）同时担任另一方的高级管理人员（包括董事会成员和经理），或者一方至少一名可以控制董事会的董事会高级成员同时担任另一方的董事会高级成员。

（五）一方的生产经营活动必须由另一方提供的工业产权、专有技术等特许权才能正常进行。

（六）一方的购买或销售活动主要由另一方控制。

（七）一方接受或提供劳务主要由另一方控制。

（八）一方对另一方的生产经营、交易具有实质控制，或者双方在利益上具有相关联的其他关系，包括虽未达到本条第（一）项持股比例，但一方与另一方的主要持股方享受基本相同的经济利益，以及家族、亲属关系等。

第十条 关联交易主要包括以下类型：

（一）有形资产的购销、转让和使用，包括房屋建筑物、交通工具、机器设备、工具、商品、产品等有形资产的购销、转让和租赁业务；

（二）无形资产的转让和使用，包括土地使用权、版权（著作权）、专利、商标、客户名单、营销渠道、牌号、商业秘密和专有技术等特许权，以及工业品外观设计或实用新型等工业产权的所有权转让和使用权的提供业务；

（三）融通资金，包括各类长短期资金拆借和担保以及各类计息预付款和延期付款等业务；

（四）提供劳务，包括市场调查、行销、管理、行政事务、技术服务、维修、设计、咨询、代理、科研、法律、会计事务等服务的提供。

第十一条 实行查账征收的居民企业和在中国境内设立机构、场所并据实申报缴纳企业所得税的非居民企业向税务机关报送年度企业所得税纳税申报表时，应附送《中华人民共和国企业年度关联业务往来报告表》，包括《关联关系表》、《关联交易汇总表》、《购销表》、《劳务表》、《无形资产表》、《固定资产表》、《融通资金表》、《对外投资情况表》和《对外支付款项情况表》。

第十二条 企业按规定期限报送本办法第十一条规定的报告表确有困难，需要延期的，应按征管法及其实施细则的有关规定办理。

第三章 同期资料管理

第十三条 企业应根据所得税法实施条例第一百一十四条的规定，按纳税年度准备、保存、并按税务机关要求提供其关联交易的同期资料。

第十四条 同期资料主要包括以下内容：

（一）组织结构

1. 企业所属的企业集团相关组织结构及股权结构；

2. 企业关联关系的年度变化情况；

3. 与企业发生交易的关联方信息，包括关联企业的名称、法定代表人、董事和经理等高级管理人员构成情况、注册地址及实际经营地址，以及关联个人的名称、国籍、居住地、家庭成员构成等情况，并注明对企业关联交易定价具有直接影响的关联方；

4. 各关联方适用的具有所得税性质的税种、税率及相应可享受的税收优惠。

（二）生产经营情况

1. 企业的业务概况，包括企业发展变化概况、所处的行业及发展概况、经营策略、产业政策、行业限制等影响企业和行业的主要经济和法律问题，集团产业链以及企业所处地位；

2. 企业的主营业务构成，主营业务收入及其占收入总额的比重，主营业务利润及其占利润总额的比重；

3. 企业所处的行业地位及相关市场竞争环境的分析；

4. 企业内部组织结构，企业及其关联方在关联交易中执行的功能、承担的风险以及使用的资产等相关信息，并参照填写《企业功能风险分析表》；

5. 企业集团合并财务报表，可视企业集团会计年度情况延期准备，但最迟不得超过关联交易发生年度的次年12月31日。

（三）关联交易情况

1. 关联交易类型、参与方、时间、金额、结算货币、交易条件等；

2. 关联交易所采用的贸易方式、年度变化情况及其理由；

3. 关联交易的业务流程，包括各个环节的信息流、物流和资金流，与非关联交易业务流程的异同；

4. 关联交易所涉及的无形资产及其对定价的影响；

5. 与关联交易相关的合同或协议副本及其履行情况的说明；

6. 对影响关联交易定价的主要经济和法律因素的分析；

7. 关联交易和非关联交易的收入、成本、费用和利润的划分情况，不能直接划分的，按照合理比例划分，说明确定该划分比例的理由，并参照填写《企业年度关联交易财务状况分析表》。

（四）可比性分析

1. 可比性分析所考虑的因素，包括交易资产或劳务特性、交易各方功能和风险、合同条款、经济环境、经营策略等；

2. 可比企业执行的功能、承担的风险以及使用的资产等相关信息；

3. 可比交易的说明，如：有形资产的物理特性、质量及其效用；融资业务的正常利率水平、金额、币种、期限、担保、融资人的资信、还款方式、计息方法等；劳务的性质与程度；无形资产的类型及交易形式，通过交易获得的使用无形资产的权利，使用无形资产获得的收益；

4. 可比信息来源、选择条件及理由；

5. 可比数据的差异调整及理由。

（五）转让定价方法的选择和使用

1. 转让定价方法的选用及理由，企业选择利润法时，须说明对企业集团整体利润或剩余利润水平所作的贡献；

2. 可比信息如何支持所选用的转让定价方法；

3. 确定可比非关联交易价格或利润的过程中所做的假设和判断；

4. 运用合理的转让定价方法和可比性分析结果，确定可比非关联交易价格或利润，以及遵循独立交易原则的说明；

5. 其他支持所选用转让定价

方法的资料。

第十五条 属于下列情形之一的企业，可免于准备同期资料：

（一）年度发生的关联购销金额（来料加工业务按年度进出口报关价格计算）在2亿元人民币以下且其他关联交易金额（关联融通资金按利息收付金额计算）在4000万元人民币以下，上述金额不包括企业在年度内执行成本分摊协议或预约定价安排所涉及的关联交易金额；

（二）关联交易属于执行预约定价安排所涉及的范围；

（三）外资股份低于50%且仅与境内关联方发生关联交易。

第十六条 除本办法第七章另有规定外，企业应在关联交易发生年度的次年5月31日之前准备完毕该年度同期资料，并自税务机关要求之日起20日内提供。

企业因不可抗力无法按期提供同期资料的，应在不可抗力消除后20日内提供同期资料。

第十七条 企业按照税务机关要求提供的同期资料，须加盖公章，并由法定代表人或法定代表人授权的代表签字或盖章。同期资料涉及引用的信息资料，应标明出处来源。

第十八条 企业因合并、分立等原因变更或注销税务登记的，应由合并、分立后的企业保存同期资料。

第十九条 同期资料应使用中文。如原始资料为外文的，应附送中文副本。

第二十条 同期资料应自企业关联交易发生年度的次年6月1日起保存10年。

第四章 转让定价方法

第二十一条 企业发生关联交易以及税务机关审核、评估关联交易均应遵循独立交易原则，选用合理的转让定价方法。

根据所得税法实施条例第一百一十一条的规定，转让定价方法包括可比非受控价格法、再销售价格法、成本加成法、交易净利润法、利润分割法和其他符合独立交易原则的方法。

第二十二条 选用合理的转让定价方法应进行可比性分析。可比性分析因素主要包括以下五个方面：

（一）交易资产或劳务特性，主要包括：有形资产的物理特性、质量、数量等，劳务的性质和范围，无形资产的类型、交易形式、期限、范围、预期收益等；

（二）交易各方功能和风险，功能主要包括：研发、设计，采购，加工、装配、制造，存货管理、分销、售后服务、广告，运输、仓储，融资，财务、会计、法律及人力资源管理等，在比较功能时，应关注企业为发挥功能所使用资产的相似程度；风险主要包括：研发风险，采购风险，生产风险，分销风险，市场推广风险，管理及财务风险等；

（三）合同条款，主要包括：交易标的，交易数量、价格，收付款方式和条件，交货条件，售后服务范围和条件，提供附加劳务的约定，变更、修改合同内容的权利，合同有效期，终止或续签合同的权利；

（四）经济环境，主要包括：行业概况，地理区域，市场规模，市场层级，市场占有率，市场竞争程度，消费者购买力，商品或劳务可替代性，生产要素价格，运输成本，政府管制等；

（五）经营策略，主要包括：创新和开发策略，多元化经营策略，风险规避策略，市场占有策略等。

第二十三条 可比非受控价格法以非关联方之间进行的与关联交易相同或类似业务活动所收取的价格作为关联交易的公平成交价格。

可比性分析应特别考察关联交易与非关联交易在交易资产或劳务的特性、合同条款及经济环境上的差异，按照不同交易类型具体包括如下内容：

（一）有形资产的购销或转让

1. 购销或转让过程，包括交易的时间与地点、交货条件、交货手续、支付条件、交易数量、售后服务的时间和地点等；

2. 购销或转让环节，包括出厂环节、批发环节、零售环节、出口环节等；

3. 购销或转让货物，包括品名、品牌、规格、型号、性能、结构、外形、包装等；

4. 购销或转让环境，包括民族风俗、消费者偏好、政局稳定程度以及财政、税收、外汇政策等。

（二）有形资产的使用

1. 资产的性能、规格、型号、结构、类型、折旧方法；

2. 提供使用权的时间、期限、地点；

3. 资产所有者对资产的投资支出、维修费用等。

（三）无形资产的转让和使用

1. 无形资产类别、用途、适用行业、预期收益；

2. 无形资产的开发投资、转让条件、独占程度、受有关国家法律保护的程度及期限、受让成本和费用、功能风险情况、可替代性等。

（四）融通资金：融资的金额、币种、期限、担保、融资人的资信、还款方式、计息方法等。

（五）提供劳务：业务性质、技术要求、专业水准、承担责任、付款条件和方式、直接和间接成本等。

关联交易与非关联交易之间在以上方面存在重大差异的，应就该差异对价格的影响进行合理调整，无法合理调整的，应根据本章规定选择其他合理的转让定价方法。可比非受控价格法可以适用于所有类型的关联交易。

第二十四条 再销售价格法以关联方购进商品再销售给非关联方的价格减去可比非关联交易毛利后的金额作为关联方购进商品的公平成交价格。其计算公式如下：

公平成交价格 = 再销售给非关联方的价格 ×（1 - 可比非关联交易毛利率）

可比非关联交易毛利率＝可比非关联交易毛利/可比非关联交易收入净额×100%

可比性分析应特别考察关联交易与非关联交易在功能风险及合同条款上的差异以及影响毛利率的其他因素，具体包括销售、广告及服务功能，存货风险，机器、设备的价值及使用年限，无形资产的使用及价值，批发或零售环节，商业经验，会计处理及管理效率等。

关联交易与非关联交易之间在以上方面存在重大差异的，应就该差异对毛利率的影响进行合理调整，无法合理调整的，应根据本章规定选择其他合理的转让定价方法。

再销售价格法通常适用于再销售者未对商品进行改变外形、性能、结构或更换商标等实质性增值加工的简单加工或单纯购销业务。

第二十五条 成本加成法以关联交易发生的合理成本加上可比非关联交易毛利作为关联交易的公平成交价格。其计算公式如下：

公平成交价格＝关联交易的合理成本×（1＋可比非关联交易成本加成率）

可比非关联交易成本加成率＝可比非关联交易毛利/可比非关联交易成本×100%

可比性分析应特别考察关联交易与非关联交易在功能风险及合同条款上的差异以及影响成本加成率的其他因素，具体包括制造、加工、安装及测试功能，市场及汇兑风险，机器、设备的价值及使用年限，无形资产的使用及价值，商业经验，会计处理及管理效率等。

关联交易与非关联交易之间在以上方面存在重大差异的，应就该差异对成本加成率的影响进行合理调整，无法合理调整的，应根据本章规定选择其他合理的转让定价方法。

成本加成法通常适用于有形资产的购销、转让和使用，劳务提供或资金融通的关联交易。

第二十六条 交易净利润法以可比非关联交易的利润率指标确定关联交易的净利润。利润率指标包括资产收益率、销售利润率、完全成本加成率、贝里比率等。

可比性分析应特别考察关联交易与非关联交易之间在功能风险及经济环境上的差异以及影响营业利润的其他因素，具体包括执行功能、承担风险和使用资产，行业和市场情况，经营规模，经济周期和产品生命周期，成本、费用、所得和资产在各交易间的分摊，会计处理及经营管理效率等。

关联交易与非关联交易之间在以上方面存在重大差异的，应就该差异对营业利润的影响进行合理调整，无法合理调整的，应根据本章规定选择其他合理的转让定价方法。

交易净利润法通常适用于有形资产的购销、转让和使用，无形资产的转让和使用以及劳务提供等关联交易。

第二十七条 利润分割法根据企业与其关联方对关联交易合并利润的贡献计算各自应该分配的利润额。利润分割法分为一般利润分割法和剩余利润分割法。

一般利润分割法根据关联交易各参与方所执行的功能、承担的风险以及使用的资产，确定各自应取得的利润。

剩余利润分割法将关联交易各参与方的合并利润减去分配给各方的常规利润的余额作为剩余利润，再根据各方对剩余利润的贡献程度进行分配。

可比性分析应特别考察交易各方执行的功能、承担的风险和使用的资产，成本、费用、所得和资产在各交易方之间的分摊，会计处理，确定交易各方对剩余利润贡献所使用信息和假设条件的可靠性等。

利润分割法通常适用于各参与方关联交易高度整合且难以单独评估各方交易结果的情况。

第五章 转让定价调查及调整

第二十八条 税务机关有权依据税收征管法及其实施细则有关税务检查的规定，确定调查企业，进行转让定价调查、调整。被调查企业必须据实报告其关联交易情况，并提供相关资料，不得拒绝或隐瞒。

第二十九条 转让定价调查应重点选择以下企业：

（一）关联交易数额较大或类型较多的企业；

（二）长期亏损、微利或跳跃性盈利的企业；

（三）低于同行业利润水平的企业；

（四）利润水平与其所承担的功能风险明显不相匹配的企业；

（五）与避税港关联方发生业务往来的企业；

（六）未按规定进行关联申报或准备同期资料的企业；

（七）其他明显违背独立交易原则的企业。

第三十条 实际税负相同的境内关联方之间的交易，只要该交易没有直接或间接导致国家总体税收收入的减少，原则上不做转让定价调查、调整。

第三十一条 税务机关应结合日常征管工作，开展案头审核，确定调查企业。案头审核应主要根据被调查企业历年报送的年度所得税申报资料及关联业务往来报告表等纳税资料，对企业的生产经营状况、关联交易等情况进行综合评估分析。

企业可以在案头审核阶段向税务机关提供同期资料。

第三十二条 税务机关对已确定的调查对象，应根据所得税法第六章、所得税法实施条例第六章、征管法第四章及征管法实施细则第六章的规定，实施现场调查。

（一）现场调查人员须2名以上。

（二）现场调查时调查人员应出示《税务检查证》，并送达《税务检查通知书》。

（三）现场调查可根据需要依照法定程序采取询问、调取账簿资料和实地核查等方式。

（四）询问当事人应有专人记录《询问（调查）笔录》，并告知当事人不如实提供情况应当承担的法律责任。《询问（调查）笔录》应交当事人核对确认。

（五）需调取账簿及有关资料的，应按照征管法实施细则第八十六条的规定，填制《调取账簿资料通知书》、《调取账簿资料清单》，办理有关法定手续，调取的账簿、记账凭证等资料，应妥善保管，并按法定时限如数退还。

（六）实地核查过程中发现的问题和情况，由调查人员填写《询问（调查）笔录》。《询问（调查）笔录》应由2名以上调查人员签字，并根据需要由被调查企业核对确认，若被调查企业拒绝，可由2名以上调查人员签认备案。

（七）可以以记录、录音、录像、照相和复制的方式索取与案件有关的资料，但必须注明原件的保存方及出处，由原件保存或提供方核对签注“与原件核对无误”字样，并盖章或押印。

（八）需要证人作证的，应事先告知证人不如实提供情况应当承担的法律责任。证人的证言材料应由本人签字或押印。

第三十三条 根据所得税法第四十三条第二款及所得税法实施条例第一百一十四条的规定，税务机关在实施转让定价调查时，有权要求企业及其关联方，以及与关联业务调查有关的其他企业（以下简称可比企业）提供相关资料，并送达《税务事项通知书》。

（一）企业应在《税务事项通知书》规定的期限内提供相关资料，因特殊情况不能按期提供的，应向税务机关提交书面延期申请，经批准，可以延期提供，但最长不得超过30日。税务机关应自收到企业延期申请之日起15日内函复，逾期未函复的，视同税务机关已同意企业的延期申请。

（二）企业的关联方以及可比企业应在与税务机关约定的期限内提供相关资料，约定期限一般不应超过60日。

企业、关联方及可比企业应按税务机关要求提供真实、完整的相关资料。

第三十四条 税务机关应按本办法第二章的有关规定，核实企业申报信息，并要求企业填制《企业可比性因素分析表》。

税务机关在企业关联申报和提供资料的基础上，填制《企业关联关系认定表》、《企业关联交易认定表》和《企业可比性因素分析认定表》，并由被调查企业核对确认。

第三十五条 转让定价调查涉及向关联方和可比企业调查取证的，税务机关向企业送达《税务检查通知书》，进行调查取证。

第三十六条 税务机关审核企业、关联方及可比企业提供的相关资料，可采用现场调查、发函协查和查阅公开信息等方式核实。需取得境外有关资料的，可按有关规定启动税收协定的情报交换程序，或通过我驻外机构调查收集有关信息。涉及境外关联方的相关资料，税务机关也可要求企业提供公证机构的证明。

第三十七条 税务机关应选用本办法第四章规定的转让定价方法分析、评估企业关联交易是否符合独立交易原则，分析评估时可以使用公开信息资料，也可以使用非公开信息资料。

第三十八条 税务机关分析、评估企业关联交易时，因企业与可比企业营运资本占用不同而对营业利润产生的差异原则上不做调整。确需调整的，须层报国家税务总局批准。

第三十九条 按照关联方订单从事加工制造，不承担经营决策、产品研发、销售等功能的企业，不应承担由于决策失误、开工不足、产品滞销等原因带来的风险和损失，通常应保持一定的利润率水平。对出现亏损的企业，税务机关应在经济分析的基础上，选择适当的可比价格或可比企业，确定企业的利润水平。

第四十条 企业与关联方之间收取价款与支付价款的交易相互抵消的，税务机关在可比性分析和纳税调整时，原则上应还原抵消交易。

第四十一条 税务机关采用四分位法分析、评估企业利润水平时，企业利润水平低于可比企业利润率区间中位值的，原则上应按照不低于中位值进行调整。

第四十二条 经调查，企业关联交易符合独立交易原则的，税务机关应做出转让定价调查结论，并向企业送达《特别纳税调查结论通知书》。

第四十三条 经调查，企业关联交易不符合独立交易原则而减少其应纳税收入或者所得额的，税务机关应按以下程序实施转让定价纳税调整：

（一）在测算、论证和可比性分析的基础上，拟定特别纳税调查初步调整方案；

（二）根据初步调整方案与企业协商谈判，税企双方均应指定主谈人，调查人员应做好《协商内容记录》，并由双方主谈人签字确认，若企业拒签，可由2名以上调查人员签认备案；

（三）企业对初步调整方案有异议的，应在税务机关规定的期限内进一步提供相关资料，税务机关收到资料后，应认真审核，并及时做出审议决定；

（四）根据审议决定，向企业送达《特别纳税调查初步调整通知书》，企业对初步调整意见有异议的，应自收到通知书之日起7日内书面提出，税务机关收到企业意见后，应再次协商审议；企业逾期未提出异议的，视为同意初步调整意见；

（五）确定最终调整方案，向企业送达《特别纳税调查调整通知书》。

第四十四条 企业收到《特别纳税调查调整通知书》后，应按规定期限缴纳税款及利息。

第四十五条 税务机关对企业实施转让定价纳税调整后，应自企业被调整的最后年度的下一年度起5年内实施跟踪管理。在跟踪管理期内，企业应在跟踪年度的次年6月20日之前向税务机关提供跟踪年度的同期资料，税务机关根据同期资料和纳税申报资料重点分析、评估以下内容：

（一）企业投资、经营状况及其变化情况；

（二）企业纳税申报额变化情况；

（三）企业经营成果变化情况；

（四）关联交易变化情况等。

税务机关在跟踪管理期内发现企业转让定价异常等情况，应及时与企业沟通，要求企业自行调整，或按照本章有关规定开展转让定价调查调整。

第六章　预约定价安排管理

第四十六条　企业可以依据所得税法第四十二条、所得税法实施条例第一百一十三条及征管法实施细则第五十三条的规定，与税务机关就企业未来年度关联交易的定价原则和计算方法达成预约定价安排。预约定价安排的谈签与执行通常经过预备会谈、正式申请、审核评估、磋商、签订安排和监控执行6个阶段。预约定价安排包括单边、双边和多边3种类型。

第四十七条　预约定价安排应由设区的市、自治州以上的税务机关受理。

第四十八条　预约定价安排一般适用于同时满足以下条件的企业：

（一）年度发生的关联交易金额在4000万元人民币以上；

（二）依法履行关联申报义务；

（三）按规定准备、保存和提供同期资料。

第四十九条　预约定价安排适用于自企业提交正式书面申请年度的次年起3至5个连续年度的关联交易。

预约定价安排的谈签不影响税务机关对企业提交预约定价安排正式书面申请当年或以前年度关联交易的转让定价调查调整。

如果企业申请当年或以前年度的关联交易与预约定价安排适用年度相同或类似，经企业申请，税务机关批准，可将预约定价安排确定的定价原则和计算方法适用于申请当年或以前年度关联交易的评估和调整。

第五十条　企业正式申请谈签预约定价安排前，应向税务机关书面提出谈签意向，税务机关可以根据企业的书面要求，与企业就预约定价安排的相关内容及达成预约定价安排的可行性开展预备会谈，并填制《预约定价安排会谈记录》。预备会谈可以采用匿名的方式。

（一）企业申请单边预约定价安排的，应向税务机关书面提出谈签意向。在预备会谈期间，企业应就以下内容提供资料，并与税务机关进行讨论：

1. 安排的适用年度；

2. 安排涉及的关联方及关联交易；

3. 企业以前年度生产经营情况；

4. 安排涉及各关联方功能和风险的说明；

5. 是否应用安排确定的方法解决以前年度的转让定价问题；

6. 其他需要说明的情况。

（二）企业申请双边或多边预约定价安排的，应同时向国家税务总局和主管税务机关书面提出谈签意向，国家税务总局组织与企业开展预备会谈，预备会谈的内容除本条第（一）项外，还应特别包括：

1. 向税收协定缔约对方税务主管当局提出预备会谈申请的情况；

2. 安排涉及的关联方以前年度生产经营情况及关联交易情况；

3. 向税收协定缔约对方税务主管当局提出的预约定价安排拟采用的定价原则和计算方法。

（三）预备会谈达成一致意见的，税务机关应自达成一致意见之日起15日内书面通知企业，可以就预约定价安排相关事宜进行正式谈判，并向企业送达《预约定价安排正式会谈通知书》；预备会谈不能达成一致意见的，税务机关应自最后一次预备会谈结束之日起15日内书面通知企业，向企业送达《拒绝企业申请预约定价安排通知书》，拒绝企业申请预约定价安排，并说明理由。

第五十一条　企业应在接到税务机关正式会谈通知之日起3个月内，向税务机关提出预约定价安排书面申请报告，并报送《预约定价安排正式申请书》。企业申请双边或多边预约定价安排的，应将《预约定价安排正式申请书》和《启动相互协商程序申请书》同时报送国家税务总局和主管税务机关。

（一）预约定价安排书面申请报告应包括如下内容：

1. 相关的集团组织架构、公司内部结构、关联关系、关联交易情况；

2. 企业近三年财务、会计报表资料，产品功能和资产（包括无形资产和有形资产）的资料；

3. 安排所涉及的关联交易类别和纳税年度；

4. 关联方之间功能和风险划分，包括划分所依据的机构、人员、费用、资产等；

5. 安排适用的转让定价原则和计算方法，以及支持这一原则和方法的功能风险分析、可比性分析和假设条件等；

6. 市场情况的说明，包括行业发展趋势和竞争环境；

7. 安排预约期间的年度经营规模、经营效益预测以及经营规划等；

8. 与安排有关的关联交易、经营安排及利润水平等财务方面的信息；

9. 是否涉及双重征税等问题；

10. 涉及境内、外有关法律、税收协定等相关问题。

（二）企业因下列特殊原因无法按期提交书面申请报告的，可向税务机关提出书面延期申请，并报送《预约定价安排正式申请延期报送申请书》：

1. 需要特别准备某些方面的资料；

2. 需要对资料做技术上的处

理，如文字翻译等；

3. 其他非主观原因。

税务机关应自收到企业书面延期申请后15日内，对其延期事项做出书面答复，并向企业送达《预约定价安排正式申请延期报送答复书》。逾期未做出答复的，视同税务机关已同意企业的延期申请。

（三）上述申请内容所涉及的文件资料和情况说明，包括能够支持拟选用的定价原则、计算方法和能证实符合预约定价安排条件的所有文件资料，企业和税务机关均应妥善保存。

第五十二条 税务机关应自收到企业提交的预约定价安排正式书面申请及所需文件、资料之日起5个月内，进行审核和评估。根据审核和评估的具体情况可要求企业补充提供有关资料，形成审核评估结论。

因特殊情况，需要延长审核评估时间的，税务机关应及时书面通知企业，并向企业送达《预约定价安排审核评估延期通知书》，延长期限不得超过3个月。

税务机关应主要审核和评估以下内容：

（一）历史经营状况，分析、评估企业的经营规划、发展趋势、经营范围等文件资料，重点审核可行性研究报告、投资预（决）算、董事会决议等，综合分析反映经营业绩的有关信息和资料，如财务、会计报表、审计报告等。

（二）功能和风险状况，分析、评估企业与其关联方之间在供货、生产、运输、销售等各环节以及在研究、开发无形资产等方面各自所拥有的份额，执行的功能以及在存货、信贷、外汇、市场等方面所承担的风险。

（三）可比信息，分析、评估企业提供的境内、外可比价格信息，说明可比企业和申请企业之间的实质性差异，并进行调整。若不能确认可比交易或经营活动的合理性，应明确企业须进一步提供的有关文件、资料，以证明其所选用的转让定价原则和计算方法公平地反映了被审核的关联交易和经营现状，并得到相关财务、经营等资料的证实。

（四）假设条件，分析、评估对行业盈利能力和对企业生产经营的影响因素及其影响程度，合理确定预约定价安排适用的假设条件。

（五）转让定价原则和计算方法，分析、评估企业在预约定价安排中选用的转让定价原则和计算方法是否以及如何真实地运用于以前、现在和未来年度的关联交易以及相关财务、经营资料之中，是否符合法律、法规的规定。

（六）预期的公平交易价格或利润区间，通过对确定的可比价格、利润率、可比企业交易等情况的进一步审核和评估，测算出税务机关和企业均可接受的价格或利润区间。

第五十三条 税务机关应自单边预约定价安排形成审核评估结论之日起30日内，与企业进行预约定价安排磋商，磋商达成一致的，应将预约定价安排草案和审核评估报告一并层报国家税务总局审定。

国家税务总局与税收协定缔约对方税务主管当局开展双边或多边预约定价安排的磋商，磋商达成一致的，根据磋商备忘录拟定预约定价安排草案。

预约定价安排草案应包括如下内容：

（一）关联方名称、地址等基本信息；

（二）安排涉及的关联交易及适用年度；

（三）安排选定的可比价格或交易、转让定价原则和计算方法、预期经营结果等；

（四）与转让定价方法运用和计算基础相关的术语定义；

（五）假设条件；

（六）企业年度报告、记录保存、假设条件变动通知等义务；

（七）安排的法律效力，文件资料等信息的保密性；

（八）相互责任条款；

（九）安排的修订；

（十）解决争议的方法和途径；

（十一）生效日期；

（十二）附则。

第五十四条 税务机关与企业就单边预约定价安排草案内容达成一致后，双方的法定代表人或法定代表人授权的代表正式签订单边预约定价安排。国家税务总局与税收协定缔约对方税务主管当局就双边或多边预约定价安排草案内容达成一致后，双方或多方税务主管当局授权的代表正式签订双边或多边预约定价安排。主管税务机关根据双边或多边预约定价安排与企业签订《双边（多边）预约定价安排执行协议书》。

第五十五条 在预约定价安排正式谈判后和预约定价安排签订前，税务机关和企业均可暂停、终止谈判。涉及双边或多边预约定价安排的，经缔约各方税务主管当局协商，可暂停、终止谈判。终止谈判的，双方应将谈判中相互提供的全部资料退还给对方。

第五十六条 税务机关应建立监控管理制度，监控预约定价安排的执行情况。

（一）在预约定价安排执行期内，企业应完整保存与安排有关的文件和资料（包括账簿和有关记录等），不得丢失、销毁和转移；并在纳税年度终了后5个月内，向税务机关报送执行预约定价安排情况的年度报告。

年度报告应说明报告期内经营情况以及企业遵守预约定价安排的情况，包括预约定价安排要求的所有事项，以及是否有修订或实质上终止该预约定价安排的要求。如有未决问题或将要发生的问题，企业应在年度报告中予以说明，以便与税务机关协商是否修订或终止安排。

（二）在预约定价安排执行期内，税务机关应定期（一般为半年）检查企业履行安排的情况。检查内容主要包括：企业是否遵守了安排条款及要求；为谈签安排而提供的资料和年度报告是否反映了企业的实际经营情况；转让定价方法所依据的资料和计算方法是否正确；安排所描述的假设条件是否仍然有效；企业对转让定价方法的运用是否与假设条件相一致等。

税务机关如发现企业有违反安排的一般情况，可视情况进行处理，直至终止安排；如发现企业存在隐瞒或拒不执行安排的情况，税务机关应认定预约定价安排自始无效。

（三）在预约定价安排执行期内，如果企业发生实际经营结果不在安排所预期的价格或利润区间之内的情况，税务机关应在报经上一级税务机关核准后，将实际经营结果调整到安排所确定的价格或利润区间内。涉及双边或多边预约定价安排的，应当层报国家税务总局核准。

（四）在预约定价安排执行期内，企业发生影响预约定价安排的实质性变化，应在发生变化后30日内向税务机关书面报告，详细说明该变化对预约定价安排执行的影响，并附相关资料。由于非主观原因而无法按期报告的，可以延期报告，但延长期不得超过30日。

税务机关应在收到企业书面报告之日起60日内，予以审核和处理，包括审查企业变化情况、与企业协商修订预约定价安排条款和相关条件，或根据实质性变化对预约定价安排的影响程度采取修订或终止安排等措施。原预约定价安排终止执行后，税务机关可以和企业按照本章规定的程序和要求，重新谈签新的预约定价安排。

（五）国家税务局和地方税务局与企业共同签订的预约定价安排，在执行期内，企业应分别向国家税务局和地方税务局报送执行预约定价安排情况的年度报告和实质性变化报告。国家税务局和地方税务局应对企业执行安排的情况，实行联合检查和审核。

第五十七条 预约定价安排期满后自动失效。如企业需要续签的，应在预约定价安排执行期满前90日内向税务机关提出续签申请，报送《预约定价安排续签申请书》，并提供可靠的证明材料，说明现行预约定价安排所述事实和相关环境没有发生实质性变化，并且一直遵守该预约定价安排中的各项条款和约定。税务机关应自收到企业续签申请之日起15日内做出是否受理的书面答复，向企业送达《预约定价安排申请续签答复书》。税务机关应审核、评估企业的续签申请资料，与企业协商拟定预约定价安排草案，并按双方商定的续签时间、地点等相关事宜，与企业完成续签工作。

第五十八条 预约定价安排的谈签或执行同时涉及两个以上省、自治区、直辖市和计划单列市税务机关，或者同时涉及国家税务局和地方税务局的，由国家税务总局统一组织协调。企业可以直接向国家税务总局书面提出谈签意向。

第五十九条 税务机关与企业达成的预约定价安排，只要企业遵守了安排的全部条款及其要求，各地国家税务局、地方税务局均应执行。

第六十条 税务机关与企业在预约定价安排预备会谈、正式谈签、审核、分析等全过程中所获取或得到的所有信息资料，双方均负有保密义务。税务机关和企业每次会谈，均应对会谈内容进行书面记录，同时载明每次会谈时相互提供资料的份数和内容，并由双方主谈人员签字或盖章。

第六十一条 税务机关与企业不能达成预约定价安排的，税务机关在会谈、协商过程中所获取的有关企业的提议、推理、观念和判断等非事实性信息，不得用于以后对该预约定价安排涉及交易行为的税务调查。

第六十二条 在预约定价安排执行期间，如果税务机关与企业发生分歧，双方应进行协商。协商不能解决的，可报上一级税务机关协调；涉及双边或多边预约定价安排的，须层报国家税务总局协调。对上一级税务机关或国家税务总局的协调结果或决定，下一级税务机关应当予以执行。但企业仍不能接受的，应当终止安排的执行。

第六十三条 税务机关应在与企业正式签订单边预约定价安排或双边或多边预约定价安排执行协议书后10日内，以及预约定价安排执行中发生修订、终止等情况后20日内，将单边预约定价安排正式文本、双边或多边预约定价安排执行协议书以及安排变动情况的说明层报国家税务总局备案。

第七章 成本分摊协议管理

第六十四条 根据所得税法第四十一条第二款及所得税法实施条例第一百一十二条的规定，企业与其关联方签署成本分摊协议，共同开发、受让无形资产，或者共同提供、接受劳务，应符合本章规定。

第六十五条 成本分摊协议的参与方对开发、受让的无形资产或参与的劳务活动享有受益权，并承担相应的活动成本。关联方承担的成本应与非关联方在可比条件下为获得上述受益权而支付的成本相一致。

参与方使用成本分摊协议所开发或受让的无形资产不需另支付特许权使用费。

第六十六条 企业对成本分摊协议所涉及无形资产或劳务的受益权应有合理的、可计量的预期收益，且以合理商业假设和营业常规为基础。

第六十七条 涉及劳务的成本分摊协议一般适用于集团采购和集团营销策划。

第六十八条 成本分摊协议主要包括以下内容：

（一）参与方的名称、所在国家（地区）、关联关系、在协议中的权利和义务；

（二）成本分摊协议所涉及的无形资产或劳务的内容、范围，协议涉及研发或劳务活动的具体承担者及其职责、任务；

（三）协议期限；

（四）参与方预期收益的计算方法和假设；

（五）参与方初始投入和后续成本支付的金额、形式、价值确认的方法以及符合独立交易原则的说明；

（六）参与方会计方法的运用及变更说明；

（七）参与方加入或退出协议的程序及处理规定；

（八）参与方之间补偿支付的条件及处理规定；

（九）协议变更或终止的条件及处理规定；

（十）非参与方使用协议成果的规定。

第六十九条 企业应自成本分摊协议达成之日起30日内，层报国家税务总局备案。税务机关判定成本分摊协议是否符合独立交易原则须层报国家税务总局审核。

第七十条 已经执行并形成一定资产的成本分摊协议，参与方发生变更或协议终止执行，应根据独立交易原则做如下处理：

（一）加入支付，即新参与方为获得已有协议成果的受益权应做出合理的支付；

（二）退出补偿，即原参与方退出协议安排，将已有协议成果的受益权转让给其他参与方应获得合理的补偿；

（三）参与方变更后，应对各方受益和成本分摊情况做出相应调整；

（四）协议终止时，各参与方应对已有协议成果做出合理分配。

企业不按独立交易原则对上述情况做出处理而减少其应纳税所得额的，税务机关有权做出调整。

第七十一条 成本分摊协议执行期间，参与方实际分享的收益与分摊的成本不相配比的，应根据实际情况做出补偿调整。

第七十二条 对于符合独立交易原则的成本分摊协议，有关税务处理如下：

（一）企业按照协议分摊的成本，应在协议规定的各年度税前扣除；

（二）涉及补偿调整的，应在补偿调整的年度计入应纳税所得额；

（三）涉及无形资产的成本分摊协议，加入支付、退出补偿或终止协议时对协议成果分配的，应按资产购置或处置的有关规定处理。

第七十三条 企业可根据本办法第六章的规定采取预约定价安排的方式达成成本分摊协议。

第七十四条 企业执行成本分摊协议期间，除遵照本办法第三章规定外，还应准备和保存以下成本分摊协议的同期资料：

（一）成本分摊协议副本；

（二）成本分摊协议各参与方之间达成的为实施该协议的其他协议；

（三）非参与方使用协议成果的情况、支付的金额及形式；

（四）本年度成本分摊协议的参与方加入或退出的情况，包括加入或退出的参与方名称、所在国家（地区）、关联关系，加入支付或退出补偿的金额及形式；

（五）成本分摊协议的变更或终止情况，包括变更或终止的原因、对已形成协议成果的处理或分配；

（六）本年度按照成本分摊协议发生的成本总额及构成情况；

（七）本年度各参与方成本分摊的情况，包括成本支付的金额、形式、对象，做出或接受补偿支付的金额、形式、对象；

（八）本年度协议预期收益与实际结果的比较及由此做出的调整。

企业执行成本分摊协议期间，无论成本分摊协议是否采取预约定价安排的方式，均应在本年度的次年6月20日之前向税务机关提供成本分摊协议的同期资料。

第七十五条 企业与其关联方签署成本分摊协议，有下列情形之一的，其自行分摊的成本不得税前扣除：

（一）不具有合理商业目的和经济实质；

（二）不符合独立交易原则；

（三）没有遵循成本与收益配比原则；

（四）未按本办法有关规定备案或准备、保存和提供有关成本分摊协议的同期资料；

（五）自签署成本分摊协议之日起经营期限少于20年。

第八章 受控外国企业管理

第七十六条 受控外国企业是指根据所得税法第四十五条的规定，由居民企业，或者由居民企业和居民个人（以下统称中国居民股东，包括中国居民企业股东和中国居民个人股东）控制的设立在实际税负低于所得税法第四条第一款规定税率水平50%的国家（地区），并非出于合理经营需要对利润不作分配或减少分配的外国企业。

第七十七条 本办法第七十六条所称控制，是指在股份、资金、经营、购销等方面构成实质控制。其中，股份控制是指由中国居民股东在纳税年度任何一天单层直接或多层间接单一持有外国企业10%以上有表决权股份，且共同持有该外国企业50%以上股份。

中国居民股东多层间接持有股份按各层持股比例相乘计算，中间层持有股份超过50%的，按100%计算。

第七十八条 中国居民企业股东应在年度企业所得税纳税申报时提供对外投资信息，附送《对外投资情况表》。

第七十九条 税务机关应汇总、审核中国居民企业股东申报的对外投资信息，向受控外国企业的中国居民企业股东送达《受控外国企业中国居民股东确认通知书》。中国居民企业股东符合所得税法第四十五条征税条件的，按照有关规定征税。

第八十条 计入中国居民企业股东当期的视同受控外国企业股息分配的所得，应按以下公式计算：

中国居民企业股东当期所得＝视同股息分配额×实际持股天数÷受控外国企业纳税年度天数×股东持股比例

中国居民股东多层间接持有股份的，股东持股比例按各层持股比例相乘计算。

第八十一条 受控外国企业与中国居民企业股东纳税年度存在差异的，应将视同股息分配所得计入受控外国企业纳税年度终止日所属的中国居民企业股东的纳税年度。

第八十二条 计入中国居民企业股东当期所得已在境外缴纳的企业所得税税款，可按照所得税法或税收协定的有关规定抵免。

第八十三条 受控外国企业实际分配的利润已根据所得税法第四十五条规定征税的，不再计入中国居民企业股东的当期所得。

第八十四条 中国居民企业股东能够提供资料证明其控制的外国企业满足以下条件之一的，可免于将外国企业不作分配或减少分配的利润视同股息分配额，计入中国居民企业股东的当期所得：

（一）设立在国家税务总局指定的非低税率国家（地区）；

（二）主要取得积极经营活动所得；

（三）年度利润总额低于500万元人民币。

第九章 资本弱化管理

第八十五条 所得税法第四十六条所称不得在计算应纳税所得额时扣除的利息支出应按以下公式计算：

不得扣除利息支出=年度实际支付的全部关联方利息×（1-标准比例/关联债资比例）

其中：标准比例是指《财政部国家税务总局关于企业关联方利息支出税前扣除标准有关税收政策问题的通知》（财税〔2008〕121号）规定的比例。

关联债资比例是指根据所得税法第四十六条及所得税法实施条例第一百一十九的规定，企业从其全部关联方接受的债权性投资（以下简称关联债权投资）占企业接受的权益性投资（以下简称权益投资）的比例，关联债权投资包括关联方以各种形式提供担保的债权性投资。

第八十六条 关联债资比例的具体计算方法如下：

关联债资比例=年度各月平均关联债权投资之和/年度各月平均权益投资之和

其中：

各月平均关联债权投资=（关联债权投资月初账面余额+月末账面余额）/2

各月平均权益投资=（权益投资月初账面余额+月末账面余额）/2

权益投资为企业资产负债表所列示的所有者权益金额。如果所有者权益小于实收资本（股本）与资本公积之和，则权益投资为实收资本（股本）与资本公积之和；如果实收资本（股本）与资本公积之和小于实收资本（股本）金额，则权益投资为实收资本（股本）金额。

第八十七条 所得税法第四十六条所称的利息支出包括直接或间接关联债权投资实际支付的利息、担保费、抵押费和其他具有利息性质的费用。

第八十八条 所得税法第四十六条规定不得在计算应纳税所得额时扣除的利息支出，不得结转到以后纳税年度；应按照实际支付给各关联方利息占关联方利息总额的比例，在各关联方之间进行分配，其中，分配给实际税负高于企业的境内关联方的利息准予扣除；直接或间接实际支付给境外关联方的利息应视同分配的股息，按照股息和利息分别适用的所得税税率差补征企业所得税，如已扣缴的所得税税款多于按股息计算应征所得税税款，多出的部分不予退税。

第八十九条 企业关联债资比例超过标准比例的利息支出，如要在计算应纳税所得额时扣除，除遵照本办法第三章规定外，还应准备、保存、并按税务机关要求提供以下同期资料，证明关联债权投资金额、利率、期限、融资条件以及债资比例等均符合独立交易原则：

（一）企业偿债能力和举债能力分析；

（二）企业集团举债能力及融资结构情况分析；

（三）企业注册资本等权益投资的变动情况说明；

（四）关联债权投资的性质、目的及取得时的市场状况；

（五）关联债权投资的货币种类、金额、利率、期限及融资条件

（六）企业提供的抵押品情况及条件；

（七）担保人状况及担保条件；

（八）同类同期贷款的利率情况及融资条件；

（九）可转换公司债券的转换条件；

（十）其他能够证明符合独立交易原则的资料。

第九十条 企业未按规定准备、保存和提供同期资料证明关联债权投资金额、利率、期限、融资条件以及债资比例等符合独立交易原则的，其超过标准比例的关联方利息支出，不得在计算应纳税所得额时扣除。

第九十一条 本章所称“实际支付利息”是指企业按照权责发生制原则计入相关成本、费用的利息。

企业实际支付关联方利息存在转让定价问题的，税务机关应首先按照本办法第五章的有关规定实施转让定价调查调整。

第十章 一般反避税管理

第九十二条 税务机关可依据所得税法第四十七条及所得税法实施条例第一百二十条的规定对存在以下避税安排的企业，启动一般反避税调查：

（一）滥用税收优惠；

（二）滥用税收协定；

（三）滥用公司组织形式；

（四）利用避税港避税；

（五）其他不具有合理商业目的的安排。

第九十三条 税务机关应按照实质重于形式的原则审核企业是否存在避税安排，并综合考虑安排的以下内容：

（一）安排的形式和实质；

（二）安排订立的时间和执行期间；

（三）安排实现的方式；

（四）安排各个步骤或组成部分之间的联系；

（五）安排涉及各方财务状况的变化；

（六）安排的税收结果。

第九十四条 税务机关应按照经济实质对企业的避税安排重新定性，取消企业从避税安排获得的税收利益。对于没有经济实质的企业，特别是设在避税港并导致其关联方或非关联方避税的企业，可在税收上否定该企业的存在。

第九十五条 税务机关启动一般反避税调查时，应按照征管法及其实施细则的有关规定向企业送达《税务检查通知书》。企业应自收到通知书之日起60日内提供资料证明其安排具有合理的商业目的。企业未在规定期限内提供资料，或提供资料不能证明安排具有合理商业目的的，税务机关可根据已掌握的信息实施纳税调整，并向企业送达《特别纳税调查调整通知书》。

第九十六条 税务机关实施一般反避税调查，可按照征管法第五十七条的规定要求避税安排的筹划方如实提供有关资料及证明材料。

第九十七条 一般反避税调查及调整须层报国家税务总局批准。

第十一章 相应调整及国际磋商

第九十八条 关联交易一方被实施转让定价调查调整的，应允许另一方做相应调整，以消除双重征税。相应调整涉及税收协定国家（地区）关联方的，经企业申请，国家税务总局与税收协定缔约对方税务主管当局根据税收协定有关相互协商程序的规定开展磋商谈判。

第九十九条 涉及税收协定国家（地区）关联方的转让定价相应调整，企业应同时向国家税务总局和主管税务机关提出书面申请，报送《启动相互协商程序申请书》，并提供企业或其关联方被转让定价调整的通知书复印件等有关资料。

第一百条 企业应自企业或其关联方收到转让定价调整通知书之日起三年内提出相应调整的申请，超过三年的，税务机关不予受理。

第一百零一条 税务机关对企业实施转让定价调整，涉及企业向境外关联方支付利息、租金、特许权使用费等已扣缴的税款，不再做相应调整。

第一百零二条 国家税务总局按照本办法第六章规定接受企业谈签双边或多边预约定价安排申请的，应与税收协定缔约对方税务主管当局根据税收协定相互协商程序的有关规定开展磋商谈判。

第一百零三条 相应调整或相互磋商的结果，由国家税务总局以书面形式经主管税务机关送达企业。

第一百零四条 本办法第九章所称不得在计算应纳税所得额时扣除的利息支出以及视同股息分配的利息支出，不适用本章相应调整的规定。

第十二章 法律责任

第一百零五条 企业未按照本办法的规定向税务机关报送企业年度关联业务往来报告表，或者未保存同期资料或其他相关资料的，依照征管法第六十条和第六十二条的规定处理。

第一百零六条 企业拒绝提供同期资料等关联交易的相关资料，或者提供虚假、不完整资料，未能真实反映其关联业务往来情况的，依照征管法第七十条、征管法实施细则第九十六条、所得税法第四十四条及所得税法实施条例第一百一十五条的规定处理。

第一百零七条 税务机关根据所得税法及其实施条例的规定，对企业做出特别纳税调整的，应对2008年1月1日以后发生交易补征的企业所得税税款，按日加收利息。

（一）计息期间自税款所属纳税年度的次年6月1日起至补缴（预缴）税款入库之日止。

（二）利息率按照税款所属纳税年度12月31日实行的与补税期间同期的中国人民银行人民币贷款基准利率（以下简称“基准利率”）加5个百分点计算，并按一年365天折算日利息率。

（三）企业按照本办法规定提供同期资料和其他相关资料的，或者企业符合本办法第十五条的规定免于准备同期资料但根据税务机关要求提供其他相关资料的，可以只按基准利率计算加收利息。

企业按照本办法第十五条第（一）项的规定免于准备同期资料，但经税务机关调查，其实际关联交易额达到必须准备同期资料的标准的，税务机关对补征税款加收利息，适用本条第（二）项规定。

（四）按照本条规定加收的利息，不得在计算应纳税所得额时扣除。

第一百零八条 企业在税务机关做出特别纳税调整决定前预缴税款的，收到调整补税通知书后补缴税款时，按照应补缴税款所属年度的先后顺序确定已预缴税款的所属年度，以预缴入库日为截止日，分别计算应加收的利息额。

第一百零九条 企业对特别纳税调整应补征的税款及利息，应在税务机关调整通知书规定的期限内缴纳入库。企业有特殊困难，不能按期缴纳税款的，应依照征管法第三十一条及征管法实施细则第四十一条和第四十二条的有关规定办理延期缴纳税款。逾期不申请延期又不缴纳税款的，税务机关应按照征管法第三十二条及其他有关规定处理。

第十三章 附 则

第一百一十条 税务机关对转让定价管理和预约定价安排管理以外的其他特别纳税调整事项实施的调查调整程序可参照适用本办法第五章的有关规定。

第一百一十一条 各级国家税务局和地方税务局对企业实施特别纳税调查调整要加强联系，可根据需要组成联合调查组进行调查。

第一百一十二条 税务机关及其工作人员应依据《国家税务总局关于纳税人涉税保密信息管理暂行办法》（国税发〔2008〕93号）等

有关保密的规定保管、使用企业提供的信息资料。

第一百一十三条 本办法所规定期限的最后一日是法定休假日的，以休假日期满的次日为期限的最后一日；在期限内有连续3日以上法定休假日的，按休假日天数顺延。

第一百一十四条 本办法所涉及的“以上”、“以下”、“日内”、“之日”、“之前”、“少于”、“低于”、“超过”等均包含本数。

第一百一十五条 被调查企业在税务机关实施特别纳税调查调整期间申请变更经营地址或注销税务登记的，税务机关在调查结案前原则上不予办理税务变更、注销手续。

第一百一十六条 企业按本办法第三章的规定准备2008纳税年度发生关联交易的同期资料，可延期至2009年12月31日。

第一百一十七条 本办法由国家税务总局负责解释和修订。

第一百一十八条 本办法自2008年1月1日起施行。《国家税务总局关于关联企业间业务往来税务管理规程（试行）》（国税发〔1998〕59号）、《国家税务总局关于修订〈关联企业间业务往来税务管理规程〉（试行）的通知》（国税发〔2004〕143号）和《国家税务总局关于关联企业间业务往来预约定价实施规则》（国税发〔2004〕118号）同时废止。在本办法发布前实施的有关规定与本办法不一致的，以本办法为准。

国家税务总局关于执行税收协定股息条款有关问题的通知

2009年2月20日 国税函〔2009〕81号

各省、自治区、直辖市和计划单列市国家税务局、地方税务局：

根据中华人民共和国政府对外签署的避免双重征税协定（含与香港、澳门特别行政区签署的税收安排，以下统称税收协定）的有关规定，现就执行税收协定股息条款的有关问题通知如下：

一、本通知所称税收协定股息条款是指专门适用于股息所得的税收协定条款，不含按税收协定规定应作为营业利润处理的股息所得所适用的税收协定条款。

二、按照税收协定股息条款规定，中国居民公司向税收协定缔约对方税收居民支付股息，且该对方税收居民（或股息收取人）是该股息的受益所有人，则该对方税收居民取得的该项股息可享受税收协定待遇，即按税收协定规定的税率计算其在中国应缴纳的所得税。如果税收协定规定的税率高于中国国内税收法律规定的税率，则纳税人仍可按中国国内税收法律规定纳税。

纳税人需要享受上款规定的税收协定待遇的，应同时符合以下条件：

（一）可享受税收协定待遇的纳税人应是税收协定缔约对方税收居民；

（二）可享受税收协定待遇的纳税人应是相关股息的受益所有人；

（三）可享受税收协定待遇的股息应是按照中国国内税收法律规定确定的股息、红利等权益性投资收益；

（四）国家税务总局规定的其他条件。

三、根据有关税收协定股息条款规定，凡税收协定缔约对方税收居民直接拥有支付股息的中国居民公司一定比例以上资本（一般为25%或10%）的，该对方税收居民取得的股息可按税收协定规定税率征税。该对方税收居民需要享受该税收协定待遇的，应同时符合以下条件：

（一）取得股息的该对方税收居民根据税收协定规定应限于公司；

（二）在该中国居民公司的全部所有者权益和有表决权股份中，该对方税收居民直接拥有的比例均符合规定比例；

（三）该对方税收居民直接拥有该中国居民公司的资本比例，在取得股息前连续12个月以内任何时候均符合税收协定规定的比例。

四、以获取优惠的税收地位为主要目的的交易或安排不应构成适用税收协定股息条款优惠规定的理由，纳税人因该交易或安排而不当享受税收协定待遇的，主管税务机关有权进行调整。

五、纳税人需要按照税收协定股息条款规定纳税的，相关纳税人或扣缴义务人应该取得并保有支持其执行税收协定股息条款规定的信息资料，并按有关规定及时根据税务机关的要求报告或提供。有关的信息资料包括：

（一）由协定缔约对方税务主管当局或其授权代表签发的税收居民身份证明以及支持该证明的税收协定缔约对方国内法律依据和相关事实证据；

（二）纳税人在税收协定缔约对方的纳税情况，特别是与取得由中国居民公司支付股息有关的纳税情况；

（三）纳税人是否构成任一第三方（国家或地区）税收居民；

（四）纳税人是否构成中国税收居民；

（五）纳税人据以取得中国居民公司所支付股息的相关投资（转

让）合同、产权凭证、利润分配决议、支付凭证等权属证明；

（六）纳税人在中国居民公司的持股情况；

（七）其他与执行税收协定股息条款规定有关的信息资料。

五、各地应按本通知规定做好税收协定股息条款的执行工作，并将执行中遇到的问题及时报告税务总局。

注：云南省国家税务局于2009年3月5日以云国税函〔2009〕93号原文转发。

云南省国家税务局转发国家税务总局关于印发《非居民企业所得税汇算清缴工作规程》的通知

2009年3月10日　云国税发〔2009〕64号

各州、市国家税务局：

现将《国家税务总局关于印发<非居民企业所得税汇算清缴工作规程>的通知》（国税发〔2009〕11号）转发给你们，并将有关事宜补充通知如下，请一并遵照执行。

一、《非居民企业所得税汇算清缴工作规程》（以下简称《工作规程》）所称主管税务机关，在我省国税系统明确为县、区级国家税务局。

二、各地应建立《非居民企业所得税日常管理和汇算清缴台账》，台账应包括《工作规程》第二条第（三）项的内容，为做好各项统计工作打好基础。省局将不定期对各地建立管理台账的情况进行检查。

三、汇算清缴工作是对非居民企业所得税日常管理工作水平的一次全面检验，请各地严格按照总局的要求和工作程序开展，并注意做好与综合征管软件的衔接工作。《工作规程》的附表由各州、市国家税务局印制。

四、汇算清缴工作结束后，各地应按照《工作规程》第二条第（三）项5个方面的要求，认真进行全面、细致的总结，并于每年度7月10日前上报省局（国际处），电子版上传路径为：省局FTP/国际税务处/各地上传/非居民企业汇算清缴总结。

执行中有何问题，请及时报告省局（国际处）。

国家税务总局关于印发《非居民企业所得税汇算清缴工作规程》的通知

2009年2月9日　国税发〔2009〕11号

各省、自治区、直辖市和计划单列市国家税务局，广东省和深圳市地方税务局：

现将《非居民企业所得税汇算清缴工作规程》印发给你们，请遵照执行。执行中发现的问题请及时反馈到税务总局（国际税务司）。

非居民企业所得税汇算清缴工作规程为贯彻落实《国家税务总局关于印发〈非居民企业所得税汇算清缴管理办法〉的通知》（国税发〔2009〕6号，以下简称《办法》），规范税务机关对非居民企业所得税的汇算清缴工作，提高汇算清缴工作质量，制定本规程。

一、汇算清缴工作内容

非居民企业所得税汇算清缴包括两方面内容：一是非居民企业（以下简称企业）应首先按照《办法》的规定，自行调整、计算本纳税年度的实际应纳税所得额、实际应纳所得税额，自核本纳税年度应补（退）所得税税款并缴纳应补税款；二是主管税务机关对企业报送的申报表及其他有关资料进行审核，下发汇缴事项通知书，办理年度所得税多退少补工作，并进行资料汇总、情况分析和工作总结。

二、汇算清缴工作程序

企业所得税汇算清缴工作分为准备、实施、总结三个阶段，各阶段工作的主要内容及时间要求安排如下：

（一）准备阶段。主管税务机关应在年度终了之日起三个月内做好以下准备工作：

1. 宣传辅导。以公告或其他方式向企业明确汇算清缴范围、时间要求、应报送的资料及其他应注意事项。必要时，应组织企业办税人员进行培训、辅导相关的税收政策和办税程序及手续。

2. 明确职责。汇算清缴工作应有领导负责，由具体负责非居民企业所得税日常管理的部门组织实施，由各相关职能部门协同配合共同完成。必要时，应组织对相关工作人员的业务培训。

3. 建立台账。建立日常管理台账，主要记载企业预缴税款、享受税收优惠、弥补亏损等事项，以便在汇算清激工作中进行核对。

4. 备办文书。向上级税务机关领取或按照规定的式样印制汇算清缴有关的表、证、单、书。

（二）实施阶段。主管税务机关应在年度终了之日起五个月内完成企业年度所得税纳税申报表及有关资料的受理、审核以及办理处罚、税款的补（退）手续。

1. 资料受理。主管税务机关接到企业的年度所得税纳税申报表和有关资料后，应检查企业报送的资料是否齐全，如发现企业未按规定报齐有关附表、文件等资料，应责令限期补齐；对填报项目不完整的，应退回企业并责令限期补正。

2. 资料审核。对企业报送的有关资料，主管税务机关应就以下几个方面内容进行审核：

（1）企业年度所得税纳税申报表及其附表与年度财务会计报告的数字是否一致，各项目之间的逻辑关系是否对应，计算是否正确。

（2）企业是否按规定结转或弥补以前年度亏损额。

（3）企业是否符合税收减免条件。

（4）企业在中国境内设立两个或者两个以上机构、场所，选择由其主要机构、场所汇总缴纳企业所得税的，是否经税务机关审核批准，以及各机构、场所账表所记载涉及计算应纳税所得额的各项数据是否准确。

（5）企业有来源于中国境外的应纳税所得额的，境外所得应补企业所得税额是否正确。

（6）企业已预缴税款填写是否正确。

3. 结清税款。主管税务机关应结合季度所得税申报表及日常征管情况，对企业报送的年度申报表及其附表和其他有关资料进行初步审核，在5月31日前，对应补缴所得税、应办理退税的企业发送《非居民企业所得税汇算清缴涉税事宜通知书》，并办理税款多退少补事宜。

4. 实施处罚。主管税务机关对企业未按《办法》规定办理年度所得税申报，应按照规定实施处罚；必要时发送《非居民企业所得税应纳税款核定通知书》，核定企业年度应纳税额，责令其缴纳。

5. 汇总申报协调。

（1）汇缴机构所在地主管税务机关在接受企业年度所得税汇总申报后，应于5月31日前为企业出具《非居民企业汇总申报所得税证明》。

（2）汇缴机构所在地主管税务机关对企业的汇总申报资料进行审核时，对其他机构的情况有疑问需要进一步审核的，可以向其他机构所在地主管税务机关发送《非居民企业汇总申报纳税事项协查函》（见附件1），其他机构所在地主管税务机关应负责就协查事项进行调查核实，并将结果函复汇缴机构所在地主管税务机关。

（3）其他机构所在地主管税务机关在日常管理或税务检查中，发现其他机构有少计收入或多列成本费用等所得税的问题，应将有关情况及时向汇缴机构所在地主管税务机关发送《非居民企业汇总申报纳税事项处理联络函》（见附件2）。

（4）其他机构所在地主管税务机关按照《办法》规定对其他机构就地征收税款或调整亏损额的，应及时将征收税款及应纳税所得额调整额以《非居民企业汇总申报纳税事项处理联络函》通知汇缴机构所在地主管税务机关，汇缴机构所在地主管税务机关应对企业应纳税所得额及应纳税总额作相应调整，并在应补（退）税额中减除已在其他机构所在地缴纳的税款。

（三）总结阶段。各地税务机关应在7月15日前完成汇算清缴工作的资料归档、数据统计、汇总以及总结等工作，并于7月31日前向税务总局报送企业所得税汇算清缴工作总结及有关报表。工作总结的主要内容应包括：

1. 基本情况及相关分析。

（1）基本情况。主要包括企业税务登记户数、应参加汇算清缴企业户数、实际参加汇算清缴企业户数、未参加汇算清缴企业户数及其原因、据实申报企业户数、核定征收企业户数；据实申报企业的盈利户数、营业收入、利润总额、弥补以前年度亏损、应纳税所得额、应纳所得税额、减免所得税额、实际缴纳所得税额、亏损户数、亏损企业营业收入、亏损金额等内容；核定征收企业中换算的收入总额、应纳税所得额、应纳所得税额、减免所得税额、实际缴纳所得税额。

（2）主要指标分析和说明。主要分析汇算清缴面、所得税预缴率、税收负担率、企业亏损面等指标。

（3）据实申报企业盈亏情况分析。根据盈利企业户数、实际参加汇缴户数分析盈利面变化情况；分析盈利和亏损企业的营业收入、成本、费用、未弥补亏损前利润总额、亏损总额等指标的变化情况及原因等。

（4）纳税情况分析。包括预缴率变化，所得税预缴、补税和退税等情况。

2. 企业自行申报情况。主要包括申报表及其附表的填写和报送，自行调整的企业户数、主要项目和金额等情况。

3. 税务机关依法调整情况。主要包括税务机关依法调整的户数、主要项目、金额，同时应分别说明调增（减）应纳税所得额及应纳所得税额、亏损总额的户数、金额等情况。

4. 主要做法。包括汇算清缴工作的组织安排和落实情况，对税务人员的业务培训及对企业的前期宣传、培训、辅导情况，对申报表的审核情况以及汇算清缴工作的检查考核评比等情况。

5. 发现的问题及意见或建议。分企业和税务机关两个方面，企业方面主要包括申报表的填报、申报软件的操作使用情况和《办法》的执行情况等；税务机关方面主要包括所得税汇算清缴工作规程在实际操作中的应用情况及效果，说明存在的问题及改进的意见和建议。

三、《办法》及本规程所涉及的文书，由各省、自治区、直辖市和计划单列市国家税务局和相关地方税务局按照规定式样自行印制。

云南省国家税务局转发国家税务总局关于印发《非居民企业所得税汇算清缴管理办法》的通知

2009 年 3 月 13 日　云国税发〔2009〕66 号

各州、市国家税务局：

现将《国家税务总局关于印发〈非居民企业所得税汇算清缴管理办法〉的通知》（国税发〔2009〕6号）转发给你们，并将有关问题补充通知如下，请遵照执行。

一、《非居民企业所得税汇算清缴管理办法》（以下简称《管理办法》）所称主管税务机关，在我省国税系统明确为县、区级国家税务局。

二、《管理办法》第一条第（一）款所称“机构、场所”应按照《中华人民共和国企业所得税法实施条例》第五条和税收协定的规定执行。

三、可不参加当年度非居民企业所得税汇算清缴的其他情形，由各州、市级国家税务局结合本地实际自行明确具体范围和审批流程，并报省局（国际处）备案。汇算清缴工作中请注意做好与综合征管软件的衔接。

四、《管理办法》明确了非居民企业的法律责任，各级国税机关在建立、健全内部管理制度的同时，还应通过各种渠道向社会各界尤其是有涉外业务发生的企业进行广泛的宣传。

五、《管理办法》的附表由各州、市国家税务局根据需要自行印制。

执行中有何问题，请及时报告省局（国际处）。

国家税务总局关于印发《非居民企业所得税汇算清缴管理办法》的通知

2009 年 1 月 22 日　国税发〔2009〕6 号

各省、自治区、直辖市和计划单列市国家税务局，广东省和深圳市地方税务局：

为贯彻实施《中华人民共和国企业所得税法》及其实施条例，规范非居民企业所得税汇算清缴工作，税务总局制定了《非居民企业所得税汇算清缴管理办法》，现印发给你们，请遵照执行。执行中发现的问题请及时反馈税务总局（国际税务司）。

非居民企业所得税汇算清缴管理办法

为规范非居民企业所得税汇算清缴工作，根据《中华人民共和国企业所得税法》（以下简称企业所得税法）及其实施条例和《中华人民共和国税收征收管理法》（以下简称税收征管法）及其实施细则的有关规定，制定本办法。

一、汇算清缴对象

（一）依照外国（地区）法律成立且实际管理机构不在中国境内，但在中国境内设立机构、场所的非居民企业（以下称为企业），无论盈利或者亏损，均应按照企业所得税法及本办法规定参加所得税汇算清缴。

（二）企业具有下列情形之一的，可不参加当年度的所得税汇算清缴：

1. 临时来华承包工程和提供劳务不足1年，在年度中间终止经营活动，且已经结清税款；

2. 汇算清缴期内已办理注销；

3. 其他经主管税务机关批准可不参加当年度所得税汇算清缴。

二、汇算清缴时限

（一）企业应当自年度终了之日起5个月内，向税务机关报送年度企业所得税纳税申报表，并汇算清缴，结清应缴应退税款。

（二）企业在年度中间终止经营活动的，应当自实际经营终止之日起60日内，向税务机关办理当期企业所得税汇算清缴。

三、申报纳税

（一）企业办理所得税年度申报时，应当如实填写和报送下列报表、资料：

1. 年度企业所得税纳税申报表及其附表；

2. 年度财务会计报告；

3. 税务机关规定应当报送的其他有关资料。

（二）企业因特殊原因，不能在规定期限内办理年度所得税申报，应当在年度终了之日起5个月内，向主管税务机关提出延期申报申请。主管税务机关批准后，可以适当延长申报期限。

（三）企业采用电子方式办理纳税申报的，应附报纸质纳税申报资料。

（四）企业委托中介机构代理年度企业所得税纳税申报的，应附送委托人签章的委托书原件。

（五）企业申报年度所得税后，经主管税务机关审核，需补缴或退还所得税的，应在收到主管税务机关送达的《非居民企业所得税汇算清缴涉税事宜通知书》（见附件1和附件2）后，按规定时限将税款补缴入库，或按照主管税务机关的要求办理退税手续。

（六）经批准采取汇总申报缴纳所得税的企业，其履行汇总纳税的机构、场所（以下简称汇缴机构），应当于每年5月31日前，向汇缴机构所在地主管税务机关索取《非居民企业汇总申报企业所得税证明》（以下称为《汇总申报纳税证明》，见附件3）；企业其他机构、场所（以下简称其他机构）应当于每年6月30前将《汇总申报纳税证明》及其财务会计报告送交其所在地主管税务机关。

在上述规定期限内，其他机构未向其所在地主管税务机关提供《汇总申报纳税证明》，且又无汇缴机构延期申报批准文件的，其他机构所在地主管税务机关应负责检查核实或核定该其他机构应纳税所得额，计算征收应补缴税款并实施处罚。

（七）企业补缴税款确因特殊困难需延期缴纳的，按税收征管法及其实施细则的有关规定办理。

（八）企业在所得税汇算清缴期限内，发现当年度所得税申报有误的，应当在年度终了之日起5个月内向主管税务机关重新办理年度所得税申报。

（九）企业报送报表期限的最后一日是法定休假日的，以休假日期满的次日为期限的最后一日；在期限内有连续三日以上法定休假日的，按休假日天数顺延。

四、法律责任

（一）企业未按规定期限办理年度所得税申报，且未经主管税务机关批准延期申报，或报送资料不全、不符合要求的，应在收到主管税务机关送达的《责令限期改正通知书》后按规定时限补报。

企业未按规定期限办理年度所得税申报，且未经主管税务机关批准延期申报的，主管税务机关除责令其限期申报外，可按照税收征管法的规定处以2000元以下的罚款，逾期仍不申报的，可处以2000元以上10000元以下的罚款，同时核定其年度应纳税额，责令其限期缴纳。企业在收到主管税务机关送达的《非居民企业所得税应纳税款核定通知书》（见附件4）后，应在规定时限内缴纳税款。

（二）企业未按规定期限办理所得税汇算清缴，主管税务机关除责令其限期办理外，对发生税款滞纳的，按照税收征管法的规定，加收滞纳金。

（三）企业同税务机关在纳税上发生争议时，依照税收征管法相关规定执行。

五、本办法自2008年1月1日起执行。

云南省国家税务局转发《非居民承包工程作业和提供劳务税收管理暂行办法》的通知

2009年3月13日　云国税发〔2009〕67号

各州、市国家税务局：

现将《非居民承包工程作业和提供劳务税收管理暂行办法》（国家税务总局第19号令）转发给你们，并将有关事宜补充通知如下，请一并遵照执行。

一、《非居民承包工程作业和提供劳务税收管理暂行办法》（以下简称《暂行办法》）所称主管税务机关，在我省国税系统明确为县、区级国家税务局。

二、办理税务登记或扣缴税款登记需提交的资料和工作流程由各州、市级国家税务局结合非居民企业承包工程或提供劳务的实际管理需要制定。项目所在地主管税务机关与扣缴义务人主管税务机关之间应加强联系，税务登记或扣缴税款登记完成后信息应及时向对方进行传递。

三、各级国税机关应积极主动与发改委、建设、外汇管理、商务、教育、文化、体育等部门加强联系与合作，并建立长效的信息共享交流机制，多渠道获取非居民企业在辖区内的承包工程作业和提供劳务的相关信息。与相关部门的联系原则上每个季度不少于一次。

四、各级国税机关应根据需要统一按照A4纸的规格印制适量的《非居民企业承包工程作业和提供劳务享受税收协定待遇报告表》，放置于办税服务厅窗口供申请人免费领用。申请人还可通过云南省国家税务局门户网站（网址：http://www.yngs.gov.cn）“下载中心－表证单书”栏目自行下载《暂行办法》的附表。《暂行办法》的附表由各州、市级国家税务局结合实际需要自行印制。

五、对非居民企业在中国境内承包工程作业和提供劳务取得的所得应缴纳的所得税，主管税务机关只有在符合《中华人民共和国企业所得税法实施条例》第一百零六条规定的情形下，方可指定工程价款或者劳务费的支付人作为扣缴义务人。启动指定扣缴的工作流程以及扣缴义务人报送的合同等资料中有关涉税事宜的审核与判定工作流程由各州、市国家税务局制定。

六、对于付汇前非居民企业有欠税情形确需告知外汇管理部门或指定外汇银行暂停付汇的，应以正式文件的形式告知外汇银行；对未按规定结清应纳税款、滞纳金又不提供纳税担保确需通知出入境管理机关阻止非居民企业法定代表人出境的，应办理相应阻止出境的法律手续。

七、对非居民企业在中国境内发生的增值税应税行为的征管，由各州、市国家税务局制定具体的征收管理工作流程，并报省局（流转税处）备案。

八、各州、市国家税务局应于每年1月31日前将上一年度的《非居民承包工程作业和提供劳务重点建设项目统计表》上报省局（国际处）。

九、因非居民企业所得税隐蔽性强，容易出现税收流失，因此，各级国税机关在加强国际税源的分析、预测和监控工作力度的同时，还应强化后续跟踪管理，建立《非居民企业承包工程和提供劳务管理台账》，并结合本地实际需要，不断完善和丰富管理台账的内容，为做好非居民企业所得税统计工作打好基础。省局将不定期对各地建立的管理台账进行检查。

十、各级国税机关应按照《国家税务总局关于调整新增企业所得税征管范围问题的通知》（国税发〔2008〕120号）和《国家税务总局关于明确非居民企业所得税征管范围的补充通知》（国税函〔2009〕50号）的征管范围加强与地税部门的联系与配合，共同做好非居民承包工程和提供劳务的税收管理、审计和信息传递等工作。

十一、《暂行办法》明确了非居民企业、扣缴义务人或代理人的法律责任，各级国税机关在建立健全内部管理制度的同时，还应通过各种渠道向社会各界尤其是有涉外业务发生的企业进行广泛的宣传。

十二、各州、市国家税务局应结合本地实际，在依法行政、依法治税和优化纳税服务的原则下，制定《非居民承包工程作业和提供劳务税收管理暂行办法操作规程》，并注意做好与综合征管软件的衔接。操作规程应报省局（国际处）备案。

执行中有何问题，请及时报告省局（国际处）。

非居民承包工程作业和提供劳务税收管理暂行办法

2009年1月20日　国家税务总局令第19号

《非居民承包工程作业和提供劳务税收管理暂行办法》已经国家税务总局第5次局务会议审议通过，现予发布，自2009年3月1日起施行。

国家税务总局局长：肖捷

二〇〇九年一月二十日

非居民承包工程作业和提供劳务税收管理暂行办法

第一章　总　则

第一条　为规范对非居民在中国境内承包工程作业和提供劳务的税收征收管理，根据《中华人民共和国税收征收管理法》（以下简称税收征管法）及其实施细则、《中华人民共和国企业所得税法》（以下简称企业所得税法）及其实施条例、《中华人民共和国营业税暂行条例》及其实施细则、《中华人民共和国增值税暂行条例》及其实施细则、中国政府对外签署的避免双重征税协定（含与香港、澳门特别行政区签署的税收安排，以下统称税收协定）等相关法律法规，制定本办法。

第二条　本办法所称非居民，包括非居民企业和非居民个人。非居民企业是指依照外国（地区）法律成立且实际管理机构不在中国境内，但在中国境内设立机构、场所的，或者在中国境内未设立机构、场所，但有来源于中国境内所得的企业。非居民个人是指在中国境内无住所又不居住或者无住所而在境内居住不满一年的个人。

第三条　本办法所称承包工程作业，是指在中国境内承包建筑、安装、装配、修缮、装饰、勘探及其他工程作业。

本办法所称提供劳务是指在中国境内从事加工、修理修配、交通运输、仓储租赁、咨询经纪、设计、文化体育、技术服务、教育培训、旅游、娱乐及其他劳务活动。

第四条　本办法所称非居民在中国境内承包工程作业和提供劳务税收管理，是指对非居民营业税、增值税和企业所得税的纳税事项管理。涉及个人所得税、印花税等税收的管理，应依照有关规定执行。

第二章　税源管理

第一节　登记备案管理

第五条　非居民企业在中国境内承包工程作业或提供劳务的，应当自项目合同或协议（以下简称合同）签订之日起30日内，向项目所在地主管税务机关办理税务登记手续。

依照法律、行政法规规定负有税款扣缴义务的境内机构和个人，应当自扣缴义务发生之日起30日内，向所在地主管税务机关办理扣缴税款登记手续。

境内机构和个人向非居民发包工程作业或劳务项目的，应当自项目合同签订之日起30日内，向主管税务机关报送《境内机构和个人发包工程作业或劳务项目报告表》（见附件1），并附送非居民的税务登记证、合同、税务代理委托书复印件或非居民对有关事项的书面说明等资料。

第六条 非居民企业在中国境内承包工程作业或提供劳务的，应当在项目完工后15日内，向项目所在地主管税务机关报送项目完工证明、验收证明等相关文件复印件，并依据《税务登记管理办法》的有关规定申报办理注销税务登记。

第七条 境内机构和个人向非居民发包工程作业或劳务项目合同发生变更的，发包方或劳务受让方应自变更之日起10日内向所在地主管税务机关报送《非居民项目合同变更情况报告表》（见附件2）。

第八条 境内机构和个人向非居民发包工程作业或劳务项目，从境外取得的与项目款项支付有关的发票和其他付款凭证，应在自取得之日起30日内向所在地主管税务机关报送《非居民项目合同款项支付情况报告表》（见附件3）及付款凭证复印件。

境内机构和个人不向非居民支付工程价款或劳务费的，应当在项目完工开具验收证明前，向其主管税务机关报告非居民在项目所在地的项目执行进度、支付人名称及其支付款项金额、支付日期等相关情况。

第九条 境内机构和个人向非居民发包工程作业或劳务项目，与非居民的主管税务机关不一致的，应当自非居民申报期限届满之日起15日内向境内机构和个人的主管税务机关报送非居民申报纳税证明资料复印件。

第二节 税源信息管理

第十条 税务机关应当建立税源监控机制，获取并利用发改委、建设、外汇管理、商务、教育、文化、体育等部门关于非居民在中国境内承包工程作业和提供劳务的相关信息，并可根据工作需要，将信息使用情况反馈给有关部门。

第十一条 非居民或境内机构和个人的同一涉税事项同时涉及国家税务局和地方税务局的，各主管税务机关办理涉税事项后应当制作《非居民承包工程作业和提供劳务项目信息传递表》（见附件4），并按月传递给对方纳入非居民税收管理档案。

第三章 申报征收

第一节 企业所得税

第十二条 非居民企业在中国境内承包工程作业或提供劳务项目的，企业所得税按纳税年度计算、分季预缴，年终汇算清缴，并在工程项目完工或劳务合同履行完毕后结清税款。

第十三条 非居民企业进行企业所得税纳税申报时，应当如实报送纳税申报表，并附送下列资料：

（一）工程作业（劳务）决算（结算）报告或其他说明材料；

（二）参与工程作业或劳务项目外籍人员姓名、国籍、出入境时间、在华工作时间、地点、内容、报酬标准、支付方式、相关费用等情况的书面报告；

（三）财务会计报告或财务情况说明；

（四）非居民企业依据税收协定在中国境内未构成常设机构，需要享受税收协定待遇的，应提交《非居民企业承包工程作业和提供劳务享受税收协定待遇报告表》（以下简称报告表）（见附件5），并附送居民身份证明及税务机关要求提交的其他证明资料。

非居民企业未按上述规定提交报告表及有关证明资料，或因项目执行发生变更等情形不符合享受税收协定待遇条件的，不得享受税收协定待遇，应依照企业所得税法规定缴纳税款。

第十四条 工程价款或劳务费的支付人所在地县（区）以上主管税务机关根据附件1及非居民企业申报纳税证明资料或其他信息，确定符合企业所得税法实施条例第一百零六条所列指定扣缴的三种情形之一的，可指定工程价款或劳务费的支付人为扣缴义务人，并将《非居民企业承包工程作业和提供劳务企业所得税扣缴义务通知书》（见附件6）送达被指定方。

第十五条 指定扣缴义务人应当在申报期限内向主管税务机关报送扣缴企业所得税报告表及其他有关资料。

第十六条 扣缴义务人未依法履行扣缴义务或无法履行扣缴义务的，由非居民企业在项目所在地申报缴纳。主管税务机关应自确定未履行扣缴义务之日起15日内通知非居民企业在项目所在地申报纳税。

第十七条 非居民企业逾期仍未缴纳税款的，项目所在地主管税务机关应自逾期之日起15日内，收集该非居民企业从中国境内取得其他收入项目的信息，包括收入类型，支付人的名称、地址，支付金额、方式和日期等，并向其他收入项目支付人（以下简称其他支付人）发出《非居民企业欠税追缴告知书》（见附件7），并依法追缴税款和滞纳金。

非居民企业从中国境内取得其他收入项目，包括非居民企业从事其他工程作业或劳务项目所得，以及企业所得税法第三条第二、三款规定的其他收入项目。非居民企业有多个其他支付人的，项目所在地主管税务机关应根据信息准确性、收入金额、追缴成本等因素确定追缴顺序。

第十八条 其他支付人主管税务机关应当提供必要的信息，协助项目所在地主管税务机关执行追缴事宜。

第二节 营业税和增值税

第十九条 非居民在中国境内发生营业税或增值税应税行为，在中国境内设立经营机构的，应自行申报缴纳营业税或增值税。

第二十条 非居民在中国境内发生营业税或增值税应税行为而在境内未设立经营机构的，以代理人为营业税或增值税的扣缴义务人；没有代理人的，以发包方、劳务受让方或购买方为扣缴义务人。

工程作业发包方、劳务受让方或购买方，在项目合同签订之日起30日内，未能向其所在地主管税务机关提供下列证明资料的，应履行营业税或增值税扣缴义务：

（一）非居民纳税人境内机构和个人的工商登记和税务登记证明复印件及其从事经营活动的证明资料；

（二）非居民委托境内机构和个人代理事项委托书及受托方的认可证明。

第二十一条 非居民进行营业税或增值税纳税申报，应当如实填写报送纳税申报表，并附送下列资料：

（一）工程（劳务）决算（结算）报告或其他说明材料；

（二）参与工程或劳务作业或提供加工、修理修配的外籍人员的姓名、国籍、出入境时间、在华工作时间、地点、内容、报酬标准、支付方式、相关费用等情况；

（三）主管税务机关依法要求报送的其他有关资料。

第四章 跟踪管理

第二十二条 主管税务机关应当按项目建档、分项管理的原则，建立非居民承包工程作业和提供劳务项目的管理台账和纳税档案，及时准确掌握工程和劳务项目的合同执行、施工进度、价款支付、对外付汇、税款缴纳等情况。

第二十三条 境内机构和个人从境外取得的付款凭证，主管税务机关对其真实性有疑义的，可要求其提供境外公证机构或者注册会计师的确认证明，经税务机关审核认可后，方可作为计账核算的凭证。

第二十四条 主管税务机关应对非居民享受协定待遇进行事后管理，审核其提交的报告表和证明资料的真实性和准确性，对其不构成常设机构的情形进行认定。对于不符合享受协定待遇条件且未履行纳税义务的情形，税务机关应该依法追缴其应纳税款、滞纳金及罚款。

第二十五条 税务机关应当利用售付汇信息，包括境内机构和个人向非居民支付服务贸易款项的历史记录，以及当年新增发包项目付款计划等信息，对承包工程作业和提供劳务项目实施监控。对于付汇前有欠税情形的，应当及时通知纳税人或扣缴义务人缴纳，必要时可以告知有关外汇管理部门或指定外汇支付银行依法暂停付汇。

第二十六条 主管税务机关应对非居民参与国家、省、地市级重点建设项目，包括城市基础设施建设、能源建设、企业技术设备引进等项目中涉及的承包工程作业或提供劳务，以及其他有非居民参与的合同金额超过5000万元人民币的，实施重点税源监控管理；对承包方和发包方是否存在关联关系、合同实际执行情况、常设机构判定、境内外劳务收入划分等事项进行重点跟踪核查，对发现的问题，可以实施情报交换、反避税调查或税务稽查。

第二十七条 省（自治区、直辖市和计划单列市）税务机关应当于年度终了后45日内，将《非居民承包工程作业和提供劳务重点建设项目统计表》（见附件8），以及项目涉及的企业所得税、增值税、营业税、印花税、个人所得税等税收收入和税源变动情况的分析报告报送国家税务总局（国际税务司）。

第二十八条 主管税务机关可根据需要对非居民承包工程作业和提供劳务的纳税情况实施税务审计，必要时应将审计结果及时传递给同级国家税务局或地方税务局。税务审计可以采取国家税务局、地方税务局联合审计的方式进行。

第二十九条 主管税务机关在境内难以获取涉税信息时，可以制作专项情报，由国家税务总局（国际税务司）向税收协定缔约国对方提出专项情报请求；非居民在中国境内未依法履行纳税义务的，主管税务机关可制作自动或自发情报，提交国家税务总局依照有关规定将非居民在中国境内的税收违法行为告知协定缔约国对方主管税务当局；对非居民承包工程作业和提供劳务有必要进行境外审计的，可根据税收情报交换有关规定，经国家税务总局批准后组织实施。

第三十条 欠缴税款的非居民企业法定代表人或非居民个人在出境前未按照规定结清应纳税款、滞纳金又不提供纳税担保的，税务机关可以通知出入境管理机关阻止其出境。

第三十一条 对于非居民工程或劳务项目完毕，未按期结清税款并已离境的，主管税务机关可制作《税务事项告知书》（见附件9），通过信函、电子邮件、传真等方式，告知该非居民限期履行纳税义务，同时通知境内发包方或劳务受让者协助追缴税款。

第五章 法律责任

第三十二条 非居民、扣缴义务人或代理人实施承包工程作业和提供劳务有关事项存在税收违法行为的，税务机关应按照税收征管法及其实施细则的有关规定处理。

第三十三条 境内机构或个人发包工程作业或劳务项目，未按本办法第五条、第七条、第八条、第九条规定向主管税务机关报告有关事项的，由税务机关责令限期改正，可以处2000元以下的罚款；情节严重的，处2000元以上10000元以下的罚款。

第六章 附 则

第三十四条 各省、自治区、直辖市和计划单列市国家税务局、地方税务局可根据本办法制定具体实施办法。

国家税务总局关于中国居民企业向全国社会保障基金所持H股派发股息不予代扣代缴企业所得税的通知

2009年4月1日　国税函〔2009〕173号

各省、自治区、直辖市和计划单列市国家税务局、地方税务局：

现将中国居民企业向全国社会保障基金所持H股派发股息不予代扣代缴企业所得税的问题通知如下：

根据《财政部 国家税务总局关于全国社会保障基金有关企业所得税问题的通知》（财税〔2008〕136号）规定，全国社会保障基金（以下简称"社保基金"）从证券市场取得的收入为企业所得税不征税收入。在香港上市的境内居民企业派发股息时，可凭香港中央结算（代理人）有限公司确定的社保基金所持H股证明，不予代扣代缴企业所得税。

在香港以外上市的境内居民企业向境外派发股息时，可凭有关证券结算公司确定的社保基金所持股证明，不予代扣代缴企业所得税。

在境外上市的境内居民企业向其他经批准对股息不征企业所得税的机构派发股息时，可参照本通知执行。

注：云南省国家税务局于2009年4月28日以云国税函〔2009〕191号原文转发。

国家税务总局关于印发《大企业税务风险管理指引（试行）》的通知

2009年5月5日　国税发〔2009〕90号

各省、自治区、直辖市和计划单列市国家税务局、地方税务局：

为了加强大企业税收管理及纳税服务工作，指导大企业开展税务风险管理，防范税务违法行为，依法履行纳税义务，现将《大企业税务风险管理指引（试行）》印发给你们，请组织宣传，辅导企业参照实施，并及时将实施过程中发现的问题和建议反馈税务总局。

注：云南省国家税务局于2009年5月27日以云国税发〔2009〕125号原文转发。

大企业税务风险管理指引（试行）

1　总则

1.1　本指引旨在引导大企业合理控制税务风险，防范税务违法行为，依法履行纳税义务，避免因没有遵循税法可能遭受的法律制裁、财务损失或声誉损害。

1.2　税务风险管理的主要目标包括：

* 税务规划具有合理的商业目的，并符合税法规定；

* 经营决策和日常经营活动考虑税收因素的影响，符合税法规定；

* 对税务事项的会计处理符合相关会计制度或准则以及相关法律法规；

* 纳税申报和税款缴纳符合税法规定；

* 税务登记、账簿凭证管理、税务档案管理以及税务资料的准备和报备等涉税事项符合税法规定。

1.3　企业可以参照本指引，结合自身经营情况、税务风险特征和已有的内部风险控制体系，建立相应的税务风险管理制度。税务风险管理制度主要包括：

* 税务风险管理组织机构、岗位和职责；

* 税务风险识别和评估的机制和方法；

* 税务风险控制和应对的机制和措施；

* 税务信息管理体系和沟通机制；

* 税务风险管理的监督和改进机制。

1.4　税务机关参照本指引对企业建立与实施税务风险管理的有效性进行评价，并据以确定相应的税收管理措施。

1.5　企业应倡导遵纪守法、诚信纳税的税务风险管理理念，增强员工的税务风险管理意识，并将其作为企业文化建设的一个重要组成部分。

1.6　税务风险管理由企业董事会负责督导并参与决策。董事会和管理层应将防范和控制税务风险作为企业经营的一项重要内容，促进企业内部管理与外部监管的有效互动。

1.7　企业应建立有效的激励约束机制，将税务风险管理的工作成效与相关人员的业绩考核相结合。

1.8　企业应把税务风险管理

制度与企业的其他内部风险控制和管理制度结合起来，形成全面有效的内部风险管理体系。

2 税务风险管理组织

2.1 企业可结合生产经营特点和内部税务风险管理的要求设立税务管理机构和岗位，明确岗位的职责和权限。

2.2 组织结构复杂的企业，可根据需要设立税务管理部门或岗位：

* 总分机构，在分支机构设立税务部门或者税务管理岗位；

* 集团型企业，在地区性总部、产品事业部或下属企业内部分别设立税务部门或者税务管理岗位。

2.3 企业税务管理机构主要履行以下职责：

* 制订和完善企业税务风险管理制度和其他涉税规章制度；

* 参与企业战略规划和重大经营决策的税务影响分析，提供税务风险管理建议；

* 组织实施企业税务风险的识别、评估，监测日常税务风险并采取应对措施；

* 指导和监督有关职能部门、各业务单位以及全资、控股企业开展税务风险管理工作；

* 建立税务风险管理的信息和沟通机制；

* 组织税务培训，并向本企业其他部门提供税务咨询；

* 承担或协助相关职能部门开展纳税申报、税款缴纳、账簿凭证和其他涉税资料的准备和保管工作；

* 其他税务风险管理职责。

2.4 企业应建立科学有效的职责分工和制衡机制，确保税务管理的不相容岗位相互分离、制约和监督。税务管理的不相容职责包括：

* 税务规划的起草与审批；

* 税务资料的准备与审查；

* 纳税申报表的填报与审批；

* 税款缴纳划拨凭证的填报与审批；

* 发票购买、保管与财务印章保管；

* 税务风险事项的处置与事后检查；

* 其他应分离的税务管理职责。

2.5 企业涉税业务人员应具备必要的专业资质、良好的业务素质和职业操守，遵纪守法。

2.6 企业应定期对涉税业务人员进行培训，不断提高其业务素质和职业道德水平。

3 税务风险识别和评估

3.1 企业应全面、系统、持续地收集内部和外部相关信息，结合实际情况，通过风险识别、风险分析、风险评价等步骤，查找企业经营活动及其业务流程中的税务风险，分析和描述风险发生的可能性和条件，评价风险对企业实现税务管理目标的影响程度，从而确定风险管理的优先顺序和策略。企业应结合自身税务风险管理机制和实际经营情况，重点识别下列税务风险因素：

* 董事会、监事会等企业治理层以及管理层的税收遵从意识和对待税务风险的态度；

* 涉税员工的职业操守和专业胜任能力；

* 组织机构、经营方式和业务流程；

* 技术投入和信息技术的运用；

* 财务状况、经营成果及现金流情况；

* 相关内部控制制度的设计和执行；

* 经济形势、产业政策、市场竞争及行业惯例；

法律法规和监管要求；

其他有关风险因素。

3.2 企业应定期进行税务风险评估。税务风险评估由企业税务部门协同相关职能部门实施，也可聘请具有相关资质和专业能力的中介机构协助实施。

3.3 企业应对税务风险实行动态管理，及时识别和评估原有风险的变化情况以及新产生的税务风险。

4 税务风险应对策略和内部控制

4.1 企业应根据税务风险评估的结果，考虑风险管理的成本和效益，在整体管理控制体系内，制定税务风险应对策略，建立有效的内部控制机制，合理设计税务管理的流程及控制方法，全面控制税务风险。

4.2 企业应根据风险产生的原因和条件从组织机构、职权分配、业务流程、信息沟通和检查监督等多方面建立税务风险控制点，根据风险的不同特征采取相应的人工控制机制或自动化控制机制，根据风险发生的规律和重大程度建立预防性控制和发现性控制机制。

4.3 企业应针对重大税务风险所涉及的管理职责和业务流程，制定覆盖各个环节的全流程控制措施；对其他风险所涉及的业务流程，合理设置关键控制环节，采取相应的控制措施。

4.4 企业因内部组织架构、经营模式或外部环境发生重大变化，以及受行业惯例和监管的约束而产生的重大税务风险，可以及时向税务机关报告，以寻求税务机关的辅导和帮助。

4.5 企业税务部门应参与企业战略规划和重大经营决策的制定，并跟踪和监控相关税务风险。

4.5.1 企业战略规划包括全局性组织结构规划、产品和市场战略规划、竞争和发展战略规划等。

4.5.2 企业重大经营决策包括重大对外投资、重大并购或重组、经营模式的改变以及重要合同或协议的签订等。

4.6 企业税务部门应参与企业重要经营活动，并跟踪和监控相关税务风险。

4.6.1 参与关联交易价格的制定，并跟踪定价原则的执行情况。

4.6.2 参与跨国经营业务的策略制定和执行，以保证符合税法规定。

4.7 企业税务部门应协同相关职能部门，管理日常经营活动中的税务风险：

4.7.1 参与制定或审核企业日常经营业务中涉税事项的政策和规范；

4.7.2 制定各项涉税会计事务的处理流程，明确各自的职责和权限，保证对税务事项的会计处理符合相关法律法规；

4.7.3 完善纳税申报表编制、复核和审批以及税款缴纳的程序，明确相关的职责和权限，保证纳税申报和税款缴纳符合税法规定；

4.7.4 按照税法规定，真实、完整、准确地准备和保存有关涉税业务资料，并按相关规定进行报备。

4.8 企业应对发生频率较高的税务风险建立监控机制，评估其累计影响，并采取相应的应对措施。

5 信息与沟通

5.1 企业应建立税务风险管理的信息与沟通制度，明确税务相关信息的收集、处理和传递程序，确保企业税务部门内部、企业税务部门与其他部门、企业税务部门与董事会、监事会等企业治理层以及管理层的沟通和反馈，发现问题应及时报告并采取应对措施。

5.2 企业应与税务机关和其他相关单位保持有效的沟通，及时收集和反馈相关信息。

5.2.1 建立和完善税法的收集和更新系统，及时汇编企业适用的税法并定期更新；

5.2.2 建立和完善其他相关法律法规的收集和更新系统，确保企业财务会计系统的设置和更改与法律法规的要求同步，合理保证会计信息的输出能够反映法律法规的最新变化。

5.3 企业应根据业务特点和成本效益原则，将信息技术应用于税务风险管理的各项工作，建立涵盖风险管理基本流程和内部控制系统各环节的风险管理信息系统。

5.3.1 利用计算机系统和网络技术，对具有重复性、规律性的涉税事项进行自动控制；

5.3.2 将税务申报纳入计算机系统管理，利用有关报表软件提高税务申报的准确性；

5.3.3 建立年度税务日历，自动提醒相关责任人完成涉税业务，并跟踪和监控工作完成情况；

5.3.4 建立税务文档管理数据库，采用合理的流程和可靠的技术对涉税信息资料安全存储；

5.3.5 利用信息管理系统，提高法律法规的收集、处理及传递的效率和效果，动态监控法律法规的执行。

5.4 企业税务风险管理信息系统数据的记录、收集、处理、传递和保存应符合税法和税务风险控制的要求。

6 监督和改进

6.1 企业税务部门应定期对企业税务风险管理机制的有效性进行评估审核，不断改进和优化税务风险管理制度和流程。

6.2 企业内部控制评价机构应根据企业的整体控制目标，对税务风险管理机制的有效性进行评价。

6.3 企业可以委托符合资质要求的中介机构，根据本指引和相关执业准则的要求，对企业税务风险管理相关的内部控制有效性进行评估，并向税务机关出具评估报告。

国家税务总局关于强化跨境交易监控和调查的通知

2009 年 7 月 6 日 国税函〔2009〕363 号

各省、自治区、直辖市和计划单列市国家税务局、地方税务局：

为了进一步规范特别纳税调整管理，防止跨国企业在金融危机背景下将境外企业的经营亏损转移至境内关联企业，根据《国家税务总局关于印发〈特别纳税调整实施办法（试行）〉的通知》（国税发〔2009〕2 号）的规定，现就企业跨境关联交易监控与调查的有关问题明确如下：

一、跨国企业在中国境内设立的承担单一生产（来料加工或进料加工）、分销或合约研发等有限功能和风险的企业，不应承担金融危机的市场和决策等风险，按照功能风险与利润相配比的转让定价原则，应保持合理的利润水平。

二、上述承担有限功能和风险的企业如出现亏损，无论是否达到准备同期资料的标准，均应在亏损发生年度准备同期资料及其他相关资料，并于次年 6 月 20 日之前报送主管税务机关。

三、各地税务机关要加强对跨境关联交易的监控，重点调查通过各种途径将境外经营亏损（包括潜在亏损）转移到境内以及将境内利润转移至避税港的跨国企业，强化功能风险分析和可比性分析，选择合理的转让定价方法，确定企业的利润水平。

注：云南省国家税务局于 2009 年 8 月 10 日以云国税函〔2009〕386 号原文转发。

国家税务总局关于非居民企业取得B股等股票股息征收企业所得税问题的批复

2009年7月24日　国税函〔2009〕394号

上海市国家税务局：

你局《关于大众交通（集团）股份有限公司向B股非居民股东派发股利涉税问题的请示》（沪国税际〔2009〕49号）收悉，现批复如下：

根据《中华人民共和国企业所得税法》及其实施条例规定，在中国境内外公开发行、上市股票（A股、B股和海外股）的中国居民企业，在向非居民企业股东派发2008年及以后年度股息时，应统一按10%的税率代扣代缴企业所得税。非居民企业股东需要享受税收协定待遇的，依照税收协定执行的有关规定办理。

注：云南省国家税务局于2009年8月10日以云国税函〔2009〕387号原文转发。

国家税务总局关于印发部分国家（地区）税收居民证明样式的通知

2009年7月24日　国税函〔2009〕395号

各省、自治区、直辖市和计划单列市国家税务局、地方税务局：

为进一步做好税收协定的执行工作，便于各地认定纳税人的居民身份，税务总局近期向协定缔约国（地区）税务主管当局征集了对方国家税收居民身份证明样式。现将部分国家（地区）税收居民证明样式印发给你们，供执行税收协定时参考。

此次印发42个国家（地区）的税收居民证明样式：美国、比利时、德国、挪威、丹麦、新加坡、芬兰、瑞典、泰国、捷克、斯洛伐克、波兰、巴基斯坦、科威特、塞浦路斯、西班牙、罗马尼亚、奥地利、蒙古、马耳他、韩国、毛里求斯、白俄罗斯、斯洛文尼亚、越南、土耳其、冰岛、立陶宛、拉脱维亚、塞尔维亚、马其顿、葡萄牙、爱沙尼亚、摩尔多瓦、古巴、阿曼、巴林、希腊、吉尔吉斯、文莱、香港、澳门。

日本、荷兰、澳大利亚、瑞士、卢森堡和爱尔兰等国尚无统一的税收居民证明标准格式，但如这些国家的居民有需求，则其所在国税务主管当局可以信函等方式为其提供。

各地执行税收协定时，如遇纳税人提供的证明与印发的证明样式不同或有疑义，或认定无标准格式的国家（地区）的税收居民证明有困难的，可通过税务总局向对方国家税务主管当局进行确认。

税务总局将另行印发其他国家（地区）的税收居民证明样式。

附件：部分国家（地区）税收居民证明样式（略）注：云南省国家税务局于2009年8月26日以云国税函〔2009〕407号原文转发。

国家税务总局关于执行税收协定特许权使用费条款有关问题的通知

2009年9月14日　国税函〔2009〕507号

各省、自治区、直辖市和计划单列市国家税务局、地方税务局，扬州税务进修学院：

根据中华人民共和国政府对外签署的避免双重征税协定（含内地与香港、澳门特别行政区签署的税收安排，以下统称税收协定）的有关规定，现就执行税收协定特许权使用费条款的有关问题通知如下：

一、凡税收协定特许权使用费定义中明确包括使用工业、商业、科学设备收取的款项（即我国税法有关租金所得）的，有关所得应适用税收协定特许权使用费条款的规定。税收协定对此规定的税率低于税收法律规定税率的，应适用税收协定规定的税率。

上述规定不适用于使用不动产产生的所得，使用不动产产生的所得适用税收协定不动产条款的规定。

二、税收协定特许权使用费条款定义中所列举的有关工业、商业或科学经验的情报应理解为专有技术，一般是指进行某项产品的生产或工序复制所必需的、未曾公开的、具有专有技术性质的信息或资料（以下简称专有技术）。

三、与专有技术有关的特许权使用费一般涉及技术许可方同意将其未公开的技术许可给另一方，使另一方能自由使用，技术许可方通常不亲自参与技术受让方对被许可技术的具体实施，并且不保证实施的结果。被许可的技术通常已经存在，但也包括应技术受让方的需求而研发后许可使用并在合同中列有保密等使用限制的技术。

四、在服务合同中，如果服务提供方提供服务过程中使用了某些专门知识和技术，但并不转让或许可这些技术，则此类服务不属于特许权使用费范围。但如果服务提供方提供服务形成的成果属于税收协定特许权使用费定义范围，并且服务提供方仍保有该项成果的所有权，服务接受方对此成果仅有使用权，则此类服务产生的所得，适用税收协定特许权使用费条款的规定。

五、在转让或许可专有技术使用权过程中如技术许可方派人员为该项技术的使用提供有关支持、指导等服务并收取服务费，无论是单独收取还是包括在技术价款中，均应视为特许权使用费，适用税收协定特许权使用费条款的规定。但如上述人员的服务已构成常设机构，则对服务部分的所得应适用税收协定营业利润条款的规定。如果纳税人不能准确计算应归属常设机构的营业利润，则税务机关可根据税收协定常设机构利润归属原则予以确定。

六、下列款项或报酬不应是特许权使用费，应为劳务活动所得：

（一）单纯货物贸易项下作为售后服务的报酬；

（二）产品保证期内卖方为买方提供服务所取得的报酬；

（三）专门从事工程、管理、咨询等专业服务的机构或个人提供的相关服务所取得的款项；

（四）国家税务总局规定的其他类似报酬。

上述劳务所得通常适用税收协定营业利润条款的规定，但个别税收协定对此另有特殊规定的除外（如中英税收协定专门列有技术费条款）。

七、税收协定特许权使用费条款的规定应仅适用于缔约对方居民受益所有人，第三国设在缔约对方的常设机构从我国境内取得的特许权使用费应适用该第三国与我国的税收协定的规定；我国居民企业设在缔约对方的常设机构不属于对方居民，不应作为对方居民适用税收协定特许权使用费条款的规定；由位于我国境内的外国企业的机构、场所或常设机构负担并支付给予我国签有税收协定的缔约对方居民的特许权使用费，适用我国与该缔约国税收协定特许权使用费条款的规定。

八、本通知于2009年10月1日起执行。各地应按本通知规定做好税收协定特许权使用费条款的执行工作，并将执行中遇到的问题及时报告税务总局。

注：云南省国家税务局2009年9月29日以云国税函〔2009〕484号原文转发。

国家税务总局关于如何理解和认定税收协定中“受益所有人”的通知

2009年10月27日　国税函〔2009〕601号

各省、自治区、直辖市和计划单列市国家税务局、地方税务局，扬州税务进修学院：

根据中华人民共和国政府对外签署的避免双重征税协定（含内地与香港、澳门签署的税收安排，以下统称税收协定）的有关规定，现就缔约对方居民申请享受股息、利息和特许权使用费等条款规定的税收协定待遇时，如何认定申请人的“受益所有人”身份的问题通知如下：

一、“受益所有人”是指对所得或所得据以产生的权利或财产具有所有权和支配权的人。“受益所有人”一般从事实质性的经营活动，可以是个人、公司或其他任何团体。代理人、导管公司等不属于“受益所有人”。

导管公司是指通常以逃避或减少税收、转移或累积利润等为目的而设立的公司。这类公司仅在所在国登记注册，以满足法律所要求的组织形式，而不从事制造、经销、管理等实质性经营活动。

二、在判定“受益所有人”身份时，不能仅从技术层面或国内法的角度理解，还应该从税收协定的目的（即避免双重征税和防止偷漏税）出发，按照“实质重于形式”的原则，结合具体案例的实际情况进行分析和判定。一般来说，下列因素不利于对申请人“受益所有人”身份的认定：

（一）申请人有义务在规定时间（比如在收到所得的12个月）

内将所得的全部或绝大部分（比如60%以上）支付或派发给第三国（地区）居民。

（二）除持有所得据以产生的财产或权利外，申请人没有或几乎没有其他经营活动。

（三）在申请人是公司等实体的情况下，申请人的资产、规模和人员配置较小（或少），与所得数额难以匹配。

（四）对于所得或所得据以产生的财产或权利，申请人没有或几乎没有控制权或处置权，也不承担或很少承担风险。

（五）缔约对方国家（地区）对有关所得不征税或免税，或征税但实际税率极低。

（六）在利息据以产生和支付的贷款合同之外，存在债权人与第三人之间在数额、利率和签订时间等方面相近的其他贷款或存款合同。

（七）在特许权使用费据以产生和支付的版权、专利、技术等使用权转让合同之外，存在申请人与第三人之间在有关版权、专利、技术等的使用权或所有权方面的转让合同。

针对不同性质的所得，通过对上述因素的综合分析，认为申请人不符合本通知第一条规定的，不应将申请人认定为“受益所有人”。

三、纳税人在申请享受税收协定待遇时，应提供能证明其具有“受益所有人”身份的与本通知第三条所列因素相关的资料。

各地在审批非居民享受税收协定有关条款待遇的申请时，要按照上述规定处理“受益所有人”的身份认定问题，必要时可通过信息交换机制确认相关资料。各地在具体执行中应及时总结经验、发现问题，对于疑难案例可层报税务总局（国际税务司）解决。

注：云南省国家税务局于2009年11月17日以云国税函〔2009〕547号原文转发。

云南省国家税务局转发国家税务总局关于印发《非居民享受税收协定待遇管理办法（试行）》的通知

2009年11月27日　云国税发〔2009〕262号

各州、市国家税务局：

现将《国家税务总局关于印发〈非居民享受税收协定待遇管理办法（试行）〉的通知》（国税发〔2009〕124号）转发给你们，并将有关事宜明确如下，请一并遵照执行。

一、《非居民享受税收协定待遇管理办法（试行）》（以下简称：办法）第六条所称“主管税务机关”，在我省国税系统统一明确为：县（区）级国家税务局；第八条所称“有权审批的税务机关”，在我省国税系统统一明确为：州（市）级国家税务局。

二、作出准予非居民享受税收协定待遇、不予享受税收协定待遇、暂不享受税收协定待遇或不予受理决定的国税机关，应书面通知纳税人并说明理由。书面通知书统一使用国家税务总局制定的《税务事项通知书》。

三、各地应严格按照《办法》第三条和第十六条的规定执行，并做好非居民企业享受税收协定待遇受理和后续跟踪管理工作，注意收集和保管与税收协定执行有关的信息，分类型、分国别建立相应的管理台账和档案，每年定期、不定期对已经审批或备案的非居民企业享受税收协定待遇事项进行复核、复查，若发现问题应及时作出相应处理。

四、州（市）级国家税务局根据《办法》第十四条的规定要求或委托县（区）级国家税务局调查核实时，应以公文便函的形式书面通知，并加强对县（区）级国家税务局管理备案类事项的业务指导和检查。

五、非居民享受税收协定待遇管理工作纳入省局对各地的目标管理考核，省局将定期不定期对各地的管理工作进行监督和检查。各地应严格按照《办法》第三十一条的规定合理设置工作岗位，明确划分职责，制定内部工作流程，建立健全跟踪反馈制度、档案评查制度和层级监督制度，不断提高税收协定执行的准确度。

六、各州（市）级国家税务局应根据需要适量印制《办法》的所有附表（纸张规格由各地根据表格的大小自定），放置于办税服务厅窗口供纳税人或扣缴义务人免费领用。印制《非居民享受协定待遇审批申请表》（附件2）时请增设第27栏“州（市）级税务机关审批意见及签章”。纳税人或扣缴义务人还可通过云南省国家税务局门户网站（网址：http：//www.yngs.gov.cn）“下载中心——表证单书”栏目自行下载《办法》的附表。

七、审批或备案类事项直接涉及纳税人权益，各地要建立健全内部监控机制，防范执法风险，严防在税收协定待遇的审批和备案中出现不正之风和违纪行为。同时，要不断提高服务水平，寓管理于服务之中，切实维护税务部门的良好形象。

八、《办法》对规范税收协定执行具有重要意义，各地要及时组织学习，采取多种形式切实加强对管理人员的培训，利用多种渠道向社会公开并进行广泛宣传，并有针对性地对与非居民经济往来较多的企业进行重点辅导。

九、各州（市）级国家税务局应做好本地区上年度《办法》执行情况的汇总统计和案例的编写工作，并从管理措施、经验、存在问题及成因、完善管理的意见及建议等多方面进行工作总结。书面总结、案例和《非居民享受税收协定待遇汇总表（按国别）》应于每年1月31日前上报省局（大企业与国际税务管理处），电子版上传路径为："省局FTP/大企业与国际税务管理处/各地上传/税收协定/协定待遇年度总结和汇总表及案例"。

十、以前的规定与《办法》有抵触的，以《办法》的规定为准。

国家税务总局关于印发《非居民享受税收协定待遇管理办法（试行）》的通知

2009年8月24日　国税发〔2009〕124号

各省、自治区、直辖市和计划单列市国家税务局、地方税务局：

为了规范和加强非居民享受税收协定待遇的管理工作，税务总局制定了《非居民享受税收协定待遇管理办法（试行）》，现印发给你们，请遵照执行。

非居民享受税收协定待遇管理办法（试行）

第一章　总　则

第一条　为了规范和加强非居民享受税收协定待遇的管理，根据《中华人民共和国个人所得税法》及其实施条例、《中华人民共和国企业所得税法》及其实施条例、《中华人民共和国税收征收管理法》（以下称征管法）及其实施细则（以下统称国内税收法律规定）和中华人民共和国政府对外签署的避免双重征税协定（含与香港、澳门特别行政区签署的税收安排，以下统称税收协定）的有关规定，制定本办法。

第二条　在中国发生纳税义务的非居民需要享受税收协定待遇的，适用本办法，税收协定国际运输条款规定的待遇除外。

本办法所称税收协定待遇是指按照税收协定可以减轻或者免除按照国内税收法律规定应该履行的纳税义务。

第三条　非居民需要享受税收协定待遇的，应按照本办法规定办理审批或备案手续。凡未办理审批或备案手续的，不得享受有关税收协定待遇。

第四条　税务机关应为纳税人提供优质和高效服务，及时通过电话、面谈、网络、函件等多种方式解答有关非居民享受税收协定待遇的税务咨询。

第五条　本办法所称非居民是指，按有关国内税收法律规定或税收协定不属于中国税收居民的纳税人（含非居民企业和非居民个人）。

第六条　本办法所称主管税务机关是指，对非居民在中国的纳税义务，按税收法律规定负有征管职责的国家税务局或地方税务局。

第二章　审批申请和备案报告

第七条　非居民需要享受以下税收协定条款规定的税收协定待遇的，应向主管税务机关或者有权审批的税务机关提出享受税收协定待遇审批申请：

（一）税收协定股息条款；

（二）税收协定利息条款；

（三）税收协定特许权使用费条款；

（四）税收协定财产收益条款。

第八条　本办法规定的有权审批的税务机关由省、自治区、直辖市和计划单列市税务机关（以下称省级税务机关）根据本地机构设置、人员配备和工作负荷等实际情况确定后及时公布，并报国家税务总局备案。

第九条　在按本办法第七条规定提出非居民享受税收协定待遇审批申请时，纳税人应填报并提交以下资料：

（一）《非居民享受税收协定待遇审批申请表》（见附件2）；

（二）《非居民享受税收协定待遇身份信息报告表》（分别企业和个人填报，见附件3和附件4）；

（三）由税收协定缔约对方主管当局在上一公历年度开始以后出具的税收居民身份证明；

（四）与取得相关所得有关的产权书据、合同、协议、支付凭证等权属证明或者中介、公证机构出具的相关证明；

（五）税务机关要求提供的与享受税收协定待遇有关的其他资料。

在按前款规定提交资料时，非居民可免予提交已经向主管税务机关提交的资料，但应报告接受的主管税务机关名称和接受时间。

第十条　同一非居民的同一项所得需要多次享受应提请审批的同一项税收协定待遇的，在首次办理享受税收协定待遇审批后的3个公历年度内（含本年度）可免予向同一主管税务机关就同一项所得重复提出审批申请。

前款规定的同一项所得是指下列之一项所得：

（一）持有在同一企业的同一项权益性投资所取得的股息；

（二）持有同一债务人的同一

项债权所取得的利息；

（三）向同一人许可同一项权利所取得的特许权使用费。

本条第一款所述同一项税收协定待遇是指同一税收协定的同一条款规定的税收协定待遇，不包括不同税收协定的相同条款或者相同税收协定的不同条款规定的税收协定待遇。

第十一条 非居民需要享受以下税收协定条款规定的税收协定待遇的，在发生纳税义务之前或者申报相关纳税义务时，纳税人或者扣缴义务人应向主管税务机关备案：

（一）税收协定常设机构以及营业利润条款；

（二）税收协定独立个人劳务条款；

（三）税收协定非独立个人劳务条款；

（四）除本条第（一）至（三）项和本办法第七条所列税收协定条款以外的其他税收协定条款。

第十二条 在按本办法第十一条规定备案时，纳税人应填报并提交以下资料：

（一）《非居民享受税收协定待遇备案报告表》（见附件1）；

（二）由税收协定缔约对方主管当局在上一公历年度开始以后出具的税收居民身份证明；

（三）税务机关要求提供的与享受税收协定待遇有关的其他资料。

在按前款规定提交资料时，纳税人或扣缴义务人可不再填报《非居民承包工程作业和提供劳务税收管理暂行办法》（国家税务总局令第19号）第十三条第一款第（四）项规定的《非居民企业承包工程作业和提供劳务享受税收协定待遇报告表》以及其他已经向主管税务机关提交的资料。

第十三条 非居民发生的纳税义务按国内税收法律规定实行源泉扣缴的，在按本办法第十一条规定备案时，纳税人应向扣缴义务人提交按本办法第十二条规定应该填报、提交的资料，由扣缴义务人作为扣缴报告的附报资料，向主管税务机关备案。

第三章 审批与执行

第十四条 税务机关在接受非居民享受税收协定待遇审批申请后，应分别情况进行以下处理：

（一）主管税务机关不是有权审批的税务机关但接受非居民享受税收协定待遇审批申请的，由主管税务机关按照有权审批的税务机关的规定直接上报或层报有权审批的税务机关。

（二）有权审批的税务机关可以要求或委托下级税务机关调查核实有关的情况；

（三）对按本办法第十五条规定不予受理的审批申请，有权审批的税务机关应当及时书面告知申请人不予受理决定及理由；

（四）审批申请及提供的有关资料存在不准确、不齐全等不能满足审批需要情形的，有权审批的税务机关应当告知并允许申请人更正或补正。

第十五条 属于以下情形之一的，有权审批的税务机关可不予受理非居民享受税收协定待遇审批申请：

（一）按国内税收法律规定不构成纳税义务的所得事项；

（二）申请享受的税收协定待遇不属于本办法第七条规定的应该审批的范围；

（三）提出审批申请的时间已经超过了按本办法第二十一条和第二十八条规定可以追补享受税收协定待遇的时限；

（四）未按照本办法规定提供与享受税收协定待遇有关的资料，或者提供的资料不符合要求，且在有权审批的税务机关通知更正或补正后90日内仍不补正或更正，又无正当理由的；

（五）其他不应受理的情形。

第十六条 在有权审批的税务机关或者主管税务机关接受非居民享受税收协定待遇申请之日起的下列时间内，有权审批的税务机关应做出审批决定（包括不予受理决定），并书面通知申请人审批结果；做出不予享受税收协定待遇或者按本办法第十七条规定暂不享受税收协定待遇决定的，应说明理由：

（一）由县、区级及以下税务机关负责审批的，为20个工作日；

（二）由地、市级税务机关负责审批的，为30个工作日；

（三）由省级税务机关负责审批的，为40个工作日。

在前款规定期限内不能做出决定的，经有权审批的税务机关负责人批准，可以延长10个工作日，并将延长期限的理由告知申请人。

有权审批的税务机关在本条前两款规定的时限内未书面通知申请人审批结果的，视同有权审批的税务机关已做出准予非居民享受税收协定待遇的审批。

第十七条 在审查非居民享受税收协定待遇审批申请时，有权审批的税务机关发现不能准确判定非居民是否可以享受有关税收协定待遇的，应书面通知申请人暂不执行有关税收协定待遇及理由，并将有关情况向上级税务机关报告；需要启动相互协商或情报交换程序的，应同时按有关规定启动相应程序。

处理前款所述上报情况的各级税务机关应在本办法第十六条规定的工作时限内做出处理决定并直接或逐级通知有权审批的税务机关；或者完成再上报程序，直至层报国家税务总局。

第十八条 在取得准予享受税收协定待遇审批后，纳税人或者扣缴义务人可在申报纳税时按照审批决定执行，但应填报《非居民享受税收协定待遇执行情况报告表》（见附件5），向主管税务机关报告实际执行情况。

第四章 后续管理

第十九条 非居民已经按照本办法第二章和第三章规定完成备案或审批程序，并已实际享受税收协定待遇的，纳税人、扣缴义务人和税务机关应按本章规定继续做好非居民享受税收协定待遇后续管理工作。

第二十条 纳税人或者扣缴义务人按照本办法规定已报告的信息发生变化的，应分别以下情况处理：

（一）发生变化的信息不影响非居民继续享受相关税收协定待遇的，可继续享受或执行相关税收协定待遇；

（二）发生变化的信息导致非居民改变享受相关税收协定待遇的，应重新按本办法规定办理备案或审批手续；

（三）发生变化的信息导致非居民不应继续享受相关税收协定待遇的，应自发生变化之日起立即停止享受或执行相关税收协定待遇，并按国内税收法律规定申报纳税或执行扣缴义务。

第二十一条 在中国发生纳税义务的非居民可享受但未曾享受税收协定待遇，且因未享受该本可享受的税收协定待遇而多缴税款的，可自结算缴纳该多缴税款之日起三年内向主管税务机关提出追补享受税收协定待遇的申请，在按本办法规定补办备案或审批手续，并经主管税务机关核准后追补享受税收协定待遇，退还多缴的税款；超过前述规定时限的申请，主管税务机关不予受理。

按前款规定取得的退税款属于征管法实施细则第七十八条第二款规定的减免退税，不退还利息。

第二十二条 纳税人或者扣缴义务人已经享受或者执行了有关税收协定待遇的，应该取得并保管与非居民享受税收协定待遇有关的凭证、资料，保管期限不得短于10年。

第二十三条 主管税务机关应收集和保管与非居民享受税收协定待遇审批、备案以及执行情况有关的信息，确保有关数据完整和准确，并建立与反避税调查、税收情报交换、税务检查和相互协商等国际税收管理程序间信息共享和互动的动态管理监控机制。

各级税务机关应做好所负责辖区内非居民享受税收协定待遇情况汇总统计工作，按年向上级税务机关填报《非居民享受税收协定待遇执行情况汇总表》（见附件6）。

第二十四条 税务机关应通过审核评税、纳税检查、执法检查等征管或监督环节，根据执行税收协定风险，每年定期或不定期地从非居民已享受税收协定待遇（含备案类和审批类）中随机选取一定数量的样本进行审核、复核或复查，审核、复核或复查内容包括：

（一）非居民是否符合享受税收协定待遇的条件，是否以隐瞒有关情况或者提供虚假材料等手段骗取税收协定待遇；

（二）非居民享受税收协定待遇的条件发生变化的，是否按照规定进行了正确的税务处理；

（三）是否存在未经税务机关审批或备案自行享受协定待遇的情况；

（四）有权审批的税务机关是否正确履行了本办法规定的审批职责，审批决定是否恰当；

（五）是否存在其他未正确执行本规定的情况。

第二十五条 在审查非居民已享受税收协定待遇情况时，主管税务机关发现报告责任人未履行或未全部履行本办法规定的报告义务；或者需要报告责任人在其已提供资料以外补充提供与非居民享受税收协定待遇有关的其他资料的，可限期要求报告责任人提供相关资料。

本办法规定的报告责任人包括按有关规定应向税务机关报告信息或提供资料的纳税人、扣缴义务人或其他相关责任人。

第二十六条 在处理非居民享受税收协定待遇的各项工作中，税务机关之间（含国家税务机关与地方税务机关之间以及跨地税务机关之间）应相互支持和协助，努力实现信息共享。

有关非居民享受税收协定待遇的信息管理涉及多个主管税务机关或有权审批的税务机关的，各税务机关可要求其他相关税务机关协助查证信息；被要求的税务机关应自接到协助查证要求之日起20日内回复办理情况。

不同主管税务机关或有权审批的税务机关涉及同一非居民享受税收协定待遇同一事项的处理，应力求协调一致；不能协调一致的，报共同的上级税务机关裁定。

第二十七条 主管税务机关发现非居民已享受税收协定待遇但存在以下情形之一的，应做出不予非居民享受税收协定待遇的处理决定：

（一）未按本办法规定提出审批申请，或者虽已提出审批申请但有权审批的税务机关未做出或未被视同做出准予非居民享受税收协定待遇决定，且经主管税务机关限期改正但仍未改正，又无正当理由的；

（二）未按本办法规定办理备案报告，且经主管税务机关限期改正但仍未改正，又无正当理由的；

（三）未按本办法规定提供相关资料，且经主管税务机关限期改正但仍未改正，又无正当理由的；

（四）未在主管税务机关要求的限期内补充提供有关资料，又无正当理由的；

（五）因情况变化应停止享受税收协定待遇但未按本办法第二十条第（三）项规定立即停止享受相关税收协定待遇的；

（六）经调查核实不应享受相关税收协定待遇的其他情形。

第二十八条 属于本办法第二十七条第（一）项至第（四）项情形的非居民可自结算缴纳补征税款之日起三年内向主管税务机关提出追补享受税收协定待遇的申请，并按照主管税务机关要求改正违反本办法的行为，经税务机关核实确可以享受有关税收协定待遇后追补享受相关税收协定待遇，退还补征税款，但不退还相关滞纳金、罚款和利息。

第二十九条 纳税人提请税务主管当局相互协商的，按照税收协定相互协商程序条款及其有关规定执行，可不受本办法第二十一条和第二十八条规定的时间限制。

第三十条 在审查非居民已享受税收协定待遇情况或追补享受税收协定待遇申请时，主管税务机关发现不能准确判定非居民是否可以享受相关税收协定待遇的，应将有关情况向上级税务机关报告；需要启动相互协商或情报交换程序的，应同时按有关规定启动相应程序；决定暂不退税，或者要求纳税人或扣缴义务人暂不享受或执行税收协定待遇，或者按有关规定提供纳税担保的，应将处理决定及理由书面通知纳税人或扣缴义务人。

第三十一条 各级税务机关应将非居民享受税收协定待遇管理工作纳入岗位责任制考核体系，根据税收行政执法责任追究制度，补充完善以下内容：

（一）建立健全跟踪反馈制度。税务机关应当定期或不定期对非居民享受税收协定待遇审批或备案工作情况进行跟踪与反馈，适时完善工作机制。

（二）建立档案评查制度。各级税务机关应当建立、健全反映非居民享受税收协定待遇过程和结果的档案，妥善保管各类档案资料，上级税务机关应定期对档案资料进行评查。

（三）建立层级监督制度。上级税务机关应建立经常性的监督制度，加强对下级税务机关执行税收协定情况的监督，不断提高执行税收协定的准确度。

第五章 法律责任

第三十二条 主管税务机关发现非居民已享受的税收协定待遇存在以下情形之一的，按征管法第六十二条规定处理：

（一）未按本办法规定提出审批申请；或者虽已提出审批申请但有权审批的税务机关未做出或未被视同做出准予非居民享受税收协定待遇决定的；

（二）未按本办法规定办理备案报告的；

（三）未按本办法规定或者主管税务机关要求提供相关资料的。

第三十三条 按本办法规定应填报或提交的资料与同一报告责任人以前已经向同一主管税务机关填报或提交的资料相同的，该同一报告责任人可免予重复填报或提交相关资料。

第三十四条 主管税务机关在执行本办法第二十七条规定时，对纳税人和扣缴义务人分别以下情形处理：

（一）对按国内税收法律规定应实行自行申报纳税的，按照征管法有关规定向纳税人补征税款，加收滞纳金。其中纳税人伪造、变造、隐匿、擅自销毁账簿、记账凭证，或者在账簿上多列支出或者不列、少列收入，或者经税务机关通知申报而拒不申报或者进行虚假的纳税申报，构成不当享受税收协定待遇而不缴或者少缴应纳税款的，按照征管法第六十三条第一款规定处罚；

（二）对按国内税收法律规定应实行源泉扣缴的，按照征管法有关规定向纳税人补征税款；对扣缴义务人按照征管法第六十九条规定处理。

第三十五条 税务机关应按本办法规定及时办理非居民享受税收协定待遇相关事项。因税务机关责任造成处理错误的，应按征管法和税收执法责任制的有关规定追究责任。

下列时间不计入税务机关按本办法规定处理有关事项所占用的工作时间：

（一）纳税人或扣缴义务人按要求补充提供资料的时间；

（二）与协定缔约对方主管当局进行情报交换或相互协商的时间。

第三十六条 非居民享受税收协定待遇审批是对纳税人或者扣缴义务人提供的资料与税收协定规定条件的相关性进行的审核，不改变纳税人或者扣缴义务人真实申报责任。

第三十七条 有权审批的税务机关因纳税人或扣缴义务人提供虚假的信息资料做出准予享受税收协定待遇审批决定的，有权审批的税务机关或其上级税务机关经核实后有权撤销原审批决定，并分别以下情形处理：

（一）纳税人或者扣缴义务人尚未执行原审批决定，但非居民仍需享受相关税收协定待遇的，可要求其重新办理审批手续。

（二）纳税人或者扣缴义务人已经执行原审批决定，但根据核实的情况不能认定非居民不应享受相关税收协定待遇的，按照本办法第三十二条规定处理，并责令限期重新办理审批手续；

（三）纳税人或者扣缴义务人已经执行原审批决定，且根据核实的情况能够认定非居民不能享受相关税收协定待遇的，按本办法第二十七条和第三十四条规定处理。

第三十八条 因税务机关审批不当造成非居民不应享受而实际享受税收协定待遇的，除因纳税人或扣缴义务人提供虚假信息资料所致情形外，按照征管法第五十二条第一款规定处理。

第三十九条 纳税人或者扣缴义务人违反本办法规定的行为被认定为违反国内税收法律规定的行为，并按国内税收法律规定已作追究责任处理的，不再按本办法规定重复追究责任。

第四十条 纳税人或者扣缴义务人对主管税务机关或有权审批的税务机关做出涉及本规定的各种处理决定不服的，可以按照有关规定陈述理由、申辩意见、要求听证、提起行政复议或者诉讼。

第六章 附 则

第四十一条 非居民可以委托代理人办理按本办法规定应由其办理的事项；代理人在代为办理非居民的委托事项时，应出具非居民的书面授权委托书。

第四十二条 纳税人或者扣缴义务人可以复印件向税务机关提交按本办法规定应该提交的凭证或者证明，但应标注原件存放处，加盖报告责任人印章，并按税务机关要求报验原件。

第四十三条 按本办法规定填报或提交的资料应采用中文文本。相关资料原件为外文文本且税务机

关根据有关规定要求翻译成中文文本的，报告责任人应按照税务机关的要求翻译成中文文本。

第四十四条 税收协定或国家税务总局与协定缔约对方税务主管当局通过相互协商形成的有关执行税收协定的协议与本办法规定不同的，按税收协定或协议执行。

第四十五条 本办法自2009年10月1日起执行，《国家税务总局关于修改〈外国居民享受避免双重征税协定待遇申请表〉的通知》（国税函发〔1995〕089号）同时废止。

需要享受税收协定待遇的纳税义务发生在2009年10月1日之后（含当日）的，一律按本办法执行；在2009年10月1日之前发生的纳税义务在2009年10月1日之后需要追补享受税收协定待遇的，也应按本办法规定执行。

六、出口退税

国家税务总局关于增值税小规模纳税人出口货物免税核销申报有关问题的通知

2009年3月5日　国税函〔2009〕108号

各省、自治区、直辖市和计划单列市国家税务局：

按照《中华人民共和国增值税暂行条例实施细则》（财政部 国家税务总局令第50号）有关规定，经研究，现对增值税小规模纳税人出口货物免税核销申报有关问题通知如下：

一、纳税期限为一个季度的增值税小规模纳税人，应在办理纳税申报后的下个季度的纳税申报期内，向主管税务机关申请办理出口货物免税核销手续。

二、纳税期限为一个月的增值税小规模纳税人出口货物的免税申报期限，仍按《国家税务总局关于印发〈增值税小规模纳税人出口货物免税管理办法（暂行）〉的通知》（国税发〔2007〕123号）有关规定执行。

三、纳税期限为一个季度的增值税小规模纳税人无法按本通知第一条规定期限办理免税核销申报手续的，可在申报期限内向主管税务机关提出有合理理由的免税核销延期申报书面申请，经核准后，可延期一个季度办理免税核销申报手续。

四、本通知自2009年4月1日开始执行。

注：云南省国家税务局于2009年3月17日以云国税函〔2009〕111号原文转发。

国家税务总局关于简化出口货物退（免）税单证备案管理制度的通知

2009年3月6日　国税函〔2009〕104号

各省、自治区、直辖市和计划单列市国家税务局：

为应对国际金融危机的严峻形势，促进我国外贸出口健康发展，优化退税服务，经研究，税务总局决定对出口货物退（免）税单证备案管理制度进行简化，现将有关事项通知如下：

一、自2009年4月1日起，出口企业申报出口货物退（免）税后，一律按照《国家税务总局关于出口货物退（免）税实行有关单证备案管理制度（暂行）的通知》（国税发〔2005〕199号）第二条规定的第二种方式进行单证备案，即在《出口货物备案单证目录》的“备案单证存放处”栏内注明备案单证存放地点即可，不再按照第二条规定的第一种方式进行单证备案，不必将备案单证统一编号装订成册。

二、国税发〔2005〕199号第四条自2009年4月1日起停止执行，税务机关在出口企业申报出口货物退（免）税时不再要求其提供备案单证。税务机关可在退税审核发现疑点以及退税评估、退税日常检查时，向出口企业调取备案单证进行检查。

注：云南省国家税务局于2009年3月27日以云国税函〔2009〕125号原文转发。

国家税务总局关于保税物流中心及出口加工区功能拓展有关税收问题的通知

2009 年 3 月 18 日　国税函〔2009〕145 号

各省、自治区、直辖市和计划单列市国家税务局：

经国务院同意，国家有关部门批准设立了天津经济技术开发区保税物流中心等23 家保税物流中心。同时，为稳步推进加工贸易转型升级，允许出口加工区拓展保税物流功能和开展研发、检测、维修业务，现就保税物流中心、出口加工区拓展功能后的税收问题通知如下：

一、境内货物进入保税物流中心（具体名单见附件）的，视同出口，实行出口退（免）税政策；保税物流中心内货物进入境内，视同进口，依据货物的实际状态办理进口报关手续，并按照进口的有关规定征收或免征进口增值税、消费税。具体管理办法按照《国家税务总局关于印发〈保税物流中心（B型）税收管理办法〉的通知》（国税发〔2004〕150 号）的规定执行。

二、国内货物进入出口加工区用于物流配送的，按照国税发〔2004〕150 号的规定执行。

三、对出口加工区开展研发、检测、维修业务的税收管理办法，将另行制定。

四、本通知第一条自保税物流中心经国家有关部门联合验收封关之日起执行。本通知第二条从 2009 年1 月1 日起执行。

附件：保税物流中心名单（略）

注：云南省国家税务局于 2009 年4 月9 日以云国税函〔2009〕156 号原文转发。

国家税务总局关于做好上海世博会退税函调工作的通知

2009 年 4 月 29 日　国税函〔2009〕217 号

各省、自治区、直辖市和计划单列市国家税务局：

根据《财政部 国家税务总局关于印发〈境外官方参展者在中国境内采购用于上海世博会建馆和开展展览活动所耗用货物的退税管理办法〉的通知》（财税〔2008〕84 号）第九条规定，对 2010 年上海世博会境外官方参展者申请退税的列名货物增值税专用发票，主管税务机关应发函调查，并依据回函结果办理退税。为做好上海世博会退税工作，现将上海世博会退税有关函调问题通知如下：

一、负责上海世博会退税函调的税务机关是上海市国家税务局第七分局。凡以该分局名义发出的出口货物税收函调，均为上海世博会退税专用函调。

二、各地税务机关应指派专人负责上海世博会退税函调管理工作，在出口货物税收函调系统（以下简称函调系统）中接到的发函单位为上海市国家税务局第七分局（税务机关代码为 131004600）的发函后，应根据《国家税务总局关于印发〈出口货物税收函调办法〉的通知》（国税发〔2006〕165 号）和《国家税务总局关于出口货物税收函调系统（1.1 版）正式运行有关事项的通知》（国税函〔2008〕923 号）的要求，认真核实，及时回函，每一份回函均应有明确的函调结果。

三、上海世博会退税函调工作直接关系世博会退税的办理效率，关系到我国政府形象，各回函地税务机关应在 30 日内完成回函工作，如因特殊原因不能在 30 日内回函的，应及时向来函税务机关说明原因。延期复函的时间不得超过 30 日。

四、税务总局将对上海世博会退税函调工作进行单独统计、考核，对不按时回函以及回函质量不高的，予以通报。

国家税务总局关于加强计算机中央处理器（CPU）等电子产品出口退（免）税管理的通知

2009 年 5 月 12 日　国税函〔2009〕245 号

各省、自治区、直辖市和计划单列市国家税务局：

为进一步加强对计算机中央处理器（CPU）等电子产品的出口退（免）税管理，严防骗税案件的发生，经研究，现就有关问题通知如下：

一、各地税务机关要加强对出口企业出口计算机中央处理器（CPU）等电子产品办理退（免）税工作审核。

（一）对出口企业已申报但尚未办理退（免）税的，出口企业主管税务机关要对出口企业和出口供货企业的供销合同有关内容，货物运输方式、线路是否合理，运费多少、支付方式是否合理，单据真伪，货款收付金额与相关单据是否相符等情况进行核查并向货源地税务机关进行函调，了解供货企业近年来生产经营、原材料购进、进项发票及纳税等情况是否正常。对排除骗税嫌疑的予以退（免）税；对尚未查清、不能排除骗税嫌疑的，要继续予以调查落实。在未查清前，暂不予办理退（免）税；对无法查清或经调查存在骗税嫌疑的，不得办理退（免）税。

（二）对 2007 年以来出口企业申报且已办理退（免）税的，出口企业主管税务机关要对出口企业和出口供货企业的供销合同有关内容，货物运输方式、线路是否合理，运费多少、支付方式是否合理，单据真伪，货款收付金额与相关单据是否相符等情况进行核查。未向货源地税务机关进行函调的，须向货源地税务机关进行函调，了解供货企业近年来生产经营、原材料购进、进项发票及纳税等情况是否正常。经调查存在骗税嫌疑的，立即移交稽查部门。

二、货源地税务机关要严格按照《国家税务总局关于印发〈出口货物税收函调办法〉的通知》（国税发〔2006〕165 号）要求，认真核查本地区接到的出口企业主管税务机关要求核查的供货企业情况，及时回函。货源地税务机关发现供货企业与出口企业的供货业务有涉嫌骗税疑点的，或根据出口企业主管税务机关要求，应及时向上一供货企业主管税务机关函调上一供货企业的情况，由上一供货企业主管税务机关进一步核查上一供货企业的情况。各地税务机关对出口企业有骗税嫌疑的供货企业要层层函调，直至核查到最初供货的生产企业或计算机中央处理器（CPU）的进口企业，由供货生产企业或进口企业的主管税务机关对生产企业的生产能力与内外销总量是否适应、电力等消耗是否相应、纳税等情况进行核查，对进口企业的进口情况及国内销售情况进行核查。各地税务机关要密切配合，发现疑点一查到底。

三、出口企业出口计算机中央处理器（CPU）等电子产品主要的海关商品码有：8471300000、8471491000、8471492000、8471504000、8471604000、8471609000、8471701000、8471709000、8471800000、8473301000、8542310010、8542310090、8542320000、8542330000、8542390000、8542900000、8471419000、8471607100、8471607200、8471709000、8471900090、8473309000、8504409990、8517623500、8517623900、8517629900、8518220000、8523511000、8525801390、8531109000、8542310000、8544421900、8708299000 等。各地税务机关要对出口企业出口上述列名海关商品码的商品和出口企业 2007 年以来出口的体积小、价值高、退税率高、出口额较大、出口增长异常的其他未列名的电子产品一并按照本通知第一条、第二条规定进行审核。

注：云南省国家税务局于 2009 年 5 月 22 日以云国税函〔2009〕245 号原文转发。

国家税务总局关于应用电子传输系统出口退税子系统（2.0 版）有关事项的通知

2009 年 5 月 12 日　国税函〔2009〕248 号

各省、自治区、直辖市和计划单列市国家税务局：

为应对国际金融危机影响，促进我国外贸出口的健康发展，提高出口退税信息的传输质量，及时准确办理出口退税，进一步优化退税服务。经研究，现就各地应用电子传输系统出口退税子系统 2.0 版（以下简称电子传输系统 2.0 版）

的有关事项通知如下：

一、各地在办理出口退税审核过程中应使用电子传输系统2.0版下载的出口退税用电子数据进行审核，具体包括出口货物报关单（001、002、003）数据、增值税专用发票稽核数据、出口货物消费税专用缴款书数据（含消费税专用税票分割单、缴销数据等，以下简称“消费税专用税票”）和代理出口货物证明数据。

二、对于电子传输系统2.0版中税务总局按月下发的增值税专用发票稽核数据，各地要在3个工作日内将数据下载并读入出口退税审核系统；对于电子传输系统2.0版中税务总局下发的出口货物报关单、代理出口货物证明、消费税专用税票数据，各地至少每周下载一次并将数据读入出口退税审核系统。

三、本地区各级税务机关开具的消费税专用税票数据，省国税局要每周至少一次从本省税收征管系统中导出数据文件，并将数据上传至电子传输系统2.0版。省国税局要具体明确各部门的工作职责。

四、各级主管退税的税务机关要在3个工作日内将开具的代理出口货物证明数据上传至电子传输系统2.0版。

五、各级主管退税的税务机关要及时处理企业已申报退税但无信息的问题，对企业查询信息的申请要及时受理。各级税务机关查询信息工作要逐级上报，逐级核查，查询结果要及时反馈给出口企业。

（一）为便于数据查询工作，税务总局为各省国税局建立了电子传输系统2.0版税务总局接收到的出口货物报关单、消费税专用税票、代理出口货物证明数据查询接口，各地用户名和初始化口令见附件1。各地要及时修改初始化用户名和口令并妥善保管好用户名和口令，保证数据安全。各省国税局可通过电子传输系统2.0版查询本地出口企业的出口货物报关单、消费税专用税票和代理出口货物证明数据的接收、下发情况，以及上述数据税务总局接收情况。

（二）各地要通过逐级核查，将省国税局确定为税务总局尚未收到出口货物报关单数据的情况及时通知企业，由企业向海关电子口岸办提出补传申请。

（三）各地通过逐级核查，对省国税局确定为总局尚未收到消费税专用税票和代理出口货物证明数据的情况，由省国税局汇总上报税务总局（货物和劳务税司，联系电话：010－63417567），税务总局负责督促开具方上传。

（四）各地查询增值税专用发票稽核信息时，对涉及增值税专用发票信息缺失的，主管退税的税务机关应认真核查增值税专用发票稽核信息缺失原因，可通过电子传输系统2.0版数据补发功能Fc提出补发申请。

六、各省国税局应根据本通知要求，制定具体工作办法，抓好落实，确保出口退税各类电子信息数据传输顺畅，数据上传、接收准确、及时。

七、税务总局将对各地上传、接收数据情况进行监控。对未按照税务总局要求开展传输系统2.0版应用工作，以及不及时受理企业查询电子信息数据申请，推诿、搪塞企业，影响企业正常申请办理退税的，税务总局将予以通报批评。

八、此前有关出口退税用电子数据传输规定与本通知有抵触的，以本通知为准。

注：云南省国家税务局于2009年5月27日以云国税函〔2009〕256号原文转发。

财政部　国家税务总局关于进一步提高部分商品出口退税率的通知

2009年6月3日　财税〔2009〕88号

各省、自治区、直辖市、计划单列市财政厅（局）、国家税务局，新疆生产建设兵团财务局：

经国务院批准，提高部分商品的出口退税率。现就有关事宜通知如下：

一、电视用发送设备、缝纫机等商品的出口退税率提高到17%。

二、罐头、果汁、桑丝等农业深加工产品，电动齿轮泵、半挂车等机电产品，光学元件等仪器仪表，胰岛素制剂等药品，箱包，鞋帽，伞，毛发制品，玩具，家具等商品的出口退税率提高到15%。

三、部分塑料、陶瓷、玻璃制品，部分水产品，车削工具等商品的出口退税率提高到13%。

四、合金钢异性材等钢材、钢铁结构体等钢铁制品、剪刀等商品的出口退税率提高到9%。

五、玉米淀粉、酒精的出口退税率提高到5%。

具体商品清单见附件。

六、本通知自2009年6月1日起执行。具体执行时间，以“出口货物报关单（出口退税专用）”海关注明的出口日期为准。

特此通知。

附件：提高出口退税率的商品清单（略）

云南省国家税务局关于印发《云南省国家税务局出口货物退（免）税分类管理办法（试行）》的通知

2009 年 7 月 17 日　云国税发〔2009〕169 号

各州、市国家税务局：

为进一步深化我省出口货物退（免）税管理改革，有效提高出口货物征、退税的管理效率，促进我省外贸事业的发展，根据国家税务总局《纳税信用等级评定管理试行办法》及出口货物退（免）税管理有关规定，制定本办法，现印发给你们，请遵照执行。

云南省国家税务局出口货物退（免）税分类管理办法（试行）

第一章　总　则

第一条　为了加强出口货物退（免）税管理，促进我省外贸事业的发展，全面实行网络申报、缩减流程、简化单证奠定基础，根据国家税务总局《纳税信用等级评定管理试行办法》及出口货物退（免）税有关规定，制定本办法。

第二条　本办法适用于按照出口货物退（免）税有关规定已办理出口退税登记的各类企业（以下简称出口企业）。

第三条　税务机关以公开、公正、公平原则，对出口企业的出口货物退（免）税实施分类管理，并按照守法快捷、高效原则，对适用不同管理类别的企业，制订相应的管理措施。各州、市级国家税务局负责出口企业管理类别的评定工作，根据出口企业遵守税收法律、法规情况和经营管理状况，设置 A、B 类两个管理类别。

第二章　评定内容和标准

第四条　A 类出口企业应同时符合下列条件：

1. 财务会计制度健全，退（免）税核算准确。要求出口企业内外销分别记账，能够准确及时按规定对出口视同内销的出口货物计提销项税额，对申请出口退税货物的征退税率差部分及时作进项转出计入成本处理，外贸企业及时开具《外贸企业出口视同内销征税货物进项税额抵扣证明》；

2. 企业档案管理健全，能按税务机关要求保管出口退（免）税档案资料；

3. 拥有一定规模的资产，如发生骗税案件或错退税款问题，可抵押所退（免）税款；

4. 有出口退（免）税申报二年以上，且评定前连续两年没有税务行政处罚记录；评定时无欠税；评定前连续两年应退免税额超过所在州、市企业退免税额的平均值；评定前连续两年函调异常回函份数不超过函调总份数的 5%；未出现过使用虚开增值税专用发票申报出口退税情况；

第五条　不符合以上条件且有下列情形之一的出口企业认定为 B 类企业：

1. 首次申报出口退（免）税距评定时不足两年；

2. 首次出口货物退（免）税申报距评定时不满 12 个月的生产企业，首次出口货物退（免）税申报距评定时不满 24 个月的外贸企业；

3. 近两年内发生过偷税行为；

4. 近两年内发生骗取出口退税违法犯罪行为；

5. 出现过使用虚开发票申报出口退税情况的；

6. 停止出口退税权期满之日距评定时不足两年的；

7. 财务制度不健全，日常申报出口货物退（免）税多次出现错误或不准确的；

8. 评定前两年中有一年函调异常回函份数超过函调总份数的 5%；

9. 以人民币结算退税的边境小额贸易出口企业；

10. 税务机关认为不适宜按照 A 类企业管理的。

第三章　分类管理措施

第六条　A 类企业实行按简化凭证申报办理退（免）税的管理办法。

A 类出口企业中的生产企业在收齐有关单证并装订成册之后，向主管征税机关提供申报表、电子申报数据、相关退（免）税纸质凭证及出口货物视同内销已征税、征退税率差作进项转出计入成本处理的相关账务记录情况；主管征税机关设立相关台账统计（报表格式见附件 2），核查出口企业该册申报中征退税率差作进项转出计入成本处理数额和记账凭证号，以及当期出口视同内销已征税数额和记账凭证号，并视企业管理情况由主管征税机关每半年或一年核查企业相关账簿；审核权限已下放到县区局的 A 类生产企业主管征税机关还需负责对生产企业出口货物免抵退税纸质凭证审核，并通过出口货物退（免）税审核系统审核。

A 类出口企业中外贸企业的主管征税机关设立相关台账（报表格式见附件 2），每季度统计并核查出口企业征退税率差作进项转出计入成本处理数额和记账凭证号，以及当期出口视同内销已征税数额和记账凭证号，并视企业管理情况由主管征税机关每半年或一年核查企业相关账簿。

主管退（免）税审批的州、市级税务机关在接受企业申报后，应对电子数据及申报表和纸质凭证进行人工审核〔除审核权限下放到县（区）局的生产企业〕，同时在电子数据与相关电子信息（增值税专用发票可使用认证信息比对）对审无误后，予以办理出口货物退（免）税手续。

主管退（免）税审批的州、市级税务机关应及时对增值税发票稽核、协查信息进行复核，并依照相关规定办理。

经审批退（免）税后，出口货物退（免）税相关纸质单证交由企业自行保存，企业在申报表上需注明单证存放地点并签章（如企业内部单证管理部门、财务部门等），不得将纸质单证交给企业业务员（或其他人员）个人保存，必须存放在企业以备核查，保存期限15年。

主管税务机关每年3月31日前，对A类出口企业上一年度申报出口退税（免）税单证保管情况进行抽查，抽查比例不得低于A类出口企业数量的50%。

在A类出口企业资料保存期限内，各级税务机关有权检查企业保存的退（免）税资料，如企业不能提供，税务机关将按《中华人民共和国税收征管法》给予处罚，并降低其管理类别。

第七条 B类出口企业审核、审批完毕的出口货物退（免）税相关单证由主管退（免）税审批的州、市级税务机关依照档案管理办法管理；对出口企业视同内销的出口货物已计提销项税额以及征退税率差作进项转出计入成本处理数额，由主管征税的税务机关按照A类出口企业方法管理，并视企业管理情况由主管征税的县（区）局税务机关每一季度年或半年核查企业相关账簿；其他管理办法和流程同A类出口企业。

第四章 管理类别评定程序

第八条 出口企业的管理类别评定工作每两年进行一次。评定工作由州、市级国家税务局负责。

第九条 被确定为A类的出口企业，如发生下列情形之一的，负责评定管理类别的税务机关应及时降低管理类别。

1. 发生骗取出口退税违法行为；

2. 使用虚开发票申报出口退税；

3. 经函调发现供货企业销售情况与生产能力明显不符，或两户以上供货企业为走逃企业；

4. 发生涉税违法行为并受到行政处罚的；

5. 一年内两次以上对出口视同内销的出口货物计提销项税额以及征退税率差部分作进项转出计入成本处理计算不准确或不及时；

6. 评定税务机关认为不适宜按照A类企业管理的行为发生的。

第五章 附 则

第十条 各州、市国家税务局对出口企业分类管理认定完毕后，须将A类企业名单报省局备案，经批准后实施本办法。并于每年4月15日前向省局报送上一年度实行出口货物退（免）税分类管理相关情况报告及报表（报表格式见附件1）。

第十一条 本办法自2009年7月1日执行。

第十二条 本办法由云南省国家税务局解释。

国家税务总局关于开展出口退税业务提醒工作的通知

2009年8月20日　国税函〔2009〕448号

各省、自治区、直辖市和计划单列市国家税务局：

为进一步加强出口退税管理，优化退税服务，国家税务总局对出口退税审核系统进行了升级完善，增加了生成出口退税业务提醒信息的功能（有关应用说明随升级软件一并下发），现将开展出口退税业务提醒工作有关事项通知如下：

一、出口退税审核系统生成的出口退税业务提醒信息有：

（一）出口企业退税申报时间、退税所属期、申报退税额；

（二）出口企业退税审核通过时间、退税所属期、审核退税额；

（三）出口企业退库时间、退库所属期、退库税额（如本地退库业务不在出口退税审核系统内办理，且数据尚未与税收征管系统数据同步，则不能生成此项提醒信息，可在今后数据同步后生成提醒信息）；

（四）出口企业已出口但尚未到税务机关办理出口退税申报且已接近超过相关文件规定申报期限的出口情况；

（五）出口企业已办理出口退税申报但出口货物报关单或代理出口货物证明纸质单证尚未收齐的出口情况；

（六）出口企业已办理出口退税申报但核销单尚未收齐的出口情况。

二、各地税务机关要本着企业自愿的原则，将上述出口退税业务提醒信息及时提供给出口企业（出口企业自愿选择提醒信息项目可参考表样附件），具体可以选择以下方式：

（一）借助各地税务系统的纳税服务短信平台以发送短信形式将信息提供给出口企业；

（二）在出口企业办理退税申报时，通过企业申报数据介质（数据光盘、移动硬盘、软盘等）将信息提供给出口企业；

（三）采取电话通知的形式将信息提供给出口企业；

（四）通过发送电子邮件的形式将信息提供给出口企业。

三、各地税务机关无论采取何种形式向企业提供提醒信息，均不得向企业收取任何费用。

四、各地税务机关要按照税务总局要求制定开展出口退税业务提醒工作的具体方案，抓紧实施，并将有关工作情况和建议于2009年9月30日前上报国家税务总局（货物和劳务税司）。

附件：出口企业选择出口退税业务提醒信息表（略）

注：云南省国家税务局于2009年9月16日以云国税函〔2009〕464号原文转发。

国家税务总局关于加工贸易纸质手册电子化有关出口退税管理工作的通知

2009年8月20日　国税函〔2009〕449号

各省、自治区、直辖市和计划单列市国家税务局：

为了适应海关加工贸易纸质手册电子化改革，确保加工贸易企业出口退税管理的正常运行，现对加工贸易纸质手册电子化有关出口退税管理问题通知如下：

一、实行加工贸易电子化手册的出口企业到主管税务机关办理加工贸易登记备案、核销业务时，无法提供纸质《加工贸易登记手册》的，根据《海关总署关于全面推广应用H2000电子化手册系统的通知》（署加发〔2008〕57号）和《加贸司关于明确电子化手册纸面单证打印有关问题的通知》（加贸函〔2009〕6号）有关规定，企业可提供经海关盖章确认的加工贸易电子化纸质单证，税务机关据此办理有关加工贸易出口退税事宜。

二、各地税务机关要加强与海关、商务等加工贸易管理部门的协调，及时解决加工贸易电子化手册改革中的退税问题。

三、税务总局正在与海关总署开展加工贸易数据联网交换工作，目前两个部门传输系统已开发完毕，于8月初开始试运行。系统正式运行后可以实现加工贸易纸质手册电子化后有关进、出口报关单等加工贸易数据传输及审核比对功能。

注：云南省国家税务局于2009年9月16日以云国税函〔2009〕465号原文转发。

七、税收征管、其他法规

云南省国家税务局转发《云南省人民政府关于第四轮取消和调整行政审批项目的决定》的通知

2009年1月23日　云国税发〔2009〕30号

各州、市国家税务局：

按照云南省人民政府《关于继续深化行政审批制度改革的通知》（云政发〔2008〕108号）及有关要求，历时半年的全省第四轮行政审批项目清理工作省级部门的清理基本结束，云南省人民政府发布了《云南省人民政府关于第四轮取消和调整行政审批项目的决定》（云南省人民政府令150号），现转发给你们，请认真对照执行。

此次政府公布的是本次清理取消和调整在省级机关进行审批的项目，在省国税局审批已取消的项目有三项：①外商投资企业在优惠期内因不可抗力提前解散免予补税审批；②纳税人按规定支付给总机构的与生产、经营有关的管理费税前扣除审批；③国家银行和金融机构在境外发行债券所得利息符合优惠利率标准免征所得税审批；进行调整的项目是"合并同类事项"，将"享受西部大开发税收优惠"与"享受企业所得税减免税优惠政策审批"合并为"享受企业所得税减免税优惠政策审批"（见政府令附件）。而此次清理后保留的省级机关实施审批的项目和压缩后的办理时限目录将由省政府法制办和省全面推行依法行政工作领导小组随后公布实施。

在此次清理工作中，针对国税系统垂直管理的特点，省局根据国务院及国家税务总局发布的有关行政审批项目清理工作的通知和意见，对全省国税系统各级机关实施的现行行政审批项目进行了一次认真和全面的清理，根据国务院和国家税务总局公布的清理结果，该取消的项目予以了取消；根据实际工作中的操作，合并了一些项目。同时，对审批时限也进行了认真和全面的梳理，办理时限按照省政府的要求进行了压缩，并经省局局务会议通过。现将省局的清理结果一并下发，以便各地在已经实施和将要开始的税务行政审批清理工作中参照执行。

附件：1. 云南省人民政府令第150号

2. 州（市）级及以下国税机关审批项目清理汇总目录

3. 州（市）、县级国税机关实施的行政许可保留项目及完成时限目录

4. 州（市）、县级国税机关实施的非行政许可审批保留项目及完成时限目录

附件 1

云南省人民政府关于第四轮取消和调整行政审批项目的决定

（云南省人民政府令第 150 号）

为了继续深化行政审批制度改革，切实转变政府职能，加强我省发展软环境建设，根据《中华人民共和国行政许可法》和《中共云南省委 云南省人民政府关于进一步深化改革的决定》（云发〔2008〕6号）精神及深入贯彻"行政问责制、服务承诺制、首问责任制、限时办结制"的需要，按照省人民政府的统一部署和行政审批制度改革的要求，省人民政府法制办公室、省全面推进依法行政工作领导小组办公室组织对58个省级部门现有的1107项行政审批项目进行了第四轮集中清理。经严格审核和论证，省人民政府决定第四轮取消和调整392项行政审批项目。其中，取消行政许可项目35项，取消非行政许可项目39项；调整行政许可项目审批时限压缩1/3以上（均按工作日计算）。经清理后保留实施的行政审批项目及其压缩审批时限目录，由省人民政府法制办公室、省全面推进依法行政工作领导小组办公室向社会公布。

各地、各部门要认真做好取消和调整行政审批项目的落实和衔接工作，切实加强后续监管。要深入贯彻落实科学发展观，以政府职能转变为核心，适应深化行政管理体制改革、完善社会主义市场经济体制、从源头上防止腐败、维护人民群众切身利益的要求，继续解放思想、深入推进行政审批制度改革，依法对行政审批项目实行动态管理，加强对行政审批权的监管制约，建立健全审批责任追究制，努力在规范审批行为、创新审批方式、完善配套制度、建立长效机制等方面继续取得新的进展。

附件 2

州（市）级及以下国税机关实施的行政审批项目清理汇总目录

实施机关	序号	行政许可项目名称	序号	非行政许可审批项目名称
州（市）级及以下国税机关	1	对发票使用和管理的审批（申请使用经营地发票）	1	设立、变更、注销税务登记
	2	增值税一般纳税人专用发票最高开票限额审批	2	定期定额征收个体工商户核准停业
			3	从事个体经营的下岗失业人员和高校毕业生免收税务登记证工本费
			4	超限量购买发票申请审批
			5	发票票种核定申请审批
			6	代开发票申请审批
			7	核准延长停业
			8	核准延期申报
			9	核定定额
			11	核定定额调整
			12	核准采取邮寄、数据电文申报

续表

实施机关	序号	行政许可项目名称	序号	非行政许可审批项目名称
州（市）级及以下国税机关			13	核准定期定额户简易申报
			14	核准定期定额户简并征期
			15	企业财产损失所得税前扣除审批
			16	享受西部大开发税收优惠政策审批
			17	享受企业所得税减免税优惠政策审批
			18	增值税一般纳税人资格认定
			19	民政福利企业享受税收优惠及民政福利工业企业生产增值税应税货物退税审批
			20	增值税一般纳税人跨地区设置非独立核算分支机构增值税预征－结算的审批
			21	外方以优惠利率贷款给我方取得利息免征预提所得税审批
			22	协定国居民申请享受协定税收待遇确认
			23	外商投资企业过渡期享受西部大开发税收优惠政策的审批
			24	出口货物退免税审批

附件3

州（市）、县级国税机关实施的行政许可保留项目及完成时限目录

实施机关	序号	行政许可项目名称	时限压缩情况	
			设定时限	压缩后时限
州（市）县级国税机关	1	对发票使用和管理的审批（申请使用经营地发票）	20天	10天
县级税务机关	2	增值税防伪税控最高开票限额审批	20天	20天

附件4

州（市）、县级国税机关实施的非行政许可审批保留项目和完成时限目录

实施机关	序号	非行政许可审批项目名称	压缩时间情况	
			设定时限	压缩后时限
县（区）级国税机关	1	设立、变更、注销税务登记	30天	20天
	2	核准延期申报	3天	2天
	3	定期定额征收个体工商户核准停业、延长停业	2天	1天
	4	发票票种核定申请审批	5天	3天
	5	代开发票申请审批	即时办理	
	6	核定定额、定额调整	30天	20天
	7	核准采取邮寄、数据电文申报	5天	3天
	8	核准定期定额户简易申报	5天	3天
	9	核准定期定额户简并征期	5天	3天
	10	增值税一般纳税人资格认定、变更、取消的审批	30天	20天

续表

实施机关	序号	非行政许可审批项目名称	压缩时间情况	
			设定时限	压缩后时限
县（区）级国税机关	11	增值税一般纳税人跨地区设置非独立核算分支机构增值税预征－结算的审批	20天	15天
	12	享受增值税优惠政策的退税审批	30天	20天
州、市级国税机关	13	出口货物退（免）税审批	无	无
	14	外方以优惠利率贷款给我方取得利息免征预提所得税审批	30天	15天
	15	协定国居民申请享受协定税收待遇确认	无	15天
	16	享受企业所得税减免税优惠政策审批	30天	30天
	17	企业财产损失所得税前扣除审批	30天	30天
县（区）级国税机关	18	享受企业所得税减免税优惠政策审批	20天	20天
	19	企业财产损失所得税前扣除审批	20天	20天

国家税务总局
关于进一步做好税收征管工作的通知

2009年2月26日　国税发〔2009〕16号

各省、自治区、直辖市和计划单列市国家税务局、地方税务局：

为充分发挥税收的职能作用，不断提高税收征管质量和效率，确保税收收入持续增长，现就进一步做好当前和今后一个时期的税收征管工作通知如下：

一、坚持依法治税，服从服务大局

（一）坚决执行税收法律、法规和政策。各级税务机关要不折不扣地执行国家税法和中央陆续出台的一系列税收政策，不得擅自变通，积极支持经济平稳较快发展。

（二）坚决贯彻组织收入原则。各级税务机关要落实好“依法征税，应收尽收，坚决不收过头税，坚决防止和制止越权减免税”的组织收入原则，既不能以完成税收任务为名收过头税，转引税款、虚收空转；也不得以各种名义越权减免税，缓缴税、擅自豁免欠税。要主动配合地方政府维护税收秩序，对超越税收管理权限的规定和不切实际追加收入计划的做法，要主动向政府汇报和说明情况，并及时向上级税务机关报告。

（三）坚持强化征管与优化服务并重。各级税务机关要针对税收风险和征管漏洞，落实科学化、专业化、精细化管理，因地制宜采取有效措施，大力规范税收秩序，积极做好风险防范、堵漏挖潜和增收工作。要努力优化纳税服务，牢固树立征纳双方法律地位平等的理念，切实维护纳税人合法权益，提高办税效率，进一步减轻纳税人办税负担，不断提高纳税遵从度。

二、夯实征管基础，创新管理方法

（一）加强户籍管理。充分利用工商等部门提供的企业信息、组织机构代码信息、国家经济普查资料和国税、地税间交换的税务登记信息，认真进行比对，及时发现漏征漏管户和非正常户。加强注销户检查，防止少数纳税人利用注销登记逃避纳税义务。要加快与公安部门共享公民身份信息工作步伐，推进利用公民身份信息查询系统核对税务登记法定代表人身份的试点；逐步建立全国非正常户法定代表人数据库，提供各级税务机关查询，防止不法分子利用虚假身份、证件办理税务登记、涉税资格认定和骗购发票等违法行为。

（二）强化普通发票管理。继续贯彻落实《国家税务总局关于进一步加强普通发票管理工作的通知》（国税发〔2008〕80号）精神。有条件的地区要利用互联网、12366纳税服务热线等渠道，提供发票真伪查询服务。根据“简并票种、统一票样、网络开票、建立平台”的思路，在部分地区选择建筑安装、房地产、农产品收购、机动车销售等行业开展普通发票“网络在线开票”的试点。加大税控收款机推广应用力度，完善相关制度和措施；积极推进大型商场、超市税控装置改造试点；凡已推广税控收款机的地区，要督促纳税人使用税控机具开票、按规定期限向税务机关报送相关数据，并做好“票表比对”工作。

（三）严格欠税管理。严格控制新欠，大力清缴陈欠。要加强对纳税申报的审核和税款缴库的监控，对于不按期申报、申报资料异常、申报不缴税或少缴税的纳税人，要及时核实情况，采取措施防范欠税。落实催缴制度，建立欠税档案；严格执行会计核算、报表上报和欠税人报告制度。加大欠税检查和清缴力度，坚持依法加收滞纳金。严格执行缓缴审批制度，坚持以欠抵退的办法。要及时掌握欠税企业资金动态情况，依法采取强制措施，积极行使代位权、撤销权，参与企业清偿债务。认真落实阻止欠税人出境和欠税公告制度，定期进行欠税公告。要定期检查、通报清欠情况，落实责任制。

（四）充分发挥信息化保障作用。继续做好现有信息系统的运行维护工作，保障税收征管正常进行。重点做好综合征管、总分支机构、个人所得税、反避税、票证管理等信息系统的功能完善和推广应用工作。着手建立自然人数据库（个人所得税部分），从2009年7月份开始，已经实现省级数据集中和个人所得税全员全额管理的地区，应按照总局的业务和技术标准，向总局集中个人所得税明细数据；各地区应加快推广应用个人所得税管理系统，积极创造条件，逐步向总局集中个人所得税明细数据。在统一标准、规范软件版本的基础上，扩大推行税库银联网电子缴税模式。

（五）完善和创新管理方式。完善增值税纳税申报"一窗式"管理模式，扎实做好"票表比对"工作；针对海关缴款书现行管理办法存在的问题，抓紧实施"先比对后抵扣"的管理办法，先选择部分地区试点，逐步在全国推广实施；认真贯彻落实废旧物资经营企业有关征税政策；加强农产品收购发票的管理，加快研究改进农产品增值税抵扣办法。

加强白酒行业消费税管理，针对白酒企业存在的通过设立销售公司、降低产品出厂价格、侵蚀消费税税基等问题，研究制定白酒消费税计税价格核定办法。加强成品油消费税管理，完善管理办法，单独考核成品油消费税收入；采取驻厂征收、延伸服务等方式，密切监控收入进度和免税油品流向，并对非正常销售成品油消费税开展专项评估。

认真做好新增企业所得税征管范围调整工作；落实好企业所得税行业征管操作指南；加强企业所得税预缴管理，提高预缴税款比例，力争使预缴税款占全年应缴税款的70%以上；开展对跨省总分支机构汇总纳税情况的交叉检查；加强企业所得税汇算清缴管理，强化汇算清缴后的评估和检查工作。

进一步推进个人所得税全员全额扣缴申报工作，扩大全员明细申报的覆盖面；加强对高收入行业和非劳动所得征管，推进高收入行业纳税人建档管理工作；继续做好年所得12万元以上纳税人的自行申报工作；多方获取信息，切实加强股权转让所得和股息、红利所得的个人所得税征管。

全面深入开展土地增值税清算工作，规范工作流程。深化房地产税收一体化管理，积极推行建筑业、房地产业营业税项目管理办法，利用房地产交易环节信息和评税技术，核实房地产交易计税价格，加强交易环节各税种的管理。健全机动车车船税"以检控费（保）、以费（保）控税"的征管办法，规范代收代缴工作；通过采取委托代征等协税护税措施，提高农村和边远地区车船税的征收率。

（六）推进税收管理员制度落实和完善工作。遵循管户与管事、管理与服务、属地与专业、集体履职与个人分工相结合的原则，在落实现行税收管理员制度的同时，积极探索按行业、环节实行专业化分工的管理模式，进一步规范其工作职责、标准和程序，健全考核机制，完善管理制度。

（七）继续加强国税和地税协作。推进国税和地税联合办理税务登记，对新办税务登记实行"一户一证"和"一证双章"，采取统一受理、办理、管理的措施，避免出现漏管户和纳税人重复、多头报送资料。推进国税和地税联合管理个体工商户工作，人机结合共同核定纳税定额；对国税局临时代开发票的纳税人应缴纳的城建税及教育费附加，地税局可委托国税局代征，国税局应主动配合。积极推进国税和地税联合纳税评估和稽查，建立健全联合评估、稽查机制和办法，及时解决工作合作中的问题，提高评估、稽查的效率和质量。

三、深化纳税评估，强化税源管理

（一）加强涉税数据的管理和应用。完善数据管理制度和机制，提高数据质量。总局和省局要按照统分结合的原则，充分利用现有资源，逐步建立涉税数据应用及分析监控平台；进一步集中各类涉税数据，并逐步向各级税务机关开放数据查询，为基层开展纳税评估、税源监控和税务稽查提供数据支持。基层税务机关要充分利用涉税数据和分析结果，强化税源管理。

加强税务机关内部信息共享和利用。积极推进税务机关内部各部门、上下级、不同地区和国地税之间的信息共享。建立健全各类函调制度，并抓好落实。逐步建立跨区经营汇总纳税企业信息交换平台。总局按期向各省地税局下发增值税、消费税征管信息，各级地方税务局要充分利用好"两税"信息和比对软件，做好当期及以前年度的信息比对，促进城建税和教育费附加的征管工作。国税和地税局要加强对同一纳税人不同税种申报信息中销售收入等数据的比对，要充分利用运费发票数据加强企业所得税等税种管理。各级国税局要明确相关程序和责任，加强征退税信息的共享和比对工作。

广泛收集、利用第三方信息。继续抓好银税共享企业财务报表信息试点，将银税企业财务报表差异作为纳税评估的重点线索。努力扩大与海关、外汇管理、公安等部门的信息共享范围；各地要积极开展与建设、国土、商务、电力、保险、海事等部门的信息交换工作，促进相关税种的管理。

（二）切实加强税收分析与预测。全面开展税源、税收预测预警、税收管理风险和政策效应等分析，强化对重点税源地区、行业和企业的分析。密切跟踪宏观经济和企业经营形势变化，全面掌握影响税收收入变化因素，及时发现组织收入工作中存在的问题和税收征管的薄弱环节，有针对性地采取措施，把握工作的主动权。

（三）进一步做好重点税源监控工作。健全总局和省、市、县局重点税源监控体系；积极开展对跨地区、跨行业企业集团税源监控工作；及时掌握和分析重点税源企业的生产经营和税收情况，建立包括税负、物耗、成本费用率等指标的重点税源预警体系，为纳税评估和稽查提供信息。

（四）深入推进纳税评估工作。逐步完善纳税评估管理办法和工作规程，建立健全行业综合评估模型和指标体系。针对税源实际和纳税遵从风险，重点对建筑安装、房地产、金融、交通运输、批发零售、国家垄断等行业和大型企业集团以及零负申报、低税负企业开展纳税评估。要加大纳税评估力度，扩大评估面，注重各税种的综合评估，准确核实税基，提高评估问题疑点落实率和税款入库率。发现纳税人有偷逃骗抗税或其他需要立案查处的税收违法行为嫌疑的，要及时移交稽查部门处理；稽查部门要加强案件的查处和跟踪管理，督促纳税人对查补税款进行正确规范的账务处理，及时向管理部门反馈查处执行结果；管理部门要根据稽查部门反馈的信息加强日常管理，推进以查促管。建立纳税评估复核和评估质量考核制度，适时组织开展纳税评估工作质量抽核和互核。完善税收分析、纳税评估、税源监控和税务稽查相结合的互动机制。

（五）强化大企业税源管理。制定大企业纳税遵从风险管理指引，建立风险导向税收管理机制，控制重大税收风险，引导企业提高纳税遵从度。针对大企业特点提供个性化税收服务，指导和帮助大企业建立税收风险内部控制机制。认真落实总局定点联系大企业制度，按照总局统一安排，做好定点联系大企业的日常检查和反避税工作。

（六）加强中小企业税源管理。要针对中小企业的不同特点，分别实施查账和核定征收管理方式。强化信息采集，摸索行业规律，实施分类管理，推进“以票控税”，有重点地开展纳税评估。对个体工商户、临时经营等零散税源可根据征管条件，依法实施委托代征。

（七）加强国际税源监管。贯彻落实《特别纳税调整实施办法（试行）》（国税发〔2009〕2号），全面加强反避税管理。强化关联申报管理；研究资本弱化、受控外国企业等反避税措施；深化转让定价调查，加大调整补税力度，重点调查企业对外大额支付特许权使用费和劳务费，以及“走出去”企业从国外收取特许权使用费等关联交易；加大国际税收情报交换力度；稳步开展预约定价谈签和转让定价对应调整的国际磋商工作。收集和掌握非居民税源信息，以完善和落实非居民税收管理制度为抓手，加强非居民企业所得税的征管。加强非居民享受税收协定待遇的管理，防范税收协定滥用。

四、加强税务稽查，规范税收秩序

（一）加大查处税收违法行为力度。继续查处利用虚假凭证、做假账、账外经营、两套账等手段偷逃税款行为；重点查处企业利用电子账簿虚假记账、隐匿或销毁电子账簿，利用互联网和手机等新型支付手段逃避纳税的问题，以及关联企业利用区域税收优惠转移应税收入问题；重点关注零负申报、低税负和跨国经营企业涉税问题；对国内大型连锁零售企业实施重点检查。重点查处假报出口、以次充好、低价高报、将低退税率产品按高退税率产品申报退税，以及利用小规模纳税人货物、未缴税或缴税不足货物骗取出口退税等行为。继续查处虚开发票违法行为，对废旧物资经营企业有关征税政策调整前存在的疑点，应加大检查力度；高度关注增值税转型后，部分企业将以前年度固定资产列入当期抵扣的新动向，重点查处利用真票套打、虚开专用发票和其它可抵扣票偷骗税的违法行为。

（二）深入开展税收专项检查和专项整治。2009年重点检查大型连锁超市及电视购物、建筑安装、办理出口货物退（免）税业务的重点企业；按照总局确定的工作方案，组织对大型企业集团的税收专项检查；各地有选择地检查营利性医疗及教育培训机构、中介服务业、品牌经销及分销商、拍卖企业、非居民企业、3年以上未实施稽查的重点税源企业。各地要重点关注征管基础比较薄弱、税收秩序相对混乱、发案率较高或案件线索指向较为集中的地区，将出口退税和增值税政策调整后有可能出现的骗取出口退税和虚开增值税专用发票活动作为区域专项整治重点。

（三）严厉打击发票违法犯罪活动。认真落实国务院关于开展打击发票违法犯罪活动要求，协同公安机关加大对制售假发票和非法代开发票行为的打击力度；重点整治不法分子利用手机短信、互联网、传真、邮递等方式销售假发票、非法代开发票活动，摧毁犯罪窝点，深挖幕后操纵的犯罪集团；继续严厉打击团伙违法行为、公共场所兜售发票行为、利用虚假发票和非法取得的代开发票实施偷骗税等违法行为。开展对建筑安装、交通运输、餐饮服务、商业零售等购买、使用虚假发票重点行业、企业的清理检查。严厉查处违法使用发票冲抵个人收入偷逃个人所得税行为。

五、坚持统筹兼顾，确保工作实效

（一）加强组织领导，狠抓工作落实。各级税务机关要坚持以科学发展观统领税收工作，牢固树立大局意识，切实加强对征管工作的领导。总局有关部门要提出加强各税种征管的具体措施。各地要结合实际制定贯彻本通知的具体实施意见，充分保障征管一线的资源配置，明确分工，抓好落实。各级领导干部要切实改进作风，深入基层调查研究，及时发现和解决征管中

的问题，总结推广基层的先进做法和经验。

（二）加强执法监督，规范执法行为。提高税收执法责任和执法风险意识，研究制定防范税收执法风险的具体措施，有效控制执法风险。加强执法监督检查，加大责任追究力度。完善征管质量监控考核办法和指标体系。进一步完善和推行税收执法管理信息系统，全面落实税收执法责任制。

（三）推进综合治税，建立长效机制。积极争取地方党委、政府的支持和相关部门的配合协作，努力通过制定地方性法规、政府规章等方式，建立健全政府牵头的公共信息共享机制，有效获取相关部门的涉税信息，并明确相关部门协税护税的责任和义务。逐步建立政府领导、税务主管、部门配合、社会参与、法制保障的综合治税长效机制，健全协税护税体系，形成综合治税合力。

请各地将贯彻本通知的具体实施意见于2009年3月31日前报总局（征管科技司）；对贯彻落实中遇到的新情况、新问题，及时向总局反馈，年底前将全年执行情况向总局报告。

云南省国家税务局关于印发云南省国家税务局重大决策听证制度 重大事项公示制度 重点工作通报制度政务信息查询制度实施意见的通知

2009年4月9日 云国税发〔2009〕88号

各州、市国家税务局，局内各单位：

经省局局长办公会议研究同意，现将《云南省国家税务局重大决策听证制度实施意见》、《云南省国家税务局重大事项公示制度实施意见》、《云南省国家税务局重点工作通报制度实施意见》、《云南省国家税务局政务信息查询制度实施意见》印发给你们，请结合实际认真组织实施。

云南省国家税务局重大决策听证制度实施意见

第一条 为进一步完善科学、民主、依法决策机制，规范重大决策行为，提高税务行政决策的透明度和公众参与度，使行政决策充分体现人民群众的意志和利益，根据《云南省人民政府关于在全省县级以上行政机关推行重大决策听证 重要事项公示 重点工作通报 政务信息查询四项制度的决定》和《云南省人民政府重大决策听证制度实施办法》的规定，结合国税系统实际，制定本实施意见。

第二条 重大决策听证遵循公开、公正、客观、全面、高效、便民的原则。

各级国税机关举行的听证，应依照本实施意见进行，法律、法规、规章另有规定的，从其规定。

第三条 省级国税机关下列决策事项应当举行听证：

（一）有权限制定涉及全省性重大税收政策调整和重大税收征管制度调整的税收规范性文件制定；

（二）增值税起征点幅度调整；

（三）税收法律、法规、规章规定应当听证的其他决策事项。

第四条 听证的组织：

（一）重大决策事项需要组织听证的，由起草部门提出报告，经政策法规部门对组织听证的必要性审查和法律审查并会签后报局领导审核批准后组织实施；

（二）拟作出决策事项的国税机关是决策机关，由决策机关负责组织听证。国税系统重大决策听证由政策法规部门组织，调研、起草及组织实施部门作出决策说明并接受听证代表的质询，监察部门负责对听证组织、实施的监督。

第五条 除涉及国家机密以及法律、法规有规定不能公开听证的决策事项外，重大决策听证采取面向社会公开听证方式。

第六条 听证机关应当在听证会举行的10个工作日前，通过网站、新闻媒体等向社会公告听证事项、听证代表名额及其产生方式等相关内容。在听证会举行的7个工作日前，确定听证代表，并向社会公告听证举行时间、地点、听证会参加人员名单和听证代表名单。

第七条 听证会参加人员应包括：听证主持人、听证记录人、决策发言人、听证代表、听证监督人以及旁听人等，同时邀请新闻媒体参加，接受新闻媒体监督。

听证主持人由各级国税机关政策法规部门主要负责人担任；听证记录人由听证主持人指定；决策发言人由起草或提出重大决策事项的部门主要领导担任；听证监督人员由2人组成，由监察部门和具有督查职责的部门指派；旁听人员由社会公众及本系统人员自愿报名，经听证机关确认参加。

第八条 听证代表产生应具有代表性和广泛性，应包括：重大决策事项涉及的利害关系人、社会普通群众、人大代表或政协代表、专家及专业技术人员、法律工作者及听证机关认为应当参加的代表组成。

听证代表中利害关系人和社会普通群众从报名参加听证会的人员

中审查确定，报名人数达不到听证会要求人数的，由主持听证机关直接邀请利害关系人参加；人大代表或政协委员、专家及专业技术人员、法律工作者及听证机关认为应当参加的人员由组织听证机关邀请产生。

听证会的正式听证代表人数不得少于15人，且利害关系人和普通公众代表不得少于代表总数的1/3。

第九条 举行听证机关应当在听证会举行的3个工作日前，将拟作出重大决策事项的基本情况、可行性说明、有关统计及调查分析材料、听证机关的联系方式以及需要提供的其他资料送达听证代表。

举行听证机关应对所提供材料的真实性、客观性和准确性认真审查及负责。

听证会应当有2/3以上听证代表参加方可举行，实际参加人数不足应参加人数2/3的，应当延期举行听证会。

第十条 听证会按以下程序进行：

（一）主持人宣读听证事项和听证会纪律；

（二）核实听证代表身份；

（三）告知参加人的权利义务；

（四）决策发言人如实说明决策方案的内容、依据、理由和有关背景资料；

（五）听证代表质询、提问和发表意见；

（六）决策发言人答辩；

（七）听证代表做最后陈述；

（八）主持人总结和归纳各方代表的主要观点和理由；

（九）听证代表、决策发言人、听证监察人和主持人对听证会笔录进行审阅并签名。

第十一条 组织听证机关应当如实记录听证全过程，并根据听证笔录形成书面听证报告。

听证报告应客观真实反映听证代表提出的意见和建议。听证报告应包括听证事项，组织听证的基本情况，听证代表各方的观点、理由、意见和建议，决策发言人的陈述、答辩，听证机关对听证情况的评述以及其他相关情况。

听证报告应当附听证笔录和发给听证代表的资料。

第十二条 听证组织机关在听证会结束后的5个工作日内将听证报告报上级法规部门审查，具体是：州（市）、县（市、区）局组织的听证会，听证报告报上一级法规部门审查；省局组织的听证会的听证报告报省政府法制办审查，同时抄报国家税务总局。

对下级报送的听证报告各审查机关要在5个工作日内完成审查并提出审查意见经局领导同意后反馈上报机关。

审查机关应当根据听证会各方代表的意见审查拟决策事项的合法性、合理性、必要性以及可操作性，并提出明确的意见。

第十三条 组织听证机关应当将经过审查的听证报告和审查机关的意见作为作出决策的依据。同时，听证机关应当在收到审查部门意见后及时将经过审查的听证报告送交听证代表，并通过政府网站、国税互联网站、新闻媒体或其他方式向社会公布听证情况。

经过听证的决策事项，起草部门应充分考虑听证会各方代表提出的意见和建议，认真修改后并附注听证会意见、建议采纳情况的说明一并提交局办公会讨论。

主持听证的政策法规部门应对听证会的有关情况进行说明。

第十四条 应当举行听证的重大决策事项未经听证的，不得提交局办公会讨论通过。

第十五条 省局监察室负责对重大决策听证制度贯彻执行情况进行监督检查，对应当举行听证而未组织听证的，依照行政问责办法的有关规定进行问责。

第十六条 各级国税机关政策法规部门和监察部门应当开展监督检查，切实推进本地区重大决策听证工作的开展。

各级国税机关应当将重大决策听证实施情况纳入目标管理考核范围进行考核。

第十七条 各级国税机关应结合当地实际和税收管理权限，自主确定本地区重大决策听证事项并制订实施方案。

第十八条 本实施意见自2009年3月1日起执行。

云南省国家税务局重要事项公示制度实施意见

第一条 为了贯彻落实《云南省人民政府关于在全省县级以上行政机关推行重大决策听证 重要事项公示 重点工作通报 政务信息查询四项制度的决定》精神和《云南省人民政府重要事项公示制度实施办法》的规定，使税收工作接受人民群众监督，保障人民群众的知情权、参与权、表达权和监督权，推进行政权力公开透明运行，促进税收决策的科学化和民主化，结合国税系统实际，制定本实施意见。

第二条 重要事项公示遵循依法行政、全面真实、程序规范、及时便民的原则。

第三条 省局政策法规处负责重要事项公示制度的组织推进工作。省局各部门和各州、市国税局负责对涉及本部门的重要事项进行对外公示。

各州、市国税局和省局各部门主要负责人是组织实施重要事项公示工作的第一责任人。

第四条 下列重大事项应当进行公示：

（一）公务员招考录用等事项；

（二）对纳税人的评比表彰、纳税信誉等级评定等事项；

（三）行政许可事项；

（四）核定纳税人纳税定额调整事项；

（五）税收法律、法规、规章规定应当公示的其他重要事项。

第五条 各级国税机关是重要事项公示机关。

（一）各级国税机关重要事项公示坚持谁实施谁公示原则，由组织实施机关或部门按程序对外公示。

（二）拟实施公示的重要事项，

由拟办部门提出并报经局领导审定后对外发布。对涉及面较广、影响较大的公示事项，由拟办部门提出并会商政策法规、监察等部门后报经分管局领导同意并提交局办公会讨论批准后组织实施。

第六条 各级国税机关重要事项公示可通过以下途径进行：

（一）省局互联网站；

（二）报刊、广播、电视等新闻媒体；

（三）办税服务厅或其他公开场所。

第七条 重要事项公示应包含以下内容：

（一）基本情况；

（二）公示的起止时间；

（三）发布单位及发布时间；

（四）意见反馈及联系方式；

（五）其他需要公示的资料。

第八条 各级国税机关应当根据公示事项的具体情况确定公示期，法律、法规、规章有规定的，从其规定，没有规定的，公示期不得少于5个工作日。

第九条 各级国税机关应当认真归纳和分析群众提出的意见和建议，充分采纳合理建议；需要进一步征求意见的，可以通过组织听证会、座谈会、论证会等再次收集意见。

第十条 各州、市国税机关和省局各部门应当在公示结束后的10个工作日内，将重要意见和建议的采纳情况向社会公告，并将公示的基本情况、意见和建议收集及采纳等情况书面报告省局政策法规处和监察室。

第十一条 省局监察室负责对重要事项公示制度贯彻执行情况进行监督检查，对应当公示而未公示的，依照行政问责办法的有关规定进行问责。

第十二条 各级国税机关政策法规部门和监察部门应当开展监督检查，切实推进本地区重要事项公示工作的开展，主动接受社会对税收工作的监督。

第十三条 各级国税机关应结合当地实际，制定本地区重要事项公示制度的具体实施方案并报上级部门（法规、监察）备案。

各级国税机关应当将重要事项公示工作的实施情况纳入目标管理考核范围进行考核。

第十四条 本实施意见自2009年3月1日起执行。

云南省国家税务局重点工作通报制度实施意见

第一条 为了贯彻落实《云南省人民政府关于在全省县级以上行政机关推行重大决策听证 重要事项公示 重点工作通报 政务信息查询四项制度的决定》精神，推进政府信息公开工作，服务纳税人、展示国税部门形象，进一步提高国税机关工作的透明度，推动各项国税工作的落实，结合国税系统实际，制定本实施意见。

第二条 国税重点工作通报遵循依法治税、公开透明、全面真实、及时便民的原则，按照管理权限，分级负责、归口管理，坚持通报与落实相结合，加强监督与考核相结合，确保重点工作通报健康有序开展。

第三条 省局办公室负责重点工作通报制度的组织推进工作。

省局各部门和各州、市国税局主要负责人是推行重点工作通报制度的第一责任人。

第四条 下列重点工作应当向社会进行通报：

（一）组织税收收入进度情况；

（二）重大税收优惠政策落实情况；

（三）向社会公布的服务承诺事项和落实情况；

（四）涉税重大突发事件的处置情况；

（五）法律、法规、规章规定应当通报的其他重点工作。

第五条 各级国税机关是重点工作的通报机关。

（一）省局通报的重点工作，由局内各单位根据工作职责提出拟通报事项和途径等意见，会商监察室、法规处，报分管局领导审定后，交由办公室统一对外通报；

（二）各州、市国税局应当组织本地、本部门的通报工作，并将工作情况每季度报上一级监察室、法规处备案。

第六条 国税重点工作可以通过以下途径进行通报：

（一）省局互联网站；

（二）报刊、广播、电视等新闻媒体；

（三）各级国税机关在办税服务厅对外发布的公告；

（四）网上开展的在线访谈活动；

（五）新闻发布会。

第七条 重点工作根据内容按月、季和年度进行通报。重大突发事件实行随时发生，随时通报的原则，应当及时进行通报。

第八条 负责重点工作通报的单位应当认真收集整理群众对通报情况的反馈信息，解决重点工作通报中出现的问题。

第九条 省局监察室负责对重点工作通报制度的贯彻落实情况进行监督检查，对违反本实施办法，有下列情形之一的，依照行政问责办法的有关规定进行问责：

（一）应当通报而没有通报的；

（二）通报情况失实、信息错误造成不良影响的。

第十条 各级国税机关办公室和监察室应当开展督促检查和监督考核，切身推进本地区国税机关重点工作通报的工作。

各级国税机关办公室负责制订推行重点工作通报宣传方案，充分运用省局互联网站、报刊、广播、电视等新闻媒体广泛宣传、通报国税系统的重点工作。

各级国税机关应当将重点工作通报制度的实施情况纳入目标管理考核的范围。

第十一条 各级国税机关应当结合实际，制定本地重点工作通报制度的实施方案。各级国税机关制定的实施方案应当报送上一级国税机关法规处和监察室备案。

第十二条 本实施意见自2009

年3月1日起执行。

云南省国家税务局政务信息查询制度实施意见

第一条 为了贯彻落实《云南省人民政府关于在全省县级以上行政机关推行重大决策听证 重要事项公示 重点工作通报 政务信息查询四项制度的决定》精神，方便公众获取国税工作政务信息，保障公众知情权、参与权和监督权，规范国税工作政务信息查询服务行为，结合国税系统实际，制定本实施意见。

第二条 国税工作政务信息查询服务坚持统筹规划、便民利民、资源共享、省级集中、分级落实的原则。

第三条 省局办公室负责国税工作政务信息查询制度实施工作以及综合协调各部门工作，会同监察室对政务信息查询工作进行监督检查、考核评议，办公室或办公室指定的主管处室负责答复纳税人咨询（含电话、网络等方式），信息中心负责提供技术支持和保障，统筹规划查询系统建设。

第四条 县级以上国税机关应当加强领导，落实牵头机构和责任人，设立服务电话和信息联络员，建立健全工作机制、及时组织开展好政务信息查询各项工作。

第五条 纳税人、公民、法人和其他组织可以依照本实施办法获取下列信息：

（一）《税收征管法》规定的应当向纳税人公开的税收政策法规和征管制度信息；

（二）《政府信息公开条例》规定应当公开的国税工作政务信息；

（三）不涉密的国税工作改革与发展规划、组织税收收入的情况；

（四）各级国税机关制定的税收规范性文件；

（五）各级国税机关服务承诺事项及其办理情况；

（六）国税机关办税程序、条件、依据、监督途径和联系方式；

（七）国税部门公务员招考、录用以及公开选拔干部的条件、程序、结果等情况；

（八）群众关注和普遍需要了解的依法可以公开的国税工作信息；

（九）法律、法规、规章规定的国税机关应当主动公开的其他政务信息。

第六条 纳税人、公民、法人和其他组织可以采取下列方式查询国税工作政务信息：

（一）通过各级政府政务服务中心查询或者浏览政务信息公告栏、电子信息屏等设施现场查询；

（二）登录省国税局互联网门户网站进行网络查询；

（三）通过政务信息专线电话“96128”转国税部门进行电话查询；

（四）通过向各级国税机关进行走访或信函查询；

（五）其他查询方式。

第七条 各级国税机关要按照各级政府要求向有关部门报送供便民服务中心、政府信息公告平台和96128政务信息查询专线的基础信息，以便有关部门统一规划和建设政务信息查询系统。

第八条 各级国税机关及其各单位应当按照《云南省国家税务局办理网上纳税咨询管理办法》规定认真办理和解答网上咨询事项。

第九条 各级国税机关应当设立服务电话，指定熟悉本部门工作业务的信息联络员，在法定工作时间内负责解答“96128”话务员转接的涉及本部门工作职能的公众查询事项；对不能解答的问题，信息联络员应当认真记录并按照限时办结制要求，向查询人进行反馈。

第十条 省局各职能部门应当将互联网门户网站作为提供国税工作政务信息查询服务的重要平台，提供服务事项办理咨询、结果查询等政务信息查询，并将带普遍性、可以公开的答复信息及时添加到查询信息库或设定为常见问题，实现不同查询方式的相互补充和完善。

第十一条 各县（市、区）国税局办税服务厅要利用服务窗口受理有关咨询、查询服务事项，热情办理公众咨询答复。

第十二条 各级国税机关应当加大对政务公开场所查询设施建设力度，充分发挥政务公开场所的作用，通过完善查询终端、信息公告栏、信息显示屏等设施，提供公众查询各级行政机关公开的政务信息。

第十三条 省局信息中心应当依托省局互联网门户网站，按照统一系统、统一数据库的要求，统一规划和建设政务信息网络查询系统。

第十四条 各级国税机关及其各单位应当按照统一标准和规范整理的要求，在网上公开规范性文件、行政许可事项及办理程序等国税工作政务信息，并适时更新。

第十五条 各级国税机关及其各单位应当按照限时办结制要求和政务信息查询服务的相关规定，及时回复公众通过各级政府政务信息查询平台转办的查询事项。

对于依法申请公开的信息，应当按照依法申请公开的程序办理。

第十六条 各级国税机关应当按照统一技术标准、分散维护、集中利用的原则建立和完善政务信息发布、更新、交换机制，将网络询问答复和通过电话回答的带普遍性、可以公开的信息及时添加到查询信息库，积极配合完善国税工作政务查询信息库。

第十七条 各级国税机关应当确保网络连接的畅通和热线电话在法定工作时间的及时响应，热线回答用语规范。能回复或者解答的及时给予回复或者解答；不能及时回复或者解答的，告知查询人其他查询的方式、程序等信息。

对公众没有或者难以明确具体部门的电话查询、网络查询，由各级国税机关办公室统一区分并转交或者分发至相关行政机关进行处理。

第十八条 各级国税机关对应当依法公开的政务信息，在查询人履行有关手续后能够当场提供的应当当场提供，不能当场提供的应当在5个工作日内提供。

第十九条 国税工作政务信息查询实行无偿服务。应当收取的政务信息打印、复制等成本费用的，按照财政和物价主管部门制定的收费标准执行。

第二十条 已移交各级档案馆的国税工作政务信息，依照《中华人民共和国档案法》等国家和省有关规定查询。

第二十一条 省局办公室应会同监察室建立和完善国税工作政务信息查询、信息采集更新工作监督管理和绩效评估等管理制度，制定国税工作政务信息网络查询和电话查询等方面的操作规程。

第二十二条 各级国税机关应当建立网络查询系统的查询、受理、转交等工作流程的信息跟踪、统计制度和政务信息专线电话解答服务评价、通话记录制度，为各级政府政务信息公开主管部门和监察部门监督检查提供依据。

各级国税机关应当开设政务信息查询举报投诉电话，受理并及时调查处理群众针对政务信息查询提出的举报投诉。

第二十三条 各级国税机关应当将国税工作政务信息查询制度的实施情况纳入目标管理和绩效考评的范围，邀请社会监督员对各级国税机关开展政务信息查询工作情况进行监督，形成政府考核与社会评议相结合的考核评议机制。

第二十四条 省局监察室应加强对国税工作政务信息查询制度贯彻落实情况的监督检查，对违反本实施办法，有下列情形之一的，依照行政问责办法的有关规定问责：

（一）不履行主动公开义务的；

（二）不积极开展政务信息查询服务工作的；

（三）不提供或者不及时更新政务信息目录的；

（四）对符合法定条件的申请人隐瞒或者不提供应当公开的政务信息的；

（五）公开属于不予公开范围的政务信息的；

（六）有偿或者变相有偿的方式提供本机关已经决定予以公开的政务信息的；

（七）故意提供虚假政务信息的。

第二十五条 本实施意见自2009年3月1日起执行。

国家税务总局办公厅关于税务登记中企业登记注册类型有关问题的通知

2009年4月20日 国税办函〔2009〕198号

各省、自治区、直辖市和计划单列市国家税务局、地方税务局：

近期一些地方反映，工商行政管理部门办理营业执照时，采用了新的注册类型，造成企业工商营业执照注册类型与税务登记注册类型和税收核算统计企业类型划分不一致。现将有关问题明确如下：

税务登记中纳税人登记注册类型的划分，仍按照《税务登记管理办法》（国家税务总局令第7号）和《国家税务总局关于换发税务登记证件的通知》（国税发〔2006〕38号）的规定执行。

为了做好新的工商登记注册类型与现行的统计登记分类之间的衔接，国家统计局下发了《国家统计局办公室关于印发企业登记注册类型对照表的通知》（国统办字〔2008〕105号），就如何将新的工商登记注册类型归类到现行的经济类型中予以了明确。现将文件转发你们，请在办理税务登记时遵照执行。

同时，请各地地方税务局相应修订综合征管信息系统。

附件：国家统计局办公室关于印发企业登记注册类型对照表的通知

国家统计局办公室关于印发企业登记注册类型对照表的通知

2008年9月22日

国统办字〔2008〕105号

各省、自治区、直辖市统计局，国家统计局各调查总队：

近年来，国家工商行政管理总局陆续出台了新的企业登记注册管理办法，为便于在统计调查中准确填报登记注册类型，我们编制了《企业登记注册类型对照表》。现将《企业登记注册类型对照表》印发给你们，请在统计工作中遵照执行。

企业登记注册类型对照表

企业（机构）类型代码表（工商总局）		1998 年《关于划分企业登记注册类型的规定》	
1000	内资公司		
1100	有限责任公司		
1110	有限责任公司（国有独资）	151	国有独资公司
1120	有限责任公司（外商投资企业投资）		
1121	有限责任公司（外商投资企业合资）	330	外资企业
1122	有限责任公司（外商投资企业与内资合资）	310	中外合资经营企业
1123	有限责任公司（外商投资企业法人独资）	330	外资企业
1130	有限责任公司（自然人投资或控股）	159	其他有限责任公司
1140	有限责任公司（国有控股）	159	其他有限责任公司
1150	一人有限责任公司		
1151	有限责任公司（自然人独资）	173	私营有限责任公司
1152	有限责任公司（法人独资）	173	私营有限责任公司
1190	其他有限责任公司	159	其他有限责任公司
1200	股份有限公司		
1210	股份有限公司（上市）		
1211	股份有限公司（上市、外商投资企业投资）	340	外商投资股份有限公司
1212	股份有限公司（上市、自然人投资或控股）	174	私营股份有限公司
1213	股份有限公司（上市、国有控股）	160	股份有限公司
1219	其他股份有限公司（上市）	160	股份有限公司
1220	股份有限公司（非上市）		
1221	股份有限公司（非上市、外商投资企业投资）	340	外商投资股份有限公司
1222	股份有限公司（非上市、自然人投资或控股）	174	私营股份有限公司
1223	股份有限公司（非上市、国有控股）	160	股份有限公司
1229	其他股份有限公司（非上市）	160	股份有限公司
2000	内资分公司		
2100	有限责任公司分公司		
2110	有限责任公司分公司（国有独资）	151	国有独资公司
2120	有限责任公司分公司（外商投资企业投资）		
2121	有限责任公司分公司（外商投资企业合资）	330	外资企业
2122	有限责任公司分公司（外商投资企业与内资合资）	310	中外合资经营企业
2123	有限责任公司分公司（外商投资企业法人独资）	330	外资企业
2130	有限责任公司分公司（自然人投资或控股）	159	其他有限责任公司
2140	有限责任公司分公司（国有控股）	159	其他有限责任公司
2150	一人有限责任公司分公司		
2151	有限责任公司分公司（自然人独资）	173	私营有限责任公司
2152	有限责任公司分公司（法人独资）	173	私营有限责任公司
2190	其他有限责任公司分公司	159	其他有限责任公司
2200	股份有限公司分公司		
2210	股份有限公司分公司（上市）		
2211	股份有限公司分公司（上市、外商投资企业投资）	340	外商投资股份有限公司
2212	股份有限公司分公司（上市、自然人投资或控股）	174	私营股份有限公司
2213	股份有限公司分公司（上市、国有控股）	160	股份有限公司
2219	其他股份有限公司分公司（上市）	160	股份有限公司
2220	股份有限公司分公司（非上市）		

续表

企业（机构）类型代码表（工商总局）		1998 年《关于划分企业登记注册类型的规定》	
2221	股份有限公司分公司（非上市、外商投资企业投资）	340	外商投资股份有限公司
2222	股份有限公司分公司（非上市、自然人投资或控股）	174	私营股份有限公司
2223	股份有限公司分公司（非上市、国有控股）	160	股份有限公司
2229	其他股份有限公司分公司（非上市）	160	股份有限公司
3000	内资企业法人		
3100	全民所有制	110	国有企业
3200	集体所有制	120	集体企业
3300	股份制	151/159/160	国有独资公司/其他有限责任公司/股份有限公司
3400	股份合作制	130	股份合作企业
3500	联营	141/142/143/149	国有联营企业/集体联营企业/国有与集体联营企业/其他联营企业
4000	内资非法人企业、非公司私营企业及内资非公司企业分支机构		
4100	事业单位营业		
4110	国有事业单位营业	110	国有企业
4120	集体事业单位营业	120	集体企业
4200	社团法人营业		
4210	国有社团法人营业	110	国有企业
4220	集体社团法人营业	120	集体企业
4300	内资企业法人分支机构（非法人）		
4310	全民所有制分支机构（非法人）	110	国有企业
4320	集体分支机构（非法人）	120	集体企业
4330	股份制分支机构	151/159/160	国有独资公司/其他有限责任公司/股份有限公司
4340	股份合作制分支机构	130	股份合作企业
4400	经营单位（非法人）		
4410	国有经营单位（非法人）	110	国有企业
4420	集体经营单位（非法人）	120	集体企业
4500	非公司私营企业		
4530	合伙企业		
4531	普通合伙企业	172	私营合伙企业
4532	特殊普通合伙企业	172	私营合伙企业
4533	有限合伙企业	172	私营合伙企业
4540	个人独资企业	171	私营独资企业
4550	合伙企业分支机构		
4551	普通合伙企业分支机构	172	私营合伙企业
4552	特殊普通合伙企业分支机构	172	私营合伙企业
4553	有限合伙企业分支机构	172	私营合伙企业
4560	个人独资企业分支机构	171	私营独资企业
4600	联营	141/142/143/149	国有联营企业/集体联营企业/国有与集体联营企业/其他联营企业

续表

企业（机构）类型代码表（工商总局）		1998 年《关于划分企业登记注册类型的规定》	
4700	股份制企业（非法人）	151/159/160	国有独资公司/其他有限责任公司/股份有限公司
5000	外商投资企业		
5100	有限责任公司		
5110	有限责任公司（中外合资）	310	中外合资经营企业
5120	有限责任公司（中外合作）	320	中外合作经营企业
5130	有限责任公司（外商合资）	330	外资企业
5140	有限责任公司（外国自然人独资）	330	外资企业
5150	有限责任公司（外国法人独资）	330	外资企业
5160	有限责任公司（外国非法人经济组织独资）	330	外资企业
5190	其他	320	中外合作经营企业
5200	股份有限公司		
5210	股份有限公司（中外合资、未上市）	340	外商投资股份有限公司
5220	股份有限公司（中外合资、上市）	340	外商投资股份有限公司
5230	股份有限公司（外商合资、未上市）	340	外商投资股份有限公司
5240	股份有限公司（外商合资、上市）	340	外商投资股份有限公司
5290	其他	340	外商投资股份有限公司
5300	非公司		
5310	非公司外商投资企业（中外合作）	320	中外合作经营企业
5320	非公司外商投资企业（外商合资）	330	外资企业
5390	其他	320	中外合作经营企业
5800	外商投资企业分支机构		
5810	分公司	330	外资企业
5820	非公司外商投资企业分支机构	330	外资企业
5830	办事处	330	外资企业
5890	其他	330	外资企业
6000	台、港、澳投资企业		
6100	有限责任公司		
6110	有限责任公司（台港澳与境内合资）	210	合资经营企业（港或澳、台资）
6120	有限责任公司（台港澳与境内合作）	220	合作经营企业（港或澳、台资）
6130	有限责任公司（台港澳合资）	230	港、澳、台商独资经营企业
6140	有限责任公司（台港澳自然人独资）	230	港、澳、台商独资经营企业
6150	有限责任公司（台港澳法人独资）	230	港、澳、台商独资经营企业
6160	有限责任公司（台港澳非法人经济组织独资）	230	港、澳、台商独资经营企业
6170	有限责任公司（台港澳与外国投资者合资）	230/330	港、澳、台商独资经营企业/外资企业
6190	其他	220	合作经营企业（港或澳、台资）
6200	股份有限公司		
6210	股份有限公司（台港澳与境内合资、未上市）	240	港、澳、台商投资股份有限公司
6220	股份有限公司（台港澳与境内合资、上市）	240	港、澳、台商投资股份有限公司
6230	股份有限公司（台港澳合资、未上市）	240	港、澳、台商投资股份有限公司
6240	股份有限公司（台港澳合资、上市）	240	港、澳、台商投资股份有限公司
6250	股份有限公司（台港澳与外国投资者合资、未上市）	240/340	港、澳、台商投资股份有限公司/外商投资股份有限公司
6260	股份有限公司（台港澳与外国投资者合资、上市）	240/340	港、澳、台商投资股份有限公司/外商投资股份有限公司

续表

企业（机构）类型代码表（工商总局）		1998 年《关于划分企业登记注册类型的规定》	
6290	其他	240	港、澳、台商投资股份有限公司
6300	非公司		
6310	非公司台、港、澳企业（台港澳与境内合作）	220	合作经营企业（港或澳、台资）
6320	非公司台、港、澳企业（台港澳合资）	230	港、澳、台商独资经营企业
6390	其他	220	合作经营企业（港或澳、台资）
6800	台、港、澳投资企业分支机构		
6810	分公司	230	港、澳、台商独资经营企业
6820	非公司台、港、澳投资企业分支机构	230	港、澳、台商独资经营企业
6830	办事处	230	港、澳、台商独资经营企业
6890	其他	230	港、澳、台商独资经营企业
7000	外国（地区）企业		
7100	外国（地区）公司分支机构		
7110	外国（地区）无限责任公司分支机构	330	外资企业
7120	外国（地区）有限责任公司分支机构	330	外资企业
7130	外国（地区）股份有限责任公司分支机构	340	外商投资股份有限公司
7190	外国（地区）其他形式公司分支机构	330	外资企业
7200	外国（地区）企业常驻代表机构	330	外资企业
7300	外国（地区）企业在中国境内从事经营活动		
7310	分公司	330	外资企业
7390	其他	330	外资企业
8000	集团		
9000	其他类型		
9100	农民专业合作经济组织	190	其他企业
9200	农民专业合作经济组织分支机构	190	其他企业
9900	其他	190	其他企业

说明：

1. 凡在工商局登记为“股份制”、“股份制分支机构”、“股份制企业（非法人）”的单位，如是按照《中华人民共和国公司登记管理条例》注册为股份制企业，并以募集方式筹集资本的，对应 160“股份有限公司”；否则，对应 151“国有独资公司”或 159“其他有限责任公司”。

2.“联营”企业按照实际联营情况，对应 141“国有联营企业”、142“集体联营企业”、143“国有与集体联营企业”、149“其他联营企业”。

3.“有限责任公司（台港澳与外国投资者合资）”按照台港澳与外国投资者的出资比例，对应 230“港、澳、台商独资经营企业”或 330“外资企业”。如果出资比例各为 50%，则按照协议，以拥有企业实际控制权（协议控股）作为判断依据。

4.“股份有限公司（台港澳与外国投资者合资、未上市、上市）”按照台港澳与外国投资者的股份比例，对应 240“港、澳、台商投资股份有限公司”或 340“外商投资股份有限公司”。如果双方股份各为 50%，则按照协议，以拥有公司实际控制权（协议控股）作为判断依据。

5.“集团”随核心企业判断注册登记类型。

国家税务总局关于加强税种征管促进堵漏增收的若干意见

2009年4月29日　国税发〔2009〕85号

各省、自治区、直辖市和计划单列市国家税务局、地方税务局：

为深入贯彻中央经济工作会议关于"依法加强税收征管，做到应收尽收"的要求，进一步推动《国家税务总局关于进一步加强税收征管工作的通知》（国税发［2009］16号）的落实，确保2009年税收收入增长预期目标的实现，提出加强税种征管、促进堵漏增收的若干意见，望各地税务机关结合实际认真贯彻执行。

一、加强货物劳务税征管

（一）增值税

1. 加强农产品抵扣增值税管理

各地要结合本地区实际，积极采取有效措施，加强农产品抵扣增值税管理，严厉打击利用农产品收购发票和销售发票偷骗税违法犯罪活动。及时了解农产品收购加工企业的生产经营规律，摸清生产环节农产品消耗率、业务成本构成、投入产出比等情况。对于以农产品为主要原料的加工企业要定期进行纳税评估，结合企业申报资料深入检查农产品进项税额是否属实，凡以现金支付农产品收购款且数额较大的，应重点评估，认真审核。对于管理中发现的涉嫌偷骗税问题，要及时移交稽查部门，依法严肃查处。

2. 加强海关进口增值税专用缴款书抵扣管理

与海关部门共同推行海关专用缴款书"先比对、后抵扣"管理办法。由海关向税务机关传递专用缴款书电子信息，将"先抵扣、后比对"调整为"先比对、后抵扣"。增值税一般纳税人进口货物取得属于增值税扣税范围的海关专用缴款书，必须经稽核比对相符后方可申报抵扣税款，从根本上解决利用伪造海关专用缴款书骗抵税款问题。自2009年4月起，海关专用缴款书"先比对、后抵扣"的管理办法已在部分地区试行，待条件成熟时在全国范围内实行。

税务总局于2009年4月至7月，统一部署各地对2008年下半年稽核异常的海关专用缴款书进行清查，以打击偷骗税犯罪，减少税收流失。各级国税机关货物劳务税部门负责牵头组织，基层税源管理部门负责具体清查，信息中心负责技术支持，稽查部门负责对税源管理部门移交案件的查处。

（二）消费税

加强白酒消费税税基管理。税务总局制定《白酒消费税计税价格核定管理办法》，核定大酒厂白酒消费税最低计税价格，保全税基，增收消费税。各地要加强小酒厂白酒消费税的征管，对账证不全的，采取核定征收方式。要开展免税石脑油的消费税专项纳税评估，堵漏增收。

（三）营业税

继续做好公路、内河货运发票"票表比对"工作。各级国地税机关要充分利用公路、内河货物运费发票数据，认真进行"票表比对"，加强营业税、企业所得税等税种管理。

积极落实建筑和房地产业项目管理办法。各地在落实办法时，应尽可能获取第三方信息，与企业申报信息进行比对，切实抓好建筑和房地产业营业税等各税种管理。

（四）出口退税

采取有效措施加强出口应征税货物的管理，及时将出口应征税货物税款入库。税务总局对2008年出口应征税货物进行统计并清分各地，各地应对2008年、2009年一季度出口应征税货物进行清查，及时追缴未纳税货物税款。

二、加强所得税征管

（一）企业所得税

1. 全面加强企业所得税预缴管理

要认真落实《国家税务总局关于加强企业所得税预缴工作的通知》（国税函〔2009〕34号），进一步加强企业所得税预缴管理。依法调整预缴方法。对纳入当地重点税源管理的企业，原则上按实际利润额预缴方法进行预缴；对未按要求调整的，要坚决纠正。着力提高预缴税款比例。确保年度预缴税款占当年企业所得税入库税款不少于70%，防止税款入库滞后。开展分地区预缴工作检查。各地应按照有关要求开展预缴管理自查，税务总局组织督查，确保预缴管理工作落实到位。

2. 进一步加强汇算清缴工作

各地要切实做好企业所得税汇算清缴申报审核工作，提高年度申报质量，及时结清税款。汇算清缴结束后，要认真开展纳税评估。对连续三年以上亏损、长期微利微亏、跳跃性盈亏、减免税期满后由盈转亏或应纳税所得额异常变动等情况的企业，要作为评估的重点。要针对汇算清缴发现的问题和税源变化，加强日常监控和检查，堵塞征管漏洞。

3. 加强汇总纳税企业征管

各地要按照《国家税务总局关于推广应用汇总纳税信息管理系统有关问题的通知》（国税函〔2009〕141号）的要求，认真做好各项准备工作，确保2009年7月1日在全国推行。要积极应用该系统提供的信息，加强汇总纳税企业的监管。要研究明确二级分支机构的判定标准，加强对挂靠性质非法人分支机构的管理。研究完善分支机构所在地主管税务机关对分支机构的监管措施，充分发挥主管税务机关的监管作用。要按照规定做好汇总纳税企业税款分配、财产损失列支等监督管理工作，税务总局下半年将组织开展汇总纳税企业的交叉检查，防止汇总纳税企业税款应分未分、少分以及漏征漏管等问题发生。要研究完善企业所得税收入全部归中央的汇总纳税企业的管理办法，重新审核确认上述企业的二级分支机构。

4. 加强企业所得税行业管理

各地要认真按照银行、房地产、餐饮、钢铁、烟草、电力、建筑业等企业所得税管理操作指南的要求，做好分行业信息采集、预缴分析、纳税评估和日常核查等工作。要着力研究制定建筑业企业所得税管理办法，推进专业化管理。

5. 加强企业所得税优惠审核

税务总局将进一步研究明确企业所得税优惠审核审批备案管理问题。各地要加强对享受税收优惠企业的审核认定，做好动态管理；对不再符合条件的，一律停止其享受税收优惠。

（二）个人所得税

1. 推进全员全额扣缴明细申报

各地要加快推广个人所得税管理系统，进一步落实《国家税务总局关于进一步推进个人所得税全员全额扣缴申报管理工作的通知》（国税发〔2007〕97号），力争在2009年底前将所有扣缴单位纳入全员全额扣缴明细申报管理。凡是2008年度扣缴税款在10万元以上的扣缴单位，从2009年6月份开始必须实行全员全额扣缴明细申报。扣缴单位在办理扣缴申报时，必须按全员全额扣缴明细申报的要求报送《扣缴个人所得税报告表》；进行汇总申报的，税务机关不予受理。税务总局将在2009年第四季度组织全员全额扣缴明细申报执法检查，发现应实行未实行的，将通报批评。

2. 规范高等院校代扣代缴个人所得税

各地要大力推进高校全员全额扣缴明细申报，加强高校教师除工资以外的其他收入和兼职、来访讲学人员的个人所得税征管。要选择部分扣缴税款可能不实、人均纳税额较低的高校进行分析、评估和检查，发现应扣未扣税款行为，要依法处理。

3. 加强股权转让所得个人所得税征管和自行纳税申报的后续管理工作

各地要主动加强与工商部门的协作，获取个人股权转让信息；进一步规范股权转让所得个人所得税征管流程，健全内部管理机制；对形式上采取平价、低价转让且没有正当理由的，可对其计税依据进行核定。各地要做好2008年度年所得12万元以上纳税人自行纳税申报应补税款的入库和后续管理工作。

4. 加强企业工资薪金支出总额和已代扣代缴个人所得税工资薪金所得总额的比对

国税局、地税局要加强协作，对企业所得税申报表中的工资薪金支出总额和已代扣代缴个人所得税工资薪金所得总额进行比对。对二者差异较大的，地税局要进行实地核查或检查，对应扣未扣税款的，应依法处理。2009年度比对范围不得低于企业所得税汇算清缴总户数的10%。

5. 加强对外籍个人的个人所得税管理

各地要加强与外部门的配合、协作。要与公安出入境管理部门配合，着重掌握外籍人员出入境时间及各种资料，为实施税收管理和离境清税等提供依据；与银行及外汇管理部门配合，加强售付汇管理，把住资金转移关口。要加强国税、地税以及内、外税管理部门之间的配合，以企业为单位，建立外籍个人管理档案。各地应根据外籍个人对中国税法的遵从程度，有针对性的进行宣传辅导、政策讲解或约谈，促使其据实申报。各地对外籍个人取得的工资薪金所得及其他所得需要核查的，应按税务总局规定提出国际情报交换请求；得到对方国家情报后，应认真核查、确认个人所得；并摸索规律，逐步掌握不同国家外派人员的薪酬标准，重点加强来源于中国境内、由境外机构支付所得的管理。

三、加强财产行为税征管

各地要加大推广应用财产行为税税源监控管理平台力度，2009年6月底前全国基本安装到位。要建立各地监控平台与税务总局监控平台的连接，2009年底前建立起统一的城镇土地使用税和车船税税源数据库，并逐步建立其他税种税源数据库。要运用监控平台功能，采集征管和第三方信息，开展信息比对，促进纳税评估和税源监控，加强税收收入预测、政策执行评估，提升财产行为税管理水平。

（一）城镇土地使用税、房产税

各地要做好城镇土地使用税税源清查的后续管理工作。建立和完善分级税源数据库，并做好数据库的更新和维护工作，实现税源数据的动态管理。要分析本地区城镇土地使用税税源的规模、结构和分布等情况，及时发现征管中的漏洞，有针对性地采取措施。要继续推广利用GPS（全球卫星定位系统）等技术核实纳税人占地面积，抓好城乡结合部、工业园区应税土地的清查，对大型厂矿、仓储和房地产开发等占地面积大的企业，外资企业以及使用集体土地进行生产经营的纳税人也要加强税源监控工作。各地要加强对土地等级调整工作的管理，以经济繁荣程度、城市发展和地价水平等因素为依据，参考国土部门的基准地价确定办法，科学合理划分土地等级，使城镇土地使用税税负更加合理并调节土地级差收入。

各地要做好房产税征管工作。摸清房产税税源，重点加强出租房屋和房产税零申报户的征管。要通过多种方式核实税基，重点检查具备房屋功能的地下建筑以及房屋附属设备设施等纳税情况。

（二）城市维护建设税、教育

费附加

各地要着力抓好增值税、消费税两税信息比对软件的安装和信息比对。正在安装、调试的地区，有关部门应提供必要的技术支持；对个别安装调试有困难的地区，税务总局信息中心将赴现场指导；部分先试点后推广的地区，要及时总结试点经验，争取2009年6月底前全面推行；因设备购置和省级征管数据大集中而影响软件安装的地区，要积极协调有关部门抓紧做好软件安装前的准备工作。各地要将比对核查2006、2007、2008年度两税信息的详细情况及征收入库结果，按照《关于报送两税信息比对工作成果的通知》（财行便函〔2009〕23号）要求，分别于2009年5月底和9月底前报税务总局（财产行为税司）。目前软件安装和应用有困难的省市，要开展手工比对工作。各地要认真总结两税信息比对经验，促进城市维护建设税和教育费附加堵漏增收。

（三）土地增值税

各地要认真贯彻《土地增值税清算管理规程》，加强和规范土地增值税清算工作。为落实《国家税务总局关于进一步开展土地增值税清算工作的通知》（国税函〔2008〕318号）要求，税务总局将于近期开展督导检查，各地也要层层开展自查，切实提高土地增值税管理水平。

（四）车船税

各地要积极加强与车船税扣缴义务人的信息沟通工作，全面取得车船税代收代缴信息和车辆信息，建立车船税税源数据库，并利用税源信息比对强化对代收代缴工作的监管力度。各地要积极与财政、公安和保监部门沟通，按道路交通安全法的有关规定，严格执行将购买“交强险”作为机动车登记、检验的前提条件，同时，严格按照《国家税务总局 中国保险监督管理委员会关于进一步做好车船税代收代缴工作的通知》（国税发〔2008〕74号）的规定，完善“以检控（保）费，以（保）费控税”的征管模式，强化内控机制，促进车船税征管。

（五）耕地占用税、契税

各地要严格执行税务总局关于契税直接征收等征管规定。进行耕地占用税、契税职能划转的地区，要统筹职能、人员、工作安排，防止征管质量因职能划转而下滑；要整合耕地占用税、契税的税源、征管信息及房地产业其他税种的信息，进一步推动房地产税收一体化工作；要将耕地占用税、契税纳入统一的税收征管考核指标体系，完善征管质量监督和评价机制。

四、加强国际税收征管

（一）反避税

深入开展反避税调查。要加强对关联申报信息的审核、分析，强化全国、区域和行业联查工作，继续做好制衣制鞋、电子和通讯设备制造、电脑代工等行业的调查结案工作；力求在快餐、大型零售、饮料生产、电梯、汽车等行业的调查中取得突破；重点做好对高速公路等基础设施建设融资、轮胎制造、制药、饭店连锁等受金融危机影响较小行业的转让定价调查工作，加大调整补税力度，以提高行业整体利润水平。

加强对“走出去”企业的管理，重点关注在国外设立子公司的中国企业，是否足额收取特许权使用费或劳务费，或将利润留滞避税港，以延迟或逃避我国税收的情况。

加强对反避税调查调整企业的跟踪管理，巩固和扩大反避税工作成果。注重对以前年度调整企业的投资、经营、关联交易、纳税申报等指标进行跟踪监控，采取与企业约谈、立案调查等方式，防止避税行为反弹。

稳步开展双边磋商工作。要针对跨国公司提出的预约定价和转让定价对应调整的双边磋商申请，稳步开展双边磋商工作，着重研究成本节约、无形资产定价、成本构成等难点问题，全面反映我国企业对跨国公司集团的利润贡献，维护我国的税收权益。

（二）非居民税收

1．做好2008年度非居民企业所得税申报及汇算清缴工作

要按照《国家税务总局关于印发〈中华人民共和国非居民企业所得税申报表〉等报表的通知》（国税函〔2008〕801号）、《国家税务总局关于印发〈非居民企业所得税汇算清缴管理办法〉的通知》（国税发〔2009〕6号）和《国家税务总局关于印发〈非居民企业所得税汇算清缴工作规程〉的通知》（国税发〔2009〕11号）要求，做好日常纳税申报和汇算清缴，进一步提高税款预缴率，严格审核税前扣除项目，防范欠税，确保收入及时足额入库。

2．加强非居民承包工程和提供劳务税收管理

要按照《非居民承包工程作业和提供劳务税收管理暂行办法》（税务总局令第19号），结合本地实际，突出重点建设项目，抓好非居民税务登记、申报征收以及相关境内机构和个人资料报告工作。

3．加强非居民企业所得税源泉扣缴工作

按照《国家税务总局关于印发〈非居民企业所得税源泉扣缴管理暂行办法〉的通知》（国税发〔2009〕3号）规定，落实扣缴登记和合同备案制度，辅导扣缴义务人及时准确扣缴应纳税款，建立管理台账和档案；特别是对股权转让交易双方均为非居民企业且在境外交易的行为，应着力监控被转让股权的境内企业，以税务变更登记环节为重点做好税收风险防范和控制。

4．做好对外支付税务证明管理工作

按照《国家外汇管理局 国家税务总局关于服务贸易等项目对外支付提交税务证明有关问题的通知》（汇发〔2008〕64号）和《国家税务总局关于印发〈服务贸易等项目对外支付出具税务证明管理办法〉的通知》（国税发〔2008〕122号）要求，制定操作规程，及时把好税务证明出具关，控管非居民税源，确保对外支付款项及时足额纳税。

二〇〇九年四月二十九日

云南省国家税务局关于二手车业务税收征管有关问题的通知

2009年6月10日 云国税发〔2009〕140号

各州、市国家税务局：

根据《增值税暂行条例实施细则》、《二手车流通管理办法》、《财政部 国家税务总局关于增值税、营业税若干政策规定的通知》（财税字〔1994〕第26号）、《国家税务总局关于统一二手车销售发票式样问题的通知》（国税函〔2005〕693号）、《财政部 国家税务总局关于部分货物适用增值税低税率和简易办法征收增值税政策的通知》（财税〔2009〕9号）等政策规定，现将二手车业务有关税收征管问题明确如下：

一、关于二手车税收政策规定重申

二手车经销是指二手车经销企业收购、销售二手车的经营活动，对其经销二手车取得的收入，应按照简易办法依照4%征收率减半征收增值税。

二手车经纪是指二手车经纪机构以收取佣金为目的，为促成他人交易二手车而从事居间、行纪或者代理等经营活动，对其收取的手续费缴纳营业税。

对二手车经销企业开展代办车辆过户业务，通过与车主签订《二手车代购代销合同》，从中收取过户手续费，实际业务没有二手车的购进、库存和销售行为，也没有车辆购销款项的资金往来情况的，应属于二手车经纪业务，不征收增值税。

二、关于二手车发票的使用规定

（一）二手车经销企业收购二手车取得发票的方式

一是增值税一般纳税人向二手车经销企业销售二手车，由增值税一般纳税人自行开具持有的增值税普通发票作为收款凭证，发票联交给二手车经销企业作为付款凭证，其应税收入自行申报纳税。

二是增值税小规模纳税人向二手车经销企业销售二手车，由小规模纳税人自行开具持有的普通发票作为收款凭证，发票联交给二手车经销企业作为付款凭证，其应税收入自行申报纳税。

三是除增值税一般纳税人、小规模纳税人以外的单位向二手车经销企业销售二手车，由销售单位到当地国税机关申请代开《税务机关代开统一发票》，发票联作为二手车经销企业的付款凭证，国税机关同时负责征收税款。

四是二手车经销企业向个人收购二手车，由二手车经销企业向个人开具《云南省二手车收购统一发票》作为付款凭证。

（二）二手车经销企业销售二手车的发票使用规定

从事二手车交易活动的经销企业，包括从事二手车交易的汽车生产和销售企业，在销售二手车收取款项时，必须开具《二手车销售统一发票》。

二手车经纪机构和消费者个人之间二手车交易需要开具《二手车销售统一发票》的，由二手车交易市场统一开具。

云南省国家税务局转发云南省人民政府关于开展扩权强县试点实施意见等4个文件的通知

2009年7月23日 云国税发〔2009〕179号

各州、市国家税务局：

现将《云南省人民政府关于印发云南省开展扩权强县试点实施意见等4个文件的通知》（云政发〔2009〕112号）转发给你们，并就有关事项补充通知如下，请一并遵照执行。

一、内资企业和外商投资企业发生的需审批的财产损失，属于省局审批权限的，由试点县（区）国税局核实后按规定直接报送省局；属于州、市局审批权限的，由试点县（区）国税局审核、审批，并报州、市国税局备案。

二、对涉及8个试点县（市、区）的税收管理权调整事项，请结合本地区工作实际，完成相应的权限调整设置。

云南省人民政府关于印发云南省开展扩权强县试点实施意见等4个文件的通知

2009年6月18日 云政发〔2009〕112号

各州、市、县（市、区）人民政府，省直各委、办、厅、局：

为增强县域经济活力和自主发展能力，加快形成城乡一体化发展格局，实现"富民强省、睦邻兴边"发展目标，省人民政府决定进一步加大对县域经济发展的扶持力度，完善县域经济发展综合评价考核奖励办法，在石林等8个县（区）开展扩权强县试点。现将《云南省开展扩权强县试点实施意见》、《云南省县域经济发展财政扶持措施和考核奖励办法》、《云南省县域经济发展综合评价考核办法》、《云南省银行业金融机构支持县域经济发展意见》印发给你们，请结合实际，认真贯彻执行。

云南省开展扩权强县试点实施意见

为了贯彻落实党的十七大和十七届三中全会精神，探索省直接管理县（区）的体制，增强县域经济发展活力，根据省委、省政府《关于加快县域经济发展的决定》，现就2009～2012年开展扩权强县试点提出如下意见。

一、开展扩权强县试点的指导思想和原则

（一）指导思想。全面贯彻落实党的十七大、十七届三中全会和省第八次党代会、八届五次、六次全会精神，坚持以邓小平理论和"三个代表"重要思想为指导，深入贯彻落实科学发展观，以增强县域经济发展活力为目标，以扩大经济管理权限、提高各级行政效率、理顺县级权责关系为重点，明确扩权事项，积极开展试点，为深化县域经济管理体制改革积累经验，促进全省县域经济又好又快发展。

（二）扩权原则。坚持"依法合规、责权统一、增强活力、富民强县"的原则，在保持现有行政区划不变的前提下扩大试点县（区）经济管理权限。除国家法律、法规、规章有明确规定的以外，原需经市审批或者管理的经济事项，原则上改为由试点县（区）自行审批、管理，报市备案；原需经市审核、报省审批的，原则上改为由试点县（区）直接报省审批，报市备案。对国务院有关部门文件规定需经市审核、审批的事项，采取市人民政府委托和授权等办法放权。试点县（区）取得相应的管理权限后，同时承担与管理权限相应的责任。

二、扩权强县试点的选择范围

（一）确定试点县（市、区）的基本依据。1. 具备试点基础。试点县（市、区）经济发展水平、发展活力、发展潜力在所在市中相对较好，通过扩权能够在短期内快速发展。2. 具有试点效应。通过下放经济管理权限，能够有效带动人口大县（市、区）加快发展，并对不同类别县（市、区）有明显的示范带动作用。3. 便于顺利推进。试点县（市、区）只在6个市下辖的县（市、区）范围内选择，市人民政府所在地的区和民族自治州下辖县不列入试点。

（二）试点范围。根据试点县（市、区）选择的基本依据，在6个市确定8个试点县（市、区）。具体是：昆明市石林县、东川区，曲靖市马龙县，玉溪市新平县、易门县，普洱市宁洱县，丽江市永胜县，临沧市云县。

三、扩权强县试点的发展目标

通过扩权强县试点工作，在试点县（区）初步建立起事权与财权对等、权责利一致的县域经济管理体制和机制，促进试点县（区）经济发展实力不断增强。

四、赋予试点县（区）经济管理权限的内容

赋予试点县（区）与市相同的部分经济管理权限，主要包括计划直接上报、财政审计直接管理、税收管理权部分调整、项目直接申报、用地直接报批、资质直接认证、部分价格管理权限下放、统计直接监测发布等8个方面的管理权限（具体事项见附录）。今后国家和省赋予试点县（区）所在市的经济管理权限，除国家法律法规和规章有明确规定的，由试点县（区）直接享有。

五、扩权强县试点工作的组织实施

扩权强县试点工作由省县域经济发展协调小组统一领导，各有关市认真做好经济管理权限和政策调整后的工作衔接，确保改革试点工作扎实稳步推进。省直各有关部门按照职责分工，加快推进财政管理体制、投融资体制、农村土地制度等方面的改革，办理好扩权事项，并加强对试点县（区）经济管理权限工作的指导和监督，确保试点县（区）经济管理权限扩大后不出现管理上的脱节和漏洞。省县域办协调组织好业务培训和指导，提高试点县（区）政府部门的业务工作水平。试点县（区）应当以扩大经济管理权限为契机，增强责任意识和发展意识，切实转变政府职能和工作方式，不断提高工作效率和服务水平，努力为县域经济发展营造良好环境。

附件：1. 赋予扩权强县试点县（区）的经济管理权限

2. 云南省扩权强县试点县（区）的经济管理权限事项目录

附件1

赋予扩权强县试点县（区）的经济管理权限

一、计划直接上报

1. 试点县（区）的国民经济和社会发展计划（包括各业务部门的专业计划）直接报省直有关部门，同时抄报所在市有关部门。省直有关部门对试点县（区）的有关指标直接进行平衡，在所在市名下以“其中”形式列出。

二、财政、审计直接管理

2. 试点县（区）财政体制直接对省财政部门。按照确保既得利益、不挤不占、公平合理的原则处理好省、市和试点县（区）之间的财政管理体制和财政收支基数，涉及试点县（区）的体制上解（补助）、税收分成及返还、转移支付、专项拨款补助、企事业上下划、财政结算等事项由省财政直接对试点县（区）办理，资金由省财政部门结算到试点县（区）。

3. 试点县（区）的预算、决算直接对省财政部门。各试点县（区）经同级人民代表大会审查批准的预算、决算以及财政收支旬、月报及调整预算报省财政厅，同时抄报所在市财政局。

4. 库款报解及资金调度管理直接到试点县（区）。试点县（区）国库根据财政体制规定对中央、省报解财政库款。省财政确定试点县（区）的资金留解比例，资金调度由省财政直接调拨到试点县（区）。

5. 政府性债务由省财政部门直接监管到试点县（区）。试点县（区）举借国际金融组织贷款、外国政府贷款、国债转贷资金和专项再贷款等债务，向省财政部门承诺偿还，到期后由省财政结算或者扣款。试点前已发生的政府性债务仍按原来方式进行管理。

6. 审计计划管理。试点县（区）年度审计项目计划直接报省审计厅备案；省审计厅授权的项目，试点县（区）直接向省审计厅申请，省审计厅研究同意后，向试点县（区）审计局下发授权审计通知书。

7. 对试点县（区）财政决算和党政主要领导干部任期经济责任的审计，纳入省审计厅的管辖范围。

8. 增加试点县（区）审计局为审计信息直报点。

9. 省审计厅发往各市审计局的文件、资料，增发试点县（区）审计局。试点县（区）审计局的文件、资料直接报省审计厅，同时抄报所在市审计局。

三、税收管理权部分调整

10. 企业享受西部大开发所得税税收优惠政策，在规定期限内向试点县（区）税务部门提出书面申请并附送相关材料，属省级税务部门审批权限范围的，由试点县（区）税务部门审核后直接报省级税务部门审批，以后年度由试点县（区）税务部门审核确认后执行；属市级税务部门审批权限范围的，由试点县（区）税务部门审核、审批，报市级税务部门备案。

11. 试点县（区）地税部门直接受理、审核纳税人的资源税困难减免事项，报县（区）人民政府审批。

12. 试点县（区）税务部门受理纳税人（内资企业）处理财产损失时，属省税务部门审批权限范围的，由试点县（区）税务部门核实后直接报省税务部门审批，属市税务部门审批权限范围的，由试点县（区）级税务部门审核、审批，报市税务部门备案。外商投资企业发生的财产损失，由试点县（区）国税机关依照有关规定审核确认。

13. 国务院、财政部和国家税务总局明确规定由省级以上（含省级）税务部门审批的减免税等项目，由试点县（区）税务部门核实后直接报省级税务部门。

四、项目直接申报

14. 项目备案管理。试点县（区）投资主管部门享有《云南省企业投资项目核准实施办法（试行）》所划定的市投资主管部门的权限。

15. 项目核准管理。除需市综合平衡外部条件和国家、省有明确要求的项目外，试点县（区）投资主管部门享有《云南省企业投资项目核准实施办法（试行）》所划定的市级核准权限；需报送国家和省投资主管部门核准的项目，由试点县（区）投资主管部门直接向省投资主管部门申报。

16. 项目审批管理。除需市综合平衡外部条件和国家、省有明确要求的项目外，试点县（区）投资主管部门享有市投资主管部门审批权限；需报送国家和省投资主管部门审批的项目，由试点县（区）投资主管部门直接向省投资主管部门申报并抄报所在市投资主管部门。

17. 需申请国家和省资金的企业投资项目，一律由试点县（区）有关部门直接向省有关部门报送项目资金申请报告并抄报所在市有关部门。

18. 投资总额5000万美元以下，符合国家《外商投资产业指导目录》中规定的鼓励类、允许类外商投资项目，由试点县（区）投资主管部门核准，同时抄报省和所在市投资主管部门。

19. 鼓励类、允许类项目投资总额在1亿美元以下，限制类项目投资总额在5000万美元以下的，由试点县（区）审批，所在市商务主管部门发放外商投资企业批准证书。

20. 符合《国家产业结构调整指导目录（2005年本）》的鼓励类内资项目办理《国家鼓励类内资项目进口设备免税确认书》，由试点县（区）有关部门直接报省有关部门。

21. 试点县（区）申报的省级、国家级各类科技计划项目和农业投资项目、财政农业专项项目，由试点县（区）有关部门直接报省有关部门并抄报所在市有关部门。

22. 市审批权限内的小（二）型水库和水闸控制运行计划（跨县级行政区域的除外）、水土保持方案报告书、水利工程规划同意书（跨县级行政区域的除外），由试点县（区）自行审批，报所在市备案。

23. 试点县（区）对行政区域内建设项目的环境评价文件的审批，除化工、造纸、电镀、印染、酿造、味精、柠檬酸、酶制剂、酵母等污染较重或者涉及环境敏感区的项目外，享有市级环境保护部门的权限并负责对项目建设和运行的环境保护进行监督管理。审批项目每3个月向省、市环境保护及有关部门备案1次。

24. 办理《国家鼓励发展的内外资项目确认书》、《符合国家产业政策外商投资项目确认书》、《外商投资企业进口更新设备技改及配备件证明》，由试点县（区）有关部门初审后直接报省有关部门，同时抄报所在市投资主管部门。

25. 承担军粮供应任务的国有粮食购销企业及挂牌国家粮食储备企业、省级粮食储备企业基本设施的占用、置换、拆迁、报废，承担中央储备粮和地方储备粮的粮库的所有固定资产的购置、建设、调拨、变卖、报废、拆除、改用、外借，由试点县（区）粮食部门直接报省粮食部门审批，但中国储备粮管理总公司直属粮库除外。

26. 现代粮食物流、仓储、加工项目，由试点县（区）粮食部门直接报省粮食部门审核。

五、用地、矿产资源开发及森林资源利用直接报批

27. 试点县（区）及其政府所在地乡镇土地利用总体规划的审批和局部修改（调整）的审批，由试点县（区）人民政府直接报省人民政府批准，同时抄报所在市人民政府备案，不再报所在市人民政府审核。

28. 试点县（区）的矿产资源规划（含专项规划）和土地开发整理等专项规划，由试点县（区）国土资源主管部门直接报省国土资源主管部门审批，同时抄报所在市人民政府及国土资源主管部门备案，不再报所在市审核。试点县（区）有关部门主管本行政区域内的矿产资源勘查、开发利用、保护和矿产品运销、地质环境保护等监督管理工作，直接对省负责。

29. 试点县（区）的土地利用年度计划在省人民政府下达市年度计划中单列。

30. 试点县（区）需省人民政府审批的农用地转用和土地征收，由试点县（区）政府直接报省人民政府审批，同时抄报所在市人民政府备案，不再报所在市审核。

31. 试点县（区）应当经省级审批的土地开发整理项目的立项和投资预算申报，由试点县（区）政府有关部门直接报省直有关部门审批。

32. 试点县（区）应当经省、国家批准的建设项目用地预审，由试点县（区）国土资源主管部门初审后，直接报省国土资源主管部门。

33. 试点县（区）森林资源采伐限额等指标由省有关部门单独审批和下达。

六、资质直接认证

34. 试点县（区）有关部门直接核发所在市权限内的各类证照（国家法律、法规、规章明确规定由市发放的证照除外）。主要包括经营性收费、商务、质量技术监督、工商行政管理、建设、交通、农业、林业、水利、科技、教育、食品药品监督管理、卫生、文化、新闻出版、体育、旅游、民政、劳动用工、失业管理、社会保障等方面的证照。属省有关部门发放的证照和批准的事项，一律由试点县（区）有关部门直接向省有关部门报批、核准。

35. 二级及二级以下建筑业企业总承包及专业分包资质，工程勘察乙、丙级资质，建筑工程设计乙、丙级资质和其他建设工程设计丙级资质，房地产开发二级、三级资质，工程造价咨询单位资质，工程监理乙、丙级企业资质等，由试点县（区）自行审查，直接报省有关部门审批。

36. 冠县（区）行政区划名的企业符合企业集团条件的向试点县（区）工商登记机关申请企业集团登记。

37. 试点县（区）有关部门直接向省有关部门申报企业债券发行等直接融资事项。

38. 企业申请拍卖经营许可、二手车评估机构许可、云南省鲜茧收购许可、云南省缫丝企业生产许可、典当经营许可，由试点县（区）自行审核，报省商务主管部门审批，抄报所在市商务主管部门备案。其中典当经营许可由省商务主管部门审核，报商务部审批。

39. 市对产品质量监督抽查权限由试点县（区）行使。

40. 破产企业职工提前退休、困难企业军转干部提前退休、破产企业养老保险费欠费核销由试点县（区）自行审核后直接报省有关部门审批，报所在市备案。

41. 6吨以下锅炉安装告知，企业可以挂号信函形式直接向试点县（区）质监部门告知；6吨以下工业锅炉司炉工考核发证由试点县（区）质监部门按照安全技术规范及有关规定进行办理。

42. 省级储备粮承储资格认定、中央储备粮代储资格受理报批，由试点县（区）粮食部门直接报省粮食部门审批、受理上报。

43. 陈化粮购买资格认定，由试点县（区）粮食部门、工商管理部门按照有关规定审核后直接报省粮食部门审批，报省工商管理部门备案。

44. 最低收购价粮食收购库点资格认定，由试点县（区）粮食部门直接报省粮食部门审核。

45. 国家、省粮油龙头企业认定，由试点县（区）粮食部门直接报省粮食部门审核。

七、部分价格管理权限下放

46. 城市供水价格标准授权试点县（区）制定。

47. 建制镇环境卫生及垃圾清运服务价格，授权试点县（区）制定。

48. 出租车运价，车站、旅游景点车辆停放服务费，授权试点县（区）制定。

八、统计直接监测发布

49. 加强试点县（区）经济社会发展统计监测，在发布市的统计资料时，同时发布试点县（区）的主要统计数据，试点县（区）经济、社会发展的统计数据仍统计在所在市。

附件2

云南省扩权强县试点县（区）的经济管理权限事项目录（节选）

一、由县（区）直接报省审批（审核、核准）、报市备案事项目录

部门	序号	事项名称
税务部门	43	属于省税务部门审批权限的减免税，可由试点县（区）国税局审核后直报省局审核审批
	44	企业享受西部大开发所得税税收优惠政策，在规定期限内向试点县（区）税务部门提出书面申请并附送相关材料，属省级税务部门审批权限范围的，由试点县（区）税务部门审核后直接报省级税务部门审批，以后年度由试点县（区）税务部门审核确认后执行；属市级税务部门审批权限范围的，由试点县（区）税务部门审核、审批，报市级税务部门备案
	45	试点县（区）税务部门受理纳税人（内资企业）处理财产损失，属省级税务部门审批权限范围的，由试点县（区）税务部门核实后直接报省税务部门审批

二、由县（区）直接审批或核准、报市备案事项目录（节选）

部门	序号	事项名称
税务部门	21	试点县（区）税务部门受理纳税人（内资企业）处理财产损失，属市级税务部门审批权限范围的，由试点县（区）级税务部门审核、审批，报市级税务部门备案。外商投资企业发生的财产损失，由试点县（区）国税机关依照相关规定审核确认
	22	试点县（区）地税部门直接受理、审核纳税人的资源税困难减免事项，报县级人民政府审批

注：《云南省县域经济发展财政扶持措施和考核奖励办法》、《云南省县域经济发展综合评价考核办法》、《云南省银行业金融机构支持县域经济发展意见》略

国家税务总局关于印发《进一步加强税收征管若干具体措施》的通知

2009年7月27日 国税发〔2009〕114号

各省、自治区、直辖市和计划单列市国家税务局、地方税务局：

为进一步做好加强征管、堵漏增收工作，确保完成今年税收收入增长预期目标，税务总局制定了《进一步加强税收征管若干具体措施》，现印发给你们，请结合实际认真贯彻执行。

各级税务机关要进一步统一思想，坚定信心。既要看到完成全年税收收入增长预期目标的严峻形势，也要看到国民经济运行持续企稳向好，完成今年收入任务具备的有利条件。要始终坚持依法治税和优化服务，越是收入形势严峻，越要坚决贯彻组织收入原则，越要优化纳税服务，越要公平、公正、文明、规范执法。要在认真落实结构性减税政策的同时，积极采取措施堵塞收入流失的漏洞，努力做到应收尽收。要切实加强领导，对税务总局加强征管、堵漏增收相关文件落实情况抓紧进行自查，税务总局将适时组织督查。

进一步加强税收征管若干具体措施

一、开展管户清查。利用工商、质检等部门提供的企业信息、组织机构代码信息和国税局、地税局交换的税务登记信息，认真开展管户清查，重点对街道、车站、商

场内租赁柜台、市场内租赁业户、写字楼和住宅楼内经营业户、房屋出租等薄弱环节进行清理；对假注销、假停业、假失踪纳税人进行清查，防止漏征漏管。

二、加强专业市场和个体工商户的税收管理。结合实际，重点对大型专业市场中“前店后厂”型纳税人加强行业税负分析，掌握行业经营特点，加大纳税评估和稽查力度；加强对装饰、建材、钢材、家具、服装、餐饮、娱乐、美容等行业个体工商户定额核定，对定额偏低的，依法核定和调整定额；对经营规模较大、达到建账标准的，实行查账征收。

三、加强欠税清理。实行欠税目标责任管理，严格控制新欠，陈欠较年初压缩20%以上，对于往年陈欠，可暂先将欠税清理入库。

四、加强消费税税基管理。认真执行提高成品油和卷烟消费税税率相关政策。对白酒生产企业通过单独设立销售公司，压低出厂价格，侵蚀消费税税基行为加强监管，通过核定最低计税价格，防止利用关联交易偷逃消费税。

五、加强对跨地区经营汇总纳税企业总分机构管理。加强总分机构主管税务机关的信息沟通，核实月度或季度预缴税款准确性。对有主体生产经营职能的二级分支机构未按期取得企业所得税汇总纳税企业分配表的，分支机构所在地税务机关提请总机构所在地主管税务机关督促企业按照要求提供分配表，对拒不提供的，按《税收征管法》的有关规定给予处罚。分支机构所在地税务机关要配合总机构所在地税务机关加强对分支机构的检查，查实的分支机构隐匿收入，就地补缴税款入库。

六、加强企业所得税税前扣除项目管理。重点对与同行业投入产出水平偏离较大又无正当理由的成本项目，以及个人和家庭费用混同生产经营费用扣除进行核查。利用个人所得税和社会保险费征管、劳动用工合同等信息，分析工资支出扣除数额，确保扣除项目的准确性。未按规定取得的合法有效凭据不得在税前扣除。按规定由企业自行计算扣除的资产损失，在企业自行计算扣除后，主管税务机关要加强实地核查，进行追踪管理，不符合规定条件的，及时补缴税款。凡应审批而未审批的不得税前扣除。汇总纳税企业财产损失的税前扣除，除企业捆绑资产发生的损失外，未经分支机构主管税务机关核准的，总机构不得扣除。

七、加强企业计税收入管理。加强对纳税人以非货币形式取得收入的核实力度。着重对同一申报属期的增值税销售收入和所得税营业收入存在明显差异的纳税人进行分析排查，有重大问题的追溯到以往年度。

八、加强中介机构税收管理。对税务师事务所、会计师事务所、资产评估和房地产估价等鉴证类中介机构税收，不得实行核定征收。

九、加快非营利性组织认定工作。对享受税收优惠的非营利性组织，其营利性收入和非营利性收入必须分开核算，并对其营利性收入按规定征收企业所得税。营利性收入和非营利性收入及其成本费用无法分开核算的，不得享受符合条件的非营利组织的收入免税政策。

十、加强股权交易税收监管。对居民企业转让股权交易，要主动取得股东在工商部门股权登记变更信息和股权交易所股权转让信息，充分利用现行政策，加大企业所得税征收力度。对非居民企业转让境内股权交易，及时收集交易信息，掌握交易的经济实质，识别和防范非居民企业实施的滥用组织形式、滥用避税地、滥用税收协定的避税行为，防止税收收入流失。

十一、加强境外上市企业认定为中国居民企业的管理。积极推进《国家税务总局关于境外注册中资控股企业依据实际管理机构标准认定为居民企业有关问题的通知》(国税发〔2009〕82号)实施工作，对符合规定条件的境外注册中资控股企业，加快推进居民企业认定管理和登记工作，防止利用海外注册企业进行避税。

十二、加强反避税管理。强化全国联查、区域联查和行业联查，重点调查长期亏损、微利却不断扩大经营规模的企业，切实解决利用关联交易、资本弱化、假“来料加工”等方式避税问题；在高速公路建设融资领域，严查外方利用其境内子公司以高速公路收益权为抵押在我国贷款，再以贷款作为投入，获得高速公路收益权而没有体现独立交易原则的关联交易，确保中国境内子公司所获取的利润与其所承担的功能风险相匹配；对制药行业，重点关注无形资产价值的确定等内容；对饭店连锁行业，重点审查四星级以上连锁集团向国外母公司支付服务费、管理费等关联交易是否符合独立交易原则；强化对跨境关联交易监控，重点监控在中国境内承担单一生产、分销或合约研发等有限功能和风险的企业，防止跨国企业在金融危机背景下将境外企业的经营亏损转移至境内关联企业。

十三、加强资源税税基管理。各级国税局要将销售矿产资源纳税人的申报、购票信息提供给地税局；地税局要主动到国土、公安等管理部门获取资源开发许可、相关费用征收和火工耗品等信息，开展比对分析，核清计税依据，堵塞管理漏洞。

十四、加强建筑安装业和房地产业税收管理。根据项目开发经营链条，将土地储备、土地一级开发、土地供应、取得土地使用权(包括二手地交易)、勘探、设计、开工（包括土建、设备安装、装修、绿化)、监理、售房、保有、物业管理、二手房交易、租赁等所有环节涉税行为，都纳入控管范围，采集各环节涉税信息，开展分析比对，加强纳税评估或稽查。严格按照《土地增值税清算管理规程》的要求，加强土地增值税清算工作，结合所得税申报有关信息，重点对房地产开发成本费用进行审核。对国税局、地税局共管的房地产企业，主管税务机关要定期将所得税和营业税申报信息相互通报，加强比对分析，对有疑点的共同开展评估或稽查。继续落实房地产交易环节税收"一窗式"征收模式，开展应用房地产评税技术核定二手房交易计税价格的试点工作，对纳税人申报的成交价格明显偏低且无正当理由的，按核定的计税价格征税。

十五、加强重点工程税源监控。主动争取当地政府支持，掌握本地区重点工程项目立项、中标、建设进度和资金使用情况，依法确认相关税种纳税义务发生的相关情况，并采取相应管理措施。国税局、地税局要互通信息、协调配合，根据工程项目采购的大宗材料物资，着重核查供货企业的发票开具和申报纳税情况，保证税款及时足额入库。

十六、开展医药零售行业税收专项整治。全面采集医保中心支付给各定点药店的医保费信息，与医药零售企业申报纳税信息进行核实比对，发现有逃税嫌疑的，及时查处，重大问题追溯到以往年度。

十七、加强非居民提供劳务税收管理。重点对非居民企业派遣员工到境内提供管理、设计、认证、咨询服务进行调查，依据国内税法和税收协定正确判定非居民的纳税义务。

十八、开展非居民企业税收专项检查。对非居民企业承包重点工程项目、境内企业向非居民企业派发股息、分配利润、支付利息以及非居民企业股权转让等进行调查，发现问题要依法及时追缴税款。

十九、加强大企业和重点项目的检查。在抓好企业自查的基础上，做好督导和抽查工作；综合评估自查和抽查情况，将存在一般性税收问题且自查不彻底的企业列为继续自查对象；将存在重大税收问题且自查不彻底的企业列为重点检查对象，制定重点检查工作方案；对部分大型企业集团开展税收专项检查。各地应结合实际，选取当地重点税源企业进行检查。重点加强固定资产评估增值、股权转让所得、财产转让所得、土地及房产转让所得、境外投资收益、土地增值税提取后挂账不交税款、超标准提取年金等关键项目的专项检查。对自查和检查出来已核实的税款，抓紧组织入库。

二十、加强查补税款的调账处理。督促纳税人对已查补税款进行正确调账处理；实施纳税检查时，要对纳税人前期检查涉及的账务调整情况进行复查，防止纳税人以查补税款抵顶应征税款。

云南省国家税务局　云南省地方税务局关于配合做好家电下乡工作有关税收管理问题的通知

2009年8月14日　云国税函〔2009〕395号

各州、市国家税务局、地方税务局：

为深入贯彻落实党中央、国务院关于家电下乡的工作要求，充分发挥税收职能作用，配合做好家电下乡工作，确保我省家电下乡工作的顺利开展，按照《关于印发〈家电下乡操作细则〉的通知》（财建〔2009〕155号）、《云南省财政厅等12部门转发〈财政部等11部门关于印发家电下乡操作细则的通知〉的通知》（云财企〔2009〕151号）、《国家税务总局关于配合做好家电下乡工作的通知》（国税函〔2009〕276号）要求，结合我省实际，现就有关税收管理问题明确如下：

一、掌握基础信息，及时做好管理服务工作

应用中华人民共和国商务部在互联网上提供的"家电下乡信息管理系统"（http：//jdxx. zhs. mofcom. gov. cn），通过销售网点模块查询辖区内销售网点的名称、地址、联系方式等信息；通过企业档案模块查询中标生产、销售企业的基础信息。

二、报送协议合同，掌握销售网点的有关涉税信息

依照《中华人民共和国税收征收管理法》第二十五条的规定，要求销售网点将其与中标销售企业签订的，已报送当地商务部门备案的协议合同复印件报送主管国、地税务机关，以便税务机关掌握销售网点购进货物的品种、价格等涉税信息。

报送协议合同复印件的时限为销售网点报送商务部门备案后的15日内。

三、合理核定票量，确保销售网点正常使用发票

按照《国家税务总局关于进一步加强普通发票管理工作的通知》（国税发〔2008〕80号）要求合理核定票种。销售网点申请需要增加发票领购量的，经税务机关核实，最高核定量能确保一个月的使用量，以保证家电下乡经销网点发票的正常使用。

四、规范发票开具，为补贴兑现提供完整凭证

按照《家电下乡操作细则》第三章第十八条规定，销售网点在开具发票时，购买人姓名及身份证号码填写于客户名称栏内，产品标识卡号填写于发票顶头靠左侧空白处。其他项目的填写按照《中华人民共和国发票管理办法》及其实施细则的规定开具。

在日常税收管理中，税务机关要做好家电下乡发票开具的宣传、辅导工作，规范发票开具，确保农民取得符合申请兑现补贴要求的发票。

五、加强财务管理，做好一般纳税人认定管理工作

加强对生产、销售家电下乡产品纳税人的税法宣传、财务管理工作。对达到增值税一般纳税人认定标准的，按规定认定为增值税一般纳税人。

六、积极协调配合，确保家电下乡工作顺利开展

主动配合财政、商务等部门做好家电下乡工作，及时向商务部门获取销售网点的基本信息，向财政部门获取兑现补贴的发票信息，通过信息比对分析，防止大头小尾发票的开具，以及利用假发票骗取补贴行为的发生，维护正常税收秩序，配合家电下乡成员单位做好家电下乡工作。

国家税务总局关于印发《办税服务厅管理办法（试行）》的通知

2009 年 8 月 31 日　国税发〔2009〕128 号

各省、自治区、直辖市和计划单列市国家税务局、地方税务局：

为全面加强办税服务厅规范化、标准化建设，切实落实改进办税服务的各项举措，在充分调研和广泛征求意见的基础上，税务总局制定了《办税服务厅管理办法（试行）》，现印发你们，请认真贯彻执行。对执行中遇到的情况和问题，请及时反馈税务总局（纳税服务司）。

注：云南省国家税务局于 2009 年 9 月 22 日以云国税发〔2009〕226 号原文转发。

办税服务厅管理办法（试行）

第一条　为规范和加强办税服务厅管理，提高纳税服务水平，根据《中华人民共和国税收征收管理法》及其实施细则等有关规定，制定本办法。

第二条　本办法所称办税服务厅，是指税务机关为纳税人、扣缴义务人集中办理涉税事项，提供纳税服务的机构和场所。

第三条　税务机关应当根据税源分布和税收征管工作需要，本着便利纳税人、降低征纳成本的原则，合理设置办税服务厅。提倡国税局、地税局共建办税服务厅。

第四条　税务机关要加强办税服务厅建设，优化税收业务流程，深化信息技术应用，创造良好办税环境，合理配置人力资源，提高办税服务的质量和效率。

第五条　办税服务厅应当按照规范、便捷、高效、文明的原则为纳税人提供优质服务，提高纳税人的税法遵从度和满意度。

第六条　纳税人、扣缴义务人向税务机关申请办理的各类涉税事项，除法律法规另有规定的以外，由办税服务厅统一受理。

第七条　办税服务厅的主要职责是：

（一）办理纳税人、扣缴义务人税务登记事项；

（二）办理纳税申报、认证、税款征收等事项；

（三）办理发票发售、代开、审验、缴销等发票管理事项；

（四）实施税务违法的简易处罚；

（五）开展纳税咨询，提供办税辅导；

（六）公开涉税事项，宣传税收政策；

（七）受理涉税审批申请，办理备案事项；

（八）办理其他相关事项。

第八条　各省税务机关应当结合实际建立健全办税服务厅岗责体系，统一规范办税服务厅岗位设置，明确工作职责和工作流程。

第九条　税务机关应当加强办税服务厅与相关单位、部门的业务衔接，不断优化业务流程，明确各环节办结时限，切实提高办税效率。

第十条　办税服务厅要推行办税公开，通过公告栏或电子显示屏、触摸屏等设施公开税收政策、办税程序、服务承诺、税务行政收费项目、税务违法处罚标准、办理时限、办公时间、咨询和投诉举报电话等应公开事项。

第十一条　办税服务厅应当提供以下服务：

（一）导税服务。引导纳税人到相关的服务区域或窗口办理各类涉税事项；辅导纳税人填写涉税资料、使用自助办税设施，解答纳税人办税咨询。

（二）全程服务。税务机关受理纳税人涉税审批事项，应当按照“窗口受理、内部流转、限时办结、窗口出件”的要求办理。

（三）限时服务。纳税人涉税审批申请材料齐全、符合法定形式，或者申请人按要求提交全部补正申请材料的，应当受理申请，并即时办结或限时办结；对申请材料不齐全或者不符合法定形式的，应当一次性告知申请人需要补正的全部内容。

（四）延时服务。对下班时正在办理的涉税事项，可适当延长工作时间办理完成。

（五）预约服务。根据纳税人的合理需求，办税服务厅可与纳税人约定适当时间办理涉税事项。

（六）提醒服务。及时提醒纳税人在法定时限内履行纳税义务或告知纳税人相关的税收政策，避免纳税人因工作疏忽或不了解税收政策变化而受到不必要的行政处罚。

第十二条　具备条件的地区应

当积极推行以下服务：

（一）网上办税。税务机关应当建立和完善网上办税服务平台，通过网络为纳税人办理税务登记、申报缴税、报税认证、文书申请等涉税事项。

（二）联合办税。各级国税机关、地税机关应加强工作协作和信息共享，联合办理有关涉税事项。

（三）同城通办。税务机关应当充分发挥信息技术作用，实现纳税人不受地域限制，自主选择办税服务厅办理涉税事项。

第十三条 办税服务厅的环境建设应简洁实用、功能完善、布局合理、规范统一。

第十四条 办税服务厅一般设置办税服务区、咨询辅导区、自助办税区和等候休息区等功能区域，各地可结合实际进行调整。

第十五条 税务机关应当积极创造条件，通过综合服务窗口统一办理各类涉税事项，为纳税人提供“一窗式”服务。条件暂不具备的，可设置综合服务、发票管理、申报纳税三类窗口或综合服务、发票管理两类窗口。

第十六条 办税服务厅应当设置公告栏、意见箱，提供自助办税设施、宣传资料、表证单书及填写范本、笔墨纸张及相关用品。具备条件的，可设置电子显示屏、触摸屏、排队叫号系统和服务质量评价系统等设施。

第十七条 各地应当根据国家税务总局规定，统一规范设置办税服务厅的外部标识和内部标识。

第十八条 税务机关应当加强办税服务厅日常管理，建立健全办税服务厅工作考核评价和监督机制，提高办税服务质量。

第十九条 办税服务厅要制订应急预案，建立健全突发事件应急处理机制，确保各项工作高效运转、安全运行。

第二十条 税务机关应当有计划地组织开展办税服务厅工作人员培训，不断提高其业务素质和服务水平。

第二十一条 税务机关应当合理配置办税服务厅人力资源，根据实际情况和工作需要建立激励机制。在干部交流、职务晋升、福利待遇、教育培训、表彰奖励等方面对办税服务厅工作人员予以适当倾斜。

第二十二条 办税服务厅工作人员要统一着装上岗，推行首问责任制，做到爱岗敬业、公正执法、业务熟练、服务规范、清正廉洁。

第二十三条 各省、自治区、直辖市和计划单列市国家税务局、地方税务局根据本办法，制定具体实施办法。

第二十四条 本办法由国家税务总局负责解释。

第二十五条 本办法自2009年10月1日起试行。

云南省发展和改革委员会关于核定二手车收购统一发票价格的复函

2009年9月28日　云发改收费〔2009〕1959号

省国家税务局：

《云南省国家税务局关于请予核定〈云南省二手车收购统一发票〉价格的函》（云国税〔2009〕468号）收悉。经研究，现将我省二手车收购统一发票价格函复如下：

一、采用压感纸印制的规格为241毫米x177.8毫米，电脑打印三联次《云南省二手车收购统一发票》发售价格核定为每套0.84元。

二、上述《云南省二手车收购统一发票》价格为最终发售价格。各发售机关要严格遵守国家和省有关价格收费管理法律、法规和政策规定，不得设置设立收费项目、提高收费标准、扩大收费范围，要按照《云南省人民政府关于实行价格和收费公示制度的通知》（云政发172号）的规定，在服务或收费场所的显著位置公示收费项目、收费标准、监督电话等，自觉接受价格主管部门的监督检查和社会监督。

三、上述规定自2009年10月10日起执行。

注：云南省国家税务局于2009年11月5日以云国税函〔2009〕523号原文转发。

国家税务总局关于纳税人权利与义务的公告

2009年9月28日　国家税务总局公告2009年第1号

为便于您全面了解纳税过程中所享有的权利和应尽的义务，帮助您及时、准确地完成纳税事宜，促进您与我们在税收征纳过程中的合作（“您”指纳税人或扣缴义务人，“我们”指税务机关或税务人员。

下同），根据《中华人民共和国税收征收管理法》及其实施细则和相关税收法律、行政法规的规定，现就您的权利和义务告知如下：

您的权利

您在履行纳税义务过程中，依法享有下列权利：

一、知情权

您有权向我们了解国家税收法律、行政法规的规定以及与纳税程序有关的情况，包括：现行税收法律、行政法规和税收政策规定；办理税收事项的时间、方式、步骤以及需要提交的资料；应纳税额核定及其他税务行政处理决定的法律依据、事实依据和计算方法；与我们在纳税、处罚和采取强制执行措施时发生争议或纠纷时，您可以采取的法律救济途径及需要满足的条件。

二、保密权

您有权要求我们为您的情况保密。我们将依法为您的商业秘密和个人隐私保密，主要包括您的技术信息、经营信息和您、主要投资人以及经营者不愿公开的个人事项。上述事项，如无法律、行政法规明确规定或者您的许可，我们将不会对外部门、社会公众和其他个人提供。但根据法律规定，税收违法行为信息不属于保密范围。

三、税收监督权

您对我们违反税收法律、行政法规的行为，如税务人员索贿受贿、徇私舞弊、玩忽职守，不征或者少征应征税款，滥用职权多征税款或者故意刁难等，可以进行检举和控告。同时，您对其他纳税人的税收违法行为也有权进行检举。

四、纳税申报方式选择权

您可以直接到办税服务厅办理纳税申报或者报送代扣代缴、代收代缴税款报告表，也可以按照规定采取邮寄、数据电文或者其他方式办理上述申报、报送事项。但采取邮寄或数据电文方式办理上述申报、报送事项的，需经您的主管税务机关批准。

您如采取邮寄方式办理纳税申报，应当使用统一的纳税申报专用信封，并以邮政部门收据作为申报凭据。邮寄申报以寄出的邮戳日期为实际申报日期。

数据电文方式是指我们确定的电话语音、电子数据交换和网络传输等电子方式。您如采用电子方式办理纳税申报，应当按照我们规定的期限和要求保存有关资料，并定期书面报送给我们。

五、申请延期申报权

您如不能按期办理纳税申报或者报送代扣代缴、代收代缴税款报告表，应当在规定的期限内向我们提出书面延期申请，经核准，可在核准的期限内办理。经核准延期办理申报、报送事项的，应当在税法规定的纳税期内按照上期实际缴纳的税额或者我们核定的税额预缴税款，并在核准的延期内办理税款结算。

六、申请延期缴纳税款权

如您因有特殊困难，不能按期缴纳税款的，经省、自治区、直辖市国家税务局、地方税务局批准，可以延期缴纳税款，但是最长不得超过三个月。计划单列市国家税务局、地方税务局可以参照省级税务机关的批准权限，审批您的延期缴纳税款申请。

您满足以下任何一个条件，均可以申请延期缴纳税款：一是因不可抗力，导致您发生较大损失，正常生产经营活动受到较大影响的；二是当期货币资金在扣除应付职工工资、社会保险费后，不足以缴纳税款的。

七、申请退还多缴税款权

对您超过应纳税额缴纳的税款，我们发现后，将自发现之日起10日内办理退还手续；如您自结算缴纳税款之日起三年内发现的，可以向我们要求退还多缴的税款并加算银行同期存款利息。我们将自接到您退还申请之日起30日内查实并办理退还手续，涉及从国库中退库的，依照法律、行政法规有关国库管理的规定退还。

八、依法享受税收优惠权

您可以依照法律、行政法规的规定书面申请减税、免税。减税、免税的申请须经法律、行政法规规定的减税、免税审查批准机关审批。减税、免税期满，应当自期满次日起恢复纳税。减税、免税条件发生变化的，应当自发生变化之日起15日内向我们报告；不再符合减税、免税条件的，应当依法履行纳税义务。

如您享受的税收优惠需要备案的，应当按照税收法律、行政法规和有关政策规定，及时办理事前或事后备案。

九、委托税务代理权

您有权就以下事项委托税务代理人代为办理：办理、变更或者注销税务登记、除增值税专用发票外的发票领购手续、纳税申报或扣缴税款报告、税款缴纳和申请退税、制作涉税文书、审查纳税情况、建账建制、办理财务、税务咨询、申请税务行政复议、提起税务行政诉讼以及国家税务总局规定的其他业务。

十、陈述与申辩权

您对我们作出的决定，享有陈述权、申辩权。如果您有充分的证据证明自己的行为合法，我们就不得对您实施行政处罚；即使您的陈述或申辩不充分合理，我们也会向您解释实施行政处罚的原因。我们不会因您的申辩而加重处罚。

十一、对未出示税务检查证和税务检查通知书的拒绝检查权

我们派出的人员进行税务检查时，应当向您出示税务检查证和税务检查通知书；对未出示税务检查证和税务检查通知书的，您有权拒绝检查。

十二、税收法律救济权

您对我们作出的决定，依法享有申请行政复议、提起行政诉讼、请求国家赔偿等权利。

您、纳税担保人同我们在纳税上发生争议时，必须先依照我们的纳税决定缴纳或者解缴税款及滞纳金或者提供相应的担保，然后可以依法申请行政复议；对行政复议决定不服的，可以依法向人民法院起诉。如您对我们的处罚决定、强制执行措施或者税收保全措施不服的，可以依法申请行政复议，也可以依法向人民法院起诉。

当我们的职务违法行为给您和其他税务当事人的合法权益造成侵害时，您和其他税务当事人可以要求税务行政赔偿。主要包括：一是您在限期内已缴纳税款，我们未立即解除税收保全措施，使您的合法权益遭受损失的；二是我们滥用职权违法采取税收保全措施、强制执行措施或者采取税收保全措施、强制执行措施不当，使您或者纳税担保人的合法权益遭受损失的。

十三、依法要求听证的权利

对您作出规定金额以上罚款的行政处罚之前，我们会向您送达《税务行政处罚事项告知书》，告知您已经查明的违法事实、证据、行政处罚的法律依据和拟将给予的行政处罚。对此，您有权要求举行听证。我们将应您的要求组织听证。如您认为我们指定的听证主持人与本案有直接利害关系，您有权申请主持人回避。

对应当进行听证的案件，我们不组织听证，行政处罚决定不能成立。但您放弃听证权利或者被正当取消听证权利的除外。

十四、索取有关税收凭证的权利

我们征收税款时，必须给您开具完税凭证。扣缴义务人代扣、代收税款时，纳税人要求扣缴义务人开具代扣、代收税款凭证时，扣缴义务人应当开具。

我们扣押商品、货物或者其他财产时，必须开付收据；查封商品、货物或者其他财产时，必须开付清单。

您的义务

依照宪法、税收法律和行政法规的规定，您在纳税过程中负有以下义务：

一、依法进行税务登记的义务

您应当自领取营业执照之日起30日内，持有关证件，向我们申报办理税务登记。税务登记主要包括领取营业执照后的设立登记、税务登记内容发生变化后的变更登记、依法申请停业、复业登记、依法终止纳税义务的注销登记等。

在各类税务登记管理中，您应该根据我们的规定分别提交相关资料，及时办理。同时，您应当按照我们的规定使用税务登记证件。税务登记证件不得转借、涂改、损毁、买卖或者伪造。

二、依法设置账簿、保管账簿和有关资料以及依法开具、使用、取得和保管发票的义务

您应当按照有关法律、行政法规和国务院财政、税务主管部门的规定设置账簿，根据合法、有效凭证记账，进行核算；从事生产、经营的，必须按照国务院财政、税务主管部门规定的保管期限保管账簿、记账凭证、完税凭证及其他有关资料；账簿、记账凭证、完税凭证及其他有关资料不得伪造、变造或者擅自损毁。

此外，您在购销商品、提供或者接受经营服务以及从事其他经营活动中，应当依法开具、使用、取得和保管发票。

三、财务会计制度和会计核算软件备案的义务

您的财务、会计制度或者财务、会计处理办法和会计核算软件，应当报送我们备案。您的财务、会计制度或者财务、会计处理办法与国务院或者国务院财政、税务主管部门有关税收的规定抵触的，应依照国务院或者国务院财政、税务主管部门有关税收的规定计算应纳税款、代扣代缴和代收代缴税款。

四、按照规定安装、使用税控装置的义务

国家根据税收征收管理的需要，积极推广使用税控装置。您应当按照规定安装、使用税控装置，不得损毁或者擅自改动税控装置。如您未按规定安装、使用税控装置，或者损毁或者擅自改动税控装置的，我们将责令您限期改正，并可根据情节轻重处以规定数额内的罚款。

五、按时、如实申报的义务

您必须依照法律、行政法规规定或者我们依照法律、行政法规的规定确定的申报期限、申报内容如实办理纳税申报，报送纳税申报表、财务会计报表以及我们根据实际需要要求您报送的其他纳税资料。

作为扣缴义务人，您必须依照法律、行政法规规定或者我们依照法律、行政法规的规定确定的申报期限、申报内容如实报送代扣代缴、代收代缴税款报告表以及我们根据实际需要要求您报送的其他有关资料。

您即使在纳税期内没有应纳税款，也应当按照规定办理纳税申报。享受减税、免税待遇的，在减税、免税期间应当按照规定办理纳税申报。

六、按时缴纳税款的义务

您应当按照法律、行政法规规定或者我们依照法律、行政法规的规定确定的期限，缴纳或者解缴税款。

未按照规定期限缴纳税款或者未按照规定期限解缴税款的，我们除责令限期缴纳外，从滞纳税款之日起，按日加收滞纳税款万分之五的滞纳金。

七、代扣、代收税款的义务

如您按照法律、行政法规规定负有代扣代缴、代收代缴税款义务，必须依照法律、行政法规的规定履行代扣、代收税款的义务。您依法履行代扣、代收税款义务时，纳税人不得拒绝。纳税人拒绝的，您应当及时报告我们处理。

八、接受依法检查的义务

您有接受我们依法进行税务检查的义务，应主动配合我们按法定程序进行的税务检查，如实地向我们反映自己的生产经营情况和执行财务制度的情况，并按有关规定提供报表和资料，不得隐瞒和弄虚作假，不能阻挠、刁难我们的检查和监督。

九、及时提供信息的义务

您除通过税务登记和纳税申报向我们提供与纳税有关的信息外，

还应及时提供其他信息。如您有歇业、经营情况变化、遭受各种灾害等特殊情况的，应及时向我们说明，以便我们依法妥善处理。

十、报告其他涉税信息的义务

为了保障国家税收能够及时、足额征收入库，税收法律还规定了您有义务向我们报告如下涉税信息：

1. 您有义务就您与关联企业之间的业务往来，向当地税务机关提供有关的价格、费用标准等资料。

您有欠税情形而以财产设定抵押、质押的，应当向抵押权人、质权人说明您的欠税情况。

2. 企业合并、分立的报告义务。您有合并、分立情形的，应当向我们报告，并依法缴清税款。合并时未缴清税款的，应当由合并后的纳税人继续履行未履行的纳税义务；分立时未缴清税款的，分立后的纳税人对未履行的纳税义务应当承担连带责任。

3. 报告全部账号的义务。如您从事生产、经营，应当按照国家有关规定，持税务登记证件，在银行或者其他金融机构开立基本存款账户和其他存款账户，并自开立基本存款账户或者其他存款账户之日起15日内，向您的主管税务机关书面报告全部账号；发生变化的，应当自变化之日起15日内，向您的主管税务机关书面报告。

4. 处分大额财产报告的义务。如您的欠缴税款数额在5万元以上，您在处分不动产或者大额资产之前，应当向我们报告。

特此公告。

国家税务总局关于深入贯彻落实《国家税务总局关于纳税人权利与义务的公告》的通知

2009年12月29日　国税函〔2009〕761号

各省、自治区、直辖市和计划单列市国家税务局、地方税务局：

为了进一步规范税收管理和改进纳税服务，切实保护纳税人的合法权益，促进税法遵从度的持续提高，现就贯彻落实《国家税务总局关于纳税人权利与义务的公告》（2009年第1号，以下简称《公告》）问题通知如下：

一、充分认识《公告》的重要意义

《公告》首次以规范性文件形式系统阐述了纳税人在依法履行纳税义务过程中所享有的权利和应该履行的义务，这是税务部门着力推进依法治税和推动纳税人权益保护的重要举措。各级税务机关和广大税务人员要深刻领会《公告》的重要意义，牢固树立征纳双方法律地位平等的理念，全面提高对保护纳税人合法权益重要性的认识。要通过大力优化纳税服务，帮助纳税人方便、快捷、准确地履行纳税义务；同时，要进一步规范税收管理和税收执法行为，切实保障纳税人依法享有的合法权益得到充分实现，促进税收征纳关系的进一步和谐。

二、深入做好《公告》的宣传辅导工作

全面掌握和了解纳税人的权利与义务，不仅有利于增强纳税人维护自身合法权益的意识和能力，提高依法纳税的自觉性，也有利于促进税务机关和税务人员规范行政管理和执法行为。《公告》的发布引起了社会各界和广大纳税人的积极反响，各级税务机关要抓住有利时机，把宣传和落实好《公告》作为当前的一项重要工作任务。

（一）切实加强宣传工作的组织领导。各单位主要负责同志要亲自过问，分管领导要具体抓。要及时研究制定宣传工作方案，综合调配机关内部的宣传力量，运用多种宣传渠道和宣传形式广泛宣传《公告》的内容。

（二）突出重点，有针对性地开展对内、对外宣传。面向广大纳税人，要在宣传其应履行的纳税义务的同时，着重宣传其在纳税过程中依法享有的权利，告知其实现权利的途径以及权利受到侵害时可以采取的救济措施，增强纳税人维护自身权益的意识和能力。对税务人员，要通过专题教育和培训，牢固树立起征纳双方法律地位平等的理念和保护纳税人合法权益是税务机关和税务人员法定义务的观念，在坚持依法治税的原则下，努力做到在税收管理和税收执法过程中切实保护纳税人的合法权益。

（三）拓展宣传方式，注重宣传效果。各地要充分利用办税服务厅、税务网站，电视、报纸、广播等多种媒介广泛开展宣传。要针对纳税人群体的不同特点，采用合适的方式开展有针对性的宣传，既要注重宣传的广度，又要讲求宣传的效果。各地要将《公告》的内容编印成宣传册，放置在办税服务厅供纳税人免费取阅。

三、切实解决纳税人普遍关心的问题

各级税务机关要对照《公告》中有关纳税人权利和义务的规定，认真查找实际工作中存在的不足。对于纳税人普遍反映的问题，要高度重视，集中专门力量进行专题研究。对于税务机关自身工作中的问题，要立即采取措施加以纠正。对于制度和政策层面的问题，属于本级税务机关职责范围内的，要认真加以改进和完善；属于上级机关职责范围的，要积极提出改进建议尽快上报。对于纳税人反映的个性问题，要深入实际开展调查，实事求是地加以解决。

八、税务稽查

财政部　国家税务总局关于印发《税务稽查办案专项经费管理暂行办法》的通知

2009年12月23日　财行〔2009〕557号

各省、自治区、直辖市、计划单列市国家税务局：

为进一步规范税务稽查办案专项经费的管理，加强税务稽查办案专项经费的使用和监督，提高财政资金使用效益，我们制定了《税务稽查办案专项经费管理暂行办法》。现印发给你们，请遵照执行。

税务稽查办案专项经费管理暂行办法

第一章　总　则

第一条　为了规范税务稽查办案专项经费管理，加强税务稽查办案专项经费使用的监督，提高财政资金使用效益，根据《中华人民共和国预算法》等法规的相关规定，制定本办法。

第二条　税务稽查办案专项经费，是指中央财政保障国家税务局系统（以下简称国税系统）查办税收案件任务的完成，安排用于税务稽查部门查办税收案件的专项经费。包括一般办案费和大案要案办案费。

一般办案费，是指县以上国家税务局依照国家税务总局《税务稽查工作规程》（国税发〔1995〕226号）有关规定立案查办除大案要案以外的税收案件所发生的相关费用。

大案要案办案费，是指国家税务总局直接组织查办或者督办税收违法大案要案所发生的有关费用。

第三条　国家税务总局直接组织查办或督办的大案要案主要包括：

（一）党中央、国务院批转交办的案件；

（二）最高人民法院、最高人民检察院、公安部、审计署、国家信访局等部门需要国税系统协助查办的案件；

（三）国家税务总局领导批转交办，或者由国家税务总局稽查局直接组织查办或负责督办的案件等。

第四条　各省、自治区、直辖市、计划单列市国家税务局提请国家税务总局督办或者组织协查，并符合下列标准之一的案件，视同大案要案处理：

（一）单位偷税、逃避追缴欠税数额在250万元以上（含250万元，下同），个人（包括个体工商户）偷税、逃避追缴欠税数额在50万元以上的；

（二）抗税数额在30万元以上，或者聚众抗税，或者冲击、打砸税务机关，或者围攻、殴打税务人员，或者暴力抗税致人重伤、死亡的；

（三）骗取出口退税款数额在200万元以上的；

（四）虚开增值税专用发票及其他可抵扣凭证，涉及税款数额在300万元以上的；

（五）伪造增值税专用发票及其他可抵扣凭证，或者出售伪造的增值税专用发票及其他可抵扣凭证，份数在250份以上的；

（六）非法出售增值税专用发票及其他可抵扣凭证，或者非法购买增值税专用发票及其他可抵扣凭证，或者购买伪造的增值税专用发票及其他可抵扣凭证，份数在250份以上的；

（七）非法出售其他发票，或者伪造、擅自制造其他发票，或者出售伪造、擅自制造的其他发票，份数在1000份以上的。

第五条　税务稽查办案专项经费的管理使用应当遵循专款专用、专项管理、厉行节约、注重实效的原则，不得用于弥补日常经费支出或挪作其他用途。

第二章　支出范围和标准

第六条　税务稽查办案专项经费的支出范围包括：

（一）差旅费，是指办案人员外出调查取证所发生的住宿费、旅费、伙食补助费及杂费。

（二）邮电费，是指办案人员在集中办案或者异地办案期间所发生的邮寄费、电话费（不含移动通讯费）、电报费、传真费、网络通讯费等。

（三）会议费，是指召开与办案直接相关的会议所发生的会议场地租用费、印刷费等。

（四）设备购置费，是指为查办税收案件购置必需计算机、摄像器材、传真机、复印机等办案设备所发生的费用。

（五）租赁费，是指集中办案过程中临时租赁办公用房、交通工具及其他设备所发生的费用。

（六）培训费，是指集中办案期间，对办案人员进行培训所发生的费用。

（七）检举奖励费，是指按照有关规定，用于奖励已查实并结案的税收违法案件检举有功人员的经费。

（八）协查办案费，是指办案单位在办案过程中支付给案件协查单位的有关费用，复制、翻拍、传递情报材料的费用以及组织、委托有关方面人员进行专题情报研究的费用等。

（九）误餐费，是指办案人员在市内调查取证过程中，因工作需要不能正常用餐的补助。

第七条 税务稽查办案专项经费支出，国家已有相关支出标准的，应当严格执行有关规定；没有支出标准的，应当严格控制支出。

（一）差旅费、会议费和培训费的支出标准，按照有关规定执行。

（二）从严控制设备购置支出，办案所需设备原则上使用已有设备。需新购置设备的，所需经费从基本支出经费中安排，确实无法安排而办案又急需的，可从设备购置经费中安排。设备购置按照政府采购有关规定执行。

（三）严格控制租赁设备支出，根据办案工作需要，应当在参照当地相关设备租赁价格水平的基础上，从严控制租赁费支出。

（四）检举奖励费标准，按照财政部、国家税务总局、人力资源社会保障部的有关规定执行。

（五）邮电费、误餐费根据相关规定执行。

（六）根据协查办案业务量，从严控制协查办案费支出。

第三章 预算编制和执行

第八条 税务稽查办案专项经费的预算编制和批复程序，按照财政部部门预算的要求和国家税务总局的规定执行。

第九条 财政部批复国家税务总局部门预算后，国家税务总局应当按照部门预算管理的相关要求，及时向下级预算单位批复稽查办案专项经费预算。

第十条 各级国家税务局应当严格执行税务稽查办案专项经费预算，不得自行调整。预算执行过程中如确需调整税务稽查办案专项经费预算的，必须按照规定的程序报批。

第十一条 税务稽查办案专项经费年底形成的结余资金，按照财政部结余资金管理的有关规定执行。

第四章 经费使用和监督

第十二条 税务稽查办案专项经费由各级国家税务局财务部门和稽查部门按照职责分工实施管理。财务部门负责编制税务稽查办案专项经费预算、决算，实施日常会计核算。稽查部门负责提出税务稽查办案专项经费预算申请，并严格按照本办法有关规定使用。

第十三条 各级国家税务局财务部门要加强税务稽查办案专项经费支出的财务管理，按照规定的支出范围和标准支付费用。

（一）差旅费、会议费、邮电费和培训费，凭有效发票（单据），经专案负责人和稽查部门审核后，报主管本级稽查办案的国家税务局（以下简称主管局）审批。

（二）购置办案所需设备，应当由办案单位提出申请，经专案交办单位或者批准立案单位相关领导批准后，由同级固定资产管理部门和财务部门按照政府采购的有关规定进行购置。发生的相关费用，按照相关财务审核审批程序和国库集中支付的有关规定办理。用办案经费购置的设备，由省级国家税务局按照规定权限和程序审批，报国家税务总局备案。

（三）租赁办案用房、办案设备由办案单位提出申请，经专案交办单位或者批准立案单位相关领导审核，报主管局审批。发生的相关费用，由办案单位的相关负责人签字后凭有效单据报销。

（四）检举奖励按照国家税务总局的有关规定执行。

（五）协查办案费，应当由办案单位提出申请，经专案交办单位或者批准立案单位相关领导审核，由办案单位的相关责任人签字后，报主管局审批。

（六）误餐费，应当由办案单位的相关负责人签字后，按照财政部规定的有关标准，凭有效单据报销。

第十四条 使用税务稽查办案专项经费购置的固定资产，应当按照有关政策规定纳入本单位固定资产核算和管理。

第十五条 各级国家税务局应当按照本办法规定的支出范围和标准，加强对税务稽查办案专项经费使用情况的监督检查。

财政部和国家税务总局按照有关规定和职责分工对稽查办案专项经费的使用情况进行监督检查。

对超范围使用、超标准支出、挤占挪用税务稽查办案专项经费的依照《财政违法行为处罚处分条例》（国务院令第427号）等有关规定追究法律责任，并由上级税务机关按照有关规定扣减下一年度税务稽查办案专项经费。

第五章 附 则

第十六条 各省、自治区、直辖市、计划单列市国家税务局可以根据本办法，结合本地实际情况，制订具体实施办法，报国家税务总局备案。

第十七条 本办法由财政部、国家税务总局负责解释。

第十八条 本办法自发布之日起执行。

国家税务总局关于印发《税务稽查工作规程》的通知

2009年12月24日　国税发〔2009〕157号

各省、自治区、直辖市和计划单列市国家税务局、地方税务局：

现将修订的《税务稽查工作规程》印发给你们，请认真遵照执行。执行中如有问题，请及时报告国家税务总局（稽查局）。

税务稽查工作规程

第一章　总　则

第一条　为了保障税收法律、行政法规的贯彻实施，规范税务稽查工作，强化监督制约机制，根据《中华人民共和国税收征收管理法》（以下简称《税收征管法》）、《中华人民共和国税收征收管理法实施细则》（以下简称《税收征管法细则》）等有关规定，制定本规程。

第二条　税务稽查的基本任务，是依法查处税收违法行为，保障税收收入，维护税收秩序，促进依法纳税。

税务稽查由税务局稽查局依法实施。稽查局主要职责，是依法对纳税人、扣缴义务人和其他涉税当事人履行纳税义务、扣缴义务情况及涉税事项进行检查处理，以及围绕检查处理开展的其他相关工作。稽查局具体职责由国家税务总局依照《税收征管法》、《税收征管法细则》有关规定确定。

第三条　税务稽查应当以事实为根据，以法律为准绳，坚持公平、公开、公正、效率的原则。

税务稽查应当依靠人民群众，加强与有关部门、单位的联系和配合。

第四条　稽查局在所属税务局领导下开展税务稽查工作。

上级稽查局对下级稽查局的稽查业务进行管理、指导、考核和监督，对执法办案进行指挥和协调。

各级国家税务局稽查局、地方税务局稽查局应当加强联系和协作，及时进行信息交流与共享，对同一被查对象尽量实施联合检查，并分别作出处理决定。

第五条　稽查局查处税收违法案件时，实行选案、检查、审理、执行分工制约原则。

稽查局设立选案、检查、审理、执行部门，分别实施选案、检查、审理、执行工作。

第六条　税务稽查人员应当依法为纳税人、扣缴义务人的商业秘密、个人隐私保密。

纳税人、扣缴义务人的税收违法行为不属于保密范围。

第七条　税务稽查人员有《税收征管法细则》规定回避情形的，应当回避。

被查对象要求税务稽查人员回避的，或者税务稽查人员自己提出回避的，由稽查局局长依法决定是否回避。稽查局局长发现税务稽查人员有规定回避情形的，应当要求其回避。稽查局局长的回避，由所属税务局领导依法审查决定。

第八条　税务稽查人员应当遵守工作纪律，恪守职业道德，不得有下列行为：

（一）违反法定程序、超越权限行使职权；

（二）利用职权为自己或者他人谋取利益；

（三）玩忽职守，不履行法定义务；

（四）泄露国家秘密、工作秘密，向被查对象通风报信、泄露案情；

（五）弄虚作假，故意夸大或者隐瞒案情；

（六）接受被查对象的请客送礼；

（七）未经批准私自会见被查对象；

（八）其他违法乱纪行为。

税务稽查人员在执法办案中滥用职权、玩忽职守、徇私舞弊的，依照有关规定严肃处理；涉嫌犯罪的，依法移送司法机关处理。

第九条　税务机关必须不断提高稽查信息化应用水平，充分利用现代信息技术采集涉税信息，强化稽查管理和执法监督。

第二章　管　辖

第十条　稽查局应当在所属税务局的征收管理范围内实施税务稽查。

前款规定以外的税收违法行为，由违法行为发生地或者发现地的稽查局查处。

税收法律、行政法规和国家税务总局对税务稽查管辖另有规定的，从其规定。

第十一条　税务稽查管辖有争议的，由争议各方本着有利于案件查处的原则逐级协商解决；不能协商一致的，报请共同的上级税务机关协调或者决定。

第十二条　省、自治区、直辖市和计划单列市国家税务局稽查局、地方税务局稽查局可以充分利用税源管理和税收违法情况分析成果，结合本地实际，按照以下标准在管辖区域范围内实施分级分类稽查：

（一）纳税人生产经营规模、纳税规模；

（二）分地区、分行业、分税种的税负水平；

（三）税收违法行为发生频度及轻重程度；

（四）税收违法案件复杂程度；

（五）纳税人产权状况、组织体系构成；

（六）其他合理的分类标准。

分级分类稽查应当结合税收违法案件查处、税收专项检查、税收专项整治等相关工作统筹确定。

第十三条 上级稽查局可以根据税收违法案件性质、复杂程度、查处难度以及社会影响等情况，组织查处或者直接查处管辖区域内发生的税收违法案件。

下级稽查局查处有困难的重大税收违法案件，可以报请上级稽查局查处。

第三章 选 案

第十四条 稽查局应当通过多种渠道获取案源信息，集体研究，合理、准确地选择和确定稽查对象。

选案部门负责稽查对象的选取，并对税收违法案件查处情况进行跟踪管理。

第十五条 稽查局必须有计划地实施稽查，严格控制对纳税人、扣缴义务人的税务检查次数。

稽查局应当在年度终了前制订下一年度的稽查工作计划，经所属税务局领导批准后实施，并报上一级稽查局备案。

年度稽查工作计划中的税收专项检查内容，应当根据上级税务机关税收专项检查安排，结合工作实际确定。

经所属税务局领导批准，年度稽查工作计划可以适当调整。

第十六条 选案部门应当建立案源信息档案，对所获取的案源信息实行分类管理。案源信息主要包括：

（一）财务指标、税收征管资料、稽查资料、情报交换和协查线索；

（二）上级税务机关交办的税收违法案件；

（三）上级税务机关安排的税收专项检查；

（四）税务局相关部门移交的税收违法信息；

（五）检举的涉税违法信息；

（六）其他部门和单位转来的涉税违法信息；

（七）社会公共信息；

（八）其他相关信息。

第十七条 国家税务总局和各级国家税务局、地方税务局在稽查局设立税收违法案件举报中心，负责受理单位和个人对税收违法行为的检举。

对单位和个人实名检举税收违法行为并经查实，为国家挽回税收损失的，根据其贡献大小，依照国家税务总局有关规定给予相应奖励。

第十八条 税收违法案件举报中心应当对检举信息进行分析筛选，区分不同情形，经稽查局局长批准后分别处理：

（一）线索清楚，涉嫌偷税、逃避追缴欠税、骗税、虚开发票、制售假发票或者其他严重税收违法行为的，由选案部门列入案源信息；

（二）检举内容不详，无明确线索或者内容重复的，暂存待办；

（三）属于税务局其他部门工作职责范围的，转交相关部门处理；

（四）不属于自己受理范围的检举，将检举材料转送有处理权的单位。

第十九条 选案部门对案源信息采取计算机分析、人工分析、人机结合分析等方法进行筛选，发现有税收违法嫌疑的，应当确定为待查对象。

待查对象确定后，选案部门填制《税务稽查立案审批表》，附有关资料，经稽查局局长批准后立案检查。

税务局相关部门移交的税收违法信息，稽查局经筛选未立案检查的，应当及时告知移交信息的部门；移交信息的部门仍然认为需要立案检查的，经所属税务局领导批准后，由稽查局立案检查。

对上级税务机关指定和税收专项检查安排的检查对象，应当立案检查。

第二十条 经批准立案检查的，由选案部门制作《税务稽查任务通知书》，连同有关资料一并移交检查部门。

选案部门应当建立案件管理台账，跟踪案件查处进展情况，并及时报告稽查局局长。

第四章 检 查

第二十一条 检查部门接到《税务稽查任务通知书》后，应当及时安排人员实施检查。

检查人员实施检查前，应当查阅被查对象纳税档案，了解被查对象的生产经营情况、所属行业特点、财务会计制度、财务会计处理办法和会计核算软件，熟悉相关税收政策，确定相应的检查方法。

第二十二条 检查前，应当告知被查对象检查时间、需要准备的资料等，但预先通知有碍检查的除外。

检查应当由两名以上检查人员共同实施，并向被查对象出示税务检查证和《税务检查通知书》。

国家税务局稽查局、地方税务局稽查局联合检查的，应当出示各自的税务检查证和《税务检查通知书》。

检查应当自实施检查之日起60日内完成；确需延长检查时间的，应当经稽查局局长批准。

第二十三条 实施检查时，依照法定权限和程序，可以采取实地检查、调取账簿资料、询问、查询存款账户或者储蓄存款、异地协查等方法。

对采用电子信息系统进行管理和核算的被查对象，可以要求其打开该电子信息系统，或者提供与原始电子数据、电子信息系统技术资料一致的复制件。被查对象拒不打开或者拒不提供的，经稽查局局长批准，可以采用适当的技术手段对该电子信息系统进行直接检查，或者提取、复制电子数据进行检查，但所采用的技术手段不得破坏该电子信息系统原始电子数据，或者影响该电子信息系统正常运行。

第二十四条 实施检查时，应当依照法定权限和程序，收集能够证明案件事实的证据材料。收集的证据材料应当真实，并与所证明的事项相关联。

调查取证时，不得违反法定程序收集证据材料；不得以偷拍、偷录、窃听等手段获取侵害他人合法权益的证据材料；不得以利诱、欺诈、胁迫、暴力等不正当手段获取证据材料。

第二十五条 调取账簿、记账凭证、报表和其他有关资料时，应当向被查对象出具《调取账簿资料通知书》，并填写《调取账簿资料清单》交其核对后签章确认。

调取纳税人、扣缴义务人以前会计年度的账簿、记账凭证、报表和其他有关资料的，应当经所属税务局局长批准，并在3个月内完整退还；调取纳税人、扣缴义务人当年的账簿、记账凭证、报表和其他有关资料的，应当经所属设区的市、自治州以上税务局局长批准，并在30日内退还。

第二十六条 需要提取证据材料原件的，应当向当事人出具《提取证据专用收据》，由当事人核对后签章确认。对需要归还的证据材料原件，检查结束后应当及时归还，并履行相关签收手续。需要将已开具的发票调出查验时，应当向被查验的单位或者个人开具《发票换票证》；需要将空白发票调出查验时，应当向被查验的单位或者个人开具《调验空白发票收据》，经查无问题的，应当及时退还。

提取证据材料复制件的，应当由原件保存单位或者个人在复制件上注明"与原件核对无误，原件存于我处"，并由提供人签章。

第二十七条 询问应当由两名以上检查人员实施。除在被查对象生产、经营场所询问外，应当向被询问人送达《询问通知书》。

询问时应当告知被询问人如实回答问题。询问笔录应当交被询问人核对或者向其宣读；询问笔录有修改的，应当由被询问人在改动处捺指印；核对无误后，由被询问人在尾页结束处写明"以上笔录我看过（或者向我宣读过），与我说的相符"，并逐页签章、捺指印。被询问人拒绝在询问笔录上签章、捺指印的，检查人员应当在笔录上注明。

第二十八条 当事人、证人可以采取书面或者口头方式陈述或者提供证言。当事人、证人口头陈述或者提供证言的，检查人员可以笔录、录音、录像。笔录应当使用能够长期保持字迹的书写工具书写，也可使用计算机记录并打印，陈述或者证言应当由陈述人或者证人逐页签章、捺指印。

当事人、证人口头提出变更陈述或者证言的，检查人员应当就变更部分重新制作笔录，注明原因，由当事人、证人逐页签章、捺指印。当事人、证人变更书面陈述或者证言的，不退回原件。

第二十九条 制作录音、录像等视听资料的，应当注明制作方法、制作时间、制作人和证明对象等内容。

调取视听资料时，应当调取有关资料的原始载体；难以调取原始载体的，可以调取复制件，但应当说明复制方法、人员、时间和原件存放处等事项。

对声音资料，应当附有该声音内容的文字记录；对图像资料，应当附有必要的文字说明。

第三十条 以电子数据的内容证明案件事实的，应当要求当事人将电子数据打印成纸质资料，在纸质资料上注明数据出处、打印场所，注明"与电子数据核对无误"，并由当事人签章。

需要以有形载体形式固定电子数据的，应当与提供电子数据的个人、单位的法定代表人或者财务负责人一起将电子数据复制到存储介质上并封存，同时在封存包装物上注明制作方法、制作时间、制作人、文件格式及长度等，注明"与原始载体记载的电子数据核对无误"，并由电子数据提供人签章。

第三十一条 检查人员实地调查取证时，可以制作现场笔录、勘验笔录，对实地检查情况予以记录或者说明。

制作现场笔录、勘验笔录，应当载明时间、地点和事件等内容，并由检查人员签名和当事人签章。

当事人拒绝在现场笔录、勘验笔录上签章的，检查人员应当在笔录上注明原因；如有其他人员在场，可以由其签章证明。

第三十二条 需要异地调查取证的，可以发函委托相关稽查局调查取证；必要时可以派人参与受托地稽查局的调查取证。

受托地稽查局应当根据协查请求，依照法定权限和程序调查；对取得的证据材料，应当连同相关文书一并作为协查案卷立卷存档；同时根据委托地稽查局协查函委托的事项，将相关证据材料及文书复制，注明"与原件核对无误"，注明原件存放处，并加盖本单位印章后一并移交委托地稽查局。

需要取得境外资料的，稽查局可以提请国际税收管理部门依照税收协定情报交换程序获取，或者通过我国驻外机构收集有关信息。

第三十三条 查询从事生产、经营的纳税人、扣缴义务人存款账户的，应当经所属税务局局长批准，凭《检查存款账户许可证明》向相关银行或者其他金融机构查询。

查询案件涉嫌人员储蓄存款的，应当经所属设区的市、自治州以上税务局局长批准，凭《检查存款账户许可证明》向相关银行或者其他金融机构查询。

第三十四条 检查从事生产、经营的纳税人以前纳税期的纳税情况时，发现纳税人有逃避纳税义务行为，并有明显的转移、隐匿其应纳税的商品、货物以及其他财产或者应纳税收入迹象的，经所属税务局局长批准，可以依法采取税收保全措施。

第三十五条 稽查局采取税收保全措施时，应当向纳税人送达《税收保全措施决定书》，告知其采取税收保全措施的内容、理由及依据，并依法告知其申请行政复议和提起行政诉讼的权利。

采取冻结纳税人在开户银行或者其他金融机构的存款措施时，应当向纳税人开户银行或者其他金融机构送达《冻结存款通知书》，冻结其相当于应纳税款的存款。

采取查封商品、货物或者其他财产措施时，应当填写《查封商品、货物或者其他财产清单》，由纳税人核对后签章；采取扣押纳税人商品、货物或者其他财产措施时，应当出具《扣押商品、货物或者其他财产专用收据》，由纳税人核对后签章。

采取查封、扣押有产权证件的动产或者不动产措施时，应当依法向有关单位送达《税务协助执行通知书》，通知其在查封、扣押期间不再办理该动产或者不动产的过户手续。

第三十六条 有下列情形之一的，稽查局应当依法及时解除税收保全措施：

（一）纳税人已按履行期限缴纳税款的；

（二）税收保全措施被复议机关决定撤销的；

（三）税收保全措施被人民法院裁决撤销的；

（四）其他法定应当解除税收保全措施的。

第三十七条 解除税收保全措施时，应当向纳税人送达《解除税收保全措施通知书》，告知其解除税收保全措施的时间、内容和依据，并通知其在限定时间内办理解除税收保全措施的有关事宜：

（一）采取冻结存款措施的，应当向冻结存款的纳税人开户银行或者其他金融机构送达《解除冻结存款通知书》，解除冻结。

（二）采取查封商品、货物或者其他财产措施的，应当解除查封并收回《查封商品、货物或者其他财产清单》。

（三）采取扣押商品、货物或者其他财产的，应当予以返还并收回《扣押商品、货物或者其他财产专用收据》。

税收保全措施涉及协助执行单位的，应当向协助执行单位送达《税务协助执行通知书》，通知解除税收保全措施相关事项。

第三十八条 采取税收保全措施的期限一般不得超过6个月；查处重大税收违法案件中，有下列情形之一，需要延长税收保全期限的，应当逐级报请国家税务总局批准：

（一）案情复杂，在税收保全期限内确实难以查明案件事实的；

（二）被查对象转移、隐匿、销毁账簿、记账凭证或者其他证据材料的；

（三）被查对象拒不提供相关情况或者以其他方式拒绝、阻挠检查的；

（四）解除税收保全措施可能使纳税人转移、隐匿、损毁或者违法处置财产，从而导致税款无法追缴的。

第三十九条 被查对象有下列情形之一的，依照《税收征管法》和《税收征管法细则》有关逃避、拒绝或者以其他方式阻挠税务检查的规定处理：

（一）提供虚假资料，不如实反映情况，或者拒绝提供有关资料的；

（二）拒绝或者阻止检查人员记录、录音、录像、照相、复制与税收违法案件有关资料的；

（三）在检查期间转移、隐匿、损毁、丢弃有关资料的；

（四）其他不依法接受税务检查行为的。

第四十条 检查过程中，检查人员应当制作《税务稽查工作底稿》，记录案件事实，归集相关证据材料，并签字、注明日期。

第四十一条 检查结束前，检查人员可以将发现的税收违法事实和依据告知被查对象；必要时，可以向被查对象发出《税务事项通知书》，要求其在限期内书面说明，并提供有关资料；被查对象口头说明的，检查人员应当制作笔录，由当事人签章。

第四十二条 检查结束时，应当根据《税务稽查工作底稿》及有关资料，制作《税务稽查报告》，由检查部门负责人审核。

经检查发现有税收违法事实的，《税务稽查报告》应当包括以下主要内容：

（一）案件来源；

（二）被查对象基本情况；

（三）检查时间和检查所属期间；

（四）检查方式、方法以及检查过程中采取的措施；

（五）查明的税收违法事实及性质、手段；

（六）被查对象是否有拒绝、阻挠检查的情形；

（七）被查对象对调查事实的意见；

（八）税务处理、处罚建议及依据；

（九）其他应当说明的事项；

（十）检查人员签名和报告时间。

经检查没有发现税收违法事实的，应当在《税务稽查报告》中说明检查内容、过程、事实情况。

第四十三条 检查完毕，检查部门应当将《税务稽查报告》、《税务稽查工作底稿》及相关证据材料，在5个工作日内移交审理部门审理，并办理交接手续。

第四十四条 有下列情形之一，致使检查暂时无法进行的，检查部门可以填制《税收违法案件中止检查审批表》，附相关证据材料，经稽查局局长批准后，中止检查：

（一）当事人被有关机关依法限制人身自由的；

（二）账簿、记账凭证及有关资料被其他国家机关依法调取且尚未归还的；

（三）法律、行政法规或者国家税务总局规定的其他可以中止检查的。

中止检查的情形消失后，应当及时填制《税收违法案件解除中止检查审批表》，经稽查局局长批准后，恢复检查。

第四十五条 有下列情形之一，致使检查确实无法进行的，检查部门可以填制《税收违法案件终结检查审批表》，附相关证据材料，移交审理部门审核，经稽查局局长批准后，终结检查：

（一）被查对象死亡或者被依法宣告死亡或者依法注销，且无财产可抵缴税款或者无法定税收义务

承担主体的；

（二）被查对象税收违法行为均已超过法定追究期限的；

（三）法律、行政法规或者国家税务总局规定的其他可以终结检查的。

第五章　审　理

第四十六条　审理部门接到检查部门移交的《税务稽查报告》及有关资料后，应当及时安排人员进行审理。

审理人员应当依据法律、行政法规、规章及其他规范性文件，对检查部门移交的《税务稽查报告》及相关材料进行逐项审核，提出书面审理意见，由审理部门负责人审核。

案情复杂的，稽查局应当集体审理；案情重大的，稽查局应当依照国家税务总局有关规定报请所属税务局集体审理。

第四十七条　对《税务稽查报告》及有关资料，审理人员应当着重审核以下内容：

（一）被查对象是否准确；

（二）税收违法事实是否清楚、证据是否充分、数据是否准确、资料是否齐全；

（三）适用法律、行政法规、规章及其他规范性文件是否适当，定性是否正确；

（四）是否符合法定程序；

（五）是否超越或者滥用职权；

（六）税务处理、处罚建议是否适当；

（七）其他应当审核确认的事项或者问题。

第四十八条　有下列情形之一的，审理部门可以将《税务稽查报告》及有关资料退回检查部门补正或者补充调查：

（一）被查对象认定错误的；

（二）税收违法事实不清、证据不足的；

（三）不符合法定程序的；

（四）税务文书不规范、不完整的；

（五）其他需要退回补正或者补充调查的。

第四十九条　《税务稽查报告》认定的税收违法事实清楚、证据充分，但适用法律、行政法规、规章及其他规范性文件错误，或者提出的税务处理、处罚建议错误或者不当的，审理部门应当另行提出税务处理、处罚意见。

第五十条　审理部门接到检查部门移交的《税务稽查报告》及有关资料后，应当在15日内提出审理意见。但下列时间不计算在内：

（一）检查人员补充调查的时间；

（二）向上级机关请示或者向相关部门征询政策问题的时间。

案情复杂确需延长审理时限的，经稽查局局长批准，可以适当延长。

第五十一条　拟对被查对象或者其他涉税当事人作出税务行政处罚的，向其送达《税务行政处罚事项告知书》，告知其依法享有陈述、申辩及要求听证的权利。《税务行政处罚事项告知书》应当包括以下内容：

（一）认定的税收违法事实和性质；

（二）适用的法律、行政法规、规章及其他规范性文件；

（三）拟作出的税务行政处罚；

（四）当事人依法享有的权利；

（五）告知书的文号、制作日期、税务机关名称及印章；

（六）其他相关事项。

第五十二条　对被查对象或者其他涉税当事人的陈述、申辩意见，审理人员应当认真对待，提出判断意见。

对当事人口头陈述、申辩意见，审理人员应当制作《陈述申辩笔录》，如实记录，由陈述人、申辩人签章。

第五十三条　被查对象或者其他涉税当事人要求听证的，应当依法组织听证。听证主持人由审理人员担任。

听证依照国家税务总局有关规定执行。

第五十四条　审理完毕，审理人员应当制作《税务稽查审理报告》，由审理部门负责人审核。《税务稽查审理报告》应当包括以下主要内容：

（一）审理基本情况；

（二）检查人员查明的事实及相关证据；

（三）被查对象或者其他涉税当事人的陈述、申辩情况；

（四）经审理认定的事实及相关证据；

（五）税务处理、处罚意见及依据；

（六）审理人员、审理日期。

第五十五条　审理部门区分下列情形分别作出处理：

（一）认为有税收违法行为，应当进行税务处理的，拟制《税务处理决定书》；

（二）认为有税收违法行为，应当进行税务行政处罚的，拟制《税务行政处罚决定书》；

（三）认为税收违法行为轻微，依法可以不予税务行政处罚的，拟制《不予税务行政处罚决定书》；

（四）认为没有税收违法行为的，拟制《税务稽查结论》。

《税务处理决定书》、《税务行政处罚决定书》、《不予税务行政处罚决定书》、《税务稽查结论》引用的法律、行政法规、规章及其他规范性文件，应当注明文件全称、文号和有关条款。

《税务处理决定书》、《税务行政处罚决定书》、《不予税务行政处罚决定书》、《税务稽查结论》经稽查局局长或者所属税务局领导批准后由执行部门送达执行。

第五十六条　《税务处理决定书》应当包括以下主要内容：

（一）被查对象姓名或者名称及地址；

（二）检查范围和内容；

（三）税收违法事实及所属期间；

（四）处理决定及依据；

（五）税款金额、缴纳期限及地点；

（六）税款滞纳时间、滞纳金计算方法、缴纳期限及地点；

（七）告知被查对象不按期履

行处理决定应当承担的责任；

（八）申请行政复议或者提起行政诉讼的途径和期限；

（九）处理决定的文号、制作日期、税务机关名称及印章。

第五十七条 《税务行政处罚决定书》应当包括以下主要内容：

（一）被查对象或者其他涉税当事人姓名或者名称及地址；

（二）检查范围和内容；

（三）税收违法事实及所属期间；

（四）行政处罚种类和依据；

（五）行政处罚履行方式、期限和地点；

（六）告知当事人不按期履行行政处罚决定应当承担的责任；

（七）申请行政复议或者提起行政诉讼的途径和期限；

（八）行政处罚决定的文号、制作日期、税务机关名称及印章。

第五十八条 《不予税务行政处罚决定书》应当包括以下主要内容：

（一）被查对象或者其他涉税当事人姓名或者名称及地址；

（二）检查范围和内容；

（三）税收违法事实及所属期间；

（四）不予税务行政处罚的理由及依据；

（五）申请行政复议或者提起行政诉讼的途径和期限；

（六）不予行政处罚决定的文号、制作日期、税务机关名称及印章。

第五十九条 《税务稽查结论》应当包括以下主要内容：

（一）被查对象姓名或者名称及地址；

（二）检查范围和内容；

（三）检查时间和检查所属期间；

（四）检查结论；

（五）结论的文号、制作日期、税务机关名称及印章。

第六十条 税收违法行为涉嫌犯罪的，填制《涉嫌犯罪案件移送书》，经所属税务局局长批准后，依法移送公安机关，并附送以下资料：

（一）《涉嫌犯罪案件情况的调查报告》；

（二）《税务处理决定书》、《税务行政处罚决定书》的复制件；

（三）涉嫌犯罪的主要证据材料复制件；

（四）补缴应纳税款、缴纳滞纳金、已受行政处罚情况明细表及凭据复制件。

第六章 执 行

第六十一条 执行部门接到《税务处理决定书》、《税务行政处罚决定书》、《不予税务行政处罚决定书》、《税务稽查结论》等税务文书后，应当依法及时将税务文书送达被执行人。

执行部门在送达相关税务文书时，应当及时通过税收征管信息系统将税收违法案件查处情况通报税源管理部门。

第六十二条 被执行人未按照《税务处理决定书》确定的期限缴纳或者解缴税款的，稽查局经所属税务局局长批准，可以依法采取强制执行措施，或者依法申请人民法院强制执行。

第六十三条 经稽查局确认的纳税担保人未按照确定的期限缴纳所担保的税款、滞纳金的，责令其限期缴纳；逾期仍未缴纳的，经所属税务局局长批准，可以依法采取强制执行措施。

第六十四条 被执行人对《税务行政处罚决定书》确定的行政处罚事项，逾期不申请行政复议也不向人民法院起诉、又不履行的，稽查局经所属税务局局长批准，可以依法采取强制执行措施，或者依法申请人民法院强制执行。

第六十五条 稽查局对被执行人采取强制执行措施时，应当向被执行人送达《税收强制执行决定书》，告知其采取强制执行措施的内容、理由及依据，并告知其依法申请行政复议或者提出行政诉讼的权利。

第六十六条 稽查局采取从被执行人开户银行或者其他金融机构的存款中扣缴税款、滞纳金、罚款措施时，应当向被执行人开户银行或者其他金融机构送达《扣缴税收款项通知书》，依法扣缴税款、滞纳金、罚款，并及时将有关完税凭证送交被执行人。

第六十七条 拍卖、变卖被执行人商品、货物或者其他财产，以拍卖、变卖所得抵缴税款、滞纳金、罚款的，在拍卖、变卖前应当依法进行查封、扣押。

稽查局拍卖、变卖被执行人商品、货物或者其他财产前，应当拟制《拍卖/变卖抵税财物决定书》，经所属税务局局长批准后送达被执行人，予以拍卖或者变卖。

拍卖或者变卖实现后，应当在结算并收取价款后3个工作日内，办理税款、滞纳金、罚款的入库手续，并拟制《拍卖/变卖结果通知书》，附《拍卖/变卖扣押、查封的商品、货物或者其他财产清单》，经稽查局局长审核后，送达被执行人。

以拍卖或者变卖所得抵缴税款、滞纳金、罚款和拍卖、变卖费用后，尚有剩余的财产或者无法进行拍卖、变卖的财产的，应当拟制《返还商品、货物或者其他财产通知书》，附《返还商品、货物或者其他财产清单》，送达被执行人，并自办理税款、滞纳金、罚款入库手续之日起3个工作日内退还被执行人。

第六十八条 被执行人在限期内缴清税款、滞纳金、罚款或者稽查局依法采取强制执行措施追缴税款、滞纳金、罚款后，执行部门应当制作《税务稽查执行报告》，记明执行过程、结果、采取的执行措施以及使用的税务文书等内容，由执行人员签名并注明日期，连同执行环节的其他税务文书、资料一并移交审理部门整理归档。

第六十九条 执行过程中发现涉嫌犯罪的，执行部门应当及时将执行情况通知审理部门，并提出向公安机关移送的建议。

对执行部门的移送建议，审理部门依照本规程第六十条处理。

第七十条 执行过程中发现有下列情形之一的，由执行部门填制

《税收违法案件中止执行审批表》，附有关证据材料，经稽查局局长批准后，中止执行：

（一）被执行人死亡或者被依法宣告死亡，尚未确定可执行财产的；

（二）被执行人进入破产清算程序尚未终结的；

（三）可执行财产被司法机关或者其他国家机关依法查封、扣押、冻结，致使执行暂时无法进行的。

（四）法律、行政法规和国家税务总局规定其他可以中止执行的。

中止执行情形消失后，应当及时填制《税收违法案件解除中止执行审批表》，经稽查局局长批准后，恢复执行。

第七十一条 被执行人确实没有财产抵缴税款或者依照破产清算程序确实无法清缴税款，或者有其他法定终结执行情形的，稽查局可以填制《税收违法案件终结执行审批表》，依照国家税务总局规定权限和程序，经税务局相关部门审核并报所属税务局局长批准后，终结执行。

第七章 案卷管理

第七十二条 《税务处理决定书》、《税务行政处罚决定书》、《不予行政处罚决定书》、《税务稽查结论》执行完毕，或者依照本规程第四十五条进行终结检查或者依照第七十一条终结执行的，审理部门应当在60日内收集稽查各环节与案件有关的全部资料，整理成税务稽查案卷，归档保管。

第七十三条 税务稽查案卷应当按照被查对象分别立卷，统一编号，做到一案一卷、目录清晰、资料齐全、分类规范、装订整齐。

税务稽查案卷分别立为正卷和副卷。正卷主要列入各类证据材料、税务文书等可以对外公开的稽查材料；副卷主要列入检举及奖励材料、案件讨论记录、法定秘密材料等不宜对外公开的稽查材料。如无不宜公开的内容，可以不立副卷。副卷作为密卷管理。

第七十四条 税务稽查案卷材料应当按照以下规则组合排列：

（一）案卷内材料原则上按照实际稽查程序依次排列；

（二）证据材料可以按照材料所反映的问题等特征分类，每类证据主要证据材料排列在前，旁证材料排列在后；

（三）其他材料按照材料形成的时间顺序，并结合材料的重要程度进行排列。

税务稽查案卷内每份或者每组材料的排列规则是：正件在前，附件在后；重要材料在前，其他材料在后；汇总性材料在前，基础性材料在后。

第七十五条 税务稽查案卷按照以下情况确定保管期限：

（一）偷税、逃避追缴欠税、骗税、抗税案件，以及涉嫌犯罪案件，案卷保管期限为永久；

（二）一般行政处罚的税收违法案件，案卷保管期限为30年；

（三）前两项规定以外的其他税收违法案件，案卷保管期限为10年。

第七十六条 查阅或者借阅税务稽查案卷，应当按照档案管理规定办理手续。

税务机关人员需要查阅或者借阅税务稽查案卷的，应当经稽查局局长批准；税务机关以外人员需要查阅的，应当经稽查局所属税务局领导批准。

查阅税务稽查案卷应当在档案室进行。借阅税务稽查案卷，应当按照规定的时限完整归还。

未经稽查局局长或者所属税务局领导批准，查阅或者借阅税务稽查案卷的单位和个人，不得摘抄、复制案卷内容和材料。

第七十七条 税务稽查案卷应当在立卷次年6月30日前移交所属税务局档案管理部门保管；稽查局与所属税务局异址办公的，可以适当延迟移交，但延迟时间最多不超过2年。

第八章 附 则

第七十八条 本规程相关税务文书的式样，由国家税务总局规定。

第七十九条 本规程所称签章，区分以下情况确定：

（一）属于法人或者其他组织的，由相关人员签名，加盖单位印章并注明日期；

（二）属于个人的，由个人签名并注明日期。

本规程所称以上、日内，包括本数。

第八十条 本规程自2010年1月1日起执行。国家税务总局1995年12月1日印发的《税务稽查工作规程》同时废止。

九、计统、财务

国家税务总局关于转发《财政部关于印发〈中央级事业单位国有资产处置管理暂行办法〉的通知》的通知

2009 年 2 月 13 日　国税函〔2009〕64 号

各省、自治区、直辖市和计划单列市国家税务局，局内各预算单位：

为了进一步加强中央级事业单位国有资产管理，财政部制定下发了《财政部关于印发〈中央级事业单位国有资产处置管理暂行办法〉的通知》（财教〔2008〕495 号），现转发给你们，并就有关事项通知如下：

一、认真贯彻落实事业单位国有资产处置的有关规定

《中央级事业单位国有资产处置管理暂行办法》（以下简称《办法》），明确了国有资产处置的管理原则、处置范围和方式，进一步规范了国有资产处置权限和处置程序，对处置收入上缴程序做出了明确规定。《办法》的出台，对进一步规范中央级事业单位国有资产处置管理提供了制度保障，对加强国税系统事业单位国有资产处置管理工作提供了政策依据。各级国税部门要认真学习和贯彻落实好事业单位国有资产处置的有关规定，进一步加强国税系统事业单位国有资产处置管理工作。

二、进一步明确国税系统事业单位资产处置审批权限

为了贯彻落实好《办法》，加强对国税系统事业单位国有资产处置和管理，经与财政部沟通，现将国税系统事业单位国有资产处置审批权限明确如下：

（一）国税系统事业单位资产处置审批权限

国税系统事业单位一次性处置单位价值或批量价值在 800 万元以上（含 800 万元）的资产，按规定程序逐级上报税务总局审核后报财政部审批。

国税系统事业单位一次性处置单位价值或批量价值在 800 万元以下资产，由省国税局审批。处置情况按季度汇总报税务总局，由税务总局报财政部备案。

（二）税务总局直属事业单位国有资产处置审批权限

税务总局直属事业单位一次性处置单位价值或批量价值在 800 万元以上（含 800 万元）的资产，按规定程序逐级上报税务总局审核后报财政部审批。

税务总局直属事业单位一次性处置单位价值或批量价值在 800 万元以下的资产分别按以下权限执行：

1. 处置房屋、土地由税务总局审批。

2. 根据国家有关规定符合正常报废条件的车辆，由事业单位按规定处置；属于非正常报废的，报税务总局审批。

3. 一次性处置单位价值 10 万元以下或批量价值50 万元以下的其他国有资产，由事业单位按规定处置；一次性处置单位价值 10 万元以上（含 10 万元）或批量价值 50 万元（含 50 万元）以上的其他国有资产，由税务总局审批。

三、加强国税系统事业单位资产处置审批程序管理

（一）国税系统事业单位资产处置审批程序和所需资料

国税系统事业单位一次性处置单位价值或批量价值在 800 万元以上（含 800 万元）的资产，须填写《国税系统事业单位国有资产处置申请表》（附件 1，附件 2），并附《办法》规定报送的相关资料，按规定程序报税务总局审核后报财政部审批。

国税系统事业单位一次性处置单位价值或批量价值在 800 万元以下的资产，季度终了后 30 日内，由省国税局按季度填报《国税系统事业单位 800 万元以下资产处置季度备案表》（附件 3），上报税务总局，由税务总局报财政部备案。

（二）税务总局直属事业单位国有资产处置审批程序和所需资料

税务总局直属事业单位一次性处置单位价值或批量价值在 800 万元以上（含 800 万元）的资产和房屋、土地、非正常报废的车辆，及一次性处置单位价值 10 万元以上（含 10 万元）或批量价值 50 万元（含 50 万元）以上其他国有资产，须填写《国税系统事业单位国有资产处置申请表》（附件 1，附件 2），并附《办法》规定报送的相关资料，按规定程序上报税务总局审批或财政部审批。

税务总局直属事业单位一次性处置单位价值或批量价值在 800 万元以下的资产，季度终了后 30 日内，由事业单位填报《国税系统事业单位 800 万元以下资产处置季度备案表》（附件 3）。

各单位须登录“FTP：//local/财务司/资产处”下载季度备案表参数，并装在财务决算软件中运行使用。电子数据需带基层预算单位；纸质季度报表，由省局汇总加盖公章上报。

本通知自2009年1月1日起施行。此前制定的有关规定与本通知不一致的，以本通知为准。

附件：（略）

云南省国家税务局关于印发《云南省国家税务局系统公务车辆编制配备管理暂行办法（试行）》的通知

2009年3月17日　云国税发〔2009〕70号

各州、市国家税务局：

为规范云南省国家税务局系统公务车辆配备管理，节约经费开支，促进党风廉政建设，按照国务院机关事务管理局《关于印发〈中央国家机关公务用车编制和配备标准的规定〉的通知》（国管财〔2004〕120号）和《国家税务局关于印发〈国家税务局系统公务车辆配备管理暂行规定〉的通知》（国税发〔2008〕76号）精神，结合云南省的实际情况，现将《云南省国家税务局系统公务车辆编制配备管理暂行办法（试行）》（以下简称《办法》）印发给你们，并对贯彻落实《办法》的有关事项具体通知如下：

一、提高对加强公务用车配备管理重要性的认识

加强公务车辆配备和使用管理，是贯彻落实党中央、国务院关于节能减排工作部署和要求，促进党风廉政建设和建设节约型社会的重要举措，是大力弘扬艰苦奋斗作风、厉行节约、反对浪费，树立国税系统良好形象的重要措施，对于进一步降低税收成本，提高资金使用效益将会起到积极作用。各级国税机关要站在贯彻落实科学发展观、加强党风廉政建设和建设节约型社会的战略高度，牢固树立“聚财为国、执法为民”的税收工作宗旨，进一步提高对统一车辆编制、严格公务用车配备管理重要性的认识，坚决纠正国税系统车辆购置管理中存在的问题，增强严格贯彻执行《办法》的自觉性。

二、认真做好车辆定编工作

各州、市国税局要切实加强组织领导，认真按照《办法》的要求，做好本单位车辆定编工作。对按《办法》核定的超编车辆，按自然淘汰方式进行处理，凡车辆超编单位一律不准新购置车辆。对未按规定购买的超编车辆，一律收缴处理。同时按情节严重程度，由监察部门追究单位主要领导和当事人的责任。严禁占用下属行政事业单位、社会团体车辆编制购买车辆，严禁借用下属单位车辆使用。

三、加强系统车辆编制配备和使用管理

各级国税部门要强化车辆配备和使用管理，严格执行公务用车经费预算，严禁超标准配备、更新公务用车，要根据环保、节油要求，尽可能配备经济环保型汽车。要严格车辆使用管理，严禁公车私用，实行公务用车节假日封存停驶制度。严格实行公务用车定点加油和“一车一卡”加油制度，落实单车核算制度及公务用车油耗、运行费用支出统计报告和公示制度。要加强车辆费用支出核算管理，定期分析车辆运行费用情况，严格控制公务车辆费用支出。要加强对配备使用车辆情况的监管，及时清理清退借用、占用下级单位或其他单位车辆，严肃查处公务用车使用中铺张浪费、违规违纪问题。

各州、市国税局要结合工作实际，规范本单位及所属县（区）国税局公务车辆编制和配备标准，按照本通知的《办法》制定本地区公务车辆配备和使用管理的具体办法，并报省局备案。

云南省国家税务局系统公务车辆编制配备管理暂行办法（试行）

第一章　总　则

第一条　为进一步加强全省国税系统公务车辆配备与管理，合理配置使用公务用车，保障各级国税部门公务用车的需要，根据《国家税务局系统公务车辆配备管理暂行规定》的要求，结合我省国税系统实际，特制定本办法。

第二条　全省国税系统配备公务用车按照艰苦奋斗、勤俭节约和保障税收工作需要的原则，统一核定公务用车编制，规范配备标准，严格控制公务用车数量，加强公务用车管理，做到科学合理、保障需求、节能环保。

第三条　本办法中的公务车辆，是指为满足税收工作需要，按照总局的有关规定，由省局统一核定编制数和配置标准的车辆。包括国税系统各预算单位自筹资金购置以及当地政府及有关部门配备、无偿调拨的车辆或本单位接受捐赠的小轿车、大轿车、商务车、越野车、面包车、货车等各种机动车辆。

第四条　本办法适用于全省国税系统各级国家税务局。全省国税系统公务车辆编制实行统一垂直管理。省局机关车辆编制由总局核定，各州、市、县（区）国税局车辆编制由省局统一核定。

第五条　全省国税系统车辆实

行定编管理。定编原则：结合税收工作需要，按照各预算单位在职人员编制数、管辖机构、稽查人员编制数、所辖税务登记户数等因素综合核定各单位公务车辆编制数，按稽查人员编制数核定的公务用车，纳入各级国家税务局所属机关车辆编制统一管理。定编原则遵循州、市国税局机关车辆编制低于省局机关车辆编制、县（区）国税局车辆编制低于州、市国税局车辆编制核定标准进行核定。

第六条 全省国税系统车辆编制统一核定后，各州、市国税局配备、更新和购置车辆应在各单位车辆编制定编数内进行，包括有关部门赠送或无偿调拨的车辆，均应纳入各单位核定编制总数中统一管理。

第二章 公务用车编制数核定

第七条 全省州、市级国家税务局车辆编制核定。州、市级国税局公务用车编制根据本单位行政、事业单位（指按行政管理的事业单位）人员编制数、管辖机构数、稽查人员编制数、所辖税务登记户数等五个因素核定。

（一）按人员编制数核定，按本单位行政、事业单位人员编制（不含稽查局人数）每20人核定1辆。

（二）按管辖机构数分档核定：

1. 管辖县（区）国税局5个以内（含5个在内）的，核定3辆；

2. 管辖县（区）国税局5个以上10以内（含10个在内）的，核定4辆；

3. 管辖县（区）国税局10个以上15以内（含15个在内）的，核定5辆；

4. 管辖县（区）国税局15个以上20个（含20个在内）以内的，核定6辆；

5. 管辖县（区）国税局20个以上25个（含25个在内）以内的，核定7辆；

6. 管辖县（区）国税局25个以上30以内（含30个在内）的，核定8辆；

（三）按稽查人员编制数核定。稽查局人员按每10人1辆车核定。

（四）按所辖税务登记户数分档核定：

1. 税务登记户数5000户以内的核定2辆；

2. 税务登记户数15000户以内的核定3辆；

3. 税务登记户数25000户以内的核定4辆；

4. 税务登记户数35000户以内的核定5辆；

5. 税务登记户数45000户以内的核定6辆；

6. 税务登记户数55000户以内的核定7辆；

7. 税务登记户数65000户以内的核定8辆；

8. 税务登记户数75000户以内的核定9辆；

9. 税务登记户数85000户以内的核定10辆；

10. 税务登记户数95000户以内的核定11辆；

11. 税务登记户数105000户以内的核定12辆；

12. 税务登记户数115000户以内的核定13辆；

13. 税务登记户数125000户以内的核定14辆；

14. 税务登记户数135000户以内的核定15辆；

15. 税务登记户数145000户以内的核定16辆；

16. 税务登记户数155000户以内的核定17辆；

17. 税务登记户数165000户以内的核定18辆。

（五）云南省属少数民族、高原高寒边远地区，按照总局规定适用“根据需要均可适当增加车辆编制，按核定编制数最高上浮10%”规定外，可根据工作需要对工作条件较艰苦、管辖范围较大、税源结构复杂等特殊因素的州、市国税局，在不违反本《办法》第五条规定“遵循州、市国税局机关车辆编制低于省局机关车辆编制”的原则下给予调剂处理。

第八条 全省县（区）级国家税务局车辆编制核定。县（区）级国税局公务用车编制根据本单位行政、事业单位（指按行政管理的事业单位）人员编制数、管辖直属、派出机构数、稽查人员编制数、所辖税务登记户数等五个因素核定。

（一）按人员编制数核定，按本单位行政、事业单位人员编制（不含稽查局人数）每25人核定1辆。

（二）按县（区）国税局管辖直属、派出机构数核定。

（三）按稽查人员编制数核定。稽查局人员按每15人1辆车核定。

（四）按所辖税务登记户数分档核定：

1. 税务登记户数500户以内的核定2辆；

2. 税务登记户数1500户以内的核定3辆；

3. 税务登记户数3500户以内的核定4辆；

4. 税务登记户数5500户以内的核定5辆；

5. 税务登记户数7500户以内的核定6辆；

6. 税务登记户数9500户以内的核定7辆；

7. 税务登记户数11500户以内的核定8辆；

8. 税务登记户数13500户以内的核定9辆；

9. 税务登记户数15500户以内的核定10辆；

10. 税务登记户数17500户以内的核定11辆；

11. 税务登记户数19500户以内的核定12辆；

12. 税务登记户数21500户以内的核定13辆；

13. 税务登记户数23500户以内的核定14辆；

14. 税务登记户数25500户以内的核定15辆；

15. 税务登记户数27500户以内的核定16辆；

16. 税务登记户数29500户以内的核定17辆；

17. 税务登记户数31500户以

内的核定18辆；

18. 税务登记户数33500户以内的核定19辆；

19. 税务登记户数35500户以内的核定20辆；

20. 税务登记户数37500户以内的核定21辆；

21. 税务登记户数39500户以内的核定22辆；

22. 税务登记户数41500户以内的核定23辆。

（五）云南省属少数民族、高原高寒边远地区，按照总局规定适用“根据需要可适当增加车辆编制，按核定编制数最高上浮10%”规定外，可根据工作需要对工作条件较艰苦、管辖范围较大、税源结构复杂等特殊因素的县（区）国税局，在不违反本《办法》第五条规定“遵循县（区）国税局车辆编制低于州（市）局车辆编制核定标准”的原则下给予调剂处理。

第九条 各州、市、县（区）国税局公务用车编制核定因素发生较大变化，需要调整公务用车编制的，报省局审批，实行按年调整。

第三章 公务用车配置标准

第十条 小轿车的配备标准应控制在排气量2.0升（含2.0升）以下、价格在25万元以下。本着力行节约的原则，一般业务用车应选择20万元以下的中、低档小轿车。

遇有特殊情况，确需配备排气量2.0升以上、价格在25万元以上（不含25万元）小轿车的，由各级国税局逐级汇总报省局，省局报总局，总局报国务院机关事务管理局审批。

第十一条 为满足税收工作需要，各州、市、县（区）国税局在国家规定的配置范围内可配备不同车型的车辆，原则上不配备越野车。少数民族地区、高原高寒边远等地区确需配备的，逐级上报审批。

第十二条 公务用车的配置和更新，应严格按照《国家税务总局关于国家税务局系统固定资产配置、处置有关问题的通知》要求办理，原则上应符合节能、环保要求。未经批准一律不得配备进口车辆。

第四章 其 他

第十三条 外事活动、会议和其他大型公务活动用车原则上通过社会租赁方式解决。

第十四条 对超编制车辆，应按自然淘汰等方式进行处理。凡车辆超编制单位一律不准新购置车辆。

第十五条 凡未按规定擅自购买的超编车辆，一律按规定收缴，同时按情节严重程度，由监察部门追究单位主要领导和当事人的责任。

第十六条 各州、市国家税务局可结合本规定制定本单位具体管理办法，报省局备案。

第十七条 本办法自2009年1月1日起施行。

云南省国家税务局 财政部驻云南省财政监察专员办事处 中国人民银行昆明中心支行转发国家税务总局 财政部 中国人民银行关于车辆购置税征缴管理有关问题的通知

2009年9月21日 云国税发〔2009〕222号

各州、市国家税务局，中国人民银行各州、市中心支行：

现将《国家税务总局 财政部 中国人民银行关于车辆购置税征缴管理有关问题的通知》（国税发〔2009〕127号）（以下简称《通知》）转发给你们，并就有关事项通知如下，请一并遵照执行。

一、为提高车购税征缴效率，保证税款及时安全入库，各地国税机关应按照《云南省国家税务局关于车辆购置税刷卡缴税推行工作的实施意见》（云国税函〔2008〕233号）规定的原则和范围，大力推广银行卡刷卡缴税业务，逐步提高银行卡刷卡缴税占车购税总收入的比重。

二、在车购税征收大厅布设POS机具的商业银行由当地人民银行分支机构和国税部门共同确定，不限定具体范围。

三、为保证利用POS机刷卡缴纳车购税工作的顺利开展，各地国税机关应提前做好和POS机具布设单位的沟通协调，利用多种渠道对纳税人开展宣传辅导工作，并向社会实行至少一个月的公告期，保证使用POS机缴税后车购税征缴工作的平稳运行。

四、涉及银行卡刷卡缴税业务的相关费用问题，根据《通知》第四条第八款规定，在国家税务总局、财政部、中国人民银行相关规定未明确之前，POS机布设单位不应收取费用。

五、财政部驻云南专员办原来所下达的车购税账户批复书有效期延至2010年3月31日，不再另行批复。已开立车购税账户的国税机关应在《通知》规定的2010年3月31日前全部撤销车购税专用账户，并由州市级国税局将撤户资料上报省国税局汇总后报财政部驻云南专员办办理撤户备案手续。

六、车购税专用账户撤销后，车购税税款必须按照《通知》中对不同征缴方式规定的缴库时限及时划缴国库，不得延压。

七、对于因特殊情况由国税机关收缴的现金税款，在现金验钞、保管、押运、缴库的过程中，必须严格管理，加强防范，以保证税款和工作人员安全。

十、其 他

国家发展和改革委员会 国家税务总局关于印发《税务师事务所服务收费管理办法》的通知

2009年1月15日 发改价格〔2009〕194号

各省、自治区、直辖市发展改革委、物价局，国家税务局、地方税务局：

为规范税务师事务所服务收费行为，维护委托双方的合法权益，促进注册税务师服务行业的健康发展，经研究，我们制定了《税务师事务所服务收费管理办法》，现印发给你们，自2009年2月15日起执行。原国家计委、国家税务总局下发的《关于规范税务代理收费有关问题的通知》（计价格〔1999〕2370号）自本办法生效之日起废止。

税务师事务所服务收费管理办法

第一条 为规范税务师事务所服务收费行为，维护委托人和税务师事务所的合法权益，促进注册税务师行业的健康发展，依据《中华人民共和国价格法》、《中介服务收费管理办法》等有关法律法规，制定本办法。

第二条 依法设立的税务师事务所，为委托人提供涉税鉴证和涉税服务业务的收费行为适用本办法。

第三条 税务师事务所服务收费应当遵循公开、公平、公正、自愿有偿、诚实信用和委托人付费的原则。

第四条 税务师事务所服务收费实行政府指导价或市场调节价。

第五条 税务师事务所提供下列涉税鉴证业务实行政府指导价：

（一）企业所得税汇算清缴纳税申报鉴证；

（二）企业财产损失所得税前扣除鉴证；

（三）企业所得税税前弥补亏损鉴证；

（四）土地增值税清算鉴证。

各省、自治区、直辖市政府价格主管部门可根据实际情况，商同级税务机关确定实行政府指导价的具体收费项目。

第六条 税务师事务所提供下列涉税服务业务实行市场调节价：

（一）代理税务登记，变更和注销税务登记；

（二）代购普通发票；

（三）代理纳税申报或扣缴税款；

（四）代理减免税、申请退税；

（五）代理建账记账；

（六）代理税务行政复议；

（七）税务咨询；

（八）受聘税务顾问；

（九）其他涉税服务业务。

第七条 政府指导价的基准价及其浮动幅度由各省、自治区，直辖市政府价格主管部门会同同级税务机关制定。

第八条 政府制定税务师事务所服务收费标准应当充分考虑当地经济发展水平、社会承受能力和注册税务师行业的发展，以涉税鉴证和涉税服务社会平均成本，加法定税金和合理利润确定。

第九条 实行市场调节价的涉税服务业务应由税务师事务所提出收费标准范围，具体标准由税务师事务所与委托人协商确定，并考虑以下主要因素：

（一）耗费的工作时间；

（二）涉税服务业务的难易程度；

（三）委托人的承受能力；

（四）注册税务师可能承担的风险和责任；

（五）注册税务师的社会信誉和工作水平等。

第十条 税务师事务所接受委托，应当与委托人签订涉税鉴证业务或者涉税服务业务收费合同（协议）或者在委托合同（协议）中载明收费条款。

收费合同（协议）或收费条款应包括：收费项目、收费标准、收费方式、收费金额、付款和结算方式、争议解决方式等内容。

第十一条 税务师事务所与委

托人签订合同（协议）后，因税务师事务所的过错或其无正当理由要求终止委托关系的，或因委托人的过错或其无正当理由要求终止委托关系的，有关费用的退补和赔偿依照《合同法》等有关规定办理。

第十二条 税务师事务所应当加强内部管理，降低服务成本，严格按照业务规程为委托人提供服务。

第十三条 税务师事务所向委托人收取服务费用，应当向委托人出具合法票据。

第十四条 税务师事务所应当在显著位置公示服务项目，收费标准等信息，接受社会监督。

第十五条 税务师事务所未按照合同（协议）规定履行义务而收费的，或采取以低于成本价收费等不正当方式承接业务的，省级税务机关应当按照《注册税务师管理暂行办法》的有关规定进行查处。

第十六条 各级税务机关应协助价格主管部门做好收费管理工作，加强对税务师事务所、注册税务师服务活动的监督检查。

第十七条 税务师事务所应当严格执行政府价格主管部门会同同级税务机关制定的税务师事务所服务收费标准及具体实施办法，建立健全内部收费管理制度，自觉接受政府价格主管部门和税务机关的监督检查。

第十八条 税务师事务所异地设立分支机构，应当按照分支机构所在地的税务师事务所服务收费规定执行。

第十九条 税务师事务所承接涉税业务，应当执行承接业务所在地的收费规定。

第二十条 税务师事务所服务收费中有下列情形之一的，由政府价格主管部门依照《价格法》和《价格违法行为行政处罚规定》实施行政处罚：

（一）未按规定公示服务项目、收费标准的；

（二）超出政府指导价浮动幅度制定价格的；

（三）擅自制定属于政府指导价范围内的服务价格的；

（四）提前或者推迟执行政府指导价的；

（五）采取分解收费项目、重复收费，扩大收费范围等方式变相提高收费标准的；

（六）违反规定以保证金、抵押金等形式变相收费的；

（七）其他违反价格法律法规及有关规定的行为。

第二十一条 公民、法人和其他组织发现税务师事务所或注册税务师存在有不执行政府指导价或其他价格违法行为的，可以向税务师事务所所在地价格主管部门、税务机关或注册税务师协会举报、投诉。

第二十二条 因税务师事务所与委托人之间发生收费纠纷，税务师事务所应当与委托人协商解决，也可以申请仲裁或者向人民法院提起诉讼。

第二十三条 各省、自治区、直辖市政府价格主管部门会同同级税务机关，依据本办法制定税务师事务所服务收费的具体实施办法，报国家发展改革委和国家税务总局备案。

第二十四条 本办法由国家发展改革委会同国家税务总局负责解释。

第二十五条 本办法自2009年2月15日起执行。原国家计委、国家税务总局下发的《关于规范税务代理收费有关问题的通知》（计价格〔1999〕2370号）同时废止。

云南省发展和改革委员会　省国家税务局省地方税务局关于印发《云南省税务师事务所服务收费管理实施办法》及税务师事务所服务收费试行标准的通知

2009年10月29日　云发改收费〔2009〕2175号

各州市发展和改革委员会、国家税务局、地方税务局：

为了规范税务师事务所服务收费行为，维护委托人和税务师事务所的合法权益，促进注册税务师行业的健康发展，根据国家发展改革委、国家税务总局印发的《税务师事务所服务收费管理办法》（发改价格〔2009〕194号），结合我省实际，我们制定了《云南省税务师事务所服务收费管理实施办法》及税务师事务所服务收费试行标准，现印发你们，请遵照执行；原云南省物价局《关于税务代理收费试行标准的批复》（云价费发〔2009〕145号）自本实施办法生效之日起废止。

附件：《云南省税务师事务所服务收费管理实施办法》及税务师事务所服务收费试行标准

云南省税务师事务所服务收费管理实施办法

第一条 为了规范税务师事务所服务收费行为，维护委托人和税务师事务所的合法权益，促进注册税务师行业的健康发展，根据国家发展改革委、国家税务总局印发的《税务师事务所服务收费管理办法》（发改价格〔2009〕194号）的规定，结合云南实际，制定本实施办法。

第二条 云南省行政区域内经省及省以上税务部门批准设立，并依法注册登记的税务师事务所，为委托人提供涉税鉴证和涉税业务服务的收费行为，均应严格执行本实施办法。

第三条 税务师事务所承办业务应当遵循独立、客观、公平、公正、诚实信用和自愿委托、有偿服务的原则，提供的服务必须符合国家相关业务准则，并按本实施办法规定的收费政策收取服务费。

第四条 各级价格主管部门是税务师事务所服务收费的管理部门，依法对税务师事务所收费行为进行管理和监督检查。各级税务机关应督促税务师事务所规范服务收费行为，加强对税务师事务所、注册税务师服务活动的监督检查。

第五条 税务师事务所提供下列涉税鉴证业务实行政府指导价：

（一）企业所得税汇算清缴纳税申报鉴证；

（二）企业财产损失所得税前扣除鉴证；

（三）企业所得税税前弥补亏损鉴证；

（四）土地增值税清算鉴证。

第六条 税务师事务所提供下列涉税服务收费实行市场调节价：

（一）代理税务登记、变更和注销税务登记；

（二）代购普通发票；

（三）代理纳税申报或扣缴税款；

（四）代理减免税、申请退税；

（五）代理建账记账；

（六）代理税务行政复议；

（七）税务咨询；

（八）受聘税务顾问；

（九）其他涉税业务服务。

第七条 政府制定税务师事务所服务收费标准应当充分考虑当地经济发展水平、社会承受能力和注册税务师行业的发展，以涉税鉴证和涉税服务社会平均成本，加法定税金和合理利润确定。

第八条 涉税鉴证业务服务费基准价及其浮动幅度由省级价格主管部门会同省国家税务局和省地方税务局制定。税务师事务所提供涉税鉴证业务服务收费的具体收费标准，必须在规定的浮动幅度范围内与委托人协商确定。

各州市可以省定涉税鉴证业务服务费基准价为基础，根据本地区经济发展水平和社会承受能力，确定具体执行的浮动幅度；下浮幅度可以超过省定下限，上浮幅度不得突破省定上限。

第九条 税务师事务所提供实行市场调节价的涉税服务业务，应当考虑服务耗费的工作时间，涉税服务业务的难易程度，注册税务师可能承担的风险和责任，注册税务师的社会信誉和工作水平，以及委托人的承受能力等因素提出收费标准范围，具体收费标准由税务师事务所与委托人协商确定。

第十条 税务师事务所接受委托，应当与委托人签订涉税鉴证业务或者涉税服务业务收费合同（协议）或者在委托合同（协议）中明确载明收费条款。

收费合同（协议）或收费条款应包括收费项目、收费标准、收费方式、收费金额、付费和结算方式、争议解决方式等内容。

第十一条 税务师事务所与委托人签订涉税鉴证业务或者涉税服务合同（协议）后，因税务师事务所的过错或其无正当理由要求终止履行合同（协议）的，或因委托人的过错或其无正当理由要求终止合同（协议）的，有关费用的退补和赔偿按照《中华人民共和国合同法》等有关规定办理。

第十二条 税务师事务所应当加强内部管理，降低服务成本，建立健全内部收费管理制度，严格执行本实施办法及规定的收费标准，自觉接受价格主管部门和税务机关的监督检查。

第十三条 税务师事务所必须严格执行公示制度，在服务或收费场所的显著位置公示服务项目、收费标准、服务准则、监督电话等，自觉接受社会监督。

第十四条 税务师事务所开展业务应当遵循自愿委托和谁委托谁付费的原则。任何部门和单位均不得利用职权强制指定服务、强行服务或收费。税务师事务所向委托人收取服务费用，应当向委托人出具合法票据。

第十五条 税务师事务所未按照合同（协议）规定履行义务而收费的，或采取以低于成本价收费等不正当方式承接业务的，由省级税务机关按照《注册税务师管理暂行办法》的有关规定进行查处。

第十六条 税务师事务所异地设立分支机构，应当按照分支机构所在地的税务师事务所服务收费规定执行。税务师事务所承接涉税业务，应当执行承接业务所在地的收费规定。

第十七条 税务师事务所服务收费中有下列情形之一的，由价格主管部门按照《中华人民共和国价格法》和《价格违法行为行政处罚规定》实施行政处罚：

（一）未按规定公示服务项目、收费标准的；

（二）超出政府指导价浮动幅度制定服务价格的；

（三）擅自制定属于政府指导价格范围内的服务价格的；

（四）提前或推迟执行政府指导价的；

（五）采取分解收费项目、重复收费、扩大收费范围等方式变相提高收费标准的；

（六）违反规定以保证金、抵押金等形式变相收费的；

（七）违反规定相互串通、垄断或操纵市场，损害委托人利益的；

（八）其他违反价格法律法规及有关规定的行为。

第十八条 公民、法人和其他组织发现税务师事务所或注册税务师有不执行政府指导价或其他价格违法行为的，可以向税务师事务所所在地价格主管部门、税务机关或注册税务师协会举报、投诉。

第十九条 税务师事务所与委托人之间发生收费纠纷，税务师事务所应当与委托人协商解决，也可以申请仲裁或者向人民法院提起诉讼。

第二十条 本实施办法由云南省发展改革委员会会同云南省国家税务局、云南省地方税务局按照工作职能负责解释。

第二十一条 本办法自2009年12月1日起执行。

国家税务总局关于印发注册税务师执业基本准则的通知

2009年12月2日 国税发〔2009〕149号

各省、自治区、直辖市和计划单列市国家税务局、地方税务局：

为完善注册税务师执业规范体系，明确涉税鉴证和涉税服务的业务标准，保障涉税中介服务当事人的合法权益，促进税收专业服务市场的健康发展，税务总局制定了《注册税务师涉税鉴证业务基本准则》和《注册税务师涉税服务业务基本准则》，现予发布，自2010年1月1日起施行。执行中如有问题，请及时向税务总局（纳税服务司）报告。

附件：1. 注册税务师涉税鉴证业务基本准则

2. 注册税务师涉税服务业务基本准则

注册税务师涉税鉴证业务基本准则

第一章 总 则

第一条 为规范注册税务师的执业行为，明确涉税鉴证业务标准，保障涉税鉴证当事人的合法权益，根据《注册税务师管理暂行办法》（国家税务总局令第14号）及其他有关规定，制定本准则。

第二条 本准则适用于在中华人民共和国境内依法执行涉税鉴证业务的注册税务师及其所在的税务师事务所。

第三条 本准则所称涉税鉴证，是指鉴证人接受委托，凭借自身的税收专业能力和信誉，通过执行规定的程序，依照税法和相关标准，对被鉴证人的涉税事项作出评价和证明的活动。

第四条 涉税鉴证业务包括纳税申报类鉴证、涉税审批类鉴证和其他涉税鉴证等三种类型。

第五条 涉税鉴证业务涉及以下当事人：

委托人，即委托税务师事务所对涉税事项进行鉴证的单位或个人。

鉴证人，即接受委托，执行涉税鉴证业务的注册税务师及其所在的税务师事务所。

被鉴证人，即与鉴证事项相关的单位或个人。被鉴证人可以是委托人，也可以是委托人有权指定的第三人。

使用人，即预期使用鉴证结果的单位或个人。

第六条 本准则使用下列术语：

鉴证事项，是指鉴证人所评价和证明的对象。

鉴证材料，是指在鉴证业务过程中涉及的各类信息载体。

鉴证结果，是指鉴证人执行鉴证项目的最终状态，包括出具鉴证报告或者终止涉税鉴证业务委托合同等其他情况。

第七条 注册税务师及其所在的税务师事务所执行涉税鉴证业务，应当遵循以下原则：

（一）合法原则。鉴证人的执业过程和鉴证结果应当符合法律规定，不得损害国家税收利益和其他相关主体的合法权益。

（二）目的原则。鉴证人应当充分考虑鉴证结果的预期用途，合理规划和实施鉴证程序，保证鉴证结果符合约定的鉴证目的。

（三）独立原则。鉴证人应当保持独立性，在被鉴证人和使用人之间保持中立，排除可能有损客观、公正鉴证的情形，并依照有关规定进行回避。

（四）胜任原则。鉴证人应当审慎评价鉴证事项的业务要求和自身的专业能力，合理利用其他专家的工作，妥善处理超出自身专业能力的鉴证委托。

（五）责任原则。鉴证人在执业中应当保持负责态度，实施鉴证程序，控制执业风险，承担执业责任。依照法律规定和约定履行保密义务。

第二章 涉税鉴证业务承接

第八条 税务师事务所承接涉税鉴证业务，应当对委托事项进行初步调查和了解，并从以下方面进行分析评估，决定是否接受涉税鉴证业务委托：

（一）委托事项是否属于涉税鉴证业务；

（二）本税务师事务所是否具有相应的专业实施能力；

（三）本税务师事务所是否可以承担相应的风险；

（四）本税务师事务所是否具备独立性；

（五）其他相关因素。

第九条 税务师事务所决定接受涉税鉴证业务委托的，应当与委托人签订涉税鉴证业务约定书。

涉税鉴证业务约定书应当采取书面形式，并经双方签字盖章。

第十条 涉税鉴证业务约定书应当对下列事项进行约定：

（一）鉴证事项；

（二）鉴证报告的用途或使用范围；

（三）鉴证期限；

（四）鉴证业务报酬及支付方式；

（五）委托人或被鉴证人对涉税鉴证业务的配合义务；

（六）鉴证人利用其他专家工作的安排；

（七）属于重新鉴证的，与前任鉴证人沟通的安排；

（八）委托人、鉴证人或被鉴证人的证明责任；

（九）鉴证有关的法律、经济风险承担和争议的处理；

（十）其他应当约定的事项。

第十一条 税务师事务所在承接涉税鉴证业务时，应当与委托人进行沟通，并对税务专业术语、鉴证业务范围等有关事项进行解释，避免双方对鉴证项目的业务性质、责任划分和风险承担的理解产生分歧。

第十二条 涉税鉴证业务约定书生效后，税务师事务所应按照有关规定向税务机关备案。

第十三条 涉税鉴证业务约定书的订立、变更、中止、履行和解除应当符合《中华人民共和国合同法》等法律、行政法规的有关规定。

第三章 涉税鉴证业务计划

第十四条 税务师事务所应当指派能够胜任受托涉税鉴证业务的注册税务师，作为项目负责人具体承办。

第十五条 项目负责人根据鉴证事项的复杂程度、风险状况和鉴证期限等情况，制定具体的涉税鉴证业务计划，具体包括下列内容：

（一）鉴证风险评估，包括被鉴证人的税务风险管理情况，税务机关及其他方面对被鉴证人的评价，以及可能存在税务风险的其他方面；

（二）总体鉴证计划，包括鉴证事项的具体范围、鉴证目标、鉴证策略、组织分工和时间安排；

（三）具体鉴证安排，包括拟执行的鉴证程序、时间步骤、鉴证方法和具体流程等。

第十六条 涉税鉴证业务计划确定后，项目负责人可以视情况变化对业务计划作相应的调整。

第四章 涉税鉴证业务实施

第十七条 注册税务师执行涉税鉴证业务，应当对可能影响涉税鉴证结果的所有重要方面予以关注，主要包括下列内容：

（一）事实方面，包括环境事实、业务事实和其他事实；

（二）会计方面，包括财务会计报告、会计账户，以及交易、事项的会计确认和计量等其他方面；

（三）税收方面，包括会计数据信息采集、纳税调整、计税依据、适用税率、纳税申报表或涉税审批表格填写，以及其他方面。

第十八条 税务师事务所可以为执行涉税鉴证业务的注册税务师配备助理人员，从事辅助性工作。注册税务师应当指导和监督助理人员的工作，并对其工作成果负责。

第十九条 注册税务师在执行涉税鉴证业务过程中，对超出其业务能力的复杂、疑难或其他特殊技术问题，可以根据业务需要，请求本机构内部或外部相关领域的专家协助工作，或者向相关专家咨询。注册税务师应当以适当形式参与专家的工作，并对专家的工作成果负责。

第五章 涉税鉴证业务报告

第二十条 受托的涉税鉴证业务完成后，由项目负责人编制涉税鉴证业务报告。

第二十一条 涉税鉴证业务报告完成内部复核程序后，由注册税务师签名和税务师事务所盖章后对外出具。

在正式出具涉税鉴证业务报告前，鉴证人可以在不影响独立判断的前提下，与委托人或者被鉴证人就拟出具的涉税鉴证业务报告的有关内容进行沟通。

第二十二条 涉税鉴证业务报告应当包括以下内容：

（一）标题；

（二）编号；

（三）收件人；

（四）引言；

（五）鉴证实施情况；

（六）鉴证结果；

（七）注册税务师和税务师事务所的签章；

（八）报告出具的日期；

（九）附件。

第二十三条 涉税鉴证业务报告具有特定目的或服务于特定的使用人的，鉴证人应当在涉税鉴证业务报告中，注明该报告的特定目的或使用人，对报告的用途加以限定和说明。

第二十四条 项目负责人认为在实施涉税鉴证中，委托人提供的会计、税收等基础资料缺乏完整性和真实性，可能对鉴证项目的预期目的产生重大影响的，应当在报告中作出适当说明。

第二十五条 项目负责人在涉税鉴证业务报告正式出具后，如果发现新的重大事项，足以影响已出具的鉴证报告结论的，应当及时报告税务师事务所，作出相应的处理。

第六章 证 据

第二十六条 涉税鉴证业务委托人或被鉴证人，应当如实向鉴证人提供有关鉴证材料。

第二十七条 鉴证人应当取得支持鉴证结果所需的事实根据和法律依据。

鉴证人对其鉴证行为合法性的证明责任，不能替代或减轻涉税鉴证业务委托人或被鉴证人应当承担的会计责任、纳税申报责任以及其他法律责任。

第二十八条 鉴证人可以通过以下途径，获取涉税鉴证业务证据：

（一）委托人配合提供的鉴证材料；

（二）被鉴证人协助提供的鉴证材料；

（三）鉴证人独立取得的鉴证材料。

第二十九条 鉴证人可以采取下列方法，获取涉税鉴证业务证据：

（一）审阅书面材料；

（二）检查和盘点（监盘）实物；

（三）询问或函证事项；

（四）观察活动或程序；

（五）重新执行程序；

（六）分析程序；

（七）其他方法。

第三十条 鉴证人应当本着审慎态度，对不同来源的鉴证材料进行综合判断，确认支持鉴证结果的有效证据。

第三十一条 鉴证人在确认证据前，应当从以下两个方面判断鉴证材料是否具有涉税鉴证的证据资格：

（一）证据相关性。指鉴证材料与待证事实之间具有实质性证明意义的关联。

（二）证据合法性。指鉴证材料在取证主体、取证程序以及证据形式等方面都符合法律要求。

第三十二条 鉴证人在确认证据时，应当从以下两个方面判断鉴证材料是否具有涉税鉴证的证明能力。

（一）证据真实性。指鉴证材料经适当方法查证属实，能够排除合理怀疑。

（二）证据充分性。指获取鉴证材料整体的证明力，足以支持鉴证结果。

第三十三条 鉴证人应针对具体的涉税鉴证业务类型，确定判断确认证据和作出鉴证结论的标准：

（一）税法标准。鉴证人从事纳税申报类和涉税审批类涉税鉴证业务，必须遵守税法的规定。鉴证人认为税收法律、行政法规、规章以及规范性文件之间规定不一致的，按照有权部门作出的解释执行；没有解释的，可以向税务机关咨询。对面临税务机关处罚风险的鉴证项目，可以参照行政诉讼证据规则确认证据。

（二）其他标准。鉴证人从事其他涉税鉴证业务，应当根据鉴证事项和目的确定标准。对行业内公认的业务标准或单位的内部制度作为标准的，鉴证人要将其作为证据进行采集。对司法活动中有关事项进行鉴证的，以及可能引起争议的鉴证项目，鉴证人应当充分考虑有关诉讼法中的证据规则。

第三十四条 注册税务师执行涉税鉴证业务，应当编制涉税鉴证业务工作底稿，保证底稿记录的完整性、真实性和逻辑性，以实现下列目标：

（一）通过对涉税鉴证业务过程的适当记录，列明判断过程及其依据，作为最终作出鉴证报告的基础性资料；

（二）通过对涉税鉴证业务证据的有效收集与整理，显示支持鉴证结果的证据链条，证明其符合注册税务师执业准则；

（三）通过对涉税鉴证业务情况的规范记载，表明涉税鉴证业务的规范化程度，为执业质量的比较提供基本依据。

第三十五条 涉税鉴证业务工作底稿应包括以下内容：

（一）鉴证项目名称；

（二）被鉴证人名称；

（三）鉴证项目所属时期；

（四）索引；

（五）鉴证过程和结果的记录；

（六）证据目录；

（七）底稿编制人签名和编制日期；

（八）底稿复核人签名和复核日期。

第三十六条 涉税鉴证业务工作底稿可以采用纸质或者电子的形式，有视听资料、实物等证据的，可以同时采用其他形式。

第三十七条 涉税鉴证业务工作底稿可以在鉴证过程中，通过记录、复制、录音、录像、照相等方式随时形成，并由实施的注册税务师、助理等人员签名。

第三十八条 涉税鉴证业务工作底稿属于税务师事务所的业务档案，应当至少保存10年；法律、行政法规另有规定的除外。

第三十九条 未经涉税鉴证业务委托人同意，税务师事务所不得向他人提供工作底稿，但下列情形除外：

（一）税务机关因税务检查需要进行查阅的；

（二）注册税务师行业主管部门因检查执业质量需要进行查阅的；

（三）公安机关、人民检察院、人民法院根据有关法律、行政法规需要进行查阅的。

第七章 附则

第四十条 注册税务师及其所在的税务师事务所执行涉税鉴证以外的鉴证业务，除另有规定外，比照本准则执行。

第四十一条 涉税鉴证具体业务准则，由国家税务总局另行规定。

第四十二条 本准则由国家税务总局负责解释。

第四十三条 本准则自2010年1月1日起执行。

注册税务师涉税服务业务基本准则

第一章 总则

第一条 为规范注册税务师的执业行为，明确涉税服务业务标准，维护涉税服务当事人的合法权益，促进涉税服务业务的健康发展，根据《注册税务师管理暂行办法》（国家税务总局令第14号）及其他有关规定，制定本准则。

第二条 本准则适用于在中华人民共和国境内依法执行涉税服务业务的注册税务师及其所在的税务师事务所。

第三条 涉税服务是税务师事务所及其注册税务师，向委托人或者委托人指向的第三人，提供涉税信息、智识和相关劳务等不具有证明性的活动。

第四条 涉税服务业务包括税务咨询类服务、申报准备类服务、涉税代理类服务和其他涉税服务等四种类型。

第五条 注册税务师和税务师事务所提供涉税服务，应遵循以下原则：

（一）合法原则。提供涉税服务的过程和结果应当符合法律规定，不得损害国家税收利益和其他相关主体的合法权益。

（二）合理原则。提供涉税服务应当符合税法立法目的，合乎事理常规。不得为纳税人筹划虚假交易或其他不当行为。

（三）胜任原则。承接业务和执业中，应当审慎评价委托人的业务要求和自身的专业能力，合理利用其他专家的工作，妥善处理超出自身专业能力的业务委托。

（四）责任原则。执业中应当保持负责态度，实施服务程序，控制执业风险，承担执业责任。依照法律规定和约定履行保密义务。

第二章 涉税服务业务承接

第六条 税务师事务所承接涉税服务业务，应当对委托事项进行初步调查和了解，并从以下方面进行分析评估，决定是否接受涉税服务业务委托：

（一）委托事项是否属于涉税服务业务；

（二）本税务师事务所是否具有相应的专业实施能力；

（三）本税务师事务所是否可以承担相应的风险；

（四）其他相关因素。

第七条 税务师事务所决定接受涉税服务业务委托的，应当与委托人签订业务约定书。

涉税服务业务约定书应当采取书面形式订立，并经双方签字盖章。

第八条 涉税服务业务约定书应当对下列事项进行约定：

（一）服务目的和服务内容；

（二）服务结果的用途或涉及的第三人；

（三）涉及约定服务范围以外事项的处理；

（四）服务的时间限制；

（五）涉税服务业务报酬及支付方式；

（六）委托人对涉税服务业务的配合义务；

（七）受托人利用其他专家工作的安排；

（八）涉税服务事项的法律、经济风险承担，争议的处理；

（九）其他应当约定的事项。

第九条 税务师事务所在承接涉税服务业务时，应当与委托人进行沟通，并对税务专业术语、服务业务范围等有关事项进行解释，避免双方对委托项目的服务性质、责任划分和风险承担的理解产生分歧。

第十条 涉税服务业务约定书生效后，税务师事务所应按照有关规定向税务机关备案。

第十一条 涉税服务业务约定书的订立、变更、中止、履行和解除应当符合《中华人民共和国合同法》等法律、行政法规的有关规定。

第三章 涉税服务业务计划

第十二条 税务师事务所应当指派胜任受托涉税服务业务的注册税务师，作为项目负责人具体承办。

委托人对服务项目有特殊要求，与税务师事务所事先约定承办注册税务师的，一般由该注册税务师作为项目负责人。

第十三条 项目负责人应根据服务项目的复杂程度、风险状况和时间限制等情况，制定相应的涉税服务业务计划。

业务简单、风险较小的服务项目，可以简化涉税服务业务计划的程序。

第十四条 涉税服务业务计划确定后，项目负责人可以视情况变化对业务计划作相应的调整。

第四章 涉税服务业务实施

第十五条 注册税务师执行涉税服务业务，应当通过多种途径，了解委托人的业务和经营情况，了解约定事项的会计、税收资料情况及主要特点。

第十六条 注册税务师执行税务咨询类服务，应当充分运用税务机关对社会公开的涉税信息资料和相关税收法规规定，结合委托项目的具体情况，作出相应的讲解、解答或策划方案。

第十七条 注册税务师执行申报准备类服务，应当对委托人提供的资料进行专业判断；对所提供资料信息的真实性、完整性产生怀疑时，应要求其予以补正，并给予适当的提醒。

从事税务会计服务，应当符合会计法和税法关于会计账簿、凭证管理的规范以及其他有关规定。

第十八条 注册税务师执行涉税代理类服务，应当根据不同的法律关系，遵循相应的行为规范。没有特别规范的，参照民事代理的原则执行。

注册税务师代理委托人，向税务机关主张权利或履行义务的，应当遵循法律、行政法规规定的程序以及税务机关依法作出的具体要求。

第十九条 注册税务师执行其他涉税服务，应当根据具体的项目类型，确定相应的执行依据。从事税务风险评估和管理服务的，可以参照税务机关有关企业税务风险管理的指引。

第五章 涉税服务业务报告

第二十条 税务师事务所开展

涉税服务业务，可根据服务内容和约定确定是否出具书面的业务报告。

出具书面业务报告的，注册税务师应当在涉税服务业务完成时，编制涉税服务业务报告。

不出具书面业务报告的，应当采取口头或其他约定的形式交换意见，并做相应记录。

第二十一条 涉税服务业务报告完成内部复核程序后，由注册税务师签名和税务师事务所盖章后对外出具。

在正式出具涉税服务业务报告前，税务师事务所可以在不影响独立判断的前提下，与委托人就拟出具报告的有关内容进行沟通。

第二十二条 涉税服务业务报告具有特定目的或服务于特定的使用人的，注册税务师应当在涉税服务业务报告中，注明该报告的特定目的或使用人，对报告的用途加以限定和说明。

第二十三条 注册税务师在提供服务时，认为委托人提供的会计、税收等基础资料缺乏完整性和真实性，可能对服务项目的预期目的产生重大影响的，应当在报告中作出适当说明。

第二十四条 注册税务师在涉税服务业务报告正式出具后，如果发现新的重大事项，对报告足以造成重大影响的，应当及时报告税务师事务所，作出相应的处理。

第六章 业务记录

第二十五条 注册税务师执行涉税服务业务，应当编制涉税服务业务工作底稿，保证底稿记录的完整性、真实性和逻辑性，以实现下列目标：

（一）通过对涉税服务业务过程的适当记录，作为最终作出报告的基础性资料；

（二）通过对涉税服务业务证据的有效收集与整理，证明其符合注册税务师执业准则；

（三）通过对涉税服务业务情况的规范记载，为执业质量的比较提供基本依据。

第二十六条 涉税服务业务工作底稿可以采用纸质或者电子的形式。有视听资料、实物等证据的，可以同时采用其他形式。

第二十七条 涉税服务业务工作底稿可以在业务过程中，通过记录、复制、录音、录像、照相等方式随时形成，并由实施的人员签名。

第二十八条 涉税服务业务工作底稿属于税务师事务所的业务档案，应当至少保存10年；法律、行政法规另有规定的除外。

第二十九条 未经涉税服务业务委托人同意，税务师事务所不得向任何第三方提供工作底稿，但下列情况除外：

（一）税务机关因税务检查需要进行查阅的；

（二）注册税务师行业主管部门因检查执业质量需要进行查阅的；

（三）公安机关、人民检察院、人民法院根据有关法律、行政法规需要进行查阅的。

第七章 附 则

第三十条 注册税务师及其所在的税务师事务所执行涉税服务以外的其他服务业务，除另有规定外，比照本准则执行。

未取得税务师事务所资质的机构及不具备注册税务师资格的人员，依法从事本准则规定的涉税服务业务，参照适用本准则。

第三十一条 涉税服务具体业务准则，由国家税务总局另行规定。

第三十二条 本准则由国家税务总局负责解释。

第三十三条 本准则自2010年1月1日起执行。

注：云南省国家税务局于2009年12月28日以云国税发〔2009〕287号原文转发。

第五篇

税收统计资料

1994～2009 年全省国税收入分税种情况

单位：万元

项目	年份	1994 年	1995 年	1996 年	1997 年	1998 年	1999 年	2000 年	2001 年	2002 年	2003 年	2004 年	2005 年	2006 年	2007 年	2008 年	2009 年
一、税收收入合计	税额	2 332 200	2 485 168	2 715 116	2 887 958	3 225 908	3 207 077	3 257 582	3 162 051	3 439 139	3 741 758	4 634 048	5 124 076	5 924 273	7 301 618	8 618 393	9 000 863
	增长%		6.56	9.25	6.37	11.70	-0.58	1.57	-2.93	8.76	8.80	23.85	10.57	15.62	23.25	18.03	4.44
1. 国内增值税	税额	901 848	939 612	1 069 367	1 131 036	1 242 699	1 261 378	1 276 402	1 368 942	1 406 776	1 594 871	1 970 271	2 290 094	2 727 670	3 475 530	4 018 694	3 938 082
	增长%		4.19	13.81	5.77	9.87	1.50	1.19	7.25	2.76	13.37	23.54	16.23	19.11	27.42	15.63	-2.01
2. 国内消费税	税额	1 131 297	1 169 832	1 224 289	1 305 452	1 503 773	1 595 791	1 582 951	1 404 642	1 559 869	1 637 635	2 008 948	2 027 287	2 199 110	2 539 818	3 138 115	3 635 395
	增长%		3.41	4.66	6.63	15.19	6.12	-0.80	-11.26	11.05	4.99	22.67	0.91	8.48	15.49	23.56	15.85
3. 营业税	税额	6 118	11 511		29 413	40 068	41 143	37 276	28 206	14 050	2 780	474		6	2		
	增长%		88.15			36.23	2.68	-9.40	-24.33	-50.19	-80.21	-82.95			-66.67	-100.00	
4. 企业所得税	税额	285 119	352 880	417 342	414 887	429 147	298 093	320 410	235 550	310 867	344 540	460 650	553 295	649 954	883 068	1 019 616	884 328
	增长%		23.77	18.27	-0.59	3.44	-30.54	7.49	-26.48	31.97	10.83	33.70	20.11	17.47	35.87	15.46	-13.27
5. 外资企业所得税	税额	1 194	1 315	2 632	5 529	10 221	10 527	15 199	17 493	14 937	13 850	17 571	45 007	102 967	112 181	143 943	211 666
	增长%		10.13	100.15	110.07	84.86	2.99	44.38	15.09	-14.61	-7.28	26.87	156.14	128.78	8.95	28.31	47.05
6. 个人利息所得税	税额						145	25 344	43 868	47 215	45 785	50 733	57 312	73 930	82 794	49 950	20 903
	增长%							17 378.62	73.09	7.63	-3.03	10.81	12.97	29.00	11.99	-39.67	-58.15
7. 车辆购置税	税额								63 350	85 425	102 297	125 401	151 081	170 636	208 225	248 075	310 489
	增长%									34.85	19.75	22.59	20.48	12.94	22.03	19.14	25.16
8. 其他各税	税额	6 624	10 018	1 486	1 641												
	增长%		51.24	-85.17	10.43												

续表

项目	年份	1994 年	1995 年	1996 年	1997 年	1998 年	1999 年	2000 年	2001 年	2002 年	2003 年	2004 年	2005 年	2006 年	2007 年	2008 年	2009 年
二、海关代征税收合计	税额	29 118	38 381	39 050	35 256	27 610	32 656	23 060	35 838	43 634	27 310	37 305	56 213	55 143	108 684	135 368	146 524
	增长%		31.81	1.74	-9.72	-21.69	18.28	-29.39	55.41	21.75	-37.41	36.60	50.68	-1.90	97.09	24.55	8.24
1. 进口产品增值税	税额	28 965	38 349	38 876	35 140	27 583	32 620	23 028	35 799	43 583	27 234	37 228	56 140	55 114	108 400	134 292	144 732
	增长%		32.40	1.37	-9.61	-21.51	18.26	-29.41	55.46	21.74	-37.51	36.70	50.80	-1.83	96.68	23.89	7.77
2. 进口产品消费税	税额	153	32	174	116	27	36	32	39	51	76	77	73	29	284	1 076	1 792
	增长%		-79.08	443.75	-33.33	-76.72	33.33	-11.11	21.88	30.77	49.02	1.32	-5.19	-60.27	879.31	278.87	66.54
三、出口退税合计	税额	-43 600	-53 000	-81 500	-41 358	-40 425	-56 316	-78 720	-99 039	-102 136	-168 262	-153 883	-165 700	-140 300	-179 999	-199 700	-170 140
	增长%		21.56	53.77	-49.25	-2.26	39.31	39.78	25.81	3.13	64.74	-8.55	7.68	-15.33	28.30	10.95	-14.80
1. 出口货物退增值税	税额	-43 440	-52 747	-80 916	-39 816	-32 716	-46 661	-70 296	-87 455	-78 885	-142 986	-114 330	-119 110	-101 545	-139 169	-151 502	-144 126
	增长%		21.42	53.40	-50.79	-17.83	42.62	50.65	24.41	-9.80	81.26	-20.04	4.18	-14.75	37.05	8.86	-4.87
2. 免、抵调减增值税	税额					-7 264	-8 791	-8 038	-10 833	-22 872	-24 386	-39 018	-45 800	-38 000	-39 999	-46 000	-18 640
	增长%						21.02	-8.57	34.77	111.13	6.62	60.00	17.38	-17.03	5.26	15.00	-59.48
3. 出口货物退消费税	税额	-160	-253	-584	-1 542	-445	-864	-386	-751	-379	-890	-535	-790	-755	-831	-2 198	-7 374
	增长%		58.13	130.83	164.04	-71.14	94.16	-55.32	94.56	-49.53	134.83	-39.89	47.66	-4.43	10.07	164.50	235.49

注:2001 年 1 月 1 日车辆购置税由费改税正式开征,2001 ~2004 年车辆购置税由交通部门代征。

2005 年 1 月 1 日车辆购置税正式交由国税机关征收。本表收录了 2001 ~2004 年车辆购置税数据。

本表"税收收入"参照总局的口径,含 2001 ~2004 年由交通部门代征的车辆购置税。

如不计 2001 ~2004 年由交通部门代征的车辆购置税,2001 ~2004 年"税收收入"应为:3098701 万元、3353714 万元、3639461 万元和 4508647 万元。工作中用何口径,请读者自行选择。

2001～2009 年全省国税收入分产业情况

单位:万元

项目＼年份	2001 年	2002 年		2003 年		2004 年		2005 年		2006 年		2007 年		2008 年		2009 年	
	税额	税额	增长%	税额	增长%	税额	增长%	税额	增长%	税额	增长%	税额	增长%	税额	增长%	税额	增长%
一、第一产业	18							38		145				32 612		9 812	
二、第二产业	2 506 483	2 909 689	16.09	3 159 906	8.60	3 877 136	22.70	4 179 418	7.80	4 744 532	13.52	5 794 867	22.14	6 907 048	19.19	7 107 078	2.90
1. 采矿业	43 313	45 320	4.63	65 769	45.12	99 777	51.71	153 411	53.75	211 453	37.83	369 866	74.92	454 952	23.00	458 172	0.71
2. 制造业	2 322 937	2 734 217	17.71	2 921 787	6.86	3 545 475	21.35	3 716 424	4.82	4 180 682	12.49	4 975 108	19.00	5 914 862	18.89	6 055 259	2.37
3. 电力、燃气及水的生产和供应业	138 992	129 133	-7.09	171 598	32.88	227 941	32.83	304 053	33.39	346 569	13.98	436 733	26.02	524 090	20.00	577 622	10.21
4. 建筑业	1 241	1 019	-17.89	752	-26.20	3 943	424.34	5 530	40.25	5 828	5.39	13 160	125.81	13 144	-0.12	16 025	21.92
三、第三产业	628 038	487 659	-22.35	506 865	3.94	668 816	31.95	849 752	27.05	1 064 103	25.23	1 409 014	32.24	1 814 101	28.91	2 030 497	11.93
1. 交通运输、仓储及邮政业	12 008	10 993	-8.45	1 954	-82.23	3 539	81.12	9 567	170.33	4 345	-54.58	6 362	46.42	14 674	130.65	33 902	131.03
2. 批发和零售业	480 852	362 700	-24.57	387 900	6.95	544 945	40.49	692 280	27.04	827 391	19.52	1 071 723	29.53	1 268 885	18.40	1 360 436	7.22
3. 金融业	37 583	22 885	-39.11	15 507	-32.24	16 379	5.62	15 340	-6.34	24 169	57.56	89 886	271.91	80 285	-10.68	81 802	1.89
4. 信息传输、计算机服务和软件业				8 448		1 116	-86.79	32 561	2 817.65	80 780	148.09	81 611	1.03	99 630	22.08	146 854	47.40
5. 住宿和餐饮业								603		1 256	108.29	1 723	37.18	2 367	37.38	3 182	34.43
6. 文化、体育和娱乐业								1 169		71	-93.93	3 310	4561.97	859	-74.05	4 676	444.35
7. 租赁和商务服务业	48 057	38 481	-19.93	2	-99.99	880	43900.00	2 265	157.39	2 754	21.59	7 197	161.33	12 707	76.56	19 637	54.54
8. 房地产业	2 657	2 808	5.68	2 444	-12.96	3 270	33.80	7 423	127.00	13 720	84.83	22 739	65.74	36 319	59.72	65 689	80.87
9. 其他行业	46 881	49 792	6.21	90 610	81.98	98 687	8.91	88 544	-10.28	108 999	23.10	131 564	20.7	298 375	126.79	314 319	5.34
合计	3 134 539	3 397 348	8.38	3 666 771	7.93	4 545 952	23.98	5 029 208	10.63	5 808 780	15.50	7 202 077	23.99	8 753 761	21.54	9 147 387	4.50

注:本表税收收入含海关代征进口产品增值税、消费税,自2008 年起含车购税。

1994～2009 年全省国税收入分企业登记注册类型情况

单位:万元

项目	年份	1994 年	1995 年	1996 年	1997 年	1998 年	1999 年	2000 年	2001 年	2002 年	2003 年	2004 年	2005 年	2006 年	2007 年	2008 年	2009 年
税收收入合计	税额	2 332 200	2 485 168	2 715 116	2 887 958	3 225 908	3 207 077	3 257 582	3 098 701	3 353 714	3 639 461	4 508 647	4 972 995	5 753 637	7 093 393	8 618 393	9 000 863
	增长%		6.56	9.25	6.37	11.70	-0.58	1.57	-4.88	8.23	8.52	23.88	10.30	15.70	23.29	21.50	4.44
	占税收收入总额比重%	100.00	100.00	100.00	100.00	100.00	100.00	100.00	100.00	100.00	100.00	100.00	100.00	100.00	100.00	100.00	100.00
一、内资企业小计	税额	2 274 307	2 413 003	2 655 305	2 817 315	3 136 329	3 111 015	3 115 774	2 924 848	3 176 002	3 462 153	4 290 471	4 686 148	5 352 022	6 629 720	7 892 787	8 220 541
	增长%		6.10	10.04	6.10	11.32	-0.81	0.15	-6.13	8.59	9.01	23.92	9.22	14.21	23.87	19.05	4.15
	占税收收入总额比重%	97.52	97.09	97.79	97.55	97.22	97.00	95.65	94.39	94.70	95.13	95.16	94.23	93.02	93.46	91.58	91.33
1. 国有企业	税额	2 133 850	2 256 845	2 483 786	2 654 702	2 869 923	2 817 700	2 721 008	2 466 542	2 638 613	1 909 644	2 374 543	2 357 780	1 536 282	1 147 840	1 037 499	1 104 498
	增长%		5.76	10.06	6.88	8.11	-1.82	-3.43	-9.35	6.98	-27.63	24.34	-0.71	-34.84	-25.28	-9.61	6.46
	占税收收入总额比重%	91.50	90.81	91.48	91.92	88.96	87.86	83.53	79.60	78.68	52.47	52.67	47.41	26.70	16.18	12.04	12.27
2. 集体企业	税额	135 758	140 827	144 882	112 617	134 999	154 073	135 690	120 322	112 822	119 020	99 621	61 843	63 955	56 806	53 599	51 854
	增长%		3.73	2.88	-22.27	19.87	14.13	-11.93	-11.33	-6.23	5.49	-16.30	-37.92	3.42	-11.18	-5.65	-3.26
	占税收收入总额比重%	5.82	5.67	5.34	3.90	4.18	4.80	4.17	3.88	3.36	3.27	2.21	1.24	1.11	0.80	0.62	0.58
3. 联营企业	税额	220	5 779	9 090	1 363	3 837	8 246	7 657	7 384	3 943	2 247	2 054	1 916	1 613	1 161	1 059	1 146
	增长%		2 526.82	57.29	-85.01	181.51	114.91	-7.14	-3.57	-46.60	-43.01	-8.59	-6.72	-15.81	-28.02	-8.79	8.22
	占税收收入总额比重%	0.01	0.23	0.33	0.05	0.12	0.26	0.24	0.24	0.12	0.06	0.05	0.04	0.03	0.02	0.01	0.01
4. 股份有限公司	税额	3 063	4 296	14 762	43 270	100 277	116 931	232 709	305 707	380 565	1 371 270	1 673 314	1 979 621	3 296 055	4 726 308	5 849 250	6 205 199
	增长%		40.25	243.62	193.12	131.75	16.61	99.01	31.37	24.49	260.32	22.03	18.31	66.50	43.39	23.76	6.09
	占税收收入总额比重%	0.13	0.17	0.54	1.50	3.11	3.65	7.14	9.87	11.35	37.68	37.11	39.81	57.29	66.63	67.87	68.94
5. 私营企业	税额	1 185	2 076	2 469	4 111	6 543	11 787	16 690	23 217	39 138	58 628	137 929	278 564	446 961	687 946	933 136	827 323
	增长%		75.19	18.93	66.50	59.16	80.15	41.60	39.11	68.57	49.80	135.26	101.96	60.45	53.92	35.64	-11.34
	占税收收入总额比重%	0.05	0.08	0.09	0.14	0.20	0.37	0.51	0.75	1.17	1.61	3.06	5.60	7.77	9.70	10.83	9.91

续表

项目		1994年	1995年	1996年	1997年	1998年	1999年	2000年	2001年	2002年	2003年	2004年	2005年	2006年	2007年	2008年	2009年
6.其他内资企业	税额	231	3 180	316	1 252	20 750	2 278	2 020	1 676	921	1 344	3 010	6 424	7 156	9 659	18 244	30 521
	增长%		1 276.62	-90.06	296.20	1 557.35	-89.02	-11.33	-17.03	-45.05	45.93	123.96	113.42	11.39	34.98	88.88	67.29
	占税收收入总额比重%	0.01	0.13	0.01	0.04	0.64	0.07	0.06	0.05	0.03	0.04	0.07	0.13	0.12	0.14	0.21	0.34
二、港澳台投资企业	税额	6 587	5 613	7 133	6 462	9 362	14 087	20 533	20 950	30 583	33 250	43 188	54 407	65 570	94 648	124 274	144 870
	增长%		-14.79	27.08	-9.41	44.88	50.47	45.76	2.03	45.98	8.72	29.89	25.98	20.52	44.35	31.30	16.57
	占税收收入总额比重%	0.28	0.23	0.26	0.22	0.29	0.44	0.63	0.68	0.91	0.91	0.96	1.09	1.14	1.33	1.44	1.61
三、外商投资企业	税额	6 666	9 070	7 617	17 196	29 736	29 946	34 865	45 401	34 809	38 968	52 772	91 530	158 077	187 167	227 474	289 904
	增长%		36.06	-16.02	125.76	72.92	0.71	16.43	30.22	-23.33	11.95	35.42	73.44	72.71	18.40	21.54	27.44
	占税收收入总额比重%	0.29	0.36	0.28	0.60	0.92	0.93	1.07	1.47	1.04	1.07	1.17	1.84	2.75	2.64	2.64	3.22
四、个体经营	税额	44 640	57 482	45 061	46 985	50 481	52 029	86 410	107 502	112 320	105 090	122 216	140 910	177 968	181 858	373 858	345 548
	增长%		28.77	-21.61	4.27	7.44	3.07	66.08	24.41	4.48	-6.44	16.30	15.30	26.30	2.19	105.58	-7.57
	占税收收入总额比重%	1.91	2.31	1.66	1.63	1.56	1.62	2.65	3.47	3.35	2.89	2.71	2.83	3.09	2.56	4.34	3.84

注：本表税收收入不含海关代征的进口产品增值税、消费税，自2008年起含车购税。

本表“股份制企业”包括有限责任公司和股份有限公司，“涉外企业”包括港澳台、外商投资和外国企业。

本表股份合作制企业的税额归入“集体企业”。

1994～2009 年全省国税税收收入分类构成情况

项目	年份	1994 年	1995 年	1996 年	1997 年	1998 年	1999 年	2000 年	2001 年	2002 年	2003 年	2004 年	2005 年	2006 年	2007 年	2008 年	2009 年
税收收入	税额	2 332 200	2 485 168	2 715 116	2 887 958	3 225 908	3 207 077	3 257 582	3 162 051	3 439 139	3 741 758	4 634 048	5 124 076	5 924 273	7 301 618	8 618 393	9 000 863
	增长%		6.56	9.25	6.37	11.70	-0.58	1.57	-2.93	8.76	8.80	23.85	10.57	15.62	23.25	18.03	4.44
	比重%	100.00	100.00	100.00	100.00	100.00	100.00	100.00	100.00	100.00	100.00	100.00	100.00	100.00	100.00	100.00	100.00
1. 国内流转税	税额	2 039 263	2 120 955	2 293 656	2 465 901	2 786 540	2 898 312	2 896 629	2 801 790	2 980 695	3 235 286	3 979 693	4 317 381	4 926 786	6 015 348	7 156 809	7 573 477
	增长%		4.01	8.14	7.51	13.00	4.01	-0.06	-3.27	6.39	8.54	23.01	8.49	14.12	22.09	18.98	5.82
	比重%	87.44	85.34	84.48	85.39	86.38	90.37	88.92	88.61	86.67	86.46	85.88	84.26	83.16	82.38	83.04	84.14
2. 所得税	税额	286 313	354 195	419 974	420 416	439 368	308 765	360 953	296 911	373 019	404 175	528 954	655 614	826 851	1 078 043	1 213 509	1 116 897
	增长%		23.71	18.57	0.11	4.51	-29.73	16.90	-17.74	25.63	8.35	30.87	23.95	26.12	30.38	12.57	-7.96
	比重%	12.28	14.25	15.47	14.56	13.62	9.63	11.08	9.39	10.85	10.80	11.41	12.79	13.96	14.76	14.08	12.41
3. 其他	税额	6 624	10 018	1 486	1 641				63 350	85 425	102 297	125 401	151 081	170 636	208 227	248 075	310 489
	增长%		51.24	-85.17	10.43					34.85	19.75	22.59	20.48	12.94	22.03	19.14	25.16
	比重%	0.28	0.40	0.05	0.06				2.00	2.48	2.73	2.71	2.95	2.88	2.85	2.88	3.45

注:“国内流转税”包括国内增值税、国内消费税和营业税;“所得税”包括内、外资企业所得税和个人所得税。

本表“税收收入”不含海关代征进口产品增值税、消费税,自2001 年起含车辆购置税。

1994～2009 年全省卷烟工业国税“三税”收入情况

单位:万元

项目	年份	1994 年	1995 年	1996 年	1997 年	1998 年	1999 年	2000 年	2001 年	2002 年	2003 年	2004 年	2005 年	2006 年	2007 年	2008 年	2009 年
一、税收收入	税额	2 332 200	2 485 168	2 715 116	2 887 958	3 225 908	3 207 077	3 257 582	3 162 051	3 439 139	3 741 758	4 634 048	5 124 076	5 924 273	7301 618	8 618 393	9 000 839
	增长%		6.56	9.25	6.37	11.70	−0.58	1.57	−2.93	8.76	8.80	23.85	10.57	15.62	23.25	18.04	4.44
二、卷烟工业“三税”	税额	1 474 030	1 492 559	1 589 238	1 715 018	1 944 263	2 177 321	2 108 833	1 909 006	2 289 069	2 375 273	2 957 244	2 916 058	3 175 497	3 681 055	4 537 824	4 825 471
	占税收收入总额比重%	63.20	60.06	58.53	59.39	60.27	67.89	64.74	60.37	66.56	63.48	63.82	56.91	53.60	50.41	52.65	53.61
	增长%		1.26	6.48	7.91	13.37	11.99	−3.15	−9.48	19.91	3.77	24.50	−1.39	8.90	15.92	23.28	6.34
三、卷烟工业“两税”	税额	1 474 030	1 492 559	1 589 238	1 715 018	1 944 263	2 026 566	1 955 793	1 808 436	2 097 856	2 249 157	2 685 244	2 657 935	2 876 161	3 354 047	4 150 005	4 558 087
	占税收收入总额比重%	63.20	60.06	58.53	59.39	60.27	63.19	60.04	57.19	61.00	60.11	57.95	51.87	48.55	45.94	48.15	50.64
	增长%		1.26	6.48	7.91	13.37	4.23	−3.49	−7.53	16.00	7.21	19.39	−1.02	8.21	16.62	23.73	9.83
(一)卷烟工业增值税	税额	360 752	331 902	375 067	420 566	449 911	439 072	381 128	413 245	547 491	620 480	686 197	661 511	695 508	835 138	1 036 998	1 028 583
	占税收收入总额比重%	15.47	13.36	13.81	14.56	13.95	13.69	11.70	13.07	15.92	16.58	14.81	12.91	11.74	11.44	12.03	11.43
	增长%		−8.00	13.01	12.13	6.98	−2.41	−13.20	8.43	32.49	13.33	10.59	−3.60	5.14	20.08	24.17	−0.81
(二)卷烟工业消费税	税额	1 113 278	1 160 657	1 214 171	1 294 452	1 494 352	1 587 494	1 574 665	1 395 191	1 550 365	1 628 677	1 999 047	1 996 424	2 180 653	2 518 909	3 113 007	3 529 504
	占税收收入总额比重%	47.74	46.70	44.72	44.82	46.32	49.50	48.34	44.12	45.08	43.53	43.14	38.96	36.81	34.50	36.12	39.21
	增长%		4.26	4.61	6.61	15.44	6.23	−0.81	−11.40	11.12	5.05	22.74	−0.13	9.23	15.51	23.59	13.38
四、烟草工业企业所得税	税额						150 755	153 040	100 570	191 213	126 116	272 000	258 123	299 336	327 008	387 819	267 384
	占税收收入总额比重%						4.70	4.70	3.18	5.56	3.37	5.87	5.04	5.05	4.48	4.50	2.97
	增长%							1.52	−34.29	90.13	−34.04	115.67	−5.10	15.97	9.24	18.60	−31.05

注:本表数据来自税收计划月快报和税收统计报表。

卷烟工业“三税”为卷烟工业增值税、卷烟工业消费税、卷烟工业企业所得税之和。

卷烟工业“两税”为卷烟工业增值税、卷烟工业消费税之和。

1994～2009年全省国内"两税"构成情况

单位：万元

项目		1994年	1995年	1996年	1997年	1998年	1999年	2000年	2001年	2002年	2003年	2004年	2005年	2006年	2007年	2008年	2009年
一、国内"两税"	税额	2 033 145	2 109 444	2 293 656	2 436 488	2 746 472	2 857 169	2 859 353	2 773 584	2 966 645	3 232 506	3 979 219	4 317 381	4 926 780	6 015 348	7 156 809	7 573 477
	增长%		3.75	8.73	6.23	12.72	4.03	0.08	-3.00	6.96	8.96	23.10	8.50	14.12	22.09	18.98	5.82
(一)卷烟"两税"	税额	1 555 700	1 641 334	1 719 564	1 805 040	2 074 582	2 193 057	2 107 411	1 949 686	2 097 856	2 249 157	2 685 244	2 657 935	2 876 161	3 354 047	4 150 005	4 640 250
	增长%		5.50	4.77	4.97	14.93	5.71	-3.91	-7.48	7.60	7.21	19.39	-1.02	8.21	16.62	23.73	11.81
	卷烟"两税"占国内"两税"比重%	76.52	77.81	74.97	74.08	75.54	76.76	73.70	70.29	70.71	69.58	67.48	61.56	58.38	55.76	57.99	61.27
(二)其他"两税"	税额	477 445	468 110	574 092	631 448	671 890	664 112	751 942	823 898	868 789	983 349	1 293 975	1 659 446	2 050 619	2 661 301	3 006 804	2 933 227
	增长%		-1.96	22.64	9.99	6.40	-1.16	13.23	9.57	5.45	13.19	31.59	28.24	23.57	29.78	12.98	-2.45
	其他"两税"占国内"两税"比重%	23.48	22.19	25.03	25.92	24.46	23.24	26.30	29.71	29.29	30.42	32.52	38.44	41.62	44.24	42.01	38.73
二、国内增值税	税额	901 848	939 612	1 069 367	1 131 036	1 242 699	1 261 378	1 276 402	1 368 942	1 406 776	1 594 871	1 970 271	2 290 094	2 727 670	3 475 530	4 018 694	3 938 082
	增长%		4.19	13.81	5.77	9.87	1.50	1.19	7.25	2.76	13.37	23.54	16.23	19.11	27.42	15.63	-2.01
	国内增值税占国内"两税"比重%	44.36	44.54	46.62	46.42	45.25	44.15	44.64	49.36	47.42	49.34	49.51	53.04	55.36	57.78	56.15	52.00
(一)卷烟增值税	税额	442 336	480 679	505 393	510 746	580 231	605 563	532 746	554 495	547 491	620 480	686 197	661 511	695 508	835 138	1 036 998	1 028 583
	增长%		8.67	5.14	1.06	13.60	4.37	-12.02	4.08	-1.26	13.33	10.59	-3.60	5.14	20.08	24.17	-0.81
	卷烟增值税占国内增值比重%	49.05	51.16	47.26	45.16	46.69	48.01	41.74	40.51	38.92	38.90	34.83	28.89	25.50	24.03	25.80	26.12

续表

项目	年份	1994 年	1995 年	1996 年	1997 年	1998 年	1999 年	2000 年	2001 年	2002 年	2003 年	2004 年	2005 年	2006 年	2007 年	2008 年	2009 年
(二)其他增值税	税额	459 512	458 933	563 974	620 290	662 468	655 815	743 656	814 447	859 285	974 391	1 284 074	1 628 583	2 032 162	2 640 392	2 981 696	2 909 499
	增长%		-0. 13	22. 89	9. 99	6. 80	-1. 00	13. 39	9. 52	5. 51	13. 40	31. 78	26. 83	24. 78	29. 93	12. 93	-2. 42
	其他增值税占国内增值比重%	50. 95	48. 84	52. 74	54. 84	53. 31	51. 99	58. 26	59. 49	61. 08	61. 10	65. 17	71. 11	74. 50	75. 97	74. 20	73. 88
三、国内消费税	税额	1 131 297	1 169 832	1 224 289	1 305 452	1 503 773	1 595 791	1 582 951	1 404 642	1 559 869	1 637 635	2 008 948	2 027 287	2 199 110	2 539 818	3 138 115	3 635 395
	增长%		3. 41	4. 66	6. 63	15. 19	6. 12	-0. 80	-11. 26	11. 05	4. 99	22. 67	0. 91	8. 48	15. 49	23. 56	15. 85
	国内消费税占国内“两税”比重%	55. 64	55. 46	53. 38	53. 58	54. 75	55. 85	55. 36	50. 64	52. 58	50. 66	50. 49	46. 96	44. 64	42. 22	43. 85	48. 00
(一)卷烟消费税	税额	1 113 364	1 160 655	1 214 171	1 294 294	1 494 351	1 587 494	1 574 665	1 395 191	1 550 365	1 628 677	1 999 047	1 996 424	2 180 653	2 518 909	3 113 007	3 611 667
	增长%		4. 25	4. 61	6. 60	15. 46	6. 23	-0. 81	-11. 40	11. 12	5. 05	22. 74	-0. 13	9. 23	15. 51	23. 59	16. 02
	卷烟消费税占国内消费比重%	98. 41	99. 22	99. 17	99. 15	99. 37	99. 48	99. 48	99. 33	99. 39	99. 45	99. 51	98. 48	99. 16	99. 18	99. 20	99 35
(二)其他消费税	税额	17 933	9 177	10 118	11 158	9 422	8 297	8 286	9 451	9 504	8 958	9 901	30 863	18 457	20 909	25 108	23 728
	增长%		-48. 83	10. 25	10. 28	-15. 56	-11. 94	-0. 13	14. 06	0. 56	-5. 74	10. 53	211. 72	-40. 20	13. 28	20. 08	-5. 50
	其他消费税占国内消费比重%	1. 59	0. 78	0. 83	0. 85	0. 63	0. 52	0. 52	0. 67	0. 61	0. 55	0. 49	1. 52	0. 84	0. 82	0. 80	0. 65

注:根据总局卷烟增值税统计口径,2002 年前,卷烟增值税包括卷烟工业和一批环节增值税。2002 年起,卷烟增值税仅统计卷烟工业环节增值税。

国内“两税”为国内增值税和国内消费税之和。

1994～2009 年全省主要行业国内增值税情况

单位:万元

项目	年份	1994 年	1995 年	1996 年	1997 年	1998 年	1999 年	2000 年	2001 年	2002 年	2003 年	2004 年	2005 年	2006 年	2007 年	2008 年	2009 年
国内增值税	税额	901 848	939 612	1 069 367	1 131 036	1 242 699	1 261 378	1 276 402	1 368 942	1 406 776	1 594 871	1 970 271	2 290 094	2 727 670	3 475 530	4 018 694	3 938 082
	增长%		4.19	13.81	5.77	9.87	1.50	1.19	7.25	2.76	13.37	23.54	16.23	19.11	27.42	15.63	-2.01
一、制造业	税额	608 090	550 217	597 193	646 928	706 345	700 525	691 376	767 814	911 665	1 023 919	1 239 042	1 360 752	1 612 270	2 026 792	2 279 865	2 117 413
	增长%		-9.52	8.54	8.33	9.18	-0.82	-1.31	11.06	18.74	12.31	21.01	9.82	18.48	25.71	12.49	-7.13
	占国内增值税总额比重%	67.43	58.56	55.85	57.20	56.84	55.54	54.17	56.09	64.81	64.20	62.89	59.42	59.11	58.32	56.73	53.77
（一）卷烟制造业	税额	360 752	331 902	375 067	420 566	449 911	439 072	381 128	413 245	547 491	620 480	686 197	661 511	695 508	665 812	1 036 998	1 028 591
	增长%		-8.00	13.01	12.13	6.98	-2.41	-13.20	8.43	32.49	13.33	10.59	-3.60	5.14	-4.27	55.75	-0.81
	占国内增值税总额比重%	40.00	35.32	35.07	37.18	36.20	34.81	29.86	30.19	38.92	38.90	34.83	28.89	25.50	19.16	25.80	26.12
（二）制糖业	税额	23 428	29 363	24 957	29 074	25 785	16 293	24 335	35 643	32 446	25 120	28 870	39 369	53 926	55 995		
	增长%		25.33	-15.01	16.50	-11.31	-36.81	49.36	46.47	-8.97	-22.58	14.93	36.37	36.98	3.84		
	占国内增值税总额比重%	2.60	3.13	2.33	2.57	2.07	1.29	1.91	2.60	2.31	1.58	1.47	1.72	1.98	1.61		
（三）化学原料及化学制品制造业	税额	20 550	21 612	23 175	23 655	26 167	26 986	32 201	37 543	47 335	48 846	73 470	96 145	84 766	112 739	131 479	102 360
	增长%		5.17	7.23	2.07	10.62	3.13	19.32	16.59	26.08	3.19	50.41	30.86	-11.84	33.00	16.62	-22.15
	占国内增值税总额比重%	2.28	2.30	2.17	2.09	2.11	2.14	2.52	2.74	3.36	3.06	3.73	4.20	3.11	3.24	3.27	2.60
（四）医药制造业	税额										17 555	25 884	30 350	39 093	52 516	66 339	73 516
	增长%											47.45	17.25	28.81	34.34	26.32	10.82
	占国内增值税总额比重%										1.10	1.31	1.33	1.43	1.51	1.65	1.87

续表

项目	年份	1994年	1995年	1996年	1997年	1998年	1999年	2000年	2001年	2002年	2003年	2004年	2005年	2006年	2007年	2008年	2009年
(五)非金属矿物制品业	税额	28 603	26 133	24 568	27 587	32 988	37 510	33 553	30 956	25 792	25 556	25 860	38 453	67 187	88 186	99 692	129 577
	增长%		-8.64	-5.99	12.29	19.58	13.71	-10.55	-7.74	-16.68	-0.92	1.19	48.70	74.72	31.25	13.05	29.98
	占国内增值税总额比重%	3.17	2.78	2.30	2.44	2.65	2.97	2.63	2.26	1.83	1.60	1.31	1.68	2.46	2.54	2.48	3.29
(六)黑色金属冶炼及延压加工业	税额	53 854	38 993	37 900	35 271	39 014	38 150	40 372	45 083	53 686	100 761	129 389	131 447	134 213	208 828	217 355	160 355
	增长%		-27.59	-2.80	-6.94	10.61	-2.21	5.82	11.67	19.08	87.69	28.41	1.59	2.10	55.59	4.08	-26.22
	占国内增值税总额比重%	5.97	4.15	3.54	3.12	3.14	3.02	3.16	3.29	3.82	6.32	6.57	5.74	4.92	6.01	5.41	4.07
其中:钢坯和钢材	税额	47 479	33 039	32 366	30 470	34 230	33 679	32 402	36 746	41 965	77 415	85 959	76 995	87 581	131 584	79 406	69 368
	增长%		-30.41	-2.04	-5.86	12.34	-1.61	-3.79	13.41	14.20	84.48	11.04	-10.43	13.75	50.24	-39.65	-12.64
	占国内增值税总额比重%	5.26	3.52	3.03	2.69	2.75	2.67	2.54	2.68	2.98	4.85	4.36	3.36	3.21	3.79	1.98	1.76
(七)有色金属冶炼及延压加工业	税额	26 347	19 765	22 815	27 495	29 806	33 606	37 448	45 277	55 198	55 412	78 794	133 834	264 097	395 003	279 089	191 628
	增长%		-24.98	15.43	20.51	8.41	12.75	11.43	20.91	21.91	0.39	42.20	69.85	97.33	49.57	-29.35	-31.34
	占国内增值税总额比重%	2.92	2.10	2.13	2.43	2.40	2.66	2.93	3.31	3.92	3.47	4.00	5.84	9.68	11.37	6.94	4.87
二、采掘业	税额	19 741	24 256	24 646	26 276	27 156	26 005	31 650	39 392	45 044	65 735	99 115	152 736	209 652	320 596	426 574	430 441
	增长%		22.87	1.61	6.61	3.35	-4.24	21.71	24.46	14.35	45.94	50.78	54.10	37.26	52.92	33.06	0.91
	占国内增值税总额比重%	2.19	2.58	2.30	2.32	2.19	2.06	2.48	2.88	3.20	4.12	5.03	6.67	7.69	9.22	10.61	10.93
(一)煤炭开采和洗选业	税额	5 322	5 729	7 423	9 470	10 744	11 138	11 114	14 032	16 096	23 349	38 404	61 797	81 518	110 339	188 069	235.637
	增长%		7.65	29.57	27.58	13.45	3.67	-0.22	26.26	14.71	45.06	64.48	60.91	31.91	35.36	70.45	25.29
	占国内增值税总额比重%	0.59	0.61	0.69	0.84	0.86	0.88	0.87	1.03	1.14	1.46	1.95	2.70	2.99	3.17	4.68	5.98

续表

项目	年份	1994年	1995年	1996年	1997年	1998年	1999年	2000年	2001年	2002年	2003年	2004年	2005年	2006年	2007年	2008年	2009年
（二）有色金属矿采选	税额	7 658	10 855	8 906	8 882	6 926	5 444	10 123	13 628	14 092	22 769	39 356	55 468	78 247	140 705	128 073	84 543
	增长%		41.75	-17.95	-0.27	-22.02	-21.40	85.95	34.62	3.40	61.57	72.85	40.94	41.07	79.82	-8.98	-33.99
	占国内增值税总额比重%	0.85	1.16	0.83	0.79	0.56	0.43	0.79	1.00	1.00	1.43	2.00	2.42	2.87	4.05	3.19	2.15
三、电力、煤气及水的生产和供应业	税额	45 527	45 576	76 369	84 728	88 878	99 774	112 882	119 467	128 537	164 948	221 288	295 370	338 158	424 795	506 287	517 041
	增长%		0.11	67.56	10.95	4.90	12.26	13.14	5.83	7.59	28.33	34.16	33.48	14.49	25.62	19.18	2.12
	占国内增值税总额比重%	5.05	4.85	7.14	7.49	7.15	7.91	8.84	8.73	9.14	10.34	11.23	12.90	12.40	12.22	12.60	13.13
（一）发电	税额	7 478	8 953	10 498	15 084	27 708	32 464	35 833	43 758	50 716	73 018	101 096	130 751	153 408	179 735	216 339	243 919
	增长%		19.72	17.26	43.68	83.69	17.16	10.38	22.12	15.90	43.97	38.45	29.33	17.33	17.16	20.37	12.75
	占国内增值税总额比重%	0.83	0.95	0.98	1.33	2.23	2.57	2.81	3.20	3.61	4.58	5.13	5.71	5.62	5.17	5.38	6.19
（二）供电	税额	28 150	31 915	60 881	65 665	56 663	61 845	69 238	69 411	70 218	83 376	104 882	144 873	164 648	197 877	260 895	246 704
	增长%		13.37	90.76	7.86	-13.71	9.15	11.95	0.25	1.16	18.74	25.79	38.13	13.65	20.18	31.85	-5.44
	占国内增值税总额比重%	3.12	3.40	5.69	5.81	4.56	4.90	5.42	5.07	4.99	5.23	5.32	6.33	6.04	5.69	6.49	6.26
四、批发和零售	税额	242 067	304 933	342 777	320 929	348 622	380 633	390 246	390 005	282 184	304 020	386 911	462 781	551 093	638 446	777 914	837 650
	增长%		25.97	12.41	-6.37	8.63	9.18	2.53	-0.06	-27.65	7.74	27.26	19.61	19.08	15.85	21.84	7.68
	占国内增值税总额比重%	26.84	32.45	32.05	28.37	28.05	30.18	30.57	28.49	20.06	19.06	19.64	20.21	20.20	18.37	19.36	21.27

注:2003 年以前未统计“医药产品”数据。

本表中“四项”为主要行业收入数,不是全部行业的收入情况,故“四项”之和不等于增值税收入总额。

各行业明细数据为其中数。

自 2008 年起,按国家税务总局统一的报表统计口径,不单独统计“制糖业”数据。

1994～2009 年全省海关代征税收、出口退税与进出口贸易额情况

项目	年份	1994 年	1995 年	1996 年	1997 年	1998 年	1999 年	2000 年	2001 年	2002 年	2003 年	2004 年	2005 年	2006 年	2007 年	2008 年	2009 年
一、进出口总额	金额(亿美元)	13.44	18.96	19.22	19.37	19.03	16.59	18.13	19.89	22.26	26.67	37.48	47.39	56.79	87.8	95.99	80.19
	增长%		41.07	1.37	0.78	-1.76	-12.82	9.28	9.71	11.92	19.81	40.53	26.44	19.84	54.60	9.33	-16.46
二、出口总额	金额(亿美元)	9.10	12.15	10.96	11.72	11.73	10.34	11.75	12.44	14.29	16.76	22.39	26.42	30.35	47.36	49.87	45.14
	增长%		33.52	-9.79	6.93	0.09	-11.85	13.64	5.87	14.87	17.28	33.59	18.00	14.88	56.05	5.30	-9.48
三、进口总额	金额(亿美元)	4.34	6.81	8.26	7.65	7.30	6.25	6.38	7.45	7.97	9.91	15.09	20.97	26.44	40.44	46.12	35.05
	增长%		56.91	21.29	-7.38	-4.58	-14.38	2.08	16.77	6.98	24.34	52.27	38.97	26.08	52.95	14.05	-24.00
四、进出口差额	金额(亿美元)	4.76	5.34	2.7	4.07	4.43	4.09	5.37	4.99	6.32	6.85	7.3	5.45	3.91	6.92	3.75	10.09
	增长%		12.18	-49.44	50.74	8.85	-7.67	31.30	-7.08	26.65	8.39	6.57	-25.34	-28.26	76.98	-45.81	169.07
五、海关代征税收	税额(万元)	29 118	38 381	39 050	35 256	27 610	32 656	23 060	35 838	43 634	27 310	37 305	56 213	55 143	108 684	135 368	146 524
	增长%		31.81	1.74	-9.72	-21.69	18.28	-29.39	55.41	21.75	-37.41	36.60	50.68	-1.90	97.09	24.55	8.24
(一)进口产品增值税	税额(万元)	28 965	38 349	38 876	35 140	27 583	32 620	23 028	35 799	43 583	27 234	37 228	56 140	55 114	108 400	134 292	144 732
	增长%		32.40	1.37	-9.61	-21.51	18.26	-29.41	55.46	21.74	-37.51	36.70	50.80	-1.83	96.68	23.89	7.77
(二)进口产品消费税	税额(万元)	153	32	174	116	27	36	32	39	51	76	77	73	29	284	1 076	1 792
	增长%		-79.08	443.75	-33.33	-76.72	33.33	-11.11	21.88	30.77	49.02	1.32	-5.19	-60.27	879.31	278.87	66.54
六、出口退税	税额(万元)	-43 600	-53 000	-81 500	-41 358	-40 425	-56 316	-78 720	-99 039	-102 136	-168 262	-153 883	-165 700	-140 300	-179 997	-199 700	-170 140
	增长%		21.56	53.77	-49.25	-2.26	39.31	39.78	25.81	3.13	64.74	-8.55	7.68	-15.33	28.29	10.95	-14.80
(一)出口货物退增值税	税额(万元)	-43 440	-52 747	-80 916	-39 816	-32 716	-46 661	-70 296	-87 455	-78 885	-142 986	-114 330	-119 110	-101 545	-139 166	-151 502	-144 126
	增长%		21.42	53.40	-50.79	-17.83	42.62	50.65	24.41	-9.80	81.26	-20.04	4.18	-14.75	37.05	8.86	-4.87
(二)免、抵调减增值税	税额(万元)	0	0	0	0	-7 264	-8 791	-8 038	-10 833	-22 872	-24 386	-39 018	-45 800	-38 000	-40 000	-46 000	-18 640
	增长%						21.02	-8.57	34.77	111.13	6.62	60.00	17.38	-17.03	5.26	15.00	-59.48
(三)出口货物退消费税	税额(万元)	-160	-253	-584	-1 542	-445	-864	-386	-751	-379	-890	-535	-790	-755	-831	-2 198	-7 374
	增长%		58.13	130.83	164.04	-71.14	94.16	-55.32	94.56	-49.53	134.83	-39.89	47.66	-4.43	10.07	164.50	235.49

2000～2009年税收收入月度入库情况

单位：万元

年份	项目 \ 月份	1月	2月	3月	4月	5月	6月	7月	8月	9月	10月	11月	12月
2000年	税额	194 176	190 946	230 825	325 260	282 408	292 111	292 969	234 717	284 376	278 745	278 060	372 989
	比上年同期增长%	-12.95	-14.06	-3.37	4.78	2.99	12.58	11.07	-7.28	32.18	9.01	-9.53	-2.80
	占全年总额%	5.96	5.86	7.09	9.98	8.67	8.97	8.99	7.21	8.73	8.56	8.54	11.45
2001年	税额	188 275	188 620	280 699	357 756	314 077	236 502	291 623	246 487	216 758	237 868	223 989	316 047
	比上年同期增长%	-3.04	-1.22	21.61	9.99	11.21	-19.04	-0.46	5.01	-23.78	-14.66	-19.45	-15.27
	占全年总额%	6.08	6.09	9.06	11.55	10.14	7.63	9.41	7.95	7.00	7.68	7.23	10.20
2002年	税额	236 190	326 045	242 408	380 778	324 115	264 435	291 181	230 182	293 929	305 636	230 174	228 640
	比上年同期增长%	25.45	72.86	-13.64	6.44	3.20	11.81	-0.15	-6.61	35.60	28.49	2.76	-27.66
	占全年总额%	7.04	9.72	7.23	11.35	9.66	7.88	8.68	6.86	8.76	9.11	6.86	6.82
2003年	税额	291 371	379 153	293 992	341 206	372 089	283 529	328 952	266 444	269 919	317 951	298 828	196 027
	比上年同期增长%	23.36	16.29	21.28	-10.39	14.80	7.22	12.97	15.75	-8.17	4.03	29.83	-14.26
	占全年总额%	8.01	10.42	8.08	9.38	10.22	7.79	9.04	7.32	7.42	8.74	8.21	5.39
2004年	税额	367 813	432 611	370 378	434 777	397 595	339 036	382 100	417 716	358 541	402 336	311 800	293 944
	比上年同期增长%	26.24	14.10	25.98	27.42	6.85	19.58	16.16	56.77	32.83	26.54	4.34	49.95
	占全年总额%	8.16	9.60	8.21	9.64	8.82	7.52	8.47	9.26	7.95	8.92	6.92	6.52
2005年	税额	365 748	572 665	339 644	505 861	386 973	347 040	401 209	349 480	410 474	482 192	387 846	423 863
	比上年同期增长%	-0.56	32.37	-8.30	16.35	-2.67	2.36	5.00	-16.34	14.48	19.85	24.39	44.20
	占全年总额%	7.35	11.52	6.83	10.17	7.78	6.98	8.07	7.03	8.25	9.70	7.80	8.52

续表

年份	项目 \ 月份	1月	2月	3月	4月	5月	6月	7月	8月	9月	10月	11月	12月
2006年	税额	401 228	534 863	375 355	635 996	525 280	443 438	455 762	474 985	457 169	549 778	449 412	450 371
	比上年同期增长%	9.70	-6.60	10.51	25.73	35.74	27.78	13.60	35.91	11.38	14.02	15.87	6.25
	占全年总额%	6.97	9.30	6.52	11.05	9.13	7.71	7.92	8.26	7.95	9.56	7.81	7.83
2007年	税额	537 206	779 165	444 411	746 988	666 914	479 192	643 694	518 465	558 487	743 770	515 661	460 004
	比上年同期增长%	33.89	45.68	18.40	17.45	26.96	8.06	41.23	9.15	22.16	35.29	14.74	2.14
	占全年总额%	7.57	10.98	6.26	10.53	9.40	6.75	9.07	7.31	7.87	10.48	7.27	6.48
2008年	税额	763 297	984 339	533 056	884 308	787 831	627 369	821 440	626 423	636 470	805 907	492 869	655 084
	比上年同期增长%	42.09	26.33	19.95	18.38	18.13	30.92	27.61	20.82	13.96	8.35	-4.42	42.58
	占全年总额%	8.86	11.42	6.19	10.26	9.14	7.28	9.53	7.27	7.39	9.35	5.72	7.60
2009年	税额	629 875	962 947	423 637	785 191	750 736	677 358	847 002	686 379	705 778	982 655	608 618	940 687
	比上年同期增长%	-17.48	-2.17	-20.53	-11.21	-4.71	7.97	3.11	9.57	10.89	21.93	23.48	43.60
	占全年总额%	7.00	10.70	4.71	8.72	8.34	7.53	9.41	7.63	7.84	10.92	6.76	10.45

注：不含海关代征、自2008年起含车购税收入。

2009 年分地区 GDP、税收收入、税收弹性和宏观税负情况

单位:万元

序号	地区	2008GDP	2009GDP	增长%	税收收入	增长%	宏观税负%	税收弹性
	全省	57 001 000	61 679 500	8.21	9 000 863	4.44	15.79	1.85
1	昆明	16 053 993	18 374 605	14.46	2 809 251	1.57	17.50	9.19
2	昭通	2 722 801	3 204 517	17.69	373 129	8.11	13.70	2.18
3	曲靖	7 875 678	8 709 446	10.59	1 303 170	3.18	16.55	3.33
4	玉溪	5 960 973	6 444 042	8.10	1 975 485	7.72	33.14	1.05
5	红河	5 146 961	5 608 799	8.97	970 515	3.83	18.86	2.35
6	文山	2 445 148	2 848 997	16.52	128 517	-2.10	5.26	-7.87
7	普洱	1 798 569	2 116 987	17.70	106 058	7.72	5.90	2.29
8	版纳	1 227 785	1 386 353	12.91	57 748	5.42	4.70	2.38
9	楚雄	3 060 166	3 493 465	14.16	496 786	9.32	16.23	1.52
10	大理	3 716 977	4 044 965	8.82	383 913	9.29	10.33	0.95
11	保山	1 940 496	2 216 595	14.23	104 348	-4.41	5.38	-3.23
12	德宏	996 655	1 157 088	16.10	74 601	14.39	7.49	1.12
13	丽江	1 011 490	1 206 746	19.30	80 483	19.92	7.96	0.97
14	怒江	436 661	480 471	10.03	32 798	-5.55	7.51	-1.81
15	迪庆	556 760	636 560	14.33	33 597	15.16	6.03	0.95
16	临沧	1 568 740	1 813 326	15.59	70 464	-12.15	4.49	-1.28

注:全省 GDP 数值不等于各地 GDP 数值之和,税收收入不含海关,含车购税。

2009 年分地区、分税种税收收入情况

单位：万元

项目	地区	全省	昆明	昭通	曲靖	玉溪	红河	文山	普洱	版纳	楚雄	大理	保山	德宏	丽江	怒江	迪庆	临沧	省局
一、税收收入合计	税额	9 000 863	2 809 251	373 129	1 303 170	1 975 485	970 515	128 517	106 058	57 748	496 786	383 913	104 348	74 601	80 483	32 798	33 597	70 464	
	增长%	4.44	1.57	8.11	3.18	7.72	3.83	-2.10	7.72	5.42	9.32	9.29	-4.41	14.39	19.92	-5.55	15.16	-12.15	
（一）国内增值税	税额	3 938 082	1 264 954	159 435	618 810	580 292	444 472	95 316	86 065	38 942	181 635	164 086	70 865	60 370	64 547	29 899	24 735	53 659	
	增长%	-2.01	-5.01	-2.43	3.37	-2.03	-0.66	-5.54	3.65	-2.42	-3.72	-1.99	-9.90	10.44	24.14	-7.86	20.44	-19.95	
	占税收收入总额比重%	43.75	45.03	42.73	47.48	29.37	45.80	74.17	81.15	67.43	36.56	42.74	67.91	80.92	80.20	91.16	73.62	76.15	
（二）国内消费税	税额	3 635 395	808 008	168 594	550 465	1 225 015	439 253	3 602	4 455	1 844	262 835	156 661	4 930	2 059	2 114	829	864	3 867	
	增长%	15.85	7.89	31.39	7.88	19.40	11.72	1583.18	265.16	730.63	27.85	31.66	135.32	119.28	2125.26	2412.12	554.55	98.51	
	占税收收入总额比重%	40.39	28.76	45.18	42.24	62.01	45.26	2.80	4.20	3.19	52.91	40.81	4.72	2.76	2.63	2.53	2.57	5.49	
（三）营业税	税额																		
	增长%																		
	占税收收入总额比重%																		
（四）企业所得税	税额	1 095 994	603 754	32 265	97 649	148 116	59 331	17 522	4 016	8 204	39 495	45 927	18 235	5 075	6 690	698	3 235	5 782	
	增长%	-5.81	5.96	-23.19	-19.83	-23.41	-12.49	-5.65	4.69	21.68	-20.85	-5.42	-7.38	48.52	-20.54	55.80	-17.81	10.47	
	占税收收入总额比重%	12.18	21.49	8.65	7.49	7.50	6.11	13.63	3.79	14.21	7.95	11.96	17.48	6.80	8.31	2.13	9.63	8.21	
（五）个人利息所得税	税额	20 903	8 264	762	2 119	1 710	1 907	562	572	416	978	1 343	799	504	428	85	80	374	
	增长%	-58.15	-59.53	-56.00	-53.93	-57.65	-57.54	-62.41	-61.35	-63.15	-54.47	-55.76	-54.11	-60.72	-57.37	-60.65	-68.25	-57.74	
	占税收收入总额比重%	0.23	0.29	0.20	0.16	0.09	0.20	0.44	0.54	0.72	0.20	0.35	0.77	0.68	0.53	0.26	0.24	0.53	
（六）车辆购置税	税额	310 489	124 271	12 073	34 127	20 352	25 552	11 515	10 950	8 342	11 843	15 896	9 519	6 593	6 704	1 287	4 683	6 782	
	增长%	25.16	30.82	24.68	23.29	12.03	16.96	14.16	23.24	23.06	44.99	19.66	36.24	34.25	19.74	-18.49	8.45	32.82	
	占税收收入总额比重%	3.45	4.42	3.24	2.62	1.03	2.63	8.96	10.32	14.45	2.38	4.14	9.12	8.84	8.33	3.92	13.94	9.62	

续表

项目	地区	全省	昆明	昭通	曲靖	玉溪	红河	文山	普洱	版纳	楚雄	大理	保山	德宏	丽江	怒江	迪庆	临沧	省局
（七）其他各税	税额																		
	增长%																		
	占税收收入总额比重%																		
二、海关代征税收合计	税额	146 523	84 846				16 074	1 233	5 657	13 386			2 719	19 513		548		2 547	
	增长%	8.24	-2.48				28.56	-47.01	105.71	96.28			147.41	-4.49		38.38		46.63	
（一）进口产品增值税	税额	144 732	83 127				16 074	1 233	5 653	13 319			2 719	19 513		548		2 546	
	增长%	7.77	-3.29				28.56	-47.01	105.56	95.95			147.41	-4.48		38.38		46.57	
（二）进口产品消费税	税额	1 791	1 719						4	67								1	
	增长%	66.45	63.56							191.30									
三、出口退税合计	税额	-170 140	-97 030	-442	-3 947	-4 246	-6 920	-1 200	-1 160	-1 700	-1 097	-9 312	-4 580	-35 780	-1 274	-15	-238	-1 199	
	增长%	-14.80	-13.30	-46.81	-41.60	-11.73	-68.55	11.11	52.83	-22.69	-12.87	106.93	-31.64	4.01	33.40	-11.76	6.73	-7.77	
（一）出口货物退增值税	税额	-144 126	-76 824	-247	-2 600	-3 700	-5 784	-1 200	-1 050	-1 634	-827	-7 950	-4 380	-35 421	-1 200	-1	-238	-1 070	
	增长%	-4.87	-9.85	-58.14	24.58	25.00	-46.63	11.11	50.00	-20.10	2.10	231.25	-30.48	3.36	40.35	-91.67	6.73	-4.29	
（二）免、抵调减增值税	税额	-18 640	-13 292	-195	-1 347	-546	-920		-110	-30	-270	-1 362	-200	-280	-74	-14			
	增长%	-59.48	-46.67	-19.09	-71.16	-70.49	-91.64		86.44	-69.70	-39.87	-35.14	-50.00	180.00	-26.00	180.00			
（三）出口货物退消费税	税额	-7 374	-6 914				-216			-36				-79				-129	
	增长%	235.49	290.84				33.33			-34.55				163.33				-29.12	

2009年税收收入分地区、分产业情况

单位:万元

项目	地区	合计	昆明	昭通	曲靖	玉溪	红河	文山	普洱	版纳	楚雄	大理	保山	德宏	丽江	怒江	迪庆	临沧
税收收入	税额	9 147 387	2 894 098	373 129	1 303 170	1 975 485	986 589	129 750	111 715	71 134	496 786	383 913	107 067	94 114	80 483	33 346	33 597	73 011
	增长%	4.50	1.45	8.11	3.18	7.72	4.15	-2.88	10.39	15.48	9.32	9.21	-2.90	9.89	19.82	-5.05	15.16	-10.90
	占税收收入总额比重%	100	100	100	100	100	100	100	100	100	100	100	100	100	100	100	100	100
一、第一产业	税额	9 812	5 481	78	191	126	232	179	533	149	1 896	68	456	170	130	7	56	60
二、第二产业	税额	7 107 078	1 846 250	305 668	1 105 135	1 883 027	823 937	72 851	72 550	38 488	423 079	293 890	51 293	51 662	47 480	26 967	18 023	46 778
	增长%	2.90	-4.38	6.72	1.15	9.74	0.62	-6.83	-0.02	7.50	13.97	14.38	-17.18	22.53	26.50	-11.33	13.46	-21.67
	占税收收入总额比重%	77.70	63.79	81.92	84.80	95.32	83.51	56.15	64.94	54.11	85.16	76.55	47.91	54.89	58.99	80.87	53.64	64.07
(一)采矿业	税额	458 172	57 979	41 670	114 588	55 609	56 186	23 027	6 221	12 721	23 452	11 859	6 905	1 862	29 798	4 005	9 427	2 863
(二)制造业	税额	6 055 259	1 597 112	245 417	883 920	1 801 798	709 128	20 326	30 247	13 616	387 443	259 362	30 783	23 042	10 171	15 954	2 868	24 072
(三)电力、燃气及水的生产和供应业	税额	577 622	178 165	18 127	105 959	25 449	58 294	29 356	35 818	12 103	12 000	22 155	13 535	26 712	7 468	6 994	5 678	19 809
(四)建筑业	税额	16 025	12 994	454	668	171	329	142	264	48	184	514	70	46	43	14	50	34
三、第三产业	税额	2 030 497	1 042 367	67 383	197 844	92 332	162 420	56 720	38 632	32 497	71 811	89 955	55 318	42 282	32 873	6 372	15 518	26 173
	增长%	44.29	46.60	60.52	47.02	6.07	22.43	46.11	134.46	100.98	10.68	56.94	35.20	78.47	71.88	86.37	113.22	121.47
	占税收收入总额比重%	22.20	36.02	18.06	15.18	4.67	16.46	43.71	34.58	45.68	14.46	23.43	51.67	44.93	40.84	19.11	46.19	35.85
(一)交通运输、仓储及邮政业	税额	33 902	15 446	608	2 190	1 371	6 131	2 623	749	978	864	1 236	367	123	757	62	198	199
(二)批发和零售业	税额	1 360 436	610 206	53 264	160 299	67 333	117 546	44 080	26 554	23 468	55 420	70 874	42 438	32 873	24 308	4 611	10 041	17 121
(三)金融业	税额	81 802	74 184	268	2 044	2 252	903	134	199	312	285	442	114	87	178	91	177	132
(四)信息传输、计算机服务和软件业	税额	146 854	146 150	70	99	63	49	27	71	42	30	70	38	23	81	14	5	22
(五)住宿和餐饮业	税额	3 182	2 477	14	109	79	23	11	12	56	9	68	5	21	284	1	3	10
(六)文化、体育和娱乐业	税额	4 676	4 152	33	31	41	83	5	23	23	32	67	21	7	120	22	2	14
(七)租赁和商务服务业	税额	19 637	15 933	34	174	227	305	40	152	59	302	87	1 232	232	47	1	760	52
(八)房地产业	税额	65 689	48 903	1 952	1 987	1 304	909	373	860	417	3 759	1 486	1 663	668	803	166	47	392
(九)其他行业	税额	314 319	124 916	11 140	30 911	19 662	36 471	9 427	10 012	7 142	11 110	15 625	9 440	8 248	6 295	1 404	4 285	8 231

注:表中"税收收入"含海关代征收入,不包括车辆购置税收入数。

2009 年分地区、分登记注册类型税收收入情况

单位:万元

项目	地区	全省	昆明	昭通	曲靖	玉溪	红河	文山	普洱	版纳	楚雄	大理	保山	德宏	丽江	怒江	迪庆	临沧
税收收入合计	税额	9 000 863	2 809 251	373 129	1 303 170	1 975 485	970 515	128 517	106 058	57 748	496 786	383 913	104 348	74 601	80 483	32 798	33 597	70 464
	占税收收入总额比重%	100.00	100.00	100.00	100.00	100.00	100.00	100.00	100.00	100.00	100.00	100.00	100.00	100.00	100.00	100.00	100.00	100.00
一、内资企业小计	税额	8 220 541	2 362 502	349 857	1 240 005	1 936 597	930 231	113 667	88 590	46 636	477 875	345 104	87 393	57 305	67 442	30 608	26 828	59 901
	占税收收入总额比重%	91.33	84.10	93.76	95.15	98.03	95.85	88.45	83.53	80.76	96.19	89.89	83.75	76.82	83.80	93.32	79.85	85.01
(一)国有企业	税额	1 104 498	284 513	267 838	147 621	51 647	98 287	37 079	15 152	6 812	57 114	58 601	35 899	7 222	12 773	2 428	3 216	18 296
	占税收收入总额比重%	12.27	10.13	71.78	11.33	2.61	10.13	28.85	14.29	11.80	11.50	15.26	34.40	9.68	15.87	7.40	9.57	25.97
(二)集体企业	税额	51 854	14 388	979	14 995	7 115	7 148	199	1 042	155	1 595	790	138	638	1 976	23	598	75
	占税收收入总额比重%	0.58	0.51	0.26	1.15	0.36	0.74	0.15	0.98	0.27	0.32	0.21	0.13	0.86	2.46	0.07	1.78	0.11
(三)股份合作企业	税额	12 685	4 619	386	671	257	575	65	482	83	860	726	940	204	2 605	1	28	183
	占税收收入总额比重%	0.14	0.16	0.10	0.05	0.01	0.06	0.05	0.45	0.14	0.17	0.19	0.90	0.27	3.24	0.00	0.08	0.26
(四)联营企业	税额	1 146	306	11	189	249	129	50	21	6	12	6		2	7			158
	占税收收入总额比重%	0.01	0.01	0.00	0.01	0.01	0.01	0.04	0.02	0.01	0.00	0.00	0.00	0.00	0.01	0.00	0.00	0.22
(五)股份公司	税额	6 192 514	1 800 314	33 943	917 134	1 772 689	761 243	56 124	55 684	19 920	368 856	244 614	35 015	27 928	16 341	25 113	22 058	35 538
	占税收收入总额比重%	68.80	64.09	9.10	70.38	89.73	78.44	43.67	52.50	34.49	74.25	63.72	33.56	37.44	20.30	76.57	65.65	50.43
(七)私营企业	税额	827 323	246 157	45 147	158 379	103 837	58 818	17 596	15 353	18 664	48 615	39 530	12 997	20 610	33 295	2 650	561	5 114
	占税收收入总额比重%	9.19	8.76	12.10	12.15	5.26	6.06	13.69	14.48	32.32	9.79	10.30	12.46	27.63	41.37	8.08	1.67	7.26
(八)其他内资企业	税额	30 521	12 205	1 553	1 016	803	4 031	2 554	856	996	823	837	2 404	701	445	393	367	537
	占税收收入总额比重%	0.34	0.43	0.42	0.08	0.04	0.42	1.99	0.81	1.72	0.17	0.22	2.30	0.94	0.55	1.20	1.09	0.76
二、港澳台投资企业	税额	144 870	116 331	106	4 071	5 694	2 194	73	683	2 144	4 052	4 825	194	1 881	855			1 767
	占税收收入总额比重%	1.61	4.14	0.03	0.31	0.29	0.23	0.06	0.64	3.71	0.82	1.26	0.19	2.52	1.06	0.00	0.00	2.51
三、外商投资企业	税额	289 904	201 407	4 170	23 272	10 219	13 578	973	3 032	99	354	14 915	4 911	6 700	3 882	49	1 906	437
	占税收收入总额比重%	3.22	7.17	1.12	1.79	0.52	1.40	0.76	2.86	0.17	0.07	3.88	4.71	8.98	4.82	0.15	5.67	0.62
四、个体经营	税额	345 548	129 011	18 996	35 822	22 975	24 512	13 804	13 753	8 869	14 505	19 069	11 850	8 715	8 304	2 141	4 863	8 359
	占税收收入总额比重%	3.84	4.59	5.09	2.75	1.16	2.53	10.74	12.97	15.36	2.92	4.97	11.36	11.68	10.32	6.53	14.47	11.86

注:本表税收收入不含海关代征的进口产品增值税、消费税,不含车购税。

本表"股份制企业"包括有限责任公司和股份有限公司,"涉外企业"包括港澳台、外商投资和外国企业。

2009年全省分地区主要行业国内增值税情况

单位：万元

项目	地区	全省	昆明	昭通	曲靖	玉溪	红河	文山	普洱	版纳	楚雄	大理	保山	德宏	丽江	怒江	迪庆	临沧
国内增值税	税额	3 938 082	1 264 954	159 435	618 810	580 292	444 472	95 316	86 065	38 942	181 635	164 086	70 865	60 370	64 547	29 899	24 735	53 659
	增长%	-2.01	-5.01	-2.43	3.37	-2.03	-0.66	-5.54	3.65	-2.42	-3.72	-1.99	-9.90	10.44	24.14	-7.86	20.44	-19.95
一、制造业	税额	2 117 413	671 306	73 454	302 126	461 695	246 766	19 223	28 392	13 045	114 170	90 272	25 133	22 020	9 231	15 902	2 362	22 316
	增长%	-7.03	-10.74	-15.32	-8.55	-2.39	-8.18	-36.49	6.17	-6.65	2.83	0.17	-6.97	-9.24	12.29	154.19	-14.17	-13.69
	占国内增值税总额比重%	53.77	53.07	46.07	48.82	79.56	55.52	20.17	32.99	33.50	62.86	55.02	35.47	36.48	14.30	53.19	9.55	41.59
（一）卷烟制造业	税额	1 028 591	264 459	50 915	156 376	346 461	115 531				59 968	34 881						
	增长%	-0.81	4.37	-17.90	4.57	0.17	-13.32				2.09	2.07						
	占国内增值税总额比重%	26.12	20.91	31.93	25.27	59.70	25.99	0.00	0.00	0.00	33.02	21.26	0.00	0.00	0.00	0.00	0.00	0.00
（二）化学原料及化学制品制造业	税额	102 360	42 696	7 588	17 648	15 292	9 428	1 055	1 957	6	3 569	2 183	148	43	6	9	108	624
	增长%	-22.15	-2.72	-21.81	-33.73	-29.07	-41.50	-39.12	-25.48	-14.29	-31.14	-33.77	8.82	-6.52	-75.00	-89.02	800.00	45.45
	占国内增值税总额比重%	2.60	3.38	4.76	2.85	2.64	2.12	1.11	2.27	0.02	1.96	1.33	0.21	0.07	0.01	0.03	0.44	1.16
（三）医药制造业	税额	73 516	58 685	122	411	3 335	2 070	1 293	194	372	2 934	2 553	923	244	230			150
	增长%	10.82	10.08	41.86	0.49	25.56	43.75	-23.67	95.96	-10.58	-1.44	35.44	14.66	-5.06	3.60			87.50
	占国内增值税总额比重%	1.87	4.64	0.08	0.07	0.57	0.47	1.36	0.23	0.96	1.62	1.56	1.30	0.40	0.36	0.00	0.00	0.28
（四）非金属矿物制品业	税额	129 577	35 612	9 480	11 188	10 202	8 830	4 322	5 620	1 121	2 886	18 990	7 069	7 367	5 014	162	69	1 645
	增长%	29.98	67.13	22.59	44.34	10.64	70.10	-6.71	10.83	22.11	6.30	24.46	-11.50	15.74	50.44	-39.33	-54.61	-8.00
	占国内增值税总额比重%	3.29	2.82	5.95	1.81	1.76	1.99	4.53	6.53	2.88	1.59	11.57	9.98	12.20	7.77	0.54	0.28	3.07
（五）黑色金属冶炼及延压加工业	税额	160 355	43 348	220	11 157	47 712	22 070	5 001	40	827	25 790	1 971	44		343		1 313	519
	增长%	-26.22	-44.53	-57.45	-59.03	-11.89	56.58	-59.03	-75.90	-18.20	23.98	-68.65	-86.87	-100.00	-12.72		-7.47	-10.98
	占国内增值税总额比重%	4.07	3.43	0.14	1.80	8.22	4.97	5.25	0.05	2.12	14.20	1.20	0.06	0.00	0.53	0.00	5.31	0.97

续表

项目		全省	昆明	昭通	曲靖	玉溪	红河	文山	普洱	版纳	楚雄	大理	保山	德宏	丽江	怒江	迪庆	临沧
1. 钢坯和钢材	税额	69 368	37 529		496	30 700	26				212	405						0
	增长%	-12.64	-32.90		-29.34	40.86	-16.13				-49.52	-22.86						-100.00
	占国内增值税总额比重%	1.76	2.97		0.08	5.29	0.01				0.12	0.25						
（六）有色金属冶炼及延压加工业	税额	191 628	39 114	131	44 166	1 455	64 786	3 631	3 795	–	2 303	10 662	2 762	855	158	15 400	113	2 297
	增长%	-31.34	-67.39	-57.74	0.05	-69.45	-12.77	-3.71	-27.17	-29.91	12.74	8.14	-59.56	-65.12	183.98	-74.66	-21.44	
	占国内增值税总额比重%	4.87	3.09	0.08	7.14	0.25	14.58	3.81	4.41		1.27	6.50	3.90	1.42	0.24	51.51	0.46	4.28
二、采掘业	税额	430 441	54 318	38 145	110 304	50 394	55 599	21 605	6 009	6 580	23 066	11 619	5 724	1 750	29 612	3 925	8 992	2 799
	增长%	0.91	-9.03	10.66	23.45	3.80	13.36	1.40	-37.35	-23.75	-19.10	-8.58	-57.18	-34.80	35.23	-75.35	71.80	-49.93
	占国内增值税总额比重%	10.93	4.29	23.93	17.83	8.68	12.51	22.67	6.98	16.90	12.70	7.08	8.08	2.90	45.88	13.13	36.35	5.22
（一）煤炭开采和洗选业	税额	235 637	7 990	27 172	108 873	1 906	39 266	6 440	1 183	6	8 224	4 903	447	69	28 836		0	322
	增长%	25.29	-1.20	25.99	25.52	12.38	21.22	47.84	20.10	20.00	49.88	18.69	-1.54	9.52	35.91		-100.00	-63.49
	占国内增值税总额比重%	5.98	0.63	17.04	17.59	0.33	8.83	6.76	1.37	0.02	4.53	2.99	0.63	0.11	44.67			0.60
（二）有色金属矿采选	税额	84 543	7 949	10 639	267	11 834	8 769	13 940	4 401	191	7 532	3 398	1 985	1 541	23	3 372	6 321	2 381
	增长%	-33.99	-33.29	-14.53	-84.16	-25.52	-21.55	-12.59	-46.47	-1.04	-54.99	-16.74	-39.72	-38.90	-34.29	-78.47	71.21	-47.98
	占国内增值税总额比重%	2.15	0.63	6.67	0.04	2.04	1.97	14.63	5.11	0.49	4.15	2.07	2.80	2.55	0.04	11.28	25.55	4.44
三、电力、煤气及水的生产和供应业	税额	517 041	134 510	17 103	103 077	24 644	55 941	28 216	34 082	11 861	11 212	20 157	13 331	24 891	7 254	6 636	5 050	19 076
	增长%	2.12	-9.89	13.28	12.65	6.94	-3.12	16.76	5.13	61.02	-1.79	-2.01	-9.60	85.78	8.09	-16.32	-3.03	-25.76
	占国内增值税总额比重%	13.13	10.63	10.73	16.66	4.25	12.59	29.60	39.60	30.46	6.17	12.28	18.81	41.23	11.24	22.19	20.42	35.55
（一）发电	税额	243 919	22 784	6 986	70 423	3 895	35 998	9 837	28 903	9 486	1 813	11 187	5 316	16 251	920	1 478	3 212	15 430
	增长%	13.44	46.06	8.51	18.02	58.01	-2.46	1.13	4.69	81.69	-11.99	-2.93	6.36	152.27	-6.31	6.48	2.10	-25.97
	占国内增值税总额比重%	6.19	1.80	4.38	11.38	0.67	8.10	10.32	33.58	24.36	1.00	6.82	7.50	26.92	1.43	4.94	12.99	28.76

续表

项目		全省	昆明	昭通	曲靖	玉溪	红河	文山	普洱	版纳	楚雄	大理	保山	德宏	丽江	怒江	迪庆	临沧
(二)供电	税额	246 704	92 085	9 781	31 742	20 318	19 141	18 049	4 852	2 162	8 145	8 174	7 288	8 469	6 122	5 114	1 789	3 473
	增长%	-5.92	-17.69	16.90	2.03	0.58	-4.46	29.49	7.20	10.59	-1.44	-4.58	-16.73	27.99	10.59	-21.24	-11.44	-12.36
	占国内增值税总额比重%	6.26	7.28	6.13	5.13	3.50	4.31	18.94	5.64	5.55	4.48	4.98	10.28	14.03	9.48	17.10	7.23	6.47
四、批发和零售	税额	837 650	382 367	30 457	102 760	42 546	84 712	25 607	17 022	7 285	30 907	41 172	24 603	9 313	18 232	3 170	8 217	9 280
	增长%	8.10	8.91	14.05	18.39	-8.62	20.95	4.48	22.65	-25.21	-13.92	-4.52	11.13	-17.01	26.40	65.10	13.84	-3.27
	占国内增值税总额比重%	21.27	30.23	19.10	16.61	7.33	19.06	26.87	19.78	18.71	17.02	25.09	34.72	15.43	28.25	10.60	33.22	17.29

注:各行业明细数据为其中数。

2009 年分地区卷烟国内消费税情况

单位:万元

项目		全省	昆明	昭通	曲靖	玉溪	红河	文山	普洱	版纳	楚雄	大理	保山	德宏	丽江	怒江	迪庆	临沧
2007 年	税额	2 518 909	572 208	102 102	392 078	850 433	336 062				169 908	96 118						
	增长%	15.51	14.26	11.11	20.93	15.46	12.64				15.46	17.66						
2008 年	税额	3 088 396	740 695	126 755	509 853	1 001 340	389 482				204 554	115 717						
	增长%	23	29	24	30	18	16				20	20						
2009 年	税额	3 529 504	786 231	162 220	540 006	1 204 246	429 823				258 092	148 886						
	增长%	14	6	28	6	20	10				26	29						

注:不含烟丝。

2009年分地区税收收入分类构成情况

单位：万元

项目	地区	全省	昆明	昭通	曲靖	玉溪	红河	文山	普洱	版纳	楚雄	大理	保山	德宏	丽江	怒江	迪庆	临沧
税收收入	税额	9 000 863	2 809 251	373 129	1 303 170	1 975 485	970 515	128 517	106 058	57 748	496 786	383 913	104 348	74 601	80 483	32 798	33 597	70 464
	增长%	0.04	0.02	0.08	0.03	0.08	0.04	-0.02	0.08	0.05	0.09	0.09	-0.04	0.14	0.20	-0.06	0.15	-0.12
	占税收收入总额比重%	100.00	100.00	100.00	100.00	100.00	100.00	100.00	100.00	100.00	100.00	100.00	100.00	100.00	100.00	100.00	100.00	100.00
一、国内流转税	税额	7 573 477	2 072 962	328 029	1 169 275	1 805 307	883 725	98 918	90 520	40 786	444 470	320 747	75 795	62 429	66 661	30 728	25 599	57 526
	增长%	25.90	16.74	40.71	31.19	35.26	19.61	10.39	27.98	31.00	34.58	36.61	5.84	28.21	99.32	-37.85	39.15	-9.45
	占税收收入总额比重%	84.14	73.79	87.91	89.73	91.39	91.06	76.97	85.35	70.63	89.47	83.55	72.64	83.68	82.83	93.69	76.19	81.64
二、所得税	税额	1 095 994	603 754	32 265	97 649	148 116	59 331	17 522	4 016	8 204	39 495	45 927	18 235	5 075	6 690	698	3 235	5 782
	增长%	1.67	25.56	10.98	-12.23	-24.02	-35.60	-4.13	-11.05	28.91	-24.30	6.01	-23.20	6.35	-26.62	0.87	7.01	52.92
	占税收收入总额比重%	14.76	20.55	10.83	10.87	12.62	10.86	15.63	5.45	14.40	13.41	14.99	23.34	8.18	19.39	1.34	12.56	5.22
三、其他	税额	331 392	132 535	12 835	36 246	22 062	27 459	12 077	11 522	8 758	12 821	17 239	10 318	7 097	7 132	1 372	4 763	7 156
	增长%	59.15	59.06	107.05	73.66	51.56	58.67	33.18	52.01	30.83	95.09	56.80	61.47	45.61	60.13	-13.71	79.87	40.23
	占税收收入总额比重%	3.68	4.72	3.44	2.78	1.12	2.83	9.40	10.86	15.17	2.58	4.49	9.89	9.51	8.86	4.18	14.18	10.16

注："国内流转税"包括国内增值税、国内消费税和营业税；"所得税"包括内、外资企业所得税和个人所得税。

"税收收入"不含海关代征的进口产品增值税和进口产品消费税，含车购税。

2009 年纳税登记户数统计年报表

单位：户

序号	项　目	合计	内资企业										澳台投资企业	其中:国有控股	外商投资企业	其中:国有控股	个体经营
			小计	国有企业	集体企业	股份合作企业	联营企业	其中:国有控股	股份公司	其中:国有控股	私营企业	其他企业					
1	1. 增值税	514 761	101 125	2 620	4 655	526	99	14	26 433	855	65 495	1 297	539	30	698	29	412 399
2	一般纳税人	41 075	38 989	1 288	1 592	259	32	10	9 913	674	25 834	71	359	26	424	25	1 303
3	小规模纳税人	473 686	62 136	1 332	3 063	267	67	4	16 520	181	39 661	1 226	180	4	274	4	411 096
4	2. 消费税	3 638	950	50	41	14	2		243	11	597	3	22		18		2 648
5	3. 营业税																
6	4. 企业所得税	78 108	76 286	817	821	67	42	4	22 383	429	51 149	1 007	769	52	1 053	46	
8	5. 个人所得税																
9	6. 资源税																
10	7. 固定资产投资方向调节税																
11	8. 城市维护建设税																
12	9. 房产和城市房地产税																
13	10. 印花税																
14	11. 城镇土地使用税																
15	12. 土地增值税																
16	13. 车船税																
17	14. 车辆购置税	25 403	1 050	39	27	7	1		386	19	587	3	12		15		24 326
18	15. 烟叶税																
19	16. 其他税收																
20	附列资料:纳税户数	531 397	116 894	3 057	4 909	562	102	14	30 819	1 044	75 863	1 582	803	52	1 100	47	412 600
21	登记户数	588 857	122 281	4 453	5 732	976	108	17	30 896	1 450	78 397	1 719	1 233	59	1 419	53	463 924

2000～2009 年税务部门组织的其他收入情况

单位:万元

年份	税务行政性收费收入	税务其他罚没收入
2000 年		544
2001 年	1 398	565
2002 年	1 877	794
2003 年	1 888	968
2004 年	2 610	786
2005 年	2 596	915
2006 年	2 709	784
2007 年	2 626	682
2008 年	2 711	1 126
2009 年	2 673	1 097

2009 年全省国内生产总值情况

单位:万元

项目＼地区	全省	昆明	昭通	曲靖	玉溪	红河	文山	普洱	版纳	楚雄	大理	保山	德宏	丽江	怒江	迪庆	临沧
GDP	61 679 500	18 374 605	3 204 517	8 709 446	6 444 042	5 608 799	2 848 997	2 116 987	1 386 353	3 493 465	4 044 965	2 216 595	1 157 088	1 206 746	480 471	636 560	1 813 326
第一产业	10 676 000	1 149 246	728 869	1 600 564	665 943	1 046 043	706 936	643 708	406 911	816 613	1 040 078	722 938	330 910	230 015	59 231	69 091	631 879
第二产业	25 825 300	8 245 790	1 302 154	4 515 169	3 847 214	2 835 561	948 273	689 048	410 109	1 386 004	1 454 773	632 872	346 675	441 400	203 544	239 273	585 982
工业	20 881 700	6 323 548	964 915	4 048 643	3 653 201	2 444 027	695 257	449 485	280 919	1 125 550	1 173 854	459 084	259 405	266 002	166 600	137 976	410 089
第三产业	25 196 200	8 979 569	1 173 494	2 593 713	1 930 885	1 727 195	1 193 788	784 231	569 333	1 236 848	1 550 114	860 785	479 503	535 331	217 696	328 196	595 465
批发和零售业	5 710 300	1 890 887	155 006	569 279	461 657	371 633	282 803	105 178	57 299	258 431	296 686	156 117	90 680	92 012	35 291	60 130	73 622

注:由于全省数据和分州市数据分别统计,故州市数据之和不等于全省数据。

2009 年分税种分级次收入情况

单位：户

序号	项目	合计	中央	地方
1	总 计	8 981 017	7 565 280	1 415 737
2	一、税收收入合计	9 147 387	7 731 650	1 415 737
3	1．增值税收入	4 082 814	3 098 292	984 522
4	（1）国内增值税	3 938 082	2 953 560	984 522
5	（2）进口货物增值税	144 732	144 732	
6	2．消费税收入	3 637 187	3 637 187	
7	国内消费税	3 635 395	3 635 395	
8	进口消费品消费税	1 792	1 792	
9	3．企业所得税	1 095 994	673 141	422 853
10	内资企业	884 328	545 939	338 389
11	外资企业	211 666	127 202	84 464
12	4．个人所得税	20 903	12 541	8 362
13	5．车辆购置税	310 489	310 489	
14	二、出口退税合计	−170 140	−170 140	
15	1．出口货物退增值税	−144 126	−144 126	
16	2．免、抵调减增值税	−18 640	−18 640	
17	3．出口消费品退消费税	−7 374	−7 374	
18	三、非税收入合计	3 770	3 770	
19	1．税务部门罚没收入	1 097	1 097	
20	2．税务行政性事业收费收入	2 673	2 673	

2009 年分地区涉外税收收入情况

单位：万元

地区 \ 项目	涉外税收收入合计	增值税	消费税	外商投资企业和外国企业所得税
合计	434 589	214 515	8 408	211 666
昆明	317 694	120 622	2 809	194 263
昭通	4 272	3 025		1 247
曲靖	27 339	25 546		1 793
玉溪	15 865	11 107	1 658	3 100
红河	15 760	12 485	797	2 478
文山	1 046	1 071		−25

续表

项目 地区	涉外税收收入合计	增值税	消费税	外商投资企业和外国企业所得税
思茅	3 715	3 530		185
西双版纳	2 226	1 950	76	200
楚雄	4 405	3 795		610
大理	19 740	12 147	2 579	5 014
保山	5 083	4 936		147
德宏	8 579	7 850	306	423
丽江	4 729	3 077		1 652
怒江	49	49		
迪庆	1904	1449	183	272
临沧	2 183	1 876		307

注：不含海关代征。

2009年普通发票管理情况年度报告表

所属统计期:2009年1月1日至12月31日　　　　单位:份、户次、元

项目 类别	上年结存	印制情况						使用情况				年末结存	税务机关检查处理情况			其他情况	
		合计	其中		其中			合计	向用票单位发售	税务机关填用	税务机关核销		处罚户次	罚款金额	用户票数	印有单位名称用票户数	印有单位名称发票份数
			省级印制	地市级印制	机打票	手工票	定额票										
合计	25 439 858	72 125 576	72 125 576		42 494 372	29 631 204		69 679 979	68 964 711	714 178	1 090	27 885 455	8 251	6 192 632. 28	160 705	50 969	1 947 715
工业	3 243 698	12 463 070	12 463 070		8 173 000	4 290 070		13 149 078	13 147 550	1 528		2 557 690	335	378 813. 32	16 320	8 111	3 002
商业	19 052 541	45 811 985	45 811 985		24 367 856	21 444 129		47 567 907	47 211 831	355 191	885	17 296 619	7 074	5 265 113. 16	126 032	36 763	1 944 713
加工修理修配业	1 195 703	2 567 095	2 567 095		3 000	2 564 095		2 049 280	2 049 280			1 713 518	823	542 993. 8	14 757	4 772	
收购业	1 457 016	10 562 489	10 562 489		9 407 424	1 155 065		6 135 915	6 123 275	12 640		5 883 590	18	5 512	3 373	1 187	
交通运输业																	
建筑安装业																	
金融保险业																	
邮电通信业																	
娱乐业																	
服务业																	
转让无形资产																	
销售不动产																	
其他	490 900	720 937	720 937		543 092	177 845		777 799	432 775	344 819	205	434 038	1	200	223	136	

2009 年税收保全、强制执行措施年度报告表

所属统计期:2009 年 1 月 1 日至 12 月 31 日　　　　单位:元、户次、人

类别	项目	税收保全措施						保全解除		强制执行措施								阻止出境	
		提供纳税担保		冻结存款		扣押查封财产		户次	金额	扣缴税款				拍卖				户次	人数
		户次	金额	户次	金额	户次	金额			户次	小计	税额	滞纳金	户次	小计	税额	滞纳金		
合计		17	842 000	8	2 976 050.70	1	50 000	24	3 518 050.7	37	3 838 462.24	4 257 994.44	16 276.25	1	219 988.97	217 380.4	2 608.57		
内资企业	国有企业			1	84 945			1	84 945	3	4 228.6	4 200	28.6						
内资企业	集体企业									2	6 605	6 605							
内资企业	股份合作企业																		
内资企业	联营企业																		
内资企业	(1)国有联营企业																		
内资企业	(2)集体联营企业																		
内资企业	(3)国有与集体联营企业																		
内资企业	(4)其他联营企业																		
内资企业	有限责任公司	2	320 000	5	611 872.7			6	631 872.7	16	3 459 925	3 457 181	2 744.18	1	219 988.97	217 380.4	2 608.57		
内资企业	(1)国有独资公司																		
内资企业	(2)其他有限责任公司	2	320 000	5	611 872.7			6	631 872.7	16	3 459 925	3 457 181	2 744.18	1	219 988.97	217 380.4	2 608.57		
内资企业	股份有限公司																		
内资企业	私营企业	5	236 000	1	2 170 000			5	2 356 000	14	304 234	726 538.8	13 503.47						
内资企业	(1)私营独资企业									2	202 800	201 200	1 600						
内资企业	(2)私营合伙企业																		
内资企业	(3)私营有限责任公司			1	2 170 000			1	2 170 000	12	101 434	525 338.8	11 903.47						
内资企业	(4)私营股份有限公司	5	236 000					4	186 000										
内资企业	其他企业																		
内资企业	小计	7	556 000	7	2 866 817.7			12	3 072 817.7	35	3 774 992.6	4 194 524.8	16 276.25	1	219 988.97	217 380.4	2 608.57		
港澳台商投资企业	合资经营企业(港或澳、台资)																		
港澳台商投资企业	合作经营企业(港或澳、台资)																		
港澳台商投资企业	港澳台商独资经营企业																		
港澳台商投资企业	港澳台商投资股份有限公司																		
港澳台商投资企业	小计																		
外商投资企业	中外合资经营企业																		
外商投资企业	中外合作经营企业																		
外商投资企业	外资企业																		
外商投资企业	外商投资股份有限公司																		
外商投资企业	小计																		
外国企业																			
个体经营		10	286 000	1	109 233	1	50 000	12	445 233	2	63 469.64	63 469.64							
其他																			

2009 年纳税服务情况年度报告表

所属统计期:2009 年 1 月 1 日至 12 月 31 日　　　　计算单位:个(人)、户(次)、万元、件

项目		上年末数量	本年增减数量	本年末数量合计
办税服务厅	办税服务厅总数(个)	189	-1	188
	其中:国地税共用(个)	3	2	5
	工作人员总数(人)	1 846	-170	1 676
	银行进驻办税服务厅(个)	37	-1	36
申报纳税方式	申报税款总额(万元)	8 618 393	382 534	9 000 927
	直接上门申报(户)	116 526	-21 130	95 396
	邮寄申报(户)	13		13
	邮寄申报税款数额(万元)	80	6	86
	邮寄申报税额占纳税总额比重(%)			
	电子申报(户)	107 626	28 670	136 296
	(1)电话语音(户)			
	(2)网络申报(户)	18 502	21 130	39 632
	(3)其他电子申报(户)	89 124	7 540	96 664
	电子申报税款数额(万元)	325 654	1 513 300	1 838 954
	电子申报税额占申报纳税总额比重(%)	3. 78		20. 43
	其他申报(户)	110 361	-110 361	
税款缴纳方式	支票(户)	5 854	-5 763	91
	银行卡(户)	12 077	-12 077	
	电子结算(户)	34 635	-34 635	
	委托银行付款(户)	89 124	47 172	136 296
	其他税款缴纳方式(户)	72 040	23 265	95 305
纳税宣传咨询辅导	12366 服务热线受理次数(次)			
	宣传咨询网站网页点击(次)	20 513	8 837	29 350
	专职咨询辅导工作人员(人)	312		312
	发放宣传辅导读物(件)	659 234	40 977	700 211
	征求纳税人意见(次)	81 728	17 001	98 729
	其他纳税宣传咨询辅导(次)	98. 00		98. 00
	纳税人对纳税服务满意率(%)	171 302	28 332	199 634
	本省(自治区、直辖市、计划单列市)行风评比名次			

2009 年个体私营经济税收征管情况年度报告表

所属统计期:2009 年 1 月 1 日至 12 月 31 日　　单位:户、万元

项目 \ 分类	年纳税总额	纳税户数	定期定额征收情况		
			定额调整		
			调整户数	全年调整税额	调整幅度%
合　计	1 051 856	236 734	88 579	15 638	1. 51
私营经济	888 559	57 323	2 744	473	0. 53
个体经济	163 298	179 407	82 295	15 050	10. 15

2009 年集贸市场税收征管情况年度报告表(一)

所属统计期:2009 年 1 月 1 日至 12 月 31 日　　单位:个、万元

项目 \ 类别		市场数量(个)		摊位数量		年纳税额					市场交易额	税务部门计税经营额
		年初数	年末数	摊位数	出租数	合计	增值税	营业税	个人所得税	其他		
合　计		907	939	102 924	91 231	20 135	20 135				1 006 742	602 186
年纳税额	10 万元以下	742	731	60 481	48 380	4 414	4 414				220 688	134 040
	10 万元 ~ 100 万元	157	191	27 222	27 835	8 627	8 627				431 369	237 306
	100 万元 ~ 300 万元	6	14	6 031	5 826	2 700	2 700				135 001	84 384
	300 万元 ~ 500 万元	1	1	131	131	386	386				19 300	12 867
	500 万元 ~ 1 000 万元		1	1 341	1 341	576	576				28 800	19 200
	1 000 万元 ~ 5 000 万元	1	1	7 718	7 718	3 432	3 432				171 584	114 389
	5 000 万元以上											

说明:2008 年度集贸市场税收 30478. 07 万元,其中:增值税 16321. 04 万元,地税部门征收的营业税 5983. 91 万元,个人所得税 4586. 85 万元户,其他税 3586. 27 万元,2009 年集贸市场税收收入 20135 万元未包括地税部门收入。

2009 年集贸市场税收征管情况年度报告表(二)

单位:户、万元

项目 \ 分类	工商登记户数	税务登记户数	纳税户数	建账情况								定期定额征收情况						
				应建账户数	已建账户数					查账征收		年初户数	年末户数	年初税收总额	定额调整			年末税收总额
					合计	复式账		简易账		户数	税额				调整户数	全年调整税额	调整幅度%	
						自行建账	代理建账	自行建账	代理建账									
合计	95 508	85 597	52 151	4 844	4 553	3 067	183	1 596	94	4 553	5 470	43 665	47 598	16 140	18 320	683.7	4.89	14 665
个体经济	92 285	82 269	48 999	1 960	1 960	681	62	1 506	94	1 960	1 382	43 262	47 039	15 275	18 027	669.1	4.96	14 166
私营经济	3 077	3 180	3 075	2 814	2 547	2 351	121	75		2 547	3 981	337	528	854.14	278	10.32	2.18	483.9
国有企业	10	10	8	9	8	8				8	0.37							
集体企业	11	11	11	10	10	10				10	2.57	2	1	1.1	1	0.2	4.88	4.3
其他	125	127	58	51	28	17		15		28	103.99	64	30	9.37	14	4.11	68.50	10.11

说明:2008 年度集贸市场税收 30478.07 万元。其中:增值税 16321.04 万元,地税部门征收的营业税 5983.91 万元,个人所得税 4586.85 万元,其他税 3586.27 万元,2009 年集贸市场税收收入 20135 万元未包括地税部门收入。

2009年税务稽查机构人员、装备情况统计表

表一　　　　数量单位：人

机构人员统计	税务机关（个）	税务机关人员	税务稽查机构（个）		税务稽查人员			政治面貌		文化结构			专业资格					全国计算机等级			年龄结构		
			合计	其中：副科级稽查机构（个）	合计	男	女	党员	团员	研究生	大学本、专科	其他	注册会计师	注册税务师	法律职业资格	资产评估师	物流师	一级	二级	三级	35岁以下	35~45岁	45岁以上
	1	2	3	4	5	6	7	8	9	10	11	12	13	14	15	16	17	18	19	20	21	22	23
合　计	151	11742	151	130	1356	940	416	752	18	17	1254	85	0	18	1	0	0	14	81	8	133	817	406
省(自治区、直辖市、计划单列市)	1	210	1		14	9	5	12	0	8	6	0	0	4	0	0	0	0	1	0	4	6	4
市（地）	16	1469	16		306	189	117	182	1	6	286	14	0	6	1	0	0	0	52	1	31	166	109
县（区）	134	10063	134	130	1036	742	294	558	17	3	962	71	0	8	0	0	0	14	28	7	98	645	293

装备统计	税务稽查机构主要装备配置情况								备注
	汽车（辆）	复印机（台）	传真机（台）	摄像机（架）	照相机（架）	扫描仪（台）	计算机（台）		
							合计	其中：便携式计算机（台）	
	24	25	26	27	28	29	30	31	
合　计	176	202	188	22	214	121	2408	782	
省(自治区、直辖市、计划单列市)	3	2	10	3	10	2	103	64	
市（地）	49	42	44	9	73	16	832	378	
县（区）	124	158	134	10	131	103	1473	340	

2009 年税务稽查机构查处税收违法案件情况统计表(一)

累计时间:2009/01/01 至 2009/12/31　　　　单位:万元

按企业类型统计	税务登记总数	检查户数	有问题户数	结案户数	被查户应纳税额	查补总额					入库总额		
						税款	滞纳金	没收违法所得	罚款	合计	合计	其中	
												税款	以前年度查补额
	1	2	3	4	5	6	7	8	9	10	11	12	13
合　计	521 078	2 373	2 178	2 134	2 537 768	27 312	5 595	0	3 599	36 506	35 316	26 189	52
内资企业	103 464	1 467	1 317	1 271	2 488 052	24 412	5 363	0	3 087	32 862	31 676	23 290	20
港澳台商投资企业	1 119	27	21	20	16 088	1 793	111	0	49	1 953	1 953	1 789	0
外商投资企业	1 233	27	20	17	32 511	430	12	0	37	479	479	430	0
外国企业	61	0	0	0	0	0	0	0	0	0	0	0	0
个体经营	413 595	847	817	822	1 117	677	109	0	426	1 212	1 208	680	32
其　他	1 606	5	3	4	0	0	0	0	0	0	0	0	0

附　列　资　料

立案情况	件数	综合指标	百分率	案件统计分析资料	结案户数	查补税款	项目	件数	备注	
上期移案	17	选案率	91.78%	100 万元以下	2 097	8 299	纳税人提请听证	1		
本期立案	1 946	入库率	96.74%	100 万元~500 万元以下	29	6 758	受理行政复议	0		
本期结案	1 951	处罚率	13.18%	500 万元~1 000 万元以下	4	3 531	其中:决定撤销或变更	0		
本期存案	12	偷税处罚率	60.53%	1 000 万元~5 000 万元以下	4	8 724	纳税人提起诉讼	0		
		查补总额 ±%	28.15%	5 000 万元~1 亿元以下	0	0	其中:判决撤销或变更	0		
				1 亿元以上	0	0	国家赔偿	0		
				合计	2 134	27 312	国家赔偿金额(万元)	0	上期查补总额	28 488

2009 年税务稽查机构查处税收违法案件情况统计表(二)

累计时间:2009/01/01 至 2009/12/31　　　　单位:万元

按违法性质统计	户数	查补税款	滞纳金	没收违法所得	罚款	合计	实际入库额		按税种统计	查补税款	入库税款	按其他稽查成果统计	户数	税款	金额
							合计	其中:税款							
	14	15	16	17	18	19	20	21		22	23		24	25	26
合计	2 242	27 312	5 595	0	3 599	36 506	35 316	26 189	合计	27 312	26 189				
偷税	615	1 690	266	0	1 023	2 979	2 879	1 599	增值税	7 093	6 868	调减留抵税额	22	326	
逃避追缴欠税	0	0	0	0	0	0	0	0	消费税	88	88	不予抵扣税款	12	14	
骗取出口退税	2	0	0	0	0	0	0	0	营业税	0	0	不予免、抵、退税	0	0	
抗税	0	0	0	0	0	0	0	0	企业所得税	20 131	19 233	调整应纳税所得额	122		49 464
编造虚假计税依据	82	124	26	0	96	246	249	124	个人所得税	0	0	其中:弥补亏损	94		1 362
不进行纳税申报	156	738	118	0	289	1 145	1 081	704	其他	0	0				
发票违法	655	96	14	0	173	283	283	96							
其他	732	24 664	5 171	0	2 018	31 853	30 824	23 666							

2009 年税务稽查机构行政强制措施及移送司法机关案件情况统计表

累计时间:2009/01/01 至 2009/12/31

单位:万元

按保全措施、强制执行统计	税收保全措施		强制执行措施					其他行政措施			
	户数	金额	户数	金额合计	税款	滞纳金	罚款	户数	人数	金额	欠缴税款
	1	2	3	4	5	6	7	8	9	10	11
合计	0	0	2	58	58	0	0	0	0	0	0
冻结存款	0	0									
扣押查封财产	0	0									
扣缴税款			2	58	58	0	0				
依法拍卖或变卖			0	0	0	0	0				
责成提供纳税担保	0	0									
暂停出口退税								0			
收缴或停售发票								0			
行使代位权、撤销权								0			0
阻止出境								0	0		0
提请人民法院强制执行								0		0	

移送司法统计		移送司法机关案件		
		件数	人数	金额
		12	13	14
本期移送司法机关处理案件		34		
其中:不予立案退回案件		19		
公安机关提前介入及联合办理案件		7		
免予起诉或予以驳回案件		0		
已判决案件		0	0	
判决情况	管制	0	0	
	拘役	0	0	
	有期徒刑	0	0	
	无期徒刑	0	0	
	死刑	0	0	
	罚金	0		0
	没收财产	0		0

2009 年度税务违法举报案件情况统计表

2009 年 1 ~ 12 月　　单位:件、万元

行号	类别	受理、查处检举案件数		查处结果				执行情况							
		受理件数	查处件数	合计	税款金额	滞纳金金额	罚款金额	合计	入库税款		入库滞纳金		入库罚款		移送案件数
									金额	比例	金额	比例	金额	比例	
行号	列号	1	2	3	4	5	6	7	8	9	10	11	12	13	14
1	省级	149	2	0.00	0.00	0.00	0.00	0.00	0.00	0.00%	0.00	0.00%	0.00	0.00%	0
2	地(市)级	856	650	897.32	625.95	85.28	186.09	855.71	594.32	94.95%	85.28	100.00%	176.11	94.64%	5
3	县级	65	155	1 640.09	1 143.91	176.09	320.09	1 640.09	1 143.91	100.00%	176.09	100.00%	320.09	100.00%	3
4	合计	1 070	807	2 537.41	1 769.86	261.37	506.18	2 495.80	1 738.23	98.21%	261.37	100.00%	496.20	98.03%	8

填表说明:行 4 = 行 1 + 行 2 + 行 3;列 3 = 列 4 + 列 5 + 列 6;列 7 = 列 8 + 列 10 + 列 12;列 9 = 列 8/列 4;列 11 = 列 10/列 5;
列 13 = 列 12/列 6　　本表数据保留两位小数

2009 年度举报奖金支付情况统计表

2009 年 1 ~ 12 月　　单位:件、万元

行号	项目名称	案件情况		应计奖案件税款入库情况			本年度本级支付奖金数
		查处举报案件总数	应计奖案件总数	合计	应计奖案件入库税款金额	应计奖案件入库罚款金额	
行号	列号	1	2	3	4	5	6
1	省级	2	0	0.00	0.00	0.00	0.00
2	地(市)级	650	8	29.37	22.51	6.86	4.12
3	县级	155	15	448.98	328.41	120.57	0.00
4	合计	807	23	478.35	350.92	127.43	4.12

填表说明:行 4 = 行 1 + 行 2 + 行 3;列 3 = 列 4 + 列 5。　　本表数据保留两位小数。

2009 年度税务违法举报案件分析统计表(一)

2009 年 1 ~ 12 月　　　　单位:件、万元

项目 / 案件	检举人结构						案发地		
	税务干部	被检举企业内部人员		被检举企业同行	其他	合计	中心城市(地(市)级以上)	县及县以下	合 计
		总数	其中:直接责任人						
列号	1	2	3	4	5	6	7	8	9
受理数	0	16	6	17	1 037	1 070	809	261	1 070
查处数	0	13	5	14	780	807	628	179	807
滞补罚合计	0.00	511.52	219.19	288.39	1 695.89	2 495.80	797.10	1 698.70	2 495.80

填表说明:列 6 = 列 1 + 列 2 + 列 4 + 列 5;列 9 = 列 7 + 列 8

2009 年度税务违法举报案件分析统计表(二)

2009 年 1 ~ 12 月　　　　单位:件、万元

所有制 / 案件	国有企业	集体企业	股份合作企业	联营企业	有限责任公司	股份有限公司	私营企业	港澳台商投资企业	外商投资企业	个体经营	其他企业	合 计
列号	1	2	3	4	5	6	7	8	9	10	11	12
受理数	2	3	5	3	162	16	53	0	3	287	536	1070
查处数	2	3	0	0	127	7	48	0	2	167	451	807
滞补罚合计	3.29	8.06	0.00	0.00	1 784.40	220.48	115.45	0.00	0.00	322.30	41.82	2 495.80

2009 年度税务违法举报案件分析统计表(三)

2009 年 1～12 月　　　　单位:件、万元

案件	农林牧渔业	采掘业	制造业	电力、煤气及水的生产和供应业	建筑业	地质勘察业、水利管理业	交通运输、仓储及邮电通信业	批发和零售贸易、餐饮业	金融保险业	房地产业	社会服务业	卫生体育和社会福利业	教育、文化艺术及广播电影电视业	科学研究和综合技术服务业	国家机关、政党机关、社会团体	其他行业	合计
列号	1	2	3	4	5	6	7	8	9	10	11	12	13	14	15	16	17
受理数	2	19	68	1	0	0	0	641	2	14	5	2	0	0	1	315	1 070
查处数	1	12	41	1	0	0	0	587	2	5	4	1	0	0	1	152	807
滞补罚合计	0.00	350.79	615.06	1.41	0.00	0.00	0.00	827.16	1.12	331.41	1.64	0.00	0.00	0.00	0.00	367.21	2 495.80

2009 年度税务违法举报案件分析统计表(四)

2009 年 1～12 月　　　　单位:件

案件	偷税	逃税	骗税	抗税	避税	发票违法	违反税务管理规定	其他	合计
列　号	1	2	3	4	5	6	7	8	9
增值税	45	0	0	0	1	560	31	153	790
营业税	0	0	0	0	0	0	0	0	0
消费税	0	0	0	0	0	0	0	0	0
企业所得税	3	0	0	0	0	2	3	6	14
个人所得税	0	0	0	0	0	0	0	0	0
其　他	0	0	0	0	0	2	0	1	3
合　计	48	0	0	0	1	564	34	160	807

2009 年税收专项检查工作统计表(检查基本情况表)

截至 2009 年 10 月底累计　　　　单位:户、万元

2009 年开展的税收专项检查项目	检查级次	检查户数统计				
		检查户数	查结户数	问题户数	其中:移送司法机关户数	开展自查的企业户数
大型连锁超市及电视购物企业	省级检查	1	1	1		1
	地市级检查	18	18	9		18
	区县级检查	107	107	34		107
	本项小计	126	126	44		126
办理出口货物退(免)税业务(包括“免、抵、退”税业务)的重点企业	省级检查	1	1	1		1
	地市级检查	38	38	32		38
	区县级检查	33	33	25		33
	本项小计	72	72	58		72
三年以上重点税源	省级检查	61	47	47		126
	地市级检查	45	45	43		45
	区县级检查	167	167	150		185
	本项小计	273	259	240		356
云南电网	省级检查	12	12	12		12
	地市级检查	43	43	43		43
	区县级检查	53	53	45		62
	本项小计	108	108	100		117
国投及中国外运	省级检查	5	5	5		5
	地市级检查					
	区县级检查					
	本项小计	5	5	5		5

续表

2009年开展的税收专项检查项目	检查级次	检查户数统计				
		检查户数	查结户数	问题户数	其中:移送司法机关户数	开展自查的企业户数
总局布置抽复查	省级检查	3	3	3		30
	地市级检查					
	区县级检查					
	本项小计	3	3	3		30
区域税收专项整治	省级检查	78	78	64		165
	本项小计	78	78	64		165
自行开展行业	省级检查					
	地市级检查	131	131	109	1	342
	区县级检查	275	275	231		495
	本项小计	406	406	340	1	837
所有项目合计	省级检查	161	147	133		340
	地市级检查	275	275	236	1	486
	区县级检查	635	635	485		882
	合　计	1 071	1 057	854	1	1 708

2009 年税收专项检查工作统计表(查补情况表)

截至 2009 年 10 月底累计　　单位:万元

2009 年开展的税收专项检查项目	检查级次	查补收入统计													其他		企业自查补税金额
		查补收入合计	查补税款小计	增值税	消费税	营业税	企业所得税	外商投资企业所得税	个人所得税	其中:个人利息所得税	资源税	其他各税	加收的滞纳金	罚款	冲减增值税留抵税金	调减亏损企业申报亏损额	
大型连锁超市及电视购物企业	省级检查	107.60	100.36	100.36									7.24				
	地市级检查	71.08	53.86	52.01			1.85						11.77	5.45		6.00	127.12
	区县级检查	82.66	58.36	57.37			0.99						8.09	16.21			424.01
	本项小计	261.34	212.58	209.74			2.84						27.10	21.66		6.00	551.13
办理出口货物退(免)税业务(包括"免、抵、退"税业务)的重点企业	省级检查	216.34	216.34	182.00			34.34										34.00
	地市级检查	115.14	92.84	35.96			55.34	1.54					10.91	11.39		0.10	88.56
	区县级检查	60.54	41.01	36.02			4.99						6.92	12.61			165.75
	本项小计	392.02	350.19	253.98			94.67	1.54					17.83	24.00		0.10	288.31
三年以上重点税源	省级检查	1 016.39	1 014.74	429.49			585.25						1.65				8 566.44
	地市级检查	844.64	747.83	594.56			153.27						73.66	23.15			21 284.59
	区县级检查	468.51	398.61	359.69			38.92						36.11	33.79		130.81	12 162.39
	本项小计	2 329.54	2 161.18	1 383.74			777.44						111.42	56.94		130.81	42 013.42
云南电网	省级检查	4 760.39	4 760.39	49.35			4 711.04										1 058.85
	地市级检查	5 927.92	5 927.92	455.67			5 472.25										2 594.21
	区县级检查	3 222.83	2 806.41	535.34			2 271.07						230.91	185.51			2 285.43
	本项小计	13 911.14	13 494.72	1 040.36			12 454.36						230.91	185.51			5 938.49

续表

2009年开展的税收专项检查项目	检查级次	查补收入统计													其他		企业自查补税金额
		查补收入合计	查补税款小计	增值税	消费税	营业税	企业所得税	外商投资企业所得税	个人所得税	其中:个人利息所得税	资源税	其他各税	加收的滞纳金	罚款	冲减增值税留抵税金	调减亏损企业申报亏损额	
国投及中国外运	省级检查	272.46	262.96	1.03			261.93						9.50			44.91	110.93
	地市级检查																
	区县级检查																
	本项小计	272.46	262.96	1.03			261.93						9.50			44.91	110.93
总局布置抽复查	省级检查	75.06	75.06				75.06										1 554.38
	地市级检查																14.65
	区县级检查																
	本项小计	75.06	75.06				75.06										1 569.03
区域税收专项整治	省级检查	108.13	67.43	66.10			1.33						13.70	27.00			3 529.45
	本项小计	108.13	67.43	66.10			1.33						13.70	27.00			3 529.45
自行开展行业	省级检查																
	地市级检查	4 514.36	4 300.06	2 999.70			1 064.69	235.67					184.94	29.36		19.02	14 364.49
	区县级检查	970.65	752.32	210.89			541.43						125.96	92.37	1.41	141.65	8 124.17
	本项小计	5 485.01	5 052.38	3 210.59			1 606.12	235.67					310.90	121.73	1.41	160.67	22 488.66
所有项目合计	省级检查	6 556.37	6 497.28	828.33			5 668.95						32.09	27.00		44.91	14 854.05
	地市级检查	11 473.14	11 122.51	4 137.90			6 747.40	237.21					281.28	69.35		25.12	38 473.62
	区县级检查	4 805.19	4 056.71	1 199.31			2 857.40						407.99	340.49	1.41	272.46	23 161.75
	合　计	22 834.70	21 676.50	6 165.54			15 273.75	237.21					721.36	436.84	1.41	342.49	76 489.42

2009年税收专项检查工作统计表(入库情况表)

截至2009年10月底累计　　　　单位:万元

2009年开展的税收专项检查项目	检查级次	查补收入入库统计													企业自查补税入库金额
		入库查补收入合计	入库税款小计	增值税	消费税	营业税	企业所得税	外商投资企业所得税	个人所得税	其中:个人利息所得税	资源税	其他各税	入库滞纳金	入库罚款	
大型连锁超市及电视购物企业	省级检查	107.60	100.36	100.36									7.24		
	地市级检查	71.08	53.86	52.01			1.85						11.77	5.45	127.12
	区县级检查	82.66	58.36	57.37			0.99						8.09	16.21	424.01
	本项小计	261.34	212.58	209.74			2.84						27.10	21.66	551.13
办理出口货物退(免)税业务(包括"免、抵、退"税业务)的重点企业	省级检查														34.00
	地市级检查	115.14	92.84	35.96			55.34	1.54					10.91	11.39	88.56
	区县级检查	60.54	41.01	36.02			4.99						6.92	12.61	165.75
	本项小计	175.68	133.85	71.98			60.33	1.54					17.83	24.00	288.31
三年以上重点税源	省级检查	1 016.39	1 014.74	429.49			585.25						1.65		8 566.44
	地市级检查	844.64	747.83	594.56			153.27						73.66	23.15	21 284.59
	区县级检查	468.51	398.61	359.69			38.92						36.11	33.79	12 162.39
	本项小计	2 329.54	2 161.18	1 383.74			777.44						111.42	56.94	42 013.42
云南电网	省级检查														1 058.85
	地市级检查														2 594.21
	区县级检查	1 223.72	807.30	473.67			333.63						230.91	185.51	2 285.43
	本项小计	1 223.72	807.30	473.67			333.63						230.91	185.51	5 938.49

续表

2009年开展的税收专项检查项目	检查级次	查补收入入库统计													企业自查补税入库金额
		入库查补收入合计	入库税款小计	增值税	消费税	营业税	企业所得税	外商投资企业所得税	个人所得税	其中:个人利息所得税	资源税	其他各税	入库滞纳金	入库罚款	
国投及中国外运	省级检查	10.86	1.36	1.03			0.33						9.50		110.93
	地市级检查														
	区县级检查														
	本项小计	10.86	1.36	1.03			0.33						9.50		110.93
总局布置抽复查	省级检查														1 554.38
	地市级检查														14.65
	区县级检查														
	本项小计														1 569.03
区域税收专项整治	省级检查	108.13	67.43	66.10			1.33						13.70	27.00	3 529.45
	本项小计	108.13	67.43	66.10			1.33						13.70	27.00	3 529.45
自行开展行业	省级检查														
	地市级检查	1 065.19	850.89	495.70			119.52	235.67					184.94	29.36	14 364.49
	区县级检查	970.65	752.32	210.89			541.43						125.96	92.37	8 124.17
	本项小计	2 035.84	1 603.21	706.59			660.95	235.67					310.90	121.73	22 488.66
所有项目合计	省级检查	1 242.98	1 183.89	596.98			586.91	0.00					32.09	27.00	14 854.05
	地市级检查	2 096.05	1 745.42	1 178.23			329.98	237.21					281.28	69.35	38 473.62
	区县级检查	2 806.08	2 057.60	1 137.64			919.96	0.00					407.99	340.49	23 161.75
	合 计	6 145.11	4 986.91	2 912.85			1 836.85	237.21					721.36	436.84	76 489.42

2009年税收专项检查工作自查情况统计表

截至2009年10月底累计　　　　单位:户、万元

2009年开展的税收专项检查项目	检查级次	增值税	消费税	企业所得税	外商投资企业外国企业所得税	其他	滞纳金(已入库)	合计
大型连锁超市及电视购物企业	省级检查							
	地市级检查	92.66		3.51			30.95	127.12
	区县级检查	420.93					3.08	424.01
	本项小计	513.59		3.51			34.03	551.13
办理出口货物退(免)税业务(包括"免、抵、退"税业务)的重点企业	省级检查	10.15		20.33			3.52	34.00
	地市级检查	39.13		47.22			2.21	88.56
	区县级检查	155.42		3.12			7.21	165.75
	本项小计	204.70		70.67			12.94	288.31
三年以上重点税源	省级检查	1 687.36	60.37	4 587.92	267.39		1 963.40	8 566.44
	地市级检查	13 160.58		5 967.22			2 156.79	21 284.59
	区县级检查	7 535.12		3 532.36			1 094.91	12 162.39
	本项小计	22 383.06	60.37	14 087.50	267.39		5 215.10	42 013.42
云南电网	省级检查	555.30		390.10			113.45	1 058.85
	地市级检查	1 406.13		910.13			277.95	2 594.21
	区县级检查	1 339.04		760.96			185.43	2 285.43
	本项小计	3 300.47		2 061.19			576.83	5 938.49
国投及中国外运	省级检查	66.00		32.73			12.20	110.93
	地市级检查							
	区县级检查							
	本项小计	66.00		32.73			12.20	110.93

续表

2009 年开展的税收专项检查项目	检查级次	增值税	消费税	企业所得税	外商投资企业外国企业所得税	其 他	滞纳金(已入库)	合 计
总局布置抽复查	省级检查	39.28		1 200.90			314.20	1 554.38
	地市级检查	14.65						14.65
	区县级检查							
	本项小计	53.93		1 200.90			314.20	1 569.03
区域税收专项整治	省级检查	1 376.56		1 648.40			504.49	3 529.45
	本项小计	1 376.56		1 648.40			504.49	3 529.45
自行开展行业	省级检查							
	地市级检查	8 773.72	141.20	3 978.14	33.57		1 437.86	14 364.49
	区县级检查	5 023.41	15.91	2 354.91	0.00		729.94	8 124.17
	本项小计	13 797.13	157.11	6 333.05	33.57		2 167.80	22 488.66
所有项目合计	省级检查	3 734.65	60.37	7 880.38	267.39		2 911.26	14 854.05
	地市级检查	23 486.87	141.20	10 906.22	33.57		3 905.76	38 473.62
	区县级检查	14 473.92	15.91	6 651.35	0.00		2 020.57	23 161.75
	合 计	41 695.44	217.48	25 437.95	300.96		8 837.59	76 489.42

2009年重点税源企业分税种实现税收情况表

单位：万元

项目 收入	累计		
	税收	比同期±额	比同期±%
一．全部税收合计	9 669 945	428 306	4.6
（一）计划口径税收	9 579 857	535 149	5.9
1. 国内增值税	3 142 686	−170 825	−5.2
2. 国内消费税	3 676 687	615 823	20.1
3. 海关代征进口税收	103 586	6 379	6.6
4. 营业税	153 320	23 188	17.8
5. 企业所得税	1 313 995	−122 849	−8.5
其中：内资企业	1 079 815	−191 993	−15.1
外资企业	234 180	69 144	41.9
6.（代扣代缴）个人所得税	269 691	137 089	103.4
7. 资源税	71 195	11 144	18.6
8. 城镇土地使用税	45 040	94	0.2
9. 城市维护建设税	432 385	29 249	7.3
10. 印花税	20 604	4 438	27.5
其中：（代扣代缴）证券交易印花税	4	−81	−95.3
11. 土地增值税	8 732	−766	−8.1
12. 房产税	34 235	4 730	16
13. 车船税	471	−2 826	−85.7
14. 车辆购置税	683	−88	−11.4
15. 烟叶税	246 664	9 007	3.8
16. 其他税收	3 714	−7 044	−65.5
（二）非计划口径税收	90 088	−106 843	−54.3
1. 契税	5 221	3 589	219.9
2. 耕地占用税	31298	24 739	377.2
3. 关税	53 569	−135 171	−71.6
二、实际收到的出口退税额	8 199	7 027	599.6
三、行政事业性收费	534 046	96 411	22
1. 教育费附加	229 116	26 489	13.1
2. 文化事业建设费	880	−965	−52.3
3. 社保基金收入	290 547	68 143	30.6
4. 其他行政事业性收费	7 810	3 139	67.2
5. 其他收费	5 693	−396	−6.5

2009 年重点税源企业分行业实现税收情况表

单位：万元、%

行业 \ 税收	户数	累计		
		税收	比同期±额	比同期±%
合　计	1 695	9 476 271	528 770	5.9
1. 农、林、牧、渔业	2	1 985	631	46.6
2. 采矿业	259	463 205	－15 212	－3.2
其中：煤炭	127	166 925	18 517	12.5
石油天然气	1	511	202	65.4
金属矿	103	207 289	－35 826	－14.7
3. 制造业	812	6 374 732	390 711	6.5
其中：食品	54	78 008	10 880	16.2
饮料	35	53 097	13 315	33.5
烟草	16	5 045 399	496 450	10.9
纺织	6	4 872	－1 526	－23.9
石油加工	36	67 083	－28 428	－29.8
化工	112	118 673	－182 952	－60.7
医药	42	92 481	14 229	18.2
橡胶	3	1 151	－2 872	－71.4
冶金	197	410 615	－120 705	－22.7
机械	34	205 665	160 379	354.1
交通运输设备	12	34 643	4 775	16
电气机械器材	16	28 032	2 751	10.9
通信电子设备	9	7 020	1 340	23.6
4. 电力燃气及水的生产供应	202	656 836	－8 433	－1.3
其中：电力	191	611 312	－21 197	－3.4
5. 建筑业	9	15 026	1 572	11.7
6. 交通运输．仓储和邮政	12	21 220	2 785	15.1
7. 信息传输．计算机服务和软件	7	148 227	50 419	51.5
8. 批发和零售	320	1 289 569	65 208	5.3
其中：批发	218	1 173 929	62 546	5.6
9. 住宿和餐饮业	3	4 163	1 001	31.7
10. 金融．保险业	19	382 151	－8 205	－2.1
11. 房地产业	21	82 510	42 461	106
12. 租赁和商务服务业	10	8 142	1 879	30
13. 科研．技术服务和地质勘查	6	19 472	2 357	13.8
14. 水利．环境和公共设施管理			0	
15. 居民服务和其他服务	7	3 407	161	5

续表

行业 \ 税收	户数	累计		
		税收	比同期±额	比同期±%
16. 教育．卫生．社会保障和福利	1	1 442	1 044	262.3
17. 文化体育和娱乐	4	3 791	672	21.5
18. 公共管理和社会组织	1	392	－282	－41.8

注：1. 本表统计范围为全部监控企业；2. 税收口径为计划口径扣除海关代征进口税收。

2009年重点税源企业分注册实现税收情况表

单位：万元、%

注册类型 \ 税收	户数	累计		
		税收	比同期±额	比同期±%
合　计	1 695	9 476 271	528 770	5.9
一、内资企业	1 538	8 996 841	427 401	5
1. 国有企业	144	4 009 404	322 371	8.7
国有中央企业	59	3 689 576	340 545	10.2
国有地方企业	85	319 828	－18 175	－5.4
2. 集体企业	49	30 599	－5 389	－15
城镇集体企业	13	7 234	－851	－10.5
乡镇集体企业	36	23 365	－4 538	－16.3
3. 联营企业	1	5	－289	－98.3
国有联营企业			0	
集体联营企业			0	
国有与集体联营企业	1	5	－289	－98.3
其他联营企业			0	
4. 有限责任公司	662	3 644 780	353 525	10.7
国有独资公司	47	2 553 199	230 614	9.9
其他有限责任公司	615	1 091 581	122 911	12.7
5. 股份有限公司	126	861 661	－142 761	－14.2
上市股份有限责任公司	53	588 087	－38 666	－6.2
非上市股份有限责任公司	73	273 574	－104 095	－27.6
6. 私营企业	487	395 183	－103 707	－20.8
私营独资企业	59	36 989	－20 587	－35.8
私营合伙企业	6	608	－1 540	－71.7
私营有限责任公司	398	334 281	－65 610	－16.4
私营股份有限公司	24	23 305	－15 970	－40.7
7. 其他企业	1	83	－512	－86.1
二、港、澳、台投资企业	70	139 963	30 617	28
合资经营企业	43	70 222	10 342	17.3
合作经营企业	2	1 648	－211	－11.4

续表

注册类型 \ 税收	户数	累计		
		税收	比同期±额	比同期±%
独资经营企业	18	54 427	18 387	51
股份有限公司	7	13 666	2 099	18.1
三、外商投资企业	86	336 901	71 931	27.1
中外合资经营企业	52	129 178	15 657	13.8
中外合作经营企业	4	3 955	-170	-4.1
外资企业	24	37 290	-138	-0.4
外商投资股份有限公司	6	166 478	56 581	51.5
四、外国企业	1	2 566	-1 180	-31.5

注：1. 本表统计范围为全部监控企业；2. 税收口径为计划口径扣除海关代征进口税收。

第六篇

机构和人员

Y U N N A N G U O S H U I N I A N J I A N

云南省国家税务局领导名单

党组书记、局长：李鸿文
党组成员、副局长：蔡　杰　于智广　李　杰　许赞霖
党组成员、总经济师：朵志红
党组成员、总会计师：魏贵和
副巡视员：倪良宗（1月止）　陈存富（6月止）　李应雄（4月起，11月止）　邹荣华（9月起）　蔡云生（9月起）

云南省国家税务局机关各单位处级领导干部名单（1~5月）

办公室
主　　任：鄢登麒
副主任：谢云丹　沈　琪
副调研员：岳从海　郭建忠　曾　芳

政策法规处
处　　长：王映祥
副处长：和志刚
副调研员：辛　红

流转税管理处
处　　长：杨丽君
副处长：施　键
调研员：赵光荣
副调研员：禄建华　严　泉

所得税管理处
处　　长：资宗宁
副处长：杨劲松
副调研员：裴晓梅

计划统计处
处　　长：梁丽明
副处长：王总国
副调研员：班建华

征收管理处
处　　长：杨毅玲
副处长：赵建军　孙　留
副调研员：岳照清

财务管理处
处　　长：梁汝俗
副处长：赵　福　毕　仁
副调研员：王汝兰

人事处
处　　长：卢国孝
副处长：唐云英（兼离退休干部管理办公室主任）
副调研员：杨秀华　张国喜　荀　萍

巡视工作办公室
主　　任：杨春天
副主任：常正华
巡视专员：王　清（副处级）
调研员：赵成斌

教育处
处　　长：杨云飞
副处长：杨边边
副调研员：籍晋江

监察室
主　　任：梁建安
副主任：董　恒

进出口税收管理处
处　　长：阚　雄
副处长：太家林

续表

国际税务管理处	机关党委办公室
处　　长：毕昆林 副 处 长：李　坚	主　　任：邹荣华（12 月止） 副　主　任：阮志强 工会副主席：张　霞
稽查局	**信息中心**
局　　长：赵金友 副 局 长：李庆阳 副调研员：孙渝兰	主　　任：赵学周 副 主 任：黄　永　戴红权 副调研员：何　辉
机关服务中心	**税收科学研究所**
主　　任：蔡云生 副 主 任：龙　晖 副调研员：付　伟　许建昆　王国远 　　　　　王淑敏　王雨权	副 所 长：钟　明　马晓颖 副调研员：刘芝胜　王重斌
税务学会秘书处	**注册税务师管理中心**
秘 书 长：陈家谷 副调研员：高加堂	主　　任：杨银波 副调研员：李开兴　杨　雨
税务干部学校	**《中国税务报》社驻云南记者站**
校　　长：魏尚有 副 校 长：聂华强	站　　长：李　洁

云南省国家税务局机关各单位处级领导干部名单（5～12 月）

办公室	政策法规处
主　　任：鄢登麒 副 主 任：谢云丹　沈　琪　罗继富 副调研员：岳从海　郭建忠　辛　红 　　　　　曾　芳　王重斌	处　　长：王映祥 副 处 长：和志刚
货物和劳务税处	**所得税处**
处　　长：杨丽君 副 处 长：刘　丹 调 研 员：赵光荣　施　键 副调研员：禄建华　严　泉	处　　长：资宗宁 副 处 长：杨劲松 副调研员：裴晓梅　周其平
收入规划核算处	**纳税服务处**
处　　长：梁丽明 副 处 长：梁　柯 副调研员：班建华	处　　长：赵学周 调 研 员：赵建军 副 处 长：王总国　李祖滨
征管和科技发展处	**财务管理处**
处　　长：阙　雄 副 处 长：黄　永　孙　留　戴红权 副调研员：岳照清	处　　长：梁汝俗 副 处 长：毕　仁　李锦瑜 副调研员：王汝兰

续表

督察内审处	人事处
处　　长：杨毅玲 副 处 长：赵　福　丁　峰	处　　长：卢国孝 副 处 长：唐云英 调 研 员：杨秀华 副调研员：荀　萍
巡视工作办公室	**教育处**
主　　任：杨春天 副 主 任：常正华 巡视专员：王　清（副处级） 调 研 员：赵成斌	处　　长：杨云飞 副 处 长：杨边边 副调研员：籍晋江　段丽娟
监察室	**大企业和国际税务管理处**
主　　任：梁建安 副 主 任：董　恒	处　　长：毕昆林 副 处 长：李　坚　郁　琳
机关党委办公室	**离退休干部处**
主　　任：邹荣华 副 主 任：阮志强	处　　长：蔡云生 副 处 长：太家林 调 研 员：张国喜（10月止）
机关工会	**稽查局**
专职副主席：张　霞（正处级）	局　　长：赵金友 副 局 长：李庆阳　李明义 副调研员：孙渝兰　王晓龙　刘致志
信息中心	**机关服务中心**
主　　任：徐　翔 副 主 任：黄　永　戴红权 副调研员：何　辉	主　　任：龙　晖 副 主 任：付　伟 调 研 员：董　理　许建昆　王国远 副调研员：王淑敏　王雨权　鲁　鸣　樊世云　楚国岗
税收科学研究所	**税务学会秘书处**
所　　长：钟　明 副 所 长：马晓颖 调 研 员：刘芝胜（7月止） 副调研员：杨　江	秘 书 长：陈家谷 副调研员：高加堂
注册税务师管理中心	**税务干部学校**
主　　任：杨银波 副调研员：李开兴　杨　雨	校　　长：魏尚有 副 校 长：聂华强　程　静
《中国税务报》社驻云南记者站	
站　　长：李　洁	

昆明市国家税务局局领导名单

局　　长：王　镶
副 局 长：董　野　郑　青　田克湧　范一非
纪检组长：段　丽
总经济师：王　斌
总会计师：丁　昆
调 研 员：冯清芬
副调研员：窦文正　余志坤　刘　萍

昆明市国家税务局直属税务分局	昆明高新技术产业开发区国家税务局
局　　长：白建伟（6月起） 副 局 长：白建伟（5月止）　李晓峰（9月止） 刘海昆　杨榆宏 杨劭玲（4月起）　郭英骏（12月起） 纪检组长：赵宝清	局　　长：马儒瀚 副 局 长：赵鹤玲（10月止）　何玉玺 施永高 纪检组长：赵鹤玲（11月起）
昆明滇池国家旅游度假区国家税务局	**昆明经济技术开发区国家税务局**
局　　长：聂荣伟 副 局 长：梁发谦　楚志强 调 研 员：尤本高	局　　长：王　昆 副 局 长：吴凤鸣　付　坚　梁　柯（5月止）
盘龙区国家税务局	**五华区国家税务局**
局　　长：郇　留 副 局 长：李增平　高　军　曹映伦 纪检组长：魏天明 调 研 员：张　学　池继承	局　　长：黄　刚（8月止）　张　明（9月起） 副 局 长：吕顺兴　邵东明　李　海　闻　婧 陈文军 纪检组长：李保文 总经济师：冉茂林
西山区国家税务局	**官渡区国家税务局**
局　　长：梁兴涛 副 局 长：罗加荣　刘　岩　杜国庆　李哲伦 纪检组长：杨志勇	局　　长：赵玉明 副 局 长：唐　坤（4月止）　冯宣民　张煦聆 陈　鹏 纪检组长：韩庆国
东川区国家税务局	**安宁市国家税务局**
局　　长：尹亚昆（5月止）　唐　坤（5月起） 副 局 长：吴兴华（11月止）　唐文林 纪检组长：雷兴忠	局　　长：贾晓勇 副 局 长：吴明昌　方建坤 纪检组长：刘跃康
呈贡县国家税务局	**晋宁县国家税务局**
局　　长：蒋志昆（8月止）　陆　勇（9月起） 副 局 长：马莉辉　毛鸿春　郝　琳（5月止） 纪检组长：张家文（6月止）　李延玲（7月起）	局　　长：陆　勇（8月止）　李金梅（9月起） 副 局 长：汤宝林　李俊贤 纪检组长：李政文

续表

富民县国家税务局	宜良县国家税务局
局　　长：李勤荣 副 局 长：杜　斌　李志祥 纪检组长：梁　群（6月止）　张家文（7月起）	局　　长：潘永和 副 局 长：唐一凡　李延玲（6月止） 梁　群（7月起） 纪检组长：程越峰
石林彝族自治县国家税务局	**嵩明县国家税务局**
局　　长：赵志忠 副 局 长：刘贵林　王永红 纪检组长：周　龙 副调研员：冯小黑	局　　长：张永明 副 局 长：顾长寿　吴兴华（12月起） 陈培寿（12月起） 纪检组长：李正华
禄劝彝族苗族自治县国家税务局	**寻甸回族彝族自治县国家税务局**
局　　长：张学寿 副 局 长：陈有贵 纪检组长：张永能	局　　长：周荣清 副 局 长：鲁兴友（11月止）　孙忠辉 王培顺（12月起） 纪检组长：肖复舜

昭通市国家税务局局领导名单

局　　长：唐明山
副 局 长：陈　强　陈正荣　申晓静（5月起）
纪检组长：马　力
总经济师：申晓静（5月止）
调 研 员：余大洋
副调研员：罗官宁

昭阳区国家税务局	鲁甸县国家税务局
局　　长：周世贵 副 局 长：陈　艳　谢　鄰　杨云辉 王宗伦（9月起） 纪检组长：李顺林	局　　长：王天平 副 局 长：耿　松　马仲昆　阮拥军（11月起） 纪检组长：刘鹏翥
巧家县国家税务局	**盐津县国家税务局**
局　　长：雷大明 副 局 长：万太刚　罗其高 纪检组长：陈文国 副调研员：余天崇	局　　长：杨升雄 副 局 长：邓　康　睦华强 纪检组长：李　鸿
大关县国家税务局	**永善县国家税务局**
副 局 长：李永敏（主持工作）　徐光顺 曹仁义（11月起） 纪检组长：周　迅（11月起）	局　　长：陈际强 副 局 长：孔德全　李泽权（10月起） 纪检组长：颜廷伟（10月起）

续表

绥江县国家税务局	镇雄县国家税务局
局　　长：杨爱平 副 局 长：赵成相　杨治华（10月起） 纪检组长：曾红翔（10月起）	局　　长：刘益涛 副 局 长：孙　前　朱显军　王辅勇 余光胜（11月起） 纪检组长：熊　昆
彝良县国家税务局	**威信县国家税务局**
局　　长：陈光柱 副 局 长：缪朋永　李宗贵 纪检组长：张　杰	局　　长：陈善全 副 局 长：李应琮　陈　骁 纪检组长：韩　英
水富县国家税务局	
局　　长：倪尉东 副 局 长：武　燕　邓荣宣　胡　伟（9月起） 纪检组长：胡思银	

曲靖市国家税务局局领导名单

局　　长：谷　鸣
副 局 长：保明选　陈　达　顾光俊（11月起）　钱场生（7月起）
纪检组长：顾光俊（11月止）
总经济师：钱场生（7月止）
副调研员：曾加伦　李吉明（2月止）　徐诚志（11月起）

麒麟区国家税务局	马龙县国家税务局
局　　长：陈定兴 副 局 长：杨镜涵　瞿　俊　吴聪辉 纪检组长：余绍超	局　　长：夏仁超 副 局 长：陈昌伟（9月止）　邵　露（1月止） 刘才忠（10月起） 纪检组长：唐发宝
沾益县国家税务局	**陆良县国家税务局**
局　　长：李　宁 副 局 长：牛　语　饶建昌（10月起） 纪检组长：严胜才	局　　长：郑定祥 副 局 长：钱春见　张　敏 纪检组长：马占强
富源县国家税务局	**师宗县国家税务局**
局　　长：万建良 副 局 长：万里鹏　黄祥礼 纪检组长：尹显恒	局　　长：黄　焜 副 局 长：王石东　伏视全 纪检组长：王燕楚

续表

宣威市国家税务局	罗平县国家税务局
局　　长：袁适玉（5月至）　杨文丽（6月起） 副 局 长：李凡谷（9月止）　黄国辉 陈昌伟（10月起）　姚红波（2月止） 纪检组长：彭向才	局　　长：刘麟聪 副 局 长：吴留稳　何家伟 纪检组长：李栋斌
会泽县国家税务局	**曲靖经济技术开发区国家税务局**
局　　长：袁立新 副 局 长：刘开平　陈玉福 纪检组长：杨宗明	局　　长：黄建民 副 局 长：杨　寿　胡九庆 纪检组长：谢云成

玉溪市国家税务局局领导名单

局　　长：陈志平
副 局 长：张振文　陈希武　刘跃芬
纪检组长：白绍军
总经济师：白剑雄
总会计师：魏立红
副调研员：谭尊运　李王明　吴正亮

红塔区国家税务局	江川县国家税务局
局　　长：李金华 副 局 长：朱云全　郭剑忠　唐光祥 纪检组长：陈栎舟	局　　长：康海波 副 局 长：杨朝兴　何足道（2月止） 纪检组长：杨家顺
澄江县国家税务局	**通海县国家税务局**
局　　长：罗继富（5月止）　史洪进（5月起） 副 局 长：赵联顺（5月止）　杨崇顺 张权文（5月起） 副调研员：李建荣	局　　长：孔庆淳 副 局 长：吕联勇　金云峰 纪检组长：王　丽
华宁县国家税务局	**易门县国家税务局**
局　　长：李晓葵 副 局 长：禄炳忠（4月止）　杨　华（4月起） 纪检组长：马念五	局　　长：史洪进（5月止）　张志坚（5月起） 副 局 长：杨兴鸿　冯文忠（9月起） 纪检组长：李本云
峨山彝族自治县国家税务局	**新平彝族傣族自治县国家税务局**
局　　长：宋　寅 副 局 长：王彦雄　施发亮 纪检组长：普学文	局　　长：钱　清 副 局 长：丁　一　李雪兰（8月起） 纪检组长：龚跃雄

续表

元江哈尼族彝族傣族自治县国家税务局	
局　　长：张　毅 副 局 长：李红秋　王鑫强（8月起） 纪检组长：王江峻	

红河哈尼族彝族自治州国家税务局局领导名单

局　　长：席世宏
副 局 长：何建平　谢祁武　金家茂（5月起）
纪检组长：刘世德
总经济师：赵　明
总会计师：金家茂（5月止）
副调研员：杨学文　黄志文　陈文贵

个旧市国家税务局	开远市国家税务局
局　　长：楚建飞 副 局 长：华跃飞　陈廷欢　陈卫林 　　　　　兰　芬（2月起） 纪检组长：马庆福 副调研员：郭永林	局　　长：徐赶年 副 局 长：龙宝忠　刘　洪
蒙自县国家税务局	**建水县国家税务局**
局　　长：余学昌 副 局 长：郑明辉　王成光 纪检组长：钱　荣 副调研员：钱云正	局　　长：杨正福 副 局 长：高　林　黄玉昆　赵天有 　　　　　刘顺明（2月起） 纪检组长：白欧斗（2月起）
石屏县国家税务局	**弥勒县国家税务局**
局　　长：万云祥 副 局 长：钱　翰（4月起） 纪检组长：雷　鸣	局　　长：刘智力 副 局 长：汤家和（2月起）　者志林 　　　　　戴增宝（2月起） 纪检组长：孙建明
泸西县国家税务局	**屏边苗族自治县国家税务局**
局　　长：魏洪明（11月起） 纪检组长：冯林外	局　　长：刘恒飞（2月起） 副 局 长：杨海平　段明荣（2月起） 纪检组长：梁绍华（4月起）
河口瑶族自治县国家税务局	**金平苗族瑶族傣族自治县国家税务局**
局　　长：陈光全 副 局 长：冯建和　何云文 纪检组长：朱来云（2月起）	局　　长：罗庭海 副 局 长：曾华平 纪检组长：周美琼

续表

元阳县国家税务局	红河县国家税务局
局　　长：邹应洪 副 局 长：李　净　陈外平（2月起） 纪检组长：李权辉（2月起）	局　　长：官　亮（11月起） 副 局 长：李家亮
绿春县国家税务局	
局　　长：刘发明 副 局 长：李开明 纪检组长：黄　毅	

文山壮族苗族自治州国家税务局局领导名单

局　　长：王天达
副 局 长：丁　勇　杨秋琼（5月起）
纪检组长：沈文斌（10月止）
总经济师：杨秋琼（5月止）
调 研 员：沈文斌（11月起）　黄应成（6月止）

文山县国家税务局	砚山县国家税务局
局　　长：张文森 副 局 长：谭代勇　肖明发　王天朝（12月起） 黄忠福（12月起） 纪检组长：李美玉	局　　长：陆仁波 副 局 长：杨永林　李　翔　范云贵（12月起） 纪检组长：任治勇
西畴县国家税务局	**麻栗坡县国家税务局**
局　　长：鲜光华 副 局 长：王云贵　龙天德（12月起） 赵俊敏（12月起） 纪检组长：王义龙	局　　长：韦堂洪（10月起） 副 局 长：吴元春　关文虎（12月起） 纪检组长：韦堂能
马关县国家税务局	**丘北县国家税务局**
局　　长：陆兴旺 副 局 长：陆正达　蔡永华　陈选栋（12月起） 纪检组长：姚　丽	局　　长：胡家平 副 局 长：张永健　雷泽刚　彭正云（12月起）
广南县国家税务局	**富宁县国家税务局**
局　　长：刘　凡 副 局 长：万　勇　方祖军（12月起）	局　　长：周海林 副 局 长：黄志维　赵邦文　许宏望（12月起） 纪检组长：杨秀亮

普洱市国家税务局局领导名单

局　　长：苏大荣
副 局 长：许　芳　何忠宏　卢　平
纪检组长：李金祥
副调研员：万平昌　李忠跃　赵德林　罗国忠

思茅区国家税务局	宁洱哈尼族彝族自治县国家税务局
局　　长：龚晓丹（3月止）　明一龙（3月起） 副 局 长：杨家忠　王少卫　罗志神 纪检组长：李　娟	局　　长：吴翠生 副 局 长：刘　权 纪检组长：王建强
墨江哈尼族自治县国家税务局	**景谷傣族彝族自治县国家税务局**
局　　长：李　斌 副 局 长：周有德　陶　琳 纪检组长：陈洪敏	局　　长：刘国民 副 局 长：何　竑　李光德 纪检组长：鲁才聪
景东彝族自治县国家税务局	**镇沅彝族哈尼族拉祜族自治县国家税务局**
局　　长：王有良 副 局 长：邓绍昆　李源海（9月止） 纪检组长：李源海（10月起）	局　　长：明太兴 副 局 长：陶　明　刘显忠 纪检组长：邓　裕
江城哈尼族彝族自治县国家税务局	**澜沧拉祜族自治县国家税务局**
局　　长：傅河钧 副 局 长：李　强　李志刚（9月止）　杨静曦（10月起） 纪检组长：杨静曦（9月止）　李志刚（10月起）	局　　长：明一龙（2月止）　贺　琼（11月起） 副 局 长：肖开明　贺　琼（10月止） 纪检组长：胡明志
孟连傣族拉祜族佤族自治县国家税务局	**西盟佤族自治县国家税务局**
局　　长：张　琪 副 局 长：罗丽娜　白　承（10月止） 纪检组长：白　承（11月起）	局　　长：袁啟祥 纪检组长：杨　洪（11月起）

西双版纳傣族自治州国家税务局局领导名单

局　　长：赵　明
副 局 长：尹为志　陈兴华　阿　资（11月起）
纪检组长：阿　资（11月止）
副调研员：肖胜益　朗　课

景洪市国家税务局	勐海县国家税务局
局　　长：王阿继 副 局 长：罗朝旺　杨时明　李海林 纪检组长：陆克勤	局　　长：朗　谍（5月止）　李国冰 副 局 长：孙文洪　张艺娟（3月起） 纪检组长：李　彬（3月起）
勐腊县国家税务局	
局　　长：刘建生 副 局 长：李　勇　王文忠 纪检组长：曹致祥	

楚雄彝族自治州国家税务局局领导名单

局　　长：张炳华
副 局 长：余昌值　邹宗文　杨祖成（8月起）
纪检组长：张学明
总经济师：杨祖成（8月止）
副调研员：武有立

楚雄市国家税务局	双柏县国家税务局
局　　长：王　磊 副 局 长：董华兴　潘　跃　王连韶（10月起） 纪检组长：张建贤（8月止）　孙勤武（10月起）	局　　长：傅佐钟 副 局 长：姚兴仁　罗跃生 纪检组长：唐家毅
牟定县国家税务局	南华县国家税务局
局　　长：李　荣 副 局 长：鲁建伟　邓开明（10月起） 非亚琴（10月起） 纪检组长：郇力华（4月止） 副调研员：黄继兴（2月止）	局　　长：许正槐 副 局 长：尹有忠　杨　郁（10月起） 纪检组长：杨　郁（9月止）　尹建祥（10月起）

续表

姚安县国家税务局	大姚县国家税务局
局　　长：靳　强 副 局 长：王洪彬　朱学军 纪检组长：由朝映	局　　长：杨朝禄 副 局 长：鲁文顺　杨顺涛（10月起） 罗正雄（10月止） 纪检组长：杨顺涛（9月止）　马　飞（10月起） 副调研员：李家庭
永仁县国家税务局	**元谋县国家税务局**
局　　长：袁红书 副 局 长：陈红梅　孙　健（10月起） 纪检组长：孙　健（9月止）	局　　长：李志荣 副 局 长：罗泓深　杨忠叔（10月止） 马俊文（10月起） 纪检组长：马俊文（9月止）　管建芹（10月起）
武定县国家税务局	**禄丰县国家税务局**
局　　长：李加清 副 局 长：普志华　段开顺（10月起） 纪检组长：叶忠香	局　　长：白云耀 副 局 长：李明昌　杨智云（10月起） 张丽菊（10月起） 纪检组长：杨智云（9月止）　李绍明（10月起） 副调研员：李光华
楚雄经济技术开发区国家税务局	
局　　长：冉　萍（1月起） 副 局 长：陈　群　杨正礼	

大理白族自治州国家税务局局领导名单

局　　长：雷　波
副 局 长：杨德斌　何忠强　李剑华（11月起）　黄社江（11月起）
纪检组长：李剑华（11月止）
总会计师：黄社江（11月止）
副调研员：杨朝兴　白文志　甘永康　吉文良

大理市国家税务局	漾濞彝族自治县国家税务局
局　　长：朱云飞 副 局 长：杨建国　段琴婵　曹文武 纪检组长：余永华	局　　长：王建辉 副 局 长：杨文坤　吴　芳 纪检组长：杨建华

续表

祥云县国家税务局	永平县国家税务局
局　　长：何金昌 副 局 长：和向阳　周　震（12月止） 　　　　　蒲绍旺（12月起）　靳　丽（12月起） 纪检组长：曹国基（12月止）	局　　长：邢昆德 副 局 长：李定忠　李和平（12月止） 纪检组长：高学军
云龙县国家税务局	**宾川县国家税务局**
局　　长：刘剑伟 副 局 长：赵杨龙　杨自强	局　　长：沈万炳 副 局 长：张正富　晏田坤 纪检组长：罗　义
弥渡县国家税务局	**巍山彝族回族自治县国家税务局**
局　　长：杨学瑞 副 局 长：环继荣　王文正（12月止） 纪检组长：靳　丽（12月止）	局　　长：陆映斌 副 局 长：赵　刚　张荣华 纪检组长：吕金华 副调研员：包宝林
南涧彝族自治县国家税务局	**洱源县国家税务局**
局　　长：方朝荣 副 局 长：阿增珠　赵　周 纪检组长：张中群	局　　长：王绍钧 副 局 长：段建斌　左　毅（12月止） 纪检组长：蒲绍旺（12月止）
剑川县国家税务局	**鹤庆县国家税务局**
局　　长：张祖谟 副 局 长：李耀仁　段胜雄 纪检组长：和志伟（12月止）	局　　长：阿林松 副 局 长：王立武（12月止）　杨中发 　　　　　曹国基（12月起） 纪检组长：杨杰龙

保山市国家税务局局领导名单

局　　长：李应雄（6月止）　洪　泉（11月起）
副 局 长：史庆华　洪　泉（11月止）
总经济师：张金安
总会计师：张　桦
副调研员：赵吉富

隆阳区国家税务局	施甸县国家税务局
局　　长：马　祥 副 局 长：刘　星　李赓伟 　　　　　黎　琦　段文华 纪检组长：叶茂春	局　　长：何汝智 副 局 长：戴学勇　王瑞茜　杨茂林 纪检组长：马汉明

续表

腾冲县国家税务局	龙陵县国家税务局
局　　长：张国新 副 局 长：邵维交　黄培金 　　　　　蒋恩朝　李加明 纪检组长：刘　军	局　　长：杨荣德 副 局 长：赵德东　高萍兰　郭助永 纪检组长：徐天林
昌宁县国家税务局 局　　长：肖韵楚 副 局 长：杨绍德　杨文军　杨俊兰 纪检组长：熊友松	

德宏傣族景颇族自治州国家税务局局领导名单

局　　长：杨家正
副 局 长：余正保　赵成继　叶　剑
纪检组长：线　三

潞西市国家税务局	梁河县国家税务局
局　　长：赵克平 副 局 长：薛　俊　何朝清 纪检组长：金勒干	局　　长：杨常繁 副 局 长：尹以宽　江朝敏 纪检组长：杨清远
盈江县国家税务局 局　　长：董保能 副 局 长：刀兴元　杨文昌 纪检组长：董永林	**陇川县国家税务局** 局　　长：张　伟 副 局 长：唐　勇 纪检组长：雷开龙
瑞丽市国家税务局 局　　长：雷春林 副 局 长：杨　科　何　毅 纪检组长：石金树	**畹町经济开发区国家税务局** 局　　长：董继仁 副 局 长：陈　雷　饶国琴

丽江市国家税务局局领导名单

局　　长：伍正良
副 局 长：徐　翔（5月止）　鲍晓江　李辉华　和　劳（11月起）
纪检组长：叶毓光（11月止）
总会计师：和　劳（11月止）
调 研 员：叶毓光（11月起）
副调研员：赵　旭　杨子林　田振华

丽江市古城区国家税务局	玉龙纳西族自治县国家税务局
局　　长：肖　勇 副 局 长：李　针　赖国萍（9月止） 和学东（10月起）　高良龙（10月起） 纪检组长：和昌顺	局　　长：和国强 副 局 长：杨建斌（9月止）　马建国（9月止） 杨永洪（10月起）　秦丽屾（10月起） 纪检组长：皮之文（10月起）
永胜县国家税务局	**华坪县国家税务局**
局　　长：刘建忠 副 局 长：张继伟　赵金华 纪检组长：刘建勋	局　　长：肖清和 副 局 长：袁明胜　王洪祥 纪检组长：李开祥
宁蒗彝族自治县国家税务局	
局　　长：卢　伟（4月止）　马建国（10月起） 副 局 长：王新鸿（9月止）　安卫宏 刘　颜（10月起） 纪检组长：李永国	

怒江傈僳族自治州国家税务局局领导名单

局　　长：李义华
副 局 长：宋　跃　鹿军花（11月起）
纪检组长：杨勇智
总经济师：鹿军花（11月止）
副调研员：祝福云（11月止）

泸水县国家税务局	福贡县国家税务局
局　　长：周　斌 副 局 长：何儒光 纪检组长：王子侯	局　　长：和富君（11月止） 副 局 长：霜秀芳　普余先（10月止） 苏定洲（11月起主持工作，党组副书记） 纪检组长：李三光

续表

贡山独龙族怒族自治县国家税务局	兰坪白族普米族自治县国家税务局
局　　长：李康界 副 局 长：王永熙（10月起） 纪检组长：王永熙（10月止）　何伟东（10月起） 副调研员：李忠信	局　　长：和俊荣 副 局 长：田建堂　何永芳 纪检组长：罗泽贵 副调研员：普于春

迪庆藏族自治州国家税务局局领导名单

局　　长：墨玉章
副 局 长：叶　茂　树耿鹤（8月起）
纪检组长：彭应昌
总经济师：树耿鹤（8月止）
调 研 员：陈绍刚

香格里拉县国家税务局	德钦县国家税务局
局　　长：王文军 副 局 长：何晓生　李永红 纪检组长：邓新华	局　　长：斯那品初 副 局 长：阿　青　此里扎史（4月起） 纪检组长：杨季春
维西傈僳族自治县国家税务局	**迪庆香格里拉经济开发区国家税务局**
局　　长：王立新 副 局 长：和国志　和敬忠（7月止） 纪检组长：和敬忠（8月起）	局　　长：和德文 副 局 长：和元红 纪检组长：安志新

临沧市国家税务局局领导名单

局　　长：杨毅力
副 局 长：马　勇　杨　忠（5月起）　梅书灿（5月起）
纪检组长：杨　忠（5月止）
总会计师：梅书灿（5月止）

临翔区国家税务局	凤庆县国家税务局
局　　长：叶跃荣 副 局 长：王自荣　林文高　冯俊宏（12月起） 纪检组长：冯俊宏（12月止） 　　　　　李家祥（12月起）	局　　长：李荣光 副 局 长：李正周　计宪法　杨文全（12月起） 纪检组长：汤国庆 副调研员：李子文

续表

云县国家税务局	永德县国家税务局
局　　长：刘绍龙 副 局 长：陈桂伟（12月起）　张学庆（12月起） 纪检组长：陈桂伟（12月止）　任光有（12月起） 副调研员：张世仁	局　　长：宇永富 副 局 长：李光旺　何国政（12月起） 翟国胜 纪检组长：何国政（12月止）　五新培（12月起）
镇康县国家税务局	**双江拉祜族布朗族傣族自治县国家税务局**
局　　长：李金荣 副 局 长：袁永康　普国志　李文清（12月起） 纪检组长：查天恩	局　　长：邓明华 副 局 长：杨国安　杨国忠（12月起） 余文新（12月起） 纪检组长：李国通
耿马傣族佤族自治县国家税务局	**沧源佤族自治县国家税务局**
局　　长：邢　建 副 局 长：李路生　李世刚 杨　杉（12月起） 纪检组长：杨　杉（12月止）　张玉荣（12月起）	局　　长：张东明 副 局 长：杨振军　王朝东 纪检组长：鲍文景

云南省国家税务局系统处级以上领导干部任免情况

云南省国家税务局机关处级以上领导干部任免情况

3月11日，云国税任字〔2009〕6号文件，沈琪、唐云英、孙留、李坚、李庆阳、马晓颖等任职试用期满，考察合格，按期转正，任命：沈琪为云南省国家税务局办公室副主任；唐云英为云南省国家税务局人事处副处长兼离退休干部管理办公室主任；孙留为云南省国家税务局征收管理处副处长；李坚为云南省国家税务局国际税务管理处副处长；李庆阳为云南省国家税务局稽查局副局长；马晓颖为云南省国家税务局税收科学研究所副所长。

5月7日，云国税任字〔2009〕13号文件，任命：蔡云生为云南省国家税务局离退休干部处处长；杨丽君为云南省国家税务局货物和劳务税处处长；资宗宁为云南省国家税务局所得税处处长；阙雄为云南省国家税务局征管和科技发展处处长；赵学周为云南省国家税务局纳税服务处处长；梁丽明为云南省国家税务局收入规划核算处处长；杨毅玲为云南省国家税务局督察内审处处长；毕昆林为云南省国家税务局大企业和国际税务管理处处长；徐翔主持云南省国家税务局信息中心工作；唐云英为云南省国家税务局人事处副处长，免去兼任的离退休干部管理办公室主任职务；太家林为云南省国家税务局离退休干部处副处长；施键为云南省国家税务局货物和劳务税处副处长；杨劲松为云南省国家税务局所得税处副处长；黄永为云南省国家税务局征管和科技发展处副处长兼信息中心副主任；孙留为云南省国家税务局征管和科技发展处副处长；赵建军、王总国为云南省国家税务局纳税服务处副处长；赵福为云南省国家税务局督察内审处副处长；李坚为云南省国家税务局大企业和国际税务管理处副处长；戴红权为云南省国家税务局信息中心副主任兼征管和科技发展处副处长；付伟为云南省国家税务局机关服务中心副主任兼印刷厂厂长。

5月18日，云国税任字〔2009〕15号文件，任命：徐翔为云南省国家税务局信息中心主任，试用期一年；龙晖为云南省国家税务局机关服务中心主任，试用期一年；钟明为云南省国家税务局税收科学研究所所长，试用期一年。云国税任字〔2009〕26号文件，任命张霞为云南省国家税务局直属机关工会委员会专职副主席（正处级），试用期一年。

5月26日，云国税任字〔2009〕19号文件，任命：罗继富为云南省国家税务局办公室副主任；刘丹为云南省国家税务局货物和劳务税处副处长；李祖滨为云南省国家税务局纳税服务处副处长；梁柯为云南省国家税务局收入规划核算处副处长；李锦瑜为云南省国家税务局财务管理处副处长；丁峰为云南省国家税务局督察内审处副处长；郁琳为云南省国家税务局大企业和国际税务管理处副处长；李明义为云南省国家税务局稽查局副局长；程静为云南省税务干部学校副校长。云国税任字〔2009〕16号文件，任命施键为云南省国家税务局货物和劳务税处调研员；任命赵建军为云南省国家税务局纳税服务处调研员；任命董理为云南省国家税务局机关服务中心调研员。云国税任字〔2009〕21号文件，免去施键云南省国家税务局货物和劳务税处副处长职务；免去赵建军云南省国家税务局纳税服务处副处长职务；免去董理云南省国家税务局机关服务中心副主任职务。

各州市国家税务局处级领导干部任免情况

5月7日，云国税任字〔2009〕8号文件，任命申晓静为昭通市国家税务局副局长，不再担任昭通市国家税务局总经济师职务；云国税任字〔2009〕9号文件，任命杨忠为临沧市国家税务局副局长，不再担任临沧市国家税务局纪检组长职务；云国税任字〔2009〕10号文件，任命金家茂为红河州国家税务局副局长，不再担任红河州国家税务局总会计师职务；云国税任字〔2009〕11号文件，任命杨秋琼为文山州国家税务局副局长，不再担任文山州国家税务局总经济师职务；云国税任字〔2009〕12号文件，任命梅书灿为临沧市国家税务局副局长，不再担任临沧市国家税务局总会计师职务；云国税任字〔2009〕14号文件，免去徐翔丽江市国家税务局副局长职务，另有任

用；云国税党字〔2009〕16 号文件，徐翔同志不再担任丽江市国家税务局党组副书记。

6 月 25 日，云国税任字〔2009〕22 号文件，免去李应雄保山市国家税务局局长职务；云国税党字〔2009〕17 号文件，免去李应雄同志中共保山市国家税务局党组书记职务。

7 月 9 日，云国税任字〔2009〕23 号文件，王昆任职试用期满，考察合格，按期转正，任命王昆为昆明经济技术开发区国家税务局局长。

7 月 14 日，云国税任字〔2009〕24 号文件，任命钱场生为曲靖市国家税务局副局长，不再担任曲靖市国家税务局总经济师职务；

8 月 5 日，云国税任字〔2009〕25 号文件，任命杨祖成为楚雄州国家税务局副局长，不再担任楚雄州国家税务局总经济师职务。

8 月 24 日，云国税任字〔2009〕27 号文件，任命树耿鹤为迪庆州国家税务局副局长，不再担任迪庆州国家税务局总经济师职务。

9 月 8 日，云国税任字〔2009〕29 号文件，免去陈懿昆明市国家税务局稽查局局长职务，保留副处级领导职务待遇。

11 月 12 日，云国税任字〔2009〕34 号文件，任命顾光俊为曲靖市国家税务局副局长，不再担任曲靖市国家税务局纪检组长职务。云国税任字〔2009〕35 号文件，任命阿资为西双版纳州国家税务局副局长，不再担任西双版纳州国家税务局纪检组长职务。云国税任字〔2009〕36 号文件，任命李剑华为大理州国家税务局副局长，不再担任大理州国家税务局纪检组长职务；任命黄社江为大理州国家税务局副局长，不再担任大理州国家税务局总会计师职务。云国税任字〔2009〕37 号文件，任命和劳为丽江市国家税务局副局长，不再担任丽江市国家税务局总会计师职务。云国税任字〔2009〕38 号文件，任命鹿军花为怒江州国家税务局副局长，不再担任怒江州国家税务局总经济师职务。

11 月 16 日，云国税任字〔2009〕39 号文件，秦燕任职试用期满，考察合格，按期转正，任命秦燕为昭通市国家税务局稽查局局长。云国税任字〔2009〕40 号文件，胡文斌任职试用期满，考察合格，按期转正，任命胡文斌为曲靖市国家税务局稽查局局长。云国税任字〔2009〕41 号文件，虎坤任职试用期满，考察合格，按期转正，任命虎坤为楚雄州国家税务局稽查局局长。云国税任字〔2009〕42 号文件，杨军任职试用期满，考察合格，按期转正，任命杨军为玉溪市国家税务局稽查局局长。云国税任字〔2009〕43 号文件，姜洪林任职试用期满，考察合格，按期转正，任命姜洪林为文山州国家税务局稽查局局长。云国税任字〔2009〕44 号文件，李光庆任职试用期满，考察合格，按期转正，任命李光庆为普洱市国家税务局稽查局局长。云国税任字〔2009〕45 号文件，谢建华任职试用期满，考察合格，按期转正，任命谢建华为西双版纳州国家税务局稽查局局长。云国税任字〔2009〕46 号文件，黄锋任职试用期满，考察合格，按期转正，任命黄锋为大理州国家税务局稽查局局长。云国税任字〔2009〕47 号文件，李旭东任职试用期满，考察合格，按期转正，任命李旭东为保山市国家税务局稽查局局长。云国税任字〔2009〕48 号文件，董正湘任职试用期满，考察合格，按期转正，任命董正湘为德宏州国家税务局稽查局局长。云国税任字〔2009〕49 号文件，杨志坤任职试用期满，考察合格，按期转正，任命杨志坤为丽江市国家税务局稽查局局长。云国税任字〔2009〕50 号文件，田何品任职试用期满，考察合格，按期转正，任命田何品为怒江州国家税务局稽查局局长。云国税任字〔2009〕51 号文件，武登任职试用期满，考察合格，按期转正，任命武登为迪庆州国家税务局稽查局局长。云国税任字〔2009〕62 号文件，李振兴任职试用期满，考察合格，按期转正，任命李振兴为临沧市国家税务局稽查局局长。

11 月 12 日，云国税任字〔2009〕55 号文件，任命洪泉为保山市国家税务局局长，试用期一年；云国税党字〔2009〕37 号文件，任命洪泉同志为中共保山市国家税务局党组书记。云国税任字〔2009〕59 号文件，任命沈文斌为文山州国家税务局调研员；云国税党字〔2009〕40 号文件，沈文斌同志不再担任文山州国家税务局党组成员、纪检组长。云国税任字〔2009〕58 号文件，任命叶毓光为丽江市国家税务局调研员；云国税党字〔2009〕39 号文件，叶毓光同志不再担任丽江市国家税务局党组成员、纪检组长。

2009 年云南省国家税务局系统机构设置统计表

单位：个

项目		编号	合计	省局	市、州局	州（市）区局	县（市、区）局
甲			1	2	3	4	5
总计		1	2 076	21	279	197	1 579
局机关		2	154	1	16	12	125
局机关内设行政机构		3	1 365	14	195	118	1 038
直属机构	合计	4	170	1	35	12	122
	稽查局	5	151	1	16	12	122
	直属分局	6	4		4		
	其他直属机构		15		15		
派出机构	合计	7	215			43	172
	税务分局	8	215			43	172
	其中：设在开发区	9	2			1	1
事业单位	合计	10	172	5	33	12	122
	信息中心	11	151	1	16	12	122
	机关服务中心	12	17	1	16		
	注册税务师管理中心	13	1	1			
	税务干部学校	14	1	1			
	培训中心	15					
	税收科学研究所	16	1	1			
	票证中心	17	1		1		
	报社、杂志社、出版社	18					

2009年云南省国家税务局系统从业人员基本情况表

单位：人

项目	编号	人数			文化程度						政治面貌				年龄									
		总计	女	少数民族	研究生	大学本科	大学专科	中专	高中技校职高	初中以下	共产党员	共青团员	民主党派	无党派	30岁以下	31~35岁	36~40岁	41~45岁	46~50岁	51~54岁	女	55~59岁	女	60岁以上
序号		1	2	3	4	5	6	7	8	9	10	11	12	13	14	15	16	17	18	19	20	21	22	23
总计	1	12 788	4 762	3 436	162	4 481	5 683	894	695	873	6 747	346	43	5 652	1 300	1 045	2 284	4 124	2 415	1 225	291	395	0	0
局机关	2	372	203	43	51	90	53	54	84	40	160	79	3	130	151	43	51	31	43	32	7	21		
昆明市	3	2 380	1 086	276	26	1 045	1 032	108	96	73	1 180	54	18	1 128	165	179	456	696	507	295	103	82		
昭通市	4	923	293	90	9	244	443	56	55	116	525	3	2	393	88	73	166	299	181	91	19	25		
曲靖市	5	885	255	66	17	436	305	60	20	47	551	12	2	320	61	76	137	371	149	58	9	33		
楚雄州	6	844	288	245	7	299	387	48	39	64	450	18		376	59	68	142	332	176	49	2	18		
玉溪市	7	810	280	187	5	355	302	45	39	64	436	18	1	355	69	50	136	262	172	79	23	42		
红河州	8	1 259	453	422	7	319	606	93	110	124	656	35	14	554	135	112	198	411	216	143	26	44		
文山州	9	632	201	247	2	156	337	53	45	39	369	16		247	71	40	107	232	125	48	12	9		
普洱市	10	758	289	321	4	230	393	60	29	42	353	15		390	73	64	146	232	134	77	22	32		
西双版纳州	11	282	114	108	1	100	108	36	22	15	116	6		160	30	16	52	80	69	30		5		
大理州	12	1 038	349	503	13	403	453	59	48	62	591	20		427	73	80	170	357	197	124	23	37		
保山市	13	568	154	51	6	164	292	40	21	45	353	5	3	207	70	37	103	197	106	43	6	12		
德宏州	14	550	244	161	1	141	291	42	36	39	286	17		247	50	81	110	157	95	46	15	11		
丽江市	15	408	136	194	4	134	186	36	11	37	225	3		180	56	32	81	127	61	37	4	14		
怒江州	16	226	93	174	1	62	117	14	11	21	107	6		113	29	34	70	54	25	11	1	3		
迪庆州	17	200	87	162	2	112	58	10	7	11	94	14		92	42	25	61	43	23	5	1	1		
临沧市	18	653	237	186	6	191	320	80	22	34	295	25		333	78	35	98	243	136	57	18	6		

第七篇

税收文选

局长专文

以创新求突破　以改革谋发展　实现昆明国税工作的新跨越

昆明市国家税务局局长　王　镶

云南省国税局提出2009年我省国税工作的主题是“创新发展年”。这一主题与过去几年的工作主题一以贯之，逐年深入，抓住了基层税收工作的又一关键。昆明国税工作必须紧扣主题，紧密结合2009年的各项工作目标和任务，在创新中推进发展，在发展中实现跨越，把昆明国税事业推进到一个新的阶段。

一、总结成绩，认清昆明国税推进创新发展面临的形势

2008年以来，昆明市国税系统认真贯彻落实省局的工作部署，落实全市制度创新工作会议精神，紧紧围绕作风建设年各项要求，着力推进五个方面的创新，取得了积极的成效。

（一）推进观念创新，着力强化符合现代新昆明建设要求的发展意识。结合解放思想大讨论活动和软环境建设工作，我们在对各项工作纵向比较的同时，把目光关注在与发达省区的横向比较上，引导国税干部“跳出成绩看发展、跳出局部看全局、跳出云南看昆明、放眼全国看昆明，在发展上体现省会城市的水平”。

（二）推进税源管理制度创新，着力提高税源管理的科学化、专业化、精细化水平。一是健全完善税源管理分析工作机制。认真修订《税源管理工作办法》，把基层、基础作为切入点，实行市、县局纵向分析联动机制和税收经济分析、税源监控、税务稽查的横向互动机制。二是实行纳税评估的交叉评估制度。制定实施《增值税纳税评估操作流程（试行）》。四是实施领导干部管户制度。建立县区局领导干部与税收管理员AB角的管理方法，管户重点放在税源分析、纳税评估以及发现和解决征管难点工作。

（三）推进科技创新，着力提高税收工作质量和效率。2008年以来，紧紧依靠省局，按照省、市局联动的工作原则，全力抓好三项信息化建设重点工作。一是开发应用网络申报系统在全省率先实现有条件的纳税人足不出户就能完成申报和缴税，降低了缴税成本，提高了征管效能。二是推广应用个体工商户电子定税。结合昆明实际，制定了8个方面的工作方案和11个定税项目及24个定额要素，确保了8月1日个体工商户电子定税系统在全市上线应用。三是试点应用税收管理员信息平台。在西山、安宁基本完成试点工作。

（四）推进纳税服务创新，着力提高纳税服务满意度。一是认真落实服务承诺。结合四项制度的落实，向社会郑重作出五项“服务承诺”。二是认真做好招商引资项目税收服务。建立领导干部“1对1”服务制，开设招商引资项目建设和新增税源“绿色通道”。三是精简行政审批项目和审批环节。行政审批由10项减为7项。减少审批层级，市局把所得税减免税审批、税前扣除审批等权限委托三个开发（度假）区局行使。简化办税流程，结合实际缩短相应的办结时限。四是规范办税服务厅管理。推行首问责任制、承诺服务、信息发布、共产党员示范岗等多种纳税服务方式，向纳税人提供优质高效的服务。

（五）推进干部管理制度创新，着力提升干部队伍活力。推行市局机关与县区局干部上派下挂工作，加大对年轻干部的培养锻炼。试点推行部分县区局纪检组长异地交流轮换制度，强化监督职能，加强学习交流。推行征、管、查岗位的分批定期轮岗制度。

上述制度和管理办法的实行，在创造性地落实省局和市委市政府的工作要求上取得了成绩。但是，国税工作的创新发展也还存在不少问题。当前，影响和制约创新发展的思想障碍，可以归纳为三个“怕”：一怕动手实干。一些干部在面对新情况、新问题时，执行不坚决，落实不够有力；二怕挫折失误。没有真正认识到，变革创新的过程是一个艰苦探索、曲折前进的过程，也是一个包含挫折的不断实践和认识的过程，不愿探索新的解决办法；三怕承担责任。这些都需要我们在今后的工作中不断改进和解决。

二、深化认识，切实增强创新发展的责任感和紧迫感

“创新发展”是学习实践科学发展观、贯彻落实各级党委政府和省局工作部署、切合昆明国税发展实际、符合纳税人热切期盼的一项重大而紧迫任务，对于推进昆明国税工作再上新台阶具有重大而深远的意义。

（一）从学习贯彻科学发展的要求来看，大力推进创新发展是顺时之举。要顺应改革发展的大趋势，围绕税收中心工作、全局工作和本岗位的工作，大力推进观念创新；围绕转变工作作风、提高税收服务质量，进行机制创新；围绕推进税收管理科学化、专业化、精细化的要求，进行管理创新；围绕解决纳税人关注关心的热点难点问题，进行方式方法创新。通过各项创新活动的实施，培养创新意识，塑造创新团队，营造创新文化，激发创新活力，实现创新发展。

（二）从党委政府和省局的工作导向来看，大力推进创新发展是应势之策。省委八届四次全会明确提出，要“坚持以解放思想引领发展，在解放思想中真抓实干、破解难题、激发活力”。今年，省委、省政府又把昆明做为两个“全省综合改革试点城市”之一。这是昆明国税创新发展的有利的政策，有利的资源，有力的导向，也是必须践行的工作思路。省局始终高度重视国税工作创新，近年来，坚持一年一个工作主题，在征管体制、信息化建设、服务领域、管理方式等方面不断注入创新理念，落实创新措施。

（三）从昆明国税发展的实践来看，大力推进创新发展是事业所需。近年来，昆明国税工作发展很快，但是仍然存在不少差距。这种差距可以概况为“两个件、两个度”：两个件就是“软件”和“硬件”。人是税收工作当中最大的“软件”。长期以来，昆明的生态环境和自然条件相对比较优越，人们缺乏应有的生存危机和竞争压力，以创新求突破的冲动和欲望不足。“硬件”主要指税收管理和服务的手段，昆明国税工作在省内的纵向比较中是发展较快的，但如果把目光关注在与发达省区的横向比较上，还没有完全体现出省会城市的发展速度。在工作力度方面，尤其是创新发展的力度仍显不足。昆明国税要当好排头兵，就必须大力推进创新发展，始终保持思想领先、改革当先、开放抢先、创新争先的精神状态和思想境界，牢固树立不进是退、慢进也是退的危机意识，以创新发展逐步缩短与发达地区、先进地区的差距，实现后发快进，后来居上。

三、理清思路，以创新发展推进昆明国税工作的新跨越

2009 年是昆明国税学习贯彻科学发展观、加快发展步伐的重要一年，也是在社会经济环境不断变化中面临较多困难的一年。按照省局的工作部署，结合昆明国税实际，我们初步提出一二三四五六的工作思路，即：围绕一个中心、强化两个带动、坚持三个有利于标准、把握四条原则、突出五个工作重点、落实六项保障措施。

（一）围绕一个中心。就是各项工作要紧紧围绕组织收入这一中心工作。今年以来，由于经济等方面出现一些不利因素，昆明国税在组织收入上遇到比较大的困难。结合工作实际，我们有两点更深刻的体会：其一，税收收入的增减取决于经济发展、政策调整、征管水平三个主要的因素，如果前两个因素对收入增长的推动作用减弱甚至发生逆转，要保持收入的相对稳定，就必须在第三个因素上实现强有力的提升。其二，随着依法治税的推进、纳税遵从度的提高、纳税观念的转变，围绕收入目标采取的一些阶段性、突击性、应急性、协调性抓收入的观念和做法已经很难适应新时期组织收入工作的要求。必须以新的观念和措施应对新情况和新问题。

从 2008 年的收入形势看，全球性的金融动荡、世界经济增长整体下滑，中国经济增速同比减缓，能源、原材料价格的下降，对税收的影响可能进一步显现。增值税转型、企业所得税新法实施的延后效应、税率的调整、个人利息所得税暂停征收等一系列政策调整将形成较大的政策性减收因素，收入形势非常严峻。结合今年的工作经验，抓好明年组织收入工作，要突出强调“四个必须”：一是必须更加重视组织收入工作的法制化，对落实组织收入原则的刚性要求，要有更深刻的认识；二是必须更加重视紧抓组织收入工作的日常化，把工作的重点进一步放到平时的征收管理，实现压力分散；三是必须更加重视组织收入工作的过程化管理，在强调收入任务硬指标的同时，通过提高征管质量和效率这一过程，最终体现收入目标的实现。四是必须进一步完善组织收入工作的考核标准。不仅考核收入任务目标的完成情况，尤其要把征管质量和效率是否提高、税源管理是否加强、零负申报率是否下降、税负水平是否上升、新欠陈欠是否得到有效控制、纳税人是否满意等等，作为检验组织收入工作和全局工作的重要依据，促进向管理要收入，从管理挖潜力。

（二）强化两个带动。一是切实发挥制度创新的带动作用。制度创新带有先导性、基础性、根本性的特点。要认真贯彻市委、市政府《关于推进经济社会制度创新工作的意见》，按照上级政策法规具体化、外地经验本地化、本地工作特色化、工作措施规范化的要求，重点推进昆明国税系统六个方面的制度创新：第一，加快完善行政审批制度，做好行政审批“流程再造”工作，坚决取消非税务部门职能的审批事项，坚决取消属于企业行为的审批事项，坚决取消不必要的审批环节；第二，加快完善行政管理制度，强化执行力和落实力，创新降低程序性耗损的措施；第三，加快完善创新激励机制，调动各方积极性。第四，加快完善税收管理制度，以税源管理为重点，在征、管、查各个环节落实一批符合实际的创新措施。第五，加快完善纳税服务体系，建设服务型国税，促进行业风气的进一步转变。第六，加快完善人事管理制度。逐步形成干部选拔、轮岗交流的制度化创新，注重培养一线的创新人才。二是切实发挥科技创新的带动作用。昆明国税要充分发挥信息化建设优势，在技术创新和软件开发试点上，努力走在前列，在系统内发挥纵向带动作用。

（三）坚持三个有利于标准。一是创新发展要坚持有利于提高税收工作的质量和效率。善于多视角思维，从不同的角度和层面解剖存在的问题，找出发展过程中的薄弱环节。二是创新发展要坚持有利于提升纳税服务质量。始终高度重视行业风气上还存在问题，始终高度关注民生。要切实加大创新力度，勇于探索，集中力量先行突破，以重点突破之利，收带动全局之效。三是创新发展要坚持有利于紧密结合国税工作实际。创新发展既要立足昆明国税工作的实际，还要紧密结合市委市政府和省局的工作要求，要立足于我们正在做的工作，贴近基层、贴近纳税人，有力推动国税事业的科学发展、和谐发展。

（四）把握四条原则。一是坚持以科学发展观为指导。坚持走科学发展之路，创新发展的方向就不会偏离，创新才符合时代要求，才富有生机活力。二是坚持紧扣现代新昆明建设主题。现代新昆明建设是当前全市的中心任务，对各个领域的创新发展提出了新思维、新举措和新要求。三是坚持在依法治税的框架内规范操作。要开展广泛的调研，努力提高创新发展的质量和效果。四是坚持处理好改革、发展和稳定的关系。创新必然会涉及旧格局的打破，涉及利益关系的调整。要始终坚持以人为本，把改革创新的力度、发展的速度和各方可承受的程度统一起来，做到统筹兼顾。

（五）突出五个工作重点。一是围绕市委市政府和省局的新要求，推进行政审批制度创新。按照流程最短、效率最高，收费最少、标准最低的原则，在2008年市局保留的7项税务行政审批项目中，进一步减少或压缩审批项目或时限。二是围绕税源管理中的新问题，推进税源管理创新。进一步落实专业化分类管理。加大异地交叉稽查力度，推进以查促管。三是围绕科技兴税的新趋势，推进信息技术的创新应用。做好金税三期建设工作。四是围绕纳税人对国税工作的新期待，推进纳税服务工作创新。在部分地区试点引入ISO2000质量认证体系和质量标准，建设效能型国税机关，提高行政效能和纳税服务质量。推进网上办事服务厅建设，实现网上税收政策宣传咨询的互动。五是围绕干部队伍建设的新情况，推进干部管理创新。创新用人机制，加强后备干部的培养任用，进一步打破三个界限，即打破身份界限、资历界限、地域界限，不拘一格用人才。开展"1对1"、"手把手"的学习帮教小组活动。大力推进国税文化建设，塑造积极向上的心态，调动干部职工内在的动力。

（六）落实六项保障措施。一是积极提倡学习、学习、再学习。国税干部尤其是各级领导干部必须高度重视加强自身学习，既要树立终生学习思想，又要不断拓展学习领域。二是切实优化创新发展的氛围。既要发挥好广大基层干部的创新潜能，又要发挥各级领导班子的创新引领作用。三是大力推行项目负责制。确定要实现创新的项目，实施项目负责制，落实项目负责人，细化项目任务，推行"成果倒逼法"，以目标倒逼进度，时间倒逼程序，上级倒逼下级，督查倒逼落实，保障创新项目的顺利实现。四是认真落实经费保障。五是高度重视人才培养。六是切实加强组织领导工作。"一把手"要亲自过问，及时研究新情况，解决新问题，因地制宜地推进各项创新。

夯实基础　创新思路　促进昭通国税实现跨越式发展

昭通市国家税务局局长　唐明山

昭通古称朱提、乌蒙，自秦开"五尺道"、汉筑"南夷道"后，便成为中原文化传入云南的重要通道，是早期云南文化的三大发祥地之一。昭通地处南方丝绸之路要冲，区位优越，素有"咽喉西蜀，锁钥南滇"之称，处昆明、成都、贵阳、重庆等中心城市经济社会发展辐射的交汇地带，位于国家规划的"攀西—六盘水经济开发区"腹心地带，是云南的北大门和滇、川、黔、渝3省一市经济、文化的交汇重地。

一、昭通国税的现状和存在的突出问题

（一）基础差，自然环境恶劣。

由于历史的欠账，昭通开发力度不够，经济发展滞后。到2007年，人均生产总值4000元，在全省排列倒数第一，人均财政收入250元，全省排列也是倒数第一。

2007年前，昭通没有一条出省的等级公路，甚至没有一条到昆明的完整油路，到县一级的公路路况更差，经常堵路，通行困难。城市化率低，2007年仅为16.7%。城市基础设施差，管理水平低，服务业落后。工业发展慢，规模小。

昭通多数县区处于地震带上。2005年以来，昭阳、鲁甸、大关、盐津、绥江、水富、永善等县区发生过5级以上造成生命财产损失的地震。据预测，今后十年是地震的活跃期，昭通将面临更大的地震灾害。泥石流在11个县区每年都会发生，造成交通中断，房屋垮塌，卷走人和牲畜。冰凌雪灾严重，每年冬天，一半以上的县区会受到冰凌雪灾的影响。

市局机关人员出差到县，远的坐车要8个小时以上，洪水季节和冬季基本不敢到一些县出差，随时可能被困在路途中，到县区巡回一趟，至少要15天时间，工作效率大受影响，交通工具磨损严重，几年

时间，一辆车基本就完成使用寿命。每遇地震、冰雪灾害，公共设施和干部职工生命财产都受到严重的威胁，救灾工作成了每年必做的事。经济的落后，使我市国税系统三分之一左右的办公楼投资都在300万元左右，难以满足国税发展的需要，抵御自然灾害的能力低。上级财政供给的人均经费标准低，每当遇到自然灾害或干部职工患重大疾病，就难以应对，自救能力弱。

（二）思想封闭，文化落后。

改革开放30年来，昭通受外界思想和文化影响较小，以致形成自我封闭。到目前为止，全市国税系统还有50%左右的干部职工没有到过省城昆明，70%的干部职工没有到过外省、市。每一种思想、理念在全系统的贯彻，都必须反复宣讲；每一项工作思路的推行，都必须考虑下级能够接受的程度和方式；每一项工作措施的落实，都必须反复督促，反复检查。

封闭的思想难以形成开化的文化，不开化的文化与开放的思想必然产生斗争。这就导致昭通出现上访多、告状多、散布谣言多的现象。人与人之间的关系，不是处在一种轻松、和谐的环境之中，而是处在一种猜忌、防范、推诿、扯皮的氛围里。这种思想和文化，使干事的人不能放开手，决策的人不能放开胆，有能力的人不敢出头，经济和社会的发展受到其严重束缚。

（三）热点、难点问题突出。

这些热点和难点都与昭通的落后、欠发达和自然灾害多有关。一是想调往昆明的人特别多。生活的环境及个人的出路都使大家希望调往省局和昆明市局，都想离开昭通另谋出路。二是县局企望到昭阳区工作的人特别多。交通困难，自然灾害多，使很多人想从县上调到昭阳区，给市局党组造成很大的压力。三是连续多次的地震给大家心里造成压力。由于大部分干部职工住房都不是框架结构，担心时有反映，诉求从未停止。四是干部职工经济待遇低，政府支持能力有限，再加上工资调整，津补贴等兑现迟缓和不到位，大家情绪特别是老同志情绪较大。五是干部数额有缺口，省局给昭通的编制是930人，全市现有在职干部职工850人，缺口80人，再加上人员年龄结构偏大，补充较少，工作压力大，基层抱怨多，工作很吃力。

二、昭通国税实现跨越式发展的思考

近几年，昭通在发展上已经开始起步，一是金沙江流域的三级大电站（向家坝、溪洛渡、白鹤滩）正在建设和即将建设，2012年后将形成产能，对昭通的发展将注入很大活力。二是三江（牛栏江、白水江、横江）、四河（关河、撒渔河、洛泽河、赤水河）的42个小水电站基本都在建设阶段，投产后将形成200万千瓦的产能。三是镇雄和威信的两个装机480万千瓦的火电站已经开始建设，2010年后将形成产能。四是煤炭和煤化工产业已开始起步，2010年前将有一个大的产能释放。五是卷烟产业将稳步发展，税利连年大幅上升。按市政府的发展规划和工作措施，到2010年工业总产值将达300亿元，到2015年工业总产值将达1300亿元。

昭通的发展为国税的发展提供了广阔的平台和空间，我们应该为昭通的发展作出应有的努力和贡献。

（一）夯实基础抓收入。

组织收入是国税部门的中心工作，全市国税系统要在夯实基础、挖潜增收方面下工夫。一是要依法治税，应征尽征。要认真贯彻税收法律法规，坚决杜绝出台与税法相抵触的规定和管理办法，坚决杜绝“以费挤税”的现象发生，坚决杜绝不执行税法行为，着力打击偷税行为，做到组织收入应征尽征。二是充分执行好税收的优惠政策，支持经济的发展。优惠政策要不打折扣的执行到位，使鼓励的产业真正享受到税收优惠，促进其进一步发展，使对人的优惠（如残疾人）执行到位，社会得到和谐。三是创新管理方式，落实好层层制定的收入目标责任制，落实好领导挂钩重点税源和管理员管户制度。按照稳定型、成长型、新兴型、萎缩型税源妥善布局力量，变事后查处为事前辅导，评估。要充分发挥信息化在税收工作中的作用，提高工作效率。加强税收工作各环节的监督管理，使税源得到有效的监控，把税源转化为税收。随着昭通交通、电力的逐步改善，工业经济发展将呈现迅猛的势头，税收将逐年大幅增加。经预测，2010年昭通国税收入将达42亿元以上，2015年将达100亿元以上。

（二）提升素质强队伍。

队伍是创新发展的根本，是国税事业的基础，队伍素质的高低和开化程度决定国税事业的发展。而事业的发展究其最终目标仍然是实现人的自身发展。加强队伍建设是事业的需要，更是人自身的需要。首先，要强化学习，推进市、县区局两级班子建设。通过持续不断的学习，树立崇高的理想信念，坚定必胜的信心和克服困难的勇气。通过持续不断的学习和实践，提高执政能力，增强驾驭全局和促进发展的能力；提高抵御腐蚀的免疫力，提高民主决策、科学决策的能力。通过持续不断的学习和实践，提高思发展、谋发展、科学发展的能力，并且在发展中实现管理、机制、制度的创新，使国税的发展建立在可持续的基础上。其次，要强化培训，提升队伍素质。通过走出去，请进来的方式使干部职工吸收新的思想、观念和方法，提高干部的业务素质。让大家了解外面的世界，营造干事创业，见新不怪的氛围；通过学历教育，完成和弥补文化、专业知识的不足和缺陷，提高干部的接受能力。通过重奖和鼓励干部自学成才、参加各种资质的考试、攻读硕士学位等，为事业的超前发展、创新发展培养领军人才。干部队伍的强盛，将为国税的创新发展注入活力。

（三）转变作风树形象。

在全市国税系统作风建设中，部分干部还存在三个方面的问题：

一是缺乏主动服务工作的意识。缺乏工作责任心和主动性，作风飘浮，工作浮躁。二是缺乏服务上级、服务基层的意识。深入实际、调查研究不够，对基层同志态度冷漠，对基层请示的问题办理不力。三是缺乏服务纳税人的意识。多元化纳税申报服务的拓展和延伸不足，乡镇纳税人领购发票不方便；税收宣传和纳税辅导形式单一、面不广、针对性不强、方法措施不多，效果不明显；国税干部对纳税人态度生硬，服务纳税人的意识不强。

对此，应该从以下三个方面来着手解决。

一是要转变机关工作作风。要树立机关为基层服务的理念，接待基层来的同志，要热情、诚恳，切实为他们办实事，解决实际问题；要树立为纳税人服务的理念，毕竟他们是我们的“衣食父母”，我们的服务要诚恳诚信，要用换位思考的方法来理解纳税人。要充分尊重纳税人，做到热情服务，真正的关心纳税人。要认真学习和借鉴外地的做法和经验，通过不断地努力和磨砺，在接待中充分体现昭通国税文化的底蕴和干部个人涵养，充分展示国税干部职工的文明、温和、礼让、诚实、大方、热情的良好形象。

二是要抓好廉政建设。要全面、深入学习领会中纪委7号文件的“8条禁止”，要严格要求，做到风清气正；禁止在工作中吃、拿、卡、要、报，禁止利用职务之便谋取私利，禁止参与各种形式的赌博违法活动；禁止参与煤炭入股，不能在煤炭行业上打主意、做文章，要经得住诱惑、耐得住寂寞、经得住考验；在生活作风上，要积极向上、健康高雅，远离赌博。

三是要大力改进学风。结合干部年龄特征，认真抓好学习，多读书，注重把知识转化为工作能力；要养成良好的学习习惯，每天坚持读一个小时的书。知识的来源很多，读书是我们汲取知识的一条捷径，但我们要有所选择，选择那些有助于工作、有助于身心健康的书籍。

（四）创新思路求发展。

创新是民族的灵魂，是一个国家兴旺发达的不竭动力。发展是当今世界的主题，不发展就会落后，就会被淘汰。昭通国税应在创新发展中进一步做好工作，破解各种难题，解决好各种问题，实现国税事业的科学发展。

一是要解放思想。特别是领导干部，不能固步自封、墨守成规，要坚持科学发展观，以科学的理论武装自己的头脑；要有前瞻性，以思想为先导，从实际出发，超前谋划各项工作；要用发展的观点看问题，在使用干部上要以工作为重，以大局为重，大胆使用德才兼备、群众拥护的干部，不受个人好恶和情绪影响；要增强党性，顾全大局，搞好团结，分工协作，互相补台，心往一处想，劲往一处使，拧成一股绳，形成领导合力，带好干部职工队伍，不断提高执政能力。

二是要以人为本，加强思想政治工作。要想职工所想，急职工所急，时刻关心职工的冷暖疾苦，切实为全局干部职工排忧解难；要通过深入细致的思想政治工作，教育和引导广大干部爱岗敬业、公正执法、诚信服务、廉洁奉公，使广大干部把对社会的思考、对前途的设计和对税收工作的态度建立在满足社会需要、履行为国聚财宗旨的基础之上，努力使自己的言行顺应社会发展的客观规律，适应社会进步的现实要求，适应税收工作要求。

三是要优化纳税服务。要继续开展好“局长接待日”活动，对人民群众和纳税人关心的热点难点问题以及反映的意见建议要及时处理，自觉接受社会各界的监督。要深入纳税人中，切实开展好调研工作。局领导应率先垂范，深入一线研究指导工作，带领国税干部走访骨干企业，实地调研，重点帮促；中层以上干部挂钩纳税户，进行日常管理和协调，督促解决纳税人办理涉税事项过程中遇到的问题；管理员逐户进行下户管理，详细了解管户的生产经营、发展状况。及时为纳税人提供有关政策信息，和纳税人一起分析社会经济发展现状，提供建设性意见，为纳税人释疑解惑，真正做到务实、亲民，形成“上下一致、雷厉风行”的纳税服务工作作风。要以提供优质高效的服务手段为突破口，继续探索和建立起以纳税人需求为导向的纳税服务体系。

四是要推进国税文化建设。文化是创新发展的灵魂，是发展的软实力，我们必须抓住国税文化建设不放松，要抓好规划，明确总体目标、领导体制、办事机制，使文化建设沿着健康的方向发展。要运用各种载体，组织干部职工活跃国税文化。要扎实开展精神文明等各种创建活动，通过创建提升干部职工的文化素养。要开展与外界特别是先进、发达地区的交流，组织有目的性的考察活动，使大家在与外界的文化碰撞中激活新的文化思想，提升文化软实力，营造国税事业创新发展的宽松环境。

五是做实做细工作。要落实好省、市对国税工作的部署和各项工作的安排，使每一项工作都按要求落到实处，不敷衍应付，不自欺欺人。要夯实昭通国税发展的硬环境。争取省局、市委、市政府的支持，解决好办公环境不适应发展的问题，解决好职工住房不能抵抗地震、冰凌等自然灾害问题。解决好干部的各种待遇问题，使干部职工人心稳定，积极工作。

总之，发展必须实干，只有实干，才能发展，只有发展才能解决好工作中的热点难点问题，国税事业才能实现跨越式发展。

推进现代管理 提高行政效能

——曲靖市国税局开发运用标准化协同办公信息系统

曲靖市国家税务局局长 谷 鸣

2009年是深入学习实践科学发展观的重要一年，也是省国税局确定的“创新发展年”。曲靖市国税局党组解放思想，勇于实践，按照“科学发展观”的指导思想和“创新发展年”的工作要求，应用质量管理原理，把先进的理念，科学的方法引入到税收工作实践中来，以质量方针为指导，以质量目标为中心，以全员参与为基础，以过程控制为重点，以持续改进为灵魂，以满足纳税人和下级税务机关需要以及上级税务机关要求为目的，以信息技术支撑为手段，组织开发曲靖市国家税务局标准化协同办公信息系统，并通过此系统的运行，实现从传统管理向现代管理的转变，提高行政管理效能。

一、时代呼唤发展，发展需要现代管理

（一）现代管理是时代发展的需要。国税部门是国家行政执法机关，国家税收法律、法规和各项规章制度随时代发展在不断地建立和完善，而法律法规的贯彻执行则依靠各级税务机关和基层税务干部，税务机关的内部管理和各种机制的建立成为准确贯彻税收政策的重要保障。如果沿用传统的行政管理，通过政府部门的鼓励和倡导或纳税人的自我约束实现管理规范化是很困难的。因此，引入先进的管理理念，科学的管理方法就成为时代发展的必然要求，通过现代管理实现体制、机制、制度上的内在统一，以规范行政行为，提高工作质量和效率。

（二）现代管理是解决现实工作矛盾的必然要求。现实工作中，上级有安排、领导有要求，但在执行落实过程中，程序不规范、标准不统一、记录不齐全，影响了工作的质量和效率，也给检查考核带来诸多不便。加之员工素质水平参差不齐，责任意识层次有别，在工作中常常有不知做什么、怎么做、做到什么程度等问题。虽然有很多的内部管理制度和规定，但由于缺乏全过程、全方位的科学、系统和完整的内部监控体系，管理上存在很多“盲点”，职责不清、工作随意性大的问题尤为突出。这些问题直接或间接地影响了税收职能作用的发挥，因此，必须建立统一标准、科学方法基础上的现代管理，才能充分发挥税收职能作用，更好地为社会经济发展服务。

（三）现代管理必须树立标准化质量管理理念。标准化质量管理理念之所以被普遍接受和广泛推行，在于其高度概括、总结和提炼了各种质量管理的精华，已被企业和一些行政机关广泛应用。税收业务和机关行政管理工作同样需要贯彻“过程控制”、“预防为主”、“持续改进”的管理模式，如果每个事件、每个过程、每个环节，都靠手工去完成，就会变得繁琐，工作效率低下。这就要求把各种管理方式最大限度地与计算机结合，建立以信息技术为支撑的主要工作运行环境。

（四）建立标准化现代管理的客观可能性。曲靖市国税局通过近几年年轻干部的充实和专业化、多层次教育培训的加强，人员素质有了很大提高，人力资源丰富。同时，计算机在税收管理和税收行政工作中已得到普遍运用，网络化的办公手段已直接联通每一位干部职工，已经初步具备了标准化质量管理所要求的组织结构、职责、程序、过程等内容，具有一套税收征管规章制度、内部管理制度、业务操作规程等工作制度。更为关键的是，市局党组高度重视，从有限的人力资源和经费中最大限度地为项目建设提供必要保障，并加强宣传动员，营造出了全员参与的大好氛围。这些基础条件成为曲靖市国税局组织开发标准化协同办公信息系统的良好基础，并在相当程度上具备了推行标准化协同办公信息系统的基础条件。

二、建立标准化协同办公信息系统，推进现代行政管理

2009年3月，“曲靖市国家税务局信息化项目开发领导小组”成立，局长亲自任组长，其他班子成员为副组长，相关科室负责人为成员。从市局机关和各县（市、区）局抽调了9名技术开发人员和4名业务需求人员组成项目开发组。项目开发组制定工作方案，完成系统的总体架构设计，确定系统开发应用技术。到10月份，曲靖市国家税务局标准化协同办公信息系统的主要模块已基本研发完成，并投入试运行。

系统设计引入ISO9001国际标准质量管理理念，以信息化技术为手段，以“实用、管用、好用”为前提，以优化资源配置、提高工作效率为目的，紧紧围绕办文、办事需求，按“过程可控、痕迹可查、绩效可评、政务公开、资源共享”的基本要求和“岗责明晰”的原则，规范部门和人员岗位职责、工作规程、工作标准，充分利用计算机技术，建立内部信息交流的快速通道，以共享信息资源，强化部门业务管理，加强各业务部门之间的沟通协作，实现单位信息快速及时的传递，实现各部门人员协同办公，为各级领导及各级工作人员提供辅助办公和决策服务。

系统共设计了九个模块，四十四个子模块。其中：“职责标准”包括部门职责、岗位职责、实用法律法规、内部规章制度；“协同办公”包括新建工作、待办工作、督察督办、工作查询、信息浏览、资料归档、工作委托；“个人事务”包括我的消息、日程安排、工作量统计、个人工作台账、个人考勤；“资料共享”包括个人工作台账查询、共享资料查询、资料上传；“廉政风险”包括风险预警信息录入、风险预警信息监控、查询、风险预警初始化；“在线学习”包括在线阅读、在线练习、在线考试、题库维护；“实用工具”包括万年历、计算器、邮政编码、电话区号、通讯录；“系统维护”包括单位信息、部门信息、个人信息、代码维护、修改自己口令、数据备份与恢复。

系统将最先进的现代管理理念和IT技术集于一身，以人为中心，致力于各部门实现共享资源、规范流程、推动执行的目的。使政务公开成为可能，监督更加有力，节省办公费用，减少中间环节，优化业务流程，提高整体效率，促进管理进步。让信息发布与存取更及时，文件传送更快捷，存取更方便。系统设置了统一规范的表单，固定的语言，尽量减少操作的烦琐和大量的文字录入，以提高工作效率。

三、运行标准化协同办公信息系统，提升国税部门行政效能

管理是一种组织活动，它能有效地组织生产力要素，充分合理地利用各种资源，提高经济和社会活动的效率。曲靖市国税局标准化协同办公信息系统投入试运行以来，取得了明显的阶段性工作成效。

（一）促进了机关作风转变。机关工作质量不高的原因，是因为机关管理大多还处在传统管理、经验管理水平上，靠的是“人管人”，而若干的管理制度办法却因为缺少对工作过程进行科学规范和监督而显得乏力，致使工作作风不实的现象无法避免。曲靖市国税局通过标准化协同办公信息系统的运行，全员接受了系统的现代管理理论知识学习，提高了全体干部职工的知识水平。特别在对自身工作职责、工作规程、工作标准的反复审定中对自我工作有了重新认识，对自己该做什么、该怎么做、该达到什么样的标准，有了明确的认识，加之绩效考核机制的建立，有效促进了机关干部作风的根本转变。

（二）提升了机关工作效率。曲靖市国税局在项目开发实施过程中，按照“一体化”的思路，将新开发的协同办公信息系统与现有的信息管理系统尽量整合，在整合各类信息资源的同时，通过数据层面的整合和功能填平补齐的方式，以实施工作流转“一键式”、过程控制“全面式”和过程记录“自动式”管理为突破口，充分利用现代技术手段，实现了信息技术与管理技术的有机结合，充分体现了办文、办事需求，实用、管用、好用，可操作性强，最大限度地方便工作开展、提高了机关工作效率。

（三）强化了机关干部的责任意识。以协同办公信息系统运行为契机，全市国税部门对内部管理制度和办法进行了清理和规范，为规范内部管理提供了制度保障。在清理规范过程中，集思广益，充分发挥部门特点和岗位工作特点，让机关干部积极参与其中，最大限度地营造出民主管理、自我管理的氛围，激发干部职工的主人翁意识，突出“以人为本”的管理理念，而每个岗位的工作过程可控、痕迹可查，各人的工作量明明白白，工作成绩有案可查，让每天的工作充满成就感，体现自我价值的愿望更为强烈，进而强化了机关干部的责任意识。

（四）强化了“阳光政府”和“效能政府”制度落实。协同办公信息系统运行后，全市国税系统每个同志的工作都进入系统，数据资源全局干部职工都能查看、利用、监督，具有很高的透明度，做到了办事公开、监督平等、考核公平，有利于化解和消除干部职工很多思想问题，便于全局干部职工提高对部门工作的认知度和对领导决策的监督，最大限度地做到政务公开、规范决策、科学决策、提高效率，有利于阳光政府“四项制度”和效能政府“四项制度”落实。

（五）规范了公务员的工作行为。协同办公信息系统里的“职责标准”模块包括部门职责、岗位职责、实用法律法规、内部规章制度。部门职责又包括部门职责、部门标准、部门目标；岗位职责包括工作职责、工作规程、工作标准。每个干部职工都明确自己的岗位职责是什么，对自己该做什么、该怎么做、该达到什么样的标准都清楚明白，这就有效规范了公务员的工作行为，并能保持较为稳定的工作质量。如果实行轮岗制或本岗位的同志因事离岗，换岗或代岗的同志可以根据该岗位的工作职责、工作规程、工作标准很快进入角色，实现真正意义上的A、B角的互动机制，以保证该项工作的连续性。

（六）促进了干部素质的不断提高。引入标准化质量管理理念开发协同办公信息系统，在部分业务需求全员参与和阶段性项目建设情况反馈过程中，不仅让全体干部接受了一次现代管理理论的洗礼，而且使各位干部牢固树立了“全员协同作战”的团队意识和持续改进的创新意识，为加强部门之间的协同工作起到了积极作用。随着该系统的试运行和评价改进，对干部也提出了更高的素质要求，不仅要学政治、学业务，而且要学管理，要求每个岗位人员对系统本身和相关的制度要求，结合工作实际提出可行性修改意见，使系统功能和管理机制不断完善，促进了干部整体素质的不断提高。

创新教育培训机制和方法是推进玉溪国税科学发展的重要保障

玉溪市国家税务局局长　陈志平

近年来，玉溪市国税局始终重视干部教育培训工作，按照“注重综合素质，提升岗位技能，创新培训方式，实施全员培训，促进终身学习”的思路，以创建学习型国税机关为契机，通过开展全方位、多层次、分类别的培训，干部学历结构有了明显改善，队伍素质得到整体提升。到2008年底，玉溪市国税系统共有硕士研究生5人，本科312人，专科336人，大专以上学历的达职工总数86.26%，提前完成“十五”学历教育计划。

教育培训工作卓有成效地提升了队伍素质，保证了国税工作持续健康的发展，各项工作均取得了喜人的成绩。2008年玉溪市国税系统共计组织税收收入183.39亿元，同比增收28.97亿元，增长18.76%，创历史新高，并实现自2004年起连续五年保持无新增欠税。2005年11月和2009年1月，玉溪市国家税务局机关连续两届被中央精神文明建设指导委员会表彰为“全国文明单位”。

一、对当前学习培训工作存在问题的分析

学习培训是一项长期的工程，是玉溪国税实现创新发展和又好又快发展的基础和智力源泉，这是各级领导和干部的共识。近年来，玉溪市国税系统为提高干部的综合素质，投入了大量的人力、物力加强干部教育培训工作，为加强教育培训工作，市、县（区）局不断探索完善教育培训机制和环境，大规模举办了各种培训班。通过举办业务能手竞赛、会计资格证考试等行之有效的手段，对提高干部的业务素质发挥了积极的促进作用，但是投入和产出存在极大的不配比仍是制约干部教育培训工作最大的核心问题。总结分析近年来的教育培训工作，导致我市国税系统干部教育培训工作投入与产出不配比的主要因素有以下几个方面：

（一）思想认识不足。不少干部认识不到学习培训是干部管理的基础工作和提升素质能力的重要途径，对加强学习的紧迫性认识不足，学习的主观愿望不强，缺乏长期学习、终生学习的理念和主动性。部分干部学习热情不够，被动学习的多，主动学习的少，个人的岗位学习主动性差，学习的需求主要来源于工作的需要，总是需要时才去学，被安排了才去学等等。这些问题的存在严重地影响着干部教育培训工作的开展。

（二）教育培训缺乏分门类的培训计划，培训工作存在应急式培训现象。干部队伍素质状况不尽相同，由于没有深入细致的掌握各类培训对象的知识技能需缺情况，培训内容不能针对年龄、岗位、文化水平的不同实行“一把钥匙开一把锁”的分层次设计，从而出现了部分干部嫌简单不想听，部分干部觉得太难听不懂的状况，参差不齐的个体素质难以完全统一到全局的培训要求上来，在很大程度上削弱了税务干部对教育培训工作的重视程度。

（三）教育培训师资力量薄弱，培训教材针对性不强。目前，我们的培训很大程度上依旧是聘请一些高层次的专家学者对干部进行课堂式授课，由于专家学者不经常接触实际税收业务，往往对学员真正需要什么知识，需要掌握到什么程度，需要解决什么实际问题不太了解，培训教材基本上选用学校教科书，授课从理论到理论，实践性、针对性不强。系统内有待形成一批由优秀业务骨干选拔培养出来的真正的师资力量，结合税收工作实际按需施教。

（四）“工学矛盾”在一定程度上仍表现较为突出，个人学习时间与单位的统一培训错位等。

二、对完善学习培训的思考

解决上述存在的问题，关键是在单位的环境机制与个体的学习追求之间寻找到一个结合点，通过这个结合点让学习培训的投入和产出达到最佳、最优效果。经过调研，我们认为，今年玉溪市国税局的创新成果学习考评系统的开发和运用，就是解决上述问题的最好办法。

（一）学习考评系统在教育培训中的优势分析。

1. 学习培训内容紧密联系税收工作实际，适用性强。学习考评系统由玉溪市国税局机关各部门负责出题，分门别类，形成了涵盖国税工作大部分业务点的综合知识题库，具有较强的适用性，有利于让干部掌握各块知识和工作要求，对加强干部自学、做好税收工作有一定的指导性和针对性。使得干部职工得以在工作之余，可以结合自身税收工作实际需要和税干的岗位、学历、年龄等实际情况，有针对性地进行分层次、分类型的学习自测，解决了培训“吃大锅饭”的问题，使得岗位技能学习成为现实，为提高岗位技能提供了明确的目标和方向。

2. 提供在线学习的平台，有效解决了工学矛盾。学习考评系统借助玉溪国税系统现有的网络环境及设备条件，充分利用网络手段和信息化资源的双重优势，为广大干部职工在职学习、在线学习、在岗学习提供了一个全新的平台，实现了在工作之余的随时学习。破除了“工学矛盾”的旧观念，实现工作学习化、学习工作化，使学习与工作相得益彰、融为一体。

3. 在线学习与在线激励机制相结合，提升主动学习的积极性。

学习考评系统把干部职工学习自测的内容通过做题多少进行量化自动产生积分，根据积分设立从"幼儿园"、"小学"、"中学"、直到"博士后"、"管理员"的各个级别，建立了一种学习的激励机制，激发干部的学习热情，增强了学习的趣味性。

（二）完善学习培训机制，推进国税事业科学发展。

学习考评系统从技术上解决了学习培训投入和产出不配比的核心问题，实现了学习培训质的飞跃，但要赋予这个系统的长久生命力，完善学习培训机制，还必须解决以下问题：

1. 提高思想认识，解决好"为什么学"的问题。人是国税事业长远科学发展的最生动的因素，建立和完善以人为本的教育培训机制是推进玉溪国税科学发展的重要保障。加强干部教育培训工作，必须与新时期税收形势的需要、加强干部队伍建设及提高干部素质能力的需要相结合，从而促使干部增强紧迫感、危机感和责任感，把学习培训当作一种精神追求，促使广大干部以积极负责的态度投入到学习中。探索和深化应收尽收价值理念在国税工作中的引领作用，发挥应收尽收核心价值在干部心中的认同作用，努力营造干事创业的良好工作氛围，促进干部爱岗敬业、把心思投入到工作中，激发广大干部职工开拓进取、勤奋工作，通过在工作中不断发现问题、分析问题、解决问题，提高干部的整体素质，推动工作全面发展。

2. 创新和完善教育培训的内容，解决好"学什么"的问题。

一要把握培训需求。通过深入基层，贴近干群，以调查问卷、工作谈话、观察分析及参与实践等手段，充分准确地了解掌握广大税干在新形势下需要什么，想知道什么，需要通过培训学习解决什么问题。根据国税干部的业务水平、工作能力和岗位履职要求，积极探索建立符合工作实际的岗责体系和岗位能力标准，结合实际，科学、合理地确定培训目标与任务，循序渐进设计有针对性的培训内容与方式方法，制定培训计划并组织实施。

二要科学设置培训内容。要改变过去"一刀切"的方式，树立"学以致用、用以促学、学用相长"的理念，根据税收工作实际需要和干部的岗位、学历、年龄等实际情况，有针对性地进行分层次、分类型的培训，明确各个岗位应知应会的有关业务知识、操作规程要求，在培训项目和内容的安排上做到因人而异，由高到低，由易到难，突出个性化。及时根据政策变化情况和工作要求等实际情况，对"学习考评系统"中各部门所出的题目，适时更新和完善，并引入县（区）局国税的优秀题目丰富和完善"学习考评系统"的内容，使其发挥更大的作用。

三要统筹培训知识结构。在培训中要做到才学与德学相结合、专业性教育和综合性教育相结合、理论性教育与实用性教育相结合，使干部的知识体系成为以税收业务知识为主体的综合学识能力体系，从而促进干部队伍整体素质的持续提高。

四要拓宽培训外延。在干部培训中，结合税收业务实际，以税收专业知识为主要内容，强化依法律法规、经济管理、计算机操作及程序设计等为主要内容的业务更新，培养干部提升自身业务能力适应新时期税收工作的需要；同时，加强对干部政治、文化、廉政建设、爱岗敬业、职业道德教育、艺术修养等相关知识的培训，提升干部的综合素质。逐步扩大"学习考评系统"涵盖的知识范围，积极探索把学习测评和资料查询结合起来，促进知识的点面结合，使其既有学习自测又有相关知识链接，成为干部工作、学习的帮手和老师。

3. 创新和完善教育培训方法，解决好"怎么学"的问题。

一要拓宽学习渠道。要通过集中脱产培训、在岗自学、网络学习、岗位练兵等多种形式开展全方位培训，坚持"走出去"与"请进来"相结合、集中辅导与在职自学相结合、理论学习与工作实践相结合，充分利用专题业务讲座、业务能手竞赛、干部轮训、岗位练兵等手段，建立起公共的学习场所，并以现代网络技术为依托，推进"学习考评系统"的运用，鼓励干部能够利用上班时间，在不影响正常业务开展的情况下，进行国税职业再教育（知识学习），营造一个全员共同提高的学习环境。

二要创新培训方法。要积极采取案例式、研讨式、情景式、答疑式等新颖的教学方法，运用投影教学、多媒体教学、远程教学等现代化手段，努力增强干部的参与意识。同时，还可以采取轮流辅导，人人是老师、人人是学生的培训方法，领导干部开始带头讲课，并将学习计划分解落实到每一位干部职工身上，进行轮流授课，从而培养税干的组织能力、学习能力，最大限度地激发学习积极性、主动性。鼓励在实践中以师带徒、以老带新、以新带老、以熟带生的办法，对业务较生的同志，要指定师傅带，帮助其迅速提高。从而达到促进干部自觉学习、熟练技能、提升素质的目的。

三要倡导在实践中学习，积极鼓励在创新项目中培养人才。紧密围绕税收工作宗旨，紧扣税收工作主题，结合岗位工作实际，贴近岗位需求，破除"工学矛盾"的旧观念，努力把学习引入工作，在工作中分析研究具体问题，探索如何运用现代化手段改革传统的管理方式，减轻纳税人和税务管理人员的负担，用简单明了的方式解决工作中的实际问题，在这样一个发现问题——分析问题——解决问题的过程中实现真正意义上的创新，以扎实有效的教育培训带动创新型人才的有效培养，不断推进全市国税工作的科学发展。

文化力的启示

红河哈尼族彝族自治州国家税务局局长　席世宏

2003年全省国税系统首次文化建设研讨会在红河召开，自此红河国税文化建设工程在探索中起步。2006年全省国税系统第二届篮球运动会由红河承办，红河国税人以千人合唱为特色的文化系列活动向大会作汇报展演，得到省局领导和老大哥州市局的好评。2007年红河国税应邀出席全国税务系统首次税务文化建设研讨会并在会议主论坛演讲，同时接受论坛专访。在2009年《云南国税》第1期上，红河国税首次以基层文化实践者的视角系统解读云南国税文化理念，讲述红河国税故事。近十年的探索发展，我们在云南国税文化大发展大繁荣时期，顺势而谋，逐步形成了红河国税文化实践特色。

一、红河国税文化建设的目标取向

“检验一个组织文化建设是否成功，有几个标准，分别是结果定向、人际定向、团队定向、创新与冒险、注重细节、进取心和稳定性。”依据上述标准，国税文化建设的核心内容应该是精神文化建设，即通过共同愿景、价值观和职业道德观念的构建，确定团队共同的价值取向，明确国税文化的实践基础和根本方向。立足和谐，立足发展，注重从点滴抓起，通过潜移默化，用心、用情、用希望去点燃心灵之火，最终激发国税干部职工朝气蓬勃的精神风貌，从而推动国税事业的持续发展。

红河州国税系统在文化建设中，始终坚持“聚财为国，执法为民”工作宗旨，紧紧围绕“以国为根、以税为业、以人为本、以学为乐、以绩为真、以廉为荣”的云南国税文化核心理念，以“心连国税，情系红河”为主题，注重吸纳中国传统的和谐理念，在强化全员依法征管、优质服务刚性要求的同时，重视以关心人为特质的环境营造，把爱国、爱家、文明、诚信、尊重、关怀、廉洁、公正、进取、创新、拼搏、感恩、包容、礼让、互助、健康等美德精神融入工作生活之中，假以时日，形成红河国税的精气神，形成红河国税的家风家训，并初步总结和印证了文化建设所具有的五个重要作用。一是导向作用。国税文化反映了国税整体的共同追求，共同的价值观和共同的利益，能够潜移默化地将干部职工的事业心和责任感化成具体的奋斗目标、人生信条和行为准则，形成干部职工的精神支柱和前进动力，为实现国税工作目标而努力奋斗。二是凝聚作用。当一种文化被认同之后，它就成为一种黏合剂，从多方面把其成员团结起来形成巨大的向心力和凝聚力，产生对单位强烈的归属感和荣誉感，同呼吸共命运，目标向上，上下同心，发挥出整体优势。三是约束作用。这种约束与单纯强调制度的硬约束不同，它包含着成文的硬制度约束，但更强调的是不成文的软约束。国税文化能使信念在干部职工的头脑中形成一种定势，只要外部诱导信号发生，即可得到积极响应，并迅速转化为预期的行为。四是激励作用。国税文化可以在干部职工中形成共同的价值观，在单位内部形成尊重人、信任人、理解人、关心人、支持人的和谐氛围。五是辐射作用。国税文化不仅对单位内部起作用，它也通过干部的言行对社会产生影响。国税文化建设得好，可以大大提高机关的工作效率、工作质量和服务水平，对区域经济、社会的全面发展也会产生积极的影响，最终在社会和群众中树立良好形象。在此基础上，对国税文化建设的目标取向作出了较为精准的定位。

在具体文化建设实践中，通过长期的教化和坚持，爱国为民、敬业乐群等理念早已深入到国税工作的方方面面，体现在干部职工的自觉行动里：走进红河州国税局机关大厅，一幅面积达200平方米的“千里黄河一壶收”大型水幕浮雕扑面而来。黄河是中华文明的摇篮，是中华民族的母亲河，这座水幕浮雕象征着红河国税儿女热爱祖国、热爱国税事业的博大情怀；州局机关六楼报告厅里设有“我亲爱的祖国”摄影艺术长廊，每张照片都选自摄影名家曾在国内大赛中摘金夺银的佳作。从泰山日出到大漠孤烟，从北国雪乡到元阳梯田，伟大祖国的瑰丽山河尽收眼底；2008年清明时节，组织全州国税系统副科级以上干部赴革命圣地延安，接受延安精神的洗礼，重树从税报国的雄心壮志；在深入学习实践科学发展观活动中，州局机关全体干部职工到河口县瑶山乡访贫问暖；多名税干长期捐助家庭困难的学生完成学业；刚做完胆囊切除术的开远市局局长，一再坚持在病榻上完成全员业务考试；2007年6月，屏边县国税局73岁高龄的退休干部祝兴邦光荣入党，当州局主要领导专程赶往屏边，亲自为他佩戴党徽时，他热泪盈眶，对祖国的养育之恩、党的培育之情感激不尽；每年一次的《感动中国》电视专题教育，一次次唤起国税干部职工胸中奔涌的激情，为了国家的强盛，为了民族的复兴，为了国税的发展，为了家人的幸福，为了个人的理想与追求，红河国税人一直在做着不懈的努力……

二、红河国税文化建设的实践基础

开展税务文化建设有助于形成整体意志力，强化核心价值观，依靠文化的力量增强部门的发展后劲。红河国税一直坚持把税务文化建设放到事关国税长远发展的战略高度来认识和谋划，要求全州国税系统干部职工要始终怀揣一份必须做好的责任，保有一份戮力创新的激情。将弘扬主旋律与创新文化建设载体相结合，不断探索文化发展规律，挖掘文化内涵，把国税文化真正融入到税收征管和队伍建设的实践中，体现在国税干部职工的理想和行动上，从而使红河国税文化建设的实践基础日渐稳固。

心连国税，情系红河是红河国税文化的主题。在新时期，把发展经济，服务人民作为实践科学发展观的出发点和归宿。这就从源头上找到了国税文化的实践基础和根本方向。职业理想、职业追求与热爱祖国、热爱母土的契合，执法与服务的联动，使国税文化植根沃野，因此，国税事业生机勃发，活力四射。弘扬主旋律与文化创建形式的多样性结合，是红河国税文化的基本原则。坚持以人为本，加强文化建设，不断满足干部职工日益增长的多层次需求，一定要着眼于人的健康发展和全面发展。在经济多元化和文化多元化并存的时代，一定要弘扬主旋律，就是要在文化建设核心理念指导下，坚持健康文化导向，但在文化建设的形式上应切忌一刀切、教条和僵化，不断探索文化发展规律，做到系统化与多样化有机结合（从操作层面上讲，不要让国税文化承载太多的内容，应当是非强制性的，它的力量在于潜移默化，滴水穿石，它是软实力。）与时俱进和谐发展是红河国税文化的坐标。先进文化是人类文明进步的结晶，又是推动人类社会前进的巨大动力。发展国税文化就是要面向现代化，面向未来。正是由于红河国税把面向21世纪全面建设小康社会作为奋斗目标，一心一意谋发展，因此，国税文化充盈着与时俱进的生机，体现了开拓创新的品质。

在税务文化建设实践中，红河州国税系统还逐渐形成了独具特色的基本文化理念，赋予国税文化更加丰富的内涵：严格执法，国家利益至高无上；热情服务，视纳税人为衣食父母；立足发展，让国税事业充满生机和希望；大爱从严，廉洁勤政确保税干平安；循规行事，培养自律的规则意识；团结包容，构建和谐人文环境；条块同尊，认真处理好垂直与地方的关系；着眼未来，不遗余力抓好人才培养；勇于拼搏，不畏困难争创一流；崇尚文化，注重文明素质的长期修炼；关心团队，自觉维护国税形象；公平公正，在奖惩和分配中彰显正气；为人师表，领导干部身先士卒；注重保障，千方百计提高职工福利待遇；艰苦奋斗，时刻牢记光荣传统；扶贫济困，情系弱势充满爱心；热爱生活，常怀感恩之心；尊老爱幼，谦虚礼让传承优秀的公序良德。

三、红河国税文化建设的途径与实践

国税文化建设应结合税收工作实践，以形式的多样性和活动的经常化为着力点，坚持以人为本，坚持健康的文化导向，做到系统化与多样化的有机结合，以扎扎实实的工作来推进，以点点滴滴的积累来深化。实现途径：一是要抓住关键点，在加强思想道德建设，提高干部职工的道德修养上下功夫。二是要找准切入点，在创建学习型机关，提高干部职工的综合素质上下功夫。三是要立足根本点，在加强制度建设，促进各项制度的健全、规范及其有效运转上下功夫。四是要把握着力点，在创新文化活动载体，保障全员参与上下功夫。从而达到以政治学习“明目”，以理论教育“补脑”，以思想道德“修心”，以业务技术培训“壮体”，以文体活动“健身”的目的。

在国税文化建设中，红河国税始终坚持以人为本。全州一千多名国税干部职工以税收事业为载体，在实践中传承和创造国税文化。州局党组坚持以科学发展观指导国税工作，努力实现人的全面发展。在队伍建设方面，牢固树立以人为本、以德为魂的带队理念，以提升全员素质为目标，着力打造一支学习型、实干型、廉洁型、开拓型的国税干部队伍。按照总局提出的带好队，收好税的指导思想，全面加强干部队伍建设，构建识人用人新机制，打造人才竞争的平台。从州局机关到十三个县市局，不断涌现出懂业务，会管理，懂微机，会查账，文明、廉洁、高效的新时期合格的国税干部。

随着税务文化建设的持续推进，文化力对国税工作的整体促进作用也日益显现。红河州国税系统组织收入实现跨越式增长，由2000年的25亿元猛增到2009年的97亿元，连续多年位居全国30个少数民族自治州首位；硬件建设根本性改观（2000～2007年间累计投入1.7亿元建盖办公楼、职工宿舍7万多平方米，2002年在全省国税率先实现人手一台微机）；在全省国税系统业务能手竞赛中，红河州代表队3次夺得团体总分第一名，共培养选拔州局级业务能手136名，省局级业务能手15名，总局级征管业务能手1名；党风廉政成效显著，连续6年被州委州政府授予一等奖；文明创建活动蓬勃开展，创建全国税务系统文明单位1个，全国巾帼文明岗1个，省局级文明单位11个；以信息化为依托的税收征管今非昔比（以综合征管软件为标志，相关软件普及运用）；职工福利大为改善（全系统开办14个职工食堂情系职工）……

在繁忙的工作之余，州局机关和各县市国税局围绕“心连国税，情系红河”的主题，开展丰富多彩的文艺体育活动。继蒙自县国税局成立云南省国税系统第一支业余管乐队之后，开远、个旧、金平等县市国税局陆续组建了业余电声乐队和艺术团，全州国税系统先后三次举办了“心连国税，情系红河”、“盛世中国”专题文艺汇演，举办了“幸福的生活”歌咏晚会、“阳光年光·青春国税”钢琴之夜专场晚会、“和谐国税，平安红河”专题机关文化周，各县市国税局如“激情锡都”、“魅力金平”、“十月欢歌”等专场文艺晚会隆重登场。作为红河国税文化建设成果及国税精神的一次检阅和展示，2006年9

月，成功地承办了云南省国税系统第二届篮球运动会。红河州国税局从组织筹备工作到运动会结束，每一个细节都注入了深刻的文化内涵。一台以《红土地上的乐章》为主题的开幕式文艺演出，生动地再现了云南国税由艰苦创业到和谐发展的光辉历程，以气势恢宏的场面、情感细腻的表演，使全场观众无不为之震撼。2006 年 10 月，红河国税文化学会正式成立，下设文学组、书法组、美术组、摄影组、文艺组等，定期举办摄影、书法等艺术讲座。各专业组会员依托学会，立足本职工作，深入生活，勤于创作，取得丰硕的成果。有全国、省、州摄影、作协会员，有的会员已出版了个人专著，作品在国内外展出。红河国税文化丛书·文学篇《生命的原色》由长城出版社公开出版，文化丛书《源头活水》、《情定六月》、《心中的斑斓》也已出版；在云南省国家税务局编辑出版的摄影集《云瑞风清》中，红河州选送的作品占 14%；由红河州局为省局创作的歌曲《难忘推综》在云南省国税干部职工中广为传唱，后来又相继创作《国税人》、《千杯难酬战友情》等歌曲，全州 13 县市国税局都创作了各自的局歌。

回顾近年来红河州国税系统在文化建设上所进行的尝试与探索，感触最深的是文化力所具有的导向和催化作用，它能点燃整个队伍昂扬向上的激情、意气风发的斗志和开朗乐观的情绪，继而演化为推进税收工作的巨大动力。因此，这也更加坚定了我们做好做精国税文化建设的信心和决心。搞好国税文化建设，要想得到即责任感和创新的意识、激情不可或缺；要做出来即扎实的工作作风；要经常化即点点滴滴的积累。这既是文化建设过程给我们的启示，也应成为推进国税文化建设一以贯之的要素。我们将积极吸取各种先进文化成果，特别是全国全省税务文化理论和实践的优秀成果，不断总结自身文化建设的经验，整合资源，传承创新，对文化建设进行长远的谋划。更加注重文化建设长效机制的建立，面向现代化、面向未来，致力于队伍整体素质的培养和提高，促进国税事业的和谐发展。

围绕中心　服务大局　创新发展　推动工作

文山壮族苗族自治州国家税务局局长　王天达

2009 年，由于受全球金融危机和国家税收政策调整的影响，我州税收收入出现许多不利因素，组织收入工作面临严峻的考验。为此，我局从年初起就制订了一系列加强组织收入工作的措施，结合深入学习实践科学发展观活动，深化领导挂钩重点税源工作机制，局领导分组多次带队深入企业调研走访，帮助纳税人解决实际困难，并要求全体国税干部坚定信心，同心协力，采取一切有效措施，强化税收征管，分析税源状况，优化纳税服务，确保应收尽收。

2009 年是新中国成立 60 周年，完成中央和省委、州委提出的“保增长、保民生、保稳定”任务，作为组织财政收入的国税部门肩负着重要的历史使命。因此，全州国税系统要进一步树立信心，竭尽全力，团结协作，解放思想，开拓创新，在困难面前要有特殊的思维和勇气、办法和措施，敢于打破常规。要通过思想解放寻求新的思维、通过新的思维寻求新的思路、通过新的思路寻求新的发展。

一、牢固树立“四种观念”，创新发展思路

（一）牢固树立税收经济观。经济是税收的基础和源泉，只有经济发展了，总量提升了，实力增强了，税收才有源头活水。必须坚持正确的税收经济观，把以经济建设为中心、促进经济发展作为执政兴税的第一要务，立足于经济发展，着眼于经济发展，服从服务于经济发展，正确处理好税收与经济的关系。要按照党的十七大提出的要求，不断强化税收征管，全面坚持依法征收，为社会的发展筹集更多的资金，为改革的深化发挥更好的作用，为实现经济社会的跨越式发展作出积极的贡献。

（二）牢固树立税收发展观。随着征管改革的深化，管理的专业化、集约化程度日益提高，国税机关的职能、任务和运行方式已经发生重大变化。同时，税收信息化和法制化建设的推进，不仅对基层国税干部的税收管理理念和综合素质提出了新的要求，而且对新形势下税收管理体系设置提出了新的要求。高效的组织体系应具备集约化、扁平化和专业化三个特点。因此，在新的形势下，必须对税务管理进行一次全方位的调整、梳理、重组、再造，要充分考虑信息化发展的趋势，使税务管理的岗责定位、环节确立，阶段划分更加科学、合理、严密、高效，形成“统一权限、分级管理、分权制衡”的权力结构模式。使国税工作体现时代性，富于创造性，不断开创国税工作的新境界。

（三）牢固树立税收科技观。征收管理是税收管理的中心环节。建立科学的征管体系，首先，必须加强做好以计算机网络为依托实现信息集中的基础工作，确保各种征管信息和数据资料的集中采集、集中处理和信息共享，同时要充分利用社会网络资源形成社会化的税源监控体系。其次，必须以推行多元化申报纳税方式为重点，利用先进的信息技术，广泛采用多种申报方式，通过电话申报、邮寄申报、网络申报、电子申报、委托申报、上门申报等多种方式，简化纳税申报程序和手续，提高申报和接受申报的工作效率。第三，必须运用现代管理思想来推动机构改革，推行科学的税收管理体制，把税务管理的问题通过用信息化建设的手段来解决，实现依法治税、从严治队的要求，带动系统内部思想观念、管理习惯和工作方式的根本改变。

（四）牢固树立税收人才观。要增强人才意识，以政治强、业务精、作风实、纪律严为目标，着力培养科技型、经济型、管理型的税务人才。切实加强干部技能培训，大力推进素质教育，在抓好学历教育的同时，着重培养干部的创新能力和实践能力，促进干部队伍加快更新知识、更新观念、更新能力、更新才干步伐。要充分发挥广大国税干部的积极性、主动性和创造性，鼓励创新，支持探索，旗帜鲜明地支持改革者、保护探索者、帮助干事者、褒奖有功者，还要宽容失误者。要凝聚广大国税干部的智慧和力量，促进各项工作在基层的落实，推动国税各项工作开创新局面。

二、努力实现“六个突破”，促进国税工作提质增效

（一）抓住税收工作的中心，在组织收入上取得新突破。由于受国际金融危机的影响，我州骨干税源矿产品价格大幅下滑，导致增值税大幅减收。从当前宏观经济形势看，为有效应对国际金融危机以及抵御国际经济环境对我国的不利影响，国务院、省、州分别确定了当前进一步扩大内需、促进经济增长的国10条、省20条、州8条措施，同时采取多次降息、减税等措施刺激经济。面对严峻的收入形势，要充分认识组织收入任务的艰巨性和紧迫性，既要看到组织收入工作中存在的困难，又要坚定加强组织收入工作的信心和决心，既要以经济增长为前提，更要充分依靠提高税收工作质量和效率，采取切实有效措施，强化重点税源监控分析，最大限度地减少政策性减收因素，提高收入工作管理水平。一是要进一步分解落实组织收入的岗位责任，层层分解收入任务指标，对完成收入任务提出明确要求，切实加强监督考核。二是要强化重点税源监控管理，准确把握重点税源企业的生产经营情况和涉税信息变化规律，全面做好税源监控管理工作。三是要狠抓征收、堵漏、挖潜三项工作，大力组织税收收入。进一步完善目标管理考核办法，将各项奖惩制度与收入预测、收入增收、欠税管理、税务稽查、税收执法更加科学、紧密地结合起来，有目的地开展调研，有针对性地采取措施，有预见性地抓好落实。四是对税负明显偏低、收入情况异常、税负变化较大的重点行业、重点税源、重点企业，要加大纳税评估工作力度，充分发挥纳税评估功效，努力实现征收、管理、评估、稽查的良性互动。五是加大税务稽查力度，努力实现以查促管，以查促收，防止税款流失。

（二）抓住税收工作的基础，在税源管理上取得新突破。经济决定税源，但税源不等于税收，税源要通过具体的征管才转化为实际上的税收收入，税源转化为税收的多少主要取决于税收征管能力和水平的高低，如果监管不力、征管不到位，必然导致税收的跑冒滴漏。抓好税收收入，要做到税源管理与征收管理并重，要从宏观和微观两个角度研究、分析税源，重视税源的研究，重视税源的监管。一是以抓重点税源管理为中心，继续推行领导挂钩重点税源管户制度，加强对重点税源的实时监控和纳税评估工作，防止税款流失。二是以抓重点税源行业管理为基础，努力平衡税负水平。切实加强对烟草、建材、电力、矿产品采选、冶炼、医药、农产品等行业的管理，召开行业税收管理座谈会，释疑税收政策，宣讲违法案例，促使纳税人审时度势，用好税收政策，规范财务核算，依法提高税负水平，公平纳税负担。三是切实加强发票管理，加大发票审批管理力度。不断规范增值税专用发票管理，完善提升“四小票”管理软件功能，达到以票控税的目的。四是继续加强对各专业市场和路段的管理，努力克服税收管理员少、管辖户数多和办税经费紧张等困难，加大日常检查力度，认真进行户籍核对，减少和避免漏征漏管户，做到以查促管，以管促收。五是继续抓好税收管理员制度的落实，不断加大培训力度，进一步明确工作职责，细化工作要求，规范业务标准，完善考核制度，建立奖惩机制，充分调动税收管理员的工作积极性。

（三）抓住税收工作的重点，在加强各税种管理上取得新突破。一是进一步提高流转税管理水平。树立依托一线管理提高税源管理质量的理念，建立由州局对下的纵向考核和县局间相互考评的横向考核机制，努力实现“一升一降和四个突破”。二是落实好增值税转型的各项工作，充分做好调查研究，确保税收收入与经济发展协调稳定增长。三是继续加强车辆购置税管理，完善提升车购税代征和管理软件运行功能。四是加大所得税管理力度。全面贯彻落实新的企业所得税法及其实施条例，加大内、外宣传培训力度，认真做好新旧税法的衔接工作，清理相关优惠政策，完善配套管理制度和办法。继续调整规范所得税审批管理制度，加强税基管理，扩大税源监控分析面，同时，以纳税评估为重点，提高所得税征管水平。五是加强出口退税管理。认真实施《出口退税管理条例》，切实做好出口退税审批权下放各州市后的业务检查指导工作，加强对大型出口企业和“走出去”企业的管理和服务，加强综合征管软件与出口退（免）税审核、审批软件的衔接和应用。继续加大防范和打击骗取出口退税力度，严防骗税行为发生。六是加强涉外税收管理。做好新的所得税法实施后的各项工作衔接，加强反避税工作，建立健全纳税大户联查、协查、提供资料和监控管理等反避税工作机制。积极稳妥地做好涉外税务审计工作，进一步加大国际税务专业化管理工作的力度。

（四）抓住税收工作的关键，在规范执法上取得新突破。实现依法治税，人员是第一位的要素，因而必须将依法治税与从严治队有机统一于税收工作的方方面面。牢固树立“治税先治队，治队必从严”的观念，坚持两手抓，做到两手硬。要以从严治队促进依法治税工作，通过加大教育培训的力度，提高干部职工的素质，促进干部职工执法水平和履行职责能力的增强。依托税收执法管理信息系统，加强对各项执法项目指标的分析论证，注重执法环节的科学性和可操作性，建立人机结合、全面、客观、公正、真实的税收执法体系。重点抓好依法行政环节，坚决制止和防止执法不公和违法行政的现象。充分运用省级数据集中的优势，利用各类征管信息，加强对各级日常执法状况的分析，突出税收执法的重点和风险领域，针对不同地区存在的不同问题，有的放矢地开展执法检查。通过严格依法行政，杜绝违法违规行为的出现，促进依法治税水平与干部素质的同步提高，实现治税与治队同步推进。

（五）抓住税收工作的根本，在纳税服务上取得新突破。纳税服务是税务机关服务民生的具体体现，要把纳税服务作为税收征管工作的重点，在征管中突出服务，在服务中实现征管目标。要构建以纳税人为中心的税收服务体系，从观念、体制和制度上建立起一套尊重纳税人、理解纳税人、维护纳税人、服务纳税人的管理服务机制，推行全职能窗口办税，完善巡回服务，严格限时服务，推广提醒服务，推行预约服务，倡导延时服务，实行评议服务，普及温馨服务，全面建设服务型税务机关。一是实行效率服务。要简化办税程序和环节，对原有的征管流程进行必要的调整，重点解决程序复杂、环节多的问题，切实提高办税效率。二是实行提醒服务。税源管理责任人要通过口头敦促、电话通知、短信、服务热线等多种服务方式，提醒纳税人准确运用税收政策，按期申报纳税，将纳税服务的内涵延伸到提醒纳税人自觉遵纪守法上。三是实行沟通服务。通过开展热线服务，定期开展“阳光投诉”，召开重点税源企业、个体纳税大户、异常申报户等各类纳税人座谈会等形式，广泛听取纳税人的意见和建议，促进征纳之间的交流与合作。四是深化服务内涵。将传统方式与现代技术手段相结合，将共性化服务与个性化服务相统一，满足不同服务对象的习惯和要求，如窗口服务与差异性服务，现场解答和纸质受理。五是制定工作规程，结合本单位本部门的工作实际，制定纳税服务的前台、后台的受理、转办、处理、审核、回复流程和具体要求，落实考评制度，将纳税服务真正融入到税收征管的各个环节。通过优化纳税服务，推动和促进纳税人创业，帮助纳税人创造更多的财富，不断提高纳税人的税法遵从度。

（六）立足税收工作的长远发展，在征纳良性互动上取得新突破。目前，我国正处于经济转轨时期，经济结构和产业结构正在不断进行调整，新的情况不断出现，纳税人实现发展面临的问题和对税务机关的要求也在发生变化。这就要求税务部门在税收征纳活动中，确保既严格执法又不折不扣地贯彻落实好增值税转型及国家惠及民生的税收政策，充分体现税收关注民生的政策导向和意图，完成好税收反哺社会、改善民生、促进和谐的使命。一方面，继续规范资源综合利用企业、民政福利企业、废旧物资企业、农产品经营企业、新办企业、民贸企业等减免税管理，在坚持依法行政的同时，依法用好、用足各项税收优惠政策，及时办理减免税和退税，为企业发展提供帮助，保证税收执法的公平与公正，取信于纳税人。另一方面，以方便纳税人及时足额纳税和提高税法遵从度为目标，广泛开展税收宣传，着力优化税收服务，更新服务理念，增强服务意识，改进服务手段，在高效、文明的服务中充分维护纳税人的权利和尊严，进而增强税收征纳之间的信任度和认同感，逐步构建互信、平等、融洽、和谐的新型税收征纳关系。

践行科学发展观　把握规律促发展

普洱市国家税务局局长　苏大荣

科学发展观是走中国特色社会主义道路的指路明灯，是确保发展的发展观点。科学发展观是经济社会发展规律的科学总结。发展是由事物的内部矛盾性作用的，而人是主观能动的，是操纵经济社会发展的主宰者，是科学发展的核心。同时，我们必须认识和把握发展的规律，才能把握发展的方向和发展的速度。

一、把握内涵和实质，充分认识科学发展

科学发展观的第一要义是发展。作为国家来讲，发展是长治久安的根基，也是解决各种社会矛盾的保障，国家离开了发展，就保持不了社会稳定，甚至会丧失政权；作为执政党来讲，发展是执政党的目标，也是巩固执政地位的坚实基础，执政党离开发展，就会丧失执政地位；作为单位来讲，发展是充分发挥党和政府所赋予部门职能作用的根本途径，也是部门树立良好社会形象的根本保证，单位离开发展，就会失去部门职能作用和形象；作为个人来讲，活着就是为了生存发展，为实现美好的生活愿望而努力，为得到能力和价值的公认而努力展现自我，不断为社会奉献自己的能量。发展是一个人活着的精神力量、精神支柱，离开了发展，一个人就会失去追求，成为行尸走肉，很快消失人间。离开了发展，大到执政党和国家，小到部门和个人，只会有死路一条。

科学发展观的核心是以人为本。发展为了人民，发展依靠人民，发展成果由人民共享。高度概括总结回答了发展为了什么、发展依靠什么，以及发展成果的分配问题，是“从群众中来，到群众中去”的群众路线的高度概括总结。

科学发展观的基本要求是全面协调可持续。全面就是发展在横向层面要求兼顾方方面面；可持续就是在历史纵向层面要求兼顾眼前和长远发展，眼前发展是基础，长远发展是目标。眼前既要促进发展，又不能更多更大的危害殃及长远发展，包括资源、环境等。同时，没有眼前的发展，也不可能有长远发展。这就要求我们要处理好眼前和长远发展的辩证关系。

科学发展观的根本方法是统筹兼顾。城乡、区域、经济社会、人与自然、国内发展和对外开放的发展，是全面协调可持续要求的保障。发展是全面的发展，不是局部和单一的发展。

要义、核心、要求、方法四者是有机统一体。核心、要求、方法都是实现要义（发展）的支撑。而要达到要求，把握好方法，保持全面协调可持续发展，人是核心、是根本。离开了人这一根本，其他三者无从谈起，也无从实现。

作为肩负为国聚财重任的国税部门，国税收入任务的圆满实现和征纳关系的和谐发展就是第一要义。以人为本是科学发展观的核心内容，也是促进普洱国税工作科学发展的核心。国税工作能不能坚持科学发展、能不能实现科学发展，是由各级领导对科学发展观的学习、理解、把握的水平及应用于国税工作实践决定的，是由国税系统干部职工特别是各级领导班子成员的素质决定的。因此，我们要客观对待普洱国税发展过程中存在的问题和矛盾，以突出解决存在问题为工作的起点，进一步解放思想，抓住人这一核心根本，以调动国税干部的工作积极性和创造性为突破口，推动普洱国税工作进一步创新发展、科学发展。

二、明确发展思路，努力学习实践科学发展

要实现科学发展就必须创新，创新是国税工作开拓前进的灵魂，是国税事业发展的不竭动力。普洱国税要实现科学发展，其突破口就是要创新建立机制、创新落实制度、创新工作方法。要始终把干部知识更新、素质提升、技能再造工作置于首位，全面树立“六种理念”和实现“两个转变”。“六种理念”即：树立人才是第一资源和干部素质是第二税源的理念；树立数字税收理念；树立管理质量是第一要求的理念；树立善于积累和思考的理念；树立“细节决定成败”的理念；树立纳税服务始于纳税人需求，终于纳税人满意的理念。做到在管理观念上“求新”、干部培训上“求实”、管理基础上“求牢”、管理方法上“求专”、行政服务上“求精”、工作考评上“求严”。“两个转变”即：在管理机制上，实现从“要求人找事做”到“规定事找人为”的方式转变；在税收管理方法上，实现从手工管理到信息技术支持下税收管理方法的转变。要解决好税收征管过程中存在的突出问题：一是管理机制不适应工作要求的问题。二是管理干部素质不适应岗位技能要求的问题。三是工作考评奖惩机制不利于调动干部工作积极性的问题。要提高对建立“税源监控、税收分析、纳税评估和税务稽查四位一体良性互动机制”的税源管理机制重要性、紧迫性的认识，重视在税源管理全过程的实践和应用，突出税种、税基管理质量提升。要在全面落实好税收管理员制度、领导干部管户责任制的基础上，突出行业税源管理流程建设、行业综合税种管理平台建设、强化税收分析、拓展规范纳税评估。

要以学习教育为抓手，提素质、变观念，求适应；以信念教育为抓手，强信心、增压力，树精神；以作风建设为抓手，用真情、争实干，创实绩；以机制建设为抓手，搭平台、增活力，树典型。学习实践科学发展观的目标之一，是要使“党员干部受教育”。受教育的目的就是提高政治素质和业务素质。我们要以科学发展观为指导，以适应岗位职责的要求和适应科学发展的要求，以时不待我的责任压力感，尽职尽责地努力工作。从重身份和职位生存的观念向重能力作为的观念转变，树立为适应生存而努力、为科学发展而努力的新观念，在解决真懂、真信、真实践上下功夫。要以科学发展观为指导，修改、制定和完善工作机制体系，规范工作责任行为和纪律要求，增强干部职工的活力。把机制建设成为促绩效、出成效，起到奖优罚劣、奖勤罚懒，树立先进典型的维护平台。

三、把握发展规律，促进普洱国税工作科学发展

毛泽东说过：“只要我们更多地懂得马克思列宁主义，更多地懂得自然科学，一句话，更多地懂得客观世界的自然规律，少犯主观主义错误，我们的革命工作和建设工作，是一定能够达到目的。”我认为，科学发展观的本质要求是“三走”。即走规律之路，要结合岗位实际不断学习和思考，先把握岗位工作发展的各种规律，再通过主观能动性的正确发挥，促进地区或者系统部门工作的全面发展。走和谐发展之路，在维护社会稳定的前提下，完善法律制度，依法治国，公正处理利益关系、化解矛盾，共同富裕。以人与自然、人与人的和谐相处促进发展。走和平发展之路，就国家来讲，就是要内外发展，互利共赢。只有世界各国的共同发展，才能更进一步促进国家自身的发展。

就国税部门来讲，要促进工作又好又快科学发展，就必须把握好以下规律。

（一）经济与税收的发展规律。

经济是税收的基础，经济发展是税收发展的前提。这一决定论告诉我们，税收与经济的关系是共存亡同发展的依存关系，因而，税收服务经济发展，是税收职能的必然要求。基层税务部门要把促进经济发展作为自身发展的需要来抓落实。一是在执行税收优惠政策上毫不犹豫。坚决执行优惠政策，本身就是依法治税的内容之一。二是要从税收法律法规的层面，对政府的经济发展决策提供服务支持。三是要加强对纳税人的税收政策宣传服务，让他们在生产经营活动过程中，算清“强制成本”，提高税收法律法规遵从度，做强做大生产经营，促进自身发展。

（二）以人为本的发展规律。

人是创造和改变一切的主宰者，离开了人无从创造历史，更无从谈及发展。因而，尊重人、培养人、关心人、鼓舞人，让其人尽其才，才尽其用，是各项工作必须坚持的基本规律。人生一世转眼即逝，“有用之年”更为短暂。任何人来到这个世上都是平等的一员，只是有组织的分工，生存需要的选择不同而已。必须牢固树立和坚持群众观点。任何高傲自大、自以为是的思想和行为都应该抛弃。要以平等待人之心，相互尊重之心与干部职工和纳税人真心相处，在理解中追求共同进步；必须重视和培养人。少批评，多予帮助教育之举，寻求提高整体干部队伍素质的有效途径，确保税收事业持续发展；必须关心和鼓舞人。要摒弃“只要鸡下蛋，不让鸡吃米”的不符合人性的观念，要倾听广大干部职工的呼声，负责任地积极落实符合规定的各项待遇，积极帮助干部职工解决力所能及的困难，以此来关心和鼓舞人，调动干部职工的工作积极性和创造性。

（三）税收工作的重中之重环节规律。

任何事物都有矛盾的主要方面和次要方面。长期“以组织收入为中心”或“组织收入是重中之重”的提法，不仅具有计划经济时代的浓重色彩，而且以结果来强调过程，甚至放弃过程，与依法治税相悖，一定程度上造成内部和外部的负面影响。表现为，税务部门内部：突出强调以组织收入为中心，完不成收入任务就会出现“收过头税”；收入任务年年完成得好，就会忽视和放松税源管理，“淡化责任，疏于管理”情况由此发生。社会和纳税人外部：更多地强调以组织收入为中心，对开展税收宣传不利，会对税务部门产生乱收税的负面影响。其实，税收收多收少，是税收法律法规政策规定的，是一个地区经济发展速度和税收政策结合的直接的结果反映，税收收入或多或少是税源管理和依法征税的必然反映。时代变了，收税的途径也变了，当代的税收不是靠税务干部去直接收进来的，而是纳税人申报缴进来的。从这一过程看，组织收入就税务部门而言，是靠税源管理和纳税服务实现的。因此，税收工作的重中之重或中心工作在于税源管理和纳税服务。只要抓住税源管理和纳税服务两个重点，依法治税的主题就坚持了，组织收入就自然实现了。

（四）内外结合协调统筹的规律。

任何事物不是孤立存在的，税收工作的组织实施有其内部条件和外部环境作保障，顾此失彼，不可能做到又好又快发展。内部要下功夫打牢基础，努力提高干部队伍的综合素质。业务技能上，关键是要激发自我提升技能的内因，让其做到真学习、真懂得、真思考、真应用。思想素质上，关键是要激发爱岗敬业精神，让其尽职尽责，做到真讲奉献、真讲贡献。遵章守纪上，关键是言行一致，注重克服不良行为，让其做到令行禁止、提高遵章守纪的遵从度。服务作风上，关键是要在思想和行为上克服身份和等级观念，牢固树立人人平等的思想，让其做到真正把下级当上级存在的基础、把身边的同事当自己来看待，把纳税人当作税收工作存在的前提，不仅从思想上要求提倡服务基层和纳税人，要真正做到从行为上体现服务基层和纳税人，把为基层服务和为纳税人服务的行动落到实处。在注重内部自身建设的同时，不能忽视外部环境的打造，坚持内外统筹抓。税收工作是经济利益分配的手段，经济利益分配是容易激发矛盾的首要因素，要完成和实现好经济利益分配的任务，即和谐地做好税收工作，更需要外部力量的支撑。要勤汇报请示，尽可能取得各级党委政府最大限度的理解、关心和支持；要勤沟通联系，争取各级相关职能部门的协调配合；要做好纳税人的税收法律法规、政策的宣传辅导，思纳税人之想，办纳税人之需，以优质服务感动纳税人，打造和谐的征纳关系。做到内外齐抓，打牢不断推进税收工作科学发展的坚实基础。

延安给了我一次精神上的洗礼

西双版纳傣族自治州国家税务局局长　赵　明

7月是镰刀斧头闪光的季节，是一个接近成熟的季节，在这个美好的季节里，我有幸参加了省局组织的以“加强党性修养、坚定理想信念、保持优良作风”为主题的处级领导干部培训班，赴革命圣地延安学习考察，让我见证了党发展壮大的历程，了解到了党一路走来的辉煌历史，同时，也感受到了老区人民淳朴的风情和崇高的风范。

很小的时候，我就知道延安。还记得小时候看过的年画，巍巍宝塔山下，“延安精神永放光芒”几个大字镌刻在心中；还记得读贺敬之的诗，“几回回梦里回延安，双手搂定宝塔山……”，那不舍与眷念似无形的手紧紧揪住我的神经。“夕阳照耀着山头的塔影，月色映照着河边的流萤，春风吹遍了坦平的原野，群山结成了坚固的围屏……”这就是美丽、令人向往的延安。

从1935～1948年，党中央在延安生活战斗了13年。在这里，中国共产党历经磨难却没有被打垮，重获新生。杨家岭、枣园、杨家坪、凤凰山、清凉山、宝塔山，处处留有历史足迹，放射着理想与信仰的光芒。开展整风运动，精兵简政，减租减息，开荒种地，纺纱织布……共产党人靠着具有强大生命力的理论和彻底的“为人民服务”，赢得了中国革命的胜利。

在几天的参观学习中先后参观了延安宝塔、宝塔公园、枣园、杨家岭、中央大礼堂等革命旧址。杨家岭是毛主席等中央领导同志在延安居住时间最长的驻地。毛主席1938年11月至1943年5月在此居住，一座座毛泽东、周恩来、朱德、刘少奇等老一辈领导人居住过的窑洞，清晰地刻着历史的脚印；一幅幅珍贵的图片，赫然展现着领袖当年的音容笑貌；就是在这简陋窑洞里的油灯下，毛主席写下了《五四运动》、《青年运动的方向》、《整顿党的作风》、《反对党八股》等一系列指引革命航向的光辉著作。在杨家岭的中央大礼堂，跨进大门的一刹那，一种神圣感浸润了我的心灵。一张黑白照片定格了当年“七大”召开的盛况，24面红旗悬挂在两边。这礼堂、讲台与排排座椅都已显陈旧，但却透着历史的味道，那一段灿烂辉煌的历史正等着我去“触摸”。

一路走来，一路听讲解、观图片、看实物，从中学习延安革命历史、缅怀革命先烈、追忆延安革命精神，感悟颇深。使我很难忘的还有这样一首小诗：勿忘延安，这是一份沉甸甸的责任；勿忘延安，这是一种缠绵绵的情感；勿忘延安，这是一声急切切的呼唤；勿忘延安，这是一个响铮铮的答案！

通过学习考察，我切身取得了三个方面的收获：

一、延安时期十三年使我们党取得了最宝贵的历史经验

我们党在延安时期的13年，是从1935年10月19日到1948年3月23日，经历了土地革命后期、抗日战争时期和解放战争的前中期三个重要的革命历史时期。从“问苍茫大地，谁主沉浮”到“数风流人物，还看今朝”，毛泽东同志写下了光辉灿烂、满怀豪情的历史诗篇，用9天的时间写成为世人所称赞的《论持久战》，取得了重庆谈判的成功和抗日战争的伟大胜利等等。这是不寻常的13年，在中国革命史上和在党的建设史上，都占有重要地位。是我们党成长壮大的一个重要时期，也是我们党的建设一个重要阶段。?

经过延安时期13年，取得了中国共产党历史上最辉煌的伟大成就，一是形成了以毛泽东同志为核心的最优秀的中央领袖集团；二是产生了最科学的理论成果，实现了马克思主义同中国实际相结合的历史性飞跃，将毛泽东思想确立为党的指导思想；三是取得了最辉煌的革命胜利，我们党高举抗日民族统一战线的伟大旗帜，发挥中流砥柱作用，夺取了全民族抗战的彻底胜利，建立了广阔的抗日民主根据地；四是留下了中国共产党人和中华民族宝贵的精神财富，培育了伟大的延安精神。所有这些，都是党领导人民取得的伟大成就，都是党的自身建设获得的崭新风貌。

二、伟大的延安精神是我们党不朽的精神灵魂

延安精神就是全心全意为人民服务的精神。是中国共产党成功的秘诀，是共产党在延安时期精心培育而形成的报效祖国、服务人民、联系实际、发扬民主、战胜困难、经受考验、约束自己的先进的群体意识和崭新的总体风貌。

延安精神告诉我们，一个党、一个国家、一个民族，都要有一种坚定、奋斗、科学的精神、品格和风貌。没有这种精神，就不可能克服艰难险阻，战胜强大的敌人。延安精神是中国共产党人和中华民族宝贵的精神财富，无论过去、现在和未来，都充满旺盛的活力。中国共产党要始终保持和发挥先进性作用，就必须始终坚持和发扬包括延安精神在内的革命精神。

三、弘扬延安精神，贯彻落实科学发展观，做一名合格的国税领导干部

在新的历史条件下弘扬延安精神，就是要把延安精神与时代精神结合起来，把延安精神与当前我们开展的深入学习实践科学发展观活动结合起来，使之焕发新的活力。

作为一名国税领导干部，在延安精神的感召下，面对新的税收形势，必须应切实转变与科学发展观不相适应的思维、观念和认识，大力倡导和树立“忠诚、法治、尽责、和谐”的国税核心价值理念，以核心价值理念引导思想和行动，凝聚干事创业的精神力量，推动国税事业又好又快地发展。

——弘扬延安精神，就是要带着解放思想、实事求是的精神做好组织收入工作。实事求是是延安精神的精髓。无论是在新的历史条件下坚持艰苦奋斗、执政为民，还是坚持与时俱进、开拓创新，关键要靠实事求是。我们在抓组织收入工作中，必须坚持以科学发展观为统领。坚持实事求是的思想路线，切实做到发展要有新思路、改革要有新突破、开放要有新局面、各项工作要有新举措；要树立终身学习的理念，不断地向书本学、向人民学、向实践学，见贤思齐、见不贤而内自省，推进学习工作化、工作学习化，努力提高监管能力，成为税收战线的合格人才。

——弘扬延安精神，就是要带着全心全意为人民服务的精神做好组织收入工作。全心全意为人民服务既是延安精神的核心。延安时期，党鲜明地提出“全心全意为人民服务”的口号并在全党认真实践。党靠这种对人民的无限忠诚，赢得了人民的拥护和支持。作为人民的公仆和服务员，必须树立以人为本的观念，始终坚持执政为民，无论面对市场经济大潮的何种诱惑和考验，都要坚持党性原则，保持共产党人的本色，从建设和谐社会的高度，和老百姓以诚相见、以容相处、以情相依；都要带着感情沉下去，到群众中去、到实践中去，凝聚民心民力共同参与振兴；都要带着激情浮上来，把对个人的事业追求融入到建设西双版纳的洪流之中、融入到为人民谋利益的现实工作之中，立志做大事而不是做大官。

——弘扬延安精神，就是带着艰苦奋斗的精神做好组织收入工作。自力更生、艰苦奋斗的创业精神，是延安精神的本色。我们党是靠艰苦奋斗起家的，事业是靠艰苦奋斗不断发展壮大的。我作为国税系统的领导干部，必须永远保持艰苦奋斗的工作作风，发扬革命战争年代那么一股干劲儿、那么一种拼命精神、那么一种燃烧的激情，不论出现什么样的风险和困难，都要咬定发展不放松、不走神、不退缩，做到有标必夺、有为必作、不等不靠，敢于突破前人、突破常规、突破自己。

延安精神，在一座座土窑洞、一张张旧桌椅、一盏盏如豆的灯光、一双双眺望未来的眼眸中，汇聚成型支撑起中华民族和中国共产党向前的脊梁。

记得2007年的时候，我有幸到井冈山学习考察。黄洋界下，有一段长5千米的崎岖山路，这是当年的朱毛红军挑粮的小道，如今，小道已经被中国井冈山干部学院开发出来，用于党员干部的现场教学。亲历亲为、身临其境、亲身体验得到的感受与认识，对一个人的影响是深刻的，重走挑粮小道，成为党的一批批干部的宝贵财富。

从井冈山到延安，由星星之火到燎原之势，中国革命走向了胜利。到延安，我“触摸”到了那一个个革命历史遗迹，获得了一次心灵上的洗礼，修补了我精神世界的缺漏。

坚定信心　克难攻关　努力开创彝州国税创新发展新局面

楚雄彝族自治州国家税务局局长　张炳华

2009年，在全球金融危机的影响和冲击下，组织收入处于经济下行压力与政策性减收的严峻形势，面对税收工作的艰巨性和维稳工作的艰难性的巨大考验，在复杂的形势和严峻的考验面前，只要全州国税系统坚定信心，克难攻关，迎难而上，开拓创新，以更加务实的作风、更加奋发图强的精神、更加创新发展的时代要求，努力工作，扎实推进，就能顺利完成“创新发展年”工作，实现彝州国税又好又快发展。

一、认清形势，坚定信心，切实把握工作创新发展方向

国家为应对金融危机，采取措施，加大投资、扩大内需，实行结构性减税政策，发挥税收调节经济、促进发展、改善民生的作用，保持经济平稳较快发展。其结果必然反映到税收工作中和组织收入的难度上来。准确把握机遇挑战，深入分析当前和今后的发展形势，立足服务科学发展、共建和谐税收，把保增长、促发展作为国税工作的首要任务，进一步增强税收服务经济社会发展大局的自觉性、针对性、预见性和实效性。2009年，全州国税系统要按照“以人为本，科学发展，构建和谐，服务彝州”的要求和“抓重点、攻难题、保增长、促发展”的工作思路，努力实现“管理上以人为本、工作上统筹兼顾、服务上优质高效、发展上力求和谐”的目标。

管理上以人为本。就是要树立人本理念，做到竞争激励、严格管理与人文关怀并举，坚持以人为本抓管理，摆正宽容待人、关心体谅下属与管理从严、竞争激励的关系，激发干部工作热情。把以人为本与严格管理结合起来，领导决策、安排工作、工作检查时以人为本，以是不是有利于人的全面发展，是不是有利于减轻基层负担，是不是有利于调动基层积极性推动工作促进发展为基本的出发点，注重解决实际困难，办实事、解难题，充分调动干部职工积极性，努力为干部职工搭建想干事、能干事、干成事的工作平台。

工作上统筹兼顾。工作发展离不开统筹兼顾，统筹兼顾必须树立全局“一盘棋”，形成全面协调配合的格局。既要注重抓大事、抓重点，又要抓细节、抓过程，更要抓工作的协调配合，交叉性、边缘性工作协调统一，工作不按部就班、不政出多门、不推诿扯皮，细化工作不层层加码，减轻负担不层层施压。安排部署工作贴近群众，贴近税收，贴近实际，做到研究工作有前瞻性，部署工作有目的性，措施办法有可操作性，工作落实有实效性，全局工作有整体性，形成工作合力。

服务上优质高效。按照“法治公平，规范高效，文明和谐，勤政廉洁”的要求，尊重和维护纳税人的合法权益，以纳税人为中心，把始于纳税人需求、终于纳税人满意作为纳税服务工作的出发点，把优质高效作为税收服务工作的落脚点，以信息化为依托，创新服务载体和手段，丰富服务内涵和形式，拓展服务渠道，努力实现税收管理服务从“管制”向“服务”的转型，用“服务质量、工作效率、群众口碑”这三把尺子来衡量税收服务。

发展上力求和谐。树立“国税工作离不开党委政府和有关部门的关心支持”的观点，以国税工作为经济社会服务、为党委政府发展民生、改善民生服务的要求，把国税工作置于社会大和谐环境中去建设、去发展，把和谐国税建设作为一项重要任务，大力推进“系统和谐、上下和谐、征纳和谐、内外和谐”，形成“有令必行，有禁必止，上下同心，政令畅通”的和谐共进的局面，实现国税工作持续、健康、科学发展。

要围绕完善税收征管体系、完善技术服务体系、完善提高干部素质教育体系、完善基础管理体系、完善绩效考核奖惩体系等五个方面加以创新，把创新领导方法、创新管理方式、创新教育培训、创新服务手段、创新奖惩激励、创新工作考评体系作为长期的努力方向。

二、真抓实干，务实创新，狠抓创新发展年各项工作落实

（一）创新税收分析方法，下大力狠抓组织收入工作，确保税收平稳较快增长。面对今年的经济形势和严峻的收入任务，全系统一定要坚定信心，采取切实有效的措施，下大力抓好组织收入工作。既要遵循经济税收发展的客观规律，又要认真贯彻组织收入原则，立足经济税源，挖掘增收潜力，向质量管理要收入，强化征管保收入。深入开展税收收入预测，正确判断收入形势，提高税收预测的准确性和科学性。密切跟踪宏观经济和企业经营形势变化情况，创新税收分析方法，充分发挥收入分析、纳税评估、税源监控、税务稽查“四位一体”的组织收入服务功能，把握组织收入的主动权，确保税收收入实现平稳增长。

（二）创新稽查管理体制和税收执法新举措，进一步规范执法行为，提高依法治税工作能力。深化和谐稽查，创新稽查手段，实施第二轮分级分类稽查，深入开展税收专项检查。坚持依法治税，努力创新税收执法与管理的理念和机制，贯彻执行《全面推进依法行政实施纲要》，按照权力制衡、防范风险、信息共享的原则，建立税收执法的监督内控机制，深入推行税收执法责任制，落实行政审批事项，严格执法过错追究，对税收执法权力运行实施过程监控。

（三）创新税源控管新的方式方法，探索征管工作标准化新模式，提高征管质量和效率。夯实税源管理基础。进一步强化户籍管理，完善日常巡查管理制度。加强发票管理和监控力度，杜绝和减少发票领售环节的易发问题。整合办税服务厅资源，推行综合征收模式，积极探索业务流程标准化建设。加强货物劳务税管理。重点抓好运输发票抵扣、农产品加工企业税收管理，强化纳税评估，实施增值税分类管理和分类评估，运用各种管理软件加强货物劳务税管理。加大所得税管理力度。进一步强化重点税源管理和服务工作，探索专业化管理方式方法。抓好企业所得税纳税评估，注重评估质量，做到评估一个企业，规范一个行业，促进所得税管理水平的提高。创新出口退税审批模式，简化审核流程；继续做好出口退税预警评估工作，严防和杜绝骗取出口退税违法活动的发生。强化国际税收监管。做好非居民税收管理，建立“走出去”企业税收户籍管理档案，积极探索企业境外投资税务登记备案制和跨国反避税调查，促进全州外向型经济发展。

（四）创新科技强税新的支撑点，进一步拓宽信息化在税收工作中运用发展。按照省局的部署，改造网络设备和视频会议系统，实现网络提速，提升视频效果和质量。运用个体电子定税系统，加强系统的运维及数据分析，推进个体税收公平管理，逐步提升定期定额纳税人征收率。加大数据资源应用整合力度，充分运用升级后的数据监控系统进行税收管理数据分析，指导税源管理工作。

（五）创新税收优化服务新形式，实现税企和谐双赢和服务优质高效。创新税收优化服务，对现有的各类服务资源进行整合利用，提高服务档次和深度。重点在纳税辅导、纳税评估、纳税申报、纳税咨询、税法宣传、信息公开、和谐稽查等方面进行创新，提升服务层次。积极探索办税服务厅标准化建设，细化和量化服务内容，减少中间环节，提高办事效率，为纳税人提供规范、统一、优质、高效的服务，力求用最短的路径、最简的程序、最少的环节办理涉税事项，实现“一站式”或“一窗式”服务。

（六）创新带队新理念，强化干部队伍建设，完善干部管理动力机制和激励机制，激发工作活力。以提高班子整体素质为重点，加强领导班子组织建设。加强思想政治工作，建立以和谐国税为主的思想政治工作格局。发挥思想政治工作在构建和谐社会、和谐国税中的“稳压器”的作用，广泛开展阳光心态教育、感恩教育、敬业精神教育，探索和试行开展和谐家庭、和谐科室、和谐机关、和谐基层、和谐班子等系列活动，实现干部心态和谐、工作和谐、系统和谐。采取请进来走出去的方式，加强干部培训教育。以载体建设的持续创新，开展“创新·发展·和谐”演讲竞赛活动，加强文明创建，着力提高彝州国税文化软实力。

（七）创新监督教育新途径，进一步加强反腐倡廉工作。严格落实党风廉政建设责任制，以保护干部为目的，扎实推进惩治和预防腐败体系建设，认真落实责任考核、责任追究、责任分解三个环节，落实领导干部“一岗两责”，抓好《惩治和预防腐败体系 2008～2012 年工作规划》的落实，强化对《税务系统领导班子和领导干部监督管理办法》执行情况的监督，拓展事前监督和事中监督，强化对人财物管理以及行政决策、大宗物品采购、基本建设等行政管理权运行情况的监督检查，确保国税事业健康发展。

（八）创新工作运转高效机制，加强内部管理工作，提高干部执行力和落实力。进一步落实《机关工作协调联系制度》，推进制度创新，做到政令畅通，提高执行力和落实力。增强依法实施政府采购的能力，规范政府采购行为，杜绝无预算采购和超预算采购，降低集中采购的行政风险。切实加强经费管理，实行预算精细化管理，强化内部审计监督，提高资金使用效益。规范基本建设，健全固定资产内控制度，理顺固定资产管理方式方法，提高使用效果。积极探索绩效管理办法，尝试将质量管理、绩效管理等先进的现代企业管理理念和模式引入国税机关管理过程，进一步提升行政管理效能和规范程度。

三、克难攻关，破解难题，下决心解决影响楚雄国税发展的深层次问题

越是在形势严峻的时候，越要看到自身的优势，增强发展信心；越是困难重重的时候，越要克难攻关，破解难题。

（一）精简规范征管流程，推行工作标准化，完善税收征管体系。成立办税厅综合服务窗口攻关组，进一步对办税服务厅综合办理业务进行整合、创新，逐步探索出一条全州既统一又规范、既看得见又摸得着的工作标准化服务流程。从规范业务、明晰责任、减少环节、强化协同入手，整合人力资源和现有办税资源，探索综合服务窗口，细化岗位工作职责，形成全能性质的综合服务窗口，有效解决纳税人反映的办税质量和效率的问题。用二至三年时间的探索与完善，在现行征管模式的基础上，逐步形成具有彝州国税特色的税收征管体系。

（二）创新教育培训模式，完善提高干部素质培训体系。积极探索分部门、分系列、分岗位培训制度，建立各类人才库及考评制度，师资培训、考核、认定制度等教育培训制度。转变培训方式。在继续借助当地师资力量和教学平台开展大规模集中培训的基础上，充分利用系统内的师资培训人才力量，立足工作，以工作事例为范本，分部门、分系列、分岗位开展各类培训，使培训具有针对性、实效性，确保培训效果，提高干部综合业务素质，有效解决干部素质与完成工作能力要求不相匹配的问题。

（三）规范内部管理，完善基础管理体系。按照对大多数人有用、对全局工作发展有利的原则，对现有规章制度进行清理。对不适应工作发展、不便于基层操作的制度办法进行清理废止，对管用的、能促进工作发展又便于基层操作的制度办法进行修改、充实和完善，形成一套工作长效机制，坚决落实下去，规范工作，促进发展。

（四）整合信息资源，完善技术服务体系。成立减负攻关组，重点对报表资料在各应用系统中取数及数据共享进行攻关。在上级局明文规定简并、取消内外报表资料的基础上，对报表资料进行一次彻底清理，按照“机内共享的、不要基层报送，州局能报的、不再要求基层重复报送，基层必报的、必须按时报”的要求，下决心清理报表资料，减负于基层。按照“税法明文规定、上级明文要求、纳税人基本情况资料齐全一次性录入全程共享、变动后及时补录”的要求，不随意增加纳税人报表资料及范围，减负于纳税人。在纳税服务上，坚持纳税人既能接受、税务部门又能兑现的原则，着力建设好网络服务和办税厅面对面服务两个服务渠道，积极向具备条件的县局推行储蓄扣税，开展网络申报上线推广工作，尽可能地让有条件的纳税人足不出户就能得到政策咨询、网上申报等服务，不断提升纳税人对国税机关满意度，增进税收征纳和谐度。

（五）转变工作激励方式，探索工作奖分制考核激励办法，完善奖惩激励体系。成立干部绩效考核攻关组，转变激励方式，多干多得分、少干少得分、不干不得分的思路，避弊就利，对县市区局及所属部门、州局机关绩效管理可行性进行攻关。转变工作激励方式，将“按劳分配、多劳多得、多种分配并存”的分配方式引入干部奖惩激励机制之中，打破“大锅饭”、平均主义以及“不劳而得”等不合理现象和格局，引导和鼓励干部职工积极做事、主动干事。按照“同一基数、人人平等、相对公平、上不封顶，便于考核”的原则，通过定岗、定责、定量、定质、定时、定分，根据工作易难度，来衡量细化量化得分，对干部工作实际情况进行奖励加分，积极探索出一套以岗位职责为基础、以业绩考核为重点、以绩效目标为核心的工作奖分制考核评价体系，较好解决和改变“干多干少一个样、干好干坏一个样”的“淡化责任”的现象，鼓励先进，鞭策后进，激发工作热情，营造“爱岗敬业光荣，忠诚履职有位”的良好氛围。

大理国税管理创新的探索和实践

大理白族自治州国家税务局局长　雷　波

2009年，面临新形势、新任务，省局党组审时度势，把“创新发展”作为云南国税的工作主题。大理州国税系统认真学习深刻领会李鸿文局长关于“创新发展年”的各项工作部署，紧紧围绕实现“领导坚强、队伍整洁、素质过硬、服务优良、绩效明显、形象良好”的总体目标，坚持“突出重点、突破难点、补足弱点、实现亮点”的工作方法，深刻认识当前阻碍国税工作科学发展迫切需要解决的问题，深入分析在观念创新、管理创新、机制创新、服务创新等方面存在的不足和困难，遵循“创新税源监控方式、税收执法手段、税源管理方法、信息科技支撑、干部激励机制，实现组织收入、依法治税、税收征管、纳税服务、队伍建设工作的创新发展”的具体工作要求，结合大理国税工作实际，正确把握创新发展的工作重点，对如何有效实现管理创新进行了有益的探索和实践。

一、深刻认识管理创新的重要性和紧迫性

创新是国税事业又好又快发展的活力源泉。没有创新，就没有国税事业的发展进步。近年来，在省局党组的坚强领导下，云南国税不断创新发展思路，在征管体制、信息化建设、纳税服务、干部管理等方面不断注入创新理念，推动各项税收工作迈上新的台阶，开创了全省国税工作的新局面。这使我们深刻体会到，云南国税取得的每一项成就无一不是省局党组与时俱进、开拓创新的结果。

创新的过程，是解放思想的过程，是在寻找和把握客观规律的过程中不断突破局限、改进工作方法的过程，是推动国税事业发展的不竭动力。近年来，大理国税以抓好落实也是创新的理念，在创造性地贯彻落实省局党组和州委、州政府的决策部署方面作了大量有益的探索。随着经济社会的快速发展和国税工作的整体推进，税收工作特别是税源管理工作、干部队伍建设面临诸多新情况、新问题、新难题。一是全州的税收增长连续多年高于经济增长，税收增收空间有限。在金融危机影响下，全州经济发展受到影响，尤其是“两头在外”的企业，大量产成品和原材料积压，面临流动性资金和销售的双重困难。税收增收空间有限而完成收入任务的要求很高。二是对纳税人的管理手段仍然缺乏。随着纳税人的法制意识不断增强，科技进步成果被大量用于企业管理，交易方式多样，切实掌握企业生产经营情况的难度不断增加，实行有效征管的难度进一步增大，税源管理仍然存在许多薄弱环节。如何更新管理手段，总结管理经验，讲求管理艺术，提高管理水平，实现科学化、精细化、专业化管理，成为我们面临的又一个重要课题。三是纳税人的需求与我们的服务观念、服务水平之间存在的差距。纳税人对纳税服务的需求意识、对我们服务工作评判的要求、标准越来越高，如果我们的服务仍然停留在原有的状态，需求和满足之间的矛盾将会影响到纳税人对国税机关的评价，对国税形象造成不利影响。如何寓管理于服务之中，建设和谐的征纳关系，成为我们要解决的重要课题。四是各级领导班子以物质奖励的方式调动干部职工积极性的资源越来越少，干部职工对幸福指数的追求不断攀高，队伍管理的难度越来越大。这些问题都要求我们必须创新管理手段，切实加以解决。

实现科学化、精细化、专业化、规范化“管理创新”，是做好“创新发展年”工作的主要内容，也是学习实践科学发展观的集中体现。科学化、精细化、专业化管理，本身就是一种管理理念和管理模式的创新，“管理创新”是新时期税收工作的题中要义。求创新、抓落实、谋发展已成为全省国税系统的普遍共识，百舸争流、创新发展的形势逼人，不进则退。必须克服小成则满、沾沾自喜，克服固步自封、因循守旧，用新的眼光审视国税工作的形势任务，用新的思维研究国税工作的前进方向，用新的理念谋划国税工作的发展思路，用新的举措解决国税工作中的实际问题。以“与时俱进、博采众长、精益求精”的创新精神，在依法治税上寻求新思路，在完善制度上寻求新办法，在优化服务上寻求新举措，在规范管理上寻求新经验。在创新中解决当前存在的突出问题，推进大理国税工作在科学发展、和谐发展道路上不断迈上新的台阶。

二、明晰管理创新的基本思路

创新发展是融责任、勇气、水平、方法等要素于一体的实践，是国税工作能否取得进步的关键。近几年来，大理国税人始终以敢为人先的创新意识、奋发有为的创新精神，促进全州国税工作持续快速发展。针对管理中的薄弱环节，健全制度、完善机制、堵塞漏洞是一种创新；积极运用信息化手段，改进管理方式、提高工作效能是一种创新；创造性地贯彻落实上级的决策部署是一种高层次创新。因此，工作创新不仅仅是出新招、出新意，最重要的是认认真真抓好落实，扎扎实实加强管理，把抓落实也是创新的理念融入各项国税工作中。

2009年大理国税以“树立创新发展意识，总结创新发展经验、突出创新发展重点、表彰创新发展典

型”作为管理创新的基本思路，以组织收入为中心，力求通过管理创新，深入学习实践科学发展观，进一步提升工作质量和效率，实现国税收入与经济的协调增长和各项工作又好又快发展。积极倡导全州国税系统“树立三种理念，坚持四项原则”。即牢固树立“科技税收理念、效率税收理念、民本税收理念”，坚持“以规范执法为前提原则、以优化业务为途径原则、以纳税人满意为标准原则、以提高管理质量效率为目标原则”，不断创新管理手段，提高管理质量和效率。

三、大理国税管理创新的探索和实践

全州国税系统积极正视存在问题，认真分析研究产生问题的根源，围绕“强化管理、增强责任、推动落实、增进和谐”的整改目标，全面落实省局“创新发展年”的各项工作部署，不断推进管理创新的探索和实践。

（一）突出管理创新的重点。一是税收管理工作创新。不断强化依法治税思想，依法征收，应收尽收，严格执行组织收入原则和纪律，确保税收收入数量指标和质量指标；针对税收分析工作存在的问题和薄弱环节，深化税收分析，切实改变就数字分析数字的分析模式，善于从经济的角度来分析税收，从抽象的数字中发现规律，拓展税收分析的深度；探索总结重点行业、特色行业、大型企业、管理薄弱环节、以票控税以及零散税收管理的有效方法，健全长效机制，逐步加以规范和推广；开展典型评估、稽查案例解剖分析和经验交流，推动纳税评估和税务稽查工作的深入、有效开展；健全分析、管理、评估、稽查四位一体的互动机制，明确每个部门、每个环节的职责，并对职责履行情况进行督查，确保互动机制落实到位，增强税源管理的合力；改进和完善与工商、地税、质检、发改、统计、银行等部门的信息交换内容和交换办法，加强与公安等部门的联合办案机制，增强税收执法的刚性。二是纳税服务工作创新。纳税服务是税收工作永恒的主题，纳税人的满意是纳税服务工作的最终目标。全体国税干部牢固树立全心全意为纳税人服务的思想，不断更新服务观念，实现税收服务内容、方式和手段的创新。全面分析经济税源运行情况，及时掌握经济和税收变化趋势，充分发挥参谋作用，为地方政府决策和企业发展提供依据；用足用好政策，突出政策服务的前瞻性，认真落实出口退税、所得税、福利企业等优惠政策，确保应退尽退，特别是增值税转型改革等税收政策的落实，促进全州经济社会平稳较快发展；完善税收服务体系，着力构建立体式、多层次的纳税服务体系，进一步规范主动到位的政策服务、公开公正的执法服务、便捷高效的办税服务、文明诚信的优质服务。三是行政管理工作创新。各级国税机关牢固树立以人为本的理念，在运用法律、制度进行刚性管理的同时，采取柔性管理的方法，把干部放在主人翁地位，注重内心激励，正面强化和鼓励大家积极进取、敬业奉献，使大家心悦诚服、心甘情愿地为国税事业和自身的全面发展努力工作；以创建学习型国税机关为动力，“将职责当考题、把岗位当考场”，深入实施全员“应知应会”素质教育，不断提高干部职工理论水平、政治素养和业务能力；按照“为人才提供平台，为创新推荐人才”的思路，将培养税收工作人才与培养后备干部相结合，发掘和选拔各种税收工作人才，组建各类税收工作人才库；切实加强党风廉政建设和政风行风建设，努力营造想干事、能干事、干成事、不出事的良好环境；改进完善各项考核激励机制，实行过程监控和绩效管理相结合的方法，对原有考核制度方面从执行效率、执行绩效等方面进行评估，从中发现问题，持续改进，使考核办法真正起到以考核激励增强责任、调动积极性、创造性的作用。

（二）管理创新的探索实践。大理国税管理创新的探索和实践，可以归纳为以下四个方面。一是“倡导一系列理念”。即坚持在工作中不断引入新的理念，积极谋求干部职工的认同，并转化为工作上的自觉行动，以理念灌输助推工作落实。以“责任第一，质量第一”的理念，使每个干部职工牢固树立责任第一和质量第一的思想意识，从自己的岗位做起，不断提高国税工作的整体质量和效率。以“纳税人是税收管理工作核心”的理念，引导工作着力点从应用信息系统转移到税源管理和纳税服务上来。以“发现问题也是成绩”的理念，增强正视问题的勇气，把工作着力点放在解决问题、推动落实上来。以“风险税源优先管理，重点税源重点管理，利用数据管理税源”的理念，不断创新税源管理。以“始于纳税人需求，终于纳税人满意”的理念，增强服务意识，丰富服务手段，改进服务方式，推动税收管理向“管理服务型”转变。以“领导干部‘带教’”的理念，使各级领导干部充分认识高素质的干部队伍，不仅是管出来的更是带出来的，促使各级领导干部切实转变作风，提高动手能力，发挥表率作用。以“制度和措施宣传的密度、检查的深度等于干部职工执行的力度”的理念，加强各种制度、措施的宣传和落实、执行情况的督查督办，提高行政效能。二是“贯彻一条思路”。即坚定不移地贯彻“狠抓作风建设，强化责任落实，坚持以人为本，构建和谐国税”的总体工作思路。以加强作风建设为抓手，以强化岗位责任落实为重点，以加强队伍建设为根本，以构建和谐平安国税为保障，大力弘扬良好作风，着力提高执行力和落实力，牢固树立责任第一和质量第一的思想意识，着力提高整体工作质量和效率，保证各项工作落到实处并取得明显成效。三是“构建一套机制”。即通过制定实施《领导班子考核办法》、《业务管理考核办法》、《党风廉政建设责任制考核办法》、《目标管理等级局认定奖励办法》、《州局机关绩效考核办法》等一系列工作考核制度；推行机关行政事务审批制度、每周工作联系例会和每月业务协调联系例会制度、年度工作责任分解落实制度、税负责任管理制度、领导干部管户制度、税收管理员主副岗制度、纳税评估人才库制度、机关与基层联系点制度、领导挂钩基层联系制度；组织开展税收管理员—税源管理分局—县市局—州局“四级联动税收分析”、17个税源管理分局“结对交流”、税源管理分局“比执法规范、比管理精细、比优质服务，创建科学管理先进分局”的“三比一创建”、纳税服务“六个一”、全州副科以上干部和部分业务骨干“百名干部进百企，优化服务保增长”主题活动等，着力构建有利于推动各项工作有效落实的工作机制。四是“突出一个主题”。即突出“责任·关爱·和谐”的国税文化建设主题。“制度治于行，文化聚人心”，在健全制度管理的同时，探索文化管理的路子。倡导各级领导班子对大理国税事业科学发展肩负起责任，每个干部职工对岗位充满责任感，把责任意识放在第一位，承担应当承担的责任，完成应当完成的使命，做好应当做好的工作，忠诚守护每个岗位；倡导各级领导班子用关爱带队，同事之间、税企之间建立诚恳平等、真诚互信、宽容维护的氛围、把关爱贯穿于工作和生活的全过程；倡导各级领导班子坚持以人为本，调动一切积极因素，协调各方利益关系，营造良好工作氛围，注重人的全面发展，共建和谐税收，促进税收与经济和谐发展。

在省局党组的坚强领导下，充分依靠地方党委政府的重视和支持，实现管理性增收一亿五千多万元；州县市局领导班子建设切实加强；选拔了100名素质优良、数量充足、结构合理的副科级后备干部队伍；干部队伍和谐稳定，活力进一步激发；党风廉政建设、精神文明建设、国税文化建设取得成效；内部管理进一步规范，行政效能建设不断提高；机构改革工作全面完成；交流干部问题正在着手解决。全州组织收入、税源管理、班子建设、队伍建设、效能建设等各项工作不断取得新的成绩。

创新发展是长期的系统工程。实现管理创新，关键在建机制、抓落实、常完善。要把推进管理创新、增强创新能力摆在事关全局的重要地位，鼓励广大干部职工积极投身创新实践，使之成为提高工作质量和效率的重要手段。

强化纳税评估　切实提高税收征管质量和效率

保山市国家税务局局长　洪　泉

为推进依法治税，切实加强对税源的科学化、精细化管理，我市自2005年以来认真贯彻落实了《纳税评估管理办法（试行）》。通过对纳税评估工作5年的探索，促进了纳税人的真实申报，提高了依法纳税的意识，避免和减少了纳税人税收违法付出的成本，化解和减少了征纳双方的矛盾，推进了税企关系的和谐，强化了税源管理，降低了税收风险，减少了税款流失，税收征管的质量和效率得到不断提高。但从日常掌握的评估情况和专题调研可以看出，评估工作浮于表面，不深、不透、不实、应付差事的问题依然不同程度存在，评估质量偏低的现象比较普遍。应当引起高度重视，必须进一步强化纳税评估，提升评估质量和水平，充分发挥纳税评估在税收管理工作中的重要作用。

一、准确定位纳税评估，正确处理三个关系

纳税评估是指税务机关运用数据信息对比分析的方法，对纳税人和扣缴义务人纳税申报情况的真实性和准确性作出定性和定量的判断，并采取进一步征管措施的管理行为，是对纳税人包括纳税申报在内的所有方面进行全方位、实质性审核，并提出落实管理措施的税务行为。可以通过对纳税人纳税结果的分析找出形成结果的原因并提出解决的方法，提出管理建议，提高管理水平。税务机关可以根据初步分析结果，确认纳税人存在非法申报的可能性，然后深入进行分析调查，发现并解决问题，进而从中找出税务机关管理上的漏洞并提出管理建议。其对象总体而言是普遍的而非特定的，不必以纳税人具备违法嫌疑为开展工作的前提和依据，可以根据征管工作的需要开展。

作为一个完整的体系和税收征管工作的重要环节，开展纳税评估工作需要处理三个关系。

（一）正确处理纳税评估与日常税收管理的关系。

纳税评估是税源管理的有效手段，但仅仅依靠纳税评估的几个环节是不够的，必须把纳税评估工作进行延伸，高度重视日常的税收管理和基础工作，结合日常税收管理，搞好对税源的全方位监控。通过日常管理，税务机关和税务人员能够及时掌握有关涉税信息，及时发现问题，为规范纳税评估打好基础，确保纳税评估的信息质量；加强日常管理，能够弥补纳税评估的不足，对纳税评估进行补充，对税源进行全方位的监控。

（二）正确处理纳税评估与税务检查的关系。

纳税评估工作除可以检验申报质量和征收质量、堵塞漏洞、及时发现和纠正日常管理中存在的问题、提供加强管理的依据外，还可以为税务检查提供案源，在税款征收和税务检查之间增加一道防线，使大量一般性违章在评估阶段解决，减轻税务检查的压力。所以，在实际工作中，应正确处理纳税评估与税务检查的关系。要正确界定二者界限，避免纳税评估工作走入“变相检查”的误区。第一，纳税评估与税务检查在调查手段等方面有一定的相似之处，但二者在权力、职责、法律程序等各个方面都是不一样的。第二，税务检查的主要功能是打击重大偷骗税行为，震慑税收违法犯罪；纳税评估以解决一般性的税务违章违规问题为主，并侧重对纳税过程的全面管理。第三，纳税评估与税务检查相比，刚性不足，但灵活性强。

（三）正确处理纳税评估与优化服务的关系。

纳税评估对优化服务的促进作用是显而易见的，在实践中也正逐步得到印证。一是相应减少了税务检查，很多问题在评估环节就能得到解决，企业只要不是故意偷税，对其处理的方式更符合客观现实，会大大增强纳税人的税法认同感，强化其税法遵从意识。二是拉近了税企关系。以前的管理模式过分强调税务检查的作用，往往不重视造成问题的原因，查到了就进行处罚。事实上，对某些情况如对税收政策的理解有偏差，如果税务机关还实施处罚，对企业来说是不公平的。推行纳税评估变事后稽查为对企业纳税全过程监控，发现问题随时解决并沟通，避免了企业偷税不良行为的发生。三是强化了纳税辅导。通过评估工作中的纳税辅导，能够提高企业办税人员税收政策水平，及时发现问题，避免失误的发生。

二、我市国税系统2009年纳税评估的基本情况

截至2009年底，全市国税部门累计登记户28372户（注销9466户、管理18906户），管户中：增值税一般纳税人796户，小规模企业1780户，双定户16288户，非正常户5户，停业户37户。共有税收管理员189人，人均管户100户，其中一般纳税人管理员61人，人均管户13户，小规模纳税人和核定征收户管理员128人，人均管户142户。

2009年我市实施了各税统评，建立健全纳税评估统筹协调机制，优化整合增值税、企业所得税、消费税和国际税收的统一评估，变单一评估为各税统评，实现纳税评估由量向质的转变，减轻了因重复评估给企业带来的负担，有效提升了纳税评估的质效，达到了以评促管促收的效果。在明确各管理单位目标任务的同时，要求在评估中强化对企业资金流、实物流、票据流的核查，定期对管理分局的评估质量进行分析评价，在一定程度上提高了评估质量。

共对126户增值税企业开展了集中纳税评估工作，补缴税款611.7万元，加收滞纳金12.41万元，罚款13.49万元；对11户企业开展了运输费用发票进项税抵扣管理专项评估工作，涉及运输费用金额2.94亿元，已抵扣发票13，459份。经评估核查后确认，不予抵扣发票322份，不予抵扣金额252.47万元，转出进项税17.67万元；对9户水泥生产企业享受即征即退优惠政策执行情况进行了专项核查，追补已退税款218.59万元，取消享受优惠资格1户。

通过分析排查筛选，对84户企业所得税纳税人实施了纳税评估，调减亏损295.6万元，查补收入562.74万元，其中：补税549.54万元、加收滞纳金12.41万元、罚款0.79万元；对29户连续3年亏损、184户零申报、12户企业所得税营业收入小于增值税累计销售收入的所得税纳税人开展了逐户核查。

三、影响评估质量的主要原因

（一）纳税评估人员素质有待进一步提高。纳税评估工作是一项业务性较强的综合性工作，要求税务机关对纳税人的涉税信息全方位、大容量、多角度地搜索和把握，要求评估人员依据国家的税收政策及自身综合知识和素质，定性与定量分析相结合，从多层面对税源状况、纳税行为进行细致的案头分析，逐步审定申报数据的真实性、合法性，评估人员应具备较高的政治业务素质。但是，目前评估人员的业务素质参差不齐，不善于从把握涉税信息中找出蛛丝马迹，挖掘深层次的问题，使很多评估工作流于形式，停留在看看表、翻翻账、对对数的浅层次上，评估工作的中期监督作用没有得到充分发挥。

（二）纳税评估岗位设置不规范，职责不清，还存在有事没人管，有人不管事现象。机构设置不够合理，征管岗责划分不够清晰，征管各环节还不能形成合力，有时存在相互扯皮现象。目前各级局特别是县以下还没有专门的纳税评估机构和人员，一般为兼职，内部制约机制脱节，评估工作流程不畅通。工作联系、业务指导不协调，缺乏统一性。少数税收管理员的工作责任心、事业心不强，积极性、主动性不够，工作处于应付状态，对发现的疑点问题不能深入分析，停留在表层，甚至不认真调查核实，将疑点随意确认消除。少数领导对调查核实情况监控不到位，致使纳税评估工作的质量得不到保证。

（三）征收、管理、稽查等部门在纳税评估中缺乏衔接、协调。纳税评估作为一种新的税收管理手段，与征收、稽查部门的联系十分紧密。评估工作是介于征收与稽查间的链条和纽带，能够解决一般性税收违规问题，缓解稽查压力，增强选案准确性，有利于稽查重点查处职能的充分发挥。但目前评估工作还处在探索和粗放的评估阶段，在与征收、稽查等环节的联系过程中，常常出现一些问题，有时以评代查，以补代罚，使评估的监控作用不能得到很好体现。

（四）纳税评估信息量不足，有时处于闭门造车阶段。由于征收、管理、稽查各部门之间协调不够，信息数据缺乏统一共享，信息有时分块割据，传递不及时、不完整、不准确，信息不对称，造成评估资源浪费。与地税、银行、工商、技术监督等外部之间没有联网，信息渠道不畅，许多必要的相关资料不能及时收集，缺乏统一的信息数据资料库。单靠人工进行数据采集，采集面窄，速度较慢，还远远不能适应评估工作的需要，评估效果不尽人意。

（五）缺乏纳税评估监督机制。由于人员配备不足，且工作任务较重，没有实行纳税评估复评制度，缺乏必要的监督机制。纳税评估的质量难以量化考核，经评估过的纳税人的实际状况到底怎样，除了直接参与评估的人员，其他人很难搞清，这就使确定评估税款的偷税与否，以及应补税款的多少难以逐一考核认定。

四、提高评估质量的建议

（一）加强教育培训提素质。只有具备较高综合素质的人员才能担任评估工作，要切实提高评估人员分析问题的能力，让其熟悉企业经营情况和操作流程，提高其财务会计管理水平，培养和造就一批精通财务知识和税收理论，熟练掌握法律法规、信息技术与应用技术，以及了解与约谈相关学科知识的复合型人才。开展经常性的税务综合业务培训，定期对评估人员通过以会代训、以老带新等多种形式开展业务培训，有效地带动评估人员业务水平和工作技能的提高。

（二）优化整合人力资源，着力提升纳税评估质量。一是在市、县（区）国税局分别成立由主要领导挂帅、分管领导直接抓、相关部门负责人以及主管部门主管人员参加的纳税评估机构，强化纳税评估统筹协调工作，着力解决目前存在的多部门评估、分税种评估、重复评估、重数量轻质量等突出问题，综合下达评估任务，实行各税统评，切实减轻基层国税机关评估压力。二是针对基层分局人少事多、业务骨干随机构改革部分集中到县区局、评估力量十分薄弱的客观实际，为切实提高纳税评估质量，充分发挥现有人力资源的作用，对上级局布置安排的纳税评估任务，原则上由县区国税局纳税评估机构统一组织实施，保障基层分局税收管理员有更多时间和精力扎实开展日常征管工作。三是充分运用征管软件、执法系统、数据监控系统以及各专业软件对税收征管质量的监控功能，紧密结合各地主要经济发展指标发展变化，以低税负、零（负）税负、长亏不倒户等异常纳税户为评估重点，增强评估的针对性、实效性。四是强化评估成果运用，结合评估发现的税收征管问题或工作薄弱环节，一方面要采取有效措施，把其他纳税人可能存在的类似问题通过逐项梳理后，采取送政策上门、集中召开相关纳税人座谈会等不同形式，责成纳税人在限期内主动开展自查自纠正，最大限度地把问题解决在纳税申报环节；另一方面实行定期对纳税评估工作进行综合分析，结合普遍存在的问题有针对性地强化税收征管措施，夯实管理基础，推进规范化管理。

（三）拓宽信息资料来源渠道，建立健全资料库。充分利用税务机关内、外部信息是有效进行纳税评估的关键环节，要通过沟通协调，建立并维护外部信息库，如工商、地税登记信息库、社会公共信息库以及透过媒体、互联网等途径收集与纳税人有关的各种信息等，建立以预测评估、监测评估、稽核评估、评估披露为主要内容的企业信息平台和纳税评估工作系统，形成一定的阵容和覆盖规模，实现征收与稽查之间协调运行的工作机制。

（四）建立评估监督机制，开展纳税信誉评价。一是健全纳税评估的反馈机制。对评估的有关结论应当以详实的说明告知纳税人，真正实现强化管理、优化服务。同时涉及到征收、管理与稽查有关部门的，要及时进行反馈。二是健全纳税评估移送机制。对有偷税嫌疑、虚开增值税专用发票嫌疑、拒绝约谈，或以前纳税评估时被发现并纠正的问题再次发生的，以及少缴税额达应纳税额的一定比例或达到一定数额，应及时移送稽查查处。

利用评估结果，按照“纳税信誉等级制度”有关标准进行纳税信誉等级综合评定，对不同信誉等级纳税人实行差异化的纳税服务。对信誉等级高的纳税人提供最佳纳税服务，对信誉等级低的纳税人重点加强培训和辅导，提高办税能力，形成良好的激励机制，营造依法纳税的税收环境。

（五）全面深化纳税评估工作。在增值税优惠政策管理上实施先评估后退（免）税，在已实行即征即退先评估后退税的基础上，逐步扩大到对享受先征后退和免税政策企业的评估，对综合利用产品、软件、农网维护费、残疾人企业等享受增值税优惠政策实施先评估后退（免）税。通过评估督促企业按财务会计与税收会计的差异调整，规范核算、遵从税法。加快企业所得税纳税评估数据库的建设，逐步完成分行业主要指标均值、峰值、预警值的测算工作，提高所得税评估目标选择的准确度，降低分户评估难度，引导基层人员开展纳税评估。构建一套重点评估、专项评估、日常评估相结合的所得税评估工作机制。对所得税负担率明显偏低或异常、疑点较多、未实施检查或稽查的重点税源企业实施重点评估。对合并、分立等改组改制、享受所得税减免税企业、扣除项目异常企业实施专项评估。

坚定信念　艰苦奋斗　服务人民
弘扬延安精神推进边疆国税事业创新发展

德宏傣族景颇族自治州国家税务局局长　杨家正

2009年7月19～25日，时值夏末火热的季节，我怀着激动和景仰的心情，参加了云南省国税局在中国延安干部学院举办的第四期处级以上干部培训班地学习。这次培训虽然时间短暂，但对我内心及思想产生的冲击与震撼却久久难于平息，革命圣地延安的各个专题讲座和现场体验的情景历历在目，久久难于忘怀。从凤凰山麓阴暗潮湿的石洞中完成名篇《实践论》、《矛盾论》开始，到吴家窑简陋窑洞里和生机勃勃刺梅树下的《论持久战》、《纪念白求恩》，再到杨家岭小油灯下的《两个中国之命运》、《新民主主义论》和枣园半山坡上的《为人民服务》、《论联合政府》等，开国领袖毛泽东主席和他的战友们就是在那样极为清苦艰难的条件下，凝聚集体智慧，形成了毛泽东思想体系中最为成熟和精华的部分。从中共中央以卓越的政治智慧和平解决西安事变，推动第二次国共合作，实现了土地革命战争向抗日民族战争转变，到延安整风运动、党的发展史上具有里程碑意义的中共七大召开、延安文艺座谈会、轰轰烈烈的大生产运动，再到充分体现了中国共产党人超人胆识和博大胸襟的重庆谈判以及党中央运筹帷幄、决胜千里、彻底粉碎国民党反动派发动的“全面进攻”，实现了向夺取全国胜利的解放战争的伟大战略转变。党中央在延安的13年，是中国共产党和党领导的中国革命事业不断由小变大、由弱变强并不断走向胜利的重要历史时期，在这关键时期，全党坚定和统一了思想，培养和造就了大批革命领导人才，探索和实践了局部执政的思想理念，总结和积累了治党、治政、治军的丰富经验，为夺取全国胜利建立新中国奠定了坚实的基础。

在当时极其艰苦的环境条件下，中国共产党人始终坚持把马列主义基本原理同中国革命实践紧密结合起来，积极探索形成了指导全党和中国革命的理论思想，形成了理论联系实际、密切联系群众、批评与自我批评的优良作风，巍巍宝塔山，清清延河水，黄黄小米饭以及陕北人民的深情厚谊，坚定了中国共产党人正确的政治方向，培养了共产党人全心全意为人民服务的根本宗旨和自力更生、艰苦奋斗的优良传统，更蕴育了伟大的延安精神。延安精神是中国化、时代化的马列主义和毛泽东思想，是中国共产党领导下的中国革命斗争与建设取得成功经验的结晶，也是中华民族优秀文化传统与民族精神在特殊历史环境和条件下的集中体现。延安精神不仅在艰苦卓绝的革命战争年代如灯塔明灯指引着中国革命前进的方向，吸引了无数进步青年和爱国人士义无反顾地走上了抗日救亡与新民主主义革命的最前沿，也赢得了关注中国前途命运的国际友人和爱国华人华侨对中国共产党及其领导下边区政府的信赖与支持，延安精神就是在新中国成立后的不同历史时期里，也仍然焕发着勃勃的生机与活力。70多年来，延安精神哺育和激励了一代又一代中国共产党人和优秀的中华儿女，为了民族独立、人民解放和国家繁荣富强、人民生活幸福不畏艰难困苦，英勇奋斗，谱写了一曲曲建功立业的时代凯歌。延安精神无论过去、现在还是将来，都将是我党发展壮大和成就伟业的伟大精神动力，是我们发展和建设中国特色社会主义伟大事业的优良传统和宝贵财富。

作为国税系统的边疆基层领导干部，不仅要认真学习老一辈革命家树立远大的革命理想以及艰苦创业、不屈不挠、奋发向上、勇于牺牲的大无畏革命英雄主义，不仅要学习坚定信念、实事求是、联系群众、服务人民的延安精神，更要把这份宝贵精神财富与工作实践紧密结合起来，在工作中学习和弘扬延安精神，努力提高政治理论水平和思想道德素养，不断强化系统内部的学习力、执行力、落实力、创新力与和谐力，团结和带领边疆德宏国税系统，认真贯彻执行好党和国家的大政方针政策，按照上级局以及地方党委政府的发展战略构想，不断推进国税事业的科学、创新发展。

首先，学习和弘扬延安精神，就是要从思想上始终自觉坚定以马列主义、毛泽东思想、邓小平理论和“三个代表”重要思想为核心的共产主义理想信念，始终坚持中国共产党的领导，高举建设中国特色社会主义的伟大旗帜，从思想上、政治上和行动上始终与党中央保持高度一致，坚定正确的思想理念与政治方向，认真贯彻执行好党的思想路线和方针政策：一是要在全系统内部，结合保持共产党员先进性教育、解放思想大讨论和学习实践科学发展观活动等，对全体干部职工广泛开展共产主义理想信念教育，运用科学的思想理论来指导国税工作和学习，树立正确的世界观、人生观和价值观，坚定对社会主义和共产主义的理想信念，坚定对改革开放和经济社会发展的信心与决心。二是要继续加强以社会公德、职业道德和家庭美德为内容的思想道德建设，积极倡导“毫不利己，专门利人”、“自力更生，艰苦奋斗”和“全心全意为人民服务”

等思想道德风尚。三是要继续坚持“聚财为国，执法为民”的工作宗旨，坚持国税工作“为社会主义服务、为边疆民族团结和经济社会协调发展服务、为最广大人民群众服务”的正确方向，不断提高边疆国税机关的科学管理水平和服务质量效率。

其次，学习和弘扬延安精神，就是要始终自觉坚持解放思想、实事求是和一切从实际出发、理论联系实际的思想路线。实践是检验真理的唯一标准，实事求是是毛泽东思想、邓小平理论和“三个代表”重要思想活的灵魂，是党的思想路线的精髓，也是中国革命和社会主义建设取得胜利的法宝。实事求是是解放思想的基础，解放思想是实事求是的内在要求和必然途径，无论在革命战争年代还是在新的历史条件下，坚持解放思想，实事求是，我们的事业就能取得顺利的发展与进步，而背离这一思想路线就会给党和人民带来巨大地损失，甚至是灾难，从我党建立初期陈独秀的右倾错误，到以王明为代表的左倾错误，再到社会主义建设时期受左的思想影响的十年，这些背离了解放思想，实事求是思想路线的错误几乎断送了中国革命和社会主义建设的伟大事业。结合国税工作实际，我们应当自觉坚持解放思想，实事求是的思想路线：一是要在继续加强政治理论学习的基础上，坚持理论联系实际，一切从实际出发，在学习中掌握科学的理论和方法，在实践中探索和发现存在问题以及解决问题的方法与规律，以学习提高思想认识水平和解决存在问题的能力，以学习推进国税各项工作地开展。二是要在解放思想，实事求是思想路线的指导下，认真扎实地开展好科学发展观学习实践活动，严格按照学习实践活动各阶段的方法、步骤和要求，在学习调研和分析检查阶段深入开展好各项工作的基础上，切实抓好学习实践活动整改落实阶段的工作，努力做到以学习促进实践，以实践推进学习，学以致用，最终推进国税工作的发展进步。三是要努力做到一切从实际出发，立足边疆民族地区的省情州情和县（市）情，立足本职工作和国税事业发展的实际，按照科学发展和创新发展的要求，深入开展好调查研究，充分掌握第一手资料，积极探索和实践，努力做到“带好队，收好税”，确保完成好上级局和党委政府安排下达的国税各项工作任务。

第三，学习和弘扬延安精神，就是要在全体党员和干部中全面树立公仆意识，增强责任感和使命感，自觉保持和发扬自力更生、艰苦奋斗的创业精神，充分体现中国共产党人全心全意为人民服务的根本宗旨。延安时期是中国共产党人对井冈山时期党的建设与发展、党的军队建设和推行苏维埃人民政权的继续探索与实践，是对局部地区治党、治政、治军丰富经验积累的重要时期。这一时期，党中央组织开展了延安整风、倡导和开展了以“自力更生，艰苦奋斗”为内容的轰轰烈烈的大生产运动，提出了以“白求恩精神”和“张思德精神”为内容的全心全意为人民服务的根本宗旨，正是这些运动地广泛开展和党为人民服务根本宗旨地深入实践，使延安时期的中国共产党和党领导下的边区政府，焕发了前所未有的勃勃生机与活力，从中央机关到各级党领导下的边区政府出现了“只见公仆不见官”、“精兵简政”、“清风正气蔚然成风”等与当时的国民政府形成鲜明对比的党风政风，被各界发自内心地誉为“民主的政治，廉洁的政府”，从而赢得了社会各界和最广大人民的真正拥护与支持。结合国税工作实际，我们应当努力做到：一是全面树立“国税机关为基层服务，国税干部为纳税人服务，国税工作为经济社会发展服务”的思想，切实克服主观主义、形式主义、官僚主义和极端享乐主义。随着全国革命的胜利和社会主义建设的发展，特别是近年来由于经济社会的空前繁荣，一些地方一些党的干部放松了党的建设和对个人世界观、人生观、价值观地改造，加之自由化思潮地影响，在一些党的组织和党员干部中不同程度地滋长了官僚主义、主观主义、形式主义和消极腐化等严重脱离群众的现象，使一些党的同志由“人民公仆”变成了“官老爷”，甚至是以权谋私，贪污腐化，行贿受贿，并最终走上了违法犯罪的道路，我们国税机关应当做到未雨绸缪、防微杜渐和防患于未然，从党员领导干部做起、从机关做起、从每一名干部做起，继续加强党风廉政建设和反腐倡廉工作，真正树立和强化全心全意为人民服务、为国税工作服务、为社会主义建设服务的公仆意识，增强责任感和使命感，弘扬国税系统的“精、气、神”和风清气正的优良传统与作风。二是要进一步转变思想和工作作风，充分发扬艰苦奋斗和勤俭节约的优良传统。自力更生、艰苦奋斗是工作作风，也是思想作风，是我们党的优良传统和党的根本政治本色，是凝聚党心民心、激励全党和全体人民为实现国家富强、民族振兴而共同奋斗的强大精神力量。尽管当前，我们国家在经济建设上取得了前所未有地繁荣发展，人民物质文化生活水平也得到空前提高，但是，我们仍然应当在全体干部职工中深入开展好自力更生、艰苦奋斗和勤俭节约的思想教育，坚决反对铺张浪费，树立集体主义和社会主义“主人翁”的思想意识，要有“过紧日子”的思想，把有限的人力、财力和物力有效地投入到国家建设与人民共同富裕的社会主义和谐社会建设中去。三是要在党员干部特别是领导干部中深入开展批评和自我批评，认真倾听和了解干部群众的意见建议，按照党章规定严格要求自己，自觉置身于党组织和同事及群众的监督之下，时刻对照检查自己的不足，虚心向党组织和同志们学习，自觉接受群众的批评和帮助，切实有效地提高自己的思想政治觉悟，同时要尽自己的最大努力来帮助和关心同志，以期达到共同提高、共同进步和共同团结，全力以赴开展好各项工作的最终目的。

第四，学习和弘扬延安精神，就是要坚持与时俱进，开拓创新，科学发展，把延安精神与解决好当前面临的矛盾与问题紧密结合起来，不断推进党在新时期的工作。延安精神是我们党领导中国革命及中国社会主义建设的经验结晶和宝贵精神财富，作为党的干部和人民的公仆，我们应当自觉地坚持和弘扬延安精神，特别是在当前，尽管我们国家的经济社会取得了长足发展与进步，但是，我们应当清醒看到，我国仍然处于社会主义初级发展阶段，各种社会矛盾和社会问题仍将长期存在，诸如全球性金融危机地影响、经济可持续发展与环境保护、东西部发展的平衡与社会各阶层贫富差距悬殊、惩治和预防腐败、民族团结与社会和谐、同周边国家和平共处与积极参与国际事务等，这些矛盾和问题都将是摆在我们执政党面前而且是亟待解决和完善的全新课题，因而，我们共产党人必须坚持以马列主义、毛泽东思想、邓小平理论和“三个代表”重要思想为指导，在以胡锦涛同志为总书记的新一代中央领导集体正确领导下，坚持和弘扬延安精神，不断探索和完善新的思想理论与工作方法，与时俱进，开拓创新，努力把握经济社会发展的规律性和工作方法的创新性，使党的工作充分体现新的时代性，同时，要始终坚持立党为公、执政为民，全心全意为人民服务的核心宗旨，要时刻关心群众生活，切实维护群众利益，要不断提高各级领导干部关心群众、服务人民的能力水平，要不断提高各级领导干部深入调查研究和理论联系实际，能够驾驭和应对各种复杂形势与问题的能力水平，要不断提高各级领导干部自觉保持好谦虚谨慎、不骄不躁和艰苦奋斗优良传统的能力水平，高举建设中国特色社会主义的伟大旗帜，全面落实科学发展观，努力构建社会主义和谐社会。

通过对延安和延安精神更加深刻地学习与认识，进一步坚定了共产主义的理想信念和正确的政治方向，坚定了解放思想，实事求是，一切从实际出发，理论联系实际，密切联系群众，批评与自我批评的思想路线，坚定了自力更生，艰苦奋斗和全心全意为人民服务的优良传统。我们国税机关是党和政府的职能部门，也是面向社会面向群众的“窗口”，肩负着“聚财为国、执法为民”的神圣使命，在工作实践中，我们要自觉坚持和弘扬延安精神，一如既往地与党中央保持高度一致，紧紧围绕党和政府的发展战略与具体目标要求，把握工作重点，紧密结合工作实际，进一步解放思想、更新理念，全面落实科学发展观，不断加强干部队伍建设，大力推进依法治税，强化税收征管，确保税收收入协调稳定增长，为边疆德宏的民族团结、边防巩固、经济发展和社会繁荣进步作出应有的贡献。

坚持原则　敢抓敢管　推进国税工作创新发展

丽江市国家税务局局长　伍正良

当前，应对国际金融危机冲击，全力保持国税工作与丽江经济社会平稳较快发展的形势紧迫，丽江国税迎难而上，加快科学发展的任务艰巨。我们必须顺应国税工作发展要求，切实加强管理，牢固树立优良作风，创造性地组织开展好各项国税工作。

国税事业要实现创新发展，就必须靠真抓实干，必须以更加优良的作风全面落实“创新发展年”的各项工作目标和要求，以改革创新的精神和加快发展的实效，解决前进中碰到的问题。

要做到真抓实干，就必须坚持原则，敢抓敢管，这是每一名党员干部特别是领导干部应树立的良好作风。只有敢抓敢管，才能及时解决工作中存在的各种问题，才能堵塞管理漏洞，确保各项工作落实到位。

必须强化责任。强烈的事业心、责任感，是敢抓敢管的前提。只有以事业为重，将事业放在第一位，才能不计个人得失，勇于负责，大胆管理。不敢抓不敢管、当老好人，是对事业的不负责任、对干部的不负责任。因此，必须在强化责任上下功夫。应细化责任分解，一把手负总责，分管领导分工负责，各部门各负其责，做到工作齐挑，责任共担。应加强绩效考核、跟踪问效，对落实得力、绩效突出的，应表彰奖励，乃至提拔重用；对不认真抓落实、发生问题的，应严格追究责任。不仅要追究直接责任人的责任，也要追究相关领导的责任；不仅要追究基层的责任，也要追究上级管理部门的责任。

必须树立正确的用人导向。用人导向是一种价值导向、示范导向。用什么人、不用什么人，直接关系到一个单位的风气。在用人上，应树立“有为才有位，无为则无位”的正确导向。对那些坚持原则、敢抓敢管、业绩突出的干部，应坚决支持、积极鼓励，为他们提供更多的机会、更大的舞台，让他们理直气壮、放心大胆地去抓去管。对不负责任、不敢抓不敢管的干部，应坚决予以调整，不能让他们在重要岗位上贻误事业。有些干部之所以不敢抓不敢管，是因为怕

得罪人，怕丢选票。为此，各级领导应正确对待选票问题，重视票，但不唯票。对干部的得票情况，应客观全面地分析，既要注重民意，更要注重工作实绩，不能简单地以票取人。同时，应引导干部职工正确看人，支持那些敬业奉献、敢抓敢管的干部，让老好人主义在群众中失去市场。

必须发挥领导干部的表率作用。领导干部的一言一行，对群众有着重要影响。领导干部心系事业、敢抓敢管，群众的工作热情就高、工作劲头就足。只有落后的领导，没有落后的群众。领导干部应始终走在群众前面，做群众的领头雁，不做群众的尾巴。应凝心聚力抓管理、一心一意抓落实，对职责范围内的事情勇于负责、大胆管理，弘扬正气、狠刹歪风，真正做到“一级做给一级看，一级带着一级干”。

必须坚持按制度办事。制度体现着群众的共同意志。只有按制度管人、按制度办事，才能维护公平正义，才能让群众心服口服。否则，势必抓什么什么不灵，管谁谁不听，甚至引发一些人的不满情绪。目前，市局制定的规章制度为数不少，但抓落实不力，使有的制度流于形式。因此，应在制定和完善各项制度的同时，切实加大抓落实的力度，强化对制度落实情况的监督检查，发现问题及时解决，真正实现管理的科学化、制度化、规范化。

必须坚持以人为本。敢抓敢管的目的，是为了做好工作，调动干部的积极性，增强队伍的凝聚力，决不是为了处理干部。在严格管理的同时，必须坚持以人为本，大力加强思想政治工作，以情感人，以理服人，使干部职工自觉服从管理。应真正把以人为本的理念内化于心，贯彻到指导思想上，贯彻到制度安排上，贯彻到具体行动上，决不能仅仅停留在口号上。应客观公正、实事求是地看待每一名干部职工，善于团结所有同志一道做工作，引导大家增强集体观念和团队意识，自觉关心爱护集体，维护集体的利益和荣誉，积极为国税事业发展增光添彩，不利于团结和谐的话不说，不利于团结和谐的事不做。应实施人性化管理，怀着真挚的爱心、带着深厚的感情做群众工作，既教育人、引导人、鼓舞人和鞭策人，又尊重人、理解人、关心人和帮助人，切实为干部职工解决一些工作生活中的实际困难，办实事，办好事，使干部职工深刻感受到组织的温暖，产生强烈的归属感。应改进思想政治工作的方式方法，实施个性化管理，并寓教于文，寓教于乐，提高说服力，增强感染力，真正使思想教育收到实效。

必须进一步激发干部队伍活力。税收事业的发展离不开全体干部职工的共同努力。要大胆解放思想，采取各种有效手段，充分激发干部队伍的活力。在税收工作的各个领域广泛引入良性竞争机制，积极营造良好的环境。要大力弘扬人文精神，尊重税务干部的社会价值和个体价值，尊重他们的独立人格、不同需求和能力差异。要加强思想政治教育和作风建设，提高干部队伍思想政治素质，积极倡导良好风气。要加强税务干部的教育培训，尤其是加大对高水平、复合型人才的培养力度。要切实丰富税务文化内涵，从法治文化、服务文化、创新文化、廉政文化、学习文化、团队文化等方面加快税务文化建设，努力形成团结、和谐、向上的良好风气。

深入学习实践科学发展观　推动怒江国税工作创新发展

怒江傈僳族自治州国家税务局局长　李义华

当前，全州国税系统深入贯彻学习实践科学发展观正如火如荼地开展之际，按照州委深入学习实践科学发展观活动的统一部署，在学习调研期间，我和相关部门的同志一道，围绕全省国税系统确定的“创新发展年”的工作主题，深入部分县局进行了为期7天的工作调研。在调研期间，结合工作实际，听下情，送温暖，访企业，解难题，针对制约怒江国税创新发展的主要因素，怎样实现各项工作全面发展，已初步清理了思路，为下步全州国税工作又好又快发展打下了坚实基础。

一、对开展深入学习实践科学发展观活动的重大意义的认识

在全党开展深入学习实践科学发展观活动，是党中央作出的一项重大决策，是用中国特色社会主义理论体系武装全党的重大举措，是深入推进改革开放、推动经济社会又好又快发展、促进社会和谐稳定的迫切需要，是提高党的执政能力、保持和发展党的先进性的必然要求。全州各级国税机关，特别是各级党员领导干部必须从当前国际国内形势发展变化和党的建设状况出发，从怒江经济社会发展的现状和国税工作实际出发，深刻认识开展深入学习实践科学发展观活动的重要性和紧迫性。近年来，在州委、州人民政府和省国税局的正确领导下，坚持以邓小平理论和“三个代表”重要思想为指导，全面树立和落实科学发展观，从怒江国税

当前所面临的形势来看，经过几年来开展国税工作主题年实践活动，我们始终坚持以组织收入为中心，以信息化建设为依托，以创新征管措施为途径，严格依法治税，强化税收征管，优化纳税服务，加强作风建设，全面推进国税文化建设，各项工作取得了长足进步，国税工作正逐步实现从量的积累向质的提升转变，为怒江的经济建设作出了国税部门应有的努力和贡献。同时，我们也清醒地看到怒江国税的工作水平离省局、州委州政府的要求还有一定差距，提高税收工作质量和效率仍有空间和潜力，在实际工作中还存在着与经济社会发展形势不相适应的税收管理观念，与建设服务型、责任型国税机关要求不相适应的税收服务意识，与信息化建设发展趋势不相适应的人才培养模式，与提升领导干部执政能力要求不相适应的干部管理方式，与科学化、专业化、精细化要求不相适应的税收征管手段。针对这些突出问题，如何在更高层次上，以科学发展观的内涵为标尺，创新我们的发展思路、提升我们的发展质量、提高我们的发展水平，实现全面、协调、可持续发展，已成为摆在全系统各级领导干部、全系统干部职工面前一个十分重要而紧迫的任务。根据州委的工作部署，州局及时的成立了深入学习实践科学发展观领导小组，制订了实施方案，在怒江国税电子政务网上开辟了“深入学习实践科学发展观”专栏，迅速组织全体党员和副科以上干部进行自学，要求参学人员认真做好读书笔记。州局党组还结合国税工作的特点，还对全体参学人员进行了6天的封闭学习，通过学习，全体人员在认真做好读书笔记的基础上撰写了心得体会，进一步领会了科学发展的深刻内涵，为推动国税工作创新发展奠定了坚实之基。

二、深刻认识大力推进国税工作创新发展的重大意义

2009是云南国税系统“创新发展年”的开局之年，云南省国家税务局李鸿文局长在全省国税工作会议时强调指出：创新是国税工作开拓前进的灵魂，是国税事业兴旺发达的不竭动力，是国税干部队伍永葆生机和活力的源泉。发展是国税机关聚财为国、执法为民的第一要务，是国税部门最大的政治、最硬的道理、最根本的任务。“创新发展年”工作主题的提出，审时度势，高瞻远瞩，抓住了要害，这对于全面推进国税工作再上新台阶具有十分重要的现实意义和历史意义。我们的天职是为国聚财，国税部门作为担负筹资财政资金，调节经济和分配职责的政府职能部门，在促进社会和谐中正在发挥着积极的作用。推进国税工作创新发展是时代进步和实践发展的内在要求，是促进国税事业不断向前发展的强大动力。近几年来，怒江州国税收入逐年大幅增长，税收征管的质量和效率稳步提高，税收执法进一步规范，各项制度得到有效落实，队伍建设和党风廉政建设不断得到加强，国税文化逐步深入人心，税收服务水平进一步提升，一个重要原因，就是始终坚持在忠实履行“聚财为国，执法为民”宗旨下不断推进国税工作创新发展。实践证明创新发展是怒江国税事业不断取得进步的不竭动力，是事业发展前进的重要条件。当前，国际金融危机继续扩散和蔓延，世界经济增速明显减缓，我国经济运行困难急剧增加，经济增长下滑过快已经成为当前经济运行中的突出问题。就怒江的情况来看，受国际金融危机影响，经济下行压力加大，不确定因素明显增多，矿产品价格大幅回落，工业经济增速减缓、效益下滑，企业经营困难增大，消费需求减弱，经济发展面临的困难和挑战明显加剧。反映在国税收入上，自2008年下半年以来，全州税收收入增幅总体呈回落态势，一些资源型的重点企业连续几个月进大于销。同时，随着社会主义市场经济的逐步完善，税收管理工作中的难点、疑点问题也日益凸显，一些纳税人商品交易方式的多样化，给税收征管工作带来了前所未有的挑战和困难。面对新形势和新的挑战，如何沉着应对和化解国际金融危机给我们带来的负面影响也摆在国税部门的面前，也给我们带来深刻的思考。因此，创新发展比任何时候都显得重要和紧迫。我们唯有大力推进工作创新，提高科学管理水平，使国税部门在全面建设小康社会的征程中发挥更加积极的作用，才能使国税工作在纷繁复杂的经济环境中始终保持生机和活力，也才能使国税工作立于不败之地，为实现怒江“二次跨越”提供充足的财力保证。

目前，怒江经济社会的发展正处于加速发展的重要战略机遇期。经济实力的不断增强、投资环境的不断改善、社会向心力、事业凝聚力、群众创造力都为我州加速发展提供了良好的条件，同时也为怒江国税工作创新发展提供了良好的平台。不断满足人民群众日益增长的物质和精神需求，是社会主义的根本目的。为满足人民群众日益增长的物质和精神需求提供强有力的财力保障可以说是国税工作的出发点和落脚点。今年以来，怒江国税通过分解工作任务，明确责任领导和牵头落实部门，细化工作措施、狠抓阳光政府等四项制度落实，采取多种措施深入开展全国第18个税收宣传月活动、认真查找自身存在问题，大力倡导和提升法治执行力、服务亲和力、工作创新力，各项工作取得了令人鼓舞的成绩。但同时也存在一些不容忽视的问题，比如科学的税收发展观还未能深刻领会，发展的基础还不够牢固，部分干部的思想观念落后，税源管理制度的落实还存在差距，税收执法的难度加大，工作的激励机制还不够完善，工作中危机感不强等。要解决这些问题，只有继续走创新发展之路，在全系统营造浓厚的创新氛围，激发广大国税干部职工推进工作创新的积极性，才能把全系统创造出的工作活力最大限度地凝聚起来、最充分地激发出来，使工作创新成果充分涌流，从而谋求怒江国税更好更快发展的空间。

三、当前制约怒江国税创新发展的主要因素

开展学习实践科学发展观，根本目的在于取得实际效果。要取得实际效果，找准制约创新发展的主要因素并及时研究解决至关重要。怒江国税事业发展总体态势较好，但与兄弟州市相比，发展还得加快，从系统内看各单位的发展也还存在一些差异。当前，我州国税系统内部，特别是一些领导干部身上仍然存在着思想观念不适应，工作作风不扎实，单位规章制度不健全、不落实的问题，具体表现为：学习力、执行力、落实力不强，凭个人经验办事、安于现状、不思进取、缺乏合作、独断专行、我行我素、政令不畅、惧怕困难、畏首畏尾、心胸狭隘、重物轻人、忽视人本、凭个人意气办事，一些制约发展的机制、体制等深层次矛盾和难题尚未从根本上得到解决：

一是思想不够解放，创新发展的整体意识不强。受制于框框套套、制度办法、繁多的工作层次程序，基层单位基本上忙于落实上级安排的工作，怕出错、怕问责、怕追究的思想根深蒂固，从而导致创新意识的缺失。在创新发展思路的谋划上，还未能完全跳出旧习惯甚至是封闭思维的束缚，努力探索各项工作创新发展的思路不多；二是税收管理方式还没有完全实现从粗放式管理向科学化、精细化管理转变，税源管理能力还不强，税收分析、纳税评估、税务稽查互动机制尚未健全，税收管理员制度还未全面落实到位，税收管理与纳税服务还没有真正做到相通相融等。各科室在工作协调上、配合上还有待加强和提高；三是国税业务的不断增长与人员业务素质不高的矛盾越来越突出。随着队伍平均年龄的不断攀升，干部队伍中精神面貌不振、工作作风不实、学习兴趣不浓、服务意识不强的情况大有人在；四是干部队伍的政策管理水平有待进一步提高，工作责任心需进一步加强。干部的素质与完成工作能力的要求不相匹配，大部分干部虽有做好工作的愿望，但能力与实际愿望有一定差距。有部分干部敬业、奉献精神不强，不思进取，安于现状，得过且过，只比待遇高低，片面的追求物质享受而放松了对自己世界观、人生观和价值观的改造；五是干部队伍，特别是领导班子还存在工作作风飘浮、不踏实，自我感觉良好，沾沾自喜的不良风气。部分领导干部的领导方式、方法常规化，陈旧、单一，解决问题的办法不多，创新发展的意识不强；六是各项基础工作制度有待进一步规范和完善；七是在优化纳税服务上深层次服务不够，服务手段和形式单一。

面对困难和问题，只有用发展的观点和创新的办法，解决发展前进中的问题，只有在创新发展中进一步解放思想，摒弃陈旧观念，抓住发展机遇，完善发展思路，创新发展举措，破除发展难题，在观念的更新中实现突破，以新的思路、新的观念、新的方法谋划怒江国税发展之策，达到在真抓实干中解放思想，在解放思想中推进工作，从而实现我州国税事业又好又快发展。

四、坚持以科学发展观为指导，确保“创新发展年”工作取得实效

（一）毫不动摇的抓好组织收入工作。

2009 年全州国税收入必须确保 3.62 亿元，奋斗目标为 3.72 亿元，州政府结合怒江州情，下达的收入任务是 3.13 亿元。由于我州税源结构单一，仅增值税转型这一政策的调整就减少收入 9400 万元。加之受国际金融危机的影响，必将给我们的组织收入工作带来更多的挑战和压力。困难面前，我们既要看到挑战的严峻，又要看到我们战胜困难的有利条件，采取切实有效的措施，挖掘税源管理的空间和潜力，尽量消化由于政策原因和特殊因素带来的税收减收，变被动为主动，化危机为机遇。认真贯彻组织收入原则，主动加强向地方各级政府的汇报和沟通。深化税收收入预测，正确判断收入形势，提高税收预测的准确性和科学性。密切跟踪宏观经济和企业经营形势变化，全面掌握影响税收收入变化的因素，及时跟踪了解政策效果，针对执行中存在的问题提出完善政策建议。强化收入分析工作报告，加大重点税源监控力度。

（二）加强干部管理，推进队伍建设。

以优化班子结构、提高班子整体素质为重点，加强领导班子组织建设。进一步完善干部考核、考察相关制度规定，坚持正确的用人导向，建立健全良性的干部任用机制，按照德才兼备、注重实绩、群众公认原则选拔干部，提高选人用人公信度。认真落实和完善后备干部的管理培养机制，努力建立一支政治成熟、业务精通、充满生机和活力的国税系统科级后备干部队伍。以机构改革为契机，对州局机关及各县局缺额的副科级领导干部，通过竞争上岗等各种方式适时进行调整和补充，进一步优化班子结构，提高整体素质。建立和完善州局领导班子成员和分管科室的挂钩联系制度和州局领导班子每年至少与各县局领导班子座谈一至两次的制度；推进对年轻干部的培养力度，坚持选派年轻干部到基层挂职锻炼。加强会计基础知识培训力度，力争在未来两年内提前实现 40% 以上的干部懂财务会计和企业会计，15% ~20% 的干部成为企业“查账能手”的目标。建立州局机关各科室负责人带头讲课制度。认真做好全州国税系统第七届业务能手竞赛的准备工作，以此来提高广大国税干部的综合素质、执法水平和岗位工作能力，营造争先创优的学习氛围，培养和选拔一批岗位能手和业务骨干，推进学习型国税机关建设，为怒江国税事业发展改革提供人才保证和智力支持。认真做好深入探索新形势下国税文化建设的特点和规律，不断挖掘和丰富国税文化内涵，以载体建设的持续创新，推动国税文化大发展大繁荣，注重思想政治工作和精神文明建设的时代效应，有效增强思想政治工作的鲜活力、感召力和影响力，对于苗头性、倾向性问题，坚持早发现、早提醒、早解决，有的放矢地做好思想教育工作。进一步健全和落实党组中心组学习、党团员学习和干部职工政治理论学习以及民主生活会制度，着重提高政治理论学习的质量和效率，大力倡导良好的学风，坚持理论联系实际，切实解决实际问题。加强机关党建工作，落实党员联系和服务群众、党员党性定期分析制度。大力倡导团结奋进、求真务实、负重拼搏、无私奉献的国税精神，继续弘扬“和如春风、肃如秋霜”的人本理念，体现人文关怀，关心干部成长，支持帮助老干部和工青妇工作，致力于实现国税干部职工自身价值与国税事业的共同发展，巩固和发展上下和顺、左右和睦、全体和谐的良好局面。进一步改进工作作风，大力提倡“情况到一线了解，问题到一线解决，干部到一线考核，人才到一线培养，工作到一线落实”的一线工作法。充分尊重基层干部的首创精神，鼓励基层的探索，支持基层的创新，发动广大国税干部为国税事业的创新发展献计献策。推进制度创新，改革管理方式，优化工作流程。在制度建设上要与时俱进。按照精简、适用、科学、效能的原则出发，紧扣工作要求，对涉及干部管理的规章制度进行“净化”和“扬弃”。凡是上级明文规定必须建立的制度一个也不少，凡上级不要求建立且不适用的制度作废处理；上级不要求建立但对本局干部管理行之有效的制度及办法予以充实完善，真正形成具体的、管用的、可操作、易考核的制度及办法，使干部管理工作有章可循，各项考核有规可依，促进干部管理工作制度化、规范化和科学化。

（三）认真落实阳光政府四项制度，推进阳光国税建设。

做好“税收·发展·民生”为主题的征文活动，在系统内大力唱响和弘扬税收工作的主旋律，营造良好的税收工作环境，促进国谐和税的建设。在继续采取多种形式贯彻落实好行政问责等四项制度的基础上，认真落实阳光政府四项制度，进一步完善科学决策、民主决策、依法决策机制，提高行政决策的透明度和公众参与度，使行政决策充分体现人民群众的意志和利益。要按照重大决策听证制度要求的内容、程序、方法认真组织实施，该听证的决策事项必须进行听证，充分听取利害关系人及社会公众和专家学者的意见和建议，使决策更加科学、合理，更有利于促进国家和怒江经济社会的发展。加大重要事项公示力度，接受人民群众监督，保障人民群众的知情权、参与权、表达权，推进权力的公开透明运行，促进行政决策的科学化和民主化。要进一步细化本级重大事项范围，明确重大事项的公示及征询意见反馈途径，及时公示相关内容，确保各项权力运行公开透明和受到监督。重大事项公示要与“两权监督”、党风廉政建设相结合，切实规范权力运行。要明确公示责任部门和监督部门，各负其责、认真履职，把国税工作置于全社会的监督之下，全面打造阳光、透明、高效、廉洁的国税机关。建立和完善重点工作通报制度，推进政务公开，提高国税机关工作的透明度，推动各项税收工作的落实，提高执行力和公信力。让社会进一步了解税收，认识国税工作，营造良好的税收环境，提高纳税遵从度，提升社会满意度。进一步明确重点工作通报内容，细化应通报事项，明确工作职责和要求，加大工作落实的督查，建立畅通的沟通渠道和内部协调配合机制，形成合力，推动工作的全面落实。进一步规范和完善政务信息查询，方便公众获取政务信息，确保应公开的信息及时予以公开，公众可以及时了解相关政务信息。要充分利用国税门户网站、新闻媒体以及各种有利于公众查询了解的方式，全方位公开各项应当公开的政务信息，并及时发布公众需求的各项政务信息。

（四）提升服务水平，创新服务理念和方式。

提升服务水平，是做好国税工作的关键，针对国税税源结构性矛盾突出，税源管理与纳税服务不到位等问题，国税机关必须牢固树立为纳税人尽最大可能提供优质高效服务理念。在服务上，各项工作应置于全州经济社会发展大局中去研究并加以落实，要把促进怒江经济发展作为全州国税机关的重要职责。一是要认真执行促进经济发展的各项税收优惠政策，培育壮大经济税源，在落实税收优惠政策时，要坚定不移地执行税收减、免、抵、退税审批限时制，集体审议制、责任追究制和税收优惠政策落实情况回访制，通过税收优惠政策的充分落实，积极营造亲商、安商、富商的良好税收环境，努力为全州经济的发展培育新的经济税源增长点，实现国税工作和怒江经济社会发展的良性互动。二是要为广大纳税人提供畅通的信息服务，不断充实国税网站功能，突出服务特色，接受社会各界和纳税人对国税工作的监督；加强国税部门与广大纳税人和社会各界的沟通与联系，及时准确公布税收政策法规，办税程序等信息；要及时拓展纳税热线服务功能，采取定期召开办税人员例会、税收知识培训会、在电视、报刊设置宣传专栏等形式推进税收政策宣传和纳税辅导，围绕纳税人关注的热点，疑点问题，针对不同的纳税人群体需求，提供共性和个性化相结合的宣传资料等服务。三是整合办税程序，加快推行“大一窗式”服务方式，简化办税手续，减少纳税人办税工作量，降低纳税成本，提高办税效率。要充分利用网络资源优势，扩展网上办税功能，积极推进网上申报缴纳方式，加快推行财、税、银、库一体化进程。四是要进一步完善办税公开制度和纳税服务承诺制度，通过公开税收政策法规和规章、工作人员岗位职责、工作纪律和廉政规定、服务时限及服务标准、办事步骤及方法、收费标准、处罚依据、处罚标准、举报电话等，同时还要大力推

行纳税服务监督评价体系建设，有效评价纳税服务工作。五是要及时提供法律援助服务。对税务违法、违规行为的投诉案件，要及时受理，有条件的应将查处工作、查处结果及时反馈给举报人，并为其保守秘密。对发生的涉税问题争议，国税机关应将救济途径如实告知纳税人，及时解决好纳税人与国税机关在征、纳税方面发生的争议，依法受理纳税人提出的涉税复议申请。

（五）加大监督力度，促进反腐倡廉工作。

扎实推进惩治和预防腐败体系建设，抓好《云南省国税系统惩治和预防腐败体系2008～2012年工作规划》实施意见和分工方案的落实。强化对《税务系统领导班子和领导干部监督管理办法》执行情况的监督；加强“两权”监督，拓展事前监督和事中监督，强化对人财物管理以及行政决策、大宗物品采购、基本建设等行政管理权运行情况的监督检查，形成全系统的监督制约体系。加大反腐倡廉宣教力度，积极构建以思想道德和职业道德为基础，以勤政廉政为基本内容，以正确行使权力、远离违法犯罪为重点，以建设和谐国税为目标的廉政文化建设新格局。加大案件查处力度，保持惩治腐败的强劲势头。深化政务公开工作，认真受理群众来信来访，坚持特邀监察员联系制度，认真做好执法监察子系统运行和维护工作，认真做好疑点数据人工核查工作，不断加大执法监督力度，继续坚持《廉政公约》的签订及回访调查，创新回访方式，拓宽监督渠道。加强信访举报查办工作，加大对各级领导干部信访件的查处力度。严格落实党风廉政建设责任制，进一步健全和完善“一把手”负总责、各部门齐抓共管、纪检监察组织协调、依靠群众参与的领导体制和工作机制。加大“四项制度”执行力度，完善明察暗访实施办法，对明察暗访的手段、内容、反馈、通报的标准进行制度化和规范化。

（六）强化税源管理 狠抓税收征管工作。

进一步强化户籍管理，完善日常巡查管理制度；加强货物劳务税管理。全面贯彻执行新增值税、消费税暂行条例及实施细则；做好增值税转型改革各项工作，确保政策落实到位；加大所得税管理力度。抓好所得税法配套政策措施的贯彻落实；与地税部门加强沟通协调，做好新办企业所得税征管范围调整工作；在实施分类管理的基础上，进一步强化重点税源企业所得税管理和服务工作，逐步实现专业化管理的要求；做好新所得税介质申报软件的推广应用，确保新税法实施后第一次汇算清缴工作顺利完成。坚持依法治税，努力创新税收执法与管理的理念和机制，认真贯彻执行《全面推进依法行政实施纲要》，将税收工作的重心转向法治导向型，严格执行税收法律法规，以建立健全内部执法监督机制为突破口，努力实现税收法制基本完备、执法行为全面规范、执法监督严密有力的目标。按照权力制衡、防范风险、信息共享的原则，建立税收执法的内控机制，深入推行税收执法责任制，严格执法过错追究，对税收执法权力运行实施过程监控，规范自由裁量权，减少执法随意性，最大限度地压缩不作为、乱作为的弹性空间。建立税收规范性文件定期清理制度，加强对税务行政审批事项的管理监督。整顿和规范税收秩序，对偷税、骗税等涉税违法行为施以重拳打击，继续保持打击制售假发票专项整治的高压态势，深入开展税收专项检查，认真贯彻落实国务院打击发票违法犯罪活动的决定，认真开展普通发票大检查，严肃和规范普通发票管理。加大税收宣传力度，做好“五五”普法工作，进一步提升全社会的税法遵从意识。

云南藏区矿产行业税源发展现状调查及对策分析

迪庆藏族自治州国家税务局局长　墨玉章

由美国次贷危机引发的全球金融危机和经济危机，对国内外经济发展造成的影响日益显现，对云南藏区迪庆的影响也不断加深、加剧，特别是对迪庆实体经济领域的四大支柱产业持续、快速、健康发展造成了较大影响。矿产品价格下挫，尤其是铜、铁、铅、锌等金属矿价低迷，国内制造业的萎缩，加工业的停工、停产，对金属原材料和电力的需求急剧下降，对迪庆培育矿电支柱产业造成很大困难。而所有这些“连锁反应”在税收领域，则表现成为税源萎缩、潜力压缩、增幅放缓。国税部门如何认清形势、沉着应对、增强信心，与矿产企业一起克服困难、抓住机遇、确保增收，成为近期迪庆税收工作的重点。

一、矿产资源储量及分布情况

迪庆地处全国著名的“三江成矿带”，矿产资源十分丰富。截至2008年底，境内已探明和发现各类金属矿17种，非金属矿20种，矿床（点）300多处。其中铜、铍矿资源量在省内居首位，钨、钼矿资源量居省内第二位，锑及铅锌分别居省内第三、第四位，非金属矿中的普通萤石和石膏矿资源储量位居省内第一位，水泥用泥岩、大理岩、蛇纹岩及石棉等矿产资源储量在省内名列前茅。从资源分布情况看，优势矿产分布比较集中，有利于规模化、集中化开发。铜资源集中于格咱普朗、红山和羊拉里农及周边，现已探明铜金属储量600多万吨，远景储量可达1000万金属吨以上，有望成为我国重要的铜原料基地；钨、铍、钼矿资源集中于虎跳峡镇麻花坪矿区和格咱休瓦楚矿区，现已探明钨、铍储量10万吨，钼矿2万多吨；铁矿资源主要集中在维西县楚格咱、庆福、菖蒲塘以及德钦县的佛山江坡等矿区，铁资源已探明储量近10000万吨；铅锌矿主要集中于德钦县的里仁卡、南左和维西县的康普以及香格里拉县金江安乐等矿区，探明储量300多万吨；石膏矿集中于维西石膏坡和德钦巴美两个大型矿区，储量可达90000万吨以上。

二、矿产行业生产经营情况

截至2008年底，全州共设置能源矿采矿权2个，金属矿采矿权31个，非金属矿采矿权44个，成立矿产企业95户，其中金属矿矿业企业45户，非金属矿矿业企业50户。主要开发利用铜、铁、铅、锌、钨、锑、铍、钼、砖瓦黏土等18种矿产资源。2008年，全州产值在10000万以上的矿产企业包括：神川矿业公司、佛山江坡铁矿、羊拉里农铜矿、鑫达公司菖蒲塘铁矿、开发区鑫源铁合金厂、开发区昆钢铁合金厂；产值在2000万元以上10000万元以下的企业为：光华冶金炉料厂、新联金江选矿厂、雪鸡坪铜矿厂、鸿达水泥厂、虎跳峡钨矿厂、希达公司庆福铁矿厂。在矿业总产值中，香格里拉县实现38072万元，占24%；德钦县实现40305万元，占26%；经济开发区实现38130万元，占24%。矿产业开发逐步形成规模，已成为全州区域经济新的支撑点。

三、2008年矿产行业税费实现情况

2008年，全州国税系统征收矿产行业增值税7110万元、企业所得税2156万元；地税系统征收矿产行业营业税2670万元、企业所得税747万元、个人所得税471万元、附加费213万元、资源税1749万元；其他部门征收矿产资源有偿使用费、补偿费等5205万元，矿产企业配套地方基础设施项目资金4074万元。矿产行业税费已成为各级财政收入的重要源泉，为云南藏区经济发展提供了强有力的财政支持。

四、迪庆矿产行业税源培植工作中存在的主要问题及对地方政府的几点建议

（一）交通、电力、通讯等基础设施仍然滞后，地方政府应加大投入力度，不断改善矿产业开发条件。目前丽江至香格里拉的铁路尚未开工，航空运力不足，矿产品运输主要靠公路，但迪庆公路等级低、通达能力差，特别是大、中桥梁不仅承载力低，且危桥多，大吨位车辆不能通过，晴通雨阻的现象时有发生。迪庆水电开发刚起步，加之电网建设滞后，供电保障率和供电质量有待进一步提高，矿电产业的结合度不强，很多矿山远离公路和村庄，电力和通讯难以覆盖，信息闭塞，矿业开发成本高。如：香格里拉康特钼矿厂，生产厂区在4600米以上的季节性雪山上，全年近5个月的时间里，唯一通往厂区的简易公路会被大雪封盖，无法正常生产营运。地方应积极争取各级政府的基础设施投入资金，整合矿业企业在基础设施方面的投资，加大境内交通、通讯、电力等基础设施的投入力度，为矿产业创造更加便捷、高效的开发条件。

（二）矿产资源勘查程度低，情况不明，应加大政府主导的探矿工作力度。迪庆矿产资源得天独厚，开发潜力巨大，但由于历史上体制、机制和制度的原因，地勘资金投入极少，许多矿山停留在普查阶段，真正有详细资料和上省储量评审表的区块不多，大量与探矿有关的信息还未得到查证，矿产业的持续发展缺乏详实的资源保障，同时也给迪庆制定矿产资源规划、矿产业发展规划带来了诸多不确定性因素。地方政府要充分把握当前国家加大地质勘查工作人力、物力、财力投入力度和矿业市场地勘资源积极活跃的有利时机，利用好迪庆广阔的探矿空间，发挥政府、地勘单位、企业等各方面的积极性，形成多渠道资金投入地质勘查的机制，推进政府主导的探矿工作，摸清资源家底，为区域经济发展服务，给矿产业的持续发展注入强劲的资源供给能力。

（三）政府难以主张矿产资源所有者权益，应增强政府主导矿业市场的能力。矿产资源属于国家所有，州人民政府行使迪庆境内矿产资源的所有权，主张矿产资源所有者权益。2002年以来，除建筑用砂、石、泥等矿种的矿业权由州、县国土资源局审批外，其他矿种矿业权全部上划到省和国家审批，制约了地方政府用行政手段和法律手段管控矿业市场的能力，而保护与开发的矛盾和对矿业市场的监管责任却留给了地方人民政府。在现有体制下，州县政府只有建立健全矿产业管理机制，充分应用经济手段来掌控矿业市场，才能有效的主导矿产业的发展。政府只有管控了矿业市场，才能主导权益分配，也才能主导矿业发展中当地群众、政府、开发商之间的利益分配，实现矿业经济效益、社会效益和生态效益的最大化。

（四）迪庆承担着保护生态和跨越发展、长治久安的双重任务，应以科学发展观为指导，适度有序地开发矿产资源。迪庆州地处长江、澜沧江中上游，是广大下游地区和周边邻国的重要生态屏障，脆弱的生态环境给矿产业开发带来了极大的压力，而且境内70%以上的区域被列为“三江并流”世界自然遗产地和县级、州级、省级、国家级自然保护区，大部分矿产资源集中在遗产地和保护区内，极大地限制了境内矿产资源的可开发利用空间（如普朗铜矿、楚格咱铁矿），许多已登记注册的企业无法正常生产经营。应该以科学发展观为指导，本着保护与开发并重的原则，在政府主导下通过严格执行行业准入条件、环境保护标准、安全生产要求和提高市场准入条件、限定生产规模等手段，高标准、严要求地规划布局迪庆州的矿业企业。同时，积极争取国家产业政策的支持，走科技含量高、经济效益好、资源消耗低、环境污染小、本地人力资源得到充分利用的绿色矿业道路，做到生态建设产业化，产业发展生态化，积极培育矿业支柱产业，增强区域经济实力。

（五）涉矿企业多、小、散、弱、乱情况长期存在，矿产业效益低下，资源浪费严重，应整合现有矿业资源，才能确保迪庆矿产业又好又快发展。迪庆矿产业虽然得到了长足发展，但是到2008年底，境内2.387万平方公里的土地上，已有3311平方公里设置了探矿权，有矿业企业95户，年产值在2000万元以上的仅有12户，年产值10000万元以上的仅有6户。涉矿企业长期存在的多、小、散、弱、乱现象，为私挖滥采、无证探采、以采代探、持证不探、持证不采、非法倒卖矿业权等违法行为留下较大空间，造成了涉矿税费的大量流失，给整顿和规范矿产资源开发秩序及安全生产监管等工作带来了很多困难。部分选矿和冶炼企业没有矿产资源支撑，随意收购非法开采的矿产品，导致群采滥挖现象屡禁不止。有些采矿企业没有矿山储量报告和开发利用方案，盲目生产，无序开采。加之，现有大部分涉矿企业布局不合理，生产工艺落后，普遍存在采富弃贫，浪费资源，破坏生态，污染环境等现象。应该说，矿业发展很快，但经营粗放，综合效益较为低下，应引起各级政府高度重视。要解决好这一问题，政府必须加大对矿产业开发工作的领导，把此次金融危机作为调整矿产业结构，优化矿业布局，提高矿产业运行质量和效益的机遇，遵循矿产业发展规律，发挥政府管控矿产业市场的作用，按照“有序有偿、供需平衡、结构优化，集约高效”的原则，统筹辖区内的矿产业开发，规范矿产业生产经营秩序。坚决打击圈占矿产资源、倒卖矿权、无证探采、违法转让、越界开矿、以采代探等违法违纪行为，扶持探、采、选、冶、深加工一体化的矿业龙头企业来引领矿产业市场，切实维护矿产资源国家所有权，实现矿产资源国家所有者权益和当地群众利益的最大化。同时，创建公平、公开、便捷、高效、廉洁地经济管理和矿产业投资服务体系，积极营造亲商、安商、扶商的矿产业投资环境，加大招商引资力度，选择资金、技术、人才、管理较为强势的优势企业来开发迪庆的矿产资源，鼓励风险性、商业性矿产地质勘查，争取各种渠道的资金投入迪庆矿产业开发，做大做强迪庆矿产业。

（六）矿产业链条短，产品附加值低，应加大冶炼深加工企业的培育力度，不断提高矿产资源的综合开发利用水平。位于香格里拉经济开发区国税局辖区内的鑫源铁合金厂、昆钢铁合金厂、光华冶金炉料厂、昆钢维西铁合金厂等5户冶炼企业是主要原料在外、产品销售在外的矿业企业，2008年产值合计为40987万元，占全州矿业产值的26.2%，开发区锌业公司年产值为99万元，占全州矿业产值的0.06%，占全州锌产品产值的1.6%。目前，州内铁矿产品全部以原矿销往州外，铜矿产品全部以25%左右品位的粗精矿销往州外，铅锌矿产品以原矿40%、粗精矿60%的比例销往州外。应该说，迪庆金属矿产品的98%以上是以原矿或粗精矿进入州外市场的，极大的增值空间留给了别人。政府部门应结合矿产资源开发整合工作，加大对现有26个选矿厂、5个冶炼厂的整合力度，以香格里拉工业园区为载体，加快推进开发区迪庆铜冶炼厂、精氧化锌厂和维西攀天阁铁冶厂等项目，积极培育铜、铁、铅锌等优势矿产资源的冶炼和深加工企业，逐步做到原矿和粗精矿不出州，延长矿业链，提高金属矿产品附加值。通过延伸矿产业链条，争取在矿产业经济回升后，实现矿产资源开发从粗放型向集约型转变，确保资源综合、有序、有偿、高效的利用，使迪庆矿产业的综合经济效益不断提高，在同行业中的竞争能力不断增强。

五、矿产行业税收增收潜力较大，应利用好税收杠杆，加大科学化、精细化税收征管，确保国家税收足额入库。

矿产行业既是迪庆州重点税源及税源新的增长点，又是税收征管工作中的难点。如何抓住国家恢复经济增长和区域经济快速发展的大好机遇，强化矿产行业税收征管，促进行业的健康、持续、快速发展，是我们亟待深入研究和解决的课题。

（一）矿产行业征收管理中存在的主要问题。

由于矿产资源的特殊性，税源控管十分困难，目前迪庆州矿产采选行业税收管理中主要存在“四难”。一是税源监控难。矿山开采企业大多处在乡镇大山深沟中，没有税收管理员驻留，只能实行定期巡查，监控力度过小，不能及时发现税源管理中的问题。二是发票管理难。由于矿产资源处在山上地下，开采地是天然仓库，开采的原矿大多是运到销售地过磅、结账，再加上矿山开采企业大部分都是私营企业，开采出来的原矿并不是直接卖到加工企业，中间经过了很多的销售环节，给税务部门日常检查带来了困难。对于税务机关要求的建立账簿，企业要么没有建立，要么建了账，账簿也不健全。而税务部门只能对纳税人开票部分收入实施监控，对于未开票部分，几乎无法控管，容易造成税收流失。三是部门协作难。迪庆州矿产资源开发，大部分是以招商引资的名义进入的，监管部门在履行职责上各行其道，单打独斗，各顾一端。各部门信息不能共享，口径不能一致，没有形成相互协作，彼此沟通的机制。致使税务机关在调查纳税人信息时得不到及时、准确的资料，给税款征缴造成困难。四是纳税评估难。对矿产企业开展纳税评估，主要从以下指标入手：每吨炸药开采矿石量、每吨原矿浮选所耗药剂量、每吨原矿球磨机所耗电量及预估销售收入。但因矿石储藏量不稳定、矿石品位分布不均匀、生产设备五花八门、国际金属市场价格波动较大等原因，这样就给我们税务机关准确进行纳税评估造成了很大的困难。

（二）加强矿产行业税收征管的几点对策

税收科学化、精细化管理就是要从实际出发，积极探索和掌握征管工作规律，不断完善征管体制，从大处着眼，从小事入手，把工作做实、做细；就是要按照严谨、细致、深入的要求，抓住税收征管薄弱环节，有针对性地采取措施，克服管理粗放种种弊端，强化税源管理、优化纳税服务，确保税收征管质量和效率不断提高，为此，应结合迪庆矿产业发展实际，积极采取措施加强矿产企业税收管理。

一是要加强纳税评估。税源管理部门应深入调查，找出矿产行业税收管理的内在规律，确定主、辅指标，根据企业产、销、存情况及矿产市场价格变动情况等，合理划分管理类型，采取人机结合的办法，强化纳税评估。评估模型可以采用：电费成本模型、工资成本模型、"三炸物资"成本模型、矿产资源费模型、运费成本模型、以产推销模型、以能推产模型等。运用这些模型，根据行业平均电耗、工资运费等指标与具体企业的实际指标相比较，发现异常情况，及时检查。严格执行增值税纳税评估办法，对矿产企业逐户进行评估，对达不到最低预警值的，查明原因，及时处理。对证照齐全且达到一般纳税人标准的，严格按照标准认定为一般纳税人。

二是严格以票控税。税源管理部门对已认定为一般纳税人的矿产企业，要合理核定其发票使用种类和数量，控制使用和结存数量，预防发票违章行为的发生。对发生欠税和其他违反税收法律、法规的行为，应及时做出处理决定，并根据《中华人民共和国税收征收管理法》第七十二条规定收缴或停供发票。

三是强化部门协作。与地税、公安、工商、环保、国土、经贸、安全生产等单位加强信息沟通，积极利用第三方信息平台，实现信息共享。通过炸药用量，用电量等参考数据准确掌握企业开采经营情况。加强与各部门联系协调和信息交换，及时掌握企业生产、销售等涉税信息，建立完整、准确、连续、及时的税收征管指标参数体系。

四是加大税法宣传，密切税企联系。建立和完善重点税源联系制度，通过发放税收管理员联系卡，加强针对性的税法宣传和税收财务辅导，定期召开矿山企业法人代表和办税（财会）人员参加的座谈会，发放有关税收法律、法规方面的资料，讲解税务机关、纳税人各自享有的权利和应尽的义务，不断提高纳税人（办税人员）依法纳税意识和办税能力。强化税收管理员制度，发挥税收管理员职能，建立良好的税企沟通平台，进一步融洽征纳关系，优化纳税服务，促进征管的精细化、科学化。

总结今年　谋划明年　促进临沧国税事业和谐发展

临沧市国家税务局局长　杨毅力

2009年是临沧经济社会和国税工作发展面临巨大挑战的一年。年初，市局党组在认真学习领会全省国税工作会议精神和深入调研、广泛征求干部职工意见建议的基础上，提出了明确的工作思路、工作目标和九项工作重点。全市国税系统强信心，迎挑战，紧紧围绕"强化税源管理，优化纳税服务"两大工作主题，抓创新、抓重点、抓落实，以创新的手段破解发展难题，以突出重点推进整体发展，以有力的落实保证各项工作任务的完成。总的来讲，2009年，全系统干部职工付出了巨大努力，工作体现了临沧的特色、特点，部分工作还有创新、有亮点，基本实现了市局党组提出的工作目标和要求。

一、全年目标任务基本实现

（一）组织收入工作实现"两个目标"。

一是税源变化情况"说得清、道得明"。市、县（区）局以"说得清、道得明"为标准，将工作做深、做实、做细，采取"调研+分析"的方法，根据组织收入工作进度和情况，经常深入基层、企业掌握第一手资料，综合运用多种方法开展数据分析，对问题和困难实施上下左右会诊分析，进一步强化了对组织收入进度、税源变化情况的监控，进一步提高了判断税收收入形势的能力。同时，积极主动向党委政府汇报情况，以准确的数据、详实的分析、科学的判断为政府决策服务。二是做到了应收尽收。在坚持组织收入原则的前提下，组织收入工作措施具体，方法得当。通过"百户企业"管理强化了重点税源管理；通过开展专题纳税辅导，优化了服务，落实了税收政策，增加了税收收入；通过开展专项稽查和重点检查，整顿了税收秩序，治理了税收环境。

（二）政策落实到位，税收调节作用充分发挥。

2009年是税收政策和税收管理调整较大的一年。虽然组织收入任务吃紧，但全系统始终把贯彻落实好以增值税转型和消费税政策调整为主要内容的一系列税收政策，作为国税部门为经济社会发展服务，发挥税收调节经济职能作用的重要工作来抓。通过采取领导深入调研，抓系统内外学习培训，调整相关管理，抓新老政策衔接，强化日常审核管理和辅导检查，抓政策执行等措施，保证了税收政策及时、准确贯彻落实到相关纳税人；保证了政策效应的有效发挥。2009 年，通过落实增值税转型等一系列政策，减收国税收入 5829 万元，有力支持了实体经济发展。

（三）税收管理工作进一步加强。

管理是基础，是工作质量和成效的保障。2009 年，结合机构改革的实施和管理理念的引入、借鉴，对管理什么、如何管理等根本性问题进行了认真思考和有益的探索尝试，取得了一定成效。

1. 在完善体制机制方面：一是完善了市局机关工作机制。以机构改革为契机，以“进一步明确主要负责人的责任，使部门负责人管理有据；进一步扩展主要负责人的职责范围，做到全盘把握；进一步规范主要负责人的职责内容，特别是公共管理部分，做到标准统一；进一步突出主要负责人对重点工作的把握和组织，发挥领导作用”为总体思路，健全和完善部门岗责体系，使机构设置、岗位责任、工作流程三者有机衔接。二是在临翔区局开展了“理顺内外关系，优化办税流程，规范内部管理，提升服务方式，做好税源管理和优化服务两篇文章”的征管试点工作。以对部门机构和岗位的设置进行合理调整，细化和明确部门职能和岗位职责为突破口；以按照管理服务工作的发展需求，减轻一线管理工作压力，降低纳税成本，有效解决管理员出门难和纳税人办税多头跑的问题为切入点，重新修订岗责体系，完成了 26 项征管业务流程修改和简化优化工作，并完善了岗位考核办法。三是部分单位在业务重组、人力资源整合方面进行了大胆的探索。如：耿马县局探索实施的“大税政大征管”模式，将现行税政、征管、分局的干部进行统筹安排，对干部的岗责进行重新明确和优化，由县局分管领导根据工作任务进行统筹协调和分配调度，将县局由原来纯粹的管理机关变为直接参与管理的一线部门，既压缩管理层次，实现扁平化管理，又实现了对全局人力资源、管理资源的有效整合和优化。

2. 在强化税收征管方面：一是以强化纳税评估和稽查提升管理。各税种管理部门结合上级安排，开展了一系列的专项、专题纳税评估和自查督导，同时，稽查部门认真开展专项检查、分级分类稽查和对房地产企业的重点检查，及时发现和纠正了一些问题，以评促管、以查促管的作用不断显现。2009 年，全市共检查纳税户 83 户，查补收入总额 1510.61 万元，占全市同期税收收入总额的 2.54%。二是依托信息技术提升管理。如：凤庆县局立足现有装备和技术力量搭建信息技术平台，在确保综合征管软件正常运行的同时，将各系统信息数据再加工再利用以提高运用水平，推动了税收管理科学化、精细化、专业化。三是以数据分析运用提升管理。如：双江县局根据投入产出法，对各行业投入产出率、煤耗、电耗、包装物耗用等指标，科学、合理设置预警值，对企业投入与产成品进行分析比对，对企业的纳税申报准确性作出判断，及时发现疑点问题，有针对性地对企业进行辅导。四是积极发挥主观能动作用提升管理。如：凤庆县局开发了税务工商信息交换小软件，对税务登记与工商登记信息进行自动比对分析，加强了户籍管理；沧源县局对药品销售行业和木材加工业，采取到医保中心、林业部门提取相关数据后进行比对，对税源实现了有效监控等。

（四）专题纳税辅导起到了提升服务、促进和谐的作用。

全系统通过以“百户企业”管理及专题纳税辅导为载体开展服务，切实做到了严格执法与优化服务的有机统一，达到了“税收不流失，企业不违规”的目的。通过对“百户企业”开展专题纳税辅导，查补税收 864.38 万元，其中大部分是由企业自行纠正，在账务上作进项税转出等业务处理，避免了税务机关进企业就查、查出问题就罚的简单工作方式方法带来的矛盾和问题，也避免了税务机关直接以评估、稽查方式开展工作发现问题而不作相应处罚所带来的执法风险。

（五）队伍建设进一步巩固和提高。

一是以市局机关为龙头，在全系统扎实开展深入学习实践科学发展观活动。通过将学习实践活动贯穿于税收工作的全过程，突出抓好领导班子和党员干部这个重点，做好“规定动作”和“自选动作”。二是实施绩效考核。以目标管理、党风廉政建设、社会治安综合治理、全年工作落实、“百户企业”管理、专题纳税辅导、深入学习实践科学发展观活动、完善岗责体系、信息、企业所得税预征率、稽查、党组理论学习中心组学习开展情况和党建工作等 13 项重点工作为考核内容，对县（区）局领导班子及成员实施绩效考核。三是加强党风廉政建设。层层落实党风廉政建设责任制，加强对行政问责等“四项制度”的监督检查力度，开展明察暗访，纠正和解决存在的个别问题。

（六）国税文化建设初见成效。

2009 年，以“诚信和谐、开拓创新”为核心理念的临沧国税文化建设进一步发展，展现了其作用和成效。一是文化建设丰富多彩。全系统以庆祝建国 60 周年为契机，开展了文艺汇演、歌咏晚会、在《云南国税》开设《临沧专版》等系列文化活动。二是文化的宣传作用得到进一步体现。10 月 24 日，在临沧市沧江园举办了以“庆祖国华诞，展国税风采”为主题的摄影、书画展览，有力地宣传和展示了临沧国税文化建设成果、临沧国税部门形象和临沧国税干部风采。三是积极编写《临沧市国税系统工作人员行为规则》。对规范和引导全市国税系统干部职工的接人待物、言行举止将起到积极作用。

二、正视存在的问题

（一）关于思路的问题。

当前存在的主要问题就是：部分单位领导干部不认真学习领会上级精神要求、不能把握发展规律、不善于学习借鉴、不清楚自身优势和存在的问题，工作思路仍然停留在上级安排什么就做什么、党委政府要求什么就抓什么的被动层面上，工作缺乏预见性、主动性，做事心中无数，抓不住重点、管不住要害，其结果就是见子打子，顾此失彼，疲于应付，没有成效。

（二）关于落实力的问题。

市局每年都提出清晰的工作思路、具体的工作措施，但是在不同的单位其执行结果大不相同。显然，差距在落实上。一是存在不愿意在“具体”和“深入”上动脑筋、下功夫的问题。常常是以会议落实会议，以文件落实文件，按部就班多、开拓创新少，等靠思想多，主动开展少。二是存在拖沓、应付的现象。工作没有时间观念和效率观念，科学统筹的能力不强，缺乏一种坚韧不拔、奋发有为的精神状态。在责任面前，拈轻怕重、避重就轻；在问题面前，强调客观，不找自身原因，不思改进。

（三）关于带队伍的问题。

国税事业的发展进步，关键是带出一支政治过硬、业务熟练、作风优良、纪律严明的干部队伍。但在现实工作中，部分领导没有从如何带好队伍的根本上去思考、去研究，没有形成从思想政治工作、激励考核机制、技能培训、共同价值观的教育和培养等多角度、全方位共同发挥作用来带队伍的体系，把带队伍简单的看成就是严格考核或者是保证干部不出问题等，导致干部队伍工作热情不高，素质不适应国税工作发展的要求，大局意识、责任意识、集体观念不强，凝聚力、战斗力弱等问题长期得不到很好地解决。

（四）关于发挥集体智慧的问题。

集合个体的优势，形成团队的智慧和合力，发挥团队的作用，是推进工作发展的重要方法。通过把大家的智慧集中起来，从而产生“1+1>2”的效果。而有的领导干部不仅个人没有作为，同时，也不注重总结和借鉴好的经验和做法、好的技术和手段，看不到干部职工的创新和努力，听不进干部职工合理的意见建议，工作开展想当然、凭经验、老一套，致使工作缺乏创新、没有发展。

三、理清思路，谋划 2010 年工作

2010 年是承接“十一五”，开启“十二五”的关键之年。

初步思路：文化牵引，精税重德；服务基层，着力基础；抓住重点，突破难点，逐步实现管理工作的制度化、标准化、规范化

“文化牵引，精税重德”，就是以“人”为切入点，从管理的层面（包括税收管理和行政管理）上看，应该在全市国税系统全面推行文化管理；从“人”的层面上看（包括各级领导和一般干部），应该全面增强税收知识和职业道德素养。

“服务基层，着力基础”，就是要以“管理”为切入点，使管理重心向基层转移，通过不断夯实管理基础，推动管理工作又好又快发展。

“抓住重点，突破难点”，其要义在于锁定主要工作目标，通过推动重点工作落实，解决工作中的突出问题，实现国税工作全面协调发展。

按照哲学的说法，工作重点就是主要矛盾。解决了主要矛盾，也就实现了工作质的飞跃与发展。

国税工作的首要矛盾是人的问题。这也是全国、全省、全市的共性问题。具体表现在：人力资源不足、人力资源老化、高素质人力资源匮乏而且分布不平衡等方面。以临沧市国税系统来说，无论是市局机关，还是县（区）局基层，都感到人员不足，不断向上要人。按照国家机关现行的进人制度，国税部门要像八九十年代那样大量补充人员，完全是不现实的。有鉴于此，怎样科学、合理调配现有人员，提高队伍的综合素质，适应国税工作发展，就是抓住了人的问题这一主要矛盾。正如80年代流行的一句名言“学府门外同样能造就栋梁之才”，只要各级领导干部把学习教育引导工作做扎实了，一样能够在现有人员中培养出各类专业人才。如：我市在计算机专业人才方面，就涌现出了一批“土专家”，不但解决了本单位信息化建设对计算机人才的燃眉之急，还主动开发出了一批小软件，带动了本单位学习计算机知识和操作技能的热潮；在税收专业人才方面，有的干部在全市国税系统率先通过了全国统一的注册税务师资格考试，成为名副其实的税收工作行家里手。列举的这些干部，年龄都在40岁以上，都是80年代中后期参加税收工作，实际上只有高中或中专学历（不算函授学习），与大多数干部的基础素质、工作环境和工作压力基本相同，但他们能够脱颖而出，成为工作学习中的佼佼者。这个现象不但值得各级领导干部认真研究，更应该成为年轻干部深入思考的重要内容。又如，在国税文化建设上，我们没有专门的艺术人才，但有的县就能够积极采取“送出去学习，请进来培训，领导带头实践，打造文化平台”的方法，为展现国税风采发挥了重要作用，这些努力和尝试，值得市局和其他县（区）局学习和借鉴。

其次是管理体制方面的问题。随着全球经济一体化、多样化的不断发展，我国的税收管理体制也在不断深化。从宏观上看，总局、省局根据税收工作发展趋势，设计出相应的管理模式。比如按照大企业管理、提升税收服务的要求，设置了大企业管理机构和税收服务机构。应该说，这些改革体现了与时俱进，也为税收管理科学化、精细化、专业化创造了条件。但是，这些税收管理体制的设计是站在全国、全省的高度，落实到州市局特别是县（区）局，就会出现一定的

"水土不服"。考虑各种因素，市局对市局科室以及县（区）局的股室设置，在按照省局的改革方案落实的基础上，赋予了县（区）局较大的权限与空间。也就是说，无论挂几块"牌子"，都要保证正常的工作秩序和运转。在这样的背景下，部分县局作起了管理体制改革的文章，如耿马按照管理实际，率先实行"大征管"管理改革，随后，双江、凤庆也按照类似方法积极探索征管改革，也较好地完善了税收征管。这样的改革尝试是值得肯定的。同时，也说明这些县局抓住了税收征管体制改革的主要矛盾。

第三是信息技术应用方面的问题。按照新型税收征管模式，信息技术是税收工作的重要载体，不但要全面覆盖税收征管，还要全面覆盖行政管理。为此，从金税二期工程开始，总局、省局陆续推行各种应用软件，并搭建了连接总局、省局、市局、县（区）局的信息网络，税收管理信息水平不断提高。从我市的情况看，还存在着一些矛盾和问题：一是综合征管软件功能与需求存在一定不足，而且没有修改授权。二是部分干部对综合征管软件不熟悉，应用水平较低。如：对于自主开发小软件（或者叫做"外围软件"），市局一直予以鼓励和支持，市局和部分县（区）局开发的四个小软件，也得到了省局领导的肯定。但"墙内开花墙外香"，在各县（区）局推广不理想，倒是在外州市得到全面推广，受到了其他州市干部的广泛好评。究其原因，根本的还是思想认识问题，只有解决思想问题，才是解决信息技术应用问题的基本立足点和着力点。

"逐步实现管理工作的制度化、标准化、规范化"，就是以"规矩"绘制"方圆"，一切按制度办事，办好事，办成事。但从制度建设的层面看，也还存在着一些问题。一方面，我们的制度不是太少，而是太多了。具体是哪些制度？没有人可以脱口而出。而另一方面，我们的制度不是太多，而是太少。有的时候，我们进行工作检查、考核甚至查处违纪行为，竟然找不到具体的工作制度或相应条款。这说明我们制度建设还处在低层次，加强和完善制度建设任重而道远。首先必须对现有的各种制度进行大整合。整合必须伤筋动骨，通过认真筛选、甄别，该废止的要废止，该完善的要完善，该归并的要归并，从而形成一套既符合工作实际，又具有科学、合理性和可操作性的制度体系。同时，还要按照"持续改进"的要求，适时对制度进行补充完善。其次，要坚持"一切按制度办事"。在实际工作中，制度不落实或落实不到位的问题还在一定程度上存在。一方面，部分干部包括领导干部执行制度的意识不强，工作作风不扎实。比如说下基层，有的领导干部蜻蜓点水，满足于走一走，看一看；有的税收管理员工作长期缺位，甚至连纳税人的基本情况都不掌握。另一方面，落实制度的能力存在不足。部分干部包括领导干部，主观上希望做好工作，但是完成工作的思路窄、办法少，最终导致工作制度落实不到位。因此，要营造良好的工作氛围，就必须以制度建设为基础，以提高制度的执行力为抓手，将全体干部对制度的认识从"他律"转向"自律"，从对制度的敬畏，转化为内心对制度的认可，才能真正实现管理工作的制度化、标准化、规范化。

优秀论文

我国增值税转型改革对云南—东盟自由贸易的影响研究

云南省国家税务局课题组

按：胡锦涛总书记2009年7月在滇考察时作出了"使云南成为我国面向西南开放的重要桥头堡"的重大战略部署。这是党中央、国务院站在全球经济发展的高度和我国新时期对外开放格局优化上提出的新的战略方针，给云南对外开放、加快发展带来了千载难逢的重要战略机遇期。为认真贯彻落实总书记的重要指示精神，云南省国家税务局按照省委省政府的要求，结合云南经济税源特点趋势，从税收征管服务于地方经济社会发展，服务于加快云南"桥头堡"建设的角度，开展了一系列调查、研究。现将研究成果——"发挥税收职能作用与促进云南经济社会发展"专题分期摘送，供参考。

一、我国增值税制转型改革后与东盟各国相关税制的比较分析

从2009年1月1日起我国全面实施了增值税转型改革，增值税从生产型转型为消费型，允许企业抵扣新购入设备所含的增值税，取消进口设备免征增值税和外商投资企业采购国产设备增值税退税政策，将小规模纳税人的增值税征收率由原来的6%统一调低至3%，将矿产品增值税税率恢复到17%。转型改革后，增值税税收收入虽然有所下降，但仍然是我国税收收入的第一大来源。

在东盟10个成员国中，目前实行增值税的国家中，只有印度尼西亚实行生产型增值税，泰国、越南、菲律宾和柬埔寨实行的是消费型增值税，新加坡和马来西亚实行的是类似增值税税种，老挝预备在明年实行消费型增值税。可见消费型增值税是东盟各国增值税的主要类型。东盟各国的税制结构见表1所示。

表1 东盟各国税制情况表

国家名称	税制结构	主要税种	增值税及其税率
新加坡	以所得税为主的单一税制	公司所得税、个人所得税、商品和劳务税等	无增值税，但实行类似增值税的商品和劳务税，现行普通税率为5%
泰国	以流转税和所得税为主的双主体税制	增值税、消费税、关税、公司所得税和个人所得税等。	实行消费型增值税，现行普通税率为7%。
马来西亚	以所得税为主的单一税制	公司所得税、个人所得税、销售税、服务税、关税等。	无增值税，但计划将销售税和服务税合并为具有增值税性质的商品劳务税。
越南	以流转税和所得税为主的双主体税制	增值税、消费税、关税、公司所得税和个人所得税等。	实行消费型增值税，现行标准税率为10%。
菲律宾	以所得税为主体税制	公司所得税、个人所得税、增值税、消费税和关税等。	实行消费型增值税，现行基本税率为10%。
印度尼西亚	以流转税和所得税为主的双主体税制	增值税、奢侈品销售税、公司所得税、个人所得税等。	实行生产型增值税，现行基本税率为10%。
文莱	以所得税为主体税制	公司所得税、自然资源税、土地和财产税、印花税等。	无增值税，也没有类似增值税税种。
柬埔寨	以流转税和所得税为主的双主体税制	公司所得税、个人所得税、增值税、印花税、关税等。	实行消费型增值税，现行基本税率为10%。
缅甸	以流转税和所得税为主的双主体税制	所得税、商业税和关税等。	无增值税，也没有类似增值税税种。
老挝	以流转税和所得税为主的双主体税制	公司所得税、个人所得税、营业税、消费税、增值税、关税等。	无增值税，但政府决定从2010年1月1日起实行消费型增值税。

资料来源：根据各国税法汇总整理而成。

对比分析中国与东盟国家税制结构。从占总税收收入比重的角度看，越南和中国占比最大的税种是流转税，分别为56.8%和63.5%（2007年），而增值税占流转税比重分别为45.76%和68.71%；2007年泰国流转税占税收比重为50.02%，增值税就占流转税收入比重的51.56%。从东盟国家近几年税收收入情况看，增值税在流转税中占有相当大的比重，这表明增值税是东盟各国的重要税种，是国家财政收入的重要组成部分。新加坡、马来西亚这些没有实行增值税的国家，也有类似增值税的税种，并且也占据着比较重要的地位。

从税率的高低来看，东盟实行增值税（其中印尼实施生产型增值税）的国家有6个，平均税率为9.3%，我国增值税标准税率为17%，新加坡标准税率仅为5%，最高与最低之间相差12%。

这次我国增值税改革并未调整标准税率，仅降低了小规模纳税人的征收率以及营业税的税率，这一措施与东盟许多国家直接对金融业、保险业、不动产租赁业，以及对一些小规模经营者免税相比，影响了中国产品的国际竞争力，国内企业仍然处于间接的竞争劣势。

从税基来看，我国此次实施的增值税转型改革允许企业抵扣新购入设备所含的增值税，有其激励企

业扩大再生产和技术革新的作用，同时也和东盟大多数国家的增值税制度接轨，缓解了因抵扣不完全造成的差异。但另一方面，由于我国目前实施的增值税征税范围只限于货物的销售和加工、修理修配等应税劳务，并未对所有的流转环节开征，参与抵扣的固定资产，尚不包含不动产和无形资产。税基差异大，阻碍着商品的流动，对自由贸易带来不利影响。

虽然中国—东盟自由贸易区建设不像欧盟那样以制度性统合来推进，而是开放性的，以功能发展来驱动的，各个国家在包括税制在内的多个方面坚持“求同存异，互不干涉内政”（刘馨颖，2007）。同时，这次增值税转型改革在实现与国际接轨，缩小与东盟国家流转税差异上迈出了根本性的步伐。但随着《中国与东盟全面经济合作框架协议》以及“早期收获”方案的实施，关税壁垒的消除，中国与东盟之间生产要素的流动将日趋频繁，因国内税制差异而造成的税收障碍也将日益突出的问题不容忽视。

二、我国增值税转型改革对云南—东盟自由贸易的影响分析

（一）云南—东盟自由贸易总量及规模分析。

2002年云南与东盟进出口贸易总额8.24亿美元，而2007年达到了29.79亿美元，6年增长近2.6倍，2007年云南与东盟的双边贸易总额比2006年增长37%，贸易顺差达到13.71亿美元，增长强劲。在面对这次百年不遇的金融危机，所导致东盟市场出现需求低迷的特殊历史时期，2008年云南省对东盟进出口额达27.64亿美元。云南省与东盟的贸易总额占云南总的对外贸易总额大约在30%~40%之间，占比很大，东盟已经成为云南省最重要的对外贸易伙伴。

但同时，我们也要看到云南省与东盟的贸易总额从全国来看处于较低的水平，2008年中国—东盟实现贸易总额达2311.17亿美元，同期云南与东盟实现贸易总额27.64亿美元，占中国—东盟双边贸易总额的1.2%，比重极小。

2009年上半年，云南省实现进出口贸易总额29.18亿美元，比去年同期下降45.6%，出口16.91亿美元，比去年同期下降34.4%，进口12.27亿美元，比去年同期下降56.0%。其中云南省对东盟实现进出口贸易总额达12.94亿美元，占全省上半年进出口总额的44.3%，与东盟的进出口贸易总额仅比上年同期下降5.4%，出口下降15.7%，进口增长20.7%。与全省的对外贸易比去年同期下降45.6%相比，云南与东盟的进出口贸易总额仅比上年同期下降5.4%，下降幅度明显小于全省的总体水平。

（二）增值税转型改革对云南东盟自由贸易行业结构的影响分析。

从数据资料来看3，2007年，云南省涉及出口东盟的行业共计33个，2008年云南省涉及出口东盟的行业共计32个，从2009年上半年的统计情况来看，我省发生出口东盟业务的行业恢复到与2007年总数相同的33个。

2007年出口东盟的企业共573户，出口额合计为153880.8万美元，其中批发业出口120949.91万美元，占573户总出口额的78.6%；电力、热力的生产和供应业出口共计11374.16万美元，占比7.4%；而资本技术密集型产业——以化学工业、交通运输设备制造业、通信设备、计算机及其他电子设备制造业、通用专用设备制造业、电气机械及器材制造业为主出口东盟共计5211.69万美元，占比3.4%，农业出口728.78万美元，占比0.5%，农副食品加工业出口1502.76万美元，占比0.98%。

2008年发生出口东盟业务的企业共544户，出口额共计150828.64万美元，其中批发业出口113394.94万美元，占544户总出口额的75.2%；仍然是占比最大的行业，电力、热力的生产和供应业出口14781.19万美元，占比9.8%；资本技术密集型产业出口5725.15万美元，占比3.8%，农业出口1966.32万美元，占比1.3%，农副食品加工业出口4599.95万美元，占比3.1%。

2009年上半年，发生出口东盟业务的企业464户，出口额共计69105.35万美元，批发业出口共计50096.14万美元，占464户总出口额的72.5%，依然为出口东盟中占比最大的行业；电力、热力的生产和供应业出口9212.33万美元，占比13.3%；资本技术密集型产业出口1157.34万美元，占比1.8%，农业出口1604.45万美元，占比2.3%，农副食品加工业出口2801.85万美元，占比4.1%。

从以上分析可以看出，云南出口东盟的主要行业有批发业、农副食品加工业、化学原料及化学制品制造业、电力、热力的生产和供应业等。增值税转型改革后，电力、热力等资本密集型产业，由于投资量大、技术装备多而受益于此次增值税转型改革，增长较快。

（三）增值税转型改革对云南—东盟自由贸易行业税负的影响分析。

截至2009年6月30日，云南省已办理具有出口退税资格认定的出口企业共2992户，其中与东盟有贸易往来的企业共464户，主要包括电力、农副产品、化工产品、塑料制品、纺织品、机电产品、有色金属等行业，贸易总额达6.91亿美元，其中按出口额排序的前100户企业对东盟的出口额达5.83亿美元，包括云南电网公司、云南云天化联合商贸有限公司、中国烟草云南进出口公司、云南铜业（集团）有限公司、云南机械进出口股份有限公司等大型企业，占对东盟出口总额的84.37%。

自增值税转型改革后，部分金属矿、非金属矿采选产品的增值税税率由原来的13%低税率恢复到17%，如铜矿砂及其精矿（非黄金价值部分）、未焙烧的黄铁矿等，这使得云南省的煤炭开采和洗选业的税负上升18.48%、有色金属矿采选业的税负上升27.07%、黑色金属矿采选业的税负上升16.93%，增加了矿产企业的税负和成本，不利于矿产品的对外出口，也在很大程度上影响投资矿产开采行业的积极性。从本文前面对云南省部分行业对东盟贸易的出口情况分析以及我们收集到的实际数据来看，2009 年上半年有色金属矿采选业和黑色金属矿采选业实际上并未发生出口到东盟的业务，说明国家调整税率政策和税负的上升对行业出口起到了一定的影响作用。

另外，有色金属冶炼及压延加工业的税负上升幅度最大达到 39.58%；截至到 2009 年上半年，云南省有色金属冶炼及压延加工业对东盟的出口额为 123.06 万美元，2008 年对东盟的出口额为 531.95 万美元，可见 2009 年上半年有色金属冶炼及压延加工业对东盟的出口还不到 2008 年对东盟出口额的一半。虽然黑色金属冶炼及压延加工业的税负下降了 25.43%，但截至 2009 年上半年，云南省黑色金属冶炼及压延加工业对东盟的出口还未恢复。

电力、热力的生产和供应业的税负下降 7.83%，农副食品加工业的税负下降 11.29%，下降幅度十分的明显，从理论上说，税负的减轻十分有利于这些行业的企业发展。2009 年上半年电力、热力的生产和供应业对东盟的出口额占对东盟的总出口额比重为 13.3%，较 2008 年上升了 35.71%。农副食品加工业对东盟的出口额占对东盟总出口额的 4.1%，较 2008 年上升了 32.26%。另外，化学纤维制造业的税负下降 37.4%，下降幅度比较大，但从行业出口东盟的实际数据统计中并未得到明显体现。化学原料及化学制品制造业的税负微升 0.82%。结合实证来看，化学原料及化学制品制造业对东盟的出口额占全省对东盟的总出口额比重由 2008 年的 2.9%下降到 2009 年上半年时期的 1.4%。

机电产品在云南与东盟的贸易中也占有一定比重，自消费型增值税政策实施后，机电行业中的专用设备制造业的税负下降 18.94%，通信设备、计算机及其他电子设备制造业的税负下降 30.67%，下降幅度非常的明显；通用设备制造业和交通运输设备制造业的税负下降幅度较小，分别下降 3.5% 和 4.1%。从云南省出口东盟的实际情况来看，专用设备制造业、通信设备、计算机及其他电子设备制造业、通用设备制造业和交通运输设备制造业出口东盟总额占云南省出口东盟总额比重由 2008 年的 0.81% 下降到 2009 年上半年的 0.16%。可见以上这几个行业对东盟的出口受税负降低的影响不大。

其他的行业如纺织业和纺织服装、鞋、帽制造业的税负分别下降 3.3%和 6.8%；从云南省出口东盟的数据统计来看，纺织业对东盟出口所占比重由 2008 年的 0.84% 上升到 2009 年上半年的 9.1%。而 2008 年未发生出口东盟的纺织服装、鞋、帽制造业在 2009 年又恢复了对东盟的出口。另外，烟草业作为云南省的支柱产业，烟草制品业的税负下降 9.9%，降幅较明显。

综上所述，我们从行业税负的角度分析可以看出，增值税转型对云南省的机电行业的税负影响较大，税负的有效降低将有利于该行业的发展，纺织业、设备制造业的税负有所下降，也正迎合国家鼓励纺织业、装备制造业出口的发展方向；相反增值税转型使得部分金属矿、非金属矿采选产品的增值税税率有所提高，部分资源性行业的税负有所增加，特别是增值税转型对云南省的煤炭开采和洗选业、有色金属矿采选业、黑色金属采选业和有色金属冶炼及压延加工业的税负变化较大，这些行业的税负上升明显，充分体现了我国对于资源性产业的调整方向，资源性产品出口得到一定遏制，国家实施的“两高一资”产业调整政策效果明显。所以，增值税转型在短期内将影响云南省的税收收入，并且影响云南省部分行业的发展；从长期的角度看，此次增值税转型将有利于云南省产业结构的调整和构建云南省合理化的税收结构。

三、以增值税转型改革为契机，促进云南—东盟自由贸易发展的对策和建议

（一）加强中国与东盟各国的税收协调，在有效的授权范围内，分层次建立税收协调机构和协调机制。

由于中国与东盟各国现行的税制差异较大，这种差异性决定了自由贸易区内成员国之间的税收协调的复杂性和长期性。目前，中国与东盟之间的税收协调还处于初级阶段，主要集中在关税协调方面，而对于国内税制的协调，除签署双边税收协定外，基本上还没有涉及。在全面降低关税之后，如何进一步建立开展自由贸易区内的税收协调是中国—东盟自由贸易区建设的关键。

课题组借鉴了欧盟和北美自由贸易区增值税协调的经验，总结出税收协调的一般路径，即“关税—商品税—所得税”，首先协调关税，然后是商品税，最后是所得税。由于增值税在间接税中所处的重要地位，我们认为应首先进行商品税中的增值税的协调，同时应建立专门的中国—东盟自由贸易区税收协调机构和协调机制。

第一，增值税的协调。包括一是增值税税基的协调，即我国应考虑进一步扩大增值税的税基。二是增值税的税率协调，即我国在增值税改革和完善的过程中，应该考虑增值税税率的制定，降低税率或者再增加一档优惠税率。或者借鉴欧盟和北美自由贸易区的成功经验，在充分协商的基础上，根据各成员国的具体国情，制定有关增值税的最低税率标准。

第二，在有效的授权范围内，分层次建立税收协调机构和协调机制。在现有税收协定和《中国与东盟全面经济合作框架协议》基础上，着力探讨制定税收协调的法律框架，并根据法律框架，建立专门的区域税收协调组织，包括建立税收协调的执行机构、研究机构和仲裁机构。授权与东盟有业务往来的省级税收职能部门在一定范围内开展税收协调，加强涉税信息资料的沟通，以及指导与东盟有经贸往来的企业，应对各种变化，增强税收协调效率，促进自由贸易区的发展。加强各国间的税收学术沟通。设立技术援助基金，为成员国提供必要的税收技术援助、推动税务人员的跨国交流，培养税收专业人才，为税收协调提供人才保障。

（二）大力优化云南产业结构，不断提升企业竞争力。

第一，加快优化资源型行业。增值税转型改革后，通过税率调整对资源型产业起到一定的限制作用。面对的资源日趋短缺、竞争力弱和国家政策的限制，使得云南省资源类行业成为衰退部门的风险加大，应调整云南省的资源类产业发展方向，延长产业链，培养产业群，推进技术创新和产品升级，提高附加值。对于云南省资源类企业应该积极实施“走出去”发展战略，加大对中国—东盟自由贸易区内一些资源丰富国家（如缅甸、老挝和越南等国）的直接投资，使其成为云南省资源类产业的主要基地，拓展产业发展空间，提高行业竞争力。

第二，积极发展电力产业。云南省是我国第一个对越南和缅甸出口电力的省份，据商务厅相关数据显示，云南省电力出口额最大的是云南电网公司，2009 年上半年出口达到 8875.96 万美元，2008 年的出口额是 1.42 亿美元，2007 年的出口额是 1.1 亿美元，可见，在金融危机情况下，云南电网的出口电量仍然持续增长，说明电力已成为云南最重要的出口东盟产品。同时，电力是增值税转型改革收益最大的行业之一，增值税转型改革为云南电力企业的发展提供了有力支持。应继续发挥资源优势，加大对东盟国家的电力出口，从而带动钢铁、机械设备等行业的发展，促进经济的发展。

第三，加快发展第三产业。逐步提高生产性服务业在服务业中的比重和服务业在三次产业中的比重。第三产业的发展不仅能带动服务业，还有现代物流业和信息产业等等。我省出口东盟的行业中出口额最大的是批发业，在我省边贸企业中，商贸行业所占比重也是比较大的，因此，政府应继续加强商贸交易平台的建设，加快发展现代服务业，完善宾馆、餐饮、现代物流业和旅游业的发展，提高网络信息平台的建设水平。

第四，加快机电行业的发展。机电行业在此次增值税转型后，税负下降幅度大，成本下降明显，结合东盟地区国家的经济发展现状和未来的发展方向，东盟国家对机电产品的需求会不断上升，2008 年和 2009 年上半年机电产品一直占据云南省对外出口的第二名，地位得到了明显的提升，机电产品的科技含量高，经济附加值高，有利于提升云南省出口商品的国际竞争力。

第五，做强磷化工和盐化工产业。磷化工在云南省的出口中一直占据着重要的地位，并且有诸如云天化和云南盐化等一批有实力的上市公司，有利于发挥资源、技术和规模优势，延伸化学产业价值链，应形成全国最大的磷化工基地和辐射、面向东南亚的磷化工和盐化工基地。

（三）以建立云南—东盟自由贸易开放区促进云南桥头堡建设。

胡锦涛总书记 2009 年 7 月在滇考察时作出了“使云南成为我国面向西南开放的重要桥头堡”的重大战略部署，这是党中央、国务院站在全球经济发展的高度和我国新时期对外开放格局优化上提出的新的战略方针。总书记的重要指示同时也给云南对外开放、加快发展带来了千载难逢的重要战略机遇期。建立云南对东盟自由贸易开放区，将以自由贸易经济的发展为云南桥头堡建设奠定坚实的基础。

课题研究显示，建立边境自由贸易区是国际上解决相邻边境地区发展问题的成功模式，具有加快边境落后地区经济社会发展，缩小与内地发达地区差距，增进双边互信合作和推进建立区域一体化建设的重大作用。按照《中国与东盟全面经济合作框架协议》内容，中国与东盟老成员 6 国在 2010 年，与东盟新成员 4 国在 2015 年将正常类商品关税削减为 0；中国与东盟老成员 6 国在 2018 年，与新成员 4 国在 2020 年将敏感类商品的关税削减为 0～5%。中国自由贸易区建设时间进程上的不同，将导致中国与东盟老成员国以及新成员国在总体政策上的差异。而云南位于中国西南边陲，与云南接壤的越南、缅甸、老挝等国均是新成员国，建立云南对东盟自由贸易开放区，对于深化对越南、缅甸、老挝等国的开放，着重于实现与这些国家自由流动的共同市场的培育，进一步加强中国与东盟新成员国的合作具有重要的意义。

建立云南对东盟自由贸易开放区，国家应系统、科学地给予云南对东盟自由贸易更多的政策支持和财税支持，实现特定区域内人、才、物流的无障碍运行，

第一，加大投资力度。国家在经济上投入一定量的资金，加快必要的基础贸易设施建设，如机场、铁路、公路和码头等交通设施。我们建议国家对边疆地区海关征收的进口环节增值税和关税，在一定时期内全额返还，用于加强边境口岸以及基础设施建设。

第二，大力促进边贸发展。根据云南特殊的地理位置，积极推进云南与毗邻国家“通路、通电、通商、通关”合作，建议对现行的边境贸易、边民互市、对外投资、替代种植、跨境运输、国际旅游等相关政策和措施进行梳理和完善，以适应新形势要求，促进云南与东盟自由贸易发展，从而有利于中国与东盟经贸合作的长远发展。

第三，在税收政策上给予一定的优惠和特许政策。（1）应尽快明确在云南省境内陆路、航运（除航空外）口岸以一般贸易方式进出的所有商品均可使用人民币进行结算退税，同时对采用人民币结算办理退税的贸易方式应取消外汇核销单等手续，简化退税单证，提高退税效率。（2）出口方面，建议对云南境内生产企业出口东盟产品（除国家限制的“两高一资”产品外）实行国内增值税按适用税率全额退税的政策。（3）进口方面，建议在中

国与东盟老成员国于2010年建成自由贸易区的大背景下，对东盟新成员国进口产品给予特殊的鼓励政策。如对云南边贸进口的农产品全部放开，参照罂粟替代种植进口农产品执行免除关税和进口增值税等。（4）进一步规范进口关税计税价格管理体系，单独建立云南、广西对东盟进口商品关税的最低计税价格体系。

组　　长：李鸿文
副 组 长：蔡　杰　朵志红
特邀单位：云南大学经济学院
成　　员：钟　明　袁崇坚
杨丽君　马晓颖
刘　丹　王　晓
朱永红　王　成
杨　立　杨清政

国家出口退税政策调整对云南对外贸易的影响及对策建议

云南省国家税务局出口退税处

按：2004年我国进行出口退税机制改革以来，国家多次调整出口退税政策，仅2009年上半年就进行了4次调整，对我省外贸经济发展及云南“桥头堡”建设具有重要影响。云南省国家税务局通过该课题研究，分析了国家出口退税政策调整对云南外贸经济总量、结构、趋势等影响，提出了应对政策调整的建议，现摘编如下，供参考。

在新的历史时期，紧紧围绕总书记“使云南成为我国面向西南开放的重要桥头堡”的重要指示精神，积极应对国家出口退税政策的调整，不断调整优化我省产业结构与对外贸易商品结构，充分用足用好国家给予西部欠发达少数民族地区的各种优惠政策，造福于民，是云南又好又快发展面临的重大机遇和挑战。

一、我国出口退税政策调整的基本情况

1985年我国开始实行出口退税政策以来，出口退税对扩大我国商品出口、增加外汇收入、促进外贸发展、带动国内产业发展、推动经济体制的改革发挥了重要作用。

2004年，我国开始实行出口退税机制改革。改革的主要内容包括：一是适当降低出口退税率；二是加大中央财政对出口退税的支持力度；三是建立中央和地方共同负担出口退税的新机制；四是推进外贸体制改革，调整出口产品结构；五是累计欠退税由中央财政负担。

自2004年以来，国家多次大幅调整出口商品的退税率，出口退税率逐渐成为国家宏观调控的重要杠杆，退税率的调整，体现着国家的政策导向，引导我国出口产品进一步结构优化。一是控制“两高一资”产品出口。2005年国家分期分批调低和取消了部分“两高一资”产品的出口退税率，降低了纺织品等容易引起贸易摩擦的产品的出口退税率，同时提高了重大技术装备、IT产品、生物医药产品的出口退税率；二是加大控制优化出口产品结构力度。2006年国家继续调整部分商品出口退税率，降低了矿产品、原材料、钢铁产品、化工产品等商品的出口退税率。2007年国家为缓解贸易顺差过大引起的贸易摩擦等各种矛盾，调整共涉及2831项商品，大约占海关商品代码中全部商品总数的37%。其中取消了553项“两高一资”产品的出口退税，包括濒危动植物及其制品、矿产品、化工产品、木制品、简单有色金属加工产品等。降低了2268项容易引起贸易摩擦的商品的出口退税率，包括服装、鞋帽、箱包、玩具、钢铁制品、焦炉和摩托车等低附加值机电产品、家具等；三是应对全球经济危机。2008年8月至2009年6月，为缓解企业压力，降低出口成本，国家连续七次出台政策提高了纺织品、服装、部分竹木制品、水产品、鞋帽、箱包、玩具等部分劳动密集型产品、部分机电产品及部分高科技高附加值产品的出口退税率，调整范围较广，力度较大。

二、国家调整出口退税政策对我省的影响及分析

由于特殊的区位及资源优势，我省以有色金属冶炼及加工、化工产品、烟草制品、医药制造、电力、热力的生产等五大产业作为支柱产业。在国家进行出口退税机制改革前，我省的出口产品长期以有色金属初级产品、磷化工初级产品、烤烟等为主要商品。

自2005年以来政策调整对我省的影响情况如下：（所有数据均为省国税局进出口税收管理部门按上年同比口径测算）一是在控制和优化产业结构的政策调整中，对我省出口货物退（免）税额影响巨大。2005年的出口退税政策调整涉及对我省影响较大的商品主要有有色金属、尿素和磷化工系列产品、钢铁初级产品、大部分矿产品等，经测算影响我省年出口额为82151.3万美元，减少年出口货物退（免）税49174.5万元。2006年的出口退税政策调整涉及我省影响较大的为矿产品、钢铁初级产品、化工产品等，经测算影响我省年出口额为60677.9万美元，减少年出口货物退（免）税31675.8万元。2007年出口退税政策调整涉及我省影响较大的为有色金属产品、化工产品、木制品、部分农产品等，经测算影响我省年

出口额为54263万美元，减少年出口货物退（免）税32534万元；二是应对全球经济危机的出口退税政策调整对我省的影响有限。2008年出口退税政策调整涉及我省影响较大的为部分化工产品、木制品、纺织品等，经测算共影响我省年出口额47399.4万美元，增加年出口货物退（免）税金额6703.5万元。2009年出口退税政策调整涉及我省影响较大的为部分机电产品、光学产品、船舶等，经测算影响我省年出口额24474.1万美元，增加年出口货物退（免）税金额为2822.1万元。

从上述退税率调整对我省经济影响的数据分析后可看出，国家针对“两高一资”产品出口退税政策的调整，对我省出口货物退（免）税额的影响巨大，但对纺织品、服装等劳动密集型产品及对机电产品等高科技产品的大范围提高退税率，对我省出口货物退（免）税额的影响则非常有限。政策调整对我省经济发展影响的分析

一是限制“两高一资”产品出口及优化出口结构的政策调整，凸现我省对外经济发展的短腿。2008年7月以前，国家出口退税政策的调整以降低或取消出口退税率为主，目的是限制“两高一资”产品出口，优化出口结构，同时鼓励高科技产品和高附加值产品的出口，促进国内产业升级，政策导向是非常明确的。由于我省的出口产品以有色金属、磷化工产品、农产品为主，其中出口量最大的有色金属和磷化工产品均被列入国家出口限制范围，有的甚至被禁止出口或加征高额出口关税，因此我省大宗的出口商品，如矿产品、有色金属、化工产品等均属于国家降低或取消退税率的商品范围。退税率的降低或取消直接导致我省大部分企业出口成本提高、利润下降，虽然出口企业可通过提高产品价格来抵消部分冲击，但出口产品价格上涨带来的是国际竞争力下降，最终仍将对外贸出口造成影响。而轻纺、IT、电子等一直不是我省的支柱产业，在我省的出口商品中所占比重较小，难以与沿海省份竞争，虽然这几年我省已开始注重培植高新技术产品、机电产品、电力产品、农产品的出口，但这些商品在我省的出口商品中所占比重仍然不大，并未从根本上改变我省一直以来以资源类和初级产品为主的出口商品结构格局。

二是应对全球经济危机的出口退税政策调整，仍显我省在对外经济发展上的乏力。2008年7月开始，国家对出口退税政策进行了适当的调整，其目的是缓解出口企业生存压力，解决人员就业问题，改变出口增量回落现状，保持我国外贸经济平稳发展，政策调整方向主要是提高纺织品、服装、玩具等劳动密集型商品出口退税率，提高了高技术含量、高附加值商品的出口退税率，目的就是解决占我国出口主导地位的劳动密集型行业压力，防止外贸经济的滞后发展。

从分析数据，自2008年7月至2009年5月，国家连续6次上调大批商品的出口退税率，我省仅有965个商品代码在国家上调退税率的范围内，所占比例还不到全部调高退税率商品数的1/7，并且，经过测算6次上调退税率对我省出口额的影响仅为96698.8万美元。从对我省的影响程度可以看出，由于我省产业结构的特殊性，国家多次提高劳动密集型商品、高技术含量、高附加值商品的出口退税率对我省对外经济影响甚微。如果我省的出口产品不能摆脱以资源类产品为主的传统，不能提高出口产品科技含量及附加值，不能及时转化产业结构，那么国家为应对全球经济危机进行的出口退税率上调仍然对我省出口难以产生积极的影响。

三、我省应对出口退税政策调整的建议和策略

（一）建议宏观经济管理部门加强对产业结构的指导和扶持。

建议各级宏观管理部门通过以下扶持和引导，让我省的出口企业在新一轮的产业结构调整促进下，能够充分地享受国家对出口企业在税收上的优惠鼓励，形成我省在对外经济发展上的新优势：

一是加大力度发展我省机电、医药、高新技术产品，促进纺织、服装等劳动力密集型产品和蔬菜、水果、花卉、茶叶、林产品等优势产品出口的稳定增长，在资金和政策方面给相关企业以扶持。

二是继续加大力度限制资源类产品及初级有色金属制品的出口，出台鼓励产业链升级的政策，加快利用高新技术带动、改造、提升传统产业的步伐，采取财政资金贴息、企业科技研发经费补助等方式，引导企业进行高附加值、高技术含量产品的研发和技术改造，降低企业生产成本，降低能源消耗和环境污染，提高自身的生产能力和技术水平，促进企业从初级加工向深加工方向发展，提升竞争力。

三是积极支持企业“走出去”发展。宏观经济管理部门应从国家产业布局、战略规划和能源控制等方面来考虑，积极支持有一定能力的企业“走出去”发展，到国外去开办企业和工厂，支持我省企业发挥地理优势、产业优势和技术优势，充分利用国内国外“两个市场，两种资源”。各宏观管理部门应切实制定扶持政策，帮助企业解决和协调在“走出去”发展过程中存在的问题和困难，做好服务和促进工作。

（二）国税机关充分用足用好国家政策，做好对出口企业的管理及服务工作。

我省各级国税机关应认真贯彻落实好各项出口货物退（免）税政策，大力弘扬良好的工作作风，落实省政府的“四项制度”，改进工作方法，优化工作流程，通过采取对出口企业分类管理、出口退税网络申报等措施，切实加快退（免）税审核审批进度。要加大对从事出口退税管理的税务干部的培训或轮训力度，要按照从严治队的要求，进一步提高税务干部的政治素质，增强服务意识，提高服务能力和水平。强化对我省重点出口企业的服务和指导，在严防骗税的基础上，不断提高对我省出口企业的服务质量和效率。

（三）出口企业应挖掘自身潜力，不断提高竞争力。

出口企业需要依靠自我发展来赢得市场，要根据国家政策和市场变化及时调整产业结构，提高商品的竞争力。

首先，要学会分析国际市场需求变化，加大新产品研发投入，创建自主品牌，向专业化、国际化方向发展；其次，要加强企业内部管理，建立良好的国际信用，扩大市场服务美誉度；再次，无论形势如何变化，都应具备分析判断的应变能力，以此化解国际市场变化的风险与不利。

课题指导：许赞霖　朵志红
课题组组长：阙　雄
副　组　长：太家林
成　　　员：孙　渊　李灿君
　　　　　　侯俊华　王　烈
　　　　　　凤　嵛

云南执行企业所得税优惠政策实证问题研究

云南省国家税务局所得税处课颗组

按：2008 年我国实施了新的企业所得税法，确立了以“产业优惠为主，区域优惠为辅”的优惠原则。由于云南特殊的经济产业结构，新税法实施以来，优惠力度相对弱于原税法，随着过渡期优惠政策的逐步到期，减免税规模可能随之缩小。云南省国家税务局通过该课题研究，从云南实际出发，分析了当前所得税优惠政策执行中存在的问题，并提出了促进区域经济发展，推进经济结构调整以及完善所得税优惠制度建设的对策建议，现摘编如下，供参考。

2008 年我国实施的新企业所得税法突出了以科学发展为导向的税收优惠主体，确立了以“产业优惠为主、区域优惠为辅”的优惠原则，从政策制度及政策管理方面体现了以扶持产业发展为导向的目标要求，在制度上拓展了税收优惠的“空间”，为政策作用的发挥提出新的要求。由于我国还处于经济结构升级社会转型的发展阶段，云南更是由于历史和现实的原因，经济社会发展仍面临着一些深层次的矛盾和问题亟待解决，发挥税收政策作用是促进实现区域经济协调发展的必然选择，加之当前受国际金融危机对国内经济的影响，经济发展面临严峻压力，充分发挥税收优惠政策作用正当其时。然而，在政策运行实践中，一些影响政策作用发挥的问题日益显露出来，尤其在云南这类经济欠发达的“三区”（西部地区、民族地区、边疆地区）省份，实施区域税收优惠扶持，其间存在的困难和问题，不仅是税务部门当前贯彻执行税收优惠政策的工作实务，更是完善新税法政策制度建设的现实选题和研究的重点。为此，我们结合执行企业所得税优惠政策的实证性问题，开展了执行企业所得税优惠政策的实证性问题研究，其主要观点如述。

一、原税法构架下企业所得税优惠政策执行情况及效果

（一）原税法构架下企业所得税优惠政策执行情况。

——从内资企业所得税优惠政策执行情况看，2002～2007 年，全省国税征管内资企业累计享受减免企业所得税 140 亿元，减免税企业数量增长了 25%，减免税增长了 82.5%。优惠政策主要集中在“省定”政策和区域优惠政策方面，占全部减免税总额的近一半。期间各项税收优惠政策执行情况如图示：

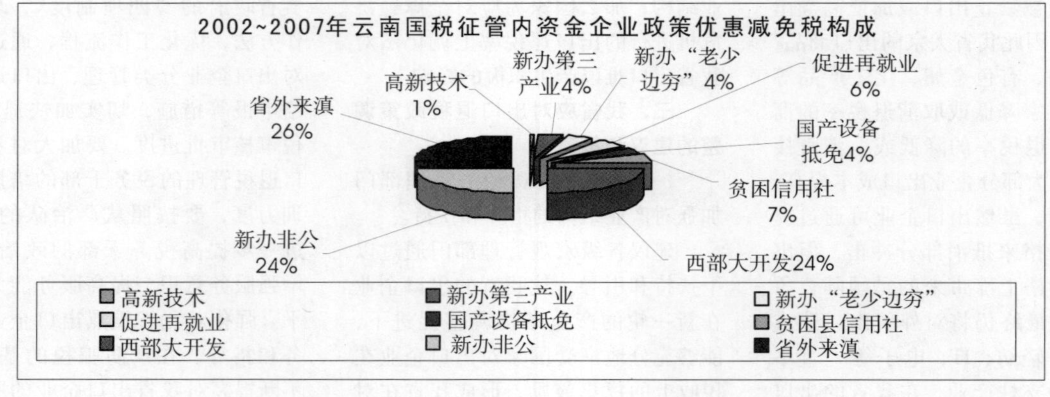

——从外商投资企业所得税优惠政策执行情况看，2000～2007年，依税法减免所得税占减免总额的87%，依照税法赋予云南省人民政府减免税权限，免征的地方所得税占13%；期间全省外商投资企业累计享受减免企业所得税34.8亿元，企业每户（次）享受减免税平均183万元，高于内资企业每户（次）84万元的平均水平，其构成如图示。

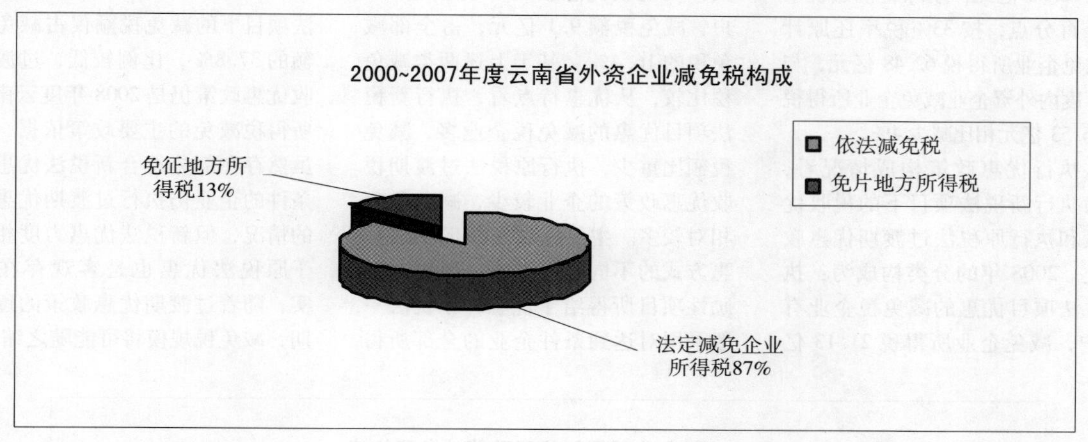

2002～2008年度企业享受所得税优惠情况比较

年份	内资企业（国税征部分）		外商投资企业	
	减免户占盈利企业比%	减免税占实际纳税比%	减免户占盈利企业比%	减免税与实际纳税比%
2002	41.6	8.9	71.7	224
2003	36.4	20.8	70.2	177
2004	46.5	25.5	83.0	129
2005	37.8	43.3	77.0	49
2006	35.1	63.6	76.8	68
2007	23.6	56.1	67.1	93

（注：依据年度企业所得税汇算统计数）

（二）原税法下税收优惠政策执行效果评析。

企业所得税优惠政策在支持云南经济发展、促进产业结构调整等方面发挥了积极的作用。如：在烟草、电力、第三产业等的产业行业发展方面，多年来得到了包括税收等经济政策的积极扶持。

以西部大开发等区域性税收优惠政策对经济发展的影响作用最为突出。云南省从2001年起执行西部大开发税收优惠系列政策，至2007年期间享受减免税优惠政策的内资企业，享受减免所得税额占当期同口径减免税总额的24.6%；全省享受减免税优惠政策外商投资企业减免所得税额占当期减免税总额的38%。

“省定”鼓励性税收优惠政策的执行对促进地方经济发展发挥了积极作用。尤其是2003年以来施行的促进非公经济发展优惠政策，极大地促进了云南非公经济的发展。

（三）原税法框架下的优惠政策管理评价。

在原税法框架下，优惠政策管理采取的以事前审批管理模式为主的管理体系，主要集中于对新办企业优惠的审批，其相关条件的判定都必须依据成立时点的情况，采取事前审批成为可行性和必要的选择。由于在实施事前审批管理时，工作重心主要集中在审批事项上，客观上形成了“重审批、轻管理”的事实。

二、新税法实施期间企业所得税优惠政策运行分析

（一）新税法框架下的税收优惠政策执行情况。

2008年企业所得税法实施后，由于与新企业所得税法配套政策出台时间较晚，部分配套税收优惠政策及规范措施2009年仍在陆续出台。实际上在2008年税收优惠政策减税措施并未完全落实到位，优惠政策的税收减收效应未能全面显现。根据对云南国税征管企业所得税汇算情况的统计，在2008年度全省参加汇算的49712户企业中，盈利企业12948户，亏损企业

29753户，企业盈利面为26.5%，实际缴纳企业所得税并享受优惠政策的企业有6187户，享受政策优惠企业占盈利企业的47.8%。全年度减免企业所得税55.86亿元，剔除新税法税率降8个百分点，按33%税率还原计算，减免企业所得税62.48亿元，与2007年度内外资企业减免企业所得税之合65.53亿元相比减少4%。

从执行优惠政策构成情况看，可分为执行新税法项目下的税收优惠政策和执行原税法过渡期优惠政策两类。2008年的分类构成为：执行新税法项目优惠的减免税企业有4794户，减免企业所得税21.13亿元，占减免税总额的37.8%；执行原税法过渡期税收优惠政策的减免税企业1393户，减免税额34.73亿元，占62.2%，其中，执行“西部大开发税收优惠政策”的企业613户，减免税额9.1亿元，占全部减免税的16.4%。基于上述两类减免税比较，从优惠特点看，执行新税法项目优惠的减免税企业多，减免税额比重少，执行原税法过渡期税收优惠政策的企业较少，减免税额相对较多。主要体现了新旧税法优惠方式的不同，新税法一般针对鼓励性项目所得给予优惠，原税法一般采用对达到条件企业的全部所得税给予减免。新税法优惠方式的受益面广、目的性和针对性强，政策引导作用更加突出；从减免税规模看，虽然2008年度减免税总额与2007年相比只减少4%，但在新税法项目下的减免税额仅占减免税总额的37.8%，比例较低，过渡期税收优惠政策仍是2008年度云南企业所得税减免的主要政策依据，其中虽然存在部分符合新税法优惠政策条件的企业仍执行过渡期优惠政策的情况，但新税法优惠力度相对弱于原税法优惠也是客观存在的事实，随着过渡期优惠政策的逐步到期，减免税规模将可能随之缩小。

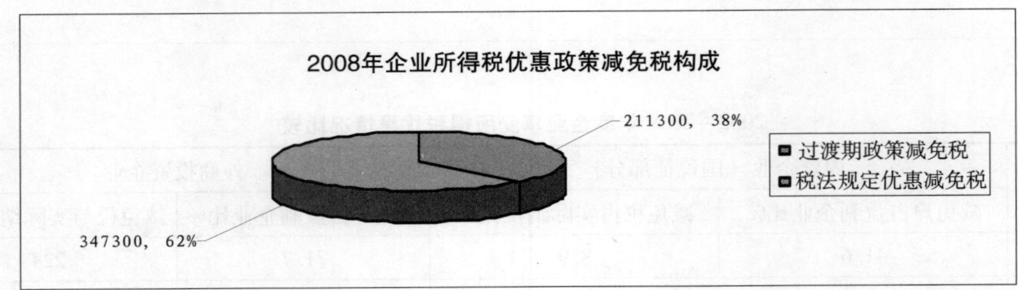

执行新企业所得税优惠政策减免税构成比较

优惠政策项目		减免户（次）	减免税（万元）	占减免比重%
合 计		6 187	558 600	100
税法规定政策	1. 扶持农林牧渔业发展方面	205	4650	0.8
	2. 扶持环境保护、节能节水，支持安全生产方面	15	1 150	0.2

续表

优惠政策项目		减免户（次）	减免税（万元）	占减免比重%
税法规定政策	3. 鼓励公共基础设施建设和资源综合利用方面	17	1 750	0.3
	4. 促进技术创新和科技进步方面	126	10 925	2.0
	5. 扶持小型微利企业发展方面	4 564	700	0.1
	6. 促进公益事业和照顾弱势群体方面	182	2 725	0.5
	7. 在统筹区域协调发展方面	0	0	0
	8. 其他（主要是股息、红利等权益性投资收益免税）	675	189 400	33.9
过渡期政策	过渡期政策减免税	1 393	347 300	62.2
	其中：西部大开发税收优惠政策	613	91 448	16.4
	“省定”税收优惠主要政策（执行到期满止）	891	235 300	42.1
	执行原外资企业所得税法的过渡期税收优惠减免	74	20 552	3.7

注：2008年度企业所得税汇算数据，按所得额减免折算为减免税；“税法规定优惠户（次）”项下享受减免税优惠企业户（次）无合计关系。

（二）政策执行中存在的主要问题及影响分析。

1. 影响政策执行客观存在的问题。

——新税法实施后相关配套优惠政策颁布滞后对政策运行的影响。2008年企业所得税法实施一年多来，国家对执行企业所得税优惠政策的具体范围和条件陆续发文进行规范。由于相关配套政策出台时间的滞后，影响了政策的贯彻执行和宣传，使优惠政策减税措施在2008年度没有完全落实到位。

——区域经济发展能力对新税法优惠政策实施效能的约束。由于新税法框架下的优惠政策设计，在体现科学发展观要求的同时，以国家经济发展的整体目标和发展能力为政策实现的依据。客观上云南工业经济发展水平低，许多产业行业及项目发展建设能力，与新税法框架下对享受税收优惠政策设立的条件要求存在一定差距，导致新税法有关优惠政策执行效果不能有效发挥。

——企业效益水平低，亏损企业多制约了享受优惠政策的范围。2000年以来，云南省工业企业的亏损面一直在60%以上，对亏损企业而言，所得税优惠政策是无法发挥作用的；从企业享受减免税情况看，全省实际享受优惠政策的企业6187户，占盈利企业的47.8%，全省减免企业所得税55.86亿元，占应纳企业所得税的49%。企业所得税收入的85%以上，对来自云南烟草行业及一些规模以上的大中型企业，占企业总量最多的小型企业亏损面大、所得税贡献能力极弱，小型微利企业缴纳的所得税占全部企业纳税的0.3%以下，表现出对小型微利企业照顾性优惠政策效用的局限。

2. 政策设计方面存在的问题。

新税法税收优惠政策制度，建立在国家产业发展总体目标基础上。由于我国区域经济发展条件和水平差距的客观存在，使得一些经济鼓励政策在经济欠发达地区未能发挥激励作用。在一定程度上缩小了企业原有区域引导的竞争优势，不利于有效引导对欠发达地区投资的积极性。

——优惠的目标条件与产业项目发展差距，制约了税收优惠作用的发挥。由于云南省经济发展的现实是，区域经济产业仍处于发展传统产业与接纳中、东部地区产业转移的过程，企业存在着生产技术落后、能耗大、成本高、效益低等问题。新税法实施中，由于设置享受优惠的条件“高”，影响了政策的有效实施。

——民族自治地方优惠政策权限的局限性，制约了税收优惠作用的发挥。新税法第二十九条规定“民族自治地方的自治机关对本民族自治地方的企业应缴纳的企业所得税中属于地方分享的部分，可以决定减征或者免征”，云南省由于作为民族区域自治法规定的自治区“身份”不确定，以及新税法给予民族自治地方的减免税权限受限制。使得新税法实施后，与原税法相比，优惠力度严重“缩水”。

——鼓励目录列举不全面，制约了税收优惠作用的发挥。新税法优惠政策执行中反映出，一些优惠产业目录的制定未能考虑到对具有区域优势产业发展项目的政策引导和鼓励，一些需要鼓励发展的区域性优势产业，符合国家产业政策，同时在地方经济发展中具有重要地位，未列入适用的产业政策范围，不利于经济欠发达地区优势产业项目的发展。

（三）政策管理中存在的主要问题及影响分析。

新法优惠政策设计体现了精细化的要求，实际运作中，由于项目认定专业性太强，其准确性难以把握，带来实际政策执行中，反映出对“概念”理解的不尽一致，造成对政策理解“偏严”，则有可能带来政策执行不全面的问题，反之，对政策理解“偏宽”，可能产生执行政策的不到位问题，其结果都会影响税收优惠政策执行效果及优惠作用的发挥。

三、完善优惠政策建设的思路及建议

“立足科学发展，着力自主创新，完善体制机制，促进社会和谐”是我国经济发展的总体目标和要求，也是云南经济发展的主线。结合胡锦涛总书记2009年在云南调研时提出“加快民族地区、边疆地区发展，实现共同团结、共同发展、共同繁荣”的指示，从云南经济发展的实际出发，在坚持科学发展观背景下，以有利于云南经济产业发展的实现和税收优惠作用发挥的实际，针对新法优惠政策运行存在的问题，本着促进区域经济协调发展、推进经济结构调整，以及完善所得税优惠政策制度建设的需要，提出意见建议及思路。

（一）完善新税法框架下的区域性优惠政策建议。

1. 充分发挥税法赋予权限，促进区域协调发展。

结合新税法第二十九条“民族自治地方的自治机关对本民族自治地方的企业应缴纳的企业所得税中属于地方分享的部分，可以决定减征或者免征”的规定，结合云南比照少数民族地方财税管理的历史及现实，请求给予云南省人民政府享有民族自治区人民政府企业所得税减免管理权，并且，对民族地区需要鼓励扶持发展的产业和企业给予定期减征或免征企业所得税政策，包括中央分享部分的企业所得税。考虑到民族自治地区税收优惠政策在云南省贯彻执行的重要影响，建议中央给予云南省人民政府享有民族自治区人民政府企业所得税减免管理权，在全省范围内执行民族自治地方企业所得税优惠政策；同时，授权民族自治地方省级人民政府对需要鼓励扶持发展的产业和企业给予全额减征或免征企业所得税的政策。即争取对民族自治地区需要鼓励扶持发展的产业和企业，给予定期减征或免征包括中央分享60%部分的企业所得税，做到中央、地方共同扶持企业发展，共同培植税源，共同分享税收。从而维护边疆民族地区经济发展、政治稳定，共建和谐社会。

在政策优惠取向方面，建议省

政府根据云南省经济发展的战略目标和发展的实际情况，运用减免税制定权，在符合国家总体产业发展目标要求的基础上，制定适合云南实际的产业优惠条件，针对不同行业实行区别性的优惠政策，强化对产业结构调整的引导作用，对云南具有地方性优势的产业和第三产业在政策上进行引导。

2. 完善对欠发达地区“辅助性”区域税收优惠政策制度建议。

新税法框架下的税收优惠明确了以“产业优惠为主、区域优惠为辅”的优惠原则，鉴于欠发达地区经济发展的紧迫性，应抓紧完善对欠发达地区的“辅助性”区域税收优惠政策制度建设。依据国家鼓励扶持中西部地区发展的战略部署，建议继续保留并延长执行西部大开发税收优惠政策，同时，适当扩大鼓励类产业的范围和放宽执行的条件，进一步明确西部大开发税收优惠政策的执行时限和对优惠适用目录进行完善和调整。具体地：一是建议延长国家现行“西部大开发税收优惠政策”执行时限，在期满后再延长10年，以促进欠发达地区加快发展，尽量缩小地区之间的差异；二是建议国家适当修订《产业结构调整指导目录》，将不在《产业结构调整指导目录》内的一些西部地区优势产业、支柱产业纳入优惠范围，本着扶持西部地区特色、优势产业发展的目的，对西部大开发优惠政策执行的目录进行修改完善，在全国统一发展的产业的基础上，对西部各省区需要发展的优势产业、地方特色项目等，由各省区政府相关部门调研后提出鼓励目录报国家相关部门确定后发布，作为执行西部大开发优惠政策统一目录的补充，鼓励和支持西部地区具有市场潜力和投资价值的重点产业发展，发挥政策对促进西部优势产业的促进作用。

（二）完善新税法框架下的产业优惠政策建议。

1. 进一步完善新税法优惠项目的内容结构，合理确定优惠标准。在充分体现国家产业政策的基础上，适度的考虑各地区经济发展水平，制定税收优惠实施“标准”或“条件”时，采取具有一定幅度范围的条件方式。对现已出台或将出台的部分“优惠项目”进行修订补充，以提高税收优惠政策在经济欠发达地区的惠及面。

2. 结合区域经济发展实际，完善对“优惠目录”的调整。由于全国各地产业发展千差万别，要求“优惠目录”全面、完整难度较大，建议以省为单位，细化“优惠目录”。各省在体现国家产业政策导向的前提下，对本省具有产业优势的项目建立“优惠目录”，如云南优势的农产品项目茶叶、天然橡胶等，报经国家相关产业部门批准，在各省范围内施行。

（三）完善税收优惠政策管理机制的思路建议。

在新税法框架下税收优惠政策管理模式设计应根据新税法授权规定（除民族自治区域优惠政策外不能实施审批管理），针对新法优惠政策特点和管理重点，以强调全程监控、科学管理，保证管理质量，提升管理效率为目标，设计税收优惠政策管理机制。

新税法框架下的税收优惠方式采取了定期减免税、加计扣除、加速折旧、税额抵免等七种方式，优惠形式多样，各种优惠形式管理难度、重点不尽相同，应根据政策特点的不同，建立优惠政策分类管理模式。以实现对企业所得税优惠政策的有效实施。

课题指导：李　杰
课题组长：资宗宁
副 组 长：杨劲松
成　　员：裴晓梅　苏若愚
　　　　　李正航　段怡琨
执　　笔：裴晓梅　苏若愚

金融危机对云南经济税源的影响及对策研究

云南省国家税务局收入规划核算处课题组

按：2009年，云南省国家税务局认真贯彻执行国家和云南省委省政府应对金融危机的一系列调控措施，圆满完成了税收收入任务。同时，组织开展了应对金融危机课题研究，系统分析了金融危机对云南经济税收的影响，国家及省委省政府应对金融危机的宏观政策及调控措施在经济税源方面的效应，并提出了应对危机、确保收入、促进发展的对策建议，摘编如下，供参考。

一、金融危机对云南经济及国税组织收入的影响分析

（一）近10年来经济与税收的联动分析。

影响税收增长的因素主要有经济发展、税收政策调整、税收征管力度等，但经济是税收的源泉，在一定税制条件下（税收政策未作大的调整），经济增长仍然是决定税收增长的主要因素。通过对1998～2007年10年间云南国税收入增长与经济增长进行分析，存在以下规律：当经济处于相对低速增长期，税收增速慢于经济增速；当经济处于相对较快增长期，税收增速快于经济增速。

1. 在经济相对低速增长期国税收入增速慢于经济增速，宏观税负逐年降低。1999～2002年税收政策未有发生大的调整，各年云南国税收入增幅均低于GDP增速，国税收入年均增幅仅为1.61%，按当年价计算的GDP年均增幅为6.01%，税

收弹性系数（税收增幅与GDP增幅的比值）仅为0.27，也就是说1999~2002年云南GDP每增长1%仅能带动国税收入增长0.27%，国税收入增速远低于经济增速。因国税收增幅低于经济增幅，国税宏观税负水平逐年降低，1998年全省宏观税负（国税收入占GDP的比重）为17.62%，1999年以后的4年间全省宏观税负逐年降低，至2002年全省宏观税负为14.87%，比1998年降低了2.75个百分点，下降幅度达15.61%（详见表一、图一）

2. 在经济相对较快增长期国税收入增速快于经济增速，宏观税负逐年提高。2003~2007年（这一期间，国税部门所征收的税种税收政策也未发生大的调整），全省经济发展较快，GDP按不变价计算的增幅基本都保持在9%以上，按当年价计算的增幅均在10%以上。在经济增速较快的情况下，税收增长也较快，并且增速高于经济的增速，尤其是2004年、2006年和2007年GDP现价增幅在15%以上，而税收增幅均高于经济增速。2003~2007年GDP按现价计算年均增长15.44%（以2002年为基数）云南国税收入年均增长16.25%，税收弹性为1.05，税收增幅高于GDP增幅，国税宏观税负也从2003年的14.64%逐年提高为2007年的15.4%。（详见表一、图一）

表1 1998~2008年云南国税收入与GDP增长情况表

年份	全省GDP（亿元）	不变价增长%	比上年增长%（按当年价计算）	全省国税税收收入（亿元）	增长%	全省国税宏观税负%	全省国税弹性
1998	1831.33	8.10	9.26	322.59	11.70	17.62	1.26
1999	1899.82	7.30	3.74	320.71	-0.58	16.88	-0.16
2000	2011.19	7.50	5.86	325.76	1.57	16.20	0.27
2001	2138.31	6.80	6.32	316.21	-2.93	14.79	-0.46
2002	2312.82	9.00	8.16	343.91	8.76	14.87	1.07
2003	2556.02	8.80	10.52	374.18	8.80	14.64	0.84
2004	3081.91	11.30	20.57	463.40	23.84	15.04	1.16
2005	3472.89	9.00	12.69	512.41	10.58	14.75	0.83
2006	4006.72	11.90	15.37	592.42	15.61	14.79	1.02
2007	4721.77	12.30	17.85	730.15	23.25	15.46	1.30
2008	5700.10	11.00	20.72	861.84	18.04	15.12	0.87

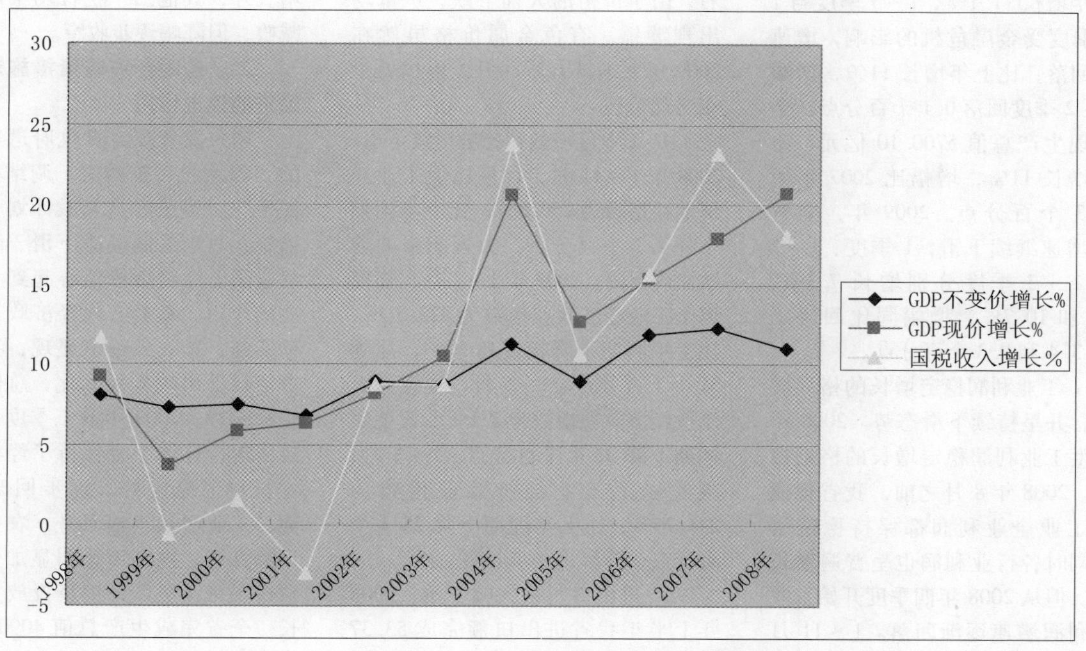

图1 1998~2008年云南国税收入增长与经济增长图示。

由以上分析可以看出：当经济处于相对低速增长期，税收增速慢于经济增速；当经济处于相对较快增长期，税收增速快于经济增速。金融危机在减缓经济发展速度的同时，将对我省国税收入造成更大的影响。

（二）金融危机对云南经济税源的影响。

云南省产业结构单一、初级产品比重大、资源依赖程度高、工业化、城镇化、市场化水平较低、所有制结构不尽合理、地区间发展极不平衡，资源型为主的经济特征决定了云南省的资源型产品市场以东部沿海地区为主，美欧国际市场为辅，金融危机首先影响到我国沿海地区，沿海地区加工制造业下滑后降低了对云南资源型产品的需求，云南省的资源型产品缺乏市场需求而被迫减产，甚至停产或倒闭。因此，虽然我国的工业增长和第二产业增长都在进入2008年开始减缓，但云南工业增长率减缓的时间却滞后于全国，金融危机对云南的冲击在2008年第四季度才开始显现，大约滞后东部沿海地区约4～5个月。2008年，我省经济前2个季度呈逐季度走高之势，1季度增长9.6%，上半年增长11.1%，1～3季度与1～4季度受金融危机的影响，增速有所回落，比上年增长11%，增幅比1～2季度回落0.1个百分点，全年实现生产总值5700.10亿元，比上年增长11%，增幅比2007年回落1.3个百分点。2009年，全省GDP增速继续下滑，1季度、1～2季度1～3季度分别增长7.3%、7.7%和10.7%，增幅同比回落了2.3、3.4和0.3个百分点。

1. 工业利润稳定增长的格局被打破，并呈持续下滑态势。2008年四季度工业利润稳定增长的格局被打破。2008年8月之前，我省规模以上工业企业利润都保持稳定增长，同时各行业利润也呈普遍增长态势。但从2008年四季度开始工业企业利润增速逐渐回落。1～11月份规模以上工业实现利润289.11亿元，同比下降20.4%。分月看，1～2月同比增长25.4%，1～5月同比增长14.8%，1～8月同比增长7.3%，1～11月同比下降20.4%，为2008年最低值。

2. 亏损企业增多，亏损总额上升。2008年1～11月，规模以上工业企业亏损面为35.68%，同比增加了5.1个百分点，亏损企业亏损额69.20亿元，同比增长170%，至2009年2月，亏损企业面扩大为47.96%，同比增加了9.6个百分点，亏损企业亏损额36.21亿元，同比增长170%，1～5月，亏损企业面稳定在46.01%，同比增加了10.8个百分点，亏损企业亏损额63.66亿元，亏损额已达到2008年全年的水平。

3. 工业产品价格与产量均大幅下滑。工业品出厂价格波动起伏较大，2008年上半年均呈上行态势，下半年工业出厂价格总水平呈下行态势；而原材料、燃料动力价格总水平2008年持续上涨，自2009年2月开始掉头下行。铜价由2008年每吨6万多元下跌至每吨2万多元，跌幅超过60%；铝产品价格由每吨1.75万元跌至1.57万元；钢材由每吨4000多元跌至目前3000元左右，由于价格的大幅下跌，产量均出现萎缩。有色金属价格虽然在2009年下半年有所回升，但仍处于相对低价位。

4. 工业经济效益指数持续下滑。2008年1～11月，规模以上工业经济效益指数为256.8%，比上年同期下降1.2个百分点，为近年来的首次出现下降。2009年1～2月，规模以上工业经济效益指数为223.51%，比上年同期下降幅度超50%，达到51.1个百分点，1～5月，规模以上工业经济效益指数为221%，比上年同期下降38.4个百分点。1～8月，规模以上工业经济效益指数为234.26%，比上年同期下降25.3个百分点，降幅进一步收窄。

5. 进出口贸易大幅下滑。2008年上半年我省进出口额完成53.37亿元，同比增长31.3%，但下半年以来，全省进出口额出现回落、增速有所放缓，全年未能完成年初确定100亿美元的任务，全年增幅仅为9%，特别是2009年来，下降的势头明显。2009年三季度，全省进出口总额51.95亿美元，同比下降34.1%，降幅比一季度缩小15个百分点。其中：出口29.18亿美元，下降25.1%；进口22.78亿美元，下降42.9%。

受经济税源的影响，我省国税税收收入增长势头也受到一定的冲击。2008年，全省国税收入完成861.84亿元，同比增长18.04%，但宏观税负为15.12%，比2007年下降0.34个百分点，税收弹性系数为0.87。从走势上看，税收总体上保持了较快增长，但受经济增长放缓等因素影响，全省税收增幅高开低走，四个季度税收增幅分别为25.85%、18.03%、17.74%和10.34%。2009年，累计收入持续负增长，至11月才扭负为正，实现1.22%的增长，1～11月全省国税税收收入累计完成806.02亿元（不含海关代征，下同），比上年同期增收9.69亿元，塌时间进度2.11个百分点。国税征收的5个税种除国内消费税和车辆购置税收入增长外，其他三个税种均不同程度减收，但降幅逐步收窄。

二、宏观经济政策措施对我省经济的促进作用

中央及省委、省政府迅速推出的“保增长、扩内需、调结构、惠民生”一揽子经济刺激计划和应对措施，对于遏制经济下滑、防止通货紧缩、提振市场信心起到至关重要的作用。随着宏观经济政策的贯彻实施，其效果逐渐显现，我国经济运行已出现积极变化，总体形势企稳向好。2009年前三季度，我省经济运行总体上也保持了经济平稳增长、企稳向好、逐步回暖的态势：工业增长小幅回升，农业发展形势良好，投资增速明显加快，消费市场持续活跃，信贷投放大幅增长。全省完成生产总值4090.85亿元，增长10.7%，高于全国平均水平3个百分点。其中，第一产业实

现增加值600.65亿元，增长5%；第二产业实现增加值1733.11亿元，增长8.7%；第三产业实现增加值1757.09亿元，增长14.7%以上；地方财政收入实现494.25亿元，增长8.3%；固定资产投资完成2590亿元，增长37.2%，比全国平均水平高28.5个百分点；实现社会消费品零售总额1384.25亿元，同比增长19.2%；进出口贸易完成51.95亿美元，同比下降34.1%，增速比全国平均水平低13.2个百分点。但同时，伴随着国际金融危机对我省经济连带性、滞后性的冲击和严重影响，我省自身存在的结构性矛盾、体制机制矛盾等一些深层次的问题显得更加突出，各项宏观经济调控政策的促进作用虽在短期内有所显现，但相对于全国来说，作用较小，而且从长远看，单靠政策推动不能从根本上解决我省经济发展的问题。

一是以“两高一资”为特征的产业结构，受国际金融危机直接冲击大、影响深，对政策促进作用受益小。云南支柱产业大多为资源型产业，能源、原材料产业比重大。在重工业中，70%以上的资产和产品销售收入，80%以上的利润，70%以上的工业增加值来源于以资源为主的采掘工业和原料加工业，且资源对外依赖度高达60%以上。由于资源型行业处于产业链中上游，其生产受市场等外部因素影响很大，当金融危机冲击高耗能、资源型产业之时，企业面临的共同的主要问题，都是受世界经济增速放缓、国际国内市场需求不足的严重冲击，主要工业品销售价格大幅下降、订单大幅减少，从而导致产能的过剩、产销率的下降以及停产、半停产企业的大量增加。这样一种产业结构，不仅受国际市场直接影响，还受东部地区工业调整的时滞影响，有效需求的不足，供需矛盾的加剧更加暴露出工业经济结构的不合理，走出困境更多的依赖于市场、依赖于国内外需求的回升，作为国家限制发展的“两高一资”产品和产业，政府宏观调控政策的促进效应并不明显。

二是以投资拉动为特征的增长方式，对政府的依赖性强，不断增大的财政压力使得政策后期效应递减。从投资、消费、出口对GDP的贡献率来看，多年来我省GDP的增长主要依赖于投资的拉动，内需作用显得不足。2008年，我省GDP实现5700.1亿元，同比增长11%。而在GDP增长的三大需求贡献中，投资的贡献率达62%，最终消费的贡献率为41%，净出口的贡献率为-3%，属典型的投资拉动型经济。2009年3季度，全省城镇固定资产投资2590亿元，同比增长37.2%，而同期社会消费品零售总额为1384.25亿元，同比增长19.2%。由此看来，今年我省投资对GDP的贡献率会有大幅上升，经济增长更加依赖于投资的拉动。但这种对政府投资的过度依赖，一方面会使财政收支矛盾日益突出，2009年3季度全省一般预算收入完成494.25亿元，增长8.3%；而全省一般预算支出1077.8亿元，增长30.7%。巨大的增支压力导致省级财政收入平衡异常艰难，以加大投资拉动经济的力度和效用将逐渐减弱，依靠政府推出新的调控举措来促进经济增长显得乏力。另一方面，在扩大内需资金上，由于云南地处边疆，属典型的少数民族地区，地方经济发展滞后，州市和县级财政财力状况不佳，收支矛盾的日益尖锐，使得各地财政落实配套资金困难较大。

三是以烟草制品业“一枝独秀”为特征的工业经济，经济税源结构单一，受宏观经济政策的影响相对较少。2009年三季度，全省规模以上工业企业增加值完成1339.42亿元，同比增长5.8%。其中，全省轻工业完成增加值661.21亿元，同比增长11.5%；重工业完成增加值678.21亿元，同比增长1.3%。从产业结构看，三次产业的产值之比大致为14.68:42.37:42.95，与全国平均水平10.32:48.89:40.79相比，第二产业比重低于全国水平，第一产业比重却高于全国4.36个百分点，说明我省工业化程度仍较低，产业贡献仍处于低水平状态。从重点行业看，烟草制品业完成工业增加值526.2亿元，占全省轻工业增加值的79.58%，占规模以上工业增加值比重为39.29%。然而，烟草行业作为实行国家专卖政策计划性管理的垄断行业，其受金融危机影响相对较小，受国家积极财政政策和宽松货币政策的刺激影响也相对较少。

四是以国有经济为主体的所有制结构，市场化程度低，不利于资源的合理配置和政策调控的有效实施。我省国有经济比重大，民营经济、外商投资经济等其他类型经济比重小。2008年，国有及国有控股的股份制经济类企业工业增加值占比高达66.7%，其他经济类企业工业增加值占比为33.3%。这样一种传统所有制结构，对政府的依赖性极强，经营活力差，抵御国内外市场风险的应变能力低。2008年市场化程度指数得分仅3.39分，列全国第27位，远低于全国平均水平。国家为保增长、扩内需而实施的比较单纯的投入扶持，很可能强化这种传统的所有制结构，而不是改善所有制结构。同时，政府投资多年来一直以国有经济投资为主，中小企业融资仍然困难。2009年1～9月我省各项贷款余额8530.69亿元，同比增长34.9%，而全省贷款存量最大的前50户企业贷款余额占全省贷款的40%以上，其中长期贷款同比增速达32.9%。可以看出，新增信贷集中投向了国有大型企业和大项目，中小企业资金需求仍未得到充分满足。据省财政厅举办的中小企业担保产品暨融资项目推介会上对446户中小企业融资需求情况进行调查，中小企业通过银行贷款的资金满足率仅为9.3%，广大中小企业发展生产的巨大资金要求继续受到压制。然而，国有经济的投资效率总体低于非国有经济，在此情形下，政府投资的效益作用不易发挥。

五是云南经济周期运行具有峰位高、谷位低、平均振幅大的特点，政策拉动经济复苏的时间仍会滞后于全国。与全国平均水平相比，改革开放以来云南经济周期运行的特点是：经济周期波动的峰位高、谷位低、平均振幅大。这表明云南经济运行的稳定性比全国平均水平差，受外部冲击时更容易大起大落；经济周期波动的扩张期长、收缩期短，表明云南经济受到外部冲击后的复苏能力和抗衰退能力比全国平均水平弱；经济周期波动的平均位势低，表明云南经济整体增长能力低于全国平均水平。总体上，云南经济周期波动与全国平均水平存在1～2年的滞后期。因此，一方面，金融危机对云南的影响将滞后于全国，虽然我国和我省的工业增长和第二产业增长都在进入2008年开始减缓，我省工业增长率减缓的程度却低于全国平均水平。另一方面，作为资源型经济地区的云南，由于产业关联度低的支撑型产业、上游产业比重高，在国家扩大投资的初期，资源型产业的政策效应不明显，只有扩大投资政策作用下沿海地区制造业生产恢复和原材料库存消化后，才能形成对资源型地区的产品需求，拉动资源型地区的资源型工业恢复生产，意味着国家宏观经济政策刺激经济增长的措施在云南实施的效果显现也将滞后于全国。

三、我省应对金融危机的对策建议

面对经济的低迷，以及经济运行中存在的困难和问题，既要立足当前，解决好当前经济运行中的突出矛盾和问题，又要着眼长远，谋划研究解决制约和影响长期发展的深层次矛盾和问题，坚定信心，把握机遇。当前，我们面临着培育经济新增长点的转折时期，最为需要的，可能并非一味强调基础设施投资和财政赤字的所谓凯恩斯主义，也不是一味放松货币到零利率的货币主义，而是强调通过改革释放体制活力，通过开放寻求新的布局机会。

（一）把握发展机遇，积极落实扩大内需政策措施。在全国经济企稳回升的关键时期，我省要抓住国家继续实施积极财政政策和适度宽松货币政策的时机，贯彻落实好扩大内需的相关政策措施，在继续保持投资适度增长、不断优化投资结构，努力提高投资效率的基础上，从云南的实际出发，把握欠发达地区、初级阶段低层次的阶段性特征，有效推动我省特色工业化和城镇化进程，逐步把经济增长从主要依靠投资拉动转到主要依靠消费和投资共同拉动上来。一方面，在今后相当一个时期，云南应当确保投资对云南经济增长的重要拉动作用，要注重把好投资方向、优化投资结构，调动民间投资积极性，进一步资金投入的重点向农业农村、欠发达地区、中小企业、民生领域倾斜，注重防止重复建设，发挥好投资对拉动经济和调整结构的重要作用。另一方面，要把扩大内需作为新发展阶段的战略性目标，着力扩大消费特别是居民消费，千方百计提高城乡居民收入水平，增强居民消费能力，培育消费热点，推动消费结构升级。尤其要加快发展服务消费和文化消费，继续落实好家电和汽车摩托车下乡、节能产品惠民工程、家电和汽车以旧换新等消费政策，拓展消费市场，增强最终消费对经济增长的拉动作用。

（二）积极应对危机，加快推进经济结构调整。要实现经济的真正复苏和持续增长，最终要靠技术进步和产业结构调整带来的经济转型，这对资源型经济的云南来说，尤为重要。首先，在经济结构转型上，要利用国际金融危机形成的倒逼机制，积极推进发展方式转变和结构调整，由主要依靠第二产业带动向依靠第一、二、三产业协同带动转变，由主要依靠增加物质资源消耗向主要依靠科技进步、劳动者素质提高和管理创新转变，形成新的经济增长点和竞争优势。其次，在发挥政府部门的宏观调控及主导作用上，要落实国家重点产业调整和振兴规划，大力提升传统特色优势产业发展水平，着力改变烟草产业一枝独秀的格局，在发展能源、生物医药的同时，加快发展精深加工，不断延长产业链，大力发展新兴产业，培育新的经济增长点。要大力发展现代服务业，促进现代物流、康体休闲、度假旅游、文化产业等新兴服务业的发展，尤其要推动自然风光、民族风情旅游业再上新台阶，构建具有云南特色和比较优势的现代产业体系。

（三）深化改革开放，增强经济发展后劲。应对国际金融危机冲击，实现更高水平发展，必须坚持用改革的办法破解发展难题。一是要加快推进重点领域和关键环节改革，继续调整国有经济布局和结构，推动国有企业改制改组，鼓励、支持、引导非公有制经济加快发展，切实转变政府职能，积极培育现代市场体系，进一步改善投资、创业、发展环境，为经济发展提供有力体制保障。二是要把保增长与谋长远发展结合起来，努力为未来发展打好基础、积蓄力量，把提高自主创新能力放在突出位置，加大科教兴滇战略和人才强省战略的实施力度，大力发展高新技术产业，充分发挥科技创新对应对国际金融危机冲击、增强经济发展后劲的支撑作用。三是要加快建立企业为主体、市场为导向、产学研相结合的技术创新体系，提高科技进步对经济增长的贡献率，从根本上解决我省发展能耗高、产业链条短、发展效益低的问题。四是按照建设生态文明的要求，大力推进节能节水节地节材，积极发展循环经济、低碳技术，下大气力降低资源能源消耗、减少污染排放。要深入实施“七彩云南保护行动”，突出抓好滇池等水污染综合治理，扎实推进天然林保护、退耕还林、水土流失治理等生态工程建设，让良好生态环境成为云南发展的宝贵资源和最大优势。

（四）立足当前保企业，积极支持中小企业发展。一是在产业政策方面，要加快企业的产业结构调整，开拓国内和国际市场，引导企业走高技术、专业化发展的道路；二是在金融政策方面，要高度关注当前金融机构贷款涌向政府背景项目和大型骨干企业、银行“垒大户”现象加剧的问题，进一步完善促进信用担保体系建设的政策措施，拓宽融资渠道，提高中小企业贷款比重；三是在融资渠道方面，要营造良好的投资环境，制定促进和支持民间投资的财政政策，为民间投资发展创造良好的发展环境，启动社会投资，撬动民间资本参与我省经济发展。

（五）充分发展规模经济，优先培植支柱税源。应下大力气组建一批以资本为纽带，以现有的优势骨干企业为核心，以名牌产品为龙头，集产业和贸易、生产和资本经营为一体，在市场上具有竞争力好发展后劲的高附加值、高贡献的企业集团，尽快形成在国内有地位的重点企业。通过做大做强优势企业，充分发展规模经济，既有利于提高企业资产的运行效率，增强市场竞争力，又能够促进经济结构的调整和优化，形成我省经济发展的动力，进而为壮大全省税收收入规模培植强有力的支柱税源。

课题指导：朵志红
组　　长：梁丽明
副 组 长：王总国　梁　柯
成　　员：班建华　谢布琼
　　　　　陈　昆　王东明
　　　　　大理州国家税务局
　　　　　昭通市国家税务局
　　　　　文山州国家税务局
　　　　　怒江州国家税务局

健全税务稽查工作长效机制研究

云南省国家税务局稽查局课题组

内容提要：2009 年 2 月 5 日，总局肖捷局长对全国税务稽查工作会议作了批示，其中要求稽查部门对如何“健全完善税务稽查工作长效机制”进行研究探讨。该批示指出了近期税务稽查科研工作的重点，指明了税务稽查科研工作的方向。在多次深入基层调研和反复论证的基础上，本文将全面总结云南省国税系统稽查工作长效机制建设情况，结合相关理论研究，从当前税务稽查工作长效机制存在的问题入手，分别从宏观和微观两个方面对其存在问题的成因展开分析，着重从稽查职能定位、组织管理体系构建、制度建设、绩效管理、执法风险防范、互动协作六个方面进行探讨，并就如何健全税务稽查工作长效机制提出相应的建议。

关键词：健全　税务稽查工作　长效机制

一、税务稽查工作长效机制的基本概念

（一）有关机制的基本概念。

机制是指一个工作系统中各个组成部分或各个工作环节间相互作用的过程和方式。它的实现应具备两个基本条件：一是要有比较规范、稳定、配套的制度体系；二是要有推动制度正常运行的“动力源”，即要有出于自身利益而积极推动和监督制度运行的体制。长效机制，即长期保证制度正常运行并发挥预期功能的制度体系。简单地说，就是促使某一目标得以顺利实现的长期有效的运行机制。

（二）税务稽查工作长效机制的界定。

在依次明确上述概念的基础上，我们就不难总结和推导出健全税务稽查工作长效机制应该从构建组织管理体制和建设各项制度着手。稽查组织管理体制包含两层含义：一是宏观管理模式，包括稽查机构设立的形式、职能配置、与征收管理部门的关系以及上下级稽查部门之间的管理机制等。二是微观管理模式，是指稽查机构内部的部门设置、职能分工及工作关系等。制度从宏观方面来看，主要是指有关税务稽查相关法律、法规的建设，；从微观方面来看，以分解为自我发展和自我约束两部分。自我发展制度是单位的动力系统，主要包括决策、激励、人才培养、投入、创新等内容；自我约束制度是单位的制约系统，主要包括控制、监督、制约、预警等内容。各级稽查局健全稽查长效机制，应通过内部各方面体制和制度的建设，实现长效机制的整合。

二、云南省国税系统稽查工作长效机制建设情况

自 2005 年以来，云南国税稽查按照总局“科学化、精细化”管理的工作要求，不断完善稽查工作制度，规范稽查机构设置、明确职责分工，积极探索推进分级分类稽查工作，大力整顿和规范税收秩序，严厉打击涉税违法犯罪，努力提高稽查干部素质，努力实践稽查工作的科学化、精细化管理，构建稽查工作长效机制初显成效。

（一）规范稽查内部组织体制和结构体制，合理配置稽查资源，提高稽查效能。

从 2001 年开始，我省国税系统结合实际对稽查体制分步进行了改革。逐步在州市局所在地实行一级稽查体制，全省国税系统稽查机构由按行政区划设置的 156 个逐年减至 137 个。从省到州市、县区均认真规范稽查机构包括内设机构的名称、职责，定员定岗，确保职能清楚、责任明确、人员落实、机制健全。于 2009 年在我省玉溪市率先推行完全的市级“集中稽查”试点，打破按行政区划设置稽查机构的格

局，撤并玉溪市下辖8县稽查局，统一在市局设立玉溪市国家税务局稽查局，负责全市范围内的稽查工作。

（二）通过探索建立各项稽查制度，初步构建稽查发展和约束机制。

一是按照总局“科学化、精细化”管理的工作要求，工作中认真思考、探索稽查工作科学化、精细化管理的工作思路，并将其落实到日常稽查工作中。二是第一轮分级分类稽查工作取得显著成效。三年来，全省共对3130户企业实施了分级分类稽查，其中省级40户，共实现查补收入19731.19万元。三是全面推行查前告知办法，让纳税人在实施税务检查前有一个自查自纠的机会，降低纳税人由于对税法不了解或工作疏忽等原因少缴税而被税务机关处罚的风险，更好地保护了纳税人及其他当事人的合法权益，营造了诚信纳税的税收环境，得到了纳税人的积极支持和配合。2008年，纳税人自查补缴税款11.08亿元。四是发挥稽查部门尖刀作用，加大大要案的查处力度。几年来深入查处了“8·10”系列案件、与公安机关配合，共同查处了“5·10”案件，并针对废旧物资回收行业存在的问题，州市稽查局延伸开展了对废旧物资行业的整治；查处了昆明市黄龙机电设备公司的偷税举报案和“4·09”专案等一批影响恶劣的举报案件。五是夯实稽查工作基础，提高系统管理质量。六是加强队伍建设，提高干部素质。

三、目前税务稽查工作长效机制存在问题及成因分析

（一）宏观管理模式下制约税务稽查工作长效机制发挥的因素。

1. 税务稽查职权、职能定位不合理，角色错位。

（1）稽查职权配置不明确，角色错位。税务稽查与税收征管在职能方面存在一定的交叉，两者都具有对纳税人的检查权与处罚权。

（2）收入职能过度膨胀，在稽查职能结构中造成比重失度。“收入型稽查”思想严重，把稽查视为“防偷堵漏”的应急措施和组织收入的补充手段。

（3）惩戒职能弱化，在稽查职能中总量失衡。税收征管法对处罚尺度的相关规定远远不能满足实际工作的需要。

（4）忽视税务稽查职能的服务功能，尚未实现“以法为本”与“以人为本”的统一。

2. 现行稽查制度建设法律级次较低，导致稽查工作的合法性、稳定性不强（1）税收立法的缺位与不足，降低了税收的立法层次和效力。

（2）税收规定与相关法律、法规之间相互抵触、不衔接，成为制约稽查工作的“瓶颈”。

（3）税务稽查流程体系不完善。《税务稽查工作规程》中许多内容与征管法、行政处罚法等上位法相抵触、冲突，执法矛盾突出。

（4）稽查制度在执行中法律规定范围过窄，可操作性不强。

3. 国、地税稽查机构的分设，影响了税务执法的公平、公正和税务行政效率。我国自1994年实行分税制财政体制以来，税务系统在同一行政区域内分设了国、地税务机关，同时相应成立了稽查局。从此，税务稽查为两块牌子、两套班子、两支队伍，各自行使独立的税务稽查权。机构分设后，税收收入大幅增长，但这一稽查体制模式下的缺陷也逐步显现。

（二）云南省国税系统稽查工作长效机制存在的问题及成因

1. 现行稽查管理体制存在缺陷。

（1）按行政区划设置稽查机构与经济发展、产业结构不相适应。在实际工作中，县区稽查局人员配置不尽合理、科学，稽查人员配置与稽查效能之间呈现不均衡现象。

（2）不完善的“一级稽查”管理体制，影响税收行政效率和税务稽查效率的提高。由于一级稽查体制在地区间发展不平衡，同时也未体现因地制宜的实际，在当前实行分级分类稽查的背景下，反映在税收征管中的一些不足不断显现出来。

（3）稽查人员素质亟待提高，队伍建设尚待加强。随着税务信息化建设的全面推进，目前稽查人员的综合素质还不能完全适应当前稽查执法工作的要求。

2. 绩效管理机制不完善，激励考核体系缺失

体现在以下四个方面：绩效考核重惩戒轻激励；绩效考核重定性轻定量；绩效考核重数据轻质效，缺乏对稽查工作的综合评价；重“管理”、轻“开发”，稽查干部队伍潜能难以发掘。

3. 未能有效预防税务稽查执法风险

（1）执法程序不当引发风险。程序合法是行政行为合法的重要因素。税务稽查执法必须按照法定的程序进行，不得违反法定程序，否则作出的税务处理、处罚决定就会面临无效、被撤销的风险。

（2）调查取证不规范引发风险。调查取证是税务机关实施税务检查的必经程序，但目前实际调查取证工作中存在不少问题，导致执法风险。

（3）执法不严引发风险。主要表现为：一是执法不严谨。二是执法文书制作和语言表述不规范。三是滥用自由裁量权。

（4）稽查腐败引发风险。

4. 互动协作工作尚未制度化，信息交流不畅，影响稽查工作的质量和效率

在实际工作中，由于缺少法律、法规依据及相关配套的考核办法，缺乏有效的信息传导和沟通平台，互动协作工作一直未予制度化，始终停留在较低层次的互动，给日常管理工作造成很多管理盲区，制约了稽查各项职能作用的实现，严重削弱了税法的严肃性和刚性。

四、健全税务稽查工作长效机制相关措施及建议

（一）更新观念，优化结构，重新定位稽查职能。

目前稽查职能的优化应沿着两条主线展开：通过稽查职能范围的合理定位和职能结构的调整，建立起行为规范、职能范围适度、职能结构合理，权力范围有限但权力效力很高，在完善的保障机制的基础上保持权力的必要集中，精干、高效、廉洁并充满活力的稽查职能体系。

1. 重新梳理定位稽查职能，依法确认税务稽查部门为有较高独立性的办案机关。

2. 优化职能结构，强化税务稽查的监控、惩戒、教育职能。

3. 结合分级分类稽查，合理划分上下级稽查局的职能范围。

（二）规范、创新稽查组织管理体系，强化税务稽查管理。

随着总局稽查工作思路的不断发展和创新，总局稽查机构向扁平化发展的目标和方向也日渐清晰：近期目标是通过尽可能撤并县局稽查局，增加州市稽查局力量，以实现真正意义上的一级稽查体制；中远期目标是在行政改革（省管县）的基础上，打破按行政区划设置稽查局的格局，按经济区划设置稽查局并作为省局派出机构实现业务上的管理。

1. 进一步完善一级稽查体制，合理配置资源，提高稽查效能。一是打破按经济区划设置稽查机构，加强省、州市和经济发达县区稽查机构设置，科学、合理设置跨县（区）稽查局，适当简并不发达县区稽查机构。二是进一步加大省、州市局和经济发达县区局稽查人员的配备，逐步减少经济欠发达县区的稽查人员。三是构建以“集中稽查”为标志的集约化稽查，通过人、财、物和机构的集中，减少管理层级，实现信息共享、资源共用，发挥稽查资源最大效益，增强上级稽查局整合、运用区域内稽查资源的能力，探索建立稽查人员、专项经费、稽查装备等统一调度机制。

2. 通过选拔、培训等方式，全面加强稽查队伍建设。

3. 建立科学的稽查装备调配和办案经费管理机制。

4. 整合国地税资源，强化税务稽查管理，提高稽查效率。

（三）加强税务稽查制度建设，创新稽查执法，提高稽查的针对性和准确性。

1. 提高立法层次，增强税务稽查制度的法律效力。我国的税收立法框架应定位为：以税收基本法为主导，税收实体法和税收程序法并驾齐驱的“三位一体”的税法框架。

2. 解决税收规定与新修订刑法的抵触或衔接，提升稽查工作质量。认真梳理当前税收规定与新修订刑法冲突或不衔接的内容，尽快出台与“逃税罪”相关的司法解释并规范税务执法衔接，使稽查工作走出“模糊”或“被动”的局面。

3. 以法规或规章的形式尽快出台新的《税务稽查工作规程》，使税务稽查流程“有法可依”。

（四）引入“能级管理”观念，优化绩效管理长效机制。

1. 明确能级管理的原则。能级管理的核心是稽查干部的能力，因此要遵循“以能为本，岗能结合，竞争择优，按能上岗，双向选择，组织择优”的原则。

2. 界定“能”的内容和范围。能级综合由能级考试和能级考核两大项目组成。考核的内容设计要注重稽查干部的德、能、勤、绩，考核不过关，考试的成绩再好也不能认定和晋级。

3. 确定能力等级。能级从高到低根据各地实际确定等级级次，一般情况下可划分为一至五级较为适宜，能级级别根据每个人的综合测评成绩确定。能级评定采取综合测评的办法，综合测评由能力测试和能力考核两部分组成。

4.“按级取酬”，实行差别待遇。可以设立一种“能级津贴”，不同的能级享受不同的津贴。对“能级津贴”的设定，不同能级之间的“能级津贴”应适当拉开差距，各能级之间的“能级津贴”相差至少在25%以上。

5. 明确岗位职责。

6. 明确考核指标，实施绩效考核。

7. 违反规定的处理。

（五）全方位加强税务稽查执法风险防范。

稽查风险可能引发税务机关在行政复议、诉讼中败诉，税务稽查人员个人也因而受到小则行政处分，大则追究刑事责任的不良后果。因此，税务稽查部门在行使国家法定职权的同时，如何有效的防范和规避税务稽查执法风险，是税务稽查人员亟待解决的问题。

1. 提高税务稽查人员的风险意识。强化税务稽查人员的风险意识，首先要转变稽查人员的思想观念，提高稽查人员的自身素质。

2. 建立健全稽查工作制度，规范稽查工作流程。既然稽查执法是分散在稽查的各个环节，我们就有必要从源头上控制风险，通过制订制度、统一工作流程来规范执法行为，进而规避执法的风险。

3. 收集充分可靠的税务稽查证据。稽查风险与稽查质量密切相关，而稽查质量高低很大程度上取决于稽查证据的质量高低。

4. 加强稽查质量检查。税务稽查质量检查是督促税务稽查人员提高税务稽查质量，降低税务稽查风险的有效途径。

（六）加强对内、对外互动协作，提高稽查工作的效率和质量

在信息化高速发展的今天，只有有效地整合利用各类信息资源，才能使稽查工作向规范化、制度化和职能化的方向发展，进一步提高稽查工作的质量和效率。因此，健全互动协作机制显得尤为重要。结合上述分析，笔者认为应该从以下几个方面健全互动协作机制，以实现信息有效交流共享，形成信息畅达的长效协作平台：

1. 明确稽查与征管互动协作职责，为健全互动协作机制打好基

础。征管与稽查的互动机制主要包括：征收、管理、稽查三个工作环节，涉及税收分析、纳税评估、税源控管和税务稽查四个方面的信息共享。

2. 制定征管与稽查互动流程，促使互动协作机制规范化。

3. 打造多元化互动协作载体，为健全互动协作机制提供信息传导与沟通平台。

课题指导：许赞霖
组　　长：赵金友
副 组 长：李庆阳　李明义　陈　懿　秦　燕　胡文斌　杨　军　王　芳　姜洪林
成　　员：李光庆　谢建华　虎　坤　黄　锋　李旭东　董正湘　杨志坤　田何品　武　登　李振兴　梁　琼　张　浩　许　燕　陆　俊　唐晓琴　连井琳

基于公平与效率原则下公务员录用工作中存在的问题及对策研究

云南省国家税务局人事处课题组

国以才立、业以才兴。如何建立一套公正、科学、严谨的公务员录用工作机制，把优秀人才选拔充实到国税系统中来，对构建一支综合素质强、专业程度高的公务员队伍，保障国税事业的可持续发展具有重大意义。我省国税系统自开展公务员招录工作以来，认真贯彻落实国家公务员管理的各项法律、法规，遵循中央关于公务员招录"凡进必考、择优录用"的有关规定，坚持"公开、平等、竞争、择优"的原则，在实践中积极探索适应云南国税工作特点的公务员考试录用工作机制，将一大批优秀人才选拔录用到各级国税部门，使我省国税系统公务员队伍结构得到明显改善，配置更加合理，综合素质不断提高，为云南国税事业的发展提供了有力的人力资源保障。但随着形势的发展和公务员招录工作实践的不断深入，在网络报名与调剂、面试的形式与方法等公务员招录的体制机制方面的弊端逐渐显现，使用人单位的人才需求得不到有效的满足，招录工作的公平性和实效性在一定程度上受到了影响。本文拟对我省国税系统近年来公务员录用工作中遇到的问题进行分析，并提出应对的措施，以求进一步完善录用工作的机制、提高录用工作的质量。

一、我国公务员录用制度及我省国税系统公务员录用工作简况

（一）我国公务员录用制度简介。

我国公务员录用制度是根据国家的基本方针、政策，结合我国国情，严格遵循《中华人民共和国公务员法》及公务员管理有关法律、法规制定的，这些法律法规还规定了公务员录用的基本要求、组织管理、资格条件、考试形式及要求，这构成了我国公务员考试录用制度。同时国家税务总局结合国税系统工作实际下发了《国家税务局系统公务员录用暂行办法》对国税系统公务员录用工作进行了规范管理。

我国公务员录用制度的特点：一是坚持党的基本路线和党管干部原则；二是坚持德才兼备、考试和考核并举；三是坚持科学发展机制。坚持公开、平等、竞争、择优的原则，按照德才兼备的标准，采取考试与考察相结合的方式进行，同时还遵循"凡进必考、择优录用"的原则。

公务员录用的基本工作程序主要包括：发布《招考简章》、网络报名与调剂、公共科目笔试、面试、体检和考察、办理录用手续。

（二）我省国税系统公务员录用工作简介。

我省国税系统的公务员录用工作，在总局人事司和省局党组的直接领导下，严格遵守《公务员法》、《国家公务员录用暂行规定》和《国家税务局系统公务员录用暂行办法》等公务员录用相关规定，坚持公开、平等、竞争、择优的原则，结合云南国税工作实际和人力资源结构状况，按照规定程序录用符合条件的优秀人才到我省国税系统担任主任科员以下及其他相当职务层次的非领导职务公务员。我省国税系统公务员录用工作由省局人事处制定招录方案并负责组织实施。我省国税系统公务员录用工作实施程序主要分为：上报录用计划、网络报名资格审查、笔试、网络调剂、面试、体检、考察、公示、上报备案材料等工作环节。

（三）现阶段公务员招录重点环节的优势分析。

在整个公务员招录过程中，网络报名与调剂、面试两个工作阶段是整个公务员录用工作中的重点环节。

1. 网络报名与调剂环节的优势分析。

随着社会关注度的提高，以及公务员报考人数的逐年递增，公务员招录工作的一些传统方式逐渐被信息化、网络化的工作手段所代替。如今，公务员考试录用工作实

现了信息化管理，其中发布录用公告、网络报名、成绩查询、公示等全部通过互联网进行，并设有专用的网络系统，为报考者提供了便利，提高了工作效率，增加了工作透明度，便于接受社会监督。

（1）网络报名的优势。

①网络报名具有报考程序快捷、及时、灵活的优势，有利于人才的流动和配置，降低了考生的报考成本，打破了地域性约束，同时便于全国各地考生比照职位要求报考符合自身条件的职位，有利于发达地区的考生向欠发达地区流动和各地区报考人员的平衡，也有利于各录用职位之间人才的流动和合理配置。

②采用网络资格审查规范了公务员录用资格审查阶段的工作程序，统一了工作流程和审查标准，提高了审查工作的效率和准确性，有效地避免了审查错误和进度缓慢的情况，极大地提高了工作质量和效率。

③网络资格审查，自始至终对报考同一职位的考生以相同标准进行审查，所有审查的过程及结论，系统都进行详细记录，充分体现了公务员招录工作的公正、公平、公开，也便于社会对招录工作的监督。

（2）网络调剂的优势。

①公共科目笔试之后，当招考职位上通过最低合格分数线的人数达不到计划录用人数的面试比例要求时，需采取调剂的方式补充面试人选。对面试比例有空缺的职位，采用调剂的方式，增补一定数量的考生到空缺职位，以满足招录单位的需要。

②从考生角度看，参加调剂的考生都已到达原报考职位最低合格分数线，由于原报考职位计划招考人数较少、竞争过于激烈等原因，未进入原职位首批面试名单，而这部分考生的笔试成绩往往都高于调剂职位进入首批面试的其他考生，这相当于给了笔试成绩优秀的考生一次报名机会，充分调动了考生的积极性，也有利于选拔出与报考职位更相匹配的人才。

2. 面试环节的优势分析。

（1）结构化面试。

结构化面试是指命题、实施、结果评定等环节均按事先制定的标准化程序操作、对误差进行有效控制的面试，也称为标准化面试。其标准化主要体现在六个方面：一是以工作分析为基础，通过工作分析得到某一职务具体的操作内容以及胜任该职务所需要的知识、能力、个性特点，从而得到适用于该职务的测评要素；二是每一次面试之前根据实际情况选择该职务测评要素中最重要的、可测量的部分命题，且题目均事先给出参考答案及评分标准；三是对所有的应试者都提相同的一组问题；四是考官须经过专门的培训、必须持证上岗；五是有统一的评分标准和评定量表；六是每个应试者应试时间相同，一般为30分钟。

结构化面试的优点：

一是针对性强。结构化面试的第一步工作是进行深入的职位分析，在充分了解职位需求的基础上确立需要考察的要素。结构化面试具有很强的职位针对性。

二是标准化。针对应聘同一职位的不同应聘者，结构化面试的题目、提问方式、记分和评价标准都是相同。这种标准化测评方法大幅度地提高了评价结果的客观性、公正性、准确性和实用性。

三是结构化面试兼具面谈与笔试的优点。既保持了面试中双向交流、综合评价的优点，又吸收了笔试中一些客观化、标准化的措施，因此它优点显著，可以大大提高面试的信度与效度，结构化面试对报考同一职位的考生使用相同的面试题目，考试时间也相同，因此增加了公平性、可比性，减少了许多无关因素的干扰。

（2）无领导小组讨论面试

无领导小组讨论面试的优点：

一是无领导小组讨论的突出特点是具有生动的人际互动效应，通过应试者的交叉讨论、频繁互动，考察考生在真实团队中的行为表现，其中会考察到应试者的如下能力：考生在团队工作中与他人发生关系时所表现出的能力；考生在处理一些实际问题时的分析思维能力；考生的个性风格。

二是无领导小组讨论侧重于诱发考生真实的行为模式，考生会在无意中暴露自己的特点，并在比较中表现出个体差异，从而也使得考生的伪装性大大降低。考试中更侧重于应试者的能力展示和临场发挥，应试者很难有针对性的准备。

二、我省国税系统公务员录用工作存在的问题

（一）现阶段公务员录用机制方面存在的问题。

1. 无法准确测评考生的思想道德。

公务员笔试侧重于测评基本素质和职业潜能，面试侧重于测评基本能力和职位相关素质，二者都不能直接测评考生的思想道德水平。即使有人在考试中撒谎，也不一定能为考官觉察。因此，一个人的思想道德、品质涵养等非智商因素，是难以通过这种形式来准确测量的。在这种条件下，就可能出现高分低德、高能低德的人。而这与“德才兼备”的取人标准是背道而驰的。这也反映出了考试的不足之所在，即可以测才学，而难以量品德。

2. 考试内容单一。

从各地近几年的考试题来看，考试内容基本能够突出时代性、多样性和有效性；但从全国范围来看，考试内容的单一性就清晰可见了。各地试题的交叉和重复，是显而易见的，无论是笔试试题，还是面试试题，概莫能外。往往一道好题，中央考试用了，地方上也用，这个省用了，那个省也用。有的稍做变通，有的则干脆照搬照抄。这样，对于考试测量的实际效果就打了折扣。据有过多次考试经历的考生反映，好多题在其他考试中都曾出现过，早已烂熟于心。另外，试题的有效性和针对性还有待进一步提高，例如，有的题谁都会，有的题则谁都不会，这就失去了意义，因为它没有了区分度；有的题则不够典型，不足以担当起选拔高素质人才的功能；同时，不同部门不同职位的能力素质要求也是不同的，如专业素质、技能特长等，这些内容也不是一张试卷、一次面试就能完全测评出来的。

3. 在现行招录机制下，一些专业类人才无法通过层层选拔进入公务员队伍。

在招录过程中，公共科目笔试和面试是最核心、最重要的环节，笔试和面试成绩的高低直接关系到考生能否被录用。而公共科目笔试和面试是广泛性、基础性的考试，主要考核的是报考者从事公务员职业应当具备的基本能力。从这几年的招录情况看，法学、中文等专业的考生知识面较广，被录取的比例较大；而计算机等专业程度较高的考生，在笔试和面试中，与其他专业的考生相比成绩并不突出，尤其是在面试阶段，这个问题更为明显。这就导致一些专业要求高的职位不能录用到所需的专业人才，而被录用到这些职位的人员需要大量的培训和实践锻炼才能适应职位要求，从而造成人力资源的浪费。

4. 职位报考不平衡，致使人力资源储备出现地区差异。

各地经济社会发展的差距，加之"人往高处走"的传统思想，直接影响了考生对报考职位的选择，发达地区的报考人数远远超过欠发达地区。就我省而言，昆明、曲靖、玉溪等地区的报考人数就远远超过怒江、迪庆等地区的人数。2009 年度公务员招录中，全省招考 160 人，资格审查通过人数 3114 人，平均参考比例为 19:1；而报考人数最多的昆明市呈贡县局招考 1 人，资格通过人数即达到 111 人，参考比例达 111:1；报考人数最少的怒江州贡山县局和迪庆州德钦县局，参考比例仅为 6:1 和 5:1。人才过多的向发达地区流动从局部上看是有利的，但从系统的角度上看是不平衡的，特别是在人力资源的分配和储备上看，这种不平衡将致使整个系统的发展失调。

（二）网络报名与调剂环节存在的问题。

1. 网络报名存在的问题。

①考生填报个人虚假信息，是影响录用工作的正常开展的重要原因。

在招录工作中，资格审查工作人员是通过考生在网络系统中所填报的个人信息直接判断考生是否具备报考资格的。就我省国税系统而言，近年来招录的主要是财政（税务）、财务管理、会计学、经济学和计算机等相关专业的应届毕业生，每年录用一百多人，在招考人数和专业覆盖面上都无法满足报考考生的实际需求，每年的公务员录用工作在报名初始阶段就产生了激烈的竞争。因此一些考生为了能够顺利报考，有意填报虚假信息，隐瞒个人真实情况，试图以虚假的个人信息通过资格审查。这些以虚假信息报考的考生是不符合录用条件的。

以 2009 年为例，我省国税系统公务员计划录用 160 人，网络报名 6902 人，通过网络审查合格 3114 人，笔试后有 461 人进入面试。在面试资格复审过程中，有 8 名考生个人资料不真实，不符合报考条件，被取消面试资格，占参加面试人员的 1.73%。经面试和体检，共 155 人进入考察阶段，在考察过程中发现 10 人个人资料不真实，不具备报考和录用资格，取消其录用资格，占应录用人数的 6.45%。

②网络报名给予了考生较多的自主权，给资格审查工作带来一定难度。

"录用考试系统"为方便考生报考，在考生个人信息填报、信息修改和职位报考方面给予了较多的自主权。考生只有在所报单位资格审查确定为"合格"的情况下，才不能修改个人信息和报考职位；除此之外，考生均可对个人信息和报考职位进行修改。部分考生就利用系统提供的这个"便利"，不断改报不同职位，给招录单位掌握职位报考情况带来不便；甚至有部分考生为了隐瞒真实情况从而达到报考条件，有意修改个人信息，以便通过资格审查。

（2）网络调剂存在的问题。

①申请参加调剂的考生，一般笔试成绩都较高，甚至远远高出调剂职位的其他考生；并且笔试成绩将作为综合成绩的一部分，作为考生能否录用的重要依据。一些被调剂职位的考生对此表示不满，认为公务员录用考试制度的原则就是公正、公平，对于那些"退而求其次"的高分调剂考生，相当于给了他们第二次机会，调剂的结果往往造成本职位考生被调剂考生所替代，这对有志于到本职位工作的考生来说有失公平。

②参加调剂的考生，大部分都是由于报考了计划招考人数较少、报名人数较多、竞争相对激烈的职位，其中又以省外考生居多。我省属于西部地区，笔试成绩的最低分数线相对较低，出现调剂的职位一般都是艰苦边远地区职位。因此申请调剂的省外高分考生一般都存在以调剂职位作为跳板的心态，进入公务员队伍工作一段时间、积累了一定工作经验后便向招录单位提出调动；甚至有部分考生，被录用后以各种理由放弃录用资格，这不仅使其他考生失去了的录用机会，也造成了用人单位的职位空缺。需要的人才进不来，进来的人才又留不住，这是艰苦边远地区在公务员招录工作中面临的最大难题。

（三）面试环节存在的问题。

1. 结构化面试存在的问题。

一是时间因素。结构化面试是考官通过对应考者综合分析、语言表达、组织协调、情绪控制、应变能力、人际关系等能力，在短时间内对考生各方面的素质作出全面测评，难以保证测评结果的公正性。二是灵活性不够，有时无法对必要的事项有针对性地追问。考官的追问若没有技巧会产生误会。三是，程序呆板，面试人多时，考官易疲劳。

2. 无领导小组讨论面试存在的问题。

一是可能出现放大考生的口才

展示，侧重于考生口头表达能力和应变能力的测试。对考生报考职位所需的专业技能和发展潜力难以测试。二是设计面试的内容、方法还存在分类、分等、分行业、分职位的需要。

3. 我省国税系统公务员面试工作遇到的难点问题。

从近几年的招录实践看，由于公务员招录制度本身尚有一些需要不断完善的方面，作为一个行业特点突出且专业性较强的部门，国税系统公务员招录在面试环节遇到一些难点问题，直接影响了招录的实效与质量，主要是：

（1）面试的信度和效度过低。从当前情况看，公务员面试主要采取结构化面试和无领导小组讨论两种形式。结构化面试由于测评要素的规范性和预知性，加之多年考试造成试题雷同，考生极易通过考前准备或培训，掌握答题的固定模式和技巧；无领导小组讨论易让口才较好的考生充分表现，而不善言谈的考生常处于从属地位，极易形成对其不利的评价。因此，面试工作更多测试出的是考生的语言表达能力、应变能力和举止仪表，对于考生的思维创新能力、组织协调能力、人际交往能力以及求职动机、专业匹配测试的信度和效度明显不足。

（2）从国税事业发展的角度考虑，国税事业紧缺和需要的是专业人才和复合型人才，但当前就业形势日趋严峻，招录单位更多的是承担解决社会就业问题的责任，其次才是招录职位与人才的匹配性，面试的实效性难以兼顾。

（3）招录单位工作成本高。中央国家机关公务员招录的面试比例为1∶3，笔试结束后，资格审查、面试、考察等阶段产生的直接费用和间接费用平均在每名考生1000元以上，这些费用都要由招录单位承担，而对那些已被录用而本人又借故放弃录用资格的考生国家没有规定违约金。

（4）中央国家机关公务员面试题本统一从国家公务员局的题库抽取，试题考点与用人单位的行业特点以及招录职位应知应会的知识点相差甚远，很多题目只能测评考生的口头表达能力，难以识别考生是否具备报考职位所需的专业知识技能与发展潜力。

三、对国税系统公务员录用工作的思考与建议

（一）严把网络报名资格、面试资格和考察等三个关键环节的审查关。为了维护公务员录用考试工作的公平、公正、公开以及严肃性，招录单位严把报名资格审查、面试资格复审和考察等三个关键环节，一经发现考生以虚假信息报考、并影响录用的，一律取消其录用资格。同时做好考生的政策辅导和思想政治工作，在严格执行政策的情况下，努力化解与考生之间的矛盾。对于随意更改个人资料，甚至弄虚作假进行报考的考生，建立报名考试信息资料库，掌握报名考生情况，认真审核报名考生资料，对于不符合报考条件或以虚假个人信息报考的，资格审查一律不予通过。

（二）对艰苦边远地区职位在调剂环节给予一定的自主权。按照国家公务员局的相关规定，调剂工作必须通过“录用考试系统”来完成，根据系统设置，整个调剂工作具有不可逆性，一经确定审查状态，将无法进行更改。因此，在调剂审查阶段，审查人员应始终本着严格、谨慎的态度进行资格审查。首先，要与每一个申请调剂考生联系，说明情况，介绍其报考职位的工作、生活环境及职位要求，请考生慎重考虑，并要求考生对是否继续报考给予明确答复；其次，由于国家公务员局不允许对考生生源地进行限制，因此我省只能在招考职位上以“最低工作年限不低于五年”及“会使用本地方言”等条件加以限制，设置限制性条件来约束那些本意不愿到艰苦地区安心工作的考生；再者，积极向上级主管部门反映艰苦边远地区职位无法招录到合适人选的实际情况，建议对艰苦边远地区职位在报考条件上给予更多的自主权，如在生源、少数民族等方面设置一些限制。

（三）适当放宽用人单位面试自主权。面试由监督部门在场全场监督，在确保面试监督到位的前提下，建议要充分考虑用人单位的行业特点和专业特性，用人单位应有一定的选人用人自主权，考官应由用人单位具有考官资质的考官为主组成。

（四）现阶段国税系统宜采用结构化面试，不宜用无领导小组讨论的面试形式。结构化面试在功能、程序、测评要素、评分标准、权重、效能等方面，相较无领导小组讨论而言，除具有针对性强、标准化的优点外还兼具面谈与笔试的优点，能让招录单位较为直观和全面地了解考生的综合素质和发展潜能。

（五）对我省边少山穷地区的本地生源报考国税部门降低门槛。对当地生源报考当地国税部门给予适当降低分数进入面试。在进入面试人员的调剂环节时，给予适当照顾，如：在网上空缺职位调剂系统，增设“边疆少数民族地区本地生源特殊调剂”栏，尽可能的让边疆少数民族地区本当地生源能在调剂系统出现并进入面试。在国家统一规定面试100分的基础上对报考边远艰苦地区和少数民族地区的当地生源给予适当照顾加分。在政策允许的条件下，应适当降低录用门槛，如学历、专业要求等；或增加有利于本地考生报考的条件，来刺激考生报考。同时，对于报考的热点地区可通过提高录用门槛或增设限制性的附加录用条件，如录用后必须到艰苦地区实习锻炼等，进一步促进人力资源的合理配备和适当流动。

（六）坚持“为用而考”和“因岗择人”的面试原则，积极探索科学考录，因事择人，保证公务员队伍不同职位的人才需求。可按照职位需求，采取分类考试方式，对不同的职位类别进行不同的科目设置，体现因事择人的科学考录。

（七）引导毕业生进一步转变就业观念。一方面学校和社会要加强对毕业生的就业引导，另一方面毕业生也要认清形势，正确分析自我，清楚地了解自己的态度、能力、兴趣、志向，了解各种职业所需要的知识，不同职业成功的必要条件，各种职业的有利与不利因素等。采取积极务实的态度，转变就业观念，正确评价自己，进行理智的就业选择。

（八）国税部门招录公务员面试应增设国税专业知识测试题。专业科目考试是公务员录用制度中的一个环节，是有关录用规定中允许增设的，为解决一些专业化程度较高职位无法录用到适合职位需求人才的问题，国税部门招录公务员的面试，应充分体现国税部门的行业特点，增设国税专业知识测试。另外，同等条件下对特长生给予适当加分录取。从国税系统队伍精神文明建设需要出发，要建立一支朝气蓬勃、奋发向上的国税队伍，需要选拔补充一批具有体育技能和文艺特长的人才。

（九）建立一支强有力的云南国税考官队伍。要有计划的选派优秀的国税干部参加考官培训，不断提高考官的面试实战水平，建立起一支高素质的云南国税考官队伍，以提高国税招录工作的社会公信度。同时进一步增强负责录用部门的组织管理，提高工作人员的责任心和工作熟练度，以创新发展的思维来应对录用工作中出现的新难题，增强录用工作的灵活性和科学性，及时应对招考工作中可能出现的新问题。

课题组组长：卢国孝
副　组　长：唐云英　曹志刚
成　　　员：荀　萍　郑志伟
　　　　　　陈文军　叶　英

行政问责制的内涵辨析及其对行政机关反腐倡廉建设的效能探析

云南省国家税务局监察室课题组

本文在对责任政府、政府问责制、行政问责制、权力腐败、反腐倡廉等概念作介绍和分析的基础上，着重对行政问责的内涵和效用、腐败产生的成因进行了比较深入的分析和论证，试图达到以下两个目的：

一是辨析清楚行政问责制和政府问责制的区别，明晰其属性和特征，从行政监察的视角重新审视它的内涵和效用；二是找到行政问责制与反腐倡廉建设之间的内在关联，分析行政问责对加强反腐倡廉建设的作用和存在的局限性，并从行政监察的角度提出行政问责制的完善建议。

一、对责任政府的概念性分析

现代责任政府理论强调，责任政府的核心特征应该是责任政治。（李军鹏：责任政府是政府负责地行使公共权力，向选民、立法机关和执政党负责，积极回应并满足公民的各种社会需求的一种政府模式，同时，责任政府还包括对政府不负责任的各种行为进行制裁和控制的一整套机制。）

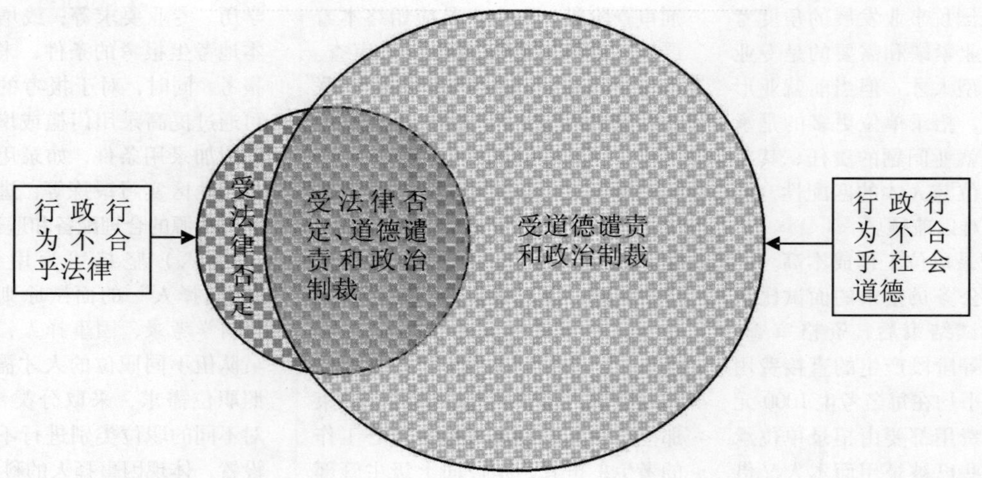

图1　政府责任示意图

在实践中，责任政府是一种综合性的机制，它首先必须完成政府对公众责任的制度设计，并在行政运作中保证政府对公众的合法要求加以满足，履行社会义务和职责，依法办事，科学行政，讲求诚信，回馈社会，实现政府责任和公民权利的有机统一。

对政府责任，其评判方式与普通的社会、经济组织是不同的。政府责任意味着政府组织及其工作人员（国家公务员）履行其在整个社会公中的职能和义务，即法律和社会所规定的义务。这种社会职能和义务不仅仅要求政府正确地做事，即不做法律禁止做的事（可简单表述为“合乎国家法律”），而且意味着政府应当做正确的事，即做促使社会进步和完善的事，而不做有损社会利益的事（可简单表述为“合乎社会道德”）。

我国的责任政府体制是政府机关向人民及由人民选举产生的代表机关负责的体制，是作为主权者和委托者的人民与作为管理者和代理者的政府之间的一种宪法责任关系。这一责任关系分两个层次：一是作为代表机关的人民代表大会向人民负责，二是行政机关向人民代表大会负责。

二、政府问责制与行政问责制

蒋劲松认为，行政意义上的责任政府有三个要点，第一个要点是行政机关内部决策权的配置，即实行首长负责制还是合议制；第二个要点是权责一致；第三个要点就是问责制。李军鹏则直接将中国责任政府描述为三个组成部分：人民问责制、政治问责制和行政问责制。

（一）政府问责制的组成。

1. 政治问责制。

政治问责强调行政部门和其管理者必须对来自外部的重要群体的质询意见给予回应，如针对行政部门和行政官员的决策及行为提出的质疑，要求政府部门予以解答或解决。我国的政治问责制是国家权力主体追究行政机关政治责任的制度它由国家政体形式决定，并由宪法确定。我国的政治问责实际上分为两个层次。

2. 司法问责制。

司法问责也称法律问责，是指公共行政必须遵守宪法（法律）和行政管理规章的有关规定。

3. 行政问责制。

我国宪法规定，我国一切国家机关都实行工作责任制，国家行政机关实行行政首长负责制度。这就决定了行政首长要对整个行政机关的工作负全面责任。因而，行政首长具有对政府组成部门及其首长、下级行政机关及其首长、公务员的行政问责权力。

由以上三种问责制中，政治问责自我国政体确立之日起便已经存在；司法问责随着我国法律体系的不断完善也随之不断发展。行政问责从具体行为上其实也早已存在。政治问责和司法问责两种政府问责制度，其体制是完备的，渠道是成熟的。

（二）行政问责制的内涵分析。

1. 行政问责对象辨析。

行政问责的对象应是指各级行政机关及其公务员，重点是负有直接或间接领导责任的领导者。根据中国政治实际，还应包含各级党委的领导者及其工作人员，以及事实上承担了一定行政职能的社会团体、社会组织的领导者及其工作人员。一些文章认为行政问责的对象是行政首长与领导干部，这是不准确的。

2005 年昆明市出台的《国家行政机关及其公务员行政不作为问责办法》，就将问责对象明确为“国家行政机关及其公务员”以及“国家行政机关任命的其他工作人员，行使行政管理职能的事业单位及其参照公务员管理的工作人员”。云南省国税系统自 2008 年推行行政问责制以来，按照干部管理权限进行层层问责，最终将问责对象拓展到全体公务员。

2. 行政问责范围辨析。

有研究者认为，行政问责的范围是各种违法行政行为。我们认为，这种观点与现代责任政府所承担的责任不相吻合，并弱化了行政问责的效用。

3. 行政问责主体辨析。

有的学者认为行政问责除在行政机关内部的同体问责外，还应包括人大、民主党派、司法机关及新闻媒体的“异体问责”。这种观点混淆了政府问责制和行政问责制的概念。首先，从实践层面看，对于整个政府问责制来说，异体问责是存在的。但就行政问责而言，人大、政协、司法机关都不能成为行政问责的主体。新闻媒体或类似的社会组织是重要的监督主体而不是行政问责主体。

其次，从理论层面看，新闻媒体或类似的社会组织从理论上来说，有对政府的行政行为进行问责的权力，但它们并不必然承担对政府问责的义务，所以，新闻媒体或类似的社会组织并不满足成为行政问责主体的必要条件，它对政府问责的权力事实上体现为一种监督的权力。

因而，行政问责严格说是不存在异体问责的，整体而言，其主体其实也就是行政机关自身，这是由我国的政体设计及行政问责的特性、对象所决定的。当然，我们说行政问责不存在异体问责，并非排除人大、民主党派及新闻媒体在行政问责中的作用。

有的文章以“自己不能当自己的法官”的现代管理学原则，否认行政机关作为行政问责主体的合理性。此观点是对这一原则的滥用，把行政机关简单地看成了一个单一体，既没有看到政府内部组成的复杂性，也忽视了行政监察等职能机构在行政机关中的重要作用

4. 行政问责程序和行政责任体系。

行政问责程序一般包括提出问责建议、发起问责并调查核实、作出问责决定、问责决定执行等几个步骤。

行政责任体系按责任性质，可分为政治责任、法律责任、道义责任等；按政府科层体系，可分为决策责任、管理责任、执行责任等。

5. 行政问责与政治问责、司法问责的关系。

行政问责与政治问责、司法问责主体不同，问责方式也不同，但在实践中，行政问责并不是孤立存在的，政治问责、司法问责常常伴随着行政问责。与此同时，行政问责在一定情况下又可能上升为司法问责。

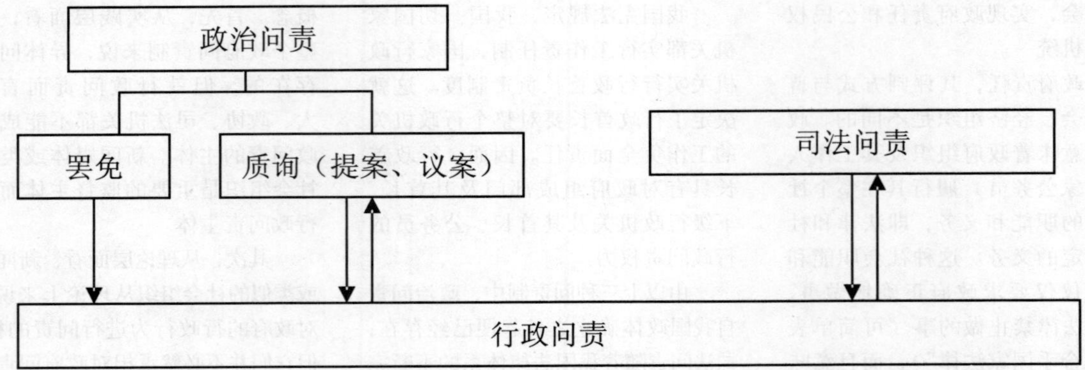

图2　行政问责与政治问责、司法问责的关系

三种问责形式中，从效力上来说，政治问责和司法问责的效力要远高于行政问责。但从范围上来说，行政问责的范围要远大于政治问责和司法问责。

可以对行政问责制作出这样的界定：行政问责制是政府在政治监督和社会监督下，为实现其行政责任，凭借自身的行政权力所建立起来的内部控制机制，是一种行政自律机制。

（三）行政问责制的一般效用。

1. 推行行政问责制有利于构建责任政府和服务政府。

从实质意义上讲，一个政府只有在其能够保障社会利益，促进实现社会意志所提出的目的，即真正履行其责任时才是合理、合法的。在责任政府理念之下，行政责任与行政权力是对等的、平衡的，政府及其公务员行使的每一项权力背后都连带着一份责任。通过构建合理的行政问责制，促使政府官员能够合法、正当地行使手中的权力，防止和阻止行政官员“滥用或误用公共权力”的行为。同时，行政问责制的推行，在控制行政权力滥用的同时，也扩张了民主诉求，有利于加强政府工作人员对人民负责意识，构建服务政府。

2. 推行行政问责制有利于构建廉洁政府。

在行政活动中，作为行政主体的政府及其公务员由于拥有行政权力，与行政相对方事实上处于非对等的地位。而权力本身具有腐蚀和扩张性质。行政问责的经常化和程序化，能够强化社会和公众对政府的监督，促进政府的不断自我修复和自我完善，有效控制行政权力的滥用和扩张，促使行政官员克制自己不滥用权力，从而消除腐败的前提，实现政府的廉洁。

3. 推行行政问责制有利于构建自律政府。

要实现政府自律，提升政府公信力，从而提升政府执政水平，仅仅寄希望于行政人员个体自律是不够的，必须进行制度自律，而以“有权必有责，用权受监督”为指导思想，建立完备的行政问责制度并严格加以实施，防微杜渐，无疑是最佳途径。

四、行政问责对反腐倡廉建设的效能探析

（一）腐败产生的成因。

1. 从社会学角度分析。

（1）腐败的个体成因。

首先是个体的本能因素。人类在长期的进化过程中，经历了严酷的自然选择过程，形成了生存本能。其次是个体的思想因素。在个体的自然属性之外，腐败的个体成因就来自个体在社会生活中后天形成的思想因素。

（2）腐败的社会成因。

首先是特殊的历史条件为腐败的滋生提供了温床。特定的转型期具有如下两个鲜明的特点：一是市场规则不够完善，二是行政权力对市场活动干预过多，就造成了行政权力的极度扩张。

其次是对权力运行监控的不到位使公共权力为个人私欲服务成为可能。公共权力处于一种监督不到位状况，这主要表现在：传统的责任追究和纪律处分主要体现为一种“事后”的惩治，而对“事前”和“事中”的监督和预防缺乏有效手段。与此同时，作为行政监督职能部门的行政监察机构监督检查乏力。

再次是“权力寻租现象”和“买权倾向”的竞合导致了权钱交易。

（二）从经济学角度分析。

1. 腐败的预期收益。腐败的预期收益是指腐败者占有腐败所得的物质利益或提高晋升、提拔的机会或取得某种个人、家族、小团体福利关系的交换等。其中的非物质收益可以通过机会成本折算为经济收益。

2. 腐败的预期成本。腐败的预期成本由二个基本因素决定：惩罚给腐败者带来的预期损失和腐败被发现的预期概率。

惩罚给腐败者带来的预期损失，首先是经济损失，表现为腐败者在剩余工作年限内的各种合法收入。除了经济损失外，腐败者还有精神的、政治的、社会地位等非经济方面的损失这些损失也可以通过机会成本折算为经济损失，作为腐败者取舍的参考。

腐败被发现的预期概率取决于权力监控和制约制度的完善程度，制度越完善，进行的监督、调查、追踪、惩处越是频繁越是认真，力度越大，腐败被发现的概率越高，反之越低。

这腐败的预期成本可以用公式表示为：

腐败的预期成本＝惩罚给腐败者带来的预期损失×腐败被发现的预期概率。

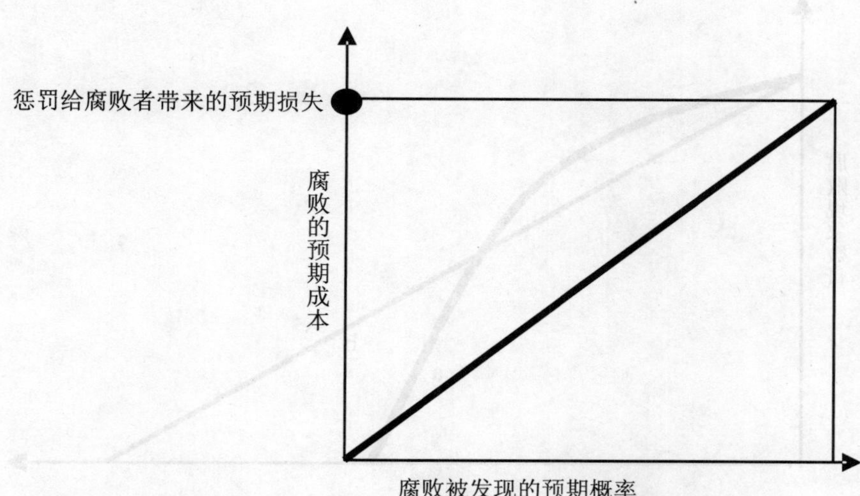

图3 腐败的预期成本曲线图

3. 假设腐败完全无风险，并把在这个假设前提下进行腐败所能获得的可预见的所有收益设定为“腐败的最大预期收益”，可以用下面的公式来表示腐败的预期收益：

腐败的预期收益＝腐败的最大预期收益－腐败的预期成本＝腐败的最大预期收益－惩罚给腐败者带来的预期损失×腐败被发现的预期概率

当我们从整个社会的角度来分析腐败的产生时，我们还要考虑社会现象对个体思想的影响：腐败被发现的概率越小，那些有条件腐败的人就越会从心理上认为腐败不会被发现，从而进一步增加腐败的可能性；反之，当腐败被发现的概率趋大时，一些本来准备进行腐败的人出于对被发现的恐惧，会进一步减少腐败的可能性。在这样的情况下，腐败被发现的概率实际是被加权计算的。

“腐败被发现的概率”这个因素对腐败现象多寡具有决定性影响。

（三）行政问责对加强反腐倡廉建设的效能初探。

1. 行政问责对防止公共权力失控的作用。

行政问责通过对行政管理人员进行内部监督和现任责任追究，把对行政行为的监督、约束辐射到行政机关履行职责的全过程，把原有的事后结果追究的单一模式转变为事前、事中、事后的多重教育约束机制，在行政制度上保证了对权利的制约和监督。

近年来，我国从中央到地方，陆续出台了一些行政问责规定，涉及了行政权力运行的方方面面，对行政权力的运行起到了良好的监控作用，对反腐倡廉建设起到了防微杜渐的作用。

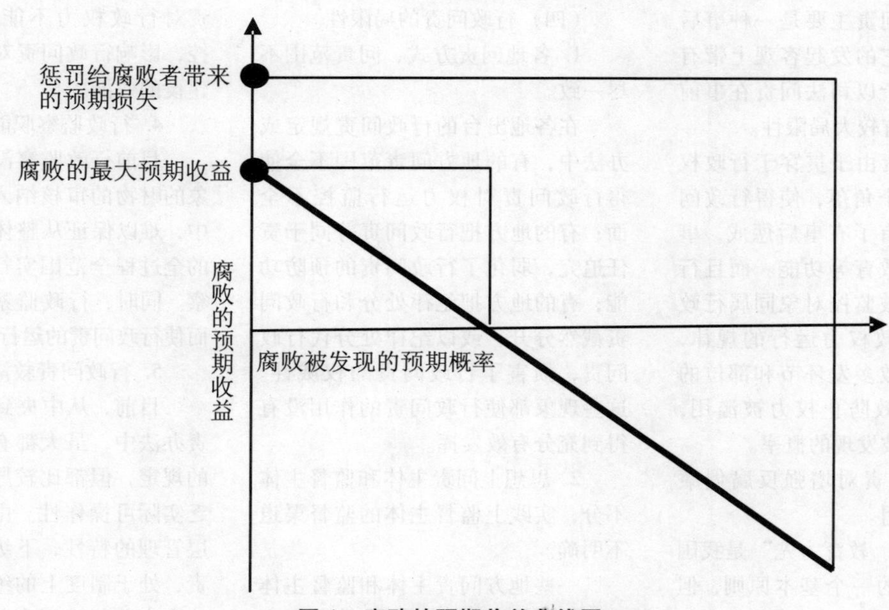

图4 腐败的预期收益曲线图

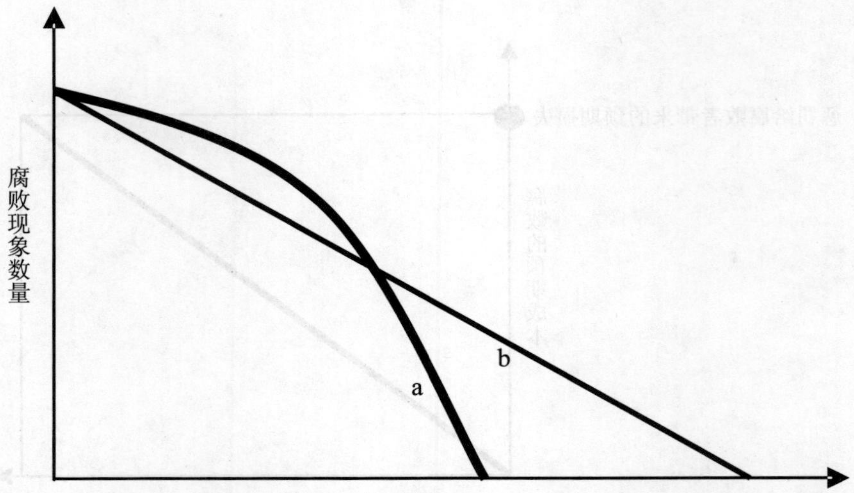

注：b为个体的腐败的预期收益曲线，a为腐败现象数量曲线。

图5　腐败现象数量曲线图

2. 行政问责对增加腐败被发现概率的作用。

政府问责主要由政治问责、司法问责和行政问责三种方式构成，对政府公共权力的运行进行制度性监控。其中，政治问责有着较高的门槛，以政治问责中最具强制性、最严厉的问责方式来说，就有着严格的条件限定。其他形式的政治问责如质询、议案、提案等，对结果的强制性色彩不浓，且这时候人大、政协等问责主体更多的是体现为监督主体。

司法问责也有着严格的条件限制，而且司法问责主要是一种事后的责任追究，它的发起客观上带有很大偶然性，所以司法问责在事前预防的环节上有较大局限性。

而行政问责由于贯穿于行政权力运行的每一个角落，使得行政问责体系本身具有了有事后惩戒，事前预防，警示教育等功能。而且行政问责主体与被监控对象同属行政机关，熟悉行政权力运行的规律，能够通过对腐败多发环节和部位的重点监控，有效防止权力被滥用，有效增加腐败被发现的概率。

3. 行政问责对增强反腐倡廉教育效果的作用。

“预防为主、教育为先”是我国反腐倡廉建设的一个基本原则，但是，反腐倡廉教育与职业技能教育等其他教育相比，有很大特殊性。

反腐倡廉教育是否成功的最终评判标准，是受教育者始终没有腐败行为发生。而要让受教育者不发生腐败行为，重要的不是脑子里是否记住，而是心理上是否接受。因此，在反腐倡廉教育中，案例警示教育是一种非常重要的教育形式，但时常面临的尴尬。

通过行政问责开展反腐倡廉教育，行政人员从身边活生生的例子中所获得的警示，心理上受到的触动，要远远大于普通腐败案例，从而有效地提升反腐倡廉教育的实际效果。

（四）行政问责的局限性。

1. 各地问责方式、问责范围不尽一致。

在各地出台的行政问责规定或办法中，有的地方问责范围不全使得行政问责对权力运行监控不全面；有的地方把行政问责等同于责任追究，弱化了行政问责的预防功能；有的地方把纪律处分和行政问责截然分开，或以纪律处分代行政问责，损害了行政问责的权威性。这些现象都使行政问责的作用没有得到充分有效发挥。

2. 思想上问责主体和监督主体不分，实践上监督主体的监督渠道不明确。

一些地方问责主体和监督主体不分，把新闻媒体、民众等监督主体也列为了行政问责主体。一方面，让根本不具备问责功能的这些主体形同虚设，另一方面事实上反而弱化了这些主体本应发挥重要作用的监督功能。更重要的是，错误地把多个行政问责主体并列，表面上增加了行政问责的力度，实际上使真正的问责主体责任和义务不明确，影响了行政问责的切实开展。

3. 一些地方行政问责对象单一。

不少地方把行政问责的对象限定于行政首长或党政领导干部。本行政问责对象的单一，使得行政问责对行政权力不能做到全方位监控，影响行政问责对加强反腐倡廉建设的效能。

4. 行政监察职能弱化。

目前行政监察没有将对监察对象的财物的审核纳入其监察职能之中，难以保证从整体上对行政活动的全过程全范围实行统一严密的监察。同时，行政监察职能弱化，从而使行政问责的运行面临执行障碍。

5. 行政问责救济机制不到位。

目前，从中央到地方的行政问责办法中，虽大都有问责救济方面的规定，但都比较原则和笼统，缺乏实际可操作性。由于行政机关科层管理的特性，下级面临上级的问责，处于制度上的绝对弱势，所以建立完善行政问责救济机制，保障被问责人的合法权益就显得尤为重要。如果行政问责救济机制不到位，就容易产生错误问责，从而引发另一种形式的权力滥用，与行政问责的初衷背道而驰。

四、对建立健全行政问责制度、推动反腐倡廉建设发展的建议

（一）明确行政问责主体，建立监督主体的监督渠道。

从法规上对行政问责主体加以明确，正确区分行政问责与政府问责的关系，正确区分好问责主体与监督主体的关系。行政问责本身也存在一个责任问题。

我们排除新闻媒体、公众等监督主体的行政问责主体身份，并非对它们对推动行政问责开展的作用有所存疑。相反，利用新闻媒体的报道权积极鼓励公民参与政府管理，对行政机关及其行政人员实行舆论监督所产生的重要作用是不容忽视的。

（二）明确问责对象，合理划分问责事项范围。

要明确问责对象，关键要确定政府及其行政官员的职责权限。应根据权责对等的原则进行问责，即享有多大权力就承担多大责任，谁行使权力谁负责。这就要求合理划分问责事项范围，明晰责任归属，厘定责任标准，制定科学的、公平的责权划分体系。

（三）强化责任追究。

行政过错责任追究是行政问责制建设的一个重要环节。虽然责任追究不是最终目的，但是对行政过错行为追究不力，避重就轻，必将导致问责制流于形式，失去实效。

（四）完善行政问责的救济制度。

要赋予被问责人员申请复核、申诉和提请仲裁等救济权力，同时对行政人员在问责过程合法利益的损失给予合理和适当的事后补偿，尽力确保问责的相对公平与合理。此外，要为受处理的领导干部和工作人员做出合理的安排，尽可能地使他们的能力得到有效发挥，使他们在新的工作岗位上作出贡献。

（五）强化与扩大行政监察机关的职能，增大监察力度。

与国外海外相比，我国行政监察机关所拥有的职权很有限，所拥有的职权与其所肩负的重要职责极不相称，也常常使包括行政问责在内的行政监察开展流于形式。因此，扩大监察机关的权力，强化监察职能已成为一种现实需要。

课题组组长：梁建安
副　组　长：董　恒：
成　　　员：皋雁鸿　赵泽炎
　　　　　　李明华

昆明市国税收入与地方经济可持续发展的相关性研究

昆明市国家税务局课题组

经济决定税收，税收是国家生存和发展的经济基础。为了构建多元化税源经济结构，不断增强税源增长活力，确保税源的持续发展，实现昆明市国税税收随经济发展平稳较快的目标和要求。通过对昆明市经济社会发展的现状与全国27个主要省会城市相关指标的对比分析，分析收入增长与税负变化、税源培植与地区经济结构特点及经济发展之间的相互关系。并结合“十一五”昆明市经济产业发展的方向和要求，探讨建立税收收入持续稳定增长的政策目标和税收负担与经济可持续发展的关系，从宏观角度提出昆明市的税源培植思路。并围绕坚持科学发展观推动昆明经济税收的持续稳定发展，完善税收政策导向，以及加强税收管理提出积极的意见建议和应对措施，以适应现代新昆明建设的发展要求。

“十一五”以来，昆明经济和税收纵向比较成绩显著，横向比较还有距离，即与全国27个主要省会城市相比，经济和税收存在一定的距离。

一、与全国其他发达地区相比，昆明地区经济发展水平滞后，并呈现差距扩大的趋势。

（一）昆明市近三年来的社会经济发展状况。在“十五”、“十一五”规划稳步推进实施下，昆明市的社会经济得到较快发展。全市地区生产总产值，由2005年的1062.34亿元增长到2007年的1393.69亿元，三年平均每年增长13.94%。

（二）昆明市经济发展速度加快，而与发达地区相比增幅呈下降态势。2005～2007年三年间，昆明市共实现地区生产总值3663.03亿元，年均增速为13.94%，2007年生产总值与2005年相比增长了31.3%。

昆明市GDP总量最近三年排序均在第15位。在全国27个主要省会城市中属中等水平。但从三年平均增幅看，昆明市的增幅仅为14.58%，位列27个城市中的第23位，仅比兰州、石家庄、长春、海口排位靠前。依此趋势，今后将会有更多城市的地区生产总值超越昆明，昆明与发达城市间的距离也将越拉越大。

二、全国主要省会城市国税收入及相关指标对比分析

昆明市的国税收入随经济发展平稳较快增长，但与省会城市相比增幅逐年下降。经济决定税收，经济发展是税源增长的基础，昆明市GDP增长的缓慢致使税收持续增长后劲不足，从近三年昆明市的国税收入在主要省会城市中的排名即可看出：

（一）昆明国税收入占省会城

市收入比重逐年下降。若将省会城市国税收入分三个梯队排序，昆明市近三年的国税收入位于第一梯队。但值得注意的是，2005～2007年我们的国税收入总排序分别为：第5位、第6位、第7位，逐步退后。在西部城市中的位次也从第1位降到了第2位，被成都取而代之。昆明国税收入占省会城市收入比重也逐年下降，分别为4.83%、4.66%、4.47%。此外，从近三年国税收入的平均发展速度看，昆明市平均增速为18.33%，排在第22位，形势不容乐观。

（二）国税收入与地方财政总收入对比分析。综合各城市国税收入、GDP指标和财政总收入来看，西部城市国税收入占GDP比例为8.99%，东部城市国税收入占GDP比例为8.86%，中部城市国税收入占GDP比例为8.63%。其中，除拉萨外，比例最高的三个城市分别是：西宁18.95%、昆明15.61%、贵阳14.97%；国税收入占当地财政总收入比例分别为：西部地区52%、中部地区63%、东部地区30%。中、西部地区差距较小，与发达的东部地区相差20个百分点以上，与地区发达程度呈反比。

三、昆明市国税系统经济税源结构分析

通过对1994～2008年以来经济与税收发展变化分析，税源税收分布状况分析，深化经济税源的认识和了解，揭示其中存在的规律，总结过去，从而为昆明经济和税收发展提供参考。

（一）经济与税收。昆明市经济与税收总体保持协调发展，1995～2008年14年间，昆明市国内生产总值由1995年的342.36亿元，增加到2008年的1605.39亿元，年均增长11.9%，财政收入年均增长14.43%；与之相对应，昆明国税税收收入年均增长10.76%，税收增长略低于经济平均增幅，税收弹性系数均值为0.9。

2003～2008年的6年，昆明市GDP连续六年保持两位数的高数增长，现价GDP年均增长14.58%，经济高位运行，国税收入年平均增加31.13亿元，年均增长20.08%，成为昆明经济和税收发展最好的时期。从上面的数据也看出，昆明国税税收高增长或低增长与GDP的高增长或低增长具有大体一致的趋势，周期形态大处同，小处异，波动幅度有差异，有时差异还非常大。显然，税收与GDP不是一对一的关系，还有政策和征管等其他多种因素共同影响税收。

（二）“单一”的烟草产业是昆明经济税源的主要支柱产业，从1995年以来，烟草行业税收总体低于非烟草行业税收增长，但非烟草行业经济税源比重偏小，对税收增长拉动不足。

从2008年分行业税收规模看，烟草行业税收117.69亿元，是税收规模超过100亿元的唯一行业；即使不考虑烟草行业的税收，电力、有色金属、黑色金属、医药制造和化学原料及化学制品制造业5个重点行业税收合计44.51亿元，也占第二产业税收的23.07%，如果加上烟草业，6个行业税收已占二产的84.07%。按国民经济行业分类标准划分，第二产业共43个行业大类代码，也就是说43个行业中仅6个重点行业就基本支撑起全市的二产税收。昆明市经济税源集中在少数行业，结构脆弱，抗风险能力差，2008年下半年以来，黑色金属和有色金属等行业成为受国际经济冲击最大的行业，全市税收完成情况急剧下滑，就是我市税收对为数不多的几个重点行业依赖过大的有力证明。

受到国家宏观政策调整和市场竞争加剧的影响，非烟行业的“其他两税”自1995年以来以年均13.02%的增幅远超“卷烟两税”同期年均7.53%的增幅。

（三）税收主要靠国有经济成分支撑，中央及省属企业在税收收入中仍占很大比重，非公经济整体落后于全国水平，企业转制和政策调整带来经济类型结构变化。

全市税收主要依靠国有经济成分支撑，非公经济税收整体落后于全国水平。全市公有制经2006～2008年税收472.89亿元，占税收合计的65.58%，高于全国近20个百分点。非公经济中的非国有控股企业2006～2008年共完成税收248.19亿元，税收比重从2006年的32.08%提高到2008年的35.55%，但非公经济发展不足，特别是涉外税收2008年仅占全市的8.57%，远低于全国20%以上的平均水平。

昆明市近年对国有经济结构调整的力度较大，非公有制经济加速发展，企业转制和政策调整带来税收增长和经济类型税收结构变化。目前我市监控的年实缴“三税”在100万元以上的重点税源企业有822户，国有及国有控股企业占70.13%，外商投资、外国企业及港、澳、台投资企业占6.73%，其他企业占23.14%。

（四）大型企业集团和重点税源企业支撑作用显著，税收集聚效应明显。

多年来，昆明市加快产业结构、所有制结构和企业组织结构的全面调整，形成一批综合实力居国内同行业前列的大型企业集团公司，企业集团既是昆明工业经济发展支柱，同时也是昆明重要的支柱税源，已占全市近六成税收。

重点税源不仅能够比较全面地反映出一个地方税收发展状况和征管水平，而且能折射出一个地方的经济发展程度和走向，由于烟草税收占全市近一半税收，比重较大，昆明市重点税源税收占全市收入比重一直保持在77%以上。

（五）区域发展极不平衡，开发区成为昆明经济税源新增长点，而欠发达的县域税收低于全市增长。全市GDP总值主要来源于经济相对发达、有卷烟生产企业的五华、盘龙、官渡、西山、安宁等几个县（市）和三个开发区，1995～2008年这8个县（市）、开发区的GDP总值占全市GDP总值的90%以上，其余10个县区占总量的10%不到。从税收构成来看，经济相对发达、有卷烟生产企业的9区、

县（含直属局）税收收入占全市税收的90%以上，而其余9个区、县的税收收入仅占全市税收的8%左右。区域经济发展差距较大，并呈现为“烟区”税负高、“非烟区”税负低的特点。

（六）税收优惠。2008年昆明市国家税务局认真落实国家各项税收优惠政策，依法办理各类减免税，有力地支持地方经济发展。全年共减免各项税收达34.42亿元，其中：征前减免32.66亿元，退税类型减免1.76亿元。特别是新办企业、中西部投资、涉外企业各类投资以及再就业扶持等减免项目最为突出，四种减免项目共减免税收26.1亿元，占全市减免税收总额的75.83%，有力地支持了市委、市政府新昆明建设和招商引资工作的开展。

四、加快昆明经济发展与税收增长的有关对策建议

1994年以来经济的较快增长，为税收增长奠定了坚实的基础。纵向看昆明经济税收成绩斐然，但与全国27个省会城市相比，昆明市经济和税收的排名实际在下降，前面的标兵越来越多，后面的追兵越来越少，城市间竞争压力不小，也增强了昆明加快发展的动力。结合“十一五”昆明经济产业发展的目标和重点，主要以产业的发展和结构调整的推进，促进昆明税收增长及税源建设。在坚持科学发展观背景下，从有利于昆明经济发展目标的实现和税收发展的实际出发，充分发挥税收的功能作用，推进经济税收协调增长，提出以下建议和措施。

（一）培植税源紧紧与市委市政府积极开展的招商引资工作结合起来，为招商引资工作保驾护航，坚定不移地实施工业突破。

首先昆明的经济要想跨越式发展，必须工业先行，工业强市正是昆明发展经济的当务之急。1996～2002年间，昆明城市定位为商贸旅游城市，工业投入、工业用地在27个省会城市中最少，工业对GDP的贡献也最少。尽管近几年昆明工业进步很大，但工业仍是昆明经济的软肋，与发达地区的最大的差距，就是工业上的差距。市委市政府在2009年工作目标责任签状暨工业突破园区建设招商引资动员大会上明确提出全市招商在产业取向上，应该因地制宜，重点是引进装备制造、生物制药、光电信息、冶金化工、材料环保、现代农业等产业项目，积极引导社会资金投向基础设施、滇池治理、城市建设、社会事业和民生保障等领域。

（二）以建设现代新昆明为契机，抓住国际金融危机给昆明产业结构调整带来的机遇，不断调整优化昆明市产业结构。

一是继续发扬具有昆明特色的优势产业，差异化竞争，持续优化昆明产业结构。其一巩固烟草行业地位，烟草经济和税收保持稳定是昆明经济又好快发展的基础，昆明烟草未来发展主要依靠跨地区企业重组整合以及产品结构的不断改善。其二优化产业结构要重点发展电力、医药、化工、建材、有色、装备制造和食品饮料加工等新兴行业。其三发展装备制造业对增强昆明城市竞争力，优化城市工业结构，促进产业升级有重要意义。

二是注重产业链上下游配套和建设。烟草产业之所以成为昆明最大的支柱产业，是因为在昆明烟草产业有较好的上下游产业配套支持。昆明产业优势主要体现在上游的采掘业和冶金、磷化工等工业基础原材料行业，处于产业链的低端，可持续发展能力不强，昆明市应把产业链的延伸作为产业调整的一项重要内容，逐步实现工业产品从简单的原材料加工到高、精、尖产品的生产和加工，增强自主创新能力，这样全市工业生产才能逐步摆脱被动地受制于国际市场价格波动的困境，在应对国际金融危机中实现经济产业转型升级。

三是打造绿色环保、节能型新型产业，可重复循环利用新能源产业，不断提高资源利用效率，不断提高产品附加值，节能降耗，实现经济和税收的可持续发展。

四是以应对国际金融危机为契机，做好东部沿海发达地区产业转移的有序承接工作。2008年下半年的金融危机给昆明经济带来严重影响，也成为产业结构调整和地区经济发展的契机。从地区、产业、经济发展的规律看，东部沿海地区部分产业存在向西部内陆地区梯次转移的可能性。而昆明除冶金行业受金融危机冲击较大外，其他行业冲击较沿海地区相对还较小，在加大投资的背景下，理应率先复苏和增长，找到新的经济增长点，从而为承接东部地区产业转移创造了条件。

（三）结合昆明市目前积极推进的招商引资、建设新昆明的内容，税收优惠政策更应该真正用好用足，这样才能建立和谐税收征纳关系，而和谐征纳关系的建立是投资软环境建设的一项重要内容。对于如何更好地运用税收优惠政策为招商引资工作服务，提以下几点建议：

一是充分用好既有的针对落后地区的税收优惠政策。这些政策不仅能够培养税源，增强企业活力，特别是能够促进大中型企业改组改制和产业结构调整，扩大生产规模，促进技术改造，实现产业化发展；同时也能为吸引外来投资，加速经济发展和缓解就业压力起到有效作用。

二是落实好下岗再就业等与弱势群体息息相关的优惠政策。贯彻落实好再就业等的税收政策，直接关系到下岗失业人员的生存与发展、关系到企业改革的成败、关系到整个社会的稳定和长治久安，对营造良好的投资环境有极其重要的意义。

三是地方性的优惠政策应具有系统性和规范性。目前地方自行制定的优惠政策呈现一大特点：内容多、规定散、补充繁、变化快。这种状况虽然充分体现出了优惠政策的灵活性，反映了政府一直致力于减轻纳税人的负担、公平税负的政策意图，但从整体上说，显然缺乏系统性，也不够规范，优惠政策的严肃性和可操作性因此有所降低，容易形成新的税收漏洞。

四是地方政府和税务机关要逐渐建立优惠项目分析评估制度，对于税收优惠政策的落实要有必要的监督与制约。对企业实施优惠政策的目的之一在于为其扩大再生产服务，有关部门在招商引资过程中审批优惠项目时应进行充分的分析评估，对于并不打算长期注资，不能有效拉动地方社会、经济发展和增加财政收入的投资项目，是否应给予除税法规定外较大的优惠政策值得思考。

五是避免出现执行方面的缺位现象。在落实税收优惠政策时，不应有随意性和不按政策规定操作的情况。要避免出现优惠过多过滥的局面。如果许多不符合享受优惠政策的纳税人也能凭空享受到优惠政策，则会违背税法的公平、公正原则，加剧社会不公，严重影响和谐征纳关系。

六是地方经济税收政策要与国家的财税政策配套衔接。由于企业对税收变化比较敏感，政府在制定地方经济税收政策时，要认真学习和领会中央政府的政策导向，经济发展要与政策导向相统一协调，帮助企业科学发展渡难关。积极争取国家税收优惠政策能在昆明先行实施或试点，因势利导发展昆明经济。

课题组组长：范一非
课题组成员：李金梅　曹　宇
刘杰彪　张　猛
杨　震　席　文

以网上办税服务平台为基础　构建“5A”纳税服务新格局

——昆明市国家税务局网上办税厅建设研究

昆明市国家税务局课题组

如何顺应当前形势下服务型税务机关建设的要求和纳税人不断增长的服务需求，为纳税人提供最快捷、最方便、最高效的服务，实现纳税服务和税收征管质效双赢的纳税服务发展目标，是我省国税系统今后纳税服务的研究重点和建设思路。昆明市国家税务局按照2009年纳税服务工作整体部署，以科学和创新理念为指导，从纳税人对新时期纳税服务的需求出发，依托信息化基础和优势，开展以“网上办税厅”建设为基础、构建“5A”网上办税服务平台为目标的现代化纳税服务模式的深入研究和大胆实践，用“科技生产力”来改造和优化纳税服务，实现纳税服务创新发展，推动服务型税务机关建设迈向深入。

一、纳税人对新时期纳税服务需求的分析

纳税服务是指税务机关在税收征收、管理、检查和实施税收法律救济过程中，向纳税人提供的服务事项和措施的总称。纳税服务是税务机关行政行为的组成部分，是促进纳税人依法诚信纳税和税务机关依法诚信征税的基础性工作。

（一）新时期纳税服务的内容和地位。

当前，纳税服务主要承担：面向纳税人的税法宣传、纳税咨询、纳税辅导；提供以申报纳税和涉税事项办理为主的办税服务；进行以规范税务机关和税务人员的纳税服务行为目的的纳税服务考核、评价、监督；处理有关纳税服务的投诉和举报，指导税收争议的调解；提供除税务行政复议、应诉以外的法律援助和救济服务；组织实施纳税信用等级评定。

纳税服务的核心目标在于：坚持以职能转变为核心，加快推进服务型税务机关建设。“强化纳税服务职责，着力改进和优化纳税服务，构建和谐的税收征纳关系”是今后税收工作的主要任务，纳税服务承担着税务机关由“执法管理型”向“管理服务型”转变这一重要使命，是转型的“源动力”，更是纳税服务历史性变革的“始发点”和“聚焦点”。

（二）纳税人对新时期纳税服务的需求。

纳税服务的核心来源于税收关系中的主体纳税人的需求。

1. 纳税人权利保障需求。包括基本生活维持权、税法适用的公正权、获得帮助与服务的权利、税法遵从下的自由权、信息权和礼遇权等六项基本权利。是纳税人最基础、最紧密的需求。

2. 纳税合理成本需求。以纳税人为研究对象的税收遵从成本是税收成本的重要组成。税收管理活动必然产生征税费用和奉行纳税费用（税收遵从成本）。纳税人税收遵从成本的高低直接与税务机关的纳税服务水平密切相关。

3. 纳税效率需求。在办税成本相对平均的情况下，时间更能反映效率的高低。纳税人对纳税效率最直观、最迫切的要求概括起来讲就是“快、简、便、准”。纳税效率影响纳税人的税收遵从。

（三）纳税人对纳税服务的现实需要。

纳税人需求调查结果显示：纳税人的税收信息权需求强烈；纳税人对纳税合理成本的需求强烈；纳税人对高效率纳税的需求强烈。

二、税务机关满足新时期纳税人对纳税服务需求的最优选择

加快网上办税服务平台建设，是服务型政府的要求，也是税务机关自身发展的需要，更重要的是税务机关满足新时期纳税人对纳税服务需求的最优选择。

（一）服务型政府需要税务机关加快网上纳税服务平台建设。

税务机关建设“网上纳税服务平

台”，与当前我国电子政务要以政务信息资源开发利用为主线，以业务协同为突破口，以提高应用水平、发挥系统效能为重点，建设有中国特色的电子政务体系，提高行政效率和政府服务水平的总体规划完全相符。

（二）信息化纳税服务是税务机关自身发展的需要。

根据《经济参考报》的最新统计，我国目前税收征收成本率已接近8%。征税成本高，会使政府部门用于生产所能提供的公共产品或服务的资源减少，影响公共产品或服务供给数量，从而降低公共部门的公共物品供给能力（即纳税服务的能力和效率）。信息化纳税服务工作推动纳税服务资源更趋于或符合实际的需要，促进税收征管工作整体效率进一步提高，税收成本进一步下降，形成高效率、低成本、高质量、优服务的良性循环。

（三）网上办税服务平台是税务机关满足纳税人纳税服务需求的最优选择。

网上办税服务平台是基于因特网（Internet）提供网络办税服务和网上非涉税服务的数字化综合信息服务系统。作为税务机关与纳税人交互的高级平台，所提供的信息化纳税服务具有人工服务无可比拟的优势，是满足纳税人需求、降低税收成本、提高税收征管效率、实现服务目标的最佳载体。可以：（1）满足纳税人权利保障需求；（2）满足纳税人合理成本需求；（3）满足纳税人效率需求。

（四）国内网上办税服务厅建设现状。

全国税务系统目前在网上办税服务厅建设上主要以各地自行开发建设为主，提供“税务登记、资格认定、网上申报、网上认证、发票购领、发票代开、网上退税、网上查询、投诉举报等”十一个大类的服务，服务项目相当广泛，基本满足了纳税人日常办税的需要。其次，“网上办税服务厅”专门打造了一个税企自由互动的便捷通道。部分先进省市在技术呈现上，采用了“虚拟场景式”，更加贴合纳税人来税务机关实地的办税感受。“网上办税服务厅”有效地扩大了政务公开的深度，企业办税人员可以就办税事项的每一个环节评价国税机关工作人员的工作质量，为纳税服务绩效考核准备了丰富的基础数据。

三、昆明国税网上办税服务平台建设现状

昆明市国税局网上办税平台按照“省市联动、立足自身、免费使用、自主选择”的模式进行建设，在定位上，与实体办税服务厅相比，它具有更直接、更便捷、更富人性化等特点，能够实现基层国税机关、国税干部与所辖纳税人之间的方便、快捷、零距离的沟通交流和办税服务。目前，昆明国税网上办税服务平台现状如下。

（一）由网络申报系统的应用开始的变革。

网络申报为纳税人带来的经济效益显著。一是网络申报软件免费使用。二是网络申报不实行强制推行。三是系统设计合理、操作简单、使用方便。四是纳税服务时间大幅度延长。五是极大降低了纳税人的办税成本（税收遵从成本）。

网络申报为税收征管效益带来极大提高。截至2009年10月23日，昆明市国税系统有37128户、76.14%的查账征收纳税人使用网络申报系统进行纳税申报。共成功受理各类申报524167户次，征收税款169.07亿元。昆明市国税系统全部15771户增值税一般纳税人中10342户使用专票网上认证，网上认证4145262份，认证金额合计7501.15亿元，认证税额合计1231.9亿元。网上货运发票认证货运发票61675份，认证运费总计38.16亿元。网上抄报税1712户，占2009年10月当期抄报税总户数的10.86%。

网络申报、网上发票认证和网络抄报税为纳税人奉献人性化贴心服务。极大地方便了纳税人，不受时间、地点的限制，坐在电脑面前就可以办理纳税申报，并且不收取任何手续费，真正是为纳税人办了一件大好事。

网络申报提高了税务机关的资源配置效率。网络申报系统的应用，极大减少了柜台人流数，减少和降低办税大厅纳税服务人员的工作量和劳动强度。由此带来了征管资源的重新配置，办税服务人员和柜台的设置都相应减少，减少的工作人员充实到其他业务窗口和管理岗位，促进了税收资源的优化重组和有效利用。

（二）网上税务预登记为征纳双方带来的便捷高效。

网上税务预登记系统自动导入实时工商登记信息，操作非常简单、方便、快捷，大幅度缩短录入时间、显著降低劳动强度，有效保证数据的时效性、准确性和真实性，是当前税收征管执行“属地管理”原则的传统税务登记模式的重大突破。

（三）由网上普通发票发售带来的革新。

网上发票（普票）申购系统遵循当前云南省国税系统使用的中国税收征管信息系统（以下简称CTAIS）业务操作规程，将发票发售中最为关键的发票验旧、发票领购申请环节前置为由纳税人通过网络自主申报完成，将现有的发票“形式验旧”还原为“实质验旧”，而实物发票的领购采取的是“预约”和“订单”的方式，纳税人可以自由掌握申报验旧信息和申领发票的时间。既兼顾了服务的效率，又兼顾了管理的效率。

（四）由外部数据实时交换网络带来的部门间合作网络化。

以当前政府内部公文交换网络为主干，实行部门间“点对点”连接、“各取所需”式数据共享交换，组网灵活易扩展、容易搭建安全性高、成本低廉效率高。目前已实现由工商登记信息到国税登记信息的自动分拣和转换，不仅成功应用到网上税务预登记系统，同时还可为税务机关实时掌握税源基础的变化、积极主动的采取相应措施提供准确、及时的指引和导向。

四、昆明市建设网上办税服务平台构建“5A”纳税服务新格局带来的启示

“5A”纳税服务新格局，实现

Anyone（任何人）、Anytime（任何时间）、Anywhere（任何地点）、Anyhow（任何方式）、Automatic（自动）办税服务，最大限度降低征纳双方的税收成本、提高税收征纳效率。以网上办税服务平台为基础，加快信息化建设、全面开展信息化纳税服务，是构建“5A”纳税服务新格局的基础和前提。全省国税系统要实现网上办税服务，构建“5A”纳税服务新格局需要注意以下几个方面的问题。

（一）实现“以办税服务厅为主导”的纳税服务模式向“以信息化为主导”的纳税服务模式转变。突破现实中的办税服务厅这一物理空间概念的限制，实现以实体办税服务厅为重点的纳税服务模式向以网上办税厅为重点的“5A”纳税服务模式转变，集中力量进行以“网上办税厅”为重点的“5A”网上纳税服务应用信息系统建设。

（二）制定国税系统网上纳税服务平台建设的中、长期规划。进行纳税人需求调查，掌握和确定纳税人的需求变化趋势，采取省局集中建设、分步实施的方式，以我省国税系统对外纳税服务网站为主体，辐射地（市）县（区）局，分级管理、上下联动的建设模式，依托综合征管信息系统（CTAIS）等业务平台，尽快建立覆盖和满足全省纳税人需要的全功能“网上办税厅”。

（三）高度重视税收知识库的建设。构建“365天×24小时”税收政策宣传阵地，向公众提供及时、全面、系统和权威的税收法规宣传和教育。利用多媒体技术，创新纳税服务方式，展示办理流程和相关要求，减少因税收工作专业性强、流程复杂和地域差异给纳税人带来的不便。

（四）开通网上办税咨询栏目。以网上办税服务平台为基础，搭建网上税企交流互动平台，开设网上税企咨询栏目。提供纳税人与税收管理员在线直连通道，实现“首问负责制”在线税收咨询解答、无人值守的“自助式”税收救助和救援。

（五）为纳税人提供多元化、个性化服务。在现有的网上办税厅申报、办税服务大厅申报基础上，增加自助办税终端（ARM）自助办税、同城通办纳税服务项目。在网上办税服务厅之外，搭建多元服务个性选择、有形网点同城共享、自动系统全时开放的“立体式”办税服务，不断拓展和丰富“5A”纳税服务。

（六）设立网上投诉建议服务区。一是建立投诉直通机制，有效发挥其对税收工作的监督作用。二是可以开展持续不间断的纳税人需求调查和纳税人满意度调查，增强纳税服务工作的预见性和主动性，促进税务机关适时调整和改进税收征管、纳税服务的措施。

（七）铺设网上税企直通“e”路。网站统一提供免费电子邮箱供纳税人和税务人员使用，并结合云南省国税系统短信服务平台实行邮箱与手机短信绑定，提供税收信息传递、公告通知送达服务。

（八）探索建立网上纳税服务考核评价系统。收集、汇总纳税人对税务人员和税务部门的考评数据，持续补充修正考评指标，逐步形成我省国税系统纳税服务评价考核指标标准体系，为我省完善和建成社会监督的纳税服务考核评价机制提供理论和实践的依据。

（九）实现业务重组、流程再造。围绕强化征管、降低成本、优化服务、分权制约、提高效率五大绩效目标，以受理审批、纳税评估、调查执行、税务检查、事后监管等为流程节点，以流程导向代替职能导向，以信息化导向代替手工导向，重构征管业务主流程。

（十）引入并推行电子签章，逐步实现报表资料电子化、数据报送无纸化。引入电子签名，以此扫除制约电子数据在更广阔领域的应用和共享的障碍，实现报表资料数字化、数据报送无纸化，有效降低征纳双方的征税成本和税收遵从成本，推动税收工作全面、科学的持续发展。

课题组组长：王　斌
副　组　长：范如祥　孔胜昔
成　　　员：梁　志　江　勇
李国栋　张永刚
董安杰　杨　谦
杨　娟　蒋云起
李寿康　张海云
张　萍

第八篇

附　　录

YUNNANGUOSHUINIANJIAN

2009 年度云南国税大事记

1 月份

1 月 4～10 日，省局领导分别带领慰问组深入全省 16 个州、市的部分县（区）局，亲切慰问基层一线干部职工及离退休老同志。李鸿文局长赴昆明市宜良县局、石林县局以及临沧市双江县局、沧源县局；蔡杰副局长赴德宏州瑞丽市局、畹町区局以及保山市腾冲县局、龙陵县局；于智广副局长赴丽江市古城区局、玉龙县局以及迪庆州各县局；李杰副局长赴红河州石屏县局、元阳县局以及文山州文山县局、砚山县局；许赞霖副局长赴楚雄州双柏县局、开发区局以及玉溪市红塔区局、澄江县局；朵志红总经济师赴大理州洱源县局、鹤庆县局以及怒江州各县局；魏贵和总会计师赴昭通市巧家县局、永善县局以及曲靖市会泽县局、麒麟区局、宣威市局；陈存富副巡视员带队赴普洱市西盟县局、澜沧县局以及版纳州各县局。

1 月 4 日，经民主推荐、笔试、州市局党组审议、考察、省局党组票决等各项规定程序，省局下发了全省国税系统副处级后备干部名单，其中：省局机关 20 人、各州市局 114 人。此次副处级后备干部选拔，采取竞争上岗的方式和程序进行，较好地调动了干部队伍自强素质、勇于争先的积极性，对深化我省国税系统干部人事制度改革起到了积极的促进作用。

1 月 5 日，省局机关举办学习实践科学发展观知识讲座，特邀中共云南省委党校党委书记、常务副校长黄顺作题为《科学认识当前的国际国内经济形势是做好税收工作的重要基础和前提》的经济形势报告。

1 月 10 日，在省委、省政府召开的全省政法工作会议上，省委、省政府对 2008 年度在全省社会治安综合治理和维护社会稳定工作中取得明显成效的云南省国家税务局等 31 个单位，授予了“社会治安综合治理维护稳定先进单位”称号。省局党组成员、总会计师、省综治维稳成员单位委员魏贵和同志参加会议。会后，省委、省政府以（云委〔2009〕1 号）文件下发表彰决定。

1 月 12～15 日，国家税务总局王力副局长率慰问组一行由省国税局李杰副局长、省地税局张美琼副局长陪同前往德宏州盈江县，楚雄州永仁县、元谋县亲切看望慰问地震灾区的国税局、地税局税务干部。

1 月 12 日，省局召开 2009 年省级分级分类稽查税企座谈会。我省 60 户骨干企业、纳税大户的领导及财务负责人、云南省纪委、公安厅、非公经济办公室、省地方税务局、春城晚报、云南日报社等新闻媒体及有关州市国家税务局领导及稽查局长、省局业务处室负责人近 160 人参加座谈会。

1 月 13 日，省局召开深入学习实践科学发展观活动整改落实阶段工作安排部署大会，省局党组书记、局长李鸿文同志作动员报告。省委第 17 指导检查组副组长范志华同志一行到会作指导，省局机关全体干部职工参加会议。

1 月 14 日，省政府召开全省财税工作会议，省局领导及各处室主要负责人，各州、市、县（区）国税局局长参加会议，听取省委常委、常务副省长罗正富作题为《应对挑战 创新跨越 齐心协力再创全省财税科学发展新局面》讲话。

1 月 14～15 日，全省国税工作会议在昆明召开。会议认真学习贯彻了党的十七届三中全会、中央经济工作会议、全国税务工作会议和省委八届六次全会精神，总结了 2008 年全省国税工作，部署了 2009 年国税工作任务。省局李鸿文局长在会上作题为《坚定信心 迎接挑战 谱写云南国税创新发展新篇章》工作报告。

1 月 16 日，省局召开省局领导班子成员及州、市局局长述职述廉会议。省局领导班子成员及各州市局局长围绕作风建设年工作主题、执行民主集中制、个人履职、学习情况、执行廉洁自律相关规定、创新发展年工作打算等内容分别进行了述职述廉，参会人员对省局领导班子成员 2008 年度公务员考核进行了民主测评。

1 月 21 日，省局机关举行春节团拜会，省局机关、祥瑞宾馆、瑞文酒店、安宁培训中心、印刷厂的干部职工以及离退休老干部欢聚一堂，共迎新春。

1 月 23 日，中央文明委召开会议对荣获第二批全国文明单位、精神文明建设先进工作者和第四批全国创建工作先进单位进行表彰。玉溪市国家税务局（机关）、澜沧拉祜族自治县国家税务局等 2 个单位被授予“全国文明单位”荣誉称号，云南省国家税务局（机关）、文山县国家税务局、施甸县国家税务局、兰坪白族普米族自治县国家税务局、昭通市国家税务局（机关）、凤庆县国家税务局、弥渡县国家税务局等 7 个单位被授予“全国精神文明建设先进单位”荣誉称号，昆明市西山区国家税务局梁兴涛同志被授予“全国精神文明建设先进工作者”荣誉称号。

2 月份

2 月 1 日，云南省国税系统成功实现增值税转型首月电子化申报缴税。

2月4日，省局召开党组扩大会议，传达学习省纪委八届四次全会精神。省局党组成员、总会计师魏贵和同志传达了省委书记白恩培同志、省纪委书记李汉柏同志在省纪委八届四次全会上的讲话精神，省局党组书记、局长李鸿文同志就学习贯彻省纪委八届四次全会精神及有关事项作了具体要求和部署。

2月5~10日，省局举办全省稽查业务考试培训视频教学。全系统参训人员达1998人，其中稽查系列1328人，非稽查系列670人。省局李杰副局长、陈存富副巡视员及省局稽查局、教育处负责人参加开班典礼。

2月11日，省局举办视频讲座，邀请云南大学经济学院院长施本植教授做题为《科研选题、调研及其组织实施》的专题讲座。

2月14日，云南省税务学会提交的论文《建立高效的纳税服务体系之践析》，在中国税务学会全国税收理论研讨会上作了书面交流。

2月15~16日，省局圆满完成2009年中央国家机关公务员招录面试工作，对报考云南省国税系统128个岗位的453名考生进行了面试，确定160名考生进入体检、考察阶段。

2月16~19日，省局举办全省国税系统新企业所得税年度纳税介质申报系统师资培训。各州、市局征管、信息中心、所得税部门的管理人员和各县、区局税政管理人员共195人参加了培训。李杰副局长到会作开班动员。

2月16~20日，省委党风廉政建设责任制考核小组对省局2008年度执行党风廉政建设责任制情况进行考核。这是省委省政府第一次将云南省国家税务局纳入考核对象，经民主测评，云南省国家税务局领导班子满意率为100%，考核初步得分为99分。

2月19日，省政府召开2009年度中央驻滇单位及部分省级单位退役士兵安置工作会议，省局被授予“2008年度接收安置退役士兵先进单位”。

2月22~28日，总局集中采购中心在我省召开部分省、区、市国家税务局政府采购座谈会，共有八个省、区、市国家税务局的代表50多人参加了会议，总局集中采购中心王淑美主任，冯瑞果副主任、省局蔡杰副局长出席了会议，会议就如何贯彻执行《中央预算单位2009~2010年政府集中采购目录及标准》，《2009年国家税务局系统政府采购工作要点》及2008年政府采购工作中的问题和建议进行了研究讨论。

2月25~28日，总局收入规划核算司规划处在云南省召开全国部分省市税收分析指标体系研讨会。

2月26日，省局召开深入学习实践科学发展观活动总结大会（视频）。省局党组书记、局长李鸿文同志作主题报告，省委第十七指导检查组组长谢承彧同志作重要讲话。

2月28日至3月15日，省局举办了三期流转税业务与管理技能培训班，培训人数达到410人。

3月份

3月3~4日，全省国税稽查工作会议在昆明召开。省局李杰副局长、许赞霖副局长、省公安厅经侦总队李毅副总队长以及我省各州、市国税局分管稽查工作的领导、稽查局长，省局相关处室人员及省局稽查局人员参加了会议。会议认真学习了李鸿文局长对我省稽查工作所做的重要批示，李杰副局长在会上作了题为《科学谋划 务实创新 努力开创新形势下国税稽查工作新局面》的讲话。

3月12日，省局召开上挂下派干部座谈会，总结上挂下派干部一年来工作、学习、思想等各方面情况。省局李鸿文局长出席会议。

3月12~13日，全省国税系统党风廉政建设工作会议在昆明召开。省局领导、省局党风廉政建设领导小组成员、各州、市局局长、纪检组长、监察室主任以及省局特邀监察员出席了会议，省纪委常委、省监察厅副厅长和正兴同志、省委省直机关纪工委书记罗正元同志亲临大会指导。省局党组书记、局长李鸿文同志作了题为《增强党性修养 严格作风纪律 深入推进云南国税党风廉政建设和反腐败工作》的重要讲话，省局党组成员、总会计师魏贵和同志作工作报告。

3月17日，省局召开出口企业分类管理办法意见反馈座谈会，昆明、玉溪、曲靖、楚雄州（市）国税局进出口税收管理部门的负责人、业务骨干参会。

3月19日，省局召开2009年度课题申报立项评审会，由省局领导、省政府政研室和省社科规划办以及高校等方面专家学者组成的课题评审委员会对省局各处室和各州、市国税局申报的43项课题进行了立项评审。

3月24日，总局纳税服务司在昆明召开税务师事务所审批备案工作研讨会。总局纳税服务司副司长陆炜、制度处处长张小平出席会议，部分省市注税中心主任参加会议。

3月24日，省局在德宏州瑞丽市国家税务局召开云南省国税系统行政执法类公务员管理试点工作调研会。省局李杰副局长出席会议，省局人事处及我省4个行政执法类公务员管理试点单位相关同志参加会议。

3月25日，国家税务总局税务网站评估工作座谈会在昆明召开。总局办公厅副巡视员王建生及办公厅电子政务处、纳税服务司宣传处和中国软件评测中心和部分省市国税局、地税局网站负责人参加会议。省局副局长许赞霖到会致欢迎辞。会议研究讨论了省级税务网站评估指标体系、总局网站管理办法和税务网站发展规划框架的意见。

3月25日，省局召开重点出口企业税法宣传座谈会，省局、省商务厅、省外汇管理局的领导和相关部门负责人出席了会议，昆明、玉溪、曲靖市国税局出口退税部门负责人及部分重点出口企业的总经理、财务负责人参加了会议。

3月28日，省局和昆明市国税局联合开展以“税

收促进发展，发展为了民生”为主题的广场纳税宣传活动，拉开全省国税系统2009年税收宣传月活动暨综治维稳宣传月活动的序幕。省局李鸿文局长、朵志红总经济师、昆明市国税局王镶局长及省市局相关人员参加了税收宣传活动，向纳税人发放宣传资料，现场解答纳税人的咨询，并开展了纳税服务满意度调查。

3月28日，全省国税系统稽查人员业务考试分别在昆明、玉溪、大理三个考点同时举行。全省共有1822人报名参加考试，其中稽查人员1267人，非稽查系列人员555人。省局李鸿文局长、李杰副局长亲临昆明考点，陈存富副巡视员亲临大理考点，对考试情况进行了巡视。

4月份

4月8～23日，李鸿文局长参加国家税务总局党校举办的全国税务系统司（局）级主要领导干部“改革开放30周年与税收工作”专题研讨班。

4月9日，省局于智广副局长率相关处室负责人参加云南人民广播电台“金色热线”节目，直接对话纳税人，宣传税收政策法规。

4月15～16日，云南省国税系统国际税收论文研讨会在江川瑞文培训中心召开。云南省国际税收研究会领导及秘书处人员，各州、市国际税收管理部门的负责人和推荐到大会交流的论文作者共计40余人参加了此次会议。

4月17日，云南省国家税务局、云南省地方税务局在昆明联合召开2009年大型企业集团税企座谈会。我省银行、保险、通信、发电和石油化工等五个行业18家大型企业集团主管财务领导及财务负责人、省国地税局分管稽查工作的局领导及稽查局相关人员近50人参加了座谈会。

4月20～26日，省局举办全省国税系统县（市、区）局局长业务培训班，全系统135名县（市、区）局局长参加了培训。

4月28日，全省稽查局长工作会议在昆明召开，学习贯彻全国税收检查工作会议精神。

4月29日，全省国税系统300余名所得税业务骨干和负责汇算清缴工作的干部参加了总局举办的企业所得税汇算清缴汇总表及汇总系统视频培训。

4月30日至5月4日，保山市国家税务局与当地公安部门协作配合，成功捣毁一特大贩卖发票团伙。抓获贩卖发票犯罪嫌疑人11人，查获《云南省商业零售统一发票》存根联12475份，查获尚未填开已经撕下拟贩卖的抽芯空白发票联3998份，以及相关的营业执照、税务登记、发票专用章、假身份证等作案工具。

5月份

5月11日，省局召开机关机构改革动员大会，对机构改革工作进行动员和部署。李鸿文局长作动员和部署报告，省局机关全体干部职工参加会议。省局机关机构改革进入实施阶段。

5月13日，省局李杰副局长带领所得税处等相关处室负责人，到曲靖检查指导所得税监控系统模块开发工作，并看望了监控系统开发项目组人员。

5月14日，由省财政厅、省国税局、省地税局联合举办的中国人民解放军原西南服务团财税队南下60周年老干部座谈会在云南省国税局召开，省财政厅厅长陈秋生，副厅长刘德强、赵新黔、张云松、杨利邦、刘野樵；省国税副局长蔡杰、于智广、李杰；省地税局局长王南昆，副局长张美琼、纪检组长郭振兴、副局长张红霞等领导出席了会议，同24名共和国第一代云南财税老干部欢聚一堂，共贺中国人民解放军西南服务团财税队南下60周年，云南省组建财税机构59周年。

5月14日，省局召开全省国税系统收入规划核算工作会议，各州、市局分管收入规划核算工作的局领导、收入规划核算处（科）长和省局收入规划核算处、办公室、货物和劳务税处、所得税处、征管和科技发展处等处室相关人员参加了会议。省局朵志红总经济师作了题为《统一思想 树立信心 努力实现税收持续平稳增长》的讲话。

5月24日至6月10日，省局组织完成卷烟商业批发消费税网络申报系统开发工作，并通过全省视频培训系统对全省烟草商业批发企业进行了培训。

5月26日，云南省国税系统书法美术摄影协会召开“迎接建国60周年书法美术摄影”展览委员会办公室工作会议。

6月份

6月1日，云南省国家税务局重点税源网上直报系统、税收会计自动记账系统开发项目正式启动。

6月12日，云南省国家税务局与云南省地方税务局联合召开会议，就有关国、地税定点联系企业税收检查工作进行安排部署。

6月15日，中国税务学会全国部分省、区、市税务学会会长、秘书长座谈会在昆明召开。中国税务学会会长崔俊慧、副会长张英惠、副会长兼秘书长董志林、副秘书长王瑾、罗力勤及广西、贵州、四川、云南、重庆、广东、西安、青岛、宁波等省区市税务学会的会长、秘书长参加了会议。省局李鸿文局长代表云南省国税局、省地税局、省税务学会致欢迎辞。

6月15～25日，省局在中共云南省委党校举办了云南省国税系统副处级后备干部培训班。培训班结束时，省局李杰副局长为参训学员颁发了培训证书并作总结讲话。

6月18日，云南省国家税务局和云南省地方税务局联合召开国家税务总局部分涉滇定点联系企业自查督导工作税企座谈会。省国税局朵志红总经济师、省地税局张红霞副局长分别带领各自的自查督导工作组成员，与国家开发银行云南省分行、中国大唐集团公司云南分公司等10户企业的主要负责人和财务主管进行了座谈。

6月22~23日，省局召开总局部分涉滇定点联系企业自查督导工作会议，各州、市局进出口国际税收管理科（怒江、迪庆为税政科）的负责人和业务骨干参加了会议。

6月23日，云南省国家税务局、地方税务局在昆明联合召开了总局第二批企业名单中涉及我省的11户大型企业税企座谈会，省局许赞霖副局长出席会议并作了题为《倡导诚信纳税 构建和谐的税企关系》的讲话，11户骨干企业的主管财务领导及财务负责人、省国、地税稽查局相关人员参加了座谈会。

7月份

7月1日，省局召开会议对机构改革过程中新任的4名正处级领导干部、9名副处级领导干部进行任职谈话。李鸿文局长、李杰副局长、魏贵和总会计师及人事、监察等部门相关同志参加了会议。

7月3日，云南省国家税务局破格越级选拔年轻干部面试在省局机关举行，经民主推荐，6名同志参加此次面试。考官组由省局李杰副局长及省局部分处室负责人组成，监察室对面试全程进行了监督，机关部分干部进行了旁听。

7月3~9日，根据国家税务总局人事司转发中国延安干部学院入学通知，省局党组书记、局长李鸿文参加延安干部学院第8期正厅级干部“加强党性修养、坚定理想信念、保持优良作风”专题培训班学习。

7月6日至8月4日，省局委托云南财经大学财政与经济学院举办“企业会计核算及所得税”培训班。

7月9日，省局召开2009年云南国税稽查科研课题座谈会。总局稽查局领导、省局许赞霖副局长、省局稽查局及全省16个州市稽查局相关人员参加了会议。

7月10日，省局许赞霖副局长代表省局党组赶赴楚雄姚安地震灾区，看望慰问灾区国税干部职工，了解干部工作、生活情况和房屋等财产受损情况。

7月19~28日，全省国税系统正处级以上领导干部“加强党性修养、坚定理想信念、保持优良作风”专题培训班在延安干部学院举行，全省42名领导干部参加学习培训。

7月30日，总局货物和劳务税司消费税处林玲处长一行到云南就卷烟消费税政调整后的贯彻执行情况进行调研。省局召开了由省中烟公司、省烟草公司和昆明市国税局流转税处、直属分局及红云红河集团管理分局相关人员参加的卷烟消费税政策调研座谈会。

7月30~31日，省局举办数据监控系统稽查模块培训，各州市稽查局办公室负责人及负责稽查查处税收违法案件情况收入统计报表的人员参加了培训。

8月份

8月5日，省局召开党组中心组学习胡锦涛总书记在云南考察工作的重要讲话精神专题会议。会议由党组书记、局长李鸿文同志主持，省局党组成员及省局机关副处级以上干部参加了会议。

8月3~6日，总局政策法规司2009年度税收课题项目开题会在昆明召开。总局法规司、国际司及课题承办单位的部分省市国税局、地税局法规处领导参加了会议，省局蔡杰副局长出席会议并致辞。

8月6日，省局召开州市局机构改革座谈会，省局李杰副局长、人事处相关人员及全省16个州市局分管人事工作的局领导、人教科长参加了会议。

8月7日，省局召开机关离退休干部情况通报会。省局李杰副局长、许赞霖副局长出席会议，省局办公室、机关党委、机关服务中心、工会和离退休干部处负责人及相关人员参加会议。

8月10~15日，省公安厅、省国税局、省地税局联合组成3个督导检查组，对全省打击发票违法犯罪“端点”集中行动进行督导检查。

8月11日，省局李鸿文局长一行深入昆明市国家税务局直属分局、五华区国家税务局等单位进行工作调研。

8月14日，省局直属机关工会召开会员大会，选举产生云南省国家税务局直属机关工会第四届委员会、经费审查委员会和女职工委员会。

8月17日，省局党组提出“依法征税，强化征管，加强稽查，攻坚克难，应收尽收，奋战5个月，确保九百亿，打响组织收入攻坚战”动员令，号召全省各级国税机关各部门及时行动起来，迅速把握经济趋稳回暖的关键时刻和有利时机，顺势而谋，迎难而上，把组织税收收入作为当前国税工作的重中之重，聚精会神抓收入，齐心合力保目标。

8月19日，省局许赞霖副局长一行到昆明市国税局检查指导全省国税系统“祖国在我心中”——庆祝新中国成立60周年文艺汇演节目筹备情况。

8月20日，省局召开货物和劳务税抓管理促收入工作会议，省局蔡杰副局长到会作重要讲话，各州市流转税业务分管局领导、流转税科长，省局办公室、货物和劳务税处、征管和科技发展处、收入规划核算处相关人员参加了会议。

8月20日，省局直属机关党委专职副书记邹荣华同志受省局党组委托，赴东川区对因民镇扶贫项目进行工作调研。

8月20日，在省直机关第七届“红土地之歌”演讲比赛中，云南省国家税务局获得“优秀组织奖”，省局机关选送的皋雁鸿同志获得“优秀选手奖”。

8月25日，云南省国税系统企业所得税业务骨干培训班在河南省税务干部学校正式开班，来自全省16个

州市国税局的50名基层一线所得税业务骨干参加了这次培训。

8月26日，省局李鸿文局长亲临省局机关参加全省国税系统文艺汇演节目排练现场，看望、鼓励并指导节目排练工作。省局许赞霖副局长、魏贵和总会计师及相关处室人员陪同前往。

8月27日，省局召开全省国税系统强化企业所得税收入管理会议，省局李杰副局长到会作重要讲话，各州市所得税科（处）长、省局办公室、省局所得税处相关人员参加会议。

8月31日，省文明办主办的全省精神文明建设精品文艺汇演颁奖晚会“献给母亲的歌——爱国歌曲大家唱”在云南电视台演播中心举行，由昆明市国家税务局合唱团代表全省国税系统参赛的节目大合唱《怒吼吧，黄河》荣获一等奖。省局李鸿文局长、许赞霖副局长亲临演出现场观看演出。

9月份

9月2~9日，省局李鸿文局长带领省局工作组深入红河、文山州国家税务局开展工作督导和调研。

9月2~9日，省局蔡杰副局长带领省局工作组深入临沧、大理、楚雄州（市）国家税务局开展工作督导和调研。

9月2~9日，省局于智广副局长带领省局工作组深入德宏、保山、怒江州（市）国家税务局开展工作督导和调研。

9月5~6日，省局组织开展成品油税费改革国税系统接收人员面试工作，82名应试人员在昆明参加了集中面试。

9月7~12日，省局朵志红总经济师带领省局工作组深入西双版纳、普洱、玉溪市（州）国家税务局开展工作督导和调研。

9月9日，由昆明市委宣传部、市文明委等单位举办的云南省第七届“红土地之歌”演讲比赛昆明地区复赛在省科委培训中心举行，省局选送的皋雁鸿同志代表盘龙区参加比赛，荣获二等奖。

9月10~18日，省局魏贵和总会计师带领省局工作组深入昆明、迪庆、丽江市（州）国家税务局开展工作督导和调研。

9月27日，云南省国家税务局召开党组中心组学习贯彻十七届四中全会精神专题会议，全文学习传达胡锦涛总书记在党的十七届四中全会上作的报告和重要讲话，会议从全省国税工作实际出发，提出要进一步深入学习贯彻落实党的十七届四中全会精神。

9月28日，云南省国税系统庆祝新中国成立60周年文艺汇演专场演出在昆明剧院隆重举行。中国文联副主席、中国作家协会副主席丹增，省人大常委会党组副书记、常务副主任晏友琼、省人大副主任杨建甲，省政协副主席陈勋儒等领导，以及省纪委、省委宣传部、省政府办公厅、省文明办、省直机关工委、省财政厅、省地税局等23个有关单位领导和省行（企）业汇演组委会文艺专家指导组、省市10余家新闻媒体记者莅临现场观看了演出。演出开始前，省局蔡杰副局长宣读了国家税务总局为演出发来的贺信，省局李鸿文局长发表了热情洋溢的开幕致辞。演出在省局许赞霖副局长指挥全场高唱《歌唱祖国》的热烈气氛中结束。

10月份

10月10日，云南省委常委、常务副省长罗正富率省政府副秘书长黄立新、省财政厅厅长陈秋生等一行到省国税局进行工作调研，听取省局李鸿文局长关于今年前三季度全省国税收入及后三个月全省组织税收收入工作情况汇报。

10月10日，省局机关组织干部职工和离退休老干部代表参观“云南60年成就展”。

10月12日，省局参加在省人才市场召开的云南省2009年省级部门计划安置军队转业干部选用报名大会，解答军转干部咨询，并接受现场报名。

10月12~15日，省局举办全省增值税纳税评估软件师资培训班。

10月13日，云南省国税系统书法美术摄影协会主办的庆祝新中国成立60周年“暎瑞之魂——书法美术摄影展”在云南省博物馆开展。云南省委常委、常务副省长罗正富，副省长曹建方，省政协副主席陈勋儒，有关省级部门负责人及云南省和昆明市两级书法家协会、美术家协会、摄影家协会的专家和艺术家出席了开幕式并观看了展览。

10月13~14日，省局在江川培训中心举办网络教育培训系统及广域网扩容改建培训班。各州、市局信息中心主任、各县区局信息中心即将负责这两个项目实施的人员及省税干校、省局招待所、安宁、瑞文培训中心的相关人员共213人参加培训。省局于智广副局长在培训结业式上作了总结讲话。

10月13~15日，全省国税系统离退休厅级干部、担任过州（市）局长的离退休干部座谈会在昆明、楚雄召开。

10月15日，省局于智广副局长到盘龙区国家税务局检查指导“普通发票网上领购、税务登记证网上办理系统”试点推行工作。

10月19日，由省局李鸿文局长、蔡杰副局长、朵志红总经济师、魏贵和总会计师带队，省局机关130余名干部职工到“云南省反腐倡廉警示教育基地”参观。

10月20日，省局李鸿文局长出席五华区国家税务局“ISO质量环境管理体系”颁证仪式。

10月20日，红河县国家税务局离休干部李光望被评为国家税务局系统优秀离退休干部受到国家税务总局表彰。

10月20~21日，省局在安宁温泉培训中心召开全省国税系统税收法制培训会议。省局蔡杰副局长作了

《转变作风 提高素质 努力开创政策法规工作新局面》的重要讲话。

10月21~23日，《云南国税年鉴》编辑部在祥瑞宾馆召开《云南国税年鉴》（2008刊）编辑集中审校会议。会议期间，省局李杰副局长、魏贵和总会计师到会看望了全体编纂人员，省局办公室主任、《云南国税年鉴》编辑部副主编鄢登麒作了讲话。各州、市国家税务局及省局各单位特约撰稿人编辑及相关工作人员等70多人参加了会议。

10月30日，昆明盛凯伞业有限公司通过昆明市国家税务局网上办税服务厅系统办理了税务登记，标志着云南省国税系统实现全省首户纳税人通过互联网络完成税务登记办理业务。

10月30日，省局完成财税库银横向联网联调测试第一轮任务，共与试点单位5家国库、18家商业银行进行了业务测试，测试覆盖率达100%。

11月份

11月4日，云南省国际税收研究会召开深入学习实践科学发展观活动动员会议，研究会（省国税局、省地税局）全体会员参加了会议。研究会会长、省国税局许赞霖副局长作了动员讲话，研究会副会长、省地税局张美琼副局长作了讲话。

11月4日，省局魏贵和总会计师带领人事处、监察室有关人员组成调查组，对保山市国家税务局领导班子主要负责人选拔过程中反映的问题进行调查核实，后下发了通报。

11月7日，在玉溪市局开展试点的全省广域网改造、扩建工作完成省局、玉溪市局及全市所有区县局的省市县纵向广域网切割工作。

11月7日，省局机关舞蹈《祝福祖国》参加了云南省庆祝新中国成立60周年行（企）业文艺汇演省直机关工委“我和我的祖国”专题晚会的演出，并荣获表演二等奖。

11月8日，昆明市局舞蹈《祖国　国税人为你喝彩》、曲靖市局诗画舞《乌蒙国税人》、红河州局管乐演奏《乐于奉献在高原》、西双版纳州局舞蹈《爱的阳光》、保山市局小品《特殊考试》等5个节目参加了云南省庆祝新中国成立60周年行（企）业文艺汇演第七场“为了母亲的微笑”专题晚会的演出，其中：保山市局小品《特殊考试》荣获创作二等奖，表演三等奖，昆明市局舞蹈《祖国 国税人为你喝彩》荣获创作三等奖。

11月10日，云南省庆祝新中国成立60周年行（企）业文艺汇演圆满结束并举行颁奖晚会。省局荣获优秀组织工作奖，《祖国在我心中》国税系统专场文艺演出荣获优秀晚会奖。

11月10日，全省国税系统2009年公务员初任培训班在云南省税务干部学校江川分校开班。来自全省16个州、市国税局的140名新录用公务员参加为期20天的初任培训。

11月12~17日，省局对楚雄、临沧、普洱、西双版纳等4个州市国税系统贯彻落实《建立健全惩治和预防腐败体系2008~2012年工作规划》情况进行了检查。

11月13~14日，云南省税务学会税收征管改革理论研讨会在保山腾冲召开。省税务学会、省局稽查局、科研所、征管和科技发展处以及昆明、大理、文山、丽江、临沧、怒江、保山等11个成员单位的科研人员参加了会议。

11月23日，全省国税系统财税库银税收收入电子缴库横向联网成功上线运行。昆明市国税局直属分局、五华区局，曲靖市国税局经开区局、麒麟区局4家试点单位共55户纳税人三方协议验证全部成功，其中17户实时扣税全部成功。

11月24日，省局召开企业所得税介质、网络申报系统升级工作启动会议，标志着云南省国税系统企业所得税介质、网络申报系统升级工作全面启动。

11月25日，总局召开全国税务系统所得税视频工作会议。省局所得税处及各州、市、县局分管所得税工作局领导相关工作人员通过视频系统在分会场参加了会议。总局视频会议结束后，省局李杰副局长就我省国税系统贯彻落实总局会议精神及时作出了安排部署。

11月26日，省局机关举行学习党的十七届四中全会精神宣讲报告会。省委宣讲团成员、省委宣传部副部长、研究员张瑞才教授作了辅导报告，省局党组成员、总经济师朵志红同志主持会议，省局机关全体干部职工参加了报告会。

11月27日，云南省国税系统税收执法资格统一考试在昆明举行，全省国税系统309名公务员参加考试。省局李鸿文局长亲临考场指导检查，并亲切看望慰问参考人员。

11月30日，省局在安宁温泉培训中心召开部分州（市）、县（区）国税局纪检组长座谈会。

11月30日，烟草集团“三变二”税收分配清算会议在昆明召开，省财政厅、国税局、地税局、各卷烟企业以及涉及9个州市的财政、国税、地税部门共同对2009年预分配税款进行清算，确认按正式比例应调整的税款。

12月份

12月3~7日，国家税务总局党组成员、中纪委驻总局纪检组长冯惠敏同志率总局人事司、监察局有关负责同志到我省检查指导工作。

12月4日，省局党组召开2009年度民主生活会。国家税务总局党组成员、中纪委驻总局纪检组长冯惠敏同志率总局人事司刘树奇同志、监察局方圆同志、办公厅吴晓丹同志出席指导本次党组民主生活会，同时，省纪委常委王云山同志、党风办副主任柯顺昌同志、省直机关纪工委书记罗正元同志、省委组织部一处处长徐卫

民同志、省政府办公厅秘书二处副处长刘福同志也到会指导。省局党组书记、局长李鸿文同志代表省局领导班子及个人发言，省局党组成员、副局长于智广同志、李杰同志、许赞霖同志，省局党组成员、总经济师朵志红同志，省局党组成员、总会计师魏贵和同志分别就分管工作和个人情况作了发言。

12 月 7 ~9 日，省局在江川培训中心举办全省国税系统纪检监察业务培训班。

12 月 9 ~12 日，全国税务系统十二个省区国税局纪检组长座谈会在河南郑州召开，省局魏贵和总会计师参加了会议。

12 月 10 日，财政部国库司、国家税务总局征管科技司和中国人民银行国库局领导及北京、河北、辽宁、江苏、湖南等省相关工作人员对我省国税系统试点单位财税库银横向联网系统运行情况进行实地调研考察。

12 月 10 日，云南省国税财税库银横向联网试点现场会在昆明市五华区国税局召开。省局李鸿文局长带领省局领导班子成员参加会议，并对财税库银横向联网推行工作进行指导检查。

12 月 11 日，云南省国家税务局 2009 年度重点课题结题评审会在祥瑞宾馆召开。国家税务总局科研所所长刘佐研究员亲临评审会指导工作，省局领导、省委省政府有关研究部门和云南部分高校的专家学者担任本次评审会的评委，6 个重点课题组代表和部分州市局分管科研工作的领导参加了评审会。

12 月 14 ~16 日，省局召开全省国税系统大企业和国际税收管理工作会议。省局朵志红总经济师作了题为《打牢基础 探索发展 努力做好大企业税收和国际税收管理工作》的讲话。

12 月 15 日，总局在昆明召开了企业所得税政策座谈会，总局所得税司卢云副司长等所得税司领导及 17 个省（市、区）国税局或地税局所得税处负责人共 40 余人参加了会议。

12 月 24 ~25 日，全国税务工作会议在北京召开。省局党组书记、局长李鸿文与收入规划核算处负责人参加了会议。

12 月 24 日，省国税局与省地税局联合召开定点联系企业 2009 年税收检查督导工作会议，成立了联合督导工作组。

12 月 24 日，根据《2009 年度云南省综治维稳委成员单位综治维稳目标管理责任书考核细则》和省综治办的通知，省综治维稳考核组一行 4 人由省政法委冯克非处长带队到省国税局进行考核工作。省局许赞霖副局长向考核组汇报了我省国税系统 2009 年综治维稳工作情况。

12 月 31 日，中共云南省委常委、常务副省长罗正富率省财政厅、国税局、地税局主要负责人以及昆明市委、市政府等有关部门领导，到昆明市五华区看望慰问基层财税干部职工。在五华区国税局，罗副省长在省国税局党组书记、局长李鸿文陪同下，与基层一线国税干部亲切交谈，听取了五华区国税工作情况汇报以及财税库银横向联网工作介绍，对云南国税系统 2009 年取得的成绩表示祝贺，代表省委、省政府对全省国税系统广大干部职工一年来的勤奋工作表示感谢，并致以新年问候。

12 月 31 日，全省国税系统共组织国税收入 900.08 亿元（不含海关代征），同比增长 4.44%，增收 38.25 亿元。其中，国内增值税 393. 81 亿元，国内消费税 363.54 亿元，企业所得税 109.60 亿元，个人利息所得税 2.09 亿元，车辆购置税 31.04 亿元。

中央精神文明建设指导委员会关于表彰第二批全国文明城市（区）、文明村镇、文明单位、精神文明建设先进工作者和第四批全国创建工作先进城市（区）的决定

2009 年 1 月 20 日

2005 年中央文明委表彰首批全国文明城市等创建工作先进典型以来，在以胡锦涛为总书记的党中央领导下，各地各部门高举中国特色社会主义伟大旗帜，以建设社会主义核心价值体系为根本，广泛开展创建文明城市、文明村镇、文明行业活动，社会主义精神文明建设取得巨大进展和显著成绩，城乡文明程度和公民文明素

质不断提高，在促进经济社会全面进步、推动中国特色社会主义事业不断发展中发挥了重要作用，涌现出一批成绩突出、影响广泛的先进典型。

为充分展示精神文明创建活动的丰硕成果，进一步调动全社会参与创建活动的积极性，推动精神文明建设深入发展，中央文明委决定：授予成都市等14个城市（区）全国文明城市（区）称号、北京市朝阳区南磨房乡等672个村镇全国文明村镇称号、北京市东城区民政局等1343个单位全国文明单位称号；授予朱晓芳等100名同志全国精神文明建设先进工作者称号；授予北京市朝阳区等80个城市（区）全国创建文明城市工作先进城市（区）称号。中央文明委组织对首批全国文明城市（区）进行复查确认，决定继续保留张家港等10个城市（区）的全国文明城市（区）荣誉称号。

希望受表彰的单位和个人珍惜荣誉，发扬成绩，再接再厉，在推进社会主义经济建设、政治建设、文化建设、社会建设以及生态文明建设和党的建设中，在促进经济社会全面进步和人的全面发展中，更好地发挥示范带头作用。各地各部门要全面贯彻落实党的十七大和十七届三中全会精神，以邓小平理论和“三个代表”重要思想为指导，深入贯彻落实科学发展观，大力推进社会主义核心价值体系建设，更加广泛、深入、扎实地开展群众性精神文明创建活动，为夺取全面建设小康社会新胜利、开创中国特色社会主义事业新局面作出新贡献。

附件：

一、全国文明单位（云南省）

玉溪市国家税务局（机关）

澜沧县国家税务局

二、精神文明建设先进工作者（云南省）

梁兴涛　昆明市西山区国家税务局局长

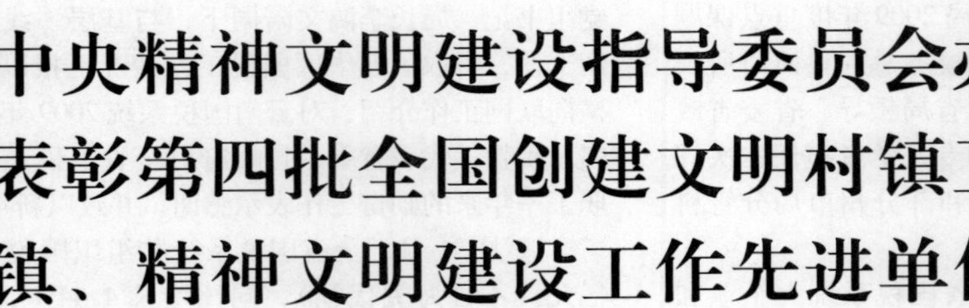

中央精神文明建设指导委员会办公室关于表彰第四批全国创建文明村镇工作先进村镇、精神文明建设工作先进单位的决定

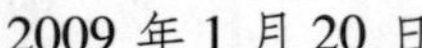

2009年1月20日

2005年中央文明委员表彰首批全国文明城市等创建工作先进典型以来，在以胡锦涛同志为总书记的党中央领导下，各地各部门高举中国特色社会主义伟大旗帜，以建设社会主义核心价值体系为根本，广泛开展群众性精神文明创建活动，社会主义精神文明建设取得巨大进展和显著成绩，城乡文明程度和公民文明素质不断提高，涌现出一批成绩突出、影响广泛的先进典型。为充分展示精神文明创建活动成果，推动精神文明建设深入发展，中央精神文明建设指导委员会办公室决定：授予北京市朝阳区高碑店乡高碑店村等1192个村镇全国创建文明村镇工作先进村镇称号、北京市第二中学等2357个单位全国精神文明建设工作先进单位称号。

希望受表彰的单位珍惜荣誉，发扬成绩，再接再厉，在推进社会主义经济建设、政治建设、文化建设、社会建设以及生态文明建设和党的建设中，在促进经济社会全面进步和人的全面发展中，更好地发挥示范带头作用。各地各部门要全面贯彻落实党的十七大和十七届三中全会精神，以邓小平理论和“三个代表”重要思想为指导，深入贯彻落实科学发展观，大力推进社会主义核心价值体系建设，更加广泛、深入、扎实地开展群众性精神文明创建活动，为夺取全面建设小康社会新胜利、开创中国特色社会主义事业新局面作出新贡献。

附件：

精神文明建设工作先进单位（云南省）

云南省国家税务局（机关）

昭通市国家税务局（机关）

昭通市昭阳区国家税务局

文山县国家税务局

弥渡县国家税务局

施甸县国家税务局

兰坪白族普米族自治县国家税务局

凤庆县国家税务局

人力资源和社会保障部 国家税务总局关于表彰全国税务系统先进集体和先进工作者的决定

2009 年 12 月 23 日 云社部发〔2009〕179 号

各省、自治区、直辖市人力资源社会保障（人事、劳动保障）厅（局）、国家税务局、地方税务局，新疆生产建设兵团人事局、劳动保障局：

近年来，在党中央、国务院的正确领导下，全国税务系统广大干部职工高举中国特色社会主义伟大旗帜，以邓小平理论和“三个代表”重要思想为指导，深入贯彻落实科学发展观，坚持聚财为国、执法为民的税收工作宗旨，围绕“服务科学发展、共建和谐税收”的工作主题，立足本职，爱岗敬业，无私奉献，涌现出一大批先进集体和先进个人。

为表彰先进，弘扬正气，进一步激发全国税务系统广大干部职工的积极性和创造性，努力建设一支善于推动科学发展、促进社会和谐的高素质税务干部队伍，人力资源社会保障部、税务总局决定，授予北京市房山区国家税务局等 198 个单位“全国税务系统先进集体”荣誉称号；授予郑文会等 99 名同志“全国税务系统先进工作者”荣誉称号。被授予“全国税务系统先进工作者”荣誉称号的人员，享受省部级劳动模范和先进工作者待遇。希望受表彰的先进集体和个人珍惜荣誉，谦虚谨慎，戒骄戒躁，再接再厉，不断取得新的更大的成绩。

全国税务系统广大干部职工要以受表彰的先进集体和个人为榜样，更加紧密的团结在以胡锦涛同志为总书记的党中央周围，高举中国特色社会主义伟大旗帜，勇于创新，开拓进取，为推动我国税收事业的发展作出新的更大的贡献。

附件：

一、全国税务系统先进集体（云南省）

昆明市盘龙区国家税务局

师宗县国家税务局

德钦县国家税务局

二、全国税务系统先进工作者（云南省）

杨丽君（女） 云南省国家税务局货物和劳务税处处长

王元富 玉溪市国家税务局信息中心主任

中共云南省委办公厅 人民政府办公厅关于命名表彰第十二批省级文明单位第五批省级文明村第二批省级文明小城镇和省级文明社区的通知

2009 年 12 月 22 日 云办通〔2009〕24 号

各州、市、县党委和人民政府，省委和省级国家机关各部委办厅局，各人民团体，各大专院校，各企事业单位：

近三年来，在省委、省政府的领导下，我省精神文明建设工作取得了可喜的成绩，办促进全省经济社会全面进作出了积极贡献。各地区各部门各单位不断更新观念，扎实工作，积极投身和参与精神文明建设，涌现出了一大批先进单位。为表彰先进，树立典型，进一步推动全省精神文明建设工作，根据《云南省文明单位创建管理办法》、《云南省文明村创建管理办法》、《云南省文明社区创建管理办法（试行）》和《云南省文明小城镇管理办法（试行）》的精神，省委、省政府决定，授予昆明中铁大型养路机械集团有限公司等 1997 个单位第十二批“云南省文明单位”称号；授予昆明市官渡区六甲街道福保村等 603 个村第五批“云南省文明村”称号；授予宜良县狗街镇等 52 个小城镇第二批“云南省文明小城镇”称号；授予昆明市西山区永昌街道永兴路社区等 51 个社区第二批“云南省文明社区”称号。

希望受到表彰的单位珍惜荣誉，再接再厉，以饱满的热情和模范行动带动和影响全省广大干部群众。全省各地区各部门各单位要向受表彰的文明单位、文明村、文明小城镇、文明社区学习，深入贯彻落实科学发展观，切实加强精神文明建设工作，不断推动全省物质文明、政治文明、精神文明协调健康发展，为建设富裕民主文明开放和谐云南作出新的更大的贡献。

第十二批省级文明单位、第五批批省级文明村、第二批省级文明小城镇和省级文明社区名单由省精神文明建设指导委员会办公室另行印发通报。

附件：

昆明市（12 个）

云南省国家税务局（机关）
昆明市盘龙区国家税务局
昆明市西山区国家税务局
昆明市国家税务局（机关）
昆明市五华区国家税务局
宜良县国家税务局
石林县国家税务局
晋宁县国家税务局
嵩明县国家税务局
富民县国家税务局
禄劝彝族苗族自治县国家税务局
寻甸回族彝族自治县国家税务局

昭通市（9 个）

昭通市国家税务局
昭阳区国家税务局
盐津县国家税务局
大关县国家税务局
绥江县国家税务局
镇雄县国家税务局
彝良县国家税务局
威信县国家税务局
水富县国家税务局

曲靖市（7 个）

马龙县国家税务局
宣威市国家税务局
会泽县国家税务局
富源县国家税务局
陆良县国家税务局
师宗县国家税务局
罗平县国家税务局

玉溪市（10 个）

玉溪市国家税务局
红塔区国家税务局
通海县国家税务局
峨山县国家税务局
华宁县国家税务局
元江县国家税务局
新平彝族傣族自治县国家税务局
江川县国家税务局
澄江县国家税务局
易门县国家税务局

保山市（8 个）

保山市国家税务局
隆阳区国家税务局
隆阳区国家税务局汉庄税务分局
施甸县国家税务局
腾冲县国家税务局
腾冲县国家税务局第二税务分局
龙陵县国家税务局
昌宁县国家税务局

楚雄彝族自治州（8 个）

楚雄市国家税务局
禄丰县国家税务局
武定县国家税务局
元谋县国家税务局
南华县国家税务局
牟定县国家税务局
姚安县国家税务局
双柏县国家税务局

红河哈尼族彝族自治州（5 个）

开远市国家税务局
元阳县国家税务局
绿春县国家税务局
金平苗族瑶族傣族自治县国家税务局
河口瑶族自治县国家税务局

文山壮族苗族自治州（7 个）

文山壮族苗族自治州国家税务局
文山县国家税务局
西畴县国家税务局
马关县国家税务局
丘北县国家税务局
广南县国家税务局
富宁县国家税务局

普洱市（9 个）

普洱市国家税务局
思茅区国家税务局
景东彝族自治县国家税务局
宁洱哈尼族彝族自治县国家税务局
墨江哈尼族自治县国家税务局

江城哈尼族彝族自治县国家税务局
澜沧拉祜族自治县国家税务局
孟连傣族拉祜族佤族自治县国家税务局
西盟佤族自治县国家税务局
西双版纳傣族自治州（3个）
西双版纳傣族自治州国家税务局
勐海县国家税务局
勐腊县国家税务局
大理白族自治州（9个）
弥渡县国家税务局
大理白族自治州国家税务局
鹤庆县国家税务局
洱源县国家税务局
宾川县国家税务局
祥云县国家税务局
南涧彝族自治县国家税务局
巍山彝族回族自治县国家税务局
漾濞彝族自治县国家税务局
德宏傣族景颇族自治州（5个）
德宏傣族景颇族自治州国家税务局
瑞丽市国家税务局
陇川县国家税务局
梁河县国家税务局
盈江县国家税务局
丽江市（6个）
丽江市国家税务局
古城区国家税务局
玉龙纳西族自治县国家税务局
永胜县国家税务局
华坪县国家税务局
宁蒗彝族自治县国家税务局
怒江傈僳族自治州（5个）
怒江傈僳族自治州国家税务局
泸水县国家税务局
兰坪白族普米族自治县国家税务局
福贡县国家税务局
贡山独龙族怒族自治县国家税务局
迪庆藏族自治州（2个）
香格里拉县国家税务局
德钦县国家税务局
临沧市（9个）
临沧市国家税务局
临翔区国家税务局
云县国家税务局
凤庆县国家税务局
永德县国家税务局
镇康县国家税务局
耿马傣族佤族自治县国家税务局
双江拉祜族佤族布朗族傣族自治县国家税务局
沧源佤族自治县国家税务局

云南省国家税务局　云南省妇女联合会关于表彰全省国税系统“巾帼文明岗”的决定

2009年1月14日

2008年，全省国税系统广大妇女干部职工以邓小平理论和“三个代表”重要思想为指导，认真学习贯彻党的十七大精神和省委八届六次全会精神，以科学发展观为统领，积极响应中国妇联九大提出的“创造新岗位、创造新业绩、创造新生活”的号召，积极开展以“奉献事业，服务社会”为宗旨，以“创文明岗，树巾帼形象”为主题，以提高国税妇女干部素质为目标，以倡导岗位文明、提高岗位技能为主要内容的“巾帼文明岗”创建活动，充分调动了广大妇女干部立足本职，争先创优，爱岗敬业，奋斗奉献的积极性、主动性和创造性，为国税事业又好又快发展作出了突出贡献。为表彰先进，树立典型，云南省国家税务局、云南省妇女联合会决定：授予昆明滇池旅游度假区国家税务局计划征收科等30个单位省级“巾帼文明岗”荣誉称号。

希望受表彰的单位继续发扬“自尊、自信、自立、自强”精神，不断创新，再创佳绩。全省国税系统要以她们为榜样，高举中国特色社会主义伟大旗帜，深入学习实践科学发展观，紧紧围绕省局提出的2009年“创新发展年”工作主题，坚定信心，迎难而上，勇于创新，团结奋斗，乐于奉献，大力推动云南国税事业全面创新发展，为促进国家和云南经济平稳较快发展和社会和谐稳定作出新的贡献。

附件：

云南省国税系统“巾帼文明岗”名单

昆明市

滇池旅游度假区国家税务局计划征收科
西山区国家税务局计划征收科
官渡区国家税务局计划征收科
石林县国家税务局计划征收科

昭通市

大关县国家税务局计划征收股
盐津县国家税务局计划征收股
永善县国家税务局计划征收股

曲靖市

沾益县国家税务局计划征收科
马龙县国家税务局计划征收科

楚雄州

永仁县国家税务局计划征收科
大姚县国家税务局计划征收科

玉溪市

澄江县国家税务局计划征收科
通海县国家税务局计划征收科

红河州

石屏县国家税务局计划征收科
弥勒县国家税务局计划征收科
蒙自县国家税务局计划征收科

文山州

广南县国家税务局计划征收股
麻栗坡县国家税务局计划征收股

普洱市

思茅区国家税务局计划征收科
景谷县国家税务局计划征收股

版纳州

勐海县国家税务局计划征收股

大理州

祥云县国家税务局计划征收股
永平县国家税务局计划征收股

保山市

施甸县国家税务局计划征收股

德宏州

梁河县国家税务局计划征收科

丽江市

古城区国家税务局计划征收股

怒江州

兰坪县国家税务局计划征收股

迪庆州

维西县国家税务局计划征收股

临沧市

双江县国家税务局计划征收股
耿马县国家税务局计划征收股

中共云南省国家税务局党组 云南省国家税务局关于表彰全省国税系统2008年度文明单位的决定

2009年1月

2008年，全省国税系统在国家税务总局、省委省政府的正确领导下，以邓小平理论和“三个代表”重要思想为指导，全面贯彻落实党的十七大精神和省委八届六次全会精神，认真开展解放思想大讨论和学习实践科学发展观活动，坚持聚财为国、执法为民的税收工作宗旨，突出“作风建设年”主题，践行“八个方面良好风气”，继续坚持依法治税，不断加强科学化、专业化、精细化管理，着力优化纳税服务，切实提高队伍素质，坚持“两手抓、两手都要硬”的方针，以全省国税系统成功创建为省级文明行业为新起点，大力推进精神文明建设，大力提升了税收执法文明度、内部管理规范度、纳税服务满意度、系统内外和谐度、党委政府认可度和全盘工作协调度，切实做到了各项工作落实好、执法服务形象好、科技强税质量好、拾遗补短效果好、廉洁勤政素质好、和谐平安系统好，涌现出了一批政治过硬、业务熟练、作风优良、执法公正、服务规范的先进典型。

为表彰先进，树立典型，激励广大干部职工立足本职，争先创优，爱岗敬业，奋斗奉献的积极性、主动性和创造性，进一步巩固和扩大省级文

明行业成果，创新发展全省国税系统精神文明建设，中共云南省国家税务局党组、云南省国家税务局决定：授予昆明市经济技术开发区国家税务局等28个县（市、区）国家税务局为“文明单位”称号。

希望受表彰的单位发扬成绩，再接再厉，开拓创新，争取更大的荣誉。全省国税系统要以先进典型为榜样，高举中国特色社会主义伟大旗帜，切实把社会主义核心价值体系融入到精神文明建设的全过程，融入到国税工作的各个方面，围绕省局党组提出的2009年“创新发展年”工作主题，以科学发展观为统领，适应时代发展特征，根据世情、国情、省情和税情，把握税收工作的本质和规律，创新发展理念，创新发展思路，创新发展模式，创新发展举措，以新的理念，指导新的发展；以新的思维，谋求新的发展；以新的举措，促进新的发展。坚定信心，迎接挑战，把握重点，实现亮点，克服弱点，突破难点，实现全省国税工作达到“领导坚强，队伍整齐，素质过硬，服务优良，绩效明显，形象良好”的总体要求，大力推动云南国税事业全面创新发展，为促进国家和云南经济平稳较快发展和社会和谐稳定作出新的更大贡献。

附件：

云南省国税系统第十四批文明单位名单

昆明市

经济技术开发区国家税务局

盘龙区国家税务局

石林县国家税务局

寻甸县国家税务局

昭通市

昭阳区国家税务局

彝良县国家税务局

曲靖市

经济技术开发区国家税务局

罗平县国家税务局

楚雄州

楚雄市国家税务局

经济技术开发区国家税务局

玉溪市

红塔区国家税务局

澄江县国家税务局

峨山县国家税务局

红河州

个旧市国家税务局

元阳县国家税务局

文山州

广南县国家税务局

普洱市

镇沅县国家税务局

宁洱县国家税务局

西盟县国家税务局

版纳州

勐腊县国家税务局

大理州

宾川县国家税务局

永平县国家税务局

巍山县国家税务局

保山市

腾冲县国家税务局

德宏州

瑞丽市国家税务局

丽江市

永胜县国家税务局

临沧市

沧源县国家税务局

镇康县国家税务局

云南省国家税务局局机关获奖项目及名单

一、省局机关被中央精神文明建设指导委员会办公室评为“第四届全国精神文明建设工作先进单位”。

二、机关党委的调研文章《创建学习型机关 打造服务型团队》，在省直机关工委课题研究评比中荣获三等奖；《我国经济发展阶段特征与云南发展思考》一文在云南省委宣传部组织的“庆祝新中国成立60周年征文活动”中入选优秀论文。

三、在党建责任制考核中，被省直机关工委评为“优秀单位”。

四、参加省直机关工委组织的“祖国在我心中”专场文艺汇演，《祝福祖国》节目获得优秀节目奖。

五、扶贫工作被省委、省政府评为“先进集体”。

六、在盘龙区、昆明市、省直机关工委组织的“迎国庆、讲文明、树新风”暨“第七届红土地之歌”演讲比赛中，获得一等奖、二等奖和优秀选手奖，省局机关获得省直机关工委颁发的“优秀组织奖”。

重大涉税案件

某五金经营部骗购发票案

一、案件背景情况

（一）案件来源

2008年3月5日，某区国家税务局管理分局在发票日常监管过程中，发现某区五金工具经营部普通发票使用情况出现异常。一是该经营部自2007年12月开业至2008年2月21日，向税务机关购买了《云南省商业零售统一发票》28本，交回填开的发票23本575份，尚有5本未交回且开具票面金额不清。二是经过对该经营部的初步调查，认为该经营户向税务机关购买使用的发票量与实际经营之间存在很大差异。管理分局立即将上述异常情况向区局领导做了汇报，区局领导立即组织稽查对该户的发票使用情况进行追踪检查。

（二）纳税人基本情况

该五金工具经营部属个体工商户，负责人：玉某（女）；成立于2007年12月3日；经营项目：五金工具；经营方式：零售。税务机关采取定期定额方式征收税款。

二、检查过程与检查方法

（一）检查预案

稽查局领导对此案高度重视，立即组织稽查人员调取交旧售新已交回填开的23本（575份）发票的票面真伪进行了初步检查，发现几个问题：一是发票填写的客户名称不完整或是不真实的单位；二是填开的票面金额均为整数；三是填写的货物品目基本上是同类；四是从已开具的存根票面分析均有作案嫌疑。区国家税务局召开紧急会议，并与区公安分局取得联系，由税警双方成立检查小组联合查办。检查小组从23本发票中，按照发票存根联开具的客户名称抽查了10家单位，发现10家单位与该经营户均没有业务往来。检查小组多次到该经营地找负责人，都处于关门停业状态，电话也处于关机状态。

区公安分局根据市公安局、市国家税务局、市地方税务局关于《某市开展打击制售假发票和非法代开发票专项整治方案》的通知精神，成立了以区公安分局牵头的专案小组，开展对该案件的侦破和调查取证工作。并以此案为突破口开展打击制售假发票和非法代开发票的整治活动。专案组对案件的查办工作进行了分工协作，确定由公安经侦部门负责查找经营部负责人，追根寻源发票联工作，即发票联卖到什么地方；国税部门负责核查发票存根联开具的客户与实际单位之间有没有业务往来，即确定哪些是真实交易，哪些是不真实交易。税警协同作战，抢抓办案时机。

（二）检查具体方法

专案组从该经营部负责人玉某的身份证复印件和手机号入手，查找该负责人。经了解得知玉某的男朋友到税务局购买过经营部发票，并把此信息反馈给公安部门。公安部门通过暗访等侦察手段，于2008年6月2日19时在某国道某收费站将玉某的男朋友陈某抓获，当场收缴其随身携带新购买的《云南省商业零售统一发票（万元版）》发票8本（200份）。通过审问，陈某交代借用他人的身份证，以他人名义开设3家经营部，骗购普通发票用于非法出售、谋取暴利的犯罪事实。同日区公安分局立案进行侦查。

陈某被抓捕归案，并不意味着案件查办工作的结束。专案组对陈某所开设3家经营部领购开具发票的真实性进行了审核，带着陈某到某火车站等发票出售地进行取证，取得大量真实确凿的证据材料，主要违法事实和作案手段调查清楚。

三、违法事实及定性处理

（一）违法事实

1. 陈某于2007年7月借用他父亲的名义开设了“某区飞跃建材经营部（负责人：陈某）”，先后向区国家税务局骗购《云南省商业零售统一发票（万元版）》83本（2075份），其中已交回填开的发票79本（1975份），其余4本在某国道某收费站被当场收缴。

2. 陈某于2007年12月借用其女朋友玉某的名义开设了“某区亚细五金工具经营部（负责人：玉某）”，向区国家税务局骗购《云南省商业零售统一发票（万元版）》28本（700份），其中已交回填开的发票23本（575份），剩余5本（125份）被其烧毁。

3. 陈某于2007年8月借用朋友王某的名义开设了“区建材经营部（负责人：王某）”，先后向区国家税务局骗购了《云南省商业零售统一发票（万元版）》81本（2025份），其中已交回填开的发票77本（1925份），其余4本在某国道某收费站被当场收缴。

4. 在区公安分局审问过程中，从犯罪嫌疑人陈某皮包中搜出一张《云南省商业零售统一发票（万元版）》空白发票联，号码：06120026，经查是陈某于2008年5月4日购买，2008年5月14日已交回填开的4本发票中的一张。

以上发票都是陈某一手经办的，除8本（200份）新购的发票未填开，有5本（125份）被其烧毁以外，

其余179本（4475份）全部被陈某拿到某火车站附近以每份20～50元的价格非法出售，然后虚构购货单位填在发票存根联上，交回税务机关。通过非法出售发票所得10余万元全部被其挥霍。

（二）处理结果

本案抓获的借用他人身份证，以他人名义开设3家经营部，骗购普通发票用于非法出售、谋取暴利的犯罪嫌疑人陈某的行为已触犯《中华人民共和国刑法》第二百零九条第四款"涉嫌非法出售发票罪"。被人民法院判处3年有期徒刑，罚金5万元。

某有限责任公司虚开"专票"案例分析

一、案件来源

根据举报，××市盛凯焦化有限责任公司涉嫌虚开增值税专用发票，公安局成立"8·09"专案领导小组。在市国税稽查局的配合下，最终查清该公司虚开增值专用发票一案。

二、××市盛凯焦化有限责任公司的基本情况

该公司注册资金1000万元，2003年10月办理工商登记，2003年11月办理税务登记，2007年8月30日被民政局批准为民政福利企业，公司主要从事煤炭产品、化工产品、煤焦生产及精洗煤等业务。

三、检查过程与检查方法

（一）检查过程与检查方法

成立"8·09"专案组，以市公安局为主抽调了12个公安干警和税务人员参加，由于时间紧，任务重，"8·09"专案组通过专案会的分析，形成方案，首先对相关人员进行突击询问。然后与账簿资料进行核对，案件取得了重大突破。一是通过中间人为自己虚开原煤40274吨的增值税专用发票201份，金额1986.45万元，税额258.24万元，每吨对方收取5～6元的好处费，而开票的税款也由该公司承担。支付给对方公司的款项，除开票的税金外，其余的全部支付在该公司法人的另一个账户上。并按每吨1元付给中间人（后来这些手续费已被公安机关没收上缴财政）。与此同时，伪造相同数据的过磅单，虚开相同数据的运输发票，形成一条产供销链，妄想蒙骗税务机关。二是以同样的手段，在法人的安排下，由该公司主管会计虚开增值税专用发票4份给鑫福焦化有限责任公司，虚构向鑫福焦化有限责任公司供应洗混煤8008吨，金额361.42万元，税额为46.98万元，与此同时，伪造相同数据的过磅单，虚开相同数据的运输发票。

专案小组通过查账、询问相关人员、辨认单据及外调取证等方法，形成了整个案件证据链，此案终于水落石出。

四、违法事实和定性处理

（一）违法事实和作案手段

1. 违法事实

（1）2008年3月为××鑫福焦化有限责任公司开具增值税专用发票4份，票面金额合计361.42万元，票面税额合计46.98万元。

（2）2008年5月、6月由中间人联系黔西南州天源兴煤有限责任公司，为自己开具增值税专用发票201份，票面金额合计1986.45万元，票面税额合计258.24万元，并在当月申报抵扣。

（3）2008年5月、6月让××县合众汽车运输公司、××县天惠货运服务部等、为自己开具货物运输发票7份，抵扣增值税进项税额84.88万元。

该公司涉嫌虚开增值税专用发票、涉嫌让他人为自己虚开增值税专用发票、涉嫌让他人为自己虚开运输发票抵扣税款，共造成纳税人骗取国家税款人民币389.80万元。

2. 作案手段

（1）在没有任何货物交易的情况下，纳税人采取如下手段取得虚开的增值税专用发票

资金流方面。纳税人为了做到付款方向一致，大部所支付给销货方的款项属开票企业名称，但经过调查落实，账号则是受票企业的法人程某及收取手续费的中间开票人易某。

物流方面。为了账簿上的数据相符，蒙骗税务机关，纳税人采取伪造填开虚假的过磅单，每月结算期，财会负责人把取得虚开的发票数量交给供销部门，由供销部门人员补齐过磅单后交由财务做账。同时到运输发票开具点虚开相同数量的运输发票。最终达到"票"、"物"、"资金"相一致，即使税务机关检查，也不易发现这些违法犯罪行为。

（2）在没有任何货物交易的情况下，纳税人采取如下手段向他人虚开增值税专用发票

纳税人属于福利企业，享受税收优惠政策，受票方又是这家企业在承包经营，虽是一般纳税人，但不是福利企业，所以，该公司开具增值税专用发票后，一方享受税收优惠政策；一方面又为自己承包的企业开具增值税专用发票进行抵扣。

（3）在没有任何货物运输的情况下，纳税人采取如下手段虚开运输发票

纳税人为了维系购销存的数据衔接，达到欺骗税务机关的目的，在对上述购销进行虚假的纳税申报、账务处理后。为了证明其虚假账务处理的"真实性"，该公司多人次分别到马龙、沾益等地在没有任何货物运输的情况下，虚开与增值税专用发票在数量、方向、单位上相一致的运输发票，并进行申报进行抵扣税额。

（二）定性及处理结果

1. 定性

以上行为定性为虚开增值税专用发票、取得虚开增值税专用发票、运输发票抵扣税款进行偷税。

2. 处理结果

该公司虚开增值税专用发票、让他人为自己虚开增值税专用发、让他人为自己虚开与增值税专用发票相对应的公路货运发票骗取国家税款389.80万元的犯罪事

实，《云南省曲靖市中级人民法院刑事判决书》（2009）曲中刑终字第50号根据《中华人民共和国刑法》第二百零五条第一款、第三款、第四款 之规定，判决如下：

被告人，该公司法人、会计及中间人等虚开增值税专用发票罪，分别被判有期徒刑十三年（并处罚金人民币50万元）、十年、六年（并处罚金人民币10万元）、五年，三年缓刑五年。

判处该公司依法补交税款389.80万元（判决后税款已催缴入库，并按时加收了滞纳金12.05万元，共计入库税款、滞纳金401.85万元）。

判处该公司虚开增值税专用发票罪，判处罚金100万元。

××个体啤酒经营部税务检查案例分析

一、案件来源

2009年5月26日××县国家税务局稽查局接到省稽查局《关于开展省局专案涉案企业检查的通知》的传真书面通知：省局收到群众举报，“××蓝剑啤酒经营部”涉嫌存在税收违法行为，省稽查局已成立专案组，要求对涉案人员张××、钟××在楚雄州元谋县的开户情况、银行往来原始凭证（金额10万元以上）的业务进行调查取证，并上报省局。

稽查局收到通知后，立即向县局局长及分管领导进行汇报，县局领导对该案件高度重视，要求稽查局抽调业务骨干组成检查组，根据省局工作要求立即对案件展开调查。

二、××蓝剑啤酒经营户变更情况

蓝剑啤酒经营户在元谋经营期间多次注销，变更纳税人名称和业主姓名。具体情况如下：

（一）××蓝剑啤酒经营部

业主姓名：任××，四川人，于1999年12月15日向元谋国税务管理分局办理了税务登记，主要经营蓝剑啤酒批发零售。2000年1月核定销售额10000元/月，2000年3月核定销售额12000元/月，2001～2002年核定销售额15000元/月，2002年7月9日，该户申请注销。

（二）蓝剑经营部

业主姓名：钟××。任××申请注销后，随即将其经营的啤酒经营部转让给了钟××。钟××于2002年7月向元谋国税管理分局申请办理了税务登记证。管理分局核定销售额15000元/月。

县稽查局在检查另一户企业时，由于取证需要，联同公安经侦队人员于2002年12月25日到元谋火车站检查火车货运单据。在元谋火车站财务人员提供的货运单据凭证中，只发现任××2002年发出的空啤酒瓶两个车皮，未发现任××、钟××的其他货运记录。

2003年1月，县稽查局对钟××的蓝剑经营部检查，采取盘点库存、询问当事人等方式进行。钟××本人承认从经营起，共运入四个车皮的啤酒，并同意申报补缴2002年8月至2003年1月期间少缴的增值税9698.73元，稽查局按规定把钟××少缴的税款追缴入库。管理分局将钟××的核定额从原15000元/月提高到25000元/月，并从2003年2月起执行。至2003年年底，钟××申请注销了蓝剑经营部。

（三）××蓝剑啤酒经营部

业主姓名：张××，2003年12月向元谋国税管理分局申请办理了税务登记证，实行核定征税。后将核定额调整为每月23000元，该户于2009年1月16日注销。

（四）德才经营部

业主姓名：邹××，2009年1月15日向元马税务分局申请办理了税务登记证。核定额每月23000元。

三、案件调查情况

2009年5月25～26日，省局专案组到元谋，对张××、钟××在元谋县的银行开户情况、银行往来业务的调查取证进行安排。由于涉案人员在元谋县的银行开户和银行往来业务较多，省局专案组要求县稽查局对照省局提供的银行账户和往来业务，按规定取证，查清涉案人员通过银行往来的购销货款情况，同时要求到火车站对该户的货运情况进行调查。

（一）账户查询情况

经查询：张××在中国农业银行元谋县支行营业室、元马分理处、城西分理处等三个网点开户，取得账号11个；在元谋县农村信用合作社联社元马信用社开户，取得账号3个。钟××在元谋县农村信用合作社联社没有开户信息。

1. 农业银行资金往来情况

农业银行取证情况：在中国农业银行元谋县支行元马分理处开设账户6个，发生10万元以上的业务250笔；中国农业银行元谋县支行城西分理处开设账户2个，发生10万元以上的业务31笔；中国农业银行元谋县支行营业室开设账户3个，发生10万元以上的业务76笔。

2. 农村信用合作联社开户及资金往来查询情况

元谋农村信用合作联社开户及资金往来查询情况：张××2008～2009年没有10万元以上往来业务。且2008年以前的所有数据备份到省联社，在县联社查询不到相关数据。

检查人员通过对张××在元谋县农行的存、取款业务调查发现，在存、取款业务凭证上只注明存、取款金额，没有注明存、取款的用途。

（二）火车运输发票调查情况

由于通过银行的资金往来查询涉案人员购销货款情况的线索中断。检查人员又通过多方了解到该经营部购进货物大都是通过铁路运输到元谋，掌握这一情况后，稽查局随即与元谋火车站联系协调，只要取得“××蓝剑啤酒经营部”购进货物的货运记录，案件检查就可能取得突破性进展。可是，检查人员到了火车站后，货运部门管理人员解释，根据车站的管理要求，要对该站的火车运输票据进行检查取证，必须经上级主管部门（昆明铁路局货运处）的批准，才能进行。经向省局了解，向昆明铁路局办理检查手续较复杂，并且货运记录的数

量并不准确，不能作为定案的准确证据。因此，到火车站取证的工作被迫中止。

（三）厂家调查取证情况

在银行资金往来、铁路部门货运调查都未取得突破性进展的情况下，寻找案件检查突破口成了关键。在向银行核对资金往来的业务中，细心的检查人员发现，在银行传票中，行号为“2201”、“6313”两个银行有大量资金的取款业务，经银行查询，上述两个行号分别代表“农行四川德阳市什邡市支行”和“四川西昌西城支行”。而其中生产蓝剑啤酒系列的两个生产厂家就在上述两地。省局专案组最终把突破口集中到上述生产厂家，从源头上取得该户的购货发票，准确地掌握了购货数量，确保了案件证据的准确性。

7月13日，也就是省局专案组检查人员在生产厂家调查取证期间，原蓝剑啤酒经营人员钟××突然主动来到元谋县国家税务局稽查局表明：“××蓝剑啤酒经营部”法人代表张××因患病，无法亲自前来，故委托他筹款30万元办理××蓝剑啤酒经营部涉税事项。该情况更增添了检查人员的信心，经请示省稽查局同意，将纳税人缴纳的30万元作为预缴税款处理。

省局专案组历经多方周折，终于在厂家取得了“××蓝剑啤酒经营部”的进货发票复印件。发现在2005年1月1日至2009年5月期间，“××蓝剑啤酒经营部”分别向华润雪花啤酒（德阳）有限责任公司、华润雪花啤酒（绵阳）有限责任公司、华润雪花啤酒（西昌）有限公司购进各类啤酒金额1538.78万元，销售后未按规定申报缴纳增值税。主要情况如下：

1. 2005年向华润雪花啤酒（德阳）有限责任公司购进蓝剑牌各类啤酒122.10万元，向华润雪花啤酒（绵阳）有限责任公司购进雪花牌各类啤酒25.47万元，合计金额147.57万元。

2. 2006年向华润雪花啤酒（德阳）有限责任公司购进蓝剑牌及雪花牌各类啤酒141.98万元，向华润雪花啤酒（绵阳）有限责任公司购进雪花牌各类啤酒12.98万元，合计金额154.96万元。

3. 2007年向华润雪花啤酒（德阳）有限责任公司购进蓝剑牌及雪花牌各类啤酒，合计金额539.34万元。

4. 2008年向华润雪花啤酒（德阳）有限责任公司购进蓝剑牌及雪花牌各类啤酒366.71万元，向华润雪花啤酒（西昌）有限公司购进雪花牌各类啤酒81.53万元，合计金额248.67万元。

5. 2009年1～5月向华润雪花啤酒（德阳）有限责任公司购进蓝剑牌各类啤酒1768062.08元，向华润雪花啤酒（西昌）有限公司购进雪花牌各类啤酒718626.19元，合计金额2486688.27元。

四、案件处理

根据省局专案组对该案件的处理意见，××县国家税务局重大案件审理委员会8月28日对该案件进行审理，作出处理决定：

1. 2005年1月至2008年12月，“××蓝剑啤酒经营部”合计购进各类啤酒1290.12万元，销售后未按规定申报缴纳增值税。根据《中华人民共和国增值税暂行条例》第一条、《中华人民共和国增值税暂行条例实施细则》第十六条之规定，按组成计税价格计算，应纳增值税54.58万元。

2. 2009年1～5月，“××蓝剑啤酒经营部”合计购进各类啤酒248.67万元，销售后未按规定申报缴纳增值税。根据《中华人民共和国增值税暂行条例》第一条、第十二条、《中华人民共和国增值税暂行条例实施细则》第三十条“之规定，应纳增值税7.24万元。

云南省国家税务局系统信息化建设与应用情况统计表

截止日期：2009 年 12 月 31 日　　　　单位：万元、台、户、人、个、m^2

项目	数额	项目	数额
中小型计算机装备数量（台）	20	漏洞扫描（套）	1
PC 服务器装备数量（台）	992	安装杀毒软件的计算机数量（台）	14 821
其中：机龄 5 年以上（含 5 年）	791	部署桌面安全审计系统终端数量（台）	14 080
存储设备总容量（TB）	66.00	省本级机房面积（m^2）	810.00
其中：磁盘阵列容量（TB）	54.00	10KVA（含）以上 UPS 装备数量（台）	115
磁带库容量（TB）	12.00	纳入计算机管理的纳税户数	761 018
PC 机装备数量（台）	14 821	其中：网上申报户数	39 672
其中：台式机数量	13 327	税库银联网纳税户数	55
笔记本电脑数量	1 494	计算机当期处理纳税额（万元）	9 000 864.86
当期报废 PC 机数量（台）	1 569	其中：网上申报税款（万元）	2 899 420.07
打印机配备数量（台）	8 256	全省信息技术人员数（人）	554
路由器数量（台）	440	其中：信息中心高级技术人员数	20
交换机数量（台）	1 305	信息中心中级技术人员数	120
其中：三层（含）以上交换机数量	138	信息技术人员当期参加培训人次	360
省内广域网联通节点数（个）	663	当期信息化投资额（万元）	7 969.80
其中：地市级节点	48	其中：软件购买费用（万元）	21.20
区县级节点	411	软件开发费用（万元）	457.00
税务所级节点	204	设备购置费用（万元）	2 123.00
与省级互联的外部门单位数（个）	6	运行维护费用（万元）	3 810.00
安装防火墙数量（台）	45	机房运维费用（万元）	1 340.00
入侵检测 IDS（台）	24	培训费用（万元）	218.60

云南省国家税务局系统网络情况表

截止日期：2009 年 12 月 31 日　　　　单位：条

州市	联通线路						广电线路							电信线路					
	州市级		县区级			分局	州市级			县区级			分局	州市级		县区级			分局
	100M	10M	10M	6M	2M	2M	100M	10M	6M	10M	6M	2M	2M	100M	10M	10M	6M	2M	2M
省局	1	15					1	12	3					1	15				
昆明			5	2	13	14				5	2	13	14			5	2	13	14
玉溪			8							8						8			
迪庆					4							4						4	
文山					8	2						8	2					8	2
保山					5	9						5	9					5	9
普洱					10	2						10	2					10	2
怒江					4	3						4	3					4	3
楚雄					11	2						11	2					11	2
版纳					3	3						3	3					3	3
丽江					4							4						4	
大理					13	7						13	7					13	7
曲靖					10	10						10	10					10	10
昭通					11							11						11	
德宏					6	12						6	12					6	12
临沧					8	3						8	3					8	3
红河				1	13	1					1	13	1				1	13	1
合计	1	15	13	3	123	68	1	12	3	13	3	123	68	1	15	13	3	123	68
	16		139			68	16			139			68	16		139			68
线路总数 州市级	48																		
线路总数 县区级	417																		
线路总数 分局	204																		

玉溪市国家税务局(机关)

2009年1月20日，玉溪市国家税务局机关继2005年后再次被中央精神文明建设指导委员会表彰为第二批“全国文明单位”。

确立核心价值　引领事业前进。把应收尽收作为科学发展观指导下的税收征管价值取向，推动国税各项工作科学发展。

打造竞争精神　争创一流业绩。积极打造“精益求精，争创一流”的竞争精神，实现自2005年起连续三年在全省国税系统年度目标管理考核中名列第一。

树立创新意识　激活工作动力。以解决实际问题，提高工作效率，优化服务质量，破解发展瓶颈为突破口开展创新，实现连续多年年年有创新项目。

强化服务观念　构建征纳和谐。从思想上树立起现代税收服务观，广泛开展以纳税人为中心的人性化服务。

承担社会责任　共享发展成果。投入人力物力，切实为农村联系点办实事，推动了农村联系点的经济文化建设。

玉溪市国税局开展丰富多彩的文体活动，丰富干部职工业余文化生活

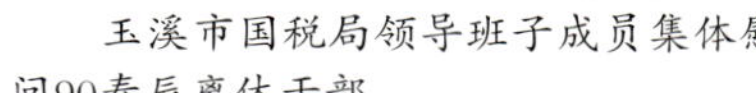

玉溪市国税局领导班子成员集体慰问90寿辰离休干部

玉溪市国税举办第九届业务能手竞赛考试现场

澜沧拉祜族自治县国家税务局

澜沧拉祜族自治县国家税务局一是积极开展争创“五好文明家庭”活动，将精神文明工作的着力点放在提高综合素质上。二是进一步开展创文明单位、文明服务岗等活动，形成学先进、朝前赶的良好风气。三是坚持开展健康有益的文体活动，形成了家庭团结、邻里和睦、人人遵纪守法、个个遵守社会公德的良好局面。四是关爱职工，凝聚人心，通过同志式的交流与沟通，搭建起相互信任、彼此支持的桥梁。

通过不懈努力，澜沧拉祜族自治县国家税务局先后被省国税局命名为“文明系统”、“文明县局”、“先进领导班子”，被省委、省政府命名为“文明单位”，被全国精神文明建设指导委员会命名为“全国精神文明建设工作先进单位”和“全国文明单位”。

红歌唱出国税人对祖国的美好祝福

自己动手装扮美丽家园

手拉手，警民共建联欢

和谐国税大家庭的年夜饭

盘龙区国家税务局

盘龙区国税局将购买的一套价值5000元的音响设备，赠送给局扶贫联系点松华乡小河村村委会，做好城乡文明共建工作

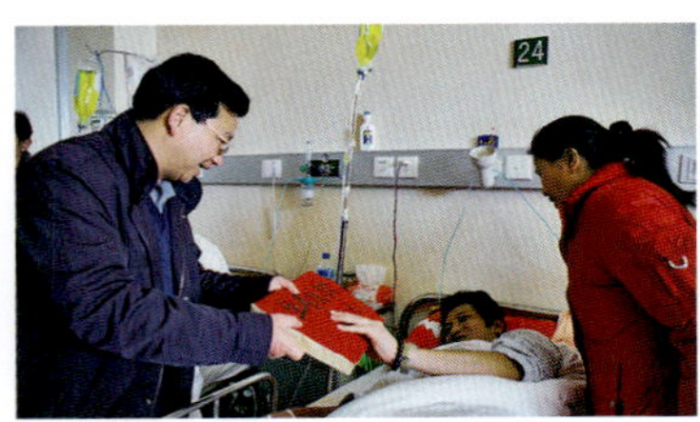
局长郇留将全局干部职工的捐款交到因患急性败血症住医抢救的职工高英军手中，体现集体的温暖

盘龙区国税局获昆明市人民政府“文明单位”称号

局领导亲自带队送政策到企业，开展“一对一”服务

2009年1月，盘龙区国家税务局获云南省国家税务局“文明单位”称号；2009年12月获省级“文明单位”称号；2009年12月被人力资源部及社会部和国家税务总局联合授予“全国税务系统先进集体”称号。主要经验：一是领导班子作表率。努力践行“三个代表”重要思想，严于律己，率先垂范。做到管理严、作风实、标准高、局风正。二是重视干部队伍素质提高。以职业道德、作风建设、廉政教育为切入点，加强干部队伍思想道德教育，树立良好的税风税纪和为人民服务的思想。三是依法治税，规范服务，营造和谐征纳关系。通过推行网络申报、全程办税服务制度及对企业开展“一对一”服务等举措，全方位优化纳税服务。四是居安思危，警钟长鸣。把廉政建设和税收工作有机结合，加强预防职务犯罪教育及廉政教育。五是文化建设结硕果。每年举办迎新春职工运动会、职工摄影书画展等活动，繁荣国税文化。

西山区国家税务局

接受新闻媒体采访

2009年，西山区国家税务局坚持“聚财为国，执法为民”的税收工作宗旨，立足区域经济发展，不断加强税收征管，努力提高纳税服务水平，深入开展创建文明单位活动，实现了物质文明、政治文明、精神文明的协调发展，努力开创规范执法与优质服务税企双赢的局面，探索竞争激励与人文关怀平衡并举的新思路。积极组织开展“进一步转变干部作风、增强服务意识、提高服务质量”大讨论活动和“人人都是软环境，我为提高服务质量和效率献一策”主题实践活动。坚持以精神文明创建活动为载体，以为纳税人提供方便快捷、优质高效的纳税服务为己任，教育引导干部职工，从自身做起、从一点一滴做起，积极构建和谐征纳关系，树立西山国税的良好形象，在2009年度精神文明创建活动中，被省委、省政府命名为“文明单位”。

签订《廉政责任书》

业务技能竞赛

开展丰富多彩的文体活动

昆明市国家税务局（机关）

2009年，昆明市国家税务局（机关）被省委、省政府命名为“文明单位”。文明创建活动主要呈现以下特点：

一是领导班子坚强。围绕落实科学发展观和提高执政能力建设的要求，采取八条措施抓好抓实领导班子建设，保证了组织领导到位。二是创建目标明确，增强了创建动力。文明创建目标规划纳入国税工作的总体规划，纳入目标管理考核责任制，为推动税收工作发展提供更加有力的保证。三是工作机制健全完善，管理规范有序。建立健全了文明创建工作领导体制和工作机制，文明创建常抓不懈。四是国税文化新颖，队伍建设一流。以人为本，以造就德才兼备的高素质干部队伍为目的，营造团结和谐、干事创业、奋发向上的国税文化氛围。五是基础工作扎实，特色亮点纷呈。以制度创新为抓手，不断完善管理机制，满足了纳税人的多样性需求。六是创建成效突出，推动各项工作上台阶。由于文明创建示范作用明显，发挥了龙头作用。

昆明市总工会主席、市文明委副主任杨丽率工作组检查考评昆明市国税局文明创建工作

平安创建考核组考核并参观昆明国税文化建设

考评组查阅资料

开展丰富多彩的文体活动，增强干部凝聚力

五华区国家税务局

2009年，五华区国家税务局被省委、省政府命名为第十二批“文明单位”。

五华区国家税务局强化党风廉政教育，牢固干部职工的思想道德防线。全面落实科学化、精细化、专业化管理，以完善征管体制、夯实征管基础、加强税源管理、推进信息化建设为重点，充分树立“五种理念”；突出“一个中心”；抓住“两条主线”；实现“两个协调发展”，引进先进的ISO质量环境体系，开展“一对一”教育培训、专项业务培训，实施能级管理等有效方式，提升干部职工的学习力、执行力、落实力、和谐力、创新力和发展力。

五华区国家税务局努力构建“领导为干部服务、机关为分局服务、二线为一线服务”的大服务长效机制，创新服务方式，实行延时服务制度、AB角制度，开通“绿色通道”“零距离”为纳税人提供优质服务；努力构建和谐税收。

云南省创建省级“文明单位”考评组领导莅临五华区国税局检查验收再创工作

听取创建报告

观看创建成果

检查创建资料

宜良县国家税务局

省市县平安建设领导小组检查指导宜良县国税局平安建设工作

县国税局与县地税局联合开展税收宣传月活动

“一对一”教育培训参训人员接受昆明市国税局考核组考核

干部职工开展丰富多彩的文化活动

宜良县国家税务局以“创文明行业、带一流队伍、建和谐国税、促税收发展”为目标，深入开展省级“文明单位”创建，2009年荣获云南省“文明单位”称号。主要创建经验是：

一是加强领导，科学规划，落实责任谋创建。制订文明创建规划，建立起一把手负总责、分管领导具体负责，班子成员配合抓，各科股室全员参与，齐抓共创的良好机制。二是加强培训，提升素质，带好队伍促创建。遵循“以人为本，按需施教；全面发展，注重能力；联系实际，学以致用”的原则，采取“一对一”培训方式、有效提升干部队伍整体素质。三是优化服务，提质增效，围绕中心推创建。在优化服务中深化文明创建，营造法治、公平、文明、高效的良好治税环境。四是开展活动，凝聚人心，丰富载体兴创建。开展“和谐家庭”评选、廉政书画摄影展等形式多样的文体活动，提升国税干部的生活情趣和文化素质。五是改善环境，巩固阵地，软硬件齐抓保创建。开展“平安国税”建设活动，加强安全、卫生管理、绿化亮化美化办公楼环境，更新办税服务厅的电脑设备，实现标准化、规范化管理。

石林县国家税务局

考评组听取创建情况汇报

开展业务培训并现场进行考试

2009年，石林县国家税务局再次被省委、省政府命名为“文明单位”；2009年1月，获云南省国家税务局“文明单位”称号。创建经验主要是：

一、加强组织领导，明确创建思路

健全完善精神文明创建组织领导机构，明确方向，理顺思路，制定措施，形成了一级抓一级、层层抓落实的工作格局。

二、强化优质服务，营造和谐环境

全面推行办税服务“八公开”，落实责任政府“四项制度”，推行“一线工作法”，改进工作作风，明确服务规范，严格服务纪律。积极参加地方政府组织的行风政风评议活动，自觉接受社会监督。

三、建设税务文化，搭建创建平台

开展各种文体娱乐活动，丰富干部职工业余文化生活。加强干部职工八小时外的管理，把思想作风、职业道德教育和党风廉政建设与精神文明创建活动有效的结合起来。

参观预防职务犯罪案例展示

爱国歌曲大家唱

晋宁县国家税务局

2009年，晋宁县国家税务局再次被省委、省政府命名为“文明单位”。

一是加强领导，营造齐抓共创氛围。成立专门的创建工作领导小组，负责创建工作的规划、部署和考评。

二是以人为本，加强干部队伍建设。建立分级管理、分类管理、分层推进的教育培训工作新机制，调动了干部比业务、强素质的热情。

三是亮化窗口，提升税收服务质量。推行“一站式”、“一窗式”等服务模式和预约服务、提醒服务等特色服务方式。

四是规范管理，提高依法治税水平。努力实施科学化、精细化管理，稳步推进依法治税。

五是文化兴税，促进行业文明建设。建立了廉政文化墙、书法摄影展室、税收文化展室和职工健身活动室，成立书法、摄影、健身兴趣爱好小组，定期开展活动。

积极为灾区捐款

晋宁县领导参观晋宁县国税局廉政文化进机关建设

开展文化建设——晋宁县原书法协会会长为晋宁县国税局题字

晋宁县国税局组队参加晋宁县爱国歌曲大家唱活动

嵩明县国家税务局

嵩明县国家税务局在取得“全国精神文明创建先进单位”荣誉的基础上，2009年12月，再次被省委、省政府命名为“文明单位”。这是县局自1994年以来，连续4次被省委、省政府授予省级“文明单位”称号。

2009年4月14日上午，市人大副主任林爽爽带领省级文明单位考评检查组一行，到嵩明县国税局考核验收省级文明单位。对文明单位创建工作给予了高度评价：一是资料台账规范到位。创建工作扎实，创建内容详实，创建形式新颖。二是群众评价好。向县局干部发出文明创建知识调查问卷20份，收回20份，满意率达100%。三是环境建设好。硬件设施到位，工作、生活环境优美，达到了省级文明单位的绿化、美化标准。四是创建氛围好。在全局形成了上下联动、条块结合、点面结合、整体推进的浓郁创建氛围。五是创建工作有特色。在总结中不断创新，在创新中不断发展，创出了国税品牌。

汇报“文明单位”创建情况

查看创建资料

检查组查看环境

听取汇报

富民县国家税务局

每逢征期局领导到办税服务厅担任办税引导员

投票选举

富民县国家税务局以“内强素质、外树形象、争先创优”为创建目标，始终坚持“两手抓，两手都要硬”的方针，广泛深入地开展文明创建活动。2009年，再次被省委、省政府命名为“文明单位”。其创建经验主要有：

一、加强领导，完善机制，为文明创建提供组织制度保障

始终把文明创建工作作为推进税收工作的重要抓手，把文明创建工作与税收工作同部署、同检查、同考核，形成上下联动、人人参与、齐抓共建的良好创建氛围。

二、立足本职，发挥职能，为文明创建提供税收业务保障

通过知难而进抓收入、勤征细管提质效、完善机制求规范，进一步完善了税收征管体制，有效落实了税收执法责任制，提升了纳税服务质量。

三、以人为本，优化服务，为文明创建提供人才素质保障

注重“人才兴税”，加强科学文化教育，全面提高干部队伍的整体素质。

税法宣传

丰富多彩的文体活动

禄劝彝族苗族自治县国家税务局

禄劝县国家税务局坚持以组织收入为中心，以服从、服务于经济建设为宗旨，以人为本，从严治队，大力推进精神文明建设。2009年被省委、省政府命名为“文明单位”。

一是文明创建与组织税收收入工作相结合。认真贯彻组织收入原则，把完成税收收入任务作为文明创建硬指标。

二是文明创建与优化服务相结合。建立人性化、信息化的特色服务体系，以“规范执法、优质服务”为突破口，推行“首问责任制”、“服务承诺制”、“限时办结制”的服务方式；全面实行“一窗式”管理、“一站式”服务；实行“办税八公开”。

三是文明创建与干部队伍建设相结合。着眼于提高干部队伍素质。全面落实了“两权”监督，把党风廉政建设工作作为文明建设的一项重要内容。近几年的全县民主评议机关行风中，县局的满意度名列前茅。

中层干部竞争上岗

利用业余时间开展丰富多彩的文体活动

为贫困群众献爱心，禄劝县国家税务局被县政府表彰为“扶贫先进集体”

坚持开展好法制宣传教育与依法治税工作

大关县国家税务局

积极开展各种形式的税收宣传活动

切实开展好思想教育工作

进行爱国主义教育

开展形式多样的文体活动

精神文明建设中的大关国税人

2009年，大关县国家税务局继续把“文明创建活动”纳入全局的总体工作规划，定期研究部署开展事宜，协调部门力量，齐抓共管，并把班子建设作为“龙头”来抓。提出了“班子成员向一把手看齐，职工向领导班子看齐”的口号，做到“不让国税队伍落伍，不让一个干部掉队”的基本目标，并坚持通过领导带头开展“三会一课”和理论中心组学习制度，达到自强素质，自我约束，自我监督的目的，有力地增强班子的感召力，为在精神文明建设中带好队伍打下坚实基础。2009年12月被省委、省政府命名为第十二批“文明单位”。

绥江县国家税务局

2009年，绥江县国家税务局紧扣省局“创新发展年”工作主题，在文明单位创建工作中坚持“两手抓，两手都要硬”的指导思想，“两个文明”建设取得丰硕成果，2009年12月，被省委、省政府命名为“文明单位”。一是成立文明单位创建领导小组，建立并完善创建目标管理、组织领导、投入保障机制，实现创建工作制度化、科学化。二是大力推进管理改革，在岗位设置、办税效率、服务质量等方面实行规范化管理，优化纳税服务。三是加强廉政建设，健全反腐败工作机制，积极主动地接受群众和社会各方面的监督；坚持民主集中制，推行政务公开，改进机关工作作风，增加工作的透明度。四是充分发挥群团组织的作用，积极举办书画、歌咏比赛等文娱活动，丰富国税文化载体，使国税文化渗透到队伍建设、税收执法、纳税服务的各个环节。

绥江国税全体干部

2009年度党组专题民主生活会

爱国歌曲大家唱活动

税法宣传活动

镇雄县国家税务局

局领导为干部职工讲授新《企业所得税法》

镇雄县人民检察院副检察长王建雄作“预防职务犯罪”专题讲座

2009年12月，镇雄县国家税务局被省委、省政府命名为“文明单位”。一是建立局长负总责，分管领导主要抓，人教部门具体抓，其他部门配合抓，全体干部人人参与，层层抓落实的精神文明建设长效工作机制。二是强化税源监控，加强税收征管，优化纳税服务，提高纳税意识，税收收入大幅度增长。三是认真贯彻落实省政府制定的“四项制度”，促进纳税服务工作制度化、规范化，提高纳税服务的质量和效率。四是开展法制教育，增强法制观念， 提高拒腐防变能力。五是以歌唱云南国税之歌《乐于奉献在高原》活动为契机，加强国税文化建设，激发全体国税干部爱国、爱岗，积极工作、努力工作的热情。

单位职工到烈士墓缅怀革命先烈，开展爱国主义教育

实行一月一考，提高干部队伍的业务技能。

单位职工上街宣传税法，提高民众的纳税意识

彝良县国家税务局

警民共建，和谐发展

深入企业调研

2009年，彝良县国家税务局被云南省国家税务局再次表彰为“文明单位”。

一是统筹安排，强化机制建设。把文明创建工作列为“一把手”工程，认真贯彻落实文明创建长效机制。

二是服务为先，突出行业特色。实现“一次性”告知、“一窗式”受理、“一站式”办结、“一户式”查询、“一条龙”服务，实行AB角制度，推行“阳光国税”，开展“全程服务”。

三是提高素质，狠抓队伍建设。深入开展“五比五看”活动，扎实推进党风廉政建设。

四是丰富载体，提升文明创建水平。开展争创“文明股室”、“五好家庭”等争先创优活动；组织开展爬山比赛、知识竞赛等多项文体活动；积极参加社会公益事业，全年为扶贫点筹措资金3万余元，捐资助学6300元，无偿献血1600毫升等。

送税法上门

小小税收宣传员

威信县国家税务局

2009年，威信县国家税务局被省委、省政府命名为“文明单位”。一是抓好活动载体，注重综合创建。在全局广泛开展“学先进、树形象、做人民公仆”活动；开展争当“优质服务星”、“五好文明家庭”和“先进税务工作者”等系列活动，积极倡导创建“绿色节约型”机关，多层面激发广大干部参与创建的积极性。二是健全创建长效机制。制订了文明创建长远规划和短期目标，把精神文明创建与国税中心工作一同研究部署，并与各部门签订《精神文明建设工作责任书》。三是注重交流学习，借鉴先进经验。与县内各单位进行文明创建学习交流，加强横纵向比较，通过看亮点和找问题，进一步提高了文明创建工作水平。四是重视行政作为，提高行政效率。坚持一手抓政策落实，一手抓优化服务，积极打造和谐国税，以优质高效的服务惠及民众。

省局许赞霖副局长一行到威信国税局调研并与全局干部合影

与地税局、夕阳红艺术团联合开展税收宣传活动

职工文体活动

积极开展集趣味性、竞技性、参与性为一体的文体活动

水富县国家税务局

2009年，水富县国家税务局被省委、省政府命名为“文明单位”。

一是指导思想明，工作思路清。以科学发展观为指导；以“围绕税收工作抓好精神文明建设，以精神文明建设促进税收工作”为思路；以实现物质、政治、精神“三个文明”有机结合、协调发展为目标。

二是组织领导有力。成立了党组一把手负总责的领导组，机关党政工青妇齐抓共管，提供组织、制度、经费“三保障”。

三是创建工作扎实有效。开展好“局长接待日”和年度行风评议活动；规范小区管理、推进“平安小区”建设；定期与驻军、驻警和周边单位座谈、联欢、开展文体活动，丰富干部职工业余生活；热心公益，出资帮助扶贫对象解决衣食住行和子女教育问题，服务文明，办事高效。

公益宣传常参与

民间测评年年办

学法用法当表率

接受检查经考验

税收宣传入农家

马龙县国家税务局

团结务实的领导集体

为纳税人热情服务

马龙县国家税务局坚持“创建、巩固、提高”的方针，创新发展争一流，文明创建树形象。通过不懈的努力，2009年度被省委、省政府命名为“文明单位”。主要做法和经验有以下几点：一是成立精神文明建设领导小组，实行一把手负总责，各部门配合，通力协作的总体工作一盘棋工作机制，并把创建工作与业务工作同部署、同督促、同检查、同落实；二是充分发挥局机关工会、女工委等群团组织的职能作用，努力形成精神文明创建，党政工团齐抓共管，各部门共同努力的创建机制；三是完善干部培训规划，进一步提高干部的综合素质，以满足科学、精细、高效的工作需要；四是强化纳税服务意识，进一步优化纳税服务，加强“两权”监督，进一步规范税收执法行为；五是积极活跃机关文化生活，做到文化活动经常化，增强职工凝聚力；六是加强综合治理工作，营造良好的工作、生活环境，抓好综合治理“软件”建设，构建和谐税收。

拔河运动

马龙县国税办公楼

宣威市国家税务局

2009年，宣威市国家税务局被省委、省政府命名为“文明单位”，被宣威市委、市政府授予“先进单位”；宣威经济开发区税务分局被省妇联、省国税局表彰为“巾帼文明岗”。市局主要从三方面抓好文明创建工作：一是以提高干部素质为目标，围绕队伍建设抓创建。引导干部职工树立牢固的道德意识和法律意识，改进工作作风，文明服务。二是以精细化管理为目标，围绕中心工作抓创建。始终把精神文明建设融入以“文明办税”为主题的各项税收征管工作中，坚持精神文明与税收业务工作同部署、同落实、同检查、同考核、同奖罚。三是以夯实创建基础为目标，围绕廉政建设抓创建。在全系统推行政务公开，实施“阳光工程”，接受社会全面监督，2009年社会综合评价考核在95分以上，得到社会各界的好评。

求真务实的党组班子

市委、市政府领导到国税局调研

省市领导检查指导

装饰一新的办公环境

会泽县国家税务局

向省、市局领导汇报精神文明建设情况

为纳税人提供优质高效服务

省、市局领导检查精神文明软环境建设

积极参加文体活动

会泽县国家税务局党组高度重视精神文明建设，坚持“两手抓、两手都要硬”的工作方针，“三个文明”建设得到协调发展。全县国税系统所有单位均为市级以上文明单位，其中：省级“文明单位”2个，市级“文明单位”2个。县局2009年第三次被省委、省政府命名为“文明单位”；连续9年保持县级“文明行业”荣誉称号。主要做法有五点：一是对精神文明建设工作做到思想重视，组织健全；二是精神文明建设做到了年初有计划、年中抓落实、年终有考核；三是以人为本，以教育为重点，重视干部队伍建设，夯实精神文明建设的基础；四是开展形式多样的精神文明创建活动，丰富文明建设内容，树立良好国税形象；五是加强民主管理，抓好党风、行风、廉政建设，巩固精神文明创建成果。

富源县国家税务局

2009年12月，富源县国家税务局被省委、省政府命名为第十二批“文明单位”。主要做法和经验有四点：一是明确指导思想。成立了领导小组，制定了具体的实施办法。二是坚持抓好学习。深入开展学习实践科学发展观活动，加大政治思想工作力度，采取强化社会监督评议、强化正反教育等措施促进廉政建设取得实效。三是突出的工作业绩奠定了文明创建的坚实基础。加强税收征管，强化分析预测，完善考核制度，确保税收收入连年稳定增长；认真落实执法责任制，促进税收执法进一步规范，依法治税成效显著；充分依托信息化手段，税收征管迈上科学化、精细化轨道；优化纳税服务，公开接受纳税人和社会各界的评议并及时查纠存在的问题；深入开展思想道德教育和业务技能培训，干部队伍素质不断提高；建章立制抓好落实，社会治安综合治理效果良好。四是带头关心社会公益事业，通过捐资捐物、谋思路促发展等方式扶贫。

全员动员抓创建

全员考试提素质

抓管理重服务

丰富多彩的文体活动

陆良县国家税务局

表彰纳税大户、纳税先进户

开展下乡便民服务活动

2009年，陆良县国家税务局被省委、省政府命名为第十二批“文明单位”，县局主要采取以下措施抓好文明单位创建工作：一是加强组织领导。建立“一把手”负总责、分管领导重点抓、职能科室具体抓、上下协同齐抓共管的文明创建工作格局。二是优化办税服务。始终坚持视纳税人为衣食父母的理念，强化服务意识，在执法中管理服务，在管理服务中执法。三是认真落实各项规章制度。认真落实阳光政府“四项制度”、党风廉政建设责任制，坚持上班签到制度、下户登记制度。四是加强国税文化建设。开展税收法律知识竞赛以及写作、摄影等活动，营造“以国为根、以税为业、以人为本、以学为乐、以绩为真、以廉为荣”的国税文化氛围。五是积极参与社会公益活动，奉献爱心。

组织140多户纳税人参加发票管理培训

参加庆国庆万人长跑活动

师宗县国家税务局

2009年12月，师宗县国家税务局被人力资源和社会保障部、国家税务总局评为“全国税务系统先进集体”；被省委、省政府命名为“文明单位”。主要做法和经验有三点：

一是常年坚持开展周二集中学习活动，及时掌握税收新政策和时事政治理论，注重提高干部队伍的整体素质，提升正确执行税收政策和服务纳税人的水平和能力；二是在办税厅推广使用文明用语，实施微笑服务和一站式服务，设置全职能综合业务岗，有效缓解了征期拥堵和干部工作任务不均的问题，同时，在管理分局开展扁平化征管改革，减少管理层级，充实征管一线，精简办税手续，极大地方便了纳税人，提高了工作效率；三是坚持开展月评文明服务星、季评共产党员示范岗、年评“四型机关”评优活动，提高了税务干部的主观能动性和工作积极性，融洽了征纳关系。

充满活力的干部队伍

庄重大方的办公大楼

宽敞明亮的办税服务厅

全国税务系统先进集体

罗 平 县 国 家 税 务 局

精神文明创建

局长刘麟聪与县长张长英签订《责任书》

2009年12月，罗平县国家税务局被省委、省政府命名为第十二批“文明单位”，被云南省国税局表彰为第十四批“文明单位”，精神文明创建工作又上一个台阶。主要采取以下措施：一是领导重视，在全局掀起精神文明创建热潮。层层签订《精神文明建设目标管理责任书》，统一了全局干部职工的思想认识。二是加强学习，突出文明创建内容。以深入开展学习实践科学发展观教育活动为契机，将社会主义核心价值体系教育、公民道德教育和干部职业道德教育作为重要内容来抓。三是创建工作突出服务人民，奉献社会这个主题。深入持久开展扶贫和结对帮扶工作，下派1名干部支持新农村建设，投入资金6万多元，解决了扶贫联系点群众的生产生活困难。四是做好文明创建硬件设施。对办公楼进行了改造装修，并对办公环境进行了美化，塑造了环境优美的国税机关形象。

深入企业调查抓牢重点税源

利用工作之余开展文体活动

红 塔 区 国 家 税 务 局

团结奋进的区局领导班子

2009年，红塔区国家税务局有在职干部职工133人，按照上级要求，9月顺利完成机构改革，内设“二室七科一中心一厅二个分局”，承担着玉溪市红塔区和高新区（除红塔集团以外）2万多户纳税人的税收征管工作，其中增值税一般纳税人950多户。区局紧紧围绕各级党委、政府经济发展的战略目标和省局“创新发展年”主题，深入落实科学发展观，各项工作取得显著成效，文明创建成绩斐然。全年共组织各项税收收入12.57亿元，实现连续8年无新增欠税，一般纳税人增值税税负较上年的2.4%提高0.05个百分点达2.45%，纳税评估涉及税款2440万元。区局被省委、省政府命名为第十二批“文明单位”，被省局命名为第十四批“文明单位”，被区委、区政府命名为玉溪市红塔区第五届“文明单位”，区局征收大厅被列为区政府创建省级文明城市二十个示范单位之一，并授予区委、区政府颁发的“文明城市创建示范单位”锦旗，区局工会被市总工会授予“先进职工之家”荣誉称号、被区总工会评为工会工作“先进单位”，在区直属机关党委组织的考核中，区局取得党建目标管理责任制99分、党风廉政建设责任制100分的好成绩，机关档案室建设达“五星级”标准。

开展税法宣传活动

歌伴舞《抚仙湖恋歌》荣获市局国庆文艺汇演三等奖

通海县国家税务局

通海国税重视精神文明建设突出抓勤政廉政

通海县国家税务局不断创新文明创建工作的措施手段，不断加大依法治税、聚财兴县的工作力度，形成了“以收入为中心、以创建为动力、以文化为内涵、以活动为载体、以育人为目标、以服务为宗旨”的多形式、多层次、全方位、立体化的文明创建格局。

以人为本，抓好队伍建设，定期开展税收政策法规、业务操作技能、政治理论知识和廉政知识的培训学习，干部素质明显提高。依靠科技手段，强化税收征管，确保收入增长。

以“纳税人满意”为目标，抓好纳税服务，不断创新服务思路、服务方式和服务内容，统一服装，统一言行举止，统一文明用语，提高纳税人办税满意度。

通海国税局连续三届被省委、省政府命名为“文明单位”，同时，连续五届被市委、市政府授予“文明单位”称号，连续四届被县委、县政府授予“文明单位”称号；实现了省市县三级文明创建“满堂红”。

组织干部职工义务为杞麓湖清除水草

一年一度的税法宣传

参加全市国税系统文艺调演，通海国税演出舞蹈《杞麓秀山国税人》

峨山彝族自治县国家税务局

峨山国税坚持为纳税人服务的理念，推进办税服务厅建设

峨山国税干部在全市国税文艺调演中表演的合唱《高原不会忘记》

组织干部深入重点税源企业开展税源情况调研

组织干部参加峨山县阿普笃慕文化节文艺节目表演

峨山彝族自治县国家税务局按照“创新发展年”的总体要求，深入贯彻落实科学发展观，努力构建基层国税文化体系，扎扎实实开展好各项税收工作。一是领导班子以“创新发展年”为重点，以学习贯彻落实科学发展观活动为契机，认真组织开展学习活动，团结协作，密切配合，展示了领导班子堡垒作用。二是抓住组织收入中心不动摇，实现连续5年税收过亿元和连续6年无新增欠税的目标。三是抓好干部职工政治思想工作、提高业务素质、文化素养，达到内抓素质、外树形象。四是大力推行“四项制度”，开展优质服务，做到事事有回音，件件达办结，实现全年无投诉目标。五是遵循“健康生活、快乐工作”理念，组织开展有益干部职工身心健康的文体活动。六是开展文明创建活动，被省委、省政府命名为第九、第十一、第十二批“文明单位”；2004年、2009年荣获省国税系统“文明单位”称号；连续5届被市委、市政府、县委、县政府授予“文明单位”称号。

华宁县国家税务局

2009年12月，华宁县国家税务局被省委、省政府命名为“文明单位”。

坚持把干部职工的思想政治工作融入到各项文明创建活动之中，开展形式多样的文娱活动，不断丰富文明创建的内容，增强广大干部职工的参与积极性。

积极开展主题鲜明、创意新颖、格调高雅、参与面广的国税文化活动。组队参加全市国税系统文艺调演活动，参赛的情景音画剧《采一束阳光，捎给祖国一片金黄》获二等奖。与县地方税务局组成税务合唱队参加县举办的庆祝祖国60华诞“爱国歌曲大家唱”活动。参加省局举办的“噗瑞之魂”书法美术摄影展，5件（幅）作品入选。通过这些活动的开展，在国税系统内部营造了浓厚的文化氛围。

捐赠给山区小学的图书

省局领导肯定华宁国税工作暨慰问

了解企业情况

参与大众广播体操展示

给小学生上税课

元江哈尼族彝族傣族自治县国家税务局

元江国税连续五年开展主题演讲比赛

到乡镇进行税法宣传

元江县国家税务局在坚持以税收收入为中心，遵循“依法征税，应收尽收，坚决不收过头税，坚决防止和制止越权减免税”的组织收入原则的同时，大力加强国税文化建设，把文明创建工作摆到国税工作的重要位置，贯穿于税收工作的始终。

元江国税积极倡导“健康生活，快乐工作”理念，采取多项措施鼓励干部发挥个人特长，积极开展健康的业余文化活动。连续四年组织主题演讲比赛和美术书法摄影比赛，连续五年开展“读一本好书”活动，连续六年组织开展体育运动项目比赛，增强了广大干部职工的责任感和荣誉感，提高了凝聚力和向心力，在全局范围内营造了一种积极向上的工作生活氛围。同时，以申报文明单位为契机，激发干部职工争先创优意识，促进全员综合素质的提高，树立文明国税形象，推动各项税收工作的顺利开展和各项工作任务的圆满完成。2009年12月22日，元江国税局被省委、省政府命名为第十二批“文明单位”。

用少数民族语言进行税法宣传

税法宣传从小抓起

新平彝族傣族自治县国家税务局

2009年，新平彝族傣族自治县国家税务局被省委、省政府命名为第十二批“文明单位”，这是新平国税局继2006年以来，连续两届获得此项荣誉称号。

新平国税局坚持把文明创建贯穿于税收工作的方方面面，将文明创建同依法治税、税务管理、纳税服务、队伍建设等工作齐抓共管。营造了国税事业与精神文明建设发展相得益彰、互相促进的良好氛围。2009年，新平县国家税务局开发并运行了“普通发票管理信息系统”创新项目，为加强普通发票管理提供了科学有效的信息化手段。2009年10月，成功承办了玉溪市国税系统第四届职工运动会，在运动会上，取得了3个团体第一、1个团体第二、1个团体第三、1个团体第四的好成绩。团体总分位居第二名，同时还荣获了体育道德风尚奖。

开发普通发票管理信息系统

深入重点税源企业调研

到乡镇集市开展税收宣传

运动会上男子篮球赛

江川县国家税务局

为新农村联系点小学送上儿童节礼物

举办首届书法、美术、摄影、征文展览

江川县国家税务局按照科学发展观以及构建社会主义和谐社会的要求，始终把精神文明创建工作作为推动各项工作的有效载体，将其贯穿于税收工作之中。2009年，精神文明建设取得丰硕成果：连续第三届被省委、省政府命名为“文明单位”；被省局授予第十五批“文明单位”称号；被省局授予“巾帼文明岗”称号。

一是领导班子高度重视，创建机制不断完善。将文明创建纳入局党组的重要议题，形成了“一把手”负总责，分管领导具体抓，人教部门组织实施，各职能部门积极参与的工作局面。二是将创建工作与税收工作紧密结合。使依法治税逐步强化，税收管理逐步规范，纳税服务逐步提升，队伍建设逐步加强，反腐倡廉逐步推进。三是加强文化建设，提升文明水平。成立了多个兴趣小组，不定期地开展摄影、书画、演讲以及登山、趣味游戏等工会活动。倡导健康文明的生活理念，鼓励干部职工加强体育锻炼。

税收宣传进学校

6月5日组织全体党员打捞抚仙湖南岸水草

澄江县国家税务局

局领导深入企业调研

税收宣传月“面对面”税务实践活动

2009年，澄江县国家税务局被省委、省政府命名为第十二批“文明单位”；荣获了云南省国家税务局“文明单位”称号；澄江县国家税务局计划征收科获云南省妇联、玉溪市国家税务局“巾帼文明岗”称号。

一、带一流税收队伍，内强素质外树形象。澄江国税坚持干部学习制度和考核制度，使干部队伍的整体水平和业务水平不断提高，树立了澄江国税人的良好形象。

二、围绕“健康生活，快乐工作”理念，加强国税文化建设。围绕核心文化理念，通过举办文体、写作、摄影等活动凝聚人心，丰富国税干部的业余文化生活，提升干部艺术兴趣，陶冶情操。

三、丰富创建形式，提高创建质量。以创建各级“文明单位”为龙头，积极组织开展争当“先进工作者”、“税收业务能手”等争先创优活动，文明创建的水平和质量不断得到提高。

四、建一流税收环境，以服务纳税人为宗旨。结合自身实际做好文明服务工作，以简化程序、优化服务为突破口，和谐税收征纳关系。

认真开展出口退税核查

“全民健身日”民族健身操比赛

易门县国家税务局

2009年，易门县国家税务局工作体现了五大亮点：

连续七年无新增欠税。2009年全年无新增欠税，实现了自2003年起连续七年无新增欠税。

积极探索纳税评估方式，充分发挥以评促管作用。2009年县局共评估30余户企业，补缴税款284.3万元，调增应纳税所得额298万元。

创新服务方式，完善“收付易”刷卡缴税业务。在相继推出银行储蓄扣税、大厅实时扣税、网上申报等服务方式的基础上，成功开通农行“收付易”刷卡缴税业务。

强化全员业务培训，干部执法能力明显提升。在2009年全市第九届业务能手竞赛中，县局获得了团体第一名的佳绩，参赛的6名选手中有4名获得市局“业务能手”称号。

采取多种措施，开展文明创建活动。自2009年9月起，共组织了13个文体兴趣小组，营造健康向上、团结奋进的良好氛围。

纪念祖国母亲60华诞，合唱《英雄赞歌》

和谐家园

普通发票专项检查

玉溪市国税系统第九届“业务能手”竞赛获团体第一名，4名同志获“业务能手”称号

保山市国家税务局

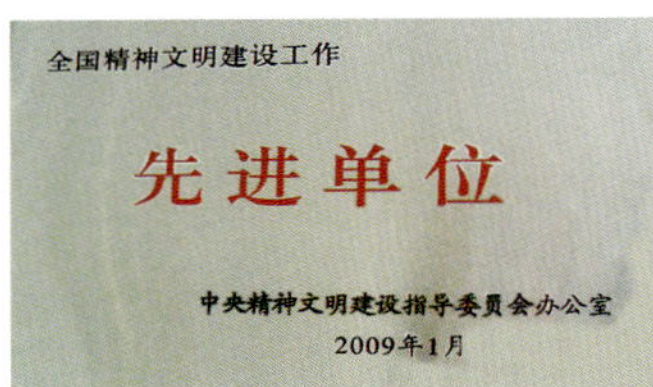

2009年1月施甸县国税局荣获“全国精神文明建设工作先进单位”荣誉称号

2009年2月隆阳区国税局计征科被全国妇女联合会授予“巾帼文明岗”荣誉称号

2009年，保山市国家税务局以深入学习实践科学发展观活动为动力，按照巩固提高、拓展深化的要求，采取“条块”结合、内外联动的方法，扎实开展文明创建活动，丰富创建内涵，提升创建质量。通过加强领导班子建设，提高班子素质，加强思想道德建设，培养“四有”队伍，加强国税文化建设，增强队伍凝聚力，优化纳税服务，构建和谐征纳关系，实现了税收收入持续增长、文明创建步步攀升。

施甸县国税局于2009年1月20日被中央文明委授予“全国精神文明建设先进单位”荣誉称号；隆阳区国税局办税服务厅于2009年2月被全国妇联、全国妇女“巾帼建功”活动领导小组授予全国“巾帼文明岗”荣誉称号；保山市国税局、隆阳区国税局、隆阳区国税局汉庄税务分局、施甸县国税局、腾冲县国税局、腾冲县国税局第二税务分局、龙陵县国税局、昌宁县国税局等8个单位于2009年12月22日被中共云南省委、省政府命名为第十二批“文明单位”。

走进傣乡开展“税收促进发展 发展改善民生”税收宣传活动

汇报文明创建工作情况

隆阳区国家税务局

2009年12月22日，隆阳区国家税务局、隆阳区国家税务局汉庄税务管理分局被中共云南省委、省政府命名为第十二批“文明单位”。

一是积极参与全系统书法、美术、摄影、文艺汇演、书法竞赛等活动。征集选送书法作品5幅、美术作品2幅、刺绣作品1幅、摄影作品5幅、征文2篇。

二是积极参加保山市、隆阳区委政府开展的“三万三讲”、“迎奥运、讲文明、树新风”活动和“风清气正促发展”文艺演出，树立了良好的国税形象。

三是积极支援抗旱救灾和社会公益活动。积极响应全省“共产党员抗旱先锋行动”，党员捐款3700元；为筹建隆阳区老年活动中心建设捐款2.48万元；为区政府全面实施绿色通道和面山造林绿化工作，组织机关干部职工参加义务植树造林活动，同时，给予了3万元的资金支持，以实际行动支持了面山造林绿化工作。

办税人员耐心服务

全国“巾帼文明岗”团体风彩

弘扬廉政文化

开展互帮互学活动

施甸县国家税务局

2009年，施甸县国家税务局始终坚持以科学发展观为统领，以文明创建为载体，在“创”字上下工夫花力气，在“新”字上找突破谋发展。2009年1月被中央文明委第二次授予“全国精神文明建设工作先进单位”称号；1月被云南省妇联、云南省国家税务局命名为“巾帼文明示范岗”；12月被中共云南省委、省政府命名为“文明单位”。

一是健全领导体制，完善创建机制。建立健全组织领导、目标管理考核、监督检查、工作运行、激励奖惩五个机制。二是围绕中心抓收入，规范执法促公平。深入推行税收执法责任制和过错追究制及政务公开、阳光作业、税法公告、税务约谈、查前告知等制度。三是优化纳税服务，构建和谐征纳关系。强化纳税服务理念，加强税法宣传，增强了纳税人“依法诚信纳税”的意识。四是丰富创建载体，内外联动创文明。积极参加县委、县政府举办的各项活动，积极有效地推动国税事业向前稳健发展。

参观县纪委举办的廉政书画展

开展学习实践科学发展观演讲活动

中央文明委委托省文明委检查组莅临县局检查文明创建工作开展情况

深入企业了解企业生产经营情况

腾冲县国家税务局

帮助扶贫挂钩点桥街村修建石板路面

2009年12月22日，腾冲县国家税务局、腾冲县国家税务局第二税务管理分局被中共云南省委、省政府命名为第十二批“文明单位”。

一是以抓加强班子建设促创建。全面加强班子和领导干部的思想、组织、能力和作风建设。

二是以抓国税文化建设促创建。小品“特殊考试”代表保山国税和云南国税参加全省“祖国在我心中”文艺汇演，获得创作二等奖和表演三等奖两项奖项。

税收宣传月期间，多渠道开展税法宣传

听中国远征军老兵讲述抗战历史，接受爱国主义教育

参加全民健身活动

三是以提升服务效能促创建。在办税服务厅开展“争创最佳服务标兵竞赛活动”，实现一岗多责、一岗多能。

四是以抓行业形象促创建。在县文明委举办的“讲文明树新风·创建文明腾冲”演讲比赛活动，县局张晓洁和李自斌以优异的成绩分别荣获一等奖和三等奖，单位获得组织奖。

五是以抓扶贫助学促创建。为贫困乡亲捐款6300元；帮助贫困中小学生解决学费和生活费捐款1.05万元；帮助贫困学生圆梦大学捐款3600元；帮助民族中学身患重病的学生常国义捐款5570元。

龙陵县国家税务局

2009年，龙陵县国家税务局被中共云南省委、省政府命名为“文明单位”，被中共云南省妇女联合会、省国家税务局命名为“巾帼文明岗”、被县委、县政府命名为“文明行业”。

一是围绕“税收·发展·民生”主题抓实税收宣传月活动。共发放税收宣传画和宣传材料1800余份，为纳税人和民众现场提供税收政策咨询服务、解惑释疑1500多人次。二是围绕2009年确定的目标和任务，教育和引导广大党员干部牢固树立科学发展观，深刻认识科学发展观是做好税收工作的思想武器和行动指南。三是以提高岗位业务和专业技能为重点，着力提高干部两个素质。采取自学和集中培训等举措展开大练兵活动。四是始终把党风廉政建设和反腐败工作列入党组议事日程。层层签订《党风廉政建设责任制》，切实履行一岗双责，落实“四项制度”，纳税人对国税机关服务满意率达99%。

国庆中秋慰问老干部茶话会

慰问挂钩扶贫点

参加爱国卫生运动

参演庆祝建国60周年歌咏晚会“祖国在我心中”

昌宁县国家税务局

2009年，昌宁县国家税务局按照“文化铸就灵魂、和谐凝聚人心、文明推动发展”的思路，丰富创新和提升拓展文明创建内容和内涵。2009年12月22日，被中共云南省委、省政府命名为第十二批“文明单位”。

一是加强领导，狠抓落实，努力创建文明单位。始终把文明创建作为“一把手”工程来抓，形成“领导亲自抓，主管部门具体抓，各部门齐抓共管”的文明创建工作机制。

二是依法治税，科学征管，组织收入成绩斐然。加大税源监控力度，夯实征管基础，强化征管质量考核，不断完善税收管理员制度和税收执法责任制，确保了国税收入的稳定增长。

三是以人为本，提高素质，切实加强队伍建设。加强班子建设，提高领导班子的执政能力；加强组织建设，发挥党员干部的先锋模范作用；加强政治业务学习培训，提高队伍整体素质。

四是奉献爱心，扶贫济困，热心支持社会公益事业。先后组织党员干部捐款2.76万元。

在昌宁县纪念改革开放30周年暨2009年春节联欢晚会上表演说唱快板《蓝天碧水催花艳》

“税收教育基地”在县职业技术学校挂牌成立

税收管理员向纳税人代表述职述廉

楚 雄 市 国 家 税 务 局

省局党组书记、局长李鸿文在办税服务厅检查指导工作

楚雄市国家税务局坚持一手抓税收工作发展不松劲，一手抓文明创建工作不放松，以创建促发展，抓行风带队伍，取得了物质文明和精神文明双丰收，2009年1月，被云南省国家税务局命名为第十四批“文明单位”，2009年12月，被省委、省政府表彰命名为第十二批“文明单位”。

楚雄市国家税务局围绕“带一流队伍、创一流业绩、树一流形象”的“三个一流”创建目标，狠抓文明创建工作的落实和创建档次的提升，创建工作结合一年一个工作主题，一年突显一批亮点，税收工作和组织收入逐年取得新突破；征纳关系和纳税服务质量逐年提升；税收职能作用和服务地方经济发展的观念逐年增进；系统干部职工求真务实、政令畅通、爱岗敬业、廉政自律、风清气正、和谐稳定；班子建设、队伍建设、廉政建设不断健康发展。

国税干部为群众写春联

工间操

给贫困户送粮

禄 丰 县 国 家 税 务 局

召开特邀监察员座谈会

县委检查组到禄丰县国税局检查工作

涉税咨询服务

扶贫帮困救助困难群众

禄丰县国家税务局以科学发展观为统领，以组织收入为中心，以信息化建设为主线，以征管改革为突破口，以文明建设为动力，以优化纳税服务为己任，各项税收工作取得了明显成效。依法治税方面，以内部执法监督机制为突破点，推行税收执法责任制和执法过错追究制，通过整顿和规范税收秩序打击涉税违法犯罪行为，初步形成了健全的内部执法监督机制。在纳税服务方面，实行“一窗通办”的基础上，开展排队叫号服务、推行网络申报、储蓄扣税服务，降低纳税成本，赢得了广大纳税人的好评。在软实力建设方面，通过开展学习实践科学发展观活动，开展和谐创建，参加楚雄州国税系统“创新、发展、和谐”演讲比赛荣获“团体二等奖”。2009年11月被楚雄州国家税务局表彰为第八批“文明单位”。2009年12月被省委、省政府表彰命名为十二批“文明单位”。

武定县国家税务局

武定县国家税务局以高起点、高质量和高标准为要求，开展一系列卓有成效的文明创建活动。

一是制定创建工作制度。对文明创建的制度进行修改完善，同时加大制度的执行力度，使制度在文明创建中发挥作用。二是明确创建责任。把文明创建工作层层分解落实到局领导、各个部门和每位职工，形成齐抓共管的创建工作新格局。三是积极开展优质服务，提升纳税人满意度。大力开展减轻纳税人负担工作，以纳税人需求为导向，帮助纳税人解决实际困难，向纳税人发放纳税服务联系卡，召开纳税服务座谈会等。四是多形式开展创建工作。与县武警中队开展警民共建活动；参加县委、县政府组织的各种公益活动。五是在全局干部职工中开展作风整顿，适应国税工作发展的要求。六是积极开展和谐国税建设。2009年再次被省委、省政府命名为第十二批“文明单位”。

全县文明示范窗口建设检查组人员在国税参观

老干部座谈会

国税干部参与创建卫生城市

演讲比赛

元谋县国家税务局

税收宣传

开展“六个为什么”宣讲活动

2009年，元谋县国家税务局再次被省委、省政府命名为第十二批“文明单位”。一是大力开展政风、行风和服务窗口“争先创优”活动，建立评优奖优制度，鼓励干部职工以饱满的热情、良好的服务、优质的办事效率来体现国税系统的良好形象。二是以工、青、妇组织为建设主体，以组织实施各种活动为载体，大力开展精神文明建设。三是在全局开展“弘扬家庭美德、树立良好家风”和“弘扬社会公德、展示文明形象”的“文明和谐家庭”评比活动，以“廉内助”、“好家风”、“好形象”和“好业绩”来作为衡量“文明和谐家庭”的评比条件。四是人文关怀，凝聚人心。春节前夕，走访、慰问退休干部，“八一”建军节组织召开退伍军人和现役军人家属座谈会，组织在职人员体检，党支部分别与元马镇红卫村党支部及江边乡大树村党总支开展结对联动，开展农村贫困老党员、贫困妇女、儿童走访慰问活动。

强化业务培训

专题讲座

南 华 县 国 家 税 务 局

2009年12月，南华县国家税务局被省委、省政府命名为十二批“文明单位”。在文明创建活动中，南华县国税局一是加强领导，狠抓文明创建。县局领导班子高度重视，统一思想，把文明创建活动列入工作总体规划和工作议事日程，领导亲自抓，负总责，分管领导具体抓，重落实。二是坚持以人为本，提升干部队伍素质。认真组织开展“讲政治、讲和谐、讲稳定”专题教育活动，深入开展“解放思想大讨论”、第二批“深入学习实践科学发展观”活动，干部职工思想进一步解放，增强了大局意识、集体意识和责任意识。三是依法治税，提高税收工作质量和效率。大力组织税收收入，年年超额完成州局下达的税收计划任务。四是丰富文明创建氛围。优化纳税服务，积极参与社会公益事业，通过扶贫济困献爱心、希望工程、“春蕾行动”和捐资助学等活动，力所能及地为人民群众办实事、办好事；开展健康向上、丰富多彩的文体活动，全力构建富有特色的国税文化环境。

彰显国税风采

敬老节座谈会

文体活动

扶贫帮困助生产

牟 定 县 国 家 税 务 局

务实创新的领导班子

捐资助学

第二届职工运动会

导税服务

2009年，牟定县国家税务局紧扣“创新发展年”工作主题，立足税收实际，坚持“三个文明”建设一起抓，以精神文明建设促进税收工作为着力点，把创建精神文明建设与深入学习实践科学发展观活动和各项税收工作紧密结合，实现了税收收入稳步增长，班子民主管理、民主决策更加科学，干部职工的团结力、凝聚力、创新力、落实力增强，政治、业务素质明显提高，思想文化建设和精神文明创建不断深化，文化品位、精神境界有了进一步提升，在地方各部门中树立起良好的国税形象。2009年1月牟定县国税局男子篮球队在全州国税系统第四届“国税杯”篮球运动会上取得了第4名的好成绩；2月党风廉政建设被县委、县政府表彰；3月牟定县国税局办税服务厅被县委、县政府授予“巾帼文明示范窗口”荣誉称号；4月党建工作被县委、县政府表彰为“先进单位”；12月被省委、省政府命名为第十二批“文明单位”。

姚安县国家税务局

团结和谐的领导班子

深入企业开展爱岗敬业教育

到灾区慰问特困户

抗震救灾捐款

2009年，姚安县国家税务局坚持“两手抓，两手都要硬”的方针，不断完善文明创建工作机制，依托载体、突出特色，结合工作实际开展多种形式的文明创建活动，不断提升文明创建水平，促进物质文明、政治文明、精神文明建设全面协调发展，实现了税收执法零差错、征收管理零上访、服务对象零投诉、违纪违法零数据、行政问责零纪录的目标。

在2009年楚雄州国税系统的目标管理考核中评定为一级局的第一名。被命名为楚雄州国税系统第八批“文明单位”，连续三届荣获楚雄州国税系统“文明单位”称号。在2009年姚安县社会评议机关作风活动中，以全县排名第二的佳绩受到县委、县政府的表彰，连续三年在社会评议机关作风活动中排名前三名而受到表彰和奖励，党组书记、局长靳强被授予全县“行风建设先进个人”称号。12月被省委、省政府命名为第十二批“文明单位”，已连续四届保持了省级“文明单位”荣誉称号。

双柏县国家税务局

2009年12月，双柏县国家税务局被省委、省政府命名为第十二批“文明单位”。一是加强国税文化园地建设，积极开展读书、绘画、摄影、书法、文艺、体育等活动，全年园地展出诗歌散文5个展板，1人论文获得国家税务总局表彰。二是进一步健全领导机构，把文明创建作为“一把手”工程，增强各个层面抓文明创建工作的自觉性。三是重视离退休职工身心健康和职工子女健康成长，老干部工作连续14年被县委评为“先进单位”。四是加强文明创建痕迹管理，做好创建资料档案的收集和规范整理，被省委、省政府，省局，州局命名为“文明单位”；被省妇女联合会、省国税局授予“巾帼文明岗”称号。五是加强社会治安综合治理工作，持续开展文明楼栋、五好家庭创建活动，几年来连续被评为“优秀平安单位”。

科学发展观座谈会

演讲比赛

看望退休干部

文明单位汇报会

马关县国家税务局

2009年12月，马关县国家税务局再次被省委、省政府命名为“文明单位”。

税收任务连年完成。坚持以组织收入为中心，紧紧抓住增收、堵漏、稽查三个环节不放松，认真落实分类管理、源头监控等各项组织收入措施，建立征、管、查互动机制，一手抓事前分析监控，一手抓事后专项整治，连年完成上级下达的税收收入任务。

纳税服务不断优化。采取举办培训、召开座谈会、送政策上门、开展纳税辅导等方式，切实加大税法宣传力度，公开服务承诺，为纳税人提供订单式个性化服务。

文明创建深入开展。组织开展各种群众性创建活动，积极参加地方党委政府举办的“纪念改革开放30周年歌咏比赛”、“建国60周年文艺汇演”等活动。在单位内部开展“文明股室”、“五好家庭”评选，引导干部职工远离黄、赌、毒，弘扬新风正气。

与农村党员交流致富之道

建国60周年文艺汇演

情系新农村建设

丰富多彩的文体活动

丘北县国家税务局

2009年12月，丘北县国家税务局被省委、省政府命名为“文明单位”。

抓学习，提素质。以全面提升干部队伍整体素质为核心，采取集中学与个人学、引导学与督促学、专题学与实践学相结合的方式，切实提升教育培训的针对性和实效性。

抓作风，带队伍。贯彻落实行政问责“四项制度”，从挂牌上岗、着装纪律等基础性工作入手，狠抓干部作风建设，树立良好国税形象。

抓活动，建和谐。拓宽文明创建载体，充分发挥党、团、工、青、妇等组织的作用，抓好国税文化建设。以职工之家为平台，设立文体活动室，购买健身器材，组建男子篮球队、书法摄影组和文艺组，大力开展健康向上的文体活动。定期开展“五好文明家庭”评选，成立“助学基金会”，关注干部职工子女学习成长，对家庭困难的给予资助，对成绩优异的给予奖励，切实为干部职工解决后顾之忧。

聆听老师解答难题

深入纳税户进行纳税辅导

组织业务知识竞赛

争做文明市民

广南县国家税务局

云南省国税局党组书记、局长李鸿文在文山州国税局党组书记、局长王天达的陪同下深入广南县国税局调研

2009年，广南县国家税务局分别被省委、省政府和省国家税务局命名为“文明单位”。

一、以“尊重人、理解人、关心人”为主导加强思想政治工作，做“得人心、暖人心、稳人心”工程，达到心顺、气顺、工作顺、事业顺。

二、开展“读一本好书”活动，以高尚的精神塑造人。教育干部职工崇尚“自信”，克服“自卑”；崇尚“勤奋”，克服“懒惰”；崇尚“感恩”，克服“自私”；崇尚“忠诚”，克服“消极”，履行好工作职责。

三、实行“一窗式”管理和“一站式”服务，集中办理涉税业务，提高办税厅综合服务功能，实现纳税服务质量和环境双提升。

四、制定完善党风廉政建设考核办法，坚持按季严格考核检查并兑现奖惩，确保党风廉政建设责任制考核工作落到实处。

五、组织开展篮球、拔河、跳绳、知识竞答、演讲比赛和文艺晚会等形式多样、内容新颖、振奋精神的文体活动。

女税干参加长跑比赛

团支部青年税干在元旦文艺晚会上表演《心动火把节》

壮族三月三花街节，税干深入旅游景区“世外桃源”开展税收宣传活动

富宁县国家税务局

2009年12月，富宁县国家税务局被省委、省政府命名为“文明单位”。

加强组织领导，扎实开展精神文明创建。制定《创建文明行业实施方案》，建立健全一把手负总责、分管领导具体抓、股室分局合力抓的工作机制。

创建文明行业动员会

开展足球友谊赛

以人为本、狠抓干部队伍素质。本着“缺什么补什么”的原则，坚持“月月学习，季季考试”，以考促学，不断提高干部的综合素质。

狠抓行风建设，树立良好国税形象。坚持“两手抓，两手都要硬”的方针，加强“两权”监督，召开特邀监察员座谈会，与纳税人签订《廉政公约》，拓宽监督面。

强化综治管理，构建平安和谐国税。开展“平安国税”、“和谐国税”创建活动，加强法制宣传教育，杜绝“黄、赌、毒”等丑恶现象发生。

加强硬件设施建设，优化办公生活环境。设立“税干之家”，开办职工食堂，丰富和活跃干部职工的业余文化生活。

税法宣传

文明创建工作汇报会

普洱市国家税务局

迎新春职工运动会

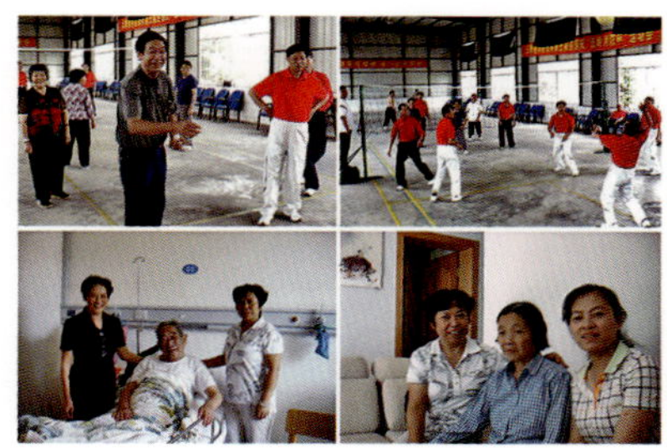
关心老干部

普洱市国家税务局精神文明建设逐年跃上新台阶，先后被普洱市委、市政府授予“文明行业”、“精神文明建设工作先进单位”。2009年，再次被省委、省政府命名为“文明单位”。一是把文明创建工作纳入国税工作总体规划，纳入目标管理责任制，成立组织领导机构，为文明创建设工作提供了强有力的组织保证。二是转变纳税服务理念，把优化纳税服务作为服务经济发展的重要任务来抓，为纳税人提供公开、公平、公正的纳税环境。三是积极推进思想政治工作，加大干部教育培训力度，大力弘扬核心价值理念，不断提升干部队伍的综合素质，不断提升依法治税和依法行政能力。四是积极支持地方党委、政府中心工作，开展文明单位与文明村结对共建活动和“手拉手”共建新农村活动。五是以国税文化建设为抓手，广泛开展国税宗旨教育。

祖国在我心中庆“六一”活动

手拉手建设新农村

思茅区国家税务局

2009年，思茅区国家税务局深入贯彻落实科学发展观，各项文明创建工作进一步向纵深发展，精神文明创建活动取得丰硕成果。通过实施绩效考核，严格过错追究，实现了制度、岗位、人员的有机结合，逐步建立起了一支执法严明、文明守纪的干部队伍。不断优化窗口服务，构建和谐的征纳关系。广大妇女干部积极投身“巾帼建功”活动，思茅区国税局计划征收科被省国家税务局、省妇女联合会授予省级“巾帼文明岗”荣誉称号，1名女同志被市妇联授予普洱市“巾帼建功”标兵荣誉称号。积极推动和提升干部职工的精神素养和健康情趣，组织创作摄影、书画作品，丰富业余生活。积极参与社会公益、扶贫、捐赠活动。配合区委城乡“互联共建”心连心、手拉手活动。2009年，被省委、省政府命名为“文明单位”，被普洱市委、市政府命名为“文明单位”。

区局党总支书记、局长明一龙到扶贫点龙潭乡黄草坝村为村党员讲授党课共庆建党88周年

与思茅财校共同开展税收社会实践活动，图为计征科科长王家林向同学们介绍大厅岗位职能

市、区局联合召开税收宣传月纳税人座谈会

组织单位儿童到普洱市儿童福利院开展“六一”儿童节活动

景东彝族自治县国家税务局

安排部署2009年国税工作

深入重点企业调查税源情况

为扶贫村戈瓦小学学生赠送学习用品

税法宣传员上街宣传税法

2009年，景东县国家税务局再次被省委、省政府命名为“文明单位”。

一、领导班子重视，把创建和巩固活动贯穿于各项工作中。把创建、巩固活动与社会公德、遵纪守法教育相结合，与纠正行业不正之风教育相结合，与树立国税形象教育相结合，与爱岗敬业、努力工作教育相结合，与时事教育相结合。

二、充分调动广大干部职工参与文明单位建设的积极性和主动性。结合“五好文明家庭”、“安全文明小区”、社会治安综合治理和公民道德建设纲要教育活动，实现机关的民主管理。

三、加强遵纪守法教育，积极构建依法诚信纳税，共建小康社会的良好纳税环境。增强干部职工的法律素养和法治观念，做到依法决策、依法行政、依法管理。采取多种形式大力加强税收法律、政策的宣传力度，全面提高纳税人的依法纳税意识。

四、不断提高干部队伍的综合业务素质，提升纳税服务水平，促进服务质量的提高和征纳关系的和谐。

宁洱哈尼族彝族自治县国家税务局

深入学习实践科学发展观活动思想动员大会

宁洱县国家税务局文明创建工作指导思想明确，创建工作机制健全。领导班子坚强有力，勇于创新、团结奋进，思想道德建设深入，巩固和发展党的先进性教育活动成果。以提高执法水平、税收管理水平和岗位业务技能为重点，抓好对干部职工的培训。始终坚持组织收入原则，强化组织收入考核措施。作风优良，坚持建立健全和落实各项规章制度，努力提高科学化、精细化管理水平。征管机制健全，工作流程规范，税收执法规范，坚持结合行业特点，积极开展丰富多彩的文体活动，陶冶情操，鼓舞干劲。加强基础设施建设，不断改善工作生活条件。坚持开展税收宣传活动，向社会宣传国家税收政策。关心社会公益事业，积极开展军民共建活动，实行党员挂钩扶贫制度。

2009年，宁洱县国家税务局被省国家税务局命名为“文明单位”，被省委、省政府命名为“文明单位”。

参加无偿献血活动

友谊第一，比赛第二

新春职工文体活动

参加全县民族健身操比赛

墨江哈尼族自治县国家税务局

普洱市国家税务局局长苏大荣在墨江县局领导的陪同下，深入云南滇能水电开发有限公司泗南江电站调研

召开学习实践科学发展观活动动员大会，邀请县委有关领导作报告

县委、政府、人大、政协四班子领导检查指导工作，查看荣誉室建设情况

2009年职工元旦运动会开幕式

2009年，墨江县国家税务局被省委、省政府命名为“文明单位”。

抓收入。坚持“依法治税、应收尽收、坚决不收过头税、坚决防止和制止越权减免税”的组织收入原则，2009年，税收收入首次突破亿元大关。

提素质。加强领导班子和干部队伍建设，建立文明创建和学习教育培训工作机制，制定目标任务、学习制度、培训计划和考核奖惩办法。

强管理。以创建文明活动为动力，不断完善征管体制、夯实征管基础、强化各税种管理、推进信息化建设，税源管理得到创新发展；强化内部管理，建立健全机关工作制度，加强基础设施建设。

优服务。纳税服务努力做到“三个满意”，即：上级和地方领导满意，社会和纳税人满意，税务干部职工满意。

江城哈尼族彝族自治县国家税务局

深入学习十七届四中全会精神

召开交心谈心座谈会，与干部职工交流沟通促进工作

在文明创建工作中，江城县国家税务局通过加强政治理论学习，提高班子成员的政治素质和执政能力，增强班子的凝聚力和战斗力；注重干部职工思想道德教育，提高服务意识，保证干部队伍的思想纯洁和业务素质的不断提高；坚持“纪检教育日”制度、开展学习党章、遵守党章、贯彻党章、维护党章和警示教育等活动，增强干部职工拒腐防变能力；建立健全各项规章制度，用制度管人和事，规范管理行为，积极开展丰富多彩的文体活动，开展“国税发展15周年征文”、“科学发展、创新发展人人上台演讲”活动，召开以“迎国庆、促和谐、保任务”为主题的交心谈心座谈会等。2009年被省委、省政府命名为“文明单位”。

组织本单位未成年子女开展“文明小市民”专题教育

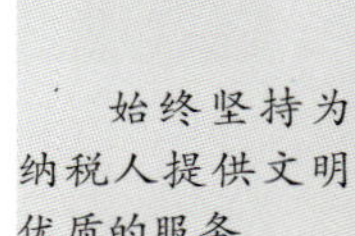

始终坚持为纳税人提供文明优质的服务

民族歌咏比赛展国税风采

孟连傣族拉祜族佤族自治县国家税务局

市局苏大荣局长和全局干部职工面对面座谈交流，沟通思想化解矛盾

孟连县四班子领导新年前夕看望慰问国税干部

省级文明单位考核组深入孟连国税开展考核验收工作

孟连国税以主办全民健身登山活动为契机，拉开第18个税收宣传月活动启动仪式

孟连县国税局坚持“以组织收入为中心，以干部教育为重点，以开展文明单位创建为切入点，以丰富多彩的国税文化建设为主要内容”的精神文明建设思路，努力加强软硬件建设，进一步提高干部队伍整体素质，树立良好国税形象，精神文明建设不断拓展领域、充实内容、改进方式、提高水平，把思想作风、税收任务、廉政建设、组织纪律、国税文化建设等方面纳入文明创建这一载体，积极开展文明单位、文明行业、文明窗口、先进税务工作者等争先创优活动，创建活动有声有色，持之以恒，取得了可喜成绩。2007年被省局命名为“文明单位”， 2009年，被省委、省政府命名为“文明单位”，精神文明建设跃上一个更高的台阶。

以联谊促交流，促发展，主办“边三县”联谊晚会

西盟佤族自治县国家税务局

第18个税收宣传月活动现场

看望慰问挂钩扶贫点勐卡镇西盟村困难老党员

2009年，西盟县国家税务局被省委、省政府命名为“文明单位”。主要做法：一是组织领导坚强有力。做到认识到位、组织到位、措施到位。二是加强思想政治教育，抓典型树榜样，塑造爱岗敬业、诚实守信、办事公道、服务群众、奉献社会的良好风尚。三是采取多种培训方式，提高干部的业务素质。加强党支部战斗堡垒作用，打造干事创业的排头兵。四是加强自身行业建设，以信息化手段为支撑，推进依法治税，深化税收征管改革，注重管理制度和管理方法创新，认真落实各项税收政策，支持地方经济社会发展。五是加强行风建设，努力做到“三个满意”，即：上级和地方领导满意，社会和纳税人满意，税务干部职工满意。六是丰富国税文化建设内涵，充分发挥党、团、工、青、妇作用，积极开展形式多样、内容新颖、振奋精神、健康向上的活动。七是做好扶贫济困慰问工作，培养爱国、爱家、爱社会，无私奉献的良好情操。

重温入党誓词

纳税服务厅办税忙

开展丰富多彩的娱乐活动

西双版纳傣族自治州国家税务局

干部职工参加西双版纳州建国60周年文艺汇演

创建全省“文明行业”宣传动员大会

西双版纳傣族自治州国家税务局努力践行科学发展观，求真务实，忠实履行税收职能，坚持“聚财为国，执法为民”和服务地方经济的宗旨，各项工作不断取得新成绩。一是突出抓好组织收入工作。加强重点税源的调查、分析，不断完善重点税源监控网络，建立健全重点税源数据库及分析体系，认真实施税源精细化管理工作。连续三年完成省局奋斗目标。二是突出抓好文明创建工作。完善精神文明考核、奖惩机制，开创独具特色的税务文化文活动，文明创建进军营、进学校、进村寨，结对帮贫、结对帮困。三是突出抓好办税服务厅人员的业务技能提升和办税服务厅服务规范工作。四是突出抓好干部队伍工作。教育培训与实践相结合，大力提升队伍素质。进一步加强廉政建设，构建以监督为重点，教育、制度、监督并重的惩治和预防腐败体系。通过不懈努力，2009年被省委、省政府命名为“文明单位”。

勐腊县国税局税法宣传小组与部队官兵座谈

赵明局长走进政风行风热线直播间

勐海县国家税务局

2009年12月，勐海县国家税务局被省委、省政府命名为“文明单位”。

一、在创建机制上下功夫，制定和完善创建精神文明管理办法。把文明单位创建活动列入工作总体规划和工作议事日程，形成一级抓一级、层层抓落实的文明创建机制。

二、以“创文明岗位，树国税形象”为主题，以“奉献税收，服务社会”为宗旨，积极开展创建活动。采取多种便民措施，及时、高效地为纳税人服务。

三、以人为本，加强干部队伍建设。加强理论学习，提高干部职工政治素质；加强基层组织建设，发挥党员干部先锋模范作用；加强道德教育，提高国税队伍的思想素质；加强业务培训，提高税务人员的业务素质。

四、依法治税，强化税收征管，连年超额完成税收任务。创新征管模式，实施税收精细化管理，完善税收管理员制度。加大税源监控力度，强化征管质量监督考核。认真执行税收执法责任制和过错责任追究制。

局领导向少数民族群众宣传税收政策

向希望小学捐赠图书

税收宣传进军营

开展丰富多彩的联欢晚会

勐腊县国家税务局

税务干部向官兵宣讲税收政策

欢送退伍老兵

2009年，勐腊县国家税务局被省委、省政府命名为第十二批省级“文明单位”。

一是组织领导有力，创建工作扎实。领导班子高度重视，坚持精神文明理论学习，建立党组中心组学习制度与考核制度。二是深入开展思想教育，树立良好的道德风尚。三是对干部职工进行专业技能培训及科学文化知识更新，进一步提高干部综合素质。四是加强民主管理，决策程序规范，严格遵纪守法。五是实现内外环境优美，环保工作达标，建立健全环保制度，确保措施落实有力。六是业务水平领先，工作实绩显著。正确把握好依法治税与促进经济发展的关系，实现“应收尽收”的税收征管目标。七是进一步优化办税流程，简化办税程序，为纳税人提供更加优质高效的纳税服务。八是开展生动活泼、丰富多彩的国税文化活动，开展健康向上的体育活动，形成和谐、融洽、健康向上的和谐的国税环境。

局领导带队到驻军共建单位开展军训

与部队开展篮球比赛

弥渡县国家税务局

弥渡县国家税务局坚持“两手抓，两手都要硬”的方针，在做好各项税收工作的同时，狠抓精神文明建设，制定了《党建和精神文明建设责任制》，按照·“围绕中心，注重实效；分级负责，各司其职；体现特色，重在建设”的原则，成立创建领导小组，以建设社会主义核心价值体系为主线，不断丰富精神文明创建的内容和形式，建立健全了创建文明单位的长效机制，明确创建工作计划、总体目标、建设内容和要求，将创建工作纳入单位管理考核体系，建立了党政工团齐抓共管的工作机制，坚持做到工作有宣传、有计划、有措施、有落实、有检查，使文明单位创建工作具有旺盛的生命力和持久力，精神文明建设焕发出新的活力，取得了新的进步。在2003～2009年连续三届被省委、省政府命名为“文明单位”的基础上，2009年1月被中央文明委表彰为“全国精神文明建设工作先进单位”。

州文明办主任王竞元（中）和州国税局副局长杨德斌、县委宣传部部长谭利强（右）到县局考评

文明创建宣誓

社会各界人士及纳税人座谈会

开展未成年人教育

大理白族自治州国家税务局

大理基层国税干部积极献爱心

2009年4月1日，大理国、地税联合开展税收宣传万人签名活动

2009年12月，大理白族自治州国家税务局被省委、省政府命名为“文明单位”称号。

以群众性文明创建为基础，在积极创建系统内文明单位的同时，大力参与地方政府开展的创建活动，注重条块结合，丰富创建内容，着力在内容、形式、方法、管理等方面进行有效改进和创新。

以国税文化建设为载体，营造良好的文明创建氛围。深入推进国税文化建设，不断丰富“责任·关爱·和谐”为主题的大理国税文化建设内容，积极开展健康有益的文体活动，引导广大干部职工培养健康的生活情趣，营造和谐发展的宽松环境。

以机关为表率，带动基层国税部门文明创建。2009年，全州国税系统荣获“创建全国精神文明建设工作先进单位”1个，省委、省政府“文明单位”9个，省妇联、省局“巾帼文明岗”2个，省局“文明单位”3个，州委、州政府“文明行业”1个，州委、州政府“文明单位”11个。

歌颂祖国、展示国税风采

财税篮球友谊赛

鹤庆县国家税务局

鹤庆县国家税务局在文明创建活动中，结合实际，与时俱进，不断深化创建认识，完善创建方法，丰富创建内容，强化长效管理。全局始终坚持“贵在经常，重在建设，强化领导，整体推进”的指导思想，广泛开展“解放思想大讨论活动”，认真贯彻落实《公民道德建设实施纲要》，经常开展社会公德、职业道德、家庭美德教育活动，认真抓好荣辱观教育和诚信教育，积极开展国税文化建设。把文明创建与税收业务工作同步部署、同步要求、同步检查，一级抓一级，责任到人，形成了一把手亲自抓，分管领导具体抓，人教重点抓，机关各股室和工、青、妇等群团组织配合的“四抓”工作机制。同时通过加强班子自身建设，使班子成员在文明创建工作中以身作则、率先垂范、身体力行、做出表率，有力推动了全局文明创建工作的深入开展。2009年12月22日被省委、省政府命名为“文明单位”。

2009年1月8日，省局党组成员总经济师朵志红慰问鹤庆县国税局

局领导到企业调研

参加文艺晚会

鹤庆县国税、地税联合开展第18个税收宣传月活动

洱源县国家税务局

洱源县国家税务局紧紧围绕五个方面推进精神文明建设：一是把文明创建工作列入局党组重要议事日程，定期研究。不断完善和健全各项制度，不断增强文明创建强大的战斗力。二是牢牢抓住组织收入中心工作，加强税源管理，夯实征管基础，规范运行机制，强化税收分析和纳税评估，不断激活文明创建的生命力。三是加强领导班子思想作风建设，加大反腐倡廉教育力度，不断提升领导班子战斗力。四是以人为本，发挥思想政治工作的威力，将可能出现的矛盾化解到萌芽状态。近年来未发生重大刑事、民事案件，营造了良好平安和谐的环境，不断增强文明创建的凝聚力。五是把环境文化作为税收文化的组成部分，扎扎实实抓好环境建设。不断升级完善办税服务厅软硬件设置，绿化美化居住办公环境；制作悬挂文化理念宣传展板，营造文明氛围，经常开展文娱体育活动，活跃文化生活，提升文明创建品位，激增文明创建扩张力。

省、州、县三级局领导共同研究大厅改造事宜

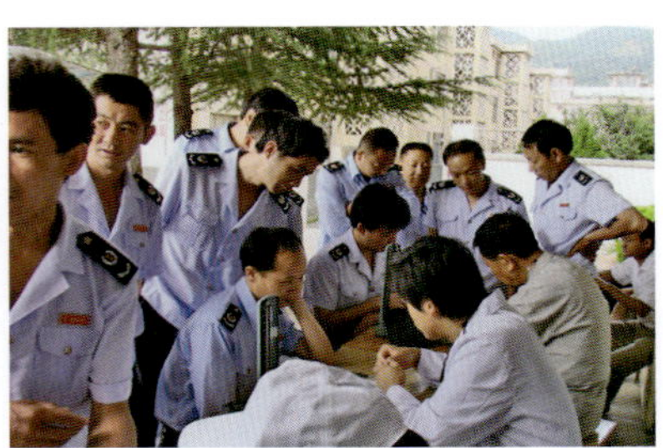
献血爱心报名

税企沟通

自己美化办公区花园

宾川县国家税务局

深入扶贫挂钩点看望慰问群众

参加鸡足山镇社会主义新农村建设文艺汇演

宾川县国家税务局深入贯彻落实省国税局提出的“把握四个坚持，构建一个体系”的目标，即：坚持聚财为国、执法为民，加强国税物质文化建设；坚持依法治税、科学管理，加强国税文化建设；坚持诚信公正、廉洁勤政，加强国税行为文化建设；坚持安定和谐、优良秩序、优美环境，加强国税文化建设。构建一个“以国为根、以税为业、以人为本、以学为乐、以绩为真、以廉为荣”为核心理念的特色鲜明的国税文化体系。

一是成立了以党组书记、局长为组长的精神文明建设领导小组；二是把精神文明建设列入党组的重要议事日程；三是县局党组每年工作安排中均有精神文明建设的内容和要求；四是党组理论中心学习组学习中有精神文明建设的安排；五是明确了精神文明创建的具体目标和任务；六是优先保障精神文明创建经费的投入。形成了一级抓一级，一级对一级负责，齐抓共管、上下互动的良好创建机制。

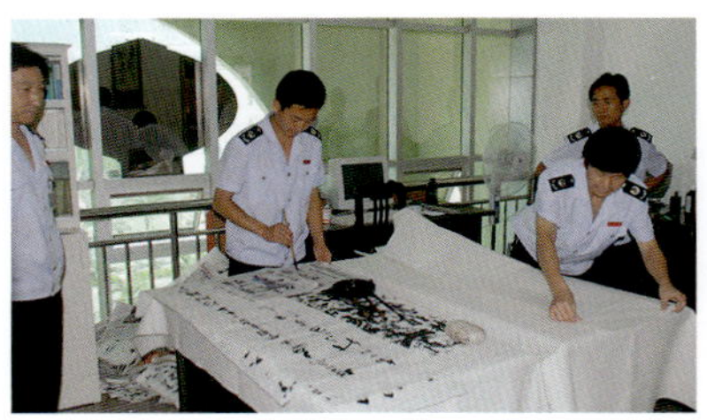
开展书法创作活动

迎奥运环城跑

祥云县国家税务局

共商扶贫大计

责任·关爱·和谐

祥云县国家税务局以精神文明创建、国税文化建设、党建工作为动力，紧紧围绕组织收入这个中心，以依法治税、实现精细化管理是税务系统文明建设的核心内容；职业道德是文明建设的主要规范；文明收税是文明建设的直接表现；组织收入是文明建设的根本目的和深化改革是文明建设的发展源泉，来稳步推进全局精神文明建设。积极参加社会公益活动，近3年捐款8.26万元，文明建设取得了累累硕果，先后被命名为“文明单位”、“先进领导班子”、“巾帼文明岗”、“最佳办税服务厅”、“先进党支部”、“先进职工之家”、“党风廉政建设先进单位”、“纳税评估先进单位”、“献血先进集体”，在社会上树立了良好的国税形象。

岗位大练兵

高唱爱国歌曲

南涧彝族自治县国家税务局

省国税局副局长蔡杰到小湾发电厂开展税源调研

省、州文明单位创建考评组到县国税局检查指导工作

南涧县国家税务局按照省、州国税局关于规范窗口行业行风建设，积极主动向纳税人提供诚信纳税服务的有关要求，广泛开展征收优质服务，税收服务质量、服务水平得到了明显提高。在纳税服务过程中，做到服务受理“零推诿”、服务效率“零积压”、服务质量“零差错”、服务态度“零投诉”。在办税服务厅推行包括服务项目、服务内容、服务时限在内的“十项服务承诺”，实行对纳税户的善意“电话提醒”服务，使征收服务赢得了纳税人和社会各界的好评。2009年12月，被省委、省政府命名为“文明单位”。

积极参与绿色走廊建设活动

省国税局“巾帼文明岗”检查验收组对南涧县国税局创建“巾帼文明岗”进行考核检查

巍山彝族回族自治县国家税务局

2009年，巍山县国家税务局在开拓创新中发展，精神文明建设取得长足进步，为国家建设和巍山经济持续、稳定发展作出了积极的贡献。共组织税收收入6582万元，圆满完成州、县下达的收入任务，在全州目标管理考核中取得第三名的好成绩。县局始终贯彻“两手抓，两手都要硬”的方针，努力打造拒腐防变的思想道德防线，行风教育不断加强，干部队伍建设全面加强，得到了社会各界的广泛好评，在县委行风评议中荣获执法部门第一名。文明创建工作始终坚持把加强办税服务厅建设作为文明创建的突破口，不断优化纳税服务，积极为纳税人提供优质、高效、便捷的服务；同时，广泛开展各种积极健康向上的文体活动，并竭力参与扶贫挂钩、捐资助学、助残等活动。基础设施建设卓有成效，对办公楼进行装修改造，办公楼功能更加齐全，办公环境大为改善，为国税事业的跨越式发展奠定了坚实的物质基础。

与县武警中队开展警民共建活动

深入企业调研

深入少数民族地区开展税收宣传

开展丰富多彩的文体活动

漾濞彝族自治县国家税务局

局领导带队深入徐村电站调研

2009年，漾濞县国家税务局再一次被省委、省政府命名为“文明单位”。

抓组织领导，营造创建氛围。以促进人的全面发展和国税事业的协调发展为出发点，以建一流班子、带一流队伍、创一流业绩为目标，加强领导、科学规划、狠抓落实。

抓队伍建设，打牢创建基础。切实强化班子建设，充分发挥“带教”作用。切实强化思想教育，增强责任意识；关心干部职工，制定职工子女升学奖励政策。切实强化基层党建工作和廉政建设工作。

抓形象建设，彰显服务形象。进一步建立健全纳税服务考核机制，积极开展“服务之星”评选活动，营造创先争优良好氛围。认真抓好行风建设，2007年，名列全县35个被评议部门第一，2008年免于评议。

抓载体建设，提升创建绩效。加强基础建设。深入开展“平安单位”创建工作。加强国税文化建设，组织创作反映国税行业特点和国税人生活情趣的歌曲，开展丰富多彩的文体活动，增强团队意识。加强社会公益事业，广泛开展扶贫济困活动。

与漾濞一中联合开展税法宣传

表彰纳税十强企业

德宏傣族景颇族自治州国家税务局

州局党组书记、局长杨家正与党组班子成员签订《党风廉政建设责任书》

深入开展税收宣传

丰富业余生活 弘扬国税文化

德宏州国家税务局始终坚持巩固和发展文明创建成果，全力抓好了系统内外文明单位的创建、巩固、提高等日常管理工作，每年都紧密结合边疆国税的工作实际和创建单位的实际，制订了文明创建规划，收集整理文明创建文档资料，按照精神文明建设的新思路和省局以及州文明委的安排，加大了全系统的文明创建工作力度，特别是2009年全系统文明创建取得了前所未有的显著成效：州局机关、梁河县局、陇川县局、盈江县局和瑞丽市局5个单位通过各级文明办考核验收，并在《云南日报》进行了公示，同时被省委、省政府命名为省级“文明单位”；州局机关、盈江县局、瑞丽市局、陇川县局和畹町局被州委、州政府授予2008～2010年度“文明单位”荣誉称号。

国税干部与挂钩扶贫点护村队开展丰富多彩的文体活动

瑞丽市国家税务局

瑞丽市国家税务局紧紧围绕“创新发展年”工作主题，以丰富多彩的国税文化活动为载体，深入开展精神文明创建活动，不断加强领导班子、队伍建设和党风廉政工作建设，扎实推进税收征管工作；不断加强素质教育，全面提升文明服务质量和执法水平，全面落实组织收入各项工作目标；圆满完成机构改革工作任务，带领全局干部职工较好地完成了各项税收工作任务。创建工作取得显著成效：被国家体育总局授予全国“全民健身工作先进单位”荣誉称号；被省委、省政府命名为“文明单位”；被省国税局命名为“文明单位”；被省妇女联合会、省国税局授予“巾帼文明岗”称号。李洁被省国税局评为2009年度全省国税系统“精神文明建设先进工作者”、姚志妧创作的《齐心协力》摄影作品被省国税局评为“全省国税系统建国60周年书画摄影展优秀奖”、雷春林被市总工会授予“关心支部工会工作先进个人”称号。

税法宣传进校园

召开党风廉政建设工作会议

元旦全局干部职工慢跑活动

开展业务培训

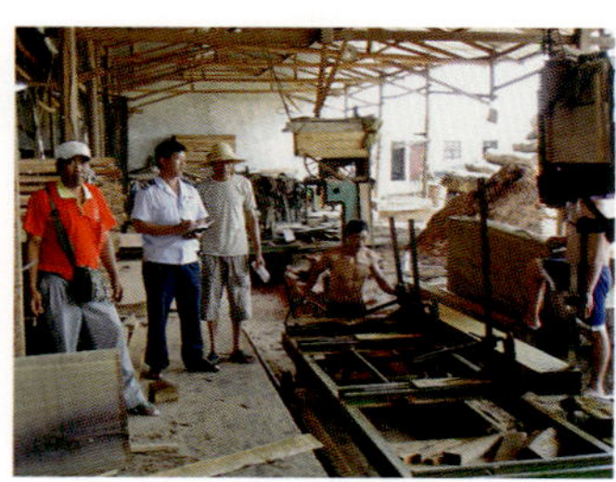

进工厂开展税源调查

陇川县国家税务局

陇川县国家税务局坚持以开展精神文明创建活动为载体，坚持“两手抓，两手都要硬”的方针，采取积极有效的措施，继续广泛进行爱国主义、社会主义、集体主义和爱岗敬业、廉政勤政等方面的教育，不断改进和优化纳税服务，2009年被省委、省政府表彰为“文明单位”。

一是认真开展思想政治教育工作，进一步提高干部职工对开展文明创建活动重要性的认识，增强税务干部艰苦朴素、大公无私、一心为民的奉献意识，营造遵纪守法、爱岗敬业、勤政廉政、严格执法、公正公平的工作态度。

二是认真抓好文明单位的自查自检工作和省级文明单位的申报工作，2009年3月获得州级“文明单位”荣誉称号后，积极申报省级文明单位、州级巾帼文明岗，于4月份顺利通过省州文明办的考核验收，并于2009年12月被省委、省政府表彰为“文明单位”。

与挂钩点党支部共同庆祝党的生日

积极参加全民健身活动

深入企业开展税法宣传

参加城区社会治安和环境卫生大整治活动

梁河县国家税务局

梁河县国家税务局坚持“两手抓，两手都要硬”的工作方针，广泛开展精神文明创建活动，在文明建设中取得了可喜成绩。2009年，连续第四届被省委、省政府表彰为“文明单位”。

一是加强党风廉政建设。坚持领导干部个人重大事项报告、民主生活会、述职述廉和领导干部廉洁自律责任制等制度的贯彻落实，强化监督考核，严格责任追究，促进领导干部勤政廉政。

二是行业文化建设有特色。切实加强未成年人的教育和管理，成立了关心下一代工作领导小组，每年召开一次关心下一代工作座谈会；坚持以人为本，认真落实卫生防疫制度，每年都组织干部职工进行体检；积极开展丰富多彩的文体活动，加强国税文化建设；扶贫助困，奉献爱心，近年来扶贫济困支出达18万余元。

三是税收收入呈跨越式发展。2009年共组织税收收入6374.7万元，同比增收1130.7万元，增长21.56％。

深入开展学习实践科学发展观活动

积极开展新中国成立60周年纪念活动

关心下一代

积极参与平安创建签名活动

盈江县国家税务局

2009年，盈江县国家税务局积极倡导“在执法中服务、在服务中执法”的理念，将文明服务贯穿于整个税收工作的始终，不断拓展服务领域，创新服务方式，完善服务手段，提高服务质量，努力打造服务型的国税机关，为纳税人创造优质的纳税环境。逐步完善和规范办税服务厅的窗口设置、岗位设置和功能设置，建立服务规范的纳税环境；实行“阳光办税”、文明办税“八公开”、“微笑服务”，公开各项办税规程和服务规范，增强了透明度；以制度建设和监督机制为保障，严格执行“四项制度”，公开投诉电话，设置意见簿和举报箱，让纳税人监督办税服务，为纳税人提供高质、高效的服务。不断丰富精神文明创建的内容和优质服务内涵，激发了精神文明建设的生机与活力，形成了“比、学、赶、帮、超”的良好氛围。经过多年的不懈努力，精神文明创建成绩斐然。2009年12月被省委、省政府表彰为“文明单位”。

局领导班子深入重点税源企业进行调研

税收宣传深入人心

精神文明建设喜获丰收

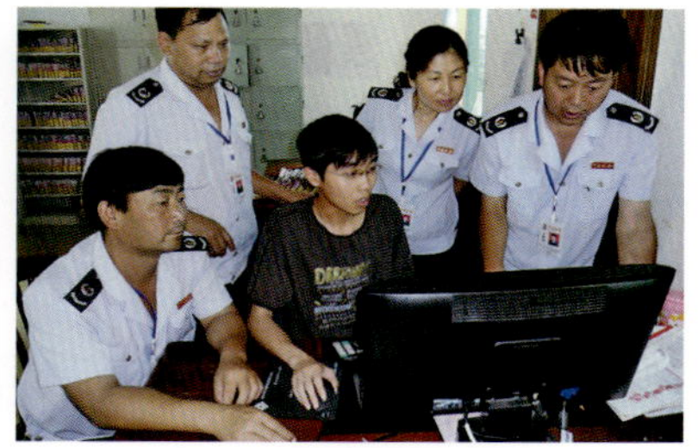

对企业财务人员进行纳税辅导

丽江市国家税务局

伍正良局长到挂钩联系点进行扶贫帮困工作调研

2009年，丽江市国家税务局再次被省委、省政府命名为“文明单位”。全市国税系统实现省级文明单位“满堂红”。

在文明创建中，丽江市国税局突出“五个狠抓”、“三个结合”。“五个狠抓”：一是狠抓思想，靠创建提升干部职工精神境界；二是狠抓文化，使创建更有品位；三是狠抓学习，使创建赋予新内涵；四是狠抓管理，使工作机制更具活力；五是狠抓环境，使创建凭添新实力。“三个结合”：一是创建工作与税收业务相结合，促进税收工作科学发展，使创建工作体现实效性；二是创建工作与党建工作相结合，使党建再上新水平，使创建工作体现先进性；三是创建工作与完成上级下达任务相结合，使创建工作体现时代性。

文明创建经验：一是领导班子高度重视是搞好精神文明建设的重要前提；二是紧密结合业务工作是搞好精神文明建设的必由之路；三是建立健全各项制度是搞好精神文明建设的坚实基础；四是选准用好有效载体是搞好精神文明建设的动力源泉；五是提高工作人员素质是搞好精神文明建设的基本保证。

国税干部深入纳税户开展纳税辅导和税源调查

健康向上的局机关工会活动

干部职工自编自演的文艺节目

古城区国家税务局

开展党内互助“八个一”活动

组织业务学习

古城区国家税务局坚持科学发展观，以“聚财为国，执法为民”为灵魂，以文明创建为总抓手，以“文明、平安、卫生”为创建主题，诠释文明主旨，紧扣公正执法、优化服务的行业宗旨，强化依法治税、诚信纳税的崭新理念，严格职责明确、标准统一的服务规范，擦亮功能齐全、优质高效的服务窗口，树立立足发展、热情服务的良好形象，实现了物质文明、政治文明、精神文明的协调发展。

在上级局的正确领导下，古城区国税局全体干部职工正以其勤劳、智慧、忠诚和汗水谱写着一曲曲税苑华章，全局呈现出求实、创新、团结、务实、奉献、高效的局面，人人做到一言一行讲文明、一举一动守纪律、一点一滴讲税收、一分一秒讲奉献、一心一意做服务的新气象，“求真务实、开拓进取、打造一流团队”是古城区国税局全体干部职工对税收事业执着追求的真实写照。古城国税人正以崭新的姿态站在时代的潮头，朝着更高的目标迈进。

开展爱国主义教育

职工拔河比赛

玉龙纳西族自治县国家税务局

2009年12月，玉龙县国家税务局被省委、省政府命名为“文明单位”。

领导班子和干部职工立足岗位、尽职尽责，敬业奉献、争创业绩，提高落实力和执行力是精神文明建设工作的关键所在。在创建过程中，玉龙县国税局坚持以科学发展观为指导，紧紧围绕组织税收收入和队伍建设这一中心工作，提升领导班子科学带队能力，加强干部队伍建设；正确贯彻执行国家税收法律法规政策，强化税收科学化、精细化、专业化管理；狠抓组织税收收入工作，强化税源分析预测，落实组织收入措施，确保国家税收应收尽收；加快推进税收信息化应用步伐，拓展税收综合征管软件的应用领域，提高信息管税的能力和水平；加强国税文化建设，丰富干部文化生活，陶冶干部情操；加强党风廉政建设和反腐败工作，从源头上预防腐败现象的发生；加强党的建设工作，努力发挥党组织的战斗堡垒作用和党员的模范带头作用；加强国税软硬件设施建设，营造优美舒心的工作环境。

认真开展党内互助“八个一”活动，党员干部捐款购买大米、棉被等生活用品，送到挂钩农村困难党员手中

参加全市国税系统文艺汇演获得“最佳创新奖”

干部职工参加全市国税系统业务培训考试

中层以上干部到玉龙得一食品公司开展“科学发展在玉龙”主题实践活动

永胜县国家税务局

邀请县纪委、监察部门、组织部门参加县局党组民主生活会

行风建设——召开座谈会向社会各界征求意见、建议

永胜县国家税务局坚持以思想教育为重点，以服务发展为目的，牢牢把握群众性创建这个重要环节，不断深化精神文明创建工作。2009年被云南省国家税务局命名为“文明单位”，届满重新申报后再次被省委、省政府命名为“文明单位”。

一是领导高度重视，认识到位，把精神文明创建活动贯穿于税收工作的始终。把创建工作作为“一把手”工程列为重要议程，建立健全精神文明建设领导体制和工作机制。二是创建思路清晰，方案得当，工作扎实，群众的创建积极性和创建能力充分发挥。三是牢牢抓住“人”这一要素，坚持以人为本，推进“人才兴税”战略，通过干部素质的提高来促进精神文明建设。四是以“文明服务”为载体，不断完善工作制度和工作流程，全面推行首问责任制、服务承诺制、限时办结制、责任追究制等服务措施，使各项服务规范落实到人、落实到岗位。

花园式单位

县局职工文艺队排练

华坪县国家税务局

华坪县国家税务局将精神文明与物质文明、政治文明有机结合、协调发展，并注重文明创建的广泛性、群众性，积极组织动员广大干部职工自觉参与到文明创建活动中，不断加强职工思想道德建设和行风建设，大力宣传和学习先进典型，弘扬正气、树立新风。把文明创建与国税工作紧密结合，把文明创建渗透到税收工作的各个方面和环节，明确职责，规范服务，树立立足发展、热情服务的良好形象，使精神文明创建贴近实际、贴近群众、贴近生活，促进税收工作的全面发展。大力开展团结和谐、积极向上、丰富多彩的国税文化活动，充分发挥党支部、工会等组织在精神文明建设活动中的积极作用，大力倡导爱心奉献，关爱老干部生活和身心健康，积极开展捐资助学、扶贫帮困、支农助农等社会公益事业，丰富国税文化内涵，巩固文明创建成果，确保文明创建活动切实有效的开展。2009年，继续被省委、省政府命名为“文明单位”。

学习实践科学发展观暨党风廉政建设动员会

开展党内互助一对一活动，向贫困党员发放过冬衣被和慰问金

召开纳税人座谈会

参加建国60周年华坪县歌咏大赛

宁蒗彝族自治县国家税务局

文明创建活动与党建工作相结合

宁蒗县国家税务局于1999年起连续被省委、省政府命名为“文明单位”，通过创新努力，于2009年12月再次被省委、省政府命名为“文明单位”。

宁蒗县国税局以开拓进取、务实创新、与时俱进、廉洁高效为要求，通过全局干部职工坚持不懈的共同努力，全面开展“文明单位”和“文明行业”创建活动，实绩显著。先后多次被上级局评为“一级局”；2005年被云南省国税局评为省局级“文明单位”；2005年县局领导班子被评为市局级“先进领导班子”；2008年被丽江市总工会评为丽江市工会工作“先进集体”；文明股、室、分局占全局股室分局的90%以上。

宁蒗县国税局全体干部职工将同心同德、凝心聚力，以精神文明创建为动力，努力促进国税事业和谐发展，使“文明单位”和“文明行业”创建活动更扎实，更完善，为云南、丽江、宁蒗的经济发展、社会进步作出新的贡献。

参加县总工会组织的职工拔河比赛

认真组织开展学习实践科学发展观活动

干部职工参加县城公益卫生活动

怒江傈僳族自治州国家税务局

省局于智广副局长到怒江州局检查指导工作

2009年12月，怒江州国家税务局被省委、省政府命名为第十二批“文明单位”。

班子建设——文明创建的核心保障。坚持党组统一领导，一把手负总责，分管领导具体抓，机关党政工团齐抓共管，抓机关带基层的创建工作机制，确保了文明创建工作落到实处。

依法治税——文明创建的力量源泉。积极开展形式多样、内容丰富的税收宣传月活动，税收执法环境进一步得到优化，纳税人的税法遵从度进一步提高。

纳税服务——纳税人身边的点滴文明。实行县局长征期内接待日制度，在办税服务大厅设立咨询台，坚持全方位为纳税人提供各种优质、高效的纳税服务。

国税文化——营造文明和谐的工作氛围。通过富有特点的国税文化建设使广大干部职工形成共同的价值观，凝聚精神力量，激发工作活力。

队伍建设——营造凝心聚力互融共进的系统和谐环境。通过开展大规模的岗位培训、综合业务考试及业务能手选拔等活动，促进了领导干部的执政能力和干部的岗位技能。

傈僳族民间艺人说税唱税

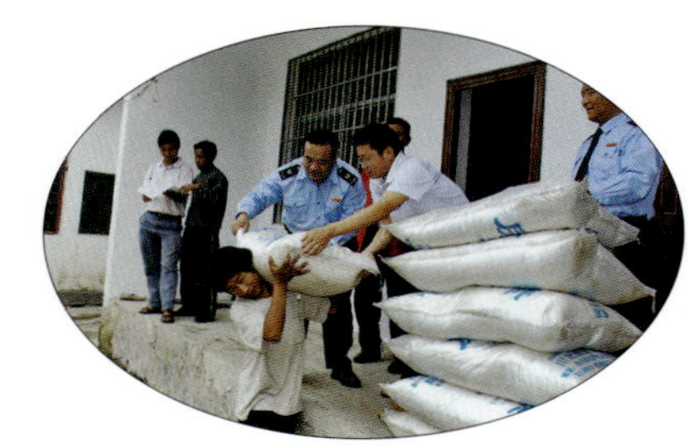
到扶贫联系点开展扶贫帮困

泸 水 县 国 家 税 务 局

省局于智广副局长到泸水国税局办税大厅检查指导工作

开展税法宣传

组织领导坚强有力。建立健全“党组统一领导、一把手负总责、职能股室组织协调、有关股室各负其责、党政群齐抓共管、全局积极参与”的精神文明建设的领导体制和工作机制。

思想道德建设成效显著。坚持以人为本，加强和改进思想政治工作，不断加强理论学习和思想道德建设，形成了爱岗敬业、诚实守信、办事公道、服务群众、奉献社会的良好风尚。

行业自身建设实绩突出。以大力实施科学化、精细化管理为保证；以完善征管体制、夯实征管基础、强化各税种管理、推进信息化建设为重点；以构建平安国税、和谐国税工作环境为载体；以加强队伍建设、基层基础建设、落实执法责任制为手段，全力加强行业自身建设。

服务行风群众满意。树立“全心全意为人民服务”的执法服务思想，转变观念，强化服务，提高服务质量和效率，构建平等、和谐的税收征纳关系。

在全州国税系统首届文艺汇演上表演节目《可敬可爱的国税人》

向扶贫联系点捐款捐物

兰坪白族普米族自治县国家税务局

2009年，兰坪县国家税务局被中央文明委授予“全国精神文明建设工作先进集体”称号，被省委、省政府命名为第十二批“文明单位”，被云南省国家税务局命名为云南省国税系统第十五批“文明单位”。

一是抓落实，工作业绩好。围绕组织税收收入这一中心，强化重点税源监控和税收预测分析，层层落实收入责任制。

二是建制度，工作机制好。先后制定并完善了学习培训制度、行政问责“四项制度”、纳税定额核定制度、车辆管理制度等以及建立健全机关工作规则，有效保障各项国税工作的正常运转。

三是做表率，领导班子好。局领导班子深入学习实践科学发展观，认真贯彻党的路线、方针、政策，团结协作，求真务实，勤政廉洁，充分发挥主心骨作用。

四是重培养，干部队伍好。加强对干部职工的思想教育、文化教育、廉政教育和素质教育，实现了成立16年来违法违纪行为的零纪录。

进行普通话培训

深入工矿企业调研

开展户外学习活动

为山区贫困学生献爱心

福贡县国家税务局

省局副局长于智广到福贡国税检查指导工作

锐意进取的局领导班子

参加“全民健身日”活动

送税法进个体户

2009年12月，福贡县国家税务局被省委、省政府命名为第十二批“文明单位”。

加强组织领导。成立文明创建工作的领导机构，形成了一把手亲自抓、分管领导全力抓、各部门协同配合、齐抓共管的工作机制。

坚持以人为本理念。按照人才兴税、人才强税的要求和部署，努力打造一支政治过硬、业务熟练、服务规范、作风优良的干部队伍。

强化依法治税。加大税收宣传力度，狠抓基础性管理，不断提升税收征管水平。加强对“两权”的内外监督和执法监察，筑牢拒腐防变的思想道德防线。

丰富创建内容。以开展学习实践科学发展观活动、“个人形象一面旗、工作热情一团火、谋事布局一盘棋”主题实践活动为契机，全面贯彻落实阳光政府“四项制度”，为纳税人提供高效、便捷的服务。

推进硬件设施建设。进一步加强对办公区域的规划和绿化，完善服务窗口的标志和服务设施，树立了良好的国税形象。

贡山独龙族怒族自治县国家税务局

召开特邀监察员会议

在怒族群众中深入宣传税法

2009年，贡山县国家税务局被省委、省政府命名为第十二批“文明单位”。

一是提高认识，强化领导，将精神文明建设工作始终作为一项常抓不懈的工作。

二是把文明创建活动贯穿于税收工作的全过程，与税收工作同部署、同检查、同考核，形成较为完善的创建工作责任体系，打牢了创建工作基础。

三是深入开展打造学习型机关，推进国税文化建设，强化党风廉政建设和行风建设等活动，积极组织开展各种健康向上的文体活动，培养和造就了一支政治合格、作风优良、纪律严明、业务熟练的国税干部队伍。

四是积极开展了思想宣传、内外监督、扶贫攻坚、助残帮困、政务公开、文明办税、优质服务等活动，切实将各项税收优惠政策落实到广大纳税人手中，切实为困难群众排忧解难，促进服务行为更加科学化、优质化、人性化。

业务考试

在2009年的“双联双推”活动中，局党组书记、局长李康界带领党员为丙中洛乡秋那桶村委会困难党员家庭架设蔬菜大棚

香格里拉县国家税务局

2009年，香格里拉县国家税务局紧紧围绕“创新发展年”工作主题，按照建设全国藏区一流县级国税局的总体要求，把精神文明建设提到与组织收入工作同等重要的位置，与单位各项工作同部署、同落实，经过不懈努力，香格里拉县国家税务局被省委、省政府命名为“文明单位”。一是领导高度重视，职工认识到位。精神文明创建工作得到了各界领导班子的高度重视，始终将该项工作作为单位的“一把手”工程，在工作和生活中坚持不懈向职工宣传精神文明建设，提高职工对创建工作重要性的认识。二是建立创建机构，形成齐抓共管的良好局面。成立由相关部门和党、团、工、青、妇组织人员组成的创建领导小组，将具体创建工作落实到个人，在全局形成人人抓创建的良好局面。三是以国税文化建设为载体，提高队伍凝聚力，打造和谐国税。通过国税文化建设，在丰富职工业余文化生活和为职工搭建沟通和交流平台的同时，向社会充分展示国税机关和高原国税人的风采。

省局总会计师魏贵和到香格里拉县局指导工作并看望慰问税务干部

积极开展捐资助学活动

参加“歌唱祖国”歌咏比赛

与共建单位一起欢送退伍老兵

德钦县国家税务局

2009年，德钦县国家税务局先后荣获了国家人力资源部、国家税务总局表彰的“先进集体”，省委、省政府表彰的“文明单位”，省局表彰的“巾帼文明示范岗”等各项荣誉。

德钦县国税局在文明创建过程中，始终坚持不断健全机制，找准精神文明建设与其他各项工作的结合点，以精神文明建设来提升人的素质，凝聚人心，创建和谐社会，为改革发展提供了稳定的社会环境，不断丰富精神文明建设的内容，对精神文明赋予了新的内涵。创新形式，创造性地开展工作，以此推动税收工作全面发展。与勤政廉政建设紧密结合起来，为税收工作提供了有力地思想保障和组织保障。

省局领导到德钦县局检查指导工作

积极开展“创先争优”活动

税法宣传进“两会”

向藏文学校捐助桌椅、沙发

全局职工积极应对冰雪灾害

临沧市国家税务局

团结、和谐的领导班子

公平竞争

临沧市国家税务局坚持以文明创建服务国税中心工作，以中心工作丰富文明创建的内容，实现了国税工作与文明创建工作“两促进、两提高”。

一是结合临沧国税实际，制定下发了《临沧市国税系统2009～2013年精神文明建设规划》，精神文明建设进一步规范化、制度化。

二是加强领导班子和干部队伍建设，激发广大干部的学习热情，推动全体干部队伍整体素质的提高。

三是坚持不懈地开展社会主义核心价值体系教育，提高国税干部思想道德素质。

四是优化税收服务，促进地方经济社会发展。实施“巩固糖业、规范茶业、突破矿业、强化酒业、抓住电力”的税源管理工作思路，堵塞税收漏洞，降低和化解执法风险，构建和谐的税收征纳关系。

通过全系统上下联动，齐心努力，凤庆县国税局于2009年3月被命名表彰为“全国文明单位创建先进单位”，市局及其他7个县（区）局分别被省委、省政府命名为第十二批“文明单位”，实现了精神文明创建“满堂红”的目标。

瞧瞧，我在哪里？

一路同行

临翔区国家税务局

召开重点税源企业座谈会

观看“庆祖国60华诞，吉祥临翔”成就图片展览

省文明办到临翔区国税局考察工作

爱国教育签字仪式

2009年，临翔区国家税务局被省委、省政府命名为第十二批“文明单位”。

一、领导班子坚强有力，干部队伍政治过硬，制度保障完善，形成了党、政、工、青、妇组织齐抓共管的合力。

二、干部队伍业务熟练，行业自身建设实绩突出，落实“从严治队”要求，抓制度建设，强化内部管理工作，加强行业自身建设，提高工作效率，树立国税机关的良好形象。

三、执法公正，服务行风群众满意，树立“全心全意为人民服务”的宗旨，提高服务质量，构建平等、和谐的税收征纳关系。

四、管理服务规范，行业文化建设有特色，文明单位示范作用明显。树立国税文化品牌，传承临沧国税精神，充分发挥自身优势，带头关心社会公益事业，积极开展军民共建、扶贫济困、结对帮扶等活动。

云县国家税务局

2009年12月，云县国家税务局被省委、省政府命名为第十二批"文明单位"。

一、建立健全机制，重视文明创建。将精神文明建设与税收工作同部署、同落实、同检查。

二、抓住工作重点，突出工作亮点。组织收入年年超额完成任务，获市局目标管理考核一级局。强化干部培训，注重学用结合，提高综合素质。加强制度建设，实施规范化管理，优化纳税服务，为纳税人提供"一窗式"优质高效文明便捷的服务。

三、国税文化建设载体丰富。组织成立写作、摄影、书法、美术、体育、舞蹈等各类兴趣小组。积极参加地方组织的各种文体比赛活动。编辑出版了内部季刊《沧江国税》，建立内部网站，为干部进行文学创作、业务交流搭建平台。

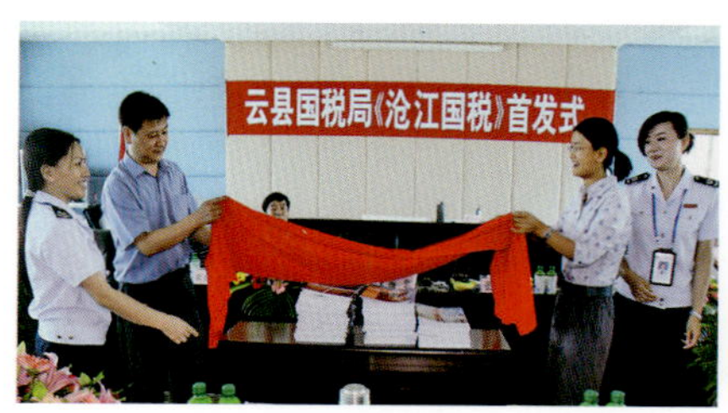

临沧市国税局副局长杨忠、云县广电局局长张利芬为《沧江国税》揭幕

税警联合对少数民族进行税法宣传

工会活动——破冰拓展训练

"五一劳动者之歌"比赛

凤庆县国家税务局

全国精神文明建设工作

先进单位

中央精神文明建设指导委员会办公室

2009年1月

文明单位牌匾

茶乡儿女深情祝福伟大祖国60华诞

2009年，凤庆县国家税务局被省委、省政府命名为"文明单位"。在创建工作中主要抓了以下方面：

一是建立文明创建长效机制。确定长远规划及近期目标和措施，实现了创建工作的经常化、制度化和规范化。

二是班子作表率，凝心聚力创佳绩。县局主要领导敢于叫响"跟我来，跟我学，跟我干"的口号，把"领导就是服务"的提法落在实处。

三是以人为本抓队伍，茶乡国税建和谐。开展以"爱祖国、爱岗位、爱税收，树立国税新形象"为主题的争先创优活动。党建工作硕果累累。

四是筑牢防腐倡廉的坚强防线，确保队伍纯洁。15年来，干部职工（包括退休人员）从未发生过违纪违法的人和事，纳税人满意率均在95%以上。

五是建设国税文化，展茶乡国税风采。成立书法、摄影、美术等兴趣小组和茶艺茶道表演队，丰富文化生活。

落实领导挂户管理，做好纳税服务工作

税企合作开展"家电下乡"惠农政策宣传

永德县国家税务局

永德国税2009年的文明创建工作，全面贯彻落实“下基层、知民情、办实事、抓落实”的工作要求，唱响了服务主旋律。

一是深入扶贫挂钩村，为40名农村党员开展“送税法上党课活动”，并与农村党员进行座谈交流，了解他们的生产生活情况，帮他们出主意、想办法，引导他们调整产业结构，带领全村农民探索规模化经营的致富道路。

二是主要领导带队，多次深入新农村建设挂钩村、泡核桃种植挂钩村，了解农民生产生活情况。并为当地小学以及孤困儿童捐款捐物，奉献爱心。

三是在办税服务厅开展了“假如我是纳税人”的换位思考活动，要求干部特别是党员干部从纳税人的角度出发，找问题、找差距，从中查找工作中存在的不足并及时整改，以此提高服务意识。

通过扎实工作，2009年12月被省委、省政府命名为第十二批“文明单位”。

办税厅

实地调研泡核桃种植基地

深入新农村建设挂钩村

捐资助学

镇康县国家税务局

李局长与镇、村两级领导到新农村挂钩点调研发展规划

税法宣传

参加迎国庆歌曲演唱会

召开纳税人座谈会

2009年12月，镇康县国家税务局被省委、省政府命名为“文明单位”。

一是强化组织领导，把优化创建机制作为文明创建的立足点。落实创建规划，充实领导小组，层层签订《创建工作责任书》，努力构建“上下联动、人人参与、齐抓共建”的创建工作格局，把文明创建工作与税收工作同部署、同检查、同考核。

二是坚持以人为本，深化人才工程建设，把提高干部素质作为文明创建的着力点。深入开展学习实践科学发展观活动，巩固和加强领导班子建设。

三是深化科学管理，把创造一流业绩作为创建工作的突破点。抓实组织收入工作，全面推进依法治税，落实精细化管理，不断改进和优化纳税服务工作。

四是拓展创建载体，积极参与扶贫助残，“三村”建设，新农村建设、无偿献血等活动，积极开展形式多样的文体活动。

耿马傣族佤族自治县国家税务局

税源调查

军民一家亲

2009年，耿马县国家税务局被省委、省政府命名为“文明单位”，连续三届获此荣誉称号。

一、领导班子重视文明创建工作，干部职工参与意识强、热情高。将精神文明建设与税收工作同部署、同落实、同检查、同考核；把精神文明建设工作纳入部门目标管理，形成层层抓落实的文明创建机制。

二、国税工作亮点突出。注重干部业务技能培训和创新能力的提高；加强制度化管理。制定并印发第五版共38万字的《岗责体系》；积极探索扁平化管理，实施“大税政、大征管”管理模式；税收征管工作实行“三级监控”，确保了综合征管软件系统上线4年来的零差错运行。

三、国税文化建设载体形式多样。成立耿马税苑摄影协会，举办了两期摄影展；园艺组利用自育的苗圃，先后制作了近900株盆景，绿化了办公区、宿舍区近2000平方米的草地；广泛开展群众性体育健身活动。

国税文化全员参与，活动载体形式多样

自行车兴趣小组合影

双江拉祜族佤族布朗族傣族自治县国家税务局

双江县国家税务局牢牢把握税收工作主题，以“扎扎实实打基础，认认真真抓管理，持之以恒兴科技，以人为本强素质，一心一意谋发展，转变作风抓落实”为工作出发点和落脚点，坚持“两手抓，两手都要硬”的方针，广泛深入开展群众性文明创建活动，把精神文明建设与其他各项工作同部署、同落实、互为促进，在物质文明、政治文明、精神文明建设中，创建指导思想明确、组织领导坚强有力、思想道德建设成效显著、不断提高征管质量和效率、服务行风群众满意、建立健全各项规章制度，强化内部管理、建设独具特色的国税文化、创建活动深入持久，以精神文明创建为载体，内强素质，外树形象，取得了显著成效，为创建团结协调、奋发有为、与时俱进、以人为本、和谐发展的国税机关奠定了良好基础。2009年，双江县国家税务局被省委、省政府命名为“文明单位”。

深入企业调研

以民族节日为契机开展税法宣传

《廉政公约》回访

树国税窗口形象

沧源佤族自治县国家税务局

沧源国税干部踊跃为抗旱救灾捐款

沧源国税干部结对帮扶农户领取帮困农用肥

沧源县国家税务局始终坚持“两手抓，两手都要硬”的方针，按照“行业抓窗口、道德抓诚信、共建抓示范”的总体要求，突出“内强素质、外树形象”这一主题，以“增强队伍凝聚力和执行力，推动国税工作和谐创新发展”为目标，高度重视，狠抓落实，不断提高精神文明建设对促进经济社会健康发展的贡献率。建立完善各项规章制度，强化制度执行；健全领导带头、干部职工参与、广大群众支持的齐抓共管工作机制；建立完善图书阅览室、荣誉室、档案室、老年活动中心等基础设施，巩固发展内部刊物《佤山国税文苑》，成立摄影、写作、体育、佤族歌舞等文体活动小组，激发干部干事创业热情；坚持依法治税和依法行政，公正执法、文明收税，发挥信息技术优势优化办税流程、优化服务、强化征管、落实组织收入工作；广泛开展军民共建、挂钩扶贫、服务新农村建设、抗旱救灾、送温暖献爱心等主题实践活动，推进文明创建工作上新台阶。2009年沧源县国家税务局被省委、省政府命名为第十二批“文明单位”。

沧源国税干部参加全县吃水不忘挖井人演讲比赛获一等奖

赶集群众咨询税收政策

昆明经济技术开发区国家税务局

昆明经济技术开发区国家税务局坚持“两手抓，两手都要硬”的方针，围绕软环境建设工作部署，以组织收入为中心，坚持依法治税，强化科学管理，以推行“四项制度”全面加强自身效能建设，提升了国税执法文明度、管理规范度、服务满意度，促进全局精神文明建设不断登上新台阶。2009年被云南省国家税务局授予“文明单位”称号。

捐资助学

警示教育

建国60周年合唱比赛

义务植树

日常工作中，把纳税服务融入到整个税收执法过程，及时解决纳税人的疑难和问题，做到了征期忙与征期不忙、领导在与不在、上级检查与不检查、在局内与深入企业“四个一样”。创建活动中做到“五个突出”：一是突出以思想政治工作为核心，更好地贯彻“四项制度”的落实；二是突出以“弘扬经开精神，提炼经开文化”为载体，营造良好的团结干事的氛围；三是突出以精神文明创建为契机，重新创建省局“文明单位”；四是突出以社会满意度为标准，提高工作效率与服务质量；五是突出以促进人的全面发展为宗旨，充分挖掘人的潜能与优势。

创建优美环境

曲靖经济技术开发区国家税务局

开发区局领导班子

省、市局领导到开发区调研

税收宣传

税收歌曲大家唱

曲靖经济技术开发区国家税务局自2005年以来，年年被市国税局考核为“一级局”，2004年2月被市国税局命名为“文明单位”，2005年12月被曲靖市委、市政府命名为“文明单位”，2008年2月被省国税局、省妇联表彰为“巾帼文明示范岗”，2009年1月被省国税局命名为“文明单位”。

开发区国税局为了使创建“文明单位”活动有组织、有计划地进行，制订了五年创建工作规划，在此基础上每年制订创建工作计划，做到人员落实、措施落实、经费落实、制度落实。同时，在创建活动中注意发挥“四个作用”：一是充分发挥党组织在精神文明建设中的带头作用；二是充分发挥团组织在精神文明建设中的助手作用；三是充分发挥工会组织在精神文明建设中的推动作用；四是充分发挥妇女组织在精神文明建设中的促进作用。把人人参与作为创建工作的基础，形成全方位、多层次、多角度的创建格局。

楚雄经济开发区国家税务局

省局党组成员、副局长许赞霖到开发区国税局看望慰问基层干部职工

州委常委、楚雄市委书记张之政在开发区国税局调研

楚雄经济开发区国家税务局认真贯彻落实省政府行政问责制、服务承诺制、首问责任制、限时办结制“四项制度”和重大决策听证、重要事项公示、重点工作通报、政务信息查询的阳光政府“四项制度”。深入开展学习实践科学发展观活动，进一步优化内部机构人员配置，完善“一窗通办”综合服务模式。将主要工作目标分解落实，明确职责任务，建立了严格的工作绩效考核机制并加强督促检查。加强干部队伍建设，建立健全和完善各项内部管理制度。强化税收征收管理，组织税收收入年年超额完成任务。税收工作实现稳步、健康发展，取得了税收工作和精神文明建设双丰收。2009年1月，被云南省国家税务局命名为云南省国税系统第十四批“文明单位”；2009年11月，再次荣获楚雄州国家税务局命名的“文明单位”称号。

税收宣传

列队训练

个旧市国家税务局

2009年1月，个旧市国家税务局被云南省国家税务局命名为全省国税系统第十四批“文明单位”。

强化税收法制建设。坚持把依法治税作为税收工作的灵魂，以执法监督和整治税收秩序为重点，加大稽查力度和查前纳税辅导。

征管质量进一步提高。加强重点税源管理和调研，成立纳税评估工作组，开展各类评估。完善税收管理员制度，加强信息化建设，不断完善服务设施和功能，优化纳税服务。

干部队伍素质逐步提高。加强教育培训，深入学习实践科学发展观，用科学理论武装干部头脑，提高工作效率、效能。

深入开展廉政文化教育活动。强化内部及接受社会监督。2007～2009年，连续3年被红河州国家税务局和个旧市委、市政府评为“党风廉政建设优秀单位”。

局长与税务干部家属签订《廉政公约》

工作人员耐心向纳税人解答纳税事项

进村镇宣传税法

新建投入使用的办公大楼

镇沅彝族哈尼族拉祜族自治县国家税务局

加强领导班子建设

争创“巾帼文明岗”

镇沅彝族哈尼族拉祜族自治县国家税务局在文明创建工作中，高起点定位、高标准谋划，制订了规范的创建实施方案，以三年为期限滚动制订创建活动规划。在规划中指导思想清晰，奋斗目标明确，重点工程突出，创建保障措施有力。成立文明创建领导小组加强对文明创建工作的指导，人事教育部门配置专人负责文明创建工作，确保文明创建统一规范、扎实有效。以“文明单位”、“巾帼文明岗”、“先进党支部”创建为重点，认真组织开展“文明窗口”、“先进集体”、“文明楼院”、“优秀税务工作者”、“优秀共产党员”、“和谐家庭”创建活动。

2009年，被省国税局命名为“文明单位”，收入核算股分别被省妇联、省国税局和市妇联、市国税局授予“巾帼文明岗”荣誉称号。

向青海玉树地震灾区捐款

积极开展国税文化建设

永平县国家税务局

办税服务大厅被命名为“巾帼文明岗”

税收政策宣传例会

2009年是永平县国税局文明创建工作取得丰硕成果的一年，届满被县委、县政府再次命名为第十五批县级“文明单位”，届满被州委、州政府再次命名为第十三批州级“文明单位”，被省局命名为云南省国税系统第十四批“文明单位”，办税服务大厅被省国家税务局、省妇联命名为“巾帼文明岗”。

一是加强领导，提高认识，始终把文明单位作为文明创建的首要工作目标和开展各项工作的有效载体，切实加强领导，狠抓各项创建措施的落实；二是领导班子团结干事，务实创新；三是坚持以人为本，加强队伍建设；四是实施科技强税战略，积极推进信息化建设；五是文明创建活动注重实效；六是文体活动丰富开展，国税文化建设寓教于乐；七是内强素质外树形象，形成齐抓共管的创建工作格局；八是着力改善办公环境和条件。

税收宣传月活动

博南分局开展“三比一创建”活动